RÉPERTOIRE

DES

CONNAISSANCES USUELLES

LISTE DES AUTEURS QUI ONT CONTRIBUÉ A LA RÉDACTION DU 6ᵉ VOLUME DE CETTE ÉDITION.

MM.

Aicard (Jean).
Albin (Sébastien).
Arago (Jacques).
Artaud, inspect. gén. des bibliothèques.
Aubert de Vitry.
Audiffret (H.).
Azaïs.
Badiche (l'abbé).
Bandeville (l'abbé).
Bardin (le général).
Barthélemy (l'abbé).
Baudry de Balzac (docteur).
Béchem (Ch.).
Bénoît (F.).
Blache (docteur).
Block (Maurice).
Bordas-Demoulin.
Bouillet, ancien proviseur.
Bourdon (Dʳ Isid.), de l'Acad. de médec.
Bradi (comtesse de).
Breton, de la *Gazette des Tribunaux*.
Briffault (Eugène).
Brunet (Gustave), à Bordeaux.
Castil-Blaze.
Chabrol-Chaméane (E. de).
Chambers.
Champagnac.
Champollion-Figeac.
Charbonnier (Dʳ).
Chasles (Philarète), professeur au Collège de France.
Clarion (Dʳ), professeur à l'École de médecine de Paris.
Colombat de l'Isère (Dʳ).
Coquerel (Charles).
Corcy (B. de).
Cormenin (vicomte de), conseiller d'État.
Cotteau (Dʳ P.-L.).
D'Alembert, de l'Académie des sciences.
Danjou (F.).
Degrange (Edmond).
Delaforest (A.).
Delbare (Th.).
Delestre (J.-B.).
Démezil.
Denne-Baron.
Desclozeaux (Ernest), ancien secrétaire général du ministère de la justice.
Des Genevez.
Diderot.

MM.

Dubard, ancien procureur général.
Du Bois (Louis), ancien sous-préfet.
Duchesne aîné, conservateur de la Bibliothèque impériale.
Duckett (W.-A.).
Duclos (P.-L.).
Dufey (de l'Yonne).
Dumarsais.
Du Petit-Thouars, de l'Académie des sciences.
Du Rozoir (Charles).
Duval (Dʳ V.).
Fauche (H.), anc. profess. de rhétorique.
Feillet (A.).
Ferry, ancien examinateur à l'École polytechnique.
Flaugergues (Pauline de).
Forget (Dʳ), professeur à la Faculté de médecine de Strasbourg.
Fossati (docteur).
Gallois (Napoléon).
Gautier de Claubry.
Gérusez, professeur à la Faculté des lettres de Paris.
Gervais (Paul), professeur à la Faculté des sciences de Montpellier.
Golbéry (P. de), anc. procureur général.
Guizot, de l'Académie française.
Héreau (Edme).
Héricourt (A. d').
Huard (Adrien).
Husson (Auguste).
Jamet.
Janin (Jules).
Jaucourt (chevalier de).
Kératry (de).
Lafage (Adrien de).
Lainé, ancien généalogiste des ordres du roi.
Latouche (Henri de).
Laurent (Dʳ L.), ancien chirurgien en chef de la marine.
Laurentie, ancien inspecteur général de l'Université.
Lavigne (E.).
Legoyt (A.).
Le Guillou (Dʳ).
Lemoine (Édouard).
Lemonnier (Charles).
Lenormand (Charles), de l'Institut.

MM.

Lévesque, substitut du procureur général impérial à Paris.
L'Hôte (Nestor).
Louvet (L.).
Martin (Henri).
Merlieux (Ed.).
Merlin.
Milin, de l'Institut.
Moléon (V. de).
Monglave (Eugène G. de).
Négrier.
Nisard, de l'Académie française.
Ortigue (Joseph d').
Ourry.
Outrepont (G. d').
Paffe (C.-M.), professeur de philosophie.
Page (Théogène), capitaine de vaisseau.
Pagès (de l'Ariége), ancien député.
Parent du Moiron.
Parent-Réal.
Pellissier.
Pelouze père.
Pietkiewicz.
Reiffenberg (baron de).
Reybaud (Louis), de l'Institut.
Richelot (Dʳ).
Roger (Dʳ Henri).
Romey (Charles).
Rosseeuw-Saint-Hilaire, professeur à la Faculté des lettres de Paris.
Salgey.
Saint-Prosper.
Saint-Prosper jeune.
Saucerotte (docteur).
Savagner (Aug.).
Say (J.-B.), de l'Institut.
Ségalas (Dʳ).
Sismondi (J.-C.-L. S. de).
Teyssèdre.
Thiers, de l'Académie française.
Tissot, de l'Académie française.
Tollard aîné.
Toussenel (T.).
Vandoncourt (général G. de).
Vaulabelle (Achille de), ancien ministre de l'Instruction publique.
Viennet, de l'Académie française.
Villeneuve père.
Viollet-Leduc.
Virey (J.-J.), de l'Académie de médecine.

DICTIONNAIRE
DE LA
CONVERSATION
ET DE LA LECTURE

INVENTAIRE RAISONNÉ DES NOTIONS GÉNÉRALES LES PLUS INDISPENSABLES A TOUS

PAR UNE SOCIÉTÉ DE SAVANTS ET DE GENS DE LETTRES

SOUS LA DIRECTION DE M. W. DUCKETT

Seconde édition
ENTIÈREMENT REFONDUE
CORRIGÉE, ET AUGMENTÉE DE PLUSIEURS MILLIERS D'ARTICLES TOUT D'ACTUALITÉ

Celui qui voit tout abrége tout.
MONTESQUIEU.

3856

TOME SIXIÈME

PARIS

AUX COMPTOIRS DE LA DIRECTION, 9, RUE MAZARINE
ET CHEZ MICHEL LÉVY FRÈRES, LIBRAIRES, 2 bis, RUE VIVIENNE

8.5f.336(e)

DICTIONNAIRE
DE
LA CONVERSATION
ET DE LA LECTURE.

COIFFEUR. Si le *coiffeur* n'est l'*alter ego* ni du barbier ni du perruquier, il en est souvent le cousin germain ; et les trois états bien des fois se sont personnifiés sur une seule tête. Les Grecs avaient leur κουρεύς, les Romains leur *tonsor*, dont la boutique était le rendez-vous des oisifs, des conteurs de nouvelles, des gobe-mouches, des bavards de toute classe, où chaque homme libre venait le matin rafraîchir sa toilette, où les *merveilleux* se faisaient rogner les ongles. On y coupait les cheveux sans ciseaux, instrument alors inconnu, auquel on suppléait par deux rasoirs, qu'on faisait jouer en même temps en les opposant l'un et l'autre. Théophraste, Plutarque, Martial, les poëtes comiques grecs et latins parlent fréquemment de ces boutiques de *tonsors*, baigneurs-étuvistes, et M. Bœttiger leur a consacré une dissertation savante.

En France, ce n'est que dans les premières années du dix-huitième siècle qu'il commence à être question des *coiffeurs*, à part et en dehors des barbiers et des perruquiers. Les grands seigneurs avant cette époque chargeaient leurs valets de chambre du soin de leurs têtes ; les grandes dames les confiaient à leurs femmes de chambre. Le reste du genre humain, hommes et femmes, était condamné à passer par les mains du perruquier, qui avait fait son temps et qui vieillissait à vue d'œil. Un bon procès en règle fut intenté en 1769 aux coiffeurs par les perruquiers : les nouveaux venus le gagnent ; et les premiers occupants ne se sont point relevés du coup, tandis que la fortune de leurs glorieux rivaux n'a fait que grandir.

Bientôt le titre de *coiffeur* ne suffit plus à ces fiers artistes ; ils se qualifient d'*académiciens de la coiffure et de la mode*. Mais à leur tour les académiciens, les grands académiciens, chargés de peigner la langue et d'épiler le vocabulaire, sans les empêcher de l'écorcher en vrais barbiers bien entendu, ne veulent pas de ces collègues de nouvelle espèce, et défense leur est faite d'inscrire sur leur porte, comme ils le faisaient, en gros caractères : *académie de coiffure*. Ils s'en consolent en prenant le titre, plus modeste, de *professeurs* et en ouvrant des *cours de coiffure*. La faveur toujours croissante du beau sexe huppé les dédommagea amplement de ce léger échec. Avouons-le en passant, le coiffeur à la mode était ordinairement jeune, agréable, bien tourné. Heureux privilégié, admis aux mystères de la toilette, tous les jours rôdant autour de la même femme comme le serpent autour d'Ève, attendant l'occasion, caressant sa chevelure d'une main légère, papillonnant çà et là, aussi longtemps qu'il lui plaisait, autour d'une tête charmante, ayant le droit de la regarder avec amour à mesure qu'il contribuait à l'embellir, il dut trouver le secret de plaire s'il était aimable, et il l'était quelquefois, et flatteur toujours, ce qui ne nuit jamais. Mon Dieu ! n'accusons pas la chronique scandaleuse du temps. Songeons à la légèreté des mœurs, considérons l'abandon de la toilette matinale, l'atmosphère moite et parfumée, les tentations de la solitude, et ne nous étonnons pas que l'heure du *coiffeur* ait été plus d'une fois l'heure du berger !

Parmi ces enchanteurs du dix-huitième siècle, citons *Legros*, qui publia en 1769 un traité in-4° de l'*Art de la Coiffure des Dames françaises*, qui se vendait deux louis, et dans le *post-scriptum* duquel il met le public en garde contre une contre-façon *propre à tromper l'univers et à détruire un auteur qui a fait un bon livre*. Ce législateur de la coiffure eut une triste fin : il mourut étouffé sur la place de la Concorde, lors des fêtes du mariage de Louis XVI.

Citons après lui *Dagé*, qui ne pouvait suffire à sa riche et nombreuse clientèle. Les chevaux de son carrosse étaient sur les dents. Mme de Pompadour elle-même avait eu bien de la peine à le décider à la coiffer. La première fois qu'il se rendit chez elle, elle lui demanda comment il avait acquis une telle réputation : « Cela n'est pas étonnant, répondit-il, je coiffais l'*autre* (la duchesse de Châteauroux). » Ce propos fut recueilli, il circula à la cour ; et les ennemis de la belle marquise ne la désignèrent plus que par le sobriquet de *Madame Celle-ci*.

Le beau *Léonard*, coiffeur de Marie-Antoinette, acquit une célébrité immense par son habileté *à poser les chiffons* ; on appelait ainsi l'art d'alterner les boucles de la chevelure avec les plis de la gaze de couleur. On dit qu'il employa un jour quatorze aunes de cette étoffe sur la tête d'une seule dame de la cour. Le talent d'un si grand homme devait faire fureur. Comblé des faveurs du grand monde, il obtint le privilège du théâtre de *Monsieur*, composé des virtuoses italiens de l'époque, et pour l'exploitation duquel il s'associa, en 1788, avec le célèbre Viotti. Léonard, dont le véritable nom était *Autier*, et qui était Gascon, fut mis par la reine dans le secret du voyage de Varennes, et quitta secrètement Paris un peu avant le roi, chargé d'une partie de sa garde-robe. Mais il paraît qu'il n'était pas entièrement dans la confidence, car ce fut, dit-on, sur l'avis donné imprudemment par lui d'un retard survenu à la voiture royale, que l'officier chargé de l'attendre au relais fit rentrer les chevaux précisément au moment où le monarque arrivait ; ce qui occasionna son arrestation.

Léonard suivit ses princes dans l'exil, et alla exercer sur les têtes moscovites la dextérité de son peigne aristocratique, que la république laissait, pour le quart d'heure, sans emploi. Du reste, cette émigration du peigne en Allemagne et en Russie n'avait pas attendu les commotions politiques : il y avait déjà longtemps que la France fournissait à l'Europe des valets de chambre *coiffeurs*, des femmes de chambre *coiffeuses*, comme elle lui fournissait des maîtres de danse et des cuisiniers.

Dès que le calme fut de retour chez nous, on vit briller sous le Consulat et sous l'Empire *Michalon*, parent du peintre et du statuaire, peintre et statuaire estimable lui-même, à qui nos maisons de coiffures doivent l'origine des bustes en cire qui les décorent, *Michalon*, l'ami des artistes et des littérateurs de son temps, *Michalon*, l'habitué de Feydeau, avec son élégant cabriolet armorié, son jockey noir et ses séances à vingt francs le cachet, *Michalon*, le prédécesseur de *Plaisir* et de tous les grands maîtres actuels. Nous ne mentionnerons pas le *coiffeur* de Napoléon, *Constant*, dont la place était une vraie sinécure.

Quant au *poète-coiffeur* agénois *Jasmin*, il est beaucoup moins célèbre, à tout prendre, comme *coiffeur* que comme poète, quoiqu'il s'opiniâtre, dans son bon sens, à rester l'un et l'autre.

Au premier aperçu, on pourrait croire que perruquier et *coiffeur* sont synonymes, en effet de prime abord l'analogie est frappante ; on doit remarquer toutefois que si les perruquiers sont de plus ou moins habiles *coiffeurs*, les *coiffeurs* ne font pas tous des perruques ; et les uns et les autres renoncent de bon cœur au titre de barbier, qui n'est que la mauvaise *queue* de leur profession. Nos *coiffeurs* modernes, aux élégantes boutiques parfumées d'essences et de senteurs, prendraient aussi en fort mauvaise part la dénomination de perruquier, qui ne s'applique plus qu'à de rares vétérans de l'art, encore humides de poudre blanche, qui s'éteignent dans quelques villes stationnaires du centre, de la Bretagne ou du midi.

COIFFURE. Ce mot, qui a la même origine que *coiffe* et qui s'est écrit aussi anciennement avec un *k*, au lieu de l'i, se prend dans deux acceptions, soit pour désigner l'arrangement des cheveux, soit pour indiquer tout ce qui sert à couvrir ou à orner la tête. C'est dans ce dernier sens que Molière fait dire à Sganarelle, dans l'*École des Maris* :

Je veux une *coiffure*, en dépit de la mode,
Sous qui toute ma tête ait un abri commode.

On ignore si à l'époque des patriarches il était d'usage chez les peuples de l'Asie, parmi les hommes, de se couvrir la tête : on voit seulement, dans quelques occasions, les femmes se voiler. L'usage de se coiffer était déjà très-répandu du temps d'Hérodote, qui en fait l'observation ; et quoique les Grecs et les Romains soient le plus ordinairement représentés tête nue, les premiers avaient cependant leur πῖλος, πίλιος, et leur πέτασος, et les seconds, leur *pileus*, signe exclusif de l'homme libre : aussi ce bonnet paraît-il de bonne heure sur les médailles comme symbole de liberté.

De tout temps la coiffure des femmes a été, chez toutes les nations, sujette à de grands changements. Les modes varient aussi chez les anciens. Dans les dix-neuf années du règne de Marc-Aurèle sa femme parait avec trois ou quatre coiffures différentes, qui devaient avoir leur nom particulier ; mais de tous ces noms de coiffure il ne nous est resté que les suivants : la *calantique*, la *calyptre*, la *mitre*, le *flammeum* et la *caliendrum*. Les deux premières étaient des couvre-chef dont on ne connaît pas bien la forme ; la mitre consistait dans l'origine en un ruban ou bandelette dont les femmes se servaient pour se ceindre la tête ou pour contenir et orner leur chevelure ; les Grecs l'appelaient ἀνάδεσμη. Elle faisait partie de la coiffure d'Andromaque, et d'après l'épithète qu'Homère y adapte, il paraîtrait que c'était une bandelette tressée ou une natte. Le *flammeum* servait aux nouvelles mariées le jour de leurs noces ; il servait aussi aux matrones. Les femmes chrétiennes en faisaient usage du temps de Tertullien : c'était un voile d'un jaune vif, ou de couleur de feu, et quelquefois de pourpre. Le *caliendrum* était un tour de cheveux que les dames ajoutaient à leur chevelure naturelle pour se faire de plus longues tresses. Jules Pollux traite fort au long d'une espèce de coiffure nommée ὄγκος, qui consistait en une touffe élevée ou un toupet de cheveux, se terminant d'ordinaire en pointe, et ayant la forme du *lambda* ; c'était une coiffure tragique plus ou moins haute, selon le caractère et la complexion des personnages. Si l'acteur était blond et d'un caractère doux, il portait un ὄγκος de grandeur médiocre ; mais si son rôle était fier et emporté, s'il avait les cheveux et la barbe noirs, l'ὄγκος était très-élevé. Aussi donnait-on aux personnes hautaines et fastueuses l'épithète d'ὑπερογκος ou à toupet élevé.

Les femmes se servaient d'aiguilles, soit pour séparer leurs cheveux sur le front, soit pour les fixer après les avoir réunis en nœuds, en nattes ou en tresses derrière la tête. On appelait *discriminales* ou *discernicula* les aiguilles qu'elles employaient à séparer en deux les cheveux sur le devant, séparation qui distinguait les femmes mariées. Ces aiguilles ne faisaient point partie de la coiffure. Chez les anciens Romains le jour des noces on séparait avec la pointe d'une lance les cheveux de la mariée, pour lui faire comprendre qu'elle devait donner naissance à des hommes courageux. Les autres aiguilles qui servaient à la coiffure se nommaient *crinales* ou *comatoriæ*. Elles étaient de toutes les formes, droites, circulaires, en or, en argent, en cuivre, en ivoire, et longues de huit à vingt centimètres. Dans les collections d'antiquités on en voit qui sont terminées par des figurines de Vénus et d'autres divinités, très-bien travaillées. Ces aiguilles servaient en général à retenir les boucles de cheveux. Les Romains nommaient *cirri*, *cincinni*, et les Grecs πλόχαμοι, les boucles, ou mèches, ou anneaux de cheveux qui tombaient près des oreilles. Il y en avait de serrés, de légers, d'ondulés, de relevés, de tortillés. On appelait *calamis* ou *calamos* le fer en forme de roseau creux qui servait à boucler ou à friser les cheveux. Les Romains en avaient fait leur *calamistrum*, et désignaient par l'épithète de *calamistrata* ou de *la femme aux cheveux frisés et en anneaux* la lionne ou la lorette de cette époque. Les Athéniennes portaient dans leurs cheveux des cigales d'or ; Athénée nous dit qu'elles en suspendaient aux anneaux qui leur tombaient sur le front. Enfin on donnait le nom de κορυμβιον à une sorte de coiffure qui, réunissant les cheveux en touffe sur le haut de la tête, rappelait les grappes du lierre. Telle est celle de l'*Apollon du Belvédère* et de la *Vénus de Médicis*. Les bandes, ou bandelettes, ou cordons, qui soutenaient la coiffure ou lui servaient d'ornement, avaient aussi différents noms, suivant leur forme ou leur emploi. Les *vittæ* étaient de larges bandes qui assujettissaient la coiffure ; de leurs extrémités descendaient des bandelettes plus étroites, et souvent de plusieurs couleurs, qu'on appelait *tæniæ*. Le *strophium* était ou un bandeau contenant et ornant la chevelure des femmes, ou une large ceinture dont elles se serraient la taille sous le sein pour la maintenir. L'*infula* était une bande, ou plutôt un cordon épais, de laine blanche, dont les prêtres et les femmes dévotes se ceignaient la tête, et d'où pendaient des deux côtés des bandelettes plus étroites, qui servaient à l'attacher, et qu'on nommait aussi *vittæ*.

L'usage des faux cheveux et des perruques se répandit de bonne heure parmi les Romains. Pollux les désigne sous les noms d'ἐντριχον, πηνηχη et προκομιον. La πηνηχη était la partie la plus avancée du tour de cheveux ou προκομιον ; l'ἐντριχον désignait les faux cheveux qu'on plaçait aux périeure, bâtie en partie sur un rocher escarpé et en partie sur la rive septentrionale et plate du Mondego, qui y est navigable, est une ville ouverte et mal bâtie, entourée de plantations de vignes, d'oliviers et de citronniers; elle compte 16,000 habitants. Elle est le siége de l'unique université qu'il y ait en Portugal, d'un évêché et de divers établissements scientifiques et littéraires. On y voit un très-bel aqueduc. La population s'occupe de fabrication de toiles, de poteries et d'ouvrages en corne. L'université, fondée primitivement à Lisbonne, en 1291, et transférée dans cette ville en 1308, compte environ 1500 étudiants. Depuis 1816 elle est divisée en cinq facultés : théologie, droit, médecine, philosophie et mathématiques. L'enseignement y est donné par trente professeurs et environ vingt agrégés. Elle possède un observatoire, un laboratoire de chimie, un cabinet d'histoire naturelle, une collection d'instruments de physique, une bibliothèque de 45,000 volumes et un beau jardin botanique. Parmi les édifices de la ville, il faut citer la cathédrale et le couvent des Augustins de Saint-Laurent, avec sa belle rotonde et son parc. Sur la rive enchanteresse du Mondego on voit le beau monastère de Sainte-Claire, grand et massif parallélogramme, contenant, dans un cercueil d'argent, les restes de sa fondatrice, Isabelle, épouse du roi Denis, morte en 1336. C'est là aussi que périt assassinée, par ordre d'Alphonse IV, Inès de Castro, dont on y voit encore de nos jours le château (*Quinta das Lagrimas*). Une foire de trois jours se tient chaque année sur la place située devant le couvent de Sainte-Claire. En 1810 un détachement de l'armée française commandée par Masséna fut fait prisonnier par les Anglais aux environs de Coimbre. En 1834 dom Miguel transféra sa résidence à Coimbre. Le 7 juillet 1846 il y éclata une insurrection miguéliste, à la suite de laquelle le duc de Saldanha entra victorieux à Coimbre, le 4 janvier 1847, après avoir battu les insurgés à Tôres-Vedras.

COIN. Dans les arts, on emploie le plus souvent ce mot pour désigner un outil en forme de prisme triangulaire, dont on introduit l'une des arêtes dans une fente que l'on veut élargir. On obtient ce résultat en frappant avec un marteau ou tout autre corps contondant sur la face opposée, que l'on nomme *tête du coin*. Si l'on considère l'action mécanique produite par une cognée, une hache, un sabre, on voit qu'elle est absolument du même genre; la lame d'un couteau ordinaire est un coin fort large, eu égard à son épaisseur; une baïonnette, une épée, une épingle, une aiguille à coudre, un clou, sont des coins à formes pyramidales ou coniques.

La mécanique range le coin au nombre des machines simples qui dérivent du plan incliné. Elle constate que l'effet produit à l'aide d'un coin augmente avec le rapport de la surface de ses côtés à celle de sa tête. Dans la pratique, il faut tenir compte du frottement, qui diminue l'action de la force appliquée. Ce frottement, souvent très-considérable, est utilisé dans certains cas où on ne se sert du coin que pour tenir deux pièces écartées l'une de l'autre, ou pour exercer une forte pression. C'est ainsi qu'avant l'abolition de la torture, les *coins* faisaient partie obligée de l'attirail du bourreau.   TEYSSÈDRE.

Le mot *coin*, qui vient du latin *cuneus*, dérivé lui-même du grec γωνία, angle, s'emploie dans le langage le plus ordinaire pour marquer l'endroit où se fait la rencontre de deux côtés ou de deux surfaces, soit à l'intérieur, soit à l'extérieur des objets. Il se dit, par exemple, en anatomie, des extrémités de la bouche, qui sont le siége du sourire, et de celles de l'œil, dont l'une (l'extrémité ou *coin intérieur*, nommée le *grand coin*) est le siége des fistules lacrymales. On fait signe à quelqu'un *du coin de l'œil*, pour l'appeler, l'inviter à approcher, pour le mettre dans quelque confidence. Au propre : *regarder du coin de l'œil*, c'est regarder à la dérobée; au figuré : *regarder les gens du coin de l'œil*, c'est les regarder avec envie ou avec mépris, deux sentiments qui ne s'excluent pas l'un l'autre autant qu'on le pense. Dans le sens d'angle, on dit encore *les coins d'un mouchoir*, d'une nappe, les *coins d'un poêle* ou d'un drap mortuaire, *le coin d'une rue*, d'une maison, d'une chambre, d'un jardin entouré de murs, et, par extension, *les quatre coins* d'une ville, d'un royaume, d'un empire, du monde même, pour dire leurs extrémités opposées; on dit d'un homme qui a beaucoup couru, beaucoup voyagé, beaucoup vu, qu'il a parcouru, qu'il a visité *les quatre coins du monde*.

Un des caractères distinctifs de l'égoïste, c'est de vouloir partout occuper le meilleur coin, sans se soucier nullement de la commodité des autres, ni même des plus simples convenances. On dit proverbialement de celui qui ne sort presque point, qui garde presque toujours la maison, qu'*il ne bouge pas du coin de son feu*. Qui ne connait en effet, qui n'apprécie les douceurs du *coin du feu*? L'égoïste s'y complaît encore davantage, sans penser que d'autres souffrent peut-être du froid, de la faim, de toutes les privations, dans le *coin d'un grenier* ou même *au coin de la rue*. Le *coin de rue*, envisagé sous un aspect moins triste, peut devenir une source féconde d'observations pour le peintre, pour l'écrivain philosophe et pour l'auteur dramatique, témoin le tableau plein de vérité qui sous ce titre attira jadis tout Paris au théâtre des Variétés. *Coin* se dit quelquefois, absolument et familièrement, pour le coin de la rue qu'on habite : le *marchand de vin du coin*, lequel, à l'aide d'un atroce calembourg, écrit en rouge sur sa porte : *au bon coing*; souvent même ce dernier mot manque, et est supplée par une image énigmatique de ce fruit.

Coin se dit aussi, dans une acception défavorable, ou d'un lieu écarté et solitaire, ou d'un lieu obscur et dédaigné. Les voleurs attendent d'ordinaire les voyageurs *au coin d'un bois*, pour les dévaliser. Du reste, toutes les rencontres qu'on peut faire au coin d'un bois ne sont pas aussi fâcheuses, témoin ce vers de Boileau, dans son *Art poétique* :

Je trouve au *coin* d'un bois le mot qui m'avait fui.

On dit assez ordinairement d'une chose de peu de valeur, ou que l'on méprise, qu'elle est bonne à jeter dans un coin. Au jeu de trictrac, le *grand coin* ou simplement le *coin* est la dernière case à la droite du joueur; et le *coin bourgeois*, la dernière case du petit jan. Tenir son *coin* se dit au jeu de paume lorsque deux personnes, qui jouent une partie contre deux autres, défendent chacune leur côté.

Qui ne connaît le *jeu des quatre coins*? Nous ne savons trop où nous avons vu une allégorie assez piquante et assez vraie dont ce jeu était le sujet. La noblesse, le clergé, l'administration (ou les fonctionnaires publics), et le tiers état (ou la bourgeoisie) tenaient les quatre *coins*, et le peuple était au milieu, semblant toujours attendre, mais en vain, qu'un petit échange de bons procédés entre ces quatre puissances lui facilitât les moyens de modifier et d'améliorer un peu sa position.

A voir toute la peine qu'on se donne dans ce petit *coin* du monde qu'on nomme la terre, non pas seulement pour occuper *le meilleur coin*, mais pour se faire *oppresseur*, sans pitié *des opprimés*, on est tenté de s'écrier avec Boileau :

Heureux est le mortel qui, du monde ignoré,
Vit content de soi-même en un *coin* retiré!

Le mot *coin*, considéré comme modèle ou comme matrice propre à fondre une médaille ou une pièce de monnaie, a fourni au langage figuré une expression métaphorique dont on se sert pour caractériser un bon ouvrage, une belle production des arts ou des lettres. La Bruyère l'a même employée pour une œuvre plus sublime, quand il a dit : « Tout est grand, tout est admirable dans la nature; il ne s'y voit rien qui ne soit marqué *au coin de l'ouvrier*. »

Quant aux ouvrages marqués *au coin de l'immortalité*,

dangereux. Serait-il donc impossible d'imiter les anciens, en donnant au soldat le même casque en quelque matière imperméable? Qu'on le surmonte ensuite, tant qu'on voudra, pour ornement, d'une crête quelconque, ou d'un cimier, mais peu élevé, afin de ne pas fatiguer l'homme et ne pas incommoder les seconds rangs. » La légèreté du schako actuel a fait disparaître une partie des inconvénients de l'ancien schako, mais il ne garantit plus le soldat des coups de sabre. « Au lieu de chapeaux, disait le maréchal de Saxe, je voudrais des casques à la romaine ; ils ne pèsent pas plus, ne sont point du tout incommodes, garantissent des coups de sabre et font un très-bel ornement. » Son conseil a été suivi de nos jours en Prusse.

Quant au *bonnet à poil*, le même grand homme de guerre, examinant les causes qui ont pu amener son adoption, se demande si l'on y a été déterminé par le désir d'effrayer l'ennemi, idée puérile qui tout au plus a pu pénétrer primitivement dans l'esprit des peuples encore dans l'enfance de l'art militaire. Si l'on a cru ajouter ainsi à la bonne tenue, à la bonne mine du soldat, il faut avouer qu'on a manqué totalement le but en affublant d'un bonnet haut de 0^m,65 au moins, des hommes dont la taille ne dépasse pas pour la plupart 1^m,70 ou 1^m,75. Passe encore pour les grenadiers dont le père de Frédéric avait formé sa garde, et pour ceux qui firent le noyau de Napoléon, deux races qui paraissent aujourd'hui épuisées en Prusse et en France.

Passant au *bonnet de police*, adopté pour la *petite tenue* de nos troupes, le baron Fririon faisait remarquer qu'il avait l'inconvénient de ne point garantir du soleil les jeunes soldats, qui le portaient presque constamment pendant la première année de leur service, même à l'exercice et sous les armes. Il désirait qu'on le remplaçât par la *casquette avec visière*, en usage dans la plupart des autres troupes de l'Europe. Ce vœu est aujourd'hui complétement exaucé pour toute l'armée, par l'adoption du *képi*, hors la garde-de Paris et le régiment des guides ; et nous ne comprenons pas trop cette double exception. Quoique le sujet qui nous occupe paraisse peu important, ne dédaignons pas les plus petits détails quand ils intéressent le soldat ; rappelons-nous, avec Montesquieu, « que ce qui a le plus contribué à rendre les Romains maîtres du monde, c'est qu'ayant combattu successivement toutes les nations, ils ont toujours renoncé à leurs usages sitôt qu'ils en ont trouvé de meilleurs chez elles.

COIGNY (Famille de). Anoblie sous Henri IV, et originaire de Normandie, la famille *Franquetot* a pris le nom de *Coigny* d'une terre érigée en comté par lettres-patentes de 1650. Elle s'est consacrée depuis deux siècles à la profession des armes, et a été revêtue de hautes dignités militaires.

COIGNY (François de Franquetot, duc de), maréchal de France, naquit le 16 mars 1670. Son père, *Robert-Jean-Antoine* de Coigny, mort en 1704, était lieutenant général, directeur général de la cavalerie de France, et gouverneur de Barcelone. Le jeune comte de Coigny servit d'abord en Flandre, puis sur le Rhin. Il emporta l'épée à la main un ouvrage avancé au siége de Landau. En 1734 Villars, mourant presque octogénaire, lui remit, à Milan, le commandement de l'armée française comme au plus ancien des lieutenants généraux. Il remporta sur les Impériaux deux victoires éclatantes, sous les murs de Parme, et à Guastalla, devint colonel général des dragons, fut fait maréchal de France en 1741, duc de Coigny en 1747, créé chevalier des ordres du roi et de la Toison d'Or, admis aux honneurs de la cour en 1754. Deux ans plus tard, il obtint les fonctions de gouverneur de la ville de Caen, et mourut le 18 décembre 1759. Il avait pour secrétaire durant ses campagnes Gentil Bernard, qui commença son *Art d'Aimer* par ce vers :

J'ai vu Coigny, Bellone et la victoire.

COIGNY (Antoine-François de Franquetot, marquis de), né en 1702, lieutenant général, colonel général des dragons, servit avec distinction, et jouit d'une grande faveur auprès de Louis XV. Un jour qu'il jouait avec le prince de Dombes et qu'il perdait beaucoup, il lui échappa de murmurer : « Il est plus heureux qu'un enfant légitime. » Le prince n'avait pas entendu ce propos, mais des âmes charitables le lui rapportèrent. Il en résulta un duel, à nuit close, aux flambeaux, sur la route de Versailles, couverte de neige. Coigny fut tué sur place, 4 mars 1748 ; on le remit dans son carrosse, qu'on fit verser dans un fossé, et il passa pour être mort de la chute. Le roi, qui l'aimait beaucoup, ne connut la vérité qu'après la mort du prince de Dombes. D'autres prétendent qu'il ne la sut jamais.

COIGNY (Marie-François-Henri de Franquetot, marquis, puis duc de), pair et maréchal de France, fils du précédent, naquit à Paris, le 28 mars 1737. Nommé au gouvernement de Choisy après la mort de son père, il entra dans les mousquetaires en 1752, et fut fait mestre de camp général des dragons en 1754. Devenu, par la démission de son aïeul, grand bailli d'épée et duc, nommé brigadier de cavalerie en 1755 et maréchal de camp en 1761, il se distingua dans les guerres d'Allemagne, et fut fait successivement commandeur de l'ordre du Saint-Esprit, premier écuyer du roi, lieutenant général et pair de France. Bien vu de Louis XV, il le fut également de Louis XVI, et fit partie de la société intime de Marie-Antoinette. C'était un des plus beaux hommes de son temps, un modèle de politesse et de grâce chevaleresque. Député de la noblesse de Caen aux états généraux, il s'y montra constamment opposé à toutes les réformes, et émigra en 1792. Il servit d'abord dans l'armée des princes, et passa plus tard en Portugal, où il devint capitaine général. A la restauration, Louis XVIII le nomma pair, maréchal de France et gouverneur de l'hôtel des Invalides, où il mourut, le 18 mai 1821.

COIGNY (François-Marie-Casimir de Franquetot, marquis de), fils du précédent, né en 1756, était colonel d'un régiment d'infanterie lorsqu'il obtint en 1783 la charge de premier écuyer du roi, en survivance de son père. Il avait fait les campagnes d'Amérique, fut nommé en 1782 brigadier d'infanterie et en 1788 maréchal de camp, et mourut lieutenant général le 23 janvier 1816. Il avait épousé Louise-Marthe de Conflans d'Armentières, une des femmes les plus spirituelles de son temps, à qui le prince de Ligne adressait de jolies lettres et le comte de Ségur de jolies chansons. C'est elle qui disait : « Une coquette qui prend un amant, c'est un souverain qui abdique. » Un de ses oncles ne finissant pas de la gronder : « Ne pourriez-vous pas, s'écria-t-elle, me donner tout cela en pillules. » Arbitre de la mode et oracle du goût, elle mérita ce mot de Marie-Antoinette : Je ne suis que la reine de Versailles ; c'est Mme de Coigny qui est la reine de Paris. » Les *Mémoires* qu'on lui a attribués ne sont pas d'elle. Elle avait éprouvé, en émigration surtout, les rigueurs de la fortune. Aussi ne se laissa-t-elle plus prendre au dépourvu, et mourut-elle, le 13 septembre 1832, riche d'argent, mais riche aussi d'amis, laissant un fils, le duc actuel, ancien pair de France, général de brigade en retraite, ancien chevalier d'honneur de la duchesse d'Orléans, grand officier de la Légion d'Honneur, né le 4 septembre 1785 ; elle avait eu une fille, Mme la comtesse Sébastiani, que Chateaubriand a célébrée dans son *Itinéraire*, et qui mourut à Constantinople.

Le maréchal avait eu deux frères : le comte *Auguste-Gabriel*, chevalier des ordres du roi, chevalier d'honneur de madame Élisabeth, lieutenant général, père de la duchesse de Fleury, plus connue sous le nom de comtesse *Aimée* de Coigny, qu'André Chénier a immortalisée dans sa *Jeune Captive*, et le chevalier de Malte *Jean-Philippe*, maréchal de camp et commandeur de Saint-Louis, détenu au Temple en 1800, et mort en exil à Dusseldorf, vers 1806.

COIMBRE (*Coimbra*, la *Conembrica* ou *Conimbra* des anciens), chef-lieu de la province portugaise de la Beira su-

Mlle de Fontanges, ayant vu sa coiffure dérangée par le vent, prit un ruban et l'attacha autour de la tête : le lendemain toutes les dames en portaient de semblables, et ils reçurent le nom de *fontanges*; alors reparurent aussi les hautes coiffures, qui parvinrent à un tel degré d'élévation, que les architectes furent obligés de hausser et d'élargir les portes. On imagina même des ressorts adaptés à ces bonnets monstrueux pour les aplatir et les exhausser à volonté, la première opération devenant indispensable pour s'asseoir dans les carrosses appelés *vis-à-vis*. Enfin, l'an 1690, le roi, ayant témoigné de l'aversion pour les grandes coiffures, elles furent aussitôt remplacées par d'autres plus basses. En 1755 on joua chez Favart *Les Amours de Bastien et Bastienne*, qui mirent à la mode les *coiffes à barbe ou à la paysanne*. On nommait, en 1759, *cabriolet* une espèce de toquet fort commode pour les mères de famille, femmes modestes ou occupées. La *coiffure à la grecque*, que nous avons vue reparaître avec éclat en 1832, et mourir depuis, était fort en vogue en 1773. La Marie-Stuart est aujourd'hui également revenue de mode. Tant que dura le règne de Louis XV les coiffures subirent de nombreuses métamorphoses; elles s'abaissèrent ou s'exhaussèrent suivant le goût ou la fantaisie de la favorite en titre, que les dames de la cour et les bourgeoises s'empressaient d'imiter. Mais sous Louis XVI les femmes élevèrent leurs coiffures à une hauteur si exorbitante, que dans les loges elles interceptaient la vue des décorations et des acteurs, au point que, pour mettre fin aux querelles qui en résultaient, de Visme, directeur de l'Opéra, fut obligé de faire un règlement qui leur défendait l'accès de l'amphithéâtre. Elles étaient compliquées, pesantes, incommodes, échafaudées sur des fils de fer et d'argent. On y introduisait une multitude d'objets qui les transformait en parterres, en boutiques de curiosités; il y eut même des frégates, lors du célèbre combat de *La Belle-Poule*. Beaumarchais, tombant sur le gazetier Marion, donna naissance au *Quéraco* que détrônèrent les différentes espèces de *pouff*. Le *pouff au sentiment* était relatif aux objets qu'on aimait le mieux. Bachaumont nous a laissé une description curieuse de celui de la duchesse de Chartres, mère du roi Louis-Philippe. « Au fond, dit-il, était une femme assise sur un fauteuil et tenant un nourrisson. C'étaient le duc de Valois et sa nourrice ; à droite un perroquet becquetant une cerise; à gauche un négrillon ; le surplus était garni de touffes de cheveux du duc de Chartres, son mari, du duc de Penthièvre, son père, du duc d'Orléans, son beau-père, etc. Tel était l'attirail dont la princesse se chargeait la tête. »

Mais la reine Marie-Antoinette s'étant montrée, en 1776, au bal de l'Opéra avec un toupet relevé et hérissé en pointe, fit venir la mode de la *coiffure en hérisson*. Non-seulement les femmes, mais les hommes l'adoptèrent. En 1778 autre caprice : les femmes relevèrent leurs cheveux très-haut, en forme de toupet, ressemblant à un flocon de poils hérissés ; cette mode passa en quelques semaines : c'était la *coiffure à la bichon*. Enfin, la coiffure à l'enfant, qui fut mise en vogue vers la fin du dix-huitième siècle, jouissait encore de quelque faveur en 1809, et l'impératrice Joséphine la porta quelque temps. A cette époque s'introduisit pour les hommes l'usage des cheveux à la *Titus*, qui dure encore. Quant à nos dames, chaque année, chaque mois, souvent chaque semaine, les voit changer de *coiffure*, et vouloir en suivre les variations serait se condamner à enregistrer toutes celles de cette déesse inconstante et légère que l'on nomme *la Mode*.   LE ROUX DE LINCY.

Outre les soins qu'exige la chevelure, on ne peut se dispenser de faire usage de moyens nombreux et variés pour garantir la tête contre le froid excessif, la chaleur brûlante du soleil, l'humidité et la pluie. A ces premiers moyens il a fallu en joindre d'autres, destinés à protéger la tête contre les chocs des corps extérieurs et des armes offensives.

Les formes bizarres ou agréables, la nature des substances employées à la confection de tous ces moyens que l'on groupe sous le nom commun de *coiffure*, n'ont pas toujours été appropriées aux formes de la tête ni au but qu'on se proposait. Le désir de plaire et de se distinguer a porté les deux sexes à se parer la tête d'objets divers, communs ou rares, tissus, fleurs, plumes d'oiseaux, dont la nécessité et les progrès de la civilisation ont amené le perfectionnement. Si sous le nom de coiffure nous comprenons aussi la disposition des cheveux et la forme des vêtements de la tête (*voyez* BONNET, CASQUE, CHAPEAUX, etc.), il sera facile de constater combien nous avons su gagner de temps, simplifier les soins hygiéniques de la tête et les dégager d'un vain luxe d'ornement et de futilité. Ce résultat s'applique également à la chevelure de l'homme et à celle de la femme dans toutes les conditions sociales, l'art de la coiffure pour remédier à la perte des cheveux employant de nos jours les moyens qui imitent le mieux la nature et satisfont en même temps à toutes les exigences requises pour entretenir la santé et la propreté de la peau du crâne. Le caractère commun de toutes les coiffures ou vêtements de cette partie du corps est, en la mettant à l'abri des influences extérieures, de lui conserver sa chaleur vitale, de la prémunir contre les rhumatismes, les névralgies, contre les coups de soleil ou inflammations par l'insolation, et d'affaiblir l'action des corps vulnérants. La constriction, la compression des divers points de la tête, soit par des tresses trop fortement tendues, soit par des bonnets trop serrés, soit par des chapeaux trop étroits, soit par l'application d'un mouchoir sous les papillottes, la fatigue qu'occasionne le poids des casques, des schakos, donnent lieu à un gonflement du cuir chevelu, accompagné d'une douleur vive en raison du grand nombre de nerfs qui se distribuent dans cette partie de la peau. Une coiffure quelconque trop légère ou trop lâchement serrée, qui laisse pénétrer l'air humide, surtout dans les lieux froids et pendant le sommeil, est insuffisante pour prémunir contre les affections rhumatismales, les névralgies et les maux de dents. L'application des tissus de laine, de flanelle, utiles dans certains cas pour guérir ces affections, pourrait, en concentrant la chaleur dans la tête, prédisposer à l'apoplexie ou en déterminer l'attaque. On a attribué à tort aux coiffures la faiblesse de l'action contractile des muscles extrinsèques du pavillon de l'oreille de l'homme.

Lorsqu'on observe le soin que la nature a pris de parer la tête de certains animaux de huppes, d'aigrettes, de casques, etc., on ne doit point être surpris que l'homme ajoute des ornements à toutes les coiffures que ses besoins et les divers genres de civilisation l'ont porté à adopter.   L. LAURENT.

COIFFURE MILITAIRE. Cette coiffure a subi dans tous les temps et dans tous les pays de nombreuses variations. Les uns l'ont considérée plus spécialement sous le rapport hygiénique, et y ont recherché la légèreté et les moyens de garantir la tête d'une chaleur pénible ; les autres lui ont imposé pour condition de préserver le soldat des coups de sabre, de ne point le gêner dans le maniement de ses propres armes, et de le mettre à l'abri des injures du temps. Chez nous, cette partie de l'habillement de la troupe non-seulement laisse beaucoup à désirer, de manière à ne pas comprimer les oreilles, à ne pas gêner la liberté des mouvements de la tête, des épaules, des bras, des armes. Il ne posait pas immédiatement sur la tête, sans quoi les coups seraient devenus trop endroits qui en manquaient. Les perruques, enfin, se nommaient *galeri*. Les hommes et les femmes en portaient. Les Romaines, qui avaient en général les cheveux noirs, aimaient beaucoup ceux d'un blond éclatant, et pour leur donner cette couleur elles employaient des pommades et de certaines herbes de Germanie. Ovide dit dans l'*Art d'Aimer* :

> Femina canitiem Germanis inficit herbis,
> Et melior vero quæritur arte color.
> Femina procedit densissima crinibus emptis;
> Proque suis alios efficit ære suos.

Les cheveux de ces perruques étaient, à ce qu'il paraît, montés sur une peau de chevreau. Les femmes riches et quelquefois les hommes efféminés couvraient leurs cheveux de poudre d'or. Les hommes poudraient aussi leur barbe. L'esclave perruquier et le barbier chargés de préparer ces poudres et ces pommades et de friser les cheveux avec le *calamistrum* se nommaient *ciniflo* et *cinerarius*.
Th. DELBARE.

Les peuples modernes, surtout ceux qui envahirent l'Europe et furent le noyau des différentes nations que nous y voyons aujourd'hui, avaient un grand soin de leur *coiffure*. Strabon, Tacite, Grégoire de Tours, et d'autres écrivains, représentent tous ces guerriers barbares oignant leurs cheveux avec de la graisse d'animaux ou du vieux beurre qu'ils faisaient avec le lait des cavales. Quelques-uns de ces peuples néanmoins, principalement ceux qui se rapprochaient du midi, au lieu de porter les cheveux longs, se rasaient la tête et ne conservaient qu'une seule houpe ou mèche au milieu : les Tatars et les peuples venant de l'Asie, les Goths, étaient ainsi coiffés. Quant aux femmes, nous trouvons déjà à cette époque reculée une très-grande variété dans la manière dont elles arrangeaient leurs cheveux. Elles les portaient tantôt en nattes, tantôt relevés sur la tête, et retenus par des chaînes d'or ou de fer (*voyez* CHEVELURE).

Si nous cherchons quelles ont été les premières *coiffures* chez nos Français, nous trouvons que rois, les reines et les princes de leur famille avaient seuls le droit de porter les cheveux longs; de cette coutume il résulte clairement que le plus grand nombre ne les avaient courts; mais bientôt il n'en fut pas de même. Les femmes portaient au moyen âge des tresses longues et natées. Sous Philippe le Bel, séparées en deux ou trois parties, elles étaient fixées sur les tempes; parfois aussi, les femmes avaient la tête presque sans cheveux : un sceau de l'année 1270 représente Jeanne, comtesse de Toulouse, en robe et en manteau, la tête rasée. Mais, plus généralement, leur coiffure était un bonnet, qui variait de forme pour les femmes, les filles, les veuves d'un rang différent. Elles portaient dessous une *coiffe* appelée *escoffion*. Nous la mentionnons parce que dans les miniatures de l'époque elle paraît ne pas quitter la tête des femmes; plusieurs, représentées entièrement nues, gardent pourtant cette *escoffion* ou moins courte. Sous Charles VI elles imaginèrent une haute coiffure conique, à l'extrémité de laquelle elles attachaient un voile qui pendait plus ou moins bas suivant le rang de la personne. Le voile de la bourgeoise descendait à la ceinture, celui de la femme du chevalier aux talons, celui des princesses traînait par terre.

Au quinzième siècle, dit Jouvenel des Ursins, « les dames et damoiselles menaient un excessif estat, portant cornes merveilleusement hautes, lesquelles avoient, tant de chacun costé, des oreilles si larges, que quand elles vouloient passer par un huis, elles étoient obligées de se baisser et de se présenter de costé. » En Flandre, où ces cornes avaient pris naissance, on les appelait des *hennins*; et on les retrouve dans toutes les tapisseries flamandes de l'époque. Les prédicateurs du temps anathématisèrent cette mode. Cinquante ans après sous Louis XI « les dames mirent sur leurs têtes, dit Monstrelet, des bonnets ronds, qui s'amennuisoient par-dessus à la hauteur de demie ou trois quarts d'aulne. » Par compensation, sous Charles VIII elles prirent de petits bonnets fort bas, garnis en dehors de peaux tachetées de noir et de blanc. À la mort de son premier époux, Anne de Bretagne mit sur sa tête un voile noir. Les dames de la cour l'imitèrent, et ornèrent de franges rouges ces voiles, que les bourgeoises adoptèrent aussi, et dont elles augmentèrent l'éclat en y ajoutant des agrafes d'or et en les chargeant même de perles.

Au seizième siècle la mode changea : les femmes donnèrent à leur coiffure un soin, une attention qui attira sur elles les déclamations des moralistes et des prédicateurs de l'époque. L'auteur d'un livre assez rare, intitulé *Remontrance charitable aux dames et damoiselles de France sur leurs ornements dissolus*, les engage beaucoup à renoncer à tous ces tortillons de cheveux arrangés d'une façon dissolue, et qu'il appelle *ratrepenades*. Il ne dit pas la forme de ces coiffures; peut-être était-elle aussi indécente que celle reprochée aux dames de Toulouse par l'auteur de la *Gaulégraphie ou Éloge de la beauté*, et qui consistoit en nattes dont la manière était vilaine et impudique. Quoi qu'il en soit, dans la *Source d'Honneur*, livre composé vers le commencement du seizième siècle, on conseille aux dames vertueuses de se coiffer de la manière suivante :

> Ces beaulx cheveulx peignez honnestement.
> D'un blanc ruban vous conviendra brocher
> Et les coucher sur le chef tellement
> Que les cheveulx n'apèrent nullement.

Les femmes de qualité, dont les riches bourgeoises adoptèrent toutes les coiffures, imaginèrent sous François Ier de relever leur toupet, de retaper les cheveux des tempes et de faire du tout une espèce de pyramide, qu'elles rejetaient en arrière; cette mode devint bientôt générale. Cependant, un petit nombre de dames d'un rang élevé ne l'adoptèrent jamais : Marguerite, sœur du roi chevalier, prit une toque surchargée de dorures, qui devint bientôt à la mode et se soutint jusqu'à la fin du règne de Henri II.

Dans la dernière moitié du seizième siècle, les coiffures des Françaises varièrent beaucoup : ainsi la *coiffure en cœur*, qui déjà avait paru au quatorzième et au quinzième siècle, et que Christine de Pisan, Jacqueline de La Grange et Isabeau de Bavière avaient portée quelquefois, fut remise à la mode sous Henri III. Seulement, le cœur, qui était d'abord figuré par un morceau d'étoffe, se fit avec les cheveux. À la cour de Catherine de Médicis les dames portaient une *coiffure* qu'elles appelaient *en raquette*, parce que leurs mèches de cheveux formaient une espèce de grillage. Vinrent ensuite jusque sous Henri IV de petits bonnets avec une aigrette. La seconde Marguerite de Valois, femme de ce prince, ne s'assujettit à aucune mode. Cependant sa coiffure favorite était le toupet relevé, les cheveux des tempes frisés, et elle portait un bonnet de velours ou de satin, enrichi de filets de perles et de pierreries, avec un bouquet de plumes. Vers le même temps reparut le chaperon des Mérovingiens, et cette coiffure, que Scaliger trouvait *fort sotte*, dura jusqu'à Louis XIII. C'était pour les dames de la cour une pièce de velours formant bonnet et revenant sur le front, où elle faisait la pointe; les bourgeoises la portaient en drap : on les appelait *dames à chaperon*.

Il nous est impossible de mentionner ici toutes les coiffures adoptées par les femmes pendant le dix-septième et le dix-huitième siècle. En 1671 il était de mode de se faire *bretauder* (c'est le mot). On coupait les cheveux court et on les frisait : ainsi, dit un contemporain, on ne ressemblait pas mal à un chou frisé. Mais cette mode dura peu; et comme les cheveux ne poussent pas aussi vite que le caprice, on s'arrangea de demi-perruques, séparées en deux parties égales, étagées de chaque côté de la tête. En 1680,

tous les gens de goût comprennent qu'il serait inutile d'en demander à notre époque.
Edme Héreau.

En termes d'artillerie, *coins de mire* signifie des morceaux de bois servant à hausser ou à baisser un canon, un mortier.

Faire coin de même bois, c'est proverbialement se servir pour mettre une chose en œuvre, d'une partie de cette chose même.

En termes de bonnetier, le coin est la partie d'un bas dessinée en pointe et dont l'extrémité inférieure répond à la cheville du pied : bas *à coins à jour, à coins d'or, à coins d'argent*.

Coin, en termes d'art vétérinaire, désigne celles des dents incisives qui sont le plus près des crocs, de chaque côté de la bouche du cheval.

COIN (*Numismatique, Monnayage*). Le mot coin n'a été employé que par les auteurs modernes pour désigner cette masse de métal dur sur laquelle on a gravé, en sens inverse, le type d'une médaille, afin de l'imprimer en sens droit sur le *flan*, que l'on expose à la pression. On lui donne encore les noms de *poinçon, carré* ou *matrice*. On ne trouve dans aucun auteur ancien les mots *typarium, marculum, iconium, forma*, dans le sens de *coin de médailles* ou de *monnaie*.

L'opinion bizarre fondée sur la grande variété des médailles ou monnaies antiques, qui voulait que pour chaque médaille on eût un coin différent, a été réfutée par le P. Jobert, Bernard de la Bastie et autres antiquaires célèbres. Le coin était quelquefois plus grand que le flan, de sorte qu'une partie du type ne pouvait pas toujours y être exprimée. Le défaut de virole, dont les anciens ignoraient l'usage, empêchait souvent que le coin fût convenablement placé sur le flan ; de là vient que souvent le type n'est pas bien imprimé. Il existe dans plusieurs cabinets d'antiquités des moules en terre cuite que l'on croit avoir servi anciennement à de faux monnayeurs pour couler des médailles à défaut de coins.

La forme des coins était ronde, ovale ou carrée ; la *contremarque* provenant parfois d'un coin particulier. L'usage de contre-marquer les monnaies commença en Grèce. Les nombreuses preuves que l'on en trouve sur les médailles des villes grecques ne permettent pas d'en douter. La ville d'Antioche, en Syrie, est celle de coin contrée qui en a le plus fait usage. Ces contre-marques n'existent point sur les monnaies de la république romaine. L'usage n'en a commencé chez ce peuple, sur celles de bronze, qu'au temps d'Auguste seulement, et il paraît avoir été abandonné sous Trajan. On n'en trouve point sur les médailles de Vitellius et de Nerva ; on commence à en revoir sous Justin, Justinien et quelques-uns de leurs successeurs. Les Grecs employèrent pour contre-marque des médailles de leurs villes et de leurs rois des têtes et des bustes de leurs dieux, des figures équestres de leurs princes et de leurs héros, ou des figures de plantes et d'animaux, de vases et autres objets que l'on trouvait chez eux. Les Romains, au contraire, se servirent de monogrammes formés de caractères romains ou de mots latins abrégés. Ces contre-marques annoncent ordinairement l'autorité de ceux sous qui les monnaies ont été frappées. Ainsi, celle du sénat, jointe à celle du peuple, est indiquée par les lettres S. P. Q. R. (*senatus populusque romanus*), celle du peuple par P. R., et par divers autres, composant un assemblage de mots consacrés aux formules ordinaires des monnaies. Les lettres D. D. (*decreto decurionum*) annoncent aussi la domination des premiers magistrats des colonies.

Le cabinet des médailles possède plusieurs coins, dont quelques-uns ont été trouvés dans des fouilles faites en France. Deux furent découverts à Nîmes, vers la fin du siècle dernier : tous deux sont de bronze et du temps de l'empereur Auguste : ils sont de forme conique. L'un des deux ayant été mis à cette époque sous le balancier à la monnaie, ne put résister à la force de cette machine, et se brisa ; les morceaux en ont été négligés et perdus. Le second, dont on trouve le dessin dans le recueil de Caylus, ressemble plutôt à un sceau qu'à un coin de médaille ; il a 0^m,032 de hauteur, 0^m,025 de diamètre, et se trouve aujourd'hui au cabinet des antiques de la Bibliothèque Impériale. L'analyse du métal dont il est composé a prouvé que c'était un alliage, en portions égales, de cuivre, de zinc et de plomb calciné.

L'emploi des coins de bronze rendait le monnayage des anciens beaucoup plus prompt qu'il ne l'est aujourd'hui. On se servait de la gravure au touret comme pour les camées, et tous les coins des médailles grecques qui nous sont parvenus ont été travaillés selon ce procédé ; il en est de même pour les consulaires des trois métaux, celles du Haut-Empire, et pour la plupart de celles du Bas-Empire jusqu'au cinquième siècle. C'est à cette époque seulement que commence l'emploi de la gravure au burin pour les coins : ce qui est facile à reconnaître en remarquant que le premier procédé, la gravure au touret, ne produit que des traits arrondis et jamais de traits vifs et arrêtés ; les lettres qu'elle forme ne sont jamais terminées par des traits carrés ; deux éminences rondes, liées par un trait, en composent les jambages. Le burin produit, au contraire, des lignes droites, des arêtes vives, des lettres terminées par des traits carrés, comme on le voit sur nos monnaies. Cette différence dans la gravure des coins n'a pas été connue des faussaires qui, dans le siècle de la renaissance des arts, ont contrefait les médailles antiques. Ils n'ont gravé les coins au burin, et c'est là un des caractères qui décèlent la supercherie. Depuis le règne de Constantin les médailles ont été frappées avec des coins d'acier et à froid ; dans les temps antérieurs les coins étaient de bronze, et l'on s'en servait en les revêtant d'un fort mandrin de fer, qui les faisait résister au choc le plus violent. Cette expérience a été encore faite de nos jours, et on est parvenu à imiter à s'y méprendre des médailles anciennes, en moulant un flan d'argent, et en le frappant à chaud au marteau avec des coins de bronze froids. Il est donc très-vraisemblable que les anciens fabriquaient ainsi leur monnaie.

Sous la première race de nos rois les coins gravés au touret furent en usage, et ce n'est qu'à partir du règne de Charlemagne que l'on employa la gravure au burin, comme elle l'était déjà à Constantinople. Ainsi, la fabrication des coins pour les médailles et les monnaies a suivi les progrès de la métallurgie et de l'art de tremper les métaux pour les divers usages publics et domestiques.

Champollion-Figeac.

Quand un artiste moderne est chargé de la confection des pièces qui doivent servir à imprimer des figures, des caractères, etc., sur des médailles, des jetons, des monnaies, il fait d'abord en cire un modèle en grand de la médaille, du jeton, etc. Le modèle en cire est moulé en plâtre, puis reproduit en bronze, ou même en fonte de fer. Après l'avoir réparé, on le place sur le tour à portrait, qui réduit ce modèle aux proportions demandées, telles que celles d'une pièce de 5 francs, de 2 francs, de 1 franc, etc. Toutes ces pièces sont parfaitement semblables entre elles, puisqu'elles sont des copies d'un même original, dont les diverses parties ont varié de grandeur, mais toujours dans une même proportion. Chaque copie en acier que l'on obtient ainsi, et que l'on trempe ensuite, s'appelle *poinçon original*. Le poinçon original sert à former la *matrice originale* : c'est une pièce d'acier non trempé, sur laquelle on imprime en creux les traits du poinçon. Comme l'acier même non trempé est encore une matière fort dure, la matrice originale ne s'imprime pas toujours d'un seul coup de poinçon. Le poinçon original porte seulement en relief le sujet principal de la médaille, comme une effigie, une couronne, etc. ; la légende, les *grenetis*, etc., s'impriment avec d'autres poinçons.

La matrice originale étant tournée et trempée, on l'emploie pour former le *poinçon de reproduction* : celui-ci est complet, c'est-à-dire qu'il peut former à lui seul le creux de la pièce. Avec le poinçon de reproduction, on forme les *coins*, ou *poinçons-matrices*, servant à frapper les monnaies, les médailles, etc. ; les poinçons, les matrices, les coins, se ferment aujourd'hui en acier fondu ; autour de leur masse est soudée une forte virole de fer ; sans cette précaution, ces instruments, qui sont trempés fort dur, se briseraient sous la pression du balancier. Les coins sont imprimés à plusieurs reprises : pour les tremper, on les introduit dans une boîte de cuivre rouge, et le tout est placé dans une petite caisse de fer, que l'on ferme avec un couvercle ; on prend ces précautions afin que les traits, plus ou moins délicats, des reliefs du coin ne soient pas altérés par le feu. On conçoit donc facilement pourquoi toutes les monnaies d'un même système sont parfaitement semblables entre elles, puisque les coins sont produits par une série d'instruments qui ont une même origine. TEYSSÈDRE.

COÏNCIDENCE (du latin *incidere cum*, tomber, arriver, survenir avec). Le mot coïncidence exprime les rapports qui existent entre divers faits ou diverses circonstances qui concourent à un même résultat. Des faits coïncident lorsqu'ils ont entre eux des relations déterminées. Les preuves diverses que l'on réunit, soit pour établir une vérité historique, soit pour justifier un principe de morale, de politique ou de philosophie, doivent également coïncider, sans quoi la preuve ne sera point faite. Dans la langue des mathématiques, on dit de deux lignes qui s'appliquent parfaitement l'une sur l'autre, qu'elles sont *coïncidentes* ; ce mot se dit dans le même sens de deux surfaces ou de deux volumes.

COIN DU ROI, COIN DE LA REINE, noms et signes de ralliement de deux célèbres factions musicales, dont les querelles éclatèrent vers le milieu du siècle dernier. Tout ce qu'il y avait en France de gens de goût et d'esprit trouvait absurde, ennuyeuse et ridicule la triste psalmodie de la musique française, outrée encore par les élèves et les imitateurs de Lulli, les Colasse, les Campra, les Destouches, etc. La dauphine ayant fait venir à Paris, en 1752, une troupe de bouffons italiens, qui jouèrent dans la salle de l'Opéra, les *dilettanti* de cette époque, qui se composaient de ce qu'il y avait alors de plus distingué parmi les beaux esprits, les gens de lettres, les artistes, et de plus aimable parmi les gens du monde, se montrèrent zélés partisans de la musique italienne, et, réunis par un même goût, se placèrent au côté gauche du parterre, sous la loge de la reine. Les habitués de la vieille musique avaient adopté pour quartier général le côté opposé, sous la loge du roi. La guerre éclata entre les deux factions, mais seulement en paroles et en écrits. Le coin du roi était protégé par Mᵐᵉ de Pompadour ; le coin de la reine avait pour principaux chefs D'Alembert et l'abbé Canaye.

Mais ce n'était pas seulement au spectacle que les deux camps étaient séparés par une ligne de démarcation : elle existait dans tous les concerts, dans toutes les réunions où la musique était pour quelque chose, dans les églises même. C'est ce qu'on remarqua à la messe de la Saint-Louis en 1753, dans la chapelle du Louvre, où le célèbre soprano napolitain Caffarelli chanta un motet italien ; il eut constamment les yeux fixés sur le coin de la reine, qui était à la droite de sa tribune. Le coin de la reine triomphait ; Jean-Jacques Rousseau avec son *Devin du Village*, dont la musique était plus analogue au chant italien qu'aux longs fredons français. La révolution musicale allait s'opérer. La contre-révolution éclata par les intrigues d'un compositeur médiocre, Mondonville, auteur de l'opéra de *Titon et l'Aurore*. Craignant pour le succès de son ouvrage, il négocia sourdement auprès de messieurs du coin de la reine, protestant de son respect pour leurs oracles, ainsi que de son admiration pour la musique italienne, et promettant, s'ils laissaient réussir *Titon*, de composer un opéra dans le genre italien (ce qui lui aurait été impossible). On s'amusa de sa requête, qu'on mit pourtant en délibération. Les fanatiques, toujours prêts à détruire les anciennes idoles, opinaient pour un refus et une chute complète de sa pièce. Les hommes d'esprit, plus accommodants et plus gais, quoique passionnés pour la musique d'outre-monts, penchaient pour la modération, sans tirer à conséquence. Mais dans l'intervalle, pour plus de sûreté, Mondonville avait persuadé à ses protecteurs que le succès de sa pièce était une affaire nationale. Le patriotisme se réveilla. Mᵐᵉ de Pompadour s'alarma pour la musique française. Le jour de la première représentation de *Titon et l'Aurore*, le coin de la reine fut occupé de bonne heure, par les gendarmes du roi, les mousquetaires et les chevau-légers. Messieurs du coin, trouvant leurs places prises, se dispersèrent dans les corridors, d'où ils entendirent les bruyants applaudissements prodigués à un ouvrage qu'on a depuis longtemps oublié. La défaite du coin de la reine fut complète. Les bouffons italiens furent renvoyés, et l'on continua de brailler à l'Opéra.

Il ne résulta de cette querelle que la *Lettre de Jean-Jacques Rousseau à D'Alembert sur la musique française*. Mais le coin de la reine prit sa revanche en 1754 au Théâtre-Italien, où *La Servante Maîtresse*, parodiée sur la musique de Pergolèse, et d'autres opéras du même genre, joués les années suivantes, écrasèrent la musique française, et habituèrent les spectateurs et les compositeurs eux-mêmes à une mélodie plus naturelle et plus agréable.

Lorsque Gluck, en 1774, commença la révolution musicale à l'Opéra, les *gluchistes*, ses partisans, furent en opposition avec les fanatiques de Rameau, qu'on appela *ramistes* ; puis, à l'arrivée de Piccini, en 1777, il y eut guerre entre les *gluchistes* et les *piccinistes* ; mais il ne paraît pas que les factions aient eu pour centre et pour foyer tel ou tel *coin*, pas plus que, depuis eux, les *rossinistes* et les *anti-rossinistes*, qui ont fait pendant quelques années tant de bruit. H. AUDIFFRET.

COING, fruit du cognassier. On en prépare un *sirop de coing* qu'on administre dans les cas de diarrhée rebelle. L'eau mucilagineuse qu'on obtient par immersion des pépins du coing est employée comme collyre dans plusieurs inflammations ophthalmiques. C'est ce même mucilage qui constitue la *bandoline* dont se servent les coiffeurs pour lisser les cheveux et leur faire conserver la disposition qu'ils leur donnent.

Le coing sert à faire des confitures. Les plus estimées se préparent dans le midi, et sont connues sous le nom de *cotignac*, qu'elles empruntent sans doute à une ville du département du Var, d'où il s'en expédie une grande quantité.

COIN SPHÉRIQUE. Un coin ou *onglet sphérique* est une portion de sphère comprise entre deux positions du demi-cercle générateur. Son volume est égal au produit de la surface du fuseau qui lui sert de base par le tiers du rayon.

COIRE (en langue romane *Coira*, en allemand *Chur*), chef-lieu du canton des Grisons, avec 5,600 habitants, pour la plupart protestants, est située à 583 mètres au-dessus du niveau de la mer, au pied du mont Bazokel, dans la belle vallée, entourée presque de tous côtés par de hautes montagnes, sur les bords de la Plessur, qui se jette à une demi-lieue de là dans le Rhin. Ce torrent, qui prend sa source dans les montagnes et qui exerçait autrefois par ses débordements de grandes dévastations dans ces contrées, est maintenant endigué et porte un pont en pierre par lequel on arrive dans la ville, où l'on est distribué au moyen de canaux. Aux environs de Coire on cultive la vigne et toutes espèces d'arbres fruitiers. C'est près de cette ville que le Rhin commence à devenir navigable pour de petits bâtiments. Elle doit en grande partie sa prospérité au commerce de commission qui s'y fait entre l'Allemagne et l'Italie. On y trouve plusieurs bons établissements d'instruction publique, une société économique et une société de minéralogie. Le palais épiscopal est situé à peu de distance de la ville, et, de même que la chapelle Sainte-Lucie, offre les points de vue les plus pittoresques. On y remarque surtout une vaste salle contenant un grand nombre de portraits d'évêques et de membres célèbres de la confédération helvétique, tous avec le costume de leur époque. La cathédrale, située dans la ville, contient de remarquables tombeaux, dont on attribue la construction à l'évêque Tello, et qu'on dit dater du huitième siècle. De beaux bâtiments adjacents devinrent la proie des flammes en 1811. Aux environs de cette cathédrale demeurent le petit nombre de catholiques résidant à Coire. L'église protestante de Saint-Martin, l'école cantonale, jadis protestante et aujourd'hui mixte, mais en butte dans son organisation actuelle aux attaques les plus violentes de la part du parti ultramontain, sont aussi de forts beaux édifices.

La ville de Coire est d'origine toute romaine; cependant le seul monument de quelque importance datant de l'époque romaine qu'on y trouve aujourd'hui est la tour de Marsœl ou Marsoila (*Mars in oculis*) adossée au côté nord du palais épiscopal. Vers le milieu du quatrième siècle, Coire reçut le nom de *curia Rhætorum*. Lors du séjour qu'il fit en cet endroit, où il n'y avait alors qu'un château fort, l'empereur Constantin l'agrandit assez pour en faire une ville. Elle devint siége d'évêché dès l'an 452; en 1419, quand elle se détacha de l'Empire d'Allemagne, elle accéda à la ligue de la maison de Dieu, qui plus tard devint presque tout entière soumise à la juridiction de l'évêque. En 1460 elle obtint de l'empereur les priviléges de ville libre impériale. Ensuite, tout en conservant ses priviléges, elle passa en 1498 sous la suzeraineté de l'évêque, qui était prince de l'Empire et suffragant de l'archevêque de Mayence. Les possessions temporelles de l'évêché furent confisquées en 1802 et accordées à la république helvétique à titre d'indemnité pour d'autres pertes.

COKE (en anglais *coak*), produit de la carbonisation de la houille. Cette espèce de charbon, d'invention anglaise, porte chez nous le nom que les Anglais lui ont donné. Il est aujourd'hui en France, comme chez eux, d'un grand usage, qui s'étend tous les jours, et qui doit nécessairement s'accroître beaucoup, car, en concurrence avec le charbon de bois, il a sur celui-ci l'avantage de l'économie dans le prix, et pour un grand nombre d'emplois il lui est bien supérieur. Ce n'est pas seulement dans les travaux des fonderies et pour la fonte du minerai de fer dans les hauts fourneaux que le coke est utile, ainsi que pour toutes les opérations qui nécessitent un haut degré de chaleur, on en reconnaît aujourd'hui l'avantage pour le chauffage domestique, et même pour le service des fourneaux de cuisine. Toutes les espèces de houille ne donnent pas un coke également propre à tous les usages. Si la houille que l'on veut soumettre à la carbonisation ne produit pas un coke tout à la fois compacte, peu terreux et totalement dessoufré, dans beaucoup d'arts il n'aura pas de succès. Quand à ces qualités le coke joint la propriété d'être resté encore un peu collant, même après sa débituminisation presque complète, c'est-à-dire s'il se prend en une masse, s'il est de la nature que les Anglais caractérisent par l'épithète de *caking coak*, s'il a l'aspect d'une frite, ou d'une porcelaine, ou terre cuite, il est ordinairement d'une qualité supérieure; et la houille qui donne un tel produit offre d'autant plus d'avantages que les moindres fragments en sont en quelque sorte meilleurs pour la carbonisation que les morceaux plus volumineux. Dans le procédé de la carbonisation de la houille, tous ces petits fragments se dessoufrent plus vite et plus complétement; ils se soudent d'ailleurs entre eux, de manière à ne plus offrir que de grosses masses adhérentes et compactes.

Quant au coke qu'on obtient comme résidu dans les cornues de fonte hermétiquement fermées qui servent de vases distillatoires dans la fabricaton du gaz d'éclairage, ayant été surchauffé, et en quelque sorte épuisé pour en extraire tout ce qu'il était volatilisable, c'est un combustible fort inférieur en valeur aux autres espèces de coke. PELOUZE père.

COKE (Sir EDWARD), grand juge du *King's Bench* sous Jacques Ier, et l'un des jurisconsultes les plus distingués qu'ai eus l'Angleterre, né en 1549, à Milcham, d'une ancienne famille du Norfolk, après avoir étudié à *Inner Temple* (Londres), ne tarda point à se produire comme avocat. Les villes de Norwich et de Coventry le choisirent pour leur *recorder* (syndic), et quelque temps après il vint au parlement représenter le comté de Norfolk. En 1592 la chambre des communes l'élut pour président. La même année la reine Élisabeth le nomma *attorney general*, et en 1593 avocat général. En 1603, lors de son avénement au trône, Jacques Ier le créa *baronet*; et au mois de novembre de la même année il fut chargé de diriger à Winchester comme accusateur public la procédure criminelle intentée contre sir Walter Raleigh. A cette occasion Coke traita cet homme aussi célèbre que malheureux avec une dureté qui est demeurée une tache pour sa mémoire. L'année suivante le zèle dont il faisait preuve pour le service du roi fut récompensé par la place de grand juge des *Common Pleas*. En 1613 il fut nommé grand juge du *King's Bench* et membre du conseil privé. En 1615 il figura dans le procès intenté au comte de Somerset à l'occasion du meurtre de sir Thomas Overbury.

Mais, quoique prêt à obéir aux volontés du roi jusqu'aux limites extrêmes de la loi, s'étant refusé à se prêter à des mesures arbitraires, il tomba en disgrâce, fut éloigné du conseil privé, et perdit sa place de grand juge. Dès lors il figura à la chambre des communes parmi les champions des droits du parlement contre les usurpations de la couronne, et en 1623, ayant dans un discours des plus énergiques nié que les proclamations royales eussent la moindre valeur tant qu'elles n'avaient pas été confirmées par le parlement, Jacques lui fit arrêter et enfermer à la Tour. Cependant Coke ne tarda point à être remis en liberté. Sous Charles Ier il fut de nouveau élu membre de la chambre basse, où il figura au nombre des plus ardents adversaires du favori Buckingham, que, dans la session de 1626, il accusa personnellement d'être la cause de toutes les calamités auxquelles le pays était en proie. Ce fut lui aussi qui présenta à la sanction de la chambre la célèbre *petition of rights*. Coke mourut en septembre 1634. Quoiqu'il fut à l'agonie, le gouvernement fit mettre sous scellés son testament et tous ses papiers.

Coke jouit en Angleterre d'une grande autorité comme jurisconsulte. Bacon, quoique son rival et son ennemi personnel, avait coutume de dire que sans Coke la loi ne serait plus qu'un vaisseau sans lest. Ses *Institutes* et ses *Reports* constituent la base du droit anglais; et il en existe d'innombrables éditions.

COKE (WILLIAM), comte DE LEICESTER, célèbre agronome anglais, né en 1757, mort en 1839, mérita bien de ses concitoyens par les efforts qu'il fit pour transformer son domaine de Holkham, dans le comté de Norfolk, en établissement agricole modèle, pour introduire la culture alterne, pour améliorer les races bovine et ovine, et faire adopter des méthodes de culture basées sur des principes scientifiques. Sa vie est un des plus remarquables exemples qu'on puisse citer de la riche rémunération réservée aux travaux de l'agriculteur patient et intelligent. Dans l'espace de trente-six années, il réussit en effet à élever le produit annuel de ses domaines de 7,000 livres sterl. à 90,000. Il était en outre l'ami et le conseil de ses fermiers, qui en suivant ses avis s'enrichirent en même temps que lui, et qui le vénéraient comme leur père. Coke fut le premier pratiqua rigoureusement la célèbre méthode d'alternage de Norfolk en quatre campagnes : 1° des navets ou des fèves, fumier; 2° blé; 3° trèfle et *ray-grass*; 4° pacage. Ce fut lui aussi qui le premier recommança à ses compatriotes la culture du maïs et des turneps. Consultez, outre les ouvrages de Thaer, Rigby, *Holkham*, *its agriculture*, etc. (Londres, 1821); Molard, *Système d'agriculture suivi par M. Coke* (Paris, 1821).

COL, du latin *collum*, qui a la même signification. On s'est d'abord servi de ce mot pour désigner la partie du corps qui joint la tête à la poitrine. En ce sens il n'est plus en usage, et on lui a substitué le nom de *cou*; mais il est encore employé dans les acceptions suivantes : 1° espèce de cravate sans pendants; 2° partie supérieure d'une chemise, d'un rabat, etc., qui embrasse le cou; 3° passage étroit entre deux montagnes (*le Col de Pertuis, le Col de Tende, le Col d'Argentière*); 4° rétrécissement entre la tête et le corps d'un os long (*col de l'humérus*, *col du fémur*, etc.); 5° extrémité rétrécie de certains organes creux (*col de la matrice, col de la vessie*); 6° en géographie, échancrure arrondie que le faîte ou la crête d'un rameau de montagne présente à la naissance d'une vallée, lorsque les sillons qui donnent lieu à celle-ci semblent avoir emporté une partie de ce faîte en y aboutissant; 7° en botanique, prolongement que le fruit du synanthérées offre assez souvent au-dessus de la partie occupée par la graine, et qui a la forme d'un cylindre plus ou moins étroit.

Col est aussi une abréviation usitée dans les formules pharmaceutiques, pour *colature*.   L. LAURENT.

C'est plus particulièrement dans les Alpes que ce nom de *col* est appliqué aux étroites échancrures qui se rencontrent dans quelques crêtes de montagnes, où elles forment un passage naturel pour communiquer d'une vallée dans une autre. Dans les Pyrénées centrales, au lieu du mot *col* on emploie celui de *port*, en espagnol *puerto*; et les Allemands se servent dans le même sens des mots *joch* et *furca*. Les *cols* les plus importants des Alpes, où, toutes proportions gardées, ils sont moins nombreux que dans les Pyrénées, sont : le *Col du Géant*, sur le Mont-Blanc, et que des glaciers rendent tout à fait impraticable (3,526 mètres); le *Col Cervin* ou *Matter Joch* (3,400 mètres); le *Col Longet*, sur le Monte-Viso (3,869 mètres); le *Col de Fenêtre* (2,833 mètres) et le *Col de Tende* (1,866 mètres). Les plus remarquables des Pyrénées sont : le *Col de Jeganne* (2,956 mètres); le *Col Rouge* (2,890 mètres); le *Col de Liousès* (2,396 mètres); le *Col de Jau* (2,600 mètres); et le *Col d'Espitalet* (1,920 mètres), le moins élevé de tous.

COLARDEAU (CHARLES-PIERRE), né à Janville, près de Chartres, le 12 octobre 1732, était fils d'un receveur au grenier à sel, qui jouissait de quelque aisance; il n'avait que treize ans lorsqu'il perdit son père. Un oncle, curé de Pithiviers, se chargea de diriger son éducation; il l'envoya au collège de Meung-sur-Loire, puis dans la capitale, pour y apprendre les mathématiques; mais cette science parut aride au jeune homme, déjà possédé du démon de la poésie. On voulut alors en faire un avocat, et on le plaça chez un procureur, dont les dossiers ne lui servirent qu'à griffonner des vers. Ne sachant plus à quel état le vouer, l'honnête pasteur le rappela près de lui. Colardeau, voulant à la fois lui plaire et se livrer à son goût favori, traduisit en vers bon nombre de psaumes, d'hymnes, de cantiques; ce qui enchanta le curé, qui eût été moins satisfait sans doute s'il eût connu la traduction de l'*Épître d'Héloïse à Abailard* de Pope, déjà commencée en secret pour son neveu. Quoi qu'il en soit, en faveur des pieuses occupations de sa muse, il fut permis au jeune Colardeau de se livrer au culte des lettres, et il vint se fixer dans la capitale. L'héroïde était alors en faveur; celle dont nous avons parlé attira l'attention sur le poète de vingt-trois ans, dont on admira le style racinien et la brillante versification.

Enhardi par ce succès, il publia, avec beaucoup moins de succès, celle d'*Armide à Renaud*, dont le fond et les idées appartiennent au Tasse. Puis il voulut aborder la tragédie : l'épisode de Pygmalion du *Télémaque* lui fournit le sujet d'*Astarté*. L'ouvrage est bien écrit, mais faible de conception et de plan : il n'eut qu'une réussite médiocre, malgré tout l'art de Mlle Clairon, chargée du rôle principal. Il en fut de même de sa seconde tragédie, *Caliste*, où cependant il s'était inspiré d'une pièce anglaise d'un grand effet, *La Belle Pénitente*, de Rowe. Colardeau n'était pas né tragique, et une comédie posthume, insérée dans ses œuvres (*Les Perfidies à la Mode*), a achevé de prouver, malgré plusieurs traits ingénieux, que le théâtre n'était pas son élément. Il fut mieux inspiré dans ses *Épîtres à M. Duhamel* et à *Minette*, dans son poème des *Hommes de Prométhée*, et dans une élégante traduction des deux premières *Nuits d'Young*. On lui sut moins de gré d'avoir mis en vers *Le Temple de Gnide*, de Montesquieu. C'était une singulière idée de vouloir traduire ainsi non-seulement les poètes, mais les prosateurs les plus célèbres; car on prétend qu'il avait commencé la même opération sur le chef-d'œuvre de Fénelon. La crainte du ridicule la lui fit abandonner.

Colardeau était d'un caractère doux et mélancolique : il aimait beaucoup les femmes, les fleurs, la campagne. Quant aux premières, ses affections ne furent pas toujours heureusement placées : il fut l'adorateur bien fidèle, bien trompé, de la coquette Verrières, Aspasie moderne, qu'avait rendue fameuse sa liaison avec le maréchal de Saxe. Il eut du moins des amis sincères, même parmi ses confrères, et il méritait d'en avoir. Sachant que l'un d'eux, Watelet, s'occupait d'une traduction de *La Jérusalem délivrée*, non-seulement il discontinua celle qu'il avait entreprise, mais il jeta au feu plusieurs chants déjà terminés. Un autre motif non moins digne d'éloges, la modestie, le fit renoncer à traduire l'*Énéide*, lorsqu'il sut que l'abbé Delille entreprenait cette grande tâche.

A une époque où la correction du style décidait surtout des choix de l'Académie Française, Colardeau ne pouvait manquer d'y être élu. Il obtint cet honneur en 1776; mais sa faible santé, épuisée par le travail, ne lui permit pas d'y être admis. Il mourut le 7 avril de cette année, à peine âgé de quarante-quatre ans, et La Harpe, qui lui succéda, eut deux éloges funéraires, au lieu d'un, à placer dans son discours de réception. Doué d'une bienveillance inépuisable, il n'avait pas fait une seule épigramme dans sa vie. Il s'en permit une au lit de mort; mais elle n'eut rien d'acerbe : le poète Barthe imagina de venir lui lire dans ses derniers moments sa comédie de l'*Égoïsme*. « Mon ami, lui dit Colardeau, vous avez oublié un trait d'égoïsme : c'est celui d'un auteur qui vient accabler un mourant de la lecture d'une comédie en cinq actes. » Trois ans après la mort de Colardeau, en 1779, on publia une édition complète de ses œuvres, en deux volumes in-8°. Ses œuvres choisies ont eu plusieurs éditions; il n'en restera guère que son *Épître d'Héloïse*, dont les âmes tendres et les amis des lettres apprécieront toujours la poésie touchante et harmonieuse.   OURRY.

COLATURE (en latin *colatura*, du verbe *colare*, couler), expression employée en pharmacie comme synonyme de *filtration*, mais par laquelle on désigne plus spécialement le liquide filtré.

COLBACH ou **KOLBAK**, mot qui est une corruption du turc *calpak*, *kalpack*, passé dans le valaque, le moldave, le hongrois, et naturalisé en France dès le commencement de ce siècle. Notre colbach est une coiffure militaire de peau d'ours, sans plaque, dont la partie supérieure est plate : il en sort parfois aussi, comme ornement inutile, un long bonnet de drap terminé par une houppe. La carcasse de ce bonnet à poil tronqué est en carton, sans visière, cordons, ni tresses. Hideux accoutrement, il n'est connu dans l'armée française que depuis qu'il fut adopté par les chasseurs à cheval de la garde consulaire, qui en avaient trouvé le modèle en Égypte; ils l'avaient pris lorsqu'ils composaient le corps des guides du général en chef.

C'est d'eux qu'il a été imité sous l'Empire et la Restauration comme coiffure de quelques corps d'élite, de hussards, de chasseurs à cheval et d'artillerie volante. Bientôt il devint et est resté jusqu'à ce jour le partage presque exclusif des tambours-majors de l'infanterie française et des tambours-majors et tambours-maîtres de la garde nationale.

Gal BARDIN.

Depuis le rétablissement de l'empire, le corps des guides a repris à peu près son ancien uniforme, y compris le colbach, dont le volume a seulement été diminué. Les remarques faites à l'égard du bonnet à poil, dont celui-ci n'est qu'une variété, sont applicables au colbach.

COLBERT (JEAN-BAPTISTE), marquis de *Seignelay*, le célèbre ministre de Louis XIV, était né le 29 août 1619, à Reims, où son père faisait le commerce des draps. Il avait un oncle établi à Troyes et qui fut le véritable auteur de sa fortune. Cet oncle, *Odart* COLBERT, qui avait épousé la fille d'un épicier de Troyes, et qui au début de sa carrière tenait à grand honneur de pouvoir s'asseoir comme marguillier au banc-d'œuvre de sa paroisse, faisait le commerce en gros des grains, des vins et des étoffes. Ses opérations arrivèrent avec le temps à prendre tant d'extension, qu'il finit par avoir à Anvers, à Francfort, à Lyon, à Venise, à Florence, etc., des comptoirs où, par des représentants de sa maison, il faisait de grandes affaires en produits tant naturels que manufacturés de la Champagne; et par suite il acquit une rare habileté dans les diverses opérations de change et de banque, à cause de l'importance des recouvrements qu'il avait à faire sur ces différentes places et de l'extrême mobilité à laquelle étaient alors sujettes les valeurs monétaires. Parvenu à une grande et belle fortune, il acheta une savonnette à vilain, la charge de *secrétaire du roi*, et la terre de Villacerf, située à peu de distance de Troyes. Il compta assurer l'avenir et la fortune de son neveu, Jean-Baptiste Colbert, en le tirant de la boutique enfumée de son père, pour le faire entrer dans la maison de deux banquiers italiens, appelés Maserani et Cenami, ses correspondants à Paris, où il devait s'initier aux mystères de la banque et aux grandes opérations du haut commerce. Maserani et Cenami étaient précisément les banquiers de Mazarin, à qui ils recommandèrent leur jeune commis; et bientôt le tout-puissant ministre, appréciant la capacité réelle de Colbert, lui confia la direction de ses affaires particulières. Ensuite, il le fit pourvoir du titre de secrétaire des commandements de la reine, et d'une charge d'intendant des finances, supprimée plus tard. En 1654 il fut nommé conseiller d'État. A ce moment Louis XIV commençait à s'occuper d'affaires d'État. Par suite de l'état maladif de son patron, Colbert eut souvent l'occasion de travailler en particulier avec ce prince, et de s'insinuer peu à peu dans sa confiance. La situation financière de la France était alors déplorable. Colbert eut la franchise de s'en expliquer sans détour avec le roi et de lui ouvrir les yeux sur l'abîme vers lequel on marchait. Quand Mazarin se sentit près de mourir, il nomma Colbert l'un de ses exécuteurs testamentaires, et il crut remplir un devoir de conscience en le recommandant expressément à Louis XIV comme l'homme qu'il jugeait le plus capable de bien mener ses affaires après lui. Le roi fit droit à cette recommandation, car il avait déjà pu se convaincre par lui-même qu'elle était méritée; et le cardinal ne fut pas plus tôt mort (9 mars 1661), qu'il rétablit en faveur de Colbert la charge d'intendant des finances précédemment supprimée. C'était un moyen détourné employé pour faire de lui une espèce de ministre et pour donner un rival et un surveillant à Fouquet, depuis longtemps tombé dans la disgrâce du roi, quoique celui-ci se gardât encore bien d'en rien faire paraître. Le 5 septembre suivant, le surintendant Fouquet était arrêté à Nantes en sortant du conseil du roi; tous ses papiers étaient en même temps saisis et enlevés; et Colbert lui succédait immédiatement au ministère des finances. Il serait à désirer pour l'honneur de la mémoire de Colbert qu'il fût resté neutre dans la longue et monstrueuse procédure instruite contre son prédécesseur; mais on ne saurait douter qu'il fut l'un de ses plus implacables persécuteurs. En vain Fouquet insistait pour n'être pas distrait de ses juges naturels, et provoquait lui-même le plus sévère examen des charges élevées contre lui dans l'accusation dont il était l'objet; on ne lui permit pas même d'établir ses moyens de défense. Autorisé à présenter des moyens justificatifs par un arrêté du conseil en date du 24 novembre 1662, il avait remis à son défenseur des notes et des observations sur les charges produites contre lui; mais à peine avait-on commencé l'impression des deux premiers cahiers de son mémoire, que les feuilles imprimées et le manuscrit furent saisis et enlevés chez l'imprimeur par le commissaire de police Le Picard, en vertu d'un ordre signé *Colbert*.

Colbert, d'ailleurs, était devenu l'homme indispensable, et le trône n'allait pas tarder à lui devoir un éclat jusque alors inconnu. Il fit appel à tous les talents, à toutes les capacités; et tous les arts répondirent à cet appel par des chefs-d'œuvre. Les savants, les artistes, le saluèrent du nom de *Grand* : c'en était là un hommage mensonger imposé par un orgueilleux patronage, mais l'expression libre de la reconnaissance. La postérité a confirmé ce surnom à Colbert; elle en a déshérité Louis XIV.

Sans avoir le titre de *premier ministre*, Colbert, après la mort de Mazarin, en exerça réellement les fonctions. Il réunissait trois portefeuilles dans ses attributions : les finances, la marine et la maison du roi. Il avait acheté le ministère de la marine à M. de Lyonne, premier titulaire de ce département, qui jusque alors avait été administré par une commission spéciale. Tout était à refaire dans cette partie de l'administration, qui intéresse si essentiellement la sûreté de l'État et le commerce. Il est moins difficile de créer toutes les bases d'une administration nouvelle que d'améliorer une vieille administration vicieuse; mais rien n'est impossible au génie : et ses efforts et ses succès grandissent avec les obstacles. En moins de cinq années Colbert eut augmenté la marine de 50 vaisseaux de guerre, de 8 galères et de 20 brûlots. C'est ainsi que la France comptait en 1672 60 vaisseaux de ligne et 40 frégates, et en 1681 198 bâtiments de guerre et plus de 100,000 marins pour le service des équipages et de l'artillerie. Les frais d'administration étaient aussi bien moindres qu'ils ne le sont devenus depuis. Colbert ne se borna pas à créer des institutions, il s'efforça de les rendre durables par des règlements, œuvre des hommes les plus éclairés et les plus habiles en chaque matière. C'est ainsi qu'il fit paraître successivement l'*Ordonnance de la Marine*, le *Code Marchand*, le *Code Noir*, et l'*Ordonnance civile* de 1667. Ces règlements devinrent autant de lois pour le pays, et plusieurs de leurs dispositions ont trouvé place dans notre législation actuelle. L'*Ordonnance de la Marine* est regardée comme un chef d'œuvre, et régit encore nos établissements maritimes.

Le même homme d'État faisait marcher de front, et sur une échelle aussi large, les finances, les sciences, le commerce, l'agriculture et l'administration si compliquée, si variable, des dépenses de la couronne; l'administration la plus dispendieuse, la plus surchargée de détails, et en résultats la moins importante de toutes.

En succédant à Fouquet, Colbert trouva le département des finances dans un état complet de désorganisation et d'anarchie. Il fut à la fois le créateur et le législateur de l'administration des revenus publics. Il décupla les produits de l'impôt en ouvrant à l'industrie, à l'agriculture, une large voie d'amélioration et d'encouragement. Il savait que ce n'est en effet qu'en assurant le bien-être des producteurs qu'on multiplie à l'infini la valeur des produits. L'exemple de Colbert et ses leçons ont malheureusement été perdus pour la plupart de ses successeurs au pouvoir. Louis XIV aimait le faste, mais Colbert ne l'aimait que là où il pouvait évidemment profiter au pays, et au besoin il savait tenir à son maître un langage plein de la plus noble fermeté pour lui recommander de l'économie. Le rapport qu'il adressait au roi en 1666, au sujet de ces inutiles et fastueux camps de paix au milieu desquels il aimait tant à parader, est une belle page dans la vie de ce ministre.

« Voici, Sire, un métier fort difficile que je vais entreprendre; il y a près de six mois que je balance à dire à Votre Majesté les choses fortes que je lui dis hier et celles que je vais encore lui dire. Je sais auprès de Votre Majesté le métier sans comparaison le plus difficile de tous : il faut de nécessité que je me charge des choses les plus difficiles, et de quelque nature qu'elles soient. Je me confie en la bonté de Votre Majesté, en sa haute vertu, en l'ordre qu'elle nous a donné et souvent réitéré de l'avertir au cas qu'elle allât trop vite, et en la liberté qu'elle m'a donné souvent de lui dire mes sentiments.

« Votre Majesté a tellement mêlé ses divertissements avec la guerre de terre, qu'il est bien difficile de les diviser; et si Votre Majesté veut bien examiner en détail combien de dépenses inutiles elle a faites, elle verra bien que si elles étaient toutes retranchées elle ne serait point réduite à la nécessité où elle est.

« Votre Majesté a triplé les dépenses de son écurie, sous prétexte que dès lors qu'elle aura des affaires elle la remettrait au même état qu'elle était auparavant.

« Si Votre Majesté considère son jeu, celui de la reine, toutes les fêtes, repas, festins, etc., elle trouvera que cet article monte encore à près de 300,000 livres; que les rois ses prédécesseurs n'ont jamais fait cette dépense, et qu'elle n'est point du tout nécessaire.

« La dépense des meubles, quoique Votre Majesté se soit retranchée, ne laisse pas de monter toujours à des sommes considérables.

« Votre Majesté donne encore beaucoup de pensions et de gratifications inutiles à sa gloire, demeurant d'accord toutefois qu'il faut que Votre Majesté donne quelque chose à ses plaisirs.

« Il est encore bon que Votre Majesté sache deux choses dont on n'a osé demeurer d'accord quand elle l'a demandé : l'une, qu'il a été affiché dans Paris un libelle portait ces mots : *Louis XIV donnant les grandes marionnettes dans les plaines de Moret*; et un autre qui a été distribué dans les maisons, portant ces mots : *Parallèle des siéges de la Rochelle et de Moret, faits par les rois Louis XIII et Louis XIV*. Je sais bien, Sire, que ces sortes d'écrits ne doivent entrer pour rien dans les résolutions des grands princes; mais je crois qu'ils doivent être considérés dans les actions indifférentes qui requièrent l'approbation publique. »

Ministre de la maison du roi, Colbert avait dans ses attributions la direction générale des bâtiments et des grands établissements publics. Il augmenta la Bibliothèque royale, agrandit le Jardin du Roi, fit construire l'Observatoire, l'enrichit d'instruments précieux, et mit à la tête de cet établissement les deux plus célèbres astronomes de l'Europe à cette époque, Huyghens et Cassini. Il fit commencer la méridienne qui traverse la France et envoya de savants physiciens à Cayenne pour y faire des observations. La capitale lui doit ses plus beaux monuments, le Louvre, les Invalides, le jardin des Tuileries, etc.; en outre, la plupart des résidences royales furent embellies. Il fonda l'Académie des Inscriptions, dont sa maison fut le berceau en 1663, et quelques années après l'Académie des Sciences; il établit sur de nouvelles bases celles de peinture et d'architecture. Ce n'est pas tout : l'habile ministre voulut que les savants étrangers se ressentissent de la munificence de son maître. « Il n'y avait point de savant d'un mérite distingué,

dit Perrault, quelque éloigné qu'il fût de France, que les gratifications n'allassent trouver chez lui par des lettres de change. » Il leur accordait même des pensions, mais on est tout surpris d'apprendre que le chiffre de cette dépense ne s'élevait qu'à la somme de 16,000 livres, qui ferait à peu près 28,000 fr. de notre monnaie actuelle. Les savants, les littérateurs et les artistes français, comme on peut bien le penser, eurent aussi leur part dans les libéralités du grand roi. Toutefois, le chiffre des pensions accordées aux gens de lettres par Louis XIV allait à peine à 60,000 fr. La liste des parties prenantes avait été rédigée par Chapelain; les curieuses appréciations dont elle est accompagnée nous engagent à la placer ici :

Au sieur *La Chambre*, médecin ordinaire du roi, excellent homme pour la physique et pour la connaissance des passions et des sens, dont il a fait divers ouvrages fort estimés. .... 2,000 liv.
Au sieur *Conrart*, lequel sans connaissance d'aucune autre langue que la maternelle, est admirable pour juger de toutes les productions de l'esprit. 1,600
Au sieur *Le Clerc*, excellent poëte français. 600
Au sieur *Pierre Corneille*, premier poëte dramatique du monde. 2,000
Au sieur *Desmarets*, le plus fertile auteur, et doué de la plus belle imagination qui ait jamais été. 1,200
Au sieur *Ménage*, excellent pour la critique des pièces. 2,000
Au sieur abbé *de Pure*, qui écrit l'histoire en latin pur et élégant. 1,000
Au sieur *Boyer*, excellent poëte français. 800
Au sieur *Corneille le jeune*, bon poëte français et dramatique. 1,000
Au sieur *Molière*, excellent poëte comique. 1,000
Au sieur *Benserade*, poëte français fort agréable. 1,500
Au Père *Lecointre*, habile pour l'histoire. 1,500
Au sieur *Huet*, de Caen, grand personnage qui a traduit Origène. 1,500
Au sieur abbé *Cottin*, poëte et orateur français. 1,200
Au sieur *Charpentier*, poëte et orateur français. 1,200
Au sieur *Sorbière*, savant ès-lettres humaines. 1,000
Au sieur *Dauvrier*, hébreu. 3,000
Au sieur *Ogier*, consommé dans la théologie et les belles lettres. 1,500
Au sieur *Valter*, professeur parfaitement la langue arabe. 600
Au sieur *Le Vayer*, savant ès-belles-lettres. 1,000
Au sieur *Le Laboureur*, habile pour l'histoire. 1,200
Au sieur de *Sainte Marthe*, habile pour l'histoire. .. 1,200
Au sieur du *Perrier*, poëte latin. 800
Au sieur *Fléchier*, excellent latin et français. 800
Aux sieurs de *Valois* frères, qui écrivent l'histoire en latin. 2,400
Au sieur *Maury*, poëte latin. 600
Au sieur *Racine*, poëte français. 800
Au sieur abbé *de Bourzais*, consommé dans la théologie positive scolastique, dans l'histoire, les lettres humaines et les langues orientales. 3,000
Au sieur *Chapelain*, le plus grand poëte français qu'il ait jamais été, et du plus solide jugement. 3,000
Au sieur abbé *Cassagne*, poëte, orateur et savant en théologie. 1,500
Au sieur *Perrault*, habile en poésie et en belles-lettres. 1,500
Au sieur *Mezerai*, historiographe. 4,000

Colbert, dans une circonstance décisive pour son existence politique, se montra aussi habile courtisan qu'habile homme d'État. Ce trait le peint tout entier. Après deux brillantes campagnes, la paix avait été signée à Nimègue, en 1678 et en 1679, avec la Hollande, l'Espagne, la Suède, l'empereur et l'Empire. Des fêtes avaient été ordonnées à Paris et dans les provinces; Versailles devait avoir la sienne, et cette fête devait être digne de Louis XIV. On parla au roi d'un carrousel dont la magnificence exciterait l'envie et l'admiration des illustres étrangers qui viendraient y représenter les diverses cours de l'Europe. Les dépenses de la guerre avaient épuisé le trésor; le peuple était écrasé d'impôts, et le roi lui-même n'osait affronter l'austère économie de Colbert. Les courtisans espéraient que Sa Majesté éprouverait un refus, et que, dans le cas où le ministre faiblirait, le surcroît d'impôts qui en serait le résultat obligé soulèverait contre lui le mécontentement public. Donc, dans l'une et l'autre hypothèse, la disgrâce du ministre paraissait certaine, et sa retraite laisserait trois portefeuilles vacants. Mais Colbert, instruit de ce qui se tramait contre lui, prenait en silence ses mesures pour satisfaire le roi au delà même de ses désirs. On ne parlait dans les grands et les petits appartements que du carrousel projeté. Colbert seul se taisait et feignait de tout ignorer. Enfin, le roi hasarda la pénible confidence; le ministre joua l'étonnement, il fronça le sourcil au seul mot de *dépense*. Le roi, embarrassé, déclara qu'il fallait choisir parmi les plans présentés celui qui paraissait le moins dispendieux : il semblait s'excuser d'avoir agréé trop légèrement ce projet de fête. Quelle fut sa surprise lorsque Colbert, après lui avoir exposé l'état d'épuisement du trésor, ajouta que, puisqu'il était question d'une fête, il fallait qu'elle fût digne du plus grand monarque du monde ! Il prit les divers plans, et les emporta sous prétexte de les examiner. Bientôt il annonça au roi que le carrousel coûterait 1,800,000 livres. Le roi, effrayé de l'énormité de la somme, déclara qu'il renonçait à la fête. Mais Colbert lui fit observer que son honneur était maintenant en jeu, et s'engagea à trouver les fonds nécessaires. Alors, il fit annoncer le carrousel dans toutes les feuilles de l'Europe, et on ne s'occupa plus que des préparatifs. Comme il l'avait prévu, les étrangers affluèrent dans la capitale, la haute noblesse des provinces accourut; toutes les villes manufacturières avaient envoyé à Paris les plus riches produits de leurs fabriques. Dès que Colbert fut informé que tous les princes et seigneurs français avaient acheté leurs brillants costumes pour le carrousel, il conseilla au roi de donner un grand bal à la cour. Tous les invités y figurèrent dans leur nouvelle parure, et Colbert fixa peu de jours après l'ouverture du carrousel. Les premières parures n'étaient plus de *mise*. Il fallut en faire confectionner d'autres, et il en résulta de doubles dépenses pour les invités. Le concours des marchands à Paris offrait le spectacle d'une riche et brillante exposition : Louis XIV était enchanté. Quand vint le *quart d'heure de Rabelais*, Colbert se présenta. Le roi, pour prévenir un pénible examen du détail, lui demanda le chiffre total des différents comptes réunis. Il s'attendait à une dépense énorme. Colbert lui démontra qu'elle n'avait pas excédé 1,200,000 livres ; que les droits perçus par le fisc sur les marchandises et les denrées de consommation s'étaient élevés à plus de deux millions, en sorte que, tout payé, il en était rentré encore un plein dans les coffres du trésor. Ainsi cette fête, qui n'avait été préparée par une cabale de courtisans que pour perdre Colbert dans l'esprit du roi et soulever contre lui l'opinion publique, consolida sa puissance et son crédit. Il continua de gouverner la France sans éprouver d'opposition sérieuse. Il avait pour lui l'opinion et l'entière confiance du monarque, dont il caressait la vanité par une déférence habilement calculée. Louis XIV croyait gouverner par lui-même, quand il ne faisait qu'apposer son nom aux ordonnances de son ministre.

On conçoit qu'enivré des éloges des savants, des poètes, des artistes, enorgueilli de la magnificence de sa cour, des succès et des conquêtes de ses armées, Louis XIV, parvenu dans la première partie de son règne à l'apogée de la gloire et de la puissance, put rêver la monarchie universelle. Il avait alors d'habiles généraux, et le plus habile des ministres : tout changea quand Colbert ne fut plus. Et déjà depuis longtemps livré aux insinuations d'une vieille maîtresse dont il fit sa femme, et de ses confesseurs jésuites, Louis XIV, se survivant à lui-même, n'avait plus de volonté que ses entours, que la coterie de la prude Maintenon, qui lui répétait à chaque instant que le principe de gouvernement d'un roi chrétien devait être : *une foi, une loi, un roi*. On lui présentait la conversion de tous les protestants comme la chose la plus facile, la plus glorieuse. On ne négligea rien pour l'entretenir dans cette erreur : Colbert seul protégeait les protestants dans les conseils. Il ne fit point de cette déplorable affaire une question de théologie, mais une question de finances. « Attaché, dit Rhullière, à tout ce qui pouvait contribuer à la richesse, à la prospérité du royaume, il sentait tout ce qui était dû de ménagements à une religion professée par les négociants les plus accrédités, les manufacturiers les plus industrieux et presque toute la population de nos côtes maritimes. Il employait volontiers les calvinistes dans les finances royales, où il se louait de leur probité, de leur modestie ; mais ce ne fut pas un protecteur aveugle, et pendant cette même faveur dont ils jouissaient sous son administration, on supprima dans les parlements de Paris et de Rouen ce qu'on nommait les *chambres de l'édit*, établissement qui avait porté quelque trouble dans le cours de la justice. » Colbert avait perdu de son influence dans le conseil, comme l'observe le même historien, lorsqu'il mourut âgé de soixante-quatre ans, le 6 septembre 1683 ; et le fatal arrêt de révocation fut rendu qu'en 1685. Il avait eu neuf enfants, six fils et trois filles : celles-ci épousèrent trois ducs et pairs, Chevreuse, Saint-Aignan, et Mortenart, fils du maréchal de Vivonne. Il laissait une fortune de plus de dix millions de livres, et avait ouvert à tous les siens la carrière des honneurs. Son frère *Charles*, marquis de Croissy, fut conseiller d'État, président au conseil d'Alsace, premier président du parlement de Metz, intendant de justice, ambassadeur en Angleterre, l'un des plénipotentiaires de la France à Nimègue et à Aix-la-Chapelle, ministre des affaires étrangères en remplacement d'Arnauld de Pomponne ; son fils aîné, *Jean-Baptiste*, marquis de Seignelay, se distingua comme ministre de la marine, dota la France d'une flotte respectable, à la tête de laquelle il bombarda lui-même Gênes et alla combattre plus tard l'Angleterre et la Hollande ; un autre de ses fils, *Jacques-Nicolas*, archevêque de Rouen, fut admis à l'Académie Française, où Racine lui répondit en qualité de directeur. Il se signala par sa tolérance envers les calvinistes, et fut l'un des créateurs et des premiers membres de l'Académie des Inscriptions. Quatre-vingt-dix ans après la mort du grand Colbert, son éloge était mis au concours par l'Académie Française, et le prix décerné à N e c k e r.

Colbert, nous l'avons vu, était fils de ses œuvres. Il fut un grand citoyen, et il eut la faiblesse de rougir son origine plébéienne ; il se fit dresser une généalogie qui le faisait descendre d'un chevalier Richard Colbert, dit l'*Écossais*, décédé en Champagne au commencement du quatorzième siècle ou dans la dernière année du treizième. L'illustration personnelle qu'il devait à son génie, aux services qu'il rendit aux sciences, aux arts, à tous les genres d'industrie, valait mieux que les parchemins de la chancellerie. Sa véritable noblesse datait de son entrée au ministère ; elle est écrite dans les pages de l'histoire ; elle a été confirmée par les suffrages et la reconnaissance de ses contemporains et de la postérité.
Dufey (de l'Yonne).

COLBRAND (Isabelle). *Voyez* Rossini.
COLCHESTER, chef-lieu du comté d'Essex, bâti sur le Colne, forme un port, compte environ 19,000 habitants, et est le centre d'une fabrication assez importante d'étoffes de laine et de coton. Cette ville est d'ailleurs renommée en Angleterre, surtout à cause des huîtres qu'on pêche dans ses environs. Il s'y trouve beaucoup d'antiquités romaines. On y découvrit entre autres, en 1829, un pavé en mosaïque d'une grande beauté ; circonstance qui a donné à penser à certains archéologues que s'élevait jadis le *Camulodunum* des Romains. À l'époque où le duc d'Albe dévastait la Flandre au nom de son maître Philippe II et de l'inquisition, un grand nombre de réfugiés

flamands vinrent s'établir à Colchester, et fondèrent les premières manufactures qu'ait eues cette ville. Pendant la lutte du long-parlement contre Charles Iᵉʳ, la ville de Colchester, asile des partisans du malheureux monarque, fut assiégée par les troupes du parlement, qui s'en emparèrent en 1648, après un siège aussi long qu'opiniâtre.

COLCHESTER (Charles ABBOT, vicomte), connu dans le monde politique comme *orateur* (président) de la chambre des communes d'Angleterre, était le fils d'un riche curé, et naquit le 14 octobre 1747, à Abingdon. Après avoir fait ses premières études à l'école de Westminster, il vint les achever à l'université d'Oxford; puis, quand son éducation fut entièrement finie, il alla se perfectionner à Genève, où il se lia d'amitié avec Jean de Muller. Quoique profondément versé dans la jurisprudence, il ne sentait aucune disposition pour le barreau. Il brigua au contraire et obtint, en 1795, un siége à la chambre des communes, et s'efforça d'introduire dans les délibérations de cette assemblée plus de lucidité et de précision dans les termes, ainsi que de faire rédiger les actes du parlement avec la simplicité de formes qui distingue les actes du congrès des États-Unis. Mais ces louables efforts demeurèrent infructueux. Quant à ses opinions politiques, il vota constamment avec le pouvoir. Il défendit avec ardeur le bill relatif aux séditions (*riot bill*) présenté par Pitt; appuya vivement, en 1799, le bill ayant pour but l'établissement d'un impôt sur le revenu (*income tax*), et, en 1800, présenta une motion ayant pour but de faire payer aux receveurs des revenus publics l'intérêt des sommes qu'ils ne feraient pas rentrer au trésor. En 1801 il fut nommé secrétaire du lord lieutenant d'Irlande, plus tard membre du conseil privé, et en 1802 la chambre basse l'élut pour son *orateur* (président). Dans le long exercice de ces importantes fonctions, il put déployer cette profonde connaissance de l'antique jurisprudence anglaise, des vieux précédents et usages parlementaires, qui lui valut une si juste réputation, et s'acquitta des devoirs attachés à cette place éminente avec autant de prudence que de dignité. En 1805, l'opposition ayant proposé aux communes de traduire en justice le premier lord de l'amirauté, Melville (Dundas), il décida par sa voix, qui forma la majorité absolue, la mise en accusation de ce haut fonctionnaire par-devant la chambre des pairs.

En 1817 l'affaiblissement de sa vue l'obligea à renoncer aux fonctions de la présidence, et le pouvoir l'en dédommagea en le nommant pair avec le titre de *vicomte Colchester*. Depuis, il vécut de la vie de famille, retiré dans sa terre de Mayfield, près d'Ost-Grinstead, et mourut à Londres, le 8 mai 1829.

COLCHICACÉES, famille de plantes monocotylédones, voisine des liliacées, et qui tire son nom de l'un des genres principaux qui la composent, le *colchique*. Ce groupe comprend des plantes herbacées que l'on trouve en Europe, dans le nord des deux continents, au Cap et dans la Nouvelle-Hollande. La racine en est souvent bulbifère, la tige simple et rameuse, les feuilles alternes, engainantes par la base, de forme variable; les fleurs terminales, le périgone pétaloïde, coloré, à divisions égales; les étamines périgynes, en même nombre, à anthères introrses; les ovaires triples, sont soudés par leur côté interne; les styles grêles, de la longueur du tube calicinal; le fruit à trois capsules à trois loges polyspermes.

Quelques colchicacées sont employées en médecine (colchique, vératre); il en est qui contribuent à l'ornement des jardins (les hélonias, les melanthium, le vératre noir, etc.). La plupart sont vénéneuses. Dʳ SAUCEROTTE.

COLCHICINE, alcaloïde extrait du *colchique commun*, en épuisant ses graines pulvérisées par l'alcool aiguisé d'acide sulfurique. Après un traitement convenable, la colchicine se dépose sous forme d'aiguilles incolores. Cet alcaloïde est amer et tellement vénéneux qu'un demi-centigramme suffit pour tuer un chat. La colchicine est colorée en brun jaunâtre par l'acide sulfurique, ce qui la distingue de la vératrine, avec laquelle on l'avait d'abord confondue.

COLCHIDE, contrée de l'Asie, fertile en vins, et en fruits, située sur la côte orientale du Pont-Euxin ou de la mer Noire, aujourd'hui la province de leur empire à laquelle les Russes donnent le nom d'Imérèthie, avec les districts de Mingrélie et de Gourie, fut célèbre à une époque extrêmement reculée de l'antiquité, comme la patrie de Médée et le but de l'expédition des Argonautes; mais les Grecs n'en eurent connaissance que par les colonies qu'y fondèrent les Milésiens. Les habitants de la Colchide à l'origine avaient leurs propres rois; mais plus tard ils passèrent sous l'autorité de Mithridate, roi de Pont. Ils finirent cependant par avoir des souverains particuliers, qui, à l'époque de l'empire romain étaient dépendants et tributaires de Rome. Leur cité la plus importante avait nom *Dioscurias*; plus tard on l'appela *Sebastopolis*: on la nomme aujourd'hui *Isgaur*. De tous les cours d'eau de la Colchide, le Phase était le plus important.

COLCHIQUE, genre de plantes unilobées, à fleurs tubuleuses et radicales, assez semblables à celles du safran (*crocus*). La corolle est monopétale, très-longue, à limbe campanulé, à six découpures profondes: six étamines, plus courtes que la corolle; l'ovaire est au fond du tube de la corolle, sur la racine de la plante, et supporte trois styles filiformes, prolongés jusque au-dessus des étamines. Le fruit est composé de trois capsules cohérentes dans leur partie inférieure, séparées par le haut, et contenant plusieurs graines arrondies et ridées.

Ce genre ne contient que trois espèces, dont l'une peut contribuer à l'ornement des parterres en automne; c'est le *colchique panaché* (*colchicum variegatum*, Linné), dont la fleur présente un limbe taché de petits carreaux pourpres, disposés en forme de damier. Mais la plus intéressante à connaître est le *colchique commun* (*colchicum autumnale*, Linné), connue sous les noms vulgaires de *tue-chien* et de *safran bâtard*, qui infeste les prairies, dont les bestiaux repoussent les feuilles et les tiges, et dont la nature vivace semble braver tous les efforts du cultivateur pour l'extirper. Sa racine est un bulbe globuleux, aplati d'un côté, couvert de tuniques noirâtres. La fleur, qui parait en automne, avant la tige et les feuilles, a jusqu'à douze centimètres de longueur; elle est d'un assez beau rose, et cependant son apparition aux approches de l'hiver ne plait nullement aux yeux. Les feuilles et les tiges chargées de fruits ne paraissent qu'au printemps; la plante alors est très-volumineuse, et usurpe un grand espace dans les prairies. Les feuilles sont larges d'environ trois centimètres, droites, lancéolées, engainées trois ou quatre en faisceau. Toutes les parties de la plante ont une odeur forte et nauséabonde, et le bulbe est regardé comme très-vénéneux. Cependant, le célèbre docteur Stark en préparait un remède contre l'hydropisie, et ne l'employant qu'avec les précautions dont il ne s'écartait jamais lorsqu'il faisait usage de l'extrait de ciguë. Quelques cures opérées avec succès ne peuvent suffire pour accréditer ces préparations, justifier la confiance des médecins et celle des malades. L'aversion de tous les herbivores pour toutes les parties des colchiques, quelle que soit l'espèce, est un avertissement qu'on ne doit pas négliger. Du reste, la chimie a constaté dans ces plantes l'existence de la colchicine, poison très-énergique, qui, dit-on, serait un de ceux dont se servait Médée. Les auteurs qui avancent ce fait prétendent que le colchique commun est très-abondant en Colchide, et ils voient dans le nom de ce pays l'étymologie de celui de la plante.

Les bulbes des colchiques contiennent beaucoup d'amidon, matière très-inoffensive pour l'organisation de l'homme et des quadrupèdes en général; il est donc possible d'extraire de ces plantes si dangereuses une substance alimentaire, et sans aucune qualité malfaisante. C'est ainsi que la cassave, nourriture habituelle d'un si grand nombre d'Américains, est tirée du manioc, dont un des principes solubles dans l'eau est un poison très-dangereux. FERRY.

COLCOTAR, nom donné par les anciens chimistes, et conservé dans le commerce, au *peroxyde de fer* que l'on obtient en calcinant la couperose verte (sulfate de fer) à une température très-élevée. Si la couperose employée pour cette opération est bien pure, et si le feu a été poussé assez loin, le produit solide est du peroxyde de fer; mais souvent la couperose contient du sulfate d'alumine, quelquefois du sulfate de cuivre; dans ce cas, le résidu est mélangé des bases de ces deux derniers sels. Si d'ailleurs la calcination n'a pas été complète, on n'obtient qu'un sous-sulfate de fer insoluble. Pour les usages auxquels on destine le colcotar, tels que le poli des glaces, de certains métaux, etc., il faut que la calcination ait été poussée à son dernier terme. Plus, d'ailleurs, elle sera lente et longtemps continuée, plus le fer s'oxydera complètement, et mieux vaudra le colcotar. C'est la même matière qui est appelée aussi *potée rouge*, *rouge-brun d'Angleterre*, *rouge de Prusse*. Une attention essentielle à avoir dans cette fabrication est de ne pas chauffer assez pour que le fer se désoxyde en passant au violet-pourpre; car dans ce cas la potée perd sa douceur, devient rugueuse, et elle raye les corps qu'on veut polir. PELOUZE père.

COLD CREAM (c'est-à-dire *crème froide*). C'est le nom qu'on a donné, d'après les Anglais, à une espèce de pommade ou d'onguent, devenu fort à la mode parmi les dames dans ces dernières années, à cause de sa bonne odeur et de sa propriété comme moyen d'embellir la peau. On le prépare en broyant avec soin une partie de cire fondue et deux parties de blanc de baleine avec huit parties d'huile d'amande et six parties d'eau de rose.

COLÉAH (*Casæ Calventi*), ville d'Algérie, située dans le département d'Alger, à 44 kilomètres d'Alger et à 24 de Blidah, à l'ouest de la Métidja, sur le versant méridional des collines du Sahel, qui l'abritent des vents du nord et de l'ouest, est bâtie dans un vallon qui débouche dans le bassin du Mazafran, à 150 mètres au-dessus du niveau de la mer. Sa population à la fin de 1852 était de 2,175 habitants, dont 1,299 indigènes. Coléah est d'une construction mauresque : ses maisons n'ont qu'un seul étage et une terrasse; ses rues sont assez régulièrement percées. Au centre de la ville se trouve une petite place triangulaire autour de laquelle sont de pauvres boutiques dans le genre de celles d'Alger, un café avec une fontaine et deux petites mosquées, dont les minarets s'élèvent à peine au-dessus des terrasses avoisinantes. Les cigognes, qui nichent sur les toits, se promènent librement dans les rues; les Arabes, qui les regardent comme sacrées, s'estiment heureux de les voir s'établir au-dessus de leurs maisons. Les indigènes s'adonnent principalement à l'agriculture; quelques fabriques d'étoffes de laine, deux ou trois ateliers de maréchaux ferrants et de cordonniers, occupent le reste des bras. La ville est entourée de jardins superbes, où croissent tous les arbres fruitiers de l'Europe; les eaux sourdent de toutes parts, abondantes et pures; elles sont distribuées avec art pour arroser de magnifiques vergers d'orangers, de citronniers et de grenadiers.

Le général Damrémont poussa le premier une reconnaissance vers cette ville, en avril 1837. Après lui, le maréchal Valée s'y rendit le 26 mars 1838, et en prit possession, afin de maîtriser la place, qui avait une grande influence sur le pays, et de contenir les Hadjoutes. L'armée ne s'établit pas tout d'abord dans l'intérieur de la ville, mais prit position sur un plateau qui domine Coléah et la défend à très-courte distance. Cet arrangement, qui parut le plus convenable sous le point de vue militaire, offrait en outre l'avantage de ne gêner en rien la population, qui s'en montra satisfaite. On jeta un pont de bateaux sur le Mazafran, pour la facilité des communications, quelquefois interrompues par les crues subites de la rivière, et le camp fut sérieusement fortifié par un parapet en terre sur les fronts de l'est, du nord et du sud, et par un mur d'appui sur les fronts de l'ouest. Lors de la reprise des hostilités, en 1839, on crénela et on organisa la mauvaise enceinte de Coléah, qui consistait alors en vieux murs de pisé, lézardés et croulant sous la seule action des pluies. Un hôpital fut établi dans la mosquée de Sidi-Embarek, et l'on organisa des magasins de vivres, de poudre et d'habillement.

Le plus remarquable des combats livrés devant Coléah fut celui du 1er mai 1841 : 2,000 cavaliers et 200 soldats réguliers, conduits par le bey de Miliannah en personne, vinrent, les deux heures de l'après-midi, attaquer la place, qui n'était défendue que par trois compagnies du 1er régiment de la légion étrangère et quelques soldats de l'artillerie et du génie, commandés par le chef de bataillon Poério. La déroute des soldats du bey de Miliannah fut générale, et ils repassèrent en désordre le Mazafran, emportant 50 cadavres et autant de blessés. L'agha Ben-Saama était au nombre des morts.

La ville de Coléah est un point stratégique d'une grande importance. Un arrêté du 5 juillet 1843 lui a donné pour annexe le village de Douaouda, placé sur une hauteur, à gauche du Mazafran, vers son embouchure, et qui se relie avec Coléah par un chemin de grande communication.

COLEBROOKE (HENRY-THOMAS), savant pour qui la langue sanscrite et la littérature indienne n'eurent point de secrets, né en 1765, vint de bonne heure s'établir dans l'Inde, et fut d'abord juge à Mirzapor, puis résident anglais à la cour de Berar. En 1816 il revint en Europe, et fit présent à la Compagnie des Indes orientales de sa riche collection de manuscrits indiens. Il mourut à Londres, le 10 mars 1837, président de la Société Asiatique, après une longue et douloureuse maladie. Pendant son séjour dans l'Inde il avait eu occasion d'étudier les ouvrages les plus rares et les plus difficiles de l'antique littérature indienne, tels que les Védas et leurs commentaires, ainsi que les ouvrages didactiques des grammairiens, des philosophes et des mathématiciens. Dans les divers écrits qu'on a de lui, il ne fait pas seulement preuve d'une érudition solide et profonde, mais en outre d'une critique judicieuse. Nous mentionnerons ici plus spécialement ses dissertations insérées dans les *Asiatic Researches*, recueillies plus tard dans les *Miscellaneous Essays* (2 vol., Londres, 1837). Il traduisit et publia plusieurs anciens livres de jurisprudence indienne, par exemple, *A Digest of Hindoo Law on Contracts and Successions, with a commentary by Jagannatha Tercapanchana* (4 vol., Calcutta, 1797); *Translation of Two Treatises on the Hindoo Law of Inheritance* (Calcutta, 1810); il fut aussi l'éditeur de quelques ouvrages originaux, tels que le *Mitakshara-Dharma sastra* (Calcutta, 1813), le *Daya bhâga* (Calcutta, 1844), etc. On lui doit aussi la publication des *Principes Grammaticaux de Panini* (Calcutta, 1809), du *Dictionnaire Amara Koscha*, avec traduction anglaise en regard (Serampore, 1808), ainsi que d'une *Grammar of the Sanscrit Language* (1 vol., Calcutta, 1805). En traduisant les ouvrages mathématiques des Indiens, notamment des *Lilavati* et des *Vijaganita* dans l'*Algebra of the Hindus, with Arithmetic and Mensuration from the sanscrit of Bramagupta and Bhascara* (Londres, 1817), Colebrooke a singulièrement contribué à enrichir l'histoire des mathématiques. Il a avancé dans diverses dissertations, *On the Philosophy of the Hindus*, et dans les *Asiatic Transactions*, les systèmes philosophiques des Indiens dans leurs diverses ramifications, et leurs livres didactiques avec leurs commentaires.

COLÉOPTÈRES (de κολεός, gaîne, étui, et πτερόν, aile), insectes qui constituent le cinquième ordre dans la classification de Latreille. La dénomination de *coléoptères* a prévalu sur celle de *vaginipennes* (de *vagina*, gaîne, et *penna*, aile), par laquelle on avait proposé de les désigner, et qui rappelle également que des quatre ailes dont sont pourvus ces insectes les deux supérieures sont en forme d'étuis ou d'**élytres**, caractère qui leur est commun avec les orthoptères et les hémiptères. Mais ce qui les différencie de ces deux autres ordres, c'est que les élytres des coléoptères se joignent au bord interne suivant une ligne droite; de plus elles sont crustacées, en forme d'écailles, horizontales; les ailes proprement dites, pliées seulement en travers, sont recouvertes par les élytres. Les autres caractères des coléoptères sont : des mandibules et des mâchoires nues et libres, d'où le nom d'*éleuthérates* (du grec ἐλεύθερος, libre), donné à ces insectes par Fabricius; antennes de formes très-variables, en général composées de onze articles; yeux à facettes au nombre de deux, point d'yeux lisses; dans quelques espèces, les élytres, soudés sur la ligne médiane, forment une sorte de bouclier : les ailes inférieures manquent alors. Quelquefois les élytres sont rudimentaires, mais ils ne manquent jamais complétement. Le nombre des articles du tarse varie depuis trois jusqu'à cinq. C'est sur ce caractère que Geoffroy a eu l'heureuse idée d'établir les quatre sections suivantes : 1° *coléoptères pentamères* (de πεντα, cinq, et de μέρος, partie ou article), c'est-à-dire ayant cinq articles à tous les tarses; 2° *hétéromères* (de ἕτερος, variable), cinq articles aux quatre tarses antérieurs et quatre aux derniers; 3° *tétramères* (de τετρὰ, quatre), quatre articles à tous les tarses; 4° *trimères* (de τρεῖς, trois), trois articles à tous les tarses. Ces quatre sections sont subdivisées en familles, dont les plus importantes sont : parmi les pentamères, les *cicindélètes* (genres *cicindèle*, etc.), les *carabiques*, les *hydro-canthares*, les *brachélytres*, les *malacodermes*, les *clavicornes*, les *palpicornes*, les *lamellicornes*, etc.; parmi les hétéromères, les *mélasomes* (*blaps*, etc.), les *taxicornes*, les *ténébrionites*, les *vésicants* (*cantharides*, etc.); parmi les tétramères, les *curculionites* (*charançons*, etc.), les *xylophages*, les *longicornes*, les *eupodes* et *cycliques*; et parmi les trimères, les *aphidiphages* (*coccinelle*, etc.) et les *fongicoles*.

Les changements de forme que les coléoptères subissent après être sortis de l'œuf sont complets. Leurs larves ressemblent à des vers mous. Elles ont une tête écailleuse, une bouche analogue à celle de l'insecte parfait et ordinairement six pieds. Dans quelques espèces ces pieds sont remplacés par de petits tubercules charnus. Leurs yeux sont de petits corps granuleux, qui paraissent résulter de l'assemblage d'un certain nombre d'yeux lisses. La nymphe est toujours inactive, tantôt nue et tantôt renfermée dans une coque faite des débris de diverses substances unies avec une matière visqueuse et soyeuse. La durée des métamorphoses et la manière de vivre, tant des larves que des insectes parfaits, varient dans les diverses familles des coléoptères. Leurs caractères anatomiques offrent des différences nombreuses, relatives à la variété de leurs mœurs.

Parmi ces insectes, quelques espèces (calandres) sont très-nuisibles, par les ravages qu'elles font aux différentes graines, en rongeant la substance farineuse; d'autres (anthrènes, dermestes) attaquent les pelleteries et toutes les substances animales. D'autres encore (cétoines, criocères, chrysomèles, hannetons, etc.) rongent les feuilles des plantes; enfin, la substance même du bois n'est pas épargnée par les capricornes, les leptures, etc. Mais tous ces insectes ne sont le plus souvent nuisibles que dans l'état de larve. Il en est de même à l'égard de certains coléoptères qui nous font des dommages, en attaquant soit les larves et les nymphes des abeilles que nous cultivons, soit les cochenilles ou les larves des clairons apivores et des coccinelles qui nous les font éprouver. Les insectes parfaits ne sont point malfaisants. Ils n'excitent la sollicitude de l'agriculteur qu'à cause de la ponte. Les coléoptères sont répandus avec profusion. On en rencontre partout, sur la terre ou sur le sable, dans les fientes des animaux, sous les pierres, dans la terre, à la racine des plantes, dans les troncs des arbres morts ou vivants, dans les charpentes, les boiseries, dans les cadavres frais ou desséchés, dans l'eau ou à sa surface; on en trouve aussi sur les fleurs et les feuilles des plantes. Aucun coléoptère n'est armé d'aiguillon venimeux pour piquer l'homme et les animaux domestiques; cependant quelques-uns, tels que les scarites, les carabes, les cicindèles, mordent ou pincent fortement lorsqu'on les saisit. Les buprestes passent pour être dangereux aux bœufs qui en avalent. L'action toxique des cantharides ingérées est très-connue. Les Romains nourrissaient avec de la farine plusieurs larves de coléoptères, appartenant, à ce qu'on croit, aux genres *lucane* et *capricorne*, pour les servir sur leurs tables. Les Indiens et les Américains préparent avec les larves du charançon palmiste des mets qu'ils mangent avec délices. Si l'on excepte la cantharide vésicatoire et le milabre de la chicorée, qui en Chine et dans tout le Levant sont employés de la même manière, aucun coléoptère n'est utile à la médecine ni aux arts. Cependant, les couleurs brillantes et métalliques de plusieurs genres (cétoines, buprestes, quelques charançons, carabes) permettraient de substituer ces insectes, pour l'éclat, dans des ouvrages de bijouterie, à l'or, à l'argent et aux pierres précieuses. Les couleurs vert-doré, azur et pourpre du charançon royal font un tel effet que quelques amateurs en ont fait monter des bagues. Plusieurs de ces insectes servent d'ornement et de parure aux Indiens; leurs femmes s'en font des colliers, des pendants d'oreille et des guirlandes.

Le nombre des espèces de coléoptères est si considérable qu'il s'élevait en 1824 à 6,692, dans la collection du comte Dejean, l'une des plus riches de notre époque; depuis, ce nombre s'est encore beaucoup augmenté.   L. LAURENT.

COLÉORAMPHE (de χολεός, gaîne, et ῥάμφος, bec), genre de l'ordre des échassiers, dont on ne connaît bien qu'une espèce, que les voyageurs ont décrite sous les noms de *pigeon* ou *poule antarctique*, espèce qui est très-rare dans les collections, quoiqu'on la rencontre fréquemment dans la grande mer du Sud. Cet oiseau est remarquable par son bec dur, gros, conique, comprimé, fléchi vers la pointe et recouvert en haut, ainsi que l'indique son nom, par une enveloppe ou gaîne de substance cornée, découpée par devant et garnie de sillons longitudinaux; cette enveloppe paraît pouvoir se soulever et se rabaisser, d'où les dénominations de *bec en fourreau* et de *vaginalis* que Latham et Cuvier lui donnent, et celle de *coleoramphus*, que M. Duméril a substituée à celle de *chionis*, sous laquelle Forster avait établi ce genre. Le coléoramphe est de la taille d'une perdrix. Son plumage est entièrement blanc. Ses jambes sont courtes comme celles des gallinacés, et les tarses écussonnés. Il porte au-dessus des yeux une grosse verrue brune. Ses joues sont nues ou garnies de petites verrues jaunes ou orangées. La gaîne entourant du bec est jaune ou noire. Les coléoramphes se tiennent en petites troupes, sur les bords de la mer, où ils vivent des animaux morts que la marée laisse ou se retirant ou que les flots rejettent sur le rivage.   L. LAURENT.

COLÈRE (mot dérivé du grec χολή, bile). L'exaltation de la colère émeut en effet la bile, et l'homme ou les animaux chez lesquels prédomine l'humeur bilieuse sont éminemment irascibles : *ira furor brevis*. Tel est ce bouillonnement impétueux suscité par la haine, l'injure, le mépris, l'offense et tout ce qui suppose l'intention de blesser ou de nuire. Il y a des individus qui se mettent en colère eux-mêmes, par dépit d'avoir fait quelque faute, éprouvé une perte, subi une peine ou un affront par leur propre erreur, par inattention, ou par suite de leurs passions. Hors ces circonstances, presque toujours la colère est une explosion extérieure, qui se manifeste par des actes violents, par

COLÈRE

une réaction énergique de vengeance contre l'agresseur, fût-ce même un objet inanimé. On voit le chien mordre avec fureur la pierre qui l'a blessé. Aussi la colère est-elle l'une des plus impétueuses et des plus fréquentes passions : elle allume les querelles et les guerres, cause d'incalculables ravages, ou suscite d'effroyables symptômes dans l'économie du corps humain, jusqu'à foudroyer d'apoplexie, comme il arriva à Sylla. La colère fait beaucoup de mal à autrui et à ceux qui s'y abandonnent; mais cette passion peut subir le frein d'utiles conseils. Nous nous garderons cependant de faire, avec Sénèque, un sermon en trois points (*De Irâ, libri tres*) pour chapitrer philosophiquement les hommes passionnés.

Outre le tempérament bilieux, à teint jaune et à cheveux noirs, crépus, à peau velue, les complexions maigres, aiguës, mobiles, dont les fibres sont sèches, excitables, entrent facilement en colère, tandis que les personnes grasses sont ordinairement de *bonne pâte*. De même les individus à jeun ou affamés, les malades, ceux qui veillent longtemps ou qui souffrent, deviennent colères, tandis que les bien-portants, les êtres gais, heureux (ou se croyant tels), les gens bien nourris, se montrent, surtout après leur repas, généreux ou bénévoles. Ainsi le caractère colérique annonce la souffrance ou le mécontentement intérieur. Les personnes les plus vaniteuses sont aussi les plus facilement blessées; c'est pourquoi on les a comparées à un ballon gonflé de vent, dont une piqûre d'épingle fait jaillir des tempêtes. Voilà pourquoi les prétentions des poètes, des artistes, des savants, des adorateurs même de chimères, dans tous les cultes religieux, politiques, philosophiques, etc., s'irritent sérieusement ou gardent une rancune implacable contre quiconque ne respecte point leur idole. Comme don Quichotte, ils mettent flamberge au vent pour leur Dulcinée. Si les faibles, les pauvres, se croyant trop souvent l'objet du mépris, deviennent irascibles et jaloux, les grands et les riches, par l'enflure que la fortune inspire à leur orgueil, se choquent du moindre oubli dans les respects qu'ils exigent; ce que prouvent toutes les guerres d'étiquette et de noblesse. Enfin la vive sensibilité des femmes, des enfants, des êtres délicats, engendre de petites picoteries continuelles, entretient des levains d'aigreur, surtout à cause des préférences et des prérogatives sociales, qui répandent tant d'amertume sur la vie. Il est des conditions qui semblent plus particulièrement vouées à la colère et aux vivacités, comme celles des marins, des militaires, des hommes chargés de la répression des délits, etc. De là naît aussi l'irascible pédantisme de plusieurs instituteurs, et la brutalité des conducteurs d'animaux, des bouchers, etc. Tout despotisme pousse à quelque degré d'irritation, et les tyrans sont condamnés à la fureur non moins qu'à la crainte.

On sait que des boissons excitantes, les spiritueux, les nourritures fortifiantes, la chair, disposent plus à la colère que les aliments végétaux ou tempérants; c'est aussi pourquoi les animaux herbivores se montrent généralement timides. De même, la perte de sang, le froid de la vieillesse rendent pusillanime. La chaleur vitale du jeune âge cause l'expansion de la colère, de l'amour, du courage et de la gaieté. La colère contribue quelquefois aussi à faire des héros sur les champs de bataille, ou des orateurs éloquents à la tribune. Trop de réserve nuit à l'élan de l'audace; la colère lui donne en revanche des ailes. Achille n'a point la circonspection d'Ulysse; Agamemnon, dans les bouillonnements de sa fierté, n'écoute point la sagesse du vieux Nestor. Il est des hommes chez lesquels l'irascibilité devient un besoin; ils cherchent querelle à tout le monde, et principalement à ceux qu'ils qualifient d'amis, car ils exigent plus d'attentions de leur part que de tous autres. Leur plus grand désappointement provient du refus de contester avec eux, et leurs domestiques même l'ignorent qu'ils seraient brusqués davantage s'ils ne fournissaient un léger aliment à la mauvaise humeur de leur maître. Il en est de ce genre d'é-

motion comme d'une pituite : ainsi nous avons connu un homme lent à purger qui n'obtenait des effets de sa médecine qu'après avoir été mis en colère à dessein, en brisant, par exemple, maladroitement un vase, etc. Il y a donc pour certaines complexions nécessité de décharger sa bile, afin d'entretenir la santé. Ce sont, au demeurant, des hommes généreux, francs, loyaux que la plupart de ces *bourrus bienfaisants*, quoiqu'ils soient d'un commerce difficile. Ils ne gardent jamais rancune, et deviennent des amis chauds, des cœurs sympathiques, rachetant leur tyrannie par de nobles qualités. Au total, on doit préférer leur société à celle des hommes réservés, ou sournois, parce qu'ils trompent moins. C'est en amour surtout que leurs raccommodements redoublent leur esclavage et leurs sacrifices pour un objet adoré; ils payent avec usure leurs extravagantes fureurs ! Mais aussi leurs jalousies, chez les femmes surtout, ne reconnaissent point de bornes, et ils exigent un dévouement réciproque : *notumque furens quid femina possit?*

On a pu remarquer combien certaines circonstances de temps et de lieu contribuaient à multiplier les causes de la colère; il y a des nations, des époques, des saisons plus irritables que d'autres : par exemple, le sauvage américain, au teint cuivré, quoique flegmatique pour tout ce qui tient au bien-être, est doué, dit-on, d'un tempérament colérique implacable dans ses vengeances atroces, tandis que le nègre (excepté certaines races de Cafres et de Gallas) est bonace et ne se souvient plus des injures, pour peu qu'on le traite mieux et qu'on flatte sa vanité. On sait que les peuples mongols sont bien plus colériques que les Hindous, quoique leur climat soit le même. On conçoit que les temps de révolutions et de grandes dissidences politiques ou religieuses exaltent les colères.

Si l'on peut dire qu'un léger mouvement de vivacité, loin de nuire à la santé, peut imprimer un essor utile à des complexions apathiques et indolentes, animer chez elles le cours du sang, faciliter le jeu et le développement organique (l'apparition des menstrues, l'action digestive, l'élaboration des sucs nutritifs, l'énergie musculaire, etc.), il n'existe cependant d'ordinaire aucun frein moral à la colère, si l'on cesse de tenir les rênes de la raison, et l'action organique animale l'emporte alors sur l'intelligence. C'est principalement dans le jeu de l'appareil nerveux sympathique que se manifestent les émotions du courroux; de là elles remontent au cerveau par réaction, puisque la première forte irritante émane de l'encéphale. Qu'une impression offensante vienne frapper notre esprit, et aussitôt une révolte inopinée de l'amour-propre surgit dans nos entrailles; le sang bouillonne; le pouls s'élève et pousse, du cœur qu'elle gonfle, des coups de piston précipités du sang dans toutes les artères du corps, principalement vers la tête; c'est pourquoi d'ordinaire la face rougit, les yeux s'allument, la bouche écume, un spasme nerveux dessèche les glandes salivaires. Tout l'appareil musculaire, irrité par ce flot ardent subit d'un sang ardent, se dresse, se roidit; le cuir chevelu lui-même hérisse les poils (telles se relèvent la crinière du lion, les soies de la hure du sanglier, les plumes du coq, du combattant ou paon de mer, les crêtes de plusieurs autres oiseaux, etc.); les entrailles, resserrées spasmodiquement, suspendent la faim; la vésicule biliaire comprimée refoule le fiel dans les intestins, ou, le faisant regorger dans l'estomac, rend la bouche amère et pâteuse; en cet état, les jambes tremblent et peuvent même entrer en convulsions; la langue s'embarrasse ou balbutie avec violence, les dents grincent, les traits du visage se tordent; les lèvres pantelantes se disjoignent, le teint devient livide et effrayant; des hurlements affreux s'échappent de la poitrine oppressée. Fuyez, vous qui êtes l'objet de cette colère, ou préparez-vous à un combat acharné !

D'ordinaire les *colères rouges* ont bien leur explosion violente et rapide, mais elles sont tout à fait expansives;

elles appartiennent aux tempéraments sanguins; elles se dissipent par une sorte d'évaporation, comme un air trop fortement comprimé qui trouve une issue. Au contraire, les *colères pâles* ou spasmodiques, plus concentrées et ramassant au-dedans toute leur véhémence, sont formidables dans leur explosion : ou elles portent à des attentats criminels, ou elles sont capables de crever le cœur, de rompre des vaisseaux artériels, de causer des anévrismes, d'exciter enfin chez les femmes enceintes des avortements et des hémorrhagies utérines mortelles. On a vu des apoplexies, des hémoptysies, des dilatations des ventricules du cœur, de l'aorte, de l'artère cœliaque ou d'autres gros vaisseaux succéder soudain à une impétueuse colère : ainsi d'atroces vengeances ont été châtiées elles-mêmes par ces ruptures intérieures, comme si le ciel eût voulu venger l'âme des tyrans dans leur propre corps, comme le remarquait Tacite en parlant de Tibère. Marat, presque toujours en colère, avait le pouls constamment fébrile; Robespierre éprouvait chaque nuit des hémorrhagies du nez qui inondaient son lit de sang, etc. L'exaltation des humeurs, par cette fermentation de la colère, peut aller jusqu'à les transformer en poison. Personne n'ignore que le lait d'une nourrice irritée suffit pour causer d'atroces coliques et des vomissements à son nourrisson; l'on a des témoignages que la morsure d'un homme furibond n'est pas exempte de symptômes analogues à ceux de la rage : elle suscite des accidents aussi dangereux que la bave d'un animal agacé, surtout du chien, détermine l'hydrophobie. L'homme peut tomber également dans des accès de rage, à la suite de violents transports de colère, et perdre ainsi la raison jusqu'à se mordre et se déchirer lui-même. Qu'on juge combien on est redoutable dans l'entraînement à de telles extrémités! On a vu des hommes si altérés de vengeance, que pour l'assouvir ils bravaient jusqu'à l'échafaud.

L'habitude de la colère est un péril toujours menaçant pour la santé, pour la vie. Rien ne tourmente plus les digestions; rien n'altère plus l'élaboration des sucs nutritifs; les colériques et les bilieux sont sujets à des spasmes, des coliques, des diarrhées, des fièvres ardentes, des hépatites, des ictères, des dépravations d'humeurs, des vomissements, des squirres, outre les épanchements et ruptures de vaisseaux, les hernies, les palpitations, les défaillances, les morts subites. Quoique moins souvent colères que les hommes, les femmes éprouvent peut-être davantage les ravages de cette passion, à cause de la grande mobilité de leur système nerveux et de leurs humeurs, des suppressions de règles, de lochies, de lait, ou des pertes effrayantes, auxquelles les moindres contrariétés exposent leur texture délicate. La colère déforme surtout les êtres faibles; elle flétrit la fleur de la beauté par les profonds sillons de la laideur. Le désordre n'est pas moindre à l'intérieur quand la contrainte sociale force de sourire avec un cœur gonflé du venin du dépit sous une poitrine haletante et comprimée. On a vu des pertes soudaines de la respiration et même de la vie en ces instants, et le terme de *crève-cœur* n'est pas toujours alors une exagération. Il ne faut donc pas se jouer avec cette passion, ni en négliger la répression dès le jeune âge, en modérant par le raisonnement tranquille et surtout par la diète, par les rafraîchissants, par des bains et même des saignées, les naturels trop colériques. Ainsi on a vu des boissons tempérantes suspendre un accès de colère; néanmoins, on a remarqué qu'un verre d'eau à la glace, pris dans un transport violent, peut causer la mort par une sorte d'étouffement; hors ces circonstances, heureusement fort rares, il est manifeste qu'un régime végétal, une diète lactée, la privation des liqueurs fortes, des habitudes de calme studieux, des impressions douces, éloignent des mœurs féroces. Sénèque, dira-t-on, n'a point corrigé Néron; mais ce monstre ne se soumit jamais au régime sobre et austère du philosophe, et les festins, la licence sont toujours les plus funestes aliments de la colère; ils corrompent même les plus heureux naturels. J.-J. Virey.

L'histoire a consacré les grands exemples de colère de Xantippe, femme de Socrate, d'Alexandre, d'Attila, de Richard Cœur-de-Lion, de Pierre le Grand, du cardinal Dubois, et surtout de Voltaire. Opposons à ces illustres exemples la modération de Louis XIV, jetant sa canne par la fenêtre pour n'en pas frapper Lauzun; celle de Socrate, disant à un esclave qui l'avait irrité : « Je te battrais, si je n'étais pas en colère; » celle enfin de Thémistocle, criant au général lacédémonien Eurybiade, qui levait sur lui son bâton de commandement : « Frappe, mais écoute! »

« Que le soleil ne se couche jamais sur votre colère! » a dit l'apôtre. Les catéchistes ont encore enchéri sur ce précepte, en mettant la colère au nombre des péchés capitaux. L'Écriture l'attribue cependant à Dieu même lorsqu'elle le représente irrité contre les crimes de la terre, lorsqu'elle peint Jésus-Christ, animé d'une juste colère, chassant à coups de fouet les marchands du temple.

La scène française doit à Rotrou et à Crébillon les deux caractères où cette redoutable passion se montre empreinte des traits les plus tragiques : *Ladislas* et *Rhadamiste*. L'opéra de l'*Irato* est un chef-d'œuvre musical de Méhul. Il ne faut pas oublier, non plus, la *Méchante Femme*, de Shakspeare, qui est devenue chez nous, la *jeune femme colère*, d'Étienne.

COLERIDGE (Samuel Taylor), l'un des réformateurs de la poésie anglaise, naquit en 1773, à Ottery-Sainte-Marie, dans le Devonshire, où son père exerçait les fonctions de ministre, et fut élevé à l'école de l'hôpital du Christ, à Londres, d'où il alla étudier de 1791 à 1793 à l'université de Cambridge. Mal vu des professeurs, à cause des idées révolutionnaires qu'il manifestait hautement, il quitta cette université sans y prendre ses degrés, et, bientôt réduit à un état de profonde détresse, il s'engagea comme soldat. Au bout de quelques mois l'intervention d'un capitaine le tira de cette triste situation, et le rendit à sa famille. Bientôt même il put revenir à l'université de Cambridge, où il donna des leçons d'éloquence.

Un volume de ses premiers essais parut en 1794, et fit concevoir de lui des espérances qu'il ne réalisa qu'en partie, à raison de son invincible indolence et de son inconstance. La même année il donna *La Chute de Robespierre*, drame historique, qui fut bien accueilli. A cette époque sa manie de liberté et d'égalité le saisit de nouveau. Il trouva des gens qui sympathisèrent avec lui, lors d'une visite qu'il fit à Oxford, où dans la suite il se lia étroitement avec les célèbres poètes Southey et Robert Lovell. Tous trois se jetèrent à corps perdu dans la politique : on croit qu'ils commencèrent leur nouvelle carrière à Bristol. Coleridge y donna des leçons sur le bonheur que le républicanisme élevait à l'avenir procurer au genre humain, et fut vivement applaudi par des auditeurs rassemblés comme lui. Il composa pour le public de Bristol des *Conciones ad Populum*, ou *Harangues au Peuple*, et une protestation contre certains bills alors en discussion qui avaient pour objet la suppression des rassemblements séditieux. Il ne réussit pas aussi bien dans d'autres villes, où l'on s'empressa médiocrement de faire connaissance avec sa gazette libérale intitulée *The Watchman* (Londres, 1796); mais il en fut dédommagé par le succès d'un recueil de fables en deux volumes, qui fut imprimé plusieurs fois.

Désespérant d'améliorer l'ancien monde, nos jeunes apôtres de la liberté conçurent le projet de fonder un nouvel État sous le titre de *Pantisocratie*, mot par lequel ils entendaient l'égalité de tous, résolus qu'ils étaient de réaliser leurs sublimes théories dans le Nouveau-Monde. Malheureusement, ce beau plan fut déjoué par trois jolies sœurs nommées Fricker, dont Coleridge, Southey et Lovell firent la connaissance vers ce temps-là, et qu'ils épousèrent. Le premier s'établit non loin de Bridgewater, où il se lia d'amitié avec Wordsworth; mais, n'ayant point de plan de vie arrêté, il ne tarda pas à tomber dans la gêne. Heureusement, il rencontra dans les fils du célèbre Wedgwood des protecteurs qui le mirent à même d'aller perfectionner ses études en Allemagne. Il s'y lia avec Tieck et quelques autres hommes célèbres, et suivit à Gœttingue les cours de Blumenbach et d'Eichhorn. A son retour en Angleterre, une métamorphose complète s'était opérée dans ses idées et ses principes politiques. Il se chargea d'écrire les articles de polémique du journal ministériel le *Morning-Post*; plus tard il accepta la direction politique et littéraire d'une autre feuille du pouvoir, le *Courier*, et jusqu'à la fin de ses jours il resta aussi zélé conservateur qu'il s'était auparavant montré ardent républicain. Par la suite il accompagna en qualité de secrétaire particulier sir Alexandre Ball, envoyé à Malte comme gouverneur; mais il s'en revint sans avoir pu y obtenir d'emploi fixe. Il recourut alors de nouveau aux lettres, et il a parfaitement peint dans sa biographie toutes les tribulations de la vie littéraire.

Les lectures publiques qu'il se mit à faire sur la littérature ne furent pour lui que très-faiblement productives; et il dut s'estimer heureux, vers la fin de sa vie, d'obtenir de la couronne une petite pension. Il mourut à Highgate, le 25 juillet 1834. Coleridge, qui fit partie de cette école poétique dont Wordsworth, Southey, Wilson et lui furent les représentants les plus distingués, et que les Anglais appellent l'*École des Lacs*, parce que la plupart de ses adeptes ont habité sur les bords des lacs du Westmoreland et du Cumberland; Coleridge, disons-nous, passe chez ses compatriotes pour un génie poétique sauvage, bizarre; il avait une grande prédilection pour la littérature allemande, et vénérait particulièrement Schiller et Gœthe. La critique allemande ne lui était pas non plus étrangère, et dans ses maximes esthétiques il paraît appartenir à la célèbre école de Schlegel. Après s'être montré un des plus chauds partisans de la révolution française, il ne changea d'opinion en politique que pour devenir ardent révolutionnaire en littérature, appelant la jeunesse à mépriser les écrivains considérés jusque alors comme classiques, et à adorer l'élément national britannique. Sa conversation piquante et animée était constamment empreinte de cette préoccupation, qui allait chez lui jusqu'à la manie, et qui le poussait à ne parler de la littérature française que dans les termes de la plus profonde antipathie. Son poëme intitulé *Christabel* offre de beaux passages, où l'on retrouve l'écho mystérieux du monde des légendes ; et ses *Rhymes of an ancient Mariner* passent en Angleterre pour le chef-d'œuvre de la ballade. Il est évident que Coleridge exerça une influence décisive sur la direction d'idées de Walter Scott et de Byron. Ses *Poetical Works* ont été réunis en trois volumes (Londres, 1828). On a aussi de lui *The Statesman's Manual, a lay sermon* (Londres, 1816); *A second lay Sermon* (1817); *Aids to Reflection* (1825); *On the Constitution of the Church and State* (1830). Il n'a point exécuté le plan qu'il avait conçu d'un grand poëme sur la *Destruction de Jérusalem*, qu'il considérait comme le seul sujet propre aujourd'hui à une épopée. Watson a publié une *Theory of Life*, ouvrage trouvé dans ses papiers (Londres, 1849); et on a réuni sous le titre de *Table-Talk* une partie de sa correspondance.

Coleridge a laissé en mourant deux fils, dont l'aîné, Hastley COLERIDGE, mort le 6 janvier 1849, à Rydal en Westmoreland, avait hérité en partie du génie poétique de son père, mais joint à un caractère rêveur plus aigri et inconstant. Les dispositions qu'enfant il annonçait déjà pour la poésie firent concevoir les plus brillantes espérances; mais il ne les réalisa qu'incomplétement. Il appartenait en effet à ces plantes de serres chaudes qui n'arrivent pas à l'entier développement de leurs forces, à cause même des soins excessifs dont on entoure leur premier âge. Cependant on trouve encore dans ses *Poems* (Londres, 1833) des morceaux qui appartiennent aux meilleures productions de la littérature anglaise. On a aussi de lui, en prose, *Biographia Borealis, or lives of distinguished northmen* (1833) et *The Worties of Yorkshire and Lancashire* (1836). Son frère a publié une édition de ses *Essays and marginalia* (2 vol., 1851) et de ses *Poems* (2 vol., 1851).

COLET (Mme Louise), née *Révoil*, à Aix en Provence, dans l'une des six premières années de ce siècle, débuta à Paris en 1836 par un recueil de 20 feuilles, intitulé : *Fleurs du Midi*, poésies, qui n'eut qu'un médiocre retentissement. Ces *Fleurs du Midi* parurent peu différentes de ces buissons de fleurs poétiques des quatre points cardinaux que Paris voit éclore à toutes les saisons. A la faveur de son bouquet, Mme Louis Colet fut toutefois produite dans le monde, surtout dans le monde officiel. Elle y fit des lectures; M. Teste la complimenta; des académiciens de toutes les écoles lui prodiguèrent l'éloge. Elle passa à l'état de quatorzième ou quinzième muse, à la suite de Mmes Amable Tastu, Desbordes-Valmore, Émile de Girardin, Anaïs Ségalas et Mélanie Waldor; puis elle porta vers et prose, comme une oranger porte fleurs et fruits. Nous eûmes d'elle en 1839 *Penserosa*, 24 feuilles de *poésies nouvelles ;* une imitation en vers de *La Tempête* de Shakspeare, dans la collection de M. O'-Sullivan, en 1840 ; les *Funérailles de Napoléon*, en vers, à la fin de la même année; et la *Jeunesse de Mirabeau*, roman en prose des plus scabreux.

Ce fut vers ce temps qu'il se fit un changement extraordinaire en Mme Colet, et que se développèrent chez elle une irritation et une violence toutes masculines : elle devint un vrai *lion*. On attribue à la critique cette métamorphose d'une femme aimable et donce jusque là. En 1841 le *genus irritabile vatum* ou la critique des amis de Mme Colet ne connut plus de bornes. M. Alphonse Karr ayant, dans ses *Guêpes*, parlé d'elle en des termes qui lui déplurent, elle lui demanda, nouvelle Charlotte Corday, un rendez-vous, ou plutôt elle l'attendit à sa porte, et le frappa d'un couteau, qui, heureusement pour elle et pour lui, poussé d'une main peu ferme, ne fit que transpercer le paletot de l'auteur des *Guêpes*. Cette ardeur se manifesta une fois encore cette même année : un jour du mois de septembre, ayant rencontré dans la rue un jeune littérateur de ses parents, avec lequel elle avait eu maille à partir, et qui croyait avoir des raisons de ne pas la saluer, notre Sapho moderne, outrée de cette irrévérence, s'avança vers l'insolent, et lui décocha le plus beau soufflet qui, après la main de mémoire de muse, ait été appliqué sur une joue masculine. A la nouvelle de ce haut fait, un illustre philosophe improvisa immédiatement, dit-on, pour l'héroïque bas-bleu cette devise latine : *Maxime sum mulier; sed sicut vir ago.*

Mme Colet n'en persista pas moins dans sa voie poétique, encouragée par d'illustres suffrages. Les indemnités ministérielles et académiques ne l'abandonnèrent point, et sa renommée alla croissant. Une édition de luxe des Œuvres complètes de Mme Colet, en un format inusité, un fort volume in-4° de 69 feuilles et 1|2, avec *fac-simile*, parut en 1842. A l'énoncé de cette édition dans le *Journal de la Librairie*, M. Beuchot ajoute : « tiré à 25 exemplaires numérotés. L'exemplaire anonyme en a gardé un seul, et a envoyé les autres à Mme Colet, pour être offerts par elle aux souverains et aux sommités intellectuelles. » C'était là certes agir royalement, et nous regrettons qu'un si magnifique éditeur ait cru devoir garder l'anonyme. Un extrait, comme *specimen*, de cette édition, formant à lui seul un assez fort volume de 29 feuilles, fut tiré en sus à 24 exemplaires, sous le titre de *Charlotte Corday et madame Roland, tableaux dramatiques*, par Mme Louise Colet. Il fut fait la même année, pour la vente, une autre édition de *Charlotte Corday et madame Roland*. Nous sommes en mesure de mentionner encore : les *Cœurs brisés* (1843,

2.

2 vol. in-8°); *Deux Mois d'Émotion* (même année), composés de divers morceaux de prose; le *Monument de Molière*, poëme couronné par l'Académie Française, et *L'Arc de Triomphe de l'Étoile*, poëme pareillement couronné par la même Académie. Mme Colet s'est fait quelquefois aussi l'éditeur des auteurs célèbres de son sexe : elle a donné, en 1843, une édition en un volume in-12 des œuvres morales de Mme de Lambert, précédées d'un éloge de l'auteur par Fontenelle, et d'un Essai sur les écrits de Mme de Lambert par Mme Louise Colet. Les poésies anciennes de la belle *lauréate*, accompagnées de plusieurs pièces inédites, ont eu, en outre, les honneurs du format anglais, dit Charpentier.

Dans ces derniers temps, Mme Colet, née Révoil, s'est livrée tout entière à la poésie érotique avec un abandon qui fait honneur à sa sincérité, et s'est plu à nous initier aux mystères d'amour qui remplissent son cœur. La *Revue de Paris* a eu longtemps le privilège ou le monopole de ses théories, ou, si l'on veut, de ses confidences érotiques, qui étaient comme un chapitre oublié de l'*Histoire amoureuse des Gaules*, de messire Bussy-Rabutin :

Comment nous vient l'amour ? Qui donc pourrait le dire ?
On était étranger ; et voilà qu'un sourire, etc.

Eh, madame, qui ne le sait? Il y a longtemps que M. de Brantôme, dans un livre fameux, que vous connaissez, j'imagine, a dit : « De plus, étant ainsi belle et recherchée de quelqu'un, et qu'elle daigne d'y répondre.... ainsi que toute femme qui ouvre la bouche pour faire quelque réponse douce à son ami, le cœur s'y en va et s'y ouvre de même. » Tout cela est très-bien. Mais est-ce une raison pour que Mme Colet intitule une de ses dernières pièces en vers, où elle fait du reste le plus brillant éloge de l'amour : *Ore felice* ? *Ore* est un pluriel et *felice* un singulier, et il y a, comme on sait, une règle qui veut que l'adjectif s'accorde avec son substantif, en genre et en nombre. Pourquoi donc apprendre ainsi au monde qu'on ne sait pas l'italien?

Ch. ROMEY.

Mme Colet, *lauréate* de l'Institut, se sentit bientôt inspirée par tous les événements : elle chanta le désastre de *Sidi-Brahim*, et félicita le grand-duc de Toscane, Léopold, d'avoir refusé de livrer un réfugié italien au pape, représentant du Dieu de miséricorde sur la terre ; clémence dont le grand-duc s'est sans doute repenti depuis, car il s'est peu souvenu des félicitations de la muse française. Quand Charlotte Corday devint un personnage de théâtre, grâce à M. Ponsard et à plusieurs autres, Mme Colet se souvint qu'elle aussi avait chanté le meurtre de Marat, et elle rappela qu'elle n'avait pas renoncé à l'espérance de voir paraître ses tableaux dramatiques sur la scène. Nous ne saurions dire si les événements de 1848 eurent quelque écho dans le cœur de Mme Colet.

En 1849 elle eut un désagréable procès à soutenir. Mme Récamier, *sa douce amie*, lui avait confié un manuscrit précieux de lettres à elle adressées par le *sensible* Benjamin Constant, dont elle avait délicatement refusé l'hommage ; lettres qui prouvaient que l'auteur d'*Adolphe*, dont les biographes ont fait un homme si indifférent et si froid, avait, au contraire, *un cœur*. Selon Mme Colet, ce manuscrit lui avait été donné par Mme Récamier pour qu'elle le publiât au besoin, afin de réhabiliter la tendre mémoire du célèbre orateur. Mme Colet traita donc de cette publication avec *La Presse*, après la mort de son amie. Les héritiers de Mme Récamier, M. et Mme Lenormant, réclamèrent contre cette publicité, et Mme Colet fut condamnée à restituer les fameuses lettres, par la raison que Mme Récamier, n'ayant pas accordé à la publier, n'avait pu en donner le mandat. Mme Colet se consola de cet échec en retravaillant pour le droit de l'Institut.

Quelques jours après avoir été couronnée encore, en 1852, par l'Académie Française, pour avoir, dit-elle, *spiritualisé* la colonie de *Mettray*, ne voilà-t-il pas qu'elle publie un recueil de vers sensualistes sous un titre qui engage non-seulement sa personne, mais son sexe tout entier. *Ce qui est dans le cœur des femmes*, nous dit Mme Louise Colet... Si Mme Colet le sait, elle est bien simple de nous l'apprendre ; mais le sait-elle? Socrate disait que toute la sagesse humaine se réduisait à ces quatre mots : *Connais-toi toi-même !* Mais vouloir nous apprendre ce qui est dans le cœur des femmes au sortir des *tableaux vivants*, c'est une prétention sans égale. Nul ne le sait, et les femmes peut-être moins que nous. Le prestige de leur puissance infaillible, inévitable, c'est l'*inconnu*.

Mme Louise Colet, née Révoil, est veuve aujourd'hui : elle avait naguère un époux, né, comme elle, dans le midi, à Aix ou à Montpellier, qui s'appelait Hippolyte-Raymond Colet, et qui était professeur d'harmonie au Conservatoire. Il était, en outre, auteur d'un ouvrage intitulé *Panharmonie musicale*. Sa gloire naturellement avait pâli devant celle de sa femme. Mais c'est toujours à un homme assez d'honneur, quels qu'en soient les inconvénients, d'être le *mari d'une muse*. Il est mort en avril 1851, à l'âge de quarante-deux ans.

COLETTI. *Voyez* KOLETTIS.

COLIBRI, genre d'oiseaux de l'ordre des passereaux, dont quelques ornithologistes ont fait une famille sous le nom de *trochilidés* (de *trochilus*, petit oiseau). Remarquables par la petitesse de leur taille en général, par l'éclat et la magnificence de leurs couleurs, les colibris se distinguent par les caractères suivants : Bec long, droit ou arqué, tubulé, à pointe acérée ; bouche très-petite, langue susceptible de s'allonger, entière à la base, divisée en deux filets depuis le milieu jusqu'à la pointe ; pieds impropres à la marche. Leur large queue, leurs ailes excessivement longues et étroites, la petitesse extrême de leurs pieds, leur sternum très-grand et assez échancré, la brièveté de leur humérus ou os du bras, sont, avec toutes les autres dispositions organiques qui s'y rattachent, les caractères saillants d'une structure pour un vol continu, bourdonnant et tellement rapide qu'on n'aperçoit nullement le mouvement des organes qui l'exécutent. Le battement des ailes est si vif que l'oiseau, s'arrêtant dans l'air, semble être immobile, sans action, ou s'y balancer presque aussi aisément que certaines mouches. La rapidité de leur vol les a fait comparer sous ce rapport aux martinets. La petitesse de leur gésier doit être aussi prise en considération. L'extensibilité de leur langue et le manque de cœcum sont deux caractères qui leur sont communs avec les pics. Le volume très-grand de leur cœur a été considéré avec raison comme exerçant une grande influence sur le haut degré d'énergie musculaire qui préside à la vélocité et à la prestesse de leur vol. Ce qui fait le plus rechercher ces oiseaux est sans contredit la beauté de leur plumage, dont la richesse et les reflets métalliques surpassent l'éclat de l'or et le brillant des diamants. C'est pourquoi les Indiens, admirateurs de la magnificence de leur robe, leur avaient donné les noms de *rayons* ou *cheveux du soleil*.

Les colibris ont été distribués en deux sections : la première est celle des *colibris proprement dits* ou *trochilus*, qui ont le bec fléchi en arc ; la seconde, sous la dénomination d'*oiseaux-mouches* ou *ornismya* (de ὄρνις, oiseau, et μυῖα, mouche), renferme les espèces qui ont le bec droit. La plus petite espèce d'oiseaux-mouches n'excède pas la grosseur d'une abeille. Tous ces oiseaux habitent les contrées les plus chaudes de l'Amérique. Ils se plaisent dans les jardins, où ils voltigent autour des fleurs, dont ils puisent le nectar en plongeant leur langue au fond des corolles, d'où leur vient leur nom vulgaire de *bec-fleur*. Ils mangent aussi des insectes, puisqu'on en trouve souvent leur estomac rempli. Jamais ces oiseaux ne marchent ni ne se posent à terre. Ils passent la nuit et le temps de la plus forte chaleur du jour perchés sur une branche, et souvent sur la plus grosse. Leur cri, plus ou moins aigu, se compose des syllabes *tère tère*. Ils vivent isolés, mais ils se rassemblent souvent, voltigent en nombre, se battent entre eux avec acharnement, et défendent leurs nids avec courage. Un colibri force souvent les moqueurs et les pipiris à lui céder l'arbre sur lequel ils sont perchés.

Les nids des colibris sont remarquables par la solidité de leur construction et par la délicatesse de leur tissu, qui est fait avec diverses sortes de coton, ou d'une bourre soyeuse recueillie sur les fleurs, et couvert à l'extérieur de lichens pareils à ceux qui croissent sur l'arbre où ils sont posés. Ceux des oiseaux-mouches sont construits avec le même soin et attachés à un seul brin d'oranger ou de citronnier, et quelquefois à un fétu qui pend de la couverture d'une habitation. La ponte est de deux œufs blancs, un peu plus volumineux qu'un pois ordinaire. Les couvées se répètent, dit-on, jusqu'à quatre fois par an. Le mâle et la femelle partagent le travail du nid et de l'incubation, qui dure environ douze à treize jours. Au moment de leur naissance les petits sont à peu près de la grosseur d'une mouche commune.

Depuis que le plumage si brillant de ces oiseaux les a fait rechercher pour les collections des musées, les cabinets des amateurs et la parure des dames (on en a fait des garnitures de robes), on a rejeté la chasse avec la glu, qui en salit les plumes, et on les abat soit au moyen de petits pois lancés avec une sarbacane, soit en les inondant avec l'eau projetée par une seringue, soit à l'aide d'une arme à feu chargée de sable au lieu de plomb, ou par l'explosion seule de la poudre, si on tire de très-près. On peut aussi les prendre avec un filet à papillon, lorsqu'ils voltigent sur les plantes et les arbrisseaux nains. Quoique ces oiseaux paraissent peu défiants, et se laissent approcher jusqu'à cinq ou six pas, cette chasse exige beaucoup d'adresse, parce qu'ils ont toujours l'œil au guet, et disparaissent brusquement en poussant un cri aussitôt qu'ils se voient menacés d'un danger. On compte plus de cent cinquante espèces, tant de colibris que d'oiseaux-mouches, dont les plus recherchés pour leurs brillantes couleurs, sont le *colibri topaze*, le *colibri grenat*, le *colibri hausse-col doré*, le *colibri hausse col vert*, le *colibri plastron bleu*, etc., l'*oiseau-mouche sapho*, l'*oiseau-mouche rubis topaze*, etc.

On est parvenu à apporter de jeunes colibris vivants en Angleterre : ils étaient apprivoisés, et y ont vécu quelques mois; on les conserve plus longtemps en domesticité en Amérique. On les nourrit avec du miel ou du sirop. Les colibris sont représentés dans l'ancien monde par les **souimangas**. L. LAURENT.

COLICITANTS. *Voyez* LICITATION.

COLIFICHET. Ce mot, formé du latin *colla*, colle, et *figo*, je fixe, j'attache, signifie *attaché avec de la colle*. On a d'abord donné ce nom à petits morceaux de papier, de carte, de parchemin, représentant diverses figures, collés sur du bois, du velours, etc. Les religieuses employaient à cela quelques-uns de leurs innocents loisirs. On a également appelé ainsi certains ouvrages de broderies faits sur du papier qui leur sert de fond. Avec de la soie plate, appliquée au moyen de l'aiguille sur le papier, on représente des fleurs et des oiseaux qui paraissent également des deux côtés, et font un bel effet à cause du brillant de la soie et de la vivacité des couleurs. Les religieuses de Bourges excellaient dans ce genre de colifichets, et ceux qu'on porta en Chine excitèrent l'admiration des habitants, qui ne pouvaient concevoir le mécanisme de cette broderie représentant des deux côtés les mêmes figures.

Enfin *colifichet* se dit des ajustements de femme qui ne servent qu'à la parure. Par une conséquence toute naturelle, on a donné le nom de *colifichet*, en architecture, à tous les ornements mesquins ou de mauvais goût. On dit aussi du cabinet d'un amateur qui ne contient que des tableaux, gravures, lithographies, images de peu de valeur : ce ne sont que des *colifichets*. En termes de musique, on appelle *colifichets* les passages trop fréquents qui présentent une trop grande variété de sons, trop de broderies, de *fioritures*, de roulades étonnant l'oreille sans plaire à l'esprit et sans toucher le cœur. « Les chanteurs, dit J.-J. Rousseau, qui, abusant à tout propos de ce luxe musical, embarrassent le chant, en dénaturent le caractère ou en cachent les beautés, font des *colifichets*. »

Le colifichet n'a pu manquer de se glisser dans la littérature, de s'emparer des productions de l'esprit, ou plutôt du bel esprit; car le véritable esprit a su s'en garantir sans efforts.

Colifichet est donc en tout synonyme de *babiole*, *bagatelle*, petit objet de fantaisie. On applique ce nom à tout ce qui n'a que de l'apparence et point de solidité. C'est à cause de la légèreté de sa pâte, sèche, légère, faite sans beurre et sans sel, qu'on a donné le nom de *colifichet* à une espèce d'échaudé dont on régale les serins. En termes de monnaie, le *colifichet* est une petite machine dont se servent les ajusteurs et les tailleresses pour écouaner les pièces, c'est-à-dire les réduire au poids légal. H. AUDIFFRET.

COLIGNY (GASPARD, comte DE), amiral de France, gouverneur et lieutenant général de Paris, de l'Ile-de-France, du Havre, de Honfleur, colonel général de l'infanterie, etc., naquit au château de Châtillon-sur-Loing, résidence seigneuriale de sa famille, le 16 février 1517. Son père, noble bressan, s'était établi en France après la réunion de son pays à ce royaume. Il occupait un rang supérieur dans les armées de sa nouvelle patrie. Il prit le nom de Châtillon. Il avait épousé Louise de Montmorency, sœur du connétable, et dont il eut quatre fils : Pierre, Odet de Châtillon, Gaspard et Dandelot. Le premier mourut en bas âge. Gaspard occupe une grande et honorable place dans l'histoire du seizième siècle, comme homme d'État, homme de guerre, et comme chef du parti protestant. Son père, se rendant, par ordre du roi, à Fontarable, pour défendre cette place, alors assiégée par les Espagnols, mourut à Acqs près Bayonne, le 4 août 1522. Il avait par son testament recommandé sa femme et ses enfants au roi et à son beau-frère le connétable Anne de Montmorency. Odet, depuis la mort de Pierre, son frère aîné, était destiné à soutenir le nom et l'honneur de sa noble maison. Le connétable pouvait disposer en faveur de l'un de ses fils de la première formation du chapeau de cardinal; il ne put faire accepter cette faveur du roi pour aucun d'eux, et il l'offrit à Gaspard, à Dandelot, ses neveux, qui refusèrent également. Odet n'hésita pas, et dès lors Gaspard devint le chef de la famille.

Après avoir terminé ses études, et ce qu'on appelait alors *ses exercices*, il fut, avec son frère Dandelot, présenté par le connétable à François Ier, qui accueillit avec bienveillance les fils d'un de ses plus vaillants capitaines. Gaspard se lia de la plus intime amitié avec François de Guise, fils aîné de Claude de Lorraine : ils étaient inséparables; les deux amis partirent à l'armée des Pays-Bas, commandée par le duc d'Orléans, et combattirent toujours à côté l'un de l'autre. Coligny fut blessé à l'attaque de Montmédy; mais sa blessure était légère, il ne quitta point les rangs. Une lettre de son oncle le connétable le rappela en France; mais, malgré les instances de son oncle et de sa mère, Coligny reprit bientôt le chemin de Flandre. Il fut grièvement blessé au siège de Bains; et, peu jours après il signala son retour aux combats par de brillants faits d'armes. L'année suivante il partit pour l'armée d'Italie. Son frère Dandelot l'accompagna; ils se distinguèrent tous deux à la journée de Cerisoles. Ils s'étaient emparés chacun d'un drapeau, et furent armés chevaliers sur le champ de bataille par le maréchal d'Enghien. Il revint ensuite en France, et servit dans l'armée de Champagne, que commandait le dauphin, et qui était alors la seule force capable d'arrêter Charles-Quint dans son invasion. Après la retraite de l'empereur, il accompagna le maréchal de Biez au siége de Boulogne. Le jeune de Guise fut blessé à ses côtés ; Coligny ne le quitta plus, et lui prodigua les soins de la plus tendre amitié. Ce dévouement mutuel, cette fraternité d'armes, cette intimité sacrée, n'eut qu'une bien courte durée. Devenu chef de sa maison par la mort du duc Claude de Guise, son père, le duc de Joinville, initié aux ambitieux projets de sa race, ne vit plus qu'un ennemi dans son frère d'armes dès que celui-ci fut un obstacle au succès de son ambition. L'histoire ne les présente plus que placés en face l'un de l'autre, à la tête de chacun des deux partis qui divisaient toute la France.

Coligny avait été fait colonel en 1544 ; il rétablit la discipline et la subordination dans son régiment, et réussit plus par son exemple que par ses avis. Après la mort de François 1er, le connétable de Montmorency, ayant reparu à la cour avec plus de faveur que jamais, sollicita pour son neveu le commandement de l'armée d'Italie. Mais le crédit de Diane de Poitiers l'emporta sur celui du connétable, et Brissac obtint la préférence. Dandelot, qui s'était engagé dans cette expédition, parce qu'il espérait qu'elle serait dirigée par son frère, s'enferma dans la ville de Parme, où il fut fait prisonnier. Pendant sa captivité il se livra avec ardeur aux controverses religieuses, qui agitaient alors tous les esprits, et devint protestant. Cependant Coligny avait été nommé colonel général de l'infanterie française ; il remplit cette charge avec un zèle aussi ardent qu'éclairé : il peut être considéré comme le premier réformateur de l'armée. Peu de temps après il succéda à d'Annebaut dans la charge importante d'amiral, et se démit de celle de colonel général en faveur de son frère Dandelot, aussitôt que celui-ci eut recouvré sa liberté. Quelques années auparavant les deux frères avaient épousé deux filles de l'illustre maison de Laval, de la haute noblesse bretonne. Non moins habile politique que vaillant homme de guerre, Coligny avait été en 1550 chargé de conclure la paix avec la cour de Londres. Il fit avec le roi Henri II la campagne de Lorraine, où il fut la réunion des trois évêchés. En 1554 il contribua par ses savantes dispositions au succès de la bataille de Renty ; François de Guise, qui y assistait également, ayant voulu s'en attribuer l'honneur, il fallut bien d'intervenir entre l'amiral et le duc pour les empêcher d'en venir aux mains.

La faveur dont jouissait Coligny excitait au plus haut point la jalousie du duc de Guise ; il s'attacha d'abord à attirer sur lui la haine de Diane de Poitiers, et pour cela il n'eut besoin que de lui répéter ce que Coligny pensait d'elle ; car cet homme d'honneur, épris de la vie de famille et du bonheur domestique, était bien éloigné de s'accommoder, au sein d'une cour aussi corrompue. Il ne lui fut pas difficile ensuite, avec l'aide de la faveur, de s'emparer de l'esprit du connétable, son ami et son confident le plus intime, et de le détacher de ceux auxquels il était uni par les liens les plus sacrés, la nature et l'honneur.

Mais Coligny se vengeait de ces basses intrigues en servant son pays. L'ennemi le trouvait sur tous les champs de bataille, à l'attaque comme à la défense de toutes les villes occupées ou menacées par lui, à Hesdin, Dinant, Bapaume, Mézières, Rocroy, Marienbourg, etc. Il venait de signer une trève avec le comte de Talaru, ministre de l'empereur Charles-Quint, lorsqu'il fut obligé de voler au secours de Saint-Quentin, qu'assiégeait une puissante armée ennemie. Il s'enferma dans la place. De prompts renforts lui étaient promis, une armée devait marcher contre les assiégeants : mais il ne put recevoir qu'une faible partie du secours qui lui amena son frère Dandelot, qui n'avait pu traverser les lignes ennemies qu'après une perte considérable. Les Guises dirigeaient les opérations du cabinet ; l'armée envoyée au secours de Saint-Quentin était inférieure à celle des ennemis : elle fut battue. Coligny, réduit à une faible garnison soutenue par la milice bourgeoise, plus dé- vouée que nombreuse, succomba après une longue et glorieuse résistance. La ville fut prise d'assaut et Coligny fait prisonnier les armes à la main.

Cet événement eut de graves conséquences. Jusque alors Coligny était resté neutre entre les factions religieuses qui divisaient la France ; mais dans sa prison il se livra à une étude approfondie des doctrines des réformistes, et le résultat de ses études consciencieuses le conduisit à une conviction entière et réfléchie. Dès qu'il eut recouvré sa liberté, au prix d'une grande partie de sa fortune, il se prononça franchement en faveur du protestantisme.

La captivité de Coligny avait laissé le champ libre à l'ambition des Guises. Devenus maîtres du gouvernement, dont ils avaient donné les principaux emplois à leurs partisans, ils ne gardèrent plus aucune mesure avec la reine mère. Catherine de Médicis fit plus d'une fois des ouvertures à l'amiral. Coligny voulait obtenir la liberté de conscience, conformément aux édits ; mais il était plus modéré que Dandelot et le prince de Condé, lesquels voulaient armer sans délai tous les *malcontents*. Il avait horreur de la guerre civile ; et il n'eut recours à la force que lorsque la résistance armée devint une nécessité et un devoir. Sans accorder une entière confiance à Catherine, il espérait néanmoins arriver à son but par la voie des négociations. Coligny se trompait sur le système politique de Catherine, dont l'ambition n'admettait ni partage ni concurrence ; elle ne voulait point écraser un parti par l'autre, mais les maintenir dans un égal état d'opposition. Il réunissait deux gouvernements, ceux de Picardie et de l'Ile-de-France ; il donna spontanément sa démission du premier, qui devait être conféré au prince de Condé : le roi et la reine-mère l'avaient formellement promis à ce prince ; mais les Guises firent nommer Brissac, leur créature. La reine mère, pour déterminer Coligny à obtenir de son oncle le connétable sa démission de grand-maître de la maison du roi, lui avait fait les plus belles promesses en faveur des protestants. Une amnistie générale allait être publiée à l'occasion du sacre de Charles IX ; tous les protestants emprisonnés devaient être mis en liberté, et les procédures anéanties. La cérémonie du sacre terminée, le connétable, à la sollicitation de Coligny, donna la démission demandée ; et, au lieu de l'amnistie promise, les persécutions continuèrent avec une intensité toujours croissante ; le supplice d'Anne Dubourg en fut l'affreux prélude. La conjuration d'Amboise éclata et fut la cause ou le prétexte de nouveaux massacres. Coligny, retiré dans ses terres, avait été appelé à la cour, lorsqu'il s'y rendit avec ses deux frères, Dandelot et le cardinal de Châtillon. Catherine de Médicis renouvela ses promesses ; un édit de pacification fut publié, et, comme tous ceux qui l'avaient précédé, fut aussitôt violé. Coligny fut accusé de complicité dans la conjuration d'Amboise. Sa justification fut prompte, facile et complète ; mais l'accusation en forme ne fut qu'ajournée. Des troubles sérieux éclatèrent en Normandie ; Catherine chargea Coligny d'aller les apaiser. Il réussit ; mais il n'en dissimula pas la cause, et il écrivit à la reine mère qu'il n'y aurait point de paix possible tant que les Guises resteraient à la tête du gouvernement ; qu'elle n'avait pas un instant à perdre pour se ressaisir elle-même de l'autorité suprême. Coligny parut successivement aux assemblées des notables de Fontainebleau, de Pontoise, de Saint-Germain, de Poissy, d'Orléans. Il trouva un généreux auxiliaire dans le nouveau chancelier, L'Hospital ; mais il ne fut pas plus heureux dans ses efforts pour le maintien des édits en faveur de ses co-religionnaires : toujours les mêmes protestations de bienveillance, de confiance et de justice de la part de la reine mère, et toujours les mêmes déceptions.

Coligny ne s'était pas fait illusion sur l'avenir des protestants ; et dès 1559 il avait projeté pour eux un établissement au Brésil ; Villegagnon, chevalier de Malte, partit pour l'exécuter. On découvrit le but secret de cette expédi-

COLIGNY

tion, et elle échoua. Coligny ne se découragea point. Rigaud, brave et habile marin, avait pénétré dans les Florides, et y avait fondé une colonie; l'ambition et la cupidité de quelques subalternes, des guerres avec les indigènes, et qu'il eût été facile d'éviter, compromirent l'existence de cette colonie. Rigaud avait péri avec une partie de la flotte qu'il ramenait en France. Une troisième expédition fut tentée par Dominique de Gourgues ; avec ses seules ressources et à l'aide de ses amis, il avait complétement réussi, et revint en France faire hommage au roi de sa conquête. Il devait s'attendre à une récompense : il fut forcé de se cacher pour échapper à la plus absurde, à la plus inique proscription.

Le massacre des protestants de Vassy, ordonné et exécuté par les ordres et sous les yeux mêmes des Guises, révéla dans toute son horreur le but de la *sainte ligue*, dont les princes lorrains venaient d'arrêter les bases dans leur conférence avec les agents de la cour de Rome et le principal ministre de la gouvernante des Pays-Bas. La ruine et la destruction des protestants étaient résolues; il ne leur restait qu'à opposer aux Guises une résistance désespérée. Le synode général s'était prononcé pour la guerre; le prince de Condé avait été nommé généralissime, des forces imposantes appuyaient cette détermination. La bataille de Dreux (1562) est perdue par les protestants. Coligny recueille les débris de son armée, et assure sa retraite en Normandie, où il s'empare de plusieurs places fortes. C'est alors qu'une accusation absurde et atroce vint menacer son honneur et sa vie. François de Guise avait été assassiné par Poltrot (février 1563). Le meurtrier est arrêté, et, séduit sans doute par la promesse de sa grâce, il accuse de complicité Coligny et les chefs protestants. Informé de cette accusation, Coligny a écrit à sa mère, aux membres du conseil; il a demandé avec les plus vives instances qu'il soit sursis au jugement de Poltrot jusqu'à ce qu'il ait été confronté avec ce misérable, qu'il convaincra d'imposture. On ne lui répond pas. Il écrit de nouveau le 17 mars, et le 18 Poltrot est jugé, condamné et décapité. Tous les historiens du temps attestent qu'à l'audience et sur l'échafaud Poltrot rétracta sa première déclaration ; un arrêt ultérieur du parlement proclama l'innocence de Coligny, mais cet arrêt n'empêcha point de renouveler l'insoutenable accusation.

Cependant les protestants, inquiets de l'attitude menaçante de la cour, résolurent d'enlever le jeune roi pendant qu'il était à Meaux pour le soustraire à l'influence des Guises. Ce projet échoua (1567) ; mais on ne pouvait plus reculer. La bataille de Saint-Denis, quoique sanglante, fut indécise, et la guerre continua. Après différentes rencontres où les avantages furent balancés, le prince de Condé est tué à la bataille de Jarnac. L'amiral, devenu chef suprême de son parti, se retire à Cognac sans être entamé. Il marche ensuite sur Châtellerault, dont il s'empare, et vient mettre le siège devant Poitiers ; mais le duc d'Anjou le bat à Moncontour. Il parvint néanmoins à se créer des ressources nouvelles; et les catholiques le virent avec étonnement à la tête d'une armée traverser en vainqueur une grande partie de la France. Cependant sa tête avait été mise à prix; cinquante mille écus étaient promis à celui qui le livrerait mort ou vif. La cour, épouvantée, parla encore de paix, et on conclut un troisième traité, à Saint-Germain (août 1570).

Les conditions en étaient si avantageuses aux protestants, que les chefs en conçurent quelque soupçons. Mais l'âme de Coligny était trop élevée pour croire à une trahison. Charles IX l'avait appelé près du père ; souvent admis à des audiences secrètes, il parlait au roi des succès que l'on pourrait obtenir en Flandre et des avantages que l'on retirerait d'une ligue contre l'Espagne; le jeune monarque paraissait ébranlé. Au mariage de Henri de Navarre avec Marguerite de Valois, Coligny, montrant à Henri de Montmorency d'Anville les drapeaux des protestants suspendus dans l'église de Notre-Dame depuis les défaites de Jarnac et de Moncontour, s'écria : « Dans peu on les arrachera de là, et on les remplacera par d'autres, qui seront plus agréables à voir. » En vain, ses amis, alarmés de la physionomie sombre et mystérieuse de la cour, cherchaient à l'éloigner : Coligny croyait qu'il avait subjugué l'esprit du roi. « J'aime mieux, dit-il un jour, être traîné par les rues de Paris que de recommencer la guerre civile et donner lieu de penser que j'ai la moindre défiance du roi, qui depuis quelque temps m'a remis dans ses bonnes grâces. »

Quelques jours après, le 22 août 1572, comme il sortait du Louvre et retournait à son hôtel, rue de Béthizy, un homme aposté par les Guises, Maurevel, lui tira d'une fenêtre un coup d'arquebuse qui lui enleva un doigt de la main droite et lui fracassa le coude du bras gauche. Le roi vint dans l'après-midi visiter Coligny, lui témoigna la plus grande peine de cet événement, et jura que le coupable serait puni. Cependant les amis de Coligny voulaient lui faire quitter Paris ; il n'y consentit point, disant qu'il s'en remettait à la volonté de Dieu. Dans la nuit du 23 au 24 août, jour de la Saint-Barthélemy, la porte de son hôtel est enfoncée, les gardes qu'on lui avait donnés sont égorgés, et un bohémien nommé Bême monte à sa chambre : « Est-ce toi, Coligny ? s'écrie-t-il. C'est moi, répond le vieillard; jeune homme, respecte mes cheveux blancs. » Pour toute réponse Bême lui fend la tête d'un coup d'épée, et jette son cadavre par la fenêtre. Henri de Guise, qui attendait dans la cour, s'approcha pour voir si son ennemi était bien mort, et il frappa le corps du pied. Les restes du malheureux Coligny, après avoir subi les profanations et les insultes de la populace, furent accrochés au gibet de Montfaucon, où Charles IX alla les voir, répétant, à ce qu'on a dit, le mot de Vitellius « qu'un ennemi mort sent toujours bon. »

Coligny avait épousé en premières noces (1547) Charlotte de Laval, morte en 1568; huit enfants naquirent de ce mariage. Il eut de la comtesse de Monthel d'Entremonts, sa seconde épouse, une fille, Béatrix. La comtesse de Monthel appartenait à une des plus nobles et des plus riches familles de Savoie. Le duc régent s'opposait à ce mariage ; mais, au risque de perdre sa fortune, la comtesse partit secrètement, et se rendit à La Rochelle; elle sacrifia tout à l'honneur de s'unir au plus grand homme de l'époque. La postérité mâle de Coligny s'éteignit dans la personne de Henri Gaspard, né en 1649, et mort en 1657. Louise de Coligny, veuve de Théligny, massacrée à la Saint-Barthélemi, avait épousé en secondes noces Guillaume de Nassau, fondateur de la république de Hollande, et dont les descendants règnent aujourd'hui sur ce pays. La mémoire de Coligny, flétrie par arrêt du parlement de Paris, a été solennellement réhabilitée par un édit de 1599. Son corps fut enlevé des fourches patibulaires de Montfaucon par les soins du maréchal de Montmorency, son cousin, et transféré à Chantilly, puis à Châtillon-sur-Loing; et en 1786 M. de Montesquiou fit construire une chambre sépulcrale où furent déposés les restes de l'illustre amiral. Ce tombeau, lors de la démolition du château, avait été transporté au Musée des Monuments Français.

On attribue à Coligny des mémoires dont l'authenticité peut être contestée, et les éditeurs de la *Collection universelle* n'ont admis que son Recueil historique du siége de Saint-Quentin. Tous les historiens ont parlé d'un mémoire adressé par Coligny à Charles IX sur les guerres civiles et sur les moyens d'y mettre un terme. Tous attestent l'existence de ce mémoire, et ajoutent que Charles IX, par le conseil de Gondi, refusa de le lire, et le jeta au feu. Ce mémoire n'a pas été perdu, comme ils l'ont pensé ; il n'était pas l'ouvrage de Coligny seul. Il avait été rédigé sur ses notes par Mornay, son ami, qui depuis a joué un si grand rôle sous le règne de Henri IV. Ce mémoire a été publié avec les œuvres de ce savant et habile homme d'État. De Thou, Brantôme, Lapopelinière, G. du Bellay, Le Labou-

reur, dans ses *Commentaires sur Castelnau*, etc., ont rendu hommage aux talents, aux vertus de Coligny. Les mémoires de Charlotte Arbalestre, veuve de Feuquiers, renferment des documents précieux sur Coligny, et notamment sur les massacres de la Saint-Barthélemy : ils font partie de la dernière édition des œuvres complètes de Mornay, son second époux. Nous avons plusieurs histoires particulières de Coligny : la plus remarquable est celle de Castilhon.
DUFEY (de l'Yonne).

COLIMA, territoire situé sur la côte occidentale de la fédération Mexicaine, au sud de Xalisco, mais non encore constitué en État indépendant, formant une vaste plaine entrecoupée par de nombreuses ondulations. C'est seulement au nord-est qu'on voit s'élever à une hauteur de 3,500 mètres le *Pico de Colima*, la montagne de la chaîne volcanique du Mexique situé le plus à l'ouest, et jetant constamment de la fumée et des cendres. Le sol de cette contrée est très-fertile et produit en abondance du coton, du sucre, du café et du cacao. Son chef-lieu, *Colima*, situé à 8 kilomètres environ du volcan, sur le petit cours d'eau du même nom, compte une population de 18,000 âmes, et est le centre d'un certain mouvement commercial. A l'embouchure de la rivière, on trouve *Puerto de Colima* ou Mazanillo, assez bon port. Dans la guerre de l'indépendance, le Colima se détacha de l'intendance de Guadalaxara, dont il avait jusque alors fait partie, et, après quelques vaines tentatives pour se constituer en État indépendant, se plaça sous l'autorité immédiate du gouvernement fédéral mexicain.

COLIMACÉES. Sous cette dénomination Lamarck comprend dans une seule famille tous les genres de mollusques qui habitent à la surface de la terre et respirent l'air libre par une ouverture qui l'introduit dans une cavité pulmonaire. Presque tous ces animaux habitent les lieux frais et ombragés. Les colimacées sont divisibles en deux sections, d'après le nombre de leurs tentacules, qui est de quatre dans la première, et de deux dans la seconde. Les genres *hélice*, *carocolle*, *anostome*, *maillot*, *clausilie*, *bulime*, *agathine*, *ambrette*, sont renfermés dans la première section ; ceux de la seconde sont *auricule* et *cyclostome*. Quelques-uns de ces mollusques portent un opercule sous le pied ; tous les autres, qui ne sont dépourvus, y suppléent au moyen d'une ou plusieurs cloisons calcaires qu'on nomme *épiphragme*.
L. LAURENT.

COLIMAÇON, terme vulgaire sous lequel on désigne les *hélices* terrestres.

Paulet appelle aussi *colimaçon* une petite espèce d'agaric dont le chapeau est contourné en forme d'hélice.

COLIN. Les *colins* forment une section du genre *perdrix*, caractérisée par un bec court, gros, bombé, plus haut que large, une tête entièrement garnie de plumes, des tarses lisses dans les deux sexes, et une queue généralement plus longue que dans les perdrix proprement dites. Tous les colins habitent l'Amérique. Cependant on est récemment parvenu à acclimater en Angleterre le colin houi (la *perdrix d'Amérique* de Buffon). C'est en imitation de son cri que les Natchés ont donné à cette espèce le nom de *houi*, que Vieillot lui a conservé comme désignation spécifique. Les parties supérieures de cet oiseau sont d'un roux fauve, avec le bord des plumes frangé de noir et de cendré, le front est noir, avec un double sourcil blanc ; la gorge est blanche, encadrée de noir ; les flancs sont roux, parsemés de taches ovoïdes blanches, entourées de noir. Les autres espèces diffèrent de celle-ci par le plumage, où domine plus ou moins le roux, le brun, le noir ou le blanc. Quelques-unes ont la tête ornée d'une huppe.

Les colins ont quelques rapports physiques avec les cailles. Ils partagent leur tendance à engraisser. Suivant plusieurs auteurs, ils auraient aussi l'habitude d'émigrer.

COLIN (ALEXANDRE), célèbre sculpteur du seizième siècle, né à Malines, en 1526, fut appelé à Inspruck en 1558 par l'empereur Ferdinand Ier pour achever le mausolée qu'il y faisait élever à la mémoire de l'empereur Maximilien Ier. La majeure partie des figures qui ornent le monument sont de lui. Ses travaux en ce genre furent tellement goûtés que ce fut dès lors à qui voudrait faire faire d'avance son tombeau par lui. En 1577, il exécuta les décorations pour un monument octogone que l'empereur faisait élever sur une fontaine à Vienne. On lui doit encore le mausolée en marbre noir de l'archiduc Ferdinand, celui de la princesse Philippine et celui de l'évêque Jean Nas en marbre blanc. Il mourut à Inspruck, en 1612.

COLINES (SIMON DE), imprimeur célèbre du seizième siècle, né à Gentilly, près de Paris, suivant les uns, à Pont-à-Colines, près de Montreuil, en Picardie, selon d'autres, aurait exercé d'abord son art à Meaux, si l'on en croit La Caille, mais il est plus probable qu'il travailla primitivement chez Henry Estienne l'aîné, qui en fit ensuite son associé. Des éditions en 1519 portent leurs noms réunis. Henry Estienne étant mort l'année suivante, Colines épousa sa veuve, dont il eut une fille, et publia jusqu'à sa mort un grand nombre de livres remarquables par la beauté du papier, l'élégance des caractères et la correction du texte. Il employa dans le principe les types de son prédécesseur, mais en fondit lui-même bientôt de beaucoup plus beaux. Il introduisit en France le caractère italique, avec lequel il imprima des ouvrages entiers. Colines était très-versé dans les langues anciennes : il reçut des marques d'estime de plusieurs savants français et étrangers. La date de ses dernières éditions est 1546 ; il mourut sans doute cette année ou la suivante. Sa devise était : *Virtus sola aciem retundit istam*, et sa marque l'image du temps ou de Saturne.

COLIN-MAILLARD (JEAN) était un guerrier célèbre du pays de Liége. Il devait la seconde partie de son nom au maillet, qui était son arme favorite, et dont il se servait pour abattre ses adversaires. Ses exploits lui méritèrent l'honneur d'être fait chevalier, par Robert, roi de France, en 999. Dans la dernière bataille qu'il livra au comte de Louvain, il eut les deux yeux crevés ; mais, guidé par ses écuyers, il ne cessa, dit-on, de combattre tant que dura l'action. C'est à la mémoire de ce guerrier qu'on fait remonter l'origine du jeu de *Colin-Maillard*, que nos aïeux, on le voit, ont connu et pratiqué il y a bien des siècles, et qui consiste, comme chacun sait, à bander les yeux d'un des joueurs, qu'on appelle Colin-Maillard, lequel saisit un, dont il est obligé de dire le nom, et qui prend immédiatement sa place. On assure que Gustave-Adolphe, ce puissant ennemi de la maison d'Autriche, faisait de ce jeu son passe-temps habituel au plus fort de ses triomphes.

COLIQUE. Ce nom, dérivé du latin *colica* ou *colice*, fait du grec χωλον, désigne la douleur perçue durant le cours de plusieurs affections des viscères abdominaux, principalement autour de l'ombilic : il servit d'abord aux médecins à distinguer les souffrances ressenties dans l'intestin appelé *colon*, mais ils l'étendirent ensuite à celles qui proviennent des autres portions du tube intestinal. L'extension de cette dénomination est beaucoup plus grande pour le vulgaire, qui comprend sous le nom de *colique* toutes les douleurs qui résultent de l'état morbide des autres viscères de l'abdomen. La colique offre des nuances infinies sous les rapports de l'intensité, de la durée, de la sensation et des accidents qui l'accompagnent : en raison de cette variété, on l'énonce plutôt au pluriel que singulier.

Les coliques qui résultent de l'état morbide du tube intestinal diffèrent déjà beaucoup entre elles. Celles causées par l'inflammation aiguë de l'estomac, inflammation presque toujours étendue jusqu'aux intestins grêles, déterminent un sentiment de brûlure dans l'épigastre, autrement dit *creux de l'estomac*, se faisant sentir quelquefois dans la poitrine et même jusque dans la gorge. Cette douleur est atroce dans le cas d'empoisonnements par les substances corrosives, et peut suffire pour tuer. Telle est encore la colique qui accompagne le choléra sporadique ou asiatique, et la fièvre jaune. Les accidents les plus graves se manifestent en même temps, surtout les vomissements et l'intolérance des boissons. Quand l'estomac est enflammé à un moindre degré, les coliques sont vives, mais les boissons ne sont pas rejetées. Lorsque l'inflammation aiguë attaque seulement les intestins grêles, sans complication de péritonite, elle ne détermine ordinairement que des douleurs obtuses, que les malades appellent des *commencements de colique* : elles peuvent cependant être portées à l'extrême, comme dans l'iléus, mais il est extrêmement rare de rencontrer l'inflammation aiguë sur les intestins grêles sans que l'estomac y participe. Dans tous ces cas, une constipation plus ou moins opiniâtre coexiste. Quand le siége de l'inflammation s'étend sur les gros intestins, les coliques sont encore très-violentes, et font éprouver les sensations de torsion, de déchirure, de perforation ; cet état pénible est accompagné d'épreintes, de selles séreuses, souvent bilieuses, quelquefois sanguinolentes. Lorsque l'estomac et toute la longueur du canal intestinal sont enflammés, les déjections s'opèrent par le haut et par le bas, et on observe une scène si digne d'exciter la compassion qu'on lui a donné le nom de *colique de miserere*, applicable aussi au choléra, à l'iléus ou passion iliaque. Les accidents décèlent si ouvertement l'inflammation que les coliques ont été appelées *inflammatoires*, comme on les nomme aussi *bilieuses* quand les déjections sont mélangées de bile. L'inflammation du péritoine complique souvent ces cas : alors les douleurs abdominales sont extrêmes ; la moindre pression sur le ventre est intolérable, l'agitation de l'atmosphère est même très-pénible.

Dans les inflammations chroniques de l'estomac et des intestins, les coliques sont beaucoup moins douloureuses que dans l'inflammation aiguë, mais elles sont fréquentes, et font partie d'une série d'incommodités nombreuses. Comme cette inflammation est moins patente, elle est la plupart du temps méconnue, et les coliques sont appelées *nerveuses* ; celles-ci offrent aussi quelques différences relativement aux portions du tube intestinal d'où elles émanent. Dans les nuances les plus faibles de cet état, et quand l'affection est bornée à l'estomac, ainsi qu'aux intestins grêles, sans complication de péritonite, les malades digèrent bien, ne ressentent de la gêne ou des douleurs sourdes dans le ventre que quelques heures après leurs repas : ils n'éprouvent souvent rien s'ils n'ont pris que des boissons. Ils sont habituellement constipés, la région du foie est indolente. Ces coliques sont souvent compliquées par une production considérable de gaz, qui s'accumulent dans les intestins et les distendent ; ils font entendre dans l'abdomen un bruit qu'on nomme *gargouillements*, ou *borborygmes* : tantôt ils s'échappent bruyamment, tant par le haut que par le bas ; tantôt la rétention de ces gaz cause des douleurs souvent très-vives, qu'on nomme *coliques venteuses*. Quand l'inflammation s'étend aux gros intestins, la diarrhée et des coliques plus fortes succèdent à la constipation : souvent l'affection redevient ensuite bornée, comme précédemment : ce sont des alternatives qu'on observe très-fréquemment chez les personnes affectées de la gastro-entérite chronique.

Les divers degrés d'irritation et d'inflammation sur l'extrémité inférieure du rectum, qui caractérisent les hémorroïdes, se rencontrent souvent avec des douleurs abdominales, qu'on nomme *coliques hémorroïdales* ; cette dénomination n'est pas rationnelle, parce que ces coliques ne proviennent pas des hémorroïdes, mais d'un état morbide des intestins, dont l'affection du rectum est un effet et comme une crise. L'inflammation du foie aiguë et chronique, qu'il n'est pas rare de voir accompagnée de production pierreuse dans la vésicule du fiel et dans son conduit, cause des douleurs dans l'hypocondre droit qu'on nomme *coliques hépatiques*.

L'existence des différents vers qui naissent dans les intestins occasionne aussi des coliques, qu'on appelle *vermineuses*. L'inflammation des reins excite des souffrances qu'on comprend encore sous le nom de *coliques néphrétiques* : on les ressent profondément dans les hypocondres ; comparables en débutant au sentiment d'une forte compression, elles deviennent lancinantes, s'étendent aux aines, avec des intervalles de calme ; des graviers mêlés aux urines décèlent quelquefois l'origine du mal.

L'évacuation mensuelle de sang à laquelle les femmes sont condamnées durant une partie de leur vie est une autre cause de coliques assez communes, lorsqu'elle s'établit comme lorsqu'elle se supprime. L'état de grossesse et le travail de l'enfantement occasionnent encore des douleurs appelées *coliques*. Le plomb exerce sur l'homme une action toxique dont résulte des *coliques* dites *saturnines* ou *coliques de plomb*, parce que ce métal fut nommé *Saturne* par les alchimistes : elle est un des inconvénients des professions qui nécessitent la manipulation du plomb et de ses combinaisons. Tels sont : les travaux des mineurs, des peintres, des potiers, des fondeurs, des plombiers, des polisseurs de glace. Les ouvriers qui travaillent à la fabrication du blanc de céruse y sont surtout exposés. Cette colique, dite aussi *métallique*, est également causée par l'eau qu'on conserve dans des réservoirs en plomb ; par les vins dont on prévient l'acidité ou qu'on adoucit en y ajoutant de la litharge : cette sophistication est commune, surtout, dit-on, dans la capitale de l'Espagne, où elle entretient une maladie endémique désignée par le nom de *colique de Madrid*. L'action délétère du plomb se manifeste sur les intestins grêles par des troubles dans l'acte de la digestion, par un amaigrissement considérable et par des douleurs abdominales quelquefois très-cruelles. Ces coliques débutent ordinairement vers les lombes, s'avancent vers l'ombilic et remontent vers l'estomac : le ventre est tendu ; à travers ses parois, on distingue sous le doigt des tumeurs inégales ; les selles sont nulles ou très-rares, et alors les excréments sont, dit-on, sous la forme de crottin de brebis ; dans des cas extrêmes, les vomissements et la diarrhée se manifestent. Ce poison détermine beaucoup d'autres accidents, des mouvements convulsifs, la paralysie, l'apoplexie, etc.

Sous l'influence des coliques violentes, l'homme perd sa force morale, comme sa force physique ; l'anxiété éclate sur son visage ; ses jambes fléchissent sous son corps, et souvent il tombe en défaillance. Cet état, dans lequel le courage se perd sous la volonté, se retrouve dans la situation où jette la peur : aussi dit-on dans le langage populaire, d'un homme terrifié, qu'il *a des coliques*.

De ce qui précède il résulte que les coliques ne constituent point une maladie, ainsi qu'on le considère vulgairement, mais qu'elles sont les effets, les symptômes d'affections de divers organes, et qu'on ne peut y remédier qu'en combattant celles-ci. Les divers degrés de l'inflammation et de l'irritation des intestins produisant les coliques le plus ordinairement, on jugera aisément qu'il est imprudent d'administrer des boissons excitantes, ce qu'on fait journellement : on s'empresse de faire avaler aux patients du vin chaud, de l'anisette, du cassis, de l'eau-de-vie ; les soldats y ajoutent quelquefois de la poudre à canon. C'est ainsi qu'on attise un feu intérieur lorsqu'il s'allume, et qu'il devient inextinguible. On ne saurait croire combien de gastro-entérites s'aggravent par cette cause, et elle n'a pas peu contribué à augmenter le nombre des victimes du choléra. Des boissons délayantes, des applications de cataplasmes émollients sur le ventre, des potions opiacées, des applications de sangsues au siége et sur les points douloureux, sont des moyens très-efficaces pour calmer ces douleurs ; mais ces remèdes doivent être employés avec discernement. Dans les cas de coliques accompagnées de constipation, il est au moins inutile de chercher à provoquer des selles par des lavements, qui fatiguent; c'est la cause de la constipation qu'il faut attaquer; il est imprudent de recourir à des purgatifs. Dans les cas de coliques diarrhéiques, il vaut mieux s'abstenir aussi de lavements, se borner à injecter dans le rectum un demi-verre d'eau dans lequel on aura ajouté cinq ou six gouttes de laudanum. Quand les coliques sont du genre de celles qu'on appelle *nerveuses*, *venteuses*, il est d'usage d'employer pour remèdes des substances excitantes, telles que l'eau de menthe poivrée, les vins généreux, les eaux minérales, les pastilles de Vichy, les préparations de fer, les semences d'anis; mais il est préférable alors de chercher des moyens de soulagement et de guérison dans le régime alimentaire. Dans les cas où les intestins recèlent des vers, il faut préférer les médicaments huileux ou purgatifs. Quand les coliques dérivent de l'inflammation des reins, il faut s'abstenir d'aliments et de boissons propres à stimuler, boire modérément de la décoction de graine de lin édulcorée avec du sirop de gomme, exclure entièrement l'oseille de la cuisine. Des applications au siège et sur les régions occupées par les reins sont ensuite très-utiles. Lorsque les coliques sont causées par la menstruation, on agira prudemment en ne prenant aucune boisson excitante, en gardant le lit autant que possible, ayant le bas-ventre couvert par un large cataplasme émollient et chaud. On remédie aux coliques causées par le plomb en éloignant les malades de la cause, et en employant des médications qui varient suivant la foi des médecins : des purgatifs associés à l'opium; des solutions de sel alumineux, de la limonade préparée avec de l'acide sulfurique; des épithèmes et des potions narcotiques; ou bien encore par le traitement antiphlogistique. Dr CHARBONNIER.

COLIQUE DE PANSE, nom donné par Daubenton à une maladie des bestiaux. *Voyez* MÉTÉORISATION.

COLIS. C'est le nom générique employé par le commerce pour désigner tout ballot de marchandises confiées au roulage ou aux chemins de fer, en caisses, en paniers, sacs ou corbeilles. Il est dérivé de l'italien *collo*, pluriel *colli*, qui a la même signification.

COLISÉE, fait de *coliseum*, mot qui n'est lui-même que la corruption du mot *colosseum*. C'est le nom que l'on donne au plus vaste et au plus magnifique des **amphithéâtres de Rome**, longtemps le seul qui fût en pierre, et qu'on appela d'abord l'amphithéâtre de Flavien en l'honneur de Flavius Vespasianus (l'empereur Vespasien). Ce nom de *Coliseum* lui fut donné plus tard, soit à cause de sa grandeur *colossale*, soit à cause du *colosse de Néron*, statue de bronze de 120 pieds, qui se trouvait près de ses issues conduisant au Forum. La construction du Colisée fut commencée par Vespasien à son retour de la guerre contre les Juifs; il fut terminé par Titus, l'an 80 de notre ère. On dit que les fêtes qui eurent lieu à cette occasion durèrent cent jours, et que l'on y vit périr cinq mille bêtes féroces ainsi qu'un grand nombre de gladiateurs. A partir de cette époque, il servit pendant une longue succession d'années à des chasses d'animaux féroces et à des combats de gladiateurs, de même qu'à des naumachies, parce que l'on pouvait à volonté en remplir l'arène d'eau. Au troisième siècle, sous l'empereur Macrin, la foudre en détruisit la galerie supérieure; mais Alexandre Sévère la fit reconstruire; de sorte que l'an 248 on put y célébrer les jeux séculaires avec une magnificence dont on n'avait point encore eu d'exemple. Il est probable qu'à l'époque de Charlemagne le Colisée avait conservé toute sa magnificence primitive; car Bède rapporte ce proverbe dont les Romains avaient de son temps l'habitude de se servir : « Quand le Colisée tombera, Rome périra; quand Rome tombera, l'univers périra. »

Dans les guerres civiles qui troublèrent les siècles suivants, le Colisée était une des principales forteresses de la ville; au seizième siècle, il servit de refuge à plusieurs nobles familles, notamment aux Frangipani et aux Annibaldi. Cependant on voit encore la noblesse romaine y célébrer en 1332 un combat de taureaux. Plus tard, et surtout à l'époque du séjour des papes à Avignon, la partie du Colisée qui manque aujourd'hui fut utilisée en guise de carrière; et c'est de là qu'on tira les matériaux pour la construction des palais de Venise et de Farnèse, pour la chancellerie, et pour le port de Ripetta. Le roi des Goths, Théodoric, avait déjà, au sixième siècle, donné des autorisations de ce genre. On alla même jusqu'à enlever plusieurs des colonnes de marbre qui ornaient l'intérieur du Colisée, jusqu'à arracher la plus grande partie des bronzes, qui pourtant contribuaient à la solidité des constructions. Quelques siècles encore plus tard, Clément IX en faisait murer les galeries inférieures, qu'on emplit de fumiers pour obtenir du salpêtre. Benoît XIV le premier mit un terme à cette honteuse dévastation d'une des gloires de la Rome antique. Pour sanctifier ces ruines, encore tout imprégnées du sang des martyrs, il y fit élever 14 chapelles où sont représentées des scènes de la passion de Jésus-Christ. Mais les travaux de réparation et de consolidation ne datent, à bien dire, que du règne de Pie VII, et furent activement continuées sous la domination française. Depuis on n'a pas cessé de faire les plus louables efforts pour protéger le monument contre les outrages du temps.

La forme du Colisée est elliptique, comme celle des autres amphithéâtres. Il offre à l'extérieur quatre étages; les trois premiers se composent chacun de quatre-vingts arcades dont les pieds-droits sont ornés chacun d'une colonne à demi-engagée, et on y voyait aussi des statues de marbre ou d'airain. Au-dessus du dernier rang s'élève un mur, divisé aussi par quatre-vingts pilastres, entre chacun desquels est une fenêtre; mais il ne reste plus aujourd'hui de cette partie extérieure que celle qui fait face au mont Esquilin. Le premier rang d'arcades est de l'ordre dorique; chacune d'elles portait un numéro par le moyen duquel on pouvait se reconnaître dans une construction aussi uniforme. Ces arcades éclairent une vaste galerie où rien ne gêne la circulation. Le second rang est d'ordre dorique : dans cette galerie se trouvaient vingt escaliers qui conduisaient aux gradins inférieurs de l'amphithéâtre, ainsi qu'au troisième rang des arcades, qui est d'ordre corinthien, aussi bien que les pilastres du quatrième. L'édifice avait quatre entrées principales, remarquables par leur riche ornementation et au-dessus de chacune desquelles était placé un char d'airain attelé de quatre chevaux. De ces entrées, deux étaient réservées pour la famille impériale et les deux autres pour les processions de sacrificateurs par lesquelles s'ouvraient toujours les jeux. Les soixante-seize autres arcades ou portes, servaient d'entrées et de sorties au peuple. A l'intérieur de ce mur d'enceinte si richement orné, il s'en trouvait encore cinq autres décrivant un cercle autour de l'arène, et séparés les uns des autres par une galerie. La seconde muraille formait ainsi la première le vestibule de la rotonde intérieure, et se composait aussi d'arcades de moindre élévation. Les quatre autres murailles allaient en diminuant de hauteur vers l'intérieur, et soutenaient les rangées de gradins où les spectateurs devaient prendre place.

L'intérieur offrait le simple aspect de cinquante rangs de gradins partagés en trois divisions, et des escaliers multipliés en raison de la circonférence des gradins. Au bas de ces gradins, dont la première division était réservée aux chevaliers, était une terrasse nommée le *podium*, sur laquelle on mettait les sièges mobiles. Ces places étaient réservées pour l'empereur et les sénateurs, les magistrats et les vestales. Enfin, au milieu se trouvait l'*arène*. Le diamètre de l'arène était de 285 pieds sur la longueur, et de 182 sur la largeur. Extérieurement, la circonférence du Colisée est de 1,681 pieds, et la hauteur de 157. Au-dessus de la troisième division de gradins se trouvait encore une vaste salle, soutenue par des colonnes, entourant tout l'amphithéâtre, et où prenaient place les spectateurs appartenant à la classe la plus infime de la population. Cette salle était couverte d'une toiture formant terrasse, où se tenaient les marins de la flotte impériale chargés des différentes manœuvres nécessaires pour étendre au-dessus de l'amphithéâtre une immense voile (*velarium*), ordinairement en laine, mais quelquefois en étoffe de soie, destinée à protéger les spectateurs contre les ardeurs du soleil, élevée et tendue au moyen de cordes et de poulies attachées extérieurement à des pièces de bois saillantes, fixées de distance en distance dans des trous que l'on voit maintenant encore dans le haut du mur extérieur.

L'arène, qui vraisemblablement n'était qu'un immense plancher, reposait sur des murailles; disposition qui rendait possible l'emploi des mécanismes les plus divers pour produire à volonté les plus merveilleuses apparitions subites, par exemple celles d'un bois où bientôt des gradins de l'amphithéâtre l'on voyait un grand nombre d'animaux errer en toute liberté. On calcule que le Colisée pouvait contenir de 80 à 90,000 spectateurs, et même 120,000 suivant d'autres supputations.

Sur la fin du règne de Louis XV, on construisit à Paris un monument gigantesque, qui prit aussi le nom de *Colisée*. Les chefs ostensibles de la compagnie qui se forma dans ce but étaient Camus, architecte du duc de Choiseul, Corbie et Monnet, anciens directeurs de l'Opéra-Comique; mais les principaux intéressés étaient des fermiers généraux. L'affaire de cet établissement, qui devait offrir une réunion de tous les plaisirs, fut longuement discutée au conseil du roi, et le privilège fut accordé en juin 1769. On acheta fort cher un terrain considérable à l'extrémité septentrionale des Champs-Elysées, près du faubourg Saint-Honoré, et les travaux commencèrent aussitôt. Ils devaient être terminés pour les fêtes du mariage du dauphin (Louis XVI); mais la désertion de plusieurs souscripteurs fit souvent interrompre l'exécution de cet édifice, qui fut enfin ouvert le 25 mai 1771. Il avait coûté 2,700,000 fr., et pouvait contenir 40,000 spectateurs; mais il n'en vit jamais plus de 5 à 6,000 à la fois. On y essaya des bals masqués, qui ne rapportèrent rien, des concerts où les voix se perdaient dans le vide : la célèbre Mlle Lemaure y attira la foule; mais on se lassa bien vite d'une voix qui n'était plus jeune; d'autres cantatrices produisirent encore moins d'effet. Les concerts à écho ne réussirent pas mieux. Petites loteries à douze sous, expériences déjà connues d'un homme marchant sur l'eau, joûtes sur une eau bourbeuse, feux d'artifice peu variés, symphonies monotones, danses mesquines et puériles, on essaya tout cela sans succès dès la première année. En 1772 spectacle d'escrime, *fête chinoise*, pompes triomphales, pantomimes du chevalier d'Arcq, frère naturel du duc de Penthièvre, combats de coqs, etc., furent encore montés sans attirer le public. En 1773 le Colisée n'ouvrait plus que de temps à autre, pour des fêtes extraordinaires. En 1774 il fut fermé bien plus souvent, quoique les femmes suspectes, les découvrés et les étrangers s'y rencontrassent. En 1775 un écuyer anglais y fit d'assez bonnes recettes; mais il y eut aussitôt procès avec les artistes, les ouvriers, et les vendeurs des terrains. Enfin les entrepreneurs abandonnèrent tout, les créanciers ne purent s'entendre, et le Colisée resta fermé. Il tombait en ruines, lorsqu'il fut démoli en 1784. Il n'a laissé que son nom à une rue de Paris.

COLLABORATEUR, COLLABORATION, mots faits de la préposition latine *cum,* avec, et du substantif *labor,* travail, dont l'introduction dans la langue française n'est point fort ancienne, puisqu'on ne les trouve point dans le *Dictionnaire de Trévoux.* L'Académie définit le *collaborateur :* « Celui qui travaille de concert avec un autre, qui l'aide dans ses fonctions, dans l'exercice de son emploi. » Nous préférons la version d'un autre dictionnaire, qui appelle *collaborateur* « celui qui travaille de concert avec un ou plusieurs autres à un ouvrage, à un livre, etc. » Le mot en effet est surtout employé en matière de littérature. Quant à son féminin *collaboratrice,* mentionné par tous les dictionnaires, il est d'un usage fort restreint ; nous avons bien des femmes-*auteurs*, mais elles ne ressemblent point à nos vaudevillistes, qui se mettent deux, trois, quatre et au delà pour faire une pièce. Quelques femmes, Mme de Bawr, et depuis Mme Anaïs Ségalas, Mme de Girardin, Mme Georges Sand se sont essayées au théâtre, mais aucune d'elles n'a eu de collaborateur ni de collaboratrice, avoués du moins, que nous sachions. S'il en est qui, par hasard, placent leurs œuvres sous la protection d'un homme de lettres connu, ce ne sont pas toujours elles, quoi qu'aient pu dire la malignité et la vanité masculines, qui ont le plus à gagner dans cette association.

Quant à celle des savants et des gens de lettres, qui n'avait lieu autrefois que pour de grands ouvrages, tels que l'*Encyclopédie*, on la voit mettre aujourd'hui en pratique pour l'œuvre la plus légère; ce qui sera peut-être aux yeux de la postérité la meilleure preuve en faveur de notre esprit de sociabilité au dix-neuvième siècle. Il est vrai que dans ces sortes d'associations, surtout en ce qui regarde les productions théâtrales, chacun a son rôle tracé, ce qui ne laisse pas d'abréger beaucoup la besogne: l'un est chargé de la contexture du plan et de la disposition des scènes, l'autre du dialogue, celui-ci de la facture des couplets, celui-là de la mise en scène; puis vient celui qui fait le plus pour le succès, souvent sans aucune dépense d'esprit, sans même avoir pris la peine de tailler une plume, celui qui, par sa position, par ses courses, par ses intelligences, procure la réception de l'œuvre *commune*. Plus d'une direction théâtrale a près d'elle un entrepreneur semblable, chargé de la fourniture générale de la *maison*, et qui est ainsi *en relation* continuelle d'affaires avec elle. Malheur au talent modeste et fier qui ne veut pas se laisser imposer le *collaborateur obligé !* il ne percera jamais; toutes les avenues du théâtre lui seront impitoyablement fermées. M. Scribe, qui, du reste, sait fort bien payer de sa personne dans ces sortes de marchés ou d'associations, a publié son théâtre, qu'il a *dédié à ses collaborateurs.* On pourrait demander à qui s'adresse l'épigramme ? Edme Héreau.

COLLAGE. Ce mot désigne en général l'action d'enduire une ou deux choses d'une *colle* quelconque, pour les joindre, les unir, les faire tenir ensemble. Il s'applique aussi à une certaine opération que l'on fait subir aux vins pour les clarifier. *Coller une bille,* au jeu de billard, c'est la mettre tout près de la bande, de manière à ce qu'elle soit difficile à jouer. Par extension, par métonymie, on dit alors qu'un *collé* son adversaire, expression qu's'emploie aussi dans le langage familier pour dire qu'on n'a rien laissé dans la discussion à répondre par son adversaire, en d'autres termes, qu'on l'a mis *au pied du mur*.

On dit aussi *se coller*, pour dire s'attacher fortement ou demeurer attaché à quelque chose.

L'emploi de la colle joue un certain rôle dans plusieurs industries, notamment dans le cartonnage, la reliure, la brochure, les encadrements, la fabrication des cartes à jouer, l'ébénisterie, la menuiserie, etc.

Le carton se fabrique quelquefois au moyen du collage, en appliquant plusieurs feuilles de papier les unes sur les autres à l'aide de la colle.

Le *collage des affiches* se fait au moyen d'une *colle de pâte,* cuite dans beaucoup d'eau, et à l'aide d'un gros pinceau de poil de cochon que l'afficheur trempe dans un seau d'eau où il a délayé sa colle.

Le *collage des papiers de tenture* ou *papiers peints* exige quelque adresse, de la précision, beaucoup de propreté, et un certain goût. On emploie assez ordinairement la colle de pâte, mais pour les belles tentures, la colle de Flandre convient mieux. Il y a trois espèces principales de toile en usage pour la tenture des papiers peints; tentures sont connues sous le nom de *treillis :* les largeurs font la différence. On applique d'abord sur le treillis un papier gris ou bleu sans colle avant de coller le papier d'ornement. Le colleur divise son rouleau de tenture en bandes de la longueur des pans de mur, depuis la plinthe qui soutient la bordure jusqu'au plafond. Après avoir étalé chaque bande bien uniment sur une table, le colleur la couvre sur l'envers d'une couche de colle à la brosse avec le plus de légèreté et d'égalité qu'il lui est possible; il attend que la bande soit bien imprégnée de l'humidité de la colle, et quand il voit que la couleur du fond du papier est devenue bien uniforme, il saisit la bande par ses deux extrémités, qu'il réunit sous ses doigts, la fleur du papier en dehors, c'est-à-dire colle sur colle. Il prend la bande à deux mains et l'ajuste d'abord sur la toile, le papier gris ou le mur, en commençant par le haut du mur, et laissant s'affaisser le reste de la bande, qui se déplie par son propre poids; il fixe ensuite la pose en s'aidant d'un chiffon bien net. On fait descendre ce chiffon en tamponnant de haut en bas, d'abord sur la zone du milieu de la bande, et successivement sur chacun des côtés. En séchant, le papier prend du retrait, d'où résulte une tension assez considérable qui produit une surface bien unie. En posant une bande près de celle qui est déjà posée, il faut nécessairement donner un peu de recouvrement, car les dessins que porte le papier ne s'étendent pas précisément jusqu'en ses bords, et c'est le recouvrement qui doit en raccorder les parties; mais il faut éviter de donner trop d'étendue à ce recouvrement. C'est dans cette juste mesure que consiste principalement l'art du colleur. Ensuite on colle les bordures en haut et en bas, et parfois on pose des baguettes dorées sur le papier peint. Les bordures du haut se posent les premières, puis celles du bas et celles des côtés, en se guidant sur les lambris, quand il y en a, ou d'après les dessins du papier.

Pendant bien longtemps le *collage du papier* en fabrique n'a été fait qu'après le moulage des feuilles. L'invention du papier à la mécanique, en bandes très-longues, que l'on coupe ensuite dans les dimensions voulues pour le format marchand, a fait sentir de plus en plus l'opportunité d'un *collage dit à la cuve*, c'est-à-dire le collage de la pâte même du papier avant le moulage. Mais en employant la colle toute faite dans la cuve on tombe dans des inconvénients nombreux. La difficulté a été vaincue par le procédé suivant : on a renoncé à la colle de gélatine, et on a substitué la fécule tenue en suspension à froid dans la cuve à pâte. Chaque feuille en sort imprégnée de fécule et à l'état humide ; il ne s'agit plus que de l'exposer dans une étuve chauffée au point de faire éclater les grains de fécule, qui alors sont transformés en empois, et le papier se trouve collé. Dans le procédé à la mécanique, le cylindre sur lequel passe la longue bande de papier remplit l'indication de l'étuve.

Le *collage du vin* a pour but de lui donner de la limpidité, de le dégager de la lie et des parties trop colorantes, d'opérer, enfin, ce qu'on nomme la clarification. Pour obtenir ce résultat, on se sert de colle de poisson et de blancs d'œufs, ou de poudres préparées à cet effet. On a soin d'abord de tirer de la pièce la valeur de deux bouteilles, on prend six blancs d'œufs que l'on bat ensemble avec une demi-bouteille de vin. On introduit par la bonde un bâton fendu, et l'on agite le vin en faisant pénétrer le bâton dans tous les sens ; et puis on verse les blancs d'œufs préparés, et l'on achève de remplir la pièce qui doit être bouchée environ un quart d'heure après avec une bonde fraîche ; huit jours après on peut tirer le vin sans inconvénient. Pour opérer le collage avec de la colle de poisson, il faut prendre six grammes de colle, la couper par feuilles très-minces, la faire dissoudre dans une demi-bouteille de vin pendant vingt-quatre heures et agir de la même façon qu'avec les blancs d'œufs.

Le *collage de la bière* se fait à peu près de la même manière.

COLLAPSUS, mot latin fait du verbe *collabor*, je tombe, et introduit dans le langage pathologique pour exprimer la chute subite et complète des forces, soit au début, soit dans le cours d'une maladie. Cullen définit plus exactement le *collapsus* : « L'affaissement ou l'affaiblissement de l'énergie du cerveau. » Les phénomènes qui précèdent le *collapsus* et les causes prédisposantes ou déterminantes sous l'influence desquelles il se manifeste sont nombreux et variés. Les moyens employés dans le traitement de cette période, qui caractérise l'issue funeste d'un très-grand nombre de maladies, soit aiguës soit chroniques, doivent être principalement dirigés sur l'état actuel du cerveau et de la moelle épinière, organes qui sont si souvent le siége de congestions plus ou moins rapides et intenses. Dans ce cas, l'emploi judicieux des ventouses scarifiées, les stimulants appropriés dirigés sur la portion du canal intestinal qui se prête le mieux et sans inconvénient à une ingestion prompte; les rubéfiants, les vésicatoires, sont les ressources que le thérapeutiste doit administrer avec habileté.

Il ne faut pas confondre le *collapsus* qui, toujours précédé de phénomènes de réactions morbides, consiste dans l'affaiblissement des fonctions cérébrale, sensorielle et locomotrice, avec la mort apparente par syncope ou par asphyxie, ni avec la *sidération*, dans lesquelles les individus sont frappés tout à coup, sans maladie appréciable antérieure, par des causes externes ou internes, plus ou moins faciles ou difficiles à déterminer.   L. LAURENT.

COL L'ARCO ou **CON L'ARCO**. *Voyez* ARCO.

COLLAS (Procédé). On appelle ainsi une espèce de gravure produite par des moyens essentiellement mécaniques, et qui est surtout propre à copier des figures en relief à cause de l'imitation exacte de tout ce qui fait saillie. Cette gravure s'opère en effet au moyen d'une machine qui, en conduisant une pointe perpendiculaire en lignes parallèles sur les différentes saillies et cavités de l'objet qu'on veut reproduire, transporte sur une plaque de cuivre, à l'aide d'une autre pointe que fait mouvoir un joint en forme de levier, les différentes lignes que décrit la première. En éloignant deux indicateurs correspondants, on précise les distances des lignes les unes des autres, ainsi que la profondeur de l'entaille. La position de ces indicateurs exige beaucoup de sagacité de la part de l'artiste. On ne peut en effet conduire la ligne en direction droite que jusqu'au côté éclairé des différentes formes recourbées des objets ; alors il faut faire repasser dans la plus grande lumière les tons lumineux en tailles légères, onduleuses, tenues un peu plus larges suivant la perspective, au contraire renforcer, ou, suivant l'expression technique, maintenir les lignes qui disparaissent dans les parties ombrées. On regarde comme l'inventeur de cette machine à copier les reliefs, ou plutôt comme l'ayant perfectionnée, le mécanicien et graveur français Achille Collas, qui la construisit dans les années 1830 et 1831. Elle lui servit à faire le bel ouvrage connu sous le titre de *Trésors de Numismatique et de Glyptique* (220 livraisons : Paris, 1834 et années suivantes). Les représentations des médailles et des reliefs y font sur le papier l'effet de dessins repoussés en relief. Avec une machine de ce genre le travail va fort vite. On en avait à Londres dès l'année 1803; mais ce ne fut que plus tard qu'elle reçut de Bate des perfectionnements tenant beaucoup de ceux de M. Collas. En Allemagne, le mécanicien Karmasch a donné une machine à copier les reliefs, construite par lui dans un système complètement différent : et le mécanicien Wagner, de Berlin, livre de très-beaux travaux en ce genre.

M. Collas a aussi inventé un procédé à l'aide duquel il peut reproduire avec la plus grande exactitude, tant sous le rapport des formes que sous celui des ombres, des objets tout à fait ronds.

COLLATÉRAL. Ce terme sert à désigner le rapport de parenté qui existe entre les individus qui ne descendent pas les uns des autres, mais qui remontent à un auteur commun. Ainsi les frères et sœurs et les cousins et cousines entre eux, les oncles et tantes à l'égard de leurs neveux et nièces, et ces derniers relativement à leurs oncles et tantes sont parents *collatéraux*. La *ligne collatérale* est la suite des degrés entre parents collatéraux. On appelle *succession collatérale* celle qu'on recueille d'un parent collatéral, et *héritier collatéral* celui qui recueille cette succession.

COLLATIN. Le *mont Collatin* était une des sept collines de l'ancienne Rome (*Collatinus*). C'était aussi le surnom d'une branche des Tarquins, qui fut donné à Lucius Tarquinius, neveu de Tarquin le Superbe, parce qu'il était originaire de *Collatie* (ville d'Italie, dans le Latium, située au sud-est de Tibur, sur les bords de l'Anio), ou qu'il y avait demeuré. La porte par laquelle on sortait de Rome pour se rendre à Collatie en avait pris le nom de *Porte-Collatine*.

Baillet et après lui Bergier donnent le surnom de *collatines* à la congrégation des *oblates* de sainte Françoise; mais le P. Hélyot dit que c'est à tort, et que le couvent de ces religieuses n'était point dans le quartier Collatin, mais bien dans la rue des Cordeliers, quartier moderne des Campitelli, au pied du Capitole.

COLLATION. C'était le droit de conférer un bénéfice. Dans l'ancienne Église, les prélatures et les abbayes étaient conférées par élection, sous l'approbation du supérieur; les bénéfices inférieurs séculiers étaient conférés par les prélats, les réguliers par les abbés. Ces collateurs étaient obligés, à peine de prescription, d'exercer leur droit dans le délai de six mois. Ce droit passa successivement des évêques au primat, du primat au pape. Cet état de choses fut depuis changé par le concordat de François Ier et de Léon X : les élections furent abolies. Le collateur laïc ou ecclésiastique n'accordait que les provisions; quelques abbesses même avaient le droit de collation pour les cures. Cette partie du droit canonique a donné lieu à de longues et nombreuses controverses. Il a subi de nouvelles modifications par les nouveaux concordats. Il n'y a plus en France de bénéfices simples. Le chef du gouvernement a seul le droit de collation aux évêchés : l'institution canonique est réservée au pape. La constitution civile du clergé avait rétabli les élections.

En style de pratique on nomme *collation* l'action de confronter la copie d'un titre, d'un acte quelconque à l'original. L'identité est constatée par cette formule : *certifié conforme* (*ne varietur*). La *collation de pièces* est *judiciaire* ou *extrajudiciaire*, selon qu'elle se fait en exécution d'une décision de la justice ou sur la demande des parties, sans ordonnance du juge. Le procès verbal de la collation judiciaire se fait par le notaire ou le dépositaire de l'acte, ou par un juge commis par le tribunal. Les parties peuvent collationner l'expédition ou copie, dont lecture est faite par le dépositaire; et dans le cas où elles prétendent que l'expédition n'est pas conforme, il en est référé au président du tribunal, lequel fait la collation sur la minute, que le dépositaire est tenu d'apporter. La collation extrajudiciaire se fait par des notaires sur des actes authentiques ou sous seing privé qui leur sont présentés et qu'ils doivent rendre aussitôt.

Collationner un manuscrit, c'est le comparer avec le texte usuel ou imprimé pour s'assurer qu'il n'en diffère point. *Collationner* un livre, c'est examiner ses feuilles une à une pour voir s'il n'en manque pas. La révision des secondes épreuves d'imprimerie s'est aussi appelée quelquefois *collation*.

On appelle encore *collation* le repas que les Latins nommaient *canula*. En carême, et pendant les autres jours de jeûne, les fidèles ne faisaient qu'un repas frugal, après avoir assisté au dernier office du jour. Ce repas se composait de confitures ou de fruits; mais ce repas, sous le nom de *collation* ou de *goûter*, était devenu quotidien, et cet usage s'est maintenu longtemps, surtout dans les collèges, les pensionnats et les ateliers : On *collationne* encore à la campagne, mais c'est moins un usage qu'une fantaisie.

COLLE, substance qui sert à unir, à maintenir ensemble différentes matières, comme le bois, le papier, des étoffes, etc., ou à leur donner plus de force. La colle sert aussi à donner de l'apprêt, à clarifier certaines liqueurs, etc. On distingue diverses espèces de colles, la *colle-forte*, la *colle de pâte*, la *colle à bouche*, la *colle de poisson*, etc.

La *colle-forte* n'est que de la gélatine desséchée ; c'est un produit utile, indispensable même dans beaucoup d'arts, tels que la chapellerie, la menuiserie, la marqueterie, la papeterie, la cordonnerie, l'impression des toiles, la peinture en détrempe, etc., etc. La fabrication des colles animales a fait de grands progrès, et donne aujourd'hui des produits vraiment étonnants par leur netteté, par l'absence de toute coloration, la transparence, la sécheresse et la privation de toute odeur nauséabonde.

L'industrie qui s'exerce sur les colles se partage en deux branches : la première a pour objet la collection des matières gélatineuses, les préparations qu'on leur fait subir pour les rendre inaptes à la fermentation putride et pour leur complète dessiccation, état dans lequel elles peuvent être conservées indéfiniment, et envoyées, à peu de frais de transport, loin des lieux où elles ont été recueillies. C'est là ce qu'on appelle le commerce des *colles-matières sèches*. Ces matières consistent généralement en *brochettes* (pellicules minces que le mégissier enlève sur les peaux), en *effleurures* (épiderme séparée par les bufletiers), *rognures* des cuirs appelés *buenos-ayres*; *patins* (gros tendons des quatre pieds des bœufs et vaches), qu'on enlève avec les petits os ; *abats* ou *nerfs de bœuf* (portion des parties génitales de l'animal); *peaux de lapin*, dépouillées du poil employé dans la chapellerie; *rognures des parcheminiers*, dites *peaux d'âne*; *rognures des tanneries*, oreilles de mouton et de veau, pieds de mouton, avec les tendons, les petits os et les ergots, les parties déchirées de la peau, etc.; enfin, les parties dites *têtes de veau*, que les corroyeurs retranchent avant de commencer le travail auquel ils soumettent les peaux. Les fabricants de colle trouvent encore un petit supplément à ces ressources dans les vieux gants, les surons d'indigo, c'est-à-dire les grosses peaux qui recouvrent les balles de cet ingrédient apporté d'outre mer.

Le travail de conservation des *colles-matières* consiste à les faire macérer pendant une quinzaine de jours dans un lait de chaux, renouvelé trois ou quatre fois (c'est ce qu'on appelle l'*échaudage*); on étend ensuite sur un pavage en plein air pour égoutter et sécher, en remuant et retournant souvent à la fourchette. Après la dessiccation complète, on met en balles. C'est sur ces matières que s'exerce, à proprement parler, la fabrication. Le fabricant les attaque d'abord de nouveau par un premier trempage au lait de chaux, jusqu'à leur naissance complètement pénétrer. Ensuite on rince dans l'eau de rivière, pour enlever soigneusement toute la chaux, dont la présence, même en très-petite proportion, nuirait essentiellement à la fabrication. L'érage subséquent par exposition sur un pavage procure la conversion en craie insoluble de ce qui pourrait avoir échappé de chaux au lavage de rivière, et alors cette chaux cesse d'être aussi nuisible. Avant que les matières aient achevé de sécher, cependant, on les porte à la chaudière, lorsqu'elles retiennent encore un peu d'eau et restent légèrement gonflées et plus attaquables par le liquide bouillant.

La chaudière des fabricants de colle est ordinairement de cuivre, et d'un diamètre à peu près égal à la profondeur. Le fond doit être plus épais que les côtés : il faut l'exposer tout entier à l'action de la chauffe. Pour ménager ce fond, on est dans l'usage de le revêtir à l'intérieur d'un faux fond en tôle, percé de trous comme une écumoire, qui reste suspendu sur un trépied à huit ou dix centimètres de hauteur. Cette précaution garantit du brûlage des matières, qui sont sujettes à s'attacher au fond de la chaudière. Il faut remplir la chaudière d'eau jusqu'aux deux tiers environ. Les eaux de rivière et surtout celles de pluie sont avec raison préférées, à cause de l'absence des sels terreux, qui sont susceptibles de se combiner à la gélatine. Les matières crues doivent occuper dans la chaudière un volume plus grand que sa capacité, en sorte qu'elles dépassent considérablement les bords. On chauffe graduellement jusqu'à l'ébullition : les matières s'affaissent peu à peu, le liquide augmente de volume, et après quelques heures de bouillage, toutes les matières solides se trouvent complètement submergées. Il faut continuer le bouillage sans aucune interruption, en détachant de temps en temps les portions qui adhèrent aux parois de la chaudière.

Comme une propriété constante de la gélatine est de s'altérer de plus en plus par l'exposition à une haute température, il est évident que moins durera le bouillage et plus pur sera le produit. Mais comme la dissolution de toute la partie gélatineuse contenue dans les *colles-matières* ne se fait pas simultanément, et que pour extraire la totalité il est nécessaire d'un temps plus ou moins long, on a pris le parti, pour éviter toute détérioration de la portion la première extraite, de fractionner les produits. Dès que le liquide est devenu assez visqueux pour *prendre* (se coaguler) par le refroidissement, au point de pouvoir être coupé par tranches et exposé sur les filets, on l'enlève, et on y substitue de l'eau nouvelle. On finit par extraire de cette manière toute la gélatine, qu'on peut obtenir économiquement.

La colle dite dans le commerce *colle de Flandre* ou *de Hollande* se fait en deux cuites. Il faut pour obtenir cette colle bien blonde et bien claire, comme on l'exige pour des emplois délicats, rincer à plusieurs eaux, et détremper pendant un temps suffisant les *colles-matières*, après les avoir longtemps aérées pour saturer d'acide carbonique, et rendre insoluble et inerte la chaux employée dans leur préparation. La colle *façon anglaise* est beaucoup plus cuite que celle de *Flandre*. La colle dite *de Givet* exige une lente ébullition. On laisse fondre, avant de soutirer, la totalité des matières, et on évite soigneusement tout ce qui pourrait tendre à troubler la transparence de la solution gélatineuse. Pour toutes les colles, il faut d'ailleurs enlever soigneusement de la surface du liquide, à l'aide d'une écumoire, la combinaison de graisse et de chaux qui surnage.

La colle dite *au baquet* est celle dont les peintres en bâtiments font le plus fréquent usage pour la détrempe. Ce n'est qu'une dissolution de gélatine, qui n'a pas été assez concentrée pour pouvoir être coupée en tranches.

Excepté cette dernière, toutes les sortes de colles fortes sont coulées dans des boîtes ordinairement en sapin, et un peu évasées dans le haut, pour faciliter le dégagement du pain de colle après refroidissement. Si l'on veut obtenir des feuilles égales et régulières, il faut tracer en creux de quelques millimètres le fond de ces boîtes, qui donnent alors des masses marquées des divisions qu'on en fera plus tard. Au moment du *coulage*, on place toutes les boîtes à côté les unes des autres sur des chantiers horizontaux, bien de niveau. On pose sur la boîte qu'il s'agit d'emplir un entonnoir à fond plat, dans lequel on introduit un tamis de crin, ou mieux de toile métallique : c'est sur ce tamis, qui retient les impuretés et substances flottantes, qu'on verse la solution gélatineuse. Il convient que l'atelier de coulage soit très-frais; aussi lui donne-t-on le nom de *rafraîchissoir*. Il faut ordinairement, quand l'atelier est convenable, douze heures de séjour de la colle dans les boîtes pour sa coagulation parfaite. Le lendemain ces boîtes se montent dans un séchoir, ouvert à tout vent; on les renverse brusquement sens dessus dessous sur des tables mouillées pour éviter l'adhérence. On divise le pain de colle en feuillets horizontaux, au moyen d'un fil de cuivre, tendu sur une sorte de monture de scie. On enlève avec dextérité ces feuillets de gélatine, et on les étend promptement sur les filets tendus dans ce séchoir. La dessication de ces feuillets est sujette à bien des accidents, qui peuvent gâter le produit sans retour dans les premiers jours de l'exposition sur les filets; les moindres intempéries de l'air peuvent occasionner une fermentation, qui perd tout : l'orage surtout est à redouter. Le brouillard est aussi très-nuisible : l'eau qu'il porte à la surface des feuillets y détermine la moisissure. On dit alors que la colle a été *piquée*, et elle perd beaucoup de sa valeur.

La colle étant sèche sur les filets, dont elle conserve l'empreinte, il faut procéder au *lustrage*, opération intrinsèquement inutile, mais que les préjugés du consommateur rendent indispensable. Pour cela, on met dans un petit baquet de l'eau chaude, et on y trempe, un à un, les feuillets. Au sortir du baquet, où ils ne doivent rester que le moins de temps possible, on les frotte vivement avec une brosse douce, trempée elle-même dans l'eau tiède. Au fur et à mesure que ces feuillets ont été ainsi nettoyés et polis, on les range sur une claie, puis on les porte à l'étuve, si le temps n'est pas très-sec. Un jour après, la colle a perdu toute l'eau du lustrage, et on peut la mettre en tonneaux pour être expédiée.

Les bords des feuillets, dans les colles très-fortes, sont un peu onduleux ou recroquevillés. Il faut que les colles soient résistantes, à cassure nerveuse allongée, peu hygrométriques, se gonflant beaucoup dans l'eau froide, mais sans s'y dissoudre, formant une gelée très-volumineuse lorsqu'on les a dissoutes à chaud. Enfin les meilleures colles sont celles qui supportent sans se rompre la charge la plus grande. Dans l'emploi, il est fort essentiel de dissoudre la colle à la moindre chaleur possible, crainte d'altération de la gélatine. On la concasse en morceaux aussi petits que possible; on la fait tremper d'abord à l'eau tiède, puis on donne quelques bouillons. Dès que toute la colle est dissoute, on arrête le feu, et la colle est bonne à employer.

La *colle à bouche* est une matière gélatineuse, sèche, que l'on emploie pour coller le papier sur la planchette, pour coller ensemble deux feuilles de papier à écrire, etc.; on la vend en petites tablettes de 2 à 3 centimètres environ de large sur 6 à 8 centimètres de long et quelques millimètres d'épaisseur. Comme on a l'habitude de mouiller la *colle à bouche* avec sa salive quand on veut s'en servir, on choisit pour la préparer les meilleures qualités de colle-forte, surtout celles qui n'ont que peu d'odeur. Le fabricant fait macérer cette colle-forte dans de l'eau. Il chauffe ensuite cette dissolution, à laquelle il ajoute 10 pour 100 de son poids de sucre en poudre, afin de rendre la saveur moins désagréable. Au moment où la colle retirée du feu est sur le point de se figer, on l'aromatise avec une légère préparation d'essence de citron, qui masque la mauvaise odeur qu'elle aurait pu conserver.

La *colle de pâte* est la plus simple. Pour l'obtenir il suffit de délayer de la farine ordinaire de blé avec de l'eau, dont on augmente peu à peu la quantité. On met sur le feu jusqu'à ébullition et en remuant toujours le liquide, qui s'épaissit. Après quelques minutes d'ébullition on retire de dessus le feu et on laisse refroidir. On en fait aussi avec de l'amidon, des farines avariées, etc. Elle sert au collage des papiers de tenture, des cartonnages, à la brochure, aux cordonniers, etc.

La *colle de poisson* (appelée aussi *ichthyocolle*) est fournie par différentes espèces d'*accipenser* : l'*esturgeon*, le *béluga*, le *sterlet*; on en obtient, en outre, une grande quantité du *serruga*. La préparation de la colle de poisson est presque absolument bornée à la Russie. On y en fait partout où se pêche la grande espèce d'esturgeons, sur le Dnieper, le Don, et spécialement sur la mer Caspienne, et aussi sur le Volga, l'Oural, l'Oby et l'Irtisch. Celle qu'on tire de l'esturgeon est réputée la meilleure; après celle-ci vient la colle tirée du béluga. Elle varie aussi d'après le mode de préparation. Sur le Volga et l'Oural, on trempe les vessies pendant qu'elles sont fraîches, et on les fait sécher jusqu'à un certain degré. On en enlève ensuite la peau extérieure ; la membrane intérieure blanche et lustrée se tord, et on la fait alors complétement sécher. La meilleure colle est ordinairement roulée et prend la forme d'un serpent ou d'un cœur ; la seconde sorte est pliée par feuillets comme ceux d'un livre ; et celle de moindre valeur se fait sécher sans aucune précaution. Dans d'autres lieux, la colle de poisson s'extrait des vessies par ébullition et dissolution. Celle-ci est formée en tranches ou plaques ; elle est parfaitement transparente et de couleur d'ambre. Sur l'Oka, où l'on ne peut se procurer que le sterlet, les vessies sont battues au moment même qu'on les a extraites du poisson, et on les fait sécher pour ichthyocolle.

La bonne colle de poisson est blanche, légèrement transparente, sèche, composée de membranes, pas trop épaisse, et absolument inodore. Pallas a donné des renseignements très-étendus et très-clairs sur ce produit, dont on fait un grand emploi pour le collage des liqueurs et dans la fabrication du *taffetas gommé d'Angleterre*. La colle de poisson est employée comme réactif pour constater la présence du tannin, qu'elle précipite à l'état d'insolubilité. Nul doute que dans nos ports, en mettant à profit la grande quantité de vessies aériennes de divers poissons qui se perdent, et principalement celles des grands congres, on ne pût parvenir à fabriquer de l'ichthyocolle. Mais ce sont les vessies qu'il faudrait employer, et non pas les parties aponévrotiques et tendineuses des poissons, comme nous l'avons tenté sans succès. Dans ce dernier cas, on obtient bien une belle colle incolore et transparente, mais elle ne jouit pas de la propriété de clarifier les liqueurs. Cet effet n'est dû qu'aux fibrilles disséminées dans la gélatine des vessies : ce sont ces fibrilles imperceptibles qui se combinent avec les substances qu'elles entraînent en dépôt. PELOUZE père.

Les usages de l'ichthyocolle sont nombreux : non-seulement elle sert à clarifier les vins et à gommer le sparadrap, mais elle forme encore la base des gelées que préparent les pharmaciens, les cuisiniers, et sert à coller des fragments de verre, à lustrer des étoffes, des rubans, etc.

COLLÉ (CHARLES), né en 1709, mort en 1783, est encore un de ces enfants de la basoche qui préférèrent à la sombre mais productive étude de leur père la vie joyeuse et indépendante de nourrisson des muses. C'était un homme qui savait prendre la vie du bon côté, et allier l'intérêt au plaisir. Fils d'un procureur du roi au Châtelet, qui était aussi trésorier de la chancellerie du palais, il devint le poète et le commensal des grands, et passa sa vie à les amuser, sans abdiquer la dignité de son caractère. Il fut pendant longues années, avec le titre honorable et lucratif de lecteur ordinaire, le poète favori de la cour de ce bon duc d'Orléans qui menait si joyeux train, tant à Paris qu'à Sainte-Assise, qui vivait au mieux avec Louis XV et la favorite régnante, qui se laissait taper le ventre et appeler *gros papa* par la comtesse Duharry, qui jouait la comédie à ravir, inimitable surtout dans les valets et les paysans, et qui, au demeurant, n'en était pas moins un homme bienfaisant, un prince tellement populaire qu'on le nommait que le *roi de Paris*. Ce fut pour ce patron Collé composa son *Théâtre de Société*, recueil dont les pièces ne « pouvaient être jouées, dit La Harpe, que dans les sociétés où l'on se mettait audessus de toute décence en faveur de la gaieté ». Mais telle était la grande société de ce temps-là. « Un grand fonds de gaieté et de bonne humeur, dit Grimm en parlant de Collé dans sa *Correspondance*, un ton aussi excellent que fin et original, l'ont toujours fait rechercher par la bonne compagnie ; l'honnêteté de ses mœurs et de son caractère lui a fait des amis solides. Elle l'a aussi préservé de deux écueils également dangereux et difficiles à éviter avec cette tournure d'esprit : le premier de devenir caustique et de se livrer entièrement à la satire ; l'autre de jouer dans les sociétés le rôle de plaisant et de bouffon, rôle bien avilissant pour un homme d'honneur. »

Cependant, une circonstance est venue, vingt-deux ans après la mort de Collé, porter quelque atteinte à sa réputation ; c'est la publication de son *Journal historique* (Paris, 1805-1807, 3 vol. in-8°). Dans ces mémoires, qui ont une grande analogie avec ceux de Tallement des Réaux, le bon homme Collé s'est montré le juge impitoyable des hommes avec lesquels il passait sa vie. Auger lui en a fait assez doucement reproche dans la *Biographie Universelle*. Après tout, ce *Journal historique* prouve que son auteur était animé d'un patriotisme pur et d'une noble indépendance : on retrouve dans ses courtes réflexions sur les faits tous les sentiments, toutes les doctrines généreuses de 1789. Collé, néanmoins, et l'on ne sait trop pourquoi, ne pouvait souffrir Voltaire. Lors de la reprise de *Mahomet*, il fit courir ce couplet :

Ce *Mahomet* que l'on fête,
Avec force écrit,
Mais qui n'a ni pieds ni tête,
Corneille en eût dit :
C'est l'ouvrage d'une bête
De beaucoup d'esprit.

Si Collé, pourtant, n'avait fait que des couplets pareils, il ne serait pas demeuré avec Panard et Piron en possession du sceptre de la vieille chanson. Sous ce rapport, La Harpe le préfère même à l'auteur de *La Métromanie* : « Piron, dit-il, est aussi loin de Collé dans le comique licencieux que ce comique même est loin de la bonne comédie. Collé est du moins un libertin plein de verve et de véritable originalité. » Malheureusement, la plupart des couplets de Collé, chefs-d'œuvre aux yeux des gens de goût, ne sauraient être répétés à cause de leur excessive licence. « Mais, comme l'observe Grimm, cette licence, enfant de la verve et de la folie, ne marque ni un cœur dépravé ni des mœurs corrompues... En le lisant, je me rappelle Anacréon et Horace ; je me souviens que les plus beaux esprits de tous les siècles ont toujours un peu donné dans le péché de la gaillardise. »

Deux pièces de Collé ont conservé sa vraie réputation : ce sont : *Dupuis et Desronais* et *La Partie de Chasse d'Henri IV*. On remarque dans la première des scènes d'un excellent comique et d'un vif intérêt théâtral. Le dialogue n'a rien de faux ni de recherché. Toutefois, si elle est d'une versification assez faible ; mais à la lecture elle peut laisser à désirer, au théâtre elle satisfait entièrement le spectateur. Le nom de Henri IV est sans doute pour *La Partie de Chasse* un attrait puissant ; mais la pièce elle-même, quoique dépourvue d'intrigue, a beaucoup de mérite. L'auteur a mis heureusement à contribution les mémoires de Sully dans le premier acte. Les deux autres sont empruntés à une pièce anglaise que Sédaine avait déjà heureusement imitée dans *Le Roi et le Fermier*. Ce qui appartient tout à fait à Collé, c'est le langage naïf et gai de ses paysans et surtout la bonhomie de Michaut. Cette pièce fut jouée deux fois à la fin de décembre 1764, sur le théâtre du duc d'Orléans à Bagnolet. Le succès en fut très-brillant ; le petit-fils de Henri IV jouait lui-même le rôle de Michaut, et le jouait supérieurement. Dès le 31 décembre, la cour, trouvant le personnage de Henri IV trop peu ancien, défendit la représentation de cette pièce. Elle fut cependant jouée dans la salle des Menus-Plaisirs, le 14 mai 1766, et à Bordeaux la même année. Enfin, elle ne parut sur le Théâtre-Français que le 16 novembre 1774. Interdite de nouveau sous la République et sous l'Empire, *La Partie de Chasse* redevint sous la Restauration une pièce de circonstance, qui eut de brillantes représentations : elle est depuis 1830 redescendue à la queue du répertoire.

Les petites pièces de Collé, tant du *Théâtre de Société* que du *Théâtre des Boulevards*, sont nombreuses : presque toutes ont eu du succès ; mais ce sont des bluettes, dont, au bout de près d'un siècle, on ne saurait parler sérieusement. Nous ne pouvons nous empêcher de rappeler toutefois *La Vérité dans le Vin*, vrai chef-d'œuvre d'esprit et de gaieté, malgré beaucoup de gravelures. Une autre pièce, *La Veuve*, imprimée dès l'année 1764, fut représentée en 1771 par les Comédiens français, qui en jouant ainsi une pièce imprimée s'épargnèrent les droits d'auteur. Cette comédie, *d'un froid magnifique*, n'eut aucun succès ; le style de Collé, brillant de malice et d'esprit lorsqu'il fait parler des fats ridicules ou des femmes sans scrupule, perd ici tout son naturel : il n'est que faux, guindé, plat, et il y a même une remarque à faire en cette occasion, c'est que dans le style sérieux cet auteur est très-incorrect, défaut bien singulier de la part d'un homme qui a fait tant de chansons et de parodies qui sont des chefs-d'œuvre pour le choix des mots et l'originalité des tournures.

Collé ne s'est pas borné aux sujets galants ou graveleux : dans ses chansons, il a successivement attaqué tous les ridicules de la littérature et de la société. Il se plaisait à célébrer les événements agréables à la nation. C'est ainsi qu'en 1756, lors de la conquête de Minorque, il fit la fameuse chanson *Le Port-Mahon est pris*, qui lui valut une pension royale de six cents livres, avec la gloire d'être chanté par les chanteurs des rues : « Honneur, dit Collé, à ma chanson *Journal historique*, que je préfère à celui que ma chanson a d'être chantée par le roi, qui a, dit-on, la voix fausse. » Collé fut un des fondateurs de cette académie bachique qu'on nomma *Le Caveau*; mais s'il nous a valu le Vaudeville, on a à lui reprocher d'avoir, ses vieux jours, combattu l'introduction d'un nouveau genre, qui a procuré de suaves et pures jouissances à nos pères, et qui nous en procure encore à nous-mêmes : nous voulons parler de l'opéra-comique, tel qu'il nous a été légué par les Sédaine, les Piis, les Barré, les Grétry, les Monsigny et leurs heureux imitateurs. Collé ne pouvait pardonner à ce nouveau genre, tour à tour sentimental et gai, mais toujours décent, de disputer le triomphe théâtral au vieil opéra-comique en vaudevilles et en *flons-flons grivois*. De là une guerre d'impromptus et de couplets qui occupa les dernières années de ce poëte, comme la manie des *amphigouris* avait, avant 1740, marqué ses débuts poétiques. Il avait dû aux conseils de Crébillon fils l'avantage de renoncer à ce détestable genre.

Ayant perdu une femme qui avait fait longtemps son bonheur, le chagrin qu'il en ressentit lui fit désirer la mort, ou le porta même, a-t-on dit, à se la donner. Quoi qu'il en soit, ce fut à soixante-quinze ans que Collé termina sa carrière. Cousin du poëte Regnard, comme lui il jouit d'une assez belle fortune : car aux titres de pensionnaire du roi et de lecteur du premier prince du sang il joignait un intérêt dans les sous-fermes de la maison d'Orléans, sans compter le produit de son répertoire dramatique. Pour faire apprécier cette dernière branche de revenu, Dieu nous garde de nous engager dans la nomenclature des ouvrages de Collé ; on en trouvera le catalogue dans le premier volume de son *Journal historique*. Il ne faut pas oublier, toutefois, qu'il avait retouché pour les comédiens *La Mère coquette* de Quinault, *L'Andrienne* de Baron, *L'Esprit follet* d'Hauteroche et *Le Menteur* de Corneille.   Charles Du Rozoir.

COLLECTE, première oraison de la messe, par laquelle le célébrant commence la liturgie, et qui aurait été ainsi nommée, suivant les uns, du latin *collectio*, assemblée, réunion, parce qu'elle se dit au moment où les fidèles sont réunis; selon d'autres, de ce qu'elle est un corollaire, un résumé des demandes que le peuple adresse au ciel par le ministère du célébrant ; enfin, d'après une troisième version, parce qu'elle se compose de plusieurs passages de l'Écriture, fondus ensemble. L'antiquité des collectes est hors de doute. Bossuet en cite qui ont été composées par saint Léon, saint Gélase, saint Grégoire, saint Hilaire, Salvien, saint Sidoine, saint Isidore de Séville. Érasme prétend qu'elles sont presque toutes d'un fort beau style. On y a fait très-peu de changements, et l'Église les regarde comme des monuments de sa foi.

COLLECTE, COLLECTEURS. Le mot *collecte*, dérivé du latin *colligere*, recueillir, signifie aujourd'hui une quête faite pour une œuvre de bienfaisance ou pour un objet d'intérêt commun, s'employait anciennement pour exprimer le recouvrement de toute espèce d'impôts. Mais bien avant la Révolution il ne signifiait plus que le recouvrement de la gabelle et de la taille. Longtemps en France, les communes eurent le droit de voter la répartition des impôts entre leurs habitants et de les faire percevoir par des *collecteurs* qu'elles élisaient. Un grand nombre d'anciennes chartes reconnaissent de la manière la plus formelle l'existence de ce droit, qui survécut même à l'anéantissement des franchises et des libertés communales. Mais au seizième siècle ce n'était plus qu'une charge ruineuse, à laquelle toutes les professions s'empressaient à l'envi de se dérober, car on avait rendu les collecteurs responsables de la recette, même alors qu'ils n'avaient point touché; et après un certain délai on pouvait les contraindre à payer de leurs propres deniers les tailles de toute la paroisse, sauf leur recours contre les habitants. Aussi les communes ne tardèrent pas à abandonner ce droit, et les collecteurs ne furent bientôt plus que des commis à gages, nommés d'office par le pouvoir.

On appelait *collecteurs des amendes, sergents collecteurs* ou *gardes généraux collecteurs des amendes*, les officiers chargés de faire payer les amendes prononcées par jugement, et spécialement celles attachées aux contraventions commises en matière d'eaux et forêts. Ces officiers furent supprimés en 1777.

Les *collecteurs du pape* en France étaient des personnes qui, du consentement du roi, venaient lever certains impôts établis au profit de l'Église ou pour la propagation de la foi chrétienne et sa défense contre les hérétiques et les infidèles.

COLLECTIF, ce mot vient du latin *colligere*, recueillir, rassembler. Cet adjectif se dit de certains substantifs, qui présentent à l'esprit l'idée d'un tout, d'un ensemble formé par l'assemblage de plusieurs individus de même espèce; par exemple, *armée* est un nom collectif : il nous présente l'idée singulière d'un ensemble, d'un tout formé par l'assemblage ou réunion de plusieurs soldats; *peuple* est aussi un terme collectif, parce qu'il excite dans l'esprit l'idée d'une collection de plusieurs personnes rassemblées en un corps politique, vivant en société sous les mêmes lois; *forêt* est encore un nom collectif, car ce mot, sous une expression singulière, excite l'idée de plusieurs arbres qui sont l'un auprès de l'autre. Ainsi le nom collectif nous donne l'idée d'unité par une pluralité assemblée.

Mais observez que pour faire qu'un nom soit collectif il ne suffit pas que le tout soit composé de parties divisibles ; il faut que ces parties soient actuellement séparées, et qu'elles aient chacune leur être à part : autrement les noms des corps particuliers seraient autant de noms collectifs ; car tout corps est divisible. Ainsi *homme* n'est pas un nom collectif, quoique l'homme soit composé de différentes parties; mais *ville* est un nom collectif, soit qu'on prenne ce mot pour un assemblage de différentes maisons, ou pour une société de divers citoyens. Il en est de même de *multitude, quantité, régiment, troupe, la plupart*, etc.,

Il faut observer ici une maxime importante de grammaire, c'est que le sens est la principale règle de la construction : ainsi quand on dit qu'*une infinité de personnes soutiennent*, le verbe *soutiennent* est au pluriel, parce qu'en effet, selon le sens, ce sont plusieurs personnes qui soutiennent : l'infinité n'est là que pour marquer la pluralité des personnes qui soutiennent. Ainsi il n'y a rien contre la grammaire dans ces sortes de constructions. C'est ainsi que Virgile a dit : *Pars mersi tenuere ratem*; et dans Salluste, *pars in carcerem acti, pars bestiis objecti.* On rapporte ces constructions à une figure qu'on appelle *syllepse;* d'autres la nomment *synthèse*, mais le nom ne fait rien à la chose : cette figure consiste à faire la construction selon le sens plutôt que selon les mots.   DUMARSAIS.

COLLECTION (en latin *collectio*, fait de *colligere*, recueillir), *recueil* de choses de même espèce ou qui ont plus ou moins de rapport entre elles. Selon Roubaud, le mot *collection* n'exprime que l'idée simple de *cueillir* ou de mettre ensemble plusieurs choses; le mot *recueil* exprime l'idée redoublée de *recueillir* ou de réunir, de lier, de resserrer plus étroitement les choses entre elles. La *collection* forme un amas, un assemblage; le *recueil* forme un corps, ou un tout. On appelle plutôt *recueil* une *petite collection*, et *collection* un *grand recueil*. On dit fort bien : un *recueil* de pièces fugitives, de pensées choisies de quelques œuvres d'un auteur. Il faut dire : la *collection* des conciles, des Pères, des historiens, des ouvrages d'un auteur fécond, ou de divers auteurs qui ont travaillé dans le même genre. « La raison de cette différence, observe Roubaud, est dans la valeur même des mots. L'action de *recueillir*, par la force réduplicative du terme, marque plus de réflexion, de recherches et de soins que celle de rassembler. Vous faites un *recueil* de choses d'élite que vous croyez dignes d'être conservées; vous faites une *collection* de tout ce qui se présente sur un sujet traité par divers auteurs, ou sur divers sujets traités par le même. Le *recueil* doit être choisi; une *collection* doit être complète (autant du moins qu'il est possible de la faire telle). Il faut du goût, des lumières, de la critique, pour faire un bon *recueil*; il faut du savoir, de la patience, des bibliothèques, pour faire de belles *collections*. La *collection* fait plus de volumes, le *recueil* doit faire de meilleurs livres. »   Edme HÉREAU.

Pour faciliter l'étude des êtres de la nature, il faut absolument les comparer entre eux, et l'on n'arrive à ce but qu'en les réunissant, en les préparant de manière à les conserver le plus longtemps possible, et en les classant d'après les caractères qui les distinguent. C'est à ces réunions d'objets d'histoire naturelle que l'on donne le nom de *collections*, en ajoutant un autre nom pour désigner plus spécialement leur destination particulière : ainsi, nous avons des *collections* de zoologie, de botanique et de minéralogie; cependant, il est à remarquer que ce sont surtout les premières qui retiennent le plus souvent le nom propre de *collections*; car on donne fréquemment le nom de *cabinet* à celles du règne inorganique, et celui *d'herbier* se présente à tout le monde pour un ensemble de végétaux conservés et destinés à l'étude.

S'il est aisé de concevoir l'immense utilité des collections, il est toujours difficile, dispendieux de les former. Aussi n'est-ce guère que dans les vastes établissements créés par les gouvernements mêmes qu'on parvient à obtenir à cet égard d'importants résultats; la France peut offrir à l'admiration du monde les collections de son **Muséum d'Histoire Naturelle**, et demeure encore sous ce rapport au premier rang des nations. Quelques savants en possèdent aussi de fort belles; mais les plus remarquables sont presque toujours celles qui se bornent à une spécialité.

Les collections minéralogiques, faciles à conserver, n'exigent que peu de précautions; il n'en est pas de même des autres, qui se détériorent, se dégradent assez rapidement, si on ne les entoure de beaucoup de moyens préservateurs.

E. LE GUILLOU.

Les collections particulières prennent ordinairement le nom de *cabinets* ou *galeries*; celles des établissements publics s'appellent plus souvent *musées*, *conservatoires*; les collections de livres sont toujours des *Bibliothèques*. C'est ainsi qu'à Paris, outre le Muséum d'Histoire Naturelle, nous avons les musées du Louvre, le Cabinet d'Antiques de la Bibliothèque Impériale, le Musée de Cluny, le

DICT. DE LA CONVERS. — T. VI.

Musée d'Artillerie, le Conservatoire des Arts et Métiers, etc., etc.

Les *collectionneurs* offrent des variétés infinies. Nous avons déjà consacré un article aux bibliophiles et aux bibliomanes, guidés trop souvent par des idées bizarres dans leurs choix; mais il nous reste à citer quelques collections curieuses de livres ou de documents. Le bibliophile en effet, lorsqu'il est poussé par certaines considérations particulières, se met à réunir le plus grand nombre possible d'éditions différentes d'un même ouvrage, par exemple de la Bible (comme dans la Bibliothèque royale de Stuttgard) ou bien de tel ou tel écrivain de l'antiquité ou des temps modernes (comme Horace et Cicéron, dans la bibliothèque de la ville, Sleidan dans la bibliothèque de l'Université à Leipzig; la *bibliothèque* homérique de Netto, à Halle, etc., etc.). D'autres s'efforcent de rassembler aussi complètement que possible tous les ouvrages relatifs à tels ou tels événements ou périodes de l'histoire, par exemple la Révolution française (collection Deschiens), le grand jubilé de la Réformation (à Berlin), la guerre de trente ans (à Dresde), etc., etc. D'autres collections embrassent des matières toutes spéciales, par exemple le jeu des échecs (collection Bledow, Bibliothèque royale de Berlin); certains personnages historiques, tels que Luther, Gœthe, Skakspeare, Racine, Corneille); certaines contrées et localités (collection Ponickau de la Saxonica, à Dresde), etc. On voit souvent des collections relatives à certains genres spéciaux de littérature (Bibliothèque dramatique de Soleines), soit drames, soit poëmes ou encore biographies. L'une des collections les plus célèbres en ce genre est celle de Meusebach, qui comprend toutes les productions de la littérature allemande depuis l'époque de la Réformation. Plus souvent les collections sont formées pour servir à l'histoire de la typographie. A cette catégorie appartiennent les collections d'incunables, de vieux livres à gravures sur bois (Heller, à Bamberg), de gravures, d'ouvrages imprimés en Amérique ou sur tel ou tel point de la terre bien éloigné de notre Europe.

Les amateurs d'autographes et de manuscrits, les archéologues et les numismates ont aussi certaines prédilections. Ne pouvant tout collectionner, ils sont forcés de choisir une branche, une subdivision; *trahit sua quemque voluptas*. Il en est de même pour les tableaux et pour les estampes; on fera collection des œuvres d'une école, d'un maître ou d'un genre, on réunira seulement des portraits ou même uniquement des charges et des caricatures. Les collections d'histoire naturelle se subdivisent aussi à l'infini : on en voit de très-considérables uniquement composées de graines, et pas une ne s'y trouve en double; d'œufs d'oiseaux, et cela se compte par milliers; d'échantillons de tous les bois qui croissent au Sud et au Nord, à droite et à gauche, sur notre globe sublunaire. N'oublions pas les collections de laques, de porcelaines, de faïences, d'émaux, de vitraux peints, de camées, de bijoux, de cachets, de sceaux, d'armes et de pipes. Le collectionneur a dépensé son temps et son argent; souvent il a mangé son bien, il a usé sa vie, tant sa passion est aveugle; et voilà que la mort arrive qui va disperser à tous les vents sa chère collection; car cette bribe, de rien lui a souvent causé dix fois plus de peines et de recherches qu'un morceau capital; ça n'était pas beau, ça n'offrait pas d'intérêt, oui, mais c'était rare : il n'y en avait que trois en Europe, et il en avait un ! A présent vingt rivaux détestés et cent autres collectionneurs maudits vont recueillir leur part de ces trésors inestimables, à moins qu'ils ne subissent l'outrage de passer aux mains d'un possesseur ignorant ou l'humiliation de retourner à la boutique de bric-à-brac. Vanité des vanités !

COLLÉGE, établissement d'instruction publique où l'on enseigne les lettres, les sciences, les langues, etc. L'institution des colléges paraît moderne; on ne voit pas

3

dans l'antiquité de maisons destinées à tenir lieu de famille à un certain nombre d'enfants réunis. Les écoles publiques étaient ouvertes aux disciples, qu'on y conduisait pour les leçons des maîtres; mais l'éducation restait une affaire de famille; il est vrai qu'on en laissait le soin à des esclaves, ce qui n'empêchait pas qu'elle gardât son caractère de liberté. En ce temps-là le métier de pédagogue était peu honoré : il fallait que le christianisme vînt apprendre ce qu'il y a de mérite dans les soins consacrés à l'enfance; c'est qu'il a rattaché l'enseignement des sciences à l'enseignement des devoirs, et le maître de la jeunesse est plus qu'un pédagogue, il est un moraliste, un philosophe, un apôtre. Toutefois, il y a des gens qui, même sous le christianisme, refont de cette mission un métier d'esclaves. L'enseignement est devenu un négoce; c'est un des plus tristes indices de l'altération des mœurs.

Nous savons peu de chose du système d'instruction des anciens. Chez les Romains, la première instruction consistait dans l'étude simultanée des langues grecque et latine ; la méthode suivie était de les faire parler aux enfants : c'est 'la méthode naturelle'; douce méthode, qui dut épargner bien des pleurs aux écoliers de ce temps : elle est impraticable, ce semble, dans nos colléges modernes, puisqu'on ne peut guère étudier ces langues que dans les livres; mais ne pourrait-on pas modifier l'enseignement de manière à le rapprocher le plus possible de la méthode si simple des exercices du langage? Tout se réduirait en un seul point, à cesser de fonder l'étude des langues sur l'analyse. L'analyse est un effort de la raison perfectionnée; la *synthèse* répond mieux à l'exercice habituel de la mémoire, et à l'imitation, fût-elle routinière, des usages et des traditions. Que de souvenirs cruels il y a dans une racine grecque et dans la simple conjugaison d'un verbe ! A la vérité, on nous dit que ce grand effort de l'enfance pour arriver à une connaissance pénible donne de l'énergie à l'esprit. Heureuse réflexion, qui semblerait devoir promettre autant de bons génies qu'il y a d'écoliers désolés par les études du premier âge.

Du reste, le système d'instruction des anciens devait différer de nos systèmes, par la seule raison que l'éducation n'était point publique, dans le sens que nous l'entendons, c'est-à-dire n'était pas cloîtrée et commune. L'enseignement public des académies s'adressait à des disciples déjà mûrs; on n'y allait entendre les leçons des philosophes ou des rhéteurs qu'après de longs travaux préliminaires. La religion chrétienne a formé l'esprit d'association ou de réunion, inconnu de l'antiquité. C'est que le christianisme a en lui une autorité morale qui rapproche les hommes et leur fait aimer l'ordre qui résulte de la soumission. L'antiquité n'avait qu'une autorité despotique pour dominer les volontés, et les hommes se fuyaient plutôt qu'ils ne se cherchaient pour se réunir dans une vie commune, parce qu'il n'y avait d'association possible qu'à la condition d'obéir comme des esclaves. Par là s'explique l'absence de toute corporation ayant pour objet le bien-être de l'humanité. L'institution des colléges est toute chrétienne. Les u n i v e r s i t é s furent des associations formées par l'Église; il y avait dans ces fondations une double pensée de philanthropie, celle d'instruire les hommes, et de les accoutumer de bonne heure à se rapprocher et à se perfectionner eux-mêmes, et à se polir par le contact de leurs idées, de leurs travaux ou de leurs vertus.

On a fait de longues dissertations sur les avantages et les inconvénients de la *vie de collége*. Il y avait à poser une question préliminaire : celle de savoir si cette vie est bonne, morale et bien réglée; et dans ce cas, tout est résolu. Il ne faut rien savoir de l'enfance et de la jeunesse pour douter des bienfaits de l'éducation commune : un collége est un petit monde, où les caractères naissent et les prétentions commencent; ce contact de vanités et de passions fait déjà de la vie un combat; la modération devient

une nécessité, là où l'isolement n'eût produit que la licence. Les vices apprennent à se corriger par la censure; il y a dans le jeune âge une justice qui ne fléchit pas. J'ai vu des enfants indomptables aux punitions des maîtres céder à la sévérité taquine des camarades. Le collége est admirable pour réprimer l'orgueil et pour vaincre la timidité. Le bon Rollin n'a parlé que de l'émulation du collége; c'est la plus faible de toutes les raisons pour déterminer le choix de l'éducation commune, car je ne doute pas qu'un maître intelligent ne tire de l'éducation privée des avantages beaucoup plus grands pour la culture de l'esprit et la variété des études. Mais ce n'est pas là tout l'homme : il y a dans le collége un mélange de liberté et de soumission qui dispose admirablement le jeune homme aux grandes épreuves de la vie. Le collége fait le caractère; il trempe l'âme, il développe et règle la volonté. Je parle, il est vrai, comme on a vu, du collége gouverné par une autorité morale. Si vous me montrez le collége livré à des trafiquants, à des sophistes, à des gens de métier, je vous dirai de garder votre fils, de le laisser inculte, s'il le faut, plutôt que de le condamner à la corruption.

La constitution des colléges s'est modifiée dans nos derniers temps. L'éducation des universités fut dès le commencement tout ecclésiastique; l'enseignement était comme un droit exclusif des corporations chrétiennes. Cela tenait d'abord à ce que le clergé seul possédait des lumières, et ensuite à ce que la mission d'enseigner était considérée comme une mission de sacrifice, qui s'accommodait seulement aux habitudes de la vie solitaire. Aussi la fondation des colléges était comprise dans les œuvres de charité. L'Église l'encourageait; les papes honoraient les fondateurs, et les évêques participaient à leur générosité par des largesses et des dotations, et quelquefois par des titres, comme celui de chancelier ou de grand-maître, qui les rendaient les patrons de l'enseignement. Il y avait autrefois dans Paris vingt colléges que la charité grande et éclairée d'autrefois avait fondés; les lumières modernes ont tout détruit. Dans ces colléges l'éducation était douce, parce qu'elle était religieuse. Depuis que l'éducation est devenue un objet de lucre ou une affaire d'administration publique, l'éducation a perdu son caractère de paternité; la raison en est simple : lorsque les maîtres de l'enfance sont inspirés par la religion, ils entrent volontiers dans ses faiblesses; ils sont soigneux de prévenir les petites misères de cette vie de collége, qui est, comme la vie du monde, troublée, agitée, inquiète; ils vont au-devant des besoins de l'âme; ils saisissent les travers du caractère, et pénètrent les penchants du cœur, pour tout ramener, par la bonté et la persuasion, à la vérité et à la vertu. Heureux les écoliers quand ils rencontrent de tels maîtres!

Les colléges modernes n'ont plus ce doux aspect de la famille : la discipline y est âpre et formidable; c'est qu'elle est seulement extérieure. Il s'ensuit que le commandement est plus terrible, parce qu'il ne pénètre pas jusqu'à l'âme. On fait plier la jeunesse, on ne la forme pas; on la traîne, elle ne suit pas; et aussi dès qu'elle est libre elle s'échappe et bondit avec pétulance, ne reconnaissant nulle autorité, ni dans la politique, ni dans la morale, ni même dans les lettres.

Laissons ces vices de l'éducation; aussi bien je ne les corrigerai pas. Mais ne dirai-je pas un mot des *amitiés de collège*? cela vaut mieux. Je ne sais rien dans la vie de plus tendre et de plus doux que ces premières affections de l'âme. Les amitiés de collège sont les seules qui survivent à toutes les vicissitudes; elles sont durables, parce qu'elles sont naïves et pures; elles n'ont rien du déguisement qui préside au commerce ordinaire de l'homme; l'intérêt ne les fait pas. Elles naissent d'elles-mêmes, du rapprochement des âges, de la similitude des besoins et de la monotonie des habitudes. Il y a dans le collége de tout petits malheurs, auxquels on donne de l'importance en les versant dans le cœur d'un ami. Il y a aussi de jeunes vertus qui s'encouragent par la confidence des efforts que l'on fait pour échapper à la corruption. L'amitié devient ainsi de bonne heure une consolation et un secours. Je n'appelle pas de ce nom la participation aux mêmes fautes, aux mêmes folies, aux mêmes complots de collége. Dès ce moment l'amitié est quelque chose de saint; elle ne va qu'aux âmes pures. Aussi survit-elle au collége et se répand-elle sur tout le reste de la vie. L'amitié corrompue ne va pas au-delà des égarements qui l'avaient fait naître.

Il y a un ami dont la pensée reste surtout profondément gravée; cet ami, c'est le collége lui-même. Il n'est personne, je le crois du moins, qui ne garde avec délices le souvenir de son collége; on a à présent à son cœur l'aspect de tous les lieux où s'écoula le premier âge. C'est un besoin de les revoir; en les retrouvant on croit revenir à la vie; on baise volontiers ces murs autrefois redoutés, et quelquefois odieux. C'est qu'on a su ce que c'était que la liberté du monde, et après beaucoup de malheurs éprouvés, on se souvient avec plus de transports de cette tranquillité de l'âme, de cette innocence de vœux, de ces premiers combats de l'émulation, où se mêlaient de vagues espérances sur un avenir trop tôt éprouvé. O enfants ! ce devrait vous être une leçon. Mais rien ne change, et la vie de l'homme s'écoule éternellement au travers des mêmes désirs et des mêmes regrets.

Laissez-moi vous dire à présent qu'il y a en France deux cent quatre-vingt-quatre colléges communaux, sans compter les lycées. Les colléges communaux sont des établissements d'instruction publique fondés en tout ou en partie par les communes. Ces écoles dépendent du ministère de l'instruction publique quant à l'enseignement et au personnel des professeurs. Le chef d'un collége communal se nomme *principal*. Tantôt il est doté d'un traitement fixe, et alors il administre pour la ville où le collége est établi, tantôt il administre pour son compte, moyennant des conventions avec la commune, soit qu'il obtienne quelques avantages, par exemple la concession d'un local et une subvention sous tels qu'il accepte certaines charges, par exemple l'admission gratuite d'un certain nombre d'élèves pensionnaires ou externes. Les professeurs des colléges communaux ont le titre de *régents*. Les colléges communaux sont plus modestes et plus peuplés que les lycées; leur succès tient à la confiance envers le chef, que la localité connaît. Si le système communal était complet, il serait admirable, surtout pour donner de l'indépendance à l'éducation et de la variété aux études.

Il y a encore les *colléges particuliers* ou *de plein exercice*, maisons particulières d'éducation qui se distinguent par la force de leurs études ou quelque autre mérite. Ils jouissent des priviléges accordés aux lycées et aux colléges communaux; les professeurs doivent être a g r é g é s. Deux établissements de ce genre existent à Paris, le *Collége Stanislas* et le *Collége Rollin*. Ce dernier appartient à la ville de Paris. Les colléges particuliers ne peuvent recevoir d'externes dans les villes où il existe des lycées ou des colléges communaux. LAURENTIE.

COLLÉGE (Sacré). On appelle ainsi le corps des c a r d i n a u x. Le nombre de ses membres est fixé par les constitutions pontificales à soixante-dix ; savoir : six *cardinaux évêques*, cinquante *cardinaux prêtres*, quatorze *cardinaux diacres*. Il est rare que ce nombre soit rempli, et il y avait longtemps que ce fait ne s'était produit lorsque Pie IX, par une nomination de huit cardinaux, faite le 7 mars 1853, mit le sacré collége au complet. Il est d'usage en effet à la cour de Rome d'avoir toujours quelques chapeaux en réserve pour les circonstances urgentes. C'est le sacré collége qui, assemblé en c o n c l a v e, nomme le souverain pontife. C'est au sacré collége réuni en c o n s i s t o i r e que le pape adresse ses allocutions, c'est là qu'il proclame les nouveaux cardinaux :

le sacré collége est donc en quelque sorte le conseil privé du pape, surtout pour les affaires de l'Église ; c'est dans le sacré collége qu'il va chercher les préfets des c o n g r é g a t i o n s permanentes ou temporaires auxquelles il délègue une portion de son autorité spirituelle. Le sacré collége a vu surtout son influence grandir durant les querelles du saint Empire avec la chaire de Saint-Pierre, à l'époque du schisme d'Orient et à l'issue des conciles qui ont précédé la Réforme.

En Italie ses membres ne sont point soumis aux lois pénales, à moins que le cas n'y soit expressément énoncé. Le pape lui-même n'a d'action contre eux que pour hérésie, schisme, crime de lèse-majesté ; et encore lui faut-il le consentement des membres qui se trouvent à Rome. En cas de schisme, le sacré collége a le droit de convoquer un concile général. Les membres du sacré collége sont exempts de toute contribution ordinaire ou extraordinaire, et peuvent transmettre leurs pensions, avoir leurs parents pour héritiers s'ils meurent *intestats*, accorder des indulgences à qui bon leur semble, être crus sur parole et valoir en témoignage deux témoins. La chambre apostolique tient compte de 200 ducats par mois à ceux qui n'en ont pas 6,000 de revenus. Sous le titre de l é g a t s ils sont commis par le souverain pontife au gouvernement des provinces de l'État ecclésiastique et aux fonctions de légats *a latere* ou de nonces auprès des puissances étrangères.

Au commencement de 1853, sur les soixante-dix cardinaux qui composaient le sacré collége, six dépassaient quatre-vingts ans; treize avaient de soixante-dix à quatre-vingts ans ; dix-neuf avaient de soixante à soixante-dix ans, vingt-quatre de cinquante à soixante ans, huit de quarante à cinquante ans. Le plus âgé des cardinaux avait quatre-vingt-quatre ans, le plus jeune quarante et un ans. Cinquante quatre cardinaux étaient Italiens, savoir trente-trois Romains, sept Piémontais, sept Napolitains, quatre Lombardo-Vénitiens, deux Toscans ; six étaient Français, trois Autrichiens, deux Espagnols, deux Portugais, un Belge, un Anglais et un Prussien.

COLLÉGE DE FRANCE. Cette institution eut pour fondateur F r a n ç o i s Ier, et suffirait seule à la gloire de ce prince. A l'époque où, par les conseils de Guillaume Parvi, son prédicateur, et du savant B u d é, il jeta les fondements d'un établissement littéraire jusque alors sans exemple, la Sorbonne et l'Université étaient plongées dans l'ignorance. Uniquement occupés de disputes et de théologie scolastique, les Docteurs et les professeurs employaient, enseignaient un latin barbare : ils étaient entièrement étrangers aux lettres hébraïques et grecques. On disait proverbialement dans les classes : « Cela est du grec pour moi, » afin d'exprimer qu'on ne pouvait lire ou comprendre quelque chose. Le fanatisme entretenait cette ignorance. Aussi, lorsqu'en 1530 François Ier institua les deux premières chaires du nouveau collége pour le grec et l'hébreu, un cri de soulèvement général dans l'Université. Elle cita les *professeurs royaux* devant le parlement. Le syndic de la Faculté de Théologie, Noël Beda, plaida lui-même la cause de l'Université. Selon lui, « la religion était perdue si l'on enseignait le grec et l'hébreu : l'autorité de la Vulgate allait être détruite. » L'avocat Marillac plaida la cause des professeurs royaux, et la nouvelle institution fut maintenue.

Ce n'était pas seulement un motif de fanatisme et de jalousie qui animait l'Université, et il s'y joignait aussi des raisons d'intérêt. Les nouveaux professeurs étaient dotés, leurs cours étaient gratuits ; les anciens vivaient du produit de leurs leçons : ils craignaient que leurs écoles ne fussent abandonnées pour les nouvelles. Par ce motif, le roi avait eu l'intention de ne point fonder d'abord de chaires pour le latin dans le *Collége royal*, afin que les cours de latin dans les anciens colléges fussent toujours nécessaires. Les appointements des professeurs ou l e c t e u r s r o y a u x furent d'abord de 450 livres, somme alors suffisante ; et François Ier

3.

leur avait donné en outre à tous *une bonne abbaye*; mais, ainsi que nous l'apprend la préface d'un livre du savant Ramus, adressée à Catherine de Médicis : « Je ne sais quel écornifleur empêcha que l'abbaye ne fût affectée à leur compagnie. Or, avec la vie éteinte de tous les lecteurs d'alors, le bienfait du roi s'est éteint aussi. » La pénurie des finances empêcha souvent les professeurs d'être entièrement ni exactement payés. Dès 1532 il y avait déjà trois chaires de grec et trois d'hébreu au Collége royal. Ce ne fut qu'en 1534 que le roi en fonda une d'éloquence latine, pour faire disparaître la rouille du latin barbare auquel l'Université s'était accoutumée; mais ce dernier corps tira de cette concurrence un avantage inattendu : l'émulation l'obligea à réformer l'ignorance de ses diverses facultés, et d'introduire dans son enseignement d'heureuses réformes.

Bientôt les langues ne furent plus le seul objet des leçons du Collége royal : François Ier y fonda des chaires pour les mathématiques, pour la médecine et pour la philosophie. Des lettres de ce monarque de 1545 contiennent les noms de tous les professeurs du Collége royal; on y voit qu'ils étaient au nombre de onze, savoir : trois pour l'hébreu, trois pour le grec, un pour le latin, deux pour les mathématiques, un pour la médecine, un pour la philosophie. A ces professeurs était adjoint avec les mêmes appointements, Angelo Vergecio, avec le titre d'*écrivain en grec*. C'est son écriture qui a servi d'original à ceux qui gravèrent les caractères grecs dans les impressions royales sous François Ier. Les premiers professeurs furent, pour la langue hébraïque Paul Paradis, dit *Le Canosse*, Vénitien; Agathias Guidacerio, Calabrois; enfin l'illustre François Vatable, né en Picardie : pour le grec, Pierre Danès, de Paris, non moins célèbre; Jacques Toussaint (*Tusanus*), de Troyes en Champagne : pour l'éloquence latine, Latomus, Galland, hommes parfaitement inconnus aujourd'hui, mais qui n'en étaient pas moins savants : pour les mathématiques, Pohlancien, Espagnol; Finé, Dauphinois; Guillaume Postel, qui fit admirer à ses contemporains la variété de ses connaissances : il professait à la fois les mathématiques et les langues orientales autres que l'hébreu : pour la philosophie, Vicomercato, Milanais : en médecine, Vidus-Vidius, Florentin, médecin de François Ier. Cet étranger ranima l'étude des sciences médicales en France. A Vidius succéda, sous Henri II, Jacques Dubois ou Sylvius. Le plus célèbre de tous les professeurs royaux sous les petits-fils de François Ier est le fameux Ramus ou La Ramée, qui dans la chaire de philosophie osa, le premier en France, attaquer le scolastique. En 1568 il fonda à ses frais dans le Collége royal une chaire de mathématiques. L'Université le persécuta et fit brûler ses livres; ses ennemis le firent assassiner pendant la Saint-Barthélemy.

Depuis François Ier presque tous les souverains de France ont ajouté à la splendeur du Collége royal par l'institution de nouvelles chaires : à Charles IX on en doit une de chirurgie; à Henri III, une d'arabe; à Henri IV, une de botanique et d'astronomie; à Louis XIII, une seconde chaire d'arabe et une de droit canon; à Louis XIV, une seconde chaire de droit canon et une chaire de langue syriaque. A la fin du règne de Louis XV, le Collége royal reçut une organisation nouvelle, avec la création de plusieurs chaires, entre autres celle de littérature française, qui fut donnée à l'abbé Aubert, littérateur assez médiocre. En l'an XII, une chaire de turc fut créée, et sous Napoléon une de turc. Louis XVIII institua deux nouvelles chaires, celles de sanscrit et de chinois; enfin, en 1831, le gouvernement de Louis-Philippe fonda le cours d'économie politique, celui d'histoire des législations comparées et celui d'archéologie. En 1837 une chaire d'histoire naturelle des corps organisés fut substituée à celle d'anatomie; en 1839 on créa la chaire de langue et de littérature slaves; en 1841, celles de langues et de littératures d'origine germanique et de langues et de littératures de l'Europe méridionale, qui ont été réunies en une seule en 1851; en 1844, enfin, celle d'embryogénie.

Même sous François Ier les lecteurs et professeurs furent persécutés, comme favorables aux idées du réformateur Luther. En janvier 1533 le parlement manda *les liseurs du roi en l'Université*. On vit alors les savants dont la réunion illustrait la France comparaître devant le parlement, et subir un interrogatoire pour le seul fait, non du nom, mais de la matière de leur enseignement. Là vinrent Vatable, Paradis, Guidacerio. La cour leur fit défense « de lire et d'interpréter aucun livre de la Sainte Écriture en langue hébraïque ou grecque ». Heureusement, cette défense absurde resta sans effet. Le Collége royal fit d'abord partie de l'Université, et fut mis sous la direction du grand-aumônier, qui paraît avoir nommé aux chaires jusques vers l'an 1661. Il fut ensuite détaché du corps universitaire pour y être réuni de nouveau en 1766. Depuis l'année 1774, il demeura dans les attributions du ministère de la maison du roi.

Le Collége de France est, avec le Muséum du Jardin des Plantes, presque le seul établissement d'instruction publique que les niveleurs de 1793 aient respecté. Depuis 1789, si quelques professeurs émigrèrent, la plupart des cours furent continués sans jamais être interrompus. Dans son fameux rapport sur l'instruction publique, présenté à l'Assemblée nationale en septembre 1791, Talleyrand-Périgord avait proposé que toutes les chaires fondées au Collége royal ainsi qu'au Jardin des Plantes disparussent pour entrer dans le plan de l'Institut, où les chaires se retrouveraient sous une autre forme. Les anciens professeurs au Collége de France devaient en outre avoir place dans une des classes de l'Institut. Quatre ans après, le 25 messidor an III (13 juillet 1795), un décret de la Convention maintint provisoirement l'existence du Collége *National*, autorisa les professeurs à continuer leurs fonctions, leur fit payer six mois de leurs appointements arriérés, et porta jusqu'à 4,000 écus leurs honoraires, qui jusque alors avaient été de 1,000 à 1,200 francs. Aujourd'hui ils sont de 5,000 francs. Ce décret fut rendu sur le rapport de Villars : « Depuis longtemps, disait l'orateur, l'Europe savante applaudit à leur zèle et à leurs succès; la sphère des connaissances humaines s'est agrandie par l'infatigable activité de Daubenton et de Lalande. Vous connaissez Delille, Gail, Darcet, Cousin, Lévesque, Portal et leurs estimables collègues : voilà les hommes qui composent le Collége de France. On peut le dire sans crainte d'être démenti par des juges intègres et éclairés, cette école nationale est la première de l'univers. La Sapience à Rome, le collége de Gresham à Londres, les Universités d'Oxford et de Cambridge, celles d'Allemagne, ne présentent point un système d'enseignement aussi vaste, aussi complet, aussi propre à conserver le dépôt des sciences et des lettres. Depuis 1530 l'Europe lui doit, en grande partie, les nombreuses victoires qu'elle a remportées sur l'ignorance. » Sans elle, les progrès de l'instruction eussent été parmi nous moins sûrs et moins rapides; on y a vu de tout temps les hommes les plus illustres former le goût des jeunes littérateurs, en leur apprenant à découvrir dans les chefs-d'œuvre de l'antiquité les sources du beau et du vrai. Les nations étrangères y ont puisé des leçons d'anatomie et de chimie; les chaires des langues orientales ont peuplé d'interprètes les échelles du Levant. La chaire d'astronomie a produit une heureuse révolution dans la marine, en introduisant la méthode des longitudes sur nos vaisseaux. »

Delille, Delambre, Pastoret, Sylvestre de Sacy, Corvisart, Vauquelin, Cuvier, Thénard, Andrieux, Daunou illustrèrent de nos jours le Collége de France. Sous la Restauration, une destitution brutale atteignit M. Tissot : la Révolution de Juillet lui rendit sa chaire. Sous Louis-Philippe, le tapage des étudiants interrompit le cours de M. Lerminier, commencé avec éclat et succès; vers la fin du même règne, le cours de M. Michelet fut suspendu. Sous la république, le même cours fut encore interrompu, ainsi que ceux de MM. Quinet et Mickiewicz: après le coup d'État du 10 décembre ces professeurs furent éliminés. L'administrateur, M. Barthélemy Saint-Hilaire, se retira également, faute de prêter serment.

On a dit que François Ier n'avait pas assigné de local au Collége de France : on s'est trompé ; ce prince, par des lettres du 19 décembre 1559, avait destiné à la construction du nouvel établissement l'emplacement occupé par l'hôtel de Nesle, où est maintenant la Halle-aux-Blés ; mais il mourut avant que l'exécution de ce projet fût même commencée. Depuis la fondation, les exercices du Collége royal se faisaient dans les salles de divers colléges de l'Université, lorsque Henri II leur assigna exclusivement les colléges de Tréguier et de Cambrai. En 1609, Henri IV résolut de faire construire à ses professeurs et lecteurs royaux un édifice particulier pour leurs cours, avec des appartements pour les loger. On allait déjà déblayer les terrains, lorsque le poignard de Ravaillac fit avorter ce beau dessein, aussi bien que l'expédition projetée de Flandre. C'est ce même Henri IV qui, indigné d'apprendre que les professeurs royaux n'étaient pas payés, s'écria : « J'aime mieux qu'on me diminue de ma dépense, et qu'on m'ôte de ma table pour en payer mes lecteurs ; je veux les contenter : M. de Rosny les payera ; » et M. de Rosny paya. Louis XIII, en 1610, exécuta le projet de son père, et c'est à lui que l'on dut l'édifice qui subsista jusqu'en 1774 sous le nom de *Collége royal*. A cette époque il fut reconstruit en entier sur les dessins de l'architecte Chalgrin. Le 22 mars 1774 le duc de La Vrillière en posa la première pierre. Le Collége de France consiste en une grande cour carrée, entourée de trois côtés par des bâtiments. Sur le côté qui longe la place Cambrai règne une grande grille en fer, qui sert d'entrée. En face est la salle des séances publiques, salle assez vaste, dont le plafond est décoré d'un sujet allégorique, peint par Tarraval. On y a construit un amphithéâtre, et on l'a orné d'un tableau de Le Thiers, représentant la fondation de ce collége par François Ier. Les bâtiments latéraux contiennent plusieurs salles où se font les cours. Les appartements supérieurs sont destinés aux logements des professeurs. Depuis cette époque, l'augmentation du nombre des cours, sinon l'affluence des auditeurs, a engagé l'administration à ajouter à l'ancien édifice une aile de bâtiments absolument semblable qui longe une grande partie de la place Cambrai. Ce raccord, parfaitement entendu, semblerait de la même main que l'édifice principal ; il l'agrandit, il le complète, et tel qu'il se présente aujourd'hui sous le rapport monumental, le Collége de France est, par sa grandeur et sa simplicité, tout à fait digne de sa haute et modeste destination.

Le Collége royal, dès Henri II, fut administré par un des professeurs ayant le titre d'*inspecteur*, avec un préciput. Depuis la réorganisation de 1795, ces fonctions sont dévolues à un *administrateur* pris parmi les professeurs. Le chef de l'État nomme les professeurs. Leurs cours sont gratuits, mais, avouons-le, il n'y en a pour qui soient réellement suivis par les étudiants. Aussi certains titulaires font-ils au plus dix leçons par an, et encore sont-ils réduits à raccoler, au moyen de lettres de convocation adressées au ban et à l'arrière-ban de leurs amis, une manière d'auditoire pour représenter la *studieuse* jeunesse des écoles à leur séance d'ouverture, toujours annoncée d'ailleurs avec fracas par de complaisantes réclames dans des journaux amis.

Ch. Du Rozoir.

Un décret du gouvernement provisoire, en date du 7 avril 1848, adjoignit au Collége de France une école d'administration. Ce décret supprimait quatre chaires anciennes et en créait douze nouvelles, dont quelques-unes étaient attribuées à des membres du gouvernement provisoire. M. de Lamartine devait professer le droit international et l'histoire des traités ; M. Ledru-Rollin, l'histoire des institutions administratives françaises et étrangères ; M. Armand Marrast, le droit privé individuel et social ; M. Garnier-Pagès, l'économie générale et la statistique des finances et du commerce, etc. Les élèves de la nouvelle école étaient assujettis à suivre l'enseignement du Collége de France ; c'était parmi eux que devait se faire le recrutement des divers services administratifs. Le nom d'élèves du Collége de France leur était spécialement affecté. Moins d'un an après la création de cette école administrative elle n'existait déjà plus.

COLLÉGE ÉLECTORAL. C'est le nom qu'on a donné en France à différentes assemblées électorales. Sous le régime de la constitution de l'an VIII, il y avait autant de colléges électoraux que de départements et d'arrondissements. Les colléges d'arrondissement désignaient les candidats pour le corps législatif et pour le tribunat avant sa suppression ; ceux de département choisissaient des candidats au sénat conservateur, au corps législatif et au conseil général du département. Sous la Restauration on nomma collége électoral les réunions d'électeurs ayant les qualités requises par la Charte pour nommer un député. La loi électorale de 1820 créa des colléges de département et d'arrondissement, qui nommaient chacun un député. Les présidents des colléges électoraux étaient désignés par le roi. Sous le gouvernement de Juillet la France fut divisée en 459 colléges électoraux, qui choisissaient eux-mêmes leur président. Le gouvernement désignait seulement le lieu de vote. Avec l'établissement du suffrage universel, le nom de *collége électoral* a dû disparaître du langage politique.

COLLÉGIALE, ou, en vieux style, *collégiate*, du verbe latin *colligo*, je réunis. C'est un chapitre de chanoines séculiers ou réguliers, établi dans une église sans siége épiscopal, à la différence des **cathédrales**, qui sont du siége épiscopal et de l'assistance de l'évêque, et qui sont aussi desservies par des chanoines. Il existait autrefois des collégiales en France dans les villes qui n'avaient pas d'évêque. On en comptait même souvent plusieurs dans celles où il y avait une cathédrale. Les églises collégiales faisaient porter leurs croix dans les processions où elles assistaient avec la cathédrale ; elles avaient le pas sur toutes les églises paroissiales. Il fallait au moins trois prêtres chanoines pour former une collégiale. Les chanoines des collégiales étaient soumis aux mêmes règles que ceux des cathédrales ; mais ils n'avaient pas les mêmes prérogatives, celles, par exemple, de nommer les vicaires capitulaires pendant la vacance du siége, de distribuer les saintes huiles, etc. Il y avait des collégiales fort riches, comme celle de Saint-Julien de Brioude, dont les chanoines devaient faire preuve de quatre quartiers de noblesse du côté paternel et autant du côté maternel. Il y en avait aussi de très-pauvres. La collégiale de Forcalquier en Provence était la seule en France qui jouît de tous les droits des cathédrales : aussi prenait-elle le titre de *concathédrale*. On distinguait trois sortes de collégiales, les unes de fondation royale, telles que celles qu'on appelait saintes chapelles, dont le roi conférait les prébendes ; les autres étaient des monastères, dont on avait sécularisé les religieux ; les troisièmes, enfin, étaient de fondation ecclésiastique, et les prébendes ne pouvaient en être conférées que par le patron ou les fondateurs prêtres ou laïques avaient chargé de ce soin. Ces prébendes se donnaient quelquefois à des enfants de sept ans, souvent à l'âge de puberté, la plupart des collégiales ayant à l'origine des séminaires. Abolies en France par la révolution de 1792, leurs dotations ont été aliénées au profit du trésor public, on n'a cessé par l'abolition de la dîme et de la féodalité. Il n'avait survécu que la collégiale de Saint-Denis, lorsqu'un décret de 1852 rétablit le chapitre de Sainte-Geneviève.

COLLÈGUE, en latin *collega*, fait de *cum*, avec, et *lex*, loi. Ce mot chez les Romains désignait un homme associé à un autre dans les fonctions d'une magistrature, et se disait de ceux qui exerçaient ensemble le consulat ou remplissaient ensemble toute autre charge éminente de l'État, telles que la censure, la prêture, le sacerdoce, l'augure, etc. Transporté dans le même sens chez les modernes, il se dit aujourd'hui ordinairement des hommes revêtus des mêmes fonctions ou de la même mission, à la différence de confrères, qui se dit généralement de ceux qui exercent la même profession ou qui sont membres de la même corporation. Les ministres, les ambassadeurs, les sénateurs, les conseillers d'État, les députés au corps législatif, les magistrats d'un même parquet se qualifient entre eux de collègues. Les membres des Académies, les avocats, les médecins échangent le titre de confrères. Les notaires, qui se qualifiaient de confrères sous l'ancien régime, ont substitué à cette désignation celle de collègue, et le protocole de tous les actes notariés commence inévitablement ainsi : « Par-devant maître N. et son collègue, notaires à..... » La confraternité suppose une conformité de vues et d'opinions qui n'existe pas toujours malheureusement entre des collègues.

COLLERETTE. Ce mot, dérivé de col, est employé dans plusieurs acceptions. Dans le langage usuel, il signifie une sorte de vêtement ou d'ornement en étoffe légère qui recouvre les épaules, la poitrine, et ceint le cou. La collerette est généralement remplacée aujourd'hui par le col, qui est plus simple et plus léger. Les tissus dont on se sert pour la confection des collerettes et des cols sont très-fins : ce sont des jaconas, des batistes, des blondes, des dentelles, etc. Ces ornements du cou ne doivent jamais être appliqués trop immédiatement sur la peau, afin de se prêter aux divers mouvements de la tête balancée par sa tige cervicale. Toute constriction, toute compression du cou, surtout en avant et par les côtés, par des collerettes trop roides ou trop étroites et trop serrées nuirait de graves inconvénients, en gênant la circulation de l'air et surtout de l'intérieur du crâne.

En botanique, on appelle collerettes : 1° l'involucre des ombellifères, qui, étant composé d'un seul rang de bractées verticillées, ressemble à ce genre de vêtement; 2° les franges qui restent sur le stipe après que la membrane du chapeau des champignons s'est déchirée; 3° le sommet de la gaîne des feuilles des graminées, qui porte l'appendice membraneux appelé languette ou ligule. L. LAURENT.

COLLET. On appelle ainsi, ou bien encore col, la partie de l'habillement qui est placée autour du cou : c'est le collet de l'habit, de la robe, de la chemise, etc., selon qu'elle appartient à l'une ou à l'autre de ces vêtements. C'est aussi quelquefois une pièce accessoire de linge, ordinairement fin et brodé, assez semblable à la pèlerine, et que l'on nomme aussi un col. Autrefois, les collets de cette sorte étaient redressés et soutenus par une carte ou un fil de fer; on les appelait collets montés; mais la mode en a passé depuis bien des années : aussi dit-on quelquefois, pour indiquer qu'une parure est ancienne ou de mauvais goût, que c'est un collet monté, qu'elle est du temps des collets montés, ce qui se dit aussi d'une personne affectant une gravité outrée.

En style familier, sauter au collet de quelqu'un, prendre quelqu'un au collet, c'est lui sauter dessus pour lui faire violence, ou bien, par extension, l'arrêter pour le faire prisonnier ; prêter le collet à une personne, c'est se présenter pour colleter ou combattre contre elle, et, au sens figuré, lui tenir tête dans une affaire ou dans une controverse. Les chasseurs emploient le mot collet pour indiquer un piége qui se fait le plus souvent avec des crins de cheval que l'on tend dans les endroits que le gibier fréquente, et qui se ferme au moyen d'un nœud coulant. Il y en a de plusieurs sortes : on nomme collets à piquets ceux qui sont tenus dans la tente de piquets, ou fichés à terre, et que l'on emploie surtout pour les merles et pour les grives; collets suspendus, ceux qui sont suspendus par un fil à une baguette de bois vert, qu'on retient pliée, et qui se relève avec l'oiseau, lorsque celui-ci, voulant saisir l'amorce, fait lâcher la détente; collets à ressort, ceux qui produisent un pareil effet au moyen d'un ressort, et enfin collets traînants, ceux que l'on attache à une ficelle qui traîne à terre et que l'on emploie spécialement pour les alouettes. On appelle colleteurs les personnes qui ont l'habitude d'employer les collets.

Le collet d'une dent est la partie rétrécie qui sépare la racine de la couronne.

En botanique le collet de la racine est le point ordinairement placé au ras de la terre, auquel la tige finit et la racine commence. Le collet de l'embryon ou nœud vital est l'endroit où la plumule et la radicule de la jeune plante se trouvent en contact. P. GERVAIS.

On donne aussi le nom de collet, en termes d'artillerie, à deux petites moulures des pièces de canon, l'une située à la culasse près du bouton, l'autre près du bourrelet : c'est sur ce dernier qu'est tracée la rainure ou la flèche qui doit servir à diriger la ligne de mire. Dans les platines de fusil à pierre, on nomme aussi collet la partie de la vis du chien la plus près de la tête.

En marine, ce mot a une infinité d'applications dans les agrès d'un navire; la principale est celle qui appartient à la partie la plus grosse de l'ancre, près de sa pointe, à la naissance des deux bras, et qu'on appelle collet de l'ancre.

Collet est aussi un terme d'arts et métiers. Dans le métier Jacquart, on appelle ainsi, par exemple, de petites ficelles doubles, d'environ 20 centimètres, passées dans chacun des crochets de la mécanique, et terminées par un anneau dans lequel sont retenues les boucles des branches ou arcades qui opèrent le dessin. La planche que traversent ces petites ficelles s'appelle planche à collets. MERLIN.

COLLETET (GUILLAUME), né à Paris, en 1596, membre de l'Académie Française dès son institution, en 1634. Il avait déjà composé un grand nombre de vers amoureux, des traductions, etc., etc., entièrement oubliés aujourd'hui, quoique ces ouvrages eussent été admirés et quelques-uns magnifiquement rétribués par le cardinal de Richelieu; mais si Colletet fut un poëte médiocre, il fut un littérateur sage et instruit. Ses traités sur différents genres de poésies, réunis sous le titre d'Art poétique du sieur Colletet (Paris, 1658), indiquent de la part de leur auteur des connaissances approfondies, et prouvent une pureté de goût que ses poésies ne feraient pas soupçonner : c'est un excellent livre à consulter pour les personnes curieuses de connaître notre ancienne littérature. Colletet paraît avoir composé, en outre, une Histoire de la vie des poëtes français, qu'il avait conduite jusqu'à ses contemporains. Cette histoire est restée manuscrite. Il mourut en 1659, veuf de trois servantes, qu'il avait successivement épousées. La première fut Marie Prunelle, servante de son père ; la seconde, une servante de Marie-Prunelle; la troisième, Claudine Le Nain, servante de son frère, qui était jolie et avait de l'esprit, mais n'était pas un modèle de vertu. « A la suite de ce mariage, nous dit M. Fournel, dans la Nouvelle Biographie générale, toute la famille de sa femme vint s'établir dans sa maison, qui se trouva dès lors transformée, s'il faut en croire les médisances de Tallemant des Réaux, en une espèce de cabaret où l'on chopinait nuit et jour. Colletet devait être là dans son élément, lui qui avait agréablement raillé, dans un de ses sonnets, un poëte benveur d'eau, et avait chanté le poëte ivrogne, dans une longue pièce de vers, pleine d'un lyrisme attendrissant. Claudine elle-même, dit-on, tenait tête aux convives. Aussi l'aima-t-il par-dessus ses autres femmes, et lui fit-il une espèce d'immortalité aussi grande qu'il la lui pouvait faire : il la célébra dans un livre de sonnets, intitulé : Les Amours de Claudine, sans compter toutes les autres pièces en son honneur, où il chante ses louanges avec tous les raffinements de la passion et de la jeunesse, quoiqu'il approchât alors de la vieillesse; il y va même souvent jusqu'au ridicule et jusqu'à l'extravagance. Ce ne fut pas sa faute si on ne la compte pas aujourd'hui parmi les muses, avec Sapho et Corinne; car il composait sous son nom des vers qu'elle

récitait elle-même fort bien en compagnie, comme les fruits de sa propre veine, et qu'il insérait dans ses ouvrages. Tallement, qui aime peu notre poète, ne manque pas de dire qu'elle fait mieux les vers que lui : voyez la prévention ! Quand Colletet se sentit sur le point de mourir, il eut la présence d'esprit de composer sous le nom de Claudine une pièce de vers où elle déclarait qu'elle déposait sa plume dans le tombeau de son mari ; mais on ne s'y laissa pas prendre, et La Fontaine, entre autres, qui avait, disent quelques-uns, à se venger des rigueurs de la belle veuve, fit à ce sujet une épigramme qui porta le coup fatal à sa réputation poétique. »
Cette épigramme commençait ainsi :

Les oracles ont cessé,
Colletet est trépassé :
Dès qu'il eut la bouche close,
Sa femme ne dit plus rien ;
Elle caterra vers et prose
Avec le pauvre chrétien.

COLLETET (FRANÇOIS), fils du précédent et né en 1628, est celui que ridiculisa Boileau. Certes, dans la quantité prodigieuse de vers composés par François Colletet, il était facile de trouver matière à satire ; mais on regrette que le célèbre critique ne se soit attaché qu'à la misère du pauvre Colletet pour le tourner en ridicule. François parait avoir été militaire ; car fait prisonnier par les Espagnols, en 1651, et conduit en Espagne, il y subit trois ans de captivité. Son attachement pour son père offre quelque chose de touchant. Il le défendit constamment contre ses adversaires, et même après la mort de Guillaume, François lui adressa annuellement le tribut de sa reconnaissance et de son amour. On ignore l'époque de sa mort. Il vivait encore en 1677.

COLLETT (JONAS), homme d'État norvégien, né en 1772 en Séelande, fut appelé en 1813 à faire partie de l'assemblée d'Eidsvold ; et nommé conseiller d'État, il prit part à la conclusion de la convention de Moss par laquelle la Suède reconnut l'indépendance de la Norvége. Après la réunion des deux royaumes, il resta conseiller d'État, et administra le département de l'intérieur jusqu'en 1822, puis celui des finances, et eut alors sa part dans l'impopularité dont le nouveau gouvernement était frappé. En 1827 le Storthing l'accusa même d'avoir commis diverses infractions à la loi fondamentale ; mais il fut acquitté. En 1829 il fut nommé président du conseil d'État. Grâce à son habileté, la faveur publique tarda point à lui revenir. Mais en 1836, à la suite d'un conflit entre lui et la cour, il donna sa démission, pour ne plus s'occuper que de littérature. Il est mort en 1851.

COLLETTA (PIETRO), ministre de la guerre du royaume de Naples à l'époque de la révolution de 1820, naquit à Naples, le 23 janvier 1775, d'une respectable famille plébéienne. Jeune encore, il témoigna les dispositions les plus heureuses pour l'étude des mathématiques, et put entrer dès l'âge de vingt et un ans dans le corps d'artillerie. La part active qu'il prit à la réorganisation du pays, lors de l'invasion des Français, lui valut à la première restauration de la maison de Bourbon une incarcération, que l'intervention active de ses parents et de ses amis eut beaucoup de peine à faire cesser. Il rentra alors dans la vie privée comme ingénieur civil ; mais quand Joseph Bonaparte devint roi de Naples, en 1806, il recouvra son grade dans l'armée, et prit une part importante au siège de Gaëte, et à l'occupation de la Calabre et à la prise de l'île de Caprée. En 1808 Joachim Murat le nomma intendant de la Calabre citérieure, et en 1812 il reçut le grade de général, avec la direction générale des ponts et chaussées. Placé dès l'année suivante à la tête de l'administration des communes, il assista à la nouvelle révolution que son pays était encore une fois condamné à subir. En 1815 il négocia pour Murat à Casalanza ; et le gouvernement des Bourbons, quelque aversion qu'il eût pour sa personne, n'en jugeant pas moins ses services nécessaires, lui confia successivement plusieurs emplois militaires importants.

Lorsque éclata la révolution de 1820, Colletta fut envoyé en Sicile avec le titre de commandant général et les pouvoirs de vice-roi. Il sut y maintenir le bon ordre, et y demeura jusqu'à ce que l'intervention autrichienne le rappela à Naples, où on l'avait nommé ministre de la guerre, lorsque déjà la cause de la constitution était définitivement perdue. Il fut alors arrêté et détenu comme prisonnier d'État au château Saint-Elme, puis exilé à Brunn, en Moravie. Plus tard on lui permit de s'établir à Florence. Il y vécut dans la pauvreté et dans un complet isolement, occupé uniquement de la composition de sa *Storia del Reame di Napoli dal 1734 al 1825*, ouvrage qui ne parut qu'après sa mort (2 vol., Capolago, 1824), et qui a obtenu depuis de nombreuses éditions. Dans ce livre, qui fait honneur à la littérature italienne, l'auteur a retracé beaucoup d'événements auxquels il lui fut personnellement donné de prendre part. Son style, toujours clair et élégant, est parfois empreint d'une remarquable chaleur ; et dans ses appréciations il fait preuve d'autant de sagacité que d'indépendance. Le général Colletta mourut le 11 novembre 1831.

COLLIBERTS, nom sous lequel est connue une race proscrite, qui existe encore de nos jours dans les marais de la Vendée (*voyez* CAGOTS), où elle diminue chaque jour et finira par s'éteindre. On suppose que pendant la féodalité cette dénomination appartenait à une classe intermédiaire entre les serfs et les hommes libres, et Du Cange la fait dériver des mots latins *cum* et *libertus*, désignant les affranchis d'un même patron ; elle pourrait aussi signifier *francs du col* ou *du collier*. Ce qu'il y a de certain, c'est que, bien que les *Colliberts* fussent inférieurs aux *Colliberts*, ceux-ci étaient privés en partie de leur liberté, et que leur maître pouvait les vendre, les échanger ou les donner comme les serfs. Les *Colliberts de Vendée* forment une race vagabonde, presque sauvage, n'habitant ordinairement que des bateaux, s'adonnant à la pêche, et objet de mépris et de crainte superstitieuse pour les autres habitants. On regarde ces malheureux, mais à tort, comme des espèces de crétins. Ils ne s'allient qu'entre eux, et se tiennent principalement vers les embouchures du Lay et de la Sèvre niortaise. Il faut se garder de les confondre avec les *Huttiers*.

COLLIER, en latin *collare*, dérivé de *collum*, cou. Ce nom, pris dans son sens propre, sert à désigner un ornement qu'on porte au cou. Les colliers, objets de parure ou marques de distinction, sont, chez les peuples plus ou moins civilisés, des rangs, soit de petites coquilles, soit de grains de corail, de substances végétales très-dures, de perles, ou bien des chaînes d'or, d'autres métaux, de pierres précieuses et même de diamants. L'usage du collier remonte à la plus haute antiquité ; les femmes en portaient pour ornement. On en mettait au cou des déesses : on voit sur les monuments des colliers de perles au cou de Minerve ; la déesse Isis, comme on le lit dans une inscription venue d'Espagne, en avait un orné de plusieurs pierreries. Dans une autre inscription de Gruter, nous lisons que Symphorus de Riez, en Provence, et sa femme Procris, offrirent à Esculape un collier d'or composé de petits serpents. Celui qui décrit Aristénète, dans sa première lettre, est plus remarquable : il était orné de pierres précieuses, dont les plus petites étaient disposées de manière qu'elles formaient le nom de la belle Laïs, qui le portait. Celui qu'on donnait aux soldats chez les Gaulois et les Romains, comme une marque d'honneur et une récompense de leur valeur, s'appelait *torques*. Manlius reçut le surnom de *Torquatus* pour avoir pris un collier à un Gaulois ; on en donnait encore, selon Capitolin, dans les jeux militaires. Il y en avait d'or simple, d'autres d'or orné de pierreries, quelques-uns d'argent, selon Pline. Les peuples de la Grande-Bretagne en portaient d'ivoire. Au moyen âge le collier devint un des ornements des chevaliers, et fut adopté par plusieurs ordres militaires; cependant, la coutume de donner des colliers aux personnes qu'on estimait ou dont on voulait récompenser la bravoure ne se perdit point. Seulement on les appela *chaînes*. Louis XI en décora les députés suisses qui lui apportèrent le premier traité signé avec la confédération. Il en donna un du prix de 500 écus à Raoul de Lannoy pour sa conduite au siége de Quesnoy. Depuis, le collier cessa d'être une décoration militaire pour devenir une parure de femme et le signe distinctif de fonctions subalternes.

On appelle le *collier d'un ordre*, en général, une chaîne d'or émaillée, souvent avec plusieurs chiffres, au bout de laquelle pend une croix ou quelque autre marque distinctive.

Maximilien est le premier des empereurs qui ait mis un *collier d'ordre* autour de ses armes, lorsqu'il devint chef de l'ordre de la Toison; en France, c'est Louis XI qui le premier entoura ses armoiries du collier de l'ordre qu'il avait institué.
Edme HÉREAU.

Collier est encore un cercle de fer, de cuivre, d'argent, de cuir ou de quelque autre matière, qu'on met au cou des esclaves et de quelques animaux, surtout des chiens. Les *colliers de force* sont armés de pointes en dedans, pour dresser les chiens d'arrêt. On nomme *chien au grand collier* celui qui conduit les autres. Proverbialement et figurément *chien à grand collier* se dit d'un homme qui domine les autres et les entraîne à son opinion. Scarron a dit :

> De ces auteurs *au grand collier*
> Qui pensent aller à la gloire
> Et ne vont que chez l'épicier.

Collier signifie aussi la partie du harnais des chevaux de charrette ou de labour qui est faite de bois et rembourrée, et à laquelle les traits sont attachés. Un *cheval de collier* est un cheval propre à tirer; un *cheval franc du collier*, un cheval qui tire de lui-même. On dit aussi au figuré *être franc du collier*, pour dire être sans reproche, agir franchement en toute chose. Donner *un coup de collier*, c'est, encore au figuré, faire un nouvel effort pour réussir dans quelque entreprise. *Collier de misère* se dit d'un travail pénible qu'on ne peut interrompre que pour le reprendre bientôt.

Ce mot reçoit encore d'autres acceptions : il signifie la corde qui tient le col du verveux (sorte de filet à prendre du poisson), et qui s'arrête au pieu fiché dans l'endroit où on veut le tendre; les pièces de bois posées au-dessus du pan de bois du premier et du second étage d'un moulin à vent, par-devant et par-derrière; l'astragale d'un chapiteau de colonne, taillé en perles, en olives ou en patenôtres; le cercle de fer ou de cuivre qui sert à maintenir par le haut le pivot des ventaux des portes d'écluse, etc. etc.

En botanique on entend par *collier* (*collare*, *annulus*, *ligula*) une sorte d'enveloppe propre à certains agarics et à quelques bolets. En zoologie ce nom se donne sous ce nom au chapelet de plumes, d'écailles, de callosités, ou de pils de la peau, qui entoure quelquefois le cou des oiseaux; les longues plumes qui dans certaines espèces pendent de la joue ou de la tempe sur les côtés du cou; une bande de couleur tranchante qui se voit au cou de certains mammifères, oiseaux et reptiles; la partie du corps des colimaçons (hélices) qui déborde le pied, lorsque l'animal est rentré dans sa coquille; le segment du corps des insectes qui portent les deux premières pattes; enfin quelques séries transversales de poils qui sont en avant du dos de certains diptères. L. LAURENT.

COLLIER (Ordre du), ordre de chevalerie de l'ancienne république de Venise, dont les titulaires s'appelaient aussi *chevaliers de Saint-Marc* ou *de la Médaille*. Ils n'avaient point de costume ou d'habit particulier. Ils portaient seulement au cou, pour marque distinctive, la chaîne que le doge leur donnait en leur conférant l'ordre, et à laquelle pendait une médaille sur laquelle était l'effigie du lion ailé de la république, tirée du symbole de l'évangéliste saint Marc, son patron.

C'est aussi le premier nom que porta un autre ordre, celui des *Lacs d'Amour*, institué en 1355, par Amédée, comte de Savoie.

Le père F. Arnould, jacobin, dans un livre intitulé : *Institution de l'ordre du Collier céleste du Saint-Rosaire* (Lyon, 1645), prétend qu'à sa sollicitation la reine Anne d'Autriche, veuve de Louis XIII, institua un ordre qui devait porter ce dernier nom et être composé de cinquante filles dévotes, sous la direction d'une intendante ou supérieure.

COLLIER (Affaire du). Ce procès, qui mit en émoi la cour de France, le haut clergé, le pape, le collége des cardinaux, et dont les débats retentirent dans toute l'Europe, n'était en réalité qu'une affaire d'escroquerie et de faux en écriture privée. Mais lorsqu'il éclata, les passions politiques se rattachaient à tout. La cour, les parlements, le clergé, la noblesse, les états provinciaux, étaient en hostilité ouverte, et chaque parti se faisait une arme contre ses adversaires de tout ce qui pouvait favoriser ses haines ou ses sympathies. Tout est extraordinaire, bizarre, imprévu dans ce litige si scandaleux et si compliqué, à propos d'une riche parure de femme, commandée par Louis XV pour sa dernière favorite. C'est en 1774 que le vieux roi chargea de ce travail les joailliers de la couronne Bohmer et Bassanges. Il leur fallait du temps et des avances considérables pour former une collection qui, par le fini du travail, l'agencement des pièces, la pureté, l'éclat et les dimensions des diamants, fût un chef-d'œuvre de luxe et de richesse. Ils associèrent à leurs travaux et à leur spéculation d'habiles ouvriers et de riches lapidaires. La mort de Louis XV les surprit. L'œuvre était trop avancée pour qu'ils pussent l'abandonner ou la suspendre sans compromettre leur existence commerciale. Ils continuèrent donc dans l'espoir que la parure serait achetée par la nouvelle reine. Mais à la fin de 1784 leurs démarches et celles de leurs co-intéressés n'avaient abouti à rien. Terminée depuis plusieurs années, la parure avait été estimée 1,600,000. fr.

Une femme sans fortune et sans considération la convoitait, non pour s'en parer, mais pour s'en approprier la valeur. Jamais spoliation ne fut conçue et exécutée avec plus d'audace et d'adresse. Voici sommairement les faits établis et prouvés par l'enquête judiciaire qui occupa la grand'chambre du parlement pendant plus de huit mois : Le prince Louis, cardinal de Rohan, grand-aumônier de France, était *mal en* à la cour; il avait été pris en état de concussion flagrante dans l'administration des Quinze-Vingts. Ce procès honteux venait d'avoir un plein retentissement; la banqueroute récente de Rohan-Guéménée avait achevé de faire tomber la maison de Rohan, naguère si puissante et si considérée, dans la plus désespérante défaveur. La reine Marie-Antoinette croyait, à tort ou à raison, que le prince Louis, pendant son ambassade à Vienne, s'était opposé à son mariage avec l'héritier présomptif de la couronne de France (Louis XVI). La position du cardinal de Rohan à la cour était donc insoutenable; il n'avait échappé à l'infamie d'une condamnation pour crime de concussion qu'en acceptant le reproche d'inéptie et de légèreté. Tout retour à la faveur, au pouvoir, lui était interdit. Lui seul pouvait se faire illusion sur son irréparable disgrâce, car il avait toute la crédulité des escrocs *titrés*, ou se donnant pour tels, des intrigants qui avaient préludé dans les brelans et les tripots, spéculaient sur les fantaisies et les défauts de ce grand enfant en soutane rouge.

Mme de La Motte, se disant issue de la royale race des Valois par un fils naturel de Henri II, avait surtout pris sur lui un immense ascendant. Elle lui persuada qu'elle était au mieux avec la reine, et qu'elle avait toute sa confiance.

Elle flatta Son Éminence d'un prompt retour dans les bonnes grâces de Sa Majesté, et fila son roman avec la plus astucieuse persévérance. Des affidés subalternes la secondaient. Le cardinal était sous le charme de tous les genres de séduction. Mme de La Motte lui fait entrevoir l'espérance d'affaiblir une prévention injuste, et, enhardie par le succès, n'hésite pas à lui demander, au nom de la reine, d'abord un prêt de 60,000 fr., puis un autre de 100,000. Les deux sommes lui sont remises. Le coup de maître était d'enlever le collier. Des compères insinuent aux joailliers que la comtesse de La Motte-Valois pourrait leur procurer la vente de leur précieux mais embarrassant chef-d'œuvre. Un premier rendez-vous est obtenu de l'*amie, de la confidente intime de S. M. la reine.* Refus formel de la dame de se prêter à la moindre proposition ; elle n'en parlera pas à S. M. Son mari, sollicité à son tour, promet son intervention. Il accepte des joailliers des cadeaux de quelques mille francs, une montre très-riche d'entourage, un solitaire, etc. La comtesse agira. Une première entrevue avec les joailliers a lieu le 24 décembre 1784. Le cardinal était alors dans son diocèse. A son retour, on lui parle du collier, que la reine désire ardemment, mais que la pénurie du trésor et le système d'économie adopté par le roi ne lui permettent pas d'acheter. Du reste, S. M. est tout à fait revenue sur le compte du cardinal. Il peut tout attendre désormais de sa reconnaissance, mais la reine ne saurait paraître en rien. Le cardinal seul agira sans intermédiaire avec les joailliers.

Mme de La Motte leur annonce la visite du cardinal pour le 24 janvier 1785, et effectivement le même jour il va voir la parure, et leur dit qu'il est chargé d'en négocier l'acquisition, non pour lui, mais pour une personne qu'il ne peut nommer ; ils auraient lieu d'ailleurs d'être satisfaits des conditions du marché. Après quelques pourparlers chez les joailliers et chez lui, le cardinal conclut l'affaire. Le prix est fixé à 1,600,000, fr., payables en quatre termes égaux de 400,000 fr., les intérêts non compris, la première échéance au 31 juillet suivant. Les joailliers acceptent les propositions faites. Ils signent le bulletin que le cardinal leur remet le lendemain avec l'acceptation de la reine, signée *Marie-Antoinette de France.* Dans ce bulletin d'un haut drame d'intrigue, Mme de La Motte a toujours été ou censée être l'intermédiaire entre la reine et le cardinal. C'est elle qui a remis à Son Éminence le bulletin des propositions approuvées *Marie-Antoinette de France,* et le collier passe le même jour du magasin des joailliers dans les mains du cardinal, et des mains du cardinal dans celles de Mme de La Motte. Elle se croit assurée du succès. Tout s'est passé dans le plus profond mystère entre elle et le cardinal. Elle a six mois devant elle. Mais Bohmer et Bassanges sont brevetés de la reine. Le cardinal est souvent appelé à la cour par les devoirs de sa charge. Un mot à la reine peut révéler toute l'intrigue. Le collier, les bracelets, les girandoles, toutes les pièces de la parure ont été déjà démontées ; le comte de La Motte en a emporté une partie en Angleterre, d'autres sont vendues en France. Un grand changement s'est opéré chez les époux : les vieux meubles de leur maison de Bar-sur-Aube, ceux de leur logement à Paris, ont été remplacés par des meubles neufs magnifiques ; la comtesse a fait venir de Lyon des robes dont une princesse se serait parée ; elle étincelle de diamants, et quand le cardinal s'enquiert de ce changement de fortune, elle lui répond que le prodige qui l'étonne n'est que l'effet de la générosité de la reine. Mais comment se fait-il que S. M. n'ait point encore porté la fameuse parure? Telle est la question du jour. C'est, répondait-on, que S. M. a résolu de ne s'en parer qu'à Pâques. Plus tard, c'est qu'elle ne veut s'en servir qu'après en avoir payé au moins une forte partie sur ses économies avant d'en parler au roi. Toutes ces raisons étaient bonnes pour le crédule cardinal, au moins pendant quelques mois, et Mme de La Motte avait disposé une scène nouvelle pour entretenir son illusion.

L'échéance du premier terme de payement approchait. Rien n'était changé dans la conduite de la reine à son égard. Pas un mot pas un regard, qui lui annonçât le retour des bontés de S. M. La comtesse y suppléait par de petits billets consolateurs. Enfin, elle annonce un rendez-vous mystérieux. Ce sera le soir, par une belle nuit de juillet. Entre onze heures et minuit, la reine passera sur la terrasse du côté des bosquets, elle donnera au cardinal une rose, heureux gage de l'oubli du passé et d'un plus doux espoir pour l'avenir. Son Éminence est exacte au rendez-vous. Une dame grande et belle paraît : c'est bien la taille et la démarche de la reine. Elle s'avance, le cardinal n'entend que ces mots prononcés à mi-voix : « Vous pouvez *espérer que le passé sera oublié.* » La rose est présentée, le cardinal la prend et la presse sur son cœur. Il va répondre, mais une voix a crié : « Madame et madame la comtesse *d'Artois!* » le cardinal s'esquive, ivre de bonheur et de joie. L'habile intrigante qui avait imaginé et dirigé cette scène de mystification, l'avait voulue simple et rapide pour en assurer le succès. Le lieu avait été adroitement choisi. Un seul personnage en scène : le comte de La Motte l'avait choisi lui-même parmi les beautés du Palais-Royal. Son rôle était facile : quelques mots prononcés à voix basse, un sourire et le don d'une fleur. Et, le rideau tombé, la prétendue Marie-Antoinette, qui n'était que la demoiselle Le Guay d'Oliva, Mme de La Motte, son digne époux, et un sieur Reteaux de Villette, célébraient à table l'heureux succès de la scène de la terrasse. Mme de La Motte ne perdit pas un instant pour faire disparaître les riches débris du collier et ses complices. D'Oliva et son jeune amant Toussaint Beausire partirent pour Bruxelles ; le chevalier Retaux de Villette pour la Suisse, et le comte de La Motte, avec la meilleure partie du butin, pour l'Angleterre. Mme de La Motte seule était restée. Elle n'avait pas attendu la fin de juin pour tenter d'obtenir un délai pour le premier payement. Un *billet de la reine* annonça au cardinal l'impossibilité de faire les fonds de cette échéance. Mais les joailliers ne perdraient rien pour attendre ; ils recevraient sous peu 700,000 liv. au lieu de 400,000, et on leur offrait à l'instant 30,000 liv. pour les intérêts du premier terme. La reine ne pouvait faire plus. Ces 30,000 liv. furent en effet remis au cardinal par Mme de La Motte, par celui-ci aux joailliers. Mme de La Motte s'était imposé ce sacrifice de 30,000 fr. pour gagner du temps.

On est plus qu'étonné sans doute et du long silence des joailliers et de l'imperturbable crédulité du cardinal pendant cinq mois. Mais comment expliquer le silence de la reine et des ministres depuis le 12 juillet ? Ce jour-là, les joailliers, pressés par le cardinal d'adresser à la reine une lettre de remerciement, lui avaient fait parvenir la suivante, écrite sous sa dictée : « Madame, nous sommes au comble du bonheur d'oser penser que les derniers arrangements qui nous ont été proposés, et auxquels nous nous sommes soumis avec zèle et respect, sont une nouvelle preuve de notre soumission et dévouement aux ordres de Votre Majesté, et nous avons une vraie satisfaction de penser que la plus belle parure de diamants qui existe servira à la plus grande, à la meilleure des reines, etc. — BOHMER ET BASSANGES. — 12 juillet 1785. » La lettre arriva à sa destination, car peu de jours après les joailliers eurent une audience de la reine. Cependant, la signature *Marie-Antoinette de France,* apposée au bas du marché du 1er février, était fausse. Toutes les prétendues lettres de la reine au cardinal étaient fausses. C'était un fait démontré. Comment donc se fait-il que ce n'est que le 15 août suivant, jour triplement férié, jour de l'Assomption, jour de la fête de la reine, jour anniversaire du vœu de Louis XIII, qu'à onze heures et demie du matin le cardinal Louis de Rohan est arrêté au moment où, revêtu de ses habits pontificaux „ il entre dans la chapelle du château de Versailles pour y célébrer la messe? L'arrestation a été ordonnée et dirigée par M. de Breteuil, ministre. Pourquoi ce silence de six semaines depuis la découverte de l'escroquerie? Pourquoi ce grand éclat pour l'arrestation tardive de celui qui était signalé comme auteur ou complice de ce délit?

Du reste, la première démarche du cardinal annonça clairement qu'il n'était que dupe et non complice de l'intrigante. A l'instant même de son arrestation, il offrit de remettre le marché, et, en arrivant chez lui, il se hâta de l'envoyer au roi. Cependant, le lendemain il était conduit à la Bastille, et y était logé dans le principal appartement; trois de ses domestiques s'y enfermèrent avec lui. Mme de La Motte fut arrêtée dans sa maison de Bar-sur-Aube, au milieu d'une société nombreuse et brillante. Elle aurait pu se sauver, en accompagnant son mari, parti le 18 pour l'étranger, car elle n'ignorait certainement pas l'arrestation du cardinal. Conduite à la Bastille le 26 août, elle nia avoir eu aucune part à l'affaire. Elle indiqua Cagliostro, qui demeurait dans la même maison qu'elle, rue Saint-Claude, au Marais, comme pouvant donner quelques renseignements. Cagliostro fut arrêté le 23, au moment où il se disposait à partir pour Lyon, où il devait fonder une loge égyptienne. Les chevaux de poste étaient commandés. Sa femme ne fut arrêtée que le lendemain. Ils furent tous deux aussi conduits à la Bastille. On arrêta successivement le baron de Planta, ami du cardinal; le chevalier d'Étienville, Mme de Courville et le baron de Fages, escroc de salon.

L'information ne révéla qu'un incident épisodique, qui occupa longtemps les juges. Il fut constaté que les faux Approuvés n'étaient pas de l'écriture de Mme de La Motte. La grand'chambre, chargée par lettres-patentes du 5 septembre 1785 de l'instruction et du jugement du procès, n'arrivait et ne pouvait arriver à aucune solution; la vérité restait enveloppée d'un voile impénétrable. Elle apparut enfin, par les révélations de la demoiselle Leguay d'Oliva, que le ministre des affaires étrangères avait fait arrêter à Bruxelles. Elle entra à la Bastille le 4 novembre 1785. Cependant elle ne put soulever qu'une partie du voile. Elle ne savait pas la scène de la terrasse du château de Versailles; mais toutes les incertitudes cessèrent en présence des révélations décisives de Retaux de Villette, fils d'un magistrat de Bar-sur-Aube, qui avait servi dans le même régiment que son compatriote, le comte de La Motte. Cette arrestation, la plus importante de toutes, était due au hasard. Il avait été arrêté à Genève pour un premier étranger au procès, et avait demandé, dans un premier accès de frayeur, si la demoiselle d'Oliva était arrêtée. Sur la réponse affirmative, il s'écria : Je suis perdu. Interpellé d'expliquer la cause de son départ de France, il ajouta : « Quand on est compromis dans une affaire où la signature et la personne de la reine sont faussement compromises, le plus sûr est de s'en aller. » Il raconta ensuite le fait de la terrasse de Versailles. Il y était; la demoiselle d'Oliva avait été amenée de Paris à Versailles par le comte de La Motte, et conduite par sa femme sur la terrasse. De Villette, conduit à Paris, fut écroué à la Bastille le 29 mars 1786. Il confirma dans ses premiers interrogatoires devant la cour tout ce qu'il avait déclaré à Genève, refusa de s'expliquer catégoriquement sur les faux Approuvés Marie-Antoinette de France et d'autres écrits attribués à S. M., et écrivit à M. de Vergennes, auquel il avait, disait-il, d'importantes révélations à faire. Sa lettre fut renvoyée par ce ministre aux magistrats; interrogé de nouveau, il avoua avoir écrit ces lettres ou billets, la lettre des propositions pour l'achat du collier et les Approuvés Marie-Antoinette de France.

Ces révélations étaient accablantes pour Mme de La Motte, mais elle n'en fut point abattue; elle soutint l'épreuve des confrontations avec le plus audacieux cynisme. Interpellée de s'expliquer sur la déclaration du baron de Planta et du père Loth, minime, elle essaya de les récuser: elle reprocha au premier d'avoir voulu plusieurs fois la séduire par violence, et au père Loth d'avoir débauché son mari et de lui avoir procuré des filles. Les dépositions de ces deux témoins n'étaient relatives qu'aux dépenses extraordinaires des époux La Motte à partir du 1er février 1785. Mme de La Motte répondait qu'avant cette époque et depuis elle avait reçu en don du cardinal 233,000 livres à des époques différentes, jamais plus de 30,000 à la fois, de plus, 88,500 liv. de différentes personnes, telles que les ducs de Penthièvre, d'Orléans, de Choiseul et du contrôleur général. Elle nia avoir reçu du cardinal, sur deux billets de la reine, 160,000 liv. Quant à la scène de la terrasse, elle soutint que le cardinal, en supposant que la reine eût accepté un rendez-vous sur cette terrasse, pendant la nuit, aurait été autant qu'elle-même coupable d'irrévérence envers S. M. Elle osa même, pour sa justification personnelle, hasarder un motif assez étrange et prétendre n'avoir imaginé cette mystification que pour se venger de l'inconstance de son amant, ajoutant que depuis cette scène nocturne le cardinal, pour lui signaler le souvenir, avait substitué au nom de chemin du Bonheur, que portait une belle allée de son parc, celui de chemin de la Rose. Confrontée avec Retaux de Villette, elle ne répondit à ses déclarations écrasantes que par un imperturbable persiflage. Retaux de Villette, outre les faits déjà cités, avait, dans sa confrontation avec le cardinal, soutenu qu'il était heureux d'avoir été arrêté le 15 août, attendu qu'il devait être empoisonné le 16, et que l'on aurait fait courir le bruit qu'il s'était empoisonné lui-même pour se punir du vol du collier. Un autre fait semblait coïncider avec cette déclaration : les magistrats venaient enfin de découvrir la retraite de la femme de chambre de Mme de La Motte; mais il était trop tard. Elle avait passé au service de l'établissement de bains d'Albert. On avait remarqué chez elle un grand changement depuis l'arrestation de Mlle d'Oliva. Au mois d'avril 1785, ayant été dîner en ville, elle en revint malade, et mourut peu de jours après. On ajoutait que la femme qui l'avait ensevelie avait dit que la défunte avait le ventre tout gangrené.

Toutefois, la cour ne se préoccupa nullement de ces graves indices, qui pouvaient donner lieu à une accusation plus sérieuse encore que le vol du collier. Après les révélations de d'Oliva et de Retaux de Villette, la procédure semblait toucher à son terme; et cependant l'arrêt ne fut prononcé qu'après une instruction qui dura plus de cinq mois. A l'audience du 30 mai, contre l'avis de l'avocat général Seguier, le procureur général Joly de Fleury présenta des conclusions tendant à « déclarer les faux Approuvés et signatures apposés au marché, condamner Villette et de La Motte à être fouettés, marqués des lettres GAL, et envoyés aux galères à perpétuité; la dame de La Motte, à être fouettée, marquée et mise à l'hôpital pour le reste de ses jours; la demoiselle d'Oliva hors de cour; le comte de Cagliostro déchargé d'accusation; ordonner que les signatures et Approuvés seront rayés par le greffier de la cour; que, dans les termes et délai de huit jours, le cardinal sera tenu de se rendre en la grand'chambre, où il déclarera, à haute et intelligible voix, que témérairement il a ajouté foi aux faux Approuvés et à la fausse signature de la reine; que témérairement il a ajouté foi au rendez-vous de la terrasse; que par la quittance qu'il a fait donner au sieur Bohmer de la somme de 30,000 fr. il a continué d'induire lesdits marchands en erreur sur l'idée de croire que la reine avait connaissance dudit marché; déclarer qu'il s'en repent et en demande pardon au roi et à la reine ; en conséquence, défendre audit cardinal d'approcher d'aucune maison royale où seraient le roi et la reine; ordre à lui de se défaire de ses charges dans le délai qu'il plaira à la cour d'indiquer; le condamner en telle aumône qu'il plaira à la cour; ordonner qu'il tiendra prison jusqu'à l'exécution du présent arrêt. »

Ces conclusions ne furent pas rendues publiques : elles avaient excité une trop vive agitation au sein du parlement. Les accusés subirent leur dernier interrogatoire sur la sellette. Reteaux de Villette, *les yeux baignés de larmes*, fut moins favorable au cardinal que dans ses premières déclarations. Mme de La Motte s'assit sur la sellette *avec un air d'impudence qu'elle conserva pendant deux heures et jusqu'à ce qu'elle eut quitté ce siége d'opprobre*. Interpellée de s'expliquer sur une lettre attribuée à la reine et commençant par ces mots : *Envoyé à la petite comtesse*, l'accusée, après un moment de silence, refusa de rien dire *parce que cela offenserait la reine*. Forcée de répondre, elle s'écria, avec colère, que cette lettre commençait par ces mots : *Je t'envoie*, ajoutant que le cardinal lui avait montré d'autres lettres dans lesquelles la reine le tutoyait et lui donnait divers rendez-vous, *qui avaient été effectués*. L'interrogatoire du cardinal dura deux heures. On avait retiré la sellette : il lui fut permis de s'asseoir sur un fauteuil. Il était en habit long de cérémonie, très-pâle, et paraissait fatigué. Le lendemain, 31 mai, on interrogea pour la forme d'Oliva et Cagliostro. La cour suspendit l'audience pour laisser à d'Oliva le temps d'allaiter son enfant : elle était accouchée peu de temps après son entrée à la Bastille.

La cour, prononçant d'abord sur le comte de La Motte, coutumace, le condamna à l'unanimité, au fouet, à la marque et aux galères à perpétuité; Reteaux de Villette, au bannissement perpétuel, *sans fouet ni marque*; Mme de La Motte, *ad omnia citra mortem*. Deux conseillers, Robert de Saint-Vincent et Dionis du Séjour, avaient opiné pour la mort. Mais, à la majorité, le résultat de la condamnation, *ad omnia citra mortem*, fut : Que Mme de La Motte serait fouettée et marquée par le bourreau sur les deux épaules d'un double W, la corde au cou, et enfermée à l'hôpital pour le reste de ses jours. Mlle d'Oliva *fut mise hors de cour*, attendu que, quoique innocente au fond, il était juste qu'il lui fût imprimé cette tache pour le crime purement matériel qu'elle avait commis. Son amant, Toussaint Beausire, avait été mis hors de prévention dès le 11 mars 1786. Cagliostro, déchargé de l'accusation, obtint immédiatement sa liberté. La comtesse de La Motte subit la peine le 21 juin au bas du grand escalier du Palais, puis elle fut conduite en fiacre à la Salpétrière, d'où elle s'évada en juin 1787. Ce n'est pas dans le roman, en 2 vol. in-8°, qu'elle a appelé *Mémoires*, qu'il faut chercher la cause de son évasion, sur laquelle on n'a pu hasarder que des conjectures plus ou moins vraisemblables. Ces *Mémoires*, publiés à Londres et réimprimés plusieurs fois en France, sont les plus passionné de tous les libelles lancés contre Marie-Antoinette.

Le jour même où Mme de La Motte fut flétrie on fit courir dans Paris cette épigramme, qui faisait allusion à la fleur de lis dont le fer du bourreau imprimait l'empreinte sur l'épaule des condamnés :

La Motte, on n'en peut douter,
Des Valois est bien la fille,
Puisque l'on lui fait porter
Les armes de la famille.

Le cardinal de Rohan, déchargé de l'accusation, ainsi que Cagliostro, s'attendait à être, comme lui, mis immédiatement en liberté; mais M. de Launay, gouverneur de la Bastille, qui l'avait accompagné au Palais, avec une escorte spéciale, s'y opposa, et, malgré l'insistance du parlement, le ramena à la Bastille, dont les portes ne s'ouvrirent pour lui que le 1er juin au soir, à dix heures. Le lendemain matin, à dix heures et demie, le ministre baron de Breteuil lui notifia lui-même l'ordre du roi : 1° de ne pas sortir de chez lui et de ne recevoir que ses parents et ses gens d'affaires pendant trois jours; 2° de se rendre après ce délai à l'abbaye de la Chaise-Dieu, en Auvergne, et d'y rester jusqu'à nouvel ordre du roi; 3° de donner sur-le-champ la démission de sa charge de grand-aumônier : S. Em. avait une heure auparavant envoyé cette démission au ministre des affaires étrangères, M. de Vergennes. Le pape, qui d'abord s'était opposé à ce que le cardinal fût jugé par le parlement, et qui avait appuyé le déclinatoire invoqué par l'assemblée du clergé crut devoir quelque temps après interdire au prince Louis le titre et les insignes du sacerdoce et du cardinalat. Du reste, cette interdiction temporaire n'était qu'une mesure de convenance. DUPEY (de l'Yonne).

COLLIER (JOHN PAYNE), littérateur et critique anglais, qui s'est surtout occupé des antiquités du théâtre de sa nation, est né à Londres, en 1789, d'un père qui s'occupait lui-même de littérature et publiait le *Monthly Register* et devint plus tard l'un des rédacteurs du *Times*. La position de son père lui facilita l'entrée de la carrière du journalisme, et il devint l'un des collaborateurs les plus féconds de toutes ces *Reviews*, de tous ces *Magazines* qui pullulent chez nos voisins. Quelques articles de lui sur l'ancien drame anglais publiés dans l'*Edinburgh Magazine* eurent pour résultat de le mettre en rapports avec le célèbre libraire d'Édimbourg Constable, qui bientôt après publia de lui deux volumes sous le titre de *Poetical Decameron* (1820). Deux ans après parut *The Poets Pilgrimage*, poème dans le rhythme adopté par Spenser, mais que l'auteur ne tarda pas à retirer du commerce de la librairie, reconnaissant lui-même que cette œuvre de sa jeunesse n'était point faite pour la publicité. L'édition qu'il donna des *Dodsley's old Plays* fut bientôt suivie de son *History of dramatic Poetry* (3 vol., Londres, 1831), qui lui assigne un rang honorable parmi les historiens littéraires. Il publia ensuite le catalogue raisonné et critique de la bibliothèque de lord Francis Gower (aujourd'hui lord Ellesmere). C'est dans les manuscrits que possède cette bibliothèque qu'il trouva la majeure partie des matériaux et des documents nouveaux qu'il a réunis dans ses *New facts regarding the life of Shakspeare* (1835), dans ses *New particulars* (1836); et enfin dans ses *Further particulars* (1839), tous ouvrages relatifs à l'histoire de la vie et des ouvrages du grand tragique anglais. Ces travaux lui donnaient le droit de publier une édition nouvelle des œuvres de Shakspeare (8 vol., Londres, 1842-1844), dans laquelle il a consigné les résultats de vingt années de laborieuses et patientes recherches. En 1847 il fut désigné par lord Ellesmere pour remplir les fonctions de secrétaire-auprès de la commission instituée par le gouvernement pour faire une enquête sur la situation du *British Museum*; mais la proposition qu'il fit de dresser le catalogue des richesses de cet établissement ne fut point accueillie. En 1850 la Société des Antiquaires de Londres l'élut pour son président. On a encore de lui *Memoirs of the principal actors in the plays of Shakspeare* (Londres, 1846).

COLLIMATION, terme d'astronomie, dérivé du verbe latin *collimare*, qui signifie *viser, pointer*. On appelle *ligne de collimation* celle suivant laquelle on vise un objet par les deux pinnules d'un graphomètre. C'est l'axe optique d'une lunette ou la ligne qui passe par le centre de ses verres. La ligne de collimation doit être parallèle à la *ligne de foi*, c'est-à-dire à la ligne qui passe par le centre de l'instrument et par le point de l'index qui marque la division.

COLLIN (HENRI-JOSEPH DE), poète dramatique distingué, né à Vienne, le 26 décembre 1771, et mort dans cette capitale, le 28 juillet 1811, était le fils d'un médecin célèbre, et occupait dans l'administration des finances un emploi important, où il mérita l'estime universelle. Dans le monde littéraire il se fit connaître non pas ses tragédies, dont la plus célèbre, et à tous égards aussi la meilleure, est son *Régulus* (Berlin, 1802), bien que, par suite d'un pari, cette pièce ait été composée en six semaines. Ses autres ouvrages dramatiques sont : *Coriolan*, *Polyxène*, *Balboa*, *Bianca della Porta*, enfin *Les Horaces et les Curiaces*. Ils se distinguent par la noblesse et l'élévation de la pensée, par une grandeur pleine de simplicité, par une tendance évidente à se rapprocher de la naïveté antique ; mais ils pèchent par la monotonie du plan et par l'uniformité des caractères. On y trouve aussi plus de rhétorique que de drame et d'entente de la scène, et ils semblent plutôt destinés à la lecture qu'à la représentation. Ils ont été réunis sous le titre de *Tragédies* (3 vol., Berlin, 1828). Les *Poëmes* de Collin sont surtout remarquables là où il s'abandonne aux inspirations de son patriotisme. Le plus célèbre de tous est sa *ballade* intitulée : *L'empereur Maximilien*. Les fragments que l'on possède de son *Rodolphe de Habsbourg* prouvent qu'il ne manquait point de dispositions pour l'épopée. Il composa aussi un oratorio intitulé : *La Délivrance de Vienne*, en société avec son frère Mathieu de Collin, qui fut l'éditeur de ses œuvres, en tête desquelles celui-ci a placé sa biographie (6 vol., Vienne, 1812-1814).

COLLIN (MATTHIEU DE), frère du précédent, poëte et critique distingué, naquit à Vienne, le 3 mars 1779. Reçu en 1804 docteur à l'université de Vienne, il fut nommé en 1808 professeur d'esthétique et d'histoire de la philosophie à l'université de Cracovie. Les Russes s'étant emparés de cette ville, il obtint la chaire d'histoire de la philosophie à l'université de Vienne, et une place de secrétaire au département des finances. En 1813 il accepta la rédaction en chef de la *Gazette littéraire de Vienne*, et en 1818 celle des *Annales de la Littérature*. Il était en outre, depuis 1815, instituteur du duc de Reichstadt (*voyez* NAPOLÉON II), lorsqu'il mourut, le 23 novembre 1824. Son impartialité, son esprit honnête, loyal, exempt de passions, son caractère ferme et droit, se réfléchissent fidèlement dans ses poésies dramatiques, qui d'ailleurs brillent plus par l'élévation et la noblesse de la pensée que par l'élan et l'enthousiasme poétique. A l'âge de vingt-deux ans il composa les paroles de l'Opéra de *Calthon et Colnal*, mis en musique par Winter. Il est en outre l'auteur de divers drames et tragédies qui ont paru réunis sous le titre *Poésies dramatiques* (4 vol., Pesth, 1815-17). Joseph de Hammer a publié, en les faisant précéder d'une notice biographique, ses *Poésies posthumes* (2 vol., Vienne, 1827). On y trouve sa tragédie d'*Essex*, imitée d'une pièce de l'ancien répertoire.

COLLIN D'HARLEVILLE (JEAN-FRANÇOIS), naquit à Maintenon (Eure-et-Loir), le 30 mai 1755. Il était fils puîné de *Martin* COLLIN, d'abord avocat, puis architecte et cultivateur. Il prit le surnom d'*Harleville* d'un petit domaine que son père possédait dans le village de ce nom, à peu de distance de Maintenon. Il commença ses études à Lisieux, et vint les finir à Paris. Une chute terrible qu'il fit alors faillit lui coûter la vie, et le força d'interrompre ses études durant six mois. Dans cet intervalle il ressentit souvent à la tête un bourdonnement qui l'éblouissait et le rendait presque fou. Il avait alors la conscience d'un changement survenu dans ses facultés intellectuelles, et disait à ses amis que peut-être sans cet accident il n'aurait jamais été poëte. Revenu à la santé, il retourna au collège, et reprit ses études avec le plus grand succès. Destiné par son père au barreau, il entra ensuite chez un procureur au parlement, et y resta plusieurs années, mais uniquement par déférence pour sa famille ; car il sentait croître tous les jours son amour pour les lettres et son incapacité absolue pour les affaires. Entièrement dégoûté de la jurisprudence, il finit par se jeter tout entier, malgré ses parents, au penchant qui l'entraînait vers la littérature, et publia dans le *Mercure de France* diverses poésies légères, empreintes de grâce, de malice et d'une certaine facilité. En 1778 il composa *L'Inconstant*, comédie en un acte et en prose, qu'il destinait à l'Ambigu-Comique, et qui, grâce aux conseils de Préville, devint une pièce en cinq actes et en vers et fut enfin reçue à la Comédie-Française en 1780, après bien des lenteurs. Collin ne faisait que des rêves de gloire, mais, privé tout à coup des secours de son père, qui ne voulait pas de poëte dans sa famille, il se vit contraint de se rendre à Chartres et de prendre la robe d'avocat.

En butte aux railleries et aux remontrances de sa famille, il composa dans un moment de dépit une comédie en trois actes et en prose : *Le Poëte en province*, dont il était lui-même le sujet. Les railleurs n'étaient pas épargnés dans l'ouvrage ; l'auteur y avait introduit une vieille servante, nommée Monique, qui l'avait élevé, et qui était fort dévote. Cette bonne fille lui disait souvent les larmes aux yeux : « Mon pauvre cher enfant, comment as-tu pu faire une chose pareille ? Une comédie ! c'est une œuvre du démon !... Mais, tiens, donne-la moi, cette malheureuse pièce ! je la brûlerai devant toi ; il n'en sera plus question, et tu nous rendras la paix et le bonheur à tous. » Collin, qui par bonté d'âme avait quelquefois été sur le point d'abandonner son manuscrit de *L'Inconstant* à la pauvre Monique, résista pourtant à cette tentation, et se contenta de détruire sa comédie du *Poëte en province*. *L'Inconstant* était reçu, il est vrai ; mais l'auteur n'en était guère plus avancé. Toutefois, grâce à beaucoup de protections et à la complaisance de Molé, qui avait enfin consenti à la lire, la pièce fut jouée en 1784, à Versailles ; mais il fallut encore plus de deux ans pour que l'ouvrage obtînt à Paris les honneurs de la représentation. Il eut un brillant succès. Les journaux du temps rendirent à Collin toute la justice qui lui était due. Palissot assura que, depuis plus de quarante ans qu'il fréquentait les spectacles, il n'avait pas vu de début d'auteur donner d'aussi grandes espérances. La Harpe se montra plus sévère. Diderot, consulté par l'auteur, avait dit : « Il y a du talent là-dedans, il y en a beaucoup : les vers sont faciles et bien tournés, style comique, détails brillants ; mais une action faible ; elle n'a point de corps, point de soutien ; c'est une peluche d'oignon brodée en paillettes d'or et d'argent. » Ce jugement était rigoureux, mais juste ; néanmoins le public ne ratifia pas sa faveur pour l'ouvrage.

Encouragé par ce début, Collin se hâta de finir *L'Optimiste*. Cette pièce, non moins bien écrite, mais plus fortement conçue que la précédente, fut reçue à l'unanimité. Il faut lire dans la notice charmante d'Andrieux sur Collin les détails dans lesquels le brillant Molé, déposant ses airs de protection, fit au milieu des deux jeunes amis l'étude approfondie d'un rôle qui lui plaisait, parce qu'il y trouvait l'occasion de se montrer sous une forme nouvelle. Le public se porta en foule aux représentations de l'ouvrage, qui en trois ou quatre mois rapporta plus de vingt mille francs à l'auteur. Son père, qui lui avait servi de modèle pour le caractère de l'*Optimiste*, était mort ; mais Collin voulut que ses sœurs et toute sa famille eussent le bonheur de reconnaître le modèle. Il les appela à Paris, et leur fit si bien les honneurs de la capitale que du produit de sa pièce il ne lui resta la première année que 6,000 francs.

En 1789 parurent *Les Châteaux en Espagne*. On y accourut. Les quatre premiers actes furent très-bien accueillis ; le cinquième eut moins de succès, mais l'auteur le refit, et alors l'ouvrage réussit complètement. La conception de cette pièce est heureuse, le dialogue en est piquant et animé, le style brillant et poétique ; elle présente peut-être quelques invraisemblances, mais elle rachète ce léger défaut par de la gaieté et par des peintures délicieuses. Une indiscrétion du Collin lui donna pour rival dans ce sujet l'auteur du *Philinte de Molière*, qui lui prodigua de grossières injures, sans pouvoir le faire sortir un moment de sa modération. Cependant, la critique, en attaquant les *Châteaux en Espagne* avec une juste sévérité, accusait avec raison l'auteur de n'avoir pas fait encore une véritable comédie. Affligé de ce reproche, il sentit la nécessité de justifier la faveur publique par un ouvrage vraiment digne de l'estime des connaisseurs. A cette époque sa santé s'altéra, et les contrariétés qu'il éprouvait chaque jour, jointes à un travail continuel, l'accablèrent enfin à un tel point qu'en 1789 il tomba dangereusement malade, et qu'on en vint presque à désespérer de ses jours. C'est pendant cette crise et la plus cruelle insomnie qu'en douze nuits le poète, presque mourant, enfanta *Le Vieux Célibataire*, son chef-d'œuvre et l'un des meilleurs ouvrages du Théâtre-Français. On n'a point une idée complète des métamorphoses du talent lorsqu'on n'a point vu Molé dans le principal rôle de la pièce. Aussi s'attribuait-il une partie de la gloire du poète. Toutefois, ce dernier ne jouit pas complétement de son triomphe : les journaux exhumèrent une certaine *Gouvernante* d'Avisse, mort en 1747, et causèrent beaucoup de chagrin au trop sensible auteur du *Vieux Célibataire*.

Monsieur de Crac dans son petit castel, amusante folie de carnaval; *Les Artistes*, gracieux tableau de genre; *Les Mœurs du Jour*, pâle et agréable esquisse; *Malice pour Malice*, *Rose et Picard*, *La Défense de la Petite Ville*, *les Deux Voisins*, *Le Vieillard et les Jeunes Gens*, inspiration de La Fontaine; *Les Riches*, et enfin *Les Querelles des Deux Frères*, ou *La Famille Bretonne*, ouvrage posthume, composent le répertoire de Collin d'Harleville. D'un mot on peut caractériser Collin : c'est un demi-Térence, avec plus de pureté dans les mœurs et un certain charme qui tient au caractère même de l'auteur, qui se trahit à tout moment comme La Fontaine.

On ne joue plus la plupart des pièces que nous venons d'énumérer, mais on les lira toujours avec plaisir, parce que Collin y a mis l'empreinte de son âme ingénue, tendre et mélancolique, de son esprit facile et cultivé, de ses rêves de poète et de son caractère d'optimiste. C'est par le même genre de mérite que se distinguent ses poésies fugitives, où il se peint lui-même sans y penser, comme dans une causerie familière; mais à mesure qu'il avance dans une vie qui ne devait pas avoir une longue durée, sa poésie, extérieurement pleine d'élégance, de pureté, revêtue d'un brillant coloris, dégénère en une prose rimée, où la fréquence des enjambements sans grâce et sans nécessité fatigue le lecteur. Rien de plus connu à cette époque que le triumvirat littéraire formé par Picard, Andrieux et Collin, triumvirat dans lequel jamais l'ombre d'une rivalité ne vint troubler les douceurs de l'union la plus parfaite. Collin eut encore beaucoup d'amis, entre autres Delille, qu'il admirait avec une sorte d'enthousiasme. Toutes les qualités de l'homme de bien étaient en lui; il aimait son pays avec ardeur, et ce sentiment le conduisit à adopter la Révolution de 1789. Mais il conserva toute sa vie les principes d'une sage liberté, et ne se laissa jamais entraîner au torrent des passions politiques. Commandant de la garde nationale de sa petite commune, il parvint à la préserver de tous les orages. Collin d'Harleville, dont la santé dépérissait chaque jour, vit avec résignation approcher le terme fatal; le principe de la vie était usé en lui : il s'éteignit doucement entre les bras de ses amis, le 20 février 1806, jour anniversaire de la première représentation du *Vieux Célibataire*. Nommé membre de l'Académie Française, en 1795, il avait eu le bonheur d'y appeler son ami Andrieux, auprès duquel Picard vint siéger à son tour. Il avait reçu de Napoléon la décoration de la Légion d'Honneur.

P.-F. TISSOT, *de l'Académie Française*.

COLLINE, « petite montagne, dit l'*Académie*, qui s'élève doucement au-dessus de la plaine. » C'est proprement le *col* d'une montagne; mot fait de la basse latinité *collina*, diminutif de *collis*. Les Grecs disaient κολώνη dans le même sens, c'est-à-dire pour exprimer une éminence ou légère élévation de terre,

Qui par degrés s'abaisse, et doucement s'incline,

pour parler comme notre collaborateur M. Tissot.
J'aimerais, dit Delille,

... ces hauteurs où sans orgueil domine
Sur un riche vallon une belle *colline*.

Là le terrain est doux, sans insipidité,
Élevé sans roideur, ser sans aridité.
Vous marchez, l'horizon vous obéit; la terre
S'élève ou redescend, s'étend ou se resserre :
Vos sites, vos plaisirs changent à chaque pas.

Les géographes donnent plus spécialement le nom de *collines* aux dernières ondulations d'une chaîne de montagnes dans son raccordement avec la plaine : Les collines semblent être fréquemment le résultat de la dénudation de roches plus solides, disposées en plans inclinés sur les dernières pentes des montagnes qui ont ensuite été ravinées par les eaux : telles sont les collines de grès rouge sur les deux flancs des Vosges, celles de marnes, grès, sables, etc., au pied de l'Apennin, du petit Atlas, etc.

Dans le langage des poètes, la *double colline* s'emploie, comme la *double cime*, pour indiquer le Parnasse.

Les anciens, qui avaient commencé par rendre un culte personnel aux *collines*, créèrent ensuite une déesse (appelée *Collina* chez les Romains) chargée de veiller à leur conservation, et dont saint Augustin fait mention dans sa *Cité de Dieu* en la nommant, sans doute par erreur, *Collatina*. « Ils commencèrent, dit Varron, par adorer les lieux élevés, et les appelèrent de là *collines* (en latin *colles*, au singulier *collis*, du verbe *colere*, qui signifie *adorer*, *honorer*, et en même temps *labourer*, *cultiver*). Le Psalmiste, dans une de ses plus pittoresques inspirations, fait bondir les montagnes comme des béliers et les collines comme des agneaux.

On avait surnommé l'ancienne Rome la *ville aux sept collines*, du nombre de collines qu'elle renfermait dans son enceinte, et dont cinq se trouvaient réunies dans un même quartier, qui en avait reçu le nom de *Collina regio*. On appelait aussi *porte Colline* (*Collina*) celle qui était près de la colline Quirinale, ou du mont Quirinal, et qui changea dans la suite ce nom contre celui de *porte du Sel*, parce que c'était par là, dit Tacite, qu'entraient les Sabins qui apportaient le sel à Rome. Edme HÉREAU.

COLLINS (WILLIAM), remarquable paysagiste et peintre de genre anglais, né en 1788, réussissait plus particulièrement dans la représentation de scènes champêtres, de vues de côtes, comme des pêcheurs jetant leurs filets, etc. Ses scènes de forêts sont exécutées avec vigueur et vérité, et il excellait à leur donner le charme d'une mélancolie toute particulière. Il rapporta d'un voyage en Italie de très-jolies études représentant les principaux sites de Naples et de la Calabre, et, suivant son habitude, animées par des groupes reproduisant les principales occupations champêtres du Midi : ses essais de peinture historique ne furent point, à beaucoup près, aussi heureux. Collins mourut à Londres, le 17 février 1848. Il était membre de l'Académie Royale.

COLLISION. Ce mot, dérivé du latin *collidere*, ne s'est employé longtemps que dans l'acception physique pour signifier le choc, le frottement de deux corps, qui s'opère avec violence. Maintenant on s'en sert dans une acception morale. C'est surtout aux plus violents débats politiques que le mot *collision* s'applique merveilleusement. Lorsque, au temps des Gracques, les patriciens et les plébéiens en vinrent aux mains, il n'y eut plus véritablement *scission*, comme lors de la retraite des plébéiens sur le mont Sacré, mais *collision* sanglante. Lorsque Philippe le Bel et Boniface VIII se firent, à la face du monde chrétien, une guerre si acharnée, on aurait bien pu dire qu'il y avait *collision* entre le sceptre et la houlette pontificale. Telle était dès 1791 la déplorable situation de Louis XVI, que l'exercice constitutionnel de son droit de *veto* ne produisit jamais que de fatales *collisions*. Au 10 août 1792 il y eut *collision* entre le peuple et les défenseurs de ce prince. Au 13 vendémiaire il y eut *collision* entre les troupes de la Convention et les sections de la capitale. Au 18 brumaire la prudence des législateurs, qui s'échappèrent par les fenêtres et par toutes les issues, empêcha qu'il y eût *collision* sérieuse entre la garde de Bonaparte et ces soi-disant Lycurgues, qui avaient pourtant juré de mourir sur leurs chaises curules. On n'en finirait pas si l'on entreprenait seulement d'indiquer ce qu'il y a eu dans ces derniers temps, entre les Français, de *collisions* plus déplorables les unes que les autres.

Collision s'emploie encore pour exprimer un violent désaccord entre deux autorités constituées : ainsi, lorsqu'un arrêté préfectoral vient suspendre un arrêté municipal, il y a *collision* du préfet au maire. L'exercice intempestif du droit de dissoudre la chambre élective a amené plus d'une fois de regrettables *collisions* entre les pouvoirs. Ch. Du Rozoir.

COLLO (*Coullou*), ville d'Algérie, dans le département de Constantine, à 110 kilomètres à l'ouest de Bone et à 70 myriamètres d'Alger, sur la baie de la Méditerranée qui porte le même nom. Elle a été construite par les Maures au pied d'une montagne, sur les ruines d'une ville considérable que les Romains avaient entourée de murailles, et dont l'enceinte, anciennement détruite par les Goths, n'a jamais été relevée. Un vieux château où les Turcs entretenaient autrefois une petite garnison, commandée par un aga, la domine du haut d'un immense rocher. La contrée est bien boisée. L'Oued-el-Kebir se jette dans la mer entre ce port et Djidjelly. Le corail est très-abondant sur la côte. Le fruit, le blé, les troupeaux, ainsi que les vastes pâturages, s'y multiplient à l'infini. La baie de Collo offre un abri contre les vents du nord-ouest à l'ouest. Au nord de Collo se trouve une autre baie, qui porte le nom de *Bahr-Aouatik* (mer des jeunes filles), mais qui est trop étroite pour qu'on puisse y mouiller. Il existe au sud, à environ deux milles, un lac nommé *El-Djebia*, qui s'avance dans l'intérieur des terres et est séparé de la baie par un grand intervalle de terrain sablonneux. On croit dans le pays que ce lac communiquait autrefois à la mer, et que c'était un beau port où venaient mouiller un grand nombre de vaisseaux. Des restes d'anciennes constructions se voient encore sur les bords. La population du territoire de Collo et des montagnes de Bouzarone est très-belliqueuse, et divisée en une infinité de tribus arabes et kabyles, jalouses de leur liberté et presque toujours en guerre les unes avec les autres.

Accoutumés depuis longtemps au commerce européen, qui trouva très-anciennement un accès dans ces parages, les habitants de Collo sont moins grossiers que ceux de l'intérieur des terres. Les premiers marchands qui y furent accueillis étaient des Vénitiens; puis vinrent des Génois, des Flamands, et enfin des Français. La compagnie française d'Afrique, dont le siège était à La Calle, y entretint jadis un agent à la tête d'un simple comptoir qui dépendait du comptoir de Bone. Avant d'appartenir aux Turcs, Collo était une petite république assez puissante pour mettre en temps de guerre jusqu'à 10,000 hommes sur pied, assez jalouse de son indépendance pour la défendre contre les souverains de Tunis et de Constantine. Sa population est réduite aujourd'hui à 1,000 individus, tant Européens qu'indigènes. Il s'y fabrique beaucoup de faïence, quoique l'industrie, la prospérité et l'étendue même de cette place maritime aient considérablement diminué depuis nombre d'années. Collo a été occupé le 11 avril 1843 par les troupes françaises sous les ordres du général Baraguay d'Hilliers.

COLLOCATION. On emploie ce mot, dans la pratique, pour exprimer l'action par laquelle on range les c r é a n c i e r s d'un même débiteur dans l'o r d r e suivant lequel ils doivent être payés sur le prix de ses biens distribués en justice. On appelle *collocation utile* celle qui doit être suivie de payement, pour laquelle il y a des deniers suffisants. On nomme *état de collocation* le procès-verbal qui est dressé par le juge chargé de faire la distribution des deniers entre les créanciers; qui contient l'ordre dans lequel ils sont rangés et qui est terminé par une ordonnance de délivrance des *b o r d e r e a u x d e c o l l o c a t i o n* et de radiation des inscriptions des créances non utilement colloquées.

COLLODION. On nomme ainsi la matière qui résulte de la dissolution du f u l m i c o t o n dans l'éther. Pour obtenir le collodion, il est nécessaire d'opérer à chaud, ainsi que l'a constaté M. Béchamp. C'est alors un liquide incolore, de consistance épaisse, qui en se desséchant acquiert une grande ténacité et devient insoluble et, par suite, imperméable. On a tiré parti de cette dernière propriété du collodion au profit de l'art chirurgical, en l'employant pour recouvrir les plaies que l'on veut protéger contre l'action de l'air. On avait précédemment fait usage du g u t t a p e r c h a dans le même but; mais la transparence du collodion qui permet de suivre la marche de la cicatrisation, doit le faire préférer.

La photographie a trouvé dans le collodion une matière qui appliquée sur le verre donne des résultats rivalisant en beauté avec ceux que l'on obtient au moyen de l'albumine. L'emploi du collodion n'a pas l'inconvénient de celui de l'albumine, la longueur de l'exposition dans la chambre obscure nécessaire pour obtenir une image. D'après M. Bingham, chimiste anglais, auquel on doit la découverte de cette propriété du collodion, il faut que le fulmicoton et l'éther employés pour le préparer soient parfaitement purs, c'est-à-dire qu'ils ne contiennent pas la moindre partie d'acide sulfurique ou nitrique. E. Merlieux.

COLLOQUE (en latin *colloquium*, de la préposition *cum*, avec, et du verbe *loqui*, parler), mot qui signifie au propre *entretien*, *conversation*, *conférence*, entre deux ou plusieurs personnes. Une singularité de ce mot, c'est que par l'usage il a été entièrement détourné de sa première signification, et qu'on l'emploie généralement aujourd'hui comme équivalent d'un entretien familier et libre, qui n'est astreint à aucune règle et ne s'applique qu'à des conversations légères, ou frivoles, tandis qu'autrefois on l'entendait d'une conférence dont dispute entre personnes graves et savantes, pour terminer un différend, régler un point de religion ou de politique, ou bien on l'appliquait à des discours écrits sur des matières de doctrine ou de controverse, d'où certains ouvrages même ont pris leur titre, tels que les *Colloques* d'Érasme. Le mot *colloque* est entré dans le domaine de l'histoire en servant à qualifier spécialement l'assemblée ou la réunion du clergé aux états généraux de 1561 (*voyez* Poissy [Colloque de]). Edme Héreau.

Colloque est un terme spécial de la discipline ecclésiastique des anciennes églises calvinistes françaises. L'institution du *colloque* est très-ancienne dans l'histoire de la réforme française; on la rencontre dès la première organisation des Églises calvinistes, dans les articles de leur premier synode, qui fut tenu à Paris le 25 mai 1559, sous Henri II. Le *colloque* avait la juridiction de second degré des Églises calvinistes : il se composait du pasteur et d'un ancien de chacune des Églises, formant une circonscription *colloquale*, et dont le nombre variait depuis quatre jusqu'à vingt et plus. Le colloque s'assemblait tantôt quatre fois, tantôt deux fois l'an. Les fonctions de ces assemblées étaient de régler les différends et les difficultés qui pouvaient s'élever dans le sein des Églises, d'examiner et de recevoir les ministres, de connaître des contestations entre les Églises et leurs pasteurs, de prendre enfin toutes mesures provisoires concernant la doctrine, l'ordre et les mœurs du troupeau qu'elles représentaient. Il y avait toujours faculté d'appel des jugements des consistoires au colloque, comme de ceux du colloque au synode provincial. C'était un des rouages les plus sagement disposés de la police ecclésiastique de Calvin. Il faut remarquer aussi que le nombre des laïcs, ou *anciens*, présents à ces assemblées, avec voix délibérative, était toujours égal à celui des pasteurs.

Plusieurs des fonctions des colloques tombèrent en désuétude bien avant la nouvelle organisation des Églises réformées de France. On ne tarda pas à renoncer à l'usage ordonné par l'art. 6 du chap. vii de la discipline, ainsi conçu : « A la fin des colloques seront faites des censures amiables et paternelles, tant des pasteurs que des anciens qui s'y trouveront, de toutes choses qu'il sera jugé bon de leur remontrer. » On conçoit aussi combien l'art. 3 dut occasionner de difficultés, et combien il dut soulever d'épineuses discussions d'amour-propre, en exigeant qu'à chaque colloque chacun des ministres présents serait tenu de prêcher à son tour, « afin qu'on connoisse quel devoir chacun fait de s'exercer en l'ostude de l'Escriture et en la méthode et forme de la traitter ». La plupart de ces règlements, promulgués au synode national de Nîmes, le 6 mai 1572, portent l'empreinte du zèle profond et de la naïveté de manière des protestants du seizième siècle. La loi organique du 18 germinal an x, qui a réglé fort arbitrairement les affaires des cultes protestants, n'a point donné de sanction légale aux anciens colloques ; quelquefois cependant encore aujourd'hui les pasteurs des Églises voisines se réunissent en assemblée de conférence ecclésiastique ; mais ces réunions, dépourvues de sanction temporelle ou spirituelle, n'offrent qu'une bien faible image des colloques si zélés et si fortement organisés de nos pères. Charles COQUEREL.

COLLOREDO (Famille). Cette maison autrichienne, qui compte de nombreuses branches, passe pour descendre des anciens barons de Walsée en Souabe. Le nom de Colloredo lui vient d'un château situé à peu de distance du bourg de Mels en Frioul, bâti au quatorzième siècle par Glizojus de Walsée, fondateur des trois lignes : *Colloredo-Arquin* (éteinte en 1693) ; *Colloredo-Bernhard*, branche aînée de la famille et subdivisée aujourd'hui en deux rameaux : les comtes de *Colloredo-Walsée*, dont les possessions sont situées en Bohême, et les comtes de *Mels-Colloredo* établis dans le Frioul ; *Colloredo-Weickhardt*, qui forment aujourd'hui deux rameaux distincts, la *ligne princière* et la *ligne rudolfine* : la première, issue de *Jérôme*, comte DE COLLOREDO, né en 1674, mort en 1726, dont le fils, *Rudolf-Joseph* comte DE COLLOREDO, fut élevé à la dignité de prince de l'Empire en 1763 par l'empereur François Ier, et mourut en 1788, laissant *dix-huit* enfants. L'un deux, *François de Paule Gundicaire* de Colloredo, ayant épousé l'héritière du comté de Mansfeld, prit pour lui et ses descendants le nom de *Colloredo-Mansfeld*. La ligne rudolfine a aujourd'hui pour chef le comte *Fabius-Léandre* DE COLLOREDO-MELS, marquis de *Santa-Sofia* et de *Recanati*, né le 24 mars 1777. Ses propriétés sont situées dans le Frioul.

Parmi les membres de la ligne princière dite, depuis 1789, de Colloredo-Mansfeld, nous citerons :

François-Gundicaire, prince DE COLLOREDO-MANSFELD, né le 28 mai 1731, ambassadeur de l'empereur à Madrid, de 1767 à 1771, nommé en 1789 vice-chancelier de l'Empire, fonctions qu'il exerça jusqu'à la dissolution de l'Empire d'Allemagne, mort le 27 octobre 1807, laissant trois fils : *Rodolphe-Joseph*, *Jérôme* et *Ferdinand*.

Rodolphe-Joseph, prince de COLLOREDO-MANSFELD, né en 1772, nommé en 1834 grand-maître de la cour de l'empereur, mort le 28 décembre 1843.

Ferdinand, comte DE COLLOREDO-MANSFELD, né à Vienne, en 1777, embrassa d'abord la carrière diplomatique, et fut nommé, en 1803, ambassadeur à la cour de Naples, qu'il suivit à Palerme. En 1808 il prit une part active à la création de la landwehr en Autriche, et en 1809 il combattit bravement à Aspern et à Wagram avec le grade de major. Il endossa de nouveau l'uniforme en 1814 et 1815 ; puis, au rétablissement de la paix générale il se retira dans ses terres ; et plus tard il remplit les fonctions de directeur général des bâtiments : on le vit toujours se mettre à la tête des entreprises marquées au coin de l'esprit de progrès et du patriotisme. Après les événements dont la ville de Vienne fut le théâtre en 1848, il accepta le commandement de la légion académique ; mais il éprouva une foule de déboires dans cette difficile position, à laquelle il ne tarda pas à renoncer. Il est mort le 10 décembre 1848, dans un profond isolement.

Jérôme, comte DE COLLOREDO-MANSFELD, né en 1775, à Wetzlar, entra au service en 1792, et fit presque toutes les campagnes suivantes. Dans la guerre de 1813 il se distingua d'une manière toute particulière en Saxe et en Bohême. A la suite de la bataille d'Ulm, il reçut le commandement du second corps d'armée. A la bataille de Leipzig, il forma avec ce corps une partie de l'aile gauche de l'armée principale, et en prit le commandement lorsque le prince de Hombourg eut été blessé et le général Merweld fait prisonnier. Les blessures qu'il reçut dans cette journée, et plus tard à l'affaire de Troyes, furent cause de sa mort, arrivée à Vienne en 1822.

François de Paule-Gundicaire, prince DE COLLOREDO-MANSFELD, fils du précédent, né le 8 novembre 1802, à Vienne, entra au service en 1824 comme sous-lieutenant. Parvenu au grade de général-major, il commanda d'abord, en 1848, à Trieste, puis à Theresienstadt une brigade, et contribua à étouffer l'insurrection de Prague. Après avoir pris part, au mois d'octobre de la même année, à l'investissement de Vienne, il fit la campagne de Hongrie avec sa brigade, et assista notamment aux affaires de Kapolna et de Komorn. Créé alors feld-maréchal-lieutenant, il chercha à se maintenir dans l'île de Schutt, et resta ensuite avec le corps qui cernait Komorn. Après la campagne de Hongrie, il fut nommé, en octobre 1850, commandant en chef de deuxième corps d'armée. Comme héritier de son oncle, le prince Rodolphe-Joseph de Colloredo-Mansfeld, il possède le majorat d'Epoczna, avec Dobruszka et Hohenbruck (5 myr. carrés, 32,500 habit. et 106 villages), ainsi que la seigneurie allodiale de Grunberg avec Nepomuk et Pradlo (1 myr. carré, 7,200 habit. et 29 villages) en Bohême, et les seigneuries de Sierendorf et de Staatz en Basse-Autriche.

COLLOT-D'HERBOIS (JEAN-MARIE), acteur et auteur dramatique, député de Paris à la Convention, était né dans cette capitale, en 1750. *Collot* était son nom de famille, *d'Herbois* son nom de théâtre. Il importe peu de savoir s'il fut bon ou mauvais comédien, et quel était son emploi ; il est au moins vraisemblable qu'il était au-dessus de la médiocrité, car il ne joua que sur les théâtres des grandes villes, à Bordeaux, à Lyon, à Genève, où il était directeur de la troupe ; à La Haye, etc. Dans cette dernière résidence, le *stathouder* avait fait renouveler à grands frais le mobilier du théâtre. Collot-d'Herbois jouait dans *Le Misanthrope* ; il avait le simple costume de rigueur. Le directeur, qui jouait Oronte, l'homme au sonnet, se pavanait dans un ample habit de velours cramoisi, sillonné sur toutes les coutures, aux poches, aux basques, de larges galons. Collot-d'Herbois, faisant le geste d'un homme qui veut s'asseoir, se place en se penchant devant Oronte, puis se relevant tout à coup : « Mille pardons, lui dit-il, je vous prenais pour un fauteuil. » Cette saillie appela l'attention sur le mobilier et le vestiaire du théâtre ; et le chef-d'œuvre de Molière fut interrompu par une tempête de bravos. Le prince, qui croyait n'avoir fourni que des fauteuils, s'aperçut qu'il avait fourni aussi le proverbe : *Quand on prend du galon, on n'en saurait trop prendre.*

Collot était bien jeune encore quand il voulut joindre au plaisir de jouer des pièces l'honneur d'en faire. Il débuta en 1772 par une pièce intitulée *Lucie*, ou *les Parents imprudents* ; bientôt après il fit représenter *Clémence et Monjais*, *Le bon Angevin*, *L'Amant loup-garou*, *Le paysan magistrat*, ou *l'Alcalde de Zalaméa*, imité de Calderón, joué avec un succès soutenu sur tous les théâtres de France et mis à l'index par le gouvernement consulaire ; *Le vrai Généreux*, *Les Français à la Grenade*, *Le Bénéfice*, *La*

Famille patriote, Le nouveau Nostradamus, L'Inconnu, ou le Préjugé Vaincu, Andrienne, ou *le Secret de Famille, Le Procès de Socrate, Les Portefeuilles, L'Aîné et le Cadet.* Il publia, en outre, quelques brochures politiques, qui passèrent presque inaperçues; il fut plus heureux pour son *Almanach du P. Gérard.* La société des Amis de la Constitution (les jacobins) avait ouvert un concours pour le meilleur ouvrage populaire destiné à expliquer, à propager les principes consacrés par la constitution de 1791. L'Almanach du père Gérard obtint le prix. Le titre était heureux : il rappelait le nom d'un député, homme du peuple, vieillard vénérable, d'un sens droit, simple dans son langage comme dans son costume bas-breton.

Le succès de ce petit ouvrage appela l'attention publique sur l'auteur; il avait été admis à la Société des Jacobins. Cet opuscule commença sa fortune politique. Sa taille était moyenne, son teint brun, sa chevelure crépue et très-noire, son regard soucieux et sombre. Il avait contracté à Genève le goût des doctrines républicaines; il en eût eu les mœurs s'il ne se fût pas habitué aux liqueurs fortes; ce vice devait lui coûter la vie et le faire mourir avant le temps. Il se fit remarquer à la tribune moins par ses talents que par la force de sa voix et la hardiesse de ses expressions; il se posait à la tribune comme au théâtre. Impatient de se créer une position politique, il imagina de se constituer le défenseur des Suisses du régiment de Château-Vieux, condamnés par les tribunaux de leur pays aux galères pour leur sédition à Nancy. Collot-d'Herbois présenta une pétition à l'Assemblée nationale; il avait associé à son patronage une partie de la Société des Jacobins. La pétition fut renvoyée au ministre, qui écrivit officiellement aux Cantons : les condamnés sortirent du bagne; Collot-d'Herbois ne les quitta plus; leur voyage à travers la France fut un triomphe. Pétion, maire de Paris, autorisa Collot-d'Herbois et les commissaires à faire célébrer au Champ de Mars une fête publique, qui fut un véritable contre-sens : la police du château, dirigée alors par Bertrand de Molleville, y prit une part fort active; elle dépensa en piques et en bonnets rouges plus de 20,000 francs. La cour avait renoncé à attaquer la révolution de front : elle ne s'occupait plus qu'à la compromettre par des excès, et n'y réussit que trop bien. Collot-d'Herbois ignorait sans doute que la contre-révolution s'était associée à la singulière ovation des soldats suisses de Château-Vieux. Cette fête le mit en évidence; son nom fut répété dans tous les journaux. Il devint membre de la municipalité de Paris et du conseil général de la justice, fut un des provocateurs et des panégyristes des massacres de septembre, présida l'assemblée électorale qui en 1792 nomma les députés à la Convention, et fut un des premiers élus pour y représenter le département de Paris. Là il se plaça sous la patronage de Robespierre.

Dans l'orageuse lutte de la Montagne et de la Gironde, tous ses discours se résumaient en ces mots : *Soyons jacobins, soyons montagnards, et sauvons la république!* Le *Moniteur* lui attribue l'initiative de l'abolition de la royauté à l'ouverture de la session de la Convention : cette proposition fut faite par un autre député; Collot-d'Herbois se borna à l'appuyer, et elle fut votée immédiatement. Envoyé en mission à l'armée des Alpes, en 1792, après la conquête de la Savoie, il était absent lors du procès de Louis XVI, mais il écrivit à l'assemblée qu'il voterait la mort sans appel ni sursis. À son retour, il seconda de tous ses moyens Robespierre dans ses incessantes et énergiques attaques contre la Gironde, fut élu président de la Convention le 13 juin 1793, retourna en mission dans les départements du Loiret et de l'Oise, et, après la prise de Lyon, qui s'était révoltée, fut envoyé, avec ses collègues Fouché et Laporte, dans cette ville, à laquelle les vainqueurs imposèrent le nom de *Commune-Affranchie*, après avoir démoli ses plus beaux édifices et fait couler le sang sous la fusillade, la mitraille et la guillotine. Sur la proposition de Barrère, Collot-d'Herbois était entré, avec Billaud-Varennes, au comité de salut public dans le mois de frimaire an II (décembre 1793); il y resta jusqu'au 14 thermidor de la même année. Il n'avait pas attendu que Robespierre fût attaqué pour se séparer de lui; il l'attaqua lui-même avec la plus franche énergie, et n'en fut pas moins poursuivi comme son complice par le parti réactionnaire. La Convention, en vertu d'un premier décret, avait rejeté l'accusation; mais les thermidoriens s'acharnaient de plus en plus sur tous les membres du comité de salut public et de sûreté générale : trois furent condamnés à la déportation : Barrère, Collot-d'Herbois et Billaud-Varennes. Ils étaient détenus à l'île de Ré en attendant leur embarquement pour la Guyane. L'ordre de départ arriva; Collot-d'Herbois et Billaud furent embarqués; Barrère avait obtenu un sursis motivé sur sa santé. Le navire qui transportait ses deux collègues avait déjà quitté le port, quand arriva un nouveau décret qui les renvoyait tous trois devant le tribunal criminel de la Charente-Inférieure : Barrère fut sauvé. Collot-d'Herbois, arrivé à la Guyane, fut à tort ou à raison accusé d'avoir provoqué une insurrection des nègres contre les blancs; il fut enfermé dans le fort de Sinnamari, où il ne tarda pas à être attaqué d'une fièvre cérébrale. Il but dans un accès de délire une bouteille de rhum, qui lui brûla les entrailles. Il mourut après une épouvantable agonie, tandis qu'on le transférait du fort à l'hôpital, le 18 nivôse an IV (8 janvier 1796). Il n'était âgé que de quarante-six ans.   Duvey (de l'Yonne).

COLLUSION, mot dérivé de *colludere*, se dit de toute intelligence secrète dans les affaires, entre une ou plusieurs personnes pour tromper un tiers. Naguère, dans notre gouvernement parlementaire, la *collusion* entre les différents pouvoirs était beaucoup plus fréquente que leur *collision*. C'est absolument la fable *des deux voleurs et de l'âne*.

En termes de Palais, *collusion* indique l'intelligence de deux parties qui plaident en fraude d'un tiers. Tel procureur jadis recevait des deux mains, et *colludait* avec la partie adverse. On appelle *collusoire* tout ce qui se fait dans un procès à la faveur de cette frauduleuse intelligence : une sentence *collusoire*.

Dans les affaires, une contre-lettre est presque toujours un acte *collusoire*, ayant pour but, ou d'éluder la loi, ou de préjudicier aux droits d'un tiers.   Ch. Du Rozoin.

[Le code pénal de différents États de l'Allemagne permet, ordonne même au juge d'instruction de décerner des mandats d'amener quand il a lieu de soupçonner l'existence de conventions *collusoires* entre des parties en cause.]

COLLYRE (en grec χολλύριον, fait de χωλύω, empêcher, et ῥέω, couler). Cette dénomination irrationnelle sert à distinguer différentes préparations de pharmacie applicables aux maladies des yeux, dont la liste était autrefois aussi variée que nombreuse; elle comprenait des cataplasmes, des onguents, des poudres, des substances liquides ou vaporisées. Aujourd'hui cette liste est réduite aux seules préparations fluides qu'on administre, ou en fomentation, ou en injection, ou en bain. On les distingue en *collyres simples* et en *collyres composés*. Les premiers sont des eaux distillées, telles que celles de rose, de plantain, de fenouil, d'eufraise, de bluet, etc. Elles sont signalées dans divers livres comme très-efficaces; la dernière a même été appelée *casse-lunettes*, comme pouvant dispenser de recourir à l'opticien : c'est une réputation immérité; toutes équivalent véritablement à l'eau pure, et agissent comme moyen détersif. Les décoctions de racine de guimauve, de graines de lin, de pepins de coing; les infusions de feuilles de mauve, de guimauve, de fleurs de sureau et de mélilot, sont d'autres collyres simples, dont l'action est émolliente, et qui conviennent dans les inflammations récentes des yeux.

Les collyres composés ont pour véhicules ces mêmes préparations aqueuses dans lesquelles on ajoute des substances très-variées, et dont la nature détermine des propriétés diverses : ainsi, l'addition d'un peu d'acétate de plomb liquide suffit pour former un collyre résolutif. Les solutions de sulfate de zinc, de sulfate de cuivre, de sulfate d'alumine, de pierre divine, de pierre infernale, fournissent des collyres irritants ou caustiques qu'on emploie dans les ophthalmies chroniques et pour enlever les taies de la cornée. Les chirurgiens anglais louent principalement la solution de nitrate d'argent fondu, ou pierre infernale. On y fait aussi dissoudre des sels mercuriels pour certains cas. Des infusions de plantes aromatiques, animées par l'eau-de-vie camphrée, ou l'eau de Cologne, ou l'eau de mélisse, sont des collyres stimulants qui servent quelquefois avantageusement pour exciter la vitalité des yeux quand la vue est affaiblie. En ajoutant des préparations d'opium dans les collyres simples, on leur communique une propriété calmante. En général, il n'est point de médicaments plus diversifiés que ceux-ci ; la plupart des oculistes ont chacun un collyre qu'ils vendent comme préférable à tout autre ; les charlatans ont tous une eau souveraine pour les yeux, et qui est un de leurs principaux moyens pour exploiter la crédulité publique.

L'action de ces préparations pharmaceutiques varie aussi sous le rapport de la température. Si on les applique chaudes, même celles qui sont simples, elles exercent une action excitante, due au calorique ; c'est pourquoi il faut les employer à froid dans le plus grand nombre des inflammations récentes. Dans les ophthalmies appelées *rhumatismales*, parce qu'elles naissent et récidivent comme les rhumatismes, les collyres émollients tièdes sont indiqués. L'épreuve d'ailleurs le démontrerait bientôt, car les applications froides aggravent en ce cas les accidents au lieu de les calmer.

Les causes des maladies des yeux étant extrêmement variées, il est indispensable de les connaître et de les distinguer pour adopter un traitement rationnel. Ainsi, par exemple, la maladie peut être produite par des causes extérieures, comme elle peut l'être par des causes internes. D'une autre part, la vue est un sens si précieux qu'on ne saurait apporter trop de prudence dans l'emploi des médicaments qui nous occupent. Néanmoins celui qui est composé d'eau de rose et de plantain, le collyre banal ; le mélange des autres eaux distillées, ne peuvent faire grand mal s'ils ne font pas de bien ; il en est de même des décoctions de graine de lin. On peut se laver les yeux, les baigner avec ces liquides et à l'aide d'une *œillère*. Il est en outre des cas où il est préférable de ne faire aucune application sur les yeux, en se contentant de les garantir de l'action de la lumière. Des axiomes populaires viennent à l'appui de notre remarque : on dit chez nous que quand on a mal aux yeux il ne faut y toucher que du coude. On dit en Espagne, que pour guérir les yeux il faut s'attacher les mains. Les Chinois ont aussi reconnu combien cette réserve est nécessaire, car ils disent que celui qui a mal aux yeux voit clair au bout de dix jours quand il n'y touche pas. En citant ces proverbes, nous devons cependant faire observer qu'ils ne sont applicables qu'à certains cas, et que souvent il faut s'empresser de remédier aux ophthalmies par des médications énergiques.

Dr CHARBONNIER.

COLLYRIDIENS, hérétiques du quatrième siècle. Les femmes d'Arabie qui professaient le *collyrianisme* portaient une vénération outrée et superstitieuse à la Vierge Marie, à qui elles offraient des gâteaux appelés en grec *collyrides*, qu'elles mangeaient ensuite en chantant ses louanges. Il n'y avait point de prêtres parmi ces hérétiques, mais seulement des prêtresses, afin d'être plus agréables à Marie. Saint Épiphane les fit condamner comme idolâtres.

COLLYRITE, substance minérale, d'un aspect tantôt opalin, tantôt résineux, tendre, à cassure conchoïde, décomposable à l'air. Elle est formée d'une partie de silice, de trois d'alumine et de cinq d'eau. Elle offre un des exemples les plus frappants de la décomposition des silicates par l'eau. Il est très-probable en effet qu'elle vient d'une substance beaucoup plus riche en silice dans laquelle l'eau a, par sa puissance d'affinité, remplacé en grande partie cet acide. Elle offre d'ailleurs bien le caractère d'une substance profondément modifiée dans son organisation, car il suffit du simple contact de l'air pour la faire tomber en poussière. D'après sa composition, quelques minéralogistes la classent parmi les silicates hydratés ; d'autres, achevant dans leur formule la décomposition commencée par la nature, la regardent simplement comme de l'alumine hydratée. On la trouve à Schemnitz en Hongrie, dans une diorite porphyrique ; à la montagne d'Esquerra, sur les bords de l'Oo, dans les Pyrénées ; à Weissenfels, en Thuringe ; etc.

A. DES GENEVEZ.

COLMAN (GEORGES), poëte dramatique anglais, naquit le 28 avril 1733, à Florence, où son père remplissait les fonctions de ministre résident d'Angleterre. Il étudia d'abord le droit à Oxford. En 1758 il se fit un nom dans le monde littéraire en publiant, en société avec Bonnel Thornton, et sous le titre de *The Connaisseur*, une série d'articles et d'essais dans le genre du *Spectator*. Sa première pièce de théâtre parut en 1760 ; elle avait pour titre *Polly Honeycomb*, et réussit ; sa *Jealous Wife*, jouée pour la premièrefois en 1761, et imitée du *Tom Jones* de Fielding, réussit encore davantage. Un héritage qu'il fit plus tard le mit à même de se consacrer entièrement à la littérature. En 1768 il acquit une part dans le théâtre de Covent-Garden, dont il prit la direction ; il la revendit ensuite pour acheter, en 1777, le théâtre de Hay-Market, qu'il dirigea également en porta à un haut degré de prospérité. Vers la fin de sa carrière, il perdit la raison, et mourut en 1794, dans une maison d'aliénés.

On a de lui vingt-six pièces de théâtre, entre autres *The Clandestine Marriage*, qu'il composa en société avec Garik ; une traduction de l'*Art poétique* d'Horace, avec un commentaire, et une traduction en vers de Térence (Londres, 1765).

COLMAN (GEORGES), dit *le jeune*, fils du précédent, né le 21 octobre 1762, annonça de bonne heure des dispositions pour le théâtre. Après avoir été élevé à l'école de Westminster, il alla étudier à Oxford ; mais, dans l'espoir de l'arracher aux dissipations de cette université, on ne tarda pas à l'envoyer suivre les cours de l'université d'Aberdeen, en Écosse. Il continua à y mener une vie de désordres, sans cependant complètement négliger ses études. Il publia à cette époque un poëme, *The Man of the People*, dont Fox était le sujet, et composa aussi sa première pièce de théâtre : *The Female Dramatist*, pièce mêlée de chants, que son père fit représenter sur le théâtre de Hay-Market, mais qui fut sifflée. Une seconde tentative, *Two to One*, qui parut en 1784, fut mieux accueillie, et décida de la vocation de Georges Colman pour le théâtre. En 1785 on représenta de lui *Turk or no Turk*, pièce mêlée de chants. Peu de temps auparavant il avait imprudemment épousé une certaine miss Morris, avec laquelle il avait dû faire le voyage de Gretna-Green. Quand la maladie mit son père désormais hors d'état de diriger le théâtre de Hay-Market, ce fut Colman le jeune qui se chargea de cette direction ; et il composa alors pour cette scène une série de pièces qui obtinrent presque toutes du succès et se sont maintenues au répertoire ; entre autres l'opéra-comique *Incle and Yarico* (1787), la comédie *Ways and Means* (1788) ; le drame *The Battle of Hexham* (1789) ; *The Surrender of Calais* (1791) ; *The Mountainers* (1793) ; *The Iron Chest* (1796), imitation du *Caleb Williams* de Godwin ; *The Heir at Law* (1797) ; l'opéra *Bluebeard*, musique de Kelly ; l'excellente comédie : *The Poor Gentleman* (1802) ; la farce : *Love laughs at Locksmiths* (1803) ; *Gay Deceivers* (1804) ; *John Bull* (1805), que Walter Scott considérait comme la meilleure comédie du répertoire moderne des Anglais; *Who Wants a Guinea?* (1805); *The Africans* (1808); *X, Y, Z* (1810); *The Law of Java* (1822), etc.

Colman était recherché dans les cercles, à cause de son caractère gai et amusant. Georges IV le protégea toujours d'une manière particulière; il l'admettait fréquemment à sa table avec Sheridan, et tous deux, par leur esprit comptant, savaient faire oublier à leur royal amphitryon les soucis de son existence dorée. La direction théâtrale de Colman finit cependant par ne pas être heureuse, pécuniairement parlant. Il contracta des dettes, et dut subir un assez long emprisonnement au *King's Bench*. La protection royale le tira de ses embarras et lui valut en outre une place de censeur théâtral (*licenser*), rapportant de 3 à 400 liv. sterl. par an, et dans l'exercice de laquelle il s'attira l'inimitié des auteurs dramatiques par son extrême sévérité. Quoique ses propres pièces ne brillassent pas toujours par la morale la plus pure, il se montrait, comme censeur, inexorable pour les moindres atteintes au decorum, et excellait surtout à flairer et découvrir les allusions politiques.

Indépendamment de ses nombreuses farces et comédies, Colman a aussi composé divers poëmes burlesques, qui parurent d'abord en 1797, sous le titre de *My Nightgown and Slippers*, puis en 1802, comme seconde édition, revue et augmentée, sous celui de *Broad Grins*. Il est aussi l'auteur de *Poetical Vagaries*, *Vagaries vindicated* et *Eccentricities for Edinburgh*, toutes productions où l'*humour* britannique ne s'en tient pas toujours aux limites exactes de la décence. La dernière production de ce jovial écrivain fut les Mémoires de sa vie, plus particulièrement de sa jeunesse, qu'il publia sous le titre de *Ramdom Records* (Londres, 1830). Colman le jeune mourut à Londres, le 26 octobre 1836.

COLMAN, ville de France, chef-lieu du département du Haut-Rhin, à 425 kilomètres de Paris, située au milieu d'une plaine fertile, au confluent de la Lauch et d'un bras du Fecht affluant dans l'Ile à trois kilomètres au-dessous de la ville. Peuplée de 21,348 habitants, cette ville possède une église protestante consistoriale, une synagogue consistoriale, une cour impériale, dont le ressort comprend les départements du Bas-Rhin et du Haut-Rhin, les tribunaux de première instance et de commerce, un collège, une école normale primaire départementale, une école de sourds-muets, une bibliothèque publique de 4,000 volumes, un Musée, qui contient d'excellents tableaux de Martin Schœn, une pépinière et une orangerie départementales, un bureau principal de douane. Elle est le chef-lieu de la deuxième subdivision de la sixième division militaire. L'industrie y est active : on y fabrique des toiles peintes, des indiennes, des calicots, des guingams, des madras, des rubans de coton et de soie, des cribles et des pâtés de foie d'oie; on y trouve des teintureries, des tanneries, des chamoiseries, des filatures de coton, des imprimeries de tissus, des brasseries et trois typographies. Cette ville est l'entrepôt d'un commerce actif en produits manufacturés de l'Alsace, fers, grains, vins, plants d'arbres, garances, et en denrées coloniales pour la Suisse. Colmar est une ville laide et irrégulièrement bâtie. L'édifice le plus remarquable est la cathédrale, ancienne collégiale, construite en 1303, et qui offre quelques beaux détails d'architecture gothique dans quelques-unes de ses parties; on peut citer ensuite le palais de justice, l'hôtel de ville, l'hôtel de la préfecture, les hôpitaux civils et militaires, etc. Les eaux de la Fecht, après avoir alimenté de nombreux établissements d'industrie et vivifié de jolis jardins, se répandent dans les rues, ce qui les entretiennent la propreté et la salubrité. Colmar est une station du chemin de fer de Strasbourg à Bale.

[Colmar est bâtie non loin d'une ancienne ville celtique, *Argentuaria*, devenue ensuite forteresse romaine sous le nom de *Castrum Argenturiense*, ce qui l'a fait regarder par quelques historiens comme ayant succédé à cet établissement; mais c'est une erreur : outre qu'il y a près d'une demi-lieue de distance de l'ancienne ville à la nouvelle, plus de quatre cents ans se sont écoulés depuis la destruction de l'une jusqu'à la naissance ou du moins jusqu'à la première mention faite de l'autre. Argentuaria avait été brûlée et rasée par les barbares en 407, et en 823 Louis le Débonnaire fit donation à l'abbé de Munster des forêts qui dépendaient de son fisc royal de *Columbarium*. Il y a lieu de croire que sous les rois francs déjà l'emplacement de Colmar était, avec les ruines d'Argentuaria, du domaine royal. Pour l'époque carlovingienne, Notkar, historien de Charlemagne, cite honorablement deux bâtards qui sont nés tous deux dans le *genetium* ou gynécée de *Columba* : or, il paraît que ce *genetium* était une espèce de fabrique royale où les femmes préparaient des étoffes pour les vêtements des princes et des personnes de la cour. On voit que le nom de Colmar variait beaucoup dans les historiens et dans les chartes.

Cette ville a pour quelques étymologistes une origine latine, et ils disent *Columba*, *Columbarium*, *Columbaria*. D'autres l'appellent *Collis Martis*, colline de Mars, ou *Collis Marii*, colline de Marius; puis viennent les origines barbares, *Colhambur*, *Columpurum*, *Colmir*, etc., ou allemandes, *Kohlen Marckt* marché aux charbons. Quoi qu'il en soit de ce culte de Mars ou de ce charbon, il paraît que dans le moyen âge Colmar prit des accroissements rapides, car en 884 Charles le Gros y indique déjà une réunion de grands pour se concerter sur la défense de l'empire contre les invasions des Normands. La ville dut son principal éclat au chapitre collégial sous l'invocation de saint Martin, qui y avait été fondé par le chapitre de Munster. Frédéric-Barberousse fit trois séjours à Colmar; Frédéric II la fit entourer de murailles. Peu de temps après elle devint ville libre impériale. Dans le même siècle on voit Colmar figurer parmi les villes confédérées pour le maintien de la paix publique. Rodolphe de Habsbourg l'assiégea et la prit deux fois; Adolphe de Nassau en fit aussi le siège, et s'en empara à la faveur d'une émeute populaire. Au siècle suivant, Colmar se déclara pour Louis de Bavière, et soutint encore deux sièges. Les troupes de Colmar inquiétèrent le dauphin de France dans sa retraite, lorsqu'il quitta l'Alsace, où il s'était cantonné après la bataille de Saint-Jacques; enfin, la ville envoya son contingent aux Suisses à Granson et à Morat. En 1552 elle fut entourée de tours et de fortifications, qui furent considérablement augmentées par la suite. Les Suédois l'occupaient en 1632; Louis XIV la prit en 1673, et en fit raser les fortifications. Elle a été réunie à la France en 1697 par la paix de Ryswick.

La plaine qui s'étend de Colmar aux Vosges, et que partage un ruisseau appelé Logebach, a servi de champ de bataille à Turenne, qui y remporta sa célèbre victoire connue sous le nom de *Turckheim*; et plus récemment il y eut entre Colmar et Sainte-Croix un glorieux combat de cavalerie contre les dragons de la division Milhaud et les forces, dix fois supérieures, des armées alliées, qui furent obligées de fuir devant un petit nombre de braves, le 24 décembre 1813.

Avant la Révolution Colmar était le siège du conseil souverain d'Alsace et de la haute cour de justice pour cette province.   P. DE GOLBÉRY.]

COLMAR (Conspiration de), ainsi appelée parce que ce fut la cour d'assises de cette ville qui jugea le premier procès intenté contre les chefs présumés du mouvement insurrectionnel tenté en 1822 à Béfort. C'était plus qu'une conspiration. Les patriotes de l'Alsace, comme ceux des autres parties de la France, s'étaient confédérés pour renverser le gouvernement des Bourbons, imposé au pays par la sainte-alliance. Un vaste plan d'insurrection avait été provoqué et organisé par la société secrète si connue dans l'histoire de la Restauration sous le nom de *charbonnerie française*. La *confédération* avait dans l'Alsace une grande force d'action, et elle se composait pour la plus grande partie de jeunes gens. Des *ventes* existaient dans toutes les villes de garnison; les régiments devaient donner le signal de l'insurrection, et plusieurs généraux avaient promis leur concours. Un seul osa se prononcer; ce fut le malheureux Berton. La *vente suprême* ou congrès national, qui siégeait à Paris, était pressée d'agir. Le succès dépendait de la rapidité, de la spontanéité du mouvement; il n'était plus possible de différer. Il fut décidé que les confédérés de Béfort prendraient l'initiative; le mouvement devait éclater immédiatement après dans toute la France. Les patriotes alsaciens n'attendaient que la présence de quelques-uns de leurs frères de Paris. Le colonel Pailhès partit avec trente jeunes conspirateurs. Chacun d'eux n'avait été prévenu que la nuit, et seulement au moment du départ; tous partirent sans délai. D'autres détachements de jeunes confédérés arrivaient à Béfort de toutes les directions, la plupart sans bagage, sans passe-port, entassés dans des calèches découvertes et parfois chantant la *Marseillaise*.

La réunion du *bataillon sacré* à Béfort rendait tout délai impossible; l'insurrection devait éclater le 1ᵉʳ janvier 1822. Le général Lafayette et son fils étaient déjà sur la route de Béfort, mais un incident imprévu força d'avancer l'instant convenu. Il fut décidé que le mouvement commencerait le 3¹ décembre 1821, à minuit. Tout était prêt; un poste de douaniers était à la disposition de l'insurrection; les officiers patriotes de la garnison avaient fait leurs dispositions; le sergent-major Pacquelet tint pendant deux heures les soldats de sa chambrée le sac au dos et prêts à marcher. Cette circonstance si grave, si décisive pour l'accusation, resta complétement ignorée; aucun des soldats qui devaient suivre Pacquelet, aucun de ceux de son régiment ne révéla cette prise d'armes. Il ne se trouva dans la garnison qu'un homme faible, un sous-officier; il manqua de courage, et, devenu traître par peur, il alla, quelques heures avant celle qui avait été marquée pour le mouvement, prévenir le commandant de la place. Aussitôt la garnison est mise sous les armes par cet officier supérieur; une partie des insurgés se rend en toute hâte sur la grande place; le lieutenant Peuguet tire un coup de pistolet au lieutenant de roi; la balle s'amortit sur la décoration de cet officier : un des jeunes gens arrivés de Paris avec le colonel Pailhès s'élance entre le lieutenant Peuguet et la troupe, se fait prendre à sa place, et lui donne le temps de se mettre en sûreté. Cependant les insurgés, réunis dans les autres quartiers de la ville, attendant l'ordre de se porter en avant, ignorant ce qui se passait sur la place, et que les communications fussent coupées. Déjà plusieurs arrestations étaient effectuées dans l'intérieur de la ville.

A l'instant même où le lieutenant Peuguet tirait son coup de pistolet, une chaise de poste arrivait dans le faubourg; c'étaient Joubert, qui fut nommé en 1830 directeur de l'octroi de Paris, et Armand Carrel, alors lieutenant au 29ᵉ de ligne, en garnison à Neufbrisach. Carrel était envoyé par ses camarades pour assister au mouvement de Béfort; il devait, aussitôt après, retourner à sa garnison pour provoquer celui de Neufbrisach. Carrel était l'objet d'une surveillance spéciale; son chef de bataillon, informé de son absence sans permission, avait immédiatement commandé une revue : il croyait que Carrel ne serait pas à son poste, mais, parti en grand uniforme, Carrel s'est remis en route pour Neufbrisach dès qu'il avait vu échouer le mouvement, et, rentré en ville au moment même où son bataillon s'assemblait, il prit son rang. Il avait fait avec une prodigieuse rapidité le double trajet. Le désappointement du chef de bataillon fut complet.

Bazard, l'un des chefs les plus actifs de la vente suprême, spécialement chargé de la direction générale du mouvement, était déjà sur la route de Béfort, où il savait que le général Lafayette devait être près d'arriver. Il a bientôt rejoint Corcelles fils, placé en vedette dans un village pour y attendre le général Lafayette. Bientôt une voiture paraît; c'est celle du général, qui apprend que le mouvement avait eu lieu à Béfort avant le jour convenu et les funestes conséquences de cette tentative. La voiture changea de direction, et le général et son fils descendirent chez M. Martin de Gray, député de la Haute-Saône; il était important pour ceux qui avaient été arrêtés à Béfort et à Colmar que le voyage du général ne fût pas même soupçonné. Le secret fut bien gardé.

D'autres commissaires de divers départements correspondaient avec le *comité d'action de Paris*, et n'attendaient que la nouvelle du mouvement de Béfort pour faire éclater l'insurrection dans leur pays. Ce fut contre l'avis de ses amis que le général Berton, malgré l'échec de Béfort, s'obstina à partir pour Saumur et Thouars. Ce mouvement partiel ne pouvait avoir de chances de succès. Guinard, qu'on a vu depuis 1848 membre de la Constituante, et qui s'était dévoué pour sauver le lieutenant Peuguet, au moment où cet officier venait de tirer son coup de pistolet sur le lieutenant de roi de la place de Béfort, fut d'abord considéré comme le chef de la *conspiration*. Il fut chargé de fers, déposé sur la paille, sans couverture, dans un cachot, jusqu'à ce qu'il eût été transféré à Colmar. Quelques autres jeunes gens envoyés de Paris, des officiers et des sous-officiers avaient été arrêtés le soir même (31 décembre) à Béfort, et le lendemain dans les environs; d'autres, à Colmar, à Nancy. Les frères Schæffer, Peghoux, le colonel Brice, Planc, Lartigues, etc., purent se soustraire à toutes recherches. Le lieutenant Peuguet, Petit-Jean, Beaume, La Combe, Bru, Desbordes et Pégulu, tous quatre officiers à demi-solde, parvinrent à se sauver en Suisse, surtout la neutralité ne fut violée qu'à l'égard des deux sous-officiers Tellier et Watebled : le premier fut conduit à Colmar, le second se donna la mort dès qu'il se vit découvert; on a prétendu aussi qu'il avait été tué à bout portant par un gendarme.

L'acte d'accusation de la cour de Colmar porte le nombre des accusés à quarante-quatre. Tous conservèrent pendant l'instruction de la longue procédure à laquelle donna lieu cette affaire la même fermeté de caractère. L'instruction dura neuf mois; mais la cour usa de mansuétude à l'égard des accusés, dont quatre seulement : Tellier, Dubiard, Guinard et Pailhès, furent condamnés. Encore ils furent-ils quittes pour cinq ans de prison, 500 fr. d'amende et deux ans de surveillance, moins malheureux que le colonel Caron, qui paya de sa tête, non pas la tentative, mais la seule pensée d'avoir voulu favoriser l'évasion des accusés.

DUFEY (de l'Yonne).

COLNET (CHARLES-JOSEPH-AUGUSTE-MAXIMILIEN DE), libraire, homme de lettres, journaliste, qui depuis ajouta à son nom celui de *Du Ravel*, était fils d'un garde du corps de Louis XV, qui s'était distingué à la bataille de Fontenoy. Né le 7 décembre 1768, à Mondrepuy, en Picardie, il fit ses études au collége militaire de Rebais, en Brie, puis à l'école militaire de Paris, où il eut pour condisciples Bonaparte et Bertrand, et enfin à La Flèche, où il remporta plusieurs prix. Comme ni son goût ni son physique ne le rendaient propre au métier des armes, il vint à Paris, en 1793, pour se soustraire à la première réquisition, et y étudia la médecine sous Cabanis et Corvisart; mais, atteint par le décret qui expulsait de la capitale tous les nobles, il passa deux ans à Chauny, en Picardie, chez un apothicaire, dans la solitude et l'étude des lettres. De retour à Paris, il s'établit libraire, au coin de la rue du Bac, en face du Pont-Royal.

Il avait trente ans quand il commença à se faire imprimer, et débuta par une satire contre l'Institut, intitulée *La Fin du Dix-huitième siècle*. Vinrent ensuite *Mon Apologie et mes Etrennes à l'Institut*, où il continuait sa guerre contre les Immortels.

Tout cela paraissait sous le voile de l'anonyme. Colnet publia de même un recueil périodique mensuel, intitulé : *Mémoires secrets de la République des Lettres, journal d'opposition littéraire*. C'était une petite guerre incessante

4.

à coups d'épingle. Sur ces entrefaites arriva le 18 brumaire. Admirateur de Bonaparte, Colnet crut qu'il travaillait pour les Bourbons, et publia une ode à sa louange ; mais, bientôt détrompé, il refusa à Bertrand de s'associer à la fortune de leur ancien condisciple et d'aller le voir aux Tuileries. En 1805 il réunit sa librairie de la rue du Bac à celle qu'il avait formée sur le quai Malaquais, à côté de l'hôtel de la police générale. Il y recevait, dans un cabinet qu'on ap elait sa *caverne*, quelques écrivains, la plupart hostiles au gouvernement impérial. Ils s'y réunissaient encore dans les premiers temps de la Restauration, de manière à inquiéter le ministre Fouché, qui tenta vainement d'acheter par divers moyens le silence de l'inflexible libraire et la clôture de sa *caverne*. Arrêté pendant les Cent-Jours, comme prévenu de correspondance avec la cour de Gand, Colnet obtint de Réal sa mise en liberté. Après avoir fondé, en 1810, avec d'autres collaborateurs, le *Journal des Arts*, il fut un des principaux rédacteurs du *Journal de Paris*, de 1811 à 1815 ; prit part alors à la rédaction du *Journal Général* ; et lorsque cette feuille fut devenue ministérielle, il travailla pendant quinze ans à la *Gazette de France*, dont ses feuilletons et ses articles firent la fortune, en augmentant sa propre réputation, car il les signait en toutes lettres, contre l'usage, quoique son style et sa hardiesse eussent pu aisément l'en dispenser. A ce moment Colnet vivait retiré à Belleville, où, tout en cultivant les fleurs, il ne cessait pas de remplir sa tâche de journaliste.

La révolution de Juillet 1830 avait été prévue et en quelque sorte annoncée par Colnet ; il y perdit deux pensions de douze cents francs chacune, l'une sur la cassette du roi, l'autre supprimée par M. Guizot, en punition sans doute de ce qu'il s'était souvent moqué des doctrinaires. Réduit, par une faillite, au produit annuel de sa collaboration à la *Gazette*, Colnet était riche encore ; car, loin de se créer des besoins, il poussait la parcimonie jusqu'à l'avarice. Il se couchait entre huit et neuf heures du soir, et se levait à quatre heures du matin. Son plus grand chagrin fut de voir, en 1831, flotter sur la Seine les livres de la Bibliothèque de l'Archevêché, qu'il avait mise en ordre et cataloguée pour le cardinal Fesch. Il mourut du choléra, le 29 mai 1832, à Belleville. Parmi ses principaux ouvrages il faut citer sa *Guerre des petits Dieux* ; sa *Correspondance Turque contre la Harpe* ; son *Art de Diner en Ville, à l'usage des gens de lettres*, poème en quatre chants ; sa collection des *Satiriques du dix-huitième siècle*, dans lesquels il s'est compris lui-même ; son *Hermite du faubourg Saint-Germain* par le voisin de son Excellence ; et son *Hermite de Belleville*.
H. AUDIFFRET.

COLOCASE. *Voyez* ARUM.
COLOCOTRONI. *Voyez* KOLOKOTRONI.
COLOCYNTHINE. *Voyez* COLOQUINTE.
COLOGNE, la *Colonia Agrippina* des Romains, en allemand *Kœln*, chef-lieu de la province du Rhin (Prusse) dans laquelle se trouve comprise la plus grande partie des possessions territoriales de l'ancien archevêché et aussi du cercle de régence du même nom (superficie, 40 myriamètres carrés, avec 462,000 habitants, pour la plupart catholiques), était jadis l'une des plus importantes villes impériales. C'est encore aujourd'hui un grand centre industriel et commercial, le siège d'une régence, de la cour d'appel de la province du Rhin, d'un archevêché et d'un chapitre, d'une chambre de commerce, d'une direction de la douane du Rhin, d'une commission de navigation et d'une société de navigation à vapeur, de la même temps une place forte de premier ordre. Elle est bâtie en forme de demi-cercle sur la rive gauche du Rhin, en face de la ville de Deutz, qui lui sert de tête de pont, et à laquelle la relie un pont de bateaux. Sa population, sans y comprendre la garnison, est d'environ 75,000 habitants, parmi lesquels on ne compte pas plus de 6,000 protestants et de 7 à 800 israélites. On y trouve 33 places publiques, 27 églises catholiques, 2 églises protestantes, une synagogue et un grand nombre d'autres édifices publics, un gymnase catholique et un gymnase protestant, un séminaire, une école civile supérieure, trois écoles de commerce et beaucoup d'autres établissements d'instruction publique, un musée riche surtout des legs que lui a faits le professeur Wallraf ; une foule d'établissements de charité et de bienfaisance, entre autres un hospice d'orphelins, une maison d'aliénés, un hôpital civil, une maison d'accouchement, un mont de piété, une maison de détention et une maison de correction. La ville est très-irrégulièrement construite, et ses rues en sont tortueuses, étroites et sales. Elle est entourée d'une grande muraille avec des tours placées de distance en distance. Les plus belles places sont le *Neumarkt* (marché neuf), le *Heumarkt* (marché au foin) ou Place de la Bourse, et l'*Altmarkt* (vieux marché), les unes et les autres entourées d'arbres.

Parmi les édifices publics on remarque surtout la cathédrale, l'un des plus magnifiques monuments de l'architecture gothique. L'archevêque Engelbert en avait déjà dressé et arrêté les plans ; mais les travaux de construction ne commencèrent qu'en l'an 1248, sous l'archevêque Conrad de Hogstedten. L'édifice a la forme d'une croix ; sa longueur est de 400 pieds et sa largeur moyenne de 180. Le chœur, dont l'élévation est de 209 pieds, et les chapelles latérales se trouvaient seules terminés quand, au seizième siècle, les troubles de la Réformation vinrent interrompre les travaux de construction. Le vaisseau est soutenu par plus de 100 colonnes disposées sur quatre rangs et dont celles du milieu ont 40 pieds de diamètre. On n'a encore pu toutefois les élever qu'aux trois quarts de leur hauteur, et elles sont recouvertes d'une toiture en bois. Chacune des deux tours devait avoir 500 pieds de haut. L'une est parvenue à 150 pieds environ ; l'autre en est restée à 21. Parmi les chapelles latérales, la plus remarquable est celle des Trois Rois Mages, avec leurs reliques données à l'archevêque Reginald de Dassel par l'empereur Frédéric 1er, et conservées dans un sarcophage richement orné d'or et de pierres précieuses. Sur le côté gauche du chœur se trouve la *chambre d'or*, contenant le trésor de la cathédrale, trésor aujourd'hui dépouillé de la plupart de ses richesses.

Le premier qui s'intéressa à la reprise des travaux de construction de ce magnifique monument, dont on a tout récemment retrouvé les plans originaux, fut le roi de Prusse Frédéric-Guillaume III, qui déjà y consacrait chaque année une certaine somme, et qui en fit dégager les abords au moyen de nombreuses démolitions. Cette idée fut surtout embrassée et propagée avec ferveur, à la suite du cri de guerre parti de France en 1840 sous le ministère de M. Thiers, par le roi de Frédéric-Guillaume IV au nom du réveil du sentiment de l'unité nationale allemande. Ce prince ayant accordé sur sa cassette une somme annuelle considérable pour l'exécution du projet, et le roi Louis de Bavière, lui aussi, s'étant engagé pour une somme importante, un comité central pour la reprise de la construction de la cathédrale se forma à Cologne, avec de nombreux sous-comités sur différents points de l'Allemagne, et même jusqu'à Rome et à Paris, à l'effet de recueillir des dons et des souscriptions volontaires destinées à contribuer à la réalisation du projet ; et le 4 septembre 1842 on posa en grande solennité la première pierre des travaux d'achèvement du monument. On dut toutefois se borner d'abord à quelques réparations des plus urgentes ; et c'est seulement dans la campagne de 1845 qu'on put commencer les travaux de construction du vaisseau supérieur. On annonce que cet antique monument pourra être terminé en 1856.

Les autres édifices les plus remarquables de Cologne sont l'église paroissiale de Sainte-Ursule, où l'on conserve, dans la *chambre d'or*, les ossements des 11,000 vierges ; l'église Saint-Géréon, avec une belle coupole et trois galeries, qu'on prétend avoir été construite en l'an 1,006 par saint Annon, en remplacement d'une première église, bâtie par l'impératrice Hélène, et qui possède les ossements de saint Géréon et des guerriers de la légion Thébaine ; l'église paroissiale de Saint-Pierre, avec son célèbre tableau du maître-autel par Rubens, et représentant le crucifiement de saint Pierre ; l'église des Saints-Apôtres, beau monument du onzième siècle ; l'église Sainte-Marie du Capitole, bâtie vers 1050, reconstruite en 1818 ; l'église de Saint-Cunibert, du onzième siècle, avec un magnifique autel d'après le modèle du maître-autel de Saint-Pierre de Rome ; l'église Saint-Pantaléon, du dixième siècle, avec le tombeau de Théophanie, femme de l'empereur Othon II (elle sert aujourd'hui de temple à l'usage des soldats protestants de la garnison) ; l'église Saint-Séverus, du onzième siècle ; l'hôtel de ville, autre monument fort ancien, mais qui a été en partie reconstruit en 1571, avec un beau portail, et la vaste salle d'assemblée des représentants de l'ancienne Ligue hanséatique, ornée de statues en pierre ; le *Herrnhaus* ou maison *Gurzenich*, dont la construction date du milieu du quinzième siècle, destinée d'abord à de joyeuses réunions, transformée plus tard en halle, puis rendue de nos jours à sa destination primitive, notamment aux fêtes du carnaval ; le cloître, encore fort bien conservé, de l'ancien couvent des Chartreux, construit vers la fin du seizième siècle, dans l'ancien style allemand ; le ci-devant collège des Jésuites, qui renferme aujourd'hui le gymnase, sa bibliothèque et le séminaire ecclésiastique ; la nouvelle halle, de style gothique ; le théâtre, et l'hôtel de la Régence.

La situation de Cologne la rend éminemment propre au négoce ; et elle est le grand centre du commerce des contrées riveraines du Rhin avec les Pays-Bas, l'Allemagne, l'Alsace et la Suisse. Elle obtint au treizième siècle le droit d'étape, qui par le traité d'octroi de 1804 fut transformé en droit d'entrepôt, source de revenus considérables pour la ville. Des communications régulières par bateaux à vapeur avec les ports des Pays-Bas, avec Francfort-sur-Mein, Strasbourg et les chemins de fer, contribuent beaucoup à y favoriser le développement des affaires. L'agriculture, la culture de la vigne et celle des jardins constituent aussi de précieuses ressources pour la population. Les plus importantes de ses manufactures sont celles d'eau de Cologne (on en compte plus de trente) et de tabac, surtout de tabac à priser. On y trouve aussi des fabriques de cire, de savon, de sucre, de chapeaux, de papier, de quincaillerie, de cordages et de câbles, d'instruments de musique et d'optique, de faïence, de couleurs, d'orfévrerie et de joaillerie.

Cologne doit son origine aux Romains, et fut fondée par les *Ubiens*, l'an 37 environ av. J.-C., à l'incitation de Marcus Agrippa ; aussi fut-elle d'abord appelée *Ubiorum Oppidum*. Une colonie qu'y établit l'épouse de l'empereur Claude, Agrippine, l'an 50 de notre ère, l'agrandit ; elle prit alors le nom de *Colonia Agrippina*. On y voit encore de nombreux restes de constructions romaines. Les Franks s'en étant rendus maîtres, elle passa, lors du partage de la monarchie franque, en 511, sous les lois des rois d'Austrasie, puis, en vertu d'un traité intervenu entre Louis d'Allemagne et Charles le Chauve de France en 870, elle fit retour à l'Allemagne. Au commencement du treizième siècle elle entra dans la confédération de la Hanse, où elle disputa longtemps la prééminence à Lubeck, et le milieu du même siècle, elle accéda à la ligue des villes rhénanes. Comme ville libre impériale, elle fut constamment en discussion avec les archevêques, qui refusaient de reconnaître ses franchises, et persistaient à l'appeler leur *villa princière*. Elle n'était pas moins célèbre par son commerce, dont la prospérité déclina pourtant à partir de son accession à la Hanse, que par son école de peinture et par son université, fondée en 1388 et fermée en 1801, en même temps que ses nombreuses collégiales, ses abbayes, ses commanderies de l'ordre teutonique et de l'ordre de Malte et ses couvents des deux sexes. Lorsque les autorités françaises prirent possession de Cologne, elle perdit ses antiques libertés.

L'archevêché de Cologne formait autrefois une petite principauté ecclésiastique d'un territoire d'environ 66 myriamètres carrés, avec 230,000 habitants et un revenu de 600,000 thalers. Mais les archevêques résidaient à Bonn. L'archevêque de Cologne était le troisième électeur ecclésiastique de l'Empire, archi-chancelier de l'Empire en Italie et du pape. Les archevêques disputèrent longtemps à ceux de Mayence le droit de couronner les empereurs, qui depuis Conrad Ier jusqu'à Henri III furent couronnés par l'archevêque de Mayence, et depuis Henri III jusqu'à Ferdinand Ier par l'archevêque de Cologne. En 1657 cette rivalité cessa, parce qu'il fut alors décidé que ce serait celui de ces deux prélats dans le diocèse duquel aurait lieu la cérémonie du couronnement qui y officierait.

Un évêché fut créé de bonne heure à Cologne. On cite comme le premier titulaire *Maternus*, au commencement du quatrième siècle. Tout à la fin du huitième siècle, Charlemagne l'érigea en archevêché ; ses suffragants étaient les évêques d'Utrecht (jusqu'en 1559), de Liége, de Minden (jusqu'en 1648), de Munster et d'Osnabruck. Ce fut l'archevêque Héribert (999-1021) qui obtint que son siége fût érigé par l'empereur en électorat de l'Empire. Le dernier archevêque électeur fut Maximilien-François-Joseph-Xavier, archiduc d'Autriche, frère de l'empereur François. L'archevêché fut sécularisé à la paix de Lunéville, et son territoire cédé partie à la France (toute la portion placée sur la rive gauche du Rhin), partie au duc de Nassau-Ussingen, au prince de Wied, au grand-duc de Hesse-Darmstadt et au prince d'Aremberg. Le congrès de Vienne adjugea à la Prusse tout l'ancien territoire de l'archevêché.

Cologne est le grand centre de l'élément catholique dans la population des États prussiens, et depuis la paix de 1815 le chef de cette Église s'est presque constamment trouvé en lutte avec le cabinet de Berlin, tantôt sur des questions de liberté religieuse, tantôt sur des questions de discipline et de liturgie. Les difficultés calculées mises à la célébration des mariages mixtes par le dernier archevêque Droste de Vischering contrariérent vivement le roi de Prusse, protestant zélé, qui voulut y voir un empiétement du pouvoir spirituel sur le pouvoir temporel, et en appela au saint-siége. Ce démêlé prit alors les proportions d'une grosse affaire, et donna lieu à des négociations les plus actives avec la cour de Rome. Suivant son usage, celle-ci l'embrouilla du mieux qu'elle put ; et les *affaires de Cologne* entretinrent pendant plusieurs années en Prusse une agitation qui ne cessa guère que lorsque la révolution de Février fit naître des préoccupations autrement vives. Mort, de son côté, de l'archevêque Droste de Vischering était venue fort à point, quelques temps auparavant, faciliter un compromis entre les deux intérêts en présence.

COLOGNE (Eau de). *Voyez* EAU.

COLOMB (CHRISTOPHE), en italien *Colombo*, en espagnol *Colon*, illustré à jamais pour avoir découvert l'Amérique.

Il règne beaucoup d'obscurité sur les premières années de la vie de ce grand homme, qui était destiné à produire par sa découverte une révolution dans l'état civil et politique de l'univers, parce que ni lui ni les membres de sa famille ne jugèrent à propos de renseigner leurs contemporains sur leur origine. Mais, à force de patientes et savantes investigations, divers historiens estimables ont, dans ces derniers temps, réussi à démontrer avec presque tous les caractères de la certitude que Christophe Colomb était le fils d'un fabricant d'étoffes de laine, qui vivait encore en 1494, et qu'il était né à Gênes, en 1436 (et non point à Cuccaro en 1442 ou 1447, comme on le croyait autrefois). Il paraît qu'il accompagna de bonne heure dans ses croisières sur la Méditerranée un de ses parents, *Domenico Colombo*, redouté comme amiral au service de la république de Gênes, mais que de 1460 à 1470 il fit un long séjour à Pavie pour étudier la cosmographie et l'astronomie nautique. Nous le retrouvons en 1470 à Lisbonne, où il cherchait l'occasion de mettre à exécution les plans de voyages qu'il avait déjà conçus. L'anecdote suivant laquelle ce serait à la suite d'un combat malheureux sur mer qu'il aurait gagné la côte de Portugal à la nage est tout bonnement une fable. Il n'y a pas le moindre doute que de 1470 à 1483 il entreprit plusieurs grands voyages maritimes (dans l'Archipel, en 1473; en Islande, en 1477; en Guinée, en 1481). Son mariage avec Doña Felipa Muñiz Perestrello, fille du gouverneur de Madère, don Bartolommeo Muñiz Perestrello, fut cause qu'il fit en outre divers voyages entre Lisbonne et Porto-Santo, île du groupe de Madère, où la vue de débris d'arbres et de plantes, apportés par les courants, le confirma dans la présomption de l'existence d'un continent à l'ouest. Riche de connaissances, mais léger d'argent, il se rendit, en compagnie de son fils, encore en bas âge, en 1483, après la mort de sa femme, en Espagne, où il fut reçu avec bienveillance au monastère de La Rábida, près de Palos. C'est durant son séjour en ce lieu qu'il réussit à obtenir un emploi dans la maison du duc de Medina-Sidonia, à Puerto-Santa-Maria, où il habita jusqu'en 1492. C'est aussi à cette époque qu'il fit des démarches à Gênes, à Lisbonne, en Angleterre et en Espagne, dans l'espoir d'y rencontrer l'assistance nécessaire pour mettre à exécution ses projets de découvertes. On ne sait pas positivement dans quel ordre se succédèrent ces démarches, longtemps infructueuses; mais il paraît que c'est à la cour d'Espagne qu'il s'adressa en dernier lieu. Ce ne fut d'ailleurs pas sans peine qu'il obtint, grâce à la reine Isabelle, trois petits bâtiments montés par 120 hommes d'équipage, avec la promesse de la dignité héréditaire de grand-amiral et de vice-roi dans les pays qu'il découvrirait.

Le 3 août 1492 il quitta le port de Palos à bord de la caravelle la *Santa-Maria*; le 12 il prit terre à Gomera, l'une des îles Canaries; le 24 il observa une éruption du pic de Ténériffe, et se dirigea alors vers les régions inconnues situées à l'ouest. Comme après trois semaines de navigation la terre tant attendue ne paraissait toujours pas, une partie de l'équipage perdit courage; et la mauvaise volonté de quelques-uns, qui s'était manifestée, éclata en mutineries qui d'ailleurs ne furent ni aussi générales ni aussi dangereuses pour Colomb, pour sa vie tout au moins, qu'on l'a raconté jusqu'à présent, grâce à de vieilles traditions. La déclinaison de l'aiguille aimantée et la rencontre de bancs d'herbes marines flottantes avaient une fois effrayé le commun des matelots; mais Christophe Colomb, avec une admirable sagacité, comprit ces deux phénomènes, et chercha à les interpréter. Croyant voir les signes certains de la proximité de la terre, il changea de direction le 7 octobre, et tourna au sud-ouest au lieu de continuer à naviguer droit à l'ouest, marche qui l'eût conduit sur les rives de l'Amérique du Nord. De cette circonstance, peu importante en apparence, dépendit plus tard le partage des races européennes sur le nouveau continent, avec les incommensurables résultats que la colonisation anglaise a eus dans l'Amérique du Nord. Le 11 octobre au soir Colomb fit remarquer à Pedro Gutierrez, son confident, des points lumineux et mobiles à l'horizon. Quand vers minuit les nuages qui obscurcissaient le ciel vinrent à se dissiper, Rodriguez Bermejo de Triana, matelot qui se trouvait à bord de celui des trois navires qui avait l'avance sur les autres, aperçut le premier la plage, éclairée par la lune. Le lendemain matin Colomb fut le premier qui descendit à terre, tenant d'une main son épée nue et de l'autre l'étendard de Castille. Salué du titre de vice-roi par les gens de ses équipages, qui maintenant rougissaient de leur pusillanimité, il prit au nom de la Castille possession de ce pays, qu'il nomma *San-Salvador*, en commémoration des dangers qu'il avait surmontés. L'endroit où il débarqua dans cette île, appelé par les naturels *Guanahani*, et faisant partie de l'archipel de Bahama ou des Lucayes (le *Cat-Island* des Anglais), est demeuré incertain, malgré toutes les recherches qui ont été faites depuis à cet égard; et il en sera nécessairement toujours ainsi. Ayant appris des naturels qu'il existait au midi une terre produisant de l'or, Colomb s'y dirigea, et découvrit le 27 octobre Cuba, et le 3 décembre Haïti (*Hispaniola*); mais l'un de ses navires ayant échoué et l'autre s'étant écarté par suite d'un coup de vent, il résolut de rapporter lui-même en Espagne la nouvelle de sa découverte.

Après avoir laissé trente-huit volontaires à Hispaniola, Colomb mit à la voile le 16 janvier 1493 pour s'en retourner en Europe. Deux jours après il retrouva le navire qui lui manquait; mais alors il essuya une si effroyable tempête, que, se croyant perdu, il écrivit le récit de sa découverte sur une feuille de parchemin, qu'il enferma dans un tonneau goudronné, qu'on abandonna aux caprices des vagues. Il put cependant atteindre l'embouchure du Tage, et le 15 mars il rentrait à Palos au bruit de toutes les cloches, sept mois et demi après en être sorti. Le trajet de Palos à Barcelone, alors résidence de Ferdinand et de sa cour, fut pour lui une véritable marche triomphale. Les insulaires qu'il avait amenés, les oiseaux curieux, les plantes inconnues, l'or et l'argent qu'il rapportait des pays découverts, figuraient au milieu du cortége, et frappaient le peuple d'admiration. Le roi et la reine se levèrent à son approche; par une exception ayant pour but de lui faire un honneur signalé, ils lui accordèrent un siége près de leur trône; et ce fut assis que Christophe Colomb leur fit son rapport. Quand il eut terminé son récit, ils tombèrent à genoux en rendant des actions de grâces au ciel.

Créé grand d'Espagne et pourvu d'une flotte de dix-sept navires portant 1,500 hommes d'équipage, Christophe Colomb repartit de Cadix le 25 septembre 1493, et le 2 novembre il atteignit Hispaniola, où il trouva une ville, entourée de fortifications, à laquelle, en l'honneur de la reine, il donna le nom d'*Isabela*. Il se mit ensuite à la recherche de nouvelles découvertes, visita, dans un voyage de cinq mois, Puerto-Rico et la Jamaïque, et, au retour de cette expédition, eut la joie de retrouver à Isabela son frère Bartolommeo, échappé de la captivité dans laquelle il était tombé, et qui apportait à la colonie naissante des vivres et d'autres ressources, dont elle avait grand besoin.

Cependant, un esprit général de mutinerie se manifestait parmi les compagnons de Colomb. Ils l'avaient suivi croyant pouvoir recueillir sans peine des richesses dans le nouveau monde, tandis qu'ils n'y rencontraient que de dures privations et de rudes travaux. Ils se vengèrent en le calomniant. Ils firent savoir à la cour qu'elle était trompée dans ses espérances, et tracèrent du pays où ils se trouvaient et du vice-roi qui le gouvernait la plus hideuse peinture. Christophe Colomb pensa que le meilleur moyen de déjouer les menées occultes de ses ennemis serait de présenter d'importants trésors à sa patrie. A cet effet, il fit réunir, non sans avoir recours à la violence, tout l'or que possédaient les naturels du pays. Sur ces entrefaites arriva Juan Aguado, ennemi personnel de Christophe Colomb, envoyé en qualité de commissaire pour procéder à une enquête sur les plaintes dont son administration était l'objet. Le vice-roi, placé au-dessous de sa dignité de comparaître en justice dans le pays placé sous son commandement, nomma aussitôt son frère Bartolomeo son lieutenant, avec le titre d'*Adelantado*, mit à la voile le 20 avril 1496 pour l'Espagne avec deux cent vingt-cinq Espagnols et trente naturels, et anéantit par sa présence, mais plus encore par les trésors qu'il rapportait, les odieuses accusations de ses ennemis. Ceux-ci réussirent cependant à faire différer de toute une année l'envoi à la colonie nouvelle des approvisionnements dont elle avait besoin. Un nouvel armement n'eut même lieu que deux ans après; et ce fut seulement le 4 juillet 1498 que Christophe Colomb put avec six bâtiments se mettre pour la troisième fois en route. Afin de compléter les équipages de ces navires, on avait vidé les prisons; fausse mesure que Colomb lui-même eut l'imprudence de conseiller, et à l'exécution de laquelle ses ennemis se prêtèrent avec empressement. Il envoya à Hispaniola trois de ses bâtiments par la voie la plus courte, et se dirigea avec les autres au sud-ouest à la recherche de découvertes nouvelles. Des courants qui règnent entre l'île de la Trinité et les côtes opposées, il conclut avec justesse qu'il devait se trouver à l'embouchure d'un fleuve (l'Orénoque, *Orinoco*) trop grand pour appartenir à une île, et, naviguant à l'ouest, il longea la côte du continent, reconnu dès lors comme tel; découverte qui lui a été contestée, sans fondement, par Améric Vespuce ou du moins par ses partisans. Cinglant vers le nord, il aborda dans une île, riche en perles, qu'il nomma *Margarita*; puis il se rembarqua pour Hispaniola. Par son ordre, les colons d'Isabela étaient allés s'établir sur la côte occidentale d'Hispaniola dans une ville nouvelle appelée Saint-Domingue (*Santo-Domingo*). Il y trouva les esprits en proie à une vive fermentation, parce que la réalité n'était pas venue répondre à leurs espérances exagérées et surtout à leur ardente soif d'or. Pour apaiser le mécontentement et suppléer au manque de travailleurs, il partagea le sol et les naturels entre les colons; mettant ainsi le premier en pratique un système qui, dans toutes les colonies espagnoles de l'Amérique, a eu pour résultat l'anéantissement de la population aborigène.

Pendant ce temps-là les ennemis de Christophe Colomb continuaient à assaillir Ferdinand et Isabelle de rapports calomnieux sur l'abus qu'il faisait de ses pouvoirs, allant jusqu'à lui prêter l'intention de se déclarer indépendant. Isabelle, qui l'avait jusque alors protégé et défendu, finit par céder à son époux, dans l'esprit de qui ces accusations avaient trouvé créance; et Bovadilla fut envoyé à Hispaniola, avec les pouvoirs les plus étendus, pour faire rendre compte au vice-roi de sa conduite. Il ne fut pas plus tôt arrivé à destination, qu'il somma Colomb de comparaître devant lui, et, le vice-roi ayant eu l'imprudence de se plaindre, il le fit arrêter et charger de chaînes. Ses deux frères eurent le même sort. Tous les trois furent alors embarqués pour l'Espagne avec un protocole rédigé d'après les dépositions de leurs ennemis les plus acharnés. Colomb supporta cet indigne traitement de la manière la plus calme; mais dès qu'il fut arrivé à Cadix, le 23 novembre 1500, il écrivit au roi et à la reine pour se plaindre des rigueurs infâmes dont il avait été l'objet. Une réponse gracieuse l'appela à la cour, où ses lâches souverains le reçurent avec autant de distinction que par le passé. Colomb se justifia dans un discours de la plus grande simplicité, fut déchargé de toute accusation et réintégré dans ses honneurs et ses titres. Ferdinand consentit même à révoquer Bovadilla, et ce ne devait être là que le commencement de la réparation qui lui était due; mais les dispositions du monarque changèrent encore avec le temps. Il fut bien question d'autres armements; néanmoins, en attendant, on envoya Nicolas de Ovando y Lares à Hispaniola en qualité de gouverneur. Christophe Colomb insista pour qu'on tint les promesses solennelles qui lui avaient été faites. Vains efforts! Au bout de deux années d'inutile attente, il put se convaincre qu'on était décidé à ne point faire droit à ses justes réclamations. Son noble cœur se résigna à tant d'ingratitude, car ce qu'il voulait avant tout, c'était de pouvoir achever son œuvre glorieuse : pensant que la terre ferme entrevue par lui était l'Asie, il ne doutait pas de trouver par le détroit de Darien une route conduisant aux Indes orientales, d'où la première flotte des Portugais était précisément de retour en ce moment avec une riche cargaison, après avoir contourné le continent africain.

Enfin, le 2 mars 1502, Christophe Colomb mit à la voile de Cadix, avec son frère Bartolommeo et son fils Fernando, la cour ayant fait équiper quatre misérables caravelles pour cette expédition; et le 25 juin, contre sa première intention, il arriva en vue de Santo-Domingo, où il sollicita vainement la permission d'entrer, autant pour réparer quelques avaries, que pour attendre une tempête que tout annonçait devoir être prochaine. Il réussit toutefois la nuit suivante à mettre sa petite escadre à l'abri pendant l'ouragan, tandis qu'une flotte de dix-huit voiles sortie du port malgré ses avertissements fut presque complétement anéantie. Colomb continua alors sa route vers la terre de Darien, où, en cherchant un passage, il atteignit, le 26 novembre 1503, le point extrême de ses découvertes, *Puerto de Retrete*, aujourd'hui *Puerto de Escribanos*, près de la *Puerta de San-Blas*, dans l'isthme de Panama. La tempête détruisit deux de ses navires dans ce voyage, et les deux autres échouèrent en vue de la Jamaïque, où il eut grand peine à se réfugier avec ses compagnons. Les plus cruelles épreuves attendaient le malheureux Colomb sur cette côte inhospitalière. Séparés du reste de l'univers, ils semblaient tous condamnés à une mort inévitable. Il réussit cependant à se faire céder par les naturels quelques-unes de leurs pirogues, et détermina deux de ses marins les plus expérimentés à se confier à ces frêles embarcations, consistant uniquement en troncs d'arbre creusés, pour entreprendre la traversée d'Hispaniola et aller faire part au gouverneur de sa position critique. Des mois entiers s'écoulèrent sans qu'on vit arriver aucun secours. Alors le désespoir s'empara d'une partie de ses compagnons; ils l'accablèrent d'imprécations, menacèrent plus d'une fois ses jours, et finirent par se séparer de lui pour aller s'établir sur un autre point de l'île, où par leur conduite envers les exaspérèrent tellement les naturels que ceux-ci refusèrent à la fin de leur fournir des vivres. La mort de tous paraissait inévitable; mais Christophe Colomb, dont le courage croissait avec le danger, sut encore imaginer un moyen de salut : il profita d'une éclipse totale de lune, qu'il avait calculée, pour menacer les crédules Indiens de se voir dieux s'ils persistaient dans leur hostilité à l'égard des Espagnols. Le phénomène qui devait être la confirmation de ses menaces n'eut pas plus tôt eu lieu que les sauvages furent frappés de la plus vive terreur; on lui apporta tout ce qu'il demandait, et on le supplia d'apaiser le courroux des dieux. Ce danger une fois passé, de nouvelles hostilités éclatèrent entre lui et les rebelles de ses équipages, dont quelques-uns furent tués. Après avoir passé dans ce triste état plus d'une année, l'heure de la délivrance sonna enfin pour les malheureux naufragés. Les deux audacieux marins dont il a été question avaient bien atteint Hispaniola, mais n'avaient pu rien obtenir du gouverneur, ennemi personnel de Colomb. A la fin, cependant, ils avaient réussi à acheter eux-mêmes un navire, à bord duquel Christophe Colomb et ses compagnons purent quitter les rivages de la Jamaïque le 28 juin 1504. Colomb gagna alors Santo-Domingo, mais uniquement pour radouber son navire, et s'empressa de retourner en Espagne, où il arriva malade.

La reine Isabelle était morte pendant ce temps-là, et Colomb chercha vainement à obtenir de Ferdinand la réalisation de ses promesses. Il vécut encore quelques années dans un état de maladie dont la gravité alla toujours croissant, et mourut à Valladolid, le 20 mai 1506, d'une attaque de goutte, à l'âge de soixante-dix ans. Sur son lit de mort, il ordonna que les chaînes dont l'envie et l'ingratitude avaient autrefois chargé son corps, et qui depuis ne l'avaient plus quitté, fussent placées à côté de lui dans son tombeau. Suivant ses dernières volontés, ses restes mortels furent transportés à Santo-Domingo. Cependant, en ouvrant sa bière, on n'y retrouva plus ses chaînes. Lorsque la partie espagnole de l'île passa sous l'autorité française, les descendants de Christophe Colomb firent transférer son tombeau dans l'île de Cuba, où il arriva le 19 janvier 1796, et où il fut déposé en grande pompe dans la cathédrale de la Havane. Un magnifique monument lui a été élevé dans l'église des chartreux de Séville, avec cette inscription :

A Castilla y a Leon
Nuevo mundo dió Colon.

Colomb laissa deux fils : Diego, qui hérita de ses titres et de ses droits, et Ferdinand, qui a écrit une courte mais intéressante biographie de son père. Elle a été imprimée dans les *Historiadores Primitivos* de Barcia (tome 1er; Madrid, 1749). Voir aussi Navarete, tomes I et II de ses *Viages de los Españoles* (5 vol.; Madrid, 1825-1837), où figure le Journal du premier voyage de Christophe Colomb, écrit par lui-même; livre aussi intéressant qu'important, qui a été reproduit en français avec des notes de Rémusat, Balbi, Cuvier; etc. (*Relation des quatre voyages entrepris par Colomb, suivie de diverses lettres et pièces inédites* [3 vol., Paris, 1824]). Les biographies les plus récentes de Christophe Colomb sont : *Vita di Colombo*, par Bossi (Milan, 1818; trad. en franç., Paris, 1824); *Life and Voyage of Columbus*, par Washington Irving (4 vol., Londres, 1828); *Vita di Colombo*, par Sanguinetti (Gènes, 1846); *Vita di Colombo*, par Reta (Turin, 1846). On trouvera les discussions provoquées par les documents originaux défectueux relatifs à Christophe Colomb, exposées dans le *Codice diplomatico colombo-americano* de Spotorno (Gènes, 1823) et dans l'*Examen critique de l'Histoire de la Géographie*, etc., par M. de Humboldt (Paris, 1834-1835).

COLOMBAIRE (*columbarium*). C'était le lieu où les Romains déposaient les urnes cinéraires d'une même famille. Les vases appartenant à une famille aisée étaient réunis en un même caveau, dans des niches pratiquées à la muraille; ils y étaient rangés par étages, et scellés dans un ordre méthodique. Une inscription tracée sur chaque urne apprenait le nom de la personne dont elle renfermait les cendres. La similitude de ces niches, dans leur disposition, avec celles qu'on destinait aux pigeons pour faire leurs nids, fit donner à ces monuments le nom de *columbarium*. Leur forme extérieure n'avait rien de remarquable, et ils n'étaient éclairés à l'intérieur que par la lueur des lampes qu'on y tenait allumées dans les cérémonies des funérailles. Le *columbarium* de la famille Pompeia est un des plus beaux monuments que le temps ait conservés; celui de la maison de Livie, c'est-à-dire de ses officiers, de ses femmes et de leurs enfants, est aussi très-remarquable. Le P. Montfaucon a fait graver le dessin d'un *colombaire*.

Champollion le jeune a popularisé, par une spirituelle allusion, l'emploi dont il s'agit, en qualifiant du titre de *Columbarium de l'Histoire égyptienne* le réduit poudreux et négligé d'un musée où le hasard lui avait fait découvrir, entassés parmi d'autres papyrus, des documents hiéroglyphiques du plus haut intérêt pour les annales de l'ancienne Égypte.

Nestor L'Hôte.

COLOMBAN (Saint), né en Irlande, vers l'an 560, devint moine dans le monastère de Benchoe, dirigé par saint Commogelle, et se rendit à l'âge de vingt ans, avec douze compagnons en Bretagne et en France, où il obtint la faveur toute particulière du roi Sigebert d'Austrasie. En Bourgogne il fonda les monastères de Luxeuil et de Fontaine, où se rendaient des religieux de tous pays jaloux de vivre sous sa règle. Il y passa vingt années, fut banni, à la demande de Brunehaut, grand'mère de Théodoric. Il se rendit alors avec Gallus, qui plus tard fonda le monastère de Saint-Gall, à Bregenz, sur les bords du lac Constance, et trois ans plus tard en Italie, où, de l'aveu du roi des Lombards, il fonda le monastère de Bobbio, et où il mourut, en 615. Son ordre se réunit au neuvième siècle avec celui des Bénédictins. Saint Colomban rendit de grands services à la discipline des couvents, de même qu'à la propagation du christianisme. Ses lettres à Grégoire Ier et à Boniface IV témoignent de ce qu'il y avait de générosité et de courage dans son caractère. Il existe une édition de ses œuvres, publiée par Flemming (Louvain, 1667). L'Église célèbre sa mémoire le 21 novembre.

COLOMBARS. *Voyez* COLOMBE.

COLOMBE. Le genre *columba* de Linné, regardé par certains auteurs comme appartenant à l'ordre des oiseaux gallinacés, et qui a été pris par d'autres pour type d'un nouvel ordre, semble former le passage des gallinacés aux passereaux. Les espèces qu'il renferme habitent sur tous les points de la terre : elles sont plus nombreuses dans les climats chauds que vers le Nord, où on en voit seulement quelques-unes en été. Elles ont le bec voûté, les narines percées dans un large espace membraneux et couvertes d'une écaille cartilagineuse, qui forme un renflement à la base du bec; leur sternum est osseux et leur jabot fort dilaté; toutes ont les doigts libres et sans membrane, la queue à douze pennes et le vol étendu. Elles vivent constamment en monogamie, nichent sur les arbres et dans les creux des rochers, et ne pondent qu'un petit nombre d'œufs, ordinairement deux, que le mâle et la femelle couvent successivement : leurs pontes se répètent plusieurs fois dans la même année. Ces oiseaux nourrissent leurs petits en leur dégorgeant des graines macérées dans le jabot; quelques-uns d'entre eux, sans être tout à fait réduits en domesticité, sont, pour ainsi dire, devenus nos tributaires; ils vivent autour de nous en captifs volontaires; d'autres sont asservis sans retour, et ce n'est que par nos soins qu'ils peuvent perpétuer leur race.

Le genre des colombes, qui comprend tous les oiseaux que l'on désigne vulgairement sous le nom de *pigeons*, peut être subdivisé en trois sous-genres, tous trois indiqués par Le Vaillant, et qui sont : celui des *columbi gallines*, celui des *vraies colombes* et celui des *colombars* : les premières se rapprochent plus encore que les autres des gallinacés, et sont caractérisées par leurs tarses élevés et leur bec grêle et flexible; elles vivent en troupes, cherchent leur nourriture à terre et ne se perchent point. Leur taille est assez considérable; nous citerons entre autres le *goura*, ou pigeon couronné de l'archipel des Indes (*columba coronata* de Gmelin), qui est tout entier d'un bleu d'ardoise, avec un peu de blanc et de marron à l'aile; sa tête est ornée d'une huppe de longues plumes effilées; ce bel oiseau se trouve à Java, ainsi que dans les îles voisines; dans certains endroits on l'élève dans les basses cours.

Les *vraies colombes*, ou *pigeons* ordinaires, ont les pieds plus courts que les précédents, mais le bec grêle et flexible comme le leur. Les espèces sont extrêmement nombreuses; l'Europe n'en possède que quatre à l'état sauvage : ce sont le ramier, le *colombin* ou *petit ramier*, le *biset* ou *pigeon de roche*, et la *tourterelle*; on voit aussi dans quelques contrées, mais seulement à l'état domestique, la *tourterelle à collier* ou *rieuse*, qui est originaire d'Afrique. On ne connaît que quelques espèces du sous-genre des *colombars*. Elles appartiennent à la zone torride de l'ancien continent. Ces oiseaux se reconnaissent à leur bec, gros, de substance solide, et comprimé sur ses côtés, à leurs tarses, courts, et à leurs pieds larges; ils vivent tous de fruits. On les trouve dans les grands bois.

P. Gervais.

La colombe, célébrée par les poëtes, joue un grand rôle dans l'antiquité. C'était l'oiseau favori de Vénus. La déesse le portait à la main, l'attachait à son char, et prenait souvent sa forme. Jupiter fut nourri par des colombes, fable dont on attribue l'origine à ce qu'en phénicien *colombe* signifie *prêtre* ou *curète*. Il est fait mention de deux colombes fameuses : l'une s'envola du côté de Dodone sur un chêne, auquel elle donna la vertu de rendre des oracles; l'autre s'en alla en Lybie, où elle se plaça entre les cornes d'un bélier, d'où elle publia ses prophéties. Celle-ci était blanche, l'autre était d'or. La colombe d'or, qui avait transmis le don de prophétie aux arbres, ne le perdit pas pour cela. On lui faisait des sacrifices, et ses prêtres vivaient dans l'abondance. Ce fut elle qui annonça à Hercule sa fin malheureuse. La colombe, enfin, était le seul oiseau qu'on laissât vivre aux environs du temple de Delphes. Après la mort de Sémiramis, on publia que cette reine s'était envolée sous la figure d'une colombe, et dès lors les colombes furent consacrées parmi les Assyriens, qui les portèrent dans leurs enseignes. C'est à ce respect pour ces oiseaux, peints dans les étendards des Assyriens, que fait allusion l'*Ecriture Sainte*, dans l'endroit où il est dit : *Fugite a facie gladii columbæ*. Les habitants d'Ascalon avaient un souverain respect pour les colombes : ils n'osaient ni en tuer ni en manger, de peur de se nourrir de leurs dieux. Philon assure qu'il avait vu dans cette ville un nombre infini de colombes qu'on nourrissait, et pour lesquelles on avait une vénération particulière. Tibulle a très-heureusement exprimé ce respect des Syriens pour les colombes, dans ces deux vers :

Quid referam, ut volitet crebras intacta per urbes
Alba palæstino sancta columba Syro.

Ce respect, cette vénération pour la colombe, avait passé chez quelques nations modernes, et il n'y a pas longtemps encore que les Russes se seraient fait scrupule de se nourrir de la chair de cet oiseau, qu'ils regardaient comme sacré, le Saint-Esprit s'étant montré sur la tête du Sauveur sous la forme d'une colombe quand il fut baptisé par saint Jean. Depuis en effet on le constamment représente le Saint-Esprit sous cette forme. Ce fut aussi une colombe qui sortit la première de l'arche après le déluge, et qui rapporta à Noé une branche d'arbre, à la vue de laquelle il comprit que les eaux s'étaient retirées de la terre. La loi de Moïse ordonnait que les femmes apportassent au temple une paire de colombes lors de leur purification. Enfin, l'Écriture parle en plusieurs endroits de la simplicité de la colombe unie à la prudence du serpent.

Si la colombe était en si grande vénération chez quelques nations, d'autres avaient des idées bien différentes sur cet oiseau : les Perses, par exemple, regardaient surtout les colombes blanches comme des oiseaux de mauvais augure; ils les détestaient. Persuadés que le soleil les avait en horreur, ils n'en souffraient point, dit Hérodote, dans leur pays.

Aulu-Gelle raconte qu'Archytas, de Tarente, avait construit une colombe artificielle qui volait d'elle-même.

On donne encore le nom de *colombe*, en termes de charpente, à toute solive posée debout dans les cloisons et pans de bois pour la construction des maisons et des granges. En termes de layetier, c'est un instrument percé à jour comme le rabot, et garni d'un fer tranchant destiné à dresser le bois. Les tonneliers appellent de même une sorte de grande varlope renversée, dont ils se servent pour pratiquer des joints au bois. Enfin, c'est le nom de l'une des constellations de la partie méridionale du ciel.   Edme HÉREAU.

COLOMBE (Sainte), vierge chrétienne, martyrisée à Sens, est regardée par plusieurs légendaires comme la première martyre de la Gaule celtique. On rattache sa mort à la persécution des Églises de Lyon et de Vienne, sous Marc-Aurèle ou sous Aurélien. Son culte était florissant à Paris avant le septième siècle; elle y avait une chapelle, sous Dagobert, qui lui fit faire par saint Éloi une châsse magnifique, dont il fit don à l'église des bénédictins de Sens. Les calvinistes la pillèrent au seizième siècle.

COLOMBE (Sainte), née à Cordoue, martyrisée par les Maures en 853. Son corps, qu'on précipita dans le Guadalquivir, en fut retiré par les soins pieux de ses coreligionnaires et repose aujourd'hui dans la belle cathédrale de Cordoue.

COLOMBE (Mlle), actrice célèbre de la Comédie italienne au siècle dernier, naquit à Venise, en 1757, et mourut octogénaire à Paris, en 1837. Amenée fort jeune en France, elle fit d'abord partie du corps de ballet. Ses débuts dans les rôles d'amoureuses eurent lieu en 1772 dans *Le Huron*, et ils furent si brillants, qu'elle passa aussitôt chef d'emploi. Elle avait, nous dit Grimm, une voix charmante, et de grands yeux, les plus beaux du monde.

COLOMBEL (NICOLAS), peintre français, né en 1646, à Sotteville, près de Rouen, et mort à Paris, en 1717, fut élève de Lesueur, et est le seul artiste distingué qu'ait produit l'école de ce grand peintre. Il fit un long séjour en Italie, où il étudia surtout les œuvres de Raphael et du Poussin : il en fit des copies estimées. Son tableau de *Rhea Sylvia et Mars*, qui fait partie de la collection du Louvre, lui ouvrit les portes de l'Académie de Peinture en 1694. Ses tableaux sont froids, mais d'un goût très-pur; la perspective en est savante et les fonds d'architecture magnifiques. Plusieurs appartements de Versailles furent décorés par cet artiste.

COLOMBELLE, diminutif de *colombe*, se disait autrefois pour une jeune colombe; témoin ces vers de Marot :

T'éveillera la pie en son caquet,
T'éveillera aussi la *colombelle*,
Pour rechanter encore de plus belle.

En termes d'imprimerie, il se dit d'un filet que l'on place quelquefois entre deux colonnes pour mieux les distinguer.

COLOMBELLE (*Conchyliologie*), petite série de coquilles univalves marines, confondues par Linné parmi les volutes, et dont Lamarck a fait un genre pour dix-huit espèces seulement, au nombre desquelles se trouvent des mitres, et de simples variétés, qui, restituées à leur genre respectif, réduisent à onze les espèces décrites par ce célèbre professeur. On sait qu'à l'époque où Lamarck terminait le septième volume de son *Histoire des Animaux sans vertèbres*, il était totalement privé de la vue, obligé de recourir à des naturalistes étrangers à cette science; on lui pardonnera les erreurs qu'il a commises, dont la plus marquante sans contredit est d'avoir assigné pour caractère principal à ces coquilles des plis à la columelle qu'elles n'ont jamais. De Blainville, dans son *Manuel de Malacologie*, qui contient des innovations plus ou moins rationnelles, n'ayant relevé aucune de ces erreurs, il en est résulté le désordre le plus complet dans le classement des nombreuses collections qui se sont formées de toutes parts. Ce genre s'étant accru d'un nombre considérable d'espèces nouvelles, nous avons dû les grouper dans l'ordre naturel de leur construction, et les diviser en quatre séries, dont la première comprend toutes celles dont le dernier tour est lisse sur la presque totalité ; dans la seconde se voient celles qui sont complétement striées; la troisième est composée des espèces ayant des côtes à la manière des harpes; enfin, la quatrième et dernière, que nous avons nommée *colombelles élancées*, diffère des autres par une spire beaucoup plus longue et fort aiguë, comme l'ont certaines mitres et quelques fuseaux. Les caractères principaux que nous avons assignés aux colombelles reposent sur un renflement ou dépôt de matière testacée à l'intérieur du bord droit, et dans la présence d'un sillon canaliforme à la base de la columelle, persistant dans quelques espèces jusqu'aux premiers tours de la spire. Quelques-unes de ces coquilles, et notamment la *colombelle petite harpe*, dont la grosseur ne dépasse pas celle d'une petite noisette, se vend une livre sterling à Londres.   DUCLOS.

COLOMBIA ou COLUMBIA. *Voyez* ORÉGON.

COLOMBIE (*Columbia*), république de l'Amérique méridionale, qui en 1831 s'est divisée en trois républiques indépendantes : la Nouvelle-Grenade, Venezuela et l'Équateur. Elle comprenait autrefois toute l'ancienne vice-royauté espagnole de la Nouvelle-Grenade, ainsi que la capitainerie générale de Caracas ou Venezuela, et comptait une population de près de trois millions d'habitants, répartie sur une superficie de 431 myriamètres carrés. Après la découverte de la côte nord-ouest de ce pays, en 1498, par Christophe Colomb, qui le premier la reconnut comme étant la terre ferme d'Amérique (circonstance qui explique pourquoi les Espagnols lui donnèrent de préférence la dénomination de *Tierra firma*), il passa sous la domination de l'Espagne. La partie située entre l'Orénoque et le lac Maracaïbo fut concédée par l'empereur Charles-Quint, en 1530, au riche patricien d'Augsbourg Barthélemy Welser; mais celui-ci l'abandonna dès 1550. Depuis lors jusqu'à l'époque où il proclama son indépendance, ce pays demeura sans partage en la possession des conquérants; car une tentative faite en 1806 par Miranda pour l'affranchir du joug de l'Espagne échoua complétement, le peuple n'étant pas encore assez mûr pour l'indépendance. Cette maturité, l'usurpation commise en Espagne par Napoléon devait la hâter; et la Colombie était destinée à devenir le berceau de la liberté de l'Amérique espagnole.

Napoléon en effet chercha à faire passer ces vastes contrées sous son autorité; et ses ouvertures furent favorablement accueillies par les gouverneurs de quelques provinces, auxquels il garantissait leurs charges et leurs dignités. Mais le peuple, auquel ces projets furent toujours odieux, expulsa les agents de Napoléon, et se livra même à des actes d'hostilité contre les Français. Vers cette époque, deux juntes venaient de se constituer en Espagne pour y diriger la lutte contre Napoléon. Toutes deux envoyèrent un agent à la Nouvelle-Grenade et à Caracas. Les populations accueillirent d'abord avec joie les mesures prises par ces deux délégués de la mère patrie. Mais vint le moment où chacun de ces agents chercha à rendre son collègue suspect. On ne sut plus dès lors auquel il fallait obéir, et on réclama l'établissement à Caracas d'une junte provinciale; mais le capitaine général Cacas eut recours à la force pour empêcher la réalisation de ce vœu. Cependant, une junte provinciale s'installa à Quito dès le mois d'août 1809. Jusque alors la population n'avait encore jamais eu la moindre idée de se séparer de la mère patrie; au contraire, elle lui avait prodigué tous les secours qu'il était en son pouvoir de lui donner; et la nouvelle de l'établissement d'une junte centrale en Espagne n'était pas plus tôt arrivée de l'autre côté de l'Atlantique qu'on s'était empressé de mettre à sa disposition toutes les ressources du pays. Ce furent les vice-rois et les capitaines généraux, alarmés pour la durée de leurs pouvoirs de satrapes par cette tendance des esprits à défendre l'indépendance nationale contre les tentatives des Français, qui les premiers, en combattant cette tendance de toutes les manières possibles, éveillèrent parmi les colons espagnols l'idée de rendre l'Amérique indépendante de la mère patrie.

La première démarche du vice-roi de la Nouvelle-Grenade, Amar, après la constitution de la junte de Quito, fut de convoquer les principaux habitants de Bogota pour leur demander leur opinion au sujet de cette junte. Contre l'attente du vice-roi, cette assemblée non-seulement approuva tout ce qui s'était fait à Quito, mais encore résolut de l'imiter; et l'emploi même de la violence (11 septembre 1809) fut impuissant à l'en empêcher. Alors le vice-roi du Pérou fit marcher contre la junte de Quito une division des troupes, qui la dispersa et jeta ses membres dans les fers, en violation des assurances formelles qui leur avaient été données. Malgré ces mesures violentes, on ne tarda point à Caracas à déposer toutes les autorités royales, et à créer une junte suprême. Cette junte ne reconnut pas, il est vrai, celle de Cadix, attendu qu'elle regardait la guerre d'Espagne à peu près comme terminée; mais elle rendit tous ses actes au nom de Ferdinand VII, sans le moins du monde songer à se soustraire à son autorité souveraine. Les collisions accidentellement survenues entre des indigènes et de vieux Espagnols n'y eurent non plus d'autre résultat que l'institution d'une junte en septembre 1810 et la demande par les colons d'être traités sur le pied de l'égalité avec les Espagnols, mais nullement le désir de l'indépendance.

La régence de Cadix, qui ne voyait dans la junte de Caracas qu'une réunion de rebelles, déclara, par un décret du 31 août 1810, toute cette province en état de blocus, en même temps qu'elle préparait une expédition destinée à la faire rentrer dans le devoir. Ces fausses mesures furent seules déterminer les habitants de Caracas à prendre des résolutions qui ne tardèrent point à se transformer en insurrection ouverte, quand Miranda eut de nouveau arboré le drapeau de l'indépendance. Dès lors les insurgés prirent le nom de *patriotes*. Partout il s'établit par juntes; le 2 mars 1811 elles se réunirent en congrès général à Venezuela; et le 5 juillet de la même année cette assemblée proclamait, au nom des États-Unis de *Caracas, Cumana, Varinas, Barcelona, Merida, Truxillo* et *Margarita*, l'indépendance de Venezuela, et confiait le commandement en chef de l'armée nationale à Miranda. Les députés américains qui se trouvaient à ce moment près des cortès espagnoles, n'ayant pas pu obtenir que les colonies américaines fussent en tout assimilées à la mère patrie, la scission fut définitivement consommée. Les troupes espagnoles qui à ce moment occupaient Valencia furent contraintes par Miranda de capituler, et le congrès de Venezuela adopta le 23 septembre 1811 une constitution fédérative calquée sur celle des États-Unis de l'Amérique du Nord. Dès le mois de mars 1812 le nouveau congrès, réuni conformément à cette constitution, commença à fonctionner.

Pendant ce temps-là une révolution avait aussi éclaté à la Nouvelle-Grenade. Au mois de juillet 1810 il s'y était établi, à Bogota, une junte qui reconnut l'autorité de la régence de Cadix, et qui à l'origine fut présidée par le vice-roi don Amar. Mais bientôt des défiances s'élevèrent contre lui et les autres fonctionnaires royaux. Ils furent tous déposés et renvoyés en Europe. Des juntes se constituèrent sur tous les points de la Nouvelle-Grenade, et un congrès fut convoqué à Bogota pour établir une régence provisoire pendant la captivité du roi. Une tentative faite par le gouverneur du Popayan, Tacon, pour dissoudre le congrès, échoua; et ce gouverneur fut complétement battu par l'armée que le congrès fit marcher contre lui. Plus tard, il fit encore une autre tentative à Pasto; mais il fut de nouveau vaincu par les armées des juntes de Quito et de Popayan, et complétement anéanti vers la fin de 1811 par Rodriguez.

A Quito, après le massacre et le pillage dont il a été fait mention plus haut, le peuple, devenu furieux contre les Espagnols, les força d'évacuer la ville. En septembre 1810 la junte de Carthagène publia un manifeste dans lequel elle invitait les provinces de la Nouvelle-Grenade à se constituer en État fédératif; idée réalisée, après divers incidents, le 27 novembre 1811. Ce résultat n'eut pas plus tôt été obtenu que la guerre civile éclata à la Nouvelle-Grenade. La province de Cundinamarca, avec Bogota, sa capitale, réclamait une autre constitution. Le congrès refusa d'accéder à ce vœu; il fit marcher une armée contre la province rebelle, avec laquelle d'autres étaient venues faire cause commune, et dont les troupes furent battues. L'armée du congrès vint aussi mettre le siége devant Bogota; mais elle dut le lever, après avoir perdu beaucoup de monde.

Vers le même temps, les Espagnols, commandés par Montès, débouchèrent du Pérou, et, après avoir défait les troupes de la junte de Quito, entrèrent dans cette ville, et y commirent les plus horribles massacres, en même temps qu'ils dévastaient toute la contrée environnante; puis une partie de leur corps d'armée marcha sur Bogota. Le danger commun rétablit la concorde entre les différents partis existant dans la jeune république de la Nouvelle-Grenade. Narino fut élu dictateur, et marcha aussitôt contre les Espagnols. Heureux au début, il les battit en diverses rencontres, et les chassa successivement de province en province jusqu'à Pasto. Mais au mois de juin 1814 il y fut attaqué à l'improviste par les Espagnols, qui avaient reçu de nouvelles troupes de renfort; et il fut obligé de se rendre à discrétion, ainsi que son état-major. La plupart des prisonniers furent fusillés; quant au dictateur, on le dirigea sur l'Espagne. A ce moment il semblait que c'en fût fait pour toujours de la cause de la Nouvelle-Grenade.

Les choses allaient encore plus mal à Venezuela. Un effroyable tremblement de terre, arrivé le 26 mars 1812, ayant horriblement dévasté la plus grande partie du pays, les prêtres en profitèrent pour représenter à de superstitieuses populations cette calamité comme la suite de leur rébellion et comme une punition divine. Ce fut alors, dans les rangs de l'armée comme dans ceux du peuple, à qui déserterait en cause du gouvernement républicain et viendrait se placer sous les ordres de Monteverde, commandant en chef des forces espagnoles. Celui-ci, secondé de tous côtés par la trahison, expulsa Miranda, général du congrès, de toutes ses positions les unes après les autres; et Puerto-Cabello ayant fini par être livré aux troupes espagnoles, Miranda souscrivit, de l'assentiment du pouvoir exécutif, le 26 août 1812, une capitulation avec Monteverde. Aux termes de cette capitulation, il lui livra La Guayra, Caracas, Barcelona et Cumana, moyennant la garantie d'une amnistie complète, de la liberté pour chacun d'émigrer, l'introduction de la constitution des cortès dans les provinces de l'Amérique du Sud, de la sécurité des personnes et des propriétés; mais, en dépit d'engagements si formels, Miranda et les autres chefs des patriotes furent arrêtés et conduits en Espagne.

Les Espagnols ne se sentirent pas plus tôt établis un peu solidement que la plus sanglante des réactions commença. Aucune des conditions de la capitulation ne fut observée; les patriotes n'eurent d'autre alternative que les cachots ou l'échafaud. Une telle situation ne pouvait que provoquer de nouveaux troubles. Tout d'abord les insurgés qui se réunirent sous les ordres de Narino furent heureux, et ces succès devinrent plus décisifs quand Bolivar se fut placé à la tête de l'insurrection et lorsqu'il fut devenu l'âme de la lutte entreprise pour l'indépendance nationale. Franchissant les Andes à la tête d'un petit corps d'armée, il battit les Espagnols à Cucuta et à la Grita; puis, ceux-ci ayant persisté à commettre les plus atroces cruautés, il vit les défenseurs de la cause de l'indépendance accourir par milliers sous ses drapeaux, et défit successivement les troupes royales à Niquitas, Betisoque, Caracho, Barquisimento, Varinas et Lostaguanes.

Malgré les nouveaux renforts qui lui étaient arrivés d'Espagne, Monteverde se fit encore battre complètement à Aguacaliente, et déposa alors son commandement en chef, dans lequel il eut pour successeurs, d'abord Salomon, et plus tard Istueta, sous lesquels la guerre, par suite des atrocités commises de part et d'autre, en vint à prendre toujours davantage le caractère du plus hideux acharnement. Cependant, les Espagnols furent battus sur tous les points. Déjà ils ne se maintenaient plus qu'à Puerto-Cabello; mais cette place finit aussi par tomber au pouvoir de Bolivar, sauf la citadelle, dont les Espagnols prolongèrent leur défense jusqu'en décembre 1823, au milieu de privations et de souffrances de tous genres. Des renforts qui leur parvinrent en ce moment leur permirent bientôt de reprendre encore une fois l'offensive. Battus de nouveau par Bolivar, ils eurent alors recours à un moyen extrême, mais dont ils avaient déjà usé en 1814 : ce fut d'appeler des esclaves de Venezuela à se révolter contre leurs maîtres. Une horrible lutte s'engagea alors, dans laquelle les bandes d'esclaves affranchis n'épargnèrent ni les femmes ni les enfants, et où de part et d'autre on égorgea les prisonniers par milliers. Le résultat de cette campagne fut que les patriotes, après des alternatives diverses, finirent par être complètement battus, qu'au mois de juillet 1814 le général espagnol Boves entra de nouveau à Caracas, que tout Venezuela se retrouva placé sous l'autorité de l'Espagne, et que Bolivar avec une poignée de fidèles dut se réfugier à la Nouvelle-Grenade, où les affaires des patriotes se trouvaient d'ailleurs dans un état presque aussi désespéré. En effet la guerre civile y avait éclaté encore une fois; la province de Cundinamarca se refusait à accéder à la confédération des autres provinces, et pour triompher de sa résistance il fallut que Bolivar, appelé au commandement des troupes du congrès de la Nouvelle-Grenade, allât mettre le siége devant Bogota et s'emparât de cette ville.

Pendant ce temps-là Ferdinand VII était remonté sur son trône; et la première pensée de son gouvernement avait été d'employer la force pour faire rentrer dans le devoir les colonies révoltées. Dès les premiers jours de 1815, 10,000 hommes des meilleures troupes de l'Espagne partirent pour l'Amérique méridionale, sous le commandement de Morillo. Cette armée débarqua au mois d'avril 1815 à Carupano, s'empara de Margarita, et dirigea ses premières opérations contre la Nouvelle-Grenade. Après un long siége, Carthagène tomba, le 5 décembre, au pouvoir des Espagnols, qui reconquirent successivement toutes les provinces, et qui au mois de juin 1816 s'emparèrent également de Bogota. La plus sanglante réaction marqua partout leur passage. Ils furent toutefois moins heureux à Venezuela, où Morillo avait envoyé le général Moralès. Il s'y forma des guerillas, et Arismendi déploya le drapeau de l'insurrection à Margarita.

Bolivar, qui avait organisé une expédition aux Cayes, dans l'île d'Haïti, où s'étaient réfugiés une fois malheureuses, de la Nouvelle-Grenade, vint débarquer à Margarita. Ses premières opérations furent encore une fois malheureuses, mais ses affaires s'améliorèrent dès qu'il eut fait dans la Guyane espagnole sa jonction avec le chef d'insurgés Piar. Morillo s'efforça de mettre un terme à ses progrès, et entreprit contre Margarita, centre d'opérations des patriotes, une grande expédition, qui échoua complètement; et dès lors c'en fut fait de la supériorité qu'il avait conservée jusqu'à ce moment. Les patriotes firent depuis de rapides progrès; et dès le 11 novembre 1817 avait lieu à Angostura la réouverture du congrès de Venezuela, qui élut pour président Bolivar. L'année suivante la supériorité des patriotes de Venezuela devint encore plus marquée. Puis, à la fin de 1818 et au commencement de 1819, des approvisionnements en tous genres, des recrues et des volontaires, commandés par des officiers aguerris et expérimentés, étant arrivés des États-Unis, et surtout d'Angleterre, aux insurgés, Bolivar, qui avait déjà affranchi presque tout Venezuela, put aller au secours de la Nouvelle-Grenade. Par une marche audacieuse, entreprise pendant la saison des pluies à travers les Andes couvertes de neige, il surprit le 27 juin 1819 les Espagnols dans leur position sur le Guïa, puis battit ensuite le 1er juillet dans la vallée de Sogamoso, puis le 25 à Palano de Bargas; quelques jours plus tard il faisait son complètement à Boyaca. Quelques jours plus tard il faisait son entrée victorieuse à Bogota, où son armée reçut de toutes parts des renforts. Il revint ensuite promptement à Angostura, pour y faire le 14 décembre l'ouverture du congrès de Venezuela.

Cette assemblée résolut alors de faire de la Nouvelle-Grenade et de Venezuela une seule et même république, sous le nom de Colombie; et ce projet, soumis à la sanction du congrès de la Nouvelle-Grenade, convoqué à cet effet au mois de février 1820, fut adopté à l'unanimité. Les négociations entamées à cette époque par le gouvernement des cortès avec les États insurgés pour arriver à un arrangement amiable restèrent tout aussi infructueuses que celles qui furent suivies l'année suivante à Madrid dans le même but, la Colombie ayant exigé avant tout la reconnaissance solennelle de son indépendance. Pendant ce temps, les armes colombiennes faisaient, sous la direction de Bolivar, les plus rapides progrès. Vers la fin de 1820, presque toutes les provinces septentrionales de la Nouvelle-Grenade se trouvaient affranchies; et le 6 mai 1821 eut lieu à Rosario de Cucuta le premier congrès colombien, lequel confia encore une fois à Bolivar la présidence de la nouvelle république; et dans une seconde session, ouverte le 12 juillet de la même année, cette assemblée vota la nouvelle constitution fédérative, qui avait pour bases la souveraineté du peuple, la représentation nationale issue du suffrage universel, la responsabilité des fonctionnaires publics, la séparation des trois pouvoirs, la liberté individuelle et la liberté de la presse. En même temps elle proclama l'abolition de l'esclavage. Pendant ce temps-là l'armée espagnole, passée, après le départ de Morillo, sous les ordres de Morales et de la Torre, fut anéantie par Bolivar le 24 juin 1821, dans la plaine de Carabobo. Le 23 septembre Carthagène était réduite à capituler. Cumana ne tarda pas à en faire autant. Le 5 décembre Panama proclamait son indépendance, et se réunissait à la Colombie. Le 24 mai 1822 Quito fut délivré par la victoire que S u c r e remporta sur les rives du Pinchincha; le 23 juillet 1823 la flotte espagnole fut complètement détruite par les Colombiens aux ordres de Padilla. Bientôt après Maracaibo se trouvait également délivré, et le 1er décembre la citadelle de Puerto-Cabello demandait à capituler.

La Colombie se trouva de la sorte complètement affranchie du joug de l'Espagne; et dès 1822 son indépendance était reconnue par les États-Unis de l'Amérique du Nord. L'Angleterre ayant imité cet exemple en 1825, ce pays n'avait plus qu'à attendre les fruits du développement régulier de son indépendance. Mais il n'en fut point ainsi. La longue habitude des chefs militaires d'exercer une autorité sans limites, toutes les passions individuelles déchaînées par la révolution, la désorganisation de la plupart des institutions sociales et administratives, et enfin le délabrement absolu des finances, furent autant d'obstacles à la prompte consolidation du nouvel ordre de choses. En 1824 Bolivar fut bien encore réélu à la présidence; mais alors, occupé surtout des affaires de la Bolivie et du Pérou, il abandonna complètement l'exercice du pouvoir à son vice-président Santander.

Les événements dont le Pérou et la Bolivie devinrent bientôt le théâtre, et auxquels la Colombie se trouva mêlée, réagirent fâcheusement sur sa propre situation. C'est ainsi que dès 1826 le général Paez faisait une tentative, restée infructueuse, pour insurger Venezuela, et que l'esprit de révolte se manifestait aussi dans les arrondissements de Guyaquil et de Quito. Bolivar réussit pour cette fois, il est vrai, à rétablir la tranquillité, et la guerre qui éclata en 1829 avec le Pérou fut promptement terminée aussi par un traité; mais dans le pays même un antagonisme violent s'établit entre le parti militaire et centraliste, ayant Bolivar à sa tête, et le parti fédéral républicain, dont Santander était le chef. La Convention, que Bolivar convoqua au mois d'avril 1828 à Ocaña, l'investit sans doute d'un pouvoir presque dictatorial; mais dès le mois de septembre de cette même année 1828 éclatait à Bogota une insurrection qui ne put être comprimée que par des supplices et des bannissements; et l'année suivante Paez levait l'étendard de la révolte dans Venezuela, qui se détacha de la Colombie pour se constituer en république particulière. Bolivar, qui voyait toute sa position minée, abdiqua volontairement le pouvoir; et la Colombie convint alors avec Venezuela de former désormais deux États complètement distincts, unis seulement par une alliance.

Cet arrangement ne rétablit pas la tranquillité en Colombie, où Mosquera avait été élu président. Tout au contraire, l'ancienne capitainerie générale de Quito se souleva à son tour, et le 11 septembre 1830 proclama son indépendance, sous la dénomination de République de l'*Ecuador* (Équateur). Dans le reste de la Colombie, où Mosquera abdiqua la présidence le 4 septembre 1830 et eut Urdañeta pour successeur, le parti du sabre ressaisit le pouvoir suprême, et le conserva jusqu'à ce que le congrès, réuni le 21 novembre à Bogota, eut constitué le pays en république indépendante sous le nom de Nouvelle-Grenade. Les trois républiques issues de l'ancienne république de Colombie reconnurent alors leur indépendance réciproque, et s'engagèrent au payement des dettes contractées précédemment en commun, à se garantir mutuellement des relations commerciales affranchies de toutes entraves douanières, et à se porter secours en cas d'attaque de la part d'un ennemi extérieur.

COLOMBIER, bâtiment de la ferme où l'on élève et où l'on entretient les pigeons. Le pigeon domestique, libre dans l'esclavage, ne se croit pas attaché irrévocablement au lieu qui l'a vu naître : s'il n'y trouve pas une demeure commode, tranquille, propre, et une nourriture suffisante, il va chercher un gîte ailleurs, et transporte ses pénates dans une colonie voisine. Il est donc dans l'intérêt des cultivateurs et des fermiers d'apporter la plus grande attention dans le choix du lieu où doit être placé le colombier, dans sa construction et dans son entretien. Le pigeon aime dans la domesticité tout ce qui ressemble à l'état sauvage : isolement, tranquillité et liberté. Éloignée de l'entrée du logis, du passage habituel, des granges où l'on bat le grain, enfin loin de toute usine ou de tout établissement bruyant, ou qui répande des vapeurs, leur habitation doit être établie sur un terrain élevé, plutôt sec qu'humide, abrité des vents dominants, au midi et à portée d'un ruisseau, d'une fontaine ou d'un bassin. De toutes les formes qu'on peut adopter pour sa construction, la forme ronde doit être préférée, à moins que quelque sujétion de bâtiment ou de symétrie n'en détermine une autre; elle est plus commode, en ce qu'on peut y mettre à l'intérieur une échelle tournante. On y pratique aussi tout autour des trous ou *boulins*, les uns ronds, les autres carrés, qui servent de nids aux pigeons; ceux-ci se font par le moyen de deux fatières mises l'une sur l'autre; les autres par des pots de terre destinés spécialement à cet usage. Leur grandeur se proportionne à celle de deux pigeons, qui doivent pouvoir y tenir debout. Le premier rang des nids par en bas doit toujours être élevé à 1m,30 au moins de terre, au-dev. nt de chaque nid il est nécessaire qu'il y ait une petite pierre plate saillante en dehors du mur de trois à quatre doigts, pour que les pigeons puissent s'y poser lorsqu'ils entrent dans leurs nids, ou lorsqu'ils veulent en sortir, ou bien lorsque le mauvais temps les oblige à rester au colombier. Pour éviter la dépense de ces nids, on leur substitue quelquefois des paniers d'osier, qu'on attache à la muraille, et dans lesquels les pigeons pondent leurs œufs; mais le premier mode, on le sent, est de beaucoup préférable pour la commodité et la durée des nids.

Le sol du colombier doit être carrelé plutôt que planchéié, parce qu'il résiste mieux aux attaques des rats et à l'humidité. La disposition de l'ouverture qui doit servir de passage aux pigeons pour entrer dans le colombier ou pour en sortir n'est pas indifférente; car elle sert en même temps à l'éclairer et à y renouveler l'air vicié par les émanations fétides de la fiente accumulée dans le bas du colombier. Les colombiers doivent être nettoyés complètement au moins quatre fois par an, avant et après l'hiver, et après la première et la seconde volée.

Les colombiers dont nous venons d'indiquer la forme et la disposition comme celles que l'on doit préférer sont dits *colombiers de pied*. Il en est d'autres appelés *volets* et construits sur piliers, qui conviennent mieux à la petite pro-

COLOMBIER — COLOMBINE

priété; leur construction est peu coûteuse, et ils peuvent trouver place dans un coin de la ferme, sans gêner les communications et sans interrompre la surveillance.

Dans quelques propriétés des environs des grandes villes, dans quelques autres où le séjour des propriétaires a fait naître l'aisance, on trouve de petites constructions élégantes, qui servent à la fois de poulailler et de colombier. Ce sont des bâtiments à six ou huit pans, construits en briques, dont le rez-de-chaussée sert d'asile aux poules et le premier aux pigeons. Les animaux nuisibles y trouvent difficilement retraite; mais ces colombiers deviendraient d'un établissement très-dispendieux s'il fallait les construire en grand; aussi paraissent-ils de nature à être réservés pour les espèces de pigeons dits *de volière*.

Quant aux colombiers que l'on établit quelquefois dans les combles de l'habitation ou de la ferme, il n'en saurait exister de plus mauvais : les rats y pullulent, la température y est toujours extrême, brûlante en été, glaciale en hiver, et les pigeons y causent des dégradations qui seules sont de nature à engager tout propriétaire à ne point permettre leur établissement dans ces lieux.

Il n'était permis autrefois qu'aux seigneurs haut-justiciers et aux seigneurs de fief avec censive d'avoir des *colombiers de pied*; les autres ne pouvaient avoir que des *fuies* ou *volets*, c'est-à-dire de petits colombiers à piliers, pourvu qu'ils fussent propriétaires de cinquante arpents de terre labourable situés aux environs de leur habitation. En Normandie le droit de colombier était attaché au plein fief de haubert; il n'était pas permis de bâtir un colombier sur une roture. Ce droit féodal a été aboli à la Révolution. Le décret du 4 août 1789 donna liberté entière d'avoir des pigeons, sous la condition de les enfermer au temps des semences ou moissons, à peine de les voir tuer par le propriétaire dont ils dévorent les fruits.

On donne aussi le nom de *colombier* à une espèce de papier, dont la dimension est double de celle du grand-raisin, et qui sert principalement à la confection des cartes et des gravures.

En termes de marine, les *colombiers* sont deux longues pièces de bois endentées qui servent à contenir un vaisseau quand on veut le lancer à la mer; elles diffèrent des *coites* ou *couettes* en ce qu'elles vont à l'eau avec le navire, tandis que ces dernières restent en place. Edme Héreau.

COLOMBINE, nom spécial de la fiente des pigeons de colombier ou de volière, et que l'on donne par extension, dans le langage de l'agriculture, à celle de tous les oiseaux de basse-cour. Elle est regardée comme un des plus puissants engrais animaux, et son usage paraît même avoir été connu des anciens. On l'emploie seule et en mélange pour les terres fortes et froides, et elle est propre à toutes les terres quand on la fait entrer dans un *compost*. Il est rare qu'on ait assez de colombine pour fumer on terrain avec ce seul engrais, que l'on a coutume alors d'employer sec, sous forme de poussière, en le semant à la manière du plâtre, par un temps humide et avec absence de vent. Mais par ce procédé on perd une grande partie de ses principes fertilisants, car les expériences de Davy prouvent que la dessication enlève à la colombine les deux tiers des matières solubles à l'eau, quantité qu'elle conservera si on la mêle fraîche avec de la terre, soit pour la faire entrer dans un *compost*, soit pour la rassembler ainsi mélangée pendant le cours de l'année, pour en former une masse particulière à l'abri des intempéries. Les Flamands, où les bonnes méthodes sont familières, ne l'emploient jamais sèche; fraîche, ils la destinent aux cultures les plus épuisantes, telles que le tabac et les plantes oléagineuses; l'année suivante, le même terrain se trouve ainsi fumé sans inconvénient et avec profit pour la culture des céréales. Employée seule dans la culture des gros légumes, la colombine en augmente merveilleusement le volume. Elle est recommandée aussi pour la culture de la vigne par Olivier de Serres, qui assure que c'est le seul engrais qui ne nuise pas à la qualité du vin.

Quelques jardiniers, d'après l'exemple de Thouin, font usage de la colombine dans la composition des terres qui doivent servir à la culture des plantes exotiques qu'on élève dans les vases; mais il faut avoir l'attention, comme le recommande Parmentier, de ne la faire entrer que dans la proportion d'un sixième, et lorsqu'elle est réduite en terreau, parce qu'en l'employant fraîche et dans une quantité plus forte, il serait à craindre qu'elle ne desséchât les racines des plantes. On s'en sert encore pour diminuer la crudité des eaux de puits avec lesquelles on arrose, particulièrement pour neutraliser la sélénite (chaux sulfatée) qu'elles contiennent quelquefois, et les rendre plus grasses, plus visqueuses et moins susceptibles de s'évaporer. Pour cet effet, on jette au fond des tonneaux destinés à recevoir ces eaux environ quinze kilogrammes de colombine, et chaque fois qu'on est sur le point d'arroser, on remue le mélange, afin que l'eau se charge en même temps de cette substance et la transporte au pied des plantes qui ont besoin d'eau. Ce fluide, ainsi chargé de colombine, est employé à l'arrosement des arbres fruitiers qui sont jaunes ou malades, et il produit souvent un très-bon effet.

COLOMBINE, un des personnages obligés de la comédie italienne et des théâtres forains. Tantôt fille de Cassandre ou de Pantalon, ou entourée par ces vieillards amoureux, tantôt maîtresse ou femme d'Arlequin ou bien de Pierrot, Colombine est surtout une leste et frétillante soubrette. Elle est née par delà les monts, on n'en saurait douter; son allure est trop dégagée, sa tête trop inflammable, pour qu'elle ait vu le jour dans le Nord. Cette origine, du reste, est ancienne et remonte à plusieurs siècles; un catalogue de pièces italiennes de 1610 contient, entre autres titres, celui de *La Colombina*, de Vergilio Verucci.

A l'arrivée des comédiens de cette nation à Paris, elle n'était point encore toutefois en possession du rôle de suivante; elle n'y avait paru que de loin en loin. La véritable titulaire, qui donnait son nom à l'emploi, était *la Violetta*. Colombine ne figurait que comme utilité, doublure, bouche-trou. Peu à peu, cependant, elle empiéta sur les droits de sa rivale, et le Théâtre de la Foire s'occupa de son avenir en même temps que le Théâtre-Italien. *La Violetta* commençant à se faire vieille : il fallut lui donner ses Invalides et céder la place à *Colombine*, qui une fois en route alla bon train. C'était déjà cette piquante soubrette que Regnard et Dufresny devaient encadrer avec tant de bonheur dans leurs premières comédies.

A partir de 1716, époque de l'arrivée à Paris des nouveaux comédiens venus d'Italie sous la conduite du fameux Lelio (Luigi Riccoboni), Colombine demeura reine et maîtresse du tablier et du bavolet. Jamais ailleurs Dorine, Lisette et Marton n'eurent à leur service pareil répertoire d'espiègleries, de ruses et de bons mots. Elle éprouva bien pourtant quelques chagrins : l'Opéra-Comique ayant été fermé en 1722, les *marionnettes étrangères* colportèrent de foire en foire la défroque de ce théâtre, et il fut cruel pour l'aimable soubrette, si vive, si causeuse, de se voir descendre au rôle d'automate et au dialogue par *écriteaux*.

En revanche, elle arrivait sur un autre théâtre à l'apogée de la gloire dramatique : elle avait rencontré une interprète digne de titre dans *Catherine* Biancolelli, fille du célèbre Arlequin Dominique, et depuis femme de La Thorillière, comédien français, qui relevait cet emploi de la hauteur de son talent. Ce fut pendant plusieurs années une véritable ovation pour le rôle et surtout pour l'actrice. Mais vint un jour, jour marqué dans toutes les destinées humaines, où le Théâtre-Italien agonisa; alors on ferma ses portes pour ne plus les ouvrir. Ce fut à qui se partagerait la défroque du défunt. L'Opéra-Comique offrit à ses spectateurs une Colombine; et la malicieuse suivante du *Tableau parlant* ne fût pas inférieure à ses aînées. Les théâtres du second et du troisième ordre vinrent également à la curée. Colombine, avec son Arlequin, fit surtout merveille au théâtre du Vaudeville, situé alors dans la rue de Chartres. Il la montra au public dans une foule de rôles de caractère et même de travestissements. En général, pourtant, cette nouvelle scène lui conserva le costume convenu. Une fois cependant, à l'exemple d'Arlequin, on la vit, maligne parodiste, critiquer, dans *Colombine philosophe*, la Delphine de Mme de Staël. Mais *Colombine mannequin*, amusante folie, fut surtout son triomphe.

Comme mon noir amant, la pauvre *Colombine* a vu passer ses jours de fête. A peine daigne-t-on l'admettre aujourd'hui dans la troupe des marionnettes de *Séraphin*. Plus pour elle de ces brillantes soirées où la cour et la ville se réunissaient pour l'applaudir! plus d'explosions bruyantes, plus de triomphes, plus de couronnes! Pour tout dédommagement, les rires et les trépignements joyeux du premier âge, les naïves exclamations des bonnes d'enfants, celles des provinciaux fraîchement débarqués, des femmes de chambre et des conscrits. Elle a même retrouvé, par grande tolérance, dans un coin de Paris, son enveloppe charnelle : On la ressuscite, à de longs intervalles, bien réelle et bien vivante, au *Théâtre des Funambules*, où elle passe sa vie à fuir de maison en maison, de rue en rue, de ville en ville, de forêt en forêt, les poursuites de l'éternel Cassandre, plus vieux, plus laid, plus avare, plus amoureux et plus battu que jamais.

COLOMBO, chef-lieu de l'île de Ceylan, sur la côte sud-ouest, et bâti sur un isthme limité du côté de la terre par un petit ruisseau d'eau douce, est le siège du gouverneur et des autres autorités anglaises, et compte de 50 à 60,000 habitants. Cette population, qui est restée toujours flottante dans ces derniers temps, en raison du grand nombre d'Hindous qui viennent s'y établir comme ouvriers, puis qui s'en retournent dès qu'ils ont amassé un petit pécule, se compose, indépendamment d'un petit nombre d'Européens, pour la plupart officiers, fonctionnaires ou marchands, de Singalais, de Malais, de Malabares et de Maures. Les huttes et les maisons des naturels sont cachées sous une voûte épaisse de cocotiers et autres arbres des tropiques, de sorte que la ville a presque tout l'aspect d'une vaste forêt ou d'un immense jardin. Les maisons des Européens, bien bâties en pierre, entourées d'un mur en terre, et situées pour la plupart aux environs du fort, sont aussi ombragées par des cocotiers. Le manque de bonne eau potable, la situation même de la ville la rendent fort malsaine pour les Européens pendant la saison des chaleurs.

Colombo, qui, en fait d'édifices de quelque importance, possède une église catholique et une église réformée, une mosquée, un hôpital militaire et une maison d'orphelins parfaitement organisée, est entourée de bois de cannelliers, de plantations de café, etc. Quoique son port soit mauvais, cette ville fait un commerce de produits du sol qui acquiert chaque jour des proportions plus grandes. L'industrie des habitants consiste surtout dans la fabrication d'étoffes en coton, la distillation du rhum et de l'arak, et la fabrication des cordages. On y trouve aussi un grand nombre d'habiles orfèvres, joailliers et lapidaires. Les missionnaires y ont créé divers établissements d'instruction publique; et on y trouve même un collège. Colombo est en outre une des stations principales de la navigation à vapeur entre Suez, Calcutta et le reste de l'Orient.

COLOMBO (Racine de). Cette racine, si préconisée dans la matière médicale des modernes, est le produit du *coculus palmatus*, arbrisseau de la famille des ménispermées. Cette plante est indigène de la partie orientale de l'Afrique méridionale, où elle croît en grande abondance dans les forêts de Mozambique, entre Oïbo et Mozambo. Les naturels arrachent la racine dans le mois de mars, et la portent à Tranquebar, où c'est un article considérable d'exportation pour les Portugais. En 1825 on en a introduit la culture aux îles Maurice et de la Réunion, pour satisfaire aux besoins du commerce. Dans les Indes, on emploie avec succès la racine de colombo pour combattre la dyssenterie, les affections chroniques des voies digestives et le choléra. Cette racine arrête, dit-on, les vomissements qui accompagnent la grossesse. Elle est astringente et fébrifuge.

La racine de colombo est vivace, rameuse, et porte des tubercules fusiformes. Les tiges sont annuelles et se fanent vers la fin du septième mois; elles sont volubiles, simples, arrondies, velues, environ de la grosseur d'un tuyau de plume à écrire, portant des feuilles écartées, alternes, à cinq lobes quinquenervés. Les lobes sont entiers et acuminés, supportés par des pétioles cylindriques et velus, plus courts que les feuilles. Les fleurs mâles sont en grappes axillaires, solitaires, velues et composées, plus courtes que les feuilles, portant des pédoncules particuliers et alternes, avec des fleurs sessiles et des bractées lancéolées, ciliées et caduques. Le calice est hexaphylle, avec trois folioles extérieures et trois intérieures, égales, oblongues, obtuses et glabres. La corolle consiste en six pétales obtus, petits, oblongs, cunéiformes, concaves, charnus. Les étamines, au nombre de six, dépassent un peu la corolle; les anthères sont quadrilobées; le pistil manque. On ne recueille que les tubercules attachés aux racines. Ces espèces de rejetons sont sessiles.

Le colombo est apporté en Europe en sacs, et quelquefois dans des caisses. Il est en morceaux coupés transversalement, qui ont généralement moins de dix millimètres d'épaisseur et de trois à cinq centimètres de diamètre. L'écorce de ces tubercules est épaisse et se détache facilement; à l'intérieur, elle est d'un jaune brillant, et est couverte d'un épiderme ridé de couleur brun-olive. L'intérieur de la racine est d'une couleur brunâtre pâle et d'une texture spongieuse, avec des rayons convergents plus sombres, qui montrent les vaisseaux séveux desséchés. Les morceaux sont fréquemment troués par la piqûre des vers. On doit préférer les morceaux les moins troués, les plus brillants, solides et pesants. On a tenté la sophistication du colombo avec la racine de bryone blanche, colorée par la teinture du vrai colombo.

Cette racine a une odeur très-légèrement aromatique et une saveur fort amère. Sa cassure est amylacée, et les morceaux se mettent facilement en poudre. Tout porte à croire que le colombo contient de la cinchonine, à laquelle il emprunte une partie de ses vertus médicamenteuses.

PELOUZE père.

COLON (du latin *colere*, cultiver, labourer, faire valoir un champ), celui qui cultive une terre dans quelque pays que ce soit. Dans certaines conditions le cultivateur devient *colon partiaire*. Chez les anciens, les *colons* étaient des cultivateurs asservis, dont la condition était si dure qu'on les a souvent confondus avec les esclaves. Chez les Germains conquérants la quatrième classe se composait des *serfs* ou *colons*, qui exerçaient divers métiers, et qu'on chargeait des travaux de l'agriculture. Chez les premiers Francs, la condition des *colons* tenait le milieu entre celles des *hommes libres* et celle des *serfs* (*voyez* COLONAT).

Le plus ordinairement colon se dit de celui qui fait partie d'une colonie, qui habite une colonie. Il entraîne le plus souvent l'idée d'un propriétaire qui fait cultiver des terres dans sa colonie. Il y a de riches *colons* aux Antilles. Il faut attirer des *colons* en Algérie, c'est-à-dire des hommes qui aient un capital, qui s'assujettissent à la résidence sur leur terre, et qui la cultivent eux-mêmes et la fassent cultiver.

COLON (*Anatomie*). Chez l'homme et les mammifères, dont le gros intestin est divisible en trois portions distinctes, la première et la dernière sont connues sous les dénominations latines de *cæcum* et de *rectum*; on donne le nom de *colon* à la deuxième portion, qui est intermédiaire aux deux précédentes. Cet intestin est ainsi nommé du grec κωλυω, j'arrête, ou de κοιλον, creux, concave, à cause des nombreuses cellules qu'il présente et qui le rendent propre à retarder le cours des matières fécales. Il est situé le long de la circonférence de l'abdomen ou bas-ventre, depuis la région iliaque droite jusqu'à la même région du côté gauche; on le subdivise en quatre portions, qui sont: le *colon lombaire droit* ou ascendant, ainsi nommé à cause de sa situation au côté droit des lombes : cette portion fait suite au cœcum, et se continue avec le *colon transverse* ou *arc du colon*, qui est étendu en travers, dans le haut de l'abdomen, depuis la partie droite et inférieure du foie, jusqu'à la rate, où il prend le nom de *colon lombaire gauche* ou *descendant* : celui-ci, qui occupe la partie gauche de la région des lombes, s'étend jusqu'à la fosse iliaque gauche, et se continue avec la quatrième et dernière portion, qu'on nomme *circonvolution iliaque* ou *S iliaque*, à cause de sa situation et de la double courbure qu'elle décrit ; cette portion se termine au *rectum*.

D'après cette indication du trajet du colon, on reconnaît : 1° que les *colons lombaires* se correspondent, et que les directions des matières qui les parcourent sont opposées; 2° que l'*S iliaque* du colon, qui est à gauche, répond au cœcum, qui est à droite, et que le colon transverse, qui est au haut de l'abdomen, est en antagonisme de position et de direction avec le rectum, qui est en bas et vertical. C'est dans l'intervalle circonscrit principalement par les quatre portions de l'intestin colon qu'est situé le paquet de l'intestin grêle qui flotte dans l'abdomen. La membrane qui, sous le nom de péritoine, tapisse tout le bas-ventre, fournit à chacune des portions du colon des ligaments larges ou mésentères, que l'on a appelés *mésocolons*, en les spécifiant sous le nom de la portion à laquelle ils appartiennent. En outre de ces ligaments, qui sont des replis péritonéaux, on voit au-devant et au-dessous de l'arc du colon une membrane connue sous le nom d'*épiploon*, qui est elle-même un prolongement du péritoine.

C'est le colon qui est le siège le plus souvent des douleurs connues sous le nom de *coliques*. Le colon tend à sortir par les diverses ouvertures de l'abdomen, en formant alors des hernies apparentes à l'extérieur; il peut aussi passer de l'abdomen dans la poitrine, dans les hernies dites *diaphragmatiques*, où il est entraîné avec l'estomac et l'épiploon. Dans ce cas, la hernie ne peut être que soupçonnée pendant la vie, et n'est démontrable qu'après la mort de l'individu qui en est atteint. L. LAURENT.

COLON. Un décret de la junte de Panama a décidé, en octobre 1859, que tel serait désormais le nom de la ville qui s'élève rapidement sur le point du rivage de l'Atlantique où doit venir aboutir le chemin de fer de Panama, destiné à relier les deux Océans. Les Anglo-Américains entrepreneurs du chemin de fer avaient donné à ce point le nom d'*Aspinwall*, celui de l'entrepreneur qui a exécuté les plus grands travaux. Mais le décret précité prononce une amende contre ceux qui à l'avenir emploieraient dans un acte public quelconque d'autre dénomination que celle de *Colon*, forme espagnole du nom de Christophe Colomb, pour désigner l'*embarcadère* du chemin de fer de l'isthme de Panama sur l'Atlantique.

COLON (JENNY), femme LEPLUS, actrice de l'Opéra-Comique, sortait, comme on dit en terme de coulisse, du trou du souffleur. Son père et sa mère étaient comédiens. Jenny, née le 5 novembre 1810, en province, jouait dès l'âge de huit ans au théâtre de Nantes ; et avec sa sœur aînée, *Éléonore*, elle parut, comme sa mère, en 1822, au Théâtre-Feydeau, dans *Les Petits Savoyards*. Son succès enfantin fut complet. Quoique engagée dès lors à l'Opéra-Comique, elle obtint des sociétaires de ce spectacle, qui voulaient la laisser grandir et se former, une tolérance de trois ans pour jouer les ingénues au Vaudeville, ce que lui permettaient une taille plus élevée et surtout un embonpoint plus marqué que ceux des jeunes filles de son âge. Là, et au milieu des plus grands succès qu'elle procura à une foule de pièces nouvelles et faites exprès pour elle, Jenny Colon s'attacha vivement à Lafont, grand et beau *jeune premier* de ce théâtre; mais cet amour mutuel n'ayant point l'approbation des grands parents, les deux jeunes amoureux se sauvèrent de France, et allèrent contracter un mariage vaudevillique auprès du maréchal ferrant de *Gretna-Green*. A leur retour, les succès de Jenny Colon s'augmentèrent encore. Cette nature de mariage, ou, si l'on veut, cet hymen naturel, n'étant point reconnu par les lois françaises, et la perle du Vaudeville ayant repris sa liberté, que la rupture de la société de l'Opéra-Comique lui avait rendue tout entière, elle alla recueillir des triomphes à Bordeaux, à Bayonne, à Londres. Puis le Gymnase eut le bon esprit de l'engager, et là, déjà, on remarqua combien sa voix avait pris de force, d'agilité, de charme. On la surnomma *la Sontag* des petits théâtres, car aux Variétés, où elle était entrée en sortant du Gymnase, on lui fit quelques rôles dans lesquels, à dessein, on avait placé de brillantes cavatines. La fauvette, devenue rossignol, revint à son premier berceau.

Favorisée par la nature, conduite par le sentiment de sa vocation, dirigée par les conseils habiles de Bordogni, Mlle Jenny Colon, comédienne charmante, débuta à l'Opéra-Comique dans le rôle de *Sarah*, musique de Grisar. Elle y parut avec bonheur et sans effroi à côté de Mme Cinti-Damoreau. Elle aspira à monter plus haut encore : à Rouen, à Bordeaux, à Bruxelles, elle s'essaya aux rôles de soprano dans les grands opéras français de Rossini et de Meyer-Beer. Qui sait où cette juste ambition se fût arrêtée ? Mais revenue à Paris et à l'Opéra-Comique, où elle avait, sérieusement cette fois, épousé M. Leplus, artiste distingué comme flûte du théâtre dont sa femme était le charme et le soutien, la santé de Mme Leplus s'affaiblit peu à peu, et ne lui permit pas de porter plus longtemps et plus loin ses succès. Elle mourut en 1844, justement regrettée des amateurs. A. DELAFOREST.

COLONAT. Le colonat était sous l'empire romain, spécialement à l'époque des princes chrétiens, la condition de certains individus attachés, soit par leur naissance, soit par une convention, à des fonds de terre appartenant à autrui, pour les cultiver moyennant certaines conditions. Il ne faut pas confondre les *colons* avec les esclaves attachés au fonds de terre, et inséparables du sol. « Ceux-ci, dit M. Troplong, étaient les agents passifs des plus rudes labeurs de l'agriculture ; pour salaire, le maître ne leur donne que la nourriture, le logement, à peu près comme aux bêtes de somme destinées à l'exploitation des terres; mais les colons, quoique tenant d'assez près à l'état servile, exerçaient une espèce d'industrie; ils étaient en quelque sorte les *fermiers perpétuels* des domaines auxquels ils étaient attachés; enfin ils payaient au propriétaire une *redevance* annuelle. » En outre, ne pouvaient être séparés du domaine, lors même qu'il passait dans d'autres mains, ou divisés comme membres d'une même famille, si le domaine était soumis à des partages. Mais ils étaient obligés de rester attachés à la glèbe; ils étaient soumis aux châtiments corporels; ils étaient presque absolument incapables d'agir en justice; ils ne pouvaient acquérir sans le consentement de leurs maîtres.

Une constitution de Valentinien exigeait que la redevance due par les colons fût payée en nature, à moins d'usages contraires. Cette redevance était fixe; il était défendu au maître de l'augmenter.

Après la conquête de la Gaule par les Francs, on entendit par *colons* des cultivateurs auxquels les grands propriétaires distribuaient une partie de leurs terres pour les cultiver et y vivre, à charge d'une redevance ou d'autres servitudes. Ces colons étaient tantôt de véritables serfs, tantôt de simples fermiers, souvent aussi des possesseurs investis d'un droit héréditaire à la culture des champs qu'ils faisaient valoir. De là cette variété de noms sous lesquels sont désignés dans les actes anciens les métairies exploitées à des titres et selon des modes différents; de là aussi, en partie du moins, le nombre et l'infinie diversité des redevances et des droits connus plus tard sous le nom de droits féodaux. Suivant le polyptique de l'abbaye Saint-Germain-des-Prés, qui considère toujours les colons comme *ingénus*, ces hommes avaient non-seulement un pécule, mais encore des biens qui leur étaient propres et qui provenaient soit d'acquisitions, soit d'héritages. Leurs redevances étaient en général plus douces que celles des serfs, et il est facile de reconnaître dans ce précieux document que les colons étaient pour la plupart des hommes qui avaient accepté volontairement le servage, soit pour éviter le service militaire, soit pour obtenir la jouissance d'une partie du sol.

La loi de concession faite au colon réglait ordinairement le mode de succession de ses biens; seulement, à chaque mutation sur les tenures le seigneur percevait une redevance. Parmi les redevances en argent payées par les colons, nous citerons le *chevage*, impôt consistant ordinairement en quatre deniers; et *l'ost* ou *herbau*, au moyen duquel ils se rachetaient du service militaire. Le fermage de la tenure se payait souvent aussi en services de corps. La *garde*, le *guet*, la *chevauchée*, les *charrois*, les *corvées*, les travaux dans les bois, étaient les services de corps le plus habituellement exigés. Du reste, même dans la condition la plus dure, le colon avait toujours trois jours pour lui par semaine.

Le colonat prépara une révolution dans la propriété : « Les colons, dit M. Guizot, acquiraient peu à peu, et de génération à génération, de nouveaux droits sur le sol qu'ils faisaient valoir. A mesure que s'apaisa la tourmente sociale, ces droits prirent plus de consistance; il devint difficile de considérer comme un simple fermier et d'expulser à volonté le colon dont les pères avaient depuis longtemps cultivé le même champ, sous les yeux et au profit des pères du seigneur. Ainsi le travail sanctionné par le temps reconquit ce qu'avait usurpé la force, adoucie à son tour par la même puissance ; les propriétaires s'étaient vus contraints de se réduire à la simple condition de cultivateurs ; les cultivateurs redevinrent propriétaires ; mais ce fut là l'œuvre lente des siècles. »

COLONEL, titre qu'on donne à l'officier supérieur chargé du commandement et de l'administration d'un régiment. Son grade vient immédiatement après celui de général de brigade. Longtemps le tambour-major s'est appelé *tambour-colonel*.

Quant à l'étymologie du mot *colonel*, abstraction faite de la position militaire, elle a été fort controversée par les écrivains. Henri Estienne se révoltait, en 1579, de la récente admission dans notre langue des locutions *colonel* et *colonelle*, qu'on a pu croire d'origine italienne, puisque l'illustre lexicographe, en en parlant, s'élève contre le *français italianisé* ou *l'italien francisé*. Le général Bardin cependant ne pense pas qu'ils soient nés en Italie : son opinion est que ce pays les a reçus de l'Espagne ; c'est aussi celle de Montluc, qui en cherche toutefois vainement la filiation. Brantôme, au contraire, se prononce pour l'Italie. On a prétendu aussi les faire dériver de l'italien *colonna*; et l'on a trouvé entre le *colonel* et la *colonne de troupes* des analogies chimériques qui ne méritent pas d'être réfutées.

Quoi qu'il en soit, c'est sous le règne de Louis XII qu'on voit apparaître pour la première fois le titre de *colonel* associé à celui de *capitaine*, pour désigner les chefs des bandes dont se composait l'infanterie française. François Ier le donna en 1534 au premier capitaine de chacune de ses légions. On sait que l'organisation de ces corps dura peu, et qu'on en revint au système de bandes, dont les chefs continuèrent à porter le titre de *colonel* jusqu'en 1544, époque de la création de la charge de *colonel général*. Les chefs de corps furent alors appelés *mestres de camp*, puis successivement *colonels* de 1661 à 1721, *mestres de camp* de 1721 à 1730, *colonels* de 1730 à 1780, *mestres de camp* de 1780 à 1788.

Biron, qui écrivait en 1611, prétend qu'on entendait à peine parler de *colonel* dans l'armée à cette époque, tandis que, quarante ans plus tard, Puységur dit qu'on en voyait dans telles armées agissantes plus de deux centaines, dont la très-grande partie n'avait pas de régiments.

Cette variation dans les titres employés pour désigner les chefs de corps était occasionnée par la suppression ou le rétablissement de la charge de *colonel général*. Ainsi ces officiers étaient appelés mestres de camp lorsqu'il y avait un colonel général, et reprenaient le nom de *colonel* toutes les fois que la charge de colonel général était supprimée. Une ordonnance du 25 mai 1776 ajouta au titre de mestre de camp, alors en usage, celui de *commandant*, pour distinguer le mestre de camp qui commandait un régiment, du mestre de camp en second grade, qui venait d'être créé, et dont le titulaire prenait rang après le mestre de camp commandant.

Une ordonnance du 17 mars 1788, en supprimant les mestres de camp en second, rendit aux mestres de camp commandant le titre de *colonel*, que ces officiers supérieurs n'ont plus quitté, si ce n'est depuis le décret du 21 février 1793, qui substitua à cette dénomination celle de *chef de brigade*, jusqu'au décret du 1er vendémiaire an XII (1803), qui le rétablit. Enfin un décret impérial du 23 mars 1809 créa quarante-six *colonels* en second, destinés à commander tous les corps provisoires dont la formation pourrait être jugée nécessaire. Le nombre de ces officiers supérieurs fut réduit à vingt par un décret du 9 mars 1811. Leur grade fut supprimé à la Restauration.

Les attributions des *colonels* étaient autrefois fort étendues ; ils marchaient dans la hiérarchie immédiatement après les généraux en chef ; mais leur importance alla toujours en déclinant à mesure que de nouveaux agents intermédiaires vinrent se placer entre eux et le pouvoir suprême, et leur autorité se trouva en définitive à peu près resserrée dans les limites où elle est actuellement enfermée.

Avant la Révolution, les rois de France, usant du privilége qu'ils s'étaient réservé de nommer au commandement des régiments quiconque leur conviendrait, faisaient presque toujours tomber ce choix sur des enfants de quinze à seize ans. C'était la naissance et jamais le talent que l'on consultait. Fouquières et le maréchal de Saxe se sont plaints hautement dans leurs écrits de cet abus révoltant, qui livrait à des adolescents sans expérience l'honneur et la vie de tant de braves soldats. Aujourd'hui en France il faut avoir passé par les grades inférieurs pour arriver à celui de *colonel*. Aussi la plupart des sujets qui y parviennent réunissent-ils toutes les qualités nécessaires pour en bien remplir les fonctions, et même pour devenir d'excellents officiers généraux. Ils ont sous ce rapport une grande supériorité sur les colonels étrangers, dont beaucoup ne sont redevables de leur avancement qu'à la faveur de leurs souverains ou à un trafic pécuniaire.

Les devoirs et l'autorité d'un colonel français s'étendent à toutes les parties du service de son régiment. Rien de ce qui concerne le soldat en santé ou malade, en garnison ou à l'armée, ne doit lui être étranger ; il est responsable de la police, de la discipline, de la tenue et de l'instruction de ses subordonnés ; dirige l'administration du corps, et veille à ce que les officiers et sous-officiers de tout grade ne dépassent pas les limites de leurs attributions. Son autorité doit se faire sentir plus par impulsion que par action immédiate. Il doit enfin exercer sur ce qui l'entoure toute l'influence que donne la supériorité du talent, de l'expérience et de la bonne conduite.

Colonel se dit aussi de certains officiers qui sans avoir de régiment sous leurs ordres possèdent le grade et les insignes de ce grade. Il y a des colonels sans troupes dans les corps d'état-major, du génie et de l'artillerie.

On désignait autrefois sous le nom de *colonelle* ou *compagnie colonelle* la première compagnie d'un régiment, laquelle n'avait en ce temps-là d'autre capitaine que le colonel.

Le nom de *colonel général* était un titre honorifique, donné jadis dans l'armée française à un officier général, à un maréchal de France, et surtout à un prince, qui étaient censés commander soit toutes les troupes d'une même arme, soit toutes celles d'un même uniforme. Ainsi nous avons eu la charge de *colonel général de l'infanterie*, créée par François 1er en 1544, dix ans après l'institution des légions; c'était la plus considérable de l'armée après celle de maréchal. Celui qui en était revêtu commissionnait non-seulement les officiers, mais les sous-officiers eux-mêmes. Il n'existait point sous l'Empire de colonel général de l'infanterie; mais Louis XVIII fit revivre ce titre pour le prince de Condé, et gratifia le duc de Bourbon, son fils, de la dignité de colonel général de l'infanterie légère.

La charge de *colonel général des Suisses et Grisons* n'était autrefois qu'un emploi temporaire, et cependant elle était toujours dévolue à un prince. Elle disparut à la révolution. L'Empire la rétablit pour le duc de Montebello et le prince de Neufchâtel. La Restauration la conserva au comte d'Artois et au duc de Bordeaux. Elle fut supprimée à la révolution de 1830.

Le grade de *colonel général de la cavalerie légère et étrangère* remonte à Louis XII, qui créa un *capitaine général des Albanais*. Ses privilèges étaient immenses. Cet office fut aboli en 1790.

Napoléon, devenu empereur, créa plusieurs *colonels généraux de la garde impériale*, et investit de cette dignité pour les grenadiers à pied le maréchal Davoust, pour les chasseurs à pied le maréchal Soult, pour la cavalerie le maréchal Bessières, pour l'artillerie et les marins de la garde le maréchal Mortier. Le prince Eugène porta quelques années le titre de *colonel général des chasseurs à cheval de la garde*. Le maréchal Suchet reçut en 1813 un titre analogue. Ces dignités furent abolies en 1814.

Le prince Louis-Napoléon porta seul le titre de *colonel général des carabiniers* sous l'Empire. Le duc d'Angoulême le prit en 1814. Il a été aboli en 1830. Celui de *colonel général des chasseurs à cheval* fut créé en 1808 pour le général de division Marmont, depuis duc de Raguse, qui le céda au général de division comte Grouchy, en devenant maréchal. Il fut supprimé à la Restauration. Le titre de *colonel général des chevau-légers lanciers* fut conféré en 1814 au duc de Berry, qui le garda jusqu'à sa mort. Celui de *colonel général des cuirassiers*, donné par l'empereur à Gouvion-Saint-Cyr, puis à Belliard, appartint jusqu'en 1830 au duc d'Angoulême. La charge de *colonel général des dragons* fut créée en 1668 pour le duc de Lauzun. Supprimée en 1789, elle fut rétablie sous l'Empire pour les généraux Baraguay-d'Hilliers et Nansouty, et sous la Restauration pour le duc d'Angoulême. Le titre de *colonel général des gardes nationales du royaume* fut conféré en 1814 par Louis XVIII au comte d'Artois, qui le porta jusqu'à son avénement au trône. Celui de *colonel général des hussards* fut distrait par Louis XVI du titre de *colonel général de la cavalerie légère* en faveur du duc d'Orléans, père de Louis-Philippe. Supprimé en 1790, rétabli par l'Empire en faveur d'abord de Junot, puis du duc de Plaisance, il revint, dès les premiers jours de la Restauration, au duc d'Orléans, qui le quitta en devenant roi des Français.

COLONIA, mot latin équivalant à ceux de *ville provenant d'une autre*, servait chez les Romains à désigner plusieurs villes, dont nous ne citerons ici que les plus célèbres : *Colonia Agrippina* ou *Agrippinensis*, aujourd'hui Cologne sur le Rhin, ainsi appelée parce qu'en l'an 50 de notre ère on y fonda une colonie en l'honneur d'Agrippine, femme de l'empereur Claude, qui y était née; *Colonia Aquensis* ou *Aquæ Sextiæ*, fondée dans la Gaule Narbonnaise par le consul Sextius Calvinius, aujourd'hui Aix (département des Bouches du Rhône); *Colonia Augusta*, l'antique *Puteoli*, colonisée par Auguste, aujourd'hui Pozzuoli (Pouzzoles), dans le royaume de Naples; *Colonia Emerita* ou *Emeritensis*, aujourd'hui Merida, en Espagne; *Colonia Cæsarea Augusta*, aujourd'hui Saragosse, en Espagne; *Colonia Eboracensis*, aujourd'hui York, en Angleterre; *Colonia Equestris*, aujourd'hui Nions, en Suisse, sur les bords du lac de Genève; *Colonia Romulea* ou *Romulensis*, aujourd'hui Séville, en Espagne; *Colonia Trajana*, dans la Gaule Belgique, sur le Bas-Rhin, aujourd'hui Kelle, près de Clèves; et *Colonia Trevirorum*, aussi dans la Gaule Belgique, chef-lieu des anciens *Treviri*, aujourd'hui Trèves.

COLONIAL (Système, Régime). C'est l'ensemble des lois administratives et commerciales par lesquelles les métropoles d'Europe régissent leurs colonies dans les autres parties du monde.

COLONIALE (Législation). Les premiers colons furent en général des aventuriers que l'ambition ou la misère avait exilés de leur patrie. En mettant pied sur la terre où ils s'établissaient, ils en prenaient possession au nom du prince qui régnait sur leur patrie. Les gouvernements leur venaient ensuite en aide, se substituaient peu à peu à l'autorité qu'ils avaient créée, et finissaient par les effacer complètement, en établissant un gouverneur, dépositaire d'une autorité plus respectable et plus forte. Il arriva cependant parfois que, par la conduite de ces gouverneurs, les colonies devinrent dans leurs mains un énorme embarras pour la métropole. On crut trouver un remède à ce mal en concédant les colonies à des compagnies, qui les administrèrent pour leur propre compte en payant une sorte de redevance ou de fermage à l'État. Les colonies françaises se plaignirent bientôt amèrement de l'oppression de ces compagnies, qui furent successivement révoquées : la dernière le fut en 1674. Les colonies furent alors placées sous l'autorité de deux *gouverneurs lieutenants généraux*, l'un pour les *îles du Vent*, l'autre pour les *îles Sous le vent*. En 1789 il y avait sept gouverneurs généraux des colonies. On avait été obligé de restreindre leur trop grande autorité : un arrêté du 21 mai 1762 et une ordonnance du 1er février 1766 avaient établi l'indépendance du pouvoir judiciaire en interdisant aux gouverneurs de se mêler de l'administration de la justice.

Depuis 1789 le régime des colonies a éprouvé de nombreuses variations. En considérant les colonies comme une partie du royaume, et en désirant les faire jouir des avantages de la révolution, l'Assemblée nationale n'entendit point les comprendre dans la constitution décrétée et les assujettir à des lois qui pouvaient être incompatibles avec leurs convenances locales et particulières. En conséquence, le décret du 8-10 mars 1790 autorisa les colonies à faire connaître leurs vœux sur la constitution, la législation et l'administration. Ces vœux devaient être exprimés par des assemblées coloniales. La constitution du 3 septembre 1791, tout en reconnaissant que les colonies pourraient participer à la représentation nationale, proclama les mêmes principes, et quelques jours après un décret du 24-28 septembre 1791 régla leur constitution particulière, donna sur certaines matières à leurs assemblées coloniales l'initiative nécessaire des lois à proposer au pouvoir législatif de France. Le décret du 28 mars - 4 avril 1792 accorda les mêmes droits politiques aux hommes de couleur et aux nègres libres qu'aux colons blancs, détermina le mode de procéder pour la nomination des représentants, et institua en outre des commissaires civils pour rétablir l'ordre. La nomination de ces commissaires fut confirmée par plusieurs autres décrets, qui leur donnaient des pouvoirs plus ou moins étendus. La constitution du 6 fructidor an III soumit les colonies à la même loi constitutionnelle que le reste de la république, et les divisa en départements. Le 12 nivôse an VI, une nouvelle loi régla leur administration, politique, administrative et judiciaire, loi qui fut en partie maintenue par la constitution du 22 frimaire an VIII. Mais la loi du 30 floréal an X, qui rétablissait la traite des noirs et l'esclavage dans les colonies, déclara que les colonies seraient soumises pendant dix ans à des règlements du gouvernement. En conséquence on créa par divers arrêtés dans chaque colonie un capitaine général, exerçant presque tous les pouvoirs ci-devant attribués aux gouverneurs généraux, un préfet colonial chargé de l'administration et de la haute police, un commissaire de justice ou grand-juge, qui avait l'inspection et la grande police des tribunaux. Les lois et règlements qui étaient obligatoires en France l'étaient également dans les colonies; mais le capitaine général pouvait, en cas d'urgente nécessité, et sur sa responsabilité personnelle, surseoir en tout ou en partie à leur exécution après en avoir délibéré avec le préfet colonial et le commissaire de justice.

L'article 73 de la charte de 1814 porta que les colonies seraient régies par des lois et des règlements particuliers; une ordonnance du roi du 22 novembre 1819 donna aux conseils supérieurs, sénéchaussées, amirautés et juridictions royales qui avaient été rétablis depuis 1814, les dénominations de cours royales pour les premiers, et de tribunaux de première instance pour les autres; elle ordonna de mettre en vigueur dans les colonies les prescriptions des nouveaux codes, sauf les modifications commandées par les circonstances et les lieux; enfin elle établit des comités consultatifs à la Martinique, à la Guadeloupe, à Bourbon et à Cayenne. L'ordonnance du 13 août 1823 confirma cette institution, avec de nouvelles dispositions; elle en contenait de nouvelles également à l'égard des députés des colonies près le département de la marine. L'ordonnance du 6 janvier 1824 institua un conseil supérieur du commerce et des colonies. C'est alors qu'on songea à coordonner les dispositions des anciennes lois et des ordonnances, et à donner aux colonies ou du moins aux principales d'entre elles une législation à peu près uniforme. Ce fut l'œuvre des années 1825 à 1828. Une ordonnance du 31 août 1828 régla aussi le mode de procéder devant les conseils privés des colonies. La charte de 1830, art. 64, confirma que les colonies seraient régies par des lois particulières; cependant cette expression lois ne fut pas entendue par le pouvoir législatif dans un sens absolu, et les chambres reconnurent qu'elles pouvaient, à leur gré, se réserver la plénitude des attributions législatives, les déléguer, ou enfin les partager. Ces principes furent consacrés lors de la discussion sur la loi du 28 août 1833, relative au régime législatif des colonies. Cette loi s'appliquait spécialement aux colonies de la Martinique, de la Guadeloupe, de Bourbon et de la Guyane, et son article 25 déclarait que les établissements français dans les Indes orientales et en Afrique, l'établissement de pêche de Saint-Pierre et Miquelon continueraient d'être régis par ordonnances du roi. Précédemment, une ordonnance du 23 août 1833 avait fait cesser les fonctions de députés des colonies, et portait que, à l'avenir ces délégués seraient nommés directement par les conseils généraux. Le décret du 27 avril 1848, qui abolit l'esclavage, accordait aux colonies le droit de représentation à l'Assemblée nationale en proportion avec leur population, supprimait aux Antilles, au Sénégal et aux Indes les conseils coloniaux, et de même que les fonctions des délégués des colonies, et donnait enfin aux commissaires généraux le pouvoir de statuer par arrêtés jusqu'à ce que le régime législatif des colonies eût été fixé par l'Assemblée nationale. Aux termes de la constitution qui nous régit actuellement, le sénat règle par un sénatus-consulte la constitution des colonies.

COLONIALES (Denrées). On appelle ainsi les produits bruts des colonies des Indes orientales, mais plus particulièrement encore ceux des Indes occidentales, tels par exemple que le café, le sucre, le thé, les épices, le riz, le coton, les matières tinctoriales, les bois d'ébénisterie, etc., tous objets dont l'introduction ne date guère en Europe que des premières années du dix-huitième siècle, mais qui y sont devenus de nos jours un besoin si général pour toutes les classes de la société, que vouloir maintenant les exclure complètement du continent européen, comme essaya de le faire Napoléon avec son blocus continental, est tout simplement une impossibilité.

COLONIE. On appelle ainsi, en général, tout établissement nouveau créé dans d'assez vastes proportions, en dehors du sol de la patrie, que la souche du nouveau rameau soit un État, une province ou une localité isolée, une nation entière ou bien une simple communauté. D'après les dénominations le plus ordinairement adoptées par les colons eux-mêmes, les colonies peuvent se diviser en colonies de conquête, en colonies de commerce, en colonies d'agriculture et en colonies de plantations.

Dans les *colonies de conquête*, le colon cherche bien moins à tirer profit de sa production particulière que de l'exploitation politique et militaire des indigènes. C'est dans cette catégorie qu'on doit ranger, par exemple, les fondations d'États faites par Alexandre le Grand et par ses successeurs en Orient, par les Normands en Angleterre, en France, dans la haute Italie, par les croisés en Palestine et sur les côtes de la Baltique, par les Anglais en Irlande, et surtout par les Espagnols en Amérique. Des colonies de cette espèce ne peuvent plus être établies dans des pays où se presse une population compacte que dans des contrées où l'agriculture est restée dans un grand état d'infériorité. Leur établissement présente des circonstances à peu près analogues à celles d'une invasion militaire. Un trait caractéristique qui demeure ensuite dans leur organisation intérieure, c'est que dans la société civile y est partagée en castes, qui souvent se distinguent même entre elles par la couleur de la peau, etc. Les *colonies militaires* en sont une variété; et les anciens Romains surtout usèrent de ce moyen à l'effet de tenir en bride les provinces conquises, avec des garnisons coûtant peu d'entretien, et sur lesquelles ils pouvaient compter.

Les *colonies de commerce* sont immédiatement créées dans les pays où il y a beaucoup à acheter et à vendre, mais où, par un motif ou un autre, le commerce ordinaire ne peut pas avoir lieu librement; ou bien, *colonies de relâche*, elles servent d'étapes, de stations intermédiaires à un commerce dont le centre est situé beaucoup plus loin. Celles-ci sont d'une grande utilité pour les longs voyages dans les contrées inhabitées ou barbares. A cet égard on peut citer les colonies fondées sur la côte d'Afrique par les Portugais pour venir en aide à leur commerce avec les grandes Indes, et encore la ville du Cap, Singapore, etc. Presque toutes les grandes colonies de commerce ont eu pour points de départ des factoreries de commerce créées dans des contrées inhospitalières, à l'effet de donner au commerce plus de sécurité et de commodité. Des conquêtes s'y rattachèrent assez souvent. Dans l'antiquité, ce sont les colonies fondées en Espagne par les Phéniciens et par les Carthaginois qui nous offrent les exemples les plus remarquables d'un développement de ce genre; dans l'histoire moderne, les colonies portugaises, hollandaises et anglaises des Indes orientales, peut-être même avant peu la Chine. Pour fonder une colonie de commerce, deux conditions sont indispensables avant tout : un riche capital et une marine puissante. Une nation particulière, un peuple indépendant, ne sauraient s'y former; le commerce est pour cela une industrie beaucoup trop restreinte, occupant beaucoup trop peu de bras, etc. La plupart des colons ne vont s'y établir qu'avec l'intention de revenir, sur leurs vieux jours, se fixer dans la mère patrie.

En ce qui touche les *colonies d'agriculture*, la Sicile et la basse Italie en furent le principal théâtre pour les Grecs, et pour les peuples modernes l'Amérique du Nord, la Sibérie et la Nouvelle-Hollande. L'agriculture y jouant un rôle si important, ces colonies ne peuvent être fondées que dans des contrées entièrement désertes ou habitées seulement par quelques tribus de chasseurs ou de pasteurs. Les colons doivent s'y faire une nouvelle patrie, sans espoir de retour aux lieux qui les virent naître, attendu que dans la règle ce sont seulement les fils et même les petits-fils qui récoltent complétement ce que leurs pères ont semé. C'est ainsi qu'une nation croît insensiblement dans les colonies d'agriculture, et naturellement le mieux là où la nouvelle patrie ne diffère pas trop de l'ancienne sous le rapport du climat, du sol, etc.. Comme d'ailleurs il n'est presque pas d'autre industrie qui pour un capital donné exige un aussi grand nombre de bras que l'agriculture, l'émigration, pour réussir dans les colonies de cette espèce, doit s'y faire dans de larges proportions. Dès lors, ce sont les pays fortement peuplés à qui il convient mieux de fonder des colonies d'agriculture.

Les *colonies de plantations* sont en quelque sorte les serres chaudes de la mère patrie. Elles ont pour but de produire les articles de luxe auxquels le climat de celle-ci se prête peu ou point du tout. La plupart de ces articles exigent une culture dont les pratiques se rapprochent de celles du jardinage; dès lors un travail énorme, dont les blancs ne sont pas capables dans les régions tropicales. On y emploie donc des travailleurs tirés des régions tropicales mêmes, c'est-à-dire ordinairement des esclaves. Ce mot seul suffit pour déterminer tout de suite le caractère social de cette espèce de colonies. Une classe de travailleurs libres ne saurait y exister à côté des esclaves. L'immigration s'y bornera donc à un petit nombre de capitalistes et de *planteurs*, qui n'y retrouvent jamais une seconde patrie et n'aspirent par conséquent jamais à constituer une nation indépendante. Des colonies de ce genre, dont les Indes occidentales nous offrent le plus frappant exemple, ne réussissent que lorsque la mère-patrie doit satisfaire à des demandes considérables d'articles tropicaux, par conséquent lorsqu'elle est riche et parvenue à un haut degré de civilisation.

Ordinairement chaque colonie conserve le caractère particulier qu'a dû lui imprimer sa constitution primitive, comme colonie de conquête, de commerce, d'agriculture ou de plantations; il arrive cependant quelquefois qu'elles quittent l'un pour prendre l'autre. C'est ainsi que le Cap de colonie de commerce est devenu colonie d'agriculture; et que de colonie de commerce Java est devenue une colonie de plantations.

Comme, indépendamment de l'amour de la patrie, il y a encore la paresse vulgaire qui attache les individus au sol natal, il faut d'ordinaire pour l'émigration et la colonisation un concours de causes intellectuelles et matérielles, par exemple, l'une des conditions suivantes : excès de population, surabondance de capital (la première de ces causes pesant plus particulièrement sur les classes inférieures, et la seconde sur les classes moyennes), mécontentement politique, enthousiasme religieux. La première de ces causes que nous venons d'énumérer conduit d'ordinaire à créer des colonies soit de conquête, soit d'agriculture; la seconde, des colonies soit de commerce, soit de plantations; la troisième, des colonies soit de conquête, soit d'agriculture; la quatrième, des colonies soit de conquête, soit de commerce. Il y a plus : c'est que chez tous les peuples parvenus à un haut degré de civilisation les gouvernements eux-mêmes sont amenés à s'occuper, soit directement, soit indirectement, de colonisation. Nous mentionnerons encore comme cause secondaire les *colonies pénales*.

Un fait bien remarquable, c'est l'uniformité de développement des colonies d'agriculture de tous les peuples anciens et modernes. Elles s'accroissent avec une rapidité extraordinaire en richesse et en population, par la raison qu'elles réunissent les capitaux aux forces de travail, et en général les conditions de culture intellectuelle de peuples déjà parvenus à un haut degré de civilisation à l'inépuisable nature d'un sol vierge, dont chacun peut prendre une part aussi grande qu'il peut en cultiver. Ces trois facteurs de toute production : la nature, le travail, le capital, qui d'ordinaire se trouvent placés réciproquement dans des rapports alternatifs, de telle sorte que dans les pays nouveaux il y a bien surabondance de sol, alors qu'il y a disette de travailleurs et de capitaux, tandis que le rapport diamétralement contraire se rencontre dans les pays anciens, se réunissent ici avec toute l'énergie dont ils sont susceptibles. C'est ainsi que l'histoire moderne n'offre pas d'exemple d'un peuple ayant pris des développements intérieurs aussi rapides que les États-Unis de l'Amérique du Nord, de même que dans l'antiquité les colonies grecques de l'Asie Mineure, de la Sicile et de la basse Italie (Grande-Grèce) n'avaient pas tardé à l'emporter sur la mère patrie au point de vue de l'importance matérielle.

Relativement au partage du revenu national, on voit ordinairement dans les jeunes États coloniaux la récolte du sol rester à bas prix, tandis que l'intérêt du capital et les salaires sont très élevés; circonstance qui tient naturellement à la prédominance de la classe moyenne et de la classe inférieure. Pour ce qui est des autres rapports de l'économie, la vie coloniale partage la plupart des conditions particulières des degrés inférieurs de la culture, notamment cette circonstance que pendant longtemps la production y continue à l'emporter sur l'industrie. Les exceptions à cette règle peuvent toutes se ramener à une grande cause, à savoir que les colons partis d'un pays parvenu à un plus haut degré de civilisation y apportent des besoins incomparablement plus nombreux et plus délicats qu'il n'est d'usage d'en éprouver dans les contrées peu peuplées et généralement placées dans un état inférieur de civilisation. Il résulte de là que le commerce extérieur a pour toutes les colonies une importance tout à fait disproportionnée. Leur production compte sur l'exportation beaucoup plus qu'il n'est d'usage et prudent de le faire dans les vieux pays, parce que plus les colons se trouvent jouir de commodités et d'agréments, et moins ils veulent renoncer à des habitudes depuis longtemps prises, tandis que leur nouvelle patrie les approvisionne que de matières brutes ou de produits les plus grossiers de l'industrie. Comme ce qui, toutes proportions gardées, fait le plus défaut aux colons, c'est le capital, ils développent d'ordinaire au plus haut degré le crédit et les équivalents du capital, d'où il ne résulte, il est vrai, que trop souvent une certaine propension à des entreprises et à des spéculations exagérées, et des crises commerciales. Les transports en tout genre, et plus particulièrement la navigation, sont aussi d'ordinaire beaucoup plus développés dans les colonies que dans les vieux pays, toutes conditions de civilisation d'ailleurs égales.

En ce qui est des particularités intellectuelles de la vie coloniale, nous observerons d'abord une infatigable activité, une inquiétude, une disposition à changer incessamment de résidence qui déjà caractérisait les colons dans l'antiquité. Une fois que l'amour du lucre a pu décider un individu à abandonner sa patrie, à traverser l'Océan, enfin à jouer sur un dé dans quelque part vierge tout ce qu'il possède, il n'entreprendra qu'avec plus de facilité encore toute autre émigration afin de mettre à exécution quelque spéculation nouvelle. Dans les colonies il est relativement rare de rencontrer la sentimentalité avec ses faiblesses et ses vertus. Toute la vie y revêt un caractère rationnel, sans se laisser influencer ni arrêter par les vieilles traditions du passé. Dans tout ce qu'il y a d'essentiel la population coloniale parcourt

5.

naturellement les mêmes phases de développement que la population de la mère-patrie : les Anglais, les Espagnols, etc, restent toujours, même dans un autre hémisphère, Anglais et Espagnols. Mais ce développement demeure d'ordinaire bien plus pur de tout mélange dans la colonie que dans la mère-patrie. En général, ce sont les colonies d'agriculture qui se développent le plus tôt et le plus énergiquement dans une direction démocratique. La cause en est tout simplement que les colons rencontrent, même en ce qui touche la politique, une manière de table rase où il leur est libre par conséquent de poursuivre la réalisation de leurs idées et de leur idéal, sans avoir à lutter contre cette opposition aux mille faces qui toujours agit dans les vieux pays, même à son insu et souterrainement.

Depuis la fin du moyen-âge la *politique coloniale* des États européens a toujours consisté à recueillir aussi exclusivement et en aussi grande quantité que possible, au profit de la mère-patrie, les avantages de la possession d'une colonie. Mais qu'était-ce que la mère-patrie? Jusque vers le milieu du dix-septième siècle, on ne comprit par cette expression que le gouvernement, la noblesse et le clergé ; et en effet l'ancienne politique coloniale espagnole ne se préoccupait que de ces trois intérêts. Plus tard les négociants et les artisans parurent mériter une attention toute particulière. Telle fut notamment la base de la politique hollandaise et de l'ancienne politique anglaise. De nos jours, enfin, on pense surtout à utiliser les colonies contre le **paupérisme**, en tant que dérivatif et comme par moyen d'émigration. Du reste, on a suivant le temps différemment compris *l'application exclusive et aussi grande que possible des avantages d'une colonie à la mère-patrie.* Cette idée est naturellement devenue plus étroite là où le système de la tutelle des intérêts généraux, exclusivement confiée au pouvoir, l'a emporté sur le principe de liberté; et elle s'est restreinte encore davantage quand les colonies elles-mêmes se sont émancipées.

Le soulèvement de la nation subjuguée est le danger qui menace constamment les colonies de conquête; les colonies de plantation ont à redouter les révoltes d'esclaves ; les colonies de commerce ont surtout à craindre, à l'intérieur, les insurrections militaires ; enfin, les colonies d'agriculture, quand la civilisation y est arrivée exactement au même degré que dans la mère-patrie, tendent infailliblement à proclamer leur indépendance : résultat qui ne ferait que précipiter la défiance et la jalousie dont elles seraient l'objet de la part de la mère-patrie. C'est ainsi que depuis trois siècles la *politique coloniale* est devenue au total de plus en plus favorable à la liberté; et que depuis la séparation des États-Unis d'avec leur mère-patrie l'oppression systématique des colonies n'a plus été longtemps possible en quelque contrée que ce fût.

Les Portugais ont perdu leurs colonies de commerce et de conquêtes dans les Indes orientales (fondées à partir de 1498) en grande partie par les guerres qu'ils eurent à soutenir contre les Hollandais au commencement du dix-septième siècle, et leur colonie d'agriculture et de plantation du Brésil, en 1822, lorsque, sous la conduite de leur propre prince royal, cette colonie se détacha de la mère-patrie. Ils ne possèdent plus par conséquent aujourd'hui que G o a, des factoreries dont le territoire à Timor (l'une des îles de la Sonde), et à Macao, en Asie; les îles du cap Vert, Madère et Porto-Santo, les côtes de Mozambique, d'Angola, et diverses petites factoreries disséminées sur la côte de Guinée et de Sénégambie, en Afrique; les Açores, en Europe.

Il y a cent ans l'Espagne passait encore pour la première puissance coloniale du monde, et elle possédait en dehors de l'Europe un territoire vingt-deux ou vingt-trois fois plus étendu que la France. Mais à partir de 1809, et après de longues et sanglantes luttes, toutes les colonies qu'elle possédait sur le continent américain se proclamèrent indépendantes, sans avoir pu jusqu'à ce jour, ni les unes ni les autres, arriver à jouir d'un état complet de calme et de sécurité. Aussi, en fait de colonies, l'Espagne ne possède-t-elle plus maintenant que les suivantes : en Asie, les îles Philippines, les îles Bissayes, les îles Mariannes et les différents petits groupes qui s'y rattachent, mais renfermant un très-grand nombre de contrées tout à fait indépendantes ou encore à peu près inconnues, et où elle n'exerce sa suprématie que par des moyens purement spirituels ; en Afrique, les îles Canaries et ce qu'on appelle les *Presidios*, c'est-à-dire des places fortes situées sur la rive nord-ouest de l'Afrique, enfin quelques îlots sur la côte de Guinée, entre autres Annabon; en Amérique, Cuba, Porto-Rico et quelques autres îles de moindre importance. L'ancien système colonial de l'Espagne, avec sa mise en tutelle de la population aborigène à l'aide de confesseurs et de soldats, avec son esprit de caste et son blocus presque chinois, n'avait guère pris souci que des grands et fertiles plateaux de l'Amérique centrale et méridionale, où de tout temps s'était pressée une population compacte, et avait négligé tout le reste. Par contre, Cuba est devenue dans ces derniers temps la plus importante des colonies espagnoles, tant pour le commerce que pour ses finances de la mère-patrie, et a acquis un remarquable degré de prospérité depuis qu'on y a introduit des principes commerciaux plus libéraux. Ce serait une perte irréparable pour la mère-patrie si jamais les États-Unis réussissaient à la lui enlever, ainsi qu'ils n'en dissimulent pas l'intention.

La France a perdu depuis longtemps ses plus importantes possessions coloniales. Aux Indes orientales la supériorité de l'Angleterre fut décidée par les suites de la guerre de sept ans, quoique de 1740 à 1750 la fortune de la France ait eu quelques brillants intervalles dans ces lointains parages. Elle n'y possède plus aujourd'hui qu'un petit territoire, dont Pondichéry, est le chef-lieu. En Amérique, elle avait pris possession du Canada et de l'Acadie dès les premières années du dix-septième siècle, plus tard de Cayenne, de Saint-Domingue et de quelques autres petites Antilles, en 1699 de la Louisiane. Mais dès 1713 elle était contrainte de céder l'Acadie à l'Angleterre; en 1763 elle lui abandonna le Canada; en 1803 elle vendit la Louisiane aux États-Unis, et, la même année elle perdit, par une insurrection de la population noire, Saint-Domingue, la plus importante colonie de plantation qui existât au monde avant que les îles de Cuba et de Java eussent atteint leur degré actuel de prospérité. Il ne lui reste plus dès lors en Amérique que la Guadeloupe et la Martinique, avec les quelques îlots adjacents, Cayenne, ainsi que quelques établissements de pêcherie à Terre-Neuve. En Afrique, les Français possèdent depuis la première moitié du dix-septième siècle plusieurs factoreries sur la côte de Sénégambie ; depuis 1720, l'île de la Réunion, ci-devant Bourbon, tout récemment quelques établissements peu importants à Madagascar et à Mayotte, et depuis 1830 l'Algérie. En Australie, ils ont depuis 1842 les îles Marquises et les îles de la Société.

Les Hollandais possèdent encore de nos jours, sauf le Cap, à peu près les mêmes colonies qu'à l'époque de leur plus grande prospérité. Dans ces derniers temps elles ont même perdu de leur importance pour eux, car aujourd'hui ce sont les riches produits des îles de la Sonde qui maintiennent en équilibre leurs finances, si gravement obérées. En Asie, ils possèdent, en partie depuis le commencement du seizième siècle, Java, Madura, Banca, Timor, les Moluques, et en outre diverses parties de Sumatra, des Célèbes et de Bornéo. Leur établissement à Sumatra ne date que de 1821, et le champ où s'offre ici à leur activité est pour ainsi dire illimité. Il faut encore ajouter à ce bilan de la puissance coloniale hollandaise quelques comptoirs sur la Côte-d'Or, en Amérique une partie de la Guyane (Surinam), et dans les îles de l'archipel des Indes occidentales, Curaçao, Saint-Martin, Saint-Eustache et Saba, dont l'importance principale consistait autrefois dans les facilités qu'elles offraient

COLONIE — COLONIES AGRICOLES

pour faire la contrebande avec l'Amérique espagnole.

La séparation des États-Unis a fait, il est vrai, perdre aux Anglais les plus belles et les plus anciennes de leurs colonies; mais l'Angleterre n'en est pas moins toujours la première puissance coloniale du monde. Elle possède aujourd'hui dans l'Amérique septentrionale : les deux Canadas, le Nouveau-Brunswick, la Nouvelle-Écosse, le Cap Breton, les Iles du Prince-Édouard, Terre-Neuve, et l'incommensurable territoire de la Compagnie de la baie de Hudson. Dans les Indes occidentales : Antigoa, la Barbade, la Dominique, Grenade, la Jamaïque, les Iles des Vierges, Anguilla, Saint-Christophe, Sainte-Lucie, Saint-Vincent, Tabago, la Trinité, les Iles Bahama et les Iles Bermudes. Sur la Terre-Ferme de l'Amérique centrale et méridionale, Demerary, Essequebo, Berbice et Honduras, plus les îles Falckland. En Afrique : le Cap (depuis 1806), Sierra-Leone, des comptoirs sur la Côte d'Or et en Sénégambie, enfin l'île Maurice, ci-devant *Ile de France*, Sainte-Hélène, l'Ascension, les îles Séchelles, les îles Amirantes et de Fernando-Po. Les colonies de l'Australie (depuis 1788), la Nouvelle-Galles du Sud, la Terre de Van Diémen. En Asie, le territoire occupé par la compagnie des Indes orientales, et ses États feudataires. Il faut y ajouter Ceylan, pris aux Hollandais en 1795; Hong-Kong en Chine (depuis 1842), Singapore, Penang, Wellesley, Malakka et quelques possessions dans l'île de Bornéo; enfin en Europe même : Gibraltar, Malte, les îles Ioniennes et Helgoland. Walter Raleigh fut le créateur des colonies d'agriculture des Anglais, encore bien que ses efforts pour s'établir en Virginie (1583-1587) aient échoué, et qu'à bien dire la colonisation des contrées qui sont aujourd'hui les États-Unis n'ait commencé qu'en 1606. Ce fut seulement à l'époque de Cromwell que les colonies anglaises de plantation prirent de l'importance. Quant aux colonies de commerce et de conquête, la compagnie des Indes orientales date bien de l'année 1600; mais elle ne devint une grande puissance qu'au temps de Clive. Un trait particulier et remarquable des colonies anglaises, c'est que ceux qui abandonnaient la mère-patrie pour venir s'y fixer y trouvaient toujours en pleine vigueur leur droit civil anglais, et y jouissaient des mêmes droits politiques qu'en Angleterre; enfin, c'est qu'aussitôt que le nouvel établissement semblait avoir atteint le degré de maturité convenable, on lui donnait une constitution parlementaire calquée sur celle de la mère-patrie. Jamais, à bien dire, celle-ci ne songea à exploiter ses colonies; elles ont, au contraire, toujours coûté bien plus qu'elles ne lui rapportaient. Les colonies d'Angleterre ne devaient servir qu'à encourager son industrie, son commerce, sa navigation; et à cet effet, par l'acte de navigation et par les différentes lois qui en formaient le corollaire, les colons étaient tenus de ne commercer avec l'étranger que par l'intermédiaire de l'Angleterre et au moyen de navires anglais, par conséquent de renoncer à tout élan de leur industrie propre. La déclaration d'indépendance des États-Unis porta un coup fatal à ce système, auquel les doctrines du libre échange donnent en ce moment le coup de grâce.

Les colonies danoises ne comptent, outre l'Islande et le Groënland, que les îles Saint-Thomas (depuis 1671), Saint-Jean et Sainte-Croix, dans les Indes occidentales; enfin quelques comptoirs sur la côte de Guinée. En 1845 le Danemark vendit à l'Angleterre le territoire qu'il possédait aux Indes orientales, à l'exception des inutiles îles de Nicobar. Les colonies suédoises sont encore moins importantes, et ne se composent que de l'île Saint-Barthélemy (depuis 1784) dans les Indes occidentales.

Les possessions russes en Sibérie et en Transcaucasie peuvent sans doute, à beaucoup d'égards, être considérées comme des colonies; elles en différent cependant essentiellement, en ce qu'elles se rattachent au territoire de la mère-patrie sans solution de continuité. Nous rangerons toutefois dans la catégorie des colonies de commerce les établissements russes de la côte nord-ouest de l'Amérique du Nord, organisés sur le modèle de la Compagnie de la baie d'Hudson. Les puissances allemandes n'ont point de colonies; il en est de même des puissances italiennes.

On donne aussi le nom de *colonies* à des établissements agricoles fondés dans l'intérieur d'un pays, soit par des sociétés religieuses, soit par des réfugiés qui y conservent leurs mœurs, leur langue et leur religion, soit par certaines classes de peuple, comme des condamnés, des libérés, des mendiants, des soldats. Parmi les premières, nous citerons celle que les moraves ont fondée en Russie sur les bords du Volga, et celle que les Mormons créent en ce moment dans les États-Unis à Utah. Parmi les secondes nous rappellerons la colonie française établie à Berlin après la révocation de l'édit de Nantes; l'essai que firent à Odessa les émigrés français sous la conduite du duc de Richelieu; le Champ d'asile, tenté sous la Restauration par des soldats français de l'Empire. Les Allemands ont créé un certain nombre de colonies en Russie et aux États-Unis ; les juifs en ont partout.

Nous consacrons des articles spéciaux aux colonies agricoles, aux colonies pénales, aux colonies militaires et aux colonies romaines.

COLONIES AGRICOLES. Il est trois principes sur lesquels sont d'accord tous ceux qui se sont occupés d'économie sociale : le premier, que les aumônes en nature et en argent, distribuées par la charité, ne secourent que des individus et n'arrêtent pas les progrès du paupérisme; le second, que les condamnés ne peuvent être détenus sans danger pour leur santé et pour la morale; le troisième, que, malgré les progrès de l'agriculture et l'augmentation de la race humaine, il reste dans tous les États de l'Europe beaucoup de terres incultes qui pourraient être fécondées. Partant de ces trois principes, des philanthropes ont imaginé de réunir sur ces terres des indigents et des condamnés, qui y trouveraient dans la culture des moyens d'existence et de moralisation. Quelquefois même les gouvernements ont encouragé ces établissements, connus depuis cinquante ans environ sous le nom de *colonies agricoles*.

On peut ranger, moins le nom, dans cette catégorie l'essai tenté en Angleterre par l'évêque de Wells, les 6,000 acres de terre affectés par les États-Unis aux dépôts de mendicité, les établissements fondés en Prusse par Frédéric Ier en faveur des protestants français, et accrus par Frédéric-Guillaume de colonies de Suisse, de Souabe, des Palatinats, etc.; ceux que créa en Russie Catherine II et dans lesquels les Allemands accoururent en foule; les colonies de la *Sierra-Morena* en Espagne; celles d'ouvriers et de pauvres dans le Holstein, le Hanovre, la Westphalie, la Bavière, à Hambourg, etc. Mais l'institution des colonies agricoles proprement dites n'a jamais été complètement réalisée sur une grande échelle qu'en Hollande et en Belgique, à l'instigation du général Van den Bosch, et sous le patronage du prince Frédéric, oncle du roi actuel des Pays-Bas. Une association libre se fonda à La Haye pour en assurer la dépense et la propagation. Elle compta dès sa naissance plus de 15,000 souscripteurs. Le premier terrain fut acheté sur les confins des provinces de Drenthe, Frise et Over-Yssel; la colonie de familles indigentes qui s'y établit prit le nom de *Frederik's-Oord* (champ de Frédéric). Vinrent ensuite, dans les environs, *Ommerschans*, colonie de répression et de punition pour les mendiants, et *Veen-Huysen*, où l'on remarque de nombreuses salles pour le logement des mendiants, deux hospices agricoles pour les orphelins et enfants-trouvés, deux pour des ménages d'ouvriers, deux pour des ménages de vétérans. Enfin, la société fonda, entre les établissements de Veen-Huysen et de Frederik's-Oord, dans un lieu nommé

Wateren, un institut agricole pour soixante garçons destinés à diriger ou surveiller les travaux d'agriculture des diverses colonies. En 1829, les colonies agricoles de *Frederik's-Oord*, *Ommerschans*, *Vœn-Huysen* et *Wateren* comprenaient plus de 7,000 individus.

Après une expérience de cinq ans, une société se forma, en 1822, à Bruxelles, également sous le patronage du prince Frédéric, pour doter la Belgique d'une institution coloniale semblable à celle de la Hollande. Cette nouvelle association se composa, dès l'origine, de plus de 13,000 membres. On commença par fonder sur les landes de la Campine, dans la commune de *Wortel*, province d'Anvers, une colonie libre sur des bases analogues à celles de *Frederik's-Oord*. Le rapide succès qu'elle obtint fut dû au capitaine Van den Bosch, frère du général. Plus tard on créa, à l'instar de la colonie de *Ommerschans*, un dépôt agricole de mendiants sur les bruyères de *Merxplas-Ryche-Versel*, voisines de *Wortel*, dans la province d'Anvers. Tout près de là s'était déjà établie une colonie de trappistes, émigrés de France en 1792, et au milieu des landes de *Zeyst*, entre Utrecht et Amersfort, une colonie agricole et industrielle de frères moraves. A Gheel, bourg de Belgique, peuplé de 6,500 âmes, à 22 kilomètres sud de Turnhout, des aliénés de Bruxelles, d'Anvers et d'autres villes sont placés chez les cultivateurs, qui les occupent à des travaux agricoles. On y comptait en 1850 876 de ces infortunés : 442 hommes et 434 femmes.

Le succès des colonies agricoles de la Hollande et de la Belgique ne pouvait manquer d'exciter l'émulation de la France. Dès 1828 le conseil général de la Seine émettait un vœu favorable à ces établissements. Après la révolution de Juillet les associations de bienfaisance s'en occupèrent. En 1832 M. d'Argout, ministre du commerce et des travaux publics, fit approuver par le roi Louis-Philippe la création d'une commission chargée d'examiner le système des établissements de Hollande et de Belgique et de préparer un plan général de colonies agricoles pour la France. Malheureusement cette commission ne figura jamais que sur le papier, et ne se réunit pas une seule fois.

Du reste, les établissements de nos voisins n'ont pas eux-mêmes répondu aux espérances qu'on s'en était faites. Depuis que le royaume des Pays-Bas s'est scindé en deux États, leur décadence a été rapide; elle est aujourd'hui presque complète. Ils florissaient en 1830 ; c'est à peine si l'on en retrouve la trace en 1853. On a proposé chez nous différente singulièrement l'application des colonies agricoles intérieures : on a rêvé des colonies libres d'indigents, des colonies formées de mendiants, des hospices agricoles d'enfants-trouvés et d'orphelins, des colonies de réhabilitation de forçats libérés, des colonies agricoles d'aliénés, des colonies de ménages d'artisans, etc. L'établissement de Mettray est à peu près le seul qui ait réussi en France. Il faut pourtant citer encore la colonie agricole d'Ostwald, fondée en faveur des pauvres sans asile par la ville de Strasbourg; et la colonie de Petit-Bourg, pour des enfants pauvres. On a, d'un autre côté, cherché à rattacher quelques-unes de ces institutions à notre conquête d'Afrique. Ne pouvant discuter ici tous ces projets, nous dirons seulement que les deux principaux genres de colonies agricoles intérieures, celles d'indigents et celles de condamnés, soit détenus, soit libérés, paraissent rencontrer à l'exécution de sérieux obstacles. D'une part, il serait difficile, dit-on, de coloniser des condamnés sans jeter l'alarme dans les communes voisines; de l'autre, il est à craindre que la France ne possède qu'un nombre très-restreint d'indigents valides, qui, trouvant dans leur labeur actuel une partie de leurs moyens d'existence, seraient difficiles à déplacer sans inconvénient. Enfin, on le demande si réellement la France renferme de grandes étendues de terrains incultes susceptibles d'être fertilisés.

COLONIES MILITAIRES, établissements de soldats cultivateurs. Il en existait déjà à l'époque d'Alexandre le Grand et sous les Romains. Dans nos temps modernes, l'organisation des Frontières militaires de l'empire d'Autriche et de l'*Indelta* en Suède à la fin du dix-septième siècle en ont été l'imitation, de même que les colonies militaires créées en Russie à partir de 1820, quoique celles-ci diffèrent essentiellement de ces premières institutions.

En Suède, l'organisation de l'*Indelta* ou des troupes réparties par cantonnements, qui existe encore aujourd'hui dans ce pays, remonte à Charles XI, qui l'imagina pour avoir toujours sous la main la plus grande force militaire désirable avec le moins de frais possible. Elle consiste dans l'obligation imposée aux propriétaires de pièces de terre isolées, et moyennant l'exemption de certains impôts, d'entretenir un ou plusieurs soldats, recevant chacun autant de terrain et de bétail qu'il lui en faut pour assurer sa subsistance. Quand vient l'époque des manœuvres ou en temps de guerre, ceux qui restent sont tenus de faire la besogne de ceux qui ont été appelés sous les drapeaux. Ils ne reçoivent de solde qu'en temps de guerre.

La pensée première des *colonies militaires russes* date du règne de l'empereur Alexandre; elle fut conçue par le général en chef d'artillerie Araktchéjeff. Son plan consistait à établir à poste fixe des régiments entiers dans certains arrondissements, et, sous une administration tout à la fois militaire, civile et de police, à opérer entre l'ordre des paysans de la couronne et les troupes soldées une fusion telle qu'elle permît d'obtenir des résultats de plusieurs espèces, notamment une diminution dans les frais d'entretien de l'armée, plus de facilité dans son recrutement, la création d'une réserve, la fondation d'asiles pour les soldats retraités et pour leurs familles, en même temps que l'accroissement des produits ruraux et de la population agricole là où les bras avaient jusque alors fait défaut. Enfin, Araktchéjeff conseillait de répartir et de loger les soldats chez les paysans de la couronne, de construire des villages militaires d'après un plan donné, d'assigner à chaque maison un certain nombre de journaux de terre, enfin de donner à cette institution un code particulier. Le soldat devait en cette qualité contribuer à son entretien en travaillant à la terre. Toute la population mâle des villages de colons devait être exercée au maniement des armes, et en temps de guerre servir de réserve. Araktchéjeff voulait masser de la sorte en colonies militaires toutes les forces disponibles de la Russie le long des frontières de la Pologne, de la Turquie et du Caucasie; organisation qui, indépendamment des avantages énumérés ci-dessus, d'augmenter la culture du sol ainsi que la population, et d'assurer la subsistance des familles des soldats en campagne, devait inspirer l'amour de la patrie à celui qui, en temps de paix, avait les jouissances du toit domestique, de la famille et de la propriété.

Cette idée, quelque bien conçue qu'elle parût au total, perdit dans l'application et dans la pratique beaucoup de l'utilité qu'on s'en était promise; cette déception fut surtout le fruit de la sévérité inexorable apportée par Araktchéjeff à la mise en œuvre de son plan, une fois qu'il l'eut fait approuver par l'empereur. Des villages entiers se révoltèrent ; et la Sibérie fut redevable, en très-grande partie à l'accroissement de population de 1820 à 1825, aux intolérables rigueurs du système de ces colonies militaires en 1825 Araktchéjeff était déjà parvenu à masser 400,000 hommes, dont 40,000 cavaliers. Par suite de la révolte d'une partie de la garde impériale, qui eut lieu cette année-là, l'empereur Nicolas renonça au système de coloniser toute l'armée. Araktchéjeff, objet de l'exécration des soldats, fut mis à la retraite, et se retira dans son domaine de Grusino, sur le Wolchow, où il mourut le 21 avril 1834. Les colonies militaires déjà créées dans les gouvernements de Nowogorod, Welicki, Cherson, Charkow et Iekaterinoslaw furent à la vérité conservées et subsistent encore; mais l'organisation première en a été considérablement modifiée.

COLONIES PÉNALES. Les premières colonies pénales furent fondées en Afrique par les Portugais. Les Espagnols, maîtres du Portugal sous Philippe II, continuèrent le système adopté (*voyez* PRÉSIDES). Puis vinrent les Russes : longtemps avant Pierre le Grand, des établissements de ce genre avaient été fondés en Sibérie. L'impératrice Élisabeth ayant supprimé la peine de mort, on déporta les criminels dans ce pays, et on les y fit travailler aux mines.

Avant 1776 l'Angleterre avait envoyé dans ses possessions de l'Amérique du Nord quelques milliers de criminels; mais ce petit nombre d'émigrants n'y exerça aucune influence, et c'est méconnaître l'histoire que de considérer les habitants des États-Unis comme les descendants de ces déportés. Après la perte de ses colonies, la Grande-Bretagne chercha pour ses criminels un lieu de déportation où elle pût réaliser ses plans de lointaine colonisation. Sir J. Banks, qui avait accompagné le capitaine Cook dans son voyage autour du monde, proposa l'Australie. Mais à peine la première expédition, composée de 565 *convicts* hommes et de 192 femmes, eut-elle jeté l'ancre dans la rade qu'on appela Botany-Bay, qu'on reconnut que le terrain environnant n'était nullement propre à la colonisation. L'établissement fut fondé, en conséquence, à quelques milles plus au nord, devant le Port-Jackson, où s'éleva bientôt la ville de Sidney.

Après cette contrée, qui prit le nom de Nouvelle-Galles du Sud, la colonie la plus importante que posséda l'Angleterre en Australie fut celle de la rivière des Cygnes (*Swan river*), créée en 1829, par le capitaine Stirling, sur la côte occidentale de ce continent, presque aussi grand que l'Europe. On y bâtit quatre villes, Clarence-Town, Perth et Guildford. En 1824 un autre établissement était inauguré dans l'île Melville par le capitaine Bremer, sous le nom de *Fort-Dundas*. Mais la sécheresse et le chaleur y occasionnèrent des maladies telles, qu'il fallut évacuer ce poste. On fut forcé également d'abandonner, en 1826, les établissements de Port-Western et de King-Georges-Sound. Enfin, Moreton-Bay et Manning-River, situés sur les côtes de la Nouvelle-Galles du Sud, près du tropique, Port-Stephens, l'île de Norfolk et celle de Van-Diémen ou Tasmanie complètent la liste des colonies pénales de l'Angleterre dans ces parages. Ces deux dernières contrées sont presque exclusivement affectées aujourd'hui à la transportation des *convicts*, après qu'ils ont subi un emprisonnement cellulaire qui ne peut excéder un an et des travaux publics exécutés en commun pendant un temps proportionné à la durée de leur peine. Malgré ces précautions, Van-Diémen et la plupart des autres colonies australiennes, surtout depuis la découverte des mines d'or, pétitionnent sans cesse contre tout nouvel envoi de condamnés sur leur sol.

En somme, toutes ces colonies pénales n'ont point produit les merveilleux avantages qu'on en attendait. Une population de malfaiteurs apporte forcément dans des établissements qui ont besoin d'ordre et de paix des habitudes de désordre ; elle introduit la mauvaise foi et la fraude dans les transactions commerciales ; elle ne pense qu'à s'enrichir aux dépens des colons honnêtes par des moyens illicites, et fait courir à une société moins forte un danger bien autre menaçait déjà la société plus puissante qui l'a expulsée.

Malgré ces funestes résultats, notre gouvernement français tente en ce moment un essai de colonisation pénale dans la Guyane. Nous désirons qu'il réussisse, mais nous ne l'espérons pas, malgré les grands démonstrations théâtrales qui ont accompagné la prise de possession. Quiconque a étudié la population de nos bagnes et de nos maisons centrales sait que les plus grands criminels sont les plus hypocrites. Nous ne dirons rien des condamnés politiques, que nous voyons à regret mêlés à une semblable population. Nous ne doutons pas qu'on ne renonce promptement à ce révoltant amalgame. Quant aux criminels, peut-être la morale publique perd-elle à ce qu'ils expient leurs méfaits trop loin des lieux qui en furent le théâtre. La question du climat et de la mortalité est aussi fort grave, comme l'a victorieusement prouvé le docteur Lélut.

On a beau dire et beau faire, en général le système des colonies pénales est vicieux : il n'y a parmi ces colonies de vraiment utiles que celles qui existent sur le continent, les colonies ou plutôt les pénitenciers agricoles, tels que l'Angleterre, l'Allemagne, les États-Unis en ont établi pour l'enfance, telles qu'on en pourrait fonder aussi pour l'âge mûr. Tout le monde connaît en France les heureux résultats obtenus dans la colonie de Mettray, créée sur le modèle de celle de Horne près de Hambourg.

Eug. G. DE MONCLAVE.

COLONIES ROMAINES. Les colonies romaines ne furent ni agricoles ni commerciales, mais exclusivement militaires. Elles furent établies dans le but de délivrer la ville de la lie de la population, *exhaurire sentinam urbis*, (c'est Cicéron qui le dit), d'assurer la soumission des pays conquis, et de préserver Rome en remplissant l'office de postes avancés. Les Romains évitaient de fonder des colonies dans des localités nouvelles. Lorsqu'ils s'étaient emparés d'une ville, ils en expulsaient une partie des habitants, soit, à l'origine, pour les transférer à Rome, soit, plus tard, lorsqu'il fallut arrêter et non plus encourager l'accroissement de la population de la capitale, en les transportant dans les lieux éloignés. Dans tous les cas, ces habitants étaient remplacés par des citoyens romains ou latins, garnison permanente qui suffisait pour arrêter tout germe de révolte.

Il faut remonter jusqu'à Romulus pour trouver l'origine des colonies. Nous voyons en effet que ce premier roi de Rome, vainqueur des villes de Crustuminum et d'Antemnes, y envoya des colonies. Ancus Marcius en établit une à Ostie; Tarquin le Superbe, à Signia, à Circéi, et à Suessa Pometia. Quand les propositions de lois agraires vinrent inquiéter la puissance des patriciens, ils cherchèrent à consolider leurs usurpations sur le domaine public en donnant des terres aux plébéiens sur les conquêtes récentes ; c'est-à-dire en fondant des colonies ; mais ceux-ci s'y refusèrent souvent, aimant mieux vivre misérables à Rome que de trouver le bien-être au loin. Aussi pour former la colonie d'Antium fut-on obligé de la faire mixte, c'est-à-dire de compléter le nombre insuffisant des colons par des Volsques. Mais ce premier essai ne fut pas heureux : la ville se révolta bientôt, il ne fut soumise aux armes romaines que longtemps après, en 335. De nombreuses colonies furent encore établies sur les frontières du Latium, du Samnium, de la Campanie, de l'Ombrie et de l'Étrurie pendant la guerre du Samnium. Lorsqu'elle fut terminée, les Romains franchirent pour la première fois l'Apennin, et envoyèrent des colonies dans trois villes situées sur les bords de l'Adriatique. Puis, lorsque Pyrrhus fut expulsé de l'Italie, ils en fondèrent de nouvelles pour tenir en respect la Lucanie et surveiller la Grande-Grèce. A l'approche des dangers dont Annibal menaçait la république, on sentit le besoin de se fortifier du côté des Alpes ; et c'est dans ce but que l'on établit deux colonies dans la Gaule cisalpine, l'une à Plaisance, l'autre à Crémone.

Tite-Live distingue deux classes de colonies : celles qui étaient situées dans l'intérieur des terres, et qui étaient obligées de fournir des soldats pour la défense de Rome, et les colonies maritimes, qui avaient le privilège de ne pas être astreintes au service militaire, sans doute parce qu'elles devaient spécialement garantir les riches cités des côtes de l'Italie des attaques des pirates. Dans les deux derniers siècles de la république, le nombre des colonies diminua d'une manière sensible. Cela tint d'abord à ce que l'Italie était soumise, et que le besoin de fortifications avancées se faisait moins vivement sentir ; mais cela résulta surtout de ce que les plébéiens, qui demandaient des lois agraires, voulaient avoir des terres sur le territoire primitif de l'*ager romanus*, dans les contrées voisines de Rome, et non pas aux extrémités de l'Italie; car ils conservaient dans le premier cas leurs droits de suffrage et de vote, tous les priviléges civils et politiques de citoyen romain, dont le colon au contraire perdait une partie. Dès qu'il n'y eut plus de terres récemment conquises en Italie, les colonies cessèrent dans la Péninsule. L'aristocratie leur voua la même haine qu'elle avait vouée aux lois agraires; car elles se confondaient dès lors avec celles-ci. En effet Caius Gracchus ne proposait rien autre chose que l'établissement de colonies; Rulius ne demandait également que la fondation de colonies dans l'Italie méridionale et surtout à Capoue; enfin César établit des colonies en Campanie.

Quant aux colonies fondées en dehors de l'Italie, en Afrique, en Espagne, en Gaule surtout, elles ne le furent que dans les derniers temps de la république romaine. L'exemple de Carthage, devenue plus puissante que Tyr; de Marseille, plus florissante que Phocée ; de Syracuse, qui avait éclipsé Corinthe; de Cyzique et de Byzance, plus riches que Milet, semblait effrayer l'aristocratie romaine. Ce n'est que plus tard, sous l'empire, que ces colonies devinrent beaucoup plus nombreuses.

Pour ce qui est des droits civils et politiques des colons romains, il faut faire avec Tite-Live une distinction entre les *colonies latines* et les *colonies romaines*. Les colonies latines étaient celles où les Romains envoyaient des citoyens n'ayant que le droit des Latins (*jus Latii*). Quant à celles où les colons étaient citoyens romains, ils conservaient le droit de contracter mariage, de faire un testament, la puissance paternelle, le droit de tutelle, etc., tels qu'ils existaient à Rome; mais ils perdaient le droit de suffrage. Ce n'est que plus tard, sous Auguste, que l'on recueillit le vote des habitants des colonies pour être envoyés cachetés à Rome à l'époque des comices. Mais c'était une innovation, et cette mesure fut même regardée comme faisant de toutes les villes d'Italie les égales de Rome.

Quelques commentateurs ont voulu donner exclusivement le nom de *colonies militaires* à celles qui furent établies à l'époque où l'autorité de particuliers ambitieux l'emporta sur la volonté du sénat et du peuple, c'est-à-dire à partir de la dictature de Sylla; colonies composées seulement de soldats, de vétérans, auxquels on accordait des terres moins pour les récompenser des services qu'ils avaient rendus à l'État que pour les attacher à la fortune de leur chef. Ces commentateurs s'appuient sur ce que des médailles donnent pour emblème aux colonies ordinaires un bœuf avec une charrue, aux autres un étendard et un aigle. Mais si l'on veut bien se reporter à l'époque où furent fondées les premières colonies, on se convaincra qu'elles c'étaient de véritables soldats qu'on y envoyait comme colons et qu'elles rendirent d'incontestables services à la mère-patrie, tandis que dans les derniers temps, où les armées n'étaient qu'un ramassis d'étrangers sans discipline et sans patriotisme, ces colonies ne furent d'aucune utilité pour la défense de Rome quand l'heure de sa chute eut sonné.   W.-A. DUCKETT.

COLONISATION. La colonisation a été longtemps la passion des gouvernements européens. Se devancer les uns les autres dans les pays lointains, d'où venaient les produits dont les consommateurs européens étaient avides, s'y établir, créer eux-mêmes ces produits, puis en assurer le transport exclusif à leur marine, était un des moyens de richesse et de grandeur que les gouvernements il y a deux siècles pratiquaient le plus. Depuis, la science économique s'est attachée à décrier ce qu'autrefois on estimait par-dessus tout, et, se fondant en Angleterre sur la révolte des colonies anglaises de l'Amérique du Nord, suivie, trente ans plus tard, de la révolte des colonies espagnoles de l'Amérique du Sud, se fondant en France sur les revers de la marine française, a présenté le système colonial comme une insigne déception, comme un inutile effort pour créer des dominations passagères sur des populations bientôt ingrates et révoltées, dominations qui ne valaient pas un commerce libre avec elles. Ces vues exclusives de la science sont le plus souvent fausses comme toute vue exclusive. Si les peuples avaient toujours raisonné ainsi, les Grecs n'auraient pas colonisé l'Italie, les Romains n'auraient pas colonisé l'Europe, l'Europe n'aurait pas colonisé l'Amérique et les Indes. La civilisation serait restée enfermée dans l'étroit bassin de l'Archipel. Le genre humain aurait vieilli dans un coin du globe, au milieu d'une civilisation courte et incomplète, ignorant tout ce que lui a appris le parcours entier de notre planète, c'est-à-dire la plus grande partie de ce qu'il sait.

Sans doute l'Angleterre gagne beaucoup plus avec l'Amérique affranchie et passée de l'enfance à l'âge adulte, qu'elle ne gagnait avec l'Amérique soumise et restreinte dans son commerce par les lois coloniales. Mais il fallait la créer cependant pour que l'Angleterre en arrivât à commercer avec elle aussi avantageusement qu'elle le fait aujourd'hui. Si l'on veut dire que le régime colonial doit changer avec les temps, on dira une chose fort simple et fort vraie ; car le régime commercial tout entier change lui-même sans cesse. Mais soutenir qu'on ne doit plus coloniser serait nier l'un des plus puissants, des plus utiles penchants de l'espèce humaine. Les faits démentent tous les jours une pareille opinion.

Ainsi, la France est fort imbue de cette idée de ne plus entreprendre de colonie; l'Allemagne n'y a jamais pensé, faute de marine; la Suisse encore moins; et cependant tous les ans il s'échappe des centaines de Basques français pour l'Amérique du Sud, des milliers d'Allemands et de Suisses pour l'Amérique du Nord. Une industrie maritime s'est même fondée sur cette émigration, et ces êtres humains que l'on transporte sont devenus une partie considérable du fret entre l'Europe et les deux Amériques. Il existe donc un penchant invincible qui porte les hommes à se déplacer, malgré un autre penchant tout aussi puissant qui les attache au sol sur lequel ils ont pris naissance. Il y a en effet des natures inquiètes qui ont besoin de changer de pays, de tenter, comme on dit, la fortune. Il y a des familles d'agriculteurs que l'amour de la propriété stimule à tel point que, pour obtenir des terres, elles ne craignent point de se transporter dans un autre hémisphère, même sous la condition d'y fixer à jamais leurs pénates. Presque tous les ans, au moment du retour des bâtiments américains, voir, à Hambourg, à Rotterdam, à Dunkerque, au Havre, à Bayonne, des familles entières, mari, femme, enfants, vieillards, s'embarquer avec leurs instruments aratoires, et jusqu'à leur village natal pour se transporter aux bords du Mississipi et de l'Ohio, ou de la Plata, sans que les gouvernements auxquels ils appartiennent soient pour rien dans l'impulsion qui les entraîne. Si les pays d'où sortent ces émigrés perdent des bras qui pourraient cultiver le sol de la métropole, ils y gagnent des consommateurs qui vont répandre au loin le goût des produits de la mère-patrie, et quelquefois ils ne les perdent pas, car après un certain nombre d'années on les voit revenir à leur village natal pourvus d'aisance et même de richesse.

Dans nos temps de troubles, souvent produits par une exubérance, non pas de population, mais d'activité et d'ambition, la ressource de la colonisation est moins à condamner que jamais, et si, par des motifs commerciaux, fondés ou non, on avait renoncé au système colonial, la politique conseillerait d'y revenir, sous certains rapports au moins, afin d'offrir une issue à ces imaginations inquiètes que le besoin du changement travaille et agite. L'Angleterre, si tourmentée par la population écossaise à une époque antérieure, par la population irlandaise à l'époque présente, a souvent pratiqué la colonisation dans de très-grandes pro-

COLONISATION

portions, et a réussi ainsi à se débarrasser de ferments dangereux. Il est inutile de dire qu'on ne peut jamais recourir à de telles mesures qu'en respectant la liberté des individus, et qu'on doit se borner à faciliter l'émigration à ceux que ce penchant domine, à moins que la justice ne les ait mis à la disposition du gouvernement. La colonisation ainsi entendue doit, avec une sage distribution de travaux de l'État, faire partie des moyens de prévoyance d'un gouvernement habile et éclairé.

Certains économistes ont dit que c'est dans le pays même qu'il faudrait songer à coloniser, au lieu de coloniser dans des régions lointaines; que les populations ne sont jamais surabondantes, que chaque contrée de l'Europe, la France notamment, en pourrait nourrir trois ou quatre fois plus, et qu'en répartissant mieux les bras, en les transportant des localités où ils surabondent dans celles où ils manquent, on mettrait en valeur une quantité de terres, ou mal cultivées, ou point cultivées du tout. Au lieu, dit-on, de dépenser des millions au loin, on trouverait en Bretagne, dans les Landes, dans le centre de la France, tantôt des lieux incultes, couverts de ronces, tantôt des lieux inondés qu'on pourrait à volonté rendre fertiles. Au lieu d'aller se créer des consommateurs éloignés, dont le travail profite à d'autres autant qu'à la France, on créerait en France même, que rien ne pourrait séparer d'elle, qui ne travailleraient que pour elle, et seraient non-seulement des consommateurs, mais des contribuables, des citoyens, des soldats. C'est en conséquence de cette idée qu'on a souvent proposé la colonisation agricole dans l'intérieur de la France.

Sans doute, si une telle chose se pouvait, il y aurait certains avantages à la mettre en pratique, car il vaudrait mieux avoir chez soi que hors de chez soi ces colons, producteurs et consommateurs à la fois, dont l'activité tout entière serait à la France, et à elle seule, sans pouvoir jamais en être séparés. Mais il s'agit de savoir si cet attrait du déplacement qui porte à quitter la mère-patrie, si ces espérances chimériques que les pays lointains inspirent, si ces promesses de gains énormes, si cette passion pour les vastes et grandes propriétés situées sur l'Ohio ou la Plata, si tous ces motifs qui entraînent les hommes loin du sol natal, malgré ce qui les y retient; si tous ces motifs se porteraient à les créer en faveur d'un terrain à exploiter dans les Landes ou la Bretagne.

L'idée de colonies agricoles dans l'intérieur même de la France est donc chimérique, puisqu'elle ne répond en rien au besoin qui porte les colons à s'expatrier. Ce sont les colonies hors de la métropole qui seules peuvent avoir des chances de succès. Il est vrai que ces colonies, jugées mauvaises par les disciples de la moderne économie politique, jugées mauvaises même pour l'Angleterre, sont déclarées plus mauvaises encore pour la France. La France, dit-on, n'a jamais su coloniser, et ce qu'on ne conseillerait pas aux autres nations on ne conseillera encore moins à elle.

Sans éprouver pour notre nation ce sot orgueil qui consiste à décerner toutes les qualités à soi, tous les défauts à autrui, nous n'admettons pas pour la France cette prétendue incapacité de coloniser. Saint-Domingue, le Canada, la Louisiane, l'île de France, plusieurs pays de l'Inde, étaient parfaitement colonisés lorsque nos ennemis ou la révolte nous les ont enlevés; Saint-Domingue, notamment, était la plus belle colonie de l'univers. Ce ne sont pas là des preuves attestant que la France ne sache pas coloniser.

La vraie cause de ses revers dans les régions colonisées par les Européens n'est pas dans une prétendue incapacité, que les faits démentent, mais dans les malheurs de sa marine. Elle a été vaincue sur mer par sa rivale, pour avoir voulu combattre en même temps sur deux éléments. Dans le dernier siècle, elle avait eu le tort de dépenser à la fois ses forces contre le grand Frédéric et contre l'Angleterre. Dans ce siècle, elle a eu le tort plus grand encore de vouloir livrer en même temps les batailles de Trafalgar et d'Austerlitz, et tenter simultanément le même jour des choses dont peut-être elle eût été successivement capable si, par une indiscrète prodigalité de ses forces, elle n'avait pas prétendu les accomplir toutes à la fois. Elle a donc succombé sur mer, et des établissements dont on ne possède pas la route ne sauraient prospérer longtemps. L'île de France, la dernière, la plus regrettable peut-être de nos pertes maritimes, était une colonie achevée, quand nous l'avons vue passer aux mains de nos ennemis, faute de pouvoir communiquer avec elle.

La France n'est donc pas incapable de coloniser; mais il faut qu'elle veille à ne pas coloniser trop loin de ses rivages, si toutefois elle se décide de nouveau à entreprendre des œuvres de ce genre. Le doit-elle encore? Là est la question.

La destinée dans ce siècle semble lui avoir assigné l'une des plus belles tâches qui soit jamais échue à une grande nation; celle de soumettre, de civiliser le nord de l'Afrique. L'un de ces motifs généreux qui sont toujours le commencement des grandes œuvres l'y a portée : l'indignation que causait à tous les peuples civilisés la barbarie des pirates qui infestaient la Méditerranée. Il n'était pas possible, en effet, aux nations européennes de tolérer plus longtemps que la plus importante, la plus fréquentée, la plus voisine des mers du globe, fût infestée de pirates : c'était souffrir des brigands à la porte de sa demeure. Un outrage de l'un de ces pirates insolents est devenu de nos jours le signal de cette glorieuse entreprise.

La France, sans se douter presque de ce qu'elle allait entreprendre, comme il arrive toujours lorsqu'on agit providentiellement, la France s'est armée de son épée, et a frappé pour jamais les barbares qui désolaient la Méditerranée. Pendant vingt ans on lui a dit de ne pas trop s'engager, de ne dépenser ni trop d'argent ni trop d'hommes, et, n'examinant point ce qu'on avait raison ou tort, conduite par un instinct irrésistible, elle a envoyé en Afrique jusqu'à cent mille soldats, dépensé jusqu'à 100 millions par an. Tandis que les conseils d'une prudence que les événements n'ont pas justifiée la voulaient arrêter, la France inconstante a persévéré; elle a persévéré vingt années sans être assurée d'un profit quelconque, et la voilà en possession d'un empire qui s'étend de la Méditerranée au désert de Sahara.

Mais pour que cette conquête, qui commence à étonner déjà par les perspectives qu'elle ouvre à notre commerce, ne soit pas éphémère, il faut qu'elle se peuple non-seulement d'Arabes soumis, mais de Français acclimatés, lesquels, mêlés aux Arabes, seront capables de les contenir et de les faire concourir, soit à l'œuvre du défrichement et du commerce, soit à celle de la défense. Pour cela, il faut coloniser, c'est-à-dire envoyer des Français.

Beaucoup d'émigrants se transportent dans l'Amérique du Nord, parce que l'habitude d'en agir ainsi est établie, parce que le climat présente peu de différence avec celui de l'Europe, parce qu'il y a de la terre, du bois, de l'eau, tout ce qui rend la culture facile. Mais est-ce que l'Afrique, parce qu'elle serait différente, serait inférieure? Assurément non. Qu'on aille en Andalousie, terre exactement semblable à l'Afrique, et qu'on nous dise s'il ne vaudrait pas la peine de faire possesseurs de cette riche terre, et propriétaires, par exemple, de la *vega* de Grenade? Eh bien, l'Afrique abonde en *vegas* tout aussi belles, qui n'attendent que la main de l'homme. Il suffirait pour cela de détourner vers elle ce courant d'émigrants européens qui abandonnent l'ancien monde pour le nouveau.

Ce courant se forme par l'attraction qu'exercent ceux qui ont déjà émigré et réussi sur ceux qui n'ont pas encore quitté le sol natal. Si des colons finissaient par se sentir heureux en Algérie, dans certaines régions plus tempérées, plus paisibles que les autres, et où l'acclimatation est plus facile, ils en attireraient sur-le-champ un grand nombre à leur suite. Une telle chose est-elle possible sans le concours du gouvernement? nous ne le croyons pas. Mais puisqu'on demandait naguère à l'État des efforts ruineux, insensés, pour des œuvres contraires à tous les principes sociaux, ne serait-il pas raisonnable, prudent, humain, et surtout éminemment politique, de diriger vers ce but les forces du pays qu'on voulait égarer ailleurs? Et si une grande dépense doit être tentée dans une intention d'humanité, ne serait-il pas sage de la tenter pour ouvrir une carrière à la fois agricole, industrielle et commerciale, à ceux que l'impatience du présent, le dangereux ennui du connu, porteraient à chercher une nouvelle existence? A. Thiers de l'Académie, Française.

COLONNA, bourg situé dans l'État de l'Église, à environ 22 kilomètres de Rome, qui a donné son nom à la plus célèbre et à la plus puissante de toutes les familles de la noblesse romaine. Pendant toute la durée du moyen âge les Colonna, par leurs riches possessions, au nombre desquelles figurait la ville de Palestrina (l'antique Prœneste), par leurs palais à Rome assez semblables à des forteresses, et par le grand nombre de leurs clients, exercèrent une influence décisive sur le cours des choses dans l'État de l'Église et même sur l'élection des papes. Constamment en lutte ouverte avec leurs non moins puissants rivaux, les Orsini, et avec le parti populaire, ils firent cent fois couler le sang dans les rues de Rome.

Le pape Martin V (*Ottone* Colonna), un grand nombre de cardinaux, de capitaines, d'hommes d'État, de savants et d'écrivains, sont issus de cette famille. Les membres les plus célèbres sont :

Egidio Colonna, né en 1247, mort en 1316, célèbre scolastique (*doctor fundatissimus, theologorum princeps*), professeur à l'université de Paris, général des augustins et instituteur de Philippe le Bel, pour lequel il composa son traité *De Regimine Principum* (imprimé pour la première fois à Rome en 1492). C'était un ardent réaliste et partisan de saint Thomas d'Aquin.

Giacomo Colonna, cardinal, son frère, le général *Sciarra* Colonna, soutinrent le roi Philippe le Bel lorsqu'il vint surprendre le pape Boniface VIII à Anagni, après avoir été vaincus par ce pape à la suite de longues guerres, et avoir vu leur ville de Palestrina détruite par ordre du souverain pontife. Leur frère, *Stefano* Colonna, abandonna la politique traditionnelle de la maison en se mettant à la tête du parti des Guelfes, et devint le plus puissant adversaire de Rienzi, jusqu'à ce qu'en 1347 le tribun du peuple finit par l'expulser de Rome avec ses partisans.

Prospero Colonna acquit le renom de grand capitaine dans la guerre contre le roi de France Charles VIII (1495), en agissant de concert avec le célèbre général espagnol Gonsalve de Cordoue. Entré plus tard au service du duc de Milan, il commandait à la bataille de La Bicoque, où les Français furent battus par les Milanais et leurs alliés. A quelque temps de là, Gênes tombait en son pouvoir, et lui-même mourait peu après (1523).

Marc-Antonio Colonna, duc *de Paliano*, se comporta vaillamment à la bataille de Lépante (7 octobre 1571), où les flottes combinées des Espagnols, des Vénitiens et du pape combattirent les Turcs dans les parages de l'île de Chypre. Dix-sept galères et quatre galiotes des infidèles tombèrent en son pouvoir. A son retour à Rome, ses brillants exploits lui valurent de la part de la cour pontificale et de celle du peuple une foule de distinctions honorifiques. Plus tard, Philippe II le prit à son service, et le nomma vice-roi de Sicile. Il mourut le 2 août 1584.

Vittoria Colonna, la femme poëte la plus célèbre qu'ait eue l'Italie, fille du grand connétable du royaume de Naples, *Fabrizio* Colonna, naquit en 1490 à Marino, fief appartenant à sa famille. A quatre ans on la fiança à Fernando-Francisco d'Avallos, marquis de Pescara, enfant du même âge. Les rares perfections du corps et de l'esprit que lui avait départies la nature, et qu'une éducation des plus soignées n'avaient pu qu'accroître, la rendirent l'objet de l'admiration générale. Aussi de nombreux concurrents et jusqu'à des princes se mirent-ils sur les rangs pour obtenir sa main; mais, fidèle à ses vœux, Vittoria Colonna donna la préférence au compagnon des jeux de son enfance, quand il fut devenu homme, et vécut avec lui dans la plus heureuse union. Le marquis de Pescara ayant été tué en 1525 à la bataille de Pavie, sa veuve demanda à la solitude et à la poésie des consolations pour sa douleur. Elle passa six années alternativement à Naples et à Ischia, puis se retira dans un couvent, d'abord à Orvieto, ensuite à Viterbe. Plus tard, elle renonça à la vie claustrale, et vint s'établir à Rome, où elle mourut, au mois de février 1547. Toutes ses poésies sont consacrées à la mémoire de son époux. Ses *Rime spirituali* (Venise, 1548) sont une œuvre des plus remarquables; on y trouve la trace d'une profonde sensibilité et d'une piété éclairée. Ses différents poëmes parurent pour la première fois, mais d'une manière fort incomplète, à Parme (1538), puis à Naples (1692), et, avec une notice biographique sur l'auteur par Giambattista Rota, à Bergame (1760). L'édition la plus complète est celle qu'en a donnée Ercole Visconti (Rome, 1840).

La famille Colonna se divise aujourd'hui en trois branches, dont la première, celle de *Colonna Paliano*, habite Rome et Naples; la seconde, celle de *Colonna di Sciarra*, subdivisée en deux rameaux, *Colonna di Sciarra* et *Colonna Barberini*, habite Rome; la troisième, enfin, celle de *Colonna Stigliano*, réside à Rome.

Le Palais Colonna à Rome, bâti au pied du mont Quirinal, est célèbre par sa magnifique galerie, longue de 160 pieds et large de 36, conduisant à un jardin délicieux, et renfermant de précieuses richesses artistiques.

On trouve encore des Colonna en Espagne, en Sicile, en Corse et même en Allemagne; et tous prétendent rattacher leur généalogie à l'illustre maison de Rome, objet de cet article. Les *Colonna d'Istria*, de Corse, étaient au nombre des familles les plus puissantes de cette île au moment où Paoli y fut nommé lieutenant général du roi Louis XV. Paoli les rattacha aux intérêts de la France; et Louis XVI, en récompense des bons services d'Octave Colonna d'Istria, le nomma *comte de Cirnarca*. Il mourut en 1794, général de brigade.

COLONNADE. C'est le nom que l'on donne à une réunion de *colonnes* placées symétriquement en galerie, soit autour, soit seulement au-devant d'un édifice, soit à l'intérieur ou à l'extérieur, et servant de décoration ou de promenade; cependant, quand elles forment l'entrée d'un temple elles portent, au lieu de cette dénomination, celle de *péristyle* ou de *portique*.

On trouve chez les Égyptiens des exemples nombreux de colonnades de diverses formes et de diverses proportions : les colonnes y formaient des avenues multipliées et d'une grande étendue. Les Grecs ont eu aussi de belles colonnades, soit autour de leurs temples périptères, soit dans l'intérieur des cours qui dépendaient de ces monuments, et qui avaient sans doute la même destination que les cloîtres dans nos couvents modernes. Le temple d'Isis à Pompéi, celui de Jupiter Sérapis à Pouzzoles, et de Jupiter Olympien à Athènes, peuvent encore maintenant donner l'idée de ce qu'étaient ces cours ornées de colonnades. Quant aux temples eux-mêmes, ce qui nous reste de plus frappant à cet égard ce sont les colonnades des temples de Balbeck et de Palmyre, puis à Rome un portique de 100 colonnes, fait par ordre de Pompée pour se promener à couvert, et le portique d'Octavie, qui se composait de 270 colonnes.

Les modernes ont aussi beaucoup d'exemples de colonnades, parmi lesquelles l'on doit citer, comme très-remarquables pour la grandeur et la disposition, les magnifiques colonnades construites par Le Bernin pour former la place et conduire à l'église de Saint-Pierre, à Rome. Tout le monde admire ces constructions, mais on ne se rend pas compte des difficultés que l'architecte a su vaincre avec un tel succès que l'on a peine à les apercevoir. La première consistait à tracer une place dont les dimensions fussent dans un juste rapport avec le monument pour lequel elle était faite. La seconde était de raccorder ces galeries avec le péristyle du temple et avec le grand escalier du Vatican. Une troisième se trouvait dans l'exécution, puisque les colonnes formant des galeries circulaires, celles des rangs extérieurs doivent avoir un diamètre plus grand en raison de leur éloignement. Cette colonnade fut commencée en 1661, et le pape Alexandre VII en posa la première pierre le 25 août. Elle se divise en deux parties ayant chacune 142 colonnes doriques. Des trois allées que forment ces quatre rangs de colonnes, celle du milieu est assez large pour que deux voitures puissent y passer; elle est voûtée, tandis que les deux autres sont plafonnées. Les colonnes sont d'un seul bloc, en pierre de travertin; elles ont 28^m,60 de hauteur, y compris la base et le chapiteau. L'entablement est surmonté d'une balustrade, au-dessus de laquelle sont placées 192 statues de 3^m,55 de haut. La dépense de cette colonnade a été, dit-on, de 3,500,000 francs.

Une colonnade bien différente et jouissant aussi d'une grande célébrité est la colonnade du Louvre, belle conception de Claude Perrault, sur laquelle la critique ne put s'exercer qu'en cherchant à en ôter l'invention à cet habile architecte. Elle a 171 mètres de longueur, et est divisée en deux parties par l'avant-corps du milieu; chaque partie se compose de colonnes corinthiennes cannelées et accouplées, mais elles ne sont pas d'un seul bloc. Les constructions de la place de la Concorde offrent aussi deux colonnades. L'architecte Gabriel, pour ne pas imiter la colonnade du Louvre, a isolé ses colonnes, ce qui donne de la maigreur à son monument.

Les colonnades les plus récentes que nous ayons vu élever sont celles qui décorent extérieurement le palais de la Bourse de Paris, par Brongniart, et l'église de la Madeleine, par Vignon. La Bourse de Saint-Pétersbourg, par Thomon, offre aussi une colonnade comme celle de Paris. Enfin, une colonnade d'un autre genre, qui mérite d'être citée à cause de la richesse de la matière, est la colonnade circulaire construite par Mansart, dans un des bosquets du jardin de Versailles. Elle se compose de 32 colonnes corinthiennes en marbre, de 4^m,85. Le fût de chacune d'elles est d'un seul bloc, 8 en brèche violette, 12 en bleu turquin et 12 en marbre de Languedoc. Tous les chapiteaux sont en marbre blanc, et supportent des arcades surmontées d'une corniche aussi en marbre blanc, ainsi que les vases qui le couronnent.

Duchesne aîné.

COLONNATO. C'est ainsi que dans le Levant on appelle les piastres d'argent d'Espagne frappées en Europe (dans la péninsule), parce qu'on y voit les armoiries d'Espagne entre deux colonnes droites, figurant, dit-on, les colonnes d'Hercule, et autour desquelles s'enroule un ruban avec cette inscription : *Nec plus ultra*. On désigne aussi ces espèces de piastres sous le nom de *piastres aux colonnes*. Celles des anciennes colonies espagnoles émancipées portent un soleil, le bonnet phrygien, des plantes tropicales ou d'autres emblèmes.

COLONNE. Ce mot est dérivé du latin *columen*, soutien; et en effet les piliers circulaires ainsi nommés sont ordinairement employés pour soutenir un fronton, un portique ou toute autre partie architecturale. Cependant on a élevé quelquefois des colonnes seules. Les monuments de cette nature ont été souvent critiqués, comme n'atteignant pas le but que semblerait indiquer leur usage.

Une colonne se compose d'un corps principal, auquel on donne le nom de *fût* ; il est placé sur une *base*, et surmonté d'un *chapiteau*. La proportion de ces différentes parties varie suivant les différents ordres d'architecture. Les colonnes sont principalement employées dans les temples et dans les palais; elles servent à leur décoration, et, suivant la richesse du monument ou le goût de l'artiste, on les fait en pierre, en marbre ou en granit, d'un seul bloc, par tronçon ou par tambour, suivant que les assises sont plus ou moins d'épaisseur. Quelquefois des colonnes en maçonnerie sont recouvertes en stuc, de couleurs variées. Il est à croire que les Grecs firent d'abord leurs colonnes avec des troncs d'arbres dans leur état naturel. Depuis, on en a fait en menuiserie, soit que le bois conservât sa couleur naturelle, soit qu'il fût peint, pour imiter le marbre ou le granit. Le bronze même a été coulé en colonne : il en existe peu de cette matière; cependant on en voit quatre à Saint-Pierre de Rome et quatre à Saint-Jean de Latran. Les proportions d'une colonne variant en raison de l'ordre d'architecture auquel elle appartient, la moitié de son diamètre est devenue le *module* suivant lequel se détermine la mesure de chacune des parties d'un édifice. Dans l'ordre toscan, remarquable par sa simplicité et par sa force, le fût de la colonne avait 12 modules; celui de l'ordre dorique, nommé l'ordre viril, a varié de 10 à 16; dans l'ordre ionique, désigné comme l'ordre féminin, à cause de sa beauté majestueuse, le fût de la colonne a 18 modules ; l'ordre corinthien va jusqu'à 20, et on lui donnait le nom de virginal, tant à cause de son élégance qu'à cause de la richesse et de la variété des ornements qu'il admet. Les colonnes furent d'abord faites de quatre ou cinq tronçons : cependant on remarque d'anciens temples avec des colonnes *monolithes*, c'est-à-dire d'un seul bloc; cet usage a prévalu toutes les fois que la hauteur des colonnes n'a pas dépassé la grandeur des blocs que l'on pouvait se procurer dans les carrières. Ordinairement les colonnes étaient unies : cependant dans l'ordre corinthien, et même dans l'ordre ionique, on en voit de *cannelées* dans toute leur hauteur, comme celles de la colonnade du Louvre et celles de l'intérieur de la cour. Quelquefois elles sont *rudentées*, c'est-à-dire que dans le tiers d'en bas de la colonne, chaque cannelure est remplie par un corps arrondi en sens inverse de la cannelure, et faisant l'effet d'un roseau que l'on y aurait introduit. On peut en voir un exemple au portique de Sainte-Geneviève à Paris. Des colonnes *torses* sont un objet bizarre et heureusement assez rare ; il s'en trouve à Saint-Pierre de Rome et au Val-de-Grâce à Paris. On a fait aussi des colonnes *ovales* ; on en a vu autrefois à Délos; il en existe encore à la Trinité-du-Mont et au palais Massimi à Rome.

Suivant la manière dont les colonnes sont placées, on dit qu'elles sont *isolées, accouplées, liées, groupées, flanquées, engagées, cantonnées*. On nomme *angulaires* celles qui sont aux angles d'un monument; le mot *solitaire* désigne celles qui forment à elles seules un monument, et dans ce cas elles sont ordinairement *colossales* ; d'autres désignations sont encore données à ces colonnes, suivant l'usage auquel elles sont employées : ainsi, on les nomme *triomphale, navale, rostrale, sépulcrale, itinéraire* ou *milliaire*.

Les anciens temples de l'Égypte offrent un grand nombre de colonnes qui présentent beaucoup de variétés: la plupart n'ont ni base ni piédestal; leur diminution part du bas et va jusqu'en haut, sans aucun renflement vers le tiers du fût, ainsi qu'on le remarque dans celles de l'architecture grecque.

On ne trouve plus maintenant aucun monument ancien avec des colonnes de l'ordre toscan; mais Vitruve en a transmis les proportions d'après un temple de Cérès, qui de son temps existait encore à Rome. Les temples de Pœstum et de Sicile, l'amphithéâtre de Vérone et la colonne Trajane ne sont point de l'ordre toscan, mais bien de l'ordre dorique. Il est vrai que dans les temps les plus reculés les colonnes de cet ordre n'avaient pas l'élévation qu'on leur a donnée depuis, et que, comme celles de l'architecture égyptienne, leur plus grand diamètre était à la base : c'est ce que l'on peut observer dans les colonnes de Thoricus et dans celles des temples de Junon et de la Concorde à Agrigente ; dans celui de Ségeste et dans les deux temples de Pœstum. Du temps de Périclès on donna plus d'élégance à la colonne dorique, dont la hauteur se trouva portée à onze modules, ainsi que le constatent les temples de Jupiter Panhellenius dans l'île d'Ægine, celui de Thésée, le Parthénon et les Propylées à Athènes. Bientôt on augmenta encore la hauteur des colonnes, comme on le voit au temple de Minerve, sur le promontoire de Susinuum, à celui de Jupiter Néméen, entre Argos et Corinthe. Les Romains enfin donnèrent seize modules à la colonne dorique, dans le théâtre de Marcellus et dans le Colisée.

Le plus ancien modèle de l'ordre ionique se trouve dans un temple sur l'Ilissé à Athènes ; on cite ensuite celui de la Fortune virile et de la Concorde à Rome ; dans ce dernier monument les colonnes ont dix-huit modules de hauteur. L'ordre corinthien a été employé très-fréquemment, et la hauteur du fût est à peu près la même que dans l'ordre ionique ; mais la base et surtout le chapiteau ont plus d'élévation, ce qui fait que ces colonnes ont jusqu'à vingt modules. Les anciens édifices qui nous offrent les plus beaux modèles sont, à Athènes, le monument choragique de Lysicrate ; à Rome, le Panthéon, le temple d'Antonin et de Faustine. Les trois colonnes qui restent du temple de Jupiter Stator ont en marbre blanc, cannelées, et ont 13 mètres de haut. Il faut encore citer comme de beaux modèles de l'ordre corinthien les deux arcs de Septime-Sévère et de Constantin. Quant au temple d'Ephèse, regardé comme une des merveilles du monde, et détruit depuis si longtemps, on assure qu'il était orné de cent vingt colonnes, et qu'elles avaient 19^{m}50 de haut. Quoique aucun édifice moderne n'offre de colonne qui ait le droit d'être citée autrement que comme une copie plus ou moins parfaite d'un monument antique, cependant nous croyons devoir rappeler que dans le nombre considérable de colonnes employées dans la décoration du Louvre et des Tuileries, la plupart sont d'un seul bloc de 4^m,85 à 5^m,85 : l'une d'elles mérite d'être distinguée, puisqu'elle a été exécutée par Jean Goujon lui-même. Elle est placée au premier étage du pavillon du milieu des Tuileries, du côté du jardin : c'est la première à gauche, en regardant le palais. On raconte que le vieux professeur Blondel, ne pouvant plus marcher, se faisait porter à cette place pour admirer encore la colonne dont il avait souvent parlé dans ses cours d'architecture.

Dans l'état intermédiaire entre l'art chez les anciens et celui de la renaissance en Europe, il y eut aussi des colonnes employées dans l'architecture mauresque ou sarrasine, à laquelle on a improprement donné le nom d'architecture gothique ; elles se distinguent par un caractère tout à fait particulier, et qui n'a aucun rapport avec les ordres grecs. Ces colonnes sont rarement isolées, souvent même elles sont réunies dix ou douze autour des piliers qui soutiennent le poids de la voûte ; on peut en voir des exemples à Paris, dans les églises de Notre-Dame et de Saint-Eustache, et dans beaucoup d'anciennes cathédrales. La proportion de ces colonnes en faisceau varie à l'infini, et toujours elles ont une élévation dont la maigreur est en quelque sorte dissimulée par une gracieuse élégance.

La matière employée pour faire les colonnes a varié suivant la nature des carrières dont les pays se trouvaient pourvus ; la pierre est celle que l'on a le plus souvent employée : cependant, comme nous l'avons dit, on en fait un grand nombre en marbre, en granit et en porphyre. Les Romains tiraient leur granit d'Égypte, de l'île de Chypre et de l'île d'Elbe. Ces matières étant beaucoup plus durables que la pierre, plusieurs, après avoir fait partie, pendant des siècles, d'un monument détruit depuis longtemps, se retrouvent maintenant servir à la décoration d'autres édifices que ceux pour lesquels elles avaient été faites d'abord. De semblables colonnes étant d'un grand prix, à cause du temps énorme qu'il faut pour tailler et polir des matières aussi dures, les princes et les conquérants ont souvent profité de leurs victoires pour enrichir leur pays, soit en employant des esclaves à tailler et transporter des colonnes monolithes d'une grande dimension, soit en prenant les colonnes d'un monument ruiné, dans un pays conquis, pour décorer le temple ou l'arc de triomphe qu'ils faisaient élever alors dans leur capitale. C'est ainsi que dans beaucoup de monuments de Rome on trouve des colonnes antiques, venues de pays éloignés, et dont quelques-unes sont en matière dont les carrières sont épuisées depuis des siècles. Les plus remarquables de ces colonnes sont celles du temple d'Antonin et Faustine (elles sont en cipolin, le fût a 11^m,70), et celles du Panthéon, au nombre de 53. Les 16 du portique sont en granit oriental, gris et rouge, cannelées, avec des chapiteaux en marbre blanc, d'ordre corinthien ; elles ont 12^m,35. A Saint-Paul hors les Murs, avant l'incendie de 1823, la nef seule était ornée de 132 colonnes, dont 24, en brèche violette, venaient, à ce que l'on croit, de la basilique Émilie. Pline l'Ancien et Stace en ont parlé tous deux. Le temple de Vesta avait 20 colonnes cannelées en marbre blanc, d'ordre corinthien, de 10^m,30 de haut : l'une d'elles est maintenant détruite. A Sainte-Marie-Majeure, on voit 8 belles colonnes ioniques en granit, et 36 du même ordre, en marbre blanc : ces dernières viennent, à ce que l'on croit, du temple de Junon. On y voit aussi 4 colonnes corinthiennes en porphyre, et 4 en jaspe oriental. A Saint-Pierre in vincoli il y a 20 colonnes cannelées d'ordre dorique : elles sont en marbre grec, et ont 8^m,10 de haut. Au temple de Nerva, on voit 3 colonnes corinthiennes en marbre blanc : elles ont 16^m,55 de haut. A Sainte-Marie-des-Anges, on trouve 8 colonnes en granit gris de 13^m,95 de hauteur ; elles viennent des thermes de Dioclétien. A Saint-Barthélemi, on voit dans l'intérieur 24 colonnes en granit, que l'on croit venir de l'ancien temple d'Esculape, et au palais de la chancellerie, 44 colonnes de granit, venant du portique de Pompée.

La ville de Constantinople n'a jamais été aussi riche en monuments que celle de Rome, et les révolutions qu'elle a éprouvées y ont occasionné de grandes destructions. Cependant, on y rencontre encore quelques restes de son ancienne splendeur, et les plus grandes colonnes de porphyre se trouvent à Sainte-Sophie : elles sont d'un seul bloc de 13 mètres. Celle de l'Hippodrome est formée de plusieurs serpents entortillés : peut-être est-ce l'origine des colonnes torses.

A Saint-Marc de Venise et dans la cathédrale de Pise on trouve une infinité de colonnes en porphyre rouge et en porphyre vert : elles y ont été amenées de Constantinople. Les églises de Sicile sont décorées de beaucoup de colonnes d'un marbre gris bleuâtre, de 0^m,50 à 7^m,80. A Florence, on voit aussi un grand nombre de colonnes d'un marbre dit pietraserena, et qui se trouve dans les environs de cette ville. La France est bien loin d'avoir de telles richesses. Cependant, on voit à Lyon, dans l'église d'Aînay, 4 colonnes de grosseur inégale, parce qu'elles ont été formées en sciant les deux colonnes en granit gris qui ornaient l'ancien autel d'Auguste.

L'arc de triomphe de la place du Carrousel à Paris est orné de 8 colonnes en marbre de Languedoc, dont le fût a 5^m,85 ; les bases et les chapiteaux, d'ordre corinthien, sont en bronze. Des colonnes en marbre blanc, dont le fût est d'un seul bloc, se voient dans la salle des séances du Corps législatif. Le musée du Louvre est orné d'un nombre de colonnes bien plus précieuses encore par la matière et par l'ancienneté. Dans la salle des hommes illustres, on voit 8 colonnes de granit gris, provenant du tombeau de Charlemagne, à Aix-la-Chapelle : elles ont 3^m,25 de haut. La salle d'Apollon en offre 4 en granit rouge de la plus belle qualité, et provenant aussi du même tombeau. Les 4 colonnes de la salle du Laocoon sont en marbre vert dit *verdello* : elles ont près de 3ᵐ,55, et proviennent du tombeau du connétable Anne de Montmorenci. Dans la salle des Muses on voit deux colonnes de 2ᵐ,25 environ; l'une est en marbre africain, l'autre en granit gris foncé, mêlé de vert et de rose, avec quelques marques blanches. Plusieurs des arcades de la grande galerie sont soutenues par des colonnes en marbre rare, de 3 ,90 environ : il y en a 4 en cipolin, provenant de l'ancien autel de Saint-Germain-des-Prés; 2 en marbre de Flandre, provenant de l'église de la Sorbonne; 8 en brèche violette, venant des Grands-Augustins; et 4 en marbre commun. Dix autres petites colonnes, de 1 ,30 environ, se trouvent disposées à différentes places, mais sans faire partie de la construction : il s'en trouve 2 en marbre noir, 2 en marbre de Californie, 2 en brèche jaune, 2 en vert antique, et 2 en albâtre oriental. On doit encore remarquer deux colonnes en granit gris de Cherbourg : elles sont placées dans le salon octogone, à l'entrée de la galerie d'Apollon. La taille et le poli de ces colonnes ont coûté 30,000 francs : on peut ainsi juger de l'immense valeur de toutes les colonnes antiques dont nous avons parlé.

Nous devons encore mentionner comme un grand travail moderne les colonnes de l'église de Saint-Isaac à Saint-Pétersbourg : elles sont en granit rouge de la carrière de Péterlaxe en Finlande, et d'un seul bloc, de 18ᵐ,20. Celles de Sainte-Geneviève de Paris sont en pierres par tambour, et n'ont que 15 ,60.

Parmi les colonnes *solitaires*, nous croyons devoir citer, quoique n'existant plus, celle érigée à Jules-César : elle était en jaune antique; la colonne de Marius vainqueur des Latins; celle à la mémoire de Claude II; celle dite le *pilier des Horaces*, parce que le vainqueur des trois Albains y déposa leurs dépouilles. Une colonne rostrale rappelait la victoire navale remportée par C. Duilius sur les Carthaginois. Il a existé aussi à Constantinople deux colonnes avec des bas-reliefs en spirales, l'une en l'honneur de Constantin, l'autre de Théodose : toutes deux ont été détruites dans le dix-huitième siècle. On voit encore maintenant à Alexandrie une colonne d'un seul bloc de beau granit rouge de 27ᵐ,45.

La *colonne Trajane* est sans contredit la plus remarquable de toutes; elle est d'ordre dorique, composée de 34 blocs de marbre blanc unis ensemble par des crampons de bronze, et est entourée extérieurement d'un bas-relief, en spirale qui représente les victoires remportées par Trajan sur les Daces. Cet empereur, qui la fit construire, mourut avant qu'elle fût achevée. Elle lui servit de tombeau et fut longtemps surmontée de sa statue. On ne sait pas à quelle époque la statue de Trajan fut enlevée; elle n'existait plus du temps de Sixte-Quint, qui fit mettre à sa place celle de saint Pierre. Du pavé au sommet de la statue on compte 43ᵐ,70. Construite par Apollodore de Damas, la colonne Trajane a servi de type à tous les monuments du même genre qui ont été élevés depuis.

La colonne *Antonine* est un des monuments les mieux conservés de l'ancienne Rome. On croit généralement que l'empereur Marc-Aurèle la fit ériger en l'honneur d'Antonin le Pieux, son beau-père. Ce monument, restauré par Fontana sous le pontificat de Sixte Quint, a, dans son état actuel, 45ᵐ,50 de haut, dont 8ᵐ,12 pour le stylobate, 3ᵐ,90 pour la statue de saint Paul, qui le couronne, et 3ᵐ,90 pour le piédestal sur lequel cette statue repose. Le fût, dont le diamètre est de 3ᵐ,57, est composé de 19 blocs de marbre blanc, dans la masse desquels on a creusé un escalier, composé en tout de 190 marches; l'extérieur de cette colonne est orné de bas-reliefs, qui forment 20 spires autour du fût; ils représentent les victoires que Marc-Aurèle remporta sur les Marcomans. Ces bas-reliefs, dont la disposition est imitée de ceux de la colonne Trajane, leur sont de beaucoup inférieurs pour l'entente et la pureté de l'exécution. Cette colonne est dorique par les caractères de la base et du chapiteau, mais elle est corinthienne par ses proportions, puisque son fût a 10 fois son diamètre de hauteur.

On a trouvé en 1705, près du mont Citerio, une colonne rompue, dont le fût, d'un seul morceau de granit rouge, avait 14ᵐ,60 de haut. Elle fut brisée par un incendie en 1756; plusieurs de ses fragments ont été employés à la restauration de trois obélisques érigés par le pape Pie VI. On lisait sur son piédestal : DIVO ANTONINO AUG. PIO, ANTONINUS, AUGUSTUS, ET VERUS AUGUSTUS FILII. D'après cette inscription, les antiquaires pensent que la véritable colonne érigée en l'honneur d'Antonin le Pieux est celle-ci, et que la copie de la colonne trajane fut érigée en l'honneur de Marc-Aurèle, puisque ses victoires sont sculptées sur son fût.

Une colonne moins célèbre est celle que l'on voit aussi à Rome, et qui fut élevée, en l'an 608, à la mémoire de Phocas. On doit encore citer la colonne relevée par le pape Paul V, devant l'église de Sainte-Marie-Majeure : elle est d'ordre corinthien et cannelée. C'est la seule qui soit restée de la basilique de Constantin, désignée ordinairement sous le titre de Temple de la Paix ; elle se compose d'un seul bloc de marbre blanc, de 14ᵐ,3 : on croit qu'il a été tiré des carrières de Pelleno, dans l'île de Chio.

Arrivés aux temps modernes, nous citerons la colonne élevée à Londres pour rappeler le terrible incendie de 1666, et qui dans cette ville est connue sous le nom de *Monument*. Elle a 64 mètres de hauteur; elle fut construite par Christophe Wren, architecte de Saint-Paul. Le Monument est une colonne cannelée, d'ordre dorique, en pierre de Portland. Au sommet on voit une urne d'où s'échappent des flammes. La face orientale du piédestal porte une sculpture allégorique de Gabriel Cibber, représentant Londres, sous la figure d'une femme couchée sur des ruines, au milieu des flammes, autour desquels le Temps, par la Providence, le Roi, la Liberté, le Génie, et la Science. Il y avait autrefois sur la base du piédestal une inscription qui accusait les papistes d'avoir été les auteurs de l'incendie. Cette accusation n'étant fondée sur aucune preuve, l'inscription a été effacée.

Une autre colonne a été ordonnée par le parlement d'Angleterre en mémoire des nombreuses victoires du duc de Marlborough : elle est surmontée de sa statue, et supportée par des prisonniers; elle est vis à vis du château de Blenheim; sa hauteur totale est de 40ᵐ,90. On en voit une à Varsovie, à la mémoire du roi Sigismond II. Une colonne rostrale a été élevée par Catherine II, dans les jardins de Tsarkoïe-Celo, en mémoire des victoires navales remportées sur les Turcs.

Une colonne à laquelle on fait peu d'attention maintenant est celle attribuée à Catherine de Médicis, mais qui certainement fut construite sous Henri II, puisqu'elle portait son chiffre et celui de Diane de Poitiers, sa maîtresse : elle est d'ordre dorique, construite par Bullant, vers 1552 : sa hauteur totale est de 32ᵐ,48. Lorsque, en 1762, on détruisit l'ancien hôtel de Soissons, la colonne de Médicis allait être abattue comme tout le reste des constructions de ce grand palais, lorsque Bachaumont l'acheta aux entrepreneurs pour 1800 francs, et la donna à la ville de Paris, qui ordonna qu'elle serait conservée dans le projet : en effet, elle se trouve en partie engagée dans la nouvelle construction de la Halle au Blé.

Après la colonne de Londres, la *colonne de Napoléon*, à Boulogne, est la plus grande des colonnes connues. La première pierre en fut posée le 9 novembre 1804 (anniversaire du 18 brumaire). Le marbre employé dans sa construction est un produit du Boulonnais. La nudité des assises de cette colonne est d'un effet désagréable.

La *colonne de la grande armée*, sur la place Vendôme,

à Paris, a remplacé une statue équestre en bronze de Louis XIV. Cette colonne a 44m,20 de hauteur, y compris le piédestal, et 3m,70 de diamètre; le piédestal a 7 mètres d'élévation et est entouré par un pavé et des gradins en granit de Corse. Le noyau de la colonne est de pierres de taille et revêtu de 276 plaques de bronze ornées de bas-reliefs et disposées en spirale, représentant par ordre chronologique les principaux exploits qui signalèrent la campagne de 1805, depuis le départ des troupes du camp de Boulogne jusqu'à la conclusion de la paix après la bataille d'Austerlitz. Dans l'intérieur de la colonne est pratiqué un escalier à vis de 176 marches, par où l'on monte à une galerie placée sur le chapiteau au-dessus duquel s'élève une espèce de lanterne qui supporte une statue pédestre de Napoléon. Le piédestal est orné de bas-reliefs représentant en trophées militaires les armes et vêtements des peuples vaincus. Quatre aigles de bronze pesant chacun 250 kilogrammes ornent les quatre angles du piédestal qu'ils surmontent; les ailes accolées au fût de la colonne, ils soutiennent quatre guirlandes de chêne. La colonne a été fondue du bronze provenant de 1,200 pièces de canon prises aux Russes et aux Autrichiens. Commencée en 1806, sous la direction de Lepère, elle a été achevée en 1810. Napoléon avait eu le projet de la couronner de la statue de la Paix; mais la guerre ayant recommencé, il y fit poser une statue à sa propre image. Chaudet fournit le modèle. Le vainqueur d'Austerlitz était représenté en empereur romain, la tête couronnée de lauriers. En 1814 les alliés essayèrent de renverser ce monument de la gloire française; on attacha un câble au cou de la statue, et des chevaux tirèrent à toute force, mais la colonne résista; on scia alors la statue, et, précipitée à terre, elle fut brisée par la chute; on emporta les morceaux, qui servirent à fondre la statue de Henri IV qui est aujourd'hui sur le Pont-Neuf. Une énorme fleur de lis surmontée d'un drapeau blanc fut dès lors le seul couronnement de la colonne de la place Vendôme. La révolution de Juillet le remplaça par le drapeau d'Austerlitz, et Louis-Philippe y fit remonter la statue de Bonaparte, dans son costume populaire et historique : grandes bottes, petite redingote et petit chapeau. La nouvelle statue a 4 mètres de hauteur et a été fondue du bronze de seize pièces de canon prises aussi dans la campagne d'Austerlitz et retrouvées dans l'arsenal de Metz. Le modèle en a été fait par M. Seurre, qui dut alors consulter moins les convenances de l'art que les exigences de l'esprit public.

Une autre colonne, que l'on désigne sous le nom de *colonne Alexandrine*, est celle élevée, en 1830, à Saint-Pétersbourg, en l'honneur de l'empereur Alexandre, par l'empereur Nicolas, son frère; elle est d'ordre dorique et à peu près de la même proportion que la colonne Trajane. Mais ce monument n'offre sous le rapport de la conception aucune originalité, et ne mérite de fixer l'attention que par les dimensions peu communes du monolithe qui en forme le fût. Ce fût, en granit rouge, n'a pas moins de 26m,62 de haut, et vient des carrières de Péterlaxe en Finlande. Le chapiteau et le piédestal, également en granit, sont revêtus de bronze; les trophées qui décorent les quatre faces du piédestal sont composés d'armures russes anciennes, groupées avec des armes antiques. La figure, qui couronne le monument est en bronze doré; c'est un ange sous les traits d'Alexandre tenant la croix. Cette figure, un peu trop grande pour l'ensemble de la colonne, ne pose pas dans son axe, ce qui produit un très-mauvais effet. La hauteur totale du monument est de 47 mètres.

En 1840 a été terminée à Paris la colonne dite *de Juillet* (ou *de la Bastille*, à cause de son emplacement), élevée en commémoration de la révolution de 1830. Haute de 50 mètres à partir du sol, en y comprenant la statue du Génie de la Liberté, œuvre du statuaire Dumont, qui la surmonte, cette colonne est remarquable par son chapiteau, dont la partie inférieure est ornée d'un rang de palmes d'où sortent quatre enfants portant dans leurs mains des guirlandes. Le fût, entièrement en bronze, est divisé en trois compartiments, sur lesquels sont gravés en lettres dorées les noms des citoyens morts en combattant pendant les journées de juillet 1830. Le lion, emblème de la majesté du peuple, domine dans l'ornementation; il se détache en entier sur une des faces du piédestal. Les couronnes et les palmes mortuaires de deux des autres faces, le coq gaulois qui se trouve aux quatre coins, et enfin sur le sommet de la lanterne, cette image de la Liberté qui tient un flambeau d'une main et de l'autre des fers brisés, forment un ensemble qui donne à ce monument un caractère bien arrêté. Le piédestal de la colonne est supporté par deux étages en maçonnerie qui lui forment comme deux marches colossales; disposition qui a été l'objet de nombreuses critiques. La colonne de Juillet est placée dans l'axe du canal Saint-Martin qui passe dessous. Les soubassements sur lesquels elle s'élève sont établis sur une voûte ogivale qui embrasse toute la largeur du canal; ils avaient été construits pour supporter la fameuse fontaine de l'Éléphant, dont, grâce à Dieu, Paris n'a eu que le modèle. M. Duc, architecte de la colonne, dont le plan avait été donné par M. Alavoine, qui mourut avant son exécution, a su les approprier à leur nouvelle destination : d'obscurs corridors, destinés à de simples conduites d'eau, ont été changés en caveaux funéraires d'une belle disposition, où reposent quelques-uns de ceux dont les noms sont écrits sur le fût de la colonne. Depuis, ces caveaux se sont rouverts une fois pour les victimes de la révolution de février.

Colonne se dit aussi figurément, dans diverses circonstances, pour appui, soutien : *les colonnes de l'Église*, *les colonnes de l'État*. La justice et la paix sont *les colonnes d'un empire*.

Lorsque, dans un livre, les lignes sont perpendiculairement coupées, soit par un simple espace, soit par un filet, comme dans notre dictionnaire, on dit qu'il est imprimé à deux ou trois colonnes. On entend par colonnes d'un registre, d'un tableau, les divisions, les compartiments d'un registre, d'un tableau, indiqués par des lignes tracées de haut en bas; et l'on donne le nom de *colonne de chiffres* à plusieurs chiffres placés les uns au-dessous des autres. Il y a la *colonne* des unités, celles des dizaines, des centaines, etc. On fait l'addition des *colonnes*.

Colonne, en terme de physique, se dit d'une quantité de matière fluide qui a une hauteur et une base déterminées, réellement ou par la pensée : *colonne d'air*, *colonne d'eau*. Il y a une colonne d'air qui pèse sur la colonne de mercure contenue dans le baromètre. Suivant l'Écriture sainte, une colonne de feu guidait les Israélites, dans le désert pendant la nuit; une colonne de nuée les précédait durant le jour et les garantissait de l'ardeur du soleil. On appelle *colonne hydraulique* une colonne dont le fût est formé par une chute d'eau.

Les promontoires de Calpé et d'Abila, qui se trouvent au sud et au nord du détroit de Gibraltar, ont été nommés dans l'antiquité les *colonnes d'Hercule*, parce que c'était là, disait-on, que le demi-dieu avait borné ses voyages. Telle est l'origine des colonnes dont sont frappées les piastres d'Espagne. (*Voyez* Colonnato).

En anatomie, on donne le nom de *colonne* aux parties qui ont la forme ou les usages d'un pilier ou d'une tige cylindrique. Ainsi on appelle *colonnes charnues* du cœur des faisceaux musculaires qui saillent plus ou moins à la surface des cavités de cet organe; *vessies à colonne*, celles dont la tunique charnue est composée de faisceaux volumineux, séparés par des intervalles cellulaires, dans lesquels des calculs peuvent s'engager ou se former. Mais on désigne plus fréquemment sous le nom l'épine dorsale des vertébrés (*voyez* Colonne vertébrale).

COLONNE (*Art militaire*). C'est une disposition de troupes dont l'étendue est beaucoup plus considérable en profondeur qu'en largeur : cette expression s'applique à toutes les armes, et l'on dit une *colonne d'infanterie, de cavalerie, d'artillerie, de génie, d'équipages militaires*. C'est la disposition ordinaire selon laquelle on fait marcher les troupes : en route, comme dans la manœuvre, les colonnes ne doivent jamais occuper, de la tête à la queue, plus d'espace qu'en bataille. A ce principe général on peut opposer diverses exceptions provenant des difficultés du terrain, des chemins étroits, des rivières, des ponts, des défilés, qui obligent à subdiviser le front des divisions. Le règlement du 1er août 1791 prescrit les manœuvres à exécuter dans cette circonstance. La marche des troupes en colonne exige de la part des chefs une grande attention, sans laquelle la queue serait souvent obligée de courir pour regagner ses distances, ou la tête de faire halte pour attendre que la queue eût rejoint. Une colonne qui couvrirait un trop grand espace serait également hors d'état de résister à une attaque imprévue; sa marche durerait en outre plusieurs heures de plus, les troupes seraient accablées de fatigue, et le général, ne pouvant calculer le temps qu'une seule colonne mettrait à franchir une distance donnée, serait impuissant à combiner la marche de plusieurs. Un corps d'armée, un régiment, dans la marche ou dans l'attaque, peut s'avancer, soit en colonnes serrées ou massées, soit en colonnes espacées. *Déployer la colonne*, c'est passer de l'ordre en colonne à l'ordre de bataille.

On trouve un traité de Folard *sur la Colonne* en tête de ses commentaires sur Polybe. Le maréchal de Saxe, quoique grand admirateur de Folard, n'adopte pas ses opinions sur cette matière : il blâme les colonnes de 24 hommes, ou même de 16 de profondeur, et prétend qu'il ne faut jamais les faire que de deux bataillons d'épaisseur, à quatre hommes de hauteur chacune. Feuquières donne d'excellents préceptes sur la marche des troupes en colonne. Guibert, dans son *Essai de Tactique*, a traité le même sujet avec beaucoup de talent. Mais c'est surtout dans les ouvrages des généraux Mathieu Dumas, Lamarque, Bardin, Guillaume de Vaudoncourt, Pelet, et Jomini qu'il faut étudier la formation et les manœuvres des troupes en colonne.

Les guerres de la Révolution fournissent de nombreux exemples de marches, batailles et manœuvres en colonne qui prouvent que ce n'est pas en s'astreignant à des principes rigoureux que les armées françaises ont obtenu tant de brillants succès, mais qu'elles les doivent principalement à la présence d'esprit, à l'habileté de nos grandes renommées militaires, appréciant de prime abord les difficultés du terrain, et trouvant dans les ressources de leur génie le moyen de les surmonter.

On appelle *colonne d'attaque* celle qui est chargée de commencer l'action; *colonne renversée*, celle qui affecte une disposition inverse de l'ordinaire, et *colonne mobile* un corps de troupes, souvent de gendarmerie, destiné à parcourir un pays en tous sens pour y maintenir la tranquillité et en chasser les partis ennemis. L'histoire a consacré sous le nom de *colonnes infernales* celles auxquelles le comité de salut public donna l'ordre de battre la Vendée, le fer et la flamme à la main, pour achever l'extermination des chouans.

COLONNE MILLIAIRE. Les Romains plaçaient des colonnes de *mille en mille* pas sur les routes et les chaussées qu'ils construisaient : une base carrée, prise dans le bloc, servait à les fixer en terre; la colonne s'élevait hors de terre de plusieurs pieds, et une inscription latine indiquait le nom de l'empereur sous le règne de qui cette voie avait été ou construite ou réparée. Venait ensuite l'indication numérique de la colonne, qui donnait ainsi la distance en *milles* de la ville où la route commençait. Les chiffres sont précédés des lettres M. ou MP., *milliarium* ou *millia passuum*. Quelquefois on y lit même le nom de la ville d'où la distance était comptée. Ces colonnes milliaires marquant les distances en *milles* existaient dans toutes les possessions romaines. Ce fut l'empereur Auguste qui fit élever au milieu du Forum une colonne de marbre de laquelle toutes les autres comptaient les distances sur les principales voies qui y aboutissaient. Cette colonne de marbre blanc est la même que celle que l'on voit sur la balustrade du perron du Capitole à Rome. Elle est de forte proportion, en manière d'un cylindre court, avec la base, le chapiteau toscan, et une boule de bronze pour amortissement, symbole du globe. On l'appelait *milliarium aureum*, parce qu'Auguste en avait fait dorer la boule, et les inscriptions nous annoncent que les empereurs Vespasien, Trajan et Adrien la firent restaurer.

On trouve en France plusieurs colonnes milliaires, mais avec cette particularité, qui ne se voit dans aucun autre pays, que les distances itinéraires sont quelquefois marquées par le nombre des *lieues* (*leugis*), au lieu de l'être par celui des *milles*; il faut même observer que ce mot *leugæ* ne se trouve pas sur toutes les colonnes que l'on voit dans le même canton; que ces sortes de colonnes ne se rencontrent que dans la partie des Gaules nommée par les Romains *Comata* ou *Chevelue*, et dont Jules César fit la conquête. Au contraire, on ne voit que des colonnes milliaires dans la province romaine, ou dans cette partie de la Gaule qui s'étend d'un côté depuis la Méditerranée jusqu'à la Garonne et aux Cévennes, et qui, de l'autre, est comprise entre le Rhône, les Alpes et l'Océan, et finit à la ville de Lyon. L'*Itinéraire* d'Antonin, route de Milan à Boulogne-sur-Mer, nous apprend que les distances d'une station à l'autre étaient comptées depuis Lyon à la romaine et à la gauloise, c'est-à-dire en *milles* et en *lieues*. Sur dix-neuf colonnes itinéraires trouvées dans la partie de la Gaule déterminée ci-dessus, il y en a huit sur lesquelles on a employé les milles romains et onze qui portent le mot *leugæ* ou *leuga*, en entier ou en abrégé. La plus ancienne de ces dernières est du temps de Septime-Sévère, a été trouvée près de Soissons. L'inscription porte que c'est par les soins du magistrat romain qu'elle a été placée, quoiqu'elle marque la distance en lieues.

L'usage des colonnes milliaires subsiste encore, puisque des colonnes semblables indiquent sur nos principales grandes routes la distance en kilomètres; on ne fait en cela que conserver un usage antique très-utile.

CHAMPOLLION-FIGEAC.

COLONNE VERTÉBRALE, tige plus ou moins osseuse, qui dans le squelette des vertébrés peut être considérée comme l'axe de la charpente de ces animaux. Elle est ainsi nommée parce que cet axe est naturellement divisible en un nombre plus ou moins considérable de *vertèbres*. Chez l'homme et tous les animaux dont le sacrum est bien distinct, cette dénomination ne s'applique strictement qu'à la tige formée par la série de vertèbres situées entre l'occipital et le sacrum, ou la tête et le bassin. Mais en anatomie comparée, il importe de considérer comme *colonne vertébrale* toute la tige osseuse étendue depuis le crâne jusques et compris le bout de la queue ou du coccyx. Dans l'anatomie humaine, on divise cette colonne en trois régions, l'une *cervicale* ou du cou, l'autre *dorsale* ou du dos, et la troisième *lombaire* ou des lombes : on considère le sacrum et le coccyx à part. Mais dans la squelettologie des animaux vertébrés on en distingue, outre ces trois régions, deux autres, dont l'une est la *région sacrée*, ou *pelvienne*, ou *sacro-coxale* (de *coxa*, hanche), et l'autre la région *coccygienne*, ou *caudale*, ou de la queue. Dans certains animaux (reptiles, poissons) dont le crâne se rétrécit beaucoup, dont l'occipital ressemble tout à fait à une vertèbre, on a pu considérer le crâne comme la continuation antérieure de la colonne vertébrale, et on a envisagé analogiquement cette partie de la tête comme une *région crânienne* de la longue tige osseuse étendue depuis le bout de la queue jusqu'au bout du nez. On a eu raison de signaler l'opposition des deux régions qui terminent cette tige ou colonne, l'une en arrière, *région caudale*, l'autre en avant, *région nasale* ou *rhinale*. Mais la forme et le volume plus considérable de la tête de l'homme et des vertébrés supérieurs ont dû, dans les premiers temps de la science, faire considérer la boîte céphalique comme un faîte ou partie culminante supportée par une colonne.

Sans nul doute cette comparaison est tout à la fois pittoresque et physiologique; mais cette série de rouelles vertébrales empilées les unes sur les autres n'offre bientôt plus à l'anatomiste, qui décrit minutieusement, le prestige de la comparaison. Ce n'est qu'en regardant sa face antérieure chez l'homme et les singes qu'il en voit le fût très-irrégulier. Vue en arrière et sur les côtés, cette prétendue colonne se montre hérissée d'éminences et d'arêtes plus ou moins aiguës, qui lui ont mérité le nom de *rachis*, d'*épine* et d'*échine*. Étudiée plus profondément et dans son intérieur, elle manifeste sa forme de tige creuse, de canal ou d'étui de l'axe nerveux ou de la moelle spinale, et l'on voit cet étui communiquer en haut avec la chambre du crâne qui renferme le cerveau, diminuer peu à peu de calibre et s'effacer au fur et à mesure que la moëlle spinale et le faisceau de nerfs qui lui succède, sous le nom de queue de cheval, s'amoindrissent et disparaissent. Cette tige solide, très-complexe, offre sur ses côtés : 1° des trous dits de conjugaison pour les nerfs qui sortent du canal vertébral et pour les vaisseaux qui y entrent ; 2° dans la région thoracique des facettes pour son articulation, avec les côtes, les unes sternales, les autres abdominales ; et 3° dans la région sacrée, des surfaces pour ses connexions avec les os des hanches, qui sont le point d'appui des membres inférieurs ou postérieurs.

Cet axe du système solide est le point d'appui de tous les leviers de l'organisme. Il est lui-même un levier, une tige souple, flexible dans le jeune âge et chez le bateleur adulte, chez les reptiles et chez les courtisans. Véritable protée, cette colonne se prête dans l'architecture animale à tous les genres de solidité et de mobilité pour les variétés infinies de locomotion dans les milieux les plus denses ou les plus ténus.
L. LAURENT.

COLON PARTIAIRE. On appelle de ce nom celui à qui un bien rural est loué sous la condition d'en partager en nature les fruits avec le bailleur. Il ne peut sous-louer ni céder si la faculté ne lui en est expressément réservée par le bail, à peine d'être expulsé de la propriété et de dommages intérêts (Code Napoléon, art. 1763 et 1764). Quelle que soit la diminution qu'il éprouve dans ses récoltes par suite de cas fortuits et de force majeure, il n'a jamais d'indemnité à prétendre. La raison en est que le propriétaire supporte sa part dans la perte. L'intérêt du propriétaire exige que le colon ne puisse disposer des denrées qu'après partage ; il ne doit même commencer à battre les grains qu'après en avoir donné avis au propriétaire.

COLOPHANE, résine cuite et totalement privée d'huile essentielle, dont le joueur d'instruments à cordes frotte les crins de son archet, afin d'augmenter leur action sur ces cordes. Pendant longtemps on a fait mystère d'une préparation si simple et aujourd'hui si vulgaire. La colophane se tirait autrefois de Colophon, ville d'Ionie, d'où lui est venu son nom.

Nous ne sommes plus tributaires de la Grèce pour la colophane, et à Mirecourt notamment, petite ville du département des Vosges, terre classique des mauvais violons et des ménétriers discordants, on fabrique de très-bonne colophane. Cette fabrication toute simple consiste uniquement à faire fondre dans une chaudière de fonte un mélange de deux parties de résine résidu de la distillation de la térébenthine, avec une partie de poix blanche. On tient longtemps ce mélange à petit feu en le remuant de temps à autre avec une spatule, dans le double but de renouveler les surfaces distillantes et d'empêcher que la matière ne s'attache au fond de la chaudière. Toute l'essence finit par se dégager ; on s'assure que la colophane en est bien purgée en en faisant refroidir une goutte qui, à l'état de perfection, doit être bien sèche et pulvérulente. Par le refroidissement lent de la masse dans la chaudière, toutes les impuretés des résines tombent au fond ; on écume alors avec soin, et on coule la matière dans des moules appropriés à ce but. Les résidus servent dans la fabrication du noir de fumée.
PCLOUZE père.

COLOPHON, l'une des plus importantes d'entre les douze villes d'Ionie, sur la côte de Lydie, à environ trois heures de route au nord d'Éphèse, possédait au temps de sa plus grande prospérité une marine redoutable et une excellente cavalerie. Prise par Gygès, puis par les Perses, à l'époque de la guerre du Péloponnèse, et plus tard par d'autres encore, elle finit par tomber en complète décadence par suite de l'agrandissement toujours croissant d'Éphèse.

Le port de Colophon avait nom *Notion* : il est célèbre par la bataille navale que les Athéniens y livrèrent en l'an 407 avant J.-C. Près de là, dans un petit bois, sur les bords d'un ruisseau appelé *Claros*, se trouvait le célèbre oracle d'*Apollon-Clarius*. On trouvait aussi près de Colophon une résine dont les anciens déjà faisaient grand cas, qui servait pour fumigations, emplâtres, soudures, et surtout pour enduire l'archet des instruments à cordes (*voyez* COLOPHANE).

COLOQUINELLE. La *coloquinelle* ou *fausse coloquinte* est le fruit du *cucurbita colocynthis*, espèce du genre courge. Plusieurs botanistes réunissent à cette espèce la *cucurbita aurantia*, qui n'en diffère que par la forme de ses fruits, vulgairement connus sous le nom d'*orangins* ou de *fausses oranges*. Dans les orangins, la peau (*épicarpe*) forme une coque solide, d'un vert noir dans sa fraîcheur, puis d'un jaune orangé très-vif. Dans les coloquinelles, la peau est beaucoup plus mince, panachée, à bandes claires. Tous ces fruits ont une forme agréable, mais la pulpe des uns et des autres n'est pas mangeable, et s'ils paraissent dans un dessert, ce n'est que sur la table de quelque *farceur* et comme *plat d'attrape*.

COLOQUINTE, nom vulgaire du *cucumis colocynthis*, plante sarmenteuse du genre concombre. Cette plante annuelle est indigène de la Turquie et de la Nubie. Elle fleurit depuis le mois de mai jusqu'en août ; par le feuillage elle ressemble beaucoup au concombre commun. La racine est rameuse, et s'enfonce profondément dans le sol. Les tiges sont traînantes, couvertes de poils rudes. Les feuilles prennent naissance sur de longs pétioles, à base de forme triangulaire, diversement sinuées, obtuses, d'une belle couleur vert foncé sur la face supérieure, et blanchâtres et rudes en dessous. Les fleurs sont solitaires, axillaires et de couleur jaune. Le calice des fleurs mâles est campaniforme. La corolle a la même forme que son limbe ; elle est divisée en cinq segments aigus, et les anthères, qui sont portées par trois filaments courts, sont longues, droites, et adhèrent ensemble à l'extérieur. La fleur femelle serait en tout semblable à la fleur mâle, si ce n'est que les filaments, au lieu de porter point d'anthères. Le fruit, qui porte aussi le nom de *coloquinte*, est rond, de la grosseur d'une petite orange ; il est jaune et lisse à l'extérieur dans l'état de maturité. Il est triloculaire, et chaque loge contient plusieurs semences ovales, comprimées, blanchâtres, nichées dans une pulpe blanche spongieuse.

Quand le fruit est mûr et bien jaune, on le pèle et on le fait sécher à l'étuve ; cet état qu'il nous est apporté. Quand il est plus gros qu'une orange de Saint-Michel, et que les semences qu'il renferme sont noires et aiguës, il est réputé de mauvaise qualité. La coloquinte sè-

che est inodore, mais elle a une saveur excessivement âcre et nauséabonde. En la mâchant, elle devient mucilagineuse. Indépendamment des semences, elle est composée d'une substance cellulaire, légère, blanche, facile à déchirer, soluble dans l'éther, dans l'alcool et dans l'eau. L'infusion faite dans l'eau bouillante est d'une couleur jaune d'or et se gélatinise par le refroidissement. Une teinture alcoolique de coloquinte, étant évaporée, fournit une substance jaune, friable, soluble en partie dans l'eau ; le résidu offre une masse filamenteuse, blanche, tirant au jaune. Cette substance récemment découverte a reçu le nom de *colocynthine*, et on lui attribue en pharmacopée toutes les vertus du fruit, comme principe actif.
PELOUZE père.

COLOQUINTE (Fausse). *Voyez* COLOQUINELLE.
COLOQUINTE LAITÉE *Voyez* COUGOURDETTE.
COLORATION DES BOIS. *Voyez* BOIS (t. III, p 360).
COLORIS. Ce mot, en peinture, est souvent employé comme synonyme de *couleur* ; du moins c'est ainsi que l'a entendu de Piles dans son *Cours de Peinture*, et Hagedorn dans les *Réflexions* qu'il a publiées sur cet art. Mais depuis que l'on a mis plus de précision dans la langue des arts, ces deux mots semblent ne plus devoir être pris indifféremment ; *couleur* se dit des *objets naturels*, et *coloris* de leur *représentation en peinture*. Ainsi, la mer agitée, le ciel dans un orage, une prairie, une forêt, des fleurs, offrent une *couleur* sombre et brillante, mais également belle; le *coloris* de Joseph Vernet, ou celui de Van Huysum, est plus vrai, plus agréable que celui de Zeeman ou de Hem. Cependant, on dit encore la *couleur* ou le *coloris d'un tableau*, on dit d'un peintre qu'il a une *bonne couleur*, ou un *bon coloris* ; mais nous croyons que dans ce sens il se trouve encore quelque nuance entre ces deux acceptions; le mot *couleur* semblerait devoir s'appliquer de préférence à des tons chauds et vigoureux, tandis que *coloris* serait plus particulièrement affecté aux tons argentins et gracieux ; la *couleur* serait plus remarquable par sa force, et le *coloris* par sa finesse.

Le *coloris*, qui n'est qu'une partie de l'art de la peinture, l'emporte souvent dans le monde pour faire apprécier un tableau qui offre des fautes dans le *dessin* et surtout dans la *composition*. Le Corrége est le peintre que l'on cite toujours pour la beauté et la vérité de son *coloris*. C'est un grand *coloriste*.
DUCHESNE aîné.

Le mot *coloris* ne s'emploie pas seulement dans le langage des arts. Il s'applique aussi à la fraîcheur du visage. On dit de même le coloris d'une fleur, d'un fruit. Il y a alors un *coloris lustré*, un *coloris satiné*, un *coloris velouté*. Parmi les fruits, la pêche est celui qui offre le plus beau, le plus riche coloris.

Il y a aussi un *coloris poétique*, dont l'appréciation se devine plutôt qu'elle ne peut s'exprimer. « C'est un artifice de la poésie, a dit Marmontel, de peindre une idée avec des couleurs étrangères à son objet, afin de rendre cet objet sensible s'il ne l'est pas, ou plus sensible s'il ne l'est pas assez, ou bien sensible par des traits plus doux ou plus forts, plus riants ou plus nobles, plus terribles ou plus touchants, s'il n'a pas en lui-même, ou s'il n'a pas assez tel ou tel de ces caractères. Le coloris peut donc exister tout à la fois dans les idées et dans le style; mais il s'entend plus particulièrement de l'emploi des *images* et de la manière dont le poëte, comme le peintre, sait disposer, varier et fondre les couleurs d'un tableau, selon qu'il veut produire une impression douce ou terrible, sombre ou gaie. Racine, La Fontaine, Boileau, Parny, Delille, sont d'excellents *coloristes*, chacun dans leur genre.
Edme HÉREAU.

COLORISTE. On qualifie de ce nom les peintres dont les toiles brillent par la couleur ou le coloris. Les ouvriers et ouvrières qui colorient les gravures et lithographies prennent aussi ce nom (*voyez* ENLUMINURE).

DICT. DE LA CONVERS. — T. VI.

COLOSSE, COLOSSAL (du grec κόλος, grand, et ὄσσος, œil). Ce mot désigne en général les objets dont la mesure excède celle des dimensions ordinaires de la nature; mais il s'applique plus particulièrement aux ouvrages de l'art dans la représentation du corps humain. Les peuples anciens ont laissé des monuments qui témoignent de leur goût pour le *colossal*; cette passion du grand et du merveilleux, ce besoin de remuer et d'élever de grandes masses, paraît naturel à l'enfance des sociétés, comme à l'enfance des hommes, et peut s'expliquer par les mêmes raisons qui faisaient dans les temps primitifs consister le principal mérite de l'homme dans la force physique. Atlas et Hercule étaient dieux avant que la Sagesse eût des autels.

Les plus anciens peuples de l'Asie et les Égyptiens se sont surtout distingués par leur goût dans les constructions colossales et les figures gigantesques. Les P a g o d e s de l'Inde, du Japon et de la Chine renferment encore dans leurs vastes enceintes des idoles colossales ; et les Égyptiens nous ont laissé avec leurs P y r a m i d e s et leurs temples les célèbres statues de M e m n o n, d'Osymandyas, de Sésostris, et une foule d'autres morceaux de sculpture d'une proportion extraordinaire. Le colosse de Sésostris, en granit, renversé depuis l'invasion de Cambyse et aujourd'hui fort mutilé, devait avoir environ soixante pieds de hauteur dans son état primitif. Chacun de ces trois colosses était formé d'un seul bloc.

La Grèce possédait également plusieurs colosses, parmi lesquels le *Jupiter* et la *Minerve* de Phidias occupaient le premier rang; mais ils se distinguaient bien encore par le mérite de l'art et la difficulté du travail que par les proportions ; et sous ce dernier rapport le fameux *Colosse de Rhodes* l'emportait sur tous les autres et était cité comme une des sept m e r v e i l l e s d u m o n d e.

C'était une statue de bronze, haute de soixante-dix coudées représentant Apollon, le dieu tutélaire des Rhodiens; ils avaient érigé ce monument par reconnaissance envers ce dieu et envers Ptolémée, surnommé Soter ou Sauveur, parce qu'il les avait délivrés de l'armée de Démétrius, fils d'Antigone. Charès de Lyndes, chargé de ce travail, l'eût à peine commencé que, désespéré d'avoir déjà dépensé la somme allouée pour l'ouvrage, il se pendit; Lachès, son compatriote, acheva le monument dans l'espace de trois olympiades. Cinquante-six ans s'étaient à peine écoulés depuis l'érection du colosse, lorsqu'il fut renversé par un tremblement de terre, et il resta en cet état jusqu'à l'invasion des Sarrazins, en 655. Ceux-ci le mirent en pièces, et le vendirent à un marchand juif d'Émèse, qui en aurait, dit-on, chargé neuf cents chameaux. Mais cette circonstance paraît exagérée. En rapprochant autant que possible les dix-huit écrivains grecs ou latins qui parlent de ce colosse, et dont les récits offrent de grandes contradictions, on peut fixer à la première année de la 125e olympiade, c'est-à-dire à 280 ans avant J.-C., l'époque de sa construction. Placé, dit-on, sur les deux rochers qui formaient l'entrée du port de R h o d e s, les vaisseaux pouvaient passer entre ses jambes ; on sait que les vaisseaux des anciens, moins grands que les nôtres, allaient par le moyen des rames, et que leurs voiles étaient de faible dimension. Cependant on a lieu de croire que le célèbre colosse était situé à l'entrée du petit port, et que par conséquent le passage des vaisseaux entre ses jambes n'est qu'une fable. Quant à l'exécution du colosse, on peut conjecturer qu'elle était un ouvrage de toreutique ou en cuivre battu au marteau et rapporté par pièces ; on juge d'après la hauteur totale du colosse que ses jambes devaient avoir au moins soixante pieds de haut ; Pline dit que peu de personnes pouvaient embrasser son pouce, et que la longueur de ses doigts surpassait la hauteur des statues ordinaires.

En Italie, la ville de Rome renfermait un grand nombre de statues colossales, dont les plus anciennes étaient, entre autres, l'Apollon en bois, haut de cinquante-deux pieds, transporté d'Étrurie dans la bibliothèque d'Auguste, et celle du même dieu que Lucius Carvilius fit faire avec le bronze des armes prises sur les Samnites. On cite encore la statue en bronze d'Hercule par Lysippe et celle du Jupiter dit *Pompéien*, comme pouvant figurer au même rang.

Rome compta d'abord cinq colosses remarquables, mais leur nombre augmenta considérablement sous les empereurs. Néron se fit ériger une statue d'environ 100 pieds de hauteur, qui fut ensuite consacrée au soleil. On prétend que c'est de cette statue que le Colisée, dit *Colosseum*, avait tiré son nom. Domitien s'était fait élever au milieu de la place publique une statue équestre de la même hauteur, et que le sénat fit abattre après la mort du tyran.

Parmi les projets de statues colossales que leur extravagance n'avait pas permis de réaliser, on doit citer celui d'un artiste, Stésicrate, ou Démocrate selon Vitruve, qui avait proposé à Alexandre le Grand de tailler le mont Athos de manière à ce que ce prince fût représenté tenant une ville dans chaque main. Un autre projet non moins singulier est celui de Gallien, qui, pour renchérir sur ses prédécesseurs, voulait que son effigie fût placée sur le mont Esquilin, avec les attributs du soleil, et tenant à la main une pique creusée de manière à recevoir une escalier par lequel un enfant pût monter jusqu'à la pointe.

Parmi les ouvrages modernes, la statue colossale érigée à saint Charles Borromée à Arona, dans le Milanais, est la seule qui mérite d'être citée. Ce monument est en cuivre battu; la tête du saint seule est coulée, et peut contenir quatre personnes assises autour d'une table à jouer. Un homme d'une stature ordinaire peut tenir dans son nez; l'intérieur du monument est consolidé par un massif de pierres formant un escalier qui permet de monter jusqu'à la tête de la statue.

Pris au figuré et appliqué aux personnages historiques, ce mot doit être employé avec la plus grande réserve; Talma était grand sur la scène; mais Napoléon, qui n'avait guère plus de cinq pieds, sera toujours un *colosse* dans l'histoire.

Nestor L'Hôte.

COLOSSES (*Colossæ*), ville assez populeuse de la Grande-Phrygie, sur les bords du Lycos, fut presque complètement détruite par un effroyable tremblement de terre, sous le règne de Néron, l'an 65 de notre ère, en même temps que Laodicée et Hiéropolis, villes voisines. Mais reconstruite plus tard, elle fleurit encore jusqu'au douzième siècle. C'est aux Colossiens, ou habitants de *Colosses*, qui de bonne heure formèrent une communauté chrétienne mélangée de quelques païens et de quelques juifs, que saint Paul, pendant sa captivité à Rome, adressa une épître qui se trouve dans le canon du Nouveau Testament pour les mettre en garde tout à la fois contre une gnose surabondante et contre un attachement opiniâtre aux formes du mosaïsme; deux tendances qui se manifestaient parmi les Colossiens.

COLOSSEUM. *Voyez* Colisée.

COLOSTRUM, lait sécrété immédiatement après la délivrance. Il est très-clair, et diffère beaucoup du lait ordinaire. Ainsi le colostrum des vaches est jaune, visqueux, non coagulable par la pression, et ne renferme que de faibles traces de beurre. Le colostrum jouit de légères propriétés purgatives, qui le rendent propre à favoriser l'expulsion du méconium chez le nouveau-né.

COLOT, nom d'une famille de chirurgiens qui pendant plus de cinquante ans pratiqua presque seule en France la taille par la méthode dite *haut appareil*. Laurent Colot, dit *l'ancien*, médecin à Tresnel en Champagne, avait appris cette méthode d'Octavien de Ville, qui la tenait de Mariano Santo de Barletta. En 1556, Henri II l'appela à Paris, le nomma son chirurgien, et fit créer pour lui à l'hôtel Dieu une charge spéciale d'opérateur, qui passa à ses descendants jusqu'à *Philippe* Colot, son arrière-petit-fils, lequel, atteint lui-même de la pierre, se fit tailler par son propre fils. Il avait associé à ses travaux son neveu Girault, dont le fils fut à son tour le maître de *François* Colot, mort le 25 juin 1706, et auteur d'un *Traité de l'Opération de la Taille*, avec des observations sur la formation de la pierre (Paris, 1727).

COLPORTAGE, COLPORTEUR. Le colporteur est un petit marchand ambulant qui transporte des marchandises dans une *balle* ou *manne* portative : on le nomme aussi *porte-balle*. Cette profession peut embrasser tous les genres de négoce, depuis le marchand de fil et de rubans, de chaussettes, de mouchoirs et de toile, de lunettes, de conserves *bien bonnes*, jusqu'à *l'apôtre de la balle*, le marchand de Nouveaux Testaments et de Bibles. Le colportage, que la législation antérieure à 1789 soumettait à des conditions particulières, est devenu libre depuis la loi du 2 mars 1791. Cependant le colportage de denrées, dont la circulation n'est pas entièrement libre, telles que les boissons, les cartes à jouer, le tabac, les matières d'or et d'argent, est l'objet d'une prohibition implicite. Quant au colportage des livres, il est soumis à des restrictions très-sévères.

Les colporteurs d'imprimés étaient assimilés aux afficheurs dans les anciens règlements sur le commerce de la librairie. Un règlement de 1628 réserve le monopole du colportage aux anciens maîtres ou ouvriers imprimeurs, libraires ou relieurs qui ne peuvent plus exercer leur premier état. Le postulant devait être présenté par les syndics et gardes de la librairie au lieutenant civil et au procureur du roi au Châtelet. Ce premier règlement sur le colportage fut modifié en 1649, 1722 et 1723. Le nombre des colporteurs à Paris, fixé d'abord à 50, se trouva élevé ultérieurement jusqu'à 120. Les colporteurs, depuis l'établissement d'un lieutenant général de police à Paris, étaient sous la dépendance absolue de ce magistrat; ils ne pouvaient débiter ni crier sur la voie publique des feuilles volantes, arrêts, ordonnances, etc., qu'avec la permission du lieutenant général de police, et de petits ouvrages brochés ou reliés à la corde, de moins de huit feuilles, et portant les noms du libraire-éditeur et de l'imprimeur. Mais les plus adroits savaient éluder toutes les investigations de la police; les nouvelles à la main, les écrits contre le gouvernement et les hommes du pouvoir ne circulaient qu'au moyen du colportage. Le simple soupçon de contravention exposait à des pénalités plus graves que celles prescrites par les règlements, et à des détentions préventives indéfinies, et toujours arbitraires. La liberté, la fortune des colporteurs étaient à la merci de la police. Mais de toutes les contrebandes, celle des écrits prohibés était encore la plus active, la plus lucrative et la plus facile. Les huit plus anciens colporteurs de Paris avaient le privilège d'*étaler* au Palais de Justice, nommé alors *Palais marchand*. La révolution affranchit cette industrie de toutes les entraves qui lui avaient imposées les lois et règlements antérieurs; cependant un décret du 29 mars 1793 prescrivit des peines contre les auteurs, éditeurs, libraires et colporteurs d'écrits tendant à provoquer la dissolution de la Convention nationale. Un autre décret, du 28 germinal an IV, maintenait les mêmes pénalités contre les colporteurs d'écrits contenant provocation au meurtre, à la violation des propriétés, à la dissolution du gouvernement républicain. Le gouvernement consulaire se montra plus ombrageux et plus sévère. Un arrêt des consuls de la république, motivé sur une loi de l'an v, sur le règlement de 1723, sur une ordonnance de police du 16 avril 1740, rétablit les anciennes conditions imposées au colportage; c'est-à-dire que tout colporteur de livres imprimés ou de journaux dut se munir d'une permission de la police, justifier d'un domicile acquis depuis un an dans le lieu où il voulait exercer, justifier de bonnes vie et mœurs, enfin, savoir lire et écrire. La révolution de 1830 rendit un instant le colportage libre; mais les lois des 10 décembre 1830 et 16 février 1834 établirent cette règle, que nul ne peut exercer, même temporairement, la profession de vendeur ou de distributeur sur la voie publique d'écrits, de dessins, etc.

sans autorisation préalable de l'autorité municipale, qui, suivant les circonstances, peut la retirer.

La révolution de Février rendit toute liberté au colportage; et il joua un certain rôle dans les diverses propagandes qui se disputèrent le pays. Bientôt cependant on s'occupa de réfréner la presse, et l'on rétablit l'autorisation municipale avec dépôt préalable, sauf dans les moments d'élections. La loi du 27 juillet 1849 porte : « Tous distributeurs ou colporteurs de livres, écrits, brochures, gravures et lithographies, devront être pourvus d'une autorisation qui leur sera délivrée, pour le département de la Seine par le préfet de police, et pour les autres départements par les préfets. Ces autorisations pourront toujours être retirées par les autorités qui les auront délivrées. Les contrevenants seront condamnés par les tribunaux correctionnels à un emprisonnement d'un à six mois et à une amende de 25 à 500 fr., sans préjudice des poursuites qui pourraient être dirigées pour crimes ou délits, soit contre les auteurs et éditeurs de ces écrits, soit contre les distributeurs ou colporteurs eux-mêmes. » Ces dispositions, quoique appliquées avec la dernière rigueur, n'atteignirent pas complètement le but que l'on s'était proposé. En 1852 le gouvernement prescrivit que tout livre colporté serait revêtu d'une estampille ; puis une commission permanente fut chargée d'examiner successivement et séparément chaque livre ou gravure, avec le pouvoir souverain d'en autoriser ou d'en refuser le colportage. Cette commission fonctionne ; elle se compose de deux membres de l'Académie Française, de deux députés, d'un imprimeur-libraire, d'un maître des requêtes, de quatre hommes de lettres, d'un médecin de l'empereur et d'un ancien préfet. Elle est présidée par le directeur de l'imprimerie. Un rapport du 4 avril 1853, rédigé par un de ses membres, M. de La Guéronnière, a déjà fait connaître ses premiers travaux.

« L'ancienne législation de la librairie, dit ce document, n'avait rien prévu relativement au colportage. La loi du 21 octobre 1814 assujettit les libraires à l'obligation du brevet. Un décret de 1812 soumet le libraire étalagiste à l'autorisation municipale. Il y avait donc un véritable privilége en faveur du colportage, qui, sans aucune garantie préalable, pouvait parcourir les campagnes, porter à domicile sa marchandise, pénétrer dans les maisons, étaler sous les yeux de la jeunesse naïve et curieuse des villages les tentations grossières de ses gravures obscènes et de ses livres empoisonnés. Cette lacune s'explique par l'état intellectuel de notre pays à l'époque où la législation sur la librairie a été faite. Alors l'instruction primaire n'était pas encore organisée ; le colportage manquait par cela même d'aliments, et son action était fort restreinte. C'est à peine si ses dangers, devenus depuis si formidables, étaient sentis par les législateurs de ce temps.

« Plus tard, la loi de 1833, en organisant dans toute la France le bienfait de l'instruction primaire, devait bientôt rendre sensible à tous les esprits le danger de cette lacune. Apprendre à lire au peuple sans réglementer le colportage, c'était le livrer sans défense à tous les enivrements, à tous les mensonges et à toutes les corruptions des mauvais livres : on ne devait pas tarder à le reconnaître et à le déplorer. En quelques années la France rurale fut envahie jusque dans ses hameaux les plus reculés par la propagande d'athéisme matériel et grossier qui a été l'une des causes les plus actives de cette maladie du socialisme dont la civilisation a failli périr, et à laquelle nous venons à peine d'échapper. C'est surtout à la fin du règne de Louis-Philippe que cette propagande se manifesta par des symptômes effrayants. 3,500 colporteurs, distribuant 9 millions de volumes, circulaient dans toute l'étendue de la France. La plupart étaient organisés et divisés par brigades. Cette corporation avait pour patrons environ 300 individus, qui eux-mêmes avaient à leur solde, et comme domestiques, de 10 à 12 commis. Ces 300 patrons colporteurs se fournissaient principalement à Paris, à Rouen, à Limoges, à Épinal et à Tours, aux librairies d'ouvrages à bon marché. Ils cotaient ensuite ces livres arbitrairement, les distribuaient à leurs commis ou domestiques, et les répandaient dans toute la France. Cette propagande ne s'arrêtait pas à la frontière, elle débordait dans les États voisins, et particulièrement en Suisse, en Espagne et en Piémont.

« ... Dans quel esprit devait se placer la commission ? Devait-elle adopter une doctrine et un système ? Pouvait-elle s'ériger en arbitre des erreurs humaines et des vérités relatives ? Prononcerait-elle entre les religions, les philosophes et les partis ? Allait-elle juger les grandes querelles de l'esprit humain et les renommées illustres en qui elles se personnifient ? Sa mission n'était ni si haute ni si difficile. La commission du colportage ne pouvait avoir qu'une doctrine, celle de toutes les consciences honnêtes, c'est-à-dire le respect de Dieu et de la société. Les lois divines et les lois humaines sont à ses yeux inviolables et sacrées.

« Ainsi la commission n'a pas hésité à rejeter du catalogue des livres autorisés les ouvrages blessants pour les mœurs, injurieux pour la religion et pour ses respectables ministres, mensongers envers l'histoire. Elle a même cru devoir écarter des livres qui, sans attaquer l'origine et la vérité des dogmes de l'Église, contiennent des controverses dont le ton et l'esprit ne peuvent qu'affaiblir le sentiment religieux dans des intelligences peu habituées à ces polémiques ardentes, et par conséquent plus faciles à leurs entraînements et à leurs erreurs. Mais elle s'est arrêtée à cette limite, et en se trouvant en face de certaines renommées, elle ne s'est pas crue dispensée des égards dus au génie, même quand il se trompe. Elle n'a proscrit de Voltaire, par exemple, que certaines pages qui souillent le regard et la pensée. Elle ne s'est pas attribué le droit de repousser celles qui n'intéressent que l'imagination et n'engagent que la raison. Elle a agi de même pour tous les auteurs anciens ou contemporains dont les œuvres lui ont été soumises. Elle n'a eu à juger ce qui est faux en histoire, en philosophie, en politique et en économie politique ; elle n'a eu qu'à condamner ce qui est irréligieux, immoral et anti-social.

« Malheureusement, ajoute le rapporteur, le vice et l'immoralité ne peuvent pas être supprimés ; il faut les subir comme une des plaies de la nature humaine. Mais, au moins, s'il n'est pas possible de les extirper, il faut leur refuser la force et l'action de la vie sociale. Nous n'empêcherons pas sans doute la perversité d'écrire de mauvais livres et la cupidité de les propager ; mais en refusant à ces livres la circulation du colportage nous leur enlèverons leur principal moyen de propagation. Et déjà beaucoup d'interdire aux séductions de l'erreur et aux tentations de l'immoralité de se présenter à domicile. Les mauvais livres, exclus de la circulation populaire, qui leur ouvrait d'innombrables issues, en sont réduits à s'entasser au fond des magasins ou à s'écouler par des moyens frauduleux.

Sur 3,649 ouvrages présentés, la commission en avait autorisé 2,531 ; 562 avaient été réservés pour un nouvel examen ; l'autorisation du colportage avait été refusée à 556 ouvrages. Depuis, la commission a décidé que le colportage des arrêts de cours d'assises, des histoires de brigands, des relations dans ou moins exactes de crimes de toute nature, était interdit, « la lecture de semblables écrits étant sans utilité pour la morale, et pouvant exercer une mauvaise influence sur l'éducation publique ».

On nous fait espérer qu'avec ce contrôle intelligent le colportage ne tardera pas à devenir un des instruments les plus actifs et les plus précieux de moralisation, de lumière et de progrès, et que bon nombre de bibliothèques de village ne se formeront plus désormais que de livres de piété, d'ouvrages de science mis à la portée des masses, des chefs-d'œuvre de la langue française et du génie humain. Pour aider à cette propagande morale et salutaire, M. l'abbé Bernard a proposé au ministre de la police générale de fonder une as-

G.

sociation ou une confrérie dite *du colportage*, qui, à l'imitation des colporteurs des sociétés bibliques, se chargerait, au moyen de porte-balles attachés à la confrérie, de faire une propagande active dans les campagnes, et d'y répandre les livres utiles aux mœurs, à la religion, à l'agriculture, livres qu'on a bien des fois essayés, et qui par malheur sont toujours à faire. L'auteur du projet ne demande pour commencer ces nouvelles missions que vingt-cinq colporteurs et 30,000 fr. C'est trop peu pour une œuvre aussi gigantesque.

COLQUHOUN (Patrick), célèbre par ses ouvrages sur la statistique, la police et l'assistance des pauvres, de même que par le zèle dont il fit toujours preuve pour les intérêts généraux des masses, était né en 1747, à Dumbarton, en Écosse. A l'âge de seize ans il alla en Virginie, où il entra dans le commerce; mais il était de retour dans sa patrie dès 1766, et il s'établit alors comme marchand à Glasgow. Devenu *lord prévôt* de cette ville, il sut obtenir pour elle de notables faveurs du gouvernement. L'acte du parlement qui en 1788 affranchit les manufacturiers de tous droits perçus sur les ventes de marchandises opérées à la criée fut le résultat d'un mémoire présenté par Colquhoun à Pitt au nom des filateurs et fabricants de coton d'Angleterre; et un voyage dans les Pays-Bas lui fournit l'occasion de créer sur le continent aux cotonnades de Manchester et d'Écosse d'immenses débouchés.

L'habileté, le désintéressement et la sagacité avec lesquelles, à partir de 1792, il s'acquitta de fonctions de police urbaine à Londres, furent généralement appréciées; chacun rendit justice à son livre *On the Police of the Metropolis* (Londres, 1796). Il sut réprimer l'audacieux système de vol et de déprédation auquel les vaisseaux à l'ancre dans la Tamise étaient exposés, et réussit à donner à la sécurité pour leurs propriétés aux navigateurs nationaux et étrangers. Il ne fit pas de moindres efforts pour adoucir autant que possible les souffrances et les privations des classes indigentes; et, d'accord avec des quakers, il créa trois grands établissements pour distribution de soupes aux nécessiteux. Étant venu en 1798 s'établir à Westminster, il y créa encore un autre établissement de ce genre, et plus tard aussi une école pour les pauvres. En 1804 la ville de Hambourg et plus tard celles de Brême et de Lubeck le choisirent pour leur agent à Londres. Il mourut le 25 avril 1820. Depuis longtemps rien ne se faisait plus en matière de police urbaine et d'assistance publique sans qu'on ne prît préalablement son avis, et dès 1797 l'université de Glasgow lui avait délivré le diplôme de docteur en droit, en le qualifiant *de virum egregium, tamdiu legum interpretem et acerrimum vindicem*. Son *New System of Education for Labouring People* (1806), et son *Treatise on Indigence* (1807) renferment un riche trésor d'expériences et de préceptes; et son dernier ouvrage: *On the Population, Wealth, Power and Resources of the Brittish Empire* (1814) a aujourd'hui encore beaucoup d'importance.

COLUMBAN (Saint). *Voyez* COLOMBAN.
COLUMBARIUM. *Voyez* COLOMBAIRE.
COLUMBIA. C'est le nom qui a été donné à un petit territoire particulier nommé aussi *district fédéral*, situé sur les rives du Potomac, abandonné en 1791 par le Maryland et la Virginie au congrès des États-Unis de l'Amérique du Nord, et n'appartenant en propre à aucun des États dont se compose l'Union. Ville fédérale, chef-lieu politique de toute l'Union, Washington est situé sur ce territoire. Une décision prise par le congrès en 1846 en a détaché la ville et le comté d'*Alexandria* pour les réunir à l'État de Virginie; de telle sorte que le *district fédéral* n'a pas aujourd'hui plus de 100 milles anglais carrés.

Ce nom de *Columbia* est aussi porté aux États-Unis par trois comtés différents : l'un situé dans l'État de New-York, l'autre en Géorgie, et le dernier dans l'Ohio; et aussi par plusieurs villes. La plus importante est *Columbia*, dans la Caroline du Sud, avec 6,000 habitants, siége du gouvernement de l'État et d'une université.

COLUMBIA (Fleuve). *Voyez* Orégon.
COLUMBIUM. *Voyez* Tantale.
COLUMBUS, chef-lieu de l'État d'Ohio, dans l'Union américaine du Nord, fut fondé en 1812. Son érection en siége du gouvernement date de 1834. Columbus est admirablement situé, sur le Scioto, et mis en communication avec Cincinnati et le lac Erié par le chemin de fer central de l'État. D'après le recensement de 1850, cette ville avait une population de 16,634 habitants, indépendamment de 1233 hommes de couleur libres. Les édifices qu'on voit à Columbus sont pour la plupart vastes et d'un bon style. Au centre d'une grande place de dix ares s'élève le Capitole, construit sur le modèle du Panthéon, avec des colonnes d'ordre dorique formant portique. La maison des aliénés, la prison, l'institut des sourds-muets et l'institut des aveugles méritent aussi d'être visités. L'organisation de ces établissements est en effet aussi grandiose que bien appropriée; elle est tout à fait digne de l'Ohio, ce riche et populeux État.

COLUMELLE (en latin *columella, columnella, columnula*, diminutif de *columna*, colonne). On se sert de ce nom en histoire naturelle, pour désigner, 1° en botanique, un petit axe filiforme situé au centre de l'urne des mousses, auquel les semences sont fixées; la petite colonne qui persiste après la chute des fruits auxquels elle servait de support; suivant Decandolle, l'axe central d'un fruit résultant de la soudure de plusieurs carpelles, quand il est réel et non fictif; 2° en zoologie, une sorte de petite colonne plus ou moins tirsée, qui forme l'axe d'une coquille spirale. Les conchyliologistes désignent une lèvre de la coquille sous l'épithète de *columellaire*, et donnent ce nom aux mollusques gastéropodes dont la columelle est garnie de plis.

COLUMELLE (Lucius Junius Moderatus Columella), célèbre agronome romain, qui florissait vers le milieu du premier siècle de notre ère, était né à Cadix, et hérita d'une belle fortune territoriale, dont la gestion le porta à faire une étude toute particulière de l'agriculture et des moyens de la perfectionner sous le rapport de la qualité comme sous celui de la quantité des produits. Des voyages dans la péninsule ibérique, en Gaule, en Italie, en Grèce, en Asie Mineure et sur le littoral de l'Afrique, c'est-à-dire dans la plus grande partie du monde romain, lui fournirent l'occasion de comparer les diverses méthodes de culture employées pour obtenir des produits similaires, et d'étudier leurs avantages et leurs inconvénients. Plus tard, il se fixa à Rome; et c'est là qu'il conçut et exécuta le projet de réunir dans un traité méthodique les fruits de ses expériences et de ses observations personnelles. Dans ce but, il composa deux ouvrages qui sont parvenus jusqu'à nous, intitulés : l'un *De Re Rustica*, l'autre *De Arboribus*, et écrits tous deux dans la plus pure latinité. Le premier, qui est un traité à peu près complet d'économie agricole, se compose de douze livres. Columelle y indique dans quelles conditions doit se trouver un domaine pour être exploité avantageusement, la meilleure destination à donner à chacune de ses parties, les soins particuliers qu'exigent les vignobles, ou encore la culture de l'olivier et du cytise, arbuste qu'il recommande de propager comme utile aux bestiaux ainsi qu'aux abeilles; les soins à donner aux animaux domestiques, tels que le bœuf, le cheval, l'âne et le mulet, qui partagent les travaux du cultivateur, ou encore tels que la brebis, la chèvre et le porc, comme ressources alimentaires. Il traite des pêcheries, de l'éducation des oiseaux de basse-cour, de celle des abeilles et de la nourriture des animaux qu'on entretient dans les parcs. Par une singularité qu'expliquent et la nature du sujet et les études littéraires qu'avait faites l'auteur, c'est en vers qu'il écrit son dixième livre, qui a trait de l'horticulture. On y trouve beaucoup de vers heureux, et un faire qui rappelle la manière de Virgile. Les deux derniers livres sont consacrés aux menus détails de l'économie agricole. Le traité *De Arboribus* (de la culture Des Arbres), n'est à bien dire que le treizième et dernier livre du traité *De Re Rustica*; mais l'usage s'est établi de l'en séparer et de le publier comme une œuvre à part. Columelle y expose les règles de la culture des arbres fruitiers et forestiers.

En lisant Columelle, on sent combien il aimait l'agriculture; et comme son style est toujours soutenu et élégant, alors même qu'il est forcé d'entrer dans le détail des plus vulgaires occupations de la vie agricole, on le lit avec plaisir. Son livre est incontestablement l'un des traités d'agriculture les plus curieux et les plus complets que nous ait légués l'antiquité, et en l'étudiant avec soin on est tout étonné d'y voir fort clairement indiqués des procédés et des méthodes prônés de nos jours comme des innovations. Dans une préface, Columelle déplore d'ailleurs amèrement la décadence dans laquelle est tombée de son temps l'agriculture, le mépris qu'on professe pour le premier et le plus utile des arts, pour lequel il n'existe ni écoles ni professeurs, alors que Rome foisonne d'individus enseignant la poésie, la musique, la rhétorique, l'éloquence, la grammaire, la peinture et l'architecture. Ses contemporains apprécièrent ses nobles efforts; son ouvrage remit en honneur les travaux rustiques, et par la manière dont en parlent Sénèque et Pline, on voit que pleine justice fut rendue à ce talent à la fois utile et modeste.

COLURES. Ce sont deux grands cercles ou méridiens de la sphère, que l'on suppose se couper à angles droits aux pôles du monde. L'un passe par les points solsticiaux, l'autre par les points équinoxiaux : ce qui a fait donner au premier le nom de *colure des solstices*, et au second celui de *colure des équinoxes*. Les colures, en coupant ainsi l'équateur, marquent les quatre saisons de l'année. Du reste ces cercles étaient plus en usage dans l'astronomie ancienne qu'ils ne le sont aujourd'hui. On les appelle *colures*, du grec κόλουρος, qui a la queue coupée (de κολούω, couper, et οὐρά, queue), par la raison, dit-on, qu'ils ne s'élèvent jamais entièrement au-dessus de notre horizon.

COLUTHUS, poëte grec, naquit à Lycopolis (aujourd'hui Sout), ville de la Thébaïde. Suidas pense qu'il vécut sous Anastase Ier, empereur de Constantinople, vers la fin du cinquième siècle ou au commencement du sixième. On lui attribue communément un petit poëme, en un chant, *L'Enlèvement d'Hélène* (Ἁρπαγὴ Ἑλένης). La découverte du manuscrit de ce poëme est due au cardinal Bessarion, qui le trouva au bourg de Casoli, près d'Otrante, dans un monastère. Il fut imprimé pour la première fois in-8°, par Alde, à la suite de Quintus Calaber, le continuateur d'Homère. Ce poëme est d'une grâce, d'une élégance soutenuas, mais il manque de mouvement et de passion, si ce n'est dans les plaintes d'Hermione sur l'absence d'Hélène, sa mère : cet épisode est une touchante élégie. On croit Coluthus auteur d'un poëme en six chants, *Les Calydoniaques*, et d'un autre, intitulé *Les Persiques*, et d'*Éloges* en vers : ces ouvrages sont perdus. M. Stanislas Julien a donné, en 1822, une traduction de *L'Enlèvement d'Hélène*. Malgré le dédain qu'on a affecté pour Coluthus, il a trouvé une foule de commentateurs et de traducteurs en plusieurs langues.   DENNE-BARON.

COLYSÉE. *Voyez* COLISÉE.

COLYVA, gâteau que les Grecs ont coutume d'envoyer à l'église neuf jours après un enterrement, et qui est fait de grains de froment bouillis, auxquels on ajoute des amandes pelées, des raisins secs, des grenades, du sésame, et qu'on borde de basilic ou de quelque autre plante balsamique. Il a la forme d'un pain de sucre, surmonté d'un bouquet de fleurs artificielles. On le met sur un grand bassin, aux bords duquel sont disposés des morceaux de sucre ou de confiture sèche, en forme de croix grecque. C'est, disent les Grecs, la traduction de ces paroles de Jésus-Christ, selon saint Jean : « Si le grain de froment que l'on jette en terre ne meurt pas, il demeure seul; mais quand il est mort, il produit beaucoup de fruits. » C'est une profession de foi en la résurrection des morts. Le fossoyeur, précédé de gros cierges allumés, place ce gâteau bénit sur la tombe du défunt. Trois personnes suivent le fossoyeur, portant, l'une deux grandes bouteilles de vin, la seconde, une corbeille de fruits, la troisième un tapis, qu'on étend sur la tombe. Les assistants s'asseyent tout autour, et mangent le gâteau. La cérémonie du *colyva* a lieu avec solennité, le vendredi avant le jeûne annuel de l'Avent, le vendredi saint et le vendredi avant la Pentecôte, jours consacrés à la commémoration des morts.

COLZA, race du genre *chou*, dont on cultive deux variétés, qui sont le *colza d'hiver* et le *colza d'été* : l'on et l'autre sont des cultures très-productives, par l'huile que fournissent leurs semences et par le fourrage vert qu'elles produisent. On sème le colza d'hiver en juillet, à la volée, dans la proportion de cinq à six kilogrammes de graines par hectare. On éclaircit, au besoin, ce semis de manière à laisser au moins 12 centimètres entre chaque pied. D'autres cultivateurs sèment le colza en pépinière et le replantent en septembre à 0^m,16 de distance. Dans l'une ou l'autre méthode, ce sera après dix mois de semis qu'on fera la récolte de la semence. L'on se conduira alors pour la récolter et la conserver comme pour la graine de navettes. L'h u i l e de colza est d'un emploi très-considérable. Les pains ou t o u r - t e a u x qui restent après son expression sont un bon aliment pour les animaux et un engrais puissant pour les terres et les prairies. Le colza d'été, un peu moins fort dans toutes ses parties, se sème au printemps, et fournit, ainsi que le colza d'hiver, ses semences la première année; le colza d'été a pris faveur, parce qu'indépendamment de ce qu'il est une production d'un débit toujours certain, on a la ressource, en une multitude de circonstances, de pouvoir semer du colza, même au printemps, quand il a été impossible d'en semer en automne. Le colza d'été étant plus hâtif que le colza d'hiver, on le sème de préférence dans tout le printemps et même pendant tout l'été, afin de se procurer de la nourriture pour le bétail quand le fourrage est rare ou quand on se trouve avoir une surabondance d'animaux à nourrir, des moutons surtout. On sème aussi le colza d'hiver pour fourrage. Si en semant les deux colzas on n'a en vue que l'obtention d'un fourrage extemporané, qu'une nourriture temporaire et momentanée, on peut semer l'un et l'autre dans tous les terrains, soit bons, soit mauvais, car on obtiendra toujours plus ou moins de produits; mais si, au contraire, on se propose de récolter les semences du colza pour en obtenir l'huile connue dans le commerce sous le nom d'*huile de graines*, il faut semer l'un et l'autre colza dans la terre la plus généreuse.   C. TOLLARD aîné.

COMA, mot grec (κῶμα) introduit sans aucun changement dans la langue latine et ensuite dans la nôtre. C'est un terme de pathologie, par lequel on désigne une sorte d'assoupissement ou de sommeil profond, d'où il est très-difficile de tirer les malades. Lorsque ce symptôme, qu'on observe dans plusieurs affections morbides, s'accompagne de délire, de mouvements pour changer de position, on le nomme *coma vigil*; une autre variété d'assoupissement pathologique, le malade a les yeux fermés, mais il les ouvre quand on l'appelle, les referme aussitôt, et parle seul. Si le malade est immobile, parle seulement quand on le réveille et se tait dans les intervalles, cette deuxième variété d'état comateux s'appelle *coma somnolent*. Les synonymes peu usités du mot coma sont *carosis, caros, carus*, et *cataphora*. Ceux qu'on emploie plus fréquemment sont les termes *assoupissement, somnolence* et *léthargie*.
L. LAURENT.

COMACHIO (le *Comacula* des anciens), petite ville fortifiée de la délégation de Ferrare (États de l'Église), au milieu des *Valli di Comachio* ou marais formant les stagnantes embouchures du Pô et célèbres par leur richesse en poissons, notamment en anguilles délicieuses, compte environ 40,00 habitants, et est le siège d'un évêché. Le congrès de Vienne attribua à l'Autriche le droit d'y entretenir une garnison, de même que dans la citadelle de Ferrare; droit que le cabinet de Vienne n'a eu garde de ne pas exercer toujours depuis lors. Quand, au commencement de l'agitation qui se fit sentir en Italie en 1847, le gouvernement autrichien renforça ces garnisons, le parti national italien prétendit revenir contre cette clause des traités de 1815. et au mois d'octobre 1848 les troupes pontificales démantelèrent même en partie le fort de San-Agostino à Comachio. Mais tout cela dura peu, et les choses se trouvent aujourd'hui sur l'ancien pied. Il y a aux environs de Comachio de riches salines.

COMAGÈNE. C'était la première des onze provinces de la Syrie dont Ptolémée nous donne la nomenclature. Strabon, Ptolémée, Pline, Ammien-Marcellin, ne sont pas d'accord sur les limites de cette province.

Samosate, sa capitale, était située sur un large coude que formait l'Euphrate par le repli soudain de ses eaux remontant vers le sud-est, le long et presque autour du Zeugma.

C'est dans la Comagène, démembrement de la Syrie, ce beau et grand royaume des Séleucides, que des princes obscurs de leur sang obtinrent un trône tributaire des Romains. Pompée, vainqueur de Mithridate et d'Antiochus, laissa comme par pitié, à ce dernier une ombre de royauté dans Samosate, dont jouirent, mais non sans interruption, ses descendants, véritables préfets et percepteurs de la ville éternelle jusqu'à Domitien, qui réunit pour la fait la Comagène à l'empire. Effaçant d'un coup son nom en même temps que ses prérogatives royales, il la nomma *Euphratésie*, du grand fleuve qui l'arrosait. Dans la suite, la Comagène fit partie du patriarcat d'Antioche. DENNE-BARON.

COMANCHES, tribus d'Indiens belliqueux, pillards et cruels, habitant à l'est du Rio-Grande les frontières du Mexique et du Texas. Les Comanches parcourent à cheval les prairies du Texas; et, en faisant la chasse au Mustang et le Buffalo, il leur arrive souvent d'attaquer les *Ranchos* des Mexicains et les *Farme* des Texiens; ils vont même quelquefois jusqu'à le prendre à des localités plus populeuses. Les établissements créés fort avant dans l'est, et généralement par des colons allemands, sur le Pierdenales et le San-Jaba, touchent immédiatement au territoire occupé par les Comanches. Cependant, à la condition que les Allemands ne dépasseront pas le Pierdenales, où est bâti *Friedrichsburg*, les Comanches se comportent avec eux en bons voisins, tandis qu'ils haïssent mortellement les Américains et les Mexicains.

Les Comanches sont des cavaliers d'une habileté peu commune : ils manient l'arc et le *lasso* avec plus d'habileté que toute autre nation. Leur manière d'attaquer la guerre offre beaucoup d'analogie avec celle des hordes russo-asiatiques. En général les prisonniers mâles sont immédiatement scalpés; quant aux femmes, elles deviennent dans le camp l'objet de traitements qui ne sauraient se décrire. Il n'est pas rare que, dans leurs expéditions de chasse vers le nord, les Comanches s'égarent jusqu'à la route de Santa-Fé, et ils deviennent alors dangereux pour les *traders* (marchands) qui traversent les plaines. Ces Indiens sont dépourvus de toute espèce de civilisation; ils ont cependant le crâne parfaitement conformé, et leur profil annonce plus d'intelligence que celui de la plupart des autres tribus sauvages de l'Amérique du Nord. Ils sont aussi plus grands, plus vigoureux et moins cuivrés que les Indiens du nord et de l'est.

Les actes de brigandages et les assassinats commis par eux dans ces dernières années au Mexique et au Texas ont été si fréquents, que les Texiens ont dû adresser au gouvernement de Washington les plaintes les plus pressantes contre un pareil état de choses. On a établi alors des postes militaires, de distance en distance, le long des frontières, mais sans en retirer de grands avantages. Les fameux *Texas-rangers* avaient mieux réussi à tenir en bride ces sauvages; mais le gouvernement de l'Union ayant jugé à propos de dissoudre les *rangers*, ces populations se trouvent encore à peu près sans défense contre les déprédations des Comanches. On évalue leur nombre total à 10,000 têtes au plus, et, en raison de la vie errante que mènent les individus de cette peuplade, il n'est guère possible aujourd'hui qu'elle s'accroisse.

COMANS. *Voyez* KOUMANS.

COMATEUX (État). *Voyez* COMA.

COMBADOS, Syrien dont le renom de chasteté est devenu proverbial. Choisi par le roi Antiochus Soter pour accompagner en voyage l'épouse de ce prince, il s'enleva lui-même les attributs de la virilité, et les remit à son souverain après les avoir soigneusement enfermés dans une petite cassette. Ses ennemis et la reine elle-même, fatiguée de l'incessante surveillance de Combados, ayant fait courir des bruits calomnieux sur son compte, arrachèrent au roi une condamnation à mort contre lui. Pour confondre ses perfides accusateurs, Combados n'eut qu'à supplier son maître d'ouvrir la mystérieuse cassette qu'il lui avait confiée; et, à la vue de cette incontestable preuve de l'innocence de son fidèle serviteur, Antiochus, touché aux larmes, ordonna qu'on lui élevât une statue de bronze. Nous racontons cette histoire telle que nous la donne Lucien (lequel, au reste, soit dit en passant, est bien capable de l'avoir inventée), et qui a fourni à Wieland le sujet d'un de ses contes les plus gracieux.

COMBAT. Ce terme a la même racine que *Bataille*. Tous deux viennent du verbe *battre*, et tous deux, dans l'acception militaire, signifient le choc, le conflit de deux corps de troupes. Ce n'est que comme termes techniques qu'on peut concevoir une différence entre eux; la nécessité d'avoir, pour la précision du langage, un genre d'action et pour un autre. Ces deux termes n'ont même pas suffi à représenter les différents modes d'action de deux armées l'une sur l'autre : nous avons encore les termes *rencontre*, *surprise*, *escarmouche*.

Deux armées ou deux corps de troupes se choquent fortuitement ou de propos délibéré; leur rencontre n'est fortuite et par conséquent imprévue que pour l'un des deux; ils ne s'engagent pas tout à fait à corps à corps, ils ne font que se toiser, ou restreignant le conflit à des chocs partiels, auxquels ils n'emploient que leurs portions réciproquement les plus rapprochées. Deux armées se choquent en entier, ou le conflit n'a lieu que par une partie plus ou moins forte de chacune. Lorsque le choc de deux corps de troupes est inopiné, c'est-à-dire qu'il n'a été préparé par aucun des deux adversaires, on l'appelle une *rencontre*. Il est assez naturel que dans ce cas le premier mouvement de chaque troupe soit de se rencontrer dans une position avantageuse, de prendre son ordre de bataille, d'aviser à ce qu'elle devra ou pourra faire après. Les rencontres fortuites ont le plus souvent lieu entre les reconnaissances ou les corps les plus avancés des armées, parce que, chargés de prendre connaissance non-seulement de la position, mais du mouvement de l'ennemi, il doit leur arriver souvent de se rencontrer où on ne le présumait pas. Mais une rencontre fortuite entre deux armées ne peut pas arriver de nos jours sans qu'il y ait de la faute de quelqu'un. Les anciens Grecs et les Romains, qui campaient pelotonnés dans un étroit espace, et qui combattaient sur un front peu étendu, ne se faisaient pas éclairer bien grande distance; ils n'en avaient pas besoin, parce que l'ennemi ne pouvait pas se glisser sans être aperçu entre des colonnes très-rapprochées. Ainsi, la bataille de Cynocéphalo a pu avoir lieu par l'effet d'une rencontre fortuite entre l'armée romaine et l'armée macédonienne, sans qu'il y ait lieu à imputer une faute au roi Philippe ou au consul Flaminius. Mais aujourd'hui, que les

COMBAT

armées sont obligées de se couvrir par des postes avancés, fixes ou mobiles, aujourd'hui qu'elles ne doivent plus se mettre en mouvement sans que leur marche soit éclairée en avant et sur les flancs, à une assez grande distance, une rencontre pareille ne peut plus avoir lieu si l'un au moins des généraux ne s'est rendu coupable d'une négligence grave. Dans ce cas, celui des deux qui a le plus de génie militaire, ou que le hasard aura placé dans la situation la plus avantageuse, saisira l'occasion de livrer une bataille dont les chances seront en sa faveur, et remportera la victoire. La bataille de Liegnitz, gagnée par Frédéric II, fut une rencontre. La bataille de la Katzbach, en 1813, fut également une rencontre.

On voit qu'une rencontre est réellement une surprise réciproque; mais comme les deux corps qui se surprennent l'un l'autre sont en mouvement, et peuvent presque toujours passer sans une grande difficulté à l'ordonnance du combat, on a restreint la signification du mot *surprise*. Une surprise est une attaque préméditée par celui qui la fait, mais inopinée pour celui qui la reçoit. C'est une tentative d'un des deux adversaires pour saisir l'autre dans la disposition la plus défavorable à la défense. Il y a des surprises de jour et des surprises de nuit. Les premières sont les plus rares, et ne réussissent que par un concours de circonstances qu'il est bien difficile de réunir, à moins qu'on ait affaire à un ennemi bien inexpérimenté ou bien négligent. Dans le nombre des surprises de jour sont les *embuscades*. Les surprises de nuit sont sujettes à de nombreux inconvénients, à de nombreuses méprises, qui peuvent les faire échouer, et dont celles de jour sont exemptes. Aussi les meilleures surprises ont-elles lieu à la faveur des ombres de la nuit et combinées de manière à ce que les attaques commencent à l'instant où les premiers rayons du jour, éclairant la scène, ne permettent plus de méprises. Les surprises ne sont ordinairement que la conséquence d'une faute grave, soit de la part du général, soit de la part de ceux qui étaient chargés d'éclairer et de couvrir l'armée. Nous disons : ordinairement, car il peut arriver que l'ennemi, parvenu à nous dérober le mouvement d'un de ses corps, se trouve, au point d'attaque, en mesure de nous surprendre par un déploiement de forces ou un mouvement imprévu; et il peut arriver même que le général de notre armée, quoique ayant prévu ce mouvement, soit surpris par son exécution, le corps chargé de l'empêcher n'ayant pas rempli sa mission pour des causes que le général n'a pu prévoir. Ainsi, à Waterloo, l'ordre qui enjoignait au maréchal Grouchy de se porter à la chapelle Saint-Lambert pour arrêter les mouvements des Prussiens, au lieu d'être expédié à une heure et demie, et de parvenir ainsi en temps utile, ayant été retenu à l'état-major, par oubli, dit-on, jusqu'à quatre heures, lorsqu'il était devenu inutile, Napoléon fut *surpris* par l'arrivée, sur son flanc droit, des Prussiens, qu'il croyait contenus par Grouchy.

Lorsque deux corps de troupes sont en présence, ils ne se choquent pas toujours d'une manière décisive, surtout si la rencontre est inopinée pour l'un des deux. Il peut arriver que l'assaillant, arrivé sur le terrain, se trouve obligé à faire des dispositions qu'il n'avait pas prévues et dont il ne peut pas juger toute la portée au premier coup d'œil. D'un autre côté, celui qui reçoit l'attaque a nécessairement des dispositions à faire, et ces dispositions doivent dépendre de celles que l'ennemi développera lui-même. Il lui importe de connaître de quelle nature est l'attaque dont il est menacé et quelles chances elle lui laisse ou elle lui offre. De part et d'autre existe l'obligation de couvrir ses propres manœuvres et d'obliger l'adversaire à déployer les siennes; et cela ne peut se faire qu'en jetant en avant des détachements chargés de soutenir le premier choc à une assez grande distance en avant du corps principal, et d'engager ainsi eux-mêmes des attaques sur différents points qui leur sont indiqués, afin de pouvoir juger, par les contre-mouvements que l'ennemi y opposera, quelle est sa force et quelles sont ses dispositions et ses projets. Lorsque le résultat de ces essais a amené la conviction ou que l'assaillant ne peut pas pousser son attaque à fond sans désavantage, ou que celui qui se défend ne peut le faire sans danger dans la position qu'il occupe ou dans les circonstances où il se trouve, le premier arrête son attaque, et prend, s'il ne rétrograde pas, une position convenable; le second se dégage de l'attaque, et se retire dans une position où la défense lui soit plus avantageuse. Le choc qui a eu lieu dans ce cas entre les troupes les plus avancées s'appelle *escarmouche*. Elle diffère de la *reconnaissance* en ce que dans la première le corps principal se tient derrière les troupes qui se battent, prêt à prendre part à l'action, tandis que dans la seconde les troupes qui se combattent, n'ayant d'autre mission que d'observer la position de l'ennemi, le corps principal en est tellement éloigné ou n'est disposé que pour couvrir leur retraite. Les *reconnaissances* qu'on appelle *générales* sont des espèces de rencontres, en ce que le corps principal se tient à portée des troupes poussées en avant, afin de pouvoir, dans le cas où la reconnaissance offrirait des chances favorables, engager l'action pour en profiter sur-le-champ.

Les *chocs*, dans lesquels la totalité des troupes présentes se trouve engagée, peuvent avoir lieu soit entre deux armées entières, soit entre des portions plus ou moins fortes de chacune des armées opposées. C'est ici que les expressions synonymes de *bataille* et de *combat* ont pris chacune une signification diverse. Le choc entre deux armées entières sur le même champ de bataille, c'est-à-dire en ordre complet, tous les mouvements étant directement subordonnés les uns aux autres, a longtemps conservé exclusivement le nom de *bataille*. Celui de *combat* restait appliqué aux chocs entre deux portions d'armées, plus ou moins fortes, que le général en chef fût ou ne fût pas présent. Cette définition a été exacte tant que la guerre a été une alternative de campements et de combats, tant que les armées sont restées réunies sur un même terrain, soit en campant, soit en combattant, tant enfin que, formant un seul tout où chacun de ses éléments était un poste fixe, ce qui s'appelait ordre de bataille, les portions détachées qui pouvaient être employées loin du corps principal, ne l'ont été qu'accidentellement. La manière actuelle de faire la guerre demande une autre définition. Chaque armée est composée d'un nombre de corps séparés appelés *divisions*, pouvant agir isolément, et agissant en effet souvent ainsi, n'ayant point d'ordre de bataille immuable entre elles, ni pour les bataillons ou escadrons qui les composent. Les campements ne sont que des lieux de repos au milieu des opérations actives de la guerre, qu'ils suspendent, mais n'interrompent pas; et ces lieux de repos sont eux-mêmes des positions militaires dépendantes d'un plan général d'opérations. Les chocs que se livrent deux armées ennemies ne sont plus exclusivement dans un champ clos, dont le théâtre est circonscrit. Les armées, en raison de la mobilité qui résulte de leur composition d'éléments, susceptibles d'une action individuelle et indépendante, occupent dans leur ordre de bataille un front bien plus étendu. Elles ne peuvent en effet se retrancher dans une suite de positions sur points stratégiques, séparés l'un de l'autre, quoiqu'en relation intime entre eux et avec le but des opérations. L'objet de chaque grande manœuvre d'une armée est la possession d'une position qu'occupe ou que couvre l'ennemi, et dont la perte a une influence désavantageuse sur ses opérations ultérieures. Pour arriver à cette possession, il faut un choc, une lutte corps à corps; mais cette lutte peut avoir lieu de plusieurs manières. La position qu'on veut enlever peut être dominée par quelque position secondaire, dont la perte découvrirait la position principale ou obligerait l'ennemi à la quitter : alors, ou il faut d'abord enlever toutes les positions secondaires avant d'aborder la principale, ou cette dernière peut être atteinte directement. Dans le premier cas, on conçoit qu'il suffit d'employer une partie de son armée, une ou deux divisions, par exemple, contre la position secondaire, tandis que le reste sert à tenir l'ennemi en échec et à l'empêcher de porter secours au point menacé. Si la perte de la position secondaire n'oblige pas l'ennemi à quitter la principale, alors les deux armées s'abordent en masse, et il y a ce qu'on appelle *bataille générale*. Dans le second cas, chacune des positions secondaires est attaquée par une portion de l'armée assaillante, ou successivement, ou plusieurs ou toutes à la fois, après quoi on se retrouve dans le cas de l'exemple précédent. Dans le troisième cas, les deux armées s'abordent simplement.

Il est facile de voir que la définition que nous avons rapportée plus haut, et qui est celle des tacticiens du siècle dernier, n'est point applicable à des actions du genre de celles que nous venons de rapporter. Dans les unes, toute l'armée n'étant pas séparée, par portions plus ou moins éloignées les unes des autres, et conséquemment pas sur le même champ et sur la même ligne de bataille; on ne peut cependant pas nier que ce ne soit une bataille. Dans d'autres, chacune des portions de l'armée agit séparément et successivement, mais elles combattent toutes dans des lieux et dans des temps différents. On ne saurait également dire qu'il n'y a pas eu bataille. Il faut donc une autre définition, et celle qui nous paraît la plus appropriée au système de guerre moderne serait la suivante : Toutes les fois que dans l'exécution d'une grande manœuvre stratégique, la totalité d'une armée a combattu, soit en un seul corps et en un seul lieu, soit partiellement et successivement, chaque choc partiel porte le nom de *combat*, mais le choc total ou l'ensemble des chocs partiels qui ont produit le résultat de la manœuvre doit s'appeler *bataille*. Le nom de *combat* devient dès lors la désignation des chocs partiels entre des portions d'armée, mais plus particulièrement quand ils ne sont pas liés à d'autres chocs de même nature, parce qu'alors ce ne sont que des fragments de bataille, et aussi quand ils sont isolés et atteignent seuls le but que se propose le général. L'*engagement* est un combat entre des corps détachés et le plus souvent entre des avant-postes.

Deux exemples mémorables, tirés de notre histoire, éclairciront ce que nous venons de dire. En 1796, le général Bonaparte, avec une armée de 40,000 hommes, bloquait Mantoue et contenait l'Italie. Le général autrichien Wurmser, à la tête de plus de 60,000 hommes, forme le projet de nous jeter sur les Alpes. Tandis qu'avec la gauche et le centre de son armée, il se porte sur Vérone par les deux rives de l'Adige, sa droite, forte de 20,000 hommes, tourne l'armée française par Brescia, afin de l'envelopper tout entière. Bonaparte mesure le danger, et conçoit, pour le détourner, une manœuvre dont le succès justifia la conception, et que le génie de la guerre prescrira toujours en pareil cas. Il comprend que Castiglione étant le point de réunion des différents corps de l'ennemi, celui où ils doivent rentrer en contact, est en même temps le centre stratégique des mouvements de Wurmser. L'y prévenir était donc déjà un succès : il s'y porte rapidement. Les combats de Lonato, Salo, Gavardo, anéantissent l'aile gauche ennemie, isolée et coupée de la droite et de son centre. Le combat de Castiglione compromit et refoula l'avant-garde du corps principal, qui arrivait seulement. La bataille livrée le lendemain sur les hauteurs de Solferino et Medole achève la perte de Wurmser, qui se retira dans le Tyrol avec les restes de son armée. La réunion de ces différents combats porte à juste titre le nom de *bataille de Castiglione*.

En 1809, Napoléon, étant arrivé à l'armée du Danube, que la fausse direction qui lui avait été donnée pendant son absence avait compromise, conçoit le dessein de faire servir les succès mêmes de l'ennemi à sa perte. Pour cela il fallait acculer l'armée autrichienne sur Ratisbonne, la forcer à y passer le Danube et à se jeter dans la Bohême par la rive gauche. Maître de la rive droite, ainsi dégarnie, le chemin de la capitale des États autrichiens était ouvert sans obstacles à l'armée française. Ce résultat fut produit en cinq jours par les combats de Tann, Abensberg, Landshut, Eckmühl, Preissing et Ratisbonne. Leur ensemble forme ce qu'on appelle la *bataille de Ratisbonne*. G^{al} DE VAUDONCOURT.

Le mot *combat* s'entend aussi des jeux solennels des Grecs et des Romains.

Les hommes ne sont pas les seuls qui se livrent des combats; ils imitent en cela, comme en beaucoup d'autres choses, les animaux qui leur sont soumis et ceux qu'ils n'ont pu soumettre. Souvent même l'homme grossier fait servir les *combats d'animaux* à son plaisir.

C'est à *combattre*, à vaincre ses passions, que consiste le mérite. *La vie de l'homme*, dit saint Augustin, *est un combat perpétuel* contre lui-même et contre les obstacles qu'il rencontre dans le monde; idée qu'un poète a rendue par ce vers :

La vie est un combat dont la palme est aux cieux.

Edme HÉREAU.

COMBAT DE FIEF. On appelait ainsi, dans l'ancien droit, une contestation entre deux seigneurs de fief, qui prétendaient respectivement à la mouvance d'un même héritage, soit en fief, soit en censive. Comme le tenancier ne pouvait avoir qu'un seul seigneur direct, il était pendant le combat dans l'état d'un tiers saisi; mais, pour arrêter l'effet des poursuites que chacun des prétendants pouvait exercer sur le fief même, il devait se mettre sous la protection du roi. C'était ce qu'on appelait *se faire recevoir en main souveraine*.

COMBAT DES TRENTE. Voyez TRENTE (Combat des).

COMBAT JUDICIAIRE, épreuve usitée au moyen âge, dans certains cas, pour mettre fin à un procès. On croyait voir dans le résultat du duel le *jugement de Dieu*. L'usage du combat judiciaire dans les procédures civiles et criminelles est d'une haute antiquité. On croit communément que Gondebaud, auteur de la loi des Bourguignons, est le premier qui ait introduit le duel comme preuve; et cette opinion est accréditée par Muratori. Meyer croit avoir découvert l'origine du combat judiciaire dans les mœurs des anciens Germains, décrites par Tacite. Lorsqu'un peuple était en guerre, dit-il, on avait coutume d'interroger les auspices sur l'issue de la lutte. Après s'être rendu maître d'un homme de la nation ennemie, on l'armait à la manière de son pays et on le mettait aux prises avec un guerrier choisi parmi les plus braves. La nation voyait un pronostic de sa victoire ou de sa défaite dans la victoire ou la défaite de son champion. De là il n'y a qu'un pas à la divination des choses cachées ; du moment que l'on croyait que l'issue du combat ne dépendait pas uniquement de la force et de l'adresse des combattants, que celui qui était vainqueur était protégé par le ciel, il était tout simple de voir dans cette épreuve le triomphe de la vertu sur le crime. Robertson donne une autre origine au combat judiciaire : il le rapporte au point d'honneur et au droit de venger des injures personnelles. Quoi qu'il en soit, cette institution se retrouve chez tous les peuples d'origine germaine ; elle s'est même introduite chez les nations dont les lois ne l'admettaient pas.

On avait recours au combat judiciaire comme à toute autre épreuve pour connaître le jugement de Dieu ; le quatrième capitulaire de l'an 803 ordonne alternativement l'épreuve de la croix ou le combat avec le bâton et le bouclier. Mais il ne pouvait cependant avoir lieu que dans les questions douteuses et lorsqu'on ne pouvait se procurer des preuves d'aucune espèce.

Les conditions du combat variaient suivant la qualité des personnes. Les chevaliers, armés de toutes pièces, avec la lance, l'épée, la dague et le bouclier, étaient montés sur leurs chevaux de bataille; les écuyers n'avaient que l'épée et le bouclier, et vidaient leurs différends à pied; les vilains combattaient avec des bâtons ou des couteaux. Le duel au surplus était accordé entre des parties de conditions différentes; seulement, si un chevalier provoquait un serf ou un vilain, il devait combattre avec les armes de celui-ci; mais si le vilain était demandeur, le chevalier gardait ses avantages, et pouvait combattre à cheval et complètement armé. Avant de combattre, on prêtait serment devant le juge; c'était à celui-ci de voir si les parties étaient de condition et d'âge à accepter le combat. Les sexagénaires, les estropiés, les malades ne pouvaient être contraints de combattre eux-mêmes. Ils pouvaient se substituer un avoué ou un champion. Les clercs, les moines donnaient aussi des champions. Les mineurs de vingt et un ans n'étaient pas tenus de combattre. Une femme ne le pouvait pas; mais il lui était permis de nommer un avoué si elle était maîtresse de ses droits. Celui qui appelait au combat, de même que celui qui y était appelé, était obligé de donner des gages de bataille au seigneur, qui assignait le jour du combat. Dans quelques coutumes, les parties étaient encore obligées de donner des ôtages qui répondaient tant des dommages et intérêts de celui qui serait vainqueur, que de l'amende due au seigneur par le vaincu.

Voici quelles étaient les formalités usitées au moyen âge dans les combats judiciaires. Avant d'entrer en lice, les combattants assistaient à la messe, et souvent même ils recevaient l'eucharistie en forme de viatique. On trouve encore dans quelques anciens missels le propre de cette messe, qui y est intitulée *Missa pro duello*. Les combattants se faisaient accompagner d'un prêtre et de leurs parrains ou répondants. Ces parrains n'eurent d'abord d'autres fonctions que celles de veiller au maintien des règles et formalités prescrites pour le combat. Mais ils ne tardèrent pas à prendre fait et cause pour leurs filleuls, soit pour les défendre, soit pour les venger. Le théâtre de la lutte était un espace appelé *champ-clos* autour duquel on tendait une corde. Primitivement on dressait dans cet espace réservé une potence ou un bûcher destinés aux vaincus. Deux sièges tendus de noir étaient réservés aux combattants, qui s'y plaçaient pendant les préliminaires du combat. Les préliminaires consistaient en différentes cérémonies religieuses, dont la principale était le serment prêté par les parties sur la croix et les Évangiles; chacun jurait à son tour que lui seul avait le bon droit, et que son adversaire était faux et déloyal. Il affirmait en outre qu'il ne portait sur lui aucun charme, et qu'il n'avait employé ni maléfices ni sorcellerie. Cela fait, on partageait également l'espace, le vent, le soleil entre les adversaires, et, après avoir publié aux quatres coins de la lice le commandement exprès de se tenir assis, de garder le plus profond silence, de ne faire aucun geste, de ne pousser aucun cri qui pût encourager ou distraire les combattants, le tout sous de peines très-rigoureuses, après avoir fait sortir de l'assistance les parents des parties, le maréchal du camp criait par trois fois, comme aux tournois: *Laissez aller les bons combattants!* Et la lutte s'engageait. Elle n'avait lieu d'ordinaire qu'à midi au plus tôt, et ne pouvait durer que *jusqu'à ce que les étoiles apparussent au ciel*. Si le défendeur s'était soutenu jusque là, il obtenait gain de cause. Celui qui succombait, qu'il fût mort ou seulement blessé, était traîné hors du camp; ses aiguillettes étaient coupées, et son harnais jeté pièce à pièce dans la lice. Son cheval et ses armes appartenaient au maréchal et au juge du camp; quelquefois même, comme en Normandie, le vaincu était pendu ou brûlé suivant le délit, ainsi que la partie qu'il avait défendue. Cependant on admit bientôt que la conciliation pourrait se faire, même après les premiers coups, appelés *coups le roi*.

On s'aperçut à la longue de l'absurdité du combat judiciaire, et plusieurs rois tentèrent de l'abolir ou du moins de le restreindre. En 1041 fut instituée par Henri Ier la trêve de Dieu, qui, en mémoire de la passion de Jésus-Christ, défendit, sous peine d'excommunication, de livrer aucun combat depuis le mercredi jusqu'au lundi de chaque semaine. Louis le Jeune défendit d'admettre le combat judiciaire dans les causes où il s'agissait de moins que cinq sous; mais cet édit ne fut que pour Orléans. Saint Louis abrogea le duel dans les terres de son domaine par une ordonnance donnée au parlement des octaves de la Chandeleur de l'an 1260. Ce même roi opéra une véritable révolution dans l'organisation judiciaire en introduisant l'usage de *fausser*, c'est-à-dire d'appeler des jugements sans que le combat en résultât: car le combat judiciaire avait lieu auparavant non-seulement entre les parties contendantes, mais entre l'une des parties, les témoins produits par l'autre et même le juge qui avait condamnée. C'était ce que l'on appelait l'appel de *faux jugement* ou appel de *défauts de droit*. Cependant, les seigneurs s'opposèrent longtemps à l'abolition du combat judiciaire, soit par attachement aux anciens usages, soit plutôt à cause des amendes auxquelles ils avaient droit pour chaque combat. Moins de cinquante ans après l'ordonnance de saint Louis, Philippe le Bel se vit obligé de permettre le combat judiciaire dans certains cas. De nouveau proscrit en 1333, le parlement de Paris en ordonna encore un en 1386 entre deux seigneurs; mais ce fut le dernier. Depuis lors, on s'en tint aux duels publics autorisés par le roi. Un des derniers fut celui de Jarnac et de La Châtaigneraie en présence de Henri II.

En Angleterre, on a vu en 1819 un nommé Thornton, accusé par le frère d'une jeune fille de l'avoir tuée, offrir le duel à son accusateur, conformément à une vieille loi barbare qui n'était pas abrogée. Elle le fut à cette occasion par le parlement.

COMBAT NAVAL. L'histoire des combats sur mer se divise naturellement en deux grandes époques, celle qui précéda et celle qui suivit l'invention de la poudre à canon. Le caractère distinctif de la première époque, c'est que toutes les forces étaient concentrées sur l'avant des navires, tandis qu'elles sont placées sur les flancs dans la deuxième.

La manière de combattre fut d'abord très-simple: montées sur des barques légères, les deux armées se lançaient de loin une grêle de flèches, puis elles s'avançaient l'une sur l'autre, s'abordaient et s'attaquaient à la hache ou à l'épée; c'était comme une mêlée à terre: dans ces premiers temps, le courage et l'audace triomphaient toujours, et l'on ne songeait qu'à massacrer les combattants. On sentit ensuite l'avantage de détruire les navires eux-mêmes, et chaque barque, armée d'un fort bec ou éperon, tantôt à fleur d'eau, tantôt au-dessous de la flottaison, dut tenter de prendre en flanc une barque ennemie, de la crever et de la couler. On suspendit aux vergues de grosses masses de pierre ou de plomb pour les laisser retomber sur les navires de l'ennemi; enfin, le feu fut aussi employé comme moyen de destruction, et l'on apprit à lancer des dards enflammés, des vases remplis de matières brûlantes; c'est ainsi qu'à la bataille d'Actium le feu dévora presque toute la flotte d'Antoine. Les Grecs, les Carthaginois et les Romains sont les premiers peuples qui paraissent avoir fait de la guerre navale un véritable art: les rangeaient leurs flottes en demi-lune ou chevron brisé, les pointes tournées vers l'ennemi; puis, au signal donné, les avirons (car alors on ne se servait pas de voiles pendant le combat), tombaient ensemble sur l'eau, et l'engagement commençait. Quelquefois on se proposait de couper les avirons de son adversaire: c'est ce que les Romains appelaient *remos detergere*; on courait sur lui à contre-bord avec toute la vitesse possible, on rentrait rapidement ses avirons; on serrait le navire ennemi de long en long, afin de lui briser toutes les rames qu'il avait en dehors, puis on le quittait pour le prendre en flanc et le percer de l'éperon. On faisait usage de toutes sortes de projectiles : Annibal s'avisa de remplir des pots de terre de vipères et de les briser sur les ponts des Romains. Les flottes employées aux sièges furent chargées de béliers et de balistes, et cette dernière arme resta sur l'avant des navires de guerre jusqu'à l'invention de la poudre à canon. Archimède, dit-on, avait imaginé un harpon à l'aide duquel il saisissait les bâtiments ennemis sous les murs de Syracuse, les enlevait en l'air et les brisait ou les coulait en les laissant retomber à la mer.

César au combat naval de Doriorigum anéantit la brillante marine des Celtes : leurs navires, beaucoup plus gros que ceux des autres peuples, combattaient à la voile, et la construction de leurs vaisseaux devait leur assurer la supériorité; mais les éléments favorisèrent les Romains : pendant l'engagement, dont le succès paraissait se déclarer pour les Celtes, un calme profond survint, qui rendit immobiles leurs gros navires; les innombrables galères de Rome les attaquèrent de tous côtés avec vivacité, coupèrent tous leurs gréements avec des faux tranchantes, les enlevèrent à l'abordage, et la force navale des Celtes disparut.

Aux Carthaginois et aux Romains succèdent dans la Méditerranée les Vénitiens, les Génois et leurs nombreuses flottes; mais ils ne font aucun changement notable dans l'art de combattre : leurs galères, tant vantées, sont mises en mouvement à force de rames, et leurs armes sont connues depuis longtemps. Enfin, les peuples du nord et de l'ouest de l'Europe prennent rang parmi les puissances maritimes; et des rives où les Celtes et leur marine avaient été détruits par César sortent de nouvelles flottes, qui vont disputer à toutes les nations l'empire des mers. L'Angleterre et la France entrent en lutte, et dès le douzième siècle on distingue le germe de cette rivalité entre les deux nations qui dure encore aujourd'hui. En 1213 ils combattent déjà avec des flottes de cinq à six cents voiles, et dans ces batailles sanglantes le vainqueur coule ou brûle à l'ennemi jusqu'à quatre cents navires chargés de soldats. Ici, nous sommes à l'aurore d'un grand progrès : les bras des rameurs ne sont plus exclusivement la force motrice, et l'on commence à combattre sous voiles. Dans l'année 1217 les Anglais battent une flotte française en profitant de l'avantage du vent et en jetant dans l'air de la chaux vive en poussière, qui portée dans les yeux des Français, les aveugle et répand dans leurs rangs un affreux désordre.

Cette première époque ne présente d'autre intérêt que celui de la curiosité historique. Les peuples de la Méditerranée, ne se servant que de galères mues par des rames, ne peuvent donner à l'art un grand développement; mais dès que les nations limitrophes de l'Océan ont saisi le sceptre des mers, la marine prend un essor jusque alors inconnu : les vaisseaux on emploie sont beaucoup plus gros ; on voit s'engager des escadres entières de vaisseaux de haut bord, et un nouvel ordre de batailles s'établir ; les archers suppléent à l'artillerie, les voiles remplacent les avirons, et l'on ne fait plus usage de ces derniers que comme auxiliaires pour gagner l'avantage du vent, ou dans les retraites, ou dans les calmes. L'année 1340 marque l'abandon complet de l'ancienne tactique.

Dès l'an 1372 on commence à faire usage du canon dans les batailles navales : Froissart dit que dans la victoire que les flottes combinées d'Espagne et de France remportèrent cette année sur les Anglais devant La Rochelle, outre les balistes et autres machines destinées à lancer des pierres et des morceaux de fer, les navires portaient des canons. Cette nouvelle arme introduite, l'art marche lentement encore; il reste comme stationnaire pendant le quinzième siècle, et ne sort pas de l'enfance, alors même que l'emploi de la boussole et la découverte d'un nouveau monde par Christophe Colomb avancent rapidement la science de la navigation. Le seizième siècle, si brillant par les nombreux voyages d'Amérique, fait faire quelques pas à l'art de combattre sur mer ; néanmoins, il est évidemment en progrès : nous ne voyons plus dans les batailles des nuées de bateaux qui se heurtent et se brisent, mais des escadres de trente à quarante gros vaisseaux, dont quelques-uns jaugent jusqu'à 1,200 tonneaux ; leurs flancs sont armés de canons, et nous pouvons citer deux circonstances où les flottes exécutent des mouvements généraux bien combinés. Ainsi, en 1513 les Français, attaqués à Brest, forment une ligne d'embossage, aussi bien protégée que le permettent les moyens de défense connus alors, et en 1545 l'amiral d'Annebault, devant Portsmouth, range son armée sur trois colonnes pour aller à la rencontre de l'ennemi. Mais qu'est-ce encore que les combats de ce temps, où, dans un engagement que les historiens nomment *terrible*, deux cents vaisseaux, se canonnant pendant deux heures, et de très-près, échangent à peine trois cents coups de canon !

Le dix-septième siècle s'ouvre enfin, et l'art des combats sur mer prend tout à coup un grand développement; c'est aux luttes sanglantes des Français, des Anglais et des Hollandais qu'il doit cet essor. Plusieurs chefs habiles apparaissent : c'est le siècle des Tourville, des Duquesne, des Tromp et des Ruyter; il y a de savantes combinaisons dans la manœuvre des escadres, et le courage ne décide pas seul du succès. Désormais, on n'emploie plus indifféremment les vaisseaux de ligne et les frégates : les premiers seuls entrent en ligne de bataille; les secondes servant à porter des ordres ou à remplir des missions secondaires, et les flottes sont toujours suivies de brûlots et autres bâtiments incendiaires. On ne s'attaque plus seulement navire à navire, une pensée supérieure domine sur l'ensemble de l'armée, et l'on trouve un grand nombre d'essais de la véritable tactique navale. Quoique ce siècle ait vu naître la vraie science des évolutions navales, il y a loin encore des combats de ce temps aux nôtres; les mêlées étaient moins sanglantes, et l'on ne se battait pas à outrance comme aujourd'hui. Qu'on compare le désastre de La Hogue, si funeste à la marine de Louis XIV, avec Aboukir ou Trafalgar, quelle différence dans les résultats ! Du reste, ce n'était pas le courage qui manquait, mais les puissants moyens de destruction; l'artillerie n'avait pas atteint le point de perfection où elle est arrivée. C'est à une amélioration de l'artillerie, à l'usage qu'ils firent pour la première fois du boulet ramé, que les Hollandais durent la victoire remportée par Ruyter et Tromp en 1666 sur le comte d'Albemarle. Néanmoins, nous pouvons nous instruire à l'école des grands capitaines de ce temps : Blake, le premier, apprend aux marins à mépriser les forteresses élevées à terre. Dans la baie de Santa-Cruz, il fait voir qu'une flotte fortement embossée n'est pas inexpugnable, et bientôt après Vivonne à Palerme et d'Estrées à Tabago répètent ces sanglantes leçons; Ruyter et Tourville posent les vrais principes de la manœuvre des flottes, et pendant quelque temps la France saisit à son tour le sceptre des mers.

Le dix-huitième siècle fut témoin d'une multitude de combats sur mer; il y vit s'affirmer la prépondérance maritime de l'Angleterre, et son histoire célèbre la valeur de plusieurs amiraux, mais, à l'exception de l'admirable expédition de Duguay-Trouin contre Rio de Janeiro, nous ne voyons pas pendant quatre-vingts ans l'art des combats s'élever beaucoup au-dessus de ce qu'il était pendant les belles années de Louis XIV. Au temps même de la guerre de l'indépendance américaine notre marine était florissante, nos généraux avaient à leur disposition des forces considérables ; pourquoi ne nous ont-ils pas laissé de grands et beaux souvenirs? Leurs exploits tant vantés se bornent à n'avoir pas été battus par les Anglais. La gloire de notre marine est pure et brillante dans l'Inde : nous y trouvons mille traits de bravoure, d'héroïsme même ; mais ce n'est pas là encore que nous pouvons étudier la science des combats. Enfin, en 1782 Georges Rodney fait une savante et glorieuse application des principes de l'art que l'on commence à enseigner en Angleterre ; il sait porter rapidement une masse considérable de forces sur une seule partie de la ligne ennemie, et le comte de Grasse est écrasé avant que le reste de son armée puisse accourir pour le dégager. De ce moment date les immenses succès de la marine anglaise ; en vain La Motte-Piquet déploie-t-il contre elle la plus héroïque valeur, en vain plusieurs capitaines français se signalent-ils par des traits d'une audace inouïe, ils n'obtiennent que des avantages partiels : désormais la victoire est organisée sur les flottes britanniques, leurs généraux sont initiés aux secrets de l'art.

Le dix-neuvième siècle a vu nos désastres et la gloire de Nelson, et aujourd'hui la science des combats sur mer peut avoir son enseignement public.

Nous distinguerons deux sortes de combats sur mer : le *combat singulier* et les *combats généraux*.

Dans le *combat naval singulier*, tout dépend du courage, de l'intelligence et du coup d'œil de l'officier commandant : la question à résoudre est de se placer de manière à faire à son adversaire tout le mal que l'on pourra, en ne s'exposant soi-même à en recevoir que le moins possible. Que l'on considère un vaisseau de nos jours, énorme machine que le vent ou la vapeur fait mouvoir, forteresse mobile, dont toute la force, soit offensive, soit défensive, est réunie dans les flancs, et l'on comprendra qu'il faut manœuvrer pour présenter toujours le travers à l'ennemi. On a généralement adopté pour le combat la position *du plus près du vent*, c'est-à-dire celle où la route suivie par le navire fait avec la direction du vent un angle de 66° environ ; et en effet, d'après la disposition de la voiture de nos vaisseaux, c'est la route qui se rapproche le plus du vent ; c'est celle aussi qui présente le plus de ressources : elle est comme le centre de toutes les manœuvres que peut exécuter un navire. Il y a donc relativement entre deux positions pour les navires qui combattent : *au vent* et *sous le vent* ; chacune d'elles a ses avantages et ses inconvénients. Le navire au vent est maître d'aborder son adversaire quand il le juge à propos et à la distance qui lui convient : il n'est pas gêné par la fumée de ses canons, ni par celle de l'ennemi, et il peut, en consentant à changer sa position, et en passant sous le vent, prendre l'ennemi en poupe et en proue, et lui lâcher une *bordée d'enfilade*. Mais si le vent est frais et la mer grosse, un vaisseau *au vent* ne fait que difficilement usage de sa batterie basse ; quelquefois même il lui est entièrement impossible de s'en servir ; de plus, le pointage de ses canons est très-inexact, de sorte qu'en cette circonstance une frégate sous le vent peut combattre un vaisseau de ligne au vent à armes égales. C'est au capitaine à déterminer laquelle de ces positions il doit choisir, et s'il a plus d'avantage à combattre à distance et à coups de canon, ou s'il doit recourir à l'abordage, cette manière de combattre si bien dans le caractère du Français.

Les *combats de mer généraux* ont couvert de deuil le génie militaire de la France ; les sanglantes journées d'Aboukir et de Trafalgar pèseront longtemps encore comme un opprobre sur la marine française. Le général en chef doit avoir médité d'avance son plan de bataille : autant que possible, il ne doit plus avoir de dispositions nouvelles à prendre en face de son adversaire, car il y a un extrême danger à manœuvrer sous le feu de l'ennemi. Le devoir du capitaine de vaisseau est alors de tout mettre en œuvre pour assurer la prompte exécution des plans de son général. Les principes fondamentaux à observer sont de se former en bataille sur l'ordre dans lequel on peut faire le plus de mal à l'ennemi, et qui lui offre le plus de résistance s'il est l'agresseur ; choisir la position la plus favorable selon les circonstances du lieu, du temps et de la mer : ainsi, la position *au vent* est ordinairement la plus avantageuse, mais il faudra peut-être donner la préférence à celle *sous le vent* si l'on est plus à portée d'un port ami, ou pour quelque autre raison analogue. En thèse générale, les plus grandes combinaisons d'un amiral se réduisent à porter sur un point attaqué plus de forces que n'en a l'ennemi, à rendre inutile aussi longtemps que possible une partie de l'armée qu'il combat ; enfin, à rompre la ligne ennemie pour y jeter le désordre en la forçant à manœuvrer au milieu du feu.

Ainsi que dans les combats singuliers, il y a deux positions pour les escadres relativement au vent : *au vent*, et *sous le vent* ; la première doit être presque toujours préférée, aujourd'hui surtout que l'on se bat à outrance. Il ne s'agit plus de songer à sauver un vaisseau avarié, car tout navire démâté ou désemparé devient nécessairement la proie du vainqueur. Cette nouvelle manière d'envisager les combats sur mer a apporté également quelques modifications aux principes des évolutions navales. Ainsi, autrefois on trouvait de l'avantage à doubler les ennemis par la queue : alors on songeait à recueillir les navires avariés ; de nos jours on conseille de doubler la ligne par la tête : on veut, à tout prix, détruire son adversaire, et cette manœuvre le met en désordre. Dans une mêlée générale, les lignes de bataille sont confondues ; chaque capitaine doit s'occuper à faire à l'ennemi tout le mal qu'il pourra, et comme, au milieu de la fumée, les signaux ne peuvent être aperçus, on doit admettre en principe que tout vaisseau est à son poste quand il est au feu.

Nous supposons toujours que les escadres combattantes sont d'égale force : à la mer, ce n'est pas comme sur terre, l'habileté ne peut guère suppléer au nombre, et une escadre très-inférieure doit être nécessairement battue, à moins que, comme à Navarin, on n'ait affaire à des Turcs, qui, combattant vergue à vergue, ne savent pas diriger leurs boulets dans la coque du vaisseau ennemi. C'est une affreuse position que celle d'une escadre forcée d'engager un combat trop inégal. Alors il ne faut prendre conseil que de son courage, nous n'osons dire de son désespoir.

Ce n'est pas seulement en pleine mer et sous voiles que les escadres combattent ; souvent aussi les rades sont le théâtre de combats généraux entre deux flottes à l'ancre. Dans l'attaque d'une escadre embossée, il s'agit de vaincre ou de périr : le général doit évidemment diriger toutes ses forces contre une seule partie de la ligne ennemie ; c'est celle du vent ; car alors celle de *sous le vent* ne peut pas aisément venir prendre part à l'action. Il doit engager de très-près, afin de paralyser les feux des batteries de terre, qui seraient alors exposées à frapper à la fois amis et ennemis ; destiner quelques vaisseaux à gêner l'appareillage de l'arrière-garde, tandis que d'autres tenteront de mouiller entre deux vaisseaux de la ligne d'embossage, pour les enfiler en poupe et en proue ; et, autant que possible, former une double ligne qui puisse écraser l'ennemi, en le mettant entre deux feux. Ce que nous venons de dire pour l'attaque dicte naturellement les moyens de défense : ainsi, les escadres embossées doivent élever à terre des batteries, armées surtout de mortiers, qui pourront lancer des boulets rouges à l'ennemi, disposer de toutes leurs ressources pour ne pas être doublées, ni par la tête ni par la queue, enfin, serrer leurs vaisseaux, afin de n'être pas coupées.

Théogène PAGE, *capitaine de vaisseau.*

COMBATS D'ANIMAUX. C'était un atroce spectacle chez les Romains que les combats de bêtes féroces entre elles ou avec des gladiateurs ou bestiaires. Ils consistaient à réunir sous les yeux du peuple, dans des amphithéâtres, des arènes, des cirques ou autres édifices publics, le plus grand nombre possible d'animaux, soit domestiques et privés, soit sauvages. Les barbares conservèrent vraisemblablement ces jeux ; et encore aujourd'hui les Espagnols se délectent au spectacle des combats de taureaux; les Anglais aiment autant un combat de coqs qu'une scène de boxe. Longtemps aussi, dans la banlieue de Paris, les bouchers s'associèrent pour faire combattre leurs chiens, à huis-clos, en famille, les exercer et les tenir en haleine. Il n'en était pourtant presque plus question, lorsque, le 16 avril 1781, s'ouvrit, sur la route de Pantin, hors de la barrière Saint-Martin, un spectacle de ce genre, depuis transporté à une barrière voisine, dite *barrière du Combat*, où l'on voyait des chiens entrer en lice contre des ours, des bœufs et même des ânes; boucherie atroce, qui soulevait le cœur, que la police affecta de prohiber d'abord, qu'elle toléra ouvertement ensuite, et dans laquelle des dames d'un certain rang, à l'exemple des matrones romaines, humaient avec bonheur les exhalaisons du sang, et contemplaient d'un œil avide les entrailles des victimes fumantes sur l'arène. Sous la Révolution, la Commune de Paris ordonna la fermeture de ce cirque de bas étage; mais cet ordre ne fut jamais complètement exécuté. Sous le Consulat, sous l'Empire, sous la Restauration, la barrière du Combat persista dans ses horribles fêtes; mais son public ne se composa plus que de garçons bouchers étaliers, charcutiers, tripiers, chiffonniers, et de leurs épouses. Des affiches horriblement illustrées annonçaient tous les dimanches cet ignoble spectacle. Enfin le gouvernement de Louis-Philippe, qui avait eu le courage de supprimer les sales distributions de charcuterie et de vin aux Champs-Élysées, abolit les combats d'animaux à la barrière de ce nom. Cette fois le *roi-citoyen* put dire qu'il n'avait pas perdu sa journée.

COMBATS DE COQS. *Voyez* Coqs (Combats de).
COMBATS DES ÉCHASSES. *Voyez* Échasses.
COMBATS DE TAUREAUX. *Voyez* Taureaux (Combats de).

COMBAT SINGULIER, combat d'un seul à un seul, proprement le duel.

On en trouve des exemples dans l'histoire tant sacrée que profane. David, chez les Hébreux, combat contre le géant Goliath, qu'il terrasse. T. Manlius, l'an de Rome 394, remporte une victoire signalée sur un Gaulois, qui avait défié le plus brave des Romains de venir se mesurer avec lui. Ces combats, qui chez les anciens terminaient quelquefois une guerre entre deux nations, avaient un principe de grandeur que ne reconnaissent point les modernes. Il eût cependant été plus d'une fois à désirer que deux souverains, qui mettaient en mouvement chacun une armée pour défendre une injure toute personnelle, voulussent bien descendre à vider leur querelle entre eux, au lieu d'y verser le sang de leurs sujets, souvent pour un caprice ou pour la cause la plus futile. On cite dans les temps modernes plusieurs exemples de défis en combat singulier proposés entre des souverains, comme celui de Pierre d'Aragon et de Charles d'Anjou, d'Édouard III et de Philippe de Valois, de François Ier et de Charles-Quint, de Turenne et de l'électeur Palatin; celui que Paul Ier, empereur de Russie, envoya à Pitt et à d'autres ministres, etc.; mais aucun de ces défis n'eut de résultat.

Le combat judiciaire au moyen âge n'était lui-même ordinairement qu'un combat singulier, mais ordonné comme moyen de découvrir la vérité, et surveillé par le juge, à la différence des duels privés, qui n'avaient pour motif qu'une offense personnelle, et qui furent réprimés par des édits sévères.

COMBE (Georges), phrénologue anglais, né le 21 octobre 1788, à Édimbourg, embrassa la carrière du barreau, et plaida, devant les différentes cours de justice d'Écosse jusqu'en 1837, époque où il renonça aux affaires, pour ne plus s'occuper que de science. Il possédait déjà des notions étendues en anatomie et en chimie, lorsqu'en 1816 il fit à Édimbourg la connaissance du docteur Spurzheim. Quoique prévenu d'abord contre la nouvelle théorie des organes de l'intelligence, il se livra à une étude approfondie de la question; et il arriva ainsi à partager les idées de Gall et de Spurzheim, qui placent, comme on sait, les organes de l'intelligence de l'homme dans le cerveau. On le vit alors, avec toute l'ardeur et le zèle d'un néophyte, défendre et propager ce système. En 1819 il publia ses *Essays on Phrenology*, qui parurent ensuite dans une forme plus complète sous le titre de : *System of Phrenology* (1824). A la même époque il fit des cours publics sur la phrénologie et l'éthique; et les leçons qu'il donna sur cette dernière science parurent imprimées en 1837, en Amérique. Son livre *On popular Education* (1832) fut le résultat des mêmes études. Mais le meilleur et le plus important de ses écrits est incontestablement *The Constitution of Man, considered in relation to external objects* (1828), ouvrage dans lequel il démontre, de la manière la plus heureuse, le parfait rapport de la nature humaine avec le monde qui l'entoure. En 1837 il entreprit un voyage en Allemagne, et en 1838 il alla visiter les États-Unis, où il fit quelques cours publics sur la phrénologie. Il a consigné dans ses *Notes on America* (3 vol.; Édimbourg, 1841) les observations fruit de son séjour dans ce pays. Depuis 1842 il visita à diverses reprises l'Allemagne, et fit, pendant l'été de cette même année 1842, à l'Université de Heidelberg, et en langue allemande, un cours public de phrénologie, qui attira un nombreux auditoire. Dans ses *Notes on the Reformation of Germany* (Londres, 1846), il fit connaître à ses concitoyens la nature du mouvement religieux provoqué en Allemagne par Ronge et Czerlzky.

COMBE (Abram), frère aîné du précédent, né le 15 janvier 1785, à Édimbourg, était fabricant de sucre dans cette ville, lorsqu'en 1820 il eut occasion de faire la connaissance de Robert Owen et de l'entendre développer ses théories sociales. Les bienfaits de l'*Association*, tant vantés par le maître, lui parurent si évidents, qu'il résolut de mettre personnellement en pratique les principes féconds d'où ils devaient sortir; et à partir de ce moment il y consacra toute son énergie et même la plus grande partie de sa fortune. Une *Cooperative Society*, fondée par lui à Édimbourg pour opérer entre les divers producteurs l'échange des objets de première nécessité, de manière à pouvoir se livrer à prix coûtant, aux membres de l'association, les objets qu'on ne pourrait pas obtenir par voie d'échange, et les faire ainsi participer tous aux bénéfices qui devaient résulter des diverses opérations de l'association, finit par complètement échouer. Cet insuccès ne l'empêcha pas de recommencer, en 1825, une nouvelle expérience sur une plus large échelle encore, à Orbiston, à neuf kilomètres de Glasgow. Mais ce devait être encore là pour lui une source d'amères déceptions, et le moral n'avait pas moins souffert chez lui que le physique, lorsqu'il mourut le 11 août 1827. On a de lui : *Metaphorical Sketches of the old and new Systems*, et *The religious creed of the new system*, ouvrages dans lesquels il expose la nouvelle théorie sociale d'Owen.

COMBE (Andrew), le plus jeune des trois frères, né le 27 octobre 1797, fut nommé en 1835 premier médecin de Léopold, roi de Belges, fonctions que, par suite de sa mauvaise santé, il fut obligé de résigner l'année suivante; mais la reine Victoria l'en dédommagea en lui octroyant le titre de son *Physician in ordinary* en Écosse. En 1842 il entreprit le voyage de l'île de Madère, dans l'espoir d'y trouver quelque adoucissement à ses maux; mais l'amélioration qui en résulta ne fut que passagère, et il mourut le 9 août 1847. Ses ouvrages ont tous obtenu un grand succès en Angleterre et aux États-Unis. Nous citons plus particulièrement : *Observations on Mental Derangement* (Édimbourg, 1841); *Principles of Physiology applied to the conservation of health* (1824); *The Physiology of Digestion, considered with relation to the principles of die-*

tetics (1836); *A Treatise on the Physiological and moral management of Infancy* (1840).

COMBINAISON, mot dérivé du latin *cum*, avec, et *binare*, accoupler, signifie l'assemblage de plusieurs choses deux à deux. Dans une acception plus étendue et plus usitée : toutes les manières possibles de prendre en nombre des quantités données. On peut combiner des nombres, des sons, des lettres, des notes de musique, des raisonnements, etc : on dit les armées *combinées* de France et d'Espagne, les flottes *combinées* de France et d'Angleterre, etc.

L'homme possède la faculté de *combiner* ses idées, c'està-dire de joindre ensemble plusieurs idées simples qu'il a reçues par le moyen de la sensation et de la réflexion, pour en faire des idées complexes. En ce point, les bêtes sont inférieures à l'homme; car, quoiqu'elles reçoivent et retiennent ensemble plusieurs *combinaisons* d'idées simples, il est à croire que jamais elles n'assemblent ces idées pour en faire des idées complexes. Les fous ont la faculté de *combiner* leurs idées dans le sens de leur folie. Ainsi, vous verrez un fou qui s'imagine être roi prétendre, par une juste conséquence, à être servi, traité en roi; mais les imbéciles ne sont capables d'aucune *combinaison* d'idées : ils ne raisonnent presque point. Bien que les idées simples existent en différentes *combinaisons*, l'esprit de l'homme qui raisonne a la puissance de considérer comme une seule idée plusieurs de ces idées jointes ensemble. Si l'esprit est purement passif à l'égard de ses idées simples, il ne l'est pas à l'égard de ses idées complexes : car, comme ces dernières sont des *combinaisons* d'idées simples jointes ensemble et unies sous un seul nom général, il est évident que l'esprit de l'homme prend quelque liberté en formant ces idées complexes. Ainsi, tel homme se fait de l'or ou de la justice une idée différente de celle qu'un autre a de ces deux choses, ce qui prouve que l'un n'admet pas dans son idée complexe des idées simples que l'autre a admises dans la sienne. La question de savoir laquelle de ces *combinaisons* est conforme à la réalité des choses. La connexion bizarre de certaines idées qui paraissent contradictoires est chez les hommes une *combinaison* souvent plus forte que leur raison; elle est spontanée, involontaire, irrésistible. Tel est l'effet qu'éprouve un musicien en entendant les premières notes d'un air qu'il est accoutumé à chanter : aussitôt les diverses notes reviennent dans son esprit, et involontairement ses doigts se promènent sur le clavier pour achever la mélodie. Cette *combinaison* involontaire donne lieu à la plupart des sympathies et des dégoûts.

Il est des mots qui emportent avec eux une *combinaison* d'idées compliquées. *Parricide*, par exemple, entraîne l'idée d'un assassinat, *combinée* avec celle d'un fils et d'un père. Les mots *sacrilège, inceste, adultère*, renferment une *combinaison* analogue d'idées. Pour certains mots, quoique ce soit l'esprit qui forme cette *combinaison*, le nom est, pour ainsi dire, le nœud qui tient étroitement liées ensemble ces idées *combinées*. Bien que l'esprit de l'homme, en formant ses idées complexes des substances, telles que *végétaux, métal*, fonde le plus souvent cette union sur la nature même des choses, cependant le nombre d'idées qu'il *combine* dépend de la différente application, sagacité ou fantaisie de celui qui forme cette espèce de *combinaison*.

Rousseau a dit : « Le faux est susceptible de mille *combinaisons*, mais la vérité n'a qu'une manière d'être. » Les matérialistes veulent expliquer l'harmonie du monde par les combinaisons de la matière.

Partant de cet axiome, que le principe d'unité suffit pour tout expliquer dans l'art d'écrire, M. Jules Pierrot fut amené, dans ses *Leçons d'Éloquence française*, à étudier les diverses modifications de l'unité, et à rechercher toutes les influences qui pouvaient se *combiner* pour la produire. Or, ces influences sont le dessein particulier de l'auteur, l'influence de ses idées, de ses goûts, de ses sentiments personnels. Ces influences s'alliant en un même sujet, de leur *combinaison* dérive tout ce qui peut entrer dans le style, tout ce qui peut le modifier. Aux influences individuelles de l'auteur se joignent les influences extérieures des mœurs et des institutions nationales : de là de nouvelles *combinaisons* de style, de nouvelles formes de composition, etc. Ce système se concilie parfaitement avec celui de Condillac, fondé sur le principe de la liaison des idées : inversions, arrangement des mots, *combinaison* des phrases incidentes et principales, tout se règle suivant ce principe pour produire à la fois, dans la fidélité de l'expression, la correction, la clarté et la force. Les genres de style ne se classent pas, ils se *combinent* entre eux. Si la perfection absolue du style consiste dans la clarté, la précision, la correction, la justesse, la richesse, l'élégance, l'énergie, etc., c'est par l'heureuse *combinaison* de ces qualités que les grands auteurs de tous les temps, Démosthène et Bossuet, Virgile et Fénelon, Tite-Live et Montesquieu, etc., se sont assis au premier rang. Restreindre la signification du style à la seule *combinaison* des mots est un abus de langage ; l'appliquer à l'ensemble de la composition est une extension exagérée : la véritable fonction du style se borne à la représentation des idées conçues et préparées par l'esprit. Le style, considéré dans son libre essor et dans ses plus brillantes *combinaisons*, n'a jamais pour objet que la traduction exacte des idées, etc. L'art des *combinaisons* de style est le premier de tous avec une littérature vieillie, dans laquelle on ne peut rien inventer, mais où l'on cherche à tout renouveler par les formes. Dans *Notre-Dame de Paris*, dans les piquants écrits de Charles Nodier, il y a d'heureuses et d'originales *combinaisons* de style. Chateaubriand, Villemain et notre Béranger sont, parmi nos littérateurs modernes, de très-habiles gens en fait de *combinaisons* de style.

La science historique repose non-seulement sur la connaissance des faits, mais sur la manière de les grouper, de les *combiner*. Les discours sur l'*Histoire universelle* de Bossuet, les ouvrages de Montesquieu et de Gibbon sur la Décadence romaine, sont des modèles en ce genre. L'art de *combiner* les faits pour en tirer des conclusions philosophiques a donné un caractère tout particulier aux écrits de M. Aug. Thierry et aux leçons historiques de M. Guizot. Chaque jour les auteurs de drames et de romans qui sont en possession de fournir nos théâtres et nos cabinets de lecture enfantent de nouveaux titres sans inventer une *combinaison* nouvelle pour le plan, la conduite de l'action et le développement des caractères. Des génies créateurs tels que Lope de Vega, Shakspeare, sont peut-être les seuls qui aient imaginé quelques *combinaisons* dramatiques un peu nouvelles : encore, à y regarder de bien près, ne verrions-nous en eux que les heureux imitateurs de quelques autres devanciers aujourd'hui totalement oubliés.

Combinaison politique indique une mesure qui se combine avec une ou plusieurs autres, et qui a pour objet d'en favoriser ou d'en neutraliser les effets : ainsi, dans un gouvernement représentatif, la *combinaison* des pouvoirs a tout à la fois pour objet de seconder réciproquement l'action légale des uns et des autres, et de réprimer leurs empiétements respectifs. Dans l'histoire romaine, l'institution du cens ou dénombrement par le roi Servius Tullius offre l'exemple d'une admirable *combinaison* politique. La division du peuple en classes, selon la fortune, l'égalité primitive de l'impôt par tête, abolie pour faire place à la proportion entre la fortune et le tribut imposé par l'État, furent pour la multitude des pauvres un bienfait réel; mais sous ce bienfait était une *combinaison* profonde, qui eut pour résultat de neutraliser l'influence des dernières classes du peuple dans les délibérations politiques. Quand Marius appela au service militaire les prolétaires, qui en étaient exempts depuis le règlement de Servius Tullius, il y eut de sa part une *combinaison* politique dans un sens contraire. Il invoquait l'égalité républicaine pour appeler tous et chacun à servir la patrie; mais son but était de donner des armes aux derniers citoyens, afin de se mettre en état d'humilier et d'asservir à leur tête la classe des patriciens et le parti du sénat. Ce qui distingue entre bien d'autres le consulat de Cicéron, c'est une *combinaison* politique ayant pour but de constituer comme un troisième ordre dans l'État la classe intermédiaire des chevaliers, et de les opposer à ces patriciens ambitieux qui stipendiaient des masses populaires pour s'élever au pouvoir. Le gouvernement qui s'était introduit en France le 7 août 1830, à la suite des journées de Juillet, semblait reposer sur une *combinaison* politique analogue : tout *pour* et *par* la classe moyenne.

Dans le langage constitutionnel, rien ne s'emploie si fréquemment comme ces mots *combinaison législative, combinaison électorale, combinaison ministérielle*, c'est-à-dire formation d'un cabinet; en effet, dans ce siècle éminemment politique, on met en tout de la *combinaison politique*.
Charles Du Rozoir.

COMBINAISON (*Chimie*). Ce mot s'applique à et à l'action par laquelle les atomes de plusieurs corps s'unissent pour former un nouveau *corps*, et au résultat de cette action : dans ce dernier sens, il est synonyme de *composé*. Toute combinaison dépend de l'*attraction moléculaire* connue sous le nom d'*affinité*. Mais cette unique force ne suffit pas toujours pour opérer une combinaison. Ainsi deux corps solides mis en contact ne donnent lieu à aucune action chimique appréciable; en les réduisant même en poudre fine, on n'opère qu'un mélange plus ou moins grossier. C'est que, quelle que soit l'affinité de ces corps, elle n'est pas assez grande pour vaincre la force qui unit leurs molécules respectives. Mais si, employant la c h a l e u r à surmonter cette dernière force, on amène les deux corps ou seulement l'un d'eux à l'état liquide ou gazeux, l'affinité n'ayant plus à surmonter la même résistance s'exerce avec toute son énergie. Aussi les anciens disaient-ils : *Corpora non agunt nisi sint soluta*, voulant exprimer que l'état solide des corps est un obstacle à leur combinaison.

On comprend que la chaleur favorise la combinaison des corps solides, puisqu'en écartant leurs molécules, elle les arrache à l'influence de la cohésion. Mais en dehors de cette action mécanique, il faut bien reconnaître le c fluide une action chimique; car il produit le même effet sur les gaz, où la cohésion est nulle : ainsi un mélange de deux volumes d'hydrogène et d'un volume d'oxygène à la température ordinaire ne donne lieu à aucune réaction, tandis que ce mélange porté au rouge se transforme subitement en eau. Cette propriété de la chaleur peut sembler contradictoire avec celle qu'on lui connaît de décomposer les corps. Mais cette contradiction n'est qu'apparente : la chaleur facilite les combinaisons en surmontant la cohésion; elle cause les d é c o m p o s i t i o n s en surmontant l'affinité.

La chaleur n'est pas l'unique agent qu'emploie l'art ou la nature pour former les combinaisons. Comme elle, et plus qu'elle peut-être, l'é l e c t r i c i t é préside aux réactions chimiques. La l u m i è r e exerce aussi une influence plus limitée, il est vrai, mais incontestable. Pour en donner un exemple, on peut mettre de l'hydrogène et du chlore dans un flacon : si ce flacon est dans l'obscurité, on n'observe rien; à la lumière diffuse, les deux gaz se combinent en quelques heures; à la lumière directe des rayons solaires, la combinaison est instantanée et annoncée par une détonation. Comme il n'y a ordinairement ni électricité ni lumière sans chaleur, on pourrait croire que c'est ce dernier fluide impondérable que l'on doit considérer comme cause immédiate des combinaisons; mais on peut facilement s'assurer que les rayons lumineux, abstraction faite de la chaleur qui les accompagne, produisent les effets que nous venons de décrire. Si, ayant décomposé la lumière blanche à l'aide du prisme, on porte le mélange de chlore et d'hydrogène successivement dans toutes les parties du s p e c t r e s o l a i r e, les rayons calorifiques placés au delà de la zone rouge seront sans action; ceux de la zone violette produiront la combinaison; dans toute position intermédiaire, la rapidité de la réaction sera d'autant plus grande que le mélange se trouvera plus près de cette dernière zone. Le même effet s'observe avec le c h l o r u r e d'argent; c'est à une réaction de cette nature que la p h o t o g r a p h i e doit ses procédés.

La chaleur n'est donc pas agent essentiel de la combinaison. S'il restait le moindre doute à cet égard, il serait bien vite dissipé en se rappelant les phénomènes c a t a l yt i q u e s, où certains corps opèrent de pareils effets par leur simple présence, sans éprouver aucune réaction chimique.

Du reste la combinaison de deux corps est ordinairement signalée par un dégagement de chaleur, d'électricité et quelquefois de lumière. Il est même probable qu'il en est toujours ainsi. Seulement, comme la quantité de chaleur ou d'électricité dégagée est la même dans une même combinaison de deux corps donnés, quelle que soit la durée de cette combinaison, il s'ensuit que cette quantité est plus ou moins appréciable. Ainsi, que l'on brûle du fer dans de l'oxygène ou qu'on laisse rouiller lentement ce métal dans l'air, le produit est toujours de l'oxyde de fer, et la quantité de chaleur semble bien différente dans les deux cas. C'est que son action, qui dans le premier ne dure que quelques instants, est prolongée pendant plusieurs jours ou plusieurs mois dans le second.

A ces caractères qui distinguent les combinaisons des m é l a n g e s, il faut ajouter que le résultat d'une combinaison offre des propriétés physiques et chimiques différentes de celles de ses éléments. Nous avons déjà cité deux gaz, l'oxygène et l'hydrogène, s'unissant pour former un liquide. L'hydrogène combiné avec l'azote, qui est comme lui inodore, donne naissance à l'ammoniaque, dont l'odeur est si forte qu'elle produit la suffocation et le larmoiement. Sans quitter les combinaisons de l'hydrogène, nous trouvons l'acide sulfhydrique, qui résulte de sa réaction sur le soufre, et dont l'odeur fétide et l'action délétère ne se trouvent ni dans l'un ni dans l'autre de ses éléments. De plus, il est impossible de séparer par aucun moyen mécanique les corps simples que renferme un composé. C'est entre les atomes mêmes des corps qu'a lieu la combinaison. Enfin, on sait que les corps se combinent en proportions définies, tandis que les mélanges ne sont soumis à aucune loi.

Davy, Ampère, Berzélius ont tour à tour cherché à établir une théorie générale des combinaisons chimiques. Tous trois ont fait voir que dans les phénomènes de cet ordre le principal rôle appartient à l'électricité. Cependant, leurs ingénieuses hypothèses ne reposent pas encore sur des preuves assez convaincantes pour qu'on puisse les considérer comme douées d'un caractère suffisant de certitude.
E. Merlieux.

COMBINAISON (*Mathématiques*). Plusieurs objets étant donnés, si l'on se propose de n'en prendre qu'un certain nombre, on obtient différentes *combinaisons* de ces objets. Si, par exemple, ils sont au nombre de quatre, que nous désignerons par *a, b, c, d*, et que l'on en veuille prendre seulement deux, on aura les combinaisons suivantes : *ab, ac, ad, bc, bd*, et *cd*. S'il avait fallu en prendre trois, les combinaisons auraient été *abc, abd, acd*, et *bcd*. Généralement on voit que l'on peut représenter par des lettres les éléments des combinaisons. Le nombre des lettres qui entrent dans chacune d'elles indique à quelle *classe* appartiennent les combinaisons que l'on considère. Dans l'exemple précédent, *a, b, c, d*, forment la première classe de combinaisons de ces quatre lettres; *ab, ac*, etc., sont de la seconde classe; *abc, abd*, etc., sont de la troisième; *abcd* forme la quatrième et dernière classe de ces combinaisons. Il n'y a pas de classe plus élevée de ces quatre lettres, car on ne peut combiner quatre objets cinq à cinq, six à six, etc.

Cette manière d'écrire les combinaisons sous forme de produits leur a fait donner par quelques mathématiciens le nom de *produits différents*, afin surtout de rappeler qu'on ne doit pas les confondre avec les **permutations** : dans celles-ci, on tient compte de l'ordre des éléments, de sorte que *abc*, *acb*, *bac* et *bca*, qui ne représentent qu'une seule combinaison forment quatre permutations distinctes. Mais comme des combinaisons différentes peuvent représenter des produits égaux, on doit encore préférer à la dénomination que nous venons de rapporter celle de *combinaison*, adoptée par Jacques Bernoulli dans son *Ars conjectandi*.

Il est évident que le nombre des combinaisons de m lettres est pour la première classe égal à m. On démontre en algèbre que ce nombre est, pour la deuxième classe : $\frac{m(m-1)}{1.2}$; pour la troisième : $\frac{m(m-1)(m-2)}{1.2.3}$; et en général pour la $n^{\text{ième}}$ classe :
$$\frac{m(m-1)\ldots(m-n+1)}{1.2\ldots\ldots n}$$

Ces nombres peuvent se calculer soit avec cette formule, soit à l'aide du triangle arithmétique de Pascal. Ils donnent les coefficients du *binome de Newton*, car le théorème qui porte ce nom s'appuie sur la théorie des combinaisons. Cette théorie a beaucoup d'autres applications : on comprend qu'elle doit être d'un emploi presque continuel dans le calcul des **probabilités**. Pour n'en donner ici qu'un exemple, cherchons quelle est la probabilité de la sortie d'un ambe à la **loterie**. Le nombre de numéros étant 90, il y aura $\frac{90.89}{1.2}$ ou 4005 ambes possibles, de sorte que le joueur a une chance pour lui, pendant que le banquier en a 4004. Pour le terne, on trouve que le nombre des chances est $\frac{90.89.88}{1.2.3}$ ou bien 117480.

Remarquons que le nombre des combinaisons de m lettres n à n est le même que celui des combinaisons de m lettres $m-n$ à $m-n$. Si en effet, pour trouver le nombre de ces dernières combinaisons, on change n en $m-n$ dans la formule précédente, il vient :
$$\frac{m(m-1)\ldots(n+1)}{1.2\ldots\ldots(m-n)}$$
ce qui est la même quantité sous une autre forme ; car en réduisant ces deux expressions au même dénominateur, on trouve le même numérateur. Cette remarque nous apprend que dans le développement du binome de Newton les termes à égale distance des extrêmes ont des coefficients égaux. Souvent aussi elle abrège certains calculs : ainsi, si l'on avait à chercher le nombre des combinaisons de 25 lettres prises 22 à 22, il serait bien préférable de calculer celui que donnent 25 lettres prises 3 à 3 : on aurait $\frac{25.24.23}{1.2.3}$, expression beaucoup plus simple que $\frac{25.24\ldots\ldots 4}{1.2\ldots\ldots 22}$, et qui donne le même résultat, comme il vient d'être démontré.

Jusque ici nous n'avons parlé que des combinaisons où chaque terme ne renferme qu'une seule fois le même élément. Mais de même qu'il y a des **permutations avec répétition**, on comprend qu'il existe des *combinaisons avec répétition*. Trois lettres a, b, c, combinées avec répétition trois à trois donnent *aaa*, *aab*, *aac*, *abb*, *abc*, *acc*, *bbb*, *bcc*, *bbc*, *ccc*. On peut même les combiner quatre à quatre, cinq à cinq, etc. Les combinaisons quatre à quatre, par exemple, sont *aaaa*, *aaab*, *aaac*, *aabb*, *aabc*, etc. Nous ne nous étendrons pas sur la manière de former ces combinaisons, dont l'emploi est beaucoup moins fréquent ; nous dirons seulement que m lettres combinées avec répétition n à n donnent pour le nombre de leurs combinaisons :
$$\frac{m(m+1)\ldots(m+n-1)}{1.2\ldots\ldots n}$$

E. Merlieux.

COMBLE. Ce mot vient de *culmen*, que quelques étymologistes regardent comme synonyme ou tout au moins dérivé de *culmus*, qui en latin signifiait *chaume*, seul genre de couverture qui ait été connu aux premiers siècles de Rome, comme l'indique ce vers de Virgile :

Romuleoque recens horrebat regia culmo.

Les Latins se servaient du mot *culmen* pour désigner dans un édifice cette partie la plus élevée qui se termine en pointe, ce que nous exprimons en français par le mot *faîte*, et *faîtage*. Les deux mots *comble* et *faîte* désignent en général la construction (ordinairement en bois de charpente) dont se compose la partie supérieure et *culminante* du plus grand nombre des maisons, palais et édifices de tout genre ; les mots *couverture* et *toit* s'appliquent plutôt à l'ensemble des matières qui recouvrent le comble ou faîtage.

Il y a différentes espèces de *combles* ; les trois principales sont les *combles simples*, qui n'ont guère qu'une pente ou un égout, et qu'on nomme *appentis* ; les *combles à deux égouts* et les *combles en croupe*. « On a fait, dit Quatremère de Quincy, plus d'une recherche pour établir une théorie pratique d'après laquelle on pût fixer les pentes des combles en raison de la température de chaque climat et de la manière dont ils doivent être couverts. Il est généralement reconnu que dans les pays chauds il pleut moins souvent que dans les pays tempérés, mais on sait aussi que les pluies y sont plus abondantes. La quantité d'eau qui tombe à la fois et la température fait qu'il sont telles qu'il faut très-peu de pente à l'écoulement, et que les toits sont secs presque aussitôt que la pluie a cessé. Dans les pays tempérés, les pluies sont moins abondantes, mais plus fréquentes ; l'écoulement est moins rapide, et les toits, plus lents à sécher, demandent une plus grande pente. Dans les pays froids, les pluies sont plus fines, la température est plus humide, enfin les neiges qui séjournent longtemps sur les combles nécessitent une pente encore plus considérable que dans les pays tempérés. Il doit donc y avoir une proportion à observer pour la pente des combles, et cette proportion peut trouver une règle approximative dans les degrés de température de chaque climat. Cependant on remarque dans un même pays des édifices dont les toits sont fort élevés et d'autres qui sont fort surbaissés. Il y a même des combles, et l'usage en fut jadis très-commun en France, où les deux extrêmes se trouvent réunis : tels sont ceux que l'on appelle *à la mansarde*, où la partie supérieure n'est inclinée que de 24 à 25 degrés, tandis que la partie inférieure l'est de 64 à 66, c'est-à-dire dans la mesure inverse de celle que la nature des choses aurait exigée. On doit observer encore que les *combles* destinés à être couverts en plomb, en zinc ou autre métal ont besoin d'une moindre pente, la couverture ne devant former qu'une seule pièce. Les tuiles creuses, les tuiles flamandes ont besoin de plus de pente que les tuiles romaines ont besoin de plus de pente que le plomb, et les tuiles plates, ainsi que l'ardoise, en veulent plus que les tuiles creuses. »

Le mot *comble* se prend généralement, au figuré comme au propre, dans le sens de *faîte*, *sommet*, ou comme désignation d'une chose quelconque qui s'élève en toit au-dessus d'une mesure donnée. Il s'emploie même adjectivement dans ce sens, en ce dit ; par exemple, des mesures sèches, telles que le blé, le seigle, la farine, etc. De là, on dit figurément, en parlant des choses morales, la *mesure est comble*, c'est-à-dire qu'il est impossible d'y rien ajouter. Mais plus communément le mot *comble* se prend au figuré pour le dernier surcroît, le dernier point auquel une chose puisse arriver : tels que le *comble de la joie, de la douleur, de la fortune, des honneurs, des maux, de l'affliction*, etc. On dit d'un homme qu'il est ruiné *de fond en comble*, pour dire qu'il a perdu tous ses biens, qu'il ne lui reste plus rien, qu'il est ruiné, perdu sans ressources.

Pour comble est une façon de parler dont on se sert dans la même acception; on dit d'une chose fâcheuse arrivée à quelqu'un, que cela lui est venu *pour comble* (c'est-à-dire *pour surcroît*) *de disgrâce* ou *de malheur*.

Combler est synonyme de *remplir*. On *comble* un puits qui est à sec et qui ne peut plus être d'aucune utilité; des troupes cherchent à *combler* les fossés d'une ville pour en faciliter le siége. Au figuré, ce verbe s'emploie également dans le sens de *remplir*, avec l'idée d'une chose *remplie au-delà de la mesure*. C'est ainsi que Dieu nous *comble* tous les jours de ses grâces. Les rois ne s'appliquent guère qu'à *combler* de faveurs leurs courtisans et leurs flatteurs. Auguste, dans la tragédie de *Cinna*, pardonnant à ce chef des conjurés qui ont voulu lui ravir le jour avec l'empire, lui dit :

Tu trahis mes bienfaits, je veux les redoubler ;
Je t'en avais *comblé*, je t'en veux accabler.

Effort sublime de clémence et de générosité, qu'il serait souvent dangereux de pousser trop loin, mais qui n'aura pas beaucoup d'imitateurs, et qui ne peut réagir en bien que sur les âmes honnêtes et délicates, sur ces âmes d'élite enfin, dont il ne faut point chercher le type dans les cours.
Edme HÉREAU.

COMBOURG, gros bourg du département d'Ille-et-Vilaine, situé près d'un bel étang, sur le ruisseau de Linon, à 44 kilomètres de Saint-Malo, avec 4,774 habitants, remarquable par un vieux manoir flanqué de quatre tourelles et bien conservé, dont Conan, duc de Bretagne, s'empara en 1065. Ce château appartenait à la famille de Chateaubriand lorsque l'auteur du *Génie du Christianisme* vint au monde.

COMBRÉTACÉES, famille de plantes phanérogames, formée par Robert Brown du démembrement de celle des éléagnées. Les combrétacées ont pour caractères des feuilles opposées, ou alternes, entières et sans stipules; des fleurs hermaphrodites ou polygames, diversement disposées, en épis axillaires ou terminaux; leur calice est adhérent par sa base avec l'ovaire, qui est infère. Son limbe est allongé ou campaniforme, à quatre ou cinq lobes; il est articulé avec la partie supérieure de l'ovaire, et s'en détache circulairement après la fécondation. Dans les genres où la corolle existe, elle est formée de quatre à cinq pétales insérés à la base et entre les lobes du calice. Le nombre des étamines est en général double de celui des pétales ou des divisions du calice quand la corolle manque. Elles sont toujours insérées à la base du limbe calicinal; leurs anthères sont à deux loges, s'ouvrant longitudinalement. L'ovaire est à une seule loge, contenant de deux à quatre ovules, pendants et attachés au sommet de la cavité par un petit prolongement filiforme, plus ou moins allongé, sans aucune trace de trophosperme central. L'ovaire donne naissance à un style long et grêle, terminé par un stigmate simple. Le fruit, qui présente du reste des différences assez grandes, est toujours uniloculaire, monosperme, on à une seule graine, par avortement, et ne s'ouvre jamais. Sa forme varie ainsi que sa consistance; il est tantôt sec et anguleux, tantôt ovoïde, globuleux et charnu; la graine qu'il contient, suspendue au sommet de la loge, a à peu près la même configuration que le péricarpe. L'embryon est immédiatement enveloppé par un épisperme simple et membraneux. Il a la même direction que la graine, c'est-à-dire que sa radicule correspond exactement au point d'attache de cette graine. Les cotylédons sont foliacés, rarement planes, et plus souvent roulés sur eux-mêmes.

Cette famille, composée d'arbres, d'arbrisseaux et même d'arbustes, ne renferme qu'un petit nombre de genres, dont le plus remarquable est le genre *terminalia* (*voyez* BADAMIER).
DEMEZIL.

COMBURANT (de *comburere*, brûler). Dans la théorie chimique du phénomène connu sous le nom de c o m b u s t i o n , où l'on admettait que l'o x y g è n e avait seul la propriété de brûler tous les autres corps simples, en se combinant avec eux , l'oxygène était considéré comme *seul et unique comburant*, et tous les autres corps simples susceptibles de se combiner avec lui étaient nommés *corps combustibles* et *oxygénables*, distingués en *acides* et en *oxydes*. On découvrit ensuite que trois autres substances, le c h l o r e , l'i o d e et le f l u o r ou phtore, jouissaient ainsi que l'oxygène d'une sorte de *faculté comburante*. Mais on a constaté par l'expérience 1° que lorsque l'une de ces substances est engagée dans une combinaison binaire, et qu'on soumet cette combinaison à l'action de la pile, elle se rend constamment au pôle positif et l'autre corps au pôle négatif ; et 2° que dans les combinaisons de ces substances avec l'oxygène, c'est ce dernier qu'on voit toujours se ranger au pôle positif. L'action *comburante* exercée en apparence par les corps simples indiqués ci-dessus, sur les autres corps de la nature, n'est donc réellement autre chose qu'une c o m b i n a i s o n de ces corps, pendant laquelle il y a dégagement de chaleur et de lumière. Les conditions à l'aide desquelles cette action s'engage et s'effectue sont variables, et sont indiquées dans la théorie actuelle de la combustion.
L. LAURENT.

COMBUSTIBLE. Tout corps susceptible de s'unir chimiquement avec l'oxygène est proprement un *combustible*. Si par l'effet de son union avec un autre corps il résultait simplement chaleur et lumière, ou l'un ou l'autre de ces deux phénomènes isolément, mais sans production d'oxyde ou d'acide, ce serait seulement ce que, faute d'un terme mieux approprié au phénomène, on a assez improprement appelé *soutien de combustion*. C'est dans ce sens incorrect qu'on a dit, par exemple, que le chlore dans son union avec plusieurs substances est un soutien de combustion, etc. (*voyez* COMBURANT). Sous le point de vue de la première acception, les combustibles sont assez nombreux dans la nature, et leur étude est du ressort de la chimie et de la physique. Mais notre objet est seulement d'examiner ici les combustibles sous le rapport de leur emploi dans les arts, les manufactures et les besoins domestiques (*voyez* CHAUFFAGE).

La question la plus importante que présente l'examen d'un combustible, c'est la détermination de son pouvoir calorifique, c'est-à-dire de la quantité de chaleur que ce combustible dégage en brûlant. Cette quantité s'évalue en c a l o r i e s , tantôt à l'aide du calorimètre de Rumford, tantôt par une analyse chimique où l'on admet que les corps dont l'état physique diffère peu émettent des quantités de chaleur proportionnelles aux volumes d'oxygène que ces combustibles exigent pour brûler complétement. Par la première de ces méthodes, Rumford a trouvé que le pouvoir calorifique des bois (*voyez* t. III, p. 359) est représenté par les chiffres suivants : Tilleul et peuplier, 3,460; hêtre et merisier, 3,375; chêne, 3,300; charme, 3,187; frêne, 3,075; sapin, 3,037; etc. Les expériences ont généralement porté sur des bois de menuiserie de quatre ans.

Tous les charbons de bois lorsqu'ils brûlent dégagent sensiblement la même quantité de chaleur; mais tous ne brûlent pas de la même manière : les charbons compactes brûlent plus difficilement et plus lentement que les charbons légers; aussi sont-ils préférés pour obtenir les hautes températures. Mais, quelles qu'elles soient, ces températures ne peuvent généralement produire la chaleur nécessaire pour les opérations métallurgiques. D'après M. Péclet, la puissance calorifique des charbons de bois varie entre 6,600 et 7,000 ; on voit qu'à poids égaux le charbon a un pouvoir calorifique plus que double de celui du bois. De plus, la quantité de chaleur que le charbon rayonne est égale à la moitié de celle que produit la combustion.

Sous le nom de *bois torréfié* ou de *charbon roux*, on emploie dans quelques hauts fourneaux du département des Ardennes un combustible intermédiaire entre le bois et le charbon. On le prépare en plaçant le bois dans des cylindres en fonte chauffés par la flamme perdue des hauts fourneaux, et lui faisant perdre par distillation une fraction de son poids comprise entre 30 et 50 pour 100. La quantité de charbon roux nécessaire pour obtenir un quintal de fonte provient d'une quantité de bois beaucoup moindre que celui qu'il faut transformer en charbon ordinaire pour obtenir le même résultat. Il est vrai que l'économie de combustible est compensée par l'augmentation du prix des transports, puisque tout le bois doit être amené à l'usine dans son état naturel.

La tourbe brûle comme le bois, avec flamme et fumée. Sa combustion est lente, à cause de la présence de matières terreuses; elle développe presque toujours une odeur piquante et désagréable, qui paraît provenir de la décomposition des matières animales que renferme la tourbe. Cette odeur rend ce combustible impropre au chauffage domestique. On ne peut pas en obtenir d'ailleurs une chaleur bien considérable; mais elle suffit pour le chauffage des étuves et des chaudières à vapeur. Il résulte des observations de M. Péclet, faites sur des analyses de M. Regnault, que la puissance calorifique moyenne des différentes tourbes est représentée par 3,600 environ. Pour des tourbes desséchées à 120 degrés, ce nombre varie entre 4,673 et 4,943.

La puissance calorifique du charbon de tourbe a été trouvée égale à 6,800. Le pouvoir rayonnant de ce combustible est très-considérable, la chaleur dispersée par rayonnement étant presque la moitié de la chaleur totale dégagée par la combustion. Le pouvoir rayonnant de la tourbe diffère très-peu de celui de son charbon.

En comprenant sous le nom de *houilles* les lignites, les anthracites et les houilles proprement dites, on trouve que les puissances calorifiques de ces divers combustibles varient : pour les anthracites, entre 5,400 et 7,930 ; pour les houilles, entre 6,556 (houille sèche à longue flamme de Blanzy) et 7,886 (houille grasse maréchale de Newcastle); et pour les lignites, entre 4,497 et 7,412.

Enfin, on ne connaît point de combustible qui produise une chaleur aussi intense que le coke : cependant il n'a pas une puissance calorifique supérieure à celle du charbon de bois ; mais sa densité est plus grande , et , suivant M. Péclet, son pouvoir rayonnant est aussi plus considérable.

Les gaz qui s'échappent à la partie supérieure des fourneaux à cuve contiennent encore beaucoup d'oxyde de carbone et d'autres gaz combustibles, tels que l'hydrogène, qui proviennent de la distillation du charbon. Il en résulte des flammes bleuâtres qui se continuent au gueulard tant que le fourneau est en roulement. Il n'y a que quelques années que l'on a songé à tirer parti de la chaleur qu'elles produisent. On a aussi reconnu que ces *gaz combustibles* pouvaient être employés à augmenter le tirage. Cette double découverte, à laquelle le physicien Pelletan ne demeura pas étranger, a déjà eu d'immenses résultats dans la navigation et l'industrie; aujourd'hui plusieurs usines de France et de l'étranger sont munies d'appareils pour le puddlage de la fonte au moyen des gaz des hauts fourneaux. On savait précédemment que ces gaz pouvaient servir à éteindre les incendies.

Pour compléter cette énumération, il faudrait encore parler de quelques autres combustibles, tels que la *braise des boulangers*, que l'on peut regarder comme un charbon trop cuit, et qui ne sert guère qu'à faciliter l'embrasement du charbon dans les usages domestiques; les *copeaux*, qui remplissent le même office vis-à-vis du bois; le *poussier de charbon*, qui sert à conserver du feu un temps plus ou moins long; les *mottes*, ressource du pauvre pendant les hivers rigoureux; le *charbon de Paris*; et d'autres encore dont les usages sont trop restreints pour que nous en donnions la liste.

Les renseignements que fournit la statistique sur les combustibles sont peu nombreux. Importations et exportations compensées, on évalue à 44 millions de stères la quantité de bois brûlée annuellement en France. La consommation des combustibles minéraux, qui n'excédait guère chez nous 4 millions de quintaux en 1787, était portée en 1842 à plus de 52 millions, et n'a pas cessé de s'accroître depuis cette époque; sous ce rapport nous sommes tributaires de l'étranger pour près du tiers de notre consommation totale.

COMBUSTION, « action de brûler entièrement , dit le *Dictionnaire de l'Académie*, entière décomposition d'une chose par l'action du feu ». Tel est en effet le sens vulgaire du mot *combustion* ; mais pour le chimiste l'idée de décomposition qu'on attache à cette action s'unit à celle de composition. Ainsi, quand on brûle du charbon de bois, la cendre qui reste en évidence a bien été séparée du carbone par la combustion; mais ce dernier corps a été uni avec l'oxygène de l'air pour former de l'acide carbonique, qui s'est dégagé. En général, toute combustion est l'indice d'une combinaison. « De tous les effets, dit Cuvier, qui peuvent résulter soit des affinités immédiates, soit de ces modifications instantanées qu'y apportent la chaleur, l'électricité ou d'autres circonstances, la combustion est non-seulement le plus important pour nous, en ce que nous en tirons toute la chaleur artificielle dont nous avons besoin dans la vie commune et dans les arts; mais c'est encore celui dont l'influence est la plus générale dans tous les phénomènes de la nature comme dans ceux de nos laboratoires. Nous ne lui donnons guère le nom de *combustion* que quand c'est la chaleur qui l'occasionne et qu'elle est accompagnée de flamme ; mais elle peut aussi être amenée par une foule d'autres causes, ou n'aller point jusqu'à cet excès ; et lorsqu'on la prend ainsi dans son acception la plus étendue, on peut dire qu'elle précède, qu'elle accompagne ou qu'elle constitue la plupart des opérations chimiques et des fonctions vitales (*voyez* RESPIRATION); il n'en est presque aucune où quelque corps ne se trouve soit *brûlé*, soit *débrûlé*, si l'on peut employer ce terme expressif; en un mot, c'est presque de la manière de concevoir ce qui se passe dans la combustion que dépendent toutes les diversités des explications que l'on peut donner en chimie; et par les mots de *théorie chimique* on n'entend guère autre chose que théorie de la combustion. »

C'est aux travaux de Lavoisier qu'est due cette théorie, aussi remarquable par sa simplicité que par la généralité de son application ; elle est fondée sur l'action que l'oxygène exerce dans la combustion; et quoique les travaux des chimistes et les découvertes qui ont été faites dans cette importante partie des sciences y aient apporté beaucoup de modifications, elle subsiste dans son ensemble, et restera probablement très-longtemps comme un des monuments les plus remarquables élevés par l'esprit humain.

Stahl admettait dans la combustion un corps insaisissable, qu'il appelait *phlogistique*, se séparant du corps qui brûlait, et donnant lieu au phénomène de feu que l'on observe dans cette action : si cette idée eût été exacte, le corps devait perdre de son poids, ou au moins ne point en acquérir, en supposant le phlogistique impondérable. Cependant si on pèse un corps avant et après la combustion, on trouve qu'il a augmenté de poids dans cette action particulière, et dès lors il faut bien admettre qu'une substance quelconque s'est fixée sur la matière brûlée; car, malgré toutes les arguties imaginées par les partisans du phlogistique, un esprit raisonnable ne peut autrement se rendre compte des faits. Ainsi, quand on chauffe 100 parties de plomb, en enlevant, à chaque fois qu'elle se forme, la croûte

COMBUSTION

qui se produit à la surface, on trouve que la masse pèse à peu près 100 parties.

Lavoisier, lorsqu'il fit l'analyse de l'air, y ayant prouvé la présence de 20 pour 100 environ d'oxygène, appelé alors *air vital*, et ayant démontré en même temps que ce gaz disparaissait dans la combustion et se combinait avec le corps combustible, fut conduit à généraliser cet important phénomène, et admit que l'oxygène était le principe de toute combustion. Tous les faits qu'il découvrit vinrent se coordonner à côté de ce premier fait, et ainsi fut fondée une théorie qui se distinguait par la nouveauté des phénomènes, l'immensité des recherches et les brillants résultats qui ne laissèrent bientôt plus de ressource aux arguments des phlogisticiens. Le monde savant adopta cette théorie, qui reçut le nom d'*antiphlogistique*, et elle fut la source des découvertes innombrables de la chimie moderne.

L'oxygène, qui compose le cinquième de l'air atmosphérique et en forme la partie respirable, est aussi indispensable à la combustion qu'à la vie des animaux : lorsqu'il est isolé d'avec l'azote qui l'accompagne dans l'air, il exerce une si grande action sur les corps, qu'il suffit, par exemple, qu'une allumette, une bougie ou une chandelle, offrent un seul point en ignition pour qu'ils s'y enflamment et brûlent avec un éclat capable de blesser la vue. Mais dans l'air, au moins dans les circonstances ordinaires, cette action est beaucoup moins vive, parce que l'azote étant impropre à la combustion, et pouvant même éteindre les corps qui brûlent, diminue considérablement l'action de l'oxygène. L'air est donc aussi utile à l'homme pour lui procurer la chaleur dont il a besoin pour se soustraire au froid des hivers, ou pour la préparation de ses aliments et d'une foule de produits qui lui sont nécessaires dans l'état de société, que pour le soutien de sa propre existence.

Lorsque, frappant un morceau d'acier sur une pierre à fusil, nous faisons jaillir une étincelle qui peut enflammer de l'amadou, tout aussi bien que quand par le frottement de deux morceaux de bois le sauvage parvient à se procurer le feu qui lui est nécessaire, c'est à l'oxygène qu'est due la faible combustion qui doit ensuite produire l'inflammation des corps destinés à servir de combustible : la percussion de la pierre détache de très-petits fragments d'acier qui se trouvent élevés à une haute température, brûlent avec éclat et communiquent la chaleur à l'amadou, qu'ils enflamment; de même le frottement de deux morceaux de bois l'un sur l'autre détermine un grand dégagement de chaleur, qui peut aller jusqu'à produire une inflammation. Dans des vases vides d'air, quelque percussion que l'on produisit, aucune combustion n'aurait lieu, comme on peut s'en assurer, en opérant sous le récipient de la machine pneumatique. Si dans aucune circonstance naturelle il n'est possible de se procurer un effet aussi complet, on peut cependant l'obtenir en diminuant en s'élevant dans l'atmosphère à une grande hauteur, où la rareté de l'air rend la respiration extrêmement pénible, et diminue l'activité de combustion, comme l'éprouva Saussure sur le Mont-Blanc, où il lui était difficile de faire brûler du bois.

Chaque jour, pour les besoins de la vie, nous développons de la chaleur en brûlant du bois, du charbon ou d'autres corps analogues; nous les voyons se détruire lentement, produire une chaleur assez vive, mais supportable à quelque distance, et quoique l'activité que nous pouvons procurer au feu par le soufflet nous prouve que l'air agissant sur un point donné peut déterminer une action assez vive, nous serions loin encore d'avoir une idée de l'excessive température que l'on peut obtenir avec les mêmes combustibles en accélérant le mouvement de l'air et plaçant le corps à brûler dans des appareils convenables. En jetant les yeux sur une forge d'ouvrier en fer, nous pouvons déjà comprendre combien est grande l'action de l'air, puisque dans un espace très-circonscrit, et au moyen d'un soufflet que l'on met facilement en mouvement avec la main, on peut en quelques instants porter de grosses pièces de fer à la température nécessaire pour les souder ensemble; mais si d'une forge à bras nous passons à un fourneau à fondre les métaux, à une verrerie, ou à un haut fourneau, dans lequel on obtient le fer, la température que l'on aura sera telle que des ouvriers habitués à ce genre de travail pourront seuls approcher des ouvertures, et dans ce cas non-seulement les métaux et le verre fondent, puisque c'est le but de l'opération, mais les briques et les matériaux employés à la construction, et qui ont été choisis les plus réfractaires qu'il a été possible de les obtenir, se ramollissent et fondent plus ou moins : la lumière produite est si vive que l'œil peut à peine la supporter, et que l'on ne peut qu'avec de l'habitude distinguer les objets placés au milieu du feu, tant leur éclat éblouit. Ici c'est cependant du charbon ou du bois qui brûlent comme dans nos cheminées et dans les fourneaux de nos cuisines; mais il est facile de se rendre compte de l'extrême différence des résultats par la quantité de matières brûlées dans un même temps. Quoique l'air ne contienne que 1/5 de son volume d'oxygène, les masses qui affluent sur le combustible y en amènent des proportions si considérables qu'elles peuvent paraître surprenantes. Ainsi pour signaler l'effet le plus remarquable, un haut fourneau alimenté avec du coke reçoit des machines soufflantes, par minute, jusqu'à 20 mètres cubes d'air, qui en renferment quatre d'oxygène, et la quantité de combustible brûlé s'élève jusqu'à cinq quintaux métriques dans le même temps.

Si de ces phénomènes, dépendant de l'action de l'air atmosphérique, nous passons à ceux qu'offre l'oxygène lui-même, nous trouverons encore de ces effets plus remarquables par leur intensité, quoiqu'en les observant sur de faibles quantités, parce que son action ne sera plus diminuée par celle de l'azote. Le charbon tel qu'on l'emploie dans nos foyers, allumé dans un seul point et porté dans l'oxygène, développe une lumière brillante et se consume avec une excessive rapidité, ne laissant que quelques parcelles de cendre. Une substance qui tire son nom de sa facile combustibilité, le phosphore, brûle avec une flamme très-lumineuse quand on le chauffe dans l'air, mais rien n'égale l'éclat de celle qu'il produit quand, après l'avoir allumé, on le porte dans un vase rempli d'oxygène : l'œil ne peut rester quelques instants fixé sur le point qu'il occupe. Quoique ces effets soient très-remarquables, ils n'offrent rien d'aussi digne d'attention que ceux que produit le fer lorsqu'il brûle dans l'oxygène. Il n'est personne qui n'ait remarqué l'éclat des étincelles que lance dans l'air un morceau de fer qu'un forgeron retire de sa forge, lorsqu'il l'a échauffé trop fortement, et qu'il *brûle*, comme dit l'ouvrier : cependant, si, au lieu d'employer un morceau volumineux de ce métal, on prend un ressort de montre dont on lime l'extrémité pour en former une pointe, ou mieux encore un gros fil de fer obtenu en tordant ensemble six ou huit fils très-fins, à l'extrémité desquels on ait attaché un petit morceau d'amadou que l'on enflamme pour échauffer facilement le fer et que l'on plonge le tout dans l'oxygène, ce métal rougit, lance dans tous les sens des étincelles dont l'éclat blesse la vue; il se forme un boulet d'oxyde sur lequel il est impossible de fixer les yeux, et qui se détache bientôt par son propre poids; la température de ce fragment est si élevée qu'en traversant même une couche d'eau de plusieurs centimètres, il peut encore faire briser le verre sur lequel il tombe et pénétrer dans sa masse.

La combustion est ordinairement accompagnée d'un dégagement de chaleur et de lumière. Nous savons cependant que le fer peut se convertir en rouille sans présenter aucun de ces phénomènes, lorsque l'action ne s'exerce que lentement (*voyez* COMBINAISON [*Chimie*]): si alors la chaleur et la lumière sont considérées comme nécessaires pour caractériser la combustion, il faut aussi annexer à ce phénomène ceux que produisent, en réagissant les uns sur les autres, des corps qui ne contiennent pas d'oxygène. Ainsi, le phosphore, l'antimoine et l'arsenic, jetés à la température ordinaire dans le chlore, s'y enflamment seuls et produisent un dégagement de lumière assez vif; quelques autres métaux n'ont besoin que d'être chauffés plus ou moins pour brûler aussi dans le même gaz. Ainsi quand on chauffe dans un matras un mélange de 2 parties de limaille de fer et de plomb avec 1 de soufre, au moment où la matière se fond, la température s'élève au point de ramollir le verre, et la lumière dégagée est extrêmement vive. Quand la combustion a lieu dans des gaz, et que les corps qui se forment présentent l'état solide ou liquide, on peut expliquer en partie par le changement d'état des gaz le dégagement de la chaleur; mais lorsque les corps sont solides, comme le soufre et le cuivre, ou le plomb, ou que le corps qui brûle étant solide, il devient gazeux, cette explication est impropre à rendre compte de ce qui se passe dans ce cas; on ne peut y parvenir qu'en admettant que la chaleur et la lumière dégagées proviennent d'une action électrique qui se produit entre les deux corps; une expérience curieuse de Davy permet de le concevoir facilement : si on place dans un appareil dans lequel on puisse faire le vide un fragment de charbon que touche deux conducteurs métalliques en contact avec une pile électrique, tant que l'électricité le traverse, il brille d'un éclat semblable à celui que présente un charbon qui brûle dans l'oxygène, et cependant il ne peut brûler, puisque l'appareil est vide d'air; les effets cessent avec l'action électrique, et se reproduisent indéfiniment par le renouvellement de la même action. H. GAULTIER DE CLAUBRY.

COMBUSTION SPONTANÉE. Le corps humain devient dans certaines circonstances susceptible de s'enflammer spontanément et d'être réduit en cendres d'une manière plus ou moins complète. Ce phénomène terrible, auquel on a donné le nom de *combustion spontanée*, a été longtemps révoqué en doute : et en effet, en raison de son excessive rareté, en raison de l'impossibilité où l'on est de pouvoir en donner une explication satisfaisante, il a dû d'abord en être ainsi; mais avec le temps les exemples se sont multipliés: des hommes d'une haute capacité se sont trouvés à même d'en être témoins; toutes les particularités qu'ils ont présentées ont été signalées par eux avec le plus grand soin, et maintenant, malgré l'incertitude toujours subsistante des causes qui peuvent donner lieu à ce mode si étrange de destruction, les savants s'accordent généralement à l'admettre comme réel.

Ce n'est pas seulement sous le rapport de la curiosité que l'incendie de l'homme vivant, sans la participation de combustibles et surtout de corps en ignition, peut exciter l'intérêt, surtout si l'on réfléchit à l'énorme quantité de bois que nécessitait l'incinération des corps chez les anciens. En songeant aux difficultés que l'on éprouvait, dans des temps encore assez rapprochés de nous, pour mettre à exécution les arrêts d'une justice barbare, on aura droit d'être étonné de la rapidité avec laquelle s'opère la combustion dont nous parlons ici; mais on doit encore l'envisager sous un point de vue plus important pour la société, celui de la médecine légale. Lecat et Vigné ont fait connaître deux cas de ce genre, dans lesquels l'appréciation inexacte de l'événement a fait planer sur la tête de deux personnes innocentes le soupçon des crimes de meurtre et d'incendie.

Parmi les savants qui se sont le plus occupés du phénomène dont nous parlons, M. Lair doit être placé en première ligne. Après avoir groupé les diverses cas de combustions spontanées humaines qu'il a pu recueillir, il en a déduit les conclusions suivantes : 1° les femmes y sont beaucoup plus sujettes que les hommes; 2° cet accident arrive surtout chez les personnes âgées, et presque toujours ayant passé la soixantaine; 3° les individus qui en offrent des exemples sont presque toujours dans un état marqué d'asthénie; 4° la plupart d'entre eux vivent dans l'inaction, et sont polysarques (très-chargés d'embonpoint); 5° chez le plus grand nombre il existe une habitude ancienne de faire abus des liqueurs fortes; 6° assez constamment il s'est trouvé un corps en ignition, tel qu'une lumière ou des charbons embrasés, auprès du lieu de l'événement; 7° l'inflammation est ordinairement très-rapide, et gagne tout le corps avant qu'on puisse arriver au secours; 8° la flamme est très-mobile, difficile à éteindre au moyen de l'eau, et n'attaque les matières combustibles environnantes que lorsqu'elle reste en contact prolongé avec elles; 9° l'endroit où la combustion a eu lieu exhale le plus souvent une forte odeur empyreumatique, et les murs, les cendres, les charbons, sont recouverts d'une humidité fétide et grasse; 10° le tronc, à quelques cm près, est presque toujours consumé par l'incendie, et dans la plupart des cas il reste des débris plus ou moins considérables de la tête et des extrémités; 11° enfin, dans la grande majorité des cas l'événement a lieu lorsque l'atmosphère est sèche et froide.

Plusieurs auteurs ont attribué la cause de ce phénomène aux boissons alcooliques, qui en pénétrant peu à peu tous les tissus de l'économie les imbibent à tel point qu'il suffit ensuite de l'approche d'un corps enflammé pour en déterminer la combustion; d'autres, pensant au développement plus ou moins abondant du gaz hydrogène dans les intestins, ont cru que le même effet pouvait exister dans les autres organes, et que ce gaz pouvait s'enflammer par l'approche d'un corps en ignition, ou mieux encore par une action électrique produite par le fluide développé chez certains individus. Ils ont donc admis 1° un état idio-électrique chez ces sujets; 2° le développement du gaz hydrogène et son accumulation dans les aréoles du tissu cellulaire. Ces deux théories ne sont que spécieuses, et ne peuvent résister à l'épreuve de l'expérience. M. Julia-Fontenelle s'est livré à des recherches nombreuses et intéressantes sur ce point si obscur de la science, et il a prouvé d'une manière positive 1° que la présence de l'alcool, même en grande quantité, dans le tissu musculaire ne peut lui faire prendre feu, et encore moins produire l'incinération du corps humain; 2° que la chair musculaire plongée dans les gaz hydrogène, hydrogène bi-carboné, oxyde de carbone, ou oxygène, ne peut prendre feu ni par le contact d'un corps enflammé ni par celui de l'étincelle électrique. Enfin, considérant qu'il faut pour incinérer un cadavre une quantité de bois telle qu'elle suffirait pour incendier une maison, et en outre que les produits des combustions animales font un charbon spongieux, très-noir, luisant, fétide, et ne s'obtiennent qu'à une température très-élevée, tandis que les combustions humaines spontanées se développent dans une température faible, qui ne brûle pas même les objets les plus combustibles, il en a conclu que ces combustions ne sont pas l'effet de la combinaison des éléments de la matière animale avec l'oxygène de l'air. Il les regarde comme des réactions intimes et spontanées, dues à des produits nouveaux, qui sont la suite d'une dégénérescence des muscles, des tendons, des viscères, etc. Ces produits en s'unissant présentent les mêmes phénomènes que la combustion, sans dépendre aucunement de l'influence des agents extérieurs. Sans admettre dans tous les cas cette explication donnée par M. Julia-Fontenelle, au moins devons-nous convenir qu'elle est plus plausible que les deux autres, et qu'elle est plus susceptible qu'elles de s'appliquer aux faits recueillis jusqu'à ce jour.

P.-L. COTTEREAU.

CÔME (*Como*), chef-lieu d'une délégation du royaume Lombardo-Vénitien, à l'extrémité sud-ouest du lac de Côme, dans une ravissante vallée, entourée de toutes parts par des montagnes couvertes presque jusqu'à leur sommet de jardins et de forêts d'oliviers et de châtaigniers, est le siége d'un évêché, et avec ses faubourgs compte 16,000 habitants. Entourée aujourd'hui encore de murailles et de tours, cette ville était autrefois défendue par le château fort de Baradello, construit sur une hauteur escarpée, et aujourd'hui en ruines. Elle a treize églises, parmi lesquelles on remarque surtout la cathédrale, construite en marbre et riche en tableaux, dont la construction, commencée en 1396, ne fut terminée qu'au seizième siècle. Il faut encore citer pour son architecture l'église San-Fidèle, la plus ancienne de la ville. On voit à Côme un grand nombre de beaux palais; les palais Galli et Odescalchi notamment contribuent à embellir le faubourg Vico. Le lycée, fondé en 1824, possède une bonne bibliothèque. De nombreuses manufactures de soie produisent des velours, des taffetas, des gants et des bas; et le commerce avec les Grisons, la Suisse et la haute Italie occupe plusieurs grandes maisons. Les sculpteurs trouvent d'excellent marbre dans les carrières voisines.

La proximité des Alpes rend quelquefois le climat de Côme assez rude; cependant les vents piquants qui y régnent souvent ne nuisent point à la fertilité du sol; et la vigne de même que l'olivier y croissent aujourd'hui comme au temps des Romains dans toute la richesse de la végétation méridionale. Dès le moyen âge, et même dès l'époque de la domination romaine, les habitants de Côme étaient renommés par leur habitude d'émigrer. De nos jours la plupart de ceux qui abandonnent ainsi la terre natale pour aller chercher fortune ailleurs font dans les différents pays de l'Europe le commerce des gravures, des télescopes, des lunettes, des baromètres, etc.; puis, une fois qu'ils ont amassé un petit pécule, s'en reviennent au pays natal acheter un coin de terre dont leur travail et leurs capitaux augmentent bientôt la fécondité naturelle. Côme a vu naître dans ses murs Pline le jeune, et même, suivant quelques auteurs, Pline l'ancien, les papes Clément XIII et Innocent XI, de même que le physicien Volta, à qui tout récemment on y a élevé un monument. Ville considérable à l'époque de la domination romaine, Côme se rendit indépendante, elle aussi, quand s'établirent les diverses républiques italiennes; mais elle fut vaincue dans sa lutte contre Milan. Vers le milieu du douzième siècle, l'empereur Frédéric 1er lui rendit son indépendance, qu'elle conserva jusqu'à ce que les ducs de Milan eussent réussi à la soumettre à leur autorité au commencement du treizième siècle.

CÔME (Lac de), *Lago di Como*, le *lacus Larius* des anciens, formé par l'Adda, et dont la partie septentrionale est quelquefois appelée *lac de Chiavenna*, est à bon droit célèbre par l'aspect romantique et pittoresque de ses rives, couvertes de vignes et de plantations d'oliviers au milieu desquelles s'élèvent de délicieuses maisons de campagne, dont l'une des plus remarquables est la magnifique villa d'Este, appartenant au duc de Torlonia. Il faut encore citer, pour leur richesse et leur charmante situation, la villa du marquis Odescalchi, appelée *all' Ulmo*, à cause d'un ormeau célèbre qu'on y voyait encore au siècle dernier, dit-on, et dont Pline parle dans la troisième lettre du premier livre de ses Lettres; les villas Galli, Lanzi et Sommariva. Près de la villa Pliniana, on voit encore aujourd'hui la fontaine intermittente décrite par Pline. La villa d'Este est célèbre pour avoir été longtemps habitée par la reine d'Angleterre Caroline, épouse du roi Georges IV. La villa Sommariva renferme d'admirables productions de l'art, par exemple le célèbre *Triomphe d'Alexandre* de Thorwaldsen et le *Palamède* de Canova. Au sud, le lac de Côme se divise en deux bras séparés par le promontoire de Bellagio, et dont l'un prend le nom de *lago di Lecco*. Dans sa plus grande longueur, le lac de Côme a de 30 à 40 kilomètres sur quatre de largeur. Il est à 233 mètres au-dessus du niveau de la mer.

COMÉDIE, mot fait du grec κώμη, village, et ᾠδή, chant. Ce nom a, dans le principe, été donné en France à toute espèce d'œuvre dramatique, quel que fût son sujet, grave ou enjoué, triste ou comique. C'est ainsi qu'on appelait les *mystères*, ces pieuses représentations qui réjouirent si longtemps nos aïeux. Du temps de Corneille, et longtemps encore après lui, les tragédies portaient le nom de *comédies*. On disait la *comédie du Cid*, la *comédie de Cinna*, la *comédie de Phèdre*. « Les *comédies* de Corneille, dit le P. Bouhours, ont un caractère romain et je ne sais quoi d'héroïque qui leur est particulier; les *comédies* de Racine ont quelque chose de fort touchant, et ne manquent guère d'inspirer les passions qu'elles représentent. » Mme de Sévigné se sert aussi de cette expression, qui a continué jusqu'à nos jours d'être employée comme terme générique et synonyme de *spectacle*, *représentation*, *théâtre*.

Le *Dictionnaire de l'Académie* définit la comédie : « poëme dramatique, pièce de théâtre où l'on représente une action que l'on suppose ordinairement s'être passée entre des personnes de condition privée, et où l'on a pour objet de plaire soit par la peinture des mœurs et des ridicules, soit par des situations comiques. » Suivant Marmontel, « c'est l'imitation des mœurs mise en action : imitation des mœurs, en quoi elle diffère de la tragédie et du poëme héroïque; imitation en action, en quoi elle diffère du poëme didactique moral et du simple dialogue ». Boursault et plusieurs autres après lui ont défini la *comédie* « un poëme ingénieux, fait pour reprendre les vices et pour corriger les mœurs par le *ridicule* ». Cette dernière définition se rapproche davantage de celle d'Aristote, qui, jugeant du but de la comédie par ce qu'elle avait été jusqu'à lui, dit qu'elle est une imitation, une peinture des mœurs des plus méchants hommes, en ce qu'ils offrent surtout de *ridicule*; en d'autres termes, que « c'est une imitation du mauvais, non du mauvais pris dans toute son étendue, mais de celui qui cause la honte et produit le *ridicule* ». Mais Corneille, qui n'admet point cette définition, étend davantage le domaine de la comédie, en ne bornant point au *ridicule*. Il y admet tous les personnages, même les rois, qui ne semblaient justiciables que de la *tragédie*, et ne veut point que l'on donne ce dernier nom à une intrigue d'amour, quels qu'en soient les héros, ou même à une pièce dont il s'agit des intérêts d'un État, s'il ne s'y mêle du pathétique et un danger véritable pour quelqu'un des personnages de la pièce. Il soutient qu'un poème où il n'y a bien souvent d'autre péril à craindre que celui d'une maîtresse qu'a pas droit de prendre un nom plus relevé que celui de *comédie*; mais pour les cas dont nous venons de parler, où les héros de la pièce seraient des rois ou d'autres personnages considérables, il propose de joindre à ces mots l'épithète *d'héroïque*. Dacier défend la première opinion, en maintenant que la comédie ne souffre rien de grave et de sérieux, à moins que l'on n'y attache le *ridicule*, « parce que, dit-il, le *comique* et le *ridicule* sont l'unique caractère de la comédie ». Enfin, selon Picard, « la *comédie* est l'image en action des caractères, des mœurs des hommes, et d'incidents ridicules, plaisants ou intéressants ». Cette définition a l'avantage de convenir à toutes les variétés de comédies.

On croit généralement que la comédie n'a pris naissance qu'après la tragédie. C'est l'opinion d'Horace, dans son *Art poétique*; c'est aussi celle de Boileau dans l'imitation française qu'il nous a donnée de ce poëme :

Des succès fortunés du spectacle tragique,
Dans Athènes naquit la *comédie* antique;
Là le Grec, né moqueur, par mille jeux plaisants,
Distilla le venin de ses traits médisants.

Aristophane, qui florissait dans le cinquième siècle avant J.-C., et qui fut contemporain de Périclès, d'Alcibiade, d'Euripide et de Socrate, passe également pour l'esprit du plus grand nombre pour l'inventeur de la comédie. Mais la Grèce eut des auteurs épiques et des auteurs satiriques avant d'avoir des auteurs tragiques ou comiques, genres qui n'étaient peut-être pas bien distincts au commencement, car les chants de Thespis devaient être plus comiques que sévères. La Harpe, sur l'autorité d'Aristote, pense donc, avec quelque apparence de raison, que l'épopée, menant du récit à l'action, produisit la tragédie, et que la satire, par le même moyen, fit naître la comédie. « Toutes deux, dit Marmontel, se formèrent sur les poésies d'Homère, l'une sur l'*Iliade* et l'*Odyssée*, l'autre sur le *Margitès*, poëme satirique du même auteur; et c'est là proprement l'époque de la naissance de la comédie grecque. » Aristote ajoute : « La tragédie et la comédie s'étant une fois montrées, tous ceux que leur génie portait à l'un ou à l'autre de ces deux genres préférèrent, les uns de faire des comédies, au lieu de satires; les autres des tragédies, au lieu de poëmes héroïques, parce que ces nouvelles compositions avaient plus d'éclat et donnaient aux poëtes plus de célébrité. » Remarque qui prouve, ajoute La Harpe, « que chez les Grecs, comme parmi nous, la poésie dramatique fut toujours mise au premier rang ». Quoi qu'il en soit, on ne laissa pas prendre ainsi tout à coup droit de cité à un genre de littérature qui érigeait la satire en action; de là vient que pendant longtemps elle fut reléguée dans les campagnes. De là vient, comme on l'a dit, que pendant que la tragédie était honorée et florissante, sa sœur, ne recevant aucun secours ni aucune protection du magistrat, végétait et n'offrait encore qu'un spectacle informe. Composée du chant seul, elle n'avait ni acteurs proprement dits (*histriones*), ni masques, ni décorations, ni même véritablement d'action dramatique; ce n'était qu'une satire outrée de ceux à qui le poëte en voulait, on des chansons grossières destinées à amuser une populace effrénée dans les jours de fête et de débauche. Enfin, soit que l'on crût que ce spectacle pourrait contribuer à la réformation des mœurs, soit qu'il fallût céder aux exigences du peuple, le magistrat *accorda le chœur à la comédie*, c'est-à-dire qu'il fit la dépense de tout ce qui était nécessaire pour la représentation des comédies sur la scène : ceci eut lieu vers le temps de Périclès.

Sous le point de vue moral, on peut remonter encore plus haut pour chercher l'origine de la comédie, et l'on trouvera le principe de cet art dans le penchant naturel des hommes pour l'imitation et le sarcasme. « L'homme dès son enfance, dit Lemercier, est enclin à contrefaire les habitudes qui lui paraissent étranges en autrui, le blessent ou l'amusent, et il les imite pour s'en venger ou s'en rire. Tout enfant est le singe des défauts du corps; tout adolescent est celui des défauts de l'esprit. Ce penchant, que l'homme garde jusqu'à la vieillesse, pour l'imitation du ridicule naît en lui d'une certaine malignité naturelle à tous. On se croit exempt des bizarreries qu'on remarque, on se plaît à prouver sa subtilité en les saisissant bien, et chacun jouit secrètement de la supériorité dont il se targue sur les personnes qu'il humilie, ou dont il se venge plaisamment en singeant leurs manières. Notre amour-propre est la cause de cette propension si commune, par laquelle nous devenons tous plus ou moins comédiens les uns à l'égard des autres. » — « Cette malice naturelle aux hommes, observe fort bien Marmontel, est le principe de la comédie. Nous voyons les défauts de nos semblables avec une complaisance mêlée de mépris, lorsque ces défauts ne sont pas assez affligeants pour exciter la compassion, ni assez révoltants pour donner de la haine, ni assez dangereux pour donner de l'effroi. Ces images nous font sourire si elles sont peintes avec finesse; elles nous font rire si les traits de cette maligne joie, aussi frappants qu'inattendus, sont aiguisés par la surprise. De cette disposition à saisir le ridicule, la comédie tire sa force et ses moyens. Il eût été sans doute plus avantageux de changer en nous cette complaisance vicieuse en pitié philosophique; mais on a trouvé plus facile et plus sûr de faire servir la malice humaine à corriger les autres vices de l'humanité, à peu près comme on emploie les pointes (la poussière) du diamant à polir le diamant même. C'est là l'objet ou la fin de la comédie. »

Quant à la question de savoir auquel des peuples de la Grèce on doit rapporter l'introduction ou les premiers essais de la comédie, elle est également débattue par les auteurs. Les Athéniens s'en attribuaient l'honneur; et en effet Susarion et Thespis, tous deux Icariens, qui vivaient vers le temps de Pisistrate, sont les plus anciens poëtes dramatiques grecs connus, et ont précédé Épicharme, que les Siciliens voulaient faire passer pour l'inventeur de la comédie; mais les Doriens s'attribuaient de leur côté l'invention de cet art, se fondant sur ce que le mot κώμη appartenait à leur dialecte. Aussi les Athéniens donnaient-ils pour étymologie du mot comédie κῶμος, qui signifie banquet, festin où bien le verbe κωμάζω, qui veut dire aller en masque dans les rues pour célébrer les fêtes de Bacchus ou de Comus. Aristote a la bonne foi d'avouer qu'on n'a pas de données assez certaines sur ce point; il affirme néanmoins qu'Épicharme et Phormis, tous deux Siciliens, furent les premiers à introduire dans la comédie une action suivie et déterminée. A leur imitation, Cratès, qui n'a précédé Aristophane que de quelques années, composa des pièces comiques d'une forme régulière; mais c'est à ce dernier seulement que l'on peut remonter avec quelque certitude, parce que ses ouvrages sont parvenus jusqu'à nous. Nous n'avons rien des poëtes Eupolis et Cratinus, qu'Horace mentionne comme émules d'Aristophane. Quelques auteurs ajoutent à ces noms ceux de Philonides, Timocréon, Phrynichus, Agathon, Phérécrates, Platon, Philestion, Théophile, Télécides, ce qui, en comprenant Épicharme, Phormis et Cratès, cités plus haut, porte à quinze le nombre des poëtes qui se distinguèrent dans l'ancienne comédie, et celui des ouvrages qu'ils avaient composés à près de quatre cents; mais, il ne nous reste aujourd'hui que quelques fragments de ces comiques anciens, épars çà et là, principalement dans les œuvres de Plutarque et d'Athénée.

Onze comédies entières d'Aristophane, qui paraît les avoir surpassés tous, puisque l'antiquité lui a décerné le titre de *comique* par excellence, nous ont été conservées sur les cinquante-quatre qu'il avait, dit-on, composées, et elles suffisent pour nous donner une idée de l'ancienne comédie. « Ce qu'on appelle la *vieille comédie*, dit la Harpe, n'était autre chose que la satire en dialogue. Elle nommait les personnes, et les immolait sans nulle pudeur à la risée publique. Ce genre de drame ne pouvait être toléré que dans une démocratie effrénée, comme celle d'Athènes. Il n'y a qu'une multitude sans principes, sans règle et sans éducation, qui soit portée à la protéger et à encourager publiquement la médisance et la calomnie, parce qu'elle ne les craint pas, et que rien ne trouble le plaisir malin qu'elle goûte à les voir se déchaîner contre tout ce qui est l'objet de sa haine ou de sa jalousie. C'est une espèce de vengeance qu'elle exerce sur tout ce qui est au-dessus d'elle; car l'égalité civile, qui ne fait que constater l'égalité des droits naturels, ne saurait détruire les inégalités morales, sociales et physiques, établies dans l'ordre social qu'un fripon soit l'égal d'un honnête homme, ni un sot l'égal d'un homme d'esprit. » On sait qu'Eupolis ayant maltraité dans une de ses pièces le chef de la république lui-même, il fut fait une loi par laquelle il était enjoint aux auteurs comiques de se garder à l'avenir de parler mal d'aucun homme vivant et de le désigner par son nom. Lemercier remarque ce sujet que la licence de l'ancienne comédie ne fut pas réprimée tant qu'elle n'offensa qu'Euripide et Socrate. « La sagesse et le génie, dit-il, n'inspirèrent pas assez d'intérêt aux grands pour en prendre la défense; mais ce fut lorsqu'elle intimida les chefs de l'aréopage, les commandants des troupes et les maîtres du trésor, que soudain leur ligue se récria contre elle. Elle accusait leurs déprédations; ils la regardèrent comme dangereuse et criminelle; elle étalait leurs turpitudes et leurs scandaleuses débauches, ils prirent le prétexte du respect des mœurs pour la condamner comme indécente et lui ôter le droit de dire ce qu'ils osaient faire. La censure établie fit conséquemment en faveur du pouvoir ce qu'elle n'eût pas fait pour la vertu. » L'auteur aurait pu ajouter : « et pour les dieux eux-mêmes; » car c'est là le principe de toutes les censures de faire bon marché de tout, excepté de ceux qui les payent. Et la *comédie moyenne* le fit bien voir, puisque la première pièce composée d'après le nouveau mode fut le *Plutus* d'Aristophane, où il est dit que « Jupiter lui-même porte envie aux hommes vertueux ». Cependant la comédie, pour n'oser nommer les personnes, n'en perdit presque rien de son amertume. On s'avisa seulement d'un stratagème, et l'on se contenta de coudre des noms supposés à des aventures réelles ; la malignité du public n'y perdit rien, et il eut de plus le plaisir de deviner les modèles que le poëte s'était proposés. Antiphane, Alexis, Nicophron, Théopompe, Philippe, Anaxandride et quelques autres se partagèrent ce nouveau champ.

Enfin, un troisième édit donna naissance à la *comédie nouvelle*. On la réduisit à n'être plus que l'imitation de la vie ordinaire et la censure générale des vices. Alors, la fiction dut remplacer entièrement la réalité, et il fallut suppléer par l'intérêt d'une intrigue bien inventée, bien combinée et bien dénouée, à l'attrait de la satire personnelle. Ce dernier changement dans la comédie eut lieu un peu avant le règne d'Alexandre. C'est à cette époque de la comédie des Grecs que se rattachent l'existence et les succès de Ménandre, dont le temps a épargné quelques fragments. Après avoir parlé de Ménandre, ce sera pour l'acquit de notre conscience que nous nommerons encore Philippe, Diphile, Philémon et Apollodore, cités honorablement par Horace.

Les Romains reçurent la comédie des Étrusques l'an de Rome 514, qui répond à la 135ᵉ olympiade : « Mais, dit La Harpe, il n'y a point, à proprement parler, de *comédie latine*, puisque les Latins ne firent que traduire ou imiter les pièces grecques ; que jamais ils ne mirent sur le théâtre un seul personnage romain, et que dans toutes leurs pièces c'est toujours une ville grecque qui est le lieu de la scène. Qu'est-ce que des comédies latines où rien n'est latin que le langage? » Ce reproche, que nous avons aussi mérité jusqu'au temps de notre Molière, peut être adressé généralement à tous les peuples qui ont commencé par être imitateurs avant de devenir créateurs. Il paraît cependant qu'Afranius, qui vivait à Rome sous le règne d'Auguste, avait essayé d'intéresser les Romains à eux-mêmes en peignant les mœurs de ses compatriotes ; mais nous ne pouvons juger du mérite de ses créations, aucun de ses ouvrages n'étant parvenu jusqu'à nous. Les Latins firent d'abord servir la comédie aux fêtes sacrées ; on l'employa, au rapport de Tite-Live, comme un moyen propre à apaiser la colère des dieux : *Ludi scenici inter alia cœlestis iræ placamina instituti dicuntur*. Du reste, les poëtes comiques latins n'avaient pas plus de respect pour ces dieux que les Athéniens, et ils les traduisaient sur la scène pour leur faire jouer un rôle indigne de la majesté divine. Les anciens paraissaient persuadés que les dieux étaient trop sages pour s'offenser des discours extravagants d'un poëte ; ils pensaient même qu'ils en riaient les premiers et qu'ils s'en divertissaient. Arnobe nous apprend qu'à Rome, lorsqu'on pouvait soupçonner que Jupiter était en colère, pour le remettre en belle humeur, on faisait jouer l'*Amphitryon* de Plaute.

Les premiers poëtes comiques chez les Romains furent Andronicus Livius, Cn. Nevius, puis Ennius, à la fois auteurs et acteurs : la forme de leur comédie n'est pas connue. Au jugement de Cicéron, les pièces du premier ne soutenaient pas une seconde lecture. A Ennius succédèrent Plaute, Cécilius et Térence, qui tous empruntèrent les sujets de leurs pièces au théâtre des Grecs de la dernière époque. Plaute et Térence, voilà les deux noms sur lesquels repose toute la gloire de la comédie latine.

La comédie latine ne poussa jamais la licence aussi loin qu'on le vit à Athènes. « Les Romains sous les consuls, dit Marmontel, aussi jaloux de leur liberté que les Athéniens, mais plus jaloux de la dignité de leur gouvernement, n'auraient jamais permis que la république fût exposée aux traits insultants de leurs poëtes. Aussi les premiers comiques latins qui hasardèrent la satire personnelle n'osèrent jamais aborder la satire politique. » La comédie latine différait encore de celle des Grecs en ce qu'elle n'admettait point les chœurs, et qu'elle avait en revanche des prologues, dont l'usage était inconnu sur le théâtre d'Athènes.

La comédie chez les Romains avait pris différents noms, relatifs aux différentes circonstances sous lesquelles elle se produisait. Il y eut d'abord les comédies *atellanes*, où une partie se passait en récit, une autre en action ; ils disaient qu'elles étaient *partim statariæ, partim motoriæ*, et ils citaient en exemple l'*Eunuque* de Térence ; les comédies appelées *motoriæ* (ou pièces à mouvement), celles où tout était en action, comme dans l'*Amphitryon* de Plaute ; les comédies appelées *palliatæ*, où le sujet et les personnages étaient grecs, où les habits étaient aussi grecs, où l'on se servait du *pallium* : on les appelait aussi *crepidæ*, du nom d'une chaussure commune des Grecs ; les comédies appelées *planipediæ*, celles qui se jouaient à pieds nus, ou plutôt sur un théâtre de plain-pied avec le rez-de-chaussée ; les comédies appelées *prætextatæ*, où le sujet et les personnages étaient pris dans l'état de la noblesse, et de ceux qui portaient les *togæ prætextæ* ; les comédies appelées *rhintonicæ*, ou comique larmoyant, ce qu'on appelait encore *hilara-tragœdia*, ou *latina comœdia*, ou *comœdia italica* : l'inventeur en fut un bouffon de Tarente, nommé Rhintone ; les comédies appelées *statariæ* (pièces sans mouvement), celles où il y avait beaucoup de dialogue et peu d'action, telles que l'*Hécyre* de Térence et l'*Asinaire* de Plaute ; les comédies appelées *tabernariæ*, dont le sujet et les personnages étaient pris du bas peuple, et tirés des tavernes : les acteurs y jouaient en robes longues (*togis*), sans manteaux à la grecque (*palliis*) : Afranius et Ennius se distinguèrent dans ce genre ; les comédies appelées *togatæ*, où les acteurs étaient habillés de la toge : Stephanius fit les premières ; on les subdivisa en *togata* proprement dites, *prætextatæ, tabernariæ* et *atellanæ* : les *togatæ* tenaient proprement le milieu entre les *prætextatæ* et les *tabernariæ* : c'étaient les opposées des *palliatæ* ; les comédies appelées *trabeatæ* : on en attribue l'invention à Caius Melissus. Les acteurs y paraissaient *in trabeis* (en robe), et y jouaient des triomphateurs, des chevaliers. La dignité de ces personnages, si peu propres au comique, a répandu bientôt de l'obscurité sur la nature de ce spectacle. On voit que cette division était plutôt matérielle et locale que fondée sur l'essence même de la comédie et la variété des genres qu'elle peut comporter.

Les auteurs de l'*Encyclopédie* divisent la comédie en trois genres, savoir : la *comédie de caractère*, la *comédie de mœurs* et la *comédie d'intrigue*. C'est là la division la plus simple, la plus générale, et tout à la fois la plus rationnelle. Lemercier, dans son *Cours de Littérature*, reconnaît six espèces de comédies : 1° la *satire allégorique dialoguée*, non spécial sous lequel il désigne le théâtre d'Aristophane ; 2° la *comédie de mœurs et de caractère* ; 3° la *comédie d'intrigue* ; 4° la *comédie mixte*, ou mêlée d'intrigue et de caractère ; 5° la *comédie épisodique*, ou comédie à *tiroir* ; et 6° la *comédie facétieuse*, ou la *farce*. A ces dénominations, il convient d'ajouter encore les suivantes : celles de la *comédie héroïque* ou *tragi-comédie*, de la *comédie sérieuse*, autrement nommée *tragédie bourgeoise*, ou simplement et abusivement *drame* ; de la *comédie historique* et de la *comédie anecdotique*.

La *comédie de caractère* est celle qui a pour but principal de peindre ou de développer un caractère particulier, tel que *L'Avare* de Molière, *Le Distrait* de Regnard, *Le Glorieux* de Destouches, *Le Méchant* de Gresset, etc. La condition essentielle à observer dans cette sorte de comédie, c'est de s'attacher à un seul caractère principal, auquel tous les autres doivent être subordonnés, et qui soit le pivot, le point de centre, le but unique de la pièce ; c'est là ce qui constitue l'unité du sujet, beaucoup plus importante à observer que l'unité de temps ou l'unité de lieu. Le mérite consiste, dans un pareil ouvrage, à placer le personnage principal dans une situation qui soit en conflit, en opposition avec son caractère ; dès lors, il faut ou que le caractère plie sous l'effort des circonstances, ou que, par des actions conformes au caractère, les circonstances prennent une tournure qui lui soit favorable ; en un mot, ou la situation ou le caractère doivent enfin avoir le dessus. Ce genre de comédie demande dans son auteur une étude approfondie de l'homme et des mœurs de son siècle, un discernement juste et une puissance d'imagination qui réunisse sur un seul objet les traits qu'on a pu recueillir épars et en détail chez plusieurs autres, sans cependant trop charger le tableau, et faire que l'esprit du spectateur refuse de croire à la donnée du poète et aux conclusions qu'il prétend en tirer. Les pièces que nous avons citées tout à l'heure nous semblent parfaitement remplir toutes ces conditions. Le but de la comédie de caractère peut être ou simplement d'amuser par la bizarrerie du caractère, ou d'inspirer du mépris et de l'aversion pour les caractères haïssables, ou de montrer ceux qui sont bons et nobles sous un jour propre à les faire aimer ; mais il ne faut pas trop user de cette dernière intention, car on sait généralement au théâtre les caractères vicieux ou ridicules plaisent mieux, ou du moins intéressent plus que les caractères vertueux ou trop parfaits.

La *comédie de mœurs* a pour objet de mettre sous les yeux du spectateur un tableau frappant et vrai des usages ou du genre de vie particulier que les hommes d'un certain état ou d'une certaine condition ont généralement adoptés. Ce sera, par exemple, le tableau de la cour, celui des mœurs des gens opulents, celui d'une nation entière. Les spectacles satiriques des Grecs étaient des comédies de ce genre.

La *comédie d'intrigue*, que les auteurs de l'*Encyclopédie* nomment à tort, « la moindre espèce de toutes, » est celle où l'auteur s'attache surtout à placer ses personnages dans des situations embarrassantes et bizarres, qui doivent naître les unes des autres naturellement ou sans trop d'effort, et se succéder jusqu'à ce qu'un événement imprévu amène le dénoûment. « La comédie d'intrigue, dit notre collaborateur M. Viollet-Leduc, peut se passer de peindre des caractères, mais elle doit se conformer aux mœurs des individus qu'elle met en scène. C'est même de l'observation de ces mœurs qu'elle doit tirer les circonstances qui déterminent les faits. » Ajoutons avec Lemercier que « l'habileté dans ce genre consiste à rendre les applications claires, à démêler vivement les embarras de l'intrigue, à dialoguer par des traits de saillie conformément à l'âge, au rang, aux humeurs des personnages, et à multiplier sur la scène les situations comiques. » La comédie de *L'Étourdi* de Molière et celle du *Mariage de Figaro* sont des chefs-d'œuvre dans ce genre.

Comme un ouvrage dramatique, un ouvrage fait pour la scène, à moins d'être un simple monologue comme le *Pygmalion* de Rousseau, ou un simple dialogue, une simple conversation entre deux interlocuteurs, exige le choix d'un sujet dont le développement ne peut se faire en récits, et qui demande une action plus ou moins simple, ou plus ou moins compliquée, on voit que le genre que nous venons de définir doit prêter un secours plus ou moins direct, plus ou moins utile, à la comédie de mœurs et de caractère. De la combinaison de ces différents genres s'est formé un autre genre, celui que Lemercier appelle *mixte*, qui est bien évidemment la comédie la plus parfaite, puisqu'elle admet à la fois tous les moyens, tous les ressorts qui peuvent contribuer au développement d'une peinture comique.

La *comédie épisodique*, ou la *comédie à tiroir*, est la moins importante de toutes, puisqu'elle exclut toute action et ne se compose que d'une suite de traits ou de scènes qui n'ont aucune liaison entre elles, et n'offrent, pour ainsi dire, qu'un intérêt de détails et de style. Nous avons cependant quelques comédies à tiroir qui sont fort amusantes ; mais leur mérite dépend en grande partie du talent et du jeu des acteurs. Tels sont *Les Fâcheux* de Molière, *Le Mercure galant* de Boursault, *Les Originaux* de Fagan, etc.; ce sont en même temps ce qu'on appelle aussi des *pièces à travestissement*, parce qu'un seul acteur est chargé souvent de la plus grande partie des rôles qu'elles renferment, et qu'il les joue consécutivement dans le même temps et devant les mêmes spectateurs.

L'origine de la *farce* ou de la *comédie facétieuse* remonte aux premiers temps de notre théâtre, qui peut nous offrir comme modèle en ce genre l'excellente farce de *L'Avocat Pathelin*, dont on ignore l'auteur. Molière, pour obéir aux exigences de son siècle, et, disons-le, pour faire vivre sa troupe, pour attirer les spectateurs, que la perfection de ses autres ouvrages n'aurait pas toujours retenus, Molière, le grand Molière, a été obligé plus d'une fois de descendre jusqu'à la farce, où il paraît qu'il excellait lui-même comme acteur : *Le Médecin malgré lui*, *Pourceaugnac* et *Les Fourberies de Scapin* sont d'excellents modèles dans ce genre.

Au-dessous de ce genre est la *parade*, plus basse et plus triviale, faite pour des spectateurs grossiers et sans éducation, jouée sur des tréteaux et en plein air, par des acteurs qui préludent ainsi à d'autres spectacles intérieurs, auxquels ils appellent le public. « Une sorte de verve brutale exprimée par un langage énergique peut, dit M. Viollet-Leduc, prêter à cette composition un attrait particulier. Vers le milieu du siècle dernier, des seigneurs de la cour, ennuyés du vernis de politesse qui recouvrait trop souvent les vices de leur cœur, s'amusaient à la franchise grossière de ces parades ; quelques auteurs, jaloux de plaire à ces théâtres de société, en composèrent un assez grand nombre, qui furent jouées en petit comité par ces grands seigneurs eux-mêmes. Le contraste de leur langage habituel avec celui qu'ils adoptaient pour un moment rendait ces représentations particulières piquantes et suivies. Collé composa dans ce but et sous le titre modeste de *Parades* d'excellentes comédies, que leur cynisme seul empêche de faire connaître. Le nom de cet auteur nous conduit tout naturellement à parler de Carmontelle, qui vers la même époque eut l'idée de mettre quelques proverbes en action pour faire participer les femmes et même les enfants à un plaisir que leurs pères auraient pris en secret dans leurs théâtres de société. Il a été égalé, s'il n'a été surpassé, de nos jours par Théodore Leclercq.

De ces genres secondaires, nous remontons à la *tragicomédie* ou à la *comédie-héroïque*, titre qui appartient spécialement à plusieurs pièces de Corneille et de l'ancien répertoire français, qui sont du genre *admiratif*. Ce que nous avons dit au commencement de cet article de l'opinion de Corneille sur la manière dont il convient de définir la comédie s'applique particulièrement à ce genre d'ouvrage, qui nous est venu des Espagnols, et dont *Le Cid* et *Don Sanche d'Aragon* sont les meilleurs modèles que nous ayons.

C'est à l'article DRAME que l'on traitera du genre bâtard que l'on a nommé aussi *comédie sérieuse*, *tragédie bourgeoise*, ou, par un accouplement de mots encore plus bizarre, *comédie larmoyante*. Les deux plus célèbres représentants de ce genre sont La Chaussée et Diderot. Quant à la *comédie historique*, nous pensons qu'elle pourrait fournir un champ fécond à l'exploration. Nous croyons que la comédie, en s'emparant des annales de l'histoire, à l'exemple de la tragédie, acquerrait une moralité plus universelle.

Pendant longtemps notre théâtre ne s'est composé que de pièces appelées *Mystères*, à sujets religieux, jouées par les *Confrères de la Passion*. Mais insensiblement les acteurs y mêlèrent quelques farces tirées de sujets burlesques, qui amusaient beaucoup le peuple, et qu'on nomma les *jeux des pois pilés*. Étienne Jodelle fut le premier qui donna des sujets sérieux; c'était sous Charles IX et Henri III. Jean Baïf et La Péruse se distinguèrent ensuite; mais Garnier l'emporta sur tous ses prédécesseurs. Cependant les pièces qu'ils composaient n'étaient encore que l'imitation de sujets grecs ou romains ou bien d'imbroglios espagnols, ou de pastorales italiennes. Citons encore Hardy, qui composa plus de six cents pièces; Pierre Lerivey ou de Larivey, dont quelques comiques du beau siècle, dit Picard, n'ont pas dédaigné d'emprunter des traits et jusqu'à des situations. La *Sylvie* de Mairet, écrite dans le genre italien, et qui n'est qu'un froid tissu de madrigaux subtils, de conversations en pointes et de dissertations en jeux de mots, excita dans Paris une sorte d'ivresse qui prouvait le goût dominant. *Le Cid* eut beaucoup de peine à faire tomber ce ridicule ouvrage; mais le mauvais goût subsista longtemps encore, et il ne fallut rien moins que *Les Précieuses ridicules* et *Les Femmes savantes* pour lui porter le dernier coup.

Les théâtres étrangers avaient communiqué au nôtre bien d'autres vices non moins révoltants. Les farceurs italiens, qui avaient un théâtre à Paris, où jouait Molière dans le temps même qu'il commençait à élever le sien, nous avaient accoutumés à leurs rôles de charge, à leurs caricatures grotesques; si les arlequins et les scaramouches leur restaient en propre, nous les avions remplacés par des personnages également factices, par des capitans, par des bouffons grossiers qui parlaient à peu près le langage de *Dom Japhet* (comédie de Scarron, jouée en 1653). Le burlesque plus ou moins marqué était la seule manière de faire rire. Ce sont des personnages de ce genre qui firent réussir et applaudir longtemps *Les Visionnaires* de Desmarets, détestable pièce, que la sottise et l'envie osèrent encore opposer aux premiers ouvrages de Molière.... Les *Jodelets* (principal personnage d'une autre comédie de Scarron), les paysans bouffons, les valets faisant grotesquement le rôle de leurs maîtres, les bergers à qui l'amour avait tourné la tête, comme à Don Quichotte, parlaient un jargon bizarre, mêlé des quolibets de la halle et d'un néologisme emphatique.... En un mot, on reproduisait sous toutes les formes les personnages hors de la nature, comme les seuls qui pussent faire rire, parce qu'on n'avait pas encore imaginé que la comédie dût faire rire les spectateurs de leur propre ressemblance. Quant au théâtre espagnol, il avait été mis à contribution par quelques-uns des auteurs que nous avons déjà cités; mais il fut exploité plus largement encore par Boisrobert, par Rotrou, auteur de plusieurs tragédies et de quelques comédies. La Harpe reproche même à la Chimène de Corneille d'avoir payé tribut, en quelques endroits, à cette mode contagieuse qui régnait de son temps, « de faire de l'amour un effort d'esprit »; et il ajoute que ce fut le personnage de Rodrigue qui assura le succès du *Cid*, « en avertissant le cœur des plaisirs qu'il lui fallait et de cette espèce de mensonge qu'un art mal entendu voulait substituer à la nature ». Ce grand poëte, qui prit et tint à la fois et si longtemps sur la scène française le sceptre tragique et le sceptre comique, fut le précurseur de Molière.

Molière! ce nom résume à lui seul toute une époque; lui seul il suffirait à la gloire littéraire de la France; seul il donnerait encore à notre théâtre une supériorité incontestable sur le théâtre de tous les autres peuples de la terre.

Celui qui le premier a dit que Molière n'était parvenu à réformer que les précieuses ridicules et les grands canons a cru sans doute avoir avancé un grand argument contre la comédie; mais n'eût-elle fait que cela, elle eût déjà rendu un assez grand service en détruisant deux ridicules de l'esprit et de la mode au temps de ce grand peintre des mœurs. Le but de la comédie ne fut jamais de réformer entièrement les mœurs : on n'entreprend point, on n'avoue point surtout une tâche au-dessous de laquelle on sent que tous les efforts de l'esprit humain doivent rester; la comédie n'affiche point de si hautes prétentions, et son but est tout entier, comme l'indique assez la devise qu'elle a prise, de *corriger les mœurs en riant*. « On a beaucoup disserté, dit Étienne, sur le but de la comédie; des philosophes du siècle dernier l'ont regardée comme la seule école de la sagesse; des critiques de nos jours, au contraire, la représentent comme fatale aux mœurs et à la religion. Mais les philosophes n'étaient pas tout à fait sages, les critiques ne sont pas tout fait religieux. Ainsi, ne soyons ni trop séduits par les uns, ni trop effrayés par les autres, et continuons d'aller à la comédie sans espoir, si l'on veut, d'être plus parfaits, mais sans crainte aussi de devenir plus vicieux. Peut-être est-ce une erreur de prétendre que la comédie dirige les mœurs : elle les suit, elle en reçoit l'influence, et devient en quelque sorte l'histoire morale des nations. Elle est pour la postérité l'image vivante des générations qui ne sont plus. C'est, si je puis m'exprimer ainsi, un écho qui se répète d'un siècle dans un autre, et qui se prolonge à travers la succession des âges. L'histoire nous rappelle, nous retrace le passé, la comédie nous y transporte : elle apprend à connaître, à juger les peuples; elle est pour les moralistes ce que les médailles sont pour les antiquaires. »
Edme Héreau.

M. Scribe, dans son discours de réception à l'Académie Française, répondit au panégyrique d'Étienne. « Dans un discours célèbre, dit-il, rempli d'idées fines et ingénieuses, un de nos premiers auteurs dramatiques a soutenu que si quelque grande catastrophe faisait disparaître du globe tous les documents historiques et ne laissait intact que le recueil de nos comédies, ce recueil suffirait pour remplacer nos annales... Je ne pense pas que l'auteur comique soit historien : ce n'est pas là sa tâche, ce n'est pas son but; je ne crois pas que dans Molière lui-même on puisse retrouver l'histoire du pays : la comédie de Molière nous instruit-elle des grands événements du siècle de Louis XIV? nous dit-elle un mot des erreurs, des faiblesses ou des fautes du grand roi? Nous parle-t-elle de la révocation de l'Édit de Nantes ! Non : pas plus que la comédie de Louis XV ne nous parle du parc aux cerfs et du partage de la Pologne, pas plus que la comédie de l'empire ne parle de la même cause.... Louis XIV, Louis XV, Napoléon, n'auraient pas souffert au théâtre les grands événements de l'histoire, on n'auraient pas permis de traduire sur la scène des ridicules qui les touchaient de trop près.... Mais du moins la comédie peindra-t-elle les mœurs? Oui, je conviens qu'elle est plus près des mœurs que de la vérité historique; et cependant, excepté quelques ouvrages bien rares, *Turcaret*, par exemple, chef-d'œuvre de fidélité, il se trouve, par une fatalité assez bizarre, que presque toujours le théâtre et la société ont été en contradiction directe. Ainsi, puisqu'il s'agit de mœurs, prenons l'époque de la régence : si la comédie étant constamment l'expression de la société, la comédie d'alors aurait dû nous offrir d'étranges licences ou de joyeuses saturnales. Point du tout : elle est froide, correcte, prétentieuse, mais décente. C'est Destouches, la comédie qui ne rit point ou qui rit peu; c'est la Chaussée, la comédie qui pleure sous Louis XV ou plutôt sous Voltaire, au moment où se discutaient ces grandes questions qui changeaient toutes les idées sociales. Au milieu du mouvement rapide qui entraînait ce dix-huitième siècle, si rempli de présent et d'avenir, nous voyons apparaître au théâtre Dorat, Marivaux, La Noue, c'est-à-dire l'esprit, le roman et le vide! Dans la Révolution, pendant ses plus horribles périodes, quand la tragédie, comme on l'a dit, courait les rues, que vous offrait le théâtre?... Des scènes d'humanité et de bienfaisance, de la sensiblerie; *Les Femmes* et *L'Amour Filial* de Demoustiers; et en janvier 93, pendant le procès de Louis XVI, *La Belle Fermière*, comédie agricole et sentimentale. Sous l'Empire, règne de gloire et de conquêtes, la comédie n'était ni conquérante ni belliqueuse. Sous la Restauration, le gouvernement pacifique, les lauriers, les guerriers, les habits militaires avaient envahi la scène; Thalie portait des épaulettes....

« Comment donc expliquer cette opposition constante, ce contraste presque continuel entre le théâtre et la société? Serait-ce l'effet du hasard? Ou ne serait-ce pas plutôt celui de nos goûts et de nos penchants, que les auteurs ont su deviner et exploiter. Vous courez au théâtre, non pas pour vous instruire et vous corriger, mais pour vous distraire et pour vous divertir. Or, ce qui vous divertit le mieux, ce n'est pas la vérité, c'est la fiction. Vous retracer ce que vous avez chaque jour sous les yeux n'est pas le moyen de vous plaire; mais ce qui ne se présente point à vous dans la vie habituelle, l'extraordinaire, le romanesque, voilà ce qui vous charme et ce qu'on s'empresse de vous offrir. Ainsi, dans la Terreur, c'est justement parce que vos yeux étaient affligés par des scènes de sang et de carnage que vous étiez heureux de retrouver au théâtre l'humanité et la bienfaisance, qui étaient alors des fictions; de même sous la Restauration, où l'Europe entière venait de nous opprimer, on nous rappelait le temps où nous donnions des lois à l'Europe, et le passé nous consolait du présent.

« Le théâtre est donc bien rarement l'expression de la société, ou du moins, et comme vous l'avez vu, il en est souvent l'expression inverse, et c'est dans ce qu'il ne dit pas qu'il faut chercher ce qui existait. La comédie peint les passions de son temps, comme l'a fait Molière; ou bien comme Dancourt et Picard l'ont fait avec tant de gaieté, Colin d'Harleville avec tant de charme, Andrieux avec tant d'esprit; elle peint des travers tout exceptionnels, des ridicules d'un instant. »

A cela M. Villemain répliqua : « La comédie sans doute n'est pas à elle seule toute l'histoire d'un peuple; mais elle explique, elle supplée cette histoire; elle ne dit rien des événements politiques, mais elle est un témoin de l'esprit et des mœurs publiques, qui ont souvent donné naissance à ces événements; sans nommer personne, elle écrit les mémoires de tout le monde. Connaîtriez-vous parfaitement le siècle de Louis XIV sans Molière? Sauriez-vous aussi bien ce qu'étaient la cour, la ville? Et *Tartufe* surtout ! Il n'est aucune pièce de Molière qui ne vous montre quelque côté curieux de l'esprit humain dans le dix-septième siècle, qui ne vous fasse sentir le mouvement des mœurs et deviner le travail même des opinions sous le calme apparent de cette grande époque. Et plus tard, ce théâtre suivi et maniéré de Dorat, de La Noue, ou même de Marivaux, que vous confondez trop avec eux, êtes-vous bien sûr qu'il soit si fort en contraste avec le temps auquel il appartient ? Le dix-huitième siècle, si rempli de *présent et d'avenir*, pour emprunter vos expressions, n'avait-il pas dans l'oisiveté de ses classes élevées, dans l'abus de l'esprit, dans la mollesse raffinée des mœurs, quelque ressemblance avec la comédie prétentieuse qu'il applaudissait, et ne peut-on pas même trouver à cet égard plusieurs comédies de ce temps, qui, faibles ouvrages, sont peintures fidèles, et qui, peu estimées du critique, ne sont pas indignes du regard de l'historien. Quant aux bonnes comédies de la même époque, elles en disent encore plus; elles en disent tout : et le *Mariage de Figaro*, par exemple, est un renseignement incomparable pour l'histoire de la fin d'une monarchie... À l'époque même de notre Révolution, l'emphase sentimentale, le culte de la vieillesse, de la vertu, de l'enfance qu'étalait le théâtre au milieu des fureurs politiques, n'était-ce pas encore un trait de nos mœurs ? Ne peut-on pas y voir le même mensonge social qui se trouvait dans des discours de tribune et des programmes de fêtes, et qui mêlait un jargon d'humanité avec des actes terribles?.... C'étaient les prédications et les antiennes des ligueurs de ce temps.

« Dans les mœurs sont compris les préjugés, les souvenirs, les regrets du peuple; c'est pour cela qu'il va chercher parfois sur la scène des images qui ne sont pas l'expression immédiate de son état présent, mais qui lui rappellent ce qu'il souhaite ou ce qu'il a perdu... Bon ou mauvais, naturel ou recherché, le théâtre est toujours un témoin précieux pour l'histoire des mœurs et des opinions. Maintenant la comédie est à peu près morte chez nous; sa carrière est presque fermée... Et pourtant ce n'est pas la matière qui manque... Il y a de nos jours assez de ridicules à signaler, assez de vices à châtier, assez de coupables à montrer au doigt... Il y a encore de rusés procureurs, de mauvais militaires, de faux dévots, d'ignorants médecins, de sots pédagogues, d'imbéciles bourgeois, des nobles bêtes et orgueilleux.... Il n'y a plus de Molière! »

A tous les noms que nous venons de voir citer, il convient d'en joindre quelques autres : Étienne, qui dans sa comédie des *Deux Gendres* a peint parfaitement notre société actuelle, avec son ingratitude, son égoïsme et sa fausse philanthropie; Alexandre Duval, auteur de *La Manie des Grandeurs*; Desforges, l'auteur de *La Femme Jalouse*; Piron, auteur de *La Métromanie*; Dufresny, auteur de *L'Esprit de Contradiction*; Quinault, auteur de *La Mère Coquette*; Goldoni, auteur du *Bourru bienfaisant*; Fabre d'Églantine, auteur du *Philinte de Molière* et de *l'Intrigue épistolaire*, etc. Sous la Restauration la comédie fit peu parler d'elle; elle se mêlait au vaudeville sur les petits théâtres; elle enfantait le drame en se mêlant au tragique dans les œuvres du romantisme. Après la révolution de Juillet, la vieille comédie tenta de se faire politique et historique; M. Scribe nous donna *Bertrand et Raton*, *Le Verre d'Eau*; Casimir Delavigne, *La Camaraderie*; Alexandre Dumas, Mlle *de Belle-Isle*. Puis, par une certaine réaction contre la fantaisie, une petite école se montra avec la prétention de ramener la comédie à la réalité commune. De ce qu'elle prétendait bannir le caprice, la fiction de ses domaines, comme si ce n'étaient pas là les premiers éléments de toute poésie, cette petite secte s'appela audacieusement *l'école du bon sens*. *L'Honneur et l'Argent*, de M. Ponsard, *Philiberte*, de M. Augier, en sont aujourd'hui les principaux produits. Pendant que l'on tentait cette résurrection de la comédie des premières années du dix-neuvième siècle, un vigoureux écrivain nous ramenait aux moutons de Mlle Deshoulières : *François le Champy*, de George Sand, vint répandre un parfum d'innocence et de simplicité sur notre société troublée par l'ambition et les désirs de rénovation. En même temps, d'ingénieux esprits s'abandonnaient à leur caprice; les proverbes d'Alfred de Musset obtenaient du succès à la Comédie Française, où M. Jules Sandeau faisait glorieusement représenter Mlle *de la Seiglière*. Pour être juste, il faudrait citer encore quelques jolis actes de MM. Samson, L. Gozlan, Camille Doucet, et de quelques autres, quoiqu'ils aient eu sur la marche de l'art aussi peu d'influence que les prix fondés avec fracas par l'Académie Française et par le ministre Léon Faucher.

Il nous resterait encore à parler de la comédie chez les peuples étrangers. Mais les articles consacrés dans notre ouvrage aux principales littératures du monde comprennent l'histoire de leur théâtre. D'ailleurs, la comédie proprement dite, la haute comédie, paraît être un produit essentiellement français, non pas que les étrangers manquent de *vis comica*; mais leur manière de la placer au théâtre diffère de nos formes classiques ou de nos manières de vaudevilles. Molière est resté d'ailleurs le grand maître de l'art. Les étrangers eux-mêmes en conviennent. John Kemble va jusqu'à dire que le hasard seul fit naître à Paris un homme qui par son talent appartient à toutes les nations. La haute comédie ne peut ensuite être goûtée que par un peuple délicat et malin, assez avancé dans la civilisation pour que de simples ridicules amènent le rire et la moquerie. Voilà aussi pourquoi la comédie plaît plus en général dans l'âge mûr que pendant la jeunesse, qui demande plus de poésie, plus d'idéal et s'attache moins aux formes. Walter Scott fait remarquer qu'il y a bien moins de différences entre les œuvres comiques des scènes anglaise et française, qu'entre les œuvres tragiques des deux pays; et à l'appui de cette observation, il dit que peu de tragédies françaises ont été traduites en anglais, tandis que presque toutes les comédies qui ont eu du succès en France ont été transportées sur le théâtre anglais. Il explique ce fait en considérant que le *sens comique* est beaucoup plus général dans le genre humain et moins altéré par les règles artificielles de la société que le *sens pathétique*, et il ajoute que cent personnes de rang et de pays différents riront de la même plaisanterie, tandis que cinq d'entre elles ne mêleront peut-être pas leurs larmes sur un même sujet d'attendrissement. Mais la manière d'exposer les sujets comiques doit varier avec les temps, avec les lieux, et la comédie peut encore plus d'une fois changer d'allure et de forme.   L. LOUVET.

COMÉDIE-FRANÇAISE. *Voyez* THÉATRE-FRANÇAIS.

COMÉDIE-ITALIENNE. *Voyez* THÉATRE-ITALIEN.

COMÉDIEN, COMÉDIENNE, noms que l'on donne en général à tous ceux qui font métier de paraître sur un théâtre public pour y jouer la comédie, la tragédie, le drame, le vaudeville, etc. Ces noms sont spécialement affectés à la profession, tandis que ceux d'*acteur* et d'*actrice*, indiquant l'action, sont relatifs aux rôles qu'on remplit, aux personnages qu'on représente, au talent qu'on y déploie. Ainsi, l'on appelait *comédiens français, comédiens italiens*, les acteurs des théâtres Français et Italien, dont les premiers étaient qualifiés naguère de *comédiens ordinaires du roi*; on disait et on dit encore : *comédiens ambulants, comédiens de campagne, comédiens de province, troupe de comédiens, tripot de comédiens, se faire comédien*, il y a une *assemblée de comédiens*, etc. Les *comédiens* Baron, Lekain, Garrick, Talma, etc., ont été les *plus grands acteurs* de leur siècle et de leurs pays. Des amateurs qui jouent la comédie en société pour s'amuser sont *acteurs* sans être *comédiens*, parce qu'ils ne sont pas payés pour divertir le public. Les écoliers qui montaient autrefois sur des théâtres de collège étaient *acteurs* et non pas *comédiens*; mais quelques-uns, séduits, enorgueillis par des applaudissements de famille ou de complaisance, se croyaient de grands *acteurs*, et devenaient de mauvais *comédiens*.

Au figuré, les mots *acteur* et *comédien* conservent à peu près les mêmes distinctions; toutefois, le premier peut se prendre en bonne ou en mauvaise part : on est acteur dans une affaire, dans une révolution, dans un duel, dans un combat, dans un bal, etc.; mais *comédien* ne se prend qu'en mauvaise part, la dissimulation étant toujours une chose odieuse ou méprisable, quel qu'en soit le motif : ainsi, on appelle *comédien* un homme qui feint des passions, des sentiments, des opinions qu'il n'a pas. On dit d'une femme qui sans vertus et sans fortune, et sous un extérieur modeste, sait enjôler les hommes : *C'est une grande comédienne*. Les courtisans sont de *vrais comédiens*, et leur vie est une comédie perpétuelle : ils sont toujours sur le théâtre et ne quittent jamais le masque.

Parce qu'ils étaient de condition libre et qu'ils tiraient leur origine des fêtes de Bacchus, les comédiens jouissaient à Athènes d'une haute considération. Ils étaient aptes à occuper les postes les plus honorables, et l'on cite Aristodème, envoyé en ambassade à Philippe, roi de Macédoine.

Ils n'étaient cependant pas admis à décider du mérite et du choix des ouvrages qu'ils devaient représenter. Telle était la passion des Grecs pour le théâtre, que, les habitants d'Abdère ayant vu jouer Archélaüs, plusieurs d'entre eux se firent comédiens. A Rome, où l'on faisait peu de cas des jeux scéniques, les comédiens étaient réputés infâmes et déchus de tous les droits de citoyen, parce qu'ils étaient esclaves, et non à cause de leur profession. En effet, les jeunes Romains qui jouaient publiquement les petites pièces nommées *atellanes*, interdites aux comédiens, servaient dans les légions, donnaient leurs suffrages dans les tribus, et ne pouvaient être forcés de quitter leur masque sur le théâtre. Pour relever l'état des comédiens, qui ne furent d'abord que des histrions, Livius Andronicus joua dans ses propres ouvrages, et plusieurs poètes dramatiques imitèrent son exemple. Les Romains payaient magnifiquement leurs comédiens : Æsopus laissa deux millions et demi de fortune; Roscius recevait 75,000 fr. par an; et Jules César en donna plus de 60 mille à Labérius, auteur d'une pièce dans laquelle il voulait le décider à jouer. Mais en général le peu de goût des Romains pour les représentations dramatiques ajoutait à leurs préventions contre les comédiens. Chez les Anglais, plus nobles rémunérateurs des talents, les cendres de Shakespeare et de Garrick reposent auprès de la sépulture des rois.

Tant s'en faut que les comédiens aient été en France traités aussi splendidement. Le concile d'Arles de l'an 315 les déclare excommuniés aussi longtemps qu'ils exerceront leur profession, tandis qu'à Rome ils ne sont pas frappés du même anathème. Aussi, les comédiens italiens venus en France à diverses époques, depuis près de trois siècles, loin d'être exclus de la communion des fidèles, ont-ils été souvent membres de la confrérie du Saint-Sacrement, et a-t-on vu à Paris Arlequin, Scaramouche, Pantalon et Scapin (en habit de ville à la vérité) tenir les cordons du dais à la procession. Toutefois, les chanteurs et les danseuses de l'Académie de Musique et de l'Opéra-Comique n'étaient pas excommuniés, parce que, littéralement parlant, ils ne sont pas comédiens. Ainsi, par un déplorable abus de mots, les foudres du Vatican frappaient le martyr *Polyeucte*, le saint pontife *Joad*, la chrétienne *Zaïre*, le vertueux *Bayard*, et épargnaient le *Pierrot* de la foire et la *Vénus* de l'Opéra. Jamais Louis XIV, qui aimait Molière et jouait lui-même la comédie, jamais les parlements, si rigides, si vétilleux lorsqu'il s'agissait du maintien de leurs droits, n'élevèrent de réclamations contre ce ridicule anathème. La fière Clairon ayant fait un mémoire à consulter sur le sujet, son avocat fut aussitôt rayé du tableau et réduit à se faire comédien. Vivant comme des *parias* au milieu de la société, privés de tous les droits civils, obligés, quand ils portaient un nom plus ou moins connu, de le changer contre un nom de guerre ou de théâtre en *saint*, en *val*, en *ville*, pour ne pas déshonorer leur famille, les comédiens de province, par une insouciance complète, par une liberté effrénée, par des mœurs dissolues, se consolaient des désagréments et des affronts attachés à leur métier.

Dans un café de Paris, rue des Boucheries-Saint-Honoré jadis, puis rue de l'Arbre-Sec, rue des Vieilles-Étuves, et on voyait autrefois, et l'on voit encore aujourd'hui dans le jardin, du Palais-Royal, chaque année, à Pâques, accourir de tous les coins de la France des comédiens et des comédiennes de tout âge, de toute taille, de tous les genres, déclamant, chantant et dansant, pour se vendre à l'enchère ou au rabais, suivant le degré de leurs talents réels ou imaginaires. Souvent, pour avoir un premier rôle passable, il faut engager la vieille duègne dont il est l'amant; et pour se procurer une première chanteuse, s'embarrasser d'un mauvais confident dont elle ne veut pas se séparer. Si, par hasard on par curiosité, un comédien de Paris, un comédien de S. M., tombe au milieu de ce bazar tout plein de fredonnements, de forfanteries et de tutoiements familiers, il affecte un air de grandeur et de pitié, et se croit d'une espèce supérieure à celle de tous ces nomades. Qu'était-il cependant lui-même avant la révolution de 1789? L'obligation de venir annoncer tous les soirs le spectacle du lendemain l'entretenait dans une sorte de respect envers le public, devant lequel il lui fallait baisser la tête et courber le dos. Un joug, plus honteux, plus insupportable, pesait sur lui : c'était celui des gentils-hommes de la chambre du roi, qui, sans motifs, sans fondement, sans capacité, s'étaient arrogé le droit de juger les comédiens, les ouvrages et même les auteurs; de punir arbitrairement les premiers et d'exclure les autres. Mlle Sainval aînée fut exilée par lettre de cachet, parce que Mme Vestris, sa rivale, était la maîtresse du maréchal de Duras. Mlle Sainval cadette fut également sacrifiée à Mlle Raucourt, qui avait aussi pour amant un haut personnage. Messieurs les gentils-hommes de la chambre étaient aux théâtres royaux comme un sultan au milieu d'un harem. 1789 rendit aux comédiens leurs droits et leur liberté. Quelques-uns en abusèrent, à Paris et dans les départements. La liste en serait trop longue, et il est inutile de troubler la cendre des morts. Esclaves du pouvoir, puis du parti révolutionnaire, ils retombèrent successivement sous la férule des chambellans de Bonaparte, des gentils-hommes de la Restauration et des commissaires du gouvernement. Cependant, ils ont recouvré leurs droits civils, ils montent la garde comme nous. L'Église seule a persisté longtemps à les exclure de son sein, et l'on n'a pas encore oublié les scènes scandaleuses qui affligèrent les funérailles de la danseuse Chameroy, de la tragédienne Raucourt, et de Philippe de la Porte-Saint-Martin. Aujourd'hui le catholicisme s'étant fort humanisé avec eux, beaucoup de comédiennes se sont faites dévotes, et d'illustres noms dramatiques inscrits sur bon nombre de chaises et prie-Dieu de Saint-Roch et de Notre-Dame de Lorette prouveraient aisément que nous n'avançons à cet égard rien que nous ne soyons en mesure de prouver. Que voulez-vous? À Paris plusieurs de ces messieurs et de ces dames sont fort riches, ils ont des appointements de généraux, d'amiraux, de ministres, d'ambassadeurs, et sont plus charitables, plus généreux, les femmes surtout, que beaucoup de millionnaires.... H. AUDIFFRET.

COMÉDIEN (*Ornithologie*). Voyez BIJION.

COMESTIBLES. Quoique ce mot soit dérivé du verbe latin *comedere*, manger, nous devons comprendre dans le nombre des comestibles plusieurs substances alimentaires qui n'exigent pas l'acte de la mastication. En effet, le vin, la bierre, le lait, le cidre, les solutions gélatineuses, albumineuses, sucrées, l'osmazôme, etc., concourent à la nutrition, principalement chez l'homme et chez les êtres des classes les plus élevées parmi les animaux (*voyez* ALIMENTS).

L'homme fait indifféremment servir à sa nourriture les animaux, les plantes et même quelques substances du règne minéral, qui semblent plutôt jouer le rôle de condiment ou d'excitatif dans l'organisation, que de vrais nourriciers : tels sont le chlorure de sodium (sel marin) et l'eau. Plutarque, et après lui plusieurs autres philosophes, au nombre desquels il faut placer l'éloquent Rousseau, ont dit que l'homme n'était devenu carnivore que par un funeste écart des lois de son organisation; mais cette prétendue aberration et toutes ces éloquentes déclamations des philosophes spéculatifs ont été réduites à leur juste valeur par la seule inspection anatomique de l'appareil digestif, qui chez l'homme offre une structure complexe et évidemment destinée à l'ingestion des matières animales et végétales : cet appareil semble le destiner à l'*omnivorisme*. Chez les hommes, les goûts, le caprice et souvent la nécessité règlent les proportions dans lesquelles les matières végétales et animales peuvent être employées dans l'alimentation. On a peut-être beaucoup trop exagéré la préférence à donner aux uns ou aux autres, et s'il a été de constante observation qu'en général les peuples qui se nourrissent principalement de la chair des animaux sont robustes et forts, on ne pourra nier non plus que des individus qui ne mangent jamais ou presque jamais de viande ne laissent pas que d'être vigoureux et de se bien porter.

Il serait impossible de décrire ici tout ce que l'homme a fait servir à ses appétits sensuels. Il a tout mis à contribution pour gratifier sa gourmandise. Les cochons lui ont, dit-on, révélé la truffe, mets odorant, échauffant, qui joue aujourd'hui un rôle si important dans ce monde. Tout, jusqu'aux nids d'hirondelle, si recherchés et payés si cher en certains pays, est venu au secours de la gastronomie. Nous ne parlons pas des tristes ressources en fait d'aliments offerts par une nature ingrate à des peuplades désolées par la faim. Les pains de vermisseaux dont les sauvages de la baie de Noutka font provision doivent leur offrir un pauvre régal. Mais que pourraient rebuter des malheureux qui, pour éviter la contraction des parois de l'estomac, en sont réduits à y ingérer une sorte de terre dans laquelle l'analyse chimique a fait reconnaître (chose étonnante) une énorme proportion d'oxyde de cuivre!

Avant de pouvoir faire usage des comestibles, on les soumet presque toujours à certaines préparations, principalement à la cuisson, qui en change la nature, l'aspect, la consistance, l'odeur et la saveur. Les huiles et les graisses qu'on y associe fréquemment, et qui en font des *roux*, des *fritures*, des *étuvées*, etc., rendent les chairs plus savoureuses ; mais elles ont pour effet presque constant d'y introduire des principes âcres résultant de l'action de la chaleur sur les corps gras. On connaît aussi l'effet de la salaison, du *fumage* ou *boucanage*, sur plusieurs espèces de comestibles.

Les gouvernements qui ont établi de lourds impôts sur les objets de consommation n'ont guère ménagé les comestibles ; viande, vin, poisson, volaille, œufs, huile, huîtres, alcool, bière, cidre, raisin, sont largement imposés à l'entrée des villes. Les douanes prélèvent aussi à la frontière des droits au passage des comestibles étrangers : le sucre, le café, le thé, les céréales même, en général, n'entrent pas dans nos ports sans payer un droit. Et cependant la politique crie au pouvoir : *La vie à bon marché!* Il ne suffit pas d'assurer la liberté de circulation des comestibles, de faciliter leur transport par l'intérieur des routes, des canaux, des chemins de fer, il faut encore les mettre tous à la portée d'un plus grand nombre en abaissant les exigences du fisc.

La police doit d'un autre côté veiller à la bonne qualité des substances alimentaires mises en vente. Les Athéniens et les Romains avaient des magistrats pour veiller à l'abondance et à la bonne qualité des comestibles apportés au marché. Nous donnerons aussi les règlements à l'observation desquels doit tenir l'autorité. La viande doit être saine et fraîche; le poisson putréfié est encore plus dangereux que les viandes en décomposition. Le pain, le vin, le lait doivent être sans mélanges frauduleux; le beurre, la graisse, l'huile, doivent être sans rancidité; les fromages gâtés deviennent âcres et dangereux; les fruits mal mûris ou altérés sont nuisibles; les légumes pour être sains doivent être frais.

La salaison, la saumure, la dessiccation sont les principaux moyens employés pour la conservation des aliments. Ils sont d'une grande ressource, surtout pour les voyages en mer. On fait aussi des conserves à l'aide du sucre, de l'eau de vie, du vinaigre, et en soustrayant les substances à l'influence de l'air.

COMÈTE (en grec κομήτης). Ce mot, dérivé de κόμη, chevelure, semblerait indiquer que l'astre qu'il désigne est toujours pourvu du singulier prolongement qui lui a fait donner ce nom. Mais l'astronomie moderne caractérise les comètes la manière plus rigoureuse, en étendant cette dénomination aux astres qui, doués d'un mouvement propre, parcourent des courbes très-allongées, de manière à se transporter dans leur course à de telles distances du soleil et de la terre qu'elles cessent alors d'être visibles.

Lorsqu'on commence à apercevoir une comète, elle ressemble à un brouillard, à une nébulosité à peu près circulaire, et c'est cette nébulosité qui porte le nom de *chevelure*. Vers son centre, il existe presque toujours un petit espace globulaire, qui se distingue du reste par son éclat plus considérable : c'est le *noyau* de la comète. Enfin la trainée lumineuse qui accompagne certaines comètes en est la *queue*; quelquefois il y en a plusieurs. Les anciens astronomes ne les nommaient *queues* que lorsqu'elles suivaient la partie antérieure sa marche diurne; celles qui précédaient ou qui étaient placées latéralement étaient des *barbes* : cette distinction n'est plus usitée.

Une comète passe en quelques jours, souvent en quelques heures, par les états les plus variés quant à la grandeur et à l'éclat. Tandis que les planètes décrivent autour du soleil des ellipses presque circulaires, et que les plus importants de ces corps, exécutant leur révolution dans une zone assez limitée, le zodiaque, coupent le plan de l'écliptique suivant des inclinaisons généralement peu considérables, tout au contraire les comètes rencontrent ce plan dans des directions quelconques, et leurs orbites se rapprochent autant de la parabole que des ellipses planétaires du cercle. Dans les comètes comme dans les planètes, le soleil occupe toujours un des foyers de l'orbite. C'est Newton qui établit ce principe que la force, quelle que fût sa nature, qui produisait le mouvement elliptique des planètes, pouvait aussi produire dans les cieux des mouvements représentés par toute section conique. La grande comète de 1680, une des plus remarquables par l'immense longueur de sa queue et la proximité du soleil à laquelle elle est parvenue (un sixième du diamètre de cet astre) lui offrit bientôt une occasion de vérifier avec succès sa théorie.

Le sens du mouvement n'est pas uniforme comme celui des planètes : tantôt il s'effectue de l'est à l'ouest, tantôt de l'occident à l'orient. A l'encontre des planètes, qui restent unies au système solaire, la plupart des comètes semblent le traverser pour n'y jamais revenir. D'autres peuvent, après lui avoir appartenu un temps plus ou moins long, se dérober à son attraction et s'échapper dans quelque autre système, où il ne nous est plus possible de les suivre. Telle est la *comète de Lexell*, dont l'histoire mérite d'être rapportée. Au mois de juin 1770 Messier découvrit une comète entre la tête et l'extrémité septentrionale de l'arc du Sagittaire. Cet astre augmenta rapidement en s'approchant de la terre, et on put l'observer pendant environ quatre mois et demi. Lexell établit nettement que cette comète accomplissait sa révolution autour du soleil en cinq ans et demi. On objecta qu'il était impossible qu'un astre qui serait revenu déjà tant de fois dans notre voisinage n'eût pas encore été observé. Lexell répondit qu'il se pouvait que la comète fût nouvelle, et qu'ayant passé en 1767 très-près de Jupiter, elle en avait éprouvé une perturbation qui l'avait lancée dans l'ellipse qu'elle parcourait depuis cette époque. En 1779, ajoutait-il, la comète s'approchera une seconde fois de Jupiter, qui nous l'ôtera peut-être comme il nous l'a donnée. L'événement vérifia cette prévision. Depuis on n'a plus revu la comète de Lexell : on en a bien trouvé deux, celle de M. Faye (1843) et celle de M. de Vico (1844), ayant leur aphélie dans le voisinage de l'orbite de Jupiter ; mais il a été démontré que ni l'une ni l'autre ne pouvait être l'astre sorti de notre système.

Il est cependant permis de supposer que dans la suite des siècles la comète de Lexell pourrait, après avoir parcouru des espaces indéterminés, se retrouver vis-à-vis de Jupiter dans les mêmes conditions qu'en 1767. Cédant alors aux mêmes influences, elle nous serait rendue, et pourrait s'échapper de nouveau. Il y aurait là une sorte de périodicité, mais qui n'est pas comparable à celle de quelques comètes qui ont spécialement reçu le nom de *comètes périodiques*. Telle est la *comète de Halley*, qui parut en 1682, et dont cet illustre astronome détermina les éléments, qu'il reconnut être identiques avec ceux de deux comètes précédemment observées, l'une en 1607 par Kepler et Longomontanus, l'autre en 1531 par Apianus. Il en conclut que ces comètes ne constituaient que des apparitions différentes d'un seul et même astre accomplissant sa révolution en soixante-quinze ans à peu près. Dès lors il osa prédire que son retour aurait lieu vers l'année 1759. Il allongeait ainsi approximativement la durée de la période, à cause de l'action perturbatrice des diverses planètes, surtout de Jupiter et de Saturne. Vers 1757 les astronomes commencèrent à se préoccuper de la prédiction de Halley. C'est alors que nous voyons Clairaut, appliquant à cette question sa solution du problème des trois corps, calculer la date du passage de la comète au périhélie; on sait que l'erreur resta dans les limites qu'il lui avait assignées. Mais Clairaut ne pouvait tenir compte des perturbations produites par Uranus, dont l'existence était encore ignorée. C'est pourquoi son résultat fut moins approché que celui de M. Damoiseau, lorsqu'il annonça à dix jours près le dernier passage au périhélie de la comète qui nous occupe (1835). Depuis, M. Laugier et M. Biot fils ont trouvé dans les annales de la science et dans les historiens des apparitions du même astre antérieures à celle qu'observa Apianus. Il résulte de leurs travaux que la période de la comète de Halley ont dû osciller entre soixante-quinze et soixante-dix-sept années, variations dont les causes peuvent être rapportées aux perturbations planétaires, et que cette planète avait été vue, entre autres : en 1456, où l'Europe superstitieuse fut frappée de la coincidence de son apparition avec le succès des armes turques (il parait même qu'il se trouva alors un pape du nom de Calixte III pour excommunier à la fois la comète et les Turcs); en 1378, en Chine; en 1301, en 760 et en 451. Il est donc constaté que sur les soixante-dix-sept retours au périhélie que cette comète a dû effectuer depuis l'époque que la Genèse assigne à la création du monde, on en a observé au moins dix. On ne découvre pas un seul vestige des sept apparitions intermédiaires à 760 et 1301. En outre on trouve à neuf années de trop pour sept périodes normales de soixante-seize ans. M. Arago attribue une partie de ces irrégularités à une évaporation de substance. « Il paraîtrait, dit-il, qu'en décrivant leurs orbes immenses les comètes, à chaque révolution, disséminent dans l'espace toute la matière qui près du périhélie s'était détachée de la nébulosité proprement dite pour former la queue. Il serait donc possible, ajoute-t-il, qu'à la longue quelques-unes d'entre elles finissent par se dissiper complétement, à moins qu'en traversant sans cesse et dans diverses directions les trainées de même espèce abandonnées par d'autres comètes, elles ne recouvrent, de temps à autre, une quantité de matière qui compense à peu près leur propre déperdition. » La première partie de cette hypothèse semble avoir été confirmée par la diminution sensible de la comète de Halley, lors de sa dernière apparition. Cependant, en cette occasion elle changea plusieurs fois d'aspect, et d'une manière encore non expliquée.

Une autre comète périodique, que l'on appelle *comète à courte période* parce qu'elle effectue sa révolution en 1200 jours à peu près, porte le nom de l'astronome *Encke*, qui détermina la durée de cette révolution. Découverte à Marseille le 26 novembre 1818 par M. Pons, la comète à courte période a été depuis l'objet d'observations assez nombreuses pour étendre notablement la théorie du mouvement des comètes.

Une troisième comète périodique, nommée par quelques astronomes *comète de Biela*, parce que cet ingénieur au service de l'Autriche aperçut cet astre à Johannisberg le 27 février 1826, a reçu de M. Arago le nom de *comète de Gambart*. C'est en effet ce dernier qui, alors directeur de l'observatoire de Marseille, démontra que cette comète exécute sa révolution en six ans et trois quarts. On se rappelle les terreurs qu'elle inspira à une partie des habitants de ce globe, dont elle traversa le plan de l'orbite le 29 octobre 1832. Il est vrai que la terre se trouvait alors éloignée de ce point de dix millions de myriamètres. « Mais si, écrivait M. Arago au commencement de cette année 1832, si, au lieu de passer dans le plan de l'écliptique le 29 octobre à minuit, la comète de 1832 y arrivait seulement le 30 novembre au matin, elle viendrait indubitablement mêler son atmosphère à la nôtre, et peut-être nous heurter. »

Ce n'était pas la première fois que de pareilles craintes agitaient les esprits. Aussi M. Arago chercha-t-il à les rassurer, en montrant que la probabilité qui exprime les chances de rencontre de la terre avec une comète donnée est représentée par un deux cent quatre-vingt millionième. Mais, reconnaissant que la petitesse de cette probabilité n'excluait nullement la possibilité de l'événement, il se proposa d'en déterminer les conséquences. Reprenant le système cosmogonique de Buffon, il montra qu'il n'avait aucune base sérieuse. Il fit de même relativement à l'opinion de Whiston, géomètre et théologien anglais, qui attribuait le déluge au choc d'une comète. Cette comète, qui aurait une période de 575 ans, serait celle qui se montra en 1780 et qui vint confirmer la théorie de Newton. C'est la première quant à l'éclat parmi celles que les modernes ont observées. En remontant dans l'histoire, Whiston constate qu'il est fait mention d'une comète très-grande, *imitant le flambeau du soleil*, ayant une immense queue, en 1106. En 531, il en trouve une autre *horrendæ magnitudinis*, suivant les chroniqueurs. Enfin, 43 ans avant notre ère, il arrive à la comète qui parut l'année de la mort de César, et que l'on apercevait avant le coucher du soleil. Au delà de cette époque, Whiston ne trouve plus de traces d'observation; mais il remarque que si l'on continue à remonter de 575 en 575 ans, on tombe à très-peu de chose près sur l'une des dates que l'on attribue au déluge. Nous ne suivrons pas M. Arago dans la discussion à laquelle il s'est livré à ce sujet; nous citerons seulement sa conclusion : « La vitesse de translation de la terre et la grandeur de son orbite sont liées entre elles de manière que l'une ne peut changer sans que l'autre varie en même temps. On ignore si les dimensions de l'orbite sont restées constantes. Rien ne prouve donc que la vitesse du globe dans le cours des siècles n'ait pas été plus ou moins altérée par un choc de comète. En tout cas, il est incontestable que les inondations auxquelles un pareil événement donnerait lieu n'expliqueraient point les effets, maintenant bien décrits par les géologues, des cataclysmes que la terre a subis. »

Si nous avions à donner une liste complète des comètes périodiques connues, il nous faudrait encore parler de la *comète de Faye*, qui a reparu en 1851. Il faudrait aussi examiner avec M. de Humboldt si la *comète de Galle*, découverte à Berlin en 1840, est la même que celle qui aurait été vue à Pékin en 1095, décrite et de nouveau observée en 1468, et qui, par conséquent, reparaîtrait en 371 ou 372 ans d'intervalle. Montrons plutôt comment on s'assure en général de la périodicité de ces astres. On opère comme nous venons de voir que fit Whiston; on cherche dans les apparitions précédentes s'il en est quelques-unes qui, également répétées, offrent une ressemblance suffisante. Seulement on ne se borne pas à constater des apparitions de comètes remarquables à des époques périodiques. Il faut encore établir que les éléments de l'orbite sont les mêmes, c'est-à-dire que les courbes décrites aux époques que l'on rapproche peuvent être regardées comme coïncidentes. C'est pourquoi l'on a construit des tables où les astronomes consignent soigneusement les résultats qu'ils obtiennent relativement aux deux ou trois comètes qui s'offrent chaque année à leurs observations. Le catalogue de Halley en contenait vingt-quatre. Aujourd'hui ce nombre a été porté à plus de cent cinquante. De ce que deux comètes ont les mêmes éléments, on ne peut conclure qu'elles soient identiques, mais si les apparitions se succèdent régulièrement aux époques prévues, comme dans celles de Halley, de Gambart et d'Encke, on ne peut douter que ce ne soit un même astre accomplissant sa révolution autour du soleil.

La nature des comètes est beaucoup moins connue que les lois de leur mouvement. La nébulosité qui les entoure est généralement transparente. On aperçoit ordinairement les plus petites étoiles à travers le noyau lui-même. Quelle est donc la composition de ces corps singuliers? Selon Herschel, ne pourrait-on pas croire qu'une matière n é b u l e u s e, extrêmement rare et faiblement lumineuse, est partout répandue dans l'espace; qu'il s'y trouve quelques points plus denses, qui forment des centres d'attraction autour desquels le reste se réunit peu à peu; que par cette condensation et ce déplacement il se forme des corps qui peuvent circuler autour du centre commun de gravité; que la condensation poussée à un certain point produit les comètes, et que les planètes sont dues à une condensation plus parfaite? On le voit, ce n'est là qu'une hypothèse. On s'est aussi demandé si les comètes brillent de leur propre lumière, supposition que semble corroborer l'absence de phases. Mais, d'un autre côté, on a reconnu dans cette lumière des traces de p o l a r i s a t i o n, qui indiquent la présence de rayons réfléchis. On ne peut cependant encore rien conclure à ce sujet.

Comme la lune, les comètes ont été rendues responsables de bien des choses terrestres dans lesquelles elles n'ont aucune influence; à celle de 1811 était due l'excellente récolte qui signala cette année; celle de 1832 avait amené le choléra; etc. *Post hoc, ergo propter hoc*, telle était la base de ce raisonnement, qui ne pouvait manquer d'avoir de nombreuses applications, car presque chaque année apporte son contingent de comètes auxquelles on peut attribuer la guerre, la peste ou la famine. Parmi les hommes qui ont partagé à ce sujet l'erreur vulgaire, on compte Homère et Virgile... Passe encore! ils étaient poètes, et d'ailleurs l'astronomie n'était pas sortie de l'enfance. Passe encore pour Calixte III, qui, dit-on, n'était pas tout à fait de bonne foi lorsqu'il excommuniait la comète de 1456 ! Mais faut-il croire M. Arago lorsqu'il range Napoléon, qui cependant avait fait quelques études mathématiques, parmi les hommes qui croyaient aux influences cométaires ! Il résulte des observations météorologiques que la présence des comètes n'influe même en rien sur l'état de notre atmosphère. On comprendrait tout au plus que les marées en fussent affectées; mais on a constaté qu'il n'y avait rien de semblable, soit à cause de l'éloignement des comètes, bien plus grand que celui de la lune, soit à cause de la rareté de leur substance. E. MERLIEUX.

COMFORT. Ce substantif anglais, son adjectif *comfortable*, son adverbe *comfortablement*, que nous avons tous trois adoptés en bloc, expriment ce qui constitue le bien-être matériel joint à une certaine élégance. Une lady, savourant du thé de Chine, moelleusement étendue sur les coussins de son ottomane, dira, avec un sourire : *comfortable indeed* ! Deux gentlemen, prolongeant le dernier service de leur dîner, se faisant passer les pâtisseries anisées et épicées qui entretiennent leur soif, et se renvoyant la bouteille de Xérès ou de Porto, qui voyage sur des roulettes, poussée par un léger coup de doigt, diront, en balbutiant peut-être vers la fin de la séance : *comfortable !* Ce mot, toutefois, ne s'applique pas au vin seul, fût-ce un nectar; il comprend la chambre bien close, la liberté dont on jouit, tout ce qui se réunit pour faire passer une heure de bien-être. Les mots *comfort* et *comfortable* devaient être inventés par les Anglais. Ce peuple comprend en effet mieux que tout autre ce qu'expriment ces deux paroles. En effet, chez les

nations à imagination vive, les jouissances matérielles ne constituent pas un élément essentiel de bonheur; mais pour nos flegmatiques voisins elles en forment la plus grande partie. Grands voyageurs, ils emportent le *comfort* dans leurs bagages. Il est vraiment curieux de voir l'attirail d'un riche Anglais, surtout celui d'une riche Anglaise. Des nécessaires, dont la forme est calculée pour embarrasser le moins possible, contiennent des services de table, des mets succulents réduits à un petit volume, et une pharmacie. On traîne un cabinet de toilette qui se dresse au moyen de quatre paravents; des cosmétiques, des parfums qui dissipent les vapeurs, les spasmes, et calment le mal de mer; des lits et des vêtements pour les températures les plus diverses. Tout cela accompagne un Anglais dans un navire, où nous autres Français nous n'emportons qu'un manteau. Ces insulaires, qui disent d'un homme : *Il vaut tant de livres sterling*, pour exprimer qu'il les possède, ont presque du mépris pour ceux qui dédaignent le *comfort* et les choses *comfortables*.
Pauline FLAUGERGUES.

COMICES (*Comitia*). Ainsi s'appelaient les assemblées du peuple romain ou plutôt les assemblées des Romains qui avaient le droit de cité. Le peuple romain exerçait dans les comices sa toute-puissance, et il y était convoqué à cet effet par un magistrat investi des pouvoirs nécessaires. Ce magistrat présentait ses propositions sous forme d'interrogation (d'où leur nom de *rogationes*), et les citoyens sous sa présidence répondaient par oui ou par non. On appelait *conciones* d'autres assemblées du peuple, destinées par exemple à l'audition de discours, comme il était d'usage d'en prononcer avant la tenue des comices.

Les comices se modifièrent avec la constitution même de Rome. Les plus anciens comices, les comices par curies (*comitia curiata*) étaient des assemblées de patriciens, classe qui à l'origine composait seule le peuple romain. La classe noble fut partagée en trente curies, qui se réunirent dans le *comitium*, place située entre le mont Palatin et le mont Capitolin, et qui fut séparée plus tard du Forum par la tribune aux harangues des *Rostra*. Il fallait préalablement un décret du sénat pour que ces assemblées pussent se réunir, et il s'y rattachait en outre des solennités religieuses et des auspices. Même lorsque la plèbe eut été reconnue former une partie essentielle du peuple de la cité, les comices par curies continuèrent de se tenir; mais ce ne fut plus alors que l'assemblée de l'aristocratie. Il paraît qu'à l'origine de la république, les comices exerçaient un droit de juridiction sur les individus qui avaient commis un délit à l'égard de l'ordre des patriciens. C'étaient également les comices qui, en vertu de la *lex de imperio*, donnaient aux magistrats élus l'autorisation nécessaire pour entrer en fonctions. Mais quand les patriciens eurent cessé de constituer un ordre privilégié, les comices par curies ne furent plus qu'une forme, qu'un symbole pour ainsi dire, et ne servirent plus qu'à l'accomplissement de quelques actions de droit privé, comme l'*adrogation*; et il ne s'y réunissait, indépendamment des prêtres, que trente licteurs représentant les trente curies.

Servius Tullius transféra aux comices par centuries (*comitia centuriata*) les principaux droits des anciens comices par curies, l'élection des magistrats, les décisions à prendre sur les propositions de lois, sur la guerre ou la paix. Ces comices par centuries furent tout de suite des assemblées générales du peuple, et comprirent les patriciens et les plébéiens après la division en classes et en centuries qui, à une époque postérieure et restée inconnue, se rattacha au partage en tribus d'une façon qui n'est pas bien claire pour nous. Comme dans ces assemblées, tout au moins à une époque reculée, le peuple paraissait en armes et en tant qu'armée, elles se tenaient dans les champs de Mars, en dehors du *Pomarium*, circonscription consacrée à la paix. Les magistrats curules seuls, les consuls et les préteurs, par exemple, avaient le droit de les convoquer aux jours fixés pour les comices (*dies comitiales*). Une décision du sénat précédait ordinairement les décisions qu'elles étaient appelées à rendre sur les lois; l'ouverture en avait lieu, quand les auspices l'avaient permis, au milieu de solennités religieuses. L'annonce d'auspices contraires, un orage, une attaque d'épilepsie (maladie appelée en raison de cela, *morbus comitialis*) dont venait à être frappé une des personnes présentes, et tant que le vote n'avait pas commencé, l'*intercession* d'un tribun du peuple, suffisaient pour les dissoudre. La *rogation* était publiée dix-sept jours d'avance par le magistrat au moyen d'un édit (*per trinundinum*); il la recommandait dans les *conciones*, et permettait de parler pour ou contre. Quant au vote (*suffragia ferre*), il avait lieu autrefois par classes, et plus tard au sort, qui désignait tout au moins les centuries de la tribu qui devait commencer, et qu'on appelait alors *prérogative*. Il se donnait de vive voix, jusqu'à ce que, à partir de l'an 138, diverses lois (*leges tabellariæ*) eussent introduit pour ces assemblées comme pour les *comices par tribus* l'usage de tablettes votives (*tabellæ*). Le peuple allait au vote par divisions dans des enclos (*septa*), dont César et Auguste firent des constructions grandioses. Le résultat partiel du vote de chaque division, tel que le donnait la majorité de ceux qui y avaient pris part, et ensuite le résultat définitif du vote général, étaient proclamés à haute voix (*renunciatio*). La confirmation par le sénat de la décision prise dans les comices par centuries fut supprimée, pour les lois, par une loi de Publilius Philo, en 339, et pour les élections, par la *lex Mœnia*, rendue vers l'an 286. Les magistrats supérieurs, les consuls, les préteurs, les censeurs, continuèrent toujours à n'être élus que dans les comices par centuries, que la loi des Douze Tables érigea aussi en tribunaux chargés de connaître de tous les crimes entraînant la peine capitale. Toutefois, à partir de l'an 144, leur compétence à cet égard fut successivement restreinte par la création de différentes cours de justice permanentes, chargées de connaître de certains crimes (*quæstiones perpetuæ*). Longtemps auparavant, les comices par centuries avaient dû partager avec les comices par tribus (*comitia tributa*) le droit de décider de la paix et de la guerre et de faire les lois.

Ces comices par tribus, à l'origine, n'étaient que des assemblées de l'ordre des plébéiens, et leurs décisions s'appelaient proprement *plebiscita*; mais on finit par leur donner celui de *leges*, primitivement réservé aux décisions prises par centuries, et ils obtinrent en l'an 449, en vertu d'une loi des consuls Valerius et Horatius, confirmée en 339 par la *lex Publilia*, et en 286 par une *lex Hortensia*, une autorité égale, obligeant tous les citoyens, comme les décisions des comices par centuries. La convocation et la tenue des comices par tribus se faisaient avec beaucoup plus de liberté. Sans doute pendant leur durée on observait les signes célestes, et on intercédait les dieux; mais il n'y avait pas de décisions du sénat ni d'auspices ou de solennités religieuses à la précédassent, et leurs résolutions n'avaient pas besoin d'être confirmées par le sénat. Comme dans les comices par centuries la rogation était publiée d'avance et discutée, elle ne pouvait provenir que d'un tribun du peuple; et il n'y avait que ce magistrat qui eût régulièrement le droit de convoquer et de présider ces comices, presque toujours tenus dans le Forum, de même que les édiles plébéiens seuls le présidaient lorsqu'ils étaient réunis comme plébéiens. Le vote après la division du peuple avait lieu de telle manière que dans chaque tribu la majorité décidait, et de la même façon que dans les comices par centuries, avec cette différence toutefois que dans ceux-là l'opération pouvait être continuée au plus prochain jour comitial, tandis que dans ceux-ci elle devait être terminée en un seul jour, dont le terme, comme dans tous les actes publics, était marqué par le coucher du soleil. A partir de la loi rendue par Publilius Volero (442), les tribuns et les édiles de la plèbe, postérieurement aussi les édiles curules, les questeurs et tous les magistrats inférieurs furent élus dans les comices par tribus.

Ces assemblées prirent part aussi plus tard à l'élection des prêtres, sous la présidence du grand pontife. Elles furent fréquemment et de bonne heure prises pour tribunaux par les tribuns et les édiles, qui s'y portaient accusateurs. Pour la législation, tant politique que civile, les comices par tribus ont eu bien plus d'importance que les comices par centuries; ce qui s'explique et par la position des tribuns et par le caractère démocratique que leur donnaient les éléments dont ils étaient composés et les libertés plus étendues dont ils jouissaient.

Au temps des empereurs, la puissance législative du peuple se trouvant anéantie, les comices ne furent plus qu'une comédie, et finirent même par disparaître complètement. Ils avaient partagé avec César l'élection des magistrats; Auguste la leur rendit entièrement, mais Tibère ordonna que l'élection se fît au sénat et fût seulement proclamée devant les comices (*renunciare*). Caligula rendit, il est vrai, l'élection au peuple; mais ce fut là un accident passager. Un an après on remettait en vigueur le mode imaginé par Tibère, et ainsi constitués les comices subsistèrent encore jusqu'au troisième siècle. La dernière trace de leur participation à la législation se trouve sous Trajan.

En France le coup d'État du 2 décembre 1851, en rétablissant le suffrage universel, fit entrer l'expression de *comices* dans notre langage politique. C'est ainsi qu'on nomma les assemblées d'électeurs appelés à sanctionner par *oui* ou par *non* le nouvel état de choses.

COMICES AGRICOLES et SOCIÉTÉS D'AGRICULTURE. Les *comices agricoles* sont des associations libres formées dans le but de favoriser les progrès de l'agriculture. Ils se distinguent des *sociétés d'agriculture* en ce sens que celles-ci s'occupent de préférence de l'examen et de la discussion des théories agricoles, tandis que les comices s'appliquent plus spécialement à faire passer ces théories dans le domaine des faits, quand leur valeur scientifique a été constatée. Le principal moyen d'action dont disposent les comices consiste à primer, avec les ressources provenant des souscriptions annuelles de leurs membres et des subventions de l'État ou du département, les améliorations agricoles de toute nature, comme l'emploi des charrues perfectionnées, l'élève intelligent du bétail, le croisement des races indigènes, l'introduction des bonnes races étrangères, la pratique des assolements raisonnés, les prairies artificielles, les irrigations, la bonne tenue des fermes, etc. Quelques comices donnent des prix aux meilleurs laboureurs, aux bergers, aux valets de ferme les plus laborieux et les plus honnêtes. Un petit nombre publient des ouvrages spéciaux, notamment des catéchismes agricoles.

L'origine sinon des comices au moins des sociétés d'agriculture est antérieure à 1789. Quelques comices furent créés, puis supprimés dans la période révolutionnaire. Après des vicissitudes diverses, cette utile institution s'établit définitivement en France il y a une trentaine d'années, et depuis elle n'a cessé de s'étendre et de se développer. Au 31 décembre 1852 on comptait dans nos 86 départements 425 comices et 133 sociétés d'agriculture, en tout 458 associations agricoles. Les 11 départements qui en possèdent le plus sont les côtes du Nord (38); Ille-et-Vilaine (21); la Sarthe, (20) le Finistère (19); le Morbihan (17); le Cantal (16); la Dordogne (15) la Côte-d'Or et l'Aveyron (12); la Dordogne et la Gironde (8). On voit que c'est surtout dans les départements de l'ouest, c'est-à-dire dans ceux où la propriété est le moins morcelée, et où les propriétaires résident le plus généralement, que l'institution a fait les progrès les plus rapides.

La première et la seule loi relative aux comices est celle du 20 mars 1851, qui a organisé les divers degrés de la représentation agricole. Cette loi dispose : 1° qu'il sera établi un ou plusieurs comices agricoles dans chaque arrondissement; 2° que les propriétaires, fermiers et colons de la circonscription pourront en faire partie, s'ils sont âgés de vingt et un ans, avec faculté pour les comices d'admettre dans leur sein d'autres personnes dans la proportion du dixième de leurs membres; 3° que les règlements des comices seront approuvés par le préfet et leurs circonscriptions arrêtées par le conseil général; 4° qu'ils seront chargés du jugement des concours et de la distribution des primes et autres récompenses.

L'article 6 de la même loi les chargeait d'élire les membres des chambres d'agriculture; mais, aux termes du décret du 25 mars 1852, ces membres sont aujourd'hui nommés par les préfets.

Ces magistrats laissent habituellement, et avec raison, la plus grande latitude aux comices pour la rédaction de leurs règlements. Ils se bornent à constater que l'intérêt agricole est véritablement le seul objet des travaux de l'association, que la circonscription est bien celle qui a été déterminée par le conseil général, que l'entrée du comice est ouverte à toutes les personnes désignées par la loi; enfin que le chiffre de la cotisation n'est pas trop élevé.

Le plus grand nombre des comices reçoivent une subvention de l'État; le département y joint quelquefois la sienne. Le chiffre de ces subventions est déterminé par l'étendue de la circonscription de l'association et par l'importance de ses travaux. Les comices subventionnés doivent justifier de l'emploi des sommes ainsi mises à leur disposition par l'envoi annuel à l'autorité d'un compte-rendu de leurs opérations. D'un autre côté, les inspecteurs de l'agriculture ont mission, dans leurs tournées, de se mettre en rapport avec leurs membres, de vérifier sur les lieux l'effet des encouragements donnés par leurs soins, de s'assurer que les prix et les primes ont été judicieusement distribués, et de leur faire connaître sur les questions agricoles à l'ordre du jour la pensée de l'autorité supérieure. Les rapports de ces fonctionnaires sont unanimes à constater l'heureuse influence de l'institution des comices.   A. LEGOYT.

COMINES (PHILIPPE DE LA CLITE, sire DE), naquit en 1445, au château de Comines, aujourd'hui ville très-marchande, moitié française moitié belge, située à 13 kilomètres nord de Lille. D'une famille ancienne et distinguée, élevé à la cour de Philippe le Bon, duc de Bourgogne, compagnon des plaisirs du jeune Charles le Téméraire, il était appelé, selon son expression, à *voguer sur la grande mer des affaires humaines*; mais il finit par *essuyer la tempête*. On n'a jamais su positivement les motifs qui le portèrent à quitter, en 1472, le service de la maison de Bourgogne pour s'attacher au roi Louis XI. On s'en rapporte à une tradition populaire, Comines se trouvant à la chasse avec le Téméraire, le prince lui aurait commandé de lui ôter ses bottes; et Comines, abusant de sa familiarité, aurait réclamé du duc le même service; sur quoi celui-ci, irrité de ce manque de respect, l'aurait frappé de sa botte à la tête : d'où l'anecdote de la *tête bottée*, rapportée par Jacques Marchand, et dont Walter Scott a tiré si bon parti dans son *Quentin Durward*. Elle paraît, du reste, tout à fait conforme au caractère brutal de Charles le Téméraire, et l'on ne voit pas trop pourquoi on ne l'admettrait pas tout simplement, au lieu de so jeter dans des conjectures à perte de vue pour expliquer cette défection. Dans tous les cas, un homme prudent, réfléchi, modéré comme la sire de Comines, devait tôt ou tard se lasser de servir un maître violent et grossier tel que le Bourguignon. Louis XI, au contraire, malgré son caractère absolu, était assez disposé à écouter les conseils; il faisait cas des politiques sages et réservés; habile à flatter l'amour-propre des hommes de mérite, il savait surtout les récompenser.

Quoi qu'il en soit, dès le temps de la fameuse affaire de Péronne, Comines paraît s'être montré fort bien disposé pour Louis XI. Il adoucit de tout son pouvoir les premiers transports de la colère de Charles, qui semblait avoir conçu les plus sinistres projets contre la vie de son prisonnier, et qui les aurait exécutés peut-être si le roi n'eût eu *quelque amy* qui l'assurât qu'il n'aurait « nul mal s'il consentait à jurer la paix et à suivre Charles contre les Liégeois ; mais qu'en faisant le contraire il se mettoit en si grand péril que nul plus grand ne lui pourroit advenir ». Ainsi s'exprime Comines dans ses mémoires, et personne n'a douté que cet *amy* ne fût l'historien lui-même. Certes on ne peut accuser celui-ci de trahison envers le duc de Bourgogne (dont il était chambellan) pour l'avoir empêché de se déshonorer en attentant à la vie du roi de France. A Péronne encore il refusa les présents que l'usage du temps permettait aux seigneurs bourguignons d'accepter de celui qui, dans la hiérarchie féodale, était le suzerain de leur duc. Ce désintéressement était d'autant plus méritoire de la part de Comines, qu'il s'était ruiné au service de Bourgogne. Mais Louis XI exerça sur lui une séduction plus noble, celle de la haute estime qu'il témoigna pour le jugement profond, les connaissances littéraires et l'habileté politique de l'historien futur de son règne.

Quatre ans après le traité de Péronne, Comines se donna sans réserve à Louis XI (septembre 1472) : il devint un de ses conseillers les plus intimes et les plus précieux, parce qu'indépendamment de sa grande habileté dans les affaires, la connaissance personnelle qu'il possédait des secrets de son ancien maître le mettait à même de donner à chaque instant des avis bien utiles. Le roi le fit, dès son arrivée à sa cour, conseiller et chambellan, prince de Talmont, seigneur d'Argenton, sans compter le don de terres, de pensions, la main d'une riche héritière de Poitou, etc. Il eut en outre part à la dépouille de plusieurs seigneurs proscrits. Enfin, celui que, comme historien, on a comparé au vertueux Tacite siégea, sous un autre Tibère, parmi les commissaires qui condamnèrent, par ordre, l'infortuné duc de Nemours, Jacques d'Armagnac.

A la mort de Charles le Téméraire (1477), le roi, se défiant de Comines pour les affaires de Flandre, l'éloigna de sa personne pour une mission insignifiante en Bretagne et en Poitou. Lors de l'occupation du duché de Bourgogne par les troupes royales, Comines prouva que son obéissance pouvait avoir d'honorables limites. Des lettres écrites par lui aux bourgeois de Dijon furent suivies d'une disgrâce ; mais le roi, trop judicieux pour se brouiller entièrement avec un homme qui tenait en main le burin de l'histoire, l'envoya à Florence, afin de protéger les Médicis contre la faction des Pazzi, que soutenait le pape Paul II. L'Italie était alors un foyer d'intrigues politiques : Comines n'y parut pas embarrassé ; il obtint un plein succès dans son ambassade, et Laurent de Médicis remercia Louis XI de lui avoir envoyé un homme d'État aussi sage (1478, 1479). De retour en France, il parut avoir recouvré les bonnes grâces du roi, qui, après une longue maladie, dans laquelle son chambellan le soigna et le servit *alentour de sa personne comme valet de chambre*, alla passer sa convalescence au château d'Argenton.

Louis XI étant mort en 1483, Comines fut nommé par les états généraux et par la cour membre du conseil de régence ; mais, ayant pris part aux divers complots des princes, il fut arrêté par ordre de madame, Anne de Beaujeu, et passa en prison trois années, sur lesquelles il fut huit mois à Loches, enfermé dans une des cages de fer qu'avait inventées pour ses victimes Louis XI, ou plutôt le cardinal de la Balue. « Plusieurs les ont maudites, dit Comines en ses mémoires, et moy aussi, qui en ay tasté soubs le roy d'à présent. » Son procès lui fut fait en 1488, devant le parlement de Paris ; aucun avocat ne voulut se charger de sa cause ; il la plaida lui-même, et n'en fut pas moins condamné à l'exil dans une de ses terres, et à la confiscation du quart de ses biens. C'était perdre comme il avait acquis, et à cet égard on ne saurait le plaindre. Son exil ne dura pas longtemps, car dès l'année 1490 on le voit employé par la cour à des négociations. Trois ans après il signe comme plénipotentiaire le traité de Senlis entre Charles VIII et le roi des Romains Maximilien. Lors de l'expédition du premier en Italie, il est laissé en qualité d'ambassadeur à Florence. C'est de là que Comines vit se former l'orage qui allait fondre sur la tête de Charles VIII, qui s'endormait à Naples. Il l'avertit assez à temps, non pour conserver cette conquête, mais pour sauver l'armée. Ici se place la journée de Fornoue, où Comines fit bravement sa partie auprès du roi, à qui il prêta son manteau. Toutefois, il jouissait d'un assez mince crédit : il avait contre lui les préventions du jeune monarque et les défiances des ministres ; il avait à part lui les craintes et les regrets d'une ambition déçue. « Ses affaires avoient été telles au commencement de ce règne, dit-il dans ses mémoires, qu'il n'osoit point s'entremettre. »

Ce fut bien pis encore sous le règne suivant : Comines s'était compromis pour le nouveau roi, avec lequel il avait été *aussy privé que nul aultre personne ;* mais Louis XII *ne se souvint point fort* des obligations du duc d'Orléans, et l'homme d'État délaissé occupa son loisir forcé en se faisant historien. Il n'avait que cinquante trois ans. L'activité de son esprit était prodigieuse : comme César, au rapport de Matthieu d'Arras, son contemporain, il

Dictait à quatre en même temps,

« avec autant de facilité et promptitude que s'il eût devisé ». Il mourut le 16 août 1509, à Argenton ; son corps fut transporté à Paris et inhumé dans une chapelle des Grands-Augustins. On remarquait sur son tombeau un globe en relief et un *chou cabus*, avec cette devise : *le monde n'est qu'abus* (naît cabus). Ronsard lui a fait une épitaphe qui se termine ainsi :

Retourne à ta maison, et conte à tes fils comme
Tu as le tombeau du premier gentil-homme
Qui d'un cœur vertueux fit à la France voir
Que c'est honneur de joindre aux armes le savoir.

L'éloge était vrai ; seulement, Comines n'était pas le *premier* gentil-homme qui eût uni le mérite littéraire aux qualités du guerrier et du politique. Il ne faisait que continuer l'exemple donné par les Joinville, les Ville-Hardouin, et suivi immédiatement après par les Montluc, les Du Bellay, les Brantôme et tant d'autres gentils-hommes qui nous ont légué des mémoires si précieux sur l'histoire de leur temps.

Quelque marquante qu'ait été la vie politique de Comines, elle serait entièrement oubliée aujourd'hui s'il ne s'était immortalisé comme historien impartial, souvent même trop impassible, ç'ont pu dire Voltaire. Au tableau sincère qu'il fait des vices, des fautes et des remords de Louis XI, il ne manque de la part, au dire de MM. de Barante et Villemain, c'est le ton d'une indignation vertueuse qui donne un caractère si profondément moral aux annales de Tacite. On aurait d'autant plus tort d'accuser Comines de partialité, que ni les bienfaits ni les injures n'ont influé sur ses jugements. Louis XI est bien le héros de ses mémoires ; mais l'auteur ne dissimule ni les fautes, ni les crimes, ni les petitesses de ce prince : c'est ce qui a fait dire à Pierre Naudé que Comines l'avait peint avec la même liberté que ce prince avait vécu : *eadem libertate Ludovicum suum depinxit qua ipse vixerat*. Cet historien, comme il le dit lui-même, est *l'homme du monde à qui Charles VIII ait fait le plus de rudesse*, et cependant c'est lui qui a tracé de ce prince l'éloge le plus touchant : *oncques ne fut*, dit-il, *meilleure créature*. Comines parle peu de lui-même dans ses mémoires, et par ce silence prudent il s'est affranchi de la nécessité de faire des aveux, des apologies ou des récriminations. Un des plus beaux morceaux de son livre est celui où il traite du pouvoir des rois : il y dit quelques vérités bien frappantes pour leur endoctrinement. Dans ses réflexions il se montre ami d'une sage liberté, ennemi des *coups d'État* et des caprices du *bon plaisir*. Il n'existe aucun ouvrage de politique *plus applicable et plus pratique* que celui de Comines. « Princes et gens de cour y trouveront de bons advertissements à mon advis, » a-t-il dit lui-même. L'historien Pierre Matthieu en était si convaincu, qu'il a placé à la suite de son histoire du règne de Louis XI un recueil de *maximes*, *jugements et observations de politique* tirés de Ph. de Comines. Dans un livre d'*Aphorismes* sur la science du gouvernement, le savant Lambert Daneau a inséré les maximes d'un seul moderne, de Comines, parmi celles qu'il emprunte à Thucydide, Xénophon, Salluste, Tite-Live, Tacite. Juste-Lipse voulait que le livre de l'historien flamand devînt le *manuel des princes*. Partout on y trouve, selon Montaigne, « de l'auctorité, de la gravité représentant son homme de bon lieu et élevé aux grandes affaires ».

Sous le rapport du style, Comines est comparable à Montaigne lui-même, et aucun historien du quinzième ni même du seizième siècle ne peut lui être comparé. Dans son livre, la langue française, sans avoir rien perdu de cette naïveté originelle qui plaît tant chez Froissard, son compatriote et son devancier, est plus précise, plus claire, plus noble. Aussi, de tous les historiens du seizième siècle, est-il le seul, avec Brantôme, qui se puisse encore lire avec plaisir. Comines, qui contribua si bien à rendre notre langue plus noble et plus régulière, possédait presque toutes celles de l'Europe; mais il ne savait ni le grec ni le latin, et dans son âge mûr il en témoigne un vif regret. Ce regret, gardons-nous bien de le partager : c'est à cette heureuse ignorance que nous devons le seul historien *français* de cette époque. Si Comines eût su le latin, il aurait sans doute, à l'exemple de tant d'auteurs contemporains, dédaigné d'écrire ses mémoires en langue vulgaire. Il serait advenu ce qui est arrivé à l'historien de Thou, qui, pour avoir cédé au goût exclusif de son temps, n'appartient point à notre littérature nationale, et n'est plus guère lu que dans des traductions imparfaites. Les mémoires de Comines, publiés pour la première fois en 1525, par le premier président Jean de Selves, ont été souvent réimprimés depuis, entre autres en 1747, par Lenglet-Dufresnoy, dont le texte a été entièrement reproduit dans la *Collection* de Petitot. De ces nombreuses éditions, toutefois, celle qui a été publiée par ces derniers temps par Mlle Dupont pour la *Société de l'Histoire de France* est sans contredit la meilleure.   Charles Du Rozoir.

COMINGE ou **COMINGE**. *Voyez* Bomge.

COMIQUE, du latin *comicus*, qui appartient à la comédie. Ce qualificatif s'applique aux hommes comme aux choses. On dit un *poëte comique*, un *acteur comique*, et substantivement *un comique*, comme on dit : *pièce comique*, *sujet comique*, *genre comique*, *style comique*. Molière jouait mieux le *comique* (c'est-à-dire le genre *comique*) que le genre sérieux. C'était un excellent *comique*, comme acteur et comme auteur. Aristophane, chez les anciens, avait été surnommé *le Comique*, comme on appelait Homère *le Poëte* par excellence.

Comique se dit adjectivement de tout ce qui est plaisant, récréatif, de tout ce qui excite le rire : *visage comique*, *aventure comique*. Scarron, auteur de mauvaises comédies, a écrit le *Roman comique*, qu'on peut lire encore avec plaisir. Le burlesque n'est pas toujours comique. La Bruyère a dit du *genre comique* : « Je n'approuve que le *comique* qui est épuré des équivoques, qui est pris dans la nature, qui fait rire les sages et les honnêtes gens. »

[Le comique se divise, suivant les mœurs qu'il peint, en *haut comique* ou *comique noble*, en *comique bourgeois* et en *comique bas*.

Le *comique noble*, ou le *haut comique*, peint les mœurs des grands ; et celles-ci diffèrent des mœurs du peuple et de la bourgeoisie, moins par le fond que par la forme. Les vices des grands sont moins grossiers, leurs ridicules moins choquants ; ils sont même, pour la plupart, si bien colorés par la politesse qu'ils entrent dans le caractère de l'homme aimable. Les prétentions déplacées et les faux airs font l'objet principal du *comique bourgeois*. Les progrès de la politesse et du luxe l'ont rapproché du comique noble, mais ne les ont point confondus. La vanité, qui a pris dans la bourgeoisie un ton plus haut qu'autrefois, traite de grossier tout ce qui n'a pas l'air du beau monde. C'est un ridicule de plus, qui ne doit pas empêcher un auteur de peindre les bourgeois avec les mœurs bourgeoises. Le *comique bas*, ainsi nommé parce qu'il imite les mœurs du bas peuple, peut avoir, comme les tableaux flamands, le mérite du coloris, de la vérité et de la gaieté. Il a aussi ses finesses et ses grâces, et il ne faut pas le confondre avec le *comique grossier* : celui-ci consiste dans la manière ; ce n'est point un genre à part, c'est un défaut de tous les genres. Les amours d'une bourgeoise et l'ivresse d'un marquis peuvent être du comique grossier, comme tout ce qui blesse le goût et les mœurs. Le *comique bas*, au contraire, est susceptible de délicatesse et d'honnêteté, et donne même une nouvelle force au comique bourgeois et au comique noble lorsqu'il contraste avec eux.

Tels sont les trois genres de comique, parmi lesquels nous n'avons compté ni le *comique de mots*, si fort en usage dans la société, faible ressource des esprits sans talents, sans étude et sans goût, ni le *comique obscène*, qui n'est plus souffert sur notre théâtre que par prescription, et auquel les honnêtes gens ne peuvent rire sans rougir, ni ce travestissement où le parodiste se traîne après l'original pour avilir, par une imitation burlesque, l'action la plus noble et la plus touchante : genre méprisable, dont Aristophane est celui qui réunit le *comique de situation* et le *comique de caractère*, c'est-à-dire dans lequel les personnages sont engagés par les vices du cœur ou par les travers de l'esprit dans des circonstances humiliantes qui les exposent à la risée et au mépris des spectateurs. Telle est, dans l'*Avare* de Molière, la rencontre d'Harpagon avec son fils, lorsque, sans se connaître, ils viennent traiter ensemble, l'un comme usurier, l'autre comme dissipateur.   Marmontel.]

On désigne sous le nom de *premier comique* l'acteur chef d'emploi à qui sont confiés, dans la comédie, les rôles plus spécialement destinés à provoquer le rire. C'est dans ces rôles que Poisson, Auger, Préville, Dazincourt, Dugazon et, plus près de nous, Monrose et Samson se sont acquis une juste renommée au Théâtre-Français, comme Devrient en Allemagne. L'invasion du drame et la disparition presque complète des anciens valets, personnages de convention sans doute, mais bien brillante partie du domaine des comiques, gênent de plus en plus leur marche et resserrent à chaque pas leur horizon. Pour eux il n'existe presque plus de répertoire. En revanche, cet emploi est devenu dans les spectacles inférieurs l'élément des succès et des recettes : Brunet, Potier, Thiercelin, Vernet, Odry, ont laissé après eux dans Bouffé, Arnal, Levassor, Achard, Sainville, etc., etc., des héritiers qui auront aussi les leurs, car encore sous le point de vue la France est une terre féconde.

COMITAT (du latin *comes*, comte), c'est-à-dire *comté*. C'est ainsi qu'on appelle en Hongrie les divers arrondissements, ou bailliages (en allemand, *gespanschaft*), jouissant chacun d'une administration à tous égards indépendante sous son comte. Cette organisation est fort ancienne, et avait à l'origine un but militaire, attendu qu'après la conquête de la Pannonie par les Magyares (884) les châteaux qui s'y trouvaient ou ceux qu'on y bâtit furent concédés aux chefs militaires les plus influents, en même temps que tout le territoire avoisinant chacun de ces châteaux était placé sous sa dépendance; de là aussi le nom de *var-megye*, cercle du château, donné en hongrois à cette division territoriale. Le caractère militaire de cette institution s'est conservé jusque dans ces derniers temps, en ce sens qu'en temps de guerre le comte ou *burgrave* était le chef légal du ban de la noblesse. En y comprenant les parties de la Transylvanie qu'une loi de 1836 y incorpora, la Hongrie comptait 52 comitats, d'étendue différente, sans que cette circonstance influât sur leurs droits politiques. Ainsi le petit comitat de Torna, qui ne comprend que 5 myriamètres carrés, et celui de Leptace, qui ne compte qu'une population de 30,000 âmes, envoyaient chacun à la diète deux députés, tout aussi bien que celui de Bihar, qui a 110 myriamètres carrés de superficie, et celui de Pesth, dont la population est de 600,000 âmes. L'ancienne délimitation des différents comitats a été conservée dans la nouvelle division territoriale entreprise par le gouvernement autrichien à la suite de la révolution de 1848 et 1849; seulement, les cercles dont dépendaient les différents comitats ont subi de nombreuses modifications, pour des motifs soit militaires, soit purement administratifs.

Jusqu'en mars 1848 l'organisation des comitats de Hongrie fut tout à la fois aristocratique et libérale : *aristocratique* en ce sens que la noblesse seule était considérée comme ayant des droits politiques; *libéral*, en ce sens que dans tout ce qui avait rapport au comitat tous les nobles étaient investis de droits égaux. Tout noble d'un comitat y était électeur et éligible pour les différentes charges et fonctions, avait droit de siéger et de voter dans les assemblées générales convoquées tous les trimestres, de même que dans les petites assemblées réunies dans des occasions extraordinaires. Tous les trois ans l'assemblée générale élisait à la majorité des voix les divers fonctionnaires du comitat, de même que les députés à la diète, auxquels elle donnait ses instructions, et révocables du moment qu'ils avaient perdu la confiance de leurs mandataires. L'assemblée générale fixait en outre chaque année la contribution domestique, répartissait la contribution de guerre, surveillait les prisons et toute l'organisation de la police, organisait les logements militaires, et soutenait les tribunaux quand l'exécution de leurs décisions rencontrait quelque obstacle. C'est à elle aussi qu'étaient adressés les ordres du gouverneur général, qu'après examen elle faisait exécuter par les fonctionnaires compétents, ou bien contre lesquels elle protestait s'ils ne lui paraissaient pas conformes aux prescriptions de la loi.

C'est à cette organisation essentiellement indépendante qu'il faut attribuer la résistance que de tous temps la Hongrie opposa au despotisme du gouvernement autrichien. Aussi celui-ci s'efforça-t-il constamment d'affaiblir cette constitution des comitats. C'est ainsi qu'à partir de 1844 il essaya de substituer aux directeurs du comitat (*obergespane*, grands-baillis) des administrateurs choisis et salariés par lui-même. Malgré la vive résistance de l'opposition, 32 comitats avaient déjà reçu des administrateurs de cette espèce, quand les événements de mars 1848 vinrent mettre à néant cette innovation. La direction supérieure du comitat était légalement entre les mains du grand-bailli (*Obergespan*) nommé par le roi. Mais dans onze comitats cette dignité était ou héréditaire dans certaines familles, ou attachée à certaines fonctions, par exemple dans le comitat de Pesth à la charge de palatin, et dans celui de Grân à la charge de primat. Par suite de cette circonstance et d'autres encore, la dignité de grand-bailli (*obergespan*) avait fini peu a peu par devenir purement honorifique; et la direction des affaires du comitat était en réalité entre les mains du premier ou du second vice-bailli (*ricegespan*), chargés de présider les grandes et les petites assemblées, d'exécuter leurs décisions, d'accorder des passeports dans les États héréditaires de la maison d'Autriche, etc. Chaque comitat était en outre divisé en trois ou quatre districts, ayant chacun un juge supérieur et plusieurs juges inférieurs, rendant la justice concurremment avec les possesseurs de tables de jurisdictions (juridictions seigneuriales, *tablabiro*).

COMITÉ. Ce mot n'est pas nouveau dans notre langue : il avait déjà été consacré par l'usage et dans plusieurs acceptions avant que les Anglais l'appliquassent à leur parlement comme réunion de délégués spéciaux chargés par leurs collègues de préparer des projets de loi ou d'examiner une question, une proposition, une affaire, et d'en faire le rapport. On appelait *comité* le bureau des seize commandeurs de l'ordre de Malte, chargé des affaires particulières de cet ordre. La première classe de l'ancienne académie de chirurgie prenait le titre de *comité perpétuel*; ses membres, celui de *conseillers*, et les académiciens de la seconde classe, celui d'adjoints au comité perpétuel. L'assemblée des fermiers généraux s'appelait *comité*. Ce mot s'appliquait aussi, dans les corporations de toutes les assemblées délibérantes, aux bureaux de leurs délégués chargés d'en préparer les travaux et d'en diriger l'administration.

Le nom de *comité* s'établit surtout lorsque les états généraux se furent constitués en assemblée nationale (*voyez* CONSTITUANTE). Un comité spécial fut d'abord établi pour vérifier les pouvoirs des députés, un autre pour rédiger la déclaration des droits de l'homme et du citoyen. Les attributions de ceux qui suivirent sont assez clairement définies par leurs titres respectifs. En voici à peu près la nomenclature complète : *comité d'agriculture et de commerce; comité d'aliénation des domaines nationaux; comité des assignats; comité colonial; comité du commerce; comité de constitution*, et plus tard *de révision; comité diplomatique; comité féodal; comité ecclésiastique; comité des finances; comité judiciaire; comité de jurisprudence criminelle; comité de marine; comité militaire; comité des monnaies; comité des pensions; comité des pétitions; comité des rapports; comité de rédaction; comité des recherches et informations; comité de règlement; comité des subsistances; comité de vérification et de contentieux*.

L'Assemblée législative (1791 à 1792) n'eut d'abord que sept comités. Ce nombre s'éleva successivement à vingt-trois. Des employés et commis salariés furent attachés à chacun d'eux. Les dénominations et attributions étaient les mêmes que sous l'Assemblée nationale, sauf les comités créés pour des circonstances exceptionnelles. Aucun comité ne pouvait être renouvelé qu'après l'impression et la distribution de la liste de tous les membres qui en étaient sortis par la voie du sort. Le projet d'un *comité central* avait été rejeté, mais il avait été décidé, le 6 mars 1791, que les *comités des pétitions, de l'agriculture, de surveillance, de commerce* et le *comité militaire* nommeraient chacun deux de ses membres pour composer une mission spéciale, chargée de présenter les mesures nécessaires à l'affermissement de la tranquillité publique. Après la fuite du roi et son arrestation à Varennes, sept comités réunis furent chargés de faire un rapport sur cette question : « Louis XVI peut-il être mis en jugement pour le fait de son évasion? son évasion est-elle un délit? » Les comités opinèrent pour la négative, mais par des considérations d'actualité. Ce rapport donna lieu à de longs et notables débats, qui durèrent trois jours. Il y eut lieu à accusation contre Bouillé et d'autres, qui avaient concouru à provoquer et favoriser l'évasion de Louis XVI et de sa famille.

D'importants changements eurent lieu dans le nombre, les attributions et le régime intérieur des comités par la Convention, à qui son mandat conférait tous les pouvoirs. Un décret du 8 brumaire an II (1793) prescrivit des peines contre les membres des comités qui auraient manqué d'y assister pendant trois séances. Ces pénalités ne furent pas rigoureusement appliquées, car Robespierre s'abstint d'assister au comité de salut public pendant plus d'un mois, et n'y reparut que dans les premiers jours de thermidor an II. Son absence avait été remarquée sans provoquer contre lui l'application du décret. Les employés, devenus secrétaires des représentants en mission, ne recevaient que le traitement affecté à leur emploi dans les bureaux des comités. Les comités devaient être renouvelés par quart chaque mois. Ils ne le furent néanmoins entièrement qu'après l'orageuse séance du 1er juin. En voici, du reste, la nomenclature à peu près complète : *comité d'agriculture; comité d'aliénation; comité des archives nationales; comité colonial; comité du commerce; comité de constitution; comité des décrets; comité de défense générale; comité de division; comité de gouvernement; comité des domaines; comité de l'examen des comptes; comité de la guerre; comité des finances; comité d'instruction publique; comité des inspecteurs de la salle, du secrétariat et de l'Imprimerie Nationale; comité de législation; comité de liquidation; comité des marchés; comité de la marine; comité des pétitions et de la correspondance; comité des ponts et chaussées; comité de salut public; comité de sûreté générale*, etc., etc. Attendu leur importance et l'influence qu'ils ont exercée, nous consacrerons un article spécial à chacun de ces deux derniers.

Avant cette époque il y avait eu des comités en dehors des assemblées délibérantes, tels que *le comité des électeurs* ou de *l'hôtel de ville*, composé des électeurs délégués par les quarante-huit districts de Paris, pour nommer les députés aux états généraux, lequel s'établit en permanence à l'hôtel de ville avant la prise de la Bastille, donna naissance à la *municipalité* ou *commune*, et institua la *milice bourgeoise*, appelée plus tard *garde nationale*. Vinrent ensuite *le comité insurrecteur, insurrectionnel* ou *d'insurrection*, organisé peu avant le 10 août, et composé d'anarchistes qui fomentaient des émeutes pour obtenir du gouvernement des mesures dictées par le parti exalté; le *comité central révolutionnaire*, qui s'établit à la commune de Paris quelques jours avant la chute des Girondins; le *comité autrichien*, que les jacobins accusèrent la reine de tenir aux Tuileries, pour correspondre avec l'empereur son frère; le *comité central*, que la section Lepelletier organisa plus tard contre la Convention, et où se prépara l'insurrection du 13 vendémiaire an III (5 octobre 1795). Il y avait en déjà en outre bon nombre de *comités dits de surveillance*. Les districts de Paris, appelés depuis *sections*, les sociétés populaires de la capitale et des départements avaient les leurs. Pendant les premières années de la révolution ils examinaient les dénonciations, et si elles leur paraissaient fondées, ils en référaient à la société ou club, qui les transmettait à l'autorité supérieure ou locale compétente, pour prononcer sur le fait dénoncé. Souvent ces rapports étaient rendus publics par les journaux. Ces comités de surveillance furent érigés en autorités publiques par la loi du 14 frimaire an II (décembre 1793), et correspondirent directement avec les comités de salut public et de sûreté générale de la Convention. Ils furent substitués, pour tout ce qui concernait la police intérieure, aux administrations de district. Leurs attributions, d'abord agrandies, puis modifiées, furent enfin totalement supprimées par les décrets de la Convention. Les comités eux-mêmes cessèrent d'exister en même temps que les sociétés populaires, et ne furent rétablis, ni de nom ni de fait, lors de l'organisation des cercles constitutionnels.

Un de ces comités indépendants, celui de *l'évêché*, est devenu célèbre par sa part active à l'insurrection des 1er et 2 juin 1793, contre une partie de la Convention. Les émeutiers envahirent la salle des séances, dénoncèrent les députés *girondins*, et demandèrent leur arrestation et leur mise en jugement. La discussion fut orageuse; Lanjuinais proposa la cassation de toutes les autorités révolutionnaires de Paris, notamment du *comité de l'évêché*, la suppression de leurs actes depuis trois jours, et la mise hors la loi de tous ceux qui voudraient s'arroger une autorité nouvelle. Le *comité de l'évêché* était dans cette terrible journée plus puissant que la Convention elle-même. Une députation des autorités constituées et révolutionnaires de Paris vint appuyer avec plus d'énergie la demande des insurgés. « *Pour la dernière fois, sauvez le peuple*, dit l'orateur de la députation, *ou il va se sauver lui-même!* » Des fonctionnaires faisant partie de la députation étaient membres du *comité de l'évêché*. Presque tous les députés signalés par les insurgés furent arrêtés, et périrent sur l'échafaud.

Les Conseils des Anciens et des Cinq-Cents ont eu leurs comités comme l'Assemblée nationale, l'Assemblée législative et la Convention. Leur rôle toutefois a été généralement trop restreint, trop minime pour que nous en parlions ici. Ils disparurent sous le Consulat, l'Empire et la Restauration pour faire place aux bureaux. *Comité*, pris isolément, avait été souvent jusque là le synonyme exact de commission; quelquefois cependant une nuance d'acception l'en distinguait : elle se rapportait à l'idée de permanence. A la chambre des pairs, on nommait *comité* la réunion des commissaires chargés de l'examen préalable des pétitions, et *commissions* les réunions de commissaires désignés pour l'étude préparatoire des projets de loi.

En dehors des assemblées délibérantes, dans les cercles royalistes de la Restauration, on fit longtemps grand bruit d'un prétendu *comité directeur*, constitué par les chefs du parti libéral, et dont les ramifications se seraient étendues sur toute la France. C'était le Croquemitaine de l'époque. Plus tard, on vit paraître des imprimés clandestins signés d'un soi-disant *comité de résistance*. Les exilés ont aussi formé divers comités politiques.

L'Assemblée nationale constituante de 1848 se fractionna en quinze comités spéciaux, entre lesquels se répartissent tous les membres, suivant un certain choix, ce qui ne l'empêchait pas de se diviser en dix-huit bureaux, se renouvelaient tous les mois par tiers. Les projets de décret étaient tantôt renvoyés aux comités, tantôt aux bureaux, selon que leur étude préliminaire semblait devoir être générale ou spéciale. L'Assemblée législative se divisa seulement en bureaux, de même que le Corps législatif actuel.

On appelle *comité secret* toute séance que les assemblées législatives et les académies, quel que soit leur titre, tiennent à huis clos. Sous les trois premières assemblées nationales, les séances étaient toujours publiques, quel que fût le sujet des délibérations. Le *comité secret* n'a été introduit dans nos usages parlementaires que par la constitution consulaire de l'an VIII, et pour le seul cas où il s'agirait de statuer dans le Corps législatif ou le Tribunat sur une affaire gouvernementale quelconque, qui n'aurait pu sans inconvénient être soumise à un débat public. Sous la Restauration les séances de la chambre des pairs étaient en comité secret perpétuel. Sous Louis-Philippe, pour les deux chambres, la publicité était la règle et le comité secret l'exception. Cependant, la demande de cinq membres suffisait, d'après la charte, pour le faire ordonner; mais à peine trouverait-on un exemple d'un comité secret ainsi demandé et obtenu.

Le règlement de la chambre élective ne prescrivait sous la Restauration le comité secret que dans deux cas : la discussion de l'adresse et celle du budget intérieur de la chambre. Sous Louis-Philippe, la discussion de l'adresse était également publique dans les deux assemblées. La chambre des pairs faisait encore évacuer les tribunes lorsqu'elle s'occupait du budget, mais la chambre des députés débattait quelquefois des portions du sien en séance publique. Déjà à cette époque le comité secret commençait à tomber en désuétude.

8.

Sous la dernière république les séances de l'Assemblée nationale étaient publiques; mais elle pouvait se former en comité secret sur la demande d'un nombre de représentants fixé par le règlement. Aujourd'hui, sous la nouvelle constitution impériale, les séances du sénat ne sont pas publiques; celles du corps législatif le sont au contraire; mais la demande de cinq membres suffit pour qu'il se forme en comité secret.

On donne encore aujourd'hui le nom de *comités* à des assemblées permanentes d'hommes spéciaux, créées par l'autorité supérieure pour délibérer sur différentes questions d'intérêt public : tels sont auprès du ministère de la guerre les *comités d'artillerie, de cavalerie, d'infanterie, des fortifications,* etc.; et auprès du ministère du commerce le *comité consultatif des arts et manufactures*. Enfin les différentes sections dont se compose le conseil d'État ont porté longtemps le nom de *comités*.

Les deux comités institués auprès du ministère de l'instruction publique sous les noms de *comité des monuments écrits* et *comité des arts et monuments* ont été réunis le 14 septembre 1852 en un seul *comité de la langue, de l'histoire et des arts de la France,* divisé en trois sections : *de philologie* (12 membres), *d'histoire* (15 membres), et *d'archéologie* (15 membres). Ce comité reste seul chargé de surveiller les publications exécutées sous les auspices du ministère de l'instruction publique.

Comité se dit aussi d'une société restreinte à un petit nombre de personnes, entre lesquelles règne ordinairement une certaine familiarité : on fait une lecture, on soupe en *petit comité*.

COMITÉ DE LECTURE. Un an après la mort de Molière, en 1674, voici, selon Chapuzeau, comment les choses se passaient à la Comédie-Française, pour les pièces nouvelles : « L'auteur communique sa pièce à celui des comédiens qu'il croit le plus intelligent et le plus capable d'en juger, afin que, selon son sentiment, il la propose à la troupe, ou qu'il la supprime. Si le comédien à qui l'auteur a laissé sa pièce pour l'examiner trouve qu'elle ne puisse être représentée et ne soit bonne que pour le cabinet, comme le sonnet qui cause un procès au Misanthrope, ce serait une chose inutile pour le poëte que de faire assembler la troupe pour lui lire l'ouvrage, étant à présumer que ce comédien intelligent a le goût bon, et qu'ayant du crédit, il amènera aisément ses camarades à son sentiment. Mais s'il juge l'ouvrage bon et qu'il y a lieu de s'en promettre un heureux succès, l'auteur se rend au théâtre, et donne avis aux comédiens qu'il a une pièce qu'il souhaite de leur lire. Sur cet avis, on prend jour et heure, et l'auteur, sans prélude ni réflexion (ce que les comédiens ne veulent point), lit sa pièce avec le plus d'emphase qu'il peut. A la fin de chaque acte, tandis que le lecteur prend haleine, les comédiens disent ce qu'ils ont remarqué de fâcheux, ou trop de longueur, ou un couplet languissant, ou une passion mal touchée, ou quelques vers rudes, ou enfin quelque chose de trop libre, si c'est du comique. Quand toute la pièce est lue, ils en jugent mieux; ils examinent si l'intrigue est belle, le dénouement heureux, si les scènes sont bien liées, les vers aisés ou pompeux, selon la nature du sujet. La pièce étant lue et approuvée, on traite des conditions. La plus ordinaire et la plus juste, de côté et d'autre, est de faire entrer l'auteur pour deux parts dans toutes les représentations de la pièce, jusqu'à un certain temps. Le plus souvent, l'auteur et les comédiens ne se quittent point sans se régaler ensemble, ce qui conclut le marché. »

Des décisions royales successives réglèrent et modifièrent cette ancienne situation en 1685, en 1697, en 1757, en 1766 et en 1780. C'était, du reste, toujours à peu près la même manière de procéder : on votait alors avec des fèves noires et blanches, au scrutin secret, sans discussion : ce voile que l'on jetait sur les opinions de chacun fut le plus important des changements que l'on apporta dans l'examen préliminaire des pièces. Plus tard, on substitua aux fèves des bulletins écrits, dans lesquels les comédiens motivaient leur jugement. Ces bulletins n'étaient pas signés; on les brûlait après le dépouillement du vote. Les comédiens aimaient à y faire preuve d'esprit. Il n'y a point de secret à la comédie, de telle sorte que l'écriture bien connue de chacun ne permettait pas un mystère complet. On rédigeait ces *billets* sans se communiquer son opinion. Il y en avait de fort remarquables, par le goût qui les avait rédigés; il y en avait de très-originaux et de fort plaisants par leurs saillies; on y rencontrait aussi des traits vifs et spirituels. Tous ne se piquaient pas de politesse et d'urbanité. Quelquefois même ces sentences portées sur les œuvres d'une littérature élevée ne respectaient pas la grammaire, la langue, l'orthographe; les femmes surtout se rendaient coupables de ces irrévérences. Fleury était généralement poli dans ses billets; mais il ne se faisait pas faute de s'y montrer malicieux et taquin. Talma était sévère, mais il savait toujours tempérer l'austérité de son avis par un mot de consolation; Damas était brutal et grossier. Les comédiens avaient trop souvent le tort de persifler l'auteur dont ils refusaient la pièce. Parmi les femmes, on cite Mlle Contat comme ayant été au théâtre, aussi bien qu'à la ville, *la reine du billet* : la grâce de son esprit appréciait aussi finement un ouvrage qu'elle mettait de délicatesse dans les moindres détails de sa petite correspondance. Les billets de Mlle Bourgoin étaient presque toujours gais, singuliers, pleins de franchise et de bon sens, loin de toute prétention, et souvent voisins de l'esprit. Mlle Mars gâtait d'excellentes qualités par une affectation presque continuelle. La lecture des grands ouvrages était pour la comédie une espèce de concours, dans lequel on avait souvent à craindre de voir la manie du bel esprit remplacer la justice et l'équité. Trop souvent, pour ne pas perdre une épigramme, on sacrifiait un bon ouvrage et on désolait le talent. Cet inconvénient frappa les esprits droits, et les *billets* furent supprimés. Il y a vingt-cinq ans environ que l'on a adopté le vote par boules blanches, rouges et noires; la boule blanche *accepte*, la boule rouge *reçoit à correction*, et la boule noire *refuse*.

Le titre V du décret de Moscou, cette constitution réglementaire du Théâtre-Français, détermine de la manière suivante la condition *des pièces nouvelles et des auteurs* : « Art. 68. La lecture se fera devant un comité composé de neuf personnes choisies, entre les plus anciens sociétaires, par le surintendant, qui nommera en outre trois suppléants, pour que le nombre des membres soit toujours complet; — Art. 69. L'admission aura lieu à la pluralité absolue des voix. — Art. 70. Si une partie est pour le renvoi à correction, on refait un tour de scrutin sur la question du renvoi, et on vote par *oui* et par *non*. — Art. 71. S'il n'y a que quatre voix pour le renvoi à correction, la pièce est reçue. » Les règles du décret de Moscou ont toujours importuné les comédiens. Ils n'ont pas osé les briser ou les violer ouvertement; mais ils ont tout fait pour les éluder et pour usurper des droits que ce pacte fondamental ne leur a pas donnés. Aujourd'hui tous les sociétaires sont membres du comité; le travail des répétitions empêche souvent l'assemblée d'être au complet, mais on ne lit jamais devant moins de neuf membres. Le comité se réunit au moins une fois par semaine. On évalue à quatre-vingts ou quatre-vingt-dix le nombre de pièces qu'il entend chaque année; on n'en joue pas plus de dix ou douze par an. On en dépose au secrétariat un peu plus de trois cents. Un examinateur choisi par le directeur lit préalablement les pièces des auteurs qui n'ont point encore eu d'ouvrages représentés. Le rapport de cet examinateur secret, arbitre souvent inconnu d'un écrivain qui honorera peut-être un jour la France, ayant sur lui droit de vie et de mort, ne donnera, à supposer même qu'il soit favorable (ce qui est très-rare), d'autre droit au pauvre auteur que de lire un jour sa pièce devant le comité. Il a couru d'étranges bruits à l'encontre de cette toute-puissance unitaire occulte. Nous ne les reproduirons pas. Chaque sociétaire présent à une lecture touche un jeton de cinq francs ; il y a une amende de dix francs prononcée contre chaque absence non motivée. Sous la Restauration, il fut adjoint aux comédiens un certain nombre d'hommes de lettres. Les auteurs eux-mêmes réclamèrent contre cette adjonction, qui leur paraissait plus nuisible que favorable à leurs intérêts.

Il y a quelque trente ans, chaque théâtre avait son *comité de lecture*; les comédiens n'en faisaient point partie. Jamais ces comités ne furent sérieux : aussi ont-ils disparu sans bruit, et personne n'a remarqué leur absence. Les directeurs se plaignaient de ce qu'on leur imposait des pièces tantôt mauvaises, tantôt ruineuses par les frais de mise en scène, et définitivement le directeur faisait toujours, même contre la décision du comité, et par des moyens directs ou indirects, prévaloir sa volonté. Le comité de lecture de l'Odéon a eu dans le temps une certaine célébrité, qu'il a due aux noms de Picard, d'Andrieux, de Collin-d'Harleville, de Dieulafoi, célébrité, hélas ! dont il ne reste plus vestige depuis longtemps. Un des comités de lecture les plus amusants était celui des Variétés. Ce fut là que Brazier fit recevoir par acclamations une pièce dont il n'avait pas écrit le premier mot, et qu'il improvisa tout entière sur un cahier de papier blanc. Le Gymnase, lors de sa fondation, constitua un comité de lecture composé d'hommes de lettres, de critiques, de personnes intéressées dans l'exploitation et d'hommes d'affaires; on y remarquait Vatout, Étienne Béquet et Germain Delavigne. Ce comité fut celui qui soutint les premiers pas de M. Scribe, l'auteur auquel ce théâtre a dû sa fortune. Picard, directeur de l'Odéon, ne regardait jamais comme décisives les sentences portées par son comité de lecture. En 1805, voyant qu'il avait refusé à l'unanimité une comédie intitulée *Le Parleur éternel*, il lui fit observer que dans l'excès même d'originalité qui avait motivé son refus il voyait une cause de succès ; il joua la pièce, et elle eut, en diverses reprises, quinze cents représentations.

Il n'y a guère plus aujourd'hui de *comité de lecture* sérieux qu'aux deux Théâtres-Français et à l'Opéra-Comique. Partout ailleurs, le directeur est seul juge des ouvrages qu'on lui présente; l'auteur le lit quelquefois ; d'ordinaire, le directeur le lit lui-même, il n'y pourvoit plus tôt fini. L'ancienne Académie impériale de Musique avait deux comités de lecture, l'un pour *le poëme*, l'autre pour la *partition*. La nouvelle Académie impériale n'a point conservé ces traditions ; les choses s'y traitent à l'amiable entre le poëte, le compositeur et la direction. — Les comités de lecture s'en vont !   Eugène BRIFFAUT.

COMITÉ DE SALUT PUBLIC. Ce comité fut établi par les décrets des 18 mars et 6 avril 1793. Le nombre de ses membres fut fixé à neuf. Barrère, Delmas, Breard, Danton, Robert-Lindet, Treilhard, Guyton-Morveaux, Lacroix (d'Eure-et-Loir) et Cambon furent d'abord élus. Le 2 juin suivant deux nouveaux membres, Jean-Bon Saint-André et Gasparin, leur furent adjoints. Ils furent réduits à neuf le 11 juillet de la même année, et restèrent ainsi depuis le 25 frimaire (décembre 1793), jusqu'au 14 thermidor (août) suivant. Le comité se composait alors de Barrère, Billaud-Varennes, Carnot, Collot d'Herbois, C.-A. Prieur, Robert-Lindet, Robespierre, Couthon, Saint-Just, Jean-Bon Saint-André. Depuis le 14 thermidor an II jusqu'à la fin de la session conventionnelle, il subit des changements partiels dans son personnel, et ses fonctions cessèrent avec celles de la Convention.

L'histoire de ce comité se lie intimement à celle de cette puissante assemblée dont il était le bras droit. La Convention avait reçu des assemblées primaires un pouvoir sans bornes ; mais elle ne pouvait satisfaire aux exigences de sa mission sans déléguer à des mandataires de son choix, pris dans son sein et révocables par elle, la direction de l'administration intérieure et celle des armées. Elle établit donc un gouvernement provisoire et révolutionnaire. La partie exécutive de cette dictature fut déléguée à deux comités, *de salut public* et *de sûreté générale*. Elle les munit de pouvoirs presque sans limites, mais non sans responsabilité. La coalition étrangère était en marche ; la trahison lui avait livré des places fortes ; tout était prêt pour l'attaque, tout était à faire pour la résistance. Il s'agissait de l'existence politique et matérielle de la France ; il fallait *improviser la foudre*.

L'art. 2 de la deuxième section de la loi du 14 frimaire an II (4 décembre 1793), qui organise le comité de salut public, en fixe ainsi les attributions : « Tous les corps constitués, tous les fonctionnaires publics sont mis sous son inspection immédiate pour les mesures de gouvernement et de salut public. » Il devait à la fin de chaque mois rendre compte à la Convention des résultats de ses travaux. Chaque membre était personnellement responsable de l'accomplissement de cette obligation.

Le comité devait se faire rendre compte tous les dix jours par le conseil exécutif de l'exécution des lois et mesures militaires, et lui dénoncer les infractions des fonctionnaires et les auteurs de ces infractions, commises sciemment ou par négligence. La surveillance de l'exécution des lois révolutionnaires avait été déférée aux administrations de district, à l'exclusion des administrations de département, et chaque district devait en rendre compte tous les dix jours au comité de salut public, qui était tenu de dénoncer immédiatement à la Convention les agents nationaux de district et des communes, ou tous autres fonctionnaires, prévenus de forfaiture ou de simple négligence (art. 18). « Il était spécialement chargé des opérations majeures de la diplomatie et de traiter directement ce qui dépendait de ces mêmes opérations. » Les représentants du peuple en mission devaient correspondre tous les dix jours avec le comité, qui était autorisé à prendre toutes les mesures nécessaires pour procéder au changement des autorités constituées. La Convention avait voulu que tous les actes du comité de salut public ne fussent exécutoires que sur la signature d'un certain nombre de ses membres, afin que nul d'entre eux n'exerçât individuellement une autorité personnelle. Le comité se conforma d'abord aux intentions de l'assemblée : toutes les affaires y furent discutées et décidées à la majorité des voix; mais bientôt leur importance et leur multiplicité ne permirent plus de suivre ce mode : chaque spécialité devint le partage d'un ou de plusieurs membres. L'exécution des actes ne pouvait être efficace qu'autant qu'elle était rapide : les membres des divers bureaux se donnaient respectivement leur signature. Seulement, il fut convenu entre eux que les affaires d'une haute importance seraient soumises à une délibération commune.

Tout ce qui tenait à la police générale intérieure devait rester hors des attributions du comité de salut public, et être exclusivement réservé à celui de sûreté générale. La loi du 14 frimaire an II l'avait ainsi ordonné en termes clairs et précis. Cependant, Couthon, Robespierre et Saint-Just se constituèrent en *bureau de police générale*, et empiétèrent ainsi sur les attributions du comité de sûreté générale. A l'insu de leurs collègues, ils proposèrent à l'assemblée l'établissement d'un tribunal révolutionnaire : les faits qualifiés crimes, sur lesquels il avait à prononcer, étaient indiqués d'une manière très-vague, et ouvraient un vaste champ à l'arbitraire des juges. Les patriotes les plus irréprochables et les plus dévoués avaient improuvé ce décret. Dès le lendemain une vive discussion s'éleva au comité : Carnot, Billaud-Varennes, reprochèrent à Couthon et à Robespierre l'illégalité et les funestes conséquences de leur procédé. Robespierre allégua pour excuse que jusque alors tout s'étant fait de confiance, il avait cru pouvoir agir seul avec Couthon. Mais cette excuse même était démentie par les précédents du comité, qui avait toujours procédé différemment pour les questions et mesures graves. L'altercation fut vive; la conduite de Couthon et de Robespierre était injustifiable. Il fut convenu que l'on proposerait la réformation du terrible décret qui avait ordonné la création du tribunal révolutionnaire, et que le plus profond silence couvrirait les divisions intestines du comité. Mais le secret fut mal gardé : les journaux anglais révélèrent, en les commentant, ces querelles d'intérieur. Déjà ces scènes déplorables s'étaient plusieurs fois renouvelées. Six commissions avaient été établies pour l'examen des causes politiques. Les affaires y étaient ou devaient y être apportées et examinées avant d'être transmises au tribunal révolutionnaire; ces commissions faisaient les fonctions de jury d'accusation. Le comité de salut public ne devait avoir sur leurs décisions aucune influence; mais le triumvirat Robespierre, Couthon et Saint-Just avait concentré dans son bureau de police générale la direction suprême de toutes les affaires de l'intérieur et toutes les attributions conférées spécialement au comité de sûreté générale. Les comités et les tribunaux révolutionnaires de toute la France, les représentants en mission dans les départements, les commissions populaires de Paris, le tribunal révolutionnaire et la *Commune de Paris* correspondaient directement avec Robespierre. Cette correspondance n'était pas même déposée au bureau du triumvirat; elle fut trouvée plus tard presque entière au domicile de Robespierre. L'immense popularité attachée à son nom le rendait redoutable à toutes les autorités et même à ses collègues.

Depuis l'altercation dont nous avons parlé, il n'assista que rarement au comité et aux séances de la Convention; il s'abstint même tout à fait d'y paraître depuis la fin de prairial jusqu'aux premiers jours de thermidor. Les autres membres du comité n'en continuaient pas moins leurs importants travaux. Carnot ne prenait pas même le temps d'aller manger chez lui; quoiqu'il demeurât rue Saint-Florentin, près des bureaux du comité, il dînait à la hâte chez le restaurateur le plus voisin. Le comité avait ordinairement six cents signatures à donner par jour. Ces signatures ne pouvaient être apposées que de confiance. Les ordres pour les généraux en chef des armées et les négociations diplomatiques exigeaient le plus grand secret. Aussi y avait-il pour ces grandes affaires un registre particulier, où toutes les délibérations importantes, tous les ordres, tous les arrêtés relatifs à des plans d'opérations, étaient consignés par les membres du comité, qui expédiaient eux-mêmes les lettres et aux extraits d'ordre et d'arrêtés aux représentants en mission et aux généraux chargés de les exécuter.

Depuis le mois de floréal au 11 il n'y avait plus unanimité d'opinions dans le comité de salut public. Cette dissidence éclata dans les débats de la séance de la Convention du 22 du même mois; elle se manifesta plus vivement encore dans celles des 22 et 23 prairial suivant. La scission entre les membres du comité et Robespierre, Saint-Just et Couthon, devint de plus en plus tranchée. La majorité se concertait avec celle du comité de sûreté générale; mais pour frapper l'ennemi commun il fallait plus que des présomptions; la majorité de la Convention partageait les craintes et les espérances de celle des deux comités. Les trois membres dissidents du comité de salut public effrayaient la Convention elle-même par leur immense popularité; ils avaient pour eux toutes les autorités révolutionnaires de Paris, celles des départements, et ils pouvaient se croire assurés du succès; ils prirent donc l'initiative. Dès le 13 messidor Robespierre attaqua une partie de la Convention et les deux comités de salut public et de sûreté générale. Son discours fit une profonde sensation; il renouvela cette attaque aux Jacobins, le 21 du même mois. Le 8 thermidor il accusa formellement à la Convention certains membres des deux comités de conspirer avec l'étranger, et il conclut ainsi : « Quel est le remède au mal? Punir les traîtres, renouveler les bureaux du comité de sûreté générale, épurer ce comité lui-même et le subordonner au comité de salut public; épurer le comité de salut public lui-même, constituer l'unité de le gouvernement dans l'autorité suprême de la Convention nationale, qui est le centre et le juge, et écraser ainsi toutes les factions du poids de l'autorité nationale, pour élever sur leurs ruines la puissance de la justice et de la liberté. » Il répéta, le soir le même discours à la séance des Jacobins. Collot-d'Herbois et Billaud-Varennes essayèrent vainement quelques observations; Collot-d'Herbois fut couvert de huées; Couthon parvint à se faire entendre : il attesta la vérité des faits avancés par Robespierre, et déclara que la conspiration dénoncée par lui semblait démontrée : « Il est certain, dit-il, qu'il y a des hommes purs dans les comités; mais il n'est pas moins certain qu'il y a des scélérats. » Et, sur sa proposition, les débats s'ouvrirent sur la conspiration.

Tandis qu'on procédait aux Jacobins à l'enquête proposée par Couthon, la majorité du comité de salut public et de sûreté générale, était réunie. Une scène décisive éclata à minuit et demi, et interrompit les travaux ordinaires. Saint-Just gardait un profond silence, il observait tous ses collègues ; il venait d'envoyer à Tuillier, son secrétaire, pour les mettre au net, les dix-huit premières pages du rapport qu'il devait lire le lendemain. Il déclara ensuite qu'il ne pourrait lire au comité ce rapport, dont il ne lui restait plus que les dernières pages. Collot-d'Herbois, qui revenait des Jacobins, entra à ce moment; ses collègues lui demandèrent la cause de son extrême agitation et, sans attendre sa réponse, Saint-Just lui adressa froidement cette question : « Qu'est-ce qu'il y a de nouveau aux Jacobins ? — Est-ce toi qui l'ignores, lui dit Collot-d'Herbois, toi qui es d'intelligence avec l'auteur principal de toutes nos querelles politiques, et qui ne veux nous mener qu'à la guerre civile? Tu es un lâche et un traître! Je viens de m'en convaincre par tout ce que j'ai entendu. Vous êtes trois scélérats qui croyez nous conduire aveuglément à la perte de la patrie; mais la liberté survivra à vos horribles trames. — « Eh! qui êtes-vous, s'écria Carnot, pygmées insolents, qui voulez partager les dépouilles de la France entre un éclopé, un enfant et un scélérat? je ne vous donnerais pas une basse-cour à gouverner. » Collot-d'Herbois continua d'accuser Saint-Just en face : « Tu prépares un rapport, lui dit-il; tu as sans doute fait notre décret d'accusation? » Saint-Just répliqua tranquillement : « On pourrait me reprocher d'avoir tenu dans un café *quelques* propos contre Robespierre; » et il avoua en avoir fait la base d'une inculpation contre Collot-d'Herbois dans le rapport qu'il avait préparé. Cette discussion toute personnelle absorbait des moments précieux, que réclamait l'intérêt général. Quelques membres passèrent dans une salle voisine, et délibérèrent s'ils feraient à l'instant même arrêter Saint-Just. Il fut décidé qu'on en référerait le lendemain à la Convention, lorsque Saint-Just aurait manifesté ses intentions dans le rapport qu'il devait faire. Tous rentrèrent dans la salle commune, et continuèrent à s'occuper de mesures de salut public. Saint-Just les interrompit en manifestant sa surprise de n'être pas dans les confidences de ses collègues; il se plaignit d'une injuste défiance, et sortit à cinq heures du matin. Les autres membres du comité continuèrent leurs opérations : il fut décidé qu'on proposerait à la Convention la destitution des chefs de la force publique, qu'on les ferait arrêter, et qu'on dénoncerait en même temps les faits reprochés à Robespierre, Saint-Just et Couthon. Une proclamation devait être rédigée pour prévenir les événements qui pourraient survenir. A six heures du matin le rapporteur préparait son travail; à dix, au moment où Saint-

Just allait monter à la tribune, Couthon se présente, et demande quel est le sujet de la délibération ; on ne lui en fait point mystère : « Vous allez, dit-il, faire la contre-révolution. » Tous les membres du comité, sans lui répondre, signent les ordres d'arrestation et la proclamation. A midi un huissier apporte une lettre de Saint-Just à ses collègues ; il montait à l'instant même à la tribune ; sa lettre était courte et franche : « L'injustice a fermé mon cœur ; je vais l'ouvrir tout entier à la Convention. » Couthon s'empare de la lettre, et la déchire ; quelques membres du comité se rendent à la séance (*voyez* CONVENTION NATIONALE).

Dans cette nuit du 8 au 9 thermidor, le comité de salut public eut à lutter contre tous les obstacles : des ordres avaient été donnés pour interdire l'entrée de ses bureaux et de la salle de ses délibérations, même aux députés. Soit curiosité, soit dévouement, Lecointre, avec plusieurs autres, insista vainement, dit-on, pour entrer. Il ne put pardonner à ses collègues d'avoir refusé de faire une exception en sa faveur ; et, le danger une fois passé, se porta leur accusateur. Le comité fut renouvelé à la séance du 11 thermidor. Les anciens membres furent presque tous réélus. La Convention s'était prononcée à une grande majorité pour la mise hors la loi et la mort de ce qu'on appelait le *triumvirat*. Le parti contre-révolutionnaire s'était hâté de profiter de l'événement. Les anciens membres du comité de salut public se virent successivement éliminés. Carnot ne fut maintenu que jusqu'au 15 ventôse an III. Il fut alors remplacé par Aubry, qui destitua tous les généraux, tous les officiers supérieurs de l'armée les plus distingués par leur courage, leur patriotisme et leurs succès. Bonaparte ne fut pas à l'abri de la proscription. Mais les armées s'étaient conservées pures et républicaines ; la réaction thermidorienne n'avait point pénétré dans leurs rangs ; leur dévouement sauva encore une fois la patrie et la liberté. Du reste, l'accusation contre les anciens membres du comité de salut public ne s'était pas fait longtemps attendre. Dans la séance du 13 fructidor an II, Lecointre proposa cette accusation, et signala 27 griefs. L'impression de sa proposition et des pièces qu'il produisait à l'appui avait été ordonnée. Après une discussion très-longue et très-animée, l'accusation fut déclarée calomnieuse et rejetée. Lecointre proposa depuis sans plus de succès. On est étonné de voir que les membres accusés par ce représentant, et depuis par trois autres, soient précisément les mêmes que ceux que la commune révolutionnaire et le comité d'insurrection accusaient le 9 thermidor et dont ils avaient ordonné l'arrestation. Carnot avait été l'objet d'une accusation directe. Il se justifia comme Scipion ; un mot suffit pour sa défense : *Il avait organisé la victoire.*

La France n'oubliera pas les institutions proposées par le comité de salut public pour les sciences, les arts, l'instruction publique, les diverses parties de l'administration de la guerre, l'armement, l'équipement et les subsistances. Il a préparé les plus belles pages de notre histoire militaire. Il s'est associé à la gloire des armées, qu'il a improvisées, et dont il a combiné et dirigé les opérations. Pendant les dix-huit mois qu'il a existé, il a eu à enregistrer vingt-sept victoires, dont huit en bataille rangée, cent vingt combats, quatre-vingt mille ennemis tués, quatre-vingt-onze mille faits prisonniers, cent seize places fortes ou villes importantes conquises, dont seize après siège et blocus ; deux cent trente-sept forts ou redoutes enlevés, trois mille bouches à feu, soixante-dix mille fusils, dix-neuf cents milliers de poudre, quatre-vingt-dix drapeaux pris à l'ennemi, etc., etc.

Ces victoires, ces exploits héroïques de tous les jours devinrent bientôt plus rares ; mais les grandes institutions nationales dont la création avait été une œuvre de génie, de patriotisme, et un immense progrès de civilisation, subsistèrent encore dans tout leur éclat tant que les anciens membres du comité, affranchis du joug que le triumvirat faisait peser sur eux et sur la Convention elle-même, restèrent en majorité après le 9 thermidor. Cependant, la faction réactionnaire, parvenue à les éliminer un à un, ne tarda pas de marcher à grands pas dans les voies de la contre-révolution. Il suffit, pour apprécier les actes des membres de l'ancien comité, de les comparer à ceux de leurs successeurs qui les ont proscrits. Les tristes prévisions qui terminent les réponses des accusés sont devenues une réalité bien incontestable et bien triste. C'est une singulière anomalie que cette accusation. La Convention pouvait-elle incriminer des faits dont chacun de ses membres avait été solidaire ? Il ne s'agissait pas de faits isolés, de faits personnels aux membres de l'ancien comité, mais de tous les actes de ce comité pendant dix-huit mois, actes que la Convention avait sanctionnés par une foule de décrets.

Le comité de salut public finit avec la session conventionnelle. Le dernier avait été élu le 15 vendémiaire an IV (6 octobre 1797).   DUFEY (de l'Yonne).

COMITÉ DE SÛRETÉ GÉNÉRALE. Par décret du 30 mai 1792, le comité de surveillance de l'Assemblée nationale prit le nom de *comité de sûreté générale*. Il fut chargé, le 2 octobre de la même année, de rendre compte des arrestations faites par suite de la révolution du 10 août. Les pièces du procès de Louis XVI lui furent remises. Le nombre de ses membres a souvent varié : il fut doublé lors du procès de Louis XVI. Il ne s'occupait que des affaires qui lui étaient renvoyées par les décrets de la Convention. La loi du 14 frimaire an II (décembre 1793), portant l'établissement du gouvernement révolutionnaire, lui conféra la haute police de l'administration civile et judiciaire pour tout ce qui était relatif aux personnes et à la police intérieure et générale ; la correspondance avec les comités révolutionnaires de Paris ; la mise en liberté de tous ceux qui étaient arrêtés pour cause politique ; le droit de suspendre les fonctionnaires prévaricateurs. La même loi lui conférait en certains cas les mêmes pouvoirs qu'à celui de salut public, et concurremment avec lui ; mais bientôt une partie de ses attributions légales passèrent au bureau de police générale établi et dirigé par Robespierre, Couthon et Saint-Just (*voyez* COMITÉ DE SALUT PUBLIC). Les représentants qui avaient été membres du comité de sûreté générale avant le 9 thermidor furent, comme ceux du comité de salut public, accusés par Lecointre ; mais la Convention rejeta également cette accusation comme fausse et calomnieuse. Un seul, Vadier, accusé par la commission des 21, fut condamné à la déportation. Mais il s'était soustrait à l'arrestation. Le comité de sûreté générale cessa d'exister avec la session conventionnelle.

COMM. Dans sa seconde campagne contre les Gaulois, César avait battu et soumis toutes les populations riveraines de l'Océan, depuis la Seine jusqu'à l'Escaut. Ces peuples avaient vu, à la suite de leurs défaites, la forme de leur gouvernement changée ; et ceux des chefs qui avaient pris part à l'insurrection remplacés par d'autres, que César jugeait lui être favorables. Parmi ces derniers se trouvait Comm, noble gaulois du pays des Atrébates (pays d'Artois, Arras), que César avait fait roi de sa nation. Il le tenait pour un homme de courage et de conseil, et il comptait sur sa fidélité. Il le mit à une première épreuve lors de sa première expédition en Bretagne (Angleterre). Le bruit de cette expédition ayant été répandu en Bretagne par les marchands gaulois qui faisaient le commerce avec cette île, plusieurs des cités bretonnes, voulant se mettre à l'abri de la guerre, lui avaient envoyé des ambassadeurs chargés de promettre en leur nom des otages et l'obéissance. César les renvoya chez eux, et les fit accompagner par Comm, lequel avait beaucoup de crédit dans l'île. A peine était-il sorti de son vaisseau, que les habitants le saisirent et le jetèrent dans les fers. Mais après le débarquement de César et la première défaite de l'armée bretonne, Comm fut relâché. Dans la suite de cette expédition, on retrouve Comm à la tête de trente cavaliers, probablement partis avec lui, pris et relâchés comme lui, et qui formèrent un moment toute la cavalerie de César. Dans sa campagne contre les Belges, limitrophes des Germains, César avait avec lui le même Comm. Il le laissa avec un corps de cavalerie chez les Ménapiens, pendant que lui-même partait pour une expédition contre les Trévires (peuples du pays de Trèves). Du reste, en reconnaissance des services qu'il en avait reçus en Bretagne et dans cette guerre contre les Trévires, César avait affranchi sa nation de tout tribut, lui avait rendu son indépendance, et avait ajouté à son territoire le pays des Morins (Boulogne).

Comm resta fidèle jusqu'au moment où la Gaule, s'étant enfin aperçue du dessein de César, qui était de la subjuguer et de la réduire en province romaine, se souleva tout entière et se donna un chef unique, le fameux Vercingétorix. Malgré les liens qui l'attachaient à César, Comm ne put résister à l'entraînement de sa patrie. César, du reste, n'en montre ni étonnement ni indignation, et, au lieu de se plaindre de la défection de Comm, il l'explique et l'excuse par l'ardeur des Gaulois pour recouvrer leur liberté et reconquérir leur ancienne gloire militaire. Comm fut un des principaux chefs de cette armée de deux cent quarante mille hommes, qui vint assiéger César assiégeant lui-même dans Alise Vercingétorix et les quatre-vingt mille hommes qui s'y étaient enfermés avec lui. On sait quelle fut l'issue de ce siège. Toute la force gauloise y fut anéantie.

Dans la dernière campagne de César, Comm reparaît dans les rangs des Bellovaques (peuple de Beauvais), lesquels n'avaient envoyé aucun contingent à l'armée de Vercingétorix, se jugeant assez puissants pour faire la guerre pour leur compte et tenir tête à César. Après une vive résistance, ils firent leur soumission. Comm s'était joint à eux avec un corps de cavaliers qu'il était allé demander aux Germains ; il s'enfuit chez ce peuple, attendant une nouvelle occasion de recommencer la guerre. Seul de tous les chefs de nation qui avaient pris part à l'insurrection des Bellovaques, il n'avait voulu envoyer ni otages ni soumission. Un profond et juste ressentiment l'animait contre tout ce qui était romain, depuis que dans un odieux guet-apens il avait failli périr assassiné. C'était dans l'année qui précéda la guerre des Bellovaques et la complète réduction de la Gaule. Labiénus, qui commandait dans le pays des Trévires, ayant appris que Comm sollicitait ces peuples à se soulever contre César, crut le droit de la guerre l'autorisait à s'en débarrasser par un assassinat. Il envoya donc vers lui le chef de sa cavalerie, Volusenus Quadratus, avec ordre de le tuer sous prétexte d'une entrevue. Volusenus était accompagné de centurions choisis pour l'aider à commettre ce meurtre. Lorsqu'on fut en présence, et que Volusenus eut pris la main de Comm (c'était le signal du meurtre), le centurion qui devait le frapper le premier, soit qu'il se troublât, soit que les amis de Comm eussent arrêté son bras, ne put que lui porter un premier coup, qui lui fit un grave blessure à la tête. On tira les épées de part et d'autre, moins pour combattre que pour fuir, les Romains croyant Comm atteint mortellement et les Gaulois craignant que ce guet-apens ne fût le prélude d'un massacre. Depuis ce temps, disait-on, Comm, avait résolu de ne jamais paraître devant un Romain. Aussi n'est-on pas étonné de le voir quelque temps après renouvelant ses instigations auprès des Atrébates soumis, et, dans l'impossibilité de les soulever de nouveau, se mettant à la tête de quelques cavaliers pour infester les chemins et la guerre des convois destinés aux quartiers romains. Marc-Antoine commandait alors cette partie de la Gaule, et il avait sous ses ordres ce même Volusenus. Il le chargea de poursuivre les Gaulois. Volusenus avait gardé de son guet-apens manqué une grande haine contre Comm.

Il ne ménagea rien pour le rencontrer et le détruire. Dans un dernier combat, Volusenus, emporté par le désir de prendre Comm en personne, le poursuivait au loin avec peu des siens. Comm, qui avait pressé sa fuite dans le dessein de l'attirer, tourne bride tout à coup, et invoquant le secours de ses compagnons, qu'il exhorte à ne point laisser sans vengeance les blessures qu'il avait reçues par trahison, il fond sur Volusenus ; tous ses cavaliers le suivent et font reculer l'escorte du Romain. Comm, pressant de l'éperon son cheval, joint celui du préfet, auquel il perce la cuisse d'un coup de lance. A la vue de leur chef blessé, les Romains font face aux ennemis et les repoussent. Un grand nombre furent blessés ou faits prisonniers. Comm s'échappa, grâce à la vitesse de son cheval. Quant à Volusenus, il fut rapporté dans le camp grièvement blessé et donnant des craintes pour sa vie. Alors Comm, soit que sa vengeance fût satisfaite, soit qu'il se trouvât trop affaibli pour continuer la lutte, fit proposer à Antoine sa soumission et des otages ; il n'y mit pour condition que le droit de ne paraître jamais devant un Romain.   Désiré Nisard, de l'Académie Française.

COMMA. Ce mot grec (κόμμα), synonyme d'incise, est resté, dans l'imprimerie, le nom des deux points, signe de ponctuation.

En musique, le rapport de l'intervalle d'un ton majeur à un ton mineur est le quotient de $\frac{9}{8}$ par $\frac{10}{9}$ ou bien $\frac{81}{80}$, nombre qui ne surpasse l'unité que de $\frac{1}{80}$. Cet intervalle se nomme un *comma* ; on le considère comme le plus petit que l'oreille puisse saisir. Deux sons dont l'intervalle est plus petit qu'un comma différent si peu l'un de l'autre qu'on peut approximativement les considérer comme à l'unisson. C'est ce que l'on fait dans la construction des instruments à clavier, où le *sol* dièse, par exemple, est la même note que le *la* bémol (*voyez* TEMPÉRAMENT).

COMMAND (Déclaration de). La *déclaration de command* ou *élection d'ami* est celle que fait l'individu qui en se rendant acquéreur ou adjudicataire de biens meubles ou immeubles s'est réservé d'indiquer son *command* (mot qui a la signification de *committant*), ou l'ami pour lequel il achète. Cette déclaration a pour effet de faire passer la propriété en tout ou en partie sur la tête du command, sans cependant décharger l'acheteur apparent de toute responsabilité envers le vendeur, qui n'a contracté qu'avec lui seul. Pour que la déclaration de command soit censée ne faire avec le contrat qu'un seul et même acte, il faut que la faculté en ait été expressément réservée dans le contrat de vente, que cette déclaration soit faite dans les vingt-quatre heures, à partir de la date du contrat et dans un acte public, et qu'elle soit notifiée dans le même délai à la régie de l'enregistrement, dans la personne de ses préposés. Il est d'usage de consigner la déclaration de command à la suite du contrat de vente ou du jugement d'adjudication, ce qui dispense de la notifier au vendeur, auquel elle est connue par la remise de l'expédition. Lorsqu'il s'agit d'une vente de bois de l'État, du domaine de la couronne, des communes et des établissements publics, on doit faire la déclaration de command immédiatement après l'adjudication et séance tenante.

La déclaration que fait l'avoué, dernier enchérisseur, en cas d'adjudication faite en justice, doit avoir lieu dans les trois jours.

COMMANDANT, mot dérivé de *mandatum*, mandat, et qui s'applique à tout individu, à tout fonctionnaire donnant des ordres au nom de l'autorité souveraine ; mais son acception est toute militaire. Il s'entend, comme terme générique, de celui qui commande une armée, un corps d'armée, ou un corps de troupes, plus ou moins considérable, et qui est spécialement désigné d'ailleurs par la nature de son grade ; mais plus habituellement le militaire le réserve pour le chef de bataillon et pour le chef d'escadron. Dans un sens plus restreint et plus fréquemment usité, il indique la qualité, les fonctions, et devient le titre de celui qui commande militairement dans une place, et que l'on appelait jadis *lieutenant de roi*. Il se prend quelquefois adjectivement, et l'on dit l'*officier commandant*; mais plus ordinairement on l'emploie sous la forme substantive.

En marine, ce titre est donné à l'amiral commandant une armée, une escadre, une division; à l'officier commandant un bâtiment de guerre quelconque; à celui qui commande dans un port militaire, sur une rade; à l'officier le plus élevé en grade, et généralement, qu'ils aient ou qu'ils n'aient pas un commandement, à tous les officiers supérieurs de la marine de l'État. L'officier qui, chargé de la manœuvre d'un navire, en dirige le quart, est dit *commandant de quart*, titre transitoire comme celui de *chef de poste* à terre, et ne donnant droit à aucune prérogative.

COMMANDE, procuration, commission d'acheter ou de négocier pour autrui. Un *ouvrage de commande* est un ouvrage fait exprès pour quelqu'un qui en a donné l'ordre. On appelle *maladie de commande* une maladie feinte, supposée. Le mot *commande* s'est dit d'abord dans le sens d'ordre, jussion, précepte, commandement; il s'est dit aussi dans celle d'observance ou observation. Ainsi, il y a dans l'année plusieurs fêtes de *commande* ou d'observance, qu'on est obligé de chômer. Il y a des jeûnes de *commande*, et d'autres de pure dévotion.

Le mot *commande* entrait aussi autrefois dans plusieurs locutions de droit et de coutume. Il se prenait tantôt pour la taille due par des personnes de condition servile, tantôt comme synonyme de *dépôt*; on disait : prendre quelque chose en charge et *commande*. Le *droit de commande* était un droit que le seigneur prenait tous les ans sur les veuves de condition servile durant leur viduité pour reconnaissance de son *droit de servitude*. On appelait *commande de bestiaux* un contrat par lequel on donnait à un berger ou à un laboureur un troupeau de bétail pour en avoir soin, à charge de le nourrir et d'en jouir pendant un certain temps, après lequel il devait représenter le troupeau pour partager le surplus ou le *croît* entre le maître et lui.

En termes de marine, on appelle *commandes* de petites cordes, autrement dites *rubans*, qui peuvent servir à un amarrage. Le mot *commande!* est aussi un cri par lequel l'équipage répond quand le maître appelle de la voix ou du sifflet pour prévenir qu'il va transmettre quelque commandement.

Quant à l'acception marchande du mot *commande*, nous devons prévenir qu'elle se prend et doit se prendre toujours en mauvaise part lorsqu'on l'applique aux productions de l'esprit. Un poète ou un auteur quelconque est à la gêne quand on lui fait faire des vers ou un ouvrage de *commande*; en effet, le génie, la science et le talent veulent être libres dans leurs inspirations. Malheureusement, ils ont besoin d'intermédiaires entre eux et le public pour répandre leurs productions; c'est le rôle modeste réservé aux libraires et aux éditeurs. Pendant longtemps ceux-ci se bornèrent à être les mandataires des auteurs et à trouver un lucre honnête et raisonnable dans le soin qu'ils prenaient de placer leurs ouvrages; plus tard, ils en sont venus à *commander* des livres aux auteurs, comme tout autre négociant commande en fabrique un objet de mode ou d'utilité vulgaire. L'éditeur d'un recueil biographique a poussé récemment la prétention jusqu'à se dire *coauteur* des articles qu'il avait ainsi commandés ou acceptés.

COMMANDEMENT. Ce mot marque le pouvoir, le droit, l'autorité, que l'on a sur quelqu'un ou sur quelque chose. On dit avoir le *commandement* des troupes, c'est-à-dire en être le chef; avoir le *commandement* d'une place ou d'une province, c'est-à-dire y avoir la qualité de commandant, de chef, d'ordonnateur, de maître. Le *commandement*, quoiqu'il soit fort recherché, fort envié, n'est pas toujours chose facile à exercer, et dans bien des cas il vaut mieux encore avoir à obéir qu'à commander. Autrefois, ceux qui exerçaient le *commandement* avaient pour insigne un bâton, que l'on appelait *bâton de commandement*, comme marque du pouvoir que leur donnait leur charge; il y avait des bâtons de maréchal, de maître-d'hôtel, d'exempt, etc.

Le *commandement* se transmet dans divers degrés et dans divers rapports. Un père *commande* à ses enfants, un maître à ses domestiques : on conçoit dès lors qu'il puisse y avoir divers modes, diverses formes dans l'exécution de ce mandat, ou naturel, ou donné par la loi, ou transmis par un pouvoir quelconque. Si la sévérité peut quelquefois s'y joindre, il doit en général s'exercer avec douceur, jamais avec rigueur, hauteur, ni fierté. On dit de celui qui cède à ces derniers sentiments qu'il a l'habitude de *commander à la baguette*, par allusion aux commandements des huissiers, qui portaient autrefois une verge ou une baguette comme insigne du pouvoir qui leur était donné de faire exécuter les jugements ou les ordres de la justice.

Les secrétaires d'État portaient jadis le titre de *secrétaires des commandements*; on disait qu'un arrêt et qu'une patente étaient signés en *commandement*, quand un secrétaire d'État les signait par l'ordre exprès du roi.

Plus tard, on a étendu ce titre de *secrétaire des commandements* aux secrétaires des princes et princesses appartenant à une famille royale ou impériale.

On dit qu'on a quelque chose à *commandement* ou à son *commandement*, pour dire qu'on l'a à ses ordres, à sa disposition ou sous la main. C'est le privilége de la richesse d'avoir tout à *commandement*.

Le mot *commandement* a pour synonymes les mots *ordre, précepte, injonction, jussion*. « Les deux premiers, dit l'abbé Girard, sont de l'usage ordinaire; le troisième est du style doctrinal, et les deux derniers sont des termes de jurisprudence ou de chancellerie. Celui de *commandement* exprime avec plus de force l'exercice de l'autorité : on commande pour être obéi. Celui d'*ordre* a plus de rapport à l'instruction du subalterne : on donne des ordres, afin qu'ils soient exécutés. Celui de *précepte* indique plus précisément l'empire sur les consciences; il dit quelque chose de moral qu'on est obligé de suivre. Celui d'*injonction* désigne plus proprement le pouvoir dans le gouvernement; on s'en sert lorsqu'il est question de statuer, à l'égard de quelque objet particulier, une règle indispensable de conduite. Enfin, celui de *jussion* marque plus positivement l'arbitraire : il enferme une idée de despotisme qui gêne la liberté et force les magistrats à se conformer à la volonté du prince. »

Edme Héreau.

Le Dictionnaire de l'Académie définit le *commandement*, en termes de guerre et de marine, « un ordre bref donné *à haute voix* pour faire exécuter certains mouvements, certaines manœuvres ». Il y en a de deux sortes : le commandement d'avertissement et le commandement d'exécution. *Garde à vous!* est un commandement d'avertissement : les soldats ne font que prêter attention et se préparent à exécuter ce qu'on va leur commander. *Portez armes!* est un commandement d'exécution : les soldats se mettent au port d'armes, en décomposant le mouvement suivant les règles. Le commandement ne se donne pas, du reste, toujours verbalement. Outre le porte-voix et le sifflet, qui datent de loin dans la marine, les commandements sont transmis de nos jours sur les champs par le tambour, le clairon, les signaux, le canon, et dans nos armées de terre, par le canon aussi, le tambour, le clairon, la trompette, plus faciles à entendre que la voix humaine au milieu du fracas de la mêlée. Que de fois, aurait-on eu en recours à ces moyens si simples, de malheureux soldats n'auraient-ils pas été massacrés pour n'avoir pas entendu le commandement verbal de retraite parti de la bouche de leur supérieur! Aussi le militaire et le marin font-ils en général beaucoup de cas de l'officier qui a un beau commandement, c'est-à-dire un commandement ferme, vigoureux, qu'on perçoit de loin et qui révèle sa foi entière dans la manœuvre qu'il ordonne ou dans l'ordre qu'il transmet. L'intonation forte de sa voix, l'articulation claire de ses paroles, et elles sont jointes surtout à une pose calme et digne, en face d'un régiment ou d'un équipage qui a confiance en lui, ajoutent généralement beaucoup à l'effet du *commandement* d'un chef.

COMMANDEMENT (*Droit*). On appelle ainsi, en termes de palais, un acte ou exploit que fait un huissier, en vertu d'un jugement ou d'un autre titre *exécutoire*, par lequel il *commande*, au nom du chef de l'État et de la justice, de satisfaire aux obligations ou engagements énoncés dans le titre. Toute saisie-exécution doit être, à peine de nullité, précédée d'un commandement de payer ou de satisfaire aux engagements qui résultent du titre. Le commandement doit contenir élection de domicile dans le lieu où réside celui auquel on signifie cet acte, et si ce lieu est isolé, dans la commune la plus voisine. Cette formalité a pour but de procurer au débiteur la facilité de se libérer à l'instant, par les offres réelles qu'il a le droit de faire au domicile élu, pour arrêter les poursuites, sauf à réitérer les offres au domicile effectif du demandeur; elle est susceptible d'une application générale, mais elle est plus particulièrement exigée par les articles 583, 673 et 780 du Code de Procédure civile, dans les cas de saisie-exécution et dans ceux de saisie immobilière et de contrainte par corps.

L'huissier qui a mission de faire un commandement est investi, par cela même, du pouvoir de recevoir le montant de la dette et d'en délivrer une quittance, qui a la même valeur que si le créancier l'avait donnée lui-même. Mais pour que le créancier ne puisse plus rien réclamer au débiteur, il faut qu'il soit exprimé dans l'exploit de commandement que ce débiteur a payé : à défaut de cette insertion, ou si le payement n'était fait entre les mains de l'huissier que postérieurement à l'acte de commandement, le débiteur ne serait pas valablement libéré, et le créancier pourrait continuer ses poursuites contre lui. Cette rigueur est fondée sur la présomption légale que l'huissier à qui l'on paye la dette au moment même du commandement a pour recevoir la chose due une procuration tacite qui émane des pièces dont il est porteur, et en vertu desquelles il agit. Mais après le commandement l'huissier a terminé son office, le mandat a pris fin, et l'officier ministériel est rentré dans la classe de tout homme qui ferait une recette pour autrui sans mandat.

Pour la validité du commandement, il est nécessaire que la cause pour laquelle on agit soit exprimée et que la chose que l'on demande soit liquide, parce que la justice veut que les poursuites rigoureuses aient un objet précis. Telles sont les dispositions des articles 551 et 552 du Code de Procédure civile. Souvent il arrive que le débiteur, soit qu'il obéisse au commandement, en payant la somme réclamée, soit qu'il diffère ou qu'il refuse de s'acquitter, exige que l'huissier fasse mention de ses dires ou réponses : en ce cas, l'huissier doit obtempérer à la réquisition.

Il y a une sorte de commandement qui n'exige pas de titre exécutoire : c'est celui que peut faire à son locataire tout propriétaire de maison par lui donnée à loyer verbalement ou par écrit.

L'huissier qui fait le commandement doit en même temps fournir copie du titre en vertu duquel la somme est due, et la signification doit être faite à la personne du débiteur ou à son domicile; s'il s'agit d'une dette hypothéquée sur un fonds qui depuis a passé d'autres mains, c'est toujours au débiteur lui-même ou à ceux qui le représentent, et non à l'acquéreur du fonds, que le commandement doit être signifié; mais après lui avoir fait cette notification, on la réitère au tiers acquéreur, en lui déclarant que faute par le débiteur de payer au créancier le montant de la dette, on saisira réellement le fonds affecté et hypothéqué. L'original du commandement doit être visé dans le jour par le maire ou l'adjoint du domicile du débiteur, et copie lui en doit être laissée. Du reste, il va sans dire que la formalité de l'enregistrement est indispensable.

On conçoit qu'après le commandement un délai soit laissé au débiteur, pour qu'il puisse prendre des arrangements et préparer sa libération; si le créancier laissait écouler plus de trois mois sans donner suite à son commandement, il serait obligé de le renouveler. Il ne faudrait pas cependant dans ce cas considérer ce commandement comme périmé, dans la véritable acception de ce mot, et il subsiste encore, sinon comme préliminaire de la saisie, du moins comme acte conservatoire et interruptif de la prescription. Toutefois, il n'a pas pour effet de faire courir les intérêts de la créance : cet avantage ne peut résulter, aux termes des articles 1154 et 1904 du Code Napoléon, que d'une demande en justice. Si le débiteur vient à mourir dans l'intervalle, bien que les titres, exécutoires contre le défunt, soient pareillement exécutoires contre l'héritier personnellement, le créancier ne peut en poursuivre l'exécution que huit jours après la signification de ces titres à la personne ou au domicile de l'héritier. Dubard, ancien procureur général.

COMMANDEMENTS DE DIEU ET DE L'ÉGLISE. On appelle *commandements de Dieu* les préceptes contenus dans le *Décalogue*. Ils composent l'abrégé des devoirs de l'homme envers Dieu et envers son prochain. On sait que pour en faciliter le souvenir et l'usage, on les a mis en vers ou lignes rimées.

L'Église étant, dans les idées catholiques, une société parfaite, a le droit de prescrire des lois à ses enfants, et ceux-ci, par une corrélation nécessaire, sont dans l'obligation de les accomplir. La teneur des commandements de l'Église a varié pour le nombre dans quelques rituels et dans les livres élémentaires de la religion. Aujourd'hui on énumère six préceptes sous le nom de *Commandements de l'Église*. Ils ordonnent 1° de sanctifier les fêtes; 2° d'entendre la messe les dimanches et fêtes; 3° de se confesser au moins une fois l'an; 4° de communier au moins à Pâques; 5° d'observer le jeûne dans les quatre temps, aux vigiles et pendant le carême; 6° enfin de s'abstenir de chair les vendredis et samedis. Quelques rituels et quelques catéchismes anciens contiennent la défense de célébrer les noces à certains temps de l'année et le précepte de payer la dîme. Le souverain pontife ne peut dispenser des commandements de Dieu, qui, fondés sur la loi naturelle, sont immuables. L'abbé Badiche.

COMMANDERIE ou **COMMENDERIE**, revenu, dignité, souvent l'un et l'autre ensemble, appartenant à divers ordres militaires de chevalerie, et conférés aux anciens chevaliers ayant rendu des services à l'ordre ou à l'État. Son origine remonte à 1260, époque où l'on établit des maisons de commission, où les percepteurs des revenus de l'ordre envoyaient de quoi faire face aux frais des guerres contre les infidèles. Leurs lettres commençant par le mot *commendamus*, ces maisons prirent le titre de *commanderies*, et ceux qui les tenaient, celui de *commandeurs*. Plus tard, on érigea en commanderies les léproseries de l'ordre de Saint-Lazare. Puis, les commanderies ne furent plus que des bénéfices éloignés de la résidence de l'ordre. Enfin, les bénéfices ayant été abolis en même temps que la dîme et la féodalité, les ordres de chevalerie, avec leurs divers degrés hiérarchiques, n'ont plus été maintenus que comme titres purement honorifiques accordés par les souverains aux individus qui sont censés avoir bien mérité de la patrie.

Dans l'ordre de Saint-Jean de Jérusalem ou de Malte, la commanderie était un domaine bénéficiaire, une subdivision, une dépendance d'un grand-prieuré. Elle s'était appelée *préceptorerie* jusqu'au treizième siècle. Les biens furent d'abord affermés à des receveurs séculiers, qui devaient verser au trésor commun le prix de leurs baux. Mais les comptables, placés hors de toute surveillance, abusaient de leur éloignement de Jérusalem et de Rhodes, et s'appropriaient tout ou partie des revenus. On crut remédier à ces abus en conférant aux grands-prieurs la régie des biens; mais bientôt ces fonctionnaires regardèrent comme leur propriété ce qui leur avait été confié comme un dépôt. Le chapitre général de Césarée confia l'administration de chaque préceptorerie à un chevalier, révocable à la volonté du conseil. Le mot et la chose changèrent : chaque préceptorerie s'appela *commanderie*, et forma une petite communauté, qui recevait quelques novices, et au service de laquelle un chapelain était attaché. L'administration des commanderies fut confiée à d'anciens chevaliers comme retraite, mais la faveur avait au moins autant de part que l'ancienneté de service à ces promotions d'emplois lucratifs, qui n'étaient jamais conférés à perpétuité. Le titulaire, après cinq ans de bonne gestion, était en droit de se présenter pour obtenir une autre commanderie de plus grande valeur. Il y en avait de plusieurs catégories : la *commanderie magistrale*, dont la totalité des revenus était réservée au grand-maître et formait une partie de sa liste civile; 2° celles qui étaient conférées exclusivement à l'ancienneté; 3° celles de grâce, que le grand-maître donnait par anticipation et à son choix; 4° celles de *chevissement*, accordées à des chevaliers sous la condition de verser au commun trésor une somme convenue. C'était, en d'autres termes, un véritable bail à ferme.

Il y avait aussi des *commanderies* dans les ordres de Calatrava, d'Alcantara, du Christ, de Saint-Bernard, de Saint-Antoine, etc.

COMMANDERIE (Vin de la). *Voyez* CRYPRE.

COMMANDEUR, chevalier d'un ordre militaire ou hospitalier, pourvu d'une commanderie; comme il y en avait dans les ordres de Malte, de Saint-Lazare, Teutonique, etc. On désigne également ainsi, dans plusieurs ordres militaires, un grade, plus ou moins élevé, purement honorifique : commandeur de la Légion d'Honneur, du Christ, du Bain, du Mérite civil. On appelait autrefois *commandeurs* de l'ordre des ecclésiastiques ayant l'ordre du Saint-Esprit.

Le *grand-commandeur* était la première dignité de l'ordre de Malte après celle de *grand-maître*. Il était *pilier* (chef) de la langue de Provence, et pouvait *éneutir* (postuler) le grand-prieuré de Hongrie. Le grand-commandeur était président du *commun trésor*, de la *chambre des comptes*; il nommait, sous l'approbation du grand-maître, les officiers de ces deux juridictions, ceux de l'infirmerie et de l'église de Saint-Jean. Il résidait au couvent, et n'en pouvait sortir pendant tout le temps qu'il exerçait sa charge.

Le *commandeur du grenier* à Malte avait la surintendance des grains et de tout ce qui était relatif aux subsistances. Les préposés sous ses ordres se qualifiaient de *prud'hommes de la petite commanderie*. Il fallait pour être admis au titre de *commandeur* dans l'ordre de Malte : 1° être de la nation dans la circonscription de laquelle était située la commanderie; 2° avoir fait des caravanes, c'est-à-dire compter quelques années de service actif à Malte ou sur les *galères de la religion*; mais souvent on dérogeait à ces exigences des statuts, suivant les circonstances et l'illustration de nom et de naissance. Les prélats, les ecclésiastiques agrégés à l'ordre de Malte, les supérieurs des maisons conventuelles des Mathurins et des Pères de la Mercy se qualifiaient de *commandeurs*.

Commandeur des Croyants était jadis un des titres que prenaient les califes, ou qu'on leur supposaient plutôt sur les récits des voyageurs.

Les Hollandais appellent *commandeurs* les gérants de leurs comptoirs en Orient, dans l'Inde, en Perse, dans l'île de Java, etc. Les planteurs de nos colonies en Amérique donnaient ce titre aux régisseurs de leurs habitations, qu'ils choisissaient d'ordinaire parmi les blancs, mais quelquefois cependant parmi les nègres. On a observé du temps de l'esclavage que ces derniers étaient les plus féroces. Quelle que fût, du reste, leur couleur, ils exerçaient sur les noirs un pouvoir despotique, ne les quittant pas une minute, les éveillant de grand matin, visitant les cases, mettant le holà parmi les négresses, conduisant hommes et femmes dans les champs, pressant sans pitié le travail de tous, et à la moindre faute, un nerf de bœuf en main, *taillant* ce pauvre bétail humain jusqu'au sang, jusqu'aux os, suivant l'expression alors en usage dans les colonies. La seule crainte d'avarier la marchandise du planteur mettait un terme aux brutalités des *commandeurs*.

De nos jours, l'auteur d'une foule de romans de portières, assez peu versé, en sa qualité d'ancien garçon coiffeur, dans les questions héraldiques, fit longtemps précéder son nom, sur ses cartes de visites et sur les couvertures de ses in-8°, du titre de *commandeur*, quoiqu'il n'appartient à aucune espèce d'ordre de chevalerie, pas même à l'Éperon d'or. Pour que sa vanité s'abstînt à l'avenir de cette usurpation nobiliaire, il fallut qu'un de ses confrères de la Société des Gens de Lettres lui demandât perfidement un jour à combien de nègres il commandait, et dans quelle colonie, avant de devenir à Paris l'une des gloires de l'école fantaisiste.

COMMANDEUR (Baume du). *Voyez* BAUME.

COMMANDITE. On nomme *commandite* une société commerciale composée de plusieurs individus, dont les uns fournissent de l'argent et dont les autres donnent leur travail et leur industrie en compensation de l'argent qu'ils ne mettent pas en fonds. Les premiers s'appellent associés *commanditaires* : leurs noms ne figurent point dans la raison sociale; ils ne peuvent faire aucun acte de gestion ni être employés pour les affaires de la société; mais ils ne sont passibles des pertes que jusqu'à concurrence des fonds qu'ils ont versés. Les obligations et les droits de l'associé commanditaire sont déterminés par les articles 23 et suivants du Code de Commerce.   Aug. HUSSON.

COMMELIN (JÉRÔME), savant imprimeur, né à Douai, émigra, comme huguenot, à Genève, où il exerça son art jusqu'à ce qu'il eut été appelé à Heidelberg en qualité de conservateur de la bibliothèque de cette ville. Jusqu'à sa mort, arrivée en 1568, il s'occupa de donner de nouvelles éditions d'auteurs grecs et latins, dont il revoyait les textes avec le plus grand soin et les meilleurs manuscrits, et qu'il enrichissait de notes critiques. Ce sont surtout ses éditions d'Héliodore et d'Apollodore qui ont rendu son nom célèbre. De Thou ne l'a pas jugé indigne d'occuper une place dans son Histoire. La plupart des ouvrages sortis des presses de J. Commelin portent au frontispice une figure de la Vérité, avec ces mots : *Ex officina Sanct Andreana*.

COMMELIN (ISAAC), né à Amsterdam, en 1598, appartenait sans doute à la même famille. Il est auteur de divers ouvrages relatifs à l'histoire de la Hollande, entre autres d'une *Beschrijvinge van Amsterdam*, publiée après sa mort par son fils (1693 ; 2° édit. 1726). Il mourut en 1726.

COMMELIN (JEAN), né en 1629, à Amsterdam, dont il fut échevin, mort dans la même ville en 1692, se fit un nom comme professeur de botanique, et fonda dans cette capitale un jardin des plantes, dont il s'efforça de faire l'un des plus beaux établissements de ce genre. Il consacra les vingt dernières années de sa vie à composer de bons livres, qui ont puissamment contribué aux progrès de cette science.

COMMELIN (GASPARD), neveu du précédent, né à Amsterdam, en 1667, succéda à son oncle dans cette capitale, et mourut en 1751. Lui aussi il mérita de la botanique par de nombreux et précieux ouvrages.

COMMELINE, genre de plantes monocotylédones, ainsi nommé en l'honneur de Gaspard Commelin. Toutes les espèces sont exotiques; on en compte cinq en Asie, deux en Afrique et cinq en Amérique; toutes sont des herbes. Elles ont pour caractères génériques : calice de trois folioles ovales et concaves ; trois pétales, dont l'un est dans quelques espèces plus court que les deux autres ; trois étamines fertiles, dont les anthères sont oblongues et vacillantes, et trois filaments stériles, dont chacun soutient trois petites glandes ; un ovaire supérieur, arrondi, chargé d'un style recourbé, à stigmate simple, penché ou en crochet. Le fruit est une capsule (et dans une seule espèce une baie) triloculaire contenant trois semences, si aucune n'est avortée.

Quoique ces plantes appartiennent en général à des contrées plus chaudes que l'*Europe*, il en est qui pourraient supporter le climat de l'Espagne, de l'Italie et même de la France méridionale. Telle est celle que l'on nomme *commeline commune*, qui paraît originaire du Japon, mais qui s'est aussi répandue en Amérique. Ses fleurs, qui viennent plusieurs ensemble dans une même feuille florale spathiacée, ne se développent que successivement, et durent peu. Elles ont deux pétales d'un bleu magnifique, plus grand que le troisième, qui est blanchâtre ou d'un bleu pâle. Suivant Kæmpfer, les Japonais en tirent une couleur à laquelle ce voyageur donne le nom d'*outre-mer*; la préparation consiste en une suite d'opérations très-faciles : on pétrit les pétales bleus avec du son de riz, on humecte le mélange, et, après l'avoir laissé reposer quelque temps, on en exprime l'eau, qui s'est chargée de la matière colorante. Kæmpfer ne dit presque rien de l'emploi de cette matière ; si les teinturiers européens voulaient en tirer parti, ils auraient à faire beaucoup d'essais ; mais avec le secours des chimistes ils iraient probablement plus loin que les Japonais, et s'enrichiraient d'un bleu plus beau que ceux qu'ils produisent actuellement.

Outre l'espèce dont on vient de parler, il en est une autre qui mérite quelque attention ; c'est la *commeline tubéreuse*, originaire des hautes montagnes du Mexique. Ses racines recèlent peut-être, comme la pomme de terre, une substance alimentaire, qui ajouterait à nos ressources contre la disette.

Le genre *commeline* a servi de type à la petite famille des *commélinacées*, établie par R. Brown et adoptée par tous les botanistes.
FERRY.

COMMÉMORATION, COMMÉMORAISON (en latin *commemoratio*, fait de la préposition *cum*, et du verbe *memini* ou *memorari*, se souvenir). Le premier de ces mots est un terme de liturgie dont on se sert en parlant de la mémoire que l'Église fait d'un saint ou d'une sainte ; le second s'emploie particulièrement en parlant du jour des morts. L'abbé Bergier, qui ne fait aucune distinction entre ces deux mots, en donne la définition suivante comme leur étant commune : « Souvenir que l'on a de quelqu'un, prière ou cérémonie destinée à en rappeler la mémoire. » Il serait peut-être plus juste de dire que le mot *commémoration* indique le souvenir, la mémoire, la mention que l'on garde de ou l'on fait d'une personne ou d'une chose, et que le mot *commémoraison* est un terme de liturgie qui indique l'office ou les prières que l'Église fait ou dit en mémoire de ceux qui sont morts.

La *Commémoration des Morts* est une fête qui se célèbre dans l'Église le second jour de novembre, en mémoire de tous les fidèles trépassés, et qu'on appelle aussi *le Jour des Trépassés*. C'est dans le onzième siècle qu'on institua, dit l'abbé Fleury, la *Commémoraison générale des trépassés*, dans le onzième siècle. On raconte diversement la révélation que l'on dit y avoir donné lieu. Voici ce qui m'en paraît le plus vraisemblable. Un pieux chevalier revenait du pèlerinage de Jérusalem : s'étant égaré de son chemin, il rencontra un ermite, qui, apprenant qu'il était des Gaules, lui demanda s'il connaissait le monastère de Cluny et l'abbé Odilon. Le pèlerin ayant dit qu'il le connaissait, l'ermite lui dit : « Dieu m'a fait connaître qu'il a le crédit de délivrer les âmes des peines qu'elles souffrent en l'autre vie. Quand donc vous serez de retour, exhortez Odilon et ceux de sa communauté à continuer leurs prières et leurs aumônes pour les morts. » Nous avons le décret fait à Cluny pour l'institution de cette solennité en ces termes : « Il a été ordonné par notre père dom Odilon, du consentement et à la prière de tous les frères de Cluny, que, comme dans toutes les églises on célèbre la fête de tous les saints au premier jour de novembre, de même chez nous on célébrera solennellement la *commémoration* de tous les fidèles trépassés qui ont été depuis le commencement du monde jusqu'à la fin en cette manière. Ce jour-là le chapitre, le doyen et les celleriers feront l'aumône du pain et du vin à tous venants, et l'aumônier recevra tous les restes du dîner des frères. Le même jour, après vêpres, on sonnera toutes les cloches et on chantera les vêpres des morts. Le lendemain, après matines, on sonnera encore toutes les cloches et on fera l'office des morts. La messe sera solennelle : deux frères chanteront le *trait* (espèce de verset) ; tous offriront (iront à l'offerte) en particulier, et on nourrira douze pauvres. Nous voulons que ce décret s'observe à perpétuité, tant en ce lieu qu'en tous ceux qui en dépendent ; et si quelqu'un suit l'exemple de cette institution, il participera à nos bonnes intentions. » Tel est le décret de Cluny. Cette pratique passa bientôt à d'autres églises, et finit par devenir commune à toute l'Église catholique.

L'abbé Bergier dit que dès les premiers siècles l'usage s'établit de faire dans les assemblées chrétiennes la *commémoration* des martyrs, le jour anniversaire de leur mort ; ce que les catholiques regardent comme un témoignage du culte rendu aux martyrs, tandis que les protestants soutiennent qu'il n'y a dans cette coutume aucune marque ni aucune preuve de culte.
Edme HÉREAU.

COMMENCEMENT (de la particule *cum*, et du verbe *initiare*, initier). On entend proprement par ce mot le point de départ de chaque chose, la première chose faite ou à faire. Dans le sens philosophique, il est synonyme de *naissance*, *principe*. La crainte de Dieu est le *commencement* de la sagesse. On dit dans le même sens que Dieu est le *commencement* et la *fin* de toutes choses, comme on dit dans le sens direct que Dieu n'a point eu de *commencement* et n'aura point de *fin*.

Au commencement, *dès le commencement*, façons de parler adverbiales, employées pour marquer le début d'une chose. *Au commencement* se prend aussi dans un sens absolu : *Au commencement, Dieu créa le ciel et la terre* (Genèse, 1, 1) ; *Au commencement était le Verbe ; il était en Dieu, et il était Dieu* (St. Jean, 1, 1).

On dit proverbialement qu'il faut un *commencement* pour avoir une *fin*. En toute chose, dit-on encore, *les commencements* sont les plus difficiles. Ce n'est pas ce que pensait le Petit-Jean des *Plaideurs* quand il dit :

Ce que je dis le mieux, c'est mon *commencement*.

Le mot *commencements*, au pluriel, s'est pris dans le sens de premières leçons, premières instructions, que l'on donne de ou que l'on reçoit dans quelque art ou dans quelque science. De là aussi l'acception particulière donnée au qualificatif *commençant*, dont on se sert communément pour désigner les enfants qui apprennent les premiers éléments d'une langue ou d'une science quelconque.

Charité bien ordonnée commence par soi-même dit un proverbe égoïste, et fort peu chrétien, qui caractérise parfaitement notre temps.

COMMENDE (du latin *commendare*, confier, fait de *mandare* ou *mandatum*). On entendait originairement par ce mot la garde, le dépôt, le régime et l'administration des revenus d'un bénéfice qu'on donnait à un séculier pour en jouir par économat pendant six mois, ou à un évêque, voire à un simple ecclésiastique, pour y remplir les fonctions pastorales, en attendant qu'on en eût pourvu un titulaire. On prétend que ce fut le pape Léon IV qui érigea des *commendes*, en faveur des ecclésiastiques chassés de leurs bénéfices par les Sarrasins. On leur confiait la garde et l'administration des églises vacantes. Saint Grégoire, dit-on, en avait usé de même pendant que les Lombards désolaient l'Italie. Sous les rois de la deuxième race, il fut fait un abus criant de *commendes*; on alla jusqu'à donner des revenus de monastères à des laïques pour les faire subsister. Les prélats aussi s'adjugèrent plusieurs bénéfices ou évêchés en *commende*, prétexte honnête pour les retenir tous, sans violer directement les canons. Plus tard, on fit disparaître une partie de ces abus, mais on ne put abolir absolument la commodité et l'usage des *commendes*. C'était un expédient qu'on tenait toujours en réserve pour lever l'incompatibilité de la personne ou la nature du bénéfice.

En France, le nom de *commende* se donnait au titre de bénéfice que le pape accordait à un ecclésiastique nommé par le roi à une abbaye régulière, avec permission au *commendataire* de disposer du fruit du bénéfice pendant sa vie. On ne pouvait donner *en commende* un bénéfice à charge d'âmes, c'est-à-dire une cure ou un évêché. *Commender*, c'était donner un bénéfice en *commende*, droit appartenant au pape seul, qui ne pouvait refuser un bénéfice après trois collations *en commende*. L'abbé *commendataire* était opposé à l'abbé *régulier*; il n'avait pas tous les privilèges du titulaire, et ne pouvait, par exemple, exercer le droit de discipline intérieure; mais il jouissait de tous les droits purement honorifiques.

COMMENSAL (du latin *cum*, avec, et *mensa*, table), celui qui mange habituellement à la même table qu'un autre; celui qui mange habituellement dans une maison, qui y a son couvert mis. Jadis, dans un sens plus restreint, les commensaux se divisaient en deux classes : 1° les officiers de la couronne, ou maison du roi, qui étaient couchés sur ce qu'on appelait *l'état du roi* (la liste civile); ils étaient exempts de tutelle, de logements de gens de guerre; ils pouvaient faire valoir une ferme de deux charrues sans payer la taille; leurs *gages* ou traitements étaient insaisissables; les commensaux avaient encore le privilège de porter, suivant leurs convenances, leurs procès ou aux requêtes de l'hôtel ou au palais; 2° les officiers domestiques des maisons royales, qui avaient, comme les officiers de la couronne, *bouche en cour* (*convictores*), et jouissaient des mêmes privilèges; on comprenait sous cette dénomination de *maisons royales* celles de la reine, des fils et petits-fils de France, des princes et princesses du sang royal qui étaient couchés sur l'état du roi. Les *commensaux des évêques* étaient des ecclésiastiques attachés au service des prélats et à leur personne, qu'ils fussent ou ne fussent pas nourris et logés dans le palais épiscopal. DUFEY (de l'Yonne.)

COMMENSURABLE. Ce mot se dit de deux grandeurs quelconques qui ont une mesure commune (en latin, *communis mensura*). Ainsi, deux lignes, A et B, dont une aurait sept mètres de long et l'autre quatre, seraient commensurables, puisque chacune d'elles contiendrait le mètre un nombre de fois exact et sans reste. Deux surfaces sont commensurables lorsque leur superficie est équivalente à celle d'une autre surface multipliée un certain nombre de fois, et que l'on prend pour terme de comparaison; de même, deux solides ou volumes sont commensurables lorsqu'ils contiennent un même volume un certain nombre de fois sans reste. Ainsi une sphère et le cylindre qui lui est circonscrit sont commensurables. Les grandeurs entre lesquelles il n'existe pas de commune mesure sont dites *incommensurables*. TEYSSÈDRE.

COMMENTAIRE, COMMENTATEUR. Dans l'usage habituel, *commentaire* veut dire interprétation, glose, addition qu'on fait à un auteur obscur et difficile pour le rendre plus intelligible, plus clair, pour suppléer à ce qu'il n'a pas bien expliqué ou à ce qu'il supposait être connu déjà de ses lecteurs. On appelle *commentateur* l'écrivain qui s'impose cette tâche. Le satirique Perse est un poète obscur, qui a besoin de *commentaires*. Malgré tous les *commentaires* qui en ont été faits, l'Apocalypse est toujours restée inintelligible, d'autant plus que la plupart de ces interprétations auraient elles-mêmes besoin de *commentaires*. Saviléus a fait un *commentaire* de 2,500 pages in-4° pour expliquer les huit premières propositions d'Euclide. Les meilleures lois sont celles qui ont le moins besoin de *commentaires*. De la lecture du chap. 1ᵉʳ du liv. VI de l'*Esprit des Lois* on peut inférer cet axiome que plus il y a de liberté et de modération dans une monarchie, plus les *commentaires* sur la législation se multiplient.

Lors de la renaissance des lettres, les *commentateurs* tenaient le premier rang dans l'opinion. Combien ont été utiles à la jurisprudence les *commentaires* de Cujas, qui, publiés sous le titre de *Décisions*, avaient force de loi! Après lui, Loysel, son disciple, puis La Rocheflavin, auteur des *Commentaires sur les Fiefs*, ont été regardés comme des oracles. Pour les auteurs grecs et latins, que de *commentateurs*, d'interprètes, de glossateurs, de paraphrastes parurent depuis le milieu du quinzième siècle jusqu'à celui de Louis XIV! Casaubon, Juste-Lipse et Joseph Scaliger, qui furent appelés les *triumvirs de la république savante*, méritèrent en effet ce titre par l'incommensurable science de leurs *commentaires*. On lit dans le *Longueruana* que dès le temps de Joseph Scaliger la science des *commentateurs* commençait à décliner. « Joseph, dit-il, du haut de sa guérite, en voyait la ruine, et l'annonçait à Casaubon, plus jeune que lui, comme plus jeune que lui. » Le siècle de Louis XIV n'a pas poli les commentateurs, et Mᵐᵉ Dacier, pour laquelle fut inventé le mot *commentatrice*, connaissait mieux les usages de la cour de Priam ou d'Agamemnon que la politesse française. Par compensation, les *commentateurs*, si prodigues d'injures envers leurs adversaires, ne sont pas moins exagérés dans les éloges qu'ils adressent à ceux qui pensent comme eux. Les superlatifs ne leur coûtent rien, et les *savantissime*, les *illustrissime*, le *clarissime*, se trouvent à tout propos sous leur plume, lourdement adulatrice. On a reproché encore aux *commentateurs* d'expliquer les légères difficultés de leurs textes, et de passer par-dessus les grandes; enfin, d'avoir une admiration aveugle pour leur auteur. « Il arrive d'ordinaire, dit Saint-Évremond, qu'un commentateur se consume à supposer à son auteur des beautés à quoi il n'a pas songé, et à l'enrichir de ses propres pensées..... Bien souvent les *commentateurs* entassent une littérature mal choisie, qui ne sert qu'à fatiguer les lecteurs, et s'amusent à prouver des choses qu'il vaudrait mieux ignorer éternellement que d'avoir la peine de les lire. » — « Les commentateurs, ajoute La Bruyère, rebutent, parce qu'ils sont trop abondants et d'ordinaire chargés d'une vaste et fastueuse érudition. »

L'auteur de *Gil Blas*, qui a peint toutes les scènes du monde avec une ironie toujours juste, n'a pas non plus manqué de traits sur les *commentateurs* et les *compilateurs*. « Il était aussi grand *commentateur*, dit-il, et il y avait tant d'érudition dans ses *commentaires*, qu'il faisait des remarques sur des choses qui n'étaient pas dignes d'être remarquées, etc. » Et ailleurs, avec quelle fine plaisanterie il ridiculise, tout en paraissant le préconiser, ce bon maître d'école d'Olmédo : « Il possède l'antiquité, comme on peut le voir par les belles remarques qu'il a faites. Sans lui, nous ne saurions pas que dans la ville d'Athènes les enfants pleuraient quand on leur donnait le fouet : nous devons cette découverte à sa profonde érudition. » — « Les *commentateurs*, peuple superstitieux, dit Fontenelle, admirent toutes les expressions d'un auteur qu'ils ont choisi pour l'objet de leur culte. » C'est ainsi que Mᵐᵉ Dacier ne voit que des beautés dans Homère; semblable en cela à ces *pesants érudits* dont parle D'Alembert,

« qui auraient admiré la *Pucelle*, si Chapelain l'avait écrite il y a trois mille ans ». Boileau lui-même n'a pas été exempt de cette superstition. « Peut-on lire, dit le même critique, rien de plus ridicule que son *commentaire* sur la première ode de Pindare, et ses efforts pour travestir en sublime le mélange bizarre que le poëte grec fait dans la même strophe de l'eau, de l'or et du soleil avec les jeux olympiques? Si Perrault ou Chapelain avaient fait une pareille strophe, quelle matière de plaisanterie ils eussent fourni au satirique! » D'Alembert n'aimait point les *commentateurs*: c'est encore lui qui a dit d'eux : « Une seule espèce d'écrivains m'a paru posséder un bonheur sans trouble, c'est celle des compilateurs et *commentateurs*, laborieusement occupés à expliquer ce qu'ils n'entendent pas, à louer ce qu'ils ne sentent point, ou ce qui ne mérite pas d'être loué ; qui pour avoir pâli sur l'antiquité croient participer à sa gloire, et rougissent par modestie des éloges qu'on lui donne. J'envierais le bien-être dont ils jouissent, s'il n'était pas fondé sur la sottise et l'orgueil ; mais ce genre de félicité me paraît trop fade, etc. » D'Alembert, enfin, veut-il se défendre d'accorder trop d'éloges à l'*Esprit des Lois*? « Nous ne voulions pas, dit-il, jouer ici le rôle des *commentateurs d'Homère*. »

Les *commentateurs* n'ont pas non plus trouvé grâce devant le grave auteur de l'*Essai sur l'Entendement humain*. « A quoi ont servi, se demande Locke, tant de *commentaires* et controverses sur les lois de Dieu et des hommes, si ce n'est à en rendre le sens plus douteux et plus embarrassé? Combien de distinctions curieuses multipliées sans fin, combien de subtilités délicates a-t-on inventées? Et qu'ont-elles produit? De l'obscurité et de l'incertitude, en rendant les mots plus inintelligibles et en dépaysant davantage le lecteur. Ci cela n'était, d'où vient qu'on entend si facilement les princes dans les ordres qu'ils donnent de bouche ou par écrit, et qu'ils sont si peu compris dans les lois qu'ils promulguent pour leurs peuples? Et n'arrive-t-il pas souvent qu'un homme d'une capacité ordinaire, lisant un passage de l'Écriture ou une loi, l'entend fort bien, jusqu'à ce qu'il ait consulté un théologien ou un avocat, qui, après avoir employé beaucoup de temps à *commenter* cet endroit, fait en sorte que les mots ne signifient rien du tout, ou qu'ils signifient tout ce qu'il lui plaît? » Dans les *Lettres Persanes*, toute la cent trentième est consacrée à un badinage, plein de justesse d'esprit, sur les *commentateurs* de l'Écriture, si nombreux, et qui pourtant n'ont rien expliqué pour qui n'a pas la foi. Dans la lettre suivante, grammairiens, glossateurs et *commentateurs* littéraires, ont leur tour. « Tous ces gens-là, demande Rica, ne peuvent-ils pas se dispenser d'avoir du bon sens? Oui, ils le peuvent, et même il n'y paraît pas, leurs ouvrages n'en sont pas plus mauvais; ce qui est très-commode pour eux. »

Ces critiques, toujours sûres d'être bien accueillies par les gens du monde, ne diminuent rien des immenses services que la science des *commentateurs* a rendus à l'histoire, à la religion, à la jurisprudence, à la philologie. L'abbé Bergier, dans son *Dictionnaire de Théologie*, se montre trop absolu contre les *commentateurs* protestants, qui peuvent lui rétorquer une partie de ses arguments. Pour apporter son tribut dans la croisade anti-religieuse du dix-huitième siècle, le grand Frédéric a composé les *Commentaires apostoliques et théologiques sur les saintes prophéties de l'auteur sacré de Barbe-Bleue*. Combien n'y a-t-il pas de *commentaires* de ce genre dans les publications du philosophe de Ferney! Mais Bossuet, dans ses controverses sur les saintes Écritures, Bayle, dans ses inépuisables indications sur plusieurs milliers de passages, Montesquieu, dans son *Esprit des Lois*, ne sont-ils pas de grands et utiles *commentateurs*? Voltaire ne s'est-il pas montré quelquefois bien sévère dans son *Commentaire sur Corneille*? En récompense, que de charité envers lui-même dans son *Commentaire historique* sur ses propres œuvres! Le *Commentaire* de Molière par Auger est un ouvrage très-distingué dans ce genre. Les *Commentaires* du chevalier de Folard sur les batailles de Polybe ont joui d'une haute réputation. Les érudits d'Allemagne ont depuis le dernier siècle donné à l'art du *commentateur* ce caractère éminemment philosophique que l'on retrouve dans quelques-unes de nos éditions de classiques.

Le *commentaire*, qui, ainsi que la *glose*, exprime des interprétations ou explications d'un texte, diffère de son synonyme en ce qu'il est littéral, plus libre et moins scrupuleux à s'écarter de la lettre que la glose.

Le mot *commentaire*, pris dans une signification tout à fait latine, s'applique à un canevas d'histoire, à des mémoires rapidement écrits par celui qui y a eu la plus grande part. Plutarque appelle les *Commentaires* de César des éphémérides qui fournissent le fond et la matière à l'histoire. Les *Commentaires* de Blaise de Montluc ont été longtemps le bréviaire des hommes de guerre. Cicéron dit quelque part : « Ce n'est pas un discours, c'est une table des matières, ou un *commentaire* un peu moins sec. » On a parfois donné le titre de *commentaires* à certains livres composés sur un sujet particulier. Kepler, par exemple, a publié les *Commentaires de Mars*, qui contiennent les observations des mouvements de cette planète.

Commentaire se dit encore d'une interprétation maligne donnée aux discours ou aux actions d'autrui, ou des diverses réflexions que chacun fait à sa fantaisie sur les actions d'autrui. On appelle enfin *commentaire* une addition faite à une histoire, à un conte, par celui qui le rapporte.

Charles Du Rozoir.

COMMÉRAGE. Le commérage est un mélange de petites indiscrétions, de petites platitudes, de petites perfidies. Il est le plus communément destiné à agir sur un grand fond d'oisiveté ou de malveillance. Lorsque la calomnie s'y mêle, le commérage prend alors la gravité de beaucoup de conversations. Longtemps on a voulu faire du commérage le monopole de la portière ; mais les gens du peuple jouissent de peu de privilèges : le commérage est à l'usage des classes les plus aristocratiques. Il y est moins original, à cause des formes convenues, mais voilà tout. Lorsque les gouvernements interdisent l'usage de la parole, le commérage s'élève jusqu'à une certaine importance politique. La discussion se rabat sur les petites choses, de manière à faire autant que possible souvenir des grandes. Le commérage alors remplace la discussion, comme l'agiotage remplace le travail.

COMMERÇANT. La loi emploie souvent dans le même sens les mots *négociants*, *marchands*, *banquiers* et *commerçants* ; mais ce dernier terme est le plus étendu : c'est une dénomination générique qui comprend toutes les autres. L'article 1er du Code de Commerce qualifie de *commerçants* « tous ceux qui exercent des actes de commerce et en font leur profession habituelle. » Cette définition est complétée au livre iv, titre ii du même Code, par l'énumération des actes réputés commerciaux. Il est fort important de bien connaître ceux que l'on doit considérer comme tels ; car toutes les contestations qui s'y rapportent sont du ressort de la juridiction commerciale, et la contrainte par corps est en général attachée aux obligations qui ont des actes de commerce pour objet.

Un acte est commercial ou par sa nature ou à cause de la qualité des personnes qui figurent dans une opération.

Les actes commerciaux par leur nature sont : 1° tout achat de denrées et marchandises pour les revendre, soit en nature, soit après les avoir travaillées et mises en œuvre, ou même pour en louer simplement l'usage ; 2° toute entreprise de manufacture, de commission, de transport par terre et par eau ; 3° toute entreprise de fournitures, d'agences, bureaux d'affaires, établissement de ventes à l'encan, de spectacles publics ; 4° toute opération de change, banque et courtage, et toutes les opérations des banques publiques ; les lettres de change ou remises d'argent faites, de place en place, entre toutes personnes ; 5° toute entreprise de construction et tous achats, ventes et reventes de bâtiments pour la navigation intérieure et extérieure ; 6° toutes expéditions maritimes ; 7° tout achat ou vente d'agrès, apparaux et avitaillements ; 8° tout affrétement ou nolissement, emprunt ou prêt à la grosse ; toutes assurances et autres contrats concernant le commerce de mer ; 9° tous accords et conventions pour salaires et loyers d'équipages ; 10° tous engagements de gens de mer pour le service des bâtiments de commerce.

Sont réputés *actes de commerce par la qualité des personnes* : 1° Toutes obligations entre négociants, marchands et banquiers ; 2° tous billets, même non négociables, souscrits par un commerçant ; 3° tous billets souscrits par les receveurs, payeurs, percepteurs et autres comptables des deniers publics, si ces billets expriment que leur cause est étrangère à leur gestion (art. 632 et suivants du Code de Commerce).

Il n'y a que les choses mobilières qui puissent devenir l'objet d'un acte de commerce ; d'après nos codes, les *immeubles* ne rentrent pas dans la classe des objets commerciaux. Tout ce qui est *immobilier* est en dehors du négoce. Pour constituer un acte de commerce, il faut que les marchandises et denrées aient été achetées avec l'intention de les revendre, mais de telle sorte que la revente de ces marchandises soit l'objet principal de l'opération. De là il résulte que l'artiste qui achète une toile, qu'il revend ensuite, après en avoir fait un tableau, ne fait pas un acte de commerce.

Pour être commerçant, il faut donc *habituellement acheter pour revendre des objets mobiliers*. Si le fait d'acheter pour revendre n'est pas habituel, il y a acte de commerce, mais le commerçant n'existe pas. De là une distinction nécessaire. Toutes les opérations du commerçant *habituel*, comme emprunts, ventes, cautionnements, sont présumées accomplies dans l'intérêt de son commerce ; les obligations du commerçant accidentel ne deviennent commerciales que lorsqu'il est prouvé qu'elles étaient inhérentes à un acte de commerce. Dès lors l'un est généralement justiciable des tribunaux de commerce ; l'autre ne l'est qu'exceptionnellement.

Pour être commerçant, il suffit de jouir de la capacité de contracter. Telle est la règle générale ; mais cette règle est restreinte par plusieurs exceptions absolues ou relatives ; les unes sont fondées sur l'incapacité de contracter de certaines personnes, comme les interdits, les mineurs et les femmes mariées ; les autres reposent sur l'incompatibilité admise de certaines fonctions avec l'exercice du commerce. Ainsi ne peuvent être commerçants : 1° les magistrats (édit de 1765) ; 2° les avocats (ordonnance du 20 novembre 1822) ; 3° les agents de change (Code de commerce, article 83) ; 4° les fonctionnaires, les agents du gouvernement, commandants des divisions militaires, les préfets, sous-préfets, si ce n'est à raison des denrées produites par leurs propriétés (Code Pénal, article 176) ; 5° les officiers, les administrateurs de la marine et les consuls en pays étrangers (loi du 2 prairial an XI).

Tout mineur émancipé de l'un ou de l'autre sexe, âgé de dix-huit ans accomplis, qui veut profiter de la faculté que lui accorde l'article 487 du Code Civil, de faire le commerce, ne peut commencer les opérations ni être réputé majeur, quant aux engagements par lui contractés pour faits de commerce, s'il n'a été préalablement autorisé par son père, ou par sa mère en cas de décès, interdiction ou absence du père, ou, à défaut du père et de la mère, par une délibération du conseil de famille, homologuée par le tribunal civil ; l'acte d'autorisation doit en outre être enregistré et affiché au tribunal de commerce du lieu où le mineur veut établir son domicile. La femme ne peut être marchande publique sans le consentement de son mari. Si elle est marchande publique, elle peut, sans l'autorisation de son mari, s'obliger pour ce qui concerne son négoce, et dans ce cas elle oblige aussi son mari, s'il y a communauté entre eux.

Tous les ans, le préfet choisit parmi les commerçants une liste de notables qui nomment les membres des tribunaux de commerce et des chambres du commerce.

Aug. Husson.

COMMERCE (du latin *commercium*, fait de *merx*, marchandises). Le commerce a pour matériaux toutes les productions, soit celles de la nature, qu'il s'agit seulement d'extraire et de recueillir, soit celles de la culture, appelée à préparer et à féconder le champ où la nature opère, soit enfin celles de la fabrication, qui a manipulé les matières premières pour notre service. Un peuple cultivateur, qui tire ses aliments de ses terres et ses vêtements de ses troupeaux, reste d'ordinaire plus ou moins longtemps étranger à la première division du travail, à celle qui constitue la fabrication et l'échange des objets usuels, comme des occupations et des arts séparés. Les premiers agriculteurs fabriquent eux-mêmes les instruments, les vases, les cabanes, les vêtements, qui suffisent à leurs besoins. Si quelques échanges ont lieu entre eux, ces arrangements ont peu d'importance : c'est lorsque sur une terre fertile un labeur assidu a créé un excédant de produits, que le besoin de débouchés et le désir de multiplier les échanges appellent cette division du travail, qui, en créant les arts de la fabrication et le génie du trafic, apprennent aux cultivateurs à rechercher ce qui rend la vie plus commode et leur laissent tout le temps nécessaire pour augmenter sans cesse les produits susceptibles de fabrication et d'échange. Ces progrès sont rapides si le peuple agricole est voisin de la mer ou d'un fleuve. La proximité d'un autre peuple dont la situation favorise la navigation ouvre aussi au premier un débouché avantageux. Ainsi, l'on voit dans l'antiquité les Athéniens et les Romains, après les époques d'enfance de leurs républiques, exporter le superflu des produits de leur agriculture. Voilà les premiers éléments du commerce pour les nations cultivatrices. Les bénéfices de ces exportations créent des richesses, qui en perfectionnant le travail agricole et ses instruments répandent sur les guérets une fertilité nouvelle. Ce fut ainsi que l'Égypte, la Sicile et l'Afrique carthaginoise et romaine devinrent d'inépuisables greniers.

Tel est le commerce primitif appliqué à l'échange des matières premières, qui servent à la consommation de l'homme en sortant des vastes ateliers de l'agriculture. Les grains, les graines, les racines, les fruits de toutes espèces, les légumes, le lin, le chanvre, la laine, les bois de chauffage ou de construction, tels sont les produits que les peuples purement agricoles livrent au négoce. Celui-ci s'exerce ou dans l'intérieur du pays producteur, ou à l'extérieur. De là la distinction entre ces deux genres de commerce : le *commerce intérieur* a pour but l'échange des diverses nécessités de la vie, d'abord entre ceux qui les produisent, ensuite avec ceux qui les fabriquent ; bientôt, ceux-ci multiplient les objets de commodité et d'agrément, et ce que ces objets ont d'attrayant excite aux désirs l'activité des producteurs de matières premières ; mais avec et en stimulant du travail apparaissent déjà en germe le goût du luxe et cet amour des jouissances si difficiles à contenir dans de justes limites et si fécondes en inspirations corruptrices, dès qu'ils ne sont plus contenus. Il semble que de tous les objets commodes et agréables reconnaît des limites, tant que la simplicité des mœurs renferme dans les bornes d'un modeste *comfort* l'aisance du citoyen, et n'admet une sorte de magnificence que dans les monuments publics, le commerce intérieur, ou l'échange entre les habitants d'un même pays des objets nécessaires, utiles et commodes, produits par son agriculture et par son industrie, constitue pour ce pays la richesse, dont la répartition naturelle, opérée par le salaire des travaux et les profits du commerce, est aussi égale entre tous que le permet l'inégalité des facultés diverses, et par conséquent la plus favorable au bien-être général. Cette situation est pour une nation l'époque la plus vraiment prospère. Cette prospérité fit fleurir Athènes et Rome dans les temps anciens, Milan, Florence, Pise, Sienne, Lyon et la ligue des villes du Rhin, au moyen âge. Elle offre encore aujourd'hui un spectacle attrayant pour les âmes saines dans les cantons de la Suisse, et dans ceux des Etats-Unis de l'Amérique où n'ont point encore pénétré la passion d'un lucre illimité et la lèpre de l'esclavage.

Mais si la situation d'un pays ou d'une ville lui fait chercher l'abondance et la richesse uniquement dans les profits du *commerce extérieur*, il est à peu près impossible que la simplicité des mœurs et le goût d'une honnête aisance, ces vertus conservatrices d'une égalité proportionnelle aux facultés et du bien-être général, n'y cèdent bientôt à cet amour désordonné du lucre, source de toutes les inégalités factices, de tous les genres de corruption, et compagnon de toutes les passions nuisibles. Néanmoins, tant que le commerce extérieur se borne à l'échange de denrées et de marchandises nécessaires, utiles ou commodes, contre des objets de même qualité entre des pays dont les produits différents provoquent ce trafic qui doit donner à l'un ce qui manque à l'autre, chacun de ces pays s'enrichit à la fois de ce qu'il cède et de ce qu'il acquiert. Des besoins réels sont satisfaits, et les progrès que fait faire ce commerce à l'agriculture et à l'industrie des peuples engagés dans ce négoce sont pour eux un nouveau moyen de prospérité. Ainsi, les États-Unis d'Amérique et la Russie échangent leurs blés, leurs farines, le chanvre, la cire, le miel, et la Suède ses fers et ses bois de construction, contre nos vins, nos eaux-de-vie, nos huiles et d'autres produits, avec un égal avantage pour les nations intéressées dans ces échanges.

Le moment où la corruption et le désordre intérieur de l'économie sociale sont imminents pour un peuple qui fonde sa richesse sur le commerce extérieur est celui où l'utilité de l'échange fait place à l'esprit avide et aventureux de la spéculation. Le commerce tend à se corrompre dès qu'il s'agit non plus seulement de troquer des produits superflus contre des produits utiles, mais de créer et d'accumuler des produits quelconques pour les verser là où l'appât d'une consommation nouvelle et du bon marché en faciliteront le débit. Il y a encore germe de corruption dès que ce n'est plus le besoin réel qui appelle l'échange, mais que c'est, au contraire, une ardeur cupide pour l'échange qui s'efforce de faire naître le besoin. Le lucre dès lors cesse d'être le bénéfice naturel d'un commerce utile, pour devenir bientôt l'unique mobile et le dominateur exclusif du commerce. C'est lorsque la cupidité est devenue l'unique stimulant de la spéculation, qu'affluent toutes les causes, tous les symptômes de désordres funestes de l'économie sociale : à l'intérieur, la lutte perpétuelle des entrepreneurs contre les salariés pour favoriser le débit et écraser des nations rivales par la baisse progressive de la main d'œuvre, les monopoles, les prohibitions, pour augmenter les bénéfices des échanges ; à l'extérieur, encore les prohibitions et les taxes exagérées pour interdire les concurrences, puis les jalousies, les animosités, les guerres contre les peuples rivaux, l'esprit d'hostilité contre leur industrie et leur commerce. Les discordes ne font que s'accroître, lorsqu'au commerce extérieur direct pour les échanges entre deux pays l'esprit de spéculation réunit le commerce de *transit* et le commerce de *transport*, qui vont chercher là des besoins, ici des moyens de les satisfaire, ailleurs la route la plus courte et la moins coûteuse pour faire arriver les marchandises du pays qui les produit et les faire parvenir au pays qui les demande. C'est à qui s'emparera des achats dans le lieu de provenance, et de la vente dans le lieu de débit. Ce courtage convient cependant aux peuples actifs, laborieux, économes, à qui leur territoire a refusé ou donné avec une extrême parcimonie les subsistances et les matières premières. Tels furent au moyen âge les Génois et les Vénitiens ; tels sont encore les Hollandais, si longtemps les courtiers de l'univers, mais dont le commerce de transport, source de leur étonnante prospérité, n'a pas cessé de décroître depuis le coup que lui portèrent le long parlement et Cromwell, par le fameux acte de navigation. Mais les deux branches du commerce extérieur, le commerce direct et le commerce de transport, devaient également tenter les nations riches en matières premières et en produits fabriqués, depuis Tyr et les Phéniciens jusqu'à la Grande-Bretagne, ce colosse commercial, dont les bras immenses pressent de leurs étreintes les cinq parties du monde. La Hollande, son ancienne rivale, fut longtemps un exemple des vertus qui peuvent se concilier avec la direction naturelle du commerce. L'amour de la patrie, le courage, la patience, l'économie, la frugalité et l'ordre au sein même du luxe, la tolérance religieuse et l'honnêteté des mœurs ont longtemps honoré la terre natale des Barneveldt, des Grotius et du célèbre fondateur de la république batave. C'est en tout autre exemple que présente aujourd'hui au monde, comme la plus grave des leçons, le grand peuple dont le génie a élevé à un degré inouï de splendeur la puissance et les profits du commerce. Quel exemple en effet que celui d'une misère profonde et immense à côté de tous les prodiges et des trésors entassés de l'opulence, et quelle leçon d'économie sociale pour les nations !

Cette grande leçon doit leur enseigner à toutes qu'un peuple jaloux de sa prospérité réelle doit éviter les écueils d'une avidité sans bornes. Les faits passés, comme ceux dont nous sommes les témoins, nous crient que les trois genres de travaux, l'agriculture, l'industrie et le commerce, doivent marcher d'un pas égal et mesuré, en s'appuyant l'un sur l'autre. C'est à l'agriculture qu'il appartient, par une législation favorable à une heureuse division des propriétés, de multiplier sans cesse les subsistances et les matières premières naturelles au sol, pour offrir ses excédants à l'industrie et au commerce ; l'industrie à son tour doit accroître ses fabrications, pour subvenir d'abord aux besoins et à l'aisance intérieurs, et ensuite à alimenter le commerce. La première condition d'utilité pour ses travaux est d'assurer des bénéfices et des salaires suffisants aux fabricants et aux ouvriers. Enfin la mission naturelle du commerce est de distribuer dans les pays les produits de l'agriculture et de l'industrie, et de lui apporter du dehors, en échange du superflu dont il dispose, les produits, agricoles ou fabriqués, nécessaires à ses besoins, ou favorables à son aisance, et que sa culture ou son industrie ne pourraient lui offrir ou ne lui offriraient qu'à son détriment. La France est sans nul doute l'une des contrées qui peut s'accomplir avec le plus de facilité et d'avantages cette destination naturelle du commerce.

AUBERT DE VITRY.

L'histoire du commerce enseigne d'une manière frappante l'immense influence qu'il a exercée sur la civilisation du genre humain. Dès les temps les plus reculés Tyr était célèbre par sa navigation. Il est extrêmement probable que les Phéniciens furent les premiers qui s'adonnèrent à cet art. Ils furent aussi les premiers marchands, et leur exemple fut successivement imité par les habitants des côtes et des îles de la Syrie, de l'Asie Mineure et de la Grèce. Les Phéniciens, qui avaient des manufactures importantes, fréquentèrent dès l'an 904 avant J.-C. les parages de la Bretagne, à cause de l'étain qu'ils y trouvaient. Les Carthaginois, après eux, en firent autant. Les Phéniciens fondèrent plusieurs villes maritimes en Espagne ; on prétend aussi que dès l'an 600 avant J.-C. ils firent par la mer Rouge le tour du continent africain et arrivèrent ainsi en Égypte par la Méditerranée. Des grecs phocéens d'Ionie fondèrent, dit-on, *Massilia* (Marseille), et enseignèrent aux Gaulois méridionaux l'agriculture, la culture de la vigne et le commerce. En l'an 232 avant J.-C. Tyr fut, il est vrai, détruite par Alexandre le Grand; mais sous la domination des Séleucides cette cité vit refleurir son antique commerce, qui s'étendit alors en Arabie, en Perse, dans les Indes orientales, en Afrique et en Europe.

Les Romains n'avaient point le génie du commerce. Sous Ptolémée Philadelphe, 280 ans avant J.-C., les Égyptiens faisaient un commerce très-étendu; et ce furent eux, dit-on, qui construisirent le canal navigable reliant le Nil à la mer Rouge. La troisième guerre punique, 146 ans avant J.-C., eut pour résultat de complétement anéantir la puissance et le commerce de Carthage; et ce ne fut que sous le règne d'Auguste, 30 ans avant J.-C., que les relations commerciales de l'Europe avec les Indes orientales furent rétablies. Dès l'an 21 de notre ère, il existait des manufactures de drap à Malte et en Lusitanie. Londres fut, dit-on, fondée l'an 52 de J.-C., et devint de bonne heure un centre commercial. On rapporte que ce fut sous le règne d'Aurélien, l'an 270 de notre ère que pour la première fois on apporta de la soie de l'Inde à Rome; suivant quelques auteurs, ce fait remonterait même à l'an 17 de J.-C.

Les dévastations auxquelles le monde ne tarda point à être en proie eurent pour résultat d'appauvrir et de dépeupler les plus belles et les plus riches contrées de la terre et d'y détruire tout commerce. Après la chute de l'empire romain, la Bretagne, elle aussi, vit dépérir son antique prospérité. Venise fut fondée vers la fin du cinquième siècle; Gênes, Florence et Pise jetèrent les bases du rétablissement du commerce avec toutes les côtes de la Méditerranée. En l'an 604 de notre ère il est fait mention de Londres comme d'une ville commerçante, où se rendaient des négociants d'un grand nombre de nations. La domination des Sarrasins en Égypte eut pour résultat d'interrompre complétement les relations commerciales de l'Europe avec l'Inde par la voie du Nil et de la mer Rouge. On y suppléa par le commerce de caravanes par Tripoli de Syrie, Alep et Bagdad, d'où, en remontant le Tigre, on gagnait le golfe Persique.

Au huitième siècle, la puissance de Venise allait toujours croissant. Les Maures conquirent l'Espagne; les Français vainquirent les Frisons sur mer; le commerce de Londres devint de plus en plus florissant. En l'an 790 Charlemagne conclut un traité de commerce avec le roi de Mercie; Hambourg devint ville, et la propagation du christianisme en Allemagne favorisa l'extension du commerce. Charlemagne releva aussi de leurs ruines les villes d'Italie, et fit refleurir le commerce dans le nord et dans le midi de l'Europe.

Au neuvième siècle, époque de désordre et de confusion, le commerce et l'industrie de l'Europe furent à peu près restreints aux villes d'Italie et à l'empire grec; toutefois, c'est vers cette époque que la Flandre et le Brabant commencèrent à prospérer. Les Vénitiens faisaient déjà un commerce très-actif avec les ports du Levant. Brême prenait toujours plus d'importance. Dès 879 Gand était une ville de commerce très-considérable.

Au dixième siècle le commerce de l'Europe resta à peu près dans le même état qu'au siècle précédent. Cependant Venise s'agrandissait de plus en plus, et des manufactures d'étoffes de laine se fondaient dans les villes de Flandre. Mais il n'y avait alors dans toute l'Europe que quelques négociants des républiques italiennes qui fissent du commerce avec les caravanes du Levant. Des relations commerciales s'établirent aussi à la même époque avec la Hongrie.

Au onzième siècle, l'ordre se rétablit successivement dans toute l'Europe méridionale : Gênes, Pise et Venise firent un commerce extrêmement productif, et Brême devint une importante place commerciale. Lubeck Hambourg et Brême nouèrent des relations avec la Norwége. A cette époque, l'argent, au lieu d'être monnayé, ne circulait encore en Allemagne qu'au poids.

Les croisades firent du douzième siècle une époque pleine d'agitations. Sur les rives méridionales de la Baltique, le commerce prit des développements de plus en plus larges. La culture et la fabrication de la soie se répandirent en Orient, et la puissance maritime des Génois surtout s'accrut considérablement. L'invention et l'introduction des lettres de change, dont on est vraisemblablement redevable aux Florentins, créèrent un levier sans lequel jamais le commerce n'eût pu prendre les développements auxquels il est successivement parvenu jusqu'à nos jours. Lubeck devint ville et en même temps le chef-lieu de la Ligue Hanséatique, qui se constitua peu à peu; et Brême ainsi que Stettin arrivèrent à être des places de commerce de plus en plus considérables. A ce moment aussi le commerce renoua ses relations avec les Indes orientales. On produisait en Sicile beaucoup de sucre pour l'exportation, et Bordeaux commençait à exporter ses vins. Riga et Dantzig furent fondées. Les Hollandais commencèrent à se livrer à la pêche du hareng. Constantinople était le centre d'un commerce auquel ne pouvait se comparer que celui de Bagdad.

Le treizième siècle ouvrit au commerce de nouvelles sources de prospérité. La conquête de la Grèce par les Latins, en 1204, eut pour résultat d'accroître la prospérité de Venise. Samarkand parvint à un remarquable degré de renaissance par son commerce avec l'Inde. Depuis le milieu du treizième siècle, Magdebourg passa pour la plus grande ville de l'Allemagne, en même temps que pour une importante place de commerce. Gênes fonda des colonies en Crimée, et introduisit en Europe des marchandises de l'Inde. Les habitants des Pays-Bas allaient acheter des laines en Angleterre. Leipzig, dont l'importance avait toujours été en augmentant, obtint vers l'an 1268 des priviléges fort étendus du margrave Dietrich de Landberg; il fut permis, notamment, aux marchands de tous les pays du monde, d'y venir commercer, quand bien même leurs souverains se trouveraient en guerre avec le margrave. L'Angleterre et la Flandre conclurent en 1274 le premier traité de commerce dont fasse mention l'histoire, et les marchands lombards entretenaient des relations très-suivies avec le premier de ces pays. Une foire annuelle aux harengs fut établie en Scanie. En 1291 les Génois tentèrent de faire des découvertes à l'ouest.

Au point de vue commercial le quatorzième siècle eut une tout autre importance que ceux qui l'avaient précédé. L'Angleterre accorda de nombreuses immunités aux marchands étrangers; exemple qui fut suivi par les Pays-Bas, et notamment par la Flandre et le Brabant. Des querelles éclatèrent entre l'Angleterre et la Hollande à propos de questions commerciales; et la première de ces puissances conclut en 1308 des traités de commerce avec l'Espagne et avec le Portugal. Anvers devint l'entrepôt des laines anglaises, qu'on y apportait de huit ports d'Angleterre pour alimenter les nombreuses fabriques de drap de la Flandre. Au commencement du quatorzième siècle, Wismar, Rostock, Stralsund et Greiswald étaient déjà d'importantes villes de commerce. Gênes, Venise, la Sicile et l'Espagne commerçaient avec la Flandre, et Gênes également avec les Pays-Bas. La Normandie était le foyer d'un commerce des plus actifs. L'Angleterre conclut des traités de commerce avec Venise et avec la Hollande. La puissance des villes commerçantes de la Flandre était immense; elles voyaient arriver dans leurs ports jusqu'à des navires venant de Barcelone. Majorque était aussi un centre commercial d'une haute importance. Les marchandises des Indes orientales arrivaient à Aden, d'où elles remontaient par terre jusqu'au Nil et à Alexandrie, où les Vénitiens venaient les chercher pour les répandre dans toute l'Europe. Des fabricants de drap de la Flandre

DICT. DE LA CONVERS. — T. VI.

et du Brabant furent attirés en Angleterre ; et les priviléges commerciaux de Cologne furent confirmés en Angleterre en 1338. En 1347, l'Angleterre, qui avait également conclu un traité de commerce avec Gênes, exportait déjà des draps. Calais devint le grand entrepôt des marchandises anglaises. Cependant, en 1352 l'Angleterre ne faisait point encore de commerce direct avec la Méditerranée. C'est l'Italie, et surtout Milan, qui étaient alors en possession de fournir à l'Europe la plus grande partie des objets manufacturés qui entraient dans sa consommation. Vers 1370 la Ligue Hanséatique avait atteint l'apogée de sa puissance. Toutefois, dans sa guerre contre Venise, Gênes perdit la prépondérance que depuis trois cents ans elle exerçait sur mer, tandis qu'en 1385 les villes de la Flandre recouvraient toute leur ancienne prospérité. A cette époque, des relations commerciales s'établirent également entre l'Angleterre et la Prusse.

Au commencement du quinzième siècle, Gênes déchut en proportion de l'accroissement de richesses, de puissance et de commerce que prenait Venise. Les souverains ne songeaient point à inquiéter le commerce des républiques italiennes, des Pays-Bas, des villes hanséatiques et des villes libres impériales d'Allemagne, notamment d'Augsbourg et de Nuremberg. Livourne devint une ville, et obtint d'être un port franc. Marseille jouissait d'une remarquable prospérité. Venise obtint le droit de librement commercer avec l'Angleterre. En 1410 les Portugais firent des découvertes sur les côtes occidentales de l'Afrique. Bergen faisait un commerce avec les villes hanséatiques. Calais fut érigé en port franc. Les Anglais commencèrent à faire du commerce avec le Maroc, et Madère fut découverte. En 1420 Bruges était la ville commerciale la plus importante qu'il y eût en Europe. Des fabriques de toiles prospéraient en Normandie. L'Écosse faisait un commerce considérable avec les Pays-Bas. Wismar était dès 1428 un port célèbre. L'Angleterre commença à exporter de ses produits en Portugal. De florissantes manufactures de drap existaient à Florence. La Baltique voyait ses eaux sillonnées par un nombre de navires étrangers bien plus grand qu'autrefois ; cause immédiate de la décadence pour le commerce des villes hanséatiques. Le commerce de Hambourg avait pris un immense développement. Les navires des Pays-Pas commencèrent à se montrer dans la mer Noire. Les Açores et les îles du cap-Vert furent découvertes en 1449. Nowogorod était devenue une importante place de commerce, et la prospérité commerciale des Pays-Bas atteignit son apogée en 1477. Le Cap de Bonne-Espérance fut découvert en 1487 et l'Amérique en 1492. A cette époque l'Espagne expédiait en Flandre des vins, des figues, des huiles, des dattes, des savons, des laines, du fer et du mercure, et ses navires y chargeaient en retour les draps fins d'Ypres et de Courtray, des futaines et des toiles. Le Portugal envoyait de nombreux produits en Angleterre et en Flandre, du vin, de la cire, des figues, des cuirs, des peaux, etc ; la Bretagne approvisionnait la Flandre de sel, de vin, de toile et de coutils. L'Écosse y envoyait des laines, des peaux de moutons et des cuirs. Les contrées riveraines de la Baltique exportaient de la bière, de la poix, du bois, du cuivre, de l'acier, de la cire, des pelleteries, du lard, du bois de tan, des planches de chêne, du fil de Cologne, des futaines, des coutils et des toiles. La Biscaye envoyait du sel, et la Flandre des étoffes de laine. Le commerce des Génois consistait en étoffes tissues d'or, en soieries, en papier, pastel, huile, coton, alun et monnaies d'or. Ils avaient leur principal entrepôt en Flandre, et en rapportaient des laines et des lainages. Les Vénitiens et les Florentins étaient en possession d'approvisionner l'Allemagne, la Flandre et l'Angleterre, d'épices, de vins sucrés, d'articles de bimbeloterie, de jouets, de médicaments et de sucre, etc. Les seuls produits qu'exportassent le Brabant, la Hollande et la Zélande étaient la garance, le pastel, l'ail, les oignons et les poissons salés.

Le seizième siècle fut riche en importants événements commerciaux. Le Portugal continua son commerce avec les Indes orientales, où il fit de rapides conquêtes, et il acquit en outre le Brésil. L'Angleterre et la France firent quelques inutiles tentatives pour créer des établissement dans l'Amérique septentrionale. A ce moment, Anvers devint le grand centre du commerce européen. Les villes hanséatiques, surtout celles de la Baltique, en souffrirent beaucoup, quoique leur commerce conservât toujours d'immenses proportions. L'Angleterre se créa une flotte, fonda une grande pêcherie sur les côtes de Terre-Neuve, entreprit la pêche de la baleine au Spitzberg et au Groënland, établit des relations commerciales avec la Russie et la Turquie, ainsi qu'avec la Guinée, et fonda en 1599 une compagnie des Indes-Orientales. La Hollande commença vers la même époque à commercer avec les grandes Indes, et fonda également une grande société de commerce. La France s'essaya dans la fabrication des étoffes de soie. L'Espagne expulsa les Pays-Bas les protestants, qui allèrent s'établir en Angleterre, dans les villes hanséatiques, ou encore en Hollande, nouvel état maritime et commercial arrivé tout à coup à une grande puissance. L'empire ottoman s'étendit dans l'est de l'Europe, et enleva une grande partie de ses possessions à Venise, dont le commerce passa insensiblement à Lisbonne, où pendant près d'un siècle entier il jouit d'une immense prospérité. On importait en Italie des draps d'Angleterre et des Pays-Bas, des toiles, des pierres précieuses, des perles, des merceries, du sucre des laines d'Angleterre et d'Espagne ainsi que des épices, des médicaments provenant du Levant ; et elle donnait en échange de la soie, du coton, des tapis, des cuirs, des étoffes de soie, d'or et d'argent, des cotonnades et du vin. L'Allemagne recevait des pierres précieuses, des perles, des épices, des médicaments, du safran, du sucre, des draps anglais, des étoffes des Pays-Bas, des tapisseries et des merceries, et donnait en échange de l'argent et d'autres métaux, des laines fines, du verre, des futaines, du pastel, du salpêtre, des armes et du vin du Rhin. Le Danemark, la Norvège, la Suède, l'Esthonie, la Livonie et la Pologne recevaient les mêmes objets, et les payaient en grains, fers, cuivres, chanvres, miels, fourrures, cuirs et bois. On envoyait en France des pierres précieuses, de l'argent, du mercure, du cuivre, du plomb, de l'étain, des couleurs, du salpêtre, des étoffes d'Angleterre et des Pays-Bas, des toiles, des tapisseries, des cuirs, des fourrures, etc ; et on en exportait du sel, du pastel, du vin, de grosses toiles, du duvet et de la quincaillerie. L'Angleterre exportait des étoffes de laine, de l'étain, du plomb, des peaux, des cuirs et de la bière, et recevait en échange de l'argent, des étoffes de soie, d'or et d'argent, des épices, des verres, de la quincaillerie, des armes, etc. L'Espagne et le Portugal avaient besoin de laiton, de tôle, d'étoffes, de tapisseries, de toiles, de grains, de quincaillerie et d'armes, et les soldaient avec des pierres précieuses, de l'or, de l'argent, de la cochenille, du safran, de la soie et des soieries, du sel, du vin, de l'huile et des fruits secs. Le grand centre de tout ce commerce fut Anvers, jusqu'à ce que les pillages dont cette place fut victime en 1576 et 1585 eussent amené sa décadence. Le commerce passa alors à Amsterdam, en même temps que la fabrication allait se fixer dans diverses autres contrées. Dès cette époque le commerce avec Archangel était extrêmement actif.

Le dix-septième siècle nous offre, tant au point de vue politique qu'au point de vue commercial, beaucoup d'analogie avec les temps modernes ; le commerce, la navigation et les colonies prirent des développements merveilleux. Les villes hanséatiques durent se résigner à voir de plus en plus leur commerce passer aux mains des Anglais et des Hollandais, les deux peuples qu'on peut à bon droit considérer comme les créateurs du commerce avec les grandes Indes. Le premier rendit en 1660 son célèbre acte de navigation, et le commerce ainsi que la prospérité du second prirent un essor prodigieux. En France cependant le commerce, les manufactures et la navigation en arrivaient à prendre des proportions de plus en plus grandes, et rien n'y eût arrêté leur essor sans la fatale expulsion des protestants à la suite de la révocation de l'Édit de Nantes. Il n'y eut que l'Allemagne qui à la suite de la guerre de trente ans non-seulement resta en arrière de ce progrès général, mais qui perdit encore par épuisement une grande partie de son ancien commerce. Les relations commerciales de l'Italie décrurent en proportion exacte avec les progrès toujours croissants du commerce des peuples dont les bâtiments doublaient le cap de Bonne-Espérance et gagnaient directement les grandes Indes. L'Espagne et le Portugal, par leur commerce avec leurs colonies, atteignirent un remarquable degré de prospérité. A la fin de ce siècle, la Russie, grâce aux efforts de Pierre le Grand, entra dans les rangs des peuples navigateurs.

Le dix-huitième siècle continua à faire suivre au commerce les voies dans lesquelles il était déjà entré, jusqu'à ce que la guerre soutenue par les Américains du Nord pour leur indépendance et surtout la Révolution française et ses conséquences lui donnassent une autre direction.

Au commencement du dix-neuvième siècle, l'Espagne perdit ses possessions sur la terre ferme d'Amérique, la Hollande le cap de Bonne-Espérance, et la France ses plus belles colonies. Mais le blocus continental paralysa tout commerce en Europe, et contraignit la plupart des nations à faire venir leurs denrées coloniales et leur coton par la Russie et par la Turquie. Au rétablissement de la paix générale, en 1815, une vie nouvelle commença alors pour le commerce, auquel on vit tout aussitôt prendre de prodigieux développements sur tous les points de l'Europe, et même en Allemagne, en dépit des entraves sans nombre qu'il y rencontrait dans l'existence d'une foule de lignes de douanes intérieures et dans la fausse politique commerciale suivie par divers États. L'institution la plus importante pour l'avenir du commerce allemand fut celle du Zollverein ou union douanière, dont l'idée première remonte à l'année 1833 et est due à la Prusse. L'un des plus puissants éléments de prospérité que puisse avoir de nos jours le commerce est la rapidité de ses communications, de correspondance, de lien sociale; rapidité singulièrement favorisée par la navigation à vapeur, par les chemins de fer et par le télégraphe électrique, sans parler des progrès immenses que l'emploi de machines de plus en plus perfectionnées lui permet d'introduire dans ses moyens de production et de fabrication. Partout on verra le commerce prendre des développements d'autant plus grands et plus bienfaisants, qu'il aura à triompher de moins d'obstacles administratifs, et qu'à l'instar de l'Angleterre les gouvernements adopteront le principe d'une raisonnable liberté pour les transactions commerciales. En mettant fin au monopole de sa Compagnie des Indes orientales, en supprimant les droits dont les céréales de l'étranger étaient frappées, en abaissant de plus en plus ses tarifs, l'Angleterre a assuré à son commerce un développement de plus en plus vaste. Les États-Unis de l'Amérique du Nord la suivent hardiment dans cette voie; et il serait difficile d'assigner dès à présent des limites à l'immense prospérité qui semble assurée à cette jeune nation en raison de l'extension toujours croissante de son territoire, de sa population et de sa production, de l'exploitation des mines d'or de la Californie, et du courant de plus en plus puissant qui détermine le torrent de l'émigration européenne à se fixer dans ses provinces orientales, où surgissent à chaque instant de nouveaux éléments de richesse commerciale. Dans ces soixante dernières années, le chiffre des importations et des exportations de l'Union s'est quintuplé; celui de son mouvement maritime s'est sextuplé. Un commerce intérieur de plus en plus actif et considérable ajoute encore aux conditions favorables dans lesquelles cette contrée se trouve placée, et un réseau de plus en plus vaste de chemins de fer et autres voies de communication ne peut encore que'en accélérer le grandiose développement. On pourrait donc dès à présent prévoir que le jour viendra où l'extension toujours plus considérable du commerce américain sera un péril grave pour l'Angleterre, s'il n'était pas évident que l'intérêt bien compris des deux peuples les maintiendra toujours en paix l'un avec l'autre, quoiqu'il les pousse également à se faire une active concurrence, pour laquelle l'Angleterre trouvera un nouvel appui dans la récente découverte des gisements aurifères de l'Australie.

Consultez Heeren, *Idées sur la Politique et le Commerce de l'ancien Monde* (4ᵉ édit., Gœttingue, 1836); Hullmann, *Histoire du Commerce des Grecs* (Bonn, 1839); Schlœzer, *Esquisse de l'Histoire du Commerce chez les Anciens*; Schérer, *Histoire universelle du Commerce* (Leipzig, 1822); Mac-Culloch, *A Dictionary of Commerce* (Londres, 1832);

[La Fable, et par suite tous les peuples civilisés du monde, ont représenté le *commerce* sous la forme d'un Mercure qui tient une bourse. Sur une médaille de la Compagnie des Indes, il est désigné par un Mercure avec sa bourse et son caducée, qui regarde des ballots sur le port et des vaisseaux en rade.

Le mot *commerce* a pour synonymes *négoce, trafic*; le mot *commerçant* a pour analogues *marchand, négociant*, et *trafiquant*. Cette expression, qui signifie à la lettre un échange de marchandises (*commutatio mercium*), a continué cependant d'avoir un sens plus général, et l'on dit : le *commerce*, et non le *négoce, des nations* ou *d'une nation*. Delille a dit :

Par les nœuds du *commerce* unisses l'univers.

Le mot *commerce* s'étend aussi personnellement et collectivement à la réunion du *corps des commerçants*. Le *commerce* n'a pas voulu être en reste avec le *négoce*, et nous avons eu le *haut commerce*, comme nous avions déjà le *haut négoce*, les *commerçants en gros*, comme nous avions les *négociants en gros*.

Dans le langage habituel, *commerce* s'entend de toute espèce de *communication*, de *correspondance*, de *lien social*. On dit le *commerce de la vie*, le *commerce du monde*, pour parler de la vie ordinaire et des relations sociales.

A la campagne il vivait
Loin du *commerce du monde*,

dit La Fontaine. « La science, dit Saint-Évremond, commerce un honnête homme, et le *commerce du monde* l'achève. » C'était prendre en bonne part et voir du beau côté les relations sociales ; le même auteur pensait différemment, lorsqu'il dit dans un autre endroit : « Le *commerce* est un *commerce* d'apparence de bonne foi et de tendresse », et plus explicitement encore ailleurs : « Il n'y a presque dans le monde qu'un *commerce* honteux de semblants d'amitié. » C'est aussi l'avis d'Alceste quand il s'écrie :

Trop de perversité règne au siècle où nous sommes,
Et je veux me tirer du *commerce* des hommes.

Ce serait mal comprendre la société que de la faire ou de la vivre ainsi, d'un *commerce* si mobile ; le monde et la société ne devraient être qu'un échange continuel et réciproque de bons procédés, de secours et d'assistance mutuelle ; tout *commerce*, toute relation, toute union sociale, devraient reposer sur ces bases et sur celles de la tolérance et de l'indulgence réciproques. Malheureusement, les choses ne vont pas toujours ainsi ; mais si elles étaient telles, nous pourrions nous croire aux jours où, selon J.-B. Rousseau,

.. Nos vertus nous rendraient dignes
Du *commerce* des immortels

Cette prétention de l'homme d'être en *commerce avec les dieux* n'est pas nouvelle. C'est sur ce *commerce* des dieux avec les hommes qu'est fondée toute la mythologie ancienne, et même la plupart des religions modernes.

Commerce se prend encore dans le sens d'*attachement, familiarité, fréquentation, habitude, intimité, rapport, relations, connivence, intelligence, intrigue,* etc. Il peut donc exister entre deux ou plusieurs personnes un *bon*, ou un *mauvais commerce*, un *commerce innocent* ou un *commerce criminel*, un *commerce légitime* ou un *commerce illégitime*.

On rencontre journellement dans le monde des gens d'un esprit, d'un *commerce aimable*; mais on ne peut pas toujours dire d'eux également que ce sont des gens d'un *commerce sûr*, c'est-à-dire à qui l'on puisse se fier et dont on puisse surtout faire ses amis.

On emploie aussi cette expression en parlant des écrivains. Les anciens sont en général d'un *commerce* fort agréable. Le P. Du Cerceau disait de trois poètes grecs justement aimés :

> Catulle, Tibulle, Properce,
> Et gens de ce calibre-là
> Sont tous d'un assez bon *commerce*.
>
> Edme Héreau.

COMMERCE (Acte de). *Voyez* COMMERÇANT.

COMMERCE (Balance du). *Voyez* BALANCE DU COMMERCE.

COMMERCE (Code de). Trois mois après l'achèvement du projet de Code Civil, un arrêté des consuls, en date du 13 germinal an IX, établit auprès du ministre de l'intérieur une commission de sept membres chargée de rédiger un projet de Code de Commerce. Le projet fut présenté aux consuls le 13 frimaire an x ; un arrêté du lendemain en ordonna l'impression et l'envoi aux tribunaux et aux conseils de commerce, à la cour de cassation et aux tribunaux d'appel pour qu'ils eussent à fournir leurs observations.

Après avoir été révisé d'après ces observations, le projet fut renvoyé à la section de l'intérieur du conseil d'État, que présidait Regnault de Saint-Jean-d'Angély. Ce ne fut qu'après plusieurs années d'oubli, le 4 novembre 1806, que la discussion commença au conseil d'État. Elle occupa soixante-huit séances, et finit le 29 août 1807. Le Tribunat reçut communication officieuse du projet, et y ajouta ses observations. La présentation et l'exposé des motifs par les orateurs du conseil d'État eurent lieu au corps législatif ; enfin, la communication officielle, l'émission et la présentation motivée des vœux du tribunat au corps législatif se firent dans la forme ordinaire. Il n'y eut cependant pas de rapports faits à l'assemblée générale du tribunat, le sénatus-consulte du 16 thermidor an x ayant décidé qu'à l'avenir l'adoption ou le rejet serait voté par la seule section que la matière concernait.

Le Code de Commerce fut divisé en quatre livres. Le premier livre traitait du commerce en général ; le second du commerce maritime ; le troisième des faillites et banqueroutes ; et le quatrième de la juridiction commerciale. La loi de 1838 sur les faillites n'a rien changé à la division du code, et a seulement substitué des dispositions nouvelles à celles qui régissaient cette matière. Le livre premier du Code de Commerce comprend huit titres, le second quatorze, le troisième trois et le quatrième quatre. Bien que promulguées successivement, les diverses lois qui composent le Code de Commerce ne commencèrent à être mises en exécution qu'à dater du 1ᵉʳ janvier 1808. Le Code de Commerce ne contient pas toutes les règles qui régissent les rapports entre commerçants et les actes de commerce ; il est muet sur les brevets d'invention, la contrainte par corps, les patentes, la police des ateliers, les manufactures, les assurances terrestres. Ce code a servi de modèle à plusieurs nations européennes ; notamment au royaume des Deux-Siciles, à l'Espagne, à la Hollande, à la Grèce, à la Valachie, à la Moldavie, au royaume Lombardo-Vénitien.

COMMERCE (Liberté du). La question de la liberté commerciale est la plus importante qu'on puisse traiter, à une époque où le caractère de l'Europe devient de jour en jour plus visiblement industriel. C'est une question de politique à la fois extérieure et intérieure. Nous l'examinerons sous ce double aspect.

Quand on adresse aux économistes cette question : *Quels principes doivent régler les relations industrielles des peuples ?* ils se divisent aussitôt en deux camps opposés : les uns, partisans du système *prohibitif*, que l'on nomme aussi, et assez mal à propos, système *protecteur*, les autres défenseurs zélés d'une liberté illimitée. Toutes les raisons des premiers reposent en principe sur la crainte et l'hypothèse d'une collision guerrière, qu'ils croient toujours près d'éclater entre les peuples ; tout comme les arguments des seconds découlent de la confiance qu'ils ont à l'association, de plus en plus intime et pacifique, des nations.

Chaque peuple, disent les premiers, a des intérêts différents et même opposés ; chacun d'eux songe et doit songer à supplanter ses voisins, car *avant tout la patrie*. Dans cette lutte sans fin, tantôt ouverte et avouée, tantôt sourde et cachée, bien coupable et bien insensé le gouvernement qui ne songerait pas incessamment à dégager le peuple qu'il régit de la dépendance de ses voisins, à lui assurer par tous les moyens une somme toujours certaine de richesse et de bien-être, soit que la paix règne, soit que la guerre sévisse autour de lui. Heureuse la nation qui, trouvant dans ses productions indigènes un aliment suffisant à sa propre consommation, pourrait sans danger et sans souffrance vivre isolée au milieu de la famille des peuples ! Plus heureuse encore celle qui, n'ayant elle-même besoin des autres, produit seule les matières premières ou les objets manufacturés indispensables au bien-être de ses voisins ! elle les domine ; elle les force à subir sa loi ; elle en fait des tributaires.

Ce système, qui repose, on vient de le voir, sur un principe absolu de lutte et de compétition, engendre forcément tout l'appareil hostile et coûteux du régime prohibitif : lignes de douanes, armées de douaniers ; tarifs à l'importation, tarifs à l'exportation. La proscription des produits étrangers, quand ces produits sont à meilleur prix, ou de qualité supérieure ; la dépense des primes accordées aux industries factices ou en dépit du climat, du sol et de la nature, on veut de force voir fleurir dans le pays, sont autant de conséquences absurdes et ruineuses. On peut comparer le peuple qui pratiquerait le système prohibitif au particulier qui, pour se soustraire à la dépendance de son tailleur ou de son bottier, voudrait lui-même faire ses habits et ses chaussures.

Les peuples, disent au contraire les partisans de la liberté commerciale, ont une invincible et naturelle tendance à s'unir et à s'associer : c'est folie de la méconnaître, on peut dire que le bonheur et la prospérité de chaque peuple en particulier sont en proportion des alliances qui l'unissent à un plus grand nombre de nations : pour des peuples aussi bien que pour des individus, les deux sources de toute richesse sont la division du travail et la combinaison des efforts. Un peuple sera d'autant plus riche qu'abandonnant à chacun de ses voisins les branches d'industrie que la nature leur a rendues plus accessibles, il bornera sa production à la spécialité dans laquelle il excelle lui-même ; c'est l'unique moyen de donner à ses capitaux, à ses forces, à son temps l'emploi le plus économique et le plus lucratif à la fois. Voyez avec quelle rapidité les industries de toute nature se développent aux États-Unis ! et l'industrie intérieure de la France n'a-t-elle pas immensément gagné à la suppression des privilèges et des prohibitions qui gênaient avant la révolution les relations de ses provinces ? Un jour il en doit être de même par toute l'Europe ; les lignes de douanes tomberont, et alors seulement l'industrie prendra son véritable essor.

Tels sont les arguments opposés que font valoir les partisans des deux systèmes. Nous n'hésitons pas à nous prononcer en faveur des seconds. Nous croyons à la paix ; l'Europe est lasse de guerroyer ; si une guerre générale éclatait, elle ne serait aujourd'hui dans la vie des peuples qu'un accident terrible, mais de courte durée ; la paix est partout le premier besoin des nations.

Mais s'il est facile de se décider entre les deux systèmes dont nous venons de parler, aussi longtemps qu'on examine la question d'une manière abstraite, ou du moins dans ses généralités les plus hautes, il n'en va plus de même lorsque l'on veut descendre à des applications actuelles et spéciales. Le système protecteur ayant été jusqu'à ce jour dans la pratique le système dominant, puisque l'Europe sort à peine de longues et sanglantes crises guerrières, beaucoup d'industries factices se sont élevées à la faveur des lois prohibitives. Ces industries ont absorbé des capitaux considérables ; elles emploient encore des milliers d'hommes, et bien que leur radicale infériorité vis-à-vis des industries voisines soit démontrée, il devient très-dangereux de leur retirer maintenant une protection dont elles ne peuvent se passer, et sur laquelle elles ont pu et dû compter. La fabrication des sucres de betterave et des fers indigènes à la houille et au laminoir sont dans ce cas : jamais, sans doute, la Flandre ni l'Artois ne pourront lutter avec les Antilles, ni par la suite sans doute avec l'Afrique, pour la fabrication du sucre ; jamais non plus aucun des bassins houillers de la France ne pourra soutenir la concurrence avec l'Angleterre. Mais que de capitaux engagés, que d'existences compromises dans l'une et l'autre de ces industries, et surtout dans la seconde !

La question de liberté commerciale intérieure qui nous reste à examiner met également en présence deux systèmes opposés : le système de la libre concurrence, et le système du monopole, c'est-à-dire de l'industrie exercée par le gouvernement ou concédée par lui avec privilège.

Le premier de ces deux systèmes pose en principe l'infaillibilité relative de l'intérêt individuel : principe faux, car si l'intérêt individuel saisit mieux que personne ce qui lui est ou non favorable ; si plus activement que personne il recherche, invente, découvre ce qui peut lui procurer du bénéfice, par compensation, l'intérêt individuel, qui est ordinairement en lutte avec d'autres intérêts, n'est ni capable ni désireux de connaître ni de satisfaire l'intérêt général. Qu'on ne dise point que l'intérêt général est après tout la somme des intérêts individuels, et les plus forts parmi ceux-ci réussissant à toujours écraser les plus faibles, qu'on ne dise point que l'intérêt général finit toujours par prévaloir : cela n'est pas exact, l'intérêt général exige avant tout que l'on produise le plus et le mieux possible avec la moindre dépense de forces et de temps ; or, tout le temps, toutes les forces que les intérêts individuels, livrés à une lutte acharnée, perdent à se disputer la victoire, deviendraient profitables à tous, augmenteraient d'autant la richesse produite, si ces intérêts étaient disciplinés, coordonnés, réglés, dans leurs efforts : le même but serait atteint plus vite à meilleur compte, c'est-à-dire la retraite des hommes et des instruments inutiles, la disposition et l'emploi des instruments et des hommes les plus capables. En un mot, point d'industrie, point de travail possible sans division et combinaison des efforts ; point de combinaison d'efforts sans unité ; point d'unité sans la centralisation. Ce qui manque au système de la concurrence, c'est donc l'unité, la centralisation, comme ce qui manque au monopole, c'est la division des efforts et la spontanéité individuelle.

La libre concurrence a brisé les chaînes de l'industrie ; elle a donné l'essor à l'individualité : c'est un bienfait qu'il faut reconnaître et conserver ; mais pour sauver l'industrie de l'anarchie et du désordre, pour l'organiser, en un mot, il faut modifier le principe trop absolu de la concurrence ; il faut que la *concurrence* devienne un *concours* : que les concurrents soient associés, c'est-à-dire que le triomphe de l'un profite directement aux vaincus eux-mêmes ; il faut surtout que les conditions du concours n'offrent, s'il est possible, que les inégalités naturelles du talent et de l'habileté. La concurrence alors deviendrait aussi morale et aussi utile qu'elle est aujourd'hui désastreuse et immorale. Pour atteindre progressivement aux résultats que nous venons d'indiquer, il faudrait mettre à la portée de tous les citoyens, dans leur enfance, l'éducation et l'instruction industrielles ; dans leur âge mûr, les instruments de travail nécessaires ; en d'autres termes, créer des écoles industrielles, des banques et des comptoirs d'escompte. Des banques convenablement organisées, c'est-à-dire uniquement ou principalement dans l'intérêt des travailleurs, sont la seule autorité qui puisse légitimement et sans danger régir l'industrie. Par le plus ou le moins de crédit qu'elles accordent, suivant les circonstances et les emprunteurs, elles peuvent prévenir les mauvaises affaires et encourager les bonnes. En augmentant par leur garantie la confiance des capitalistes dans les travailleurs, en mettant les capitaux à la portée de tout homme probe, laborieux et capable, elles diminueraient notablement les inégalités de chances qui amènent tant de désastres.

Pour résumer en deux mots toute la question : la liberté commerciale serait parfaite si les individus et les peuples produisaient chacun ce qu'il excelle à produire : elle demande pour s'établir l'association des travailleurs de chaque nation entre eux, et l'association entre elles de toutes les nations. Les mesures politiques par lesquelles les gouvernements peuvent et doivent favoriser ce double mouvement d'association intérieur et extérieur sont, à l'intérieur, toutes les institutions d'instruction et de crédit ; à l'extérieur, la levée des prohibitions et l'abaissement progressif des tarifs de douanes.

Charles LEMONNIER.

COMMERCE (Ministère de l'Agriculture et du). *Voyez* AGRICULTURE (Ministère de l').

Ce ministère, qui avait été supprimé après le 2 décembre 1851, et réuni au ministère de l'Intérieur dont on avait séparé la police, est depuis le mois de juin 1853 séparé de nouveau du ministère de l'intérieur, et réuni au ministère des travaux publics.

COMMERCE (Tribunaux de). La rapidité des opérations commerciales, la bonne foi qui doit toujours y présider, l'expérience spéciale qu'exige le jugement des contestations qu'elles font naître, la nécessité d'une procédure expéditive, rendent indispensable pour le commerce une juridiction particulière, dégagée des formes lentes et compliquées de la justice ordinaire, soumise à des règles plus larges et moins inflexibles que celles du droit civil, confiée à des hommes exercés dans les matières sur lesquelles ils sont appelés à prononcer. Ces principes ont de tout temps formé la base de la législation commerciale, qui n'a pas reçu de la révolution les modifications introduites dans la législation civile, criminelle et administrative. Notre Code de Commerce n'est donc en grande partie que la reproduction d'anciens édits, et notamment des deux ordonnances de 1673 et 1681, et les tribunaux de commerce ne sont guère que des juridictions spéciales anciennement désignées sous le nom de *conservateurs des priviléges des foires*, *de tribunaux de conservation*, *de juges consuls*.

Les tribunaux de commerce ne sont pas établis d'une manière générale, comme les tribunaux de première instance ; des règlements d'administration publique sont chargés de déterminer leur nombre, ainsi que les villes qui, par l'étendue de leur commerce et de leur industrie, peuvent exiger cette création. Les deux règlements fondamentaux sur la circonscription de ces tribunaux portent la date du 6 octobre 1809 et du 18 novembre 1810. L'arrondissement de chaque tribunal de commerce est en général le même que celui du tribunal de première instance; cependant plusieurs tribunaux de commerce peuvent exister dans le ressort du même tribunal civil, et dans ce cas le territoire de leur circonscription est fixé par le règlement de leur institution. Lorsqu'il n'en existe pas, ce sont les tribunaux de première instance ordinaires qui connaissent de toutes les affaires commerciales.

Les magistrats qui composent les tribunaux de commerce sont électifs, et nommés par scrutins individuels, à la majorité absolue des voix, dans une assemblée composée de commerçants notables, qui doivent être choisis principalement parmi les chefs des maisons les plus anciennes et les plus recommandables par la probité, l'esprit d'ordre et d'économie. Le nombre des notables ne peut être moindre de 25 dans les villes de 15,000 âmes et au-dessous; dans les autres villes il doit être augmenté d'un électeur pour mille âmes de population. A Paris il est de 1003. La liste des notables est dressée par le préfet, sauf l'approbation du ministre de l'intérieur. Ce pouvoir discrétionnaire laissé à l'administration avait excité à bon droit, sous le gouvernement parlementaire, d'énergiques réclamations de la part du commerce. On concevait que Napoléon eût tenu à étendre son influence sur l'organisation des tribunaux de commerce; mais sous l'empire des institutions constitutionnelles l'action sans contrôle des préfets ne semblait-elle pas paralyser le principe électif? On trouvait de la politique déterminait trop souvent les choix, et on demandait que le pouvoir rentrât dans des limites plus en harmonie avec le caractère des institutions de cette époque. La révolution de Février fit droit à ces justes plaintes. Par un décret du 28 août 1848, le principe du suffrage universel fut appliqué à l'élection des juges consulaires, et tous les commerçants furent appelés à y participer. Mais un décret du 2 mars 1852, « considérant que, loin d'accroître le nombre des votants, le décret de 1848 l'a réduit dans de si étroites limites, que dans certaines localités il ne s'est pas présenté assez d'électeurs pour composer le bureau électoral, et que dans d'autres les juges élus ont refusé un mandat dont ils ne se trouvaient pas suffisamment investis; considérant que des intérêts étrangers à ceux de la justice et du commerce n'ont que trop souvent dicté les choix d'une faible minorité d'électeurs, » a rétabli les choses dans l'ancien état, en abrogeant le décret de 1848.

Les nominations des présidents-juges et juges-suppléants des tribunaux de commerce ont lieu pour deux ans, de manière qu'annuellement chaque tribunal se renouvelle par moitié; tous les membres compris dans une même election sont simultanément soumis au renouvellement périodique. Les juges plus prêtent serment avant d'entrer en fonctions. Il y a près de chaque tribunal de commerce un greffier. Nous regrettons qu'on n'ait pas songé à y établir un ministère public, dont la présence et l'action seraient souvent utiles pour démasquer les fraudes et poursuivre la répression de certaines infractions sur lesquelles les tribunaux consulaires ferment trop souvent les yeux. Les fonctions des juges de commerce sont purement honorifiques. Comme tous les membres des autres tribunaux, ils sont placés sous la surveillance et dans les attributions du ministre de la justice.

Les attributions de ces tribunaux sont bornées aux matières spéciales qui en ont motivé la création; et ici nous ne pouvons mieux en donner une idée qu'en transcrivant les dispositions mêmes de la loi. Ainsi, ils connaissent : 1° de toutes contestations relatives aux engagements et transactions entre négociants, marchands et banquiers; 2° entre toutes personnes, des contestations relatives aux actes de commerce; 3° des actions contre les facteurs, commis des marchands ou leurs serviteurs, pour le fait seulement du trafic du marchand auquel ils sont attachés; 4° des billets faits par les receveurs, payeurs, percepteurs ou autres comptables des deniers publics; 5° des actes relatifs aux faillites; 6° des contestations en matière de lettres de change. Toutefois, malgré la généralité de ces dispositions, les actions intentées contre un propriétaire, cultivateur ou vigneron, pour vente de denrées provenant de son cru; les actions intentées contre un commerçant pour payement de denrées et marchandises achetées pour son usage particulier, ne sont point de la compétence des tribunaux de commerce. Les tribunaux de commerce jugent en dernier ressort, 1° toutes les demandes dans lesquelles les parties justiciables de ces tribunaux auront déclaré vouloir être jugées sans appel; 2° toutes les demandes dont le principal n'excédera pas la valeur de 1,500 francs; 3° les demandes reconventionnelles ou en compensation, lors même que réunies à la demande principale elles excéderaient 1,500 francs. Si l'une des demandes, principale ou reconventionnelles, s'élève au-dessus des limites ci-dessus indiquées, le tribunal ne peut prononcer sur toutes qu'en premier ressort. Les tribunaux de commerce sont juges d'appel à l'égard des conseils de prud'hommes, et juges de première instance dans les matières dont la connaissance leur est attribuée.

La forme de procéder devant les tribunaux de commerce est réglée par les articles 612 et suivants du Code de Commerce, et les art. 414 à 442 du Code de Procédure. Devant cette juridiction spéciale, les formes de procéder ont été réduites à leur plus simple expression : les actes n'y sont pas multipliés comme devant les tribunaux civils; tout y a été combiné pour l'expédition des affaires la plus prompte et la plus économique. Là, point de ministère d'avoués, dont la présence aurait plus d'une fois pour résultat de doubler les frais et de compliquer les procès; les parties sont en principe obligées de s'expliquer et de comparaître elles-mêmes, ou, si elles se font représenter, le mandataire doit être porteur d'un pouvoir spécial. Cependant quelques-uns ont admis auprès d'eux un corps d'agréés; mais l'emploi de ces praticiens reste facultatif. La loi a voulu, dans ces sortes d'affaires, abandonner autant que possible les magistrats aux seuls instincts de leur raison et de leur droiture; elle a rejeté avec soin toutes les formalités qui pourraient les troubler; l'expérience a prouvé que le législateur ne s'était pas trompé, et de bons esprits réclament pour les tribunaux ordinaires un genre de procédure analogue à celle des tribunaux de commerce. Nous faisons nous-mêmes des vœux pour que ces réclamations soient entendues.

E. DE CHABROL.

COMMERCY, ville de France, chef-lieu d'arrondissement dans le département de la Meuse, à 31 kilomètres à l'est de Bar-le-Duc, sur la rive gauche de la Meuse, avec une population de 4,012 habitants, un collège, une typographie, des filatures de coton; des forges à affiner et à quincaillerie; des tanneries, des brasseries, une fabrication de gâteaux renommés dits *Madeleine*; un commerce actif en grains, vins, huile, navette, bestiaux, cuirs et broderies. C'est une station du chemin de fer de Paris à Strasbourg. On y voit plusieurs constructions remarquables, entre autres une belle caserne de cavalerie, autrefois château des princes de Vaudemont et de Stanislas, duc de Lorraine, bâti en 1708 sur l'emplacement de l'ancien château du cardinal de Retz.

Cette ville n'est connue que depuis le neuvième siècle; elle obtint une charte de commune en 1324. C'était autrefois une place forte; elle fut assiégée par Charles-Quint en 1544. Commercy forma longtemps deux seigneuries distinctes, le Château-Haut et le Château Bas. Le premier appartint à la maison de Gondy; il passa ensuite dans celle de Vaudemont.

COMMÈRE. *Voyez* COMPÈRE.

COMMERSON (PHILIBERT), célèbre botaniste français, né le 18 novembre 1727, à Châtillon-lès-Dombes, commença à recueillir les matériaux de son herbier, le plus considérable qu'un particulier ait jamais possédé, à Montpellier, où il fit ses études, et où il obtint le titre de docteur en médecine. A la demande de Linné, il composa, pour la reine de Suède, sa description des poissons les plus rares de la Méditerranée; ouvrage qui dans ce temps-là produisit une grande sensation, car c'était le traité d'ichthyologie le plus complet qu'on possédât encore. Après un voyage botanique, fait pendant l'année 1755 en Savoie et en Suisse, il vint se fixer à Châtillon, et y établit un jardin botanique. Plus tard il parcourut les montagnes de l'Auvergne et du Dauphiné dans les intérêts de sa science favorite; puis, sur l'invitation de son ami Lalande, il vint à Paris. En 1767 Louis XV le désigna, avec Bougainville, pour faire le tour du monde. Il rapporta de la Nouvelle-Hollande en Europe la fleur généralement connue sous le nom de *Hortensia*, ainsi nommée par lui en l'honneur d'une jeune femme, *Hortense Barré*, qui l'avait suivi, déguisée en homme, dans cette longue et périlleuse navigation, pendant le cours de laquelle il mourut à l'île de France, en 1773, léguant son herbier, ses papiers et ses nombreux dessins au Muséum de Paris. Ces dessins ne sont pas seulement précieux à cause du soin tout particulier avec lequel ils sont exécutés, mais encore à cause de leur exactitude, et parce qu'ils représentent des êtres fort rares, et qui depuis l'époque de Commerson n'ont pu être aperçus que par un petit nombre d'explorateurs. On a de Commerson, indépendamment de quelques autres ouvrages de moindre importance, un *Martyrologe de la Botanique*, contenant la biographie de ceux qui sont morts victimes de leur zèle pour les progrès de cette science.

COMMITTAGE, terme de l'art du cordier, qui signifie duplicature ou triplicature d'un brin quelconque. *Voyez* CORDE, CORDAGE.

COMMITTANT (du verbe latin *committere*, confier, commettre). Le committant est celui qui confie à un autre la gestion de ses intérêts, qui le charge d'une affaire, qui lui délègue des fonctions et des pouvoirs déterminés, pour représenter sa personne et exercer ses droits. Celui qu'on a ainsi chargé du pouvoir d'agir en son nom prend le titre de *mandataire*. Aux termes de l'article 1384 du Code Napoléon, le committant demeure responsable du dommage causé à autrui par son mandataire ou son préposé dans l'exercice de la fonction particulière dont il l'a investi.

Bien que le terme de committant soit assez en usage dans le commerce, il est plus spécialement consacré pour exprimer, dans les affaires publiques, la relation qui existe entre les électeurs et les députés. Aug. HUSSON.

COMMINATION, terme de rhétorique, fait du latin *comminatio*, menace, et qui a été autrefois employé dans ce sens; s'applique à une figure de pensée qui a conservé la même acception, puisqu'elle a pour objet d'intimider ceux à qui l'on parle par la peinture ou l'image de maux qu'on leur présente comme inévitables, ou dont on leur rappelle le souvenir. C'est ainsi qu'*Esther*, dans la tragédie de ce nom, repousse les offres de service que lui fait l'orgueilleux Aman :

......Va, traître, laisse-moi !
Les Juifs n'attendent rien d'un méchant tel que toi.
Misérable ! le Dieu vengeur de l'innocence,
Tout prêt à te juger, tient déjà sa balance ;
Bientôt ton juste arrêt te sera prononcé ;
Tremble, ton jour approche, et ton règne est passé.

Racine se sert encore de la même figure quand il fait dire par Pyrrhus à *Andromaque*, insensible à son amour :

Hé bien, madame ! hé bien ! il faut vous obéir;
Il faut vous oublier, ou plutôt vous haïr.
Oui, mes vœux ont trop loin poussé leur violence
Pour ne plus s'arrêter que dans l'indifférence.
Songez-y bien ; il faut désormais que mon cœur,
S'il n'aime avec transport, haïsse avec fureur.

Je n'épargnerai rien, dans ma juste colère :
Le fils me répondra des mépris de sa mère.
Edme HÉREAU.

COMMINATOIRE (Clause), du latin *comminari*, menacer. *Voyez* CLAUSE.

COMMINES (PHILIPPE DE). *Voyez* COMINES.

COMMINGE. *Voyez* BOMBE.

COMMINGES, pays avec titre de comté, dans l'ancienne Gascogne, était borné au nord par l'Armagnac, au midi par les Pyrénées, à l'ouest par le Bigorre et une partie de l'Armagnac, et à l'est par le Conserans et le bas Languedoc. Il fait maintenant partie du département de la Haute-Garonne. Ce comté se divisait en *haut* et *bas Comminges*, la partie haute vers le midi, et la partie basse au nord. Tout le pays était dans le ressort du parlement de Toulouse, et dépendait de la généralité d'Auch. Le principal commerce du pays de Comminges consistait en bestiaux, et surtout en mulets, en bois, en vins et en grains. La province jouissait de plusieurs anciens priviléges, entre autres de celui des *lits* et des *passeries*; c'était un droit par lequel les habitants des frontières de France et d'Espagne, placés sur une certaine ligne, pouvaient faire librement entre eux commerce de marchandises permises, sans pouvoir être inquiétés, que l'on fût en guerre ou en paix.

Les anciens habitants du *Comminges* s'appelaient *Convenæ*. On prétend qu'ils prirent leur nom de leur union et de leur établissement au bas des Pyrénées du côté des Gaules, lorsque Pompée les força d'abandonner le sommet de ces montagnes, d'où ils exerçaient de nombreux brigandages. Ainsi que les *Consorani* (habitants du Conserans), ils firent partie (après la conquête de l'ancienne Aquitaine par César) de la Novempopulanie, qui tomba au pouvoir des Visigoths au cinquième siècle. Ceux-ci furent dépouillés de cette province par Clovis au commencement du sixième siècle, et le Comminges, comme le Conserans, fit dès lors partie des possessions franques : l'un et l'autre entrèrent dans le partage de Charibert, roi d'Aquitaine, en 628, et furent ensuite possédés par les ducs héréditaires d'Aquitaine. Ces derniers furent plus tard dépouillés par Pepin le Bref. Charlemagne et ses successeurs firent gouverner le Comminges et le Conserans par des comtes particuliers bénéficiaires. Asnarius, qui avait réuni les deux comtés au commencement du dixième siècle, les rendit héréditaires dans sa famille. Il eut deux fils, Arnaud Ier et Roger Ier, à qui il partagea ses domaines, et qui furent en partie ou par indivis comtes de Comminges et de Conserans. Arnaud Ier unit à son domaine les comtés de Carcassonne et de Rasez en épousant Arsinde, héritière de ces deux comtés. Il eut plusieurs fils, qui donnèrent naissance à plusieurs branches, et qui partagèrent les comtés de Comminges et de Conserans avec les descendants de François Ier; Bernard III, comte de Comminges, qui mourut en 1150, recueillit toutes ces portions, et donna le Conserans, à titre de vicomté, à Roger, son fils puîné. Sa postérité masculine continua de posséder le comté de Comminges sous la mouvance des comtes de Toulouse depuis l'an 1244 jusqu'à Marguerite, comtesse de Comminges, fille et héritière de Pierre-Raymond II, qui mourut sans enfants en 1453, après avoir fait don de ce comté au roi de France Charles VII. Louis XI le donna, en 1478, à Odet d'Aydie, dont la postérité masculine manqua en 1548. Alors le comté de Comminges fut réuni à la couronne.

Aug. SAVAGNER.

COMMIS, mot fait évidemment du latin *commissus*, participe du verbe *committere*, confier; mais qu'on traduit dans cette langue par celui de *præpositus*, dont nous avons fait notre mot *préposé*, synonyme de *commis*. Il sert à désigner en général tout homme chargé par un committant, par un chef, d'une mission, d'une commission, de quelque maniement ou recouvrement de fonds : tels sont les caissiers, les teneurs de livres et les autres commis des banquiers et des négociants, les commis-voyageurs des manufacturiers, les commis des magasins de draperie, de soieries et de nouveautés; les commis-greffiers des cours judiciaires et des tribunaux.

Rigoureusement on appelle *commis* une personne employée par un commerçant, et qui le remplace et le représente, soit pour vendre, soit pour acheter, soit pour recevoir des marchandises, soit pour tenir les écritures.

Les salaires dus aux commis pour les six mois qui précèdent une déclaration de faillite sont admis au nombre des créances privilégiées.

Dans la congrégation de Saint-Maur, on appelait *commis* un laïque qui se donnait volontairement à une maison pour y travailler sous les ordres du prieur ou du procureur. Dans les autres ordres monastiques, on le nommait *oblat* ou *donné*. Mais c'est dans les bureaux des ministres et dans les diverses administrations civiles, militaires et financières, que l'on voyait des commis en grand nombre et de toute espèce : commis scribes ou sédentaires, dits *culs-de-plomb*, commis aux postes, commis aux douanes, commis aux barrières, commis ambulants, commis à pied, commis à cheval, commis aux exercices, commis aux vivres, aux fourrages, etc. Les commis étaient partout, dans les bureaux, dans les cabinets, dans les hôtels, près des caisses, dans les rues, sur les chemins, dans les hôpitaux, aux armées, etc. Il y avait, en outre, dans quelques ministères, des *premiers commis*, qui étaient de petits ministres, endoctrinant les ministres dont ils faisaient la besogne. Ainsi, on voyait des *premier commis* aux affaires étrangères, aux finances, à la guerre, à la maison du roi, aux parties casuelles, au trésor royal, au conseil d'État; il y avait même un premier commis des monnaies, et des commis au grand et au petit comptant.

Mercier, dans son *Tableau de Paris*, a traité assez mal les commis, parce qu'il avait eu à se plaindre de ceux des douanes et des ministères, qui avaient saisi des éditions clandestines de ses œuvres. Dans sa colère, il range tous les commis indistinctement dans la même catégorie. Il signale leur nombre, la complication et la multiplicité de leurs écritures, les vexations, les pertes de temps qu'ils font éprouver au public, leurs sottes prétentions, leur ignorance, leur nullité. Il rapporte l'anecdote plaisante d'un antiquaire dénoncé comme assassin par des commis de barrière, qui, lui ayant confisqué une momie d'Égypte, la firent porter à la morgue comme corps de délit. Il compare à des automates vivants les commis-scribes, taillant leur plume, réglant leur papier, et n'ayant pas d'autre idée que de faire tous les jours le même travail routinier, les uns des bordereaux, les autres des quittances, ceux-ci enregistrant, ceux-là contrôlant, etc. ; et il ajoute que le célèbre Vaucanson, qui fit le *Flûteur automate*, qui menaça l'Académie des Sciences de lui offrir un automate géomètre, aurait fait plus aisément des automates commis, que les ministres lui auraient achetés par douzaines. Mercier n'avait pas tout à fait tort. Autrefois on était à peu près commis de père en fils, et il n'y avait pas toujours besoin pour cela d'une haute capacité. Depuis la Révolution, les emplois publics étant *accessibles* à tout le monde, on a imaginé des concours, demandé des diplômes de capacité, des grades universitaires; et les commis n'en sont en général ni plus capables ni plus polis, bien plus. Dans une circulaire de 1852, le ministre de l'intérieur ait cru devoir leur rappeler que les administrations étaient faites pour le public, et non le public pour les administrations. Du reste, le favoritisme, les recommandations, les sollicitations, n'ont jamais cessé d'être utiles et nécessaires, alors même que nos modernes Lycurgues avaient cru devoir légalement s'interdire toute démarche dans un intérêt privé.

D'ailleurs, ce nom de *commis* est aujourd'hui fort discrédité dans la b u r e a u c r a t i e : il a fait place au titre d'*employé*, dont la signification est plus vague. Il y a cependant encore des *commis* dans la partie active des administrations financières; les ministères ont encore des commis de différentes classes, des *commis-rédacteurs*, des *commis-vérificateurs*, des *commis d'ordre*, etc. ; les *préposés* sont plus spécialement attachés aux douanes, aux octrois, aux administrations militaires. Les *garçons de bureau* des ministères, des grandes administrations publiques, des mairies même, prennent le titre d'*employés* dans leur famille et chez leurs voisins. D'autres subalternes, qui n'étaient connus que sous la dénomination triviale et familière de *garçons*, se sont élevés de leur propre autorité au titre de *commis*.

Les *commis-greffiers* sont des officiers chargés de suppléer le greffier en chef auprès des cours et tribunaux ; ces officiers sont nommés par les tribunaux, sur la présentation du greffier en chef.

COMMISE, droit qu'avait le seigneur suzerain de s'emparer pour un temps limité, ou pour toujours, du fief de son vassal, quand celui-ci manquait aux devoirs imposés par la foi et hommage. Les deux principales causes de la commise étaient le *désaveu* et la *félonie*.

COMMISÉRATION, sentiment de pitié, de compassion, de miséricorde, que fait éprouver à un bon cœur le spectacle de maux pesant sur les masses : la commisération devrait donc être le patrimoine de ceux qui exercent le pouvoir, puisque la plus légère erreur de leur part suffit pour amener des désastres inouïs; mais, placés trop haut ou trop loin pour les apercevoir, comment les maîtres du monde en seraient-ils touchés? Quant aux conquérants, il n'y a jamais à compter sur leur commisération : la guerre est pour eux un jeu, dont ils ont soif de renouveler l'émotion ; avant comme après, ils sont tout entiers à la *partie* ; l'ont-ils gagnée, ils cherchent à en étendre les avantages ; l'ont-ils perdue, ils n'aspirent qu'à obtenir leur revanche. Il est des circonstances où toute une famille tombe atteinte par de si grands revers qu'elle a droit à la *commisération* : elle a épuisé le dernier degré du malheur ; c'est quelquefois une exception, qui suffit pour lui donner place dans l'histoire ; mais, règle générale, la commisération ne s'émeut que pour des infortunes qui enveloppent des populations et des classes. L'imagination, étant vivement ébranlée, réagit sur la sensibilité publique, et tout aussitôt naît la *commisération*.
SAINT-PROSPER.

COMMISSAIRE, dénomination générale qui sert à désigner un fonctionnaire civil ou judiciaire chargé d'un mandat spécial et délégué par l'autorité supérieure, par une cour ou par un tribunal.

Sous l'ancien régime il y avait des commissaires spéciaux, attachés, soit au Châtelet, pour les requêtes, soit au parlement, comme nous avons aujourd'hui nos juges d'instruction. Au Châtelet, ils prenaient le nom de *commissaires enquêteurs et examinateurs*, et au parlement on les distinguait en *grands commissaires* et *petits commissaires*. Ces derniers n'avaient que le droit d'examiner ; aux premiers seuls appartenait le pouvoir de rendre arrêt. Les *commissaires délégués par le pape* étaient ceux que le pape chargeait de rendre la justice en France, lorsque des appels en matière canonique lui étaient déférés. On appelait *commissaires-séquestres* des fonctionnaires qui étaient constitués gardiens de tout ce que la justice mettait sous le séquestre ; c'était également la fonction des *commissaires aux saisies réelles*, auxquels on remettait en garde tous les biens saisis : ils en devenaient administrateurs pour compte des créanciers.

Dans les premières années de la Révolution, on nommait *commissaires du gouvernement* les officiers chargés des fonctions du ministère public près les tribunaux.

Les *commissaires de la Convention nationale* étaient des membres de cette assemblée choisis par elle et envoyés dans les départements pour y faire exécuter ses décrets et y surveiller l'esprit des populations. Ils suivaient aussi les armées françaises, contrôlaient les opérations des généraux

COMMISSAIRE — COMMISSAIRE DE POLICE

et en rendaient compte à la Convention; ils étaient en outre chargés de l'organisation civile des pays conquis. Partout où ils se présentaient au nom de la Convention; on s'inclinait devant leur autorité toute-puissante et redoutée, autorité dont ils abusèrent plus d'une fois.

Le premier soin de M. Ledru-Rollin, quand, à la suite de la révolution de février 1848, ses collègues du gouvernement provisoire l'appelèrent à prendre le portefeuille de l'Intérieur, fut, en réminiscence de ce qui s'était pratiqué en 1793, d'envoyer dans les départements une foule de *commissaires* et de *sous-commissaires* recrutés généralement dans les bas-fonds de la démagogie, et chargés de faire comprendre aux populations de nos provinces les incomparables bienfaits dont le régime républicain, tel que le comprenaient les citoyens Flocon, Louis Blanc, Lamartine, Marrast et consorts, devait être la source pour la France. La réunion de l'Assemblée nationale mit seule fin aux pouvoirs illimités de ces proconsuls au petit pied, qui recevaient 40 francs par jour de haute-paye, sans compter leurs frais de route. La plupart remplirent leur mission de telle sorte que la qualification d'*ancien commissaire de Ledru-Rollin* était dès 1848 une flétrissure; les plus adroits se firent d'ailleurs nommer membres de l'Assemblée nationale, où ils constituèrent le noyau de ce qu'on appela *la montagne*.

Nous avons eu longtemps dans nos armées des *commissaires des guerres*; c'étaient les chefs de l'administration militaire. Ils avaient la surveillance de tout ce qui compose le matériel d'une armée : solde, vivres, hôpitaux, transports, arsenaux, marchés, tout cela rentrait dans leurs attributions. Ce corps, aussi ancien que les troupes régulières, a été remplacé par celui des intendants militaires, dont les attributions sont beaucoup moins étendues.

On nomme *commissaire impérial près les conseils de guerre* l'officier chargé de requérir l'application des peines et de veiller à l'exécution des lois et ordonnances. Il fait partie du parquet de la justice militaire.

Les *commissaires* et *sous-commissaires de marine* sont ceux auxquels est confiée l'administration de la marine. Le commissariat de la marine a été réorganisé par un décret impérial du 14 mai 1853.

Il y a en Algérie des *commissaires civils*, fonctionnaires remplissant les emplois d'officiers de l'état civil dans les villes soumises encore au régime militaire.

Pour les chemins de fer, il y a des *commissaires de surveillance administrative*, qui participent aux fonctions des commissaires de police pour tous les délits commis sur ces voies de communication.

Devant les cours et tribunaux civils, on appelle *juge-commissaire* le juge désigné pour diriger une enquête, procéder à la vérification d'écritures privées, méconnues ou arguées de faux, etc.; et en matière commerciale, le juge chargé de surveiller les opérations d'une faillite.

Sous la monarchie constitutionnelle, le gouvernement nommait des *commissaires* pour soutenir concurremment avec les ministres la discussion des projets de loi présentés aux chambres législatives. Ces commissaires, dont les fonctions momentanées étaient purement honorifiques, étaient d'ordinaire choisis parmi les insensés et les conseillers d'État.

Mentionnons encore parmi les fonctionnaires qui ont conservé la même dénomination, les commissaires-priseurs et les commissaires de police.

Il y a aussi des *commissoires* porteurs de mandat ou de commission de la part de particuliers, et qui ne sont point des délégués de l'autorité, comme tous ceux dont il vient d'être parlé ci-dessus : tels sont, par exemple, les commissaires choisis dans le sein société pour ordonner un bal, un repas ou une cérémonie quelconque, etc.

COMMISSAIRE DE POLICE, officier chargé de maintenir la police dans les villes. L'institution de ces officiers de police remonte à un édit du mois de novembre 1699, et leur office spécial était de faire exécuter les ordres des lieutenants généraux de police. Jusque alors tout ce qui concernait la police de Paris formait l'une des attributions des commissaires au Châtelet; mais à partir de cette époque la charge de commissaire de police de la ville de Paris fut érigée en titre d'office. Après la suppression de tous les offices, de nouveaux commissaires ne tardèrent pas à être établis par une loi en date du 12 septembre 1790.

La ville de Paris, qui est divisée en quarante-huit quartiers, compte autant de commissaires de police ayant chacun la surveillance d'un de ces quartiers.

En outre, six autres commissaires de police sont attachés à l'administration centrale de la police, comme chefs de la police municipale et du service de sûreté, chefs de bureaux interrogateurs et chargés des délégations judiciaires. Un commissaire de police est attaché à la personne de l'empereur, un autre à l'état-major de la place de Paris, un autre à la Bourse. L'Assemblée constituante et l'Assemblée législative avaient également un commissaire de police spécialement affecté à leur service. On se rappelle quel bruit fit un jour l'espèce de conflit qui s'éleva entre le gouvernement et le président de l'assemblée à propos de ce fonctionnaire, le préfet de police voulant l'astreindre à lui obéir, tandis que le titulaire, prenant son titre au sérieux, croyait ne devoir répondre qu'au bureau législatif. Ce fonctionnaire finit pourtant par être sacrifié; un autre le remplaça, et tout marcha pour le mieux jusqu'au 2 décembre 1851, journée qui mit fin à ses fonctions. Les fonctionnaires qui ont pour mission particulière l'inspection des poids et mesures ont aussi la qualité de commissaire de police, et portent les insignes de ces fonctions. Il y a encore à Paris six commissaires de police chargés d'assister, dans leur exercice journalier, les contrôleurs de la garantie des matières d'or et d'argent.

Les commissaires de police sont nommés par l'empereur, sur la présentation du ministre de l'intérieur, pour veiller à la tranquillité et à la sûreté des citoyens, au maintien et à l'exécution des lois de police; pour prévenir, rechercher et constater les crimes, délits et contraventions. Dans les communes qui n'ont pas de commissaires, leurs fonctions sont exercées par le maire ou adjoint.

Les commissaires de police exercent deux sortes de fonctions, qu'il importe de distinguer : celles d'officiers de police *administrative* et celles d'officiers de police *judiciaire*. C'est en cette dernière qualité qu'ils ont le droit de requérir l'application des lois pénales devant les tribunaux de simple police ,,comme organes du ministère public. Comme officiers administratifs, ils doivent veiller principalement à l'exécution des règlements municipaux concernant la police des prisons, des maisons publiques, des maisons de santé, de la voirie, des rues et places publiques, des marchés, halles et ports, le payement des taxes, la conservation des monuments, les spectacles et généralement tout ce qui intéresse la tranquillité, la sûreté et la salubrité des citoyens. Ils doivent encore surveiller les mœurs publiques, les rixes et les attroupements, les bruits et les tapages nocturnes, le tumulte dans les assemblées publiques, les incendies, les épidémies, les épizooties, les insensés et les furieux; la divagation des animaux malfaisants, la vérification des logeurs et des hôtelleries, les brocanteurs, les orfèvres, les pharmaciens, etc., les chevaux et voituriers qui circulent dans l'intérieur des communes, les ouvriers et compagnons; et lorsque cette surveillance leur fait découvrir des contraventions, ils dressent des procès-verbaux, ou reçoivent des plaintes, et les transmettent à l'officier chargé des fonctions du ministère public, soit devant le tribunal de simple police, soit devant la police correctionnelle, selon leur gravité.

Les commissaires de police à Paris sont chargés de délivrer des certificats pour obtention de passe-ports et des permis de séjour aux voyageurs qui veulent résider plus de trois jours à Paris, ainsi que des certificats de bonnes vie et mœurs à ceux qui désirent contracter un engagement volontaire dans un des corps de l'armée et qui se présentent à cet effet devant eux avec deux témoins. Ils sont en outre chargés de recevoir les déclarations qui précèdent le dépôt des enfants aux hospices d'enfants trouvés, et de donner l'autorisation nécessaire depuis la suppression des tours. Agissant comme officier administratif, le commissaire de police est toujours subordonné au préfet, maire ou adjoint; mais il est indépendant dans les fonctions qui lui sont déléguées, et à Paris il n'a d'autres supérieurs hiérarchiques que le préfet de police et le procureur impérial.

Comme officiers judiciaires, les commissaires de police doivent rechercher les contraventions de police, même celles qui sont sous la surveillance spéciale des gardes forestiers et champêtres; ils reçoivent les rapports, dénonciations et plaintes qui concernent les contraventions de police; ils consignent dans des procès-verbaux toutes leurs circonstances, le temps et le lieu où elles ont été commises, les preuves et les indices à la charge de ceux qui sont présumés coupables. Ils ont en outre le droit de requérir directement la force publique.

Lorsqu'un commissaire de police exerce ses fonctions, il doit porter son costume officiel et être revêtu d'une écharpe. L'insulte qui lui est faite est punie correctionnellement, encore qu'il n'eût pas son costume, si d'ailleurs sa qualité était bien connue de celui qui est l'auteur de l'insulte.

Dans les communes divisées en plusieurs arrondissements, les commissaires de police sont compétents pour exercer les fonctions d'officiers judiciaires dans toute l'étendue de la commune où ils sont placés, sans pouvoir alléguer que le fait a été commis hors des limites de leur arrondissement particulier. Lorsqu'un commissaire de police d'une même commune se trouve légitimement empêché, celui de l'arrondissement voisin est tenu de le remplacer.

En vertu des articles 48, 49 et 50 du Code d'Instruction criminelle, les commissaires de police sont appelés à faire tous les actes qui pour le cas de flagrant délit sont dans les attributions du procureur impérial. Ces actes peuvent être faits par eux, soit qu'instruits de l'existence du délit flagrant ou réputé tel, ils se soient transportés sur les lieux, soit que les individus inculpés de s'en être rendus coupables, surpris par les agents de l'autorité, ou arrêtés sur la clameur publique, soient conduits devant eux. Dans tous ces cas, si les résultats de leurs recherches constituent une présomption suffisante, l'inculpé doit être retenu par eux *sous la main de justice*, en état de *mandat d'amener*, conformément aux dispositions de l'art. 48 du même code.

Le commissaire de police doit assister le procureur impérial lorsqu'il s'agit de constater un crime ou un délit; il doit viser le mandat d'amener, de comparution ou de dépôt, lorsque le prévenu, arrêté hors de l'arrondissement de l'officier qui l'a décerné, est conduit devant lui. Il assiste l'huissier qui, procédant à une saisie-exécution, a trouvé les portes fermées, et il signe son procès-verbal. Il accompagne les employés du bureau de garantie (loi du 19 brumaire an IX) et les employés des contributions indirectes dans les visites qu'ils font dans les caves, maisons et autres lieux (loi du 18 avril 1816). Lorsqu'il a à constater un meurtre, un suicide, une mort subite ou accidentelle, le commissaire de police doit réclamer le secours des gens de l'art, dont les informations, faites sous la foi du serment, sont inscrites dans le procès-verbal. Les procès-verbaux des commissaires de police font foi jusqu'à preuve contraire; ils ne sont pas astreints à l'art. 20 de la loi du 22 frimaire an VII, qui exige l'enregistrement dans les quatre jours, ni à la formalité de *l'affirmation*. Ils sont enregistrés *en debet* ou *gratis*.

Le commissaire de police qui excède ses pouvoirs ou en fait un usage pernicieux commet un abus d'autorité qui l'expose à la suspension, à la destitution et même, selon la gravité, à des poursuites judiciaires. Si l'abus d'autorité a lieu pour refus de faire exécuter les lois et règlements, il est puni de la suspension ou de la destitution; si c'est en violant les droits des citoyens, en s'introduisant illégalement dans leur domicile, il peut être par une amende de 10 à 200 francs; si c'est un déni de justice, il est puni par une amende de 200 à 500 francs, et par l'interdiction de toutes fonctions publiques de cinq à vingt ans; s'il a exercé des violences envers les personnes, la peine est d'un degré plus forte envers lui qu'envers un simple citoyen. La condamnation à ces peines est toujours prononcée sans préjudice des restitutions et dommages-intérêts qui peuvent être dus aux parties.

Si les commissaires de police sont prévenus de crimes ou de délits commis par eux dans l'exercice de leurs fonctions judiciaires, ils sont poursuivis par les procureurs impériaux, selon les formes prescrites par les art. 479 et 484 du Code d'Instruction criminelle, sans qu'il soit besoin de recourir au conseil d'État. Mais, considérés comme officiers de police administrative, ils ne peuvent être poursuivis devant les tribunaux pour crimes, délits et contraventions commis dans l'exercice de leurs fonctions qu'après une décision spéciale du gouvernement.

Les commissaires de police ont aujourd'hui un costume particulier. Ils ont sous leurs ordres à Paris des officiers de paix et des brigades de sergents de ville. Depuis la suppression des inspecteurs généraux et spéciaux de police, on a créé des commissaires départementaux de police. Il y avait déjà des commissaires cantonaux, et un jour sans doute il y aura un commissaire de police dans chaque commune. Il y a aussi des commissaires de police dans nos possessions du nord de l'Afrique; et Alger possède un commissaire général de police.

COMMISSAIRE-PRISEUR. Les commissaires-priseurs sont des officiers publics, à qui la loi attribue le droit exclusif d'estimer les meubles et effets mobiliers, de faire *la prisée*, et d'en opérer la vente publique aux enchères. Le mandat qu'ils exercent sous la protection de l'autorité publique n'ayant pour objet que l'intérêt privé, ils ne sont pas à proprement parler fonctionnaires publics, mais seulement titulaires des charges qu'ils achètent, et auxquelles sont attachées des clientèles. Sous ce rapport ils sont assimilés aux notaires, avoués, huissiers et agents de change.

Les principales fonctions que les commissaires-priseurs exercent aujourd'hui étaient remplies autrefois par les *maîtres-priseurs-vendeurs*, créés en 1556. Un édit de 1691 réduisit à 120 le nombre de ces officiers publics, jusque là confondus avec les *huissiers à verge*, alors en possession des mêmes droits, et leur donna la dénomination d'*huissiers-priseurs*, qu'ils conservèrent longtemps. Les huissiers-priseurs ajoutèrent à ce titre celui de commissaires, lors de la réunion faite à leurs charges des trente-offices de commissaire institués en 1712, pour exercer la police dans les ventes. Ce droit de police, confirmé par plusieurs règlements et par une sentence du Châtelet, en 1787, leur a toujours appartenu depuis cette époque.

Les anciens huissiers-priseurs ne pouvaient vendre les fonds de librairie et d'imprimerie qu'en appelant les syndics ou adjoints de la librairie. Ils étaient également obligés d'appeler un libraire pour *priser* et exposer en vente les livres des bibliothèques particulières. Il est encore d'usage aujourd'hui que les commissaires-priseurs se fassent assister d'un *expert* pour les ventes de livres et d'objets d'art. Cet expert se charge généralement d'en dresser le catalogue.

Outre les huissiers-priseurs du Châtelet, il y avait dans les justices royales des jurés-priseurs, qui jouissaient du droit exclusif de faire les prisées et ventes de meubles dans le ressort des justices où ils étaient établis; mais un arrêt du 7 juillet 1784 jugea qu'il y avait compatibilité et concurrence entre ces sortes d'offices et ceux des notaires royaux, tant pour les ventes volontaires que pour celles ordonnées en justice.

La législation nouvelle, qui a réorganisé cette institution, consiste principalement dans les lois du 27 ventôse an ix et 28 avril 1816. En établissant les commissaires-priseurs, le législateur se flattait de supprimer ces scandaleux encans où les objets volés trouvent un recélé facile; de déjouer les injustes coalitions des marchands courant habituellement les ventes pour acheter à vil prix et partager ensuite un bénéfice illicite sur les objets vendus; de rendre au commerce légitime des marchands en boutique et en magasin les occasions de vente dont ces encans les privent journellement. La loi du 28 avril 1816 a donné au gouvernement la faculté de créer des commissaires-priseurs par toute la France; cependant, l'ordonnance du 26 juin de la même année n'en a établi que pour les villes chefs-lieux d'arrondissement, ou qui sont le siége d'un tribunal de première instance, et pour celles dont la population est de 5,000 âmes au moins.

Il est à regretter que la législation qui concerne l'institution des commissaires-priseurs ne soit pas encore aussi bien ordonnée ni surtout aussi complète qu'elle devrait l'être. Leurs droits sont même déterminés avec si peu de précision qu'à chaque instant ils se trouvent en concurrence avec les huissiers, les notaires et les courtiers de commerce, pour l'estimation et la vente de certains objets mobiliers, que les uns et les autres s'attribuent également. Quant aux émoluments des commissaires-priseurs dans les départements, n'étant pas, ainsi que pour Paris, fixés par une loi positive, ils donnent souvent lieu à des contestations.

Les commissaires-priseurs sont nommés par l'empereur sur la présentation du ministre de la justice. Ils sont soumis à un cautionnement. Nul ne peut être admis à en exercer les fonctions s'il n'a vingt-cinq ans accomplis, ou s'il n'a obtenu une dispense d'âge.

Les commissaires-priseurs sont placés sous la surveillance des procureurs impériaux près les tribunaux de première instance. Ils sont aussi soumis à une chambre de discipline, chargée de maintenir parmi eux les règles de discipline intérieure, et d'examiner les réclamations qui lui sont adressées. Ils ont la police dans les ventes, et peuvent faire toutes réquisitions pour y maintenir l'ordre. Leurs fonctions sont incompatibles avec toutes autres que celles d'huissier de greffier de justice de paix ou de tribunal de police, qu'ils ne peuvent cumuler que dans les villes autres que la capitale. Il leur est interdit d'exercer la profession de marchand de meubles, de fripier, de tapissier, ou même d'être associés à aucun commerce de cette nature, à peine de destitution.

Il est alloué aux commissaires-priseurs de Paris, pour frais de prisée, 6 francs par chaque vacation de trois heures. Il leur est alloué pour frais de vente, vacation, rédaction de minute, expédition du procès-verbal, etc. (non compris les débourés faits pour annoncer la vente et acquitter les droits), savoir : 8 fr. pour 100 francs lorsque le produit s'élève jusqu'à 4,000 francs, et 5 pour 100 lorsque le produit est au-dessus de cette somme. Ils sont personnellement responsables du prix des adjudications, et ne peuvent recevoir des adjudicataires aucune somme au-dessus de l'enchère, à peine de concussion. Aug. HUSSON.

COMMISSION (du latin *committere*, confier). Ce terme a plusieurs acceptions. On appelle en général *commission* l'acte par lequel celui qui ne peut vaquer lui-même à ses affaires donne pouvoir à un autre de le faire pour lui. C'est une espèce de *mandat*, de *procuration*.

Dans le commerce, c'est un acte par lequel un négociant charge quelqu'un d'acheter ou vendre des marchandises pour son compte, moyennant un certain bénéfice. C'est dans ce sens qu'on dit *faire la commission*, *droit de commission*. Le mandataire s'appelle *commissionnaire en marchandises*.

En droit, c'est la délégation qui est faite d'un tribunal ou d'un juge par un autre, pour recevoir un serment ou une caution, pour procéder à une enquête, à un interrogatoire sur faits et articles, etc., lorsque le domicile des personnes assignées ou des témoins à entendre est trop éloigné. Cette délégation est dite *commission rogatoire*.

On entend aussi par *commission* le brevet ou l'acte de nomination d'un employé du gouvernement ou d'un officier public à un poste spécialement désigné.

Enfin, on appelle *commission* toute réunion d'hommes choisis par le gouvernement ou par un corps public, soit pour préparer des projets de loi et des règlements d'administration publique, soit pour vérifier des faits, examiner des pièces et en faire un rapport. Ces sortes de commissions sont toujours temporaires, et reçoivent différentes qualifications suivant l'objet et le but de leurs travaux. Ainsi il y a des commissions *administratives*, des commissions *scientifiques*, des commissions *législatives*. Celles-ci sont spécialement chargées d'examiner les projets communiqués par les ministres, de préparer les travaux des deux corps législatifs et d'en présenter le résultat par l'organe d'un rapporteur, qui a mission de soutenir et de défendre l'avis de la majorité en séance publique, et de résumer les débats.

[Autrefois ces commissions législatives étaient toute-puissantes; elles appelaient les ministres dans leur sein, leur demandaient des comptes, des communications de pièces, des explications; elles examinaient les amendements, en proposaient elles-mêmes; aujourd'hui leur rôle se borne à examiner les projets de loi et à proposer les changements qui leur semblent utiles au conseil d'État, qui les adopte ou les rejette, et une commission n'en peut proposer à la législature que l'adoption ou le rejet purs et simples. Les commissions sont en général nommées par les bureaux; en certains cas elles l'ont été, dans les anciennes assemblées, en séance générale. A la chambre des pairs, elles étaient le plus souvent nommées par le président tout seul, investi à cet égard des pouvoirs de ses collègues. Quelques-unes des commissions législatives ont produit, sous le régime constitutionnel, des rapports historiquement importants.

En 1830, une *commission municipale* composée de cinq membres, MM. Gérard, Lobau, Mauguin, de Schonen, et Audry de Puyraveau, siégea à l'hôtel de ville après la révolution de Juillet, réunissant en elle tous les pouvoirs, jusqu'à la nomination du lieutenant général.

Lors du coup d'État du 2 décembre 1851, le président de la république créa une *commission consultative*, qui aura sa place dans l'histoire, encore bien que ses travaux soient jusqu'ici restés parfaitement ignorés. Aux termes des décrets constitutifs, il était appelé à donner son avis sur les projets de décret en matière législative qui lui seraient soumis par le président de la république et pouvait en outre exercer les fonctions déférées au conseil d'État, sauf les matières du contentieux administratif. Elle était présidée par le président de la république, et en son absence par un vice-président, M. Baroche. La liste de ses membres subit à diverses reprises des remaniements. Enfin, elle fut arrêtée à 178 membres, parmi lesquels on trouvait 135 membres de l'assemblée législative qui venait de mourir, cinq conseillers d'État, un maître des requêtes, deux maréchaux, un vice-amiral, vingt généraux, un colonel. Les noms les plus connus étaient ceux de MM. d'Argout, Barthe, Berger, Billault, Carlier, général de Castellane, Chaix d'Est-Ange, J.-B. Dumas, Ch. Dupin, maréchal Excelmans, de Gasparin, Lélut, Leverrier, de Montalembert, etc. M. Léon Faucher et quelques autres, qu'on y avait inscrits d'office, refusèrent hautement d'en faire partie, car leur abstention protestaient contre les faits accomplis au 2 décembre. La création du sénat, du corps législatif et du conseil d'État par la constitution de 1852 mit fin à l'existence de la commission consultative.

Sous l'ancienne monarchie, les *commissions judiciaires*

étaient des tribunaux temporaires et exceptionnels, établis pour réprimer avec la plus grande rigueur des troubles accidentels, des crimes ou des délits particuliers; substituées à dessein aux juges naturels des accusés, impatientes de secouer le joug des règles protectrices de la justice ordinaire, ces commissions jugeaient sommairement et sans appel. La cruauté dont elles ont fait preuve dans mille circonstances a été justement flétrie par l'histoire.

Les *commissions militaires* ont de nos jours le même but, le même caractère; elles furent toujours instituées pour exercer des vengeances, non pour rendre la justice, et il faut ajouter qu'elles ne remplissent d'ordinaire que trop fidèlement leur mandat. Ce droit d'enlever les accusés aux tribunaux ordinaires, de les renvoyer devant des juges improvisés, serviles et toujours prévenus, sa responsabilité est applicable rigoureusement. les plus odieux des gouvernements despotiques. Aug. HUSSON.

COMMISSIONNAIRE. *Voyez* PORTEFAIX.

COMMISSIONNAIRE EN MARCHANDISES. On appelle ainsi, dans le langage du commerce, celui qui se charge des commissions qui lui sont transmises par des négociants, et qui agit en son propre nom ou sous un nom social pour le compte d'un commettant. Les droits et les devoirs du commissionnaire sont les mêmes que ceux du mandataire à l'égard du mandant. En conséquence, il répond des erreurs qu'il pourrait commettre; et comme son mandat est salarié, sa responsabilité est appliquée rigoureusement. Son salaire consiste en un bénéfice net, nommé *droit de commission*, ordinairement réglé à *tant pour cent*, et qui lui est payé, soit par le mandant auquel il livre les marchandises, soit par le vendeur lui-même, qui fait en sa faveur une réduction de paye proportionnée à la quantité et à la valeur des marchandises dont il lui procure l'écoulement.

On distingue trois sortes de commissionnaires : 1° Ceux qui font simplement la commission d'achat et de vente, c'est-à-dire qui sont spécialement chargés d'acheter pour le compte d'autrui, sous la condition expresse d'expédier sur-le-champ au mandant les marchandises indiquées dans la commission. 2° Les *commissionnaires par entrepôt* : ce sont eux qui reçoivent en consignation ou en dépôt, avec commission de vendre aux mêmes conditions que le mandant, et à la charge de lui en tenir compte au fur et à mesure du débit des marchandises ; 3° Les *commissionnaires par voitures*, qui se chargent des expéditions par terre ou par eau. Ce sont les entrepreneurs de roulage. Aug. HUSSON.

COMMISSOIRE. On appelait ainsi dans l'ancien droit la clause insérée dans les actes de vente, par laquelle les parties convenaient que si l'acheteur ne payait pas le prix dans un temps déterminé, la vente serait résolue. C'est ce que nous appelons aujourd'hui une *clause résolutoire*. Selon le droit romain et par l'effet de ce pacte, la vente était résolue de plein droit; chez nous, au contraire, il fallait toujours qu'elle fût prononcée par le juge. Il en naissait au profit du vendeur une action mixte, à la faveur de laquelle il obtiendrait de l'acheteur la restitution de la chose vendue et celle des fruits qu'il avait perçus.

COMMISSURE (du latin *commissura*, jointure, emboîtement, assemblage). Ce nom sert à caractériser, en anatomie, le genre d'union des bandes transversales qui réunissent sur la ligne médiane les moitiés droite et gauche de l'axe cérébro-spinal; on désigne plus particulièrement sous le nom de *commissure du cerveau* deux petits faisceaux médullaires situés en travers, l'un en avant (*commissure antérieure*), l'autre en arrière du ventricule moyen du cerveau (*commissure postérieure*). Le docteur Gall a considéré avec raison le corps calleux et le pont de Varole, l'un comme la grande *commissure du cerveau*, et l'autre comme *commissure du cervelet*. On peut, par la dissection, découvrir les bandes transverses au fond des sillons de la moelle épinière, qui font l'office de *commissures* en joignant les deux moitiés latérales de cette portion de l'axe cérébro-spinal. On donne aussi le nom de *commissure des nerfs optiques* à l'union de ces deux cordons nerveux qui se croisent avant de pénétrer dans l'orbite.

L'union des lèvres des ouvertures naturelles, qui ont la forme d'une fente longitudinale située en travers ou suivant la longueur du corps porte aussi le nom de *commissures*, qui s'applique dans ce cas aux points où les deux parties se réunissent. C'est en ce sens qu'on dit *commissures* des lèvres de la bouche, des paupières ou lèvres palpébrales, des lèvres de la glotte, de la vulve, de la valvule iléo-cœcale, et en général de toutes les ouvertures naturelles, soit extérieures, soit de communication entre les diverses portions des voies intestinales, lorsqu'elles ont la forme indiquée ci-dessus, qui permet de les diviser en deux lèvres. Dans le cas où les ouvertures naturelles dites *narines* et *trous des oreilles* sont longitudinales et circonscrites par des sortes de *commissures*. On substitue quelquefois à ce nom celui d'*angles*; c'est en ce sens qu'on dit l'*angle interne* et l'*angle externe* des paupières. L. LAURENT.

COMMIS VOYAGEUR. *Voyez* VOYAGEUR DE COMMERCE.

COMMITTIMUS, mot latin qui signifie *Nous commettons*, et par lequel on désignait l'un des priviléges les plus iniques de l'ancien régime. Il conférait le privilége 1° d'assigner aux requêtes de l'hôtel ou aux requêtes du palais, suivant les convenances du privilégié; 2° de faire renvoyer devant une juridiction d'exception une cause pour laquelle le privilégié était assigné devant les juges ordinaires; 3° d'intervenir dans une cause pendante, lors même qu'il n'y avait pas été assigné, mais dans laquelle il se prétendait intéressé. On distinguait le *committimus du grand sceau* et celui *du petit sceau* ou *de la petite chancellerie*. Le premier était exécutoire dans toute la France, le second dans les limites du ressort du parlement dont les lettres étaient émanées et pour un temps déterminé. Le grand sceau ne s'expédiait que pour les affaires de 1,000 livres et au-dessus; le petit sceau pour celles de 200 à 1,000 livres. Le *committimus* du grand sceau n'était d'abord accordé qu'aux princes et aux commensaux du roi; mais il s'étendit ensuite à une foule de charges, de corporations religieuses, judiciaires et fiscales, dont la nomenclature comprend douze catégories (Ordon. *de committimus*, tit. XIII), depuis les princes du sang jusqu'aux chanoines et au colonel des trois cents archers de la ville de Paris. Le *committimus* n'était point admis dans plusieurs pays d'états, notamment dans la Bretagne et l'Artois; mais il restait aux plaideurs privilégiés les évocations au conseil. Cette odieuse prérogative avait fixé l'attention des électeurs de 1789, et les cahiers des trois ordres en réclamaient la suppression, le tiers état et le clergé sans réserve, la noblesse avec quelques restrictions. Ce privilége, comme ceux établis par le régime féodal, furent abolis par le fameux décret de la nuit du 4 août 1789.

DUFEY (de l'Yonne.)

COMMITTITUR, terme de palais qui se disait au trefois d'une ordonnance par laquelle le président d'un tribunal *committait* un juge pour faire quelque instruction.

COMMODAT. C'était autrefois un contrat de prêt d'une espèce particulière, celui qui avait pour objet une chose qui ne se consommait pas par l'usage. Par le commodat, on prêtait gratuitement une certaine chose à quelqu'un pour qu'il s'en servît pendant un temps déterminé, après quoi la chose devait être rendue en nature à celui qui l'avait prêtée. L'emprunteur prenait le nom de *commodataire*. Aujourd'hui le Code Napoléon confond complétement le commodat avec le *prêt à usage*, quoiqu'il y eût dans l'ancien droit de notables différences entre ces deux contrats.

COMMODE (LUCIUS ÆLIUS AURELIUS ANTONINUS COMMODUS), fils de Marc-Aurèle et arrière-petit-fils de

Trajan par sa mère, Faustine, né le 31 août, l'an 161 de l'ère chrétienne, empereur à la mort de son père, au mois de mars 180, fut assassiné, l'an 193, à l'âge de trente et un ans.

Un héritier semblable pour le vertueux Marc-Aurèle, c'est là un des plus forts arguments de fait que l'on puisse opposer au système d'hérédité royale et impériale. A cela l'histoire fournit une réponse qu'on appréciera ce qu'elle vaut : Commode n'était que le fils putatif de l'empereur philosophe; son véritable père était un jeune et beau gladiateur, que l'impératrice Faustine avait distingué dans la foule des hommes de la lie du peuple.

Dès son enfance, Commode annonçait les inclinations les plus perverses. A douze ans il ordonna de jeter dans une fournaise un esclave qui lui avait préparé un bain trop chaud, et il ne fut tranquille que lorsqu'il eut la conviction que son ordre avait été exécuté. Pour le lui faire croire, son pédagogue fit jeter dans la fournaise une peau de mouton toute fraîche, et l'odeur, que le jeune César prenait pour celle de l'esclave en combustion, le réjouit extrêmement. Ce trait de l'enfance de Commode fait voir toute sa vie; car sur le trône, il ne vécut que pour se livrer au goût insatiable du sang et des voluptés. On en trouve le récit détaillé dans Ælius Lampridius; mais une plume française doit se refuser à les reproduire. « C'était, dit Montesquieu, un monstre qui suivait toutes ses passions et toutes celles de ses ministres. » Il y avait en lui du Néron et du Caligula. Il se piquait d'être gladiateur. Comme Néron, il se faisait gloire d'être musicien et cocher. C'est de Commode et de ses pareils que Chateaubriand a dit : « Afin de ne pas trop épouvanter la terre, le ciel donna la folie à leurs crimes, comme une sorte d'innocence. » Commode rencontrant un homme d'une corpulence extraordinaire, le coupa en deux, pour prouver sa force et jouir du plaisir de voir se répandre les entrailles de la victime. Il faisait couper un pied ou arracher un œil à ceux dont la physionomie lui déplaisait. Ayant rassemblé un grand nombre d'hommes contrefaits, il les assomma sa massue, pour imiter Hercule. Il fit couper les bras aux prêtres de Bellone, sous prétexte que cette déesse voulait être ainsi mutilée. Il fit substituer sa tête à celle de Néron sur le fameux colosse. Dans une de ses orgies, il se fit servir sur un immense plat deux bossus engloutis sous la moutarde. Dans ses jeux contre les gladiateurs, il en tua plus de mille. Personne ne lançait mieux un javelot, et n'abattait avec plus de précision la tête d'une bête féroce; aussi se disait-il l'*Hercule romain*. Il voulut que Rome changeât de nom et prît le sien (*Colonia Commodia*); il appela aussi le sénat *commodien*, et comme dans les sociétés vieillies il n'est pas de bassesse dont ne soient capables les corps délibérants en présence d'un despotisme imbécile, le sénat ratifia cette honteuse qualification.

Le premier qui gouverna sous le nom de Commode fut Perennis, homme de guerre, qui séduisit son jeune maître en lui promettant de le délivrer entièrement du fardeau des affaires. Sous ce ministre, une conspiration se forma contre Commode : Lucilla, sœur aînée du tyran, y entra avec plusieurs jeunes sénateurs. Le coup manqua, par l'imprudence de Pompeianus, l'un d'eux, qui, après avoir pénétré dans la chambre de Commode, lui donna le temps de se reconnaître en lui montrant le poignard et lui disant : « Tiens, voilà ce que le sénat t'envoie. » Ces mots ne furent pas perdus pour Commode; il en prit prétexte pour décimer le sénat. Lucilla fut reléguée dans une île, et égorgée peu de temps après, par l'ordre de l'empereur, son frère, qui avait eu un incestueux commerce avec elle, comme avec toutes ses autres sœurs. A Perennis, tué comme conspirateur, succéda le Phrygien Cléandre, autrefois esclave. C'est ainsi que le monde se vengeait de la conquête, en jetant à Rome pour maîtres les hommes les plus abjects. L'administration de Cléandre fut encore plus dégradante que celle de son prédécesseur; les peuples et le sénat s'y soumettaient cependant; tous les bons citoyens gémissaient en silence. Un brigand entreprit de châtier Commode : c'était Maternus. Après avoir, à la tête de quelques bandes armées, ravagé la Gaule, l'Espagne et l'Italie, il se rendit secrètement à Rome pour tuer l'empereur. Trahi par ses complices, il fut exterminé avec quelques confidents plus dévoués, au moment de l'exécution. Le ciel parut alors sévir sur l'empire : une peste épouvantable fut accompagnée d'une affreuse disette. Le peuple, attribuant à Cléandre tous ses maux, s'arme contre lui; Rome est témoin d'un combat entre la multitude et les prétoriens. Cependant Commode, dans une retraite écartée, au milieu de son sérail, composé de six cents concubines et de jeunes garçons, prolongeait à plaisir une voluptueuse orgie, sans se douter le moins du monde de ce qui se passait. Averti enfin du danger par sa sœur Fadilla, qui force la porte de sa retraite, Commode pour sauver sa tête jette au peuple celle de son indigne ministre.

Les excès affaiblissant chaque jour l'esprit du tyran, il tomba dans de nouvelles extravagances. Il créait vingt-cinq consuls à la fois ; plusieurs préfets du prétoire furent nommés pour quelques jours, d'autres pour quelques heures. Depuis l'émeute terminée par la mort de Cléandre, il ne jouit plus d'un instant de repos, et sans accorder moins à ses infâmes plaisirs, il parut donner plus à la férocité. Plusieurs personnes de la famille impériale, des patriciens, des consulaires, périssaient chaque jour, victimes de ses terreurs. Il imaginait des conspirations pour trouver prétexte à des supplices suivis de confiscations. Il vendait le droit de commettre des meurtres. Un jour, dans un spectacle, il ordonna le massacre de tous les assistants. Le préfet du prétoire, Lætus, ne parvint à lui faire révoquer cet ordre qu'en lui inspirant des craintes pour sa propre vie. Il voulut enfin quitter son palais, habiter la maison d'un gladiateur et combattre tout nu devant le peuple. Marcia, la plus chérie de ses concubines, le même Lætus et Eclectus, premier officier du palais, s'efforcèrent vainement de le détourner de ce honteux dessein; il chassa de sa présence. Après leur départ, il inscrivit sur un livre la mort de ces trois personnes, et s'endormit. Un enfant destiné aux plaisirs du prince saisit le livre en s'amusant dans la chambre impériale, et le montra à Marcia, qui soudain avertit Lætus et Eclectus; et tous trois prévinrent le tyran. On commença par l'empoisonner; puis, le poison tardant trop à produire ses effets, on l'étrangla. Pertinax fut proclamé empereur à sa place.

Sous ce règne infâme, les chrétiens furent peu persécutés : ils étaient protégés par Marcia, celle de toutes les maîtresses de Commode qui avait le plus d'empire sur son esprit. On a même prétendu qu'elle était chrétienne. Sous ce règne encore, les généraux de l'empereur soutinrent la gloire des armes romaines, et surent contenir les barbares, qui menaçaient les frontières de l'empire. Malheureusement Hérodien et Lampride, qui se sont plu à décrire en détail les infamies de cet empereur, gardent le silence sur les exploits de ses lieutenants. C'est ainsi que l'histoire a presque toujours été écrite exclusivement pour les princes, même quand elle n'est pas adulatrice. Jules Capitolin nous apprend que le sage Macrin, qui monta sur le trône impérial l'an 217, vingt quatre ans après la mort de Commode avait résolu d'abolir les rescrits de ce prince et de Caracalla. Il ne pouvait souffrir, dit Montesquieu, qu'on regardât comme des lois les réponses de tous ces princes pleins d'impéritie. Sous le règne de Commode avait paru une nouvelle race de barbares destructeurs, les Sarrasins, si funestes dans la suite à l'empire d'Orient.
Charles Du Rozoir.

COMMODIEN, contemporain de Tertullien et de saint Cyprien, auteur d'un poème intitulé *Carmen apologeticum adversus Judæos et Gentes*, et dont on a aussi des *Instructiones adversus Gentium deos* publiées au dix-septième siècle par le P. Sirmond, était l'un des évêques d'Afrique au troisième siècle. Son poëme apologétique, récemment remis en lumière par le savant bénédictin dom Pitra dans son *Spicilegium Solesmense* (Paris, 1852), n'est, à vrai dire, qu'une complainte, ou, si l'on veut, un cantique écrit dans un latin fort peu correct et pur, tel sans doute qu'on le parlait alors en Afrique, d'ailleurs visiblement entremêlé à dessein de nombreux archaïsmes; il a pour but de faire pénétrer jusqu'au peuple les idées et les dogmes du christianisme, qui en était encore, comme on sait, à lutter contre le paganisme, déjà agonisant sans doute, mais toujours religion officielle de l'État.

L'auteur débute par expliquer l'origine de la religion chrétienne, telle que l'expose l'Ancien Testament. Il aborde ensuite la question de l'avenir de l'humanité, et traite ainsi de la fin du monde et de la consommation des siècles, adoptant à cet égard les idées que l'*Apocalypse* avait popularisées parmi les chrétiens des premiers siècles; idées qui ne se rapportaient pas seulement à la chute de l'empire romain, mais à la fin du monde, qu'on regardait comme prochaine. Voici les événements qui l'annonceront : d'abord l'invasion des Goths, qui s'empareront de Rome; il y aura des sénateurs qui deviendront esclaves et qui blasphémeront Dieu parce que les Romains auront été vaincus par les barbares. Mais ces barbares seront bons et miséricordieux pour les chrétiens, qu'ils rechercheront comme des frères. Ici apparait, comme on voit, l'idée de la communauté de destinée entre les chrétiens et les peuples barbares, qui est aussi l'une des premières pensées de saint Augustin dans sa Cité de Dieu, et que Salvien et Paul Orose développent également dans leurs ouvrages. « La volonté de Dieu, disent-ils, était que les deux sociétés nouvelles, la société barbare et la société chrétienne, s'unissent contre la vieille société romaine. »

Cependant, pour résister aux Goths et à leur roi Apollyon, Commodien fait ressusciter Cyrus, qui vient délivrer Rome et le sénat. Ce Cyrus n'est d'ailleurs autre que le vieux Néron, qui fit autrefois tuer saint Pierre et saint Paul; car c'était alors une idée populaire dans le monde chrétien que Néron ressusciterait dans les jours de malheur qui devaient précéder la fin du monde. Commodien ne fait donc que se conformer à une opinion générale de son temps, et dont il ne serait pas difficile de retrouver encore des vestiges jusque dans l'histoire de nos temps modernes. Néron s'adjoint trois césars, et continue à persécuter les chrétiens. Alors un roi s'élève en Orient qui vient tuer Néron et les trois césars persécuteurs. Ce vainqueur de Néron n'est lui-même qu'un faux prophète; c'est l'Antechrist, que le monde, séduit et trompé, adore pendant quelque temps, jusqu'à ce que les tribus juives, qui pendant la captivité de Babylone avaient été transportées au-delà des fleuves de la Perse, et qui avaient vécu dans l'innocence et la piété, reviennent à Jérusalem et régénèrent le monde par leur retour. Alors se dissipe l'illusion qui faisait la force de l'Antechrist, et la réconciliation des Juifs et des chrétiens, réunis sous la loi du Christ, est le signe suprême de l'accomplissement des temps.

Par cette rapide analyse du *Carmen apologeticum*, on peut voir ce qu'était la poésie dans les premiers siècles de l'Église : moins que rien au point de vue littéraire et classique, mais miroir fidèle des idées qui agitaient et préoccupaient une société marchant rapidement vers sa transformation complète; idées sans analogie aucune avec celles qui avaient fait vivre pendant si longtemps la vieille société païenne, et qui la soutenaient encore dans sa résistance aux incessants envahissements du christianisme.

COMMODITÉ. Le mot *commoda*, chez des Latins, signifiait à la fois *biens*, *richesses*, *avantages* et *commodités*. On ne peut guère séparer, en effet, dans notre état social, les *commodités de la vie* des biens et des richesses, qui seuls peuvent les procurer.

On comprend sous le nom générique de *commodités* toutes les choses qui servent à rendre la vie douce et agréable, toutes celles dont la privation est pénible à supporter, surtout pour celui qui les a connues, qui les a goûtées, qui en a joui pendant un temps plus ou moins long. Ce mot reçoit plus ou moins d'extension et une application plus ou moins variée selon les besoins, les goûts ou la position des personnes; on lui substitue d'ailleurs assez généralement aujourd'hui, dans l'usage, le mot anglais *comfort*, qui a tout au moins l'avantage de ne se prêter à aucune espèce de jeux de mots.

En matière de construction et d'architecture, on dit d'un appartement qu'il offre toutes sortes de *commodités*, quand sa distribution bien entendue présente non-seulement tout ce qu'exigent les nécessités de la vie habituelle, mais encore les dispositions de local appropriées aux agréments que sollicite l'état ou la fortune de celui qui doit l'habiter. C'est dire que ce qui fait dans une maison ou un logement le mérite exprimé par ce mot ne saurait se définir avec précision, tant les changements de mœurs, d'usages publics ou particuliers, influent diversement sur la manière d'être et les habitudes domestiques. Par euphémisme, on donne vulgairement le nom de *commodités* à certains lieux qu'on désigne dans un autre monde par le terme de *privés*. On appelait autrefois *chaises de commodité* ou *fauteuils de commodité* ces grandes chaises à bras bien garnies et bien rembourrées, et à dossier renversé, fort en usage encore aujourd'hui, et qui sont très-*commodes*, surtout pour les personnes malades. En style de *précieuses*, les fauteuils sont les *commodités de la conversation*. On a étendu le mot de *commodité* à tout moyen de transport pour aller d'un lieu à un autre. Dans quelques provinces on dit même : prêtez-moi votre *commodité*, au lieu de : prêtez-moi votre *âne*.

Commode s'entend de tout ce qui offre de la *commodité* : une maison, un appartement, une voiture, un habit *commode*. Ce mot s'étend des choses aux personnes, et signifie alors doux, facile, aisé à vivre; un homme est plus ou moins *commode* pour les autres, c'est-à-dire d'une humeur, d'une société, d'un commerce plus ou moins aimable et facile. Saint-Évremond dit que pour être *commode* dans le monde, il ne faut pas s'attacher à de petites formalités.

Le mot *commode* se dit en mauvaise part pour ce qui est relâché : un confesseur *commode*, une dévotion *commode*, une morale *commode*. Il s'emploie aussi en parlant d'une personne trop indulgente et trop facile : un mari *commode*, une mère *commode*.

Pris substantivement, le mot *commode* désigne une espèce d'armoire basse, à tiroirs, et ordinairement à dessus de marbre, qui sert à serrer du linge, des habits, et sur laquelle on peut poser plusieurs ustensiles de toilette ou autres objets d'un usage journalier. Sa grande utilité, sa grande *commodité*, lui a fait donner son nom. Le Dictionnaire de Trévoux parle aussi d'une coiffure de femme de ce nom, qui se composait de plusieurs pièces dont Palaprat nous a laissé l'énumération que voici : la duchesse, la solitaire, la fontange, le chou, le tête-à-tête, la culbute, le mousquetaire, le croissant, le firmament, le dixième ciel, la palissade et la souris. On voit que cette coiffure se justifiait guère le nom qu'elle portait. Edme HÉREAU.

COMMODO ET INCOMMODO (*De*), locution latine qui est passée dans la langue du droit, et qui exprime que dans certaines circonstances il y a nécessité, avant de procéder à l'exécution d'une mesure, de s'enquérir soigneusement des *avantages* et des *inconvénients* qu'elle peut entraîner avec elle, ce qui se fait au moyen d'une enquête.

COMMODORE. C'est le titre que les Anglais, les Américains et les Hollandais donnent à un capitaine de vaisseau chargé du commandement de quelques bâtiments de guerre composant une division. C'est le nom de l'emploi conféré temporairement, et non celui d'un grade effectif. L'officier qui en est pourvu est assimilé pour le rang, pendant son commandement, aux brigadiers généraux. L'institution des *commodores* présente, entre autres avantages, celui d'une grande économie dans les dépenses de l'État, en ce que les émoluments dont ils jouissent cessent lorsqu'ils sont débarqués, et qu'il n'y a plus lieu de leur payer le traitement d'officier général. En France, le titre de chef de division a été créé pour répondre à celui de commodore. Il doit, sans nuire aux succès de notre marine, permettre de réduire considérablement le cadre, beaucoup trop étendu, de l'état-major. Les annales de la marine sont remplies d'une infinité de faits qui justifient cette opinion. C'est un commodore anglais qui s'empara de Pondichéry en 1778. Un autre lutta sans désavantage en 1805 contre la division française dans les Indes commandée par un contre-amiral. En 1824 l'expédition de la Compagnie des Indes contre l'empire des Birmans était commandée par un commodore. On n'a pas oublié non plus l'acte de vigueur par lequel les États-Unis d'Amérique s'affranchirent, en mai 1815, d'une manière remarquable, des honteux tributs auxquels Alger avait soumis les Anglo-Américains, encore faibles et longtemps dépourvus de moyens de guerre maritime : l'expédition était commandée par un commodore. MERLIN.

Dans l'usage, on donne aussi, par courtoisie, le titre de *commodore* au plus ancien capitaine de trois ou d'un plus grand nombre de vaisseaux en croisière.

Le mot *commodore* est aussi employé pour désigner, dans un convoi de bâtiments marchands, le vaisseau de guerre chargé de les protéger (*convoy-ship*). A l'effet de les rallier, il est toujours muni, à son grand mât, d'une lanterne.

COMMON PRAYER (*Book of*), c'est-à-dire *livre de commune prière*. Ainsi s'appelle le rituel de l'Église anglicane, composé premièrement, en 1548, par un comité d'évêques et de théologiens de distinction, que présidait Cranmer, et qui en cet état reçut du parlement force de loi. Dans ce premier projet on resta encore assez fidèle aux prescriptions de la liturgie romaine ; aussi quand les idées de la réformation religieuse eurent fait plus de progrès en ►Angleterre, jugea-t-on nécessaire de le soumettre à une révision, qui fut faite au mois d'avril 1552, et qui eut pour résultat d'en faire disparaître quelques usages du culte catholique, par exemple l'extrême-onction, l'office des morts, etc., etc. Sous le règne de la reine Marie le rite romain fut rétabli ; mais après l'avénement d'Élisabeth au trône un acte du parlement rendit de nouveau, en 1559, force de loi au *Book of Common Prayer*, dont on ne modifia que quelques passages, qui choquaient les catholiques, par exemple la prière pour la rédemption de l'évêque de Rome et de ses détestables impiétés (*detestable enormities*). Dans cet état, le rituel satisfit à peu près tous les partis religieux, et les catholiques eux-mêmes continuèrent pendant quelque temps à assister au culte de l'Église anglicane tel qu'il était organisé et réglé. Sous le règne de Jacques Ier, les disputes avec les puritains nécessitèrent une nouvelle réforme de la liturgie, et une conférence ecclésiastique se tint à cet effet à Hampton-Court. Mais les prêtres qui la composaient n'ayant pu tomber d'accord, le roi entreprit lui-même, et en vertu de sa toute-puissance souveraine, d'opérer des changements dans le *Book of Common Prayer*, auquel il ajouta par exemple une définition des sacrements, et une autre décision portant que le baptême ne peut être conféré que par des prêtres régulièrement ordonnés. Charles Ier, lui aussi, opéra diverses modifications arbitraires dans la liturgie. Mais sous Charles II on crut convenable de nommer une commission composée de quatre-vingt onze épiscopaux et d'un nombre égal de presbytériens, avec mission d'examiner le caractère et le contenu du texte. Les commissaires se réunirent au Savoy-Palast, et les deux partis défendirent chacun leurs vues particulières avec une grande vivacité. On ne put dès lors s'entendre, et il fallut finir par confier la révision à la *convocation*. L'édition du *Book of Common Prayer* donnée par cette assemblée, et qui en mai 1662 fut confirmée par le parlement, est encore aujourd'hui celle qui fait loi dans l'Église anglicane ; on la trouve partout où la puissance anglaise a pu prendre racine ; et par le style, par les associations d'idées qu'on y rencontre, elle n'a pas laissé que d'exercer une certaine influence, même au point de vue littéraire. Au point de vue théologique, on lui reproche avec assez de raison de manquer d'unité, défaut qui s'explique suffisamment par l'origine même du livre. L'Église épiscopale de l'Amérique du Nord a son *Book of Common Prayer* à elle, différent à quelques égards, mais sur des points peu importants, de celui de l'Église anglicane.

COMMOTION, secousse violente. En physique, on entend par *commotion* la secousse produite par un tremblement de terre, les détonations d'un volcan, du tonnerre, les décharges d'une batterie électrique, etc. Les commotions que des causes quelconques produisent dans l'air sont le résultat du vide spontané que ces causes forment dans un certain espace : ainsi, lorsqu'on débouche une bouteille, le bouchon laisse un vide que l'air remplit avec un certain bruit ; l'explosion d'une arme à feu est le résultat d'une cause semblable ; enfin, l'éclair qui divise la nue y laisse un vide que l'air remplit avec plus ou moins de fracas. TEYSSÈDRE.

La loi générale de la gravitation est la cause la plus ordinaire des chocs et des chutes auxquels les corps organisés sont exposés. En joignant à ces effets l'action de la foudre et de l'électricité artificielle, et celle de toutes les forces mises en œuvre par l'homme, on groupe les causes les plus fréquentes des *ébranlements* que les organes subissent sous leur influence. La chirurgie a dû de bonne heure s'attacher à bien connaître les suites plus ou moins graves de la commotion du cerveau, de la moelle épinière, du foie, des poumons, et en général de tous les organes parenchymateux. Les théories imaginées pour expliquer les lésions morbides produites par des secousses violentes imprimées à tout l'organisme, et les traitements employés pour leur guérison, ont été le sujet de recherches nombreuses. C'est surtout à l'occasion des plaies de la tête et des fractures du crâne qu'on a étudié plus particulièrement les symptômes, les signes et le traitement de la commotion du cerveau, et les maladies du foie qu'elle détermine si fréquemment.

Les effets généraux de la commotion plus ou moins violente sont : 1° le trouble ou la suspension du mouvement circulatoire du sang ; 2° l'affaiblissement de l'action nerveuse produit par l'ébranlement général de tout l'organisme, et dans certains cas par le sentiment de frayeur au moment de l'événement. La dépression de l'action vitale indiquée par le collapsus, et coïncidant avec la stase sanguine, est suivie d'une réaction qui annonce le développement des phénomènes morbides des organes dans lesquels l'ébranlement s'est le plus fait sentir, en raison de la nature, de la cause de la commotion, et de son action plus directe sur telle région du corps humain. L. LAURENT.

En morale, on donne le nom de *commotion* à toute sensation générale et rapide qui ébranle profondément l'âme. Au sein d'une civilisation parfaite, les arts triomphent dans leurs derniers effets lorsqu'ils produisent des émotions douces et touchantes ou reproduisent des sentiments nobles et élevés. Poussent-ils jusqu'à la commotion, il y a commencement de dégradation dans le goût : aujourd'hui nous sommes au-delà, en tous genres. Dans la jeunesse, il y a quelquefois des commotions qui sont nécessaires : on est arraché aux tentations de certains vices lorsqu'on a sous les yeux et d'une manière inattendue les conséquences où tôt ou tard ils mènent ; alors tout ce qui est spectacle devient instruction. Dans le siècle dernier, les riches et les puissants, assoupis par le long calme de jouissances quotidiennes, saluèrent avec joie l'aurore de la révolution ; quelques-uns même re-

cueillirent avec délices ses premières commotions, et savourèrent jusqu'aux apprêts de leur propre supplice. Après tant de guerres et de troubles civils, si en quelques minutes on joue dans toutes les classes sa fortune à la bourse, c'est qu'on obéit à cette soif de commotions, déplorable besoin de notre époque, et qui a eu pour conséquence une démoralisation absolue: En politique, les commotions fréquentes, lorsqu'elles tiennent à la constitution, enfantent des révolutions où va toujours se perdre une partie de l'indépendance nationale.
SAINT-PROSPER.

COMMUN, dans l'acception la plus générale, se dit des choses auxquelles tout le monde participe ou a droit de participer. Dans une acception moins étendue, il s'applique aux choses dont l'usage appartient à plusieurs : un puits *commun*, une cour *commune*, un chemin *commun*. Dans le même sens, la *maison commune* est l'hôtel de ville, où la mairie a ses bureaux, où le maire procède aux mariages, où sont déposés les actes de l'état civil, où le conseil municipal tient ses séances.

Commun se dit encore de ce qui est propre à différents sujets : un ami *commun*, un péril *commun*, des intérêts *communs*. *Faire bourse commune* se dit de deux ou plusieurs personnes qui font leur dépense en commun ; *faire vie commune*, c'est vivre à frais communs. *La vie commune*, c'est ou la vie des religieux et religieuses réunis en communauté, ou, par opposition à la condition des princes, des héros, etc., et aux vicissitudes qu'ils peuvent éprouver, l'ensemble des mœurs générales et des événements ordinaires de la vie.

Nous traiterons ailleurs des lieux communs et du sens commun.

En grammaire, on appelle *communs* les noms qui s'appliquent à plusieurs, par opposition aux noms propres, qui s'appliquent à un seul : *homme*, *ville*, sont des noms communs; *Pierre*, *Paris*, sont des noms propres. On dit aussi que les noms et les adjectifs dont la terminaison est la même au masculin qu'au féminin, comme *auteur*, *fidèle*, *sage*, etc., sont du *genre commun*. Dans les langues prosodiques, une *syllabe commune* est celle qui est tantôt brève, tantôt longue. Les *verbes communs* sont ceux qui ont à la fois le sens actif et le sens passif, avec, la terminaison passive, comme le verbe latin *amplector*.

Commun signifie aussi général : *bruit commun*, *opinion commune*, *erreur commune*, *commune renommée*. *La voix commune* est l'opinion générale. *D'un commun accord*, c'est de concert. *D'une commune voix*, c'est à l'unanimité. *Commun* se prend encore pour ordinaire, qui se pratique ordinairement, qui se trouve aisément, en abondance; ou encore ce qui est vulgaire, bas, par opposition à ce qui est noble, distingué : des manières *communes*. Il se dit également des marchandises, des objets de peu de valeur. *Année commune* est synonyme de bon an, mal an, compensant les mauvaises années avec les bonnes. *Commun*, c'est encore médiocre, peu estimable dans son genre. *Vivre sur le commun* signifie vivre aux frais d'une société, sans payer sa part de la dépense *commune*, et figurément : vivre habituellement sur le tiers et le quart, prendre à droite et à gauche, de toutes mains. *En commun*, c'est en société : vivre *en commun*, travailler *en commun*.

Commun se prend substantivement pour le grand nombre, la plus forte partie ; le commun des lecteurs. Une *personne du commun* est un homme du peuple ou un homme sans mérite. Chez les catholiques, le *commun des apôtres*, *des martyrs*, *des confesseurs*, *des vierges*, etc., c'est l'office général des apôtres, des martyrs, etc., pour lesquels l'Église n'a point d'office particulier. Figurément *être du commun des martyrs* signifie ne se distinguer de la foule par aucun mérite, par aucune qualité.

Commun indique aussi les domestiques inférieurs dans les grandes maisons et le bâtiment où ils logent ; le vin, le dîner du *commun*. Dans les cours, le *grand commun* se dit des offices destinées à la nourriture de la plupart des officiers du prince; et le *petit commun*, de certaines offices détachées du *grand commun* pour la nourriture de quelques officiers privilégiés. Le *grand commun* est aussi le lieu où la plupart de ces officiers logent et travaillent. On appelle les *communs*, dans les grandes maisons, les bâtiments consacrés aux cuisines, aux remises, aux écuries, à la sellerie et généralement aux diverses parties du service.

Commun, en mythologie, était une épithète donnée à plusieurs divinités, telles que Mars, Bellone, la Victoire, attendu que, sans égard pour le culte qu'on leur rendait, elles protégeaient indistinctement l'ami et l'ennemi. Les Latins appelaient encore *dii communes* ceux que les Grecs nommaient ἄξενος; ils n'avaient aucun département particulier au ciel : telle était Cybèle. On donnait aussi l'épithète de *communes* aux dieux reconnus de tous les peuples, comme le Soleil, la Lune, Pluton, etc.

COMMUNAUTÉ CONJUGALE. C'est une société de biens que la loi ou les conventions du contrat de mariage établissent entre les époux, et qui a pour objet principal et primitif les acquisitions faites dans le cours de l'union. Cette association, entièrement différente des sociétés ordinaires, fut inconnue au droit romain : elle est d'origine germanique. Nos pères, les Franks, l'apportèrent avec eux dans les Gaules. Elle devait sortir de leurs mœurs. Admettant leurs femmes à leurs conseils et au partage de leurs périls, ils devaient aussi les admettre à celui de leur butin. Mais la coutume franque subit une modification considérable en devenant la loi française. Soit que la connaissance du droit romain, pratiqué par les Gaulois, eût changé les idées des aborigènes sur l'étendue nécessaire au pouvoir du père de famille, soit que le sentiment de cette nécessité se fût révélé à eux par la pratique de la vie sociale, ils dénaturèrent presque l'institution primitive par l'augmentation de l'autorité maritale. Suivant l'ancien usage, la femme était pendant le mariage copropriétaire avec son époux des biens de la communauté. Depuis la loi coutumière, elle n'eut plus, en réalité, que le droit de le devenir lors de la dissolution de l'union ; car jusqu'à ce moment le mari, maître d'aliéner ces biens sans contrôle et d'en dissiper à son gré le prix, en eut véritablement le domaine exclusif.

C'est ainsi que la communauté a passé dans notre droit actuel, qui l'a reçue du droit coutumier, tel que ce dernier l'avait faite. Aujourd'hui, comme avant le Code, elle se compose de tout le mobilier que les époux possédaient au jour du mariage, de tous les meubles et de tous les immeubles qu'ils acquièrent postérieurement, et des fruits et revenus de tous leurs héritages. Aujourd'hui, comme avant le Code, le mari administre seul les biens communs : il peut les vendre, les aliéner et les hypothéquer sans le concours de sa femme. A l'imitation des coutumes, le Code distingue aussi deux espèces de *communautés*, l'une dite *légale*, que la loi impose aux époux mariés sans contrat, supposant, dans leur silence, qu'ils ont voulu être communs; l'autre, *conventionnelle*, que les futurs établissent eux-mêmes par une stipulation expresse, et dont ils règlent à leur gré les conditions, sauf l'obligation de respecter les bonnes mœurs et les dispositions de nos lois, qui ont un caractère prohibitif ou touchent au droit public.

Comme toute société, la communauté est une personne morale, distincte des individus qui la composent, et qui peuvent être ses créanciers ou ses débiteurs, suivant qu'ils lui ont fait ou en ont reçu des avances : de là des reprises ou des rapports au profit ou à la charge de chaque époux.

Cette société, accessoire à celle des personnes, se dissout nécessairement avec elle : ainsi, elle prend fin par la mort naturelle, par la mort civile de l'un des conjoints, et par leur séparation de corps, qui, bien que ne brisant pas le lien conjugal, le relâche assez pour faire cesser les conséquences d'une confusion d'existences qui n'a plus lieu; elle finit même par la séparation de biens, mode moins métaphysiquement logique, mais non moins rationnel; car lorsqu'un mari administre mal le patrimoine de la famille, lorsque son imprudence ou ses désordres le menacent de ruine, il faut bien lui retirer un droit dont il abuse, et le réduire à la dissipation de son propre bien.

La communauté dissoute se partage par moitié entre les deux époux, ou entre le survivant et les héritiers du prédécédé. Autrefois, outre la pleine propriété de sa part, le survivant avait encore, dans certaines coutumes, telles que celle du Maine, par exemple, l'usufruit, jusqu'à sa mort, de la portion du prémourant : on trouvait injuste de le priver de la jouissance de biens dont l'acquisition était en partie son ouvrage. Cette disposition, qui n'était pas sans motifs plausibles, avait pourtant trop d'inconvénients, lorsque les acquêts composaient toute la fortune du ménage, cas fréquent dans les classes laborieuses. Les enfants, alors privés de toute hérédité actuellement utile, étaient condamnés à attendre la mort d'un père ou d'une mère, comme la fin de leur indigence.

Un trait qui distingue la communauté conjugale de toutes les sociétés ordinaires, c'est la faculté accordée à l'épouse d'y renoncer lors de sa dissolution, et de se libérer ainsi de toutes les dettes dont l'association est chargée. Ce privilège n'est certainement qu'une justice, car il serait trop dur qu'une femme fût obligée d'accepter les conséquences désastreuses d'une gestion à laquelle elle n'a pas participé. C'est bien assez pour elle de perdre ce qu'elle a mis en commun, si les conventions de son contrat de mariage ne lui permettent pas de reprendre son apport en renonçant. Pourtant, cette faculté n'a été introduite que fort tard, lors des croisades, dont les frais ruinèrent tant de gentils-hommes, qu'on dut, par une mesure générale, venir au secours de leurs femmes. Aussi dans l'origine elle n'appartenait qu'aux veuves de nobles, et encore qu'autant qu'elles étaient elles-mêmes de noble lignage; mais son évidente équité la fit promptement étendre aux roturières. La forme sous laquelle elle s'exerçait autrefois rappelle ces mœurs pittoresques caractère des sociétés naissantes, où l'imagination domine la pensée abstraite, et qui traduisent toutes les idées par des emblèmes. La femme renonçante s'approchait de la fosse de son mari, et jetait sur la terre fraîchement remuée la bourse et les clés pendues à sa ceinture. Monstrelet, dans sa *Chronique*, raconte que Marguerite, duchesse de Bourgogne, en usa ainsi à la mort de son mari Philippe, décédé en 1404.

Il y a en France une personne, une seule, qui échappe à l'empire de la loi de la communauté : c'est le souverain. Fût-il marié sans contrat, ce qui au reste n'arrive guère, il n'est point commun : absorbé dans sa dignité incommunicable, et n'ayant dans la souveraine même que sa première sujette, il ne peut être atteint par une disposition qui suppose l'égalité. JAMET.

COMMUNAUTÉS RELIGIEUSES. Elles sont de plusieurs espèces. On distingue principalement : 1° les *communautés séculières*, qui portent ce nom parce qu'elles se composent de personnes ecclésiastiques vivant chacune en son particulier et dans le monde : tels sont aujourd'hui tous les chapitres des églises cathédrales de France et de presque toutes celles des autres pays, les chapitres des collégiales, telle que celle de Saint-Denis ; 2° les *communautés régulières*, composées de personnes religieuses vivant en commun dans une congrégation ou un ordre religieux : tels sont les Trappistes, les Chartreux, les Capucins, les Carmélites, les Visitandines, etc. ; 3° les *communautés ecclésiastiques* : c'est le nom des personnes qui, avec des vœux simples ou sans vœux, vivent sous un supérieur et sous l'autorité des évêques : par exemple, la société des Sulpiciens, celle des Lazaristes, du Saint-Esprit, des Missions étrangères. Le nom de communauté se donne aussi aux hôpitaux, collèges, à quelques confréries etc.

Il n'y avait dans l'ancienne législation que les communautés approuvées par lettres patentes vérifiées par les cours qui fussent aptes à recevoir des legs et des dons. Sous la loi actuelle il n'y a aussi que les communautés autorisées qui puissent recevoir des donations. La loi de 1825 oblige les communautés qui veulent jouir de ce privilége à faire connaître et à soumettre leurs règlements, etc. L'article 1er du décret du 10 février 1790 supprimait en France les instituts religieux. Mais depuis le concordat de 1801, sous l'Empire, sous la Restauration, sous le règne de Louis-Philippe et depuis la révolution de 1848, un grand nombre de sociétés ont été approuvées, et jouissent même du privilége de l'exemption du service militaire, comme les prêtres de la mission de Saint-Vincent de Paul, les frères de la mission de Saint-Vincent de Paul, les frères de Saint-Gabriel, etc.

Suivant la déclaration du 21 novembre 1629 et celle de juin 1659, il ne pouvait se former aucun établissement sans lettres patentes bien et dûment vérifiées. Plus tard, les séminaires furent exceptés de ces formalités. Plus tard encore, sous des déclarations soumettaient au bon plaisir des habitants des villes et même des seigneurs la formation des établissements nouveaux. Aujourd'hui plusieurs sociétés ont pris le parti de se former en communauté sans soumettre au gouvernement leurs règlements (le gouvernement ne reconnaît que des vœux temporaires), et ne demandent à l'autorité séculière que la protection qu'elle accorde à tous les citoyens, et qu'elle ne peut légalement leur refuser. Aucune loi n'empêche de vivre ensemble ni d'exploiter telle ou telle usine avec tel ou tel habit. Il ne faut pas confondre les communautés avec les abbayes, les couvents, les monastères, auxquels ce nom générique convient cependant. L'abbé BADICHE.

COMMUNAUX (Biens). *Voyez* BIENS COMMUNAUX.
COMMUNE. La commune forme en France la dernière division administrative et territoriale. C'est l'unité fondamentale de l'État. Comme lui, elle a sa petite constitution, son pouvoir exécutif, son assemblée délibérante, son budget, ses revenus, ses propriétés, sa dette même. Elle a une existence individuelle plus prononcée que le département, l'arrondissement, le canton. Elle est plus réellement personne civile, mais toujours sous la tutelle de l'autorité centrale. Son souverain, c'est son *maire*, assisté d'*adjoints* à qui il peut déléguer une partie de ses fonctions ; les maires et adjoints sont nommés pour un temps par le chef de l'État ou par le préfet, suivant l'importance des communes ; ces petits chefs devaient autrefois appartenir au conseil municipal, ce qui n'est plus nécessaire aujourd'hui le pouvoir central émane de la volonté nationale. La commune a aussi son corps législatif, c'est le *conseil municipal*, qui vote l'impôt communal et sanctionne les mesures administratives du maire. Dans toute foule de communes, le conseil municipal a été remplacé par des *commissions municipales* nommées par le chef de l'État ou par le préfet. Tout le département de la Seine est dans ce cas. Il est cependant de principe que la commune doit s'administrer elle-même, et ce provisoire dure depuis le mois de juin 1848. Ce titre de *communes* entraîne tellement l'idée d'indépendance, que lors de la réunion des états généraux en 1789, ce fut le nom que prit le tiers état. Les deux autres ordres lui conservèrent ce dernier nom ; mais les communes gardèrent leur titre jusqu'à la réunion des trois ordres en assemblée nationale constituante.

Les communes existaient à peu de chose près avant 1789 sous le nom de villes, bourgs, paroisses ou communautés ; mais elles doivent leur organisation actuelle à la loi du

14 septembre 1791. Depuis, différentes lois sont venues régler leurs droits, notamment les lois des 21 mars 1831, 18 juillet 1837 et 28 juin 1852. Les communes ont remplacé les **paroisses** pour la constatation de l'état civil des citoyens. Le chef-lieu de chaque commune est le lieu où est situé le clocher. L'autorité a le droit, après enquête et avis des conseils municipaux, de modifier par une loi les limites des communes entre elles, d'en créer de nouvelles, d'en réunir plusieurs en une seule. Dans ce dernier cas, il ne s'opère pas une confusion des propriétés, charges ou jouissances qui étaient propres à chacune d'elles; elles forment alors, pour ces divers objets, dans l'association communale, une *section* particulière qui conserve tous ses droits et charges propres. Les communes sont assimilées aux mineurs, quant à leurs biens et à leurs actions; la gestion et l'exercice en sont confiés à des administrateurs spéciaux. Aucune aliénation, aucun échange des biens **communaux** ne peut être fait sans une loi qui l'autorise. Il est des actes pour lesquels l'autorisation du gouvernement, celle du préfet, celle même du sous-préfet suffisent selon les cas qui sont déterminés par les lois. Cette autorisation leur est nécessaire aussi pour accepter les dons et legs qui leur sont faits, et pour plaider. Les créanciers ne peuvent intenter d'actions contre elles sans s'y être préalablement fait autoriser. Elles sont responsables des délits commis sur leur territoire par des attroupements, armés ou non armés. Les recettes et les dépenses des communes forment le **budget communal**.

La France est divisée en plus de 37,000 communes. Parmi elles, il y a seulement trente-six villes possédant un revenu de 250,000 fr.; trente mille communes ne couvrent leurs dépenses obligées qu'au moyen d'impositions extraordinaires. Outre les dépenses obligatoires, les communes ont des dépenses facultatives. En 1833 le total des recettes des communes de France s'élevait à 161,786,009 fr., dont 56 millions provenant de l'octroi, 26 millions de produits d'immeubles, 8 millions de locations d'emplacements, 4 millions de rentes et d'intérêts de fonds placés au trésor, 9 millions de centimes additionnels. Les dépenses s'étaient élevées dans la même année à 117 millions, parmi lesquelles figuraient le personnel et le matériel pour 40 millions, les travaux publics pour 21 millions, la police municipale et la voirie pour 13 millions, les secours aux établissements charitables pour 14 millions, les gardes nationales pour 4 millions, l'instruction publique pour plus de 9 millions, les cultes pour plus de 5 millions, les intérêts d'emprunts pour plus de 5 millions. Le montant des dettes communales présentait un total de 84 millions. Dans le chiffre total des recettes et des dépenses des communes le département de la Seine figure à lui seul pour un quart. De 1829 à 1838 les impositions communales se sont élevées de 18 à 29 millions. En 1835, 1423 communes étaient soumises à l'octroi. Le produit brut de cet impôt local, sur lequel le trésor perçoit 10 pour 100 à titre de subvention, était alors de 72 millions. A Paris seulement l'octroi rapporte plus de 30 millions.

COMMUNE (Faire une). *Voyez* BOURSE (Opérations de).

COMMUNE DE PARIS. L'administration municipale de Paris, depuis 1789 jusqu'aux journées de prairial an III, fut un des corps constitués qui imprimèrent à la révolution le plus d'activité et de vigueur. Ce fut un pouvoir à part, posant comme le représentant, non pas de la cité parisienne, mais des intérêts généraux du pays. Quand la tempête commença à gronder, les électeurs de la capitale s'emparèrent de l'autorité municipale, qui était tout un gouvernement pour cette ville immense; ils se constituèrent en *comité permanent*, chargé de toutes les branches de l'administration de la cité, et bientôt après Bailly fut nommé par eux maire de Paris. Mais quand furent passés les premiers jours de crise qui suivirent la prise de la Bastille, les soixante districts de la capitale réclamèrent vigoureusement contre cette administration qui s'était improvisée, et à laquelle manquait la sanction populaire. Il fut décidé que chaque district nommerait deux députés pour travailler au plan d'une nouvelle municipalité et administrer provisoirement la ville. Leur premier acte fut de confirmer la nomination faite, par les électeurs, de Bailly comme maire et de La Fayette comme commandant général de la garde nationale. Les cent vingt officiers municipaux firent pour la première fois l'essai de leur puissance en ordonnant l'arrestation de Bezenval et en demandant à l'Assemblée nationale un tribunal destiné à juger les crimes de lèse-nation. Bientôt commencèrent les travaux de la municipalité provisoire; ils furent immenses. Elle ne tarda pas à se constituer d'après un plan nouveau. Le nombre de ses représentants fut une première fois fixé à cent quatre-vingts, puis porté à trois cents.

Elle eut un tribunal connaissant, entre autres objets, de toutes les matières concernant la police des ports et l'approvisionnement de la capitale. A ce tribunal elle ajouta une *chambre de police*, composée de huit notables adjoints, prononçant en matière de simple police, un *tribunal du contentieux*, espèce de cour d'appel de la chambre de police, connaissant de tout ce qui était autrefois porté devant le **prévôt des marchands**. Enfin les deux cent quarante représentants de la Commune, non administrateurs, formaient ce que l'on nommait alors le conseil général de la Commune. Danton était l'un de ces membres.

La Commune de Paris prit part aux journées d'octobre, en donnant ordre à Lafayette de conduire à Versailles la garde nationale et le peuple qui entourait l'hôtel de ville. Après les journées d'octobre, elle institua son *comité des recherches*, dont faisaient partie, entre autres, Garran de Coulon et Brissot de Warville, et qui fit instruire le procès du prince de Lambesc, celui de Bezenval, dans lequel il enveloppa les anciens ministres Barentin, de Puységur, le maréchal de Broglie et le major général d'Autichamp; celui du nommé Augeard, auteur d'un projet pour conduire Louis XVI à Metz; celui des *enrôlements*, levée d'un corps de troupes appelées *gardes du roi surnuméraires*, qui devaient concourir à l'exécution de ce plan d'enlèvement; celui, enfin, qui avait trait aux événements qui s'étaient passés le 6 octobre au château de Versailles. Bientôt vint aussi le procès de **Favras**, dans lequel Monsieur (depuis Louis XVIII) crut devoir venir protester de son innocence devant les représentants de la Commune, siégeant à l'hôtel de ville.

La municipalité de 1789 élabora très-longuement un nouveau plan d'organisation, que n'adopta pas l'Assemblée nationale; elle donna sa démission en avril 1790, se réservant toutefois de siéger encore jusqu'à son remplacement. D'après le nouveau mode voté par l'Assemblée nationale, Paris se divisa en quarante-huit sections; la Commune fut composée d'un maire, de quarante-huit officiers municipaux, dont seize administrateurs, de quatre-vingt-seize notables, du procureur général syndic et de ses substituts. Les sections réunies nommaient le maire. Ce fut encore Bailly qui fut élu. La nouvelle Commune fut installée en octobre 1790. Elle vit ses attributions administratives accrues surtout par suite de la surveillance et de la vente des biens nationaux. Les grands jours de crise furent pour elle la tentative de démolition du donjon de Vincennes, la journée des poignards aux Tuileries, la fuite du roi, et enfin la journée du 17 juillet 1791, où elle fit proclamer la loi martiale au Champ-de-Mars, et employer les armes contre ceux qui s'y étaient réunis pour signer la demande de la déchéance de Louis XVI. Cette municipalité créa le papier-monnaie municipal, connu sous le nom de *billets de confiance*, création qui devait plus tard occasionner une crise financière à la Commune, laquelle dut en 1792 et 1793 demander des fonds à la Convention pour le remboursement de ces billets.

Le 16 novembre 1791 eut lieu l'élection d'un nouveau

maire, en remplacement de Bailly : les deux candidats étaient Lafayette, représentant le parti constitutionnel, et Pétion, représentant le parti républicain. Pétion fut élu. La nouvelle municipalité fut installée le 2 janvier 1792. Manuel fut nommé procureur de la Commune. Les événements du 20 juin eurent leur contre-coup dans la Commune. Le conseil général suspendit de leurs fonctions Pétion et Manuel pour la part qu'ils avaient prise à cette journée, suspension qui fut l'objet d'une vive discussion dans l'Assemblée législative, et qui fut levée pour Pétion par celle-ci, qui sursit à statuer sur celle de Manuel jusqu'à ce qu'il eût été entendu.

Des élections nouvelles communales eurent lieu quand le canon du 10 août retentissait encore à l'oreille des citoyens, et la fameuse *Commune* dite du 10 *août*, en sortit tout imprégnée d'idées révolutionnaires et jacobines, toute disposée à appuyer le parti montagnard dans la lutte qu'il allait entamer contre les girondins, et à l'y pousser, s'il montrait quelque hésitation. Dans son sein, Pétion et Manuel continuèrent à remplir leurs fonctions de maire et de procureur; elle eut la garde du roi, et ce fut elle qui choisit le Temple pour son logement. Elle demanda une loi sur les passe-ports, afin d'arrêter l'évasion des conspirateurs, et la création d'une cour martiale pour les juger. On a accusé la Commune du 10 août d'avoir pris une part active aux massacres de septembre, qu'elle aurait provoqués, et l'on a argué pour cela d'un document dont on a dénaturé le sens. Que la Commune ait laissé faire, cela est certain ; mais qui sait si elle eût pu empêcher cette boucherie qui s'exécutait de sang-froid aux prisons, devant plusieurs milliers de gardes nationaux armés? Elle avait bien en effet, à la nouvelle de l'arrivée des Prussiens devant Verdun, ordonné de fermer les barrières et de tirer le canon d'alarme; mais cette mesure avait surtout pour but de faciliter le désarmement des suspects ou des citoyens qui refuseraient de marcher contre l'ennemi, la mise en réquisition des chevaux en état de servir pour les armées, et la convocation des sections de Paris, dont elle engageait tous les citoyens à se tenir prêts à partir au premier signal.

La Commune fut constamment en lutte, à cette époque, soit avec le ministre de l'intérieur Roland, soit avec les girondins, qui l'avaient plusieurs fois dénoncée à la Convention comme se livrant à des excès de pouvoir, et qui insistèrent souvent pour l'amener à une reddition de comptes, qu'elle ne pouvait faire qu'assez imparfaitement. C'est elle qui, dans ces temps de disette et d'accaparements, demanda la première la création du *maximum*.

De nouvelles élections eurent lieu en décembre 1792; d'Ormesson, élu maire, n'accepta pas, et fut remplacé par Chambon ; Chaumette, devenu procureur de la Commune, eut Hébert et Réal pour substituts. Cette municipalité continua contre les girondins le rôle agressif de la Commune du 10 août. Elle prit les mesures les plus sévères contre Louis XVI et contre tous ceux qui l'approchaient; elle fut en conflit avec la Convention à propos de *L'Ami des Lois* de Laya, dont elle suspendit les représentations, en motivant cet acte sur les tendances contre-révolutionnaires de la pièce. Peu de temps après, un nouveau maire fut nommé : ce fut Pache. Des remplacements, des épurations, renouvelèrent complétement la face de la Commune. Cette nombreuse assemblée prit une part très-active aux grandes crises de cette époque; au 10 mars, elle demanda l'établissement d'un tribunal révolutionnaire sans appel, et la Convention décréta qu'elle avait bien mérité de la patrie; plus tard, elle demanda un décret d'accusation contre Dumouriez, puis l'arrestation des girondins. Elle se déclara en permanence lors de la première arrestation d'Hébert, ordonnée par la Convention à l'instigation des girondins. Lors de l'arrestation de Chaumette, en 1794, le conseil général déclara que le prisonnier avait conservé toute sa confiance, ce qui à cette époque nécessita dans son sein de nombreuses épurations.

Le comité de salut public élimina provisoirement Chaumette et Hébert de la Commune. Pache ayant été mis en arrestation, ce même comité nomma provisoirement à sa place Fleuriot-Lescot, qui fut maire jusqu'au 9 thermidor. Lors des événements de cette journée, la Commune de Paris était toute dévouée à Robespierre; la Convention, prête à combattre, mit ses membres insurgés hors la loi ; victorieuse, elle en envoya quatre-vingt-treize au bourreau, non compris le maire Fleuriot-Lescot. Le 14 fructidor, une nouvelle organisation de la Commune de Paris fut décrétée sur la demande de Fréron. Dès ce moment ce corps cessa d'être redoutable à la Convention. Aussi lors des événements de prairial un rassemblement se porta-t-il à la Commune pour se substituer à elle et proclamer Chambon maire de Paris; mais les individus qui le composaient furent mis hors la loi par la Convention. Se bornant désormais à remplir ses fonctions administratives, la Commune, malgré sa nouvelle institution et le peu de désir qu'avaient ses membres de se mêler aux grands mouvements politiques, subit encore une nouvelle et dernière transformation, qui ôta à son maire la puissance que peut acquérir l'administration d'une cité d'un million d'âmes. La capitale fut alors divisée en douze arrondissements, régis chacun par un maire et des adjoints. Dès ce moment le nom de *Commune de Paris* ne fut plus qu'un souvenir historique.   Napoléon GALLOIS.

COMMUNE RENOMMÉE, bruit généralement accrédité dans le public sur un fait qui est venu à sa connaissance, et que la loi permet d'invoquer en certains cas, à défaut d'autres preuves. Ainsi on appelle *enquête de commune renommée* celle où les témoins sont appelés pour déposer sur la valeur des biens qu'une personne possédait à une époque déterminée d'après ce qu'ils ont vu ou entendu. Les articles 1404, 1405, 1442 du Code Napoléon autorisent la preuve par commune renommée de la valeur des biens meubles qui ne doivent pas entrer en communauté, et que le mari aurait négligé de faire inventorier, ainsi que de la valeur des biens qui dépendent de la communauté, lorsque l'époux survivant n'a pas fait faire inventaire à sa dissolution. Lorsque la loi, dans les cas qu'elle détermine, dit que la preuve par commune renommée pourra être faite, la loi s'en réfère au pouvoir discrétionnaire des juges pour autoriser ou refuser la preuve d'après les faits articulés.

COMMUNEROS. *Voyez* COMUNEROS.

COMMUNES (Formation des). Pendant longtemps c'est au douzième siècle qu'on a rapporté la première formation des communes françaises, et on a attribué cette origine à la politique et à l'intervention des rois. De nos jours ce système a été combattu, et avec avantage. On a soutenu d'une part que les communes étaient beaucoup plus anciennes qu'on ne le croyait; que sous ce nom, ou sous des noms analogues, elles remontaient fort au-delà du douzième siècle; d'autre part, qu'elles n'étaient point l'œuvre de la politique et de la concession royale, mais la conquête des bourgeois eux-mêmes, le résultat de l'insurrection des bourgs contre les seigneurs. Sans nul doute au douzième siècle s'est accompli dans les communes de France un grand mouvement, qui a fait crise dans leur situation et époque dans leur histoire. Ouvrez le *Recueil des Ordonnances des Rois*, vous y trouverez, dans le douzième et le treizième siècle, 236 actes de gouvernement dont les communes sont l'objet; et si nous pouvions rassembler tous les actes de ce genre dans tous les fiefs de France, du douzième au quinzième siècle, nous arriverions à un chiffre immense; car les rois n'étaient pas les seuls qui donnassent des chartes et qui intervinssent dans les affaires des communes : c'était à chaque seigneur, quand il se trouvait dans ses domaines quelque bourg ou ville, qu'il appartenait d'en régler les destinées ou les droits. Évidemment elles surgissaient de toutes parts,

10.

acquéraient chaque jour plus d'importance, et devenaient une grande affaire de gouvernement.

Sans pénétrer bien avant dans l'examen de ces actes, on s'aperçoit qu'il est impossible de les faire rentrer tous dans l'un ou l'autre des deux systèmes. La plus légère inspection y fait reconnaître trois classes de faits bien distincts : les uns parlent de villes, de libertés et de coutumes municipales comme de faits anciens, incontestés ; on ne reconnaît même pas ces faits expressément ; on ne sent pas le besoin de leur donner une forme précise, une nouvelle date ; on les modifie, on les étend, on les adapte à des besoins nouveaux, à quelque changement survenu dans l'état social. D'autres actes contiennent la concession de certains priviléges, de certaines exemptions particulières au profit de tel ou tel bourg, de telle ou telle ville, mais sans la constituer en commune proprement dite, sans lui conférer une juridiction indépendante, le droit de nommer ses magistrats, et de se gouverner, pour ainsi dire, elle-même. Enfin, il y a des actes qui constituent des communes proprement dites, c'est-à-dire qui reconnaissent ou confèrent aux habitants le droit de se confédérer, de se promettre réciproquement secours, fidélité, assistance contre toute entreprise ou violence extérieure, de nommer leurs magistrats, de se réunir, de délibérer, d'exercer, enfin, dans l'intérieur de leurs murs une souveraineté analogue à celle des possesseurs de fiefs dans l'intérieur de leurs domaines.

On reconnaît également cette différence dans l'histoire, et nous arrivons, en l'observant, aux mêmes résultats qu'en lisant les chartes et les diplômes.

1° La municipalité romaine ne périt point avec l'empire : on la retrouve dans le neuvième, le dixième et le onzième siècle. M. Raynouard, dans son *Histoire du Droit Municipal en France*, a mis ce fait hors de doute. Lors donc qu'au douzième siècle s'opéra dans la situation des communes ce grand mouvement qui la caractérise, il n'y eut rien à faire pour les villes, déjà en possession d'un régime municipal, sinon semblable à celui qui se disposait à naître, du moins suffisant aux besoins de la population. Ainsi, une des cités qui depuis l'invasion barbare conservèrent le régime municipal romain dans sa forme la plus complète, la plus pure, c'est Périgueux. Cependant, on ne rencontre aucun document de quelque étendue sur la constitution de cette ville, aucune charte qui modifie son organisation intérieure, les droits de ses magistrats, ses rapports avec son territoire. Cette organisation était un fait, un débris de l'ancienne municipalité romaine ; les noms des magistratures romaines, des consuls, duumvirs, triumvirs, édiles, se rencontrent dans l'histoire de Périgueux, mais sans que leurs fonctions soient nulle part instituées ou définies. Il est incontestable que les villes de la France méridionale apparaissent les premières dans notre histoire comme riches, peuplées, importantes, jouant un rôle considérable dans la société : on les voit telles dès le dixième, presque le neuvième siècle, c'est-à-dire beaucoup plus tôt que les communes du nord. Cependant, c'est sur les villes du midi que nous possédons le moins de détails législatifs. Pourquoi ? Parce que ces villes ayant conservé en grande partie le régime romain, on n'a pas senti là le besoin d'écrire l'organisation municipale. Elle n'a pas été un fait nouveau qu'il ait fallu instituer, proclamer, dater. Il est très-vrai que du huitième à la fin du neuvième siècle l'existence de ces municipalités apparaît rarement et très-confusément dans l'histoire. Qui s'en étonnerait ? Il n'y avait alors ni ordre, ni suite, ni lumière pour aucune classe de faits, pour aucune condition de la société ; le chaos régnait partout ; et c'est seulement à la fin du dixième siècle que la société féodale en sort, et devient vraiment sujet d'histoire. Comment en eût-il été autrement pour la société municipale, bien plus faible, bien plus obscure ? La municipalité romaine se perpétuait, comme la société féodale se formait, au milieu de la nuit et de l'anarchie universelles.

2° Dans le monde romain, c'était au sein des villes que la population était concentrée, et qu'habitaient surtout les propriétaires, les hommes considérables, l'aristocratie du temps. La conquête renversa ce grand fait ; les vainqueurs barbares s'établirent de préférence au milieu de leurs terres, dans leurs châteaux forts. La prépondérance sociale passa des villes aux campagnes. Bientôt autour des châteaux se groupa une population employée d'abord à la culture des terres, et dont le travail devint plus étendu, plus varié, à mesure que les progrès de la fixité, de la régularité dans les existences, amenaient des besoins nouveaux. Quelques-unes de ces agglomérations de population devinrent de grands bourgs, des villes. Au bout d'un certain temps, les possesseurs des domaines au milieu desquels elles étaient situées reconnurent qu'ils profitaient de leur prospérité, et avaient intérêt à en seconder le développement ; ils leur accordèrent alors certains priviléges, qui sans les soustraire à la domination féodale, sans leur conférer une véritable indépendance, avaient cependant pour but et pour effet d'y attirer la population, d'y accroître la richesse ; et à leur tour la population plus nombreuse, la richesse plus grande, amenaient des concessions plus étendues. Les recueils de documents sont pleins de chartes de ce genre, accordées, par le seul empire du cours des choses, à des bourgs, à des villes de création nouvelle. Les habitants étaient tenus envers leurs seigneurs à certains services militaires : on voit de très-bonne heure les bourgeois marcher au combat, groupés en général autour de leurs prêtres. En 1094, dans une expédition de Philippe Ier contre le château de Breherval : « Les prêtres conduisirent leurs paroissiens avec leurs bannières. » Selon Suger : « Les communes des paroisses du pays prirent part au siége de Thoury par Louis le Gros. » Ces priviléges, fort incomplets, dictés par le seul intérêt personnel, sans cesse violés, souvent révoqués, ne constituaient point de véritables communes, investies d'une juridiction indépendante ; mais ils n'en contribuèrent pas moins très-puissamment à la formation générale de cette classe nouvelle qui devint plus tard le tiers état.

3° Les vexations des seigneurs sur les habitants des bourgs et des villes situés dans leurs domaines étaient quotidiennes, souvent atroces, prodigieusement irritantes ; la sécurité manquait encore plus que la liberté. Avec le progrès de la richesse, les tentatives de résistance devinrent plus fréquentes et plus vives. Le douzième siècle vit enfin éclater sur une foule de points l'insurrection des bourgeois, formés en petites confédérations locales, pour se défendre des violences de leurs seigneurs et en obtenir des garanties. De là une infinité de petites guerres, terminées les unes par la ruine des bourgeois, les autres par des traités, qui, sous le nom de *chartes de commune*, conférèrent à un grand nombre de bourgs et de villes une sorte de souveraineté *intra muros*, seule garantie alors possible de la sécurité et de la liberté. Ces concessions étaient le résultat de la conquête, elles furent en général plus étendues et plus efficaces que celles que d'autres bourgs avaient obtenues sans guerre. Aussi est-ce à la lutte à main armée qu'il faut rapporter la formation des communes les plus fortes et les plus glorieuses, de celles qui ont pris place dans l'histoire. Telles sont les trois origines de la bourgeoisie française, du tiers état.

Évidemment, par cela seul que les origines ont été diverses, l'organisation de ces villes a dû l'être également.

Constitution intérieure des villes à municipalités romaines. M. Raynouard a rassemblé pour un grand nombre de villes des textes, les faits qui prouvent la persistance de l'organisation municipale romaine, et le font à peu près connaître, en l'absence de toute institution formelle, de tout document détaillé. Quelques résultats de son travail sur la cité de Bourges suffiront pour donner une idée claire et juste de cette première source du tiers état français, la plus ancienne peut-être et la plus abondante. Au moment de l'invasion barbare, Bourges avait des arènes, un amphithéâtre, tout ce qui caractérisait la cité romaine. Au septième siècle, l'auteur de la *Vie de sainte Estadiole*, née à Bourges, dit « qu'elle appartenait à d'illustres parents, qui, selon la dignité mondaine, étaient recommandables par la noblesse sénatoriale ». Or, on appelait *noblesse sénatoriale* les familles auxquelles le gouvernement de la cité était dévolu, qui occupait les *munera* ou grandes charges municipales. Grégoire de Tours, à la même époque, cite un jugement rendu par les chefs (*primores*) de la ville de Bourges. Il y avait donc à cette époque une véritable juridiction municipale, analogue à celle de la curie romaine. C'était le caractère des municipalités romaines, que le clergé, de concert avec le peuple, élisait l'évêque. Or, on voit à Bourges sous les rois mérovingiens et carlovingiens plusieurs évêques, Sulpice, Didier, Austrégisile, Aguilphe, élus absolument comme ils l'auraient été sous les empereurs romains. On trouve aussi des monnaies de cette époque où est empreint, soit le nom de la cité de Bourges, soit celui de ses habitants. Ce fut en 1107 que Philippe I*er* acheta la vicomté de Bourges : on voit qu'il y existait alors un corps municipal, dont les membres étaient nommés *prud'hommes*. En 1145, Louis VII confirme une charte donnée par Louis VI à la cité de Bourges : ici, les principaux habitants, ceux qui au septième siècle étaient encore appelés *senatores*, sont désignés par le nom de *bons hommes*. Un autre nom leur est aussi donné dans cette charte. L'article 9 s'exprime en ces termes : « Il avait été réglé par notre père que si quelqu'un faisait des torts dans la cité, commettait une offense, il aurait à réparer les dits torts selon l'évaluation des *barons de la cité*. » *Barons*, mot féodal, qui révèle une nouvelle constitution de la société, mais qui correspond, aussi bien que celui de *bons hommes*, aux *senatores* de la cité romaine. Cette histoire de la cité de Bourges, conduite jusqu'à la fin du quinzième siècle, est une image fidèle de ce qui s'est passé pour beaucoup d'autres villes d'origine et de situation pareilles. On voit là, sans interruption, du cinquième au quatorzième siècle, dans ces faits, peu considérables il est vrai, peu détaillés, mais très-significatifs, très-clairs, le régime municipal romain se perpétuer, avec des modifications, soit dans les noms, soit même dans les choses qui correspondent aux révolutions générales de la société, sans rencontrer nulle part sur l'organisation intérieure de ces cités des détails précis et nouveaux. On ne peut que se reporter à l'ancien régime municipal romain, étudier ce qu'il était au moment de la chute de l'empire, et recueillir ensuite les faits épars d'époque en époque, qui révèlent à la fois la permanence de ce régime et son altération progressive. C'est seulement ainsi qu'on peut arriver à se faire une idée un peu exacte de l'état des villes d'origine romaine au douzième siècle.

Des villes à privilèges accordés par leurs seigneurs. — On rencontre une difficulté sinon égale, au moins analogue, quand on veut étudier les villes qu'on peut appeler de création moderne, celles qui ne se rattachent pas à la cité romaine, qui ont reçu du moyen âge leurs institutions ou même leur existence, et qui pourtant n'ont jamais été érigées en communes proprement dites. Orléans, par exemple, était une ville ancienne, et avait prospéré sous l'empire. Cependant, la perpétuité du régime municipal romain n'y apparaît pas clairement : c'est du moyen âge et des rois qu'Orléans a tenu ses franchises municipales et ses privilèges. On trouve dans le *Recueil des Ordonnances*, de 1051 à 1300, sept chartes relatives à Orléans. C'est une série de concessions importantes, qui, plus ou moins observées, ont suivi et favorisé les progrès de la population, de la richesse, de la sécurité dans la ville d'Orléans, mais qui ne l'ont nullement érigée en vraie commune, et l'ont toujours laissée dans un état de complète dépendance politique. C'est ce qui est arrivé à un grand nombre de villes. Je dis plus : il en est qui ont reçu des chartes fort positives, fort détaillées, des chartes qui semblent leur accorder des droits aussi considérables que ceux des communes proprement dites ; mais quand on y regarde de près, on s'aperçoit qu'il n'en est rien ; car ces chartes ne contiennent au fait que des concessions analogues à celles pour Orléans, et ne constituent nullement la ville en vraie commune. Telle est cette charte qui a joué un grand rôle dans le moyen âge, cette charte donnée par Louis le Jeune à la ville de Lorris en Gâtinais, et qui ne paraît être qu'une répétition d'une charte de Louis le Gros. Elle fut regardée par les bourgeois comme si bonne, si favorable, que dans le cours du douzième siècle elle fut réclamée par un grand nombre de villes. Et cependant elle ne renferme, dans le sens spécial et historique de ce mot, point de commune, point de véritable constitution municipale ; car il n'y a point de juridiction propre, point de magistrature indépendante. Le propriétaire du fief, l'administrateur suprême, le roi, fait à certains habitants de ses domaines telles ou telles promesses ; il s'engage envers eux à les gouverner selon certaines règles, qu'il impose lui-même à ses officiers, à ses prévôts. Mais de garanties réelles, des garanties politiques, il n'y a absolument rien de semblable. Ces concessions ne sont pas néanmoins demeurées sans fruit : on vit les principales villes qui les avaient obtenues se développer peu à peu, grandir en population, en richesse, et adhérer de plus en plus à la couronne, de qui elles avaient reçu leurs privilèges, et qui, les renouvelant au besoin, les étendant même, suivait les progrès de la civilisation, et s'attachait ainsi les bourgeois sans les affranchir politiquement.

Des communes proprement dites. — Comme c'est à l'insurrection contre les seigneurs qu'elles ont dû ces traités de paix appelés *chartes*, où furent réglés les droits et les relations des contractants, il semble au premier abord que ces chartes ne devaient contenir que les conditions de l'accommodement conclu entre les insurgés et le possesseur du fief, la commune et son seigneur. Il y a cependant tout autre chose, et beaucoup plus. Une des plus anciennes chartes de commune, une de celles qui font le mieux connaître quel était l'état intérieur d'une ville après une longue lutte contre son seigneur, et tout ce qu'il y avait à faire au moment de la pacification définitive, est celle qui fut donnée par Louis le Gros, en 1128, à la commune de Laon. A vrai dire, elle ne créa point la constitution municipale de cette ville. Vous y rencontrez les noms de *matre* et de *juré* ; vous y reconnaissez l'indépendance de leur juridiction ; vous y démêlez le mouvement de la vie politique, les élections, le droit de paix et de guerre, mais sans qu'aucun article les institue formellement. Ce sont des faits admis, incontestés, qui se révèlent par leur action, mais qu'on enregistre, pour ainsi dire, en passant, plutôt qu'on ne les institue. Rien de bien précis non plus sur les relations de la commune de Laon, soit avec le roi, soit avec son évêque, soit avec les seigneurs à qui elle peut avoir affaire. Une tâche plus vaste et plus difficile a préoccupé ses auteurs. On y entrevoit une société barbare, qui sort d'une anarchie à peu près complète, et reçoit non-seulement une charte de commune, mais un code pénal, un code civil, toute une législation sociale, pour ainsi dire. Évidemment, il ne s'agit pas seulement de régler les rapports d'une commune avec son seigneur ; il ne s'agit pas seulement d'instituer des magistratures municipales ; il s'agit de l'organisation sociale tout entière ; nous sommes en présence d'une petite société bouleversée, pour ainsi dire, où des lois écrites sont devenues nécessaires, et qui, ne sachant comment se les donner elle-même, les reçoit d'un pouvoir supérieur, dont elle était en guerre la veille, mais qui n'en exerce pas moins sur elle cette autorité condition impérieuse de toute législation efficace. Ce caractère est celui d'une foule de chartes analogues, de celles notamment de Saint-Quentin, Soissons, Roye, etc. La révolution survenue à cette époque dans l'état des communes est donc bien plus grande qu'on ne le suppose; elle a fait beaucoup plus que les affranchir, elle a commencé la législation sociale tout entière.

En même temps qu'il est évident que le régime municipal romain n'a point péri, et qu'il a exercé sur la formation des villes modernes une grande influence, il faut aussi reconnaître qu'il y a eu transformation de ce régime, et que la différence est immense entre les cités de l'empire et nos communes. D'une part, le travail assidu des bourgeois et la richesse progressive venue à la suite du travail; de l'autre, l'insurrection contre les seigneurs, la révolte des faibles contre les forts, voilà les deux sources où les communes de l'époque féodale ont pris naissance. L'origine des cités du monde ancien a été tout autre : la guerre, la supériorité de force, de civilisation, tel a été le berceau de la plupart des cités du monde ancien, et particulièrement d'un grand nombre de cités de la Gaule, surtout dans le midi, comme Marseille, Arles, Agde, etc. Les bourgeois de ces cités, bien différents en ceci des bourgeois du moyen âge, ont été dès leurs premiers pas les forts, les vainqueurs. Ils ont en naissant dominé par la conquête, tandis que leurs successeurs se sont à grand'peine un peu affranchis par l'insurrection.

Autre différence originaire : le travail a sans nul doute joué un grand rôle dans la formation des cités anciennes comme des communes modernes; mais ici encore le même mot couvre des faits fort divers. Les habitants d'une ville naissante, d'une colonie, comme Marseille au moment de sa fondation, se livraient à l'agriculture libre et propriétaire; ils cultivaient le territoire à mesure qu'ils l'envahissaient, comme les patriciens romains exploitaient le territoire des conquêtes de Rome. A l'agriculture s'alliait le commerce, mais un commerce étendu, varié, maritime en général, plein de liberté et de grandeur. Quelle différence avec les communes naissantes au moyen âge! Dans celles-ci, tout est servile, précaire, étroit, misérable. Les bourgeois cultivent, mais sans vraie liberté, sans vraie propriété; ils les conquerront, non en un jour et par leurs armes, mais lentement et par leurs sueurs. S'agit-il d'industrie, de commerce? leur travail est pendant longtemps un travail purement manuel; leur commerce se renferme dans un horizon très-borné. Rien qui ressemble à ce travail libre, étendu, à ces relations lointaines et variées des colonies de l'antiquité. Celles-ci se sont formées les armes à la main et les voiles au vent; les communes du moyen âge sont sorties d'un sillon et d'une boutique.

Dans l'état social intérieur des cités du monde romain et des villes féodales, trois faits surtout nous frappent. Dans la plupart des anciennes cités des Gaules, les fonctions religieuses et civiles étaient réunies. C'était un des grands caractères de la civilisation romaine que les patriciens, les chefs de famille, étaient en même temps, dans l'intérieur de la maison, prêtres et magistrats. Il n'y avait pas là une corporation spécialement vouée, comme le clergé chrétien, à la magistrature religieuse. Les deux pouvoirs étaient dans les mêmes mains, et se rattachaient également à la vie domestique. De plus, la puissance du chef dans l'intérieur de sa famille était immense. Elle subit, selon les temps, d'importantes modifications; elle n'était pas la même dans les cités d'origine grecque et dans les cités d'origine romaine; mais, en tenant compte de ces différences, il n'en était pas moins un des caractères dominants de cet état social. Enfin, les familles considérables, les chefs des cités, vivaient entourés d'esclaves, servis exclusivement par des esclaves. Aucune de ces circonstances ne se se rencontre dans les communes du moyen âge. La séparation des fonctions religieuses et des fonctions civiles y est complète. Une corporation fortement isolée, le clergé, gouverne seule, possède en quelque sorte la religion. En même temps, la puissance paternelle, grande quant aux biens, est fort restreinte quant aux personnes. Le fils, une fois majeur, est complètement libre, indépendant de son père. Enfin, il n'y a pas d'esclavage domestique. C'est par des ouvriers, par des hommes libres, que la population supérieure des villes, que les bourgeois les plus riches, sont entourés et servis. Ce seul fait d'une race supérieure, qui possède à titre de propriété une race inférieure et en dispose, ce seul fait donne aux idées, aux sentiments, à la façon de vivre de la population des villes un tout autre caractère. Les constitutions des États et des villes du midi dans la confédération américaine, sont en général plus démocratiques que celles des villes des États du nord; et cependant telle est l'influence de l'esclavage, que les idées, les mœurs, sont au fond beaucoup plus aristocratiques dans le midi que dans le nord.

Quant aux relations des villes avec la population extérieure, nous trouvons encore une différence immense. Les maîtres du monde romain, tous les hommes considérables, habitaient dans les villes ou auprès; les campagnes n'étaient occupées que par une population inférieure, esclaves ou colons tenus dans une demi-servitude. Au sein des villes résidait le pouvoir politique. Le spectacle contraire nous est offert par l'époque féodale. C'est dans les campagnes qu'habitent les seigneurs, les maîtres du territoire et du pouvoir. Les villes sont en quelque sorte abandonnées à une population inférieure, qui lutte avec grand'peine pour s'abriter, et se défendre, et s'affranchir enfin un peu derrière ses murs. Quel est le caractère le plus élevé, le plus saillant de ces différences? L'esprit aristocratique a dû dominer dans les cités romaines, l'esprit démocratique dans les villes du moyen âge. Le sentiment de leur situation supérieure, la fierté, la gravité et tous les mérites qui s'y rattachent, tel est le beau côté de l'esprit aristocratique. La passion du privilège, le besoin d'interdire tout progrès aux classes placées au-dessous, c'est là son vice. L'indépendance, la passion de l'individualité et du mouvement ascendant, voilà le beau côté de l'esprit démocratique. Le mauvais côté, c'est l'envie, la haine des supériorités, le goût aveugle du changement, la disposition à recourir à la force brutale. Ici et là ces mérites et ces vices devaient donc être le caractère dominant des mœurs. Dans la cité romaine, le pouvoir municipal était concentré dans un assez petit nombre de familles, inscrites sur un registre qu'on appelait *album*, *album ordinis*, *album curiæ*. C'était héréditairement que ces familles en étaient investies. Quand une fois on faisait partie du sénat, de l'*ordo*, on n'en sortait plus; on était tenu de toutes les charges municipales, à tous les pouvoirs municipaux. Ce sénat se dépeuplait, ces familles s'éteignaient; et comme les charges des cités subsistaient toujours et même allaient croissant, il fallait combler les vides. Comment se recrutait la curie? Elle se recrutait elle-même. Les nouveaux curiales n'étaient point élus par la masse de la population ; c'était la curie elle-même qui les choisissait et les faisait entrer dans son sein. Les magistrats de la cité, élus par la curie, désignaient telle ou telle famille, assez riche, assez considérable pour être incorporée dans la curie. Alors la curie l'appelait, et cette famille, adjointe dès lors à l'*ordo*, était inscrite l'année suivante sur l'*album ordinis*. Tels sont les principaux traits de l'organisation de la cité romaine. C'est à coup sûr une organisation fort aristocratique. Dans les villes du moyen âge, ordinairement une population nombreuse et mobile, toutes les classes un peu aisées, tous les métiers d'une certaine importance, tous les bourgeois en possession d'une certaine fortune, sont appelés à partager, indirectement du moins, l'exercice du pouvoir municipal. Les magistrats sont élus en général, non par un sénat déjà très-concentré lui-même, mais par la masse des habitants. Il y a dans le nombre et les rapports des magistratures, dans le mode d'élection, des variétés infinies et des combinaisons très-artificielles. Mais ces variétés mêmes prouvent que l'organisation n'était pas simple et aristocratique, comme celle des cités romaines. On reconnaît dans les différents modes d'élection des communes du moyen âge, d'une part le concours d'un grand nombre d'habitants, de l'autre un laborieux effort pour échapper aux dangers de cette multitude, pour ralentir, épurer son action, et introduire dans le choix des magistrats plus de sagesse et d'impartialité qu'elle n'y en porte naturellement. Ainsi, le choix du supérieur par les inférieurs, du magistrat par la population, tel est le caractère dominant de l'organisation des communes modernes. Le choix entre les inférieurs par les supérieurs, le recrutement de l'aristocratie par l'aristocratie elle-même, tel est le principe fondamental de la cité romaine. Enfin, quelles sont en France les villes qui dans le treizième et le quatorzième siècle présentent l'aspect le plus aristocratique? Ce sont les villes du midi, c'est-à-dire les communes d'origine romaine, où les principes du régime municipal romain avaient conservé plus d'empire. La ligne de démarcation, par exemple, entre les bourgeois et les possesseurs de fiefs était beaucoup moins profonde dans le midi que dans le nord. Les bourgeois de Montpellier, de Toulouse, de Beaucaire et de beaucoup d'autres cités avaient eu le droit d'être créés chevaliers, droit que ne possédaient pas les bourgeois des communes du nord, où la lutte des deux classes était beaucoup plus violente, où par conséquent l'esprit démocratique était beaucoup plus ardent. La distinction est donc claire et profonde. Sans doute la municipalité romaine a beaucoup fourni à la commune moderne; beaucoup de villes ont passé par une transition presque insensible de la curie ancienne à notre bourgeoisie; mais, quoiqu'on ne puisse pas dire qu'à une certaine époque la municipalité romaine ait cessé d'exister pour être plus tard remplacée par d'autres institutions, cependant il y a eu révolution véritable; et tout en se perpétuant les institutions municipales du monde romain se sont transformées pour enfanter une organisation municipale, fondée sur d'autres principes, animée d'un autre esprit, et qui a joué dans la société générale un rôle tout différent de celui que jouait la curie sous l'empire.

En arrivant à la fin de l'époque féodale et au commencement du quatorzième siècle, on s'aperçoit avec surprise que les communes proprement dites sont en décadence, et que cependant le tiers état, considéré comme classe sociale, est en progrès; que la bourgeoisie est plus nombreuse, plus puissante, quoique les communes aient perdu beaucoup de leurs libertés et de leur pouvoir. De même que la société des possesseurs de fiefs ne put se constituer d'une manière générale, et se réduisit à une multitude de petits souverains, maîtres chacun dans ses domaines et à peine liés entre eux par une hiérarchie faible et désordonnée, de même il arriva pour les villes que leur existence fût toute locale, isolée, renfermée dans l'intérieur de leurs murs ou dans un territoire peu étendu. Elles avaient échappé par l'insurrection aux petits souverains locaux, dont elles dépendaient auparavant; elles avaient conquis de la sorte une véritable vie politique, mais sans étendre leurs relations, sans se rattacher à aucun centre commun, à aucune organisation générale. Si les communes n'avaient jamais eu affaire qu'aux suzerains qui vivaient à côté d'elles, et sur lesquels elles avaient conquis leur indépendance, elles auraient probablement soutenu la lutte toujours avec plus d'avantage, et vu grandir à la fois leur force et leur liberté. Mais la plupart des possesseurs de fiefs, de ces petits souverains locaux, perdirent peu à peu sinon leurs domaines et leur liberté, du moins leur souveraineté; et se forma sous les noms de *duché*, *vicomté*, *comté*, des suzerainetés beaucoup plus étendues, de véritables petites royautés, qui absorbèrent les principaux droits des possesseurs de fiefs dispersés sur leur territoire et, par la seule inégalité des forces, les réduisirent à une condition fort subordonnée. La plupart des communes se trouvèrent donc bientôt en face, non plus du simple seigneur qu'elles avaient une fois vaincu, mais d'un suzerain bien plus redoutable, qui avait envahi et exerçait pour son propre compte les droits d'une multitude de seigneurs. La commune d'Amiens, par exemple, avait arraché au comte d'Amiens une charte et des garanties efficaces. Mais quand le comté fut réuni à la couronne de France, la commune, pour maintenir ses privilèges, eut à lutter contre le roi de France, et non plus contre le comte d'Amiens. A coup sûr la lutte était plus rude et la chance beaucoup moins favorable.

Les communes qui dépendaient soit du roi, soit des grands suzerains, ne se présentèrent presque jamais dans la lutte contre leurs redoutables adversaires qu'isolées et chacune pour leur compte. On rencontre bien çà et là quelques tentatives d'alliance, mais momentanées, peu étendues, très-promptement rompues. Engagées dans la lutte contre des adversaires qui avaient centralisé les forces du régime féodal, tandis qu'elles restaient avec leurs forces locales, éparses, individuelles, les communes se trouvaient nécessairement fort inférieures, et ne pouvaient manquer de succomber. Ce fut la première cause de leur décadence; en voici une seconde. Dans le cours de leur lutte contre le seigneur dont elles voulaient secouer la tyrannie, beaucoup de communes avaient eu besoin d'un protecteur qui prît en main leur cause et les couvrît de sa garantie. Elles s'étaient en général adressées au suzerain de leur seigneur : c'était le principe féodal. Soit le roi, soit les autres grands suzerains, mirent ainsi naturellement la main dans leurs affaires, et acquirent sur elles une sorte de droit de patronage, dont l'indépendance communale ne pouvait manquer tôt ou tard de se ressentir.

On a beaucoup dit, surtout dans ces derniers temps, que l'intervention de la royauté dans la formation et les premiers développements des communes avait été beaucoup moins active, beaucoup moins efficace qu'on ne l'a souvent supposé. On a raison en ce sens que la royauté n'a point créé les communes dans une vue d'utilité générale, ou pour lutter systématiquement contre le régime féodal. Il est très-vrai que la plupart des communes se sont formées d'elles-mêmes par voie d'insurrection à main armée, souvent contre le gré du roi aussi bien que de leur seigneur direct; mais il est vrai aussi qu'après avoir conquis leurs privilèges, et dans la longue lutte qu'elles eurent à soutenir pour les conserver, les communes sentirent le besoin d'un allié puissant, et qu'elles s'adressèrent alors, du moins un grand nombre d'entre elles, à la royauté, qui de très-bonne heure exerça ainsi sur leur destinée une notable influence. Ce n'est pas la peine de citer, tant ils sont nombreux, les exemples de son intervention, amenée par les circonstances les plus indifférentes, provoquée tantôt par les bourgeois, tantôt par le seigneur, et bien plus fréquente, bien plus efficace par conséquent que quelques personnes ne le supposent aujourd'hui. Et ce que je dis des rois s'applique également à tous les grands suzerains, que les mêmes causes amenèrent à exercer sur les communes situées dans les domaines de leurs vassaux le même droit d'intervention et de patronage. Et comme la puissance soit des rois, soit des grands suzerains, allait toujours croissant, ce droit sur les communes alla de jour en jour se déposer en des mains plus élevées, plus fortes; et ainsi, par le seul cours des choses, à part toute insurrection, toute lutte à main armée, les communes se trouvèrent avoir affaire d'une part à des adversaires, de l'autre à des protecteurs plus puissants et plus redoutables. Dans l'un et l'autre cas, leur indépendance ne pouvait manquer de déchoir.

Une troisième circonstance devait y porter également de graves atteintes. Parmi ces échevins, ces maires, ces jurats, ces magistrats de divers degrés et de divers noms, institués dans l'intérieur des communes, beaucoup prenaient l'envie d'y dominer arbitrairement, violemment, et ne se refusaient aucun moyen de succès. La population inférieure était dans une disposition habituelle de jalousie et de sédition brutale contre les riches, les chefs d'atelier, les maîtres de la fortune et du travail. Qu'on lise, soit dans les documents originaux, soit seulement dans les *Lettres* de M. Aug. Thierry, l'histoire de la commune de Laon : on verra à quelles interminables vicissitudes, à quelles horribles scènes d'anarchie, de tyrannie, de licence, de cruauté, de pillage, une commune libre était en proie. La liberté de ces temps n'avait guère partout qu'une lugubre et déplorable histoire. Quand, après s'être soustraits aux exactions venues d'en haut, les bourgeois de la commune tombaient en proie au pillage et aux massacres d'en bas, ils cherchaient un nouveau protecteur qui les sauvât de ce nouveau danger. De là ces recours fréquents des communes au roi, à quelque grand suzerain, à celui dont l'autorité pouvait réprimer les maires, les échevins, les mauvais magistrats, et faire rentrer dans l'ordre la populace; de là, en revanche, la perte progressive ou du moins l'extrême affaiblissement des libertés communales. La France en était à cet âge de la civilisation où la sécurité ne s'achète guère qu'au prix de la liberté. Elle était si orageuse, si redoutable, que les hommes la prenaient bientôt, sinon en dégoût, du moins en terreur, et cherchaient à tout prix un ordre politique qui leur donnât quelque sécurité, but essentiel et condition absolue de l'état social. Les faits particuliers confirment pleinement ces résultats. A la fin du treizième et au commencement du quatorzième siècle, on voit disparaître une foule de communes, c'est-à-dire que les libertés communales périssent; les communes cessent de s'appartenir, de se gouverner elles-mêmes. Ouvrez le *Recueil des Ordonnances des Rois*, vous verrez combien à cette époque je ne sais combien de chartes qui avaient fondé l'indépendance communale, et toujours par la force d'un adversaire trop inégal, ou par l'ascendant d'un protecteur trop puissant, ou par une longue série de ces désordres intérieurs qui découragent la bourgeoisie de sa propre liberté, et lui font acheter à tout prix un peu d'ordre et de repos. Aussi vers la fin du treizième siècle commencent les règlements généraux de l'autorité royale sur les communes. Jusque là les rois avaient traité avec chaque ville en particulier. Comme la plupart étaient indépendantes, ou du moins investies de privilèges divers et respectés, ni le roi ni aucun grand suzerain ne songeait à prescrire des règles générales pour le régime communal, à administrer d'une manière uniforme et simple toutes les communes de ses domaines. Sous saint Louis et Philippe le Bel commencent les règlements généraux, les ordonnances administratives sur cette matière, preuve de la chute des privilèges spéciaux et de l'indépendance communale.

Fut-ce un très-grand malheur que la perte des anciennes libertés communales? Je crois que si elles avaient pu subsister et s'adapter au cours des choses, les institutions, l'esprit politique de la France y auraient gagné. Cependant, à tout prendre, la centralisation qui caractérise notre histoire a valu à notre France beaucoup plus de prospérité et de grandeur, des destinées plus heureuses et plus glorieuses qu'elle n'en eût obtenu si les institutions locales, les indépendances, les idées locales, y fussent demeurées souveraines ou seulement prépondérantes. Sans doute nous avons perdu quelque chose à la chute des communes du moyen âge; mais pas autant, à mon avis, qu'on voudrait nous le persuader.

F. GUIZOT, de l'Académie Française.

COMMUNES (Chambre des). *Voyez* PARLEMENT ANGLAIS et GRANDE-BRETAGNE.

COMMUNICATION (du latin *communicatio*, fait de *communis*, commun), action de lier deux choses entre elles, où transmission quelconque d'une personne ou d'une chose à une autre. Dans la première de ces acceptions, on dit qu'une rivière, qu'un fleuve, qu'une route communique à une autre; de là le nom de *voies de communication* (*voyez* ci-après), donné aux chemins, aux routes, aux canaux et aux chemins de fer. On dit aussi qu'un appartement, qu'une pièce *communique* à une autre, par une porte, par un couloir, par un corridor, par une galerie, etc. On appelle *communications*, en architecture, soit des percées pratiquées entre des parties limitrophes dans des murs contigus, soit des passages couverts qui joignent un corps de bâtiment à un autre. Dans de plus grands travaux et de plus hautes conceptions, l'architecture établit, au moyen de galeries, des *communications* entre des édifices différents et éloignés l'un de l'autre. Ainsi, à Rome, Bramante sut joindre par de longues lignes de contructions le grand corps du Vatican avec le Belvédère. Dans la même ville, une *communication* fut établie entre le Vatican et le château Saint-Ange, au moyen d'un conduit élevé sur des arcades. A Paris, ce qu'on appelle la grande galerie du Louvre n'est qu'une *communication* entre les Tuileries et le Louvre, commencée sous Henri III et terminée sous Louis XIV.

En termes d'art militaire, on appelle *lignes de communication* certaines galeries, certaines tranchées que l'on pratique afin que deux quartiers d'une armée ou deux attaques, puissent correspondre à couvert, s'aider, se secourir mutuellement ou se combiner. On établit, on rompt, on rétablit les *communications*.

Communication se dit particulièrement des *informations*, des renseignements que l'on donne. Ce mot se prend aussi pour commerce, relation, correspondance : n'avoir plus de *communication* avec les ennemis de l'État. L'âme n'a de *communication* avec les objets extérieurs que par l'intermédiaire des sens. Toute communication avec un accusé ne peut avoir lieu qu'après son interrogatoire et avec l'autorisation du juge.

Edme HÉREAU.

Dans les nouveaux usages de la presse, le mot *communiqué*, jeté entre deux parenthèses, à la fin d'un article ou d'un *entre-filets*, indique tout simplement une note envoyée par l'autorité supérieure, avec ordre d'insertion. La loi exigeant que tous les articles de journaux fussent signés, on s'étonna d'abord de cette signature anonyme; mais on s'y habitua.

L'*homme communicatif* est celui qui aime à se communiquer, à faire part aux autres de ses pensées, de ses confidences et de ses lumières.

COMMUNICATION (*Rhétorique*). Dans les paroles, c'est un trope qu'on peut rapporter à la synecdoche, comme l'espèce au genre, puisqu'on y restreint la signification d'un mot qui est plus générale au sens propre. Cette figure se manifeste souvent à l'aide du pronom personnel, ou d'un changement de personne, ou d'un emploi du pluriel au lieu du singulier, soit qu'on veuille, par humilité ou par politesse, mettre *en commun* l'éloge qu'on a mérité seul, soit que, pour ménager l'amour-propre d'autrui, on fasse retomber sur soi une partie du blâme qu'on lui adresse. C'est ainsi que Sinon évite l'orgueil du *moi*, déplacé dans la bouche d'un suppliant, et se pare d'une modestie empruntée quand il dit : « *Nous aussi, nous avons obtenu* quelque nom sur les traces de Palamède, et mérité un peu de gloire. » Remplacez le mot *nous* par le singulier *moi*, et la figure disparaît. Avec quelle ingénieuse pudeur Andromaque ne répond-elle pas à cette question d'Énée : « Êtes-vous l'épouse de Pyrrhus ou la veuve d'Hector? » Elle envie d'abord la destinée de Polyxène, qui, « immolée sur le tombeau d'un ennemi », ne partagea point en captive la couche d'un vainqueur ». Ensuite, n'osant aborder seule un aveu qui répugne à son cœur, elle se confond avec ses compagnes dans la même infortune : « Mais *nous*, traînées çà et là sur les mers, *nous avons donné* le jour dans l'esclavage aux fils de nos maîtres. »

La *communication*, simplement dite, n'est pas un trope, mais une figure de pensée. Par le tour insinuant qu'elle donne à la pensée de l'orateur, il a l'air de puiser dans la bonté de sa cause une telle confiance, qu'il semble s'en rapporter sur quelque point à la décision du juge, des auditeurs, et même à celle de son adversaire. Tantôt, dit Quintilien, nous feignons de délibérer avec les juges : *Qu'en pensez-vous, magistrats?* disons-nous, *je vous le demande à vous-mêmes : que fallait-il faire?* ou bien, comme Caton : *Auriez-vous fait autre chose, citoyens, si vous eussiez été à sa place?* Cicéron emploie souvent cette figure. Dans son discours pour Caius Rabirius, il s'adresse ainsi à Labiénus, son adversaire : « Qu'eussiez-vous fait dans une occasion aussi délicate, vous qui prîtes la fuite par lâcheté, tandis que la fureur et la méchanceté de Saturnin vous appelaient, d'un côté, au Capitole, et que, d'un autre, les consuls imploraient votre secours pour la défense de la patrie et de la liberté? Quelle autorité auriez-vous respectée? Quelle voix auriez-vous écoutée? Quel parti auriez-vous embrassé? Aux ordres de qui vous seriez-vous soumis? » Cette figure peut, comme on voit, produire un grand effet lorsqu'elle est placée à propos.

COMMUNICATION (*Droit*). En termes de palais, c'est l'exhibition que fait une partie des actes, pièces et registres sur lesquels elle fonde son droit. La communication des pièces a lieu entre avoués ou au ministère public.

Les parties peuvent respectivement demander, par un simple acte, communication des pièces employées contre elles, dans les trois jours où ces pièces auront été signifiées ou employées. La communication se fait d'avoué à avoué, sur récépissé, ou par dépôt au greffe; les pièces ne peuvent être déplacées, à moins qu'il n'y en ait minute, ou que la partie y consente. Le délai de la communication est fixé ou par le récépissé de l'avoué, ou par le jugement qui l'aura ordonnée : s'il n'est pas fixé, il est de trois jours. Si, après l'expiration du délai, l'avoué n'a pas rétabli les pièces, il est, sur simple requête et même sur simple mémoire de la partie, rendu ordonnance portant qu'il est contraint, incontinent et par corps, à la remise des pièces, même à payer trois francs de dommages-intérêts à l'autre partie par chaque jour de retard, à partir du jour de la signification de l'ordonnance, outre les frais desdites requête et ordonnance, qu'il ne peut répéter contre son constituant. En cas d'opposition, l'incident est réglé sommairement : si l'avoué succombe, il est condamné personnellement aux dépens de l'incident, même en tels autres dommages-intérêts et peine qu'il appartient, suivant la nature des circonstances (Code de Procédure, art. 188-192).

De ce qu'une pièce a été communiquée en première instance, il ne s'ensuit pas qu'on puisse en refuser la communication sur l'appel; mais en ce cas la communication se fait aux frais du requérant, bien qu'il ne succombe pas en définitive. Lorsqu'une pièce a été communiquée à des arbitres, elle devient dès lors commune à toutes les parties. Ainsi elle ne peut être retirée à volonté par celui qui l'a produite, mais elle doit rester au procès pour y être invoquée à charge ou à décharge.

Le ministère public étant constitué le surveillant des intérêts généraux et le protecteur de certaines personnes, qui, à raison de leur position particulière, ne peuvent se défendre elles-mêmes, la loi a ordonné que dans certains cas il lui serait donné, à peine de nullité, communication des causes qui se rapportent à ces intérêts généraux ou qui concernent ces personnes.

Les notaires ne peuvent, sans l'ordonnance du président du tribunal de première instance communiquer des pièces à d'autres qu'aux personnes intéressées en nom direct, à peine de dommages-intérêts, d'une amende de 100 francs et, en cas de récidive, de suspension pendant trois mois.

Les notaires, huissiers, greffiers et les secrétaires, des préfectures et des mairies doivent communiquer leur répertoire et les actes dont ils ont le dépôt aux employés de l'enregistrement; ainsi que les dépositaires des registres de l'état civil, ceux des rôles des contributions, et tous autres chargés des dépôts et archives de titres publics. Sont exceptés les testaments et autres actes de libéralités à cause de mort, du vivant des testateurs. Ces communications ne peuvent être exigées les jours de repos, et les séances ne peuvent durer plus de quatre heures.

COMMUNICATION (Voies de). Toute production, c'est-à-dire toute création ou tout accroissement de valeur a lieu par *transformation* ou par *transport* de la marchandise ou de la denrée : *changement de forme, changement de lieu*, telle est, au point de vue le plus général, la grande division introduite dans l'étude de la production des richesses : des denrées de nulle valeur dans une contrée où leur abondance excède les besoins des habitants peuvent acquérir un prix fort élevé par le seul fait de leur transport dans un pays où elles sont à la fois fort utiles et fort rares : nécessairement en ce cas leur cherté s'accroît ou diminue selon les difficultés et les dépenses du transport, en sorte que la condition indispensable de cette production, c'est que les frais de transport n'élèvent pas la denrée à un prix qui dépasse les facultés des acheteurs, sans quoi la spéculation du transport devient aussi ruineuse pour l'entrepreneur que celle de la transformation le serait pour un manufacturier forcé d'employer une main-d'œuvre ou des matières premières trop chères. Les différentes voies de communication au moyen desquelles les hommes se mettent en relation les uns avec les autres et répartissent sur les divers marchés les produits spéciaux de chaque localité tiennent donc, parmi les machines employées à la production, l'un des premiers rangs, soit par l'importance des services qu'elles rendent, soit par les frais et les difficultés de leur établissement et de leur entretien.

Il est toujours difficile, pour ne pas dire impossible, d'apprécier avec une exactitude rigoureuse la valeur qu'ajoute à la richesse d'un peuple la création d'un bon système de communications. Leur système multiplie les échanges, donne naissance à mille inventions industrieuses, à de lucratives spéculations, impossibles avant sa réalisation; il ouvre aux industries existantes des débouchés nouveaux et variés. A mesure que la facilité plus grande des communications efface les distances et agrandit le marché, l'offre et la demande se balancent mieux et avec plus de suite et de permanence; la production se fait plus en grand, avec plus de certitude d'écouler les valeurs qu'elle crée; la division du travail s'introduit, et avec elle les avantages qu'elle amène. Grâce à l'extension du rayon de la concurrence et à la rapidité avec laquelle se propage le mouvement commercial, les prix se nivellent vite et sans secousse. Telle denrée est à vil prix en un lieu où elle abonde, et très-rare, très-chère sur un marché, voisin peut-être du premier, mais inaccessible faute de communication; percez une route, creusez un canal, forgez un chemin de fer qui mette en relation les deux marchés, immédiatement s'opérera un phénomène économique en tout pareil à ceux de l'hydrostatique : d'un côté les prix s'élèveront, de l'autre ils s'abaisseront, et le prix moyen commun aux deux places sera plus favorable à la richesse générale que la cherté excessive ou l'excessif bon marché qui le précédait. Faute de communications faciles et à bon compte, des contrées entières dans le sein même de notre France sont condamnées à la misère et à l'abrutissement, malgré la fécondité de leur sol et la richesse des produits minéraux enfermés dans leur sein : qu'un canal, un chemin de fer s'établisse; que cette terre isolée entre en relation avec les pays éloignés ou voisins, et en peu d'années le canton stérile, dépeuplé, inconnu, deviendra fameux par l'aisance de ses habitants, l'accroissement de sa population et le spectacle de laborieuse activité que prosentera sa surface. C'est l'histoire des petites villes ou bourgades situées sur le bassin houiller de la Loire, et ce sera sans doute dans quelques années celle de beaucoup d'autres.

Vous trouverez, par exemple, sur la partie des départements de la Gironde et des Landes qui s'étend le long de la mer, entre Bayonne et l'embouchure de la Gironde, des forêts magnifiques dont les arbres les plus beaux périssent de vétusté, tombent et pourrissent sur place, faute de moyen pour les transporter dans nos ports, où ils se vendraient si cher et si facilement : mais laissez la compagnie des chemins de fer du midi jeter à travers ces Landes, de Bordeaux à Bayonne, l'embranchement qui doit devenir le grand chemin de Paris à Cadix par Madrid, et dans quelques années ces forêts auront décuplé de valeur.

Par cela même que l'établissement des voies de communication donne quelquefois de la valeur à des produits qui n'en avaient aucune, et augmente toujours le prix de ceux qui valaient déjà, ces voies accroissent grandement la valeur capitale des propriétés qu'elles traversent ou qu'elles bordent; en sorte que créer des voies de communication nouvelles, c'est à la fois créer pour les différentes espèces d'ouvriers employés à leur construction, et plus tard à leur entretien, un salaire; pour toutes les industries, agricole, manufacturière, commerciale, des débouchés et des profits; pour les propriétaires, même non travailleurs, un capital dont ils s'enrichissent sans bourse délier.

Considérées maintenant sous le rapport des progrès intellectuels et moraux, nous ne trouverons point les voies de communication moins utiles au développement général de la civilisation : tout ce que les communications intellectuelles seules pouvaient faire est maintenant accompli par la liberté de la presse, la diffusion de la lecture et de l'écriture, l'établissement des postes et l'invention de la banque et de la lettre de change; le monde ne peut plus recevoir maintenant une autre grande impulsion que par le perfectionnement sur une grande échelle des moyens de communication matérielle, qui sont encore dans l'enfance. L'étendue du rayon dans lequel un homme ou un peuple peut se mouvoir, le nombre des individus ou des peuples avec lesquels il peut se mettre en contact habituel, font beaucoup pour son intelligence et sa moralité : par là les préjugés s'effacent, les idées se fécondent et s'engendrent, les haines disparaissent, l'amour de la paix et de la fraternité se répand. Il semble que la grande révolution que fit, il y a cinq cents ans, la découverte de l'imprimerie, en donnant à la pensée humaine un vol éternel, facile et sûr, l'invention des chemins de fer doive la renouveler au profit de nos sociétés modernes.

De tout ce qui précède, il résulte que l'un des meilleurs emplois que puisse faire aujourd'hui un peuple de l'excédant annuel de ses revenus, c'est le perfectionnement ou la création d'un système complet de communications. On a longuement et souvent agité la question de prééminence entre les routes, les canaux et les chemins de fer, mais principalement entre ces deux dernières voies. Chacun de ces moyens de communication a des avantages particuliers, et il serait imprudent de sacrifier l'un à l'autre. Observons d'ailleurs que si les chemins de fer l'emportent évidemment sur les canaux pour le transport des voyageurs et des marchandises précieuses, peu pesantes, peu volumineuses et susceptibles d'une prompte détérioration, il semble difficile que les canaux ne gardent point toujours en grande partie le transport des denrées pesantes, de gros volume, d'une vente toujours certaine et non susceptibles de détérioration.

Parmi les voies de communication les plus ingénieuses, les plus commodes, les plus rapides que le génie de l'homme ait inventées, nous devons placer au premier rang le *télégraphe électrique*. Lorsque cet admirable moyen de communiquer sera devenu tout à fait populaire, et que les gouvernements auront compris qu'en le mettant par le bon marché à la portée de toutes les bourses, ils peuvent y trouver le plus fécond et le plus abondant des impôts de consommation, il est impossible de prévoir les heureux résultats qui seront obtenus. Nous ne terminerons point non plus sans payer un tribut d'admiration aux hommes courageux qui tentent en ce moment de perfectionner la science à peine naissante de l'aéronautique, et de frayer aux voyageurs la route inconnue de l'air.

Ch. Lemonnier.

COMMUNION. Dans le sens catholique, c'est la participation au sacrement de l'autel, l'union spirituelle et corporelle avec Jésus-Christ dans l'eucharistie. Que ceux qui seraient tentés de regarder la communion comme une exaltation mystique, comme une singularité particulière au christianisme, étudient l'antiquité, et ils verront que tous les peuples ont pratiqué une espèce de communion : tous ont cru se sanctifier et communiquer d'une manière plus intime avec la Divinité en mangeant avec le prêtre la chair des sacrifices. L'usage de la communion sacramentelle dans l'Église remonte au berceau du christianisme. Ce fut dans cette cène mystérieuse que le Sauveur fit avec ses apôtres la veille de sa passion, qu'un Dieu devint pour la première fois la nourriture de l'homme. Depuis ces premiers jours il y eut dans tous les temps des âmes pures qui se montrèrent affamées de cette nourriture céleste. Il est dit au livre des *Actes des Apôtres* que les premiers fidèles persévérèrent dans la prière et la *fraction du pain*, c'est-à-dire dans l'usage de la communion. Dans le cours du premier siècle, saint Clément; au second, saint Ignace et saint Justin; au troisième, Tertullien et d'autres écrivains de l'époque, nous racontent avec quelle pureté d'âme et de corps, avec quelle ferveur les fidèles de leur temps recevaient l'eucharistie. C'était leur consolation et leur force au temps des persécutions; ils l'emportaient dans leurs maisons, et ils communiaient entre eux avant de marcher au martyre. Dans le temple, les diacres distribuaient l'eucharistie. On la donnait aux enfants après leur baptême, et on la portait aux malades. Les fidèles, d'après saint Cyprien et Tertullien, la recevaient d'abord sous les deux espèces. Cependant les *absthèmes* (ceux qui avaient pour le vin une répugnance invincible) ne la recevaient, dit Bingham, que sous l'espèce du pain, et suivant Origène et Eusèbe on a toujours cru dans l'Église que cette communion était aussi efficace que celle des deux espèces. Mais le danger de l'effusion, la répugnance qu'on éprouve à poser ses lèvres sur une coupe où plusieurs bouches ont déjà posé les leurs, la nécessité de bien faire comprendre enfin à certains hérétiques que la communion sous la seule espèce du pain est tout aussi réelle que celle sous les deux espèces, toutes ces raisons ont déterminé l'église à retrancher le calice aux simples fidèles. C'est à partir du treizième siècle que cette discipline commença à être observée.

Au commencement, tant que la foi et la ferveur furent grandes parmi les fidèles, ils communiaient souvent, disent saint Cyprien et saint Ambroise. Saint Jean Chrysostome exhorte les chrétiens de son église à communier toutes les fois qu'ils assistent au saint sacrifice (c'est aussi le vœu du concile de Trente); mais le relâchement devint si grand qu'au neuvième siècle le concile de Latran fut obligé d'imposer à tous les catholiques l'obligation de la communion annuelle. Le respect pour le sacrement, la faim corporelle, symbole de la faim spirituelle, cette heureuse disposition où se trouve l'âme lorsque le corps n'est pas agité par un excès de vie, amenèrent à peu l'usage de communier à jeun. Depuis le concile de Trente, c'est une loi pour tous les fidèles; les malades seuls en sont exceptés.

La communion est l'action la plus auguste et la plus sainte de la religion. Elle est l'abrégé de tous les mystères, l'accomplissement de toutes les figures, la plus touchante de toutes les cérémonies, la plus étonnante de toutes les merveilles; elle résume et complète toutes les alliances de Dieu avec l'humanité. C'est une belle institution que celle qui divinise l'homme sans lui inspirer d'orgueil, qui l'élève au-dessus de tout ce qui est créé, et lui inspire en même temps la plus tendre sympathie pour tout ce qui est faible et souffrant. Les ennemis les plus acharnés du christianisme ont admiré la communion et reconnu ses heureux effets. « Voilà donc des hommes, dit Voltaire, qui reçoivent Dieu dans eux, au milieu d'une cérémonie auguste, à la lueur de cent cierges, après une musique qui enchante leurs sens, au pied d'un autel brillant d'or. L'imagination est subjuguée, l'âme saisie ; on respire à peine, on est détaché de tout bien terrestre; on est uni à Dieu, il est dans notre clair et dans notre sang. Qui osera, qui pourra commettre après cela une seule faute, en concevoir seulement la pensée? Il était impossible d'imaginer un mystère qui retint plus fortement les hommes dans la vertu. »

Entrez dans le temple : voyez ces hommes qui s'avancent vers l'autel, le riche avec ses habits somptueux, le pauvre avec ses haillons, et ceux qui sont grands et ceux qui sont petits, et ceux qui servent et ceux qui sont servis, tous vont s'agenouiller à la même table. Le même Dieu y descend pour tous; tous se nourrissent de sa substance, et ne font plus qu'un avec lui; ils doivent désormais, dit saint Paul, se considérer comme ses membres, n'avoir plus qu'un cœur, qu'une âme, et, pénétrés de son être et de son esprit, s'aimer comme il les a tous aimés.

Mais voilà que de jeunes adolescents au front candide et pur, parés des livrées de l'innocence, de jeunes vierges, avec les voiles de la pudeur, tendres comme la rose qui s'est épanouie le matin, simples comme la fleur des champs, se pressent à leur tour sur les marches saintes. D'où vient à ces enfants tant de recueillement et de modestie? Leurs yeux, pleins d'amour, sont tournés vers l'autel ; leur bouche, entr'ouverte, exprime le désir ; on dirait des anges descendus pour nous apprendre comment il faut adorer. Leurs mères, émues, versent des pleurs de joie; leurs pères, attendris, essuient de grosses larmes. C'est la *première communion!* Voilà bien, comme dit le Psalmiste, le Dieu qui *réjouit la jeunesse de l'homme et qui renouvelle sa vieillesse comme celle de l'aigle.* C'est ainsi que le christianisme nous initie à la vie; vous savez comme il nous y conduit; et si jamais vous avez pu voir le moribond sourire sur sa couche en recevant encore une fois le gage de l'immortalité (*voyez* Viatique), vous devez comprendre que toutes ces nouvelles religions dont on nous parle ne valent pas celle qui a fait le bonheur de nos pères. L'abbé J. Barthélemy.

La *communion* ou la participation des fidèles au sacrement de la sainte cène est regardée par les protestants comme l'acte le plus solennel et le symbole le plus touchant du culte de l'Église réformée. Le dogme de la présence réelle, qui constitue l'essence de la communion dans l'Église catholique, fut une des principales causes de la grande révolution religieuse du seizième siècle; cependant, il avait encore conservé à cette époque tant de prise sur les esprits, que Luther, qui avait attaqué la hiérarchie avec tant d'audace, ne put se résoudre à abandonner entièrement l'idée de la présence de Jésus-Christ dans les espèces consacrées. S'appuyant sur la célèbre parole : « Ceci est mon corps, » il soutint, d'une part, que les espèces ne se changent pas au corps réel de Christ, parce que cette opinion implique contradiction, parce qu'il est clair que les espèces conservent leur nature propre après la consécration comme avant, parce que l'apôtre nomme expressément les espèces consacrées *pain* et *vin*, parce que les espèces sont exposées à subir la corruption ; et, d'autre part, il nia que les espèces ne soient que les simples signes d'une chose tout à fait absente, et affirma que les fidèles, en y prenant part, participent réellement au corps du Seigneur. Ce moyen terme entre deux systèmes opposés fut nommé l'*impanation* luthérienne. Ulrich Zwingle, qui était curé à Zurich, avait eu des idées bien plus nettes sur la même question avant Luther et Calvin. Bientôt ce point subtil de doctrine divisa les réformateurs. D'un côté Zwingle, Jean Œcolampade, et Carlostadt; de l'autre côté, Luther, Mélanchthon, et une foule de docteurs luthériens, disputèrent avec âcreté, sans pouvoir s'entendre. Cependant, l'influence de Farel, de Viret, de Bucer, et surtout de Calvin, décidèrent la réforme suisse et française dans le sens des sacramentaires, c'est-à-dire de l'opinion qui ne veut voir dans l'eucharistie qu'une simple figure de la présence du Christ. Dans les temps modernes, presque toute l'Église luthérienne a embrassé le système qui considère la cène comme un symbole pur et simple. C'est, à son avis, le seul qui soit conforme à la raison et à l'Évangile sainement interprété. Ce fut surtout le célèbre traité de Calvin : *Institution de la Religion Chrétienne*, qui fixa les idées des Églises protestantes à ce sujet. Ce système a été adopté par les Églises réformées des deux hémisphères, et constitue aujourd'hui le point capital de leur séparation d'avec Rome. Il faut convenir toutefois que dans les écrits de Calvin et dans le discours de Théodore de Bèze au colloque de Poissy on trouve encore quelque chose de mystique et de vague sur la doctrine de la présence réelle ; mais toute incertitude à ce sujet, même dans les termes, a disparu grâce aux professions réitérées de l'Église réformée de France, qui ne voit dans la cène qu'un pur et simple symbole de la présence du Sauveur.

Cette cérémonie est célébrée encore aujourd'hui avec la simplicité touchante qui caractérisait les rites de l'Église primitive. La discipline défend positivement que les enfants soient admis à la communion avant l'âge de douze ans. En général, dans l'Église protestante de France la première communion ne se fait qu'à l'âge adulte : les pasteurs préfèrent attendre que l'intelligence des jeunes gens soit développée, afin qu'ils puissent prendre part à cet acte solennel en toute connaissance de cause et en conserver toujours les salutaires impressions. L'administration de la sainte cène a lieu chez nous dans le plus religieux recueillement et le plus grand ordre. Il y a quatre communions par an. Dans le midi de la France, où les anciens usages se sont mieux conservés, après la lecture par le ministre du formulaire qui retrace l'origine de l'institution et les dispositions qu'on y doit apporter, le pasteur descend de la chaire, se place devant la table, et bénit les espèces du pain et du vin, qui sont placées dans des vases et des plats d'argent, ou quelquefois dans des calices d'étain, lorsque l'église est pauvre. Le pasteur prononce quelques paroles tirées de l'Écriture sur le pain et le vin du sacrement, et communie avec ses collègues ; il donne ensuite le pain et la coupe à tous ceux de l'assemblée qui se présentent, et leur adresse en même temps un passage de l'Écriture Sainte. Les hommes avancent d'abord deux à deux, et les femmes leur succèdent. La communion achevée, le pasteur remonte en chaire, rend grâce à Dieu, et cet acte pieux se termine par le chant du cantique de Siméon.

A Paris et dans quelques autres Églises on a adopté l'usage genevois, c'est-à-dire que les fidèles, au nombre d'environ trente des deux sexes à la fois, se rangent debout autour d'une longue table, au centre de laquelle est le pasteur, de qui ses voisins reçoivent le pain et la coupe, et les passent ensuite à leurs frères jusqu'aux extrémités de cette table fraternelle, où le riche et le pauvre, le faible et le puissant, se placent sans distinction. Ce sont les diacres et les anciens de l'église qui font le service, c'est-à-dire qui remplissent les corbeilles de pain et garnissent les coupes à mesure qu'elles s'épuisent. Au midi de la France, dans ces églises où le souvenir de récentes persécutions entretient une foi si fervente, presque tous les membres de la communauté se présentent à la table sainte dans les jours solennels. A Paris il n'en est pas de même : on n'y voit qu'une portion peu considérable du troupeau. Et cependant, l'efficacité de ce sacrement de paix ne saurait être mise en doute. Toute âme pure, pieuse, éclairée, y verra le touchant tableau d'un repas fraternel, où les chrétiens viennent confesser publiquement leur misère et leur égalité devant Dieu ; une commémoration, où ils se confirment dans les idées les plus nobles de la sainteté de Dieu, dans les idées les plus tendres de son amour, un acte solennel, où ils s'engagent à la pratique des bonnes œuvres.   Charles COQUEREL.

Communion, dans la liturgie, est la partie de la messe où le prêtre prend et consume le corps et le sang de Jésus-Christ consacrés sous les espèces du pain et du vin. Ce terme indique aussi le moment où il administre aux fidèles le sacrement de l'eucharistie. On dit en ce sens : *La messe est à la communion.* C'est encore l'antienne que récite le prêtre après les ablutions et avant les dernières oraisons appelées *post-communion.*

Communion, dans un sens ecclésiastique plus large, comprend l'harmonie des convictions, des espérances et des principes, réunissant les chrétiens en une seule famille, leur donnant les mêmes droits devant Dieu et tendant à les pénétrer les uns pour les autres de la plus vive charité. C'est le sens de l'article du symbole : *Je crois à la communion des saints*, ou la communion des chrétiens ; car dans les premiers âges de l'Église, à l'imitation du style des apôtres, on donnait le nom de *saints* à tous ceux qui adoptaient la religion de Jésus-Christ. Les communions qui se sont séparées de l'Église catholique comprennent aujourd'hui de quelle importance il est de garder la paix entre elles. D'après leur système actuel, il n'existe qu'une Église universelle, dont Jésus-Christ seul est le chef sur la terre comme dans le ciel, et dont les communions diverses sont autant de branches. Le projet de les réunir et d'opérer entre elles des fusions, au moyen de concessions mutuelles, semble être encore prématuré : du moins, les essais tentés jusqu'à ce jour n'ont pas conduit, tant s'en faut, aux résultats qu'on avait cru pouvoir s'en promettre.

COMMUNISME, COMMUNISTES. Parmi les utopies qui ont fait récemment quelque bruit, et qui peu à peu disparaissent devant le bon sens public, il n'en est point dont l'influence sur les masses ait été plus grande que celle d'un régime basé sur la communauté. Cela s'explique. Rien de plus simple au premier abord que d'envisager les biens de ce monde comme une proie à partager : c'est une thèse qui prête à la fois aux révolutions et aux idylles ; aussi les rêveurs et les niveleurs de tous les temps l'ont-ils successivement adoptée. Les maladies de cerveau ne sont pas nouvelles ; il faut ajouter qu'elles ne sont pas bien contagieuses.

A la tête des écrivains qui ont traité de la communauté comme un caprice d'imagination, comme une fantaisie, il faut citer Platon. « Quelque part que cela se réalise et doive se réaliser, dit-il dans son livre *Des Lois*, il importe que les richesses soient communes entre les citoyens, et que l'on apporte le plus grand soin à retrancher du commerce de la vie jusqu'au nom de la propriété. » Tel est l'idéal de Platon ; et quand il écrivait ces lignes, il se montrait poète au premier chef, lui qui bannissait, dit-on, les poètes de sa république. Sa fiction se défendait d'entrer prise à la lettre, et respirait cette ironie délicate dont les anciens semblent avoir emporté le secret : c'était moins un plan de société positive qu'une leçon de morale. Il en est de même de tous les rêves analogues. Sous Louis XIV, c'est Fénelon qui oppose les institutions de Salente aux vices de la cour de Versailles ; sous Henri VIII, c'est Thomas More qui crée son *utopie* en face des débordements sanguinaires du souverain. Dans les deux fictions l'idylle domine. On y voit un monde imaginaire opposé au monde réel. A son tour, le dominicain Campanella reproduit la même chimère dans la *Cité du Soleil*, autre régime communiste. Puis viennent Harrington avec son *Océana*, Jean Bodin avec un livre intitulé : *De la République*, écrit au milieu des troubles de

la Ligue, et empreint d'une tolérance fort rare en ces temps passionnés. Ni Bodin ni Harrington ne poussent les choses aussi loin que le chancelier d'Angleterre et le moine de la Calabre, mais sur bien des points encore il y a imitation. On peut en dire autant d'une foule de *communautés* imaginaires, comme celle des *Ajaoiens*, qu'on croit être l'œuvre de Fontenelle ; celle des *Sevarambes* (Bruxelles, 1677) ; celle des *Cassares* (Londres, 1764) ; celle des *Abeilles* (Londres), qui fit quelque bruit dans le courant du siècle dernier. Dans plusieurs parties, *Le Miroir d'Or*, de Wieland, incline vers ces idées, qui se retrouvent d'une manière plus précise dans le *Catéchisme* de Boisset et dans le *Code de la Nature*, livre longtemps attribué à Diderot, mais qui est l'œuvre de Morelli, déjà entraîné sur ce terrain par une fiction intitulée : *La Basiliade, ou les îles flottantes.*

A côté de ces fictions littéraires, il en est d'autres d'un ordre différent, et où le sentiment religieux joue un plus grand rôle. Il s'agit de réaliser en plein l'Évangile, et de faire régner ici-bas l'égalité et la fraternité. Dans cette catégorie de communistes se placent les m i l l é n a i r e s , comme Towers, Winchester et Bellamy, les diverses sectes où la communauté était en vigueur, comme celles des e s s é n i e n s , des thérapeutes, des m o r a v e s et des missionnaires du P araguay ; enfin tout ce qui, dans des temps reculés, avait adopté la forme claustrale et conventuelle comme moyen de détachement et instrument de salut. Ces communautés, tantôt libres, tantôt forcées, avaient pour mobile la résignation religieuse, ou la discipline collective. L'abdication de la liberté, quoique volontaire, se trouvait compensée par une poursuite qui allait au delà de cette vie, et spéculait pour l'éternité. Tandis que la grande société humaine plaçait le bonheur dans la jouissance, ces sociétés mystiques le faisaient consister dans la privation. Ainsi s'expliquent des existences où la vie commune fut possible et offrit même parfois des avantages réels.

Jusque-là pourtant, et dans ces limites, ces aspirations, ces tentatives paraissent légitimes. Ce sont des protestations ou des extases, des idylles ou des expériences qui n'ont rien de turbulent ni d'oppresseur. Il n'en est pas de même du communisme anglais et allemand des quatorzième et quinzième siècles. En Angleterre, l'hérésiarque W i c l e f f se place à la tête de cent mille lollards révoltés, et dicte la loi au pays. En Allemagne, Muncer, disciple de Luther, soulève les a n a b a p t i s t e s , et conduit la populace à l'assaut des propriétés. « Nous n'avons pas tous le même père, s'écrie-t-il ; ce père est Adam. D'où vient donc la différence des rangs et des biens ? Pourquoi gémissons-nous dans la pauvreté, tandis que d'autres nagent dans les délices ? N'avons-nous pas droit aux biens qui, par leur nature, sont faits pour être distribués entre tous les hommes ? Rendez-nous, riches du siècle, rendez-nous, usurpateurs cupides, les trésors que vous retenez injustement. C'est à mes pieds qu'il les faut apporter, comme on les apportait jadis aux pieds des premiers apôtres. » Tels étaient les moyens d'action de ce sectaire. Le sénat de Mulhausen se prêtait mal à ses plans de spoliation : il le contraignit à se dissoudre. Entouré d'une bande de pillards, il ravagea l'Allemagne pendant trente ans. Quand le landgrave de Hesse, prenant la défense de la civilisation, les attaqua et les tailla en pièces, ils étaient près de quarante mille ; sept mille d'entre eux restèrent sur le champ de bataille. Muncer leur avait promis d'arrêter les boulets avec la seule manche de sa robe. Cette promesse fut vaine, comme on le pense ; l'imposteur n'eut pas même le pouvoir de sauver sa tête ; arrêté dans sa fuite, il fut exécuté peu de temps après. Mais sa mort ne mit pas un terme à cette affreuse croisade contre la propriété ; pour un chef tombé, il s'en présenta vingt. Les anabaptistes semblaient renaître de leurs cendres. Rien ne se déroba dès lors à leurs déprédations et à leurs outrages. Vaincus et dispersés à diverses reprises, ils se reformèrent opiniâtrement, et firent de la cité de Munster le siége de leur odieux empire. La partie aisée des habitants avait abandonné cette enceinte maudite; les anabaptistes y régnèrent sans obstacle. Au boulanger Mathison, qui ordonna le sac des maisons bourgeoises, on vit succéder le tailleur Jean de Leyde, qui proclama la polygamie comme loi de l'État, et s'y conforma le premier en épousant dix-sept femmes. Le supplice de pareils bandits ne suffit pas pour extirper leur secte, et longtemps l'Allemagne se ressentit de l'ébranlement causé par leur passage. On put voir, aux ruines dont ils jonchèrent le sol, ce qu'engendre, dans une interprétation populaire, l'utopie de la communauté et quels vestiges elle laisse.

Ainsi, aucune des formules que cette utopie suggère n'a été inconnue au passé. Avec Thomas More et Fénelon, elle a l'innocence de l'églogue; avec Platon, les grâces de la philosophie; avec Campanella, la témérité de l'imagination la plus libre. Les sectes religieuses y voient la pratique de la fraternité; les ordres catholiques un séquestre, une expiation; les dissidents luthériens, un instrument de félicité terrestre, un avant-goût du paradis. Muncer tranche sur le tout, et trouve dans la communauté le prétexte d'un désordre immense, d'une révolte contre tout droit et toute loi. Tout est donc parcouru dans la sphère de ces idées et de ces faits; désormais, plus d'originalité possible sur ce terrain. Il nous semble que ce spectacle aurait dû suffire pour détourner les cerveaux contemporains, même les plus malades, d'une poursuite tant de fois essayée, tant de fois reconnue vaine. Il n'en est rien. L'homme joue volontiers le rôle de l'insecte qui se brûle éternellement au même flambeau : l'expérience ne le guérit pas, et dans l'ensemble de ses recherches il y a toujours une part pour l'impossible, aliment des natures inquiètes et remuantes. Les âges modernes ont donc eu leurs communistes comme l'antiquité; seulement, il faut descendre de Platon à Babeuf, et passer du livre *Des Lois* au *Manifeste des Égaux*.

Vers la fin du siècle dernier! et à la suite de l'ébranlement général causé par la Révolution française, Babeuf organisa contre le Directoire un complot dont le but était le triomphe de la république des *Égaux* et l'établissement d'un régime de communauté. Venus en des temps orageux, les Égaux ne pouvaient pas envisager la communauté à un point de vue sentimental; ils prétendaient la faire pénétrer de vive force dans la société française. Ils acceptaient bien, en la modifiant, la donnée bucolique de Morus et de Platon; mais ils y ajoutaient les moyens de réalisation de Wicleff et de Muncer. Ils commençaient par poser en principe que la propriété individuelle est ici-bas l'origine de tous les maux, et que la propriété collective est seule bonne et féconde. De là résultait pour eux la nécessité d'une expropriation générale des particuliers au profit du gouvernement. L'État résume dès lors et concentre en lui toute l'activité nationale; il substitue la gestion publique à la gestion privée. En revanche, l'État doit à ses administrés la nourriture et le logement, le vêtement, l'ameublement, enfin, tout ce qui constitue une existence heureuse. En outre, il est chargé d'ordonner, d'organiser le travail sur toute la surface du pays. Toute besogne devient commune et se trouve réglée par une loi. Des magistrats président à la production générale comme aussi à la répartition des produits. Les difficultés sont considérables, mais les Égaux ont des moyens héroïques pour les trancher. Les grands centres de population les embarrassent, ils les suppriment. Point ou peu de villes, beaucoup de bourgs, et encore plus de villages : le luxe prend naissance dans les villes, et du luxe il n'en faut pas. Une honnête aisance doit être désormais la condition générale, uniforme; rien au-dessous, rien au-dessus. Aussi les palais disparaîtront-ils; à peine tolérera-t-on la magnificence dans les établissements publics. En revanche, les maisons seront commodes et surtout installées de manière à n'exciter,

par la comparaison des logements, aucune jalousie. Ce sera le souci et l'honneur des architectes de trouver un juste milieu entre le premier et les mansardes. Quant aux vêtements, l'égalité et la simplicité en régleront la forme et la matière; on aura des costumes de fête, des costumes de travail; on variera l'habillement selon les âges et les sexes; mais hors de ces détails, l'uniformité doit être absolue.

Rien de plus curieux et de plus triste à la fois que ce rêve mêlé de violences. Les Égaux ne veulent rien admettre de ce qui constitue aujourd'hui nos droits; ils excluent jusqu'à nos devoirs. Ainsi, dans leur système, les mères n'élèvent plus les enfants : c'est l'État qui s'applique cette tâche nouvelle. Les enfants, dès leur plus bas âge, passent sous la tutelle du gouvernement. Placés dans des établissements publics, ils y sont élevés en vue du régime qui les attend. L'enseignement porte plutôt sur des matières d'utilité pratique que d'instruction spéculative. Les arts et les lettres y sont traités en ennemis. « Ce qui n'est pas communicable à à tous, disent les Égaux, doit être sévèrement retranché. » La langue, l'histoire, la législation, les sciences naturelles trouvent grâce auprès d'eux; ils couvrent même de leur tolérance la danse et la musique, mais la philosophie et la théologie, la poésie et le roman, la statuaire, la peinture, la gravure, leur semblent des frivolités suspectes, des prétextes pour échapper à une occupation sérieuse. On sera artiste si l'on veut; mais il faudra en outre être laboureur, et quitter le pinceau pour la charrue.

Tel est l'idéal de Babeuf; il ne ménage ni les raffinements de la vie ni la liberté de la pensée. Toute parole contre l'égalité est sévèrement punie. Ce régime ne se laisse pas discuter; il faut s'y plaire par ordre. Partout une discipline inexorable se retrouve. L'armée est une institution mobile, se composant et se décomposant suivant le besoin. Tous les citoyens en font partie; la paie se réduit au seul entretien, les grades sont électifs et temporaires. Le général redevient soldat, le soldat passe général; c'est l'égalité se rétablit par l'équilibre des inégalités. Quant aux étrangers, la république des Égaux les frappe d'interdit ou les condamne à un séquestre rigoureux. Un bataillon de douaniers a en outre pour consigne de confisquer, le cas échéant, les modes, les produits corrupteurs, les frivolités qui se présenteraient à la frontière. Ainsi fonctionne ce régime des Égaux, qui n'est autre chose que la vie sociale sous un appareil pneumatique. On y étouffe, on y manque d'air; le fatalisme s'y complique d'une activité machinale et d'un anéantissement de la personnalité. Comme moyen d'exécution, la force était au bout de ces plans insensés. L'ordre du jour portait « qu'à la fin de l'insurrection les citoyens *pauvres* prendraient les logements des *riches*, et qu'on prendrait chez ces derniers de quoi meubler avec aisance les sans-culottes (*sic*.) » La servitude des individus, voilà le fond de cet odieux système : un homme, en ce cas, ne vaut qu'un chiffre, une simple unité, et toutes les unités se valent. Le despotisme ne s'exercera plus du fort au faible, des plus faibles au fort; il n'ira plus des intelligents aux ignorants, mais des ignorants aux intelligents. C'est la pyramide renversée.

De la secte des Égaux on arrive, sans intermédiaire, aux communistes de notre temps. De ce côté du détroit, la trace de ces idées s'efface sous l'Empire et sous la Restauration, régimes peu favorables aux utopies; mais en Angleterre Robert Owen proclame alors sa communauté coopérative et son gouvernement rationnel. Jamais négation plus effrayante ne fut énoncée avec plus de sang-froid. Point de religion, point de mariage, point de famille, point de propriété. M. Owen conçoit une société sans liens, sans croyances, sans devoir et sans droits. L'existence terrestre est le seul objet qui le touche; il n'imagine rien au delà. Quand on arrive à de telles conclusions dans l'ordre moral, on est rigoureusement conduit à la communauté dans l'ordre des intérêts. M. Owen la veut sans limites et sans règles. Chacun prend où il veut, fait ce qu'il veut; la société marche à l'aventure; les modes d'organisation sont facultatifs; M. Owen n'admet rien d'obligatoire. La bienveillance universelle doit tout remplacer, lois, mœurs, armées, prisons, gouvernement. Cela s'appelle, dans la langue de l'inventeur, le *régime rationnel*, ce qui ne veut pas dire le régime raisonnable.

Ce que M. Owen demande à la persuasion, les **chartistes** l'ont demandé à la violence. On se souvient des dévastations qui accompagnèrent leur premier passage et de la condamnation de Frost et William, leurs principaux chefs. Depuis lors les chartistes semblent s'être disciplinés; ils ont un instant compté une armée imposante par le nombre, et l'on portait à deux millions le chiffre de leurs adhérents, répartis dans 370 villes, bourgs et villages. En 1842 une pétition émanée d'eux recueillit 3,317,702 signatures. Les pétitionnaires ne demandaient pas la communauté absolue, mais seulement la réforme du parlement, le vote au scrutin, l'égalité pour les districts électoraux. Ils rappelaient que le clergé en Angleterre reçoit du trésor public 220 millions de francs, somme suffisante pour l'entretien du christianisme dans toutes les parties du globe. Ils demandaient que l'on prît en considération la détresse des classes laborieuses, le triste sort que la dernière loi du paupérisme a fait aux malheureux. Le reste devait venir plus tard et à son tour.

Pendant que cette manifestation avait lieu en Angleterre, la France assistait à une sorte de résurrection de l'école de Babeuf. Ce fut après le 12 mai 1839. La révolte armée était vaincue; la révolte spéculative lui succéda. Déjà à Lyon une sorte d'association communiste s'était fondée sur les ruines du *mutuellisme*; mais, conduite avec modération, elle avait limité sa tâche à des œuvres de bienfaisance. Rien ne prouve que ce cercle d'action ait été franchi. A Paris on garda moins de mesure, on eut plus d'ambition. Aux débris des sociétés secrètes s'unirent les hommes qui depuis longtemps se promenaient d'utopie en utopie. Robert Owen était venu à Paris, et dans une courte apparition y avait formé quelques disciples. Des feuilles paraissaient tous les mois, et ne coûtant que trois ou quatre francs par an, se posèrent comme les organes des doctrines communistes. A Lyon *Le Travail*, à Paris *La Fraternité* et *Le Populaire* prirent hardiment ce drapeau. *Le Communitaire* et *L'Humanitaire* se firent aussi connaître, l'un par un prospectus, l'autre par quelques numéros qui ont servi de base à une instruction judiciaire; enfin, l'attentat de Quenisset, suivi d'un procès à la cour des pairs, donna un moment de célébrité à ce nouveaux niveleurs. Évidemment il n'y avait rien dans tout cela de bien redoutable; le ridicule de ces tentatives excluait l'idée d'un danger; elles ne pouvaient faire naître que des frayeurs intéressées. Dans l'un des procès faits au communisme, le rédacteur en chef d'une feuille incriminée déclara qu'il ne savait ni lire ni écrire. Quant à ceux qui avaient plus de culture, ils ne brillaient ni par l'invention ni par l'exécution. Tout chez eux était servilement copié sur des aberrations antérieures, celle de Babeuf surtout. C'est ainsi qu'on retrouve dans l'instruction du procès criminel dont la chambre des pairs fut saisie la plupart des mesures insensées que propose le *Manifeste des Égaux*, entre autres : la suppression des beaux-arts, l'obligation des voyages, l'organisation des ateliers nationaux, enfin la discussion en règle des titres de l'Être-Suprême et de son intervention dans les destinées humaines.

Cependant, même au sein du plagiat, le schisme ne tarda point à germer : la vanité est moins rare que le génie. Dans cette armée en insurrection, tout le monde voulait être général; personne ne se résignait à servir comme soldat. Cela devait être, grâce à la nature même des éléments dont se composaient les partis. La présomption individuelle y joue un grand rôle, et l'activité indomptable dont ils sont doués cherche un aliment dans les luttes intestines. Ils se condamnent ainsi à la plus entière impuissance; mais ils obéissent à leur instinct. Aussi s'opéra-t-il presque sur-le-champ un fractionnement significatif parmi les sectes communistes. On y compta des *égalitaires*, des *fraternitaires*, des *humanitaires*, des *unitaires*, des *communitaires* ou *icariens*, des *communistes*, des *communionistes*, des *communatistes* et des *rationalistes*. Cette récapitulation serait formidable, si l'on n'ajoutait que chacune de ces sectes ne comptait qu'un petit nombre d'adhérents. Il en est dans le nombre dont le chiffre descendait même jusqu'à l'unité; celles-là seulement se trouvaient à l'abri d'un fractionnement nouveau. Cette contagion du communisme a été un instant réelle; les ateliers d'ouvriers en étaient surtout atteints. On voyait aussi accourir sous ce drapeau les esprits qu'égarent les conseils d'une demi-science et l'ambition d'un rôle excessif, parfois encore des cœurs sincères à qui manquent les conseils de l'expérience et le sentiment des réalités. C'est le tribut de l'âge : plus d'un cerveau le paye ; mais avec les années arrivent d'autres convictions et d'autres soins. On voit mieux ce qu'est la vie, ce que valent les hommes; on oublie qu'on a voulu régénérer le monde, pour remplir les devoirs personnels qu'impose la société; et si dans le nombre quelques rêveurs obstinés ou maniaques résistent à cette loi du temps, le monde les punit par le délaissement, la plus terrible des peines.

A côté de ces communistes, qui au besoin seraient allés jusqu'à l'action, il en est d'autres qui se tenaient dans une sphère purement spéculative. Tels sont l'auteur d'une fiction intitulée *Voyage en Icarie*, M. Cabet, et celui du roman *Le Compagnon du tour de France*, Georges Sand. Ce sont là des jeux d'esprit, que le talent même ne saurait sauver, et qui s'éteignent dans un oubli profond comme toutes les œuvres inconsidérées. Dans un ordre d'idées plus sérieux, le livre qui a pour titre : *Qu'est-ce que la propriété?* de M. Proudhon, est également un plaidoyer communiste. Seulement l'auteur, après avoir attaqué la propriété avec une vigueur et un talent rares, ne se montre pas moins véhément contre la communauté. C'est l'inconséquence d'un esprit logique. En revanche dans le livre intitulé : *De l'Humanité*, de M. Pierre Leroux, on surprend les fluctuations d'un esprit indécis, qui ne veut ni céder ni résister aux tendances communistes. Dans l'ensemble, aucune de ces publications n'est de nature à laisser de longues traces, et les blessures qu'elles ont pu porter ne sont pas profondes.

Plus tard même, et lorsque les événements de 1848, mettant la société en péril, eurent un instant livré l'empire à des sectes disposées à tout oser, on put voir quel fonds de résistance osa des odieuses ou ridicules chimères rencontraient dans le sein des populations. M. Louis Blanc avec son atelier social et M. Proudhon avec sa banque d'échange parvinrent, il est vrai, à troubler la rue ou à égarer les imaginations; mais il se fit promptement contre eux une réaction qui a emporté leurs noms et leurs systèmes, et qui les condamne désormais à un irrévocable oubli.

Tel a été, dans les âges passés et de nos jours, le mouvement des idées et des sectes communistes. On voit qu'elles n'ont jamais manqué d'interprètes, et que cet héritage s'est fidèlement transmis de rêveur en rêveur, sans que la valeur en ait augmenté et que la clientèle s'en soit accrue. Rien ne périt ici-bas, pas plus le faux que le vrai; tout égarement trouve de nouvelles victimes; toute folie pousse des germes et se reproduit obstinément. Qui pourrait assurer que ce ne sont point là des exceptions, des anomalies nécessaires? Peut-être les sociétés ont-elles besoin de ces activités inquiètes qui agissent sur elles comme aiguillon, et qui, en demandant l'impossible, les obligent à agrandir le cercle des améliorations réalisables. Quoi qu'il en soit, on aurait tort d'attribuer à cet accident des civilisations plus de valeur qu'il n'en a, et de le représenter comme plus dangereux qu'il n'est. Toutes ces sectes, après une agitation stérile, désarment devant le bon sens public, et les systèmes qui mettent en cause la société tout entière ne sont jamais bien dangereux.

Ce qui fait justice de ces doctrines, c'est le vide dans lequel elles se meuvent. Il est aisé de reconnaître, au premier coup d'œil, que ces hommes qui rêvent un monde imaginaire ne connaissent pas les premiers éléments de celui qui existe. Leur prétention est de fonder une société sans famille, sans liberté, sans droit individuel. Tout leur idéal repose sur un sensualisme étroit ; les besoins du corps y occupent une telle place que l'âme en est presque exclue. La loi religieuse avait eu jusque ici l'admirable soin de ménager hors de cette vie des compensations aux misères qui l'assiègent, misères physiques ou misères morales, et ces dernières ne sont pas les moindres. Le nouveau régime porte la main sur ces illusions, les déclare indignes d'une raison saine et calme. L'homme est enchaîné à la terre ; c'est en vue de la terre qu'il faut régler ses relations : rien en deçà, rien au delà. Ainsi, par une logique exclusive, on arrive à ne tenir compte que du monde matériel, et à proposer comme modèle le régime qui gouvernait l'île de Circé. Il n'y a point à s'étonner que, dans cette voie d'abaissement, on ait fait bon marché de la liberté, de la volonté de l'homme ; qu'on ait contesté son mérite dans le bien, sa responsabilité dans le mal. C'était une conséquence de la réhabilitation de l'instinct et du rôle supérieur qu'on lui assignait.

Sur ce terrain, il est évident que les apôtres de la communauté devaient rencontrer l'égalité absolue comme mobile social : toutes les erreurs s'enchaînent. Si l'horizon de l'homme est limité au bonheur terrestre, si le sacrifice et le dévoûment sont sans valeur comme son but, il s'ensuit qu'en l'absence de toute compensation future, il faut poursuivre un équilibre immédiat, promener sur les existences un implacable niveau, et réduire les plus hautes aux proportions des plus petites. Ici, pourtant, la loi naturelle condamne formellement ceux qui tout à l'heure s'en faisaient un appui. L'égalité absolue est si incompatible avec la destinée sociale et les relations des êtres que même arbitrairement les communistes les plus ingénieux n'ont pu en avoir la conception complète. Dans aucun des termes de la vie matérielle l'égalité ne peut se réaliser : si les hommes ne consomment pas également, ils ne produisent pas non plus également. De là une souveraine injustice, car il se rencontre souvent que les plus exigeants sont aussi les moins laborieux. On a beau alléguer que le dévoûment y suppléera, et que le régime commun n'en est pas à quelques différences près entre les individus : cela prouve seulement qu'un système d'égalité rigoureuse est une chimère, même aux yeux de ceux qui le poursuivent. Avec une répartition qui se mesure sur les œuvres, on a aujourd'hui une justice relative ; avec une distribution des fruits du travail indépendante du travail même, on aurait une iniquité absolue.

Du reste, quand on s'engage dans cette voie, tout est déception et impuissance ; tantôt c'est la dictature que l'on invoque, tantôt l'anarchie, une communauté impérieuse ou une communauté presque facultative. Il faut pourtant trouver quelque part une force, une sanction. Sous quelque loi que l'on vive, il y aura toujours des ambitions mécontentes, des désirs inquiets, des volontés rétives. Si c'est l'égalité que l'on proclame, il y aura des gens, et en grand nombre, qui voudront l'inégalité. On les comprimera, dit-on. Mais alors l'égalité cesse ; il y a des oppresseurs et des opprimés, des exécuteurs et des victimes : le régime n'a changé que de nom. On recommence à distinguer entre les actes légitimes et ceux qui ne le sont pas ; on va plus loin, on frappe la discussion, cette précieuse conquête des siècles, cette vie des États libres. Ainsi procède le nouveau régime, toujours par voie d'élimination et de sacrifices, sacrifice de la pensée, sacrifice de l'intérêt.

En effet, par la suppression de la propriété individuelle, tous les intérêts modernes sont menacés : c'est l'activité sociale qui est en cause. Il faut être peu versé dans l'histoire et la science des intérêts pour ignorer que la communauté n'est pas une combinaison nouvelle, et qu'elle a présidé à la première exploitation du globe. Elle a précédé la p r o p r i é t é, comme le grain précède la plante; elle ne peut pas à la fois avoir été le rudiment de la civilisation et en être le dernier mot. Les communistes se trompent de date ; ils se croient au temps où l'homme n'avait que la voûte du ciel pour abri, et pour nourriture le gland du chêne. Alors, le sol n'était pas découpé par morceaux ; sur aucun point on ne voyait de haies ni de barrières. L'usage des fruits de la terre était un droit que rien ne pouvait ni limiter ni prescrire; les tribus humaines se partageaient le désert, et jouissaient en commun de la solitude. Si c'est là que l'on en veut revenir, le moyen est infaillible. Mais pour quiconque ne se sent pas porté vers la vie primitive la propriété est le véritable lien social. La vertu de la propriété se prouve par sa marche historique. Elle a formé le premier anneau d'une solidarité défensive entre les hommes ; elle a fondé le travail en assurant au travailleur la jouissance de ce qu'il peut produire. Sous cette garantie, l'activité individuelle s'est éveillée ; le besoin grossier a déterminé le premier effort ; le raffinement des besoins, d'autres efforts successifs; et c'est ainsi que depuis cinq mille ans l'humanité roule son rocher de Sisyphe. Voilà la fonction de la propriété : elle est la mère des civilisations actuelles, et la prospérité des territoires peut se mesurer sur le degré de sécurité dont elle y jouit.

Les partisans de la communauté sont de singuliers économistes. Ils prennent le globe au point où la propriété individuelle l'a conduit, trouvent que la richesse acquise sous ce régime est bonne à partager, et s'imaginent qu'elle se perpétuera quand ils l'auront abolie. C'est une grave erreur. La richesse est dans le t r a v a i l ; elle n'est que là. Ce n'est pas un bien fixe, à jamais acquis pour un peuple ; c'est un bien mobile, variable, proportionné à ses efforts. Que toute activité demeure suspendue en France pendant un an seulement, et au bout de ce laps de temps la plus grande partie de la fortune nationale aura disparu, la consommation dévorant des produits qui ne seraient pas remplacés. Sans supposer une interruption aussi complète, toute diminution d'activité provoquera une diminution correspondante de richesse. La clef du problème économique est donc dans le régime qui assure au travail un stimulant énergique et direct : c'est ce que la propriété individuelle réalise, et ce que la communauté ne réalisera jamais. On connaît la fable de la poule aux œufs d'or : c'est l'histoire de la propriété ; elle n'est féconde que parce qu'on ne porte pas sur elle une main impie.

On le voit, par aucun côté le communisme n'a de valeur, même superficielle ; il est sans consistance, et par conséquent sans danger. La propriété, cela a été dit souvent, ne court aucun risque en France, où elle s'appuie sur dix millions de cotes foncières. Plus elle s'avance dans les temps, plus elle se ménage de soutiens. Aujourd'hui elle a autour d'elle, comme rempart, la famille innombrable des petits propriétaires ; on peut s'en remettre à cette milice dévouée du soin de contenir les spoliateurs ; il en sera fait bonne justice. Volontiers, depuis quelques années, on s'afflige du fractionnement du sol et de son exploitation parcellaire. Il y a pourtant dans ce fait une garantie qu'il serait imprudent de méconnaître. L'une des forces de la propriété est précisément dans cette division étendue : le grand nombre de détenteurs protège le sol contre les partages violents et les pièges de l'empirisme.

On aurait d'ailleurs tort de croire que les idées de comimmunité, de vie commune, exercent une action profonde sur ceux dont elles semblent flatter les passions et servir les intérêts. Il n'en est rien; divers motifs s'y opposent. En dehors de ce respect du droit d'autrui que tout cœur sincère, tout esprit bien fait, portent en eux, il s'opère un travail de réflexion qui, même superficiel, condamne la communauté. On ne comprend pas qu'elle puisse fonctionner sans le plus odieux despotisme, sans l'abdication formelle de l'individu : pour peu que l'on pénètre dans ce régime, c'est le néant que l'on découvre; ce vide épouvante les plus téméraires. On sait comment l'homme peut se suffire, quand il dispose de ce qu'il crée, de ce qu'il produit ; on ne s'en fait pas une idée dans l'hypothèse où il déléguerait ce droit. Ses efforts de chaque jour représentent la somme de ses besoins : s'il veut se priver, il est libre de rester en deçà; s'il veut se ménager des réserves pour l'avenir, il est libre d'aller au delà; sa volonté n'est enchaînée que par le souci de l'existence ou la préoccupation du bien-être. Maintenant, faut-il changer cette servitude indirecte en asservissement direct? Faut-il mettre aux pieds d'une abstraction tout ce qui fait le titre et la parure de l'individu : la liberté, la spontanéité, la faculté de l'initiative? Ce que l'on y perd est évident ; ce que l'on doit y gagner est chimérique. Même sur les cerveaux inconsidérés, ces motifs sont souverains : personne ne se livre à l'inconnu sans conditions. Ensuite, quelle inconséquence! Aboutir, en haine de toute discipline, à une obéissance aveugle, sans limites! cela répugne et déconcerte. Tout acte individuel ou collectif, le despotisme ne change ni de caractère ni de nom; et ce n'est pas le rendre plus acceptable que de l'exercer dans un cercle plus étendu. La communauté efface l'individu, lui mesure tout, le travail et les jouissances, le traite en mineur, le règle comme une machine, dispose les engrenages dans lesquels il doit se mouvoir. Jamais dégradation plus grande ne fut infligée à l'espèce : l'esclavage n'anéantit pas plus complètement la personnalité.

Quoi qu'il arrive, la propriété n'a rien à craindre dans une civilisation comme la nôtre. Elle est défendue par les mœurs autant que par les lois; elle résiste par elle-même. On ne la verra capituler ni devant les écarts de l'imagination ni devant les intempérances de la logique; les violences mêmes ne l'effrayent pas, car elle a la conscience de ses intérêts qu'elle représente et des forces qui l'appuient. Ce qui la préserve encore, c'est la mobilité qui la caractérise. On parle souvent d'un pouvoir régulateur qui serait chargé de déterminer un roulement des richesses immobilières et mobilières, de telle sorte que chacun pût, à son tour, prendre place au banquet de la propriété. Mais qu'on étudie les faits de bonne foi, et l'on verra que ce roulement existe. Il serait même difficile d'imaginer un mode doué de plus d'énergie et exerçant une plus prompte justice distributive. Sous l'empire de notre loi civile, les fortunes, on le sait, n'arrivent presque jamais jusqu'à la troisième génération ; et combien se fractionnent avant ce laps de temps, soit dans un partage successoral, soit dans les chances aléatoires du commerce et de l'industrie! C'est là un roulement naturel, subi sans murmure, parce qu'il tient à la force des choses et pèse sur tous également. En serait-il de même d'un roulement arbitraire, où la main de l'homme jouerait un rôle, qui prendrait aux uns pour donner aux autres, et pour guérir une douleur ferait ailleurs une blessure? Ces procédés de dictature économique ne sont pas d'ailleurs nouveaux : ils ressemblent aux avanies turques et aux rançons frappées sur les juifs du moyen âge. Leur premier effet de faire disparaître la richesse, et alors commence une déplorable égalité : l'égalité devant la misère!

Aucun temps ne fut plus tourmenté que le nôtre par l'esprit d'aventures. De toutes parts on est en quête du bonheur; on le poursuit dans mille directions; on le cherche où il n'est pas; on le demande à des combinaisons artificielles et extérieures, tandis que son siège est surtout dans le cœur humain. Des imaginations inquiètes se tournent vers un nouveau mobile civilisateur; personne ne songe à l'homme, en qui se trouvent les éléments de toute amélioration et de tout progrès. Pendant que les sociétés chimériques pullulent, on laisse la société réelle marcher au hasard, sans but et sans idéal. Le phénomène de ces sectes qui s'engendrent les unes les autres tient à cette situation, et dans ce sens cette histoire méritait d'être racontée. Un coup d'œil jeté sur les égarements de l'esprit humain a toujours un utile résultat : il raffermit dans la pratique du bon sens, en montrant où conduisent les vertiges de la pensée.

Louis Reybaud, de l'Institut.

COMMUNISTES (*Droit*). On nomme ainsi ceux qui possèdent quelque chose en commun. Des co-associés, des co-créanciers ou des co-débiteurs, des co-héritiers ou des co-propriétaires sont tous des communistes tant que subsiste entre eux l'indivision. Cependant cette dénomination s'applique plus spécialement aux co-propriétaires d'un immeuble. Lorsque cet état est le résultat d'un contrat, ce sont ses clauses qui déterminent les droits et les obligations de chacun des communistes. Dans le cas contraire, voici les obligations respectives qui résultent du seul fait de l'indivision. D'abord chaque communiste peut aliéner sa part sans le consentement de ses co-propriétaires. Pour tout fait de nature indivisible qui se rapporte à la communauté, il est le mandataire nécessaire et forcé de chacun de ses co-intéressés, souvent aussi il est réputé l'être pour ce qui est divisible. Le mandat tacite en vertu duquel chacun peut agir ne doit céder que devant l'expression d'une volonté contraire. Il peut arriver que l'exécution de ce mandat emporte une obligation à laquelle les autres communistes voudraient se dérober; lorsque cette obligation ne dépasse pas les bornes d'une sage administration, elle pèse également sur tous les communistes, qu'il faut toujours regarder comme des mandataires réciproques pour l'administration de la chose commune. C'est là du reste un point de fait laissé à l'appréciation des tribunaux.

COMMUTATIF (Contrat). C'est un contrat par lequel chacune des parties s'engage à donner ou à faire une chose qui est regardée comme l'équivalent de ce qu'on lui donne ou de ce qu'on fait pour elle.

COMMUTATION DE PEINE. C'est l'acte par lequel le souverain atténue la nature ou la durée d'une peine infligée à un individu par un tribunal criminel. C'est une émanation du droit de grâce.

COMNÈNE, nom d'une illustre famille souveraine originaire d'Italie, qui de l'an 1057 à l'an 1204 occupa le trône de Constantinople, et de 1204 à 1461 celui de Trébizonde, fournissant à l'histoire, dans ce long intervalle, dix-huit empereurs et dix-neuf rois, ainsi qu'un grand nombre de princes souverains indépendants, de grands dignitaires, de généraux d'armée, etc. Elle était issue de la famille romaine *Flavia*, qui, ayant la même origine que celles de *Julia* et de *Silvia*, prétendait descendre des rois de Troie et d'Albe, par Énée et Ascagne. A cette famille *Flavia* appartenaient les empereurs Vespasien et Titus, et c'est d'un frère du premier que sont sorties différentes branches, dont la première finit à l'empereur Licinius et à son fils, étranglés par ordre de Constantin le Grand, qui était issu de la seconde. Les empereurs Jovien, Procope et Léon 1er, descendaient de la troisième; enfin, la quatrième branche a produit l'empereur éphémère Olybrius, cousin germain de Flavius Comanus Maximus, de qui sont sortis tous les Comnènes. Son surnom de *Comanus* lui venait de ce qu'il avait soumis les Comans, l'an 469 de J.-C. Il transmit à ses descendants ce surnom, dont on fit *Comaine*; et ensuite *Comnène*. La première branche s'éteignit en 650; mais la seconde se continua jusqu'à *Flavius-Isaac-Manuel* Comnène, qui fut général des armées de l'empereur Basile II, et préfet d'Orient en 976.

Son fils, *Flavius-Nicéphore* Comnène, prince d'Astracanie et d'Argyre en Médie, se rendit puissant, et fraya à l'un de ses fils le chemin du trône impérial, que ses descendants occupèrent plus de 400 ans. Jaloux de ses exploits militaires, l'empereur Constantin VIII le fit arrêter en 1027; mais Romain II lui rendit la liberté l'année suivante, et l'éleva aux premières dignités de l'empire.

Isaac Comnène, fils aîné de Flavius-Nicéphore, proclamé empereur, en 1057, par les troupes qu'il commandait en Asie, fut reconnu à Constantinople, et força Michel Stratiotique de lui céder l'empire. Pendant deux ans et trois mois il fit le bonheur de ses peuples par sa sagesse, et se rendit redoutable à ses voisins. Dégoûté des grandeurs humaines par suite d'une maladie, il abdiqua en 1059, se retira dans un monastère, et, sur le refus de son frère *Jean*, choisit pour son successeur Constantin Ducas, qui s'en montra peu digne.

Après quelques règnes obscurs ou malheureux, *Alexis Ier* Comnène, fils de Jean et neveu d'Isaac, déjà connu par sa valeur et par les importants services qu'il avait rendus à l'empire, défit successivement Nicéphore Bryenne et Nicéphore Botoniate, dont le second avait voulu lui faire crever les yeux, et fut couronné empereur en 1081, à Constantinople. Ce prince, surnommé *Banbacorax*, parce qu'il bégayait et qu'il avait la voix rauque, n'en fut pas moins un grand homme et un grand politique. Ayant éprouvé des revers dans ses guerres contre Robert Guiscard, duc de Calabre, et contre son fils Boémond, il en triompha d'abord avec le secours des Turcs, puis, en s'alliant avec les Vénitiens; mais bientôt, pressé par les Turcs, il réclama les secours de l'Occident, et il eut lieu de s'en repentir. Une nuée de bandits, sous le nom de croisés, et conduits par Gautier Sans-Avoir et par Pierre l'Ermite, inondèrent ses États en 1096, ravagèrent les environs mêmes de Constantinople, insultèrent le monarque dans son propre palais, et se montrèrent ennemis plus dangereux que les musulmans qu'ils allaient combattre. Alexis, pour s'en délivrer, se hâta de leur faire passer le Bosphore. Une seconde armée, quoique mieux disciplinée, ne lui inspira pas plus de confiance, parce qu'un des chefs, Boémond, était son ennemi capital. Alexis conclut néanmoins un traité avec ces hôtes fâcheux, pour s'en débarrasser et les déterminer à passer en Asie. Secondés par un corps de troupes impériales, ils reprirent d'abord Nicée sur les Turcs seldjoukides, et rendirent cette cité célèbre à l'empire d'Orient. Mais depuis ce temps, s'il faut en croire les historiens latins, Alexis fit aux croisés tout le mal qui fut en son pouvoir. Ce qui est plus certain, c'est que les deux partis se manquèrent de parole. L'empereur n'envoya point aux princes croisés les secours en hommes et en vivres qu'il leur avait promis, et ceux-ci refusèrent de restituer à l'empire les conquêtes qu'ils firent ultérieurement sur les musulmans de l'Asie Mineure et de la Syrie. Alexis continua d'ailleurs d'être heureux dans ses guerres contre les Turcs et contre Boémond lui-même, qui, réduit à toute extrémité dans Dyrrachium, dut implorer la paix. Il battit aussi les manichéens, et usa d'une excessive sévérité envers les sectaires. Il mourut l'an 1118, à l'âge de soixante-dix ans, après en avoir régné trente-sept. Une fille d'Alexis, *Théodora*, épousa Constantin L'Ange, tige des L'Ange Comnène, qui parvinrent à l'empire après les Comnènes.

Jean Comnène, surnommé *le Beau*, succéda, l'an 1118, à son père Alexis. Il fut obligé d'entrer les armes à la main dans le palais où sa mère voulait placer sur le trône sa fille Anne Comnène, et son gendre Nicéphore Bryenne. Une conspiration tramée par Anne contre les jours de l'empereur échoua par les lenteurs et l'irrésolution de Nicéphore, et demeura presque impunie, grâce à la clémence de Jean. Anne, malgré sa coupable ambition, fut une princesse célèbre, et ses écrits figurent honorablement dans l'histoire byzantine (*voyez* ci-après l'article spécial consacré à cette princesse). Cher à ses peuples par ses vertus, Jean fut bon politique et grand capitaine, fit avec succès la guerre aux Turcs, aux Hongrois et aux Patzinaces, et recula les bornes de son empire. Il fut moins heureux contre les chrétiens de Syrie, sur lesquels il ne put reprendre Antioche. Généreux et libéral, il bannit le luxe de sa cour, et pendant un règne de vingt-quatre ans il ne fit périr aucun coupable. Il mourut en 1143, pour s'être blessé à la chasse d'une flèche empoisonnée, qui tomba de son carquois.

Manuel Comnène monta sur le trône, au préjudice d'*Isaac*, son frère aîné, par le choix de son père, qui le préféra à cause de ses belles qualités et de ses talents. La seconde croisade, conduite par l'empereur Conrad III et par Louis le Jeune, roi de France, eut lieu au commencement du règne de Manuel, et produisit les mêmes querelles que la première avait fait naître. Les excès des croisés obligèrent Manuel de tendre des pièges et de s'entendre avec les musulmans pour faire échouer cette grande entreprise. Il vainquit Raymond, prince d'Antioche, repoussa Roger, roi de Sicile, qui avait pénétré dans ses États, reprit Corfou, porta la guerre dans la Pouille et la Calabre, et conclut une paix avantageuse. Il triompha du prince de Dalmatie et du roi de Hongrie, passa en Asie, et, ayant taillé en pièces une armée musulmane, il obligea Masoud, sulthan d'Iconium, et Noureddin, sulthan d'Alep, de demander la paix, et de rendre les prisonniers chrétiens. Il avait conçu le projet d'aller faire la guerre à Saladin, sulthan d'Égypte; mais il ne put s'entendre avec Amaury, roi de Jérusalem, qui devait le seconder. Manuel mourut l'an 1180, sous des vêtements monastiques, afin d'expier ce chaste habit les excès d'une vie voluptueuse. Il n'en fut pas moins un des plus grands princes de son siècle.

Alexis II Comnène, son fils, âgé de treize ans, lui succéda, sous la tutèle de sa mère. Cette princesse ayant associé à la régence, le *sebastocrator* Alexis, neveu de Manuel, les grands, mécontents de ce choix, rappelèrent Andronic, exilé par le défunt empereur, son cousin. Andronic, maître de Constantinople en 1182, s'empara de la régence, fit crever les yeux au *sebastocrator*, massacra tous les chrétiens latins sans distinction, et étrangla l'impératrice-mère. Associé à l'empire, l'an 1183, il fit subir le même sort à son jeune collègue, et apostropha ainsi son cadavre, en le poussant du pied : « Ton père était un parjure, ta mère une prostituée, et toi un imbécile. » Peu digne du trône, Alexis ne l'avait occupé que trois ans.

Andronic Ier Comnène, dit *le Vieux*, petit-fils de l'empereur Alexis Ier, par son père *Isaac*, fut le dernier empereur de la ligne masculine des Comnène. Sans sa violence et ses cruautés, il aurait peut-être régné avec gloire. Il avait l'esprit orné, écrivait et parlait avec facilité, aimait la justice et punissait sévèrement les oppresseurs du peuple. Agé de soixante-onze ans, il épousa Agnès de France, fille de Louis le Jeune, et veuve du malheureux Alexis. Le tyran ayant fait périr plusieurs seigneurs, sous le faux prétexte d'intelligence avec Guillaume, roi de Sicile, une terrible révolte éclata dans Constantinople. Isaac L'Ange, l'un des proscrits, est proclamé empereur dans l'église de Sainte-Sophie, où il s'était réfugié. Andronic est arrêté dans sa fuite, chargé de chaînes et conduit aux pieds d'Isaac, qui l'abandonne à la populace. Jamais prince ne fut traité plus indignement : on lui donne des soufflets, on lui arrache la barbe et les cheveux; on lui casse les dents; on lui coupe la main droite, et on l'enferme dans une tour, où on le laisse sans boire ni manger. Quelques jours après, on l'en tire pour lui crever un œil. On le promène sur un chameau galeux, le nez et le corps couvert de haillons. On le frappe à coups de bâton. On lui jette au visage des ordures, des pierres, de l'eau bouillante; on lui perce le côté avec des broches. Il soutint avec courage tous ces tourments, ne disant autre chose que *Kyrie, eleison* ; enfin, on le pendit par les pieds, au théâtre, où son cadavre fut mutilé et percé d'un épée depuis la bouche jusqu'aux entrailles. Cette catastrophe, qui arriva l'an 1182, fit passer l'empire dans la maison de L'Ange-Comnène.

Manuel, l'un des fils d'Andronic, fut bien *sebastocrator*, titre qui lui donnait le second rang après l'empereur ; mais il eut à souffrir des persécutions de la nouvelle dynastie impériale. Il laissa deux fils, *Alexis et David*. Après la prise de Constantinople par les Latins, en 1203, *Alexis III* se retira à Trébizonde, dont il fut le premier empereur, et *David* s'empara d'Héraclée et de la Paphlagonie, où il régna. Tous deux prirent le titre *d'empereur d'Orient*, et, par leur alliance avec les empereurs latins de Constantinople, ils résistèrent à Théodore Lascaris, qui avait fondé l'empire de Nicée.

On compte dix autres empereurs de Trébizonde, dont l'histoire est peu connue. *David* COMNÈNE fut le onzième et dernier empereur de Trébizonde. Cette ville ayant été prise en 1462, par Mahomet II, David et toute sa famille furent, selon le témoignage des écrivains contemporains, mis à mort à Andrinople.

Un historien postérieur a prétendu, sans apporter d'ailleurs aucune preuve à l'appui de son récit, qu'un membre de cette famille, le plus jeune même des fils de David Comnène, *Georges Nicéphore*, serait parvenu à échapper à ces sanglantes exécutions et à se réfugier à Maïna en Laconie, où ses descendants auraient pendant dix générations continué à faire la guerre aux Turcs, jusqu'à ce qu'enfin la trahison ait forcé un *Constantin* COMNÈNE, le 3 octobre 1675, à abandonner le territoire des Maïnotes pour se réfugier à Gènes, d'où il serait allé s'établir en Corse dans le district de Paormia, que le sénat de Gènes lui aurait concédé. Plus tard, l'un de ses fils, appelé *Calomeros*, se serait fixé en Toscane, où il aurait été la souche de la famille *Buonaparte*, tandis que les autres descendants de Constantin Comnène auraient continué à habiter la Corse, où le titre de *capitanos* était devenu héréditaire dans leur famille ; et la prospérité toujours croissante de leur petite colonie aurait, vers l'an 1730, excité les Corses, leurs voisins, à l'anéantir.

L'histoire ne doit accueillir qu'avec une extrême réserve ces données, où le romanesque tient évidemment une large place, et dont la duchesse d'Abrantès a su tirer parti dans ses Mémoires pour se présenter comme issue, par sa mère, Mme Permon, de la famille impériale des Comnènes.

Sans doute, en 1781, le cabinet de Versailles accorda une pension à un certain *Démétrius* COMNÈNE, frère de Mme Permon, né en Corse, vers 1750, qui se donnait pour le dernier représentant du sang des Comnènes. Mais si à cette largesse le gouvernement français ajouta encore une reconnaissance positive des prétentions de ce Démétrius Comnène, cette détermination lui fut inspirée uniquement par la politique. Dès cette époque en effet en annonçant comme imminente la chute de l'empire turc, et le cabinet de Versailles voulait ainsi se ménager la possibilité de tirer parti des éventualités qui surgiraient d'une telle révolution, en tenant en réserve et sous sa main un prétendant *légitime* à l'empire grec, s'il venait à être rétabli. Ajoutons que ce Démétrius Comnène, dont le puîné, *Jean*, était mort prêtre habitué de l'église Saint-Gervais à Paris, émigra en 1789, et s'enrôla dans l'armée de Condé. Rentré en France en 1802, il obtint de Napoléon le rétablissement de sa pension, à laquelle Louis XVIII ajouta depuis le grade de maréchal de camp, et mourut à Paris, en 1821.

COMNÈNE (ANNE), fille d'Alexis 1er Comnène, et de l'impératrice Irène Ducas, née le 1er décembre 1083, est demeurée célèbre, moins comme une princesse ambitieuse que comme auteur d'une histoire qui n'est pas un des monuments les moins précieux de la collection byzantine. Une femme supérieure à son sexe, à son rang, à son siècle, pouvait seule au douzième siècle écrire l'histoire d'une manière qui la fit passer aux siècles suivants. Anne Comnène a écrit la vie de son père, et cet ouvrage, bien que présentant tour à tour le ton du panégyrique et de la satire, répand un grand jour sur l'histoire de la première croisade et sur les intérêts divers des croisés et des Grecs, réunis contre les infidèles, mais fort mal unis entre eux. Partout elle fait l'apologie de la conduite de son père à l'égard des croisés, qui l'ont accusé de perfidie. Anne fait retomber ces reproches sur les chefs des croisés, qu'elle maltraite beaucoup, nommément Boémond, fils de Robert Guiscard, ennemi naturel d'Alexis. A travers une foule de détails inutiles, mais que l'étiquette de la cour de Byzance lui faisait sans doute paraître importants, nous devons à Anne Comnène plusieurs particularités curieuses qui seraient perdues pour l'histoire. On lui a reproché de raconter des prodiges, et elle le fait avec une conviction qui prouve que les Grecs n'étaient pas moins superstitieux que les Latins. Le savant Du Cange a donné de l'*Alexiade* (tel est le titre de l'ouvrage d'Anne Comnène), en quinze livres, une édition au Louvre, avec les notes de David Hoeschelius, in-f°, 1651 ; et le président Cousin a traduit cet ouvrage, qui s'étend depuis l'an 1031 jusqu'à l'an 1118.

Alexis avait donné pour époux à sa fille Nicéphore Bryenne, personnage de haute naissance, mais qui n'avait que les talents et les goûts paisibles de l'homme de lettres. L'ambitieuse princesse voulait régner à tout prix ; et sa mère Irène la soutenait dans ses prétentions insensées. Dans la dernière maladie d'Alexis, Anne alla se jeter à ses genoux pour l'engager à déshériter son fils Jean au profit de Bryenne. Alexis ne se laissa point fléchir. Jean, qui par précaution s'était fait proclamer du vivant même de son père (l'an 1118), inaugura son règne en éloignant de son service tous ceux qu'il ne croyait pas lui être attachés. Mais les amis de Bryenne n'avaient pas été chassés de la cour. Ils se réunirent contre l'empereur, résolurent de le tuer, et gagnèrent les gardes, qui leur promirent de les laisser entrer lorsque leur maître dormirait. Retenu par le remords ou par la timidité, Bryenne fit échouer l'entreprise en ne paraissant pas pour donner le signal. Anne s'emporta contre la faiblesse de son mari, qui, disait-elle, n'était qu'une femme, tandis qu'elle seule avait montré le caractère d'un homme. Jean Comnène fit grâce de la vie aux conjurés, et se contenta de confisquer leurs biens, que même il leur rendit peu de temps après. Anne, vaincue par tant de générosité, se résigna désormais à régner sur les beaux esprits et les philosophes qui composaient sa cour. Elle survécut à son frère et à son mari, écrivit l'histoire d'Alexis après leur mort, et mourut elle-même paisiblement, l'an 1148.   Charles Du Rozoir.

COMORES (Iles), petit groupe d'îles d'Afrique découvert en 1598, par le navigateur hollandais Cornelius Houtman, et situé à l'entrée du canal de Mozambique, à 32 myriamètres de la côte nord-ouest de Madagascar et 42 myriamètres de la côte orientale d'Afrique, et qui comprend, indépendamment d'un certain nombre d'îlots sans importance, quatre îles principales : *Angazija* ou la *Grande Comore*, *Anjouan*, *Mayotte* et *Mohilla*. Montagneuses, mais bien arrosées, ces îles, dont le sol est très-fertile, constituent un royaume nègre indépendant, régi par un sulthan qui réside dans l'île d'Anjouan, où relâchent souvent, à l'effet d'y renouveler leurs provisions, les bâtiments qui vont aux Indes ou qui en reviennent. On trouve à Anjouan deux villes, dont la plus grande, *Machadou*, peuplée de 3,000 habitants, est aussi la résidence du souverain.

On n'évalue guère à plus de 20,000 âmes la population totale de ces différentes îles, qui étaient jadis beaucoup plus riches et plus peuplées, mais qu'ont à la longue ruinées les incessantes déprédations que viennent y commettre des pirates de Madagascar, attirés surtout par l'espoir d'enlever des habitants, qu'ils vendent ensuite comme esclaves sur divers points de la côte orientale d'Afrique. En 1843 le gouvernement français a pris possession de Mayotte, de Nossibée et de quelques autres petits îlots du nord des Comores. Certain nombre de concessionnaires s'y sont établis, et y cultivent à peu près exclusivement la canne à sucre.

COMORIN (Cap). Ce cap, situé en Asie, par 8° 4' de latitude septentrionale et 75° 25' de longitude orientale, dans l'État de Travancore, forme l'extrémité méridionale de la presqu'île de l'Hindoustan, dans la mer des Indes.

COMORN. Voyez KOMORN.

COMPACTES (Caractères). Voyez CARACTÈRES (*Imprimerie*).

COMPAGNIE. On ne saurait trop le répéter, l'homme n'est pas né pour être seul. Outre les communications forcées de la famille, il faut encore qu'il se mêle avec ses semblables ; et c'est à cette condition qu'il atteint, au plus haut degré, ses développements moraux et intellectuels. Toujours il a aimé à vivre en compagnie ; peine, travail, plaisir lui deviennent plus doux lorsqu'il les partage ou les accomplit en commun. Mais par cela même qu'un penchant invincible nous entraîne à rechercher la *compagnie*, il importe que nous sachions bien faire notre choix, non pas tant sous le rapport de l'élégance que sous celui de la vertu. La première entrée dans le monde exige de l'attention et de l'habileté : c'est une position que l'on prend quelquefois pour toute la vie. A-t-on été privé du bienfait d'une éducation première, alors la mauvaise compagnie est mortelle, elle pervertit le cœur et mène droit à l'abjection. C'est en vain qu'un grand génie naturel ou des talents incommensurables nous attireront les applaudissements publics, notre tache indélébile s'étendra jusqu'à notre tombe. Sans doute, la bonne compagnie n'est pas toujours un indice certain de bonnes mœurs ; mais elle conserve au moins la pudeur des apparences, et c'est déjà beaucoup de parvenir à se respecter les uns devant les autres. Les investigations s'arrêtent au seuil du foyer domestique, et sans cesser d'être coupable, on l'est moins, puisqu'on sauve à de nombreux spectateurs la contagion d'un déplorable exemple. Maintenant, ce qui constitue dans ses habitudes la *bonne compagnie*, c'est une abnégation continuelle de soi, c'est une victoire perpétuelle sur l'égoïsme, c'est un dévouement complet au plaisir commun : on règle sa voix, ses gestes, ses mouvements ; on se met en harmonie avec son entourage ; on aspire à lui plaire. Ce n'est point, comme on pourrait croire, de la fausseté ; non, tant s'en faut ! c'est simplement une façon de se posséder en se réglant. Dans la *mauvaise compagnie*, au contraire, chacun se fait centre, chacun se pose avec une brutalité qui ne s'inquiète pas de blesser, pourvu qu'elle jouisse. A ce *sans-gêne* se joint bientôt une rivalité de vices et de débauches que couronne tôt ou tard le crime. Un jeune homme qui à son début s'attache à la mauvaise compagnie ressemble à un aveugle courant à un abîme ; de la *mauvaise compagnie* à l'échafaud la pente est souvent rapide et la distance courte.

SAINT-PROSPER.

COMPAGNIE (*Commerce*). En termes de négoce et d'affaires, *compagnie* se dit d'une association de marchands, de négociants, de capitalistes, de spéculateurs, qui se forme pour exploiter un grand commerce, une grande manufacture, une vaste entreprise industrielle et financière. Telle fut à Gênes la *compagnie des Grilles*, pour le commerce des nègres de l'Amérique espagnole. Telles étaient en France la *compagnie des fermiers généraux*, la *compagnie du Sénégal*, la *compagnie du Mississipi*, la *compagnie des Philippines* ; telles sont encore les diverses compagnies d'*assurances*, de *chemins de fer*, de *canaux*, la *compagnie des eaux de Paris*, et les diverses sociétés qui ont formé les *comptoirs d'escompte*, la *caisse de Poissy*, la *banque de France*, les *banques de crédit foncier* et *de crédit mobilier*, etc. ; telles furent en Hollande les *compagnies de Surinam*, du *Groënland*, de la *mer Baltique*, etc. ; enfin, telles ont été, en Hollande, en Angleterre et en France les diverses *compagnies des Indes*.

L'association est le grand moyen du progrès. Les efforts combinés atteignent le but que ne sauraient atteindre les efforts isolés. L'esprit d'association, agissant librement et en harmonie avec l'intérêt général, tend de plus en plus à augmenter la puissance de l'activité individuelle, en réunissant pour de grandes et utiles entreprises les forces, l'industrie et les capitaux des particuliers. Tous les jours plusieurs négociants forment entre eux une société pour exploiter en commun, avec leurs fonds réunis, une branche d'industrie ou de commerce en gros ou en détail. Les formes diverses et les conditions de ces sociétés trouvent leur règle dans le Code de Commerce. Parmi les diverses espèces d'associations, celles qui ont le plus d'importance pour un État, sous le rapport de son système économique, ce sont les grandes compagnies de commerce qui se chargent d'approvisionner un pays en denrées d'une contrée éloignée. Le commerce des contrées lointaines était resté libre dans le moyen âge, à Gênes, à Venise, à Anvers ; et après la découverte du cap de Bonne-espérance et de l'Amérique, ce commerce avait enrichi le Portugal et l'Espagne, à l'abri des entraves du monopole. C'est en Hollande que le négoce a commencé à réclamer les avantages exclusifs du privilège, comme seuls capables d'assurer un approvisionnement ample et régulier, en attirant dans l'entreprise l'affluence des capitaux que la concurrence aurait détournée d'y concourir. Le privilège seul pouvait aussi, disait-on, dédommager les compagnies des avances immenses qu'exigeait ce commerce, des risques et des pertes auxquels les actionnaires étaient exposés. Les épiceries et les marchandises fabriquées dans l'Inde, le thé et les porcelaines de la Chine et du Japon ont été pour les compagnies des sources de richesses inouïes. Mais du moment où, au lieu de comptoirs, elles ont voulu avoir des villes, des provinces et des royaumes, les guerres contre les indigènes et entre compagnies rivales, causes de malheurs et d'oppressions intolérables pour les peuples de l'Asie, ont entraîné les compagnies dans d'énormes dépenses, et les dettes ont fini par absorber à peu près tous les profits sans mesure. Après les brillants succès de La Bourdonnaie et de Dupleix, la compagnie française a succombé sous les coups de ses rivaux. Java reste encore à la Hollande comme un beau monument de son ancienne splendeur ; mais la compagnie anglaise est parvenue à accomplir le plus vaste projet qu'ait jamais formé une association de commerce, en étendant sa domination sur l'Inde presque entière. Une compagnie de marchands est devenue souveraine de soixante millions de sujets. Aucun souverain ne surpasse en puissance le gouverneur général de l'Inde. Cette immense possession est sans doute pour un grand nombre d'Anglais la source de fortunes dont quelques-unes sont réellement colossales ; mais pour apprécier les résultats du privilège de la compagnie sous le rapport du commerce, il suffira de rappeler qu'on a évalué à quarante-deux millions par an la perte que causait aux consommateurs de la Grande-Bretagne le seul monopole du thé. L'exemple des États-Unis de l'Amérique, qui sans compagnie privilégiée sont parvenus à faire avec la Chine un commerce étendu et fructueux, a éclairé l'Angleterre, et l'époque est arrivée où le commerce de l'Orient s'ouvrira à tous ses industrieux spéculateurs.

COMPAGNIE (*Art militaire*). De nombreux synonymes, aujourd'hui oubliés ou mal connus, ont répondu au terme *compagnie*, terme que la langue militaire a donné à la langue vulgaire. On s'est d'abord servi dans le même sens du mot *bataille*, avant qu'il signifiât grand combat ; on a dit ensuite *corrois*, *compengne*, comme le prononçait Duguesclin. Au temps de Louis XI l'expression *compagnée* avait cours ; les écrivains du seizième siècle y avaient sub-

11.

titué *compaignie*. L'usage d'appeler *compagnons* les chevaliers et les soldats, ce qui signifiait, suivant les uns, mangeant le même pain, ou, d'après la langue romane, hommes portés sur le même charriot, a amené celui du substantif *compagnie*, exprimant positivement d'abord troupe de compagnons en armes ; de là vient qu'originairement *compagnie* s'appliquait aussi bien à huit ou dix mille hommes qu'à une troupe bien plus faible. Par la multitude des adjectifs qui modifièrent le mot compagnie, il y aurait cent descriptions différentes à en faire ; bornons l'examen aux compagnies d'infanterie.

Depuis Charles V, vers 1373, il existait des compagnies de lances garnies, et depuis Charles VII, en 1445, des compagnies d'ordonnances, la seule force publique que l'on connût alors : elles n'avaient rien de commun, quant à leur formation, avec notre infanterie actuelle, dont la création est postérieure au règne de François Ier. Sous ce prince il y avait des compagnies d'infanterie, fortes de plusieurs mille hommes. Les compagnies de ce genre, ou, en d'autres termes, les régiments, qu'on nommait alors compagnies, furent abolies par la formation des légions de François Ier ; elles reparaissent sous le nom de *bandes*, après la suppression de ces mêmes légions ; elles commencent peu après à se réduire numériquement, et de réforme en réforme elles tombent au-dessous de quarante hommes. En 1558 Henri II et les années suivantes Charles IX assemblent en régiments vingt ou trente de ces compagnies. Le régiment de Picardie et les gardes françaises dataient de là ; mais sous ce règne, et même sous le suivant, tout reste indéterminé : ainsi, il y avait des compagnies non enrégimentées et des régiments n'ayant force que d'une compagnie. Sous Louis XIII ces bandes s'enrégimentent presque toutes ; il commence à en être ainsi depuis la guerre de 1610.

Les régiments se divisent en bataillons, de 1662 à 1668. Les compagnies combattent sous cette forme dans la guerre de 1665. Choiseul avait créé, sous Louis XV, le système classique qui, au moyen du pied de paix et du pied de guerre, facilite l'élargissement du cadre de lui. Cette méthode a pris faveur, on n'en conteste plus l'utilité. Dans les guerres de Louis XIV, la force des compagnies ne s'élevait en général qu'à cinquante hommes ; elles étaient bien plus fortes dans les milices étrangères ; les compagnies des Hollandais, des Allemands, des Anglais, comptaient dès le dix-septième siècle cent, cent vingt, deux cents hommes. La force qu'il conviendrait de leur donner a été en France l'occasion de continuelles modifications, rarement utiles, subies à chaque changement de ministère, modifications ruineuses pour le trésor, et qui faisaient le désespoir des officiers. Le nombre des compagnies dans les divers corps a varié à tel point qu'en concevant comme unité le peloton, elles ont été entre trois et dix-sept, et qu'en prenant comme unité le régiment, elles ont été entre six et cinquante. Sous Louis XIV, chaque compagnie avait son drapeau. Avant 1703 deux tiers des hommes étaient armés de mousquets et l'autre tiers de piques ; l'armement de l'infanterie ne consista plus depuis qu'en fusils, épées de soldats et sabres de grenadiers. L'ancienneté des capitaines a d'abord réglé le rang des compagnies, et par conséquent leur place en ordre de bataille. Il s'est passé plus d'un siècle avant que cette place ait été numérale et permanente. La compagnie de grenadiers a été d'abord placée à la droite du bataillon, mais espacée de lui. En regard de cette compagnie se déployait, du côté opposé, à pareille distance, celle qu'on appelait le *piquet*. Les grenadiers ont ensuite été rapprochés du bataillon et le piquet aboli. Quand chaque bataillon eut sa compagnie de grenadiers, les régiments à deux bataillons eurent une de leurs compagnies de grenadiers à la droite du front, l'autre à la gauche. Quand il se forma une compagnie de chasseurs en place de la seconde compagnie de grenadiers, elle tint de même la gauche du régiment ; mais en route elle marchait alternativement en tête du corps. Quand les chasseurs furent supprimés, la droite de tous les bataillons fut tenue par les grenadiers. D'autres règles, sans cesse changeantes, avaient décidé de l'emplacement des compagnies colonelles, lieutenantes-colonelles, majores, mestres de camp, etc.. Ce serait une occasion de recherches aussi arides que rebutantes.

La manière dont on faisait combattre les compagnies rappelle presque autant d'instabilité et de malhabileté. Autre était l'arrangement de parade, autre l'arrangement de combat. Au commencement du siècle dernier, les compagnies n'étaient pas encore devenues une unité en manœuvre ; rien ne déterminait qu'au jour d'une action les hommes d'une même compagnie (si l'on en excepte les grenadiers) auraient dans le bataillon un poste spécial et seraient plutôt sous la conduite de leur propre capitaine que sous celle d'un autre. Tantôt on maintenait les compagnies dans leur intégrité, tantôt on les mélangeait. Cet usage, associant, par une fusion passagère, les soldats de compagnies diverses, était moins ridicule qu'il ne le paraît d'abord ; car tant que les soldats d'une même compagnie furent pourvus de diverses espèces d'armes, il fallut bien que pour manœuvrer ils fussent ordonnés par nature d'armes ; voilà pourquoi les piquiers de toutes les compagnies se séparaient des arquebusiers pour aller former le centre.

Depuis la guerre de 1701 et l'abolition de la pique, la compagnie commence à devenir une unité tactique. Postérieurement à Louis XIV, il s'établit un rapport entre la formation organique et la formation tactique. Jusque là il n'y avait pas de rang de taille observé, et l'ordre numérique des compagnies était sans influence sur les combinaisons et l'arrangement des subdivisions. Ainsi, un commandant disait à un officier major : il faut rompre en dix, en huit divisions, alors appelées *manches*, ou en tout autre nombre. Cet officier major courait alors pour marquer les points du pivotement que ce subdivisionnement inattendu exigeait ; et il répartissait comme il pouvait, la quelque fraction, les officiers et les bas officiers qui lui tombaient sous la main. L'adoption générale du fusil en 1703 permit d'introduire des règles plus simples et plus sûres. Puységur devina le premier que les compagnies devaient évoluer et combattre avec leurs officiers. Les guerres de 1733 et de 1741 fortifièrent cette opinion, et les règlements d'exercice de 1753, 1754 et 1755, en posèrent les principes. Alors il s'établit un ordre numérique indépendant de l'ancienneté des capitaines. Cet ordre, dont les principes étaient faux et compliqués, et qu'on a cherché à exprimer par un mot d'un sens louche, *tiercement*, accouplait des compagnies appartenant à des nombres éloignés. Ainsi, la première et la septième formaient le premier peloton ; la deuxième et la huitième, le dernier, etc. C'était inextricable. Les premières améliorations en fait de composition et de tactique sont dues à la milice française : la milice prussienne, qui du reste a tant avancé l'art, n'avait pas acquis ce perfectionnement sous Frédéric II, où un bataillon de cinq compagnies, grenadiers non compris, manœuvrait en huit pelotons, ce qui nécessitait lors des évolutions une série de calculs interminables.

Si l'on applique la pensée le mot *compagnie* aux guerres de 1756, de 1775 et de 1792, on trouvera des agrégations fort différentes : en 1755, la compagnie est un demi-peloton ; en 1769, un peloton ; en 1776, une division ; en 1791, un peloton.... A cette même époque, les grenadiers sont pris sous une double nature, tantôt comme compagnie-division, tantôt comme compagnie-peloton. Le tiercement est maintenu, quoiqu'il se rattache aux prérogatives en désuétude des capitaines propriétaires. Par le décret de 1803, il est aboli : l'ordre organique et l'ordre tactique sont mis d'accord ; mais la législation sape le règlement de 1791, sans lui rien substituer, décide que les compagnies d'élite ne sont que compagnies-pelotons et les endivisionne défectueusement avec des compagnies du centre. En 1814 les faiseurs du ministère semblent n'invoquer l'expérience que pour emprunter du passé ce qui en est blâmable : ils rétablissent le tiercement; ils consacrent des principes analogues à ceux des temps où les capitaines étaient propriétaires. Les formations postérieures ne font qu'enchérir sur tant d'erreurs. Sous le ministère de Gouvion-Saint-Cyr les compagnies se numérotent par régiment, et de nouveau on se conforme à l'arrangement tactique de 1791 : ce qui rappelle l'enfance de l'art. Sous le ministère de Latour-Maubourg on numérote les compagnies par bataillon, ce qui rétablit un arrangement sage, mais porte atteinte au règlement de 1791.

Des auteurs ont prétendu que les compagnies avaient été vénales, d'autres l'ont nié. Ce point demande à être éclairci. Sous Louis XIV on n'achetait pas les compagnies d'infanterie, mais seulement celles des gardes françaises, charges honorifiques, qui valaient encore quatre-vingt mille francs sous Louis XV. On achetait aussi les compagnies des régiments étrangers, parce qu'elles appartenaient aux colonels. Quant aux compagnies de cavalerie, ceux qui en étaient pourvus déposaient au trésor une *finance*, qui n'était restituée qu'avec réduction, et qui, dans certains cas, était confisquée. Cette finance était, suivant les différentes armes, de sept, huit et dix mille livres. Quoique les ordonnances n'autorisassent pas la vente des compagnies d'infanterie, leur possession n'en était pas moins une affaire d'argent, parce qu'il fallait que de capitaine à capitaine on se tînt compte de la valeur du matériel de la compagnie, lorsque le partant y avait mis ou était censé y avoir mis de ses deniers. Des règles nouvelles s'établirent sous le ministère de Choiseul, et surtout en 1762 ; ce fut une grande révolution législative : les compagnies passèrent au compte du roi. Depuis que l'admission au rang d'officier a cessé d'être un droit acquis à la noblesse, c'est-à-dire depuis le ministère de Ségur, tous ces marchés sont tombés en désuétude, et les dernières traces de vénalité ont disparu. Gal BARDIN.

Aujourd'hui la compagnie est une réunion d'officiers, sous-officiers, caporaux et soldats, qui forme un des éléments dont se compose le bataillon. Celui-ci est ordinairement formé de huit compagnies, deux d'élite (une de grenadiers ou carabiniers et une de voltigeurs), et six de fusiliers, de chasseurs ou du centre. Dans l'infanterie, chaque compagnie se compose d'un c a p i t a i n e, qui en est le chef, un lieutenant, un sous-lieutenant, un sergent-major, un fourrier (sergent ou caporal), quatre sergents, huit caporaux, quatre-vingts à cent soldats, deux tambours ou clairons.

Dans la cavalerie, les compagnies prennent le nom d'escadrons. Dans l'artillerie et le génie, elles ont une organisation semblable à celles d'infanterie; mais elles sont généralement plus fortes.

Dans toutes les armes, elles sont plus nombreuses sur le pied de guerre que sur celui de paix.

COMPAGNIE (Règle de) ou RÈGLE DE SOCIÉTÉ. C'est une opération arithmétique par laquelle deux ou plusieurs personnes se distribuent les gains ou les pertes qu'elles ont faites dans une entreprise ou spéculation commerciale, en proportion des sommes que chacune d'elles y avait mises. En voici un exemple : Trois négociants, B, C, D, se sont associés pour l'achat et la vente de certaines marchandises : les mises de fonds étaient pour

B de 327 fr.
C   402
D   529 .
Total. 1,258

Quand ils ont réglé leurs comptes, le bénéfice s'est trouvé de 335 fr.; on demande quelle est la part de ce bénéfice qui revient à chacun des actionnaires? Il est évident que si un seul individu avait fait à lui seul la mise de fonds de 1,258 f., il aurait eu pour lui les 335 fr. de bénéfice ; on établira donc ces proportions :

1,258 : 335 :: 327 : $x = $ 87 f. 08...
1,258 : 335 :: 402 : $y = $ 107 f. 05...
1,258 : 335 :: 529 : $z = $ 140 f. 87...

en disant : 1,258, mise totale, est à 335, gain total, comme 327, mise de B, est au gain qu'il aurait retiré s'il avait fait seul l'opération avec sa mise, etc. Pour vérifier le résultat, on ajoute les valeurs de x, y et z, dont la somme doit égaler 335.

On pourrait arriver au même résultat plus directement en raisonnant ainsi : Si 1,258 f., ont rapporté 335 f. combien rapporterait 1 f.? Évidemment la 1,258^{me} partie de 335 ou $\frac{335}{1258}$ de franc. Il suffirait donc de multiplier successivement les trois mises par cette fraction. Cette méthode est plus expéditive et plus conforme à la raison que l'emploi des proportions.   TEYSSÈDRE.

Si les mises ne restaient pas dans l'entreprise pendant le même temps, il faudrait en tenir compte dans le partage du bénéfice, et la règle précédente recevrait quelques modifications : ce serait alors une *règle de compagnie à temps*. Supposons, par exemple, que deux associés aient mis, l'un 950 fr., et l'autre 875 fr. dans une entreprise dont la durée ait été d'un an, mais que le premier ait retiré ses fonds au bout de huit mois, le second laissant les siens jusqu'à la fin. Pour savoir ce qu'il revient à chacun, remarquons que 950 fr. pendant huit mois rapportent autant que 950 × 8 ou 7600 fr. pendant un mois, et que 875 fr. pendant un an rapportent autant que 875 × 12 ou 10500 fr. pendant un mois. La question sera donc ramenée à partager le bénéfice proportionnellement aux nombres 7600 et 10500, ce qui rentre dans le cas précédent. Si les associés étaient plus nombreux, s'il y avait des apports ou des reprises de fonds à des époques quelconques, la même marche conduirait au résultat cherché.

COMPAGNIE DES INDES. *Voyez* INDES.

COMPAGNIES (Grandes), COMPAGNIES NOIRES, COMPAGNIES BLANCHES. On appelait simplement *compagnies* les bandes de brigands qui, sous les noms de *tard-venus*, *aventuriers*, *brabançons*, *retondeurs*, *escorcheurs*, *Bandouliers*, *cottereaux*, *Navarrais*, *mille-diables*, *guillerys*, *Aragonais* ou *mainades*, etc., effrayèrent et ravagèrent la France, l'Italie, l'Espagne, pendant les douzième, treizième, quatorzième, quinzième et seizième siècles, et l'on qualifie spécialement de *grandes compagnies* les *malandrins* et les *routiers*, qui ne passèrent les Pyrénées que pour revenir, après leur expédition en faveur de Henri de Transtamare, désoler la France par de nouveaux brigandages; ces derniers formèrent les cadres des premières bandes de ligueurs. Leurs noms ont varié suivant les temps, les lieux et le caractère des chefs qui les avaient formées. Nous retrouvons, du reste, les malandrins en Allemagne sous le règne de l'empereur Charles IV.

Au retour de la première croisade, les seigneurs qui se trouvèrent sans patrimoine, sans revenus, se firent aventuriers, organisèrent des compagnies, et recrutèrent facilement une foule de roturiers et de paysans, qui préféraient la vie aventureuse et vagabonde à laquelle ils s'étaient habitués dans les camps et les voyages, aux paisibles travaux des ateliers et des champs. Les rois de France et d'Angleterre, toujours en guerre, se firent des auxiliaires de ces bandes de brigands, qu'ils auraient dû comprimer ou punir. En 1173, Henri II, roi d'Angleterre et duc de Guienne, prit à sa solde une de ces bandes, appelée *Brabançons* ou *routiers*, et les envoya ravager la Bretagne. En 1203, Jean sans Terre en rassembla un plus grand nombre, dont une partie fut employée à la garde des provinces françaises occupées par les Anglais, et l'autre à ravager les pays qui dépendaient encore de la couronne de France. Leur exemple ne fut point contagieux pour Raymond VI, comte de Toulouse.

Ce prince n'était pas de son siècle. Il marcha en 1209 contre les Aragonais, les Basques, les malnades, qui dévastaient ses États; et s'il ne parvint pas à les détruire entièrement, du moins il les força de sortir de ses provinces. En 1353 l'Italie fut ravagée par une bande considérable, de plus de 20,000 Allemands, appelée *la grande compagnie*, et commandée d'abord par fra Morial, puis par Conrad Lando. A la bataille de Maupertuis (1356), bataille où le roi Jean perdit l'honneur et la liberté, ces compagnies d'aventuriers formaient la majorité des deux armées.

La paix n'amena point leur dissolution. Les malandrins, les tard-venus, les brigands, se répandirent dans les provinces. A la tête de leurs principaux chefs, tous nobles, se distinguèrent Eustache d'Aubericourt, gentil-homme gascon, et Brocard de Fenestrange, noble Lorrain : ce dernier dévastait la Champagne. Le dauphin Charles voulut lui opposer Eustache d'Aubericourt, qui vendit cher ses services ; mais bientôt les deux grandes compagnies, au lieu de se combattre, se réunirent et envahirent les deux Bourgognes. C'était toute une armée : les deux compagnies comptaient 17,000 combattants. Dôle, Dijon, Beaune, Châlon, furent impitoyablement ravagées, pillées. Lasses de viol, de carnage, et chargées de butin, les grandes compagnies firent halte à Gergy, et reprirent bientôt leur course. Tournus, Charlieu, Lyon, subirent (1357) le sort des villes déjà citées. Le nombre toujours croissant des *routiers* leur permettait de couvrir des provinces entières; les grands vassaux, les seigneurs les plus puissants, le roi lui-même, tremblèrent pour leurs domaines et pour le trône. Il fallut opposer aux progrès des *grandes compagnies* des forces plus imposantes. Partout on arma pour purger la France des bandes qui l'avaient envahie. Les chefs des *grandes compagnies* sentirent le besoin de s'assurer des points de défense, et attaquèrent des villes fortifiées, pour s'en faire des places d'armes. Devenus maîtres d'Ance (l'ancien *Antium* du camp de César), ville peu étendue, mais importante par sa position sur les bords de la Saône, à quelques lieues de Lyon, ils en firent le point central de leurs opérations; et tandis que l'on s'épuisait en efforts pour organiser une armée, ils continuèrent leurs dévastations dans cette partie de la France. Ils se partagèrent en trois colonnes : l'une s'établit dans le Mâconnais, une autre dans le Lyonnais, la troisième, commandée par Arnaud de Cervole, surnommé *l'archiprêtre de Vervins*, descendit le Rhône, et se dirigea sur Avignon, où résidait le pape : ce chef enleva de vive force la ville de Pont-Saint-Esprit; sa troupe, divisée en petites bandes, se répandit dans la Provence, imposant à toutes les populations de fortes contributions et se faisant livrer les plus belles filles. Arnaud de Cervole, après avoir épuisé cette province, revint dans la Bourgogne, si cruellement pillée et dévastée par les routiers et les malandrins quelques années auparavant. Le pays n'avait pu réparer ses pertes, les brigands rentrèrent en Provence. Arnaud de Cervole assiégea Aix. Il faisait ses dispositions pour passer en Italie, quand le dauphin Charles, fils du roi Jean, traita avec lui et le prit à sa solde avec ses *routiers* pour combattre les Anglais; mais bientôt une autre bande de *routiers*, commandée par Guy-du-Pin, de Perrin de Savoie, dit le *petit meschin*, reparut sur les bords du Rhône, et établit son quartier général au Pont-Saint-Esprit, qu'avait abandonné Arnaud de Cervole après son traité avec le dauphin Charles. « Ce fut pitié, dit Froissard, car ils occirent maints prud'hommes et y violèrent maintes demoiselles, et y conquirent si grand avoir qu'on ne saurait le nombrer, en assez grandes pourvances pour vivre un an. »

A cette époque (1360), plusieurs grandes bandes réunies, routiers et malandrins, élurent un capitaine souverain, qui se qualifia *ami de Dieu et ennemi de tout le monde*. Le pape Innocent V crut que la crainte de l'excommunication suffirait pour *amener à résipiscence* les *grandes compagnies*; mais chefs et soldats se moquèrent de la colère du souverain pontife. L'excommunication fut fulminée, et ne produisit d'autre effet que de rappeler les bandes sur le territoire d'Avignon. Le saint-père fit alors un appel à tous les princes chrétiens, et publia une croisade contre les routiers. Les indulgences de la Terre Sainte étaient accordées à tous les fidèles qui prendraient les armes. L'espoir d'un riche butin pouvait grossir le nombre des croisés, car les routiers, chargés des dépouilles des provinces dévastées par eux, avaient amassé d'immenses richesses. Le pape n'avait songé qu'à sa sûreté, à celle du sacré collège et au trésor de Saint-Pierre. Les routiers, qui d'ailleurs ne trouvaient plus rien à prendre abandonnèrent immédiatement le comtat moyennant une absolution générale de leurs péchés et 60,000 florins d'or. La somme reçue, ils évacuèrent Pont-Saint-Esprit, traversèrent la Provence, et s'enrôlèrent au service du marquis de Montferrat, alors en guerre avec le comte de Milan.

L'un des chefs de ces routiers, Jean de Gouges, gentilhomme de Sens, se fit *proclamer roi de France*, sans doute pour répondre au manifeste du roi, qui avait envoyé une armée sous les ordres de Jacques de Bourbon contre les routiers, qui, au nombre de 15,000 hommes, occupaient encore le Lyonnais.

Jacques de Bourbon, qui n'avait que 10,000 hommes, fut battu et tué à la bataille de Brignais. Cette victoire permit aux grandes compagnies de se diviser. Elles furent bientôt renforcées de celles qui avaient suivi le marquis de Montferrat en Italie, et qui repassèrent les Alpes, chargées des dépouilles de la Lombardie. Alors les principaux routiers et malandrins se partagèrent les provinces du midi : chaque compagnie soivit la direction convenue. Perrin Bouvetout envahit le Velai, et s'empara par escalade de la riche abbaye du Moustier-Saint-Chaffre. Seguin de Badefol, seigneur de Castelnau de Bavière, qui se faisait appeler le *roi des compagnies*, entra dans l'Auvergne à la tête de trois mille gentilshommes. Cette bande, l'une des plus considérables et dans laquelle on n'admettait que des nobles, avait pris le nom de *société tyrannique*. Seguin de Badefol s'empara de Brioude, livra au pillage l'opulente abbaye de Saint-Julien, dont il fit sa place d'armes, étendit ses courses jusque dans le Languedoc, saccagea le Puy, rançonna Aniane, incendia Gignac, et dévasta Pont-Saint-Esprit, qui se croyait à l'abri des incursions des grandes compagnies depuis que le pape avait obtenu leur éloignement du lieu. Le 9 août 1362 il se rendit maître du château de Mende. Les malheureux Languedociens, trop faibles ou trop timides pour combattre Seguin de Badefol, sa *société tyrannique* et les autres bandes, traitèrent avec les chefs, et moyennant une somme considérable qui leur fut payée, ceux-ci s'engagèrent à s'éloigner de la province et même du la France; mais quelques mois après ils rompirent le traité, et la *société tyrannique* consomma la ruine et la dévastation du Velai. Le maréchal d'Andenehm marcha contre cette redoutable bande. Il espérait renforcer sa petite armée du contingent des vassaux de la couronne; mais les seigneurs refusèrent de se réunir aux troupes royales contre les routiers, parmi lesquels tous avaient des parents et des amis. Il fallut encore la honte des négociations et acheter à prix d'or l'éloignement de Badefol (1363). Moins de trois ans après, ce chef traitait avec Charles le Mauvais, roi de Navarro, pour se mettre à son service avec sa compagnie, moyennant une somme énorme. « Le Gascon est trop cher, dit le Navarrais à ses confidents; puisqu'il veut tant se faire valoir, qu'on s'en défasse. » Et il invita le *roi des compagnies* à dîner. Ce fut le dernier repas de Badefol : il mourut empoisonné. La bande, informée de la mort de *son roi*, se mit sans délai à la solde de Charles de Navarre.

Bérard d'Albret, chef de la plus noble maison de Béarn, et qui n'admettait dans sa bande que des nobles, mit le siège devant Montpellier. Moins heureux ou moins habile que les autres chefs, Robert III, dauphin d'Auvergne, de la maison princière de Bouillon, fut fait prisonnier par les troupes du roi. L'échafaud l'attendait : il mourut en prison. Tous ses biens furent confisqués au profit du domaine royal, et son corps jeté à la voirie. Pacimbourg, que l'histoire a flétri du nom d'*insigne voleur*, s'était établi dans le Gévaudan et l'Auvergne, et avait fait du château de Salgue sa place d'armes. Le seigneur s'était longtemps défendu ; il eût fallu encourager sa résistance en marchant à son secours : l'armée royale ne parut que longtemps après la prise du manoir ; mais Pacimbourg parvint à s'échapper, et son nom figure encore parmi ceux des chefs de bande qui en 1363 traitent pour la première fois avec le maréchal d'Andeneham, et, moyennant 100,000 florins d'or et la promesse d'un riche butin, s'engagent à franchir les Pyrénées pour soutenir Henri de Transtamare contre son frère Pierre le Cruel. Il fallut compter, en outre, 35,000 florins à Henri de Transtamare. Mais les sommes une fois reçues, la plupart de ces chefs restèrent en Languedoc, notamment Bérard d'Albret, Bertaguin, Espiole, Rabaud de Nissy : ce dernier était la terreur et le fléau du Bas-Languedoc ; il avait son quartier à Alignan, et n'en sortit qu'après avoir reçu une somme de 10,000 florins, le 29 juillet 1362. Il prit encore sa part dans les 100,000 florins stipulés par le traité du maréchal d'Andeneham, et qui furent payés par les provinces d'outre Loire. Cette première expédition de Henri de Transtamare échoua : une partie des bandes qui s'étaient engagées à la suivre rentrèrent en France.

En 1364 les nobles chefs des principales bandes se réunirent, et n'en formèrent que trois. La première, appelée *grande compagnie*, se dirigea sur l'Auvergne, les bords de la Loire, la Champagne ; la seconde, les *Navarrais*, sous les ordres et à la solde de Charles le Mauvais, roi de Navarre, envahit le duché de Bourgogne ; la troisième, les *Comtois*, reconnut pour chef le comte de Montbéliard, et exploita la Franche-Comté. L'un de ses plus farouches capitaines, Jehan de Neufchâtel, livra aux flammes les faubourgs de Pontarlier et six villages environnants : il fut pris, et mourut en prison. Un autre capitaine de *Comtois*, Guillon Pot, fut pendu. Charles V, abandonné par ses grands vassaux et par les seigneurs qui ne faisaient point partie des grandes compagnies, réclama le secours d'Édouard III, roi d'Angleterre, contre les bandes d'aventuriers. Jusque alors les provinces qu'occupaient les Anglais en France, la Guienne, le Poitou, la Normandie, avaient échappé à leurs désastreuses incursions. Mais elles étaient menacées du même fléau. Édouard ne le croyait pas, car ses prédécesseurs avaient souvent soldé les chefs de ces bandes et les avaient employés à ravager les provinces qui dépendaient de la couronne de France. Il se borna donc à leur faire notifier, par des hérauts d'armes, d'avoir à *vider* les provinces de France. Ils ne répondirent à cette royale sommation qu'en dépouillant ses envoyés. Édouard annonça qu'il allait passer le détroit avec une armée pour châtier leur insolence ; mais Charles V, mieux conseillé, n'insista plus sur le secours qu'il avait imprudemment sollicité ; il craignait avec raison que d'Édouard ne se mît à la tête des compagnies pour conquérir la France ; il le fit prier de ne pas *se déranger*. Édouard, furieux, jura par sainte Marie qu'il ne ferait aucun mouvement pour secourir la France, lors même qu'il verrait les chefs des grandes compagnies maîtres de tout le royaume.

Les craintes de Charles V n'étaient pas trop fondées, car lorsqu'en 1365 Duguesclin traita avec les grandes compagnies, les chefs posèrent pour première condition qu'on ne les emploierait pas contre le roi d'Angleterre. Duguesclin fit preuve d'un grand courage en se présentant sans escorte au milieu des bandes. Il aborda franchement la question :
« Nous en avons assez fait, leur dit-il, vous et moi, pour damner nos âmes ; et vous pouvez vous vanter d'avoir fait pis que moi. Amis, faisons honneur à Dieu, et le diable laissons. » Comme dans la première négociation, un riche butin leur fut promis en Espagne, et avant leur départ une somme de 200,000 florins devait leur être payée. Le traité fut signé à Châlons-sur-Saône. Les principaux capitaines accompagnèrent Duguesclin à la cour de Charles V, où ils furent bien reçus ; ils y firent un court séjour, et revinrent avec Duguesclin, reconnu chef suprême des grandes compagnies ou *bandes noires*, parmi lesquelles figuraient les *routiers* et les *malandrins*. Leur arrivée dans le comtat mit le pape et le sacré collège en émoi ; un cardinal fut envoyé audevant d'eux. Ils formaient un camp considérable aux portes d'Avignon. « Soyez le bien-venu, lui dit un capitaine : apportez-vous de l'argent ? » Cette question était un ordre. Le cardinal revint en ajoutant à l'absolution générale, stipulée dans le traité, une somme considérable, levée sur les habitants d'Avignon. Les malandrins se firent cette fois scrupule de *tondre les vilains*. Ils refusèrent l'argent, qui fut rendu aux bourgeois, et le sacré collège se cotisa pour le fournir ; ils partirent enfin absous et payés, et arrivèrent en Espagne sous le titre de *compagnies blanches*, titre qu'ils devaient à la grande croix blanche dont ils ornaient leur habit sous prétexte d'aller combattre les Maures. Mais leur expédition heureusement terminée, la plupart repassèrent les Pyrénées, et reprirent le cours de leurs brigandages. Les grandes compagnies continuèrent de ravager la France, et ne changèrent que de nom. Aux *tard-venus*, commandés par Gui de Rochefort, sous Louis le Gros, succédèrent, sous Charles VII, les *escorcheurs*, commandés par le comte de Pardiac, fils du comte d'Argmagnac, les *retondeurs* (1437), les *aventuriers*, qui vendirent successivement leurs services à Louis XII et à François Ier, qui les employèrent dans leurs expéditions d'Italie.

Les *bandouliers*, ou compagnies d'Olmière, commandés par Étienne d'Olmière, dit *Bursec*, terminent cette sanglante nomenclature des grandes compagnies. Leur chef avait fait une place d'armes dans un château du Gévaudan, d'où il lançait ses lieutenants dans le Languedoc ; son père était président au parlement de Toulouse. Les états de cette province, assemblés en 1554, réclamèrent l'autorité des lois contre le chef de bande et ses complices. Ses biens et ceux de ses enfants furent confisqués ; mais un conseiller, son neveu, obtint de la chambre des vacations un arrêt qui défendait « à tous juges-mages, officiers et magistrats royaux, d'assister à l'assemblée des états ». Cette assemblée demanda et obtint en 1554 la cassation de l'arrêt. D'Olmière n'en continuait pas moins ses brigandages. Les états mirent sa tête à prix. Deux de ses bandits le trahirent et le livrèrent. Il fut conduit à Montpellier. Il tenait par sa famille à la haute noblesse du Languedoc ; tout fut mis en œuvre pour le sauver. On ne parvint qu'à retarder la marche de la procédure ; il fut condamné à mort, et subit son arrêt en 1555. Alors se formèrent les premières bandes de *liqueurs*, et les bandouliers ne firent que changer de bannière.

Les troubles de la ligue furent la cause ou le prétexte de la formation d'une dernière bande, qui se rendit fameuse à la fin du seizième siècle. Trois nobles Bretons, frères, de la maison Guilleri, s'étaient distingués par leur intrépidité dans les troupes des ligueurs commandées par le duc de Mercœur. La paix faite, ils s'établirent dans un bois contigu à la Bretagne et au Poitou, y firent construire une forteresse, et des détachements de leur nombreuse bande faisaient des incursions en Normandie et dans les provinces centrales. Ils avaient fait apposer aux arbres, sur les grandes routes, des placards portant ces mots : « La paix aux gentils-hommes, la mort aux prévôts et aux archers, la bourse aux marchands. » Henri IV envoya à leur poursuite un corps de cinq mille hommes, qu'accompagnaient 17 prévôts. Le château des Guilleris fut attaqué et démoli à coups de canon. Chefs et complices, tout fut pris, jugé, condamné à mort et exécuté en 1608.

Telles ont été en France, depuis le douzième siècle jusqu'à la fin du seizième, les troupes de brigands armés connus sous les noms généraux de *grandes compagnies*, *compagnies noires*, et *compagnies blanches*.

Dufey (de l'Yonne).

COMPAGNIES DE DISCIPLINE. *Voyez* Discipline (Compagnies de).

COMPAGNIES DE JÉHU ou **DE JÉSUS** et **DU SOLEIL**, associations contre-révolutionnaires qui agitèrent longtemps le midi de la France, Lyon surtout : elles se rattachent à la désastreuse période de la réaction thermidorienne, et le faible gouvernement directorial ne sut ni les prévenir ni les comprimer. « Le résultat de sa conduite, dit l'auteur du *Tableau de l'Europe*, fut que dans plusieurs départements les royalistes, profitant du ressentiment des hommes qui voyaient l'assassinat de leur famille impuni, et du mécontentement de tous ceux qui voulaient ardemment la fin de la révolution, égarèrent la jeunesse, enflammèrent son ardeur, et firent naître cette réaction violente qui ensanglanta nos contrées méridionales. » Ces compagnies n'étaient que la continuation de celles qu'on appelait la *jeunesse dorée* de Fréron. Les hommes qui en faisaient partie portaient les cheveux en cadenette et des cravates vertes. Ces coteries n'eussent été que ridicules si elles se fussent bornées à parodier la révolution ; mais bientôt aux diatribes passionnées des journaux du parti, aux chansons, aux vaudevilles de *circonstance*, aux tentatives scéniques de tous genres, succédèrent les attaques les plus violentes contre les personnes et les biens de ceux qui avaient suivi les principes de 1789. Le fanatisme religieux reparut avec toutes ses fureurs. Le sang des protestants et des patriotes coula dans les principales cités du midi. Les puériles fanfaronnades des compagnies de Jéhu et du Soleil ne furent partout que des préludes de massacres et de pillages. Les mots seuls avaient changé, le but était le même. La contre-révolution avait ses clubs secrets, ses directeurs ; et l'or de l'étranger entretenait ses bandes. Bordeaux avait son *Institut*, dont la mission était de fournir des armes et des munitions aux Vendéens. Les journées du 13 vendémiaire, du 18 fructidor et du 18 brumaire, montrèrent combien ces associations étaient fortes et puissantes.

Après l'avénement du gouvernement impérial, la faction royaliste parut d'abord anéantie ; mais elle ne tarda pas à reprendre ses trames avec une nouvelle opiniâtreté, quoique avec plus de mystère. Une autre Vendée avait éclaté dans la Haute-Garonne et l'Ariége ; elle étendait au loin ses ramifications ; et dans toutes ces collisions on voyait reparaître les mêmes agents. Les compagnons de Jésus et du Soleil reparaissent dans les hommes qui livrent Bordeaux aux Anglais en 1814, et dont les bandes se réorganisent plus tard sous le nom de *chevaliers de Marie-Thérèse*, *du Brassard*, etc. Des populations sont proscrites en masse. Nimes, Montpellier, Alais, Uzès, Milhaud, Céret, Arpaillargues, Avignon, etc., virent couler dans leurs rues le sang de leurs plus honorables citoyens. Les assassins du maire de Toulouse à Bordeaux, du général Ramel à Toulouse, du maréchal Brune à Avignon, appartenaient à la même faction ; et les Trestaillons, les Truphémy de 1815, étaient, sous les noms divers, les dignes successeurs des compagnons de Jésus et du Soleil des dernières années du dix-huitième siècle.

Dufey (de l'Yonne).

COMPAGNIES D'ORDONNANCE. *Voyez* Ordonnance (Compagnies d').

COMPAGNIES FRANCHES. *Voyez* Corps francs.

COMPAGNON, COMPAGNE. *Compagnon* se dit en général de celui qui accompagne une autre personne, soit dans un voyage, soit dans un travail, soit dans quelque action ou circonstance. L'étymologie de *cum*, avec, et de *panis*, pain, ou de *cum* et de *pagus*, village, que donnent à ces mots certains lexicographes, ne nous paraît point heu-

reuse. *Compagnon*, selon Barbazan, vient plutôt de *compagnie*, qui est presque le mot latin à l'ablatif, *compagine*, au nominatif *compago*, assemblage. On peut être *compagnon d'infortune*, *compagnon d'armes*, *compagnon de péril*, *compagnon d'études*. Le mot de *camarade*, synonyme de *compagnon* dans bien des cas, a quelque chose de plus familier.

Compagnon figure dans beaucoup de proverbes : traiter quelqu'un *de pair à compagnon*; qui a *compagnon* a maître. Dans ces deux dictons, le mot *compagnon* est synonyme d'égal ; on a dit et écrit souvent : cet homme ne veut souffrir ni *compagnon* ni maître; jouer à qui trompera son *compagnon*. *Compagnon* signifie encore un homme qui aime à se divertir : Henri IV aimait le vin, le jeu, les femmes; il se battait bien : c'était *un bon compagnon*. On appelait *compagnons* deux religieux qui, selon la règle du couvent, sortaient ensemble. Dans tous les autres cas, les moines s'appelaient *confrères*. *Compagnon* se dit aussi d'un garçon qui, ayant fait son apprentissage en quelque métier, travaille encore pour le compte d'un maître, et plus particulièrement des artisans qui font partie d'une société de gens de métier, telle que les *compagnons du devoir* (*voyez* Compagnonnage). *Compagnon* est enfin le premier grade de la franc-maçonnerie.

Compagne, qui est en quelque sorte le *féminin* de *compagnon*, se dit d'une femme ou d'une fille qui a avec une personne du même sexe une liaison qui consiste à lui tenir ordinairement compagnie, à vivre familièrement avec elle, ou enfin à l'accompagner en quelque endroit. *Compagne* se dit aussi d'une femme mariée, ou même d'une maîtresse, relativement aux qualités par lesquelles sa société peut rendre la vie agréable à son mari ou à son amant. Sous l'ancien régime, le roi de France, dans ses lettres patentes, appelait la reine sa femme, notre très-chère épouse et *compagne*. *Compagne* s'emploie au figuré : l'imprudence est presque toujours la *compagne* du crime. Ce mot est du plus heureux effet dans la poésie : Voltaire a dit avec bonheur :

Pour être heureux, à l'homme il faut une compagne.

Charles Du Rozoin.

COMPAGNONNAGE. Sous le régime des maîtrises et jurandes, le compagnonnage était le second degré du noviciat pour arriver à la *maîtrise*. On y était admis au bout de cinq ans, à la condition de produire ce que l'on appelait un *chef-d'œuvre*. Le premier degré du noviciat, celui d'apprenti, exigeant aussi cinq années, il fallait dix ans pour devenir maître. Depuis l'affranchissement des professions industrielles, le compagnonnage n'est que l'exercice libre d'une profession, comme ouvrier salarié, tant que l'on ne se croit pas en état de l'entreprendre avec ses propres moyens et d'acquitter la patente. Ce qui a survécu au monopole dans le *compagnonnage*, c'est l'association naturelle des compagnons, dans une même profession, pour s'entr'aider, se secourir et trouver de l'ouvrage.

Le compagnonnage est peut-être aussi vieux que le monde, ou du moins il se perd, comme disent les rhétoriciens, dans la nuit des temps. Les compagnons persistent néanmoins à faire remonter leur origine à la construction du Temple de Jérusalem. Si exagérée, si absurde que soit cette légende populaire, elle mérite quelque attention. Le compagnonnage reconnaît trois fondateurs, Salomon, maître Jacques et le père Soubise. A en croire les *enfants de Salomon*, le grand roi, pour récompenser ses ouvriers de leurs travaux, leur aurait donné un *devoir*, une doctrine. Maître Jacques, collègue d'Hiram, serait, d'après ses modernes adeptes, né dans une petite ville des Gaules, nommée *Carte*, aujourd'hui Saint-Romili, située dans le midi de la France, où nous l'avons infructueusement cherchée sur la carte. Il aurait eu pour père un célèbre architecte, appelé Jacquin, se

COMPAGNONNAGE

serait exercé à la taille des pierres depuis l'âge de quinze ans, aurait voyagé dans la Grèce, où il aurait appris la sculpture et l'architecture, serait venu en Égypte, puis à Jérusalem, où il aurait sculpté avec tant de goût deux colonnes, qu'on se serait empressé de le recevoir *maître*. Maître Jacques et son collègue maître Soubise, après l'achèvement du temple, auraient repris ensemble le chemin des Gaules, jurant de ne se plus séparer. Mais la jalousie du second se serait émue de l'ascendant du premier sur leurs disciples. Il y aurait eu séparation. L'un aurait été débarquer à Marseille, l'autre à Bordeaux. De là la guerre éternelle! Les adeptes de Soubise auraient voulu assassiner Jacques, qui, délivré par les siens, se serait retiré à la Sainte-Baume. Mais bientôt, trahi et livré par un de ses disciples, que les uns appellent *Jéron*, d'autres *Jamais*, il serait mort frappé de cinq coups de poignard, dans sa quarante-septième année, quatre ans neuf jours après sa sortie de Jérusalem, 989 ans avant J.-C. Ses enfants, lui ayant ôté sa robe, auraient trouvé sur lui un petit jonc qu'il portait en mémoire de ceux qui la première fois l'avaient sauvé dans un marais; et aussitôt ils auraient adopté le jonc pour emblème de leur profession. On ne croit pas généralement que Soubise ait trempé en rien dans cette mort. Quant au traître, il serait allé, de désespoir, se jeter dans un puits, que les disciples de Jacques auraient comblé avec des pierres. Puis, avant de se séparer, ils se seraient partagé la défroque du martyr, dont le chapeau serait revenu aux chapeliers, la tunique aux tailleurs de pierre, les sandales aux serruriers, le manteau aux menuisiers, la ceinture aux charpentiers, et le bourdon aux charrons.

Le compagnonnage, reconnaissant à tort ou à raison trois fondateurs, s'est donc divisé en trois corps principaux : 1° les *enfants de Salomon*, se composant des tailleurs de pierre, *compagnons étrangers*, dits *les Loups*, menuisiers et serruriers du *devoir de liberté*, dits *Gavots*, charpentiers dits *Renards de liberté*, puis *compagnons de liberté*; 2° les *enfants de maître Jacques*, ne comprenant dans le principe que les tailleurs de pierre, *compagnons passants*, dits *les Loups garoux*, et les menuisiers et serruriers du devoir, dits *les Dévorants*, mais ayant vu plus tard leurs rangs se grossir, soit loyalement, soit par fraude, des taillandiers, forgerons, maréchaux, charrons, tanneurs, corroyeurs, boulangers, chaudronniers, teinturiers, fondeurs, ferblantiers, couteliers, bourreliers, selliers, cloutiers, vanniers, doleurs, chapeliers, sabotiers, cordiers, tisserands, cordonniers, etc.; 3° les *enfants du père Soubise*, composés d'abord d'un seul corps d'état, les charpentiers, *compagnons passants* ou *Drilles*, auxquels sont venus se joindre les couvreurs et les plâtriers.

Parmi les compagnons, les uns *hurlent*, les autres ne *hurlent* pas; les uns *topent*, les autres *ne topent pas*; les uns ont des surnoms, d'autres n'en ont point. Tous portent des couleurs et des cannes, l'équerre et le compas; quelques-uns ont des boucles d'oreilles. Dans l'origine, tous *hurlaient* sur un ton plus ou moins grave, plus ou moins aigu, de là les surnoms de *Loups*, *Loups garoux*, *Chiens*, etc. Aujourd'hui les tailleurs de pierre, compagnons étrangers, menuisiers et serruriers du devoir de liberté, les tailleurs de pierre, compagnons passants, menuisiers et serruriers du devoir ne hurlent pas. A l'exception des compagnons menuisiers et serruriers du devoir de liberté, tous les compagnons *topent*. Le topage demande une explication. Deux compagnons se rencontrent-ils sur une route, ils s'arrêtent à une vingtaine de pas l'un de l'autre, et se posent. « Tope, dit l'un. — Tope, répond l'autre. — Quelle vocation? — charpentier. Et vous, le pays? — Tailleur de pierre. — Compagnon? — Oui, le pays. Et vous?—Compagnon aussi. » Alors ils se demandent de quel côté ou de quel devoir, et suivant la réponse, ou ils boivent à la même gourde, ou bien vont boire au cabaret, ou ils se disent des injures, se battent et quelquefois se tuent. Tous les compagnons se disent *pays*, à l'exception des tailleurs de pierre et des charpentiers des deux partis, qui s'appellent *coteries*; les menuisiers et serruriers du devoir ne portent pas de surnom. Les tailleurs de pierre des deux partis mettent le surnom devant le nom de pays : *la Rose de Bordeaux*. D'autres compagnons au contraire font suivre le pays du surnom : *Bordelais la Rose*.

Les sobriquets généraux des sociétés *gavots* et *dévorants* gagnent à être expliqués : ils ne sont pas aussi méchants qu'ils en ont l'air au premier abord. *Gavot* veut dire habitant des montagnes, des bords des torrents ou *gaves*. *Dévorant* est synonyme de *Devoirant*, qui a un *devoir*, un code de lois, une règle de conduite. Les *rubans* et les *couleurs* varient selon les sociétés et les corps d'état. Ce sont leurs drapeaux. Le plus grand outrage qu'on puisse faire à un compagnon, c'est de lui arracher ses couleurs. Les *cannes* aussi varient. Certaines sociétés ont des courtes; d'autres fort longues. Les premières sont pacifiques; les secondes, garnies de fer ou de cuivre, sont guerrières. On les pare de rubans les jours de cérémonie. Le compagnon qui a arraché sa canne à un compagnon s'en vante comme d'une prouesse. L'*équerre* et le *compas* sont les attributs de tous les *compagnons*, qui font dériver de ce second instrument leur nom générique. Cependant, un grand nombre de sociétés ne veulent pas permettre à certains corps d'état de se parer du compas : elles les trouvent indignes d'un pareil honneur. Les cordonniers et les boulangers ont payé cher l'audace de cette usurpation. Il n'est pas jusqu'aux boucles d'oreilles qui n'aient occasionné des querelles et des batailles. Les charpentiers drilles portent suspendus à l'une de leurs boucles d'oreilles une équerre et un compas, à l'autre la bisaiguë; les maréchaux, un fer à cheval; les couvreurs, le martelet et l'aissette; les boulangers, la raclette.

Chaque société, chaque profession même dans chaque société, est plus ou moins d'accord ou en hostilité avec les autres. Elle a sa caisse à part, ses chefs particuliers, ses règlements spéciaux; mais elle appartient cependant, par le fond et la base de son organisation, au compagnonnage. Les statuts généraux sont les mêmes, à quelques détails près.

Le compagnonnage, dont le corollaire *devoir* indique une fonction à remplir bien plus qu'un droit à exercer, établit donc une solidarité mutuelle entre tous ceux qui en font partie : de là un contrôle moral qui s'exerce par l'association sur ses membres. La société veille sur eux comme sur ses enfants; elle ne souffre pas qu'ils fassent des dettes; elle leur défend (trop souvent, hélas! en vain) *la lutte*; elle leur garantit leur salaire, et leur assure, autant que possible, du travail; elle les secourt dans les chômages. Si quelques-unes de ces prescriptions sont négligées, c'est la faute des hommes et non pas celle de l'institution. Tout dans le compagnonnage repose sur le principe de l'élection, et les chefs sont révocables; c'est au moyen d'une caisse, entretenue par des cotisations fixes et périodiques, que chaque société secourt ses malades, ses inoccupés ; à celui qui n'a pas d'ouvrage, on donne un secours pour gagner une autre ville; on fait partir le plus ancien pour céder sa place au dernier venu; on envoie au chevet du malade des frères pour le consoler; s'il succombe, on l'accompagne à sa dernière demeure, et l'on fait les frais de son enterrement; il y a des récompenses honorifiques pour la bonne conduite et des punitions plus sévères que celles de la justice pour celui qui forfait à l'honneur. On le chasse ignominieusement de l'assemblée convoquée *ad hoc*, après l'avoir abreuvé d'affronts. Il est ensuite signalé sur le tour de France; et nulle part il ne trouve d'accueil.

Chaque société a un *rouleur*, qui change de semaine en semaine. Ses fonctions consistent à *embaucher*, à *lever les acquits*, à convoquer les assemblées, à accueillir les arrivants, à accompagner ceux qui s'en vont. Un maître ne peut occuper que les membres d'une seule société. A-t-il besoin d'ouvriers, il s'adresse au premier compagnon, qui les lui procure par l'intermédiaire du *rouleur*. Un compagnon, un aspirant ou un affilié quitte-t-il un maître pour une cause quelconque, le rouleur le ramène afin de savoir s'ils n'ont rien à se réclamer l'un ou l'autre; c'est ce qu'on appelle *lever l'acquit*. Sort-il d'une société pour entrer dans une autre, les compagnons qui l'accueillent font lever son acquit chez les compagnons dont il se sépare, pour savoir s'il s'est bien comporté avec eux. Part-il d'une ville, on lève son acquit chez la *mère* et auprès de la société.

La *mère des compagnons* est non-seulement la maîtresse de la maison, mais la maison même où la société loge, mange et s'assemble. Que cette maison soit tenue par un homme ou par une femme, les compagnons quand ils s'y rendent disent : *Nous allons chez la mère*. Le mari de la *mère* est le père des compagnons : ses enfants sont leurs frères et leurs sœurs. En général, les compagnons ont pour leur mère l'affection que nous avons pour celle qui nous a donné le jour, et la mère aime les compagnons comme s'ils étaient ses enfants. Une société ne change jamais *sans avoir levé l'acquit*, c'est-à-dire sans lui avoir payé intégralement tout ce que lui doivent ses membres, compagnons, aspirants ou affiliés, les honnêtes ouvriers comme les *brûleurs*. En choisissant une mère, toute société a grand soin de limiter le maximum de la dépense de chacun ; mais cette clause est illusoire : la *mère* fait à tous ses enfants des crédits presque illimités, car elle est sûre d'être remboursée de ces avances. Ce désordre lui profite au détriment de la société.

Lorsqu'un compagnon ou un aspirant, aimé de ses frères, quitte une ville, tous les membres de sa société l'accompagnent à une certaine distance. Non-seulement le *rouleur*, marche en tête, portant sur son épaule la canne et le paquet du partant, mais celui-ci, marchant après lui, est suivi de tous les autres compagnons, qui, armés de cannes, parés des couleurs de la société, munis de bouteilles et de verres, forment une longue colonne sur deux rangs : c'est ce qu'on appelle la *conduite en règle*.

« Le *tour de France*, dit Georges Sand, c'est la phase poétique, c'est le pèlerinage aventureux, la chevalerie errante de l'artisan. Celui qui ne possède ni maison ni patrimoine s'en va par les chemins chercher une patrie sous l'égide d'une famille adoptive, qui ne l'abandonne ni durant la vie ni après la mort. Celui même qui aspire à une position sûre dans son pays veut dépenser la vigueur de ses belles années et connaître les enivrements de la vie active. Il reprendra plus tard la lime et le marteau de ses pères : il aura des souvenirs et des impressions. »

Le *tour de France* n'est pas le tour de la France : le nord en est exclu, non-seulement à cause de l'exiguïté du salaire, qui y suffit à peine aux besoins de l'ouvrier sédentaire. Le compagnon partant de Paris visite successivement, avant d'y rentrer, Sens, Auxerre, Dijon, Châlons, Lyon, Vienne, Saint-Étienne, Valence, Avignon, Marseille, Toulon, Nîmes, Alais, Montpellier, Béziers, Carcassonne, Toulouse, Bordeaux, Agen, Saintes, la Rochelle, Rochefort, Nantes, Angers, Saumur, Tours, Blois et Orléans. Le compagnonnage a eu et a ses poètes ; mais leurs chefs-d'œuvre sont des plus vulgaires.

Les rivalités, les haines, les batailles, tels ont été longtemps les principaux abus du compagnonnage, les abus du tour de France. Non-seulement deux compagnons qui se rencontraient se *topaient*, s'ils s'appartenaient pas au même devoir, mais les *devoirs* se livraient souvent entre eux des combats sanglants. En 1818 une affaire très-sérieuse eut lieu entre Vergèze et Muse en Languedoc. En 1825 un forgeron fut tué à Nantes. En 1833, 1836, 1837, 1840, 1841, 1844, des assassinats ensanglantèrent Marseille, Lyon, Uzès, Grenoble, Paris. Ces crimes sont presque tous les résultats de ce qu'on appelle une *fausse conduite*. Il arrive, quand il se fait une conduite en règle, que des compagnons ennemis de ceux qui y prennent part font une *fausse conduite*, improvisant un faux partant, se rangeant en colonne, allant au-devant de la véritable conduite, qui revient, la *topant*, lui livrant bataille, au point que parfois le sang coule en abondance, et qu'il reste sur le carreau des blessés et même des morts.

Quand deux sociétés rivales ont établi leurs *devoirs* dans une même ville, il est rare qu'elles y puissent vivre en paix. Des injures on en vient aux coups, et, après des batailles inutiles, *on joue la ville*. Les deux sociétés se défient au travail : chacune d'elles réunit ses meilleurs ouvriers, et produit un chef-d'œuvre ; puis un jury, composé d'hommes consciencieux, décide, sur le vu des deux compositions, laquelle des deux sociétés, ayant remporté le prix, conserve par son talent le privilège d'exploiter seule la ville. La sentence est sans appel. Il y a plus d'un siècle, les compagnons étrangers tailleurs de pierre et les compagnons passants du même état *jouèrent* Lyon pour cent ans. Ces derniers perdirent, et pendant un siècle aucun compagnon passant ne travailla à Lyon. Le délai expiré, les bannis crurent pouvoir rentrer en ville. Vain espoir ! Les premiers occupants refusèrent d'ouvrir la porte à leurs rivaux ; on se battit après de longues discussions ; il y eut de part et d'autres des blessés et des morts ; et plusieurs compagnons furent condamnés aux galères. En 1808 les serruriers *jouèrent* Marseille....

Chaque année, tous les corps d'état célèbrent leur patron : les charpentiers, saint Joseph ; les menuisiers, sainte Anne ; les serruriers, saint Pierre ; les maréchaux, saint Éloi ; les forgerons, saint Éloi ; les cordonniers, saint Crépin, etc. Le matin du jour de ces anniversaires, les compagnons, revêtus de leurs plus beaux habits, vont à la messe, et promènent par la ville le chef-d'œuvre de la société. De retour chez la *mère*, on élit dans quelques corps d'état le nouveau chef ; puis on dîne et l'on danse. Mais, le croirait-on ? si la cotisation des aspirants est la même que celle des compagnons dans la plupart, ils n'en sont pas plus admis pour cela à manger à la même table ni à danser dans la même pièce. C'est que chez les compagnons du devoir de liberté et chez les compagnons étrangers que l'égalité règne, au moins les jours de fête.

Le mariage d'un compagnon n'offre rien de particulier ; il n'en est pas de même de l'enterrement. Le défunt est porté par quatre ou six frères, qui se relèvent. Le cercueil est paré des couleurs de la société, de cannes en croix, d'une équerre et d'un compas entrelacés. Chaque compagnon a un crêpe noir au bras gauche, un autre à la canne, et, de plus, quand l'autorité le permet, il se décore des couleurs de son compagnonnage. Les frères, placés sur deux rangs, marchent, fort recueillis, en se rendant à l'église et au cimetière. Ils déposent le cercueil au bord de la fosse et l'environnent. Si ce sont des compagnons soumis au devoir de Salomon ou à celui de maître Jacques, l'un d'eux prend la parole pour célèbrer les qualités du défunt, et fléchit le genou. Tous les autres l'imitent, et adressent une courte prière à Dieu. Le cercueil descendu dans la fosse, on place auprès deux cannes en croix. Deux compagnons, le flanc gauche en avant, se regardent, font demi-tour sur le pied gauche, portent le pied droit en avant, de sorte que les quatre pieds occupent les quatre angles formés par les deux cannes en croix, se donnent la main droite, se parlent à l'oreille et s'embrassent. Chacun passe tour à tour par cette accolade, appelée dans certains corps d'état *guilbretse*, pour aller prier à genoux sur le bord de la fosse, puis jeter trois pelletées de terre sur le cercueil. Dans beaucoup d'associations on remplace le discours par des cris lamentables. Quand on a descendu le cercueil dans la fosse, un compagnon descend se placer à côté. On pose alors, à fleur de terre, un drap qui dérobe à tous les yeux le vivant et le mort ; des lamentations partent de dessous terre, auxquelles répondent, d'en haut, d'autres lamentations. D'ailleurs, il est rare que des compagnons assistent à un enterrement sans aller, en sortant du cimetière, choquer le verre ensemble. Les enfants de Salomon seuls vont, compagnons ou non compagnons, fraterniser dans le même cabaret.

Tout ce qui précède prouve que le temps est venu où le compagnonnage doit forcément se régénérer s'il ne veut disparaître sous la réprobation publique, qui tiendrait peu de compte de son utilité devant les malheurs qu'il engendre. Divers moyens ont été proposés pour arriver à ce but. Un ancien compagnon menuisier, Agricole Perdiguier, dit *Avignonnais la Vertu*, membre de l'Assemblée nationale après la révolution de Février, encouragé par de grands écrivains, George Sand, Châteaubriand, Béranger, Lamartine, Lamennais, a par son livre *Du Compagnonnage*, préparé la voie aux réformes. Un essai de fraternisation fut même tenté en 1848 : tous les *devoirs* se rendirent ensemble à l'hôtel de ville. Mais la fusion n'était qu'apparente. Il n'est pas aussi facile qu'on le pense de détruire les abus du compagnonnage. Il reste trop de préjugés à vaincre et de passions à calmer pour que de si tôt on puisse espérer voir cette révolution pacifique s'accomplir.

COMPARAISON, action de rapprocher deux objets, de les examiner, de les étudier, pour en distinguer les défauts ou les vertus, les avantages ou les inconvénients, et constater ensuite les rapports ou les oppositions qui peuvent exister entre eux. Quand ces objets offrent des différences sensibles, la comparaison qui en ressort est appelée p a r a l l è l e, mot qui emporte l'idée d'un jugement déjà formé, tandis que la *comparaison* est un acte simple, une opération de l'esprit destinée à produire ce résultat, et où les yeux ont une grande part, quand il s'agit d'objets matériels. Il n'y a point de comparaison qui puisse amener et constater une s i m i l i t u de parfaite entre deux choses; aussi dit-on ordinairement que *toute comparaison cloche*, ou bien *comparaison n'est pas raison*. On dit encore, par la même raison : *point de comparaison, trève de comparaison*. La Bruyère a dit : « N'exagérez jamais votre bonheur devant les misérables; la *comparaison* qu'ils font de leur état avec le vôtre les choque et leur est odieuse. » Un précepte de la sagesse à l'usage des petits, c'est qu'il ne faut pas faire de *comparaison* avec plus grand que soi. On a dit aussi que le moyen de se trouver heureux, c'était de *comparer* son sort à celui des personnes non au-dessus, mais au-dessous de nous.

En comparaison de est une façon de parler adverbiale, qui se dit pour *au prix*, ou plutôt *auprès de* : ce malheur n'est rien *en comparaison de* celui qui m'est arrivé.

La *comparaison* est l'une des deux facultés intellectuelles réflectives reconnues dans le système phrénologique de Spurzheim.

COMPARAISON (*Rhétorique*). C'est une des plus riches figures de l'éloquence et de la poésie. Elle place une idée dont l'objet nous est moins familier en face d'une idée qui l'est davantage, et, démêlant des rapports entre les deux, identifiant celle-là avec celle-ci, rend l'une plus sensible par l'autre, la donne à toucher, pour ainsi dire, au doigt et à l'œil, et fait sortir de cet ingénieux rapprochement une intuition de la vérité. Ses qualités sont la clarté, la justesse, la netteté, une judicieuse étendue, car il faut choisir les analogies et non les épuiser. Que la comparaison soit empruntée à des objets connus; qu'elle évite la sphère des idées basses; que, du grand au petit ou du petit au grand, les ressemblances découlent naturellement et sans effort; qu'on n'y mêle aucun trait qui n'ait son corrélatif; car si le bon Homère n'a pas toujours été fidèle à cette règle, il n'en a pas été toujours excusé. Enfin, le style animé, pittoresque, harmonieux, doit fondre habilement ses nuances avec les teintes de l'idée principale.

L'imagination brille avec plus d'éclat dans les *comparaisons multiples* : on en distingue deux sortes. Dans l'une, l'idée principale est représentée parallèlement sous un aspect identique, sauf les règles d'une sage gradation, qui a soin de terminer par la plus riche et la plus expressive des images. Dans l'autre, les divers rapports de similitude sont répartis avec art entre les différentes images; elles ont chacune leurs traits distincts : elles se complètent mutuellement. Tantôt la *cause* est dans les attributs de celle-ci, tantôt l'*effet* est le partage de celle-là.   Hippolyte FAUCHE.

« La poésie, dit M. V. Leclerc, aime à se parer de comparaisons riches, grandes, expressives, » et il cite pour exemple ces vers de *La Henriade* :

Tel qu'échappé du sein d'un riant pâturage,
Au bruit de la trompette animant son courage,
Dans les champs de la Thrace un coursier orgueilleux,
Indocile, inquiet, plein d'un feu belliqueux,
Levant les crins mouvants de sa tête superbe,
Impatient du frein, vole et bondit sur l'herbe,
Tel paraissait d'Egmont...

« Les orateurs, ajoute le même écrivain, sans se permettre trop souvent de telles comparaisons, ne se les interdisent pas. Bossuet, dans l'éloge de la reine d'Angleterre, voulant la peindre seule, debout au milieu d'une révolution qui avait renversé le monarque et le trône, exprime sa pensée par cette image : « Comme une colonne dont la masse solide pa-« raît le plus ferme appui d'un temple ruineux, lorsque ce « grand édifice qu'elle soutenait fond sur elle sans l'abattre; « ainsi la voit-on se montre le ferme soutien de l'État, lorsque « après en avoir porté le faix, elle n'est pas même courbée « sous sa chute. »

« Thomas présente une belle comparaison morale dans son éloge de Sully : « L'idée seule de Sully, dit-il, était pour « Henri IV ce que la pensée de l'Être suprême est pour « l'homme juste : un frein pour le mal ; un encouragement « pour le bien. »

Parfois la comparaison marche d'elle-même, sans les mots *comme, ainsi, tel, de même que*, qui en sont le signe ordinaire; ainsi M. de Lamartine exprime le néant de la renommée dans cette comparaison :

Je jette un nom de plus à ces flots sans rivage.
Au gré des vents du ciel, qu'il s'abîme ou surnage :
En serai-je plus grand? pourquoi? ce n'est qu'un nom.
— Le cygne s'envole aux voûtes éternelles,
Ami, s'informe-t-il si l'ombre de ses ailes
Flotte encor sur un vil gazon?

En général, cette figure entre dans le langage de l'imagination plutôt que dans l'expression des passions énergiques, qui emploient de préférence la *métaphore*, comparaison abrégée, plus vive et plus hardie. Les comparaisons doivent être vraies, nobles, employées à propos et avec discrétion. Prodiguées, elles blessent et importunent. La comparaison entre deux hommes se nomme *parallèle*.

COMPARAISON (Degrés de). « Les grammairiens, dit l'*Académie*, ont observé qu'on parlait des choses ou des personnes, ou sans les rapprocher, ou en les comparant, ou en les plaçant au dernier degré, soit de supériorité, soit d'infériorité; et de ces trois points de vue, ils ont fait trois *degrés*, qu'ils ont appelés, le premier le *positif*, le second le *comparatif*, le troisième le *superlatif*. »

Le *positif* exprime simplement la qualité : le mérite est *modeste*, le savoir est *précieux*.

Le *comparatif* exprime la qualité avec comparaison. Il y en a trois sortes : 1° le *comparatif d'égalité*, que l'on forme en mettant les adverbes *aussi* ou *autant* devant l'adjectif : César était *aussi* éloquent que brave; on l'admirait *autant* qu'on l'estimait ; 2° le *comparatif d'infériorité*, que l'on forme avec *moins* : la mort est *moins* funeste que les plaisirs qui mettent la vertu et l'honneur en péril ; 3° le *comparatif de supériorité*, qui s'exprime avec *plus* : la vertu est *plus* utile que la science. Il y a dans la langue française trois adjectifs qui seuls expriment un degré comparatif sans l'adjonction du mot *plus* : ce sont les termes *meilleur*, *pire*, et *moindre*. Il en est de même des adverbes *mieux* et *pis*.

Le *superlatif* exprime la qualité portée à un très-haut degré ou au plus haut degré, soit en plus, soit en moins (en supériorité ou en infériorité); de là deux sortes de superlatifs : le *superlatif absolu*, qui marque un très-haut degré dans une chose, sans comparaison avec une autre, comme quand on dit : la modestie est une chose *très-rare*; et le *superlatif relatif*, qui marque également un degré élevé avec comparaison, comme lorsqu'on dit : la modestie est *la plus belle* des qualités.

On voit par ces distinctions, qu'il n'y a proprement de *degrés de comparaison* que le *comparatif* et le *superlatif relatif*, puisque seuls ils établissent une comparaison entre deux ou plusieurs choses. Dans les autres exemples, il n'y a d'exprimée que la chose, sans terme de comparaison. Il eût donc été plus rationnel peut-être d'appeler *degrés de qualification* les *degrés de comparaison*.

Il est des adjectifs ou qualificatifs qui ne sont susceptibles d'aucune augmentation ni diminution comparative : tels sont les mots *éternel*, *immense*, *seul*, *divin*, etc., qui ne souffrent devant eux aucun adverbe ou terme modificateur. Ce sont des *superlatifs*, qui renferment dans leur sens l'idée d'une qualité au suprême degré.   Edme HÉREAU.

COMPARAISON D'ÉCRITURE. *Voyez* VÉRIFICATION D'ÉCRITURE.

COMPARATIF. *Voyez* COMPARAISON (Degrés de).

COMPAROIR, ancien terme de pratique qu'on retrouve encore dans les actes, et qui était synonyme de *comparaître*.

COMPARSES, ancien terme de chevalerie. On appelait ainsi les *montres* ou *chevauchées* des quadrilles qui venaient parader aux yeux des spectateurs dans les galeries avant l'ouverture des joûtes (*voyez* CARROUSEL).

Depuis que l'usage des carrousels est passé, nous appelons *comparses* les hommes et les femmes qui dans les représentations théâtrales se rangent en espalier de chaque côté et au fond de la scène, pour y représenter, suivant l'occasion, tantôt des soldats grecs, tantôt le sénat, l'armée ou le peuple romain, tantôt une populace en émeute ou en goguette, d'autres fois des ombres, des démons, etc., etc. Les comparses diffèrent des figurants, d'abord en ce qu'ils ne sont pas engagés, comme eux, à l'année, mais seulement pour la représentation de certains ouvrages et payés à la soirée ; et, en second lieu, en ce qu'on ne les emploie, en général, que comme personnages aussi muets que les décorations, dont ils sont l'accessoire obligé, tenus tout au plus au langage des gestes, et gardant une immobilité complète alors même que le chœur leur crie aux oreilles : « *avançons! marchons! combattons! vainquons!* etc., etc. »

Au bon temps du mélodrame à grand spectacle et à combats au sabre, avec renfort obligé d'étincelles, les comparses mâles étaient recrutés dans les troupes de la garnison, parmi les vétérans surtout, auxquels une longue habitude avait donné le physique de l'emploi. Dans les *Petites Danaïdes* de la Porte-Saint-Martin, ce triomphe impérissable de feu Potier, ce furent les grisettes du quartier qui complétèrent spontanément la conscription volontaire des cinquante filles du *père Sournois*. Et Dieu sait combien il se présenta de postulantes! car la rage du théâtre est telle dans les deux sexes de notre capitale, que jamais aucun théâtre n'y chômera faute de *comparses*.

COMPARTIMENT, mot fait du verbe latin *partiri*, séparer, diviser, qui avait donné naissance au verbe *compartir*, qui n'est plus d'usage aujourd'hui, et qui exprimait proprement l'action de réunir des parties diverses pour en former un tout. C'est aussi là le sens général qu'il faut donner au mot *compartiment*, quoique le *Dictionnaire de l'Académie* le prenne dans une acception plus restreinte,

et comme signifiant seulement « l'assemblage de plusieurs figures *disposées avec symétrie*. » Ainsi, l'on dit fort bien d'un meuble, d'un bureau, d'un tiroir, d'une boîte, etc., qu'ils sont à *compartiments* ; et dans ce sens, le mot *compartiments* est synonyme de parties, divisions et subdivisions d'une chose, réunies en un tout. Dans le sens plus restreint et non moins usité dont nous venons de parler, on dit : les *compartiments* d'un plafond, d'un tapis, d'une broderie, d'un parterre, etc. Dans les ouvrages qui appartiennent plus ou moins directement à l'architecture, on donne le nom de *compartiment* à toute combinaison et disposition de lignes ou de formes dont la variété, le mélange, la répétition et les contrastes produisent, suivant la nature des surfaces où on les emploie, un aspect plus ou moins agréable aux yeux. Les compartiments servent surtout à rompre et à corriger l'uniformité, qui deviendrait souvent fastidieuse dans des espaces lisses et des superficies trop étendues. Leur emploi est un des principaux moyens de décor. On en fait en bois pour les planchers, en marbre de couleurs variées pour le dallage. Il y a des compartiments en marqueterie, en bois précieux pour les meubles ou les lambris et les revêtements des appartements.

COMPARUTION. C'est l'action de venir en justice sur citation. Dans la procédure criminelle on emploie des *mandats de comparution*. Dans les affaires civiles, toutes fois que le tribunal reconnaît qu'il est nécessaire d'entendre telles explications des parties, il ordonne qu'elles comparaîtront en personne à une audience indiquée. Celle des parties qui ne se présente pas est réputée déserter la cause. Les *procès-verbaux de comparution* sont des actes dressés soit par un notaire, soit par un juge commis pour recevoir les déclarations des parties. Ils ont pour but de préciser leurs prétentions réciproques et les points de contestation.

COMPAS (du latin *cum*, ensemble, et *passus*, pas). Cet instrument est ainsi appelé par la raison sans doute qu'on s'en sert souvent pour mesurer des longueurs, et qu'alors son mouvement imite les pas d'un homme qui marche. Le plus simple de tous se compose de deux jambes réunies en charnière par un clou rivé ou par une vis, dont on serre l'écrou à volonté quand le jeu de la charnière est trop libre. On fait ce compas en bois, fer, cuivre, etc. ; mais ses pointes, tantôt droites, tantôt courbes, sont le plus souvent d'acier trempé.

Lorsqu'on veut mesurer au moyen d'un compas ordinaire une très-petite distance, ou diviser exactement une certaine longueur en plusieurs parties égales, il est souvent difficile d'ouvrir l'instrument de la quantité exacte et de le maintenir à cette ouverture : on obvie à cet inconvénient en faisant usage d'un *compas à ressort*. Il est fait d'un morceau d'acier, et sa forme ressemble beaucoup à celle d'une paire de pincettes dont les branches se termineraient en pointes. Le ressort est tourné de manière que le compas s'ouvre de lui-même avec un certain effort; pour le fermer, on tourne une vis qui traverse les deux jambes de l'instrument et force leurs pointes à se rapprocher l'une de l'autre; lorsqu'on arrête la vis, il reste nécessairement au même état.

Les dessinateurs ayant souvent à tracer sur le papier des cercles à l'encre, au crayon, etc., on leur fait des compas dont une des deux branches est percée, au bout, d'un trou carré et quelquefois triangulaire, dans lequel entre le tenon des diverses pièces de rechange qu'on veut adapter au compas. On les fixe au moyen d'une vis de pression. Ces pièces de rechange sont une allonge, un tire-ligne droit ou courbe, un porte-crayon, une petite roue dentée, comme celle d'un éperon, dont on fait usage pour tracer des circonférences de cercle ponctuées. Les compas des mécaniciens, qui sont à pièces de rechange, ont une pointe conique qui placée dans un trou plus ou moins grand sert de pivot pour tracer des cercles. Ces compas ont encore une pointe coupante.

Les deux jambes d'un compas sont les côtés d'un angle

dont le sommet est dans le centre de la charnière de l'instrument; on fait par conséquent des compas dont une des branches porte un arc de cercle qui a pour centre le même point que le compas. Si cet arc est divisé en degrés, le compas pourra servir d'instrument à mesurer l'ouverture d'un angle. On fixe la branche mobile de ces sortes de compas avec une vis qui presse sur l'arc de cercle, qui rarement est divisé.

Le *compas d'épaisseur*, qui a reçu des ouvriers le nom de *maître à danser*, se compose de deux branches en forme d'S, assemblées à leur milieu par un clou rivé des deux côtés. Quand elles s'ouvrent, comme elles sont exactement égales et de même forme, l'intervalle compris entre les extrémités des deux branches est le même d'un côté que de l'autre. Quand donc on saisit avec deux des pointes recourbées les parois opposées d'un corps, l'écartement des deux autres pointes indique avec précision l'épaisseur de ce corps. Sans cette ingénieuse disposition, on ne pourrait mesurer les distances de points placés dans certaines anfractuosités, comme l'épaisseur d'une boîte de montre par exemple; car si l'on se servait d'un compas ordinaire, même à pointes courbes, on serait obligé pour le retirer d'en écarter les branches, ce qui ferait perdre la mesure que l'on aurait prise.

Le *compas d'arpenteur* ne diffère d'un compas ordinaire que par ses dimensions; ses branches, qui sont en bois, ont jusqu'à près de deux mètres; de plus, elles sont tenues dans le même écartement par une traverse, de sorte que l'instrument a la figure de la lettre A. Son usage est presque complètement abandonné partout.

Les compas à charnière ont le désavantage de s'ouvrir quelquefois pendant une opération, ou si leurs branches sont un peu longues, elles fléchissent, et leurs pointes ne peuvent indiquer que des mesures incertaines; on construit donc des *compas* dits *à verge*, au moyen desquels on peut décrire des circonférences d'un grand diamètre avec plus d'exactitude que si l'on faisait usage d'un compas ordinaire. Cet instrument est très-simple. Sur une règle en bois ou en métal sont emmanchées deux petites poupées dont l'une est fixe, et l'autre mobile; cette dernière s'arrête où l'on veut au moyen d'une vis de pression. Chacune de ces poupées porte une pointe. Un compas de cette espèce est dans toute sa perfection quand la marche de la poupée mobile est réglée par une vis de rappel. L'instrument qu'emploient les cordonniers pour prendre mesure est un *compas à verge*, dont les divisions indiquent la longueur du pied.

Avec le *compas à trois branches*, on peut transporter d'un seul coup un triangle d'un dessin sur un autre. C'est un compas ordinaire à la tête duquel est soudée une troisième jambe se mouvant au moyen d'une charnière particulière qui lui permet de s'écarter des deux autres branches, dans toutes les positions possibles.

Le *compas à balustre* sert à décrire de très-petits cercles. On le nomme ainsi parce que sa tête est surmontée d'un prolongement en cuivre dont la forme est en effet celle que la Renaissance a donnée aux balustres. C'est par là que l'on saisit l'instrument de manière à le faire tourner entre l'index et le pouce sans rien changer à l'écartement de ses branches.

La construction du *compas de réduction*, dont le nom indique la destination, repose sur ce principe que les triangles semblables ont leurs côtés homologues proportionnels. Il se compose de deux doubles branches à coulisse mobiles autour d'un bouton, et pouvant glisser de manière à allonger les unes aux dépens des autres. Quand on se sert de l'instrument, il offre la figure d'un X dont la partie supérieure serait plus longue ou plus courte que la partie inférieure. Les branches sont graduées de telle sorte qu'en plaçant convenablement le bouton, la distance de deux des extrémités est à volonté la moitié, le tiers, le quart, etc., de la distance des deux autres.

On appelle *compas de proportion* un instrument qui a la forme d'un ancien pied de roi, et dont la construction matérielle est absolument la même. Cette construction repose sur le même principe que celle du compas de réduction. Cet instrument n'est pas un compas, car il n'a pas même de pointes; c'est une réunion de plusieurs échelles. L'invention en a été disputée à Galilée par un de ses élèves, Balthasar Capra.

On a très-improprement encore donné le nom de *compas à ellipses* à des instruments destinés à décrire des courbes d'un mouvement continu. Lahire en inventa un. Depuis quelques années, on en a construit sur d'autres principes. Ils sont plus logiquement nommés *ellipsographes*. Mais tous ces instruments sont plus curieux qu'utiles, à cause des limites étroites dans lesquelles on peut les faire fonctionner.   TEYSSÈDRE.

COMPAS AZIMUTAL. *Voyez* AZIMUT.
COMPAS DE MER, COMPAS DE ROUTE. *Voyez* BOUSSOLE. A bord, on l'appelle simplement *compas*.
COMPAS DE VARIATION. *Voyez* BOUSSOLE.

COMPASSÉ. L'application la plus usuelle du *compas* a fait introduire par analogie dans le style figuré plusieurs expressions qui indiquent la mesure et la proportion dans les choses physiques ou morales. Ainsi, l'on dit familièrement qu'un homme *a le compas dans l'œil*, pour dire qu'il mesure presqu'aussi juste à l'œil, au simple coup d'œil, qu'il pourrait le faire avec un compas. On dit d'un homme exact, prudent, circonspect, mais qui pousse ces qualités à l'extrême, qu'il *fait tout par règle et par compas*, ou *par compas et par mesure*. De là le mot *compassé*, qui emporte une idée de blâme et de défaveur plus prononcée encore; l'homme *compassé dans ses actions* ou *dans ses discours* est celui qui, au lieu de l'abandon et de la franchise qui rendraient ses relations agréables et sûres, les rend fatigantes, odieuses même, par un excès d'ordre, de régularité et d'exactitude. *Compasser* a jadis l'acception de travailler, composer avec soin, comme le témoignent ces vers de Marot :

Et en latin, dont vous savez assez,
Ou en beau grec quelque œuvre *compassez*.

Ce même verbe s'est dit aussi plus longtemps pour considérer, peser, examiner mûrement; on le trouve avec cette acception dans Molière :

Et quant à moi, je trouve, ayant tout *compassé*,
Qu'il vaut mieux être encor trompé que trépassé.

COMPASSION (du latin *cum*, avec, et *passio*, souffrance), qualité qui nous rend comme personnelles les infortunes d'autrui. Chez les individus heureusement doués, la compassion est d'instinct; chez les autres, elle découle de l'expérience ou tient à l'éducation. Avons-nous jamais ressenti certains maux, par un mouvement involontaire nous cherchons à consoler ceux qui en souffrent actuellement : c'est un spectacle qui nous affecte, parce qu'il nous remet momentanément dans une position dont nous sommes sortis. Si, au contraire, nous sommes encore exposés à ces mêmes maux, ils ne pourront guère chez autrui émouvoir notre compassion; elle est toute épuisée à notre profit. Quant à la compassion qui vient de l'éducation, elle se montre tout à la fois noble, désintéressée, toujours en action; elle fait même plus que de se laisser toucher par ce qu'elle voit, elle plonge dans l'avenir et aspire à le connaître. Les enfants abandonnés à eux-mêmes éprouvent un si grand besoin d'exercer leurs forces, qu'ils vivent dans une destruction continuelle, qui les rend féroces. Laisse-t-on grandir en eux cette funeste disposition, et le pouvoir leur arrive-t-il plus tard, ils épouvantent le monde de leur barbarie. Dans une éducation bien entendue, il faut s'attacher à développer la compassion plus encore que l'intelligence; l'intelligence peut à la rigueur se charger seule de son sort; quant à la compassion, elle doit en général être infusée goutte à goutte et au jour le jour. La Providence, qui crée en grand ce que l'homme parvient si difficilement à imiter en petit, a fait de la compassion une source de bonheur intarissable pour les femmes. Dans toutes les classes, elles cherchent le malheur pour le soutenir, et le devinent quand il se cache.

Saint-Prosper.

COMPASSION DE LA SAINTE VIERGE, fête instituée en 1413 par le concile provincial de Cologne, dans le but de réprimer l'audace des hussites, qui avaient porté des mains sacrilèges sur les images de Jésus crucifié et de sa sainte Mère. Le diocèse de Paris et beaucoup d'autres, à l'exemple de l'Église romaine, adoptèrent cette commémoration. A Rome elle est connue sous le nom de *Fête des Sept Douleurs* de la bienheureuse vierge Marie. Le pape Benoît XIII, par son bref du 22 août 1725, l'établit authentiquement, et en fixa l'office à la sixième férie de la semaine de la Passion, ne pouvant lui assigner un jour déterminé dans le calendrier mensuel.

COMPATIBILITÉ (du latin *cum*, avec, et *pati*, souffrir). Ce mot s'emploie en parlant des qualités qui peuvent se concilier, s'accorder ensemble, et surtout en parlant des caractères et de l'esprit. Il se dit aussi en parlant de différentes charges ou fonctions qui peuvent être exercées en même temps par la même personne (voyez Incompatibilité). On appelait autrefois *Lettres de compatibilité* des lettres-patentes par lesquelles le prince permettait à quelqu'un de posséder en même temps deux charges, dont l'exercice ne pouvait pas, dans la règle, être cumulé par la même personne.

COMPATRIOTE, mot hybride, formé du latin *cum*, avec, et du grec πατριώτης. Locke le définit « une circonstance d'origine et de commencement qui, n'étant pas altérée dans la suite, fonde des relations naturelles qui durent aussi longtemps que les sujets auxquels elles appartiennent ». On est donc obligé d'avoir de l'affection pour un *compatriote*. En pays étranger, les *compatriotes* qui se rencontrent ont bientôt lié connaissance : l'intimité s'établit vite entre eux. Dans le style trivial et grivois, on dit *mon pays, ma payse*, pour *mon* ou *ma compatriote*. On est *compatriote* du même pays, de la même province; on est *concitoyen* de la même ville. *Compatriote* désigne des relations de patrie dans leur acception la plus générale; *concitoyen*, sous le rapport des droits politiques : ce mot peut dans ce sens s'étendre à toute la patrie, comme à une simple ville. Dans les États despotiques, le souverain ne connaît que *des sujets*; tout au plus s'il croit avoir des *compatriotes*; ce serait offenser sa majesté que de se dire *ses concitoyens*. Dans les États libres ou constitutionnels, le chef de l'État, qu'il s'intitule consul, président, roi ou empereur, n'importe! ne ferait qu'employer le mot propre s'il disait *mes concitoyens*. Existât-il un pays ainsi régi où cette expression de la part du chef du pouvoir exécutif parût une concession, il faudrait en conclure que la liberté n'y aurait pas encore pénétré au fond des institutions. Charles Du Rozoir.

COMPENDIUM, (de *cum*, avec *pendere*, payer), mot latin introduit dans la langue française et signifiant *abrégé*. Si nous examinons plus à fond son étymologie, nous trouverons qu'il signifiait d'abord gain, profit, épargne, ce qui revient à dire sans doute que tout soit profit dans un abrégé. Il était fort employé autrefois dans les études philosophiques, dont il désigne l'abrégé des diverses branches. On disait un *compendium* de logique, de philosophie.

COMPENSATEUR (Pendule). Voyez Pendule (Physique).

COMPENSATION. Dans le langage ordinaire, c'est une sorte de dédommagement d'un mal par un bien, d'une perte par un profit, d'un inconvénient par un avantage, d'une valeur moindre par un supplément.

En droit, la compensation est un mode d'extinction des obligations. Elle a lieu lorsque deux personnes sont simultanément débitrices et créancières l'une de l'autre. La compensation s'opère de plein droit par la seule force de la loi et même à l'insu des débiteurs; les deux dettes s'éteignent jusqu'à concurrence de leurs quotités respectives. Telle est la règle générale; mais son application n'a lieu que dans certains cas déterminés. Il faut d'abord que les obligations soient de même nature, c'est-à-dire qu'il y ait identité dans les choses dues de part et d'autre, ensuite que les dettes soient liquides et certaines, c'est-à-dire que leur montant soit reconnu, enfin qu'elles soient également exigibles. Le terme de grâce n'est point un obstacle à la compensation. D'autres exceptions sont encore posées par la loi : la compensation n'a pas lieu lorsqu'il s'agit de la demande en restitution d'une chose dont le propriétaire a été injustement dépouillé, de la demande en restitution d'un dépôt ou d'un prêt à usage, d'une dette qui a pour cause des aliments déclarés insaisissables. La caution peut opposer la compensation de ce que le créancier doit au débiteur principal, par la raison que celui qui cautionne n'est débiteur qu'autant que la personne qu'il a garantie ne paye pas; mais le débiteur principal ne peut pas opposer la compensation de ce que le créancier doit à la caution, parce que c'est lui qui doit en première ligne; le débiteur solidaire ne le peut pas non plus à l'égard d'une créance de son co-débiteur, parce qu'il doit en même temps que lui, et que la compensation est une exception purement personnelle. Bien que la compensation s'opère de plein droit, il faut néanmoins l'opposer, car elle peut cesser d'être invoquée par une renonciation formelle. Ainsi le débiteur qui a accepté purement et simplement la cession qu'un créancier a faite de ses droits à un tiers ne peut plus opposer au cessionnaire la compensation qu'il eût pû, avant l'acceptation, opposer au cédant. A l'égard de la cession qui n'a point été acceptée par le débiteur, mais qui lui a été signifiée, elle n'empêche que la compensation des créances postérieures à cette notification. De plus, celui qui a payé une dette qui était de droit éteinte par la compensation, ne peut plus, en exerçant la créance dont il n'a point opposé la compensation, se prévaloir, au préjudice des tiers, des privilèges ou hypothèques qui y étaient attachés, à moins qu'il n'ait eu une juste cause d'ignorer la créance qui devait compenser sa dette. Lorsque les deux dettes ne sont pas payables au même lieu, cette différence n'est pas un obstacle à la compensation; il est seulement nécessaire que celui qui veut compenser fasse raison des frais de la remise; et là se trouve indiquée la base des contrats de change, que la loi ne définit nulle part. Lorsqu'il y a plusieurs dettes compensables dues par la même personne, la compensation porte sur la plus onéreuse entre celles qui sont antérieures à la créance qu'il s'agit de compenser. On suit la règle établie par l'article 1256 du Code Napoléon pour l'imputation. La compensation n'a pas lieu au préjudice des droits acquis à un tiers. Ainsi celui qui, étant débiteur, est devenu créancier depuis la saisie-arrêt faite par un tiers entre ses mains ne peut, au préjudice du saisissant, opposer la compensation. En cas de faillite, tous les biens du failli étant saisis-arrêtés par la seule force de la loi au profit de la masse de ses créanciers, il ne peut dès lors s'opérer de compensation à leur préjudice entre les sommes dues au failli et celles dont il est lui-même débiteur et que la faillite a rendues exigibles (Code Napoléon, art. 1289-1299).

Dans un procès, il peut y avoir *compensation* des frais en tout ou en partie, c'est-à-dire que chaque plaideur est condamné à supporter ou la totalité, ou une certaine partie de ses propres dépens, lorsque chacun d'eux succombe sur divers points (Code de Procédure, art. 131).

COMPENSATIONS (Système des). En me chargeant de faire cet article, les éditeurs de ce *Dictionnaire* semblent m'avoir autorisé, non à confondre la loi éternelle des compensations avec ma faible et fragile existence, ni à revendiquer une gloire à laquelle je suis loin de prétendre, la gloire d'avoir découvert cette loi ; mais à penser que j'en ai senti, éprouvé, développé la vérité, mieux qu'on ne l'avait fait encore. On sait quelle dure expérience me conduisit à m'occuper profondément de la marche générale des destinées humaines. Condamné, proscrit, prêt à être saisi, je fus recueilli, protégé, caché dans un hôpital ; l'amitié vigilante confia mon salut à la pieuse sollicitude des sœurs de la charité. Une cellule étroite fut mon secret asile. Au premier instant, je donnai le nom de malheureux et de funestes aux événements qui m'y précipitaient ; mais bientôt ces événements mêmes ne furent plus pour moi que la source d'une tranquillité profonde et des plus douces consolations ; je me livrai silencieusement aux idées les plus touchantes. Dans une captivité que la prudence rendit sévère, je restais pleinement libre par mon imagination et par mon cœur : je trouvais dans mes souvenirs et mes réflexions une compagnie fidèle, qui jamais ne se laissait attrister par la solitude ; mon infortune n'était qu'apparente. Dans mon attendrissement et ma reconnaissance, je voulus me rendre compte des sentiments et des biens qui jetaient tant de charmes sur ma vie. Au premier rang, parmi ces biens, était le généreux intérêt de quelques personnes simples et vertueuses. Je devais à ce qu'elles appelaient mes malheurs leur affection, leurs soins, leur protection et leurs bienfaits. Quant à mes sentiments, ils étaient surtout le fruit du contraste qui venait de s'établir entre des dangers pressants, suscités par mon imprudence, et une douce sécurité, garantie par l'obscurité, le silence et la bonté. Ce contraste devait fortifier dans mon esprit une idée qui déjà l'avait occupé d'une manière confuse. Cette idée était celle d'une succession équitable dans les vicissitudes du sort de l'homme, d'un balancement continu dans les diverses conditions et les divers événements qui composent sa destinée. J'avais vu autrefois le chagrin, l'amertume, l'ennui, souvent le désespoir au sein de la fortune ; moi-même j'avais été agité des plus violentes peines lorsque rien ne manquait à mes premiers besoins. Au contraire, dans ma situation nouvelle, dans l'asile du malheur et de l'indigence, j'étais paisible, j'étais heureux ; et si quelque bruit pénétrait dans ma retraite, c'étaient le plus souvent les accents de la gaieté, de l'innocence : j'entendais les jeux de pauvres orphelins recueillis par la charité. Où étaient dans ce moment les enfants du roi de France? L'un était mort lentement sous le poison d'une oppression brutale ; l'autre, conservée pour toutes les douleurs, avait vu son père, sa mère, traînés à l'échafaud..... Et tous les trônes étaient ébranlés ! et toutes les hautes fortunes étaient renversées ! et l'éclat, la prospérité, l'opulence, étaient remplacés par l'humiliation, l'exil, la pauvreté ! et la surface du globe semblait livrée au déchirement et enveloppée d'orages !

Eh quoi ! me dis-je, le malheur, ainsi que la destruction, fait donc sans cesse le tour du monde ! Mais que peut être le malheur, si ce n'est le fruit de la destruction ? Et si cette définition est vraie, que peut être le bonheur, si ce n'est l'œuvre de la puissance qui compose, qui répare, qui construit ? Or, la destruction n'est-elle pas une puissance nécessaire ? n'est-ce pas toujours dans les débris d'anciens ouvrages que sont puisés les éléments de compositions nouvelles ? la somme générale de destruction n'est-elle pas nécessairement et rigoureusement égale à la somme générale de composition, puisque l'univers se maintient, et que ses lois sont invariables ? Ainsi, il le faut, et l'observation le démontre : tous les êtres alternativement se forment et se décomposent. Les êtres sensibles sont soumis à cette loi comme ceux qui ne sont pas sensibles ; mais ces derniers sont indifférents et à la formation qui les élève et à la décomposition qui les détruit. Les êtres sensibles, au contraire, reçoivent un *plaisir*, une *jouissance*, un *bonheur*, pendant toute la durée des opérations, ou acquisitions, qui les forment, les développent ; ils reçoivent une *peine*, une *douleur*, un *malheur*, pendant toute la durée des opérations qui leur enlèvent ce qu'ils ont acquis. L'être qui dès le premier instant de son existence a été environné du plus grand nombre de biens et d'avantages est celui qui a fait les acquisitions les plus nombreuses, qui a été formé avec le plus de perfection et d'étendue, qui pour cette raison a eu le plus de bonheur et de plaisir ; sa destruction doit être la plus abondante en regrets et en souffrance ; les opérations de cette puissance cruelle sont en lui non-seulement plus multipliées, mais elles sont plus vivement senties. Ainsi, le malheur dans cet être a deux causes d'intensité plus fortes ; et ces deux causes sont exactement celles qui avaient rendu son bonheur plus étendu et plus parfait. Et cette loi de succession, de retour, d'équilibre, embrasse nécessairement tout ce qui, n'étant pas éternel, s'accroît, s'arrête, se dégrade, se détruit. Ainsi, le sort des sociétés humaines, et, plus généralement encore, de toutes les institutions humaines, est figuré par le sort des individus. Pour l'observateur attentif et impartial, la loi des compensations est la clef de l'histoire.

Dans ma retraite, uniquement environné d'âmes simples et vertueuses, les sentiments consolateurs étaient seuls à ma portée ; mais dans mes recherches je m'adressai tacitement à tous les hommes qui étaient ou croyaient être dans l'infortune ; ce commerce imaginaire, et cependant toujours soutenu, toujours abondant, peuplait ma solitude de la manière la plus touchante. Je m'environnais de tous les malheureux ; j'écoutais leurs plaintes, et celles qui étaient légitimes, et celles qui étaient injustes ; je remontais à la source de toutes les peines ; je montrais qu'elles étaient toutes la dépendance inévitable d'un bien acquis ou d'un avantage naturel que l'on aimait à oublier ; je faisais l'énumération des biens et des avantages de ceux surtout dont on a été porté à ne tenir aucun compte, de ceux encore que l'on avait reçus gratuitement et avec la vie, dont on se glorifiait néanmoins comme d'un mérite, et sur lesquels on fondait injustement des droits à la possession de tous les biens. De ce nombre étaient principalement l'esprit et la sensibilité. Tels furent l'objet et le caractère de mon premier essai sur le balancement des destinées humaines. Non, non, me disais-je ! si un jour mon vœu le plus cher est exaucé, si j'acquiers une famille, tous mes enfants auront les mêmes droits à mon affection ; je partagerai entre eux avec égalité les avantages et les peines de notre situation commune. Dieu ne pouvait agir autrement à l'égard de tous les hommes : tous sont ses enfants. Ainsi, tous les hommes sont égaux par les résultats de leur existence : Dieu l'a voulu ; sa justice, sa bonté, en ont fait une loi à sa puissance ; c'est là une vérité fondamentale, incontestable ; c'est la première vérité de l'ordre religieux.

Tous les hommes sont égaux par les résultats de leur existence, et cependant il y a une variété infinie dans les destinées particulières : il n'en est pas deux qui se ressemblent ; qu'est-ce donc qu'une égalité qui manque de similitude ? Ce paradoxe est facile à éclaircir : l'égalité est dans l'ensemble, la dissemblance dans les détails ; c'est une égalité par voie de balancement ou de compensations respectives, c'est-à-dire que le sort de chaque individu est le résultat balancé d'un nombre plus ou moins considérable de conditions, les unes sources d'avantages et de plaisirs, les autres sources de contrariétés ou de souffrances, provenant en concurrence, mais toujours avec équilibre, de son organisation particulière, de son tempérament, de son caractère, de sa position, de sa fortune, de ses relations domestiques, de ses relations sociales, de son éducation, de ses lumières, de ses erreurs, de ses habitudes, des faveurs ou des inconvénients du climat qu'il habite, des opinions, des mœurs, des circonstances, des institutions qui gouvernent le peuple dont il fait partie, des biens qu'il reçoit, des pertes qu'il essuie, des accidents qu'il éprouve, de ses craintes, chimériques ou réelles, de ses espérances, fondées ou illusoires, de ses affections, de ses répugnances, de ses regrets, de ses désirs, des obstacles qui leur résistent, de ses efforts pour les vaincre, de ses mécomptes, de ses succès..... C'est, comme l'on voit, avec une variété infinie que dans le problème de chaque existence particulière s'assortissent parallèlement les deux genres de circonstances, ou données individuelles, les unes douces, les autres pénibles, qui doivent la composer. Mais toutes ces données individuelles travaillent sans cesse à se mettre en équation, et finissent toujours par y parvenir, parce que la somme générale des jouissances est dans l'ensemble de la vie de chaque individu, ou d'une fécondité, ou d'une modération, ou d'une faiblesse, qui d'avance servent de mesure à la fécondité, ou à la modération, ou à la faiblesse de la somme générale des douleurs.

Mais, on le voit aussi, une équation constamment la même dans l'humanité entière, et dont cependant les données individuelles sont variées à l'infini, ne peut être le fruit que d'une équation semblable dans la constitution de l'univers. Si la loi des compensations réciproques ne régissait pas invariablement le mécanisme universel, comment pourrait-il aboutir à un effet ultérieur balancé par lui-même? comment d'ailleurs pourrait-il se maintenir? comment un système d'êtres et de mouvements pourrait-il avoir quelque stabilité autrement que par l'équilibre ou le balancement réciproque des forces qui le produisent? Que deviendrait l'univers s'il cessait un instant d'être mathématiquement conduit? Tel est donc l'enchaînement des raisonnements invincibles, enchaînement qui même est un cercle, car ils reviennent les uns vers les autres, non pour se croiser, mais pour s'affermir : Dieu est juste; donc tous les hommes sont égaux par les résultats de leur existence ; donc toutes les conditions indéfiniment variées des destinées individuelles se balancent les unes par les autres dans la vie de chaque individu ; donc l'univers est également constitué par balancement réciproque.

Après trois ans passés dans cette captivité silencieuse, j'acceptai l'asile qui me fut offert par un ami dans l'intérieur des Pyrénées. Le spectacle d'une nature fraîche et imposante, agreste et magnifique, échauffa mon imagination, agrandit la sphère de mes pensées, et en même temps y jeta une abondante lumière. En gravissant un jour la pic du Midi, je rencontrai des excavations qui me permettaient de pénétrer dans le sein des couches extérieures, et d'en examiner la composition. Il était évident que ces couches parallèles entre elles, et chacune d'épaisseur uniforme, avaient d'abord été déposées, formées, consolidées dans la situation horizontale, et ensuite redressées brusquement par une force intérieure, qui manifestement avait dû soulever également le noyau ; à mesure que je m'élevais, j'observais que les revêtements diminuaient d'épaisseur; enfin ils disparaissent. C'est au sommet que j'arrive ; là, roches pures, compactes, mais dans l'état du plus violent désordre ; des masses fracassées, jetées au hasard les unes sur les autres, s'appuyant par le tranchant de leurs arêtes, s'inclinant, se mêlant sous toutes sortes d'angles ; pour faire dix pas devant soi, il faut dix fois monter et descendre ! C'est donc ici, me dis-je, que s'est terminée l'action du soulèvement ! et par quelle puissance ? d'où est venu l'obstacle ? comment une force assez énergique, assez impétueuse, pour faire jaillir à trois mille mètres de hauteur la masse qui me porte s'est-elle subitement arrêtée? Par elle-même, une force en exercice peut-elle se retenir? Lorsqu'elle se modère, lorsqu'elle s'épuise, n'est-ce pas uniquement et nécessairement par la résistance d'une force opposée qui l'emporte sur elle? Où s'est trouvée ici la puissance ayant une direction et une violence opposées à celles d'un globe défonçant lui-même ses enveloppes, ouvrant ses entrailles, et jetant vers le ciel les masses énormes que ses entrailles renfermaient? Mais dans ce ciel qui domine, dans cet espace sans limites qui environne la Terre, qu'existe-t-il? Des globes et uniquement des globes. Pourquoi chacun ne serait-il pas doué comme la Terre d'une force explosive, réduite comme celle de la Terre à des tentatives, à des efforts? Aucun de ces globes ne dissipe dans l'espace ses masses fortes, ses rochers. Tout ce que chacun peut faire, c'est de gonfler sa masse générale, d'en soulever quelquefois les parties ; mais la substance la plus atténuée de chacun, ses fluides, sa lumière, échappent sans cesse à ces enveloppes, s'élancent dans l'univers ; chacun reçoit ainsi avec convergence, sur tous les points de sa surface, l'émission constante de tous ceux qui l'environnent ; et c'est cette convergence soutenue qui établit à la surface de chaque globe la résistance modératrice, l'obstacle conservateur. Ah! je le tiens! voilà le Fait initial que le Créateur a placé à l'origine de tous les autres : l'*Expansion* est le *Principe*, la clef de l'univers.

Tout être, isolément considéré, tout globe, et à la surface de chaque globe tout végétal, tout animal, tout homme, tout peuple, est en expansion continue ; c'est sa vie, son ressort, sa puissance ; il cherche constamment à s'étendre, à augmenter en tous sens l'espace qu'il occupe ; libre de toute résistance, il se dissoudrait subitement ; mais tous les êtres qui l'environnent sont *expansifs* comme lui ; pour pouvoir comme lui se développer, s'étendre, ils luttent contre son Expansion ; ils la repliquent sur elle-même ; si elle est violente, ils la répriment avec la même énergie ; la *réaction* à laquelle ils la soumettent est toujours égale à l'*action* qu'elle a produite ; c'est ainsi que s'établit invariablement dans l'existence de chaque être la Loi des *Compensations*. C'en est donc fait : tout s'explique, et l'harmonie des globes, et la réciprocité des actes physiques, physiologiques, politiques, et le balancement des destinées humaines, et la variété infinie des existences particulières, et la stabilité de l'ordre universel : *Équilibre constamment invariable dans un mouvement constamment varié*, telle est la définition de l'univers.

La vie de chaque individu dans les sociétés civilisées est destinée à un développement plus ou moins étendu, selon la force plus ou moins énergique de son organisation et les faveurs plus ou moins multipliées de sa position sociale. Sous ce double rapport, tous les individus d'un même peuple, d'une même génération, et même de toutes les générations et de tous les peuples, diffèrent entre eux de destinée, comme de tempérament et de figure. Mais tous se ressemblent en ce que chacun, tributaire alternatif de sa propre expansion qu'il le développe, et de l'expansion environnante qui le réprime, alternativement monte et descend, jouit et souffre, et dans l'ensemble de sa vie se trouve nécessairement avoir autant joui que souffert, autant monté que descendu. L'expansion essentielle à chaque individu est la source immédiate de ses désirs, de ses projets, de ses espérances, de ses affections, de toute son action personnelle, de tout son bonheur personnel. Mais comme l'expansion individuelle, même la plus indolente, aspire à un progrès indéfini, et que tout progrès indéfini est rendu impossible par la réciprocité des résistances, il n'est pas d'individu, même le plus modéré par son tempérament naturel, qui ne désire, projette, espère plus qu'il ne pourra obtenir ; ce qui est la même chose, qui ne travaille à faire sa part de bonheur supérieure à la part commune. Il est impossible que personne y réussisse, parce que ce serait injuste, et la justice faite du sort des êtres sensibles est le premier corollaire de l'équilibre universel.

L'action de l'homme qui élève son bonheur au-dessus de la sphère générale ne peut être qu'une tentative passagère, comme celle de l'homme qui lance un mobile au-dessus de la surface du sol ; ce mobile, quelle que soit la force qui l'a projeté, ne sort point de la sphère terrestre ; il est ramené vers la surface par la réaction des globes dont la terre est environnée. De même, l'homme le plus expansif par son tempérament, le plus actif de corps et de pensée, est celui qui, dans ses moments d'action et de succès, donne à ses jouissances personnelles l'extension la plus vive, goûte le bonheur le plus intense, le plus ravissant; mais c'est aussi celui qui, par compensation, imprime le plus d'ardeur, le plus de force, à la coalition des rivalités, des jalousies, de l'envie, et souffre le plus vivement des atteintes, injustes ou légitimes, que cette coalition dirige contre sa renommée, ou ses plaisirs. Disons maintenant que l'énergie expansive du tempérament, source personnelle des plaisirs et des chagrins, s'élève ou tombe au gré des faveurs ou des désavantages de sa position sociale. Tel homme né avec un tempérament impétueux, mais qui passe sa vie à lutter contre les humiliations et les embarras de l'indigence, finit par descendre de sa vigueur native; les contrariétés de la vie ne l'affectent plus; il reste calme au sein des privations. Mais que tout d'un coup sa situation devienne prospère, son expansion se ranime, s'exalte, lui imprime par degrés rapides une exigence qui dépasse les ressources de sa condition nouvelle; il se précipite vers tous les genres de jouissances, se lasse de celles qu'il obtient, en poursuit de plus ardentes, qui l'irritent si elles lui échappent, dont il se lasse encore s'il les saisit. Emporté dès lors par une avidité insatiable, il provoque l'envie, l'animosité; et, toujours environné, quoi qu'il fasse, d'obstacles plus puissants que ses désirs, il passe la plupart de ses jours dans le dépit, la haine et l'amertume. Les grandes révolutions amènent fréquemment de tels exemples sur la scène du monde, et, par compensation, elles amènent aussi des exemples opposés. Nous avons vu tant d'hommes, tant de femmes, qui précédemment, au sein de l'opulence, ne montraient qu'humeur, ennui, souffrance de corps, accablement ou désordre de pensée! La Révolution les proscrit, les condamne à une vie de travail, de privation, souvent d'inquiétude; par dédommagement elle les conduit à la résignation, à la raison, à la gaieté, à la bonté.

Les jeunes gens d'une âme ardente, nés dans une condition élevée, à qui rien n'a manqué, rien n'a résisté, deviennent les plus moroses, les plus exigeants, les plus impatientés des contrariétés, mêmes les plus légères, les plus fatigués de la vie, les plus portés à se plaindre de la nature et de la société. On voit au contraire des vieillards dont la jeunesse a été laborieuse, qui se sont trouvés souvent dans des situations difficiles, montrer sous les glaces de l'âge une âme douce, indulgente, une humeur sereine; ils demeurent en paix, même avec la nature qui se retire de la société qui les abandonne; ils se replient sur leur famille; ils goûtent les deux biens qui en réalité ont le plus de charmes, celui d'aimer sans secousse, et de réfléchir sans efforts. L'art de la vie consiste donc à ne vider que lentement la coupe des plaisirs, afin qu'il y en reste pour la saison dernière. Il est bien des hommes pour qui cet art de la modération est un présent de la nature; pour d'autres il est un fruit de la situation; pour le plus petit nombre il est un bienfait de la sagesse. En nous conseillant de nous retenir lorsque nous sommes à un âge et dans une position qui se prêteraient à de vives et nombreuses jouissances, la sagesse plaide la cause de notre avenir. Or, l'avenir toujours s'avance; le présent nous échappe et s'enfuit; les souvenirs d'un passé qui, par anticipation, a dévoré les plaisirs du dernier âge sont bien tristes, bien amers. Ainsi, quoique la loi du balancement embrasse nécessairement toutes les destinées humaines, puisque dans chacune il y a nécessairement autant de peines que de plaisirs, leur distribution peut être régulière et douce, ou bien manquer de douceur parce qu'elle manque de calme et de régularité. C'est ce qui fait que le sort de l'homme peu secondé par la nature et la fortune, ou celui de l'homme qui a usé sagement des dons de la fortune et de la nature, sont depuis l'âge mûr préférables au sort de l'homme qui en a abusé.

Celui-ci plus ou moins de temps avant sa dernière heure s'est presque éteint à la faculté d'aimer, de penser et de sentir.

Tous les hommes, à la vue de certaines situations humaines qui semblent spécialement prospères, tandis que d'autres semblent dévouées à la peine, à la souffrance, considèrent naturellement les destinées de l'humanité comme inégales entre elles. Mais cette inégalité est d'abord combattue par le sentiment de la justice, premier guide de la raison. Elle est ensuite démontrée fausse et illusoire par l'étude de la constitution universelle, constitution rendue immuable par l'équilibre de tous les mouvements. Cet équilibre exige que pour tout être de nature quelconque la somme des actes de destruction soit égale à la somme des actes de formation, et si c'est un être sensible, que la somme de ses douleurs, ou des signes sensibles de sa destruction, soit égale à la somme des signes sensibles de sa formation, à la somme de ses plaisirs. C'est ainsi que le sentiment de la justice, ou la raison fondamentale, et la science cosmologique, s'unissent pour établir, *a priori*, que dans l'univers, et spécialement dans l'existence des êtres sensibles, les compensations sont générales, exactes et rigoureuses, parce qu'il est impossible qu'elles ne le soient pas. La science physiologique et la science idéologique viennent ensuite compléter la démonstration. Sans épuiser tous les détails, qui seront à jamais inépuisables, elles dévoilent le balancement réciproque de tous les genres d'influences, de toutes les situations, de tous les accidents, de tous les âges, de tous les caractères, de toutes les institutions sociales; elles font rentrer toutes les exceptions apparentes dans la loi nécessaire et invariable.

Il faut reconnaître que dans la plupart des hommes le sentiment intime sur les conditions générales de la vie humaine est tacite d'ordinaire, et diffère habituellement du sentiment exprimé. En effet, tandis que presque tous les hommes tiennent vivement à l'existence, craignent de la perdre, ils prononcent néanmoins, dans la plupart des moments où ils parlent de la vie, qu'elle se compose de plus de peines que de plaisirs. Ce concert de plaintes, partant de tous les étages de la société, serait déjà un argument en faveur de la loi des compensations; il prouverait l'homogénéité de tous les genres de destinées. En résultat, toutes seraient malheureuses, puisque dans chacune il y aurait un excédant de malheur sur le bonheur qui l'aurait accompagné. L'homme d'une santé brillante la néglige, la compromet, ou du moins en jouit sans y penser. Tombe-t-il malade, il la regrette, il en sait le prix : « Le vrai malheur, dit-il, c'est d'être malade. Que la santé me soit rendue, et je ne l'oublierai pas. » La santé lui est rendue, et il l'oublie! et de nouveau il délaisse les biens qui l'accompagnent pour courir après des jouissances dont il abuse, ou dont la privation l'irrite lorsqu'il ne les obtient pas.

Telle est la nature de l'homme, fruit de ses rapports avec la nature universelle. Les sources de nos biens véritables sont douces, modérées; elles coulent vers nous sans bruit, sans éclat; si nous savons nous en contenter, leur modération même garantira leur durée. Mais nous ne savons point nous en contenter : le beau temps nous fatigue; nos vœux secrets appellent les orages, ceux-ci viennent, et les ressentiment ils sont courts. À peine ont-ils éclaté que nous désirons qu'ils se terminent; nous invoquons de nouveau la sérénité de l'atmosphère, qui de nouveau se prolongera dans sa beauté monotone, dont nous jouirons sans y songer. Cette disposition en nous n'est point caprice; elle nous est donnée par la nature. En nous, la vie, le ressort, la puissance, le plaisir, le bonheur, c'est, comme nous l'avons dit, l'expansion libre et féconde. Mais toute expansion libre est essentiellement progressive; elle pousse au mouvement, à l'extension indéfinie; plus elle a été favorisée, plus elle est ardente, ambitieuse, plus elle se heurte contre les obstacles qu'elle même a provoqués : ceux-ci, pour la conservation de l'ordre, finissent toujours par le refouler et le vaincre ; elle tombe, brisée, meurtrie ; elle arrache des cris à la victime de ses excès. C'est ainsi que tout homme d'une âme vive en vient, de temps à autre, à se plaindre de la vie, parce qu'il lui est naturel de toujours désirer, et souvent de tenter ce qu'il ne peut obtenir ; il échoue, et alors il souffre avec violence, parce que, naturellement encore, il est plus sensible à la privation de ce qui lui manque, où à l'importunité de ce qui lui résiste, qu'aux avantages de ce qu'il possède. Il ne peut posséder avec sécurité, avec permanence, que des biens modérés : or, dans ses moments d'humeur surtout, ses souvenirs, ses jugements, ne s'arrêtent point sur les biens durables et simples, sur ces biens composés d'une succession continue de satisfactions modestes, naturelles, qui n'ont point de saillie, qui n'offusquent les regards de personne ; son imagination aigrie ne lui retrace que ses passions combattues, ses intérêts froissés, son amour-propre humilié ; c'est dans ces moments cruels que de bonne foi il maudit l'existence, la proclame odieuse, intolérable, en invoque le terme. Et s'il voyait ce terme s'approcher, si seulement une maladie le menaçait, comme alors son âme n'aurait plus de véhémence, comme alors il serait à la fin de l'orage, comme le goût des plaisirs simples le ressaisirait, il réaliserait l'une des plus judicieuses conceptions du philosophe de la nature : « Je t'appelais, il est vrai, dirait-il à la Mort, mais c'était pour m'aider à recharger mon fagot. »

Ce n'est donc pas notre dépit, notre humeur, que nous devons écouter dans l'appréciation de notre destinée ; c'est un sentiment d'impartialité dans notre propre cause, qui ramène nos souvenirs vers les biens que nous avons goûtés, et notre attention, notre reconnaissance, vers ceux que nous possédons encore. Chacun de nous voudrait tout avoir : beauté du corps, dons de l'esprit, santé, fortune ; chacun de nous surtout voudrait n'avoir rien à souffrir. Mais, hélas ! que la seule idée de la mort serait affreuse pour celui qui toujours secondé ou toujours servi dans ses désirs par les hommes et la nature ! Cette idée cruelle : *la mort !* toujours présente, toujours en progrès par la seule marche du temps, finirait non-seulement par compenser à elle seule toutes les jouissances, mais par les rendre désespérantes. *Hæc linquenda tellus !* « Il faut donc quitter ce palais ! » disait avec désolation le sybarite d'Horace. Près de lui, son esclave mourait sans chagrin. Celui-ci pendant le cours de sa vie humble et pénible avait presque entièrement acquitté la dette des douleurs ; le sybarite l'avait encore à accumuler. Non, non ! puisque l'homme doit mourir, ne faisons pas abstraction de sa mort dans le jugement de sa vie ; elle est le berceau chacune de ses peines et, par anticipation, un fragment de la mort qu'il doit subir ; c'est pour cela que ses derniers jours, sa dernière heure, sont d'autant plus pénibles que sa vie a été plus heureuse ; et moins sa vie a été semée de jouissances, moins il lui en coûte de mourir.

Telle est donc la constitution du sort de l'homme : l'ensemble des plaisirs, c'est la vie ; l'ensemble des souffrances, c'est la mort. Depuis le premier instant de l'existence jusques au dernier, la mort et la vie s'entremêlent sans cesse, mais à divers degrés. Les mouvements de mort ou de souffrance sont d'ordinaire brusques et courts ; les mouvements de la vie ou du plaisir sont d'ordinaire doux et prolongés. Au terme de l'existence seulement, l'équilibre s'établit ou se consume ; l'ensemble des plaisirs, ou la vie, et l'ensemble des peines, ou la mort, ont alors composé deux sommes, ou également faibles, ou également moyennes, ou également fortes, en un mot, essentiellement égales. Répétons comme preuve fondamentale que s'il en était autrement, l'univers, sans équilibre dans sa production la plus importante, dans sa production de l'humanité, serait sans ordre, sans règle, sans loi dans sa marche générale, par conséquent ne pourrait se maintenir.

Un écrivain distingué disait pourtant : « Quelle compensation peut-on trouver entre les jouissances intellectuelles d'un rustre qui ne sait pas même s'il pense, et celles de Voltaire ou Montesquieu ? » La doctrine des compensations ne cherche là aucun point de comparaison ; mais elle invite l'homme réfléchi à observer ; elle le conduit ensuite à annoncer que le rustre suivra paisiblement sa grossière et obscure destinée ; il n'aura point à souffrir, comme Montesquieu, d'être délaissé par la génération contemporaine ; il ne composera point, avec des travaux et une fatigue immenses, un livre de génie qu'aucun libraire ne voudra publier. Et quant à Voltaire, qui par son esprit goûta encore plus de jouissances que Montesquieu, que de chagrins, ou même que de supplices ne furent pas jetés sur le cours de sa vie ! Combien de fois, dans sa retraite de Ferney, malade, agité de souffrances confuses, harcelé par les pygmées jaloux de sa gloire, désolé lui-même par l'éclat des renommées brillantes, ne dut-il pas porter envie à la santé robuste et à la gaieté stupide du rustre qui labourait ses jardins ! Le même écrivain a dit encore : « Quelle compensation trouver entre les sentiments de Fénelon, de saint Vincent de Paul, et ceux du brigand qui passe sa vie dans les forêts, et la finit sur l'échafaud ? » Non certes il n'y a encore là rien de comparable. Entre la bonté et la férocité il n'y a aucune ressemblance ; et si jamais la bonté prit une forme humaine, ce fut la forme de Fénelon : quiconque a lu ses écrits en a tiré la conviction que son âme était souvent inondée des satisfactions les plus tendres et les plus pures. Mais cette disposition était-elle constante ? Il dit lui-même dans une de ses lettres : « Notre situation est triste ; mais *la vie entière n'est que tristesse*, et il n'y a de joie qu'à vouloir les choses tristes que Dieu nous envoie. » Voilà bien l'un des caractères de la piété chrétienne, soumission et mélancolie, dégénérant, dans les âmes affectueuses, en invocation du mal pour avoir le mérite et la douceur d'y répondre par de la résignation et de la reconnaissance. Aussi, je suis loin de dire que Fénelon fût malheureux au moment où il écrivait cette phrase touchante ; il était triste, mais de cette tristesse religieuse et expansive qui loin d'accabler le cœur, le soulage et le console. Ce repos généreux qu'il goûtait alors n'en témoignait pas moins que dans les moments antérieurs, son âme vive et délicate s'était sentie déchirée. Mais remontons à la jeunesse et à l'adolescence de Fénelon : ce fut là son temps de souffrance vive et profonde. Sa nature aimante et passionnée réclamait avec tant d'ardeur ce que ses principes opprimaient avec tant de zèle et de vigilance ! que d'agitations ! que de combats ! *Télémaque* les révèle. Télémaque près d'Eucharis, c'est Fénelon lui-même ; et Mentor près de Télémaque, Mentor arrachant Télémaque à l'amour profane, et le précipitant dans les flots, c'est encore Fénelon étouffant sans pitié les orages de son cœur. Voilà des douleurs inconnues à l'homme vulgaire, encore plus au brigand qui passe sa vie dans les forêts. L'existence de celui-ci ressemble à celle du sauvage d'Amérique ; elle est brutale, mais énergique et indépendante ; quand elle se termine par l'échafaud, elle ressemble encore à celle du sauvage, qui d'ordinaire n'arrive point à la vieillesse, et meurt dans les supplices que lui-même réservait à ses prisonniers. Cependant, offrez à un jeune sauvage les douceurs et les commodités de notre vie sociale, placez-le au sein de nos cités les plus opulentes, et, pour ainsi dire, faites couler vers lui toutes les sources de ce que vous appelez nos plaisirs, tout ce que vous obtiendrez, ce sera de le jeter dans une profonde tristesse ; il ne vous demandera avec instance que de le rendre à ses forêts. Le jeune brigand a des inclinations pareilles ; il est né violent, et son éducation lui a laissé des mœurs grossières. Dans les forêts il partage librement avec les loups toutes les jouissances de la brutalité et de l'audace. La société humaine le traite comme les loups ; elle le poursuit et le tue. Cet acte de répression et de justice accumule sur un moment ou sur un petit nombre de moments des peines affreuses, qui forment la compensation de plusieurs années d'activité ardente et de pleine indépendance.

Puisque la destruction est nécessaire à la marche du monde, il faut bien que dans tous les genres d'êtres, et spécialement dans le genre humain, si producteur, si animé, il y ait des êtres destructeurs. Et puisque tout homme, quels que soient son tempérament, sa nature, son caractère, aspire essentiellement au bonheur, au plaisir, et cependant ne peut tirer son plaisir, son bonheur, que de l'exercice de son caractère même, il faut que les hommes destructeurs soient heureux du mal qu'ils font à d'autres hommes, prennent du plaisir aux destructions qu'ils opèrent. Qu'est-ce donc qu'un guerrier, si ce n'est un destructeur qui se satisfait! Sans doute, son action a souvent pour but et pour effet la conservation, l'extension, l'amélioration de sa patrie. Mais c'est à quoi il ne pense jamais lorsqu'il est sous la tente, encore moins sur le champ de bataille. Tuer, ravager, telles sont les idées qui l'enflamment; telles sont dans son espoir et ses projets les sources directes de la fortune, de la gloire, du bonheur qu'il ambitionne. Auprès de ce bonheur impitoyable, qui s'asseoit sur tant de victimes, peignez à votre cœur celui des hommes tutélaires, des hommes réparateurs, de Fénelon, calmant partout où il passait les fureurs de la guerre, de Vincent de Paul, ne vivant que pour soulager l'infortuné! Que d'estime, d'affection, de préférences, vous donnerez à ces anges de bonté! avec quelle justice vous élèverez les sentiments qu'ils ont goûtés bien au-dessus de ceux que rapportèrent à César, à Napoléon, leurs plus grandes victoires! Considérant encore que détruire est toujours une œuvre plus facile que de construire, que pour celle-ci il faut plus d'habileté, de réflexion, de patience, vous reconnaîtrez que, dans les sociétés humaines, les hommes réparateurs, améliorateurs, sont nécessairement d'un ordre supérieur à celui des hommes destructeurs; mais vous ajouterez : Chaque homme, réparateur ou destructeur, est nécessairement en équilibre avec lui-même sous le rapport universel de la vie et de la mort, ou du plaisir et de la souffrance. Les grands réparateurs, les grands bienfaiteurs de l'humanité sont les hommes les plus élevés en facultés, par conséquent les hommes les plus sensibles : or, l'homme le plus sensible est celui vers lequel coulent avec plus d'abondance les deux sources, toujours égales entre elles, des peines et des plaisirs.

Hoffmann le critique disait : « Que pour l'équilibre universel, l'espèce humaine, prise en masse, ait reçu mathématiquement la même somme de biens et de maux, nous y consentons; mais que tous les hommes soient égaux sous le rapport du bonheur et du malheur, c'est ce que nous ne croirons jamais. » La définition d'Hoffmann n'est point exacte; elle établirait que tous les hommes pendant leur vie ont autant de bonheur et de malheur les uns que les autres; ce qui est d'une erreur évidente. La loi des compensations se prêtant, comme nous l'avons dit, à la variété infinie des destinées humaines, n'établit pas pour chaque homme, individuellement considéré, l'égalité absolue des biens et des maux qui lui sont spécialement adressés. Mais si l'espèce humaine, prise en masse, a toujours autant de bonheur que de malheur, autant de peines que de jouissances, si la distribution de ces deux sommes égales se fait inégalement entre les hommes, il y a donc dans chaque génération un certain nombre d'individus qui jouissent d'un bonheur supérieur à la mesure commune, et un certain nombre d'autres individus qui sont condamnés à une somme de malheur également plus forte que la mesure commune, et destinée à balancer l'excédant opposé de bien-être et de plaisirs! Quelle vue désespérante pour les hommes de la classe essentiellement malheureuse! qu'elle est propre à les irriter contre les hommes à qui la nature, dans son aveugle partialité, a accordé un bonheur surabondant! Qu'a donc fait avant de naître cette classe disgraciée pour mériter sa disgrâce? Comment la détournerez-vous de se mettre en révolte contre une distribution si injuste, de se porter impétueusement vers le bassin fortuné de la balance, d'en arracher les usurpateurs, et de s'y établir! Vous que les révolutions populaires épouvantent et indignent, quelles sont vos raisons de les condamner? Et comme les hommes qui se plaignent de leur sort, qui se disent malheureux avec excès, et qui croient l'être, sont, dans chaque génération, beaucoup plus nombreux que les hommes satisfaits comme on en voit partout, dans les villes et les hameaux, dans les palais et les chaumières, quelle agitation, quel désordre, quel bouillonnement de haines et d'humeur!

Vous qui proclamez l'inégalité essentielle des destinées humaines, vous qui faites du bonheur un privilége, vous voulez donc ouvrir à la surface de chaque contrée un large foyer d'animosité, de discorde et d'envie! Comment le fermerez-vous? Sera-ce en déclarant, par vos lois, que le privilége doit être maintenu, que la force publique doit le protéger? Ainsi, pour être conséquents, vous vous rendrez oppresseurs! Restez malheureux, direz-vous à ceux qui le sont; la nature le veut, et les lois humaines doivent être conformes aux lois de la nature! Mais, direz-vous, nous n'arrêtons les efforts de personne pour sortir de la classe infortunée; nous encourageons, au contraire, ces efforts; et tel est le but des faveurs que nous accordons au talent, à l'activité, à l'industrie. Mais de tels efforts sont suivis de succès, ou ils sont inutiles. S'ils sont suivis de succès, les indigents honnêtes et laborieux parviennent au bien-être, c'est nécessairement en faisant descendre le même nombre d'hommes de la classe opulente; car l'espèce humaine prise en masse doit, dites-vous, toujours connaître la même somme de biens et de maux. Alors, voilà les compensations; le balancement s'établit dans les destinées humaines. Si, au contraire, c'est vainement que les infortunés, que les indigents, s'efforcent d'échapper au malheur, à l'indigence, quel terme présentez-vous à leurs tentatives, si ce n'est le désespoir? Mais ici j'entends des voix touchantes ou éloquentes : montrez le ciel aux malheureux, s'écrient-elles, et ils seront apaisés. Ils seront bien plus qu'apaisés, répondrai-je; ils seront bien plus que consolés; c'est dans le malheur même qu'ils placeront le privilége; ils le poursuivront; ils le solliciteront. Austérité, s'écrieront-ils! privations, maladies, souffrances, sources intarissables d'éternelles délices, venez, tombez sur nous, accablez-nous de vos faveurs! Et que deviendront l'intelligence de l'homme, la santé de l'homme, la force de l'homme, lorsque l'imagination humaine sera emportée par une telle exaltation? Et que d'erreurs, de persécutions, de fanatisme, lorsque l'imagination humaine sera seule en exercice! Que de tyrannie à la disposition des hommes impérieux, lorsque la masse générale ne verra qu'avantages célestes dans l'humiliation et la servitude!

On le voit maintenant, et l'histoire le démontre : le principe de l'inégalité naturelle et essentielle dans les destinées humaines conduit inévitablement au fanatisme révolutionnaire ou au fanatisme religieux; et l'histoire nous apprend encore combien l'un et l'autre de ces deux fanatismes sont funestes et cruels. Ce qu'il faut donc obtenir, pour la tranquillité du cœur humain et pour l'harmonie sociale, c'est que l'homme à la vue de ses peines ne soit ni irrité contre elles, ni exalté en leur faveur; qu'il ne les maudisse pas avec colère, mais qu'il ne les bénisse pas avec enthousiasme : l'une et l'autre de ces deux passions ne peuvent qu'élever des tempêtes dans le sein de l'individu et dans le sein des sociétés. Il est bon que l'homme qui souffre trouve dans son âme des pensées qui le calment, qui l'apaisent, et qui se bornent à l'apaiser, à le calmer; et tel est l'effet naturel de cette pensée : Toutes les situations humaines sont différentes entre elles sous le rapport des circonstances ou

12.

conditions qui les composent; mais chacune est en équilibre avec elle-même par la compensation réciproque de ses plaisirs et de ses peines ; ce qui en résulta, pour chaque individu, le sort général, les rend toutes égales sous le rapport du bonheur et du malheur. Une telle pensée admet, ou même approuve, dans l'ordre social la distinction des rangs et des fortunes, car cette distinction établit seule la réciprocité des services et des besoins ; mais la persuasion d'une égalité invariable dans le sort général détourne les inférieurs de se sentir humiliés, et les supérieurs de tomber, par orgueil, dans les habitudes de la tyrannie : une telle pensée est donc conforme à la liberté, à la dignité humaines, car la liberté contenue par la raison, calmée et ennoblie par la dignité de l'âme, est encore la justice. Une telle pensée, d'ailleurs, ne saurait briser la nature de l'homme, nature essentiellement expansive, qui le porte à détourner de son sort les causes de souffrances, à y ramener au contraire les sources de bien-être et de plaisir. L'homme sensé ne froisse pas inconsidérément son être : si un bien actuel se présente, il ne le repousse pas pour se ménager les avantages de l'avenir : ce sacrifice serait de l'exaltation, par conséquent de l'imprudence. Mais si à l'homme sensé, à l'homme persuadé de la justice des compensations, il survient une peine, un accident funeste, si ses espérances sont trompées, s'il perd des biens précieux, après les premiers instants donnés au regret, donnés à la nature, il réfléchit, se console, s'apaise, s'attache plus fortement aux biens qu'il possède, s'occupe à découvrir les peines qu'il a évitées, et qui auraient fait, plus tôt ou plus tard, le balancement des biens qu'il avait désirés. D'ailleurs, le principe des compensations lui rend faciles les mouvements de sa raison, car il l'invite à ne désirer qu'une situation moyenne, des jouissances modérées ; la persuasion intime d'un balancement inévitable le retient sans contrainte sur la pente qui le mènerait aux jouissances vives, aux positions saillantes, et par elles au trouble de la vie. C'est ainsi que cette persuasion tutélaire amortit l'ambition, source la plus abondante des chagrins personnels et des agitations politiques.

Que l'homme de bonne foi applique la loi du balancement aux avantages et aux inconvénients de son existence particulière ; plus il avancera dans la vie, plus il reconnaîtra combien cette loi est constante, générale et juste ; il y puisera chaque jour un peu plus les motifs de ses espérances, de ses craintes, de la prudence de ses déterminations. Les hommes très-favorisés de la nature ou de la fortune n'excitent plus son envie ; il les verra sans cesse rentrer sous la loi commune, soit par la réaction extérieure, soit par leurs propres défauts. Il dira avec la conviction de la raison et de l'expérience : toute faveur est une source égale de biens et de dangers. Dès l'instant où l'excès commence dans l'usage d'une chose bonne, agréable, utile, nécessaire, le mal, la peine, le malheur, commencent. Et les hommes très-riches, soit de fortune, soit d'ardeur et de sensibilité, sont ceux pour qui il est le plus difficile de s'arrêter en deçà des limites salutaires. Par l'excès dans le régime, ils amènent la maladie ; par l'excès dans les désirs, ils tombent dans les fautes, quelques-uns dans le crime ; par l'excès dans la résolution, ils appellent les obstacles, et tombent dans la colère ; par l'excès dans les idées, ils tombent dans l'erreur ; par l'excès dans la poursuite du bien même, par impatience d'amélioration, par avidité de perfection, ils la traversent, ils arrivent à l'imperfection, ils gâtent tout leur ouvrage. C'est ainsi qu'avec bien plus de capacité pour le bonheur que n'ont en hommes pauvres ou indolents, presque toute leur vie s'écoule dans l'humeur, le dépit, l'inconstance; ils n'ont que des velléités de persévérance et des éclairs de contentement. Et les peuples d'une intelligence vive, d'un tempérament très-animé, d'un génie ardent et producteur, plus soumis encore que les individus à la fatalité des causes générales, arrivent au même genre de peines par le même genre de défauts et de mouvements. Ne craignons pas de le répéter : toute histoire, sociale ou individuelle, est expliquée, comme l'univers, par l'*expansion en équilibre*.

AZAÏS.

COMPÈRE, COMMÈRE, mots dérivés du latin *cum*, avec, *pater* et *mater*, père et mère, et qui signifie en propre *second père* et *seconde mère*. Ce sont les noms que le sacrement du baptême et les cérémonies qui l'accompagnent font donner par le père et la mère d'un enfant à l'homme et à la femme qui l'ont tenu sur les fonts, c'est-à-dire au parrain et à la marraine, qui ont contracté l'obligation de lui tenir lieu de *père* et de *mère*. La marraine appelle aussi son compère l'homme avec qui elle a tenu l'enfant, comme lui-même l'appelle sa commère, et tous deux donnent les noms de compère et de commère au père et à la mère de l'enfant avec lesquels ils ont contracté cette alliance spirituelle. C'est pourquoi les mariages entre compères et commères à tous les degrés ont été longtemps prohibés par les canons de l'Église, qui depuis ne les a permis que moyennant dispense. Le pape Étienne IX, dans ses lettres, appelle souvent le roi Philippe 1er son *compère*, la reine Bertrade sa *commère*, et les deux princes leurs fils ses enfants spirituels, ce qui fait présumer qu'il avait été leur parrain. Ce fait prouve que les noms de *compère* et *commère*, consacrés par la religion, étaient alors des titres honorables et non pas des qualifications triviales et railleuses, comme ils le sont aujourd'hui.

Ces noms se prennent quelquefois en mauvaise part, et deviennent injurieux, surtout celui de *commère*. S'agit-il d'un homme habile et rusé en affaires, on dira : *C'est un compère*, ou : *C'est un fin compère*; d'une femme grossière et sans éducation : *C'est une commère*; d'une bavarde qui sait et qui répète toutes les nouvelles du quartier : *C'est une vraie commère*. C'est dans ce sens détourné qu'on appelle *compères* ceux qui aident les charlatans à faire leurs tours d'escamotage, à vendre leurs spécifiques, soit directement en amusant le public, ou en tâchant de distraire son attention par des discours et des bouffonneries, soit indirectement en se mêlant aux spectateurs, en applaudissant ou en se présentant des premiers pour acheter l'orviétan. On donne encore le nom de *compères* à ces fripons qui dans les assemblées de créanciers, d'accord avec le failli, excitent l'intérêt en sa faveur, en exagérant sa mauvaise situation pour lui faire obtenir des conditions plus avantageuses. C'est le rôle du fidèle Bertrand auprès de l'audacieux Macaire. Enfin, de nos jours, où le nombre des *charlatans* s'est si fort multiplié en politique et en affaires, comme en science et en littérature, on appelle *compères* les électeurs qui contribuent le plus à la nomination d'un député sans talent et sans mérite ; les académiciens qui se donnent le plus de peine pour faire arriver à l'Institut un candidat très-noble, mais très-incapable ; les journalistes qui portent aux nues les ouvrages fort médiocres de leurs amis, ou font sonner bien haut les talents supérieurs et le désintéressement de tel ou tel personnage, afin de le pousser à un bon poste, avec la certitude d'en être largement récompensés ; les députés qui votent aveuglément ou par intérêt pour tous les pouvoirs possibles ; enfin les claqueurs payés pour applaudir au théâtre les pièces nouvelles.

De *compère* s'est formé le mot *compérage*, qui indique, tant en bien qu'en mal, les fonctions des divers compères dont nous avons fait mention ; quant à *commérage*, qui a une semblable étymologie, on l'emploie plus spécialement pour indiquer les propos et les tripotages des commères. Dans le style familier, le mot *commère* s'applique également, quoique du genre féminin, aux hommes qui ont le même travers, celui de se tenir à l'affût de toutes les nouvelles et d'aller répéter dans une maison ce qu'ils ont entendu dans une autre ; ces *commères*-là ne se trouvent pas seulement dans les rangs inférieurs de la société, on en rencontre dans les plus brillants salons, et La Fontaine a eu raison de dire

Et je sais même sur ce point
Bon nombre d'hommes qui sont femmes.
H. AUDIFFRET.

COMPÉTENCE. C'est le droit de juger une affaire contentieuse ou de rédiger et d'expédier un acte authentique.

L'organisation judiciaire repose principalement sur la répartition rigoureusement déterminée des pouvoirs spéciaux conférés aux juges. Chaque tribunal a donc sa compétence particulière dans laquelle il est tenu de se renfermer scrupuleusement, sous peine d'être taxé d'excès de pouvoir ou de déni de justice. Il y a autant de compétences qu'il y a de sortes de juridictions. Mais il faut distinguer en première ligne la *compétence judiciaire* et la *compétence administrative*.

C'est d'abord un grand principe, que l'autorité judiciaire statue sur toutes les questions de propriété, sauf quelques cas exceptionnels, que les lois déterminent. C'est un autre principe, non moins reconnu par les lois, que l'administration seule a le droit d'interpréter les actes qui émanent d'elle. Cette séparation de la compétence judiciaire et de la compétence administrative a été posée dans l'article 13 de la loi du 24 août 1799, ainsi conçu : « Les fonctions judiciaires demeureront toujours séparées des fonctions administratives. Les juges ne pourront, à peine de forfaiture, troubler de quelque manière que ce soit les opérations des corps administratifs, ni citer devant eux les administrateurs pour raison de leurs fonctions. »

Mais quelquefois les questions que présente une affaire à juger sont complexes; de sorte qu'il est difficile de distinguer bien nettement ce qui est du ressort de l'autorité judiciaire ou ce qui est réservé à l'administration : de là les conflits. Le Code Pénal, dans les articles 127 à 131, s'est attaché à garantir les principes généraux des compétences judiciaire et administrative.

En matière civile, la compétence des tribunaux se détermine par la nature de la demande, par le montant de la somme réclamée, par le domicile des personnes, ou par la situation de l'objet en litige. Pour juger les affaires criminelles, les tribunaux civils, qui ont la juridiction générale, prennent la dénomination de tribunaux correctionnels et de cours d'assises. La compétence des premiers s'étend à tous les délits; celle des cours d'assises, prononçant avec assistance du jury, comprend tous les crimes.

Il y a encore d'autres tribunaux qui ont chacune leur compétence particulière : ce sont les conseils de guerre, les tribunaux de simple police, les tribunaux de commerce, les tribunaux maritimes et enfin la haute cour de justice. Aug. HUSSON.

COMPÉTENCE (Bénéfice de). *Voyez* BÉNÉFICE.

COMPÉTITEUR. Ce mot, dérivé du latin *cum*, et *petere*, briguer, rechercher, s'applique à deux ou à plusieurs personnes qui prétendent à un même rang, à un même emploi, à une même fortune, aux mêmes honneurs, aux mêmes avantages. *Compétiteur* a pour synonyme *concurrent*; mais il en diffère, selon nous, en ce que *compétiteur* exprime un but plus éloigné que celui que poursuit un *concurrent*. On dit *compétiteur* pour une dignité dont l'obtention ne peut être que le prix d'une brigue plus ou moins persévérante. A Rome, par exemple, les *compétiteurs* au consulat du temps de Cicéron se mettaient à intriguer deux ou à plusieurs mois d'avance, seulement pour être consuls désignés. Durant cet intervalle, bien des *compétiteurs* se voyaient forcés d'abandonner leurs prétentions; mais au jour de l'élection il ne restait plus que les *concurrents*, qui avaient l'espoir plus ou moins fondé de voir immédiatement sortir leur nom de l'urne électorale. Il ne nous paraît pas douteux que pour une palme athlétique ou académique, pour un prix au concours général, etc., etc., *concurrent* doive se dire préférablement à *compétiteur*.

Compétiteur et *compétition*, dans la primitive Église, exprimaient un degré et un ordre de catéchumènes : c'était un catéchumène qui déjà n'était plus simple auditeur, et qui était assez instruit pour *demander* le baptême, de *compagnie* avec les autres catéchumènes de même degré.
Charles DU ROZOIR.

COMPIÈGNE, ville de France, chef-lieu d'arrondissement dans le département de l'Oise, à 65 kilomètres nord-est de Paris, sur la rive gauche de l'Oise, à 2 kilomètres au-dessous de l'embouchure de l'Aisne, avec une population de 10,795 habitants, des tribunaux de première instance et de commerce, un collége, une bibliothèque publique de 28,000 volumes, une typographie. Compiègne est une station du chemin de fer de Paris à Saint-Quentin. Il s'y fait une fabrication importante de toiles de chanvre et de cordage, de saboterie et de boissellerie, de bonneterie; on y construit des bateaux, et le commerce consiste principalement en bois, charbon de terre et grains.

Les monuments remarquables de Compiègne sont l'église de l'ancienne abbaye de Saint-Corneille, lieu de sépulture de plusieurs rois de la deuxième race; l'hôtel de ville, bâti sous Charles VI; le pont neuf, construit de 1730 à 1733, et surtout le magnifique château.

Saint Louis avait jeté sur son emplacement les fondations d'un palais qui porta d'abord le nom de *Louvre*. Charles V, Louis XI, François Ier et Louis XIV l'agrandirent successivement. En 1755 Louis XV chargea l'architecte Gabriel de dresser un nouveau plan général, d'après lequel les anciennes constructions disparurent presque entièrement. Le château fut achevé par Louis XVI; Napoléon le fit restaurer et meubler magnifiquement. La façade, d'une élégante simplicité, donnant sur le jardin, et dont le rez-de-chaussée correspond au premier étage de la façade principale, a 200 mètres de longueur. Devant le château s'étend une longue terrasse, à droite et à gauche; deux escaliers descendent dans les jardins. Au pied de l'escalier de gauche commence un magnifique berceau en fer de 2,000 mètres de longueur, qui conduit dans la forêt. Il fut élevé pour Marie-Louise par Napoléon, sur le modèle de celui de Schœnbrunn. Du milieu de la façade on a le spectacle d'une pelouse de 50 mètres de largeur encadrée de massifs d'arbres, et à l'extrémité de laquelle la vue se prolonge en dehors de la grille de clôture à travers la forêt. Celle-ci, qui porta d'abord le nom de *forêt de Cuise*, est d'une contenance d'environ 15,000 hectares. Elle est arrosée par un grand nombre de ruisseaux et traversée à une de ses extrémités par une ancienne voie romaine, qui porte le nom de *chaussée de Brunehaut*. François Ier fit percer dans cette forêt huit grandes routes, qui aboutissent, au centre, à un carrefour commun. Louis XIV et Louis XV exécutèrent encore de nombreux percements. Le célèbre château de Pierrefonds est situé dans la forêt de Compiègne.

On a attribué sans aucune espèce de preuves la fondation de Compiègne à Jules César; cependant les médailles et les antiquités que l'on trouve fréquemment dans ses environs sont une preuve que Compiègne avait déjà quelque importance à l'époque de la domination romaine. Elle s'appelait alors *Compendium* : ce qui signifie suivant les uns route de traverse, suivant les autres magasins d'approvisionnements militaires. Quoi qu'il en soit, dès le règne des premiers rois de France on y voyait une maison royale, où presque tous les princes de la première et de la seconde race publièrent des actes importants. Charles le Chauve, en 876, agrandit et embellit la ville, et lui donna le nom de *Carlopolis*. En même temps il y fonda la célèbre abbaye de Saint-Corneille. Il s'y tint plusieurs conciles, dans l'un desquels, en 833, fut déposé Louis le Débonnaire. C'était autrefois une place très-forte; les Bourguignons s'en rendirent maîtres en 1413, mais Charles VI la reprit deux ans après. En 1417 les Anglais, qui s'en étaient emparés, en furent chassés par Bosquiaux, qui défendait le château de Pierrefonds. En 1430 Compiègne fut de nouveau assiégée par le duc de Bourgogne, et ce fut dans une sortie que Jeanne d'Arc, qui s'était enfermée dans la place, tomba au pouvoir de l'ennemi. Marie de Médicis eut quelque temps pour prison le château de Compiègne.

En 1634 un traité y fut signé entre la France et la Hollande, et en 1768 un autre traité signé à Compiègne avec la république de Gênes nous donna la Corse. Napoléon 1er avait d'abord installé dans le château une école des arts et métiers, qui fut ensuite transportée à Châlons-sur-Marne. Pendant l'invasion étrangère, Compiègne eut sa part des malheurs de la France et sa part aussi de résistance. C'est au château qu'eut lieu la première conférence entre Louis XVIII et Alexandre.

COMPIGNANO (Comtesse de). *Voyez* BACCIOCHI.

COMPILATEUR, COMPILATION, COMPILER. Ces trois mots se rattachent à une branche de littérature aussi généralement exploitée que dépréciée. Et cependant, que diraient les écrivains les plus fiers de la fécondité de leur génie, si on venait à leur prouver que leurs créations prétendues ne sont que des *compilations* plus ou moins déguisées? Au surplus, qu'ils se consolent ! Certains critiques n'ont-ils pas soutenu que les poëmes d'Homère n'étaient qu'une *compilation* d'anciens poëmes appelés *rapsodies* ? En attendant, *compilons* ce qu'on a écrit contre les *compilateurs*.

« La science des *compilateurs*, dit La Bruyère, est aride et ennuyeuse : ce sont pourtant ceux que le vulgaire confond avec les savants ; mais les gens sages les renvoient au pédantisme. » Et ailleurs : « Comme les *compilateurs* ne pensent point, ils rapportent ce que les autres ont pensé, et se déterminent plutôt à recueillir beaucoup de choses que d'excellentes. » Montesquieu, dans ses *Lettres persanes*, et Jean-Jacques, dans son *Émile*, s'expriment avec plus de rudesse encore : « De tous les auteurs, dit le premier, il n'en est pas que je méprise plus que les *compilateurs*, qui vont de tous côtés chercher des lambeaux des ouvrages des autres, qu'ils plaquent dans les leurs comme des pièces de gazon dans un parterre : ils ne sont point au-dessus des ouvriers d'imprimerie rangeant des caractères, qui, combinés ensemble, font un livre, où ils n'ont fourni que la main. » — « Après avoir, dit Rousseau, fait remonter Émile aux sources de la pure littérature, je lui en montre les égouts dans les réservoirs des modernes *compilateurs*, journaux, traductions, dictionnaires : il jette un coup d'œil sur tout cela, puis le laisse pour n'y jamais revenir. »

La Bruyère et Jean-Jacques en parlent d'autant plus à leur aise, que tous deux ont publié des traductions, et le second a composé un dictionnaire, sans parler des innombrables emprunts qu'il a faits à Plutarque, Sénèque, Cicéron et Montaigne. Mais, s'il était là, Rousseau répondrait qu'il avait pour lui l'exemple de Plutarque, de Sénèque, de Cicéron et de Montaigne, admirables *compilateurs*, à côté desquels il a pris sa place. Quant à Montesquieu, aurait-il fait l'*Esprit des Lois* sans les *compilations* des vieux codes? D'ailleurs, dans cet ouvrage, il cite les *compilateurs* des lois avec respect. Au reste, il faut le dire, le *compilateur* et le *commentateur* ont été et seront toujours les boucs émissaires de la littérature. Et Lesage, qui a *compilé* tant de livres espagnols, ne vient-il point aussi tracer dans son *Gil-Blas* un portrait du *compilateur* trop amusant pour que nous l'omettions ici : « L'illustre don Ignacio, dit-il, passait presque toute la journée à lire les auteurs hébreux, grecs et latins, et à mettre sur un petit carré de papier chaque apophthègme ou pensée brillante qu'il y trouvait. A mesure qu'il remplissait des carrés, il m'employait à les enfiler dans un fil de fer en forme de guirlande, et chaque guirlande faisait un tome. Que nous faisions de mauvais livres ! Il ne se passait guère de mois que nous ne fissions pour le moins deux volumes, et aussitôt la presse en gémissait. Ce qu'il y a do plus surprenant, c'est que ces compilations se donnaient pour des nouveautés ; et si les critiques s'avisaient de reprocher à l'auteur qu'il pillait les anciens, il leur répondait avec une orgueilleuse effronterie : « *Furto lætamur in ipso.* » Ne dirait-on pas que Voltaire a été inspiré de cette charmante peinture, lorsqu'il a dit de l'abbé Trublet :

> Au peu d'esprit que le bonhomme avait,
> L'esprit d'autrui par complément servait.
> Il *compilait*, *compilait*, *compilait* ;
> Trois mois entiers ensemble nous passâmes,
> Lûmes beaucoup, et rien n'imaginâmes.

En dépit des meilleures plaisanteries, les *compilateurs* forment une classe utile dans la république des lettres ; ils sont même estimables quand ils se donnent pour tels. Nous avons lu quelque part cette observation : « Le *compilateur* recueille ce que les autres ont écrit, dans le but d'en faire une collection utile, qu'il donne pour ce qu'elle est en effet ; le plagiaire reproduit les idées des autres sans en citer les auteurs, et les donnant comme tirées de son propre fonds. Le premier peut être un littérateur estimable, le second ne mérite que du mépris. » Si l'on n'avait pas tant de *compilations* utiles, que serait la science du droit? Le *Glossaire* de Du Cange est, à peu de chose près, une *compilation* ; mais qui reprochera à son auteur de l'avoir faite ? Duchesne n'a-t-il pas élevé un monument national en *compilant* les anciens historiens français ? Méprisera-t-on Baronius pour avoir *compilé* l'histoire ecclésiastique, et en avoir fait un corps? La *compilation* des lois rendues par les rois de Rome fut faite sous Tarquin le Superbe, par Papirius, d'où lui est venu le nom de *jus Papirianum*. Dans le sixième siècle, Justinien fit faire une *compilation* générale des plus belles constitutions des empereurs, depuis Adrien jusqu'à son temps. Le droit romain, *compilé* par Justinien, subsista en Orient pendant trois siècles, sans subir d'autres changements que celui du langage.

Il est de dangereux *compilateurs*, comme Escobar, qui *compila* à sa façon la théologie morale ; il en est d'ennuyeux, il en est de vaniteux, deux espèces déplorables, dans lesquelles nous aurions trop de monde à citer si nous voulions citer quelqu'un. Mais un savant modeste et laborieux qui *compile* avec discernement ce qu'il trouve de mieux dans les auteurs sur une matière intéressante sera estimé dans tous les pays ; tandis que rien n'est au-dessous d'un *compilateur* que l'on pense pas ; car pour bien *compiler* il faut approfondir, juger, comparer ; et lorsque, sans viser au triste mérite de plaisanteries rebattues sur le métier de *compilateur*, on se voit forcé de dire d'un livre que son auteur n'est qu'un *compilateur*, c'*est qu'une compilation*, l'ouvrage et l'auteur sont jugés.

Charles Du Rozoir.

COMPITALES ou COMPITALIES (en latin *compitalia*, fait du mot *compitum*, carrefour), nom à la fois d'une fête qui, chez les anciens, se célébrait dans les carrefours, et des dieux qu'on invoquait dans cette fête. On appelait *jeux compitales* (*ludi compitalitii*) ceux qui avaient lieu à cette occasion. Cette fête, consacrée aux dieux lares ou pénates, était mobile. On réglait chaque année le jour où elle devait être célébrée : c'était ordinairement au mois de mai. Les compitales consistaient en saturnales ; les esclaves et les affranchies étaient les prêtres. Denys d'Halicarnaisse et Pline disent qu'elles durent leur établissement à Servius Tullius, sixième roi de Rome. Il paraît qu'elles furent abandonnées et reprises plusieurs fois, puisque nous lisons dans Macrobe que Tarquin le Superbe les rétablit.

L'oracle ayant été consulté à ce sujet et ayant répondu qu'il fallait « sacrifier des têtes pour des têtes, » on pensa qu'il s'agissait de dévouer des victimes humaines pour la santé et la prospérité des premières familles de Rome, et l'on offrit des enfants en holocauste aux dieux lares. Brutus, après avoir chassé les Tarquins, fit substituer à ces victimes innocentes des têtes d'ail et de pavot, satisfaisant ainsi au sens direct de l'oracle, qui avait besoin, comme on le voit, d'être interprété. Durant la célébration de ces fêtes, chaque famille plaçait à l'entrée de sa maison la statue de la déesse Mania (la Folie), et suspendait au-dessus des portes des figures de bois ou de laine, représentant les hôtes du logis, dont on semblait prier les dieux de se contenter, en épargnant les originaux. Edme Héreau.

COMPLAINTE, chanson populaire, souvent composée sans art, sur des airs vulgaires, et dans laquelle on déplore, soit une aventure tragique, soit les méfaits de quelque grand criminel. C'est ainsi qu'avant la révolution (et depuis, cet usage ne s'est pas perdu), on chantait et l'on vendait dans les rues et les carrefours des complaintes qu'accompagnaient des images grossières, en même temps qu'un crieur hurlait l'arrêt du parlement qui condamnait un particulier très-connu dans Paris à être pendu en place de Grève.

Le chant fut, dit-on, le premier langage de l'homme; le philosophe de Stagyre assure que le même mot grec fut donné aux lois et aux chansons. Il est donc permis de croire que si dans l'antiquité les lois étaient chantées, les grandes catastrophes devaient l'être aussi. En France la complainte est contemporaine des temps où il n'existait pas de littérature. *La mort de Roland à Roncevaux* était une complainte guerrière, qu'on chantait encore au onzième siècle. Les historiens racontent qu'un barde nommé Taillefer l'entonna d'une voix forte, en 1066, avant la bataille d'Hastings, qui soumit l'Angleterre à Guillaume le Conquérant. Une complainte plus ancienne peut-être, et dont le style a été modernisé, est celle du *Juif errant*.

Sous le règne de François Iᵉʳ, la chanson du fameux *La Palisse* était une complainte, qu'on a depuis burlesquement rajeunie, dans le genre de celle qui fut faite plus tard sur la mort de Marlborough. On sait que cette dernière, remise en vogue par la nourrice du dauphin, mort enfant à Meudon, en 1790, redevint et resta longtemps populaire en France.

Quelquefois la complainte est une espèce d'élégie chantée. Plusieurs poètes, des académiciens même, se sont exercés dans ce genre. Moncrif a composé, sous le titre de romances, de véritables complaintes : telle est celle des *Constantes amours d'Alix et d'Alexis*, qui finit par la catastrophe d'un coup de poignard, et dont le premier des vingt-quatre couplets lamentables commence ainsi :

Pourquoi rompre leur mariage ,
Méchants parents ?
Ils auraient fait si bon ménage
A tous moments !

Telle est encore la complainte du même auteur, en soixante-douze couplets, qui a pour titre : *Les infortunées amours de la tant belle comtesse de Saulxe* :

Sensibles cœurs, je vais vous réciter,
Mais sans pleurer comment vous écouter, etc.

L'abbé, depuis cardinal, de Bernis a chanté en complainte les *Amours de Mysis et de Zara* :

Écoutez l'histoire
Du beau Mysis et de Zara ;
Jamais leur mémoire
Chez les amants ne périra.
Venez tous m'entendre...
Quand on est bien tendre,
On a du plaisir à pleurer.

Berquin et Andrieux ont rimé en complainte, le premier l'*Histoire de Geneviève de Brabant*, le second l'*Ermite* (imitation de l'anglais), et l'*Histoire de deux amants dont l'un meurt sur le corps de l'autre, que vient d'écraser la foudre*.

Campenon a fait un de ces chants élégiaques sur une Hélène *aimable, douce et sage*, qui, chassée par un maître farouche, parce qu'elle aimait son fils Gervais, mourut de douleur.

La foudre ainsi pendant l'orage
S'abat au nid des tourtereaux.

Car la complainte a ses images, et doit aussi, comme la fable, avoir sa moralité. *Le Novice de la Trappe*, par Florian; *Edma et Edwin*, par Léonard; *L'Ermite*, de Mᵐᵉ Desbordes-Valmore, et *L'Ombre de Marguerite*, par Jouy, sont, sous le titre de romances, de véritables complaintes. Parmi les complaintes historiques de la Révolution, nous citerons celle qui fut chantée, en 1793, dans les rues de Paris, sur la *mort du patriote Marat*; air : *Cœurs sensibles, cœurs fidèles*, gravée et dédiée aux *braves sans-culottes*. Voici le premier couplet; *ab uno disce omnes* :

Amis, que notre complainte
Retentisse avec éclat !
Ne formons tous qu'une plainte
Sur la perte de Marat.
Chacun est saisi de crainte
En voyant cet attentat,
Un si beau complot scélérat.

Charlotte Corday est une *infâme que Satan créa*, et qui offre *en chaque trait du tentateur le portrait*.

Un ancien critique des *Débats*, Dussault, composa, après le supplice d'Hébert, dit le *père Duchesne*, une complainte sur l'air de Jean-Jacques : *Je l'ai planté, je l'ai vu naître*; voici le premier couplet :

Las! il était si patriote
Il faisait des discours si beaux !
Pourquoi siffle-t-il la linotte
Le fameux marchand de fourneaux?

C'était le style du temps. N'oublions pas l'ingénieuse description du tonneau de la rue Saint-Nicaise :

Cette machine infernale,
Au lieu d'eau, contenait des balles,
Et cette invention d'enfer
Avait des cercles de fer.

Dans les Cent-Jours, on fit des complaintes sur l'*Ogre de Corse* et sur l'*Homme rouge*. Vinrent ensuite *l'épicier droguiste et coupable* Trumeau, et *Bastide le gigantesque, moins deux pouces ayant six pieds, scélérat fieffé et même sans politesse*, avec les autres assassins du malheureux Fualdès. L'assassinat du duc de Berry donna lieu à une complainte, où Louis XVIII, devant son cher neveu, *s'arrache les cheveux qu'il n'avait pas sur la tête, et dit en voyant du sang* : *Ce n'est pas du vin blanc*. Une autre complainte fut faite à l'occasion d'un vétéran qui, étant descendu dans une fosse du Jardin des Plantes pour ramasser une pièce d'argent, y perdit la vie.

Fallait-il, ô ours barbare...
Pour un écu de cinq francs
Dévorer un vétéran !

L'explosion de la machine infernale en 1835 inspira plusieurs complaintes. Mᵐᵉ de Girardin fit *La jeune Fille aux Invalides*. Une autre chanta Fieschi, *qui était un Corse, île au milieu de la mer, et qui fit partir une machine infernale contre le roi*.

Ainsi la complainte est aujourd'hui presque toujours sa tirique, comme celle qui fut faite sur les *Barmécides*, de La Harpe; ou facétieuse, comme la *complainte sur la mort d'un cerf qui a toujours été accompagné de deux* biches, et que Laujon composa pour amuser à Chantilly les loisirs du prince de Condé.

Enfin, Vadé a fait des complaintes en style poissard ; la plus connue est celle où il raconte la plaisante histoire de *Manon Giroux* :

> Qu'est-c' qui veut savoir l'histoire
> De Manon Giroux ?
> J'lons encor dans la mémoire.
> Écoutez tretous ?

Il serait inutile de donner la poétique de la complainte ; il nous suffit d'avoir recueilli quelques matériaux pour son histoire.

Ajoutons que dans le seizième siècle on donnait aussi le titre de complainte à des poëmes en grands vers qui ne se chantaient pas. On trouve de ces sortes de poëmes dans les vieux recueils, dans les œuvres de Ronsard, de Remi Belleau, de Du Perron, de Régnier, etc.

Le mot *complaintes*, au pluriel, s'est pris pour lamentations. La *complainte*, n'est, dans sa première et sa plus pure essence, qu'une lamentation, qu'un petit drame larmoyant. VILLENAVE père.

COMPLAINTE (*Droit*). C'est une action p o s s e s-s o i r e par laquelle on demande à être maintenu dans la possession *annale* d'un immeuble ou d'un droit réel immobilier, lorsqu'on y est troublé.

COMPLAISANCE, qualité naturelle à quelques-uns, mais que l'éducation inculque en général aux autres. La complaisance ne consiste pas exclusivement dans la flexibilité ou dans la douceur : la flexibilité se plie ; la douceur se résigne ; la complaisance va au-devant de ce qu'on peut attendre d'elle, elle le devine et l'offre ; enfin, ce qui lui donne tant de charme, c'est qu'elle paraît être de premier mouvement, et que, toujours prévenante, elle se glisse dans chaque détail de la vie. La complaisance, celle qui n'est que le produit du caractère, manque quelquefois de forme ; c'est de la complaisance ce qui donne tant d'avantage à la complaisance des gens du monde : elle ne se montre que là où elle doit être sentie avec délices ; elle est tout à la fois élégante et parée. Il y a donc de l'art dans le genre de complaisance, et sous ce rapport le salon est sa place de choix. Ne comptons pas trop toutefois sur la complaisance ! Elle recule devant les sacrifices, parce qu'elle est plutôt chez les hommes un agrément qu'une vertu. Gardons-nous néanmoins de bannir la complaisance ; ce serait ôter à la société une de ses plus douces séductions ; à ce titre, ne lui demandons que du plaisir, mais jamais de devoirs. La complaisance chez les femmes offre plus d'étendue et de résistance que chez les hommes ; c'est un des ornements de leur bon naturel : elles ont une complaisance inépuisable, pour être utiles et pour se faire aimer.

Le mot *complaisant* employé substantivement est toujours pris en mauvaise part. Un *complaisant* d'office est celui qui s'offre pour subir les caprices, la mauvaise humeur, les rebuffades d'un riche ou d'un puissant, et qui étudie les vices ou ses passions pour en tirer parti. Cette manière d'être dans le monde nous dépouille de toute espèce de considération, parce qu'elle prouve que nous avons troqué notre conscience contre notre fortune. Cependant, il ne faut pas se dissimuler que c'est en se montrant *complaisant* qu'on parvient aux titres et aux dignités ; alors on se passe assez volontiers de l'estime et de la considération publiques. On a fait la remarque que les hommes les plus insolents dans le pouvoir ou la prospérité sont précisément ceux qui ont débuté par être des complaisants ; ils prennent leur revanche, convaincus par leur propre exemple qu'il n'y a pas de bassesse qui fasse reculer les hommes qui ont soif d'arriver ; et il est des époques où ils ont encore foule autour d'eux. SAINT-PROSPER.

COMPLAISANCE (Billets , Signatures de). L'usage général entend par ce mot les billets, lettres de change ou autres engagements qui ne sont pas le résultat d'une opération réelle de commerce. C'est ce qui arrive lorsque plusieurs personnes s'obligent au payement, soit par a v a l , soit par e n d o s s e m e n t, tandis qu'une seule reçoit réellement la valeur de l'engagement ; la loi (art. 586 du Code de Commerce) appelle les signatures ainsi apposées *signatures de crédit* ou *de circulation*. Ces sortes d'engagements donnent lieu à de graves abus. Un procès a même révélé à quel vil prix on pouvait obtenir des signatures de complaisance. Cependant il faut reconnaître que ces billets de crédit offrent à l'homme solvable un moyen d'obliger actuellement en ne s'engageant que pour l'avenir.

COMPLÉMENT. On entend proprement par ce mot, fait du latin *complementum*, toute partie ajoutée à une autre dans le but de la rendre plus complète, plus parfaite, et qui forme avec elle un tout ; on dit également le *complément* d'une somme, d'une affaire ou d'une instruction, etc.

En arithmétique, le complément d'un nombre est celui que l'on obtient en retranchant ce nombre de 10, 100, 1000, etc., et, en général, de la puissance de 10 immédiatement supérieure. Ainsi le complément de 3 est 7 (ou 10—3); celui de 53 est 47 (ou 100— 53). L'emploi des compléments est très-fréquent dans les calculs que l'on effectue à l'aide des l o g a r i t h m e s.

En géométrie, le complément d'un a n g l e est celui qu'il faut lui ajouter pour obtenir un angle droit. Si l'angle dont on veut avoir le complément est exprimé en degrés, minutes et secondes, il faut retrancher ce nombre de degrés, minutes et secondes, de 90 degrés. Par exemple, le complément de l'angle de 7° 25' 32" est l'angle de 82° 34' 28" (ou 90° — 7° 25' 32").

On nommait autrefois *complément d'un intervalle*, en musique, ce qui lui manque pour arriver à l'octave : c'est par conséquent la même chose que *renversement* (voyez INTERVALLE).

En astronomie, on nomme *complément de la hauteur d'une étoile*, la distance d'une étoile au zénith, ou l'arc compris entre le lieu de l'étoile au-dessus de l'horizon et le zénith.

En termes de navigation, *complément de route* se dit du complément de l'angle que la route ou le rumb que l'on suit fait avec le méridien du lieu où l'on se trouve.

En termes de fortification, *complément de la courtine* se dit de la partie de la c o u r t i n e dont on a ôté le flanc jusqu'à l'angle de la gorge, c'est-à-dire la partie du côté intérieur qui est composée de la courtine et de la demi-gorge ; le *complément de la ligne de défense* est le reste de cette ligne lorsque l'on a ôté l'angle du flanc.

Complément, en grammaire, se dit généralement des mots qui sont régis par d'autres, ou qui servent à préciser, à déterminer la signification des mots auxquels on les joint, à *compléter* une proposition. Dans cette phrase : le *livre de Pierre*, Pierre est le complément de la préposition *de*, et les mots *de Pierre* sont ensemble le *complément de livre*. Les adverbes sont les *compléments* des verbes et des adjectifs. Le régime direct et le régime indirect d'un verbe se disent aussi *complément direct* et *complément indirect*.

La distinction la plus essentielle entre les diverses sortes de *compléments* est celle de *complément logique* et de *complément grammatical*. Le premier est la réunion de tous les mots qui servent à *compléter*, à déterminer la signification d'un autre mot. Le second se dit du seul mot qui exprime l'idée principale dans cette réunion et qui est soumis comme tel aux modifications qu'exigent les règles de la grammaire. Dans cette phrase : *j'adore le Dieu de nos pères*, le complément logique du verbe *j'adore* est *le Dieu de nos pères* ; le complément grammatical est simplement *Dieu*.

COMPLÉMENTAIRES (Jours). Voyez CALENDRIER RÉPUBLICAIN.

COMPLÉMENTAIRES (Couleurs). *Voyez* COULEUR.

COMPLEXE, terme de didactique opposé à *simple*. Il signifie, qui embrasse plusieurs choses. Une idée *complexe* est celle qui en renferme plusieurs, une proposition *complexe* est celle qui est composée de plusieurs membres.

En arithmétique, on nomme *complexes* les nombres composés de différentes espèces d'unités, tels que 1 toise 3 pieds 6 pouces 10 lignes, 3 livres 12 sous 10 deniers, 30 degrés 15 minutes 10 secondes. On avait adopté certaines règles pour opérer sur ces nombres, qui ne sont au fond que des nombres fractionnaires. L'introduction du système décimal a simplifié l'arithmétique.

En algèbre, une quantité *complexe* est une quantité liée par les signes $+$ ou $-$, comme $a + b - c$.

COMPLEXION. Ce mot équivaut à peu près à celui d'*organisation*, de *structure*; il a l'avantage d'exprimer cette diversité de tissus et d'organes dont le corps de l'homme est formé. Lorsque les divers éléments constitutifs du corps se trouvent alliés dans de justes proportions, qu'il n'y a pas plus de nerfs que de vaisseaux, et pas plus de lymphe que de sang, on dit que la *complexion est bonne*. Si, au contraire, il y a pâleur et maigreur, peu de muscles, peu de vaisseaux, peu de forces, on dit de la *complexion* qu'elle est *faible*, qu'elle est *mauvaise*; elle passe pour *forte* et *solide* quand les muscles paraissent prédominer. On dit aussi une *complexion délicate*, ce qui indique beaucoup de sensibilité jointe à une poitrine étroite et irritable. Ce mot a de loin pour analogues ceux de *constitution* et de *tempérament*. Cependant le mot de constitution a une tout autre portée : constitué dit beaucoup plus qu'organisé, que complexe ou que tempéré. Un corps constitué est régi par des lois, et ces lois sont fondamentales. Le tempérament ou la complexion peut changer par l'âge ou l'alimentation; la constitution ne change jamais sans révolution, c'est-à-dire sans maladie. Pour ce qui est de l'acception précise, *complexion* désigne surtout l'état de la santé; *constitution* sert à exprimer le degré de force et de résistance; et *tempérament* telle ou telle prédominance soit d'organes, soit d'humeurs.

D' Isidore BOURDON.

COMPLEXION (*Rhétorique*), figure qui contient en même temps une répétition et une conversion, c'est-à-dire dans laquelle plusieurs membres du discours commencent et se terminent par le même tour et avec les mêmes mots pour la chute de la phrase. En voici un exemple pris dans Cicéron : « Qui est l'auteur de cette loi? Rullus. Qui a privé du suffrage la plus grande partie du peuple romain? Rullus. Qui a présidé les comices? Rullus. » En voici un autre emprunté à Massillon : « Sur toutes les choses qui nous environnent, sur tous les événements qui nous frappent, sur tous les objets qui nous intéressent, nous pensons comme le monde, nous jugeons comme le monde, nous sentons comme le monde, nous agissons comme le monde. »

COMPLICATION (en latin *complicatio*, de *complicare*, formé de *cum*, avec, et de *plicare*, plier, envelopper). Dans le sens le plus usuel, ce mot signifie assemblage, concours de plusieurs choses de différente nature : *complication* de crimes, de maux, de malheurs ; *affaire compliquée*, mêlée avec d'autres ou difficile en elle-même. On dit encore des ouvrages d'art, de littérature et de science, qu'ils sont plus ou moins *compliqués*, lorsque les parties qui les composent sont plus ou moins nombreuses et variées. Dans l'enfance de l'art les machines sont toujours compliquées. En médecine, les maladies se compliquent souvent d'autres maladies.

COMPLICE, COMPLICITÉ. Le *complice* est celui qui participe à l'exécution ou à la tentative d'exécution d'un crime ou d'un délit. En fait de contravention, la complicité n'est pas admise. L'article 59 du Code Pénal consacre en principe que les complices d'un crime ou d'un délit sont punis des mêmes peines que l'auteur principal. La loi considère comme complices : 1° tous ceux qui par dons, promesses, menaces, abus d'autorité ou de pouvoir, machinations ou artifices coupables auront provoqué à une action criminelle, ou donné des instructions pour la commettre ; 2° ceux qui auront procuré des armes, des instruments ou tout autre moyen qui aura servi à l'action, sachant qu'ils devaient y servir ; 3° ceux qui auront, avec connaissance, aidé ou assisté l'auteur ou les auteurs de l'action, dans les faits qui l'auront préparée ou facilitée, ou dans les faits qui l'auront consommée ; ceux qui auront sciemment recélé tout ou partie des choses enlevées, détournées ou obtenues à l'aide d'un crime ou d'un délit ; 5° ceux qui, connaissant la conduite criminelle des malfaiteurs, exerçant des brigandages ou des violences contre la sûreté de l'État ou la paix publique, les personnes ou les propriétés, leur fournissent habituellement logement, lieu de retraite ou de réunion (Code Pénal, art. 60, 61 et 62). L'article 63 du même code contient cependant une exception au principe que les complices encourent la même peine que l'auteur principal. Il déclare que la peine de mort encourue par l'auteur principal sera remplacée à l'égard des recéleurs par celle des travaux forcés à perpétuité. La peine infligée au complice peut être plus longue que celle encourue par l'auteur principal, si d'ailleurs cette plus longue durée ne change pas la nature de la peine. Il est des cas où l'auteur d'un crime ou d'un délit peut être absous, et le complice condamné : par exemple, si l'auteur a agi sans intention criminelle ou sans discernement, et lorsqu'il s'agit d'un vol commis par une femme au préjudice de son mari ; le législateur, par des raisons de morale publique, n'a pas voulu la femme pût être soumise à une action criminelle à raison de ce fait, mais le complice, sans la protection duquel le crime ou le délit n'aurait probablement pas été commis, n'a pas le même privilège.

Les complices d'un même crime ou d'un même délit sont en général soumis simultanément à la même instruction, au même débat. La loi veut surtout qu'ils soient soumis à la même juridiction. L'indivisibilité de l'affaire fait une loi, dans l'intérêt de l'ordre public, de la vérité et de la justice, de juger en même temps les individus inculpés du même crime. Il peut arriver cependant que la force des choses prive la justice de ce concours d'éclaircissements ; l'auteur principal d'un crime peut être demeuré inconnu, il peut s'être soustrait par la fuite, par le suicide, au châtiment qui le menaçait, il peut être mort depuis que la justice a eu connaissance du crime, enfin les complices peuvent n'être découverts ou reconnus qu'après la condamnation du principal accusé ; dans tous ces cas, les complices sont nécessairement soumis à un débat distinct, mais devant la même juridiction.

À certains moments les passions politiques ont fait créer une complicité que la loi ne connaît pas, c'est la *complicité morale*. On a imaginé que des hommes dont rien n'indiquait une participation directe à un crime ou à un acte politique pouvaient y avoir une part indirecte par leurs opinions, leurs actes ou leurs écrits. Ainsi, les ultra-royalistes accusaient en 1820 les ministres de complicité morale dans l'assassinat du duc de Berry, parce que leurs opinions libérales encourageaient les idées révolutionnaires ; c'est ainsi encore que sous Louis-Philippe, lors de l'attentat Quenisset, on vit la cour des pairs condamner un journaliste dont rien ne prouvait une participation directe au fait incriminé.

COMPLIES (en latin *completa*, *completorium*, complément). C'est en effet, dans l'Église romaine, la huitième et dernière partie de l'office canonial du jour. Elle se dit le soir après vêpres, et servait autrefois de prière avant le coucher. Elle se compose du *Deus adjutorium*, de trois psaumes sous une seule antienne, d'une hymne, d'un capitule et d'un répons bref, puis du cantique de Siméon : *Nunc dimittis*, de quelques prières ou versets, du *confiteor* avec l'absolution, d'un *oremus*, et enfin d'une antienne à la Vierge, avec son verset et son oraison.

On ne sait pas au juste l'époque de l'institution de cette partie de l'office, dans laquelle l'Église a en vue d'honorer la mémoire de la sépulture de Jésus-Christ. Ce qu'il y a de certain, c'est qu'elle était inconnue dans la primitive Église, comme le prouve contre Bellarmin le cardinal Bona (*De Psalmod.*), car les anciens terminaient leur office à none; et il paraît même, d'après saint Basile, qu'ils chantaient le psaume 90, qu'on récite maintenant à complies. Saint Benoît est le premier auteur ecclésiastique qui parle des complies. Il avait établi dans sa règle que sur le soir les moines s'assembleraient pour faire en commun une lecture spirituelle et terminer ensuite la journée par quelques prières.

COMPLIMENT, paroles plus ou moins civiles, obligeantes, flatteuses, par lesquelles on témoigne du respect, de l'affection, de l'estime; où l'on exprime la part qu'on a l'air de prendre à un événement heureux; discours solennel adressé à une personne revêtue de quelque autorité; petit discours en prose ou en vers qu'un enfant récite ou présente aux siens le jour de leur fête ou le jour de l'an. En somme, c'est un plaisir de vanité qu'on procure à autrui, mais que la morale la plus rigoureuse aurait tort de condamner toujours. En réalité, il est vrai, on ne doit au prochain que justice et vérité. Pourtant l'esprit de sociabilité a bientôt fait comprendre que, pour rendre plus attachants même les rapports ordinaires, il fallait que chacun fît valoir son voisin. De là est né une quatrième espèce de compliment qui prime les trois autres, mais qui, pour produire son effet, doit jaillir comme à l'improviste : c'est assez dire que l'à-propos en constitue le mérite. A part quelques exceptions, les compliments entre hommes sont de très-mauvais goût, et rendent aussi ridicules ceux qui les font que ceux qui les reçoivent, à moins qu'une légère teinte de plaisanterie ne les caractérise au passage. Quant aux femmes, douées de tant de perspicacité pour deviner les hommes, de tant de finesse et d'habileté pour les entraîner à leur propre volonté, elles cèdent toutes au piège du compliment, surtout lorsqu'il exagère les agréments de leur personne : elles vivent et meurent là cet égard dans une enfance perpétuelle. C'est le seul point sur lequel elles ne soient pas choquées par le défaut de mesure et de délicatesse : elles sacrifient la qualité à la quantité. Il ne faut donc pas être trop surpris de ces femmes tout à fait supérieures ont été dominées jusqu'à la tyrannie par des hommes médiocres : c'est qu'ils parvenaient à les prendre par le faible des compliments. Après en avoir néanmoins signalé les périls, il est sage de n'en pas interdire en masse l'usage; on se réunit en effet dans un salon, non pas précisément pour s'améliorer, mais pour se distraire. Les compliments, quand ils sont rares et bien tournés, produisent ce résultat satisfaisant : ils jettent une sorte de grâce dans la société, et la grâce, lorsqu'elle est à sa place, ne gâte rien.

Quant au *compliment officiel*, tout le monde est d'accord sur son insignifiance radicale; et cependant l'usage s'en maintient, parce qu'il plaît à tous les gouvernements. Leur parler en effet, c'est prouver qu'on croit à leur existence, et ces témoignages-là, quelque peu sincères qu'ils soient, font toujours plaisir. Le compliment officiel vivra donc tant qu'il y aura des gouvernements, et jamais les gouvernements ne s'apercevront que les compliments qu'on leur apporte ont déjà servi à cinq ou six de leurs prédécesseurs, à qui ils ont été débités par les mêmes bouches.

Dans le siècle précédent, c'était un des soins principaux de l'éducation du monde que de rendre *complimenteur* avec aisance et grâce. Je me rappelle encore quelques vieillards de ce temps-là qui avaient appartenu jadis à la haute société : complimenteurs avec les femmes, toujours respectueux avec elles dans la forme, mais légers dans le ton, ils avaient néanmoins l'air de croire à tout ce qui leur échappait de flatteur. Aujourd'hui, au genre complimenteur a succédé le genre grossier. Touche-t-on à l'âge mûr, on ne respire plus que lucre et spéculation; on en devient âpre et dur : de l'âme ces sentiments passent dans les manières. Les jeunes gens, pour mieux se donner l'aspect moyen-âge, négligent leurs vêtements, laissent pousser leur barbe et ne parlent plus aux hommes et aux femmes que pour les rudoyer; ils tiennent la politesse pour un contre-sens historique.
SAINT-PROSPER.

COMPLOT. On qualifie ainsi un projet concerté en secret par plusieurs ou seulement par deux personnes contre l'intérêt d'un tiers. Dans l'histoire, les complots contre les gouvernements et les souverains prennent le nom de *conjuration* ou de *conspiration*.

Dans le langage juridique, le complot est la résolution d'agir concertée et arrêtée entre deux ou plusieurs personnes. Le complot ayant pour but l'attentat contre la vie ou la personne du souverain, contre la vie ou la personne des membres de sa famille, la destruction ou le changement de gouvernement ou l'ordre de successibilité au trône, ou l'excitation des citoyens ou habitants à s'armer contre l'autorité impériale, le complot ayant pour but soit de faire naître la guerre civile en armant ou en excitant les citoyens ou habitants à s'armer les uns contre les autres, soit de porter la dévastation, le massacre et le pillage dans une ou plusieurs communes, s'il a été suivi d'un acte commis ou commencé pour en préparer l'exécution, est puni de la déportation. S'il n'a été suivi d'aucun acte commis ou commencé pour en préparer l'exécution, la peine est celle de la détention. S'il y a eu proposition faite et non agréée de former un complot pour arriver aux crimes dont nous venons de parler, celui qui a fait la proposition est puni d'un emprisonnement de un an à cinq ans.

Avant le 19 mai 1819 étaient punis comme coupables de crimes ou complots tous ceux qui, soit par discours tenus dans des lieux ou réunions publics, soit par des placards affichés, soit par des écrits imprimés, auraient excité directement les citoyens ou habitants à les commettre Seulement, dans le cas où lesdites provocations n'auraient été suivies d'aucun effet, la peine était le bannissement. Suivant le Code de 1810, modifié en 1832, le complot et l'attentat étaient punis des mêmes peines. Bien plus, avant la loi du 28 avril 1832 toutes personnes qui ayant eu connaissance de complots formés ou de crimes projetés contre la sûreté intérieure ou extérieure de l'État, n'en auraient pas fait la déclaration et n'auraient pas révélé au gouvernement ou aux autorités administratives ou de police judiciaire les circonstances qui leur seraient venues à leur connaissance, le tout dans les vingt-quatre heures qui auraient suivi la dite connaissance étaient, lors même qu'elles seraient reconnues exemptes de toute complicité, punies, pour le seul fait de non-révélation, de la peine de la réclusion ou d'un emprisonnement de deux à cinq ans, avec amende de 500 à 2,000 fr. « Celui qui aura eu connaissance desdits crimes ou complots non révélés, ajoutait le Code Pénal, ne sera pas admis à excuse sur le fondement qu'il ne les aurait point approuvés ou même qu'il s'y serait opposé et aurait cherché à en dissuader leurs auteurs. Si le non-révélateur était conjoint, ascendant ou descendant, frère ou sœur ou allié aux mêmes degrés de l'auteur du crime ou complot, il ne pouvait qu'être mis sous la surveillance de la haute police pour dix ans au plus. Étaient exemptés des peines prononcées contre les auteurs des complots et attentats ceux des coupables qui avant toute exécution ou avant toute poursuite auraient averti le gouvernement ou les autorités. Toutes ces dispositions furent abrogées en 1832.

La loi du 28 mai 1853, qui a rétabli les articles 86 et 87 du Code Pénal modifiés en 1832, et qu'on pouvait croire abrogés par la révolution de Février, laisse subsister la distinction entre le complot et l'attentat. L'attentat contre la vie ou la personne du souverain est puni de la peine du parricide; l'attentat contre la vie des membres de sa famille est puni de la peine de mort, l'attentat contre leur personne est puni de la déportation dans une enceinte fortifiée. L'attentat dont le but est soit de détruire ou de changer le gouvernement ou l'ordre de successibilité au trône, soit d'exciter les citoyens ou habitants à s'armer contre l'autorité impériale, est puni de la peine de la déportation dans une enceinte fortifiée. Le gouvernement avait proposé la peine de mort dans ces deux cas, où le corps législatif a proposé de substituer la déportation dans une enceinte fortifiée, afin de ne pas rétablir la peine de mort en matière politique, proposition qui fut acceptée par le conseil d'État sous certaines réserves. L. LOUVET.

COMPLUTUM. *Voyez* ALCALA.

COMPONCTION (du latin *compunctio*, fait du verbe *pungere*, piquer, percer, aiguillonner), terme de théologie, synonyme de *contrition*, par lequel on exprime la douleur, le regret d'avoir offensé Dieu. La confession n'est bonne que quand elle est accompagnée d'un repentir sincère et de la componction du cœur. Dans la vie spirituelle, ce mot a une signification plus étendue; il se prend pour le sentiment d'une pieuse douleur excitée par la vue des misères de la vie, des dangers, de l'aveuglement du monde, et par le spectacle des fautes où se jette et se perd l'humanité. Le mot de *componction* emporte avec lui l'acception d'humilité et de tristesse.

COMPONIUM, orgue à cylindre d'une grande perfection, que l'on a fait entendre à Paris en 1824. Cet orgue exécutait l'ouverture de *La Pie voleuse* et d'autres symphonies avec une exactitude étonnante; le son en était puissant et flatteur. On avait pointé sur ses cylindres des thèmes, suivis d'une infinité de variations de différents caractères; ces variations se joignaient l'une à l'autre, et la chaîne était assez longue pour fatiguer l'oreille et la dépayser de manière à ce qu'elle ne pût pas remarquer le point de suture, lorsque le cylindre était mis en jeu assez longtemps pour l'ameuer, et recommencer ainsi la litanie déjà entendue pendant quinze ou vingt minutes. Le plus souvent on arrêtait l'instrument au milieu de sa course pour ne pas le laisser épuiser sa chanson variée. Le propriétaire de l'orgue prétendait que toutes ces combinaisons musicales, ces changements de rhythme, de figures, d'arpéges, de batteries, étaient produits spontanément par l'instrument; qu'il suffisait de pointer le thème sur le cylindre, d'établir en même temps, par le même moyen, une bonne harmonie sous le chant, et que les variations arrivaient ensuite par le mélange, le renversement des accords, opérés par le jeu des rouages qui donnaient au cylindre des impulsions diverses. C'est à cause de cette prétendue propriété, qui aurait donné à cet orgue la faculté de composer ou du moins de travailler un motif, sans qu'il fût possible de prévoir le résultat de ses improvisations et de ses nouvelles figures musicales qu'il avait présenter, comme le **kaléidoscope** l'eût fait à l'égard du dessin, qu'on l'avait décoré du nom de *componium*. Cet instrument était remarquable si on le considérait comme une grande serinette, dont l'exactitude automatique était excellente sous le rapport de l'intonation, la précision, l'égalité des temps; mais, pareille à la beauté du masque, cette musique, privée d'expression, ennuyait, fatiguait bientôt. Quant à sa faculté de composer et d'improviser, c'était un artifice de charlatan, dont je viens de faire connaître le procédé. CASTIL-BLAZE.

COMPOSÉ. On nomme ainsi ce chimie le résultat de la combinaison de deux corps, c'est-à-dire de leur union intime, moléculaire; l'eau est un composé d'oxygène et d'hydrogène; la poudre à canon n'est qu'un mélange de charbon, de soufre et de salpêtre.

Un composé est dit *binaire*, *ternaire*, ou *quaternaire*, suivant qu'il provient de l'union de deux, trois ou quatre corps simples. Les composés qui renferment un plus grand nombre d'éléments sont excessivement rares. On sait que le nombre des corps simples connus est assez limité. Il n'en est pas de même de leurs composés, dont la liste s'accroît chaque jour, surtout depuis que les progrès de la chimie organique ont permis d'étudier les nombreux principes immédiats des végétaux et des animaux, qui résultent tous des diverses combinaisons dont sont susceptibles le carbone, l'oxygène, l'hydrogène et l'azote.

COMPOSÉES. Quelques botanistes emploient encore ce mot pour désigner l'inflorescence en capitule et la famille de plantes plus exactement appelées aujourd'hui les *synanthérées*. Ce que l'on considérait en effet comme une fleur composée n'est autre chose qu'un assemblage de fleurs fort petites, rapprochées les unes des autres sur un réceptacle commun et environnées de folioles disposées symétriquement, ainsi qu'on peut le remarquer dans l'artichaut, le chardon, le soleil, etc. DEMEZIL.

COMPOSITE (Ordre). *Voyez* ORDRES D'ARCHITECTURE.

COMPOSITEUR, celui qui compose la musique suivant les règles de la composition. Toute la science possible ne suffit point sans le génie qui la met en œuvre. Quelque effort que l'on puisse faire, quelque acquit que l'on puisse avoir, il faut être né pour cet art, autrement on n'y fera jamais rien que de médiocre; et par la même raison le plus beau génie sans doctrine musicale ne produira que des mélodies brutes, des phrases incohérentes, un fatras dégoûtant, quelquefois accueilli par la multitude ignorante, et toujours méprisé par les connaisseurs.

Plus franc et surtout plus noble, le titre de *musicien* devrait être préféré à celui de *compositeur*. Il se rapporte également à celui qui crée la musique et à celui qui l'exécute. Dans le style soutenu, on dira toujours *les peintres et les musiciens*, *le musicien et le poète*, et non pas *les poètes et les compositeurs*, etc. On m'opposera peut-être que l'on veut ainsi établir une différence entre le maître de chapelle et le ménétrier : je réponds à cela que ce n'est point le nom,

C'est la seule vertu qui fait la différence.

Celui qui reblanchit les maisons et barbouille des enseignes prend le même titre que les émules du Poussin, et l'on ne saurait disputer à Pradon le titre de *poëte* : il a écrit en vers. CASTIL-BLAZE.

COMPOSITEUR (*Typographie*), celui qui assemble, arrange et combine les caractères pour en former des mots, des lignes et des pages. Un bon compositeur est un homme d'autant plus précieux que ses services sont plus modestes. Si les compositeurs, dans la précipitation de leur travail, prêtent souvent des fautes aux auteurs, ils leur en épargnent aussi quelquefois. Règle générale : un compositeur ne doit pas avoir plus d'esprit qu'un auteur, mais il est tenu parfois d'avoir plus d'instruction; nous parlons de cette instruction qui regarde la grammaire et l'orthographe, trop dédaignées encore par certains auteurs. Cependant à mesure que le public est devenu moins difficile, les exigences typographiques ont baissé; on croyait même que, si l'on se contentait de livres assez mal écrits, on a pensé qu'on se supporterait aussi moins bien *composés*. Les fautes d'impression se mêlent aux fautes de grammaire, si bien qu'il serait souvent difficile de savoir à qui les attribuer, et le lecteur n'y voit la plupart du temps que du blanc et du noir. Les imprimeurs ont donc pu parfaitement se servir de compositeurs peu instruits, de femmes, d'enfants, de machines; quelques ouvriers intelligents réparent le tout d'une manière suffisante.

COMPOSITEUR (Amiable). *Voyez* ARBITRAGE.

COMPOSITION (en latin *compositio*, formé de la particule *cum*, et du verbe *ponere*, mettre). Ce mot marque l'action de réunir plusieurs parties et de les arranger de manière à en former un tout homogène. Il peut donc s'appliquer à la fois aux choses physiques et aux choses morales et intellectuelles. Dans le premier cas, on donne le nom de *compositions* à certaines préparations chimiques ou médicales, au mélange, à l'incorporation, à la mixtion de certaines substances ou de certaines drogues qui servent pour les besoins des arts ou pour ceux de la thérapeutique. *Composition* se dit encore dans ce sens de l'imitation de certaines matières précieuses par d'autres matières communes et mélangées avec assez d'art pour tromper quelquefois l'œil le plus expérimenté. Ce mot s'emploie aussi dans le discours pour désigner l'art d'arranger les mots de la période ou de la phrase de manière à rendre le style léger, coulant, vif, harmonieux, concis et clair surtout. En logique, il s'entend de l'art de disposer les idées ou les matières dans l'ordre rigoureux qu'elles doivent garder entre elles, suivant leur nature, leur caractère et l'effet qu'on veut produire ou le but qu'on se propose. En grammaire, il se dit de la jonction de certains mots à d'autres mots ou de simples particules qui suffisent pour en augmenter ou en diminuer la force ou la valeur, et en modifier enfin le sens ou l'expression, selon qu'il est besoin. De l'observation des règles de composition particulières au langage, concernant soit le style, soit les idées, dépendent la force et la clarté du discours. Il en est des discours comme des corps, qui doivent ordinairement leur principal mérite à l'assemblage et à la juste proportion de leurs membres. Ce sont toutes ces qualités du style et des idées qui, jointes à la force ou au charme de la pensée et de l'imagination, créent ces grandes *compositions* dont les beaux siècles littéraires de la Grèce, de Rome, de l'Italie et de la France, se sont enorgueillis.

Dans les colléges, on donne le nom de *composition* au thème que font des écoliers sur un sujet commun qui leur est donné par le régent ou le maître de la classe, et qui sert à régler entre eux les places, et à distribuer quelquefois les prix selon le mérite respectif dont ils ont fait preuve.

Composition, en termes de guerre, s'est dit pour capitulation, convention que fait une place qui se rend.

Il signifie en outre un accommodement par lequel deux personnes en discussion se relâchent plus ou moins de leurs prétentions. Edme Héreau.

Aux époques de force, où les croyances sont énergiques et les opinions sincères de l'un et de l'autre, on ne se cède rien. Chacun étant convaincu qu'il est en possession de la vérité, il est impossible d'*entrer en composition* : on obtient ou on perd tout, jusqu'à la vie. Aux jours d'adresse ou de ruse, on n'attaque jamais de front ; la lutte répugne à la débilité régnante ; le grand art pour faire fortune, c'est d'avoir au plus haut degré l'*esprit de composition* et de s'en servir à propos : quand il s'agit que d'intérêts, un quart d'heure plus tôt ou plus tard est d'une extrême importance. Si chez les hommes influents d'une nation dominent les habitudes de *composition*, il n'y a plus de dignité personnelle, et avec le temps se perd l'indépendance nationale. Un des plus grands malheurs des révolutions, quand elles sont fréquentes, c'est qu'elles amènent tant de déplacements successifs, et donnent tant de fois le spectacle de la vertu défaite et décimée, que la conviction générale se forme qu'au lieu de résister inutilement, il vaut mieux, en gardant certains avantages, *entrer en composition*. La morale publique en est aussi pervertie ; les consciences se troquent contre les places, et les services s'élèvent plus haut que les talents. Les hommes sont tenus en général de se montrer *de facile composition* sur les intérêts qui leur sont personnels ; mais il est intraitables sur les devoirs qui les lient à la société tout entière. L'injure la plus sanglante qu'on puisse faire à une femme, c'est de la déclarer de bonne et facile *composition*. Saint-Prosper.

COMPOSITION (*Droit des barbares*), satisfaction, stipulation qui se faisait chez les nations barbares par une convention réciproque entre les parents de la personne offensée et ceux de l'offenseur. Cette satisfaction regardait celui qui avait été offensé, s'il pouvait la recevoir ; et les parents, si l'injure et le tort leur était commun, ou si par la mort de celui qui avait été offensé, la composition leur était dévolue. Tacite en parle dans les mœurs des anciens Germains, de même que la loi des Frisons, qui laissait le peuple, pour ainsi dire, dans l'état de nature, et où chaque famille pouvait à sa fantaisie exercer sa vengeance jusqu'à ce qu'elle eût été satisfaite par la composition. Depuis, les législateurs des nations barbares mirent un prix juste à la composition que devait recevoir celui à qui l'on avait fait quelque tort ou quelque injure, et leurs lois y pourvurent avec une exactitude admirable.

La principale composition était celle que le meurtrier devait payer aux parents du mort. Toutes les compositions étaient à prix d'argent ou de denrées, dont la loi arbitrait même la valeur : ce qui explique comment avec si peu d'argent il y avait chez les peuples barbares tant de peines pécuniaires. Ces lois s'attachèrent à marquer avec précision la différence des torts, des injures, des crimes, afin que chacun connût au juste le montant de la composition qu'il devait avoir et qu'il n'en reçût pas davantage. A ce point de vue, celui qui se vengeait après la satisfaction reçue commettait un grand crime. Un autre crime était de ne vouloir point faire la satisfaction. Nous voyons dans divers codes des lois des peuples, que les législateurs y obligeaient absolument.

Il aurait été injuste d'accorder une composition aux parents d'un voleur tué dans l'action du vol, ou à ceux d'une femme qui avait été renvoyée après une séparation pour crime d'adultère. La loi des Bourguignons ne donnait point de composition dans des cas pareils, et punissait les parents qui en poursuivaient la vengeance.

Il n'est pas rare de trouver dans leurs codes des compositions pour des actions involontaires. La loi des Lombards est presque toujours sensée : elle voulait que dans ce cas on composât suivant sa générosité, et que les parents ne pussent plus poursuivre la vengeance.

Clotaire II fit un décret très-sage : il défendit à celui qui avait été volé de recevoir sa composition en secret et sans l'ordonnance du juge ; en voici la raison. Il arriva par le laps de temps qu'outre la composition qu'on devait payer aux parents pour les meurtres, les torts, les injures, il fallut payer en outre un certain droit que les codes des lois barbares appellent *fredum*, c'est-à-dire autant qu'on peut rendre ce mot dans nos langues modernes, une récompense de la protection accordée contre le droit de vengeance. Quand la loi ne fixait pas ce *fredum*, il était ordinairement le tiers de ce qu'on donnait pour la composition, comme il paraît dans la loi des Ripuaires ; et c'était le coupable qui payait ce *fredum*, lequel était un droit local pour celui qui jugeait dans le territoire. La grandeur du *fredum* se proportionna à la grandeur de la protection : cela était simple. Ainsi, le droit pour la protection du roi fut plus grand que le droit accordé pour la protection du comte ou des autres juges.

On voit déjà naître ici la justice des seigneurs. Les fiefs comprenaient de grands territoires ; ceux qui obtinrent des fiefs en obtinrent tous les émoluments possibles ; et comme un des plus grands était les profits judiciaires, *freda*, celui qui avait le fief avait aussi la justice, c'est-à-dire le soin de faire payer les compositions de la loi, et surtout celui d'en exiger les amendes. Ainsi les compositions ont produit par filiation les justices des seigneurs.

Ensuite les églises ayant acquis des biens très-considérables firent aussi payer les droits des compositions dans leurs fiefs. C'est encore ce qu'on devine sans peine ; et comme ces droits emportaient nécessairement celui d'empêcher les officiers royaux d'entrer dans leurs territoires pour exiger ces *freda*, le droit qu'eurent les ecclésiastiques de rendre la justice dans leurs domaines fut appelé *immunité* dans le style des formules, des chartes et des capitulaires. Voilà donc encore l'origine des immunités ecclésiastiques.

Ch^r de Jaucourt.

Chez les peuples germaniques, on appelait *wehrgeld* la composition ou somme que le meurtrier était tenu de payer à la famille du mort. On varie beaucoup sur le sens étymologique du mot *wehrgeld*; je n'indiquerai que les deux opinions principales. Selon les uns (Mœser, Adelung), il vient de l'ancien mot *wehre*, valeur (aujourd'hui *werth*), et signifie littéralement l'argent que vaut un homme. Selon les autres, il dérive de *wehr*, *wehrs*, arme, défense (*wehren*, empêcher; *wahren*, *bewahren*, garantir; *warrant*, garantie), et signifie l'argent qui défend, qui garantit la vie d'un homme (Hulmann, Campe). Quoique la première de ces deux explications paraisse généralement adoptée par les savants qui dans ces derniers temps se sont occupés avec le plus de succès des antiquités germaniques, je suis porté à préférer la seconde.

On a voulu considérer le *wehrgeld* comme le signe infaillible de la condition des hommes durant les cinquième, sixième, septième, huitième siècles de l'ère chrétienne, puisqu'il fixait le taux de la vie des hommes, la mesure de leur valeur. Pour que ce signe fût exact et nous révélât vraiment l'état des personnes, il faudrait que cet état eût été le seul élément de la fixation du *wehrgeld*, que la vie des individus n'eût été évaluée qu'en raison de leur qualité, de leur condition, du rang et des droits qu'ils possédaient comme citoyens. Le tableau des diverses compositions prescrites par les lois barbares prouvera que cela n'était point, et que le *wehrgeld* était fort souvent fixé d'après des considérations absolument étrangères à la condition sociale des individus. Je n'épuiserai pas dans ce tableau tous les cas de composition énumérés dans les lois des divers peuples germains; mais j'en réunirai un assez grand nombre pour démontrer l'inexactitude de ce principe de classification.

Le *wehrgeld* était de

1800 sols (*solidi*) pour le meurtre du barbare libre, compagnon du roi (*in truste regia*), attaqué et tué dans sa maison par une bande armée, chez les Francs saliens.

960 1° Le duc, chez les Bavarois; 2° l'évêque, chez les Allemands.

900 1° L'évêque, chez les Francs Ripuaires; 2° le Romain (*in truste regia*) attaqué et tué dans sa maison par une bande armée, chez les Francs Saliens.

640 Les parents du duc, chez les Bavarois.

600 1° Tout homme (*in truste regia*), chez les Ripuaires; 2° le même, chez les Francs Saliens; 3° le comte, chez les Ripuaires; 4° le prêtre né libre, chez les Ripuaires; 5° le prêtre, chez les Allemands; 6° le comte, chez les Francs Saliens; 7° le *sagibaro* (espèce de juge) libre, *ibid.*; 8° le prêtre, *ibid.*; 9° l'homme libre attaqué et tué dans sa maison par une bande armée, *ibid.*

500 Le diacre, chez les Ripuaires.

400 1° Le sous-diacre, chez les Ripuaires; 2° le diacre, chez les Allemands; 3° le même, chez les Francs Saliens.

300 1° Le Romain convive du roi, chez les Francs Saliens; 2° le jeune homme élevé au service du roi et l'affranchi du roi qui a été fait comte, chez les Ripuaires; 3° le prêtre, chez les Bavarois; 4° le *sagibaro* qui a été élevé à la cour du roi, chez les Francs Saliens; 5° le Romain tué par une bande armée dans sa maison, *ibid.*

200 1° Le clerc né libre, chez les Ripuaires; 2° le diacre, chez les Bavarois; 3° le Franc Ripuaire libre; 4° l'Allemand de condition moyenne; 5° le Franc ou le barbare vivant sous la loi salique; 6° le Franc voyageant chez les Ripuaires; 7° l'homme affranchi *par le denier*, chez les Ripuaires.

160 1° L'homme libre, en général, chez les Allemands; 2° le même, chez les Bavarois; 3° le Bourguignon, l'Allemand, le Bavarois, le Frison et le Saxon, chez les Ripuaires; 4° l'homme libre, colon d'une Église, chez les Allemands.

150 1° L'*optimas*, ou grand Bourguignon, tué par l'homme qu'il avait attaqué; 2° l'intendant d'un domaine du roi, chez les Bourguignons; 3° l'esclave, bon ouvrier en or, *ibid.*

100 1° L'homme de condition moyenne (*mediocris homo*), chez les Bourguignons, tué par celui qu'il avait attaqué; 2° le Romain qui possède des biens propres, chez les Ripuaires; 4° l'homme du roi ou d'une église, *ibid.*; 5° le colon (*lidus*), par deux capitulaires de Charlemagne (803 et 813); 6° l'intendant (*actor*) du domaine d'un autre que le roi, chez les Bourguignons; 7° l'esclave ouvrier en argent, *ibid.*

80 Les affranchis en présence de l'église ou par une charte formelle, chez les Allemands.

75 L'homme de condition inférieure (*minor persona*), chez les Bourguignons.

55 L'esclave barbare employé au service personnel du maître ou à des messages, chez les Bourguignons.

50 Le forgeron (esclave), chez les Bourguignons.

45 1° Le serf d'église et le serf du roi, chez les Allemands; 2° le Romain tributaire, chez les Francs Saliens.

40 1° Le simple affranchi, chez les Bavarois; 2° le pâtre qui garde 40 cochons, chez les Allemands; 3° le berger de 80 moutons, *ibid.*; 4° le sénéchal de l'homme qui a 12 compagnons (*vassi*) dans sa maison, *ibid.*; 5° le maréchal qui soigne 12 chevaux, *ibid.*; 6° le cuisinier qui a un aide (*junior*), *ibid.*; 7° l'orfèvre, *ibid.*; 8° l'armurier, *ibid.*; 9° le forgeron, *ibid.*; 10° le charron, chez les Bourguignons.

36 1° L'esclave, chez les Ripuaires; 2° l'esclave devenu colon tributaire, *ibid.*

30 Le gardeur de cochons, chez les Bourguignons.

20 L'esclave, chez les Bavarois.

On voit clairement, d'après ce tableau, que l'origine et la condition des individus n'étaient point l'unique élément du *wehrgeld*; les circonstances matérielles ou morales du délit, l'utilité ou la rareté de l'homme tué, entraient également en considération. La vie d'un esclave bon ouvrier en orfévrerie valait plus, chez les Bourguignons, que celle de l'homme libre de condition moyenne, autant que celle de l'*optimas*, lorsque celui-ci n'avait été tué qu'après s'être rendu coupable d'agression. Chez les Francs, la mort du Romain attaqué et tué dans sa maison par une bande armée entraînait une composition plus élevée que le simple meurtre d'un Franc. Qu'un homme eût été tué à la cour du duc des Allemands ou en y allant, ou en revenant, ou en se rendant chez le comte de son comté, cette circonstance seule, quelle que fût d'ailleurs la qualité du mort, triplait le *wehrgeld* dû par le meurtrier. Le Romain, le colon, l'esclave, selon leur situation accidentelle, selon le mode et le lieu du délit, étaient souvent estimés plus haut que l'homme libre et le barbare. Sans doute l'origine et le rang des individus étaient le principal élément de leur valeur légale; le barbare valait d'ordinaire plus que le Romain, le propriétaire plus que le simple colon, l'homme libre plus que l'esclave. Mais ce n'est point d'un fait si général qu'on peut tirer une classification complète et précise des conditions sociales; et si dans cette étude on prenait le *wehrgeld* pour signe certain de l'état des personnes, on serait conduit aux plus grossières erreurs.
F. GUIZOT, de l'Académie Française.

COMPOSITION (*Arts du Dessin*). Le mot *composition*, dans les arts, peut être regardé comme synonyme d'*invention*. C'est le peintre de Piles qui s'en est servi le premier pour exprimer l'art d'arranger dans un tableau les figures et les groupes qui doivent concourir à bien rendre le sujet ou la scène que l'artiste veut représenter. Une figure seule peut être bien ou mal composée, suivant que son attitude, les mouvements de ses membres, les draperies qui la couvrent, peuvent avoir un aspect agréable ou inconvenant. Un artiste en traçant une figure doit éviter qu'elle offre trop de symétrie dans sa pose, il doit aussi prendre garde à ce que les bras ou les jambes de l'une de ses figures puissent au premier aspect paraître appartenir à une autre, ou bien que les membres de l'une d'elles offrent une ligne continue avec ceux d'une figure voisine.

Pour faire une bonne composition, l'artiste, avant de prendre le crayon, doit bien se pénétrer de son sujet; il doit lire avec soin les auteurs qui l'ont traité; et si c'est un sujet historique, il doit recourir surtout aux auteurs contemporains de l'action, afin de bien connaître le caractère de ses personnages, leurs mœurs, leurs habitudes, leurs costumes, enfin tous les détails nécessaires pour bien faire apprécier l'action qu'il veut représenter et le pays dans lequel elle a lieu. Si le sujet qu'il veut traiter est grand, noble, fier, il doit élever son âme au sublime, comme était celle de son héros dans cet instant. S'il veut rendre un sujet gracieux, sa pensée, ses lectures, ses promenades, doivent le ramener à des idées riantes; des rochers agrestes et sauvages ne sont point les lieux qu'il doit fréquenter lorsqu'il vient de lire Anacréon ou Catulle; il doit s'éloigner des bords fleuris d'un ruisseau, s'il veut traiter la mort d'Hippolyte.

Au moment de la renaissance, les artistes ne se contentaient pas de consacrer leur composition à une seule des actions de leur personnage, ils semblaient, en quelque sorte, vouloir dérouler sa vie entière, en offrant aux yeux des spectateurs plusieurs scènes fort éloignées les unes des autres: ainsi, en retraçant la mort de saint Jean-Baptiste, ils avaient soin de laisser voir par une fenêtre Zacharie recouvrant la parole au moment de la naissance de son fils, puis par la porte de la prison, on apercevait Hérodiade apportant au roi la tête du prophète. De semblables écarts ne sont plus permis maintenant, et tandis qu'au théâtre le poète peut se soustraire aux lois de l'unité, on l'exige impérieusement de l'artiste. A l'exception de ce principe, on ne peut guère donner de règles positives pour la composition, et l'artiste, suivant qu'il est inspiré, placera dans son sujet plus ou moins de figures. Il devra néanmoins avoir soin de ne pas les séparer toutes, mais de les placer par groupes, puis de lier ses groupes les uns aux autres, et de les varier tant par le nombre dont il les composera que par leur forme. Raphaël, que l'on cite si souvent et nous a laissé un chef-d'œuvre qui cependant pèche par une grande faute de composition. C'est son tableau de la *Transfiguration*, dans lequel la scène des apôtres n'a aucune liaison avec l'action miraculeuse qui a lieu sur la montagne, non plus que la scène des deux ecclésiastiques en adoration devant l'éloignement, et qui n'ont pu se trouver au mont Thabor à l'instant où Jésus-Christ y était avec Moïse et Élie.
DUCHESNE aîné.

Les observations précédentes s'appliquent autant à la sculpture qu'à la peinture. Le champ de la composition paraît moins étendu pour le sculpteur que pour le peintre, à moins qu'il ne s'agisse d'un bas-relief; mais dans la sculpture de ronde-bosse le statuaire a souvent plus de conditions à remplir pour une seule figure que le peintre pour tout un tableau. C'est qu'un tableau ou un bas relief ne sont destinés qu'à être vus d'un seul côté, tandis qu'une statue doit satisfaire aux règles de l'art, de quelque point qu'on l'examine. Quelle sera donc la difficulté lorsqu'il s'agira d'un groupe! Comme chef-d'œuvre de ce genre, on peut citer celui de Laocoon.

En architecture, l'effet d'une bonne composition résulte principalement et de la physionomie qu'aura l'ensemble de l'édifice que l'on veut construire, et de l'harmonie parfaite qui devra exister entre les différentes parties destinées à en former l'ensemble. D'ailleurs, la composition se trouve soumise à de certaines conditions qui ont déjà été développées à l'article ARCHITECTURE (tome I, p. 764).

COMPOSITION (*Musique*). C'est l'art d'inventer et d'écrire des chants, de les accompagner d'une harmonie convenable; de faire, en un mot, une pièce complète de musique avec toutes les parties. La composition est, pour parler un langage bien vulgaire à la vérité, mais bien exact et très-intelligible, l'art de faire de la musique.

On distingue en musique deux sortes de pièces ou compositions : les *compositions libres* et les *compositions obligées*. Dans les premières, le musicien, se livrant entièrement à son imagination, n'envisage qu'une partie principale, où toutes les idées ne sont liées entre elles que selon les règles du goût et de la cohérence, règles auxquelles on peut déroger pour l'expression, pour l'effet ou pour quelque autre motif, et où toutes les autres parties sont absolument accessoires : tel est un air d'opéra, une sonate, une fantaisie, un concerto, etc. Dans les compositions obligées, le musicien, après avoir adopté un sujet principal, auquel il peut opposer un ou plusieurs contre-sujets, déduit de ces premières données, selon des lois très-précises, toutes les parties de la composition, qui, étant également obligées, tendent, il est vrai, à produire un effet unique et général, mais sans qu'aucune d'elles puisse être considérée comme principale, à moins que l'on ne veuille successivement accorder ce titre à chacune d'elles, à mesure qu'elle renferme le sujet principal; et cette considération serait fondée en raison, puisque ce sujet doit toujours ressortir.

La composition se fait à divers nombres de parties. On spécifie ordinairement ce nombre par les termes de *composition à une*, *deux*, *trois*, *quatre parties;* mais on comprend généralement sous le nom de *composition à grand nombre* celle qui est formée de plus de quatre parties. Parmi les compositions à grand nombre, on regarde comme la plus parfaite la composition à neuf parties; celle-ci renferme toutes les autres ; et quand on sait bien la pratiquer, on l'étend facilement à un plus grand nombre.

Toute composition est vocale ou instrumentale, libre ou contrainte, et a un nombre déterminé de parties. Dans la musique vocale, on doit d'abord avoir égard à l'étendue des voix. Dans les pièces d'un style sévère, dans les fugues, dans les chœurs, cette étendue ne doit pas excéder une dixième, parce qu'au-delà de cette limite le choriste crie dans le haut ou ne se fait pas entendre dans le bas. Dans les cavatines et autres compositions libres, il est permis de s'étendre jusqu'à une quinzième ; mais dans tous les cas il ne faut pas que la voix reste longtemps dans les sons suraigus, qu'elle ne doit prendre qu'en passant. Les moyens extraordinaires de chanteurs tels que Martin, Rubini, Mmes Catalani, Malibran, justifient toutes les licences que des compositeurs ont pu étendu le domaine de la partie vocale. Dans la musique instrumentale, l'étendue des parties se règle sur l'étendue des instruments.

La loi de la variété défend de répéter dans la mélodie une note et dans l'harmonie un accord de quelque durée, à moins qu'il n'y ait des raisons particulières. Plus la composition a de parties, et plus il est difficile, sans blesser les lois de l'harmonie, de faire franchir à quelques parties des intervalles considérables, surtout dans la composition vocale. Après une pause, on peut donner à une partie un plus grand intervalle ; mais en général il faut préférer les petits intervalles aux grands ; il faut surtout éviter de faire sauter deux parties à la fois ; et lorsque l'une d'elles saute, l'autre doit marcher par degrés, ou tenir la note, ce qui vaut encore mieux. Tous les intervalles difficiles sont en musique vocale entièrement exclus de la mélodie, du moins dans le style sévère. Dans le style idéal, on peut, en

COMPOSITION

usant de précaution, en employer quelques-uns dans le chant seulement, car la basse les rejette tous : ces intervalles difficiles sont la seconde, la quarte, la quinte et la sixte augmentées, la septième majeure et tous les intervalles plus grands que l'octave. La tierce augmentée et son renversement, la sixte diminuée, sont entièrement exclues de toute espèce de chant. Au lieu des quatre premiers intervalles ci-dessus désignés, on peut se servir de leurs renversements, c'est-à-dire la septième, la quinte, la quarte et la tierce diminuées; encore, dans la musique vocale, ne faut-il les employer qu'avec précaution : on doit en dire autant de la sixte majeure et de la septième mineure, qui sont des intervalles d'une certaine étendue. Dans la musique vocale, on ne peut pas employer plus de deux quartes de suite; encore n'est-ce que dans certains cas et seulement en montant. L'harmonie d'une pièce doit tendre à la même expression que la mélodie.

Les parties intermédiaires peuvent se croiser lorsque l'ordonnance des motifs et le dessin du morceau le demandent; mais on ne doit jamais faire surmonter le dessus par une partie inférieure, ni faire passer une partie intermédiaire sous la basse. Par la même raison, la viole peut passer momentanément au-dessus du second violon, quand elle exécute des passages figurés et intermédiaires; mais si elle double la basse à l'octave, il est absolument nécessaire que sa note se trouve toujours sous la partie du second violon; autrement l'oreille ne prendrait plus ce redoublement comme un renfort donné à la basse, mais comme une suite vicieuse d'octaves.

Dans toute composition, après avoir déterminé le ton et la mesure, la basse doit commencer par la première note du ton, le dessus par la quinte ou l'octave, rarement par la tierce, et jamais par un autre intervalle. En composant une basse, variez l'harmonie autant que faire se peut, et préférez toujours une harmonie bien formée, mâle, vigoureuse, à une harmonie molle, languissante, gauche et mal ordonnée : évitez les suites de tierces et de sixtes; il faut mêler habilement ces consonnances et les entrecouper de quintes et d'autres intervalles. Évitez de placer au grave non-seulement les dissonances, mais même la tierce et surtout la tierce majeure.

Moins la composition a de parties, plus on doit les rapprocher; un trop grand éloignement ferait paraître l'harmonie vide. Dans les pièces où cela convient, introduisez autant de bonnes imitations que cela peut se faire, sans y mettre pourtant d'affectation ni d'effort. Si vous faites reposer une partie, sa dernière note doit être consonnante avec toutes les autres parties, et tomber d'aplomb sur la mesure, car il ne faut pas suspendre le chant sur une note précédée d'une note pointée. Ne faites jamais syncoper toutes les parties à la fois, et qu'il y en ait au moins une qui marche avec la mesure. Faites reposer de temps en temps les parties : ces repos sont nécessaires non-seulement pour les voix, mais même pour l'oreille et pour l'esprit; on doit rarement rythmer doit être observé même dans ces repos. Ce rhythme, très-sensible dans le style idéal, paraît l'être moins dans les pièces sévères, telles que fugues, chœurs, etc.; néanmoins il est très-réel, quoiqu'on le sente moins.

Je devrais parler des licences que l'école nouvelle a multipliées à l'infini, et qui détruiraient la plupart des règles que je viens de donner, mais cela me mènerait beaucoup trop loin; d'ailleurs, les élèves ne sont que trop portés à se livrer aux licences, et la lecture des partitions de Rossini pourra leur faire connaître aisément tout ce qu'il est permis de tenter en s'éloignant de la route tracée par les théoriciens. CASTIL-BLAZE.

COMPOSITION (*Typographie*), travail qui consiste à assembler, rapprocher, combiner les lettres ou caractères mobiles pour en former des mots, des lignes et des pages propres à l'impression. L'ouvrier qui se livre à cet art se nomme *compositeur*. Pour l'exercer, l'ouvrier se place devant une casse divisée en autant de compartiments ou cassetins qu'il y a de *sortes* dans le caractère. La casse, élevée sur un bâtis en bois, qu'on nomme *rang*, est posée sur des tasseaux qui permettent de lui donner à volonté plus ou moins d'inclinaison. L'ouvrier remplit sa casse avec des caractères neufs ou au moyen de la *distribution*. Lorsque ce sont des caractères neufs, les fondeurs les livrant *assortis* en paquets ou dans des cornets de papier, le compositeur remplit sa casse en versant chaque sorte dans son cassetin respectif. Autrement, il prend dans sa main gauche de la composition qui a déjà servi, et de la main droite *distribue* chaque lettre dans son cassetin particulier.

Lorsque le compositeur a rempli sa casse, il place sa *copie*, c'est-à-dire l'original qu'il doit reproduire, devant lui, sur sa casse, soit au moyen d'un poids, d'un cran fait à sa casse ou d'un instrument nommé *visorium*, tombé en discrédit. Armé ensuite d'un composteur, qu'il tient de la main gauche, il lit la phrase qu'il va composer et en retient le plus de mots qu'il peut; puis il *lève* successivement chaque lettre de la main droite, ayant soin de la saisir par la tête, c'est-à-dire du côté de l'*œil*, et la porte dans le composteur, après en avoir regardé le cran pour savoir de quel côté il doit la placer. En même temps il rapproche le composteur le plus possible de la main droite pour abréger le trajet, et retient du pouce les lettres assemblées, pendant que la main droite va prendre une autre lettre pour l'apporter à côté de la précédente, et ainsi de suite, en ayant soin de mettre la ponctuation, et en séparant les mots par une *espace*. L'habileté de l'ouvrier consiste dans la promptitude avec laquelle il lit le manuscrit, lève la lettre, et la porte dans le composteur. Un compositeur peut ainsi lever de 1000 à 1200 lettres par heure.

Comme on ne peut pas finir une ligne en s'arrêtant lorsqu'elle est pleine de lettres, comme il faut toujours achever le mot commencé ou en rejeter une partie à la ligne suivante, d'après des règles générales de *division*, il en résulte qu'il faut, pour que toutes les lignes soient de la même longueur, augmenter ou diminuer le blanc d'entre les mots en ajoutant ou retirant des espaces, ou en les changeant contre de plus ou moins fortes : cette opération se nomme *justifier*. Lorsque la ligne est ainsi justifiée, on la recouvre ordinairement d'une petite lame de plomb basse, plus ou moins épaisse, qu'on nomme *interligne*, et qui est de la longueur des lignes. Cette interligne, qu'on supprime dans les ouvrages *compactes*, est alors remplacée par un filet, qu'on enlève à chaque fois. La première ligne composée, on en compose une nouvelle par-dessus, que l'on justifie de même, sur laquelle on en compose une autre, et ainsi de suite tant que le composteur peut en contenir. On le *vide* alors dans une *galée*, petite planche unie, de forme rectangulaire, dont les côtés sont garnis d'un tasseau destiné à retenir les lignes. On remplit de nouveau le compositeur, et l'on réitère cette opération jusqu'à ce qu'on ait sur la galée un nombre de lignes convenu, ordinairement la hauteur d'une page. Alors le compositeur en forme un *paquet*, en l'entourant d'une ficelle serrée. Il dépose ce paquet avec précaution sur un morceau de papier double appelé *porte-page*, et déjà il doit porter d'un lieu à un autre ces milliers de caractères mobiles devenus par ces soins un cadre solide.

Le *metteur en pages* réunit tous ces paquets, et leur donne leur forme définitive. La *mise en pages* consiste à réduire chaque page à une dimension donnée, à mettre à leur place les titres, les notes, les vers, les tableaux, les gravures, les blancs, etc., et à surmonter chaque page de son folio ou titre courant. Ensuite a lieu l'*imposition*, qui consiste à mettre les pages dans un certain ordre, sur un marbre (grande plaque de fonte ou de pierre unie) et à les entourer de *garnitures* propres à les tenir dans un écartement voulu, et à les faire tomber les unes sous les autres dans l'impression. On délie les pages, on nivelle l'œil des caractères à l'aide d'un *taquoir*, on serre au moyen de coins de bois entrés de force entre un chassis en fer et des biseaux en bois, et l'on obtient une *forme* solide comme si elle était d'un seul morceau.

Pour l'impression de chaque feuille d'un ouvrage, il faut deux de ces formes : l'une contient, dans l'in-folio, les pages 1 et 4, l'autre les pages 2 et 3, qui sont imprimées chacune sur le même côté de la feuille de papier. La forme qui contient la page 1 est nommée *côté de-première*, celle qui contient la page 2, *côté de seconde*. Dans l'in-8° le côté de première comprend les pages 1, 4, 5, 8, 9, 12, 13 et 16, le côté de seconde les pages 2, 3, 6, 7, 10, 11, 14 et 15.

L'imposition achevée, on tire une *épreuve*, qu'on nomme *première typographique*, et qui, après avoir été lue par le correcteur, revient entre les mains des compositeurs, lesquels doivent réparer chacun les fautes qu'ils ont commises. A cet effet la forme est desserrée sur le *marbre*. Le compositeur lève les corrections à faire, et *remanie* ainsi son travail, change les lettres gâtées, etc., exécute enfin sur le plomb les corrections indiquées sur l'épreuve. Comme chaque compositeur doit exécuter cette correction à ses frais, c'est dans le peu de temps qu'il y passe que le bon compositeur trouve la récompense de la supériorité de son travail. Cette première correction achevée, les formes sont resserrées, une nouvelle épreuve est faite pour aller chez l'auteur, et les corrections exécutées de la même manière, aux frais de l'éditeur, jusqu'à ce qu'enfin le *bon à tirer* soit donné. Quelquefois, dans les journaux notamment, les épreuves sont faites à *la brosse* sur les paquets liés, et les corrections exécutées dans la galée.

La composition est ordinairement exercée par des hommes; cependant on a monté des ateliers de femmes, qui travaillent à meilleur marché, mais laissent quelquefois plus à désirer sous le rapport de la correction. Des machines à composer ont été inventées, comme le *pianotype* : aucune n'a donné encore de résultats complètement satisfaisants.
L. LOUVET.

COMPOST, mot emprunté des Anglais, et par lequel on désigne toute espèce de mélange qui peut fertiliser la terre. On sait, par exemple, que le fumier des ruminants est plus propre aux terres légères, et celui des chevaux et mulets aux terres fortes; mais si la nature des terres est intermédiaire, on mêle ces deux fumiers pour en obtenir l'effet désirable; de même, lorsque l'on ne possède qu'en petite quantité les engrais actifs, tels que le guano, le colombine, la fiente des volailles, les marcs de fruit, etc., on se contente de les réunir à la masse des fumiers de la ferme. Ces composts habituels sont ceux de la petite culture; la grande peut seule faire les frais des composts dans la véritable acception de ce mot. Ils consistent en un mélange formé de couches alternatives de terre, de marne, de terreau, de fumier et de toutes substances animales ou végétales, combinées selon la nature des terres et des cultures auxquelles on les destine. Dans ce mélange il s'établit une fermentation produisant de nouveaux composés, qui approprient toute la masse à la nourriture des végétaux le mieux possible, et dans un temps plus court que si chacun des engrais était employé seul. Ainsi, les gazons, les terres de curage, les feuilles sèches, les bois morts, etc., combinés avec la chaux, sont promptement convertis en un terreau que l'on ne pourrait obtenir de chaque substance isolée. On forme ces composts ou mélanges soit sur la surface d'un champ, soit dans une fosse, et ce dernier moyen est le plus sûr, en ce qu'il garantit les matières des variations de l'atmosphère qui peuvent troubler la fermentation. Elles doivent être distribuées en couches de 25 à 40 centimètres, lorsqu'il s'agit de substances légères, telles que les débris végétaux ; les terres et les marnes doivent être disposées en moindres couches, pour éviter une trop grande pression, qui nuirait à l'introduction de l'air, et par suite à la fermentation. Sans les composts, enfin, une foule de substances seraient perdues pour l'engrais, parce qu'on ne saurait les employer sous leurs formes, la fermentation dans une masse complexe pouvant seule les approprier à la nature des terres et des végétaux.

COMPOSTELLE ou SAINT-JACQUES DE COMPOSTELLE (*San-Iago de Compostella*), chef-lieu de la Galice, province d'Espagne, est situé dans une belle contrée, entrecoupée de montagnes et de vallées, entre le Sas ou la Noya et la Sacela ou l'Arosa, à 4 myriamètres de la mer. Cette ville, défendue par une citadelle, est le siége d'un archevêché et de l'*audiencia real* de la province, d'une université, fort peu importante d'ailleurs, d'un séminaire archiépiscopal, d'un collège et d'une école de chirurgie. On y trouve aussi un hôpital royal. La grande et magnifique cathédrale, le lieu de pèlerinage le plus célèbre qu'il y ait en Espagne, est fort aussi célèbre. La crypte ou église souterraine est consacrée au patron du royaume, saint Jacques le Mineur, tandis que l'église supérieure est placée sous l'invocation de saint Jacques le Majeur. La plus grande magnificence se remarque dans tous les détails de cet édifice. Il contient surtout de remarquables sculptures, des vitraux de toute beauté, une masse de vases et ustensiles en or et en argent, des autels du travail le plus exquis ; et sa tour est surmontée d'une cloche pesant trois cents quintaux. Le chiffre de la population dépasse aujourd'hui 25,000 âmes.

Il y a à Saint-Jacques de Compostelle des fabriques de soieries, de bas, de toiles, de cotonnades et de chapeaux, des teintureries, des tanneries et des papeteries. Il s'y fait, en outre, un commerce assez important en vins, fruits secs, huile d'olive et poissons.

COMPOSTEUR (du latin *ponere*, poser, et de la préposition *cum*, avec), instrument dont on se sert dans la composition typographique, pour réunir les lettres afin d'en former des lignes. Il est composé de deux bandes de métal ou de bois, le plus ordinairement de fer, assemblées en équerre dans toute leur longueur et comme fermées à l'une de leurs extrémités, dans l'angle interne, par un petit morceau de métal soudé à angle droit en tous sens. La bande inférieure est percée de trous de loin en loin ; une *clavette* à tête de la hauteur de l'autre bande glisse tout le long de l'instrument ; un écrou entre dans cette *clavette* et peut jouer librement dans une rainure pratiquée dans la clavette. Lorsque la *justification* ou la longueur des lignes d'un ouvrage est convenue, on met le chiffre de cette justification dans le composteur, ou bien on compose un nombre d'*n* donné. La tête de la clavette serre ces lettres ou ces interlignes contre le morceau de fer soudé au bout du composteur, et le tout est fixé par une vis qui, passant dans un des trous de la bande percée, vient se monter dans l'écrou de la clavette. Il y a aussi des *composteurs en bois* sans clavette, et ne pouvant par conséquent se justifier. Ils se posent à plat et présentent seulement une petite rainure dans laquelle on pose les lettres destinées à la correction.

Les fondeurs en caractères ont aussi des composteurs, dont ils se servent pour donner aux caractères la dernière façon.

COMPOTE. La cuisine et l'office se servent également de ce terme pour désigner un grand nombre de leurs préparations respectives. C'est ainsi que nous faisons des *compotes* de pigeons, de tourtereaux, de ramiers, de perdreaux, d'alouettes, etc. L'art consiste à faire cuire ces diverses pièces avec des carrés de petit-lard et dans du consommé qu'on assaisonne avec des cinq racines, des sept fines herbes et des quatre épices.

Les *compotes de fruits* sont des confitures dont la cuisson n'a pas été assez forte pour que la forme du fruit fût dénaturée, et qui par cette préparation en conservent à peu près toute la saveur originelle, ainsi que la fraîcheur et le parfum ; avantage que n'ont jamais, au même degré, les confitures proprement dites, et encore moins les confitures sèches ou conserves. Les compotes doivent êtres servies et mangées le plus tôt possible, c'est-à-dire quelques heures après leur préparation. Vingt-quatre heures suffisent pour leur faire perdre de leur bon goût. On peut faire des compotes avec presque tous les fruits connus. Cette préparation les rend plus digestibles. Le rhum, les meilleurs vins, l'angélique, la vanille, le candi, la bigarrade, le cédrat, la crème fouettée, le verjus, la pistache, etc., sont des ingrédients employés avec succès pour relever la saveur des compotes.

[Voici d'ailleurs la manière de procéder pour quelques fruits :
Compote de pommes blanches. Coupez des pommes par moitié, ôtez les pepins et leur capsule; arrangez dans une poêle, la peau en dessus; mettez du sucre plus ou moins, à votre goût, et assez d'eau pour qu'elles puissent cuire dans un liquide. Vous les retournerez une fois pendant la cuisson. — *Compote de pommes pelées.* Pour cette compote, on choisit l'espèce dite reinette. On ajoute ici un jus de citron à la prescription précédente — *Compote de pommes farcies.* Pommes de reinettes qu'on laisse entières, en vidant les pepins et enveloppés à l'aide d'un petit couteau. On fait cuire avec du sucre. Ce n'est que lorsque les pommes ont été dressées sur le compotier, qu'on y introduit des confitures : le sirop dans lequel les pommes ont été cuites se réduit à consistance de gelée, et on le verse sur le compotier. — *Compote de poires de martin-sec ou de messire-jean.* Pelez ou ne pelez pas, *ad libitum*. Mettez-les dans un petit pot de terre, avec un morceau d'étain fin pour les rougir. On cuit dans ce pot avec plus ou moins de sucre et un morceau de cannelle. — *Compote de fraises.* Faites un fort sirop de sucre, que vous écumerez soigneusement. Prenez de belles fraises, point trop mûres et bien épluchées, lavées et égouttées; on leur fait faire seulement un bouillon dans ce sirop, afin de les conserver entières. Il en est de même pour les *compotes de groseilles et de framboises.* — *Compote de verjus.* Prenez du verjus peu avancé, fendez chaque grain pour en extraire les pepins à la pointe du couteau. Jetez dans de l'eau presque bouillante. Quand le verjus pâlira, ôtez du feu, et versez dessus un peu d'eau froide; le verjus, après refroidissement, verdira de nouveau. Faites un sirop de sucre épais, mettez-y le verjus reverdi, et donnez deux ou trois bouillons, en écumant soigneusement. — *Compote de cerises.* Coupez le bout des queues des cerises, et mettez-les dans un poêlon, avec un demi-verre d'eau et un quarteron de sucre. Donnez seulement deux bouillons. — *Compote d'abricots verts et d'amandes vertes.* Faites faire deux bouillons à de l'eau aiguisée d'un peu de sel de soude; blanchissez-y vos abricots verts et amandes; relevez sur une écumoire, et frottez bien les fruits à la main pour enlever le duvet. Jetez-les dans de l'eau fraîche. Ayez de l'eau bouillante pure dans une autre poêle; faites-y cuire les fruits tirés de cette eau fraîche. Retirez du feu, lavez de nouveau à l'eau fraîche, et ensuite faites bouillir lentement dans un sirop de sucre épais. — *Compote d'abricots presque mûrs, dite à la portugaise.* Prenez des abricots presque mûrs, fendez-les par moitié et ôtez les noyaux; mettez du sucre dans le fond d'un plat, avec peu d'eau; arrangez dessus les abricots, et placez sur un petit feu ; faites bouillir. — *Compotes de toutes sortes de fruits grillés.* On fait dans ce cas réduire le sirop de sucre presque en caramel, et on y retourne en tous sens les fruits; quand ceux-ci commencent à s'attacher au poêlon, on les relève.

On fait d'une manière analogue des compotes de citrons, d'oranges, de bergamotes, de coings, de raisins, de marrons, de groseilles vertes, etc., etc. Pelouze père.]

COMPRÉHENSION, faculté de comprendre, de percevoir. Comprendre, selon Diderot, c'est apercevoir la liaison des idées dans un jugement, ou la liaison des propositions dans un raisonnement.

En logique, *compréhension* se dit de la totalité des idées particulières qui entrent dans une idée composée; c'est le *totus* des Latins, tandis que l'*extension* est l'ensemble des individus auxquels l'idée totale convient, et répond en latin à *omnis*. Augmentez la compréhension d'une idée, et son extension diminuera; agrandissez l'extension, et la compréhension va se restreindre. Par exemple, la compréhension de l'idée d'*être* est très-bornée, attendu sa simplicité ; mais son extension est immense, puisqu'elle embrasse tout ce qui a existé, tout ce qui existe, tout ce qui peut exister. Descendons d'un degré, et à l'*être* en général substituons l'*être-homme* ; à l'idée d'existence se joint l'idée du mode d'existence ; la compréhension s'est donc accrue, mais l'extension s'est resserrée, puisqu'au lieu du tout, elle ne renferme plus qu'une partie. Descendons encore, et en place de l'*être-homme* mettons l'*être-homme-européen*, nous obtiendrons le même résultat : Ce qui a fait dire que la *compréhension et l'extension sont toujours en raison inverse l'une de l'autre.* Ajoutons que ce qui est vrai d'une idée sous le rapport de la compréhension ne l'est pas nécessairement sous celui de l'extension, et réciproquement. Quand je dis : l'*homme est mortel*, cela signifie que tous les *individus* de l'espèce humaine sont soumis à la mort, mais la *force intelligente*, élément principal de l'être humain, doit-elle tomber dans la même dissolution que le *corps organisé qui la sert ?* De Reiffenberg.

En théologie, *compréhension* indique l'état de ceux qui jouissent de la *vision béatifique* dans le ciel, et qu'on appelle *compréhenseurs*, par opposition à ceux qui vivent sur la terre et qu'on appelle *voyageurs*.

En rhétorique, c'est un trope par lequel on donne au tout le nom de la partie, ou à la partie le nom du tout : ce que d'autres nomment *synecdoche* ou *métonymie*; ou a une chose un nombre déterminé pour un nombre indéterminé, comme : Je te l'ai dit *vingt* fois ; il est *dix* fois trop grand. C'est ainsi que Boileau dit :

Vingt fois sur le métier remettez votre ouvrage ;

Que Molière fait dire à Mme Pernelle :

Et j'ai prédit *cent* fois à mon fils, votre père ;

Enfin, que Voltaire dit de l'Angleterre, en parlant du règne d'Élisabeth :

Sur ce sanglant théâtre où *cent* héros périrent,
Sur ce trône glissant dont *cent* rois descendirent,
Une femme à ses pieds enchaînait les destins.

COMPRESSE. On nomme ainsi une pièce de linge plus ou moins grande destinée à envelopper les parties blessées, et à maintenir à la surface des plaies , ou autour des membres, différents topiques, ou simplement à les recouvrir. Les compresses doivent être de linge fin, plus ou moins fort, selon la partie sur laquelle on veut les appliquer. Sous différentes formes elles sont de l'utilité la plus immédiate en chirurgie ; on les dit *fenétrées* lorsqu'on les perce de trous pour permettre un contact plus immédiat des substances médicamenteuses superposées ; *longuettes*, quand elles sont longues, fines, étroites ; *graduées*, quand on les a repliées plusieurs fois sur elles-mêmes, ' comme seraient les plis inégaux d'un éventail, afin d'exercer la compression plus facilement sur certaines parties. Les compresses doivent être sans ourlet au milieu, de peur de froisser les tissus, et pardessus tout d'une extrême propreté.

COMPRESSIBILITÉ, propriété qu'ont les corps de pouvoir diminuer de volume lorsqu'on les soumet à une compression suffisante. Quand un corps présente des vides nombreux, comme de la mie de pain, par exemple, il est éminemment compressible. D'un autre côté, les corps les plus denses ont leurs molécules séparées les unes des autres par des espaces plus ou moins grands (*voyez* Porosité) que la compression resserre, en laissant échapper du calorique, qui se trouve exprimé comme l'eau d'une éponge sous la main qui la presse. En théorie, tous les corps sont donc compressibles. Seulement, les liquides le sont beaucoup moins que les solides et les gaz : aussi les regarde-t-on dans l'application comme incompressibles, bien qu'ils ne le soient réellement pas. Il ne peut y avoir d'incompressible que les atomes.

Les vides disséminés dans l'intérieur des corps sont donc ou des pores ou le résultat d'une organisation qui établit des canaux de circulation, des tissus fibreux, divers appareils nécessaires aux fonctions des corps vivants. Quelques parties de ces corps conservent leur structure organique après avoir été détachées et préparées par les arts; telles sont les peaux, les matières textiles, etc. : elles sont donc compressibles, et souvent employées à des usages où cette propriété est indispensable, comme le calfatage, certaines obturations dans les machines et plusieurs autres analogues qui sont continuellement sous nos yeux. On sait, par exemple, que si le liège, ou, plus exactement, l'écorce de cet arbre, n'était pas compressible, on ne pourrait en faire des bouchons. Les vides de la porosité des corps ne les rendent pas propres à céder de la même manière à une pression médiocre : cependant, ils ne sont pas réellement incompressibles, mais les forces nécessaires pour les comprimer sensiblement sont hors des limites de nos expériences. Dans la pratique des arts, on peut observer que des corps d'une dureté médiocre, des bois même, supportent des charges énormes sans qu'on y remarque aucun affaissement. Au pont de la Concorde, la pression exercée sur certains des joints est de 200,000 kilogrammes par mètre carré. Des pierres moins dures que celles de ce pont supportent, depuis la consolidation de notre globe, le poids des plus hautes montagnes, poids qui surpasse en plusieurs lieux 3,000,000 de kilogrammes par mètre carré, et cependant leur densité ne surpasse pas celle des pierres de même nature que l'on trouve à la surface de la terre. On observe cependant que les métaux ductiles sont susceptibles d'une certaine diminution de volume par l'effet de la percussion ou du laminage à froid.

Une célèbre expérience de l'*Académie del Cimento* a souvent été citée pour prouver l'incompressibilité de l'eau : on disait qu'une boule d'or exactement remplie de ce liquide ayant été soumise à l'action d'une presse, lorsque la forme sphérique fut un peu aplatie par la compression, on vit l'eau suinter à travers les pores du métal. Comme ce fait est rapporté sans analyse et sans application du calcul, on n'en peut rien conclure, sinon que l'or n'est pas imperméable à l'eau, lorsque son épaisseur est réduite à celle de la boule mise en expérience. Pour savoir si l'eau ne subit pas alors une légère diminution de volume, il fallait une mesure exacte de capacité de la boule avant et après l'aplatissement, et pour cette opération, des arts plus avancés qu'ils ne l'étaient à cette époque. Aujourd'hui, du reste, la compressibilité des liquides n'est plus mise en doute : on l'a même calculée pour l'eau, et on a trouvé que ce fluide ne se comprime que de $\frac{1}{20000}$ pour chaque pression atmosphérique.

On démontre la compressibilité des gaz et des vapeurs par l'expérience vulgaire du briquet à air. Cette propriété, jointe à leur élasticité, est la source de nombreuses applications (*voyez* Compression). De plus, la diminution de volume de ces corps est soumise à une loi remarquable, qui porte le nom de *loi de Mariotte*. Certains gaz peuvent être amenés à l'état liquide par une pression très-forte.

La compressibilité de l'air a trouvé plusieurs emplois dans l'industrie. Cette propriété de l'air a suggéré l'idée de comprimer isolément les gaz ; et ce n'est pas sans étonnement qu'on a obtenu de la sorte un refroidissement de 20,50 et même de 90 degrés centigrades au-dessous de zéro, froid si intense que tous les liquides et certains gaz, fluides naturellement invisibles, sont congelés et comme solidifiés, entre autres le gaz acide carbonique. C'est un phénomène surprenant que Thilorier, et, après lui, MM. Faraday et Dumas, ont rayé de la liste incessamment plus courte des impossibilités.

COMPRESSION, action de comprimer. Ce mot diffère de celui de *pression*, en ce qu'il s'entend de l'action de deux agents au moins qui agissent simultanément sur un objet, pour en resserrer les parties, en diminuer le volume, tandis que le mot *pression* marque seulement les effets produits par un seul agent. Ainsi, on dira bien la pression que le poids de l'atmosphère exerce sur la surface d'un liquide; comme on dirait bien encore : cette lame de métal a été aplatie par la compression des rouleaux d'un laminoir.

On peut distribuer les *machines de compression* en deux classes principales : 1° celles dans lesquelles la compression est le but, telles que les presses, quel que soit l'agent, le balancier pour frapper la monnaie, la presse hydraulique, etc.; 2° les machines dans lesquelles la compression n'est que le moyen, comme le briquet à air, les pompes, le fusil à vent ; mais le nom de *machine de compression* est plus spécialement réservé à une machine qui, disposée comme la machine pneumatique, agit en sens inverse ; c'est-à-dire qu'elle comprime l'air que celle-ci raréfie. Il suffit, pour obtenir ce nouveau résultat, de renverser la disposition des soupapes de la machine pneumatique

La compression exercée sur une partie du corps y gêne le cours du sang; prolongée, elle y suspend l'influence nerveuse, et ne tarde pas à causer une douleur plus ou moins forte. Si cette action continue, l'inflammation se déclare, et peut être suivie de gangrène, surtout lorsque le sujet est faible ou déjà malade. Cependant une compression sagement conduite, est souvent employée comme moyen de traitement. Tantôt on l'exerce graduellement, de manière à oblitérer peu à peu les vaisseaux malades ; c'est ainsi que l'on agit dans le traitement des anévrismes. D'autres fois, la compression est plus subite, comme dans les amputations, où l'on comprime l'artère principale du membre, afin d'y suspendre le cours du sang et d'en prévenir la trop grande effusion. Enfin, tout le monde a pu voir pratiquer la compression dans la plus simple de toutes les opérations, la saignée. Dans ce dernier cas, on l'exerce au moyen d'une simple bande; dans d'autres, il faut recourir au tourniquet, à divers bandages, etc.

Le mot *compression* prend aussi un sens figuré. Les *lois de compression* sont celles qui ont pour but d'étouffer les libertés d'un peuple. Mais, dans l'ordre moral comme dans l'ordre physique,

La force comprimée est celle qui détruit.

COMPROMIS. *Voyez* Arbitrage.

COMPTABILITÉ. On désigne sous ce nom collectif l'ensemble des comptes et des livres d'une administration publique ou particulière. Ce mot est synonyme de *tenue des livres*, et l'on dit indifféremment la tenue des livres ou la comptabilité d'un commerçant ou d'une administration. Rien n'est plus important qu'une comptabilité régulière ; elle produit dans les administrations où elle est bien organisée un ordre qui facilite leur marche, et pour le négociant elle est un flambeau qui l'éclaire sur sa vraie position, et lui sert à se diriger dans ses opérations commerciales. Une comptabilité vicieuse, au contraire, a des conséquences les plus graves. On ne saurait donc trop recommander aux commerçants et aux administrateurs en général d'apporter le plus grand soin à leur tenue de livres, et leur conseiller une méthode qui leur donne des renseignements complets sur leur situation, et présente des résultats d'une précision mathématique : nous voulons parler de la *tenue des livres en partie double*.

L'objet des comptables qui tiennent des écritures régulières est moins encore d'obéir à la loi, qui leur prescrit ce devoir sous les peines les plus sévères, que de se rendre compte à eux-mêmes, et de connaître d'une manière distincte l'argent qu'ils reçoivent et déboursent, les lettres de change, billets, etc., qu'ils reçoivent et donnent en payement, leurs bénéfices et leurs pertes, ainsi que ce qui leur est dû par chaque personne avec laquelle ils ont un compte, et ce qu'ils doivent eux-mêmes. Ils ont donc adopté les méthodes propres à leur donner ces renseignements d'une manière positive et développée. Ces méthodes se réduisent à deux : la *partie simple* et la *partie double* (*voyez* Livres de Commerce); mais au fond il n'y en a qu'une, car les écritures de ce qu'on appelle la partie simple, consistant pour la plupart dans les notes inscrites sur les livres auxiliaires, ne peuvent être considérées comme assujetties à des règles, ni comme composant un système général de comptabilité.

Edmond Degrange.

La *comptabilité publique* est l'ensemble des règles qui gouvernent le maniement des deniers publics et des matières appartenant à l'État. Après que le b u d g e t a été voté par le corps législatif, accepté par le sénat et promulgué par le chef de l'État, chaque ministre dispose pour son département des crédits qui lui sont ouverts, soit par lui-même, soit par des sous-ordonnateurs en vertu d'une délégation. Avant de délivrer l'ordre de payement, le ministre ou le sous-ordonnateur arrête la liquidation de la créance, c'est-à-dire qu'il reconnaît si elle est réelle, quelle est sa quotité, etc. Les ordonnances de payement sont ensuite adressées au ministère des fi n a n c e s. Une branche du service de ce ministère, la *direction du mouvement général des fonds*, met en payement les ordonnances des ministres, après s'être assurée qu'elles portent sur un crédit régulièrement ouvert, et qu'elles ne dépassent pas les limites des distributions mensuelles. A Paris, c'est le *payeur des dépenses centrales du trésor* qui acquitte les dépenses, sur l'avertissement que lui transmet la direction du mouvement général des fonds et sur la production des pièces justificatives, au moyen de mandats sur le caissier central du trésor. Ces mandats doivent, en outre, être visés par des agents du contrôle général. Dans les départements, c'est en général le *payeur du trésor public* qui acquitte les dépenses; mais afin de ne pas obliger les créanciers de l'État à se déplacer et à se rendre au chef-lieu du département, on a fait participer au payement des dépenses publiques des agents de recette, comme les receveurs généraux et particuliers des finances, les receveurs de l'enregistrement, du timbre et des domaines, ceux des douanes et des contributions indirectes, et les directeurs des postes ; enfin, dans certaines localités, où les services des départements de la guerre et de la marine nécessitent des payements considérables, il y a des préposés spéciaux, des payeurs. Les payeurs des départements ne payent pas seulement en mandats, mais avec des fonds qu'ils reçoivent des receveurs généraux en vertu des lettres de crédit délivrées par la direction du mouvement général des fonds. Ils doivent vérifier si l'ordonnancement est régulier, se faire présenter les pièces justificatives, et, ainsi que le payeur central, ne point payer s'il existe une opposition. En général, toute créance sur l'État doit être, à peine de déchéance, liquidée, ordonnancée et payée dans un délai de cinq ans à compter de l'exercice auquel elle se rattache, et de six ans si le créancier réside hors d'Europe, à moins qu'il n'y ait un empêchement par le fait de l'administration ou par suite de pourvois formés devant le conseil d'État. Quant aux recettes de l'État, la perception est dans les attributions du ministère des finances. Elle s'opère sous la direction suprême du chef de ce département par les *receveurs des domaines* et les *receveurs généraux des finances* pour les revenus du domaine; par les *percepteurs*, les *receveurs particuliers et généraux des finances* pour les contributions directes; par les *receveurs des contributions indirectes*, par ceux de l'enregistrement, du timbre, des domaines, des douanes, des sels, des tabacs*, et par les *directeurs des postes* pour les impôts indirects. Tous ces fonctionnaires sont tenus de verser à des époques fixes entre les mains des receveurs des finances de leur arrondissement les fonds qui restent dans leurs caisse après le payement des dépenses qu'ils ont été autorisés à acquitter. À Paris, c'est le *caissier central* qui est l'agent des recettes au trésor. Enfin quelquefois, notamment aux armées, les payeurs du trésor sont agents de recette.

Pour ce qui est de la responsabilité qui pèse sur ces divers agents, sans parler des ministres ordonnateurs, qui ne sont justiciables que des chambres législatives, il est procédé directement ou en appel au jugement de leur comptabilité par la cour des c o m p t e s. Il existe en outre au ministère des finances, sous le nom de *direction de la comptabilité générale*, une section intérieure à laquelle les agents de recette et de payement adressent à des intervalles rapprochés, au plus tard tous les mois, le relevé de leurs opérations avec les pièces à l'appui. La comptabilité générale des finances vérifie et transmet à la cour des comptes les comptes individuels de tous les comptables des finances ; elle y joint le compte spécial des opérations constatées par virements de comptes, et les résumés généraux qui servent de base aux contrôles prescrits par l'ordonnance du 9 juillet 1826, et aux déclarations par lesquelles la cour certifie la conformité des résultats de ses arrêts sur les comptes individuels avec les comptes rendus par les ministres. Elle met tous les ans sous les yeux de la commission instituée par l'ordonnance du 10 décembre 1823, commission composée de sept membres pris dans le conseil d'État et la cour des comptes, les documents nécessaires pour arrêter les écritures de la comptabilité générale des finances et en reconnaître la concordance avec toutes les comptabilités élémentaires des ordonnateurs et des comptables.

Quant à la *comptabilité en matières*, elle repose sur des procès-verbaux d'entrée et de sortie des matières, sur le visa d'agents spéciaux pour ces entrées et sorties, sur des récolements et des inventaires qui ont lieu au moins une fois par an. Au jugement des hommes spéciaux, cette dernière comptabilité n'est pas encore assise sur des bases certaines, comme la comptabilité en deniers. Du reste, les comptes des matières sont imprimés et soumis au corps législatif à l'appui des comptes généraux.

La *comptabilité militaire* a pour objet l'administration des fonds consacrés à l'entretien des troupes, et la justification de leur emploi. La somme versée dans la caisse du régiment, sur la commande et le reçu du conseil d'administration, est mise sous la responsabilité du capitaine-trésorier, qui distribue tous les cinq jours les fonds dus aux soldats, à titre de *prêt*. On délivre ces fonds en présence de l'officier de semaine de chaque compagnie, qui les porte directement chez le capitaine-major responsable des deniers. Il a sous ses ordres un sergent-major et un fourrier chargés de tenir au courant le compte de chaque homme, et d'inscrire tous les effets qui sont distribués sur le *livret* du soldat et sur la *main-courante*.

La comptabilité générale du corps reste sous la direction spéciale du major, et les comptes de chaque compagnie sont réglés chaque trimestre par le capitaine-trésorier, sur des *feuilles de journées*, dressées par le sergent-major, et qui portent, journée par journée, la fonction dans laquelle chaque soldat s'est trouvé, et la solde à laquelle il avait droit. Pour le contrôle général, l'intendance militaire vérifie les comptes des régiments; ces comptes sont ensuite envoyés au ministère de la guerre, et de là à la cour des comptes.

COMPTABLE. C'est celui qui doit rendre compte des choses dont il a l'administration. En général un m a n d a -

13.

taire quelconque est comptable; plus spécialement, on appelle *comptables*, *agents comptables*, les employés des administrations publiques qui ont un maniement d'espèces ou de valeurs appartenant à l'État; les r e c e v e u r s g é n é r a u x, les p e r c e p t e u r s, les payeurs, les garde-magasins de l'armée et les quartiers-maîtres sont des agents comptables. Des inspecteurs vérifient leurs caisses, et des chefs également responsables exercent sur leur gestion une surveillance active et continuelle. Ils fournissent un c a u t i o n n e m e n t, et en outre l'État a une hypothèque légale et un privilége sur tous leurs biens pour assurer le remboursement du déficit que leur gestion peut présenter. Ils ne peuvent être admis au bénéfice de la c e s s i o n d e b i e n s. Ils sont soumis de plein droit à la contrainte par corps. L'action en reddition de compte d'un comptable public se prescrit par trente ans.

Dans le commerce on donne le nom de comptables à ceux qui organisent la c o m p t a b i l i t é ou qui tiennent la caisse et répondent des marchandises qui leur sont confiées. Les chefs de maisons de commerce exigent souvent un cautionnement des comptables qu'ils emploient, surtout lorsqu'ils doivent avoir un grand maniement de fonds.

COMPTE (du verbe latin *computare*, calculer). Au propre ce mot signifie *calcul*; mais au figuré il a un grand nombre d'applications diverses. En droit, on entend spécialement par *compte* l'état de la recette et de la dépense des biens qu'on a administrés. On nomme *rendant* celui qui rend compte, *oyant* celui à qui il est rendu. Toute personne qui a administré les affaires d'autrui est tenue de rendre compte de sa gestion; ainsi le m a n d a t a i r e, le tuteur, l'héritier bénéficiaire, le c u r a t e u r à une succession vacante, le séquestre, doivent un compte de leur administration. Le mari doit compte à sa femme de l'administration qu'il a eue de ses biens paraphernaux. La loi règle les effets de ce compte et les objets qui peuvent y être passés en dépense. Les comptes entre parties capables peuvent être faits à l'amiable. Toutefois, le tuteur autre que le père et la mère peut être astreint à rendre chaque année un compte par bref état, sans que l'intervention de la justice soit nécessaire. Le Code de Procédure civile (articles 527-542) détermine le mode des poursuites judiciaires à exercer contre les c o m p t a b l e s, la forme de procéder dans la *reddition des comptes*, et le mode de se pourvoir contre les jugements rendus en l'instance du compte pour erreurs, omission, faux ou double emploi.

L'*apurement de compte* est la vérification définitive de ce compte, vérification après laquelle le comptable doit être reconnu quitte, si toutes les parties du compte sont en règle. L'*arrêté de compte* est l'approbation donnée à un compte par un acte qui décharge le comptable.

Le *compte courant* est le compte des opérations successives faites entre deux individus : on l'appelle ainsi, parce qu'il est destiné à recevoir des articles successifs jusqu'à ce qu'il soit définitivement arrêté. Ainsi lorsque deux négociants tiennent chacun un compte courant pour les affaires qu'ils font ensemble, le débit du compte du premier constitue le crédit du compte de l'autre et réciproquement. Les comptes courants portent intérêt de plein droit. De la comparaison du débit et du crédit d'un compte courant résulte le *solde du compte*. L'expression *compte courant* s'applique également à tout crédit ouvert par un banquier à un particulier pour toutes affaires courantes de ce dernier.

Le *compte de retour* est celui qui accompagne la retraite d'une lettre de change protestée, et qui contient l'état des frais légitimes dont le remboursement doit être fait par le tireur ou l'un des endosseurs. Le compte de retour comprend le principal de la lettre de change protestée, les frais de protêt et autres frais légitimes, tels que commission de banque, courtage, timbre, et ports de lettres. Il énonce le nom de celui sur qui la retraite est faite, et le prix du change auquel elle est négocié. Il est certifié par un agent de change, ou, à son défaut, par deux commerçants. Il est accompagné de la lettre de change protestée, du protêt et d'une expédition de l'acte de protêt. Dans le cas où la retraite est faite sur l'un des endosseurs, elle est accompagnée, en outre, d'un certificat qui constate le cours du change du lieu où la lettre de change était payable sur le lieu d'où elle a été tirée. Il ne peut être fait plusieurs comptes de retour sur une même lettre de change.

On dit d'une opération qu'elle se fait *de compte à demi*, *à tiers*, etc., lorsque deux, trois personnes et plus ont un intérêt égal dans l'entreprise.

Faire affaire *au comptant*, traiter *au comptant*, c'est vendre ou acheter argent comptant.

COMPTE-PAS, instrument qui sert à compter les pas ou le chemin qu'on a fait, soit à pied, soit en voiture. *Voyez* ODOMÈTRE.

COMPTE-RENDU. C'est, d'après le *Dictionnaire de l'Académie*, l'exposé ou le récit de certains faits particuliers; ainsi un ministre fait le *compte-rendu de l'état des finances*, *de la statistique criminelle*. Les journaux font un *compte-rendu des séances d'une assemblée législative*. L'Académie des Sciences publie un *compte-rendu* important de ses séances.

Ce mot se dit absolument, dans notre histoire financière, du célèbre état des recettes et dépenses du royaume que Necker fit paraître, en janvier 1781, par ordre de Louis XVI, et qui offrait pour résultat un surcroît de dix millions en recette. La sensation produite par la publication de ce document fut immense : c'était la première fois que le gouvernement se décidait à *rendre compte* au peuple de l'usage qu'il faisait de sa fortune. Et pourtant Necker donnait sa démission peu de temps après l'apparition de cette pièce.

Compte-rendu se dit, particulièrement, en politique, d'une sorte de manifeste que cent-quarante membres de la chambre des députés, après plusieurs conférences, adressèrent à leurs commettants le 28 mai 1832, sur la fin de la session, lorsqu'au déclin de la vie de Casimir Périer le ministère eut déclaré à différentes reprises qu'il persisterait dans le système suivi par cet homme d'État, que M. Thiers en eut fait l'apologie dans une brochure, et que la Vendée se fût montrée menaçante contre le nouveau gouvernement de la France. L'élan fut donné par une lettre imprimée, adressée par M. Odilon Barrot à son collègue Kœchlin.

On remarquait parmi les signataires MM. Arago, Charles Comte, Cormenin, Dupont (de l'Eure), Garnier-Pagès, Audry de Puyraveau, le général Bertrand, Cabet, le maréchal Clausel, Lafayette, Lamarque, Laffitte, Las Cases père, Mauguin, Eusèbe de Salverte, Taillandier, de Tracy, Voyer d'Argenson, etc., etc. Le compte-rendu fut vivement attaqué par les journaux ministériels, comme inconstitutionnel et presque séditieux; les journaux indépendants soutinrent, de leur côté, que les députés n'avaient fait que remplir un devoir. Cet acte, depuis longtemps oublié, n'eut, au reste, d'autre résultat que de montrer clairement à la nation et à l'étranger quel immense intervalle séparait déjà, deux ans après leur victoire, les partis qui avaient travaillé d'accord à renverser le gouvernement de la Restauration. Dans ce document, les députés signataires accusaient le gouvernement de ne voir dans la Révolution de 1830 qu'un incident, qu'une modification de la Restauration, et de se baser sur les mêmes principes. « L'influence de cette opinion, disaient-ils, s'est retrouvée dans toutes les phases de la longue et stérile session qui vient de s'accomplir. On l'a reconnue dans les débats sur la liste civile, sur l'hérédité de la pairie, sur l'organisation de l'armée; elle a présidé à la discussion du budget; elle dirige l'administration de l'empire et règle son attitude vis-à-vis de l'étranger. » Les signataires répudiaient donc la lourde liste civile, la qualification de *sujets*; ils voulaient que le pouvoir législatif, même dans la chambre haute, dérivât d'une délégation du souverain, c'est-à-dire de la nation. « Il nous paraissait, disaient-ils, que la révolution devait élire ses législateurs comme elle aurait dû instituer ses juges. » Une réserve, composée de la garde nationale et des soldats libérés du service, aurait dû permettre, suivant eux, de diminuer la force et les dépenses de l'armée permanente. Ils auraient voulu une administration plus économique et plus simple, une meilleure assiette de certains impôts, un mode de recouvrement moins tracassier, le changement du personnel; ils demandaient un système municipal qui décentralisât les petites affaires, simplifiât les grandes, étendit partout les éléments de la vie politique, et associât au moins au droit de cité le plus grand nombre possible de citoyens. Ils ne voulaient point de guerre d'ambition ou de conquête, mais indépendance absolue à l'intérieur de toute influence étrangère. On devait secourir l'Italie contre l'Autriche et protéger la Pologne contre la Russie, etc.

COMPTES (Chambre des). *Voyez* CHAMBRE DES COMPTES.

COMPTES (Cour des). Cette cour a été instituée par la loi du 16 septembre 1807, pour exercer les fonctions de la commission de comptabilité nationale qui en 1791 avait remplacé les anciennes chambres des comptes. La commission de comptabilité nationale avait été créée par l'Assemblée constituante, en vertu de la loi des 15 et 17 septembre 1791; elle fut maintenue par la constitution de l'an III, qui en laissait la composition et la surveillance au Corps Législatif; mais elle ne le fut point par celle de l'an VIII.

Toutefois, ce ne fut que sous l'Empire que la vieille institution reparut avec le nom de cour. Lors de la Restauration elle subit de profondes modifications dans son personnel et ses pouvoirs. Après la révolution de Février, un décret du 2 mai 1848 vint lui enlever l'inamovibilité, abaissa ses traitements, et diminua le nombre de ses membres. L'inamovibilité lui fut rendue par l'Assemblée législative en 1849; les membres destitués furent rétablis, et enfin un décret du 15 janvier 1852 rétablit les choses telles qu'elles étaient en 1807.

La cour des comptes est établie pour juger les comptes des recettes et dépenses publiques qui lui sont présentés par les receveurs généraux des finances, les payeurs du trésor public, les receveurs de l'enregistrement, du timbre et des domaines, les receveurs des douanes et sels, les receveurs des contributions indirectes, les directeurs comptables des postes, les directeurs des monnaies, le caissier du trésor public et l'agent responsable des virements de comptes. Elle juge aussi les comptes annuels des trésoriers des colonies, de l'agent comptable du service des colonies, de l'agent comptable des recettes et dépenses des chancelleries consulaires, du trésorier général des invalides de la marine, de l'agent comptable des traites de la marine, des économes des lycées, des commissaires général des poudres et salpêtres, du directeur des transferts des rentes inscrites au grand-livre de la dette publique; du directeur du grand-livre et de celui des pensions, pour les augmentations ou atténuations survenues chaque année dans la masse de la dette inscrite; de l'ordre de la Légion d'Honneur, de la caisse d'amortissement et de celle des dépôts et consignations; des monts-de-piété, des communes, hospices, et établissements de bienfaisance ayant le revenu déterminé par les lois et règlements. Aux termes de la loi du 6 juin 1843 et de l'ordonnance du 26 août 1844, elle statue sur les comptes annuels des agents comptables des matières de l'État. Elle statue en outre sur les pourvois qui lui sont présentés contre les règlements prononcés par les conseils de préfecture des comptes annuels des receveurs des communes, hospices et établissements de bienfaisance dont le revenu est inférieur à la somme de 30,000 francs. Elle statue sur les demandes formées par les comptables en radiation, réduction ou translation d'hypothèques. Elle prononce contre les comptables en retard de présenter leurs comptes les peines fixées par les lois et règlements. Ces voies d'exécution consistent en amendes, séquestres, vente de biens et emprisonnement.

Conformément à la loi du 27 juin 1819 et à l'ordonnance du 9 juillet 1826, la cour constate chaque année par une déclaration générale le résultat de la comparaison qu'elle établit entre les comptes publiés par les ministres pour l'année précédente et les arrêts rendus sur les comptes individuels des comptables, tant sous le rapport de l'exactitude des résultats que sous le rapport de la légalité des recettes et dépenses publiques. Cette déclaration est portée à la connaissance du corps législatif.

Enfin, aux termes de l'article 22 de la loi du 16 septembre 1807, les vues de réforme et d'amélioration puisées par la cour dans l'examen, sur pièces justificatives, des recettes et des dépenses publiques de chaque année font l'objet d'un rapport au gouvernement. Ce rapport, délibéré et arrêté par les trois chambres, est remis à l'empereur par le premier président de la cour. Ce rapport est imprimé et distribué aux membres du corps législatif. Tous les trois mois, l'état de situation des travaux de la cour est adressé par le premier président au garde des sceaux, pour être porté à la connaissance de l'empereur.

La cour prend rang immédiatement après la cour de cassation, et jouit des mêmes prérogatives.

Pour ses travaux ordinaires la cour est divisée en trois chambres. Une quatrième chambre temporaire avait été instituée par décret du 15 janvier 1852.

La cour se compose d'un premier président, trois présidents, dix-huit conseillers-maîtres des comptes, quatre-vingts conseillers référendaires, dont dix-huit de première classe et soixante deux de seconde classe, en tout cent quatre magistrats. Tous sont nommés à vie; les présidents peuvent être changés chaque année. La cour entière se réunit tous les trimestres en séance publique pour entendre l'exposé des travaux du trimestre précédent et les observations auxquelles il donne lieu, et pour enregistrer les ordonnances.

Les ministres et les comptables peuvent se pourvoir devant le conseil d'État, dans le délai de trois mois contre les arrêts de la cour, pour violation des formes ou de la loi. Les pourvois des ministres doivent avoir été préalablement autorisés par l'empereur. En cas de cassation d'un arrêt, l'affaire est renvoyée devant l'une des chambres qui n'en a pas connu.

Les erreurs de fait, ou matérielles, donnent lieu à une *révision*, qui est faite suivant les règles de la procédure ordinaire. Les demandes en révision ne sont soumises à aucun délai : on ne prescrit pas contre l'erreur de fait. La cour n'a pas le jugement des faux et des concussions qu'elle constate dans l'examen des comptes; s'il en est aperçu par le référendaire, le procureur général est appelé à la discussion; et si les faits sont admis, il en est rendu compte au ministre des finances et référé au ministre de la justice, qui fait poursuivre devant les tribunaux ordinaires.

Le premier président préside les chambres assemblées, et chaque chambre lorsqu'il le juge convenable. Il distribue les comptes aux référendaires, et indique les chambres où s'en feront les rapports. Les demandes en communication de pièces lui sont adressées, et, suivant les cas il y statue ou en réfère aux chambres. Il a la police et la surveillance générale. Le plus ancien des présidents supplée, en cas de nécessité, le premier président pour les fonctions qui sont de son attribution spéciale.

Les présidents ont la direction du travail des chambres, l'instruction et la correspondance : chacun d'eux distribue aux conseillers-maîtres qui composent la chambre les affaires dont ils doivent faire le rapport. Aucune affaire n'est jugée que sur le rapport d'un maître, et après examen par lui fait du travail des référendaires.

Les conseillers référendaires sont chargés de la vérification des comptes, et ils peuvent entendre à cet effet les comptables ou leurs fondés de pouvoirs; ils en font rapport aux chambres; ils donnent leur avis, mais n'ont pas voix délibérative. Lorsque l'examen du compte exige le concours de plusieurs référendaires, un référendaire de première classe a la direction du travail et fait le rapport à la chambre en présence des référendaires qui ont concouru au rapport. Les référendaires de première classe assistent à tour de rôle, et en nombre égal à celui des maîtres, aux cérémonies publiques et aux députations.

Le ministère public près la cour est exercé par un procureur général. Le procureur général veille à ce que les comptables présentent leurs comptes dans les délais fixés par les lois, et requiert, contre ceux qui sont en retard l'application des peines. Il s'assure si les chambres tiennent régulièrement leurs séances, et si les référendaires font exactement leur service. Les demandes en main-levée, réduction et translation d'hypothèques lui sont toujours communiquées. Il suit devant la cour la révision des arrêts pour cause d'erreur au détriment du trésor public, des départements ou des communes. C'est à lui que les préfets doivent adresser les comptabilités dont le règlement est contesté, ainsi que les pièces à l'appui et les demandes de communication de pièces. Il peut prendre communication de tous les comptes dans lesquels il croit son ministère nécessaire; il est entendu avant qu'il soit statué sur les préventions de faux ou de concussion élevées contre les comptables. Il envoie au ministre les expéditions des arrêts. Il correspond avec les ministres pour l'exécution des arrêts, et pour tous les renseignements qu'ils lui demandent.

Le greffier en chef tient la plume aux assemblées générales; des commis-greffiers le suppléent dans les chambres. Il reçoit immédiatement des comptables tous les comptes et pièces. Il tient les divers registres de la cour, constate et accuse la réception des comptes et pièces, et est dépositaire de tous les papiers. Il signe et délivre les expéditions des arrêts et les certificats et extraits de tous les actes et renseignements émanant du greffe et des archives et dépôts. Il fait expédier et signe la correspondance préparée par les référendaires et approuvée par les présidents de chambre.

COMPTEUR, instrument qui, comme son nom l'indique, sert à compter le nombre des révolutions d'un axe tournant ou celui des excursions alternatives de va-et-vient d'une tige accomplies dans un temps donné. Il se compose ordinairement d'une série de rouages analogues à ceux des montres, faisant mouvoir des aiguilles sur des cadrans gradués. On peut, par exemple, monter sur l'axe tournant ou sur tout autre axe qui en reçoit un mouvement proportionnel, une vis sans fin qui engrène avec deux roues dentées de même diamètre juxtaposées. L'une de ces roues à quatre-vingt-dix-neuf dents représentant autant de degrés et est folle sur l'axe de la seconde roue, qui porte en regard une aiguille destinée à marquer les degrés de la première roue. La seconde, divisée en cent degrés correspondant à cent dents, se meut vis-à-vis un repère fixe. La vis sans fin fait sauter une dent des deux roues à chaque tour. Avant de compter, on fait correspondre l'aiguille et le repère à zéro; on fait ensuite engrener les roues avec la vis sans fin, et lorsqu'il s'est écoulé un certain temps, on désengrène; supposons, par exemple, que le repère fixe marque 67 et l'aiguille mobile 24, la vis sans fin aura fait 2,467 tours, puisque par chaque tour de la seconde roue, ou par chaque centaine de tours de la vis sans fin, la première roue aura avancé d'une dent sur la seconde. Ce compteur peut être modifié d'un grand nombre de manières différentes.

Dans les usines à gaz, on emploie des *compteurs* d'un autre genre, destinés à connaître la quantité de gaz produite dans un temps donné. Cet appareil est une espèce de roue à augets ordinairement en tôle galvanisée, dont l'axe est horizontal. Cette roue est plongée dans un cylindre rempli d'eau jusqu'à l'axe. Un tuyau amène le gaz dans un auget; celui-ci s'élevant et sortant complètement de l'eau, le gaz qu'il renferme se répand dans la partie supérieure du cylindre, et s'échappe par un autre tube, disposé à cet effet. A peine le premier auget a-t-il vidé son contenu dans la partie supérieure du cylindre, qu'un second auget s'emplit de la même manière. L'entrée et la sortie du gaz sont évidemment continues. Le gaz imprime un mouvement de rotation à la roue, et la quantité de tours faits est enregistrée au moyen de rouages mus par l'axe de la roue. Connaissant cette quantité pour le temps donné, la capacité des augets et leur nombre, il est facile d'en conclure la quantité de gaz fabriquée.

Mais ces compteurs rendent bien d'autres services en servant à constater la dépense des becs qu'entretient une administration. On leur doit de pouvoir remplacer l'abonnement, en permettant à chacun de ne payer que la quantité de gaz qu'il brûle. Sauf les proportions, ces compteurs ne different pas de ceux que nous venons de décrire. Seulement, on a senti la nécessité de les faire précéder d'un compensateur qui empêchât l'éclairage partant du compteur d'être altéré par les variations de pression du gaz dans les conduites.

COMPTOIR. C'est la table sur laquelle les négociants, débitent leurs marchandises, font leurs comptes, leurs payements et leurs recettes. Toutefois, aujourd'hui le grand commerce ne vend au comptoir et on paye à la caisse. Chaque marchand est obligé d'avoir sur son comptoir les mesures et les poids légaux dont il se sert dans son commerce. Les vérificateurs chargés de ce soin et les acheteurs eux-mêmes, si bon leur semble, peuvent examiner si ces poids et ces mesures sont exacts et conformes au système métrique en vigueur.

Depuis longtemps on a donné par extension le nom de *comptoirs* à des établissements commerciaux presque toujours lointains, destinés d'abord au commerce du change, puis ensuite à faciliter l'écoulement des marchandises, et dans lesquels l'importance des affaires entraîne souvent un grand mouvement de fonds. C'est au moyen de ces comptoirs ou *factoreries*, comme on les a encore appelés, que le commerce maritime a pris l'extension qu'il a aujourd'hui. Beaucoup de colonies des peuples européens n'ont pas eu d'autre origine.

Il y a eu aussi des comptoirs établis en Europe, par exemple ceux des villes hanséatiques à Novogorod, à Anvers, à Bergen, etc. Le commerce avait déployé une grande magnificence dans ces vastes entrepôts; chaque nation y entretenait un consul accrédité.

COMPTOIRS D'ESCOMPTE. On donne ce nom en général à des établissements qui font l'escompte du papier de commerce, mais sans se livrer à aucune autre opération de banque. Nous nous bornerons à faire connaître ici ceux de ces établissements dont les révolutions de 1830 et de 1848 ont provoqué la formation en France.

En 1830 le gouvernement consacra une somme de 30 millions à venir au secours de l'industrie et du commerce, paralysés par les graves préoccupations de la situation politique. Sur cette somme il employa celle de 8 millions environ à encourager la création de comptoirs nationaux, tant à Paris que dans la province. Dix ou douze de ces institutions de crédit se fondèrent avec le concours des particuliers. Le comptoir de Paris seul fut entièrement doté par le gouvernement, qui porta successivement son capital à la somme totale de 1,760,000 f., et fixa le taux de l'escompte à 4 pour 100 pour le papier de Paris, et à 5 pour 100 pour celui des départements. Quelques mois après une ordonnance royale autorisa la ville de Paris à garantir ses opérations jusqu'à concurrence de 4 millions, mais seulement pendant un délai de six mois à partir du 1er janvier 1831. En même temps, le taux de l'escompte fut porté à 6 pour 100, et le comptoir n'admit plus que le papier sur Paris. Le 30 septembre 1832 il entra en liquidation, après une gestion de deux mois sous la direction exclusive de l'État et de vingt-et un mois sous la direction combinée de l'État et de la ville de Paris. On ne sait rien des opérations des autres comptoirs.

Le retour, en 1848, des mêmes nécessités, mais bien plus graves et plus pressantes, fit songer au même remède. Le gouvernement provisoire, qui avait d'abord projeté l'établissement d'un seul comptoir d'escompte, sous le nom de *Dotation du petit commerce*, posa, dans le décret du 7 mars, les bases d'une institution plus étendue. Ce décret institua dans toutes les villes industrielles et commerciales un comptoir d'escompte *destiné à répandre le crédit et à l'étendre* à toutes les branches de la production. Le capital de ce comptoir était ainsi formé : un tiers par des actionnaires; les deux autres tiers par l'État et les villes. Le premier tiers devait être versé intégralement; les deux autres entraient dans la caisse du comptoir sous forme de bons du trésor et d'obligations municipales. Ces titres ne pouvaient d'ailleurs être réalisés qu'en liquidation; ils ne constituaient donc qu'une garantie, et non pas une ressource disponible dans le cours des opérations. Outre sa garantie, le gouvernement fit à plusieurs comptoirs des prêts conventionnels portant intérêt à 4 pour 100, dont le montant a dépassé 15 millions.

Un second décret, du 24 mars 1848, autorisa l'établissement de *sous-comptoirs*, dont le capital, entièrement fourni par les particuliers, devait garantir près des comptoirs la valeur que ces derniers escompteraient aux sous-comptoirs. Le décret détermina leurs opérations ainsi qu'il suit : ils devaient procurer aux commerçants, industriels et agriculteurs, soit par engagement direct, soit par aval, soit par endossement, l'escompte de leurs titres et effets de commerce auprès du comptoir principal, moyennant des sûretés données par voie de nantissement sur marchandises, récépissé des magasins de dépôt, titres et autres valeurs. Des privilèges étendus leur étaient assurés : ainsi les actes de société qui les concernaient étaient dispensés de l'avis du conseil d'État, de toute publicité autre que l'inscription au *Bulletin des Lois*, et de tous droits d'enregistrement. Par une dérogation aux dispositions du Code civil relatives aux effets du nantissement, ils reçurent l'autorisation de faire procéder, huit jours après une simple mise en demeure, et sans permission de justice, à la vente publique des marchandises, titres et autres valeurs donnés en garantie. Enfin, tous les actes ayant pour objet de constituer les nantissements au profit des sous-comptoirs et d'établir leurs droits comme créanciers, durent être enregistrés au droit fixe de 2 fr. 20 c. Un décret du 23 août étendit ces divers privilèges aux comptoirs.

Le premier comptoir se forma à Paris. Il commença ses opérations le 18 mars 1848, et le continue encore aujourd'hui avec un succès croissant. Autour de lui vinrent se grouper sept sous-comptoirs, les seuls qui se soient organisés en France, bien que le décret du 4 mars permît d'en créer partout où il existerait des comptoirs. Cinq de ces établissements intermédiaires furent fondés dans l'intérêt du commerce de la librairie, des métaux, des denrées coloniales, de la mercerie, des tissus; les deux autres au profit des entrepreneurs et des actionnaires des chemins de fer. Dans les départements, l'établissement des comptoirs prit une extension rapide; il s'en forma 65 dans l'année 1848.

Autorisés pour trois années, ils devaient cesser d'exister en 1851. Mais en présence des incertitudes de l'avenir, le gouvernement, convaincu que le moment n'était pas venu de retirer aux transactions commerciales un appui que ne pouvait alors leur fournir l'esprit d'association livré à lui-même, en prorogea 40 pour une nouvelle période triennale. L'importance du comptoir de Paris lui fit accorder une prorogation de six ans. Les villes qui possèdent aujourd'hui des comptoirs sont : Paris, Reims, le Havre, Sainte-Marie-aux-Mines, Colmar, Saint-Lô, Châlons-sur-Saône, Orléans, Lyon, Rouen, Metz, Cambrai, Clermont-Ferrand, Granville, Lille, Vire, Louviers, Angoulême, Toulon, Saint-Jean d'Angely, Le Mans, Laon, Dôle, Issoudun, Vienne, Mirecourt, Strasbourg, Auxerre, Toulouse, Bayonne, Fougères, Cette, Dunkerque, Nevers, Épinal, Mulhouse, Arles, Saint-Claude, Sablé, et Alais. Le capital en actions de ces 40 comptoirs s'élève, non compris celui de Paris, à 13,250,000 fr. Presque tous ont pu rembourser au trésor les prêts qu'ils avaient reçus; seul, le comptoir de Paris a gardé jusqu'à ce jour sa subvention de 3 millions.

En 1853, le gouvernement, décidant négativement la question de savoir si le retour de la sécurité et de la confiance justifiait la suppression des comptoirs, saisit le corps législatif d'un projet de loi destiné à assurer leur maintien, mais à restreindre leurs privilèges en ce qui concerne la dispense de l'avis du conseil d'État, et à leur retirer l'assistance de l'État et des villes. Ce projet fut converti en loi le 10 juin 1853; il dispose que les comptoirs et sous-comptoirs d'escompte pourront être créés ou prorogés, avec les droits que leur avaient conférés les décrets du 24 mars et 23 août 1848, mais sans aucun concours ni aucune garantie de la part de l'État, des départements et des communes. Des décrets impériaux, rendus sur la proposition du ministre des finances, le conseil d'État entendu, statueront sur leur établissement ou sur leur prorogation et sur la modification de leurs statuts. Toute demande d'établissement ou de prorogation d'un comptoir ou sous-comptoir devra être accompagnée de l'avis favorable de la chambre de commerce et du conseil municipal de la ville intéressée. Le régime légal, sous lequel ont été établis les comptoirs actuellement existants, doit continuer à leur être appliqué jusqu'à l'expiration du terme de leur prorogation.

Dans la pensée des auteurs des décrets constitutifs des comptoirs, l'escompte devait être leur principale, mais non leur unique opération. Ils peuvent en effet faire toutes celles qui avaient pour but de faciliter la circulation des effets, tels que les encaissements pour les correspondants, les recouvrements pour les autres départements ou l'étranger, l'ouverture des comptes courants, etc. Presque tous admirent le papier payable dans toute la France sans distinction; cependant quelques-uns ne reçurent que le papier de certaines villes; d'autres, au contraire, étendirent la faculté de l'escompte à quelques pays étrangers; plusieurs enfin à l'étranger sans limite statutaire. Quant à l'échéance des billets admis à l'escompte, le maximum généralement adopté varia entre 60 et 105 jours. Ce maximum ne fut pas applicable aux billets des villes, sièges des comptoirs, et notamment aux effets de Paris et des villes où la Banque de France possède des succursales. En revanche, le minimum atteignit les billets des autres villes, ceux du département voisin et surtout de l'étranger. Par exception, le comptoir de Lyon prit 45 jours comme minimum pour les villes autres que Lyon, Paris et les villes succursalistes de la Banque; tandis que Mirecourt, par exemple, fixa à 120 jours, Metz à 150, et Nancy à 180 jours, la durée extrême des billets admis à l'escompte.

Aux termes des statuts, tous les comptoirs peuvent escompter des effets à deux signatures ou à une seule; mais dans ce dernier cas l'effet doit être accompagné soit d'un récépissé de dépôt de marchandises, soit d'un dépôt en compte courant. Le taux de l'escompte est fixé par un conseil d'administration que nomment les actionnaires. Des commissaires, des directeurs nommés par le ministre des finances, surveillent ou dirigent les opérations. Les chiffres suivants permettent d'apprécier l'importance de ces opérations. En 1848 68 comptoirs (y compris Paris) ont escompté pour 344 millions (en nombres ronds) d'effets de commerce : en 1849 ce chiffre s'est élevé à 346 millions pour 62 comptoirs, et en 1850 à 372 pour 61. Quant au comptoir de Paris, la somme de ses escomptes, qui n'avait pas dépassé 63 millions en 1848-1849, a atteint 274 millions dans l'exercice 1851-1852.

Dans l'exposé des motifs du projet de loi présenté au corps législatif en 1853, le gouvernement a cru devoir rendre hommage à l'habileté avec laquelle les comptoirs, prorogés en 1851 ont fonctionné jusqu'à ce jour : « Leurs opérations, y est-il dit, ont été conduites avec tant de prudence et de succès, qu'à l'exception d'un ou de deux comptoirs, moins favorisés, les garanties du trésor et des villes pourront être dégagées sans aucun sacrifice. » Il est d'ailleurs facile de se rendre compte des services que ces établissements ont rendus dans la période difficile de 1848 à 1852. Grâce à eux, mais surtout grâce aux sous-comptoirs, la ressource précieuse de l'escompte a pu parvenir jusqu'à celui qui n'avait pour garantie de sa signature que des marchandises immobilisées dans ses magasins par la crise, ou des valeurs mobilières aliénables seulement au prix des sacrifices les plus douloureux. Une foule de négociants purent ainsi faire face à des engagements impérieux, continuer leurs affaires, et assurer du travail aux ouvriers. Les avantages qu'ils sont appelés à offrir à l'industrie et au commerce à une époque de paix et de sécurité sont également considérables. En France, on le sait, le crédit n'arrive que bien difficilement au commerce de détail et à la petite industrie. La Banque de France ne fait d'avances que sur des dépôts d'une certaine nature et d'une valeur assez élevée; elle ne reçoit en outre à l'escompte que le papier garanti par trois signatures, dont une au moins lui est parfaitement connue. Par suite de la difficulté d'être admis à la faveur de traiter directement avec elle, il s'est formé un certain nombre de maisons privilégiées qui servent d'intermédiaires aux négociants moins heureux et bénéficient de la différence entre le taux de l'escompte de la Banque et celui qu'ils prélèvent comme prix de leur entremise. Un grand nombre, le plus grand nombre peut-être des transactions commerciales du pays, échappe ainsi à l'influence salutaire de notre grand établissement de crédit. Dans beaucoup de villes, les banquiers locaux prennent sans doute à l'escompte le papier des petits commerçants et industriels; mais on sait quesouvent il suffit à l'usurier d'étendre assez le cercle de ses opérations, pour pouvoir prendre légalement un titre qui lui assure presque l'impunité. Là même où des maisons honorablement connues se livrent à des opérations de banque régulières, l'expérience a prouvé que la création d'un comptoir d'escompte a pour effet de faire baisser le loyer des capitaux, et d'introduire dans le commerce de l'argent des habitudes d'ordre, de régularité et de discipline qui n'existaient pas avant.

Il reste aux comptoirs et aux sous-comptoirs un progrès considérable à réaliser pour justifier toutes les espérances qu'ils ont fait concevoir. Il consisterait à venir en aide, comme les banques rurales d'Angleterre, mais surtout d'Écosse, à la petite agriculture, en faisant, au taux le plus modéré, des avances sur consignation de récoltes ou d'autres gages mobiliers tirés du privilége de bailleur. Le jour où les comptoirs seront entrés dans cette voie féconde, le crédit agricole, non moins désirable que le crédit foncier, sera fondé en France!
A. LECOYT.

COMPULSOIRE. On nomme ainsi une procédure dont l'objet est de contraindre un notaire à délivrer une expédition ou un extrait d'un acte quelconque. En principe, les notaires ne peuvent se refuser à donner expédition de leurs actes aux parties intéressées en nom direct, aux héritiers ou ayant-droit. Mais il leur est interdit d'en donner connaissance ni d'en délivrer des expéditions à d'autres qu'à ces parties. Cependant il arrive souvent que des tiers dans le cours d'une instance ont besoin d'avoir copie d'un acte dans lequel ils n'ont pas été partie; la loi vient alors à leur secours, et les autorise à demander un *compulsoire*. La demande à fin de compulsoire est formée par requête d'avoué à avoué; elle est portée à l'audience sur un simple acte et jugée sommairement sans aucune procédure. Le jugement est exécutoire, nonobstant appel ou opposition. On appelle *procès-verbal de compulsoire* celui qui contient la collation de l'expédition ou de la copie de cet acte à la minute par celui qui en a le dépôt ou par le notaire commis par le jugement qui ordonne le compulsoire.

COMPUT (du latin *computus*, nombre, calcul). Ce mot s'applique particulièrement aux calculs chronologiques nécessaires pour construire le calendrier, tels que le cycle solaire, le nombre d'or, l'épacte, l'indiction romaine, les fêtes mobiles, etc.

COMTAT, COMTAT D'AVIGNON, COMTAT VENAISSIN. Le mot comtat est un nom provençal qui, ainsi que l'italien *contado*, dont il est dérivé, signifie *comté*, et sous lequel on désignait en général le comté ou comtat d'*Avignon*, comprenant seulement cette ville avec son territoire, et le comté ou Comtat-Venaissin (*Comitatus Vindiscinus*). Celui-ci est ainsi appelé de Venasque (*Vindiscina*), qui en fut la capitale, et fut aussi le siége d'un évêché vers le neuvième siècle. Il n'est donc pas exact de dire qu'Avignon est la capitale du comtat Venaissin, et que le comtat est le territoire ou l'État d'Avignon. Quelquefois on dit simplement le *Comtat*, au lieu de comtat Venaissin.

Le Comtat était borné au nord par le Dauphiné, à l'est et au sud par la Provence, et à l'ouest par le Rhône, qui le séparait du Languedoc. C'est un des pays les plus beaux et les plus fertiles du monde, surtout la partie basse, qui est arrosée par plusieurs petites rivières, telles que la Sorgue, l'Ouvèze, etc. Les principales villes du comtat Venaissin étaient Carpentras, qui en était la capitale, Cavaillon, Vaison, l'Isle, Pernes, Malaucène, Valréas, etc.

Les commencements de l'histoire du Comtat se lient à celle d'Avignon et de la Provence. Dans le partage qui eut lieu l'an 1125, le Comtat, qui faisait partie de ce qu'on appelait alors le *marquisat de Provence*, échut au comte de Toulouse, Alphonse Jourdain, dont les successeurs le possédèrent jusqu'à Raimond VI, dit *le Vieux*, sur lequel il fut confisqué vers la fin du douzième siècle, durant la croisade contre les albigeois. Raimond VII, dit *le Jeune*, son fils, céda au saint-siége, en 1259, tous les pays qu'il possédait au-delà du Rhône. Le comte de Provence, auquel ils étaient substitués par l'acte de partage de 1125, réclama vainement contre cette cession. Le comte de Toulouse ne fut pas plus heureux en redemandant au pape cette partie de son patrimoine. Il réussit mieux en s'adressant à l'empereur Frédéric II, suzerain du Comtat. Ce monarque cassa le traité de 1229, et ordonna aux états de ce pays de ne reconnaître d'autre seigneur que le comte de Toulouse, qui se remit en possession du Comtat et obtint enfin la renonciation du pape Grégoire IX, en 1234. Raimond ne laissa, en mourant (1249) qu'une fille, Jeanne, qui transporta toute sa succession à son époux, Alphonse, comte de Poitou, frère de saint Louis. Après la mort de ce prince, dont elle n'avait pas eu d'enfants, Jeanne, qui ne lui survécut que quatre jours, légua, en 1271, tous ses États en deçà du Rhône à son neveu Philippe le Hardi, et le Comtat, avec tout ce qui lui appartenait au delà du fleuve, à son autre neveu Charles II d'Anjou, roi de Naples et comte de Provence. Mais Philippe s'empara de cette riche succession, et consentit à faire au pape Grégoire X, en 1273, une nouvelle donation du Venaissin, qui ne devait appartenir de l'un ni à l'autre. Les rois de France furent depuis fondés en droit, comme héritiers des comtes de Provence, lorsqu'ils prirent possession du Comtat, ainsi que d'Avignon, à diverses époques, notamment en 1768.

Quoique ces deux pays aient éprouvé les mêmes révolutions politiques, leurs gouvernements étaient tout à fait indépendants. Le vice-légat d'Avignon n'avait aucune autorité sur le recteur ou président, qui résidait à Carpentras. Sous la domination pontificale, le Comtat était divisé en trois juridictions, Carpentras, l'Isle, et Valréas. Sous le régime français, de 1769 à 1774, il forma une sénéchaussée dépendante du parlement d'Aix. Les habitants du Comtat jouissaient en France des droits de regnicoles, en vertu des ordonnances de Charles IX, Henri IV, Louis XIII et Louis XIV. A l'époque de la Révolution française, le haut Comtat embrassa les intérêts du saint-siège, et en 1791 éclata entre Avignon et Carpentras une guerre civile, à laquelle prirent part toutes les communes du haut et bas Comtat, suivant leurs intérêts particuliers. La résistance de Carpentras et des communes de son parti était entretenue, ainsi que leurs idées ultramontaines, par l'abbé Maury, qui était natif de Valréas. Cette résistance n'empêcha pas que ce pays ne fût réuni à la France en 1791. Il fait aujourd'hui partie du département de Vaucluse. Les juifs, qui avant la Révolution ne jouissaient pas en France de l'exercice de leur culte, étaient tolérés dans les pays soumis au saint-siège; mais on les renfermait la nuit dans le quartier qu'ils habitaient, et le jour lorsqu'il y avait quelques cérémonies publiques de la religion catholique. Ils étaient en outre forcés de porter un chapeau jaune, et leurs femmes un morceau de ruban jaune à leur bonnet. H. AUDIFFRET.

COMTE, COMTÉ (du latin *comes*). Dans son acception originaire, le titre de *comte* pourrait se traduire par celui d'*assesseur*, dont les fonctions avaient beaucoup d'analogie avec celles des magistrats que gouvernaient de Rome au temps de la république adjoignait aux proconsuls, aux préteurs envoyés dans les provinces. Cicéron parle de ces comtes dans son *Oratio pro C. Rabirio*. Dion rapporte qu'Auguste appelait ainsi tous les officiers de la maison impériale. Il les choisissait dans les familles sénatoriales. Ces comtes accompagnaient l'empereur, et jugeaient toutes les affaires dont le prince leur déférait la connaissance. Les arrêts de ce tribunal de cour avaient une autorité égale à celle des sénatus-consultes : c'était un conseil d'État avec les mêmes attributions que celui qui fut institué par l'empereur Napoléon. La *Notitia Imperii Romani*, sorte d'annuaire ou d'almanach impérial, nous montre au temps de Dioclétien une foule de comtes de tous rangs. Les empereurs de Constantinople imitèrent ceux de Rome, avec cette différence que les comtes institués par Auguste et ses successeurs étaient les conseillers de la couronne; ce titre était donné à l'emploi, et non à la personne, tandis qu'à la cour d'Orient on nommait comte indistinctement tous les officiers de la maison impériale. La nomenclature de ces comtes occupe une grande place dans le *Glossaire* de Du Cange. On y trouve l'origine des principales charges de cour et des départements ministériels, qui existent encore dans les monarchies de l'Europe moderne.

Sous les deux premières races des rois de France, les comtes étaient, comme sous le Bas-Empire, des fonctionnaires de divers degrés. Le *comte du palais* était le premier dignitaire de l'État après le maire du palais. Il présidait le *plaid* du monarque, en son absence. Sa juridiction était souveraine, et dominait toutes les autres. Il fallait l'*agrément* de ce comte pour parler au roi. Il exerçait sans doute une grande influence sur la nomination des délégués du prince qui sous le même titre de comtes administraient les provinces. Chacune de 115 cités de la Gaule était régie par un de ces dignitaires. Le comte n'avait qu'un arrondissement borné, le plus souvent une seule ville et ses dépendances. Il était en même temps juge, administrateur civil et commandant militaire. En cas de guerre, il conduisait lui-même à l'armée le contingent du comté. Dans ceux d'une étendue plus considérable, le comte avait sous ses ordres un ou plusieurs vicomtes. Paris, Dijon, ne formaient qu'une vicomté.

Le pouvoir des comtes et de leurs subordonnés fut longtemps contrôlé et contenu par l'institution des *missi dominici*, habiles instruments de l'unité gouvernementale, incomplètement tentée par Charlemagne. Mais le réseau de fer de la féodalité s'étendait sans cesse, brisant tous les obstacles. Les comtes, profitant de l'anarchie du temps et tournant à leur profit la tendance de plus en plus immobilisatrice de l'époque, rendirent leur puissance viagère d'abord, puis héréditaire. Ils changèrent leurs offices en fiefs, comme les seigneurs leurs bénéfices, et après avoir, en qualité de délégués du prince auprès des hommes libres, représenté la monarchie dans ses rapports avec la démocratie, s'il nous est permis d'employer ce mot, ils faillirent à l'une et à l'autre. Leur souverain devint leur suzerain; leurs administrés firent leurs vassaux.

Dutillet, dans son recueil *Des Rois de France, de leur couronne et maison*, etc., résume ainsi les attributions des anciens comtes : « Après les ducs, chefs de toute une province, estoient les comtes et autres officiers inférieurs, députés pour la garde des places et administration de la justice en chascun pays, ayant charge de la conduite des gens de guerre de la contrée à eux commise, et y avoient entre les comtes prééminence et envies, selon la faveur qu'ils avoient de leurs princes, la grandeur et magnificence desquels estoit d'avoir grand nombre de comtes belliqueux et expérimentés, fust en temps de paix pour la suite et réputation, en temps de guerre pour la force. Le principal serment desdicts comtes estoit de défendre et conserver leur prince et leur chevance, l'honneur et la gloire de leurs faicts d'armes et vaillance. Par ainsy, les princes bataillioient pour la victoire, les comtes et autres sujets pour leur prince, et leur estoit en infamie perpétuelle s'estre retirés de la bataille en laquelle leur prince auroit esté tué ou prins, afin de mettre fin à leur honte, laquelle les deschassoit comme indignes des sacrifices et conseils des dietes publicques... » Dutillet avait emprunté ce passage à Tacite; mais on doit croire que les Francs, les Bourguignons et les autres colonies armées qui s'établirent dans les Gaules, en conservant l'administration de leurs comtés, ne changèrent rien à leurs attributions. Ces comtes, comme les autres délégués des rois pour l'administration des provinces, des villes et des frontières, ayant rendu leurs charges héréditaires, s'érigèrent en maîtres souverains des pays dont ils n'étaient que les administrateurs amovibles et révocables. Ils se contentèrent d'abord d'en usurper la survivance pour leurs fils, ensuite pour leurs héritiers collatéraux, et enfin ils déclarèrent ces mêmes charges héréditaires à toujours sous Hugues Capet, qui n'obtint lui-même le trône qu'au prix de cette concession.

Le titre de *comte* n'a plus été depuis l'entière abolition du gouvernement féodal, qu'une qualification nobiliaire. Il a été aboli, comme tous les autres titres féodaux, par le fameux décret du 4 août 1789. Napoléon, en se faisant empereur, se créa une noblesse nouvelle; et dans la distribution des titres, diverses notabilités de l'ordre administratif et judiciaire, des préfets, des présidents de cour, des généraux des évêques, des colonels, devinrent comtes. Il fut même permis aux riches propriétaires et capitalistes d'entrer dans la nouvelle noblesse, en se constituant des majorats, qui, suivant le tarif, conféraient divers titres, parmi lesquels figurait celui de comte. Vint la Restauration. Louis XVIII, pour rattacher, comme il disait, le *présent au passé*, déclara dans sa charte: « L'ancienne noblesse (y compris comme de raison les comtes) reprend ses titres, et la nouvelle conserve les siens. » Bon nombre de comtes par la grâce impériale furent faits marquis par Louis XVIII. Après la révolution de 1830, on put se qualifier comte sans courir risque d'être poursuivi comme coupable d'usurpation de titre; mais si cette qualification n'était qu'un moyen employé pour faire des dupes et abuser de leur crédulité aux dépens de leur fortune, le prétendu comte, s'il se compromettait trop, était traduit comme escroc, ou comme faussaire, aux assises ou en police correctionnelle, suivant la gravité du cas. On assurait même alors que, sans nul mauvais vouloir, quelques favoris du pouvoir s'étaient fait octroyer des diplômes de comte après la révolution de 1830 ; mais ils ne se qualifiaient en général de leur nouveau titre qu'à huis clos. La république de 1848 abolit officiellement les titres de noblesse, mais la politesse les maintint. La France est un pays si poli ! Un instant le ministère de la guerre fit la chasse aux titres dont se paraient des militaires, mais bientôt il ferma les yeux sur un abus dont le ridicule assure suffisamment la répression. Le nouvel empire a rétabli la noblesse, et a distribué à petit bruit quelques nouveaux titres, dont le public n'a eu connaissance qu'en les voyant s'épanouir subitement en tête de plus d'un nom fort roturier la veille, et qui le lendemain s'est bien vite affublé de la noble particule, sans que personne s'en souciât autrement.

Le mode d'érection de certains domaines en *comtés-pairies* était semblable à celui dont on usait pour les *duchés-pairies*. Le titre de comte-pair était attaché aux évêchés de Beauvais et de Châlons. L'Anjou et l'Artois avaient été érigés en comtés-pairies en 1296. L'archevêque de Lyon exerçait dans cette ville et aux environs tous les droits de souveraineté. A l'époque où les bénéficiaires laïcs rendirent leurs bénéfices héréditaires, quelques prélats imitèrent leur usurpation, notamment ceux de Lyon, Besançon, etc. Burchard II, archevêque de Lyon, à la fin du dixième siècle, ayant été vaincu par l'empereur Conrad, lui, ainsi que plusieurs seigneurs qui avaient appuyé ses prétentions au royaume d'Arles après la mort de son frère Rodolphe III, obligé de capituler avec le vainqueur, qui lui accorda le domaine suprême sur la ville de Lyon et une partie de son territoire, sous la réserve de l'hommage. Telle fut l'origine de l'autorité souveraine de ces prélats. Ils l'exercèrent d'abord conjointement avec leurs chanoines. Leurs biens étaient alors administrés en commun ; mais, au quatorzième siècle, Philippe IV ayant réuni le Lyonnais à la couronne, stipula, entre autres privilèges, dans une charte spéciale appelée *Philippine*, que tous les biens du chapitre seraient tenus à titre de comté. C'était depuis cette époque que les chanoines de l'église métropolitaine de Lyon se qualifiaient de *comtes*.

DUFEY (de l'Yonne).

COMTE (François-Charles-Louis), publiciste distingué, naquit en 1782, à Sainte-Énimie (Lozère), et mourut à Paris en 1837. La chute de l'Empire et le rétablissement des Bourbons sur le trône le trouvèrent avocat au barreau de Paris, dans les rangs duquel il avait déjà réussi à se faire une position honorable, qu'il n'hésita pas cependant à sacrifier pour se vouer à la défense des principes politiques que la révolution de 1789 avait eu mission de faire triompher. Il appartenait à ce petit nombre d'esprits ardents et généreux qui crurent devoir protester tout d'abord, au nom du pays, et en invoquant les mots magiques de liberté et d'égalité, contre les prétentions surannées qu'affichèrent, aussitôt qu'ils eurent touché le sol français, des princes *qui n'avaient rien appris ni rien oublié*. En vain le gouvernement royal rétablit la censure ; Charles Comte sut échapper aux entraves mises par le pouvoir à la libre expression de la pensée, en profitant de la clause de la loi qui exemptait de toute formalité d'examen préalable les écrits composés de plus de vingt feuilles d'impression. En collaboration avec Dunoyer, il fit paraître, à des intervalles assez rapprochés, *Le Censeur, examen des actes et des ouvrages qui tendent à détruire ou à consolider la constitution de l'État*, recueil qui obtint un succès mérité, et fit une rude guerre aux hommes et aux choses de la Restauration.

Les travaux du publiciste n'absorbaient pas néanmoins tous ses instants : on le vit, en janvier 1815, prêter le secours de sa toge au général *Exelmans* contre les persécutions du ministre de la guerre, qui prétendait le forcer, ainsi que plusieurs de ses compagnons d'armes, à s'éloigner de Paris. Le général ayant refusé d'obéir à cet ordre illégal, fut arrêté et traduit devant un conseil de guerre. Défendu par Charles Comte, qui publia à ce sujet des mémoires remarquables, il fut acquitté. Avec Benjamin Constant et quelques autres amis de la liberté, Charles Comte fut loin de saluer le débarquement de Napoléon à Cannes comme l'aurore d'un meilleur avenir pour la France ; trois ou quatre jours avant le retour de l'empereur aux Tuileries, il publiait sous ce titre : *De l'impossibilité d'établir une monarchie constitutionnelle sous un chef militaire, et particulièrement sous Napoléon*, une brochure dans laquelle il s'efforçait de démontrer qu'en voulant échapper aux dangers qu'on redoutait sous les Bourbons, on risquait de voir détruire sans retour les garanties constitutionnelles. Ce pamphlet n'évita point à son auteur, de la part des écrivains aux gages de la police du gouvernement royal, l'accusation de *bonapartisme*. Un des rédacteurs de la *Quotidienne* alla même jusqu'à le dénoncer comme l'un des complices du débarquement de Cannes, et soutint avec une telle violence cette inculpation, que Charles Comte crut devoir le traduire en police correctionnelle comme diffamateur ; mais ce procès ne put avoir de suites à cause de l'arrivée de l'empereur à Paris. Napoléon pendant les Cent-Jours fit au rigide patriote les plus séduisantes avances ; mais Ch. Comte refusa toutes les places qui lui furent offertes ; puis au second retour des Bourbons, après les funérailles de Waterloo, il lui fallut recommencer contre un pouvoir inintelligent et tyrannique une lutte que l'épisode des Cent-jours n'avait fait que suspendre.

Les saisies et les procès du *Censeur*, qui s'était constitué la sentinelle avancée du parti libéral, se multiplièrent : en février 1817 intervint contre les courageux rédacteurs de ce recueil une condamnation à un an de prison et à 3,000 francs d'amende. Des jours meilleurs semblaient cependant luire en 1819 : Ch. Comte en profita pour transformer son recueil en un journal quotidien, intitulé *Le Censeur européen* ; mais après quelques mois d'existence cette feuille nouvelle se réunit au *Courrier français*. En 1821, condamné à deux mois de prison et à 2,000 francs d'amende, comme coupable de provocation à la désobéissance aux lois, pour avoir pris part à l'organisation d'une souscription destinée à secourir les citoyens qui seraient victimes d'une loi votée en violation de la charte constitutionnelle, qui garantissait la liberté individuelle, Ch. Comte refusa d'obéir à un jugement qu'il considérait comme illégalement rendu ; et plutôt que de s'y soumettre, il passa à l'étranger, résolu d'y attendre que la prescription lui fût acquise. A Genève il fut accueilli avec une rare distinction ; puis le canton de Vaud lui confia une chaire de droit public, autour de laquelle se groupa bientôt une jeunesse nombreuse. La police française en ayant pris ombrage, des négociations s'engagèrent avec la diète helvétique, pour obtenir l'expulsion du savant professeur, qui se réfugia en Angleterre, où il séjourna dix-huit mois. Quand les cinq années de l'exil volontaire auquel il s'était condamné furent expirées, il rentra en France, mais ne put obtenir de l'ordre des avocats sa réintégration sur le tableau.

Le pouvoir issu des Journées de Juillet, qui s'annonçait d'abord comme le réparateur de toutes les iniquités de la Restauration, réussit à lui faire accepter les fonctions de procureur du roi à Paris ; mais quand il eut reconnu les tendances contre-révolutionnaires de ce gouvernement, il ne voulut point être complice d'une politique qu'il considérait comme fatale au pays, et donna sa démission. Membre de la chambre des députés, il y siégea à l'extrême gauche, et vit avec douleur s'en aller une à une toutes les illusions qu'avait fait concevoir la révolution des trois jours. Le principal ouvrage de Charles Comte est incontestablement son *Traité de Législation criminelle*, en 4 volumes in-8°, couronné par l'Académie Française, qui lui décerna le prix Montyon de 6,000 fr. Reçu à l'Académie des Sciences morales et politiques peu après son rétablissement en 1832, il en était devenu le premier secrétaire perpétuel. Il avait épousé la fille du célèbre économiste Jean-Baptiste Say.

COMTE (Théâtre des Jeunes Élèves de M.). Le fondateur de ce spectacle enfantin, *Louis-Christin-Emmanuel-Apollinaire* COMTE, est né à Genève, le 18 juin 1788, d'un père français, peu favorisé de la fortune. Il reçut cependant les premiers principes d'une assez bonne éducation; et dès l'âge de huit ans, inspiré par la lecture de Berquin, il créait dans son pensionnat un spectacle d'ombres chinoises, qu'il faisait servir à la mise en scène des plus jolies pièces de *L'Ami des Enfants*. Le prix d'entrée était d'une épingle; pour deux, il y joignait des scènes de ventriloquie. Le goût du théâtre le tourmentait déjà si fort, qu'à douze ans il fuyait la maison paternelle pour aller courir les foires, les fêtes et les châteaux environnants. En 1806 il revenait de donner une brillante soirée au château du landammann comte d'Affry, lorsqu'en s'en retournant à Fribourg il fut forcé par un orage de chercher un asile dans la cabane d'un charron, qu'il mystifia, ainsi que sa famille, en imitant la voix d'un trépassé. Mais ses hôtes prirent mal la plaisanterie, se ruèrent sur lui en criant au sorcier, le frappèrent au front de deux coups de hache et se disposaient à le jeter dans un four chaud, lorsqu'un secours imprévu l'arracha à une mort qui semblait inévitable.

Rétabli, après un séjour de six mois dans un couvent de Fribourg, il reprit le cours de ses tours de cartes, d'escamotage, de physique, de mystifications, qui étendirent au loin sa renommée et le placèrent bientôt sur la ligne des Borel et des Fitz-James, les plus célèbres physiciens de l'époque.

Fatigué de cette vie errante, il vint pour la première fois à Paris en 1809, avec l'intention de s'y fixer, et créa l'année suivante un établissement provisoire dans l'ancienne salle des jeunes élèves, rue de Thionville. En 1814 il s'installa à l'hôtel des Fermes, rue de Grenelle-Saint-Honoré, dans le local qu'avaient occupé ses devanciers Bienvenu et Olivier, et joignit à ses soirées quelques scènes dramatiques qu'il jouait avec ses enfants. La vogue ne tarda pas à l'y suivre: il devint bientôt l'homme à la mode, et il n'y eut pas de bonnes soirées dans les premiers salons de la capitale sans M. Comte. A ces applaudissements se joignirent ceux de Louis XVIII et des souverains alliés. Bientôt même il lui fut permis de se revêtir du titre pompeux de *physicien du roi*.

Déjà, depuis 1812, il avait, d'après les souvenirs de collége, jeté les fondements d'un théâtre de *Jeunes Comédiens*, spécialement destiné à l'enfance. En 1817 il obtint le privilége de la salle du Mont-Thabor (l'ancien Cirque Olympique, que les Franconi venaient d'abandonner); mais l'autorité, toujours ingénieuse dans ses taquineries, lui imposa la ridicule clause de ne donner ses représentations, réduites à quelques tableaux animés, que derrière un rideau de gaze. Cette exigence bizarre ne fut pas plus agréable au public qu'avantageuse à l'entrepreneur: elle ne piqua pas même la curiosité; et M. Comte, voyant que son spectacle avait peu de succès dans la salle du Mont-Thabor, revint à l'hôtel des Fermes. Cessant dès lors de se borner à imiter ses prédécesseurs, il commença à mettre à exécution l'idée qui l'avait toujours poursuivi d'établir un théâtre moral, spécialement consacré à l'amusement et à l'instruction de l'enfance. Il eut à surmonter les obstacles que lui suscitèrent d'anciens entrepreneurs de spectacles du même genre, dépouillés de leur propriété par un décret impérial, l'opposition d'anciens comédiens retirés sans pension, et l'opinion des rigoristes, qui regardaient, peut-être avec raison, une troupe d'enfants comme une monstruosité, et le Conservatoire comme une école suffisante à former des élèves pour les grands théâtres. M. Comte répondit que son but n'était pas d'établir des concurrences ni des rivalités, ni de former des comédiens, mais des élèves qui seraient dans la salle et non sur la scène. Ses raisons triomphèrent, et le privilége lui fut accordé. Le public parut adopter son idée: les enfants arrivèrent à son spectacle, conduits par leurs parents et leurs instituteurs.

Après avoir parcouru la Hollande, l'Autriche, les bords du Rhin et l'Angleterre, il fit bâtir, en 1820, à Paris, dans le passage des Panoramas, un petit théâtre où la foule ne tarda pas d'accourir. Il supprima dès lors les curiosités qu'il avait admises à ses travaux, Mlle Bébé, l'*Homme-mouche*, les *Quatre Sauvages du Canada*, l'*Espagnol incombustible*, les *grotesques Anglais*, les *hommes qui avalaient des serpents vivants, des rats morts*, etc., les artistes, les musiciens qui exécutaient des *solos*. Mais il continua d'entremêler ses représentations dramatiques de scènes de prestidigitation et de ventriloquie; il continua de faire sortir d'un œuf un oiseau vivant et emplumé, de piler dans son mortier merveilleux des montres, qu'il rendait intactes aux propriétaires, etc., etc. Cependant l'autorité avait décidé que le théâtre, présentant des dangers d'incendie, devait être transféré ailleurs. M. Comte, obligé de déguerpir, employa tout le fruit de ses économies à l'acquisition d'un terrain attenant au passage Choiseul, nouvellement bâti, et à la construction d'une salle sur des proportions plus vastes, mais toujours en harmonie avec le genre qu'il avait adopté et le public des acteurs. Le 23 janvier 1827 eut lieu l'ouverture de ce théâtre, qui dès lors prit rang parmi les spectacles de la capitale. Les premiers ouvrages qu'on avait joués chez M. Comte, à l'exception de ceux de M. Émile Vanderburch, avaient été généralement très-faibles: c'étaient des pièces de Berquin, des fables mises en action. Il a depuis étendu son répertoire et sa spécialité, en s'attachant d'autres auteurs. Mais en prenant un essor plus hardi, en faisant même des excursions dans l'ancien répertoire de l'Opéra-Comique, M. Comte n'a-t-il pas un peu perdu de vue le but de son *Théâtre moral*? H. AUDIFFRET.

Malgré l'épigraphe que M. Comte a toujours accompagné ses affiches et ses prospectus:

Par les mœurs, le bon goût, modestement il brille,
Et sans danger la mère y conduira sa fille;

son théâtre est loin d'avoir atteint le but qu'il se proposait. Le spectacle dans de telles conditions, devant un auditoire attiré en partie par d'autres raisons que le jeu scénique, peut-il bien avoir la prétention d'être instructif et moralisateur? Et puis, des faits judiciaires d'une extrême gravité sont venus jeter le plus grand jour sur la triste et précoce dépravation qui résulte des vices inhérents à l'institution même des théâtres d'enfants pour les petits êtres qui y jouent. A quoi sert-il d'ailleurs, sinon à l'étouffer, cette exploitation commerciale du talent précoce, si talent il y a; car on ne cite guère d'acteur de quelque renom qui soit sorti des planches de M. Comte. N'avons-nous pas assez du Conservatoire et des théâtres de société pour le recrutement de nos théâtres? Et en interdisant la scène aux enfants au-dessous d'un certain âge, à moins d'une autorisation spéciale de l'autorité, le gouvernement a-t-il pas fait pour la morale publique?

COMUNEROS. Les *comuneros*, ou habitants des communes, jouent un rôle important dans l'histoire d'Espagne, grâce aux *fueros*, ou chartes de priviléges, que les rois chrétiens de la Péninsule accordaient à ceux de leurs sujets qui allaient s'établir, au péril de leur vie, dans les pays conquis sur les Maures. Du dixième au treizième siècle, cette limite flottante de l'Espagne chrétienne, grâce à une série de princes belliqueux, marche sans cesse en avant, et conquiert successivement les bassins du Duero, du Tage, de la Guadiana et du Guadalquivir. Plus la conquête est précaire et la position disputée, plus les chartes royales confèrent de priviléges aux hardis colons qui ne craignent pas d'aller s'asseoir, à l'avant-garde de la chrétienté, sur un sol toujours ouvert à l'invasion. De là l'importance et la force des communes espagnoles dans tout le moyen âge; de là leur alliance de vieille date avec la royauté, qui leur paye en franchises l'appui qu'elle est toujours sûre de rencontrer en elles; de là l'origine du gouvernement représentatif espagnol, qui, avec le municipe pour base, puise dans les libertés locales une énergie et une vitalité qui contraste avec son peu de durée. L'édifice a péri sans doute, grâce au despotisme qui a tout nivelé dans la Péninsule; mais la base est si solide, qu'elle a survécu, et qu'elle peut servir encore à une construction nouvelle. Quant à l'histoire de ces communes, des volumes ne suffiraient pas à la retracer : nous choisirons dans leurs annales l'épisode le plus curieux, celui de la révolte de 1520, sous le règne de Charles-Quint, époque où la résistance décousue des communes castillanes aux progrès du despotisme prend un caractère d'unité et d'énergie qui lui avait manqué jusque là. Charles, en 1519, ayant, pour le malheur de l'Espagne, été élu empereur d'Allemagne, se disposa à se rendre dans ses nouveaux États; mais l'argent lui manquait pour entreprendre le voyage, et il s'agissait d'en obtenir de ses sujets espagnols, au moment même où il allait les quitter. Les communes castillanes, goûtant fort peu le projet de voyage, se lièrent alors par une de ces confédérations ou *hermandades*, si menaçantes pour la royauté, et dont on trouve tant d'exemples dans le moyen âge espagnol. Ségovie et Avila formèrent le premier noyau, et virent bientôt se joindre à elles Tolède, Cuenca et Jaen. Des députés envoyés à Charles n'obtinrent de lui que des promesses vaines, bientôt oubliées ou violées. Aussitôt une émeute terrible éclate à l'autre extrémité du royaume, à Valence, où une populace effrénée se rend maîtresse de la ville, et d'un bout de la Péninsule à l'autre il n'y a bientôt qu'un mot de ralliement entre les communes : c'est qu'il ne faut pas laisser le roi sortir d'Espagne.

Charles cependant, promettant et ne tenant jamais, usant sans relâche par de feintes concessions des députés des communes, continuait sa route vers la Galice, où il devait s'embarquer pour la Flandre. Toutefois, avant de partir, force lui fut d'assembler à Santiago de Galice les cortès ou états de la monarchie. A ses demandes d'argent les états répondirent par un refus assez dur, et une insurrection, plus menaçante encore que celle de Valence, éclata à Tolède. L'incendie gagna de proche en proche, et les états ayant, à force d'obsessions, voté quelques subsides, les villes refusèrent de les payer. Charles, n'osant recourir aux voies de rigueur, crut en s'éloignant échapper au danger qu'il ne pouvait combattre, et s'embarqua à la Corogne, en mai 1520.

Son départ fut le signal d'une insurrection générale des communes. Juan de Padilla et sa femme, doña Maria Pacheco, douée encore plus que lui des qualités d'un chef de parti, étaient l'âme de la sédition de Tolède. Partout les villes chassèrent les officiers royaux, et massacrèrent les députés qui avaient voté les subsides. La régence avait été confiée par Charles, avant son départ, au cardinal Adrien, son ancien précepteur, qui n'était nullement à la hauteur d'une tâche aussi difficile. Aussi la résistance fut-elle molle et décousue, et les rebelles, quoique battus par les troupes royales, réunirent à Avila des cortès nationales, où se rendirent des députés des principales villes du royaume. Alors le chef des rebelles, Padilla, par un coup de main hardi, s'empara de la personne de l'empereur, Jeanne *la Folle*, et essaya ainsi, en mettant ce drapeau vivant à la tête de son parti, de lui donner la légalité qui lui manquait. Bientôt un coup de main plus heureux encore fit tomber au pouvoir du rebelle le cardinal et ses conseillers. Charles, instruit de ce qui se passait, sentit enfin la nécessité d'agir. Par bonheur pour lui, l'Aragon, la Catalogne et presque toute l'Andalousie s'étaient tenus à l'écart de l'insurrection, bornée à Valence et à la Castille. Une armée royaliste entra donc en campagne sous les ordres du comte de Haro, et, après quelques avantages obtenus en détail, battit à Villalar, en 1521, dans une rencontre décisive, les insurgés, commandés par Padilla. Celui-ci, fait prisonnier avec deux autres chefs des rebelles, fut exécuté sur-le-champ. Effrayée de ce coup, Valladolid implora et obtint son pardon. Ségovie, Avila, Salamanque, Zamora, et une foule d'autres villes, suivirent cet exemple. Mais la veuve de Padilla, femme d'une capacité rare et d'un courage indompté, succéda à son mari, et régna dans Tolède sur le peuple, à qui elle sut communiquer son invincible résolution. Cependant la ville fut assiégée, et, malgré une opiniâtre résistance, elle fut obligée de se rendre. Quant à l'héroïque veuve de Padilla, elle parvint à s'échapper, et trouva asile en Portugal.

La rébellion s'était retranchée dans Valence comme dans son dernier refuge; la plus horrible anarchie régnait dans cette populeuse cité. Les royalistes, ayant réuni toutes leurs forces contre cette seule ville, le courage des insurgés, loin de s'abattre, en vint à l'exaltation la plus frénétique. Ils parvinrent à battre, près de Xativa, le roi, qui les attaquait, et ayant fait prisonniers six cents Maures qui servaient dans son armée, ils les forcèrent à recevoir le baptême, et les massacrèrent ensuite, de peur d'apostasie. Mais l'armée royaliste, croissant chaque jour en nombre, enleva une à une aux rebelles toutes leurs places fortes, et, contraints enfin à implorer leur pardon, ils l'obtinrent de la clémence calculée du vice-roi. Xativa, la dernière à persister dans sa rébellion, se soumit après un long siège, et l'autorité royale, inaugurée par la clémence, régna de nouveau dans toute la Péninsule.

Rosseeuw Saint-Hilaire.

COMUNEROS, ou FILS DE PADILLA, nom que prit en Espagne, vers la fin de 1821, une nouvelle société secrète issue de la franc-maçonnerie. Une partie des *comuneros* avait précédemment appartenu à la charbonnerie, déjà répandue en Espagne. Les francs-maçons espagnols, qui avaient plutôt des tendances constitutionnelles, ne tardèrent pas à être complètement débordés par les *comuneros*, qui poussaient à l'adoption de mesures révolutionnaires plus énergiques. Leur but avoué était l'établissement de la souveraineté du peuple; leur moyen, la liberté et l'égalité absolue de tous les hommes. Ballesteros et Romeo Alpuente furent leurs premiers chefs. Dès 1821 les *comuneros* avaient à Madrid une junte directrice, et dans chaque province une *merindad* provinciale, de même que des caisses provinciales et une caisse centrale où arrivaient les produits de versements volontaires des membres de la société. En 1822 elle comptait déjà quarante mille affiliés; en 1823 le nombre en atteignit plus tard le chiffre de soixante-dix mille. Elle eut même des affiliations en France. La haine commune pour le second et le troisième ministères constitués après le rétablissement de la constitution des cortès avait de nouveau rapproché pour quelque temps les *comuneros* des francs-maçons. Mais ces derniers, plus habiles, ayant, à la suite de la journée du 7 juillet 1822, formé le ministère San-Miguel, la discorde sépara bientôt les deux partis, dont les luttes durèrent jusqu'après le renversement de la constitution, et même plus tard sous les murs de Cadix, investi par une armée française. Le ministère San-Miguel fut renvoyé le 19 février 1823; et le 1er mars suivant se constitua un nouveau cabinet, présidé par Florez Estrada, regardé comme le chef des *comuneros*. C'est avec ce ministère que Ferdinand VII arriva le 10 avril à Séville et le 12 juin suivant à Cadix. Après la seconde restauration, les réunions des *comuneros* furent sévèrement prohibées; il paraît toutefois qu'elles continuèrent encore quelque temps, en dépit des peines rigoureuses dont étaient menacés ceux qui y prenaient part.

COMUNIDADES. On nommait ainsi, dans l'ancienne constitution espagnole, certains corps municipaux investis de pouvoirs politiques assez importants. On ne donnait plus, dans ces derniers temps, ce nom qu'aux *comunidades de Aragon*, au nombre de quatre : Terruel, Daroca, Albaracin et Calatayud. Le mot *communités*, dans le sens de *communes*, *terres possédées et administrées en commun*, se trouve dans la Coutume de Tours et dans celle de Troyes, et le mot *communité* dans un titre rapporté par Pithou à propos de l'article 2 de cette dernière coutume. Chacune des quatre capitales ou chefs-lieux des *comunidades* aragonaises avait un hôtel spécial, où s'assemblaient les députés ou *regidores*, dits *de la comunidad*, lesquels ne pouvaient être élus qu'entre les habitants du canton, et devaient être changés, par voie élective, tous les trois ans. Leurs assemblées, tenues sous la présidence du corrégidor, délibéraient sur tous les sujets qui, de près ou de loin, touchaient aux intérêts de leur république, tant dans son administration intérieure que dans ses rapports avec le pouvoir royal. La nouvelle organisation administrative de la Péninsule a réduit le pouvoir des *comunidades de Aragon* aux proportions du pouvoir municipal tel qu'il s'exerce dans les autres parties de la monarchie.

COMUS, dieu subalterne du paganisme, admis avec Momus dans l'Olympe, où son office était de divertir les douze grands dieux. Son nom était analogue à ses attributions : en grec κῶμος, signifie luxe, festin, orgie, débauche; en latin, *comedere* veut dire *manger*. On le représentait dans la fleur de l'âge, vêtu de blanc, plein de santé, la face pourprée par le vin, la tête couronnée de roses, tenant à la main droite un flambeau, et à la gauche, un pieu sur lequel il s'appuie. Il était aussi le dieu de la toilette : la religion toute matérielle des anciens avait placé à l'entrée de la chambre nuptiale la statue de cette divinité, dont le piédestal était semé de fleurs et jonché de couronnes odoriférantes. Son temple était les rues et les carrefours, son culte des danses nocturnes, ses prêtres et prêtresses des jeunes gens ivres et des courtisanes chantant ou jouant des instruments, enfin ses sacrifices des portes enfoncées et des seuils brisés. L'origine de Comus est très-ancienne et toute grecque; car Aristophane, dans sa comédie des *Grenouilles*, nous a laissé un *chant d'ivrognes*, nommé, du nom de ce dieu, *Crepalocomus* ou *banquet de la crapule*. Mais le plus souvent il était le compagnon des jeunes époux, des amants et des voluptueux; c'était le plaisir matériel et sans ailes. DENNE-BARON.

CON AMORE. C'est aux Anglais que l'on doit l'introduction de ces deux mots italiens dans la langue française : peut-être ne pourrait-on citer personne avant lord Byron qui les ait employés pour exprimer les soins, la recherche, la persévérance consacrée à la façon d'une œuvre quelconque. Ainsi, con amore, qui se traduit littéralement par *avec amour*, s'applique à un poème, à un tableau, à une vengeance, à la confection d'une parure. C'était *avec passion* que sous le règne de Louis XIII on faisait les actions les plus ordinaires de la vie, ainsi que nous le voyons à la fin des lettres de Voiture et du vieux Balzac ; ils se disent *avec passion* les très-humbles serviteurs de leurs correspondants. Substituer *l'amour* à la *passion* est un progrès vers l'accord des expressions avec les sentiments, que l'on ne devait point attendre de la civilisation avancée du dix-neuvième siècle. Ce progrès est très-louable, mais il n'était pas besoin pour le constater de recourir à un idiome étranger ; et une légère teinte d'affectation se distingue ordinairement dans le langage de ceux qui se servent de mots inconnus, qu'il faut traduire en français par des mots exactement semblables et signifiant exactement la même chose. Ctesse DE BRADI.

CONCATÉNATION (du latin *concatenatio*, enchaînement, fait de *cum*, avec, et de *catena*, chaîne), terme de métaphysique ou de philosophie qui signifie enchaînement, liaison des idées. En rhétorique, c'est le nom d'une figure qui se rapporte à la gradation, et qui consiste à reprendre dans une période quelques mots du premier membre pour commencer le second, et à lier ainsi successivement tous les membres entre eux jusqu'au dernier.

CONCAVE, CONCAVITÉ (du latin *concavus, concavitas*, formés de *cum*, avec, et *cavea*, cave, ou *cavus*, creux). On désigne par ce nom les surfaces sphériques, cylindriques, etc., qui sont en creux. *Concave* est le contraire de *convexe* : un verre de montre est concave en dedans, et convexe, en dehors ; la surface extérieure d'une bouteille est convexe et sa surface intérieure est concave.

Ces expressions s'appliquent particulièrement aux miroirs et aux verres d'optique. *Voyez* LENTILLE et MIROIR.

CONCENTRATION, mot nouveau dont la racine est *centrum*, centre, et qui signifie proprement l'action de rapprocher du centre. En physique, on nomme concentration l'action de réunir en un centre, ou l'état de ce qui est concentré. On concentre ainsi la chaleur. Les rayons solaires peuvent être concentrés au foyer d'une lentille. En chimie, c'est le rapprochement sous un moindre volume des liqueurs ou solutions plus ou moins étendues d'eau. Les concentrations les plus importantes par leurs résultats sont celles de plusieurs acides et des dissolutions salines. La concentration de ces dernières est presque dans tous les cas nécessaire pour en obtenir la cristallisation. L'acide sulfurique, moins volatil que l'eau, se concentre à l'aide de la chaleur. De la densité de 45 à 50°, dont il jouit au sortir des chambres de plomb, on l'amène à celle de 66° au moins par l'ébullition, d'abord dans des chaudières de plomb, et plus tard dans des vases de platine, sur lesquels il n'a aucune action à aucune température.

Le mode de concentration qui précède ne s'applique qu'aux liqueurs moins volatilisables que l'eau par la chaleur. Mais pour tous les liquides moins fixes que l'eau, tels que l'alcool, l'ammoniaque, plusieurs acides, etc., il faut recourir au procédé inverse : c'est l'eau qu'il s'agit, par la distillation, de retenir dans la cucurbite ; La substance concentrée passe alors dans le récipient. PELOUZE père.

Le mot *concentration* est aussi usité fréquemment dans le langage usuel et dans celui des sciences médicales. La *concentration du pouls* a bien dans les battements de l'artère sont peu sensibles. On l'observe dans certaines affections nerveuses, et quand il y a oppression ou dépression des forces. On dit qu'il y a *concentration des forces* lorsque, chez les individus de constitutions très-variées, les fluides sanguins font irruption dans les organes internes, qui sont plus ou moins importants à la vie. Cette concentration, cette irruption des fluides circulatoires, qui semblent abandonner tous les appareils périphériques, pour opprimer ou détruire les forces vitales des organes les plus nécessaires à l'existence, est toujours déterminée par des irritations intenses et profondes, dont la nature, les causes et le siège sont tellement problématiques, qu'elles exigent toute la sagacité des praticiens les plus habiles et les plus expérimentés.

On dit figurément *concentrer toute son affection sur quelqu'un, dans un seul objet. Concentrer sa vivacité, sa colère*, c'est les retenir, ne point les faire paraître ; *se concentrer* ou *être concentré en soi*, se dit aussi d'un homme triste et mélancolique ou méditatif. En termes de guerre, *concentrer ses forces* c'est rassembler, réunir sur un même point les divers corps de troupes que l'on commande. Dans les temps de dictature, le pouvoir est concentré dans les mains d'un seul. L. LAURENT.

CONCEPTACLE (du latin *conceptaculum*, lieu où une chose est conçue, prend naissance). En cryptogamie, on désigne sous ce nom des enveloppes ou petites capsules qui renferment les séminules ou corps reproducteurs dans les plantes cryptogames. Dans les fougères, les conceptacles se forment à la face inférieure des feuilles, le long des nervures et des veines, ou bien à leur extrémité. Ils paraissent portés sur des pédoncules indépendants des feuilles; mais ces pédoncules ne sont autre chose que la fronde ou tige réduite à la nervure plus ou moins ramifiée de la feuille. Ces conceptacles sont souvent agglomérés en masses de différentes formes et dans certaines dispositions qui fournissent des caractères pour la distinction des espèces et des genres. Les amas de conceptacles ont reçu le nom de *sores*. A l'époque de la maturité, un anneau élastique plus ou moins complet, qui réunit souvent les deux valves des conceptacles des fougères, se dessèche, et permet l'ouverture du conceptacle et la sortie des petites graines appelées *séminules* ou *spores*. Dans les autres plantes cryptogames, cette enveloppe des petites graines a reçu des noms particuliers, qui sont : 1° dans les lichens, ceux de *pelta, scutelle, orbille, patellule, mammule, céphalode, gyrome, globule, pilidium*, etc.; 2° dans les hypoxylées, ceux de *sphérule*, de *tirvelle* ; 3° dans les champignons angiocarpes, celui de *péridion*. L. LAURENT.

CONCEPCION ou **CONCEPCION DE MOCHA**, chef-lieu de la province du même nom au Chili, et autrefois la seconde ville de tout le pays, située au fond de la baie du même nom et sur les bords du Biobio, qui y forme la délimitation du territoire chilien et de celui des Araucans, dans une plaine d'une fertilité extrême, est le siége d'un évêché, et compte une population de 10,000 âmes. Cette ville avait été fondée en 1550, aux bords mêmes de la mer, par Pedro de Valdivia; mais les Araucanos la prirent, et la dévastèrent à deux reprises, en 1554 et en 1663. En 1730 et 1751, des tremblements de terre la détruisirent de fond en comble, et la mer engloutit ses débris. Reconstruite en 1763 à quelque distance de la mer sous le nom de *Nouvelle-Concepcion de Mocha*, elle prit bien vite un grand développement de prospérité, que les guerres récentes contre les Espagnols et contre les Araucans ont arrêté, et qu'un effroyable tremblement de terre, arrivé encore en 1835, a singulièrement compromis. C'est dans son excellent port, appelé *Talcahuano*, et situé à 12 kilomètres de distance, qu'en janvier 1813 les Espagnols venant du Pérou opérèrent leur débarquement, sous les ordres de Parya. Le 5 décembre 1829 la province de la Concepcion se sépara momentanément de la république du Chili, sous la direction du général Prieto, qui en 1831 fut élu président par le Chili.

D'autres villes portent encore ce nom. Nous citerons seulement :

Concepcion de la Vega real, ou simplement *La Vega*, ville située dans la partie nord-est d'Haïti ou de Saint-Domingue, dans la fertile plaine de Vega-real, est régulièrement construite, avec des rues droites bordées de maisons en pierre, et compte de 3 à 4,000 habitants. La population totale du district dont elle est le chef-lieu dépasse 8,000 âmes. A peu de distance, on voit encore les ruines de la vieille ville, fondée par Christophe Colomb, mais détruite par un tremblement de terre en 1564.

Concepcion de la Villa rica de la Concepcion, chef-lieu du département du même nom dans la république du Paraguay (Amérique méridionale), sur les bords du Paraguay, compte 9,000 habitants.

CONCEPTION (*Physiologie*). Parmi les phénomènes nombreux dont l'ensemble constitue la fonction par laquelle les corps organisés se perpétuent dans le temps et dans l'espace, il en est un, le plus mystérieux de tous les actes de la vie, qu'on désigne sous le nom de *conception* ou *d'imprégnation*. Les physiologistes le définissent ainsi : action des matériaux fournis par les deux sexes dans l'acte générateur pour la production d'un nouvel être. D'après cette définition, ce phénomène est observable seulement dans les corps organisés à sexes distincts. Chez toutes les espèces animales ou végétales dont les sexes bien apparents existent, soit sur le même individu, soit sur deux individus bien distincts, il faut qu'un fluide fécondant vienne vivifier le germe en l'imprégnant et en exerçant sur lui une modification si profondément latente qu'on peut la dire couverte à tout jamais d'un voile impénétrable. On dit alors que le germe est fécondé, que le nouvel être est conçu, et que l'individu ou l'organe mère a conçu. La conception est donc l'acte par lequel le germe s'empare, s'imprègne du fluide qui le vivifie et le féconde. Le sens étymologique du mot (*conceptio*, de *concipere*, composé de *cum*, avec, et de *cipere* ou *capere*, prendre) indique très-bien cette attraction vitale du germe pour le fluide dont la propriété vivifiante le transforme instantanément en un nouvel individu.

Quoique ce phénomène soit le même dans les végétaux et dans les animaux, l'usage veut qu'on ne se serve jamais du mot *conception* pour les plantes, et qu'on emploie toujours de préférence celui de *fécondation*. Cependant, en physiologie générale, on doit distinguer la conception ou imprégnation du germe d'un individu ou organe femelle animal ou végétal, et la différencier de la fécondation opérée par l'individu ou l'organe mâle d'un être animé ou d'une plante. Quoique réellement ce soit un seul et même phénomène, résultant du concours des actions de deux individus ou de deux organes de sexe différent, il y a aussi réellement deux sortes de participation : la conception indique la participation de l'un, et la fécondation celle de l'autre.

Du moment où les animaux sont arrivés à l'âge dit de la puberté, ou de la nubilité, les glandes de l'appareil reproducteur sécrètent, l'une les germes, l'autre le fluide fécondant. Toutes les autres parties de cet appareil éprouvent un grand nombre de modifications, qui, conjointement avec la sécrétion des glandes reproductrices, complètent l'aptitude à la conception. L'accomplissement de ce phénomène a lieu pendant la conjonction des deux sexes. La turgescence des organes, le déploiement d'une grande énergie vitale, précèdent et accompagnent la commotion en quelque sorte électrique plus ou moins vivement sentie par l'individu fécondateur et l'individu concepteur, dont l'union intime est sollicitée par des exigences impérieuses pendant la saison des amours. Aussitôt que l'acte mystérieux est accompli, les exigences cessent, l'expansion vitale des organes disparaît, un collapsus général succède immédiatement à cette secousse rapide, instantanée, qui annonce l'électrisation vitale du germe ou son imprégnation. Cette sorte d'électrisation vivificatrice ajoute à la virtualité du germe la puissance formative. Cette sorte d'électrisation paraît être, dans l'état actuel de la science, le moyen employé par la nature pour créer les foyers de l'activité vitale. Mais si la puissance investigatrice de l'homme peut espérer de pénétrer un jour le mystère de la *conception formative*, il est probable qu'elle devra toujours se prosterner et s'abîmer dans une foi religieuse, en présence du mystère à tout jamais impénétrable de la *conception animative* (voyez GÉNÉRATION). On conçoit facilement que nous ne devons nullement attribuer une véritable valeur scientifique aux divers systèmes théoriques proposés jusqu'à ce jour dans ce but. Ces systèmes se réduisent à trois principaux, savoir : celui du mélange de deux fluides, le système des œufs, et celui des animalcules (voyez ZOOSPERMES).

Outre les conditions inhérentes à l'organisme, la conception en exige encore quelques autres, qu'on réunit sous le nom d'*influences extérieures*, telles que les circonstances de climats, de saisons, de lieux et de soins extérieurs. Dans ces soins on retrouve les conditions imposées pour le perfectionnement des races par le croisement. L. LAURENT.

CONCEPTION (*Métaphysique*). Dans cette acception ce mot signifie l'opération de l'esprit qui se rend compte des idées, de leur liaison, de leurs rapports d'analogie, de différence et d'opposition. Il s'applique aussi, mais moins bien, à la faculté de comprendre le sens d'un auteur, en scrutant, soit le fond, soit l'expression de sa pensée. Exactement, le mot *conception* suppose un acte spontané de l'intelligence. La conception est plus ou moins nette, plus ou moins prompte. Elle est nette quand l'esprit saisit avec justesse les idées dont il s'occupe, la manière dont elles se lient entre elles, leurs conséquences et leurs relations diverses. Elle est lente quand il éprouve de la difficulté à exécuter cette opération. Une conception est fausse quand les idées que l'on se forme ne sont pas claires, qu'elles manquent de liaison, et que leurs conséquences ou leurs rapports ont été mal saisis. Toute idée qui n'est pas claire, quoi qu'en ait dit Mme de Staël en plaidant pour quelques écrivains nébuleux de l'Allemagne, est une idée *mal conçue* et avortée. C'est une erreur de croire que la profondeur exclut la clarté. Les philosophes dont les méditations ont été les plus profondes ont toujours su se rendre clairs et se faire comprendre : témoin Descartes, Pascal, Malebranche, Clarke, Jean-Jacques Rousseau, Bossuet.

Le mot *conception* s'emploie aussi pour les œuvres de l'art, soit dans les lettres, quand il s'agit des ouvrages d'imagination, soit dans les beaux-arts même : l'*Iliade*, *La Jérusalem délivrée*, *Le Paradis perdu*, *La Transfiguration* et la *Sainte Cécile* de Raphaël, le *Moïse* et *Le Jugement dernier* de Michel-Ange, *Cinna* et *Athalie*, *Le Misanthrope* et *Tartufe*, le *Don Juan* de Mozart, le *Mosè* de Rossini, sont de magnifiques conceptions. Un plan de campagne, un projet politique, peuvent également être de grandes conceptions.
AUBERT DE VITRY.

CONCEPTION. Pour les villes de ce nom, *Voyez* CONCEPCION.

CONCEPTION (Baie de La), dans la presqu'île d'Avallon, à Terre-Neuve, entre le cap Francis et le *Point of Graces*. Elle a 25 milles géographiques de long sur environ 5 de largeur, et partage la presqu'île en deux. Sur sa côte orientale on trouve l'important port de *Harbour-Grace*, avec 4,000 habitants, et centre de pêcheries considérables.

CONCEPTION DE LA VIERGE, fête qu'on célèbre le 8 décembre dans l'Église latine, depuis le douzième siècle, et qu'Allaci assure avoir été célébrée en Orient par plusieurs Églises dès le huitième, quoique cependant elle ne se trouve formellement établie que par Manuel Comnène, en 1166. A l'exemple de l'Orient, quelques Églises de l'Occident, notamment celle de Lyon, adoptèrent la fête de la Conception. Cette institution déplut à des hommes d'une haute piété, notamment à saint Bernard, qui en prévit tous les inconvénients, et les développa dans une lettre écrite en l'an 1140. L'abbé de Clairvaux craignait que la conception de Marie ne fût, dans la suite, admise comme *immaculée*, et il ne se trompait pas. Cette *opinion pieuse*, comme on l'appelle, n'a cessé d'être professée depuis par des hommes instruits et par des écrivains distingués. L'ordre des franciscains, dès son origine, se déclara presque tout entier pour l'*immaculée Conception*. D'autres ordres en firent autant. L'université de Paris, qui en 1276, d'accord avec l'évêque Maurice, s'était opposée à l'établissement de la fête, finit par la célébrer et par contraindre ceux qui recevaient le grade de docteur à défendre l'opinion de l'*immaculée Conception*. Les conciles de Constance et de Bâle la favorisèrent par des décrets, quelques papes par des bulles, beaucoup d'évêques par des mandements.

Ce qu'il y a de certain, c'est qu'au treizième siècle elle était encore fort peu répandue en France. C'est à Sixte IV que l'Occident en doit l'institution, en 1466. Clément XI la rendit obligatoire pour toute l'Église. M. de Quélen, archevêque de Paris, adoptant l'exemple de Séville et de Lyon, demanda au pape Grégoire XVI l'autorisation de donner à la *Conception* le titre d'*immaculée* ; ce qui ayant été accordé, la fête fut élevée au rang de solennelle-majeure, et sa solennité fixée au second dimanche de l'Avent pour l'office public.

La fête de l'*Immaculée Conception* trouva de bonne heure des partisans dans les académies ou *palinods* de Rouen, Caen et Toulouse, qui couronnaient des pièces de poésie composées dans ce sentiment. Elle n'a pas eu de plus zélés propagateurs que les jésuites, qui l'ont presque érigée en dogme de foi ; elle a pénétré en Espagne, où elle règne en souveraine : dans ce pays, en frappant à la porte d'une maison, on crie : *Ave Maria, purissima !* et de l'intérieur on vous répond aussitôt : *sin pecado concebida !* En 1669, Castel de los Rios, ambassadeur d'Espagne, pressa Louis XIV de faire adopter en France le dogme de l'*immaculée Conception*, mais Saint-Simon rapporte qu'on se moqua de lui. En 1834 l'évêque de Barcelone ordonna que les médecins et pharmaciens reçus pendant la Révolution seraient tenus de prendre de nouveaux diplômes, pour n'avoir pas juré, en prenant les anciens, de *défendre le mystère de l'immaculée Conception*, et don Carlos, durant son équipée, nomma la *Vierge immaculée* généralissime de ses troupes. Toute cette prééminence virginale est fondée sur ces paroles de saint Anselme : « Il était convenable que Marie fût ornée d'une pureté qui ne pût le céder qu'à celle de Dieu. »

CONCEPTUALISME. Lorsque, au deuxième âge de la philosophie scolastique, le goût pour la polémique eut amené la célèbre dispute entre les *nominaux* et les *réalistes*, Abélard, entraîné par la nature de son esprit à subordonner presque entièrement la philosophie à la dialectique, combattit avec éclat contre le *nominalisme*, en niant que les *universaux* ne fussent que des mots sans relation avec aucune idée, et contre le *réalisme*, en soutenant que la *réalité objective* ne peut appartenir aux idées générales, et qu'elle n'existe que dans les individus. Également éloigné de ces deux opinions extrêmes, il arriva à un terme moyen qu'on appela *conceptualisme*. Cette doctrine consiste à admettre la valeur des choses ni la force des mots selon ce qu'ils paraissent exprimer, mais selon qu'on peut les concevoir. Le *nominal* imagine que l'idée générale n'est formée que par l'application d'un signe à cette idée ; le *réaliste* pense que dans la nature il existe quelque chose de correspondant à l'idée générale, quelque chose qui la rend indépendante du signe ; le *conceptualiste* admet que rien dans la nature ne correspond à l'idée, mais que cette idée est formée et conçue par l'esprit avant qu'on lui applique un signe. M. Choisy, ministre du saint Évangile et professeur de philosophie à l'académie de Genève, a publié en 1828 deux discours sur les doctrines exclusives en philosophie rationnelle, dans lesquels il s'est prononcé en faveur du conceptualisme. Il regarde le nominalisme et le réalisme comme deux extrêmes opposés et également faux, de même que le sensualisme et l'idéalisme. Il refuse enfin au langage la propriété créatrice des idées, pour la rendre à l'esprit, dont elle est l'apanage. L. LAURENT.

CONCERT, assemblée de musiciens qui exécutent des pièces de musique vocale et instrumentale. On ne se sert du mot *concert* que pour une assemblée de vingt musiciens au moins, et pour une musique à plusieurs parties. Les anciens ne connaissaient pas l'harmonie, et n'avaient par conséquent pas de concerts ; dans les temples et dans les théâtres leur musique d'ensemble ne faisait sonner que l'unisson et l'octave. Le concert n'a été organisé que bien longtemps après l'invention de l'harmonie. On exécutait de la musique vocale et instrumentale spontanément après les repas, ou dans le parc, à la promenade, au milieu des jardins. Chacun avait son livre de musique, et l'on chantait sans préparation aucune des compositions d'un style qui différait de celui adopté pour les chants de l'église, et que l'on nomma musique de chambre (*da camera*). Si les instruments s'unissaient aux voix pour l'exécution de ces quatuors, de ces quintettes, c'était pour les soutenir en doublant fidèlement chacune des parties. L'invention de la basse continue fit trouver un système d'accompagnement qui ne dépendit plus des parties vocales, et l'on entendit alors le clavecin, le luth, le théorbe, fournir sous les voix une harmonie d'un dessin varié. Jusqu'en 1543 les virtuoses de la chapelle du roi de France chantaient et jouaient des instruments aux fêtes de la cour. François Ier établit un corps de musiciens spécialement attaché à sa chambre. Des joueurs d'épinette s'y font remarquer; Albert, fameux joueur de luth, brillait au premier rang de ce concert organisé à la cour de France.

L'invention du drame lyrique eut une grande influence sur la musique de chambre. Les amateurs voulurent chanter les airs, les récitatifs, qu'ils avaient entendus au théâtre. La musique d'ensemble, les réunions musicales, perdirent leur faveur quand on eut goûté de plus vives jouissances aux représentations dramatiques. On y chanta beaucoup moins, mais les instruments furent perfectionnés ; la famille du violon s'empara de l'orchestre, et donna les moyens d'exécuter des symphonies. La cantate, avec son allure dramatique, vint agrandir les formes des pièces destinées aux concerts. On chantait encore à table : cet usage s'est longtemps soutenu ; il n'avait plus rien de remarquable sous le rapport musical pendant le siècle dernier.

A l'époque où Cambert et Lulli firent représenter les premiers opéras français, les instruments à vent ne firent point partie de l'orchestre ; ces maîtres les employèrent, mais en chœurs séparés, ou bien en les réunissant à l'unisson aux parties de violons. Les hautbois et les trompettes doublent les parties des violons, dans Isis, Armide; on peut faire la même observation en lisant le Te Deum de Lalande. Ces instruments, pour lesquelles on a noté des traits dont les difficultés ont toujours étonné les musiciens de notre temps, étaient les trompettes à trous, décrites par le père Mersenne. On ne reconnaissait alors de parfaite harmonie que dans une réunion de sons homogènes. Les dessus de violon étaient accompagnés par les quintes et les basses de violon, et plus tard par la contre-basse, qui vint compléter la famille, et fut introduite en 1700 à l'Opéra par Montéclair, qui en joua. On ne s'en servit d'abord que pour soutenir les chœurs. Les violons, séparés de leur famille, n'avaient qu'un rôle bien secondaire dans les concerts ; on a vu que M., suivant l'usage de l'époque, ne leur donnait que des ritournelles à jouer.

Comme les hautbois, les flûtes, les trompettes, devaient être entendus chacun séparément, on imagina de former aussi une famille pour ces instruments, en leur donnant des systèmes harmoniques complets, pareils en tout à celui du violon et de la viole. Il y eut donc des dessus, des tierces, des quintes, des basses et même des contre-basses de flûte, de hautbois, de trompette. Les instruments d'espèces différentes ne jouaient jamais ensemble. On donnait un concert de violons, un concert de flûtes, de hautbois, de trompettes. Les voix ne marchaient guère qu'avec les luths, les théorbes, les violes, dans ces réunions musicales. Saint-Evremond, dans sa comédie Les Opéras (acte II, scène 4), dit, en parlant de La Pastorale, opéra de Cambert : « On y entendait des concerts de flûtes, ce que l'on n'avait pas entendu sur aucun théâtre depuis les Grecs et les Romains. » Les fanfares, les marches de nos régiments de cavalerie, exécutées par des trompettes, des cors et des trombones, sont de véritables concerts de trompettes. Le Menteur, de P. Corneille, nous fournit une preuve très curieuse de cette diversité de concerts. Pour ajouter encore à la magnificence d'une prétendue fête, Dorante y place tous les instruments en usage alors, mais en chœurs séparés, que l'on entend l'un après l'autre.

Mme de Sévigné nous donne, le 16 juillet 1677, le récit d'une fête dont la disposition s'accorde avec les discours de Dorante. La réunion des violons aux instruments à vent rendit inutile cette multitude de dérivés. La famille du hautbois est restée intacte : elle compte toujours les dessus de hautbois, le cor anglais, quinte de hautbois, le basson et le contre-basson ; ces instruments ont acquis dans l'orchestre une parfaite indépendance : le cor anglais n'y figure que rarement pour certains récits d'un caractère mélancolique, et le basson y est considéré comme basson et non comme basse de hautbois. La clarinette n'a rien perdu, puisqu'elle n'a été inventée à Nuremberg que vers le commencement du dix-huitième siècle, dans un temps où l'on abandonnait déjà l'ancien système.

Louis XIV avait à sa solde des violons pour le service des concerts et des bals ; on les désignait sous le nom de la grande bande, ou les vingt-quatre violons, bien qu'ils fussent vingt-cinq. Ils jouaient pendant le dîner du roi à certains jours marqués par l'étiquette. Ils recevaient chacun 912 livres 12 sous, sans compter les gratifications ; on leur donnait en outre du pain, du vin et de notables morceaux de viande, à six bonnes fêtes de l'année. Quand ils venaient jouer devant le roi, le surintendant, chef de la bande, battait la mesure, ce qui ne les empêchait pas d'aller tout de travers et d'écorcher les oreilles en exécutant les gavottes, les gigues, le branle de la reine et le branle des duchesses. Cette musique enragée révolta Lulli, qui s'empressa de former une autre bande, que l'on appela les petits violons, quoiqu'ils fussent plus habiles que les grands. La petite bande, composée de seize musiciens, fut ensuite portée à vingt et un.

De riches amateurs, princes, seigneurs, ou fermiers généraux, avaient un concert à certains jours de la semaine et des musiciens engagés pour ce service. On trouvait la musique aux fêtes royales, à l'Opéra, chez les heureux du siècle, ou bien à l'église ; mais il n'y avait encore de concerts publics. Les premiers ont été donnés en France en 1725, sous la direction de Anne Danican-Philidor, aux Tuileries : c'est là que ce musicien établit le concert spirituel. Le baron d'Ogny, surintendant des postes, et le fermier général de La Haye, fondent, en 1775, le concert des Amateurs, à l'hôtel de Soubise. Gossec et le chevalier de Saint-Georges le dirigent ; une société de gens riches et distingués le soutiennent par des souscriptions. Toelsky, Van-Malder, Vanhall, Stamitz, Gossec, y font entendre des symphonies dans lesquelles on avait introduit des instruments à vent : c'était alors une nouveauté. Toutes ces compositions furent éclipsées par les symphonies de Haydn, en 1779. Fontesky, violoniste polonais, les apporta pour en doter le concert des Amateurs. Ce concert quitta le Marais en 1780 ; on l'établit rue Coq-Héron, dans la galerie fille de Henri III ; il prit alors le nom de concert de la Loge olympique, nom que l'on doit à une série de symphonies écrites par Haydn pour cette société rendit célèbre. La révolution interrompit les chants de tous ces concerts : le bruit du canon de la Bastille fit taire violons et flûtes, bassons et contre-basses.

En 1796, les amateurs se rassemblèrent dans la rue de Cléry, et l'on donna des concerts au théâtre Feydeau ; c'était le beau temps de l'excellent chanteur Garat. Le Conservatoire existait depuis plusieurs années, et l'on admit le public aux exercices des élèves de cet établissement. Cette jeune armée d'artistes, dès ses premiers concerts, fit oublier tout ce que l'on connaissait de plus parfait : elle attaqua les symphonies de Haydn, de Mozart, de Beethoven, avec une fougue, une verve, une élégance de style, un sentiment exalté, des nuances ailées sans exemple. L'unité de doctrine, si précieuse pour une réunion de musiciens qui doivent exécuter à la fois la même partie et lui donner les mêmes nuances et la même articulation, produisit des effets que l'on aurait vainement demandés à des maîtres plus habiles, mais dont le talent et la manière de

concevoir et de rendre tel ou tel passage eussent été différents. Une telle diversité peut avoir des avantages pour le solo, à l'orchestre elle est nuisible. Un bon chœur ne doit avoir qu'un sentiment, qu'une voix; un bon orchestre qu'une embouchure, qu'un archet. Les premiers essais des élèves du Conservatoire, annoncés sous le nom modeste d'exercices, remplacèrent les concerts d'apparat, et par la suite les concerts spirituels, et furent suivis avec empressement par les artistes et les amateurs. On exécuta presque à la même époque *La Création*, oratorio de Haydn. Chéron, Garat, Mme Barbier-Valbone s'y distinguèrent en chantant les parties récitantes de basse, de ténor, de dessus; l'orchestre et les chœurs les secondèrent à merveille. Ce concert magnifique eut lieu à la salle de l'Opéra. Un concert religieux avait terminé la fête funèbre célébrée par le Conservatoire pour les funérailles de Piccinni. Le chœur du songe d'*Atys*, avec d'autres paroles, fut chanté en quatuor par Chéron, Richer, Garat et Mlle Chevalier, depuis Mme Branchu. Cette belle composition de Piccinni produisit un effet ravissant: je n'ai jamais entendu Garat chanter avec plus de charme et d'expression. Nous avons assisté, en 1831, aux concerts donnés par le fameux violoniste P a g a n i n i ; le Conservatoire nous ouvre tous les hivers sa salle, où l'on entend les chefs-d'œuvre de l'art exécutés avec une perfection admirable.
CASTIL-BLAZE.

Il s'en faut de beaucoup que l'idée de *concert* suppose aujourd'hui « la réunion de vingt musiciens au moins, » puisqu'il s'est donné des concerts dans lesquels figurait *un seul* exécutant. Bien d'autres termes ont ainsi été détournés de leur véritable sens. Au reste, quel que soit le nom donné aux réunions plus ou moins nombreuses où l'on exécute de la musique, il est certain qu'elles sont devenues en ces derniers temps beaucoup plus fréquentes que par le passé.

Ce mouvement, qui remonte à une vingtaine d'années, est parti de Paris, et son origine mérite d'être racontée. Au dernier jardin public qui ait porté le nom de T i v o l i existait, comme d'ordinaire, un orchestre de bal; mais ce qui était moins commun, cet orchestre était parfaitement composé, parfaitement dirigé, et la musique qu'il exécutait fort convenablement écrite ou arrangée. De plus on y entendait le c o r n e t à pistons, alors que toute sa nouveauté, et que le talent remarquable d'un artiste habile (M. Dufresne) élevait encore au-dessus de sa valeur réelle. Fait jusque alors inusité, la foule, debout ou assise, entourait l'orchestre moins pour danser ou voir danser que pour *entendre* les contredanses et les valses qui, sous la direction de M. Musard, électrisaient le public; la saison s'étant trouvée belle, on se portait sans autre but au jardin de Tivoli les trois jours de la semaine où avaient lieu ces fêtes. M. Musard sentit bien que c'était à lui et à ses symphonistes que s'adressait l'empressement du public; et il imagina d'ouvrir un concert pour les jours où Tivoli était fermé, et d'y faire entendre ces mêmes morceaux et d'autres au besoin, mais toujours par le même orchestre. Ces concerts furent organisés en un instant, puisqu'ils devaient avoir lieu en plein air et qu'il suffisait d'une estrade pour ses musiciens. Une enceinte en treillage fut formée aux Champs-Élysées, la modicité du prix d'entrée en augmenta la vogue, et à la fin de la belle saison M. Musard et les musiciens se transportèrent rue Vivienne, où l'on continua de jouer alternativement un quadrille de contredanses, une valse et une ouverture de quelque opéra connu. De ce moment plusieurs autres concerts voulurent faire à celui-ci une concurrence, qui ne fut heureuse pour aucun, pas même pour celui de la salle de la rue Saint-Honoré, dirigé par M. Valentino, ancien chef de l'Opéra, malgré son admirable exécution; mais depuis ce temps il y a toujours eu de ces sortes de concerts permanents, tandis qu'auparavant il ne s'en donnait que par occasion ou à un petit nombre d'époques de l'année.

Cette habitude d'entendre de la musique à orchestre fit bien recevoir l'idée de former en certains cas exceptionnels des réunions aussi nombreuses que possible pour exécuter les ouvrages des grands maîtres ou ceux de certains compositeurs qui essayent de suppléer au manque de pensées par la multitude d'instruments qu'ils mettent en œuvre, sans parler de ceux pour qui la musique ne semble exister que dans de semblables conditions. Ces concerts furent appelés du nom de *concerts monstres*, et la vérité est que l'on y a plus d'une fois entendu des choses monstrueuses. Ce n'était pas là du reste une nouveauté; depuis longtemps on avait formé en Allemagne des réunions de ce genre, et l'on a notamment conservé la mémoire de l'exécution de *La Création* de Haydn en 1812 à Vienne par 590 exécutants, chanteurs et instrumentistes.

Jamais les concerts, même *officiels*, n'avaient offert rien de pareil; ils existaient pourtant depuis bien des années et avaient lieu sur une terrasse du château des Tuileries; on dressa depuis une estrade devant le rez-de-chaussée du château, et l'on y célébra les fêtes des souverains et plus tard les anniversaires des Journées de Juillet; on y jouait toujours La M arseillaise, à laquelle tous les assistants, et d'abord Louis-Philippe lui-même joignaient leur voix.

Mais les peuples et les souverains ne sont pas les seuls qui aient leurs concerts officiels, les artistes en ont aussi : les plus remarquables ont été donnés par l'*Association des Artistes musiciens* au bénéfice de sa caisse. D'autres sociétés musicales se sont fondées en ces derniers temps, et l'on a distingué parmi elles la *Société de Sainte-Cécile*, dont les concerts ont été assez fréquentés, quoique les bénéfices aient été presque nuls. D'autres sociétés de même genre ont été encore moins heureuses.

Dans tous ces concerts, la musique instrumentale a toujours eu la domination : le chant n'est y compose que de quelques airs et duos que l'on a entendus mille fois au théâtre; mais il y a eu des réunions d'un autre genre auxquelles on aurait fort bien pu donner le nom de concerts; nous voulons parler de ces assemblées des écoles de Paris où l'on n'exécutait que de la musique vocale, et dont Wilhem avait été le fondateur et le directeur. Quoique les pièces d'exécution fussent nécessairement conçues et choisies en raison des élèves à qui elles étaient destinées, elles offraient un vif intérêt, non-seulement à cause des masses vocales que l'on y entendait et de l'exécution satisfaisante d'enfants et de jeunes gens dont les études se limitaient à la partie élémentaire de l'art, mais parce qu'ils offraient une véritable diversion à tout ce que l'on entendait ailleurs.

La facilité d'entendre de la musique d'orchestre, et bien plus encore l'abandon presque général chez les amateurs de l'étude du violon et des autres instruments d'orchestre, a fait presque entièrement tomber les *concerts d'amateurs*, autrefois assez nombreux à Paris.

Toutes les espèces de concerts ne démentent pas l'ancienne définition de ces sortes de réunions; mais il en est d'autres, beaucoup plus nombreux et qui semblent se multiplier de plus en plus chaque année pendant la saison d'hiver, dans lesquels un piano représente à lui seul l'orchestre et un artiste souvent des plus médiocres, quelquefois même des plus infimes, toute l'armée vocale et instrumentale. Ce qui rend ces concerts si nombreux, c'est l'envie, d'ailleurs fort naturelle, de se faire connaître; ces novices prient ceux ou celles de leurs confrères, souvent aussi peu connus qu'eux-mêmes, de leur venir en aide à titre de réciprocité. Il n'est presque immanquablement des frais assez considérables à supporter; mais leur but est atteint : ils se sont fait entendre *en public à Paris*, et sur ce fait se fonde l'espoir de leur avenir. Certains artistes et professeurs distingués donnent aussi des concerts de même genre, souvent fort goûtés de *leur* public; car la vérité est qu'ils en ont un à eux, et voici comment : Durant l'hiver ils chantent sans rétribution dans différentes soirées de particuliers plus ou moins opulents, et à la fin de la saison ils envoient à chacun d'eux un nombre plus ou moins considérable de billets, que ceux-ci ne peuvent décemment refuser. Ils remplissent ainsi leur salle, et reçoivent cette fois des applaudissements plus substantiels que ceux des mois qui ont précédé.

Les journaux de musique donnent aussi des concerts une ou deux fois l'année, et même quelquefois chaque trimestre; et, comme les artistes dont il vient d'être parlé, ils envoient des billets à leurs abonnés et à d'autres personnes qui pourraient le devenir; mais ils ne font point payer ces billets, et c'est justice, puisqu'ils ne payent pas les artistes qui chantent ou jouent pour eux, et qui, par une raison ou par une autre, ont besoin d'eux; il suffit donc d'une promesse de les *chauffer* dans le journal, et ils se rendent à une invitation qu'il serait quelquefois périlleux de refuser sans compensation.

Des entreprises qui ne réussissaient pas mieux que n'ont réussi plusieurs journaux de musique imaginèrent de se joindre à quelque autre industrie, dans l'espoir d'obtenir en société une prospérité qui semblait les fuir individuellement : de là les petits concerts de certaines sociétés académiques, qui avouent franchement qu'il n'y aurait personne à leurs séances publiques s'ils s'en tenaient aux élucubrations artistiques ou littéraires de leurs membres; de là les *spectacles-concerts*, où l'on fait entendre de la musique en même temps qu'on montre des tableaux vivants ou des animaux féroces, etc.; de là les *cafés-concerts*, dont l'entrée est gratuite, où les rafraîchissements sont chers et détestables, et où le plus souvent la musique ne vaut pas mieux. Enfin, nous voyons divers établissements annoncer sur leurs affiches, au milieu des plaisirs qu'ils promettent, un *concert musical*; ce qui supposerait qu'il existe de ces concerts qui ne le sont pas toujours, et c'est plus vrai qu'on ne croit.

Ces derniers concerts sont encore composés, dans le plus grand nombre de cas, de deux ou trois exécutants et d'un accompagnateur; mais, ainsi que nous l'avons dit, il s'est vu des concerts où figurait un seul exécutant. Le plus remarquable a été celui de M. Listz, entièrement composé de morceaux de piano joués par lui; en dépit de son immense talent, ce concert, dans lequel, pour le dire en passant, pas un billet n'avait été donné sans rétribution, parut ennuyeux à tout le monde.

Des concerts d'une tout autre importance musicale et d'un intérêt extrême pour quiconque ne voit pas toute la musique dans celle du jour, ont pris le nom de *concerts historiques* : leur objet est de faire entendre aux auditeurs des morceaux de diverses époques et de donner ainsi une idée des différentes phases de l'art. Les plus célèbres, les mieux exécutés et ceux qui étaient à tous égards les plus susceptibles de donner une juste idée de la musique des temps passés, eurent lieu à l'école de musique dirigée par Ch o r o n. Là on entendit d'admirables pièces des temps antérieurs, et l'on put passer en revue toute la musique vocale depuis l'époque de Palestrina jusqu'au commencement de ce siècle; la perfection de l'exécution ajoutait encore au juste empressement du public. Plus tard, M. Fétis donna deux ou trois concerts dans lesquels on put prendre quelque idée de l'ancienne musique instrumentale et de certains airs de théâtre. On a aussi conservé le souvenir d'une société de riches amateurs, fondée et dirigée par M. Ney de La Moskowa, qui faisait exécuter avec assez de soin des morceaux de musique d'église et de musique madrigalesque. Enfin tout récemment M. Alkan aîné a donné à lui tout seul un concert historique de piano formé de pièces d'un excellent choix, auxquelles il a su imprimer une variété de style analogue à chaque époque et à chaque composition.

En considérant l'extension qu'ont pris les concerts depuis une vingtaine d'années, qui ne croirait que Paris possède quantité de salles disposées convenablement pour les exécutions de ce genre? Il n'en est rien pourtant, et la petite salle construite expressément à cet effet par MM. Herz et annexée à leur fabrique de pianos, est la seule que l'on puisse citer, bien qu'elle soit trop petite pour des concerts d'une grande proportion : celle du Conservatoire est un théâtre, et non une salle de concert; celle *de Sainte-Cécile* est d'une disposition ridicule; celles de quelques facteurs de pianos ne sont autre chose que leurs magasins. Un entrepreneur a eu l'idée en ces derniers temps de construire une salle de concert tellement disposée qu'elle pût s'adapter aux grandes et aux petites réunions moyennant des cloisons mobiles et dans laquelle on eût tenu compte des règles acoustiques de la propagation et de l'effet du son; malheureusement le quartier de la *salle Barthélemy* la rendait évidemment impropre à l'usage auquel on la destinait, et l'on a été forcé d'en faire une salle de bal. Au reste, les artistes dont les concerts ne réussissent pas auraient grand tort d'en rejeter la faute uniquement sur l'imperfection de leur salle : les grands talents savent se faire applaudir quel que soit le lieu où on les entende.   Adrien DE LA FAGE.

Concert signifie aussi, figurément, accord, union de plusieurs personnes qui conspirent, qui tendent à une même fin : *concert d'opinions*, ne pas mettre assez de *concert* dans ses opérations, *agir sans aucun concert*. *Être de concert*, *agir de concert*, c'est être, c'est agir d'intelligence. Les événements de 1840 nous firent sortir du *concert européen*, comme on appela plus tard cette tendre union des rois de l'Europe réglant le sort des peuples dans leurs conférences diplomatiques. Le traité de 1841 nous permit d'y rentrer. La question du droit de visite, celle des mariages espagnols en détruisirent un peu l'harmonie; enfin la révolution de Février en changea tous les airs. Cependant l'accord paraissait se rétablir, quand la question des lieux saints est venue jeter une certaine discordance entre les grandes puissances; mais après de hauts éclats, pour peu que chacun baisse de ton, nous verrons sans doute l'harmonie renaître.

CONCERTANT, ce qui appartient au concert. On appelle *symphonie concertante* celle où les motifs sont dialogués entre deux, trois, quatre ou cinq instruments favoris, qui récitent ensemble ou tour à tour, avec accompagnement d'orchestre. Comme le con c e r t o, la symphonie concertante s'ouvre par un ensemble brillant que l'on nomme *tutti*, attendu que tous les instruments de l'orchestre y sont employés. Les repos ménagés aux instruments concertants sont encore remplis par le *tutti*, qui termine ensuite la symphonie.

On dit un *trio*, un *quatuor concertant*, pour les distinguer de ceux où il n'y a qu'une partie principale, et où les autres ne sont que d'accompagnement. Tous les quatuors de Haydn, de Mozart, de Beethoven, sont *concertants*; ceux de Kreutzer et de Rode, les trios de Baillot, de Libon, sont de belles sonates de violon avec accompagnement de deux ou trois instruments. Haydn a fait une symphonie *concertante* pour violoncelle, flûte, clarinette, violon, cor et basson. On a reconnu que ce mélange d'instruments à vent et d'instruments à cordes n'était pas heureux.

On se sert du mot de *concertante* pris substantivement. Kreutzer a composé une concertante pour deux violons; Berbiguier a fait une concertante pour deux flûtes.

Les Italiens appellent *pezzi concertati*, morceaux concertés ou concertants, les quatuors, quintettes, sextuors, finales d'un opéra.   CASTIL-BLAZE.

CONCERTO. Ce mot italien, adopté dans notre langue, signifie un morceau de musique composé pour un instrument particulier avec accompagnement de tout l'orchestre. Comme l'air *de bravoure*, le concerto a pour but de faire valoir le talent d'un individu ou la qualité d'un instrument, en y accumulant les plus grandes difficultés et les traits les plus brillants. Le concerto n'exige pas de la part de l'exécutant une fidélité rigoureuse dans la mesure ; il doit souvent presser ou ralentir à propos et toujours maîtriser l'orchestre qui l'accompagne. Torelli, célèbre violoniste italien, mort au commencement du dix-huitième siècle, est généralement regardé comme l'inventeur de ce genre de pièces. Les concertos de violon composés par Corelli, Tartini et Stamitz jouèrent autrefois d'une grande célébrité ; mais Viotti fit oublier tous ses devanciers par la richesse de son imagination et la beauté de ses accompagnements.

Le violon avait seul jadis le privilége du concerto ; mais depuis lors le jeu des instruments s'est perfectionné au point qu'il y en a à peine un seul qui n'ait eu la prétention de briller dans ce genre de musique. Les concertos pour le piano de Dusseck furent longtemps célèbres ; ceux de Beethoven sont ce qu'il y a de plus parfait. Enfin, le cor, la flûte, le hautbois, le basson, ont depuis longtemps leurs concertos ; mais il est à remarquer qu'il y a très-peu de compositions passables en ce genre pour ces instruments.
F. Danjou.

CONCERT SPIRITUEL. Au commencement du siècle dernier, l'Académie royale de Musique donnait ses représentations les mardis, vendredis et dimanches, et les jeudis, depuis la Saint-Martin jusqu'au vendredi qui précédait le dimanche de la Passion. L'Académie royale faisait sa clôture ce jour-là pour rouvrir ensuite le mardi de *Quasimodo*, vingt-deux jours après. Elle ne jouait point les 2 février, 25 mars, 15 août, 8 septembre, 8 décembre, fêtes de la Sainte-Vierge ; la Pentecôte, la Toussaint, la veille et le jour de Noel, étaient encore des jours de relâche pour tous les spectacles. Anne-Danican Philidor, musicien de la chapelle et de la chambre du roi, eut l'idée de profiter des avantages que promettaient ces clôtures si fréquentes, pour offrir au public vingt-quatre concerts par an. Chaque fête solennelle rassemblait les amateurs de musique pour entendre des motets et des symphonies, et l'on nomma *spirituel* ce concert où l'on n'exécutait que de la musique sacrée. Un brevet fut accordé à Philidor, sous les conditions que le concert spirituel dépendrait toujours de l'Académie royale, et que le directeur payerait 6,000 livres chaque année à cet établissement. Philidor fit exécuter le premier concert spirituel le dimanche de la Passion, 18 mars 1725 ; les autres concerts étaient distribués dans les vingt-trois jours de vacances de l'Opéra. Ces grandes solennités musicales avaient lieu au château des Tuileries, dans la salle des Suisses. Lorsque Louis XV visita à Paris, après la campagne de 1744, S. M. logea aux Tuileries, et toutes les loges et décorations de la salle du concert furent détruites. Le jour de la Toussaint, on avait affiché que le concert spirituel serait exécuté à l'Opéra ; mais l'archevêque de Paris, Vintimille, s'y opposa, et les amateurs se retirèrent désappointés.

En 1728 Philidor cède son privilége à Simart et Mouret ; l'Académie royale l'exploite en 1734, Royer en 1741, Caperan en 1750, Mondonville en 1755, Dauvergne en 1762, Berton en 1771, Gaviniès et Le Duc en 1773 ; Legros, enfin, s'en charge en 1777, et le garde jusqu'à la Révolution, qui ruina cet établissement en 1791. La réputation du concert spirituel de Paris s'était répandue en Europe ; les artistes étrangers venaient s'y faire entendre et tenter ainsi une épreuve qu'ils regardaient comme décisive pour leurs succès dans le monde musical. Les frères Besozzi y parurent en 1735, et l'on rendit un témoignage éclatant à leur habileté ; leurs duos de hautbois et basson furent reçus avec enthousiasme. D'illustres chanteurs, tels que Farinelli, Gaffarelli, Raff, Davide, père du ténor que nous avons applaudi en 1831 à notre opéra italien ; Mmes Mara, Todi, etc., y brillèrent tour à tour, ainsi que des instrumentistes, tels que Bertaud, Hessier, Rodolphe, Viotti, Jarnowik, Punto. Mozart écrivit une symphonie pour le concert spirituel, et la fit exécuter en 1778.

Ces vingt-quatre concerts spirituels, placés à différentes époques de l'année, contribuèrent beaucoup aux progrès de l'art et à l'illustration de notre école. Le chant italien présentait une disparate si grande avec la psalmodie française, que la plupart des auditeurs ne le comprenaient pas. On a tenté plusieurs fois de rétablir à l'Opéra les concerts spirituels : pendant la semaine sainte on en donnait trois seulement, et pourtant ils n'étaient pas suivis. On y a renoncé enfin depuis 1830. Dernièrement on essaya de les rétablir dans un bâtiment construit exprès rue de Vaugirard. Mais ce fut sans aucun succès.
Castil-Blaze.

CONCESSION. C'est en général une grâce, un avantage accordé à quelqu'un qui l'a sollicité. En droit, le mot *concession* s'applique plus spécialement à ce qui est accordé à des particuliers, à titre onéreux ou gratuit par l'État, un établissement public ou une commune. Pour exploiter une mine, il est nécessaire d'obtenir une concession. Les communes font des concessions de terrain dans les cimetières pour servir aux sépultures ; les cours d'eau sont l'objet de concessions diverses, soit pour alimenter des fontaines, soit pour mettre en mouvement des usines. Aujourd'hui tous les grands travaux d'utilité publique, ponts, canaux, chemins de fer, se font par concessions, et sont attribués à la compagnie qui fait la soumission la plus avantageuse. Les concessions de territoire faites à des particuliers ou à des sociétés civiles par les gouvernements à titre gratuit ou sous la condition d'une légère redevance et moyennant certaines conditions sont un des moyens les plus efficaces de colonisation et de mise en culture des terres incultes. Souvent les concessions ne sont que temporaires ; cependant il y en a de perpétuelles. On étendait encore autrefois le nom de concession à tout acte émanant du prince et qui donnait ou octroyait un privilége, un droit, une grâce. Ce mot s'applique aussi quelquefois à l'aliénation qu'une personne fait d'un immeuble ou de quelque droit réel.

CONCESSION (*Rhétorique*). La concession est une figure de pensée par laquelle on accorde quelque chose à son adversaire, pour en tirer ensuite un plus grand avantage ; on abandonne ainsi certaines propositions pour défendre plus sûrement les autres, et l'on fait valoir la rigueur des principes ou l'empire des circonstances suivant le besoin de la cause qu'on défend.

Ainsi raisonnait l'historien qui disait : « Oui, l'empire fut un despotisme permanent, toute l'action du gouvernement commençait, se développait, et finissait au signal du maître ; oui, nous fûmes dépouillés de presque toutes nos libertés. Mais aussi ce despotisme, résumant dans une formidable unité la cause de la Révolution, en propagea les principes au dehors, et fonda des lois basées sur l'égalité civile ; ce qu'il retrancha de nos libertés, il nous le rendit en gloire ; il nous plaça au premier rang des nations. Aux plus beaux jours de cette époque, la France, il est vrai, fut l'esclave d'un homme, mais elle fut maîtresse du monde, etc... »

Voici un autre exemple de concession, emprunté à Béranger :

Sur des tombeaux si j'évoque la gloire,
Si j'ai prié pour d'illustres soldats,
Ai-je à prix d'or, aux pieds de la Victoire,
Encouragé le meurtre des États ?
Auguste Husson.

CONCETTI, mot italien qui, ainsi que son singulier *concetto*, vient du verbe *concepere*, concevoir, et signifie bon mot, pointe d'esprit, pensée ingénieuse, délicate ou brillante. Quoiqu'en Italie le mot *concetti* ne se prenne pas en mauvaise part, comme en France, et que la plupart des auteurs ultramontains semblent tirer vanité de semer leurs ouvrages de pensées où il y a plus d'affectation et de faux brillant que de naturel et de solidité, il est à remarquer que le Tasse, dans sa *Jérusalem délivrée*, a su généra-

14.

lement se préserver de ce défaut, quoi que dise Boileau de son *clinquant*. En revanche, on en trouve de nombreuses traces dans Pétrarque, Guarini et l'Arioste. Au seizième siècle, l'enflure espagnole et l'affectation italienne s'introduisirent en France avec la langue de: ces deux nations, le goût de leur littérature et de leur théâtre, leur costume et leurs jeux : elles devinrent la règle générale. Balzac l'ancien et Voiture sont pleins de *concetti*. Ils surabondent dans les versificateurs de l'époque. La poésie galante surtout s'empara des *concetti* italiens : de là ce déluge de fadeurs alambiquées, ce style précieux et inintelligible qu'on retrouve même dans les auteurs dramatiques du temps, dans la *Sophonisbe* de Mairet et dans la *Mariamne* de Tristan. La tragédie ne s'exprimait plus qu'en jeux de mots. Corneille y laissa parfois entraîner son mâle génie, et le poète du goût, Racine lui-même, en offre quelques exemples, témoin ce vers d'Andromaque :

Brûlé de plus de *feux* que je n'en allumai.

La société de l'hôtel de Rambouillet contribua beaucoup à mettre en faveur et à propager ce style obscur et affecté. Les *concetti* se sont maintenus longtemps dans nos poésies galantes, et on les retrouve dans plusieurs poëtes modernes du siècle dernier et de celui-ci, formés à l'école des Marivaux et des Dorat. L'*Épître à la Mort*, de Vigée, n'est qu'une série de *concetti*. Les *Lettres à Émilie* de Demoustier, ses comédies, *Le Conciliateur* et *Les Femmes*, en sont remplies d'un bout à l'autre. Il y en a beaucoup dans le *clinquant* de Delille; et l'académicien Dupaty a pu dire impunément, quand il n'était encore que vaudevilliste, en parlant d'une rose :

J'ai su la saisir
Et j'ai le plaisir
De vous rendre à vous-même.

Le *concetto* en France est donc tout ce qui ressemble au clinquant du bel esprit; toute pensée fausse ou spécieuse exprimée en style brillant et fleuri, mais dont l'enluminure et les fleurs, après avoir séduit d'abord, ne tiennent pas contre l'examen soutenu de la raison et du jugement. Les *concetti* avaient gagné jusqu'au style oratoire. Ils commençaient néanmoins à disparaître de notre langue, lorsque l'école romantique nous les a ramenés, non pas revêtus des grâces de l'Italie, mais avec l'obscurantisme et la barbarie des siècles gothiques. Dieu sait quand et comment cela finira.

H. AUDIFFRET.

CONCHACÉS (de *concha*, conque), famille de mollusques acéphales, dont la coquille, ordinairement régulière et close, équivalve et à charnière engrenée, présente deux impressions musculaires réunies par une ligule; l'animal, dont le manteau est prolongé en deux tubes, est muni d'un pied. La famille des *conchacés*, établie par Blainville, n'a pas été généralement adoptée.

CONCHIFÈRES (de *concha*, coquille bivalve, et *fero*, je porte). Lamarck a établi sous ce nom la dixième classe d'animaux sans vertèbres, qu'il subdivise en deux ordres, les *conchifères dimyaires*, ou à deux muscles, et les *conchifères monomyaires*, ou à un seul muscle. Il n'a conservé le nom de *conques* qu'à l'une des familles du premier ordre. Latreille a aussi formé sa sixième classe des mollusques sous le nom de *conchifères*, et l'a subdivisée en quatre ordres d'après les caractères du manteau, qui est ouvert dans le premier, bifore dans le second, trifore dans le troisième, tubuleux dans le quatrième et dernier (*voyez* ACÉPHALE).

CONCHOÏDAL ou **CONCHOÏDE** (de κόγχη, coquille), qui ressemble à une coquille. Ce nom se dit presque exclusivement, en minéralogie, d'un genre de cassure auquel se prêtent certains minéraux, et dont la surface est sillonnée de stries concentriques qui rappellent celles qu'offrent les valves de beaucoup de coquilles.

CONCHOÏDE. Un point A et une droite L étant donnés, si l'on fait tourner une autre droite autour du point A et que, dans chacune de ses positions, on prenne de part et d'autre et à partir de son intersection avec L, une longueur constante a, le lieu géométrique ainsi obtenu est une courbe qui reçoit le nom de *conchoïde*. Elle a pour équation :

$$y^2 = \frac{(x+d)^2(a^2-x^2)}{x^2},$$

en représentant par d la distance du point A à la droite L, et en prenant L pour axe des ordonnées, et la perpendiculaire abaissée du point A sur L pour axe des abscisses. Cette courbe du quatrième degré se compose évidemment de deux branches infinies ayant L pour asymptote commune. Quand a est plus petit que d, la branche la plus éloignée du point A offre un nœud qui se réduit à un point de rebroussement lorsque $a = d$.

Comme la cissoïde, cette courbe est propre à résoudre le problème de la duplication du cube. Le géomètre grec Nicomède, qui l'imagina dans ce but, en fit connaître les principales propriétés. Elle a été nommée *conchoïde* (de κόγχη, conque, et εἶδος, forme), parce que les anciens trouvaient à ses deux branches une certaine ressemblance avec les valves de l'espèce de coquilles qu'ils appelaient *conque*.

Pour décrire la conchoïde d'un mouvement continu, on prend une équerre dont une des branches porte un clou qui représente le point fixe A ; l'autre, dans laquelle est pratiquée une coulisse, est dirigée suivant l'asymptote de la courbe. Une règle portant un clou assujetti à glisser dans cette coulisse, offre elle-même une coulisse dans laquelle passe le clou fixe. On y adapte, à égale distance du clou mobile, deux crayons dont chacun trace une portion de l'une des branches de la courbe. En faisant varier la distance du clou fixe au sommet de l'équerre et celle des crayons, on obtient des conchoïdes correspondant à tous les paramètres possibles.

E. MERLIEUX.

CONCHOLEPAS, nom latin et français d'une coquille fort singulière, dont Lamarck a fait un genre pour une espèce seulement, en raison de son ouverture très-ample et de deux petites dents qu'elle porte à la base de son bord droit. L'histoire de cette coquille, qui ne présente rien d'agréable à l'œil, tant par sa forme que par ses couleurs, n'est pas sans intérêt. Jusqu'à ces derniers temps elle avait été considérée par tous les navigateurs comme étant une bivalve, mais dont la valve gauche manquait toujours, parce que sans doute elle était adhérente aux roches sous-marines ; par cette raison, elle ne fut que fort rarement rapportée du Pérou, où elle est tellement commune que les habitants riverains de la mer la ramassent en tas fort considérables, pour en faire de la chaux, dont ils fument ensuite leurs terres. Cette méprise des navigateurs donna à cette coquille une valeur excessive dans le commerce; formant à elle seule un genre, chacun la voulait, et pour se la procurer, il ne fallait pas moins de trois cents francs. Aujourd'hui qu'elle est fort commune, les plus beaux exemplaires de cette coquille valent cinq francs tout au plus. L'étude de son animal, qui avait été longtemps inconnu, ne nous ayant présenté aucune espèce de différence avec le mollusque des pourpres, l'opercule de matière cornée étant absolument identique, la coquille elle-même ne différant de celle des pourpres que par l'évasement un peu plus considérable de sa bouche et par une spire plus courte, tous ces motifs nous ont porté à supprimer ce genre et à le réunir aux pourpres, en le plaçant en tête de notre première division, qui comprend toutes les espèces ayant des sillons plus ou moins prononcés sur leur dernier tour.

DUCLOS.

CONCHYLIOLOGIE (de κογχύλιον, coquille, et λόγος, discours). Jusqu'à la fin du siècle dernier on a donné ce nom à cette partie de l'histoire naturelle des animaux sans vertèbres qui traite de ceux qu'on désigne sous le nom vulgaire de *coquillages*, parce que leur corps est le plus souvent protégé par une *coquille*. Mais comme ces animaux, dont le corps est mou, sont actuellement toujours appelés *mollusques*, on a adopté généralement le nom de *malacologie*, qui a été introduit dans la science par de Blainville, et le terme *conchyliologie* a été réservé pour désigner la branche de l'anatomie des mollusques qui traite du test ou de la coquille de ces animaux : ce nom devient alors dans cette partie de l'anatomie comparée l'équivalent du terme *ostéologie* dans l'anatomie des vertébrés.

CONCIERGE. Autrefois on donnait ce nom à ceux qui avaient la garde d'une maison royale ou seigneuriale ; on appelait leur office *conciergerie*. Plus tard, on confondit ce nom avec celui de geôlier, pour indiquer le gardien d'une prison. Par la suite, ce nom fut donné au portier d'une grande maison, d'un hôtel, d'un édifice quelconque ; négligé alors que les grands seigneurs prirent des suisses, il a repris depuis une grande faveur, et, la vanité s'en mêlant, il s'est trouvé par le fait étendu aux portiers de toute espèce d'habitation. On donnait encore le nom de concierge à des personnes chargées de la garde du mobilier des hôtels de ville et maisons communes. L'édit de 1704 érigea ces charges en titre d'office.

De ces différentes sortes de concierge, l'histoire s'est plus particulièrement occupée du *concierge du palais*, juge royal auquel succéda le *bailli du palais*. L'office de concierge du palais date de 988 ; il comprenait un droit de moyenne et basse justice dont le territoire était peu étendu. Philippe II y ajouta en 1202 le faubourg Saint-Jacques et Notre-Dame-des-Champs, et le fief royal de Saint-André, qui y était situé. En 1348 Philippe VI érigea le concierge sous le titre de bailli, ordonnant de joindre les deux titres ; et des lettres de Charles V, régent du royaume en 1358, lui accordèrent droits de moyenne et basse justice à l'intérieur du palais, des cens et rentes sur plusieurs maisons, et une juridiction sur les marchands qui possédaient des boutiques dans les allées de la Mercerie, ou appuyaient leurs auvents ou étalages contre les murs du palais. Il avait seul le droit de faire enlever les arbres morts qui se trouvaient sur les chemins royaux et autres de la banlieue et vicomté de Paris. Il avait quelque inspection sur les greniers à blé du roi et la surveillance du portier et des sentinelles du palais. Charles VI réunit en 1416 à son domaine l'office de concierge. Depuis cette époque tous ceux qui furent pourvus de cet office portèrent le nom de *baillis du palais*.

Malgré l'ordonnance de 1670, une distinction s'était établie entre *concierge* et *geôlier*, et le premier de ces titres était enfin resté au gardien principal de toute prison. Il n'y a pas longtemps que ce titre a été supprimé et remplacé par celui de *directeur* pour les chefs de maisons centrales. Le titre de concierge est resté aux chefs des maisons d'arrêt et maisons départementales pour les condamnés correctionnels. A Paris, lors de la suppression des anciens prisons, opérée en 1823, on a appelé *directeurs* les anciens concierges des maisons où se trouvent des condamnés, et par extension ce nom a été appliqué au concierge de la maison de justice dite la Conciergerie.

CONCIERGERIE ou **CONCIERGERIE DU PALAIS.** C'est sous ce nom que les anciennes ordonnances des rois de France désignaient la prison du palais de Paris, aujourd'hui Palais de Justice ; et le nom de *conciergerie* donné à cette partie du palais lui venait de ce qu'elle servait de demeure au concierge. Cette prison a peut-être pour origine celle du palais lui-même ; car depuis le commencement de la première race toutes les habitations royales, tous les châteaux des seigneurs, étaient à la fois lieux de séjour, de défense et d'emprisonnement. Toutefois, il est probable que la prison du Palais, jusqu'au delà de Louis IX, était dans quelque autre partie de la demeure royale, puisque sous ce prince l'emplacement de la conciergerie actuelle formait le jardin du roi, qu'on nommait alors le *Grand-Préau*. La conciergerie du palais n'apparaît pour la première fois sur les registres de la Tournelle que le 23 décembre 1391.

Les bâtiments de cette prison, situés à l'étage inférieur et à l'ouest de l'emplacement de la grande salle du palais, sont excessivement irréguliers, et formés de constructions diverses, rattachées les unes aux autres par les liaisons les plus bizarres. On y distingue trois ordres d'architecture : 1° celle du temps de Louis IX, dont le palais fut situé sur le même terrain : les constructions de cette époque consistent en une galerie formée d'ogives qui règnent le long de l'aile orientale et de la face septentrionale de la cour principale, dite le *Préau* ; 2° les constructions du seizième siècle : elles sont sans ornements, et forment la partie supérieure du côté septentrional de l'enceinte, adossé au quai ; elles ne sont remarquables que par leur irrégularité maussade ; 3° les constructions nouvelles élevées quelques années avant la révolution : elles forment l'aile occidentale et la face méridionale du *Préau*. Le sol de la conciergerie est moins élevé que celui du bord de la rivière et par conséquent dépassé de plusieurs pieds par celui des quais et rues de Paris. Il est moins humide que cette circonstance ne pourrait le faire craindre, grâce aux caves et souterrains en pierre aujourd'hui bouchés ou comblés, qui sont pratiqués encore au-dessous. Les cachots construits au pied des tours et au niveau de la Seine sont très-humides et malsains, mais à peu près hors d'usage. Il n'y a qu'un cachot où le jour ne pénètre point ou presque point, celui qui est sous le promenoir des hommes, au pied d'une vieille tour, et dans lequel fut enfermé Mandrin ; il ne sert plus que de dépôt pour les voleurs. Les deux cachots connus sous les noms de *Saint-Vincent* et de *Grand-Nord*, qu'on n'employait qu'à la punition des détenus turbulents, ont été démolis. A l'orient et au sud d'une cour de construction assez moderne, située au sud de la prison, sont les cellules pour les femmes. L'ancienne infirmerie, sombre et mal aérée, était dans cette partie de la prison ; on en a préparé une autre en 1828, dans l'ancien logement du directeur.

Les bâtiments qui servaient d'entrée sur le quai, entre la tour de l'Horloge et la tour de César, avaient été construits en 1828. Ils ont été remplacés par des bâtiments plus en harmonie avec le monument. C'est sous la porte même de cette entrée qu'avaient été pratiquées, à trente ou quarante pieds du sol, les oubliettes du palais. Cette entrée donne sur une cour en pente au fond de laquelle étaient les magasins de la ville. La *Tour de César* n'avait autrefois aucune ouverture sur le quai, mais depuis qu'elle a été destinée au logement du directeur, on y a percé plusieurs croisées. Le rez-de-chaussée sert maintenant de pièce de réception et de salon pour le directeur : c'est là qu'Ouvrard fut logé par arrêté du président l'emprisonnement que lui fit subir son créancier Séguin. La Tour de César fut aussi appelée *Tour de Montgommery*, parce qu'elle servit de prison au célèbre protestant de ce nom. C'est là que furent enfermés Cartouche et Damiens. En suivant le côté est le guichet extérieur de la prison, qui n'est guère séparé que par un mètre d'une grille donnant accès sur un petit escalier de six marches, aboutissant à une grande salle noire qu'on nomme *l'avant-greffe* et le *parloir libre*. Entre la porte et la grille, un guichetier demeure en permanence. Au pied de l'escalier à gauche est le *greffe* ; ensuite une galerie large et longue conduisant aux bâtiments des femmes, et puis le parloir où visiteurs et prévenus sont séparés par deux grilles éloignées d'un mètre l'une de l'autre et garnies d'une toile de fil d'archal. En face de l'escalier est une petite salle vitrée qui sert aux communications des avocats avec leurs clients. Dans la pièce de surveillance de garde sont, à droite, l'entrée de la Tour-d'Argent, à gauche, le guichet intérieur ouvrant sur le préau. La Tour-d'Argent était abandonnée depuis plusieurs siècles, lorsqu'en 1828 on voulut l'utiliser. On y trouva des sculptures remarquables et bien conservées, quoique ce lieu n'eût jamais reçu jusque alors de jour extérieur. On ne doute point que cette tour ne fut l'endroit où Louis IX renfermait son trésor.

Le *préau*, promenade ouverte des prisonniers, représente un parallélogramme de cinquante-cinq à soixante mètres de longueur sur vingt de largeur, orné de deux petits parterres entourés de treillage, séparés par un bassin d'eau jaillissante ; des bâtiments l'entourent de toutes parts : ceux du nord, de l'ouest et du sud sont de construction uniforme; ceux de l'est sont des appartenances du palais ; au-dessous de ces derniers est le promenoir couvert. Il existe à l'angle sud-est de ce promenoir une salle servant le soir de parloir aux prisonniers politiques, et la nuit de corps de garde. On y a placé les tables sur lesquelles Louis IX faisait servir à manger aux pauvres.

Le bâtiment du Nord, à droite du guichet intérieur, se compose, comme les deux autres, d'un rez-de-chaussée et d'un premier étage, divisés en petites cellules. Le rez-de-chaussée est réservé aux vieillards et le premier étage aux enfants. A l'extrémité nord-est de cet étage, de l'autre côté de l'escalier, est une pièce à quatre lits, où l'on renferme les criminels qu'on veut soumettre aux tentatives des *moutons*, et où l'on fait coucher un surveillant.

Le bâtiment de l'ouest est consacré aux prisonniers qui ne peuvent payer la pistole.

A l'angle nord-ouest du Préau est la Tour de Bombée, sur laquelle s'appuient deux corps de bâtiments des côtés du nord et de l'ouest. Elle servit de cachot à Ravaillac, et alors la lumière n'y pénétrait pas. Abandonnée depuis plusieurs siècles, on l'a remise en état de service en 1828. La salle du bas a été convertie en chauffoir pour la mauvaise saison.

A l'extrémité sud-ouest du rez-de-chaussée du bâtiment de l'ouest, était le cachot des condamnés à mort, sans lumière et sans air. Ils n'en sortaient que pour être conduits à Bicêtre s'il y avait pourvoi de leur part, ou, en l'absence du pourvoi, pour être menés à la guillotine. Louvel y fut gardé pendant tout le temps qui précéda son jugement. Les condamnés à mort sont maintenant placés, lorsqu'ils descendent de la cour d'assises, dans une pièce attenant au greffe; ils y restent jusqu'à leur départ pour la prison de La Roquette. Le rez-de-chaussée du bâtiment au sud-est comprend le cachot de la reine Marie-Antoinette en 1816 un autel expiatoire, mais en 1830 on y établit une salle de bains pour la maison ; le cachot où furent enfermés Mme Élisabeth et Robespierre : on l'a ouvert sur la chapelle depuis 1830, et on en a fait la sacristie. Il a sept pieds carrés. Le premier étage est destiné aux prisonniers pouvant payer la pistole. Quant au bâtiment des femmes, on y a établi un parloir dans la pièce qu'habita Lavalette; les cellules ont vue sur une cour d'environ dix mètres de largeur sur vingt de longueur, décorée, au centre, d'un petit parterre entouré d'un treillage.

Aucun détenu, si l'on en excepte les *pistoliers*, ne peut rester dans sa cellule pendant le jour. Dès six heures du matin jusqu'à sept heures du soir en été, et selon la durée du jour en hiver, les prisonniers sont forcés de rester au Préau ou dans le chauffoir de la Tour de Bombée. Cette mesure a pour but, dit-on, d'empêcher les vols. La population moyenne pour les hommes est de cent et pour les femmes de dix-huit. Le terme moyen des séjours est de quinze jours. La maison pourrait recevoir un effectif de deux cent cinquante individus.

CONCILE. Les assemblées générales du peuple s'appelaient *comices* chez les Romains ; les convocations d'une partie du peuple seulement ou de ses membres les plus distingués se nommaient *conciles* ou *synodes*. Ces derniers noms ont été dans la suite restreints aux seules assemblées ecclésiastiques. Le concile est une assemblée d'évêques réunis pour juger différentes questions qui regardent la foi, les mœurs, la discipline de l'Église. Les conciles sont, ou *provinciaux*, ou *nationaux*, ou *généraux*, selon qu'ils sont composés des prélats, ou d'une province, ou d'un État, ou de toute la chrétienté ; et leurs décisions ont force de loi, suivant l'étendue de leur juridiction. Le premier modèle des conciles fut celui de Jérusalem, tenu, l'an 50, par les apôtres, pour l'abrogation des cérémonies de la loi mosaïque. On en voit quelques autres réunis vers la fin du second siècle touchant la célébration de la Pâque. Tertullien parle des conciles de Grèce, saint Cyprien de ceux d'Afrique, Eusèbe de ceux d'Antioche contre Paul de Samosate ; mais ce ne fut que quand l'Église, délivrée des persécutions, put se réunir en paix, que les conciles devinrent plus fréquents et plus nombreux.

Les *conciles généraux*, dits aussi œcuméniques (de οἰκουμένη, terre habitable), sont appelés, de toutes les parties du monde, pour éteindre un schisme, une hérésie, qui menacent l'Église entière; pour proposer des mesures de discipline générale, pour statuer sur quelques points de doctrine qui n'eussent pu être réglés autrement. C'est le pape, en qualité de chef de l'Église, qui convoque les conciles généraux, parce que nul autre que lui n'a de pouvoir sur tous les évêques à la fois ; parce que, mieux que tout autre, il peut en juger l'opportunité. Si dans les premiers siècles on voit les empereurs convoquer les conciles, c'est qu'alors ils en faisaient les frais, et que l'Église ne s'étendait guère au-delà des limites de l'empire ; mais quand l'empire fut morcelé, et que la foi se fut répandue chez des peuples soumis à différents souverains, le pape dut prendre l'exercice de cette prérogative attachée à son siége. Cependant, le concours des puissances est réclamé pour entourer l'assemblée de la protection nécessaire à la liberté des suffrages, et pour prévenir toute espèce d'opposition qui pourrait paralyser les travaux du concile. Nul concile n'est œcuménique s'il n'est en communion avec le pape, qui, par lui-même ou par ses légats, préside, propose les questions et confirme les sentences. Aux évêques seuls, en qualité de pasteurs de l'Église, appartient le droit de juger ou de prononcer dans un concile; les prêtres, les théologiens invités ou admis ne peuvent avoir que voix consultative. Les décisions des conciles généraux en matière de foi sont obligatoires avant toute acceptation, parce qu'un concile n'établit pas de nouveaux dogmes : il interprète l'Écriture, et décide que telle est la croyance catholique. Selon saint Vincent de Lérins, l'Église, dans les décrets des conciles, ne fait que transmettre à la postérité par écrit ce qu'elle a reçu de l'antiquité par tradition. Mais en matière de discipline les princes se sont réservé le droit d'examiner si ses décisions n'ont rien de contraire aux lois, aux coutumes de leurs États ; c'est ce qui cause qu'un grand nombre de règlements disciplinaires et la plupart de ceux du concile de Trente ne sont point reçus en France; c'est aussi ce qui a donné lieu à cet article des lois organiques : « Les décrets des synodes étrangers, même ceux des conciles généraux, ne pourront être publiés en France avant que le chef de l'État en ait examiné la forme, leur conformité avec les lois, droits et franchises de l'empire, et tout ce qui pourrait altérer ou intéresser la tranquillité publique. »

Tous les théologiens s'accordent généralement à admettre comme œcuméniques les dix-sept conciles dont on a assez bizarrement entassé les noms dans cette espèce de vers hexamètre :

Ni Co. Ü., Cal, Co. Co., Ni. Co. La., La Lo. La., Lu. Lu. Vi., Flo. Tri.

Ce sont : 1° le concile de Nicée, tenu en 325, contre les Ariens ; 2° celui de Constantinople, en 381, contre les Macédoniens ; 3° celui d'Éphèse, en 431, contre Nestorius et les Pélagiens; 4° celui de Chalcédoine, en 451, contre Eutychès; 5° le deuxième de Constantinople, en 553, contre les trois chapitres; 6° le troisième de la même ville, en 680, contre les monothélites ; 7° le deuxième de Nicée, en 787, contre les iconoclastes ; 8° le quatrième de Constantinople, en 869, contre l'intrusion de Photius ; 9° le premier de Latran, en 1123, pour des matières de discipline ; 10° le deuxième du même lieu, en 1139, contre Arnaud de Brescie ; 11° le troisième, en 1179, sur la discipline ; 12° le quatrième, en 1215, contre les Albigeois ; 13° le premier de Lyon, en 1245, pour la 7e croisade et contre Frédéric II ; 14° le deuxième de Lyon, en 1274, pour la réunion des Grecs ; 15° celui de Vienne en Dauphiné, en 1311, pour l'abolition des Templiers ; 16° celui de Florence, en 1429, pour une seconde réunion des Grecs, des Arméniens, etc. ; 17° celui de Trente, en 1545, contre les hérésies de Luther et de Calvin. Mais, en dépit de la mesure et du vers, les défenseurs des libertés gallicanes ajoutent à cette série trois conciles, que les autres rejettent ou dont ils contestent l'œcuménicité : ce sont, le concile de Pise, tenu en 1409, pour l'extinction du grand schisme d'Occident ; celui de Constance, qui cinq ans après déposa les trois prétendants à la papauté, proclama la suprématie des conciles généraux et condamna l'hérésie des hussites ; enfin, les premières sessions du concile de Bâle, qui, commencé en 1431, se termina par un schisme, après douze ans de session.

L'immense étendue de la chrétienté, l'extrême difficulté de réunir les évêques de toutes les parties du monde, ont fait presque abandonner les conciles généraux. Il est vrai que depuis le concile de Trente, il y a eu peu de motifs de consulter l'Église universelle. D'ailleurs, de l'avis de tous les théologiens, les constitutions des papes, approuvées expressément ou tacitement par l'Église dispersée, suppléent aux décisions des conciles.

Les *conciles nationaux* se réunissent sous la présidence d'un primat ou d'un légat du saint-siége, et sont appelés par les princes pour remédier aux maux qui peuvent affliger l'Église dans un royaume, pour détruire les abus et pour régler les articles de foi en discussion. Ces conciles ont été assez fréquents en France, sous les deux premières races de ses rois. Les célèbres assemblées du clergé de France peuvent être regardées comme de vrais conciles nationaux, quoiqu'elles n'en portent pas le nom. Une assemblée de ce genre fut convoquée à Paris, en 1811, par Napoléon, afin de pourvoir à l'institution canonique que Pie VII, privé de liberté, refusait aux évêques nommés. Le pontife n'ayant approuvé ni la convocation ni les premiers actes de ce concile, les évêques se séparèrent sans avoir rien décidé.

Les *conciles provinciaux*, présidés par le métropolitain, ont pour but de faire des règlements sur la morale et la discipline, pour la province de leur ressort ; ils peuvent aussi s'occuper des questions de foi, mais leurs décisions ne sont irrévocables qu'autant qu'elles sont acceptées par l'Église. Plus d'une fois le clergé de France avait exprimé le vœu de voir rétablir ces assemblées, si utiles au maintien de la discipline ecclésiastique ; diverses ordonnances royales en prescrivaient la tenue tous les trois ans, sans que cette disposition eût jamais été exécutée. Depuis la révolution de Février, différents synodes d'évêques se sont assemblés. D'après l'article 4 des lois organiques, aucun concile métropolitain, aucun synode diocésain, aucune assemblée délibérante, ne peut avoir lieu sans la permission expresse du chef de l'État.

Plusieurs savants compilateurs ont recueilli les actes des divers conciles ; la plus complète de ces collections est celle des pères Labbe et Cossart, imprimée pour la dernière fois à Lucques, en 1748, en 26 vol. in-fol.

L'abbé C. BANDEVILLE.

CONCILIABULE (en latin *conciliabulum*, diminutif de *concilium*, assemblée), petit conseil tenu contre les règles et les formalités ordinaires de la discipline de l'Église. Cette expression, d'abord employée dans ce sens, fut donnée plus tard, par extension, à toutes les assemblées convoquées hors du sein de l'Église, dans un but d'opposition.

C'est ainsi que, dans le langage canonique, on a longtemps désigné toutes les réunions de prélats qui, méconnaissant la hiérarchie ecclésiastique ou l'autorité du pape, prétendaient se constituer en *conciles*. Tous ces faux conciles sont traités sous ce rapport de *conciliabules* ; on les considère comme des assemblées irrégulières, illicites et tumultueuses, qui n'ont pas été éclairées par l'Esprit saint, parce qu'elles n'étaient pas convoquées légitimement. C'est aussi le nom que les catholiques donnent, pour la même raison, à toutes les assemblées d'hérétiques, quelle que soit d'ailleurs la régularité de leurs délibérations et la sagesse de leurs décrets.

Anciennement on appelait *conciliabula* les lieux des diverses provinces où les préteurs ou proconsuls faisaient assembler les peuples des pays adjacents pour leur rendre la justice. On y tenait aussi des marchés, autorisés par les mêmes magistrats, et l'on nommait ces lieux *conciliabula* et non *fora*. Par la suite, ce droit fut réservé aux seules villes municipales.

De l'application du mot *conciliabule* aux assemblées hérétiques hostiles à l'Église est venue celle qu'on a faite du même terme, dans le langage familier et en mauvaise part, à toutes les réunions illicites en général dans lesquelles s'agitent de sinistres projets.

CONCILIATION (du verbe latin *conciliare*, réunir, mettre d'accord, réconcilier). Dans le langage usuel, c'est l'action d'accorder ensemble des personnes ou des choses qui sont ou qui paraissent opposées. On rencontre trop rarement dans ce monde cet esprit de conciliation qui, suscitant des sacrifices mutuels, ramène la paix dans les familles, dans la société, dans l'État ou dans la politique. Dans les temps de calme, lorsqu'un homme d'État parle de conciliation, c'est souvent pour mieux diviser les partis ; dans les temps incertains, difficiles, concilier c'est souvent corrompre. On satisfait ou l'on comprime les intérêts, les besoins, les passions politiques, on ne les concilie guère. Se laisser concilier, pour un parti, c'est abdiquer.

Dans notre procédure, on appelle *conciliation* une institution qui a pour but de prévenir les procès, en appelant les parties, avant de les assigner devant un tribunal, à s'entendre en accord sur ce qui fait l'objet de leur différend, en présence d'un magistrat qui dépouille en cette circonstance de son caractère de juge pour ne lui laisser que le rôle de médiateur.

Cette institution des juges conciliateurs appartient à la première Assemblée constituante, qui leur donna le nom de *bureaux de conciliation* (*voyez* JUSTICE DE PAIX) : ces préliminaires étaient complètement inconnus dans l'ancien droit. Malheureusement les juges de paix ne sont pas toujours à la hauteur de cette mission : trop souvent, ne regardant la conciliation que comme une formalité inutile, ils s'empressent de congédier les parties, au lieu d'apporter la patience nécessaire pour amener la conciliation ; ou bien, se rappelant trop qu'ils sont juges, ils oublient le rôle d'amis des deux parties, et, au lieu d'éclairer chacun sur ses droits, donnent raison ou tort à l'un ou à l'autre, et rendent au contraire toute conciliation impossible.

Les parties peuvent toujours se présenter volontairement devant le juge de paix pour s'entendre sur ce qui les divise. Mais la loi, dans les cas ordinaires, ne se contente pas de permettre et de favoriser ces arrangements ; elle exige que les parties tentent de se concilier au bureau de paix, et pour les y forcer elle prescrit aux tribunaux de ne recevoir leurs demandes qu'autant que le préliminaire a eu lieu.

Cependant, pour que la loi en fasse une obligation absolue, il faut : 1° que la demande soit *principale*, c'est-à-dire fasse le fond du procès, et ne soit pas seulement un accident sur lequel il importerait peu de s'accorder, si la question de fond restait à résoudre ; 2° que la demande soit *introductive d'instance*, c'est-à-dire qu'elle n'ait pas été formée à l'occasion d'une demande déjà pendante. Toutefois, si la loi veut empêcher les procès, elle redoute un autre écueil, c'est d'entraver le cours de la justice par des formalités et des préliminaires inutiles. En conséquence, elle dispense de l'appel en conciliation toutes les fois que la cause requiert célérité ou présente peu de chances d'accord; telles sont les demandes en intervention et en garantie, les demandes de mise en liberté, main-levée de saisie ou opposition, payement de loyer, fermage, etc., les demandes contre plus de deux parties. Quelques autres exceptions à la règle générale découlent de ce principe que pour se concilier il faut que les parties soient capables de transiger, et que le différend puisse devenir la matière d'une transaction. Ainsi, sont dispensées du préliminaire de conciliation les demandes qui intéressent l'État, le domaine, les communes, les établissements publics, les mineurs, les interdits, les curateurs aux successions vacantes, etc.

Les demandes en séparation de corps sont dispensées du préliminaire de conciliation. L'épreuve de la conciliation devant le président du tribunal remplace dans cette matière la citation en conciliation au bureau de paix.

Le défendeur doit toujours être cité devant le juge de paix de son domicile. En matière de société, c'est devant le juge de paix du lieu où elle est établie; et en matière de succession, dans la plupart des cas, devant le juge du lieu où elle est ouverte. Du reste, la loi n'impose pas nécessairement le juge de paix qu'elle indique. Il dépendra toujours des parties de se présenter volontairement devant un autre juge.

Les parties doivent comparaître en personne, ou, en cas d'empêchement, par l'entremise d'un fondé de pouvoir. Si l'une d'elles ne comparait pas, il en est fait mention sur le registre et sur la citation. Elle encourt une amende de 10 francs. Bien que la comparution volontaire des parties évite les frais de citation, la citation est toujours nécessaire pour justifier plus tard de l'appel en conciliation; c'est dire que la conciliation n'est pas autant sans frais qu'on le pense.

Les effets de la citation, indépendamment des résultats de la comparution, sont: 1° d'interrompre la prescription; 2° de faire courir les intérêts à dater du jour de la citation, pourvu que la demande soit formée dans le mois qui suivra la non-comparution ou non-conciliation. Si on laissait écouler ce délai, la citation devrait être réitérée.

Une fois les parties devant le juge de paix, il fallait leur laisser toute la liberté, toute la sécurité d'une discussion de famille. Aussi le demandeur peut-il augmenter, expliquer sa demande, et le défendeur former celles qu'il juge convenables. Si la transaction ne se parfait pas, il n'y a rien qui lie les parties, ni dans leurs demandes, ni dans leurs réponses. Le refus de prêter un serment déféré ne devient pas même un commencement de preuve devant le tribunal civil, devant lequel il sera toujours temps de le prêter. Si les parties ne s'accordent pas, s'il les eût exposées à voir retarder leurs dires respectifs et les détails de leurs discussions. Si les parties se concilient, le procès-verbal contiendra les conditions de l'arrangement, et les conventions insérées auront force d'obligation privée. La loi n'a pas voulu donner à cet acte force exécutoire comme aux actes authentiques, pour empêcher les juges de paix et leurs greffiers d'anticiper sur les fonctions des notaires. Mais il dépendra des parties de donner cette force au procès-verbal, en demandant, d'un commun accord, jugement de leur transaction, soit en premier ressort, soit à charge d'appel.

CONCINI (CONCINO). *Voyez* ANCRE.

CONCISION (du latin *concisio*, formé de *concidere*, couper, tailler). Le meilleur moyen de se faire lire ou écouter avec faveur, c'est de dire beaucoup de choses en peu de mots, c'est d'être *concis*. La concision est l'une des plus précieuses, des plus rares qualités du style, et peut-être aussi l'une des plus difficiles à acquérir; car elle exige beaucoup d'habitude d'écrire, beaucoup d'ordre et de netteté dans les idées, une grande aptitude à trouver le mot propre, et surtout un goût assez éclairé pour savoir sacrifier à propos les ornements et les fleurs du langage à cette économie de paroles, si souvent nécessaire lorsqu'on est pressé de convaincre et de persuader. On peut dire que la concision est le dernier progrès auquel tout écrivain doit aspirer. Le désir excessif d'être clair, d'être complet, de paraître abondant et riche, rend quelquefois le style lâche et diffus; rien n'altère et n'affaiblit davantage la force et l'éclat des idées. Les langues anciennes, moins hérissées que la nôtre de conjonctions et de particules, plus propres aux ellipses et aux sous-entendus, se prêtaient mieux à la concision. Tacite nous en offre un exemple frappant. Nul écrivain ne se montre à la fois plus concis et plus énergique dans ses peintures. Cependant Montaigne reproche à Cicéron le défaut contraire.

En résumé, la concision consiste à éviter les tours traînants, les mots parasites et les phrases incidentes, à éloigner du discours tous les détails inutiles et toutes les idées qui ne vont pas directement au but que s'est proposé l'écrivain ou l'orateur.

L'énergie du langage résulte le plus souvent d'un tour concis, qui fait ressortir la pensée avec plus de force et d'éclat; tel est ce vers des *Templiers*, par Raynouard.

On les égorgea tous..., Sire, ils étaient trois mille.

Sur le champ de bataille de Rocroi, le grand Condé interrogeant un officier espagnol sur le nombre des fantassins ennemis, celui-ci répondit, en montrant la terre, jonchée de cadavres : « Comptez! ils y sont tous. »

Il ne faut pas confondre la concision avec la brièveté et la précision, quoique ces trois qualités du style ne soient que des nuances d'une idée commune; être *bref*, c'est parler peu; être *précis*, c'est ne rien dire de superflu; être *concis*, c'est dire beaucoup en peu de mots.

L'écueil de la concision est l'obscurité. Boileau l'a dit :

J'évite d'être long, et je deviens obscur.

En effet l'absence des transitions qu'on évite quelquefois d'indiquer laisse alors un vide dans le raisonnement, et nuit à la clarté, parce que les rapports d'analogie ou d'opposition des idées entre elles ne se font plus sentir suffisamment à l'esprit.

Auguste Husson.

CONCITOYEN, citoyen de la même ville, du même État qu'un autre, à la différence du *compatriote*, qui est celui qui a la même patrie, qui est du même pays qu'un autre. Il ne peut donc y avoir de *concitoyens* que dans les pays libres, puisque pour être *concitoyens* il faut jouir en commun de certains droits politiques. Ainsi on dira qu'un député a été honoré du suffrage de ses concitoyens; les maires ne sont plus élus par leurs concitoyens, ce qui ne doit pas les empêcher de défendre leurs droits. On peut être habitants de la même ville, sans être *concitoyens*, si l'on n'y exerce pas les mêmes droits civils et politiques; et l'on peut être *concitoyens*, sans être compatriotes : telle est la position des étrangers qui se sont fait naturaliser.

CONCLAMATION (en latin *conclamatio*, fait de *clamare*, crier), proprement : cri, clameur, voix de plusieurs personnes ensemble. Les anciens appelaient de ce nom une cérémonie pratiquée lorsqu'il mourait quelqu'un, laquelle consistait à annoncer le décès au son du cor ou de la trompette pendant huit jours consécutifs. Le bénédictin Dom Jacques Martin dit que la *conclamation* était le premier devoir que les Romains rendaient aux morts, que l'origine de son usage remontait au delà de la fondation de Rome, que c'était de toutes leurs cérémonies la plus généralement et la plus religieusement observée, puisqu'elle ne s'est éteinte qu'avec le paganisme; que c'était enfin une cérémonie purement civile, qui ne faisait point partie de leur religion. Kirchmann ajoute qu'on appelait à grands cris le mort par son nom, avant de brûler le cadavre, pour arrêter l'âme fugitive, ou la réveiller, si elle était cachée dans le corps qui ne donnait plus signe de vie.

Conclamation se disait aussi du signal qu'on donnait aux soldats romains pour plier bagage et décamper, d'où l'on fit l'expression *conclamare vasa*. *Conclamare ad arma*, au contraire, était, d'après Tite-Live, le signal de se tenir prêt à combattre. Les soldats répondaient par des cris à cette conclamation.   Edme Héreau.

CONCLAVE (du latin *conclave*, chambre, *cum clave*, avec une clef, ce qui est mis sous clef). Ce nom, donné au lieu où se réunissent les cardinaux pour l'élection du pape, désigne aussi, par extension, l'assemblée elle-même. Dans l'origine, l'élection des papes, comme celle des évêques, se faisait publiquement et en toute liberté par le peuple et le clergé réunis; mais pour que ce mode subsistât sans abus il eût fallu que les cinq premiers siècles de l'Église se perpétuassent avec la modestie et la charité des premiers chrétiens. En se réservant le droit d'élection, le clergé ne put se mettre à l'abri des intrigues de l'ambition et des passions de la multitude; il ne put même conserver son indépendance. On vit plus d'une fois les empereurs, foulant aux pieds la liberté des suffrages, imposer à l'Église des pontifes de leur bon plaisir. Le droit d'élire les papes resta longtemps un objet de discussion entre les empereurs grecs et le clergé romain. Charlemagne avait conquis ce droit avec le protectorat de l'Occident. Toute la politique des papes tendit à le lui enlever, et la piété de Louis le Débonnaire servit encore les desseins du saint-siége. Ce prince ayant renoncé volontairement à sa prérogative, l'élection des papes retourna un instant au clergé et au peuple romain, pour passer sans retour aux cardinaux. Dans un concile tenu à Rome en 1059, le pape Nicolas II décida qu'eux seuls traiteraient de l'élection des papes, et que le reste du clergé et du peuple donnerait son consentement à leur choix. Ce droit de confirmation, revendiqué pendant quelque temps par les empereurs, fut même retiré au clergé et au peuple par Alexandre III, qui établit en 1179, dans le concile de Latran, qu'une majorité formée des deux tiers des cardinaux nommerait exclusivement le pape. Enfin, après la mort de Clément IV, en 1258, les cardinaux ne pouvant s'accorder sur le choix d'un candidat, le saint-siège resta vacant pendant plus de deux ans. Pour faire cesser cet interrègne, le podestat de Viterbe les tint enfermés dans un palais jusqu'à ce que l'élection fût terminée; les cardinaux élurent alors Grégoire X, et ce pontife, en instituant le conclave, établit avec plus de précision les formalités qui depuis ont toujours été suivies pour l'élection des papes. Mais cette disposition ne fut pas toujours strictement observée, car, environ quarante-cinq ans après, Jacques d'Ossa, depuis Jean XXIII, fut obligé, après plus de deux ans de contestations, d'enfermer les cardinaux dans un couvent, et de leur signifier, à leur grande surprise, qu'ils n'en sortiraient pas avant l'élection du pape.

Lorsque la cloche du Capitole a annoncé la mort du souverain pontife, le cardinal camerlingue se rend auprès du défunt, avec les membres de la chambre apostolique. Après avoir reconnu le corps, il reçoit l'anneau du pêcheur, et le rompt, parce que l'expédition des bulles cesse pendant la vacance du saint-siége. D'un autre côté, le doyen du sacré collége convoque les deux autres cardinaux chefs d'ordre (les plus anciens de l'ordre des prêtres et de celui des diacres) pour prendre avec eux les rênes du gouvernement et confirmer ou révoquer les officiers nommés par le pape. Pendant les neuf jours que durent les obsèques d'un pontife, les cardinaux se réunissent en congrégations générales : là ils jurent d'observer les constitutions pontificales sur le conclave, désignent le lieu où ils doivent le tenir, chargent trois d'entre eux d'en diriger les préparatifs et reçoivent les ambassadeurs des puissances qui viennent exprimer leurs regrets sur la mort du pape. Le lendemain des obsèques, tous les cardinaux se rendent processionnellement au lieu qu'ils ont choisi, accompagnés chacun de deux ou trois *conclavistes*, ecclésiastiques désignés par eux et agréés par le collége pour les servir. Ils renouvellent le serment de se conformer aux bulles apostoliques sur l'élection, serment qui est répété par tous les officiers du conclave; ils se rendent ensuite dans les cellules qui leur ont été assignées par le sort; ils y reçoivent individuellement les félicitations du corps diplomatique, puis, au signal donné, tous les étrangers se retirent, le conclave est fermé. De ce moment plus de communication avec le dehors; la clôture la plus sévère est prescrite; la nourriture même, qui est apportée du dehors, est introduite par des tours et servie à chaque cardinal dans sa cellule, où personne ne peut entrer que ses conclavistes, qui remplissent à la fois auprès de lui les fonctions de secrétaires et de domestiques. Pendant la durée du conclave, les ambassadeurs viennent présenter leurs lettres de créance au sacré collége, les cardinaux chefs d'ordre les reçoivent à la grille, à moins qu'ils n'apportent, au nom de leur cour, l'exclusion de quelque prétendant : ils sont alors introduits dans le conclave et reçus par le corps entier des cardinaux.

Les électeurs se réunissent deux fois par jour pour procéder aux opérations du serment. Chaque cardinal écrit lui-même, sur un premier pli de son bulletin, son nom, qu'il cache soigneusement; sur un second pli, il fait écrire par son conclaviste le nom de celui auquel il donne sa voix; puis, sur un troisième, une devise qu'il a adoptée. Les bulletins ainsi pliés sont déposés dans un calice et dépouillés par deux scrutateurs. Après le scrutin, ils sont jetés au feu, afin que l'élu ne puisse connaître ceux qui auraient pu lui être contraires. Il s'ensuit que les premiers tours ne servent à autre chose qu'à faire connaître les candidats qui ont le plus de voix. C'est alors que les *factions* se donnent le plus de mouvement pour assurer l'élection de celui qu'elles ont en vue. Ce mot *faction* est consacré par l'usage pour désigner le parti de tel ou tel cardinal. Lorsque la voie du scrutin paraît faire traîner l'élection en longueur, on a recours à un autre mode, que l'on appelle *per accessum*, et qui n'est qu'une sorte de ballottage entre ceux qui réunissent le plus de voix; les cardinaux ne peuvent plus alors voter en faveur de celui qu'ils portaient auparavant. Quelquefois on procède par acclamation : un des chefs de parti proclame le nom d'un cardinal; si ce nom semble être accueilli en leur faveur, tous s'empressent d'y donner leur adhésion, de peur d'encourir la disgrâce de celui qui serait élu malgré eux. Il y a des exemples de papes qui se sont proposés eux-mêmes, comme Jean XXII. Enfin, quand les deux tiers des suffrages se sont réunis sur le même cardinal, on s'assure de son consentement; il indique le nom qu'il veut prendre; on dresse le procès-verbal de l'élection; le premier diacre le fait connaître au peuple; et le canon du château Saint-Ange en répand la nouvelle dans toute la ville. En même temps l'élu, revêtu des habits pontificaux, est porté dans la chapelle du conclave pour y recevoir la première *adoration* (sorte d'hommage que lui rendent les cardinaux); il reçoit la seconde dans la chapelle sixtine, et la troisième sur l'autel de Saint-Pierre. Le couronnement du pape comme chef temporel des États-Romains n'a lieu que plusieurs jours après.

L'abbé C. Bandeville.

CONCLUSION (en latin *conclusio*, de *concludere*, fermer, terminer). C'est la fin d'une affaire, d'une délibération. C'est encore la conséquence que l'on tire de quelque raisonnement, et surtout d'un argument en forme : la dernière partie d'un syllogisme.

La dernière partie d'un discours se nomme également *conclusion*. Elle comprend elle-même deux parties, ou pour mieux dire elle a deux sortes de fonctions : la première consiste à faire une courte récapitulation des principales preuves, la seconde consiste à exciter dans l'âme des juges ou des auditeurs les sentiments qui peuvent conduire à la persuasion. La première partie demande beaucoup de précision, d'adresse et de discernement pour ne dire que ce qu'il faut, et pour rappeler en peu de mots et par des tours variés l'essentiel et la substance des preuves qu'on a déployées dans le discours. Mais l'éloquence réserve sa plus grande force pour la seconde partie : c'est par le secours du pathétique qu'elle domine et qu'elle triomphe.

CONCLUSIONS (*Droit*). On appelle ainsi l'exposé sommaire des demandes et des prétentions qu'on forme contre une partie adverse, et dont on réclame l'adjudication en justice.

Les conclusions ne peuvent pas être présentées oralement : elles doivent toujours être écrites, rédigées d'une manière succincte et précise, et signées par les avoués. Elles doivent précéder les plaidoiries; cependant, les parties peuvent par des *conclusions additionnelles* faire des modifications aux conclusions déjà prises, sans toutefois changer la nature de la demande; car pour cela, il faudrait introduire une nouvelle instance et commencer une nouvelle procédure.

Les conclusions sont *principales* quand elles ont pour objet le fond même du procès; *exceptionnelles* quand le défendeur réclame une mesure préjudicielle ou incidente, comme la nullité d'une citation, ou une déclaration d'incompétence; *subsidiaires* lorsqu'elles viennent à l'appui des conclusions principales, pour les compléter ou les remplacer dans le cas où celles ci ne seraient pas admises par le tribunal; *motivées*, c'est-à-dire indiquant les divers moyens de la demande, lorsqu'elles sont destinées à tenir lieu de requêtes dans les affaires qui doivent être jugées sommairement et à peu de frais.

On appelle aussi *conclusions* l'opinion émise à l'audience par le ministère public dans les causes où il porte la parole. Mais ici cette expression ne s'emploie qu'en matière civile; en matière criminelle les conclusions du ministère public prennent le nom de *réquisitoire*. Aug. Husson.

CONCOMBRE, plante annuelle de la famille des cucurbitacées; on la croit originaire des Indes. On en cultive plusieurs espèces, qui ne sont, à proprement parler, que des variétés du *cucumis sativus* ou *concombre ordinaire*, savoir : le *concombre jaune*, de moyenne grosseur, long et très-productif, mais que sa chair, d'un blanc moins pur que celle du *concombre de Bonneuil*, fait quelquefois négliger, surtout depuis que le concombre blanc a pris une faveur marquée dans la composition de la *pommade de concombre*; le *concombre blanc hâtif* et le *concombre jaune hâtif*, moyens et propres aux cultures sous verre; le *concombre blanc de Bonneuil*, le plus gros de tous; le *concombre blanc de Hollande*, moins gros et propre aux cultures sous châssis; le *petit concombre vert*, dit *cornichon*, très-petit, toujours vert, race ou espèce jardinière, spécialement employée à faire des cornichons, qui portent le nom de *cornichons de Paris*, parce que les cultivateurs de cette ville sont encore les seuls qui aient l'art de maintenir cette sous-variété du concombre dans les limites et la couleur verte propre et caractéristique du petit cornichon vert, tandis qu'ailleurs il dégénère en peu d'années; le *concombre blanc*, le plus petit et le plus hâtif de tous, se cultivant dans les serres; le *concombre serpent*, dont le fruit, flexible et très-long (il a quelquefois plus d'un mètre), se confit comme les cornichons. On cultive encore avec succès le *concombre à angles tranchants*, dont le fruit, connu sous le nom de *papangaie* ou *paponge*, est bon à cru et d'une odeur agréable; le *concombre d'Égypte*, le *concombre de Perse* et le *concombre d'Amérique*, dont les fruits alimentaires, dans toutes les espèces, augmentent les richesses du jardin potager. On fait des cornichons avec les jeunes fruits de tous les concombres, soit blancs, soit jaunes; mais ils ne sont jamais aussi verts que ceux de la variété dite *concombre à cornichon* que nous avons signalée plus haut.

Tous les concombres se multiplient de graines. Ils doivent être semés et replantés sur couches, et pour les avoir beaux on doit les tailler un peu, mais avec moins de sévérité que les melons. Quant aux cornichons, on les sème plus tard, et on ne les taille pas, afin qu'ils se fatiguent et donnent les plus petits fruits possible. En France, on attache beaucoup d'intérêt aux cultures séparées des divers concombres, parce que ces fruits ne s'y consomment guère que cuits ou sous la forme de cornichon; mais dans le Midi et dans le Nord il se fait une immense consommation de tous les concombres indistinctement, pour être employés crus en salade, seuls dans le Nord, et joints dans le Midi aux fruits des nombreuses variétés d'aubergine et de piment, et surtout des piments jaunes et rouges. C. Tollard aîné.

Le suc et la pulpe de concombre jouissent d'une propriété sédative assez prononcée pour qu'on ait cru devoir les employer, le premier en potion dans certaines affections dartreuses bénignes, le second sous forme de cataplasme pour calmer l'irritation ou mieux l'inflammation des narines, des paupières et des lèvres. Les semences de concombre font partie des *quatre semences froides*; à défaut d'amandes douces, elles peuvent être employées pour faire des émollients.

CONCOMITANCE (du latin *cum*, avec, et *comitari*, accompagner). On donne ce nom, en philosophie, à la réunion de deux phénomènes dont l'un accompagne l'autre en un même point de l'espace. Cette expression, souvent confondue avec le mot *simultanéité*, en diffère sous deux principaux rapports : 1° la *simultanéité* est l'état de deux choses qui existent *dans un même temps*, et non pas *dans un même point* de l'espace; 2° la simultanéité implique plus de force active et intelligente dans les deux agents qui se produisent en un même temps, et la concomitance plus de passivité.

Dans l'église catholique romaine, ce mot désigne la coexistence indivise du corps et du sang de Jésus-Christ sous chacune des espèces dans le sacrement de l'eucharistie. Pour justifier la privation du calice aux fidèles, les scolastiques, notamment saint Thomas d'Aquin et saint Bonaventure, émirent le principe que le sang de Jésus-Christ se trouve déjà en soi et naturellement dans son corps, et que dès lors il est reçu par les laïques en même temps dans le pain.

En théologie, on nomme encore *grâce concomitante* celle que Dieu nous envoie dans le cours de nos actions pour les rendre méritoires.

CONCORDANCE (en latin *concordantia*), manière ou action de faire *accorder* plusieurs choses entre elles. La concordance des deux calendriers Julien et Grégorien s'obtient en ajoutant un certain nombre de jours au quantième du mois. La concordance des traits, des mœurs, des usages, des cultes de deux ou plusieurs peuples, est une preuve qu'ils ont une origine commune.

En termes de grammaire, la concordance est la manière d'accorder les mots les uns avec les autres suivant les règles de chaque langue. Les grammairiens distinguent plusieurs sortes de concordances : 1° la *concordance*, ou l'accord de l'adjectif avec son substantif : *Deus sanctus*, Dieu saint; *sancta Maria*, sainte Marie. 2° Du relatif avec l'antécédent : *Deus quem adoramus*, Dieu ou le Dieu que nous adorons. 3° Du nominatif avec son verbe : *Petrus legit*, Pierre lit; *Petrus et Paulus legunt*, Pierre et Paul lisent. 4° Du responsif avec l'interrogatif, ou de la réponse avec la demande : *D. Quis te redemit*, qui t'a racheté? *R. Christus*, le Christ. A ces concordances, il convient, pour la langue latine, d'en ajouter une autre, celle de l'accusatif avec l'infinitif : *Credo*

Petrum esse doctum, je crois que Pierre est savant.

En littérature, on a donné le nom de *concordance* à une sorte de table alphabétique, renvoyant à tous les passages d'un livre où un mot est employé. La plus importante est la *Concordance de la Bible* (voyez l'article suivant). On possède également une concordance des œuvres de Pothier avec le Code.

CONCORDANCE DE LA BIBLE (*Concordantiæ Bibliorum sacrorum*), ouvrage dans lequel sont classés par ordre alphabétique tous les mots de la Bible. Ce travail a dû nécessiter une longue patience et la collaboration d'un grand nombre de personnes. Un des premiers auteurs de concordances latines (car on ignore par qui elles ont commencé), est saint Antoine de Padoue. Celui qui après lui s'acquit le plus de renommée en ce genre est le cardinal Hugues de Saint-Cher, qui, dans le couvent de Saint-Jacques-la-Boucherie, employa, dit-on, à ce travail plus de cinq cents moines, auxquels il distribuait des portions de la Bible pour en compulser et en classer les mots. De 1262, date de sa mort, jusqu'en 1838, de toutes les concordances, la sienne a été le plus en usage. Le second qui s'appliqua avec un certain succès à cette œuvre de patience fut un religieux franciscain, nommé Arlot, qui vivait vers 1290. Presque en même temps florissait un autre auteur de concordance, le dominicain Conrad d'Halberstadt, professeur de théologie, qui ajouta à celle de Hugues de Saint-Cher les mots indéclinables. On attribue à ces deux derniers la division de la Bible en chapitres et versets. Le cinquième fut, en 1430, un chanoine de Tolède, docteur en théologie, appelé Jean de Ségovie; et le sixième, Jean de Zamora, qui en publia une à Rome en 1627.

Néanmoins, toutes ces concordances, rédigées par des hommes pieux et savants, étaient loin d'être parfaites; elles renfermaient beaucoup d'irrégularités. Un trop petit nombre de mots composaient les citations, et l'on se rebutait souvent à chercher un texte qu'on ne découvrait qu'après en avoir vérifié plusieurs. Les noms propres étaient confondus, n'ayant été enregistrés qu'à mesure qu'on les rencontrait dans la Bible, où il y a souvent jusqu'à plus de vingt personnages qui ont porté le même nom. Il en est de même pour beaucoup de localités. Enfin, plus de 60,000 mots de la Bible ne se trouvaient pas dans toutes ces concordances. C'est ce qu'a senti un homme laborieux, doué d'une patience bénédictine, qui, dans ses études théologiques et ses travaux d'exégèse, avait eu maintes fois à déplorer les imperfections, M. F.-P. Dutripon, qui, après avoir communiqué son plan à M. de Quélen, archevêque de Paris, a publié en 1838 une nouvelle concordance, sous le titre de *Concordantiæ Bibliorum sacrorum Vulgatæ editionis*, etc., etc.

CONCORDANT (*Musique*). Cette espèce de voix, plus souvent appelée *baryton*, était ainsi nommée parce que, formée des sons graves du ténor et des sons aigus de la basse, elle semble être la réunion de ces deux voix.

CONCORDANTS (Vers). Les poètes et les musiciens appellent ainsi les vers qui ont plusieurs mots communs, et qui cependant présentent un sens opposé ou différent, par suite d'autres mots contraires; tel est ce vers latin :

Et { canis / lupus } in silvis { venator / nutritur } et omnia { servat / vastat }

ou ces vers de nos vaudevilles ou opéras-comiques :

De fureur / De bonheur } je sens mon cœur battre.

C'est avec des vers concordants que l'on compose ordinairement les parties d'ensemble des duos, trios, etc. :

Dieu puissant que j'implore
Seconde mon { dessein.
Seconde son
Renverse leur

Non, plus d'alarmes
Sèche tes { larmes.
Séchons nos

Cependant nos vaudevillistes ont pris l'habitude de faire des ensembles avec des vers qui concordent souvent très-peu; comme ceux-ci de M. Scribe :

Ah je renais à l'espérance.
Rendons honneur à sa vaillance
Que la fureur et la vengeance
Le ciel { me ramène en tes } bras
       { a protégé son
Pour le punir arment nos
D'aujourd'hui mon bonheur commence,
Cher écrin ma seule espérance,
Son sang expiera son offense,
Pour moi quel moment plein d'appas !
Ah ! tu ne me quitteras pas !
Oui, je jure ici son trépas !

Autant vaudrait faire chanter à chaque personnage un couplet à part. C'est ce qu'on a fait en composant des ensembles dont les vers n'ont pas même une consonnance commune. Il est vrai que le public n'a rien à entendre à ces choses-là.

CONCORDAT. On désignait ainsi, dans l'origine, les conventions qui réglaient les difficultés et les droits respectifs entre des évêques, des abbés, des supérieurs de couvent et des monastères ou des communautés religieuses. Le double abus de la puissance sacerdotale et de la puissance séculière a donné naissance à des pactes entre ces deux autorités, connus, depuis le douzième siècle, sous cette dénomination de *concordats*. Dans les premiers siècles de l'Église, les évêques étaient élus par le peuple et par le clergé; les militaires mêmes prenaient part à l'élection. Ainsi furent élevés à l'épiscopat les saint Cyprien, les saint Cyrille, les saint Jean Chrysostôme, les Augustin, les Ambroise. L'élu était reconnu, comme l'institution canonique fut donnée depuis, par le pontife qui présidait à la *mère-église*, ou à la métropolitaine. Malgré les querelles nées des dissensions sur le dogme, l'Église chrétienne prospéra sous ce régime, et donna au monde ce grand nombre de pasteurs si justement honorés pour leurs vertus et leurs lumières, ces *Pères de l'Église*, dont les écrits sont encore aujourd'hui la source de l'instruction la plus pure pour les fidèles. La foi catholique ou universelle, les usages d'une sage discipline, étaient maintenus dans les diocèses, par de pieux évêques, et dans le monde chrétien par les réunions de ces vénérables pontifes en conciles généraux. Telle fut longtemps en *fait* et telle est encore en *droit* la constitution de l'Église chrétienne : c'est cette grande charte évangélique, donnée par les Apôtres, qu'ont toujours invoquée les chrétiens éclairés et les successeurs de l'antique discipline, dans les divers pays catholiques; mais c'est surtout en France que l'élite du clergé, l'ancienne magistrature et la généralité de la nation, en ont constamment revendiqué les bienfaits, en défendant les *libertés de l'Église gallicane*. Ces libertés en effet ne faisaient que consacrer les croyances, les maximes et les usages admis de tout temps par la catholicité; et les atteintes portées à cet ordre antique par une continuité d'usurpations, de fraudes et d'abus, quel qu'en ait été le succès, n'ont jamais pu prescrire contre le droit. La persévérance dans cette voie d'égarement n'a fait que diviser l'univers catholique en deux peuples de croyants, toujours en dissidence, l'un professant le catholicisme véritable, celui des premiers siècles, des Pères de l'Église et des anciens conciles, l'autre se laissant aveugler par les déceptions, les erreurs et les préjugés de l'ultramontanisme. Ce sont ces préjugés, créés et entretenus par une ambition sans frein et sans bornes, qui ont renversé l'ancienne constitution de l'Église catholique et apostolique, pour élever sur ses ruines un pouvoir arbitraire et illimité.

Une hiérarchie naturelle avait d'abord subordonné les églises nouvelles à celles que les Apôtres et leurs premiers disciples avaient fondées, puis les églises d'une même province à l'église métropolitaine, et enfin celles de plusieurs provinces à un patriarche ou à un primat. Mais cette subordination, née du besoin d'une commune discipline, était surtout un témoignage de déférence et de respect, soit pour les églises des villes où le christianisme avait pris son origine, soit pour les capitales et les grandes cités de l'empire. Le titre de *primat* et même celui de *patriarche* n'étaient au vrai, et hors du siège épiscopal, qu'une prérogative honorifique, et ne constituait point un degré de juridiction spirituelle imposée canoniquement aux autres évêques. En droit, la suprématie n'a jamais résidé que dans l'*Église universelle* ou catholique, représentée par les conciles généraux libres. Ainsi, l'église de Jérusalem, théâtre de la prédication et des souffrances du Christ fut pendant plusieurs siècles reconnue à juste titre comme la mère de toutes les églises. Ainsi, les patriarches d'Antioche, de Constantinople, d'Alexandrie, et ensuite l'évêque de Rome, recevaient de la vénération des fidèles un plus ample tribut d'hommages.

Ce qui altéra cette belle simplicité de l'ordre primitif, après que Constantin eut placé la religion du Christ sur le trône, ce fut la piété inconsidérée, et bientôt l'imprudente intervention des empereurs dans les querelles sur le dogme et dans l'élection des évêques. Les largesses indiscrètes des chefs de l'empire éveillèrent la cupidité et l'ambition. Leur partialité pour les hommes, des prétentions et des opinions, ouvrit la porte à tous les abus; ils oublièrent que le seul devoir du pouvoir séculier est de maintenir la paix publique, et qu'en tout ce qui concerne la religion, l'exercice de cette autorité modératrice est leur unique mission. L'œuvre de destruction de la constitution et de la discipline catholique, tentée plusieurs fois avant la chute des Mérovingiens, fut commencée par l'accord conclu entre deux ambitions, promptes à comprendre que leur mutuel appui elles domineraient l'Europe. Tel fut en effet le but du pacte formé par les deux fondateurs de la dynastie carlovingienne, Pepin et Charlemagne, avec les pontifes romains Zacharie, Étienne III, Adrien Ier et Léon III. Les chefs des Francs donnèrent des provinces et s'engagèrent à faire reconnaître la suprématie de Rome partout où s'étendraient leurs armes. En retour, les pontifes assurèrent aux nouveaux monarques l'appui de la verge ou plutôt du sacerdoce. Ce fut la première application sur un grande échelle du trop fameux : *copulemus gladium gladio.* Pepin fut consacré par l'onction sainte, avec toutes les cérémonies de l'Église. Après lui, Charles, reconnu empereur d'Occident par un évêque jusque alors soumis au sceptre de Byzance, put, à l'abri de cette dignité suprême, faire sentir avec une force nouvelle le poids de la verge qu'il étendait sur les peuples des Gaules, de l'Allemagne et de l'Italie. On peut appliquer à ce premier concordat, tenu secret par les contractants, mais trop clairement révélé par les faits, ce qui a été dit, avec juste raison, de presque tous les autres, à commencer par le célèbre pacte de 1516 : le pontife et le prince se donnèrent mutuellement ce qui ne leur appartenait pas. A quel titre en effet le pontife romain, sujet de l'empereur d'Orient, disposait-il de l'empire d'Occident, et en vertu de quel droit le roi des Francs s'immisçait-il dans la constitution et la discipline du catholicisme?

Cette œuvre d'une suprématie arbitraire décernée à la cour de Rome, croyance fondamentale et caractéristique de l'ultramontanisme, et qui le sépare radicalement du catholicisme, cette œuvre, contraire à l'esprit ainsi qu'à la lettre de l'Évangile, réprouvée d'avance par tout ce que l'Église a eu de plus saint, et formellement repoussée par le pape saint Grégoire le Grand, fut continuée, à l'aide des fausses décrétales qu'avait compilées le moine Gratien, consommée par les audacieuses usurpations des Grégoire VII, des Innocent III et des Boniface VIII, vigoureusement soutenue par les intrigues et les criminelles manœuvres de toute la milice ultramontaine, enrégimentée en congrégations monastiques et laïques, à la tête desquelles ont toujours figuré les disciples de Loyola, et maintenue finalement par le fameux concile de Trente. Mais des protestations et des actes énergiques de l'autorité séculaire, appuyée constamment par la partie saine du clergé, des décrets de conciles généraux libres, n'ont pas cessé de réclamer hautement contre les usurpations et les abus. Les vrais principes et la discipline du catholicisme, consacrés par les conciles de Constance et de Bâle, ont fondé presque jusqu'à nos jours le droit de notre Église, proclamé par les *pragmatiques sanctions* de saint Louis (1268), et de Charles VII (1439). Quant au concile de Trente, jamais la discipline n'en a été reçue parmi nous, et on lui conteste à bon droit le titre de concile œcuménique ou général; d'abord, parce que l'Église d'Orient n'y fut pas représentée, ensuite, et surtout, parce qu'il ne fut pas libre, et que la foule des prélats italiens, livrés à la cour de Rome, y étouffa la voix des autres évêques. Ce rappel des faits capitaux et des principes, dont l'exposé trop fidèle est confirmé par les aveux d'un savant et judicieux historien (l'abbé Fleury, *Discours sur l'histoire ecclésiastique*), était nécessaire pour faire apprécier les *concordats*.

Les exactions de la cour de Rome, l'abus des impôts qu'elle prélevait sur l'ignorance et la superstition, sous les dénominations d'*annates*, de *réserves*, d'*expectatives*, etc.; le tort immense que causaient aux peuples ces perceptions, en faisant sortir de chaque pays des sommes énormes, avaient provoqué les *pragmatiques sanctions* du pieux Louis IX et de Charles VII. Pour colorer les taxes romaines, il avait fallu usurper la juridiction. De là l'élection des évêques enlevée aux peuples pour la donner d'abord aux chapitres de chanoines, ensuite aux princes laïcs, dont on espérait tirer un meilleur parti; de là l'invention de l'institution canonique au treizième siècle, bientôt ravie aux métropolitains pour en faire l'attribution exclusive de la cour de Rome. On atteignait ainsi un double but : on s'assurait une ample moisson de tributs, et en courbant tous les évêques sous le joug, en se réservant le pouvoir de délivrer ou de refuser à volonté les bulles d'institution, on se ménageait une influence immense sur l'ordre intérieur des États, au moyen de légats perpétuels et dévoués. Les pragmatiques, en restituant l'élection des évêques au peuple ou au clergé local, et la reconnaissance de ces pontifes ou l'institution canonique aux métropolitains, mettaient un terme à ce double abus. On sent combien de sages édits devaient être odieux à la cour romaine. Aussi ne cessait-elle pas d'en solliciter la révocation. Louis XI, trompé par le cardinal de La Balue, l'avait prononcée, malgré les vives réclamations de ses parlements. Mais il s'était éclairé, et les pragmatiques reprenaient leur ascendant, grâce à la vigueur de la magistrature. Ce fut en 1516 qu'un concordat *entre un mauvais pape et un mauvais roi*, comme l'a dit un historien, porta la plus rude atteinte au droit catholique et gallican. Incité par le chancelier Duprat, ce chef corrompu de la justice, François Ier, déjà trop enclin à toute mesure despotique, partagea avec Léon X les privilèges qui n'appartenaient qu'aux Églises chrétiennes. Le roi se réserva la nomination aux prélatures et aux bénéfices. La confirmation par les bulles, ou l'**institution canonique**, fut abandonnée au pape, avec d'amples tributs. Cependant, les pragmatiques ne furent jamais formellement abolies; l'enregistrement n'eut lieu en parlement que du *très-exprès commandement du roi*, protestation qui, suivant la jurisprudence du temps, équivalait à un refus. François Ier avait bien voulu faire au pape une large part dans les contributions de la France; mais il craignait pour son autorité la concurrence redoutable de l'autorité pontificale.

concurrence toujours imminente par le refus facultatif des bulles. Il se conservait donc un recours toujours ouvert aux *pragmatiques*. Les abus révoltants, nés des concessions de prélatures et de bénéfices à des courtisans, des laïcs, des militaires et même à des femmes, firent restituer l'élection aux chapitres par les états d'Orléans, en 1560. Mais quoique les pragmatiques n'aient jamais cessé de constituer le droit gallican, le concordat de 1516 reprit son empire, et les intérêts politiques de quatre cardinaux premiers ministres, Richelieu, Mazarin, Dubois et Fleury, présentèrent aux prétentions de la cour romaine un appui trop constant.

L'Assemblée constituante avait tenté de rendre aux anciens édits une vigueur nouvelle; elle invoquait et s'efforçait de rétablir l'antique puissance du catholicisme par sa constitution civile du clergé. Pour avoir trop entrepris, elle échoua contre les écueils. A l'exemple de Charlemagne, Bonaparte consul s'arrogea le droit de régler les parts entre l'autorité spirituelle de Rome et celle que lui confiait la France. L'élection, base du droit, ne pouvait lui convenir. La convention de 1802 attribuait au pape un pouvoir exorbitant quant à la discipline. Le consul croyait, par la loi organique qui lui réservait la nomination et le salaire des membres du clergé, s'être affranchi de toute dépendance. Le concile national de 1811 put convaincre l'empereur que le consul s'était trompé. Les concordats de 1813 et de 1817 n'ayant point été revêtus d'une sanction légale, nous croyons inutile de nous en occuper. Dans la règle, ce sont toujours la convention et la loi de 1802 qui nous gouvernent.

Parmi les concordats conclus dans les autres pays de l'Europe, nous citerons d'abord ceux qui régissent l'Allemagne : ce sont les conventions de 1122, de 1447 et de 1448. On a remarqué avec raison que la première en date, celle de 1122, conclue entre l'empereur Henri V et le pape Calixte II, était le seul concordat qui ne portât point atteinte au droit fondamental de l'Église catholique, l'élection. C'est que le but principal de cette convention était de régler entre l'empereur et le pape le droit d'investiture féodale. Les papes ont fait dans les dix-huitième et dix-neuvième siècles une foule de concordats qui ne sont autre chose que la reproduction de celui de 1516. On cite, entre autres, celui de 1753 avec le roi d'Espagne; de 1770 avec la Sardaigne; de 1791 avec le roi de Naples; de 1815 avec le grand duc de Toscane; de 1817 avec le roi de Bavière; de 1818 avec le roi de Naples; de 1822 avec le Wurtemberg, Bade, les deux Hesse, Nassau et Francfort; de 1824, 1827, 1828 et 1830 avec la Suisse; de 1827 avec les Pays-Bas, etc. Plus récemment l'Espagne, qui, à l'imitation de la France, s'était emparée des biens du clergé pendant sa révolution, s'est réconciliée avec la cour de Rome au moyen d'un concordat, lequel a rendu au clergé espagnol ses biens non vendus et lui a assuré une rémunération pour ceux qu'il a perdus.

AUBERT DE VITRY.

CONCORDAT (*Droit commercial*). On nomme ainsi l'arrangement qu'un débiteur en faillite, hors d'état de remplir ses obligations, fait avec la masse de ses créanciers. Ce traité ne peut être consenti entre les créanciers délibérants et le débiteur failli qu'après la formation du bilan, l'inventaire, la vérification et l'affirmation des créances. Ce traité ne s'établit que par le concours d'un nombre de créanciers formant la majorité, et représentant en outre les trois quarts de la totalité des créances vérifiées et affirmées, ou admises par provision. Après la vérification et l'affirmation des créances, le propriétaire de plusieurs créances a autant de voix qu'il réunit de créances. Les créanciers hypothécaires inscrits ou dispensés d'inscription, et les créanciers privilégiés ou nantis d'un gage n'ont pas voix dans les opérations relatives au concordat pour lesdites créances; et elles n'y sont comptées que s'ils renoncent à leurs hypothèques, gages ou privilèges. Le vote au concordat emporte de plein droit renonciation. Le concordat doit être, à peine de nullité, signé séance tenante. Cependant on peut consacrer plusieurs séances à l'examen et à la discussion qui précèdent le concordat. S'il est consenti seulement par la majorité en nombre, ou par la majorité des trois quarts en somme, la délibération est remise à huitaine pour tout délai. Dans ce cas les résolutions prises et les adhésions données lors de la première assemblée demeurent sans effet.

Le concordat est interdit dans le cas où le failli a été condamné pour banqueroute frauduleuse. Lorsqu'une instruction de banqueroute frauduleuse a été commencée, les créanciers sont convoqués à l'effet de décider s'ils se réservent de délibérer sur un concordat, en cas d'acquittement, et si, en conséquence, ils surseoient à statuer jusqu'après l'issue des poursuites. Ce sursis ne peut être prononcé qu'à la majorité en nombre des créanciers représentant en outre les trois quarts de la totalité des créances. Si à l'expiration du sursis il y a lieu à délibérer sur le concordat, les nouvelles délibérations se font de la même manière. Si le failli a été condamné comme banqueroutier simple, le concordat peut être formé ; néanmoins, en cas de poursuites commencées, les créanciers peuvent également surseoir à délibérer jusque après l'issue des poursuites.

Tous les créanciers ayant eu droit de concourir au concordat, ou dont les droits ont été reconnus depuis, peuvent y former opposition. L'opposition est motivée et doit être signifiée aux syndics et au failli, à peine de nullité, dans les huit jours qui suivent le concordat ; elle doit contenir assignation à la première audience du tribunal de commerce. Ce délai de huitaine n'est point prorogé en raison des distances ; il court contre les mineurs, les interdits, les femmes mariées. S'il n'a été nommé qu'un seul syndic, et s'il se rend opposant au concordat, il doit provoquer la nomination d'un nouveau syndic, vis-à-vis duquel se poursuit le jugement de l'opposition. Si le jugement de l'opposition est subordonné à la solution de questions étrangères, à raison de la matière, à la compétence du tribunal de commerce, le tribunal doit renvoyer le jugement de la question à qui de droit, et surseoir à prononcer jusque après la décision de cette question. A cet effet, il fixe un bref délai dans lequel le créancier opposant doit saisir les juges compétents et justifier de ses diligences.

Le concordat n'a de force que par l'*homologation*. L'homologation du concordat est poursuivie devant le tribunal de commerce à la requête de la partie la plus diligente. Nul doute que ce droit n'appartienne au failli comme à tout créancier. Le tribunal ne peut statuer avant l'expiration du délai de huitaine. Si pendant ce délai il a été formé des oppositions, le tribunal statue sur ces oppositions et sur l'homologation par un seul jugement. Si l'opposition est admise, l'annulation du concordat est prononcée à l'égard de tous les intéressés. Dans tous les cas, avant qu'il soit statué sur l'homologation, le juge-commissaire fait au tribunal de commerce un rapport sur les caractères de la faillite et l'admissibilité du concordat. Lorsque les règles ci-dessus prescrites n'ont pas été observées, ou lorsque des motifs tirés soit de l'intérêt public, soit de l'intérêt des créanciers, paraissent de nature à empêcher le concordat, le tribunal en refuse l'homologation.

L'homologation du concordat produit différents effets en ce qui touche les créanciers et en ce qui touche le failli. Le premier de ces effets est de rendre le concordat obligatoire pour tous les créanciers portés ou non portés au bilan, vérifiés ou non vérifiés, et même pour les créanciers domiciliés hors du territoire continental de la France, ainsi que pour ceux qui auraient été admis par provision à délibérer, quelle que soit la somme que le jugement définitif leur attribue ultérieurement. L'homologation conserve, en outre, à chacun des créanciers, sur les immeubles du failli, l'hypothèque prise par les syndics aussitôt leur entrée en fonctions; à cet effet les syndics font inscrire une hypothèques le jugement d'homologation, à moins qu'il n'en ait été décidé autrement par le concordat.

Le failli est complètement libéré aux yeux de la loi pour la portion de dette dont le concordat lui fait remise, en ce sens qu'aucune action ni réclamation ne saurait être dirigée contre lui, et qu'aucune voie d'exécution ne pourra être exercée ni contre ses biens, ni contre sa personne. Cependant la probité lui commande, si de nouveaux biens lui adviennent, de satisfaire intégralement ses créanciers.

Aucune action en nullité du concordat n'est recevable, après l'homologation, que pour cause de dol découvert depuis cette homologation et résultant soit de la dissimulation de l'actif, soit de l'exagération du passif. Dans ce cas l'action en nullité appartient à tous les créanciers, à ceux qui ont adhéré au concordat comme à ceux qui s'y sont opposés ou qui n'y ont point concouru. L'homologation ne fait pas obstacle à ce que le failli soit ensuite poursuivi par le ministère public comme prévenu de banqueroute simple. Aussitôt après que le jugement d'homologation est passé en force de chose jugée, les fonctions des syndics cessent. Les syndics rendent au failli leur compte définitif, en présence du juge-commissaire; ce compte est débattu et arrêté. Ils remettent au failli l'universalité de ses biens, livres, papiers et effets. Le failli en donne décharge. Il est dressé du tout procès-verbal par le juge-commissaire, dont les fonctions cessent. En cas de contestation, le tribunal de commerce prononce.

Outre l'action pour dol, le concordat peut être annulé par une condamnation pour banqueroute frauduleuse intervenue après son homologation. Cette annulation libère de plein droit les cautions. En cas d'inexécution par le failli des conditions de son concordat, la résolution de ce traité peut être poursuivie contre lui devant le tribunal de commerce, en présence des cautions, s'il en existe ou dûment appelées. La résolution du concordat ne libère pas les cautions qui y sont intervenues pour en garantir l'exécution totale ou partielle. Lorsque, après l'homologation du concordat, le failli est poursuivi pour banqueroute frauduleuse et placé sous mandat de dépôt ou d'arrêt, le tribunal de commerce peut prescrire telles mesures conservatoires qu'il appartiendra. Ces mesures cessent de plein droit du jour de la déclaration qu'il n'y a lieu à suivre, de l'ordonnance d'acquittement ou de l'arrêt d'absolution.

Lorsque le concordat annulé ou résolu a cessé d'exister, la faillite, qui avait été close, se trouve ouverte de nouveau. En conséquence, sur le vu de l'arrêt de condamnation pour banqueroute frauduleuse, ou du jugement qui prononce soit l'annulation, soit la résolution du concordat, le tribunal de commerce nomme un juge-commissaire et un ou plusieurs syndics. Ces syndics peuvent faire apposer les scellés. Ils procèdent sans retard, avec l'assistance du juge de paix sur l'ancien inventaire, au récolement des valeurs, actions et des papiers, et procèdent, s'il y a lieu, à un supplément d'inventaire. Ils dressent un bilan supplémentaire, ensuite duquel ils font immédiatement afficher et insérer dans les journaux à ce destinés, avec un extrait du jugement qui les nomme, invitation aux créanciers nouveaux s'il en existe, de produire dans le délai de vingt jours leurs titres de créances à la vérification. Cette invitation est faite aussi par lettres du greffier. Si, par suite de cette invitation, de nouveaux titres de créance sont produits, il est procédé sans retard à leur vérification. Il n'y a pas lieu à la nouvelle vérification des créances antérieurement admises et affirmées, sans préjudice néanmoins du rejet ou de la réduction de celles qui depuis auraient été payées en tout ou en partie. Ces opérations mises à fin, s'il n'intervient pas de nouveau concordat, les créanciers sont convoqués à l'effet de donner leur avis sur le maintien ou le remplacement des syndics. Il n'est procédé aux répartitions qu'après l'expiration, à l'égard des créanciers nouveaux, des délais accordés en matière de faillite aux personnes domiciliées en France. Les actes faits par le failli postérieurement au jugement d'homologation et antérieurement à l'annulation ou à la résolution du concordat, ne sont annulés qu'en cas de fraude aux droits des créanciers. Les créanciers antérieurs au concordat rentrent dans l'intégralité de leurs droits à l'égard du failli seulement; mais ils ne peuvent figurer dans la masse que pour les proportions suivantes : s'ils n'ont touché aucune part du dividende, pour l'intégralité de leurs créances; s'ils ont reçu une partie du dividende, pour la portion de leurs créances primitives correspondant à la portion du dividende promis qu'ils n'auront pas touchée.

La loi admet qu'il peut y avoir faillite sur faillite ; alors les créanciers du failli concordataire sont dispensés, s'il y manque aux engagements du concordat, de faire prononcer la résolution de ce traité. Les dispositions qui précèdent sont applicables dans ce cas.

CONCORDE, harmonie habituelle dans les rapports de la famille ou de la société politique. La spontanéité est loin d'être le caractère essentiel de la concorde : cette dernière n'est presque toujours que le produit de la raison et de l'expérience. Les sentiments les plus vifs, entre autres l'amour, ne s'assujettissent que difficilement au calme de la concorde ; ils ne font que s'y reposer. Dans la vie intérieure, c'est la puissance du devoir qui impose en général la concorde, surtout lorsque l'affection, aidée par le temps, vient s'y joindre. De nos jours, la concorde chez certaines classes n'apparaît que par intervalles sous le toit conjugal : le mariage pour elles n'étant plus qu'affaire d'argent, elles ne s'unissent que par des intérêts ; mais le lendemain se lève : alors on ne se rencontre par aucune sympathie; l'intimité devient un supplice, et l'on se dispute d'autant plus qu'on est condamnée à se voir souvent. Seulement, dans quelques réunions d'apparat, on se donne des apparences de concorde : c'est une manière de bon goût qu'on simule à propos. Ce qui contribue encore, surtout dans les grandes villes, à rendre la concorde si rare, c'est cette fièvre de fortune rapide qui dévore les hommes au dix-neuvième siècle. Sans cesse agacés par des inquiétudes et des contre-temps que nulle prudence ne peut prévoir, ils vivent dans une irritation continuelle, et n'apportent rien à cette masse de petits sacrifices et de douces complaisances d'où naît la concorde. On peut dire de la concorde qu'elle ne s'épanouit à l'aise que dans une sorte d'état mitoyen ; de trop grandes richesses pervertissent la raison ou exaltent l'égoïsme jusqu'à le rendre furieux à la plus légère contradiction. D'un autre côté, la détresse, si féconde en besoins tyranniques, aigrit le caractère, à moins cependant qu'on ne soit doué d'une grande force d'âme. SAINT-PROSPER.

CONCORDE, déesse du paganisme, fille de Jupiter et de Thémis. Les Grecs l'adoraient sous le nom de Ὁμόνοια. Elle avait un culte à Olympie. Les Romains lui élevèrent un temple superbe dans la huitième région, à la persuasion de Camille, lorsqu'il eut rétabli l'ordre dans la ville après le départ des Gaulois Sénonais. Ce temple ayant été brûlé, fut réédifié par ordre du sénat et du peuple. Tibère l'augmenta et le fit décorer : on y tenait quelquefois le conseil ou les assemblées du sénat. La Concorde avait encore deux autres temples dans les troisième et quatrième régions. On célébrait sa fête le 16 janvier. La Concorde militaire était représentée couverte d'une longue draperie entre deux étendards; la Concorde civile était assise, ayant pour attributs une branche d'olivier, un caducée, une coquille, un sceptre et une corne d'abondance. Son symbole était les deux mains unies.

CONCORDE (Formule de). *Voyez* FORMULE DE CONCORDE.

CONCOURS (du latin *cum*, avec, et *currere*, courir). Ce mot exprime l'action simultanée de deux ou plusieurs personnes, ou choses, en vue de produire un effet qu'elles ne produiraient point séparément. « On tient que le *concours* du soleil et des astres, a dit le savant ministre Jurieu, est nécessaire pour la production de toutes les choses sublunaires. Dieu prête son *concours* immédiat par tous les événements. C'est relever la majesté de Dieu que de mettre toutes les opérations des créatures dans une perpétuelle dépendance de son *concours* immédiat. » On lit dans le traité sur l'*Existence de Dieu*, par Jacquelot, autre ministre protestant non moins docte : « Si les causes secondes n'avaient pas besoin du *concours* immédiat de Dieu pour agir, elles auraient une espèce d'indépendance qui serait injurieuse au Créateur. Quoique Dieu ait imprimé à toutes les créatures la vertu nécessaire pour la fin à laquelle il les a destinées, elles attendent néanmoins un *concours* particulier et une nouvelle influence du Créateur pour chaque événement. Le *concours* de Dieu pour l'action des causes secondes suffit sans les secours de la prédétermination. La nature aveugle peut-elle, par un *concours* fortuit, produire une machine aussi admirable que le corps humain? » Dans les démocraties anciennes, le *concours* réel ou fictif de tous les citoyens était nécessaire pour les délibérations publiques; dans les monarchies représentatives, le *concours* des différents pouvoirs est nécessaire pour la confection des lois; le *concours* de la majorité y est nécessaire à tout ministère pour se soutenir. Quand un gouvernement nouveau s'établit, il a besoin du concours d'un certain nombre de fonctionnaires, d'employés et de serviteurs officieux. C'est à qui offrira alors son concours, et plusieurs de ceux qui se vantent d'avoir refusé leur concours à un gouvernement ne le font que lorsque leurs concour n'a pas été accepté.

En termes de sciences, on dit *puissances concourantes*, c'est-à-dire puissances qui, n'ayant pas une direction parallèle, *concourent* ou tendent à se rencontrer, ou à produire un même effet, à la différence des puissances opposées, qui tendent à produire des effets contraires.

Le verbe *concourir* a les mêmes acceptions. La sagesse de Dieu fait concourir tous les événements et nos passions mêmes à ses desseins. Saint-Évremond a dit : « Il n'est point incompatible avec la sagesse et la pureté de Dieu qu'il concoure à des actions mauvaises. » Dans les États libres, les citoyens doivent tous concourir aux charges publiques.

Concours est quelquefois synonyme de *foule*, d'*affluence*; c'est la foule en action ou plutôt en mouvement, en marche, pour se porter vers un lieu : les fêtes publiques, les héros, les souverains, les bateleurs, sont également en possession d'attirer ce *concours*. Fléchier a dit : « On regarde le *concours* qui se fait dans les églises aux fêtes solennelles comme des assemblées de cérémonie plutôt que de dévotion. » Le mot *concours* signifie *rencontre* : Épicure croyait que le *concours* des atomes avait produit tous les êtres. On dit aussi le point de *concours* de deux lignes, de plusieurs rayons, etc. Concours se disait autrefois en parlant des bénéfices ou cures qui se donnaient à ceux qui avaient le plus de capacité et de mérite dans les lieux où le concile de Trente était en vigueur. La cure était exposée à la dispute entre ceux qui s'y prétendaient, et cette dispute avait lieu devant des juges préposés par l'évêque, afin que le bénéfice fût donné au plus digne, *digniori*. Cette coutume a été abolie en France par le concordat. Aujourd'hui, la loi veut qu'on mette dans les facultés certaines chaires au *concours*. Il y a en outre dans l'Université le *concours* pour l'agrégation, qui a lieu chaque année au mois de septembre, en présence de bureaux composés de professeurs, et présidés soit par un inspecteur général, soit par un conseiller de l'Université. Les épreuves sont publiques; elles sont sévères et multipliées; les places passent pour être données avec équité. A l'Académie Française il y a chaque année *concours* de poésie et d'éloquence. Dans les quatre autres classes de l'Institut, semblable *concours* est ouvert, tant pour les graves dissertations de l'érudition que pour les grands prix que de jeunes artistes se disputent en peinture, sculpture, musique, etc. Enfin il y a pour les élèves de nos lycées le concours général.

Concours, dans la langue grammaticale, signifie la rencontre de deux voyelles, de manière à former un *hiatus* : cette rencontre est presque toujours vicieuse.

Fuyez des mauvais sons le *concours* odieux,

a dit Boileau.   Charles Du Rozoir.

CONCOURS GÉNÉRAL. Nous avons en France, à l'Institut, des *concours* de poésie, d'éloquence, de peinture, de sculpture, d'architecture, et même de vertu, grâce au prix Monthyon. Mais pour l'apparat, pour le faste, pour la solennité, tout cela n'est rien au prix de la lutte académique appelée *concours général*, qui chaque année a lieu entre l'élite des élèves des lycées de Paris et de Versailles, depuis les classes de rhétorique, de philosophie, de hautes mathématiques, jusqu'à la troisième. En 1746, Legendre, chanoine de Notre-Dame, fonda par testament le concours général pour les classes de rhétorique, seconde et troisième. En 1749, le père Coffin établit des prix de version latine en seconde. Enfin, en 1758, le chanoine Collot fonda les prix de quatrième, cinquième et sixième, qui ont été supprimés récemment. Aujourd'hui, pour chaque classe il y a autant de compositions données au *concours* que de facultés cultivées dans l'année. Ainsi, pour ne citer qu'un exemple, en rhétorique il y a six facultés : le discours latin, le discours français, l'histoire, la version grecque, la version latine, les vers latins. Les collèges de plein exercice, Rollin et Stanislas, sont admis à envoyer leurs élèves au *concours*. Chaque lycée en peut envoyer 10, si les classes ne sont pas subdivisées; 12, si elles sont scindées en deux divisions. Comme il y a toujours quelques absences, le nombre moyen des concurrents est de 72 à 80, pour se disputer deux prix et huit accessits dans chaque faculté. Il y a pour la rhétorique des prix de *vétérans*. Les compositions ont lieu à la Sorbonne, dans deux salles oblongues construites à cet effet au fond d'une cour retirée de cet établissement, qui sert de chef-lieu à l'académie de Paris. Chaque composition se fait sous la surveillance d'un inspecteur des études et de quatre professeurs. Le sujet en est envoyé cacheté par le ministre, qui l'a choisi ou fait choisir. Dans quelques facultés, comme l'histoire et la géographie, certaines questions sont tirées au sort. Les copies sont reçues par les surveillants, qui en coupent la tête contenant les noms. Une devise répétée et un numéro servent plus tard à restituer chaque copie à son auteur. Cette opération première terminée, les copies et le paquet contenant les noms soigneusement cachetés sont placés dans une boîte, qui est fermée, scellée du cachet de l'inspecteur et remise à l'inspecteur général, remplissant les fonctions rectorales.

La correction des copies se fait, pour la rhétorique, la philosophie et les facultés scientifiques, par un bureau composé de cinq fonctionnaires éminents de l'Université que désigne le ministre. Pour les autres classes, cette correction est confiée à un bureau formé par quatre professeurs, tirés au sort entre les huit appartenant à la classe supérieure. Ainsi, les professeurs de rhétorique corrigent les compositions de seconde, et les professeurs de seconde celles de troisième. Chacun de ces bureaux est présidé, soit par un inspecteur, soit par un fonctionnaire désigné par le ministre. Les noms des élèves sont, comme on l'a dit, détachés de leurs copies; les examinateurs ne doivent pas en avoir connaissance; mais jamais cette loi n'a été observée. Quant à la correction des compositions d'histoire, elle est faite à copies découvertes (c'est-à-dire portant les noms), par les professeurs mêmes de la classe. Chacun lit les copies de ses élèves, et les défend comme il peut contre les attaques de ses collègues. Cet examen contradictoire et tout personnel donne lieu à des scènes très plaisantes, mais qui jamais n'ont rompu la bonne harmonie du corps des professeurs d'histoire. Depuis plus de trente ans, on n'a élevé tout au plus qu'une ou deux réclamations sérieuses sur les corrections du concours; ce qui prouve que ce mode, tout vicieux qu'il paraisse, est encore le meilleur. Les corrections des classes de philosophie, de rhétorique, de sciences et d'histoire se font en plusieurs séances. Les corrections pour les autres classes ont lieu séance tenante, même pendant la nuit; et le travail dure quelquefois vingt-quatre heures. Après chaque correction, les copies sont renfermées avec le même scrupule dans les boîtes, dont l'ouverture se fait l'avant-veille de la distribution du grand concours, laquelle a toujours lieu un lundi. A cette ouverture préside un conseiller de l'Université, assisté de tous les présidents des bureaux.

Rien n'égale la solennité de cette distribution, qui se fait sous la présidence du ministre et du conseil impérial, et en présence de tous les fonctionnaires et professeurs de l'Université. Quelques dignitaires de l'État se font un plaisir de venir ajouter par leur présence à l'éclat de cette cérémonie, qui a lieu dans la grande salle de la Sorbonne, avec un grand concours d'élèves, de parents, de gardes nationaux, de gardes de Paris, et même de sergents de ville, car ces messieurs sont de toutes les fêtes que préside le pouvoir. La cérémonie s'ouvre par un magnifique discours latin, que prononce un professeur de rhétorique désigné par le ministre, discours auquel les deux tiers des assistants et assistantes, y compris souvent le ministre de l'instruction publique lui-même, ne comprennent absolument rien. Son excellence fait ensuite, en français plus ou moins pur, une allocution personnelle indispensable, puis les prix sont proclamés par un inspecteur des études, avec accompagnement de fanfares et d'applaudissements, auxquels viennent se mêler quelquefois des sifflets rivaux. On est convenu d'appeler *prix d'honneur* le premier prix de dissertation philosophique en français, le premier prix de discours latin et le premier prix de mathématiques spéciales. Ces trois prix sont proclamés par le ministre lui-même, ou par le vice-président du conseil impérial. Telle est la description du *concours général* et de la solennité qui le termine. Les compositions du *concours* commencent ordinairement du 20 au 25 juillet, et la distribution a lieu du 17 au 20 août; ensuite s'ouvrent les vacances des collèges.

Plusieurs noms sont restés célèbres parmi ceux qui ont remporté dans l'ancienne Université le *prix d'honneur* d'avis, ou de discours latin. On cite, entre autres, Thomas, en 1749; Delille, en 1755; La Harpe, en 1756 et 1757; Noël, l'auteur des *Leçons de Littérature*, en 1774 et 1775; Defauconpret, traducteur de Walter Scott, en 1786; Lemaire, doyen de la faculté des lettres, en 1787; Burnouf, professeur d'éloquence latine au collége de France, en 1792. Le dernier concours de l'ancienne Université eut lieu en 1793.

L'institution du *concours général*, telle du moins qu'elle est organisée, semble, de dire de plusieurs personnes sages et désintéressées, présenter infiniment plus d'inconvénients que d'avantages. Sans doute, elle impose aux professeurs quelques efforts d'émulation, mais elle les condamne, en même temps, à combiner leur enseignement dans l'intérêt exclusif du *concours*, et à s'occuper presque uniquement, surtout dans les trois derniers mois de l'année scolaire, de la tête de leur classe. Elle donne aussi lieu, dit-on, à des intrigues parfois bien révoltantes de la part des chefs d'institution pour se procurer ce qu'ils appellent des *élèves à prix*, c'est-à-dire qui obtiendront des prix au concours. De toutes les concurrences commerciales, celle-ci n'est pas la moins funeste et la moins immorale. Enfin, le *concours général*, en exaltant outre mesure l'amour-propre des jeunes lauréats, leur prépare à leur entrée dans le monde d'amères et d'irréparables déceptions. On ne peut nier toutefois que le *concours* ne soit en harmonie avec le système de centralisation que tous les gouvernements appliquent sans pitié à tout ce qui se fait administrativement en France. Le *concours général*, en fortifiant la tête de chaque classe, aux dépens du reste des élèves, exhausse les études de Paris à un niveau que ne peuvent atteindre les lycées de département, qui seront toujours privés de cette lutte solennelle. C'est donc dans le *concours général* qu'il faut voir la principale cause de la dépopulation et de la ruine de tant de lycées et d'institutions de province. Un élève de ces établissements montre-t-il quelques dispositions supérieures, il est bien vite accaparé par les chefs d'établissements de Paris, qui, soit par eux-mêmes, soit par des espèces de commis voyageurs, font la *traite des écoliers*. Il serait sans doute difficile de réfuter ces critiques et ces réflexions, que nous pourrions étendre sous le point de vue de l'éducation morale; mais tant qu'à la tête de l'Université centralisée et monopolisante on conservera un état-major de sinécuristes, tout fiers de se pavaner sous l'hermine à la distribution solennelle des prix, le *concours général* sera maintenu sans modification, comme tant d'autres institutions qui ne valent pas mieux.

Charles Du Rozoir.

CONCRET. Le mot *concret* est employé en philosophie pour désigner l'idée opposée à celle du mot *abstrait*. Notre esprit semble avoir créé l'*abstraction*, puisque l'abstrait n'existe qu'en lui et que par lui. Pour mieux désigner cette création de la pensée et la formuler plus clairement, nous avons donné un nom à son contraire : ce qui existe avec toutes ses qualités constituantes, avec tous ses éléments réunis, tel enfin que l'a créé la nature, nous l'avons appelé *concret* (*concretum*), mot qui signifie composé, agrégé, compacte, parce que la réalité ne nous présente en effet que des qualités réunies, agrégées, et pour ainsi dire incorporées au sujet où elles coexistent, et dont elles sont inséparables. Nous ne voyons au dehors de l'esprit que des êtres concrets, des composés dont les éléments rassemblés forment d'indissolubles faisceaux. Quelle que soit l'analyse que nous fassions matériellement subir aux objets que le monde extérieur nous présente, quelque ténues que soient les parties dans lesquelles nous pouvons les résoudre, quelle que soit la simplicité apparente des éléments auxquels nous pouvons les ramener, ces parties, ces éléments ne se présentent jamais que du *concret*, c'est-à-dire que l'esprit y reconnaîtra toujours un certain nombre de qualités réunies entre elles, et comme attachées à un être qui leur sert de lien et d'appui, sans lequel on ne peut concevoir leur existence, et qu'on nomme *force, substance, sujet*. Ainsi, la molécule, dont nous sommes forcés de supposer l'existence, et que nos moyens de connaître ne peuvent atteindre directement, est pour nous un objet concret, quoique nous la regardions comme ce qu'il y a de plus simple et de plus élémentaire dans la nature extérieure. Nous sommes toujours obligés de lui reconnaître certaines propriétés qui lui ôtent par leur présence cette simplicité qu'il n'est donné qu'à la pensée de concevoir. Il n'y a donc rien de simple dans la nature, et notre raison se refuse à le supposer. Cela est si vrai que le temps et l'espace, qui existent, à coup sûr, ne peuvent être conçus par la pensée comme ayant une existence propre et indépendante, et que notre esprit est forcé d'en faire les attributs du grand être.

Les objets matériels ne sont pas les seuls qu'on puisse nommer *concrets*. Le monde spirituel lui-même n'offre rien d'abstrait quant aux êtres dont il se compose. Ainsi, l'âme de tel individu est simple par rapport à la matière, en ce qu'elle ne peut se diviser comme elle en parties distinctes, mais elle est composée, ou, pour mieux parler, *concrète*, aux yeux de la pensée, qui peut l'analyser en ses différents éléments, et en abstraire les qualités qui la constituent. Elle y trouvera l'élément affectif, l'élément actif, l'élément intellectuel; et comme chacun d'eux ne peut exister isolément, il en résultera que l'âme pour l'esprit sera quelque chose de concret.

Il y a une distinction à faire entre le simple et l'abstrait, entre le composé et le concret, qu'on semble au premier abord pouvoir prendre indifféremment l'un pour l'autre. Les mots *simple*, *composé*, ont une signification plus étendue que les mots *abstrait* et *concret*. On donne en général la dénomination de simple à tout ce qui est regardé comme élémentaire et indécomposable, soit dans la nature, soit par la pensée. Ainsi, on appelle *corps simples* ceux au delà desquels l'analyse chimique est impossible, comme aussi l'on nomme *simples* les *idées* que la pensée a abstraites, et au delà desquelles elle ne peut pousser son analyse. Mais les corps simples ne sont pas des abstractions : l'hydrogène est une substance concrète, puisqu'elle se présente à nous avec des propriétés multiples que la pensée distingue et sépare. On voit donc que le *simple* s'applique à plus de choses que l'*abstrait*. Il en est de même du mot *composé*, qui peut ne pas toujours être synonyme de *concret*, et qui s'applique à plus de choses. Ainsi, la volonté est une abstraction, et cependant c'est un phénomène résultant de l'alliance du principe actif et du principe intellectuel, et par conséquent un phénomène composé. On voit donc que tout ce qui est concret est composé, mais que tout ce qui est composé peut ne pas être concret. Le mot *abstrait* est donc spécialement employé pour désigner ce qui est décomposé *par la pensée et ce qui ne pourrait exister isolément dans la nature*; le mot *concret*, pour désigner *ce qui a une existence propre et indépendante dans la réalité*, et dont les qualités constitutives ne sauraient être séparées autrement que par la pensée.   C.-M. Paffe.

En chimie, le mot *concret* désigne un composé de plusieurs substances différentes.

En arithmétique, les *nombres concrets* sont ceux dont la nature des unités est désignée : 20 hommes, 37 arbres, sont des nombres *concrets* ; 20, 37, sont des nombres *abstraits*.

CONCRÉTIONS. Les éléments vitaux et les matières salines qui entrent dans la composition des humeurs, tant chez les hommes que chez les animaux, peuvent quitter l'état liquide et se réunir sous la forme solide, sans devenir pour cela partie constituante des organes. Les corps émanés de cette origine portent le nom de *concrétions*. On trouve des concrétions dans toutes les parties de l'économie où il existe des fluides sécrétés, digestifs ou circulatoires, c'est-à-dire partout ; mais les lieux où on les observe le plus souvent sont les cavités muqueuses et les organes parenchymateux. On en a des exemples dans les t u b e r c u l e s pour les poumons, le foie, le cerveau ; dans les c a l c u l s biliaires et salivaires, pour le tube digestif ; dans le g r a v i e r et la p i e r r e pour les voies urinaires. L'influence qui amène ces concrétions est le plus souvent difficile à apprécier. On a bien remarqué que le froid et l'humidité favorisent la formation des tubercules, surtout aux poumons, et que l'usage habituel d'aliments succulents ou une condition qui prédispose au dépôt de la matière crétacée (urate de soude) qui se rencontre si souvent dans les articulations des goutteux ; mais la plupart des circonstances qui déterminent, hâtent, préviennent ou retardent la formation des concrétions diverses auxquelles l'espèce humaine est sujette, nous échappent jusqu'à présent. Il y a cependant une exception remarquable sous ce rapport, elle est relative aux *concrétions urinaires*. On sait aujourd'hui assez bien quelles causes provoquent la précipitation des parties salines de l'urine sous forme de *sable*, quelles conditions favorisent leur réunion en *gravier*, leur accroissement en *pierre*. On a reconnu que l'alimentation animale, sans doute en portant beaucoup d'azote dans le corps, fait surabonder dans l'urine l'acide urique dont ce gaz est un des principaux éléments, et que l'usage, comme aliment, des substances telles que l'oseille, qui contiennent de l'acide o x a l i q u e, précède presque toujours le développement des concrétions d'oxalate de chaux. On a constaté aussi que toute circonstance, toute maladie, telles que les rétrécissements de l'urètre, le catarrhe de la vessie, la paralysie de cet organe, qui retarde la marche de l'urine, et surtout oblige ce fluide à séjourner dans ces voies, aide singulièrement à la précipitation de ses éléments concrescibles. On a remarqué enfin que plus nous portons d'eau dans le sang par les boissons, les bains ou tout autrement, plus cette eau est froide et chargée de principes diurétiques, et plus les urines sont étendues, plus nous facilitons la dissolution des sels qu'elles contiennent, et moins nous restons exposés à la g r a v e l l e et à ses conséquences.

Les effets des concrétions varient suivant les lieux qu'elles occupent, suivant le volume, la forme et la composition qu'elles offrent. En général, elles troublent plus ou moins les fonctions des organes où elles siègent, et le trouble premier qu'elles y apportent est surtout physique, c'est-à-dire dû à l'action mécanique du corps étranger. C'est ainsi que le c é r u m e n de l'oreille une fois solidifié empêche les rayons sonores d'arriver au nerf acoustique, et devient par-là une cause de surdité. C'est ainsi que les calculs biliaires obstruent le canal cholédoque, et s'opposent au passage de la bile dans les intestins. De cet effet résultent ensuite, comme effets secondaires, la décoloration des matières stercorales, la lenteur de leur marche ou même leur arrêt, le mélange de la bile avec le sang, la couleur jaune de la conjonctive, la teinte également jaune et quelquefois noire de la peau, un sentiment de démangeaison sur toute la surface du corps, en un mot tous les symptômes de la j a u n i s s e. C'est encore ainsi que la pierre, par son contact avec les parois de la vessie, par ses chocs sur elle, par sa présence momentanée au col de l'organe, donne lieu à des hémorrhagies, à des rétentions subites, à des besoins fréquents et impérieux d'uriner, à des douleurs vives quand on satisfait à ces besoins, devenant plus vives encore dès qu'on y a satisfait. Ensuite, elle provoque le catarrhe vésical et amène, par voie de continuité et de sympathie, un sentiment de chatouillement, d'ardeur au gland, de gêne, d'embarras dans les reins. Viennent enfin les conséquences de ces désordres locaux, la fièvre, les dérangements des fonctions digestives, etc. Le diagnostic des concrétions, facile quelquefois, comme lorsqu'il y a une pierre dans la vessie ou l'urètre, ou bien des tubercules avancés dans les poumons, est très-difficile d'autres fois, comme dans les cas de tubercules au foie ou au cerveau.

Il est évident que pour prévenir les concrétions, quelles qu'elles soient, la première chose à faire serait d'en éloigner la cause ; mais celle-ci, nous l'avons dit, est le plus souvent inconnue, et, partant, on ignore, dans la plupart des cas, les moyens de la combattre. Cependant, l'observation a fourni quelques données importantes à cet égard. C'est ainsi qu'on a remarqué qu'un des meilleurs moyens de prévenir les tubercules, soit dans les poumons, soit dans le mésentère, est d'éviter le froid et l'humidité. C'est encore ainsi que, d'après des recherches faites par nous-mêmes, et desquelles il résulte que les animaux herbivores sont très-sujets à ce genre de concrétions, tandis que les carnivores le sont très-peu, il est naturel de penser qu'un régime où les végétaux dominent est propre à favoriser ces concrétions, et que par conséquent il y a, sous ce rapport, avantage à se nourrir principalement avec des substances animales. Il est certain aussi que le régime végétal est un moyen de prévenir les graviers et les calculs d'acide urique, ainsi que ceux d'urate de soude et d'urate d'ammoniaque, et qu'en éloignant de sa table l'oseille et les aliments qui contiennent de l'acide oxalique, on se met en quelque sorte à l'abri des pierres d'oxalate de chaux. L'observation a appris enfin qu'étendre les urines, en portant beaucoup d'eau dans le

DICT. DE LA CONVERS. — T. VI.   15

sang, et entretenir la régularité de leur cours, sont de bons moyens de prévenir la formation des concrétions urinaires, quelles qu'elles soient.

Quand une fois les concrétions sont formées, les moyens préservatifs n'ont en général d'influence que pour retarder leur développement. Toutefois, leur usage, qui dans tous les cas est une condition essentielle de la guérison, a suffi quelquefois pour amener celle-ci, alors surtout que les concrétions sont petites et placées de manière à être rejetées par les voies naturelles. Mais il y a des agents, en petit nombre à la vérité, qui paraissent avoir une action directe sur certaines de ces concrétions. C'est ainsi que le bicarbonate de soude, tel qu'on le donne en poudre, en pastilles, en dissolution dans l'eau sucrée, et tel qu'on le trouve dans les eaux de Vichy, et même dans celles de Contrexeville, alors qu'il est pris à la dose d'un à deux gros, attaque évidemment les concrétions d'acide urique et celles formées par les sels de cet acide. Mais ce moyen doit être continué longtemps pour devenir et rester efficace. J'ai opéré de la pierre plusieurs malades qui s'en étaient servis d'abord avec un avantage très-notable, et qui pour en avoir ensuite négligé l'emploi avaient été affectés plus tard de concrétions incurables de cette manière.

Les solutions d'hydrochlorate d'ammoniaque, de soude, de potasse, celles d'acétate de potasse et de savon, conseillées contre les calculs biliaires, ont, nous aimons à le croire, une action favorable sur cette maladie, mais elle n'est pas encore bien démontrée par l'expérience. Quant au traitement de Durande, opposé à la même affection, et qui consiste dans un mélange de trois parties d'éther sulfurique et de deux parties d'essence de térébenthine, il est purement empirique : la chimie ne rend pas raison de son action ; il est même douteux qu'elle soit réelle.

Quand les concrétions, comme celles de l'urètre, de la vessie ou du conduit auditif, sont à la portée des instruments, on va les saisir, les diviser, et l'on cherche à les extraire ou à les faire sortir par la voie naturelle. C'est là un effet qu'on obtient à l'aide d'une pince ou même d'une simple curette, lorsqu'il s'agit de l'oreille, de l'urètre, et de quelques autres parties, et pour lequel on a recours à divers instruments, quand il faut manœuvrer dans la vessie. La lithotritie n'est autre chose que cela. Dans le cas où le volume excessif de la pierre ou quelque complication grave mettrait obstacle à la lithotritie, la taille, c'est-à-dire l'incision des parois abdominales et l'ouverture de la vessie pour y prendre la pierre, est une opération extrême, à laquelle on peut recourir, mais dont les chances de succès sont bien plus faibles, surtout dans de telles conditions.

Lorsque les concrétions, comme les tubercules pulmonaires, sont placées trop profondément pour que les instruments aillent les chercher, soit par la voie naturelle, soit par une voie artificielle, et que les médicaments n'ont pas de prise directe sur elles, on est réduit au traitement palliatif; on ne peut faire que la médecine des symptômes. C'est ainsi qu'on cherche à calmer la toux, la fièvre et les autres accidents des poitrinaires, à l'aide des boissons mucilagineuses, gommeuses, gélatineuses, des préparations opiacées, et de mille autres moyens, qui malheureusement se montrent presque toujours insuffisants. C'est encore ainsi que, dans le cas de maladie des reins, on combat les coliques néphrétiques par les saignées, les bains, les cataplasmes émollients et les boissons émulsives. Dr SÉGALAS.

CONCUBINAGE, vient de *cum cubare*, termes qui expliquent suffisamment la cohabitation entre les sexes. Ce commerce habituel, privé de la sanction des lois civiles et religieuses, n'offrant aucune garantie de durée, aucun droit fondé sur un contrat assurer l'existence aux enfants qui résultent de ces unions illégitimes, est l'une des plus funestes plaies des sociétés, ou corrompues, ou mal assises, par l'extrême inégalité des rangs et des fortunes. Le concubinage est une sorte d'état de nature, au milieu de l'état social, et la foule misérable des bâtards dont il devient la source impure est rejetée, comme une caste de parias sans propriétés, sans droits, sans moyens d'instruction, à travers la masse des citoyens. Il en est résulté dans les colonies à nègres la classe des hommes de couleur, mulâtres ou petits blancs, de divers sangs ; comme dans les Indes orientales on se plaint de ce que les possessions anglaises se remplissent de créoles bâtards, redoutables par leur nombre, dont les pères sont Anglais ou Européens, et les mères, de race hindoustane. Partout où les lois ont créé des rangs et des professions consacrées au célibat, comme des ordres religieux, un état militaire permanent, un long servage domestique, partout où elles ont permis de contracter des vœux de continence, de chasteté solitaire, la nature violentée s'en est dédommagée d'ordinaire par le concubinage.

Dans le concubinage il y a nécessairement dépravation des sentiments naturels, puisque, chaque individu ne se liant avec un autre que par le seul attrait d'un besoin voluptueux, il n'en résulte communément ni estime morale ni confiance mutuelle ; l'être le plus faible, craignant tôt ou tard de se voir abandonné, peut faire plus d'efforts, sans doute, pour plaire, mais en même temps il tire parti de la passion qu'il sait inspirer pour se préparer un sort indépendant à l'avenir. Personne n'ignore que la plupart des concubines et des maîtresses ou ruinent les vieux célibataires, ou savent s'en faire des esclaves, ou réussissent à s'en faire épouser. Le concubinage résulte non pas, comme on l'a dit, de la seule pauvreté, qui priverait des moyens de nourrir une femme et des enfants, car on voit beaucoup de pauvres associer avec courage leur misère par un mariage qui unit leurs efforts laborieux, mais surtout de l'extrême inégalité des fortunes et des rangs et des éducations. Tel homme riche prend une maîtresse, et non pas une femme ; il se croit plus indépendant : il n'a point à supporter les tracas d'un ménage et des enfants ; il n'est pas lié à un être égal à lui en droits. Malgré toutes les incompatibilités qui peuvent se dévoiler après qu'on a prononcé le *oui* fatal, madame et monsieur sont irrévocablement attachés, selon nos lois, à ce nœud indissoluble. Malheur aux unions mauvaises ou mal assorties ! Elles deviennent souvent le désespoir de la vie ; elles en ont porté l'amertume jusqu'au crime. Il y a des mariages de mort. De si redoutables exemples ont pu effrayer des êtres faibles. Ce sont pour d'autres des prétextes de liberté, ou plutôt de libertinage. Toutefois, si l'union conjugale a ses inconvénients et ses périls, croit-on que le concubinage en soit exempt? Loin de là, il est moins naturel à l'espèce humaine que le mariage, car celui-ci est la règle habituelle dans toutes les nations, où une femme est attribuée constamment à un homme.

Tous les animaux ne peuvent pas être considérés comme en concubinage dans leurs liaisons d'amour, puisqu'une foule d'oiseaux et de mammifères s'apparient par une sorte de mariage. Les unions les plus vagues parmi les brutes, quand elles sont le prix du courage et de la conquête, comme chez les carnivores, ennoblissent les races et augmentent la vigueur, la beauté ; mais la plupart de ces unions fortuites entre hommes et femmes, tous ces exploits de la *Venus vulgivaga*, toute cette crapuleuse promiscuité des sexes dans les grandes villes (celles des manufactures et surtout celles de garnison), ne donnent que les plus ignobles produits. On se fait à peine une idée de la pitoyable progéniture qui résulte de ces concubinages, honteux et dégoûtants de débauche ; de là vient que les hospices d'enfants trouvés regorgent d'êtres tortus, cagneux, rachitiques, maléficiés, qui en mourant (heureusement pour eux) échappent par milliers à une existence de douleur et d'infortune. Voyez-les, hâves, rabougris, énuclés, bossus et boiteux, à poitrine resserrée, végéter à peine, car ils ont été nourris dans un sein qu'avaient déjà épuisé soit la volupté, soit la crapule, soit les mauvais aliments, et souvent infecté de maladies. On a remarqué que ces êtres, corrompus et libertins dès leur tendre jeunesse, étaient grèles, faibles ou énervés, et vieillis de bonne heure. Voilà les fruits du concubinage, d'autant plus que le plus fréquemment les pères et mères, sans entrailles pour leur descendance, ne s'inquiètent point d'elle; ils l'abandonnent pour s'étourdir et s'enivrer de nouveau dans le délire de leurs débordements. Il y a jusqu'à l'inceste et de monstrueuses alliances au milieu de ces ramas de populace éhontée, qui cherchent à assouvir de brutales jouissances en éludant le but de la nature.

Il est certain que le concubinage est opposé à la propagation de l'espèce, puisqu'il cherche le plaisir en évitant ses charges. Aussi, les législateurs de tous les temps et de tous les pays ont-ils décerné des peines contre cette dérogation aux lois de la société. En effet, le célibataire opprime celle-ci du poids de ses enfants naturels, puisqu'il se refuse au joug honorable de la famille; il vit en égoïste, pour ses plaisirs. Le concubinage s'était surtout multiplié d'une manière effrayante dans l'ancienne Rome, sous les empereurs, par l'extension du luxe et de la philosophie épicurienne. On ne trouvait plus de jeunesse pour recruter les armées, comme au temps de l'austérité des mœurs républicaines. Rien n'égale, dit-on, le vicieux concubinage des Chinois et des Japonais de nos jours; mais cette liberté de débauche, la seule qu'on permette à ces peuples serviles et corrompus, devient chez eux une nécessité, à cause de l'excessive et dangereuse population qui encombre ces vieux empires.

Sous les lois mahométanes, la polygamie fait souvent du mariage une pesante chaîne pour l'homme qui doit soutenir l'existence de plusieurs femmes et d'une nombreuse postérité; aussi les lois ont-elles permis des unions temporaires, ou plutôt des mariages par bail, qu'on peut renouveler, moyennant un prix convenu, et dans lesquels on stipule pour les enfants s'il en survient. Le mari peut aussi prendre une esclave pour sa concubine. Quoique l'existence soit peu coûteuse dans ces climats riches en productions spontanées, il s'ensuit toujours une misérable population par l'effet de ces alliances arbitraires sous l'autorisation des kadis. On doit ajouter enfin que beaucoup de nègres, au sein de l'Afrique, contractent moins des mariages qu'un concubinage habituel: cependant, les négresses étant d'excellentes mères, fort attachées à leurs enfants, et la vie simple, de fruits sauvages, étant de si peu de dépense sur ce sol, il en résulte une abondante population, qui répare les pertes causées par la traite des noirs.

Ajoutons que durant la jeunesse, ou l'âge de la vigueur, les inconvénients du concubinage paraissent moins sensibles aux personnes qui s'y livrent. Il est presque impossible d'ailleurs de le supprimer dans ces vastes foyers de population où se rassemble une nombreuse jeunesse, comme dans les villes d'universités et d'écoles supérieures, les établissements industriels et maritales dont souvent remplies de domestiques, les villes de garnison, les ports de mer, etc., toutes localités encombrées de célibataires des deux sexes, et dont il serait impossible d'empêcher les rapports intimes ou secrets. Mais sur le penchant du vieil âge, la femme, plus encore que l'homme, devient soucieuse de son avenir, puisque avec la perte de ses attraits cesse l'objet des alliances illicites. C'est alors qu'on reconnaît avec amertume toute la vanité de ces *liaisons dangereuses*. L'homme se résoudra-t-il à contracter un mariage avec la personne qui sacrifia sa vertu à la volupté, et qui est coupable aux yeux d'une sévère morale? Introduira-t-il dans sa famille celle qui fut ravalée au rôle de concubine? celle qui n'a plus pour sa justification l'empire de la beauté? Quel rare mérite ne faudrait-il pas pour effacer toutes ses hontes, et, nouvelle Maintenon, pour s'élever au rang d'épouse d'un vieux garçon, qui d'ordinaire n'est plus aimable? Il faut donc que toute concubine rançonne durant le règne tyrannique de sa beauté les libertins qui tombent dans ses filets, et qu'elle assure son trop précaire avenir, si sa coquetterie est jointe à la prudence. Mais communément ces femmes manquent d'économie et de réflexion. Emportées par la fougue des plaisirs au milieu des bals et des fêtes, elles s'enivrent du nectar séducteur dont on se plaît à les abreuver: alors arrive le réveil redoutable de la vieillesse, du délaissement, dans la misère et les maladies. Si le vieux garçon est riche, il aspire quelquefois à tenter par l'appât de la fortune une jeune beauté, qui se sacrifie et se dévoue au rôle de garde-malade d'un catarrheux suranné, pour hériter bientôt de ses richesses. Jamais le ciel ne rendit longtemps heureux et prospère ce lien entre une jeune Aurore et un vieux Tithon, lors même que l'extrême disparité de l'âge n'amènerait pas trop souvent les tentations d'adultère. Les vieux maris ambitionnent l'honneur d'être pères, et en effet il leur arrive des enfants; mais ils ont rarement le temps de les établir, et ce soin sera dévolu au beau-père qui leur succédera, lorsque leur femme convolera à de secondes noces sur leur cendre à peine refroidie.

Souvent la concubine fait valoir l'immense immolation de sa vertu à l'homme auquel elle a cédé, et l'amant devient, par la folie passion qu'on lui inspire, plus assujetti que le mari. En effet, le concubinaire est plus jaloux, parce qu'il a moins de confiance et d'estime que d'amour. On a vu des maris estimer beaucoup leur femme et prendre cependant une maîtresse; ce fut le bon ton sous le règne de Louis XV. Les femmes étaient sages qui n'avaient alors qu'un amant, du moins à la fois, puisque le mari ne pouvait compter pour rien. En Italie, les sigisbés (*voyez* Cicisbeo) ou les *cavalieri serventi delle donne* seraient-ils uniquement les galants conducteurs des dames en tout bien et tout honneur? Nous nous plaisons à le croire, en faveur des compatriotes de Boccace et d'Arioste, pour ne pas citer des auteurs moins réservés. S'il nous fallait enfin dérouler toute l'histoire secrète des mœurs des diverses nations, nous verrions les anciens Grecs donner à leurs jeunes gens des *hétaires* ou amies, avant de les marier, et cette coutume reste encore en usage en Orient et ailleurs. Nous citerions quelques peuples du nord de l'Europe et divers pays de Suisse et d'Angleterre, où les jeunes gens des deux sexes vivent en concubinage avant de se marier, comme pour se mettre à l'épreuve et savoir s'ils se conviendront; enfin, par tout le globe il y a les lois de *merci* et d'*amour* entre les sexes, pour ceux qui souffrent des rigueurs d'une trop longue continence. Cela était permis aux chevaliers errants, d'ailleurs fidèlement dévoués à la dame de leurs pensées. Les militaires semblent avoir aussi le privilège des conquêtes sous les cœurs; et par tout pays le vainqueur est bien venu de la beauté. Les Spartiates, longtemps occupés au siège d'une ville, dépêchèrent une troupe de jeunes gens pour consoler leurs épouses de cette pénible absence. Voilà un genre d'honnêteté et de délicatesse maritale dont certes il faut leur tenir compte. Pourquoi pas? N'a-t-on pas vu des femmes procurer, comme Sara à Abraham, une maîtresse à leur mari? Mme de Pompadour n'en faisait-elle pas autant pour son royal amant? Gloire à ces femmes prudentes et bien avisées! gloire aux maris assez vertueux pour ne pas priver leur épouse d'un ami, afin qu'elles n'en prennent pas plusieurs! C'est par ces bons procédés qu'on évite de plus graves inconvénients, qui saisissent une femme *innamorata*. Il est par l'amour sauvé du crime des personnes vicieuses; car, tout calculé, un prince voluptueux est encore préférable à un tyran. En France, on a pardonné leurs faiblesses à François Ier, à Henri IV, à Louis XIV, et on les a appelés de grands rois; cependant on trouve ignobles et crapuleuses les débauches de Louis XV, qui commencèrent la ruine du royaume. C'était pis que du concubinage. On avait perdu dès lors toute vergogne dans les petites maisons et le Parc-aux-Cerfs.

15.

Les mœurs se sont purifiées à mesure que les fortunes exorbitantes et les rangs disproportionnés ont disparu au travers des révolutions; des conditions moins inégales, des richesses plus généralement équilibrées, ont accru les moyens d'établir les familles; il y a plus de mariages et d'accroissement dans la population aujourd'hui qu'autrefois, ce qui prouve que le monde ne va pas toujours en empirant.

J.-J. VINEY.

CONCUBINAT. Chez les Romains on appelait ainsi une union licite entre l'homme et la femme, mais qui, à la différence des *justes noces*, ne produisait aucun effet civil. Néanmoins la loi reconnaissait la parenté ou affinité qui en résultait. L'homme n'avait pas de pouvoir sur la femme ainsi unie à lui, non plus que sur les enfants qui naissaient de cette union; ces enfants étaient appelés *enfants naturels* (*naturales liberi*); mais il ne faut pas les confondre avec ceux dont la naissance était le résultat d'une union illicite ou passagère, et qu'on nommait *spurii, vulgo concepti*. Les enfants nés dans le concubinat n'étaient héritiers de leurs pères que dans le cas où il n'y avait point d'autres enfants légitimes; ils ne portaient pas son nom, mais celui de leur mère. Lorsqu'on était déjà marié légitimement, on ne pouvait avoir une concubine non plus qu'en avoir plusieurs à la fois si on ne l'était pas; c'eût été un libertinage que la loi ne pouvait permettre. Comme les justes noces ne se constataient par aucun acte chez les Romains, il pouvait arriver qu'il fût incertain s'il y avait mariage légitime ou concubinat. La loi établissait alors une présomption légale : si la femme était *ingénue* et de bonnes mœurs, elle était réputée femme légitime (*uxor*); si elle était affranchie ou si elle exerçait une profession peu estimée, comme celle de comédienne, etc., elle passait pour concubine jusqu'à preuve contraire. Le concubinat des Romains offre quelques analogies avec le mariage morganatique des princes Allemands. Constantin commença indirectement à restreindre cet usage, en décidant que lorsqu'on épouserait sa concubine, les enfants qu'on aurait d'elle seraient par le fait légitimés. Dans le cas contraire, on n'aurait pas pu avantager sa concubine ni ses enfants naturels. Valentinien adoucit cette défense, et permit de laisser quelque chose aux enfants naturels. Du temps de Justinien le concubinat existait encore : on l'appelait *licita consuetudo*. Ce fut l'empereur Léon qui l'interdit absolument par sa novelle 91, laquelle ne fut observée que dans l'empire d'Orient. Dans l'Occident, le concubinat continua d'être fréquent chez les Lombards et les Germains; il fut même longtemps en usage en France.

CONCUPISCENCE (du verbe latin *concupisco*, je désire avec ardeur). C'est, au dire des théologiens, l'*appétit* ou le *désir immodéré*, ou la *convoitise* des choses sensuelles, inhérent à l'homme depuis sa chute. Le père Malebranche définit la *concupiscence* un effort naturel que les traces, les impressions du cerveau font sur l'âme pour l'attacher aux choses sensibles. L'empire et la force de la *concupiscence* sont selon lui ce que nous appelons le *péché original*. Il en trouve la source dans les impressions qu'auraient produites sur le cerveau de nos premiers parents ce péché et leur chute, impressions qui se seraient transmises depuis à tous leurs descendants. Mais ce système tombe de lui-même, tant il est peu conforme à l'esprit de la foi, qui regarde la *concupiscence* comme une peine attachée à la faute des coupables, peine qui consiste dans la privation ou la diminution de la grâce de Dieu.

Les scolastiques se servent du terme *appétit concupiscible* pour désigner l'envie de posséder un bien, par opposition au *appétit irascible*, qui s'applique à l'acte qui nous porte à fuir un mal.

Un moine écrit contre Julien, évêque d'Eclane, saint Augustin considère la *concupiscence* sous quatre aspects, nécessité, utilité, vivacité, désordre du sentiment, desquels un seul lui semble coupable, le dernier; et il le définit ce penchant que nous avons tous au mal, penchant qui se perpétue dans les baptisés et dans les justes, comme une conséquence, une suite, une peine du péché original et pour servir d'exercice à leur vertu.

CONCURRENCE, CONCURRENT (mots faits, comme *concours*, du latin *cum*, avec, et *currere*, courir). Indépendamment de la signification commerciale, qui a pris une grande extension, une extension politique même, dans notre siècle éminemment spéculateur, *concurrence* signifie, dans l'usage habituel, la prétention réciproque de deux personnes à une même charge, à une même dignité, ou à tout autre avantage. En jurisprudence, *concurrence* se dit de l'action simultanée d'un droit égal. Dans les distributions de deniers, on ordonne que ceux qui ont le même droit seront payés par *concurrence* au marc le franc. *Concurrence* signifie aussi un payement au *prorata* de la dette. Les deniers provenant de la vente de meubles seront payés au propriétaire jusqu'à *concurrence* des loyers qui lui sont dus. En théologie, on dit *concurrence* des offices, *concurrence* des fêtes, quand il y a coïncidence le même jour entre deux offices, deux fêtes différentes.

Concurrent est synonyme de *compétiteur*. « La plupart se consoleraient de leurs disgrâces, dit le Père Bouhours, si leurs *concurrents* n'étaient pas plus heureux qu'eux. » La puissance souveraine ne veut point de *concurrent* ni de compagnon. Octave fut heureux de se délivrer d'un *concurrent* aussi redoutable que Marc-Antoine.

Charles DU ROZOIR.

CONCURRENCE (Libre). L'infaillibilité, relative, bien entendu, de l'intérêt individuel et l'impuissance en matière de direction scientifique, artistique et industrielle, des pouvoirs administratifs et gouvernants, tel est le principe le plus général de la théorie de la libre concurrence : c'est la clef de voûte de la théorie. Jamais l'administration, disent les partisans de la concurrence, ne connaîtra aussi bien que le propriétaire l'emploi le plus lucratif et le plus utile d'un instrument de travail. Plus vite et plus sûrement que tous les règlements, l'intérêt individuel poussera les capitaux, les bras et les intelligences dans les directions les plus profitables; l'intérêt privé n'est accessible à aucune des considérations qui influencent toujours plus ou moins l'administration : il ne voit et ne cherche qu'une chose, son gain, et l'on sait que le gain social n'est que la somme des gains privés. Ainsi donc *laissez faire*, *laissez passer* : Liberté pleine et entière à l'emploi des bras, au placement des capitaux : les branches lucratives seront seules cultivées; les branches stériles seules abandonnées; d'elle même, la répartition des capitaux et des bras se proportionnera aux besoins des diverses parties de l'atelier industriel; car les fonds et les ouvriers vite et sans autre avertissement que celui de l'intérêt les emplois où l'offre surpassera la demande. Quel meilleur moyen de pousser vite et loin tous les progrès que d'en laisser le champ librement ouvert à toutes les capacités? Le plus habile, le plus inventif, le plus économe, l'emportera. La concurrence efface le privilège et tue le monopole : elle ne laisse entre les hommes que les saintes et ineffaçables inégalités du génie, de l'activité et de l'aptitude; elle spécialise naturellement l'emploi des facultés, et, sans violence exagérée chacun à la place où il est le plus utile; rien au monde ne peut remplacer l'excitation de la lutte et de la compétition ; la concurrence suscite le génie par la nécessité, l'entretient par l'émulation, l'aiguillonne sans cesse par la rivalité. Grâce à elle, chaque homme développe sa spontanéité et prend possession de lui-même ; grâce à elle la société tout entière profite, et de l'économie plus grande des moyens de production, et de l'abaissement constant des prix de vente, et des travaux perpétuellement renaissants de tant de génies qu'auraient engourdis les règlements les plus habiles.

Avant d'examiner la valeur scientifique et sociale de la théorie dont nous venons d'exposer brièvement les principes, il est bon de voir sous l'empire de quelles circonstances elle a pris dans la science économique le crédit et la domination dont elle a joui jusqu'en ces derniers temps. L'économie politique est une science toute moderne, dont l'origine ne remonte guère au delà de la dernière moitié du siècle précédent. Elle est donc née à cette époque où un besoin général d'émancipation, de richesse, de liberté et d'essor industriel achevait de battre vigoureusement en brèche toutes les parties de la vieille et forte organisation du moyen âge. Quand on se représente la situation précaire et humiliée de l'industrie pendant le moyen âge, l'oppression des gens de robe et d'épée sur les gens de travail et d'industrie, la lenteur avec laquelle l'industrie, délivrée de ses plus lourdes chaînes, se dépouilla du dédain et de l'humiliation qui l'enveloppaient encore, le peu de faveur, je dirai plus, le peu d'attention que lui donnaient les formes, les mœurs, les institutions sociales d'alors; quand on la voit, souple et rusée, s'insinuer à petit bruit dans le corps social, et, n'y trouvant nulle part de place disposée pour elle, s'arranger de son mieux et enfoncer en silence ses racines profondes dans les crevasses du vieil édifice qu'elle devait un jour ébranler tout entier, on comprend qu'à l'époque où pour la première fois des esprits droits et profonds étudièrent sur une large échelle les phénomènes de la production et de la consommation, frappés des injustices sans nombre de l'ordre social, indignés des bévues perpétuelles des gouvernements, ils n'aient senti qu'un besoin : l'affranchissement ; poussé qu'un seul cri: *la liberté*! L'industrie, devenue virile, avait à briser tout d'abord les auxiliaires mêmes de ses progrès passés. Selon la commune destinée des institutions sociales, les *jurandes*, les *maîtrises*, les *corporations*, créations successives de siècles écoulés, étaient devenues les ennemies du progrès, qu'elles avaient autrefois servi; jadis instruments de lutte et d'affranchissement, elles n'étaient plus au dix-huitième siècle que des instruments de monopole et d'esclavage. Aussi le principe de la *libre concurrence*, c'est-à-dire de l'émancipation individuelle, est-il né dans le berceau même de l'économie politique, et dès le commencement du dix-huitième siècle, cinquante ans avant Quesnay et soixante-dix avant Smith, un nommé Bandini, de Sienne, écrivait qu'il n'y avait jamais eu de disette que dans les pays où les gouvernements s'étaient mêlés d'approvisionner les peuples. On a fait en économie politique ce qu'on fit alors en toute chose, on a protesté. A l'incapacité des puissances on opposa la raison individuelle ; on ruina l'autorité des règles en montrant la multitude des exceptions. Partout, en tout, sur tout, on demanda la liberté, l'émancipation, l'essor complet de toute spontanéité, la chute d'une organisation sociale dont les cadres vieillis éclataient de toutes parts à mesure qu'on s'efforçait de maintenir sous leur poids et d'enlacer dans leurs détours les généreux et puissants élans de l'avenir. En d'autres termes, la doctrine de la libre concurrence ne fut autre chose que l'expression particulière à l'économie politique de la doctrine générale de la souveraineté de la conscience et de la raison individuelle, qui à l'époque dont nous parlons menait si vite et si victorieusement au tombeau des institutions basées sur le principe d'autorité. Or, les économistes ont fait dans leur domaine comme les philosophes et les publicistes dans le leur; leur négation a été *absolue* : les premiers, en face d'une organisation sociale hostile au progrès économique, ont nié l'utilité d'une organisation industrielle en général, comme les seconds ont nié toute autorité en face d'un principe d'autorité exclusif et incomplet.

C'était une erreur de théorie, que l'expérience seule devait corriger, mais l'expérience a été longue, difficile et dispendieuse Les guerres gigantesques et les tourmentes terribles de la Révolution, les victoires du Consulat, les triomphes et,

plus tard, les revers de l'Empire ne permirent de longtemps la tranquille expérimentation du principe de la concurrence : malgré les merveilles industrielles dont le génie multiple de Napoléon voulut aussi marquer son passage, malgré les développements rapides que prirent pendant le blocus continental, soit notre propre fabrication, soit notre commerce avec le continent européen, cette époque ne pouvait vérifier la valeur de la nouvelle théorie : notre industrie participait de la position fausse, forcée, antisociale, où le blocus plaçait la France et l'Europe; elle grandissait, mais en serre chaude, dans une atmosphère factice; ses progrès étaient subits, violents, prématurés; sa prospérité précaire et suspendue comme par un fil aux destinées aventureuses de Napoléon. Ce n'est guère qu'en 1816 et dans les années suivantes, quand, fatiguée d'une lutte guerrière et politique de plus de quarante années consécutives, la France vécut enfin de la vie industrielle et pacifique, que put se faire avec suite l'application des principes de libre concurrence; encore faut-il remarquer que l'expérience n'en fut point faite d'une manière absolue : tout le système douanier de la Restauration, emprunté pour le régime colonial aux traditions de l'ancien régime, pour les tarifs prohibitifs des denrées étrangères aux traditions impériales, fut une large et continuelle dérogation au principe absolu de la concurrence, qui devrait aussi bien s'appliquer aux relations internationales qu'aux relations privées des habitants d'un même pays.

Nous n'avons pas à faire l'histoire détaillée des résultats bons et mauvais de cette grande expérimentation; il nous suffira de lui demander les caractères généraux : des villes désertes se sont peuplées, des populations décimées par la misère se sont accrues et enrichies ; agriculture, commerce, manufactures, tout a changé de face; des industries dont nos pères savaient à peine les noms nourrissent leurs enfants par milliers; les inventions ont pullulé; nos richesses minérales ont été fouillées ; le nombre de nos usines a décuplé; nos moyens de transport ont centuplé; une incroyable ardeur industrielle s'est emparée de notre jeunesse; nos voyageurs se sont répandus sur le continent comme une armée; toute une révolution s'est faite dans le logement, le vêtement, la nourriture, les moyens d'instruction et de plaisir de nos populations; la vie moyenne s'est accrue de plus d'un cinquième en moins de soixante années, et la population de la France de plus d'un tiers; il suffit de parcourir le pays et de songer en même temps aux énormes sacrifices d'hommes et d'argent au prix desquels il a conquis ses libertés, pour comprendre quelle prospérité lui ont valu depuis quarante ans la destruction des barrières féodales et l'émancipation définitive de l'industrie.

Mais à côté des bienfaits incontestables de la libre concurrence, que de nombreuses et funestes catastrophes sont venues périodiquement porter l'alarme, le désordre, la désolation, dans nos principales industries! que d'années désastreuses marquées par une interminable liste de banqueroutes et de faillites! quelle triste et douloureuse série d'engorgements et de disettes alternatives! quels terribles conflits entre les ouvriers et les maîtres, entre les salaires et les profits ! Quel tableau que celui d'un état social où une baisse de quelques centimes dans les façons d'un produit a mis à feu et à sang la seconde ville du pays, arraché la vie à quelques milliers d'hommes, détruit en huit jours des millions, mis à deux doigts de sa perte la plus riche de nos industries! Nul doute qu'en dernière analyse ces luttes et ce pêle-mêle ne profitent à la société, et l'on peut apporter en preuve les progrès réels accomplis depuis vingt ans ; mais cette preuve, que vaut-elle? On prouverait de même que la guerre, que le servage, que l'esclavage lui-même, que tous les fléaux dont l'humanité s'est successivement délivrée furent en leur temps des instruments de progrès et n'ont pas empêché l'accroissement du bien-être et de la moralité. La question est de savoir si les résultats obtenus sous le régime de la libre concurrence ne peuvent l'être à meilleur prix, et si le temps n'est point venu de mettre fin à cette effroyable destruction de capitaux, des forces intellectuelles et morales perdues à chaque moment dans le gaspillage anarchique de la libre concurrence. Qu'on mette en ligne de compte les individus injustement écrasés par la ligue, la cabale, le charlatanisme, la fraude, la perte de temps et d'efforts, résultant soit du manque d'ensemble, soit de la simultanéité isolée de travaux qui s'ignorent et s'annulent réciproquement, soit de l'ignorance forcée où vivent la plupart des industriels sur l'état du marché, sur les besoins réciproques de la consommation et de la production, et l'on verra que les fruits heureux de la concurrence sont payés mille fois trop cher, et qu'avec moins de temps, moins de capitaux, moins de peines et de douleurs, la production générale et privée pourrait devenir plus considérable, moins coûteuse, et la consommation par conséquent s'accroître en proportion.

Ajoutons que la pratique de la concurrence démoralise radicalement les travailleurs; elle engendre l'égoïsme, elle dénoue le lien social, elle habitue chaque individu à prendre exclusivement son *moi* pour centre, son intérêt personnel pour guide. *Chacun pour soi, chacun son droit!* Telle est la maxime générale. Entraîné une fois dans la mêlée, le plus honnête devient victime du moins scrupuleux, et dans ce conflit d'intérêts qui s'entre-choquent et de forces qui s'annulent, la tentation est puissante, et souvent écoutée, de *coudre la peau du renard à la peau du lion*, et de joindre la fraude à l'habileté, le charlatanisme à l'adresse! Enfin, le principe fondamental de la théorie de la libre concurrence : l'infaillibilité relative de l'intérêt et des lumières individuelles, est faux; l'intérêt privé voit mieux les détails, l'intérêt social juge mieux l'ensemble; l'un s'arrête trop souvent au présent, l'autre rend solidaires dans ses prévisions le passé, le présent et l'avenir. La question des machines en offre un exemple frappant : si l'intérêt à venir de la classe ouvrière elle-même profite au lieu de perdre à l'introduction des machines, son intérêt présent, son intérêt individuel lui crie qu'elle y perd, et cependant l'introduction des machines est-elle un mal?

Nous n'hésiterons donc pas à dire, avec les économistes les plus avancés, que le principal travail de l'économie politique n'est plus de réclamer la liberté et la démolition de l'organisation ancienne, mais bien de travailler désormais à la réorganisation de la société en général et à celle de l'industrie en particulier. Longtemps elle a inscrit seule sur ses bannières cette maxime célèbre : *Laissez faire, laisser passer*; aujourd'hui, elle change de devise : *association!* Tel est désormais son cri de ralliement. Les économistes qui ont demandé et obtenu la non-intervention du gouvernement en matière industrielle firent bien, car jusque ici, guerrière ou métaphysique, la politique des gouvernements fut en opposition avec les besoins et l'esprit industriels; les économistes modernes ne détruisent point le principe posé par leurs devanciers; ils le complètent et le poussent plus loin : ils demandent non plus seulement la neutralité du gouvernement, mais sa protection efficace et directe.

Parvenu à reconnaître le mal produit par l'application trop excessive du principe de la libre concurrence, à signaler la nécessité de travailler à une réorganisation qui comprenne et embrasse la réorganisation de la science, des beaux-arts et spécialement de l'industrie, l'économie politique a malheureusement peu de choses à ajouter sur les moyens de résoudre le grand problème qu'elle se pose : elle prononce hardiment et avec assurance le mot *association*, mais ce mot est encore bien sur sa bouche une espérance et une promesse; les moyens manquent de la réaliser. Nous allons cependant énumérer brièvement les améliorations principales proposées par l'économie politique moderne pour diminuer les effets désastreux de la libre concurrence, et préparer de loin un avenir qu'on n'entrevoit encore qu'à travers mille ténèbres.

1° L'égalité de tous au point de départ, c'est-à-dire l'abolition de tout privilége et de tout monopole, principe posé par les économistes du *laissez faire*, doit recevoir une application progressive par l'établissement graduel de l'éducation et de l'institution *professionnelle*, données gratuitement à tous les membres de la société, hommes et femmes. 2° Tout en laissant les individus libres dans le choix des directions qu'ils veulent suivre, et du but qu'ils espèrent atteindre, il importe non-seulement à la société tout entière, mais aux individus eux-mêmes, que les divers instruments du travail se trouvent facilement et à peu de frais répartis entre les mains des plus habiles, des plus laborieux, des plus moraux; il faut donc, par un vaste système de banques agricoles, manufacturières et commerciales, institué dans le but de faire baisser le loyer des instruments du travail, veiller à ce que la répartition s'en fasse le plus possible au profit de l'individu et de la société, en sorte que l'homme habile, probe et pauvre, soit toujours crédité. 3° Afin que l'équilibre s'établisse facilement entre la production et la consommation générale, et que chaque industriel puisse, selon ses besoins, connaître toujours à un moment donné l'état de l'offre et de la demande sur les marchés les plus éloignés, il faut favoriser et généraliser les relations commerciales, concéder au commerce l'usage des télégraphes, instituer ou aider l'institution de *lloyds* ou *centres commerciaux*, bureaux authentiques de renseignements et de nouvelles industrielles. 4° L'établissement de moyens de communications rapides et à bon marché, soit pour les voyageurs et les marchandises de prix et de petit volume (chemins de fer), soit pour les denrées pesantes et de peu de valeur (canaux), qui mettent en relation facile et peu coûteuse les divers points du territoire, est encore un moyen efficace de prévenir, par la facilité de transports et la rapide nivellement des prix, qui en est l'effet, l'exagération des cours et l'encombrement ou la disette des denrées.

Nous ajouterons, pour terminer, que si des mesures analogues à celles que nous avons citées comme exemples peuvent efficacement diminuer les maux de la concurrence, la gravité du mal est si profondément descendue dans les entrailles mêmes de la société actuelle, que ce serait folie que d'en attendre une si prompte et si facile guérison. A considérer la liaison intime qui mêle le fait de la concurrence à tous les faits sociaux actuels, peut-être les conditions mêmes de l'association devraient-elles être renouvelées avant que cette plaie soit guérie : organiser l'association solidaire de toutes les classes de la société, tel est le problème par la solution duquel l'économie politique déclare que les maux de la libre concurrence peuvent disparaître; mais ce problème, tout ce qu'elle peut faire aujourd'hui, c'est de le poser; de longues années s'écouleront sans doute avant sa solution complète et définitive!

Charles Lemonnier.

CONCUSSION. C'est le crime que commet un officier public ou un homme revêtu d'une autorité quelconque en exigeant de ceux qui dépendent de son ministère de plus grands droits que ceux que les lois ou règlements lui accordent ou permettent de lever.

La concussion prend le nom d'*exaction* lorsque celui qui perçoit plus qu'il ne doit recevoir donne reçu de ce qu'il a pris. Elle diffère du *péculat* en ce que le péculat résulte de la soustraction des deniers de l'État par ceux qui en ont le maniement.

A Rome, la loi des Douze Tables prononçait la peine de mort contre les magistrats qui déshonoraient ainsi leur ministère. D'après la loi *Cornelia (De repetundarum)*, le coupable était interdit de l'eau et du feu; le Code de Justinien prononçait enfin comme peine la restitution du quadruple et le bannissement perpétuel. En France, sous Philippe IV,

Louis X et Charles IV, ce crime fut puni de mort. Plus tard on n'appliqua plus aux coupables que l'amende, le bannissement ou les galères, suivant les circonstances. L'article 160 de l'ordonnance de Blois, de mai 1579, prononçait la peine de mort contre les greffiers, sergents et autres ministres de justice qui se rendraient coupables de concussion en prenant de plus grands salaires que ceux qui leur avaient été alloués par les cours et juridictions, auxquelles il était enjoint de taxer le plus justement que faire se pourrait ; et, pour éviter toute fraude, il était formellement ordonné de déposer les taxes aux greffes et de les tenir publiques. D'après l'article 127, le président devait taxer les épices sur les extraits des rapports. L'article 159 exigeait que les juges, greffiers, notaires et autres officiers de justice écrivissent tout ce qu'ils recevraient des parties pour épices, vacations, salaires, sous peine d'être condamnés à perdre la vie, comme concussionnaires, sans espoir d'obtenir aucune grâce. Le cardinal de Richelieu parvint à faire condamner à mort le maréchal de Marillac comme concussionnaire ; sous Louis XVI, l'infortuné Lally-Tolendal fut envoyé à l'échafaud sous le prétexte de s'être rendu coupable de concussion pendant son gouvernement des Indes.

L'article 174 du Code Pénal prononce contre les fonctionnaires et officiers publics qui se rendent coupables de concussion la peine de la réclusion qui est de cinq à dix ans ; ils sont en outre frappés de dégradation civique ; et, avant l'abrogation de l'article 22 du même Code ils devaient subir l'exposition publique. Les commis ou préposés des fonctionnaires publics qui se sont rendus coupables du même crime peuvent être condamnés à un emprisonnement de deux à cinq ans. Cette condamnation n'emporte point avec elle la dégradation civique. Dans tous les cas, l'amende du douzième au quart de la valeur de l'objet sujet à la restitution doit être appliquée. Les officiers ministériels doivent être considérés comme compris dans l'article du Code Pénal. Toutefois, les huissiers ni les avoués ne doivent pas considérés comme concussionnaires que pour les objets compris au tarif et s'ils exigent un payement exagéré. Mais les sommes qu'ils reçoivent à titre d'honoraires pour des démarches particulières ne peuvent donner lieu à concussion. Il en est de même des notaires, dont les honoraires se règlent à l'amiable.

Les commissaires-priseurs ou les huissiers qui recevraient des acheteurs des sommes plus fortes que le montant de leurs enchères seraient concussionnaires.

La concussion peut être poursuivie et dénoncée non-seulement par celui contre lequel elle a été commise, mais aussi par toute autre personne, soit qu'elle ait intérêt ou qu'elle n'en ait pas, soit pendant que le concussionnaire est en exercice de ses fonctions ou après, s'il les a quittées. Ce crime étant d'ordre public et imprescriptible ; la mort du coupable n'éteint que la réparation pénale ; la réparation pécuniaire peut être poursuivie contre les héritiers. Il n'est pas besoin de l'autorisation préalable du gouvernement pour poursuivre comme concussionnaires les autorités qui ordonneraient la perception de contributions directes ou indirectes autres que celles autorisées ou maintenues par les lois des finances.

CONDAMINE (La). *Voyez* La Condamine.

CONDAMNATION (du verbe latin *condemnare*). *Condamner* quelqu'un, c'est lui infliger une peine pour avoir fait ce qui lui était défendu par la loi ; c'est l'obliger par jugement à payer ce qu'il doit, à faire une chose à laquelle il s'était engagé. On distingue les condamnations, comme les jugements qui les ont prononcées, en *provisoires* et *définitives*, et, sous un autre point de vue, en condamnations *contradictoires* et condamnations *par défaut*. Les condamnations *provisionnelles*, qui accordent, par provision, un à-compte sur la somme présumée due, sont ordinairement des condamnations provisoires. Une condamnation est dite *solidaire* quand elle s'appliqua à plusieurs condamnés, dont chacun peut être tenu seul d'en supporter toutes les conséquences. La *condamnation par corps* est celle qui entraîne la contrainte par corps. En matière criminelle, on nomme *condamnation civile* les dommages-intérêts ou autres réparations auxquelles celui qui succombe est condamné envers la partie plaignante. On distingue en outre la condamnation *pécuniaire* de la condamnation *corporelle* ou *afflictive* et de la condamnation *infamante*, suivant la peine appliquée. En cour d'assises, les condamnations prononcées contre un absent sont des condamnations *par contumace*. Les condamnations se divisent aussi en *consulaires*, *civiles*, *criminelles*, *administratives*, suivant les tribunaux appelés à les prononcer. Toute condamnation doit être motivée. *Passer condamnation*, c'est se désister de sa demande, ou acquiescer à une demande formée. *Acquitter les condamnations*, c'est payer ce à quoi l'on a été condamné ; *subir sa condamnation*, c'est exécuter la peine, se soumettre au châtiment auquel on a été condamné.

CONDAMNÉ. Ce nom ne s'étend pas absolument à toutes les acceptions du mot *condamnation* ; il ne désigne guère que celui qui a été condamné à une peine corporelle. Si par suite de sa condamnation, ce dernier a perdu la protection des lois générales de la cité, il n'en doit pas moins rester protégé par sa qualité d'homme et par les lois qui limitent les droits de la société dans la répression. Il s'ensuit que la société deviendrait coupable si, dans la nécessité où elle croit se trouver de punir, elle permettait que la peine fût hors de proportion avec le délit, ou qu'il fût fait abus des moyens de répression contre le condamné. Déjà la loi a adouci des pénalités ; elle a enlevé tout ce qui venait accessoirement ajouter à la peine : le carcan, la marque, l'exposition ne doivent plus s'appliquer en matière politique. Les prisons se transforment, leur régime intérieur s'adoucira encore sans doute ; et il ne faut pas le regretter, car ces condamnés doivent être un jour rendus à la société, et elle ne doit pas au moins avoir à se reprocher de les endurcir par de mauvais traitements.

On divise les condamnés en plusieurs catégories, non pas selon la nature de leurs crimes ou délits, mais suivant les peines qu'ils ont encourues et les prisons qui les reçoivent. Nous trouvons d'abord les *jeunes détenus* acquittés, mais quoique coupables, par défaut de discernement, mais maintenus en prison jusqu'à un certain âge ; puis viennent les mendiants et vagabonds, les condamnés à l'emprisonnement, à la détention, à la réclusion, les condamnés aux travaux forcés détenus au bagne ou envoyés dans la colonie de Cayenne, enfin les condamnés à mort. Tous ces condamnés sont à la disposition des autorités administratives. Tous sont astreints au travail ; sauf les condamnés à mort, qui sont soumis aux précautions les plus minutieuses. Autrefois les condamnés à mort étaient privés de tous les sacrements. Après 1360, on leur accorda le sacrement de pénitence. Des colonies intérieures ont été fondées pour recevoir les jeunes condamnés dont la conduite laisse quelque espoir d'amélioration ; des sociétés ont été créées pour s'occuper des condamnés libérés. Sans doute la philanthropie risque de s'égarer en s'occupant du sort de ces malheureux, et pourtant tout fait un devoir à la société de ne point les abandonner ; le régime des prisons appelle depuis longtemps des réformes radicales, et la loi devrait surveiller efficacement les condamnés à leur sortie de prison, non pas pour continuer leur peine par le supplice de la surveillance, mais pour les protéger contre la tentation du mal. En tout cas, une fois sortis de prison, leur condamnation ne peut leur être reprochée que dans le cas de récidive. Néanmoins la condamnation conserve certains effets relativement à l'exercice soit des droits civils, soit des droits politiques, et la tache n'en peut être entièrement effacée que par la réhabilitation.

Les condamnés militaires sont soumis à un régime particulier : peu de ces condamnés sont emprisonnés dans les pénitenciers ; la plupart passent dans des compagnies de discipline : en outre, des ateliers en plein air sont organisés pour les condamnés au boulet ou aux travaux publics.

Enfin les condamnés à mort sont passés par les armes.

Nous aurions encore à parler des *condamnés politiques*, que l'administration s'est toujours efforcée de confondre avec les autres condamnés, mais que la conscience publique place sur une tout autre échelle. « Les crimes politiques, dit M. de La Guéronnière, sont sans excuse devant toutes les législations, qui les condamnent, et devant la société, qu'ils bouleversent. L'histoire les absout quelquefois dans leurs résultats, mais la morale éternelle, qui domine de bien haut les accidents éphémères des partis, les réprouve toujours dans son principe. Cependant il est impossible de ne pas reconnaître que si l'élément du péril social est plus considérable dans les crimes politiques que dans les crimes privés, l'élément d'immoralité et de perversité peut ne pas s'y trouver au même degré. D'un côté, c'est le résultat qui est terrible, de l'autre c'est la cause qui est honteuse. Il y a entre les crimes politiques et les crimes privés la même différence qu'entre la passion et l'abjection, entre la corruption de l'esprit et celle du cœur. L'homme qui assassine sera toujours plus coupable que l'homme qui conspire, car il sera nécessairement plus dégradé. L'assassin attente à l'ordre moral en détruisant son semblable, et l'œuvre de Dieu ; le conspirateur attente à l'ordre social en attaquant une constitution et un gouvernement, qui est l'œuvre d'un pays et le résultat de la civilisation. De la part de l'un comme de l'autre, il y a crime, et crime également odieux, mais essentiellement distinct dans sa nature et dans sa cause. » Aussi les crimes politiques empruntent-ils aux circonstances, aux événements, aux mobilités de l'opinion, aux transformations sociales des aspects divers et quelquefois contradictoires. La postérité voit souvent dans les condamnés politiques des victimes, parfois des héros. Un Dieu a voulu être un condamné politique. D'autres plus tard ont vu leurs projets réussir : Brutus conduit la république, Octave rétablit le trône de César. De nos jours, on récompensa les condamnés politiques des gouvernements précédents ; la république convertit ces récompenses en secours. Arrivé à la présidence, Louis-Napoléon avait eu le courage de se repentir d'avoir conspiré contre un gouvernement établi.

CONDE (José-Antonio), savant orientaliste et antiquaire espagnol, naquit à Paraleja, petite ville de la province de Cuenca, en 1765. Élevé dans l'université d'Alcala, il y reçut de bonne heure le grade de docteur, et se livra avec ardeur à l'étude du grec, de l'hébreu et de l'arabe. A trente et un ans il publiait une traduction en vers d'Anacréon, de Théocrite, de Bion et de Moschus, et trois ans plus tard le texte arabe, avec traduction, de la description de l'Espagne par le chérif nubien El Edrisi. L'apparition de ces deux ouvrages le mit en réputation : il fut admis dans l'Académie espagnole et dans celle d'Histoire de Madrid, qui le choisit pour son antiquaire et son bibliothécaire. Ce fut alors qu'il s'adonna à l'étude des manuscrits arabes et commença à recueillir les matériaux du livre qu'il devait publier plus tard sur la domination des arabes en Espagne. Pendant l'invasion de sa patrie par les Français, il fut nommé bibliothécaire-archiviste du ministère de l'intérieur. Réfugié en France en 1813, il y vécut retiré dans un village du midi jusqu'en 1817, où il put rentrer en Espagne.

Le gouvernement ne lui rendit point son emploi à la bibliothèque royale, mais il fut replacé sur la liste des membres de la Société Économique de Madrid et de l'Académie d'Histoire. Une mort prématurée l'enleva le 20 octobre 1820, au moment où il venait de donner son premier volume de l'*Histoire de la Domination des Arabes en Espagne* et qu'il préparait la publication du second. Ce deuxième volume et le troisième, qui termine l'ouvrage, ont été publiés après sa mort, et sont plus que le premier entachés de fautes et de négligences, qu'il serait injuste d'attribuer exclusivement à l'auteur. Ce livre, qui est son véritable titre de gloire, a été composé tout entier à l'aide des historiens arabes, Conde s'étant interdit de faire usage de ce qu'ont écrit les Espagnols chrétiens. Cependant, il fait plus d'honneur à son érudition qu'à sa critique, offrant un grand nombre de redites, de contradictions, d'anachronismes, de faits isolés, insignifiants, de méprises dans les noms d'hommes et de lieux, etc., ce qui jette de l'embarras et de l'obscurité dans la narration. Il a été traduit en français en 1825, en 3 vol, in-8°, par de Marles. Conde eut d'illustres amis, et les mérita, par la douceur et la bonté de son caractère.

CONDÉ ou CONDÉ-SUR-L'ESCAUT, ville de France dans l'ancien Hainaut, aujourd'hui département du Nord, sur la rive droite de l'Escaut, est une place forte de première classe, peuplée de 5,300 âmes environ, ayant un collége communal, un bel hôtel de ville, un superbe arsenal, un grand entrepôt des houilles qu'on exploite aux alentours, des fabriques de chicorée-café et de savon, etc. Elle fait un grand commerce de bestiaux.

Cette ville est fort ancienne. Les Normands s'en emparèrent en 882. Philippe d'Alsace la ruina en 1174. Elle fut rebâtie quelque temps après, et il s'y tint un célèbre tournoi en 1326. Louis XI, l'ayant assiégée sans succès en 1477, la prit en 1478, malgré une vigoureuse résistance ; mais il fut obligé de l'abandonner à la nouvelle de l'approche de l'archiduc Maximilien. Les Français ne la quittèrent pas l'avoir pillée et incendiée. Prise par le prince d'Orange en 1580, elle tomba de nouveau, en 1649, au pouvoir des Français, qui l'évacuèrent plus tard. Turenne s'en rendit maître en 1655 ; le prince de Condé la reprit l'année suivante, à la tête de l'armée espagnole. Le 11 avril 1679 Louis XIV vint en faire le siége avec une armée de 50,000 hommes ; le prince d'Orange accourut à son secours. Le 25 le roi fit attaquer les dehors de la place, et tous les ouvrages furent promptement enlevés, ce qui jeta l'épouvante dans la ville et obligea la garnison de capituler et de se rendre prisonnière. Le traité de Nimègue assura la possession de Condé à la France, et Vauban l'entoura de nouvelles fortifications. Après la défection de Dumouriez, l'armée coalisée menaça à la fois Lille, Condé et Maubeuge. Tous les avant-postes de Condé furent repoussés le 9 avril 1793, et la place se trouva complétement investie par l'armée de Cobourg. Quatre mille soldats s'y défendirent bravement. Pendant près de trois mois cette vaillante garnison supporta des privations et des fatigues inouïes : elle n'avait plus de vivres que pour deux jours, lorsqu'elle céda enfin à la nécessité et capitula le 12 juillet 1793. Le commandant autrichien de Condé, privé de tout espoir de secours, environné d'une armée nombreuse, se rendit à discrétion le 30 août 1794. Défendue vaillamment en 1814 par l'intrépide Daumesnil, cette place fut assiégée de nouveau, pour la dernière fois, en 1815, et ne se rendit qu'avec les honneurs de la guerre.

La ville de Condé avec ses dépendances avait appartenu d'abord à la maison d'Avesnes, puis à celle de Châtillon-Saint-Pol. Elle passa, au quatorzième siècle, à la maison de Bourbon, à laquelle Charles-Quint l'enleva pour la donner aux de Lalain, des mains desquels elle tomba dans la maison de Croï-Solre. Cette famille la possédait au siècle dernier, sous la souveraineté de la France.

Près de Condé, sur la rive droite de l'Escaut, on trouve le *Vieux Condé*, gros bourg d'environ 4,000 habitants, avec un port d'embarquement pour les houilles des riches mines environnantes. Là fut le berceau de la première maison de Condé, à laquelle appartenaient Godefroi, baron de Condé, vers 1200 et les seigneurs d'Avesnes. L'héritière de cette maison, Jeanne, épousa en 1335 Jacques de Bourbon, comte de la Marche, et devint l'aïeule des princes de cette illustre maison.

CONDÉ (Maison de). Cette illustre branche de la maison de Bourbon tire son nom de la ville de Condé en Hainaut, qui lui échut par suite du mariage de Jacques de Bourbon avec une des petites-filles de Godefroi d'Avesnes, baron de Condé. Cette baronnie tomba en partage à Louis II de Bourbon. Un de ses arrière-petits-fils, qui avait le même prénom prit le titre de prince, comme étant issu de sang royal. Depuis lors ce titre fut porté par une série de princes remarquables.

CONDÉ (Louis Ier de BOURBON, prince de), duc d'Enghien, marquis de Conti, auteur des branches de Condé, Conti, et Soissons, naquit le 7 mai 1530. Il était le cinquième et dernier fils de Charles de Bourbon, comte de Vendôme, tige de toutes les branches de la maison de Bourbon, et avait pour frères aînés Antoine de Bourbon, roi de Navarre, père de Henri IV; François, comte d'Enghien; le cardinal Charles de Bourbon, archevêque de Rouen, et Jean, comte d'Enghien, tué à la bataille de Saint-Quentin en 1557. Louis, qui n'avait, comme on disait alors, que la cape et l'épée, se fit remarquer par sa bravoure et son habileté au service de la France, pendant les guerres du règne de Henri II. Quand vint à éclater, sous François II, la rivalité qui avait si longtemps existé entre la maison des Guises et la maison de Bourbon, le prince de Condé, qui, de même que son frère Antoine, considérait l'influence toujours croissante des princes de la maison de Lorraine comme injurieuse aux princes du sang, devint l'âme de la conspiration d'Amboise, dont le but était de chasser de France les princes Lorrains, et de s'emparer de la personne du roi. Cette conspiration ayant été découverte en 1560, le prince de Condé s'enfuit à Nérac, auprès de son frère, et conçut le projet de se rendre maître de toutes les grandes villes de France par la force des armes; mais l'attaque qu'il dirigea contre Lyon échoua. A Orléans, où les deux frères se laissèrent attirer sous le prétexte d'y assister aux états généraux, le prince de Condé fut arrêté, et, malgré ses protestations, condamné à mort, sans autre forme de procès. Mais la mort de François II le sauva de l'échafaud; et Catherine de Médicis le fit déclarer innocent, à la condition que lui et son frère renonceraient à la régence pendant la minorité de Charles IX. Toutefois, dès le 11 avril 1562 le prince de Condé se déclarait, à Orléans, le chef des calvinistes persécutés, et commençait les hostilités en s'emparant d'Orléans, de Rouen et d'autres villes, tandis que son frère s'unissait au parti catholique.

Ce fut là le commencement de la première guerre de religion en France. Après que Condé eut été fait prisonnier à la bataille de Dreux, la cour, à bout d'expédients, s'empressa de conclure à Amboise, le 19 mars 1563, une paix de courte durée. Repoussé par la cour et excité pour son parti, qu'elle persécutait, Condé recommença les hostilités en essayant, de concert avec Coligny, d'enlever Charles IX au château de Monceaux, le 28 septembre 1567. Après la bataille de Saint-Denis (10 novembre), Condé, opérant sa jonction avec les troupes auxiliaires allemandes, vint mettre le siège devant Chartres; mais dès le mois de février 1568 il conclut la paix, dont les premières ouvertures furent faites par Catherine de Médicis. On projetait de le retenir prisonnier avec l'amiral Coligny dans son domaine de Noyers en Bourgogne; mais il réussit à s'échapper. Rassemblant alors des forces considérables, il recommença, dans les premiers mois de 1569, la guerre contre la cour et le parti catholique. Le 13 mai eut lieu la bataille de Jarnac. L'armée catholique, commandée par le jeune duc d'Anjou, commença par battre Coligny. Condé, à son tour, fut entraîné à prendre part à l'action; renversé de cheval, foulé aux pieds dans le désordre de la mêlée, il fut fait prisonnier encore une fois. On était en train de panser les blessures du prince, qui avait fait des prodiges de valeur, lorsque arriva le commandant de la garde suisse, Montesquiou, qui, à l'instigation probablement du duc d'Anjou, le tua d'un coup de feu. Son corps fut, dit-on, enlevé du champ de bataille et porté à la ville sur une ânesse, par une dérision aussi lâche que l'assassinat dont il avait été victime. Bientôt après, cependant, on le conduisit à Vendôme, où, quoique calviniste, il fut déposé dans l'église collégiale, sépulture de ses pères. Il était de chétive apparence, petit et bossu, mais spirituel et aimable autant que courageux. Ses mœurs étaient loin de répondre aux préceptes de l'austère religion qu'il avait embrassée. Il laissa quatre fils : Henri, prince de Condé; François, prince de Conti; Charles, cardinal de Vendôme; et un autre Charles, tige de la maison de Soissons.

CONDÉ (Henri Ier de BOURBON, prince de), né à La Ferté-sous-Jouarre en 1552, avait à peine seize ans lorsque son père fut tué. L'amiral Coligny ayant rallié les protestants, la reine de Navarre, Jeanne d'Albret, lui confia, en présence de l'armée, son fils, Henri de Béarn, et le jeune prince de Condé, *la vraie âme de son père*. Coligny, pour s'assurer sur le parti une prééminence indispensable à l'ensemble et à la célérité des opérations, sans irriter l'amour-propre des autres seigneurs protestants, s'empressa de conférer le titre de chef au prince de Béarn, que l'armée proclama en cette qualité et auquel le prince de Condé fut adjoint. Dociles aux conseils de la reine de Navarre, les deux Henri ne perdaient point l'amiral de vue, l'accompagnaient partout, l'écoutaient avec attention, et semblaient dépendre absolument de ses volontés. Aussi les railleurs les appelaient-ils *les pages de l'amiral*. Tous deux firent sous lui leurs premières armes au combat de La Roche-l'Abeille, en 1570.

Le nouveau prince de Condé avait, dès son enfance, été instruit à l'école du malheur. Compagnon de la fuite de son père à Noyers, il avait senti dès lors toute la gravité de sa position personnelle et des circonstances. « C'estoit, dit Brantôme, un prince très-libéral, doux, gracieux et très-éloquent, et il promettoit d'être un aussi grand capitaine que son père. » Zélé protestant comme lui, il ne rendit jamais suspecte par ses mauvaises mœurs la sincérité de sa profession religieuse. Il eut de bonne heure une tenue, une persévérance politiques qui manquèrent plus d'une fois à Henri IV. Depuis la pacification de 1570, la politique de Charles IX consistait à étouffer sous les caresses le parti huguenot. Le prince de Condé se rendit à Paris en août 1572, pour assister aux noces du jeune roi de Navarre avec Marguerite, sœur de Charles IX. Quatre jours après cette union si funeste eut lieu l'assassinat de Coligny. Le prince de Condé et le roi de Navarre, s'étant rendus chez l'illustre blessé, allèrent se plaindre au roi de la manière la plus énergique, et le prièrent d'agréer leur départ, puisque ni eux ni leurs amis n'étaient en sûreté dans Paris. Charles IX, endoctriné par Catherine, sa mère, les retint en leur assurant que l'amiral serait vengé. Cependant mille indices du massacre de la Saint-Barthélemy, qui se préparait, déterminèrent deux assemblées de protestants. Les plus prudents opinaient à sortir sur-le-champ de la ville; mais le prince de Condé et le roi de Navarre, confiants, inexpérimentés, repoussèrent cette proposition.

Dans la matinée du 24 août, pendant que le massacre s'effectuait dans Paris, Charles IX fit venir auprès de lui les deux princes, et leur promit le pardon de leurs fautes s'ils consentaient à embrasser le catholicisme, les menaçant de mort s'ils balançaient à prendre ce parti. Le roi de Navarre, vaincu par la frayeur, répondit : « qu'il était prêt à obéir à S. M. en toutes choses. » Mais le prince de Condé repartit « que S. M. ordonnât comme il lui plairait de sa tête et de ses biens, qu'ils étaient à sa disposition; mais que pour sa religion il n'en devait rendre compte qu'à Dieu. » Cette réponse mit le roi en si grand courroux, qu'il l'appela par plusieurs fois enragé, séditieux, rebelle et fils de rebelle, jurant que dans trois jours, s'il ne changeait de langage, il le ferait étrangler. Et après avoir exhalé sa colère par ces menaces, il commanda qu'on les gardât soigneusement. Les deux jeunes princes cédèrent à la force. Aussitôt que Condé put se soustraire à ses gardes, il s'enfuit en Allemagne, d'où il adressa à Henri III, qui venait de succéder à Charles IX, une requête pour demander le libre exercice de la religion réformée. Il leva ensuite des troupes étrangères en décembre 1575, et se rendit à leur tête au camp du duc d'Alençon, frère du roi, que l'influence du parti des politiques avait fait élire généralissime de l'armée protestante.

Il régnait entre le prince de Condé et le roi de Navarre quelques dissentiments. Condé ne tarda pas à sentir que l'intérêt de leur religion exigeait qu'il se rapprochât d'un cousin dont il n'approuvait ni les dérèglements ni l'insouciance. Sans doute aussi était-il un peu jaloux des brillantes qualités du Béarnais. Il revint donc sous les drapeaux de ce prince, et fit, en 1587, les prodiges de valeur à Coutras. Il avait, deux ans auparavant, encouru avec lui l'excommunication fulminée par Sixte V ; et lorsque, le 5 mars 1588, le prince de Condé périt empoisonné, à ce qu'on croit, par Charlotte de La Trémouille, son épouse, il y eut des fanatiques qui regardèrent sa fin malheureuse comme un effet des foudres pontificales. Henri III en apprit la nouvelle avec indifférence ; et comme Charles, cardinal de Bourbon, lui voulait persuader que cette mort subite était l'effet de l'excommunication, il lui répondit *que cela n'y avait pas nui, mais qu'autre chose y avait aidé*. Henri IV, plus tard, défendit qu'on scrutât la conduite de Charlotte de La Trémouille, et cependant les charges les plus accablantes s'élevaient contre elle. Le procès s'instruisait ; le Béarnais fit jeter les pièces au feu, et un arrêt du parlement reconnut l'innocence de l'accusée. Quels motifs donnait-on à ce crime? Selon les uns, Charlotte de La Trémouille aurait voulu prévenir la juste rigueur de son mari, qui avait découvert une intrigue entre elle et un page. Selon d'autres, son égale était ce même Henri IV, qui, vingt-cinq ans plus tard voulut séduire une autre princesse de Condé. Enfin, d'après une dernière version, zélée catholique, Charlotte de La Trémouille aurait empoisonné son époux par fanatisme.

CONDÉ (Henri II de Bourbon, prince de), fils du précédent, naquit à Saint-Jean-d'Angély, le 1ᵉʳ septembre 1588, six mois après la mort de son père. Henri IV le fit élever dans la religion catholique, qu'il venait d'embrasser lui-même. Ce monarque lui fit épouser, en 1609, Charlotte de Montmorency, dont il était épris lui-même. Cette passion, accrue par maints obstacles, dont les trois principaux étaient l'âge grisonnant du roi, l'aversion de la jeune princesse et l'intraitable jalousie du mari, poussa Henri IV à mille extravagances impardonnables. Les larmes, les déguisements ridicules, tout y fut mis en jeu, déterminèrent le prince de Condé, pour soustraire son épouse aux poursuites du roi, à fuir la France et à aller chercher un asile à Bruxelles, puis à Milan. Henri IV se plaignit au conseil d'Espagne de l'accueil qu'on avait fait à un prince de son sang sorti de son royaume sans sa permission ; mais on a été trop loin quand on a prétendu que la jalousie fut cause de la guerre que ce roi méditait contre la maison d'Autriche. Après la mort de Henri IV, Condé revint en France ; son ambition, qui n'était ni soutenue par de la fermeté, ni justifiée par du mérite, troubla sans objet les premières années du règne de Louis XIII. Sa première révolte date de janvier 1614, et se termina le 15 mai par le traité de Sainte-Menehould. La régente Marie de Médicis fit des sacrifices de places fortes et d'argent pour satisfaire ses prétentions ; mais plus on lui accordait, plus il exigeait. Sur le refus de la régente de lui déférer le titre de chef du conseil de la surintendance des finances, il quitta de nouveau la cour, publia un manifeste contre l'administration du maréchal d'Ancre, et alluma une seconde fois la guerre civile. Le traité de Loudun termina cette lutte honteuse, dont l'unique mobile était la nécessité de satisfaire une foule de gentilshommes à ses gages ; mais à peine le traité fut-il signé qu'il renouvela ses cabales. La reine ou plutôt le maréchal d'Ancre le fit enfermer à la Bastille, puis à Vincennes. Rendu à la liberté sous le ministère de Luynes, favori de Louis XIII, Condé obtint du roi une déclaration qui le justifiait en flétrissant ceux qui avaient gouverné pendant la minorité. Bientôt il sollicita de la cour un commandement en Languedoc contre les protestants. On le lui accorda, mais avec une défiance d'autant plus naturelle que durant ses démêlés avec Marie de Médicis il avait eu sans cesse à la bouche la menace de se faire huguenot. Toutefois, depuis cette époque il ne fournit à la cour aucun motif de mécontentement, et sous le ministère de Richelieu aucun prince ne se montra courtisan plus servile. Il ne fut pas toujours heureux dans ses expéditions. En 1636 il assiégea vainement Dole, et ne réussit pas mieux en 1638, devant Fontarable ; mais l'année suivante il prit Salces en Roussillon, puis Elne en 1642. A la mort de Louis XIII, il fut admis au conseil de régence, formé sous les auspices d'Anne d'Autriche et de Mazarin. Il mourut le 11 décembre 1646, à cinquante-huit ans. C'était un prince avare, dur, livré, sur la fin de sa vie, aux pratiques d'une dévotion minutieuse. Il expira dans les bras du nonce du pape, et voulut être enterré dans l'église des Jésuites de la rue Saint-Antoine, où il avait fait élever un superbe monument à ses ancêtres. Son mausolée et ce monument ont été placés pendant la Révolution au musée des Petits-Augustins, puis transférés à Chantilly sous la Restauration. Son seul titre de gloire fut, selon Voltaire, d'avoir donné le jour au grand Condé.

CONDÉ (Louis II de BOURBON, prince de), né à Paris, le 8 septembre 1621, mort le 11 décembre 1686, à Fontainebleau, a reçu de ses contemporains le surnom de *Grand*, que l'histoire lui a confirmé. Jusqu'à Louis II de Bourbon tous les Condés avaient été braves, mais malheureux à la guerre. Quant au grand Condé, il fut toujours heureux tant qu'il ne combattit point contre sa patrie. Enfin, il a eu le bonheur d'avoir pour panégyriste Bossuet, dont l'*oraison funèbre* est un sublime morceau d'histoire militaire. Dès son début à la cour il manifesta à l'égard de Richelieu ce caractère d'opposition que Louis XIV seul put dompter ; le cardinal punit Condé en lui faisant épouser, par ordre exprès du roi Louis XIII, Claire-Clémence de Maillé-Brézé, nièce de cette éminence. A la mort de Louis XIII, Condé était à l'armée : « Il était né général, dit Voltaire : l'art de la guerre était en lui un instinct naturel. » Il n'avait que dix-huit ans lorsque Richelieu le jugea et prophétisa sa gloire. Ici se placent la victoire de Rocroi (19 mai 1643), la prise de Thionville, la bataille de Fribourg (1644), celle de Nordlingue (3 août 1645), enfin la prise de Dunkerque (1646). Envoyé en Catalogne l'année suivante, il échoua devant Lérida ; mais rappelé en Flandre, ce premier théâtre de sa gloire, il remporta la victoire de Lens (20 août 1648), qui décida la paix avec l'Allemagne. Condé revint alors à Paris, où la *fronde* s'était formée contre l'administration de Mazarin. Recherché des deux partis, il prit et quitta tour à tour celui de la cour et celui de la fronde. Il ne figura dans l'un et dans l'autre que pour se faire enfermer à Vincennes et pour attiser les brandons de la guerre civile. Il finit par déserter sa patrie, et alla se jeter dans les bras des Espagnols, alors les plus redoutables ennemis de la France, et pendant huit années consécutives il fit presque sans gloire la guerre contre son pays. Cependant la belle retraite d'Arras en 1654, le siège de Valenciennes en 1656, le secours qu'il jeta dans Cambrai en 1657, ne doivent pas être passés sous silence.

Enfin, lorsqu'en 1660 la paix eut été conclue avec l'Espagne, Condé, se voyant sans ressource, perdit sa fierté, déjà si souvent humiliée par l'orgueil castillan; il vint à Aix en Provence se jeter aux pieds du roi et s'humilier devant le cardinal Mazarin. Il fut reçu froidement et avec hauteur. On le laissa d'abord sans commandement; mais dès 1663 Louvois, jaloux de Turenne, chargea Condé de la conquête de la Franche-Comté. Le prince prit Dôle, qui avait résisté à son père. En 1672 il se signala au passage du Rhin, où il eut le poignet cassé d'un coup de feu. C'est la seule blessure qu'il ait reçue dans toutes ses campagnes, et cependant il s'exposait autant qu'il exposait les autres. Enfin, la victoire de Senef (11 août 1674), plus meurtrière que décisive, et la campagne de 1675, où, après la mort de Turenne, il arrêta les progrès de Montécuculli, terminèrent la carrière militaire du prince de Condé. Il demanda sa retraite, alléguant des douleurs de goutte; mais il ne pouvait ignorer combien Louis XIV était mécontent du sang inutilement prodigué à Senef.

Depuis cette époque Condé parut rarement à la cour, et vécut dans sa résidence de Chantilly, qu'il s'occupa d'orner avec autant de goût que de magnificence. Laissant de côté les déclamations et les éloges outrés dont le grand Condé a été l'objet, nous citerons avec confiance l'appréciation judicieuse qu'a faite de ce prince Lemontey : « Né avec un courage et un esprit extraordinaires, il posséda moins la science que le génie de la guerre, vainquit le plus souvent par inspiration, fut peu économe du sang des soldats, et ne forma point d'élèves. Dès sa tendre jeunesse, la passion effrénée pour la gloire, la vie des camps, et surtout la guerre civile, n'endurcirent que trop son naturel altier et méprisant. Une insensibilité profonde contribuait à l'admirable sang-froid qu'il portait toujours au sein des batailles et celui qui se trouva dans les champs de Senef couverts de morts « que « de l'ouvrage pour une nuit de Paris, » en disait assez par cette légèreté inhumaine. Lorsqu'il épouvanta de pauvres bourgeois députés auprès de lui à Saint-Germain en leur persuadant qu'il faisait servir chaque jour à sa table un plat d'oreilles parisiennes, il s'amusait d'une plaisanterie qui n'était certainement ni d'un bon cœur ni d'un bon goût... Le prince de Condé n'avait point de facilité à parler en public ; jamais il ne put entrer sérieusement dans les discussions parlementaires, et il n'y laissait échapper que des saillies hautaines et piquantes, ou des gestes menaçants. Railleur cruel, il s'irritait de la raillerie. Les momeries où il descendit pendant la fronde durent coûter à son orgueil. Impatient des devoirs d'un sujet, il ne sentait pas ceux d'un citoyen. Ses rapports furent orageux avec sa femme et le peu d'amis qui lui restèrent. Il se plaisait, par un noble instinct, dans la société des hommes supérieurs ; mais, comme il l'avantage de son rang, de sa gloire et de sa haute intelligence n'eût pu lui suffire, il s'y montrait si intolérant, qu'un jour, dans une conversation littéraire, Boileau, effrayé de son emportement, dit à son voisin : « J'aurai soin dorénavant d'être toujours de l'avis de « M. le prince quand il aura tort. » Au reste, l'étendue et l'éclat de son esprit l'emportaient sur son jugement. Sa conduite dans la guerre civile parut manquer de sens. Enfin, il affecta plus qu'il ne mérita le titre d'esprit fort. Quant on le voit avec la princesse Palatine, son amie, et l'abbé Bourdelot, son médecin et bouffon, entreprendre de brûler une relique de la vraie croix, on sent que l'idée d'une pareille épreuve ne fût jamais tombée dans la tête d'un philosophe. »

Les Mémoires autographes du comte Jean de Coligny, publiés par Lemontey, prouvent deux points importants : l'un, que Condé avait voulu, par la guerre civile, non chasser le ministre, mais usurper la couronne, et l'autre, que Louis XIV en était convaincu. « Le premier de ces faits, observe Lemontey, éclaire de tout un jour nouveau la fronde; et le second justifie Louis XIV de l'espèce de réserve et de défiance dans laquelle il ne cessa de vivre avec un prince que ses talents rendaient d'autant plus dangereux. » Tout fait présumer, d'après ces mémoires, que Condé prétendait établir que les deux fils qu'Anne d'Autriche avait donnés à Louis XIII n'étaient pas de ce monarque. Si jamais Condé avait pu prouver cette assertion, Louis XIV et son frère Philippe d'Orléans n'eussent été que des usurpateurs, lui, du trône, l'autre du titre de premier prince du sang, et depuis cette époque jusqu'en 1848 les Français n'auraient été gouvernés que par une double race de bâtards. Mais les princes occupant le trône n'auraient-ils pas pu rétorquer à leur adversaire ses propres arguments en lui rappelant les bruits peu honorables pour Charlotte de La Trémouille, son aïeule, qui avaient eu cours en France à la naissance du fils posthume de Henri 1er, prince de Condé, empoisonné à Saint-Jean-d'Angély? Les secrets des couches princières sont lettres closes pour les contemporains comme pour l'histoire. Jean de Coligny accuse, en outre, Condé d'un vice assez commun chez les grands, l'ingratitude : « Dès qu'il a obligation à un homme, dit-il, la première chose qu'il fait est de chercher en lui quelque reproche par lequel il puisse se sauver de la reconnaissance... Il me disait à Bruxelles : « Coligny, quand je serai arrivé à Paris, « il y aura bien des gens qui auront de grandes prétentions « à des récompenses; mais il n'y en aura pas un à qui je « n'aie à répondre et à lui faire des reproches qui égalent « les obligations qu'on croit que je leur puis avoir.... » M. de La Rochefoucault m'a dit cent fois qu'il n'avait jamais vu un homme qui eût plus d'aversion à faire plaisir que M. le prince, et que les choses même qui ne lui coûtaient rien, il enrageait de les donner, qu'on les lui donnant il aurait fait plaisir. Après cela, que Bossuet, avec sa figure austère, vienne nous dire du haut de la chaire de vérité : « Lorsqu'on lui demande une grâce, c'est lui qui paraît « l'obligé; et jamais on ne vit de joie ni si vive ni si natu- « relle que celle qu'il ressentait à faire plaisir ! »

La vie privée du prince de Condé n'a pas été à l'abri du reproche : ses liaisons avec la princesse de Longueville, sa sœur, donnèrent lieu à d'étranges médisances. Il ne se piquait pas de payer ses dettes, et nul ne traita ses créanciers avec une hauteur plus méprisante. Après tout, les hommes de lettres ne peuvent oublier qu'il fut l'admirateur de Corneille, le protecteur de Racine, de Molière, de Boileau, et que dans ses dernières années son esprit, à la fois orgueilleux et léger, fléchit devant les terribles menaces du catholicisme, et enragea sous le poids du génie de Bossuet pour l'amener à une mort chrétienne. La physionomie du grand Condé annonçait ce qu'il était : il avait un regard d'aigle ; dans toute sa personne il paraissait sublime au milieu des batailles ; Condé jetant son bâton de commandement dans les lignes ennemies, à Fribourg, grandissait au feu, comme Napoléon sous le drapeau d'Arcole.

CONDÉ (Henri-Jules de Bourbon, prince de), naquit le 29 juillet 1643, et mourut le 1er avril 1709. Voilà tout ce qu'on peut dire sur la vie de ce prince, qui fait une assez triste figure auprès de son héroïque père. « C'était, dit Saint-Simon, un petit homme, très-mince et très-maigre, dont le visage, d'assez petite mine, ne laissait pas d'imposer par le feu et l'audace de ses yeux, et un composé des plus rares qui se soient rencontrés. » Élevé chez les jésuites de Namur, pendant que son père portait les armes pour l'Espagne, il montra une rare aptitude pour les sciences, qui par la suite firent l'occupation de sa vie; car, toujours maltraité par Louis XIV, il fut constamment condamné à l'oisiveté politique la plus absolue. Il n'avait pas même les grandes entrées chez le roi, et ne les obtint à la fin qu'en mariant son fils à une fille naturelle du despote. Sa fille, qui épousa le duc du Maine, fils légitimé de Louis XIV, s'est rendue célèbre par ses cabales politiques sous la régence. « Ce qui ne peut se comprendre, ajoute Saint-Simon, c'est qu'avec tant d'esprit, d'activité, de valeur et d'envie de plaire et d'être un si grand maître à la guerre que son père, on n'ait jamais pu lui faire comprendre la théorie de ce grand art. » Toute la gloire militaire de ce fils du grand Condé consiste donc à s'être montré bon soldat à Senef, où il contribua à sauver la vie à son père en aidant le comte d'Ostain à le replacer sur son cheval. Il épousa en 1663 Anne de Bavière, princesse palatine. « La douceur de Mme la princesse, sa piété, sa soumission, ne purent, dit Saint-Simon, lui concilier toute la tendresse qu'elle désirait dans son époux. » Il ne se piquait pas plus que son père de fidélité conjugale, et lorsqu'il était amoureux d'une dame, « alors rien ne lui coûtait; c'étaient les grâces, la magnificence, la galanterie même; c'était un Jupiter transformé en pluie d'or. » Et le même homme, rentré chez lui, faisait enrager sa femme, ses enfants, ses domestiques, auxquels il refusait nécessaire. C'était, au reste, un caractère difficile, turbulent, emporté, disposé à prendre les choses par le mauvais côté. Toutefois, quand il le voulait, il se montrait le plus aimable des hommes; sa conversation était alors aussi spirituelle qu'instructive. Sans cesser d'être dévot, il se détacha des jésuites sur la fin de sa carrière, et eut pour dernier directeur le père de La Tour, général de l'Oratoire : c'est peut-être de tous les événements de la vie de ce prince celui qui fit le plus de bruit à la cour. Il mourut avec un grand sang-froid, et porta dans les dispositions relatives à son décès le même esprit de minutie qui avait présidé à toutes ses actions.

CONDÉ (Louis III, duc de Bourbon, prince de), fils du précédent, né le 6 octobre 1668, mort subitement à Paris, le 4 mars 1710, à l'âge de quarante-deux ans, un peu moins d'une année après la mort de son père, avait servi avec distinction devant Philisbourg, sous les ordres du grand dauphin; au siége de Mons, devant Namur, à Steinkerque et à Nerwinde, il se comporta en digne héritier des Condés. Dans sa vie privée, il mérita que l'on dit de lui qu'il avait l'âme bonne et belle. De son mariage avec Louise-Marie, fille légitimée de Louis XIV, il eut neuf enfants, trois fils et six filles : 1° Louis-Henri, qui suit; 2° *Charles*, comte de *Charolais*, né le 19 juin 1700, mort en 1760, prince célèbre par son esprit et sa férocité; 3° *Louis*, comte de *Clermont*, abbé de Saint-Germain-des-Prés, né le 15 juin 1709, le dernier ecclésiastique qui en France ait commandé les armées et le seul prince du sang qui ait été de l'Académie Française. Quant aux six filles de Louis III, trois d'entre elles, Mlles de Charolais, de Sens et de Clermont, furent célèbres par leurs galanteries. La première eut une foule d'amants, et faisait des enfants presque tous les ans sans aucun mystère; la seconde mettait quelque décence dans ses faiblesses; la troisième, Mlle de Clermont, aima le comte de Melun. Elle était d'un caractère si indolent, que la duchesse de Bourbon douairière, sa mère, demanda plaisamment, en apprenant la mort du comte de Melun : « Cet accident a-t-il causé quelque émotion à ma fille? »

CONDÉ (Louis-Henri, duc de Bourbon, prince de), naquit le 18 août 1692. Dans sa jeunesse, il eut un œil crevé à la chasse par le duc de Berry, petit-fils de Louis XIV. À la mort de ce monarque, le régent le fit déclarer par le parlement chef du conseil de régence, et l'année suivante il le nomma surintendant de l'éducation du roi. Ce n'est pas qu'il lui reconnût aucun mérite; mais le chef de la maison de Condé étant avec lui le premier prince du sang, il entrait dans la politique du régent de l'élever ainsi pour s'en faire un appui contre la cabale des princes légitimés. Le prince fit fort bien ses affaires personnelles sous la régence; il profitait en toutes occasions de la faiblesse du régent pour puiser dans le trésor public et obtenir de ces sortes de pots-de-vin qu'on appelait alors des *brevets d'affaires*. Lorsque le duc d'Orléans autorisa le système financier de Law, le duc de Bourbon fut de tous les princes du sang celui qui récolta le plus d'actions sur la banque du Mississipi. Avec les profits énormes qu'il réalisa, il acheta en terres tout ce qui se trouva à sa bienséance, et fit rebâtir Chantilly avec une magnificence royale. Les mémoires du temps ne parlent que des extravagantes profusions qu'il se permit alors : pour faire sa cour au régent, il donna à la duchesse de Berry, cette princesse si ardente pour les plaisirs, une fête qui dura cinq jours. Lors de la banqueroute de Law, le duc de Bourbon, qui était à la tête de ces gros actionnaires qu'on appelait les *seigneurs mississipiens*, fut assez heureux et assez habile pour ne pas beaucoup perdre. On doit dire qu'il se montra reconnaissant envers l'auteur de son opulence; car lorsque le peuple ne parlait que de mettre en pièces le financier déchu, il protégea sa fuite. Après le sacre de Louis XV, il lui fit à Chantilly une réception magnifique. Les plaisants ne manquèrent pas de dire *que le fleuve Mississipi avait passé par là*.

Lorsque le duc d'Orléans changea son titre de régent contre celui de premier ministre, il le mit à la tête du conseil d'État. À la mort du duc d'Orléans, le chef de la maison de Condé s'empara de l'autorité par droit de naissance. Sa seule intrigue fut de faire dresser sans délai la patente de premier ministre et de la porter à la signature royale. Dans ce choix, Louis XV se conduisit d'après les convenances; il crut devoir confier la place la plus importante du royaume à un prince de sa maison, et, tous étant dans l'adolescence, il désigna le plus âgé: Le prince de Condé avait alors trente-et-un ans. La manière dont il avait régi ses propres revenus et les avait améliorés, dans un âge où l'on ne s'occupe que de ses plaisirs, était une sorte de présomption de ses talents pour bien administrer les revenus de l'État, et, riche comme il l'était, on s'imaginait qu'il ne s'occuperait pas à le devenir davantage. Cette double prévision fut trompée : le duc de Bourbon se montra incapable; il puisa à pleines mains dans le trésor pour lui, et surtout y laissa puiser sa maîtresse, la marquise de Prie. « Moins capable que son prédécesseur, mais autant livré que lui à la débauche, dit un auteur contemporain, il était grand, maigre, d'une figure peu revenante, d'une humeur brusque et peu commode, curieux et aimant les choses rares et précieuses; possesseur d'une très-belle femme, dont il ne connaissait pas tout le prix, il cherchait ailleurs des plaisirs qu'il était peu en état de goûter. »

Le premier acte de son administration fut un édit du mois de mars 1724 contre les protestants. S'il eût été rendu au commencement de la régence, lorsque les calvinistes de Guienne et de Languedoc refusaient de payer la dîme et formaient des conciliabules, un tel édit eût peut-être été excusable; mais alors une loi pénale portée contre eux était sans motif; et pourtant le prince de Condé avait devant lui l'exemple du régent, qui dans le temps même des troubles que nous rappelons modéra le zèle du clergé et des parlements. Le mécontentement public s'accrut par d'autres édits, par un, entre autres, qui accordait des priviléges et des avantages exorbitants à la compagnie des Indes, avec laquelle il avait fait un nouveau traité. Mais sa principale opération fut le renvoi de l'infante d'Espagne, qui devait épouser Louis XV. Ce mariage avait été depuis l'année 1721 arrêté entre le régent et le roi d'Espagne Philippe V. L'infante, qui n'avait que cinq ans, fut envoyée en France pour y être élevée : cette alliance, qui promettait des fruits bien tardifs, était, de la part des deux princes qui l'avaient projetée, le résultat des calculs de l'ambition. Le régent et le roi d'Espagne se trouvaient les deux princes du sang de France les plus rapprochés de la couronne, dans le cas où Louis XV viendrait à décéder. Après la mort du régent, ses prétentions avaient passé au duc de Chartres, son fils, que le prince de Condé traita toujours avec peu d'égards. La crainte de voir le duc monter sur le trône l'engagea à accélérer le mariage du roi en lui cherchant une épouse qui fût sortie de l'enfance. Son choix tomba sur Marie Leckzinska, fille de Stanislas Leckzinski, qui, après avoir porté la couronne de Pologne, s'était retiré à Weissembourg en Alsace, où le régent lui avait accordé un asile. Le prince de Condé était, depuis l'année 1720, veuf de sa première femme, Marie-Anne de Bourbon, princesse de Conti. Le duc d'Orléans lui avait proposé de s'unir à la fille du roi Stanislas ; il faisait valoir à ses yeux les grands biens dont elle devait un jour hériter. Cette considération était bien capable d'ébranler un prince si avide de richesses. Condé avait paru agréer la proposition du régent ; mais, avant de se déclarer, il attendait que les espérances de fortune que pouvait avoir Marie Leckzinska fussent plus près de se réaliser. Il était d'ailleurs entièrement soumis aux volontés de la marquise de Prie, sa maîtresse, qui ne voulait pas qu'un second mariage compromît l'empire despotique qu'elle exerçait sur lui. Lorsque, par la mort du régent, il fut devenu l'arbitre de la France, il perdit de vue cette union avec la fille d'un prince détrôné. Quelle fut la surprise de Stanislas lorsqu'on vint lui annoncer que le même prince qui n'avait ni accepté ni refusé la main de Marie la lui demandait pour Louis XV, roi de France! Qui put donc porter le prince de Condé à un choix que rien ne justifiait aux yeux des hommes d'État ? Son ambition, ou plutôt celle de la marquise de Prie. Ils espéraient conserver leur autorité et leur crédit sur une reine qui leur devrait la couronne. Quoi qu'il en soit, le mariage se conclut en 1725, et cette union, en apparence si peu avantageuse, fut, par un concours d'événements inespérés, le coup d'État le plus heureux de ce règne : Marie Leckzinska devait apporter la Lorraine à la France, en vertu du traité de Vienne conclu en 1735.

Pendant les préparatifs de ce mariage, un mécontentement général se manifestait dans toutes les provinces : depuis trois ans les créanciers de l'État n'étaient pas payés ; la cherté du grain, causée par de longues pluies, augmentait les murmures. Tous les ordres de l'État se réunissaient contre le premier ministre. Le cardinal de Fleury, non content de le supplanter, voulut l'exiler. Le 11 juin 1726 le prince de Condé était venu prendre, selon sa coutume, les ordres du roi, qui partait pour Rambouillet. Le jeune monarque lui reçut aussi bien qu'à l'ordinaire, et lui dit en le quittant : « Ne me faites pas attendre pour souper. » De retour chez lui, le ministre trouva le duc de Charost, qui avait ordre dès la veille de lui remettre une lettre de cachet conçue en ces termes : « Je vous ordonne, sous peine de désobéissance, de vous rendre à Chantilly et d'y demeurer jusqu'à nouvel ordre ; signé Louis. » Si le ministre disgracié n'emporta dans son exil les regrets de personne, la dissimulation dont avait usé le monarque n'en fut pas moins universellement blâmée. Retiré à Chantilly, le prince de Condé supporta sa disgrâce avec une dignité, une sérénité d'âme dont on ne l'aurait pas soupçonné. Il éprouva de la part du cardinal de Fleury toutes les petites vexations dont les génies médiocres sont capables. On ôta même le plaisir de la chasse, qu'on lui défendit sous différents prétextes. Il fut donc obligé de s'occuper de chimie, et commença dès lors cette collection précieuse d'histoire naturelle que le savant Valmont de Bomare devait enrichir et mettre en ordre. Il embellit encore Chantilly, et se montra bienfaisant envers ses vassaux. Son exil finit en 1729. Il épousa la même année en secondes noces la princesse Caroline de Hesse-Rhinfelds, dont il eut *Louis-Joseph de Bourbon*, prince de Condé, qui suit. Il mourut le 27 janvier 1740. « Son testament prouve, dit un historien, qu'il aimait la bienfaisance, le mieux élevé il eût été plus populaire. »

CONDÉ (Louis-Joseph de Bourbon), fils unique du précédent, est de tous les Condés celui qui poussa le plus loin sa carrière. Après une jeunesse toute consacrée aux plaisirs, sauf quelques années de glorieuses campagnes, il eut un âge mûr bien agité : il vieillit sur la terre exil, et ne revint en France que pour y mourir avec la douleur de voir s'éteindre entièrement sa race. Il était né à Chantilly, le 9 mars 1736. Sa mère, Caroline de Hesse-Rhinfelds, fut si bien venue du jeune roi Louis XV, qu'on soupçonna leur intimité de n'être pas irréprochable ; et la prédilection que ce monarque montra toujours pour le prince de Condé fit penser qu'il le regardait comme son fils. Orphelin de père et de mère en 1741, il eut pour tuteur le plus âgé de ses oncles, le prince de Charolais, qui, devenu honnête homme après les excès de sa fougueuse jeunesse, administra avec tant d'habileté la fortune de son pupille, qu'il parvint à payer les énormes dettes qu'avait laissées son père. Le comte de Charolais fut pour son neveu un instituteur sévère : il combattit surtout chez lui ce penchant à l'avarice qui a toujours été le trait caractéristique des Condés. L'éducation littéraire du jeune prince ne fut pas non plus négligée : il était très-instruit, et s'exprimait avec facilité. Dans sa prospérité, aussi bien que dans son exil, il composa plusieurs ouvrages, dont l'un, publié au commencement de ce siècle, est un monument historique élevé à la gloire du *grand Condé* par son quatrième descendant. Lorsque Louis-Joseph, prince de Condé, épousa Mlle de Soubise, il jouissait déjà de 1,500,000 livres de rentes : il eut par la suite plus de 12 millions de revenu ; et cependant, sans mériter la réputation de prince généreux, il avait trouvé le moyen de s'endetter. Les *Mémoires* du temps parlent de ses nombreuses galanteries, et surtout de ses vilenies envers des femmes de théâtre. Quand il les quittait, il leur reprenait ceux de ses cadeaux qui n'avaient pas encore été dénaturés, et s'empressait de les offrir à sa nouvelle sultane. « Monseigneur, lui dit un jour à cette occasion une chanteuse de l'Opéra, je n'examinerai point ce qu'on doit penser de votre action ; mais, pour ma part, je vous déclare que je ne suis pas faite pour me parer des dépouilles de ma rivale. » Trouvant un jour le duc de Mazarin chez la fameuse Allard, qu'il entretenait, il fit précipiter par la rampe de l'escalier ce seigneur, qui lui avait proposé un cartel. Dans une autre occasion, où le prince de Condé fut en rivalité avec le comte d'Agoult, il ne refusa point le défi de ce gentil-homme, major des gardes françaises et capitaine des gardes du prince de Condé. L'altesse royale montra beaucoup de valeur, et fut légèrement blessée au bras. Quelques années auparavant il avait été plus heureux dans un duel avec le prince de Monaco, dont il courtisait la femme.

Le prince de Condé fut nommé le 2 janvier 1752 chevalier de l'ordre du Saint-Esprit. Ce fut même année qu'il épousa la princesse Charlotte-Godefride-Élisabeth de Rohan-Soubise, dont il eut en 1756 le prince de Condé, et l'année d'après Mlle de Condé, supérieure du couvent du Temple. En 1756 le prince de Condé, grand-maître de la maison du roi et gouverneur de Bourgogne, dignités qu'avait possédées son père, fit l'ouverture des états de cette province. En 1757 il servit pour la première fois dans la guerre de sept ans. Tandis que d'autres généraux soutenaient mal l'honneur des armes françaises, il se signala à la journée d'Hastenbeck. Pressé par La Touraille, son aide de camp, de faire quelques pas pour éviter le feu d'une batterie : « Je ne trouve pas ces précautions dans l'histoire du grand Condé, répondit le jeune prince. » A Minden, à la tête de la réserve, il chargea vigoureusement l'ennemi. Chef d'un corps d'armée l'année suivante, il remporta divers avantages sur le prince Ferdinand de Brunswick, lieutenant du grand Frédéric. Dans une rencontre, toute la vaisselle et les bagages de Condé tombèrent entre les mains des Prussiens : Brunswick les lui renvoya. Condé refusa de les reprendre, en disant qu'il y avait de l'argent en France et des orfévres. La victoire de Johannisberg, remportée en 1762 sur les Prussiens, termina glorieusement la carrière militaire de ce prince sous l'ancien régime. Louis XV, pour le récompenser, lui donna les canons pris sur l'ennemi ; Condé en décora sa résidence de Chantilly. Le duc de Brunswick étant venu lui rendre visite, le vainqueur de Johannisberg, par une attention délicate, fit disparaître ces canons. « Vous avez voulu, lui dit Brunswick, me vaincre deux fois, à la guerre par vos armes, dans la paix par votre modestie. »

Malgré ses services réels, Condé était peu populaire; dans les querelles de Louis XV avec ses parlements, il fut constamment du parti du pouvoir. Il avait été le courtisan de Mme de Pompadour; il fut celui de la comtesse Du Barry. Et cependant, durant une disette occasionnée par la cherté des grains, il en fit acheter pour 30,000 fr., avec ordre de ne les vendre qu'à 45 sous le boisseau, à quelque haut prix qu'il montât dans le Clermontois. Il fit en outre acheter pour mille écus de riz, qui fut distribué gratuitement aux pauvres. C'était peu pour un prince qui consacra 12 millions à la construction du palais Bourbon à Paris. Le prince de Condé faisait estimer le dégât que ses chasses pouvaient causer aux paysans, et ses agents avaient ordre de les indemniser toujours au dessus de l'expertise.

A l'approche de la Révolution, il présida le quatrième bureau des deux assemblées des notables, en 1787 et 1788. Ce bureau fut surnommé le *comité des faux*. La politique du prince de Condé n'était cependant pas équivoque : il se montra constamment le partisan énergique du pouvoir absolu, et donna en 1789, avec son fils et son petit-fils, l'exemple de l'émigration. En 1793 il forma sur la frontière d'Allemagne ce corps de troupes qui prit le nom d'*armée de Condé*. Ce prince, dans une position difficile, toujours contrarié par les généraux étrangers, déploya dans ce commandement toutes les qualités d'un général ferme et persévérant. Au combat de Berstheim, où il chargea lui-même la cavalerie républicaine, il vit son fils, le duc de Bourbon, et son petit-fils, le duc d'Enghien, montrer la plus brillante valeur. Le premier fut blessé à la main d'un coup de feu; le second s'empara d'un canon. A Biberach, en octobre 1796, Condé couvrit pendant six heures la fuite précipitée des Autrichiens, et sauva leurs bagages. Lorsqu'en 1797 l'Allemagne fit la paix avec la France, l'armée de Condé fut licenciée. Le prince entra alors au service de la Russie, et Paul Ier le reçut de manière à lui prouver qu'il se ressouvenait de l'accueil que, dans des temps plus heureux, Condé lui avait fait à Chantilly. Les intérêts de la seconde coalition appelèrent de nouveau ce prince sur le Rhin; il n'y parut que pour être témoin de la défaite des Russes. Paul Ier s'étant séparé de la coalition, l'Angleterre prit à sa solde l'armée de Condé, qui fit avec les Autrichiens la campagne de 1800. L'année suivante, elle fut licenciée, et le vénérable doyen de la maison de Bourbon alla se fixer en Angleterre.

Il y habitait, avec sa famille, l'abbaye d'Amesbury, lorsque la Restauration de 1814 le ramena en France, où il fut nommé grand-maître de la maison du roi et colonel général de l'infanterie. La catastrophe du duc d'Enghien avait empoisonné pour le prince de Condé le plaisir de revoir sa patrie. La scène de Vincennes, constamment présente à sa pensée, lui rappelait les ruines de Chantilly, le triomphe d'institutions et de principes contre lesquels il avait toujours combattu, l'éloignèrent autant que son âge de la scène politique; et lorsqu'en 1818 il mourut paisiblement pour être enterré, par ordre de Louis XVIII, à Saint-Denis, dans le caveau des rois de France, où il repose encore, il n'y eut en France qu'un homme privé de moins. Charles Du Rozoir.

CONDÉ (Louis-Henri-Joseph, duc de Bourbon, prince de), né en 1756, trouvé mort dans sa chambre à coucher, le 27 août 1830, a été le dernier survivant de la branche des Condés. A quinze ans il était devenu passionnément amoureux de Louise-Marie-Thérèse-Bathilde d'Orléans, plus âgée que lui de six années; elle lui fut accordée, et le mariage eut lieu le 24 avril 1770. La nouvelle duchesse de Bourbon était sœur du duc de Chartres (depuis duc d'Orléans le conventionnel), ce qui rendit son époux oncle du roi Louis-Philippe. On résolut de faire voyager l'époux adolescent une année ou deux avant de le laisser tête à tête avec son épouse : d'accord avec elle, il n'eut pas de peine à tromper la vigilance de ses argus, et l'enleva du couvent où elle était. Mme la duchesse de Bourbon accoucha en 1772 du duc d'Enghien, qui vint au monde à peine viable. Une union d'abord si fortunée eut le sort des grandes passions : le prince devint bientôt un mari froid, puis infidèle.

La duchesse de Bourbon avait pour dame d'honneur la belle Mme de Canillac. Le duc en devint amoureux, et ne soupira pas en vain. La duchesse, qui s'aperçut de leur intimité, au lieu d'employer les moyens doux pour ramener son mari, se livra à des démarches d'éclat, qui obligèrent Mme de Canillac à se retirer pour devenir, à quelque temps de là, l'objet des soins du comte d'Artois, depuis Charles X. La duchesse ne fut pas la dernière à s'en apercevoir; car le comte d'Artois avait paru, à son début dans le monde, penser à Mme de Bourbon. Celle-ci, se trouvant au bal de l'Opéra, le mardi gras de 1778, s'attacha au prince et à Mme de Canillac, qu'elle reconnut ensemble, et leur adressa les propos les plus piquants : elle alla jusqu'à arracher le masque du comte d'Artois, qui hors de lui, furieux, saisit celui de la duchesse, le lui écrasa sur le visage, et s'éloigna sans mot dire. Mme de Bourbon paraissait disposée à ne jamais parler de cette insulte, quand, par les conseils insidieux de son frère, le duc de Chartres, elle dit publiquement dans un souper chez lui que le comte d'Artois était le plus insolent des hommes, et qu'elle avait pensé appeler la garde au bal de l'Opéra pour le faire arrêter. Il est juste de dire qu'on avait accusé le prince de s'être vanté de cette incartade chez la duchesse de Polignac. Quoi qu'il en soit, Mme de Bourbon vint faire ses plaintes au roi, qui répondit que son frère était un étourdi, et recommanda au chevalier de Crussol, un des capitaines des gardes du comte d'Artois, de ne point le quitter. Ce prince sentit son tort, et fit à la duchesse des excuses sur sa discourtoisie, déclarant que la scène du bal n'avait été qu'une méprise de sa part. Mais cette réparation était insuffisante pour le duc de Bourbon. Le comte d'Artois, vivement poussé par le chevalier de Crussol lui-même, finit par partager cette conviction, et fit savoir au duc qu'il se promèneraient le lendemain matin au bois de Boulogne. Bourbon s'y rendit dès huit heures; le comte d'Artois n'y arriva qu'à dix. Ils s'éloignèrent de leur suite, et, mettant habit bas, commencèrent un combat à l'épée qui dura environ six minutes, sans effusion de sang. Le duc de Bourbon s'animait à ce jeu, et peut-être le combat fût-il devenu meurtrier si le chevalier de Crussol ne s'était approché et ne leur avait ordonné au nom du roi de se séparer. Les deux princes s'embrassèrent, et dans l'après-midi le comte d'Artois alla rendre visite à la duchesse de Bourbon. Le roi exila pour la forme son frère à Choisy, et le duc de Bourbon à Chantilly; mais au bout de quelques jours les deux princes revinrent à la cour, et se montrèrent ensemble en loge à tous les spectacles de la capitale. Cependant, malgré tous les efforts du bon duc d'Orléans, père de Mme de Bourbon, une séparation eut lieu entre elle et son mari à la fin de l'année 1780. La maison de Condé rendit la dot de deux cent mille livres de rente. Mme de Bourbon eut d'ailleurs une pension de cinquante mille livres sur le trésor royal, comme princesse du sang, et le roi exigea que le prince de Condé, qui ne voulait rien donner à sa bru, lui fît une pension de vingt-cinq mille livres, et lui fournît en meubles, argenterie, chevaux, équipages, de quoi monter sa maison suivant son rang.

Au mois d'août 1782 le duc de Bourbon partit pour l'Espagne, sous le nom de comte de Dammartin, et se rendit au camp de Saint-Roch devant Gibraltar. Le comte d'Artois fit le même voyage et assista au même siège ; mais le duc de Bourbon affecta d'arriver vingt-quatre heures après le frère du roi, pour ne pas être effacé dans les honneurs qui devaient être rendus à ce dernier. Du reste, malgré les éloges officieux qui leur furent prodigués, les deux princes n'eurent guère occasion de se signaler à ce siége, ce qui n'empêcha pas le roi de les recevoir, à leur retour, chevaliers de Saint-Louis ; le duc de Bourbon fut nommé, en outre, maréchal de camp. En 1787, lors de la convocation de la première assemblée des notables, qui fut partagée en sept bureaux ou comités, chacun présidé par un prince du sang, Bourbon était à la tête du cinquième, qui fut appelé le comité des *ingénus*, parce que, dans un discours très-bien fait et qui respirait la candeur, le jeune prince avouait son incapacité de figurer dans une telle assemblée. Comme le prince de Condé, son père, il se montra, du reste, tout à fait opposé aux nouvelles idées politiques. Peu de temps avant la convocation des états généraux il signa la fameuse déclaration que les princes firent au roi pour lui indiquer les mesures énergiques qui selon eux pouvaient seules arrêter le torrent révolutionnaire. Dès 1789 il donna, avec son père et son fils, l'exemple de l'émigration, et figura dans les rangs de l'armée de Condé. Au combat de Berstheim, le 2 décembre 1793, il reçut à la main une blessure assez grave, qui donna lieu quarante ans plus tard à bien des commentaires sur l'impossibilité où il aurait dû être de former les nœuds suspensifs qui causèrent sa mort. Cette blessure ne gênait pas toutefois le prince au point de l'empêcher d'être à la chasse un fort bon tireur. Lors de la fatale journée de Quiberon, il était débarqué à l'Île-Dieu (octobre 1795). En 1799 il était encore sur les bords du Rhin, à l'armée qu'y commandait son père. Lorsqu'elle fut licenciée, il partit pour l'Angleterre, où il résida jusqu'à la première restauration.

De retour à Paris, au mois de mai 1814, il se tint à l'écart. Le souvenir de la mort tragique de son fils, les sentiments politiques qu'il avait manifestés, le rendaient incapable de seconder les combinaisons de l'auteur de la charte octroyée. Ce qui, dans la cour si mélangée de Louis XVIII, choquait surtout ses idées et ses affections, c'était d'y voir en faveur les hommes qui avaient trempé plus ou moins directement dans l'assassinat du duc d'Enghien. Néanmoins, le roi le créa colonel-général de l'infanterie légère. Au mois de mars 1815, lors du retour de Bonaparte de l'île d'Elbe, il essaya vainement d'organiser un soulèvement militaire en faveur du chef de sa famille dans les départements de l'Ouest. Abandonné de la troupe, il se vit forcé d'accéder à une capitulation, en vertu de laquelle il put se rendre à Nantes et s'embarquer pour l'Espagne. A la seconde restauration, il se tint plus éloigné que jamais des affaires publiques. Au mois d'octobre 1815 il partit pour l'Angleterre, où il resta plusieurs mois. Depuis lors, sa vie fut toute privée. Confiné paisiblement dans sa petite cour de Saint-Leu, puis de Chantilly après la mort de son père, il faisait de la chasse sa constante occupation. L'âme de cette petite cour était une femme, remarquable par les grâces de son esprit et par les agréments de sa personne, *Sophie Dawes*, née CLARKE, Anglaise, devenue Française par son union avec l'un des officiers du prince, le baron de Feuchères, mariée et dotée par le dernier Condé, qui avait connu, disait-on, sa famille dans les premiers temps de son séjour en Angleterre.

Le duc n'avait point d'héritiers de son nom ; à qui donc le léguer, ainsi que son immense fortune ? La communauté d'exil, la conformité absolue de vues politiques, avaient depuis l'émigration fait oublier au comte d'Artois et au duc de Bourbon une rivalité de jeunesse et fait naître entre eux la plus cordiale sympathie. La mort du duc de Berry avait rendu cette amitié encore plus étroite. Les deux princes pouvaient pleurer ensemble leurs deux fils. Il est à présumer que si le duc de Berry eût vécu, et qu'après la naissance de son premier fils, le duc de Bordeaux, il eût donné un autre prince à la branche aînée, le duc de Bourbon l'eût choisi pour héritier ; mais le duc de Bordeaux paraissant destiné au trône, comme le titre de roi de France absorbe tous les autres, le duc de Bourbon, en nommant ce jeune prince son légataire universel, n'eût point prévenu l'extinction du nom de Condé. A côté du trône était le duc d'Orléans, chef de cette branche de la maison royale pour laquelle les princes de Condé, chefs de l'émigration, ne pouvaient éprouver aucune sympathie. Aussi si quelque chose étonna chez le duc de Bourbon, ce fut de le voir choisir pour héritier de sa fortune et de son nom un petit-fils du régicide *Égalité*. Par son testament, daté du 30 août 1829, et entièrement écrit de sa main, il consomma pourtant cette œuvre, qui paraîtrait incroyable si une suite de procès scandaleux n'avaient dévoilé l'adroite intrigue qui amena ce résultat. On a su, encore plus par les aveux des avocats de la liste civile que par leurs adversaires, par quelle persévérance, sans avoir l'air d'y attacher un trop vif intérêt, le duc d'Orléans était parvenu à faire arriver sur la tête du quatrième de ses fils une fortune de 60 millions, à la charge par ce jeune prince de porter le beau nom de Condé, condition qui n'a pas même été remplie.

Cependant, le duc de Bourbon, qui avait quitté ce titre pour prendre celui de prince de Condé, voyait en 1830 le trône à peine restauré de sa famille s'en aller par lambeaux comme en 1789. Son humeur s'en aigrit : cette disposition d'esprit lui rendit plus que jamais chère et indispensable la distraction de la chasse. Malgré son grand âge, il passait, nouveau Nemrod, sa vie presque entière dans les forêts. Mais une idée l'y poursuivait comme un remords, c'était celle du testament qu'il avait fait en faveur du duc d'Aumale, sur l'approbation de ce même Charles X dont Louis-Philippe venait de prendre la place. D'un autre côté, sa soumission pure et simple au gouvernement établi par les barricades lui apparaissait comme une véritable défection, déshonorante pour ses cheveux blancs. La mesure de tant de douleurs morales n'était pas cependant encore comblée : pour dernier affront, il était réservé au dernier des Condés de voir le drapeau tricolore remplacer sur ses châteaux l'antique bannière blanche de sa famille, et il redoutait déjà le moment où la fureur populaire exigerait qu'il brisât le noble écusson aux fleurs de lis. Aussi a-t-on prétendu que dès lors germa dans son esprit la pensée de suivre la famille royale dans un troisième exil. La mort ne lui en laissa pas le temps. Le 27 août 1830 il fut trouvé mort au château de Saint-Leu, dans sa chambre à coucher. Voici dans quels termes cette catastrophe a été rapportée par un témoin oculaire : « Une bougie qu'on plaçait tous les soirs dans l'âtre du foyer, en face de la croisée du nord, jetait, sur le point de s'éteindre, une faible clarté. A sa lueur, le valet de chambre Manoury et M. Bonnie, chirurgien de Son Altesse, entrevoient le prince debout contre la fenêtre du nord, la joue droite appuyée contre le volet, immobile et dans la position d'un homme qui écoute.... Manoury ouvre précipitamment les volets de la fenêtre du levant. Alors on aperçoit le duc pendu par un mouchoir à l'espagnolette de la croisée, la tête inclinée sur la poitrine, le visage pâle et décoloré, les bras raides contre le tronc, les genoux à demi ployés, l'extrémité des pieds touchant le tapis. »

On déclara que le prince de Condé s'était donné la mort ; mais la position dans laquelle le corps fut trouvé et la moralité du duc firent naître des doutes contre cette version ; et le procès en captation intenté par les princes de Rohan, héritiers collatéraux du défunt, à Mme de Feuchères et au duc d'Aumale, n'est loin de les avoir complètement éclaircis. Cette dame, dans la société de laquelle le duc de Bourbon avait passé ses vieux jours, et qui recueillit de sa reconnaissance un legs considérable, soupçonnée des faits les plus graves, sut devant la justice se laver de ces terribles inculpations. Elle s'était fait séparer judiciairement de son mari, qui à sa mort n'accepta son héritage que pour en faire don aux hôpitaux et établissements de bienfaisance. L'avocat Hennequin, plaidant pour les héritiers Rohan, osa même jeter sur le roi Louis-Philippe des soupçons de captation. Comme pour mettre le comble à tous ces scandales, on vit le conseil du légataire universel du duc de Bourbon se refuser à l'exécution de la clause du testament de ce prince qui chargeait son légataire particulier de fonder dans un de ses châteaux, celui d'Écouen, un établissement de bienfaisance en faveur des enfants, petits-enfants, ou descendants d'officiers de l'ancienne armée de Condé ou de la Vendée, et qui affectait à cette fondation une somme annuelle de 100,000 francs, payable à perpétuité par le duc d'Aumale. Cette disposition du testateur fut attaquée; on mit spécieusement en avant des motifs tirés de la position de la France; on parla de la nécessité d'effacer les distinctions et les classifications de partis, et on contesta à Mme de Feuchères le droit de fonder cet établissement. On refusa par conséquent de remettre le château d'Écouen et l'allocation des 100,000 fr. de dotation annuelle. La légataire particulière s'adressa dès lors à tous les ressorts de juridiction, à tous les tribunaux, pour avoir justice de cette prétention, qui ne tendait à rien moins qu'à doter le duc d'Aumale de 100,000 livres de rente de plus. Tous, depuis la première instance jusqu'à la cour de cassation, consacrèrent ce manque de respect aux dernières volontés d'un mourant.

Le corps du prince fut transporté, le 4 septembre, dans les caveaux de Saint-Denis, et son cœur enfermé dans une boîte de vermeil. Ainsi périt le dernier des Condés. La princesse sa femme était morte à Paris, le 10 janvier 1822.

CONDÉ (LOUISE-ADÉLAÏDE DE BOURBON-), sœur du précédent, née à Chantilly, le 5 octobre 1757, s'est trouvée mêlée tristement aux événements et aux désastres qui ont frappé la famille des Bourbons. Elle vit dans sa jeunesse les dernières splendeurs du vieux Versailles, et fut sur le point de s'unir à un homme qui, après une longue suite de vicissitudes, est devenu roi de notre pays. Elle avait été, en effet, destinée par Louis XV à épouser le comte d'Artois. Une intrigue (quelques bruits en coururent à la honte, dit-on, de la reine Marie-Antoinette) fit échouer ce projet de mariage. Déjà Mlle de Condé avait montré quelque penchant à la vie religieuse. Nommée abbesse du chapitre noble de Remiremont, en 1786, dignité dotée avec opulence, et qui n'obligeait pas à quitter le monde, elle s'astreignit néanmoins aux plus rudes pratiques d'une dévotion qui s'exerçait surtout par la charité. Les idées, les intérêts, les illusions et les fautes de sa famille l'entraînèrent d'ailleurs quand vint la Révolution. Trois jours après la prise de la Bastille, elle émigra avec son père (16 juillet 1789), se rendit à Turin par la Suisse, et résida successivement pendant vingt-cinq ans, suivant les vicissitudes des siens, en Allemagne, en Russie et en Angleterre. C'est durant son exil, après l'exécution de Louis XVI, provoquée et hâtée certainement par les intrigues et les menées de l'émigration, dans les afflictions qui frappaient sa race, mais avant l'assassinat du duc d'Enghien, son neveu, qu'elle prit la résolution d'embrasser sérieusement la vie religieuse. Louis XVIII lui donna son consentement.

Rentrée en France avec la famille royale, Mlle de Condé ne put immédiatement y reprendre la clôture. Mais après les agitations qui suivirent le rétablissement des Bourbons parmi nous, il lui fut permis d'effectuer enfin ses projets. Le roi lui avait donné dès la première restauration l'ancien palais du Temple pour s'y réunir avec ses sœurs. Il fallait pour mettre cette demeure en état de les recevoir de grands travaux, que suspendirent les Cent Jours retardèrent encore. Ce ne fut que le 3 novembre 1816 que tout fut prêt, et que la princesse, s'enfermant avec ses pieux asile pour n'en plus sortir, s'y consacra, avec ses religieuses, *à l'adoration perpétuelle du Saint-Sacrement, en expiation des crimes de la Révolution et pour appeler le pardon sur leurs auteurs*. Ce furent les termes de cette consécration solennelle. Mlle de Condé est morte au palais du Temple, dans la profession et la pratique la plus étroite de la règle religieuse à laquelle elle s'était vouée, le 10 mars 1824, dans la soixante-septième année de son âge.

CONDENSATEUR. Quelques auteurs nomment ainsi la machine de compression, et généralement toutes celles à l'aide desquelles on opère la condensation des gaz. Mais le nom de *condensateur* est plus spécialement réservé à un instrument imaginé par Volta, ou peut-être par Æpinus, pour accumuler une grande quantité d'électricité. Cet instrument se compose ordinairement de deux plateaux métalliques séparés par un corps isolant. L'un des plateaux est porté sur des supports isolants, et communique avec la source d'électricité ou l'espace qui la contient. Le second communique au contraire avec le sol. On laisse les deux plateaux en présence pendant un temps plus ou moins long, puis on les écarte, afin de les soustraire à leur influence mutuelle; alors l'électricité que l'on vient de condenser ainsi sur le plateau isolé peut être reconnue et étudiée. On voit que la bouteille de Leyde est un condensateur.

CONDENSATION, augmentation de la densité d'un corps. C'est l'opposé de la dilatation. La condensation résulte dans beaucoup de cas d'une combinaison chimique, et elle peut être due soit à une forte pression, soit à la soustraction du calorique, qui tenait les molécules à distance. On est parvenu, par le premier moyen, à condenser tellement plusieurs gaz élastiques qu'ils ont fini par affecter, sous un volume infiniment plus petit, la forme liquide. C'est ainsi qu'on obtient, par exemple, l'acide carbonique en liqueur. C'est à la condensation de la vapeur d'eau et à sa conversion en liquide, que nous devons le moyen d'échauffer les milieux en tirant parti du calorique qui s'échappe pendant cette condensation. Les nuages et la pluie sont dus à la condensation des vapeurs qui existent dans l'atmosphère. C'est encore la condensation de la vapeur d'eau qui produit la rosée et ces gouttelettes qu'on remarque aux vitres des appartements dans les temps froids.

CONDENSEUR. C'est mal à propos que souvent on a confondu dans leur acception les mots de *condensateur* et de *condenseur*. Ce dernier ne doit s'appliquer qu'à un réfrigérant où les liquides, par l'effet de la soustraction de la chaleur, se réduisent à un moindre volume, ou bien encore où les vapeurs se condensent et passent à l'état de liquide : tel est le réfrigérant en usage dans les distillations. Tel est encore le *condenseur* des machines à vapeur.

CONDESCENDANCE, facilité de caractère qui se prête aux désirs d'autrui, qui s'incline pour complaire à ce qui est au-dessous de soi; dans des circonstances rares, c'est le commandement qui renonce à se faire obéir; c'est enfin le désistement volontaire de ce qu'on est en droit d'obtenir. A ces divers titres, il entre quelque chose de généreux dans la condescendance. Quelquefois, cependant, cette dernière ne suppose que de l'habileté : ainsi, le pouvoir aura de la condescendance pour l'opinion publique, mais dans de certaines limites. En effet, l'anarchie pénètre également au sein de la société, soit par un despotisme capricieux, soit par une lâche condescendance. Dans les rapports qui ne reposent que sur des rencontres plus ou moins fréquentes et toutes d'agrément, la condescendance est affaire de bon goût, elle est spontanée de la part d'hommes qui ont une position éminente, elle les fait chérir. On s'attache plus étroitement à eux par la condescendance qu'ils marquent pour nous que par les biens qu'ils font : la première caresse la vanité, la seconde ne s'adresse qu'à la reconnaissance, et l'une a beaucoup plus de mémoire et de sensibilité que l'autre. On ne saurait trop, dans la vie privée, porter les hommes à la condescendance. Le monde se compose en grande partie de diversités et d'inégalités : pour le bonheur commun, il importe de s'assimiler autant qu'on le peut à ceux qui diffèrent de nous; quant aux inégalités, un peu de condescendance de la part de ceux qui sont placés au-dessus des autres amène cette union des cœurs qui de tous les rangs ne forme qu'une même famille. Aux jours de la féodalité, il y avait souvent plus de condescendance de la part du suzerain envers son vassal qu'il n'y en a maintenant dans toute l'Europe du riche au pauvre. Le suzerain vivait familièrement avec ceux qui l'entouraient, il en avait besoin ; aujourd'hui, une distance infinie règne entre celui qui se repose parce qu'il possède et celui qui travaille parce qu'il faut qu'il vive. Avec des institutions d'égalité, la condescendance au dix-neuvième siècle ne se rencontre que très-rarement. En voici la cause : des mœurs politiques ne s'improvisent pas ; c'est en vain que toutes nos idées reflètent une égalité complète que reproduisent nos constitutions, elles sont si loin d'exercer de l'influence sur nos habitudes aujourd'hui, qu'on se méfie de la condescendance comme d'un penchant qui ravale. SAINT-PROSPER.

CONDÉ-SUR-NOIREAU. *Voyez* CALVADOS.

CONDILLAC (ÉTIENNE BONNOT DE), abbé de Mureaux, célèbre métaphysicien, né à Grenoble, en 1715, mort en 1780, embrassa, ainsi que son frère Mably, l'état ecclésiastique, qui offrait alors une condition honorable à la noblesse peu fortunée. Après avoir passé plusieurs années dans la retraite et la méditation, il publia divers ouvrages de philosophie, qui le firent connaître de la manière la plus avantageuse, et qui lui valurent l'honneur d'être choisi pour faire l'éducation de l'infant don Ferdinand, duc de Parme. En 1768 il fut admis à l'Académie Française. L'Académie de Berlin se fit également honneur de le compter au nombre de ses membres. Vers la fin de sa vie (en 1777), il reçut un témoignage bien flatteur de la confiance qu'inspiraient ses lumières : le conseil préposé à l'instruction de la jeunesse en Pologne l'invita à rédiger pour les écoles palatinales un traité élémentaire de Logique. C'est ce qui a donné naissance à l'ouvrage que nous avons de lui sous ce titre. Condillac mérite d'occuper une grande place dans l'histoire de la philosophie en France. Il est au dix-huitième siècle le représentant le plus distingué d'une doctrine qui s'est perpétuée à toutes les époques, mais qui n'avait jamais reçu avant lui des développements aussi étendus, et surtout qui n'avait jamais été exposée avec autant de lucidité : nous voulons parler de la doctrine qui fait tout dériver de la sensation et pour laquelle on a fait depuis lui créé le nom de *sensualisme*. Quoique sur bien des points il n'ait fait que continuer l'œuvre de Gassendi et de Hobbes, quoiqu'il n'ait guère été dans ses premiers écrits que l'interprète et le disciple fidèle de Locke, il a cependant assez ajouté à la science, il a mis dans le monde assez d'idées nouvelles pour mériter le titre d'auteur original.

Les points principaux de sa doctrine, telle qu'elle résulte de ses nombreux écrits, sont : 1° que toutes nos idées dérivent de nos sensations, par conséquent les idées innées sont une chimère ; 2° que non-seulement nos idées, mais nos facultés même (et cette addition lui appartient tout entière), ont leur principe dans la sensation ; qu'elles ne sont toutes, selon son expression, que des *sensations transformées* ; que les facultés de l'entendement (l'attention, la comparaison, le jugement, la réflexion, l'imagination et le raisonnement) dérivent de la sensation considérée comme représentative, de même que les facultés de la volonté (le besoin, le désir, les passions et la volonté proprement dite) dérivent de la sensation envisagée comme affective ; 3° que la liaison des idées est le principe de toutes les opérations de la pensée, de toutes les productions de l'esprit humain, ainsi que des règles auxquelles il faut les assujettir, et qui constituent l'art de penser et l'art d'écrire ; 4° que l'esprit humain livré à ses propres forces et sans secours étranger ne peut presque rien, et que les progrès étonnants qu'il a faits sont dus tout entiers à l'emploi des signes ; que l'on ne peut penser sans parler, ou du moins que l'art de penser dépend de l'art de parler ; que *les langues sont des méthodes analytiques* ; que nous leur devons la plupart de nos idées, et notamment les idées générales, qui n'ont de réalité que par les noms qu'on leur donne ; 5° que dans nos jugements *l'évidence résulte toujours de l'identité* ; que tout le travail de la démonstration consiste à faire voir cette identité quand elle n'est pas apparente, ou, en d'autres termes, à montrer que l'attribut d'une proposition donnée est identique avec le sujet ; ce qui se fait d'autant plus facilement que les mots sont mieux composés et ont entre eux le plus d'analogie possible ; d'où il suit qu'une science n'est qu'une langue ; qu'*une science bien faite dépend d'une langue bien faite*, comme on le voit clairement dans la langue des calculs ; 6° que la seule méthode qu'il convienne d'employer en toute occasion, dans l'exposition, aussi bien que dans la recherche de la vérité, c'est celle qu'ont employée les inventeurs et qu'indique la nature même, *l'analyse*, qui consiste à observer successivement et avec ordre toutes les parties d'un objet, afin de leur donner dans l'esprit l'ordre simultané dans lequel elles existent, ou de découvrir leur principe, leur origine commune ; que l'on ne sait bien que ce que l'on a découvert par soi-même ; que la synthèse, qui débute par des définitions, des axiomes, en un mot par des abstractions et des propositions générales, n'est qu'une méthode ténébreuse, nuisible même, propre tout au plus à enfanter des systèmes imaginaires et à éblouir des ignorants.

Condillac a pendant un demi-siècle joui en France d'une autorité presque absolue : aujourd'hui, il est fort discrédité et beaucoup trop négligé. Ce qu'on lui reproche avec raison, c'est d'avoir été trop ami du paradoxe et d'avoir faussé, en les exagérant, toutes les vérités qu'il a touchées. On a surtout attaqué la doctrine de la sensation : en effet, on ne peut rendre compte avec elle d'un grand nombre de nos idées, de celles surtout qui font la gloire et la force de l'esprit humain ; on peut bien moins encore expliquer toutes ses facultés par des transformations d'une chose toute passive et fatale comme la sensation : ce serait priver l'homme de son activité, de sa liberté, et le réduire à n'être plus qu'une machine. Quelque voisine du matérialisme qu'une telle doctrine puisse paraître au premier coup d'œil, elle s'en distingue cependant ; elle n'y conduirait qu'autant qu'on accorderait la sensation à la matière : or, c'est ce qu'n'a pas fait Condillac ; nul, au contraire, n'a démontré avec plus de force et de clarté la spiritualité de l'âme. Au reste, quels que soient les torts de ce philosophe, on doit reconnaître qu'il a rendu de grands services à la science, et l'on ne peut trop étudier ce qu'il a dit de l'influence des signes sur la pensée, des effets de la liaison des idées, des avantages de l'analyse et des inconvénients de la synthèse. Son style est d'ailleurs un modèle à suivre, comme le reconnaît La Harpe, qui jugeait cet auteur bien moins sévèrement qu'on ne le fait aujourd'hui : « Le style de Condillac, dit-il, est clair et pur comme ses conceptions : c'est en général l'esprit le plus juste et le plus lumineux qui ait contribué dans ce siècle aux progrès de la saine philosophie. »

Les ouvrages de Condillac sont assez nombreux. Le premier a pour titre *Essai sur l'origine des connaissances humaines, ouvrage où l'on réduit à un seul principe tout ce qui concerne l'entendement humain* (1746). Dans une première partie, l'auteur ne fait guère qu'exposer la doctrine de Locke ; dans la seconde, qui est entièrement neuve, il traite de l'origine du langage et de l'écriture. Le principe auquel il réduit tout, c'est la liaison des idées. Dans le *Traité des Systèmes*, qu'il publia ensuite (1749), il s'attache à montrer que les systèmes les plus accrédités ne reposent que sur des hypothèses gratuites, sur des équivoques de mots ou sur de vaines abstractions : afin de le prouver, il prend pour exemple les idées innées des cartésiens, les idées en Dieu de Malebranche, les monades de Leibnitz, et la substance une et infinie de Spinosa. Le troisième et le plus célèbre des écrits de Condillac est le *Traité des Sensations* (1754). L'auteur s'y propose d'expliquer par nos sensations la formation de toutes nos idées, et par nos besoins le développement de toutes nos facultés; il imagine pour cela une statue animée et organisée comme nous, à laquelle il accorde successivement l'usage de chacun des sens, qui chez nous s'exercent à la fois. Cette idée de décomposer l'homme et de faire la part de chaque sens, s'est présentée à plusieurs autres écrivains, à Diderot, à Buffon, à Bonnet, ce qui a fait contester à Condillac l'invention de l'idée première qui sert de base à son traité; mais quel que soit le véritable auteur de cette ingénieuse fiction (et Condillac en attribue lui-même l'honneur à une femme, Melle Ferrand), on n'hésitera pas à reconnaître que nulle part on n'a su en tirer un aussi bon parti que dans le *Traité des Sensations*, et que cet ouvrage est infiniment supérieur et aux aperçus passagers de Diderot, et aux pages plus éloquentes que profondes de Buffon, et à l'exposition confuse que l'on trouve dans l'*Essai analytique sur les Facultés de l'Ame*, de Bonnet. Pour répondre à ceux qui l'accusaient d'avoir puisé ses idées dans Buffon, Condillac publia, en 1755, le *Traité des Animaux*; il y critique avec assez de sévérité et même d'amertume l'auteur de l'*Histoire Naturelle*, et réfute victorieusement plusieurs de ses assertions sur les facultés de l'homme et sur la nature des animaux. En 1775 parut le *Cours d'Études*, composé par Condillac pour le jeune prince dont l'éducation lui avait été confiée. Il renferme la *Grammaire*, où l'auteur remonte à l'origine des langues, montre leurs rapports avec la pensée, et signale les importants services que les signes rendent à l'intelligence; l'*Art d'Écrire*, où toutes les règles du style et de la composition sont réduites à un seul précepte, celui de se conformer à la liaison la plus naturelle des idées; l'*Art de Raisonner*, où l'on détermine le genre d'évidence propre à chaque science, et où les règles du raisonnement, au lieu de n'être que des formules vides et abstraites, reçoivent immédiatement les applications les plus utiles et servent à expliquer les plus importantes découvertes; l'*Art de Penser*, où se trouve reproduit, avec un nouveau degré de simplicité, ce que l'auteur avait déjà dit dans son premier *Essai*, sur l'art qui préside à la formation de nos idées et sur les moyens les plus propres à nous donner des connaissances solides; enfin l'*Histoire*, ouvrage rédigé dans des vues toutes philosophiques, et où les principes de la plus saine morale sont partout appliqués au jugement des faits. On doit encore à Condillac : *Le Commerce et le Gouvernement considérés relativement l'un à l'autre* (1776), traité fort clair et fort méthodique, mais peu estimé des économistes; *la Logique* (1779), où sont développés tous les avantages de l'analyse, et où cette méthode est considérée, soit dans ses effets, soit dans ses moyens, c'est-à-dire dans les secours qu'elle emprunte au langage; enfin, *La Langue des Calculs*, ouvrage posthume, publié seulement en 1798, par les soins de Laromiguière, où l'on voit comment l'homme est parvenu peu à peu à l'institution des divers genres de signes propres à exprimer la quantité, comptant d'abord sur les doigts, puis avec des noms de nombres et enfin avec des chiffres et des lettres; et comment, par l'invention de chaque nouveau genre de signes, il a multiplié ses forces et est devenu capable d'embrasser des quantités de plus en plus considérables et d'exécuter des opérations de plus en plus difficiles. Cet ouvrage, celui de tous peut-être où l'auteur a le mieux montré toute la force et toute l'étendue de son esprit, est malheureusement resté incomplet; et encore ce n'était là, comme l'auteur nous l'apprend dans son introduction, qu'un travail préliminaire, subordonné à un objet bien plus grand : Condillac voulait faire voir comment on peut donner à toutes les sciences cette exactitude qu'on croit être le partage exclusif des mathématiques. Enfin, antérieurement à tous les ouvrages que nous venons de citer, il avait composé une *Dissertation sur l'Existence de Dieu*, qu'il envoya à l'Académie de Berlin : cette dissertation n'a pas été conservée, mais elle se trouve fondue dans les autres écrits que nous possédons de cet auteur.

En lisant avec attention les ouvrages de Condillac dans l'ordre où ils ont été composés, on remarque que ses idées subissaient d'année en année des modifications importantes. Ainsi, dans son premier ouvrage, l'*Essai sur l'Origine des Connaissances*, il n'est guère que le disciple fidèle de Locke; dans le *Traité des Sensations*, il s'en sépare complétement, et des deux sources de connaissances qu'avait admises le philosophe anglais, la sensation et la réflexion, il supprime la seconde, comme n'étant, dit-il, qu'un canal par lequel les idées dérivent des sens. En outre, si l'on compare les éditions successives qu'il a données de ses écrits, on y trouve des changements considérables, non-seulement dans le style, qu'il ne cessait d'épurer et de perfectionner, mais dans le fond même des idées : par exemple, il donne des solutions fort différentes, quelquefois même entièrement contradictoires, sur plusieurs des importants problèmes qu'il agita toute sa vie, tel que celui de la connaissance des corps extérieurs, celui de la perception des formes et des distances par la vue, celui de la formation des idées générales, etc. Les ouvrages de Condillac ont été fort souvent réimprimés, soit séparés, soit réunis. Nous ne citerons que l'édition donnée en 1798, en 23 vol. in-8°; elle a été revue avec le plus grand soin sur les manuscrits autographes de l'auteur, qui avait fait peu de temps avant sa mort des corrections et des additions importantes aux précédentes éditions. BOUILLET.

CONDIMENT (en latin *condimentum*, de *condire*, assaisonner, confire, conserver). En raison de son étymologie et des trois acceptions de son radical, ce mot est synonyme des termes *assaisonnement*, *confiture* et *conserve*.

En chimie pharmaceutique, les *condiments* sont considérés comme l'un des moyens et des procédés mis en usage pour la conservation des substances tirées des corps organisés pour les besoins domestiques et ceux de la médecine. On les distingue en *salins*, en *acides*, en *huileux*, et en *saccharins* (sucres et miels). Lorsque ces mêmes substances sont employées pour la conservation des pièces anatomiques, on ne les désigne plus sous ce nom générique, qui n'est applicable qu'aux substances alimentaires et médicamenteuses. L. LAURENT.

CONDISCIPLE (du latin *cum*, avec, et *discipulus*, disciple), compagnon d'étude, celui avec qui on étudie ou l'on a étudié dans la même école, dans la même classe. De nos jours, la camaraderie des condisciples est la plus vivace qui existe. Elle pousse encore de plus profondes racines que celle des littérateurs. Voyez les journaux reproduire sans cesse l'annonce du banquet annuel des anciens élèves de chacun des lycées, collèges ou pensions de France. En tête, figurent les *barbistes*, de l'institution Delanneau, société presque aussi puissante et aussi étendue que celle des jésuites, ayant sa caisse de patronage et de secours pour les élèves de nos jours et ceux des temps passés, comptant parmi les siens des protecteurs dans toutes les administrations et même dans tous les partis politiques, en sorte que, quelle que soit la forme de gouvernement qui existe en France, le barbiste, n'importe son opinion, reste toujours sur pied, malgré vent et marée, si même il n'obtient pas de l'avancement. Que ne devait-on pas aussi espérer naguère lorsqu'on avait eu le bonheur d'être le condisciple d'un prince citoyen? On oublie généralement le compatriote; on se soutient toujours du condisciple. Grands ou petits, ce titre rapproche toutes les distances. L'égalité devant la loi disparaît souvent; il n'en est pas de même de l'égalité entre condisciples : prélats, généraux, industriels, banquiers, avocats, littérateurs, médecins, hommes de loisir, campagnards, propriétaires, rentiers, artistes, artisans même, pourvu qu'ils aient étudié jadis sur les mêmes bancs vermoulus, dans les mêmes classes enfumées, se sentent de loin, se retrouvent en France ou à l'étranger, se serrent la main, et, s'ils ne s'ouvrent pas toujours réciproquement leur bourse, se tutoient du moins souvent, de la meilleure grâce du monde, comme des chrétiens de la primitive Église ou des républicains de 1793. Il n'y a pas de franc-maçonnerie qui vaille celle-là, abstraction faite néanmoins, nous le répétons, du *denier des enfants de la veuve*.

CONDITION (en latin *conditio*, dérivé de *condere*, établir, fonder). La condition ou les conditions d'un objet quelconque est ou sont ce par quoi cet objet est constitué ou fondé, ce qu'il est, soit en lui-même, soit dans notre conception. Cette idée générale s'applique à l'homme, envisagé dans tous les degrés de la hiérarchie sociale, à tous les corps naturels, considérés dans toutes les phases et sous tous les modes d'existence; enfin, à toutes nos conceptions, depuis les plus individuelles jusqu'aux plus générales. Ainsi le mot *condition* signifie tour à tour état, qualité, rang, situation, disposition, nature, clause, traité, article, parti, offre. Être content de sa *condition*; chacun doit vivre suivant sa *condition* (état de vie, profession); être en *condition* chez quelqu'un, chercher une meilleure *condition* (état de domesticité); imposer des *conditions* (clause, charge d'un traité); il m'a imposé une *condition* bien dure; c'est au vainqueur à dicter les *conditions* de la paix, et au vaincu à les recevoir; accepter, rejeter, ne pas garder, violer les *conditions*. A *condition que*, etc. (pourvu que, à la charge que); à quelque *condition que ce soit*. La *condition* (état, nature) des choses d'ici-bas est sujette à beaucoup de vicissitudes; la *condition* des princes est souvent plus triste que celle des particuliers. Marchandise qui n'est pas de la *condition*, qui n'a pas les *conditions* requises.

De *condition* on a fait *conditionner*, *conditionnel* et *conditionnellement*. Marchandise bien ou mal *conditionnée*, qui a ou n'a pas les qualités requises. Il fut institué héritier *conditionnellement*, c'est-à-dire *avec* ou *sous condition*. *Conditionner* reçoit deux acceptions : 1° faire fabriquer avec les *conditions* requises; 2° apposer des *conditions* à un contrat, à un marché. Ce verbe est moins usité dans ce dernier sens que dans le premier.

Lorsque les mots *condition* et *état* sont combinés dans une même phrase, le premier a plus de rapport au rang qu'on tient dans l'ordre social, le second en a davantage à l'occupation, au genre de vie ou à la profession. « Les richesses, dit Girard, nous font aisément oublier le degré de notre *condition*, et nous détournent quelquefois des devoirs de notre *état*. »

Jadis un homme né roturier qui par son rang et son éducation appartenait à une classe distinguée était *homme de condition*. Un homme né dans la robe, quoique roturier, se disait *homme de condition*. Jadis encore un *homme de condition* des plus distingués dans l'ordre de la bourgeoisie, doué des *qualités les plus nobles*, n'était point un *homme de qualité*.

Dans les sciences qui ont pour objet la recherche des lois des phénomènes des corps naturels, soit astronomiques, stellaires et planétaires, soit organisés, végétaux et animaux, après avoir caractérisé les modes de ces phénomènes, on doit en déterminer les *conditions*. Celles-ci sont, les unes extérieures ou exhérentes à ces corps : on les nomme alors *circonstances*; les autres, qui sont inhérentes aux corps et en rapport avec les circonstances, sont tout ce qui a trait à leur constitution. Les *conditions* d'existence et de tous les phénomènes des corps naturels doivent donc être distinguées en *circonstancielles* et en *constitutives* : lorsque tous les rapports entre ces deux genres de *conditions* d'une part, et de l'autre avec les divers modes d'existence et de phénomènes, sont découverts et confirmés par l'expérience, la loi qui doit les embrasser tous et en être la formule peut être établie et proclamée. C'est de là que résultent l'économie et l'harmonie de la *nature*.

L. LAURENT.

En droit, cette expression se prend dans plusieurs acceptions; ainsi elle est synonyme de *clause*, de *charge* : on dit les conditions d'un marché, d'un contrat, d'une vente, etc. On nomme encore *condition* un événement futur et incertain duquel on fait dépendre une disposition ou une obligation. La condition *casuelle* est celle qui dépend du hasard, et qui n'est nullement au pouvoir du créancier et du débiteur. La condition *potestative* est celle qui tient à un événement qu'il est au pouvoir de l'une des parties contractantes de faire arriver ou d'empêcher. La condition *mixte* est celle qui dépend tout à la fois de la volonté de ces parties et de celles d'un tiers. La condition d'une chose impossible, ou contraire aux bonnes mœurs, ou prohibée par la loi, est nulle et rend nulle la convention qui en dépend. Dans les donations et testaments, elles sont seulement réputées non écrites.

CONDITION DES SOIES. On nomme ainsi des établissements qui, créés d'abord à Turin en 1750, furent importés ensuite à Lyon (23 germinal an XIII), à Saint-Chamond, à Saint-Étienne, et successivement dans les centres d'industrie dont la soie est la base. Celle de Paris a été établie par un décret du 2 mai 1853. Un établissement analogue se fonde en Angleterre. Pour en comprendre l'utilité, il faut se rappeler que la soie a la propriété d'absorber une certaine quantité d'eau, qui augmente son poids d'une manière très-sensible. Cette propriété d'absorption, pour une matière dont le prix est toujours fort élevé, a de graves inconvénients; elle peut servir la mauvaise foi soit du patron, soit de l'ouvrier, et dans tous les cas l'acheteur et le vendeur ne peuvent connaître la valeur réelle de l'objet de leur transaction. C'est pour parer à ces inconvénients que l'on a établi les *conditions des soies*, où la dessiccation de ces matières s'exécute avec la garantie de l'administration et sous la surveillance des chambres de commerce. Pour dessécher les soies, on les enferme dans des cages d'une construction telle que l'air échauffé puisse facilement agir sur elles. On ne pèse les échantillons que lorsqu'ils accusent des conditions thermométriques et hygrométriques constantes.

CONDITIONNEL, adjectif qui signifie soumis à certaines conditions, subordonné à quelque événement imprévu : une promesse conditionnelle; un traité, un contrat conditionnel; une clause conditionnelle. En grammaire et en logique, c'est ce qui marque ou exprime une condition : proposition conditionnelle, conjonction conditionnelle, mode conditionnel.

Substantivement et dans un sens particulier, *conditionnel* se dit d'un mode du verbe, dont les temps expriment l'affirmation avec dépendance d'une condition. Ce mode a plusieurs temps : *Je ferais*, que les grammairiens appellent le *conditionnel présent*, est un présent ou un futur, suivant les circonstances du discours, et on peut l'employer sans déterminer aucune époque : *Je ferais actuellement votre affaire, si vous m'en aviez parlé plus tôt*, est un présent. *Je ferais votre affaire avant qu'il fût peu, si elle dépendait uniquement de moi*, est un futur. Enfin *je ferais un voyage aux grandes Indes, si j'étais plus jeune*, est un futur dont l'époque peut, à notre choix, être ou ne pas être déterminée. En général, cette forme exprime presque toujours un futur : *Je l'attends, il m'a promis qu'il viendrait*. *Viendrait* est ici pour *viendra*, l'exécution de ce qu'on promet dépendant presque toujours de quelque condition exprimée ou supposée.

Au passé, on dit : *j'aurais fait votre affaire si vous m'en aviez parlé*, ou *j'eusse fait votre affaire si vous m'en eussiez parlé*. La différence entre ces deux temps consiste en ce que *j'aurais fait* marque plus particulièrement l'époque où l'affaire aurait été entreprise, et *j'eusse fait*,

16.

celle où elle eût été finie. On dit encore, *j'aurais eu fait*, et c'est un passé antérieur à un autre passé qui l'est lui-même au temps où l'on parle.

CONDOLÉANCE, mot formé de la particule *cum*, et du verbe latin *dolere*, s'affliger, et par lequel on marque la part que l'on prend à la peine ou à la douleur d'autrui. Il n'est guère d'usage aujourd'hui que dans ces façons de parler : *compliments de condoléance, lettres de condoléance*, etc. Ce mot paraissait étrange à Vaugelas ; ce qui peut paraître plus étrange encore à quelques personnes, c'est d'y voir joindre celui de *compliment*, qu'on est habitué généralement à prendre dans le sens favorable de félicitation, quoiqu'il signifie proprement une marque d'honnêteté, un témoignage écrit ou verbal de civilité dont l'objet a besoin d'être déterminé.

Il faut bien se garder d'ailleurs de confondre les mots *condoléance* et *doléances*.

CONDOM, ville de France, chef-lieu d'arrondissement du département du Gers, ancienne capitale du Condomois, à 653 kilomètres de Paris, située dans une vallée riante, avec 7,210 habitants. Entrepôt des vins du pays, Condom a un tribunal de première instance, un tribunal de commerce, et un collège. On y prépare des cuirs et on y fabrique des fils et des tissus de coton. Son ancienne cathédrale est curieuse. Un monastère, fondé au neuvième siècle et sécularisé en 1549, est l'origine de cette ville. Dès 1317 elle fut le siège d'un évêché, dont Bossuet fut titulaire avant de passer à Meaux. Condom fut ruiné par les guerres de religion.

CONDOMA, nom sous lequel Buffon désigne l'*antilope coudous*, qu'on rencontre dans les parties basses de la Cafrerie. Cet animal est remarquable par ses cornes courbées trois fois et contournées en spirale.

CONDOMOIS, petit pays de l'ancienne Guienne, borné au nord par l'Agénois, dont il faisait autrefois partie ; au levant par la Lomagne, au midi par l'Armagnac, et au couchant par le Bazadois. C'était avec ce dernier pays que le Condomois formait une lieutenance de roi, sous le gouvernement de Guienne et de Gascogne. On lui donnait 67 kilomètres de longueur, sur 53 dans sa plus grande largeur. Son sol est fertile en blé ; on y recueille aussi beaucoup de vin, et du reste il fournit tout ce qui est nécessaire à la vie. Du temps de César il était habité par les Nitobriges, sous Honorius il se trouvait compris dans l'Aquitaine. De la domination des Romains il passa sous celle des Visigoths, et suivit la destinée de l'Agénois. Il fut réuni à la couronne avec le Bordelais et la Guienne, en 1451, sous le règne de Charles VII. Le Condomois fait à présent partie des départements du Gers et du Lot-et-Garonne. Condom en était la principale ville.

CONDOR, en latin *vultur gryphus*). Cet oiseau, appelé aussi *vautour des Andes*, a été longtemps fort imparfaitement connu ; mais les descriptions détaillées et les belles figures que M. de Humboldt et Temminck en ont données permettent d'apprécier à leur juste valeur tout ce que les anciens en ont dit. Le condor, quoiqu'il ne soit pas le plus grand des oiseaux de proie, est cependant l'un de ceux qui offrent les dimensions les plus considérables ; il est entièrement noir, excepté sur les moyennes rémiges de ses ailes et leurs petites couvertures, qui sont blanches, ainsi qu'une touffe de duvet, placée derrière le cou ; son bec et surmonté d'une caroncule grande et sans dentelures, dont la couleur varie du rouge violet au violet presque noir ; il en a aussi de chaque côté à sa partie inférieure. La femelle, qui manque de ces caroncules, est entièrement d'un gris brun, sans traces de blanc aux ailes ; son petit, dans le premier âge, est brun cendré, sans collier ni caroncule.

Cet oiseau, dont les premiers observateurs avaient tant exagéré la force et les dimensions, reste le plus volumineux de tous les oiseaux de proie de son continent ; mais il surpasse de peu notre *lammergeyer* ou griffon, et il cède à l'oricou (*vultur auricularis* de Daudin) ; il habite par troupes nombreuses la grande chaîne de la Cordillère des Andes, et se tient constamment à la hauteur des neiges perpétuelles ; il ne descend guère dans la plaine que pour y chercher sa nourriture, laquelle consiste en cadavres et en petits animaux. Le condor est celui des oiseaux qui s'élève le plus haut ; il niche ordinairement sur la surface nue des rochers, et dépose dans quelque cavité naturelle ses œufs, qui sont au nombre de deux. P. Gervais.

CONDORCET (Marie-Jean-Antoine-Nicolas Caritat, marquis de), né en Picardie, en 1743. Sa famille devait son titre au château de Condorcet, près de Nions, en Dauphiné. Son oncle, évêque de Lisieux, mort en 1783, pourvut à son éducation, et lui ménagea de puissants protecteurs à son entrée dans le monde. Ses premiers titres à la célébrité furent ses travaux et ses succès dans les mathématiques. Ces travaux lui ouvrirent de bonne heure la porte de l'Académie des Sciences. Mais c'est surtout pour avoir franchi les limites où la géométrie eût renfermé son génie, c'est comme écrivain philosophique et par l'application de la philosophie à tous les genres de progrès et d'améliorations sociales, qu'il s'est acquis une haute renommée. Ami de D'Alembert et de presque tous ses illustres contemporains, Condorcet fut aussi l'un des plus chauds disciples de Voltaire. On ne peut sans doute classer Condorcet au premier rang, ni comme penseur profond, ni comme écrivain ; mais un esprit méditatif et élevé, une ardeur généreuse, et qui ne s'est jamais refroidie, pour le perfectionnement et le bonheur de l'humanité ; une verve de zèle qui plaît son talent à tous les genres de compositions sur des sujets graves ; sa persévérance courageuse et la multiplicité de ses travaux lui ont assigné une place éminente parmi les hommes qui ont exercé une grande influence sur le mouvement des esprits vers la fin du siècle dernier. Celle de sa doctrine philosophique a été immense, et se prolonge encore de nos jours.

Cette doctrine, signalée dans son *Esquisse des Progrès de l'Esprit humain*, c'est la perfectibilité illimitée de l'homme considéré dans l'espèce et dans l'individu. Telle est la croyance que ce philosophe entreprend de substituer aux idées et aux sentiments religieux. C'est par la toute-puissance du genre humain, se défiant, pour ainsi dire, au besoin du temps, qu'il veut remplacer la toute-puissance éternelle. Voilà pour lui le grand œuvre de la civilisation, ainsi que le terme des progrès de l'humanité. La philosophie de Condorcet reçoit de cette sorte de parodie de la foi religieuse un caractère spécial, qui la sépare du scepticisme fataliste de Voltaire, comme du fatalisme dogmatique de Diderot et de ses amis. A ces systèmes désolants il oppose une chimère ; mais du moins cette illusion d'un esprit exalté, ou rêve d'une intelligence plutôt prévenue par l'incrédulité contagieuse du siècle qu'égarée par l'orgueil, se conciliaient dans l'âme de Condorcet avec une vive sympathie pour ses semblables, une rare activité pour toutes les réformes qu'il jugeait utiles, et une grande élévation de sentiments : témoin son héroïque dévouement à des convictions généreuses.

On sait que proscrit par la Convention, comme girondin, il quitta l'asile qu'il avait trouvé pendant huit mois chez une amie courageuse, Mme Verney, pour ne pas l'exposer à la rigueur du décret portant la peine de mort contre les hôtes des députés mis hors la loi. Errant dans la campagne autour de Paris, réduit à se cacher dans des carrières, il se trahit dans un cabaret de Clamart, où la faim l'avait contraint d'entrer, en exhibant un portefeuille beaucoup trop élégant pour son extérieur de misère ; il fut arrêté, conduit au Bourg-la-Reine, à moitié mourant de besoin, de fatigue et de la douleur d'une blessure au pied, puis enfin jeté dans un cachot. Le lendemain, 28 mars 1794, on l'y trouva mort du poison dont il s'était muni pour se soustraire à l'échafaud. Les deux vers suivants d'une épître à sa femme expliquaient noblement son noble sacrifice.

Ils m'ont dit : choisis d'être oppresseur, ou victime ;
J'embrassai le malheur, et leur laissai le crime.

Par ses ouvrages de mathématiques, Condorcet a mérité un nom distingué dans les sciences. Si on l'apprécie comme littérateur, les *Éloges des Académiciens morts depuis 1699*, qui lui valurent le secrétariat perpétuel de l'Académie des Sciences, et devinrent un de ses titres pour l'Académie Française, sont loin du piquant et de la simplicité spirituelle des *Éloges académiques* de Fontenelle; mais on reconnaît dans ceux de Condorcet un bon appréciateur du mérite, un écrivain en général pur, élégant, et un esprit fort au-dessus de la portée commune. La *Vie de Voltaire* et celle de Turgot, remarquables par les mêmes qualités, se recommandent en outre par les vues d'une philanthropie éclairée, par ce zèle philosophique pour les réformes utiles qui anima constamment l'auteur, et par la clarté d'un style qui, sans être exempt d'une sorte de pesanteur et de monotonie, ne manque cependant pas toujours de trait et de verve. Ces avantages se retrouvent plus fréquemment, avec le sel d'une ironie spirituelle, dans les nombreux articles dont l'ancien académicien se plut à doter la *Feuille Villageoise* et la *Chronique de Paris*. Mais l'œuvre capitale de Condorcet est cette *Esquisse des Progrès de l'Esprit humain*, composée pendant la retraite du proscrit, avec les seuls matériaux amassés dans sa mémoire, réellement prodigieuse. Cet ouvrage même est beaucoup plus recommandable encore par la pensée que par l'expression. Une autre œuvre de ce philosophe, aussi très-digne d'attention, est le *Plan de Constitution* qu'il avait présenté à la Convention. Au surplus, il avait traité tant de matières importantes et publié tant d'écrits, qu'une rédaction soignée et le travail nécessaire pour arriver à la correction, à l'élégance continue et à la concision, lui étaient à peu près devenus impossibles. La nature d'ailleurs lui avait refusé l'imagination et le coloris.

La douceur et la bonté formaient le fond de son caractère. Son extérieur réservé, même froid, et quelquefois empreint de timidité dans le monde, couvrait une grande chaleur et beaucoup de force d'âme, qu'on ne lui eût pas soupçonnées. Tout le monde connaît le mot de D'Alembert, qui disait de lui : « Ne vous y trompez pas : c'est un volcan couvert de neige. » Sa conduite comme particulier et comme homme public fut toujours marquée par la droiture, la fermeté et le désintéressement. Sous le premier rapport nous ne lui connaissons qu'un seul tort, celui d'avoir aidé Voltaire à dénaturer le sens des *Pensées* de Pascal, qu'ils trouvaient sans doute trop rude jouteur pour lui laisser toutes ses armes. Persuadé qu'un régime d'égalité était seul compatible avec le bonheur des hommes, Condorcet fit bon marché de ses titres, de sa position et de ses avantages de fortune, comme noble et comme académicien. Sous l'ancien régime, il avait refusé de louer de La Vrillière, et donné sa démission d'un emploi éminent dans l'administration des monnaies, pour éviter tout rapport avec Necker, qu'il ne croyait pas étranger à la chute de son illustre ami Turgot. Dans les premières années de la Révolution, il hâta de ses vœux et de ses efforts des innovations dès longtemps méditées pour le bien public, portant toute l'activité de son zèle dans ses fonctions de membre de la Commune de Paris (comité des subsistances). Appelé à la Convention après la chute du trône, il s'y rallia aux députés girondins pour lutter contre une démagogie sanguinaire et fonder une république digne de l'assentiment des gens de bien. Cette fois, ce fut sa vie qu'il sacrifia à ses croyances. Son nom, resté pur de toute souillure, et le souvenir de sa magnanime abnégation ne périront jamais. AUBERT DE VITRY.

CONDORCET (Sophie de Grouchy, marquise de), épouse du précédent, la plus belle personne peut-être de son époque, ne fut pas moins remarquable par son esprit. Elle était née à Paris, en 1758. Élevée dans une famille noble et riche, elle parut fort jeune à la cour de Louis XVI, où plusieurs grands seigneurs briguèrent l'honneur d'obtenir sa main. Un seul eut le privilège d'attirer ses regards; il existait malheureusement entre eux d'invincibles obstacles : Mlle de Grouchy, gaie jusque là, devint tout-à-coup mélancolique et réfléchie. Ce fut en proie à ces tristes préoccupations qu'elle rencontra dans le monde Condorcet, dont les idées philosophiques se présentèrent à elle comme une consolation. Elle se sentait du penchant pour les études sérieuses, pour les spéculations d'une haute métaphysique : la supériorité de l'illustre philosophe séduisit son esprit; il la fit demander en mariage, et elle accéda à ce vœu, moins, assure-t-on, pour jouir de la compagnie d'un époux que de celle d'un sage.

On a prétendu que Mme de Condorcet avait été poursuivie des hommages publics d'Anacharsis Clootz, qui l'appelait que la *Vénus lycéenne*. Jetée dans les cachots, elle n'en sortit qu'après la mort de Robespierre. Les infortunes qui l'accablaient ne lui firent point abjurer une cause dont elle avait de bonne heure embrassé les principes: elle resta dévouée au culte des grandes vérités, et vécut longtemps dans un petit cercle d'amis, parmi lesquels on comptait toutes les anciennes prédilections de son mari : Cabanis, son beau-frère; Mme de Staël, Suard, Garat, Destutt-de-Tracy, La Romiguière, Ginguené, etc. Plus tard, ce cercle s'agrandit, et sa maison devint le rendez-vous de ceux que Bonaparte appelait les *idéologues*. En 1817, lorsque le maréchal Grouchy, son frère, sous le poids d'une accusation capitale, fut cité devant un conseil de guerre, Mme de Condorcet lui donna des preuves d'un attachement sans bornes, et protesta d'avance contre un jugement qui violerait la capitulation de Paris. Après avoir passé les dernières années de sa vie dans la pratique de la plus active bienfaisance, elle mourut le 6 septembre 1822. On lui doit la traduction de la *Théorie des Sentiments moraux, suivie d'une dissertation sur l'origine des langues*, par Adam Smith (1798, 2 vol. in-8°), et des *Lettres sur la Sympathie* adressées à Cabanis, ainsi que la partie inédite des œuvres de son mari, qu'elle a enrichie de préfaces remarquables.

CONDORI (Bois de). *Voyez* BOIS DE CORAIL DUR.

CONDOTTIERE, CONDOTTIERI, mot italien, employé surtout au pluriel, et par les historiens non francisé; il signifiait *conducteur*, et par extension technique chef de gens de guerre. De vieux écrivains l'avaient traduit par *conductier*. Plus d'un théoricien a confondu *aventuriers* et *condottieri* : les uns étaient la troupe, les autres les capitaines des bandes mercenaires qu'au moyen âge différents États d'Italie tenaient à leur service. Venise en soldait déjà en 1143. L'Angleterre avait au treizième siècle des mercenaires sous des chefs d'aventure, et la France appelait à elle des archers Italiens, alors que l'Italie mettait sur pied des cuirassiers allemands. Walter Scott, qui, dans ses romans, a donné leur couleur véritable à tant de figures historiques, a peint avec exactitude le *condottiere* dans son *Officier de fortune*. Les *condottieri* qui portaient les armes en Italie ont été les premiers modèles des troupes de Suisse et de France, non sous le rapport du mérite comme militaires, mais sous celui d'un système d'organisation dont jusque alors on n'avait en nulle part la moindre idée.

L'histoire a voué à notre exécration les *condottieri*, et a frappé d'un ineffaçable ridicule les guerres qu'ils se faisaient entre eux ; mais plusieurs ont mis dans leur conduite assez d'habileté pour que de simples loueurs d'hommes qu'ils étaient, de simples entrepreneurs de guerres sans périls, ils se soient élevés au rang de ducs, de marquis, de connétables. Ces hommes d'épée, qui ne prenaient les armes que par un motif vénal et qui se concertaient pour les ensanglanter le moins possible, étaient toujours prêts à changer de parti si leur intérêt les y poussait. Leur rapacité égalait leur mauvaise foi; ils exigeaient une paye considérable pour eux et leurs cuirassiers; ils se faisaient délivrer des gratifications (*paga doppia*) pour le moindre succès, vrai ou supposé; ils prélevaient par avance une première mise, une prime d'engagement (*mese compiuto*), c'est-à-dire le montant complet de la solde d'un mois, comme étant dû et échu le jour où ils passaient la première revue. Les *condottieri* guerroyant sous des bannières opposées simulaient les combats qu'ils se livraient; ils établissaient à leur profit un droit des gens opposé au droit des gens des souverainetés qui les stipendiaient; par un pacte tacite, ils ménageaient leurs hommes d'armes, qu'ils regardaient comme un mobilier, comme un fonds de commerce, et à l'issue d'une action ils se vantaient de la conservation de leur troupe, comme preuve que la victoire leur était demeurée. Quoique ennemis de nom, ils étaient frères et consorts de fait : ils s'enrichissaient des rançons des indigènes opulents qui leur tombaient sous la main; mais entre eux ils se contentaient, à la suite des combats, de dépouiller leurs prisonniers, puis ils se les renvoyaient réciproquement et gratuitement.

Les luttes des *condottieri* étaient des espèces de parties de barres, une sorte de jeu d'adresse qui avait pour enjeu des armes, des fournimens, des chevaux. Machiavel rapporte qu'au combat de Zagonara, en 1423, il ne périt que trois aventuriers; encore furent-ils étouffés dans la boue. Il ne fut tué personne au combat de Molinella, en 1467, et dans un engagement entre les troupes papales et les Napolitains, en 1486, il ne résulta pas une seule blessure de tout un jour de mêlée. On pourrait multiplier à l'infini les citations de ce genre. Toutefois, pendant le quinzième siècle il n'en fut pas de même dans toutes les souverainetés où ce ne sanglantes batailles eurent lieu entre les Italiens, car alors ce n'étaient plus des étrangers, mais des indigènes, qui vendaient leur sang, et ils portaient communément au combat, sinon du patriotisme, du moins de l'émulation, un intérêt local, souvent même une ambition cachée.

Parmi les *condottieri* célèbres, on voit figurer Carmagnola et surtout John Haukwood : celui-ci a été le dernier d'origine étrangère; quantité de généraux italiens se formèrent sur son modèle, et acquirent assez de talent pour succéder aux chefs étrangers. Au nombre des *condottieri* nationaux qui s'illustrèrent après Haukwood, on voit figurer Braccaccio Montone, noble de Pérouse, qui s'y créa une principauté, et Sforza Attendolo, simple paysan de Cotignuola, qui parvint au rang de grand connétable de Naples, fut surnommé le Grand, et ouvrit à ses descendans le chemin du trône de Milan. Ces deux derniers condottieri, égaux en réputation et longtemps opposés l'un à l'autre, mirent les germes de leur rivalité aux capitaines distingués qui après eux combattirent en Italie jusqu'au seizième siècle. La souveraineté et la politique de Sforza amenèrent l'extinction des *condottieri*.
G¹ BARDIN.

CONDUCTIBILITÉ. Ce mot se dit, 1° de la propriété que possèdent les corps d'absorber et de répandre la chaleur dans leur masse; 2° de la même propriété par rapport à l'électricité. Dans l'un et dans l'autre cas, on divise les corps en *bons conducteurs* et en *mauvais conducteurs*, suivant le degré auquel ils jouissent de cette propriété. Les métaux sont généralement bons conducteurs, tant de la chaleur que de l'électricité.

Relativement au calorique, les rapports numériques de conductibilité de divers corps peuvent être ainsi exprimés : Or, 1,000; platine, 981; argent, 973; cuivre, 898; fer, 374; zinc, 363; étain, 303; plomb, 180; marbre, 23; terre cuite, 12; porcelaine, 11; eau, 9. Ces quatre derniers chiffres sont douteux.

Un liquide échauffé par la partie inférieure de sa masse se met rapidement en équilibre de température; mais cet effet résulte des courants qui s'établissent dans son intérieur, parce que les parties échauffées étant moins denses tendent à s'élever, ce dont on s'assure en jetant dans le liquide une poudre dont on peut suivre le mouvement. De plus, si l'on chauffe le liquide par sa partie supérieure, la partie inférieure restera très-longtemps sans augmenter sensiblement de température. On voit donc, pour nous servir de l'expression de M. Pouillet, que les liquides *charrient* plutôt la chaleur qu'ils ne la conduisent. Comme eux, les gaz sont de très-mauvais conducteurs. Il en est de même des matières solides pulvérisées.

Par rapport à l'électricité, les oxydes métalliques, le charbon ordinaire, les gaz, sont mauvais conducteurs; au contraire, les liquides, à l'exception des huiles, les vapeurs, le charbon calciné (braise de boulanger), les corps des animaux conduisent bien l'électricité. Généralement, les corps sont bons ou mauvais conducteurs, suivant qu'ils sont anélectriques ou idio-électriques.

CONDUIT. Ce mot, dérivé du latin *conducere*, désigne ordinairement un appareil destiné à *conduire* un liquide ou un fluide jusqu'au lieu, plus ou moins distant, où il doit être employé. Un orgue doit être pourvu de *conduits* qui portent le vent à tous les tuyaux; dans une serre, des *conduits* distribuent l'air chaud ou la vapeur d'eau dans tous les lieux à échauffer; dans un jardin, des *conduits* amènent les eaux d'arrosage à portée des cultures qui en ont besoin, etc. Mais, par une bizarrerie de notre langue, un *conduit* d'eau prolongé très-loin devient une *conduite*, quoiqu'il n'ait pas éprouvé d'autre changement que l'augmentation de sa longueur. Il faut remarquer néanmoins que le plus souvent une *conduite d'eau* est un assemblage de *conduits*, et qu'il fallait un nom particulier pour cette réunion de parties dont chacune peut être considérée isolément.

Dans les arts, un *canal* est le plus souvent ouvert en dessus, et lui sert plus à l'écoulement des liquides, au lieu que les *conduits* sont fermés dans tout leur contour, et dirigent le mouvement des fluides aériformes comme celui des liquides. Dans un *Dictionnaire technologique*, un tuyau ne peut être qu'un *conduit*; pour le naturaliste et l'anatomiste, c'est très-souvent un *canal*, et même, dans la description d'objets de la nature qui n'appartiennent pas à l'histoire naturelle, mais à la géographie physique, comme les fontaines intermittentes, l'écoulement de quelques lacs, etc., le passage souterrain des eaux peut être également bien désigné par l'un ou l'autre mot. Hors du sens matériel, le mot *canal* est toujours employé avec plus de succès que celui de *conduit*.
FERRY.

CONDUIT (*Anatomie*). On donne ce nom tantôt à des canaux excréteurs de certaines glandes (tels sont les *conduits* de Sténon et celui de Warthon, qui versent la salive dans la bouche), tantôt à des canaux en partie osseux et cartilagineux, revêtus soit par la peau externe (*conduit auditif externe*, en opposition au *conduit auditif interne* [*voyez* OREILLE]), soit par une peau interne ou membrane muqueuse (conduit guttural de l'oreille, appelé vulgairement *trompe d'Eustache*); tantôt, enfin, à des conduits entièrement osseux, que l'on distingue en ceux de *transmission* et en ceux de *nutrition*. Parmi les premiers on range 1° le *conduit ptérygoïdien* ou *vidien*, ainsi nommé parce que, découvert par Vidus-Vidius, médecin de Florence, il traverse la base de l'apophyse ptérygoïde du sphénoïde, les vaisseaux et le nerf du même nom y sont contenus; 2° le *conduit ptérygo-palatin*, qui concourent à former l'os du palais et l'apophyse ptérygoïde pour les vaisseaux et nerfs de même nom. Les autres conduits osseux, qu'on nomme vulgairement *conduits nourriciers*, *nutriciers*, sont distingués en : 1° ceux qui, très-prononcés et obliques en divers sens, et toujours situés aux faces de flexion, contiennent les vaisseaux et le filet nerveux, qui se rendent à la moelle du corps des os longs; 2° ceux qui, encore très-apparents, appartiennent au tissu celluleux des extrémités de ces mêmes os et à celui des os courts; et 3° ceux qui aboutissent au tissu compacte, et qui, rendus visibles par le sang de leurs orifices dans l'état frais, ne sont que de véritables pores très-déliés. Il ne faut pas confondre ces trois sortes de conduits nourriciers des os longs des membres avec les canaux ou conduits veineux des os du crâne et des vertèbres qui communiquent avec les sinus veineux du cerveau et de la moelle épinière. L'usage permet de dire indifféremment *conduits* ou *canaux dentaires*, *conduits* ou *canaux excréteurs des glandes*, *conduit* ou *canal thoracique*, *conduit* ou *canal déférent*; mais on emploie toujours de préférence le mot *conduit* dans la dénomination de tous ceux indiqués ci-dessus. L. LAURENT.

CONDUITE. C'est l'action de conduire, de mener, de guider. La *conduite*, en termes de marine, consiste dans l'ensemble des frais de route qu'on paye aux marins de tout grade pour se rendre au lieu d'embarquement ou pour retourner dans leurs quartiers. Chez les ouvriers, surtout dans les *devoirs* du compagnonnage, parmi les soldats qui s'en vont dans leurs foyers ou *qui ont fini leurs temps*, il est d'usage entre camarades de conduire le camarade à une certaine distance du lieu qu'on habite, et de ne pas le quitter sans avoir bu, trinqué, chanté avec lui et l'avoir embrassé avec effusion à plusieurs reprises. C'est ce qu'on appelle *faire la conduite*.

Conduite se dit aussi de la direction d'un ouvrage, d'un projet, d'une affaire. La *conduite d'un poëme épique* ou *dramatique* signifie, en littérature, la manière dont les événements, les incidents y sont disposés ou amenés; et en musique, l'art de mettre en œuvre le motif d'une composition et d'en lier les parties.

Enfin, *conduite* se dit de la manière d'agir, de la façon dont chacun se gouverne dans les choses morales; et en ce sens *avoir de la conduite* signifie absolument avoir une conduite sage et réglée, comme *manquer de conduite* est l'équivalent de se conduire en toutes choses sans tenue, sans aplomb, sans prudence. La conduite de la vie importe si essentiellement à notre bonheur et à la tranquillité de ceux qui nous entourent, qu'on ne saurait trop tôt lui donner une bonne direction et lui imposer des règles; mais ces règles ne sont pas toujours absolues : elles dépendent souvent des circonstances où nous nous trouvons, des lois et des mœurs du pays où nous vivons, des goûts, des penchants naturels de chacun. Outre que le meilleur n'est pas de régler sa *conduite* sur celle des autres, mais de la mettre en rapport, en harmonie avec sa conscience : celle-ci ne trompe jamais.

CONDUITE DES EAUX. On nomme ainsi la voie artificielle par laquelle les eaux sont amenées au lieu de leur destination, lorsque cette voie n'est ni un canal ni un aqueduc, ou lorsqu'elle réunit plusieurs sortes de constructions. L'art de faire ces conduites impose à l'ingénieur l'obligation de ne pas se borner à des connaissances superficielles, et si les livres ne lui procurent pas assez d'instruction, il faut qu'il y supplée par ses recherches. Outre la théorie mathématique du mouvement des liquides, il a besoin d'appliquer la mesure aux résistances qui ralentissent ce mouvement, aux effets du frottement contre les parois des tuyaux, des changements plus ou moins brusques de direction et de vitesse. Quant à la connaissance exacte des matériaux qu'il emploie, de la résistance dont ils sont capables, de leur durée, etc., s'il n'en était pas suffisamment pourvu, il s'exposerait à des bévues aussi graves que celles qu'on reproche au constructeur de l'ancienne machine de Marly. Cet ingénieur liégeois n'avait peu de notions sur la ténacité des tuyaux de fonte en raison de leur diamètre et de leur épaisseur; et, au lieu de faire sur cet objet quelques expériences peu dispendieuses, qui ne l'auraient pas occupé plus d'un mois, il supposa que ces tuyaux n'avaient pas même la dixième partie de leur solidité réelle, et n'osa les charger que du quart de la hauteur de la colonne d'eau qu'il s'agissait d'élever. Ainsi, trois étages de réservoirs et de pompes furent établis entre la Seine et l'aqueduc, et il fallut que les rones mues par le fleuve transmissent le mouvement à toutes ces pompes, à une distance de 7 à 800 mètres, au moyen d'autant de systèmes de barres de fer qu'il y avait de pompes à chaque réservoir.

On a prétendu que l'art de conduire les eaux n'a pas fait de progrès chez les modernes, et que les anciens y excellaient autant que nous : cette opinion semble appuyée par les monuments de cet art élevés par les Romains dans une grande partie de l'Europe, et dont les ruines nous étonnent encore par leur grandeur. Mais il ne fallait presque point d'art pour ces ouvrages gigantesques; ils s'élevaient aux frais de provinces qu'on ne craignait point d'accabler du poids énorme de contributions de toutes espèces, et celle-là était de ce nombre, ainsi que les chemins attribués aux légions romaines. Cependant les Égyptiens avaient réellement porté très-loin toutes les applications de l'hydraulique. Ils donnèrent à César une preuve alarmante de leur habileté dans l'art d'élever les eaux et de les conduire par des voies souterraines. Lorsqu'à la suite de la bataille de Pharsale le vainqueur poursuivit son rival jusqu'en Égypte, il commença par occuper la citadelle d'Alexandrie, et ne fut maître de la ville qu'après avoir été assiégé lui-même dans sa forteresse. Un seul puits fournissait de l'eau pour toute sa troupe : au bout de quelques jours, l'eau devint saumâtre, et la salure augmentant continuellement, cette petite armée était au désespoir. Le grand général sut les tirer d'embarras, mais il admira les travaux dirigés contre lui avec un art dont il n'avait jusque alors aucune idée, si l'on en juge par ce qu'en dit l'histoire de cette campagne de César. Pour la conduite des eaux telle que les Romains la pratiquaient pour leurs fontaines publiques et leurs naumachies, l'art du maçon était suffisant. En Égypte, il fallait élever les eaux, au lieu de leur tracer une voie pour descendre, et l'art du mécanicien était nécessaire. Cet art a certainement fait de nombreuses et importantes acquisitions dont les modernes ne sont pas redevables aux anciens. Ainsi, les diverses applications qu'on peut en faire ont aujourd'hui plus de ressources qu'à aucune époque antérieure, et de plus la multiplication et l'emploi des métaux à de nouveaux usages ajoute encore aux moyens de conduire non-seulement les eaux, mais des fluides; à des distances illimitées. FERRY.

CONDYLE (de κόνδυλος, nœud, jointure). On se sert de ce nom en ostéologie pour désigner certaines éminences, qui sont les unes articulaires (condyles de l'occipital, de la mâchoire, du fémur), les autres non articulaires (condyles ou tubérosités de l'humérus ou os du bras). C'est à tort qu'on a donné ce nom aux surfaces concaves de l'extrémité supérieure de l'os de la jambe appelé *tibia*.

De condyle sont dérivés : 1° *condylien*, c'est-à-dire qui a rapport aux condyles : il y a deux *fosses condyliennes*, l'une antérieure, l'autre postérieure, aux éminences articulaires de l'occipital; 2° *condyloïde* ou *condyloïdien*, signifiant qui a la forme d'un condylo (de κόνδυλος; et de εἶδος, forme); exemple : l'apophyse *condyloïde* de la mâchoire inférieure. L. LAURENT.

CONDYLOME (de κόνδυλος, éminence). Les pathologistes désignent sous ce nom des excroissances charnues, molles, indolentes, qui se développent au voisinage de la région anale, quelquefois sur les doigts et les orteils, et qui sont produites par le virus syphilitique. Ces tumeurs sont le résultat de la végétation morbide du tissu muqueux cutané. Celle-ci n'est autre chose qu'une exubérance de nutrition aux quelques points de la peau, qui donne lieu à des prolongements plus ou moins resserrés à leur origine, et offrant une surface arrondie comme une éminence osseuse articulaire, à laquelle on les a comparés. L. LAURENT.

CONDYLURE, genre de carnassiers, de la famille des insectivores, qui rappellent par leur port, leur aspect, la conformation de leurs membres et les proportions de leur tête, les taupes, avec lesquelles ils avaient été autrefois confondus, mais qui s'en distinguent par leurs narines, entourées de petites pointes cartilagineuses et mobiles, représentant une espèce d'étoile quand elles s'écartent, et par leur queue, plus longue, quoique également revêtue d'une peau ridée transversalement, sur laquelle les poils sont rares. Le nom de *condylures* (de κόνδυλος, renflement formé par les articulations, et οὐρά, queue) leur a été donné parce qu'on croyait à tort, d'après un dessin de Lafaille, que les intervalles des replis de leur queue étaient renflés en nodosités.

Les condylures semblent réunir les deux sortes de dentitions des insectivores : en effet, à leur mâchoire supérieure sont deux larges incisives triangulaires, deux extrêmement petites et grêles, et de chaque côté une forte canine; à l'inférieure, quatre incisives couchées en avant, et une canine pointue, mais petite; leurs fausses molaires supérieures sont triangulaires et écartées, les inférieures tranchantes et dentelées. Les habitudes de ces animaux, qui n'ont encore été observés que dans l'Amérique septentrionale, sont très-peu connues. Leurs mains, conformées pour fouir, leur servent à se creuser des taupinières, et leur manière de vivre a sans doute beaucoup de rapport avec celle des taupes. Des quatre espèces qu'on en distingue maintenant, une seule est surtout connue, les autres étant incertaines ou mal déterminées : c'est le *condylure à museau étoilé* (*condylura cristata*, Desm.; *sorex cristatus*, Linné), semblable à notre taupe, au nez près, mais à queue presque double en longueur. Il est commun au Canada, et se trouve aussi dans plusieurs contrées des États-Unis, particulièrement en Pensylvanie.

DESMEZIL.

CÔNE (*Géométrie*), nom générique de tout corps dont la surface est engendrée par une droite (*génératrice*) qui, issue d'un point fixe (*sommet*), glisse sur une courbe donnée (*directrice*). Si cette courbe a un centre, la droite qui va du sommet à ce centre est l'axe du cône; si c'est une circonférence, le cône est dit *à base circulaire*; si de plus l'axe est perpendiculaire au plan de la base, le cône est *droit*. Toute section plane de la surface latérale d'un cône reçoit le nom de *section conique*.

Le cône droit à base circulaire peut être regardé comme engendré par la révolution d'un triangle rectangle tournant autour d'un des côtés de son angle droit. Ce côté est l'axe, et l'autre est le rayon de la base du cône. Quant à l'hypoténuse, elle en forme le *côté* ou l'*apothème*. Pour mesurer ce cône, on démontre qu'il est la limite, tant en surface qu'en volume, de la *pyramide polygonale régulière*. De là il résulte que le volume du cône est égal au tiers du produit de sa base par sa hauteur, et que sa surface latérale est représentée par la moitié du produit de la circonférence de sa base par son apothème, de sorte que R étant le rayon de la base du cône, H sa hauteur et C son côté, on a,

pour le volume, $V = \frac{1}{3}\pi R^2 \times H$,
pour la surface, $S = \pi R \times C$.

Si l'on coupe un cône droit par un plan parallèle à sa base, et que l'on enlève le petit cône ainsi déterminé, on peut mesurer le *tronc du cône* qui reste en le considérant comme la différence de deux cônes. Les résultats que l'on obtient sont susceptibles d'être ainsi transformés : on trouve,

pour le volume, $v = \frac{1}{3}\pi h(R^2 + r^2 + Rr)$,
pour la surface, $s = \pi c(R+r)$,

c, h, r, désignant respectivement le côté, la hauteur et le rayon de la base supérieure du tronc du cône.

E. MERLIEUX.

La *perspective linéaire* est une des applications de la théorie des surfaces coniques. Comme toutes ces surfaces sont *développables*, c'est-à-dire susceptibles d'être étendues sur un plan, sans que les dimensions d'aucune de leurs parties soient altérées, on les emploie utilement à la construction de quelques cartes géographiques, surtout pour celles des contrées qui s'étendent plus en longitude qu'en latitude, comme par exemple l'empire de Russie. Dans les arts mécaniques, les surfaces coniques et les cônes droits à base circulaire sont presque seuls en usage. Leur forme est exécutée facilement sur le tour ; ce sont des moules dont on sépare sans difficulté les matières moulées ; un cône roule sur un plan presque sans frottement, et deux cônes dont le sommet est au même point roulent aussi l'un sur l'autre comme sur une surface plane. Ces propriétés de la forme conique donnent lieu à des applications si multipliées, qu'il serait impossible d'en faire l'énumération complète; il faudrait y placer un grand nombre d'ustensiles de ménage : les entonnoirs, les seaux, etc., et les cornets de papier ne devraient pas même être oubliés.

FERRY.

CÔNE (*Histoire naturelle*). La conchyliologie et la botanique se sont emparées de ce mot pour désigner l'une des coquillages, et l'autre des fruits dont la forme est à peu près conique ; mais il ne faut pas attacher à ce nom la rigueur des notions géométriques. Les coquillages que l'on nomme *cônes* dans la langue savante sont des *cornets* dans le langage vulgaire; ils constituent un genre qui renferme plus de deux cent cinquante espèces, dont plusieurs sont d'une beauté remarquable et d'un prix très-élevé. Voici leurs caractères génériques : Coquille univalve, contournée, plus ou moins conique, et dans quelques espèces cylindriques ; ouverture longitudinale, linéaire, sans dents, versante, échancrée au sommet ; columelle lisse, base ouverte, rarement échancrée, droite. Lamarck a divisé les cônes en deux grandes séries, l'une comprenant toutes les espèces dont les tours de spire sont lisses, l'autre ne renfermant que celles dont les tours de spires sont ornés de tubercules plus ou moins gros, plus ou moins espacés. Il a donné à ces derniers le nom de *cônes couronnés*.

Le *cedo nulli* est le plus célèbre de tous ces coquillages, surtout la variété à quatre bandes, dont deux sont formées de cordelettes de grains blancs, bleus, rouges. C'est dans les mers de l'Amérique méridionale qu'on le trouve, et il faut remarquer que toutes les variétés de cette espèce habitent près des côtes du nouveau continent et des Antilles, entre les tropiques. En général, les cônes ne se trouvent point dans les hautes latitudes ; la Méditerranée n'en contient même que fossiles, mais parmi celles que l'on trouve fossiles en plusieurs lieux de l'Europe, il en est dont les analogues vivants ne se trouvent aujourd'hui que dans les mers de l'Asie ou de l'Afrique. Les *cedo nulli* sont des coquilles de très-haut prix, quoique leur longueur n'excède pas cinquante-quatre millimètres ; mais comme ils sont rares et très-recherchés, tous les faiseurs de collections s'empressent d'avoir au moins une des variétés de cette belle espèce : au commencement du dix-huitième siècle, le prix d'une seule coquille était de plus de 1,000 francs de notre monnaie, et il est encore aujourd'hui d'environ 300 francs.

Le *cône impérial*, que les amateurs nomment *couronne impériale*, est moins célèbre que le précédent ; il n'a pas été le sujet d'autant de dissertations, et cependant sa valeur commerciale est encore plus élevée. Sa longueur est au moins de moitié plus grande que celle du *cedo nulli*. On distingue trois variétés de cette coquille, toutes trois à tête aplatie, à fond blanc, mais qui diffèrent par la couleur des deux zones qui les entourent : dans la première, les zones sont fauves, rayées de noir et de blanc; dans la seconde, un orangé foncé remplace le fauve, et dans la troisième, les raies sont plus noires, interrompues et comme brisées. On les trouve toutes les trois dans l'Océan Indien.

Parmi les autres cônes couronnés, il en est plusieurs dont les noms, très-vulgaires, éloignent toute idée de faste et de grandeur : tels sont les cônes *piqûre de mouches*, *morsure* de puces, souris, papier turc, etc., etc. Le *cône royal* méritait d'être tiré de cette classe plébéienne, à cause de son extrême rareté et de sa beauté. Il est plus petit que l'*impérial*, d'un beau rose, traversé dans le sens de sa longueur par des bandes onduleuses d'un pourpre foncé. C'est aussi une production de l'Océan Indien.

Dans le nombre des cônes non couronnés, l'*amiral* est un des plus beaux et des plus variés. On y connaît, outre l'amiral *ordinaire*, le *grand amiral*, le *double amiral*, l'*extra-amiral*, le *contre-amiral*, l'*amiral masqué*, et enfin l'*amiral grenu* et le *vice-amiral grenu*. On a même prolongé cette singulière nomenclature à mesure que de nouveaux individus de cette espèce offraient quelques différences dans les bandes colorées, la distribution des taches ou leur grandeur. Il y a tout lieu de croire que ces variations ne tiennent qu'à des causes locales ou ne sont même que des effets de l'organisation individuelle, d'accidents, de l'âge des habitants de ces coquilles ; les *amiraux* atteignent quelquefois la longueur de sept centimètres, et diffèrent peu les uns des autres quant à la couleur du fond, en sorte que les caractères distinctifs ne doivent être cherchés que sur les bandes ou ceintures, dans les taches, le poli ou le grenu de la surface, et de légères nuances de la couleur du fond, qui est d'un fauve orangé plus ou moins foncé. C'est encore des mers asiatiques, près de l'équateur, que cette espèce nous est venue.

Les cônes *protée* et *léonin* ont tant de ressemblance entre eux, qu'on est surpris de les voir séparés en deux espèces. Si la seconde est réunie à la première, le nom de *protée* sera justifié ; car on y remarquerait de nombreuses variétés. En France, les amateurs de coquilles lui donnent le nom de *spectre*, et le distinguent en *oriental*, *occidental*, *ponctué à figures*, *ponctué sans figures*, *rouge*, *brun*, *caché*. Sa longueur n'excède pas six centimètres. Sa couleur est d'un blanc plus ou moins pur ; des rangs circulaires de taches rouges, brunes ou noirâtres ; des points distribués irrégulièrement ou formant des figures ; des lignes transversales dont la position varie beaucoup, tels sont les signes qui font reconnaître les variétés, et qui ont en fourni la dénomination. Les conchyliologistes qui distinguent les *protées* des *léonins* se fondent sur ce que les premiers appartiennent à l'océan asiatique, et les seconds aux parages du nouveau continent.

On a vu les cônes chargés d'une couronne, et ensuite ceux qui sont privés de cette distinction ; voyons maintenant ceux qui perdent la figure conique et se transforment en cylindres, mais sans changer de nom ; car les nomenclateurs ne sont pas scrupuleux sur l'emploi des mots hors de leur sens ordinaire. Parmi ces cônes cylindriques, nous ne pouvons nous dispenser de faire mention de celui qui, dans les collections, porte le nom pompeux de *gloire de la mer*. Sa longueur est d'environ neuf centimètres, dont le cinquième est une spire de forme pyramidale. Toute sa surface est couverte de stries circulaires très-fines, plus saillantes et plus écartées vers l'extrémité opposée à la spire. Le fond blanc est couvert d'un réseau tantôt du jaune tirant sur l'orangé, et tantôt brun. Ce tissu forme sur la coquille des bandes étroites, distinctes, et qui laissent apercevoir d'autres mailles encore plus fines. Le sommet présente des nuances de rose ou d'un violet clair. Le lieu natal de ce *cône* est l'océan asiatique.

Le cône *drap d'or* mériterait mieux qu'aucun le nom de *protée*. Aucune autre espèce de ce genre n'admet un aussi grand nombre de variétés. L'un de nos conchyliologistes décrit ainsi le *drap d'or ordinaire* : « Fond blanc sillonné circulairement, et marbré d'un beau jaune orangé vif, avec un grand nombre de lignes onduleuses et de traits d'un brun très-foncé, qui laissent beaucoup de taches grandes et petites du fond, soit triangulaires, soit en forme d'écailles. » On peut juger des variétés par les noms qui les désignent : celles de la forme sont les cônes *cannelé*, *ovoïde*, *ventru*, *comprimé*, *allongé*, *pyramidal* ; les diverses dispositions des couleurs ont donné le *fascié*, le *rayé* ; enfin, des changements considérables dans les couleurs ont introduit les dénominations de cônes *bleu*, *rouge*, *rose*. Chacune de ces variétés est fréquemment réunie à plusieurs autres, dans les mêmes parages. L'espèce est en quelque sorte cosmopolite ; car on la trouve dans toutes les mers équatoriales.

Si nous pénétrons dans l'intérieur de la terre jusqu'aux couches qui sont les archives de la nature vivante, nous trouvons des cônes dont les couleurs ont tout à fait disparu, mais qui ont conservé leur forme et leurs dimensions. Ces espèces fossiles, au nombre d'environ cinquante, appartiennent pour la plupart aux divers étages des terrains tertiaires. Cependant on en a trouvé une dans des terrains crétacés de la Touraine et une autre dans le lias du Calvados. En France, on rencontre des cônes fossiles depuis le département des Ardennes jusqu'à celui de Loir-et-Cher : Courtagnon, les environs de Soissons, Grignon, près de Versailles, et Pont-Levoy, sont les lieux où l'on trouve ces coquilles dans le meilleur état de conservation.

En botanique, les *cônes* (*strobili*) sont des fruits composés d'écailles ligneuses ou coriaces attachées par leur base à un axe commun, autour duquel elles sont disposées, et qu'elles enveloppent en se recouvrant l'une l'autre partiellement, en sorte que leur extrémité seulement est apparente au dehors. Les semences sont logées entre ces écailles. Comme cette définition n'indique pas la forme des fruits, on ne voit pas ce qui justifierait le nom qu'on leur a donné. Toutes les espèces de pins portent des *cônes* suivant les botanistes, et le vulgaire n'y voit que des *pommes*. En effet, ces fruits d'une figure ovoïde ressemblent assez bien à quelques variétés de pommes ; ceux des sapins sont allongés, et dans quelques espèces, diminués vers le sommet, en sorte qu'ils peuvent être assimilés à des cônes tronqués ; mais d'autres espèces, très-remarquables, portent des fruits à très-peu près cylindriques, et qui seraient mieux désignés par le mot *bâton* que par le nom qu'on leur donne. FERRY.

CONECTE (THOMAS), carme breton, un des prédicateurs les plus célèbres du quinzième siècle, ayant obtenu quelque réputation dans sa province, quitta son couvent de Rennes, et vint en Flandre et en Artois vers l'an 1428, suivi de quelques disciples, entouré d'une foule considérable, et monté sur un petit mulet dont les nobles et les bourgeois se faisaient honneur de tenir la bride. Il prêchait, non dans les églises, mais sur les places les plus vastes, et il n'était pas rare de voir se presser autour de sa chaire quinze à vingt mille personnes. Il attaquait surtout la licence du haut clergé et la parure des dames. Violent et outré, il excitait les enfants à poursuivre ces dernières et à leur arracher les ornements, d'une hauteur ordinairement ridicule, dont se parait la tête. Plusieurs se convertirent, et apportèrent leurs parures, qui furent livrées aux flammes. Obligé de quitter la France, il se rendit en Italie, et devint le réformateur des carmes de Mantoue. Il se dirigea ensuite vers Rome, en passant par Venise ; mais le pape le fit saisir ; son procès fut instruit, en en 1434, il fut brûlé comme hérétique. Plus tard, les protestants virent en nombre de leurs martyrs, et dirent qu'il n'avait été condamné à mort que pour avoir demandé la réformation de l'Église. Simple dans ses manières, évitant le monde, refusant de prendre part aux festins d'apparat, ne voulant accepter aucun don ni argent, ne permettant pas de parler pendant ses prédications, il fut le premier au moyen âge à séparer dans les cérémonies religieuses les hommes des femmes, à l'aide d'une corde tendue au milieu de son auditoire. Son éloquence populaire était telle, que les joueurs lui apportaient leurs échiquiers, leurs dés, leurs cartes, et que les gens du peuple arrachaient et conservaient comme de précieuses reliques les poils de son mulet. Ce fut surtout à Lyon, à Valencien-

nes, à Tournai, à Arras, etc., qu'il se livra à la prédication.
A. D'HÉRICOURT.

CONEGLIANO, ville de la délégation de Trévise, dans le royaume lombardo-vénitien, admirablement située au versant d'une colline et sur les bords d'un ruisseau qu'on appelle le Montignano, compte 6000 habitants, qui fabriquent des draps et des soieries. Près de là, sur un monticule, s'élèvent les ruines d'un ancien château fort d'où l'on jouit de la vue la plus étendue sur une plaine de toute beauté terminée au nord par les Alpes.

L'empereur Napoléon 1er avait donné au maréchal Moncey le titre de *duc de Conegliano.*

CONFARRÉATION (*Confarreatio*). C'était à Rome une manière de contracter mariage à l'usage des seuls patriciens. Elle s'observait avec un cérémonial tout particulier, et nécessitait la présence de dix témoins. Pendant le sacrifice, les mariés mangeaient d'un gâteau ou pain de froment, en signe d'union (*panis farreus*), d'où est venu le mot de *confarréation.* La femme épousée avec les solennités requises pour cette sorte d'union participait à tous les droits de son mari, et prenait dans sa succession une part égale à celle des enfants; à défaut de ces derniers, elle était reconnue héritière universelle; c'est ce que les Romains appelaient *convenire in manum tanquam agnata*, venir sous la puissance du mari comme sa plus proche héritière. A la femme seule ainsi mariée appartenait avant le règne des décemvirs le nom de *mère de famille.* Le divorce après une union ainsi contractée se faisait par une cérémonie analogue : c'était la *diffarréation.*
Edme HÉREAU.

CONFECTION (en latin *confectio*, formé du verbe *conficere*, faire, achever). Ce nom signifie l'action de faire, de former, d'achever, de parfaire, de finir une chose. Il se dit de certains actes : la *confection d'un terrier*, d'un *inventaire.*

En pharmacie on entend par *confection* un médicament de consistance pulpeuse, composé d'un certain nombre de poudres, le plus souvent tirées du règne végétal, et de sirop ou de miel, qui diffère peu des *électuaires*, des *conserves* et des *opiats.*

Dans quelques arts mécaniques, il s'emploie dans le sens de faire ou fabriquer, et s'entend particulièrement aujourd'hui, dans les arts qui concernent l'habillement, des vêtements fabriqués d'avance sur des mesures communes. La vente de ces habits tout *confectionnés* au comptant a opéré une révolution dans l'art du tailleur, miné par l'abus du crédit, la règle étant de faire payer les bons *clients* pour les mauvais. Si elle exige une plus grande avance de capitaux, elle donne de l'économie dans la coupe, comme dans l'achat des étoffes et dans la main-d'œuvre, l'ouvrier n'étant astreint ni à essayer, ni à retoucher, ni à perdre, ni, il faut le dire, à si bien faire. D'un autre côté, le consommateur est toujours sûr de trouver l'habillement qui lui plaira le jour où il en aura besoin; il n'achète argent à la main, il ne paye que ce qu'il doit user personnellement. La confection écoule en outre ses produits en province et à l'étranger. Si ses habits durent trois fois moins, ils coûtent deux fois meilleur marché : cela suffit à lui assurer la préférence dans notre siècle faux calculateur. Pour les femmes, la *confection* comprend les pelisses, manteletts et manteaux. Depuis longtemps elle est pour Paris un objet d'exportation.

CONFÉDÉRATION, mot fait de la particule latine *cum*, et de *fœdus*, génitif *fœderis*, qui signifie alliance, ligue, traité. Il s'entend à la fois des alliances que les États ou les peuples font entre eux, et des ligues que des sujets mécontents ou révoltés forment pour leur indépendance, la défense de leurs intérêts ou l'obtention de nouveaux droits. Tous ceux qui sont parvenus à s'unir dans un des buts que nous venons d'indiquer prennent le nom de *confédérés.*

Les confédérations d'États sont des associations de plusieurs États fondées sur un pacte en vertu duquel chacun d'eux, représenté par des délégués, s'engage à prendre une part active à la défense des droits et des intérêts communs. Les États-Unis d'Amérique forment une grande confédération, composée de petites républiques, ayant chacune leurs franchises et leurs coutumes, mais administrées politiquement par un pouvoir central et par des représentants chargés de veiller au maintien de la constitution générale et de l'indépendance commune. D'autres confédérations ont été tentées avec moins de succès dans le Nouveau Monde. En Europe, l'Allemagne se constitua en confédération sous l'Empire français, et elle fut maintenue en cet état par le congrès de Vienne, mais avec plus d'indépendance.

On désignait autrefois, en Pologne, sous le nom de *confédérations*, les ligues que formait une certaine partie de la noblesse à l'effet d'imposer par la force ses volontés au pouvoir royal. Dans ce pays, on le sait, la noblesse constituait seule la nation ; le trône était électif, et c'était une turbulente aristocratie qui élisait le souverain. Mais elle prétendait aussi avoir le droit de le déposer, s'il s'avisait de ne pas faire en tout ses volontés. Jugeait-elle la prolongation du mandat royal incompatible avec le maintien de ses privilèges, elle montait à cheval, se *confédérait*, et traduisait à la barre le souverain qu'elle déclarait parjure à ses serments. D'ailleurs, point de complots occultes, point d'intrigues sourdes et ténébreuses : tout se faisait franchement et au grand jour. Une énergique protestation, enregistrée publiquement dans les greffes des tribunaux locaux, exposait ses plaintes contre le gouvernement ; et l'acte de *confédération* une fois signé, les gentils-hommes opposants proclamaient des lois, dictaient leurs conditions, entamaient de négociations, et traitaient de puissance à puissance avec le roi.

Le premier exemple de la mise en pratique du *droit d'insurrection*, considéré par la noblesse polonaise sinon comme *le plus saint des devoirs*, du moins comme le plus essentiel de ses privilèges, date de la fin du règne de Sigismond 1er. Plusieurs milliers de gentils-hommes se réunirent à Léopol, portant des plaintes contre le roi, la reine, le sénat et les grands ; une forte pluie suffit pour disperser cette masse confuse d'individus qui ne savaient trop ce qu'ils faisaient ni ce qu'ils voulaient. On donna à ce rassemblement tumultueux, et à quelques autres encore qui eurent lieu postérieurement le nom de *rokosch*, emprunté aux Hongrois, qui appelaient ainsi leurs assemblées, lorsqu'en cas de danger commun ils se réunissaient dans la plaine de Rokosch, voisine de Pesth. Plus tard, Sigismond III ayant osé contracter mariage avec une archiduchesse d'Autriche, contrairement à l'avis du sénat, nouvel appel à l'insurrection. Cent mille hobereaux montèrent à cheval, avec Zebrzydowski et Fanus Radziwill à leur tête ; mais ils ne tardèrent pas à s'apercevoir qu'ils étaient des machines dont quelques ambitieux se servaient dans leur intérêt particulier : aussi l'acte de confédération de Sandomir, daté de 1670, porta-t-il à peine 50,000 signatures. Pour la première fois on vit alors une association d'individus prendre ouvertement les armes contre le roi élu par la volonté nationale ; cette association fut vaincue, mais la diète de Pologne ne laissa pas encore de faire des réserves expresses pour déclarer légitime la résistance à tout empiétement de la couronne sur les droits du pays. Dès lors cependant, le nom de *rokosch*, synonyme de *rébellion* dans la langue slave, parut plus convenable pour désigner l'exercice d'un droit garanti par la loi à tous les membres de l'aristocratie, et fut remplacé par celui de *confédération.*

A l'époque de Jean-Casimir, en 1655, la confédération de la noblesse qui eut pour centre Tyrzowie débarrassa la Pologne de la présence des nombreux ennemis qui déjà en rêvaient le partage. En 1672, la confédération de Golomb eut lieu dans l'intérêt du faible roi Michel et pour le protéger contre les factieux. En 1704 on vit se former deux confédérations, l'une à Sandomir, en faveur de l'électeur de Saxe, le roi Auguste de Saxe ; l'autre à Tarnogrod, dans les intérêts de son compétiteur, Stanislas Leckzinski, le protégé de Charles XII.

La pensée qui présida à la formation de la confédération de Bar fut grande et patriotique; celle qui inspira la confédération de Targowitz, au contraire, fut un crime de lèse-nation, et amena l'anéantissement définitif de la Pologne comme nation indépendante. L'une et l'autre sont l'objet d'articles spéciaux dans ce livre.

Les bandes mercenaires dont se composait l'armée nationale polonaise s'avisèrent plus d'une fois, quand leur solde n'était pas exactement acquittée, de lever, elles aussi, l'étendard de l'insurrection, à l'instar des gentils-hommes. Abandonnant leurs quartiers ou leur camp, elles se répandaient dans le pays, qu'elles pillaient et rançonnaient à merci, tant que le gouvernement ne réussissait pas à trouver les ressources nécessaires pour solder leur arriéré. A ces insurrections de reîtres et de soudards on donnait la dénomination particulière de *zwionzek*; des hobereaux seuls pouvaient se *confédérer*.

CONFÉDÉRATION DES PRINCES (en allemand *Fustenbund*). On désigne sous ce nom, dans l'histoire moderne, une ligue suscitée au siècle dernier parmi les différents princes souverains de l'Allemagne, par le roi de Prusse Frédéric II, à l'effet de combattre les empiétements de l'empereur Joseph II sur la constitution de l'Empire. Quand, en 1777, à la mort de l'électeur de Bavière Maximilien Joseph, ses États passèrent par voie de succession à l'électeur palatin Charles-Théodore, Joseph II conçut le projet d'arrondir ses États héréditaires en y incorporant la Bavière. La *guerre de succession* de Bavière et la paix de Teschen, conclue le 13 mai 1779, déjouèrent momentanément ce projet. Mais en 1784 Joseph tenta de le réaliser par la voie des négociations, et alors l'inébranlable fermeté du duc de Deux-Ponts, Maximilien-Joseph, héritier présomptif de la Bavière à la mort de l'électeur Charles-Théodore, et qui depuis fut roi de Bavière, les fit échouer de nouveau, appuyée qu'elle fut par les énergiques déclarations de la France et de la Russie, garantes de la paix de Teschen. L'empereur n'en persista pas moins à ne pas renoncer à ses prétentions sur la Bavière. Aussi, en mars 1785, le roi de Prusse Frédéric II en prit-il occasion pour provoquer les électeurs de Saxe et de Hanovre à former avec lui, pour le maintien et la défense de la constitution de l'Empire, une ligue qui, en dépit de tous les efforts de l'Autriche et de la Russie, fut conclue à Berlin le 23 juillet 1785, sous la dénomination de *Furstenbund*, entre la Prusse, la Saxe et le Hanovre. Les mesures prises pour empêcher l'incorporation de la Bavière à l'Autriche par voie d'échange étaient l'objet d'un article secret du traité. Peu de mois après, l'électeur de Mayence son coadjuteur Dalberg, l'électeur de Trèves, et le landgrave de Hesse-Cassel, les margraves d'Anspach et de Bade, les ducs de Deux-Ponts, de Brunswick, de Mecklembourg, de Saxe-Weimar et de Saxe-Gotha, et enfin le prince d'Anhalt-Dessau accédèrent à la ligue. En présence d'une semblable démonstration, l'Autriche et la Russie jugèrent à propos de renoncer complétement à leurs projets.

CONFÉDÉRATION DU RHIN. La merveilleuse campagne de 1805 et la bataille d'Austerlitz, qui la termina, eurent pour résultat immédiat la dissolution de l'Empire d'Allemagne. La paix de Presbourg (26 décembre 1805) consacra ce mémorable événement en accordant le titre de *roi* aux électeurs de Bavière et de Wurtemberg, celui de *grand-duc* à l'électeur de Bade, et en garantissant à ces trois princes des droits de souveraineté égaux en tout à ceux des autres grands États de l'Allemagne. Peu de temps après, le 28 mai 1806, le prince-primat, archichancelier de l'Empire, notifia à la diète qu'il choisissait l'oncle de Napoléon, le cardinal Fesch, pour son coadjuteur et son successeur, acte qui était tout à fait en opposition aux constitutions de l'Empire. Puis, le 12 juillet suivant, seize princes allemands, à savoir les rois de Bavière et de Wurtemberg, l'électeur de Bade, le nouveau duc de Clèves et Berg (Joachim Murat), le langrave de Hesse-Darmstadt, les princes de Nassau-Usingen, Nassau-Weilbourg, Hohenzollern-Hechingen, Hohenzollern-Sigmaringen, Salm-Salm, et Salm-Kyrbourg, le duc d'Aremberg, les princes d'Isembourg-Birstein et de Liechtenstein, et le comte de la Leyen, déclaraient se séparer de l'Empire. Cette déclaration fut notifiée à la diète de Ratisbonne, et contenait l'invitation aux autres membres de l'Empire d'accéder comme eux à la confédération du Rhin. Par une note en date du même jour, le ministre de France près la diète impériale signifia à cette assemblée qu'à l'avenir l'empereur des Français ne reconnaîtrait plus d'Empire d'Allemagne. Le 6 du même mois l'empereur François II abdiqua son titre d'empereur d'Allemagne et de roi des Romains.

L'acte constitutif de la confédération du Rhin, au bas duquel la signature du prince de Liechtenstein fut apposée à son insu, donnait à l'électeur ex-archichancelier de l'Empire le titre de *prince primat*, à l'électeur de Bade, au landgrave de Hesse-Darmstadt et au duc de Berg celui de *grands-ducs*, avec tous les droits, avantages et priviléges de la royauté, au prince de Nassau-Usingen le titre de *duc*, et au comte de la Leyen celui de *prince*. Quant à l'empereur Napoléon, il se réservait le titre de *Protecteur de la confédération du Rhin*.

La création de cette confédération fit perdre aux villes impériales de Nuremberg (qui passa sous la domination de la Bavière) et de Francfort (qui fut adjugée au prince-primat) leur indépendance politique ; à l'ordre de Saint-Jean, la principauté d'Heitespheim (adjugée au grand-duc de Bade) et le burgraviat de Friedberg (adjugé au grand-duc de Hesse-Darmstadt). En outre, un acte de *médiatisation* plaça désormais sous la souveraineté des différents princes dans les États desquels étaient situées leurs possessions, les princes de Nassau et d'Orange-Fulda, de Hohenlohe, de Schwartzenberg, de Lœwenstein, de Linanges, de la Tour-et-Taxis, de Salm-Reifferscheid-Krautheim, de Wied-Neuwied et Wied-Runkel, d'Œttingen, de Fugger, de Metternich, de Truchsess, de Furstenberg et de Solms, le landgrave de Hesse-Hombourg, les ducs de Looss-Coswaren et de Croy, un grand nombre de comtes de l'Empire et le reste de la noblesse allemande. Les membres de l'Empire ainsi *médiatisés* ne conservèrent plus que leurs biens patrimoniaux et leurs propriétés particulières, leurs droits de juridiction en première et en seconde instance, ainsi que leurs droits féodaux et leurs priviléges relatifs à l'exploitation des mines.

Le but de cette confédération était d'assurer à ses membres la paix intérieure et extérieure; ils devaient en toute occasion faire cause commune les uns avec les autres et avec la France. Si l'un d'eux était attaqué ou menacé, tous les autres étaient tenus, à l'appel du Protecteur, de prendre les armes et d'accourir au secours de leur confédéré. Quoique Napoléon dût en être le Protecteur, il n'y avait pas à proprement dire de chef de la confédération auquel les différents princes qui la composaient dussent être soumis à ce titre. Une assemblée de la confédération, composée de deux *colléges*, celui des rois, où les grands-ducs avaient aussi droit de siéger, et celui des princes, devait se réunir à Francfort-sur-Mein, à l'effet de délibérer sur les intérêts communs des confédérés. Le prince-primat en était le président suprême, et il était plus particulièrement chargé de présider le collége des rois ; la présidence du collége des princes était dévolue au duc de Nassau.

Le prince-primat venant à mourir, c'était le Protecteur

qui désignait son successeur. Les membres de la confédération ne pouvaient prendre du service que dans les armées d'un de leurs confédérés, ou dans celles de ses alliés, ou encore aliéner leur souveraineté qu'au profit d'un confédéré. Les discussions qui s'élèveraient entre eux devaient être soumises à l'appréciation d'une diète fédérale, et deux cours de justice devaient être chargées de connaître des plaintes et griefs élevés contre eux ; mais ces deux dernières stipulations de l'acte institutif de la confédération ne furent jamais mises à exécution. Enfin, des droits civils absolument égaux étaient garantis, dans tous les États confédérés, aux catholiques et aux protestants.

La création de cette confédération pour remplacer le vieil Empire germanique, si éphémère qu'elle ait pu être, n'en opéra pas moins dans les relations des anciens princes souverains d'Allemagne avec leurs sujets de durables et profondes modifications, qu'on jugerait mal si l'on n'y voyait que le résultat de l'ambition étrangère, au lieu de les considérer comme le développement fatal, inévitable des germes de dissolution intérieure que contenait la constitution de l'Empire, arrivée depuis longtemps à l'état de décrépitude.

Dès le 25 septembre 1806 on vit l'électeur de Wurtzbourg accéder, en sa qualité de grand-duc, à la confédération du Rhin. De son côté, la Prusse s'était proposé, pour faire contre-poids à l'influence toujours croissante de la France, de constituer une autre confédération, qui eût été composée des princes du nord de l'Allemagne et placée sous son protectorat particulier ; projet qu'anéantit la campagne de 1806, pendant laquelle l'électeur de Saxe, après s'être détaché de l'alliance de la Prusse, et avoir conclu sa paix particulière avec la France, à Posen, le 11 décembre 1806, prit le titre de roi, et accéda à la confédération du Rhin. Autant en firent quatre jours plus tard, le 15 décembre, les cinq maisons ducales de Saxe ; et en vertu de conventions signées le 13 avril 1807, à Varsovie, les deux princes de Schwartzbourg, les trois lignes ducales d'Anhalt, les princes de Lippe-Detmold et de Lippe-Schaumbourg, et les diverses branches de la maison de Reuss, y furent aussi admises. Le royaume de Westphalie, créé au profit de Jérôme Bonaparte, avec les provinces enlevées à la Prusse et des parties de territoire retranchées des États d'autres souverains, fut également appelé à faire partie de la confédération du Rhin. Enfin, on y reçut encore les ducs de Mecklembourg-Strelitz (18 février 1808), de Mecklembourg-Schwerin (22 mars 1808), ainsi que le duc d'Oldembourg, prince de Lubeck (14 octobre 1808). A ce moment la confédération comptait 14,608,877 habitants, sur un territoire d'environ 3,263 myriamètres carrés ; enfin, par suite de ces additions successives, l'armée fédérale, primitivement fixée à un contingent de 63,000 hommes, atteignit le chiffre de 119,180 hommes.

Ce fut le Protecteur qui le premier porta atteinte à l'indépendance et à la sécurité des princes membres de la confédération du Rhin, en prononçant par un simple décret la réunion à la France des embouchures de l'Escaut, de la Meuse, du Rhin, de l'Ems, du Weser et de l'Elbe. Ce décret spoliateur enlevait leur existence politique et l'indépendance que leur garantissait l'acte même de la confédération aux princes dont les noms suivent : le duc d'Oldembourg, qui perdit son duché et ne conserva plus que la principauté de Lubeck ; le duc d'Aremberg, qui vit une partie de ses possessions réunies à la France, et dont le reste était annexé au grand-duché, de Berg ; les princes de Salm-Salm et Salm-Kyrbourg, dont les États furent également incorporés à l'empire français, auquel on ajouta encore diverses portions considérables de territoire retranchées au grand-duché de Berg et au royaume de Westphalie. Ces retranchements enlevèrent à la confédération du Rhin 1,133,057 habitants, et environ 292 myriamètres carrés de territoire, de sorte qu'elle ne se composa plus dès lors que de 13,475,820 habitants et d'environ 2,961 myriamètres carrés.

Napoléon ne respecta pas davantage l'engagement qu'il avait pris de ne jamais porter atteinte aux droits de souveraineté des princes confédérés, ni intervenir en quoi que ce fût dans leurs affaires intérieures. Placée à la discrétion d'un orgueilleux Protecteur, dont la puissance était immense, l'esprit de domination sans bornes et la volonté de fer, la confédération du Rhin, hors d'état d'opposer de contre-poids à cette écrasante influence, n'eut jamais d'existence réelle, non plus que de consistance à l'extérieur. La politique que suivit Napoléon dans ses relations avec cette confédération fut une des principales causes de sa propre ruine. En effet, l'Allemagne se souleva contre lui à un moment où il eût encore pu espérer tenir la balance dans laquelle se pesaient les destinées du monde. Les Allemands, qui avaient d'abord salué avec joie la destruction du Saint-Empire, ne tardèrent pas à s'apercevoir que leur prétendu Protecteur n'avait en vue que d'affaiblir assez leur pays pour pouvoir quelque jour le dépecer en vingt ou trente départements français. Tant qu'il fut le plus fort, ils subirent le joug en murmurant ; mais au premier revers ils abandonnèrent les rangs de son armée pour s'enrôler dans ceux de ses ennemis, maudissant à bon droit le monstre d'orgueil et d'ambition qui, au lieu d'élever sur les débris de l'Empire d'Allemagne, soutien décrépit du régime féodal, une ligue composée de ceux des peuples allemands qui aspiraient à une réforme politique en harmonie avec les progrès de la civilisation, plaçait des préfets français sur des trônes germaniques. L'heure de ces représailles sonna enfin en 1813. Les ducs de Mecklembourg-Schwérin et Mecklembourg-Strélitz, qui s'étaient associés les derniers à la confédération du Rhin, furent les premiers à s'en détacher dès que la Prusse se fut décidée à faire cause commune avec la Russie contre Napoléon. Les rois de Bavière et de Wurtemberg, ainsi que d'autres princes moins puissants, imitèrent successivement cet exemple. Quelques autres hésitèrent plus longtemps, ceux-ci à cause de la situation géographique de leurs États, ceux-là par des motifs politiques. Du nombre fut le roi de Saxe, qui seul, en dépit de ses sujets, resta fidèle à la mauvaise fortune du conquérant, et le grand-duc de Francfort, président de la confédération. Le premier paya cette honorable fidélité de la perte de la moitié de ses États, et le second par la perte totale de ses possessions. Le roi de Westphalie et le grand-duc de Berg, comme on devait s'y attendre, éprouvèrent le même sort. Des motifs analogues portèrent le congrès de Vienne à prononcer la *médiatisation* des princes d'Isenbourg et de la Leyen, qui avaient fait partie de la confédération du Rhin comme souverains.

A l'exception du duc d'Aremberg et du prince de Salm, tous les autres membres de la confédération du Rhin furent admis ensuite comme souverains dans la confédération germanique.

CONFÉDÉRATION GERMANIQUE. C'est la dénomination qu'on imposa, en 1815, à la nouvelle combinaison imaginée alors pour remplacer la *confédération du Rhin*, que la volonté toute-puissante de Napoléon avait constituée en 1806 avec les débris vermoulus du vieil Empire germanique, et qui jusqu'au moment de sa chute avait fait de ce conquérant, sous le titre de *Protecteur*, le vrai souverain de l'Allemagne. Quand le colosse fut renversé, il n'était guère possible de songer à rétablir l'antique ordre de choses : des rivalités trop puissantes, trop jalouses, se trouvaient en présence. Le mieux était évidemment d'accepter les faits accomplis, et de ne plus se préoccuper que du soin de remplacer ce qu'on venait de détruire par un édifice qui donnât autant que possible à l'Allemagne cette unité politique qui lui a toujours manqué jusque ici, et dont peut-être la recherche restera toujours dans le domaine des chimères de l'esprit humain.

C'est des délibérations du congrès de Vienne (1814-1815) que sortit la Confédération germanique, dont l'acte constitutif se composait de vingt articles. Les onze premiers, contenant des dispositions générales, furent compris dans les actes mêmes du congrès et placés ainsi sous la garantie des puissances européennes. Cette Confédération germanique ne forme point un État du genre de celle des États-Unis de l'Amérique du Nord, mais bien une ligue, une alliance, dont tous les membres ont respectivement des droits égaux. Elle a pour but le maintien de la sécurité, tant extérieure qu'intérieure, de l'Allemagne, ainsi que de l'indépendance et de l'inviolabilité de ses différents États. En conséquence, tous ses membres s'engagent à prêter main forte contre toute attaque dont l'Allemagne en général aussi bien que tout État confédéré en particulier seraient l'objet, et se garantissent mutuellement celles de leurs possessions respectives qui se trouvent comprises dans la confédération. La guerre une fois déclarée, aucun membre ne peut entamer avec l'ennemi de négociations particulières ni conclure de paix ou d'armistice séparé. Les membres de la confédération se réservent, il est vrai, le droit de conclure telles alliances qu'il leur conviendra, mais s'interdisent d'en conclure qui seraient de nature à compromettre la sécurité de la confédération ou de chacun des divers États en particulier. Ils s'engagent en outre à ne se faire la guerre entre eux sous aucun prétexte, à ne jamais vider par la force des armes les querelles qu'ils pourraient avoir les uns avec les autres. Le reste des articles de l'acte constitutif ne contient guère que des dispositions spéciales relatives aux principes qui doivent dominer dans la réglementation de l'ordre intérieur de chaque État. C'est ainsi que l'article 12 stipule la séparation du pouvoir judiciaire du pouvoir civil, et la nécessité de trois degrés de juridiction en matières litigieuses. L'article 13 décide que les *assemblées d'états* seront données à tous les États membres de la confédération. L'article 14 a pour but de garantir les droits des anciens princes et comtes de l'Empire, désormais médiatisés. L'article 16 assure l'égalité civile des diverses communions chrétiennes dans les États allemands confédérés. L'article 18 stipule la libre circulation dans l'intérieur de la confédération, et promet un système de législation uniforme en matière de presse. L'article 19 porte que la suppression des entraves à la liberté du commerce extérieur de l'Allemagne encore existantes sera l'objet de délibérations ultérieures. La diète permanente (ouverte le 5 novembre 1816) devait siéger à Francfort et se composer des représentants et plénipotentiaires des trente huit États dont se composait à ce moment la confédération. La présidence perpétuelle de la diète était dévolue à l'Autriche.

Les assemblées de la diète sont de deux espèces : 1° Les assemblées générales, dans lesquelles chaque membre a au moins une voix, mais les grands États plusieurs voix, à savoir : l'*Autriche*, la *Prusse*, la *Bavière*, le *Wurtemberg*, le *Hanovre* et la *Saxe*, chacun quatre : *Bade*, les grands duchés de *Hesse Électorale* et de *Hesse-Darmstadt*, le duché de *Holstein* et le grand-duché de *Luxembourg*, chacun trois ; le duché de *Brunswick*, le grand-duché de *Mecklembourg-Schwerin* et le duché de *Nassau*, chacun deux ; et les autres membres, chacun une. De sorte que leurs vingt-cinq voix, les trois lignes spéciales de la maison de Saxe continuant à exercer la voix dévolue à la maison de Saxe-Gotha, éteinte en 1826, l'assemblée générale, dite aussi *plenum*, compte soixante-dix voix. 2° Les petites assemblées, dites aussi comité réduit (*enger rath*), où le nombre des voix n'est plus que de dix-sept. L'Autriche et les cinq royaumes n'ont alors chacune qu'une voix, de même que Bade, la Hesse Électorale, Hesse-Darmstadt et Hesse-Hombourg, Holstein et Luxembourg ; ce qui fait en tout onze voix. Les membres de la confédération n'y ont que des voix collectives ou par curies (*curiatstimmen*) ; ainsi la douzième voix appartient à la maison de Saxe de la ligne Ernestine ; la treizième aux duchés de Brunswick et de Nassau ; la quatorzième aux duchés de Mecklembourg-Schwerin et Mecklembourg-Strelitz ; la quinzième au duché d'Oldenburg, aux trois maisons d'Anhalt et aux deux maisons de Schwartzbourg ; la seizième aux principautés de Hohenzollern-Hechingen, Hohenzollern-Sigmaringen, de Reuss, de Lichtenstein, Lippe et Waldeck ; la dix-septième enfin, aux quatre villes libres.

Le *plenum* ou assemblée générale de la diète se réunit quand il s'agit de modifier les clauses de l'acte constitutif de la confédération ou bien d'y faire des additions, de prendre des résolutions relatives à l'acte primordial, aux institutions organiques de la diète et à toutes autres questions d'intérêt commun analogues ; comme aussi de déclarer la guerre, de confirmer la paix ou d'admettre un nouveau membre dans la confédération. Aussi il n'y a dans le *plenum* ni discussions, ni délibération ; tout s'y borne à la votation ; et les résolutions, pour être obligatoires, doivent réunir une majorité des deux tiers des voix au moins. C'est en petite assemblée (*enger rath*), au contraire, qu'on décide quelles sont les questions qui doivent aller en assemblée générale ; on les y élabore et on les y discute, pour que le *plenum* n'ait plus ensuite qu'à rejeter ou à accepter. Dans ces petites assemblées, où la simple majorité des voix décide, on prend des arrêtés sur toutes questions ; tandis que le *plenum* n'est appelé à prononcer que sur les questions déterminées expressément par l'acte constitutif. Dans l'une ou l'autre de ces assemblées, la majorité des voix est nécessaire pour valider les décisions prises en ce qui touche les modifications ou les additions à faire à l'acte constitutif, les questions religieuses, et les droits particuliers de chacun des membres de la confédération (*jura singulorum*).

Tous frais de chancellerie et autres nécessités par la tenue de la diète sont, comme la fixation du contingent à fournir pour l'armée fédérale, répartis suivant une matricule ayant pour base le chiffre de la population. Les envoyés des membres de la confédération ont tous les privilèges du corps diplomatique ; ils ne sont responsables qu'envers leurs cours respectives, dont en conséquence ils doivent toujours suivre les instructions sans avoir égard à leurs convictions particulières. Sont exceptés toutefois de cette règle générale les cas où les envoyés agissent comme commissaires ou rapporteurs de la diète. Des envoyés étrangers sont aussi accrédités près la diète, notamment par l'Angleterre, la Belgique, la France, la Russie et la Suède. Les délibérations des envoyés à la diète sur les questions de son ressort ont lieu ou directement et en vertu de leur mandat, ou bien sont provoquées soit par les communications des gouvernements étrangers, soit par des propositions émanant des membres de la confédération. Les séances de la diète sont ou secrètes (c'est là qu'ont lieu les discussions préalables, sans qu'il soit tenu de protocole), ou solennelles. Ces dernières, à peu d'exceptions près, furent toutes livrées à la publicité jusque dans la médiation de 1824. Sur les questions qui ne se prêtent pas à une publication générale, on tient des protocoles séparés, qu'on n'imprime qu'au nombre d'exemplaires nécessaire pour remettre aux différents envoyés et ministres.

Les difficultés qui surviennent entre les membres de la confédération sont d'abord l'objet d'un essai de conciliation amiable tenté par une commission de la diète. Quand la médiation échoue, on instruit une procédure en règle, et les parties contendantes choisissent la cour suprême de justice de l'un des États membres de la confédération, laquelle doit juger les contestations pendantes comme tribunal d'austrègues, suivant le droit commun allemand et d'après les formes de procédure usitées en justice. La cour ainsi constituée rend son arrêt au nom de la confédération. Aux termes du règlement du 3 août 1820, c'est aussi aux petites assemblées qu'il appartient de décider s'il y a lieu de recourir à l'emploi de la force pour faire exécuter ses décisions.

CONFÉDÉRATION GERMANIQUE

On peut considérer comme complétant l'acte constitutif l'acte final du 15 mai 1820, délibéré en conférences ministérielles à Vienne, et y rattacher aussi les décisions du congrès de Carlsbad en date du 20 septembre 1819, qui avaient pour but la création d'une commission centrale d'enquête, l'établissement de nouvelles rigueurs apportées à la censure et à la surveillance des universités; toutes mesures déclarées d'ailleurs essentiellement provisoires; plus, les six articles du 28 juin 1832 qui avaient pour but principal de donner dans les États constitutionnels plus de force au principe monarchique contre l'élément représentatif. Mais ces différentes mesures, ainsi que toutes les autres lois d'exception, furent abolies par une décision de la diète en date du 2 avril 1848.

Mentionnons encore au nombre des institutions organiques de la confédération le tribunal arbitral fédéral, fondé par une autre conférence ministérielle, tenue à Vienne en octobre 1834, et chargé de vider les différends survenant entre un gouvernement et son assemblée d'états, avant que les parties invoquent elles-mêmes la médiation de la diète.

Les événements de 1848 ne mirent pas fin à l'existence de la Confédération germanique; mais le 12 juillet de cette même année la diète fut remplacée par un pouvoir central provisoire. A la suite de tentatives infructueuses faites alors pour donner à l'Allemagne une assiette plus satisfaisante, eut lieu, en 1850 et 1851, le rétablissement de la diète par le retour des envoyés des différents membres de la confédération.

Depuis l'acte qui constitua la Confédération germanique, divers remaniements et modifications ont eu lieu dans sa composition territoriale. 1° A l'extérieur, elle s'est accrue du duché de Limbourg, en échange et compensation de la partie du Luxembourg cédée à la Belgique; 2° à l'intérieur, elle a été modifiée successivement par l'admission du landgraviat de Hesse-Hombourg au nombre des membres de la confédération (1817); par l'extinction de la ligne ducale de Gotha (1825), à la suite de laquelle Gotha a fait retour au duché de Cobourg, et Hildbourghausen au duché de Meiningen, en même temps que le duc d'Hilbourghausen recevait comme duché particulier l'Altenburg-Gotha; par la cession à la Prusse (1834) de la principauté de Lichtenberg, appartenant au duché de Cobourg; par l'extinction de la ligne ducale d'Anhalt-Kœthen (1827), qui a eu pour suite l'union du duché d'Anhalt-Kœthen avec le duché d'Anhalt-Dessau; enfin, en 1849, par la cession formelle des principautés de Hohenzollern faite à la Prusse. Il en résulte que la Confédération germanique est aujourd'hui composée comme suit :

Empire d'Autriche (12,600,000 habitants); royaume de Prusse (12,500,000 hab.); royaume de Bavière (4,500,000 hab.); royaume de Hanovre (1,800,000 hab.); royaume de Wurtemberg (1,800,000 hab.); grand duché de Bade (1,350,000 hab.); royaume de Saxe (1,850,000 hab.); grand duché de Mecklembourg-Schwerin (535,000 hab.); Hesse Électorale (750,000 hab.), duché de Holstein et Lauenbourg (520,000 hab.); grand-duché de Hesse-Darmstadt (870,000 hab.); grand-duché d'Oldenbourg (280,000 hab.); duché de Nassau (430,000 hab.); grand-duché de Luxembourg et duché de Limbourg (385,000 hab.); duché de Brunswick (275,000 hab.); grand-duché de Saxe-Weimar-Eisenach (255,000 hab.); grand-duché de Mecklembourg-Strelitz (96,300 hab.); duché de Saxe-Meiningen-Hildbourghausen (164,000 hab.); duché de Saxe-Cobourg-Gotha (148,000 hab.); duché de Saxe-Altenbourg (130,000 hab.); principauté de Waldeck (59,000 hab.); principauté de Reuss, branche cadette (77,500 hab.); principauté de Lippe-Detmold (108,000 hab.); principauté de Schwartzbourg-Rudolstadt (70,000 hab.); principauté de Schwartzbourg-Sondershausen (60,000 hab.); duché d'Anhalt-Dessau (64,000 hab.); duché d'Anhalt-Kœthen (43,000 hab.); duché d'Anhalt-Bernbourg (49,000 hab.); principauté de Schaumbourg-Lippe (29,000 hab.); ville libre de Hambourg (190,000 hab.); principauté de Reuss branche aînée (34,000 hab.); ville libre de Lubeck (45,000 hab.); landgraviat de Hesse-Hombourg (24,500 hab.); ville libre de Brême (75,000 hab.); principauté de Lichtenstein (6,500 hab.), ville libre de Francfort (68,000 hab.); en tout, 36 États, dont le total général de la population est de 38,966,300 âmes. Dans cette énumération, les membres de la confédération sont d'ailleurs classés non d'après le chiffre de leur population, mais d'après l'étendue de leurs territoires respectifs. Ni l'une ni l'autre de ces données ne suffit exclusivement pour apprécier au juste les ressources positives et disponibles des différents États; car elles peuvent encore tenir à d'autres éléments. Il est permis cependant de considérer le chiffre de la population comme indiquant assez approximativement les moyens de défense que possède chaque État. Il ne faut pas non plus perdre de vue que certaines puissances qui figurent sur cette liste n'appartiennent à la confédération que pour le chiffre de leurs États, pour ceux qui relevaient jadis de l'ancien empire d'Allemagne, et que c'est dès lors le chiffre de la population de cette partie de leurs possessions qui seul se trouve ici indiqué.

L'organisation d'une armée fédérale allemande fut l'une des créations les plus importantes du congrès de Vienne, celle dont l'organisation a été la plus complète. Les décisions de la diète de 1818 et de 1821 et des ordonnances réglementaires postérieures ont fixé la force de l'armée fédérale à 1 pour 100 du chiffre de la population porté au registre-matricule, comme contingent ordinaire; à 1/6 p. 100 pour le premier ban de réserve, qui doit toujours être tenu au complet et mis sur pied aussitôt que le contingent entre en campagne; à 1/3 p. 100 pour le second ban. Aux termes de la constitution militaire de la confédération, ces 1/2 p. 100 peuvent encore être augmentés de 1/3 p. 100 pour le dernier ban. On a par conséquent prévu le cas où il y aurait nécessité de mettre sur pied une armée fédérale de la force de 1 5/6 p. 100 de la population totale. D'après ces principes, et en tenant même pas compte du 1/3 p. 100 du dernier ban à appeler en cas extrêmes, l'armée fédérale, d'après les états dressés en 1839, comprendrait, rien que par les contingents ordinaires, une force toujours disponible et prête à marcher de 303,500 hommes avec 592 bouches à feu; l'augmentation de 1/6 p. 100 obligatoire au premier cri de guerre porterait ce chiffre à 342,000 hommes avec 690 bouches à feu; et en y comprenant le second ban, l'effectif serait de 445,260 hommes avec 800 bouches à feu. Ces évaluations sont basées uniquement sur un chiffre de 30,164,392 habitants; mais comme la population est de près de 40 millions d'âmes, il faudrait les élever comme suit dans les trois différentes catégories : 1° 400,000 hommes et 800 bouches à feu; 2° 466,666 hommes avec 933 bouches à feu; 3° enfin, 600,000 avec 1200 bouches à feu. Ce sont là assurément des chiffres qui donnent à réfléchir, les diminuât-on même du nombre d'hommes et de bouches à feu nécessaire pour le service et la défense des forteresses fédérales, lesquelles sont au nombre de cinq : *Luxembourg, Mayence, Landau, Rastadt* et *Ulm*. Le complet achèvement du système de défense des deux dernières touche à sa fin.

Mais si l'organisation de l'armée fédérale suffit à tous les besoins et à toutes les éventualités, ce n'est que de 1848 à 1850 que la confédération s'est préoccupée du soin de construire une marine. Contrariée à cet égard par la différence d'intérêts maritimes qui sépare l'Autriche et la Prusse, la diète, grâce aux efforts de quelques États isolés, était parvenue à armer sous la dénomination de *flotte de la Mer du Nord* trois frégates à vapeur, 3 corvettes à vapeur et 26 chaloupes canonières. Il ne reste plus rien aujourd'hui de ces efforts inspirés par un patriotisme plus ardent qu'intelligent;

et surexcité encore par la redoutable crise sociale et politique de 1848.

CONFÉDÉRATION HELVÉTIQUE. *Voy.* Suisse.

CONFÉRENCE, mot fait du verbe latin *conferre*, formé de la préposition *cum*, et de *ferre*, porter. Il s'entend dans deux acceptions assez différentes : 1° de l'acte par lequel on compare deux ou plusieurs choses ensemble, pour voir le rapport ou les différences qui peuvent exister entre elles; 2° des entretiens qu'ont ensemble des ministres, des princes, des ambassadeurs, pour régler les affaires d'État et les intérêts de la politique, ou bien de simples particuliers assemblés pour traiter de leurs affaires privées, ou discuter sur des matières de religion, de droit, de science ou de littérature. On dit, dans le premier sens, la *conférence* des ordonnances, des lois, des coutumes, des temps, des textes, des passages, etc. Le mot *conférence*, comme celui de *concordance*, se prend, en ce sens, non-seulement pour l'action de conférer, de comparer, mais comme désignation spéciale de la chose conférée, ou du corps d'ouvrage, du livre qui renferme l'extrait ou le résultat des conférences qui ont eu lieu sur un objet. Jean Cassin, religieux du quatrième siècle, a publié en 24 livres les *Conférences des Pères du désert*; Pierre Guenois, lieutenant à Issoudun (Berri), dans le seizième siècle, est auteur d'une *Conférence des Ordonnances* (1578, 3 vol. in-fol.), et d'une *Conférence des Coutumes* (1596, 2 vol. in-fol.).

En fait de conférences politiques ou qui ont pour objet de traiter d'affaires publiques, nous citerons la célèbre conférence qui eut lieu entre les ministres plénipotentiaires de France et d'Espagne (sous Philippe IV) pour la paix des Pyrénées et le mariage de Louis XIV, dans *l'île des Faisans*, formée par la rivière de Bidassoa, et d'où cette île retint le nom *d'île de la Conférence*.

Depuis, ce mot a joué un grand rôle en diplomatie. C'est ainsi que nous avons eu les *conférences de Londres*, devenues si importantes pour la solution des questions d'où sont sortis les royaumes de Grèce et de Belgique, et qui se composaient des ambassadeurs de certaines puissances résidant régulièrement à Londres. On a persisté à désigner sous ce nom de *conférences*, et non pas de congrès, les négociations suivies à Vienne en 1820 et 1834, et à Dresde en 1851.

CONFÉRENCE. C'est le nom qu'on donne, dans la secte méthodiste anglaise, à l'autorité ecclésiastique suprême. La *conférence* fut instituée par Jean Wesley, fondateur du méthodisme. Ce sectaire, prédicateur infatigable autant que politique habile, chercha un moyen efficace pour empêcher la vaste société dogmatique de se dissoudre après la mort de son chef, ou plutôt de son *pape*. Pour y parvenir, il nomma cent pasteurs, qu'il érigea en tribunal suprême de toute la secte, tribunal qui depuis sa mort se complète toujours par voie d'élection à chaque vacance. C'est le concile perpétuel ou la Sorbonne permanente du méthodisme. Mais la conférence jouit d'un pouvoir bien supérieur à celui de l'ancienne faculté de théologie de Paris. Elle nomme à toutes les places qui viennent à vaquer; elle dirige les voyages des missionnaires; elle touche et gère tous revenus de chapelles ou de biens-fonds, sans publier de comptes; enfin elle admoneste ou excommunie au besoin tous dissidents de son dogme. Elle est uniquement composée de pasteurs, et n'a jamais voulu recevoir de membres laïcs ou anciens, ce qui est directement contraire à la discipline calviniste.
Charles Coquerel.

CONFÉRENCES DE LONDRES. On désigne par ce nom les conférences diplomatiques tenues à Londres à partir de l'année 1826, pour régler le sort de la Grèce, et plus particulièrement le congrès qui, à la demande du roi des Pays-Bas, se réunit le 1er novembre 1830, dans cette capitale, pour négocier au sujet de la séparation de la Belgique d'avec ce royaume. La conférence se composait des plénipotentiaires de l'Autriche, de la France, de la Grande-Bretagne, de la Prusse et de la Russie, et en outre de l'envoyé des Pays-Bas. La conférence rédigea successivement le *traité* dit *des dix-huit articles*, puis le *traité des vingt-quatre articles*; et enfin, l'Autriche, la Prusse et la Russie s'étant prononcées contre l'emploi de tout moyen coercitif, la conférence sembla rompue. La France et l'Angleterre agirent seules; le traité de Londres du 21 mai 1833 rétablit le *statu quo*, et enfin la Hollande et la Belgique acceptèrent le traité proposé.

CONFÉRENCES JUDICIAIRES. Ce sont des exercices préparatoires dans lesquels on s'étudie à acquérir les usages du barreau et la facilité d'élocution qu'exige la profession d'avocat. A Paris, ces sortes de réunion sont nombreuses et très-suivies. La conférence des avocats stagiaires tient ses séances une fois par semaine dans la bibliothèque de l'Ordre, au Palais de Justice, sous la présidence du bâtonnier. Chaque avocat stagiaire est tenu de s'y présenter en robe et de signer sur un registre destiné à constater les présences. Les questions sont proposées et discutées par les membres de la conférence; le bâtonnier résume les débats, et met aux voix le point litigieux.

Les anciens avaient aussi des conférences publiques, où s'agitaient les questions difficiles de la philosophie et de la jurisprudence. Ces dernières surtout jetèrent un vif éclat à Rome : on y supposait des contestations dans lesquelles on accumulait à dessein les complications les plus extraordinaires, et l'on jugeait avec tout l'appareil en usage dans les tribunaux.

CONFÉRENCES RELIGIEUSES, discussions entre laïcs ou ecclésiastiques de même communion ou de croyances diverses, sur des points religieux, plus ou moins contestés. Pour trouver l'origine des *conférences*, parmi les chrétiens, il faut remonter aux premiers jours de l'Église, car dès lors le schisme et l'hérésie s'efforçaient de lui déchirer le sein. De là, chez les premiers Pères, deux sortes de *conférence*, la *conférence écrite* et la *conférence parlée*. Telles sont les homélies de saint Augustin, de saint Chrysostôme et de tant d'autres. Les conciles eux-mêmes n'étaient que des *conférences*, où les principaux membres de l'Église discutaient des points de religion encore incertains. On peut ranger dans la même catégorie les colloques avec les protestants, entre autres celui de Poissy, le plus célèbre de tous, et les discussions entre ministres de différentes religions, qui avaient lieu pour amener la conversion d'un des partis ou de l'auditoire, et parmi lesquelles on cite celle où l'on vit Bossuet et le ministre Claude lutter ensemble.

On a également donné le nom de *conférences* à des assemblées, très-fréquentes autrefois, où chaque évêque réunissait la plus grande partie de ses prêtres pour les faire disserter sur les points de morale qui se rencontrent le plus fréquemment dans l'exercice du saint ministère. Le résultat de ces travaux fournissait un recueil de décisions dont on formait ensuite un corps d'ouvrage, nommé pareillement *conférences* : telle est l'origine des livres intitulés *Conférences de Poitiers, de Paris, de Toul, de Besançon, de Paniers, de La Rochelle, d'Amiens, de Luçon*, etc. Toutes ces discussions avaient pour avantage d'établir plus d'uniformité de doctrine entre les prêtres d'un même diocèse, et d'y amener la solution la plus plausible d'un foule de questions épineuses. Le plus célèbre de tous ces livres de *conférences* est celui du diocèse d'Amiens, qui forme seize gros volumes.

Depuis le concordat de 1801, on vit un grand nombre d'ecclésiastiques discuter quelquefois entre eux dans nos églises les vérités de l'Évangile. On se rappelle encore les *conférences* de la Sorbonne, celles surtout de Saint-Sulpice, où l'abbé Frayssinous donna une vive impulsion au mouvement catholique de la jeunesse de cette époque. Deux orateurs chrétiens ont repris plus tard son œuvre, et les voûtes de Notre-Dame retentissent encore des homélies des abbés Lacordaire et de Ravignan. Quelques paroles de liberté, mêlées aux enseignements du premier, lui firent plusieurs fois fermer la bouche; mais c'est bien à tort qu'on donne le nom de *conférences* à ces explications des dogmes catholiques qu'un prédicateur fait devant le public réduit au simple rôle d'auditeur. On se tromperait fort si l'on supposait que ces soliloques, plus ou moins éloquents, sont le résultat de discussions ou de controverses : l'orateur seul se fait des objections, et y répond ; et si un autre ecclésiastique est parfois chargé de lui poser quelques questions, c'est toujours de façon à ne jeter du trouble ni dans son discours ni dans l'âme des fidèles ; les rôles sont si bien partagés dans cette mise en scène, que le prédicateur est certain de rester toujours vainqueur dans cette lutte sans adversaire ou avec un adversaire qui se garderait bien de faire une objection sérieuse, dans la crainte de passer pour hérésiarque.

CONFERVES. Ces plantes, qui constituent pour la plupart des botanistes un genre de la famille des acotylédonées hydrophytes, ont été élevées par Bory de Saint-Vincent au rang des familles naturelles : leur caractère est d'être composées de filaments libres, simples en général, tubuleux, cylindriques, articulés, et présentant des espèces de valvules à chaque articulation. Les conferves sont pénétrées par une matière colorante verte, qui s'agglomère dans leurs tubes en globules de forme et de volume variables suivant les espèces, et semblent en être la substance reproductive ; car ils grossissent dans le tube où ils se sont formés, et, se développant après sa rupture, ils constituent une plante nouvelle. Dans un assez grand nombre d'espèces, les globules ont la singulière propriété de se mouvoir, après qu'ils sont devenus libres, comme le font certains animalcules infusoires; ce qui les a fait considérer comme intermédiaires aux animaux et aux végétaux, dont ils ont successivement la manière d'être.

Les conferves habitent spécialement les eaux douces stagnantes, rarement les eaux salées, et quelquefois la surface des bois humides et pourris; on les distingue des céraminaires et des ulvacées, avec lesquelles elles ont plusieurs points de ressemblance, en ce qu'une fois desséchées elles ne reprennent plus comme ces dernières, par l'immersion un peu prolongée, l'apparence de la vie.

On établit plusieurs genres parmi les conferves, mais pour la plupart mal déterminés; aussi nous bornerons-nous à dire quelques mots de la *conferve des ruisseaux* (*conferva rivularis*, Lin.), qui fait partie des conferves proprement dites. Cette plante se trouve dans tous les ruisseaux ; elle paraît être celle dont Pline a parlé sous le nom qu'elle porte encore aujourd'hui, et à laquelle on attribuait de son temps la singulière propriété de guérir presque instantanément les fractures et les plaies de toutes sortes, non-seulement chez l'homme et les animaux, mais encore chez les végétaux. C'est pourquoi Pline fait dériver le mot *conferva* du verbe latin *conferruminare*, qui signifie *souder, consolider*.

P. GERVAIS.

CONFESSEUR. Ce mot a deux significations principales dans l'Église catholique. Il se dit d'abord d'un prêtre qui reçoit la confession sacramentelle d'un fidèle. Il ne suffit pas d'être prêtre pour entendre les confessions; il faut encore avoir la juridiction requise. L'ordination donne bien au prêtre le pouvoir surnaturel et intérieur pour remettre les péchés; mais ce n'est que de la juridiction qu'il reçoit des sujets sur qui il peut exercer validement ce pouvoir. Cependant tout prêtre, même dégradé, a le pouvoir d'absoudre un mourant quand on ne peut trouver un prêtre ayant juridiction. Le confesseur doit être un ami sincère, un véritable père pour celui qui le fait confident de ses faiblesses. Le secret le plus inviolable est prescrit aux confesseurs par le droit canon ; il l'était déjà par le droit naturel. Un prêtre ne peut dans aucun cas, sans aucune exception, révéler ce qui lui a été déclaré en confession : c'est la décision du quatrième concile de Latran.

On appelle aussi *confesseur* celui qui a publiquement confessé et proclamé la foi de Jésus-Christ, qui a souffert pour elle et qui était disposé à lui sacrifier sa vie. C'est ce qui distingue le confesseur du martyr, nom qui ne s'applique qu'à celui qui a donné sa vie pour la foi. Cependant ces deux noms sont souvent confondus dans les histoires ecclésiastiques. Plusieurs pères s'élèvent dans leurs écrits contre ceux qui avaient la présomption de se présenter eux-mêmes aux tyrans, et on ne leur donnait pas la glorieuse qualité de confesseur. D'un autre côté, on donnait cette qualification à celui qui avait confessé la foi devant un tyran, même sans souffrir; à celui qui, après avoir bien vécu, était reconnu pour saint : c'est même ainsi qu'on désigne les saints qui n'ont point le titre d'apôtres, d'évangélistes, de martyrs, de docteurs, ou vierges ; et enfin quelquefois à celui qui avait le rang de chantre et psalmiste.

CONFESSION. Ce terme a plusieurs significations. Tantôt il se prend pour *louanges*; tantôt il veut dire profession de foi. Une autre acception commune de ce mot dans les auteurs ecclésiastiques est celle de confession prise pour le lieu des églises, ordinairement sous le principal autel, où reposaient les corps des saints martyrs, et dans lequel on descendait par quelques degrés. On appelle encore confession un oratoire, le lieu où le prêtre confesse, l'habit monastique, etc.

Dans l'Église catholique, on appelle *confession* la seconde partie du sacrement de pénitence : c'est ce qu'on appelle la *confession sacramentelle*, et on la définit d'après le catéchisme du concile de Trente : une accusation que le pénitent fait de ses péchés à un prêtre qui a juridiction sur lui, pour en recevoir la pénitence et l'absolution. Elle est *générale* ou *particulière*, suivant que le pénitent remonte à l'origine de sa vie ou à la dernière absolution qu'il a reçue. On la dit *auriculaire* quand elle se fait à l'oreille du prêtre, *publique* lorsqu'elle se fait en public, devant les fidèles.

La confession prise ainsi comme partie du sacrement de pénitence est d'institution divine, et a toujours été pratiquée dans l'Église. Que la confession ait été instituée par Jésus-Christ lui-même, c'est ce que prouvent l'Évangile et la tradition. Au chapitre XVIII de saint Mathieu, Jésus-Christ dit à ses apôtres (et en s'adressant à eux il parle aussi à leurs successeurs) : « Je vous le dis en vérité, tout ce que vous lierez sur la terre sera lié aussi dans le ciel; et tout ce que vous délierez sur la terre sera aussi délié dans le ciel. » Au chapitre XX de l'Évangile selon saint Jean , il leur dit aussi et une manière plus explicite : « Recevez le Saint-Esprit; les péchés seront remis à ceux à qui vous les remettrez, et ils seront retenus à ceux à qui vous les retiendrez. » Il est évident qu'il s'agit ici du pouvoir de remettre les péchés, tout le monde l'accorde : on doit accorder aussi qu'il s'agit du pouvoir de les remettre dans la confession; car comment les connaîtraient-ils pour les remettre et les retenir?

Au chapitre V de son épître, saint Jacques dit aux fidèles : « Confessez vos péchés les uns aux autres. » Il est encore évident qu'il ne dit pas de se confesser à tout le monde; la raison et la prudence défendent également de révéler ses faiblesses au premier venu. On doit donc entendre encore ces paroles de la confession à faire aux prêtres. Aussi lisons-nous dans le chapitre XIX des *Actes des Apôtres* qu'une multitude de fidèles venaient trouver saint Paul, et que ces fidèles confessaient et accusaient leurs péchés.

[Au premier siècle, saint Barnabé, saint Clément; au deuxième, saint Irénée; au troisième, saint Cyprien, Tertullien, Origène ; au quatrième, presque tous les Pères, et en particulier saint Ambroise, forçant par ses larmes ses pénitents à pleurer leurs crimes, attestent que la confession était généralement établie, et que jusque là les paroles de Jésus-Christ n'avaient pas paru susceptibles d'autre interprétation.

Cet usage paraît, il est vrai, avoir été beaucoup moins fréquent dans les premiers siècles qu'il ne l'a été depuis. La raison en est toute simple : la confession n'était pas encore devenue une pratique de piété; c'était un remède, auquel on n'avait recours que dans la nécessité, c'est-à-dire quand on s'était rendu coupable de quelque faute mortelle; et ces fautes n'étaient pas communes alors, parmi des hommes pleins de ferveur, et toujours préparés au martyre. Il était rare d'ailleurs qu'on admit une seconde fois à la confession ceux qui retombaient dans de nouveaux crimes, après avoir passé par les longues épreuves de la pénitence. Enfin, un grand nombre de personnes, ne recevant le baptême que dans un âge avancé, ne se confessaient jamais.

Régulièrement, la confession se faisait secrètement, comme aujourd'hui, à un prêtre; mais pour certaines fautes plus graves, il fallait recourir à l'évêque. C'était lui alors qui imposait et réglait la pénitence, qui jugeait si elle devait être secrète ou publique; qui décidait si pour le bien du pénitent, pour l'expiation de ses crimes, la réparation du scandale, l'exemple des autres, l'édification de tous, il était à propos ou non que cette confession fût faite publiquement; et cette confession était une partie de la pénitence canonique. Lorsque le nombre des pénitents s'accrut et que les confessions devinrent plus fréquentes, les évêques se déchargèrent de cette fonction, devenue trop pénible, sur un ou plusieurs prêtres, qu'on nommait *pénitenciers*. Comme l'évêque, ils ne devaient admettre à la pénitence publique que ceux dont les fautes avaient eu quelque éclat; la confession et même la pénitence devaient demeurer secrètes lorsqu'elles eussent pu causer quelque scandale, déshonorer le pénitent ou l'exposer à l'animadversion des lois. Mais les pénitenciers n'eurent pas toujours la prudence qu'exigeait leur ministère ; un d'entre eux, sous Nectaire, évêque de Constantinople, soumit à la confession publique une femme qui avait péché secrètement avec un diacre. Le scandale causé par cette indiscrétion fit supprimer les pénitenciers et rétablir l'ancienne discipline, non-seulement à Constantinople, mais aussi dans la plupart des autres églises. Quelques années après la confession publique fut entièrement abolie.

Jusqu'au treizième siècle, les chrétiens ne connurent d'autre obligation de se confesser que les besoins de leur conscience. Mais les siècles d'ignorance et de barbarie ayant étouffé la piété et multiplié les désordres, la confession fut négligée ou devint abusive. En 1215, le 4ᵉ concile de Latran se crut obligé d'ordonner à tous les fidèles, sous les peines les plus sévères, de se confesser au moins une fois dans l'année à leur propre pasteur. Cette loi, renouvelée depuis par le concile de Trente, fait encore la règle de la discipline actuelle.

La confession imposait aux hommes un fardeau trop pesant pour qu'elle ne rencontrât pas de nombreux adversaires. Dès le second siècle, les montanistes, et au troisième les novatiens, ne laissant au coupable que le désespoir, refusaient de reconnaître à l'Église la puissance de remettre les péchés les plus graves. Les vaudois, ne donnant de pouvoir qu'aux hommes purs, préféraient pour donner l'absolution un laïc sans péché à un prêtre coupable, ce qui n'est pas été toujours facile à distinguer. Les flagellants trouvaient commode de chasser leurs péchés à coups de fouet, en se déchirant le corps avec une folle cruauté. L'erreur des vaudois devint celle de Wiclef, puis de Jean Hus, de Jérôme de Prague, qui finirent, ainsi que Pierre d'Osma, par regarder la confession comme l'invention des papes. Luther voulut la conserver. Mais la base de l'autorité divine une fois retirée, quel fondement assez solide pouvait maintenir une institution aussi onéreuse? Elle tomba d'elle-même parmi les luthériens. Calvin, plus conséquent que Luther, la supprima totalement. Ses disciples, après lui, ont épuisé tous les arguments possibles

DICT. DE LA CONVERS. — T. VI.

contre cet usage de l'Église catholique; plus d'une fois cependant les protestants, effrayés des désordres occasionnés par l'oubli de la confession, essayèrent de la remettre en rigueur.

Il y a une question à faire à ceux qui nient l'institution divine de la confession et son usage dans la primitive Église. On voit qu'elle est pratiquée par les sectes orientales, séparées de l'Église romaine depuis tant de siècles. D'où vient qu'elle se trouve chez elles? Assurément elles n'ont pas pris cet usage dans l'Église romaine, et réciproquement celle-ci n'aurait eu garde d'admettre ce que des schismatiques auraient inventé. On dit qu'elle a été établie par les prêtres; mais si les hommes ont eu tel crédit sur les fidèles, d'où vient donc que ceux des protestants qui ont voulu la rétablir n'ont pu réussir? En l'abolissant ils se privaient du bien sensible qu'elle opère dans les personnes et dans les sociétés. Les sectes qui rejettent la confession font encore une objection singulière. Elles prétendent que la confession favorise le relâchement en offrant plus de facilité par la réconciliation. Mais oublient-ils que la confession n'exempte pas de la contrition, puisque sans celle-ci elle devient inutile, selon la doctrine de l'Église catholique? La confession, au contraire, pratique de profonde humilité, n'est-elle pas un moyen d'obtenir la douleur, et même une preuve de repentir? Pour nous, nous dirons avec Bossuet que la confession étant un frein nécessaire à la licence, une source féconde de sages conseils, une sensible consolation pour les âmes affligées, on ne peut croire que ceux qui ont retranché une pratique si salutaire puissent envisager tant de biens sans en regretter la perte.

La plupart des règles monastiques, celles de saint Benoît, de saint Colomban, de saint Basile, etc., pour mieux inculquer l'obéissance et l'humilité, assujettissaient les religieux à faire tous les jours leur examen de conscience, en présence de leurs supérieurs, à leur découvrir ce qui se passait dans leur âme, et à se soumettre aveuglément à leurs décisions. Cette pratique a pu être appelée *confession*, parce qu'elle demande aussi des aveux; mais elle n'a jamais été confondue avec la confession sacramentelle, et n'a jamais fait partie du sacrement de pénitence. Ce n'est donc que dans ce sens qu'on doit entendre ce qui a été dit que des abbesses auraient eu la permission d'entendre les confessions de leurs filles.

L'abbé C. BANDEVILLE.

CONFESSION (Billet de), attestation par laquelle un prêtre certifie qu'il a entendu quelqu'un en confession. Après la révocation de l'édit de Nantes, les protestants furent en proie à d'indignes persécutions. Quelques-uns, pour conserver leurs biens et leur liberté, abjuraient le culte proscrit, mais la plupart se rétractaient au lit de mort. Une nouvelle déclaration royale prescrivit les plus terribles pénalités contre les *relaps*. Des billets de confession furent exigés des malades ou de leurs familles s'ils étaient décédés après leur rétractation. L'ordonnance ou déclaration royale dispose : « Ceux qui dans une maladie refuseront les sacrements seront après leur mort traînés sur la claie, et leurs biens confisqués; et s'ils guérissent, ils seront condamnés à faire amende honorable, les hommes aux galères perpétuelles, les femmes à être renfermées, et leurs biens également confisqués. » L'absence du billet de confession suffisait pour motiver la culpabilité et la condamnation. Rulhière, dans ses *Eclaircissements historiques* sur l'édit de révocation, ajoute : « Les notes que l'on mit sous les yeux du roi pour l'engager à souscrire cette terrible loi méritent d'être citées. Sur la peine des galères avec confiscation de corps et de biens, il y avait cette note : « C'est la même peine qu'à ceux qui sortent du royaume sans permission. » Sur la peine d'être traîné sur la claie, la note porte la même peine que pour les duels, c'est-à-dire procès à la mémoire, privé de sépulture, traîné sur la claie, et pendu par les pieds. On ajoute « que le concile de Latran a décidé que ceux qui manquent à faire leurs pâques doivent être privés de la sépulture chrétienne ». Et ces pénalités furent exécutées avec la plus inflexible rigueur.

Aux persécutions contre les protestants succédèrent celles contre les jansénistes. Tout le clergé de France se divisa en *acceptants*, en *appelants* et en *réappelants*. Malheur aux paroissiens dont le curé était *acceptant* ! les sacrements leur étaient refusés, s'ils n'avaient pas signé le formulaire, et s'ils étaient morts dans l'*impénitence finale*. Aux vivants comme aux morts il fallait un billet de confession, aux premiers pour se marier, aux autres pour recevoir les dernières consolations de la religion et la sépulture chrétienne. Le parlement de Paris luttait contre l'archevêque. Le prélat bravait les arrêts de la cour; et la cour faisait brûler par la main du bourreau les mandements du prélat. Les lettres de cachet, les refus de sacrements et les arrêts du parlement se croisaient dans toutes les directions.

La nation restait indifférente à cette longue polémique, et la civilisation marchait au milieu de ces controverses rétrogrades. Bientôt les rôles furent changés. Le gouvernement avait rendu l'*état civil* aux protestants. Le clergé et le parlement s'y opposèrent. Cette opposition ne produisit qu'un scandale de plus. Les familles protestantes purent s'unir entre elles, et même avec des familles catholiques : il leur suffisait de produire un *billet de confession*. Aujourd'hui encore le billet de confession est nécessaire pour contracter mariage à l'église; mais ce n'est souvent qu'une vaine formule : le prêtre se contente d'une apparence de confession, d'une promesse de revenir au tribunal de la pénitence; parfois même devant une répugnance trop forte, il s'abandonne à l'échanger contre une offrande. Ce qui prouve que toujours

Il est avec le ciel des accommodements.

Dans un temps qui n'est pas bien loin de nous, le billet de confession jouait un certain rôle politique. Il était nécessaire à l'avancement; nous n'affirmerions pas qu'il ait cessé aujourd'hui d'être au moins une bonne note.

CONFESSION D'AUGSBOURG. *Voyez* AUGSBOURG (Confession d') et PROTESTANTISME.

CONFESSIONNAL. Dans les églises consacrées au culte catholique, on appelle ainsi un ouvrage de menuiserie composé de trois niches ou cellules, séparées par une cloison adossée à un mur, ou à un pilier, couvertes en dôme, en plate-forme ou en amortissement. La niche du milieu a une porte pleine jusqu'à la moitié de sa hauteur, et à claire-voie dans tout le reste. Cette niche contient un siège, et a, de droite et de gauche, des volets battant sur un grillage en bois, à travers lequel on voit dans les niches de côté : celles-ci n'ont point de portes, et ont un accoudoir au lieu de siège. Ces constructions doivent être commodes et simples.

A.-L. MILLIN, de l'Institut.

C'est dans la niche du milieu que se place le prêtre pour recevoir la confession des fidèles. Ce ne fut d'abord qu'un modeste escabeau. Le confessional tel que nous le voyons aujourd'hui dans nos églises date des temps modernes. Une naïve miniature du quinzième siècle nous représente un prêtre disposé à entendre les confessions. Il y est assis sur un petit banc; vis-à-vis de lui est un pénitent, qui s'avance poussé par son ange gardien.

CONFESSIONNISTES. C'est ainsi qu'on appelait autrefois les protestants luthériens qui suivaient la confession d'Augsbourg.

CONFETTI. C'est l'expression générique employée en Italie pour désigner les sucreries de toute espèce, mais surtout les amandes, les noix et autres fruits recouverts de sucre, qui servent, comme on sait, de joyeux projectiles dans les derniers jours du carnaval, quand l'allégresse est à son comble. Des équipages, des fenêtres et des balcons, il tombe alors une pluie de *confetti*, de bouquets de fleurs et de bonbons. Comme il arrivait fréquemment qu'on se servait à cette occasion de *confetti* de plâtre, et qu'il en résultait souvent des scènes désagréables et même des dommages, des ordonnances de police ont récemment prohibé dans la plupart des villes d'Italie la projection de *confetti* d'aucune espèce sur la voie publique.

CONFIANCE, certitude d'appui dans un autre, lien qui naît et se fortifie de tous les épanchements du cœur, telles sont les premières acceptions que ce mot présente à l'esprit. L'homme n'a jamais une conviction aussi complète de sa faiblesse que dans ces crises où sa force chancelle : c'est donc hors de lui qu'il cherche son appui; c'est en Dieu qu'il met sa *confiance*; alors il s'élève jusqu'à l'héroïsme. A part ces circonstances extraordinaires, l'homme, dans le cercle de la famille, est plus ou moins parfait, suivant que sa confiance s'agrandit ou se multiplie : il a été enfant vertueux, parce qu'il a mis toute sa confiance dans ses parents; il deviendra bon époux, parce qu'il donnera sa confiance entière à sa compagne. Et c'est ici qu'il faut admirer la Providence mesurant la félicité de l'homme aux œuvres, et rendant l'homme d'autant plus heureux qu'il progresse dans l'accomplissement des devoirs sociaux. Un des plus grands avantages qu'apporte la confiance lorsque le discernement l'a précédée, c'est qu'à nos propres forces elle joint celles d'autrui.

Rien n'attache plus à la jeunesse que ce naïf abandon avec lequel elle se livre, jugeant les autres d'après elle-même : cet instinct d'estime générale atteste la dignité de l'espèce humaine; et le témoignage le plus pur comme le plus désintéressé. Il est vrai que cet entraînement de confiance disparaît plus ou moins, suivant que l'on avance dans la vie, surtout dans les grandes villes, où les apparences sont si trompeuses. Mais, tout bien balancé, on est peut-être plus heureux en étant dupe quelquefois, que s'il faut vieillir dans un état de perpétuelle défiance; c'est ressentir en petit le supplice des tyrans. Aussi faut-il, autant que possible, laisser développer chez les jeunes gens cette virginité de confiance qu'ils ne perdront que trop tôt.

Il est, en retour, un autre genre de *confiance*, et c'est ici une nouvelle acception de ce mot, qu'il importe d'extirper à sa naissance : c'est celui qui porte les jeunes gens à trop compter sur eux-mêmes; il en résulte pour eux une multitude de défauts et de contre-temps qui compromettent leur avenir. Se livrent-ils à la culture des lettres et des sciences, ils négligent les études fortes, et sont convaincus que tout se fait d'inspiration. Soutenus par cette première verve de l'âge, ils produisent de temps à autre des œuvres où apparaissent çà et là des promesses de talent, mais qu'un travail opiniâtre pourrait seul féconder. Suivent-ils la carrière des affaires, ils tiennent à dédain toute espèce de précaution, et, pleins de foi dans la confiance qu'ils ont d'eux-mêmes, engloutissent dès leurs premiers pas fortune et considération. Ce qui fait le plus d'ennemis dans le monde, ce sont ces airs d'intrépide confiance qu'on s'y donne quelquefois : toutes les vanités se coalisent aussitôt contre vous, et, dans cette ligue, il faut tôt ou tard succomber.

Il est quelques hommes qui doivent cependant être pleins de confiance en eux-mêmes, ceux qui dans des circonstances difficiles sont revêtus du pouvoir ou du commandement : s'ils paraissent un instant douter de leur fortune, ils perdent toute espèce d'autorité, leur succès dépendant de la confiance qu'ils communiquent, et qui doit, pour ainsi dire, déborder de chacune de leurs paroles, de chacun de leurs gestes. Comme ils sont dans une position à part, nul ne s'en offense. Ne nous le dissimulons pas, il importe que passé la jeunesse nous ayons tous un certain degré de confiance en nos forces; mais il doit en paraître peu au dehors : c'est ce que j'appelle un secret de famille.

En fait de confiance, il est très-délicat de donner des

conseils aux femmes : sans doute il faut qu'elles croient en elles-mêmes, autrement il leur serait impossible de se défendre; mais à quelles limites s'arrêteront-elles? C'est ce qu'il est impossible de préciser. Dans les rapports de société, tout est de circonstance pour les femmes : où l'une se relèvera triomphante, l'autre pourra succomber ; heureusement que les femmes ont une adresse de cœur qui les conseille bien mieux que ne le ferait leur raison et même la nôtre.

Saint-Prosper.

La *confiance publique* est cette foi de chacun dans l'avenir du pays, qui permet à tous de se livrer avec sécurité à quelque opération commerciale ou industrielle, de placer son argent à bas prix dans les effets publics ou dans les entreprises particulières ou d'utilité générale. Elle a son *thermomètre* à la Bourse. La force ne peut rien sur elle : au contraire, lorsqu'elle vient à manquer, tout ce qu'on tenterait pour la faire reparaître ne pourrait que contribuer à l'éloigner. C'est alors qu'un feu follet qui disparaît sans cesse à mesure qu'on le poursuit.

Si la confiance publique se perd pour une raison ou pour une autre, c'est toujours au gouvernement qu'on s'en prend, et ce n'est pas souvent sans motif; mais ce qui est moins raisonnable, c'est de lui demander à toute force de la rétablir : autant vaudrait souvent lui dire de s'en aller. Mais quand chacun, en son particulier, est convaincu de la souveraine autorité de la raison générale, quand la tranquillité extérieure paraît garantie, alors peu à peu, et sans que personne l'y force, la confiance rentre dans les esprits. La réalisation d'un premier espoir est un premier degré pour arriver à la confiance. La volonté est impuissante sur un pareil sentiment. Qu'un homme voie le ciel chargé d'orages, et d'épais nuages que le vent amoncèle sillonnés d'éclairs, vous aurez peine à lui persuader que la journée sera calme et sereine et que la tempête n'éclatera pas tôt ou tard; mais montrez-lui que l'orage passe sur sa tête, que la nuée s'amincit, que la foudre s'éloigne vers l'horizon, il examinera attentivement ce que vous lui signalez ; et si ses observations lui confirment les vôtres, il reprendra confiance. Chacun communiquant ses observations aux autres, l'opinion publique s'éclaire, mais la confiance ne se commande pas. Prétendre imposer d'autorité la confiance publique, c'est risquer de faire succéder l'épouvante générale à la méfiance partielle.

La confiance publique est la conséquence naturelle de la possession paisible et garantie des droits de chacun et des droits de tous; c'est, en un mot, la certitude de la jouissance de la liberté générale. La croit-on menacée, chacun promène autour de soi ses regards avec méfiance. La confiance est impossible quand le gouvernement ne peut justifier de sa force; et pour lui il n'est d'autre véritable force que celle qui repose sur l'adhésion et l'accord des citoyens.

CONFIDENCE (de *cum*, et de *fidere*, se fier à). Ce mot exprime la part que l'on donne ou que l'on reçoit d'un secret. La confidence est un effet de la bonne opinion que nous avons conçue de l'intérêt qu'une personne prend à nos affaires, de sa discrétion et des secours que nous pouvons attendre d'elle dans les circonstances difficiles. Une confidence est volontaire ou forcée : dans le premier cas, elle ne peut être que flatteuse et honorable pour celui à qui elle est faite ; dans le second, elle prend quelque peu de son prix. Montaigne a dit : « C'est un excellent moyen de gaigner le cœur et volonté d'aultruy, de s'y fier, pourvu que ce soit librement et sans contrainte d'aulcune nécessité, et que ce soit en condition qu'on y porte une fiance pure et nette, le front au moins déchargé de tout scrupule. » La confidence est une preuve d'estime d'autant plus grande qu'elle est complète, mais déposée dans le sein d'un seul ou d'un petit nombre, et non point prodiguée au premier venu.

Confidence est aussi un terme de jurisprudence, aujourd'hui tombé en désuétude. Au temps où le clergé vivait de bénéfices, la *confidence* était un pacte illicite, une sorte de fidéi-commis par lequel un homme donnait un bénéfice à un autre, à la charge que le donateur aurait pour lui les revenus de ce bénéfice. On trouve dans Froissart un exemple fameux du *crime de confidence*. Vers l'an 928, Herbert, comte de Vermandois, s'étant emparé de l'archevêché de Reims pour son fils Hugues, qui n'avait encore que cinq ans, Odalric, évêque d'Aix, convint avec lui qu'il remplirait les fonctions épiscopales de l'archevêché jusqu'à ce que ce fils fût en âge de pouvoir les exercer lui-même. En attendant, on accorda à Odalric la jouissance de l'abbaye de Saint-Timothée, avec une prébende canoniale. Ces abus, contre lesquels les lois canoniques et civiles se sont toujours élevées avec une grande force, furent très-fréquents en France sur la fin du seizième siècle. Des bénéfices, des évêchés, étaient alors possédés par des séculiers, par des hérétiques, même par des femmes, à qui des ecclésiastiques *confidentiaires* prêtaient leur nom. En 1610 la reine régente Marie de Médicis rendit une ordonnance dont l'art. 1er porte que, pour arrêter la propagation du *crime de confidence*, ceux qui à l'avenir seront reconnus tenir des bénéfices *en confidence* en seront dépossédés, et il sera pourvu auxdits bénéfices, comme vacants, incontinent après le jugement rendu. Aujourd'hui que le clergé est salarié par l'État, et que les bénéfices sont abolis, le *crime de confidence* ne se commet plus guère que dans les administrations publiques; il ne serait pas difficile de retrouver quelques scandaleuses *confidences* dans les tripotages de tout genre dont elles sont le théâtre.

Édouard Lemoine.

CONFIDENT, CONFIDENTE, grammaticalement parlant, celui, celle à qui l'on fait une confidence. Nous avons aussi, depuis un temps immémorial, les confidents et confidentes de théâtre. Les Grecs admettaient dans leurs pièces de théâtre deux sortes de *confidents*, le *confident intime* et le *confident public*. Le confident intime, c'était l'ami, l'inséparable, l'*alter ego*, le *fidus Achates*. Le confident public, c'était le *chœur*. Le chœur n'était point, comme dans nos chœurs d'opéras, de vaudevilles ou d'opéras-comiques, une agrégation de voisins faisant partie intégrante de toutes les noces à célébrer et de toutes les conspirations à ourdir. Le chœur des anciens était là, d'abord avant tout, pour garnir la scène, pour remplir l'intervalle des actes par ses chants et sa pantomime, et ensuite pour recevoir les confidences du personnage principal. Le rôle de *confident*, que jouait le chœur était souvent un contre-sens. On comprend bien en effet qu'un homme, fût-il le plus grand des criminels, puisse avoir un ami à qui il fait l'aveu de ses fautes; mais on ne comprend pas qu'on aille choisir un peuple pour confident de ses secrets les plus cachés, de ses pensées les plus honteuses, de ses actions les plus coupables. La tragédie moderne, qui a bien assez de ses ridicules, a laissé aux Grecs leur *confident-peuple*, elle ne lui a pris que le *confident-individu*. Autrefois, avant Corneille, toutes les princesses de tragédies avaient une *confidente* : cette *confidente* était une nourrice, laquelle nourrice s'appelait toujours *Alison*. Savez-vous qui remplissait ce rôle d'*Alison*? Un homme, oui un homme, avec un masque et des habits de femme. Depuis Corneille les *confidents* et *confidentes* se sont singulièrement perfectionnés : on a fait un très-rare emploi de la nourrice; on a remplacé les *Alison* par les *Olympe*, les *Céphise*, les *Phénice* et les *Phédime*. De leur côté, les *confidents* ont acquis une certaine importance : ils ont pris une part assez active au drame, ils ont été chargés de dénouer l'intrigue, de raconter la catastrophe. Narcisse de *Britannicus*, Néarque de *Polyeucte*, Omar de *Mahomet*, Théramène de *Phèdre*, sont des *confidents*. Cet emploi perd chaque jour de son ancienne importance, car le drame moderne, qui a rejeté bien loin les unités de temps et de lieu, le langage noble et décent, le respect des conve-

17.

nances, et autres *vieilleries* pareilles, a aussi fait disparaître, par forme de *compensation*, les éternels *confidents* de la tragédie classique, la seule chose peut-être dont on puisse le louer.
Édouard Lemoine.

CONFIGURATION (du latin *cum*, avec, et *figura*, forme, figure), ensemble de la figure extérieure d'un objet matériel. Les corps des animaux de même espèce ont en général la même configuration sans être tout à fait semblables. Cette expression a quelque chose de plus vague que celles de *figure*, *forme*, *image*, qui sont synonymes.

En astrologie, on donne le nom de *configuration* ou d'*aspect* à la distance que les planètes ont entre elles dans le zodiaque, et au moyen de laquelle, selon les astrologues, elles s'aident l'une l'autre ou se font obstacle.

CONFINS, mot emprunté au latin pour désigner un district immédiatement aux frontières d'un État. En Autriche, indépendamment des frontières militaires de Syrmie et de Slavonie, cette expression trouve une acception spéciale sous le nom de *confins welches* (*Wælsche Confinien*), appliquée aux deux cercles de l'extrémité méridionale du Tyrol, de même qu'au ci-devant cercle de Roveredo et de Trente, le point de la vallée de l'Adige où le type italien pénètre le plus en avant en Allemagne.

CONFIRMATION (en latin *confirmatio*, de *confirmare*, assurer). On appelle ainsi, dans le langage ordinaire, la preuve d'une nouvelle douteuse ou une nouvelle preuve rapportée à l'appui d'une vérité déjà établie par d'autres arguments, ou d'une opinion déjà motivée par d'autres raisons. Mais en législation, en droit canonique et en droit civil, on appelle confirmation l'acte qui est le complément d'un autre, la rectification d'un autre qui le précède. Ainsi, l'arrêt d'une cour qui maintient le jugement d'un tribunal inférieur, l'adoption d'une loi qui sanctionne ce qui avait été déjà établi par un décret impérial, la collation d'un bénéfice électif au candidat présenté, s'appellent *confirmation*.

CONFIRMATION (*Rhétorique*). Les rhétoriciens entendent par *confirmation* cette partie du discours dans laquelle l'orateur s'efforce de prouver et de rendre évidente la vérité qu'il s'est proposé d'établir, en démontrant chacune des propositions que son sujet renferme et qu'il a dû indiquer dans la division. Cette partie est la principale du discours oratoire, car l'*exorde* n'est véritablement qu'une entrée en scène ; la division ne fait qu'indiquer les différents points de vue sous lesquels on traitera le sujet ou en distinguer les différents membres, et la péroraison n'est qu'une exhortation rapide adressée à l'auditeur pour l'engager à suivre la doctrine que l'on a développée dans la confirmation et y conformer ses jugements ou ses actes. Aussi cette partie est appelée justement le corps du discours, dans lequel l'orateur peut faire entrer tous les faits, toutes les observations, toutes les explications, tous les raisonnements, tous les moyens de démonstration que comporte le sujet, et résoudre toutes les difficultés par lesquelles on l'a combattu ou par lesquelles il prévoit qu'on pourrait le combattre. Elle est le véritable champ de bataille sur lequel l'orateur cueille ses lauriers, signale la force de son bras, l'adresse et la précision de ses mouvements, la trempe et l'éclat de ses armes. Elle suffirait pour atteindre le but du discours ; car les autres parties n'en sont que les accessoires, qu'un esprit tant soit peu exercé suppléerait facilement, et que les orateurs de la tribune et du barreau suppriment de nos jours le plus souvent, bien certains que leurs auditeurs ou leurs juges ne se méprendront pas sur le but qu'ils s'étaient proposé d'atteindre, sur le résultat qu'ils voulaient obtenir, ni sur l'effet qu'ils voulaient produire par leurs discours.
Négrier.

C'est dans la confirmation surtout que l'orateur, après avoir posé et divisé les questions, *choisit*, *arrange* et *développe* ses preuves avec toute la force et tout l'éclat dont elles sont susceptibles.

Le *choix* des preuves appartient entièrement à l'orateur ; c'est à lui de chercher dans l'examen du sujet celles qui sont naturelles, concluantes, assorties aux dispositions et à l'intelligence de ceux qu'il veut convaincre.

L'*arrangement* des preuves ne saurait non plus être assujetti à des règles fixes et invariables. Quelques rhéteurs ont pensé qu'il était bon de commencer par les plus faibles et de s'élever progressivement aux plus énergiques ; d'autres ont conseillé d'entrer en matière par des moyens puissants pour maîtriser l'attention et s'emparer des esprits, de placer vers le milieu, en les groupant avec art les preuves médiocres et de réserver pour la fin les plus fortes et les plus décisives. Quintilien appelle cette disposition *homérique*, par allusion à l'ordre de bataille qu'Homère décrit dans l'*Iliade*. En réalité l'état et la nature du sujet peuvent seuls indiquer d'une manière positive la disposition des preuves ; et la seule règle peut-être qu'on puisse admettre comme étant d'une application générale, c'est que la discussion ne descende pas des arguments les plus puissants aux plus frivoles.

L'*amplification*, ou développement oratoire, doit toujours être proportionnée à l'importance des preuves et conforme à leur nature. Il est des sujets grands et pathétiques par eux-mêmes, qu'on affaiblirait en les développant. Il est des preuves tellement fortes qu'il suffit de les exposer d'une manière précise ; elles frappent davantage par leur précision même. L'amplification ne consiste donc pas dans l'accumulation des mots, mais dans la force, la grâce et l'intérêt dont elle revêt le raisonnement. Dans les matières compliquées qui exigent de longs développements, il importe beaucoup pour soutenir l'intérêt sans fatiguer l'attention d'user de variété.

La *déduction* des preuves a son principe dans la relation des choses et dans la généralité des idées. Les preuves d'un même fait ou d'une même proposition se tiennent presque toujours par quelque côté, et s'engendrent l'une à l'autre. Cette génération, qui produit leur enchaînement successif, devient un ordre naturel, et cet ordre est généralement le plus concluant. Mais pour réaliser cet ensemble et cette connexion parfaite l'orateur a souvent besoin de recourir à des moyens particuliers qu'on appelle *transition*. Ces transitions sont surtout nécessaires lorsque le sujet permet de se livrer à quelques *digressions*.
Auguste Husson.

CONFIRMATION (*Religion*). Dans l'Église catholique, c'est un sacrement, institué par Jésus-Christ, qui donne aux fidèles baptisés le Saint-Esprit et les rend parfaits chrétiens. L'homme reçoit donc dans ce sacrement non-seulement la grâce sanctifiante et les dons de l'Esprit-Saint, mais l'Esprit-Saint en personne et des grâces particulières pour confesser la foi. Le ministre du sacrement est l'évêque seul ; cependant dans l'Église grecque les prêtres donnent aussi la confirmation. Dans l'Église latine le souverain pontife donne quelquefois aux ecclésiastiques du second ordre, par exemple à ceux qui vont dans les missions lointaines, le pouvoir d'administrer ce sacrement ; le prêtre qui a reçu ce pouvoir est dit *ministre extraordinaire* de la confirmation. Tout homme baptisé est apte à être confirmé et par conséquent reçoit ce sacrement, qui est du nombre des sacrements des vivants, c'est-à-dire qu'il suppose la grâce sanctifiante ; il faut donc être en état de grâce pour le recevoir ; autrement on commettrait un sacrilège. Néanmoins on recevrait le caractère qu'il imprime ; car, ainsi que le baptême et l'ordre, il imprime dans l'âme un caractère indélébile : aussi ne peut-on le recevoir qu'une seule fois. La confirmation est désignée de diverses manières dans les anciens auteurs. Les *Actes des Apôtres* l'appellent l'imposition des mains ; Théodoret, l'*onguent sacré* ; saint Augustin, le *sacrement du chrême* ; le concile de Laodicée l'appelle *chrême saint* et *céleste* et *chrême du salut*, etc.

Pour administrer la confirmation l'évêque emploie deux formes partielles. La première, qui répond à l'imposition des mains, consiste dans l'oraison que l'évêque prononce en étendant les mains vers ceux qui doivent être confirmés.

La seconde, qui répond à la *chrismation* ou onction, consiste dans ces paroles : « Je te marque du signe de la croix, et je te confirme du chrême du salut, au nom du Père et du Fils et du Saint-Esprit. » Après la chrismation, le ministre donne au confirmé un petit soufflet sur la joue, symbole du courage qu'il doit montrer pour confesser sa religion.

La matière de la confirmation, c'est-à-dire l'huile dont se sert le ministre pour oindre le confirmé, est le saint chrême ; mais, pour s'exprimer plus théologiquement, la matière de la confirmation est l'imposition des mains et la chrismation.

Dans l'Église grecque et dans les autres sectes orientales, on donne ce sacrement immédiatement après le baptême. Selon l'usage actuel de l'Église latine, les chrétiens ne sont confirmés que quand ils sont parvenus à l'âge de raison et à un certain degré d'instruction religieuse. En plusieurs lieux ils ne sont confirmés qu'après leur première communion. On peut être sauvé sans avoir reçu la confirmation ; mais celui-là pèche grièvement qui manque de la recevoir par mépris ou par négligence. Comme la confirmation rend parfait chrétien celui qui la reçoit, et comme l'état ecclésiastique est un état de perfection, l'Église a ordonné qu'on ne donnât la tonsure qu'à ceux qui ont été confirmés. Il est à propos de faire confirmer aussi les postulants et les postulantes dans les maisons religieuses avant de leur donner l'habit.

On peut changer de prénom à la confirmation, soit quand celui que l'on porte est indécent ou ridicule, soit quand on désire prendre le nom d'un saint auquel on a dévotion. Autrefois il était d'usage et par conséquent aujourd'hui même il est permis d'avoir des parrains et des marraines à la confirmation ; mais alors ces parrains et ces marraines contractent une alliance telle que celle qui se contracte dans le baptême.

On se contente d'essuyer avec du coton ou des étoupes et un linge fin le saint chrême resté sur le front après la chrismation ; autrefois on liait le front avec un bandeau qu'on gardait pendant sept jours, et cet usage a duré jusqu'au douzième siècle. Pendant les quatorzième et quinzième siècles, on ne le gardait plus que pendant vingt-quatre heures.

Le premier canon de la septième session du concile de Trente dit anathème à ceux qui nieraient que la confirmation fût un véritable sacrement. Les anglicans ont retenu la confirmation. Les autres sectes protestantes la rejettent. Qu'elle soit un sacrement, c'est un point de foi appuyé sur la tradition et sur l'Écriture. Au chapitre XIV de saint Jean, Jésus-Christ promet à ses apôtres de prier son père qu'il leur donne un autre consolateur, afin qu'il demeure avec eux pour toujours : c'est l'esprit de vérité ; et au chapitre VIII des *Actes des Apôtres*, il est démontré d'une manière évidente que les apôtres donnaient la confirmation : dans les paroles mêmes de saint Luc on découvre que les disciples, dans la cérémonie par laquelle ils conféraient le Saint-Esprit, observaient les trois rits essentiels pour constituer un sacrement dans l'Église. Tertullien, dans son livre du Baptême, parle d'une manière formelle de la confirmation distinguée du sacrement de la régénération. Saint Cyprien enseigne que si l'on a pu recevoir le baptême hors de l'Église, on a pu y recevoir aussi la confirmation. Il parle en outre de l'usage de s'adresser à l'évêque pour ce sacrement. A toutes ces autorités nous pourrions encore ajouter les témoignages des conciles d'Elvire et de Nicée, de saint Ambroise, de saint Augustin, de saint Cyrille d'Alexandrie, etc. L'usage de la confirmation a toujours été constant dans l'Église. Le protestant Moshein convient que les évêques permettaient aux anciens prêtres de baptiser les nouveaux convertis, mais se réservaient le droit de les confirmer.

L'abbé BADICHE.

CONFISCATION. C'est l'adjudication qui se fait d'une chose au profit du fisc ou de ceux qui en ont les droits : c'est une peine prononcée par les lois contre ceux qui sont coupables de quelque délit. D'après les usages suivis chez les nations voisines de l'état de barbarie, les propriétés des vaincus sont en tout ou en partie confisquées au profit des vainqueurs ; mais ce n'est pas à ce genre de spoliation que s'applique ordinairement le terme de confiscation, par lequel on entend surtout la dépossession exercée par l'État sur un de ses membres. Le premier exemple que l'histoire rapporte d'un acte de cette nature suivit une sentence inique rendue en vue du profit de la confiscation. Achab suborna de faux témoins pour faire condamner et lapider Naboth, afin de s'approprier le champ de cet Israélite. Dans les fréquentes révolutions des petites républiques grecques, la faction dominante proscrivait et dépouillait la faction vaincue. Aussi la Grèce était-elle couverte de bannis. Cicéron dit qu'à Rome la confiscation était inconnue dans les beaux jours de la république, mais aux temps de Sylla et surtout du second triumvirat, puis sous les empereurs, la spoliation devint la conséquence nécessaire et souvent le motif de la proscription. On connaît le mot de ce Romain qui, dévoué aux vainqueurs et cependant trouvant son nom sur la liste de mort, disait : *C'est ma belle maison d'Albe qui est cause de ma perte*. Verrès, dont les crimes étaient restés impunis, fut sacrifié au goût de Marc-Antoine, qui convoitait la superbe vaisselle de cet ancien proconsul. La possession d'une statue de Myron, d'un vase de Samos ou d'un bel esclave, motiva l'arrêt de mort de tel autre. C'était surtout pour contenter leurs troupes que les chefs des factions et les tyrans de Rome devaient extraire l'or d'un abîme de sang et de larmes.... Des populations entières, auxquelles les plus forts n'avaient rien à reprocher, furent classées de leurs propriétés partagées aux *bourreaux-soldats* des triumvirs. Les empereurs romains usaient largement du droit de confiscation : non-seulement ils prenaient les biens de ceux qu'ils faisaient condamner juridiquement, mais encore de ceux qu'ils envoyaient tuer par un *centurion*. Un jour Caligula perdan jeu un vase de Samos ou d'un bel esclave, liers romains très-riches ; il descend, les fait tuer par ses gardes, et remonte en disant qu'il venait de prendre sa revanche.

La confiscation à Rome atteignait une foule de délits qui nous sembleraient minimes, et tombait même quelquefois sur des personnes étrangères à la faute punie. On confisquait le local où il avait été battu de la fausse monnaie, celui où l'on avait joué à des jeux défendus, ou offert des sacrifices prohibés. Les biens de la femme étaient confisqués pour les délits du mari. Le condamné contumax perdait les siens après un an, et ne les recouvrait pas quand même il se justifiait. Le paganisme confisqua souvent les biens des chrétiens. Devenus les plus forts, ces derniers confisquèrent à leur tour souvent pour des infractions à des règlements ayant pour but de faire observer les prescriptions de leur culte. Des ordonnances de Dagobert et de Pepin défendent d'opérer aucun charroi le dimanche, et infligent pour peine aux contrevenants la confiscation de l'un des deux bœufs attelés. Cependant plusieurs empereurs romains avaient atténué la barbarie de cette législation. Justinien avait même restreint la confiscation au cas spécial de lèse-majesté.

Dans le moyen âge, la confiscation devint une extension et une basse application du droit féodal. Le vassal qui ne remplissait pas les obligations auxquelles l'engageait la possession de son fief devait perdre ce fief. On en conclut que la propriété devait également se perdre par l'infraction d'un devoir.

En France avant 1789 la législation variait beaucoup sur

ce qui tient à la confiscation : en pays de droit écrit, elle ne devait pas avoir lieu, si ce n'est pour crime de lèse-majesté divine et humaine. Dans le droit coutumier, chaque ville avait ses usages, qui fixaient la part que quelquefois on laissait à la famille des condamnés. Le plus souvent la législation s'occupait du partage de ces dépouilles. Pour la contrefaçon du grand sceau, la confiscation était dévolue au chancelier. Les favoris, les maîtresses, les valets de la cour se faisaient gratifier de ces odieux profits : plusieurs règlements eurent pour but d'entraver la facilité avec laquelle la faiblesse royale disposait de ces sortes d'épaves ou d'avanies. On confisquait quelquefois le bien d'un juif qui se faisait chrétien : c'était pour s'indemniser de la perte de la personne du juif émancipé par la conversion ; puis, en chassant les juifs, on confisquait leurs biens, comme ceux des albigeois ; et Louis XIV confisquait ceux des protestants qui se réfugiaient en pays étrangers pour échapper à sa tyrannie. Toutefois, les enfants restés en France et professant la religion du maître recouvraient d'ordinaire l'héritage paternel. En Angleterre, et surtout en Irlande, sous Élisabeth, sous Cromwell, sous Guillaume III, le protestantisme vainqueur sembla prendre à tâche de surpasser en cruautés et en spoliations ce qu'avec raison l'on reprochait au catholicisme du continent. En Turquie, la confiscation a été longtemps une des branches importantes du budget des sultans. On laissait un pacha s'engraisser ; puis on le faisait étrangler. Au lieu d'ouvrir un emprunt, on coupait des têtes de Grecs, de Juifs, d'Arméniens.

L'un des premiers actes de la Révolution française fut d'abolir la confiscation (loi du 21-30 janvier 1790) ; mais elle ne tarda pas à oublier les engagements solennels qu'elle avait pris : la confiscation fut rétablie le 30 août 1792 par une loi que complétèrent celles du 19 mars 1793 et du 1er brumaire an II : la mort volontaire de l'accusé avant sa condamnation ne sauva même plus alors ses biens. Le Code Pénal de 1810 appliqua la confiscation au crime d'attentat contre la sûreté de l'État et à celui de fausse monnaie. Cependant l'empereur fit toujours en faveur des enfants du condamné remise de cette peine, qui fut enfin abolie par la charte de 1814, et qui ne saurait être rétablie que d'une manière détournée.

Il est d'ailleurs un genre spécial de confiscation qui subsiste encore ; nous voulions parler de la confiscation des objets saisis par suite d'un délit ou d'une contravention. Les lois spéciales en fournissent de nombreux exemples. Ainsi, en cas de chasse sans permis, la loi déclare confisquées les armes dont on s'est servi ; en matière forestière et en matière de pêche, les instruments qui ont servi à commettre un délit sont également confisqués. En matière de douane, toute marchandise dont l'importation est prohibée est sujette à la confiscation, etc., etc.

CONFISEUR (du latin *conficere*, achever, accomplir, formé de *cum*, avec, et *facere*, faire). Les confitures, les gelées, les sirops, les bonbons, les dragées, les pastilles, tous ces ouvrages en sucre, chefs-d'œuvre de cristallisation qui viennent orner nos desserts, sont l'œuvre du confiseur. L'art du confiseur est presque tout de pratique ; il embrasse une innombrable multitude de recettes et de tours de main dont il serait peu raisonnable de s'attendre à trouver ici le détail. Ces recettes, la plupart oiseuses, ont varié selon la fantaisie, non pas seulement des consommateurs, qui la plupart du temps auraient peine à reconnaître aucune différence dans les produits, mais principalement selon le caprice des maîtres d'hôtel, et surtout selon l'art qui ont été plus ou moins ambitieux de signaler leur science de gourmandise par des innovations qu'ils ont consignées dans de nombreux et même de volumineux traités, dont quelques-uns ont eu un nombre d'éditions presque égal à celui de nos meilleurs classiques. Malgré les difficultés dont la science est hérissée, l'esprit de méthode peut cependant tracer du moins quelques prolégomènes, et ces principes fondamentaux, nous essayerons de les offrir ici comme le prodrome de la doctrine.

Nous reconnaissons d'abord que les fruits de toute espèce, qui sont la matière sur laquelle l'art s'exerce, ont plusieurs propriétés communes, qui les rendent le sujet des méditations de l'artiste. 1° Ils contiennent tous, en quantité plus ou moins grande, une matière *sui generis* à laquelle les chimistes ont imposé le nom de *gelée* ; 2° ils sont tous plus ou moins aromatiques, et cette propriété, qui varie avec l'espèce en intensité et en suavité, est également inhérente à tous les fruits. La gelée est de sa nature très-altérable par l'influence de plusieurs agents ; elle est très-fermentescible, et la fermentation qu'elle subit en change totalement et promptement toutes les propriétés (exemple : les groseilles, qui abondent en gelée, les raisins, etc., etc.). L'arôme, de son côté, est sinon aussi destructible, du moins très-fugace de sa nature ; et il se volatilise avec beaucoup de facilité. C'est dans l'art de conserver et de combiner ensemble l'arôme et la gelée que gît principalement le talent du confiseur expert. On a donc cherché des condiments conservateurs, et tantôt, de même que pour les viandes, les chairs de poisson et quelques légumes, on a recours au sel marin, tantôt le sucre et l'alcool nous offrent le moyen de communiquer la durabilité, en formant des surcombinaisons.

Une partie importante de l'art du confiseur est la coloration de diverses espèces de bonbons. Nous avons déjà signalé les dangers de l'emploi de certaines matières. Du reste, une ordonnance royale du 10 octobre 1742 défendait aux confiseurs l'emploi de ces substances, et depuis une ordonnance de police a déterminé celles dont ils peuvent se servir. Ce sont : pour le rouge, le carmin, la cochenille, la laque carminée, la laque du Brésil ; pour le bleu, le bleu de Prusse, l'indigo dissous dans l'acide sulfurique ; pour le jaune, le quercitron, le safran, les graines d'Avignon et de Perse, le fustet. L'exécution de cette ordonnance est garantie par une pénalité assez forte pour empêcher les fabricants de se mettre en contravention.

L'art du confiseur n'est pas assurément nouveau en France ; c'est chez nous qu'il est né en quelque sorte et qu'il a pris ce développement que nous admirons aujourd'hui. Cela tenait aux habitudes, aux goûts et aux préjugés hygiéniques de nos pères. Les fruits étaient réputés de difficile digestion ; aussi les mangeait-on avant le repas ; tandis que nous, pour flatter le goût et la vue, nous les réservons pour le dessert, à l'exception de la figue, de la mûre, du melon, qui ont conservé, sans savoir pourquoi, leur place primitive au premier service. C'est ce préjugé qui introduisit la coutume de préparer les fruits avec du sucre pour les servir au second dessert. C'est là l'origine de la confiserie, qui fit tant de progrès, et semble n'avoir été inventée que pour flatter le goût et l'œil en autant de façons qu'elle produit d'ouvrages délicieux et merveilleux. Il n'y a pas aujourd'hui de dessin, de figure, même très-compliquée, qu'on ne puisse exécuter. Mais cet art n'est pas nouveau ; car il y a près de quatre cents ans qu'on savait déjà figurer en sucre une multitude d'objets, et qu'on était même très-avancé dans cette partie. Les citations suivantes le prouveront : dans la collation que la ville de Paris donna en 1571 à Élisabeth d'Autriche, femme de Charles IX, « n'y a, dit Bouquet, *sorte de fruit qui puisse se trouver au monde*, et en quelque saison qui soit, qui ne fust là, avec un plat de toutes viandes et poissons, le tout en sucre, si bien ressemblant au naturel, que plusieurs y furent trompez ; même les plats et les escuelles esquels ils estoient, estoient faits de sucre. » Au passage de Marie de Médicis par Avignon, lors de son arrivée en France (1600), le vice légat lui donna une collation « de trois tables dressées et couvertes de plusieurs sortes de poissons, bestes et oiseaux, tous faits de sucre ; et cinquante statues en sucre, grandes de deux palmes, représentant au naturel plusieurs dieux, déesses et empereurs. Il y avait aussi trois cents paniers pleins de toutes sortes de fruits en sucre, pris au naturel, qui furent donnés, après la collation, aux dames et demoiselles qui s'y trouvèrent. »

Cette même année 1600, de Serres écrivait qu'on faisait en sucre des cervelas, des jambons et des *rubans d'Angleterre*. Au second dessert, on figurait en sucre des cerfs, des cygnes, au cou desquels pendaient les armes de l'amphitryon et celles de ceux pour qui se donnait le dîner ou qu'on voulait honorer. En ce temps là les écussons des festins se faisaient avec des bandes de massepain filé ; on employait diverses confitures pour imiter les émaux des armoiries ; l'or se figurait avec des marmelades de pommes ou d'abricots ; le *gueules* avec des fruits rouges, comme cerises ou framboises ; le *sinople* avec du verjus, des fruits verts, et ainsi des autres. Les sucreries se servaient au second dessert, et étaient confondues sous le nom général d'*épices*. Outre ces épices, il y en avait d'autres, plus choisies, qu'on servait dans une boîtelette divisée par compartiments, qu'on appelait *drageoir*, du mot d r a g é e s , l'un des principaux bonbons qu'elle contenait. Il y avait des drageoirs de poche, qu'on portait pour se parfumer la bouche ou se fortifier l'estomac. C'est l'origine de nos bonbonnières actuelles. D'Aubigné remarque que Guise s'étant trouvé mal avant d'être assassiné par ordre de Henri III, on lui offrit des prunes de Brignolles confites, et qu'il serait le reste dans son drageoir lorsque le roi le demanda ; vous savez pourquoi. Des épices étaient, dit Legrand, données en présent à la nouvelle mariée, aux mariages, aux fêtes ; et les boîtes de dragées que les parrains et marraines donnent encore lorsqu'ils tiennent un enfant sur les fonts baptismaux sont un vestige de l'ancienne coutume. C'est là aussi l'origine des épices que les juges recevaient autrefois.

Les dragées et épices se faisaient au sucre : l'amour du gain introduisit la fraude. D'abord, pour épargner le sucre, les confiseurs le mélangèrent avec du miel. Cette friponnerie, dit l'honnête de Serres, eut lieu pendant longues années. Heureux si de nos jours on se bornait à ce mélange innocent ! Nous devons rappeler à ce sujet une ordonnance de 1726, qui défend aux confiseurs d'employer aucunes farines, amidons, dans les dragées, sous peine de confiscation et d'amende, et qui prescrit une visite tous les deux mois.

Paris est le principal centre du commerce de la *confiserie*, mais il était autrefois surtout célèbre pour ses dragées, comme Blaye pour ses pralines, qu'elle a inventées, Saint-Émilion pour ses macarons, Bordeaux pour ses gâteaux des rois et son anisette. Clermont et Riom s'étaient fait une réputation lucrative dans l'art de confire les abricots. Les confitures de Metz et de Verdun étaient en grande renommée dans la France et dans toute l'Europe. Les confitures de Bar ont encore du renom. Orléans était célèbre par sa gelée de coing ou *cotignac*, au dix-septième siècle ; au dix-huitième, ce fut celui de Mâcon. « Le seul agrément de cette ville, dit madame du Noyer dans ses lettres, est qu'on y boit du très-bon vin. Moi, je me retrancherais à manger du cotignac. J'avais vu sur les tablettes des Allemands voyageurs de ma connaissance, entre autres annotations : *Étant à Mâcon, mangez du cotignac.* Aussi je profitai de l'avis, et j'en mangeai tout mon saoûl. » Rouen citait avec orgueil ses citrons confits. Cette ville a aussi la renommée des sucres de pomme et de la gelée de pommes. Enfin, pour donner une idée de la masse d'affaires due à cette branche de commerce, disons qu'elle monte annuellement à plus de trente millions. Dans ce chiffre, Paris figure pour un tiers ; l'exportation en représente le dixième.

CONFITÉOR, formule de confession qui est récitée par le célébrant au pied de l'autel, avant de monter à l'autel offrir le saint-sacrifice. Elle n'est point partie intégrante de la messe dans les anciens sacramentaires. Les formules du *confiteor* varient à l'infini dans les missels anciens et modernes. Mais depuis que Pie V a inauguré pour toute l'Église d'Occident une liturgie uniforme, le prêtre récite le *confiteor* au pied de l'autel, selon la formule connue. Les fidèles, en répétant la même prière, ne font que changer le mot de *fratres* en celui de *pater*. Le rite ambrosien, qui s'écarte beaucoup du rite romain, n'offre pour toute différence, à l'égard du *confiteor*, que le nom de S. Ambroise, *beato Ambrosio*, ajouté aux SS. apôtres Pierre et Paul. Le rite mozarabe, depuis le cardinal Ximénès, a adopté le *confiteor* romain. Le *confiteor* est encore récité par les fidèles en différentes occasions. Il précède l'aveu des péchés au prêtre dans le confessionnal.

CONFITURES. Ces produits de l'art du c o n f i s e u r se distinguent en *confitures sèches* et en *confitures liquides*. Les premières comprennent les fruits, les tiges, les racines de certaines plantes et les écorces de certains fruits. On fait d'abord *blanchir* ces fruits, tiges ou racines ; quand ils sont égouttés, on les plonge dans un bain de sucre *à la plume*, où on les fait cuire jusqu'à ce qu'ils aient atteint la consistance convenable. Les confitures liquides se font avec des fruits confits dans un sirop ; mais cette préparation demande les plus grands soins.

Il est souvent difficile de distinguer une confiture d'une marmelade ou d'une gelée. Les gelées s'obtiennent avec des jus de fruits dans lesquels on fait dissoudre du sucre et que l'on fait bouillir jusqu'à consistance sirupeuse. Elles demandent des mêmes précautions que les confitures liquides. Cela tient à ce que la gelée des fruits est de sa nature fort altérable (*voyez* CONFISEUR). En effet, non-seulement elle est soumise à l'influence de beaucoup d'agents destructeurs et principalement à celle de l'air atmosphérique et de plusieurs autres gaz, mais une température élevée, même à vaisseaux clos, la détruit à coup sûr. D'après cette première vue, nous ferons observer combien il est mal entendu, quand on veut avoir une gelée de groseilles solide, par exemple, de soumettre le jus de ces fruits à l'ébullition, ainsi que nous voyons faire à beaucoup de gens, qui s'imaginent qu'en rapprochant par ce moyen le sirop extrait par l'expression des fruits, et en le laissant longtemps évaporer sur le feu, on atteint sûrement le but qu'on se propose ; tandis que dans ce cas on n'obtient qu'une espèce de colle ou de caramel dont l'épaississement n'est dû qu'au sucre qu'on y a mêlé. On perd d'ailleurs, dans ce procédé ainsi conduit, l'arôme de la groseille et la transparence du produit. La meilleure méthode est, au contraire, après avoir exprimé le suc des fruits, de laisser en repos dans une cave fraîche pour le défequer. On décante ensuite la liqueur claire qui surnage le résidu oxygéné qui se forme assez promptement, on y introduit à l'état de poudre fine une quantité de sucre proportionnée à la douceur qu'on veut communiquer à la gelée ; on agite pendant quelques instants avec une spatule ; le sucre se dissout dans l'eau du suc, et la gelée se combine très-rapidement avec le sirop qui résulte de cette dissolution : c'est ainsi qu'on obtient facilement et promptement de belles gelées, fermes, sapides et odorantes. Tout au plus doit-on, pour hâter la défécation du jus, l'exposer rapidement sur un grand feu pendant assez de temps pour porter la liqueur au frémissement, puis transvaser non moins promptement dans un vase le plus froid possible, et tenir à la cave. Nous pouvons, par expérience, garantir le succès du procédé que nous venons de décrire.

Tout ce qui précède est applicable aux gelées des autres fruits, tels que pommes, poires, prunes, etc. Seulement, pour la *gelée de pommes*, il faut tirer le jus des pommes en les faisant bouillir avec un peu d'eau. Il en est de même de la *gelée de poires*, et de la *gelée de coings*, d'*ananas*, etc. Pour la *gelée rouge de poires*, il faut remplacer l'eau par du vin rouge pour le sirop. La *gelée de framboises* se prépare comme la gelée de groseilles : presque toujours on mêle les deux fruits. La *gelée d'oranges* n'est qu'une gelée aromatisée de jus d'orange. La *confiture de ce-*

rises se fait avec des cerises dont on a ôté les noyaux et les queues, et que l'on a fait cuire avec du jus de groseille ou de framboise, ou tout simplement dans un sirop de sucre. C'est de la même façon qu'on fabrique la *confiture de raisin*, et la *confiture de groseilles dite de Bar* : dans ces deux cas on ôte les grappes et les pepins. Les *confitures d'abricots* et *de prunes* sont en général des marmelades. On a enfin imaginé de faire des confitures avec des carottes nouvelles aiguisées de jus de citron.

A toutes ces préparations on joint souvent comme adjuvants des huiles essentielles, tirées du c i t r o n, du g i r o f l e, de la m u s c a d e, de la c a n n e l l e, du m a c i s, du g i n g e m b r e, du galanga, de la v a n i l l e, etc. Toutes ces substances éthérées se surcombinent avec l'arôme naturel des fruits; et non-seulement elles peuvent contribuer à le coërcer, mais elles en changent aussi le parfum, le modifient au goût ou au caprice des palais blasés. Ceux qui ne le sont pas encore préfèrent en général l'arôme pur et naturel.

CONFLAGRATION (du latin *conflagratio*, embrasement, incendie, brûlement), embrasement général d'une planète ou du globe terrestre : telle a été longtemps l'acception unique donnée à ce mot par les dictionnaires ; mais il entre dans le sort des révolutions d'enrichir tôt ou tard les langues d'une foule de significations nouvelles. En effet, si toutes les passions qu'elles mettent en mouvement sont déjà connues, elles les agrandissent et les diversifient tellement que, soit pour les bien caractériser, soit pour les bien préciser, il faut découvrir des noms à part, et avec le temps c'est quelquefois le seul genre de pouvoir que reste aux révolutions : elles se résument par le dictionnaire. Depuis l'invasion des barbares, rien n'est à comparer à l'impétuosité de la révolution de 1789 : enfantée par des idées nobles et généreuses, mais que des circonstances qu'il serait trop long d'énumérer ici firent promptement dévier de leur vraie route, la R é v o l u t i o n française se montra si dévorante que, comme un vaste incendie, elle ne laissa d'abord que des ruines sur son passage; alors le mot *conflagration* fut le seul applicable à une époque toute d'exception : il était dans toutes les idées, il s'emparait de toutes les conversations, et encore le trouvait-on quelquefois sans force et sans vigueur pour peindre tout ce qu'on ressentait. Plus tard, une seconde conflagration parcourut en quelques jours la France entière, et il est impossible d'exprimer ce qu'il fallut de force, de ruse et de prudence pour refroidir l'ardeur des partis. Puis de nouvelles conflagrations sont venues troubler la France, et l'on sait par quels moyens on est parvenu à les éteindre. Cependant si le pouvoir n'a pas toujours assez de ressources pour étouffer une conflagration naissante, le simple instinct devrait lui suffire pour la deviner. Dans les États despotiques, où le *maître* n'est en rapport direct ni avec les intérêts, ni avec les opinions, ni avec les sentiments des masses, il peut à toute force être envahi par une conflagration subite; mais sous les gouvernements représentatifs, où chaque minute apporte des avis, des documents et des conseils, en faisant la part d'une certaine exagération, l'on arrive à cette moyenne de *vérité journalière*, qui est la direction des affaires publiques. Ajoutons encore que sous les gouvernements représentatifs tout se fait par transaction; il n'y a donc pas matière à *conflagration*, à moins que le pouvoir ne tienne lui-même la torche.

SAINT-PROSPER.

CONFLANS, hameau du département de la Seine, compris dans la commune de C h a r e n t o n - l e - P o n t, à 5 kilomètres sud-est de Paris, sur la rive droite de la Seine, au-dessous de l'embouchure de la Marne. Les archevêques de Paris y possèdent un château, que leur a légué l'archevêque François de Harlay.

En 1465 un traité y fut signé qui termina la guerre du bien public. Trente-six commissaires furent nommés par Louis XI pour réformer les abus dont les princes s'étaient plaints. Le roi accordait en outre à tous les princes qui s'étaient ligués contre lui des gouvernements, des provinces, des pensions. Il n'avait jamais eu, du reste, la pensée de remplir ses promesses ; mais il atteignit de cette sorte son but, qui était de séparer ses ennemis.

Le passé devait être mis en oubli; nul ne pouvait reprocher à autrui ce qu'il avait fait pendant la guerre, et toutes les confiscations qu'avaient prononcées les tribunaux étaient révoquées. Le roi accordait à son frère Charles, comme apanage, et en échange du Berry, le duché de Normandie, avec l'hommage des duchés de Bretagne et d'Alençon, pour être transmis en héritage à ses enfants, de mâle en mâle. Il restituait au comte de Charolais les villes de la Somme qu'il avait récemment rachetées, se réservant seulement de pouvoir les racheter de nouveau, non de lui, mais de ses héritiers, au prix de deux cent mille écus d'or. Il lui abandonnait de plus, en propriété perpétuelle, Boulogne, Guines, Roye, Péronne et Montdidier. Il donnait au duc de Calabre, régent de Lorraine, Mouzon, Sainte-Menehould, Neufchâteau, cent mille écus comptant, et la solde de cinq cents lances pour six mois. Il abandonnait au duc de Bretagne la régale, objet de leur querelle, et une partie des aides; il lui cédait Étampes et Montfort, et il faisait des présents à sa maîtresse, la dame de Villequier, qui avait été la maîtresse de Charles VII. Il donnait au duc de Bourbon plusieurs seigneuries en Auvergne, au duc de Nemours le gouvernement de Paris et de l'Ile-de-France, au comte d'Armagnac les châtellenies de Rouergue, qu'il avait perdues, au cômto de Dunois la restitution de ses domaines, au sire d'Albret diverses seigneuries sur sa frontière. Il rendait au sire de Lohéac l'office de maréchal; il faisait Tanneguy Du Châtel grand écuyer, de Beuil amiral, le comte de Saint-Pol connétable; il pardonnait enfin à Antoine de Chabannes, comte de Dammartin, contre lequel il avait d'anciens ressentiments : il lui rendait tous ses biens, et lui accordait une compagnie de cent lances.

CONFLANS (Famille de). *Voyez* BRIENNE (Maison de).

CONFLIT, espèce de contestation sur la compétence des cours et tribunaux.

Le conflit est *positif* lorsque les tribunaux veulent retenir la connaissance d'une cause, *négatif* quand ils refusent de juger.

Le conflit qui s'élève entre deux tribunaux civils s'appelle *conflit de juridiction*; il doit être porté devant le tribunal supérieur. Ce conflit se vide au moyen d'un règlement de juges.

Le conflit qui s'élève entre un tribunal civil et un tribunal administratif prend le nom de *conflit d'attribution*. Il est jugé au conseil d'État, sur le rapport d'un conseiller d'État, d'un maître des requêtes ou d'un auditeur. La décision du conseil d'État est convertie en décret impérial. Le conflit d'attribution pouvait être autrefois élevé par les préfets même après le jugement définitif rendu par l'autorité judiciaire. C'était là un grave abus; c'était un moyen réservé à l'arbitraire et au caprice de l'autorité administrative, pour faire tomber, au mépris du respect dû à l'autorité de la chose jugée, une décision que les parties avaient acceptée comme terminant définitivement la contestation qui les divisait. Ce vice de notre législation a été réparé par une ordonnance rendue le 1er juin 1828. Aujourd'hui le conflit ne peut plus être élevé après des jugements en premier ressort et revêtus d'acquiescement, ni après des arrêts définitifs.

L'ordonnance précitée a tracé pour les autres cas une procédure qui a pour but de faire disparaître ce qu'il y avait de tranchant et d'abrupte dans l'ancienne manière d'élever les conflits. C'est toujours aux préfets du département qu'appartient le droit de revendiquer pour l'autorité administrative les causes qui sont de son ressort. Il n'y a en effet que les officiers désignés par la loi même qui puissent suspendre par le *veto* du conflit l'action de la justice. Cette attribution est tellement inhérente au caractère et aux fonctions des préfets des départements, qu'il a été jugé au conseil d'État que les ministres eux-mêmes, qui, placés au haut de l'échelle administrative, peuvent faire tous les actes de la compétence des préfets, ne peuvent cependant élever le conflit, et que ce droit n'appartient ni aux conseils de préfecture ni même au préfet de police établi dans le département de la Seine, parce que cette prérogative n'est pas comprise dans les attributions de ce magistrat.

Si le préfet du département estime qu'une question portée devant le tribunal civil est du ressort de l'autorité administrative, il peut, lors même que la cause ne serait pas engagée entre un citoyen et l'administration, demander le renvoi de la contestation devant l'autorité compétente. Mais il doit préalablement adresser au procureur impérial un mémoire dans lequel est rapportée la disposition législative qui attribue à l'administration la connaissance du litige. Le procureur impérial fait connaître dans tous les cas au tribunal la demande formée par le préfet, et requiert le renvoi si la revendication lui paraît fondée.

Lorsque le tribunal a statué sur le déclinatoire, le procureur impérial adresse au préfet, dans les cinq jours qui suivent le jugement, copie de ce jugement et des conclusions. Si le tribunal a rejeté le déclinatoire, le préfet peut, dans la quinzaine de l'envoi dont nous venons de parler, élever, s'il le juge convenable, le conflit d'attribution. Cette faculté laissée au préfet garantit, comme on le voit, la libre et entière action de l'autorité administrative, qui ne peut être entravée par l'erreur, le mauvais vouloir ou l'entêtement des tribunaux ou des parties qui plaident devant eux. Les mêmes considérations ont déterminé à autoriser le préfet à élever le conflit dans la quinzaine qui suit la signification de l'appel, que la partie peut interjeter du jugement qui admet le déclinatoire proposé par le préfet.

Les juges civils, considérés comme les tuteurs et les gardiens des droits des citoyens, ont déjà, dans cette hypothèse, reconnu leur importance; si le préfet en élevant le conflit coupe court à la discussion que l'appel déférait à la cour impériale, et paralyse la décision qu'elle pouvait rendre, on ne peut s'en plaindre; car il faut avouer qu'il y a pour la réclamation de cet administrateur une forte présomption de justice résultant de l'homogénéité d'opinions qui s'est manifestée entre lui et les juges de première instance.

L'arrêté par lequel le préfet revendique la cause doit viser le jugement intervenu et l'appel, s'il a été formé; il doit contenir le texte même de la disposition de la loi qui attribue à l'administration la connaissance du point litigieux. Cet arrêté et les pièces qui y sont visées doivent être dans la quinzaine déposées au greffe du tribunal. Le procureur impérial communique au tribunal réuni en la chambre du conseil l'acte émané du préfet, et requiert qu'il soit sursis à toute procédure judiciaire. Pendant la quinzaine qui suit les parties prennent du greffe communication de l'arrêté de conflit et fournissent leurs observations sur la compétence. Le procureur impérial transmet au garde des sceaux l'arrêté du préfet, ses propres observations, celles des parties, et les pièces jointes. Dans les vingt-quatre heures de leur réception le garde des sceaux dépose ces pièces au conseil d'État, qui doit statuer sur le conflit dans le délai de quarante jours et valider ou annuler l'arrêté du préfet. Si ce délai expire sans que le conseil d'État ait statué définitivement sur le conflit, l'arrêté du préfet est considéré comme non avenu, et l'instance peut être reprise devant les tribunaux.

Telle est l'analyse de la procédure et de la compétence tracée en matière de conflits par l'ordonnance du 1er juin 1828. Sans doute cette ordonnance est loin d'avoir mis un terme à tous les abus, et des réclamations fondées peuvent s'élever encore, quand on voit que c'est toujours l'administration qui demeure, en définitive, juge dans des causes où presque toujours elle est en même temps partie; mais il faut néanmoins se féliciter des réformes partielles qui déjà ont été introduites, et nourrir l'espoir que le temps apportera dans cette partie de la législation française des modifications aussi heureuses que celles qu'elle a subies sur tant de points.

LÉVESQUE,
Substitut du procureur général impérial à Paris.

CONFLITS (Tribunal des). Cette institution créée par la constitution de 1848, et qui n'existe plus, avait trois sortes d'attributions. C'était un tribunal chargé de régler les conflits d'attribution entre l'autorité administrative et l'autorité judiciaire; il connaissait des recours pour incompétence et excès de pouvoir contre les arrêts de la cour des comptes; enfin, lorsque le ministre de la justice estimait qu'une affaire portée devant la section du contentieux du conseil d'État n'appartenait pas au contentieux administratif, il avait le droit de la revendiquer devant le tribunal des conflits. Ce tribunal était composé de quatre conseillers d'État et de quatre conseillers à la cour de cassation, que leurs corps respectifs nommaient pour trois ans, et en outre de deux suppléants élus par chacun de ces corps. Il était présidé par le garde des sceaux, ministre de la justice, remplacé, en cas d'empêchement, par le ministre de l'Instruction publique. Les fonctions du ministère public étaient remplies par deux commissaires du gouvernement que le président de la république choisissait tous les ans, l'un parmi les maîtres des requêtes au conseil d'État, l'autre dans le parquet de la cour de cassation. Un suppléant choisi de la même manière et pris dans les mêmes rangs était adjoint à chacun de ces commissaires. Les décisions du tribunal des conflits ne pouvaient être rendues qu'au nombre de neuf juges et après un rapport écrit fait par l'un des membres du tribunal, et prononcées en séance publique. Les fonctions de rapporteur étaient alternativement confiées à un conseiller d'État et à un membre de la cour de cassation, sans que cet ordre pût être interverti. Dans aucune affaire les fonctions du rapporteur et celles du ministère public ne pouvaient être remplies par deux membres pris dans le même corps. Les parties intéressées pouvaient être représentées devant le tribunal des conflits par les avocats au conseil d'État et à la cour de cassation. Le tribunal des conflits siégeait au Petit-Luxembourg.

CONFOLENS. *Voyez* CHARENTE.

CONFORMATION (en latin *conformatio*, de *cum*, avec, et *forma*, forme). Ce nom signifie arrangement, disposition naturelle des parties du corps humain et des animaux. On a aussi défini la *conformation*: 1° manière dont une chose est formée; 2° constitution et proportion naturelle des parties d'un corps; 3° quelquefois aussi la manière dont est formé un corps organisé. « La nature seule, dit Girard, produit la *conformation* des corps individualisés, qui les rend aptes à s'acquitter de leurs fonctions, selon la concurrence accidentelle des causes physiques. La tournure de l'esprit dépend de la *conformation* des organes. On dit de la *conformation* qu'elle est bonne ou mauvaise; la proportion préside à la *conformation*. Les causes naturelles s'en écartent moins que les arbitraires. Enfin ce mot s'emploie toujours au propre. »

Dans les sciences naturelles, *conformation* et *constitution* sont presque équivalents. L'un et l'autre renferment dans leur large acception d'autres idées générales, qui sont: 1° la *circonscription* d'un tout et de chaque partie, d'où résulte la configuration; 2° la *construction* de l'ensemble et encore de chaque partie, qui prend quelquefois le nom d'*organisation* et d'*économie*, et 3° la *contexture* ou l'arrangement des matériaux constitutifs. Tous ces caractères, renfermés implicitement dans le sens du mot *conformation*, indiquent les divers genres de rapports des parties des corps naturels entre elles et avec le monde extérieur. Ils sont subordonnés à la fonction de chacune de ces parties et à la destination ou finalité dynamique du tout. Quoique le mot *conformation* s'applique en même temps à tout corps naturel conformé par rapport aux circonstances au sein desquelles il doit exister et aux parties de ce tout, l'usage prescrit de s'en servir de préférence pour désigner la correspondance, les rapports réciproques de forme des parties, et de dire : *conformation des parties* et *constitution d'un tout*. Les *vices de conformation* constituent les **difformités**.

L. LAURENT.

CONFORMISTES et **NON-CONFORMISTES**. *Voyez* UNIFORMITÉ (Acte d').

CONFORMITÉ (en latin *conformitas*, dérivé de *conformis*, qui a la même forme). La *conformité*, disent nos lexiques, est le rapport entre les choses conformes, entre les objets qui se ressemblent. « Plus il y a de ressemblance entre deux objets, dit Roubaud, plus ils approchent de la *conformité*; ainsi la *conformité* est une ressemblance plus parfaite. » D'après les traités de synonymie, *conformité* ne s'applique qu'aux objets intellectuels, et plus souvent aux puissances qu'aux actes, et il faut la présence de plusieurs qualités pour qu'il y ait *conformité*, tandis que *ressemblance* se dit des qualités intellectuels et des sujets corporels, et qu'une seule et même qualité suffit pour qu'il y ait *ressemblance*. On dit qu'il y a beaucoup, assez ou trop, plus ou moins de ressemblance, tandis qu'on exprime seulement la plénitude de la *conformité* en disant : une grande, une très-grande, une parfaite ou une entière *conformité*. La signification plus restreinte de ce nom ne permet point de le substituer au mot *ressemblance*, quoiqu'on puisse employer celui-ci partout où l'on peut se servir de *conformité*. *Conformité* diffère de *conformation* en ce qu'il s'applique toujours à des objets distincts et séparés, au lieu que *conformation* exprime toujours l'ordre, l'arrangement des parties d'un même objet qui sont formées les unes pour les autres.

En anatomie et en physiologie philosophique, on a proposé pour l'explication des faits une théorie générale dans laquelle tout est subordonné à l'*unité* ou à la *conformité* de composition. Mais l'ancienne philosophie nous semble avoir procédé plus logiquement en proclamant la loi générale de l'harmonie, qui embrasse tous les faits observables, et formule exactement le principe fondamental des sciences naturelles. Dans le langage usuel, on dit : *conformité* (pour sympathie) *d'humeur*, *de sentiment*; *conformité* (pour soumission) *à la volonté de Dieu*.

L. LAURENT.

CONFORT, CONFORTABLE. *Voyez* CONFORT.

CONFRATERNITÉ, CONFRÈRE, mots dérivés de la conjonction *cum* et de *frater*, lequel avait lui-même sa racine dans la langue grecque, φράτηρ, éolien, pour φράτωρ, et non pas de *fere alter*, étymologie ridicule, inventée par quelque sophiste sentimental, chose assez rare pour un grammairien. La *confraternité* indique un lien spontané entre les membres d'une association libre ; tandis qu'au titre de *collègue* est attaché un caractère plus officiel. Un médecin, un avocat, un avoué, un académicien disent mon *confrère* en parlant d'un homme de leur profession. Ainsi la Fontaine a dit :

Le médecin Tant-Pis allait voir un malade
Que visitait aussi son *confrère* Tant-Mieux.

« Les hommes de lettres sont maintenant mes *confrères*, » a dit Saint-Évremond, qui avait la faiblesse de se croire un grand seigneur. *Confrères en Apollon* est une locution assez souvent employée. On dit aussi quelquefois, *confrère* en érudition, en philologie, *confrère* en amour. Il y a longtemps qu'on a dit que certains maris ont bien des *confrères*. L'honorable M. Dupin, au temps où il présidait nos assemblées délibérantes, appelait ses *collègues*, ne désignant jamais que sous le titre cordial de *confrères* ses anciens émules au barreau. Deux avocats parvenus ensemble au ministère demeurent toujours *confrères* comme avocats, et sont *collègues* comme membres du cabinet. Aujourd'hui les membres des cours et tribunaux ne sont plus que *collègues*, parce qu'ils sont à la nomination du ministère ; mais sous l'ancien régime, où les parlements formaient des corporations indépendantes, les conseillers s'appelaient entre eux *confrères* ; il en était de même des procureurs, des huissiers, etc. Il en est de même dans la nouvelle université : les professeurs ne sont plus *confrères* comme leurs devanciers, plus indépendants, des antiques universités. En théologie, *confrère* est le nom que l'on donne aux personnes avec lesquelles on forme une société particulière par motif de religion. Cette société s'appelle *confrérie*. Les confréries sont d'institution romaine, et les Romains n'étaient en cela que les imitateurs des Grecs. Il y avait à Rome des *confréries* de métiers, tout aussi bien que de religion.

Dans ses fables, La Fontaine fait un heureux emploi du mot *confrère*; il l'adapte, soit aux animaux de même espèce, soit à ceux qui sympathisent entre eux par leur naturel malfaisant. Quand chez lui le singe raconte l'histoire des

Deux ânes qui, prenant tour à tour l'encensoir,
Se louaient tour à tour, comme c'est la manière,

il s'exprime ainsi :

J'ouïs que l'un des deux disait à son *confrère*.

Ailleurs, il montre le renard mettant cent fois en défaut

Tous les *confrères* de Brifaut.

Puis, quand le renard anglais, pour tromper les chasseurs, se guinde à un gibet, où

Blaireaux, renards, hiboux, race encline à mal faire,
Pour l'exemple pendus, instruisaient les passants,

le poète dit encore :

Leur *confrère*, aux abois, entre ces morts s'arrange.

Les Pères de l'Oratoire donnaient le nom de *confrère* à ceux d'entre eux qui n'étaient pas prêtres. Ainsi, ils disaient le *confrère* un tel est parti, le *confrère* un tel est mort. Dans toutes les professions, quand on veut marquer sa tendresse pour un *confrère*, on abrège le mot, et on lui adresse le doux nom de *frère*.

Charles Du Rozoir.

CONFRÉRIE. On appelle ainsi toute association pieuse, toute société de personnes libres, de laïques, qui se rassemblent volontairement, d'après une règle ou des statuts, dans le but ou sous le prétexte de se livrer en commun à des exercices de piété, à des pratiques de dévotion. Les confréries (*sodalitates*), comme d'autres institutions chrétiennes, tirent leur origine du paganisme. Numa Pompilius en établit à Rome pour tous les arts et métiers. Il leur prescrivit des sacrifices à leurs patrons et à leurs dieux tutélaires. Les chrétiens, en adoptant les confréries, crurent en purifier la source par un usage nouveau. Institutions du moyen âge, elles se propagèrent dans toute l'Europe. On en compte de plusieurs sortes en France : 1° Les confréries de dévotion, telles que celle de *Notre-Dame*, établie à Paris en l'an 1168, sous Louis le Jeune, et composée de trente-six prêtres et de trente-six laïques, en mémoire des soixante-douze disciples de Jésus-Christ : la reine Blanche et plusieurs dames de sa cour s'y firent affilier en 1224. 2° Les confréries de miséricorde et de charité. 3° Les confréries de **pénitents**, sous différents titres et différentes couleurs. Elles étaient et sont encore fort répandues, surtout à Lyon, en Provence, en Languedoc ; et l'on n'y admet généralement que des hommes. 4° Les confréries de **pèlerins**. 5° Les confréries de marchands et de négociants, instituées pour attirer sur leur commerce les bénédictions de Dieu : telle était celle des marchands de l'eau, établie à Paris l'an 1170. 6° Les confréries des officiers de justice, comme celle des notaires, établie à Paris en 1300, dans le cloître du Châtelet. 7° La confrérie de la *Passion*, dont les membres jouaient des mystères sur des théâtres. 8° Les confréries d'artisans et de corps de métier, ayant pour chefs des maîtres dont l'élection se faisait comme celle des jurés. 9° Les confréries de factions, se couvrant du zèle spécieux de la religion pour exciter des troubles et des révoltes dans le royaume : telle fut la *confrérie blanche*, sorte de croisade particulière, établie à Toulouse par Foulques, évêque de cette ville, vers 1210, dans les intérêts de Simon, comte de Montfort, contre Raimond VI, comte de Toulouse, qui lui opposa la *compagnie noire*, formée des habitants du bourg : il y eut entre les deux confréries des combats sanglants. La première, par ordre de l'évêque, et malgré la défense du comte, marcha au siége de Lavaur, et se signala en 1211 par ses cruautés à la prise de cette ville.

Telles sont les confréries dont il est fait mention dans plusieurs conciles, notamment à celui d'Avignon en 1214. Aucune confrérie ne pouvait, du reste, s'établir sans le consentement de l'évêque du diocèse et sans lettres dûment vérifiées. Il y avait indulgence plénière pour tous les confrères ou membres de confréries. Ils assistaient tous aux processions, ayant en tête la bannière de leur confrérie ; mais dans la suite celles des marchands et des officiers de justice s'affranchirent de cette obligation, ne voulant pas être confondues avec celles des artisans et des pèlerins. La grande confrérie ou archi-confrérie créée à Rome sous le titre de *Notre-Dame des suffrages* fut approuvée par le pape Clément VIII, en 1594, en faveur des âmes du purgatoire. Ses priviléges étaient si excessifs qu'elle ne put être admise que dans quelques villes de France, principalement en Dauphiné. La plus célèbre confrérie de Paris était celle de la paroisse de la Madeleine, nommée la *grande confrérie*.

Les confréries avaient disparu à la Révolution, ou du moins elles ne se montraient plus ostensiblement. L'esprit de parti et de jésuitisme les fit revivre sous la Restauration, et elles reparurent avec leurs bannières. Il s'en forma même de nouvelles, comme celle du *Sacré-Cœur de Jésus*, assez généralement connue sous le simple nom de *Congrégation*. On vit à cette époque des confréries porter et planter des croix de mission sur tous les points de la France, et l'on était quelquefois tout étonné de reconnaître dans leurs rangs des hommes qui avaient appartenu à des confréries bien différentes. En 1836 il s'est fondé à Paris, une *confrérie* Notre-Dame des Victoires, une *confrérie* ou *archiconfrérie* sous l'invocation du Sacré-Cœur de Marie, dans le but de demander à Dieu, par des prières continues, la conversion des pécheurs et des hérétiques. En 1853 le pape a gratifié d'une superbe couronne d'or massif la statue de la Vierge appartenant à cette confrérie. Elle se flatte d'avoir opéré un grand nombre de conversions, et on ne saurait nier que dans ces derniers temps nous avons vu des conversions bien extraordinaires. L'archevêque de Paris a aussi fondé dans l'église Sainte-Geneviève une confrérie dont le but est de prier pour la France, laquelle en effet n'a jamais eu plus besoin de la protection divine.

On dit proverbialement, et en plaisantant, à l'homme qui vient de se marier, qu'il s'est enrôlé dans la *grande confrérie*.   H. AUDIFFRET.

CONFRONTATION. C'est l'action de mettre en présence les témoins et les accusés, ou les accusés entre eux, pour comparer leurs déclarations et pour obtenir ainsi la vérité sur les points que les interrogations isolées ont laissés douteux. Quelquefois les accusés confondent la sagacité des juges dans la confrontation. On sait comment Pélisson parvint, dans une confrontation, à faire connaître au surintendant F o u q u e t que ses papiers avaient été détruits.

Confrontation se dit quelquefois du rapprochement de deux objets qu'on veut comparer minutieusement : on confronte deux écritures pour s'assurer qu'elles sont de la même main. (*Voyez* VÉRIFICATION D'ÉCRITURES).

CONFUCIUS, nom latinisé d'un célèbre philosophe chinois, qui en réalité s'appelait *Kong-fou-tsé*, ce qui veut dire *maître* ou *docteur Kong*. Il était né, suivant notre manière de compter le temps, le 19 juin 551 avant J. C., dans la ville de Tséouse, en Chine, dans le cercle de Chan-tong, alors dépendance du pays féodataire Lou. Sa mère le nomma *Kiéou*, c'est-à-dire petite montagne, parce qu'il avait à l'extrémité du front une élévation extraordinaire, avec laquelle il est souvent représenté. *Kong* est le nom de sa famille, qui faisait remonter son origine jusqu'à Hoang ti, souverain fabuleux. Une pauvreté extrême fut le lot de sa première jeunesse. A l'âge de dix-sept ans, il obtint déjà une place d'inspecteur des vivres à Lou, et monta alors successivement de grade en grade dans l'administration, jusqu'à ce qu'il eut fini par être élevé au rang et à la puissance de premier ministre dans plusieurs royaumes feudataires.

Préoccupé depuis longtemps de l'idée d'une réformation religieuse et morale de sa nation, il voulut l'opérer par voie de mesures administratives ; mais il rencontra tant de difficultés, aussi bien de la part des cours que de celle des peuples, qu'il se décida à renoncer à son titre et aux fonctions de mandarin. Il embrassa alors un genre de vie nomade, prêchant en tous lieux la vertu et la justice, mettant en ordre et expliquant les ouvrages des anciens de même que les chants populaires, et écrivant même plusieurs ouvrages (*voyez* CHINE [langue et littérature]). Bientôt un grand nombre d'adorateurs et de disciples se réunirent autour du maître (*Fou-tsé*) Kong, ainsi qu'on l'appelait souvent, et plusieurs d'entre eux, tels que Tseng-tsé et Tséa-sse, se sont immortalisés en recueillant et en commentant ses conversations, ses entretiens et ses principes.

[Pour donner plus d'autorité à ses préceptes, Confucius ne crut pas avoir besoin de s'entourer du prestige religieux, et de se donner comme un être divin, descendu du ciel pour apporter aux humains une nouvelle règle de conduite. Il se donna comme un ami de la sagesse et de la vertu, aidant ses semblables à découvrir dans leur cœur les vérités éternelles que la nature y a gravées, à mettre en pratique les préceptes que Dieu, au moyen de la raison, a révélés à tous les hommes, et à faire revivre les principes et les vertus enseignés par les anciens sages de la Chine. La sincérité, qu'il mettait au rang des premiers devoirs, lui défendant d'ailleurs de recourir à aucune pieuse imposture ; ce qui n'empêcha pas sa doctrine d'avoir un succès qui dépassa même ses espérances, et que n'a pu obtenir aucune religion sur la terre. La morale de Confucius a eu la gloire de s'associer à la législation d'un grand peuple, et elle continue depuis plus de deux mille ans à régir le plus vaste empire de l'univers. Si ce philosophe chinois n'est point adoré comme un Dieu, il est et sera toujours révéré par sa nation, qui l'appelle le saint maître, le sage par excellence.

Sa manière d'enseigner ne ressemble nullement à celle qui était adoptée dans les autres écoles, où le temps et l'objet des exercices est réglé et déterminé d'avance. Sa maison était constamment ouverte à tous ceux qui voulaient connaître sa doctrine ; ses disciples venaient et se retiraient à l'heure qui leur convenait, et déterminaient eux-mêmes le sujet de la leçon. Confucius était continuellement occupé à leur donner des éclaircissements sur des points de philosophie, d'histoire ou de littérature. Il compta plus de trois mille disciples, qui reçurent en différents temps ses leçons. Ce n'était pas seulement des jeunes gens qui composaient son auditoire, c'étaient des hommes et des hommes d'un âge mûr, occupant des emplois ou engagés dans des professions importantes, des lettrés, des mandarins, des militaires, des gouverneurs de villes ; ils n'étaient point toujours réunis autour de sa personne, mais après avoir quelque temps suivi ses leçons, ils s'empressaient de propager eux-mêmes sa doctrine dans les lieux de leur résidence ; de sorte que la Chine tout entière était comme une vaste école où se développaient et se discutaient les principes de Confucius. Il faut reconnaître néanmoins que quelques-uns de ses disciples, plus passionnés pour leur maître et pour sa doctrine, s'attachèrent plus particulièrement à sa personne, et le suivirent presque toujours.

Rentré dans sa patrie après un long exil, il y vécut en homme privé, et passa les dernières années de sa vie à mettre la dernière main à ses ouvrages, qu'il eut le bonheur de voir terminés avant la maladie dont les suites l'enlevèrent, à la soixante-treizième année de son âge, quatre cent soixante dix-neuf ans avant notre ère, neuf ans avant la naissance de Socrate.

Il n'est pas vrai, comme l'ont pensé quelques écrivains, que Confucius ait imposé une législation à la Chine, et ait changé la religion de ce pays. Il n'a jamais eu l'autorité nécessaire pour publier les lois, et tous ses efforts, au contraire, eurent pour but de ramener aux anciens usages, et de faire revivre l'esprit et les vertus des temps antiques. Mais il est vrai de dire aussi qu'il donna une telle impulsion aux idées philosophiques, qu'il changea la face de la société, et amena une véritable révolution dans les mœurs, par l'autorité de ses exemples et surtout par l'immense influence de sa doctrine. Ce qui caractérise Confucius, c'est la modestie dont il fit preuve toute sa vie et l'entière abnégation qu'il fit de lui-même, malgré la conscience qu'il avait de son mérite supérieur, et de l'importante mission qu'il avait et qu'il disait lui-même avoir à remplir. Il ne voulait pas même qu'on lui attribuât sa doctrine, et il répétait sans cesse que ses maximes n'étaient autres que celles des sages de la vertueuse antiquité, qu'il s'était proposés pour modèles. « Ma doctrine disait-il, est celle de Yao et de Chun ; quant à ma manière d'enseigner, elle est fort simple : je cite pour exemple la conduite des anciens, je conseille la lecture des Kings, dépositaires de leurs sages pensées, et je demande qu'on s'accoutume à réfléchir sur les maximes qu'on y trouve. » Sa morale n'a rien d'outré, elle est toujours simple, naturelle, conforme à la nature de l'homme, et prouve le tact exquis avec lequel sa raison supérieure lui faisait éviter toute exagération.

C.-M. PAFFE.]

Après sa mort, on décerna de grands honneurs à la mémoire de Confucius. On lui donna des titres de toute espèce, et on lui éleva un temple dans lequel on offrit à l'instituteur du peuple des sacrifices comme à un dieu. Voilà plus de vingt-deux siècles que la science et les doctrines de ce seul maître suffisent aux besoins intellectuels de plusieurs centaines de millions d'hommes. Confucius a résumé lui-même toute sa doctrine en 250 mots auxquels on a donné le nom de *Tahio*, c'est-à-dire de grand enseignement ou grande sagesse.

La descendance de Confucius, provenant de son fils unique *Peikou*, se composait déjà au siècle dernier de plus de 11,000 individus, et compte aujourd'hui soixante-quatorze générations sans interruption. Le chef de cette grande famille, qui jamais n'a quitté la province de Chan-tong, porte toujours, depuis le règne du fondateur de la dynastie Ming (1384), un titre analogue à celui de *comte illustre*.

CONFUSION. Ce mot désigne toujours le vice d'un arrangement, soit naturel, soit artificiel, de plusieurs objets, et il se prend aussi au figuré. Ainsi il peut y avoir de la confusion dans un cabinet d'histoire naturelle, il peut y avoir de la confusion dans les pensées de quelqu'un.

En droit, ce mot se dit dans plusieurs acceptions ; ainsi l'on entend par là le mélange de différentes matières appartenant à des propriétaires différents (*voyez* ACCESSION) ; ou bien la réunion dans une même personne des droits actifs et des droits passifs concernant un même objet : c'est un mode d'extinction des obligations ; enfin la réunion dans une même personne des différents droits que l'on peut avoir sur une chose, comme lorsqu'une personne devient propriétaire d'une chose dont elle a l'usufruit. (*voyez* CONSOLIDATION).

En chronologie, l'année 46 avant notre ère, qui précéda celle de la réforme julienne, a reçu le nom d'*année de la confusion*, parce que le calendrier romain en était venu à un tel point qu'il fallut porter à 445 le nombre des jours de cette année pour ramener le 1er janvier suivant à la nouvelle lune après le solstice d'hiver.

CONFUTATION. On appelle ainsi, en rhétorique, la partie d'un discours où l'on répond aux objections de l'adversaire et où l'on résout les difficultés. A la différence de la *réfutation*, qui exige beaucoup d'art, qui doit être grave et d'une dialectique serrée et pressante, elle comporte la plaisanterie, pourvu qu'elle soit fine, délicate et ménagée à propos, qui permet à l'orateur de tourner les objections de son adversaire de telle façon qu'elles paraissent ridicules, incroyables, contradictoires entre elles ou étrangères à la question ; et il y a des occasions où le ridicule qu'on répand sur les preuves de l'adversaire produit un meilleur effet que si l'on s'attachait à les combattre sérieusement, à les *réfuter*.

CONGE, mesure employée par les Grecs, et ensuite par les Romains, pour les liquides. Le *conge* (*conchius*), qui valait 3 litres 22 centilitres, était divisé en 12 hémines ou 288 ligules.

CONGÉ. Ce mot a diverses acceptions. D'abord on appelle ainsi l'acte par lequel une personne déclare à l'autre qu'elle entend mettre fin à la jouissance convenue entre elles par un bail de location. Quand le bail a été fait par écrit, il est inutile de donner congé à son expiration. La jouissance cesse de plein droit. Quelquefois il est stipulé que chacune des parties pourra résoudre la location à des époques déterminées, comme dans les baux à trois, six ou neuf années. Il est d'usage dans ce cas de stipuler le délai dans lequel le congé doit être donné. Si le bail a été fait sans écrit, il est nécessaire de donner congé pour faire cesser la jouissance. La continuation de la jouissance est considérée comme un renouvellement du bail. Les délais des congés sont déterminés par l'usage des lieux. A Paris ces délais d'usage sont : — de six semaines pour les loyers au-dessous de 400 francs ; — de trois mois, pour ceux de 400 francs et au-dessus, à quelque somme que le loyer s'élève : de six mois, pour une maison, un corps de logis entier ou une boutique. Le délai de six mois est accordé aussi dans tous les cas aux juges de paix, aux commissaires de police et autres personnes assujetties par des fonctions publiques à demeurer dans un quartier. Cet usage exceptionnel étant établi en leur faveur, ils peuvent donner congé pour un moindre temps, conformément à l'usage général, si cela leur convient. Les délais des congés doivent toujours être pleins, et ils ne peuvent être donnés que pour un terme d'usage. En conséquence, le délai ne court que du jour qui précède ce terme de six semaines, de trois mois ou de six mois. Ainsi les congés à six semaines doivent être donnés, à Paris, au plus tard le 14 février, le 14 mai, le 14 août ou le 14 novembre ; et ceux à trois et à six mois, au plus tard la veille du premier jour desdits trois mois ou six mois, c'est-à-dire le 31 décembre, le 31 mars, le 30 juin ou le 30 septembre. Si ce jour était un dimanche ou une fête célébrée, il faudrait que le congé fût donné la veille. A Lyon et dans la plupart des grandes villes, c'est au demi-terme, ou six mois avant la sortie, qu'il faut donner congé. Dans tous les autres pays, c'est également l'usage local qui fait la loi à cet égard. Pour les biens ruraux, l'époque du congé est ordinairement la Saint-Martin (11 novembre). L'usage est de donner congé par écrit ; mais les parties peuvent en convenir verbalement ou par écrit. Le congé verbal est sujet à un inconvénient, la partie qui voudrait le nier étant crue sur son affirmation et la preuve testimoniale n'étant pas admise. L'effet du congé est de résoudre la location, lorsqu'il est valable, ou, quoique non valablement donné, lorsqu'il est accepté par la partie à laquelle il est donné. Par suite du congé, le propriétaire peut contraindre le locataire à sortir à l'époque qui y est fixée, ou le locataire contraindre le propriétaire à le laisser sortir. Mais cette contrainte ne peut être exercée qu'en vertu d'un jugement en référé.

Congé se dit encore de la permission que les magistrats, les administrateurs, les militaires, les écoliers, etc., obtiennent pendant un certain temps.

Pour les militaires, toute permission qui dépasse un mois est réputée *congé*, et ceux qui l'ont obtenue reçoivent demi-solde seulement. On nomme aussi *congé* le certificat qui libère tout soldat ou sous-officier après qu'il a passé sous les drapeaux le temps prescrit par la loi. On distingue plusieurs espèces de congés, le *congé simple*, le *congé de semestre*, le *congé d'un an*, le *congé de convalescence*, le *congé de réforme*, le *congé illimité*, le *congé définitif*. Toute demande d'un congé doit être envoyée au ministre de la guerre, et est accordée par le ministre. Tout congé doit porter l'indication du lieu où le militaire qui l'a obtenu se doit rendre.

Le *congé simple* est accordé en tout temps pour affaires de famille aux officiers, sous-officiers ou soldats, sur leur demande, envoyée par voie hiérarchique, au ministre de la guerre.

Le *congé de semestre* est accordé aux officiers, sous-officiers, soldats pendant six mois, comptés du premier octobre au premier avril; la demande pour ce congé est faite au moment de l'inspection générale, et celui qui l'a obtenu reçoit son congé de semestre, signé du colonel, vérifié par le major et approuvé par le général inspecteur. Il n'est pas accordé de congés de semestre pour les départements de la Seine et de Seine-et-Oise aux sous-officiers et soldats qui n'ont pas leur famille dans ces départements.

Le *congé d'un an* est accordé aux sous-officiers ou soldats lorsque leur présence dans leurs foyers est constatée nécessaire, comme soutiens de famille, par un certificat du maire de leur commune, certifié par le sous-préfet de l'arrondissement et par le préfet du département.

Le *congé de convalescence* peut être accordé avec solde entière; il est obtenu par les officiers, sous-officiers ou soldats, après que l'urgence en a été constatée par les officiers de santé de leur corps et la contre-visite des officiers de santé de l'hôpital militaire du lieu.

Par *congé illimité* on entend le congé donné aux militaires qui n'ont pas encore passé sous les drapeaux le temps prescrit par la loi du recrutement, lorsque la levée de nouvelles recrues permet de renvoyer une classe par anticipation; tout sous-officier envoyé en congé illimité perd son grade, et, ainsi que tout soldat, il ne compte plus à son corps; dans le cas où les militaires envoyés en congé illimité devraient être rappelés sous les drapeaux, ils seraient incorporés dans les régiments en garnison dans la division où ils ont leur résidence, sans que les sous-officiers puissent réclamer leur grade et les grenadiers ou voltigeurs leurs épaulettes.

Le *congé définitif*, nommé aussi *congé absolu* ou *congé de libération*, est donné à tout sous-officier ou soldat qui a satisfait à la loi du recrutement en restant sous les drapeaux le temps prescrit. Lorsqu'un militaire en congé illimité a atteint le terme du temps qu'il avait encore à faire, son congé définitif lui est envoyé dans ses foyers par l'entremise du général commandant la division.

Tout officier, sous-officier ou soldat qui a obtenu un congé ne peut quitter le corps auquel il appartient sans une feuille de route, qui lui est délivrée par le sous-intendant militaire. Il a droit au logement sur la route qui lui a été tracée. A son arrivée au lieu désigné par lui pour jouir de son congé, tout officier, sous-officier et soldat doit se présenter devant les autorités militaires du lieu, ou devant le commandant de la gendarmerie, s'il ne se trouve pas dans une place de guerre. Aux termes de l'ordonnance sur le service des places du 1er mars 1768, les congés qui seront accordés aux militaires seront nuls si, outre la signature du commandant de leur régiment et de celle du major, ils ne sont encore approuvés par le commandant de la place et visés par le commissaire des guerres (aujourd'hui intendant ou sous-intendant militaire).

En termes de marine on appelle *congé* la permission nécessaire au capitaine, maître ou patron d'un navire ou autre bâtiment, pour sortir du port et mettre en mer. Il est délivré par le ministre de la marine, et fait partie des papiers de bord. C'est aussi la permission donnée à des matelots débarqués de se rendre chez eux avec une conduite qui leur est payée. Donner le congé aux marins se dit *congédier*.

En matière de contributions indirectes, on nomme *congé* l'expédition dont on doit se munir pour transporter toute espèce de liqueur d'un lieu à un autre. Il sert à constater l'acquittement des droits de circulation (*voyez* BOISSONS [Impôts sur les]).

Le *congé d'acquit* est un certificat que le maître donne à l'ouvrier qui a travaillé chez lui, et qui constate que cet ouvrier a rempli les conditions de ses engagements.

Le *congé de cour* est, en matière de forêts, la décharge qui est donnée à un adjudicataire après le récolement d'une vente régulièrement exploitée. En matière de procédure, ce terme signifie renvoi de la demande.

Le *congé-défaut* est le jugement qui renvoie le défendeur de la demande, lorsque le demandeur ne s'est pas présenté pour la justifier.

Dans le langage usuel, *donner à quelqu'un son congé*, c'est le renvoyer; *prendre congé de quelqu'un*, c'est faire ses adieux à quelqu'un. Dans le langage diplomatique, un ambassadeur qui se retire prend son *audience de congé*. Enfin le *jour de congé* est le jour de fête des écoliers et bien d'autres grands enfants.

CONGÉ (*Architecture*), portion de cercle, qui joint le fût de la colonne à ses deux ceintures. On le nomme aussi *apophyge*, ce qui en grec veut dire *fuite*, ou bien encore *scape*, du latin *scapus*, tronc d'une colonne. On emploie ordinairement le congé en même temps que l'*astragale*, mais il est souvent bon de le supprimer, surtout lorsqu'on a besoin de caractériser un profil.

CONGÉABLE (Bail à Domaine) ou BAIL A CONVENANT. C'est une sorte de convention tenant tout à la fois du bail à ferme et de la vente, par laquelle le propriétaire donne à ferme son fonds pour un temps déterminé, moyennant un fermage annuel et modique, et vend en même temps les édifices et superficies qui existent sur ces fonds, sous la condition que le colon ne pourra être expulsé sans qu'on lui ait préalablement remboursé, à dire d'experts, les édifices et superficies qui existeront à l'époque de sa sortie, et suivant la valeur qu'ils auront alors. De cette définition, il résulte que trois choses forment la substance du bail à convenant : 1° rétention de la propriété foncière ou directe de la part du propriétaire, à qui l'on nomme pour cette raison *propriétaire foncier*; 2° acquisition des édifices et superficies, avec faculté de jouir du fonds en payant une rente annuelle, de la part du preneur, que l'on nomme *domanier* ou *colon*; faculté de congédier ou d'expulser le colon en le remboursant des édifices et superficies, condition qui est propre et spéciale à ce genre d'acte, et qui lui a fait donner le nom de *domaine congéable*.

Ce contrat n'est guère en usage que dans les trois départements des Côtes-du-Nord, du Morbihan et du Finistère. On entend par *édifices et superficies* les bâtiments, les clôtures et tous objets que l'art et le travail de l'homme ont élevés sur la superficie du sol. Les arbres forestiers ne font point partie des superficies cédés au colon; mais les arbres fruitiers plantés des mains d'homme sont superficies appartenant au colon, à l'exception toutefois des noyers et châtaigniers.

Par cet acte d'association le fermier se trouve chargé de tous les entretiens et réparations des superficies ; il doit les soigner comme ses choses propres, et l'intérêt qui le stimule naturellement à les bien entretenir, sachant qu'il en retirera toute valeur lors de la sortie, est la plus puissante garantie pour le propriétaire, qui d'ailleurs se trouve débarrassé de tous les soins d'entretien de sa ferme.

La nature des domaines congéables, qui autrefois n'était régie que par d'anciens usages qu'on appelait *usements*, a été réglée avec détail par la loi du 6 août 1791.

E. DE CHARROL.

CONGÉLATEUR. *Voyez* FRIGORIFIQUES (Appareils).

CONGÉLATION (*Physique*). Presque tous les liquides que nous connaissons peuvent passer à l'état solide par l'abaissement de la température ou par une soustraction suffisante de calorique ; mais parmi les liquides en général on distingue ceux qui, comme l'éther, l'alcool, le mercure, l'eau, présentent cet état aux températures ordinaires de l'atmosphère, et ceux qui ne se forment qu'à des températures élevées, comme les métaux fondus. Lorsque les premiers prennent accidentellement l'état solide, on donne à ce phénomène le nom de *congélation*; lorsque les seconds reviennent à cet état qui leur est habituel, on dit qu'il y a *solidification*. Cependant quand du plomb fondu durcit en se refroidissant, il subit absolument la même transformation que de la cire qui se fige ou de l'eau qui devient glace. Il n'y a de variable dans ce phénomène que le degré de chaleur auquel il se produit. Tandis que le plomb se solidifie à 322° centigrades, on peut fixer ainsi le point de congélation de différents corps : étain, 228°; soufre, 109°; cire blanchie 68°; cire non blanchie, 61°; suif, 33°,33 ; huile d'olive 2°,21 ; eau, 0° ; lait, — 1°,1 ; mercure, — 39°43, éther sulfurique, — 43°,33. Ces dernières températures s'obtiennent à l'aide de mélanges frigorifiques.

On conçoit facilement que les liquides qui deviennent solides doivent présenter les phénomènes inverses de ceux que présentent des solides qui se liquéfient, et que ces deux états différents doivent se succéder précisément à la même température, en sorte, par exemple, que la glace commence à se fondre à 0°, comme l'eau commence à se geler à 0°. Cependant il y a des circonstances dans lesquelles un corps liquide peut être refroidi au-dessous de la température où il commencerait à fondre, s'il était solide, sans pour cela se congeler ou se figer. Ainsi, que l'on place dans une chambre dont la température soit à 6° au-dessous de zéro une masse d'eau pure, et qu'on la laisse dans un repos absolu, cette eau se refroidira peu à peu jusqu'à la température de la chambre, sans qu'il se forme la moindre parcelle de glace. Mais si l'on vient à remuer cette eau, il se forme immédiatement une certaine quantité de glace, et le reste de l'eau liquide est en même temps ramené à 0°. En couvrant l'eau d'une couche d'huile, Gay-Lussac est parvenu à la refroidir jusqu'à 11° au-dessous de zéro sans qu'elle se gèle.

La chaleur dilate les corps ; il semblerait résulter de cette loi que tout corps qui se congèle diminue de volume. Cela a lieu en effet pour la plupart d'entre eux ; la cire, le suif, les huiles en fournissent des exemples. Mais au contraire certains liquides augmentent de densité en se refroidissant; puis, arrivés à une certaine température qui est peu au-dessus de leur point de congélation, ils se dilatent de nouveau. L'eau offre ce phénomène remarquable, lorsqu'elle se transforme en glace. On attribue cette dilatation à des arrangements moléculaires auxquels l'eau se trouve soumise par la force de cristallisation. Cette dilatation explique pourquoi les glaçons surnagent les rivières, et pourquoi des vases ou des pierres se brisent par la congélation de l'eau qu'ils contiennent dans leur capacité ou qui s'est infiltrée dans leur intérieur.

CONGÉLATION (*Pathologie*). On comprend sous cette dénomination tous les phénomènes morbides directement déterminés par l'application du froid aux surfaces vivantes, de même qu'on donne le nom de *brûlure* aux altérations occasionnées par l'excès du calorique, bien que dans les premiers degrés de ces affections les tissus ne soient réellement ni solidifiés ni désorganisés par le froid ou la chaleur.

Les corps réfrigérants appliqués aux tissus vivants ont pour effet constant de leur soustraire une certaine quantité de calorique ; mais la sensation qu'ils déterminent varie suivant le degré de sensibilité individuelle. Cette sensibilité est d'abord relative à la texture : chacun sait que certaines parties du corps sont plus sensibles au froid que les autres, ce qui rentre en partie dans les conditions suivantes ; puis à l'habitude : c'est ainsi qu'un Lapon et un Africain transportés dans nos climats éprouveront l'un une sensation de froid, l'autre une sensation de chaleur proportionnées à la température de l'atmosphère dans laquelle ils avaient coutume de vivre; c'est ainsi que de l'eau à dix degrés au-dessus de zéro nous paraîtra froide en été et tiède en hiver, en raison de la température ambiante ; c'est ainsi que dans la désastreuse retraite de Moscou les régiments qui avaient fait toute la campagne résistèrent mieux au froid que les troupes récemment arrivées, lesquelles se trouvèrent anéanties en quelques jours. Une autre condition réside dans l'organisation ou la force de réaction propre à l'individu. L'homme fortement constitué supportera sans malaise un abaissement de température qui chez un autre déterminera des impressions douloureuses ; les individus faibles, amaigris, épuisés par les fatigues, les privations, les maladies, sont très-sensibles au froid et y succombent avec facilité. L'activité physique et morale est également une condition favorable, par opposition à l'apathie, qui livre l'homme sans résistance aux agressions des agents extérieurs. Enfin, s'il est vrai que l'espèce humaine soit naturellement cosmopolite, il faut ajouter qu'elle le doit moins à son organisation qu'à son industrie, qui lui fournit les moyens de se soustraire aux rigueurs de la température : nos soldats eussent probablement achevé la conquête de la Russie si l'incendie de Moscou ne les eût privés des abris nécessaires, et les Russes eux-mêmes, bien qu'habitués à leur climat, ne négligent aucun des moyens propres à tempérer les effets du froid.

Ces préliminaires posés, étudions les effets locaux et généraux d'un froid extrême appliqué aux organes. De même que les corps inertes se congèlent à des températures variables, de même l'impression de froid qu'ils déterminent varie suivant leur nature ; cette impression est généralement en rapport avec leur densité et leur faculté conductrice du calorique; c'est ainsi que les minéraux, et surtout les métaux, déterminent à température égale une impression plus vive que les tissus végétaux, les liquides et les gaz. Rappelons aussi que l'atmosphère en mouvement cause une plus vive sensation de froid que l'atmosphère immobile, à cause du renouvellement perpétuel des couches réfrigérantes. L'application des corps très-froids détermine une sensation analogue à celle de la brûlure ; ils peuvent même désorganiser les tissus à l'égal du calorique.

Ce que nous avons dit de l'influence de la réaction vitale explique pourquoi les parties saillantes, excentriques du corps se congèlent avec le plus de facilité : ce sont en effet les appendices, tels que les orteils, les doigts, le nez, les oreilles, qui sont les premiers paralysés par le froid, tant parce que ces parties sont les plus éloignées des foyers de la chaleur animale que parce qu'elles se trouvent aussi en contact plus immédiat avec les corps réfrigérants. L'humidité communique au froid une activité plus pénétrante ; pendant la durée des froids secs et continus, il arrive en effet moins d'accidents de congélation. L'action du froid détermine d'abord la pâleur, la rigidité, l'amincissement des parties, phénomènes qui s'expliquent par le refoulement du sang des surfaces vers le centre; arrivent le frisson et une sensation douloureuse de picotement dus à l'agacement des nerfs; puis la partie se tuméfie, devient rouge ou bleue par la stase du sang dans les capillaires; les fourmillements se changent en élancements douloureux; la partie est froide et molle au toucher, ce qui prouve qu'il n'y a pas réellement congélation. La stupeur suit bientôt; l'individu ne sent plus les parties frappées d'engourdissement, et dont les mouvements ne s'exécutent plus sous l'empire de la volonté : c'est ce que tout le monde éprouve lorsqu'on a ce qu'on appelle l'*onglée*. Cet appareil de phénomènes constitue le premier degré de la congélation, auquel appartient l'histoire des engelures.

Au second degré de la congélation, la vie est totalement suspendue; les surfaces, comme frappées de mort, sont d'un blanc sale, marbrées de taches livides, sèches, dures et semblables à de la corne. Ces effets résultent moins fréquemment de la prolongation du froid et de l'exagération des phénomènes du premier degré que de l'action subite d'un froid très-intense, de vingt à trente degrés, par exemple. Dans ce cas, à peine si la douleur avertit du danger. On rapporte que dans la retraite de Moscou nos malheureux compatriotes, afin de prévenir les effets de cette congélation subite, convenaient de se surveiller et de s'avertir mutuellement lorsque l'aspect du nez ou des oreilles annoncerait l'imminence des accidents.

On sait que le froid a la propriété de conserver les tissus; aussi les parties congelées peuvent-elles rester longtemps dans cet état sans que la désorganisation ait lieu et que la vie s'y trouve irrévocablement abolie; en effet, on a pu les ranimer même après plusieurs jours de congélation. La gangrène et les autres désordres consécutifs sont le plus souvent la conséquence des moyens peu rationnels qu'on a mis en usage : ainsi, lors qu'on a l'imprudence d'appliquer brusquement le calorique sur des surfaces congelées, la raréfaction subite des liquides entraîne la désorganisation, de même que les fruits gelés se gâtent par suite de rupture des cellules de leur parenchyme, lorsqu'on les a fait dégeler près du feu.

Si cependant la congélation n'existe qu'au premier degré, à l'affaissement et à l'insensibilité totale l'intervention de la chaleur fera succéder le gonflement, le prurit et des douleurs quelquefois intolérables. Cet état transitoire peut se dissiper sans laisser de traces; mais si l'irritation est plus intense, une sérosité transparente vient soulever l'épiderme, comme dans le second degré de la brûlure, si bien que, dans l'ignorance de la cause, il serait très-facile de s'y méprendre. Si la désorganisation a lieu, la sérosité, brunâtre, recouvre de véritables escarres gangréneuses, d'étendue et d'épaisseur variables, qui peuvent apparaître sans formation de vésicules, et dont la chute donne lieu à des ulcérations souvent difficiles à guérir. Les effets de la congélation sont d'autant plus à redouter que le sujet est plus faible et moins apte à réagir contre eux.

Lorsque le froid agit sur l'ensemble de l'économie, au lieu d'affecter une partie circonscrite, il peut, s'il est modéré ou passager, déterminer chez les sujets vigoureux une réaction d'où résulte un surcroît d'énergie; mais si la cause oppressive est la plus forte, le sujet s'engourdit par degrés, ses forces l'abandonnent, il éprouve un irrésistible besoin de repos et de sommeil. Il faut lire dans les *Voyages de Cook* ces effets retracés par le Dr Solander, qui dans une excursion sur des montagnes eut mille peines à vaincre ce fatal entraînement chez un de ses compagnons. La torpeur résulte de l'effet combiné du refoulement du sang vers le cerveau, et de l'action stupéfiante du froid sur le système nerveux : l'apoplexie et l'asphyxie sont en effet les deux genres de mort auxquels succombent alors les individus. Dans le premier cas, le visage devient livide, l'homme balbutie, chancelle, tombe, et meurt en proie à des mouvements convulsifs, en rendant du sang par le nez et la bouche. Cette terminaison est plus rare, et s'observe plus particulièrement chez les individus robustes; mais le plus souvent, et chez les sujets faibles, l'anéantissement est progressif : l'individu s'engourdit graduellement, et finit par tomber asphyxié. Ces deux genres de mort n'ont été que trop souvent constatés dans la campagne de Russie.

Que la congélation soit locale ou générale, les moyens à employer ne diffèrent que par l'étendue de leur application. Le problème curatif consiste à ranimer par degrés insensibles la chaleur éteinte dans les parties. Dans les cas les moins graves, l'exercice et les frictions sèches suffisent pour ranimer les membres engourdis; au delà commence l'emploi des moyens méthodiques : on fera d'abord sur la partie ou sur toute la surface du corps des frictions avec de la neige ou de la glace pilée, jusqu'au retour, non de la chaleur, mais de la sensibilité. On passe ensuite aux lotions avec de l'eau d'abord très-froide, puis successivement échauffée jusqu'à dix ou quinze degrés. Lorsque la pâleur et les taches violacées sont disparues des surfaces, redevenues souples et rosées, on frictionne avec une flanelle sèche. Enfin, on place le malade dans un lit chauffé, on le couvre convenablement, et on lui fait prendre des boissons tièdes aromatiques ou légèrement stimulantes. Si le malade est plongé dans un état apoplectique, il faut, en même temps qu'on emploie les moyens précédents, pratiquer une saignée; s'il est asphyxié, on cherche à rétablir la respiration par les moyens indiqués dans l'**apoplexie**. Cela fait, reste à prévenir et à combattre les accidents consécutifs; mais les effets immédiats de la congélation ont cessé, et la conduite à suivre appartient à l'histoire de ces accidents.

Nous ne terminerons pas sans dire un mot des moyens préservatifs de la congélation. Il serait banal d'insister sur les conditions de logement, de calorification, sur la qualité des vêtements et la prééminence des tissus animaux comparés aux tissus végétaux, etc.; mais il n'est pas inutile de rappeler les propriétés conservatrices de la chaleur que possèdent certaines substances : c'est ainsi que les Lapons et les Samoïèdes s'enduisent la peau de substances grasses, dont l'indication leur semble avoir été donnée par la nature : on observe en effet qu'à l'entrée de l'hiver certains animaux présentent un embonpoint qui sans doute comporte un but final dans les vues de la Providence : tels sont les animaux hibernants. Nous voyons aussi que les individus matelassés, pour ainsi dire, de tissu cellulaire graisseux sont peu sensibles au froid. Peut-être eût-on prévenu quelques malheurs, dit quelque part notre collaborateur Virey, si dans cette déplorable retraite de Moscou, sur laquelle nous revenons toujours avec un profond sentiment de tristesse, on eût eu recours à des expédients de cette nature. Les substances résineuses jouissent de propriétés isolantes analogues à celles des corps gras, et l'on observe que les végétaux, qui eux aussi ressentent les effets pernicieux du froid extrême, sont dans le Nord abondamment pourvus de ces sucs résineux. Si ce moyen ne peut être immédiatement appliqué à la peau, on peut du moins en faire usage dans la confection de certains vêtements destinés à servir de surtout.

Dr FORGET.

CONGÉNÈRE (en latin *congener*, formé de *cum*, avec, et de *genus*, *generis*, genre : c'est-à-dire qui est du même genre). D'après cette signification, ce nom pourrait s'appliquer à tous les objets qui appartiennent à un même groupe générique. Ainsi, tous les corps organisés dont les espèces sont distribuées en genres, etc., sont dits *congénères*, lorsqu'ils appartiennent tous à l'un de ces groupes. Toutes les parties de l'organisme animal qui, en raison de leurs affinités et de leurs différences naturelles, se prêtent à une classification méthodique, peuvent recevoir cette appellation commune, lorsqu'elles forment un seul et même genre. En physiologie, lorsque certains organes ou appareils concourent à un même ordre de fonctions, on peut encore les nommer *congénères*. Mais on ne se sert de ce mot que pour les muscles qui exercent une même action. Ainsi, tous les muscles fléchisseurs d'une partie sont dits *congénères*. Les *extenseurs* sont leurs antagonistes, et réciproquement. Nous n'avons pas dans notre langue de termes propres pour exprimer que des objets appartiennent à une même espèce, au même ordre, ou à la même classe. Dans les cas où nous voulons indiquer cette identité, nous étendons, ou nous restreignons le sens du mot *congénère*, ou nous y suppléons par des périphrases. L. LAURENT.

CONGÉNIAL ou **CONGÉNITAL** (en latin *congenitalis* ou *congenitus*, de *cum*, avec, et de *genitus*, engendré). Ce mot est usité en pathologie pour qualifier les maladies qui peuvent affecter l'enfant dans le sein de sa mère et qu'il apporte en naissant. Ainsi, pendant le cours de sa vie intra-utérine, l'enfant est souvent atteint d'inflammations de divers organes, de hernies, de fractures, etc., résultant de chutes de la mère, de violences auxquelles elle aurait été soumise, etc. Dans d'autres cas, un nouveau-né présentera des symptômes de syphilis en arrivant au jour, de manière à ce que l'on ne puisse croire que cette affection soit récente. On sait aussi qu'il est certaines maladies héréditaires. Mais les affections dont l'enfant offre les caractères au moment de la naissance appartiennent plus ordinairement aux cas anormaux qu'on a nommés *difformités*, *monstruosités*, qu'aux classes des maladies susceptibles d'atteindre aussi les âges subséquents. Quand il en est ainsi, le diagnostic est facile à établir. Les autres maladies congéniales sont trop souvent méconnues et peuvent être considérées comme une des principales causes de la grande mortalité des enfants nouveau-nés.

CONGESTION, terme de médecine; amas, accumulation, afflux d'un liquide dans un point de l'économie vivante. Ainsi, l'on dit *congestion sanguine*, *congestion purulente*, etc., selon la nature du liquide accumulé. Mais dans le plus grand nombre des cas le mot *congestion* s'emploie seul, sans désignation du liquide dont il s'agit, et alors ce mot veut dire congestion sanguine ; souvent on emploie aussi dans ce sens le mot de *fluxion*. Toutefois, la congestion sanguine est un des symptômes de l'inflammation, et l'un de ceux qui se manifestent les premiers; de sorte que lorsqu'il y a congestion, l'état inflammatoire est imminent. Aussi est-il important de reconnaître de bonne heure cette congestion, si l'on veut s'opposer avec succès au développement d'une inflammation dont les chances sont souvent si douteuses.

Principiis obsta ; sero medicina paratur,
Cum mala per longas invaluere moras.

Haller, auquel on doit non-seulement un répertoire général des matériaux recueillis avant lui pour la physiologie, mais qui par la coordination qu'il en a faite et par ses travaux spéciaux a tracé un sillon si profond dans le champ de la science, me semble avoir établi d'une manière singulièrement claire le mécanisme de la congestion dans ses expériences relatives à la circulation. Dès longtemps la médecine hippocratique avait propagé dans le monde médical l'adage *ubi stimulus*, *ibi fluxus* (où il y a irritation, il y a fluxion) : l'observation de tous les jours avait confirmé cet aphorisme. Haller, étant le mésentère d'une grenouille, pour faire mieux voir le point irrité, en irrita un point par quelques piqûres ; il vit aussitôt le sang affluer de tous les environs, rétrograder même dans les veines qui étaient destinées à l'en éloigner, converger en un mot de toute la circonférence vers le point irrité. Une expérience aussi simple et par conséquent aussi claire indique déjà qu'une diminution de la masse totale du sang doit diminuer proportionnellement la disposition à la congestion, ce qui constitue la méthode *déplétive* ; qu'une irritation plus forte déterminée dans un point plus ou moins éloigné doit remédier à cette congestion, ce qui constitue la méthode *dérivative* ; enfin elle indique surabondamment que pour faire cesser la congestion, il faut s'opposer à l'influence de la cause irritante qui la détermine.

Les congestions vers la tête, vers la poitrine ou vers le ventre sont diversement imminentes selon l'âge : dans l'enfance surtout et dans la première jeunesse, la tête est plus fréquemment menacée que le reste du corps. Gardez-vous d'exciter l'imagination, déjà si active naturellement, des jeunes enfants ; n'augmentez pas, dirigez seulement leur travail intellectuel. N'est-ce rien que d'apprendre la langue, que de passer en revue toute la nature pour la nommer, que d'apprendre la vie, qui est certainement la science la plus complexe ? Évitez surtout d'exciter mal à propos leur sensibilité. C'est aux mères surtout que je m'adresse : chacune de ces larmes qu'une idée *sentimentale* arrache à votre enfant, et dont souvent vous vous glorifiez, est le produit d'un afflux plus considérable du sang vers la tête, et quelques gouttes de sang de trop dans les vaisseaux du cerveau produisent l'affreuse *fièvre cérébrale*. Les signes qui peuvent frapper une mère, comme annonçant une congestion cérébrale, sont les suivants : pâleur et rougeur variables de la face, disposition inaccoutumée au sommeil, sommeil inquiet, rêvasseries, le plus souvent constipation ; et quant au moral, accès d'entêtement souvent extraordinaires. Si l'ensemble ou la majeure partie de ces signes se rencontrent, hâtez-vous de prévenir le mal qui menace. Dans la période de la jeunesse qui touche à l'âge adulte, et dans le commencement de cette dernière période, les congestions vers la poitrine sont plus communes. Un sentiment de plénitude les annonce fréquemment ; une oppression légère, quelques palpitations, que vous ne pouvez vaincre, la nécessité d'être couché la tête haute pour dormir, complètent ordinairement le tableau, sans parler de l'état du pouls, qui est spécialement du domaine du médecin. Remédiez bientôt, par le régime surtout, aux causes générales d'excitation qui déterminent ou qui au moins aggraveraient cet état et pourraient amener ces violentes maladies aiguës de poitrine qui mettent en peu de jours l'homme le plus vigoureux aux portes de la tombe, ou ces tristes affections chroniques qui détruisent pièce à pièce, à travers une longue agonie, l'organisation la plus florissante. Mais évitez surtout, dans l'âge suivant, de vous abandonner à ces écarts de régime auxquels votre sensualité vous entraîne avec violence ; l'organisation est complète depuis longtemps, l'activité est moindre, vous dépensez moins de force ; n'augmentez pas par une alimentation surabondante la somme des matériaux réparateurs de l'organisation ; que votre régime soit coordonné, non pas à votre appétit, mais à votre faim ; non pas à votre goût, mais à vos besoins ; n'acquérez qu'en proportion de ce que vous dépensez, ne mangez en un mot que relativement à l'exercice que vous faites. Si l'on néglige ces préceptes, on voit bientôt les organes digestifs se fatiguer d'un travail inutile ; le sang y afflue sans cesse , y cause des altérations d'abord à peine sensibles, puis plus prononcées, puis enfin des désordres véritables, et l'on voit se dérouler le sombre appareil de ces maladies chroniques du ventre dont le moins fâcheux résultat est cette morosité capricieuse qui fait prendre la vie en dégoût, et en haine les amis les plus précieux naguère et jusqu'aux parents les plus proches.

BAUDRY DE BALZAC.

CONGIAIRE, don ou présent représenté sur une médaille. Ce mot vient de *conge*, *congius*, parce que les premiers présents que l'on fit au peuple consistaient en huile et en vin, qui se mesuraient au *conge*. Le *congiaire* était proprement un présent que les empereurs faisaient au peuple romain ; ceux que l'on faisait aux soldats ne s'appelaient point *congiaires*, mais *donatifs*. L'inscription des *congiaires* est *congiarium* ou *liberalitas*. Tibère donna pour *congiaires* 300 pièces de monnaie à chaque citoyen ; Auguste, 250, 300, 400 ; Caligula, deux fois 300 sesterces ; Néron, 400. C'est le premier dont les *congiaires* soient marquées sur les médailles. Adrien donna des épiceries, du baume, du safran ; Commode, 725 deniers ; Aurélien, des gâteaux de deux livres, du pain, de l'huile, du porc et d'autres mets. Les enfants n'étaient point exclus de cette libéralité du temps d'Auguste ; auparavant il n'y avait que les enfants au-dessus de douze ans qui y prissent part. Il n'est plus fait mention de *congiaires* sur les médailles des empereurs depuis Quintillus, soit que les monétaires eussent cessé de représenter ces dons, soit que ces princes n'aient plus eu de fonds à affecter à ces dépenses, trouvant à peine de quoi faire face aux guerres qui de toutes parts menaçaient alors l'empire.

CONGLOBATION (du verbe latin *conglobare*, amasser, assembler en rond, en pelote). En français, ce mot n'est usité qu'en rhétorique, où il sert à dénommer une figure de pensée qui procède par développement, et substitue à une idée simple une réunion, un enchaînement, une é n u m é r a t i o n rapide et serrée des propriétés différentes qui caractérisent cette idée, ou des parties qui la constituent, ou bien, enfin, des effets qu'elle produit.

CONGLOBÉ. Cette épithète, qui indique une forme arrondie, sert à désigner : 1° en botanique, les fleurs et les feuilles qui sont rassemblées en boule (fleurs et feuilles conglobées) ; 2° en anatomie, les renflements, nœuds ou g a n g l i o n s qu'on observe sur le trajet des v a i s s e a u x lymphatiques, et qu'on nommait jadis *glandes conglobées*.

CONGLOMÉRATS, nom générique de certaines substances minérales : ce sont toutes les roches à structure arénacée, c'est-à-dire composées de fragments de roches préexistantes, gros ou petits, arrondis ou anguleux, et généralement réunis par un ciment. Les diverses espèces de roches que les géologues ont distinguées sous les noms de *grès*, de *grawacke*, d'*arkôse*, de *psammite*, de *macigno*, de *mollasse*, de *nagelfluhe*, de p o u d i n g u e et de *brèche*, appartiennent toutes au genre *conglomérat*. Quelque différence que la nature et le grosseur des éléments établissent entre ces roches, elles n'en sont pas moins rapprochées par l'unité de leur mode de formation. Toutes sont le résultat d'une action mécanique plus ou moins puissante, et c'est pour cela que les naturalistes ont établi des distinctions entre les conglomérats, bien plus d'après leur structure que d'après leur composition. A voir les couches épaisses et les larges nappes que forment presqu'en tous pays ces roches fragmentaires, il est évident que des forces considérables ont attaqué la surface du sol existant, et broyé les obstacles qu'elles rencontraient ; puis d'immenses torrents ont dispersé au loin et dans diverses directions ces fragments. L'action de ces torrents était bien inégale et souvent intermittente. Elle était inégale, car tantôt ils ont, à la manière des mers battant contre une plage, réduit les fragments qu'ils charriaient en un sable fin, ou les ont aplatis en galets ; tantôt ils les ont entassés en blocs, non loin de leur source, sans émousser leurs angles. De plus elle était intermittente, car on remarque de fréquentes alternances de conglomérats et de marnes, d'argiles, de calcaires, matières en grande partie déposées par une action purement chimique.

Les conglomérats se montrent à tous les étages des terrains de sédiment ; d'où l'on est conduit à conclure que la surface du globe a été remaniée à plusieurs reprises ; et comme ces roches fragmentaires couvrent parfois d'immenses étendues de terrains, une grande partie des deux Amériques, par exemple, on ne peut admettre qu'elles aient été dispersées par l'action répétée de grands courants, résultats passagers des orages ; il a fallu de vastes inondations, de véritables d é l u g e s pour peupler ainsi des continents de sables et de galets. Les recherches des géologues ont d'ailleurs démontré jusqu'à l'évidence que le sol s'était plus d'une fois couvert de végétaux dans l'intervalle de ces inondations, la surface du sol a donc été plusieurs fois envahie par les mers et plusieurs fois rendue à la lumière et à la vie.

Nous n'avons parlé jusque ici que des noyaux qui entrent dans la composition des conglomérats ; le ciment qui a lié ces noyaux et nous les présente en masses solides est venu postérieurement prendre place entre eux : il est le plus souvent le produit d'une action chimique qui s'est développée au sein des eaux ; mais certains conglomérats ont un ciment feld-sphathique, probablement vomi par le sol dans quelqu'une de ses tourmentes. Ainsi se forment sous nos yeux des brèches volcaniques de fragments de laves anciennes saisies par une lave nouvelle ; d'autres brèches encore qui prennent naissance chaque jour nous enseignent le passé. On voit en effet, çà et là, dans les hautes vallées des Alpes et des Pyrénées, les fragments anguleux entassés par les éboulements successifs des cimes des montagnes être empâtés peu à peu par les sédiments calcaires, sélénitaux ou siliceux de sources qui les lavent, et former de grandes masses de conglomérats.

D'après ce que nous venons de dire de certaines brèches volcaniques, on a pu juger que les eaux n'ont pas été les seuls agents de la trituration et du transport des conglomérats, et qu'ils n'ont pas toujours été formés par voie humide. Il en est en effet qui ont pour origine la voie sèche : et d'abord ce sont les conglomérats volcaniques. Les laves et les gaz emprisonnés dans le sein de la terre ne parviennent à se faire jour qu'en chassant devant eux des quantités considérables de fragments résultant, soit du broiement des parois de la cheminée, soit de la trituration des laves préexistantes et refroidies, soit de la volcanicité elle-même (scories). Personne ne met en doute l'existence de conglomérats composés de ces matières ; mais il n'en est pas de même pour ceux qui, suivant quelques géologues, accompagnent quelquefois les porphyres et les roches ignées. Cependant, on conçoit facilement que des colonnes de roches poussées par des forces immenses tout à travers les couches solides de l'écorce du globe ont dû broyer les parois de la cheminée qu'elles s'ouvraient. Les fragments amenés ont été, plus tard, liés et consolidés par des ciments de diverses natures, et les roches qui en sont résultées ne se distinguent des grandes espèces de conglomérats formés dans les eaux que par leur position géologique. On peut donc, suivant nous, et contre l'opinion des anciens géologues, rencontrer de véritables conglomérats dans les terrains dits primitifs, qui, d'après les nouvelles idées de la science, sont pour la plupart formés de roches plutoniques. Il faut, toutefois, ne pas confondre les conglomérats avec les roches à structure amygdaloïde ou glanduleuse, dont le mode de formation a été différent ; car les noyaux et la pâte sont de même date, comme on le reconnaît à des cristaux de même substance, disséminés dans l'une et dans les autres, comme on le reconnaît aussi assez souvent à l'identité de structure. A. DES GENEVEZ.

CONGLOMÉRÉ (en latin *conglomeratus*, de *conglomerare*, réunir en peloton, fait de *glomus*, *glomeris*, peloton), terme d'anatomie comparée par lequel on peut qualifier tous les organes qui sont constitués par un très-grand nombre de lobules plus ou moins distincts, dont le tissu est plus ou moins complexe. En anatomie humaine on s'est borné à désigner sous ce nom certaines glandes, telles que le foie, le rein, les glandes s a l i v a i r e s, etc. Mais en physiologie générale on doit étendre cette signification à tous les organes parenchymateux, formés de lobules plus ou moins serrés, dans lesquels le sang subit les élaborations diverses qui influent sur sa composition vitale, soit en le dépurant, soit en le renouvelant et le revivifiant, pour qu'il puisse lui-même répandre partout l'excitation vivifiante. L. LAURENT.

CONGLUTINATION (en latin *conglutinatio*, fait de *gluten*, colle, et de *cum*, avec). Peu usité dans le langage ordinaire, ce mot sert dans les sciences à exprimer l'action par laquelle une liqueur est rendue visqueuse, gluante et se solidifie même plus ou moins. On disait jadis, en médecine, que certains poisons *conglutinaient* le sang; on emploie de préférence le mot *coagulation* pour indiquer ce phénomène. On donnait aussi le nom de *conglutinants* aux médicaments qui ont la vertu d'*agglutiner* et de consolider les plaies. On les désigne de nos jours sous le nom d'*agglutinatifs*.

CONGO. Ce nom, dans son acception la plus large, sert à désigner la moitié supérieure ou septentrionale de la côte occidentale d'Afrique située au sud de l'équateur, et plus particulièrement, dans un sens restreint, un royaume nègre de la Basse-Guinée ou Guinée méridionale, compris entre le 6 et le 9° de latitude méridionale, dont la délimitation à l'est n'est pas encore bien exactement connue, borné au sud d'Angola par le Dando et au nord de Loango par le Congo ou Couango. Ce dernier fleuve est appelé par les naturels *Zaïre*; on prétend qu'il prend sa source dans le lac d'Aquilanda. Il forme dans les montagnes de l'intérieur diverses cataractes, et se précipite impétueusement, avec une incommensurable profondeur et une largeur d'environ dix myriamètres, dans l'océan Atlantique. Tout le territoire forme deux contrées complètement distinctes, un pays plat s'étendant le long des côtes, et à l'intérieur une succession de terrasses. La première, entrecoupée par de nombreux cours d'eau, ne présente qu'une riche végétation qu'aux abords du fleuve. La chaleur y atteint un intolérable degré d'intensité, et elle est remplie de serpents et d'animaux malfaisants. Sur les plateaux du centre, le climat est tempéré et la fertilité extrême. On y trouve en abondance le palmier, le tabac, la canne à sucre, la racine d'Yam, les limons, les oranges, etc., une richesse extraordinaire en métaux précieux, argent, cuivre, fer, et en outre une population nombreuse, laborieuse, industrieuse; aussi les habitants du Congo ont-ils l'habitude de l'appeler *le Paradis du monde*.

La population du Congo et des contrées limitrophes parle la langue nègre, langue douce et harmonieuse, extrêmement riche en voyelles, la plus importante des deux langues en usage dans l'Afrique méridionale. Les *Moci-congis*, peuplade féroce et très-belliqueuse du plateau le plus élevé, forment exception. Sur les bords du Zaïre supérieur on trouve de même un peuple montagnard, brave et belliqueux, mais laborieux et industrieux, les *Anzikos*, qui habitent le Mikoko. Les hordes de *Chaggas*, brigands sanguinaires des pays hauts, furent constamment la terreur des habitants du Congo ainsi que des missionnaires et des marchands portugais. Ce ne fut qu'à partir de l'année 1542 qu'ils commencèrent à abandonner leurs plateaux pour se répandre dans les basses contrées, et après quatre ans de luttes, les Portugais réussirent à les refouler dans leurs précédentes demeures. Toutes ces peuplades nous présentent le type le plus parfait de la race nègre sous le rapport de la couleur et de la conformation physique, mais forment en quelque sorte la transition entre le Nègre proprement dit et le Cafre. Les habitants du Congo même sont une nation moins noire de peau, bienveillante, hospitalière, mais très-indolente.

Toute cette côte, dont Kabenda, sur le Congo, est la localité la plus importante, était jadis le théâtre d'un commerce d'esclaves extraordinairement actif. Quand en 1484 les Portugais arrivèrent pour la première fois dans les eaux du Zaïre, les souverains du Congo réunissaient sous leur autorité toutes les provinces depuis le Loanda, au sud, jusqu'à Loango, au nord; plus tard les gouverneurs des provinces du Loango, Angola, etc., se rendirent indépendants. A l'arrivée de la seconde ambassade portugaise au Congo, en 1490, le roi ou *mani* se fit baptiser dans sa capitale, appelée Ambassa, avec les principaux grands du royaume et 100,000 de ses sujets. En 1539 et en 1615 les jésuites envoyèrent des missionnaires au Congo, et l'ordre des franciscains y envoya de son côté un certain père Zuchelli. Aujourd'hui on ne trouve presque plus de traces des rapides progrès que le christianisme avait faits à cette époque dans ces contrées. La puissance des souverains indigènes a aussi beaucoup dégénéré, et les différents chefs indépendants (*chénous*) qu'on y rencontre ne forment plus qu'une espèce d'État fédératif. Consultez Tuckey, *Narrative of an Expedition to explore the Zaire* (Londres, 1818); Douville, *Voyage au Congo* (3 vol., Paris, 1832); Tams, *Die Portugiesischen Besitzungen in Sudwestafrika* (Hambourg, 1845).

CONGRATULATION, témoignage de satisfaction donné à quelqu'un à l'occasion d'un événement heureux arrivé à lui ou aux siens : c'est ainsi que l'on congratule un ami sur son mariage, un mari sur la naissance d'un enfant, un héritier sur un legs, un député sur sa promotion au ministère ou au conseil d'État. De toutes ces congratulations, les deux premières s'acquittent en compliments épistolaires ou en cartes de visite, et les secondes toujours en personne. Inscrites au premier rang dans le code de la politesse, les *congratulations* ont été et sont encore en usage chez tous les peuples; mais en Europe depuis deux siècles elles ne coûtent plus que des phrases écrites ou parlées, tandis qu'en Orient elles se payent plus solidement. A la cour de Perse, le monarque reçoit des courtisans des congratulations toujours accompagnées d'espèces sonnantes ou de présents; les courtisans, à leur tour, en exigent autant de leurs inférieurs : en ce pays, il n'y a que le peuple qui donne et ne reçoit rien; en France maintenant, le jour de l'an est la seule *congratulation* coûteuse qui ait survécu : le peuple reçoit et ne donne plus. Au moyen âge, comme aujourd'hui dans toute l'Asie, les *congratulations* se résolvaient en impôt, soit quand le suzerain mariait ses filles, soit quand il armait chevalier son fils aîné, sans compter le droit de joyeux avénement, où tout le monde payait au nouveau roi sa bien-venue. A Rome même, libre et républicaine, les clients devaient chaque matin *congratuler* leur patron, payer pour lui s'il subissait une amende, et le pensionner s'il tombait dans la détresse. Maintenant en Europe les petits ne doivent plus que des *congratulations gratuites*; et s'ils savent les faire avec adresse et à propos, ils en tirent profit pour leur bourse et pour leur avancement. Nous terminerons en faisant observer que le mot *congratulation* a vieilli comme tant d'autres. Remplacé par les mots *compliment* et *félicitation*, on ne l'emploie plus que dans le style familier, et par plaisanterie.

SAINT-PROSPER jeune.

CONGRE, poisson que l'on pêche assez abondamment dans toutes les mers d'Europe, et qui a été aussi rencontré dans celles de l'Asie septentrionale et de l'Amérique jusqu'aux Antilles; Linné le plaçait dans son grand genre *murène*; mais Cuvier l'en a retiré pour en faire le type d'un genre nouveau, appartenant à la famille des anguilliformes, ordre des malacoptérygiens apodes. Les caractères du genre *congre* sont d'avoir les ouïes ouvertes de chaque côté sous la nageoire pectorale, la nageoire dorsale commençant immédiatement au-dessous de celle-ci, la mâchoire supérieure la plus longue et le corps arrondi.

Le *congre commun*, nommé aussi *anguille de mer* (*muræna conger*), qui est de la grosseur de la jambe, est long ordinairement d'environ deux mètres; quelquefois il en atteint jusqu'à quatre et même, dit-on, six. Ce poisson, qu'Aristote a connu ainsi qu'Athénée, est des plus voraces; on le pêche dans plusieurs endroits, principalement sur les côtes de France et d'Angleterre; on le fait sécher pour l'expédier au loin : à cet effet, on le fend intérieurement dans toute sa longueur, puis on lui fait sur le dos des scarifications profondes, et on le pend ensuite aux arbres. Lorsqu'il est bien desséché, on le réunit en masse d'environ 50 kilogrammes, et on l'envoie dans les lieux où il doit être consommé.

Parmi les autres congres, les principaux sont : le *myre*, qui est de la Méditerranée, et que l'on connaît à Nice sous le nom de *moruo*; le *congre des îles Baléares*, commun à Iviça, où on le mange, quoique peu estimé; le *congre aux larges lèvres*, que l'on prend à Barcelone aux approches du mois d'avril, et le *congre noir*, qui vit dans les rochers de la mer de Nice et parvient au poids de 20 kilogrammes; la chair de ce dernier est meilleure que celle de l'espèce commune.
P. GERVAIS.

CONGRÉGANISTE. Ce nom ne s'applique guère qu'aux membres d'une congrégation laïque, dirigée par des ecclésiastiques séculiers ou réguliers. Presque toutes ces congrégations sont affiliées à celle de Rome, sous la dépendance de la compagnie de Jésus. Or, cette compagnie célèbre a multiplié à l'infini ces confréries, instituées pour mettre sous la main de la congrégation-mère les différents pays catholiques. Toutes sortes de pratiques d'une superstition révoltante, telles que celle de ces f l a g e l l a n t s des deux sexes qui, par leurs nudités processionnelles et leurs sanglantes fustigations, incitaient à d'horribles voluptés; des dévotions spéciales, comme celles du *Sacré-Cœur* de la vierge Marie, de son *Immaculée conception*, et tant d'autres, inventées pour abrutir les esprits et pervertir le sentiment religieux par une sorte d'idolâtrie; les encouragements à l'assassinat des rois, témoin Henri III et Henri IV, si souvent frappés par des congréganistes avant de l'être une dernière fois; tous les complots, toutes les machinations qui soulevèrent et alimentèrent avec une persévérance infatigable le fanatisme populaire pour enfanter les horreurs de la S a i n t - B a r t h é l e m y et de la ligue, et pour courber la France sous un joug étranger; la longue persécution et l'odieuse proscription de Port-Royal et de ses généreux disciples; une morale relâchée jusqu'à l'excès; une religion rendue facile jusqu'à la nullité absolue, pour séduire et régenter à l'aise toutes les consciences, depuis le prince jusqu'aux derniers rangs du peuple : voilà en résumé les bienfaits de la congrégation de Loyola, serpent haché, comme l'a dit La Chalotais, dont les tronçons s'efforcent sans cesse de se réunir, à l'aide d'une tortueuse et funeste politique. C'est par tous ces moyens, et surtout par l'appui des congrégations de toute espèce, qu'un u l t r a m o n t a n i s m e pernicieux a prévalu sur le véritable catholicisme. Au lieu d'une suprématie de confiance, d'honneur et de respect, la seule légitime, on a vu s'établir un arbitraire sans bornes, étayé sur la crédulité publique et sur une série d'usurpations. Au lieu des libertés de l'Eglise consacrées par la pratique des cinq premiers siècles, et renouvelées partiellement par les pragmatiques de saint Louis et de Charles VII, ainsi que par les sages canons des conciles de C o n s t a n c e et de B â l e, on a eu le despotisme de la cour romaine.
AUBERT DE VITRY.

Dans les dernières années de la Restauration, les noms de *congréganistes* et de *congrégation* jouèrent un grand rôle dans la polémique de la presse opposante. Ils désignaient une association occulte, recrutée par le parti-prêtre dans tous les rangs de la société, et servant d'instrument aux jésuites pour gouverner la France. Tous les ambitieux, tous ceux qui voulaient courir la carrière des fonctions publiques, affichant les dehors d'une piété profonde, se faisaient, grâce à cette affectation de ferveur religieuse, affilier à la mystérieuse congrégation, dispensatrice de toutes les places et de toutes les faveurs du pouvoir. Dans les secrets conventicules de cette dévote confrérie, dont les ramifications s'étendaient sur toute la France, et qui obéissait au mystérieux mot d'ordre donné par le général de la société de Jésus, on vantait les avantages de l'ignorance et l'on recommandait aux adeptes de contribuer par tous leurs moyens à éteindre les lumières, à combattre et refouler l'esprit de progrès et de liberté, afin de ramener la France au régime du bon plaisir. A cet effet, proscription des bons livres, publications d'œuvres empreintes de la plus crasse ignorance et du plus dégoûtant fanatisme, processions théâtrales, érections de calvaires, plantations de croix, miracles scandaleux, rien ne fut épargné.

CONGRÉGATION. Ce mot, qui signifie assemblée, réunion, société, a dans l'usage et la langue de l'Église diverses acceptions. En général on appelle *congrégation* une société, soit de séculiers, soit de religieux, qui a reçu l'approbation du pape ou de l'évêque, mais qui n'a pas les priviléges des o r d r e s r e l i g i e u x. Ainsi l'institut de l'Oratoire de Saint-Philippe de Neri est une congrégation, et n'est pas un ordre monastique.

Ordre et *congrégation* forment en effet des instituts très-divers. Le mot *ordre* indique seulement une certaine règle de vie que des religieux consentent à suivre, mais à suivre individuellement et sans bannière pour ainsi dire ; c'est un enrôlement sous une loi ; la *congrégation* au contraire est un enrôlement sous un chef. Lorsque les ordres monastiques eurent perdu de leur première ferveur, lorsque la quantité innombrable des religieux eut fait naître entre eux un mélange de bons et de mauvais, comme parmi les hommes d'une cité, il se trouva des frères plus vifs de foi, plus purs de mœurs, qui se séparèrent du tronc dégénéré, et formèrent des congrégations où, en outre de la règle commune, on se soumit à l'autorité d'un chef commun. De là encore la *Congrégation de Saint-Maur* dans l'ordre des Bénédictins et la congrégation de la Tr a p p e dans l'ordre de C î t e a u x.

Ce terme s'applique aussi aux associations ou aux individus laïcs affiliés à une congrégation religieuse, ou qui se dirigent en commun d'après ses impulsions. On dit d'un homme qu'il est membre de telle congrégation, pour exprimer que ses sentiments, ses opinions et sa conduite révèlent une affiliation à une secte dévote. La première de ces congrégations fut établie au collège des J é s u i t e s, à Rome, par un jeune religieux, le père Léon, qui y enseignait l'an 1563. Pour former ses élèves à la dévotion à la sainte Vierge, il assemblait de temps en temps les plus fervents, et leur faisait faire des exercices en l'honneur de Marie. Voilà l'origine des *congrégations de la sainte Vierge* qui se propagèrent en peu de temps dans toutes les maisons de la compagnie de Jésus. Grégoire XIII et, depuis lui, plusieurs autres souverains pontifes ont approuvé et enrichi d'indulgences ces sociétés. Il s'en forma bientôt de tout sexe, dans les villes, entre personnes de tout âge, de toutes conditions. Il s'en établit aussi qui ne dépendaient point des jésuites. Les Oratoriens en formèrent dans leurs établissements; on en vit aussi dans les pensionnats de jeunes personnes. La Révolution les fit disparaître. Quelque temps après le concordat de 1801, le père Delpuits, ancien membre de la compagnie de Jésus, réunit six ou sept élèves des écoles à Paris, et rétablit la congrégation, qui devint bientôt très-nombreuse. Napoléon la supprima dans le temps de ses brouilleries avec le pape. Sous la Restauration, les congrégations s'établirent sur tous les points de la France; et elles ont survécu à toutes nos révolutions. Quoique dirigée par des personnes étrangères à la compagnie de Jésus, les diverses congrégations peuvent s'affilier à celle de Rome et partager par là tous ses priviléges. On établit ces congrégations sous le vocable d'une fête de Marie, qui est alors fête patronale. Une congrégation d'étudiants se forma en 1836 à Paris sous l'invocation du *Sacré-Cœur*.

On appelle aussi *congrégations* à la cour de Rome les réunions de c a r d i n a u x, établies par ordre du souverain pontife et divisées en plusieurs chambres, pour exercer certains offices, discuter des affaires particulières, les proroger ou les terminer. Ces sortes de congrégations sont fixes ou temporaires. Chacune a son secrétaire et son président, préfet ou chef, qui seul signe les lettres et les actes

18.

de la congrégation. Parmi les congrégations fixes on cite :

1°. La *congrégation du Concile*, fondée par Pie IV pour l'exécution des actes du concile de Trente, et chargée par Sixte-Quint d'interpréter les points de discipline ; elle a pour chef un cardinal, au choix du pape, et se réunit deux fois la semaine chez le plus ancien de ses membres.

2°. La *congrégation des Rits*, une des plus connues et des plus souvent citées, établie par Sixte-Quint, ne fut d'abord composée que de cinq cardinaux. Leur nombre dépend aujourd'hui du pape, qui y adjoint plusieurs prélats (dont l'un est secrétaire), le maître du sacré palais, le sacristain de sa sainteté, un ou plusieurs maîtres des cérémonies, divers religieux et professeurs de théologie. Ses attributions s'étendent à tout ce qui concerne les béatifications, canonisations, processions, fonctions publiques des églises, rubriques des bréviaires et missels, administration des sacrements, etc. Ses réunions ont lieu une fois par mois chez son préfet.

3°. La *congrégation du pape*, ou *congrégation consistoriale*, chargée de préparer les matières bénéficiales à soumettre au consistoire en présence du pape. Fondée par Sixte-Quint, elle se compose d'un nombre indéterminé de cardinaux et prélats, a pour chef de droit le cardinal doyen, et, en son absence, un autre cardinal, au choix du pape, tient ses séances chez un de ses cardinaux avant l'ouverture du consistoire, et s'occupe d'érections, suppressions, unions, résignations d'évêchés et de cathédrales.

4°. La *congrégation des évêques et des réguliers*, composée de quelques cardinaux, au choix du pape, et d'un prélat secrétaire, juge les différends entre évêques et diocésains, et ceux qui s'élèvent entre des religieux.

5°. La *congrégation du Saint-Office* a dans ses attributions ce qui concerne les hérétiques, la foi catholique, l'apostasie, la magie, les maléfices, etc. Elle a pour chef le pape lui-même, et pour secrétaire le plus ancien cardinal d'entre ses membres. Dans ses délibérations, les cardinaux seuls, au nombre ordinairement de douze, ont voix délibérative ; mais ils sont assistés de prélats et de théologiens (religieux ou séculiers), parmi lesquels siègent nécessairement, outre un franciscain, trois dominicains, savoir : le général de l'institut, le commissaire du Saint-Office et le maître du sacré palais : on les appelle *consulteurs* ou *qualificateurs* du Saint-Office.

6°. La *congrégation de l'Index*, qui a pour but d'examiner, juger, corriger, défendre ou supprimer les livres concernant la foi, les mœurs, la discipline ou la société. Instituée par le concile de Trente, elle fut confirmée par Pie V. Ses députés peuvent autoriser tous les catholiques de l'univers à lire des ouvrages défendus. Lire sans autorisation des supérieurs, c'est encourir l'excommunication pour les livres hérétiques ou suspects d'hérésie, et les peines ou châtiments infligés par les évêques aux péchés mortels pour les autres. Cette congrégation tient ses séances en présence du pape, ou chez le plus ancien cardinal ; elle est composée de cardinaux, d'un secrétaire dominicain et de théologiens *consulteurs*, appartenant à quelque ordre religieux, chargés d'examiner.

7°. La *congrégation de la Propagande*, qui se propose de faire fleurir le catholicisme dans l'univers et surtout dans les pays infidèles, se compose de dix-huit cardinaux, un secrétaire d'État du pape, un protonotaire apostolique, un référendaire, l'assesseur et le secrétaire du Saint-Office. Elle s'assemble une fois par mois en présence du saint-père, et plusieurs fois par semaine au collège de la Propagande.

8°. La *congrégation de l'Immunité ecclésiastique*, établie par Urbain VIII pour connaître des immunités ecclésiastiques et des atteintes qu'on y porte.

9° La *congrégation pour l'examen des évêques*, instituée par Grégoire XIV, afin d'examiner ceux qui sont promus à l'épiscopat. Jadis les cardinaux et leurs neveux en étaient exempts. On en exempte aujourd'hui par delà les monts ceux qui appartiennent aux régions soumises autrefois à cet examen.

10°. La *congrégation pour les mœurs des évêques* fut composée par Innocent XI de trois cardinaux, deux évêques, quatre prélats et d'un secrétaire, auditeur du souverain pontife.

11°. La *congrégation pour la résidence des évêques*, composée d'un petit nombre de cardinaux et prélats, ayant pour but soit d'obliger à la résidence, soit d'en dispenser les évêques et abbés d'Italie. Ses séances ont lieu d'ordinaire chez le cardinal vicaire-général du pape.

12°. La *congrégation des Indulgences et des Reliques*. Elle examine les raisons de ceux qui demandent des indulgences, et leur en accorde au nom du pape ; elle examine aussi les reliques qu'on découvre dans les catacombes, ou ailleurs, à Rome, pour les remettre ensuite au vicaire ou au sacristain du pape, qui est chargé de les distribuer aux fidèles. Dans le nombre indéterminé de cardinaux et de prélats qui la composent, figurent le cardinal-vicaire et le préfet de la sacristie du pape.

Outre les douze importantes congrégations qui précèdent, on cite la *congrégation des études*, celles de la *discipline du clergé régulier* et celle *des cérémonies*. Le pape Pie IX a établi en 1853 une *congrégation héraldique*, chargée de la collation et de l'examen des titres nobiliaires délivrés par le saint siège. Ce mot est d'ailleurs, en général, synonyme de commission, et s'entend à Rome de toutes les commissions nommées par le saint-père.

CONGRÉGATIONALISTE, forme d'organisation ecclésiastique, instituée en Angleterre par un certain nombre de chrétiens qui se séparèrent de l'Église anglicane établie par la loi. Les anciens puritains, dont Jean Knox fut le plus célèbre apôtre, et dont l'Écosse fut le berceau, se divisèrent sous Jacques Ier, et plus particulièrement après Cromwell, lors de la restauration des Stuarts, en trois branches principales, professant toutes trois le *dogme* calviniste, mais apportant de grandes modifications à la *discipline* fondée par le grand réformateur de Genève. Les *presbytériens* restèrent strictement attachés à la discipline de Calvin. Les *indépendants* se séparèrent en Églises absolument *indépendantes* les unes des autres, comme leur nom l'indique. Enfin les *congrégationalistes* adoptèrent la voie moyenne entre les deux autres organisations ; ils pensèrent qu'il fallait un trait d'union entre les diverses communautés, et qu'il était bon qu'elles pussent s'aider réciproquement de leurs conseils et de leur influence. Les congrégationalistes établirent donc l'usage de communications dogmatiques et disciplinaires *officieuses* entre les diverses Églises, tout en maintenant soigneusement le principe que nulle d'entre elles n'a *le droit* d'influencer en quoi que ce soit les affaires d'une autre Église. L'Église congrégationaliste est donc une société de sœurs fort jalouses de leur autorité. Cette forme de gouvernement mérite d'être étudiée soigneusement, parce qu'elle constitue le régime sous lequel vivent une grande partie des dissidents anglais, et qu'il y a aux États-Unis plus de trois millions de chrétiens, professant diverses nuances, plus ou moins adoucies, du calvinisme, qui se sont classés sous le régime congrégationaliste. L'Église réformée de France, n'ayant pas conservé l'usage de rassembler ses synodes, est tombée, sans s'en apercevoir, sous la forme congrégationaliste, forme qui a l'avantage de laisser chaque communauté maîtresse absolue d'elle-même et de ne porter aucune espèce d'atteinte à la liberté d'opinion.

Charles COQUEREL.

CONGRÈS. On employait autrefois ce terme pour désigner toute réunion de plénipotentiaires représentant plus de trois États, à l'effet de traiter de la conclusion d'une paix ou de tout autre intérêt commun. Dans nos temps modernes il y a eu des *congrès de souverains*. On applique aussi cette expression aux assemblées des représentants de différents États réunis en confédération, par exemple aux États-Unis de l'Amérique du Nord. On a vu récemment, dans un État unitaire, mais par suite de souvenirs se rattachant à l'ancien morcellement du territoire, en Belgique, un *congrès national constituant*, qui fut convoqué le 4 octobre 1830, et dans lequel devaient être représentés tous les intérêts des différentes provinces. Les envoyés à un congrès diplomatique n'étant point adressés à un souverain, il en résulte une modification dans le cérémonial admis par le droit des gens. La présentation des lettres de créance n'a pas lieu alors, et on y substitue de part et d'autre l'échange des pleins pouvoirs. S'il y a un médiateur, c'est à lui que sont remises les lettres de créance, de même que c'est lui qui dirige les négociations, lui à qui on présente les notes et contre-notes, etc. Des congrès ne se réunissent d'ordinaire que lorsqu'il y a des multiples complications d'intérêts dans lesquelles se trouvent engagés des intérêts différents. Les congrès, quand ils atteignent le but qu'on s'en était promis, amènent le dénoûment pacifique des grandes crises capables d'ébranler le système politique des États, et l'histoire de la politique européenne se rattache avec raison à l'histoire des congrès et plus complétement encore à l'histoire des traités de paix.

Les congrès de Rœskilde (1568), de Stettin (1570), de Kiwerova-Horka (1581), de Stolbowa (1617), de Wiasma (1634), de Stumsdorf (1635) et de Brœmsebro (1645), ne s'occupèrent que des intérêts particuliers du nord. Mais l'un des plus importants et des plus célèbres dans l'histoire est celui qui se tint à Munster et à Osnabruck, à la suite duquel fut conclu le *traité de Westphalie* (1648). Le congrès des Pyrénées (1659) mit fin aux longues guerres entre la France et l'Espagne.

Le règne de Louis XIV fut fécond en congrès. C'est dans cette période que furent tenus les congrès de Breda (1667), Aix-la-Chapelle (1668), Cologne et Nimègue (1673-1678), Francfort et Ratisbonne (1681-1684), Ryswick (1697), Oliva (1660), où l'on n'agita que des intérêts relatifs au nord de l'Europe, de même que dans celui qui se tint à Altona (1687-1689). Aux conférences de Carlovicz (1698-1699) et au congrès de Passarowicz (1718), il ne fut question que des intérêts de la Turquie. Mentionnons encore tout particulièrement les congrès qui se tinrent à Utrecht (1712-1713), à Rastadt et à Baden (1714). Vincent ensuite, à l'époque des intrigues diplomatiques, les congrès de Bamberg (1722), Soissons (1728), Aix-la-Chapelle (1748), qui mit fin à la guerre de la succession d'Autriche. Le congrès de Niemierow (1737) se rapportait à la guerre des Turcs. L'antagonisme entre la Prusse et l'Autriche amena les congrès de Hubertsbourg (1762-1763) et de Teschen (1779); la lutte des États-Unis pour leur indépendance, le congrès de Paris (1782); la lutte entre Joseph et la Hollande, le congrès de Versailles (1784-1785); l'insurrection des Pays-Bas, le congrès de La Haye (1790). Les congrès de Rastadt (1797-1799), d'Amiens (1801-1802) et d'Erfurt (1808), le premier congrès de souverains, en 1808, appartiennent à l'histoire des guerres de la Révolution. Il faut mentionner, dans le système politique du sud-est de l'Europe, le congrès de Reichenbach (1790) et plus tard celui de Boukarest (1811-1812). Ici se terminera notre énumération, parce que nous refusons la dénomination de *congrès* aux simples réunions des ambassadeurs de deux puissances désireuses de traiter de la paix. Cependant l'histoire a conservé le nom de congrès aux discussions diplomatiques qui se tinrent à Châtillon pendant la campagne de France.

A l'époque contemporaine appartiennent les congrès de Vienne (1814-1815), de Paris (1815), d'Aix-la-Chapelle (1818), de Carlsbad (1819), de Vienne (1819-1820), de Troppau (1820), de Laybach (1821), de Vérone (1822), qui tous, à l'exception du congrès de Paris, n'eurent pas pour but de mettre fin à la guerre, mais bien de la prévenir, de même que toute commotion nouvelle, au moyen de mesures prises d'un commun accord.

En Amérique, un inutile congrès se réunit en 1821 à Panama.

Les conférences ont beaucoup d'analogie avec les congrès.

CONGRÈS (Épreuve du). Cette épreuve était autrefois usitée dans les officialités quand on demandait la nullité d'un mariage pour fait d'impuissance du mari. Elle s'introduisit, à ce que l'on dit généralement, vers le milieu du seizième siècle, par l'impudence d'un jeune homme qui, accusé d'impuissance, offrit de prouver le contraire en présence de chirurgiens et de matrones. L'official eut la faiblesse de déférer à sa demande, et cette singulière jurisprudence fut autorisée par les tribunaux. Cependant il est probable que l'usage du congrès judiciaire remonte à des temps plus reculés : on a même cru en trouver la trace dans l'article 17 du capitulaire de Pepin de l'année 752. Il rappelle en effet que l'impuissance du mari doit être considérée comme une cause de divorce, et que l'épreuve de cette impuissance se doit faire au pied de la croix.

L'indécence et le peu de certitude de cette épreuve la firent défendre en 1667 dans le ressort du parlement de Paris par un arrêt solennel rendu sur la réquisition de Lamoignon à l'occasion du mariage du marquis de Langey, dont le mariage avait été annulé pour fait d'impuissance, et qui remarié à une autre femme en eut sept enfants.

Boileau avait stigmatisé cet usage par ces vers :

> Jamais la biche en rut n'a, pour fait d'impuissance,
> Traîné du fond des bois un cerf à l'audience;
> Et jamais juge entre eux ordonnant le congrès,
> De ce burlesque mot n'a sali ses arrêts.

Les autres parlements imitèrent cette jurisprudence, et le congrès fut alors remplacé par les visites des gens de l'art; mais depuis 1789, l'impuissance n'étant plus une cause de nullité des mariages, il ne reste plus trace dans notre législation de cette impudicité légale.

CONGRÈS SCIENTIFIQUES. On désigne aujourd'hui sous ce nom des réunions libres, à une époque et dans un lieu fixés à l'avance, de savants d'un même pays, ou de nations diverses, pour conférer sur l'état et les progrès des sciences et se communiquer leurs travaux.

C'est la Suisse qui a donné le premier exemple des réunions de ce genre. L'Allemagne ne tarda pas à le suivre, et des congrès scientifiques eurent lieu successivement dans plusieurs de ses villes renommées par la culture des sciences. Enfin, la France a voulu elle aussi avoir ses congrès intellectuels.

Autrefois les hommes savants ou lettrés correspondaient entre eux, et ces communications étaient en général livrées à l'impression. L'idée de réunions périodiques pour des conférences et des communications verbales est-elle un progrès? ces réunions peuvent-elles exercer une puissante et heureuse influence sur le perfectionnement des sciences? Nous en doutons. Il est à craindre que l'appareil des lectures publiques, que l'amour-propre, si habile à tout gâter, que l'échange des complaisances réciproques, ne rendent bientôt à peu près inutiles des déplacements toujours trop longs et trop coûteux, et qu'un vain appareil ne demeure enfin le résultat le plus réel de ces grandes assemblées.

AUBERT DE VITRY.

L'histoire naturelle a dû de nos jours quelque popularité et même quelques progrès, sinon de grandes découvertes, à l'institution des *congrès*, réunions académiques qui ont lieu annuellement dans différentes villes de l'Europe, et dont le siége change capricieusement chaque année. Les congrès en France ont eu pour fondateur M. de Caumont. On se plaignait des excès de la centralisation; M. de Caumont s'est chargé d'y porter remède, au moins quant à ceux des travaux de l'intelligence qui se résument en discussions et discours. Grâce aux congrès scientifiques, la province attire à elle vers l'automne non les grandes illustrations de chaque spécialité, mais cette sève exubérante et inemployée de l'esprit qui ne demande qu'à s'épandre au loin et le plus bruyamment possible. Cette ferveur de civilisation qui se concentrait tout entière au cœur de la France, les congrès de M. de Caumont ont essayé de l'attirer tour à tour vers tous les points du corps de la nation. Toujours est-il que depuis quelques années l'Allemagne, la Suisse, l'Angleterre et l'Italie ont leurs congrès comme la France, et des congrès qui seront de plus en plus profitables, à mesure que l'objet en sera d'avance plus expressément spécifié. La médecine a en aussi son congrès, ou plutôt son concile, qui a tenu ses assises à Paris, en 1845. Dr Isidore BOURDON.

CONGRÈVE (WILLIAM), célèbre auteur comique anglais, issu d'une ancienne famille du Stratfordshire, et né aux environs de Leeds en 1671 ou 1672. Son père, officier dans l'armée, alla tenir garnison en Irlande, et s'y fixa avec sa famille. William Congrève reçut à Kilkenny sa première instruction; il fut envoyé ensuite à l'université de Dublin, où il se distingua. Son père, qui le destinait au barreau, le fit passer en Angleterre après la révolution de 1688. Congrève négligea l'étude du droit pour s'occuper de littérature. Ce fut trois années après son arrivée en Angleterre que, dans la convalescence d'une grande maladie, il s'amusa à écrire sa première comédie, *The Old Batchelor* (*Le Vieux Garçon*) qui fut représentée avec beaucoup de succès en 1693 et lui valut la protection de lord Halifax, grâce à laquelle il obtint successivement des fonctions publiques de mieux en mieux rétribuées.

La comédie du *Vieux Garçon* est considérée comme un des chefs-d'œuvre du théâtre anglais. Si nous l'examinons en lui appliquant les règles du drame si profond et si sage de Molière, en la comparant aux comédies de ce grand homme, qui sont gaies sans bouffonnerie, sérieuses sans tristesse, enjouées sans indécence, il nous faudra juger très-sévèrement *The Old Batchelor*. L'intrigue est mal conduite, les incidents sont invraisemblables et absurdes. On y rencontre des scènes d'une indécence extrême. Ces défauts révoltent d'abord le lecteur, et surtout le lecteur français. Mais on trouvera cependant deux grandes qualités dans Congrève : une verve de gaieté presque inépuisable, et des caractères tracés avec vigueur. Les plaisanteries, les jeux de mots, les quolibets, les expressions bizarres se succèdent dans le dialogue avec une rapidité qui amuse et qui attache. Il ignore ce que c'est que de révéler une passion par un mot simple et profond, que de placer ses personnages dans des circonstances qui les forcent à se faire connaître ; ses caractères ne sont que des caricatures, mais de bonnes caricatures, qui conservent la vérité qu'elles exagèrent. Ils sont en outre d'une originalité et d'un *drôle*, qu'on nous passe le mot, vraiment remarquable. On pourrait comparer Congrève à Regnard, s'il était exempt d'affectation. Son grand mérite est d'avoir ce qu'en anglais on appelle de l'*humour*. La licence du théâtre anglais avait commencé sous la restauration. Mais il faut rendre justice à Congrève; on s'aperçoit que c'est seulement à la mode qu'il sacrifie la décence; il est malhonnête à son corps défendant; on voit que de son temps c'étaient les mœurs qui corrompaient le théâtre. L'année qui suivit le succès de *The old Batchelor* parut le *Double Dealer*, et plus tard *Love for Love*, pour l'ouverture du théâtre de Betteston, dans Portugal-Row, Lincoln's-Inn-Fields. Ces deux comédies eurent une grande vogue.

Il prit ensuite envie à Congrève de devenir poëte tragique, et de montrer, comme dit un de ses biographes, qu'une tragédie régulière pouvait réussir sur le théâtre anglais. Mais *The mourning Bride* (*La Fiancée en deuil*) n'est qu'une suite de déclamations insipides et d'événements bizarres et sans intérêt, bien que le style en soit correct et que les vers aient de l'élégance. Il quitta le théâtre après le mauvais succès d'une comédie intitulée : *The Way of the World* (*la Voie du Monde*). Si le monde en Angleterre était semblable alors à celui qu'a représenté Congrève dans cette comédie, il faut avouer qu'il fallait du courage pour le mettre sur le théâtre, composé qu'il était de voleurs, d'escrocs et de femmes plus que faciles. Depuis lors, sauf le *Jugement de Pâris* (1701) et l'opéra de *Séméle*, il n'écrivit plus que des poëmes de circonstance, ou bien des traductions ou des imitations de poëtes anciens ou étrangers.

Les vingt dernières années de la vie de Congrève se passèrent dans la retraite et dans l'aisance. Vers la fin de sa vie, il fut tourmenté par la goutte. En 1727, il alla prendre les eaux de Bath; une voiture dans laquelle il se trouvait versa; il paraît que cette chute causa une lésion intérieure dont il mourut, à Londres, le 19 janvier 1728. Il fut enterré à Westminster. Un monument lui fut élevé par les soins d'Henriette, duchesse de Marlborough.

Ernest DESCLOZEAUX.

CONGRÈVE (Sir WILLIAM), connu par les fusées qui portent son nom, né en 1772 dans le comté de Middlessex, était le fils du général d'artillerie William Congrève, créé *baronet* en 1812, et mort en 1814. Les améliorations qu'il introduisit dans la construction des écluses et des canaux, la part active qu'il prit à la réorganisation de l'armée anglaise sous la direction du duc d'York, lui méritèrent d'être promu au grade de général d'artillerie et d'inspecteur de l'arsenal royal. L'invention la plus importante dont on soit redevable est celle d'une espèce de fusées incendiaires dont le premier essai eut lieu en grand en 1804, et qu'on employa pour la première fois en 1806 devant Boulogne, et en 1807 au bombardement de Copenhague. En 1809, on s'en servit aussi lors de l'attaque tentée à l'île d'Aix contre la flotte française, et au bombardement de Flessingue. Les Anglais envoyèrent ensuite à leurs alliés des batteries de fusées à la congrève, qu'on employa pour la première fois en 1813 aux sièges de Wittenberg et de Dantzig, à la bataille de Leipzig, et à l'affaire de Goehrde. Les Anglais s'en servirent aussi, en 1814, en Espagne et aux États-Unis.

Les *fusées à la Congrève* n'étaient d'abord destinées qu'à incendier; et à cet effet elles étaient pourvues d'un récipient rempli de matières inflammables; mais en 1814 on s'en servit pour lancer des projectiles, des grenades surtout, que l'on assujettissait à la tête des fusées. Les fusées de guerre introduites dans beaucoup d'armées européennes, sont des imitations des fusées à la Congrève, dont on s'efforce dans chaque armée de conserver le secret.

Une autre invention de Congrève est le procédé d'imprimer en plusieurs couleurs à la fois. Dans les années 1816 et 1817, il accompagna le grand duc (aujourd'hui l'empereur Nicolas) dans le voyage qu'il fit en Angleterre. En 1824, il se mit à la tête d'une compagnie ayant pour but l'introduction de l'éclairage au gaz sur le continent. En 1828 l'affaiblissement de sa santé le détermina à se rendre sous un ciel moins âpre, à Toulouse, où il mourut le 15 mai de la même année. On a de lui, entre autres, *Elementary Treatise on the mounting of naval ordnance* (Londres 1812); *Description of the hydro-pneumatic lock* (1815); *A Treatise on the general principles, powers and facility of explication of the Congrève Racket-System* (1827).

CONGRÈVE (Fusées à la). *Voyez* FUSÉE et CONGRÈVE (Sir William).

CONGRU, suffisant, convenable. En théologie, *grâce congrue* est synonyme de *grâce suffisante*. Dans la vieille didactique, on nommait *réponse congrue*, *phrase congrue* une réponse précise, une phrase correcte. On nommait autrefois *portion congrue* une pension annuelle que les gros décimateurs étaient tenus de payer aux curés pour leur subsistance (voyez BÉNÉFICES ECCLÉSIASTIQUES). De là cette expression familière, être réduit à la *portion congrue* pour exprimer un traitement, une rente peu considérable.

CONGRUENCE. Ce mot désignait dans l'ancienne géométrie l'état de deux figures susceptibles de coïncider. On appelait *congruentes* celles que nous nommons *égales*. Inusité dans ce sens, le nom de *congruence* a été donné par M. Gauss, dans ses *Disquisitiones arithmeticæ*, à la relation de deux nombres inégaux, dont la différence est multiple d'un nombre entier. Les nombres comparés sont dits *congrus*, et le nombre entier qui divise exactement leur différence se nomme le *module*. Ainsi 14 et 20 sont congrus par rapport au module 3, parce que la différence $20-14$, ou 6, est un multiple de 3. Ils sont au contraire *incongrus* par rapport au module 5. En partant de ces simples notions, M. Gauss est parvenu à donner une forme systématique à la théorie des nombres et à étendre notablement le champ de l'analyse indéterminée.

CONI ou **CUNEO**, chef-lieu de la province sarde du même nom (superficie, 70 myriamètres carrés; population, 580,000 hab.), siége d'un évêché, au sud du Piémont, au confluent de la Stura et du Gesso , avec de ravissants environs aussi fertiles que bien cultivés, possède une grande et belle rue garnie d'arcades, plusieurs grandes églises, des couvents et des palais considérables, un gymnase, 20,000 habitants, des manufactures de soieries et d'étoffes de laine, enfin un commerce très-actif grâce à la position de cette ville sur la route conduisant de Turin à Nice. Coni est l'entrepôt de tous les marchandises qu'on expédie de Nice à la destination de la Lombardie, de la Suisse et de l'Allemagne, et il s'y tient chaque année deux foires considérables.

Cette ville, qui, à partir de 1382, reconnut la souveraineté des comtes de Savoie, était autrefois fortifiée et soutint plusieurs siéges. Le 30 septembre 1744, les Français et les Espagnols livrèrent sous ses murs aux troupes austro-sardes qui venaient la dégager, la bataille de la Stura. En 1796, elle tomba au pouvoir des Français; mais le 3 décembre 1799 la garnison française, commandée par le général Clément, était réduite à capituler devant une division autrichienne commandée par le prince Lichtenstein. Après la bataille de Marengo, en 1801, Coni retomba de nouveau au pouvoir des Français, qui rasèrent ses fortifications et les transformèrent en promenades. Cette ville devint alors et demeura pendant tout le temps de la domination française le chef-lieu du département de la *Stura*.

CONIFÈRES, famille de plantes dicotylédones, apétales, diclines, gymnospermes, composée d'arbres et d'arbrisseaux qui, si l'on en excepte le cyprès chauve et le mélèze, ont leurs feuilles persistantes, propriété qui leur a fait donner communément le nom d'*arbres verts*. Quant à la dénomination scientifique de cette famille, elle provient de la forme conique des fruits de la majorité des genres qui la composent et que, pour cette raison on nomme *cônes*. Cependant ce caractère n'appartient pas à toutes les espèces : aussi des critiques ont-ils trouvé singulier de voir parmi les conifères l'if d'Europe, en dépit de son nom latin *taxus baccata*, et le genévrier, dont le fruit ressemble également à une baie.

La disposition des ovules par rapport aux écailles des cônes a servi à diviser les conifères en trois tribus : les *cupressinées* (*cyprès, thuya, genévrier,* etc.); les *abiétinées* (*pin, sapin , mélèze,* etc.); et les *taxinées* (*if, gingko,* etc.). Quelques auteurs y joignent une quatrième tribu, celle des *gnétacées* ; mais M. Ad. Brongniart en fait une famille distincte, qui, avec celle des cycadées, complète le groupe des dicotylédones gymnospermes.

CONIQUES (Sections). Les géomètres nomment ainsi les différentes figures que détermine un plan en coupant un cône indéfiniment prolongé tant d'un côté que de l'autre de son sommet. Si le plan est perpendiculaire à l'axe du cône que, pour plus de simplicité, nous supposerons être droit, la section est un *cercle* dont le rayon est d'autant plus grand que son centre est plus éloigné du sommet du cône. Si l'on fait tourner le plan coupant autour d'un diamètre du cercle obtenu , ce cercle se déforme en s'allongeant, mais reste une courbe fermée (*ellipse*) jusqu'à ce que le plan devienne parallèle à une génératrice du cône : la section est alors illimitée (*parabole*). Aussitôt que le plan a dépassé cette dernière position, il coupe à la fois les deux nappes du cône suivant une courbe qui offre deux branches infinies (*hyperbole*). Enfin, lorsque le plan vient à passer par le sommet du cône, la section se réduit, soit à deux droites qui se coupent, soit à une seule droite, soit encore à un point, le sommet du cône.

La section d'un cône par un plan ne donne donc que trois sortes de courbes, l'ellipse, la parabole et l'hyperbole; car le cercle peut être considéré comme un cas particulier de l'ellipse. L'origine commune de ces trois sortes de courbes fait assez pressentir les analogies que l'on doit rencontrer dans leurs propriétés essentielles. On voit que la parabole peut être regardée à la fois comme la limite de l'ellipse et de l'hyperbole. Ces deux dernières courbes sont pourvues d'un centre, qui, dans la parabole, est à l'infini. Elles ont deux foyers, dont un passe également à l'infini dans la parabole, qui ne conserve aussi qu'une des deux directrices de l'ellipse et de l'hyperbole. Sauf de légères modifications, les propriétés des tangentes, des diamètres, etc., sont les mêmes dans les trois courbes. Pour n'en donner qu'un exemple, on sait que dans l'ellipse la somme des rayons vecteurs ou encore celle des carrés des diamètres conjugués est constante; dans l'hyperbole, c'est la différence.

Il est facile de démontrer l'identité des sections coniques avec les courbes du second degré, dont l'équation générale est

$$Ay^2 + Bxy + Cx^2 + Dy + Ex + F = 0.$$

Suivant que l'on a $B^2 - 4AC < 0, >0,$ ou $= 0$, la courbe est une ellipse, une parabole ou une hyperbole. Cette équation générale se simplifie en prenant pour axes coordonnés la tangente au sommet et le diamètre qui aboutit à ce point. Elle devient alors,

pour l'ellipse $\quad y^2 = \dfrac{b^2}{a^2}(2ax - x^2),$

pour l'hyperbole $\quad y^2 = \dfrac{b^2}{a^2}(2ax + x^2),$

pour la parabole $\quad y^2 = px,$

en représentant par a le demi-grand axe de l'ellipse ou le demi-axe transverse de l'hyperbole, par b le demi-petit axe de l'ellipse ou le demi-axe non transverse de l'hyperbole, et par p le paramètre de la parabole. La première de ces équations, où a est plus petit que b, exprime que dans l'ellipse le carré de l'ordonnée est toujours moindre que le rectangle formé entre les deux parties correspondantes du grand axe. Cette propriété, autrement énoncée, était connue des anciens. Réunie aux deux analogues que donnent les équations de l'hyperbole et de la parabole, elle servit à dénommer les trois courbes. Leurs noms grecs sont en effet : ἔλλειψις, formée de λείπω, manquer, être moindre; ὑπερβολή, dérivée de ὑπερβάλλω, excéder; et παραβολή, de παραβάλλω, égaler.

Lorsque l'on prend pour coordonnées les axes, soit de l'ellipse, soit de l'hyperbole, les équations ci-dessus deviennent :

$$a^2 y^2 + b^2 x^2 = a^2 b^2 \qquad a^2 y^2 - b^2 x^2 = -a^2 b^2$$

en conservant aux lettres a et b leur signification précédente. Ces courbes sont ainsi plus faciles à étudier qu'à l'aide de l'équation générale; mais certains résultats perdent de leur généralité.

Si l'on coupe une sphère par un plan, on obtient un cercle. Les sections du cylindre sont un cercle et des ellipses. Mais le cône donne à la fois les trois sortes de courbes du second degré. Cette remarque explique pourquoi le nom de *sections coniques* est resté à ces courbes.

L'étude des sections coniques est de la plus haute importance, à cause de leurs nombreuses applications ; les propriétés des miroirs paraboliques, des voûtes elliptiques, etc., sont mises à profit tous les jours. Aussi, longtemps avant que Newton eût démontré que les corps célestes ne pouvaient se mouvoir que suivant des sections coniques, ces courbes, propres à résoudre une foule de questions, avaient-elles acquis une grande célébrité. Les géomètres de l'école de Platon s'occupaient des sections coniques. Apollonius de Perge a enregistré les brillantes découvertes de ses devanciers, auxquelles il a ajouté ses propres travaux. Vers la même époque, Archimède traitait la quadrature de la parabole. Enfin les propriétés les plus remarquables des sections coniques étaient connues au quatrième siècle de J.-C., ainsi que l'attestent les *Collections mathématiques* de Pappus. Mais leur théorie n'avait fait aucun progrès, lorsque Descartes, en créant sa méthode d'analyse, vint lui donner un nouvel essor. Pascal, Desargues, l'enrichirent de nouvelles propriétés. De nos jours, M. Poncelet y a fait de belles applications de la théorie des polaires, et M. Chasles a donné aux résultats obtenus par les anciens géomètres un caractère de généralité qui leur manquait dans beaucoup de cas.   E. MERLIEUX.

CONIROSTRES (de *conus*, cône, et *rostrum*, bec), nom par lequel on désigne en ornithologie un groupe considérable d'oiseaux de l'ordre des passereaux, caractérisé par un bec plus ou moins conique et sans échancrure, d'autant plus fort et plus épais que l'animal est plus exclusivement granivore. G. Cuvier en a fait sa troisième famille de l'ordre des passereaux. D'autres ornithologistes n'ont point dénommé ce groupe, et l'ont subdivisé en plusieurs familles qui correspondent aux grands genres de Linné et de Cuvier : ces familles sont, les *parides* (mésanges), les *sturnidés* (étourneaux), les *buphagidés* (pique-bœuf), les *fringillidés* (moineaux), et les *alaudidés* (alouettes).   L. LAURENT.

CONJECTURE. La conjecture est un jugement incertain, mais vraisemblable : on ne conjecture jamais là où les preuves démonstratives font défaut. Or, il est si rare de trouver matière à certitude en quoi que ce soit, que le nombre des personnes condamnées aux conjectures est fort grand. Cela même est plus instinctif que volontaire ; on conjecture comme on pense, souvent malgré soi, et presque à son insu. *La médecine*, dit-on, est *conjecturale*. Cela est vrai : personne plus souvent que le médecin n'a besoin de connaître et hâte de conclure sur des preuves peu certaines. Mais, croyez-vous donc qu'il n'y ait que les médecins qui, sur des demi-preuves, en soient réduits à conjecturer ! Chacun de nous conjecture, et sur toutes choses : en physique comme en morale, en politique comme en médecine, en justice comme en négoce, en amitié comme en amour. *Conjecturer*, tel est l'emploi du tiers de notre existence ; et voilà l'origine de nos erreurs, de nos illusions, et de quelques préjugés salutaires. Un autre tiers de la vie, nous le donnons au doute, au triste doute ; l'autre est pour la certitude, pour la réalité : mais, où croyez-vous que soit le bonheur ?

Quand je dis que chacun conjecture, j'entends parler des gens éclairés. On conjecture à proportion qu'on est plus instruit des choses connues, moins occupé du soin de vivre, plus curieux de connaître, plus désireux de prévoir. Les esprits actifs et cultivés aiment mieux juger sur des probabilités que de ne point juger du tout. Il est assurément digne d'un chrétien d'alléguer la Providence ; il y a dans cette façon d'envisager les événements de grands motifs de sécurité et d'abondantes consolations. Mais la logique des igno-

rants est plus expéditive : ils expliquent tout par le *hasard*. C'est le hasard, dit le peuple aveugle et inculte, c'est-à-dire qu'on n'en sait ni la cause ni le moyen, ni le but : logique des innocents dans toute sa pureté ! Le philosophe et l'homme d'esprit évaluent les raisons pour et contre ; ils supputent les chances probables, en un mot ils conjecturent. Pour juger de la sorte, on tient compte de la coutume et de l'expérience : une profonde connaissance du passé sert à faire augurer de l'avenir. Il existe, en effet, la plus constante uniformité entre les phénomènes de la nature à toutes les époques, comme la plus parfaite analogie entre les événements historiques de tous les temps : les mêmes faits ont ordinairement des causes pareilles, et voilà sur quoi se fonde l'*art de conjecturer*.   Dr Isidore BOURDON.

CONJOINT. Dans la langue du droit on appelle ainsi le *mari* et la *femme*, les époux unis par un légitime mariage. *Conjoints* s'entend aussi de ceux qui ont collectivement des droits ou des obligations ; c'est dans ce sens qu'on dit *légataires conjoints*.

CONJOINTE (Règle). Cette règle d'arithmétique commerciale qui sert principalement à résoudre les questions d'arbitrage, a pour but général de convertir des unités d'espèce donnée en d'autres dont on ne connaît la valeur que par des relations exprimées au moyen d'unités intermédiaires. Pour éclaircir cette définition par un exemple, supposons que l'on veuille convertir 480 francs en *ruspones*. Si l'on connaît le rapport du franc à cette monnaie de Toscane, il n'y aura qu'à le multiplier par 480. Mais si, au contraire, on sait seulement que 13 francs valent 5 florins d'Autriche, que 29 florins valent 65 shillings d'Angleterre, et que 901 shillings valent 29 ruspones, c'est alors que l'on appliquera la règle conjointe ; on écrira :

$$29 \text{ ruspones} = 901 \text{ shillings}$$
$$65 \text{ shillings} = 29 \text{ florins}$$
$$5 \text{ florins} = 13 \text{ francs}$$
$$480 \text{ francs} = x \text{ ruspones}.$$

Remarquons que les unités du second membre de chaque égalité sont de même nature que celles du premier membre de l'égalité suivante. Il en résulte que si l'on multiplie ces trois égalités membre à membre, on peut supprimer leur désignation, et il vient :

$$29 \times 65 \times 5 \times 480 = 901 \times 29 \times 13 \times x$$

d'où $x = \dfrac{29 \times 65 \times 5 \times 480}{901 \times 29 \times 13} = \dfrac{65 \times 5 \times 480}{901 \times 13} = \dfrac{5 \times 5 \times 480}{901}$

$$= \dfrac{25 \times 480}{901} = \dfrac{12000}{901} = 13, 31...,$$

nombre de *ruspones* cherché.

Les questions que l'on traite par la règle conjointe peuvent être ramenées à de simples applications des principes relatifs aux fractions de fractions. Dans l'exemple précédent, on peut dire : un franc vaut les $\frac{5}{13}$ d'un florin ; un florin vaut les $\frac{29}{65}$ d'un shilling ; un shilling vaut les $\frac{29}{901}$ d'une ruspone ; donc un franc vaut les $\frac{5}{13}$ des $\frac{29}{65}$ d'un ruspone, et 480 francs valent 480 fois davantage, ce qui nous donne le même résultat que ci-dessus.

CONJONCTION (*Grammaire*). C'est un petit mot qui marque que l'esprit, outre la perception qu'il a de deux objets, aperçoit entre eux un rapport, ou d'accompagnement, ou d'opposition, ou de quelque autre espèce : l'esprit rapproche alors en lui-même ces objets, et l'on considère l'un par rapport à l'autre selon cette vue particulière. Or le mot qui n'a d'autre office que de marquer cette considération relative de l'esprit, est appelé *conjonction*.

Par exemple, si nous disons que Cicéron et Quintilien sont les auteurs les plus judicieux de l'antiquité, nous portons de Quintilien le même jugement que de Cicéron. Voilà le motif qui fait que nous les rassemblons ; et le mot qui les unit est la *conjonction*. De même, si nous voulons marquer quelque rapport d'opposition ou de disconvenance ; si nous disons, par exemple, qu'il y a un avantage réel à être instruit; et que nous ajoutions, sans aucune liaison, qu'il ne faut pas que la science inspire de l'orgueil, nous énonçons deux sens séparés; mais, si nous voulons rapprocher ces deux sens et en former l'un de ces ensembles qu'on nomme *périodes*, nous nous apercevons d'abord de la disconvenance et d'une sorte d'éloignement et d'opposition qui doit se trouver entre la science et l'orgueil. Voilà le motif qui nous fait réunir ces deux objets; en les rassemblant, nous énoncerons cette idée accessoire par la conjonction *mais*, et nous dirons qu'il y a un avantage réel à être instruit, *mais* qu'il ne faut pas que cet avantage inspire de l'orgueil. Ce *mais* rapproche les deux propositions ou membres de la période et les met en opposition. Ainsi, la valeur de la *conjonction* consiste à lier des mots par une nouvelle modification, ou idée accessoire, ajoutée à l'un par rapport à l'autre.

Les anciens grammairiens ont balancé s'ils placeraient les *conjonctions* au nombre des parties du discours, par la raison qu'elles ne représentent point d'idées de choses. Il est vrai qu'elles n'énoncent pas, comme les noms, des idées d'êtres, ou réels, ou métaphysiques, mais elles expriment l'état ou l'affection de l'esprit entre une idée et une autre idée, entre une proposition et une autre proposition; ainsi les *conjonctions* supposent toujours deux idées et deux propositions, et elles font connaître l'espèce d'idée accessoire que l'esprit conçoit entre l'une et l'autre.

Mais la *conjonction* n'a pas seule la propriété de lier un sens à un autre : le verbe lie aussi l'attribut au sujet; les pronoms *lui, elles, eux, le, la, les, leur,* lient une proposition à une autre; il y a aussi des adjectifs relatifs qui font l'office de *conjonction,* comme *qui, lequel, laquelle*; et des adverbes même qui remplissent cette fonction, comme *afin que, à cause que, parce que, encore, déjà.* Ces mots doivent être considérés comme adverbes conjonctifs.

A l'égard des *conjonctions* proprement dites, il y en a d'autant de sortes qu'il y a de différences dans les points de vue sous lesquels notre esprit observe un rapport entre un mot et un autre mot, ou entre une pensée et une autre pensée. DUMARSAIS.

CONJONCTION (*Astronomie*).. On nomme ainsi l'aspect qu'offrent deux planètes, ou une planète et le soleil, ayant même ascension droite. Quand la lune est en conjonction avec le soleil, si elle se trouve assez rapprochée d'un de ses nœuds, il y a éclipse de soleil. Mercure et Vénus, planètes qui sont plus près du soleil que la terre, peuvent se trouver en conjonction de deux manières différentes. Si Mercure ou Vénus se trouve en ce moment entre la terre et le soleil, on dit que la conjonction est *inférieure*; elle est dite *supérieure* dans le cas contraire. Quant aux autres planètes, qui sont plus éloignées du soleil que la terre, elles ne peuvent offrir qu'une seule espèce de conjonction.

Il peut y avoir des conjonctions de trois, de quatre, etc, planètes, mais ces *grandes conjonctions* arrivent d'autant plus rarement que le nombre de planètes qui doivent se trouver sur une même ligne est plus considérable.

L'observation des conjonctions est d'un bon usage en astronomie pour déterminer avec précision les mouvements des corps célestes. Ainsi, quand Vénus, par exemple, passe sur le disque du soleil, il est facile de noter ce moment, car l'image de la planète est un point noir. TEYSSÈDRE.

CONJONCTIVE (en latin *conjunctiva,* de *conjungere,* conjoindre), nom d'une membrane muqueuse ainsi appelée parce qu'elle unit le globe de l'œil aux paupières. Elle recouvre la face interne de ces voiles mobiles, et la replie en formant un cul-de-sac autour de la partie antérieure du globe de l'œil, dont elle tapisse environ le tiers. Elle n'adhère fortement qu'à la face interne des cartilages tarses et à la cornée transparente. Sa minceur et sa diaphanéité sont tellement grandes dans cette partie de son étendue, où elle est traversée par les rayons lumineux, qu'on a douté de son existence, et qu'on a cru qu'elle ne s'étendait pas au delà de la circonférence de la cornée. Mais par la macération, on parvient à séparer cette lame de la conjonctive, dont on observe quelquefois l'épaississement dans les inflammations de cette membrane, qu'on nomme *ophthalmies* ou *conjonctivites.* La surface externe de la conjonctive est lubrifiée par une humeur muqueuse qui se mêle en partie aux larmes, à la chassie fournie par les glandes de Meibomius et la caroncule lacrymale, et dans les animaux, à l'humeur de la glande d'Harderus. Toutes ces humeurs, jointes au poli de la surface de cette membrane, repliée sur elle-même, favorisent les mouvements des paupières dans le clignottement, et ceux du globe de l'œil. La conjonctive se continue avec les membranes muqueuses des conduits excréteurs des glandes, qui versent leurs produits à sa surface, et avec celle des voies lacrymales. Ainsi, tout est admirablement disposé pour le versement des fluides nécessaires au nettoiement du globe de l'œil et pour l'écoulement du superflu de ces humeurs.

La sécheresse ou l'humidité plus ou moins grandes de la conjonctive ont été rapportées à l'œil lui-même; de là viennent ces locutions : *œil sec, œil terne, yeux mouillés, baignés, inondés de larmes*; *les larmes lui roulent dans les yeux*, etc. La nappe légère de ces humeurs sans cesse renouvelées sur la conjonctive fait donc plus que se prêter aux mouvements si fréquents de l'œil et des paupières. La conjonctive en reçoit le vernis naturel qui brille dans la santé, surtout pendant le jeune âge, et qui disparaît dans les maladies longues et aux approches de la mort.

L. LAURENT.

CONJONCTURE, coexistence, dans *le temps,* de plusieurs faits relatifs à un autre, qu'ils modifient soit en bien, soit en mal. Si ces faits coexistaient dans *la chose*, ce seraient des *circonstances.* On peut connaître toutes les *circonstances* d'une chose, et n'en pas connaître toutes les *conjonctures*, et réciproquement. Ce sont ordinairement les conjonctures qui déterminent quelqu'un à prendre un parti. C'est la diversité des circonstances qui fait que le même homme pense différemment sur la même chose.

CONJUGAISON (du latin *conjugatio*, venant de *conjungere* et donnant l'idée de jonction, assemblage). C'est l'arrangement suivi de toutes les terminaisons d'un verbe, selon les voix, les modes, les temps, les nombres et les personnes.

Les grammairiens de chaque langue ont observé qu'il y avait des verbes énonçant les modes, les temps, les nombres, les personnes, par certaines terminaisons, et d'autres, de la même langue, ayant des terminaisons toutes différentes, pour marquer les mêmes modes, les mêmes temps les mêmes nombres, les mêmes personnes. De là ils sont partis pour faire autant de classes différentes de ces verbes qu'il y a de variétés dans leurs terminaisons, lesquelles, malgré leurs différences, ont cependant une égale destination par rapport au temps, au nombre, à la personne. Ce sont ces classes différentes que les grammairiens ont appelées *conjugaisons.*

Parmi les verbes latins, il y en a en *are*, en *ēre*, en *ĕre*, et en *ire*. On a donné un *paradigme* (παράδειγμα, *exemplar*), c'est-à-dire un modèle, à chacune de ces catégories. Ceux qui suivent quelqu'un de ces paradigmes sont dits *réguliers*, et ceux qui ont des terminaisons particulières sont appelés *anomaux* ou *irréguliers* : on en fait en listes spéciales dans les rudiments; d'autres sont seulement *défectifs,* c'est-à-dire qu'ils manquent, ou de prétérit, ou de supin, ou de quelque mode, ou de quelque temps, ou de quelque personne.

En hébreu, certains grammairiens comptent sept conjugaisons, d'autres huit; mais il y en a qui n'en admettent que cinq et quelques-uns même qui voudraient les réduire à trois. Les verbes hébreux ont voix active et voix passive;

ils ont deux nombres, le singulier et le pluriel; ils ont trois personnes, et, en les conjuguant, on commence par la troisième, parce que les deux autres sont formées de celle-là par l'addition de quelques lettres. Les verbes ont trois genres comme les noms, le masculin, le féminin et le commun ; ensorte que l'on connaît par la terminaison du verbe si l'on parle d'un nom masculin ou d'un féminin ; dans tous les temps, la première personne est du genre commun. Il n'y a point de genre neutre.

Les Grecs ont trois espèces de verbes par rapport à la conjugaison. Chaque verbe est rapporté à son espèce suivant la terminaison du *thême* ou première personne du présent de l'indicatif. C'est de cette première personne qu'on forme les autres temps.

Dans la langue allemande, tous les verbes sont terminés en *en* à l'infinitif, si l'on en excepte *seyn*, être, dont l'*e* se confond avec l'*y*. Cette uniformité de terminaison des verbes à l'infinitif a fait dire aux grammairiens qu'il n'y avait qu'une seule conjugaison en allemand. Ainsi il suffit de bien savoir le paradigme, ou modèle, sur lequel on conjugue à la voix active tous les verbes réguliers ; et ce paradigme est *lieben* aimer ; car telle est la destination des verbes qui expriment le sentiment, de servir de paradigme dans presque toutes les langues. On doit ensuite avoir des listes de verbes irréguliers.

Quant à l'anglais, la manière de conjuguer les verbes de cette langue n'est point analogue à celle des autres. C'est avec l'infinitif et deux noms verbaux ou participes, un présent, toujours terminé en *ing*, l'autre passé, terminé ordinairement en *ed*, qu'elle conjugue ses verbes par le secours de certains mots et de quelques verbes auxiliaires.

Les Espagnols ont trois conjugaisons, qu'ils distinguent par la terminaison de l'infinitif en *ar*, *er* et *ir*, et quatre auxiliaires *haver*, *tener*, *ser* et *estar* ; les deux premiers, pour conjuguer les verbes actifs, les neutres et les réciproques ; les deux derniers, pour conjuguer les verbes passifs. Ce mécanisme est plus analogue que le nôtre à la manière latine.

Les Italiens, dont les mots, si l'on en excepte quelques prépositions ou monosyllabes finissent par une voyelle, n'ont que trois conjugaisons aussi, en *are*, *ere* et *ire*.

À l'égard du français, il faut observer que tous nos verbes sont terminés à l'infinitif en *er*, *ir*, *oir* et *re*. Ces quatre conjugaisons générales sont ensuite subdivisées à cause des voyelles ou des diphthongues ou des consonnes qui précèdent la terminaison générale.   DUMARSAIS.

CONJUGUÉ (*Mathématiques*). En géométrie, on emploie cet adjectif pour qualifier deux points, deux lignes ou deux surfaces, qui sont dans une dépendance mutuelle. Ainsi une droite étant divisée harmoniquement, une de ses extrémités et l'un des points de division sont conjugués par rapport à l'autre extrémité et à l'autre point de division (*voyez* HARMONIQUE). Dans les sections **coniques**, on nomme *diamètres conjugués* deux diamètres dont l'un coupe en leur milieu toutes les cordes parallèles à l'autre, et *vice versâ* : les axes de l'ellipse et de l'hyperbole sont des diamètres conjugués rectangulaires. Deux hyperboles sont dites *conjuguées* lorsque l'axe transverse de l'une est l'axe non transverse de l'autre, et réciproquement ; ces deux courbes ont nécessairement les mêmes asymptotes.

En algèbre, deux expressions imaginaires, telles que $a+b\sqrt{-1}$ et $a-b\sqrt{-1}$, qui ne diffèrent que par le signe du coefficient de $\sqrt{-1}$, sont conjuguées. Entre autres propriétés remarquables, on voit que leur somme, $2a$, et leur produit, a^2+b^2, sont réels. Il est également évident que ces expressions ont le même module.

CONJUGUÉES, tribu ou famille d'algues d'eau douce. Ce sont des plantes aquatiques constituées par des filaments libres et simples formés de deux tubes, dont l'un, extérieur et transparent, ne présente à l'œil armé de la plus forte loupe aucune organisation, et contient dans son intérieur un autre tube articulé et rempli de matière colorante. Ces filaments, dont chacun semble former un individu, se joignent à une certaine époque de leur vie, et s'unissent pour ne faire qu'un même être, comme par un mode d'accouplement entièrement animal, au moyen de stigmates de communication, par lesquels la substance colorante passe d'un tube dans l'autre, en laissant l'un d'eux entièrement vide, tandis que des corps ronds et gemmiformes s'organisent dans chaque article du filament opposé.   DEMEZIL.

CONJURATION, complot formé entre un nombre plus ou moins grand de complices pour un but politique, tel que le meurtre du chef d'un État, ou une révolution dans le gouvernement, ou même dans la constitution du pays. Ces complots ne pouvant d'ordinaire réussir que par le secret, les conjurés se lient entre eux par des serments ; de là leur nom : *cum jurare*. Le mot *conspiration* s'emploie comme synonyme pour désigner ces entreprises. Il y a cependant cette différence qu'une conjuration suppose un certain nombre d'hommes engagés dans le même projet, au lieu qu'une conspiration peut être l'œuvre d'un très-petit nombre, quelquefois même d'un seul homme, témoin la conspiration Malet. Tout conjuré joue sa tête ou sa liberté, puisqu'il attaque un homme ou un gouvernement en dehors de la ligne tracée par les lois. S'il échoue, les lois l'ont condamné d'avance, il doit s'être résigné au châtiment. Si le succès couronne une conjuration, il n'absout les conjurés qu'autant qu'ils ne sont point condamnés par la conscience publique ; et ce verdict irrécusable n'acquitte que ceux qu'il juge n'avoir pas agi en dehors des lois que pour rétablir leur empire détruit. Dans ce cas, il se prononce aussi pour la mémoire de ceux qui ont succombé. Harmodius et Aristogiton furent honorés à Athènes. Les Romains qui avaient échappé à l'avilissement et à la corruption (et de ceux-là seuls comptait le suffrage), vénéraient l'esclave Épicharis, conjurée contre Néron et bravant le tyran au milieu des tortures. Tout Espagnol digne de ce nom a voué sa vie pour délivrer sa patrie du joug de l'orgueilleuse Sparte ; et à Pinto, préparant avec autant de courage que d'habileté l'affranchissement du Portugal, asservi par un usurpateur étranger. Parmi les conjurations flétries par l'histoire, la plus odieuse est celle de Catilina. Une conjuration non moins célèbre dans les temps modernes est celle de Venise, racontée par l'abbé de Saint-Réal avec un talent souvent digne de l'antiquité. Mais l'exactitude de son récit a été contestée de nos jours par M. Daru. La conjuration des Pazzi contre les Médicis, la conjuration d'Amboise contre la fatale puissance des

Guises, ne manquaient pas de motifs ou de prétextes. Mais les Pazzi se déshonoraient par leur recours à des moyens odieux : les deux Médicis n'étaient pas des tyrans. Quant aux conjurés d'Amboise, ils avaient pour eux de trop justes griefs et les vœux de tous ceux qu'indignait la domination insolente et vexatoire des Guises ; mais la plus grande partie de la nation, quels que fussent les mécontentements publics, avait horreur d'un pouvoir qui eût pu passer aux mains de chefs protestants.

On connaît assez les conjurations qui, si souvent, ont précipité du trône dans la tombe les sultans et les tzars. Ces complots de palais, qui n'ont fait presque jamais que substituer un despote à un autre, sont le danger perpétuel du pouvoir arbitraire. AUBERT DE VITRY.

On appelle encore *conjurations* des paroles, caractères ou cérémonies magiques, par lesquels les sorciers et magiciens prétendent évoquer ou chasser les mauvais esprits et détourner les choses nuisibles, telles que les tempêtes, les serpents, les maladies, etc. C'est de là qu'on dit, au figuré, *conjurer la tempête*, *l'orage*, pour dire détourner par sa prudence ou par son courage un malheur dont on est menacé.

Dans les temps où la crédulité humaine était exploitée par le goût du merveilleux, par la cupidité des adeptes, par le fanatisme ignorant, ajoutant foi à la possibilité du commerce de l'homme avec des puissances occultes ou surnaturelles, on pensait se mettre en rapport avec elles à l'aide de ces cérémonies. De l'Orient, les conjurations passent chez les Grecs ; les magiciennes de Thessalie font descendre la lune par leurs enchantements ; Médée attelle à son char des dragons ailés ; Circé change en pourceaux les compagnons d'Ulysse ; à la durée d'un tison fatal est attachée celle des jours de Méléagre. Vous retrouvez les conjurations en Égypte, chez les Hébreux, chez les Romains, au moyen âge, dans les temps modernes, dans les vers d'Homère, dans ceux d'Ovide et d'Horace, dans ceux de l'Arioste et du Tasse. Après Sagane et Canidie, Armide et le nécroman Ismen ; puis les diables et les sorcières, les sorts, les philtres, les maléfices, les images de cire piquées à coups d'épingle ou d'aiguille, et toujours la même baguette magique, traçant les mêmes cercles, toujours les mêmes paroles sacramentelles, faisant monter l'enfer ou descendre le ciel sur la terre, à la satisfaction des dupes et au profit des fourbes et des cupides.

En matière ecclésiastique, *conjuration* est synonyme d'*exorcisme*.

Chez les anciens Romains, le mot *conjuration* avait un sens particulier : il désignait une cérémonie qui se pratiquait dans les grands dangers de la République et dans les occasions inopinées. Les soldats assemblés au Capitole faisaient serment, juraient, entre les mains du général, de défendre la République et de sacrifier leur vie pour elle : ce serment fait, ils marchaient à l'ennemi. La cérémonie jusqu'au serment s'appelait *tumulte*, et ensuite *conjuration*.

CONNAISSANCE. Ce mot, pris dans son acception la plus rigoureuse et la plus philosophique, désigne ce phénomène de l'intelligence qui consiste pour elle à savoir qu'une chose est de telle ou de telle manière, et qu'il existe entre deux objets de nos idées, ou, en d'autres termes, à *se représenter un fait* de quelque nature qu'il soit.

Le mot *connaissance* est quelquefois et improprement employé pour désigner la faculté de connaître. On ne doit entendre par connaissance que le produit de cette faculté, que le fait qui résulte pour nous de l'opération de l'intelligence. La faculté est la cause, la connaissance l'effet. Tous les hommes possèdent la première à peu près au même degré ; il s'en faut bien que tous jouissent également de ses résultats, qui dépendent de son exercice, et qui offrent tant de variétés selon les individus, tandis que dans chacun le principe reste le même.

Il ne faut pas non plus confondre la *connaissance* avec l'*idée*. L'idée entre comme élément dans la connaissance, et il y a entre ces deux faits la différence qui existe entre la partie et l'ensemble, entre l'élément et le composé. *La terre est de forme ronde*, voilà une connaissance. Terre, forme, rondeur, voilà des idées. Des idées toutes seules ne sauraient satisfaire la pensée, aussi elles n'y entrent jamais sans s'associer de manière à constituer une connaissance. Pour cela, il faut que l'esprit ait perçu un rapport entre deux idées, qu'il l'affirme tacitement, en un mot qu'il ait *jugé* que ce rapport existe. L'esprit n'a pas besoin de juger pour acquérir une idée ; mais il ne peut acquérir de connaissance sans qu'il y ait un jugement de sa part. La connaissance est donc le résultat du jugement. Les idées sont les éléments épars et sans lien de la connaissance. Celle-ci consiste dans un assemblage d'idées unies entre elles par un rapport qui leur sert de lien dans la pensée et qui leur permet d'offrir un *sens* satisfaisant à l'esprit. Aussi le rapport est-il l'élément essentiel et constitutif de la connaissance, et l'on peut dire qu'autant nous percevons de rapports, autant nous acquérons de connaissances différentes.

Le mot *connaisssance* n'est pas non plus synonyme de celui de *notion*. Ce dernier a une signification plus large, puisqu'il s'emploie également pour les mots *idée* et *connaissance* ; mais s'il s'applique en général à toute espèce d'acquisition de la pensée, il présente le phénomène intellectuel qu'il désigne, revêtu d'un caractère particulier. On entend par *notion* l'idée ou la connaissance à son état primitif, quand elle est encore obscure ou imparfaite. Ainsi, avant que l'attention soit venue éclaircir nos idées, quand elles ne sont encore que les premières aperceptions de l'esprit, elles sont à l'état de *notion*, et c'est ainsi qu'on désigne ou qu'on doit désigner maintenant en philosophie ce qui se faisait par lequel débute l'intelligence, et auquel on avait si improprement donné le nom de *sentiment*. Quand on dit qu'une personne a quelques *notions* d'une science, on entend par là qu'elle possède seulement sur cette science des connaissances imparfaites, vagues, superficielles. Quant au mot *connaissance*, quand il est employé seul et d'une manière absolue, il exprime au contraire ce que l'esprit sait d'une manière certaine, claire, arrêtée, durable.

Les connaissances sont vraies ou fausses (erronées). Elles sont vraies, quand elles sont conformes au fait qu'elles sont chargées de représenter à l'esprit ; fausses, quand elles en sont une représentation infidèle. On a donné à ces dernières le nom d'*erreurs*, aux premières le nom de *vérités*. En général l'erreur ne dépend que de l'incomplet de nos connaissances ; toute part aura analysé le plus complètement possible un objet sera celui qui aura le plus approché de la vérité à son égard, si bien que connaissance vraie est à peu près synonyme de connaissance exacte ou complète. Un des caractères essentiels de la connaissance proprement dite est d'être *durable*. Si la mémoire laisse échapper les acquisitions de l'esprit, on ne peut plus donner le nom de connaissance à ces souvenirs confus et incomplets dont l'esprit ne peut tirer aucun parti. Il faut, à proprement parler, qu'il puisse, à volonté et quand il en aura besoin, évoquer des souvenirs clairs et précis ; que les faits se retracent à lui avec netteté et exactitude ; en un mot, on ne pourrait dire d'un homme qui aurait beaucoup lu et presque tout oublié, qu'il possède beaucoup de connaissances. Or, pour que les connaissances présentent ce caractère de durée, de consistance, et pour qu'elles méritent leur nom, le seul moyen que nous ayons à mettre en usage, c'est l'attention, ce grand levier de l'esprit humain. C'est l'attention qui analysera toutes les parties d'un objet, qui en éclaircira les rapports, c'est l'attention qui les gravera dans la mémoire et leur donnera ainsi la durée de la vie.

On qualifie aussi les connaissances de *vastes*, d'*étendues*, de *variées*. C'est lorsque l'esprit a étudié une multitude d'objets différents et parcouru de nombreux rameaux de l'arbre de la science. Il importe surtout alors qu'elles soient bien coordonnées; car il ne suffit pas à l'esprit de savoir beaucoup. Les connaissances qu'il acquiert ne sont que des matériaux qu'il lui faut mettre en œuvre, et qui par conséquent doivent être rangés avec ordre, occuper chacun leur place. Il est donc essentiel de bien établir entre les différentes sortes de connaissances les distinctions qui existent entre leurs objets, sans quoi l'on est exposé à appliquer à une chose une méthode ou des règles d'appréciation qui ne conviennent qu'à une autre. Il est également essentiel d'unir dans son esprit les différentes connaissances d'un même ordre par les rapports qui unissent dans la nature les faits correspondant à ces connaissances. Outre qu'elles se retiennent mieux, parce qu'elles sont mieux liées dans l'esprit, elles se présentent à lui sous un jour plus clair et plus vrai; car l'ordre est pour l'esprit ce qu'est pour les yeux la lumière, et elles forment un système qui constitue, à proprement parler, une science. Celui qui sait beaucoup est un **érudit**. Celui dont les connaissances sont liées entre elles par un enchaînement systématique est un **savant**. Bacon est le premier qui ait compris de quelle importance il était pour l'esprit d'introduire l'ordre dans ce vaste pêle-mêle des connaissances humaines; il en essaya une grande classification, qu'on a pu modifier et augmenter depuis, mais dont on a adopté les bases et les divisions principales.

On pouvait croire que pour diviser les connaissances, il suffisait de distinguer leurs objets et d'établir la division des connaissances d'après la division même établie entre leurs objets. Mais Bacon remarqua que les mêmes objets, pouvant être considérés par l'esprit sous différents points de vue, donnaient lieu à des connaissances d'un genre tout différent. Il remarqua que ce qui constitue cette différence entre nos connaissances, c'est la différence des **facultés** qui agissent pour en faire l'acquisition, et cette considération le détermina à les classer d'après les facultés dont elles sont le produit. Or, les facultés auxquelles nous sommes redevables de toutes nos connaissances sont la **mémoire**, le **raisonnement** et l'**imagination**. De là les trois grandes branches de l'arbre encyclopédique, histoire, philosophie, poésie. L'histoire comprend la connaissance de tous les faits que l'esprit peut recevoir par les sens et la conception, et qu'il retient au moyen de la mémoire. La philosophie embrasse toutes celles qui sont les conquêtes de la réflexion et du raisonnement. Enfin, la poésie renferme celles que l'on doit à l'imagination, qui combine les éléments fournis par l'observation, et en forme des composés nouveaux, n'ayant rien qui leur corresponde dans la réalité, et ne devant leur naissance qu'au cerveau du poëte. Cette division posée, Bacon envisage les ramifications de chaque espèce par rapport à leur objet, et ce nouveau point de vue lui fournit les subdivisions ou plutôt les ramifications diverses des branches principales. Ainsi, il divise l'histoire en histoire naturelle et histoire du genre humain; celle-ci en histoire des différents peuples; puis, dans l'histoire d'un peuple, il trouve l'histoire de sa législation, de ses arts, etc. Il divise la philosophie en sciences naturelles et sciences métaphysiques, les premières en sciences abstraites ou mathématiques, sciences concrètes, ou physique, chimie, etc., etc.

Si nous restions sans exercer notre intelligence, c'est-à-dire sans la développer dans les phénomènes qui sont sa manifestation et sa vie, quoique nous fussions doués du plus beau privilége que Dieu ait pu accorder à la créature, ce bienfait divin serait nul pour nous; ce serait une semence précieuse, capable de produire la plus admirable végétation, les fleurs et les fruits les plus beaux, mais qui, n'étant pas fécondée, n'aurait aucune valeur, et vivrait obscure et ignorée, d'une vie semblable au néant. Ainsi, l'homme dont l'esprit serait entièrement inculte serait un être sans valeur, inutile à lui-même et à la terre qui le porte, incapable de faire un seul pas vers l'accomplissement de sa destinée, plus malheureux que la brute que la nature a pris soin de diriger elle-même, et qu'elle pousse par un instinct fatal vers le but pour lequel elle l'a créée. L'homme ne vaut² quelque chose que par le travail et les acquisitions de son esprit, et plus son intelligence s'enrichit, plus il acquiert de grandeur et de puissance. Contraint par la faiblesse de sa nature physique à n'occuper qu'un point dans le temps et dans l'espace, le seul moyen d'échapper à son imperceptible petitesse, c'est de s'élancer par la pensée dans l'espace et dans le temps. Mais alors les siècles se déroulent devant lui, toute la terre se déploie à ses regards, et quand il s'est emparé de tous les faits qui l'ont précédé et qui existent hors de la portée de ses sens, sa vie n'est plus renfermée dans l'espace de quelques lustres, il n'est plus resserré dans les bornes d'une étroite patrie, il a vécu aussi longtemps à lui seul que toutes les générations dont il connaît l'histoire, il est présent à tous les lieux que sa conception lui décrit, il ajoute à ses années la durée de tous les âges passés, il recule les limites de ses sens jusqu'aux lieux où sa pensée a pu s'étendre; or, c'est à la connaissance seule qu'il doit ce prodigieux accroissement de son être, c'est à ses connaissances qu'il doit d'être **un monde en petit**, de résumer en lui toutes les merveilles de la nature, de pénétrer dans les secrets d'une création en face de laquelle il semble si peu de chose, et de s'élever ainsi à cette noblesse qui doit être le principal caractère de l'humanité, qui seule lui confère le droit de se regarder comme l'œuvre la plus sublime sortie des mains du Créateur. S'il doit aux conquêtes de la pensée un tel agrandissement de la vie intellectuelle, les jouissances qui constituent sa vie affective ne s'accroissent-elles pas aussi dans la même proportion par l'effet de ces conquêtes? Peut-on comparer les plaisirs d'un homme réduit à l'exercice de ses sens, aux plaisirs de celui qui peut promener sa pensée sur tous les lieux et dans tous les siècles, nourrir son imagination de ce qui a excité l'étonnement de tant de peuples divers, et contempler les merveilleux ouvrages du Créateur, plus dignes encore de son admiration et de son enthousiasme que les plus admirables et les plus ingénieux ouvrages de l'homme?

Si je considère maintenant sa puissance, là aussi je trouve que tout le développement qu'il lui a donné et qu'il peut lui donner encore, il ne le doit et ne le devra qu'aux acquisitions de son intelligence. Borné à ses forces corporelles et aux suggestions que lui fournit l'instinct de sa propre conservation, il est réduit à l'impuissance à l'égard de presque tous les obstacles dont il est entouré. Il ne peut donc accroître ses forces que de celles de la nature, et il ne peut contraindre la nature à les lui prêter qu'à la condition de les connaître. Mais, quand il a arraché à la nature le secret des forces qu'elle peut mettre, pour ainsi parler, à son service, quand ses connaissances lui ont révélé les lois des agents qu'il peut s'approprier et faire travailler avec lui à son bien-être, comme sa puissance grandit tout à coup! quelles masses immenses ce faible corps va soulever? avec quelle rapidité cet être chétif va parcourir d'incroyables distances? avec quelle facilité il va multiplier tous les objets propres à améliorer sa condition et à embellir son séjour! Quant à sa destinée, qui la lui révélera? qui lui révélera les moyens de l'accomplir, si ce n'est la connaissance de sa nature, de ses facultés, de leurs lois, de leur but, de la direction qu'il doit leur donner pour que ce but soit atteint, et des obstacles qu'il lui faut surmonter pour ne point dévier de sa route? Non, l'homme n'a reçu d'**instinct** que pour satisfaire ses besoins les plus grossiers; il n'a point reçu de la nature celui de sa grande mission, et du chemin qu'il lui faut parcourir pour atteindre sa fin glorieuse. Rien ne peut suppléer pour lui à cet instinct, que les laborieuses acquisitions de sa pensée. Le développement intellectuel, c'est-à-dire le continuel accroissement de ses connaissances, voilà son élément naturel, voilà sa vie, son essence, voilà sa force ici-bas. Sans elle, il n'est plus qu'un être incomplet, manqué, faible, mal heureux, sans avenir, sans but, un objet de pitié, une erreur de la création. Avec elle, il marche à la conquête de tous les biens qui lui sont destinés, il devient le roi du monde qu'il habite, et acquiert le droit d'aspirer à un monde meilleur : sagesse, félicité, puissance, deviennent son partage, nobles attributs qui font de lui un glorieux reflet de la Divinité. C.-M. PAFFE.

CONNAISSEMENT. On nomme ainsi la reconnaissance fournie par le capitaine d'un navire des marchandises qu'il a reçues à son bord. Le connaissement dans les transports d'effets ou de marchandises par mer tient lieu de la lettre de voiture dans les transports par terre. Cet acte doit indiquer la nature et la quantité, ainsi que les espèces ou qualités des objets chargés, le nom du chargeur, le nom et l'adresse de celui à qui l'expédition est faite, le nom et le domicile du capitaine, le nom et le tonnage du navire, le lieu du départ et celui de la destination, les marques et numéros des objets, et le prix du fret. Il peut être *à ordre*, ou *au porteur* ou *à personne dénommée*. Il doit être fait en quatre originaux au moins ; un pour le chargeur, un pour celui auquel les marchandises sont adressées, un pour le capitaine, un pour l'armateur du bâtiment. Tous quatre doivent être signés par le chargeur et par le capitaine, dans les vingt-quatre heures après le chargement. Le chargeur est tenu de fournir au capitaine dans le même délai les acquits des marchandises chargées. Lorsqu'il est rédigé dans les formes ci-dessus prescrites, il fait foi entre toutes les parties intéressées au chargement, et entre elles et les assureurs. En cas de diversité entre les connaissements d'un même chargement, celui qui sera entre les mains du capitaine fera foi, s'il est rempli de la main du chargeur ou de celle de son commissionnaire ; et celui qui est présenté par le chargeur ou le consignataire sera suivi, s'il est rempli de la main du capitaine. Lorsqu'il n'y a pas possibilité d'appliquer cette règle, et les cas qui s'en présentent sont nombreux, les tribunaux se décident par les renseignements, les circonstances, les présomptions, et autres moyens qu'ils jugent capables de les éclairer.

Tout commissionnaire ou consignataire qui aura reçu les marchandises mentionnées dans les connaissements ou chartes parties sera tenu d'en donner reçu au capitaine qui le demandera, à peine de tous dépens, dommages-intérêts, même de ceux du retardement.

En cas de perte des marchandises assurées et chargées pour le compte du capitaine sur le vaisseau qu'il commande, le capitaine est tenu de justifier aux assureurs l'achat des marchandises et d'en fournir un connaissement signé par deux des principaux de l'équipage. Tout homme de l'équipage et tout passager des pays étrangers qui apportent des marchandises assurées en France sont tenus d'en laisser un connaissement dans les lieux où le chargement s'effectue, entre les mains du consul de France, et, à défaut, entre les mains d'un Français notable négociant, ou du magistrat du lieu.

CONNAISSEUR. C'est le nom que l'on donne à celui qui, sans exercer aucun des beaux-arts, a pourtant acquis les moyens de bien juger leurs productions. On dit d'une personne, c'est un bon connaisseur, en tableaux, en médailles, en musique, etc. Un connaisseur habile a dû voir beaucoup, car c'est par la comparaison d'un grand nombre d'ouvrages qu'il a pu acquérir les connaissances nécessaires pour juger avec rectitude. Un *connaisseur* devient *amateur* s'il possède des tableaux, s'il forme un cabinet ; mais *un amateur n'est pas toujours connaisseur* ; souvent même, il se laisse diriger par une autre personne à laquelle il croit plus de connaissances qu'il ne s'en reconnaît à lui-même. Un peintre n'est pas toujours connaisseur ; on peut dire qu'un *bon peintre* n'est jamais un *bon connaisseur*, parce qu'indépendamment des connaissances intellectuelles nécessaires pour bien juger de la beauté du dessin, de la couleur et du clair-obscur, il faut avoir des connaissances que l'artiste ne cherche pas à acquérir. Les meilleurs connaisseurs sont les marchands de tableaux, auxquels on donne aussi le nom d'*appréciateurs*; mais souvent ils ne se servent de leurs connaissances que dans leur intérêt et en profitent même quelquefois pour tromper l'amateur qui n'est pas suffisamment *connaisseur*. DUCHESNE aîné.

CONNAUGHT, province formant l'extrémité nord-ouest de l'Irlande, avec une superficie de 346 myriamètres carrés et une population de 1,346,000 habitants, bornée à l'ouest et au nord par l'océan atlantique, au nord-ouest par la province d'Ulster, à l'est par celle de Leinster et au sud par celle de Munster. Montagneuse à l'ouest, elle est au contraire dans sa partie orientale plate et couverte de marais et de tourbières. L'océan forme sur les rivages de cette province un grand nombre d'échancrures et de baies, dont les plus considérables sont les golfes de Galway, de Kilkerran, de Birterbury, de Killery, de Clew, de Blackrod, de Broad, de Killala, de Sligo et de Donegal. Les rivières et les lacs sont extrêmement nombreux dans le Connaught. De tous ses cours d'eau le plus important est le Shannon, qui prend sa source au Logh Allen et forme presque partout la limite qui le sépare des autres provinces. L'industrie des habitants a surtout pour objet la fabrication des toiles. Sur les côtes, et notamment dans le golfe de Galway, la pêche du saumon et du hareng se fait sur une vaste échelle. Le sol de cette province est médiocrement fertile et d'ailleurs fort mal cultivé ; aussi le Connaught est-il la plus misérable partie de l'Irlande. Il est divisé en cinq comtés : *Leitrim, Sligo, Mayo, Roscommon* et *Galway*. Son chef-lieu est *Galway*, ville bâtie sur le golfe du même nom.

CONNECTICUT, l'un des plus petits États composant les États-Unis de l'Amérique du Nord, est borné au nord par l'État de Massachusetts, à l'est par l'État de Rhode-Island, au sud par le détroit de Long-Island, à l'ouest par l'État de New-York, et présente une superficie de 4,674 milles anglais carrés. Le sol en est montagneux et forme la dernière marche d'une succession de hautes terrasses allant toujours en s'abaissant davantage vers le sud, dont les principaux plateaux, partout susceptibles d'être mis en culture, se rattachent à ceux de l'État de Vermont, et dont les nombreuses et belles vallées sont douées d'une fertilité toute particulière. Le climat du Connecticut est fort sain. Son sol fertile est arrosé par le *Connecticut*, dont les rives offrent les points de vue les plus pittoresques de toute l'Amérique, et dont une partie est navigable, par le Housatonick et par la Tamise. L'agriculture et l'élève du bétail étant la grande industrie du pays, les blés, le beurre et le fromage constituent naturellement ses principaux articles d'exportation. On y cultive aussi la canne à sucre et le tabac. Les comtés de Kent et de Salisbury fournissent des fers d'une remarquable qualité, et celui de Milford du marbre. L'industrie manufacturière y est en progrès continu, notamment la fabrication des toiles, des étoffes de laine et de la quincaillerie. Le commerce, qui a surtout lieu avec les Antilles, y est favorisé par les baies et les ports nombreux de sa côte, qui offre les échancrures les plus multipliées, et qui en même temps se trouve protégée contre la violence de l'Océan par l'île de *Long-Island* ; à l'intérieur, plusieurs chemins de fer et d'excellents canaux en favorisent encore le développements.

Au temps de la domination anglaise, cet État formait deux colonies distinctes, Connecticut et Newhaven. La première avait été fondée en 1635 et 1636, la seconde en 1638. En 1665, le roi Charles II réunit ces deux colonies, et leur donna une constitution commune, qui subsista jusqu'en 1818. Aux termes de la constitution adoptée aujourd'hui en vigueur, l'assemblée législative de l'État se compose d'un sénat, qui ne peut compter moins de 18 ni plus de 24 membres, et d'une chambre des représentants, où chaque corporation de ville (*township*) se fait représenter par un ou deux députés, d'où il résulte qu'elle compte au delà de deux cents membres. Le gouverneur touche un traitement annuel de 1,100 dollars. Les fonds appartenant aux écoles publiques s'élèvent à 2,044,354 dollars. L'État de Connecticut est un de ceux de l'Union dont les finances sont dans la plus satisfaisante situation; il est le seul qui n'ait point de dettes et qui n'en ait jamais eu. Le Connecticut est divisé en huit comités dont la population s'élevait déjà en 1800 à 251,000 âmes, et en 1850 à 386,000. Cet accroissement, relativement médiocre, du chiffre de la population, tient à ce que le Connecticut est, à bien dire, demeuré jusqu'aujourd'hui le grand foyer du puritanisme anglais dans l'Union. La bigoterie, l'intolérance et le vieil esprit saxon continuent à en éloigner l'immigration. *Harford*, avec 17,851 habitants, et Newhaven avec 22,529, sont les villes les plus importantes de cet État. L'instruction y est donnée aux frais de l'État dans 1,700 écoles publiques, 136 établissements d'instruction supérieure et deux universités, dont l'une est le vieux et célèbre *Yale-College* de Newhaven.

CONNECTIF (de *connectere*, lier, joindre), nom donné par M. Richard à un corps particulier tout à fait distinct du filet des étamines, qui sert à unir les deux loges de l'an t h è re, qu'il écarte plus ou moins l'une de l'autre. Le connectif est très-variable dans sa forme. On peut l'observer très-bien dans l'éphémère de Virginie et surtout dans les diverses espèces du genre sauge, où il se présente sous la forme d'un filet allongé, plus ou moins recourbé, placé en travers sur le sommet du filament, comme les deux branches d'un T, et portant les deux loges de l'anthère à chacune de ses extrémités. L. LAURENT.

CONNELL (O'). *Voyez* O'CONNELL.

CONNÉTABLE, *comes stabuli, constabulus, connestabilis*. Telles sont les variantes du mot connétable dans nos anciennes législations, dans les chartes du moyen âge. Le *comte de l'étable* fut un des officiers des empereurs du Bas-Empire. Nos premiers rois, à leur tour, voulurent avoir leur comte du palais et leur comte de l'étable. Dans la hiérarchie de la haute domesticité royale, le comte de l'étable ou connétable n'arrivait que le cinquième. Cette charge d'administration intérieure s'était introduite à la cour de Bourgogne avant d'avoir pris place à celle des rois de Paris, et le connétable bourguignon n'était pas, à cette époque voisine de la conquête, un simple maître des écuries du prince, mais un des chefs de l'armée. Gontran, roi d'Orléans et de Bourgogne, envoya, sous le commandement de Leudégisile, son connétable, une puissante armée dans la Gascogne, contre Gondowalde. Les ducs de Bourgogne eurent aussi leur connétable, comme les rois de cet ancien royaume. Dutillet cite encore les connétables de Champagne et de Normandie. Les grands vassaux, les hauts barons, les riches châtelains, avaient enfin eux-mêmes leur connétable. Lacurne de Sainte-Palaye atteste le fait. Le connétable des grands vassaux avait le commandement supérieur de leurs troupes longtemps avant que les rois eussent érigé en dignité militaire ce qui n'était qu'une charge de cour. Aimoin cite deux comtes de l'étable sous Théodoric, roi d'Austrasie.

Quant au connétable de France, Albéric, en 1060, aurait été le premier, suivant le père Anselme; mais il ne cite aucun cas où il aurait paru à la tête des armées. Tous les connétables qui suivent jusqu'à Matthieu Ier, seigneur de Montmorency, ne sont connus que pour avoir, comme officiers de la couronne, apposé leur seing à quelque charte de fondation pieuse. Matthieu de Montmorency avait de plus assisté à l'assemblée d'Étampes, pour y délibérer sur la croisade. Un autre Matthieu, de la même maison, commanda des corps d'armée au douzième siècle, mais il n'eut jamais la direction suprême des opérations de la guerre. Ce Matthieu de Montmorency et Amaury de Montfort avaient tous deux gagné l'épée de connétable dans la guerre contre les A l b i g e o i s. Les attributions de ce grand officier, comme administrateur suprême et généralissime de toutes les armées, sont clairement expliquées dans deux ordonnances royales déposées aux archives de la Cour des comptes, et citées par le père Anselme et par Dutillet. Le problème historique serait résolu si ces deux ordonnances étaient datées; mais elles ne le sont pas. On lit dans la première : « Li connestable est ou doibt estre du plus secret et estroict conseil du roy, et ne doibt li roys ordonner de nul faict de guerre sans le conseil du connestable, pour tant qu'il puist avoir sa présence. Li connestable doibt avoir chambre à court devers le roy, ou que li roy soit en sa chambre, avoir douze *coustes* et douze *coffins* et busches pour ardoir (brûler), et si doibt avoir six *septins* et six *cinquains*, et deux poignées de chandelles menues et torches de nuict, pour le convoyer en son hostel ou en sa ville, et, le lendemain, le doibt-on rendre aux fruictiers; si doibt avoir trente-six pains, un septier de vin pour sa mesnie (famille), devers le tinel (office, salle où mangeaient les domestiques des seigneurs), et estables pour quatre chevaux. » Dans la seconde on lit : « Le connestable est par dessus tous autres qui sont en l'*ost* (à l'armée), excepté la personne du roy, et, s'il y est, soyent ducs, barons, chevaliers, escuyers, soudoyers, tant de cheval que de pied, de quelque estat qu'ils soient, doibvent obéir à luy. »

Ces deux ordonnances, on le voit, règlent le rang et les gages du connétable : son train de des plus modestes; l'État ne lui entretient que quatre chevaux; mais il a une large part au butin. « Si l'on prend, ou qu'il se rende, chevaux et harnois, vivres et toutes autres choses que l'on trouve dedans, sont au connétable, excepté l'or et les prisonniers, qui sont au roy, et l'artillerie au maistre des arbalestriers. » Il ne connaissait de supérieur que le roi. Les princes, les plus grands seigneurs, quel que fût leur rang, devaient lui obéir; les fils du roi eux-mêmes n'en étaient pas exceptés. Ces ordonnances sont évidemment antérieures au quatorzième siècle, puisque Philippe de Valois, par une ordonnance spéciale, exempte les princes ses fils et leurs officiers de l'obéissance au connétable.

Des solennités extraordinaires signalaient l'investiture de cette haute dignité. « Charles, sire d'Albret, après long refus, accepta l'office en 1402, dit Dutillet; le roy, de sa main, luy bailla son espée; les ducs d'Orléans et Berry à la dextre, et ceux de Bourbon et Bourgogne à la sénestre, la luy ceignirent, et le chancelier luy fit faire le serment audit roy. » Le connétable portait l'épée royale nue et haute dans les grandes cérémonies. On arborait sur les tours des villes prises d'assaut ou qui avaient capitulé, l'étendard de celui qui avait conduit le siége, ou accepté la capitulation; mais si le connétable était présent, on arborait son étendard; le roi se trouvait en personne devant la place conquise, l'étendard royal, placé d'abord, était immédiatement remplacé par celui du connétable. A l'armée, à la cour, le connétable prenait le premier rang après le roi. La formule du serment est remarquable : elle résume les prérogatives et les obligations de ce premier dignitaire de l'ancienne monarchie.

On compte depuis Matthieu II de Montmorency, qui, le premier, se distingua à la tête des armées, et qui mourut le 24 novembre 1230, jusques au duc de Lesdiguières, mort le 28 septembre 1626, trente connétables. Raoul de Brienne fut blessé mortellement dans un tournoi en 1344. Son fils, qui lui avait succédé, fut décapité pour crime de félonie, en 1350. Six périrent sur les champs de bataille, ou de blessures reçues : Gauthier de Brienne, à la bataille de Poitiers, 1356; Jacques de B o u r b o n, tué en 1361 par les grandes compagnies de Charles d'Albret, à la bataille d'Azincourt, en 1413; Jean Stewart, Écossais, à la bataille de Verneuil, en 1424; Charles de Bourbon, qui avait pris les armes contre son pays, tué au siége de Rome, en 1527; Anne de Montmorency, des blessures reçues à la bataille de Saint-Denis, en 1567; Bernard d'Armagnac, massacré à Paris par la faction du duc de Bourgogne, en 1418; Charles de Castille assassiné à Laigle, en 1354, par ordre du roi de Navarre; Louis de Luxembourg, comte de Saint-Paul, décapité à Paris, pour crime de lèse-majesté, en 1475. Deux Bretons ont honoré l'épée de connétable, Bertrand Duguesclin et Olivier de Clisson. Cette dignité fut supprimée par Louis XIII, en 1627, après la mort de Lesdiguières. Elle avait été plusieurs fois suspendue. La plus longue interruption avait été de vingt-quatre ans.

Napoléon Ier, en fondant une nouvelle monarchie, rétablit presque toutes les charges des anciens grands officiers de la couronne, mais avec des attributions très-bornées et purement honorifiques. Il créa *grand connétable* le père de l'empereur actuel, son frère le prince *Louis*, qui fut depuis roi de Hollande; et vice-connétable le maréchal Berthier, prince de Wagram et de Neufchâtel. Cette charge, supprimée à la Restauration, n'a pas encore été rétablie.

On nommait aussi *connétables*, sous l'ancien régime, les commandants des compagnies d'hommes de guerre appelées *connétablies*. Le titre et la charge de *connétable* ont long-temps subsisté en Espagne comme appartenant aux gouverneurs de certaines provinces, telles que la Castille, la Navarre, etc. En France, la *connétablie*, ancienne juridiction dont le connétable du royaume était le chef, et qui connaissait de tous les crimes commis par des gens de guerre, ainsi que de tout ce qui regardait la guerre au civil et au criminel, a survécu à cette charge et a été, depuis sa suppression, présidée par le plus ancien des maréchaux de France. Un grand prévôt, avec ses quatre lieutenants et ses archers, suivait l'armée pour taxer les vivres et instruire les procès des militaires. La *connétablie* ne jugeait pas en dernier ressort. Les condamnés pouvaient en appeler au parlement. Dufey (de l'Yonne).

CONNÉTABLIE. *Voyez* Connétable.

CONNEXE, CONNEXION, CONNEXITÉ. La *connexité* est le rapport de dépendance qui existe dans les choses avant leur rapprochement; la *connexion* est leur dépendance effective, actuelle. Deux vérités sont *connexes* si la connaissance de l'une dépend de la connaissance de l'autre. Cette liaison de vérités qui s'enchaînent étroitement, sans laisser entre elles de solution de continuité, doit être la qualité essentielle du raisonnement; elle brille surtout dans les mathématiques, quoique, malgré l'opinion commune, l'ordre naturel des idées n'y soit pas toujours suivi, et qu'on emploie, par exemple, le cercle pour établir les théorèmes relatifs aux lignes droites. Mais les mathématiques ont l'immense avantage de reposer sur des définitions d'objets construits par l'esprit, de partir, par conséquent, de principes incontestables, dont la certitude se communique à toutes les parties subséquentes, tandis que, dans la plupart des autres connaissances, le point de départ est incertain. A cet égard, Pascal n'a presque rien exagéré en disant que *la dernière chose que l'on trouve en faisant un ouvrage est de savoir celle qu'il faut mettre la première*. Les écrivains classiques, dans leurs plus grands écarts, conservent la connexion des idées; leurs écrits forment un ensemble dont il serait impossible de rien détacher, au lieu qu'on pourrait supprimer cinq ou six pages de quelque endroit que ce soit de certains chefs-d'œuvre modernes, sans qu'on s'aperçût de cette lacune. De Reiffenberg.

En droit, on nomme *connexité* ou *connexion* le rapport et la liaison qui se trouvent entre plusieurs affaires qui demandent à être décidées par un seul et même jugement. En matière civile, lorsque deux affaires connexes sont présentées devant le même tribunal, la jonction en peut être ordonnée soit d'office, soit sur la demande de l'une des parties. Si une contestation est connexe à une autre déjà pendante devant un autre tribunal, le renvoi peut être demandé et ordonné. En général, dans le cas de connexité, les deux affaires doivent être renvoyées devant le tribunal premier saisi. En matière réelle, la connaissance des affaires connexes peut être dévolue au tribunal dans le ressort duquel est située la majeure partie des biens litigieux. En matière criminelle, les délits sont connexes, soit lorsqu'ils ont été commis en même temps par plusieurs personnes réunies, soit lorsqu'ils ont été commis par différentes personnes, même en différents temps et en divers lieux, mais par suite d'un concert formé à l'avance entre elles, soit lorsque les coupables ont commis les uns pour se procurer les moyens de commettre les autres, pour en faciliter, pour en consommer l'exécution ou pour en assurer l'impunité. La cour statue pour les mises en accusation, par un seul et même arrêt sur les délits connexes dont les pièces se trouvent en même temps produites devant elle. Lorsqu'il a été formé, à raison du même délit, plusieurs actes d'accusation contre différents accusés, le procureur général peut en requérir la jonction, et le président peut l'ordonner même d'office. Si des délits connexes ont été commis dans divers départements, la Cour de cassation peut en attribuer la connaissance à une seule cour d'assises. La connexité entraîne devant la cour d'assises un délit correctionnel connexe à un fait qualifié crime. Il en est de même d'un délit justiciable d'un tribunal spécial : le bénéfice de la procédure par jurés leur est acquis.

CONNIVENCE. Ce mot vient du latin *nivere*, cligner les yeux, fait lui-même du grec νεύω, qui a le même sens. C'est une espèce de complicité et dissimulation d'un mal que l'on peut et que l'on doit empêcher. Ceux qui, par connivence, procurent l'évasion d'un détenu, encourent un emprisonnement de six mois à deux ans.

CONNIVENT. En botanique, cette qualification s'applique aux organes qui sont rapprochés et paraissent réunis, quoiqu'ils ne le soient pas réellement. Telles sont la corolle du *cissus connivens*, les feuilles de l'arrache des jardins pendant leur sommeil, etc.

En entomologie, on appelle *ailes connivantes* celles des lépidoptères lorsqu'étant redressées, elles se touchent par leur sommet ou par un point quelconque de leur face supérieure.

CONNOR (O'). *Voyez* O'Connor.

CONOÏDE (de κωνος, cône, et εἶδος, forme). A l'origine, les géomètres, se conformant à l'étymologie, ne donnaient ce nom qu'à des corps dont la forme différait peu de celle d'un *cône*. Aujourd'hui, ils nomment *surfaces conoïdes* celles qui sont engendrées par une droite mobile assujettie à rester parallèle à un plan donné et à s'appuyer constamment sur une droite fixe et sur une courbe quelconque.

CONON, célèbre général et amiral Athénien, dans la seconde moitié de la guerre du Péloponnèse et à l'époque de la guerre de Corinthe, fut appelé, l'an 409 avant J.-C., à partager le commandement de l'armée avec Alcibiade et Trasybule, et, après la chute du premier, fut investi seul du commandement en chef. Mais, dès l'an 406, il se laissa battre près de Lesbos par Callicratidas. A la suite de cette défaite, il se trouva bloqué dans le port de Mitylène, et ne fut délivré que par la victoire navale que les Athéniens remportèrent dans les eaux des Arginusses. Peu d'années après, s'étant trouvé hors d'état de tenir contre Lysandre à la malheureuse bataille d'Ægos-Potamos, il s'enfuit avec huit vaisseaux auprès d'Évagoras, dans l'île de Chypre, et reçut, en l'an 396, du roi Artaxerxès le commandement supérieur de la flotte perse destinée, à ce moment, à agir contre les Spartiates. Deux ans après, il remporta une victoire complète sur Pisandre dans les eaux de Cnide, courut alors au secours des villes de l'Asie Mineure qui gémissaient sous l'oppression des Lacédémoniens, et entra, en 393, avec sa flotte, au Pirée, où le peuple athénien le reçut comme son sauveur, avec de vives démonstrations d'allégresse. Il y fit reconstruire la grande muraille, et employa tous les moyens en son pouvoir pour relever la puissance d'Athènes; mais en l'an 387 il succomba aux intrigues des Lacédémoniens. Ceux-ci, en effet, avaient pendant ce temps-là offert aux Perses, par l'intermédiaire de leur plénipotentiaire Antalcidas, une paix déshonorante pour la Grèce. Les Athéniens, pour le soin de leurs intérêts particuliers, s'étant aussi décidés à leur envoyer en la même qualité Conon, celui-ci fut arrêté à Sardes par ordre du gouverneur Tiribaze, condamné à mort et exécuté sous un vain prétexte. Suivant d'autres historiens, Conon aurait réussi à s'évader, et serait mort plus tard de maladie. Son fils Timothée hérita d'une partie de sa grande fortune; il avait disposé du reste en faveur des pauvres. Nous avons une esquisse de sa vie par Cornelius Nepos.

CONON, de Samos, mathématicien et astronome, florissait vers la 130ᵉ olympiade. Il mourut avant Archimède, son ami, qui professait pour lui une grande estime. Il est question des travaux scientifiques de Conon dans le quatrième livre des *Sections coniques* d'Apollonius. On voit dans les *Collections mathématiques* de Pappus, que Conon avait proposé aux géomètres de trouver la théorie de la spirale, et que c'est probablement cette circonstance qui inspira à Archimède son *Traité des Spirales*. On croit que Conon distingua le premier la constellation qui, depuis lui, est connue sous le nom de *chevelure de Bérénice*; du moins le poète Callimaque s'appuya du nom du géomètre pour donner quelque autorité à la fiction que lui suggéra la disparition subite de la boucle de cheveux consacrée à Vénus par Bérénice. Les écrits de Conon sont malheureusement perdus. « C'était, au jugement d'Archimède, un homme admirable en mathématiques. »

CONON, écrivain grec, contemporain de César et d'Auguste. Il avait écrit plusieurs ouvrages d'histoire, et il avait composé cinquante nouvelles que recommandait, au dire de Photius, un style brillant, coloré, plein de grâce. Il est à regretter que les écrits de Conon n'aient pu se conserver et justifier les éloges du patriarche de Constantinople; on ne peut guère juger de leur mérite par d'arides extraits qui seuls ont échappé aux ravages du temps. Le sujet d'un de ses petits contes, *Le Dépositaire infidèle*, se retrouve au nombre des causes que juge avec une sagacité si lumineuse l'immortel Sancho-Pança durant son règne trop court à l'île de Barataria. Les *Narrations* de Conon ont été comprises dans plusieurs recueils; elles ont obtenu à Gœttingue, en 1798, les honneurs d'une édition spéciale. G. Brunet.

CONON, pape, succéda, en 686, à Jean V. Il était né en Sicile, d'une famille originaire de la Thrace, et il avait vieilli dans l'obscure pratique des vertus chrétiennes, sans songer qu'il pût un jour occuper le saint siège. A cette époque, l'armée avait la prétention de faire des papes comme elle avait fait des empereurs, et, à la mort de Jean V, elle voulait imposer aux Romains un prêtre nommé Théodore, tandis que le clergé désignait un autre candidat. Après une obstination de quelques jours, les deux partis convinrent d'en choisir un troisième, et Conon fut élu, aux acclamations du peuple. Justinien II régnait alors à Constantinople, et il écrivit trois lettres à ce pontife. Saint Kilian, évêque d'Irlande, vint le visiter et recevoir de lui la mission de convertir les peuples d'Allemagne. La simplicité de Conon, son éloignement des affaires publiques, lui portèrent préjudice. Les intrigants s'emparèrent de l'esprit de ce vieillard, et déshonorèrent son pontificat, quoique Platina assure le contraire, en exaltant sa prudence et sa pénétration. Conon ne gouverna l'Église que pendant onze mois et trois jours. Il légua au clergé les trésors qu'avait amassés Benoît II, et mourut en 687. Viennet, de l'Académie française.

CONOPS (du grec κώνωψ, moucheron), genre d'insectes *diptères* que Latreille a pris pour type de sa tribu des *conopsaires*, dans la famille des athéricères. Cette tribu a pour caractère une trompe toujours saillante en forme de siphon, qui est tantôt cylindrique, tantôt conique ou sétacé. Les conops proprement dits ont les deux derniers articles des antennes réunis en massue avec un stylet au bout. Le *conops rufipes*, ou à pieds fauves, est l'espèce la plus remarquable, en ce que sa larve subit ses métamorphoses dans l'intérieur du ventre des bourdons vivants. Latreille dit avoir vu plusieurs fois des *conops rufipes* à l'état d'insecte parfait sortir de l'abdomen des bourdons par les intervalles des anneaux. On trouve fréquemment ces animaux sur les fleurs des prairies, dont ils sucent le suc mielleux, vers le milieu de l'été. Les femelles déposent leurs œufs dans le corps des bourdons qui sont à l'état de larve, ou à celui d'insecte parfait. L. Laurent.

CONQUE (en latin *concha*, du grec κογχη). En langage ordinaire, ce nom désigne une grande coquille concave, au figuré un vase qui en a la forme. Les Grecs et les Latins avaient déjà établi la distinction des coquilles en univalves et en bivalves; ils donnaient aux premières le nom de κογχη, *concha*, et aux autres celui de κοχλος, *cochlea*. Cependant les marchands et les anciens conchyliologues ont souvent donné le nom de conque sans avoir égard à la distinction établie. C'est ainsi qu'on nomme *conque anatifère* le test des animaux du genre *anatife*, etc.

Dans l'histoire naturelle des mollusques testacés, la conque a fourni des caractères utiles aux classificateurs. Elle a servi à établir les familles des conchacés et des conchifères.

CONQUE AUDITIVE ou CONQUE DE L'OREILLE. En anatomie, on appelle ainsi tantôt la grande cavité du pavillon auriculaire, tantôt tout ce pavillon. Dans le premier sens, la conque auditive est chez l'homme la cavité ovoïde bornée par les éminences *tragus*, *antitragus* et *anthélix*, et au fond de laquelle on voit l'orifice externe du conduit auditif (*Voyez* Oreille).

CONQUE DE VÉNUS, nom que les anciens donnaient aux coquilles que l'on appelle vulgairement *porcelaines*. Les marchands nomment encore : *conque de Vénus mâle*, le *venus verrucosa*; *conque de Vénus orientale*, le *venus dysera*; *conque de Vénus épineuse*, le *venus chione*; *conque de Vénus en pointe*, le *cardium pectinatum*, animal du genre *bucarde*; *conque tuilée*, le *cardium isocardia*; *conque exotique*, le *cardium certatum*; *conques de Neptune* ou *conques des Tritons*, quelques grands tritons.

CONQUÉRANT. *Voyez* Conquête.

CONQUES, famille de mollusques à coquilles bivalves régulières, créée par Lamarck, qui l'a partagée en deux groupes, savoir : les *conques fluviatiles*, parmi lesquelles il range les genres *cyclade*, *cyrène* et *galatée*; et les *conques marines*, renfermant les genres *cyprine*, *cythérée*, *vénus* et *vénéricarde*. Cette famille a été conservée, sauf quelques légers changements.

CONQUÊT (du latin *conquisitum*, ce qui est acquis en commun). On employait surtout ce mot en matière de communauté conjugale pour désigner les biens qui, après avoir été acquis pendant le mariage, constituaient cette communauté. On opposait alors ce terme à celui d'*acquêts*. Aujourd'hui il n'est plus guère employé : on dit *acquêts de communauté*. Tout ce que l'un des époux acquiert pendant la communauté soit par son industrie, soit par tout autre moyen, profite pour moitié à l'autre époux ; mais ce qui vient par succession directe ou collatérale demeure propre à l'époux qui avait droit d'y succéder, ainsi que tout ce que l'on reçoit par accommodement de famille, par partage ou par liquidation.

CONQUÊTE, CONQUÉRANT (du latin *conquirere*, chercher avec soin, avec ardeur; de *cum*, et *quærere*, chercher). Le mot *conquête* entraîne en général l'idée de recherche ou d'obtention d'une chose désirée, d'un désir à satisfaire, à réaliser. La richesse de synonymie que présente notre langue dans l'idée que nous attachons au verbe con-

quérir prouve à quel point la chose elle-même était entrée dans nos mœurs et dans nos habitudes. De tous les rois que nous avons eus, ceux que l'histoire a le mieux traités, ceux dont elle s'est constamment appliquée à mettre les faits en lumière, sont ceux qui semblent n'avoir eu pour but, dans le cours de leur vie, que de *conquérir* des provinces. On peut se demander cependant avec Lamotte :

Est-ce pour *conquérir* que le ciel fit les rois?

et l'on devra résoudre cette question par la négative, à moins qu'on n'entende par là qu'ils doivent s'attacher, comme Henri IV, Louis XII et un petit nombre d'autres, à *conquérir* l'amour et les cœurs de leurs sujets.

Alexandre, Tamerlan, Mahomet, César, Napoléon, ont été de grands *conquérants*; mais qu'est-il resté après eux de leurs *conquêtes*, acquises au prix de tant de sang et de tant de larmes? Les capitaines du premier se partagèrent ses États après sa mort, et le dernier alla mourir tristement sur un rocher, après avoir fait perdre par ses revers plus qu'il ne nous avait donné par ses victoires. La justice, d'ailleurs, s'allie difficilement à l'amour des *conquêtes*, et la justice seule fait les grands monarques, comme elle seule peut rendre les nations véritablement glorieuses, et surtout véritablement heureuses. Boileau a dit :

. . . . En vain aux *conquérants*
L'erreur, parmi les rois, donne les premiers rangs :
Entre ces grands héros ce sont les plus vulgaires.

Pope, dans son *Essai sur l'Homme*, a peint ainsi le *conquérant* :

Un héros cherche à vaincre et ne peut s'en lasser
Tant qu'il lui reste encore un peuple à terrasser.
Un héros sur ses pas ne tourne point la tête ;
Il court rapidement de *conquête* en *conquête*,
Et sans cesse de sang arrose ses lauriers,
Seul et frivole objet de ses travaux guerriers.
Voilà le *conquérant*.

Celui qui le premier s'avisa d'exprimer le caractère d'un *conquérant* en lui donnant pour devise une comète, avec ces mots latins : *Numquam spectatus impune*, peignit parfaitement aux yeux et à l'imagination ce que sont les *conquérants* pour les peuples : un véritable fléau.

On entend à la fois par le mot *conquête* l'action de conquérir et la chose conquise ; mais ce mot ne s'applique pas seulement aux choses acquises par la force des armes; il est des *conquêtes* plus douces, plus pacifiques, et surtout plus durables : ce sont les conquêtes du génie, de l'esprit, de l'étude, de la science, du talent, des arts et de l'industrie ; et celles-là rendent les peuples plus véritablement grands et heureux que les *conquêtes* achetées au prix du sang et de l'humanité.

Ce mot s'étend aussi au succès que l'on obtient dans une poursuite amoureuse. « Nos prudes et vertueuses aïeules, a dit Mlle de Scudéry, ne connaissaient point l'art d'enchaîner les cœurs et de faire des *conquêtes* galantes. » Cette phrase est bien digne du siècle des Céladon et des D'Urfé, où l'on avait tout réduit à l'art de soumettre, de *conquérir* les cœurs, et où l'on bornait toute sa science à faire de la carte et du pays de *Tendre*. Aujourd'hui nos femmes font moins de *conquêtes*; elles brillent peut-être moins dans les cercles et dans les salons, elles élèvent mieux leurs enfants : ce qui est une compensation suffisante à des qualités qu'il faut craindre d'exalter chez elles. Grâce à une vie généralement plus active et qui laisse par le moins de prise aux futilités, le mot *conquête*, employé dans le sens de galanterie, perd tous les jours de son importance et de son à-propos. Comme cette acception pourrait finir par embarrasser quelque Saumaise futur, il est bon de constater la nuance qui la distingue de l'acception primitive et sérieuse du mot. Nous empruntons cette distinction aux *Questions sur l'encyclopédie*, de Voltaire. « Quand les Silésiens et les Saxons disent : nous sommes la *conquête* du roi de Prusse, cela ne veut pas dire : le roi de Prusse nous a plu, mais seulement il nous a subjugués. Mais, quand une femme dit : je suis la *conquête* de M. l'abbé ou de M. le chevalier, cela veut dire aussi il m'a subjuguée. Or, on ne peut subjuguer madame sans lui plaire; mais aussi madame ne peut être subjuguée sans avoir plu à monsieur. Ainsi, selon toutes les règles de la logique et encore plus de la physique, quand madame est la *conquête* de quelqu'un, cette expression emporte évidemment que monsieur et madame se plaisent l'un à l'autre : *j'ai fait la conquête de monsieur* signifie il m'aime; et *je suis sa conquête* veut dire nous nous aimons. » N'oublions pas d'ajouter qu'en toutes choses les *conquêtes* sont plus faciles à faire encore qu'à garder ; c'est que l'esprit de l'homme, en général, est plus riche en facultés productrices et créatrices qu'en qualités conservatrices; il ne sait pas s'arrêter dans ses désirs et sacrifie souvent la somme des biens acquis à l'apparence trompeuse d'un bien imaginaire. Edme Héreau.

Conquérant fut le surnom des anabaptistes, dont Munzer était le chef. Les *conquérants* furent entièrement défaits par l'armée des princes confédérés en 1525.

Conquête est le titre de la 48e sourate du Coran, où Dieu promet aux musulmans une victoire certaine.

CONQUISITEURS (*conquisitores*), gens, à Rome, qu'on envoyait pour rassembler les soldats qui se cachaient, ou que des parents retenaient. On employait quelquefois à cette fonction des sénateurs, des députés, *legati*, ou des triumvirs, mais toujours des hommes sans reproche et nés libres.

CONQUISTADORES, c'est-à-dire *conquérants*. C'est ainsi qu'on appelle dans les ci-devant colonies espagnoles de l'Amérique les *conquérants* du territoire et leurs descendants, qui y ont pris une position particulière relativement au reste de la population, de même qu'à l'égard de la mère-patrie. Les chevaleresques conquérants subjuguèrent pour la plupart sans la moindre coopération de l'État, ou tout au moins de la couronne d'Espagne, l'immense et riche contrée qui s'étend depuis la Californie jusqu'à l'embouchure de la Plata, et reçurent de la cour, comme récompense, de grands titres de noblesse, de vastes concessions de terre, avec de nombreux privilèges en ce qui touchait l'impôt et l'administration coloniale. Mais la plus grande partie des *conquistadores* partagèrent à leur tour, sous réserve de certains droits féodaux, les terres à eux concédées par la couronne entre les guerriers de grades inférieurs qui les avaient accompagnés dans leurs expéditions, ou bien les revendirent à d'autres aventuriers attirés dans les colonies nouvelles par le désir de faire fortune. Les descendants des *conquistadores* vécurent ensuite comme grands propriétaires fonciers et complètement indépendants dans leurs terres, au milieu de leurs fermiers, de leurs vassaux et des Indiens ou esclaves qui en dépendaient, placés à l'égard des petits propriétaires dans une position analogue à celle de la haute noblesse de la mère-patrie. Ils se souciaient peu de la cour du vice-roi ou bien du capitaine général, contrariaient avec un certain orgueil l'action des fonctionnaires publics, demeuraient honorés et estimés à cause de la gloire de leurs ancêtres, et transmettaient à leurs héritiers la totalité de leurs biens conformément au droit de primogéniture. On trouve parmi eux les mêmes noms que dans l'histoire de la péninsule pyrénéenne, des Ponce de Léon, des Mendoza, des Guzman, etc. Mais plus tard cet état de choses change. A partir du règne de Philippe III, l'aristocratie territoriale, de même que les communes des diverses villes et municipalités (*cabildos*), formant le noyau de la population européenne fixe, en d'autres termes les créoles, investis à l'origine des mêmes droits que les individus originaires de l'Espagne même, ou *chapetones*, souvent même possédant des privilèges plus étendus, furent, en violation flagrante de toutes les lois existantes, systématiquement opprimés, en même temps que les *chapetones*, objets de faveurs de tout genre, leur étaient en tout préférés. Dès lors, ces *chapetones* s'arrogèrent le premier rang et tous les grands emplois publics comme leur propriété exclusive. Ces modifications profondes survenues dans l'état social et politique, de même que les mesures de rigueur employées par le gouvernement pour soutenir son système de monopole et de séquestration, les concussions effrénées des fonctionnaires publics, etc., finirent par désaffectionner les masses, mais plus particulièrement l'aristocratie territoriale, les fiers descendants des *conquistadores*, et amenèrent la disposition des esprits par suite de laquelle ces riches contrées en vinrent un jour à se séparer de la mère-patrie. Dans la lutte qui s'ensuivit, les anciennes familles des *conquistadores* fournirent à l'insurrection la plupart de ses chefs militaires.

CONRAD. L'empire d'Allemagne compte quatre empereurs de ce nom. Quelques historiens y ajoutent Conradin.

CONRAD Ier, roi ou empereur des Allemands (911-918), duc des Franconiens, monta sur le trône lorsque, par suite de l'extinction de la famille des Carlovingiens, l'Allemagne devint un royaume électif; et Othon l'Illustre, de Saxe, ayant refusé le titre de roi à cause de son grand âge, conseilla aux Franconiens et aux Saxons de le choisir à sa place. Malheureusement, sous les derniers Carlovingiens, race faible et dégénérée, toute puissance était tellement tombée aux mains des seigneurs, que tout son règne ne pouvait être qu'une série d'efforts pour donner un nouveau relief à la dignité impériale. C'est ainsi qu'en 912 il dut envahir la Lorraine, qui s'était détachée de l'empire et soumise au roi de France Charles le Simple; mais un enchaînement de circonstances malheureuses fit qu'il ne put la réintégrer qu'une partie à l'empire. Il lui fallut aussi faire la guerre à Henri de Saxe, fils d'Othon l'Illustre, à qui il avait accordé en 912 la succession en Saxe, tout en la lui refusant dans les autres fiefs de l'Empire, quand ce prince essaya de faire prévaloir ses prétentions par la force des armes. Il l'assiégea dans le château de Grona; mais Henri s'étant ligué avec le roi de France, Conrad se trouva réduit à l'impuissance contre lui. Il fut plus heureux dans la lutte qu'il entreprit pour faire rentrer dans le devoir divers seigneurs ambitieux de la Souabe. Deux d'entre eux, Erchanger et Berthold, députés à la diète de Souabe, qui avaient attaqué l'évêque Salomon de Constance, furent pris, condamnés en 916 dans une assemblée de princes tenue à Altheim, à Adingen, et le comte Burkhardt fut élu à leur place duc d'Alemanie. Le duc Arnoulf de Bavière, qui avait prêté assistance aux deux députés à la diète de Souabe, fut aussi vaincu par Conrad et réduit à se réfugier avec toute sa famille en Hongrie. Une tentative qu'il fit ensuite pour envahir la Bavière avec des Hongrois échoua honteusement. En 917, les Hongrois, agissant, suivant toute vraisemblance, à l'instigation d'Arnoulf, attaquèrent de nouveau l'Empire, traversèrent la Bavière et la Souabe, parvinrent jusqu'en Alsace et en Lorraine, exerçant partout sur leur passage les plus effroyables dévastations, et emportant un immense butin. A sa mort, arrivée le 23 décembre 918, Conrad engagea son frère, le duc Eberhard, et l'élite des seigneurs de la Franconie orientale, à choisir pour empereur le puissant duc Henri de Saxe, seul capable de protéger l'empire contre ses ennemis tant extérieurs qu'intérieurs, et qui, en effet, lui succéda sous le nom de Henri Ier.

CONRAD II ou *le Salien*, roi des Allemands, empereur romain (1024-1039), fils du duc Henri, duc de Franconie, est le vrai fondateur de la maison Franconienne ou Salienne, dont le désintéressement et la loyauté de Conrad Ier avaient ajourné l'avènement définitif, et qui devait jouer un rôle si actif dans la grande guerre de l'empire et du sacerdoce, au temps de Henri IV et de Grégoire VII. Plusieurs faits importants pour l'histoire générale se rattachent au règne de Conrad II le Salien. A l'élection de Conrad Ier, on ne voit guère que deux peuples, les Franconiens et les Saxons. Pour celle de Conrad II, huit peuples sont représentés par leurs ducs réunis dans une île du Rhin, entre Mayence et Oppenheim, en présence de leurs armées respectives: à droite, les Saxons, les Franconiens de l'est, les Bavarois, les Souabes et les Bohèmes; à gauche, les Franconiens de l'ouest, et les hommes de haute et de basse Lorraine. L'histoire d'Allemagne offre peu d'élections aussi solennelles. Elle eut lieu par suite de l'extinction de la maison impériale de Saxe en la personne de Henri II. Couronné à Mayence et intronisé à Aix-la-Chapelle, Conrad II parcourut aussitôt les divers cercles de l'Allemagne, pour rendre la justice à chacun et se faire connaître de ses peuples. Dans le but d'atténuer les déplorables effets des gu erres privées que se faisaient sans cesse entre eux les chevaliers et les gentilshommes, il institua les trèves de Dieu; et, pour s'assurer le dévouement de ses gens de guerre, il ordonna que les bénéfices militaires dont ils étaient en possession ne pussent pas être arbitrairement enlevés par les pères à leurs enfants.

Cependant les Italiens avaient levé l'étendard de la révolte et offert la couronne de leur pays au fils du roi de France. Aussitôt Conrad, qui déjà s'était assuré de la survivance en Bourgogne et avait eu la précaution de faire désigner comme son successeur à l'empire son fils Henri, âgé de neuf ans seulement, franchit les Alpes (1026), châtia les princes et les villes rebelles, notamment Pavie et Ravenne, fut couronné à Milan par l'archevêque Aribert en qualité de roi d'Italie, puis se fit couronner comme empereur romain, en même temps que sa femme Gisèle en qualité d'impératrice, à Rome même, par le pape Jean XIX, en présence des rois Rodolphe de Bourgogne et Canut de Danemark. Il rétablit également la tranquillité dans la basse Italie, et confirma aux Normands qui s'y étaient établis la possession de leurs fiefs, comme gardiens des Marches contre les Grecs.

Tandis que l'empereur déployait en Italie une inexorable sévérité contre tout perturbateur du repos public, plusieurs seigneurs se révoltèrent contre lui en Allemagne, notamment le duc Ernest de Souabe. Conrad mit facilement un terme à cette rébellion. Le duc Ernest fut fait prisonnier; et, en 1031, le roi Étienne de Hongrie, qui élevait des prétentions à la possession de la Bavière, fut contraint à demander la paix. Conrad châtia également les Polonais, qui inquiétaient les frontières orientales de l'Empire, et les força à reconnaître la souveraineté de l'Empire. Il força ensuite le comte Odon de Champagne, qui s'était emparé d'une partie de la Bourgogne, à renoncer à tous ses droits et prétentions sur ce pays; et en 1033 il employa la force pour se faire couronner à Genève en qualité de roi de Bourgogne. En 1037, Odon ayant renouvelé les hostilités, avec l'appui de quelques princes italiens, et envahi de nouveau la Bourgogne, fut défait par Gozilo, créé duc de ce pays par Conrad, dans une bataille sanglante livrée sous les murs de Bar-le-Duc, et où Odon fut tué. L'empereur envoya son fils Henri contre les Slaves, qui de 1034 à 1036 avaient envahi le nord de la Saxe; et, après une opiniâtre résistance, ce prince les contraignit à repasser l'Elbe, puis ravagea leur propre territoire qu'ils n'eurent pas pris l'engagement de payer un plus fort tribut à l'Empire.

De nouveaux troubles ayant éclaté en Italie, Conrad franchit encore une fois les Alpes en 1036; et dans une diète impériale, tenue en 1037, il fit prononcer une peine sévère contre le puissant archevêque Aribert de Milan, qui lui refusait l'obéissance; autant en advint plus tard aux évêques de Verceil, de Crémone et de Plaisance, qu'il fit emprisonner comme ayant entretenu de coupables intelligences avec l'archevêque de Milan. Mais Aribert ayant réussi à s'évader de prison, une insurrection nouvelle éclata à Milan, et la défense opposée par cette ville aux tentatives que fit pour la reprendre Conrad, qui d'ailleurs manquait du matériel nécessaire à un siège, fut si vigoureuse, que le prince, au bout de quinze jours d'investissement dut s'éloigner, après avoir éprouvé de grandes pertes d'hommes. C'est dans son camp, sous les murs de Milan, que le 28 mai 1037 Conrad rendit sa célèbre constitution qui établissait l'hérédité des arrière-fiefs et défendait aux suzerains de confisquer les fiefs de leurs vassaux sans les avoir fait juger et condamner par leurs pairs. C'était donner aux petits vassaux la pleine propriété de leurs biens et ménager à l'empereur, c'est-à-dire au suzerain supérieur, l'appui de la petite noblesse contre les grands feudataires.

Le prince Pandulfe de Capoue, l'un des plus audacieux tyrans de l'Italie, se vit enlever son fief par voie de confiscation; et l'empereur gratifia en 1038 le normand Rainulf du comté d'Aversa. En s'en retournant d'Italie en Allemagne, l'armée de Conrad fut atteinte d'une maladie contagieuse, résultat de l'extrême chaleur de la saison, et à laquelle succomba, entre autres Kunehilde, épouse du roi Henri et fille du roi de Danemark; l'empereur en était lui-même affecté quand il repassa les Alpes. Il fit couronner à Soleure son fils Henri en qualité de roi de Bourgogne; puis il s'en revint dans la Frise par la Franconie orientale et la Saxe, rétablissant et raffermissant partout l'ordre sur son passage.

Après avoir célébré la fête de la Pentecôte à Utrecht, il mourut dans cette ville le 4 juin 1039, et fut enterré dans la cathédrale de Spire.

Conrad II est l'un des plus remarquables empereurs qu'ait eus l'Allemagne. Il sut maîtriser avec fermeté les empiétements du pouvoir ecclésiastique sur le pouvoir séculier, et s'efforça de ranimer les franchises et les libertés populaires, supprimées partout par le système féodal. C'est ainsi que, pour abaisser encore davantage la haute noblesse, il imagina de conférer à sa famille les grands duchés de l'empire : il donna successivement la Bavière, la Souabe et la Carinthie à son fils (Henri III). Ce plan, habilement suivi, eût fait de l'empire germanique, comme de la France, une monarchie héréditaire. Mais la guerre du sacerdoce et de l'empire, ou la lutte des papes, chefs spirituels de la chrétienté, contre les empereurs, ses chefs temporels, puis l'obstination des empereurs à conquérir l'Italie, qui leur échappait toujours, assurèrent la division de l'Allemagne et l'indépendance des dynasties provinciales. Pendant que les empereurs passaient et repassaient les Alpes, les ducs eurent le temps de s'affermir dans leurs duchés.

CONRAD III, roi des Allemands (1138-1152), fondateur de la dynastie des Hohenstaufen, fils de Frédéric de Souabe, né en 1093, fut, à la mort de Lothaire, en 1137, élu par les princes du Rhin, le 21 février 1138, à Coblentz, et couronné le 6 mars suivant, à Aix-la-Chapelle, par le légat du pape. A peine âgé de vingt ans, il avait avec son frère Frédéric bravement secondé contre ses ennemis l'empereur Henri V, à qui il était redevable de l'investiture du duché de Franconie, puis, au retour d'un pèlerinage à la terre promise, il s'était posé en antiroi de l'empereur Lothaire élu par le parti guelfe, et s'était fait couronner en 1128, à Monza, en qualité de roi d'Italie; cependant, de même que son frère, il dut en définitive se soumettre à l'empereur à Mulhouse : son brillant courage, sa modération et sa bonté, jointes à la frayeur qu'inspirait aux princes allemands la prépondérance de la maison des Guelfes, les avaient décidés, à la mort de Lothaire, à porter leurs voix sur Conrad au mépris des prétentions du duc de Bavière et de Saxe, Henri le Superbe, qui considérait la couronne impériale comme lui appartenant autant par droit de naissance qu'en vertu de son mérite. Henri, profondément blessé dans son orgueil, dut restituer les insignes impériaux, dont il avait déjà pris possession; et bientôt après il se vit sommer par Conrad, qui regardait sa puissance comme dangereuse pour le repos de l'Empire, de renoncer à l'un de ses deux duchés, conformément aux lois constitutives de l'Empire, qui prohibaient la réunion de deux duchés sous la même main. Henri s'y étant refusé, fut mis au ban de l'Empire par Conrad, qui adjugea la Saxe à Albert d'Ascanie, et la Bavière au margrave Léopold d'Autriche. Henri réussit bien à se maintenir en possession de la Saxe; mais il lui fallut renoncer à la Bavière. Étant mort peu de temps après à Quedlimbourg, en 1139, son fils, encore mineur, Henri le Lion, hérita du duché de Saxe, qu'Albert dut évacuer de nouveau. Léopold d'Autriche, lui aussi, mourut à peu de temps de là, et alors la Bavière fut attribuée comme fief, avec la Marche d'Autriche, à son frère Henri Jasomirgott. Mais Guelfe VI, frère du défunt Henri, qui prétendait lui-même à la possession de la Bavière, continua pour son propre compte la guerre contre les margraves d'Autriche et contre les Hohenstaufen, et fut battu sous les murs de Weinsberg, quand il vint au secours de cette ville assiégée par les deux Hohenstaufen, Conrad et Frédéric, au pouvoir de qui elle tomba le 21 décembre 1140.

L'Italie n'était pas non plus demeurée tranquille. En effet, en même temps qu'Arnaud de Brescia y tentait contre le pape et contre le clergé une espèce de réformation, et que la puissance du roi normand Roger II de Sicile faisait des progrès toujours plus alarmants, les villes de la haute Italie persévéraient de plus en plus dans leurs idées de liberté et d'indépendance, ainsi que dans l'attachement à leurs franchises municipales; et les Romains notamment étaient en lutte ouverte avec le pape. L'un et l'autre parti invoqua le secours de l'empereur, et le sénat romain l'engagea à transférer de nouveau le vieux siège de l'empire à Rome. Mais Conrad, qui par expérience personnelle connaissait l'inconstance naturelle des Romains, et qui appréciait en même temps l'exiguité des ressources dont il pouvait disposer, fut d'autant moins tenté d'intervenir dans les affaires d'Italie, qu'il en avait déjà bien assez de sa lutte contre Guelfe VI et de ses démêlés avec les ducs de Pologne.

Cependant l'attristante nouvelle de la prise d'Edesse par les infidèles s'étant répandue vers ce temps-là en Europe, Conrad, cédant aux pressantes exhortations de l'abbé Bernard de Clairvaux, se laissa déterminer à entreprendre une croisade en Palestine à l'effet d'y venir au secours des États chrétiens existant en ce pays. Pour que les affaires de l'empire ne souffrissent pas de son absence, il eut, avant de partir pour cette expédition, la précaution de faire élire en qualité de roi des Romains son fils Henri, encore mineur, et de lui confier l'administration de l'Empire, sous la tutelle de l'archevêque Henri de Mayence. Il mit en outre fin à ses démêlés avec Guelfe VI, qui partit avec lui pour la croisade, et fit jurer par tous ses sujets l'observation d'une paix universelle dans le pays. Il partit alors pour la croisade avec un grand nombre de princes et d'évêques, traversant la Hongrie pour se rendre à Constantinople; mais, à la suite de la malheureuse bataille d'Iconium (octobre 1147), et après d'inutiles efforts pour s'emparer de Damas et d'Ascalon, il était de retour dans ses foyers dès l'année 1148, sans avoir obtenu le moindre résultat de son expédition. Le duc Guelfe VI était déjà revenu bien avant lui en Allemagne où, plein de confiance dans la force nouvelle que lui donnait un traité d'alliance conclu en route avec Roger II de Sicile, il avait recommencé ses hostilités contre l'empereur; mais le jeune roi Henri le battit en 1150 à Flochberg dans une surprise; et ce fut l'intervention seule de Frédéric de Souabe qui put lui faire obtenir de bonnes conditions de paix. Henri le Lion, lui aussi, qui pendant ce temps-là était devenu majeur, entra alors en lutte contre lui, et essaya de faire valoir ses prétentions à la Bavière, tandis que le beau-frère de Conrad, le duc de Pologne, Ladislas, invoquait son secours contre ses frères, qui l'avaient expulsé de son pays, et que des envoyés du pape et des Romains l'engageaient de plus, en plus vivement à entreprendre une expédition en Italie. Au milieu des préparatifs qu'il faisait pour cette expédition, Conrad mourut empoisonné, probablement à l'instigation de Roger, le 15 février 1152, à Bamberg. Comme son fils Henri, le roi des Romains, était mort en 1150, et que son second fils, Frédéric, n'était encore âgé que de sept ans, il avait désigné pour lui succéder à l'empire le duc Frédéric III de Souabe.

Conrad III était un prince doué de beaucoup de courage militaire et d'une grande intelligence; il aimait les sciences et les lettres, bien qu'il ne possédât pas lui-même d'instruction. Mais un concours de circonstances fâcheuses l'empêcha de déployer comme souverain une activité réellement utile; aussi n'apporta-t-il que des palliatifs passagers aux misères du temps, sans les guérir radicalement.

Son mariage avec une princesse grecque et l'alliance des deux empires d'Orient et d'Occident furent symbolisés par l'aigle à double tête qui figure encore aujourd'hui dans les armoiries de l'empereur d'Autriche comme héritier des empereurs d'Allemagne, et dans celles du tzar de Russie comme héritier des empereurs grecs.

CONRAD IV, second fils de Frédéric II, fut dès 1237 élu et couronné à Spire, par les princes d'Allemagne, roi des Romains, en remplacement de son frère aîné Henri, qui avait été déposé, et qui mourut en 1242; et ce fut lui que, pendant son constant séjour en Italie, l'empereur chargea de gouverner l'Allemagne. Les seigneurs allemands ne tardèrent point à mettre à profit cet état de choses pour consolider de plus en plus leur souveraineté, secondés qu'ils étaient dans leurs efforts par le pape, qui avait tout intérêt à détruire partout la puissance de Frédéric II. Mais Conrad, prince d'intelligence et d'activité, déploya, d'accord avec son père, autant de vigilance que de vigueur pour rendre vaines leurs prétentions. Après avoir, en 1138, conduit en Italie des troupes allemandes de renfort, il tint, en 1240, à Egra, une diète où les princes de l'Église allemande se prononcèrent hautement contre le pape et ses intrigues en Allemagne. Il battit ensuite, avec l'aide d'Enzio, son frère, les Mongols, qui avaient envahi l'Allemagne sous les ordres de Batou-Khan. La bataille se livra sur les rives d'un affluent du Danube, appelé alors Dolphos (peut-être à Neustadt sur la Leitha), et les Mongols durent évacuer le sol de l'Allemagne pour se retirer en Hongrie. A peu de temps de là, il engagea la lutte contre Henri Raspe, landgrave de Thuringe, élu en 1246 à la sollicitation du pape, par les évêques du Rhin, en qualité d'antiroi. Le comte Guillaume de Hollande fut élu à sa place le 3 octobre 1247, à l'instigation du pape Innocent IV. Après n'avoir eu pendant longtemps aucune importance, il trouva plus tard appui et secours parmi les évêques et en Souabe, où la noblesse aspirait à la pleine indépendance de la maison de Hohenstaufen. Il put donc réunir une armée, et battit Conrad en 1251 à Oppenheim.

Pendant ce temps-là Frédéric II était mort en Italie, en 1250. Cet événement eut pour effet de relâcher encore davantage en Allemagne les liens qui faisaient de l'empire un tout politique; à l'exception de la Bavière, Conrad ne pouvait espérer y trouver aucune assistance, car la discussion relative à la succession en Autriche et en Thuringe et les confédérations particulières des princes, des villes etc., divisaient les forces. Anathématisé par le pape, et pressé vivement par son antiroi Guillaume, il entreprit, en 1254, une expédition en Italie à l'effet de s'assurer tout au moins la possession du royaume d'Apulie. Secondé par son frère Manfred, il soumit l'Apulie, et s'empara de Naples en octobre 1253. Mais des calomnies et des plaintes du pape lui aliénèrent les esprits, et mirent de plus en plus obstacle à l'exécution de ses projets de conquête et d'établissement au delà des Alpes. Il succomba à une grave et longue maladie, qui l'enleva le 21 mai 1254 dans son camp devant Lavello. Il n'avait jamais vu Conradin, son fils unique, âgé de deux ans, qu'il avait laissé en Allemagne.

CONRAD DE LICHTENAU, ordinairement appelé Conradus Urspergensis, chroniqueur allemand, descendait d'une famille noble de Souabe, et séjourna quelque temps à la cour de l'empereur. Il est probable que, pendant un assez long séjour à Rome, il devint moine, puis, en 1215, abbé d'une abbaye de l'ordre de Prémontré, à Ursperg en Bavière, où il mourut en 1240. L'empereur Frédéric II le tenait en singulière estime à cause de sa rare érudition. On le regardait autrefois comme l'auteur du *Chronicon universale urspergense*, chronique précieuse pour l'histoire de l'Allemagne, depuis l'époque de Ninus, roi d'Assyrie, jusqu'à 1229; mais d'autres ne lui attribuent qu'une petite partie de ce recueil, celle qui va de 1126 à 1129, et disent que la première partie, celle qui va jusqu'à 1126, fut rédigée par un moine de Bamberg, et la période comprise entre 1129 et 1226, par un de ses prédécesseurs, l'abbé Burchard de Biberach. Des investigations ont établi, au contraire, que cette chronique ne fut pas le moins du monde rédigée par Conrad de Lichtenau; que la première partie est de l'abbé Ekkehard Ier, d'Urach, près de Wurzbourg, et la suite, jusqu'en 1229, celle d'un Italien. Gaspard Hédion l'a continuée jusqu'en 1537. Conrad Peutinger en publia la première édition (Augsbourg, 1515). La dernière a paru à Strasbourg (1609).

CONRAD DE WURTZBOURG, l'un des principaux poëtes allemands du moyen âge, d'une époque où la poésie en haut-allemand commençait à dégénérer, était doué d'une remarquable fécondité et instruit dans les lettres latines. Par la manière pleine de délicatesse et d'art avec laquelle il pense et s'exprime et construit son vers, il se rattache à l'école de Godefroid de Strasbourg. Il mourut en 1287 à Fribourg en Brisgau. Son dernier ouvrage, mais qu'il n'eut pas le temps d'achever et qui fut terminé par un autre, est un poëme sur la *Guerre de Troie*, dont Müller a inséré une partie dans le 3e volume de sa collection d'anciennes poésies allemandes. Le genre dans lequel Conrad de Wurtzbourg a le mieux réussi est celui des petits poëmes narratifs. Nous citerons, par exemple, *Engelhard*, *Othon le barbu*, les légendes *Saint Sylvestre* et *Saint Alexis*, enfin son hymne à la bienheureuse Vierge Marie, et la *Forge d'or*, compris pour la plupart par W. Grimm dans sa collection de vieux poëmes allemands.

CONRADIN, duc de Souabe, le dernier rejeton de la maison impériale des Hohenstaufen, fils de Conrad IV, petit-fils de l'empereur Frédéric II, né en 1252, n'avait que deux ans lorsque son père mourut. Pendant sa minorité, qu'il passa à la cour de son oncle le duc Louis de Bavière, qui le fit élever, Manfred, sur le faux bruit de la mort de son neveu, s'était emparé de la couronne de Sicile, en annonçant l'intention de désigner Conradin pour en hériter après lui. Mais le pape Clément IV, plein de haine pour la race des Hohenstaufen, adjugea le royaume de Sicile à Charles d'Anjou, frère de Louis IX, roi de France, qui effectivement s'en mit en possession après la défaite et la mort de Manfred en 1266. Mais l'administration de ce prince ayant bientôt mécontenté les populations italiennes, celles-ci appelèrent l'héritier légitime de la couronne, ordinairement nommé *Conradino*, à revendiquer le royaume de son père en Italie. En conséquence celui-ci, plein de courage et d'enthousiasme, franchit les Alpes dans l'automne de

1267, avec son ami d'enfance Frédéric, fils du margrave Hermann de Bade, et une armée de 10,000 hommes.

En dépit de l'anathème que lança contre lui le pape, Conradin trouva partout de nombreux partisans; et quoique son beau-père, le comte Meinhard de Tyrol, et son oncle le duc Louis de Bavière, l'eussent abandonné à Vérone avec leurs bandes, ses premières opérations furent couronnées d'un plein succès. Les villes de la haute Italie et l'ancien allié de Charles d'Anjou, Henri de Castille, embrassèrent ses intérêts; Rome l'accueillit avec joie, et une révolte qui éclata en sa faveur en Sicile fit bientôt de rapides progrès. Il battit aussi les Français à Ponte di Valle; mais, malgré toute la bravoure de ses troupes, le 23 août 1268, à Tagliacozzo ou Scurcola, il fut battu, grâce à une ruse de guerre imaginée par le croisé Érard de Valéry, qui combattait dans les rangs de l'armée de Charles d'Anjou; et trahi dans sa fuite par l'un des siens, nommé Frangipani, il fut fait prisonnier, ainsi que le prince de Bade, son compagnon d'armes. L'impitoyable Charles d'Anjou les fit décapiter tous les deux, du consentement du pape, sur la grande place publique de Naples. Conradin mourut avec une admirable fermeté; se tournant vers le peuple, dont il était le légitime souverain, il lança au milieu de la foule qui entourait l'échafaud l'un de ses gants, comme gage de vengeance, et en recommandant qu'on le portât à l'héritier de ses droits sur la Pouille et la Sicile, au roi Pierre d'Aragon. Le chevalier Truchsess de Waldbourg releva ce gant, et remplit la dernière volonté de son maître, non sans avoir à triompher de difficultés de tout genre. Pierre d'Aragon recueillit effectivement ce legs, en 1282, à la suite des *Vêpres siciliennes*, qui mirent fin à la domination française en Sicile. Conradin de Souabe avait hérité du goût de son grand-père pour la langue et la poésie allemandes. On lui attribue un chant recueilli, sous le nom de roi Conradin le jeune, dans la collection des *Minnesænger* de Manèsse.

La fin tragique de Conradin de Souabe a été prise pour sujet par un grand nombre de poètes dramatiques. Le roi de Bavière actuel, Maximilien, a fait exécuter par le sculpteur Schœpf de Munich, sur un modèle de Thorwaldsen, la statue en marbre de ce prince; elle sera placée dans l'église Santa-Maria-del-Carmine, où se trouve son tombeau.

CONRART (Valentin), né en 1603, à Paris, était originaire de Valenciennes, où son père avait résidé avant de venir s'établir à Paris. Si nous en croyons Tallemant des Réaux, le père de Conrart était un bourgeois austère, fort ennemi du luxe, quoiqu'il fût dans l'aisance, et qui, considérant le savoir comme du superflu, ne voulut pas que son fils fît d'études; il lui défendait aussi toute recherche dans les habillements. Mais Conrart avait le goût de l'étude et de la toilette, et, en dépit de l'autorité paternelle, il fut coquet et savant. Toutefois, il se mit trop tard à l'étude pour apprendre le latin et le grec, mais il s'en dédommagea par l'italien et l'espagnol; de plus, vivant dans l'intimité d'habiles humanistes, et jouissant auprès d'eux de quelque autorité, il put se faire illusion sur les lacunes de son instruction. Il avait, par-dessus tout, le désir d'être important. Il se lia de bonne heure avec les écrivains célèbres, dont la réputation et la complaisance propagèrent son nom. Sa maison était ouverte aux gens de lettres, qui trouvaient chez lui bonne table et bon visage; nous ne dirons pas beau, car la chronique nous apprend qu'il avait la figure bourgeonnée, et qu'il ne fallait rien de moins que le voisinage de Chapelain pour lui donner à peu près l'air d'homme.

La maison de Conrart fut le berceau de l'Académie Française. Placée au centre de la ville, elle devint le rendez-vous d'un certain nombre de beaux esprits, qui choisirent un jour de la semaine pour être sûrs de se rencontrer. Afin de nourrir ces entretiens, qui auraient langui s'ils n'avaient eu pour objet que les nouvelles du jour, chaque habitué apportait à son tour quelque écrit de sa composition, pour lequel il demandait des conseils, en espérant des éloges. Godeau, qui fut depuis évêque de Grasse; Gombauld, Chapelain, Giry, Habert, l'abbé de Cérisy, Serizay et Maleville, formaient avec Conrart le noyau de cette société. Pellisson place les premières réunions en 1629 : elles durèrent plusieurs années sans attirer l'attention, et aucun des membres ne soupçonnait qu'elles donneraient naissance à une institution nationale dont l'éclat ajoute à la gloire de la France.

Le secret fut éventé par Maleville au profit de Faret, qui venait de publier *L'Honnête Homme*, et que sa liaison avec Saint-Amant et la commodité de la rime ont associé dans Boileau avec *cabaret*. Le mystère arriva bientôt à la connaissance de deux limiers de Richelieu, Desmaretz de Saint-Sorlin et Boisrobert, qui en parlèrent au ministre, et firent si bien qu'on consentit à les recevoir. Richelieu, qui voulait gouverner les lettres comme l'État, comprit le parti qu'il pouvait tirer de cette compagnie. Il lui proposa des priviléges et sa protection, et l'Académie fut fondée, non sans résistance de la part du parlement, qui ajourna pendant deux ans l'enregistrement des lettres patentes. Conrart fut élu secrétaire perpétuel.

Le *silence prudent* immortalisé par Boileau n'était pas de l'oisiveté; Conrart écrivait beaucoup, mais il publiait peu. « Il a voulu, dit Tallemant, faire par imitation ou plutôt par singerie tout ce que les autres faisaient par génie. A-t-on fait des rondeaux et des énigmes, il en a fait. A-t-on fait des paraphrases, en voilà aussitôt de sa façon; du burlesque, des madrigaux, des satires même, quoiqu'il n'y ait chose au monde pour laquelle il faille tant être né. Son caractère, c'est d'écrire des lettres couramment : pour cela il s'en acquittera bien; encore y aura-t-il quelque chose de forcé. Mais s'il faut quelque chose de soutenu ou de galant, il n'y a plus personne au logis. On le verra s'il imprime; car il garde copie de tout ce qu'il fait. » Conrart a publié peu de chose, assez pour justifier les pressentiments de Des Réaux : son bagage se borne à quelques préfaces, un petit nombre de lettres, une ballade, quelques psaumes, et notamment sa révision de ceux de Marot à l'usage des protestants. On sait que Conrart appartenait à cette communion, et qu'il ne s'en sépara point, quoiqu'il devait payer de sa personne politique. On doit louer en lui l'empressement qu'il mettait à servir ses amis; toutefois, cette ardeur lui donna l'esprit de cabale, qu'il introduisit à l'Académie, de concert avec son ami Chapelain.

Les manuscrits de Conrart forment une collection considérable, conservée à la Bibliothèque de l'Arsenal. Les érudits en ont tiré souvent de précieux matériaux; M. de Monmerqué en a publié quelques fragments sous le titre de *Mémoires de Conrart*, dans la collection Petitot. Dans ce vaste recueil, tout est de la main de Conrart, mais non de sa composition : il écrivait à tous égards, et il excellait au métier de compilateur. Il a été un *agent littéraire* plutôt qu'un *auteur*, et même, lorsqu'il devait payer de sa personne comme représentant de l'Académie, on croit qu'il recourait à D'Ablancourt. Il correspondait avec Balzac, surveillait l'impression des œuvres de ses amis, et faisait un peu mieux que la mouche du coche; car véritablement il était attelé en poussait à la roue. Au reste, son nom subsistera; car il a été zélé pour la littérature et généreux envers les gens de lettres, qu'il recevait à sa table et à la campagne, dans sa maison d'Athis, que Mlle Scudéry a décrite dans sa *Clélie*, sous le nom de Carisatis. Le rôle qu'il inspire il se mêle un peu de ridicule, il ne faut pas s'en étonner : il a eu plus de prétentions que de mérite, et d'ailleurs il n'a été donné à personne de passer impunément les mains de Boileau et de Tallemant. Conrart mourut à Paris, le 29 septembre 1675. Géruzez.

CONRING (Herman), l'un des plus grands érudits de son siècle, né le 9 novembre 1609, à Norden, dans la Frise orientale, alla étudier la théologie et la médecine à Helmstedt et à Leyde. En 1632 il devint professeur de philosophie à Helmstedt, et en 1634 docteur en médecine. Nommé bientôt après professeur de médecine à Helmstedt, il fut, en 1650, appelé en Suède par la reine Christine, pour être son médecin ordinaire. Mais il refusa cette offre, et l'université d'Helmstedt l'en dédommagea en lui confiant une chaire de politique. En 1660 le duc de Brunswick le nomma son conseiller intime. Dès 1658, le roi de Suède, Charles-Gustave, lui avait donné le même titre; et en 1664 Louis XIV lui accorda une pension. L'empereur ne lui épargna pas non plus ses encouragements, et l'on venait des pays les plus lointains le consulter sur des questions de droit public et d'administration. Il mérita bien des sciences médicales en contribuant à populariser les doctrines de Harvey sur la circulation du sang, en luttant contre l'alchimie et la médecine hermétique, et en faisant d'utiles applications de la chimie à la pharmacie. Il mourut à Helmstedt, le 12 décembre 1681. Une édition complète de ses œuvres a paru en 1730 (6 vol., Brunswick).

CONSALVI (Ercole), cardinal de l'Église romaine, né à Rome, le 8 juin 1757, se voua de bonne heure à l'étude de la théologie et de la politique, qu'il fit marcher de front avec celle de la musique et de la littérature. Les principes qu'il manifestait hautement à propos de la révolution française, dont il se montrait l'adversaire violent, lui valurent la faveur et la protection de mesdames de France, tantes de Louis XVI, qui lui firent obtenir la place d'auditeur de rote. En cette qualité, il fut chargé de surveiller activement les partisans que les Français pouvaient avoir à Rome, et il s'acquitta de cette mission avec une rigueur extrême. Aussi quand, en 1798, les Français occupèrent les États de l'Église, se trouvait-il tout naturellement désigné à leur vengeance, et fut-il mis en état d'arrestation, puis banni. Secrétaire du cardinal Chiaramonti, il fut promu cardinal quand celui-ci devint pape sous le nom de Pie VII; et bientôt après il fut nommé secrétaire d'État. Il conclut à ce titre, avec Napoléon, le concordat, et produisit alors à Paris une vive sensation, tant par la beauté de sa figure que par la grâce de ses manières et l'étendue de ses savoirs.

Le cardinal Casoni de Sarzana l'ayant remplacé en 1806 dans ses fonctions de secrétaire d'État, il vécut à peu près en simple particulier jusqu'en 1814, époque où il fut envoyé comme ambassadeur au congrès de Vienne, à l'effet d'y réclamer la restitution des Marches et des Légations aux États de l'Église. En 1815 il prit part, en la même qualité, aux diverses négociations suivies avec la France, tout en travaillant en même temps avec la plus grande activité à la réorganisation intérieure des États pontificaux. Ce fut lui qui inspira et provoqua le célèbre motu proprio du 6 juillet 1816, par lequel l'administration des États de l'Église se trouva définitivement fixée. Sous ses auspices parurent une nouvelle procédure civile et un nouveau code de commerce, calqués d'ailleurs, à peu d'exceptions près, sur les codes français. Il simplifia ensuite les divers rouages de l'administration, en opérant une nouvelle division du territoire. L'administration des finances lui fut aussi redevable d'une certaine régularisation, quoique ses connaissances en ce genre fussent peu étendues : c'est ainsi qu'il était l'ennemi déclaré de toute espèce d'emprunt. Mais pendant qu'il réussissait à rétablir l'ordre à Rome, il fut moins heureux dans les provinces. Ce fut lui qui provoqua la création de chaires d'histoire naturelle et d'archéologie à l'université de Rome, et il eut la gloire d'appeler le célèbre Angelo Mai à la tête de la bibliothèque du Vatican. Mais il protégea moins efficacement les beaux-arts. C'est ainsi qu'il fit l'acquisition de la riche collection de monuments égyptiens et des beaux ouvrages de Camuccini, et qu'il fit entreprendre de nombreuses fouilles à la recherche d'antiquités. Il contribua d'ailleurs beaucoup à l'embellissement des édifices publics et de la ville de Rome en général. De tous les artistes contemporains, Canova fut celui qui jouit auprès de lui de plus de faveur.

Ses travaux diplomatiques eurent pour la plupart un heureux résultat, et il fit preuve d'une grande habileté dans la négociation des divers concordats successivement conclus avec la Russie, la Pologne, la Prusse, la Bavière, le Wurtemberg, la Sardaigne, l'Espagne, Genève, etc. A la mort de Pie VII, dont il avait été pendant vingt-trois ans le soutien, il dirigea les affaires en qualité de doyen des cardinaux-archidiacres pendant la vacance du saint-siège en 1823. Après le couronnement de Léon XII, il se retira dans la Sabine, à Montopoli, pour y rétablir sa santé, délabrée, et mourut à Rome, le 24 janvier 1824.

CONSANGUIN. On appelle ainsi les enfants nés du même père.

CONSCIENCE. De toutes les facultés qui constituent l'esprit humain, il n'en est point de plus vaste, de plus riche dans son développement, de plus inhérente à sa nature, et, si l'on peut parler ainsi, de plus fondamentale que la conscience. C'est ainsi qu'on nomme ce pouvoir dont l'âme est douée, d'être incessamment avertie de tout ce qui se passe dans son sein, de connaître toutes ses modifications, quelque nombreuses, quelque diverses qu'elles soient, et de pénétrer dans les replis les plus profonds et les plus mystérieux de son être. Tandis que l'âme est comme un immense théâtre où se succèdent à chaque instant des scènes différentes, tandis que tous les faits qui l'environnent viennent s'y retracer en foule, tandis qu'elle passe par mille alternatives de joie et de douleur; que les espérances, les craintes, les désirs, les passions de toute espèce, la remuent et l'agitent en tous sens; tandis que la raison intervient pour lui révéler l'infini, le principe de toutes choses, généraliser les faits dont elle est témoin, la transformer en vérités, et lui imposer des croyances; tandis qu'elle lui apprend sa loi, la règle, la route qu'elle doit à concourir à sa fin divine, au fond de l'âme est placée la conscience, comme un flambeau qui répand la clarté et la vie sur ce vaste tableau, ou plutôt comme un spectateur tranquille et impartial, qui assiste à ce grand drame, en examine, en juge tous les détails et les résume par la pensée.

Cette faculté ne pouvait être mieux désignée que par le mot conscience, qui par son étymologie fait bien comprendre que la mission de cette faculté est de permettre à l'âme de savoir, pour ainsi dire, avec elle-même (scire cum), c'est-à-dire de se rendre compte de ce qui se passe en elle-même. On lui a aussi donné le nom de sens intime, sous lequel on la désignait dans l'école, et que Laromiguière a voulu rajeunir en appelant la conscience sentiment des facultés de l'âme. Nous ne voulons point élever ici une discussion de mots, mais nous pensons que cette faculté est plus convenablement désignée par le mot conscience que par toute espèce de dénomination qui impliquerait l'idée de sentir. Les phénomènes de conscience portent au plus haut degré le caractère de phénomènes intellectuels, puisque ce sont eux qui nous révèlent, c'est-à-dire nous font connaître à nous-mêmes. Si ces phénomènes n'étaient que des sentiments, c'est-à-dire des modifications de plaisir ou de peine, jamais nous ne nous connaîtrions, car les plaisirs ou les peines ne sont chargés de nous rien représenter, de nous rien apprendre ; ce droit n'est réservé qu'à la notion, c'est-à-dire aux phénomènes intellectuels, et ceux-ci supposent un principe de cette nature. Nous savons qu'on dit, dans le langage usuel, que l'âme se sent ; mais qui ne voit que c'est un abus de mots, et que, dans le fait on veut dire l'âme se sait ? A moins qu'on ne convienne de désigner par le mot sentiment la notion intime que l'âme a d'elle-même ; mais pourquoi employer un mot qui désigne un tout autre ordre de faits, et quelle nécessité de faire cet emprunt à la langue des phénomènes affectifs, quand on a les mots perception interne, notion intime, qui désignent directement le fait qu'on veut exprimer, quand l'emploi de ce mot *sentiment* ne peut qu'amener une déplorable confusion dans des faits dont l'analyse exige tant d'exactitude et de clarté? Si le mot *sentir* signifie au propre éprouver du plaisir ou de la douleur, être modifié d'une manière agréable ou pénible, laissons-lui cette signification, et gardons-nous de l'employer dans une acception qui n'a aucun rapport avec la première, celle de *savoir* ce qui se passe au dedans de nous-mêmes.

Ne nous bornons pas à une définition; étudions cette faculté dans ses principaux caractères. Le premier qu'elle nous présente est sa spontanéité, qui consiste pour elle à agir instantanément et indépendamment de la volonté. Quel que soit le phénomène qui modifie l'âme, elle l'en avertit aussitôt et malgré tous les efforts que l'âme pourrait faire pour ignorer son nouvel état. Si nous sommes libres de produire un acte ou de ne point l'accomplir; si nous pouvons quelquefois écarter de notre esprit les idées qui lui sont pénibles, commander à nos émotions, étouffer certains désirs, nous ne sommes point libres de nous dérober aux suggestions de la conscience. Que de fois nous voudrions ignorer la situation de notre âme! Mais la conscience est toujours là, dont la voix fatale et inexorable nous redit sans cesse ce qu'elle perçoit en nous tant que dure le fait placé sous ses regards. En un mot, à tout phénomène de notre âme est invinciblement liée la conscience du phénomène. Autrement il n'existerait pas pour nous.

Mais si son action s'exerce avec une autorité si absolue, elle ne s'exerce que pendant la durée du fait qui est en nous, c'est-à-dire qu'elle est concomitante du fait, et qu'elle cesse avec lui. La mémoire seule est chargée de conserver les notions passagères qu'elle nous donne, et l'on sait que la mémoire n'est pas toujours un fidèle dépositaire. Aussi quand nous voulons retrouver certains faits complexes qui se passent trop rapidement en nous pour que nous puissions en saisir à la fois toutes les parties, et que nous ne pouvons consulter que la *mémoire*, celle-ci ne nous en donne qu'une connaissance obscure et incomplète; mais on aurait tort d'en accuser la *conscience*, dont l'action ne se prolonge pas au delà de la durée du fait. La conscience, au contraire, est infaillible à nos yeux, et nous ne pouvons jamais révoquer en doute les faits qu'elle nous atteste. Rien n'est pour nous l'objet d'une croyance plus ferme que l'existence des faits qui se passent en nous-mêmes, au moment où ils s'y passent, parce que c'est la conscience qui nous les atteste, et qu'il nous est impossible de repousser son témoignage.

Mais la conscience n'est pas privée du pouvoir de donner de la durée et de la consistance au souvenir des faits psychologiques. Elle appelle l'activité à son secours, et, cessant de se borner à un rôle passif, elle dirige volontairement ses regards sur ces phénomènes, les contemple à mesure qu'ils se déroulent devant elle, les examine et les suit avec curiosité jusqu'à ce qu'ils aient disparu, les fait renaître pour les observer mieux encore, et en dépose alors dans la mémoire un souvenir plus durable et plus complet. La conscience devenue active pour observer les faits internes prend le nom de *réflexion*, parce que l'âme semble alors se replier et faire un retour sur elle-même pour mieux saisir les phénomènes dont elle est le théâtre.

La conscience à l'état de réflexion est la seule méthode légitime de la science psychologique; car la psychologie ayant pour but la connaissance de l'esprit humain, c'est-à-dire de tous les phénomènes qui en sont le développement, à la conscience seule appartient de procéder à l'observation de ces phénomènes qui se passent dans son sein, qu'elle seule atteint et nous révèle, et auxquels elle peut appliquer son attention comme les yeux appliquent la leur aux faits de l'extériorité.

La conscience n'est pas seulement la source de nos connaissances psychologiques, elle est encore le fondement de toutes nos croyances. La perception interne et externe, le raisonnement appliqué aux faits qu'elles nous attestent, la mémoire, qui conserve le souvenir des faits et des lois observées : voilà les seules sources auxquelles nous puisions notre croyance à ces faits et à ces lois. Mais qui nous garantit la validité de ces motifs de certitude, si ce n'est la conscience, qui seule nous atteste leur existence, et nous les présente comme des témoins dignes de foi?

Ici on élève une grave objection. On prétend que la conscience n'est appelée qu'à connaître des faits du *moi*, que la raison n'est pas un phénomène du *moi*, mais un élément distinct du *moi* et de ses phénomènes, un rayon de la lumière divine, qui vient éclairer l'âme et lui apporter la connaissance de la vérité; qu'elle n'a pas besoin du contrôle de la conscience pour être acceptée comme source infaillible de toute vérité; qu'elle se légitime par elle-même, et n'a qu'à se montrer pour être crue, semblable au soleil, qui prête sa clarté à tous les objets et n'a besoin d'emprunter à rien la lumière pour se manifester à nos regards; et comment, ajoute-t-on, la conscience, qui n'atteint que le *moi*, pourrait-elle atteindre la raison, qui n'est point le *moi*, et qui nous révèle le *non-moi*, l'infini? Si la conscience atteint la raison comme un fait du *moi*, il ne nous sera plus permis de conclure de l'existence du *non-moi*; l'homme sera toujours enfermé dans les limites de sa personne, puisqu'il ne percevra jamais que les phénomènes qui lui appartiennent; toutes les vérités, tout ce monde extérieur que lui révèle sa raison, ne seront pour lui que ses idées, que le fait de son imagination personnelle. De là l'idéalisme, qui ne peut franchir les limites du subjectif.

Ce qui a donné lieu à cette objection, c'est que la nature de la conscience a été mal étudiée et mal comprise. D'ailleurs, la supposition de l'impersonnalité de la raison ne résoudrait pas la difficulté qu'on veut lever; car si la raison est impersonnelle, c'est-à-dire complètement indépendante du *moi*, il sera tout aussi difficile de comprendre comment le *moi* peut atteindre l'objectif, ou, en d'autres termes, comment l'homme peut ajouter foi à la raison. En effet, on nous présente le *moi* comme borné aux modifications qui le constituent et que la conscience lui fait connaître. Or, comment pourrait-il comprendre la raison, qui n'est pas lui, puisqu'il ne comprend que lui-même? Il est forcé de la reconnaître quand elle se présente, direz-vous; mais cette explication est contraire à votre hypothèse, d'après laquelle la conscience ne connaît que des faits du *moi*. Car du moment où elle admet, de gré ou de force, la raison et ses révélations, elle ne connaît plus seulement des faits du *moi*, elle prend aussi connaissance de ce qui n'est pas le *moi*, de l'impersonnel, de l'objectif, comme vous l'appelez. Toutes ces difficultés cesseront quand on aura mieux apprécié la nature de la conscience. Assurément nous sommes le sujet d'une foule de modifications passagères, variables, qui constituent notre nature variable, contingente, bornée, finie, en un mot la partie phénoménale de notre être. Assurément aussi il existe dans notre pensée un élément qui représente l'infini, l'invariable, les lois éternelles, les vérités nécessaires, etc.; ce sont deux éléments bien distincts l'un de l'autre. Comment se fait-il qu'ils se trouvent cohabiter en nous, et que la conscience les aperçoive tous deux? C'est que la conscience n'est ni l'un ni l'autre, mais le rendez-vous de l'un et de l'autre, et comme un terrain neutre où ils viennent se donner la main. C'est elle qui sert de lien dans l'homme au fini et à l'infini, au phénomène et à l'être, par la connaissance qu'elle prend de l'un et de l'autre; elle participe ainsi de la nature de deux principes, elle est leur alliance réalisée et intelligente; et c'est là précisément ce qui constitue l'homme. L'homme n'est donc ni seulement la raison et la vérité, ni seulement les phénomènes passagers qui le modifient; il tient des deux natures, il en est comme le résultante et le rapport vivant. La conscience est donc l'élément constitutif de l'homme, elle est son essence ; âme, conscience, sont pour nous des expressions synonymes, si ce n'est que dans le mot *conscience* il y a une idée de plus, celle d'âme qui se connaît. Depuis longtemps on avait remarqué dans l'homme la présence de deux éléments opposés, mais on n'avait point suffisamment remarqué ce qui sert à unir en lui ces deux éléments ; l'homme n'est pas seulement *homo duplex*, on pourrait l'appeler *homo triplex* ; or, ce troisième élément que nous reconnaissons en lui, que nous regardons comme le plus saillant et comme constitutif de sa nature, c'est la *conscience*. Au reste, ce troisième élément va se dessiner plus nettement encore dans le fait de liberté auquel il donne lieu, et qui va servir à le mettre dans tout son jour.

Un des attributs essentiels de la conscience est d'être la source et la condition de la liberté morale dans l'homme. Il est impossible de ne pas reconnaître que dans cette vie nous sommes constamment placés entre la raison, qui nous conseille d'exécuter notre loi, c'est-à-dire le bien, et nos passions, c'est-à-dire les vues étroites et mesquines de nos intérêts passagers et terrestres, qui nous détournent de l'exécution de notre loi : or, à quelle condition sommes-nous libres de suivre l'un ou l'autre parti ? A la condition d'entendre la voix des deux conseillers qui nous poussent vers l'un ou vers l'autre, à la condition de pouvoir les apprécier tous deux et délibérer sur le parti que nous avons à prendre : or, qui pourra entendre ces deux avis, faire cette appréciation de l'un et de l'autre, hésiter entre les deux, si ce n'est un tiers? C'est la conscience qui est ce troisième personnage, c'est la conscience qui assiste au débat, qui intervient, et dont l'intervention est nécessaire pour examiner, délibérer, juger. La conscience, en venant se poser ainsi entre la raison et la passion pour prononcer entre les deux, se pose donc par là même comme distincte de l'une et de l'autre, et constitue la personnalité humaine : ainsi, d'une part, elle est la condition de la liberté, puisque l'homme ne serait pas libre s'il n'était point averti par sa conscience qu'il a deux partis entre lesquels il peut choisir ; d'une autre part, elle apparaît comme distincte de la raison et de la passion, puisqu'elle les entend, les écoute et les compare toutes deux. C'est donc la conscience qui constitue essentiellement l'homme, c'est-à-dire l'homme libre, l'homme moral. Ajoutons un dernier trait, qui achèvera de le peindre : si l'homme, cet assemblage d'éléments contraires, ce mélange de bien et de mal, de vertus et de faiblesses, de vérité et d'erreur, de grandeur et de misère, est pourtant un être simple, unique et identique à lui-même, il le doit à sa pensée, qui résume en lui toutes ces natures, nous voulons dire à la *conscience*.

La faculté qu'on appelle *conscience morale* est-elle distincte de celle dont nous venons de parler ? Si elle en est distincte, par quels points en diffère-t-elle ? Jusqu'à présent cette faculté a été regardée comme élémentaire, c'est-à-dire indécomposable, irréductible à aucune autre, et par conséquent totalement distincte de la *conscience psychologique* ; on lui a donné pour fonction particulière de faire l'acquisition des idées de bien et de mal, et d'apercevoir dans certaines actions leur caractère de bonnes ou de mauvaises. Une analyse plus complète nous montrera que la conscience morale n'est pas une faculté première, mais qu'on peut la ramener à des facultés que nous connaissons déjà. Qu'est donc chargée de nous apprendre la *conscience morale* ? Que tel ou tel acte est conforme ou non à l'idée que nous avons du bien, ce qui ne nous apprend rien, et qui ne fait que nous affecter agréablement ou péniblement à l'occasion d'une action bonne ou mauvaise. Or, il est facile de démontrer que l'appréciation de la moralité d'un acte n'exige pas l'admission d'une faculté expresse et nouvelle.

Pour juger qu'une action est conforme ou non au bien, il faut que nous ayons acquis préalablement l'idée de *bien*. Cette idée nous est donnée par la raison, car le bien d'un être est l'accomplissement de sa loi ou de sa destinée : or, il est évident que c'est la raison qui nous donne les idées de notre loi, qui nous élève par l'induction à la connaissance de la fin pour laquelle nous avons été créés. Ces deux termes nous étant donnés, l'un par la raison, l'autre par la conscience, il suffit d'un simple jugement pour nous en percevoir le rapport, c'est-à-dire pour prononcer que l'acte est conforme ou non conforme au bien, qu'il y a convenance ou disconvenance entre l'idée du bien et l'acte dont nous avons connaissance. Il reste à expliquer, dira-t-on, l'idée d'obligation, l'idée de mérite et de démérite, qui sont des caractères essentiels de l'acte moral. Mais qu'est-ce que l'obligation, sinon un rapport nécessaire entre un agent raisonnable et libre et le bien, que la raison lui révèle ? qu'est-ce que l'idée du mérite ou du démérite, sinon un rapport nécessaire entre l'idée d'une action libre conforme au bien, et l'idée de bonheur, de récompense ; entre l'idée d'une action libre contraire au bien, et celle de souffrance, d'expiation ? Or, à quelle autre faculté, si ce n'est à la raison, attribuer la notion des rapports nécessaires ? On voit donc que pour expliquer l'appréciation d'un acte moral il n'est nullement besoin de recourir à une faculté primordiale, simple, élémentaire, et que la *conscience* dite *morale* se ramène facilement aux facultés élémentaires que nous connaissons déjà, la *conscience*, le *jugement*, la *raison*.

Il est vrai, et hâtons-nous de l'ajouter, que la conscience de tout acte moral est accompagnée d'un sentiment d'une nature particulière, qu'on a qualifié de *sentiment moral*. Quand nous sommes témoins d'une action bonne ou mauvaise, le sentiment qui s'élève alors en nous prend le nom d'*admiration* ou d'*indignation* ; ou bien, si nous sommes nous-même auteur de l'action, ce sentiment, changeant de nature et de nom, est qualifié de *joie de la conscience*, de *satisfaction intérieure*, si l'action est conforme au bien, ou de *remords* si l'action lui est opposée ; mais quoique ce phénomène affectif soit étroitement lié à toute idée morale et remplisse dans l'acte complexe de la conscience un rôle extrêmement important, on doit néanmoins le distinguer avec le plus grand soin du fait de la *conscience morale*, par la raison qu'il n'est jamais qu'un phénomène affectif, un plaisir ou une peine, un sentiment, *sui generis* il est vrai, mais qui, par cela même qu'il n'est qu'un sentiment, se sépare nettement, aux yeux de l'analyse, du fait intellectuel. D'abord il est aisé de prouver qu'il en est complètement distinct, car il ne se manifeste et ne peut se manifester dans l'âme qu'après que le fait intellectuel a eu lieu, c'est-à-dire après que l'intelligence a apprécié le caractère de l'action. Si nous voyons un fou frapper d'un coup de bâton un autre homme, ce n'est pas l'indignation qui fera battre notre cœur ; mais si nous supposons la raison et la liberté dans celui qui frappe, quoique l'acte soit matériellement le même, à coup sûr le sentiment d'indignation s'emparera de nous ; et pourquoi ? Parce que l'intelligence aura préalablement apprécié les caractères de l'acte, parce que nous l'aurons cru produit librement par un être raisonnable. Retirez cette croyance à la liberté dans l'agent, cet acte cessera de nous inspirer de l'horreur. Il est donc évident que le sentiment moral suit la notion morale, et que, loin de l'engendrer, il n'en est que la conséquence ; on conçoit que si l'on réduisait la conscience morale à être une faculté affective, on donnerait à la morale une base fausse et trop instable, puisque le sentiment est variable de sa nature, et que dans tous les cas il n'entraîne pas l'obligation, qui ne peut résulter que des idées fournies par la raison, idées toujours les mêmes, invariables, éternelles, et par conséquent seul fondement possible de la *morale*.

Maintenant, pourquoi cette faculté complexe chargée d'apprécier la moralité des actions a-t-elle pris le nom de *conscience* plutôt que celui de *raison*? Il semble en effet que la raison joue ici le principal rôle : c'est elle qui donne les idées de bien, d'obligation, de mérite et de démérite ; tous les jours on dit de la raison qu'elle nous enseigne l'accomplissement de nos devoirs ; on parle des *conseils*, des *préceptes de la raison* ; on sait que plus la raison est développée dans un homme, plus il est apte à l'intelligence et à la pratique du bien ; la *conscience* proprement dite paraît ne remplir qu'un rôle secondaire, fournir quelques éléments au fait intellectuel, la notion d'acte par exemple, celle de liberté. Pourquoi donc ce nom de *conscience* donné à la faculté morale? Serait-ce une usurpation? Nous ne le croyons pas pour notre compte. Voici, selon nous, le véritable motif de cette dénomination : dans la langue usuelle, on n'applique guère ce mot de *conscience* qu'à l'appréciation d'actes accomplis, et accomplis par nous-mêmes. Ainsi, l'on dira qu'on trouve dans sa *conscience* la plus douce récompense de sa vertu, que la *conscience* ne laisse pas de repos au coupable, etc. C'est que d'abord c'est la conscience qui place sous nos yeux l'action accomplie par nous, revêtue de tous les caractères qui lui sont propres, et que c'est encore la conscience qui nous révèle le sentiment dont notre action a été accompagnée. C'est en effet ce sentiment qui donne à nos yeux le plus d'importance à notre action, puisque c'est par lui que nous sommes heureux ou malheureux ; c'est lui qui la grave dans notre souvenir, et lui donne de la durée et de la consistance dans notre pensée ; c'est lui qui en est en quelque sorte le côté le plus saillant, et c'est pour cela qu'en qualité de phénomène affectif, il a été remarqué le premier et regardé par beaucoup comme le *critérium* de la moralité de nos actes : or, comme c'est la conscience qui nous annonce ce sentiment et nous avertit infailliblement de sa présence, on a donné ce même nom de *conscience* à la faculté chargée de nous rendre compte du bien ou du mal que nous avons fait.

On voit par ce qui vient d'être dit en quoi la *conscience* dite *morale* diffère de la conscience proprement dite, et ce qu'elle a de commun avec elle ; mais un point qu'il est important de remarquer et par lequel elle s'en distingue encore, c'est qu'elle est loin de participer à son infaillibilité. En effet, pour que la *conscience morale* fût infaillible, pour que nous puissions décider sur-le-champ et à coup sûr qu'une action est ou non conforme au bien, il faudrait que nous connussions d'une manière positive quel est le bien que l'homme est chargé d'accomplir, quelles que soient les diverses circonstances où la nature et le sort l'ont placé. Or, comme pour savoir quel est le bien des êtres qui nous entourent et sur lesquels il nous a été donné mission d'agir, il faut que nous connaissions leur nature, leur fin, et les moyens qui doivent les y conduire, il est évident que nous ne pouvons décider *a priori*, pour beaucoup d'actions, si elles sont ou non conformes au bien ; tout ce qu'on peut dire, c'est que nous pouvons décider *a priori* que nos actions doivent être conformes au bien, et que celui qui aura fermement commis un acte qu'il croit contraire au bien est coupable, parce que nous possédons *a priori* les idées de *bien*, d'*agent libre* et d'*obligation*. Ce qu'on peut dire encore, c'est que nous avons une notion instinctive du bien que nous sommes chargés d'accomplir, notion obscure, il est vrai, incomplète, mais que tous les peuples se sont efforcés d'éclaircir ; c'est que les principaux points de morale ont été déterminés, et que plus l'homme avance dans la connaissance de sa nature, plus il fait de progrès dans l'appréciation du bien, c'est-à-dire dans la science de la morale ; mais ce n'est qu'autant que la nature de l'homme sera bien analysée et bien comprise, que la conscience humaine sera éclairée sur la théorie des devoirs : l'avenir de la morale est dans la psychologie. C.-M. PAFFE.

CONSCIENCE (Cas de). *Voyez* CAS DE CONSCIENCE.

CONSCIENCE (Conseil de). *Voyez* CONSEIL DE CONSCIENCE.

CONSCIENCE (HENDRICK), romancier distingué et créateur de la littérature flamande, né le 3 décembre 1812, à Anvers, perdit sa mère de bonne heure, et fut élevé dans la maison de son père, qui faisait un assez singulier commerce de débris de navires et était par dessus le marché un assez étrange original. Ce fut à l'aide de lectures immenses et sans choix que Hendrick Conscience parvint à se former. En 1830 il s'enrôla volontairement dans l'armée, où il parvint jusqu'au grade de sergent-major. Rentré dans la vie civile, il donna avec ardeur dans le mouvement flamand, et ne tarda pas à attirer l'attention publique par ses entraînantes improvisations et par ses poétiques descriptions. C'est à moitié découragé de l'inutilité de ses efforts pour se créer des ressources, que Conscience écrivit son premier roman, le premier aussi qu'ait eu la langue flamande, *In het wonderjaer* 1566 (Gand, 1837). Malgré le succès immense de ce livre, tableau remarquable à tous égards de la lutte entre la politique asservissante de l'Espagne et le réveil de l'esprit de liberté dans les populations germaines, l'auteur se vit mettre à la porte de la maison paternelle par un père qui n'appréciait pas du tout le métier d'écrivain. Introduit auprès du roi Léopold par le peintre Wappers, Conscience obtint de ce prince des secours qui le mirent en état d'obéir en toute sécurité à l'influence secrète qui l'entraînait vers la culture des lettres ; et à quelque temps de là il publiait avec non moins de succès *Phantasia* (Anvers, 1837) ; collection de récits fantastiques qui indiquait déjà de la part de l'auteur un remarquable progrès dans l'art de manier une langue non encore formée. Le roman *De Leeuw van Vlanderen* (3 vol. Anvers, 1838), qui retrace les luttes célèbres des Flamands contre les Français au quatorzième siècle, porta sa réputation à son apogée. Il ne tarda pas cependant à renoncer à un petit emploi qu'il avait obtenu aux archives de la province, pour travailler pendant près d'un an comme garçon jardinier, jusqu'à ce que la protection de Wappers lui eut fait obtenir la place de greffier ou commis d'ordre de l'Académie des Beaux-Arts d'Anvers. Depuis 1845 Hendrick Conscience porte le titre honorifique d'agrégé à l'université de Gand, et il est depuis 1847 professeur de langue flamande des jeunes princes fils du roi Léopold.

Indépendamment des productions littéraires de Hendrick Conscience que nous avons déjà citées, nous devons encore mentionner ses deux romans historiques : *Geschiedenis van Graef Hugo van Craenhove en van zynen vriend Abulfaragus* (Anvers, 1845) et *Jakob van Artevelde* Anvers, 1849).

La fraîcheur et la simplicité de l'exposition, la profondeur et la sensibilité sont incontestablement des qualités qu'on trouve réunies à un haut degré dans toutes ses productions de cet écrivain ; mais il nous paraît manquer dans le roman historique de la faculté d'idéaliser les caractères et de combiner d'une manière puissante les éléments dramatiques. Il est bien autrement supérieur dans la nouvelle proprement dite, dans la peinture de mœurs, quand il se met par exemple à raconter les histoires et les vieilles légendes du village et de la veillée. A cet égard nous citerons *Siska van Rosemael*, *Wat eene moeder lyden kan* et *Hoe men schilder wordt*, trois nouvelles que le prince-évêque de Breslau, le cardinal de Diepenbroek n'a pas dédaigné de traduire lui-même en allemand sous le titre de *Vlæmisches Stillleben* (3ᵉ édition ; Ratisbonne, 1849). *De Loteling* (Le Conscrit) ; *Baes Gansendouck ; De houten Clara ; De blinde Rosa* et *De arme Edelman*, forment une suite de petits tableaux de mœurs populaires du même genre.

L'histoire illustrée de la Belgique (*Geschiedenis van Belgien* [Anvers, 1845]) publiée par Conscience, est un travail national sans doute, mais sans portée comme œuvre philosophique et historique, et dans lequel il se garde bien de faire la critique des faits et gestes du saint-siège à l'égard des provinces des ci-devant Pays-Bas. Au reste, dans ses compositions historiques, de même que dans ses tableaux de la vie réelle, au nombre desquels nous ne devons pas oublier de mentionner encore ses *Avonstunde* (*Heures du soir* [Anvers, 1839]) et *Lambrecht Hensmans* (Anvers, 1846), il fait preuve d'un art tout flamand. L'afféterie et la négligence sont des défauts dont il est constamment exempt, et s'il trace avec vigueur ses contours, il apporte aussi un soin extrême dans l'exécution des moindres détails. Mais un mérite qui le distingue surtout, c'est la clarté de la pensée, c'est la pureté des sentiments; deux qualités qu'on apprécie encore mieux peut-être en Belgique qu'ailleurs, parce que dans ces trente dernières années la contrefaçon a inondé ce pays plus que tout autre des immorales productions des romanciers français à la mode.

CONSCRIPTION, CONSCRITS. Le mot *conscription* est nouveau, il ne date que de l'an VI de la république française (1798); mais l'institution elle-même est fort ancienne; seulement elle a varié souvent dans la forme. A ce mot, la terreur des mères sous l'Empire, la Restauration a substitué celui de *recrutement*, qui est passé depuis dans les lois et dans les mœurs pour signifier la même chose, c'est-à-dire toute levée d'hommes devant servir soit au complément, soit à l'organisation de l'armée, et dont le mode est fixé par la loi, de même que le contingent qui appartient à chaque levée. Le mot *conscrit*, que l'on croirait dérivé de *conscription*, est plus ancien que lui : du temps des armées romaines, l'acte de recrutement s'appelait *legiones legere* (choisir les légions), et les hommes étaient inscrits sur un rôle commun dans chaque légion, *conscripti* (écrits sur le même rôle), d'où nous avons fait *conscrits*. Quoique la conscription ait été remplacée par le recrutement, on donne encore le nom de conscrits aux nouveaux arrivés dans un régiment. Le crayon de Charlet a immortalisé nos *conscrits*.

CONSCRITS (Pères), *patres conscripti*. C'étaient, chez les Romains, les sénateurs ajoutés à l'ancien sénat. Romulus avait d'abord établi cent sénateurs; il en ajouta ensuite cent autres. Ceux-ci et leurs descendants s'appelèrent patriciens, *majorum gentium*. Ceux qui furent tirés dans la suite du corps des plébéiens par Tarquin-l'Ancien reçurent la dénomination de patriciens, *minorum gentium*, ainsi que Tite-Live le remarque. Mais ceux qui furent admis dans le sénat par Lucius Junius Brutus et P. Valerius Publicola, premiers consuls élus après l'expulsion des rois, prirent le titre de *pères conscrits*, comme on peut le voir dans plusieurs auteurs. On donnait encore ce nom à ceux que l'on tirait de l'ordre des chevaliers.

CONSÉCRATION. Dans son acception la plus étendue, la consécration est la destination d'une chose à une fin spéciale et déterminée. Ce mot peut convenir aux personnes, aux choses et aux noms. Ainsi, on dit d'un homme, qu'il s'est *consacré* à l'étude des lettres, lorsqu'il est son occupation principale; d'un hospice, qu'il est *consacré* au service des malades et au soulagement des malheureux indigents, parce qu'il n'a été établi qu'en vue de cet objet; d'un mot, qu'il est *consacré* à exprimer une chose, lorsqu'on ne peut en détourner le sens pour lui en faire signifier une autre. Mais, dans un sens plus exact et plus approprié, la *consécration* est la destination des hommes ou des choses au culte divin. On en distingue de plusieurs sortes : celle des prêtres, des évêques, et des rois; celle des églises, des autels, des vases sacrés, et enfin celle des ornements d'église et des autres choses employées dans les cérémonies du culte. La consécration des prêtres s'appelle *ordination*, parce qu'elle se compose de plusieurs consécrations distinctes, dont chacune donne un degré différent dans la hiérarchie sacerdotale; celle des évêques et des rois s'appelle *sacre*; la consécration des temples et des autels, *dédicace*; celle des vases sacrés garde le nom de *consécration*, et l'on donne le nom de *bénédiction* à la consécration que l'on fait des ornements d'église et des autres choses qui servent au culte.

L'ordination des prêtres, le sacre des évêques et des rois, la dédicace des temples et des autels, aussi bien que la consécration des vases sacrés, se font par des onctions avec le saint chrême, et ne peuvent être faites que par les évêques, tandis que les bénédictions consistent dans des prières et des signes de croix ou autres, appropriés à la nature de la chose, que le prêtre fait sur les choses qu'il bénit. Tout prêtre peut faire les bénédictions communes et ordinaires; mais il faut qu'il soit délégué par l'évêque s'il veut faire la bénédiction d'une église en remplacement de la consécration qu'en font les évêques; et dans les cas ordinaires ces bénédictions n'attachent aucune indulgence aux choses qu'il bénit, à moins qu'il ne le fasse en vertu d'un indult obtenu du pape. Mais outre ces consécrations, qui se font avec le saint chrême, il en est qui résultent de l'attouchement des choses saintes, par exemple, des espèces eucharistiques. C'est ainsi que le *ciboire*, la lunette de l'*ostensoir* et les linges sur lesquels repose l'hostie sainte deviennent sacrés, et l'on ne peut les toucher, les manipuler sans commettre une faute grave, lorsqu'on n'a pas reçu le sacrement de l'ordre et qu'on les touche sans permission. La consécration des autels et des vases sacrés, celle au moins du calice et de la patène, est rigoureusement nécessaire, et un prêtre ne doit jamais entreprendre de célébrer la messe sur un autel ou avec des vases qui n'auraient pas été consacrés. Toutes les églises ne sont pas consacrées, mais toutes doivent être bénites; il en est de même des ornements des prêtres, du ciboire, de l'ostensoir et des nappes d'autel. L'usage des consécrations des prêtres, des rois, des temples et des vases sacrés ne se trouve pas seulement dans la loi nouvelle; il a existé aussi dans la loi mosaïque, et tous les peuples païens ont élevé des temples à la Divinité, consacré des prêtres à son culte, établi des jours pour l'honorer. Partout on a respecté comme saintes les choses qui servaient au culte des dieux.

Le mot *consécration* se prend encore, quand on parle de la liturgie, pour cette partie de la messe qui commence à ces paroles *qui pridie quam pateretur*, et continue jusqu'à la prière : *unde et memores*. En parlant de l'eucharistie, la *consécration* est le sacrement par lequel les espèces du pain et du vin deviennent réellement et véritablement, suivant la foi de l'Église catholique, le corps et le sang de Jésus-Christ. Prise dans ce sens, elle consiste seulement dans ces paroles : *Ceci est mon corps*, pour la consécration de l'espèce du pain, et dans celles-ci : *Celui-ci est le calice de mon sang, qui sera répandu pour vous et pour plusieurs pour la rémission des péchés*, pour la consécration de l'espèce du vin.

NÉGRIER.

Dans l'Église protestante, on entend par *consécration* l'acte par lequel un ministre reçoit le pouvoir de cure d'âmes et de desservir une église en qualité de pasteur. L'Église réformée de France reconnaît trois degrés dans les fonctions sacerdotales. L'étudiant en théologie ayant atteint la troisième année de ses études se nomme *proposant*; il peut occuper la chaire de l'église du lieu, ou d'une église voisine, avec l'agrément du consistoire; le proposant ayant terminé ses études, subi ses examens et soutenu sa thèse de bachelier en théologie, reçoit de la faculté protestante dont il a suivi les cours, un *certificat d'aptitude au saint ministère*; muni de cette pièce attestant sa science et ses mœurs, il lui est loisible de se présenter devant une réunion de pasteurs pour recevoir, conformément au rit apostolique, l'imposition des mains, qui le *consacre* au service du Seigneur et lui confie le droit d'administrer les sacrements. Ordinairement le proposant n'est consacré au saint ministère qu'en même temps qu'il est déclaré pasteur de telle église. Tant qu'il n'a point d'église à desservir, fût-il même consacré, il n'est encore que *ministre*. Il faut qu'il exerce une charge effective de cure d'âmes pour être dénommé *pasteur*. Dès le premier synode de Paris, en 1559, il fut réglé que la présence de deux ou trois pasteurs était nécessaire pour une consécration : ce nombre fut porté à sept par le synode de Saint-Maixent, en 1609. Aujourd'hui il est généralement reçu que le concours des trois pasteurs valide une consécration. De plus, l'ancienne discipline exigeait impérativement la signature de la *confession de foi* calviniste pour être reçu pasteur : cet usage, dérogatoire à la liberté d'examen, a été abandonné comme enchaînant la conscience ; on préfère généralement aujourd'hui le rit génevois, qui exige du récipiendaire le serment « de prêcher la parole de Dieu telle qu'elle est contenue dans les livres révélés de l'Ancien et du Nouveau Testament ». Charles COQUEREL.

CONSEIL (du latin *consilium*, avis). C'est en effet, dans le sens primitif, l'avis que l'on donne à quelqu'un sur ce qu'il doit faire ou ne doit pas faire, l'action d'instruire quelqu'un d'une chose qu'il lui importe de faire ou de savoir actuellement, eu égard aux circonstances. On donne le *conseil* d'agir, on donne *avis* qu'on a agi, on *avertit* qu'on agira. L'ami donne des *conseils* à son ami, et le supérieur des *avis* à son inférieur. La punition d'une faute est un *avertissement* de n'y plus retomber. On prend *conseil* de soi-même ; on reçoit une lettre d'*avis* ; on obéit à un *avertissement* de payer. On vous *conseille* de tendre un piège à quelqu'un ; on vous donne *avis* que d'autres vous en ont tendu ; on vous *avertit* de vous tenir sur vos gardes. Le chef de l'État tient *conseil* avec ses ministres, il les fait *avertir* de s'y trouver ; chacun y donne son *avis*. On dit un homme de bon *conseil*, un *conseil* de père, un *avis* de parents, un *avis* au public, l'*avertissement* d'un ouvrage. L'*avis* et l'*avertissement* importent quelquefois à celui qui les donne ; le *conseil* importe toujours à celui qui le reçoit.
D'ALEMBERT.

Conseil se dit figurément des choses, des passions, etc. qui nous portent, qui nous déterminent à faire ou à ne pas faire quelque chose : Prendre *conseil* des événements ; écouter que les *conseils* de l'intérêt, de la vengeance ; ne prendre *conseil* que de sa tête, de son amour, de sa fureur, de son avarice, etc. Proverbialement *la nuit porte conseil* signifie qu'il faut prendre le temps de réfléchir, qu'il est bon de remettre au lendemain pour prendre son parti dans une affaire. Les *conseils évangéliques* sont ceux que l'Évangile donne pour parvenir à une plus grande perfection. *Conseil* dans ce sens est souvent opposé à précepte ; le précepte oblige, le conseil avertit, mais n'oblige pas. *Conseil* synonyme de *conseilleur*, qui n'est plus d'usage aujourd'hui, indique la personne dont on prend conseil : *les conseilleurs ne sont pas toujours les payeurs*, c'est-à-dire ceux qui se chargent de donner les meilleurs *conseils* n'en assument pas d'ordinaire les conséquences. Mais ce n'est pas une raison pour n'écouter personne et pour ne prendre *conseil* que de ses passions. La colère par exemple est *mauvaise conseillère*.

Considéré comme s'appliquant à celui qui donne un avis, le mot *conseil* désigne, dans la langue du droit, la personne à laquelle on vient demander *conseil*, ou assistance pour suivre une affaire contentieuse : cet a v o c a t est mon *conseil* ; le *conseil* soussigné est d'avis..... Il désigne aussi le défenseur qui doit assister tout accusé dans la discussion des charges qui pèsent sur lui. Dans toute procédure criminelle, tout prévenu a le droit de se choisir un *conseil*, et dans les affaires qui sont portées devant la cour d'assises, il faut, à peine de nullité, qu'au moment où s'ouvrent les débats publics, l'accusé se présente, accompagné de son conseil ; s'il n'en a pas, il doit lui en être donné d'*office*.

En termes de procédure, on nomme *droit de conseil* une rétribution accordée par le tarif aux avoués pour le premier examen des pièces d'une affaire. Autrefois les procureurs pouvaient exiger un droit de conseil sur les défenses, les répliques, les requêtes, etc., et l'on nommait *droit de consultation* l'émolument attaché à la première assignation emportant charge de l'affaire.

Conseil se prend quelquefois pour résolution, parti : Le *conseil* en est pris. Il se dit encore au pluriel, dans le style élevé, des vues, des principes qui dirigent une personne ; et il s'emploie surtout en parlant des rois, des empereurs, des gouvernements : La justice ne préside pas à ses *conseils* ; il n'y a dans ses *conseils* qu'irrésolution et faiblesse. *Les conseils de Dieu* sont les intentions, les desseins de la Providence : *Les conseils de Dieu* sont impénétrables. On dit aussi, mais plus rarement, au singulier, *le conseil de Dieu* : Êtes-vous entré dans le *conseil de Dieu*?

Conseil se prend encore pour une assemblée permanente, ou une réunion extraordinaire, créée ou convoquée pour délibérer, donner son avis sur certaines matières : les membres d'un *conseil*, le président, le secrétaire d'un *conseil*. On donne ce nom, soit à des réunions qui n'ont que simple droit d'avis ou d'administration, soit à de véritables cours de justice, soit à des assemblées législatives. On qualifie de *conseils administratifs* ceux qui tiennent à l'administration générale, comme les conseils généraux, d'arrondissement et municipaux, les conseils de préfecture, le conseil d'État, les conseils de commerce, d'agriculture, etc., etc. (*voyez* les articles suivants).

Conseil se dit enfin, par extension, des séances d'un *conseil* et du lieu où siège un *conseil* : se rendre au *conseil* ; au sortir du *conseil*. Tenir *conseil* s'applique, en général, aux gens qui se concertent, qui délibèrent entre eux. Dans toute administration, pour délibérer sur les affaires importantes, les principaux fonctionnaires s'assemblent en conseil ; les magistrats, dans bien des cas, se réunissent, se retirent dans la *chambre du conseil*.

On nommait autrefois *conseils souverains* et *conseils supérieurs* différents conseils qui exerçaient une juridiction souveraine ou qui avaient un pouvoir de haute administration. Nous avons encore aujourd'hui dans nos colonies des conseils coloniaux. Les affaires de la Suisse et des petits États qui la composent sont en général confiées à des conseils.

Les princes du sang, de tout temps ont eu des petits conseils, à l'image de ceux des souverains ; mais n'ayant aucune juridiction régulière, ils ne forment que de simples conseils d'administration.

Différents conseils établis autrefois dans quelques villes du Languedoc pour administrer les affaires communales portaient le titre de *conseils politiques*. Plus généralement ces conseils prenaient le nom de *conseils de ville*. Ils sont remplacés aujourd'hui par nos c o n s e i l s m u n i c i p a u x. Il y avait aussi quelquefois des *conseils provinciaux*, chargés des intérêts d'une province entière.

Quelques cours de justice particulières à certains pays, à certaines villes, portaient aussi le nom de *conseils* ; nous citerons le *conseil d'Alsace* ou *de Colmar*, érigé en 1679 en cour souveraine ; le *conseil d'Artois* ou *d'Arras*, établi par Charles-Quint en 1530, le *conseil de Dombes*, etc.

Le *conseil de la chancellerie* était un conseil établi auprès du chancelier pour lui faire des rapports sur les affaires concernant la librairie et l'imprimerie, l'obtention des lettres en relief de laps de temps, la distribution du prix des offices vendus, etc. Le *conseil de la marée* était un conseil établi pour exercer une surveillance active sur le commerce du poisson de mer : il avait été institué par saint Louis, sous la présidence du prévôt de Paris, et a subsisté jusqu'au seizième siècle.

Depuis la Révolution, on a donné le nom de *conseil exécutif*, en 1792, à la réunion des ministres chargés du pouvoir exécutif. Ce conseil fut supprimé par la loi du 12 germinal an II. Le *conseil du sceau des titres* fut institué pour connaître des titres de noblesse et statuer sur les constitutions de majorat : établi d'abord sous le nom de *commission du sceau*, il acquit une certaine importance sous la Restauration.

Une loi du 6 brumaire an v avait institué des *conseils officieux* pour veiller aux intérêts des défenseurs de la patrie, et ceux de tous les autres citoyens absents pour le service des armées : ils devaient être composés de trois citoyens probes et éclairés que chaque tribunal était tenu de désigner.

CONSEIL (Grand), CONSEIL ÉTROIT, CONSEIL SECRET. *Voyez* CONSEIL D'ÉTAT.

CONSEIL ACADÉMIQUE, conseil établi au chef-lieu de chaque académie. Ces conseils ont été successivement régis par deux législations distinctes résultant, la première du décret organique de l'Université du 17 mars 1808 et de l'ordonnance du 7 décembre 1845, la seconde de la loi du 15 mars 1850 et du décret du 9 mars 1852.

Sous le premier de ces deux régimes, qui a duré près d'un demi-siècle, le conseil se composait de dix membres, non compris le recteur, qui le présidait, et les inspecteurs d'académie. Un membre supplémentaire, directeur d'école normale ou inspecteur d'instruction primaire, y représentait l'instruction primaire. Les membres du conseil étaient choisis par le ministre parmi les officiers et fonctionnaires de l'Université. Il avait mission de s'occuper : 1° de l'état des écoles et de leur circonscription ; 2° des abus qui pouvaient s'introduire dans leur discipline, leur administration économique ou dans leur enseignement, et des moyens d'y remédier ; 3° des affaires contentieuses relatives à ces écoles en général ou aux membres de l'Université résidant dans les circonscription ; 4° des délits commis par ces membres ; 5° de l'examen des comptes des collèges placés dans leur ressort. A Paris, le conseil de l'Université ou conseil supérieur de l'instruction publique remplissait les fonctions du conseil académique.

La loi du 15 mars 1850, qui forme aujourd'hui, sauf une modification que nous indiquerons, la nouvelle législation, a réglé ainsi qu'il suit la composition et les fonctions des conseils académiques. Il est établi une académie par département. Chaque académie est administrée par un recteur, assisté, si le ministre le juge nécessaire, d'un ou de plusieurs inspecteurs, et par un conseil académique. Ce conseil est ainsi composé : le recteur, président ; un inspecteur d'académie, un fonctionnaire de l'enseignement, ou un inspecteur des écoles primaires, désigné par le ministre ; le préfet ou son délégué ; l'évêque ou son délégué ; un ecclésiastique désigné par l'évêque ; un ministre de l'une des deux Églises protestantes, désigné par le ministre de l'instruction publique, dans les départements où il existe des Églises également établies ; un délégué du consistoire israélite dans chacun des départements où il existe un consistoire légalement institué ; le procureur général près la cour impériale, dans les villes où siège une cour impériale, et les autres, le procureur impérial près le tribunal de première instance ; un membre de la cour impériale élu par elle, ou, à défaut de cour impériale, un membre du tribunal de première instance élu par le tribunal ; quatre membres élus par le conseil général, dont deux au moins pris dans son sein. Les doyens des facultés sont, en outre, appelés dans le conseil académique, avec voix délibérative, pour les affaires intéressant leurs facultés respectives. La moitié plus un des membres est nécessaire pour la validité des opérations du conseil. Chacun de ses membres dont la nomination est faite par élection sont élus pour trois ans et indéfiniment rééligibles.

Le conseil donne son avis sur l'état des différentes écoles du département ; sur les réformes à introduire dans l'enseignement, la discipline et l'administration des écoles publiques entretenues par l'Etat ; sur les budgets et les comptes administratifs des lycées, collèges et écoles normales primaires ; sur les secours et encouragements à accorder aux écoles primaires. Il instruit les affaires disciplinaires relatives aux membres de l'enseignement public secondaire ou supérieur qui lui sont renvoyées par le ministre ou le recteur. Il prononce, sauf recours au conseil supérieur, sur les affaires contentieuses relatives : à l'obtention des grades ; aux concours devant les facultés ; à l'ouverture des écoles libres ; aux droits des maîtres particuliers, et à l'exercice du droit d'enseignement ; sur les poursuites dirigées contre les membres de l'instruction secondaire publique et tendant à la révocation, avec interdiction d'exercer la profession d'instituteur libre, de chef ou du professeur d'établissement libre, et sur les affaires disciplinaires relatives aux instituteurs primaires, publics ou libres. Le conseil est nécessairement consulté sur les règlements relatifs au régime intérieur des lycées, collèges et écoles normales primaires, et sur les règlements relatifs aux écoles publiques primaires. Il fixe le taux de la rétribution scolaire, sur l'avis des conseils municipaux et des délégués cantonaux ; il détermine les cas où les communes peuvent, à raison des circonstances, et provisoirement, établir ou conserver des écoles primaires dans lesquelles seront admis des enfants de l'un et l'autre sexe, ou donne son avis au recteur sur les récompenses à accorder aux instituteurs primaires. Il désigne un ou plusieurs délégués résidant dans chaque canton, pour surveiller les écoles publiques et libres du canton, et détermine les écoles particulièrement soumises à la surveillance de chacun. Il nomme chaque année une commission d'examen chargée de juger publiquement, et à des époques déterminées par le recteur, l'aptitude des aspirants au brevet de capacité pour l'enseignement primaire. Il délivre, s'il y a lieu, des certificats de stage aux personnes qui justifient avoir enseigné, pendant trois ans au moins, les matières de cet enseignements dans des écoles publiques ou libres, autorisées à recevoir des stagiaires.

Le conseil présente chaque année au ministre et au conseil général un exposé de la situation de l'enseignement dans le département.

Les attributions et même la composition des conseils académiques, telles qu'elles résultent de la loi du 15 mars, ont été maintenues par le décret du 9 mars 1852, qui s'est borné à remettre à la nomination du ministre ceux de leurs membres qui procédaient précédemment de l'élection.

A. LEGOYT.

CONSEIL AULIQUE. *Voyez* AULIQUE.

CONSEIL COLONIAL. C'était le nom de conseils établis par la loi du 24 avril 1833 dans les colonies françaises de la Martinique, de la Guadeloupe, de Bourbon et de la Guyane, et qui ont subsisté jusqu'au décret du gouvernement provisoire du 27 avril 1848. Ce décret les a supprimés, en se basant sur l'article 3 du décret du 5 mars précédent, aux termes duquel les colonies françaises sont admises à la représentation nationale. La loi électorale du 2 janvier 1852 ayant retiré à nos colonies le bénéfice de cette représentation, il y a lieu de penser qu'une institution administrative locale analogue à celle des conseils y sera plus ou moins prochainement rétablie.

Voici comment étaient formés les conseils et dans quelle mesure ils prenaient part à l'administration coloniale. Leurs membres, dont le nombre variait selon l'importance de chaque colonie, étaient élus pour cinq ans. Était électeur tout Français âgé de vingt-cinq ans, domicilié depuis deux ans, et payant une contribution directe de 200 à 300 fr., selon la colonie à laquelle il appartenait, ou justifiant de propriétés tant mobilières qu'immobilières d'une valeur déterminée. Était éligible tout électeur âgé de trente ans payant 600 fr. à la Martinique et à la Guadeloupe, et 400 fr. à

Bourbon et à la Guyane, de contributions directes, ou possédant des propriétés d'une certaine valeur. Les fonctions de conseiller colonial étaient gratuites.

Les conseils coloniaux, sur la présentation des gouverneurs, décrétaient et votaient le budget intérieur des colonies, sauf le traitement des gouverneurs ainsi que les dépenses du personnel de la justice et des douanes, qui étaient fixés par la métropole. Ils déterminaient, dans la même forme, l'assiette et la répartition des contributions directes. Ils approuvaient chaque année les comptes des recettes et dépenses du service intérieur, ainsi que ceux des recettes et dépenses municipales. Ils recevaient communication des comptes des recettes et dépenses des services à la charge de la métropole. Ils statuaient ou donnaient leur avis, selon le degré de leur compétence, sur les acquisitions, échanges et aliénations d'immeubles. Ils donnaient leur avis sur toutes les dépenses des services militaires à la charge de l'État. Les décrets qu'ils avaient adoptés, et qui étaient consentis par les gouverneurs, devaient être soumis à la sanction royale; mais ils pouvaient en cas d'urgence être exécutés provisoirement. Les projets de décret repoussés ou amendés par eux contre l'avis des gouverneurs ne pouvaient être représentés dans la même session. La loi les autorisait à faire connaître leurs vœux sur les objets intéressant les colonies, soit par une adresse au roi, s'il s'agissait de matières réservées aux lois de l'État ou aux ordonnances royales, soit par un mémoire au gouverneur, s'il s'agissait d'autres matières. Les conseils coloniaux devaient être entendus préalablement à toute ordonnance : 1° sur l'organisation administrative, le régime municipal excepté; 2° sur la police de la presse; 3° sur l'instruction publique; 4° sur l'organisation et le service des milices; 5° sur les affranchissements et les recensements; 6° sur les améliorations à introduire dans la condition des personnes non esclaves; 7° sur les dispositions pénales applicables aux personnes non libres, la peine de mort exceptée; 8° sur l'acceptation des dons et legs faits aux établissements publics.

Toutes les matières autres que celles dont l'énumération précède étaient l'objet de décrets rendus par les conseils coloniaux, sur la proposition du gouverneur.

Ce fonctionnaire convoquait et pouvait dissoudre les conseils coloniaux; il faisait l'ouverture et la clôture de leurs sessions et nommait des commissaires chargés de soutenir la discussion. Il pouvait, en outre de leur session annuelle, les convoquer en session extraordinaire. Ces assemblées ne devaient s'assembler qu'à l'époque et au lieu indiqué par la proclamation du gouverneur. Leurs délibérations n'étaient valables qu'autant que la moitié plus un de leurs membres y avait concouru et qu'elles avaient été rendues à la majorité absolue des suffrages exprimés. Leurs séances n'étaient point publiques; mais le gouverneur faisait publier à la fin de chaque session un extrait de leurs délibérations. Ils élisaient à l'ouverture de chaque session un président, un vice-président et deux secrétaires.

Parmi leurs attributions, nous devons encore mentionner le droit de nommer des *délégués* chargés d'aller à Paris pour éclairer le gouvernement sur les intérêts généraux des colonies, et pour suivre près de lui l'effet des délibérations ou des vœux des conseils coloniaux. A. LEGOYT.

CONSEIL D'ADMINISTRATION. On donne ce nom dans les régiments à une réunion d'officiers chargée d'arrêter les comptes du corps et de présider à la dépense des deniers du régiment. Ces conseils datent de 1776. Depuis ils ont subi de notables changements. A l'origine on s'imaginait non-seulement qu'ils auraient le pouvoir de gouverner les régiments sous le rapport de l'administration intérieure, mais encore qu'ils régiraient les affaires de discipline et arrêteraient les tableaux d'avancement. Trois capitaines furent d'abord admis dans leur sein, et ce nombre fut conservé jusqu'au jour où fut rendue l'ordonnance encore en vigueur aujourd'hui. Ces trois capitaines étaient élus par leurs camarades, et pouvaient entrer au conseil plusieurs années de suite. Le conseil se compose aujourd'hui du colonel, président; du lieutenant-colonel, du plus ancien chef de bataillon, du major, remplissant les fonctions de rapporteur, du trésorier, remplissant celles de secrétaire, du capitaine d'habillement et d'un capitaine. Tous les capitaines de compagnie deviennent à tour de rôle membres du conseil pour un an. Le conseil est convoqué par le colonel toutes les fois qu'il y a nécessité, mais il doit l'être au moins un fois par semaine. C'est seulement devant le conseil d'administration assemblé que peut être ouverte la caisse du régiment, qui est fermée à trois clefs, restant entre les mains du colonel, du lieutenant-colonel et du major. Autrefois, le corps conservait en caisse des sommes assez fortes, ce qui entraînait de graves abus; aujourd'hui, à l'exception des sommes strictement indispensables aux dépenses courantes, les fonds restent déposés chez les receveurs des finances, qui en tiennent compte à l'État, au taux légal.

Dans la garde nationale, chaque légion ou chaque bataillon formé par les hommes d'une même commune possède un conseil d'administration chargé de présenter annuellement au maire l'état des dépenses nécessaires au service de la garde nationale, et de viser les pièces justificatives de l'emploi des fonds. Il y a également par bataillon cantonal un conseil d'administration chargé des mêmes fonctions, et qui doit présenter au sous-préfet l'état des dépenses du bataillon. La composition de ces conseils est déterminée par un règlement d'administration publique. Dans le département de la Seine, il y a un conseil d'administration par un nombre de bataillons que détermine le ministre de l'intérieur. Ce conseil se compose d'un chef de bataillon, président, d'un officier par bataillon, du major attaché à ces bataillons, remplissant les fonctions de rapporteur, et d'un secrétaire, chargé, en outre, des écritures pour les conseils de discipline. Il est nommé de plus un officier payeur pour ce même nombre de bataillons.

CONSEIL D'AMIRAUTÉ. *Voyez* AMIRAUTÉ (Conseil d').

CONSEIL D'ARRONDISSEMENT. Le décret du 22 janvier 1790 relatif à la division administrative de la France avait établi, en outre d'une *administration de département*, une *administration de district*, dont les membres, au nombre de douze, devaient être élus parmi les citoyens éligibles. Nommés pour quatre ans, ils étaient renouvelés par moitié tous les deux ans. Chaque administration de district se divisait en *conseil* et *directoire* de district, ce dernier composé de quatre membres. Le directoire était chargé d'administrer et de faire exécuter les délibérations prises par le conseil dans sa session annuelle, qui ne pouvait durer plus de quinze jours. L'administration de district devait être entièrement subordonnée à *l'administration de département*.

La constitution de 1793 prescrivit le renouvellement par moitié tous les ans des administrations de district, ainsi que la publicité de leurs séances.

La constitution de l'an III supprima les districts, pour ne conserver que les départements, les cantons et les communes.

La constitution de l'an VIII rétablit les districts sous le nom *d'arrondissement*, et la loi du 28 pluviôse de la même année créa un conseil d'arrondissement en donnant au gouvernement la nomination de leurs membres, au nombre de onze. L'art. 10 de cette loi détermine ainsi qu'il suit ses attributions : « Le conseil d'arrondissement s'assemble chaque année; l'époque de sa réunion est déterminée par le gouvernement; la durée de sa session ne peut excéder quinze jours. Il nomme un de ses membres pour président et un autre pour secrétaire. Il fait la répartition des contributions directes entre les villes, bourgs et villages de l'arrondissement. Il donne son avis motivé sur les demandes en décharge qui seront formées par les villes, bourgs et villages. Il entend le compte annuel que le sous-préfet rendra de l'emploi des centimes additionnels destinés aux dépenses de l'arrondissement. Il exprime son opinion sur l'état et les besoins de l'arrondissement, et l'adresse au préfet. »

Ces attributions, ainsi définies, n'ont subi jusqu'à la nouvelle législation aucune modification essentielle. Nous devons dire, toutefois, que l'arrondissement n'ayant jamais eu de budget et de comptabilité distincts, la faculté donnée au conseil de voter des centimes additionnels n'a pu être appliquée.

Un instant on a pu penser que les conseils d'arrondissement cesseraient de figurer parmi les institutions administratives de la France. Mais les conseils cantonaux que leur avait substitués la constitution républicaine de 1848 n'ayant jamais été constitués, les conseils d'arrondissement continuèrent d'exister provisoirement; et ils ont été maintenus formellement par la constitution du 14 janvier 1852. Nous allons faire connaître leur composition et leurs attributions, telles que les ont réglées les lois des 22 juin 1833 et 10 mai 1838, modifiées par le décret du 3 juillet 1848 et par la loi du 7 juillet 1852.

Il y a dans chaque arrondissement un conseil composé d'autant de membres que l'arrondissement a de cantons, sans que le nombre de ces membres puisse être au-dessus de neuf. Si le nombre des cantons d'un arrondissement est inférieur à neuf, un décret impérial répartit entre les cantons les plus peuplés le nombre des conseillers à élire complémentairement. Les conseillers sont élus dans chaque canton par les citoyens inscrits sur les listes dressées pour l'élection des députés au corps législatif, conformément aux dispositions des décrets du 2 janvier 1852. Ne peuvent être membres du conseil d'arrondissement les fonctionnaires de l'ordre administratif; les agents financiers; les ingénieurs des ponts et chaussées et les architectes du département; les agents forestiers du département et les employés des préfectures et sous-préfectures. Nul ne peut être membre de plusieurs conseils d'arrondissement ni d'un conseil d'arrondissement et d'un conseil général. Les conseillers d'arrondissement sont élus pour six ans et renouvelés par moitié tous les trois ans. Ils ne peuvent se réunir que s'ils ont été convoqués par les préfets, en vertu d'un décret qui détermine l'époque et la durée de la session. Ils nomment le président et le secrétaire. Le sous-préfet a entrée au conseil; il est entendu quand il le demande et assiste aux délibérations. La dissolution d'un conseil d'arrondissement ne peut être prononcée que par un décret. En ce cas, il est procédé à une nouvelle élection avant la première des deux sessions annuelles, et au plus tard dans le délai de trois mois à partir du jour de la dissolution. Les séances du conseil ne sont pas publiques; il ne peut délibérer que si la moitié plus un des conseillers sont présents. Tout acte ou toute délibération d'un conseil d'arrondissement relatif à des objets qui ne sont pas légalement compris dans ses attributions est nul et de nul effet.

Non plus que les conseils généraux, les conseils d'arrondissement ne peuvent délibérer hors les sessions légales, ni correspondre entre eux, ni faire ou publier aucune adresse ou proclamation, sous les peines portées par la loi.

La session ordinaire du conseil d'arrondissement se divise en deux parties; la première précède, la seconde suit celle du conseil général.

Dans la *première partie de la session*, le conseil *délibère* sur les réclamations auxquelles donne lieu la fixation du contingent de l'arrondissement dans les contributions directes. Il délibère également sur les demandes en réduction de contribution formées par les communes. Il *donne son avis* 1° sur les changements proposés à la circonscription du territoire de l'arrondissement, des cantons et des communes, et à la désignation de leurs chefs-lieux; 2° sur le classement et la direction des chemins vicinaux de grande communication; 3° sur l'établissement et la suppression ou le changement des foires et des marchés; 4° sur les réclamations élevées au sujet de la part contributive des communes respectives dans les travaux intéressant à la fois plusieurs communes, ou les communes et le département; 5° et sur tous les objets sur lesquels il est appelé par le gouvernement à donner son avis. Il *peut donner son avis*, 1° sur les travaux de route, de navigation, et autres objets d'utilité publique qui intéressent l'arrondissement; 2° sur les acquisitions, aliénations, échanges, constructions et reconstructions des édifices et bâtiments destinés à la sous-préfecture, au tribunal de première instance, à la maison d'arrêt ou à d'autres services publics spéciaux à l'arrondissement, ainsi que sur le changement de destination de ces édifices; 3° et généralement sur tous les objets à l'égard desquels le conseil général est appelé à délibérer, en tant qu'ils intéressent l'arrondissement. Le préfet communique au conseil d'arrondissement le compte de l'emploi des fonds de non-valeurs, en ce qui concerne l'arrondissement. Le conseil peut adresser directement au préfet, par l'intermédiaire de son président, son opinion sur l'état et les besoins des différents services publics, dans l'arrondissement.

Dans la *seconde partie de sa session*, il répartit entre les communes les contributions directes. Si le conseil ne se réunissait pas, ou s'il se séparait avant d'avoir arrêté cette répartition, les mandements des contingents assignés à chaque commune seraient délivrés par le préfet d'après les bases de la répartition précédente. Le conseil se conforme, dans la répartition de l'impôt, aux décisions rendues par le conseil général.

Il n'existe guère qu'en Prusse une institution analogue à nos conseils d'arrondissement, sous le nom d'assemblées des états du cercle ou de l'arrondissement (*kreisstandischer Versammlungen*). Ces assemblées ont pour mission d'aider le *landrath* (sous-préfet) dans l'expédition des affaires communales. Elles se composent des propriétaires de biens nobles de l'arrondissement, d'un certain nombre de députés des villes et de trois députés de l'ordre des paysans. Le landrath convoque le conseil au moins une fois par an, et le préside. Les trois ordres délibèrent en commun. Les décisions sont prises à la simple majorité. Le landrath n'a que voix consultative. Ce magistrat est chargé d'assurer l'exécution des délibérations du conseil. L'assemblée est remplacée dans l'intervalle de ses sessions par une députation permanente de deux membres, qu'elle choisit dans son sein. A. LECOYT.

CONSEIL DE CONSCIENCE. En France, on donnait ce nom à une subdivision du conseil du roi, chargée d'examiner ce qui concernait la religion et l'Église, et de pourvoir principalement aux bénéfices laissés à la nomination du roi. Après la mort de Louis XIII, Mazarin le présidait. Louis XIV avait aussi son *conseil de conscience*, dont faisaient partie l'archevêque de Paris et le confesseur du roi. Sur la fin de son règne, le confesseur y assistait seul. Là le monarque se prononçait pour les nominations aux bénéfices, évêchés, abbayes dépendant de la couronne. Les séances de ce conseil avaient lieu tous les vendredis et les jours où le roi communiait. Dès 1352 on trouve plusieurs lettres de sauvegarde accordées à des abbayes par *le roi en son conseil, assisté de son confesseur*. A la mort de Louis XIV, le conseil du roi se subdivisa en plusieurs commissions, dont l'une, appelée *conseil de conscience*, s'assemblait à l'archevêché. Elle se composait du cardinal de Noailles, de l'archevêque de Bordeaux, du procureur général et d'un certain abbé Pucelle. Il y avait en outre un secrétaire. Ce conseil fut supprimé en octobre 1718.

CONSEIL DE DISCIPLINE. Trois institutions portent particulièrement ce nom en France. L'une appartient à l'armée, l'autre à la garde nationale, la troisième au barreau.

Conseil de discipline militaire. Dans l'armée, le soldat qui, sans commettre aucun délit justiciable d'un conseil de guerre, persévère néanmoins à porter le trouble et le mauvais exemple dans le corps où il sert, est désigné au général de division pour être incorporé dans une compagnie de discipline. Les formalités ordonnées pour l'envoi d'un soldat dans une compagnie de discipline sont les suivantes : le capitaine de la compagnie dont fait partie le soldat accusé de mauvaise conduite habituelle, lorsqu'il juge que tous les moyens de répression ont été épuisés sans résultat, fait son rapport au chef de bataillon, en précisant les fautes les plus habituelles du soldat, et y joignant un état motivé de toutes les punitions qu'il a encourues. Le chef de bataillon adresse ce rapport, avec son avis, au lieutenant-colonel, qui le transmet au colonel, lequel convoque un conseil de discipline pour statuer sur le parti à prendre.

Le conseil de discipline est composé des trois plus anciens capitaines et des trois plus anciens lieutenants du régiment. Il est présidé par un chef de bataillon. Tous ces officiers doivent être pris en dehors du cadre du bataillon auquel appartient l'inculpé. Dans un bataillon détaché, le conseil de discipline est composé des deux plus anciens lieutenants et des deux plus anciens sous-lieutenants. Il est présidé par le plus ancien capitaine. Ces officiers sont pris en dehors du cadre de la compagnie à laquelle appartient l'inculpé. Lorsque le bataillon est commandé par un capitaine, c'est le plus ancien après lui qui préside le conseil ; et si le bataillon est détaché dans un autre département que celui où le régiment tient garnison, le conseil est, sur la demande du commandant du bataillon, convoqué par le général de brigade commandant la subdivision militaire dont le bataillon fait partie.

Le conseil assemblé, le chef et l'adjudant-major du bataillon sont entendus, ainsi que le commandant de la compagnie de l'inculpé. Après leur déposition, ils se retirent, et le soldat est introduit : il écoute la liste de ses punitions et de leurs motifs ; il peut présenter ses moyens de défense et donner des explications. Lorsqu'il a déclaré n'avoir rien à ajouter, il se retire ; et le président prend l'avis des membres en commençant par le moins ancien du grade le moins élevé ; il opine le dernier. Le conseil prononce à la majorité. Son avis motivé est rédigé séance tenante et remis au colonel, signé de tous les membres. S'il est favorable, il n'y est pas donné suite. Dans le cas contraire, il est envoyé au général de brigade par le colonel, qui y joint son opinion personnelle, le rapport du capitaine, l'avis du chef de bataillon, l'état des services et des punitions du soldat. Le général de brigade adresse ces pièces, avec son avis particulier, au général de division, qui juge en dernier ressort, et envoie le soldat à l'une des compagnies de discipline désignée par le ministre de la guerre, s'il ne préfère lui infliger, par indulgence, dans une prison militaire ou un fort, une détention qui ne peut excéder deux mois. C'est dans la prison de la place qu'après le jugement du conseil de discipline le soldat condamné attend la décision du général, qui, quelle qu'elle soit, en doit rendre compte au ministre.

G. D'OUTREPONT.

Conseil de discipline de la garde nationale. C'est une sorte de conseil de guerre au petit pied, chargé de punir les fautes commises par les gardes nationaux pendant la durée du service. De 1791 à 1816 il y eut pour chaque bataillon un conseil de discipline composé de treize membres, savoir : le commandant en chef, deux capitaines, un lieutenant, deux sous-lieutenants, un sergent, deux caporaux et quatre fusiliers. Les arrêts ou la prison pendant huit jours au plus, telles étaient les peines que ces conseils pouvaient infliger. En 1816, le 17 juillet, intervint une ordonnance royale qui, sans rien changer à la composition des conseils de discipline non plus qu'aux fautes et délits dont la connaissance leur était attribuée, décida seulement qu'à l'avenir les peines seraient les arrêts pendant cinq jours au plus, l'amende,

qui ne pourrait excéder cinquante francs, et la détention pendant trois jours au plus, avec la faculté laissée au conseil de commuer cette dernière peine en une amende plus ou moins forte, mais qui ne devait point dépasser vingt francs par jour de détention. Ces dispositions demeurèrent en vigueur jusqu'en 1827, époque où Charles X, en licenciant la garde nationale de Paris, porta lui-même à son trône un de ces coups qui contribuèrent si puissamment, trois années plus tard, à le renverser.

Depuis l'époque de la réorganisation spontanée de la garde nationale, au mois d'août 1830, jusqu'à la promulgation de la loi du 22 mars 1831, les conseils de discipline, ne pouvant s'appuyer que sur la loi de 1791, devenue trop ancienne pour avoir conservé quelque autorité, ou sur les ordonnances de la Restauration, auxquelles la Révolution de Juillet avait enlevé toute valeur, n'eurent qu'une action incertaine, que la loi du 22 mars 1831 vint régulariser. Par cette loi, le nombre des membres fut réduit à sept pour les conseils de discipline de bataillon et à cinq pour les conseils de discipline des communes dont la garde nationale n'est point réunie en bataillons. Ces membres, qui se renouvelaient tous les quatre mois, étaient dans le premier cas le chef de bataillon, président, un capitaine, un lieutenant ou sous-lieutenant, un sergent, un caporal et deux gardes nationaux. Dans le second cas la composition était la même, sauf qu'il ne s'y trouvait point de chef de bataillon, et qu'il n'y avait qu'un garde national, au lieu de deux. Lorsqu'il s'agissait de juger un chef de bataillon ou un officier d'un grade inférieur, les deux derniers membres étaient remplacés par deux officiers du grade du prévenu. Enfin, pour juger les officiers supérieurs et les officiers d'état-major, le conseil se composait d'un chef de légion, président, de deux chefs de bataillon, de deux capitaines et de deux lieutenants ou sous-lieutenants. A chaque conseil de discipline étaient attachés un rapporteur, remplissant les fonctions du ministère public, et un secrétaire, remplissant celles de greffier. Dans les villes où il se trouvait plusieurs légions, les conseils de discipline avaient deux rapporteurs, l'un capitaine et l'autre lieutenant, et deux secrétaires, l'un lieutenant et l'autre sous-lieutenant, nommés par le préfet sur la présentation du chef de légion.

La réprimande, les arrêts pour trois jours au plus, la réprimande avec mise à l'ordre, la prison pour trois jours au plus, et la privation du grade, étaient les seules peines que les conseils de discipline pussent infliger. Ces peines s'appliquaient, suivant la gravité des cas, aux infractions aux règles du service, aux atteintes portées à la discipline de la garde nationale pendant le service ou sous l'uniforme, à la désobéissance et à l'insubordination, à un double manquement à son devoir d'ordre et de sûreté, à l'ivresse, à l'abandon des armes et du poste, et de plus, pour les officiers, au manque de respect, aux propos offensants, aux insultes envers des officiers d'un grade supérieur, à tout abus d'autorité, à tout propos outrageant envers un subordonné, et à tout manquement à un service commandé.

La révolution de Février ne changea rien à la discipline de la garde nationale. L'Assemblée législative vota, le 13 juin 1851, une nouvelle loi qui ne fit guère que consacrer l'ancienne, et enfin le décret du 11 janvier 1852 maintint formellement le titre intitulé : *Discipline*, de la loi antérieure. Ainsi les conseils de discipline ont gardé la même composition que celle indiquée plus haut ; seulement, les officiers qui le composent ne sont plus, comme on sait, le produit de l'élection. Pour les grades au-dessus de chef de bataillon, le conseil de discipline est présidé par le commandant supérieur, s'il y en a un, ou un chef de légion, et composé de deux colonels ou lieutenants-colonels, de deux chefs de bataillon et de deux capitaines. Les conseils de discipline sont permanents ; ils ne peuvent juger que lorsque cinq membres au moins sont présents dans les conseils de bataillon, et trois membres au moins dans les conseils de la compagnie. Les juges sont encore renouvelés tous les quatre mois; néanmoins, à défaut d'autres officiers du même grade, ceux qui en font partie ne sont pas remplacés.

Le conseil de discipline est saisi, par le renvoi que lui en fait le chef du corps, de tous les rapports, procès-verbaux ou plaintes constatant des faits pouvant donner lieu à une poursuite. L'officier rapporteur fait citer l'inculpé par un agent de la force publique. Le garde national cité comparaît en personne ou par un fondé de pouvoirs; il peut être assisté d'un conseil. S'il ne comparaît pas, il est jugé par défaut; il peut, dans les trois jours de la signification de ce jugement, y faire opposition par une déclaration au bas de la signification. Cité de nouveau, s'il ne comparaît pas, le jugement devient définitif. L'instruction de chaque affaire devant le conseil est publique, à peine de nullité. La police de l'audience appartient au président. L'instruction a lieu de la manière suivante : le secrétaire appelle l'affaire. En cas de récusation, le conseil statue. Si la récusation est admise, le président appelle le garde national du même grade que le récusé inscrit à sa suite sur le tableau. Si le prévenu décline la juridiction, le conseil statue sur sa compétence. Les témoins, s'il en a été appelé, sont entendus après avoir prêté serment. Le prévenu ou son conseil est entendu. Le rapporteur donne ses conclusions. L'inculpé peut encore présenter ses observations. Puis le conseil délibère en secret et hors de la présence du rapporteur; le jugement est motivé; il est prononcé en séance publique. Les mandats d'exécution de jugement sont délivrés dans la même forme que ceux des tribunaux de simple police. Il n'y a de recours contre les jugements définitifs des conseils de discipline que devant la cour de cassation pour incompétence, excès de pouvoirs ou violation de la loi. Il doit être formé dans les trois jours de la signification. Ce recours n'est assujetti qu'à l'amende de cinquante francs pour les jugements contradictoires, et de vingt-cinq francs pour les jugements par défaut. L'amende doit être déposée dans les dix jours du pourvoi, sous peine de déchéance. Les jugements des conseils de discipline ne peuvent en aucun cas se prononcer de condamnation aux dépens. Tous les actes se rapportant à leur juridiction sont exempts du timbre et enregistrés gratis.

C'est en général le soir que se réunissent les conseils de discipline. Qui n'a pas assisté à une séance de ce tribunal ne saurait imaginer les nombreux moyens de défense que savent trouver les délinquants. On peut les ranger sous trois chefs : les *insoumis*, ceux qui protestent par une abstention systématique contre le mérite de l'institution; les *réfractaires simples*, sans préméditation, et les *absents* par cas fortuit ou causes non autorisées. Les délits de cette dernière catégorie comprennent des variétés sans nombre, qui tirent tous leurs moyens de justification d'un vaste cercle d'événements dont la connaissance fait entrer le tribunal dans le secret de bien des positions étranges ou ridicules : c'est un père qui a cru la joie d'obtenir un fils du ciel ou de marier sa fille, c'est un ami martyr de son affection qui a dû perdre son temps pour rendre un service, le chemin de fer qui amène à contre-temps un camarade du fond de sa province, la femme qui a oublié de remettre le billet à temps, l'enfant qui a joué avec le maudit papier, la date qui en a été lue, la femme qui a été malade, le tailleur qui n'a pas apporté l'habit à l'heure, etc., etc. En général le conseil a montré une grande facilité pour tous les cas où sa sensibilité bourgeoise est directement sollicitée. Hors de là il est inflexible. S'il excuse, ce n'est guère qu'en raison de bons antécédents ou de bonnes promesses.

La forme d'ailleurs, tout à fait sommaire, de cette justice exclut les longues plaidoiries et met les juges à l'abri des artifices et des séductions de la parole. On ne les persuade pas, on les frappe par le seul ascendant d'une bonne raison ou d'une mauvaise hardiment avancée. Ils appuient surtout leur jugement sur les attestations en règle du médecin officiel. Rien n'y peut suppléer. On devine la position importante que en résulte pour ce fonctionnaire dans les cadres de la garde nationale. Aussi le collet de velours violet brodé d'argent est-il fort ambitionné. Une considération qui pèse aussi d'un grand poids dans la balance de la justice disciplinaire est le chapitre des *notes*, c'est-à-dire des renseignements que donne, parfois séance tenante, le sergent-major. Des registres, tenus avec beaucoup de soin, éclairent les juges sur la plus ou moins de perversité des délinquants et sur l'état plus ou moins satisfaisant de leur armement, habillement et équipement, d'où résultent les deux catégories distinctes d'*hommes complets* et d'*hommes incomplets*. La première recommandation exerce toujours une prévention favorable sur l'esprit du conseil. Parmi les *incomplets* se cachent les nœuds de cravatte, les pointes menaçantes des faux cols, et les lunettes. Le conseil a toujours des entrailles pour l'homme habillé et équipé. Il admet même qu'il ait ait des affaires, un travail pressé; mais l'homme qui ne s'est pas mis en règle avec la loi, dont le fusil n'est pas soigné et l'uniforme paré, est nécessairement un récalcitrant; il ne peut manquer d'être puni, et sévèrement, chaque fois qu'il a le malheur d'être livré au conseil de discipline. Qu'il ne s'avise pas surtout de faire défaut; le conseil de discipline y verrait indubitablement la preuve qu'il ne veut faire aucun service, et dans ce cas il trouvera toujours la loi trop douce.

Conseil de discipline de l'ordre des avocats : ce conseil, qu'on nomme aussi simplement *conseil de l'ordre*, et dont l'institution ne remonte pas plus haut que les premières années du dix-neuvième siècle, a pour attribution principale d'exercer un droit de surveillance, un contrôle sur le barreau des avocats près de chaque cour d'appel. Il est présidé par le bâtonnier, chef de l'ordre, et composé d'un certain nombre de membres, qui varie avec celui des avocats inscrits sur le tableau et qui est de vingt et un à Paris. Ces membres sont élus par l'ordre tout entier, à l'exception du bâtonnier, dont l'élection appartient maintenant aux membres du conseil, et qui doit être choisi parmi eux.

Les conseils de discipline ont plusieurs fonctions importantes : ainsi, ils statuent sur l'admission au stage et sur l'inscription au tableau; ils prononcent sur les difficultés relatives à cette inscription; ils sont chargés de maintenir les sentiments de modération, de désintéressement et de probité sur lesquels repose l'honneur de l'ordre; ils devaient même, d'après l'article 14 de l'ordonnance de 1822, entretenir les sentiments de fidélité à la monarchie et aux institutions constitutionnelles, et l'on vit effectivement à Paris le conseil de l'ordre refuser d'inscrire Manuel sur le tableau, après son exclusion de la chambre des députés; refus qui souleva l'opinion publique contre ce droit exorbitant. Les conseils de discipline ont encore pour mission de réprimer les infractions et les fautes commises par les avocats dans l'exercice de leur profession : on comprend en effet que sans se rendre coupable d'un délit dont la connaissance appartienne aux tribunaux correctionnels, un avocat puisse compromettre son honneur et sa dignité de membre du barreau; par exemple, en donnant à ses clients des conseils que l'honneur et la délicatesse désavouent, en prenant le rôle d'un agent d'affaires, en usurpant les fonctions des officiers ministériels, etc. : alors le conseil de discipline peut intervenir. Bien plus, il a le droit de surveiller la conduite privée des avocats; et si l'un d'eux vient à encourir une condamnation pénale, s'il publie des écrits contraires aux lois ou réprouvés par la morale, le conseil a le droit de le rayer du tableau.

Comme sanction, les conseils de discipline peuvent donner des avertissements, imposer une suspension momentanée, ou enfin prescrire une radiation définitive, sauf toutefois le recours contre ces décisions devant les cours d'appel.

On a beaucoup discuté le mérite de cette institution;

mais, quoi qu'on ait pu dire, son utilité est inconstestable, ne fut-ce qu'en raison du patronage tout paternel que les membres du conseil de discipline exercent de la sorte sur les jeunes stagiaires. L'avocat que le suffrage de ses confrères appelle à faire partie du conseil de l'ordre est toujours une homme recommandable par son talent. S'il reçoit ainsi, de la main de ses propres rivaux, une récompense qui n'enchaîne pas sa liberté, comment méconnaître ce que l'institution de cette espèce de tribunal d'honneur a dû faire gagner à l'ordre en moralité, en respect de soi-même, et par suite en considération? Les conseils de discipline font de l'ordre une corporation véritable; ils sont la base de la confraternité qui unit ses membres, et dont on ne trouve pas d'exemple dans les autres carrières libérales. Adrien HUARD.

CONSEIL DE FABRIQUE, assemblée de notables établie dans chaque paroisse pour délibérer sur les intérêts des fabriques des églises.

CONSEIL DE FAMILLE, assemblée de parents, présidée par le juge de paix, et chargée de donner sur l'état ou la fortune des mineurs et des interdits, dans les cas et suivant les formes déterminés par la loi, les avis ou autorisations nécessaires pour imprimer à leurs actes toute la validité des actes faits par des majeurs. Il nomme un tuteur à l'enfant mineur et non émancipé, resté sans père ni mère, ni tuteur élu par l'un ou l'autre, ni ascendants mâles, ou lorsque le tuteur se trouve dans les cas d'exclusion ou d'excuse prévus par la loi. Il autorise la tutelle doit être conservée à la mère tutrice qui veut se remarier, confirme le choix qu'a fait d'un tuteur, pour ses enfants d'un premier mariage, la mère remariée et maintenue dans la tutelle, et nomme le subrogé tuteur. C'est le tuteur autre que celui nommé par le conseil de famille, qui doit convoquer ce conseil pour cette dernière nomination. C'est encore le conseil de famille, convoqué à la diligence du subrogé tuteur, ou d'office par le juge de paix, qui prononce la destitution du tuteur, quand il y a lieu.

Dans le cas d'absence du père depuis six mois, laissant des enfants mineurs, le conseil de famille est chargé, à défaut de la mère décédée, de pourvoir à la surveillance des enfants. Il en est de même dans le cas où l'un des époux, ayant disparu, laisserait des enfants mineurs issus d'un précédent mariage. Le consentement de ce conseil est encore nécessaire pour valider le mariage des fils ou filles mineurs, dans le cas où il n'y aurait ni père, ni mère, ni aïeuls, ni aïeules, ou s'ils se trouvaient dans l'impossibilité de manifester leur volonté. Il intervient pour les autoriser à tous actes relatifs aux ventes, achats, dépenses annuelles des biens régis, emplois des capitaux et deniers, etc. ; décide les cas à ne prendre inscription pour le mineur que sur certains immeubles du tuteur ; autorise les répudiations ou acceptations d'héritages sous bénéfice d'inventaire; fixe les époques où le tuteur aura à rendre ses comptes au subrogé tuteur; nomme le curateur pour assister au compte de tutelle à rendre au mineur émancipé; se prononce sur l'émancipation du mineur âgé de dix-huit ans révolus; donne son avis sur les demandes d'interdiction; règle la forme et les conditions de l'administration de la femme nommée tutrice de son mari interdit, etc.

Le droit de convoquer le conseil de famille appartient en général aux parents du mineur, et aux créanciers, qui adressent à cet effet leur réquisition au juge de paix du domicile du mineur. Ce magistrat peut lui-même le convoquer d'office dans certains cas; et toute personne a le droit de lui dénoncer le fait qui doit donner lieu à la convocation. Le conseil de famille appelé à donner son avis sur l'état d'une personne à interdire peut s'assembler devant le président du tribunal, en la chambre du conseil.

Le conseil de famille est composé, non compris le juge de paix, de six parents ou alliés pris, tant dans la commune où la tutelle est ouverte, qu'à la distance de deux myriamètres, moitié du côté paternel, moitié du côté maternel, en suivant l'ordre de proximité dans chaque ligne. A défaut de parents ou alliés domiciliés dans cette circonscription, le juge de paix en appelle de domiciliés à de plus grandes distances, connus pour avoir eu des relations habituelles d'amitié avec le père ou la mère du mineur. Tout parent, allié ou ami convoqué, qui sans excuse légitime ne comparaît pas, encourt une amende qui ne peut excéder cinquante francs, et qui est prononcée sans appel par le juge de paix. La présence des trois quarts au moins des membres convoqués est nécessaire pour que l'assemblée puisse délibérer. Les délibérations doivent être prises à la majorité absolue des suffrages.

Dans la garde nationale, on a donné le nom de *conseils de famille* à des réunions de délégués des compagnies chargés d'administrer les fonds provenant surtout de souscriptions volontaires nommées *cotisations*.

CONSEIL DE GUERRE. C'est le nom qu'on donne aux tribunaux chargés de juger les délits des militaires. Il serait inutile de rechercher ce qu'ils ont été en France sous la première et la deuxième dynastie : l'exercice de la justice appartenait au souverain et à ses délégués, et tous les Français, militaires ou non, étaient justiciables de ces seuls tribunaux. La loi salique et ripuaire d'abord, et ensuite les capitulaires de Childebert, Dagobert et Charlemagne, formaient un code de droit commun, qui s'appliquait à tous les délits, sans distinction d'état ni de profession. Il en fut de même pendant les deux premiers siècles de la troisième dynastie; car les cours de justice créées par Hugues Capet en 993, et les cours prévôtales de Philippe III (1271), connues depuis sous le titre de *prévôté de l'hôtel* (1422), étaient des tribunaux civils et militaires. Lorsque la charge de connétable fut érigée en office de la couronne, ce dignitaire devint le juge suprême des délits des nobles et des gens de guerre (1191). Sous ses ordres, un *grand prévôt de la connétablie* était chargé de la police des tribunaux et de la garde des condamnés. Dans les provinces, leurs fonctions étaient remplies par des subdélégués ou lieutenants, assistés par des prévôts, des huissiers et des archers. Lorsque l'office de connétable fut supprimé, le doyen des maréchaux de France le remplaça pour le jugement des délits des militaires et des gentils-hommes. Jusque là, il n'y avait point eu de conseils de guerre proprement dits, c'est-à-dire de tribunaux ne jugeant uniquement que des militaires. Il est plus que probable qu'il n'y avait également ni code de procédure, ni code pénal militaire; les règles du droit commun étaient sans doute appliquées lorsqu'elles suffisaient, et l'arbitraire du juge y suppléait au besoin. La première ordonnance sur les délits militaires parut sous Charles VII (1439). Celles de François Ier (1531) et de Henri II (1550, 1553, 1557) renferment déjà un essai de code de procédure. Celle de Henri III (1584) contient une disposition assez remarquable : le prévôt, juge institué, ne prononce son jugement qu'après avoir pris l'avis des officiers réunis en conseil. Ces derniers remplissaient alors les fonctions de jurés.

L'ordonnance de 1670 est celle qui établit les premiers conseils de guerre, composés à peu près comme ils le sont de nos jours. Le prévôt n'en fait plus partie. Sept officiers pris, soit dans le régiment du prévenu, soit, en quelques circonstances, dans la brigade, exerçaient un tribunal où ils remplissaient les fonctions de jurés, pour l'appréciation du délit, et de juges pour la fixation de la peine. Dans ce nombre était compris le président, qui était le colonel du régiment, pour les conseils régimentaires, ou le plus ancien colonel de la brigade. Un commissaire des guerres y remplissait les fonctions du ministère public. En 1727 et en 1750, le code pénal et le code de procédure militaire furent améliorés dans leurs dispositions. Mais jusqu'à la révolution les procédures restèrent secrètes, sans débats et sans garanties pour les accusés. Le 21 octobre 1789 toutes ces formes de procédurs changèrent. Le despotisme les entraîna dans sa chute. Les conseils de guerre purement éventuels furent supprimés et remplacés par des *cours martiales*. Il y en avait une par division militaire. Elles se composaient d'un commissaire ordonnateur, grand juge, de juges suppléants choisis parmi les capitaines en retraite, et de commissaires des guerres remplissant les fonctions du ministère public. Le secret des procédures et des débats disparut. Un jury d'accusation de neuf membres dut prononcer sur la relation entre le délit et l'accusé; un jury de jugement de 36 membres prononçait sur la culpabilité. Cependant, les armées augmentèrent; l'état de guerre et les conséquences des délits à l'armée exigeaient une marche plus rapide dans les procédures. Un décret du 12 mai 1793 supprima les *cours martiales*. Elles furent remplacées par deux tribunaux criminels militaires à chaque armée. Ils se composaient de trois juges chargés de l'application de la peine, d'un accusateur militaire et d'un seul jury de jugement. Les troupes de l'intérieur rentrèrent dans la juridiction des tribunaux du droit commun. Le vice de cette organisation se fit bientôt sentir, et le 3 pluviôse an II les tribunaux militaires furent divisés en trois classes : *conseils de discipline* pour les fautes, *tribunaux de police* pour les délits, *tribunaux criminels* pour les crimes. Le 2 complémentaire an III cette classification fut abrogée, et des conseils militaires furent institués pour connaître des délits et des crimes. Les lois du 1er vendémiaire, 4 nivôse, 18 floréal et 22 messidor an IV, y apportèrent quelques légers changements. Enfin, la loi du 13 brumaire an V créa les *conseils de guerre permanents*, au nombre d'un par corps d'armée ou division militaire de l'intérieur.

Les conseils de guerre se composent d'un colonel, président, d'un officier supérieur, de deux capitaines, d'un lieutenant, d'un sous-lieutenant et d'un sous-officier, juges; d'un capitaine rapporteur et d'un capitaine chargé du ministère public. Les juges remplissent les fonctions de jurés en même temps que celles de juges. Les débats sont publics; mais le nombre des spectateurs ne doit excéder le triple de celui des juges; le jugement est rendu sans désemparer. Il est exécutoire vingt-quatre heures après que la lecture en a été faite au condamné, s'il n'y a pas eu pourvoi en révision formé, soit par lui, soit par le commissaire du gouvernement, ou, s'il y a eu pourvoi suivi de confirmation, dans les vingt-quatre heures du renvoi des pièces au conseil dont le jugement est confirmé. La composition des conseils de guerre est modifiée lorsque l'accusé est officier supérieur ou général. Dans les places assiégées, il est formé des conseils de guerre dont les membres sont choisis par le commandant pour un temps qui ne peut excéder la durée de l'état de siège. Les délits commis par des militaires éloignés de leurs drapeaux sont passibles des tribunaux ordinaires, tandis que la loi soumet aux conseils de guerre les individus à la suite de l'armée, les femmes même, vivandières ou blanchisseuses, etc.

On sentit cependant bientôt le besoin de créer des moyens de révision, pour des condamnations hâtives, où les garanties de l'accusé et les formes de la procédure pouvaient avoir été violées. Une loi du 18 vendémiaire an VI établit dans chaque division un conseil de révision, et un second conseil de guerre chargé de connaître des jugements rendus par le premier lorsqu'ils seraient annulés par celui du révision. Ce mode de formation est celui qui existe encore de nos jours.

Le code pénal militaire, le code de procédure et le mode d'organisation des tribunaux militaires, tout cela était bien assez sévère pour contenter les plus larges exigences de l'état de guerre. Mais l'esprit monarchique, qui tend, par sa nature, à l'absolutisme, et qui arrive tant qu'il peut, n'avait encore là qu'un point de départ pour revenir aux temps heureux de l'arbitraire : aussi ne se fit-il pas faute de tribunaux d'exception. Le 18 pluviôse an IX le gouvernement impérial créa dans 27 départements des tribunaux spéciaux, jugeant correctionnellement, presque sommairement et sans appel, plusieurs classes de délits appartenant au droit commun. Le 19 vendémiaire an XII il en institua d'autres, pour juger, presque sommairement et sans appel, les délits de désertion. Le 17 messidor an XIII il créa des commissions militaires spéciales pour juger également sans appel les espions, les embaucheurs, les condamnés militaires récidivistes et les prisonniers de guerre. Le 20 décembre 1815, une loi, rendue par la chambre qu'a flétrie l'épithète d'*introuvable*, institua des cours prévôtales. Les recours en cassation étaient étouffés par le télégraphe. Heureusement, toutes ces anomalies ont disparu. Il ne reste plus que l'*état de siège*, dernière ressource de l'arbitraire, à laquelle les révolutions de 1830 et de 1848 ne se sont pas fait faute de recourir pour arriver à la création, au moins momentanée, de tribunaux et de législation exceptionnels. L'esprit public semble en avoir fait justice, et le temps n'est pas éloigné, il faut l'espérer, où le glaive à deux tranchants ne pourra plus couper que la main imprudente qui voudra en faire usage.

Nous n'avons fait ici qu'esquisser l'histoire rapide de la législation criminelle militaire, et le résultat n'en est pas très-satisfaisant. Elle ne se compose que d'une série de lois dictées par des circonstances auxquelles elles n'auraient pas dû survivre, la plupart contradictoires et mutilées par l'abrogation de quelques-unes des dispositions de chacune. Il est temps qu'un code militaire complet, uniforme, et en harmonie surtout avec les vrais principes de l'organisation sociale, vienne remplacer ces lambeaux incohérents. Le besoin en est d'autant plus urgent que depuis 1814 nous ne marchons que par une continuation d'illégalités.

Gal G. DE VAUDONCOURT.

Dans la marine, il y a deux espèces de *conseils de guerre*, les uns *non permanents*, les autres *permanents*, sans parler des *tribunaux maritimes*, établis dans les ports pour juger les crimes et délits qui y sont commis.

Les *conseils de guerre maritimes* non permanents ont été établis à bord des vaisseaux par le décret du 22 juillet 1806. Les huit juges qui le composent sont nommés par l'empereur si le prévenu est officier; par le préfet maritime si c'est tout autre qu'un officier. Ils jugent tous les délits commis à bord des bâtiments, excepté les contraventions de discipline, soumises au commandant ou à l'officier de quart, et les délits passibles de peines correctionnelles, jugés par un conseil de cinq officiers, y compris le capitaine. Les crimes de lâcheté devant l'ennemi, de rébellion, de sédition, etc., commis, dans un danger pressant, sont punis, sans formalités, par le commandant, sauf à répondre de ses faits devant le *conseil maritime* établi pour juger la conduite des officiers généraux chargés d'un commandement. Les jugements des conseils de guerre maritimes sont, à moins d'un ordre contraire de l'empereur, exécutés dans les vingt-quatre heures.

Les *conseils de guerre maritimes permanents* prononcent exclusivement sur le fait de la désertion dans la marine; ils ont été institués par deux ordonnances des 28 février et 2 mai 1816, dans les villes de Brest, Toulon, Rochefort, Lorient et Cherbourg, Ils sont composés de sept juges de divers grades, nommés par le commandant de la marine. Le conseil de révision est composé de cinq officiers choisis par le même autorité, et qui statue, soit sur la forme de l'arrêt, soit sur le renvoi, en cas d'annulation, à un nouveau conseil de guerre maritime. On ne peut recourir en cassation que dans les cas d'excès de pouvoir ou de dénonciation par le ministre de la justice, et dans le cas du règlement de juges.

On appelle encore *conseil de guerre* les réunions d'officiers tenues à l'armée ou dans une place de guerre sous la présidence du chef en chef, pour donner leur avis sur le parti à prendre dans quelques cas difficiles. C'était aussi autrefois le nom que l'on donnait au conseil que le roi tenait avec ses ministres et principaux conseillers sur le fait de la guerre.

CONSEIL DE L'ORDRE. *Voyez* Conseil de Discipline (des avocats).

CONSEIL D'EN HAUT. *Voyez* Conseil d'État.

CONSEIL DE PRÉFECTURE. En établissant un conseil de préfecture dans chaque département, la loi du 28 pluviôse an VIII (17 février 1800) n'avait entendu créer qu'un tribunal administratif. C'est ce qui résulte de l'art. 4, ainsi conçu : « Le conseil de préfecture prononcera : sur les demandes de particuliers tendant à obtenir la décharge ou la réduction de leur cote de contributions directes; sur les difficultés qui pourraient s'élever entre les entrepreneurs de travaux publics et l'administration, concernant le sens ou l'exécution des clauses de leurs marchés; sur les réclamations des particuliers qui se plaindront de torts et dommages procédant du fait personnel des entrepreneurs et non du fait de l'administration ; sur les demandes et contestations concernant les indemnités dues aux particuliers, à raison des terrains pris ou fouillés pour la confection des chemins, canaux et autres ouvrages publics; sur les difficultés qui pourront s'élever en matière de grande voirie; sur les demandes qui seront présentées par les communautés des villes, bourgs et villages, pour être autorisées à plaider; enfin sur le contentieux des domaines nationaux. »

Depuis, le conseil a reçu d'autres attributions, qui en ont fait l'auxiliaire et le guide du préfet pour un certain nombre d'affaires importantes. Il a donc maintenant des fonctions judiciaires et des fonctions administratives; mais ces dernières ont un caractère purement consultatif, en ce sens que le conseil se borne à donner des avis, que ces avis lui soient demandés par le préfet, ou qu'ils soient exigés par la loi. Toutefois, il est des circonstances où il fait directement des actes de tutelle administrative.

La loi prescrit aux préfets de s'entourer des lumières des conseils de préfecture, ou, pour nous servir de ses expressions, de *statuer en conseil de préfecture*, pour les actes suivants : décision au sujet des contestations sur l'exécution de la loi du 7 frimaire an V, qui prescrit la perception au profit des hospices et des bureaux de bienfaisance du dixième de la recette brute des spectacles, bals et concerts publics; décision sur les réclamations motivées par les opérations et les évaluations cadastrales ; fixation, en cas de discussion entre la régie et les contribuables d'une commune : 1° de la somme à payer à titre d'abonnement à l'exercice pour la perception du droit de vente au détail sur les boissons; 2° de la somme à répartir sur la totalité des redevables d'une commune, à titre d'équivalent du produit du droit de détail perçu à l'aide de l'exercice; adjudication de travaux publics; autorisation aux communes de transiger sur procès nés et à naître ; répartition des contributions directes conformément aux décisions du conseil général prises sur les réclamations des communes, à défaut par le conseil d'arrondissement de s'être conformé à ces décisions; fixation de la proportion d'après laquelle 1° les propriétés de l'État et de la couronne doivent contribuer aux dépenses des chemins vicinaux ; 2° les communes intéressées à l'établissement d'un chemin doivent contribuer à la dépense de cet établissement ; autorisation d'acquisitions, d'aliénations et d'échanges ayant pour objet des chemins vicinaux ; autorisation de travaux d'établissement ou d'élargissement de ces chemins ; annulation des délibérations prises par un conseil municipal hors de sa réunion légale ou sur des objets étrangers à ses attributions (dans ce cas, l'avis du conseil de préfecture doit être donné par écrit et motivé); déclaration d'illégalité des réunions tenues par un conseil général ou un conseil d'arrondissement, sans convocation régulière; inscription d'office au budget communal des dépenses obligatoires, en cas de refus ou d'omission des conseils municipaux (dans les communes dont le revenu est inférieur à 100,000 francs) de les voter; homologation des transactions des communes et des établissements charitables sur des objets mobiliers valant moins de 3,000 fr.; approbation des délibérations des conseils municipaux ayant pour objet des acquisitions, des ventes ou échanges d'immeubles, ou le partage de biens indivis, lorsqu'il s'agit d'une valeur de moins de 3,000 fr. pour les communes ayant un revenu inférieur à 100,000 fr., et de 20,000 fr. pour les autres communes ; décision au sujet du refus d'un maire d'ordonnancer une dépense communale régulièrement autorisée et liquidée; établissement d'office, dans les cas prévus par la loi, du budget départemental, et autorisation de certaines acquisitions, aliénations et échanges dans l'intérêt du département; désignation des propriétés qui doivent être cédées, lorsqu'il s'agit d'une expropriation demandée par une commune et dans un intérêt purement communal.

Les cas principaux dans lesquels les conseils de préfecture font directement des actes de tutelle administrative sont les suivants : 1° ils accordent ou refusent l'autorisation de plaider : aux communes ou sections de commune ; aux hospices et aux bureaux de bienfaisance ; aux fabriques ; aux séminaires, cures, évêchés et chapitres ; aux consistoires protestants; aux consistoires israélites ; 2° ils statuent sur les comptes des receveurs municipaux des communes dont le revenu n'excède pas 30,000 francs, et sur ceux des receveurs des hospices et bureaux de bienfaisance dans les mêmes limites; 3° ils autorisent les receveurs des établissements charitables à donner main levée des oppositions formées pour la conservation des droits des pauvres et des hospices, et à consentir les radiations, changements ou limitations d'inscription hypothécaire.

Les matières contentieuses sur lesquelles les conseils de préfecture sont appelés à statuer sont relatives : 1° aux contributions directes et aux répartitions locales qui leur sont assimilées ; 2° aux travaux publics, marchés, entreprises et fournitures pour les services publics ; 3° au domaine public; 4° à certaines difficultés d'administration communale; 5° ils sont en outre chargés de la répression de diverses contraventions à des lois ou règlements qui intéressent le service public ; 6° enfin, ils statuent sur l'application de quelques dispositions de la loi électorale.

Le jugement des affaires soumises à ces conseils a lieu à huis clos, sans plaidoirie, par écrit et sur les mémoires des parties. Néanmoins le conseil peut les admettre pour l'éclairer et lui donner les renseignements dont il apprécierait le besoin. Il n'est pas douteux que la législation actuelle ne demande sous ce rapport une modification dans le sens de l'assimilation des conseils de préfecture jugeant au contentieux aux tribunaux ordinaires. Dans tous les cas, on comprend difficilement que le conseil de préfecture, qui rend de véritables sentences, juge sur simples mémoires, quand le conseil d'État, qui ne peut que *délibérer* au contentieux, a toutes les formes d'un tribunal ordinaire, moins la publicité des séances, lorsqu'il prend des délibérations de cette nature.

Toute délibération du conseil de préfecture est nulle si elle n'a été prise par trois membres au moins. Ses arrêtés doivent être motivés à peine de nullité, et les motifs doivent porter sur chaque chef de la demande; ils ont le caractère et les effets des jugements ordinaires, et sont exécutoires nonobstant pourvoi au conseil d'État. Ce pourvoi, quand il y a lieu, doit être formé, par voie de requête dans le délai de trois mois, à partir de la date de la signification régulière, lorsque l'arrêté est contradictoire, ou de la date de l'exécution, quand il est par défaut. Le conseil reçoit les oppositions à ses arrêtés pris par défaut.

Le conseil de préfecture est composé, selon la population et l'étendue du département, de cinq, quatre ou trois membres. Le préfet en est membre-né. Il le préside lorsqu'il y assiste, et sa voix est prépondérante. En cas de partage ou d'insuffisance du nombre des membres du conseil, ceux-ci appellent parmi eux, à la pluralité des voix, un membre du conseil général. Au cas où les membres d'un conseil de préfecture seraient tous à la fois forcément empêchés d'exercer leurs fonctions, ils devraient être suppléés par un égal nombre de membres du conseil général désignés par le ministre de l'intérieur et n'appartenant pas à la magistrature.

Les conseillers de préfecture sont nommés par le chef de l'État; ils sont amovibles. Ne peuvent être membres des conseils de préfecture : les magistrats de l'ordre judiciaire; les membres de l'administration active (le préfet excepté); les membres des conseils généraux d'arrondissement et municipaux ; les avoués.

Il est des attributions que les conseillers de préfecture sont appelés à remplir en dehors de celles que la loi leur a spécialement conférées : ainsi, dans le plus grand nombre des départements, c'est un conseiller qui remplit les fonctions de secrétaire général de la préfecture, malgré une incompatibilité de convenance facile à comprendre. En cas d'absence du préfet, c'est encore un conseiller qui le remplace le plus généralement. La loi du 21 mars 1832 sur le recrutement appelle un conseiller de préfecture à faire partie du conseil de révision. Enfin, en cas de litige entre l'État et le département, l'action est intentée ou soutenue, au nom du département, par le conseiller de préfecture le plus ancien en fonctions.

Parmi les réformes que l'opinion publique appelle d'urgence dans l'organisation des conseils de préfecture, nous citerons, en outre de celle qui maintiendrait leurs membres exclusivement dans leurs attributions consultatives et contentieuses, et qui les assimilerait, pour l'exercice de ces dernières, aux tribunaux ordinaires, des conditions de capacité générale et spéciale ou au moins un noviciat d'une certaine durée.
A. Legoyt.

CONSEIL DE PRUD'HOMMES. Voy. Prud'hommes.

CONSEIL DE RECENSEMENT. C'est le nom donné à un conseil chargé de prononcer sur les admissions et d'arrêter le contrôle définitif de la garde nationale; il est composé, d'après le décret du 11 janvier 1852, pour une compagnie : du capitaine, président, et de deux membres désignés par le sous-préfet; et pour un bataillon : du chef de bataillon, président, et du capitaine de chacune des compagnies qui le composent ; le capitaine peut se faire suppléer par son sergent-major. Il y a un *jury de révision* pour chaque canton, composé du juge de paix et de quatre délégués nommés par le sous-préfet ; il prononce sur les réclamations relatives aux décisions du conseil de recensement. A Paris, le jury de révision, institué à l'état-major général et présidé par le chef d'état-major, et à son défaut par un lieutenant-colonel d'état-major, est composé de quatre chefs de bataillon, deux chefs d'escadron d'état-major, deux capitaines d'état-major, un chef d'escadron rapporteur, un capitaine rapporteur adjoint, un capitaine secrétaire et un lieutenant secrétaire adjoint.

Dans la loi du 22 mars 1832, le conseil municipal, présidé par le maire, remplissait les fonctions de conseil de recensement dans les communes rurales; autrement, le maire appelait en outre dans ce conseil les gardes nationaux des divers quartiers. A Paris, le maire de chaque arrondissement choisissait parmi les gardes nationaux huit citoyens pour former avec lui le conseil de recensement. Le jury de révision était formé par le juge de paix, qui le présidait; il était composé de douze jurés tirés au sort parmi les gardes nationaux, officiers et sous-officiers sachant lire et écrire. La loi du 13 juin 1851 avait un peu modifié cette organisation. Le conseil de recensement était pris moitié parmi les membres du conseil municipal, l'autre moitié était nommée par le préfet ou le sous-préfet parmi les gardes nationaux. Le jury de révision était tiré au sort dans une liste de gardes nationaux sachant lire et écrire, dressée par le préfet ou le sous-préfet.

CONSEIL DE RÉVISION, dénomination qui appartient également aux tribunaux militaires chargés de réviser les jugements des conseils de guerre, et aux réunions d'officiers et d'administrateurs auxquels la loi sur le recrutement confie le soin de prononcer sur les cas d'exemption de service : ces derniers sous l'Empire s'appelaient *conseils de recrutement*.

Les conseils de révision en matière de jugement militaire ne forment pas un second degré de juridiction. Leur mission, analogue à celle de la cour de cassation, se borne à vérifier si les formes ont été exactement observées et s'il a été fait par les conseils de guerre dont les jugements leur sont déférés une juste application de la loi. C'est par la loi du 17 germinal an IV (6 avril 1796) qu'a été introduit ce genre de recours contre les jugements des conseils de guerre. Le 13 brumaire an IV (3 novembre 1796), cette organisation était modifiée à la suite de celle dont elle était le corollaire. D'après cette loi, il y a dans chaque division d'armée et dans chaque division intérieure un conseil de révision permanent, composé de cinq membres, un officier général président, un colonel, un chef de bataillon ou d'escadron et deux capitaines; plus un greffier, au choix du président. Le rapporteur est pris parmi les membres du conseil, qui le désignent eux-mêmes; c'est un intendant ou sous-intendant militaire qui remplit les fonctions de commissaire impérial. Pour pouvoir être membre d'un conseil de révision, il faut avoir au moins trente ans, avoir fait trois campagnes, ou avoir six ans de service. Les parties et le commissaire impérial ont vingt-quatre heures pour se pourvoir en révision. Le conseil de révision juge sans désemparer. En cas d'annulation, il renvoie la cause devant le tribunal qui doit en connaître. La loi du 11 frimaire an VI (1er décembre 1797) prescrit la formation, dans les places investies ou assiégées, de conseils de révision, dont les membres sont pris, sur la désignation du commandant en chef, parmi les officiers et sous-officiers de la garnison; la durée de leurs fonctions ne peut excéder celle de l'état de siége.

Les conseils de révision en matière de recrutement sont chargés de revoir les opérations du recrutement, d'entendre les réclamations auxquelles ces opérations peuvent donner lieu, et de juger les causes d'exemption ou de déduction que les appelés ont à faire valoir. Ils statuent également sur les substitutions de numéros et sur les demandes de remplacement. Les décisions du conseil de révision sont définitives, hors le cas où les jeunes gens désignés par leur numéro pour faire partie du contingent cantonal ont fait des réclamations dont l'admission ou le rejet dépend de la décision à intervenir sur des questions judiciaires relatives à leur état ou à leurs droits civils, et aussi celui où des jeunes gens ont été déférés aux tribunaux comme prévenus de s'être rendus impropres au service. Ces conseils, dont les séances sont publiques, se composent du préfet, président, ou d'un conseiller de préfecture, délégué par lui; d'un conseiller de préfecture, d'un membre du conseil général du département, d'un membre du conseil d'arrondissement, tous trois à la nomination du préfet, et d'un officier général ou supérieur désigné par l'empereur. Un membre de l'intendance militaire assiste aux opérations du conseil : il est entendu toutes les fois qu'il le demande, et peut faire consigner ses opérations au procès-verbal. L'intervention de cet agent militaire, qui ne date que de 1832, a pour but de combattre les influences locales. Le conseil de révision se transporte dans les divers cantons; toutefois, suivant les localités, le préfet peut réunir dans le même lieu plusieurs cantons pour les opérations du conseil. Le sous-préfet, ou le fonctionnaire par lequel il a été suppléé dans l'opération du tirage, assiste aux séances avec voix consultative dans l'étendue de son arrondissement. Dans les cas d'exemptions pour causes d'infirmités, les gens de l'art sont consultés.

CONSEIL DES ANCIENS et **CONSEIL DES CINQ-CENTS**, noms que portèrent pendant quatre ans les deux chambres qui composaient le corps législatif institué en France par la constitution de l'an III. La Convention nationale, qui en usurpant le pouvoir exécutif, en le cumulant avec le droit législatif, avait exercé, au nom de la république et de la liberté, une tyrannie qui ne fut certes pas sans gloire au dehors, et ensanglanté sur tous les points le territoire français, reconnut, dès la troisième année de son existence politique, qu'à force de se diviser, de se décimer, de dévorer ses propres enfants, elle s'était affaiblie et déconsidérée à la fois, en perdant la plupart de ses membres les plus énergiques par leur audace et leur cruauté, ou les plus distingués par leurs talents. Voyant le pouvoir lui échapper de jour en jour, malgré les victoires de nos armées, et sa décadence rapide préparer sa chute prochaine, elle sentit la nécessité de changer la forme du gouvernement, et décréta une nouvelle constitution le 23 juin 1795. Le pouvoir législatif fut confié à deux chambres nommées *conseils*. Celui des *Cinq-Cents*, ainsi appelé du nombre de ses membres, devait proposer, discuter et décréter les lois, qui subissaient ensuite les chances d'une nouvelle discussion, de l'acceptation ou du rejet, au *Conseil des Anciens*, composé de 250 membres. Dans l'espoir de se survivre à elle-même, la Convention décréta, le 30 août, qu'elle entrerait de droit, au moins pour les deux tiers, dans la composition des deux nouvelles chambres législatives. Le sort en décida, et 500 conventionnels furent incorporés parmi les 750 membres des deux conseils; 250 seulement furent soumis à l'élection des assemblées primaires. Ce dernier acte d'exigence de la part de la Convention prouva que la plupart de ses membres tenaient moins à l'honneur de faire partie du corps législatif qu'au traitement et à l'inviolabilité attachée au titre de législateur, et fut le motif ou le prétexte plausible de l'insurrection parisienne du 13 vendémiaire, qui signala cruellement la fin de la session conventionnelle et le début de celle de ces deux conseils. Les membres du Conseil des Anciens devaient être âgés de quarante ans accomplis, mariés ou veufs, et domiciliés depuis quinze ans sur le territoire de la république. Ceux des Cinq-Cents devaient être âgés de trente ans révolus et domiciliés depuis dix ans sur ce territoire. A cette dernière assemblée appartenait exclusivement la proposition des projets de lois ou *résolutions*. A la première, le droit d'approuver ou de rejeter ces résolutions et celui de changer la résidence du corps législatif.

Le 27 octobre, le corps législatif se forma en séance générale, dans la salle où avait siégé la Convention, au palais des Tuileries, et procéda à sa division. Le lendemain, les deux conseils tinrent leur première séance; le Conseil des Anciens aux Tuileries, et celui des Cinq-Cents dans l'ancienne salle du Manège, près de la terrasse des Feuillants, où toutes les assemblées représentatives avaient siégé jusqu'à la fin de 1793. Le local des séances du Conseil des Cinq-Cents n'était que provisoire jusqu'à la construction de la salle qui lui fut donnée au palais Bourbon, où il ne put s'installer que le 21 janvier 1798, anniversaire férié de la mort de Louis XVI. Le 1er novembre 1795 le Conseil des Anciens avait élu les cinq membres du Directoire exécutif, conformément à la constitution, sur une liste de 50 candidats, transmise par le Conseil des Cinq-Cents. Le choix du costume que devaient porter les membres des deux conseils fut longtemps un sujet de discussion et d'incertitude. Il fut question d'abord de donner aux Anciens une toge blanche, et aux Cinq-Cents une toge rouge; mais plusieurs membres se récrièrent, non sans raison, contre cette puérile ressemblance avec le costume des Grecs et des prêtres. Ce ne fut que le 7 novembre 1797 qu'on finit par adopter un manteau écarlate, brodé en laine, avec un bonnet de velours surmonté d'une aigrette tricolore. Les députés conservèrent sous le manteau leur costume provisoire, consistant en un habit bleu français, croisé et dépassant le genou, avec la ceinture de soie tricolore, garnie d'une frange d'or. Mais ces manteaux, qu'ils devaient étrenner pour la fête du 21 janvier 1798, furent retardés par une gaucherie du ministre de la police, Sotin, qui les avait fait saisir à Lyon comme étant de casimir anglais et constituant dès lors une marchandise prohibée. Trente millions avaient été affectés à la dépense annuelle des deux conseils. Dans cette somme étaient compris les frais d'une garde de 1,200 grenadiers, divisés en deux bataillons de six compagnies, et l'indemnité de 10,000 f. par an, accordée à chaque membre. Plus tard, ils se firent allouer, ou, pour mieux dire, s'allouèrent eux-mêmes une autre indemnité de 4,000 fr., pour leur logement et leur secrétaire, et en même temps ils décidèrent qu'ils auraient un congé de plus par décade, c'est-à-dire qu'ils ne tiendraient que vingt-quatre séances par mois au lieu de vingt-sept. La Convention n'avait été gardée, elle, que par des *sans-culottes* armés de piques, et ses membres, siégeant tous les jours, ne touchaient que 6,500 fr. par an (18 fr. par jour), tout compris. Le nouveau corps législatif se donna des messagers d'État, des secrétaires, des huissiers, et une bibliothèque.

Composés d'éléments hétérogènes, d'hommes de toutes les opinions, qui pendant trois ans s'étaient fait une guerre d'extermination, les deux conseils, recrutés et renouvelés par tiers chaque année, portaient avec eux un principe de division et de destruction qui ne tarda pas à germer et à se manifester. On vit bientôt des membres (tels que Bailleul et Louvet, l'auteur de *Faublas*), jadis proscrits, devenir persécuteurs; des terroristes, des régicides (tels que Bourdon de l'Oise et Rovère), s'amender au point de devenir royalistes, composer des nouveaux arrivants, parmi lesquels se distinguèrent les généraux Pichegru et Willot, qui rêvaient déjà une restauration. Plusieurs membres, notamment les clichiens, ou membres du club de Clichy, se joignirent à eux : les uns initiés à leur secret, les autres uniquement par système d'opposition contre la majorité du Directoire. Cette scission fit des progrès, et devint imminente le 18 fructidor an V. Le parti du Directoire triompha dans cette journée. Les portes des salles des deux conseils ayant été cernées et gardées pendant la nuit, plusieurs des députés qui s'y présentèrent se virent arrêtés; d'autres le furent chez Laffon-Ladebat, président du Conseil des Anciens. La minorité, dévouée au Directoire, se rassembla, soit à l'Odéon, soit à l'École-de-Médecine, et y décréta la déportation à la Guiane française de plusieurs membres du Conseil des Anciens et de celui des Cinq-Cents, des deux directeurs Carnot et Barthélemy, du ministre de la police Cochon, et de Ramel, commandant de la garde du corps législatif, lequel n'avait pas pu empêcher la défection de ses grenadiers. Quelques journalistes et d'autres individus furent compris dans la même proscription. Plusieurs réussirent à se dérober aux perquisitions de la police directoriale, tels que Carnot, Cochon, Camille-Jordan, Muraire, Portalis, Siméon, Boissy-d'Anglas, etc., et à l'exception des trois premiers, ils se rendirent tous, lorsque les passions furent calmées, à l'île d'Oléron, où ils restèrent jusqu'à la fin de 1799. Parmi les seize déportés à Sinnamari, Tronçon du Coudray, le général Murinais, Rovère, Bourdon de l'Oise, etc., y périrent de chagrin ou de misère. D'autres, enfin, Pichegru, Willot, Aubry, Delarue, s'évadèrent de ce triste lieu d'exil, avec Barthélemy et Ramel, et rentrèrent tous fort tard en France, à l'exception des deux premiers, que Bonaparte refusa de rappeler. Laffon-Ladebat, Barbé-Marbois, n'en revinrent qu'en 1801. Le parti triomphant s'épura pour se consolider, et annula les élections de l'an V. Parmi les membres exclus se trouva le littérateur Marmontel, qui mourut peu de temps après.

Le récit des événements qui se passèrent pendant la session quadriennale des deux conseils appartient plus spécialement à l'histoire du Directoire exécutif. Il suffit de mentionner ici : la conspiration de Babœuf, qui avait pour but de s'emparer du camp de Grenelle et de rétablir la constitution de 1793, ou le régime de la terreur ; le début de Bonaparte en Italie, les exploits de son armée, la destruction de la république de Venise et les créations des républiques ligurienne et cisalpine ; la paix avec les rois de Sardaigne et de Prusse, avec le pape, avec plusieurs princes d'Allemagne et d'Italie, l'alliance avec l'Espagne, etc.; événements antérieurs à la journée du 18 fructidor. Ceux qui suivirent furent moins brillants, malgré la conquête éphémère de Malte et de l'Égypte, malgré l'occupation de Rome et de Naples, malgré les victoires de Brune sur les Anglo-Russes en Hollande, et celles de Masséna sur les Austro-Russes en Helvétie. L'inutile congrès de Rastadt et l'assassinat des plénipotentiaires français, l'insurrection de l'Italie, les revers qu'y essuyèrent Schérer et plusieurs autres de nos généraux opposés au fameux Souvarof, furent perdre à la France une grande partie de ses conquêtes. Tout cela fut le résultat inévitable de la corruption, de la démoralisation du Directoire, de ses fréquentes mutilations, de son avilissement et de l'anarchie que produisit sa nouvelle scission avec le corps législatif. Dans les deux conseils, le parti républicain prit le dessus. Des lois démocratiques y furent promulguées, telles que celle sur la conscription militaire et contre les émigrés. L'oligarchie constitutionnelle était fortement menacée, lorsque le général Joubert, sur qui reposait l'espoir des républicains, fut tué à Novi. Le retour de Bonaparte, rappelé secrètement de l'Égypte par deux directeurs, Sieyès et Roger-Ducos, leur fit espérer un nouveau défenseur ; mais Bonaparte se joua également de la république et de l'oligarchie. Tout le monde connaît le coup d'État du 18 brumaire. Ceux des Cinq-Cents qui n'ont pas sauté par les fenêtres se rallient au Conseil des Anciens pour établir deux commissions législatives et une commission consulaire, qui remplissent la lacune jusqu'à la mise à exécution de la constitution de l'an VIII et à la création du consulat définitif.

Ainsi finirent les deux conseils. Un fait digne de remarque, c'est que l'homme qui quatre ans auparavant avait repoussé par le canon l'attaque dirigée contre eux est le même qui les renverse aujourd'hui, que la constitution de l'an III, dont il avait été en cette occasion le principal défenseur, comme il détruira plus tard la constitution de l'an VIII, qui l'élève au consulat. Faut-il s'étonner que ces exemples de violence aient trouvé tant d'imitateurs parmi des gens incapables d'égaler Napoléon en gloire et en talents?

Outre les noms que nous avons cités, voici ceux des membres les plus marquants dans les différentes phases des deux conseils. On en reconnaîtra plusieurs qui depuis et sous tous les régimes ont occupé des places éminentes, et quelques-uns qui ont toujours été fermes dans leurs principes, opiniâtres dans leurs erreurs et fidèles à leur mandat. On vit au Conseil des Anciens : Curial, Dupont de Nemours, Garat, Gaudin, Girod de l'Ain, Lacuée, Lebrun, Lemercier, Lanjuinais, Mercier, Roujoux, Tronchet, etc.; au Conseil des Cinq-Cents : Andrieux, les deux Arena, Boulay de la Meurthe, Boulay-Paty, Cabanis, Chénier, Daunou, Dulaure, Fabre de l'Aude, Favard de Langlade, le général Jourdan, Monge, Pastoret, Salicetti, Tallien, Thibaudeau, etc.

H. AUDIFFRET.

CONSEIL DES CINQ-CENTS. *Voyez* CONSEIL DES ANCIENS.

CONSEIL DES DÉPÊCHES. *Voy.* CONSEIL D'ÉTAT.
CONSEIL DES DIX. *Voyez* LIGUE et VENISE.
CONSEIL DES FINANCES. *Voy.* CONSEIL D'ÉTAT.
CONSEIL DES MINISTRES. Au commencement de l'année 1791, l'ancien conseil du roi n'existait plus que de nom; ses attributions avaient été profondément modifiées, et il ne restait que peu de chose à faire pour qu'il cessât entièrement d'exister. La loi du 27 avril-25 mai 1791 lui porta le dernier coup en le dépouillant des affaires pendantes, pour les renvoyer devant les tribunaux ordinaires, et en supprimant les maîtres des requêtes et conseillers d'État. Elle le remplaça par un conseil, composé du roi et des ministres, qui devait examiner toutes les questions relatives à l'exercice du pouvoir royal au point de vue de l'approbation ou du refus d'approbation des décrets du pouvoir législatif, sans que le contre-seing de l'acte, en cas de refus, entraînât aucune responsabilité. On devait aussi discuter dans ce conseil : 1° les invitations au corps législatif de prendre en considération les projets susceptibles d'accélérer la marche du gouvernement et d'améliorer l'administration; 2° les plans généraux des négociations politiques; 3° les dispositions générales des campagnes de guerre; 4° les difficultés concernant les affaires dont la connaissance appartenait au pouvoir exécutif, tant à l'égard des questions relatives à ces corps administratifs étaient chargés sous l'autorité du roi, que de toutes les autres parties de l'administration générale ; 5° les motifs qui pouvaient nécessiter l'annulation des actes irréguliers de ces corps et la suspension de leurs membres, conformément à la loi ; 6° les proclamations royales, les questions de compétence entre les ministères et toutes les autres qui auraient pour objet des forces ou secours réclamés d'une section d'un ministère à l'autre.

Le conseil des ministres disparut devant l'article 151 de la constitution de l'an III. Les auteurs de la constitution du 22 frimaire an VIII ne crurent pas devoir le rétablir.

La charte de 1814, en fondant le gouvernement constitutionnel en France, fit revivre, en quelque sorte par la force même des choses, le conseil des ministres. Appelés en effet à soutenir devant les chambres la discussion des lois, à y faire triompher une politique commune, ils durent nécessairement préparer en commun les actes principaux de cette politique. D'un autre côté, responsables à la fois devant la couronne et devant le parlement, il importait que dans beaucoup de circonstances ils pussent délibérer hors la présence du souverain, pour pouvoir discuter librement des résolutions conformes aux exigences de la situation. Ainsi se trouvait en partie justifiée la création de la *présidence du conseil* ; mais cette création trouvait principalement sa raison d'être dans la convenance de faire représenter directement devant les chambres, par le membre le plus considérable du cabinet, la politique intérieure et extérieure de ce cabinet et de couvrir ainsi complètement la personne royale.

Par suite du triomphe du principe parlementaire en 1830 et de l'accroissement d'influence qui en résulta pour les chambres, la solidarité ministérielle devint plus étroite que par le passé, et dès ce moment le conseil des ministres prit décidément le caractère d'une institution constitutionnelle. Appelé, par sa position de ministre dirigeant, à intervenir dans les débats même les plus spéciaux, pour défendre le cabinet dans la personne de tous ses membres, le président du conseil dut veiller à la stricte application du principe de la délibération en commun; et on vit dès cette époque celles des affaires de l'État que leur importance secondaire avait permis jusque là de laisser à l'initiative du ministre compétent, être discutées en conseil réuni. L'existence du conseil des ministres comme institution a été reconnue incidemment, sous le gouvernement de 1830, par deux lois et un règlement d'administration publique qui *exigent sa délibération* préalable pour la validité de certains actes. La première de ces lois, en date du 24 avril 1833, dispose (art. 4) que « les ordonnances du roi qui en l'absence des chambres auront ouvert des crédits aux ministres, à quelque titre que ce soit, ne seront exécutoires que pour le ministre des finances, qu'autant qu'elles auront été rendues sur l'*avis du conseil des ministres*. » La seconde, relative à l'organisation de l'état-major général de l'armée (loi du 4 août 1839), contient une disposition aux termes de laquelle pourront être maintenus dans le cadre d'activité jusqu'à l'âge de soixante-huit ans les lieutenants généraux qui seront l'objet d'une ordonnance spéciale, *délibérés en conseil*, etc. » Enfin l'art. 7 de l'ordonnance réglementaire du 18 septembre 1839 est ainsi conçu : « Les conseillers d'État et les maîtres des requêtes en service ordinaire ne peuvent être révoqués qu'en vertu d'une ordonnance spéciale et individuelle rendue par nous, sur le rapport du ministre président du conseil d'État et *sur l'avis du conseil des ministres*. »

De 1830 à 1848 la présidence du conseil des ministres a été dévolue tantôt à un ministre sans porte-feuille, tantôt au garde des sceaux, tantôt au ministre des affaires étrangères ou de l'intérieur. C'était d'ailleurs moins l'importance du département ministériel que l'importance politique de l'homme appelé à devenir chef du cabinet, qui déterminait le choix de la couronne.

La constitution de 1848 reconnut et consacra l'existence d'un conseil des ministres, en disposant (art. 64) que « le président de la république nomme et révoque, en *conseil des ministres*, les agents diplomatiques, les commandants en chef des armées de terre et de mer, les préfets, le commandant supérieur des gardes nationales de la Seine, les gouverneurs de l'Algérie et des colonies, les procureurs généraux et autres fonctionnaires d'un ordre supérieur. » C'était l'extension à tous les hauts fonctionnaires de la garantie énoncée en l'article 7 de l'ordonnance du 18 septembre 1839. L'article 68 de la même constitution, en déclarant la responsabilité directe du président de la république (responsabilité qui rendait superflue celle des autres principaux fonctionnaires inscrite néanmoins dans le même article), ne permettait pas d'organiser le conseil des ministres comme sous le gouvernement représentatif monarchique. Il était inutile en effet de couvrir devant l'assemblée et le pays la personne du chef de l'État, désormais investi de l'action gouvernementale *directe et personnelle* par le fait même de sa responsabilité. Aussi le cabinet n'eut-il d'autre président que le président de la république lui-même, et put-il être choisi, toujours en vertu du même principe, soit en dehors, soit au sein de la chambre, et dans ce dernier cas, soit dans la majorité, soit dans la minorité. Remarquons en passant combien la garantie accordée aux hauts fonctionnaires de l'État par l'art. 64 était illusoire, puisqu'en réalité les ministres relevaient exclusivement du président, et n'avaient pas vis-à-vis de la chambre la responsabilité des anciens ministres constitutionnels, responsabilité qui leur donnait une action propre en vertu de laquelle ils pouvaient dans certains cas faire échec à la volonté du souverain.

La constitution du 14 janvier 1852, non modifiée sous ce rapport par les sénatus-consultes des 7 novembre et 23 décembre 1852, a confirmé et considérablement étendu la situation de dépendance vis-à-vis du chef de l'État que celle de 1848 avait faite implicitement au conseil des ministres. L'art. 13, qui détermine cette situation, est ainsi conçu : « Les ministres ne dépendent que du chef de l'État; ils ne sont responsables que, chacun en ce qui le concerne, des actes du gouvernement; il n'y a point de solidarité entre eux; ils ne peuvent être mis en accusation que par le sénat. » Cette disposition, complétée par l'art. 44, qui déclare que les ministres ne peuvent être membres du corps législatif, et par l'art. 51, qui charge, à l'exclusion des ministres, les membres du conseil d'État de soutenir les projets de loi devant le sénat et le corps législatif, cette disposition, disons-nous, a fait du conseil des ministres non plus un corps délibérant ayant un système politique, une influence propre, une sphère d'action déterminée, mais la réunion d'un certain nombre de hauts fonctionnaires appelés à diriger l'administration sous les ordres du souverain, et à lui offrir le concours de leurs lumières et de leur expérience pour la direction suprême des affaires de l'État. Nous doutons que sous l'empire de cette législation les lois spéciales qui reconnaissent un conseil des ministres et lui accordent certaines prérogatives puissent encore être appliquées, bien qu'elles n'aient pas été formellement abrogées.

En Angleterre, où le conseil des ministres exerce dans sa plénitude, au moins sous le règne du souverain actuel, le pouvoir exécutif, le cabinet est présidé par un ministre sans portefeuille, qui porte le titre de président du conseil. Mais ce titre est purement honorifique, et ne confère d'attributions qu'en ce qui concerne l'ordre intérieur des délibérations. La présidence réelle du cabinet appartient au premier ministre ou ministre dirigeant, qui depuis une trentaine d'années est le premier lord de la trésorerie. Bien que toutes les grandes mesures de gouvernement soient arrêtées en conseil, l'usage veut cependant en Angleterre qu'une assez grande latitude relative soit laissée à chaque ministre dans le cercle de ses attributions. Il est même arrivé quelquefois que cette liberté d'action individuelle a été poussée jusqu'à l'abus, et que des ministres ont pris seuls, et sans consulter leurs collègues, des résolutions de nature à engager gravement la politique intérieure ou extérieure du cabinet. C'est ainsi que l'un d'eux, lord Palmerston, ne craignit pas, en 1852, d'adresser au nouveau souverain que la France venait de se donner, des assurances de sympathie au nom et à l'insu du cabinet anglais. Il est vrai qu'il paya cette témérité de sa place de ministre. A. LEGOYT.

CONSEIL DES PARTIES ou **CONSEIL PRIVÉ**. *Voyez* CONSEIL D'ÉTAT.

CONSEIL DES PRISES. C'était une commission extraordinaire, établie en temps de guerre pour juger les prises faites en mer sur les ennemis, soit par les vaisseaux de la marine royale, soit par ceux des particuliers autorisés à armer en course. Il est peu de matières dans lesquelles la compétence ait autant varié. Le jugement des prises maritimes a été tantôt attribué aux tribunaux, par les lois du 14 février 1793 et 3 brumaire an IV, tantôt à l'administration, par les lois des 18 brumaire an II et 26 ventôse an VIII. Un arrêté du 6 germinal an VIII établit à Paris un conseil des prises pour prononcer sur ce genre de contestation. Un décret du 11 juin 1806 déclara les décisions du conseil des prises susceptibles de recours au conseil d'État. Enfin, le conseil des prises fut supprimé par l'ordonnance du 22 juillet 1814, et les attributions en furent conférées au comité du contentieux du conseil d'État, par les ordonnances des 9 janvier et 23 août 1815. Remarquons cependant que les affaires de prises sont exceptées de celles qui sont jugées publiquement et après débat oral par le conseil d'État. L'ordonnance du 9 septembre 1831 leur refuse la publicité de l'audience, par le motif que les considérations diplomatiques ne sauraient être l'objet d'une discussion publique. E. DE CHABROL.

CONSEIL DES SEIZE, **CONSEIL DES QUARANTE**. *Voyez* LIGUE.

CONSEIL D'ÉTAT. De toutes nos institutions administratives, le conseil d'état est peut-être celle qui a les racines les plus profondes dans notre histoire et qui, en même temps, a subi les plus fréquentes modifications.

Lorsque le parlement eut été rendu sédentaire et son siège fixé à Paris par l'art. 62 de l'ordonnance de Philippe le Bel du 23 mars 1302, ce monarque sentit la nécessité de le remplacer près de sa personne, pour l'expédition des affaires politiques courantes, par un conseil spécial qui le suivrait dans ses voyages. Les membres de ce conseil, d'après Pasquier (*Recherches sur la France*, ch. VI), étaient choisis tantôt au sein du parlement, tantôt parmi les principaux officiers de la couronne. On lui donnait habituellement les noms de *grand conseil*, *conseil étroit*, *conseil secret*. Étranger aux affaires des particuliers, il ne s'occupait que de celles du gouvernement. Indépendamment de ce grand conseil, qui formait le conseil ordinaire et journalier, le roi en assemblait de plus nombreux (*consilium plenius*), quand l'importance des affaires exigeait un concours de lu-

CONSEIL D'ÉTAT

mières plus considérable ou des formes plus solennelles. Il n'était pas rare, lorsque la solution des questions à examiner était de nature à exercer une grande influence sur les destinées du pays, que le roi se rendît en personne, accompagné de son conseil, au parlement ou à la chambre des comptes pour délibérer en commun avec ces grands corps de l'État.

Le *conseil du roi* ainsi réorganisé se maintint depuis 1302 jusque sous Charles VI. Sous le règne orageux de ce prince, il empiéta sur les attributions contentieuses du parlement, en s'attribuant la connaissance des litiges privés. Cet empiétement continua sous Charles VII, qui saisit son conseil d'État des réclamations dont les nombreuses confiscations prononcées sous la régence du duc de Bedford étaient l'objet. Les états généraux, convoqués à l'avénement de Charles VIII, ayant adressé à ce prince des remontrances sur les fréquentes *évocations* à son conseil, il y fit droit, dans une certaine mesure, en formant au sein de ce conseil une cour de judicature appelée à connaître des affaires qui lui seraient attribuées par une décision spéciale. Cette cour fut établie à Paris, et conserva la dénomination de *grand conseil*. Son existence s'est prolongée, avec des changements de formes très-fréquents, jusqu'en 1790.

Voici comment était composé au moment de la Révolution le *conseil du roi*. Ce conseil était divisé en trois ordres : l'un, supérieur, ayant le nom de *grand conseil*; le second, proprement appelé le *conseil d'État*; le *conseil d'en haut*; le troisième, portant le nom de *conseil du roi*, comprenait quatre conseils spéciaux ayant des attributions distinctes. Le grand conseil avait quelques-unes des attributions judiciaires dévolues aujourd'hui à la cour de cassation ; certaines matières de police administrative étaient spécialement de sa compétence, notamment la réglementation des eaux minérales. Les membres de ce conseil possédaient des offices héréditaires. Le *conseil d'État*, ou *d'en haut*, s'occupait de toutes les affaires relatives aux relations extérieures de la France; il était composé d'un petit nombre de membres à la nomination du roi, qui portaient le titre de ministres d'État et le conservaient même en perdant leurs fonctions.

Nous avons dit que le conseil du roi se composait de quatre conseils distincts. Le premier, appelé *conseil des dépêches*, délibérait sur les affaires relatives à l'administration intérieure du royaume ; il avait dans ses attributions le contentieux des provinces en tout ce qui concernait la haute administration de la police de l'État; les litiges privés, lorsqu'ils touchaient aux intérêts généraux, étaient également de son ressort. Le second, ou *conseil des finances*, était chargé du contentieux financier. Le troisième, appelé *conseil du commerce*, donnait son avis sur toutes les questions relatives au commerce intérieur et extérieur du pays. Le quatrième connaissait, sous le nom de *conseil des parties*, ou *conseil privé*, des demandes en cassation d'arrêts rendus par les cours supérieures, des conflits entre ces cours, des règlements à faire entre elles, des évocations pour cause de parenté et d'alliance, etc. Le titre de conseiller d'État ne donnait pas de droit l'entrée à l'un ou l'autre des conseils et n'emportait pas des attributions déterminées; seulement, le roi choisissait parmi ceux qui en étaient revêtus (et ils étaient nombreux) un petit nombre de magistrats, qu'il affectait à l'un des conseils pour un temps indéterminé. Les conseillers d'État en exercice étaient pris tour à tour parmi les intendants qui avaient administré les provinces. Les intendants ne pouvaient d'ailleurs être choisis que parmi les maîtres des requêtes. Le titre de conseiller d'État leur était généralement donné après quelques années de fonctions.

Le conseil du roi, successivement dépouillé de ses attributions par les lois des 15-20 octobre 1789, 6-11 septembre 1790, 27 novembre-1er décembre 1790, disparut complètement devant celle du 27 avril-25 mai 1791, qui renvoya devant l'autorité judiciaire tous les litiges privés pendants devant les diverses juridictions de cette assemblée et supprima les maîtres de requêtes et les conseillers d'État. La même loi créa un nouveau conseil, composé du *roi et des ministres*, et le chargea : 1° de statuer sur tout ce qui concernait les rapports du pouvoir exécutif avec le pouvoir législatif et avec les corps administratifs; 2° de préparer les plans de campagne et les projets généraux des négociations politiques (*voyez* CONSEIL DES MINISTRES). Ce prétendu conseil d'État, qui donnait les ministres pour conseillers au ministre, s'évanouit lorsque le décret du 12 germinal an II eut remplacé les ministres par des commissaires.

La constitution de l'an XII établit un conseil d'État, chargé sous la direction des consuls : 1° de rédiger les projets de loi et les règlements d'administration publique; 2° de résoudre les difficultés qui pouvaient s'élever en matière administrative; 3° de statuer sur la mise en jugement des agents du gouvernement (autres que les ministres) poursuivis pour des faits relatifs à leurs fonctions. Les membres de ce conseil étaient à la nomination du premier consul. Un arrêté consulaire du 6 nivôse an VIII régla l'organisation du conseil d'État, et le chargea en outre des attributions ci-dessus: 1° de développer le sens des lois sur le renvoi qui lui serait fait par les consuls; 2° de prononcer sur les conflits entre l'autorité administrative et judiciaire et sur toutes les affaires contentieuses dont la décision était précédemment remise aux ministres.

Sous le Consulat et l'Empire, les attributions de ce conseil se grossirent des affaires que les lois ou des décrets renvoyèrent successivement à la juridiction administrative. L'empereur lui accordait une prédilection toute particulière; il s'en servait pour contrôler les actes de ses ministres, et lui soumettait spontanément les affaires délicates et épineuses du gouvernement: « Le conseil d'État, a dit M. de Cormenin, était le siège du gouvernement, et l'aîné de l'empereur. Ses auditeurs, sous le nom d'intendants, assouplissaient au frein les pays subjugués. Ses ministres d'État, sous le nom de présidents de section, contrôlaient les actes des ministres à portefeuille. Ses conseillers en service ordinaire, sous le nom d'orateurs du gouvernement, soutenaient les discussions des lois au tribunat, au sénat, au corps législatif. Ses conseillers en service extraordinaire, sous le nom de directeurs généraux, administraient toutes les régies des douanes, des domaines, des droits réunis, des ponts et chaussées, de l'amortissement, des forêts et du trésor; levaient des impôts sur les provinces de l'Illyrie, de la Hollande et de l'Espagne; dictaient nos codes à Turin, à Naples, à Rome, à Hambourg, et allaient monter à la française des principautés, des duchés et des royaumes. »

La première restauration reconstitua le conseil d'État par l'ordonnance royale du 29 juin 1814. Cette ordonnance créa : 1° des conseillers d'État en service ordinaire et extraordinaire et des conseillers honoraires; le roi se réservait même d'en créer *d'église et d'épée*; 2° des maîtres des requêtes ordinaires, surnuméraires et honoraires. Pour l'ordre du service, les membres du conseil étaient distribués en *conseil d'en haut*, ou *des ministres*, et en *conseil d'État*. Le conseil d'État se divisait en cinq comités : de législation, du contentieux, de l'intérieur, des finances et du commerce. Le roi se réservait le pouvoir d'évoquer au conseil des ministres, ou conseil d'en haut, les affaires du contentieux administratif qui se lieraient à l'intérêt général. Cette organisation, supprimée dans les Cent Jours, fut remise en vigueur, sous la seconde restauration, par l'ordonnance du 23 août 1815, mais avec diverses modifications dans un sens libéral. Vivement attaqué dans son personnel, auquel on reprochait plus de zèle monarchique que de lumières, et dans les bases mêmes de sa constitution, qui lui enlevait toute indépendance vis-à-vis du pouvoir, le nouveau conseil d'État ne retrouva une partie de la considération sans laquelle il ne saurait accomplir sa mission qu'à la suite de l'ordonnance qui décida que ses membres ne pourraient plus être révoqués que par une ordonnance spéciale et nominative. Auparavant, la simple omission des noms sur le tableau annuel opérait l'élimination.

L'institution du conseil d'État ne pouvait qu'être améliorée par le gouvernement de 1830. Sept projets de loi furent successivement soumis aux chambres dans ce but. Le septième seul, présenté dans la session de 1845, put être discuté et converti en loi; cette loi fut promulguée le 19 juillet 1845. Elle était à peine mise à exécution que la révolution de Février venait de nouveau en question l'existence du corps dont elle avait réglé avec une heureuse précision le caractère, les attributions et la composition.

Le gouvernement provisoire commença par réduire le nombre des conseillers d'État de trente à vingt-cinq (décret du 12 mars 1848). Par un second décret, du 18 avril 1848, il supprima le service extraordinaire et décida que les chefs de service désignés par les ministres de chaque département seraient appelés à prendre part aux travaux des comités et de l'assemblée générale du conseil d'État, quand leur concours serait jugé nécessaire. Conformément à ce décret, un arrêté du chef du pouvoir exécutif du 5 septembre 1848 désigna les chefs de service que le conseil d'État était ainsi autorisé à s'adjoindre. L'art. 2 de cet arrêté accorda la même faveur aux membres de l'Institut, des comités de la guerre, du conseil d'amirauté, du conseil général des ponts et chaussées, des conseils généraux, de l'agriculture, du commerce et des manufactures, et du conseil de l'Université. Ces diverses personnes pouvaient être appelées à prendre part aux délibérations du conseil d'État, en vertu d'une convocation spéciale du ministre de la justice.

La constitution républicaine, probablement dans la pensée d'atténuer les inconvénients qui pouvaient résulter, au point de vue de la marche paisible et régulière du gouvernement, de l'existence d'une chambre législative unique, donna une grande importance au conseil d'État. Le chap. VI, spécialement consacré à cette institution, contenait les dispositions suivantes : « Il y aura un conseil d'État, dont le vice-président de la république sera le président (art. 71). Les membres de ce conseil sont nommés pour six ans par l'assemblée nationale. Ils sont renouvelés par moitié dans les deux premiers mois de chaque législature, au scrutin secret et à la majorité absolue. Ils sont indéfiniment rééligibles (art. 52). Les membres du conseil d'État ne peuvent être révoqués que par l'assemblée et sur la proposition du président de la république (art. 74). Le conseil d'état est consulté sur les projets de loi du gouvernement, qui, d'après la loi, devront être soumis à son examen préalable, et sur les projets d'initiative parlementaire que l'assemblée lui aura renvoyés. Il prépare les règlements d'administration publique. Il fait seul ceux de ces règlements à l'égard desquels l'Assemblée nationale lui a donné une délégation spéciale. Il exerce à l'égard des administrations publiques tous les pouvoirs de contrôle et de surveillance qui lui sont déférés par la loi. La loi réglera ses autres attributions (art. 75). » Les articles suivants subordonnent à l'avis préalable du conseil d'État divers actes du pouvoir exécutif : « Art 55. Le président de la république a le droit de faire grâce; mais il ne peut exercer ce droit qu'après avoir pris l'avis du conseil d'État. Art. 65. Il ne peut révoquer les agents du pouvoir exécutif élus par les citoyens, que de l'avis du conseil d'État (art. 80). Les conseils généraux, cantonaux et municipaux, peuvent être dissous par le président de la république, de l'avis du conseil d'État. Il ne manquera que dans les cas prévus par les art. 55, 65 et 80, l'avis favorable du conseil d'État était indispensable. L'art. 99 accorde à cette assemblée une attribution de la plus grande importance, en autorisant l'assemblée et le président de la république à déférer dans tous les cas l'examen des actes de tout fonctionnaire autre que le premier magistrat de la république, au conseil d'État, dont le rapport doit être rendu public. Enfin, l'art. 89 attribue le jugement des conflits d'attribution entre l'autorité administrative et l'autorité judiciaire à un tribunal spécial composé de membres de la cour de cassation et de conseillers d'État désignés tous les trois ans, en nombre égal, par leurs corps respectifs (*voyez* Conflits [Tribunal des]).

Ainsi doté d'attributions nouvelles qui en faisaient le second corps de l'État, le conseil d'État devait être nécessairement l'objet d'une loi organique. Elle fut votée le 3 mars 1849, après une discussion qui occupa un assez grand nombre de séances.

Cette loi a régi le conseil d'État jusqu'au décret du 25 janvier 1852, rendu en exécution des art. 47 à 52 de la constitution du 14 janvier, et qui forme la législation en vigueur. Nous allons en donner une analyse succincte.

L'art. 1er rend au conseil d'État la plus importante peut-être de ses fonctions sous l'Empire, en le chargeant de rédiger les projets de loi et d'en soutenir la discussion devant le corps législatif. Il lui remet en outre le soin de proposer des décrets qui statuent : 1° sur les affaires administratives dont l'examen lui est déféré par des dispositions législatives ou réglementaires; 2° sur le contentieux administratif; 3° sur les conflits d'attribution entre l'autorité administrative et l'autorité judiciaire. Le conseil d'État est nécessairement appelé à donner son avis sur tous les décrets portant règlement d'administration publique ou qui doivent être rendus dans la forme de ces règlements. Il connaît des affaires de haute police administrative à l'égard des fonctionnaires dont les actes sont déférés à sa connaissance par l'empereur. Enfin, il donne son avis sur toutes les questions qui lui sont soumises par l'empereur ou par ses ministres. L'art. 2 détermine la composition du conseil d'État qui comprend : un président; un vice-président; de 40 à 50 conseillers d'État en service ordinaire; des conseillers d'État en service ordinaire hors sections, dont le nombre ne peut excéder celui de 15; des conseillers d'État en service extraordinaire, dont le nombre ne peut s'élever au-delà de 20; 40 maîtres des requêtes, divisés en deux classes de 20 chacune; 40 auditeurs, divisés en deux classes de 20 chacune; un secrétaire général, ayant titre et rang de maître des requêtes. Les ministres ont rang, séance et voix délibérative au conseil d'État. Les membres du conseil d'État sont à la nomination de l'empereur. Les conseillers d'État en service ordinaire et les maîtres des requêtes ne peuvent être sénateurs ni députés au corps législatif; leurs fonctions sont incompatibles avec toutes autres fonctions publiques salariées. Néanmoins les officiers généraux de l'armée de terre et de mer peuvent être conseillers d'État en service ordinaire. Dans ce cas, ils sont, pendant toute la durée de leurs fonctions, considérés comme étant en mission hors cadre, et ils conservent leurs droits à l'ancienneté. Les conseillers d'État en service ordinaire hors sections sont choisis parmi les personnes qui remplissent de hautes fonctions publiques. Ils prennent part aux délibérations de l'assemblée générale, avec voix délibérative. Ils ne reçoivent comme conseillers d'État aucun traitement ou indemnité. L'empereur peut conférer le titre de conseiller d'État en service extraordinaire aux conseillers d'État en service ordinaire ou hors sections qui cessent de remplir ces fonctions. Les conseillers d'État en service extraordinaire assistent et ont voix délibérative à celle des assemblées générales du conseil d'État auxquelles ils sont convoqués par une ordre spécial de l'empereur.

Le conseil d'État est divisé en six sections, savoir : section de législation, justice et affaires étrangères; section du contentieux; section de l'intérieur, de l'instruction publique et des cultes; section des travaux publics, de l'agriculture et du commerce; section de la guerre et de la marine; section des finances. Chaque section est présidée par un conseiller d'État en service ordinaire, nommé président, par un décret de l'empereur. Les délibérations du conseil d'État sont prises en assemblée générale et à la majorité des voix, sur le rapport fait par les conseillers d'État pour les projets de loi et les affaires les plus importantes, et par les maîtres des requêtes pour les autres affaires. Les maîtres des requêtes ont voix consultative dans toutes les affaires, et voix délibérative dans celles dont ils font le rapport. Le conseil d'État ne peut délibérer qu'au nombre de 20 membres ayant voix délibérative, non compris les ministres. En cas de partage, la voix du président est prépondérante. L'empereur désigne trois conseillers pour soutenir la discussion de chaque projet de loi présenté au corps législatif ou au sénat.

La section du contentieux est chargée de diriger l'instruction écrite et de préparer le rapport de toutes les affaires contentieuses ainsi que des conflits d'attribution entre l'autorité administrative et l'autorité judiciaire. Trois maîtres des requêtes sont désignés par l'empereur pour remplir au contentieux administratif les fonctions de commissaire du gouvernement. Le rapport des affaires est fait au nom de la section, en séance publique de l'assemblée du conseil d'État délibérant au contentieux. Cette assemblée se compose : 1° des membres de la section ; 2° de dix conseillers désignés par l'empereur et pris en nombre égal dans chacune des autres sections. Ils sont tous les ans renouvelés par moitié. Après le rapport, les avocats des parties sont admis à présenter des observations orales ; le commissaire du gouvernement donne ses conclusions dans chaque affaire. Les membres du conseil d'État ne peuvent participer aux délibérations relatives aux recours dirigés contre la décision d'un ministre, lorsque cette décision a été préparée par une délibération de la section à laquelle ils ont pris part. La délibération n'est pas publique. Le décret qui intervient est contre-signé par le garde des sceaux, ministre de la justice. Si ce décret n'est pas conforme au projet proposé par le conseil d'État, il est inséré au *Moniteur* et au *Bulletin des Lois*. Dans tous les cas, il est lu en séance publique.

Un décret du 30 janvier 1852 a déterminé l'ordre intérieur des travaux du conseil, la répartition des affaires entre les sections, les affaires administratives destinées à être portées à l'assemblée générale du conseil d'État, et celles qui ne peuvent être soumises qu'aux sections ; la répartition et le roulement des membres du conseil entre les sections.

Enfin, dans l'ordre des préséances, le conseil d'État a rang immédiatement après le sénat, par conséquent avant le corps législatif.

En résumé, d'après les dispositions dont l'analyse précède, on voit que le conseil d'État en France remplit quatre fonctions principales : 1° il prépare les projets de loi et en soutient la discussion devant le corps législatif ; 2° quand ces lois sont votées, il arrête les dispositions secondaires qui doivent en préparer et en faciliter l'exécution ; 3° il est juge, en dernier ressort, au contentieux, sauf confirmation par l'empereur, des appels contre les décisions des tribunaux administratifs et des ministres ; 4° il statue sur les conflits de compétence entre les autorités administrative et judiciaire.

On retrouve dans presque tous les États, sous les formes et avec des attributions très-diverses, il est vrai, un conseil supérieur placé près du chef de l'État.

Dans un pays de décentralisation administrative et d'omnipotence parlementaire comme l'Angleterre, l'existence d'un conseil d'État serait sans objet. Il existe cependant, auprès de la couronne, un *conseil privé*, qui avant le règne de la reine Anne se confondait avec le conseil des ministres et était appelé à délibérer avec eux sur toutes les grandes affaires de l'État. Le cabinet a seul aujourd'hui le pouvoir exécutif dans son intégrité, et par conséquent toute la responsabilité du gouvernement. Le conseil privé existe cependant encore en droit, et même en fait, puisque la couronne le convoque quelquefois pour soumettre à son examen les grands intérêts du moment. Il est même remarquable qu'en style officiel les proclamations et les ordres de la reine émanent de son conseil privé, ce qui permettrait de croire que la loi ne reconnaît pas positivement le conseil des ministres ou le cabinet.

A. LEGOYT.

Rien n'a été plus agité de son temps que les débats sur le conseil d'État. La Restauration dans ses beaux jours en était tout émue. M. de Villèle avait réclamé en termes formels l'inamovibilité pour les membres de la section du contentieux du conseil d'État. Il les assimilait, non sans raison, aux juges ordinaires. Il prétendait que les questions contentieuses étaient des questions d'intérêt privé, et il demandait qu'on accordât aux parties les garanties des tribunaux. Il est vrai que l'habile député changea de langage lorsqu'il sentit sous son bras la douce pression du portefeuille rouge. Il comprit que l'arbitraire du gouvernement a des commodités ingénieuses, qu'on ne doit pas perdre. Il était premier ministre et tout-puissant sur ses collègues et sur les chambres. Il pouvait réaliser ses libérales théories, et il ne le fit pas. Peut-être cependant rencontrait-il des résistances invincibles dans les hommes les plus éminents du conseil d'État. Il est certain en effet que MM. Allent, Bérenger et Cuvier ne considéraient le conseil d'État, pris dans toutes ses parties, que comme un instrument malléable du gouvernement. M. Cuvier, roi de la science et passablement despote en administration, nourri à l'école du grand Napoléon, qui n'était pas une école de libéralisme par excellence, soutenait à la tribune des deux chambres la nécessité d'un conseil d'État amovible, comme une de ses thèses favorites. Il poussait même l'argumentation de sa mauvaise humeur, car personne n'aimait moins que lui à être contredit, jusqu'à l'excès. Ainsi il représentait les conseillers d'État inamovibles comme des espèces d'éphores qui entraveraient, par leurs empêchements systématiques, la marche du gouvernement. Ces sortes d'arguments, tout exagérés qu'ils soient, ne manquent jamais leur effet sur des chambres ; ils étaient d'ailleurs appuyés par les différents gardes des sceaux qui se seraient vus enlever le plus beau fleuron de leur armorial ministériel. Cependant, un ministère vint qui voulut faire prévaloir une organisation plus libérale. Le comité du contentieux devait recevoir l'inamovibilité ; et qui la lui donnait ? C'était un collègue de M. de Polignac ; mais M. Courvoisier, qui était ce ministre, abandonna les sceaux, et le projet resta dans les cartons, pour n'en plus sortir.

On s'y prit d'une autre façon ; on distingua les attributions contentieuses des attributions administratives, et l'on proposa d'accorder aux premières des garanties depuis longtemps demandées. Ces garanties étaient celles de la publicité des audiences et de la plaidoirie orale. Nous avions proposé de le donner par une loi ; mais le gouvernement préféra une ordonnance. On y avait mis les mises en jugement, les appels comme d'abus, les autorisations de procès communaux, ne seraient pas instruits par la voie contentieuse, ni plaidés en audience publique. Les avocats, qui font l'office d'avoués, développèrent les faits et les moyens mémoires devant le conseil d'État. La garantie devint presque illusoire, et voici pourquoi. C'est que le comité du contentieux arrive à l'assemblée générale avec un projet d'ordonnance tout fait. Les avocats, qui n'en connaissent pas le contenu, sont obligés de chercher à le deviner ; ils s'épuisent et battent la campagne. Le reste du conseil d'État, composé de marins, de financiers, de militaires, d'administrateurs peu familiers avec les termes et la jurisprudence la plus subtile du contentieux, passent d'ordinaire à l'avis motivé et rédigé d'avance par le comité. La plaidoirie, qui s'attaque à une espèce d'ombre, de fantôme, d'image, ne sait où porter ses coups. C'est donc une garantie à peu près vaine. Le public n'assiste pas non plus au procès. Mais il suffit qu'il puisse y être admis. D'ailleurs, les parties sont habituellement présentes, et c'est beaucoup pour elles et pour leurs avocats d'ouïr un rapport qui expose les faits avec exactitude, et qui n'omet pas la relation de leurs moyens. Nous n'hésitons pas à mettre la garantie de la publicité au-dessus même de la garantie de l'inamovibilité.

Telle est la principale innovation qu'on dut à la révolution de Juillet. Du reste, les lois successives qui furent présentées sur cette matière ne constituaient qu'une réglementation confuse des ordonnances précédentes. L'ordre, la logique, les principes, le style législatif lui-même y manquaient. Le fond du projet de loi de 1845 avait été d'augmenter outre mesure le nombre des conseillers d'État et des maîtres des requêtes, dont on jetait les dignités et les traitements à l'avidité parlementaire. Il fallait, dans un gouvernement représentatif tel qu'on nous le faisait marcher, beaucoup de sinécures honorifiques et surtout productives, et 30 conseillers, 30 maîtres des requêtes et 48 auditeurs permettaient aux ministres de gratifier abondamment leurs créatures.

La loi de 1845 consacra une innovation peu réfléchie. Elle fut admise par voie d'amendement, et introduite comme il arrivait souvent. Si le gouvernement était d'avis de ne pas donner suite à la décision du conseil d'État, il pouvait la changer en conseil des ministres et sous sa responsabilité. On pouvait se demander ce que c'était qu'une responsabilité collective, en pareil cas. Cette addition imprimait trop ouvertement aux décisions du conseil d'État le caractère et les effets d'un acte ministériel. Le public jusque là était accoutumé à regarder ses décisions comme irrévocables et emportant avec elles la puissance de la chose jugée, dès aussitôt qu'elles avaient été rendues contradictoirement entre les parties; on leur ôtait cette autorité d'opinion, on l'affaiblissait du moins, et c'était un mal. Les ministres, il est vrai, ni sous l'Empire, ni sous la Restauration, ni après la révolution de Juillet, n'ont point abusé de la faculté de révocation ou de modification des arrêts du conseil. Mais les pouvoirs sont changeants. Supposons une guerre. Supposons que le conseil d'État condamne le trésor à payer à des entrepreneurs ou fournisseurs un prix de marché considérable. Si les ministres peuvent arbitrairement annuler la décision du conseil d'État, quelle perturbation dans les conditions de fournitures, et par suite quels préjudices ne causeraient pas au trésor les exigences des fournisseurs, qui croîtraient en raison de l'incertitude et du caprice des décisions administratives? En définitive, le défaut de garanties nuit plus à l'État qu'aux particuliers. Tout ce qui rend les contrats une chose sacrée, tout ce qui procure la facilité de l'exécution, l'exactitude du payement et la sûreté des arbitrages, tourne à l'avantage du trésor. Les chambres et le gouvernement n'ont jamais été assez pénétrés de cette vérité-là.

On avait aussi embarrassé le conseil de trop de personnages en service extraordinaire; titres vains, véritables sinécures, qu'on jetait aux médiocrités des chambres pour attirer ou fixer leurs voix. On transportait ainsi peu à peu le conseil d'État tout entier dans les chambres, et, indépendamment de l'inconvénient de mêler l'exécutif et le législatif, on ne voyait pas que le service des affaires en souffre, ainsi que l'impartialité des jugements. Enfin, si cette loi n'avait aucun caractère propre d'invention, aucun génie, aucune idée neuve et féconde; si elle consacrait des abus invétérés et n'apportait pas d'amélioration, elle ne permettait du moins de remettre en question les attributions les plus essentielles du conseil d'État; on ne pouvait plus enlever aux parties, par un simple acte du pouvoir, les garanties précieuses de la publicité des audiences, de la défense orale et de la forme quasi-judiciaire des décisions contentieuses. TIMON.

CONSEIL D'HYGIÈNE PUBLIQUE ET DE SALUBRITÉ. Il existe à Paris, depuis 1802, sous le nom de *conseil de salubrité*, une institution qui a pour but de s'occuper spécialement de tout ce qui intéresse l'hygiène et la salubrité publiques. Ses attributions, qui ne s'étendaient d'abord, aux termes de l'arrêté du préfet de police du 6 juillet 1802, auquel il doit son existence, qu'aux boissons, aux épizooties, aux établissements et ateliers dangereux ou insalubres, furent étendues, par un nouvel arrêté du 24 décembre 1822, à tout ce qui intéresse la santé publique.

Les services rendus par ce conseil devaient naturellement faire naître la pensée d'en généraliser l'institution et de l'appliquer aux départements. Tel a été l'objet de l'arrêté du chef du pouvoir exécutif du 18 décembre 1848, qui a créé un conseil d'hygiène publique et de salubrité dans chaque arrondissement. Le nombre de ceux des membres de chaque conseil qui doivent être choisis parmi les médecins, les pharmaciens ou chimistes et les vétérinaires, a été déterminé par un arrêté ministériel du 15 février 1849. Les autres membres doivent être pris parmi les notables agriculteurs, commerçants ou industriels, soit parmi les hommes qui, à raison de leurs fonctions ou de leurs travaux habituels, sont appelés à s'occuper des questions d'hygiène. L'ingénieur des mines, l'ingénieur des ponts et chaussées, l'officier du génie chargé du casernement, on, à son défaut, l'intendant ou le sous-intendant militaire, l'architecte du département, les chefs de division ou de bureau de la préfecture dans les attributions desquels se trouvent la salubrité, la voirie et les hôpitaux, peuvent, dans le cas où ils ne feraient pas partie du conseil d'hygiène, être appelés à assister à ses délibérations avec voix consultative. Le préfet est autorisé à créer dans les chefs-lieux de canton des commissions d'hygiène publique, par un arrêté spécial et le conseil d'arrondissement préalablement consulté. Là où il n'a pas été jugé utile ou possible d'en créer, le préfet nomme, s'il y a lieu, des correspondants sur la proposition de cette assemblée. Les membres du conseil d'hygiène sont nommés pour quatre ans par le préfet et renouvelés par moitié tous les deux ans. Ils sont présidés par le préfet ou le sous-préfet, et les commissions de canton, par le maire du chef-lieu. Chaque conseil élit un vice-président et un secrétaire, qu'il renouvelle tous les deux ans. Il se réunit au moins une fois tous les trois mois, sauf le droit de l'autorité de le convoquer extraordinairement en dehors de ces sessions légales. Les membres des commissions cantonales peuvent être appelés à prendre part à ses délibérations avec voix consultative.

L'arrêté du 18 décembre 1848 énumère ainsi qu'il suit les attributions des conseils et des commissions.

Ils sont chargés de l'examen des questions relatives à l'hygiène publique de l'arrondissement que leur renvoie le préfet ou le sous-préfet. Ils peuvent être spécialement consultés sur les objets suivants : l'assainissement des localités et des habitations ; les mesures à prendre pour prévenir et combattre les maladies endémiques, épidémiques et transmissibles ; les épizooties et les maladies des animaux ; la propagation de la vaccine ; l'organisation et la distribution des secours médicaux aux malades indigents ; les moyens d'améliorer la condition sanitaire des populations industrielles et agricoles ; la salubrité des ateliers, écoles, hôpitaux, maisons d'aliénés, établissements de bienfaisance, casernes, arsenaux, prisons, dépôts de mendicité, asiles, etc. ; les questions sanitaires relatives aux enfants trouvés ; la qualité des aliments, boissons, condiments et médicaments livrés au commerce ; l'amélioration des établissements d'eaux minérales appartenant à l'État, au département, aux communes, aux particuliers, et les moyens d'en rendre l'usage accessible aux malades pauvres ; les demandes en autorisation, translation ou révocation d'autorisation des établissements dangereux, insalubres ou incommodes ; les grands travaux d'utilité publique, comme construction d'édifices, écoles, prisons, casernes, ports, canaux, réservoirs, fontaines, halles ; l'établissement des marchés, routes, égouts, cimetières ; la voirie, etc., sous le rapport de l'hygiène publique.

Les conseils d'hygiène réunissent et coordonnent les documents relatifs à la mortalité et à ses causes, à la topographie et à la statistique de l'arrondissement en ce qui touche la salubrité publique. Ils adressent ces documents au préfet, qui en transmet une copie au ministre compétent. Leurs travaux ordinaires sont également envoyés au préfet.

L'arrêté du 18 décembre a également créé un conseil d'hygiène central, siégeant au chef-lieu du département, qui remplit toutes les attributions des conseils d'arrondissement et donne en outre son avis : 1° sur les questions d'hygiène publique que lui renvoie le préfet; 2° sur les questions communes à plusieurs arrondissements ou relatives au département tout entier. Il est chargé de centraliser et de coordonner, sur le renvoi du préfet, les travaux des conseils d'arrondissement, et de lui adresser chaque année un rapport sur ces travaux. Ce rapport est transmis, avec les pièces à l'appui, au ministre de l'agriculture, du commerce et des travaux publics. Les membres du conseil central doivent être au nombre de sept au moins et de quinze au plus.

Enfin, un décret du 18 décembre 1851 a réorganisé le conseil de salubrité de Paris et créé dans chacun de ses arrondissements et de ceux de la banlieue une commission d'hygiène et de salubrité, composée de neuf membres nommés, sur une triple liste de candidats, par le préfet de police et renouvelés par tiers tous les ans. Ses attributions, telles que les détermine le décret et que les a complétées une circulaire du préfet de police du 23 septembre 1852, sont à peu près les mêmes que celles des conseils d'hygiène départementaux.
A. LECOTT.

CONSEIL DU COMMERCE. Voyez CONSEIL D'ÉTAT.
CONSEIL DU ROI. Voyez CONSEIL D'ÉTAT.
CONSEIL GÉNÉRAL. Vers la fin du siècle dernier, la France était divisée en *pays d'états* et *pays d'élections*. Les pays d'états avaient des assemblées provinciales composées des trois ordres : la noblesse, le clergé et le tiers état. C'est au roi qu'il appartenait de les convoquer, de fixer la durée de leur session et de nommer le président. Il y était représenté par des commissaires, quelquefois par l'intendant ou le gouverneur de la province. Dans l'intervalle des sessions, une commission permanente élue, dans leur sein, remplaçait les états. Les contributions demandées par le roi se discutaient librement dans ces assemblées. Paraissaient-elles excessives, elles adressaient de respectueuses remontrances; s'il n'en était pas tenu compte, elles votaient l'impôt destiné à en assurer le payement, et le répartissaient entre les diverses subdivisions administratives de la province.

La prospérité dont jouissaient les pays d'états comparés aux pays d'élections et que l'on attribuait principalement à une meilleure répartition de l'impôt et à un système de perception plus économique et plus libéral, finit par attirer l'attention du gouvernement, qui en 1787, après divers essais dans le Berry et le Bourbonnais, étendit à toute la France le principe d'institutions représentatives provinciales. Le règlement du roi du 5 août 1787 régla ainsi qu'il suit les attributions de ces assemblées et les rapports qui devaient exister entre elles et l'intendant commissaire délégué.

Ce magistrat devait ouvrir et clore la session, qui ne pouvait durer plus de trente jours. Il faisait connaître à l'assemblée les instructions du roi. Deux membres nommés par elle, et désignés sous le nom de *syndics*, informaient chaque jour le commissaire royal du sujet des délibérations et de leurs résultats. L'assemblée était autorisée à correspondre directement avec les ministres, par l'intermédiaire de son président; mais aucune délibération ne pouvait être soumise à l'approbation royale qu'elle n'ait été préalablement communiquée au commissaire royal, qui y joignait son avis. Ce magistrat pouvait seul connaître du contentieux administratif, sauf l'appel au roi en son conseil. Il était également autorisé à procéder seul à l'adjudication et à la réception des travaux qui s'exécutaient avec les fonds de l'État; les dépenses étaient acquittées sur les seules ordonnances. S'il s'agissait de travaux mixtes, c'est-à-dire entrepris à la fois aux frais du trésor et de la province, ils devaient être adjugés et reçus par une commission de l'assemblée présidée par le commissaire, qui avait voix prépondérante en cas de partage. Dans ce cas également, il mandatait seul les dépenses. C'est sous sa présidence que la même commission recevait le compte des dépenses provinciales.

La principale attribution des assemblées provinciales et de leurs commissions dites *intermédiaires*, consistait à répartir, sous l'autorité du conseil du roi, les impositions foncières et personnelles et celles dont le produit était consacré à des travaux publics provinciaux.

L'élection de leurs membres avait lieu au deuxième degré. Ainsi, des députés d'un certain nombre de paroisses, réunis en assemblée *d'arrondissement*, nommaient à d'autres assemblées dont le ressort plus étendu s'appelait le *département*; à leur tour, les membres de ces dernières assemblées nommaient à celles de la province, qui faisaient l'élection. Ces trois assemblées électorales se composaient de députés des trois ordres; le tiers état avait le même nombre de voix que le clergé et la noblesse réunis. La présidence appartenait de droit à un membre de ces deux derniers ordres. Les voix se recueillaient par tête.

L'institution des assemblées provinciales, l'une des créations les plus libérales et cependant les moins remarquées de ce temps, commençait à peine à fonctionner, que la Révolution vint l'emporter pour y substituer successivement d'autres organisations administratives, dont nous allons parler.

Un décret du 22 janvier 1790 partagea le territoire en départements, en districts et cantons, et mit à la tête de chacune de ces circonscriptions une administration collective sous la forme d'un conseil délibérant. Les citoyens actifs devaient élire les membres de l'*administration de département*, au nombre de trente-six, et les membres de l'*administration de district*, au nombre de douze, parmi les citoyens éligibles. Le décret prononçait l'incompatibilité des fonctions de membre de cette administration avec celles d'administrateur de district, de percepteur des impôts indirects, de juge, de membre des corps municipaux. Chaque administration, permanente en principe, était élue pour quatre ans, et se renouvelait par moitié tous les deux ans. L'administration de département se divisait en deux sections, ayant le titre, l'une de *conseil*, l'autre de *directoire de département*. Le directoire, composé de huit membres, élus par le conseil pour quatre ans, était chargé d'administrer et de faire exécuter les délibérations prises par le conseil de département dans sa session annuelle, qui ne pouvait durer plus d'un mois.

Les administrations de département relevaient directement du *corps législatif*, pour la détermination des qualités civiques, le maintien des règles électorales, la répartition des contributions directes et la surveillance de leur perception; pour l'ordonnancement des dépenses faites sur le produit de ces contributions ; du *roi*, comme chef de l'administration générale, pour toutes les parties de cette administration relatives à l'assistance publique et à la répression du vagabondage, au régime pénitentiaire, à l'instruction publique, à l'emploi des fonds destinés à l'encouragement de l'agriculture et de l'industrie; à l'exécution des travaux pour voies, routes, canaux et autres ouvrages publics; à l'entretien des édifices religieux; au maintien de la salubrité publique et de la sûreté générale; à l'emploi des milices ou gardes nationales. Les délibérations des administrations de département sur toutes les parties des services publics devaient être approuvées par le *roi*. Elles ne pouvaient établir d'impôts ou faire d'emprunts pour dépenses locales que sur autorisation du *corps législatif*.

La constitution du 3-14 septembre 1791 détermina dans des termes généraux les attributions des administrations départementales, et donna au corps législatif le droit de les régler en détail par une loi organique.

La constitution de 1793 déclara que les administrations de département ne resteraient en fonctions que pendant

CONSEIL GÉNÉRAL

deux ans, et seraient renouvelées tous les ans par moitié. Elle ordonna en outre la publicité de leurs séances.

La loi du 28 pluviôse an VIII, qui a fondé l'organisation administrative qui nous régit encore aujourd'hui, a créé les conseils généraux actuels, mais sans définir leurs attributions. Elle remet au chef de l'État la nomination de leurs membres, et fixe la durée de leurs fonctions à trois ans.

L'organisation et les attributions des conseils généraux, qui avaient été réglées par l'arrêté des consuls du 19 floréal an VIII, ont été déterminées de nouveau par les lois du 22 juin 1833 (pour l'organisation) et 10 mai 1838 (pour les attributions). Ces lois régissant encore la matière, sauf quelques modifications que nous indiquerons plus loin; nous allons en faire connaître les dispositions principales.

Le conseil général est composé d'autant de membres qu'il y a de cantons dans le département, sans pouvoir toutefois excéder le nombre trente. Un membre du conseil général est élu dans chaque canton par une assemblée électorale composée des électeurs et des citoyens pris sur la liste du jury. Nul n'est éligible au conseil général s'il ne jouit des droits civils et politiques; s'il n'est âgé de vingt-cinq ans et s'il ne paye depuis un an au moins 200 francs de contributions directes. La condition du domicile dans le département n'est pas exigée. Sont incompatibles avec les fonctions de membre du conseil général celles de fonctionnaire de l'ordre administratif et financier, d'agent de l'administration dans le département. Nul ne peut être membre de plusieurs conseils généraux ou d'un conseil général et d'un ou plusieurs conseils d'arrondissement. Les membres des conseils généraux sont nommés pour neuf ans; renouvelés par tiers tous les trois ans; ils sont indéfiniment rééligibles. La dissolution du conseil général ne peut être prononcée que par le chef de l'État. Dans ce cas, il doit être procédé à une nouvelle élection avant la session annuelle, et au plus tard dans le délai de trois mois à dater du jour de la dissolution.

Un conseil général ne peut se réunir s'il n'a été convoqué par le préfet, en vertu d'un décret qui détermine l'époque et la durée de la session. Au jour indiqué pour la réunion, les membres nouvellement élus prêtent serment entre les mains du président du conseil général.

Le conseil, présidé par le doyen d'âge, le plus jeune membre faisant fonctions de secrétaire, nomme au scrutin, et à la majorité absolue des voix, son président et son secrétaire. Les séances ne sont pas publiques. Il ne peut délibérer que si la moitié plus un des conseillers sont présents. Les votes sont recueillis au scrutin secret toutes les fois que quatre des conseillers présents le réclament. Le préfet a entrée au conseil; il est entendu quand il le demande et assiste aux délibérations, excepté lorsqu'il s'agit de l'apurement de ses comptes. Tout acte ou toute délibération d'un conseil général relatifs à des objets qui ne sont pas légalement compris dans ses attributions sont nuls et de nul effet. La nullité en est prononcée par un décret. Toute délibération prise hors de la réunion légale est nulle de droit. Le préfet, par un arrêté pris en conseil de préfecture, déclare la réunion illégale, prononce la nullité des actes, prend toutes les mesures nécessaires pour que l'assemblée se sépare immédiatement, et transmet son arrêté au procureur général du ressort pour l'exécution des lois et l'application, s'il y a lieu, des peines déterminées par l'article 258 du Code Pénal. En cas de condamnation, les membres condamnés sont exclus du conseil et ne peuvent être élus aux conseils de département et d'arrondissement pendant les trois années qui suivent la condamnation. Il est interdit à tout conseil général de se mettre en correspondance avec un ou plusieurs autres conseils de département ou d'arrondissement. En cas d'infraction à cette disposition, le conseil général est suspendu par le préfet, en attendant que le chef de l'État ait statué.

La loi ne s'explique pas sur la durée possible de la suspension du conseil général; mais comme il est indispensable qu'il règle chaque année le budget départemental et répartisse entre les arrondissements les trois impôts directs de répartition, elle ne peut s'étendre au delà d'une année.

Il est interdit à tout conseil général de faire ou de publier aucune proclamation ou adresse. En cas d'infraction à cette disposition, le préfet déclare par arrêté, que la session du conseil général est suspendue; il est définitivement statué par un décret. Tout éditeur, imprimeur, journaliste ou autre qui rendrait publics les actes interdits au conseil général serait passible des peines portées par l'article 123 du Code Pénal. Le conseil général peut ordonner la publication de tout ou partie de ses délibérations ou procès-verbaux; les procès-verbaux contiennent l'analyse de la discussion; les noms des orateurs n'y sont pas insérés.

Les conseils généraux, comme tels, sont saisis non pas seulement des matières d'administration départementale, mais encore de quelques matières d'intérêt général. Les résolutions qu'ils sont appelés à prendre se distinguent en quatre catégories: ils émettent des votes; ils prennent des délibérations; ils donnent des avis; ils émettent des vœux.

Le conseil général répartit chaque année entre les arrondissements les contributions directes (à l'exception bien entendu de l'impôt des patentes, qui est un impôt de quotité). Avant d'effectuer cette répartition, il statue sur les demandes en réduction du contingent assigné à l'arrondissement dans l'année précédente. S'il ne se réunissait pas ou s'il se séparait sans avoir pris cette mesure, les mandements des contingents assignés à chaque arrondissement seraient délivrés par le préfet, d'après les bases de la répartition précédente. Le conseil général prononce définitivement sur les demandes en réduction du contingent fourni par les communes et préalablement soumis au conseil d'arrondissement; il vote les centimes additionnels dont la perception est autorisée par les lois.

Il *délibère* 1° sur les contributions extraordinaires à établir et les emprunts à contracter dans l'intérêt du département; 2° sur les acquisitions, aliénations et échanges des propriétés départementales; 3° sur le changement d'affectation ou de destination des édifices départementaux; 4° sur le mode de gestion des propriétés départementales; 5° sur les actions à intenter ou à soutenir au nom du département, sauf les cas d'urgence; 6° sur les transactions qui concernent les droits du département; 7° sur l'acceptation des dons et legs faits au département; 8° sur le classement et la direction des routes départementales; 9° sur les projets, plans et devis de tous les autres travaux exécutés sur les fonds du département; 10° sur les offres faites par des communes, par des associations ou des particuliers de concourir à la dépense des routes départementales ou d'autres travaux à la charge du département; 11° sur la concession à des associations, à des compagnies ou à des particuliers de travaux d'intérêt départemental; 12° sur la part contributive à imposer au département: 1° dans la dépense des travaux exécutés par l'État et qui intéressent le département; 2° dans la dépense des travaux qui intéressent à la fois le département et les communes: en cas de désaccord entre ces deux intérêts, il est statué par un décret, les conseils municipaux intéressés, les conseils d'arrondissement et le conseil général entendus; 14° sur l'établissement et l'organisation des conseils de prud'hommes (1); 15° sur la part contributive en faveur des employés des préfectures et des sous-préfectures (1); 15° sur le mode de rémunération en faveur des employés des préfectures et des sous-préfectures (1); 15° sur l'établissement des aliénés et des enfants trouvés et abandonnés qui doit être mise à la charge des communes et sur les bases de la répartition à faire entre elles.

(1) Cette disposition a été implicitement rappelée par la loi sur les pensions de retraite du 9 juin 1853, qui met les pensions de retraite de ces employés à la charge de l'État et les soumet par conséquent aux retenues prescrites par la dite loi.

Les délibérations du conseil général sont soumises à l'approbation du chef de l'État, du ministre compétent ou du préfet, selon les cas déterminés par les lois ou par les règlements d'administration publique.

Le conseil général *donne son avis* : 1° sur les changements proposés à la circonscription du territoire, des arrondissements, des cantons et des communes, et à la désignation des chefs-lieux ; 2° sur les difficultés élevées relativement à la répartition de la dépense des travaux qui intéressent plusieurs communes ; 3° sur l'établissement, la suppression ou le changement de foires et marchés ; 4° et généralement sur tous les objets sur lesquels il est appelé à donner son avis en vertu des lois et règlements, ou sur lesquels il est consulté par l'administration.

Le conseil général peut adresser directement au ministre de l'intérieur, par l'intermédiaire de son président, les réclamations qu'il aurait à présenter dans l'intérêt spécial du département, ainsi que son opinion sur l'état et les besoins des différents services publics, en ce qui touche le département. Bien que la loi soit muette à ce sujet, il est admis par l'usage que les conseils généraux présentent au gouvernement des vœux sur les objets d'intérêt général ; c'est surtout de 1848 à 1852 qu'ils ont fait le plus fréquemment usage de cette prérogative, et leurs vœux n'ont pas été sans influence sur les graves événements politiques qui se sont accomplis dans cette période.

Tous les conseils généraux (à l'exception de deux ou trois) publient l'analyse de leurs délibérations ; avant 1852 le gouvernement faisait imprimer et distribuer un résumé de leurs vœux sur des matières d'intérêt général. Cette publication, jugée sans doute inutile sous une constitution qui donne au gouvernement seul l'initiative des lois, a été suspendue depuis cette époque, et l'on s'accorde à regretter une pareille mesure, sur laquelle l'administration, mieux éclairée, reviendra probablement.

Les dispositions des lois de 1833 et 1838 ont été modifiées 1° par le décret du 3 juillet 1848 ; 2° par la constitution républicaine de la même année ; 3° enfin par la loi du 7 juillet 1852. Aux termes du décret de 1848, le conseil général se compose d'autant de membres que le département compte de cantons, quel qu'en soit le nombre. Le suffrage universel est appliqué à leur élection. Le conseil général ne peut être dissous que de l'avis du conseil d'État. L'acquittement d'une contribution directe, sans détermination de chiffre, constitue la principale condition de l'éligibilité. Les séances du conseil sont publiques, sauf le droit de la majorité de réclamer la formation de l'assemblée en comité secret ; enfin, d'après la constitution de 1848, c'est parmi les membres des conseils généraux que sont tirés au sort les jurés de la haute cour de justice. La loi de 1853 dispose que le président, vice-président et secrétaire sont nommés pour chaque session, et choisis, parmi les membres du conseil, par le chef de l'État ; 2° que ses séances ne seront pas publiques.

En Belgique, le gouverneur de chaque province est assisté d'un *conseil provincial*. Chaque canton nomme un nombre de conseillers déterminé par le chiffre de sa population. Une loi du 26 mai 1848 a exclu des conseils provinciaux les magistrats de l'ordre judiciaire, seuls fonctionnaires publics que la loi de 1836 avait admis à y entrer. La première de ces deux lois dispose en outre que les conseillers provinciaux ne peuvent pendant la durée de leur mandat être présentés comme candidats pour les places de l'ordre judiciaire par le conseil dont ils sont membres. Les conseils provinciaux sont appelés à délibérer sur toutes les affaires d'intérêt provincial. Les principales attributions que leur confère la loi de 1836 sont : la nomination d'une députation permanente, chargée de les remplacer dans l'intervalle de leurs sessions ; la présentation des candidats pour les places de conseillers aux cours d'appel et de présidents et vice-présidents des tribunaux ; la nomination des employés provinciaux ; la répartition du contingent des contributions directes assigné à la province ; le règlement des budgets et des comptes ; l'adoption d'institutions ou de travaux utiles pour la province ; la rédaction des règlements d'administration intérieure et des ordonnances de police. D'autres lois leur accordent en outre des attributions spéciales. Si le conseil provincial prend une délibération contraire à la loi, le gouverneur se pourvoit devant le roi, qui l'annule, s'il y a lieu, par un arrêté. Les députations permanentes sont chargées de l'administration journalière des provinces ; elles suppléent les conseils provinciaux dans les affaires non susceptibles de remise. La loi réserve à ceux-ci le règlement du budget provincial et des comptes, les nominations d'employés et les présentations de candidats aux fonctions judiciaires, le vote des impositions et des emprunts. Les communes sont sous la haute tutelle de la députation, dont les attributions sous ce rapport sont au moins aussi étendues que celles de nos préfets, depuis le décret de décentralisation du 25 mars 1852. C'est ainsi qu'elle règle souverainement tout ce qui intéresse la fortune communale. Elle approuve, rejette ou modifie le budget ; elle détermine au besoin le traitement des agents communaux ; elle autorise les impositions extraordinaires, les ventes de bois et autres biens communaux ; elle inscrit d'office au budget les dépenses obligatoires et impose également d'office à la commune ; elle fixe la part afférente à chaque commune dans les dépenses d'intérêt commun ; elle intervient pour assurer à chaque section de commune sa juste part dans la jouissance des avantages de la communauté. Lorsqu'une section de commune est érigée en commune distincte, elle opère entre l'ancienne et la nouvelle commune le partage de l'actif et du passif, et autorise les actions judiciaires. Les communes peuvent se pourvoir devant le roi contre les décisions de la députation provinciale. La députation est composée de six membres, élus pour quatre ans, renouvelables tous les deux ans.

En Angleterre, il n'existe pas d'institution administrative analogue à nos conseils généraux et aux conseils provinciaux belges. La tutelle des intérêts administratifs des comtés est confiée à des magistrats de l'ordre judiciaire, non rétribués, nommés *juges de paix*.

En Prusse, il existe une institution analogue à nos conseils généraux ; c'est la *diète provinciale*, instituée par la loi du 25 juin 1823. Des ordonnances particulières ont déterminé, pour les diverses provinces, leur composition, le nombre de leurs membres et leurs attributions. Dans la plupart des provinces, la diète est formée des représentants 1° des propriétaires de biens nobles, 2° des villes, 3° des paysans. Pour pouvoir entrer personnellement à la diète provinciale, il faut réunir les conditions suivantes : 1° posséder depuis dix ans, à moins d'une dispense spéciale du roi, une propriété patrimoniale ou acquise de toute autre manière ; 2° appartenir à l'une des communions chrétiennes ; 3° avoir accompli sa trentième année ; 4° jouir d'une réputation sans tache. Les députés des divers ordres ne forment qu'une seule assemblée et délibèrent en commun. Toute délibération sur les matières qui leur sont directement soumises par le gouvernement n'est valable que si elle a été prise à la majorité des deux tiers des voix ; pour les autres délibérations, la simple majorité suffit ; mais la présence des trois quarts des députés est nécessaire. Le président (maréchal de la diète) et le vice-président sont nommés par le roi parmi les membres de la noblesse. La session est ouverte par le président supérieur (préfet) de la province, comme commissaire royal. Ce magistrat fait connaître à l'assemblée les propositions ou projets que le gouvernement soumet à son examen, ainsi que les affaires d'administration intérieure sur lesquelles elle est appelée à statuer. Il clôt la session, transmet au gouvernement les délibérations qui en ont été le résultat et en fait imprimer

une analyse pour les membres de la diète. La diète est convoquée habituellement tous les deux ans. Cette assemblée est l'organe légal des vœux du pays sur tout ce qui concerne les intérêts de la province. Elle statue en outre sur un certain nombre d'affaires communales ; enfin elle délibère sur les projets de loi relatifs à la province que le gouvernement lui soumet. En outre de la diète, un comité provincial permanent, institué depuis quelques années seulement, et composé de douze membres que préside le maréchal de la diète, est chargé 1° de donner son avis sur les affaires d'intérêt général et relatives à la province qui lui sont soumises ; 2° de remplacer la diète, dans l'intervalle des sessions, pour les affaires sur lesquelles cette assemblée est appelée à statuer.
A. LEGOYT.

CONSEIL GÉNÉRAL et CONSEIL SUPÉRIEUR DE L'AGRICULTURE, DES MANUFACTURES ET DU COMMERCE. On comprit de bonne heure sous l'ancienne monarchie la nécessité de confier à l'examen de conseils spéciaux les questions relatives à ces trois branches de la richesse nationale ; mais ce ne fut que sous Louis XIV que l'utilité de l'admission dans ces conseils de manufacturiers et de négociants fut clairement reconnue. On lit dans l'arrêt du conseil du 29 juin 1700 que le roi, « voulant plus que jamais accorder une protection particu- « lière au commerce, marquer l'estime qu'il faisait des bons « marchands et négociants de son royaume, et leur faciliter « les moyens de faire fleurir et d'étendre le commerce, a « cru que rien ne serait plus capable de produire cet effet « que de former un conseil uniquement attentif à connaître « et à procurer tout ce qui serait le plus avantageux au « commerce et aux manufactures du royaume. » En exécution de cet arrêt, le conseil du commerce fut composé du secrétaire d'État chargé des affaires du commerce de mer et des colonies étrangères, du contrôleur général des finances, de quatre conseillers d'État, de deux maîtres des requêtes et de *douze marchands négociants*, élus à cet effet pour un an, dans les principales places de commerce du royaume. Ses attributions consistaient à examiner « toutes les affaires « et difficultés qui surviendraient concernant le commerce « tant de terre que de mer, au dedans et au dehors du « royaume, et concernant les fabriques et manufactures. » L'organisation de ce conseil, dont la création amena celle des chambres de commerce, fut fréquemment modifiée ; mais les divers arrêts du conseil, édits, déclarations et règlements intervenus à ce sujet du 29 juin 1700 au 9 août 1789, tendirent toujours à lui donner le caractère d'une institution plutôt gouvernementale et administrative que réellement représentative des intérêts industriels et commerciaux.

Dans sa séance du 14 vendémiaire an III (5 octobre 1794), la Convention, en adoptant un projet de loi relatif à la formation d'une commission de commerce et d'approvisionnement, rejeta les art. 3, 4 et 5 de ce projet, qui instituaient un conseil de commerce. Elle se fonda sur ce que la commission aurait le droit, avec l'autorisation des comités de salut public et de commerce, d'appeler auprès d'elle les hommes spéciaux qu'elle aurait besoin de consulter. Un arrêté du 3 nivôse an XI (24 décembre 1802) établit un conseil général du commerce dont les membres devaient être nommés par le premier consul, sur une liste de deux candidats présentés par chaque chambre du commerce (reconstituées par le même arrêté). Un premier décret du 6 juin 1810 modifia cet arrêté en créant un conseil général du commerce et des manufactures ; un second décret, du 29 du même mois, institua un conseil séparé pour les fabriques et manufactures ; enfin, une ordonnance du 28 janvier 1819 établit un troisième conseil, spécialement consacré aux intérêts de l'agriculture. Cette nouvelle création devait entraîner des changements essentiels dans l'institution des deux autres conseils ; ils furent opérés par l'ordonnance du 23 août 1819. Celle du 9 février 1825 introduisit de nouveaux éléments dans la composition des conseils, et les plaça plus directement sous la main du gouvernement. L'ordonnance du 16 juin 1830 alla plus loin encore dans le même ordre d'idées : elle réunit en un seul les deux conseils du commerce et des manufactures, rendit leurs réunions annuelles, d'hebdomadaires qu'elles étaient, et augmenta le nombre des membres à la nomination directe du ministre, en dehors des listes des candidats ; listes dont la préparation, d'après le régime des ordonnances précédentes, appartenait aux chambres de commerce. L'ordonnance du 16 juin 1830 fut à son tour rapportée par celle du 29 avril 1831, rendue sous l'influence de principes politiques nouveaux. Aux termes de cette ordonnance (qui, combinée avec celle du 29 octobre 1841, a régi la matière jusqu'au décret du 1er février 1850), le conseil général du commerce devait être composé de soixante membres, nommés par les chambres de commerce, soit dans leur sein, soit dans leur circonscription ; celui des manufactures, de soixante et douze membres, dont vingt choisis par les chambres consultatives des arts et manufactures, douze pris dans le sein du conseil général du commerce et les autres nommés directement par le ministre, celui de l'agriculture, de cinquante-quatre membres nommés par le ministre. Ainsi des trois conseils, l'un était entièrement électif, le second ne l'était qu'en partie ; le troisième était tout entier à la nomination du ministre. La loi du 20 mars 1851, en créant une chambre d'agriculture dans chaque département, lui avait confié le choix des membres du conseil général d'agriculture ; mais le décret du 25 mars 1852 n'ayant pas reproduit cette disposition, on doit en conclure que leur nomination a été rendue au ministre.

Le décret du 1er février 1850, en rapportant les ordonnances des 29 avril 1831 et 29 octobre 1841, a enlevé aux conseils généraux du commerce et des manufactures leur caractère d'institution permanente, pour n'en faire, sous le titre de *conseil général de l'agriculture, des manufactures et du commerce*, qu'une assemblée en quelque sorte accidentelle et transitoire, que le ministre convoque à son gré selon les besoins de l'administration, dont il détermine les travaux, dont il limite la session, qu'il préside, et qui n'est soumise à aucune règle fixe relativement au nombre et au choix de ses membres. Pour la session de 1850, ce conseil a été composé de deux cent trente-six membres, nommés, savoir : quatre-vingt-six agriculteurs, par le ministre de l'agriculture et du commerce ; cinquante et un industriels, par les chambres consultatives des arts et manufactures ; soixante-cinq commerçants, par les chambres de commerce ; trente-quatre membres appartenant à ces mêmes catégories, par le ministre, dont dix pour l'agriculture, huit pour les manufactures, huit pour le commerce, huit pour l'Algérie et les colonies. Ce conseil a été appelé à délibérer sur les questions soumises à son examen par le ministre et autorisé à consacrer les trois dernières séances de sa session (fixée à un mois) à délibérer sur les vœux, propositions ou réclamations émanées des chambres consultatives, des chambres de commerce, des sociétés ou comices agricoles ou de l'initiative de ses membres.

C'est ici le cas de remarquer combien il est difficile que les meilleures institutions prennent racine dans un pays où elles sont incessamment modifiées dans le sens des principes politiques que chaque révolution fait tour à tour triompher !

A côté de l'institution du conseil général de l'agriculture, des manufactures et du commerce, nous devons mentionner l'existence d'un conseil supérieur du commerce, de l'agriculture et de l'industrie, dont nous allons rappeler en quelques mots les phases diverses. Ce conseil, établi d'abord sous la présidence du président du conseil des ministres, avec le nom de *conseil supérieur du commerce et des colonies* (ordonnances du 6 janvier et 20 mars 1824), et exclusivement composé d'administrateurs, fut chargé d'étudier les améliorations à introduire dans les lois et tarifs qui régissent les rapports du commerce français avec l'étranger et les colonies françaises. Un bureau spécial, dit *du commerce et des colonies*, composé de cinq des membres du conseil supérieur, reçut la mission de recueillir les faits et documents propres à éclairer les délibérations du conseil. Aux attributions de ce conseil l'ordonnance du 4 janvier 1828 ajouta celles du commerce et des manufactures distraite du ministère de l'intérieur. Le 20 du même mois le conseil supérieur et le bureau de commerce étaient érigés en ministère, sous le nom de ministère du commerce et des manufactures. Ce ministère ayant été supprimé le 8 août 1829, une ordonnance du 3 décembre suivant rendit au conseil supérieur et au bureau du commerce leur organisation précédente. Cette institution disparut à la révolution de Juillet, pour être provisoirement remplacée par une commission de sept membres pris dans les chambres législatives, d'un conseiller d'État et d'un maître des requêtes. (ordonnances du 29 janvier et 16 février 1831). Abrogeant toutes les ordonnances relatives au conseil supérieur et au bureau de commerce, celle du 29 avril 1831 établit près du ministère du commerce et des travaux publics, qui venait d'être créé (ordonnances des 13 mars et 5 avril 1831), un conseil supérieur de commerce chargé de donner son avis sur toutes les questions relatives au commerce intérieur et extérieur du pays, et au besoin de procéder, par voie d'enquête, à la constatation des faits. On doit à ce conseil la célèbre enquête commerciale de 1834. Le conseil supérieur de commerce, rarement consulté, était depuis quelques années tombé dans une sorte de désuétude, lorsque le décret du 2 février 1853 est venu le réorganiser sous le nom de *conseil supérieur du commerce, de l'agriculture et de l'industrie*. Ce conseil, placé sous la présidence du ministre de l'agriculture et du commerce, est composé de dix-huit membres choisis dans les deux chambres, dans le conseil d'État, dans l'administration, et parmi les notables commerçants, agriculteurs et industriels. Il est chargé de donner son avis sur toutes les questions renvoyées à son examen par le gouvernement, notamment sur les projets de loi ou de décret concernant le tarif des douanes; sur les projets de traité de commerce et de navigation; sur la législation commerciale de l'Algérie et des colonies; sur le système des encouragements pour les grandes pêches maritimes; sur les questions de colonisation et d'émigration. Il peut même procéder à des enquêtes, avec l'autorisation du ministre. On voit que ce conseil a été soumis aux mêmes vicissitudes que le conseil général des manufactures, de l'agriculture et du commerce. Ajoutons que ces deux conseils ont été placés par les ordonnances des 6 avril 1834 et 23 mai 1839 dans les attributions du ministère de l'agriculture et du commerce, aujourd'hui réuni au ministère des travaux publics.

Enfin, il existe auprès de ce ministère un troisième conseil, appelé *comité consultatif des arts et manufactures*, qui est chargé de donner son avis sur les questions relatives à l'application des arts à l'industrie; à l'assainissement des procédés industriels, à l'autorisation des établissements insalubres, en un mot sur toutes les questions industrielles qui se rattachent à l'hygiène publique. Ses membres sont nommés par le gouvernement, et reçoivent des jetons de présence. Le comité consultatif a été créé par les arrêtés ministériels des 2 nivôse an IX et 16 ventôse an XIII. A. LEGOYT.

CONSEIL IMPÉRIAL DE L'INSTRUCTION PUBLIQUE. *Voyez* CONSEIL SUPÉRIEUR DE L'INSTRUCTION PUBLIQUE.

CONSEIL JUDICIAIRE. On désigne sous ce nom une personne donnée par la justice à quelqu'un pour l'éclairer et le diriger dans ses affaires, et sans l'assistance de laquelle il ne peut faire certains actes. La nomination d'un conseil judiciaire peut avoir lieu dans deux cas : 1° lorsqu'un tribunal, en rejetant une demande d'interdiction, pense cependant que la personne dont l'interdiction a été provoquée aurait besoin de l'aide et de l'assistance d'un tiers pour la direction de ses affaires; 2° lorsqu'une personne dissipe follement ses biens, et fait des dépenses excessives et désordonnées. C'est ce que la loi entend par prodigalité. La demande d'un conseil judiciaire peut être provoquée par les personnes qui ont le droit de demander l'interdiction. La procédure est la même que pour les demandes d'interdiction.

Les effets de la nomination d'un conseil judiciaire sont l'interdiction de plaider, de transiger, d'emprunter, de recevoir un capital mobilier et d'en donner décharge, d'aliéner, d'hypothéquer, sans l'assistance de ce conseil. Celui qui se trouve sous la direction d'un conseil judiciaire conserve la libre administration de ses biens. Il reçoit ses revenus, en donne quittance, et les emploie comme il lui plaît; la loi n'a eu pour but que de préserver ses capitaux de toute dissipation. Il va sans dire qu'il reste le maître de sa personne, et qu'il peut contracter mariage sans son conseil. L'effet de cette incapacité peut cesser par un nouveau jugement, qui rétablit l'incapable dans tous ses droits. E. DE CHABROL.

CONSEILLER. C'est le titre que l'on donne aux membres du conseil d'État, de la cour de cassation, de la cour des comptes, du conseil de l'instruction publique et des cours impériales ou d'appel; aux membres des conseils de préfecture, des conseils généraux, des conseils d'arrondissement et des conseils municipaux.

On appelle *conseillers honoraires* ceux qui à raison de leur âge ou de leurs infirmités sont admis à la retraite, et qui conservent néanmoins leur rang et leur titre dans la compagnie à laquelle ils appartiennent.

Il y avait autrefois dans les cours d'appel des conseillers auditeurs. On nomme *conseillers commissaires* ceux des conseillers d'une cour qui sont chargés d'une commission temporaire et spéciale : le *conseiller rapporteur* est celui des conseillers qui est chargé de faire le rapport d'une affaire instruite par écrit. Les juridictions ordinaires n'admettent ces sortes d'instructions que dans les causes qui ne peuvent pas se traiter à l'audience. Dans quelques juridictions, à la cour de cassation, par exemple, toutes les affaires se mettent au rapport.

On donnait autrefois le nom de *conseillers* aux avocats. Les notaires se sont appelés aussi *conseillers garde-notes* et *garde-scel*.

Les *conseillers du roi* étaient les membres du conseil du roi; ce sont aujourd'hui les conseillers d'État. Il y avait en outre des conseillers du roi délégués, qui n'étaient en réalité que des commissaires porteurs d'une commission rogatoire pour un fait spécial. On nommait *conseillers d'épée* ceux des conseillers qui dans diverses cours de justice avaient le droit, à raison de leurs fonctions militaires, de siéger l'épée au côté, Les princes du sang et les pairs qui faisaient partie du parlement y venaient siéger en armes. C'était aussi le privilége des gouverneurs de province, des baillis, des sénéchaux, des grands-maîtres des eaux et forêts, et d'autres encore; on les nommait aussi *conseillers de robe courte*. Les autres conseillers étaient dits *conseillers de robe longue*. Les *conseillers d'honneur* étaient des conseillers qui, sans avoir été titulaires d'un office dans une cour de justice, en faisaient néanmoins partie; ils rendaient une sorte d'honneur à la cour lorsqu'ils daignaient venir siéger avec elle; aussi leur réservait-on des places particulières disposées au-dessus de toutes les autres. C'était d'ordinaire l'apanage de grands dignitaires; il y avait aussi des *conseillers d'honneur-nés*. Il y avait encore autrefois des charges de judicature affectées à des ecclésiastiques, et qui ne pouvaient être remplies que par eux; on trouvait dans divers siéges un certain nombre de ces charges, en sorte que le tribunal était composé mi-partie de juges ecclésiastiques, mi-partie de juges laïcs : ces derniers s'appelaient les *conseillers laïcs*. Il y avait aussi ce que l'on appelait les *conseillers-clercs-nés*, qui faisaient partie, soit du parlement, soit du grand conseil, par le fait seul de leur dignité, comme cela avait lieu pour l'archevêque de Paris et l'abbé de Cluni, qui étaient membres-nés du parlement et du conseil.

Dans les villes des Pays-Bas il y avait autrefois des *conseillers pensionnaires*, véritables assesseurs donnés aux échevins pour les éclairer sur les décisions qu'ils avaient à rendre. Les échevins, qui étaient étrangers à l'étude du droit, trouvaient dans ces auxiliaires un appui tutélaire.

Enfin, on nommait *conseillers de ville* dans chaque localité les membres du *conseil de ville*; on les appelait aussi *prud'hommes*, *élus*, *consuls-bailes* ou *jurés*.

CONSEIL MUNICIPAL. Avant 1789, la législation relative à l'organisation municipale variait en France, non-seulement de province à province, mais on pourrait presque dire de commune à commune. Cette observation s'applique surtout aux assemblées municipales, dont l'organisation, la composition, et les attributions n'étaient déterminées par aucune règle fixe et uniforme. Les maires des grandes villes avaient un certain nombre d'assesseurs (appelés *échevins* à Paris, *jurats* à Bordeaux, *consuls* dans plusieurs villes de la Guyenne, *capitouls* à Toulouse, *pairs* à La Rochelle), et étaient en outre assistés d'un conseil recruté parmi les habitants notables. Dans un très-grand nombre de localités de moindre importance, les intérêts les plus graves de la communauté se traitaient non pas au sein d'un conseil municipal permanent ou élu pour un nombre d'années déterminé, mais au milieu d'une assemblée générale des habitants. Cette assemblée ne pouvait se réunir qu'avec l'autorisation du seigneur haut-justicier, et en cas de refus, de l'officier du roi le plus voisin. La convocation était faite par le maire, généralement sous la forme d'une proclamation à l'issue de la messe paroissiale. Tous les habitants mâles, majeurs, et domiciliés depuis un certain temps étaient tenus d'assister à l'assemblée, sous peine d'amende. La présence de dix personnes suffisait pour valider une délibération, quand elle avait pour objet des affaires d'administration courante; mais s'il s'agissait de mesures à prendre qui touchaient à la fortune communale, comme un emprunt, une transaction, l'établissement d'un octroi, une aliénation de communaux, la présence des deux tiers des habitants convoqués était nécessaire. Les délibérations devaient être signées par tous les membres présents.

Aux termes du décret du 14 décembre 1789, qui organisa pour la première fois les municipalités en France, le conseil municipal était élu par l'assemblée générale des citoyens actifs, laquelle devait nommer un nombre de notables double de celui des membres du corps municipal. Ces notables réunis aux membres du corps municipal formaient le *conseil général de la commune*. Le maire ne convoquait les notables que pour les appeler à délibérer sur les affaires importantes. Ils étaient élus pour deux ans, et renouvelés par moitié chaque année. Le conseil municipal s'assemblait au moins une fois par mois. En cas de vacance dans son sein, par suite de décès, démission, révocation, etc., elle était remplie de droit par celui des notables qui avait réuni le plus de suffrages. Le décret ne contenait aucune autre disposition spéciale sur les attributions du conseil municipal que celle qui le chargeait de recevoir les comptes de l'administration. Ces comptes ne pouvaient d'ailleurs être arrêtés définitivement que par le *directoire* du département. Le conseil général de la commune était convoqué toutes les fois que l'administration municipale le jugeait convenable. Elle ne pouvait se dispenser de la réunion lorsqu'il s'agissait de délibérer sur des acquisitions ou aliénations d'immeubles, sur des impositions extraordinaires pour dépenses locales, sur des emprunts, sur des travaux à entreprendre, sur l'emploi de divers capitaux, sur des procès à intenter ou à soutenir.

La constitution de l'an III institue une administration municipale, non plus dans chaque commune, mais dans chaque canton, et en outre dans les villes de 5,000 à 100,000 habitants. Les communes d'une population moindre ne reçoivent qu'un agent municipal et un adjoint. La réunion des agents municipaux des communes du canton forme le conseil municipal cantonal. Les membres de ce conseil sont élus pour deux ans, et renouvelés chaque année par moitié.

La loi du 28 pluviôse an VIII, qui a fondé presque toutes nos institutions administratives actuelles, supprima les communes cantonales, pour rétablir les anciennes communes et les doter d'une administration municipale régulière. L'art. 15 de cette loi détermine le nombre des membres de chaque conseil municipal d'après le chiffre de la population de la commune. Ce conseil doit s'assembler une fois chaque année, avec faculté de rester quinze jours en session. Il peut être convoqué extraordinairement par le préfet. Ses attributions sont ainsi réglées: il entend et peut débattre le compte des recettes et des dépenses municipales, qui est arrêté définitivement par le sous-préfet. Il *règle* le partage des affouages, pâtures, récoltes et fruits communs: il *règle* la répartition des travaux nécessaires à l'entretien des propriétés communales. Il *délibère* sur les emprunts, les octrois, sur l'imposition des centimes additionnels, sur les procès à intenter ou à soutenir dans l'intérêt de la commune. Les membres des conseils municipaux sont nommés pour trois ans par les préfets, qui peuvent les continuer dans leurs fonctions.

Le sénatus-consulte du 16 thermidor an X, rendu en exécution de la constitution de l'an VIII, dispose que dans les villes de 5000 âmes une assemblée cantonale, composée de tous les citoyens domiciliés, présente deux candidats pour chacune des places de membre du conseil municipal. Dans les villes où il y a plusieurs justices de paix ou plusieurs assemblées de canton, ces assemblées présentent également deux candidats pour chaque place au conseil municipal. Les membres des conseils municipaux sont choisis par les assemblées cantonales, sur une liste, arrêtée par le préfet, des cent plus imposés du canton. Les conseils municipaux se renouvellent tous les dix ans par moitié. Le premier consul choisit dans leur sein les maires et adjoints.

L'organisation et les attributions des conseils municipaux n'avaient été que faiblement modifiées depuis la loi de pluviôse an VIII, lorsque la révolution de Juillet, donnant au mouvement de décentralisation inauguré par l'ordonnance du 16 mars 1816, et continué par l'ordonnance du 28 août 1821, une impulsion vigoureuse, inspira les lois du 21 mars 1831 et du 18 juillet 1837, qui ont étendu la compétence de ces assemblées et rendu les électeurs communaux le choix de leurs membres. Cette matière est encore régie en très-grande partie par ces lois.

D'après la loi du 21 mars 1831, chaque commune a un conseil municipal, dont font partie le maire et les adjoints, et qui comprend un nombre de membres déterminé par le chiffre de la population. Les conseillers municipaux sont élus: 1° par les citoyens les plus imposés au rôle des contributions directes de la commune; 2° par diverses catégories de personnes auxquelles la loi attribue la capacité électorale, lors même qu'elles ne figureraient pas parmi les plus imposés, parce que leurs anciens services militaires ou administratifs, les diplômes dont ils sont revêtus, les professions libérales ou scientifiques qu'ils exercent, garantissent suffisamment leurs lumières et leur indépendance. Les membres du conseil municipal doivent tous être choisis sur la liste des électeurs communaux, et les trois quarts au moins parmi les électeurs domiciliés dans la commune.

Les conseillers municipaux doivent être âgés de vingt-cinq ans accomplis. Ils sont élus pour dix ans, et toujours rééligibles. Les conseils sont renouvelés par moitié tous les trois ans. Les fonctionnaires administratifs, les ministres des cultes, les agents salariés de la commune ne peuvent être membres du conseil municipal. Les conseillers municipaux se réunissent quatre fois l'année, au commencement des mois de février, mai, août et novembre. Chaque session peut durer dix jours. Le préfet ou sous-préfet peut, en cas de besoin, convoquer extraordinairement le conseil municipal. Le maire le préside de droit; le secrétaire est nommé à la majorité et au scrutin, à l'ouverture de chaque session. Le conseil municipal ne peut délibérer que lorsque la majorité des membres en exercice assiste au conseil. La dissolution des conseils municipaux est prononcée par le roi. La réélection doit avoir lieu dans les trois mois de la dissolution. Si l'administration municipale cessait ses fonctions, par une cause quelconque, avant la réélection, le préfet pourrait nommer, parmi les électeurs communaux, une administration provisoire. Est nulle de plein droit toute délibération d'un conseil municipal sur des objets étrangers à ses attributions ou prise hors de sa réunion légale. Le préfet en prononce la nullité, en conseil de préfecture, sauf appel au roi par le conseil. Tout conseil qui se mettrait en correspondance avec un ou plusieurs autres, ou publierait des adresses ou proclamations, peut être suspendu par le préfet, et dissous par le roi, sans préjudice des poursuites contre ses membres, conformément aux lois en vigueur. Le maire et les adjoints sont choisis dans le sein du conseil municipal, dont ils continuent à faire partie.

Aux termes de la loi du 18 juillet 1837, ces conseils *règlent* par leurs délibérations les objets suivants : 1° le mode d'administration des biens communaux; 2° les conditions des baux à ferme ou à loyer d'une durée de dix-huit ans au plus pour les biens ruraux et de neuf ans pour les autres; 3° le mode de jouissance et la répartition des pâturages et fruits communaux autres que les bois, ainsi que les conditions à imposer aux parties prenantes; 4° les affouages, en se conformant aux lois forestières. La délibération qui règle ces objets peut être annulée par le préfet, soit d'office, pour violation d'une disposition de la loi ou d'un règlement d'administration publique, soit sur la réclamation de toute partie intéressée.

Les conseils municipaux *délibèrent* sur les objets suivants : 1° le budget de la commune; 2° les tarifs et règlements de perception de tous les revenus communaux; 3° les acquisitions, aliénations ou échanges des propriétés communales et tout ce qui intéresse leur conservation et leur amélioration; 4° la délimitation ou le partage de biens indivis entre deux ou plusieurs communes; 5° les conditions des baux à ferme ou à loyer de plus de dix-huit ans pour les biens ruraux et de neuf ans pour les autres biens, et celles des baux des biens pris à loyer par la commune, quelle qu'en soit la durée; 6° tous les gros travaux à entreprendre dans la commune; 7° l'ouverture des rues et les plans d'alignement; 8° le parcours et la vaine pâture; 9° l'acceptation des dons faits à la commune et aux établissements communaux; 10° les actions judiciaires et les transactions. Les délibérations sur les objets qui précèdent sont exécutoires, selon les cas, sous l'approbation du préfet, du ministre compétent ou du roi.

Les conseils municipaux sont toujours appelés à *donner leur avis*, 1° sur les circonscriptions relatives au culte; 2° sur les circonscriptions relatives à la distribution des secours publics; 3° sur les projets d'alignement de grande voirie dans l'intérieur des villes, bourgs et villages; 4° sur l'acceptation des dons et legs aux établissements de charité et de bienfaisance; 5° sur les autorisations d'emprunter, d'acquérir, d'échanger, d'aliéner, de plaider ou de transiger, demandées par ces établissements, par les fabriques des églises et autres administrations préposées à l'entretien des cultes dont les ministres sont salariés par l'État; 6° sur les budgets et les comptes des établissements de charité et de bienfaisance, et ceux des fabriques et autres administrations préposées à l'entretien des cultes salariés par l'État, lorsqu'elles reçoivent des secours sur les fonds communaux.

Les conseils municipaux délibèrent sur les comptes annuels du maire. Ils entendent, débattent et arrêtent les comptes des receveurs communaux, sans règlement définitif. Ils peuvent réclamer, s'il y a lieu, contre le contingent assigné à la commune dans l'établissement des impôts de répartition, et en général exprimer des vœux sur tous les objets d'intérêt local. Leurs délibérations se prennent à la majorité des voix. Celle du président est prépondérante. Leurs séances ne sont pas publiques; ils ne peuvent publier leurs débats qu'avec l'approbation de l'autorité supérieure.

Il résulte des dispositions qui précèdent que la compétence des conseils municipaux est déterminée par la nature des intérêts qui leur sont soumis. Ils *règlent souverainement* tout ce qui concerne l'administration et la jouissance des biens communaux; ils *doivent être appelés à délibérer* sur tous les actes de nature à engager plus ou moins gravement les finances de la communauté; enfin ils *donnent toujours leur avis* sur certaines affaires qui ne touchent qu'indirectement à l'administration communale.

On est généralement d'accord que les deux lois de 1831 et 1837 ont habilement concilié le principe salutaire de l'intervention des habitants dans la gestion des intérêts de la commune avec le droit de tutelle du gouvernement.

Par un décret du 3 juillet 1848, la seconde Constituante a étendu aux élections des conseils électifs locaux le principe du suffrage universel, et enlevé à l'autorité supérieure la nomination dans les communes de moins de 6,000 âmes des maires et adjoints, pour la remettre au conseil municipal, qui ne peut les choisir que dans son sein. Dans les villes de 6,000 âmes et au-dessus, la nomination des magistrats municipaux, aux termes du décret, continue à appartenir au chef du pouvoir exécutif; mais son choix ne peut s'exercer, comme sous le régime précédent, que parmi les membres du conseil municipal.

Tout en maintenant le principe du suffrage universel en matière d'élections communales, la loi du 7 juillet 1852 a rendu au chef de l'État dans les communes de 3,000 habitants et au-dessus, et aux préfets dans les autres, la nomination des maires et adjoints, avec faculté de les choisir en dehors du conseil municipal. Cette loi contient en outre, dans l'intérêt du principe d'autorité, deux modifications à la loi de 1831 : par la première, en cas de dissolution d'un conseil, la réélection, au lieu d'être obligatoire dans les trois mois, pourvoir lieu dans le délai d'une année; par la seconde, le préfet, qui, aux termes de la loi de 1831, ne pouvait dissoudre le conseil que dans certains cas, peut exercer ce droit dans toutes les circonstances où il le juge convenable.

Nous mentionnerons pour mémoire un projet de loi sur l'administration intérieure élaboré en 1851 par une commission de l'assemblée législative, et basé sur le principe de la décentralisation la plus étendue, ce projet n'ayant pas été converti en loi.

En Belgique, l'administration municipale se compose : 1° du collège échevinal, qui comprend le bourgmestre et de deux à quatre échevins, selon le chiffre de la population de la commune; les membres du conseil échevinal sont nommés par le roi, dans le sein du conseil municipal, et en certains cas, fort rares, en dehors de ce conseil, mais alors de l'avis du conseil provincial; 2° du conseil municipal. Sont électeurs municipaux tous les habitants mâles, majeurs, jouissant de leurs droits civils, domiciliés depuis le 1er janvier de l'année de l'élection, et payant une contribution directe de 15 à 42 fr., selon le chiffre de la population. Le nombre des conseillers est également déterminé, comme en France, par ce chiffre; il varie entre 7 et 31, selon que la population s'élève de 1,000 à 70,000 âmes. Ils sont élus pour six ans et renouvelables par moitié tous les trois ans. La loi détermine les délibérations du conseil municipal qui sont exécutoires sans avoir besoin de l'autorisation supérieure, et celles qui doivent être approuvées, soit par la députation permanente du conseil provincial, soit par le roi. En général, on peut dire que les affaires de la compétence exclusive du conseil sont plus nombreuses et plus importantes qu'en France. Dans plusieurs cas il fait même de véritables actes d'administration qui chez nous sont exclusivement dévolus au maire, comme la préparation des règlements de police, la nomination et la révocation des employés et agents de la commune. Il est vrai que les actes de cette nature doivent être approuvés par la députation permanente. Cette approbation est également nécessaire pour toutes les délibérations relatives à la jouissance, à l'aliénation, à l'échange des biens communaux, à des acquisitions d'immeubles, aux impositions extraordinaires, aux emprunts, aux établissements d'octrois, aux procès à intenter ou à soutenir, en un mot à tous les actes de nature à engager gravement la fortune de la commune. Le budget doit également obtenir la sanction de la députation provinciale. Le conseil, en cas de refus d'approbation de l'une de ses délibérations par la députation, peut se pourvoir devant le roi. Le roi seul a le droit d'annuler ces délibérations prises en violation de la loi. Le conseil ne peut se réunir que sur la convocation du conseil échevinal et sous la présidence du bourgmestre : ses séances ne sont pas publiques en principe; mais il peut rendre publique une séance déterminée.

En Angleterre, le bill du 9 septembre 1835 a réformé les vieilles coutumes municipales, qui remontaient aux origines de la monarchie, pour y substituer, au moins dans les 178 grandes villes auxquelles il s'applique exclusivement, des dispositions uniformes. Le corps municipal dans ces villes comprend : 1° le maire, 2° les aldermen, 3° le conseil municipal. Les membres de ce conseil sont élus par les habitants mâles, majeurs, domiciliés depuis trois ans et ayant été imposés pendant ces trois années à la taxe des pauvres. Est éligible celui qui justifie d'un revenu foncier ou du payement d'une taxe directe dont le chiffre est déterminé par celui de la population. Les conseillers sont élus pour trois ans et renouvelés annuellement par tiers : leur nombre est également déterminé par le chiffre de la population. Le conseil nomme dans son sein ou horsde son sein, mais parmi les éligibles au conseil le maire et les aldermen (un alderman pour trois conseillers). Le maire et les aldermen continuent à faire partie du conseil municipal pendant le cours de leurs fonctions, dont la durée est d'un an pour le premier et de six ans pour les seconds. Le conseil délibère et administre à la fois; il nomme les fonctionnaires et agents municipaux, et fixe leurs traitements. Il fait les règlements de police relatifs à l'éclairage, au pavage, au balayage, à la libre circulation sur la voie publique et à tous les autres soins d'édilité. Les contraventions à ces règlements sont punies d'une amende dont il fixe lui-même le montant, mais qui ne peut dépasser 125 fr. Ils ne sont valables que lorsqu'ils ont été délibérés par les deux tiers au moins du conseil, et ne deviennent exécutoires que quarante jours après avoir été soumis au ministre de l'intérieur. La reine peut prononcer leur annulation ou prolonger le délai de leur mise à exécution. Le conseil arrête les recettes et les dépenses de la ville, et a la libre administration des propriétés communales. En cas d'insuffisance de ressources, il peut voter des impositions extraordinaires, dont il détermine la quotité, l'assiette, et dont il fait percevoir le montant par ses collecteurs. Pour donner à ses délibérations toute la maturité nécessaire, il se partage en comités chargés chacun d'une spécialité d'affaires. Ces comités ont en outre mission d'exécution des décisions prises, sur leur rapport, par l'assemblée générale.

En présence d'attributions si étendues, on se demande naturellement quelles peuvent être celles du maire et des aldermen. Et d'abord le maire doit accepter les fonctions que lui confère le suffrage des conseillers, s'il n'aime mieux payer une amende de 2,500 fr. Il a pendant leur durée les droits et les pouvoirs d'un juge de paix, c'est-à-dire qu'il rend la justice au civil et au criminel pour des cas d'une importance déterminée. Il préside le conseil; il révise et certifie en conseil d'aldermen les listes électorales; il préside aux élections des conseillers municipaux et aux élections politiques, si la ville a le droit d'envoyer un député au parlement. Ainsi, à l'exception de ses attributions judiciaires, le maire n'a guère que des fonctions honorifiques. La part des aldermen à l'administration municipale n'est pas clairement définie par la loi. Ils n'agissent guère qu'en qualité de conseillers du maire.

La législation municipale varie en Allemagne, non-seulement dans chaque État, mais souvent dans chaque province. Elle diffère en outre selon qu'elle s'applique à une ville ou à une commune rurale. Nous allons cependant essayer d'en indiquer les traits principaux, au moins en ce qui concerne les attributions qui ont les privilèges et le titre de *ville*.

Le corps municipal comprend deux assemblées; l'une, qui est nommée directement par les électeurs municipaux, et que nous pouvons appeler le conseil municipal; l'autre, qui se compose du premier bourgmestre, de bourgmestres adjoints et d'un certain nombre de conseillers, et qui primitivement nommés par le conseil municipal, se recrutent ensuite par des élections faites en commun avec les membres de ce conseil. On donne à la seconde assemblée le nom de *collège des magistrats*. Ses attributions sont fort importantes; il n'est pas seulement chargé de l'autorité exécutive municipale, mais encore de l'autorité judiciaire dans l'enceinte de la ville : sa compétence à ce dernier titre s'étend aux affaires civiles et criminelles. On reconnaît en Allemagne quatre systèmes principaux en ce qui concerne les attributions judiciaires du collège des magistrats.

D'après le premier, ces attributions lui appartiennent directement; et pour les exercer plus facilement, il se subdivise en deux comités ou sections : la section administrative et la section judiciaire. Cette division ne porte toutefois aucune atteinte à l'unité du conseil, qui se réunit toutes les fois qu'il s'agit de délibérer sur les affaires importantes de la commune.

Le deuxième système diffère du premier en ce sens que les attributions judiciaires sont séparées des attributions administratives, pour être remises à des tribunaux dont les membres sont nommés par le collège, qui ne garde alors qu'une simple juridiction de police. Quelquefois les juges sont nommés en commun par le collège et le conseil municipal.

D'après le troisième système, les attributions judiciaires du collège sont très-restreintes ou appartiennent à des tribunaux institués par le gouvernement. Là où la compétence judiciaire est restreinte, elle ne dépasse pas généralement celle des juges de paix en France.

Enfin, dans les provinces rhénanes qui ont fait autrefois partie de la France le système municipal français du 28 pluviôse an vIII est encore en vigueur; c'est-à-dire que l'État nomme les maires, les adjoints et les membres d'une seule et unique assemblée représentative : le conseil municipal.

Si le mode de nomination des membres du collège varie au point de vue de la part plus ou moins grande qui est accordée au conseil municipal dans le recrutement de cette assemblée, il est uniforme en ce sens que les choix faits en commun doivent être approuvés par le gouvernement. Dans un assez grand nombre d'États, le roi se réserve même la nomination, sur une liste de candidats, du bourgmestre, de ses adjoints, du président des tribunaux de la ville (quand le collège ne remplit pas directement les fonctions judiciaires), et quelquefois des juges. L'admission au collège, lorsqu'il rend directement la justice, est subordonnée à des conditions de capacité spéciale.

Quant au conseil municipal, il est nommé par l'assemblée des électeurs communaux. Le droit électoral et l'éligibilité sont subordonnés au payement d'un cens dont le chiffre varie le plus souvent avec celui de la population. Sont seuls électeurs les habitants qui ont le droit de bourgeoisie. Dans les grandes villes, le nombre des électeurs censitaires s'accroît de ce que nous appelions en France avant 1848 la *liste des capacités*. L'élection est directe dans quelques États, indirecte dans d'autres.

On peut résumer ainsi qu'il suit les principales attributions du conseil municipal : 1° il concourt à la nomination des membres du collège, en cas de vacance ; 2° il approuve annuellement le budget ; 3° il vote et contrôle les dépenses ; 4° il concourt, avec le collège, à la formation de comités permanents ou accidentels, chargés soit de surveiller une branche de l'administration municipale, soit de préparer l'expédition de certaines affaires importantes, soit de recueillir des informations sur un objet relatif aux intérêts de la ville ; 5° il approuve les ventes, échanges, acquisitions, baux, modes de jouissance, partages de biens communaux ; 6° il approuve les projets de constructions nouvelles, de grosses réparations ou d'entretien des édifices publics ; 7° il approuve les projets d'emprunts et le mode de remboursement ; 8° il arrête le tarif des droits locaux divers ; 9° il règle les taxes en argent et les prestations en nature au profit de la commune et de l'État ; 10° il autorise les actions judiciaires à intenter ou à soutenir par la commune ; 11° il confère le droit de bourgeoisie ; 12° il reçoit le compte annuel général et détaillé des dépenses ; 13° il autorise toutes les créations ou institutions nouvelles qui peuvent affecter la fortune ou les droits des citoyens ; il peut présenter des projets d'amélioration pour toutes les branches de l'administration municipale ; 14° il prépare les règlements de police locaux ; 15° il donne son avis sur tout ce qui concerne l'assistance publique ; 16° il répartit l'impôt personnel et foncier perçu au profit de la province ou de l'État ; il statue sur le logement des troupes et les fournitures en nature à faire par les habitants en cas de guerre ; 17° il reçoit les plaintes des habitants, et les renvoie, s'il y a lieu, au collège ; 18° il soumet directement à l'autorité supérieure les difficultés qui peuvent s'élever entre le collège et lui ; 19° il concourt, avec le collège, à la nomination des principaux fonctionnaires et agents de la ville, soit directement, soit sous forme d'approbation des choix faits par le collège ; 20° enfin, dans quelques villes il exerce un droit de patronage en matière de nomination aux places de desservant dans les églises de la commune, et d'instituteur dans les écoles publiques.

Nous n'avons pas besoin de faire remarquer que ces attributions, non moins considérables que celles des conseils municipaux en Angleterre, et plus étendues que celles des conseils belges, ne sont confiées qu'aux représentants municipaux de communes ayant le rang de *villes* et dans la population desquelles on peut trouver facilement les éléments d'un personnel municipal éclairé. Elles ne pourraient être conférées qu'aux prix des plus graves inconvénients au plus grand nombre des conseils municipaux de nos communes françaises.

A. LEGOYT.

CONSEIL PRIVÉ, conseil institué d'abord par le sénatus-consulte organique du 4 août 1802, pour discuter les projets de sénatus-consultes dans certains cas, et donner au premier consul un avis sur les traités de paix et d'alliance. Il était composé à l'origine des trois consuls, de deux ministres, de deux sénateurs, de deux conseillers d'État, de deux grands officiers de la Légion d'Honneur, et plus tard des grands dignitaires de l'empire. Détruit avec l'empire, il fut reconstitué par l'ordonnance du 19 septembre 1815. Composé des princes de la famille royale désignés par le roi, des ministres à portefeuille, et de membres nommés par le monarque en nombre illimité, il ne s'assemblait que sur une convocation spéciale, et ne discutait que les affaires qui lui étaient particulièrement soumises. Les ministres qui en faisaient partie recevaient un traitement de 25,000 francs, et c'était sous la Restauration la retraite des ministres. La révolution de Juillet fit supprimer ce conseil. Une ordonnance du 23 décembre 1842 créa sous Louis-Philippe des ministres d'État, titre pouvant être accordé aux fonctionnaires qui auraient rendu des services éminents à l'État dans de hautes positions civiles ou militaires. L'article 2 contenait l'énumération détaillée de ces hautes positions ; l'article 3 s'occupait de la formation d'un conseil privé du roi, et indiquait les personnes jugées aptes à en faire partie. Cette ordonnance ne put recevoir d'exécution.

E. DE CHABROL.

On donnait aussi le nom de *conseil privé* à une section de l'ancien conseil d'État.

CONSEIL SUPÉRIEUR DE L'INSTRUCTION PUBLIQUE. Ce conseil a été institué pour la première fois par le décret du 17 mars 1808, sous le nom de *conseil de l'Université*. Voici quelles étaient sa composition et ses attributions avant la loi du 15 mars 1850 et le décret du 9 mars 1852, qui l'ont complétement réorganisé.

Conformément aux dispositions du décret précité, combinées avec celles de l'ordonnance du 7 décembre 1845, il se composait de trente membres choisis parmi les hauts fonctionnaires de l'Université. Dix de ces membres étaient *conseillers à vie* ou *conseillers titulaires* ; les autres, sous le nom de *conseillers ordinaires*, étaient renouvelés chaque année. Le ministre, grand maître de l'Université, présidait de droit le conseil. Le vice-président, chancelier de l'Université, avait à ce titre la garde des archives et du sceau universitaire. Un autre conseiller faisait fonctions de trésorier, et était chargé, comme tel, de l'instruction ou des rapports concernant les recettes et les dépenses. Le conseil se répartissait en cinq sections, ayant dans leurs attributions, la première l'état et le perfectionnement des études, la deuxième l'administration et la police des écoles, la troisième la comptabilité, la quatrième le contentieux, la cinquième les affaires du sceau. Le conseil discutait et arrêtait, sur la proposition du grand maître, tous les projets de statuts et de règlements destinés aux écoles des divers degrés. En vertu de la tutelle administrative qu'il exerçait sur les établissements d'instruction soumis au régime universitaire, il décidait, sous l'approbation du ministre, toutes les questions relatives à leur police, à leur comptabilité et à leur administration générale. Il déterminait les ouvrages qui devaient servir à l'enseignement des collèges. Il donnait son avis au grand-maître sur les réformes à introduire dans l'instruction publique. Enfin, il statuait sur les plaintes et sur les réclamations des fonctionnaires de tous les grades. Il avait seul le droit d'appliquer les peines disciplinaires les plus sévères, sauf, dans certains cas, le recours au conseil d'État. Il résulte de ce qui précède que ces attributions étaient à la fois réglementaires, administratives, consultatives et judiciaires.

La loi du 15 mars 1850, qui a eu pour but d'appliquer le principe de la liberté d'enseignement, a supprimé le conseil de l'Université, pour le remplacer par un *conseil supérieur de l'instruction publique*. Ce conseil a été organisé ainsi qu'il suit par l'art. 1ᵉʳ : le ministre, président ; quatre archevêques ou évêques, élus par leurs collègues ; un ministre de l'Église réformée, élu par les consistoires ; un ministre de l'Église de la confession d'Augsbourg, élu par les consistoires ; un membre du consistoire central israélite, élu par ses collègues ; trois conseillers d'État, élus par leurs collègues ; trois membres de la cour de cassation, élus par leurs collègues ; trois membres de l'Institut, élus en assemblée générale de l'Institut ; huit membres, nommés par le président de la république en conseil des ministres et choisis parmi les anciens membres de l'Université, les inspecteurs généraux ou supérieurs, les recteurs et les professeurs des facultés : ces huit membres devant former une section permanente ; trois membres de l'enseignement libre, nommés par le président de la république, en conseil des ministres, sur la proposition du ministre de l'instruction publique : en tout vingt-huit membres.

Les membres de la section permanente étaient nommés à vie ; ils ne pouvaient être révoqués que par le président de la république, en conseil des ministres, sur la proposition du ministre de l'instruction publique. Ils recevaient seuls un traitement. Les autres membres du conseil étaient nommés pour six ans et indéfiniment rééligibles. Le conseil supérieur tenait au moins quatre sessions par an ; le ministre pouvait le convoquer en session extraordinaire toutes les fois qu'il le jugeait convenable.

Le conseil supérieur *pouvait être appelé* à donner son avis sur les projets de loi, de règlement et de décret relatifs à l'enseignement, et en général sur toutes les questions qui lui étaient soumises par le ministre. Il était *nécessairement appelé* à donner son avis : sur les règlements relatifs aux examens, aux concours et aux programmes d'études dans les écoles publiques, à la surveillance des écoles libres, et en général sur tous les arrêtés portant règlement pour les établissements d'instruction publique ; sur la création des facultés, lycées et collèges ; sur les secours et encouragements à accorder aux établissements libres d'instruction secondaire ; sur les livres propres à être introduits dans les écoles publiques, et sur ceux qui devaient être défendus dans les écoles libres, comme contraires à la morale, à la constitution et aux lois.

Il *prononçait en dernier ressort* sur les jugements rendus par les conseils académiques sur les affaires disciplinaires relatives aux membres de l'enseignement primaire, secondaire et supérieur, public ou libre.

Il devait présenter chaque année au ministre un rapport sur l'état général de l'enseignement, sur les abus qui auraient pu s'introduire dans les établissements d'instruction et sur les moyens d'y remédier. La section permanente était chargée de l'examen préparatoire des questions relatives à la police, à la comptabilité et à l'administration des écoles publiques. Elle donnait son avis, toutes les fois qu'il lui était demandé par le ministre, sur les questions relatives aux droits et à l'avancement des membres du corps enseignant. Elle devait présenter annuellement au conseil un rapport sur l'état de l'enseignement dans les écoles publiques.

Le décret du 9 mars 1852 a supprimé la section permanente, et remis au chef de l'État le droit absolu de nomination et de révocation des membres du conseil, qui est composé ainsi qu'il suit : trois membres du sénat, trois membres du conseil d'État, cinq archevêques ou évêques, trois membres des cultes non catholiques, trois membres de la cour de cassation, cinq membres de l'Institut, huit inspecteurs généraux et deux membres de l'enseignement libre ; en tout trente-deux membres, nommés pour un an seulement. Le même décret a enlevé au conseil ses attributions judiciaires, pour les transférer au ministre ; ses autres fonctions lui ont été maintenues. Le conseil se réunit au moins deux fois par an, sur la convocation du ministre, président de droit.   A. LECOYT.

CONSENTEMENT. C'est l'adhésion que l'on donne à la volonté d'un autre, à un engagement. On *consent* lorsqu'on accepte les offres de quelqu'un. Le consentement de la partie qui s'oblige est une condition essentielle à la validité d'une c o n v e n t i o n. On peut donner son consentement par écrit, ou verbalement, par signes, par le silence même quelquefois. Un consentement peut résulter de certains faits. En résumé, il est *exprès* ou *tacite*. Il est nécessaire de prendre des précautions pour interpréter les signes : quelques-uns manifestent d'une manière très-claire l'intention de celui qui les fait ; d'autres se comprennent moins bien. Dans le cas où il s'agit d'apprécier un consentement, il ne faut avoir égard qu'aux signes qui pour tous les hommes en général indiquent un assentiment. Il faut aussi prendre garde de mal interpréter des faits ou un silence équivoques.

Il n'y a pas de consentement valable s'il n'a été donné que par erreur, ou s'il a été extorqué par violence, ou surpris par vol ; car la liberté est sa première loi. Cependant, la convention contractée par erreur n'est point nulle de plein droit : elle donne lieu seulement à une action en nullité ou rescision.   E. DE CHARROL.

CONSENTES (Dieux), *dii consentes.* C'étaient chez les Romains certains d i e u x du premier ordre. Leur nom était pris de l'ancien verbe *conso*, qui signifiait *conseiller* ou *consulter*, d'où était aussi venu le nom du dieu *Consus*. D'autres les appelaient *consentes* pour *consentientes*, parce qu'ils avaient droit de donner leur consentement aux délibérations célestes. Ces divinités étaient au nombre de douze, six dieux et six déesses ; et leurs douze statues, enrichies d'or, étaient élevées dans la grande place de Rome, suivant le témoignage de Varron, qui donne pour raison de leur nom qu'elles naissaient et qu'elles mouraient ensemble : *quòd una oriantur et excedant una.* Ennius les renferme toutes dans ces deux vers :

Juno, Vesta, Minerva, Ceres, Diana, Venus, Mars,
Mercurius, Jovi, Neptunus, Vulcanus, Apollo.

Chacune de ces divinités présidait à un mois de l'année : Minerve avait sous sa protection mars ; Vénus, avril ; Apollon, mai ; Mercure, juin ; Jupiter, juillet ; Cérès, août ; Vulcain, septembre ; Mars, octobre ; Diane, novembre ; Vesta, décembre ; Junon, janvier ; et Neptune, février. Le poëte Manilius, dans le second livre de ses *Astronomiques*, donne à chacune des constellations du zodiaque la divinité qui préside à son mois, pour avoir le soin de régler ses mouvements et de mieux dispenser ses « influences », savoir : Minerve au Bélier, Vénus au Taureau, Apollon aux Gémeaux, Mercure au Cancer, Jupiter au Lion, Cérès à la Vierge, Vulcain à la Balance, Mars au Scorpion, Diane au Sagittaire, Vesta au Capricorne, Junon au Verseau, Neptune aux Poissons. Les fêtes que l'on célébrait en leur honneur se nommaient *Consenties* (*Consentia*).

Il y avait encore douze divinités que les anciens reconnaissaient pour celles qui avaient le soin particulier des choses nécessaires à une vie tranquille et heureuse. Jupiter et la Terre étaient révérés comme les protecteurs de tout ce qui était à notre usage, le Soleil et la Lune comme les modérateurs des temps, Cérès et Bacchus comme les dispensateurs du boire et du manger, Bacchus et Flore comme les conservateurs des fruits, Minerve et Mercure comme les protecteurs des beaux-arts et du commerce, et enfin Vénus et le Succès comme les auteurs de notre bonheur et de notre joie, par le don d'une féconde lignée et par l'accomplissement de nos vœux. Les Grecs avaient joint à ces douze divinités Alexandre le Grand comme dieu des conquêtes ; mais il ne fut pas reconnu par les Romains, qui avaient transporté les douze autres de la Grèce en Italie, où ils étaient adorés dans un temple commun, qui leur avait été consacré à Pise. L'institution des douze dieux *consentes* venait d'Égypte ; et le scoliaste Apollonius dit que c'étaient les douze signes du zodiaque.

CONSÉQUENCE (du latin *cum*, avec ; et du verbe *sequi*, suivre), terme de logique, liaison d'une proposition avec deux autres propositions antérieurement énoncées, ou avec des prémisses dont on l'a déduite. Cette dernière proposition forme la c o n c l u s i o n du raisonnement. Mais entre *conclusion* et *conséquence* il y a quelques nuances indispensables à saisir : « Dans un raisonnement, dit Beauzée, la *conclusion* est la proposition qui suit, qui ressort de celles qu'on y a employées comme principes, et que l'on nomme *prémisses*. La *conséquence* est la liaison de la *conclusion* avec les prémisses. Une *conclusion* peut être vraie, quoique la *conséquence* soit fausse : il suffit pour l'une qu'elle énonce une vérité réelle, et pour l'autre qu'elle n'ait aucune liaison avec les prémisses. Au contraire, une *conclusion* peut être fausse, quoique la *conséquence* soit vraie; c'est que d'une part elle peut énoncer un jugement faux, et de l'autre avoir une liaison nécessaire avec les prémisses, dont l'une, au moins dans ce cas, est elle-même fausse. Quand la *conclusion* est vraie et la *conséquence* fausse, on doit nier la *conséquence*, et on le peut sans blesser la vérité de la *conclusion* : c'est qu'alors la négation ne tombe que sur la liaison de cette proposition avec les prémisses. Quand, au contraire, la conclusion est fausse et la conséquence vraie, on peut accorder la *conséquence* sans admettre la fausseté énoncée dans la *conclusion* : ce qu'on accorde ne tombe alors que sur la liaison de cette proposition avec les prémisses, et non sur la valeur même de la proposition. Pour un raisonnement parfait, il faut de la vérité dans toutes les propositions et une *conséquence* juste entre les prémisses et la *conclusion*. La plus mauvaise espèce serait celle dont la *conclusion* et la *conséquence* seraient également fausses : ce ne serait pas même un raisonnement. La *conclusion* d'un ouvrage en est quelquefois la récapitulation ; quelquefois, c'est le sommaire d'une doctrine dont l'ouvrage a exposé ou établi les principes. Les diverses propositions qui énoncent cette doctrine fondée sur les principes de l'ouvrage, sans y être expressément comprises, sont ce qu'on appelle les *conséquences*. »

Ces raisonnements un peu abstraits ne seront bien compris que des esprits accoutumés à suivre un raisonnement de *conséquence* en *conséquence*, et, comme l'a fort bien dit Bayle, « la plupart des gens sont plus portés à acquiescer à des preuves de sentiment qu'à suivre le fil d'une infinité de conséquences enchaînées avec méthode. » Pour en donner une idée plus claire, nous emprunterons un exemple à Voltaire.

« Quelle est donc, dit-il, notre nature, et qu'est-ce que notre chétif esprit? Quoi ! l'on peut tirer les *conséquences* les plus justes, les plus lumineuses, et n'avoir pas le sens commun? Cela n'est que trop vrai. Le fou d'Athènes qui croyait que tous les vaisseaux qui arrivaient au Pirée lui appartenaient pouvait calculer merveilleusement combien valait le chargement de cea vaisseaux, en combien de jours ils pouvaient arriver de Smyrne au Pirée. Nous avons vu des imbéciles qui ont fait des calculs et des raisonnements bien plus étonnants. Ils n'étaient donc pas imbéciles? me direz-vous. Je vous demande pardon, ils l'étaient. Ils posaient tout leur édifice sur un principe absurde; ils enfilaient régulièrement des chimères. Un homme peut marcher très-bien et s'égarer, et alors mieux il marche, plus il s'égare..... C'est voilà la logique qui manque aux hommes que la source de la logique. Il ne s'agit pas de dire : six vaisseaux qui m'appartiennent sont chacun de 200 tonneaux ; le tonneau est de 10,000 livres pesant; donc, j'ai 1,200,000 livres de marchandises au port de Pirée. Le grand point est de savoir si ces vaisseaux sont à toi. Voilà le *principe* dont ta fortune dépend ; tu compteras ensuite. »

Après cet exemple d'une *conséquence juste* tirée d'un *principe faux*, auquel on pourrait ajouter tant d'autres exemples de *conséquences fausses* tirées d'un *principe juste*, Voltaire présente avec raison l'ignorance et le fanatisme réunis dans le même homme comme la source la plus commune et la plus féconde des erreurs, des faux jugements et des *inconséquences* de toutes espèces, depuis les plus ridicules jusqu'aux plus atroces dans leurs résultats.

Conséquence, synonyme de *conclusion* ou d'*induction*, prend souvent l'acception de *suite*. Ainsi, l'on dira qu'une affaire peut avoir de fâcheuses *conséquences*, qu'une chose faite à propos peut entraîner de graves *conséquences*; et dans le même sens on dira qu'une chose peut *tirer à conséquence*, pour dire qu'il est à craindre qu'on ne puisse s'en prévaloir.

Enfin, le mot *conséquence* s'emploie comme synonyme d'*importance*, et se dit également des choses et des personnes. Il est bon toutefois de remarquer à ce sujet que ce mot, dont on s'est servi très-fréquemment jadis dans le sens affirmatif, en disant un *homme de conséquence*, une charge, une terre, un bien, une affaire *de conséquence*, s'emploie beaucoup plus aujourd'hui dans le sens négatif, où l'on dit, par exemple, que les actes ou les paroles d'une personne sont *sans conséquence*, et qu'on aurait tort de s'en fâcher, ou qu'un homme lui-même est *sans conséquence*, pour dire qu'il n'a aucune importance sociale ou politique, ou bien encore qu'il n'est ni dangereux ni à craindre.

Edme Héneau.

CONSÉQUENT. En mathématiques, c'est le second terme d'un rapport. En logique, c'est la seconde proposition d'un enthymème, ou argument, dont la première prend le nom d'*antécédent*.

Dans l'art de la rhétorique, les *conséquents* sont, comme les antécédents, des lieux oratoires, qui consistent dans des choses ou des événements qui ont précédé ou suivi un fait, et ils diffèrent des *adjoints* ou *circonstances*, en ce que ceux-ci ne font que l'accompagner.

CONSERVATEUR (du latin *conservator*). Ce nom servait autrefois à désigner un juge établi pour protéger certaines personnes contre de manifestes injures sans user de poursuites judiciaires ; plus tard il fut donné non-seulement aux officiers publics chargés de protéger les personnes et de maintenir leurs droits et leurs priviléges, mais encore à ceux qui furent simplement employés à tenir des registres ou des états dont l'exactitude servait de garantie au domaine du roi et à la fortune des particuliers. De là deux sortes de conservateurs : les uns, armés d'un pouvoir judiciaire, avaient le titre de *juges conservateurs* ; les autres, simples agents de l'administration générale, s'appelaient *greffiers conservateurs*.

Les plus anciens juges conservateurs sont sans contredit les *conservateurs des priviléges des provinces et des villes*. Quoiqu'il n'en soit guère question avant 1300, on ne saurait mettre en doute leur existence antérieure, puisqu'ils existaient déjà chez les Romains et qu'ils se retrouvaient surtout dans le midi, où s'étaient maintenues les municipalités romaines. La loi romaine voulait que chaque cité eût un *défenseur*, magistrat chargé de donner au peuple une protection active et paternelle. Ses prérogatives étaient telles, qu'il jugeait en dernier ressort en certains cas, et qu'il avait la faculté de s'adresser à l'empereur lui-même pour réclamer contre les injustices et les vexations qu'éprouvaient les opprimés, auxquels il devait secours et protection. Ces magistrats s'étaient sans doute maintenus au milieu des invasions des barbares; et dès que les provinces et les villes obtinrent quelques priviléges contre la féodalité, nous retrouvons des protecteurs de ces priviléges, sous le titre de *conservateurs*.

Parmi les provinces qui avaient des conservateurs nous citerons la vignerie de Béziers, et celle de Narbonne, la noblesse et la bourgeoisie du Languedoc. Les juifs même de cette province eurent quelque temps la leur. Quant aux villes, il en était fort peu qui n'en eussent pas.

Après ceux des villes et des provinces, les *conservateurs des priviléges des universités* se présentent comme les plus anciens et les plus importants. On sait que pendant longtemps ces établissements furent également protégés par les papes et par les rois. Chaque université en avait deux : l'un appelé *conservateur des priviléges apostoliques*, l'autre *conservateur des études ou des priviléges royaux*.

Les conservateurs apostoliques avaient la garde spéciale des priviléges accordés par l'autorité apostolique, c'est-à-dire par le pape à l'université ; les conservateurs des études avaient la garde des priviléges royaux ; les premiers recevaient leur institution du pape. L'office de conservateur des priviléges royaux de l'université de Paris a été pendant assez longtemps distincte de toute autre, mais elle s'est trouvée dans la suite réunie à la prévôté de Paris.

Mais ce fut au quatorzième siècle que le nom de *conservateur* se répandit avec une véritable profusion. Plusieurs natures d'impôts eurent leurs conservateurs; on en créa un pour l'aide levée à l'occasion du mariage d'une des filles de Charles VI. Les états du Languedoc réunis à Montpellier en 1443, après avoir aboli le huitième du vin, le vingtième sur les marchandises et l'imposition foraine de six deniers par livre, établirent en place, pour trois ans, un certain droit sur la viande et le poisson, qui fut appelé *équivalent*. Il eut ses conservateurs, nommés *juges conservateurs de l'équivalent*. Il y en eut aussi qui furent spécialement chargés de la conservation de la gabelle, et qui prononçaient sur toutes les actions relatives à la perception de cet impôt, etc.. On en donna également aux marchandises et aux marchands, et même aux marchands étrangers. Les *conservateurs des marchandises* étaient des commissaires généraux qui prenaient le titre de *gardiens et conservateurs* des vivres et marchandises, et dont les fonctions se rattachaient à la police municipale. Ils étaient particulièrement chargés de l'inspection des vivres amenés pour l'approvisionnement des villes. Les marchands de poisson de mer pour l'approvisionnement de Paris avaient un conservateur particulier, indépendamment de la chambre souveraine de la marée : c'était le prévôt de Paris. Les foires en Champagne, et surtout à Lyon, jouissaient de certains privilèges dont la garde était confiée à des conservateurs spéciaux. Les *conservateurs des privilèges des foires* connaissaient de toutes les contestations qui pouvaient s'élever en champ de foire. La conservation de Lyon s'est maintenue jusqu'à la Révolution.

Pendant un certain temps, tout le commerce qui se faisait en France fut à peu près la propriété exclusive des étrangers; mais parmi les étrangers les Castillans étaient les plus répandus. En 1364 ils obtinrent des *juges conservateurs*, qui devaient connaître de leurs contestations en matière de commerce. Ces conservateurs étaient au nombre de trois : le doyen de l'église de Rouen, le bailli et le vicomte de la même ville. Les corporations étaient toutes sous la protection de conservateurs. Ici c'était le prévôt, là le sénéchal, ailleurs le bailli ou le viguier, etc., etc. Néanmoins l'autorité de ces conservateurs subissait parfois quelque restriction; c'est ainsi qu'en 1407 Charles VI défendit aux corporations religieuses de faire donner des ajournements devant les juges conservateurs de leurs privilèges dans les actions réelles. Les *chasses* aussi eurent des *conservateurs* chargés de veiller à la conservation du gibier. Il y avait en outre des *conservateurs des trèves* et même des *conservateurs des prises*. Enfin, en 1360, la conservation des juifs du Languedoc ayant été abolie, le comte d'Étampes fut créé leur conservateur général en France.

Les *greffiers conservateurs* ou simplement les *conservateurs* se multiplièrent aussi beaucoup pendant les seizième et dix-septième siècles. Les premiers créés furent les *conservateurs et gardes des fiefs et domaines du roi*. Il y en avait un par chaque bailliage et sénéchaussée; ils devaient veiller à la conservation des fiefs, domaines, titres et pancartes du roi; ils étaient en outre chargés de faire toutes les recherches pour découvrir les portions de domaine qui avaient été aliénées, et dont la restitution pouvait être poursuivie. Vinrent ensuite les greffiers *conservateurs des hypothèques*, puis les *conservateurs des hypothèques sur ventes*. Postérieurement on établit des *conservateurs des saisies et oppositions faites au trésor royal*. Leur création est de 1706. Leur emploi consistait à veiller à la garantie des droits que les créanciers avaient à prétendre sur les payements ou remboursements faits par le trésor. Toutes oppositions devaient être faites entre leurs mains, sous peine de nullité. Les *conservateurs des décrets volontaires* furent les derniers institués, en 1708, sous le titre de *commissaires conservateurs des décrets volontaires* : ils devaient tenir registre de tous les décrets relatifs à la purge légale des hypothèques. Les droits attribués à ces officiers ayant été reconnus trop onéreux, leurs offices furent supprimés en 1718.

De nos jours le nombre des conservateurs est considérablement réduit; cependant ces fonctionnaires forment encore deux catégories bien distinctes l'une de l'autre par la nature même des fonctions qui leur sont attribuées.

Les uns font partie de l'administration générale, qui a pour but la prospérité matérielle du pays, et sont institués pour servir de garantie à la bonne foi publique et protéger les intérêts de tous. Tels sont les conservateurs des hypothèques et les conservateurs des eaux et forêts.

Les *conservateurs des hypothèques*, tels qu'ils existent aujourd'hui, sont spécialement chargés de tenir des registres sur lesquels ils transcrivent les actes de vente des immeubles, afin de leur donner la plus grande publicité, comme aussi ils doivent enregistrer les titres qui constatent les droits acquis des créanciers sur les biens que les débiteurs ont affectés à la sûreté de leurs dettes. Les conservateurs des hypothèques, nommés par l'administration, sont soumis à un cautionnement; ils sont responsables non-seulement des fautes, mais même des erreurs qu'ils peuvent commettre, et spécialement de l'omission sur leurs registres des transcriptions d'actes de mutation et des inscriptions requises dans leurs bureaux, ainsi que du défaut de mention, dans les certificats qu'ils délivrent, des inscriptions existantes. Si la faute provient non pas du conservateur, mais de celui qui a fait une déclaration incomplète, alors la responsabilité cesse, parce que le conservateur n'est tenu que de donner connaissance de ce qui lui a été déclaré. Du reste, on juge que cette responsabilité qui pèse sur les conservateurs se prescrit par dix ans, à partir du jour où ils ont cessé leurs fonctions, parce que la loi de leur institution (21 ventôse an VII) déclare leur cautionnement libre après ce délai.

Les *conservateurs des eaux et forêts*, d'institution moderne, ont sous leur surveillance les eaux et les bois, afin de faire exécuter rigoureusement les lois et règlements qui concernent cette branche importante de la fortune territoriale, dont le gaspillage ne serait pas seulement une perte pour l'État, mais porterait encore une grave atteinte à la richesse particulière.

La seconde catégorie de conservateurs se compose d'hommes *érudits et laborieux* (nous obéissons, en les qualifiant ainsi, à la tyrannie de l'usage), chargés de la surveillance des dépôts publics, tels que bibliothèques, cabinets et musées. Ils doivent y maintenir l'ordre, en fournissant néanmoins aux personnes qui fréquentent ces établissements toutes les facilités désirables pour leurs recherches.

L'épithète de *conservateur* a été donnée au sénat, parce qu'aux termes des constitutions impériales il est chargé de conserver les diverses libertés des citoyens et la constitution, et de dénoncer tout ce qui y porterait atteinte. On sait que le premier sénat ne s'aperçut que nous manquions de liberté que lorsque les étrangers furent à la porte de la capitale.

Les Latins avaient un *Jupiter conservateur*, des *dieux conservateurs*. Nous opposons encore, en politique, les *principes conservateurs* aux *principes réformateurs*.

Conservateurs est aussi le nom généralement donné dans les affaires publiques d'Angleterre aux membres du parti qu'on appelle aussi *tory*, et qui défend l'ancienne constitution de l'État et de l'Église.

Cette dénomination passa sous le règne de Louis-Philippe dans le langage de la politique française, pour désigner les hommes d'État, ou même les simples citoyens, qui s'étaient imposé, disaient-ils, le devoir de maintenir l'ordre social fondé sur l'équilibre des trois pouvoirs constitutionnels, tel qu'il avait été établi par la charte replâtrée de 1830, avec la transmission héréditaire de la royauté dans la maison d'Orléans. Dispersés par le grand coup de tonnerre de 1848, les *conservateurs*, effrayés, se tinrent quelque temps à l'écart. Mais le cœur leur revint en présence de de l'innocuité de la république; ils intriguèrent bravement aux approches des élections pour la Législative, et inondèrent bientôt les bancs de cette assemblée, dont les actes les plus déplorables furent leur œuvre. C'est à leurs efforts qu'il faut attribuer deux créations, fort peu démocratiques, de cette époque, le *Comité de la rue de Poitiers* et l'*Union électorale*. En attendant mieux, ils ont poussé à l'empire, et n'ont pas été des derniers à accepter ses places, ses pensions et ses croix, toutes choses bonnes à prendre sous tous les régimes, sans renoncer d'ailleurs à leurs affections personnelles pour l'une ou l'autre des deux dynasties en non activité. Obtenir des places sous tous les gouvernements constitue le grand art de certains *conservateurs*, et les conserver, le premier de leurs principes en politique.

CONSERVATION (en latin *conservatio*, fait de la préposition *cum*, et du verbe *servare*, garder, maintenir). Ce mot marque tout à la fois l'action de conserver, l'état de ce qui est conservé, et la charge de *conservateur*. Les philosophes disent que la *conservation* des choses n'est que la continuation de l'action par laquelle elles ont été produites; des esprits tout à la fois plus justes et plus religieux font remonter la conservation de toutes choses au principe éternel de toutes choses, à Dieu. Après le besoin de la reproduction, l'instinct de conservation est celui qui est le plus impérieux chez les animaux et chez l'espèce humaine en particulier. Il est le principe de toutes les alliances, et les hommes ne se sont assemblés en société que pour leur conservation commune. Il faut bien reconnaître cependant que dans l'état actuel de notre civilisation l'homme qui s'est insensiblement éloigné de ses instincts naturels, tout en attachant un soin important à l'acquisition et à la conservation de biens souvent imaginaires, a perdu le secret de sa conservation physique, et que les autres animaux, qui n'ont pas, il est vrai, de médecins pour remédier aux désordres de leurs appétits, en savent beaucoup plus que lui sur ce point.

En termes d'antiquaire et de numismate, le mot *conservation* signifie le bon état, la perfection, l'intégrité d'une médaille que le temps n'a point usée, n'a point rongée, dont toutes les figures, tous les traits, l'inscription et les caractères enfin sont bien *conservés*. Le cabinet de la Bibliothèque Impériale possède un grand nombre de médailles d'une belle *conservation*.
Edme HÉREAU.

On a aussi donné le nom de conservation à la juridiction des juges conservateurs et à la circonscription sur laquelle s'étendait leur autorité. La *conservation de Lyon* était un tribunal établi pour garder les priviléges des foires de cette ville et juger les contestations entre marchands et négociants. Quelques circonscriptions administratives ont encore ce nom aujourd'hui; c'est ainsi que la France est divisée en *conservations forestières*.

CONSERVATION DES ALIMENTS. Cette partie de l'art est jugée beaucoup plus comme celle qui a pour but la conservation des corps, quoique l'on sache que les Tatars, les Mexicains, font dessécher leurs viandes pour les garantir, les premiers des effets de la gelée, les seconds de ceux de la chaleur. Dans une partie de la Tatarie cette dessication est poussée si loin qu'on réduit aisément les viandes en poudre. Il est des contrées où il suffit d'exposer les substances animales à l'action des rayons solaires pour les dessécher complétement et en opérer la conservation; c'est ce qui a fait dire à Becher : *Nam cadavera in Oriente, in arena, apud nos, arte, in furnis siccari, et sic ad finem mundi usque a putredine preservari.* Nous ajouterons qu'en Égypte la siccité de l'air et la chaleur du climat agissent de telle manière sur les viandes qu'étant exposées, même en été, au vent du nord, elles ne se putréfient point, mais se dessèchent et se durcissent comme du bois. Les déserts offrent des cadavres ainsi desséchés, qui sont devenus si légers qu'au rapport de Volney un seul homme peut soulever aisément d'une seule main la charpente d'un chameau. La nature semble nous indiquer ici ce que l'on doit faire. Cet art de conserver a fait de grands progrès depuis que la chimie s'est perfectionnée; et il est peu de substances alimentaires qui n'aient été l'objet des recherches de nos plus habiles chimistes. Nous indiquerons ici rapidement les principales.

En tête, nous devons placer la méthode des *salaisons*, la plus simple sans doute; mais elle est bornée dans ses effets, et n'est pas générale. Les travaux de Vilaris avaient conduit à de précieux résultats. La Société d'Encouragement, en les mentionnant, a été portée à croire que l'auteur, qui a emporté son secret dans la tombe, avait pu séparer par l'expression une partie des sucs les plus liquides de la viande. Nous ne le pensons nullement : un pareil moyen, outre sa grande difficulté, n'eût offert que de faibles avantages. Nous croyons que la dessiccation devait s'opérer par un procédé à peu près analogue à celui de M. Wislin. M. Turck conserve les viandes et les légumes en faisant cuire la viande au point de pouvoir être mangée, en l'exprimant fortement, en rapprochant le bouillon à consistance de gelée, qu'il applique ensuite sur la viande au moyen d'un pinceau, et en la faisant enfin sécher à l'étuve. M. Wislin conserve également le bœuf, le veau, le mouton, la volaille et le poisson. Il immerge les matières animales dans l'eau bouillante. Cette immersion est prolongée plus ou moins longtemps, selon la texture des matières qu'on y soumet; mais en général il ne faut pas qu'elle dure plus de cinq à six minutes. Les viandes sont mises ensuite à égoutter pendant une heure, placées dans un vase convenable. Dans ses premiers procédés, M. Wislin employait le sel de cuisine : il mettait alternativement un lit de sel et un de viande jusqu'à la fin, en ayant soin de terminer par une couche de sel, et cela pour empêcher le développement des œufs que les insectes pourraient y déposer; mais dans son second perfectionnement l'auteur a supprimé totalement l'emploi des sels. On place la viande sur des claies, que l'on porte dans une étuve maintenue à une température de 60° centigrades. On a soin, pour entretenir la dessiccation, de retourner les morceaux plusieurs fois le jour. Cette opération dure ordinairement deux jours : la viande alors a perdu les deux tiers de son poids. Lorsque la dessiccation est complète, ce dont il faut bien s'assurer, on plonge chaque morceau dans une solution de gélatine concentrée. On renouvelle trois fois l'immersion, en ayant soin, après chacune d'elles, de porter à l'étuve les morceaux de viande pour les faire sécher. En 1818, M. Plowden, Anglais, publia un procédé qui consiste à plonger les viandes que l'on veut conserver dans une forte solution de jus de viande ou de gélatine, et à les faire sécher ensuite à l'air libre. Cette solution devait être faite dans la proportion indiquée par D'Arcet, c'est-à-dire environ trente centièmes de gélatine sèche, qu'on fait chauffer de 80 à 90° centigrades.

La méthode la plus générale, et qui paraît la plus rationnelle, est celle de M. Appert. Elle consiste à conserver toutes les substances alimentaires dans des boîtes de fer-blanc ou de fer battu. Il n'y fait exception que pour un petit nombre de substances. S'il s'agit d'opérations domestiques, l'usage des vases de verre est le moyen le plus sûr et le plus facile; mais s'il s'agit de grandes manipulations, qui ont pour objet les approvisionnements de mer, de siége et d'hôpitaux, on ne doit employer que des boîtes. Mais avant d'y renfermer une substance alimentaire quelconque, M. Appert la soumet à l'influence de la chaleur de *bain-marie*, qu'il considère comme le principe unique, le principe universel de conservation. L'expérience prouve que par ce procédé les substances animales ne perdent rien de leur poids ni de leur volume. Il en est de même des substances végétales; le calorique en sépare l'eau de végétation, qui restant dans les bouteilles devient un jus excellent. Il diminue d'autant le volume de la substance conservée, et en améliore la qualité. Ces préparations demandent, par leur nature même, beaucoup de célérité et la plus grande propreté.

La méthode de M. Appert est fondée sur un principe unique, l'application du calorique à un degré convenable aux diverses substances, après les avoir privées, autant que possible, du contact de l'air. Des hommes très-éclairés, mais peut-être trop livrés à l'esprit de système et de prévention, se sont prononcés contre elle, alléguant une prétendue impossibilité. Cependant, d'après les principes d'une saine physique, est-il donc si difficile de rendre raison des causes de la conservation des substances alimentaires par ce procédé? Ne voit-on pas que l'application du calorique par le bain-marie doit opérer doucement une fusion des principes constituants et fermentescibles, de manière qu'il n'y ait plus aucun agent de la fermentation qui domine? Cette prédominance est une condition essentielle pour que la fermentation ait lieu au moins avec une certaine promptitude. L'air, sans lequel il n'y a point de fermentation, étant exclu, voilà deux causes essentielles qui peuvent rendre raison du succès de sa méthode, dont la théorie paraît naturellement la suite des moyens mis en pratique. En effet, si l'on rapproche toutes les méthodes connues, toutes les expériences et les observations qui ont été faites dans les temps anciens et modernes sur les moyens de conserver les comestibles, on reconnaîtra partout le feu comme l'agent principal qui préside, soit à la durée, soit à la conservation des productions végétales et animales. Fabroni a prouvé que la chaleur appliquée au moût de raisin détruisait le ferment de ce végéto-animal, qui est le levain par excellence. M. Thénard a fait de semblables expériences sur des groseilles, des cerises et autres fruits. Les expériences de Vilaris et de M. Cazalès, savants chimistes de Bordeaux, qui ont fait dessécher des viandes par le moyen des étuves, prouvent également que l'application de la chaleur détruit les agents de la putréfaction. La dessication, la coction, l'évaporation, ainsi que les substances caustiques ou savoureuses qu'on emploie pour la conservation des productions alimentaires, servent à prouver que le calorique opère les mêmes effets.

V. DE MOLÉON.

M. Masson, jardinier en chef de la Société centrale d'Horticulture, emploie pour la conservation des substances alimentaires végétales le procédé suivant. Ces substances sont épluchées avec soin, débarrassées des parties dures, comme pour les préparations culinaires usuelles. On les dispose sur des claies en canevas très-clair cloué sur un cadre en lattes; ces claies sont placées sur des rayons en lattes, et les matières sont soumises à l'action de l'air chaud, dans une étuve chauffée à environ 40°. Cette opération prive les substances de l'eau surabondante, qui n'est pas indispensable à leur constitution, et qui pour certains végétaux, tels que les choux et les racines, s'élève à plus de 80 à 85 pour 100 de leur poids à l'état frais. On les soumet ensuite à la compression très-énergique d'une presse hydraulique, compression qui réduit leur volume, augmente leur densité, la porte à celle du bois de sapin, et facilite ainsi la conservation, l'arrimage et le transport de ces substances. Les légumes desséchés et comprimés sont habituellement livrés en tablettes de 0m,20 de côté environ, enveloppées d'une feuille mince d'étain : 25,000 rations ne demandent qu'un espace d'un mètre cube. Pour employer les légumes ainsi préparés, il suffit de les faire tremper de trente à quarante-cinq minutes dans un bain d'eau tiède; ils reprennent presque toute l'eau qui leur a été enlevée; on les cuit ensuite pendant le temps nécessaire, et on les assaisonne à la manière ordinaire. Le procédé s'applique à tous les légumes verts, aux racines, aux tubercules et même aux fruits.

CONSERVATION DES BOIS. *Voyez* BOIS, t. III, page 358.

CONSERVATION DES CORPS. *Voyez* EMBAUMEMENT.

CONSERVATOIRE, nom donné aux collèges, aux écoles publiques de musique, attendu qu'ils sont destinés à propager l'art, à le conserver dans toute sa pureté. Les conservatoires d'Italie étaient autrefois des fondations pieuses, des hôpitaux entretenus par de riches citoyens, les uns en faveur des enfants trouvés, les autres pour des orphelins ou des enfants pauvres. Ils y étaient logés, nourris, entretenus, instruits gratuitement. On y admettait aussi des élèves moyennant une pension. Il y avait à Naples trois conservatoires pour les garçons; Venise en comptait quatre pour les filles. Ceux de Naples étaient *Santo-Onofrio*, *La Pietà dei Turchini*, *Santa-Maria di Loreto*. Ce dernier, le plus fameux, eut pour professeurs Leo, Durante, Scarlatti, Porpora; il forma des élèves tels que Piccini, Sacchini, Guglielmi, Anfossi, Paisiello. Il y avait environ quatre-vingt-dix élèves à *Santo-Onofrio*, cent vingt à *La Pietà*, deux cents à *Santa-Maria*. Chacun de ces établissements avait deux maîtres principaux, dont l'un enseignait le contre-point et l'autre l'art du chant. Des maîtres externes enseignaient les instruments en usage dans l'orchestre. Ces maîtres suffisaient au grand nombre de leurs disciples au moyen de l'enseignement mutuel; les élèves expérimentés donnaient des leçons aux moins habiles, et ceux-ci aux commençants. On admettait aux conservatoires les enfants de l'âge de huit ans jusqu'à vingt. Ces élèves faisaient en public des exercices, et servaient les églises en y chantant des messes, des vêpres, et ce qu'ils gagnaient était ajouté aux revenus de la maison. Leur régime intérieur offrait encore des particularités remarquables. Ils étaient tous revêtus d'un uniforme, les uns en bleu, les autres en blanc. Ils couchaient tous et travaillaient dans la même salle; c'était un charivari continuel, formé par la réunion de morceaux de musique d'un ton, d'un mouvement, d'un style différents; instruments et voix, tout se mêlait dans ce vacarme.

Les conservatoires des filles établis à Venise étaient à peu près dirigés d'après le même système. Voici leurs noms : l'*Ospedale della Pietà*, le *Mendicanti*, le *Incurabili*, l'*Ospedaletto di San-Giovanni e Paolo*. Sacchini était le maître de ce dernier en 1770. Ces conservatoires étaient entretenus par les soins et aux dépens des riches amateurs, nobles, négociants et autres. Les filles y restaient ordinairement jusqu'à leur mariage; on leur enseignait le jeu des instruments; les récits, les chœurs, la symphonie, tout était exécuté par ces filles, qui chantaient le soprano et le contralte, attaquaient les cordes du violon et de la contre-basse, sonnaient de la trompette et du cor, jouaient de la flûte et du basson, et houssaient les timbales.

Tels étaient les conservatoires d'Italie, ces écoles célèbres qui ont répandu tant de chanteurs et de compositeurs du premier ordre dans le monde musical. Lors de la domination française, plusieurs de ces établissements avaient déjà cessé d'exister. Les trois conservatoires de Naples furent réunis en un seul, où l'on admit également les garçons et les filles. En 1808, le roi d'Italie fonda le conservatoire de Milan. Ces deux écoles sont maintenant dans un état florissant; le fameux chanteur Lablache est élève du nouveau conservatoire de Naples, transféré en 1818, sous le nom de *Real Collegio di Musica*, dans l'ancien couvent de Saint-Sébastien.

En 1784 le baron de Breteuil établit aux Menus-Plaisirs l'École royale de Chant et de Déclamation, pour former des élèves pour le grand Opéra, qui jusque alors avait fait le recrutement de ses chanteurs dans les maîtrises des cathédrales. La révolution de 1789 renversa cette école, assez mesquine; mais elle créa quelques années plus tard le *Conservatoire de Paris*, monument de notre gloire musicale. Quarante-cinq musiciens, attachés aux gardes-françaises, formèrent en 1789 l'élite de la musique de la garde nationale de Paris. Sarrette les avait assemblés. Au mois de mai 1790 le corps municipal prit à ses frais ce corps de musique, le porta à soixante-dix-huit exécutants, et le chargea du service de la garde nationale et des fêtes publiques. Plusieurs artistes d'un grand talent se réunirent à ce corps, à la demande de Sarrette, qui sollicita et obtint en 1792, de la municipalité de Paris l'établissement d'une école gratuite de musique pour remplacer les maîtrises détruites. Les musiciens réunis par Sarrette devinrent la plupart maîtres à cette école, et fournirent les corps nombreux de musiciens qu'exigeaient quatorze armées manœuvrant alors sur nos frontières.

Le gouvernement sut apprécier les services de l'école, et fixa les fonds nécessaires pour le traitement des professeurs. En novembre 1793, la Convention nationale adopta le principe d'organisation du Conservatoire de Paris, sous le titre d'*Institut national de Musique*. L'Institut des Sciences et Arts lui ayant confisqué son nom, on lui donna celui de *Conservatoire de Musique et de Déclamation*, en 1795. La loi du 16 thermidor an III fixa le nombre des professeurs à cent quinze, celui des élèves à six cents, et la dépense de l'établissement à 240,000 francs par an. Cette somme fut réduite à 100,000 francs en 1802; le nombre des professeurs et des élèves subit par conséquent une grande diminution. Tous les élèves étaient externes; on établit ensuite un pensionnat, gratuit aussi, de douze garçons et de douze filles, élèves pour la partie vocale. Celui des garçons subsiste seul; les filles donnaient trop de soucis, on les renvoya bientôt chez leurs parents.

Ce que nous avons de plus habile en compositeurs, en chanteurs, en instrumentistes, professe au Conservatoire de Paris. C'est de tous les établissements de ce genre celui qui est conçu selon le plan le plus vaste ; il a formé des milliers d'instrumentistes qui pour l'ensemble, la vigueur, l'élégance de leur exécution, n'ont pas de rivaux au monde. Les bâtiments de notre Conservatoire renferment une salle de spectacle où l'on donne des concerts, où l'on joue des opéras par fragments et même en entier. Une seconde salle, plus petite, avec théâtre, loges et parquets, sert pour les exercices particuliers de l'école. Une bibliothèque, déjà très-nombreuse, mais qui réclame encore beaucoup d'ouvrages essentiels en théorie comme en pratique, est ouverte chaque jour aux élèves comme au public, dans l'enceinte de l'établissement. Nos meilleurs chanteurs ont été formés par le Conservatoire, et les orchestres de Paris sont peuplés de symphonistes excellents qui ont le précieux mérite d'avoir puisé à une même école une même doctrine : c'est de là que provient l'ensemble prodigieux de nos orchestres. Le Conservatoire a rendu d'éminents services à l'art en publiant un corps d'ouvrages élémentaires rédigés par les professeurs les plus habiles en chaque partie. Les méthodes du Conservatoire de Paris ont fait le tour du monde ; on les a traduites dans toutes les langues de l'Europe musicale. En proclamant les utiles résultats de notre Conservatoire, je ne dis que ce que tout le monde sait, ce que les amateurs ravissants où Beethoven, Mozart, Weber, Haydn, etc., sont exécutés d'une manière si merveilleuse, prouvent à chaque instant.

CASTIL-BLAZE.

Plusieurs écoles de musique des départements ont été érigées par ordonnances royales en succursales du Conservatoire de Paris, savoir : celle de Lille, en 1826 ; celle de Toulouse, en 1840 ; celle de Marseille, en 1841 ; celle de Metz, en 1841 ; celle de Dijon, en 1845 ; celle de Nantes, par décision ministérielle du 1er septembre 1846.

Des conservatoires à l'instar de ceux d'Italie et de Paris ont successivement été fondés depuis 1814 à Varsovie, à Prague, à Vienne, à Leipzig, à Cologne, à Munich et à Berlin.

CONSERVATOIRE DES ARTS ET MÉTIERS, établissement destiné à recevoir les modèles en grand ou en petit, à défaut, les plans et dessins des machines, appareils, instruments, outils, etc., employés aux opérations de l'agriculture, des fabriques, et en général de tous les arts industriels. Le but de leur réunion en un seul local a été de les y faire servir à l'enseignement, aux progrès et au développement de l'industrie et de ses diverses branches. Par décision ministérielle en date du 28 avril 1848, le dépôt des étalons prototypes des poids et mesures, qui existait au ministère du commerce, a été transféré au Conservatoire des Arts et Métiers, où se font maintenant les vérifications et toutes les opérations qui s'y rattachent.

Le Conservatoire des Arts et Métiers est placé à Paris dans les vastes bâtiments de l'ancienne abbaye Saint-Martin, dans la rue de ce nom. Son origine est due à l'immortel Vaucanson. La collection des machines du cabinet de ce savant mécanicien, léguée par lui à Louis XVI, y donna naissance, en inspirant l'idée d'en faire les fondements d'une institution utile, projet qui ne reçut son exécution que longtemps après, pendant nos troubles révolutionnaires, en 1794. Cette collection s'est augmentée de celle qu'avait formée anciennement l'Académie des Sciences, d'objets analogues extraits des dépôts particuliers, ou que l'odieuse loi des confiscations avait mis à la disposition du gouvernement; de ceux dont l'acquisition a été faite tant en France qu'à l'étranger, et de ceux offerts par des artistes, lorsqu'ils ont été jugés dignes d'y être admis. Le Conservatoire des Arts et Métiers possède aussi le cabinet du physicien Charles, qui était le premier de l'Europe. Sa richesse industrielle s'accroît encore assez fréquemment, soit par de nouvelles acquisitions, soit par les modèles des inventeurs qui se font breveter pour leurs découvertes.

Pendant de trop longues années nous avions vu le Conservatoire ne répondre que très-imparfaitement au but de sa création. Ses collections, qui n'étaient pas renouvelées, vieillissaient et restaient inférieures aux perfectionnements de l'art. Il avait des démonstrateurs de machines qui n'ont jamais fait de démonstrations ; une bibliothèque, où l'on n'entrait que sur des permissions du directeur ; une seule petite école d'arithmétique et de dessin élémentaire pour les enfants près d'arriver à l'adolescence, et rien pour l'instruction des adultes, ni pour celle de l'âge viril. Cet état de choses si fâcheux, qui annonçait une grande incurie de la part de l'administration, est remplacé par un ordre meilleur. Les objets trop vieux, qui n'étaient plus d'aucune utilité au conservatoire, en ont disparu ; des machines, instruments et appareils, d'une date et d'une application plus récentes, y ont été substitués ; on y a surtout introduit, pour tenir lieu de machines en grand, beaucoup de modèles exécutés sur une échelle assez étendue, qui sont l'ouvrage d'habiles mécaniciens de la capitale ou des élèves de l'École d'Arts et Métiers de Châlons. La bibliothèque, qui se compose principalement de livres et plans relatifs aux arts, est ouverte au public tous les jours, excepté le lundi. L'enseignement de la petite école s'est agrandi ; il embrasse, comme dans le principe, l'arithmétique et les éléments du dessin, et de plus les premières notions de la géométrie descriptive, avec ses applications à la charpente et à la coupe des pierres, le dessin des machines et celui des ornements et de la figure. D'un autre côté, un haut enseignement y est organisé ; il se compose de onze cours, que la classe industrielle fréquente assidûment : les matières de cet enseignement sont la géométrie et la mécanique appliquées aux arts, l'économie industrielle, la physique et la démonstration des machines, l'agriculture, la mécanique industrielle, la géométrie descriptive, la législation industrielle, la chimie industrielle, les arts céramiques. Ajoutons que pour propager la connaissance des inventions brevetées, et dont quelques-unes figurent dans les salles du Conservatoire, le directeur et un dessinateur sont chargés par le ministre du commerce de la plus grande partie du travail qu'exige la publication des descriptions et dessins des machines, moyens et procédés des brevets d'invention qui, par l'accomplissement des termes de leur échéance, deviennent d'un usage libre. Telles sont les sources abondantes où puisent une solide instruction les nationaux qui se vouent à l'exercice des arts mécaniques. Le gouvernement a soin d'y réunir, lorsqu'une industrie nouvelle mérite d'être adoptée et promptement répandue en France, des leçons temporaires et spéciales pour en bien faire connaître la théorie et surtout la pratique. Ainsi, il avait successivement introduit au Conservatoire des Arts et Métiers une école de filature et une école de fabrication de linge damassé, façon de Saxe : elles n'ont duré qu'autant que le besoin s'en faisait sentir.

Un conseil de perfectionnement, formé des professeurs de la haute école, cherche, étudie et propose les moyens de rendre cet établissement de plus en plus utile. Nous croyons devoir signaler à son attention une amélioration qu'il pourrait emprunter à l'Angleterre. Il y a aussi à Londres une collection publique d'objets relatifs aux arts et métiers, où l'on constate par des notes et par des dessins les progrès successifs et, en quelque sorte, journaliers de chaque branche. Ceux qui ont l'intention d'en porter une au delà du point où elle s'est élevée vont examiner et reconnaître ce point, qui leur sert de départ; il est encore reconnu et examiné par tout inventeur qui, avant de prendre une patente, veut s'assurer que sa découverte est réelle. Que la même marche s'établisse dans notre Conservatoire des Arts et Métiers, alors vous éviterez de laborieuses et vaines méditations et recherches aux Français qui se fatiguent à découvrir ce que d'autres avaient déjà trouvé; alors l'inventeur régnicole qui se propose de demander un brevet acquerra préalablement la certitude que l'invention dont il se croit auteur n'a jamais paru, et qu'elle lui appartient incontestablement par la nouveauté, le caractère essentiel et distinctif des véritables découvertes industrielles. V. DE MOLÉON.

CONSERVATOIRES (Actes). On nomme ainsi en droit des mesures qui ont pour objet de conserver intacts les droits que l'on a sur une chose, de s'assurer le payement d'une créance, la liquidation d'une succession, etc. Nous citerons comme exemples de cette sorte d'actes les inventaires, les appositions de scellés, les inscriptions hypothécaires, et les oppositions.

Les actes conservatoires concernant des immeubles ne seraient pas valables s'ils étaient de nature à troubler la jouissance du possesseur; si, par exemple, ils l'empêchaient de percevoir ses revenus, d'exploiter son bien. À l'égard des meubles, qui sont plus faciles à soustraire, la loi accorde tous les moyens propres à en prévenir le détournement sans toutefois nuire au débiteur. AUG. HUSSON.

CONSERVE. Une idée commune aux acceptions diverses de ce nom lui est assignée par son étymologie, qui est aussi celle du mot *conservation*. Une branche de la chimie industrielle livre à la consommation des préparations de substances animales et végétales qu'elle a rendues susceptibles de se conserver, en les dérobant à l'action des causes qui produisent ordinairement leur décomposition (*voyez* CONSERVATION DES ALIMENTS). Ces substances ainsi préparées sont des *conserves alimentaires*. Elles offrent de précieuses ressources tant pour les besoins de la marine et de l'armée que dans l'économie domestique.

En pharmacie, lorsqu'on était encore dans la croyance que le sucre s'opposait à la fermentation des matières végétales, et *conservait* ainsi leurs vertus médicinales, on préparait des médicaments de consistance pulpeuse, composés de substances végétales et de sucre, auxquelles on donnait le nom de *conserves médicamenteuses* ou *pharmaceutiques*. Mais depuis que l'on a reconnu que ces prétendues conserves s'altèrent plus ou moins promptement, selon les climats et les saisons, on choisit pour l'usage de les préparer extemporanément en se servant de la poudre des substances médicinales auxquelles on veut donner cette forme pharmaceutique.

Parmi les soins hygiéniques des yeux et dans le traitement des maladies de ces organes, on a fréquemment recours à des sortes de lunettes à verres presque plans, ordinairement colorés en vert, quelquefois garnies en dehors d'une pièce triangulaire en taffetas de même couleur, auxquelles on donne le nom de *conserves* parce qu'elles conservent la vue en diminuant l'impression d'une lumière trop vive et en grossissant un peu les objets

En termes de fortification, les *conserves* ou les *contregardes* sont des pièces plus longues et moins larges que les demi-lunes, qui couvrent les bastions entre le fossé et la contrescarpe. L. LAURENT.

En termes de marine, on dit que des navires *sont de conserve, vont de conserve*, lorsqu'ils voyagent de compagnie. Il ne suffit pas pour que deux ou plusieurs vaisseaux soient de conserve, qu'ils fassent route dans une même direction et ensemble, il faut encore qu'il y ait convention de s'entr'aider, de se prêter secours en cas d'avarie ou de tout autre événement de mer, et de se défendre mutuellement contre l'ennemi. On a dans la marine des *signaux de conserve* et de reconnaissance entre bâtiments amis. MERLIN.

CONSIDÉRANT (VICTOR), chef d'une des nombreuses écoles entre lesquelles se partagent aujourd'hui les entrepreneurs de réformes morales et politiques, et autres guérisseurs des maladies du corps social, élève bien aimé et successeur de Charles Fourier, né en 1805, à Salins, fut admis à l'École Polytechnique, en est sorti avec les épaulettes de sous-lieutenant dans le corps du génie, où il parvint en très-peu de temps au grade de capitaine. Il avait cependant à peine atteint l'âge de vingt-six ans, qu'il renonçait à la carrière honorable et assurée qui s'ouvrait devant lui, pour s'enrôler parmi les prédicants d'une nouvelle théorie sociale, *celle de l'industrie attrayante et passionnée*. Si notre jeune officier donnait en cela tout au moins une preuve du peu de fixité de ses idées, c'est que comme tant d'autres, après les événements de 1830, il s'était jeté à corps perdu dans ce qu'on appelait *la recherche du progrès, le mouvement*; c'est que, rendu tout récemment indépendant par un mariage avantageux, un peu d'ambition et beaucoup de confiance en lui-même aidant, il avait entrevu la possibilité de mettre son individualité en relief et de jouer, lui aussi, le rôle de réformateur social, de guide spirituel des générations contemporaines; décevant mirage auquel il n'avait point hésité à faire le sacrifice de son état.

La toute-puissance des idées, quelles qu'elles fussent, et l'incommensurable avenir réservé à cette force encore peu connue ou mal appréciée, étaient à ce moment, avec la misère du pays, les thèmes habituels et de prédilection des privilégiés plus spécialement en possession de parler avec autorité à la foule, c'est-à-dire des orateurs dans les chambres et des publicistes dans les journaux. Les succès très-productifs, et de plus d'un genre, obtenus ainsi par tous ces débitants officiels de lieux communs avaient provoqué en dehors de leur cénacle une concurrence effrénée; et il se tenait dans la rue une véritable foire aux idées, où les systèmes les plus saugrenus étaient incessamment offerts aux passants par de prétendus philosophes se faisant fort d'en remontrer à la tribune et à la presse, et tous se vantant de posséder seuls l'infaillible panacée qui devait mettre pour toujours fin aux souffrances de l'humanité.

L'interruption survenue dans le travail national et l'incertitude qui présentait encore l'avenir de l'Europe étaient les causes évidentes du malaise social dont tout le monde signalait l'existence, et qui servait alors de texte obligé aux déclamations des ambitieux. Le retour de la sécurité et de la confiance pouvait seul faire cesser le chômage des ateliers. Par conséquent, faciliter ce retour par des paroles de conciliation et d'espoir eût dû être le but d'écrivains honnêtes et de penseurs consciencieux; mais les entrepreneurs de réformes trouvaient bien autrement leur compte à s'adresser à l'ignorance, à la crédulité, et surtout aux passions envieuses des masses. La population des grands centres d'industrie étant la partie de la nation qui souffrait le plus de l'énorme diminution subie par la consommation générale, c'était à elle qu'ils s'adressaient de préférence. Tous, pour peu qu'on leur confiât l'exercice du pouvoir suprême, promettaient de ramener l'âge d'or sur la terre; et le vulgaire, abasourdi par une terminologie nouvelle et sonore mise au service d'idées vagues et incohérentes, flanquées de force attaques contre la société actuelle, consentait à les croire sur parole. La réorganisation radicale du travail et de l'industrie sur des bases à l'abri de toute crise commerciale, avec de tout autres conditions de vie et de prospérité, tel était toujours le point de départ de ces docteurs ès-sciences sociales, parfaitement d'accord pour renverser et détruire, mais s'attaquant et se déchirant à belles dents dès qu'il s'agissait du mode de réédification à choisir. On les voyait d'ailleurs les uns et les autres déserter bien vite le terrain comparativement borné des questions purement économiques, pour le champ sans limites des questions politiques et religieuses, où les passions privées se trouvent beaucoup plus à l'aise.

Démontrant que dans notre système social tout se lie et s'enchaîne; que dès lors il ne fallait pas songer à porter isolément là la hache dans quelques-unes de ses parties; qu'on n'opérerait de réforme vraiment utile et durable qu'à la condition de tout abattre à la fois dans cet édifice vermoulu, ils n'entendaient pas seulement reconstituer l'industrie du pays, mais encore tout l'ensemble de son organisation religieuse et politique. Pour eux le christianisme et ses sévères doctrines avaient irrémissiblement fait leur temps. Sortie d'une enfance que par un criminel accord la royauté et le sacerdoce avaient beaucoup trop prolongée, l'humanité n'avait plus besoin de rois ni de prêtres. *Poëtes de Dieu, prophètes de l'avenir*, ainsi qu'ils se qualifiaient modestement eux-mêmes, ils se flattaient d'avoir révélé au monde les destinées qui lui étaient infailliblement réservées dans un avenir très-prochain, et d'avoir élevé dans leurs brochures, leurs revues et leurs livres, autant de phares qui, en dépit de tous les efforts de l'Esprit des ténèbres, projetteraient jusqu'à la consommation des siècles une ineffable lumière, seul guide que les hommes eussent désormais à suivre pour arriver à la possession de la félicité sans bornes dont la Divinité a voulu faire leur lot ici-bas. Les théogonies et les cosmogonies nouvelles jaillissant sans effort de leurs larges cerveaux, il ne devait leur en coûter guère plus d'inventer en même temps une morale nouvelle. Ainsi avaient fait les sectateurs de Saint-Simon; ainsi firent ceux de Fourier, sauf les nuances de détail imaginées par les derniers venus pour échapper à l'accusation de plagiat et de contrefaçon qu'eussent pu sans cela leur tenter d'exprimer contre eux les réformateurs qui les avaient précédés dans la carrière.

Nous n'avons rien à signaler ici des dissemblances existant entre les idées de Saint-Simon et celles de Fourier; nous nous bornerons à leur contester *a priori* jusqu'au mérite de l'originalité, et à rappeler l'analogie frappante qu'elles offrent les unes et les autres, et quant aux moyens d'application, et quant au but final, avec celles que, de l'autre côté du détroit, Owen mettait déjà en pratique plus de dix années avant qu'on entendît parler en France soit de l'*émancipation de la femme*, soit du *travail attrayant et passionné*. L'orgueil froissé, le découragement envieux, la jalousie haineuse semblent d'ailleurs avoir été les mobiles secrets qui ont mis ces trois réformateurs à se mettre ainsi en lutte avec une société coupable de ne pas savoir assez rendre justice à leur mérite. Constatons cependant entre eux une différence capitale. Fourier avait toujours été pauvre et obscur; Saint-Simon, grand seigneur déchu, avait déjà inutilement essayé du suicide, quand tous deux se donnèrent la mission de réformer leurs semblables; tandis que Owen, plusieurs fois millionnaire, s'était ruiné stoïquement pour avoir la satisfaction de mettre ses doctrines en application. Recrutés à peu près exclusivement dans la partie la plus inintelligente et la plus démoralisée de la classe ouvrière, seul milieu où de pareilles théories pussent trouver crédit en Angleterre, les disciples d'Owen, pour la plupart gens sans aveu, vécurent à ses dépens tant qu'il eut assez d'argent pour continuer cette ruineuse expérience, et ne se firent pas faute ensuite de se moquer de lui, sans songer jamais à s'établir les apôtres, les colporteurs de ses idées, sans se douter qu'en cherchant à les exploiter il y eût pour eux moyen de vivre longtemps encore aux dépens d'autres sots. Les disciples de Saint-Simon et de Fourier, au contraire, appartenaient à la partie éclairée, lettrée, de la classe moyenne de la société française. Loin de coûter jamais rien à leurs maîtres, certains d'entre eux, en piquant vivement la curiosité publique à l'aide de prédications qui déterminèrent chez un grand nombre de néophytes une foi assez vive pour se traduire en sacrifices pécuniaires plus ou moins considérables, déterminés quelquefois par l'espoir d'arriver à la connaissance de la vérité et d'aider à son triomphe, mais le plus souvent par l'ambition, eurent l'art de se créer d'abondantes et précieuses ressources tant pour lutter agréablement contre les nécessités matérielles de la vie que pour propager plus facilement la doctrine commune. Quelques-uns, les plus prévoyants et les plus adroits, surent même se faire de leur métier d'initiateurs aux nouvelles théories sociales un titre pour arriver à des fonctions lucratives, à des positions éminentes, dans ce même ordre social qu'ils avaient mission de détruire.

Le saint-simonisme était mort, frappé tout à la fois de ridicule et de réprobation dans l'opinion publique. Quelques-uns des hommes qui s'étaient séparés du Père Enfantin, quand ils l'avaient vu se poser en pape, en chef suprême et infaillible de la religion nouvelle, avec M. Michel Chevalier pour vicaire, avaient bien essayé un instant de grouper autour d'eux quelques autres dissidents, et de fonder des sectes particulières; mais ils avaient vite reconnu leur impuissance; et force leur eût été de se résigner à rester désormais confondus dans la foule, si M. Considérant n'était pas venu sauver pour eux la question d'amour-propre en leur révélant la sublime théorie de l'*industrie attrayante et passionnée*. Ils ne doutèrent plus alors qu'ils ne fussent cette fois en possession de la vérité; et pour être quelque chose, ils s'enrôlèrent sous la bannière d'un rêveur qui avait pu impunément émettre dès 1808 les idées les plus bizarres dans sa *Théorie des Quatre Mouvements*, et en 1822 dans son *Traité de l'Association domestique agricole*, sans que la critique se fût souciée de faire justice des extravagances que ce cerveau évidemment dérangé y avait accumulées comme à plaisir. Elle aurait en effet fort à faire, cette malheureuse critique, s'il lui fallait régulièrement entretenir le public de toutes les excentricités que le *Journal général de la Librairie* enregistre chaque semaine avec un impassible sérieux!

C'est en 1832, et à Metz, où il tenait garnison, que M. Considérant s'avisa pour la première fois d'ouvrir des conférences publiques à l'effet de vulgariser les idées de Fourier, de ce *penseur* encore complètement ignoré, dont il était devenu tout à coup le disciple fervent et convaincu. M. Jules Lechevalier, infidèle au Père Enfantin, n'eut pas plus tôt connaissance du succès de curiosité qu'obtenaient dans l'est de la France les séances d'initiation de M. Considérant, qu'il entreprit de l'imiter à Paris. Quelques mois plus tard, un journal mensuel intitulé le *Nouveau Monde, ou la Réforme industrielle*, était fondé pour servir de lien commun et d'organe aux adeptes que la nouvelle école comptait déjà dans cette foule de mécontents qui, à une époque où la discussion libre et la publicité de toutes choses prenait de plus en plus place dans les mœurs, brûlaient du désir de jouer un rôle quelconque, sans que le pouvoir soit offrir d'utiles distractions à la maladive activité de leur esprit. Le *Nouveau Monde* avait pour but d'arriver à la constitution de *la phalange*, cette clé de voûte du nouvel édifice social rêvé par les novateurs. La Phalange, dans les idées de Fourier, devait être une association de croyants de tout âge et de tout sexe, se réunissant pour substituer à leurs habitations, aujourd'hui isolées et chétives, un vaste et magnifique édifice appelé *phalanstère*, où ils vivraient désormais en commun, sous la direction de *sages* ou d'*anciens*, librement désignés par eux; réalisant ainsi d'incalculables économies, qui serviraient à accroître au delà de toute imagination les jouissances matérielles et morales de chacun. Dans ces phalanstères, en comparaison desquels, s'il fallait s'en rapporter aux gravures-*specimen*, le palais du Louvre et celui de Versailles, construits par des *tyrans* avec le produit des *sueurs du peuple*, n'eussent été que de véritables chenils, la population, harmonieusement divisée en *ordres*, en *séries* et en *groupes*, suivant les affinités électives de chaque membre, se livrerait à ses travaux habituels, devenus *attrayants* et *passionnés*, entrepris aux frais de la masse, et cependant exécutés au bénéfice particulier de chacun. Là plus de famille, plus de propriété, comme elles existent depuis l'origine des sociétés humaines; on les remplacera par l'amour et le dévouement de tous pour tous, résultat infaillible de l'association d'efforts restés jusque là isolés, et maintenant combinés pour féconder une terre dont la fertilité sera sans bornes, une terre propriété commune à tous, mais dont les fruits seront équitablement partagés au prorata du travail individuel.

Tout cela avait déjà été expérimenté par Owen; les fouriéristes le donnèrent intrépidement pour du neuf, et comme, en définitive, il n'y a pas d'idée si absurde qui ne réussisse à faire des fanatiques, ils trouvèrent un riche Anglais, appelé *Young*, qui se chargea des frais d'une expérience nouvelle. Bientôt même un membre de la chambre des députés, M. *Baudet-Dulary*, séduit par la théorie de l'industrie attrayante et passionnée, consacrait à sa réalisation la majeure partie de sa fortune. Mais l'essai de phalanstère tenté par lui et quelques amis à Condé-sur-Vesgre n'aboutit qu'à la ruine complète de ceux qui en avaient fait les frais. Il en arriva de même des nouvelles tentatives postérieurement faites en Belgique et au Brésil. De pareils échecs ne purent dessiller les yeux des disciples de Fourier, dont au contraire le nombre alla toujours croissant.

Les fortunes brillantes faites par plusieurs ex-disciples du Père Enfantin furent pour beaucoup sans doute dans la rapide propagation du fouriérisme; mais la coupable insouciance du pouvoir ne laissa pas non plus qu'y contribuer. Ce qui rendait le gouvernement d'alors indulgent, sympathique même, pour la prédication de toutes ces ridicules théories sociales, c'est qu'elles étaient une diversion puissante aux aspirations républicaines que l'opposition provoquait de plus en plus dans une certaine couche de la population. Comme le saint-simonisme, le fouriérisme avait en effet, avec d'autres formules et sous d'autres formes, que l'anéantissement complet, absolu, de la liberté et de la spontanéité des individus, que l'idéal poétisé du despotisme et de l'esclavage. Dès lors l'ordre de choses créé en 1830 ne risquait rien, ou du moins ne voyait aucun danger, à laisser circuler sans aucune entrave des idées qui lui semblaient servir à souhait les intérêts de sa politique. Les républicains du *National* et des autres écoles n'étaient-ils pas d'ailleurs, de la part des organes de la doctrine phalanstérienne, l'objet d'encore plus d'injures et de quolibets que de la part des feuilles à la solde de police?

Les offrandes et les contributions volontaires affluant de plus en plus à la caisse du *Nouveau-Monde*, ce recueil put bientôt se dédoubler et se transformer en un journal, d'abord bis-hebdomadaire, et devenu plus tard quotidien : *La Démocratie pacifique*, et en une revue intitulée *La Phalange*. Alors, à l'exemple des saint-simoniens, les fouriéristes donnèrent, eux aussi, pour propager leurs principes, des fêtes, des bals, des concerts.

La petite correspondance de la *Démocratie pacifique* restera longtemps célèbre dans les annales du puff et de la mystification. Les rédacteurs avaient imaginé de publier chaque jour sous ce titre un article consacré à répondre, *sans frais de port de lettres*, à tout ce que leur mandaient leurs amis des départements ou de l'étranger, et surtout à leur accuser réception de leurs envois d'argent. Rien d'amusant à voir comme l'art avec lequel ils savaient varier des formules nécessairement laconiques, dont la monotonie, s'ils n'y avaient veillé avec soin, eût fini par fatiguer le lecteur, condamné à relire sans cesse la même chose. En moyenne, chaque numéro de *La Démocratie pacifique* contenait, dans un *entre-filets* toujours placé de la manière la plus propre à frapper les yeux, *trente réponses* du genre de celles-ci : « A Monsieur A.... à Lyon : Reçu les 200. Merci. Bon courage. Continuez. Le jour du triomphe approche ; vous êtes évidemment destiné à de grandes choses. » Ou bien : « A Monsieur B.... à Marseille. Votre lettre est d'une intelligence d'élite ; nous sympathisons de cœur avec vous. Nous ne manquerons pas de mettre à profit vos si judicieuses observations. Nous n'avons pas encore reçu les 50 annoncés.... Vérifiez à qui la faute. » L'habileté profonde du procédé consistait, comme on voit, à provoquer parmi les *frères*, par ces épanchements si naïfs, par ces confidences si sincères, la productive manie de l'imitation. On n'évalue pas à moins d'un million les sommes ainsi prélevées par les chefs de l'école sur la bonne volonté de leurs fidèles ; toutefois, on ne serait pas en droit d'y trouver le plus petit à redire, puisque jamais croyant désillusionné ne s'avisa de se plaindre à la police correctionnelle d'avoir été pris pour dupe.

Fourier était mort dès 1837 ; mais M. Considérant avait été tout aussitôt acclamé son successeur et héritier direct ; encore lui en coûta-t-il aussi, comme il était arrivé aux saint-simoniens, il y eût du schisme, et que des dissidents assez nombreux, groupés autour d'un M. *Édouard de Pompery*, eussent élevé autel contre autel et publié journal contre journal, pour combattre l'usurpation flagrante et les monstrueuses hérésies du prétendu successeur du maître.

Peut-être le grand tort de M. Considérant, aux yeux de ces puritains, était-il d'avoir eu l'habileté ou le bon sens de taire, de dissimuler quelques-unes des plus grotesques excentricités de Fourier ; par exemple, de n'avoir pas maintenu comme article de foi la donnée suivant laquelle l'espèce humaine, quand elle sera arrivée à son complet perfectionnement (dans *quinze mille* années d'ici), sera pourvue d'une queue terminée par un œil, dont la présence à cet endroit du corps augmentera sans mesure les facultés visuelles assez chétives qui sont aujourd'hui notre partage.

Après une crise passagère qui le contraignit à abandonner sa splendide maison de la rue de Tournon pour aller se loger provisoirement dans un assez modeste rez-de-chaussée de la rue de Seine, l'école *sociétaire* ou *fouriériste* était définitivement installée depuis longtemps dans un aristocratique hôtel de la rue de Beaune, quand éclata la révolution de Février. Or elle avait trop fait parler d'elle pour que le suffrage universel, avec l'intelligence qu'on lui connaît, ne vint pas alors choisir dans ses rangs quelques représentants du peuple. M. Considérant, entre autres, fut donc élu en 1848 par le département du Loiret, et en 1849 par le département de la Seine, membre de l'Assemblée nationale, où il siégea sur la crête de la Montagne, sans avoir guère occasion d'y prendre la parole. Ses amis (les qualités de son cœur lui en ont acquis, en dépit des travers de son esprit) regretteront même toujours qu'il ne se soit pas condamné à y garder un silence absolu. Après les terribles journées de juin, M. Considérant, qui s'agitait beaucoup dans les comités, fut sommé de faire connaître à la tribune le palliatif infaillible qu'il disait posséder pour mettre un terme aux poignantes douleurs du moment ; et du plus grand sang-froid du monde Il y mit pour condition *sine qua non* que l'assemblée lui accordât *cinq séances de nuit* pour exposer son plan. On devine qu'il ne s'agissait que de transformer les 40,000 communes de France en autant de phalanstères régis d'après *la loi du travail attrayant et passionné*; l'assemblée, malgré la sombre gravité des circonstances, ne lui répondit que par un éclat de rire homérique, et passa à l'ordre du jour. A quelque temps de là pourtant, M. Considérant, ne se tenant pas pour battu, déposa une proposition formelle pour obtenir de l'État la concession de 1,500 hectares, fonds et superficie, dans la forêt de Saint-Germain, à vingt minutes de Paris par le chemin de fer, pour élever, sans autre subvention, un phalanstère où toute la capitale pourrait avant peu être témoin du bonheur ineffable qu'y goûteraient les croyants admis à l'honneur de réaliser sous sa direction les merveilles promises par Fourier à ses disciples. S'il s'était borné à demander une subvention modeste de 1,500 hectares à défricher, à phalanstériser, en Algérie, l'assemblée n'y eut peut-être pas regardé de si près; mais comme il s'agissait de distraire de la fortune publique une valeur immédiatement réalisable de plusieurs millions, elle ne fit pas même à M. Considérant l'honneur de le discuter. Pour devenir un homme sérieux, il dut aller demander à la Belgique un asile qui ne lui fut pas refusé, et où il lui fut même permis de continuer à se consacrer tout entier à la propagation de ses idées, jugées par le gouvernement belge peu dangereuses pour la population éminemment sensée de ce pays. Que si M. Considérant est parvenu cependant à faire là encore des recrues à l'idée fouriériste, il ne les a trouvées que parmi les étrangers de passage dans cette vaste auberge européenne. En juin de cette année 1853, les journaux ont annoncé son départ pour le Texas en compagnie d'un autre Anglais appelé *Albert Brisbane*, converti par lui et décidé à consacrer son immense fortune à une nouvelle expérimentation en matière de phalanstère. Cette fois, ce sont les bords de la Rivière-Rouge qui, sur une superficie de 12 à 15,000 acres (joli lopin de terre assurément, mais auquel je préférerais encore 1500 hectares dans la forêt de Saint-Germain), verront s'accomplir les miracles depuis si longtemps annoncés.

Rédacteur en chef de *La Démocratie pacifique* et de *La Phalange*, qui cessèrent l'une et l'autre de paraître après l'échauffourée du 13 juin, M. Considérant n'avait point borné son activité littéraire à la direction de ces deux journaux. On a en outre de lui les ouvrages suivants : *Destinée sociale* (2 vol. 1834-1836); *Théorie de l'éducation naturelle et attrayante* (1835); *Débâcle de la politique en France* (1830); *Manifeste de l'école sociétaire fondée par Fourier, ou bases de la politique positive* (1841); *Exposition abrégée du système phalanstérien de Fourier* (1845); *Principes du socialisme, manifeste de la démocratie au dix-neuvième siècle* (1847); *Théorie du droit de propriété et du droit au travail* (1848); *Le Socialisme devant le vieux Monde, ou le vivant devant les morts* (1849); *La dernière guerre et la paix définitive de l'Europe* (Bruxelles, 1850). La barbarie du style et répond de tous points à l'étrange incohérence des idées. Ils forment la plus grande partie du fonds de boutique de la *Librairie phalanstérienne*, qui, en dépit des révolutions, réactions et coups d'État, distribue toujours au plus juste prix la manne intellectuelle condensée sous forme de brochures ou de gros traités par les différents docteurs de l'école sociétaire.

CONSIDÉRATION, sentiment mêlé de respect et d'admiration et fortifié par l'*estime*. Celle-ci suit la considération, mais n'en fait pas toujours partie, car on peut avoir de la considération sans estime, comme de l'estime sans considération. En France, même aujourd'hui, la considération s'attache à la naissance, escorte la richesse, néglige la vertu obscure et se refuse au talent, s'il est dénué de fortune en même temps que privé de moralité. Dans les cours, la considération descend du monarque, qui la distribue par des titres et des honneurs. Dans les républiques, elle se tire des emplois et des distinctions accordées par les citoyens : aussi le courtisan la perd avec la faveur du prince, et l'idole du peuple la perd avec la faveur de la multitude. En un mot, vient-elle des choses, la considération n'a rien de solide; elle s'éloigne sur les pas de la richesse et déserte aussitôt que le pouvoir. Quant à la considération personnelle conquise par le génie, elle résiste aux rigueurs de la fortune et survit aux persécutions de l'envie. Le génie la porte avec lui, s'en pare et la communique à qui l'approche. La considération s'obtient encore par l'élévation du caractère, l'originalité de l'esprit ou la bonté du cœur : à ces titres, elle inspire l'attachement et féconde l'amitié, dont elle resserre les nœuds. Mais captive dans un cercle étroit, si elle ne s'appuie que sur l'esprit, elle s'use quelquefois, affaiblie par l'habitude ou glacée par le temps. A cette différence entre la *considération* et la *réputation*, que la première pèse ses choix avant de les adopter, tandis que la seconde admet indifféremment tout ce qui la frappe : vice ou vertu, folie ou sagesse, tout ce qui sort de la foule ou fait quelque bruit suffit pour la captiver.

La *considération* diffère aussi de la *célébrité* : la *renommée* même ne la donne pas toujours, et l'on peut en avoir sans imposer par un grand éclat. La *considération* est un sentiment d'estime mêlé d'une sorte de respect personnel qu'un homme inspire en sa faveur. On en peut jouir également parmi ses inférieurs, ses égaux ou ses supérieurs, et en rang et en naissance. On peut dans un rang élevé, ou avec une naissance illustre, avec un esprit supérieur, des talents distingués, on peut même avec de la vertu, si elle est seule et dénuée de tous les autres avantages, être sans *considération*. On peut en avoir avec un esprit borné, ou malgré l'obscurité de la naissance ou de l'état. La *considération* ne suit pas nécessairement le grand homme : l'homme de mérite a toujours droit; et l'homme de mérite est celui qui, ayant toutes les qualités et tous les avantages de son état, ne les ternit par aucun endroit. Pour donner une idée plus précise de la *considération*, on l'obtient par la réunion du mérite, de la décence, du respect pour soi-même, par le pouvoir connu d'obliger et de nuire, et par l'usage éclairé qu'on fait du premier, en s'abstenant du second.

Enfin, pour puiser encore parmi les synonymes, on a du respect pour l'autorité, des égards pour la faiblesse, de la considération pour le mérite, de la déférence pour un avis. On doit du respect à soi-même, des égards à ses égaux, de la considération à ses supérieurs, de la déférence à ses amis. Le malheur mérite du respect, le repentir des égards, les grands services de la considération, les prières de la déférence. Il y a telle nation où un chanteur jouit plus de considération qu'un savant, parce que les hommes aiment mieux être amusés qu'éclairés.

Considération au propre est l'action par laquelle on considère, ou examine. On peut considérer attentivement quelqu'un, sans le *considérer* beaucoup. Un objet de peu de *considération* est un objet de peu d'importance. Considération employé au pluriel dans le sens d'examen, réflexions, observations, semble remonter à une époque assez récente. Montesquieu nous paraît avoir, sinon inventé, du moins popularisé cette expression par son livre célèbre : *Considérations sur la grandeur et la décadence des Romains*. Ce qui peut confirmer cette conjecture, c'est que l'acception donnée par l'auteur ne se trouve pas dans l'édition, publiée neuf ans plus tard, du *Dictionnaire de Trévoux*. Consideration signifie aussi circonspection, attention dans la conduite : *il agit sans considération*; raison, motif : *être mu par des considérations d'honneur et d'intérêt*; égards qu'on a pour quelqu'un : *C'est à votre considération qu'il agit ainsi*.

Je suis avec considération, avec une parfaite considération, avec une considération distinguée, avec une haute considération, etc., sont, tout le monde le sait, autant de formules plus ou moins polies par lesquelles, sans tirer à conséquence, on termine une lettre.

CONSIDÉRATIONS (Le chapitre des). Ce chapitre-là méritait bien un petit article dans notre ouvrage; car dans la politique, dans la société, c'est le moteur secret de bien des déterminations, des plus grands comme des plus petits événements. Pourquoi les mémoires nous intéressent-ils beaucoup plus que l'histoire? C'est qu'ils nous donnent au moins quelques fragments de ce chapitre, que l'histoire passe tout à fait sous silence. Un grand mouvement populaire renverse un roi du trône et semble menacer de nouveau la tranquillité de l'Europe; on prévoit de nouvelles alliances, de nouvelles batailles; on s'apprête à repousser la tentative d'une troisième invasion. Mais ces prévisions sont trompées, parce que la prudence est venue présider aux congrès des princes; qu'elle a fait craindre de causer un ébranlement général en voulant le prévenir, et que dans tous les traités et protocoles figure, en article secret, le *chapitre des considérations*. Une opposition loquace est devenue tout à coup muette; la satire a passé d'abord par la modération pour arriver à la louange; là se révèle encore pour un public malin la secrète influence de quelque paragraphe du chapitre en question. Avons-nous besoin de dire qu'il préside à la plupart des mariages, par les diverses *considérations* de fortune, de places, d'avancement; que si un grand nombre de maris trompés sont aveuglés de bonne foi, il en est aussi qui pour ne pas voir ont placé entre leurs yeux et leurs femmes le mystérieux chapitre? Il paraît difficile d'énumérer toutes les formes sous lesquelles il se reproduit dans le monde. C'est le chapitre des considérations financières qui procure tant de soins et d'égards à un vieil oncle à succession; c'est le chapitre des considérations gastronomiques qui attire tant de monde chez ce richard. Si cette jolie femme semble adorer ce magot, si cet ennuyeux auteur est loué périodiquement dans ce journal ignoré, soyez sûrs que vous trouveriez le chapitre des considérations dans l'écrin de la première et sur le registre des rares abonnements du second. Remercions ce chapitre, utilement médité, de ce que les duels, les suicides, trop fréquents chez nous, ne le sont pas encore davantage; de ce qu'il est un peu moins question d'adultère dans nos tribunaux que dans nos romans; nous regrettons qu'il ait enlevé plus d'une page piquante à des ouvrages qui semblaient promettre de curieuses révélations. Il nous en coûte à nous-même de nous borner à ce simple aperçu d'un sujet qui, par sa fécondité, aurait pu remplir tout ce volume; le *chapitre des considérations* est un de ceux qui ne finissent jamais.

OURRY.

CONSIGNATION (du latin *consignare*, sceller; parce que chez les Romains le débiteur qui était admis à consignation renfermait les espèces dans un sac qui était cacheté de son sceau). C'est le dépôt fait entre les mains d'un officier public du prix de tous les biens meubles et immeubles vendus et adjugés par autorité de justice, de tous les deniers et revenus saisis qui donnent lieu à des contestations, ainsi que des sommes ou effets dont toute personne chargée ou obligée envers un tiers offre en justice de se libérer, nonobstant les refus ou empêchements qui arrêtent sa libération. La consignation doit se faire à la caisse des dépôts et consignations.

On distingue deux espèces de consignations : les consignations légales ou volontaires, et les consignations judiciaires.

L'article 814 du Code de Procédure porte que si le créancier refuse les offres qui lui sont faites, le débiteur peut, pour se libérer, consigner la chose ou la somme offerte. Quatre conditions sont nécessaires pour la validité d'une consignation volontaire. 1° Il faut qu'elle ait été précédée d'une sommation signifiée au créancier et contenant l'indication du jour, de l'heure et du lieu où de la chose offerte sera déposée : le créancier depuis cette formalité a jusqu'au dernier moment la faculté de recevoir et de prévenir la consignation; 2° que le débiteur se soit dessaisi de la chose offerte en la remettant dans le dépôt indiqué par la loi, avec les intérêts jusqu'au jour du dépôt. 3° qu'il y ait un procès-verbal dressé par l'officier ministériel de la nature des espèces offertes, du refus qu'a fait le créancier de la recevoir ou de la non-comparution; 4° que le procès-verbal du dépôt, en cas de non-comparution de la part du créancier, lui ait été signifié, avec sommation de retirer la chose déposée. L'article 1264 du Code Napoléon a tracé au débiteur ses droits dans le cas de refus de la part du créancier. Les frais de la consignation sont à la charge du créancier.

Les *consignations judiciaires* sont celles qui se font lorsque le créancier ne peut recevoir, à cause des saisies-arrêts, des oppositions faites aux mains du débiteur qui veut se libérer. On les appelle *judiciaires* parce que le débiteur doit les faire ordonner par justice. L'article 557 du Code de Procédure règle les formalités de la consignation en matière de ventes mobilières, et l'article 771 du même Code règle celles à suivre en matière de ventes immobilières.

La consignation a pour effet de libérer le débiteur; à son égard, elle tient lieu de payement et arrête le cours des intérêts qui avaient commencé à courir. La chose consignée demeure aux risques du créancier.

Dans la coutume de Normandie, on nommait *consignation de dot* l'emploi ou remplacement fait sur les biens du mari des deniers de la dot de la femme.

En fait de commerce, remettre des marchandises *en consignation*, c'est en opérer le dépôt dans une maison de commission pour parvenir plus facilement à la vente. Celui qui fait le dépôt prend le nom de *consignateur*, celui qui le reçoit est appelé *consignataire*. Celui-ci n'exerce alors que le mandat de *negotiorum gestor*, vend pour compte d'autrui, sauf son droit de commission sur le prix de vente, et son *droit de consignation* pour prix du mandat, s'il ne parvient pas à effectuer la vente. Les marchandises *consignées* demeurent toujours la propriété du consignateur, et restent à ses risques et périls ; et en cas de faillite du consignataire, celui-ci a le droit de revendiquer les marchandises qui lui appartiennent et qui se trouvent en nature dans les magasins du failli; à l'égard de celles qui ont été vendues, le consignateur a également droit de se faire restituer, sauf les déductions légitimes, le prix qui est dû au consignataire. Il en est autrement lorsque le consignataire a reçu les fonds ou lorsqu'il a consenti à passer la somme en compte courant avec l'acheteur. Du moment qu'il n'y a plus d'action directe à exercer contre ce dernier, le privilége du consignateur pour le prix des marchandises consignées et vendues n'a plus lieu : il supporte alors, comme tous les autres créanciers du failli, sa part du sinistre général.

Dans le commerce maritime, toutes les marchandises qui composent la cargaison sont consignées sur le navire ; et dans ce cas particulier la principale conséquence de la consignation est d'affecter les marchandises non pas seulement au payement du fret, mais aussi à tous les risques maritimes, qui pèsent également sur toutes les marchandises : en sorte qu'en cas d'un sinistre général, les marchandises qui ont été sauvées contribuent, dans des proportions déterminées, à payer l'indemnité due aux propriétaires des marchandises dont l'intérêt général a commandé le sacrifice. Toutes les marchandises consignées sur un navire sont affectées au payement des avaries. Le capitaine a d'ailleurs son action directe en remboursement du fret sur le prix des marchandises consignées à son bord, si le consignataire à qui elles sont adressées refuse soit de les recevoir, soit d'acquitter le montant de ce qui lui est dû.

Dans les consignations d'argent monnayé, dont on veut faire opérer le transport d'un lieu dans un autre comme marchandise, le voiturier qui a reçu les espèces sous enveloppe et cachetées ne contracte pas d'autre obligation que de représenter à destination l'objet qui a été consigné entre ses mains, dans l'état où il lui a été remis.

CONSIGNE, ordre, instruction que l'on donne à une sentinelle, à une vedette, à un chef de poste sur ce qui doit être l'objet de sa surveillance et sur ce qu'il doit faire et empêcher, etc : *donner, observer, violer, lever la consigne*. Il se dit, par extension, des ordres, des instructions qu'on donne à toute personne chargée de garder l'entrée de quelque lieu public : *forcer la consigne*. Enfin, à l'entrée des villes de guerre, des *portiers-consignes* sont placés à poste fixe par les gouverneurs ou commandants pour ouvrir et fermer les portes, surveiller les infractions qui ne sont pas uniquement du ressort de la troupe, et tenir note quelquefois de l'arrivée des étrangers et de la sortie des hommes de la garnison.

La consigne, en général, est une instruction contenant en détail les ordres que les militaires doivent exécuter dans les postes dont la garde leur est confiée. Elle varie suivant qu'il s'agit du service de garnison, de campagne ou de route, et peut être verbale ou écrite. Celle des sentinelles et vedettes est ordinairement verbale. On l'affiche cependant quelquefois dans les guérites. La consigne écrite se compose de deux parties, l'une générale et permanente, l'autre spéciale et passagère. La première prescrit aux factionnaires de ne se laisser relever que par le caporal du poste, de ne recevoir en faction une nouvelle consigne que du même supérieur, d'avoir toujours la baïonnette au bout du fusil, de porter les armes aux officiers en uniforme, aux légionnaires civils ou militaires revêtus de leur décoration, de les présenter aux officiers supérieurs ou généraux, de crier *aux armes* ! à l'approche d'un détachement et de le faire arrêter à une certaine distance du poste jusqu'à ce que le caporal soit venu le reconnaître. Les prescriptions spéciales contiennent souvent pour la nuit d'autres consignes que pour le jour ; elles diffèrent entre une garde de police et la garde d'un officier général, d'un palais, d'un magasin à poudre, etc. Feuquières rapporte dans ses mémoires diverses surprises de places qu'il attribue au défaut de consignes.

On donne aussi le nom de *consigne* à la punition qui interdit pour un temps déterminé aux militaires de sortir de la chambre ou de la caserne. Ils sont obligés de faire toutes les corvées, le balayage, le transport et le sciage du bois ; le service des magasins du corps, etc. En route, il est infligé des consignes à la garde de police, c'est-à-dire que la troupe est momentanément détenue au corps de garde du gîte. Quelquefois une garnison entière *consignée* dans une ville pour quelque faute générale. Enfin, dans des circonstances critiques, les régiments sont *consignés* dans leurs casernes pour que l'autorité supérieure les ait toujours sous la main prêts à prendre les armes au premier signal.

[Dans la marine, c'est le nom qu'on donnait autrefois, à bord des bâtiments de guerre, au lieu où l'on conservait, jour et nuit, pour le service, une lampe allumée dans un fanal suspendu. Aujourd'hui la *consigne* est le poste où se tient le caporal du poste, et d'où doivent partir les feux accordés par l'officier de service pour l'éclairage des travaux intérieurs. A bord des vaisseaux et des frégates, la consigne est située dans le faux-pont. Il n'y a pas d'autre lumière que celle de l'*habitacle* à bord des bâtiments inférieurs.

On donne encore ce nom, dans les ports, à des préposés à la garde du matériel des navires. Le nom de *consigne* ne figure plus dans les lois et décrets de réorganisation de la marine de l'État ; on trouve toutefois dans l'art. 5 du tit. III du décret du 20 septembre 1791 des dispositions pénales contre les suisses, gendarmes, gardiens et *consignes* qui auront commis ou favorisé le vol dans l'intérieur des ports ou arsenaux. Merlin]

CONSISTANCE (du latin *consistere*, s'arrêter, résister, se tenir ferme). En physique, on dit qu'une chose *prend de la consistance* quand d'un état fluide elle passe à un état plus solide. Dans le sens métaphysique, on applique l'expression *consistance* à tout ce qui offre une apparence de force et de durée : on dit qu'un gouvernement nouveau, où d'abord tout était incertitude, prend de la *consistance*, quand les intérêts ou les opinions qui exercent de l'influence se groupent autour de lui et se coalisent au besoin pour le défendre. Dans le langage de la jurisprudence, on écrivait autrefois la *consistance d'un domaine*, pour indiquer les diverses parties qui le composaient ; maintenant, on se sert plutôt du mot *contenance*.

Dans un siècle comme le nôtre, où les subversions sociales sont si fréquentes, il est sans doute quelques hommes qui possèdent de grandes qualités, mais ce qui leur manque en général, c'est de la *consistance*. Placés sur un terrain mouvant, et qui parfois les engloutit, on évite de s'incorporer à leur fortune, parce qu'elle n'offre ni sécurité ni garantie. D'un autre côté, pour que la société soit forte, il faut que les *chefs* forment, au moyen des sous-ordres qui s'attachent à eux, une masse compacte, qui impose par le nombre, sauf à commander plus tard par l'ascendant du génie. Des *individualités* hors ligne font naître l'admiration ; mais elles sont tout à la fois sublimes et passagères, et il n'y a en, définitive, de société possible qu'avec des agrégations. Peu importe que la médiocrité s'y trouve, si elles sont liées dans leur ensemble. A une époque d'agitation comme la nôtre, tous ceux qui dirigent doivent s'épuiser d'efforts pour arriver à la *consistance*. Sans doute, il ne dépend pas toujours d'eux d'obtenir ce précieux résultat ; mais ils doivent, autant que possible, s'en donner l'apparence ; et c'est déjà un pas fait vers l'ordre : ce que l'on a mission de prescrire est mieux et plus vite exécuté.

Un bruit, une nouvelle qui prend ou acquiert de la *consistance*, c'est un bruit, une nouvelle qui devient moins vague, qui commence à se confirmer. Un esprit *sans consistance*, c'est un esprit qui n'est pas ferme dans ses résolutions, dans ses opinions, etc., qui en change aisément. Enfin, un homme *sans consistance dans le monde*, ou simplement *sans consistance*, est un homme sans crédit, sans considération ; ostracisme commode dont tous les partis usent et abusent pour écarter arbitrairement ceux qui leur font ombrage. Saint-Prosper.

CONSISTOIRE. Du Cange dérive ce mot du latin *consistorium* (*locus ubi consistitur*), qui s'est dit premièrement selon lui d'un vestibule, d'une galerie ou d'une antichambre de palais, où les courtisans attendaient qu'il leur fût permis de présenter leurs hommages au prince.

Chez les Romains c'était proprement le lieu où s'assemblait le conseil intime et secret des empereurs. On a pris ensuite le nom du lieu où il se tenait pour le conseil même, et on a appelé *comites consistoriani* ceux qui étaient de ce conseil. De là on a désigné en latin par la dénomination de *regium consistorium* le conseil des rois de France, et par celle de *sacrum pontificis consistorium* le collège des cardinaux, lorsqu'il se réunit sur la convocation du pape pour quelque affaire importante. Le saint-père tient deux espèces de *consistoires* ; l'un public, dans lequel il reçoit les princes et donne audience aux ambassadeurs sur un trône fort élevé, à siège d'or, couvert d'écarlate ; l'autre secret, où il pourvoit aux sièges vacants, sur un siège élevé seulement de deux degrés, n'ayant pour l'assister que deux cardinaux, dont il prend les avis, qualifiés de *sentences*.

On donne aussi le nom de *consistoire* à l'assemblée des ministres et anciens de la religion protestante, ainsi qu'au conseil qui dirige les affaires d'une communauté israélite. Les églises de la confession d'Augsbourg ont des *consis-*

toires, chargés de veiller à la discipline, à l'administration des biens de chaque église et à celle des deniers provenant des aumônes. Un consistoire général compose l'administration supérieure de toutes les églises consistoriales et des inspections ; il s'assemble à des époques indéterminées et avec l'autorisation du gouvernement. La communion calviniste n'a qu'un consistoire par église. Cinq églises consistoriales forment l'arrondissement d'un synode. Le culte israélite a un consistoire central et des consistoires départementaux. L'autorité du premier s'étend sur toutes les communautés israélites de France. Chaque consistoire départemental a l'administration et la police des temples de sa circonscription.

[Calvin disait : « Du commencement, chacune église a eu, comme un conseil ou *consistoire*, de bons prudhommes, graves et de sainte vie, lesquels avaient l'autorité de corriger les vices. Or, que cet état n'ait point été pour un seul âge, l'expérience le démontre. Il faut donc tenir que cet office de gouvernement est bon de tout temps. » Le *consistoire* est encore aujourd'hui le principal corps représentatif des Églises réformées, tant pour leurs intérêts religieux intérieurs que pour leurs rapports administratifs avec le gouvernement. Dans tout le travail administratif des cultes protestants, le ministre ne correspond point avec les pasteurs, mais avec le consistoire, par l'entremise de son président. Sous l'ancienne discipline des Églises réformées de France, le peuple nommait directement une première fois les anciens composant le consistoire ; puis le consistoire, formé de douze membres ou plus, se complétait lui-même lors des vacances, à des époques indéterminées, mais toujours à charge, sous peine de nullité, que les nouveaux élus fussent présentés à l'église deux dimanches de suite, « afin que le consentement aussi du peuple y intervînt ». Les consistoires avaient autrefois des pouvoirs exorbitants. Leur office, réglé par les soins vigilants de Calvin, était de veiller sur le troupeau et de délibérer « sur les fautes et scandales ». Chaque fidèle y pouvait être appelé pour rendre compte de ses actes. L'ordre des peines à infliger se composait de l'exhortation ou réprimande, de la censure, de la suspension de la sainte Cène à temps, enfin de l'excommunication ou retranchement du corps de l'Église. Il y avait appel, mais non suspensif, de ces trois dernières peines au colloque et au synode provincial.

Aujourd'hui, la loi organique du 18 germinal an x, qui régit les cultes protestants en France, décide qu'il y aura un consistoire par 6,000 âmes de population, et qu'il sera composé du pasteur ou des pasteurs de chaque église, et *d'anciens*, au nombre de six à douze, c'est-à-dire de notables laïcs choisis parmi les citoyens les plus imposés. Tous les deux ans les anciens du consistoire sont renouvelés par moitié, dans une assemblée composée des anciens en exercice et de douze chefs de famille choisis parmi les plus imposés. Du reste, plus de présentation à l'église, ni de consentement du peuple, comme sous l'ancienne discipline. Les consistoires, pour leurs délibérations et pour l'expédition de leurs affaires, ont un président, qui est le plus ancien pasteur ; mais c'est un *primus inter pares*, ce qui serait contraire à l'essence de l'Église réformée. Les consistoires n'exercent plus leur ancienne prérogative de censure sur les mœurs, mais ils sont la seule représentation légale des églises, et leurs pouvoirs sont encore très-grands, trop grands peut-être, puisque douze membres décident de toutes les affaires d'une communauté, souvent très-populeuse. Ces douze membres laïcs, dits *anciens*, gèrent avec les pasteurs les intérêts de l'Église, font toutes demandes et pétitions au ministre des cultes ; acceptent, après autorisation, les donations et legs ; règlent et ordonnent le culte ; surveillent la doctrine ; louent ou font construire les édifices religieux ; recueillent les offrandes destinées à subvenir aux frais du culte ; perçoivent à Paris, de même que les fabriques des paroisses catholiques, 10 pour 100 du tarif des pompes funèbres protestantes, conformément au cahier des charges de l'entreprise. Ce sont les consistoires qui se présentent au palais du gouvernement, dans les occasions solennelles, et qui haranguent le chef de l'État par l'organe de leur président. Enfin, la fonction la plus importante de ces conseils représentatifs, celle qui fait le mieux ressortir le vice de leur organisation, c'est le droit que la loi organique leur confère de choisir leurs pasteurs à chaque place vacante. Il y a eu effet usurpation de pouvoirs et absurdité manifeste à donner à douze personnes d'une communauté la faculté de désigner le pasteur, sans que la communauté soit consultée. Aussi est-il arrivé plusieurs fois, dans des occasions notables, qu'un consistoire, subjugué par des motifs de convenance ou d'égards personnels, s'est permis de nommer un pasteur même lorsqu'il était certain que la majorité du troupeau était opposée à ce choix. Les consistoires jouissent du droit non moins exorbitant de destituer un pasteur, à charge d'en présenter les motifs au gouvernement, qui les confirme ou les rejette, comme dans le cas d'une nomination. Depuis peu d'années, les consistoires se sont vus plusieurs fois dans la douloureuse nécessité de faire usage de ce droit de destitution contre des ministres qui s'étaient jetés dans les exagérations de la secte méthodiste anglaise.

Il y a aujourd'hui en France 124 églises consistoriales, non compris les églises luthériennes, ou de la confession d'Augsbourg. Ces 124 consistoires comprennent un total de 362 pasteurs actuellement en exercice, et s'étendent dans 58 départements. Le département du Gard seul, qui est formé d'une partie de l'ancien Languedoc, contient 19 églises consistoriales, et 72 pasteurs sur un seul point de notre territoire.

Charles Coquerel.]

CONSOLATION, soulagement donné à l'affliction, à la douleur, au déplaisir de quelqu'un. Il suffit d'être mêlé à la société, il ne faut même que vivre, pour éprouver ces profondes douleurs qui rempliraient la vie entière si des diversions de tout genre ne nous étaient tenues en réserve. Elles adoucissent l'amertume du cœur, donnent une direction inattendue aux idées, s'emparent de l'imagination, et parviennent quelquefois à nous créer une existence nouvelle : telle est la salutaire influence des consolations. Se modifiant avec l'âge, les personnes et le temps, elles n'ont rien d'absolu ; seulement, l'à-propos est un de leurs premiers mérites. Nous ajouterons qu'en fait de consolations, on voit mieux en général leurs résultats, qu'on ne démêle les causes qui les ont produits : il y a néanmoins des exceptions. Ainsi, il est certain que les caractères mobiles trouvent dans le changement même un plaisir qui contre-balance les sensations pénibles qu'ils ont récemment éprouvées ; les femmes qui sont jeunes et légères et qui aiment la toilette se dégagent du premier saisissement que leur cause une perte du cœur, dans les apprêts du deuil, surtout s'il relève leur beauté. Les douleurs les plus invétérées, les chagrins les plus profonds, cèdent quelquefois à un travail inattendu et que la raison impose ; une succession de scènes toujours mouvantes, un voyage, par exemple, calme un désespoir qui jusque là n'avait rien voulu entendre, et l'on revient sinon heureux, au moins soulagé : les hommes, comme les choses, vous enlèvent à vous-même sans que vous vous en doutiez ; et c'est là la grande puissance des consolations. Ceux qui sont condamnés à l'isolement ou à la retraite sont bien plus tenaces dans leurs douleurs que les gens du monde : les premiers vivent dans la disette des impressions, ils les conservent intactes ; les seconds n'ont pas toujours le temps de se recueillir dans l'abondance de leurs sensations. Quant aux solitaires proprement dits, les afflictions qui les ont entamés restent dans leur cœur comme une idée fixe dans l'esprit des autres hommes ; ils en meurent souvent.

Il y a deux grandes sources de consolations, les soins et

les affections d'une famille qui nous est attachée, ou d'amis qui nous sont sincèrement dévoués; ils s'identifient si intimement à notre position qu'un bien-être universel finit par s'infiltrer dans tous nos sentiments, et nous remet en possession de ce qui nous reste encore de bonheur ou d'espérance ici-bas. Les femmes, par la tendresse de leur caractère, consolent bien et vite; il n'est pas jusqu'aux enfants qui n'y réussissent quelquefois, parce qu'ils nous touchent en paraissant sensibles à une affliction qu'ils ne comprennent pas encore. Dans toutes les adversités rares et subites, la source la plus féconde en consolations, c'est la foi religieuse; elle fait mieux que de nous écarter avec tendresse et douceur de ce qui nous désole, elle nous élève au-dessus de toutes les adversités. Sans doute nous pleurons encore ceux que nous avons perdus, mais ce n'est pas un désespoir qui abat, c'est un souvenir qui purifie.

Consolation se dit aussi d'un véritable sujet de satisfaction et de joie : c'est une grande *consolation* pour un père de voir ses enfants se porter au bien. Ce mot s'applique également aux discours, aux raisons qu'on emploie pour *consoler* quelqu'un, et dans ce sens il s'emploie souvent au pluriel : les *consolations* de l'amitié; les *consolations* spirituelles. Il se dit encore quelquefois de la chose ou de la personne même qui *console* : la philosophie est la *consolation* des infortunés; Dieu est la *consolation* du pécheur.

Consolation, à certains jeux de cartes, est un tribut que paye le joueur qui a demandé à jouer et qui perd. On dit dans ce sens *une fiche de consolation*. C'est de plus, au figuré, un dédommagement de quelque perte, un adoucissement à quelque disgrâce : pour un homme ruiné un héritage est *une fiche de consolation*. Dans le langage trivial, on appelle *débits de consolation* ces boutiques de liquoristes où les gens du petit peuple vont détruire leur santé, perdre leur raison et dépraver leurs mœurs. La liberté, dit-on, exige que l'on tolère ces établissements que la morale réprouve. C'est là que, dans les grandes villes, les classes ouvrières puisent cet abrutissement qu'on leur reproche. Les économistes, les philanthropes et les orateurs de tribune s'agitent beaucoup de notre temps pour améliorer, disent-ils, la condition physique du peuple; c'est bien, sans doute : ce qui serait pourtant mieux encore, ce serait de parvenir à lui enlever quelques-uns de ses vices; mais il n'y aurait là qu'une œuvre modeste et silencieuse, et nos philanthropes aiment le bruit : ils brochent des livres sur les misères des pauvres; les livres, il les font louer à son de trompe, ils obtiennent des places, roulent dans des équipages, et le sort du peuple est amélioré ! ! Saint-Prosper.

CONSOLE, en architecture, est un corps en saillie qui soutient des vases, des statues, des tablettes de cheminées. On en fait en bois, en pierre et même en fer; le plus souvent leur profil a beaucoup de rapport avec la lettre S. Il y a des consoles qui ont assez de saillie et de consistance pour porter un balcon ou une galerie étroite.

Console est aussi le nom d'un meuble, plus ou moins riche, qui se place d'ordinaire au-dessous d'une glace.

CONSOLIDANTS. Dans l'ancienne médecine, on donnait ce nom à des médicaments qui avaient pour but de *consolider* le travail de la nature à la fin du traitement des plaies, des ulcères, des contusions, des luxations, des fractures. Les toniques, les liqueurs spiritueuses aromatiques, différents vins rendus amers, aromatiques ou astringents, des décoctions plus ou moins fortes de ces mêmes substances, étaient les moyens pharmaceutiques mis en œuvre pour obtenir cette *consolidation* des *cicatrices*; moyens qu'on néglige généralement aujourd'hui.

CONSOLIDATION, l'action d'affermir ce qui a été violemment ébranlé. Les victoires changent la destinée des peuples; mais ce n'est que pour un moment; elles ne valent en définitive que si elles fortifient l'État en lui donnant une nouvelle consolidation. Les sociétés ne sont pas faites que pour vivre glorieusement une époque, mais pour traverser les siècles; et elles ne remplissent cette condition essentielle qu'en ajoutant de nouvelles garanties à la consolidation qui existe déjà; c'est donc un crime de sacrifier cette dernière à des succès personnels, et c'est par là que les conquérants se font maudire du pays qui les a vus naître. Les législateurs eux-mêmes sont coupables quand ils échangent contre de prétendues théories dépourvues de la certitude des faits accomplis la consolidation générale : c'est jouer sur un seul coup de dé le présent et l'avenir. On n'a jamais tant soif de fixité et de durée qu'à la suite de ces révolutions qui échouent après avoir déplacé tout, hommes et choses; on repousse avec effroi des espérances pour lesquelles on aurait mille fois jadis risqué sa vie; on a été trompé, on s'ancre à ce qui *est*; on s'en déguise les imperfections; on les souffre même avec une sorte de joie, parce qu'on est convaincu qu'on se préserve du retour d'anciennes adversités. Tel est le fond de résignation et de patience que les révolutions qui ont fait fausse route, impriment aux masses; mais au milieu d'elles sont mêlés des hommes qui sont convaincus que, si on n'a pas réussi, c'est que l'essai a été mal fait; ils en réclament en conséquence une *répétition*. Leur vœu est repoussé; on va plus loin, on déclare leur intentions criminelles; alors ces mêmes hommes, au milieu desquels se glissent des ambitieux, des fripons et des sophistes, en appellent à la force; mais ils succombent, parce qu'ils ont contre eux la puissance de l'opinion publique, et que, dans des entreprises semblables, on ne fait rien qu'en marchant derrière elle. Qu'advient-il, en définitive? que le pouvoir, qui porte en lui l'instinct de la consolidation, se trouve tout à coup fortifié de la volonté générale qui sympathise avec lui; et de cette coalisation de la force et de la peur la transition à la tyrannie est rapide. Saint-Prosper.

En médecine, *consolidation* se dit de l'action par laquelle une plaie se cicatrise (*voyez* Cicatrice), ou des os fracturés se réunissent (*voyez* Fracture) Il se dit figurément de l'acte par lequel une *dette publique* est *consolidée* (*voyez* Consolidés [Fonds]). Enfin, en jurisprudence, c'est la réunion de deux qualités sur la même tête : ainsi l'usufruit joint à la propriété dans les mêmes mains opère une consolidation, laquelle éteint l'*usufruit*.

CONSOLIDÉS (Fonds). Quand la dette publique d'un État a subi une reconstitution par suite de laquelle de nouvelles taxes, de nouvelles garanties ont été assignées à l'ensemble ou aux diverses parties d'obligations dont elle se compose, l'usage est d'appeler ce remaniement de la dette *consolidation*, de désigner la dette ainsi reconstituée sous la dénomination de *dette consolidée*, et les nouvelles obligations qui la représentent, sous celle de *fonds consolidés* : tel fut en l'an vi le *tiers consolidé* en France. Il arrive quelquefois qu'on divise la dette en *consolidée* (c'est-à-dire portant intérêt) et en *différée*, laquelle provisoirement ne porte point intérêt et n'arrive que successivement à être comprise dans la première à mesure que l'amortissement le permet. C'est ainsi que la loi nouvelle qui, en 1851, a régularisé la dette publique de l'Espagne, la divise en *consolidée* (à 3 p. 100 d'intérêt) et en *différée*. C'est de même encore qu'à la fin de 1849 toute la dette de la Sicile fut déclarée dette consolidée (à 5 p. 100).

CONSOLS (abréviation des mots *consolidated annuities*, c'est-à-dire *rentes consolidées*). C'est le nom sous lequel on désigne généralement en Angleterre les obligations d'une caisse d'amortissement créée en 1751 par la réunion de divers fonds autrefois distincts et portant intérêt à 5 p. 100, qui forme la plus importante partie de la dette publique de ce pays; obligations dans lesquelles ont lieu le plus généralement les émissions de titres représentant les dettes nouvelles autorisées par la législature. Quand on parle de fonds anglais sans en spécifier la nature particulière, il s'agit toujours des consolidés ou *consols* à 3 p. 100; fonds que les spéculateurs choisissent toujours pour leurs opérations, parce que c'est de tous celui qui est le plus impressionnable aux moindres oscillations politiques ou financières. A l'origine ce fonds constituait une dette nationale de 9,137,821 liv. st. (308,445,525 fr.); en 1850 il s'élevait au chiffre de 374,313,347 liv. st. (9,357,883,675 fr.).

CONSOMMATION, CONSOMMATEUR. Le *consommateur* c'est celui qui détruit la valeur d'un *produit*, soit pour en produire un autre, soit pour satisfaire ses goûts ou ses besoins. Tout le monde est consommateur, parce que nul ne peut vivre sans *consommer* ; par conséquent, l'intérêt du consommateur est l'intérêt général. Quand les *objets de consommation* sont à meilleur marché, ce que le consommateur épargne sur leur *prix* peut être appliqué à un autre objet; il peut satisfaire plus de besoins; il est plus riche, ou, si l'on veut, moins pauvre. Il est plus pauvre ou moins riche, relativement à un objet de sa consommation, lorsque cet objet renchérit. Un peuple tout entier devient plus riche par rapport à un objet de consommation, quand cet objet peut être acquis à moins de frais, et *vice versa*. L'objet est acquis à moins de frais lorsque l'*industrie*, dans ses progrès, parvient à tirer plus de produits des mêmes moyens de production.

Consommer, nous l'avons dit, c'est détruire la *valeur* d'une chose ou une portion de cette valeur, en détruisant l'*utilité* qu'elle avait ou seulement une portion de cette utilité. L'*utilité* est ici la faculté qu'a une chose de pouvoir servir à un usage quelconque. On ne saurait consommer une valeur qui ne saurait être détruite. Ainsi, l'on peut consommer le *service* d'une *industrie*, et non pas la faculté industrielle qui a rendu ce service; le service d'un terrain, mais non le terrain lui-même. Une journée de travail employée a été consommée, puisqu'elle ne peut être employée de nouveau; mais le talent de l'*ouvrier* n'a pu être consommé, même en partie. Le *service* du terrain pendant une année a été consommé, car le même terrain ne peut plus servir cette même année; mais le terrain lui-même peut servir éternellement; on ne peut donc pas dire qu'il *se consomme*. La faculté industrielle est cependant consommée par la mort de celui qui la possède, puisqu'elle ne peut plus servir au delà. Une valeur ne peut être consommée deux fois ; car dire qu'elle est consommée, c'est dire qu'elle n'existe plus. Tout ce qui se produit se consomme ; par conséquent toute valeur créée est détruite, et n'a été créée que pour être détruite. Comment dès lors se font les accumulations de valeurs dont se composent les *capitaux*? Elles se font par la *reproduction*, sous une autre forme, de la valeur consommée, tellement que la valeur capitale se perpétue en changeant de forme.

Il y a donc deux sortes de *consommations* : 1° la *consommation reproductive*, qui détruit une valeur, pour la remplacer par une autre; 2° la *consommation improductive*, qui détruit la valeur consommée, sans remplacement. La première est une destruction de valeurs d'où il résulte d'autres valeurs inférieures, égales ou supérieures à la valeur détruite. Quand elles sont inférieures, la consommation n'est reproductive que jusqu'à concurrence de la valeur reproduite. La valeur détruite comprend la valeur des *services productifs* qu'on a consommés pour *produire*. La consommation improductive une destruction de valeurs qui n'a d'autre compensation que la jouissance qu'elle procure au *consommateur*. Lorsqu'on se sert du mot de *consommation* sans rien spécifier, on entend communément celle qui est improductive. Un capital, n'étant qu'une *accumulation* de valeurs produites, peut être consommé en entier, productivement ou non. Un *capital productif* est même nécessairement consommé, car il ne peut servir à la production que par l'usage qu'on fait de lui.

De même que l'on peut considérer la production comme un *échange*, où l'on donne des services productifs pour recevoir des produits, on peut considérer la consommation comme un autre échange, où l'on donne des produits pour recevoir en retour d'autres produits, si la consommation est reproductive, ou bien des jouissances, si la consommation est improductive. On éprouve une perte dans le premier cas quand le produit créé ne vaut pas le produit consommé; dans le second cas, quand la jouissance n'est pas un dédommagement suffisant du sacrifice que l'on a fait pour l'obtenir. On est pleinement dédommagé quand le produit créé ne vaut que juste le produit consommé, parce que du moment que l'*entrepreneur d'industrie* rentre dans son avance purement et simplement, les *profits* sont payés. Le payement de ces profits par l'entrepreneur est précisément ce qui constitue ses avances.

La consommation annuelle d'une famille, d'une nation, est la somme des valeurs qu'elles ont consommées dans le courant d'une année. Elle n'a rien de commun avec la somme de leurs capitaux, et l'excède toujours de beaucoup, parce qu'elle embrasse, outre la consommation improductive des *revenus*, la consommation reproductive des capitaux, souvent répétée plusieurs fois dans la même année. Quelques valeurs capitales, il est vrai, ne sont pas entièrement consommées dans l'espace d'une année, comme les bâtiments, les instruments durables; mais la plus grande partie des capitaux se consomme et se reproduit plusieurs fois pendant le même espace de temps. Un boulanger consomme une partie de son capital en chauffant son four; mais cette portion de capital se reproduit dès le même jour, et se retrouve dans la valeur de son pain. Voilà donc une portion d'un même capital consommée et reproduite 365 fois par an; la consommation annuelle de cette portion de capital l'excède dans la proportion de 365 à 1.

Les *consommations publiques* sont celles qui sont faites par le public, ou pour le service du public. Les *consommations privées* sont celles qui sont faites par les particuliers ou par les familles. Les unes et les autres sont absolument de même nature. Elles ne peuvent avoir d'autre but qu'une reproduction de valeurs ou bien une jouissance pour le *consommateur*. Sauf ces deux résultats, toute consommation est un mal contraire au but final qui résulte d'une *production* : celle-ci est la création d'un moyen de bonheur, la consommation est la destruction d'un moyen de bonheur.

Il faut comprendre dans la consommation d'une nation la totalité des valeurs qu'elle consomme, productivement ou non, et par conséquent les valeurs qu'elle envoie à l'étranger ; et dans ses productions, les valeurs qu'elle en reçoit ; de même que l'on comprend dans les consommations la valeur de la laine qu'elle emploie à faire du drap, et dans ses productions la valeur totale des draps qui en résultent. Pour résumer nos idées sur ce sujet par une image qui saisisse vivement les esprits, nous dirons que la *consommation* ressemble à une pyramide, dont la largeur représente le nombre des consommateurs ou l'étendue de la demande, et dont la hauteur représente le prix de la denrée. Le prix, ou la hauteur, ne s'élève jamais qu'aux dépens de la demande, ou de la largeur. J.-B. SAY.

A parler rigoureusement, tout ce qui se consomme a cessé d'exister, et tout ce qui sert à la production subsiste sous une nouvelle forme ou est appliqué à un nouvel emploi : on se sert d'une matière première, on en fait usage, on la transforme, on ne la consomme pas. En économie politique, l'importance véritable de la consommation, ou des consommations, c'est leur influence sur l'aisance générale et sur le bonheur d'un peuple. La faculté de consommer beaucoup et de consommer une grande variété de produits est sans contredit un signe d'aisance. Mais pour devenir un symptôme d'aisance générale, il faut que cette faculté existe avec une égalité proportionnelle dans toutes les classes d'une nation. Quand on comptait en France *sept millions* de pauvres, sur vingt-quatre millions d'habitants, peu importait pour l'aisance générale et le bonheur du pays l'étendue des consommations des riches. Lorsque partout le malheureux cultivateur, écrasé sous le poids des corvées, de la taille et d'une multitude de redevances seigneuriales, subsistait à peine avec sa famille; quand dans beaucoup de provinces il était réduit à vivre de mauvais pain noir, de soupe à l'huile, d'ail et d'oignons, quel bien pouvait-il résulter pour lui du progrès de la consommation des objets du luxe français ou des marchandises de l'Angleterre?

Cette exubérance de consommation est immense en Angleterre. Qu'en résulte-t-il pour le bien-être national, si sur vingt-deux millions d'habitants quinze à seize millions au moins sont sans propriété, et si ces masses, réduites à vivre de leur industrie, et trop souvent d'industrie, sont sans cesse exposées à réclamer de la taxe des pauvres des secours presque toujours insuffisants pour arracher leurs familles à la misère? Ici se présente la question si vivement et si longtemps débattue : « La consommation suffit-elle toujours à la production, ou bien y a-t-il toujours assez de consommateurs pour répondre à l'empressement des producteurs et absorber les marchandises que l'amour et le besoin du gain se hâtent de jeter sur le marché? Poser la question, c'est, à notre avis, la résoudre : trop de mécomptes de la part des peuples et des individus ont assez prouvé, ce nous semble, qu'il n'est pas aussi facile de trouver des débouchés certains que de créer des produits. Il faut toujours qu'un atelier travaille pour qu'on ne soit pas forcé de le fermer, et l'on ne trouve pas toujours des besoins à satisfaire et des pays en état d'acheter, c'est-à-dire d'échanger contre vos produits des denrées que vous désiriez vous-mêmes. C'est ce que Sismondi nous paraît avoir démontré contre J.-B. Say.

AUDERT DE VITRY.

CONSOMMATION (Droit de). *Voyez* BOISSONS (Impôts sur les).

CONSOMMATION (Impôts de). On appelle ainsi des impôts indirects, qui diffèrent de l'impôt foncier, de l'impôt mobilier, de l'impôt personnel et de l'impôt de classes en ce qu'ils n'exigent point directement du contribuable une somme qu'il doive acquitter sans conditions; que le recouvrement, au contraire, en est soumis à de certaines restrictions, et qu'ils ne frappent d'une redevance certains objets qu'autant qu'ils sont produits ou bien introduits dans le pays, ou encore livrés à la consommation. Au fond, comme tous les autres impôts, les *impôts de consommation* sont assis sur le travail, c'est-à-dire qu'ils privent le travailleur d'une partie de son salaire; mais ils ne lui enlèvent qu'une minime partie de son bénéfice, et ne frappent jamais que des objets ou de première nécessité ou de pur agrément. Sous ce double rapport les *impôts de consommation* sont un objet du plus haut intérêt dans l'étude de l'économie politique.

Quelques théoriciens continuent, à la vérité, à se montrer fort prévenus contre les *impôts de consommation*; le fait est que nuisibles lorsqu'ils sont mal assis, attendu qu'on n'en peut pas suivre facilement tous les résultats, ils le sont plus encore que des impôts directs établis dans les mêmes conditions. La rentrée en est d'ailleurs presque toujours plus onéreuse. Ils sont en outre impolitiques lorsqu'ils frappent des objets dont la consommation ne se règle pas sur le revenu, dont le pauvre, au contraire, éprouve peut-être plus le besoin que l'homme aisé, lorsqu'ils sont assez élevés pour offrir une prime en appât à la fraude. Un autre vice encore, c'est lorsqu'ils mettent le consommateur en rapport direct avec les employés chargés d'en opérer le recouvrement. Lorsqu'on parvient à éviter ces inconvénients, lorsqu'on n'assoit les *impôts de consommation* que sur des objets que le consommateur sensé n'emploie que dans la proportion de son revenu, lorsqu'ils sont peu élevés et qu'on ne les prélève pas directement sur le consommateur, mais seulement sur le producteur ou le spéculateur, ils offrent ce grand avantage qu'ils rendent le recouvrement du revenu public plus sûr, plus exact et plus simple qu'il ne saurait l'être au moyen d'aucune espèce de taxe directe; que le contribuable est libre de s'y soustraire; qu'ils produisent des revenus immenses, sans que le contribuable s'en aperçoive; que dès lors ils n'ont rien qui irrite le sentiment de la liberté; qu'ils augmentent ou baissent en proportion directe avec le bien-être général; qu'ils atteignent une classe de contribuables auxquels il serait sans cela très-difficile de faire supporter leur part des charges publiques.

Les modes les plus ordinaires d'*impôts de consommation* sont ceux qui frappent le pain (le plus défectueux, avec celui qui pèse sur le sel), la viande, le tabac, les cartes à jouer, les denrées coloniales, les objets fabriqués à l'étranger, l'eau-de-vie, la bière et le vin, qu'il est juste de frapper d'un impôt quand c'est un produit étranger au sol, mais qui dans le cas contraire offre d'énormes difficultés d'assiette et de recouvrement. La plupart des taxes de timbre, d'enregistrement, de poste, de chaussées, sont des *impôts moins de consommation que d'usage*.

CONSOMPTIFS (de *consumere*, consumer). Ce nom était donné dans l'ancienne médecine aux médicaments caustiques.

CONSOMPTION (de *consumere*, consumer, détruire). On peut définir la consomption du corps humain et celle des animaux plus ou moins rapprochés de lui par leur organisation, un état de langueur, de détérioration, de destruction lente qu'amène inévitablement, si on n'y remédie, le défaut de nutrition (atrophie), qui produit lui-même la maigreur, le desséchement du corps, et la fièvre hectique (étisie, hectisie). Nous ne pouvons énumérer ici les causes, les symptômes divers et encore moins le traitement des maladies qui produisent la consomption. Nous nous bornerons à dire que cet état morbide attaque tous les âges; que sa marche est en général d'autant plus rapide que les sujets sont plus jeunes; qu'il est fréquemment la terminaison de beaucoup d'autres maladies; qu'il conduit le plus souvent à une mort inévitable, lorsqu'il résulte d'une lésion d'un organe plus ou moins important à la vie; que dans ce cas le traitement doit être purement palliatif, et qu'on a l'espoir de le guérir lorsqu'il est indépendant de toute altération organique et de toute complication grave; qu'enfin, pour parvenir à ce but, il faut faire concourir les moyens moraux, médicamenteux et tous les soins hygiéniques appropriés à toutes les conditions et aux circonstances où le malade se trouve placé. L. LAURENT.

CONSONNANCE (*Grammaire*, *Rhétorique*), ressemblance des sons des mots dans la même phrase ou la même période. Les rhéteurs latins donnaient divers noms à cette figure, selon la différente sorte de *consonnance* et la variété de la position des mots; ils appelaient *paronomasie* (de παρά, près et de ὄνομα, nom, jeu entre les mots) la *consonnance* qui résulte du jeu des mots par la différence de quelques lettres. Térence dit dans l'Andrienne : *inceptio est amentium, haud amantium*. On a dit ailleurs : *Cùm lectum petis, de letho cogita*. Cette figure, mise en œuvre à propos, a de la grâce en latin, selon Quintilien. Si elle ne possède pas le même avantage en français, c'est par la même raison que Quintilien dit que les hémistiches des vers latins sont déplacés dans la prose. Mais comme la rime ou *consonnance* n'entrait pas dans la structure de ces vers, cette consonnance, loin de blesser l'oreille, la flattait, pourvu qu'il n'y eût point d'affectation, et que l'usage n'en fût pas trop fréquent; reproche qu'on adresse à saint Augustin. Toutefois, en français, la rime entrant déjà dans le mécanisme des vers, on ne veut la voir que là et l'on est blessé lorsque deux mots de même son se trouvent l'un après l'autre. On cite à ce sujet ce passage d'un de nos meilleurs écrivains, disant, à propos de la bibliothèque d'Athènes, que dans la suite *Sylla la pilla*, et ces paroles adressées au coadjuteur par un frondeur impatient de tendre les chaînes un jour de barricade : *Monseigneur, qu'attend-on donc tant et que ne les tend-on donc tôt ?*

Ce n'est qu'à l'aide du proverbe que cette figure de style a passé dans notre langue, et l'on dira longtemps : *qui vivra, verra ; qui a vécu, a vu ; qui langue a, à Rome va ; à bon chat, bon rat ; quand il fait beau, prends ton manteau ; quand il pleut, prends-le, si tu veux ; il flatte en présence, il trahit en absence ; belles paroles et mauvais jeu trompent les jeunes et les vieux ; qui terre a, guerre a ; amour et seigneurie ne veulent point de compagnie*, etc.

CONSONNANCE (*Musique*), accord de deux sons frappés simultanément, et dont l'effet est agréable à l'oreille. Les consonnances sont produites par la résonnance d'un corps sonore quelconque. Faites vibrer une corde grave, celle d'un piano par exemple, en ayant soin de tenir longtemps le doigt sur la touche, vous entendrez distinctement avec le son principal, quand son intensité sera diminuée, son octave, et surtout sa douzième (ou quinte à l'octave) et sa dix-septième (ou tierce à sa double octave). Si l'on a l'oreille juste, on pourra, sans être obligé de recourir à des calculs d'acoustique, et sans avoir aucune notion de composition, reconnaître facilement les consonnances. Que, par exemple, on frappe simultanément deux touches d'un piano, l'intervalle qu'on entendra plaira ou non ; s'il plaît, ce sera à coup sûr une consonnance ; s'il choque l'oreille, ce sera une dissonance. En partant de ce principe, on pourra reconnaître la nature de tous les intervalles ; il suffira pour cela de répéter avec la main gauche, autant de fois qu'il y a de notes dans la gamme, l'*ut* du milieu du clavier pour le comparer successivement avec ces notes, que l'on fera de la main droite. On obtiendra de cette manière le résultat suivant : *ut ut*, unisson, renversement de l'octave, *consonnance* ; *ut ré*, seconde, *dissonnance* ; *ut mi*, tierce, *consonnance* ; *ut fa*, quarte, renversement de la quinte, *consonnance* ; *ut sol*, quinte, *consonnance* (cet intervalle doit toutefois, en raison de son effet vague, être résolu sur une consonnance, et cette nécessité absolue l'a fait classer par plusieurs maîtres parmi les dissonnances); *ut la*, sixte, *consonnance* ; *ut si*, septième, *dissonnance* ; *ut ut*, octave, *consonnance* ; *ut*, neuvième, intervalle simple comme les précédents, *dissonnance*. Ici finissent les intervalles simples, et commencent les intervalles composés; ainsi la dixième *ut mi*, la onzième *ut fa*, etc., ne sont que le redoublement de la tierce, de la quarte, etc. On voit que les consonnances sont : l'unisson, la tierce, la quarte, la quinte, la sixte et l'octave. Elles tirent leur force et leur charme d'elles-mêmes, sans avoir besoin d'être préparées ni résolues. Elles diffèrent en cela des dissonnances, qui en général ne sont permises qu'après avoir été préalablement entendues comme consonnances et résolues ensuite sur une consonnance.

On divise les consonnances en *parfaites* et *imparfaites*. Les parfaites sont l'octave, la quinte et leur renversement, l'unisson et la quarte : on les appelle *parfaites* parce qu'elles cessent d'être des consonnances si on les altère, c'est-à-dire qu'en haussant ou baissant d'un demi-ton l'un des sons, on change la nature des intervalles, et il devient alors dissonnant. Ainsi, les quintes et les octaves augmentées ou diminuées sont les dissonances. Les consonnances imparfaites sont la tierce et la sixte : on les appelle *imparfaites* parce qu'elles peuvent être majeures ou mineures sans cesser d'être des consonnances.   F. BENOIT.

CONSONNE, (du latin *cum*, avec, et *sonans*, qui sonne). C'est le nom que donnent les grammairiens aux lettres qui, à la différence des *voyelles*, ne sont entendues qu'avec l'air qui fait la voix ou la voyelle. On a divisé les consonnes en *labiales*, *linguales*, *palatales*, *dentales*, nasales et *gutturales*, suivant que ce sont les lèvres, la langue, le palais, les dents, le nez ou la gorge qui sont les plus affectés ou qui jouent le principal rôle dans leur prononciation.

Sans les voyelles, avec les consonnes seules, qui sont dans notre langue *b, c, d, f, g, h, j, k, l, m, n, p, q. r, s, t, v, x, z*, il serait physiquement impossible d'articuler un son; elles n'arrivent à se prononcer qu'en se combinant avec les voyelles, qui résument tous les sons primitifs articulables. Le rôle des consonnes dans les langues consiste donc à ajouter aux voyelles des intonations diverses, à multiplier leur usage, à leur donner de la force, de la douceur, de l'éclat, de la grâce, à imprimer enfin aux mots l'expression qui convient à l'idée qu'on veut peindre. Quelques peuples se bornent à écrire les consonnes et notent à peine les voyelles.

CONSORTS, ceux qui ont intérêt avec quelqu'un dans un procès, dans une affaire civile, etc., et au nom desquels, quand elle se plaide, sont prises les mêmes conclusions. Dans ce cas, on ne mentionne qu'un seul des intéressés, et tous les autres sont compris dans la formule générale : *et consorts*. Cette locution toutefois n'est admissible que dans les actes signifiés durant le cours de l'instance. L'acte introductif, le premier acte de la procédure, celui qui forme la base de l'instance, doit nécessairement porter la dénomination spéciale de chacune des parties. *Consorts*, dans le langage ordinaire, se dit des hommes liés à un chef de parti, à un artisan de cabale ; et alors il se prend toujours en mauvaise part.

CONSOUDE, genre de plantes de la famille des borraginées de Jussieu, de la pentandrie monogynie de Linné, qui présente les caractères suivants : Un calice à cinq divisions, profondes et dressées, une corolle monopétale, régulière, tubuleuse, dont le limbe, resserré à la base, est à cinq lobes courts, droits et presque fermés ; l'entrée du tube est munie d'écailles oblongues, acuminées et rapprochées en cône ; cinq étamines à anthères oblongues, un ovaire supérieur, surmonté d'un style et d'un stigmate simple, le fruit lisse et quadrilobé. Les fleurs des consoudes sont terminales et axillaires, disposées en panicules corymbiformes ; les feuilles de la tige sont décurrentes, garnies de poils raides et épais, comme dans la plupart des borraginées.

Ce genre, peu nombreux en espèces, dont on compte sept ou huit, est fertile en variétés. On cultive seulement dans les jardins de botanique les consoudes de l'Orient, telles que le *symphytum orientale* et le *symphytum tauricum*, pour la durée et l'aspect agréable de leurs fleurs, diversement colorées de bleu et de rouge, de violet et de blanc. Parmi ces plantes, qui sont toutes naturelles aux contrées tempérées ou septentrionales de l'ancien continent, et dont deux espèces croissent spontanément en France, nous citerons, à cause de l'importance que lui donne son emploi en thérapeutique, la *consoude officinale* (*symphytum officinale*, Linné), vulgairement *grande consoude*. C'est une plante vivace, que l'on rencontre fréquemment en France dans les terrains humides, sur le bord des étangs et des ruisseaux. La tige, charnue, ailée par le prolongement des feuilles, qui sont grandes, décurrentes et un peu rudes au toucher, s'élève de 0^m,60 à 1^m, et porte à la partie supérieure de ses rameaux, en forme d'épis recourbés, des fleurs blanches ou quelquefois rougeâtres. La racine, qui est la partie de la plante dont on fait usage, est cylindrique, allongée, noire en dehors, blanche en dedans. Sa saveur est douce et très-mucilagineuse, et sa décoction, épaisse et visqueuse, contient une très-petite quantité d'un principe astringent. Aussi est-elle essentiellement employée comme émolliente, et convient-elle dans la diarrhée, l'hémoptysie, la leucorrhée, etc. On donne la racine de consoude en décoction ; on en met 15 grammes pour un kilogramme d'eau, que l'on fait légèrement bouillir en y laissant peu de temps la racine. Si l'on ne prend cette précaution, le liquide s'épaissit; cette tisane devient alors pesante pour l'estomac des malades, et donne lieu à des oppressions et à des envies de vomir. On en prépare aussi dans les pharmacies un sirop, forme sous laquelle on administre le plus ordinairement ce médicament. Il ne faut pas confondre ce sirop avec le sirop de consoude composé, qui contient des principes assez fortement astringents et toniques.   DÉMEZIL.

CONSOUDE (Petite). *Voyez* BUGLE.

CONSOUDE ROYALE, un des noms vulgaires du *delphinium consolida*. *Voyez* PIED D'ALOUETTE.

CONSPIRATION (du latin *cum*, avec, et *spirare*, aspirer, désirer), dessein formé secrètement par plusieurs personnes contre l'État, contre les puissances auxquelles elles sont tenues d'obéir. C'est un mot qui se prend presque toujours en mauvaise part, et qui ne s'applique guère qu'à un nombre restreint d'hommes mus par la vengeance, l'ambition, la cupidité, ou par le fanatisme, soit religieux, soit politique. Une *conjuration*, au contraire, suppose d'ordinaire des mécontents assez nombreux, décidés à renverser par la force le régime établi, en appelant le peuple aux armes. Des conjurés sont souvent, comme on l'a vu, excités par des passions généreuses. L'amour du pays, la haine de l'oppression, l'horreur de la tyrannie, l'espoir d'un ordre meilleur, ont plutôt d'une fois suscité des conjurations. Ce furent les courageux pasteurs liés par les serments de Rütli qui donnèrent à la Suisse le signal de la liberté. C'était aussi pour soustraire leur patrie au joug d'un maître, que des conjurés avaient autrefois frappé le frère de Timoléon à Corinthe et César dans le sénat de Rome. Mais les fils du premier Brutus et leurs indignes complices, tramant dans l'ombre le retour de Tarquin et la ruine de la liberté romaine, n'étaient que de vils conspirateurs. Ils ne pouvaient réussir qu'en trempant leurs mains dans le sang de leurs parents et de tout ce qu'il y avait de plus respectable à Rome.

C'est la Grande-Bretagne qui dans les temps modernes a été le théâtre des plus affreuses conspirations. On connaît celle *des poudres*, qui devait engloutir au même moment le roi, sa famille entière, et les membres des deux chambres, à la séance d'ouverture du parlement : horrible projet, qui n'échoua que par la pitié d'un conspirateur pour l'une des victimes, et par la prompte sagacité de Jacques Ier. La prétendue *conspiration papiste*, qui sous Charles II excita en Angleterre une terreur si ridicule et fit périr tant d'innocents, fut une machination infernale, combinée par la vengeance des factions. Le complot de Rye, formé par quelques furieux contre la personne de Charles, servit de prétexte à la conspiration imaginaire à l'aide de laquelle le Laubardemont anglais, Jeffryes, put faire couler sur l'échafaud le sang de deux hommes justement vénérés par l'Angleterre, Russel et Algernon-Sidney. En France même, sans chercher bien avant dans l'histoire, les exemples de conspirations ne manquent pas. C'est d'abord, en 1602, celle de Byron contre Henri IV; puis celle de Cellamare contre le régent, en 1715; et, de nos jours, le renversement de Robespierre par les thermidoriens; la conspiration de Babeuf, en 1796, celle du 3 nivôse, sous le Consulat, et celle du colonel Oudet, dite *des philadelphes*, dirigée contre Napoléon.

Mais la plus audacieuse, la plus gigantesque de toutes est certainement celle du général Malet, puisque seul il conçut, dans le lieu où il était détenu, le plan d'une révolution, et que seul il en entreprit et commença avec succès l'accomplissement, sortant d'une prison pour exercer la dictature, réunissant autour de lui deux généraux et des soldats, au moment même où il venait d'échapper à ses gardiens. Mais il n'avait pas su combiner à l'avance tous ses moyens d'exécution. En supposant d'ailleurs le plan le mieux calculé, il manquait un levier pour mettre sa machine en mouvement. On n'improvise point par surprise un gouvernement, une constitution. Les passions populaires ne répondaient point à son courroux républicain contre l'empire, et la démocratie populaire, repoussée par l'aversion du plus grand nombre, avait aussi contre elle les hommes les plus influents et les plus habiles. On était las sans doute de verser tant de sang dans des guerres sans terme, mais si l'on déplorait l'opiniâtreté de Napoléon, si l'on s'en irritait, son génie, qui avait exécuté de si grandes choses, n'en restait pas moins l'objet d'un culte à l'épreuve de l'adversité; et il avait fait à la France, dans son intérieur, tout en la comprimant sous un joug très-dur, empêchait qu'il ne fût haï. L'entreprise de Malet ne fut donc que le coup de tête d'une âme intrépide et d'un esprit plus hardi que profond.

Les conspirations protestèrent longtemps à Rome contre le pouvoir de l'astucieux triumvir qui, par la modération d'Auguste, sut se faire pardonner les lâches et cruelles proscriptions d'Octave. Le regret de la liberté exaltait encore quelques âmes, mais les éléments des grandes conjurations qui changent le sort des peuples avaient été dispersés avec les cendres des illustres meurtriers de César.

Toute puissance nouvelle, surtout quand il s'y mêle une usurpation, a longtemps à redouter les conspirations, témoins Cromwell et Bonaparte. L'attaque dirigée contre celui-ci par le chouan Georges Cadoudal n'était qu'un crime trop commun à la suite des guerres civiles. C'était un ennemi de la Révolution apportant la mort au chef qu'elle s'était donné. Mais des généraux républicains se couvraient de honte en devenant ses complices.

L'attentat de Fieschi fut le fruit d'une basse et infâme conspiration contre la branche cadette des Bourbons. Précédemment, l'attentat de Louvel contre la branche aînée n'avait été, à ce qu'il semble, qu'un acte isolé. Que de conspirations, du reste, durant les premières années de la Restauration! Est-il besoin de citer celles de Grenoble en 1815, des *patriotes de 1816*, des jumeaux de la Réole, de l'*Épingle noire*, du *Nain tricolore*, de Saumur, de Lyon, de Colmar, de Béfort, et tant d'autres, se rattachaient à cette mystérieuse association des *carbonari*, dont les nombreuses ramifications couvraient l'Italie, la France, l'Allemagne et l'Espagne? L'écueil le plus certain des conspirations est le silence... Offrez un piédestal aux conspirateurs, et vous les verrez sortir de dessous terre.   AUBERT DE VITRY.

CONSTABLE. Ce mot anglais est dérivé du mot français *connétable*, et le *lord high constable*, l'un des grands officiers de la couronne de la vieille Angleterre, remplissait des fonctions tout à fait analogues à celles du connétable en France. Quand, après la conquête normande, tous les rapports de la vie sociale reçurent des dénominations et des formes féodales, l'ancien chef de la commune, le *borsholder*, *borges* ou *borrows-calder*, se transforma lui aussi, en chef militaire, ou *constable*. La dignité de grand constable d'Angleterre devint héréditaire, en dernier lieu dans la famille des Stafford, ducs de Buckingham (en leur qualité d'héritiers des Bohuns, comtes de Hereford et d'Essex), mais fut supprimée quand Édouard Stafford, duc de Buckingham, eut été déclaré coupable de haute trahison sous Henri VIII. Depuis lors l'usage a constamment été de ne nommer de grand constable que pour les couronnements et autres occasions solennelles du même genre.

En Écosse, la dignité de *lord high constable* fut pour la première fois conférée, au douzième siècle, par David Ier à Hugh de Morville, et existe encore dans la famille Errol, où elle est devenue héréditaire depuis Robert Bruce.

Les *high constables*, dont la principale mission était de surveiller la levée et l'armement des gens de guerre, furent créés en 1284, par Édouard Ier. Sous le règne d'Édouard III on y ajouta encore le *petty-constable*, ou *constable de la commune*. Les constables de cette dernière espèce forment encore aujourd'hui un anneau important de la grande chaîne du pouvoir exécutif en Angleterre; ce ne sont pas des officiers de justice, comme les anciens chefs de commune, mais les agents inférieurs de la puissance exécutive. Ils sont investis d'une autorité propre et indépendante, et chargés, en cas d'urgence, de rétablir la tranquillité et d'arrêter les criminels en flagrant délit; deux actes pour lesquels ils sont tenus de produire le double signe caractéristique de leurs fonctions : le long bâton (un bâton de bois de 1 mètre à 1 m. 33 c. de long, de 16 à 17 millimètres d'épaisseur, surmonté à son extrémité des armoiries royales), et le petit bâton (en laiton, de 10 à 11 millimètres de long, surmonté d'une couronne royale). Ils sont en outre tenus de prêter main forte à l'exécution des ordonnances rendues par les juges de paix, leurs chefs immédiats. Leurs fonctions sont honorifiques et non point viagères. Ils sont élus chaque année, ordinairement par les communes, mais souvent aussi par les mandataires des grands propriétaires fonciers, par les anciens des églises ou encore par les juges de paix, suivant les usages en vigueur dans les différentes localités. Quand ce choix tombe sur un homme aisé, il se fait ordinairement remplacer par un *deputy-constable*, des actes duquel il demeure personnellement responsable, quand celui-ci n'a pas été formellement accepté comme constable et n'a point prêté serment en cette qualité. Divers fonctionnaires publics et plusieurs classes de citoyens sont exempts de ce service, par exemple : les avocats, les médecins, les chirurgiens, les prêtres, etc., et même autrefois ceux qui, en récompense de l'arrestation de quelque voleur de grand chemin, faux-monnayeur, etc., avaient été exemptés de l'obligation de remplir les fonctions de la paroisse. En cas d'urgence, tout citoyen peut aussi être requis de remplir les fonctions de *special constable*. Cette institution tient lieu alors de garde nationale, dont les membres, quoique porteurs simplement d'un petit bâton, ont pu, tant le respect pour les dépositaires du pouvoir de la loi est profond chez le peuple anglais, rendre les plus utiles services à l'ordre dans un grand nombre d'occurrences, notamment lors de la grande démonstration chartiste du 10 avril 1848. On se rappelle que Louis-Napoléon, qui se trouvait alors à Londres parce que les hommes du gouvernement provisoire lui avaient intimé l'ordre de quitter Paris, où il était accouru à la première nouvelle de la révolution de Février, s'enrôla à cette occasion dans les *special constables*; acte de sa vie qui a été diversement jugé.

Lors de la réorganisation de la police de Londres opérée par Robert Peel en 1829, les anciens constables de cette capitale furent supprimés et remplacés par cinq compagnies de *police-constables* ou *policemen*, réparties entre les cinq arrondissements de police de la ville, et composées chacune d'un inspecteur en chef, de quatre sous-inspecteurs, de seize sergents, et de cent quarante-quatre constables.

On donnait aussi autrefois le nom de *constables* aux artilleurs chargés du service des pièces ; et cette dénomination est même encore en usage aujourd'hui dans quelques armées. A bord des vaisseaux de guerre anglais, les chefs de pièce sont appelés *constables*, et l'officier chargé du commandement de toute l'artillerie d'un vaisseau porte le titre de *grand-constable*.

CONSTANCE, qualité de l'âme, qui consiste à ne point varier dans ses affections, dans ses opinions ou dans ses goûts, à rester fidèle aux sages résolutions qu'on a formées, à une noble tâche qu'on a entreprise. L'étymologie de ce mot est trop conforme à sa signification pour ne pas le remarquer ici. *Constantia* vient de *stare cum*, et par ces mots on entend demeurer ferme dans la même voie, ne pas se démentir, rester le même. La constance suppose toujours de nobles sentiments, de louables intentions, un but honorable. Aussi pourrait-on la définir encore : la persistance de l'âme dans le bien. S'il s'agit en effet d'un goût ridicule, d'une passion coupable, d'un but déshonnête, on dira obstination, aveuglement fatal, foi entêtement, coupable persévérance, nature incorrigible, etc. C'est ce qui a fait mettre la constance au premier rang des vertus. La constance est assurément dans certains cas une vertu et la plus précieuse de toutes ; mais elle n'en est pas toujours une, quand, par exemple, elle est relative aux goûts, aux affections, quand elle n'a pas d'obstacles à vaincre, quand elle n'a qu'à suivre l'impulsion donnée par la nature.

Il peut y avoir dans la constance de la fermeté, de la patience, de la persévérance, du courage ; mais il y a encore autre chose que tout cela. La *fermeté* indique principalement une force de résistance ; la constance a souvent besoin de résister, mais elle marche aussi parce qu'elle a un but qu'elle ne cesse de poursuivre. La *patience* consiste à supporter le mal sans se plaindre et à attendre ; la constance, quoique toujours patiente, ne supporte pas le mal, comme la patience, dans la vue seule d'être résignée, mais parce que rien ne peut l'arrêter dans sa route et lui faire perdre courage. La *persévérance*, sous un certain rapport, se rapproche plus de la constance; elle en diffère cependant en ce que son rôle est exclusivement actif, et consiste uniquement à poursuivre un but à travers tous les obstacles. La constance n'est pas toujours active, comme on le verra ; et de plus la persévérance peut se prendre en mauvaise part. On dira une persévérance coupable, persévérer dans le mal ; on ne pourra en dire autant de la constance. Le *courage* consiste à ne point reculer devant une difficulté, à déployer contre elle toute son énergie et à braver tous les périls ; mais l'idée de courage implique surtout celle d'énergie déployée pour affronter un danger quelconque, pour surmonter un obstacle, quel qu'il soit. La constance diffère du courage en ce que son action est plus soutenue, et en ce qu'elle voit souvent plus loin que lui. On peut avoir du courage accidentellement, dans certaines occasions. Pour mériter le nom de courageux, il suffit de faire preuve de force et de bravoure dans une circonstance, et d'attaquer avec vivacité et de vaincre un seul obstacle ; ou n'a pas besoin d'avoir montré de la constance. La constance est un courage continu. De plus, le courage peut n'avoir d'autre but que celui de vaincre la difficulté. C'est à elle qu'il s'adresse avant tout. Quelquefois il est aveugle, c'est-à-dire qu'il ne sait pas ce qu'il fera quand il aura triomphé. La constance ne lutte contre les difficultés que pour atteindre un but qu'elle s'est proposé d'avance. Il y a toujours en elle quelque chose de plus intelligent, il y a une pensée poursuivie avec vigueur et sagesse. Ce qui différencie essentiellement la constance des qualités analogues que nous venons de comparer avec elle, c'est qu'elle est infiniment plus large et qu'elle se présente, pour ainsi dire, à nous sous deux états bien distincts, l'état passif et l'état actif. La constance est passive quand elle s'applique aux opinions, aux affections, aux goûts. L'âme ne fait alors aucun effort, elle persiste seulement dans ses premiers penchants; elle se propose pas de but, à proprement parler : elle reste fidèle à un état qui lui plaît. La constance devient active lorsqu'il s'agit d'une tâche honorable à remplir, d'une entreprise glorieuse à poursuivre. Alors elle résume en elle la patience, la fermeté, la persévérance, et elle marche à sa fin à travers les obstacles, les dégoûts, les périls, les combats, ne recule jamais, et sait mourir plutôt que de céder la victoire.

La constance est le propre des belles âmes. La constance dans les goûts prouve une âme qui sait apprécier le beau, et qui s'attache à suivre un noble instinct que la nature a mis en elle. La constance dans les opinions prouve un esprit consciencieux, solide, dont les croyances sont appuyées sur des principes sacrés à ses yeux, et à qui aucune considération humaine ne peut faire perdre un instant de vue ce qu'il croit être la vérité. La constance dans les affections prouve un cœur dont les sentiments sont vrais, profonds et bien placés. L'*inconstance* suppose une âme

légère et frivole, qui n'aime pas longtemps, parce qu'elle n'a pas véritablement aimé. Une affection véritable pousse de profondes racines, et ne saurait s'arracher du cœur de si tôt. La constance suppose une âme, qui a su choisir pour l'objet de son affection une autre âme à laquelle elle est unie par les liens d'une étroite et profonde sympathie. Elle suppose un cœur droit et sincère, qui se donne tout entier et sans retour. Elle franchit même par la pensée les limites étroites de cette vie; ses serments et ses espérances vont au delà du tombeau; elle est sur la terre la vivante image de cet amour céleste qui doit unir dans l'éternité les âmes à leur divin auteur. La constance dans la pratique de la vie prend un caractère plus grand encore, celui de *vertu*, et, il faut le dire, ici c'est la vertu à son plus haut degré et dans toute sa gloire. Un grand poëte (Horace) n'a pas su mieux définir l'homme vertueux qu'en l'appelant *justum et tenacem propositi virum*. C'est qu'en effet il ne suffit pas à l'homme, pour accomplir sa tâche ici-bas, de quelques efforts, de quelques actes de courage. En butte aux continuelles attaques de ses passions, il faut qu'il veille, il faut qu'il lutte avec force contre le sommeil, auquel à chaque instant il est près de succomber. Environné de piéges et d'obstacles, il faut pour échapper aux uns une vigilance assidue, pour surmonter les autres une âme que rien ne décourage et n'épouvante. Ce n'est donc qu'en multipliant ses efforts, en soutenant chaque jour de nouveaux combats, en opposant une énergie nouvelle à des ennemis sans cesse renaissants, en un mot, ce n'est que par la constance qu'il pourra triompher des forces conjurées et sortir victorieux de cette rude épreuve.
C.-M. PAPPE.

CONSTANCE (en allemand *Konstans* ou *Kostnitz*), ville du grand-duché de Bade, sur les bords du lac de Constance, là où le Rhin établit une communication entre le lac supérieur et le lac inférieur, en partie fortifiée, occupe une assez vaste superficie, et compte environ 7,000 habitants. Un pont relie la ville au faubourg de *Petershausen*, situé de l'autre côté du Rhin. Les édifices les plus remarquables sont le palais épiscopal et la cathédrale, deux beaux monuments de l'art gothique. La ville possède un lycée, mais elle est fort triste et inanimée en raison de l'absence de tout commerce et de toute industrie de quelque importance; et elle manque encore aujourd'hui de chemin de fer.

Autrefois ville impériale, Constance, pour n'avoir pas adhéré à l'*interim* en 1548, fut mise au ban de l'Empire, dépouillée de ses priviléges et donnée par l'empereur Charles-Quint à son frère Ferdinand. Dès lors elle demeura à la maison d'Autriche jusqu'en 1805, époque où celle-ci la céda au grand-duché de Bade. Un évêché y fut fondé de très-bonne heure; il comprenait un territoire de 12 myriamètres carrés, avec une population de 55,000 âmes. L'évêque était prince de l'Empire, et résidait tantôt à Petershausen, et tantôt à Mœskirch.

Constance est surtout célèbre dans l'histoire par le concile qui se tint dans ses murs de 1414 à 1418. On montre encore aujourd'hui à Constance la grande salle où se réunissaient les Pères du concile, et qui sert aujourd'hui de marché; la maison où Jean Huss fut fait prisonnier, son cachot dans le couvent des dominicains, transformé maintenant en fabrique; et dans la cathédrale une plaque de cuivre indique l'endroit où il lui fut fait lecture de l'arrêt qui le condamnait à la mort.

CONSTANCE (Concile de). Depuis plus de trente-cinq ans le schisme désolait l'Église romaine; l'Europe, incertaine, se partageait entre les pontifes qui semblaient se multiplier sur le siége de saint Pierre. En vain, en 1409, le concile de Pise avait essayé de rétablir l'unité en déposant les deux papes Benoît XIII (Pierre de Luna) et Grégoire XII (Ange Corario). Alexandre V, qu'il leur substitua, ne fut qu'un compétiteur de plus. L'assemblée de Pise, en se séparant, avait reconnu la nécessité d'un concile; Jean XXIII, successeur d'Alexandre V, de concert avec l'empereur Sigismond, le convoqua à Constance pour le mois de novembre 1414. En approchant de la ville, avec une suite nombreuse et 600 chevaux, il la compara à une fosse creusée pour prendre les renards. Il y eut grande affluence d'électeurs, d'évêques, de princes d'Allemagne, de prélats, de comtes, de députés des villes, d'ambassadeurs des rois. On y accourut du fond de la Turquie et de la Russie; il y vint des mahométans et des idolâtres; les plus étranges physionomies, les plus singuliers costumes s'y croisaient dans tous les sens; on y parlait toutes les langues de l'Europe; un moment il y eut 150,000 étrangers et 30,000 chevaux. La France était représentée par Pierre d'Ailly, archevêque de Cambrai, et Jean Gerson, chancelier de l'université de Paris. Dès la seconde session Jean XXIII renouvela solennellement, comme l'avaient fait tous ses compétiteurs, le serment d'abdiquer lorsqu'ils auraient renoncé à leurs prétentions; mais dans la même nuit, craignant les suites d'une promesse que, non plus que les autres, il n'avait l'intention de tenir, il s'enfuit à Schaffhouse. Arrêté dans cette ville, il fut ramené à Constance et déposé par le concile; le surlendemain il envoya son abdication. Grégoire XII en fit autant un mois après. Benoît XIII seul persista dans le schisme.

Appelé pour créer et déposer des papes, le concile ne pouvait manquer de décider en sa faveur la question de suprématie contestée par les souverains pontifes. Il porta dans les sessions IV et V ces fameux décrets qui ont servi de base au deuxième article de la déclaration du clergé de France en 1682, et qui ont fait rejeter par les ultramontains l'œcuménicité même du concile. « L'assemblée déclare, est-il dit dans un de ces décrets, que légitimement réunie au nom du Saint-Esprit, faisant un concile général et représentant l'Église catholique, elle a reçu *immédiatement* de Jésus-Christ un pouvoir auquel toute personne, de quelque état ou dignité qu'elle soit, *même papale*, est tenue d'obéir, en ce qui regarde la foi, l'extirpation du schisme et la réforme de l'Église *dans son chef* et dans ses membres. » Plus loin sont portées des peines pour quiconque, *dignitatis etiam papalis*, refusera d'obéir aux décrets du concile.

Dans le même temps, un recteur de l'université de Prague, Jean Huss, renouvelant les erreurs de Wiclef, soulevait la Bohême par des déclamations fanatiques; il prêchait ouvertement la révolte, enseignant, entre autres erreurs, qu'un prince vicieux est déchu de son autorité, et qu'on peut refuser de lui obéir, etc. Condamné comme hérétique par l'archevêque de Prague, poursuivi comme séditieux par le roi de Bohême, Jean Huss en appela au concile, et obtint de l'empereur Sigismond un sauf-conduit pour se rendre à Constance et s'y défendre en personne. Sa doctrine, déjà examinée dans la huitième session, fut revue de nouveau et condamnée dans trois autres. Jean Huss, opiniâtre, fut dégradé et abandonné au pouvoir séculier. Livré par l'empereur au magistrat de Constance, il fut jugé, condamné et brûlé vif, au mois de juillet 1415. Jérôme de Prague, son disciple, qui avait abjuré ses erreurs, désavoua sa rétractation, et subit le sort de son maître, environ un an après.

Dans la même session, le célèbre Gerson défera à un concile les maximes d'un certain J. Petit, docteur en Sorbonne, qui pour justifier le meurtre du duc d'Orléans, assassiné en 1407 par l'ordre de Jean Sans Peur, avait osé publier et soutenir que le meurtre d'un tyran est un acte non-seulement permis, mais encore digne de louange. Il est inutile de dire que cette apologie du régicide fut unanimement condamnée. Le nom du duc de Bourgogne put seul protéger la mémoire de l'auteur.

Il était temps, après plus de deux ans de vacance, de donner un successeur aux papes déposés : on s'en occupa dans la quarante et unième session. Une députation des Pères vint concourir avec les cardinaux à l'élection d'Othon Colonne qui prit le nom de Martin V. Ce pontife présida aux dernières sessions du concile, en appouva les décrets et en fit la clôture au mois d'avril 1418.

Plus heureux que celui de Pise, le concile de Constance mit fin au schisme d'Occident. L'obstination de Pierre de Luna, dont l'église se composait de deux cardinaux et de ses domestiques, la boutade du roi d'Aragon, qui voulut lui donner un successeur, furent plutôt ridicules que dangereuses.

L'abbé C. BANDEVILLE.

CONSTANCE (Lac de), en allemand *Bodensee*, ou *Bodmansee* (nom derivé du vieux château de Bodman), le *Lacus Brigantinus* des Romains, l'un de ces lacs remarquables, traversés par des fleuves, qu'on rencontre au nord des Alpes, est en partie formé par le Rhin, par 47° 35' de latitude nord, et 27° 5' de longitude est, et réunit sur les confins de la Suisse et de l'Allemagne les territoires de cinq États différents, car ses rivages touchent au grand-duché de Bade, au Wurtemberg, à la Bavière, à l'Autriche par le Tyrol, et à la Suisse par les cantons de Saint-Gall et de Thurgovie. L'étymologie suivant laquelle la dénomination de *Bodensee* dériverait d'un vieux mot allemand *Bodan*, signifiant profondeur, n'est guère soutenable, attendu que tous les lacs de la Suisse sont appelés du nom de l'endroit principal qu'on trouve sur leurs rives, et qu'à l'extrémité nord-ouest de celui-ci existent encore les ruines du vieux château carlovingien de *Bodman*. C'est aussi par ce motif qu'on donne à ce lac tantôt le nom de *lac de Constance*, cette ville se trouvant située à l'issue nord-ouest du Rhin, tantôt celui de *lac de Bregenz*, à cause de la ville de Bregenz, située à son angle sud-est. La dénomination de *mer de Souabe* appartient au langage poétique. Le lac de Constance a 19 myriamètres de circuit, 6 myr. dans sa plus grande longueur, 15 kilom. dans sa plus grande largeur; et sa superficie est 407 kilomètres carrés. Après le lac de Genève, c'est le plus grand des lacs de la Suisse et de l'Allemagne. Sa partie nord-ouest, la plus rétrécie de toutes, porte la dénomination particulière de *lac d'Uberlingen*, en raison de la ville du même nom qui s'y trouve située; mais c'est à tort que l'on comprend sous le nom de *lac inférieur*, dans le *Bodensee* qualifié alors de *lac supérieur*, le petit lac particulier situé entre Constance et Stein, avec l'île de Reichenau.

Le niveau du lac de Constance, suivant les calculs de l'ingénieur Walker, est à 440 mètres 66 centimètres au-dessus de celui de l'océan, et sa plus grande profondeur, située entre Friedrichshafen, Romanshorn et Rorschach, est évaluée entre à 292 mètres. Indépendamment du Rhin, qui s'y jette, à une lieue au-dessous de Rheineck, un grand nombre d'autres cours d'eau, de moindre importance, viennent également s'y déverser. Du côté de la Suisse, il ne reçoit que quelques ruisseaux insignifiants.

Ce lac, connu déjà des Romains au temps d'Auguste, et que des châteaux-forts protégeaient alors contre les Allemands et les Rhétiens, s'étendait incontestablement autrefois bien davantage au sud, où les terres d'alluvion entraînées par le Rhin et les autres rivières dans leur cours l'ont à la longue rétréci. Au quatrième siècle encore le lac venait jusqu'à Rheineck, tandis qu'aujourd'hui il en est éloigné de plus d'une lieue; et cet intervalle est couvert de roseaux et entrecoupé dans toutes les directions de fossés et de canaux. Les rives du lac, qui ne sont hautes et escarpées que sur un très-petit nombre de points, offrent partout une succession de montagnes et de collines, de l'embouchure du Rhin, du Schussen et de la Stockach, on y trouve quelques plaines assez basses. De riants vergers, des vignes, de riches champs de blé, de luxuriantes prairies et de majestueuses forêts ceignent tous les rivages. Au sud, on voit les Alpes s'élever par échelons jusqu'à la région des neiges éternelles; au nord-ouest, la rive est couverte de châteaux, de maisons de plaisance et de cabanes de pêcheurs, dans les positions les plus pittoresques. Des villages remarquables par leur extrême propreté et des villes de l'aspect le plus charmant,

très-rapprochés les uns des autres, se mirent dans les eaux de ce lac enchanteur. A l'entrée du lac d'*Uberlingen*, on trouve la ravissante île de Meinau, un bon-est Lindan, la Venise de la Souabe, construite sur trois îles, et rattachée à la terre ferme par un pont.

Après Lindan, qui appartient à la Bavière, les localités les plus importantes du lac de Constance sont Bregenz en Tyrol, Rorschach dans le canton de Saint-Gall, et Arbon dans celui d'Argovie, Constance, Uberlingen et Mœrsburg, appartenant au grand-duché de Bade, et en Wurtemberg Friedrichshafen et Langenargen. L'eau du lac est vert foncé et très-limpide. À l'époque de la fonte des neiges, elle s'élève parfois tout à coup de trois à quatre mètres, et les vents du sud, du nord-ouest et de l'est l'agitent souvent violemment. Un phénomène qu'aucune cause extérieure visible n'explique est celui de l'exhaussement ou de l'abaissement subit qu'éprouve ce lac; phénomène auquel on a donné sur les lieux mêmes le nom de *Ruhss*. Au total, cependant, on doit dire du lac de Constance, comme de tous les autres lacs des Alpes, qu'il sert à recevoir et à calmer des masses d'eau qui y arrivent furieuses et qui en sortent tranquilles et comme clarifiées.

Il arrive fort rarement que le lac de Constance gèle, et ce n'est que dans des hivers d'une rigueur extrême, tels que ceux de 1435, 1573, 1648, 1695, 1830 et 1841 qu'on a pu le traverser à pied. Il a depuis longtemps déjà servi de but aux explorations d'un grand nombre de naturalistes, qui y ont reconnu soixante espèces différentes d'oiseaux aquatiques et de marais, vingt-six espèces de poissons, notamment des saumons, des truites saumonées, etc., ainsi qu'un grand nombre de coquillages. Le commerce et la navigation, en raison même des dangers et des difficultés particulières qu'y présente celle-ci, y sont peu actifs; mais la navigation à vapeur, qu'on y a introduite depuis 1824, a singulièrement contribué à donner un vif mouvement aux exportations de grain, de sel et de vin. Les plus grandes barques ne chargent pas au delà 3,000 quintaux. Un chemin de fer recemment établi entre Friedrichshausen, Ulm, Stuttgard et Heilbronn, n'a fait qu'améliorer encore cet état de choses. C'est l'atlas de la Suisse par Dufour qui offre la meilleure carte qui existe du lac de Constance.

CONSTANCE (Vin de), ainsi nommé parce qu'on le récolte plus particulièrement sur deux domaines de la colonie du cap de Bonne-Espérance, appelés le *Grand* et le *Petit-Constance*, dans une contrée froide et aride voisine du Mont de la Table (*voyez* CAP [Vins du]).

CONSTANCE. Deux empereurs ont porté ce nom.

CONSTANCE CHLORE (FLAVIUS VALERIUS) ; était fils d'Eutrope, Illyrien d'un sang illustre, et de Claudia, nièce de l'empereur Claude le Gothique. Il naquit en Mœsie, vers l'an 250. Sa pâleur lui fit donner le surnom de *Chlore* (du grec χλωρός, pâle). Il épousa sainte Hélène, dont il eut Constantin le Grand. Son éducation avait été toute militaire; il s'éleva par degrés au commandement. Dioclétien l'employa avec succès à repousser les Sarmates; Maximien, collègue de cet empereur, le fit césar et l'adopta. On lui assigna pour département les Gaules, l'Espagne et la Grande Bretagne, ce qui lui donna deux ennemis à combattre, Carausius, qui avait usurpé l'Angleterre, et les Francs, qui s'étaient emparés du pays des Bataves. Au premier il enleva Boulogne, et forçant les autres à se rendre à discrétion, les dispersa sur divers points de la Gaule, releva Autun, détruite vingt-cinq ans auparavant par les Bagaudes, et rétablit son antique école, dont il donna la direction au célèbre orateur Eumène; puis, se rendant maître de la Grande Bretagne, où régnait Allectus, assassin de Carausius, il termina la guerre par une amnistie générale, après plus de neuf ans de révolte. Attaqué, à son retour, par une armée nombreuse d'Allemands, il eut à peine le temps de se faire hisser dans les murs de Langres à l'aide de cordes, les portes de la ville étant fermées; mais bientôt il fondit à son tour sur ces barbares, et leur tua ou blessa plus de soixante mille hommes.

Dioclétien et Maximien-Hercule, ayant abdiqué en 305, nommèrent Constance et Galère augustes, et Sévère et Maximin-Daza césars. Ils forcèrent les deux premiers à répudier leurs femmes. Dioclétien donna sa fille à Galère; et Maximien fit épouser à Constance, Théodora, fille de sa femme, dont il eut plusieurs enfants. Constance eut pour lot les Gaules, l'Italie et l'Afrique. Il s'y fit chérir par la douceur et l'équité de son gouvernement, défendit toute persécution contre les chrétiens, et allégea le poids des impôts, préférant, disait-il, laisser les richesses en circulation que de les enfouir dans ses coffres. Il était si éloigné de tout faste, que lorsqu'il lui fallait donner un grand repas, il était obligé d'emprunter l'argenterie de ses amis pour le service de sa table. Il faisait depuis quelque temps la guerre aux Pictes et aux Calédoniens, lorsqu'il succomba à une maladie qui depuis longtemps altérait sa santé : il mourut à York (*Eboracum*), en 306, dans les bras de son fils aîné, Constantin, qu'il désigna pour son successeur. Constance-Chlore fut mis au rang des dieux après sa mort.

CONSTANCE II (FLAVIUS JULIUS), deuxième fils de Constantin et de Fausta, sa seconde épouse, naquit à Sirmich, en Pannonie, au mois d'août 317. Créé césar dès sa cinquième année, il eut pour lot, dans le partage que fit son père de ses États deux ans avant sa mort, une partie de l'Asie, l'Égypte, la Syrie, la Thrace et Constantinople. Ce fut ce prince qui lui rendit les derniers honneurs; mais il ne put empêcher, s'il ne l'autorisa pas, la sanglante tragédie qui suivit ses funérailles : les soldats, en proclamant augustes Constance et ses deux frères, Constantin et Constant, massacrèrent leurs cousins, Annibalien et Delmace, qui devaient régner sur une partie de l'empire. Deux frères de Constantin et cinq autres de ses neveux, avec ses principaux courtisans, furent égorgés; l'attachement qu'on portait à la mémoire et aux fils du grand homme devint l'arrêt de mort de sa famille, de ses favoris, de ses ministres, et l'inexécution de ses volontés nécessita un nouveau partage de l'empire.

Des débats religieux remplirent presque entièrement le règne de Constance, plus occupé de convoquer, dissoudre, soutenir, improuver des conciles, que de défendre sa puissance, entretenir la discipline et repousser ses nombreux ennemis. En guerre avec Sapor, roi de Perse, qui assiégeait Nisibe, il lui fit lever le siége de cette ville, et défit son armée dans une sanglante bataille. Mais, sans cesse ballotté par les vicissitudes de la guerre, tantôt vainqueur, tantôt vaincu, il eut bientôt dans les Allemands et les Francs de nouveaux ennemis à combattre en Occident, et se vit dans la nécessité d'élire césar son neveu Gallus, pour lui être opposer. Son dernier frère Constant avait été massacré par les soldats de Vétranion et de Magnence, qui s'étaient fait proclamer empereurs. Constance marcha contre les deux usurpateurs, soumit le premier, et se vit par le suicide du second paisible possesseur de tout l'empire. Il promulgua alors un grand nombre de lois et de règlements; mais son caractère faible et soupçonneux le rendit le jouet des délateurs et l'instrument de leurs vengeances.

Les intrigues, les exactions, les cruautés se multiplièrent. Gallus, qui défendait l'Orient contre les Perses, y exerçait, de son côté, une affreuse tyrannie. Constance le fit arrêter, condamner à mort et exécuter. Son autre neveu, Julien, frère de la victime, qu'il avait fait également césar, ne dut la vie qu'aux instances de l'impératrice Eusébie, princesse d'une rare mérite. On lui confia même le gouvernement de la Gaule, de l'Angleterre et de l'Espagne. Mais ses succès irritèrent Constance, qui lui témoigna tant de mauvais vouloir, que, pour se soustraire aux persécutions dont il était menacé, le jeune prince n'eut d'autre ressource que de se laisser proclamer empereur par les légions. Constance se préparait alors à une nouvelle expédition contre les Perses. Aussitôt il se met en marche contre Julien; mais arrivé au pied du mont Taurus, il meurt subitement, le 3 novembre 361, dans une bourgade nommée Mopsucrènes. Tour à tour catholique et arien, défenseur et persécuteur d'évêques, il avait, en 357, visité Rome, où il s'était fait décerner les honneurs du triomphe, et où il avait fait venir d'Égypte le grand obélisque qui décore la place de Saint-Pierre.

Eug. G. de MONGLAVE.

CONSTANT. Le nom de deux empereurs d'Orient a été traduit ainsi :

CONSTANT Ier (FLAVIUS-JULIUS CONSTANS) était le plus jeune des fils de Constantin le Grand et de Fausta. Nommé césar en 333, il parvint avec ses deux frères à l'empire après la mort de son père en 337. Il était alors âgé de dix-sept ans; il eut pour lot l'Illyrie, l'Italie, l'Afrique, et y joignit bientôt la Macédoine et la Grèce, États destinés au jeune Delmace, son cousin, qui fut massacré par les soldats. Dès la première année de son règne, il se brouilla avec son frère Constantin, qui commandait dans les Gaules, le défit complètement dans une bataille où il fut tué, et par la conquête de ses États, devint maître de tout l'Occident. Voulant effacer le souvenir d'un frère dont il venait d'usurper la couronne, il détruisit ses lois, ses établissements, et le déclara ennemi de l'État. Fier, emporté, fastueux, livré à ses courtisans, plongé dans la débauche, il s'attira la haine et le mépris. Il porta ensuite la guerre dans la Grande Bretagne; mais, en 340, Magnence, qu'il avait tiré de l'obscurité pour l'élever aux premiers emplois, s'étant fait saluer empereur par les soldats à Autun, où il commandait, traversa les Gaules en vainqueur à la poursuite de Constant, qui s'enfuit vers l'Espagne. Celui-ci, atteint au pied des Pyrénées par Gaïson, émissaire du rebelle, et abandonné de tous les siens, hors un seul Franc, est assassiné à Elne, en 350.

CONSTANT II (FLAVIUS CONSTANS), fils de Constantin III, né en 630, mort en 668, s'appelait d'abord *Héraclius*. Il ne succéda point à son père, mais à son oncle César Valentin, qui, en 641, fit proclamer Constant II, trop jeune encore pour l'être entre ses mains autre chose qu'un instrument. Quand il prit les rênes du pouvoir, il fit ordonner diacre son frère Théodose pour empêcher qu'on ne l'élevât à l'empire à sa place, et cette précaution ne le rassurant pas encore, il le fit assassiner. Son règne est d'ailleurs remarquable par les pertes immenses qu'éprouva l'empire d'Orient, en butte aux attaques des Arabes et des Lombards, éprouva en Afrique, en Asie et en Italie. En 662 il passa en Italie pour combattre les Lombards; mais il ne put piller Rome, et s'en alla établir sa cour en Sicile, où il ruina les populations par ses exactions, et fit périr une foule de seigneurs. Depuis six ans il vivait à Syracuse, plongé dans la débauche, lorsque le 15 juillet 668, l'officier qui le servait au bain, André, fils du patrice Troïle, saisit tout à coup le vase avec lequel on lui versait de l'eau, et lui en porta à la tête un coup si violent, qu'il le renversa sans connaissance dans la baignoire, où on le trouva noyé. Il laissait trois fils, Constantin IV, *Pogonat*, qui lui succéda, Héraclius et Tibère.

CONSTANT DE REBECQUE (HENRI-BENJAMIN), né à Lausanne, le 25 octobre 1767. Son père, *Juste Constant de Rebecque*, d'une ancienne famille française, réfugiée pour cause de religion dans le pays de Vaud, était colonel d'un régiment suisse au service de Hollande. La naissance de Benjamin coûta la vie à sa mère, Henriette du Chaudieu, fille aussi de Français réfugiés. Son père avait pris des préjugés sur les colléges publics; il voulut essayer de l'éducation domestique. Plusieurs gouverneurs furent successivement mis à l'essai et renvoyés. L'un d'eux eut une idée assez ingénieuse : « C'était, dit Benjamin Constant, de me faire inventer le grec pour me l'apprendre. Il me proposa de nous faire à nous deux une langue qui ne serait connue que de nous. Je me passionnai pour cette idée. Nous formâmes d'abord un alphabet, où il introduisit les lettres grecques; puis nous commençâmes un dictionnaire, dans lequel chaque mot français était traduit par un mot grec. Tout cela se gravait merveilleusement dans ma tête, parce que je m'en croyais l'inventeur. Je savais déjà une foule de mots grecs, et je m'occupais de donner à ces mots de ma création des lois générales, c'est-à-dire que j'apprenais la grammaire grecque sans m'en douter. » Son père résolut enfin de le placer dans une université d'Angleterre : il le conduisit au collége d'Oxford ; mais un étranger de treize ans ne pouvait faire quelques progrès dans une université où les Anglais eux-mêmes ne vont finir leurs études qu'à vingt ans. Il apprit la langue anglaise, et son père, quittant l'Angleterre pour l'Allemagne, le plaça à l'université d'Erlangen. Il fut admis à la petite cour de la margrave de Baireuth avec l'empressement qu'ont les princes qui s'ennuient pour les étrangers qui les amusent.

En 1783 son père le rappela. C'était au fort de la querelle du pays de Vaud contre les prétentions de la ville de Berne. Ce qu'il entendait dire contre les exigences aristocratiques des Bernois grava dans son cœur d'ineffaçables impressions de liberté. La même année il fut envoyé à Édimbourg ; le travail y était à la mode parmi les jeunes gens, et Benjamin Constant se livra à l'étude avec une ardeur qui devint une habitude. Il fut surpris à la fois de cette douce et simple hospitalité qui distingue la nation écossaise, et de la tendre amitié que lui vouèrent dès lors Mackintosh, de Laing, Wilde, Graham, Erskine. Ayant terminé son cours en Écosse, il vint à Paris, où il logea chez Suard, dont la société, composée de Morellet, Marmontel, Lacretelle, La Harpe, de presque tous les académiciens philosophes, exerça sur son esprit une influence qu'il fut longtemps à surmonter. Quelques erreurs de jeunesse le firent rappeler à Bruxelles; il y arriva en fureur contre toutes les libertés que l'université d'Édimbourg, composée de whigs, lui avait inspirée.

Dans ces dispositions d'esprit, Benjamin Constant conçut à dix-neuf ans l'idée d'écrire l'histoire du polythéisme. Déjà avant de partir pour l'Écosse il avait écrit, à treize ans, et dédié à son père un roman héroïque, dont les cinq premiers chants existent encore, et qui a pour titre Les Chevaliers. Cette production, où la naïveté et l'exagération de l'enfance forment un heureux contraste avec les réminiscences d'une heureuse mémoire et les tentatives excentriques d'une jeune imagination, annonçait un esprit porté au travail et un grand désir de gloire. Ces deux qualités lui inspirèrent l'idée prématurée du polythéisme. « Je n'avais alors, dit-il lui-même, aucune des connaissances nécessaires pour écrire quatre lignes raisonnables sur un tel sujet. Nourri des principes de la philosophie du dix-huitième siècle, je n'avais d'autre pensée que de contribuer pour ma part à la destruction de ce que j'appelais les préjugés. Si je me fusse moins abandonné à toutes les impressions qui agitaient ma jeunesse, j'aurais peut-être achevé en deux ans un très-mauvais livre, qui m'aurait fait une petite réputation éphémère, dont j'eusse été bien satisfait. Une fois engagé par amour-propre, je n'aurais pu changer d'opinion, et le premier paradoxe ainsi adopté m'aurait enchaîné pour toute la vie. » Un voyage en Allemagne décida de son amour pour le travail. Gibbon, Jean de Muller, Kant, le façonnèrent à une vie paisible et studieuse. Il essaya dans le monde de quelques relations ; mais, inexpérimenté et timide, il échouait souvent auprès des femmes, auxquelles la coquetterie donne aux femmes. Il demandait de l'amour, on lui offrait de l'amitié, et il entrait en fureur contre toutes les femmes qui ne disputaient avec lui que sur un synonyme. Il revint à Paris en 1787 ; il ne connaissait guère de cette ville que les hommes et les choses que le hasard lui avait offerts.

« J'ai, dit-il, une paresse et une si grande absence de curiosité, que je n'ai jamais de moi-même été voir ni un monument, ni une contrée, ni un homme célèbre : je reste où le sort me jette. »

Son père le rappela, pour l'envoyer à la cour de Brunswick, où il lui avait obtenu une place de chambellan. Si la politique écossaise l'avait frappé d'admiration pour le système whig, si la haine de son père pour l'oligarchie de Berne lui avait inspiré une défiance, qui ne s'est jamais éteinte, de toutes les aristocraties, un penchant secret lui faisait aimer les petits États d'Allemagne. Les rangs y sont bien distincts, mais le rapprochement des personnes efface en partie ce qui choque dans cette inégalité. Là il contracta, un peu légèrement, avec une dame de la cour de Brunswick un premier mariage, suivi bientôt d'un divorce, et rentra en France en 1797. Il réclame et obtient alors le titre de citoyen français, comme fils de religionnaire, et publie une brochure : De la force du gouvernement actuel de la France, et de la nécessité de s'y rallier. Cet ouvrage le lie avec Chénier, Daunou, Louvet et les républicains les plus purs. Il est bientôt suivi des Réactions politiques et des Effets de la Terreur, deux brochures dont le but est le même, puisque l'une prouve que les persécutions ne servent qu'à susciter et à perpétuer les haines ; et l'autre, que la Terreur, inutile à la liberté, avait rallié toutes les passions contre la république.

Le club dit de Clichy en avait fait créer un autre à l'hôtel de Salm. Le cercle constitutionnel donna à Benjamin Constant le moyen de faire remarquer tout ce qu'il y avait de bonne foi dans son cœur, de dévouement dans son caractère, de finesse dans son esprit. Si ses écrits polémiques l'avaient placé au premier rang parmi les écrivains politiques, ses discussions vives, pressantes, animées, surabondantes de finesse, d'élégance et d'ironie, le montrèrent déjà comme un orateur à part. De cette époque datent les relations, quelquefois orageuses, mais jamais interrompues, de Benjamin Constant avec Mme de Staël. Cette femme célèbre s'était établie l'adversaire des clichiens, et son salon, attrayant par l'étonnante conversation de Benjamin Constant, était dirigé par Talleyrand, impatient des obstacles qu'on opposait à la république naissante et des embarras qu'il trouvait sur la route du ministère.

Le club de Clichy luttait contre la Révolution tout entière. Le club constitutionnel de Salm luttait à la fois contre les hommes de la Terreur et contre ceux du royalisme. Les haines s'envenimèrent. Constant publia dans les journaux quelques articles contre la Terreur ; on voulut se servir de ses doctrines contre la république, et lui-même se privait avec autant de bonne foi que de talent. Le Directoire résolut de sortir de ces querelles par sa faiblesse avait suscitées. Il ne put en sortir que par un coup d'État, et le 18 fructidor lui donna pour adversaires tous les esprits libres, tous les cœurs généreux ; c'est là que date cette opposition à laquelle il succomba le 18 brumaire. Benjamin Constant fut appelé au Tribunat par le premier consul, et, malgré son admiration pour le héros d'Italie, son amour de la liberté le plaça dans cette opposition qui voyait déjà un empire futur dans le consulat actuel, et la puissance de l'épée dans ces formes représentatives. Le consul s'irritait de cette opposition publique : « Venez causer avec moi dans mon cabinet, disait-il à Benjamin Constant ; il est des discussions qu'il ne faut élever qu'en famille. » Mais, de plus en plus irrité contre le Tribunat, il résolut de l'assouplir par l'élimination. Le Tribunat, réduit à cinquante membres, vit s'éloigner Chénier, Cabanis, Daunou, Benjamin Constant, Ginguené, Andrieux, tout ce qu'il avait d'indépendance et presque tout ce qu'il avait de talents.

Chassée du Tribunat, l'opposition se réfugia dans les salons de Mme de Staël. Benjamin Constant publia les Suites de la contre-révolution de 1660 en Angleterre. Le salon de Mme de Staël, fréquenté par MM. de Narbonne, de Montmorency, de Broglie, de Barante, de Jaucourt, déplut à l'empereur. Cette franchise d'opinion, ce courage de publicité, firent notifier à Mme de Staël et à Benjamin Constant l'ordre de quitter la France. Ils se réfugièrent en Allemagne. Constant se fixa à Weymar, où Gœthe, Schiller, Wieand, lui inspirèrent l'idée de transporter dans la langue française le génie du théâtre allemand, et si *Wallenstein* n'a pas atteint ce but difficile, on ne saurait nier au moins que l'admirable préface qui précède cet ouvrage n'ait introduit chez nous le goût de la littérature allemande. Les débats que soulevaient ses voyages à Copet donnèrent naissance au roman d'*Adolphe*, étude ingénieuse du cœur humain, où la finesse des observations et les charmes du style font oublier l'absence de drame et d'action. La douce et longue paix qu'il dut à un second mariage, contracté avec Mme de Hardenberg, lui inspira le roman de *Cécile*, épisode d'*Adolphe*, qui le terminait, comme le calme après l'orage, et qu'il en sépara cependant, en cédant à regret aux conseils de lady Holland, pour ne pas diviser l'intérêt. Il obtint la permission de revenir à Paris, mais il ne put obtenir d'y séjourner ; il retourna donc en Allemagne, et s'établit à Gœttingue. C'est là qu'il termina son ouvrage *De la Religion, considérée dans sa source, ses formes et ses développements*. Plus tard, il en sépara l'histoire du *polythéisme romain*, ouvrage posthume, que l'auteur n'a pu ni revoir ni terminer. Mais pour se délasser de ces études sévères, pour se venger du long exil qu'il avait atteint, il se livra à une composition plus frivole, son poëme, *Florestan, ou le Siége de Soissons*, en neuf chants, ingénieuse satire, où la politesse du langage et la plus fine ironie éparpillent le ridicule sur la renommée de ses ennemis, de ses adversaires et de ses envieux, mais où la colère frappe quelquefois et trop haut et trop fort.

Cependant, la guerre de Russie avait étonné la France de ses désastres. L'Europe à son tour fondait sur nous. C'est alors que B. Constant se lia avec Bernadotte. De retour à Paris en 1814, il espéra voir s'établir de bonne foi et sur une base stable le gouvernement représentatif, ce vœu de toute sa vie. Il lutta d'abord contre les envahissements du pouvoir royal ; mais quant à la nécessité de se rallier au pouvoir monarchique, il n'abandonna pas un instant cette idée. Luttant sans cesse pour la liberté, jamais contre le gouvernement établi, il fut toujours courageusement sur la brèche. Le *Journal des Débats* lui ouvrit ses colonnes : son premier article est du 21 avril 1814, le dernier du 19 mars 1815. Celui-ci était imprégné de colère contre l'homme qui l'avait deux fois proscrit ; le lendemain cet homme avait reconquis l'empire. Benjamin Constant se retira chez le consul américain, et crut devoir quitter Paris. Rassuré par ses amis, il rentre dans la capitale ; l'empereur le fait appeler, et, après une longue conversation, Benjamin Constant croit devoir entrer au conseil d'État. Cette conduite a été diversement appréciée ; nous nous bornerons à rendre compte des impressions qu'il éprouvait lui-même et qu'il déposait dans le sein de la plus intime et de la plus tendre amitié. Il écrivait le 1er avril 1815 : « Il y a quelques jours que je t'ai écrit, pour te dire combien ma position était tranquille et pour te rassurer complètement sur moi et sur l'avenir de la France. Je ne puis être suspect de partialité pour l'empereur, en rendant à son génie l'hommage qu'on ne peut lui refuser. J'ai fui son empire, parce que je trouvais qu'il ne donnait pas à la France assez de liberté. J'ai tâché de maintenir, autant que les efforts d'un simple citoyen pouvaient y contribuer, les Bourbons sur le trône ; je pensais que leur faiblesse offrait à la liberté une meilleure chance. J'étais décidé à m'éloigner après leur chute, lorsqu'un changement complet de système dans la France impérial m'a fait concevoir des espérances inattendues. La magie du retour de l'empereur, l'assentiment universel de l'armée, l'adhésion non moins générale de la nation, les principes libéraux qu'il a proclamés, la manière dont ses adversaires les plus animés sont restés sous ses yeux sans encourir aucune proscription, tout cela a produit dans les esprits une révolution décisive en sa faveur. Il faut donc se bien persuader qu'aujourd'hui la France est unie indissolublement avec lui ; l'attaquer serait attaquer la France, et l'étranger sait ce qu'il en coûte. Ainsi, prépare-toi à venir par la Suisse, si tu ne peux passer par Francfort ; car, soit qu'il y ait guerre, soit qu'il y ait paix, je ne quitte plus la France. » Voilà l'opinion de Benjamin Constant, le sentiment intime qui a dirigé sa conduite, et qui, s'il ouvre un champ à la discussion, doit du moins imposer silence à la calomnie. L'*Acte additionnel* parut, et les *Lettres sur les Cent jours* exposent la conduite durant ce règne de 600 hommes commencent sur la grève de Cannes, et qu'une armée finit dans la plaine de Waterloo.

La seconde restauration apparaît, et Benjamin Constant se retire en Angleterre. La liste des proscriptions fermée, il retourne à Paris ; il y publie son *Traité de la Doctrine politique*, se consacre entièrement à la polémique, écrit dans *Le Mercure*, *La Minerve*, *La Renommée*, *Le Courrier*, *Le Temps*, et durant cette longue carrière polémique, à la tête de l'opposition de la presse, toujours plein de courage, toujours sur la brèche, ayant toujours foi dans la liberté, toujours espoir dans l'avenir ; sans joie pour le triomphe et plein de tristesse pour les amertumes, les invectives, les calomnies, dont il était journellement abreuvé, il voyait ses vœux s'épuiser, se flétrir et s'éteindre dans cette lutte où l'espèce humaine a toujours perdu des générations et des siècles, mais qui n'a jamais vu succomber la liberté. Sous le titre de *Cours de Politique constitutionnelle*, il réunit ce qu'il avait déjà publié ; dans son *Commentaire* sur Filangieri, il aborde encore quelques questions nouvelles. La liberté de la presse, la liberté individuelle, la responsabilité des ministres, le pouvoir royal, laissent dans ces petits traités peu de chose à désirer aux esprits les plus exigeants. L'élection lui avait ouvert dès 1819 la porte de la chambre des députés. Infatigable à la tribune comme dans la presse, il fut, sinon le plus éloquent, du moins le plus ingénieux, le plus constant et le plus habile défenseur de nos libertés. Son ironie excitait une colère que son respect pour les convenances venait aussitôt apaiser. On savait que, séparé des agitateurs, il était complètement étranger à ce qui pouvait menacer l'existence de la Restauration ; que son opposition était constitutionnelle, ferme et constante, mais loyale et sans arrière-pensées ; et toutefois c'est lui que la haine absolutiste signalait plus particulièrement aux perturbateurs à ses ordres, lui qu'on menaçait à Strasbourg, dont on cernait la maison à Saumur, lui que les procureurs généraux regrettaient de n'avoir point à poursuivre. (Voyez Mangin.) Un bonheur complet pour lui, le seul dont il ait joui sans amertume, fut d'avoir prouvé l'innocence de Wilfrid-Régnault et sauvé cet innocent de l'échafaud qui l'attendait.

Le courage restait, mais la force était abattue, et le contraste d'une haute intelligence, tout entière encore dans un corps épuisé, frappait ses amis et la France d'un douloureux pressentiment. Contraint de subir une opération cruelle, il se retire à la campagne. Depuis quinze ans il indiquait chaque jour le seul abîme où la Restauration pût se perdre : la Restauration ne faillit pas à sa destinée : les ordonnances parurent, et la révolution de Juillet éclata. Benjamin Constant sortait à peine des mains du chirurgien, avec un billet de Lafayette : « Il se joue ici un jeu terrible : nos têtes servent d'enjeu ; apportez la vôtre. » Benjamin Constant ne fit faute ni à la liberté ni à ses amis. Après le 7 août, il causait au Palais-Royal avec Laffitte ; le roi vint à lui : « Vous avez, lui dit le prince, fait des sacrifices au-dessus de vos forces pour la liberté ; cette cause doit vous être commune, et c'est avec joie que je viens à votre secours. — Sire, j'accepterai le bienfait, répondit-il ; mais la liberté passe avant la reconnaissance ; je veux rester indépendant ; et si votre gouvernement fait des fautes, je serai le premier à rallier l'opposition. — C'est ainsi que je l'entends, répliqua le roi. » Mais la mort était là. Les fautes du pouvoir la hâtèrent. Cadavre rejeté dans l'opposition, au milieu de l'ivresse du peuple, il vit déjà les périls de la liberté; il avait cru mourir dans le triomphe, il s'éteignit dans le désespoir.

J.-P. PAGÈS (de l'Ariége).

Ce n'est certes pas au vieil et honorable ami de l'auteur d'*Adolphe* qu'il appartenait de révéler ici certains détails de la vie privée de Benjamin Constant qui jettent un jour fâcheux sur son caractère; mais l'histoire ne peut ni ne doit taire les faiblesses des hommes célèbres.

Si, quelques jours avant de mourir, l'illustre publiciste se trouva ainsi réduit à accepter de Louis-Philippe un secours qui (bien que M. Pagès de l'Ariége juge à propos de le taire) fut de 300,000 francs, c'est que des pertes énormes faites tout récemment au jeu l'avaient placé dans la plus fâcheuse situation.

Joueur passionné, Benjamin Constant passait la meilleure partie de ses nuits au *Cercle des Étrangers*, tripot aristocratique tenu par la Ferme des jeux à l'ancien hôtel d'Oigny. Le petit hôtel qu'il habitait, rue d'Anjou-Saint-Honoré, il l'avait gagné une nuit au *Trente et quarante*; mais depuis longtemps la veine l'avait abandonné, et il était à la veille de se voir exproprié quand survint la révolution de Juillet.

CONSTANTE (*Mathématiques*). Une fonction, en général, se compose de quantités variables et de quantités constantes. Ces dernières sont celles dont la grandeur ne varie pas. Ainsi, dans l'équation de l'ellipse, le grand axe et le petit axe sont des constantes; les abscisses et les ordonnées sont des variables. Lorsqu'on différencie une expression algébrique dans laquelle il se trouve des constantes isolées, ces constantes disparaissent (*voyez* DIFFÉRENTIEL).

Ainsi, a étant une constante,
$$d(x+a) = dx$$
C'est pourquoi lorsque l'on intègre, on rétablit toujours une *constante arbitraire*, car l'on a
$$\int dx = x + C$$
quel que soit C. Cette constante n'est arbitraire qu'autant que l'intégrale est indéfinie (*voyez* INTÉGRAL).

Ordinairement on différencie par rapport aux variables; quelquefois aussi on différencie par rapport aux constantes, c'est-à-dire qu'on les suppose variables. Cette différenciation fut conçue par Leibnitz, qui l'employa à résoudre le *problème des trajectoires*, lequel consiste à trouver une courbe qui en coupe une infinité d'autres de même espèce sous un angle donné. On se sert de la variation des constantes pour rattacher les solutions particulières des équations différentielles à l'intégrale générale, et pour intégrer les équations linéaires qui ont un terme, fonction de la variable indépendante. Mais c'est au calcul des perturbations planétaires qu's'applique principalement. Euler en donna le premier exemple; ensuite Lagrange et Laplace firent de cette application une théorie admirable.

CONSTANTIN. Il y a eu deux papes de ce nom.

CONSTANTIN Ier succéda à Sisinnius, le 4 mars 708. Il était Syrien de naissance, assez fier et même quelque peu cruel. Félix, archevêque de Ravenne, ayant refusé de prêter serment d'obéissance à l'héritier de saint Pierre, Constantin en appela au bras séculier de Justinien II, qui fit saisir le rebelle et l'exila dans le royaume du Pont, après lui avoir fait crever les yeux. Le malheureux prélat ne rentra six ans plus tard dans son diocèse qu'après une entière soumission à l'évêque de Rome. L'empereur, à l'issue de cet exploit, ayant témoigné le désir de voir le pontife, Constantin s'embarqua le 5 octobre 710, passa l'hiver à Otrante, et rejoignit Justinien à Nicomédie. Il y fut comblé de présents, de caresses et d'hommages. On veut même que le prince ait poussé l'humilité jusqu'à baiser les pieds du prêtre. Ce serait le premier exemple de cet acte de servilité, bien digne au reste d'un barbare dont les sujets ne tardèrent pas à faire justice. A peine rentré à Rome, le 24 octobre 711, Constantin apprit la déposition et le supplice de cet empereur : il eut bientôt à lutter contre l'usurpateur Bardanes-Philippique, qui opposa des synodes occidentaux aux conciles approuvés par le saint-siège. Le peuple de Rome, excité par son évêque, ne voulut pas admettre dans l'église de Saint-Pierre l'image du nouvel empereur. Il refusa même de reconnaître le gouverneur qu'il avait désigné, et cette lutte ne finit qu'à la déposition de Philippique. L'empereur Anastase II et le patriarche Jean se remirent en communication avec le pontife de Rome, et reconnurent l'autorité des conciles. C'est sous le pontificat de Constantin Ier qu'une foule de princes et de seigneurs vinrent en pèlerinage aux tombeaux des apôtres. Constantin mourut en 715, fort regretté des pauvres.

CONSTANTIN II, regardé comme un anti-pape par Anastase et par Fleury, et conservé parmi les papes par beaucoup d'autres historiens, fut élu par une faction, après la mort de Paul Ier, en 767. Il était laïque, frère de Soton ou Toton, duc de Népi, qui à la tête de quelques brigands armés pénétra dans Rome, l'installa avec violence dans le palais de Latran, et contraignit George, évêque de Préneste, qui lui tomba sous la main, à tonsurer, ordonner et sacrer le nouveau pontife. C'était le premier exemple à Rome d'une pareille usurpation. Les lettres de Constantin au roi Pepin sont des témoignages de la déférence des évêques de Rome pour l'autorité séculière. Pepin n'y répondit pas, et n'envoya pas d'ambassadeur. Il refusa même d'approuver l'élection. Encouragés par ce refus, le primicier Christophe et son fils Sergius, trésorier du saint-siège, conspirèrent contre le pape de Toton. Le prêtre Philippe fut tiré, le 30 juillet 768, du monastère de Saint-Vit pour être opposé à Constantin par une faction puissante. Un évêque, dont le nom et le titre ne sont point parvenus jusqu'à nous, le reçut dans la basilique de Latran, et le nouveau pape donna la bénédiction au peuple. Mais son règne ne dura qu'un jour, et ce prétendu pontife fut trop heureux de retourner dans son monastère. Cependant Constantin et son frère Passif s'étaient réfugiés dans l'oratoire de Saint-Césaire. Mais les troupes de Didier, roi des Lombards, s'emparèrent de Rome. Étienne III fut élu pape le 6 août 768. Les violences continuèrent : Constantin, arraché de sa retraite, fut jeté à cheval sur une selle de femme, avec des poids aux pieds; on lui creva les yeux, on le jeta au coin de la borne, et, au mois d'avril de l'année suivante, on le traduisit devant un concile, qui le condamna à faire pénitence le reste de ses jours et annula toutes ses ordinations, tous ses actes quelconques. Les lettres de ce pape à Pepin ont été publiées dans la *Collection des Historiens de France* de Duchesne.

VIENNET, de l'Académie française.

CONSTANTIN. Douze empereurs d'Orient ont porté ce nom.

CONSTANTIN Ier, surnommé *le Grand* par ses panégyristes, honoré comme *saint* par l'Église grecque, tyran hypocrite et sanguinaire, suivant les philosophes modernes, a été sans contredit l'une des plus grandes illustrations politiques et militaires que l'histoire ait signalées; mais pour nous guider à travers la multiplicité des faits qui se rapportent à ce prince, nous n'avons qu'un seul auteur contemporain dont les écrits soient arrivés jusqu'à nous, Eusèbe de Césarée, qui, négligeant, en sa qualité de prélat catholique, tous les vices et les crimes de son héros, n'en parle jamais qu'avec l'exaltation d'un aveugle enthousiasme. Aucun historien profane de cette époque ne nous est connu.

Les uns font naître Constantin en 272, les autres en 274, et il en résulte une grande incertitude chronologique dans les événements de sa vie. Quant au lieu de sa naissance, les opinions ont également varié suivant le caprice ou la vanité patriotique des historiens. Le moine Anglais Aldhelme s'avisa, dans le septième siècle, de le faire naître en Angleterre; mais Julius Firmicus, écrivain du quatrième siècle, en avait fait honneur à la ville de Naissus en Dardanie. Cette opinion fut fortifiée cent ans après par Étienne de Byzance. Le titre de bâtard lui est donné par Eusèbe, Zosime, saint Ambroise, saint Jérôme et autres. Mais la répudiation positive d'Hélène par l'empereur Constance est un fait qui, au sentiment d'Eutrope, atteste la légitimité de son mariage ; et les égards de Dioclétien pour son pupille en sont encore un témoignage.

A l'époque de cette répudiation, le fils d'Hélène, *Caius Flavius Valerius Claudius Constantinus*, était encore dans l'adolescence Remis en otage à l'empereur Dioclétien, il fut élevé sous ses yeux. Les qualités brillantes du jeune prince lui attirèrent l'estime et l'affection de son tuteur. Sa taille élevée, son air majestueux, son adresse dans les exercices du corps, son éclatante valeur, son affabilité, sa prudence, son éloignement des plaisirs, qui ne fut peut-être qu'un calcul de son ambition naissante, lui acquirent aussi la faveur du peuple et des soldats. Le témoignage d'Eusèbe et d'Aurélius-Victor atteste, contre l'opinion de quelques auteurs, que Constantin joignit à ces qualités une application soutenue à l'étude des belles-lettres et une affection constante pour les savants. Il suivit Dioclétien en Égypte, à l'âge de dix-neuf ans, fit ses premières armes contre Achillée, qui avait levé l'étendard de la révolte; et la réputation qu'il y acquit excita la jalousie de l'empereur Galère, qui s'efforça vainement de le perdre dans l'esprit de son collègue. Dioclétien le nomma tribun de première classe, malgré les observations et les menaces de ce césar ennemi, qui puisa de nouveaux motifs de haine dans les exploits du jeune Constantin pendant la campagne de Perse. Mais l'autorité de Dioclétien ne put lutter contre l'ascendant de Galère, quand le premier de ces empereurs voulut élever Constantin au rang de césar, en abdiquant lui-même l'empire. Galère lui ordonna de descendre du trône où Dioclétien l'avait fait asseoir à ses côtés; et l'armée stupéfaite y vit monter un simple gardien de troupeaux, Maximin.

Pendant que cette scène se passait à Nicomédie, le 1er mai 305, Maximien résignait aussi l'empire à Milan entre les mains de même Constance, dont le fils subissait un si cruel affront en Asie. Mais Galère ne craignait pas un vieillard valétudinaire, dont il croyait pouvoir diriger les volontés. Il lui permit jamais de rappeler son fils auprès de lui, et Constantin se vit dès lors environné de tous les pièges que peuvent inventer la haine et la jalousie. Sur la foi de Proxagoras, dont les récits sont perdus, et de Zonare, auteur fort suspect, on a multiplié sur les pas de Constantin des miracles dont sa gloire n'avait pas besoin. Il n'y a de naturel et de vraisemblable dans ces récits que le massacre et la dispersion d'une multitude d'ennemis au delà d'un profond marais que Galère lui avait ordonné de passer. Constance était cependant parti pour faire la guerre aux Pictes et aux Calédoniens; et Galère, feignant de céder enfin à ses instances, avait accordé à Constantin la permission de joindre son père; mais des ordres secrets avaient été en même temps donnés au césar Sévère pour l'arrêter au passage. La prudence et la rapidité de Constantin trompèrent les desseins criminels de son ennemi. Il partit pendant la nuit de Nicomédie, gagna douze heures sur le réveil de l'empereur, franchit à la hâte la Thrace, la Dacie, l'Italie et la Gaule, et rejoignit son père à Boulogne, au moment où il embarquait ses troupes. Cette campagne fut la dernière de l'empereur Constance-Chlore. Il mourut à York, dans les bras de son fils, le 25 juillet 306 ; et ses troupes saluèrent Constantin du nom d'auguste, sans s'inquiéter du courroux de Galère, qui était resté en Asie.

Le nouvel empereur montra une résistance que démentait son ambition : sûr de son armée, il poussa son hypocrite opiniâtreté aussi loin que le lui permit l'impatience des soldats, et s'excusa même par un envoyé auprès du collègue dont il avait déconcerté les artifices. La surprise et la fureur de Galère furent au comble. Son premier mouvement fut de condamner au feu le message et l'envoyé de Constantin. Mais la crainte d'une guerre civile, la réputation de son rival et les forces dont il pouvait disposer, le contraignirent à dissimuler à son tour. Il se borna à lui envoyer le pourpre et le titre de césar, et à revêtir Sévère du titre d'empereur. Constantin attendit de son côté l'occasion de faire respecter l'autorité impériale qu'il avait reçue de son armée. Il se contenta de régner sur l'Angleterre, la Gaule et l'Espagne, laissa Sévère se débattre contre Maxence et Maximien, et ne s'occupa qu'à réprimer les incursions des Francs sur la frontière des Gaules. Constantin les battit dans une bataille rangée, et, dévoilant pour la première fois sa cruauté, livra aux bêtes féroces leurs rois Ascaric et Ragaise, dans l'amphithéâtre de Trèves. Il passa le Rhin, mit à feu et à sang le pays des Bructères, fit également dévorer les prisonniers par les lions du cirque, répara et garnit de troupes toutes les forteresses du Rhin, et réduisit les peuples allemands à la nécessité de respecter quelque temps l'empire qu'il avait le dessein d'accroître. Des réformes furent en même temps introduites par sa politique dans l'administration des Gaules. Les impôts furent réglés et diminués ; les exactions des collecteurs réprimées. Enfin, en commémoration de ses exploits contre les peuples d'Allemagne, il institua des jeux annuels qu'il appela *ludi francici*, et dont la célébration avait lieu du 14 au 20 juillet.

La mort violente de Sévère le délivra d'un compétiteur ; mais il lui en restait quatre à renverser pour réunir sur sa tête tous les diadèmes de ce vaste empire. Maximien vint s'offrir de lui-même. Meurtrier de l'empereur Sévère et redoutant la vengeance de Galère, qui arrivait en toute hâte de l'Asie, il se jeta dans les bras de Constantin et lui fit accepter sa fille Fausta en mariage. Constantin, avait déjà un fils de Minervine, qui était sa concubine ou sa femme légitime. Mais comme l'histoire ne parle point ici de répudiation, il est probable que cette femme, mère de Crispus, n'existait déjà plus quand Constantin épousa la fille de Maximien. Galère n'ayant pu pénétrer dans Rome, défendue par Maxence, et craignant la défection de ses troupes, se replia vers les provinces d'Orient. Maximien pressa vainement son nouveau gendre de le poursuivre. Constantin connaissait trop bien ses nouveaux alliés pour s'aventurer dans une pareille guerre, et, s'occupant exclusivement de conquérir l'amitié des peuples de la Gaule, il laissa partir son beau-père pour Rome, dans l'espoir sans doute que les vices du père et du fils y causeraient des désordres dont il lui serait facile de profiter. Cette discorde ne tarda point en effet à éclater ; Maximien, chassé par son fils, qu'il avait en vain tenté de dégrader, revint implorer les secours de Constantin, et ne pouvant rien obtenir de son gendre, il osa se présenter à Galère, qui était alors à Carnuntum sur le Danube, avec l'intention secrète de s'en défaire à la première occasion; mais il n'y arriva que pour concourir et assister à l'élévation de Licinius, qui fut mis à la place de Sévère, ce qui redonna un cinquième rival à l'ambition de Constantin. Ce dernier ne recueillit que le titre fastueusement inutile de consul pendant le reste de l'an 307, et eut bientôt à lutter contre la perfidie de son beau-père, qui, revenu dans les Gaules, et feignant d'imiter le sage Dioclétien par une naïve abdication, voulait profiter de l'absence de Constantin pour débaucher les meilleurs soldats de son armée. Il y réussit un moment, reprit la pourpre, s'empara du palais d'Arles et des trésors que son gendre y avait laissés, et publiant les lettres les plus injurieuses contre lui, invita le reste de son armée à suivre l'exemple des soldats qu'il avait attirés dans son parti. Constantin était alors sur le Rhin, à comprimer le reste des Francs. Étonné de ces nouvelles, il ramena ses troupes à Châlons, les fit embarquer sur la Saône, descendit le Rhône à la hâte, surprit Maximien dans la ville d'Arles, se rattacha la plus grande partie des soldats rebelles, poursuivit son beau-père jusqu'à Marseille, et si les échelles ne s'étaient trouvées trop courtes, il eût emporté cette ville d'assaut. Mais les habitants eux-mêmes la lui livrèrent avec l'usurpateur.

Constantin usa de clémence, et n'en fut récompensé que par une nouvelle perfidie. Maximien trama la perte de son gendre, et mêla sa fille dans cette criminelle intrigue. Mais Fausta, forcée de choisir entre son père et son époux, après avoir promis au premier de laisser la porte de sa chambre ouverte pendant la nuit, fit coucher un eunuque à la place de Constantin; et le traître, saisi en flagrant délit, au moment où il venait de poignarder ce eunuque, n'obtint enfin pour toute grâce que le choix de son supplice. Constantin le poursuivit cette fois jusqu'au tombeau, en faisant abattre toutes ses statues. Un ulcère le délivra la même année de ce Galère qui l'avait tant persécuté, et l'empire ne compta plus que quatre souverains. Après une nouvelle guerre de Germanie, où, sur la foi d'un panégyriste, on fait déguiser en chef d'empire, un homme de la taille de Constantin, pour l'introduire comme un simple député dans le camp de ses ennemis, cet empereur, décoré par cette nouvelle victoire du titre de *maximus*, repassa en Angleterre et se signala dans cette île par d'autres exploits. Il revint ensuite à Autun, écouta les plaintes des Æduens sur l'énormité des impôts, leur accorda des dégrèvements, recueillit leurs bénédictions, et permit que la ville d'Autun prît en son honneur le nom de Flavia. Les désordres dont M a x e n c e souillait la ville de Rome attirèrent enfin ses regards; ce tyran, fier de sa nombreuse armée, vint au-devant du coup qui devait le renverser, en portant la guerre dans les États de Constantin, qui le supplia vainement de ne pas affliger l'empire par une nouvelle dissension. Maxence ne répondit qu'en faisant abattre les statues de son rival, et conclut une alliance avec Maximin, qui gouvernait les provinces d'Asie. Constantin se fortifia de son côté par l'alliance de Licinius, lui promit sa sœur Constantia en mariage, et se disposa à soutenir cette guerre avec le quart des soldats qu'il allait avoir à combattre. C'est sans doute à cette disproportion de forces qu'on doit attribuer sa modération.

Mais un nouvel intérêt commence à se mêler à la vie de ce conquérant. Les dieux de Rome étaient fort déconsidérés, et le christianisme avait fait de grands progrès dans l'empire. Constance Chlore, qui avait favorisé les chrétiens, avait sans doute entretenu son fils de leurs dogmes. Constantin sentit la nécessité de caresser les prêtres de cette religion nouvelle, qui souffraient avec peine la tyrannie de Maxence. C'est alors que dans les plaines de Picardie apparut cette croix de feu dont on a tant parlé, avec l'inscription : *In hoc signo vinces*; mais ce n'est que quelques années après qu'Eusèbe de Césarée la mentionne. Il n'en est question ni dans Optatien, ni dans Porphyre, ni dans le traité de Lactance, qui fut écrit deux ans après cette vision. Certains auteurs la placent à Rome, à Besançon; d'autres en Picardie ou dans les environs de Trèves. Qu'est-ce que ce prodige qu'on assure avoir été aperçu de toute l'armée, et qui n'est connu que par le récit de Constantin, lequel est même obligé de l'attester par serment. Quoi qu'il en soit, l'empereur plaça ce signe mystérieux sur son étendard, et choisit cinquante de ses gardes les plus courageux et les plus robustes pour l'accompagner. Ce n'est point assez de ce miracle: Eusèbe fait apparaître le Christ lui-même à Constantin, et assure gravement qu'aucun des soldats chargés du *labarum* ne fut jamais blessé. Ce nom de labarum, dont on cherche encore l'origine, n'a été connu plus tard que par les écrits de Grégoire de Nazianze et de Prudence. Constantin ne s'en tint point là. Il fit peindre des croix sur les boucliers, les casques et les armes de ses soldats. Les évêques accoururent à sa voix. Il se fit instruire par eux dans les dogmes des chrétiens; et c'est à tort que Théodoret a voulu mettre cette conversion sur le compte de sa mère Hélène. Eusèbe affirme au contraire que ce fut Constantin qui convertit sa mère. C'est par ces prodiges ou ces artifices qu'il suppléa à la faiblesse numérique de son armée, dont la discipline et les habitudes guerrières étaient les plus sûrs garants de la victoire contre des troupes efféminées, et s'avança vers les Alpes avec plus de confiance.

Des routes superbes traversaient alors le mont Cenis. Il prit cette voie en 312, et emporta d'assaut la ville de Suze. Assailli devant Turin par une nombreuse cavalerie, il ordonna à ses soldats d'ouvrir leurs rangs pour l'envelopper, et la massacra tout entière sans perdre un seul homme, disent ses panégyristes. Il pouvait marcher droit à Rome par les voies Émilienne et Flaminienne; mais il aurait laissé une forte armée sur son flanc gauche, et, en habile capitaine, il s'avança pour l'anéantir, après avoir pris à Milan quelques jours de repos. Ruricius Pompeianus, général estimé, la commandait. La cavalerie qui formait l'avant-garde vint à la rencontre des légions de la Gaule. Elle fut défaite sous les murs de Brescia; et Pompeianus se renferma promptement dans Vérone. Constantin passa l'Adige au-dessus de la ville, après avoir été repoussé plusieurs fois par les ennemis, l'entoura de fortes lignes, et soutint avec vigueur les sorties de Pompeianus. Ce général habile s'échappe alors de Vérone, rassemble les troupes éparses dans la Vénétie, et vient prendre à revers son adversaire. Constantin se fait suivre de ses plus intrépides soldats, les range sur une seule ligne, pour présenter un front égal à celui de Pompeianus, qui lui est supérieur, ne laissant en arrière qu'une faible réserve. La bataille fut sanglante; elle dura toute la nuit avec un acharnement égal de part et d'autre, et ce ne fut qu'au point du jour que Constantin reconnut que la victoire lui restait. Il s'était montré grand capitaine et soldat intrépide, au point que ses vétérans l'avaient supplié avec larmes de modérer son bouillant courage. Pompeianus fut trouvé parmi les morts. Vérone se rendit à discrétion, et Constantin se montra clément.

Aquilée céda à son tour, comme toutes les places qui le séparaient de Rome, où Maxence était demeuré plongé dans la débauche. Il fallut que les vieux généraux de Maximien lui apprissent le danger de sa situation, et le forçassent à rassembler toutes les forces qui lui restaient pour les opposer à son ennemi. Ce fut sans doute par le conseil de ces chefs qu'il s'occupa de lui tendre un piège, en faisant construire sur le Tibre, un peu au-dessus du pont Milvius, un pont de bateaux, qui devait se rompre au moment où Constantin y passerait, par cette ruse tourna contre son auteur. Constantin, campa dans une large plaine, en face du pont Milvius, dans l'espoir d'y attirer Maxence. Cet empereur efféminé ne songeait au contraire qu'à ses plaisirs. Il donnait ce même jour, 28 octobre, des jeux magnifiques dans le cirque ; mais un adroit augure lui ayant conseillé sans doute de consulter le livre des Sybilles, il lui ayant fait répondre que *le grand ennemi de Rome était ce même jour condamné à périr*, Maxence en fit naturellement l'application à Constantin. Il sortit de la ville, et vint lui présenter la bataille dans un lieu nommé *Saxa Rubra*, à neuf milles de Rome. Constantin marcha droit à lui, dispersa du premier choc les lâches qui formaient l'avant-garde, culbuta les gardes prétoriennes ; et Maxence, contraint à la retraite, le fit couvrir en vain par une nombreuse cavalerie. Le pont qu'il avait préparé pour la ruine de Constantin se rompit sous le poids des soldats qu'il entraînait dans sa fuite. Il tomba dans le Tibre avec son cheval, et y trouva la fin de son ignominieuse carrière. Son corps, retrouvé le lendemain, fut séparé de sa tête, que le vainqueur fit porter en triomphe devant lui, en prenant possession de la capitale du monde. Le sénat et le peuple accoururent au-devant du triomphateur, et, suivant l'usage, le saluèrent du titre banal de *libérateur de la patrie*.

Les panégyristes n'ont pas tari d'éloges sur l'usage que fit Constantin de sa victoire. Mais la mort des deux fils de Maxence, fort innocents des crimes de leur père, décelait l'intention barbare de se débarrasser par la suite de tous ses compétiteurs. On ne peut même nier le massacre des principaux adhérents du césar vaincu. Il est juste toutefois de dire que les flatteurs de Constantin lui demandèrent plus de têtes qu'il ne voulut en accorder : il punit même les délateurs qui venaient à toute heure lui désigner les victimes. Il publia une amnistie générale, qui rassura les Romains, rappela les bannis, leur fit restituer leurs biens, compléta le sénat sans distinction de sectes, et le rétablit dans ses prérogatives. Les sénateurs n'en usèrent que pour le combler d'honneurs. Ils lui assignèrent le premier rang parmi les trois empereurs qui restaient. Ils instituèrent des jeux en l'honneur de ses victoires, lui dédièrent les monuments élevés par Maxence, lui votèrent un arc de triomphe; et comme il ne se trouva pas dans l'empire un seul sculpteur pour l'orner, ils eurent l'ingratitude de dégrader l'arc de Trajan pour en transporter les statues et les bas-reliefs sur celui de la nouvelle idole. La politique de Constantin délivra l'empire de cette milice prétorienne qui disposait trop souvent de la couronne : il dispersa ces mercenaires dans les légions et sur les frontières ; mais les mœurs de la soldatesque furent après lui plus fortes que ses précautions : toutes les légions s'arrogèrent le droit de faire des empereurs ; et sa prévoyance fut déjouée par le relâchement de la discipline. Les chrétiens ne furent pas oubliés par sa munificence. Il mit un terme à la persécution commencée par Dioclétien, bâtit et dota un grand nombre d'églises, admit à sa table le pape Melchiade et les évêques qui venaient à Rome, et leur accorda de nombreux privilèges. Mais les constitutions ecclésiastiques que Théophane lui attribue sont contestées, ainsi que le don du palais de Latran, et la fameuse donation dont se vante la cour actuelle de Rome, et qui fut inventée dans le huitième siècle par le moine espagnol Isidore Mercator. On lui attribue avec plus de vérité cette manière de compter le temps, cette période ou cycle de quinze ans, qu'on a nommée *indiction*. Constantin ménagea cependant les païens de son empire, en faisant rebâtir le temple de la Concorde à ses dépens, en continuant même de prendre le titre de grand-pontife, ce qui prouve qu'il n'était pas exclusivement attaché à la religion nouvelle. Rome ne porta toutefois sous son règne que le vain titre de capitale, et ne devint point la résidence de l'empereur. Constantin n'y passa que deux mois après sa conquête, et n'y retourna que deux fois, pour célébrer la dixième et la vingtième année de sa domination. Il résida tour à tour à Milan, à Trèves, à Aquilée, à Syrmium, à Naissus et à Thessalonique, jusqu'au moment où il fixa définitivement à Byzance. C'est à Milan qu'en 313 il maria sa sœur Constance à l'empereur Licinius, pendant que l'expédition d'Italie avait contenu l'empereur Maximin en Asie ; et ceux qui vantent la modération de Constantin ont peine à expliquer sa colère contre le vieux Dioclétien, qu'il voulait à toute force arracher à sa retraite de Salone pour le faire assister à ce mariage : le vieillard en mourut de peur.

Une nouvelle incursion des Francs rappela vers le Rhin le vainqueur de Rome et son armée, et Licinius le délivra pendant ce temps de la rivalité de Maximin, qui s'était emparé de Byzance à la nouvelle de son éloignement, et marchait sur l'Italie à la tête d'une armée formidable. Maximin, vaincu, se réfugia dans la ville de Tarso, où il mourut trois mois après ; et Licinius, imitant son beau-frère, fit mettre à mort les deux enfants de l'empereur, dont il recueillit l'héritage. Les fils de Sévère et de Galère subirent le même sort, comme la femme et la fille de Dioclétien. Il ne resta ainsi sur les marches du trône que la famille Flavia et le vieillard qui venait de faire alliance avec elle. C'est à cette même année 313 qu'il faut rapporter le sage édit de Constantin qui décharge les prêtres chrétiens de toutes fonctions civiles, et celui qui, en restreignant le nombre et en excluant les grands et les riches, n'admet les ordinations qu'à mesure des vacances. Il s'était signalé par des atrocités nouvelles, en faisant dévorer ses prisonniers par les bêtes du cirque dans sa quatrième campagne de Germanie, qui lui avait valu le surnom de *Francique*. Il en revint pour assembler un nouveau concile dans la ville d'Arles, à l'occasion du schisme des d o n a t i s t e s, et pour marier sa seconde sœur Anastasie à l'opulent Bassianus, qu'il décora du titre de césar ; mais la guerre civile le rappela dans ses camps avant l'arrivée des évêques. L'histoire est incertaine sur l'auteur de la discorde qui éclata entre les deux empereurs. Licinius et Constantin sont tour à tour accusés de cette rupture ; mais il paraît évident que le premier avait pratiqué des intelligences avec son nouveau beau-frère, et que Constantin, informé de ces manœuvres, dégrada Bassianus de la pourpre. Licinius, ayant refusé de livrer les conjurés qui s'étaient réfugiés dans ses États et ayant abattu les statues de Constantin dans la ville d'Œmone, celui-ci marcha contre lui, et le battit à Cibalis, dans la Pannonie, le 8 octobre 314, après un combat opiniâtre, qu'il décida lui-même par la vigueur de sa dernière attaque. Licinius fit cependant une retraite habile, rassembla une nouvelle armée de Daces et de Thraces, et donna le titre de césar à Valens, l'un de ses généraux. La bataille de Mardie, dans la Thrace, fut soutenue de part et d'autre avec le même acharnement ; mais l'habileté de Constantin lui valut encore la victoire, et Licinius fut réduit à implorer la paix. La déposition et la mort de Valens en furent les premières conditions ; la seconde porte les limites de l'empire d'Occident jusqu'au Péloponnèse. Deux fils du vainqueur, Crispus et Constantin le Jeune, furent créés césars. Le jeune Licinius obtint le même honneur en Orient ; et les deux empereurs s'inscrivirent sur les tables consulaires pour l'année 315.

Constantin séjourna pendant cette année dans ses nouvelles provinces de Grèce et d'Illyrie. Il supprima par un édit le supplice de la croix, en témoignage, disent les Pères de l'Église, de son respect pour la passion de Jésus-Christ. Un autre décret voulut mettre un terme à la barbare pratique d'exposer ou de faire mourir les enfants nouveau-nés que leurs parents ne pouvaient nourrir. Constantin ordonna qu'ils fussent nourris à ses dépens ; mais le nombre en était trop grand pour que son trésor pût y suffire, et ce désordre survécut à celui qui avait tenté de le réprimer. Pendant huit années de paix intérieure, l'administration de l'empire subit d'autres modifications. Une loi défendit, sous peine de mort, de saisir pour dettes les esclaves et animaux employés à la culture, une autre défendit aux juifs de molester ceux qui se convertissaient à la religion chrétienne ; mais il infligea des peines sévères à ceux qui embrasseraient le judaïsme. Une troisième réprima le crime de rapt, et condamna au feu les esclaves qui auraient favorisé l'enlèvement d'une jeune fille. Il permit encore aux ministres du Christ d'affranchir les esclaves sans la participation du préteur et des consuls ; et une loi plus populaire encore réprima l'insolente avidité des grands en donnant aux gouverneurs des provinces le droit de juger sans appel les déprédations dont le peuple aurait à se plaindre. Un édit fut également rendu contre les parricides ; un autre abrogea la loi Pepia contre le célibat ; un troisième protégea les fiefs des débiteurs contre la saisie des créanciers ; un autre, enfin, atteste encore son incertitude religieuse en permettant aux auspices de consulter les entrailles des victimes. Il est vrai que, pour satisfaire les chrétiens, il ordonnait en même temps la célébration du dimanche et la sanctification du vendredi.

La révolte des Sarmates vint interrompre ses travaux pacifiques. Ils s'allièrent avec les Goths et menacèrent l'empire d'Occident. Constantin courut défendre l'Illyrie, gagna sur ces barbares les trois batailles de Campona, Marga et

Bononia, passa le Danube à leur suite, pénétra dans les montagnes de la Dacie, et ne s'arrêta qu'après avoir soumis les Goths à un tribut de 40,000 soldats à chacune de ses réquisitions. Cette victoire réveilla son ambition, et, sans aucun prétexte, il tourna ses armes contre Licinius. L'empereur d'Orient était prêt à repousser cette attaque. Une armée de 165,000 hommes et une flotte de 350 galères défendaient les abords du Bosphore et de Byzance. Le premier choc des deux rivaux eut lieu près d'Andrinople, le 3 juillet 323. Constantin plaça le labarum au premier rang, choisit pour mot de ralliement *Dieu notre sauveur*, et s'exposa au plus grand danger pour donner l'exemple du courage à ses vétérans. Il reçut une légère blessure à cette bataille, qui coûta 30,000 hommes à Licinius, et l'obligea à se replier en désordre sur Byzance. Eusèbe en fait honneur au Dieu des chrétiens, et assure que Licinius fut ainsi puni d'avoir sacrifié pendant la nuit aux anciens dieux de Rome. Constantin poursuivit son ennemi par terre, tandis que son fils Crispus détruisait sur mer sa flotte et s'avançait vers le Bosphore. Licinius ne les attendit point, il se réfugia à Chalcédoine; mais il avait affaire à un ambitieux qui ne voulait céder le trône du monde. Il profita cependant de la résistance des Byzantins pour rassembler une armée nouvelle en Bithynie; Constantin le retrouva sur les hauteurs de Chrysopolis, aujourd'hui Scutari, où la victoire ne fut pas longtemps douteuse. 25,000 soldats de Licinius y furent massacrés. Il se retira lui-même à Nicomédie, et ne songea plus qu'à négocier par l'entremise de sa femme. Le vainqueur fut implacable. Le vieil empereur fut forcé de déposer la pourpre aux pieds de Constantin, et de lui livrer Martinianus, qu'il venait tout récemment de créer césar. Il fut relégué à Thessalonique, où, sous prétexte de conspiration, il fut inhumainement mis à mort; et l'empire passa tout entier dans les mains de Constantin, qui ajouta le titre de *Victorieux* à ceux qu'on lui avait déjà prodigués.

Les statues, les lois et les actes du vaincu furent détruits par le vainqueur, qui rétablit dans leurs droits et dans leurs offices ceux des chrétiens que Licinius avait persécutés, fit rendre aux églises d'Orient les propriétés dont on les avait dépossédées, défendit de sacrifier aux idoles, de consulter les augures, exhorta par une proclamation tous les peuples de l'empire à reconnaître Jésus-Christ, fit fermer, enfin, les temples païens et briser les images de leurs dieux. Les controverses des chrétiens attirèrent alors son attention, et le héros disparut au milieu de ces disputes ridicules pour ne plus montrer que le docile instrument des évêques, qu'il appelait ses frères bien aimés. En 325 il assembla et présida le concile de Nicée, où fut expliqué ce dogme de la Trinité qui avait produit tant d'hypothèses, de contradictions et de troubles. Des lois plus dignes d'un empereur suivirent les actes de ce concile : il abolit les combats des gladiateurs, et statua que les criminels seraient à l'avenir condamnés à travailler aux mines. Un autre édit déclara qu'il était prêt à écouter tous ceux de ses sujets qui auraient à se plaindre de ses propres délégués; ce décret ne produisit qu'une innombrable quantité de délateurs, et les peuples en furent peu reconnaissants. L'empereur se reparut à Rome pour la troisième fois que pour s'essuyer des injures qui le dégoûtèrent à jamais de cette résidence. Les Romains, qui tenaient encore aux dieux du paganisme, lui témoignèrent de l'aversion et du mépris; et quoique le fait ne soit raconté que par Zosime, il est assez vraisemblable pour être peut-être révoqué en doute. Cette aversion s'accrut au spectacle des nouveaux crimes qui souillèrent sa vie. Crispus, son fils, fut la première victime de sa barbarie. Pour donner une couleur plus dramatique à ce meurtre infâme, Zosime a calqué une fable sur celle de Phèdre et d'Hippolyte. Mais il suffisait de la jalousie qu'inspiraient à Constantin les exploits, les vertus et la popularité de son fils, de la crainte naturelle qu'éprouvait l'impératrice Fausta de voir ce jeune prince succéder à l'empire, au préjudice de ses propres enfants, et du zèle que mettaient les délateurs à mériter les récompenses du chef de l'empire. Crispus n'eut à se reprocher que l'indiscrétion de ses plaintes sur son oisiveté forcée, et il fut accusé de conspirer contre son père. Fausta suscita et appuya cette accusation, poussa son époux à la vengeance, et Crispus fut mis à mort. Le jeune Licinius, auquel personne ne pensait, subit la même destinée. Mais l'innocence de Crispus ne tarda point à éclater; et, loin d'éprouver les remords que huit dix siècles plus tard le Grec Codinus, Constantin ne vengea son malheureux fils que par un nouveau crime : Fausta, accusée d'un commerce adultère avec un esclave, fut étouffée dans un bain, et les complices que les délateurs s'empressèrent de lui donner furent détruits par le fer et le poison. Saint Jérôme qualifie ces faits de cruautés inouïes. La haine des Romains s'en accrut; des placards injurieux furent affichés aux portes du palais. Ces manifestations populaires rendirent le séjour de Rome insupportable à Constantin, et il ne songea plus qu'à punir cette ville en transportant ailleurs le siège de l'empire.

On prétend que sa première pensée se tourna vers Troie, berceau de la famille du premier César; mais pendant le siège de Byzance il avait trop bien apprécié les avantages de l'incomparable situation de cette ville pour ne pas lui donner la préférence; et, afin de déguiser les véritables causes de ce changement de capitale, il eut l'hypocrisie de proclamer que l'ordre exprès de Dieu lui commandait de la transporter à Byzance. Il mit toutefois deux ans à s'y rendre. Thessalonique, Sardique, Héraclée, Naissus et Nicomédie furent dans cet intervalle ses résidences passagères. En l'honneur de sa mère, il donna le nom d'Hélénopolis à plusieurs villes. C'est à cette époque que, par les soins de cette princesse, eut lieu la découverte ou plutôt l'*invention* de la croix et du sépulcre de Jésus. Constantin fit bâtir à cette occasion l'église de la Résurrection à Jérusalem. Peu de temps après il eut la douleur de perdre cette mère chérie, dont les restes furent transportés à Rome et déposés dans le tombeau des Césars. Une nouvelle incursion des Goths vint le distraire de ces occupations pacifiques. Déjà il avait profité de la division qui avait éclaté entre ce peuple et les Sarmates pour les rejeter au delà du Danube. Mais les Goths, toujours remuants, ne tardèrent pas à repasser ce fleuve, pour se jeter sur les provinces romaines, et Constantin accourut de sa personne pour réprimer leurs insolences. Il les chassa dans leurs montagnes, leur fit éprouver une perte de 100,000 hommes, construisit un pont fortifié sur le Danube pour les contenir, et força le roi Alaric à lui remettre son fils en otage. Les Sarmates, nation non moins turbulente, vinrent peu de temps après augmenter la population et les forces de l'empire. Chassés de leur pays par les Goths, ils demandèrent un asile à Constantin, et 300,000 des leurs reçurent des terres dans la Pannonie, la Thrace et la Macédoine. Tant de succès attirèrent à l'empereur les hommages des peuples étrangers. Des ambassadeurs de l'Éthiopie, de la Perse et de l'Indus vinrent le féliciter. Déjà, au concile de Nicée, il avait étalé un luxe indigne d'un prince chrétien, en s'y montrant couvert de pierreries. Ce luxe ne fit que s'accroître, dès qu'il se fut établi dans l'Orient.

Ce fut le 26 septembre 329 qu'il jeta enfin les fondements de sa capitale, dont il fit étendre les murailles des bords du Bosphore à ceux de la Propontide. Les travaux furent poussés avec une activité extraordinaire. Les places publiques, les portiques, les cirques, les palais, les thermes, s'élevèrent comme par enchantement. Cette création fut enfin si prompte qu'elle fait douter de la véracité des historiens et de la date véritable de la fondation. Comment croire en effet que huit mois aient pu y suffire? Mais on ne peut révoquer en doute l'époque de la dédicace, qui eut lieu avec un grand appareil le 11 mai 330, la vingt-cinquième année de ce règne. Byzance prit alors le nom de Constantinople, et fut consacrée au Dieu des martyrs, suivant Eusèbe de Césarée, et à la Vierge, suivant Cedrenus. Les plus grands privilèges furent prodigués à la nouvelle capitale et à ceux qui voulurent s'y établir. Le Pont, la Thrace et l'Asie lui fournirent une multitude de citoyens. Les largesses du fondateur et attirèrent le menu peuple de Rome. Des sénateurs même l'y suivirent en assez grand nombre. Un sénat particulier y fut établi ; de grandes dignités y augmentèrent l'éclat de la cour impériale, et les nouveaux Romains remplacèrent par le faste et les cérémonies de la représentation la simplicité de mœurs et les vertus qui avaient distingué leurs ancêtres. Les consuls mêlèrent l'or, la soie et les pierreries à la pourpre, et leur installation coûta désormais quatre millions au trésor. Les préfets du prétoire survécurent à la destruction des prétoriens. Ils acquirent en même temps la suprême administration de la justice et des finances, et furent les représentants immédiats de l'autorité impériale. On y ajouta des proconsuls, des vice-préfets et des gouverneurs de province. Constantin prononça la séparation du service militaire et de l'administration civile, que les anciens Romains pratiquaient tour à tour. Il transforma en fonctions permanentes ce qui n'avait été jusque là que des fonctions passagères. Il créa deux maîtres généraux, l'un pour l'infanterie, l'autre pour la cavalerie, et leur subordonna trente-cinq commandants militaires, sous le titre de *duces* et de *comites*, dont nous avons fait les titres de *ducs* et de *comtes*. L'admission dans l'armée des barbares auxiliaires mit le comble à la démoralisation des Romains ; ils prirent en dégoût la profession de soldat, et l'on vit de jeunes hommes pousser la lâcheté jusqu'à se mutiler les doigts pour ne pas servir leur pays.

Le palais eut ses officiers distincts, le chambellan, le grand maître des offices, le questeur, le trésorier ou comte des largesses sacrées, le trésorier particulier, le comte des domestiques et deux ou trois cents messagers, qui furent bientôt regardés comme les espions de la cour. Alors parurent ces titres fastueux dont les nations modernes se sont emparées, les *illustres*, les *respectables*, les *honorables*. L'empereur y ajouta ceux de *votre sincérité, votre gravité, votre éminence, votre excellence, votre sublime grandeur, votre magnifique altesse*, auxquels les grands attachèrent bientôt plus de valeur qu'à la gloire d'une bataille. Les patentes de leurs offices furent blasonnées et chargées d'emblèmes, de dorures, de figures allégoriques. C'était une nouvelle Rome, mais une Rome précaire et périssable, qu'il fondait avec sa nouvelle capitale. Après ces jouissances de sa vanité, Constantin n'avait pas de plus grande joie que d'apprendre des conversions. En célébration de la trentième année de son règne, les conciles de Tyr et de Jérusalem furent ses occupations de l'an 335. Il divisa son empire après l'avoir réuni, et le partagea non-seulement entre ses trois fils, Constantin, Constance et Constant, qu'il avait créés césars, mais encore entre ses neveux, élevant Dalmatius, fils de son frère, à la même dignité, et en donnant le titre particulier de roi de Pont à son autre neveu, Annibalien.

Deux aventuriers essayèrent de troubler l'empire : Calocère prit la pourpre dans l'île de Chypre, et un nommé Tibère, dans une autre province. Mais Constantin les crut indignes de sa colère, et chargea Dalmatius d'étouffer la première de ces révoltes. Calocère fut pris et brûlé vif ; l'autre éprouva sans doute le même sort, mais il ne reste de témoignage de cet événement qu'une médaille mentionnée par Spanheim. Constantin se montra peu fidèle au même dédain à l'égard des Perses, qui en l'an 337, après quarante ans de paix, fondirent en armes sur la Mésopotamie. Il marcha contre Sapor à tête d'une puissante armée, et, suivant Eu-

sèbe, le roi des Perses, tremblant à son approche, implora et obtint son pardon. Mais d'autres historiens, moins flatteurs, assurent qu'il n'eut pas le temps de terminer cette guerre. Attaqué d'une maladie grave, il revint à Constantinople pour prendre des bains, se fit transporter bientôt après à Drepanum ou Hélénopolis, et de là au château d'Aquirion, dans un faubourg de Nicomédie. C'est là que, présentant sa fin prochaine, il se fit administrer le baptême par les mains d'Eusèbe de Nicomédie ou d'un autre prêtre arien, car il était alors à la disposition de cette secte, qu'il avait d'abord persécutée. Il eut cependant assez de force pour faire, malgré leurs conseils, un acte de tolérance, en rappelant dans leurs églises Athanase et les autres évêques catholiques qu'il en avait expulsés. Enfin, après avoir confirmé le partage de l'empire et fait des legs considérables à Rome et à Constantinople, il expira, le 22 mai 337, à midi, loin de sa famille, dont ses ordres avaient en vain pressé l'arrivée. Il était âgé de soixante-trois ans, deux mois et vingt-cinq jours. La douleur publique se manifesta par des signes évidents. Malgré les réclamations du sénat et du peuple romain, son corps fut transporté dans la capitale nouvelle, décoré de la pourpre et du diadème, et déposé sur un lit d'or, dans un appartement somptueusement illuminé, où il recevait chaque jour, à des heures fixes, les hommages des grands dignitaires de l'État, du palais et de l'armée.

Ces génuflexions, ces vains témoignages de respect, ne les empêchaient pas de conspirer contre ses dernières volontés. Ils étaient effrayés de cette quantité de césars et de maîtres que l'empereur avait donnés à ses peuples. Ils ne voulurent reconnaître que ses trois fils ; les armées et le peuple manifestèrent la même intention, et la soldatesque, unie à la populace, exécuta cette espèce de plébiscite à sa manière, en massacrant Julius Constantius, frère de Constantin, le césar Dalmatius, le roi de Pont, Annibalien, cinq autres neveux de l'empereur, le patrice Optatus, son beau-frère, son favori Abluvius et d'autres ministres accusés d'avoir grevé le peuple d'impôts. Gallus et Julien, jeunes fils de Constantius, n'échappèrent que par hasard à ce carnage, auquel Constantin le Jeune et Constant ne prirent aucune part, mais qu'attribuent à l'ambition de Constance saint Jérôme, Zosime, Saint Athanase et l'empereur Julien. C'est pour lui, dit-on, que Constance couronna les magnifiques funérailles de son père, dont le tombeau fut élevé dans l'église des Apôtres. Ce monument reçut pendant deux siècles des honneurs extraordinaires, ainsi que la statue de Constantin, qui s'élevait au faîte d'une colonne de porphyre. Le sénat de Rome lui décerna les honneurs divins, et l'Église grecque, l'inscrivant au rang de ses apôtres, fixa au 22 mai la célébration de sa fête.

Ce prince, que je n'oserai point qualifier de grand homme, puisqu'il ne sut ni réprimer ses passions, ni raffermir l'empire qu'il avait conquis, n'en eut pas moins de talents extraordinaires. Ses qualités furent ternies par une ambition démesurée, par un naturel féroce, par des penchants voluptueux et par une prodigalité qui le força de surcharger ses peuples d'impôts. Constantin, dit Victor le jeune, régna dix ans comme un bon prince, dix autres comme un brigand, et les dix dernières années comme un prodigue. Eusèbe de Césarée parle de sa complaisance pour les indignes agents de son autorité, qui s'enrichissaient par des exactions ; mais, suivant son usage, il attribue à son excessive bonté ce qui n'était que de la faiblesse.

VIENNET, de l'Académie Française.

CONSTANTIN II (CLAUDIUS FLAVIUS JULIUS CONSTANTINUS), dit *le Jeune*, fils aîné de Constantin le Grand et de Fausta, naquit à Arles, en 316. A la mort de son père, il eut en partage les Gaules, l'Espagne et la Grande Bretagne. Mais, ayant voulu s'emparer des États de son frère Constant, et étant entré en de but en Italie, il fut défait, et périt dans une embuscade près d'Aquilée, en 340.

CONSTANTIN III (Héraclius), fils d'Héraclius et de Flavia Eudoxia, né à Constantinople, en 612, succéda à son père, en 641. Il partagea le trône avec son frère Héracléonas, fils de Martine. Il annonçait de grandes qualités. Ayant appris que son père avait déposé un trésor considérable chez Pyrrhus, patriarche de Constantinople, et qu'il devait être remis à Martine, en cas de quelque disgrâce, il fit enlever cet argent. Sa marâtre se vengea en l'empoisonnant.

CONSTANTIN IV, surnommé *Pogonat*, ou le *Barbu*, monta sur le trône en 668, avec ses deux frères Tibère et Héraclius, après la mort de son père Constant II. Il fit avec succès la guerre aux Sarrasins, et fit condamner la secte des monothélites dans un concile œcuménique, tenu à Constantinople en 681. Il se rendit odieux par le meurtre de ses deux frères, et mourut en 685, sans être regretté. C'est sous ce prince, dans les guerres contre les Sarrasins, que le *feu grégeois* fut employé pour la première fois.

CONSTANTIN V, surnommé *Copronyme*, c'est-à-dire *ordurier*, parce qu'il salit les fonts baptismaux lorsqu'on le baptisait, né en 718, succéda en 741 à son père, Léon l'Isaurien. Il embrassa l'hérésie des *iconoclastes*, ou briseurs d'images. Il fut cruel et dissolu, et persécuta les catholiques. Ravenne lui fut enlevée par les Lombards. Il mourut de la peste, en 772, dans une expédition contre les Bulgares.

CONSTANTIN VI, fils de Léon le Chazare et d'Irène, né en 770, succéda à son père en 780, sous la tutelle de sa mère. Celle-ci finit par s'emparer du trône, et poussa la cruauté jusqu'à faire crever les yeux à son fils, qui mourut quelque temps après.

CONSTANTIN VII, surnommé *Porphyrogénète*, fils de Léon le Philosophe, né en 905, succéda à son père le 11 mai 911. Il eut pour tuteurs, d'abord son oncle Alexandre, ensuite sa mère Zoé, et enfin Romain-Lécapène, homme de basse origine, mais habile général. Celui-ci se fit proclamer empereur en 919, le 17 décembre, s'empara du pouvoir, et laissa le jeune Porphyrogénète, d'un caractère doux et timide, passer obscurément ses jours dans des études pour lesquelles il montra toujours un goût très-prononcé. Il cultivait les arts avec prédilection ; il était peintre assez habile ; il composait des chants d'église, et écrivit même quelques ouvrages historiques. Romain-Lécapène fut enfin détrôné, le 20 décembre 944, par ses propres fils, qui un mois après furent à leur tour arrêtés et enfermés dans un monastère par les partisans de Constantin. Ce dernier, redevenu maître de l'empire, à l'âge de quarante ans, mais sans expérience et sans énergie, continua sur le trône à s'occuper de ses études favorites. L'impératrice Hélène, son épouse, et quelques favoris exerçaient réellement le pouvoir, pendant que l'empereur protégeait les lettres et les sciences. Il mourut le 15 novembre 959, regretté de ses sujets, malgré sa faiblesse, et empoisonné, à ce qu'on prétend, par son fils Romain le Jeune, qui lui succéda. Il a laissé un certain nombre d'ouvrages. Les principaux sont : 1° deux livres *Des Thèmes* ou provinces de l'Orient au dixième siècle. C'est une espèce de géographie raisonnée, surchargée d'une érudition mal employée et de traditions fabuleuses sur l'origine des villes ; 2° un *Traité sur l'administration de l'empire*, le plus important de ses écrits : on y trouve des détails curieux sur l'origine, les intérêts politiques et la force des peuples qui bordaient l'empire du côté de l'Adriatique, du Danube, du Pont-Euxin et de l'Euphrate ; 3° une *Vie de l'empereur Basile le Macédonien*, son aïeul : elle se trouve dans les collections de la Byzantine ; 4° deux *Traités sur la Tactique* ; 5° un *Traité sur le Cérémonial de la Cour impériale de Constantinople*. Il fit rédiger une espèce d'encyclopédie, composée d'extraits des ouvrages historiques des anciens ; elle contenait 53 titres ou parties, dont 25 seulement sont venues jusqu'à nous ; elles sont intitulées : *Des Ambassades*, et *Des Vertus et des Vices*. La première a beaucoup d'importance, par les fragments considérables qui s'y trouvent d'historiens grecs dont les ouvrages sont perdus. Enfin M. Angelo Maï en a retrouvé dans les manuscrits palimpsestes du Vatican une troisième partie, intitulée : *Des Sentences*, et il l'a publiée en 1827.

CONSTANTIN VIII, fils de Lécapène, partagea l'empire avec son père et ses frères, jusqu'à la révolution qui laissa Porphyrogénète seul maître du trône. Relégué en 944 à Ténédos, puis à Samothrace, il y fut massacré, dans une tentative qu'il fit pour recouvrer sa liberté.

CONSTANTIN IX, fils de Romain II le Jeune, succéda à Jean Zimiscès, et fut proclamé empereur avec son frère Basile II, qui exerça la principale autorité depuis 976 jusqu'à sa mort, en 1025. Constantin, qui ne s'était fait remarquer jusque alors que par sa conduite déréglée, régna seul quelque temps ; mais le peuple se souleva contre lui à cause de ses excès, et il mourut en 1028.

CONSTANTIN X, surnommé le *Monomaque* ou le *Gladiateur*, était monté sur le trône en 1042, en épousant l'impératrice Zoé, veuve de Romain III. Il ne se fit connaître que par ses débauches ; il laissa s'élever près de lui la puissance des Turcs seldjoukides, et laissa les Petchénègues s'établir en Servie en 1053. Il mourut l'année suivante.

CONSTANTIN XI appartenait à la famille Ducas, une des plus anciennes de Constantinople. Il monta sur le trône le 25 décembre 1059. Isaac Comnènes, en abdiquant volontairement la couronne, l'avait désigné pour son successeur. Il s'était signalé dans plusieurs guerres sous les règnes précédents, et ses mœurs étaient restées pures au milieu des désordres de la cour. Mais il ne montra dans le rang suprême que des vertus obscures, passant son temps à composer des discours qu'il débitait au peuple. Sous son règne, les Scythes ravagèrent l'empire, et quelques villes furent détruites par des tremblements de terre. Il mourut en 1067, à l'âge de soixante ans.   ABTAUD.

CONSTANTIN XII, surnommé *Dracosès*, dernier empereur de Constantinople, né en 1403, fils de Manuel II Paléologue, succéda en 1449 à Jean Paléologue, son frère. A ce moment il ne restait plus au pouvoir de cet empire qu'un mince territoire autour de la capitale et quelques villes éparses dans la Morée et ailleurs. Le prince, digne d'un meilleur sort, eût réussi sans doute à prolonger au moins l'existence du vieux colosse démembré, s'il eût trouvé dans son peuple une résolution égale à la sienne. Mais ce peuple, énervé par les délices et absorbé par de stériles contentions, s'endormait dans une honteuse léthargie ; l'imminence même des plus grands périls ne put l'y arracher. Au moment où Mahomet II s'avançait à la tête de 400,000 hommes pour assiéger Constantinople, on y comptait 300 couvents, et seulement 5,000 soldats, presque tous mercenaires étrangers. En vain Constantin invoquait-il le secours de Rome, en lui offrant la réunion, déjà inutilement tentée par Jean Paléologue, de l'Église grecque et de l'Église latine ; ses efforts échouèrent contre l'aversion opiniâtre des Grecs, qui s'écriaient : « Plutôt le croissant et le turban que les rites et les légats romains ! » Constantin Dracosès avait aussi voulu intéresser à son sort la riche et puissante Venise, en épousant la fille du doge. Si ce projet se fût accompli, la flotte de vingt-huit vaisseaux, qui n'arriva qu'après la prise de Constantinople, eût sans contredit sauvé la marche et sauvé l'allié de la république. Le ridicule orgueil de la noblesse byzantine devait avorter ce mariage.

Mahomet avait proposé à Constantin de lui laisser la Morée, où il se retirerait. Le courageux héritier des césars ne répondit que par un refus. Résolu à s'ensevelir sous les ruines de sa capitale, il la pourvut de munitions et de vivres, se préparant à une défense désespérée. Huit à neuf mille hommes, parmi lesquels on comptait deux mille Génois, commandés par le brave Justiniani, étaient tout ce

23.

qu'il pouvait opposer à l'immense armée musulmane, redoutable surtout par une excellente infanterie disciplinée, de 60,000 hommes, que secondaient 30,000 hommes de bonne cavalerie. Stimulée par l'audace intrépide de l'empereur et de Justiniani, cette poignée de soldats devint une troupe de héros. Une artillerie formidable tonnait en vain sur la ville; en vain le sultan était-il parvenu à faire jeter dans le port des vaisseaux transportés sur un chemin fait de madriers et de planches graissées, les plus terribles attaques avaient été repoussées pendant cinquante jours. Mahomet, alarmé à la nouvelle de l'arrivée prochaine de Jean Huniade, le héros de la Hongrie, pensait à la retraite. Raffermi par un de ses lieutenants, il se détermina à donner l'assaut, en promettant le pillage à ses troupes.

Constantin et Justiniani, à la tête de leurs héroïques soldats, défendirent les remparts avec toute l'intrépidité du désespoir. Trois fois cette élite de guerriers força les Turcs à reculer. Ce furent les janissaires qui, s'élançant sur les murs avec leur fougueuse bravoure, y arborèrent l'étendard du prophète. Chassés de ce poste et découragés par les blessures et la retraite de Justiniani, les soldats de Constantin, devenus sourds à ses cris et insensibles à son exemple, cherchèrent un refuge dans la seconde enceinte. L'empereur, abandonné des siens, fit en vain des prodiges de valeur; se précipitant au milieu des rangs ennemis, il ne put que périr en héros, après avoir régné trois ans et demi en prince généreux. La ville fut livrée pendant trois jours à tout ce que l'insolence de la victoire, la brutalité, la débauche la plus effrénée, peuvent imaginer d'horreurs et d'abominations. Les rues teintes de sang, jonchées de cadavres entassés, offraient à chaque pas le hideux tableau de la barbarie des hommes. Rien ne fut respecté, on viola les asiles les plus saints, les temples, les palais. Les conditions, l'âge, le sexe tout fut confondu; tout fut outragé. Soixante mille hommes échappés à ce carnage furent vendus au profit des vainqueurs.

Aubert de Vitry.

Outre ces douze empereurs, deux autres Constantin ont revêtu momentanément la pourpre impériale.

L'un, qui prit le titre de *Constantin III*, était un simple soldat, que les légions romaines cantonnées dans la Grande Bretagne revêtirent de la pourpre, vers 407 : sa bravoure et un nom cher aux armées furent ses seuls droits à l'empire. Il se hâta de passer dans les Gaules, avec ses fils Constant et Julien, et se fit reconnaître depuis le Rhin et les Alpes jusqu'aux Pyrénées. Il battit Sarus, que l'empereur Honorius avait envoyé contre lui; et son fils Constant, qu'il avait nommé césar, conquit l'Espagne. Arles devint la résidence du nouvel empereur. Le faible Honorius le reconnut pour son collègue, lui donna le titre d'auguste, et lui envoya les ornements impériaux, tandis que le plus habile général de Rome, Géronce, assiégeait Constant à Vienne, et s'étant emparé de la place, faisait couper la tête au vaincu. Plus tard, Constantin III lui-même, se voyant assailli par Constance, autre général, qui devait être un jour le beau-frère d'Honorius, ouvrit les portes d'Arles après un siège de quatre mois, quitta les marques de la dignité impériale, et se fit ordonner prêtre, espérant sauver ainsi sa vie. Mais Honorius lui fit trancher la tête, en 411, ainsi qu'à son fils Julien.

L'autre, connu sous le nom de *Constantin XII*, était l'un des trois fils de Constantin XI, à qui ce prince en mourant avait laissé l'empire, sous la tutelle de leur mère Eudoxie; mais cette princesse les priva bientôt du sceptre en le donnant avec sa main à Romain Diogène, auquel succéda Michel, l'aîné des trois frères. A la chute de celui-ci, Alexis Comnène, qui depuis fut empereur, engagea vivement Constantin à ceindre le diadème. Cependant il céda plus tard au vœu de l'armée. Vaincu, pris, tonsuré, relégué au fond d'un monastère, dans une île de la Propontide, il en fut tiré et employé dans quelques expéditions pas Alexis Comnène, devenu empereur.

CONSTANTIN CÉPHALAS, compilateur grec du dixième siècle. C'est à lui qu'on doit véritablement l'*Anthologie* grecque, telle que nous l'avons, plus encore qu'à Planude, qui, venu quelques siècles plus tard, ne fit qu'amoindrir sans critique et bouleverser sans goût le travail de son prédécesseur. Ce précieux recueil, composé de pièces empruntées à vingt siècles différents, depuis la Grèce de Pythagore, de Miltiade, et d'Anacréon jusqu'à celle des grammairiens byzantins et des Comnènes, peut être considéré comme l'expression la plus curieuse, la plus piquante et la plus complète non-seulement des mœurs, des passions, des habitudes, des préjugés des anciens Grecs, mais surtout du développement et de la décadence de leur esprit, s'exerçant librement sur une multitude de sujets, tour à tour graves ou frivoles. Constantin Céphalas ne nous est connu que par son anthologie.

CONSTANTIN PAULOVITCH, grand-duc de Russie, né le 8 mai 1779, était le second fils de l'empereur Paul Ier. Une brûlante activité, une vivacité, sans égale, un esprit pénétrant, un coup d'œil rapide, et une bravoure personnelle voisine de la témérité, telles étaient les qualités saillantes de ce prince. En 1799 il se distingua tellement sous le commandement de Souvarof, que son père lui accorda le titre de *Césarévitch*. En 1805, à Austerlitz, il fit preuve de la plus bouillante valeur. En 1812, 1813 et 1814, il accompagna son frère, l'empereur Alexandre, dans ses campagnes, et le suivit au congrès de Vienne. Il fut successivement nommé généralissime des troupes polonaises, gouverneur général ou vice-roi de Pologne, ainsi que député à la diète du royaume. En vertu d'un oukase du 2 avril 1820, il se sépara de son épouse, née princesse de Saxe-Cobourg, et qui vit encore aujourd'hui, retirée à Elfenau, près de Berne, en Suisse; et le 24 mai de la même année il se remaria, du consentement de l'empereur, avec la comtesse polonaise Jeanne-Antoinette Grudzinska, née le 29 septembre 1799, créée plus tard par l'empereur *princesse de Lowicz*, du nom d'une terre située en Mazovie et donnée au grand-duc. Du vivant même d'Alexandre, le grand-duc Constantin, par un acte demeuré secret et daté du 14 janvier 1822, avait renoncé à la succession à la couronne. L'empereur étant venu à mourir, il n'en fut pas moins proclamé empereur à Saint-Pétersbourg, le 9 décembre 1825, malgré lui-même; mais ayant persisté dans sa renonciation, le droit de succéder à la couronne passa à son frère puîné Nicolas. Le grand-duc Constantin assista en personne au couronnement de ce prince, qui eut lieu le 3 septembre 1826, à Moscou.

Toutefois, par son extrême sévérité militaire, il n'était guère propre à concilier au gouvernement russe l'affection. Les officiers de l'armée polonaise surtout, malgré la tenue remarquable qu'il avait réussi à leur donner, se sentaient vivement blessés des mesures rigoureuses prises à l'égard de quelques-uns de leurs camarades. Il en résulta des sociétés secrètes ayant pour but le rétablissement de l'ancienne Pologne. La révolution de Juillet fut l'étincelle qui fit éclater le feu caché qui couvait depuis longtemps dans les esprits irrités de la jeunesse polonaise. Le 29 novembre 1830 vingt cadets quittèrent l'école militaire, et pénétrèrent dans le Belvédère, palais habité par le grand-duc Constantin, qui toutefois parvint à se sauver et alla se réfugier au milieu de la garde (*voyez* Pologne). L'insurrection du 30 novembre ayant obtenu le dessus, le conseil d'administration du royaume entama des négociations avec le grand-duc Constantin, qui obtint de repasser la frontière avec son armée à Pulawy sans être inquiété. Pendant que Diebitsch s'avançait à la tête d'une armée russe, Constantin prenait le commandement de l'armée de réserve. Plus tard il se rendit à Witepsk, où il mourut du choléra, le 27 juin 1831. Sa noble épouse, la princesse de Lowicz, attaquée d'une maladie de langueur, termina sa douloureuse existence le 29 novembre de la même année, au palais de Zarskojé-Selo.

CONSTANTIN (Abraham), l'un des peintres sur porcelaine les plus distingués de notre époque, né à Genève, en 1785, commença d'abord à peindre des chiffres sur les cadrans de montre et de pendule, et se perfectionna ensuite à Paris, où il exécuta pour l'impératrice Joséphine son premier tableau important sur porcelaine, *La Vierge à la chaise*. Le désir d'étudier à la source même le célèbre modèle qui devait lui servir pour ce travail le conduisit en Italie, où il consacra plusieurs années du travail le plus opiniâtre, et en dépit de difficultés de plus d'un genre, à l'étude de Raphael : aussi parvint-il à une profonde et remarquable intelligence du style et de la manière de ce grand maître.

En 1826 il revint à Paris, et reçut du roi, qui déjà l'avait créé chevalier de la Légion d'Honneur, le titre de peintre de son cabinet. En 1832 Abraham Constantin retourna à Rome, afin d'y copier pour le roi Louis-Philippe les chefs-d'œuvre de Raphael des Loges du Vatican. Quelques-unes de ces copies appartiennent aux plus grands tableaux que la peinture sur porcelaine ait produits ; et *L'École d'Athènes* notamment est à tous égards un morceau extrêmement remarquable. Indépendamment de ce travail, nous citerons ses copies de l'*Ezéchiel* de Raphael, de sa *Galathée*, de a *Madonna del tempi* et del *Granduca*, de *La Fornarina*, de *La Madonna de François Ier* et del *Pez*, ainsi que *La Visitation*. Constantin travailla toute une année à *La Transfiguration* de Raphael. Il a encore copié, en fait d'autres maîtres, la *Vénus* du Titien, *Le Mariage de sainte Catherine* et *La Madone à la chemise* du Corrège, *La Madonna del Sacco* d'Andrea del Sarto, *La Poésie* de Carlo Dolce, et *L'Entrée de Henri IV* d'après Gérard. Il s'est aussi essayé dans quelques compositions originales, et à faire des portraits d'après nature. Si cette dernière tentative lui a réussi, comme en témoigne son propre portrait, qu'on voit dans la galerie de Florence, on n'en peut pas dire autant des autres, par exemple de sa *Prise du Trocadero par l'armée Française* en 1823.

On a aussi d'Abraham Constantin un livre intitulé : *Idées italiennes sur quelques tableaux célèbres* (Tubingue, 1840) dans lequel il a consigné ses observations sur l'art et la manière de Raphael, sur le dessin et le coloris des grands maîtres; enfin sur son propre art, la peinture sur porcelaine. La plus belle collection de ses œuvres se trouve à Turin; elle est la propriété du roi de Sardaigne.

CONSTANTINE, ville d'Afrique, chef-lieu de la province du même nom en Algérie, est située entre Tunis et Bone, dans une presqu'île entourée des eaux de l'Oued-Rummel, et dominée au sud-est par le plateau cultivé de Mansourah, au sud-ouest par les hauteurs de Koudiat-Aty, au nord-est enfin par le Sidi-Mécid, lieu de sépulture des Israélites, à 120 kilomètres de Bone et 280 kilomètres d'Alger ; elle est le chef-lieu d'une division militaire, d'une préfecture, d'un tribunal de première instance. Elle a deux imprimeries.

Bâtie en forme de trapèze, sur une haute colline, Constantine, pour emprunter un langage expressif des Arabes une locution familière, est un burnous déployé, dont la casbah est le capuchon. Cette casbah, édifice antique, défendue par quelques pièces de canon, domine en effet la ville et couronne les rochers à pic qui l'entourent presque tout entière. Au pied de cette citadelle battent de nombreux moulins à blé, que les eaux détournées du Rummel mettent en mouvement. Le palais construit par Hadji-Ahmed depuis la prise d'Alger, 13 mosquées et quelques chapelles, sont les seuls monuments qui relèvent un peu l'aspect monotone de ces rues étroites, tortueuses, dont les maisons en briques crues ou en pisé ne s'élèvent pas plus haut que le second étage. L'eau de source manque complètement dans la ville, où il n'y a que de rares citernes; heureusement on peut s'en procurer d'excellente à la rivière, où l'on arrive par un chemin couvert.

La ville a quatre portes, dont trois, unies par une muraille antique de dix mètres de hauteur, s'ouvrent sur le même côté, au sud-ouest. La première, la plus rapprochée vers Bordji-Assous, se trouve dans un angle rentrant, sur le point le plus élevé du contrefort, où les rochers ne se montrent plus. Elle se nomme : Bab-el-Rhabah (*porte du marché*). Le chemin d'Alger y aboutit. Celle du centre s'appelle Bab-el-Oued (*porte de la rivière*). Elle conduit vers le sud, et peut gagner, par un embranchement, le chemin du Garb. La troisième, El-Djabiah (*porte de l'apport*), communique avec l'Oued-Rummel, et se trouve assez rapprochée d'une cinquième porte, *Hennencha*, murée depuis longtemps. En avant des deux premières portes, il y a, sur le sommet du contre-fort qui se lie au Koudiat-Aty, un faubourg peu étendu, habité par des artisans. On y tenait les marchés de certaines productions ; les autres denrées se vendaient en ville. Diverses habitations, une mosquée, des fondoucks, et, plus loin, les vastes écuries du bey, le Bardo, situé entre la rive gauche du Rummel et Koudiat-Aty, dépendent de ce faubourg. Le reste de l'enceinte est formé par des murailles peu solides et sans terrassements. Des maisons sont adossées contre les murs, qui, élevés sur des rochers à pics, présentent une excellente défense. La quatrième porte : Bab-el-Kantara (*porte du pont*), se trouve en face du val lon compris entre le mont Masourah et le mont Mécid. Le pont d'où elle tire son nom se trouve vis-à-vis, large et fort, élevé sur trois étages d'arches. De construction antique dans sa partie inférieure, il est jeté sur la rivière et sur cette grande coupure qui sépare la ville de la montagne. Les chemins qui conduisent sur le littoral et ceux venant de l'est aboutissent à cette porte. A côté du pont, le long des murs de la ville, est une rampe en mauvais état, qui conduit au fond d'un ravin, où le ruisseau qui coule dans le vallon entre Mansourah et Mécid se précipite dans le Rummel.

Pour les Romains, Constantine (*Cirta*) était la plus riche et la puissante des villes de la Numidie, dont elle formait en quelque sorte la clef. Les principales routes de la province y aboutissaient. Elle avait été résidence royale sous Massinissa et ses successeurs. Strabon nous apprend qu'elle renfermait alors des palais magnifiques, et que, sur l'invitation du roi Micipsa, une colonie grecque était venue s'y établir, apportant avec elle les arts de la patrie. Le premier soin de Massinissa, dans la première guerre punique, fut de s'emparer de Cirta. Jugurtha employa tous les moyens pour s'en rendre maître, et c'est de cette position centrale que Metellus et Marius dirigèrent avec tant de succès contre lui tous leurs mouvements militaires. Ruinée en 311, dans la guerre de Maxence contre Alexandre, paysan pannonien, qui s'était fait proclamer empereur en Afrique, rétablie et embellie sous Constantin, cette ville quitta alors son ancien nom, et aujourd'hui l'appellation arabe, *Constantina*, nous prouve qu'elle porte encore celui de son restaurateur. Lorsqu'au cinquième siècle les Vandales envahirent la Numidie et les trois Mauritanies, détruisant toutes leurs villes florissantes, Constantine résista à ce torrent dévastateur. Les victoires de Bélisaire la retrouvèrent debout, et la conquête musulmane semble l'avoir respectée, à en juger par les ruines dont partout ailleurs le pays est couvert. Au douzième siècle, un écrivain arabe, Edris, parlant de cette ville peuplée et commerçante, disait qu'elle était considérée comme une des places les plus fortes du monde. Fortifiée par la nature, par son ancienne enceinte et par les ouvrages établis sur le front étroit qu'elle présente aux attaques, Constantine peut en effet défier des forces considérables. Sa population se compose de Maures, de Turcs, de colouglis, de Kabyles et de juifs. Les Kabyles y sont très-nombreux, et forment à eux seuls plus de la moitié de la population totale, qui est de 25,440 habitants, dont 23,960 indigènes.

Constantine fut la première ville de Numidie qui tomba au pouvoir des Arabes après la prise de Carthage. Elle suivit dans le cours du onzième siècle le sort de la plupart des places du Maghreb, et la révolution opérée par Yousouf-Abou-Tachefin venait de la faire passer au pouvoir des Berbers. Un chef de la tribu de Ketamah la gouvernait alors; les marchands européens, qui trouvaient, en abordant à Bougie, le mouillage le plus sûr de tout le littoral, fréquentèrent tout à coup les marchés de la province, et plus tard les marines si florissantes des républiques italiennes et des Catalans possédèrent presque exclusivement le commerce de cette échelle. Les Vénitiens, par un traité de l'année 1251 avec les souverains d'Afrique, avaient aussi établi leurs comptoirs dans différents ports et villes de la Barbarie, et notamment à Constantine et à Stora. Divers traités avec les Catalans finirent par donner aux relations de ces derniers un caractère tout à fait politique, et au commencement du quatorzième siècle la couronne d'Aragon exerçait une influence très-grande sur les rapports de Constantine avec les villes voisines. En 1322 Aben-Abbas sultan de Tunis, de Bougie et de Constantine, s'obligeait à payer un tribut considérable au roi d'Aragon, en retour duquel ce dernier devait fournir à ses alliés un secours de dix galères tout armées, chaque fois que besoin serait d'attaquer Alger ou tout autre pays des Maures en guerre avec eux. La France n'était pas restée étrangère à ces premières relations avec la Barbarie. Marseille avait des rapports fréquents avec Bougie, Constantine et Milah.

Au commencement du seizième siècle Constantine contenait dans son enceinte environ 8,000 maisons, ce qui suppose une population de 30 à 40,000 habitants. C'était, après Tunis, dont elle dépendait encore, la ville de toute cette partie du Maghreb où l'industrie était la plus active et dans l'état le plus florissant. Cette ville passa en 1520 au pouvoir de Khaïr-Eddin, qui en fit la capitale de l'est dans la régence d'Alger. Le commerce d'importation de Constantine n'était pas encore très-considérable. Le bey tirait de Livourne, par Bone, des tissus de coton, des soieries, des draps, des marbres, des denrées coloniales et de la droguerie. L'ensemble de ce commerce pouvait s'élever, année moyenne, à un million. Le bey prohibait ordinairement la sortie de l'or et de l'argent, en sorte que les retours de Constantine sur Bone consistaient seulement en grains, en laines et en ouvrages en peau. Avant la prise de possession par les Turcs, les rapports commerciaux de Constantine avec cette ville étaient presque nuls, et s'ils commencèrent à s'établir vers ce temps, ils ne furent jamais ni très-suivis ni très-productifs. Il n'en était point de même avec Biskara et les villes du Zâb et du Tell. Chaque année à l'époque de la récolte des dattes, lors du départ de la colonne chargée du recouvrement de l'impôt, les soldats emportaient quelques objets de l'industrie de Constantine, pour faire des échanges contre des produits du pays. Le même commerce d'échange avait lieu avec Tugurth, qui payait tribut au bey de Constantine entre les mains du Chéïk-el-Arab, chef du désert.

Lorsque après la prise d'Alger, Hadji-Ahmed revint à Constantine avec les débris des troupes qu'il avait été forcé de conduire lui-même au secours du dey Hussein, il trouva les portes fermées. La garnison turque, révoltée, venait de déclarer la déchéance du bey et de proclamer à sa place un Turc nommé Kuchuk-Aly. Mais, au milieu de la perturbation que les événements d'Alger avaient causée dans le pays, celui-ci n'eut pas le temps ou l'audace nécessaire pour consolider sa puissance naissante, et, trahi par un parti de Kabyles, il fut contraint de céder la place à Hadji-Ahmed, qui ressaisit le pouvoir. Le bey, offensé, tira de sanglantes représailles de la ville rebelle. Son premier soin fut de se délivrer de cette milice turque qui avait conservé une indépendance incommode, et qui menaçait de disposer à son gré de l'autorité suprême : envoyée par petits détachements dans les tribus, elle fut entièrement massacrée. Il fit arrêter aussi tous les Turcs fixés dans la ville, les dépouilla de leurs richesses, et les envoya à la mort. Dès lors il resta sans compétiteurs pour la puissance, s'attribua tous les droits de la souveraineté, et prit le titre de pacha, que la Porte Othomane lui confirma plus tard par un firman. Mais ce pouvoir, sans contrôle et sans contre-poids, ne tarda pas à dégénérer en odieuse tyrannie.

Les Arabes de la province s'étonnaient que la France laissât Hadji-Ahmed exercer en paix un pouvoir qui avait à finir avec le règne du pacha d'Alger. Un chef de Tugurth avait dès 1833 réclamé l'honneur de concourir au renversement du bey. Un autre chef de tribu du désert, Farhat-Ben-Saïd, qui avait fait en 1832 des offres pareilles, et qu'on vit depuis accourir sous les murs de Constantine emportée d'assaut, offrait encore de se joindre aux Français pour cette entreprise. Bon nombre de tribus, exaspérées par les cruautés et les exactions de Hadji-Ahmed, demandaient vengeance, et on pouvait espérer, avec l'assistance des unes, la neutralité ou l'indifférence de beaucoup d'autres. Notre domination avait, autour et en avant de Bone, fait assez de progrès à cette époque pour qu'il parût au maréchal Clauzel qu'il y eût lieu de nommer un bey français de Constantine. Le chef d'escadron Joussouf fut appelé à ce poste important. En lui laissant le soin de se faire reconnaître par ceux qui se déclareraient ses partisans et de s'imposer par les armes à ses adversaires, on s'épargnait sans doute quelque embarras de protection; mais on n'avait pas prévu qu'on aurait à tolérer des actes qui autorisés par le droit public du pays ne pourraient être avoués par le nôtre. D'un moment à l'autre la possession de Constantine pouvait être obtenue. Le maréchal pensa qu'il convenait de se préparer à cette éventualité en marchant en avant. Cependant le gouvernement, qui n'était pas en mesure de bien juger de l'état des choses, retenu par la crainte de donner à l'occupation une extension indéfinie, hésitait à prescrire des opérations militaires de cette importance à travers un pays imparfaitement connu et des difficultés que ses prévisions n'avaient pas embrassées à temps dans toute leur étendue. Mais les instances du gouverneur général étaient de plus en plus pressantes. Ces forces dont il pouvait disposer lui paraissaient devoir suffire. L'expédition était indispensable pour assurer au bey Joussouf, repoussé de toutes parts et insolemment dédaigné par les populations arabes, sinon un appui, au moins une vengeance. La situation n'était plus tenable, et d'ailleurs le succès était réputé comme infaillible. L'autorisation d'agir fut donc accordée, et le corps expéditionnaire, fort de 9,137 hommes, s'ébranla le 8 novembre 1836. A peine l'armée avait-elle établi son premier bivouac qu'elle fut assaillie par une pluie torrentielle qui l'accompagna presque sans interruption jusque sur la rive gauche de la Seybouse, qui ne fut franchie qu'avec la plus grande difficulté. Cet obstacle vaincu, l'expédition marcha quelques jours au milieu d'une population amie et pacifique; mais le 19 nos soldats se trouvèrent en proie à des souffrances inouïes et aux plus cruels ennemis : « Nous étions, dit le maréchal, parvenus dans des régions très-élevées. Pendant la nuit la pluie, la neige et la grêle tombèrent avec tant d'abondance et de continuité que nous fûmes exposés à toutes les rigueurs d'un hiver de Saint-Pétersbourg, en même temps que les terres, entièrement défoncées, représentaient aux vieux officiers les boues de Varsovie. » De ce lieu de désolation, l'armée apercevait Constantine, mais elle désespérait d'arriver jusque sous ses murs. Toutefois elle s'ébranla de nouveau, et, après des efforts gigantesques, le 20 elle parvint, sans bagages et sans arrière-garde jusqu'au monument, où elle fut obligée de s'arrêter. Alors le froid était excessif; beaucoup de nos braves eurent les pieds gelés, et un plus grand nombre encore périt pendant la nuit. Enfin, le 21 les bagages s'étant ralliés, nos soldats, ayant de l'eau jusqu'à la ceinture, franchirent le Bon-Mezroug, l'un des affluents de l'Oued-Rummel, considérablement grossi par les torrents. On s'établit sous les murs de Constantine. Cette importante cité, défendue par une forte garnison et une population fanatique, n'était abordable que par les mamelons de Koudiat-Aty; mais il était impossible de conduire jusque là l'artillerie, qui s'enfonçait jusqu'au moyeu. Ces hauteurs furent néanmoins occupées par notre avant-garde, qui s'y logea sous le canon des kabyles. A ce moment la neige tombait à gros flocons, et le froid devenait de plus en plus rigoureux. Dans cet état de choses, le général en chef jugea qu'il ne lui restait plus qu'à essayer d'enlever la place de vive force, et à battre immédiatement en retraite, en cas d'insuccès. Déjà la première des deux portes d'El-Kantara avait été enfoncée par l'artillerie, et il ne restait plus qu'à faire sauter la seconde. Alors, exténué de fatigues, de faim et de froid, le génie déclara qu'il lui fallait plus de vingt-quatre heures pour faire les préparatifs de cette opération; mais tandis que nos feux continuaient à battre la ville, nos avant-gardes étaient vivement attaquées par l'ennemi, qu'elles parvinrent difficilement à contenir. Ceci se passait le 23. Le désordre se mit dans le travail commencé par les sapeurs. Les soldats qui portaient les échelles furent tous tués ou blessés, et leur chef, le général Trezel, fut lui-même renversé par un coup de feu. On reconnut alors qu'il fallait renoncer à l'attaque et commencer le mouvement rétrograde.

Ces tentatives, qu'il était de notre honneur de faire avant de partir, ayant échoué, le maréchal songea à profiter du reste de la nuit pour réunir l'armée et tout disposer pour la mettre en marche. La première journée de la retraite présenta les plus grands obstacles : assaillie par la garnison entière et une nuée de cavaliers arabes, notre arrière-garde se couvrit de gloire en repoussant leurs attaques; mais elle ne parvint à les contenir qu'avec une extrême difficulté. Enfin, cette retraite, qui en d'autres mains aurait pu devenir si désastreuse, s'effectua en bon ordre, quoiqu'au milieu des plus grands obstacles, et le 30 novembre le corps expéditionnaire, après avoir établi une garnison à Guelma, rentra à Bone, ramenant son artillerie, ses blessés et tous les caissons qui ne s'étaient point brisés.

Il était devenu urgent de rétablir dans cette province l'ascendant français, compromis par l'issue de cette campagne. Le maréchal Clausel, remplacé par le lieutenant général comte de Damrémont, rentra en France abreuvé d'humiliations et sous le poids accablant de sa défaite. Le nouveau gouverneur, sans considérer les avantages qu'il pouvait retirer de la campagne qui se préparait, pour sa réputation militaire, tenta longtemps tous les moyens d'arriver à une paix honorable; mais, reconnaissant bientôt que les hésitations d'Hadji-Ahmed cachaient un piége perfide, il résolut de se rapprocher de Constantine en occupant fortement la position de Medjez-Ahmar, destinée à devenir le point de départ des opérations ultérieures : un vaste camp y fut tracé, et devint bientôt une immense place d'armes. Le 20 septembre le bey de Constantine en personne essaya de le surprendre avec 10,000 Arabes, qui furent écrasés sous nos canons. Après ce dernier effort, Hadji-Ahmed se retira, n'osant pas même rentrer dans sa capitale, dont il abandonna la défense à son lieutenant, Ben-Aïssa. La marche en avant fut ordonnée. Partie de Medjez-Ahmar le 1er octobre, l'armée, forte d'environ dix mille hommes, arriva le 6 devant Constantine. Les parcs de l'armée s'établirent sur le plateau de Sidi-Mabrouck, sous la garde de la 2e brigade, et l'avant-garde, sous les ordres du duc de Nemours, prit position sur le Mansourah. L'ennemi nous accueillit par des cris féroces et un feu bien nourri. La reconnaissance de la place faite, on arrêta que l'attaque principale serait dirigée du côté de Koudiat-Aty, et des batteries établies au Mansourah prirent alors d'enfilade et de revers les batteries du front d'attaque pour éteindre les feux de la casbah. Le général Rulhières s'était campé sur le Koudiat-Aty, profitant habilement des accidents du terrain pour l'emplacement de sa troupe. Une batterie de brèche et une batterie d'obusiers, à l'établissement desquelles une tempête horrible mit toujours obstacle, ne purent être armées que le 8.

Pendant que ces préparatifs matériels s'accomplissaient, afin d'entamer à la fois tous les points vulnérables de la place, les assiégés, inactifs sur le Koudiat-Aty pendant toute la journée du 6, firent un effort le 7 pour arrêter les progrès de notre attaque. 800 Arabes, sortis de la porte d'El-Rhabia, se ruèrent sur les retranchements dont le général Rulhières avait couvert sa position, et vinrent insolemment planter leur drapeau devant le front de la légion étrangère. Le commandant Bedeau, chef de cette troupe, tomba sur eux, et les dispersa. Dans le même moment, le vingt-sixième de ligne repoussait à la gauche du Koudiat-Aty une irruption de Kabyles, tandis que le colonel Combes, du 47e de ligne, et un escadron du 3e chasseurs d'Afrique soutenaient sur les derrières une attaque des troupes du bey. Toute la nuit du 8 au 9 fut affreuse; une pluie battante tombait sans interruption ; un froid rigoureux sévissait. Réduits au biscuit pour toute nourriture , nous manquions de feu et d'abri. On ne voyait partout que malades et mourants. Nos ambulances étaient encombrées, et les hommes mouraient aux faisceaux. Pour se préserver de la boue, où l'on enfonçait à mi-jambe, nos soldats se firent des litières avec des cailloux ramassés en abondance, ou bien, pénétrant dans les cimetières, cherchaient un refuge sous la voûte de pierre des tombeaux. C'est ainsi qu'on attendit le jour. Il se leva terne et pâle, et fut cependant salué par de nombreux cris de joie, aux premiers coups de canon que tirèrent les batteries du Sat-Mansourah et du Koudiat-Aty. L'ennemi, qui répondit par le feu de vingt pièces et mortiers, essaya vainement de soutenir le combat. Les embrasures de ses batteries furent successivement renversées, la plupart des pièces démontées, et avant deux heures leur feu était éteint. Ce résultat obtenu, on s'occupa sérieusement de l'attaque principale.

La nuit du 9 au 10, moins mauvaise, permit de transporter de l'artillerie de siége sur le Koudiat-Aty. Jusque là le succès de notre expédition était encore incertain; mais les résultats obtenus pendant cette nuit avaient fait tourner toutes les chances en notre faveur. Le 10 une partie des troupes de Ben-Aïssa sortit de la ville par des issues détournées, et s'étendit, à la faveur du Rummel et des bas-fonds, sur le front et le flanc gauche de la position du Koudiat-Aty. Le général Damrémont, qui parcourait en ce moment cette partie de la ligne, averti de leur présence par le bruit de la mousqueterie, ordonna un mouvement en avant, et enleva lui-même la troupe en franchissant un parapet en briques sèches qui traçait l'enceinte du camp. L'action ne dura qu'un instant, mais elle fut chaude; plusieurs officiers et soldats furent atteints par la mitraille que lancèrent les batteries de Constantine pour protéger la retraite de ses défenseurs culbutés. Pendant toute la journée du 11 les quatre batteries de brèche dirigèrent leur feu contre le mur d'enceinte de Constantine, construit en pierres de taille très-dures et très-épaisses. La pierre se broyait sous le boulet qui s'y logeait, et le mur, percé comme un crible, ses moellons tout séparés, n'ayant plus d'appui que par les angles, ou ne tenant plus que par adhérence au massif, résistait encore, lorsque enfin un obus, lancé par la batterie du capitaine Lecourtois, éclata en tombant sur la muraille, et le revêtement s'écroula. Dans la soirée, un soldat du bataillon turc fut envoyé en parlementaire aux assiégés; mais la dernière sommation du général en chef fut fièrement repoussée. Le feu continua toute la nuit; une nouvelle batterie avait été armée à 120 mètres des murs, et acheva de nettoyer le chemin que nos colonnes d'assaut devaient parcourir.

Le 12, à sept heures et demie du matin, le général Damrémont, se rendant à la tranchée avec le duc de Nemours, pour examiner les travaux de la nuit, fut tué par un boulet au moment où il atteignait le dépôt de la tranchée. Le général Perregaux, son chef d'état-major, reçut au même instant une blessure mortelle à la tête, comme il se penchait pour le secourir. Le général Valée, en sa qualité de doyen de tous les généraux assistant au siège, prit le commandement en chef. Dans l'après-midi Hadji-Ahmed envoya un parlementaire pour faire savoir qu'il désirait traiter de la paix ; mais, craignant quelque supercherie, le général français lui fit répondre d'ouvrir sur-le-champ les portes de Constantine et de s'en rapporter pour le reste à la générosité des vainqueurs. Au lieu de ralentir le feu des batteries pendant ce temps, on donna l'ordre de l'activer. Hadji-Ahmed ne répondit pas à notre ultimatum. Comme on s'était aperçu le 12 au matin que les assiégés avaient réparé pendant la nuit la brèche de leur mur à l'aide de sacs à terre, disposés absolument d'après notre système, on tira toute la nuit sur la brèche pour empêcher qu'elle ne fût relevée.

Le 13, à trois heures et demie du matin, la brèche fut reconnue praticable par deux officiers qui y avaient été envoyés ; l'ennemi n'avait pas même cherché à en déblayer le pied. Les colonnes d'attaque se formèrent aussitôt : la première, commandée par le lieutenant-colonel de Lamoricière ; la deuxième, par le colonel Combes ; la troisième, par le colonel Corbin. A sept heures le signal de l'assaut fut donné. Aussitôt la première colonne franchit rapidement l'espace qui la séparait de la ville, et en gravit la brèche sous le feu de l'ennemi. Le colonel de Lamoricière et le chef de bataillon Vieux arrivèrent les premiers au haut de la brèche, qui fut enlevée sans difficultés. Mais bientôt la colonne, engagée dans un labyrinthe de maisons à moitié détruites, de murs crénelés et de barricades, éprouva la résistance la plus acharnée de la part de l'ennemi. Celui-ci parvint à faire écrouler un pan de mur qui ensevelit un grand nombre d'assaillants. Dès que la première colonne eut dépassé la brèche, on la fit soutenir par deux compagnies de la deuxième colonne, et successivement, à mesure que les troupes pénétraient dans la ville, des détachements de deux compagnies appuyaient les mouvements de la colonne. La marche de nos soldats devint plus rapide après la chute du mur, malgré la résistance de l'ennemi. A droite de la brèche, après avoir fait chèrement acheter la possession d'une porte qui donnait dans une espèce de réduit, les Arabes se retirèrent à distance, et bientôt une mine fortement chargée engloutit et brûla un grand nombre de nos soldats. Beaucoup périrent dans ce moment cruel. D'autres, parmi lesquels on remarquait le colonel de Lamoricière, et plusieurs officiers, furent grièvement blessés. A la gauche, les troupes parvinrent à se loger dans les maisons voisines de la brèche. Les sapeurs du génie cheminèrent à travers les murs, et l'on parvint ainsi à tourner l'ennemi ; la même manœuvre exécutée à droite força l'ennemi à se retirer et décida la reddition de la place. Le combat se soutint encore près d'une heure dans les murs de la ville. Le colonel Combes fut blessé mortellement à l'attaque des barricades. Enfin les Arabes, chassés de position en position, furent rejetés sur la casbah, où le général Rulhières, qui venait d'être nommé commandant supérieur de la place, y arrivant en même temps qu'eux, les contraignit à mettre bas les armes.

Le calme se rétablit bientôt dans Constantine ; le drapeau tricolore fut arboré sur les principaux édifices, et le duc de Nemours prit possession du palais du bey. Hamouda, fils du cheik El-Belad, fut investi du titre et des fonctions de kaïd, et par ses soins la population, tranquillisée sur son sort, ne tarda pas à établir ses relations avec nous. Dans les quinze jours qui suivirent la conquête, on s'occupa activement de mettre la casbah en état, de fermer la brèche pratiquée par nos batteries, de clore toutes les issues de l'enceinte par lesquelles on aurait pu s'y introduire clandestinement, et on ne laissa ouvertes, pour les mouvements journaliers de la population, que deux portes, soumises à la plus sévère surveillance. Plusieurs tribus firent leur soumission à la France. Farhat-Ben-Saïd arriva le 27 octobre à Constantine, et y fut reçu avec la plus haute distinction. Le gouvernement du bey Ahmed était entièrement détruit. Abandonné de la meilleure partie de ses troupes, repoussé par les tribus, qui pouvaient sans crainte désormais se soustraire à sa domination cruelle, cet ancien lieutenant du dey Hussein se dirigea fugitif vers le sud, cherchant dans les monts Aurès une retraite pour y cacher sa honte et son abaissement. Le 29 octobre le général en chef, laissant dans la ville une garnison de 2,500 hommes, dont il confia le commandement au général Bernelle, retourna à Bone, où il attendait sa nomination au grade de maréchal de France et aux fonctions de gouverneur des possessions françaises du nord de l'Afrique.

Constantine, devenue à la fois le chef-lieu de la province et le chef-lieu de la division militaire, fut le centre des forces destinées à agir, soit vers Bone, soit entre Sétif, Philippeville et Bone, soit au delà de Sétif, pour ouvrir les communications avec la province d'Alger. Les différents services, installés d'abord dans les maisons de la ville, reçurent peu à peu des établissements plus commodes. En 1838 le casernement des troupes fut considérablement amélioré. On entreprit ensuite les écuries du quartier de cavalerie du Bardo et l'hôpital militaire de la casbah. On s'occupa aussi de la restauration du palais du bey, qui servit de logement au commandant de la province. Dans la province, l'organisation prescrite par les instructions du gouvernement s'était fortifiée, et le réseau d'autorités émanées de la puissance française s'étendait au loin. A l'aide d'intermédiaires choisis parmi les notabilités indigènes, nous avions à notre disposition des forces agressives et répressives pour subjuguer nos ennemis et protéger nos amis. Notre domination était rendue plus facile par l'emploi de ces forces laissées sous le commandement de leurs chefs, et composées, selon le temps et les besoins, de cavaliers en service permanent et d'auxiliaires fournis par les tribus pour un service temporaire. Ainsi se trouvait rétabli le makhzen, repris à la solde et aux ordres de la France, et chargé désormais de maintenir la soumission, d'assurer le payement du tribut, en conservant toutefois pour la perception les formes et les coutumes arabes. Telle était la facilité qu'offrait le pays pour l'expérience qui n'avait pas été faite jusqu'alors sur d'autres points de l'Algérie, que le commandement militaire en recueillait, par la force des choses, les plus heureux résultats.

Cependant, si l'ébranlement produit par nos faits d'armes amena la soumission d'une grande partie du territoire occupé par les Arabes, ce ne fut pas sans coup férir. Lorsqu'en 1841 le général Négrier prit le commandement de la province, le tiers au plus du pays était sous notre domination réelle. Ce général soumit successivement une centaine de tribus. Cependant le général Négrier laissa beaucoup à faire à son successeur, et le général Baraguay-d'Hilliers soumit encore plus de quarante tribus, qui depuis 1837 avaient fait contre nous de grands actes d'hostilité. Un marabout vénéré, Sid-Zerdoud, les exaltait à la guerre sainte par ses prédications. En attendant une attaque ouverte et générale, elles faisaient de petites incursions sur nos communications avec Philippeville et Bone. Elles excitaient les tribus soumises à la révolte, elles embauchaient les soldats de la légion étrangère, et organisaient en compagnies les déserteurs. Cette situation nous obligeait à maintenir des postes sur nos communications, pour assurer l'arrivée des courriers à Constantine, et malgré cela ces convois ne pouvaient marcher sans escorte. Cela seul était de nature à motiver nos entreprises contre les Kabyles, lorsque des faits plus graves vinrent les légitimer. A la fin de 1842, Sid Zerdoud, ayant assez enflammé le courage de ces tribus, les conduisit en masse à l'attaque du camp de l'Arrouch, ce qui donna lieu à une belle défense de la part de nos soldats, qui, commandés par le colonel Lebreton, firent une brusque sortie avec un escadron de chasseurs et les soldats du train transformés en cavaliers. Les bandes de Sid-Zerdoud furent sabrées et mises en fuite ; trois cents Arabes restèrent sur le terrain. Dès lors on poursuivit à outrance ces tribus indomptables ; une guerre de tous les jours les harcela, et finit par les lasser : on les soumit. Sid-Zerdoud fut tué, et la tranquillité se rétablit enfin. Néanmoins, il fallait toujours se tenir en éveil, car, malgré les progrès des généraux Négrier, Galbois et Baraguay-d'Hilliers, on ne pouvait pas encore proclamer la pacification complète de la province. Hadji-Ahmed lui-même, avec l'assistance des Ouled-Kasem, osa s'approcher, le 16 septembre de cette même année, du camp d'Aïn-Rummel ; mais, abandonné par son infanterie, il se retira bientôt devant le général Sillègue, qui s'était porté à sa rencontre.

Placée pendant les premières années sous l'administration des chefs indigènes, la province de Constantine fut bientôt presque tout entière soumise à l'autorité de la France. Les Arabes et les Kabyles, qui avaient appris à apprécier la civilisation de l'Europe, et qui l'avaient comparée au despotisme des anciens beys, reconnurent facilement les avantages d'un gouvernement soumis à des règles fixes et confié à des mains intègres. Dès le commencement de 1840, le cadre des grandes autorités féodatales avait été complété par la nomination de Bou-Azis-Ben-Gannah au poste important de Chéick-el-Arab. Au commencement de 1844 la province de Constantine présentait dans toute l'étendue du territoire voisin du littoral un état complet de soumission et de tranquillité ; mais dans le sud de la province le khalifah d'Abd-el-Kader, Mohammed-Seghéir, exerçait encore une grande autorité sur une portion notable du Zâb, particulièrement sur Biskara et Sidi-Okba. Une partie des montagnes entre le Zâb et le Tell, depuis Boucada et Msilah jusqu'à Tebessa, restait également insoumise. Arrivé à Constantine pour prendre le commandement de la province, le duc d'Aumale ordonna de pousser vigoureusement les préparatifs de la campagne. Il voulait expulser du Zâb tous les agents de l'ex-émir, établir le pouvoir de Ben-Gannah, notre chéick, réduire les tribus qui séparent le Zâb du Tell, et en chasser Ahmed-Bey.

Aussitôt après l'établissement d'un centre de ravitaillement à Betna, il prit le commandement de la colonne destinée à cette expédition. Le 4 mars 1844 Biskara, la capitale du Zâb, tombait en notre pouvoir. Le khalifah d'Abd-el-Kader l'avait évacuée depuis quelques jours. Concentrées sur Djebel-Ouled-Sultan, nos troupes pénètrent bientôt après dans cette montagne, refuge des malfaiteurs de la province, en chassent l'ennemi, à qui elles font éprouver de grandes pertes, et arrivent à Bir, position réputée inexpugnable. Peu de temps après l'escorte d'Hadji-Ahmed est atteinte ; il est forcé lui-même de fuir, abandonnant ses richesses, et toutes les tribus des Ouled-Sultan ne tardent pas à se soumettre. Une garnison de 500 hommes est établie à Biskara, et les tribus, naguère hostiles, et dont la plupart n'avaient subi le joug d'aucun des dominateurs antérieurs de l'Algérie, acceptent le commandement de quatre kaids dévoués à la France. Plus tard, une excursion faite dans l'ouest de la province produit les résultats les plus favorables. Plusieurs chefs des montagnes de Bougie, des Righas et des Tedjiouas donnent dans cette circonstance des marques d'hommage et de soumission. Une autre excursion, entreprise dans la subdivion de Bone par M. le général Randon, fut suivie de résultats non moins utiles. La ligne frontière qui sépare l'Algérie de la régence de Tunis fut reconnue ; l'anarchie cessa dans le kaïdat des Hennenchas, et les différends entre les habitants de Tebessa et les tribus environnantes apaisés, de nouvelles relations s'établirent entre Bone et les contrées du sud. D'autres expéditions vinrent encore assurer depuis la conquête de la France sur la contrée que domine au loin Constantine, et les campagnes contre la Kabylie ont rendu cette terre complètement française.

CONSTANTINOPLE, *Constantinopolis*, la ville de Constantin; appelée par les Othomans *Stamboul* ou *Istamboul*, habitation ou lieu fertile; par les Valaques et les Slaves de l'empire turc, *Zaregrad*, ville impériale; et par les Arabes, les Persans, *Constantiniah*, porta d'abord le nom de Byzance, et fut fondée, suivant Eusèbe Pamphili, vers l'an 658 av. J.-C. par Byzas, roi de Mégare. Cette ville, qui se bornait alors à la montagne qu'on appelle aujourd'hui *Porte du Sérail*, resta longtemps sans importance, à cause des nombreuses attaques dont elle était l'objet de la part de diverses tribus errantes, ou encore à cause des fréquentes guerres qui avaient lieu dans les contrées voisines, jusqu'à ce qu'en l'année 330 l'empereur Constantin le Grand en eut fait la capitale de l'empire romain et lui eut imposé son nom, qu'elle ne prit du reste qu'à la mort de ce prince, car de son vivant on l'appela plutôt *Nova Roma*.

Moins d'un siècle après on y voyait 1 capitole, 1 école pour les sciences, 1 cirque, 2 théâtres, 8 bains publics, 52 portiques, 5 greniers publics, 14 églises, 14 palais, 4 salles d'assemblée pour le sénat, 4,388 maisons distinguées par leur grandeur et leur beauté, une foule d'habitations à l'usage du peuple, et des égouts qui égalaient la magnificence de ceux de Rome. On y remarquait surtout deux grandes places, l'une entourée d'un double rang de colonnes, et appelée *Augustéon*, parce qu'on y posa la statue de la mère de l'empereur, Hélène, qu'il avait honorée du titre d'*auguste*. Au milieu était le milliaire d'or, où aboutissaient toutes les routes de l'empire, et d'où l'on partait pour compter les distances. L'autre place, qui portait le nom de Constantin, avait pour principal ornement une colonne de porphyre, surmontée d'une statue colossale d'Apollon en bronze, attribuée à Phidias. Cette statue reçut le nom de Constantin, qui y fit renfermer ce qu'il croyait avoir de la vraie croix. Le cirque ou hippodrome, le palais impérial, le cédaient à peine à ceux de Rome. Les thermes ou bains de Zeuxippe, qui appartenaient à l'ancienne Byzance, devinrent les plus beaux de l'univers, par la multitude de colonnes de marbre et de statues dont Constantin les enrichit. Les villes de la Grèce et de l'Asie, Rome même, furent dépouillées pour embellir Constantinople. La nouvelle capitale se peupla aux dépens de l'ancienne, et l'éclipsa bientôt en richesses et en population. L'enceinte tracée par Constantin n'étant plus assez vaste, et la multitude des maisons rendant les rues trop étroites, il fallut avancer les édifices jusque dans la mer, et élever des ponts.

Les médailles de Constantinople attestent que le croissant fut toujours le symbole de cette ville. Sa fondation fut, à proprement parler, l'ère d'un nouvel empire, car la puissance romaine se divisa en empire d'Occident, dont Rome fut encore la capitale durant un siècle et demi environ, et en empire d'Orient, nommé depuis l'empire grec ou byzantin, dont Constantinople fut la métropole pendant plus de 1,100 ans. Il résulta de cette division une nouvelle forme d'administration et un nouveau système de politique et de gouvernement. Le sénat de Constantinople, loin de ressembler à ce qu'était même le sénat romain depuis Tibère jusqu'à la chute de l'empire, ne fut jamais en réalité qu'un conseil municipal. Le despotisme asiatique assis sur le trône remplaça le despotisme militaire, produisit la bassesse et la servilité ; la soif de l'or et des titres honorifiques étouffa l'honneur national et l'amour de la patrie ; le luxe corrompit les mœurs, énerva le courage ; les disputes théologiques firent dégénérer l'ardent et audacieux fanatisme des premiers chrétiens en stupide et lâche superstition.

Aucun pays n'a éprouvé de plus nombreuses, de plus sanglantes révolutions. Il n'y eut pas jusqu'aux jeux du cirque qui n'y enfantassent des factions, des rixes sanglantes, d'horribles massacres. L'anarchie qui déchira presque sans interruption l'empire grec, dont Constantinople était la capitale, provoqua et facilita les invasions d'une foule de peuples barbares, qui tour à tour ou en même temps, et presque sans interruption, ravagèrent ses frontières, s'emparèrent de ses provinces, et s'établirent même jusqu'aux portes de Constantinople. Les Latins, ou chrétiens d'Europe, entraînés dans l'Orient par le fanatisme des croisades, contribuèrent encore à l'affaiblissement, au démembrement et à l'avilissement de l'empire. En 1204 Constantinople tombait au pouvoir des croisés français et vénitiens. Elle eut alors trois empires grecs établis à Trébizonde, à Nicée et à Thessalonique, il y eut un despote d'Épire. On vit aussi des seigneurs italiens et français devenir rois de Thessalie, ducs de Bithynie, d'Achaïe, d'Athènes, de Thèbes, de Négrepont, de Naxos, etc. Michel Paléologue, empereur de Nicée, reconquit Constantinople, en 1261; mais son second successeur perdit Nicée, qui devint en 1333 la capitale de la puissance encore naissante des Othomans.

Le 29 mai 1453, Constantinople, après un siège de cinquante-huit jours, fut prise d'assaut, pillée et horriblement saccagée pendant trois jours par Mahomet II. Cette capitale était tout ce qui restait de l'empire d'Orient au dernier des Paléologues, à Constantin Dracosès. En s'emparant de Constantinople, les Turcs rendirent à ces lieux privilégiés la force et la grandeur qui leur convenaient. Ils étaient dignes sous Mahomet II d'avoir Constantinople pour capitale. Le même phénomène historique se reproduit, à quatre siècles de distance, de nos jours et sous nos yeux. L'empire turc est presque aujourd'hui ce qu'était l'empire grec au quinzième siècle, et la destinée de la ville semble encore une fois près de périr sous la destinée de l'empire qui s'y abrite.

Byzance avait eu un évêque dès le temps de Sévère et de Caracalla, au commencement du troisième siècle ; mais, loin d'exercer aucune supériorité sur les autres évêques, lui et ses premiers successeurs furent soumis au métropolitain d'Héraclée, en Thrace. Ils acquirent plus de considération et d'autorité lorsque Byzance eut reçu les noms de Constantinople et de Nouvelle-Rome, et ils obtinrent au premier concile général tenu dans cette ville, en 381, la prééminence, après l'évêque de Rome, sur tous les autres évêques de la chrétienté. Le concile de Chalcédoine, en 451, leur accorda les mêmes privilèges qu'au pape, et leur confirma le second rang dans la hiérarchie ecclésiastique. Le pape saint Léon réclama contre ce canon du concile, qu'on peut regarder comme l'origine du schisme entre les Églises grecque et romaine, et de la rivalité entre les patriarches de Constantinople et les papes. Parmi les plus célèbres évêques et patriarches de la métropole de l'Orient, il faut citer saint Grégoire de Nazianze, saint Jean Chrysostome, l'un des flambeaux de la religion; Nestorius, chef de l'hérésie qui porte son nom; Jean IV, dit le Jeûneur, le premier qui prit, en 588, le titre de patriarche, malgré les réclamations du pape saint Grégoire le Grand; saint Ignace; Photius, non moins fameux par ses intrigues et son ambition que par la vaste étendue de son érudition. De 1204 à 1253 il y eut à Constantinople deux patriarches, un grec et un latin; et c'est depuis cette époque que les papes ont persisté à y nommer des patriarches purement titulaires. En 1453 Gennade, le premier depuis la chute de l'empire grec, reçut l'investiture solennelle du sultan Mahomet II, qui mit entre ses mains le bâton pastoral; et depuis il y a toujours eu un patriarche grec dans la capitale de l'empire ottoman, nommé par le grand-seigneur, qui au besoin ne s'est pas fait faute de le déposer.

Constantinople a survécu aux révolutions innombrables dont elle a été le théâtre et même du joug musulman. Elle est située à l'extrémité est de l'Europe et de la province de *Roum-Ili* (pays des Roumains), sur un promontoire qui s'avance en forme de triangle, ou plutôt de harpe, vers l'Asie, par 41° 1' 27'' de latitude nord et 26° 35' de long. est. On ne saurait trop faire remarquer tous les avantages politiques d'une telle position, entre la mer Noire et la Méditerranée, dont elle tient les clés, sans être à l'embouchure de l'une ou de l'autre, ce qui l'aurait trop aisément exposée aux attaques maritimes. Pour y arriver de la Méditerranée, il faut franchir l'Hellespont (les *Dardanelles*), et pour y arriver de la mer Noire, il faut franchir le Bosphore : c'est-à-dire deux défilés très-faciles à défendre. Elle tient au continent du côté de l'ouest, et elle est baignée au sud par la Propontide, ou mer de Marmara, et à l'est, par le Bosphore de Thrace, détroit ou canal de Constantinople. Au nord, un golfe de ce détroit forme le port, nommé par les Turcs *Corne dorée*, le plus sûr, le plus vaste et le plus commode qu'il y ait au monde. Le temps, les ravages causés par la main des hommes, les tremblements de terre et les fréquents incendies ont détruit la plupart de ses antiques monuments, construits d'ailleurs avec bien plus de promptitude et bien moins de solidité que ceux de l'ancienne Rome.

Rien de délicieux, de pittoresque, de magnifique et de majestueux comme la position de cette ville, que la nature semble avoir prédestinée à être la capitale de l'univers, et qui, si quelque jour elle cesse d'être turque pour devenir russe comme elle a cessé d'être grecque pour devenir turque, deviendra la main des hommes, au moins une redoutable rivale pour Moscou et Saint-Pétersbourg. La circonférence de ses murailles antiques, aujourd'hui en ruines et qui datent de l'époque byzantine, flanquées de tours sur lesquelles on lit des restes d'anciennes inscriptions grecques, est d'environ deux myriamètres. Cette enceinte, fermée jadis par quarante trois portes, n'en compte plus que vingt-huit, tant du côté de la terre que du côté de la mer. On remarque surtout celle de *Top-Kapoussy*, autrefois de *Saint-Romain*, par laquelle entra Mahomet II, et où fut tué, les armes à la main, le dernier des Paléologues, Constantin. Autour de la ville, habitée uniquement par des Turcs, s'étendent quinze faubourgs, dont les plus célèbres sont ceux de *Galata*, de *Péra*, de *Top-hana*, situés en face de Constantinople proprement dite, au nord de la *Corne dorée*, sur l'espace triangulaire que le prolonge entre la capitale, la *Corne dorée* et le Bosphore; à ce nombre il faut encore ajouter, sur la rive d'Asie, au delà du Bosphore, Scutari et *Kadikæi* (l'ancienne Chalcédoine), et au nord-ouest de la ville, Ejoub. Constantinople proprement dite, de même que les faubourgs situés au nord de la *Corne dorée*, sont bâtis en terrasses, à cause de la configuration montagneuse du sol, et avec leurs nombreux jardins, mosquées et palais ils offrent, particulièrement du côté de la Corne dorée, où il s'élève en amphithéâtre, le plus magnifique et le plus pittoresque des points de vue. L'intérieur de la ville, où l'on n'aperçoit que de misérables maisons construites en bois et en torchis, n'en est dès lors que plus repoussant. Les rues en sont étroites, sales et tortueuses. L'*Istamboul-cadhessy*, maire et lieutenant général de police de cette grande cité, s'occupe peu de ces détails de salubrité qui préserveraient la ville des fréquentes invasions de la peste, dont les miasmes se perpétuent sous les haillons entassés dans les boutiques des fripiers. Ce magistrat ne sait pas mieux prévenir les incendies, qui dévorent souvent des quartiers entiers et sont presque toujours le résultat de la malveillance ou de quelque sédition. Du reste, le silence règne dans ces rues, même le jour. On n'y entend point le bruit des voitures. Les portes de la ville turque sont fermées une heure après le coucher du soleil ; et comme il n'y a point de spectacles publics, chacun se retire chez soi dès que la prière du soir a été annoncée.

Les monuments les plus remarquables de cette partie de Constantinople sont le nouveau sérail, l'ancienne église Sainte-Sophie, aujourd'hui transformée en mosquée ; le *Château des Sept Tours*, situé à l'extrémité sud-ouest de la ville, près de la mer de Marmara, et qui renferme la Porte dorée (*Yeny Kapoussy*), arc de triomphe érigé par Théodose le Grand, orné d'or, et surmonté d'une victoire en bronze doré. Ce château des Sept-Tours, triste monument, dont on attribue la fondation à l'empereur Jean Tzimiscès, fut augmenté et réparé par ses successeurs. Mahomet II le fit reconstruire en 1458, pour y renfermer ses trésors et les prisonniers d'État. C'est là que la Porte faisait autrefois détenir prisonniers les ambassadeurs et les agents diplomatiques des puissances avec lesquelles il lui arrivait d'avoir quelque querelle. Il n'a plus aujourd'hui que quatre tours, les trois autres s'étant successivement écroulées à la suite de tremblements de terre. Citons encore le célèbre aqueduc construit par l'empereur Valens, réparé par Justinien et reconstruit en entier par Soliman 1er ; plusieurs grandes citernes, parmi lesquelles la *cisterna-basilica*, ornée de 336 colonnes de granit, et celle de Philoxène, ornée de 224 colonnes de marbre, dont est encore aujourd'hui en assez bon état de conservation ; l'obélisque de Thèbes, en granit, moins élevé que celui qui est arrivé de Louqsor à Paris ; la colonne Serpentine, ainsi nommée parce qu'elle est formée de trois serpents entrelacés, dont les têtes n'existent plus et qui soutenaient probablement autrefois le trépied de Delphes ; la colonne de bronze, réparée par l'empereur Constantin-Porphyrogénète, qui la fit recouvrir de bronze doré ; les colonnes de Théodose le Grand, d'Arcadius, de Marcien ; la colonne Virginale, etc.; enfin les ruines du palais des empereurs byzantins qu'on appelait *Magnaura*. Parmi les monuments modernes sont les *turbehs*, ou chapelles sépulcrales, et l'*Eski Serail*, ou vieux sérail, situé au centre de la ville et servant de retraite à toutes les femmes des sultans morts.

Dans le faubourg de Kassim-Pacha, on trouve le palais du Capoudan-Pacha et l'arsenal maritime, avec les immenses magasins et chantiers qui en dépendent. Galata, fondé en 1261 par des Génois, comme république indépendante, presque en face du sérail, sur le port, où un pont de bateaux unit entre elles ces deux parties de la ville, est la résidence des négociants européens, et contient en conséquence un grand nombre de belles et massives maisons, mais est presque aussi sale que Constantinople elle-même. En allant à l'est, déjà sur le Bosphore, on arrive à Top-Hana, où est située la fonderie impériale de canons qui donne son nom à ce faubourg, où l'on trouve une belle mosquée, construite par Mahmoud II, et un pont remarquable ; et derrière ces trois faubourgs s'élève en amphithéâtre Péra, résidence des ambassadeurs et agents diplomatiques, au nombre total de seize, qui y ont tous leurs hôtels, qu'on découvre de loin. On trouve un assez bon opéra italien, des auberges parfaitement montées, mais fort chères, et de riches magasins en mesure de satisfaire aux exigences du goût le plus raffiné et à tous les caprices de la vie luxueuse et élégante. Les Grecs et les Arméniens se partagent avec les Francs la possession de Péra, bien que les premiers habitent encore plus particulièrement le *Fanar*, quartier voisin du port, et le faubourg de Saint-Dimitri (*voyez* FANARIOTES).

Devant Scutari, situé sur l'autre rive du Bosphore, en Asie, sur les ruines de l'ancienne *Chrysopolis*, s'élève sur un rocher la tour dite *de Léandre*, qui est fortifiée et sert de prison, mais qu'il ne faut pas confondre avec celle qui, située dans l'Hellespont, est célèbre par la tradition relative à Héro et Léandre. On l'appelait autrefois *Damalile*, et elle fut reconstruite en 1143 par l'empereur Manuel Comnène, afin de fermer l'entrée du Bosphore et de la Corne dorée au moyen de chaînes de fer. Ce sont les sultans Achmed III et Mahomet II qui lui ont donné sa configuration actuelle ; mais elle est aujourd'hui sans objet. On voit à Scutari un vaste et beau cimetière, où se font enterrer les plus riches habitants de Constantinople, persuadés par de vieilles prédictions astrologiques que toutes les provinces turques d'Europe retomberont un jour au pouvoir des chrétiens, et désireux de s'assurer ainsi contre la chance de dormir quelque jour côte à côte avec des *infidèles*. Mentionnons encore les deux faubourgs de *Dolmabagd* et du *Diraghân*, où le sultan a de beaux palais.

Constantinople, y compris ses faubourgs, compte environ 90,000 maisons et à peu près 800,000 habitants, dont 140,000 Grecs, 230,000 Arméniens, 30,000 Juifs et 14,000 Européens ou Francs placés sous la protection de leurs ambassadeurs respectifs. Quoique les Turcs soient généralement très-robustes et parviennent souvent à une longue et vigoureuse vieillesse ; quoique le climat de Constantinople soit extrêmement doux et pur en été, les variations de la température dans les autres saisons de l'année et les fréquents ravages de la peste y diminueraient sensiblement la population, si elle n'était pas sans cesse renouvelée et entretenue par les arrivants des autres parties de l'empire. Constantinople possède 13 *djamys*, ou mosquées impériales fondées par des sultans ou des sultanes, et plus de 300 mosquées du second ordre. Les principales mosquées sont, après *Sainte-Sophie*, celles de Mahomet II, construite sur l'emplacement et avec les ruines de la fameuse église des Saints-Apôtres ; de Bajazet II, de Sélim II, d'Achmed 1er, de Mahmoud 1er, de la sultane Validé, de Soliman 1er ; celle qui avoisine l'obélisque de l'Atmeidan, la plus grande des rares places publiques de Constantinople, où à l'époque byzantine se trouvait l'hippodrome, etc. Bâties sur les points les plus élevés, et entourées d'arbres et de jardins, elles ajoutent à la beauté de l'aspect de Constantinople. Plusieurs mosquées étaient autrefois des églises grecques ; d'autres ont été fondées par des vizirs, des personnages distingués ou opulents. La plus ancienne et la plus célèbre est celle dans le village ou faubourg d'Éjoub, qui tire son nom, ainsi qu'elle, d'Abou-Éjoub, un des compagnons du prophète des Musulmans, lequel périt au fameux siége de Constantinople par Yézid. C'est dans la mosquée d'Éjoub que l'on garde l'oriflamme et les autres reliques de Mahomet, et que tous les sultans, à leur avènement au trône, vont ceindre le sabre d'Osman.

Il existe en outre à Constantinople quatorze églises grecques, placées sous l'autorité d'un patriarche, chef spirituel et aussi à moitié chef temporel des sujets grecs de la Porte (*rayas*), avec ses douze évêques synodaux ; une chapelle russo-grecque ; trois églises arméniennes, avec un patriarche des Arméniens ; neuf églises catholiques, avec deux chapelles, six couvents et un évêque ; trois temples protestants anglais ; et un grand nombre de synagogues juives. En fait d'établissements consacrés à l'instruction publique, on compte trois cent *medressés* ou colléges supérieurs attachés à chacune des grandes mosquées, trois cent quatre-vingt-seize *mechtebs*, ou écoles élémentaires. On trouve en outre une école de marine, établie dans l'île de Chalki ; une académie où l'on enseigne les mathématiques, l'astronomie, les sciences relatives à l'artillerie et au génie ; une Académie des Sciences, création non viable de Redschid-Pacha, pour laquelle l'Académie des Sciences de Paris a servi de modèle ; une école de médecins (Galata Serai), dirigée en grande partie par des médecins allemands ; une université, dont on a récemment entrepris la construction, et qui semble ne devoir jamais être achevée ; un collége grec ; une école vétérinaire.

En fait d'établissements de bienfaisance, on compte à Constantinople un grand nombre d'*imarets*, ou cuisines pour les pauvres ; et parmi les institutions créées par les Francs, il faut citer la *Società artigiana di Pietà*, deux hôpitaux allemands, un hôpital anglais, un français et un autrichien, où sont gratuitement soignés les malades pauvres de chacune de ces nations. Parmi les quarante bibliothèques publiques, dont treize turques et plusieurs grecques, qu'on trouve à Constantinople, celle du Sérail est plus célèbre qu'elle ne le mérite. Depuis longtemps on est convaincu qu'on ne saurait conserver l'espoir d'y trouver enfouis quelques monuments ignorés de la littérature ancienne. En revanche, elles contiennent toutes d'abondantes richesses en ce qui touche la littérature orientale ; richesses inexplorées jusqu'à ce jour.

En 1853 il se publiait à Constantinople deux journaux turcs, un journal français, un grec, un arménien, un bulgare et plusieurs journaux italiens ; on y comptait trois imprimeries turques et plusieurs imprimeries européennes.

On trouve aussi à Constantinople plus de trois mille établissements de bains publics, une grande quantité de casernes, de corps-de-garde, de bazars, de kans, d'hôpitaux, et des milliers de cafés, auxquels sont souvent attachés des établissements de bains, et des *teriaki-khanehs* (boutiques où l'on vend de l'opium). C'est là que les graves Othomans, fumant, prenant le café ou un sorbet, et avalant de l'opium, se récréent à entendre des conteurs, des musiciens ambulants, ou à voir des danseuses.

L'industrie de cette capitale, quoiqu'elle ne manque pas d'importance pour quelques branches particulières à l'Orient, par exemple la fabrication de certaines espèces de cuirs, des armes, celle des étoffes, des tapis, des broderies d'or et d'argent ; la joaillerie, etc., a beaucoup déchu de son ancienne prospérité, par suite de l'essor gigantesque que l'industrie a pris dans l'Europe occidentale. Le commerce, au contraire, en raison même de l'admirable situation de la ville, a conservé toute son ancienne importance et y prend même chaque jour des développements plus considérables, à cause de l'extension de plus en plus grande des relations de l'Europe avec l'Orient. Il se trouve principalement aux mains des Francs (surtout de maisons italiennes, autrichiennes, anglaises et françaises), des Grecs, des Arméniens et des juifs. La navigation n'a pas moins d'importance pour Constantinople que son commerce : elle est favorisée surtout par l'établissement récent de nombreuses lignes de paquebots à vapeur, qui rendent l'accès de cette capitale bien autrement facile qu'autrefois. En 1851 il était entré dans le port de Constantinople 6231 navires à voiles et 470 bâtiments à vapeur. L'affluence de plus en plus grande des Occidentaux et les réformes du sultan Mahmoud (encore bien qu'elles aient à peine effleuré le vieil édifice politique turc), ont eu pour résultat de donner tout au moins aux quartiers commerçants, notamment aux faubourgs de Galata et de Péra, un peu de l'extérieur des villes d'Europe. Là on parle toutes les langues, là on rencontre des représentants de toutes les nations. On y trouve aujourd'hui des auberges, des cafés organisés complètement à l'européenne, des concerts ; les dernières modes de Paris s'y pavannent au milieu de tout le luxe de l'Europe, et, dans la foule compacte des vêtements si divers de l'Orient, produisent l'effet le plus bizarre. Mais, nous le répétons, cette métamorphose ne s'est opérée que dans les faubourgs habités et hantés par les Européens ; le reste conserve toujours sa physionomie essentiellement musulmane. D'ailleurs, Constantinople n'a pas laissé que de perdre beaucoup de son type oriental, surtout en ce qui concerne le costume de la population.

Aux environs de la ville, et le long des rives du Bosphore, on trouve les *Iles des Princes*, où les empereurs de Byzance exilaient ceux de leurs courtisans qui encouraient leur disgrâce ; *Belgrade*, avec son immense château-d'eau, qui fournit à Constantinople toute l'eau potable dont elle a besoin ; *Bouyouk-Dereh* ; *Hunkiar-Iskelessy*, célèbre par le traité qui y fut conclu lors de la dernière guerre contre la Russie ; les deux châteaux-forts de *Roumeli* et d'*Anadoli-Kissar*, dont la construction par Mahomet II eut lieu avant la prise de Constantinople, etc. Consultez Riegler, *La Turquie et ses habitants* (en allemand ; Vienne, 1852) ; *Constantiniade, ou Description de Constantinople* (Constantinople, 1846) ; Ubicini, *Lettres sur la Turquie* (Paris, 1851).

CONSTANTINOPLE (Conciles de). Parmi les nombreux conciles qui se tinrent à Constantinople, quatre sont regardés comme œcuméniques.

Le premier fut convoqué en 381, par Théodose le Grand, pour réparer les maux que l'hérésie avait causés en Orient, sous le règne de Valens, et pour juger la doctrine des pneumatomaques ou macédoniens, qui niaient la divinité du Saint-Esprit. Il était composé de 150 évêques orthodoxes et de 36 macédoniens, sous la présidence de Mélèce, patriarche d'Antioche. D'après le vœu de l'empereur, les pères établirent sur le siège de Constantinople Grégoire de Nazianze, qui depuis trois ans administrait la petite église des catholiques. Quelques évêques qui arrivèrent après cette élection la désapprouvèrent, alléguant que les canons défendaient de transférer un évêque d'un siège à un autre. Grégoire, quoiqu'il ne fût réellement titulaire d'aucun siège, préféra humblement donner sa démission que de devenir un sujet de discorde, et Nectaire fut élu en sa place. Dès ses premières séances, le concile, proscrivant de nouveau les erreurs des Ariens, des Eunomiens, etc., confirma et renouvela le Symbole de Nicée, auquel fut ajouté contre les macédoniens ce que nous y lisons aujourd'hui touchant le Saint-Esprit, moins les mots *Filioque*, qui ne furent adoptés que plus tard. La doctrine des apollinaristes, déjà censurée par plusieurs conciles particuliers, fut définitivement condamnée à Constantinople. Les opérations du concile se terminèrent par des règlements de discipline sur la juridiction des patriarches d'Antioche et d'Alexandrie, et la primauté d'*honneur* réclamée par l'évêque de la capitale de l'Orient. Les décrets dogmatiques du concile de Constantinople furent approuvés par le pape Damase, et confirmés dans un concile de Rome, en 382. C'est ce qui l'a fait placer parmi les conciles généraux, dans la série desquels il occupe la seconde place.

Tout l'Orient était troublé par les disputes qu'occasionnait l'affaire des trois chapitres, c'est-à-dire, 1° les écrits de Théodore de Mopsueste, auteur du nestorianisme ; 2° une lettre d'Ibas d'Édesse au Persan Maris, en faveur de Théodore ; 3° une réponse de Théodoret de Cyr aux *anathématismes* de saint Cyrille. Les nestoriens soutenaient les trois chapitres, parce qu'ils y trouvaient une sorte d'approbation de leurs erreurs ; les Eutychiens, adversaires de Nestorius, les attaquaient par la même raison et plutôt par rancune contre le concile de Chalcédoine, qui selon eux les avait approuvés. Parmi les orthodoxes, les uns demandaient la condamnation de ces écrits, pour fermer la bouche aux nestoriens ; d'autres prétendaient le contraire, pour ne pas faire triompher les partisans d'Eutychès ; la plupart étaient d'avis qu'il ne fallait point intenter de procès à des évêques morts dans la communion de l'Église : c'était le sentiment du pape et des prélats de l'Occident. L'empereur Justinien crut qu'il serait opportun de régler ces contestations dans un concile, qui fut convoqué en 553 : Constantinople fut désignée pour le lieu de la réunion. Le pape Vigile, qui avait demandé un lieu plus à la portée des Occidentaux, prévoyant d'ailleurs que les suffrages ne seraient pas libres dans une assemblée d'où l'on paraissait vouloir exclure toute opposition, refusa d'y assister, quoiqu'il se trouvât alors à Constantinople. Eutychius, patriarche de cette ville, présida à son défaut. 165 évêques, la plupart d'Orient, y assistèrent. L'origénisme, déjà examiné dans de précédentes réunions, sous le patriarche Ménas, fut de nouveau proscrit. On condamna la mémoire et les ouvrages de Théodore de Mopsueste, la lettre d'Ibas et les écrits de Théodoret. Ces sentences, loin de calmer l'agitation, ne firent que l'accroître ; le pape et les Occidentaux s'élevèrent contre les décisions d'un concile qu'ils supposaient contraire à celui de Chalcédoine, qui avait jugé Ibas et Théodore orthodoxes, en les rétablissant sur leurs siéges. Ce ne fut que longtemps après qu'on put s'assurer que les deux conciles n'étaient point opposés l'un à l'autre; que les pères de Chalcédoine avaient pu ne pas condamner comme hérétiques des ouvrages qui ne contenaient pas formellement l'erreur, et qui avaient paru avant les décisions de l'Église; qu'ils avaient pu sans rien statuer sur les écrits juger orthodoxes des évêques qui en souscrivant la condamnation de Nestorius étaient censés rétracter l'hérésie, s'ils l'avaient autrefois favorisée; qu'à leur tour ceux de Constantinople avaient pu sans condamner les auteurs proscrire des écrits dont les hérétiques abusaient pour étendre leurs doctrines. Ce concile, qui n'avait d'abord rien d'œcuménique, devint, en vertu de l'acceptation universelle, le cinquième des conciles généraux.

L'hérésie d'Eutychès avait enfanté de nouvelles erreurs, entre autres celle des monothélites, sorte d'eutychiens mitigés, qui, n'osant contredire ouvertement le concile de Chalcédoine, admettaient deux natures en Jésus-Christ, mais ne reconnaissaient en lui qu'une seule volonté. Cette doctrine, soutenue par les édits de deux empereurs, épandue par des évêques, des patriarches, appuyée, en quelque sorte, par le silence du pape Honorius, était devenue une nouvelle semence de division dans l'Orient. Pour y mettre fin, l'empereur Constantin Pogonat, de concert avec le pape Agathon, convoqua le sixième concile général, qui se tint à Constantinople, en 681, dans la chapelle du palais, et auquel le pape présida par ses légats. 166 évêques y assistèrent. Une lettre adressée à l'empereur, et dans laquelle le souverain pontife exposait la foi catholique : « C'est Pierre, disaient-ils, qui a parlé par la bouche d'Agathon. » Avec les erreurs des monothélites, le concile condamna la mémoire des patriarches et des évêques qui les avaient soutenues, sans épargner Honorius lui-même, non pas que ce pape eût embrassé l'hérésie, mais, dit saint Léon II, un de ses successeurs, parce qu'en n'éteignant pas à sa naissance la flamme de l'hérésie, il l'avait entretenue par sa négligence. » Agathon étant mort avant la fin du concile, ce fut Léon II qui en approuva les décrets.

Dix ans après, environ 200 évêques grecs se réunirent dans le même lieu pour s'occuper des règlements de discipline. Cette espèce de concile eut le nom de quini-sexte, c'est-à-dire supplément aux cinquième et sixième conciles généraux, qui n'avaient rien statué sur ces matières. On l'appela aussi in trullo (sous la coupole), à cause du lieu où l'on s'assemblait. Parmi les canons de ce synode, il en est un qui permet aux sous-diacres, diacres, et prêtres mariés avant l'ordination, de continuer d'habiter avec leurs femmes. Jamais aucun de ces canons n'a été reçu dans l'Église romaine.

Le schisme de l'Église grecque, devenu imminent par l'intrusion de Photius sur le siége de Constantinople, fut la cause du huitième concile général, le quatrième qui se tint dans cette ville. Il fut convoqué en 869, à la prière d'Ignace, patriarche légitime, lorsque après l'exil de Photius, il fut rappelé et rétabli par l'empereur Basile. 102 évêques y assistèrent, sous la présidence des légats du pape Adrien II. Photius fut condamné et déposé; mais dix ans après, ayant trouvé moyen de remonter sur le siége, où il avait déjà usurpé, il fit annuler dans un concile prétendu général ce qui s'était fait dans le précédent, et le schisme fut consommé.

L'abbé C. BARDEVILLE.

CONSTELLATION. Ce mot signifie assemblage d'étoiles; on le remplace assez souvent par celui d'astérisme, que l'on doit à Hipparque. Cette classification des étoiles du firmament est d'une haute antiquité. Job parle des pléiades (haisch) et des bandes d'Orion (khima). Le zodiaque d'Esné, sculpté sur le plafond d'un temple de cette vieille ville d'Égypte, que le déluge précéda de si peu, date d'au moins 4,750 ans. On a trouvé aussi un zodiaque dans une pagode, près du cap Comorin, en deçà de la presqu'île du Gange : par la position du signe de la Vierge solaire, on peut hardiment lui donner une antiquité de près de 5,000 ans.

En même temps que les hommes se traçaient des chemins entre les villes qu'ils s'étaient bâties sur la terre, ils groupaient dans les cieux les étoiles, les séparant avec symétrie, leur donnant des noms comme à leurs villages et à leurs bourgs; c'est ainsi qu'ils se faisaient dans la voûte céleste des routes certaines et immuables pour y voyager des yeux.

Les figures d'hommes, d'animaux, d'instruments, d'ustensiles, sous lesquelles on représente les constellations, n'ont aucun rapport à leurs formes particulières, excepté quelques-unes, comme celles du *Triangle austral* et boréal, et du *Grand Chariot*, dont trois étoiles paraissent être le timon et quatre les roues. Les premiers observateurs de la voûte céleste groupèrent autour des plus belles étoiles les moins apparentes, abandonnant sans nom celles d'alentour à peine visibles, que depuis les astronomes ont appelées *sparsiles*, *sporades* (éparses) et *informes*, non que le Créateur les ait disgraciées aux dépens des autres, mais parce qu'elles n'ont point été formulées comme leurs voisines. Ce fut vers le pôle que l'on traça les premières constellations : l'Égypte, la Chaldée, la Chine même, les voyaient toujours levées au nord. Les Chinois connurent l'étoile polaire plus de trois mille ans avant notre ère. Quatorze étoiles boréales, par leur disposition symétrique, sept par sept, durent d'abord frapper les contemplateurs du ciel, ils en firent deux constellations, la *Grande* et la *Petite-Ourse*, ou le *Grand* et le *Petit-Chariot*. Ces deux constellations, connues de temps immémorial, sont citées dans la Bible; l'une d'elles, la *Petite Ourse*, a laissé au pôle nord son nom indélébile de septentrion (*septem triones*), les *sept trions* ou *bœufs*, car c'est sous ce nom aussi que les anciens désignaient cet astérisme; mais les constellations aux formes déterminées sont en petit nombre dans le ciel. La religion, la reconnaissance, la flatterie, attachèrent donc au reste des étoiles la figure ou le nom des dieux, des héros, des héroïnes et des rois. Parmi elles cependant quelques-unes doivent leur appellation à l'influence de leur lever héliaque sur les saisons qu'elles amènent : tels sont les noms de *pléiades* et d'*hyades*, dont le premier signifie *les navigatrices* et le second *les pluvieuses*; aussi furent-elles des premières connues; Job, Hésiode, Homère, en parlent souvent, ainsi que du *Taureau*, d'*Orion* et de *Sirius* : ces constellations dirigeaient l'année rurale.

Ce fut plus tard que les astronomes divisèrent le firmament en trois parties principales. Celle du milieu, appelée le *zodiaque*, renferme douze constellations, qui se trouvent dans les environs de la route des planètes, lesquelles ne dépassent jamais dans leur plus grande latitude les deux cercles extrêmes de cette zone, occupant 18 degrés de largeur dans le ciel. Cette bande sépare donc les deux autres portions du firmament, l'une boréale, l'autre australe, renfermant le reste des constellations. Les anciens n'en comptaient en tout que 48; aujourd'hui nous en comptons 100, depuis l'exploration du ciel austral, abstraction faite de quelques-unes, formulées depuis peu, d'un usage presque nul. De ces 48 constellations des anciens, classées par Ptolémée, 12 occupent le zodiaque, 21 la partie septentrionale, et 15 la partie méridionale, sans compter n'autre point admis dans son catalogue la *Chevelure de Bérénice* et *Antinoüs*, que la flatterie d'un philosophe et la passion extravagante d'un empereur romain configurèrent avec des étoiles *informes*, les premières dans le *Lion*, les secondes autour de l'*Aigle*, dans la région boréale du ciel.

Voici les noms des constellations du zodiaque, communément appelées *signes* : le Bélier, le Taureau, les Gémeaux, l'Écrevisse, le Lion, la Vierge, la Balance, le Scorpion, le Sagittaire, le Capricorne, le Verseau, les Poissons. Les six premiers sont septentrionaux, les six autres méridionaux. Ces 12 astérismes renferment 445 étoiles qui faisaient partie de la voûte constellée.

Les 21 constellations de la partie boréale du ciel sont : la petite Ourse, la grande Ourse, le Dragon, Céphée, le Bouvier, la Couronne boréale, Hercule, la Lyre, l'Oiseau ou le Cygne, Cassiopée, Persée, le Cocher, le Serpentaire, le Serpent, la Flèche, l'Aigle, le Dauphin, le petit Cheval, Pégase, Andromède, le Triangle. Ces 21 constellations renferment 700 étoiles. Tycho-Brahé a compris parmi elles la *Chevelure de Bérénice* et *Antinoüs*.

Voici les astérismes décrits par Ptolémée dans la région australe du ciel : la Baleine, Orion, le fleuve Éridan, le Lièvre, le grand Chien, le petit Chien, le Navire, l'Hydre femelle, la Coupe, le Corbeau, le Centaure, le Loup, l'Autel, la Couronne australe, le Poisson austral. Depuis que la navigation a fait de si belles conquêtes sur le globe, la voûte australe du ciel, longtemps inconnue aux astronomes, s'est étendue à leurs yeux; ils y ont vu de nouvelles étoiles et en ont formé de nouvelles constellations; voici leurs noms et l'ordre dans lequel Jean Boyer les a décrites : le Paon, le Toucan, la Grue, le Phénix, la Dorade, le Poisson volant, l'Hydre mâle, le Caméléon, l'Abeille ou la Mouche, l'Oiseau de Paradis, le Triangle austral, l'Indien. Ces 27 constellations australes comprennent 561 étoiles. Rappelons ici que tous ces astérismes, y compris ceux du zodiaque, ceux décrits par Ptolémée, se composent de 1706 étoiles. Dans la suite, deux autres constellations, *la Colombe*, et *la Croix*, furent formées et ajoutées à celles de la partie méridionale du ciel. Mais il restait encore de grands espaces entre ces astérismes, où il scintillait des étoiles bien moins belles et apparentes, bien qu'assez visibles pour être formulées ; La Caille a rempli ces vides avec 14 nouvelles constellations ; en voici la liste telle qu'il l'a donnée lui-même : l'Atelier du Sculpteur, le Fourneau chimique, l'Horloge à pendule à secondes, le Réticule rhomboïdal, le Burin du graveur, le Chevalet du peintre, la Boussole, la Machine pneumatique, l'Octant, le Compas du géomètre, l'Équerre et la Règle, le Télescope, le Microscope, la Montagne de la Table. On ne voulut pas laisser d'étoiles sans nom dans le firmament; les presque imperceptibles furent formulées.

Dans l'année 1679, Augustin Royer publia des cartes célestes dans lesquelles on trouve des étoiles informes rangées sous onze constellations, dont cinq sont dans la partie septentrionale du ciel, et six dans la partie méridionale. Les cinq situées vers le Nord sont : la Girafe, le Fleuve du Jourdain, le Fleuve du Tigre, le Sceptre, la Fleur de Lis. Les six situées vers le Midi sont : la Colombe, la Licorne, la Croix, le grand Nuage, le petit Nuage, le Rhomboïde. Hévélius forma aussi de nouvelles constellations, dont voici les noms : le Monocéros, le Caméléopard, le Sextant d'Uranie, les Chiens de chasse, le petit Lion, Le lynx, le Renard avec l'Oie, l'Écu de Sobieski, le Lézard, le petit Triangle, le Cerbère. Quelques-unes de ces constellations répondent à celles de Royer, comme, par exemple, *le Caméléopard* à *la Girafe*, *les Chiens de chasse* au *Fleuve du Jourdain*, *le Renard avec l'Oie* au *Fleuve du Tigre*, *le Lézard* au *Sceptre*, *le Monocéros* à *la Licorne*. Dans les cartes de Flamstead, on trouve encore d'autres constellations, nommées *le mont Ménale*, *le Rameau*, qui répond à *Cerbère*, *le Cœur de Charles II*, *la Petite-Croix* et *le Chêne de Charles II*; mais ces astérismes sont si peu apparents, qu'il est rare que les astronomes en fassent usage. A son retour d'un grand voyage au cercle polaire, Lemonnier composa une constellation du *Renne* entre Cassiopée et l'étoile polaire. Lalande, dont l'âme était au-dessus de l'envie, plaça parmi les astres le nom d'un astronome distingué; il appela *Messier* une petite constellation peu apparente du pôle nord, à côté du *Renne*. Toutes ces constellations, avec celles du zodiaque, complètent presque le nombre de cent, quelques-unes étant à peine connues, à cause de leur peu d'importance en astronomie.

Toutes les constellations ne sont pas visibles à la fois pour nous, car la révolution oblique de la terre autour du soleil ne permet pas aux habitants d'un hémisphère de voir les étoiles d'un autre hémisphère en même temps que celles du leur. Mais les constellations inaperçues dans une saison deviennent visibles six mois après, à la même heure de la nuit.

Le passage au méridien et les alignements sont les deux procédés en usage pour reconnaître les limites de chaque astérisme. Les astronomes ont divisé en degrés la place qu'occupent dans le firmament les constellations ; ainsi, la grande Ourse a 26 degrés de longueur; toutefois, ces degrés n'ont pu être appréciés en myriamètres, à cause de la distance prodigieuse et inconnue des étoiles à la terre.

Il y a donc, comme nous venons de le voir, telles de ces constellations qui jamais ne doivent être visibles sur l'horizon de Paris, et d'autres qui le sont toujours, ainsi que celles qui se trouvent à 48° du pôle nord, latitude de cette capitale. On peut donc dire que le nombre des constellations n'est point encore à jamais fixé dans les catalogues ; on a été jusqu'à avancer (exagération sans doute) que 40 mille étoiles visibles à la vue simple peuvent être ainsi constellées.

DESNE-BARON.

CONSTERNATION, dernier dégré de la crainte, et d'autant plus complet qu'il vient à la suite d'un événement inattendu ou que du moins l'imagination se plaisait à regarder comme impossible. La consternation envahit en général une famille entière ou des masses. Une ville assiégée, et dont toutes les ressources sont épuisées, compte sur un secours; il lui manque : elle tombe dans la consternation. Un père de famille est frappé subitement de mort : tous les siens sont dans la consternation. Des fléaux, tels que des épidémies, répandent la consternation dans toutes les classes ; riches et pauvres pleurent en même temps. De grands crimes, d'atroces vengeances, d'effroyables réactions, jettent un peuple tout entier dans la consternation. Mais si ce sentiment est étendu et profond, il n'est pas de nature à durer longtemps ; c'est ce qui le différencie de l'*abattement*, qui arrive d'une manière successive et parvient à s'emparer de toutes les facultés de l'âme. Après un moment de consternation, et comme pour prendre leur revanche, les soldats s'élèvent jusqu'au courage le plus sublime. La consternation, pour se passer rapidement, n'en est pas moins désastreuse; féconde en sensations déchirantes, elle vous laisse tantôt accablé sous un poids qui vous étouffe, tantôt comme muré, nulle issue ne se présentant à l'esprit : c'est un coup tel qu'on meurt quelquefois du premier saisissement qu'il cause. Mais retient-on la terrible impression, on revient insensiblement à soi; on s'élève plus haut que les difficultés que l'on doit vaincre, et il ne reste plus de la consternation qu'un souvenir, qui dans d'autres circonstances est salutaire, parce qu'il retrempe nos forces. Les âmes religieuses sont moins sujettes à la consternation, parce que pour elles la vie présente n'est que de provisoire : peu leur importe la cause qui la trouble ou la termine. Les hommes, au contraire, qui n'ont que le courage de la réflexion, cèdent aux événements quand ils sentent qu'ils sont les plus faibles : leur mesure est dépassée.

SAINT-PROSPER.

CONSTIPATION (de *constipare*, resserrer). Ce mot sert à désigner le défaut d'exonération des matières stercorales, résultant d'une altération dans la vitalité, la texture, les rapports respectifs du conduit digestif. Le tube digestif étant en relation fréquente avec les substances diverses qui nous servent d'aliments, et étant en outre influencé par les affections morales, éprouve des modifications nombreuses; aussi est-il le siège primitif d'un grand nombre de maladies, et par conséquent la constipation se rencontre très-communément. On la trouve dans le cours des fièvres, dans l'hypochondrie, dans l'hystérie, parce que ces maladies dérivent des affections primitives ou secondaires, aiguës ou chroniques, du conduit digestif. On la remarque aussi, et très-opiniâtre, dans l'empoisonnement par le plomb, que l'on nomme *coliques saturnines*, et dans les irritations des intestins grêles causées par des vers intestinaux. La constipation peut être l'effet de modifications très-légères dans l'irritabilité normale de l'estomac et des intestins, comme celles produites par de faibles doses d'opium, par des vins rouges quand on n'en a point l'habitude, par des substances ferrugineuses, par diverses eaux minérales, etc. Les personnes qui ne sont point familiarisées avec les voyages sur mer éprouvent ordinairement une constipation opiniâtre durant leur séjour à bord des vaisseaux. Elle peut encore provenir de la diminution ou de l'abolition de la sensibilité, ainsi qu'on l'observe dans des cas de paralysie. D'autres causes peuvent faire naître et entretenir mécaniquement la constipation : ainsi agissent les corps qui obstruent la voie alimentaire, comme des noyaux de fruits, des concrétions pierreuses, des pelotes de fausses membranes, ou de débris de vers intestinaux, l'accumulation même des matières stercorales ; ainsi agissent encore des tumeurs cancéreuses, fongueuses, qui rétrécissent ou ferment le conduit intestinal. D'autres fois, le passage des matières excrémentielles est entravé par la pression d'un organe adjacent, comme on en voit des exemples dans la grossesse, ou quand des pierres volumineuses se sont formées dans la vessie. Des mutations de rapport peuvent en outre la causer et compromettre grandement la vie ; telles sont : les hernies étranglées et les replis intérieurs des intestins appelés *invaginations* ou *intussusceptions*.

La constipation n'est pas ordinairement un signe sinistre : souvent bornée à une durée de quelques jours, elle n'est qu'une incommodité légère ; quelquefois elle dure longuement sans que la santé soit notablement altérée ; elle est même habituelle chez quelques sujets très-valides : ce sont ordinairement des individus qui mangent peu ou qui ont des excrétions abondantes par les urines ou par les sueurs. Si le défaut des matières stercorales n'est pas communément le signal d'un danger très-redoutable, il est plus ou moins fâcheux dans plusieurs cas, parce qu'il est associé à d'autres effets de l'état morbide du tube digestif, qui sont : l'inappétence, la tension du ventre, des vents, des coliques, la boulimie, des maux de tête, des vertiges, une inquiétude anxieuse. On tente alors des efforts pour s'exonérer, qui sont d'autant plus pénibles qu'ils sont ordinairement stériles.

L'esquisse des causes de la constipation suffit pour montrer combien il est important de les distinguer, pour choisir tel ou tel moyen curatif. Dans les maladies graves, où elle se manifeste communément, d'autres symptômes plus alarmants l'effacent et engagent à recourir aux avis des médecins. C'est dans les maladies chroniques de l'estomac et des intestins que la constipation apparaît aux personnes dépourvues d'instruction médicale comme symptôme le plus saillant et comme cause qu'on s'efforce de combattre par une routine traditionnelle qui n'est pas toujours sans danger.

Le moyen le plus usité pour récupérer la liberté du ventre est l'usage des lavements, et c'est celui qu'on peut tenter le plus impunément. Il est prudent toutefois de n'employer que des liquides émollients, tels que l'eau pure, les décoctions de son, de graine de lin, les infusions de feuilles de mauve et de guimauve, la solution d'amidon et le bouillon de veau : on peut y associer l'huile d'amande douce, ou l'huile d'olive, le miel simple ou préparé avec le mercuriale, herbe qu'on peut aussi ajouter dans les infusions, et qui exerce une action laxative ; on peut aussi y faire dissoudre de 30 à 60 grammes de manne.

L'insuffisance des clystères, ou l'aversion qu'ils inspirent, ont engagé à recourir aux purgatifs, et les produits de la pharmacie ont été associés à ceux de la cuisine. Les personnes constipées commencent leur repas par prendre avec la soupe des doses de rhubarbe ou d'élixir de longue vie, ou des pilules appelées stomachiques, relâchantes, etc. Sans exagérer les inconvénients des purgatifs, dont quelques individus font impunément usage, et sans condamner absolument l'emploi d'un peu de manne ou d'huile de ricin, nous devons cependant prévenir que la sagesse réprouve ces médicaments, qui dans beaucoup de cas ont des résultats fâcheux : l'habitude en fait une nécessité, et il faut augmenter des doses qui peu dangereuses au début finissent par le devenir plus tard ; ils excitent la soif, rendent la bouche amère, irritent l'estomac, et font éclater des symptômes qu'on attribue à la bile ; d'autres fois les intestins grêles s'affectent et suscitent les nuances de l'hypochondrie, depuis les vapeurs jusqu'au spleen. L'aloès étant communément la base de plusieurs de ces médicaments, et son action agissant spécialement sur les gros intestins, ils engendrent les hémorrhoïdes chez plusieurs personnes. Le mercure sert aussi, surtout en Angleterre, pour composer les pilules propres à remédier à la constipation, et on peut facilement comprendre que ce dangereux minéral doit occasionner des résultats déplorables. La prudence condamne l'emploi de semblables armes, et prescrit de chercher la guérison, d'abord dans l'éloignement des causes et dans le choix des aliments ainsi que des boissons. Il convient de se nourrir de viandes blanches, telles que celles de veau, de poulet, de poissons, rôties ou bouillies et sans assaisonnements stimulants ; les légumes, les fruits doux et sucrés servent à varier cette alimentation ; mais il faut en user avec réserve, parce qu'ils laissent beaucoup de résidu dans le canal intestinal ; d'une autre part, ils ne demeurent souvent point assez longtemps dans l'estomac pour y subir suffisamment la décomposition, ce qui est une des premières conditions de la digestion ; appelés par les intestins grêles, ordinairement sur-irrités dans les cas de constipation, ils y descendent à demi décomposés, et causent alors un malaise insupportable, et qui finit par faire abandonner une diète qui peut être l'ancre du salut. Pour obvier à cet inconvénient du régime, il faut que les malades cherchent parmi les substances alimentaires, tirées tant du règne végétal que du règne animal, celles qu'ils digèrent avec le plus de facilité sous les rapports de la qualité et de la quantité. Les personnes chez lesquelles le lait est de facile digestion auront un grand avantage à s'en nourrir presque exclusivement. On peut essayer des compotes de pruneaux, laxatif banal et assez souvent efficace ; mais il ne faut pas en contracter l'habitude. Il suffit quelquefois de cesser l'usage habituel du café et du thé pour recouvrer la liberté du ventre. Dans le choix des boissons, il faut s'abstenir des vins rouges de Bordeaux et du midi, les remplaçant par les vins légers de Bourgogne, en les allongeant avec de l'eau. On obtient quelquefois de très-grands avantages en substituant tout à fait la bière au vin. Ce régime alimentaire doit être favorisé par l'exercice, par des distractions récréatives autant qu'on peut s'en procurer ; par des applications de cataplasmes sur le ventre durant la nuit, par des bains généraux à la température de 32 à 34 degrés centigrades. Dans plusieurs cas, il faut adopter rigoureusement le traitement indiqué pour les irritations chroniques de l'estomac et des intestins. L'usage de la pipe et des cigarres peut quelquefois faire cesser la constipation ; mais ce n'est pas une raison pour y recourir, parce que l'habitude en détruit les effets. Il est un moyen extrêmement dangereux auquel on a pendant recours parmi les classes ignorantes, c'est celui de refroidir subitement les pieds, soit par un pédiluve froid, soit en marchant sur des carreaux ; cette ressource insensée peut avoir les suites les plus funestes. En général, répétons-le, la constipation, quand elle n'est point liée à une maladie évidemment grave, ne doit pas inspirer d'alarmes et induire à tenter des médications actives.

Dr CHARBONNIER.

CONSTITUANTE (Assemblée). L'idée représentée

par ces mots demeura étrangère, à bien dire, à l'antiquité et au moyen âge, de même qu'au système politique anglais et en général à tout édifice social dont la constitution a grandi avec le temps et n'est que le résultat des circonstances historiques. Mais lorsque les États-Unis de l'Amérique du Nord se furent soustraits à la domination de l'Angleterre, ils se trouvèrent sans gouvernement central ni représentation collective, et sentirent le besoin de combler cette lacune. A cet effet les délégués des différents États se réunirent en congrès, et rédigèrent un projet de constitution fédérale. On ne saurait toutefois considérer le congrès américain comme une assemblée constituante, puisqu'il ne s'attribua point la toute-puissance nécessaire pour octroyer une constitution. Il se borna à dresser un projet qui fut ensuite soumis à l'acceptation ou au rejet des autres États.

Tout au contraire, les trois ordres composant les états généraux de France, après s'être réunis en *assemblée nationale*, se transformèrent en assemblée constituante (c'est-à-dire chargée de donner une constitution); exemple qui plus tard fut suivi encore en France, en Espagne, en Portugal, en Belgique, et aussi en 1848 en Allemagne.

On ne donne pas indifféremment le nom d'*assemblée constituante* à toute assemblée parlementaire délibérant sur une nouvelle constitution. En effet, on n'emploie point cette expression quand la représentation régulière du peuple délibère, suivant les voies ordinaires et d'accord avec le gouvernement établi, sur une modification de la constitution à opérer par les voies légales. La constitution de 1848 en France avait cependant prévu le cas où de nouvelles assemblées constituantes pourraient être élues pour la révision de la constitution demandée par une assemblée législative. Une assemblée constituante est surtout celle qui est convoquée extraordinairement, composée de la plus généralement d'une manière nouvelle, astreinte à des formes nouvelles, et qui d'ordinaire accomplit la tâche de donner à l'État une constitution. Comme cela n'arrive guère que par des temps orageux, au milieu de circonstances qui mettent le pouvoir suprême aux mains des assemblées représentatives, elles sont presque toujours amenées à absorber en elles les droits du pouvoir exécutif. En ce qui touche la composition d'assemblées de cette nature, on a adopté généralement le principe qu'il fallait autant que possible qu'elles eussent le suffrage universel pour base. Cette idée est la conséquence de l'opinion qui considère l'État comme le produit de la libre volonté de tous les membres de la nation. Il serait du reste, indispensable qu'une loi électorale réglât au préalable les conditions d'éligibilité à cette sorte d'assemblée et garantit l'élection de ceux-là seuls qui seraient les plus aptes à prendre part à la fondation d'une bonne constitution.

Nous ferons ici l'histoire abrégée des deux assemblées constituantes qu'a eues la France en 1789 et en 1848.

[*Assemblée constituante* de 1789. La fin déplorable du siècle brillant de Louis XIV avait affaibli la royauté; la régence l'avait flétrie, et le long règne de Louis XV accrut cette faiblesse et cette corruption. Ce prince, frappé des obstacles que l'autorité rencontrait sans cesse, s'était écrié dans un douloureux et prophétique pressentiment : « Je lègue une révolution à mon successeur. » Louis XVI dut accomplir la destinée que ses aïeux lui avaient faite. De Maupou à Brienne, on essaya de conjurer la tempête par des moyens propres à la soulever. De Choiseul à Turgot, à Malesherbes, à Necker, on écarta toutes les innovations qui pouvaient la dissiper ou l'affaiblir. On essaya du parlement, des cours plénières, de toutes les ressources du pouvoir absolu; tout fut impuissant. Il fallut alors recourir aux vieilles libertés françaises : les notables furent convoqués, ils demandèrent les états généraux. On les promit dans cinq ans. Le mal empirant, on dut hâter leur réunion.

Les trois ordres procédèrent aux élections; mais le bureau présidé par *Monsieur*, depuis Louis XVIII, avait demandé que le nombre des députés du tiers état fût doublé, et cet avis fut suivi. Aussitôt Mirabeau proclame dans les élections de Provence que le tiers état est la *nation véritable*; aussitôt Sieyès se demande : *Qu'est-ce que le tiers état?* et se répond : *Le tiers état, c'est la nation.* Toutefois, tout semblait dans les élections favoriser les classes supérieures : les noms illustres, les grands emplois, les immenses fortunes, l'expérience des affaires, l'ascendant que donne l'habitude réciproque du commandement et de l'obéissance, l'esprit d'intrigue, la puissance de la corruption, l'appui de la cour, tout était pour elles. Et si l'on votait par ordre, leur triomphe était certain. Le *vote par tête* fut adopté. Rien n'était encore en péril pour le privilège. Dans les 621 députés populaires, on voit 4 prêtres, 15 nobles, 29 fonctionnaires nommés par le pouvoir, et 160 magistrats. Tous ces élus du peuple tenaient à la cour, aux abus; et le tiers état, vulnérable de toutes parts, semblait devoir succomber dans une lutte inégale. Les privilégiés ne pouvaient être vaincus dans une assemblée politique que par leurs fautes : ils se perdirent eux-mêmes. Le premier ordre était, il est vrai, représenté par 308 députés; mais 44 prélats et 28 abbés ou vicaires généraux formaient seuls le haut clergé, représentaient seuls l'aristocratie sacerdotale, avaient seuls quelque chose à défendre. Qu'était le reste? Curés, moines, chanoines, professeurs, ne sortaient-ils pas du tiers état? N'étaient-ils pas tiers état? Ne constituaient-ils pas le peuple ecclésiastique, et ne devaient-ils pas faire cause commune avec le peuple civil? La noblesse avait 285 représentants; mais elle avait aussi ses divisions et sa populace. Qu'était pour la haute noblesse, vivant à la cour et de la cour, le gentilhomme de province, vivant à sa terre et de sa terre? Qu'était le magistrat pour le gentilhomme, et l'anobli pour le magistrat? Si l'aristocratie avait son faubourg Saint-Germain, elle avait aussi son faubourg Saint-Antoine. Le peuple sentit si bien qu'il n'existait plus ni ordres politiques, ni classes sociales, qu'il n'employa jamais le nom collectif d'ordre ou de classe : les *aristocrates* et les *patriotes*, voilà l'unique division qu'il voulut reconnaître.

La France entière avait participé aux élections; elle envisageait les états comme son ouvrage. Après cent soixante-quinze ans, la nation avait reconquis un droit sacré. Tout l'amour qui suit la reconnaissance, tout le respect que commandent les résolutions généreuses, entouraient alors le trône de Louis. Si ce prince eût su mettre à profit pour le pouvoir l'empire qu'il exerçait sur la liberté, il pouvait réparer l'erreur de ses ministres, erreur funeste et coupable, qui n'avait fixé aucune des conditions de l'éligibilité ni tracé le cercle des débats parlementaires, ni établi l'ordre des réunions, des discussions, du vote, des relations avec le cabinet. Cette imprévoyance semblait annoncer que les états actuels n'étaient pas pris au sérieux. Ils semblaient une concession du moment, commandée par le malheur des temps : aussi, assemblée unique en deux chambres, réunion nationale en trois ordres, droits et devoirs des corps politiques, tout fut abandonné au hasard. Si l'on n'eût pas laissé tout indécis pour pouvoir ensuite tout contester, une France jeune et libre succédait à un empire chancelant de servitude et de vétusté. Savoir ce qu'il fallait, le proposer avec courage, l'exécuter avec loyauté, tels étaient pour la France les trois conditions d'existence. Elle n'avait compris aucun de ces moyens de salut : nous allons la voir s'acheminer à sa perte par son imprévoyance et la hâter par sa faiblesse.

La séance royale offrit à la France et à l'Europe un roi couvert des applaudissements de tout un peuple, donnant et recevant dans cette réunion solennelle l'éclatant témoignage de l'amour le plus vrai, du patriotisme le plus sincère, de la confiance la plus intime, la plus loyale et la plus entière. Mais bientôt l'inhabile Barentin déclare que les ministres s'en reposent sur les représentants de la patrie pour ce qui peut intéresser la paix de la France, la gloire du monarque et le bonheur de ses sujets, que le roi s'en rapporte aux vœux des états pour la manière de recueillir les voix. Necker trace en ministre habile le tableau des finances, et indique avec une haute capacité les moyens de combler l'abîme; mais lui aussi s'en repose sur les représentants de la nation du soin d'assurer leur bonheur. On le voit, les ministres s'en étaient remis au hasard du salut de l'État, et après avoir traité frivolement les choses sérieuses, ils traitèrent sérieusement les choses frivoles, et firent paraître un règlement sur le costume des députés. Le lendemain de la séance parut une feuille publique ayant pour titre : *États Généraux*. Aussitôt le conseil vit dans cette publicité la licence cachée sous les allures de la liberté, phrase sacramentelle depuis cinquante ans et répétée par tous les ministres. Le journal fut supprimé; mais en mourant il légua la liberté de la presse à Mirabeau, et *Les lettres à mes Commettants* parurent. Elles produisirent trois grands résultats : le premier fut de livrer au mépris universel et mérité les journaux d'imposture asservis au pouvoir; le second fut l'émancipation des écrivains, intimidés jusque là par l'aspect de la Bastille; ou a deviné le troisième : le ministère, qui avait attaqué la presse lorsqu'il comptait sur l'obéissance, recula dès qu'il craignit l'opposition.

Ce jour encore les ordres s'assemblèrent pour la vérification des pouvoirs : le clergé et la noblesse se réunirent séparément; le tiers, resté seul dans la salle commune, décida que les pouvoirs seraient vérifiés en commun. Cette idée comptait 60 partisans dans l'ordre de la noblesse, et 114 dans celui du clergé. L'inertie du tiers étonna les deux premiers ordres. « Hâtez-vous de vérifier les pouvoirs, disaient-ils, afin d'éloigner la famine et les calamités dont le peuple est menacé. — « Hâtez-vous donc de vous réunir à nous, répondait le tiers, puisque le salut public vous en impose la loi. » Les deux ordres offrirent alors de supporter l'égalité des contributions et des charges générales. Le tiers ne s'émut pas de ce sacrifice, il savait que le déficit imposait comme une nécessité, et que les protestations de la noblesse et du clergé de plusieurs provinces venaient encore désavouer. Le roi offrit sa médiation ; les privilégiés n'y voyaient qu'un refus sans garantie, et le tiers qu'un obstacle difficile à surmonter avec respect. Des conférences s'établirent, et pendant ce temps quelques gentils-hommes vinrent protester contre les élections de province. Le tiers refusa de les écouter ; le clergé refusa de les admettre ; la noblesse les reçut : précédent funeste, qui permit plus tard aux pétitions collectives et orales de troubler nos assemblées politiques, en arrachant à leur faiblesse ce qu'elles ne pouvaient obtenir de leur justice.

Le ministère commit une autre erreur : pour donner plus d'éclat à la séance royale, il avait entouré l'assemblée de galeries où la cour vint offrir un luxe inconnu du tiers, à la petite noblesse, au bas clergé. Le lendemain ces tribunes furent envahies par le peuple, qui couvrait d'applaudissements ou frappait de réprobation les orateurs qui paraissaient à la tribune. Malouet demanda que ces galeries fussent évacuées par les étrangers : « Des étrangers ! s'écria Volney, il n'en est pas ici. Que nos concitoyens nous environnent de toutes parts, qu'ils nous pressent, que leur présence nous inspire et nous anime! elle fera rougir le perfide ou le lâche que le séjour de la cour a pu pusillanimité ont déjà pu corrompre. » Les spectateurs restèrent, et la publicité devint tout à la fois la sauvegarde de l'indépendance et l'effroi de la vénalité.

Dans les conférences, les privilégiés voulaient trois ordres, Necker deux chambres, Mirabeau une assemblée unique. L'imitation anglaise allait prévaloir. Le tiers avait déjà pris le titre de *communes*. La défection commença dans le clergé. Plusieurs prêtres vinrent se réunir au tiers, aux acclamations unanimes des députés et des spectateurs. Alors Sieyès propose à ses collègues le titre de *représentants de la nation française;* Mirabeau préfère celui de *représentants du peuple français*. N'oublions pas que le mot *peuple* blessa tous les amours-propres. L'aristocratie plébéienne, la pire de toutes, craignit d'être confondue sous le nom de peuple avec le *vulgus* de Rome, le *mob* d'Angleterre, le *John-Bull* de Londres, la canaille de France. « Plus habiles que nous, cria le marquis de Mirabeau aux bourgeois dont il était entouré, plus habiles que nous, les héros bataves qui fondèrent la liberté de leur pays prirent le nom de *gueux*. Je parle la langue de la liberté ; les Américains, les Anglais, ont honoré le nom de peuple; Chatam a dit : *La majesté du peuple*. Je persévère dans mon expression de *peuple français*; je l'adopte, je la défends, je la proclame. Et ne voyez-vous pas que le nom de *représentants du peuple* vous est nécessaire, parce qu'il vous attache au peuple; que le peuple ne verra plus que nous, que nous ne verrons que lui, et que ce titre nous rappellera nos devoirs et nos forces ? » Toutefois, cette proposition, appuyée par Rabaut-Saint-Étienne, est rejetée, et un député obscur, Legrand, indique à Sieyès le titre *d'assemblée nationale*, accueilli avec acclamation.

La discussion du *veto* suit celle-là : Bergasse et les royalistes s'y opposent : « Et moi, s'écrie Mirabeau, je crois le veto tellement nécessaire, que j'aimerais mieux vivre à Constantinople si le roi ne l'avait pas. » C'est ainsi que, tandis que l'incapacité ébranle ce qu'elle veut conserver, l'habileté protège ce qu'elle attaque. D'Éprémesnil avait protesté contre le titre modeste de *communes*. Qu'on se figure l'effroi de l'aristocratie en entendant retentir celui *d'assemblée nationale*. On résolut un coup d'État, sans l'habileté qui le combine, sans la puissance qui en assure le succès. Des troupes approchent, des hérauts d'armes proclament une séance royale ; la salle est fermée. Bailly, président de l'assemblée, se présente à la porte ; des soldats lui en défendent l'entrée. Les députés s'étonnent; le peuple s'effraye ; la crainte fait croire au danger, les citoyens s'attroupent, les députés se réunissent ; on invoque la résistance, parce qu'on craint l'oppression, et la séance du Jeu de Paume a lieu. Mais elle avait effrayé les deux ordres. Le lendemain 149 députés du clergé, conduits par Lefranc de Pompignan, archevêque de Vienne, et deux députés de la noblesse, les marquis de Blacons et d'Agoult, se réunirent au tiers état. La place d'honneur fut donnée au clergé; les deux nobles obtinrent la préséance sur le tiers. Ainsi, les hommes qui venaient de se ranger du côté de la nation obéissant par instinct, lorsqu'ils résistent par devoir, à ces déférences que l'habitude a sanctionnées.

La séance royale arrive enfin. Le discours du roi, qui maintient les dîmes, corvées, rentes, droits et devoirs féodaux et seigneuriaux, prérogatives honorifiques, attachées aux terres et aux personnes, est prononcé en l'absence de Necker, absence qui signale des divisions dans le conseil et l'appui que les principes démocratiques peuvent trouver dans le cabinet. « Si vous m'abandonnez, dit le roi, dans une si belle entreprise, je ferai seul le bien de mes peuples. Je vous ordonne de vous séparer tout de suite. » Et le prince, suivi de la noblesse et d'une partie du clergé, quitte l'assemblée muette et traverse la ville taciturne. « Vous avez entendu les ordres du roi, dit le marquis de Brézé? » « Oui, s'écrie Mirabeau, d'un accent héroïque; mais vous n'êtes ici ni place ni droit de parler; nous ne quitterons nos places que par la puissance des baïonnettes. » Des acclamations unanimes accueillent cette vive apostrophe, et Mirabeau met à profit l'indignation publique; il fait déclarer inviolable la personne des députés, et voue à l'infamie les satellites qui oseraient attenter à la majesté du peuple. Necker retire la démission qu'il avait donnée la veille : le peuple le porte en triomphe du château à son hôtel, déjà rempli des députés du tiers.

« Dussé-je périr, je reste, leur dit-il ; vous êtes les plus forts,

Soyez aussi les plus sages. » L'espoir des privilégiés n'était pas cependant perdu. On presse l'arrivée des troupes ; on préfère les Suisses et les Pandours, comptant que des étrangers donneront mieux l'exemple de cette servile obéissance qu'on homme fidélité. Indignés de cette préférence et du projet qu'elle déguise, les gardes françaises se séparent de la maison du roi ; l'armée française s'éloigne de l'armée allemande, et l'on met à la tête des forces qui restent le vieux maréchal de Broglie, oublié depuis la guerre de sept-ans.

La séance royale avait maintenu la division par ordres, et le lendemain la minorité de la noblesse, ayant à sa tête le duc d'Orléans, précédée de d'Aiguillon, de Crillon, de Montmorency, de Larochefaucauld, de Luynes, de Montesquiou, de Latour-Maubourg, de d'Aguesseau, de Lally-Tollendal et d'Alexandre Lameth, vient se réunir au milieu des acclamations populaires. Lassé de la résistance, le roi ordonne aux ordres de se réunir à l'assemblée, et la noblesse, en obéissant à cet ordre, proteste contre, comme pour faire douter de la loyauté de son concours. Les gardes françaises s'échappent de leurs casernes, et viennent se mêler dans le jardin du Palais-Royal à un peuple dont ils accroissent la turbulence : ce fut le signal de la défection militaire. La police fait arrêter onze soldats : le peuple brise les portes de l'Abbaye et les promène en triomphe dans la capitale. L'assemblée nationale, qui voulait l'ordre avec la liberté, s'effraye de cette insubordination, et supplie le roi d'en arrêter le cours.

Cependant elle nomme un comité de constitution. Lafayette propose cette déclaration des droits de l'homme et du citoyen, admirable péristyle du temple que la France éleva à la liberté par la constitution de 1791. Et pendant ces paisibles débats trente-huit mille hommes cernent Paris ; l'assemblée est entourée de troupes étrangères et privilégiées ; Sombreuil fait cacher sous le dôme et dans les caveaux des Invalides 20,000 fusils, dont le dépôt lui est confié ; Delaunay enferma à la Bastille les armes, l'artillerie et les munitions de l'arsenal ; la Seine conduit des bateaux de poudre aux troupes du Champ-de-Mars et des Champs-Élysées ; Paris est privé de subsistances ; les grains n'arrivent plus ; une longue disette se change en famine. Alors Mirabeau porte à la tribune cette adresse célèbre où, par un heureux mélange de liberté et de convenance, de respect et de dignité, de formules de cour et d'éloquence populaire, l'art du courtisan fait absoudre la patriotique témérité du tribun. Le roi motive la présence des troupes sur le besoin de tranquillité ; il offre de les envoyer et de se rendre luimême à Compiègne, en transférant les députés à Noyon. C'était priver l'assemblée de l'appui du peuple de Paris et la placer entre les soldats qu'on avait réunis et l'armée d'Alsace.

Chacun agissait : personne ne disait ce qu'il voulait, personne ne le savait peut-être. Mounier fait venir du Dauphiné des adresses insurrectionnelles. Mirabeau laisse tomber de la tribune le mot de milice bourgeoise. On apprend l'exil de Necker et le ministère Breteuil, Paris est consterné ; Camille Desmoulins tourne cette consternation en fureur ; en arborant une feuille d'arbre à son chapeau. Le cri *aux armes !* lui répond ; bientôt la Bastille est prise. La commune de Paris s'organise ; on députe à Bailly la place de maire ; la garde nationale se crée ; Lafayette en accepte le commandement. La tribune avait agi sur Paris ; le 14 juillet réagit à son tour sur la tribune. On demande le rappel des ministres, l'éloignement des troupes ; Mirabeau, faisant succéder l'audace au courage, dénonce le banquet des gardes du corps, accuse la cour, les princes, la reine même. Louis, effrayé, vient lui-même ; il traite les députés *d'Assemblée nationale* ; il annonce que les ministres sont rappelés, que les troupes s'éloignent ; il réclame le concours des représentants, et l'autocrate du 22 juin n'est plus le 15 juillet qu'un roi dépouillé. L'Assemblée s'établit en permanence.

Barnave redemande Necker ; Clermont-Tonnerre voit dans cette proposition un attentat à la prérogative. « Le peuple nous a priés de redemander son ministre, s'écrie Lally-Tolendal, et les prières du peuple sont des ordres. » Breteuil s'effraye devant un arrêté qui proclame les ministres responsables ; Foulon est intimidé par celui qui déclare infâme toute proposition de banqueroute ; le maréchal de Broglie recule devant le courage dont les Parisiens viennent de faire preuve, et Breteuil, la duchesse de Polignac, Barentin, Broglie, le prince de Lambesc, Villedeuil, s'enfuient à l'étranger. Le comte d'Artois, les princes de Condé, de Bourbon, de Conti, commencent cette émigration qui causera tant de malheurs. Les trois ordres ne forment plus que l'Assemblée nationale. Elle envoie trois commissaires à Paris pour rétablir et maintenir l'ordre. Le roi, poussé par les premières fautes de ses courtisans, se croit forcé d'y venir lui-même féliciter la révolte de son triomphe sur le pouvoir, et les clefs de la ville lui sont présentées par Bailly.

Ici finissent les états généraux ; l'Assemblée nationale commence. Lafayette, Mirabeau, tous les hommes qui avaient quelque connaissance du gouvernement représentatif, virent que la violence allait détruire l'ordre, et que pour sauver le pays il fallait préserver la royauté. Lafayette écrivit à Louis XVI, Mirabeau eut une entrevue avec Necker. Il adressa au roi un plan de conduite et un système de gouvernement. Louis désira que Lafayette s'entendît avec Mirabeau. Mais les courtisans, prévenus de la possibilité d'une telle alliance, mirent en œuvre tous leurs amis pour perdre le grand patriote et le grand orateur. Roy, député royaliste, fut appuyé par Barnave ; Mirabeau, qui veut le défendre, s'élance à la tribune ; tout le côté gauche lui crie aussitôt : *À bas le brigand ! à bas l'incendiaire !* L'orateur, indigné de cet insolent tumulte : « Voulez-vous connaître les brigands et les incendiaires ? Ils sont là, dit-il, d'une voix tonnante, en montrant ses accusateurs ; » et il appuie Barnave, qu'il venait combattre. Ces attaques nuisaient à la popularité de Mirabeau : elles assurèrent celle du triumvirat composé de Duport, Barnave et Lameth. Ceux-ci eurent à peine conquis quelque influence, qu'ils firent savoir au roi les conditions auxquelles ils pourraient sauver la royauté. En dehors de l'Assemblée, Danton, qui avait acquis sur les faubourgs un terrible ascendant, avait le courage de dire : « Le roi sera sauvé par Danton. » Robespierre même publia le *Défenseur de la Constitution* pour défendre le système représentatif et une royauté populaire. Mais la cour ne voulait ni de leur salut ni de cette royauté.

Foulon, arrêté dans sa fuite, est conduit à l'hôtel de ville ; Lafayette, Bailly, tous les électeurs, tentent en vain de le sauver ; Foulon est égorgé avec Berthier, son gendre. Lafayette, effrayé de ces crimes, donne sa démission ; il est réélu, et se hâte d'organiser la garde nationale, afin de protéger la liberté contre le pouvoir et le pouvoir contre la révolte. De ce moment et jusqu'à la fin de l'Assemblée constituante l'on n'eut à déplorer que la mort d'un boulanger et le pillage de l'hôtel de Castries. Cependant, l'Assemblée continuait le cours de ses travaux. Lafayette demande la publicité des instructions criminelles ; Volney fait créer un comité de renseignements ; Duport, un comité de recherches. On organise les comités militaire, diplomatique, de marine, de législation. Necker revient, il rencontre Besenval, qui fuyait, le ramène à l'hôtel de ville, demande grâce et clémence, et Besenval est sauvé. Les électeurs proclament une amnistie générale. Cette humanité irrite les Jacobins ; ils dénoncent à l'Assemblée nationale cette impunité proclamée par des citoyens sans mission. L'Assemblée annule la proclamation de la commune ; les électeurs même ordonnent de nouveau d'arrêter Besenval, et l'amnistie devient impossible. Mirabeau fait créer des tribunaux, pour que le peuple, sûr d'obtenir justice, renonce à la vengeance ; il demande le rétablissement de l'ancien ordre municipal. Quelques lettres ayant été saisies et transmises au comité, il lui est défendu de les ouvrir. « L'utilité publique, dit Mirabeau, ne saurait colorer une violation de la probité nationale. »

Au dehors, de déplorables dévastations, connues sous le nom d'incendie des châteaux, sont souillées par le meurtre de Barras, de Montesson, de Belzunce et d'Ambly. Elles hâtent l'organisation universelle de la garde nationale. L'Assemblée discute une proposition contre ces horreurs. La nuit du 4 août survient. Le repentir court bientôt après le sacrifice, mais tout est consommé. Le 14 juillet avait aboli l'ancien régime de la royauté, le 4 août abolit l'ancien régime de la noblesse et du clergé. Le déficit financier restait à combler. Necker réclame un emprunt. D'Antraigues voue les prêteurs à l'exécration publique; Mirabeau, l'ennemi de Necker, proclame qu'il ne faut vouer à l'infamie que le mot odieux de banqueroute, et place la dette publique sous la sauve-garde de l'honneur national. Des désordres troublent encore les environs de Paris. Mounier veut importer en France le bill de *mutinery*; on en demande l'ajournement. Mounier insiste, et le projet est adopté.

Pendant ce temps la cour fait venir à Versailles les gardes du corps, elle y appelle les dragons; le régiment de Flandre y arrive. L'Assemblée n'est pas sans terreur; on demande qu'elle se transporte dans une autre ville. « C'est ici, dit Duport, que nous devons sauver l'État, au péril de nos jours; c'est ici que nous devons délibérer au milieu de l'effroi; soyons un éternel exemple de la fidélité avec laquelle on doit servir sa patrie. » Cependant, les officiers sont présentés à la famille royale; ils sont accueillis avec bonté, admis au jeu de la reine. Ils sont invités par les gardes du roi à un repas de corps, le premier que la maison militaire ait donné à Versailles. On y invite aussi nominativement les officiers de la garde nationale, et c'est dans la salle de spectacle, jusque alors réservée aux fêtes de la cour, qu'a lieu le fameux repas des *gardes du corps* qui fit tant de bruit. Il est répété le lendemain à la salle du manége, et des cocardes blanches sont distribuées. La reine déclare être enchantée de la journée. Lecointre dénonce ces faits et ses craintes au comité, qui le renvoie au lendemain; mais le lendemain il est trop tard: Paris s'est révolté dans la nuit. Le peuple assiége les boutiques des boulangers de quatre heures du matin à sept heures du soir; il entoure l'hôtel de ville, où le comité des subsistances, sans moyen contre la famine, attend la mort dans les angoisses du désespoir. Pendant la nuit du 5 au 6 octobre cette multitude, guidée par les femmes, marche sur Versailles, arrache la famille royale de cette résidence, et l'entraîne à Paris. Le soir même un décret de l'Assemblée nationale déclare que désormais le roi sera inséparable d'elle; toutes les autorités constituées sont placées sous la sauve-garde du peuple. Les scènes des 5 et 6 octobre avaient été si violentes, elles se reproduisaient à Paris sous des dehors si effrayants, que l'Assemblée nationale proclama la loi martiale contre les attroupements, et ce fut son premier acte de résistance contre le mouvement populaire, sa première idée sérieuse de répression empruntée à la constitution anglaise. Jusque ici elle ne s'était préoccupée que de la lutte avec la cour; un second rôle lui échoit maintenant : elle va avoir à combattre le peuple et à empêcher ses excès.

Cependant, ces Tuileries que Louis XIV avait quittées pour s'éloigner du peuple, et où Louis XVI était ramené par un triomphe populaire, virent bientôt les gardes du corps refuser de se mêler aux officiers de la garde nationale, et le roi est contraint de les licencier. Le peuple du 14 juillet avait commencé la révolution politique; celui du 6 octobre commençait la révolution sociale ; l'un voulait conquérir la liberté, l'autre la propriété; l'une était le peuple de la Constituante, l'autre était déjà celui de la Convention. Le 6 octobre l'Assemblée était venue s'établir à l'Archevêché à Paris. Le 19 elle reprit avec une nouvelle ardeur ses travaux sur la constitution. Elle divisa la France en 83 départements, régla le mode d'élection et le cens éligible pour acquérir la qualité d'électeur, basa la judicature sur la nouvelle division géographique, et laissa l'élection des juges au pouvoir du peuple. Les grades militaires ne furent plus accordés à la naissance et au bon plaisir du roi, mais au courage et à l'ancienneté. Déjà Louis XVI avait sanctionné le décret qui divisait la France en départements, et protesté de son attachement à la constitution. Goupil de Préfeln demande que tous les députés jurent de le maintenir. Camus veut que le refus soit considéré comme une démission. Le président, Bureau de Puzy, jure le premier d'être fidèle à la nation, à la loi et au roi. Chacun répète le serment; l'évêque de Perpignan seul veut le commenter; Bergasse le refuse. Cependant, des patriotes sont égorgés à Montauban, des protestants sont assassinés à Nîmes : des émissaires venus d'Italie, se disant chargés des volontés secrètes de la contre-révolution, agitent tout le midi : des privilégiés s'assemblent dans le Dauphiné, ils s'assemblent dans la Bretagne, ils s'assemblent dans le Languedoc : L a n j u i n a i s dénonce ces conciliabules et la proclamation des aristocrates réunis à Toulouse « pour rendre à la religion son utile influence, au roi son autorité légitime et sa liberté, leurs droits aux villes, leurs franchises aux provinces ». Dès lors il devenait de plus en plus impossible de croire à la bonne foi de la cour; et le peuple et le prince, également trahis par les aristocrates, s'accusant en secret d'une réciproque déloyauté, reprenaient leurs défiances mutuelles.

C'était l'époque où le roi venait de traiter avec Mirabeau. Champion de Cicé avertit les Lameth de cette intrigue; et lorsque Mirabeau demanda pour les ministres le droit constitutionnel de venir dans l'Assemblée défendre leurs projets, attaqué par Barnave, dénoncé par Duport, le grand orateur succomba; il succomba encore dans les débats du décret qui défendait aux députés d'accepter aucune place du gouvernement : il voulait qu'au moins ils pussent être ministres; et cet amendement rejeté, il demanda que ce décret ne fût applicable qu'à lui seul.

Cependant, Necker était venu proposer un emprunt; il avait fait un tableau plus effrayant que fidèle des finances françaises. Cazalès nembrunit encore les couleurs; mais les capitalistes demandaient un gage. Talleyrand, alors évêque d'Autun, offre les biens du clergé. Mirabeau appuie Talleyrand. L'intérêt de l'État, l'intérêt personnel, jettent à la tribune presque tous les orateurs de l'Assemblée. La discussion devient animée, haineuse, colère : les catholiques défendent leurs propriétés avec aigreur, les politiques les envahissent en conquérants. Les jansénistes seuls traitant la question en hommes religieux et en hommes d'État : « Ils veulent être libres, et ne savent pas être justes, » dit Sieyès. Les assignats sont créés sur cette garantie. Le clergé, détruit dès lors comme corps politique, sent la nécessité de se constituer comme corps religieux. On conçoit aussi le projet de la constitution civile. La discussion est tumultueuse; les évêques protestent et se retirent; ils multiplient les mandements, pour exciter l'opposition et la révolte; ils refusent de se soumettre, ils refusent d'abdiquer; ils déclarent nuls les sacrements administrés par leurs successeurs constitutionnels. Dès lors le clergé se divise en constitutionnels et en réfractaires. Chacun connaît les suites longues et déplorables de cette division. On voulut en faire une hérésie, on voulut en faire un schisme : ce n'était qu'un sacerdoce aux prises avec l'ambition et l'intérêt.

Une députation vient demander que les emblèmes du monument élevé à Louis XIV sur la place des Victoires soient effacés : « Que mettrez-vous à la place? s'écrie l'abbé Maury. — Fils d'un réfugié, répond le protestant Lavie, je propose qu'ils soient remplacés par la révocation de l'édit de Nantes. » — Lambel demande la suppression des titres et

24.

CONSTITUANTE

l'abolition de la noblesse héréditaire ; Goupil proscrit le nom de *monseigneur* ; Lanjuinais, les épithètes de *grandeur*, d'*éminence* et d'*altesse* ; Noailles, les *livrées* ; Montmorency, tout ce qui rappelle le système féodal et l'esprit chevaleresque. Lepelletier de Saint-Fargeau veut que chacun reprenne son nom de famille : les Montmorency, les Rohan, perdent leur nom dans cette fièvre plébéienne, comme plus tard, dans une autre fièvre aristocratique, Masséna perdra le sien. Camus propose la suppression des corporations, Lanjuinais celle des ordres de chevalerie française, Anthoine des chevaleries étrangères, et demande une institution qui plus tard sera introduite sous le nom de Légion d'Honneur : la croix de Saint-Louis est seule maintenue, et le soir même le roi quitte le cordon bleu. Alors parut le *livre rouge*. Les dépenses personnelles du roi s'y faisaient remarquer par une grande sagesse et une admirable économie ; mais l'insatiable avidité des courtisans souleva tous les hommes que le triste état de nos finances affligeait depuis longtemps. Enfin, les parlements, la vénalité des charges, l'hérédité des offices, tout fut supprimé aux approches de l'anniversaire du 14 juillet, connu sous le nom de *fédération*. Cet anniversaire de la prise de la Bastille fut magnifique d'enthousiasme et de grandeur. Toute la France y assista par ses députations, et quatre cent mille spectateurs reçurent le serment de Louis XVI.

La procédure des événements d'octobre était terminée. On espérait avec elle perdre le duc d'Orléans, plus haï que redouté, et Mirabeau, plus redouté que haï. L'Assemblée avait déclaré les députés inviolables. Cazalès attaque cette mesure, qu'il avait sollicitée pour Lautrec. Chabroud fit son rapport. Maury, désespérant de perdre à la fois d'Orléans et Mirabeau, sépara l'orateur du prince pour les perdre l'un après l'autre. Mirabeau vit le piège : l'ironie, le sarcasme, le mépris, se mêlaient tour à tour dans sa défense à la sublimité de l'éloquence, à la puissance de la raison. Les trépignements, les injures, les cris du côté droit, ne purent émouvoir l'orateur ; la procédure fut annulée, et la haine des aristocrates rendit à Mirabeau la faveur populaire. À cette époque, Necker, sans influence sur la commune, sans ascendant sur l'Assemblée, sans crédit dans le conseil, sans faveur auprès du roi, méditait une retraite honorable. Ses idées, qui depuis nous ont donné la banque de France et la caisse d'amortissement, son projet d'hypothèques, son éloignement pour la vente des domaines nationaux, son aversion pour les assignats, le rendaient antipathique à la liberté. On propose une nouvelle création d'assignats pour éteindre la dette publique ; le ministre s'y oppose avec cette hauteur qui provoque l'outrage ; on lui répond par l'insulte, et il part dans la nuit.

Les préparatifs de résistance se tramaient déjà avec moins de mystère. Mirabeau donnait au roi une grande force dans l'Assemblée, Lafayette un grand empire sur les gardes nationales de la ville de Paris ; Bouillé organisait une armée royaliste. Mais Lafayette voulait un peuple libre, Mirabeau un gouvernement représentatif ; Bouillé reconnaissait aussi que tout retour à l'ancien régime était impossible et que le trône devait de grandes concessions à la liberté. L'insurrection de Nancy vint ranimer les espérances. Les soldats, guidés par les sous-officiers, s'insurgent, coupent la force des officiers et s'emparent des caisses. Bouillé signale cette révolte au ministre, le ministre la dénonce à l'Assemblée ; Mirabeau fait investir le général d'une dictature militaire. Bouillé envoie Malseigne à Nancy ; les Suisses veulent l'arrêter, et le poursuivent jusqu'à Lunéville ; un détachement de carabiniers fait feu sur les Suisses, mais la garnison de Lunéville imite celle de Nancy, et livre Malseigne. Bouillé marche contre les insurgés. Le jeune Désilles périt victime d'un admirable dévouement ; tout le régiment suisse de Château-Vieux fut anéanti. Bouillé demeura vainqueur, et une commission militaire acheva ce que la mitraille avait commencé.

Mais le peuple de Paris s'irrite, et menace d'une insurrection nouvelle. L'aristocratie, effrayée, se sauve par l'émigration. L'Assemblée ordonne la levée de cent mille hommes ; le roi sanctionne tous les décrets. Mesdames Adélaïde et Victoire se retirent à Turin. On demande une loi contre les émigrés, Mirabeau s'y oppose ; le parti Barnave insulte l'orateur. « Silence aux trente voix ! » leur crie Mirabeau ; et ces paroles dominatrices sont les derniers accents dont il ait fait retentir la tribune. Paris, alarmé, crut qu'un amas d'armes avait été déposé dans la nuit à Vincennes. Le peuple y court. Santerre et ses gardes nationaux, au lieu d'apaiser le désordre, le protègent et le propagent. Lafayette survient, et fait saisir soixante des chefs de l'émeute. Pendant ce temps, six cents membres du club monarchique, armés d'épées, de pistolets et de poignards, envahissent les Tuileries ; Lafayette accourt, fait désarmer ces hommes, que le peuple appela les *chevaliers du poignard*, et qui allèrent se réunir aux Français d'outre-Rhin. Plus heureux que ses amis et ses adversaires, Mirabeau n'eut pas à lutter contre les orages qu'il avait suscités, ou à périr sans gloire sur les écueils d'une révolution qu'il avait appelée. Il mourut à temps, et ses obsèques furent une apothéose.

L'abbé Raynal vint lire à la barre un acte d'accusation contre la révolution française. Robespierre lui répondit avec une modération et une mesure dont il n'avait pas encore donné l'exemple. Quelques jeunes filles vinrent féliciter l'Assemblée après avoir reçu leur première communion des mains d'un prêtre constitutionnel. Les évêques crient au sacrilège ; le côté gauche les rappelle à l'ordre. « Puisque la guerre est déclarée, s'écria le comte de Faussigny-Lucinge, il faut tomber à coups de plat de sabre sur ces gaillards-là. » Les patriotes crient à l'insolence ! et Faussigny leur fait des excuses. C'était l'approche de Pâques : Louis veut aller à Saint-Cloud remplir ses devoirs religieux ; le peuple s'attroupe, et détèle les chevaux. Lafayette veut protéger le départ du prince ; la garde nationale, qui craint un départ sans retour, désobéit à l'ordre, et se réunit au peuple. « Partez, sire, dit Lafayette : il y va de la dignité du trône et de la nation. Quelques amis et moi allons forcer le passage. — Puisqu'il est impossible que je sorte, je vais rester, » répondit le roi. — Et le lendemain Louis vient à l'Assemblée se plaindre de la violence de la veille. Chabroud, président, ne répond pas aux plaintes du monarque. Ainsi, le roi prouve à l'Europe qu'il est prisonnier, et l'Assemblée, qui passe à l'ordre du jour, prouve à la France qu'elle croit la fuite du roi possible et prochaine. Alors le voyage à Varennes fut décidé.

Le 21 juin, Lafayette et Bailly apprennent l'évasion du roi ; le maire assemble la commune, le général la garde nationale. Alexandre de Beauharnais annonce le départ de la famille royale à l'Assemblée, qui s'empare du pouvoir exécutif. Ministres, soldats, citoyens, tous jurent d'être fidèles. « L'Assemblée, dit alors le président, a pris les mesures d'ordre que la vacance du trône rendait nécessaires ». Et après avoir pourvu au salut du royaume, elle passe à l'ordre du jour. Elle s'établit en effet en permanence, et discute le code criminel. Louis avait laissé un manifeste, il fut publié. Des biens nationaux furent vendus, et les enchérisseurs les portèrent au-dessus de l'estimation. Rewbell accuse Lafayette de trahison ; Danton, les jacobins, répètent ces attaques ; l'émeute l'entoure, et l'arrête sur la place de Grève, mais le peuple le délivre. Barnave le défend à l'Assemblée, Lameth aux jacobins, et Danton, frappé de cet aveu, retire lui-même son absurde accusation. Le même jour Cazalès, arrêté, est rendu à la liberté par l'Assemblée, qui dans ces moments de trouble voit très-bien que son propre salut et l'ordre public reposent sur son inviolabilité. Elle fut calme sans doute, et les députés restèrent à leur place avec convenance et dignité, mais ils n'osèrent envisager l'avenir ; bientôt en acceptant le roi comme prisonnier du peuple, ils flétriront la royauté ; bientôt en établissant des hypothèses d'abdication réelle ou présumée ils donneront à l'Assemblée législative le pouvoir de prononcer la déchéance, bientôt en déclarant le roi accusable ils transmettront à la Convention le droit de le condamner, bientôt en créant une commission chargée de présenter des mesures d'exécution ils offriront le modèle du comité du salut public.

L'Assemblée n'avait pu prendre un parti décisif, elle attendait qu'un événement quelconque vînt mettre un terme à son indécision. Sa joie fut grande lorsqu'elle entendit crier : *Le roi est arrêté !* Elle fait sur-le-champ partir Dumas, elle nomme Latour-Maubourg, Barnave et Pétion, pour veiller à la sûreté de la famille royale ; elle institue une première garde pour répondre de la personne du roi, une seconde pour la reine, une troisième pour le dauphin ; elle ouvre une procédure contre ceux qui ont favorisé la fuite du roi, et, portant ensuite un coup funeste à ce qui restait de dignité à la famille royale, elle ordonne que le roi et la reine seront entendus, pour être prises par l'Assemblée les résolutions jugées nécessaires. S'arrogeant, enfin, le pouvoir exécutif, elle continue les divers ministres dans leurs fonctions et donne force de loi à ses propres décrets, sans qu'il soit besoin de la sanction royale ; c'était suspendre de ses fonctions un roi prisonnier, tandis qu'on n'avait pas osé prononcer la déchéance d'un roi fugitif.

Après avoir brisé la souveraineté du roi, on attenta à la souveraineté du peuple. Les collèges électoraux étaient ouverts, il fut sursis à l'élection. Les commissaires trouvèrent le roi à Épernay, escorté de gardes nationales, harangué dans chaque village. Ce prince répondit à un fonctionnaire : « La nation est trompée. — Sire, lui répondit le magistrat villageois, il est plus facile de tromper un seul homme que tout un peuple. » Pétion entra dans la voiture du roi, et pour se défendre d'une généreuse pitié à l'aspect de si hautes et de si poignantes infortunes, il répétait souvent au prince : « Sire, moi je suis républicain. » Le jeune Barnave, ému par d'autres sentiments, persuadé par les bontés de la reine, par les caresses enfantines du dauphin, acquit un nouveau défenseur à la royauté, une nouvelle victime à l'échafaud. Paris attendait le monarque. Le peuple avait écrit sur les murs des faubourgs : « Quiconque applaudira le roi sera bâtonné ; quiconque l'insultera sera pendu ; » et ce respect involontaire qu'inspire un grand malheur contint la multitude dans un religieux recueillement. Le cortége arrive aux Tuileries ; le roi, la reine, le dauphin, furent conduits dans des appartements séparés ; et comme les officiers inférieurs étaient personnellement responsables, la surveillance fut quelquefois importune et gênante. Tronchet, Dandré et Duport vont recevoir les déclarations de la famille royale. Les réponses furent leur ouvrage ; elles furent transmises à sept comités, qui, unanimes, sans haine, sans colère, et surtout sans crainte, posèrent en principe que la monarchie, l'hérédité au trône et l'inviolabilité du monarque étaient nécessaires à l'intérêt national ; ils déclarèrent que tout changement de gouvernement serait inséparable de grandes secousses, et que le salut du peuple, qui veut finir la révolution et non la commencer, ne permettait pas que le roi fût mis en cause.

Muguet de Nanthou, qui servait d'organe aux sept comités, avait à peine fini son rapport que Jouy-Desroches demande l'ajournement ; Dandré s'y oppose, Robespierre appuie Desroches, et Alexandre de Lameth soutient Dandré. L'ajournement est rejeté ; et Pétion ouvre la discussion en demandant au nom de la justice que le roi soit accusé. La Rochefoucault-Liancourt combat cette proposition au nom de l'intérêt général, de la tranquillité de la France et de la paix de l'Europe. Vadier, Robespierre, Prieur, Grégoire, Buzot, secondent avec vigueur les efforts de Pétion. Duport, Desmeuniers, Lameth, Goupil, prêtent à La Rochefoucault le secours de leur éloquence. La majorité de l'Assemblée ne semblait pas douteuse ; mais il fallait conquérir par des concessions les dissidents qui pouvaient se trouver dans le peuple de Paris, et après un lumineux discours de Salles, appuyé par la plus éloquente des improvisations dont Barnave ait enrichi la tribune, la représentation nationale décrète : « Que le chef du pouvoir exécutif ne pourrait régner qu'après avoir accepté la constitution ; que s'il rétracte cette acceptation, s'il se met à la tête d'une armée contre la nation, ou s'il souffre qu'un général s'y mette en son nom, il sera censé avoir abdiqué ; qu'un roi après son abdication réelle ou présumée devient simple citoyen, et peut être accusé devant les tribunaux ordinaires ; enfin, que Bouillé et tous ceux qui ont coopéré à l'évasion de Louis XVI seront mis en accusation. » Barnave et ses amis, exclus du pouvoir par le décret que leur éloquence jalouse avait fait rendre contre Mirabeau, font nommer des ministres à leur convenance. Pétion se dénonce à la tribune, Robespierre aux jacobins, Danton aux cordeliers ; Condorcet et Brissot, plus tard victimes de la république, osent les premiers demander un État complètement républicain.

Cinquante députés, qui jouissaient d'une immense influence, se réunirent chez le duc de La Rochefoucault. Ces généreux Français, Lafayette, Dupont de Nemours, Thouret, Chapelier, Tracy, Emmery, tous grands citoyens, tous patriotes ardents, éclairés, désintéressés, reconnurent que la république était véritable autant qu'elle pouvait l'être en France ; qu'il y avait dans la constitution plus de liberté forcée de la monarchie et de la république ; ils craignaient qu'un roi chef de l'armée, possesseur de trente-deux millions de liste civile, secondé par un corps de clergé, par un corps de noblesse, ne fût bientôt plus fort que la liberté ; que si rien ne manquait à la France pour être républicaine que le nom de république, ce nom même était la plus forte et peut-être la seule garantie des institutions démocratiques ; qu'il suffisait que le pouvoir d'un seul pût lutter contre l'indépendance de tous pour que cette indépendance finît par succomber sous ce pouvoir ; qu'il n'existait, il est vrai, qu'un fantôme, qu'un épouvantail de royauté, mais qu'avec la force et l'argent qu'on lui donnait, elle parviendrait, par cela seul qu'elle s'appelait royauté, à rallier toutes les ambitions, toutes les espérances, et à reconstituer tout l'ancien régime. Tels étaient les divers motifs qu'on donnait alors pour et contre la monarchie. Les chefs républicains font tressaillir les fibres populaires, et le peuple répond à leur voix ; ils en appellent de l'Assemblée au peuple, ils le convoquent au Champ-de-Mars pour signer une pétition ; l'émeute gronde autour de l'autel de la patrie. Le sang coule ; la municipalité déploie le drapeau rouge, et proclame la loi martiale. L'Assemblée vote des remercîments à Bailly, à Lafayette, à la commune, à la garde nationale ; elle remercie le peuple de ses efforts contre la populace ; mais elle ne sait tirer aucun fruit de sa victoire. Les clubs se rouvrent, les factions deviennent plus violentes, les constitutionnels se lassent et s'effrayent ; ils convoquent les colléges électoraux, ils hâtent la constitution, ils nomment un conseil de révision pour coordonner ce grand ouvrage. Les hommes qui avaient affaibli le pouvoir royal, lorsqu'ils en étaient éloignés, veulent en étendre les prérogatives lorsqu'ils s'en croient plus proches. Le peuple voit cette tendance, et crie à la trahison !

Thouret paraît à la tribune et lit la constitution. Le comité de révision avait ouvert aux ministres les portes de la représentation nationale, allégé leur responsabilité, rendu aux princes le titre *d'altesse*; mais il n'avait osé prononcer la rééligibilité des membres de l'Assemblée constituante. Lafayette demande que la constitution soit présentée à l'examen et à l'acceptation du roi. Les deux côtés de l'Assemblée s'indignent et protestent; ils veulent discuter encore la constitution de 91. Dupont de Nemours fait décréter que l'Assemblée n'y changera rien. Le roi la reçoit, et après un examen de dix jours, il écrit à l'Assemblée : « J'accepte la constitution ; je prends l'engagement de la maintenir au dedans, de la défendre contre les attaques du dehors, et de la faire exécuter par tous les moyens qu'elle met en mon pouvoir. Je déclare qu'instruit de l'adhésion que la grande majorité du peuple donne à la constitution, je renonce au concours que j'avais réclamé dans ce travail, et que, n'étant responsable qu'à la nation, nul autre, lorsque j'y renonce, n'a le droit de s'en plaindre. » L'Assemblée accueillit par des transports unanimes cette promesse sacrée qu'un roi faisait au nom de toute une dynastie. Louis avait annoncé qu'il viendrait au sein de la représentation nationale pour l'acceptation solennelle de la constitution, et les représentants d'un grand peuple, prêts à rendre à la nation la souveraineté dont ils étaient dépositaires, déclarèrent que, pour son bonheur, elle ne devait point toucher à l'acte constitutionnel avant qu'un long espace de temps eût éclairé les esprits sur ses avantages et ses défauts; prêts à rendre au roi son empire, ils l'agrandirent du comtat Venaissin; prêts à rendre le pouvoir à l'autorité constitutionnelle, ils ne voulurent point de la justice et à frapper des coupables pour ces délits politiques que souvent la générosité accompagne, et que jamais la pitié n'abandonne. Ils déclarèrent, sur la proposition de Lafayette, que tous les individus accusés à cause du départ du roi seraient mis sur-le-champ en liberté, et que tous les jugements, toutes les procédures pour les faits relatifs à la révolution seraient irrévocablement abolis.

Mais déjà les élections envoyaient à l'Assemblée législative un grand nombre d'adversaires publics, d'ennemis secrets de la royauté. Les députés du côté droit protestent contre la constitution politique de la France, les évêques contre la constitution civile du clergé, les nobles contre la révolution tout entière. *Monsieur*, le comte d'Artois, le prince de Condé, les ducs de Bourbon et d'Enghien, jurent de périr pour sauver la monarchie. L'empereur d'Autriche et le roi de Prusse publient leur manifeste de Pilnitz, et pendant ce temps le roi vient jurer « d'être fidèle à la nation et à la loi, et d'employer son pouvoir au maintien de la constitution »; et l'Assemblée nationale en remet le dépôt « à la fidélité du corps législatif, à celle des juges, à la vigilance des pères de famille, aux épouses et aux mères, à l'affection des jeunes citoyens, au courage de tous les Français ». Le roi quitte la salle au milieu d'un concert d'applaudissements, de bénédictions et de cris de *vive le roi!* Et Thouret, s'adressant au peuple des tribunes : « L'Assemblée constituante, dit-il, déclare que sa mission est finie. »

Sans doute elle commit de grandes fautes, elle prépara d'irréparables malheurs, elle ébranla le trône, elle renversa tout un ordre social, elle jalonna la route où la Législative et la Convention vinrent se perdre, sinon sans gloire, du moins sans honneur; mais elle créa une ère nouvelle d'indépendance et de prospérité. L'humanité lui doit l'abolition de la torture et des commissions prévôtales. Les peines furent adoucies, proportionnées aux délits, et du moins en France la justice ne fit plus horreur à la pitié. Ce n'est qu'en s'appuyant sur la liberté qu'on put abolir les lettres de cachet, les vœux monastiques, le préjugé inhumain des peines infamantes. La tolérance doit à l'Assemblée constituante la liberté des cultes. Le monde se réjouit de voir la législation vouer à l'infamie l'odieuse violation du secret des lettres. La justice applaudit à l'abolition de ces procédures secrètes qui livraient l'accusé à des juges que l'opinion publique ne pouvait juger à son tour. C'est à la liberté que les prévenus doivent la communication des pièces du procès, le secours d'un défenseur, l'appui de la publicité; ils lui doivent l'égalité des peines, et cette précieuse institution du jury, que le pouvoir ne pourra dénaturer qu'en choisissant lui-même les jurés parmi les Jefferyes et les Laubardemont. L'assemblée dut abolir ces parlements qui nous avaient transmis de beaux exemples de courage et de vertu, mais qui, troublant l'État comme corps politique, menaçaient encore les citoyens en disposant de leur vie de leur honneur, de leur fortune, par *l'omnipotence* d'une magistrature héréditaire et souveraine. La liberté politique obtint de l'Assemblée constituante le bienfait inespéré du retour périodique des Assemblées législatives. C'est elle encore qui introduisit en France la liberté de la presse et la liberté civile : en élevant tous les Français au rang de citoyens, elle abolit les restes encore existants d'une honteuse servitude; en plaçant les citoyens sous la sauvegarde des lois, elle les mit hors de l'atteinte arbitraire des magistrats et des ministres. Elle proclama la suppression des castes, l'extinction des corvées, l'égalité devant la loi, l'égale admissibilité de tous aux emplois publics, et détruisit ainsi l'orgueilleux échafaudage de ces supériorités conventionnelles que ne pouvaient justifier ni les talents ni les vertus.

L'ordre public doit à l'Assemblée constituante l'admirable organisation de la garde nationale, qui dans les guerres étrangères forma nos premières armées, et fit voir aux ennemis de la France un grand peuple auxiliaire d'une grande armée; de la garde nationale, qui en 1790, en 1814, en 1815, en 1848, fut la sauvegarde puissante des personnes et des propriétés. N'est-ce pas aussi à l'Assemblée constituante que notre agriculture est redevable de l'abolition des dîmes et des droits féodaux qui engraissaient l'opulente oisiveté des sueurs de la classe laborieuse ? de la diminution des fêtes, qui rendit au travail des jours consacrés à une paresse improductive, lorsqu'ils n'étaient point perdus dans une ruineuse et immorale agitation ? de la suppression des capitaineries, qui pour les plaisirs des privilégiés laissaient incultes des terrains fertiles, où promenaient la dévastation sur des champs déjà fécondés ? de l'égale répartition des impôts, qui cessa de faire exclusivement peser les charges de l'État sur la seule partie du peuple qui fût déshérité des avantages sociaux ? de la vente des biens nationaux, qui, divisant les propriétés, augmentaient leur produit et leur valeur, porta l'aisance sous la chaumière, et fit de la richesse du travail le salaire du travail? N'est-ce pas d'elle encore que l'industrie a tiré ces immenses ressources qui ont fait de la France le pays le plus opulent de l'Europe, cette dignité élevée au rang de vertu qu'elle occupe dans la société, ce crédit qui fonde les entreprises, cette moralité qui en assure la durée? L'industrie s'est enrichie de toutes les richesses nouvelles de l'agriculture, des découvertes des savants, des relations des voyageurs. La suppression des maîtrises, des jurandes, des douanes intérieures, des droits sur les objets de première nécessité, a suffi à ses immenses développements. La liberté a fait plus en dix ans pour l'industrie, que la protection des gouvernements en dix siècles.

L'administration publique sembla renaître de ses cendres lorsque l'Assemblée constituante, appelant le peuple au vote de l'impôt, plaça l'existence du gouvernement dans les mains de ceux qui payent pour être gouvernés. La nouvelle division territoriale, ouvrage que la monarchie n'eût pu tenter sans courir à sa ruine, ouvrage paisible de la liberté, mit l'administration sous l'œil vigilant des administrés; et des administrateurs temporaires, choisis par le peuple, défenseurs de ses droits, protecteurs de ses libertés, économes de son argent, veillèrent dans les municipalités, dans les départements, à l'ordre public, à la sécurité des personnes, au respect des propriétés.

Telle est l'esquisse rapide des nombreux bienfaits dont la France fut redevable à sa première Assemblée constituante. Toutes ces victoires remportées sur les abus de l'ancien régime paraissent, sinon plus utiles, du moins plus belles, lorsqu'on ne les sépare pas des éloquents efforts des athlètes de la liberté. Dans cette lutte immortelle, l'Assemblée entière combattit avec un courage héroïque. Cette mémorable représentation, animée par les plus nobles sentiments, incapable de faiblesse, inaccessible à la corruption, composée de tout ce que la France possédait alors de cœurs nobles et d'esprits élevés, voyait à peine dans les derniers rangs du côté droit quelques nobles obscurs, indignes, par l'indigence de leurs lumières, d'êtres associés à la gloire commune, injurier sans cesse le parti populaire, et chercher le bien dans l'excès du mal. Lorsque le patriotisme élevait avec courage ce monument de liberté, l'aristocratie éclairée vint pendant quelque temps, mais avec réserve, déposer son offrande sur l'autel de la patrie. D'Éprémesnil et les parlementaires proclamaient contre le gouvernement ministériel une haine qui ressemblait à la fureur; Cazalès, orateur véhément; Maury, rhéteur disert, publiaient hautement la souveraineté du peuple; le sage Mounier, le dialecticien Malouet, affirmaient que les constitutions étaient antérieures aux monarchies, et que les peuples pouvaient les modifier à leur gré, sans avoir besoin de recourir à la sanction royale. L'amour pour ses rois ne fit pas oublier à Lally-Tolendal ses devoirs envers la liberté; et sa retraite est la seule faute que la France ait à lui reprocher. Dans le côté gauche, la haute éloquence de Mirabeau offrait toujours comme inséparables et l'ordre public et la liberté publique; le beau talent de Barnave ne déserta jamais la tribune tant qu'un débris encore existant de l'ancien régime lui sembla pouvoir servir de refuge à la monarchie absolue. Lafayette, par ses services et son amour ardent de la liberté; Bailly, par ses vertus modestes; Duport, par ses connaissances profondes; Sieyès, par son esprit étendu et son éloquence laconique; Alexandre Lameth, par une adroite dialectique et un grand esprit de conduite; Charles Lameth, par ses chaleureuses improvisations; Chapelier, par ses phrases tranchantes; Camus, par ses discours dogmatiques; Thouret, par la prudence de ses paroles; Tronchet, par sa vaste science de législation, exerçaient sur leurs collègues une puissante influence. L'Assemblée nationale possédait encore des renommées secondaires qui eussent honoré une représentation moins riche en grands talents: l'archevêque d'Aix, l'évêque de Langres, l'abbé de Montesquiou, Clermont-Tonnerre, auraient plus marqué dans le côté droit s'ils eussent moins désiré l'approbation du côté gauche; le duc de Liancourt, de Tracy, Dupont de Nemours, et quelques députés qui siégeaient avec eux, auraient illustré le côté gauche, si, par la réserve de leur conduite, ils n'eussent espéré attirer à leurs opinions les modérés du côté droit. Parmi les défenseurs de la liberté se trouvaient des hommes qui, tels que Lanjuinais, Rabaut-Saint-Étienne et Grégoire, devaient grandir dans les assemblées suivantes par leur vigoureuse opposition à toutes les tyrannies; et d'autres hommes qui, tels que Robespierre, Buzot, Dubois-Crancé, n'entraient dans la route de la liberté que pour la flétrir par des violences et se perdre eux-mêmes par des excès.

J.-P. PAGÈS (de l'Ariége).]

Assemblée constituante de 1848. Dans les premiers jours de mars, à la suite de la révolution de Février, le peuple, remué jusque dans ses entrailles, attendait avec impatience le moment où, sortant du provisoire, il lui serait permis enfin de s'appuyer sur un gouvernement régulier. Une constitution provisoire, prélude indispensable d'une organisation définitive, une loi d'élection et la convocation à court terme d'une représentation nationale sincère, tels étaient les vœux de la majeure partie de la France. Malgré ses tiraillements intérieurs, le gouvernement provisoire, à peine installé, s'occupa sérieusement d'y faire droit. La constitution et la loi électorale furent promulguées. La constitution, esquissée à la hâte par le pouvoir naissant, était la plus radicale qui fût éclose jamais à aucun peuple. Non-seulement elle admettait le suffrage direct, que n'avait point admis la constitution de 1791, mais elle faisait encore disparaître les restrictions apportées au droit électoral par cette constitution. Celle de 1792 avait, il est vrai, aboli la plupart de ces restrictions; mais elle maintenait l'élection à deux degrés. Le décret du gouvernement provisoire reproduisait, à peu de chose près, la constitution votée par la Convention en 1793 sur la proposition du comité de salut public. La principale différence consistait dans le mode de vote, qui allait être par *scrutin de liste* pour tout un département, tandis qu'en 1793 chaque assemblée primaire, résultant d'une population de 39 à 41,000 âmes, nommait un député.

Ce qui avait déterminé le gouvernement provisoire à adopter le scrutin de liste, c'était, selon les uns, le besoin de balancer les influences locales, suivant d'autres, un sentiment de défiance contre les opinions politiques de la majorité du pays. Le scrutin de liste ne pouvait avoir quelque avantage que dans la supposition du vote au chef-lieu, rendu impraticable par l'établissement du suffrage universel direct. Évidemment les électeurs de la campagne, qui peuvent voter en connaissance de cause sur un ou deux candidats, n'auraient pas de renseignements suffisants pour inscrire quinze ou vingt noms sur leur liste. Des listes leur seraient envoyées toutes laites, et ce serait de confiance qu'ils accepteraient. Le suffrage que réglementait le gouvernement provisoire était surtout celui des populations ouvrières des villes, faciles à entraîner au profit d'une opinion. L'élection devait avoir pour base la population réunie au chef-lieu de canton; le scrutin était secret, chaque bulletin contenant autant de noms qu'il y avait de représentants à nommer dans le département; le dépouillement se faisait au chef-lieu du canton, le recensement au chef-lieu du département; il fallait pour être élu réunir au moins 2,000 suffrages; une indemnité de 25 fr., par jour était promise aux représentants du peuple. Enfin, la convocation des assemblées électorales était fixée au 9 avril.

Bientôt parurent les fameuses circulaires du ministre de l'intérieur Ledru-Rollin aux commissaires départementaux : « A la tête de chaque arrondissement, de chaque municipalité, leur disait-il, placez des hommes sympathiques et résolus. Nous ne ménagez pas leurs instructions, animez leur zèle. Par les élections qui vont s'accomplir, ils tiennent dans leurs mains les destinées de la France; qu'ils nous donnent une Assemblée nationale capable de comprendre et d'achever l'œuvre du peuple. En un mot, tous hommes de la veille et non du lendemain. Il faut faire l'éducation du pays, il faut que l'Assemblée nationale soit animée de l'esprit révolutionnaire. Pour y siéger, il faut être pur des traditions du passé. » Les élections se firent néanmoins avec ordre. Certaines classes, qu'une sympathie bien vive n'attirait pas vers les doctrines républicaines, surent oublier leurs préférences, pour ne pas établir entre elles et la démocratie un dangereux antagonisme. A Paris, la bourgeoisie elle-même vota pour le gouvernement provisoire et pour la liste républicaine entière, indiquant seulement par un classement systématique quels étaient ceux des candidats en qui elle avait le moins de confiance.

C'est dans ces dispositions générales des esprits que, le 4 mai 1848, l'Assemblée constituante se réunit à Paris. Fidèle à la tradition conventionnelle et à l'imitation puérile d'un passé qui ne peut plus revenir, le gouvernement, « considérant que le principe de l'égalité implique l'uniformité de costume pour les citoyens appelés aux mêmes fonctions, » avait décrété que les représentants porteraient un costume spécial dont la pièce principale serait le *gilet blanc à la Robespierre*. Les nouveaux élus, comprenant tout le ridicule de cette exhibition symbolique, regardèrent en masse le décret comme non avenu. MM. Caussidière, Flocon et quelques autres eurent seuls le courage de se parer du costume officiel; et le premier, plus intrépide que le second, eut en outre le courage de le garder tant qu'il siégea dans cette enceinte. Une écharpe tricolore et une rosette à la boutonnière restèrent les seuls signes distinctifs des représentants du peuple.

La première séance de l'Assemblée constituante fut ouverte par M. Audry de Puyraveau, doyen d'âge. M. Dupont (de l'Eure) prit la parole au nom du gouvernement provisoire. « Dépositaires de la souveraineté nationale, dit-il aux élus du peuple, vous allez fonder nos institutions nouvelles sur les larges bases de la démocratie, et donner à la France la seule constitution qui puisse lui convenir, une constitution républicaine.... *Fidèles à notre origine* et à nos convictions personnelles, nous n'avons pas hésité à proclamer la république naissante de Février. Aujourd'hui nous inaugurons les travaux de l'Assemblée nationale à ce cri qui doit toujours la rallier : *Vive la république!* » Une immense acclamation accueille ce discours. On se retire dans les bureaux pour la vérification des pouvoirs. Deux heures après, la vérification commençait. Tout à coup, M. Berger, député de la Seine, à la suite d'un rapport d'élection, s'écrie : « Citoyens, au nom de la plupart des députés de la Seine, au nom de tous, j'ai l'honneur de proposer à l'Assemblée le projet de proclamation suivant : « L'Assemblée nationale, « fidèle interprète du sentiment du peuple qui vient de le « nommer, avant de commencer ses travaux, déclare, au nom « du peuple français et à la face du monde entier, que la ré« publique proclamée le 24 février 1848 est et restera la forme « du gouvernement de la France. La république que veut la « France a pour devise : *liberté, égalité, fraternité*... Vive la « république! » Une acclamation générale répond à M. Berger. Toute l'assemblée se lève, et s'écrie avec enthousiasme « Vive la république pour toujours! » Quelques représentants regrettent seulement que la proposition n'ait été faite qu'au nom de la députation de la Seine. M. Barbès déclare que la proclamation de la république est parfaitement inutile, puisque c'est un fait accompli. A ce moment, le général de la garde nationale Courtais monta à la tribune, et annonça que le peuple demandait que le gouvernement provisoire, accompagné de l'Assemblée, vînt proclamer devant lui la république. Le gouvernement provisoire et le président de l'Assemblée, suivis de quelques-uns des représentants, se rendirent sous le péristyle du palais. On fit venir tous les drapeaux de la garde nationale, de la garde mobile et de l'armée. Là M. Audry de Puyraveau donna une nouvelle lecture de la proclamation de M. Berger à la foule amoncelée sur les quais, le pont, la place de la Concorde, et qui poussait d'énergiques acclamations. C'était un spectacle imposant. Puis l'Assemblée descendit à travers les flots pressés de la garde nationale et du peuple, suivit la rue de Bourgogne et regagna par l'autre entrée la salle des séances, aux cris mille fois répétés de *Vive la république!*

Le lendemain l'Assemblée procéda à l'organisation de son bureau. M. Buchez fut nommé président pour un mois par 389 voix sur 727 votants. Le 6 mai, au nom du gouvernement provisoire, M. de Lamartine vint déposer ses pouvoirs entre les mains de l'Assemblée constituante et rendre compte, moins en homme d'État qu'en poète, de l'usage que lui et ses collègues avaient fait de la dictature dont la révolution les avait investis. Après cet exposé général, chacun des ministres rendit compte successivement de son administration particulière, et MM. Ledru-Rollin, Crémieux, Louis Blanc, Carnot, Bethmont, Garnier-Pagès, Arago, Marie et de Lamartine se succédèrent pendant plusieurs jours à la tribune.

Mais l'intérêt n'était pas là : personne n'avait pour le gouvernement provisoire ni amour ni haine. L'assemblée attendait avec impatience un autre débat, celui qui allait s'engager sur la formation du gouvernement appelé à succéder au gouvernement provisoire, c'est-à-dire la substitution, avant la constitution définitive du pouvoir exécutif, d'un pouvoir intérimaire au gouvernement de l'hôtel de ville, qui avait dû cesser d'être. L'Assemblée décida, après deux épreuves douteuses, qu'elle ne choisirait pas directement les ministres, mais qu'une commission de gouvernement, chargée de ce soin, serait nommée au scrutin, et qu'elle se composerait de cinq membres. Alors on procéda au vote, et de l'urne sortirent les noms de MM. Arago, Garnier-Pagès, Marie, Lamartine et Ledru-Rollin. L'assemblée, après le rejet d'une demande d'enquête, appuyée par M. Barbès, déclara que le gouvernement provisoire avait bien mérité de la patrie.

Dans la séance du 9 mai, M. Louis Blanc avait déclaré, en son nom et en celui de M. Martin Albert, que tous deux avaient résigné leurs pouvoirs comme président et vice-président de la commission des travailleurs siégeant au Luxembourg. Mais ce n'était là qu'une abdication personnelle; et le lendemain M. Blanc demanda que la commission fût reconstituée sous le titre de *ministère du travail et du progrès*. M. Peupin s'y opposa; et l'Assemblée appuya à l'unanimité sa proposition de nommer dans le sein de la chambre une commission d'enquête pour examiner toutes les questions intéressant le sort des travailleurs. Le lendemain cette commission fut remplacée par un comité spécial.

La commission exécutive, constituée en dehors de l'Assemblée, faisait connaître le 11 qu'elle avait choisi pour ministres : de la justice, M. Crémieux; des affaires étrangères, M. Bastide, avec M. Jules Favre pour sous-secrétaire d'État; de la guerre, par intérim, M. Charras; de la marine, le vice-amiral Casy; de l'intérieur, M. Recurt; des finances, M. Duclerc; des travaux publics, M. Trélat; des cultes, M. Bethmont; du commerce, M. Flocon; de l'instruction publique, M. Carnot.

L'Assemblée put alors consacrer ses séances à la rédaction de son règlement de police intérieure et à la nomination de ses quinze comités spéciaux. Cependant, dès le 10 mai, M. Wolowski avait appelé l'attention du gouvernement et de l'assemblée sur les misères de la Pologne. Aussitôt des rassemblements se formèrent dans la rue, où l'on tint des clubs en plein vent, discutant avec chaleur l'opportunité d'une intervention armée. Le 13 une réunion peu nombreuse apporta à l'Assemblée une pétition en faveur de la Pologne. Le rassemblement s'arrêta sur la place de la Concorde, et un représentant du peuple vint recevoir la pétition, qu'il déposa sur le bureau de l'Assemblée. Le 14 de nouvelles réunions eurent lieu dans les clubs. Le 15, jour fixé pour des interpellations au ministère au sujet de la Pologne et de l'Italie, l'attroupement prit un caractère sérieux, et le palais de l'Assemblée fut envahi (*voyez* MAI [Journée du 15]).

La séance de l'Assemblée, après sa délivrance, fut continuée jusqu'à neuf heures du soir avec des incidents de peu d'intérêt, et qui se ressentaient du trouble de la journée. Un de ses premiers actes fut la nomination de M. Clément Thomas, ancien maréchal des logis, colonel de la 2e légion, au poste de général de la garde nationale de Paris, en remplacement du général Courtais, mis en état d'arrestation. Les lendemain et surlendemain la commission exécutive entretint l'Assemblée des moyens employés ou préparés pour maintenir la sécurité de la représentation nationale et l'ordre public. Les premières explications amenèrent la démission du préfet de police Caussidière, et son remplacement par M. Trouvé-Chauvel, ancien maire du Mans. L'ex-préfet se défendit à la tribune avec une bonhomie pleine d'habileté; il n'y eut pas jusqu'à certaines familiarités de langage peu acceptables au sein d'une assemblée nationale qui ne servissent sa cause par les dehors de la franchise. En même temps, sentant la nécessité de se retremper dans l'élection, il donnait sa démission de représentant de la Seine.

Après de longues tergiversations, MM. Portalis et Landrin, procureur général et procureur de la république, vinrent le 1er juin demander à l'Assemblée l'autorisation de poursuivre M. Louis Blanc, qui se défendit avec énergie. Après de longs débats, la demande d'autorisation de poursuites fut repoussée, le 3 juin, à la majorité de 369 voix contre 337. Au banc ministériel, MM. Bastide et Favre se levèrent seuls pour l'adoption. Les deux magistrats, abandonnés par les membres du ministère, qui, disaient-ils, avaient encouragé leur démarche, donnèrent leur démission. Bientôt le général Cavaignac fut nommé ministre de la guerre; le licenciement et la réorganisation des corps de police irréguliers furent commencés sans obstacle, et la tranquillité fut rétablie. M. Senart remplaça au fauteuil M. Buchez, dont la conduite avait été d'une si incroyable mollesse le jour de l'invasion.

Il serait impossible d'analyser les propositions confuses, les motions individuelles, les projets peu mûris, les interpellations sans gravité, les incidents divers, qui firent les frais des séances de l'Assemblée pendant la fin du mois de mai et les premiers jours de juin. L'inexpérience d'une chambre nombreuse et composée en grande partie d'éléments nouveaux, la nécessité de s'occuper à la fois du règlement, de l'organisation des comités, des questions relatives à chaque ministère, et tout cela sous la pression des inquiétudes extérieures et des défiances du dedans, c'étaient là autant de causes qui ne laissaient que peu de place à des travaux sérieusement élaborés.

La commission du pouvoir exécutif vint proposer à l'Assemblée constituante, qui cependant avait admis dans son sein, malgré les termes d'une loi non abrogée, trois membres de la famille Bonaparte, bannie à perpétuité, de rendre applicable à la branche cadette des Bourbons la loi de bannissement perpétuel rendue en 1832 contre la branche aînée. Malgré la résistance énergique de M. Laurent (de l'Ardèche) et de quelques rares représentants, malgré la demande du scrutin de division, cette mesure fut adoptée par une majorité compacte (632 voix contre 63).

Cependant, les élections devaient avoir lieu le 8 juin pour remplir les vides laissés par les options précédentes. Parmi les candidats fort nombreux qui sollicitaient le suffrage des électeurs, on remarqua celui de Louis-Napoléon. L'Assemblée, nous venons de le dire, avait déjà admis dans son sein des membres de sa famille; mais la candidature du conspirateur de Strasbourg et de Boulogne avait une portée plus grave. L'affiche qui le recommandait disait « qu'il ne demandait qu'à être représentant du peuple, n'ayant pas oublié que Napoléon avant d'être le premier magistrat de la France en avait été le premier citoyen ». Ce nom agita la capitale : on lui opposa l'annonce d'un banquet de cent mille convives à 25 centimes par tête. A cette nouvelle, les représentants furent appelés, les 6 et 7 juin, à voter d'urgence une loi contre les attroupements, laquelle fut adoptée par 478 voix contre 82.

La répugnance des masses pour les noms anciens commençait à cesser. On n'était pas satisfait des hommes nouveaux. Ce revirement dans l'opinion fit arriver à la représentation nationale MM. Thiers, A. Fould, Victor Hugo, Charles Dupin, le général Changarnier, Molé, le général Rulhières, le maréchal Bugeaud, etc. Le premier, qui en avril n'avait pu être élu dans son pays natal, était proclamé aujourd'hui dans cinq départements à la fois; mais tandis que la province élisait des hommes du parti modéré, Paris choisissait MM. Caussidière, Pierre Leroux, Lagrange, Proudhon, c'est-à-dire les chefs du socialisme et du communisme. On y voyait d'ailleurs sortir aussi de l'urne les noms de MM. Moreau, Goudchaux et Boissel, ainsi que celui de Louis Bonaparte; et, comme M. Thiers, ce dernier candidat fut élu dans plusieurs départements à la fois.

Malgré la loi sur les attroupements, la capitale était profondément agitée. Des groupes compactes entouraient l'Assemblée, gardée comme en temps de siége. Les 11 et 12 juin les rassemblements prirent un caractère si menaçant, qu'il fallut des charges vigoureuses exécutées par la troupe de ligne et la garde nationale pour rétablir l'ordre.

L'état du pays s'aggravant de jour en jour, la commission exécutive crut devoir prendre un parti violent. Le 12 juin M. de Lamartine vint demander à l'Assemblée nationale de maintenir à l'égard de Louis-Napoléon les dispositions de la loi de 1832. L'agitation du dehors était le prétexte mis en avant pour justifier ce décret de proscription. Si l'Assemblée ne votait pas sur l'heure, disait M. de Lamartine, il fallait se préparer à une bataille pour le lendemain. La majorité refusa de voter ainsi d'urgence, et le lendemain l'Assemblée reçut une lettre de Louis-Napoléon, datée de Londres, par laquelle il résignait le mandat que lui avaient confié le département de la Seine et trois autres départements, mandat que les soupçons injurieux qu'avaient fait naître ces élections, les troubles dont elles avaient été le prétexte, et l'hostilité du pouvoir exécutif, lui imposaient le devoir de refuser. « Bientôt, ajoutait-il, le calme, j'espère, renaîtra et me permettra de rentrer en France comme le plus simple des citoyens, mais aussi comme un des plus dévoués au repos et à la prospérité de mon pays. »

Cependant, cent mille hommes venus on ne sait d'où, payés depuis trois mois pour ne rien faire, organisés en ateliers nationaux, enrégimentés d'abord, disait-on, dans l'espoir de les détourner de l'influence socialiste, recevaient chaque jour un mot d'ordre dont leur chef légal, M. Émile Thomas, ne savait ni la source ni le but. Le ministère des travaux publics voulut faire cesser de graves abus dans le payement de leurs salaires. On parla d'une réorganisation prochaine. M. Émile Thomas osa résister au ministre, qui prit sur lui de le faire enlever le 27 mai et transférer à Bordeaux avec une mission forcée. A cette nouvelle, une grande irritation éclata dans le personnel des ateliers, et des mesures durent être prises pour protéger l'Assemblée. Le lendemain, M. de Falloux, au nom du comité du travail, proposait d'urgence un décret pour réglementer les ateliers nationaux, qu'il appelait une grève organisée où se recrutaient les agents de désordre. Le 11 juin l'Assemblée dut allouer au ministre des travaux publics un nouveau crédit de trois millions pour les ateliers nationaux, dont la transformation ne s'opérait qu'avec une excessive lenteur. A la suite d'une assez longue discussion, il fut décidé que des allocations nouvelles ne seraient désormais demandées dans ce but que million par million, et la commission exécutive fut maintenue en permanence. Le 19 M. de Falloux réclamait la dissolution de ces ateliers. Le 20 M. Léon Faucher constatait que leur personnel grossissait à vue d'œil et que tout Paris y passerait. La commission, décidée à mettre un terme à ce monstrueux abus, présenta un projet de décret ouvrant un crédit de 150 millions pour faire renaître le travail dans le pays, et des conditions furent mises à l'admission dans les ateliers nationaux. A la nouvelle de leur prochaine dissolution, mille rumeurs alarmantes circulèrent sur les points les plus opposés de Paris ; des groupes nombreux se formèrent, des discussions s'engagèrent de toutes parts. Les journées de juin éclatèrent.

La lutte avait été terrible. Pendant quatre jours la capitale avait été livrée au carnage; ses rues, ses maisons, son travail, son industrie en portaient d'affreuses traces; le nombre des victimes était immense. Cette bataille des noms n'avait coûté à l'armée plus d'officiers que les plus meurtrières batailles de l'empire. La commission exécutive avait disparu, au premier souffle de l'émeute, devant le décret de l'Assemblée qui concentrait tous les pouvoirs dans les mains du général Cavaignac. Ce nouveau chef du pouvoir exécutif et l'Assemblée constituante s'occupèrent alors sérieusement de la répression. L'état de siége fut maintenu ; une armée entière campa dans Paris ou sous ses murs; tous les jardins publics se couvrirent de baraques.

Une difficulté grave se présenta tout d'abord : Que faire de plus de 6,000 vaincus qui encombraient les prisons? L'Assemblée décida que les insurgés de juin reconnus coupables par des commissions, et sans qu'il fût besoin de jugements en forme, seraient classés en deux catégories : les plus criminels, auxquels on se réservait d'appliquer toute la rigueur des lois; et les moins coupables, les égarés, que l'on voulait expatrier. On imagina alors la *transportation*, qui ne devait pas, comme la *déportation*, entraîner l'idée de peine judiciaire, mais qui était prononcée administrativement par mesure de sûreté générale. En attendant qu'un lieu de transportation fût désigné, Belle-Isle dut recevoir provisoirement les transportés. Rien n'y était prêt; ces malheureux furent entassés sur des pontons, en sortant des cabanons infects où ils avaient été accumulés.

L'Assemblée nomma une commission d'enquête chargée de rechercher les causes des deux insurrections du 15 mai et du 23 juin, que de prime abord elle déclarait connexes. Les conseils de guerre de la première division militaire furent saisis de nombreuses informations. Les légions de la garde nationale parisienne douteuses ou complices de l'insurrection furent dissoutes et désarmées. Enfin, le décret de transportation fut voté le 27, malgré les réclamations de MM. Baune, Caussidière et Pierre Leroux.

Le lendemain 28, le général Cavaignac monta à la tribune pour déposer le pouvoir dictatorial que la chambre lui avait confié au fort du danger. La dictature avait cessé, mais l'état de siège devait subsister aussi longtemps que les circonstances le rendraient nécessaire. Restait à constituer le nouveau pouvoir exécutif. M. Martin (de Strasbourg) proposa de le déférer au général, avec le titre de *président du conseil* et le droit de nommer ses ministres. La proposition ayant été adoptée dans son ensemble à une immense majorité, M. Cavaignac confia le ministère des affaires étrangères à M. Bastide; celui de l'intérieur, à M. Senart; celui de la guerre, à M. de Lamoricière; celui des finances, à M. Goudchaux; celui des travaux publics, à M. Recurt; celui de l'agriculture et du commerce, à M. Tourret; celuide la justice, à M. Bethmont; celui de l'instruction publique, à M. Carnot. Le général Changarnier fut nommé commandant supérieur des gardes nationales de la Seine. L'Assemblée constituante dut se choisir un nouveau président, et M. Marie fut élu.

Bientôt MM. Cavaignac et Recurt procédèrent à la dissolution des ateliers nationaux, et le président du conseil annonça cette nouvelle dans la séance du 4 juillet. Désormais les familles sans travail allaient recevoir des secours à domicile, sous la surveillance des maires, et profiter d'une assistance que trop souvent le mari dissipait follement. En même temps le général usait de son pouvoir suprême pour imposer silence à plusieurs organes de la presse périodique, et, par un décret de suppression ou de suspension, il frappait également les feuilles incendiaires et des organes accrédités de l'opinion modérée. Le rédacteur en chef du journal La Presse, M. Émile Girardin, fut même arrêté préventivement et tenu plusieurs jours au secret. On remarqua avec douleur que la république avait pu en un seul jour porter impunément des atteintes plus profondes à la liberté de la presse que ne l'avaient fait en trente ans tous les gouvernements passés. L'Assemblée constituante ratifia d'ailleurs toutes ces mesures, d'abord par son silence, et le 1er août par un ordre du jour voté à l'unanimité. Elle décida qu'elle rembourserait les bons du Trésor et les dépôts des caisses d'épargne en inscriptions de rentes, et non en numéraire; opération financière qui ressemblait beaucoup trop à une banqueroute. Elle vota un secours de trois millions à l'industrie du bâtiment, appliqua trois autres millions aux associations entre ouvriers, et entre ouvriers et patrons, exempta d'impôt pour dix ans les maisons dont la construction commencerait avant le 1er janvier 1849, et pendant cinq ans celles qui, commencées avant le 24 février, seraient conti-

nuées immédiatement; enfin, elle porta à quinze ans l'exemption pour les constructions destinées au logement des ouvriers; toutes mesures qui témoignaient sans doute de bonnes intentions, mais qui ne pouvaient exercer qu'une médiocre influence sur la reprise des affaires.

La commission chargée de procéder à une enquête sur les événements de mai et de juin présenta le 3 août son rapport à l'Assemblée constituante. Le travail de M. Bauchart était à quelques égards un acte d'accusation. Les deux représentants les plus compromis, MM. Louis Blanc et Caussidière, demandèrent qu'on attendît pour se prononcer qu'ils eussent eu le temps de préparer leur justification. Après une longue discussion, les deux accusés se trouvèrent dégagés de toute prévention de complicité dans les événements de juin, et n'eurent plus à répondre devant la justice que comme inculpés d'avoir participé à l'attentat du 15 mai. Commencée le 25 août, cette séance n'avait fini que le 26 à six heures du matin. Au reste, les deux accusés, qu'on eut le soin de laisser libres, purent se dérober par la fuite aux poursuites de la justice.

L'Assemblée constituante s'occupa ensuite des moyens de prévenir des désordres nouveaux. Rétablissement du cautionnement pour les feuilles périodiques, mais avec réduction au quart à peu près de l'ancien chiffre; loi répressive des délits et répression des délits et crimes de la presse; projet d'organisation des clubs et répression des délits et crimes auxquels ils pourraient donner lieu, telles furent les satisfactions accordées par le pouvoir à l'opinion conservatrice. La contrainte par corps, suspendue par un décret du 9 mars, fut rétablie, mais avec diverses modifications qui en atténuaient les rigueurs. Un crédit d'un million, demandé par M. Carnot afin d'augmenter le traitement des instituteurs primaires, fut une occasion pour l'assemblée de porter un jugement sévère sur la direction que ce ministre avait imprimée à cette partie du service public pendant le gouvernement provisoire. M. Bonjean proposa et fit adopter un retranchement de 5,000 francs sur la somme demandée. A cette désapprobation formelle M. Carnot opposa la défense de sa conduite, parvint sans doute à prouver la loyauté de ses intentions, mais crut devoir se démettre de son portefeuille, qui fut confié à M. de Vaulabelle. M. Tourret, ministre de l'agriculture et du commerce, présenta un projet de décret sur l'enseignement professionnel agricole, établissant des fermes-écoles, des écoles régionales et un institut national agronomique; projet qui, légèrement amendé, fut adopté dans la séance du 3 octobre. Le pouvoir exécutif s'associait de son côté à ces travaux féconds de mesures réparatrices. En élevant M. Marrast, le 19 juillet, au fauteuil de sa présidence, l'Assemblée constituante avait rendu facile au pouvoir exécutif la réalisation d'une mesure depuis longtemps réclamée par l'opinion, la restitution d'une préfecture au département de la Seine.

Une question préjudicielle s'élevait avant d'entamer le débat sur la constitution. L'état de siège serait-il levé pendant la discussion? M. Cavaignac déclara nettement qu'il devait être maintenu, et la majorité fut de son avis. Il déclara de plus qu'il fallait maintenir la suspension de certains journaux réputés dangereux; et l'assemblée n'y mit pas obstacle. Enfin, une autre question fut soulevée touchant à l'existence même de l'Assemblée. Se dissoudrait-elle immédiatement après avoir voté la constitution, ou continuerait-elle à siéger pour faire les lois organiques? L'Assemblée se prononça deux fois pour l'affirmative à une très-grande majorité, la première en rejetant l'ajournement qu'on lui proposait, la seconde en votant sur le fond, sauf à décider plus tard quelles lois devraient être classées parmi les lois organiques. La discussion générale s'ouvrit enfin sur le projet de constitution. Elle fut longue, animée, pleine d'intérêt. Dans l'intervalle, une élection faite à Paris le 17 septembre montrait clairement vers quelles idées la défiance de la population tournait les esprits. Sur 247,242 votants, Louis-Napoléon obtenait 110,752 suffrages, et parmi les candidats socialistes les plus favorisés, Raspail n'en réunissait que 66,963. En même temps, le neveu de l'empereur était élu dans quatre départements. L'admission de Louis-Napoléon fut prononcée à l'unanimité. Il opta pour le département de la Seine.

Cependant, le parti socialiste recommençait dans la capitale et les provinces une campagne de banquets. La gravité de la situation éclatait jusque dans l'Assemblée. Le général Cavaignac sembla chercher à donner une satisfaction immédiate au parti de l'ordre. La crise ministérielle se dénoua le 13 octobre par la retraite de MM. Senart, Recurt et de Vaulabelle, qui furent remplacés par MM. Dufaure, Vivien et Freslon. Le nouveau cabinet obtenait comme vote de confiance 100,000 francs de fonds secrets. Le 19 l'Assemblée votait d'urgence et sans opposition la fin de l'état exceptionnel créé par les journées de juin ; loin de s'opposer à cette mesure, le gouvernement l'avait fortement appuyée. Voté le 24 juin, l'état de siège avait duré près de quatre mois.

Les amis imprudents de M. Cavaignac, M. Clément Thomas entre autres, en incriminant l'absence de la chambre de Louis-Napoléon et en discutant, en dehors de l'ordre du jour, ses titres à la présidence de la république, posaient maladroitement de plus en plus la candidature de celui qu'ils appelaient un prétendant, quand elle reçut tout à coup de nouvelles forces du décret de l'Assemblée qui fixait brusquement au 10 décembre le jour de l'élection. La constitution, revisée superficiellement, avait été votée le 4 novembre par l'Assemblée, et promulguée le 12 par M. Marrast sur la place de la Concorde. Des précautions avaient été prises contre le président futur de la république. Malgré l'abolition du serment politique, on exigeait de lui le serment de fidélité à la république, à la constitution. Il ne pouvait être réélu à la fin de son pouvoir, et l'on déclarait qu'il ne pourrait être remplacé par un membre de sa famille, fût-ce au sixième degré. Enfin, si le président s'avisait de dissoudre l'Assemblée, c'est à elle que reviendrait son pouvoir ; il serait déchu de ses fonctions et mis en jugement.

Sur ces entrefaites, le 25 novembre, le général Cavaignac était rudement attaqué à la tribune par M. Barthélemy-Saint-Hilaire, Ledru-Rollin et Garnier-Pagès, pour sa conduite durant les journées de juin, pour ses prétendues idées sympathiques à celles de son père et de son frère. La séance se prolongea fort avant dans la soirée. La réplique de l'accusé fut dure, brutale même, très habile. M. de Lamartine, interpellé, crut devoir garder le silence. M. Dupont (de l'Eure) réussit à faire adopter un ordre du jour motivé, confirmant le décret du 28 juin, qui portait que le général avait bien mérité de la patrie.

Un incident déplorable vint réveiller les soupçons et les défiances qu'avait fait naître le débat. Une commission des récompenses nationales avait été instituée dès les premiers jours de la révolution sous la présidence de M. Guinard. Le dernier ministre de l'intérieur, M. Senart, avait présenté le 19 septembre un projet de loi portant une demande de crédit considérable applicable à cet objet. La commission chargée d'examiner ce projet voulut connaître la liste de ceux pour qui les récompenses étaient demandées, et après beaucoup de difficultés, le 6 décembre, une liste fut remise, sur laquelle, à côté de MM. Marrast, Recurt, Flocon, Gervais (de Caen), figuraient la femme de Pépin et ses enfants, la sœur de l'assassin Lecomte, Boucheron, Coffineau, condamné à sept ans de détention pour vol, Bignon à dix-huit jours également pour vol, etc., etc. M. Dufaure, qui ignorait à coup sûr pour qui la commission accordait des pensions, s'empressa de retirer ce projet de loi. Mais le coup était porté, et le général Cavaignac en ressentit le contre-coup. Pour le parer, il eut tort de recourir à l'arbitraire : le 7 décembre les malles-postes ne partirent qu'après minuit, grâce à l'obéissance passive du directeur, M. Étienne Arago : ce retard avait été ordonné afin qu'elles pussent emporter avec les journaux qui contenaient ces listes honteuses les explications données par le gouvernement à l'Assemblée. C'était trop sacrifier les inquiétudes infaillibles du pays au succès d'une candidature personnelle.

C'est dans ces circonstances que s'ouvrit dans la France entière le scrutin pour l'élection du président de la république : sur 7,326,385 voix, Louis-Napoléon en obtint 5,334,226 et le général Cavaignac 1,448,107. Le pays avait prononcé. Le rapporteur de la commission nommée par l'Assemblée conclut, le 20 décembre, en lui proposant de proclamer Louis-Napoléon président de la république. Le président de la chambre, M. Marrast, mit aux voix cette conclusion. La Montagne ne se leva ni pour ni contre ; la conclusion fut adoptée, et M. Marrast proclama le président de la république jusqu'au deuxième dimanche de mai de l'année 1852 ; après quoi il invita l'élu à monter à la tribune pour prêter le serment voulu par la constitution de rester fidèle à la république démocratique, une et indivisible. « Je le jure, » répondit d'une voix ferme Louis-Napoléon ; et M. Marrast, comme organe de l'Assemblée, prit acte du serment en présence de Dieu et du peuple français.

Le même jour le président de la république nomma pour ses ministres : à la justice et comme président du conseil, M. Odilon Barrot ; aux affaires étrangères, M. Drouin de Lhuys ; à l'intérieur, M. Léon de Maleville ; à la guerre, le général Rulhières ; à la marine, M. de Tracy ; à l'instruction publique et aux cultes, M. de Falloux ; à l'agriculture et au commerce, M. Bixio ; aux travaux publics, M. Léon Faucher ; aux finances M. Hippolyte Passy. Le ministère une fois constitué, le maréchal Bugeaud fut nommé commandant en chef de l'armée des Alpes.

Le premier engagement entre le nouveau ministère et l'opposition eut lieu à propos d'une ordonnance investissant le général Changarnier du double commandement des gardes nationales de la Seine et des troupes de la 1re division militaire. A un ordre du jour motivé, impliquant blâme, l'Assemblée préféra, le 26 décembre 1848, l'ordre du jour pur et simple. Ce fut le premier succès de la nouvelle administration, qui subit bientôt deux modifications significatives : M. Bixio fut remplacé à l'agriculture par M. Buffet et M. de Maleville à l'intérieur par M. Léon Faucher, cédant les travaux publics à M. Lacrosse. La retraite de M. Bixio s'expliquait : on avait tenté en vain avec la démocratie une conciliation insuffisante. Celle de M. de Maleville était plus grave : on l'attribuait à une lettre que lui aurait adressée le président de la république pour lui demander vainement la remise des dossiers relatifs aux affaires de Strasbourg et de Boulogne.

Cependant, l'organisation du pouvoir nouveau était encore incomplète. Aux termes de la Constitution, le président de la république devait, dans le mois qui suivrait son élection, présenter une liste de trois candidats, parmi lesquels l'Assemblée choisirait le vice-président. En conséquence, le cabinet présenta, le 18 janvier 1849, sa liste composée de MM. Boulay (de la Meurthe), le général Baraguey d'Hilliers et Vivien. Les deux premiers noms excitèrent des exclamations et des rires que le président de la chambre dut comprimer. M. Boulay fut pourtant élu le 20, par 417 voix contre 277 données à M. Vivien.

L'article 41 de la constitution, relatif au mode de délibération des assemblées législatives futures, soumettait chaque projet des assemblées qui ne serait pas prise d'urgence, à l'épreuve de trois lectures successives. La commission du règlement proposa le 2 janvier que l'assemblée actuelle, qui n'avait plus de constitution à faire, mais seulement des lois, s'appliquât à elle-même les règles qu'elle avait tracées aux assemblées à venir, et n'adoptât désormais aucun projet de loi, sauf les cas d'urgence, qu'après trois délibérations, séparées par des intervalles d'au moins cinq jours, le droit de veto du président n'étant pas applicable à l'Assemblée constituante. La discussion de cette proposition fut tumultueuse et empreinte de passion. Toutefois, elle fut adoptée.

Dans les derniers jours de l'année qui venait de finir, l'Assemblée constituante avait cru devoir déterminer le nombre et la nature des lois qui seraient appelées *organiques* et qu'elle aurait à discuter et à voter après l'installation du président de la république. Il y avait derrière cette décision une grave question sous-entendue, celle de la durée et de la prolongation éventuelle de l'Assemblée constituante. Le 9 décembre, c'est-à-dire la veille de l'ouverture du grand scrutin qui allait donner un chef au pouvoir exécutif, la chambre s'était créé une longue et laborieuse tâche en arrêtant la nomenclature suivante des lois dites *organiques* à discuter : c'étaient 1° la loi sur la responsabilité des dépositaires de l'autorité publique ; 2° celle sur le conseil d'État ; 3° la loi électorale ; 4° la loi d'organisation départementale et communale ; 5° celle d'organisation judiciaire ; 6° celle sur l'enseignement ; 7° la loi sur l'organisation de la force publique (garde nationale et armée) ; 8° la loi sur la presse ; 9° celle sur l'état de siège ; 10° celle sur l'organisation de l'assistance publique.

La discussion sur les lois organiques s'ouvrit le 15 janvier, par la loi du conseil d'État. Le 27 cette loi était votée tout entière ; il ne lui restait plus qu'à subir l'épreuve, peu sérieuse, d'une troisième délibération, lorsque des interpellations adressées par M. Baume au ministère sur les affaires d'Allemagne et d'Italie vinrent soulever un débat plus sérieux en appelant à la tribune MM. de Lamartine et Ledru-Rollin. Mais les événements marchaient : la question n'était déjà plus là ; un mouvement prononcé se faisait sentir dans les départements en faveur d'une prompte séparation de l'Assemblée constituante. Bientôt M. Rateau déposa une proposition fixant au 19 mars 1849 la convocation de l'Assemblée législative, et portant que les pouvoirs de la Constituante prendraient fin le même jour ; que les élections auraient lieu le 4 mars, et que jusqu'à sa dissolution la Constituante s'occuperait principalement de la loi électorale et de celle relative au conseil d'État. Repoussée par le comité de législation à la majorité de dix-neuf voix contre dix-huit, rejetée dans le comité de la justice par quinze voix contre quinze, elle fut, le 9 janvier, l'objet d'un rapport violent de M. Grévy. Une discussion fort animée s'ensuivit, à la suite de laquelle la prise en considération fut rejetée le 12, par quatre cents voix contre trois cent quatre vingt-seize qui adoptèrent les conclusions du rapport. Le 25, nouveau rapport de M. Grévy : l'absolutisme des conclusions y était encore relevé par le ton tranchant du rapporteur, qui rejetait non-seulement la proposition Rateau, mais encore tout terme prochain ou éloigné fixé à l'existence de la chambre, s'élevant surtout contre la violence morale qu'on prétendait lui faire à l'aide de pétitions dont les signataires ne dépassaient pas, selon lui, cent soixante-treize mille. Il se refusait en outre à toute modification au décret déterminant le nombre des lois organiques.

La mise en accusation des accusés du 15 mai fut l'occasion d'un rapprochement inattendu entre toutes les parties de l'opposition. Tous les prévenus arrêtés ou contumaces étaient compris dans l'accusation. Le 17 janvier le cabinet saisissait l'Assemblée d'un projet de décret pour que l'affaire fût jugée sans délai par la haute cour nationale convoquée à Bourges. La discussion s'ouvrit le 20. La grande question était celle-ci : la haute cour est-elle compétente, le fait pour lequel elle est réunie ayant été commis avant la rédaction de la constitution qui l'a créée, et la proposition du gouvernement n'établit-elle pas la rétroactivité, proscrite par la constitution ? MM. Baroche et Dupin furent d'un avis contraire. Le 22 l'Assemblée à la majorité de 466 voix contre 288, adopta l'article 1ᵉʳ du projet, qui emportait l'adoption de la loi entière.

Si à l'intérieur de la chambre, par un reste de respect pour les convenances parlementaires, la lutte semblait se circonscrire entre le parti exalté et le cabinet, au dehors, dans les journaux, dans les clubs, c'était surtout contre le président de la république qu'étaient dirigées les attaques : le gouvernement ne pouvait hésiter à organiser sa défense. Le 26 janvier le ministre de l'intérieur présentée à l'Assemblée un projet de loi qui interdit formellement les clubs. Il demande en outre qu'il soit discuté d'urgence, et la chambre accueille ce désir à une forte majorité. Mais au scrutin secret, qui a lieu au milieu d'une agitation extrême, l'urgence est rejetée à la majorité de 413 voix contre 342. Aussitôt après le vote, une demande de mise en accusation contre le ministère est déposée par M. Ledru-Rollin. C'était le commentaire naturel du vote de la chambre. L'acte était signé de toute la Montagne, et il avait pour corollaire une protestation adressée à l'Assemblée constituante par tous les rédacteurs des journaux démocrates et socialistes et par tous les présidents de clubs.

Sur ces entrefaites, un réquisitoire du procureur général demandait à la chambre l'autorisation de poursuivre M. Proudhon, représentant du peuple, comme auteur d'un article insultant pour le président de la république. M. Proudhon monta à la tribune, et déclara n'avoir voulu que soulever dans son journal la question de responsabilité du chef du pouvoir exécutif ; sur quoi le conseil des ministres se réunit le lendemain, 28 janvier, à l'Élysée. Là Louis-Napoléon déclara qu'il n'avait aucun motif de modifier sa politique, et que le cabinet pouvait compter sur son appui ferme et persévérant.

Cinq chefs de bataillon de la garde mobile avaient été arrêtés pour insubordination et conduits à l'Abbaye. A cette nouvelle, cent cinquante de leurs soldats, se prétendant les délégués de leurs compagnons d'armes, se rendent à l'Élysée, et demandent à voir le président de la république, réclamant l'élargissement de leurs officiers. Louis Napoléon refusa de les recevoir, mais le général Changarnier descendit pour leur parler : ses explications ne purent convaincre les mutins, qui se retirèrent en criant : *vive la république démocratique et sociale !* Dans la nuit du 28 au 29 janvier, une fermentation inquiétante se manifeste au sein de leurs casernes, et les sociétés secrètes se déclarent en permanence. Mais les dangers de la rue n'avaient rien qui pût trouver l'autorité au dépourvu. Le nœud de la situation était dans l'Assemblée constituante.

La séance si vivement attendue du 29 s'ouvrit sous de tristes auspices. Le matin le rappel avait battu dans tout Paris, et l'armée et la garde nationale occupaient les rues et les places publiques. Jamais l'Assemblée n'avait été aussi nombreuse ni aussi bien gardée. Ces précautions stratégiques furent d'abord l'objet d'explications du président du conseil, M. Odilon Barrot sur la réorganisation de la garde mobile.

La discussion ne tarda pas à s'envenimer. Mais le calme revint après quelques explications du ministre, et le débat s'engagea sur la proposition Rateau, ou plutôt sur les trois propositions Rateau, Pagnerre, Bixio et Wolowski, indiquant des époques différentes pour la dissolution de l'Assemblée constituante. A la suite d'un long débat, coupé par de nombreux incidents, sur 821 votants, les conclusions absolues du rapporteur, M. Grévy, c'est à-dire le rejet pur et simple des trois propositions réunirent 405 voix ; 416 les rejetèrent. Sans doute, ce vote n'impliquait pas l'adoption de la proposition Rateau ; il signifiait seulement qu'une seconde délibération s'ouvrirait sur les trois propositions et sur les amendements auxquels elles pourraient donner lieu. La chambre se réservait un nouvel examen, et il y avait là une preuve qu'elle était disposée à mettre un terme à son mandat. Cependant, au dehors des troupes nombreuses avaient pris position sur les quais, sur les boulevards, dans les rues principales et sur les grandes places. La garde nationale était sur pied. De nombreuses patrouilles circulaient, quelques-unes suivies de canons. Toutes les troupes étaient en tenue de campagne. Le bruit courait que la garde mobile était en pleine révolte ; mais rien n'était moins vrai. Le soir, tout était rentré dans le calme, et le lendemain, 30 janvier, les journaux de l'opposition accusaient le général Changarnier d'avoir inventé le péril pour se donner la gloire de le conjurer. Cependant, des arrestations furent faites.

Le 3 février M. Baze déposait le rapport du comité de la justice sur la demande de la mise en accusation du ministère. Ce rapport concluait au rejet pur et simple de la proposition, et payait un tribut d'hommages aux membres du cabinet. En même temps, M. Woirhaye donnait connaissance à l'Assemblée des conclusions de la commission chargée d'examiner la proposition d'enquête sur les événements du 29 janvier. Après quelques explications du ministre de l'intérieur, M. Perrée proposa un ordre du jour portant que l'Assemblée déclarait que les tendances du ministère lui paraissaient créer des dangers à la république, et néanmoins passait à l'ordre du jour. L'ordre du jour pur et simple, ayant été réclamé préalablement, fut repoussé au scrutin secret à la majorité de 407 voix contre 387. C'était là un vote grave. Le lendemain, dimanche, le *Moniteur* annonça qu'à l'issue de la séance les ministres s'étaient réunis à l'Élysée, et qu'il avait été décidé qu'ils resteraient à leur poste et persévèreraient dans la mission qui leur avait été confiée. Le lendemain deux ordres du jour se trouvaient en présence, celui de M. Perrée, et un autre, plus conciliateur, du général Oudinot, qui l'emporta à la majorité de 461 voix contre 350. Ainsi la sagesse de l'Assemblée détournait une crise imminente, et rétablissait l'harmonie entre la chambre et le gouvernement.

Au-dessus de tous ces incidents planait toujours cette question comprenant toutes les autres : l'Assemblée fixerat-elle le terme prochain de sa dissolution ? Le jour était venu d'une seconde lecture de ces propositions diverses dont M. Rateau avait pris l'initiative. Dans l'intervalle avait surgi une proposition nouvelle présentée par M. Lanjuinais, portant qu'il serait immédiatement procédé à la première délibération de la loi électorale, qu'aussitôt après le vote de cette loi il serait procédé à la formation des listes électorales, que les élections pour l'Assemblée législative auraient lieu le premier dimanche après la clôture définitive de ces listes, que l'Assemblée législative se réunirait le dixième jour après celui des élections, que l'ordre du jour de l'Assemblée constituante serait réglé de manière qu'indépendamment du vote électorale, celles sur le conseil d'État et sur la responsabilité du président de la république et des ministres fussent votées avant la dissolution. Le 6 février M. Lanjuinais développa sa proposition avec clarté et sobriété. « C'est un Rateau modéré, s'écria la Montagne. Le président fait l'interim; c'est un chapeau en attendant une couronne. » M. de Lamartine conclut pour la dissolution à bref délai. C'était encore son *alea jacta est*, mais avec variante. « Je suis, dit-il, de ceux qui ne craignent pas de jouer avec le sort, quand c'est la France qui tient les dés et que c'est Dieu qui tient le sort. » Il fallait écarter plus de vingt propositions ou amendements de pure tactique. Enfin, la proposition fut votée dans tous ses articles. Dans le dernier seulement il fut introduit un amendement dont on ne pouvait se dissimuler la gravité : l'Assemblée décidait qu'elle voterait le budget de 1849. Restait à voter sur l'ensemble, vote qui décidait qu'il y aurait lieu à une troisième délibération. Le 6 février le scrutin de division donna une majorité de 494 voix contre 307. Le 14, malgré les efforts inouïs de la Montagne, l'Assemblée persistait dans sa résolution en adoptant définitivement la proposition, à la majorité de 37 voix (424 contre 387).

Cependant, on touchait à l'anniversaire du 24 février; on ne le célébra que par un service funèbre. « C'est l'enterrement de la république, » s'écria un représentant quand l'Assemblée fut saisie d'une loi relative à cette solennité. A Paris la commémoration fut en public grave et calme, mais l'agitation de la rue fut remplacée par celle des banquets. Ici MM. Buchez et Ducoux se contentèrent de porter un toast à la république démocratique une et indivisible; là M. Félix Pyat fit un appel aux *blouses*. Un traité d'alliance fut signé entre les républicains du passé et de l'avenir, entre les montagnards et les socialistes, qui s'unirent définitivement dans un banquet où M. Ledru-Rollin fit les premières avances sérieuses au socialisme, et confessa hautement le dogme nouveau pour lui de *l'organisation du travail*.

Le rapport de la commission chargée d'examiner le projet de loi électorale fut présenté le 2 février par M. Billault. Le 16 mars, l'ensemble du projet étant définitivement voté par assis et levé à la presque unanimité, et le suffrage universel, qui ne vivait que depuis un an, après être resté huit jours étendu sur le lit de Procuste, en sortait mutilé.

A mesure que l'Assemblée reconnaissait mieux la nécessité de ne pas perpétuer le conflit en se perpétuant elle-même, elle cédait davantage à la passion du pouvoir. Le gouvernement avait présenté un projet de loi portant interdiction des réunions politiques. L'urgence demandée avait été repoussée. Une commission avait été nommée. Le 6 mars eut lieu la première lecture du projet modifié; le 19 s'ouvrit la discussion générale. A l'ouverture de la séance du 21, M. Crémieux monta à la tribune, et déclara que la veille la chambre ayant adopté à une faible majorité de 19 voix l'article primitif du projet gouvernemental : *les clubs sont interdits*, la majorité de la commission , considérant ce vote comme une violation formelle de la constitution, retirait son propre projet, et s'abstiendrait de prendre part au reste du débat. L'émotion fut vive à cette étrange annonce ; l'Assemblée néanmoins passa outre, et procéda au vote ; la plus grande partie de la gauche s'abstint d'y prendre part ; on ne trouva dans l'urne que 402 billets blancs et 20 billets bleus ; mais il fallait 500 votants pour rendre la délibération valable; le scrutin fut déclaré nul. Un second fut ouvert avec appel nominal. Pendant ce temps, 350 membres environ s'étaient réunis dans l'ancienne salle des séances de la chambre des députés , au milieu de la plus tumultueuse agitation. Il ne s'agissait là de rien moins qu'une protestation en forme de manifeste. M. Crémieux la proposait aux dissidents , quand un huissier vint annoncer le rappel ; la réunion improvisée se dispersa, tout le monde rentra en séance. La chambre, après avoir adopté successivement tous les articles du projet, décida, le 24 mars, après une discussion orageuse, qu'elle passerait à une troisième délibération.

Cependant, les élections approchaient. Un grand nombre de conservateurs, de diverses nuances, formèrent un comité, dit *de la rue de Poitiers*, dans lequel M. Thiers figurait à côté de M. Berryer, M. de Montalembert à côté de M. Cousin, M. de Noailles à côté de M. de Persigny. Ce comité résolut de ne pas borner ses efforts aux élections prochaines. Il se mit à publier de petits écrits pour combattre la propagande démocratique et sociale; une souscription fut ouverte et, qui plus est, couverte; un mois après, 577,000 petits livres bien imprimés, bien blancs, étaient répandus sur le sol de la France ; mais la défense restait bien au-dessous de l'attaque. Une autre association fut fondée parallèlement, et se recruta d'éléments semblables. L'*Union électorale*, formée de comités de section, de comités d'arrondissement et d'un comité central sur la base des circonscriptions de la garde nationale à cette époque, avait pour but la désignation des candidats futurs au moyen d'élections préparatoires. La liste des candidatures définitives sortant de ces épreuves préliminaires devait résumer, à son avis, l'expression vraie de ce qu'on appelait la majorité des amis de l'ordre. Enfin , la presse conservatrice, de diverses nuances, rassemblée par la crainte du danger commun, organisait un comité central. Ainsi constituées, les différents partis publièrent leurs programmes. Parmi ces comités citons seulement l'*association des amis de la Constitution*, la *réunion du Palais-National*, la réunion des membres de la Montagne, dont M F. Pyat rédigea le programme. Enfin les bonapartistes fondèrent des comités particuliers suivant leurs nuances; quelques-uns se rencontraient dans les différents comités.

L'agitation électorale commença. Les réunions renouvelèrent les clubs. Certains journaux, sur des rapports particuliers, arrangèrent des comptes-rendus plus ou moins exagérés des séances, appelant les rigueurs de la police et des magistrats sur les malheureux orateurs qui croyaient encore à la liberté de la parole.

Sur ces entrefaites, la célébration du premier anniversaire de la proclamation de la république avait lieu avec une certaine pompe. Des propositions d'amnistie avaient été faites à l'Assemblée par quelques-uns de ses membres, et toujours rejetées. Le président donnait des grâces individuelles. Les événements extérieurs prenaient une tournure grave. Avant l'élection du président, le pape, déchu de ses pouvoirs temporels, avait cru devoir fuir de sa capitale. Le général Cavaignac lui avait fait offrir un asile en France. Louis-Napoléon envoya, sous le commandement du général Oudinot, une armée pour reprendre Rome; mais on se taisait sur les projets ultérieurs du gouvernement français. Cependant la constitution disait formellement que la république française n'employait jamais ses forces contre la liberté d'aucun peuple. Lorsque M. Ledru-Rollin interpella le ministère sur les affaires d'Italie, M. Drouin de Lhuys répondit que jamais le gouvernement ne regarderait la république française comme solidaire de toutes les républiques qui se fonderaient ; que c'était le double caractère de Pie IX, comme prince temporel de Rome et comme chef de l'Église, qui compliquait la question; qu'à titre de prince, perdant sa couronne, nul gouvernement étranger n'avait rien à y voir, mais que la catholicité entière était intéressée à ce que le souverain pontife jouît, en cette qualité, d'une liberté pleine et entière. Ensuite, M. Coquerel vint défendre la papauté, qui devait tomber, il le voulait bien, mais pas ainsi. Le 8 mars, des interpellations nouvelles de M. Buvignier furent aussi inutiles. Deux ordres du jour furent déposés. Mais l'ordre du jour pur et simple eut la priorité, et fut adopté par 438 voix contre 341. Après la victoire remportée par les Autrichiens sur les Piémontais, le président du conseil vint, le 16 avril, déclarer à la tribune qu'une crise était imminente dans les États romains, que la France n'y pouvait rester indifférente, qu'elle devait intervenir; et il demandait, en conséquence, l'allocation d'un crédit extraordinaire de 1,200,000 fr. pour subvenir aux éventualités d'une expédition. L'article 1er du projet fut adopté par 395 voix contre 283 ; mais dans le vote de l'ensemble la Montagne s'abstint, pour enlever au scrutin le nombre de voix exigible, manœuvre qui fut reproduite le lendemain : ce qui n'empêcha pas le projet d'être adopté à la majorité de 388 voix contre 161, sur 549 votants. L'intervention était donc décidée.

Le 6 mai parut un décret annonçant que le général Oudinot s'était mis en marche sur Rome, et qu'il avait pris position à quelque distance de la ville, attendant le reste du corps expéditionnaire. A cette nouvelle, des interpellations furent portées le lendemain à la tribune. M. Jules Favre y ajouta un acte d'accusation formel contre le ministère. M. Odilon Barrot répondit que, loin de s'opposer à l'examen demandé des dépêches et instructions données par le gouvernement au commandant de l'expédition, il provoquerait lui-même au besoin cette mesure, et qu'il insistait pour qu'elle fût mise immédiatement à exécution. Une commission fut donc nommée sur-le-champ d'un commun accord. Elle choisit pour son rapporteur M. Senart, qui proposa le soir même un ordre du jour motivé, invitant le gouvernement à prendre sans délai les mesures nécessaires pour que l'expédition d'Italie ne fût pas plus longtemps détournée du but qui lui avait été assigné. Le ministre des affaires étrangères lut les instructions données au général Oudinot, lecture que l'extrême gauche interrompit fréquemment, surtout dans les passages où il était dit que la France ne reconnaissait pas la république romaine. « D'ailleurs, ajouta le ministre, veut-on que la France recule? C'est impossible. Les Autrichiens et les Napolitains marchent sur Rome. Le drapeau de la France ne peut pas leur céder la place. » Malgré ces explications, l'ordre du jour fut adopté par 328 votants contre 241. Le cabinet voulut faire honneur à cette injonction; il envoya un diplomate nouveau, M. de Lesseps, chargé de ramener, s'il y avait lieu, l'expédition d'Italie à son but. On sut quel cas le général Oudinot fit des négociations de cet envoyé.

Le 9 mai, M. Ledru-Rollin, s'appuyant sur des dépêches reçues, en conclut que l'expédition était dirigée contre la république romaine, et que dès lors le pouvoir exécutif s'était mis en opposition flagrante avec l'article v du préambule de la constitution. Il demanda formellement la mise en accusation du président de la république et des ministres, et une résolution formelle de l'Assemblée consacrant la reconnaissance de la république romaine. Le président du conseil excita l'orage en montrant ses adversaires comme les ennemis de la France, profitant comme d'une bonne fortune d'un échec momentané de nos armes; car nos soldats avaient été repoussés avec perte à une première attaque de la ville éternelle. M. Jules Favre exhiba une lettre émanée du ministère de la guerre de la république romaine, de laquelle il résultait qu'un grand nombre de soldats français faits prisonniers avaient demandé à combattre dans les rangs des Romains contre les troupes de l'Autriche. « N'insultez pas l'armée française ! » s'écrièrent le ministre de la marine et les généraux Bedeau et Leflo. Il fallait arriver à un vote : M. Jules Favre, modifiant la proposition de M. Ledru-Rollin, se borna à demander que l'Assemblée, se retirant dans ses bureaux, nommât une commission chargée de formuler une résolution déclarant le cabinet déchu de la confiance de la chambre. L'ordre du jour pur et simple, mis aux voix, donna au ministère une majorité de 329 voix contre 292. Quand il eut été adopté, on mit aux voix une proposition de M. Babaud-Laribière, tendant à ordonner des poursuites contre le général coupable de désobéissance au décret du 11 mai. Elle fut repoussée à la presque unanimité. On vota enfin sur la demande de mise en accusation du président de la république et des ministres, qui fut repoussée par 338 voix contre 138. Quant à la reconnaissance de la république romaine, il n'en fut plus question.

Tout n'était pas cependant terminé : après la discussion, le ministre de l'intérieur crut devoir en faire connaître le résultat dans les départements par une dépêche télégraphique en date du 12 mai, portant qu'après une discussion très-animée, l'Assemblée avait repoussé par l'ordre du jour pur et simple, à la majorité de 329 voix sur 621 votants, la proposition de M. Jules Favre de déclarer que le ministère avait perdu la confiance du pays. « Les agitateurs, ajoutait le ministre, n'attendaient qu'un vote hostile pour courir aux barricades et renouveler les journées de juin... Ont voté pour le gouvernement MM..... Se sont abstenus ou étaient absents MM..... » Cette dépêche devint, le 14 mai, le sujet d'une discussion tumultueuse. M. Clément Thomas disait que s'il était prouvé qu'elle constituât une manœuvre électorale ministérielle, il était du devoir de l'Assemblée d'annuler les élections. M. Léon Faucher se défendit mal. M. Odilon Barrot, parlant seulement au nom de la conciliation, sembla donner à entendre que la dépêche lui était inconnue, et qu'il en approuvait peu les termes. La discussion fit naître un ordre du jour motivé, conçu d'abord en termes très-explicites et très-sévères, modifié ensuite ainsi par son auteur, M. Millard : « L'Assemblée, blâmant la dépêche télégraphique, passe à l'ordre du jour. » Le nombre des votants était de 524 ; l'ordre du jour fut adopté à la majorité de 519 voix contre 5, une partie du côté droit s'étant abstenue. A l'issue de cette orageuse séance, le ministre de l'intérieur déposa sa démission entre les mains du président de la république.

Cependant, des congés étaient demandés par un grand nombre de représentants ; des vides se faisaient dans les rangs de la chambre, qui n'avait pas encore décidé sa séparation. Le 18 mai le résultat des élections de Paris était connu : sur les 28 représentants nommés, 18 appartenaient à la liste de l'*Union électorale*, 10 à la liste socialiste. Les autres listes n'avaient fait passer aucun candidat qui leur fût exclusivement propre. Les résultats électoraux du reste de la France reproduisaient à peu près les mêmes situations proportionnelles. Le budget était enlevé au pas de course. Le 22 MM. Sarrans, Joly et Ledru-Rollin interpellaient le gouvernement sur l'intervention des Russes en Hongrie. Le premier de ces représentants reproduisait les interpellations de la semaine précédente sur les affaires d'Italie. Sur une provocation du ministre des affaires étrangères, M. Joly proposait un ordre du jour qui demandait que l'Assemblée, protestant contre le manifeste russe et contre une coalition nouvelle, enjoignit au gouvernement de prendre immédiatement des mesures énergiques pour faire respecter partout le principe de la nationalité et de l'indépendance des peuples. Le général Cavaignac, de son côté, formula une rédaction nouvelle, dont la pensée était : « On a eu tort d'attaquer la république romaine ; mais on n'est pas obligé de la servir. » Cette rédaction fut adoptée le lendemain. De nouveaux incidents surgirent. On accusa le président de la république de chercher à séduire l'armée dans les revues. M. Considérant prétendait avoir, à défaut de preuves judiciaires, des renseignements sûrs. « *Vous en avez menti*, lui répondit d'une voix éclatante M. Pierre Bonaparte ; le président de la république ne conspire pas contre la constitution. » Ces paroles ne firent qu'accroître l'agitation. Pour détourner le débat, mal engagé, M. Ledru-Rollin porta à la tribune un acte d'accusation contre le général Changarnier. « En vue d'une permanence possible, le président de l'Assemblée aurait fait, dit-il, demander la veille un contingent de troupes. M. Changarnier lui aurait répondu en envoyant à tous les généraux de brigade l'ordre de n'obéir qu'au général en chef. » Il demandait une commission d'enquête. Après lui, plusieurs membres dénonçaient des cris inconstitutionnels poussés par l'armée, qu'on aurait payée pour son enthousiasme de commande. Le général Bedeau s'élança à la tribune et protesta énergiquement contre cette accusation. Le président du conseil la repoussa avec indignation. « Un complot, s'écria-t-il, au moment où va se réunir la nouvelle assemblée, ce serait de la folie. »

Le 24 mai la lutte durait encore. Des attaques se croisaient en tous sens. M. Ledru-Rollin mettait en cause le passé du président de la république. M. Flocon jetait à M. de Falloux l'odieux souvenir de Trestaillon. M. Joly dénonçait deux livres du ministre de l'instruction publique ; et M. Mortimer-Ternaux, à son tour, tirait de la *Gazette des Tribunaux* un discours de M. Joly, procureur général, en faveur de Louis-Philippe. L'Assemblée mit un terme à ces discussions par un ordre du jour pur et simple, voté à la majorité de 308 voix contre 260.

Tout n'était pas fini. A l'ordre du jour se trouvait inscrite une proposition d'amnistie. M. Flocon l'invoqua. Mais l'Assemblée, pressée de se retirer, ne voulut rien entendre. M. Degousée demanda un compte-rendu solennel des travaux de l'Assemblée ; M. Antony Thouret, une adresse aux Français. La majorité préféra un simple décret rédigé en ces termes par M. Baze : « L'Assemblée vote des remerciments à la garde nationale et à l'armée pour le concours énergique et dévoué qu'elles ont constamment prêté à toutes les mesures décrétées pour le maintien de l'ordre et de la liberté et le salut de la république. »

La dernière séance fut terminée par un discours du président. La parole de M. Armand Marrast, représentant officiel de l'Assemblée, fut digne, calme, mesurée ; il parla avec convenance des travaux auxquels il avait longtemps présidé, jeta sur la situation du pays un coup d'œil rapide, conclut en recommandant à tous le respect de la constitution, œuvre principale de cette Assemblée, devant à la fois servir de règle et de boussole, et termina en poussant le cri de : *Vive la république!* qui fut répété par des voix nombreuses. Pendant vingt-quatre heures encore le bureau et un certain nombre de membres sans mission spéciale se constituèrent en permanence. Enfin, le 28 mai, le bureau de l'Assemblée constituante reçut le bureau de l'Assemblée législative, « pour constater, dit M. Marrast, que sous l'empire de notre constitution républicaine il ne saurait y avoir d'intermittence dans le pouvoir législatif. »

On le voit, les derniers moments de l'Assemblée constituante manquèrent de cette dignité calme que la France exige avec raison de quiconque a l'honneur de la représenter. Après avoir, par un vote digne d'éloges, fixé un terme à ses travaux, elle ne sut pas mourir. Dans les convulsions de son agonie, elle suscita, sans le vouloir sans doute, plus d'un embarras sérieux au pays. Faut-il l'en accuser, ou n'est-ce pas plutôt la la faute de cette coexistence fatale de deux pouvoirs indépendants, et par cela même rivaux, que la constitution avait imposées à la France? Elle se laissa prendre souvent aux séductions d'une économie tracassière, et chercha à restreindre les travaux publics tout en modifiant radicalement le budget des recettes par une diminution énorme d'impôts. Le moment était-il bien choisi lorsque le travail avait brutalement disparu, lorsque le déficit croissant des finances réclamait impérieusement le concours de toutes les ressources ordinaires?

On ne saurait cependant méconnaître les services que la Constituante de 1848 a rendus à la France. Elle a intronisé le droit à la place du fait, et substitué une délégation régulière de la volonté nationale à une violence de mauvais exemple pour l'avenir. Elle a débarrassé le pays non pas de la révolution, que son devoir était de maintenir et de consolider, mais d'une crise révolutionnaire qui, en se prolongeant, pouvait lui devenir fatale ; enfin, elle a été, mais trop peu de temps, le seul centre légal, le seul point de ralliement légitime de toutes les forces vivaces de la France républicaine.

Mais en définitive qu'a-t-elle fait? demandent ses adversaires ; où sont ces grandes figures historiques que la première Constituante et la Convention firent sortir du néant? Vous en cherchez en vain le moindre reflet. Elle a effleuré bien des projets, abordé bien des questions ; elle n'en a résolu sérieusement aucune. Pas un de ses grands hommes ne passera à la postérité. Ceux dont le nom restera avaient leur réputation faite avant d'entrer dans son enceinte, et n'ont pu que la voir s'y amoindrir. Ceux qui raisonnent ainsi oublient peut-être un peu trop vite au milieu de quelles agitations s'est usée l'existence de cette Assemblée. En considérant la cohue tumultueuse et diaprée de ses membres, l'inexpérience politique, administrative et financière de beaucoup d'entre eux, l'éclair jaillissant sans cesse dans leurs débats du choc des opinions les plus contradictoires, n'y a-t-il pas lieu de s'étonner de ce qu'a fait la Constituante? L'impartialité nous force même de convenir qu'un grand nombre de représentants nouvellement arrivés à la vie politique avaient cherché à suppléer par un travail assidu à tout ce qui leur manquait de science et d'habitude parlementaire. Si ce travail se résolvait le plus fréquemment en initiatives stériles, en propositions impossibles, il faut en accuser franchement que ce sentiment erroné, partagé en ce temps-là par une grande partie de la nation, que la vieille société vermoulue était à reconstruire de fond en comble sur des bases nouvelles. Beaucoup d'illusions enracinées dans l'opinion publique contribuèrent à gaspiller le temps et les forces de l'Assemblée. Si quelque chose peut dimi nuer enfin la sévérité de la France pour la Constituante, c'est le jugement qu'en a porté la Montagne. Dans une déclaration adressée le 3 avril aux électeurs, les représentants de l'opposition radicale condamnent ainsi l'Assemblée dont ils font partie : « Son œuvre, la constitution, est entachée d'inconséquence ; elle admet la peine de mort, et repousse le droit au travail. Le meilleur de ses articles est celui qui en permet la révision. Sa politique est illogique comme son œuvre, violente à l'intérieur, faible à l'extérieur, rétrograde partout. »

S'il est vrai de dire que le niveau du talent s'est abaissé depuis la révolution de Février dans la représentation nationale, il n'est pas moins évident que les habitudes de haute convenance qui jusque alors avaient distingué la France parlementaire n'étaient plus chez elle qu'une tradition. Le langage violent d'une fraction nombreuse de l'Assemblée donna souvent lieu à des incidents pénibles. Parfois même la violence descendit des paroles aux actes, comme dans la législature des États-Unis.

Telle fut, en somme, la Constituante de 1848. Héritière de ses travaux et d'une partie de ses dangers, l'Assemblée législative eût pu s'honorer en remplissant mieux une mission non moins grande et non moins laborieuse.

CONSTITUT (Clause de). On appelait ainsi, dans l'ancien droit, une clause qui s'insérait dans les donations ou les ventes, et produisait deux effets; l'un qui consistait en ce que le donateur ou le vendeur se réservait l'usufruit de la chose donnée ou vendue, et en jouissait réellement ; l'autre, qui transférait au donataire ou à l'acquéreur une possession feinte, en vertu de laquelle il avait le même droit de propriété qu'on lui avait transmis, une possession réelle et actuelle. Le droit résultant du Code Napoléon n'admet plus la clause de constitut.
E. DE CHABROL.

CONSTITUTION (du latin *constituere*, formé de la préposition *cum* et du verbe *stare*, être, exister, demeurer). Ce mot, qui a de nombreuses acceptions, sert d'abord à exprimer l'action de composer un tout de choses réunies, de lier, créer, mettre, établir quelque chose. Ainsi, l'on dit, dans le sens direct de composer, de former un tout de choses diverses, que l'âme et le corps *constituent* l'homme, que la matière et la forme *constituent* le corps, ou que le mélange des éléments *constitue* tous les corps organiques et inorganiques. Dans ce sens, on dit encore qu'un homme est bien ou mal *constitué*, lorsqu'il est de bonne ou de mauvaise **complexion**, bien ou mal conformé. Figurément, et dans les choses morales et politiques, on dit que des membres *constituent* un corps, et que des principes, des règles, des articles réglementaires *constituent* un corps d'ouvrage ou de droit, qui prend quelquefois lui-même le nom de *constitution*.

Constituer s'emploie aussi dans le sens de placer, mettre en certain lieu, en certain point, etc. : *constituer un homme prisonnier*, ou *se constituer prisonnier*. Dans le sens d'établir ou d'élever, on dit qu'une personne a été *constituée* en dignité, qu'une autre *s'est constituée* juge d'une affaire, etc. Les *autorités constituées* sont celles qui ont le pouvoir en main.

Le mot *constitution* s'entend, en général, dans le sens de *conformation*, *d'état*, *de manière d'être* habituelle. Ainsi, l'on dit que la forme et la matière entrent dans la *constitution* des corps naturels, et que la *constitution* de l'air ou d'un pays est plus ou moins favorable à la santé. Dans le sens religieux ou politique, *constitution* est synonyme d'établissement, ordonnance, décision, décret, règlement fait par autorité du souverain ou de supérieurs : les *constitutions des empereurs* sont dans le corps du droit romain, celles de l'Église dans le corps du droit canon. Les fondateurs des ordres religieux ont fait approuver par les papes les *constitutions*, les règles de leur ordre. On appelle *constitutions apostoliques* un recueil de règlements attribués faussement aux apôtres ou à saint Clément, qui a paru dans le quatrième siècle, et dont on ignore l'auteur. Ces constitutions, qui ont subi diverses altérations ou changements, étaient divisées en huit livres, et contenaient un grand nombre de préceptes touchant les devoirs des chrétiens et particulièrement les cérémonies et la discipline de l'Église. Le terme de *constitution* s'applique spécialement aux décisions des souverains pontifes sur les matières qui regardent la foi et les mœurs, où bien aux règlements qu'ils font pour la discipline ecclésiastique. Telle est celle du pape Clément XI, qui commence par le mot *Unigenitus*. Il y a des constitutions en forme de *bulle* et d'autres en forme de *bref*. Le mot *constitution* se dit en politique de la forme de gouvernement, des lois, des institutions fondamentales d'un État, soit monarchique, soit démocratique.

Enfin, le mot *constitution*, appliqué à la manière d'être du corps humain, a pour synonymes les mots *complexion*, *naturel* et *tempérament*, desquels il est néanmoins séparé par les nuances suivantes : on entend pas le *naturel* les propriétés, les qualités, les dispositions, les inclinations, les goûts, en un mot, le caractère qu'on a reçu de la *nature*, avec lequel on est né; mais ce mot se prend plutôt dans le sens moral que dans le sens physique. Le *tempérament* est proprement ce qui fait l'humeur, ce que produit dans le corps animal le mélange des humeurs *tempérées* ou modérées l'une par l'autre. La *constitution* s'étend plus loin : elle consiste dans la composition, l'ordonnance des différents éléments des corps, des différentes parties d'un tout, qui le *constituent* ou l'établissent tel, ou qui fondent ou forment son existence, son *état*, sa manière d'être propre et *stable*. En définitive, le *naturel* est formé de l'assemblage des qualités innées ; le *tempérament*, du mélange des humeurs ; la *constitution*, du système entier des parties constitutives du corps, et la *complexion*, des habitudes dominantes que le corps a contractées. Le *naturel* fait le caractère, le fond du caractère ; le *tempérament*, l'humeur, l'humeur dominante ; la *constitution*, la santé, la base ou le premier principe de la santé; la *complexion*, la disposition, la disposition habituelle du corps.
Edme Héreau.

Dans la langue du droit, le mot *constitution* a différentes acceptions :

On nomme *constitution d'avoué* la désignation faite par le demandeur, dans l'assignation introductive d'instance, de l'avoué qui doit occuper pour lui. Le défendeur en désigne un à son tour par un acte particulier qui se nomme *acte d'occuper*, et qui signifié à l'avoué du demandeur. Le défendeur ne le demandeur ne peuvent révoquer leur avoué sans en constituer un autre. Le défaut de constitution d'avoué dans l'exploit d'ajournement emporte la nullité de cet exploit.

La *constitution de dot* est, en général, la clause d'un contrat de mariage qui établit ce que les futurs époux apportent, ou ce qui leur est donné. Ce terme désigne plus particulièrement la stipulation par laquelle la femme se constitue ou tels ou tels biens, ou même tous ses biens, qui dès lors sont inaliénables.

On nomme *constitution de pension* l'acte par lequel des parents, ou même un étranger, s'obligent de payer à quelqu'un une somme pour entretien et nourriture.

La *constitution de rente* est spécialement le contrat établissant à titre gratuit ou à prix d'argent une rente annuelle. Il est de la nature de ce contrat que le débiteur puisse se libérer de la rente constituée par lui en remboursant à sa volonté le montant du capital au créancier, qui ne peut le contraindre lui-même à effectuer le remboursement, si ce n'est dans les cas indiqués par la loi.

CONSTITUTION, SYSTÈME CONSTITUTIONNEL. Au point de vue politique, le mot *constitution* est un de ces termes qu'il est pas aisé de traduire, mais difficile d'expliquer, à moins de le prendre dans son sens le plus étroit.

Dans l'acception la plus large, il représente les conditions d'existence d'une nation ; idée fort abstraite, et qu'en réalité on ne saurait comprendre qu'historiquement. Dans un sens plus restreint et plus ordinaire, il signifie loi fondamentale écrite ; et depuis l'époque de la révolution française, c'est aussi le sens qu'on lui donne le plus généralement. Cette période et celle de l'Empire furent fécondes déjà en constitutions. L'époque suivante, celle de la charte de Louis XVIII, le fut encore plus ; et il y eut alors des moments où les peuples s'acharnèrent à obtenir des constitutions, sans trop se soucier d'ailleurs de ce qu'elles pouvaient contenir.

Il y a du reste abus de mots quand on qualifie de *constitution* la loi écrite d'un État despotique, par exemple la fameuse *loi du roi* en Danemark (*lex regia*), ou bien les lois, souvent très-longuement développées, de certains États féodaux, comme il en fut rendu, par exemple, au dix-huitième siècle en Allemagne ; tout au moins faut-il convenir que ce n'est pas pour obtenir des constitutions de cette espèce-là, et pour en réaliser la pratique, que la première moitié du dix-neuvième siècle a été témoin de si douloureuses luttes sociales. Si nos générations contemporaines ont consenti à supporter tant de cruelles épreuves, c'est qu'elles avaient l'espoir d'arriver de la sorte à fonder ou à rénover, dans les États monarchiques, le gouvernement représentatif. Aussi bien, quoique toutes les républiques modernes se soient donné des constitutions, le *système constitutionnel* proprement dit ne diffère pas moins du système républicain que du système absolutiste.

On ne saurait contester que le système constitutionnel a pour point de départ l'organisation politique de l'Angleterre (*voyez* GRANDE-BRETAGNE). Ce pays n'est pas seulement, dans le sens rigoureux de l'expression, le premier État constitutionnel du monde ; c'est encore celui qu'à bon droit on peut appeler le modèle des États constitutionnels, celui qui prouve le mieux les bienfaits du système constitutionnel. Un fait bien remarquable cependant, c'est qu'à vrai dire l'Angleterre n'a point de constitution dans le sens qu'on attache de nos jours à ce mot ; c'est que sa constitution ne consiste qu'en traditions et en quelques lois et traités rendus dans le cours des siècles, ne formant nulle part un ensemble, un corps, et n'ayant le plus généralement d'autre but que de confirmer ce qui existe ou bien de remettre en vigueur ce qui a déjà existé autrefois. La constitution anglaise ne se trouve nulle part complètement et fidèlement reproduite ; toujours, au contraire, on en supprime d'importantes parties, qu'on considérait comme des excroissances accidentelles et historiques, mais qui souvent constituaient les conditions mêmes suivant lesquelles ces institutions avaient fonctionné. D'ailleurs, la transplantation n'en a pas eu lieu immédiatement d'Angleterre dans d'autres États, et la constitution donnée par lord Bentinck à la Sicile est le seul exemple qu'on en puisse citer.

La constitution anglaise est sortie des mêmes racines que les états généraux de France, les cortès espagnoles et portugaises, que la diète suédoise, que les états féodaux des diverses contrées de l'Allemagne, à savoir de cet esprit de liberté dont étaient imprégnés à l'origine tout le système politique des races germaniques et les institutions qui en découlaient. Il n'existait de souveraineté absolue chez aucune tribu germanique ; mais les restrictions dont la souveraineté était entourée étaient plutôt objectives que subjectives, en d'autres termes, existaient plutôt en fait qu'en droit écrit. Le prince avait son cercle d'action parfaitement précis, et dans lequel il se comportait comme il l'entendait. Il avait des revenus et des forces laissées à sa disposition, dont il faisait tel usage que bon lui semblait. Mais s'il voulait agir en dehors de ce cercle d'action et empiéter sur les libertés des autres membres de la tribu ; s'il prétendait innover, s'éloigner des antiques traditions en ce qui touchait l'organisation du peuple et du pays, s'il prétendait le plus et à autre chose que ce que ses sujets étaient tenus de faire, il lui fallait obtenir l'assentiment de ceux qui avaient le droit et le pouvoir de lui refuser ce qu'il exigeait. C'est de cet état de choses que naquirent d'abord les organisations parlementaires, c'est-à-dire les colloques d'abord irréguliers, puis réguliers, entre le prince et les notables les plus puissants de son peuple, d'abord les prélats et les barons, ensuite aussi les représentants des autorités urbaines, ainsi que la petite noblesse territoriale. Or deux modifications notables de l'organisation des autres États d'origine germanique eurent de bonne heure lieu en Angleterre, qui ont fait de ce pays le berceau du système représentatif : la première fut l'introduction de l'élection pour les villes et pour la petite noblesse ; la seconde, cette circonstance que les élus ne reçurent point de mandats de leurs électeurs. Aussi bien les choses allèrent pendant longtemps en Angleterre à peu près comme partout ailleurs ; et il s'en faut qu'au seizième siècle la constitution anglaise se modifia, au milieu même d'orages politiques, ce résultat que d'anéantir les priviléges de cet ordre qui étaient nuisibles à tous, que de détruire sa co-souveraineté directe, en même temps que la noblesse, qui figurait au premier rang dans la commune opposition aux usurpations de la couronne, demeurait, à vrai dire, le centre, le foyer de l'agitation et de la république. À ces causes il faut encore ajouter l'étroite liaison qu'y eurent toujours entre eux les troubles religieux, si graves en Angleterre, et les troubles politiques ; la position de l'Écosse à l'égard de l'Angleterre, et l'influence réciproque de ces deux royaumes ; cette circonstance, que la situation insulaire de l'Angleterre lui faisait attacher peu d'importance à l'entretien d'armées permanentes, en même temps que sa flotte ne pouvait nulle part exercer d'influence politique ; enfin le caractère particulier des princes de la maison des Stuarts, qui se manifesta non moins par des projets insensés que par une profonde incapacité dans le choix des moyens propres à atteindre le but qu'ils se proposaient. Les éléments démocratiques et fanatiques s'étaient épuisés et consumés dans la première révolution ; et la république, malgré les remarquables qualités que Cromwell déploya comme souverain, malgré ses glorieux succès, avait si peu promis à l'Angleterre, que celle-ci revint avec enthousiasme et sans conditions à son ancienne constitution. La seconde révolution se fit sans l'intervention directe des masses populaires, et s'opéra avec l'assistance de troupes étrangères. Elle donna le pouvoir à une fraction de l'aristocratie anglaise ; et, sans rien changer à la lettre de la constitution, elle fonda en fait la vie parlementaire, qui a duré jusqu'à l'adoption du bill de réforme, et qui n'a commencé à subir quelques modifications que depuis cette époque.

La constitution anglaise avait longtemps fonctionné à côté de celles du reste de l'Europe, sans qu'on eût fait attention à ce qu'elle avait de particulier et d'important. Montesquieu, qui le premier en fut frappé, voulut en même temps en faire remonter les origines jusqu'aux forêts de la Germanie, et crut y avoir enfin trouvé la solution la plus parfaite du problème que, d'accord avec tous les grands philosophes de l'antiquité, il regardait comme le but suprême de la politique, à savoir : l'union et la fusion parfaites des trois principales formes de gouvernement, la monarchie, l'aristocratie et la démocratie. Dès lors, la représentation du peuple fut considérée comme la base de l'idéal en politique et réclamée par la philosophie politique progressive comme une des exigences de la raison. La monarchie limitée par la représentation du peuple, dite *monarchie constitutionnelle*, depuis que les États-Unis d'Amérique ont donné au monde l'exemple de constitutions écrites, devint le mot à l'ordre du jour, et on emprunta à l'Angleterre le mode spécial de l'organiser, suivant qu'on le comprenait et qu'on pouvait la constituer. Il y avait cependant dans la constitution anglaise une foule de choses essentielles que les hommes politiques d'alors ou ignoraient ou ne comprenaient pas du tout; et ils en comprenaient même fort mal le principe, l'essence de la constitution anglaise étant le plus souvent envisagée par eux à des points vue tout différents. Ainsi, on se refusait à y voir guère autre chose que la constitution du parlement, alors qu'une même idée pénètre et anime l'ensemble harmonieux de ce système politique, et que tout le caractère de la législation et de l'administration anglaises n'est pas moins important que la constitution propre du parlement.

Croyant trouver en Angleterre une séparation des trois pouvoirs l é g i s l a t i f , j u d i c i a i r e e t e x é c u t i f , on fit découler de la constitution anglaise, et comme abstraction, le système de la séparation des pouvoirs. C'est ainsi que le roi fut considéré comme le chef du pouvoir exécutif, le parlement comme la source du pouvoir législatif, et la justice comme constituant un pouvoir distinct et indépendant des deux autres. Ce sont ces idées qu'on retrouve dans les diverses constitutions de la Révolution française et les constitutions calquées sur le même modèle, la constitution espagnole de 1812 et la constitution norvégienne dite d'Eidswold. La constitution du parlement anglais a cependant bien plutôt pour base la fusion de ces trois pouvoirs, attendu que le parlement se compose du roi et de deux chambres, que le roi et les deux chambres concourent à la législation, qu'au parlement viennent aboutir tous les fils de l'administration, que les chambres du parlement fonctionnent souvent comme bureaux administratifs supérieurs, et que la chambre haute est la cour suprême de justice du pays.

D'autres prétendaient voir dans la constitution anglaise l'union de la monarchie, de l'aristocratie et de la démocratie, en ce sens que le roi y représentait la monarchie, la chambre haute l'aristocratie, et la chambre basse la démocratie. Cette idée domine dans la charte de Louis XVIII et dans les constitutions auxquelles elle a servi de modèle. Cependant tout autres étaient la mission et la position du roi de France et celle du roi d'Angleterre. Il était en outre impossible d'avoir en France une chambre haute pareille à celle qui fonctionne en Angleterre, et la chambre basse n'est point un pouvoir démocratique, mais au contraire essentiellement aristocratique. De même qu'en général l'aristocratie, c'est-à-dire le pouvoir exercé par des notables indépendants, est l'âme et la vie de tout le système politique de l'Angleterre, il n'y a non plus d'aristocratie ni de démocratie que dans le *selfgovernment* (expression qu'il ne faudrait pas traduire par *souveraineté du peuple*, mais désignant plutôt l'état politique où le peuple décide par lui-même de ses intérêts), sent peu l'action gouvernementale, et jouit d'une grande liberté personnelle), ou encore dans ses influences indirectes sur les autres pouvoirs.

Il en est enfin qui comprennent, du moins c'était le cas autrefois, la constitution anglaise en ce sens qu'en Angleterre, comme dans les États du continent, fonctionnerait un gouvernement distinct du parlement, mais contrôlé et limité par le parlement. Il en est bien ainsi, si l'on s'en tient au sens rigoureux des mots; cependant, en réalité, c'est le parlement, et plus spécialement la chambre basse, qui, à bien dire, est le siège, le centre du gouvernement; les ministres ne sont que le comité d'exécution du parlement, dont la majorité marche d'accord avec eux, tandis que le contrôle de leurs actes est exercé par la minorité opposante. Quand on eut fini par bien comprendre cela sur le continent, on modifia en conséquence le système constitutionnel, et on représenta comme l'apogée de son développement un mécanisme ayant pour condition d'existence la composition du parlement anglais et le mode suivant lequel fonctionne le gouvernement de l'Angleterre. Cette théorie s'établit à côté des constitutions existantes, et devint un véritable article de foi pour les hommes qui se donnaient la qualification de *constitutionnels*. En ce qui touche les droits de la représentation du peuple, ceux-ci prirent bien l'Angleterre pour modèle, mais ils donnèrent à leurs chambres, ou plutôt à leur chambre unique, une organisation tout autre et aussi peu aristocratique que possible; établissant des limites bien précises pour séparer les pouvoirs législatif et exécutif, abandonnant au pouvoir exécutif le champ d'action illimité qu'il a obtenu dans les États du continent, et en même temps prétendant le placer sous la dépendance du pouvoir législatif, de même qu'entourer l'exercice de ses droits de nombreuses restrictions. D'une part, on voulait que le gouvernement sortit du parlement, et de l'autre, que le parlement fit contre-poids au gouvernement. A côté de ce système parlementaire, on élevait une série d'autres exigences de l'accomplissement desquelles on faisait dépendre sa prospérité. On ne prit point ici, comme en Angleterre, pour point de départ ce principe que la liberté doit être susceptible de restrictions dans toutes les directions du moment où le vrai bien de l'État l'exige, mais que c'est à la loi seule qu'il appartient de la limiter. On posa au contraire *a priori* certains droits comme réclamés par les besoins du temps et par l'opinion publique, et on prétendit les faire valoir sans conditions ni restrictions, thèse impossible à soutenir en présence des réalités de la vie. Aussi les efforts tentés pour faire sortir du gothique édifice de la constitution anglaise une théorie politique certaine, un système, ont-ils échoué. Que si les constitutions contemporaines de ces essais théoriques n'ont au total poussé que des racines rachitiques, ces tendances constitutionnelles, si théoriques comme les pratiques, n'en contenaient pas moins un germe dont le développement constitue partout l'un des plus importants problèmes que notre époque puisse avoir à résoudre. Il s'agit, en effet, là où l'organisme de l'ancien corps social est devenu trop étroit, ou bien se trouve complètement anéanti, d'adopter une forme répondant aux besoins de la société moderne et appelant le peuple à prendre part à la vie politique. Tous les partis sont d'accord pour reconnaître et proclamer la nécessité que des hommes indépendants, prudents et animés de sentiments patriotiques, choisis dans la nation et en dehors du cercle immédiat d'action du gouvernement, soient appelés à prendre utile part aux affaires de l'État, non pas seulement afin de modérer la puissance politique et de mieux connaître les moyens propres à résoudre le problème social, mais encore afin de conserver de la vigueur à l'esprit public. Quant à déterminer les limites de cette participation, c'est là un point qu'il faut laisser chaque État, chaque peuple, régler suivant sa position particulière. Il faudra pour cela avoir bien attentivement égard aux forces et aux éléments qu'on a à sa disposition, aux conditions d'après lesquelles on doit opérer. Les auteurs qui se sont le plus particulièrement occupés de la théorie du système constitutionnel sont : pour l'Angleterre, Delolme; pour la France, Benjamin Constant; pour l'Allemagne, Pœlitz, de Rotteck, Welcker et Dahlmann.

[Avant la révolution de 1789, la France n'avait pas de constitution proprement dite, dans le sens que la législation actuelle attache à ce mot. Cependant, dès les premiers temps de la monarchie française, le pouvoir du chef suprême fut défini et limité. L'épisode du vase de Reims prouve qu'entre Clovis et ses soldats il y avait des droits et des devoirs respectifs. Les capitulaires de Charlemagne sur le mode de convocation et de délibération des Champs-de-Mai attestent le droit qu'avait alors la nation de participer à son gouvernement. Ce droit usurpé par les ligues féodales, ressaisi ensuite par les communes et les états généraux, exercé plus tard par les parlements, rendu à la nation par la révolution de 1789, lui est enfin irrévocablement acquis. On a souvent demandé si la France avait ou non une constitution dans l'ancienne monarchie? Oui, elle avait une constitution non écrite, formée pour ainsi dire par alluvion, composée d'ordonnances royales et de coutumes de dates différentes, de chartes locales et d'arrêts des parlements, mais profondément enracinée dans les mœurs et dans les habitudes nationales : voilà ce qui faisait sa force; mais aussi, confuse, imparfaite, dépourvue des moyens de se réformer elle-même, douteuse ou muette sur les difficultés capitales : voilà ce qui fit sa ruine. Comme le parlement ne savait pas lui-même, non plus que la royauté, ce qu'était l'enregistrement, et quelle autorité, quelle sanction cet usage donnait en réalité aux ordonnances royales, il fallut que l'Assemblée constituante se chargeât de supprimer cet éternel sujet de controverses; comme les états généraux ne pouvaient réclamer que la faculté de voter l'impôt, quand ils étaient convoqués suivant le bon plaisir des rois, il fallut que la royauté, pour avait elle-même posé les précédents, reconnût son propre ouvrage et donnât au tiers état, émancipé par elle, la place qu'il méritait, c'est-à-dire un pied complet d'égalité, c'est-à-dire le pouvoir législatif. Il y avait donc pour la France une constitution impuissante. C'est pourquoi il y eut une révolution nécessaire.

Mais cette révolution alla au delà du but qu'elle s'était d'abord tracé. La démocratie renversa à la fois monarchie et aristocratie. Plusieurs fois ces différentes branches de puissance essayèrent de se reconstituer : de là des changements de constitution continuels; néanmoins toutes les constitutions qui se sont succédé depuis 1789 ont dû respecter ces deux points capitaux : *égalité devant la loi; participation de la nation, par des représentants, au gouvernement du pays.*

La constitution de 1791 proclama l'égalité comme base de notre droit public; et pour rendre plus efficace la participation de la nation au gouvernement du pays, elle décida que la représentation nationale serait concentrée dans une assemblée unique, permanente, non susceptible de dissolution, et dont les lois ne seraient subordonnées qu'à un simple *veto* suspensif de la part du roi.

La constitution de 1793 ne reçut jamais d'exécution; le principe de la souveraineté du peuple y était porté jusqu'à ses plus extrêmes conséquences. Le peuple entier, dans les assemblées primaires, infirmait ou ratifiait les lois et mesures de la représentation nationale.

La constitution de l'an III fut un retour à des idées moins radicales. La représentation y était partagée entre deux chambres, qui se contrariaient mutuellement : le Conseil des Anciens et celui des Cinq-Cents. Le pouvoir exécutif était confié à cinq directeurs, élus par les conseils et se renouvelant successivement.

La constitution de l'an VIII fractionna de nouveau la représentation nationale, non plus en deux, mais en trois corps, ayant des attributions et des prérogatives tout à fait distinctes : le Corps législatif, le Sénat et le Tribunat. En même temps le pouvoir exécutif fut concentré entre trois consuls, ou plutôt dans la personne d'un premier consul, les deux autres n'ayant que voix consultative.

Le sénatus-consulte organique de l'an X fortifia encore le pouvoir exécutif, en rendant viagères et inamovibles les fonctions des consuls.

Enfin, le sénatus-consulte du 28 floréal de l'an XII vint compléter et consommer cette réaction, en reconstituant, sous le titre d'empereur, l'unité et l'hérédité du pouvoir monarchique.

La Charte de 1814 fut une transaction entre la révolution et la dynastie restaurée des Bourbons. Cette transaction, qui a régi la France pendant seize ans, eut néanmoins tous les caractères d'une concession faite par le roi à la France; moins libérale dans la forme que les lois impériales, elle le fut cependant davantage dans les institutions. L'élection directe et la discussion publique furent rendues au corps législatif; sous le rapport des garanties, il y eut également retour vers les principes et les sentiments qui avaient inspiré notre Révolution. La liberté de la presse, l'inamovibilité de la magistrature, furent proclamées. Mais un insidieux article 14, jeté comme par hasard au milieu des dispositions de la charte, renfermait simplement un pouvoir de rétractation qui faisait de cette charte une concession précaire, susceptible d'être retirée à volonté sous le prétexte banal de la sûreté de l'État. Nous ne rappellerons pas les diverses tentatives faites depuis 1815 jusqu'à 1830 pour changer les bases de la charte. La plupart échouèrent complétement devant la résistance du pays, jusqu'au moment où le roi Charles X, fort de l'article 14, rendit les fameuses ordonnances de 1830, qui bouleversaient les conditions de l'électorat et de la représentation nationale, suspendaient la liberté de la presse, etc. Dès lors une révolution s'improvisa, et la dynastie des Bourbons de la branche aînée disparut.

Ce qui se passa à la suite de cette révolution soudaine fut sans contredit, d'après les principes de notre droit public, une véritable usurpation. En effet, le seul pouvoir qui restait debout, la chambre des députés, au lieu de faire appel à la nation, pour lui remettre le soin de refaire une nouvelle constitution et un nouveau gouvernement, crut pouvoir céder à l'urgence des circonstances comme au 18 brumaire. Elle se borna à modifier et à compléter la charte de 1814, puissant mandat dans cette loi de nécessité, tant de fois invoquée pendant nos orages révolutionnaires. Il n'y eut donc pas véritablement en 1830 une charte nouvelle, il n'y eut que des amendements apportés à celle de 1814. Quoi qu'il en soit, le préambule de cette charte, qui impliquait une concession de la part de la royauté, fut rayé, ainsi que l'article 14; l'hérédité de la pairie fut abolie, le principe de la souveraineté nationale proclamé, et les lois sur les majorats, sur le jury, sur la liberté de noblesse, sur les institutions municipales, etc., vinrent attester notre persévérance à poursuivre la conquête de l'égalité et de la participation de la nation à son gouvernement.

Auguste Husson.]

La constitution de 1848 consacra une république une et indivisible, ayant pour principes la liberté, l'égalité et la fraternité; le pouvoir législatif était délégué à une assemblée unique, permanente, élue par tous les Français âgés de vingt et un ans et jouissant de leurs droits civils et politiques; le pouvoir exécutif était délégué par les mêmes électeurs à un citoyen élu pour quatre ans et rééligible seulement après un intervalle de quatre années, et qui recevait le titre de *président de la république*. Le président était responsable. Il surveillait et assurait l'exécution des lois, disposait de la force armée, sans pouvoir jamais la commander en personne; partageait l'initiative des projets de loi avec

25.

l'Assemblée. Il promulguait les lois, et ne pouvait s'opposer à la promulgation d'une loi adoptée après ses observations par l'Assemblée. Il négociait et ratifiait les traités, qui ne devenaient définitifs qu'après le vote de l'Assemblée. Il ne pouvait entreprendre aucune guerre sans l'assentiment de l'Assemblée. Il nommait et révoquait, sous certaines garanties, les ministres et autres agents de l'administration. Il avait le droit de faire grâce, mais après avoir pris l'avis du conseil d'État. Les amnisties ne pouvaient être accordées que par une loi. Un vice-président, choisi par l'Assemblée nationale sur la présentation de trois candidats faite par le président de la république, était de droit président du conseil d'État. Le conseil d'État, chargé notamment de l'élaboration des lois, était nommé par l'Assemblée. Une haute cour de justice était instituée. Enfin, la constitution prévoyait les moyens d'arriver à sa révision.

La constitution de 1852, faite en vertu des pouvoirs délégués par le peuple français à Louis-Napoléon Bonaparte par le vote des 20 et 21 décembre 1851, confia pour dix ans le gouvernement de la république française au président. Aux termes de cette constitution, il gouverne au moyen des ministres, du conseil d'État, du sénat et du corps législatif. Le président de la république est responsable devant le peuple français, auquel il a toujours le droit de faire appel; il est le chef de l'État, commande les forces de terre et de mer, déclare la guerre, fait les traités de paix, d'alliance et de commerce, nomme à tous les emplois, fait les règlements et décrets nécessaires pour l'exécution des lois; la justice se rend en son nom; il a seul l'initiative des lois; il a le droit de faire grâce; il sanctionne et promulgue les lois et les sénatus-consultes.

Le sénatus-consulte organique du 7 novembre 1852, ratifié par un plébiscite, modifia la constitution par une importante transformation gouvernementale, le rétablissement de l'empire. Le sénatus-consulte du 23 apporta encore à la constitution actuelle quelques changements. Il rendit dans son intégrité le droit d'amnistie à l'empereur, ainsi que la présidence du sénat; il déclara que les stipulations douanières insérées dans un traité d'alliance, les tarifs établis ou modifiés par un traité de commerce auraient désormais force de loi par le seul fait de leur promulgation, sans avoir besoin de la sanction des chambres, et que les grands travaux d'utilité publique et les entreprises d'intérêt général pourraient désormais être ordonnés ou autorisés par des décrets impériaux, etc., etc.

CONSTITUTION CIVILE DU CLERGÉ. Cette œuvre de l'Assemblée constituante de 1789 a excité d'immenses et violents débats. Pour la comprendre et la juger, il est bon de remonter à l'origine de l'Église. *Allez, enseignez toutes les nations, les baptisant*, dit Jésus-Christ (Matth., xxvii, 19). Pour accomplir ses paroles, les apôtres se partagent l'univers. Les apôtres établissent chacun des évêques dans les Églises qu'ils créent, avant d'ordonner d'en établir à leur tour, comme on le voit par l'exemple de saint Paul à l'égard de Tite, dans l'île de Crète. Ces Églises jouissent du droit de se gouverner par elles-mêmes. Cependant, il est probable que lorsque la première qui a été fondée dans un pays n'est pas trop éloignée, les autres la consultent comme une dépositaire plus sûre de la saine doctrine, surtout si cette Église a pour auteur un des apôtres ou un de leurs disciples immédiats, et qu'elles demandent à son évêque d'approuver le choix de ceux qu'elles se donnent. Comme les apôtres et leurs disciples ont commencé de prêcher dans les grandes villes, d'où la foi est successivement descendue dans les autres, il arrive que ces dernières Églises se trouvent dans la dépendance des premières. Or, cette dépendance existant aussi dans l'ordre politique, le gouvernement ecclésiastique se modèle sur le gouvernement civil.

Sur la fin du troisième siècle, l'empire romain était divisé en quatre départements. Le premier prenait le nom de département de l'Orient; le second, de département de l'Illyrie; le troisième, de département de l'Italie; le quatrième, de département des Gaules. Chaque département se subdivisait en diocèses, chaque diocèse en provinces. Les départements étaient régis chacun par un préfet du prétoire, les diocèses par des vicaires; des présides ou correcteurs administraient les provinces. L'empire romain se composait de 14 diocèses et d'environ 120 provinces. Les évêques des chefs-lieux des provinces, qu'on appelait *métropoles*, prirent le nom de métropolitains. Ceux des chefs-lieux des diocèses furent appelés patriarches ou exarques, quelquefois primats : Rome, Antioche, Alexandrie et plus tard Constantinople, eurent des patriarches ; Éphèse, Césarée, Héraclée, Thessalonique, Sardes, Milan, Sirmium, Eborax, des exarques; Carthage, un primat. En Espagne et dans la Gaule, où il n'y avait point de villes capitales, la plus haute dignité fut celle de métropolitain. On distinguait une primatie attachée au siége de Lyon, probablement comme le plus ancien de la Gaule. Ce titre était sans doute plutôt un honneur qu'une juridiction. Tous les évêques d'une province, qu'on nommait *suffragants*, furent soumis au métropolitain, tous les métropolitains d'un diocèse au patriarche ou à l'exarque, et le patriarche ou l'exarque à l'assemblée des évêques du diocèse. En Espagne, dans la Gaule, où il n'y avait ni patriarche ni exarque, les métropolitains dépendaient de leurs suffragants réunis en concile. Le métropolitain (Nicée, 4ᵉ canon) confirmait dans le synode provincial ses suffragants élus par le peuple et le clergé de la ville où se trouvait le siége vacant. Le patriarche ou l'exarque (Nicée, 6ᵉ canon) confirmait les métropolitains élus par le clergé de la métropole. Dans les diocèses sans patriarches ou exarques, c'était de ses suffragants, réunis en concile et présidés par le plus ancien d'entre eux, que le métropolitain recevait l'institution canonique. Les patriarches et les exarques, élus de la même manière, étaient confirmés ou par les évêques du diocèse entier, ou seulement par ceux de la province dont le siége patriarcal constituait la métropole.

Voilà comment se faisaient les promotions aux fonctions pastorales. Sans doute il y avait des exceptions, selon les temps et les circonstances, mais elles ne détruisaient point la règle. « Quelque effort que nous ayons fait, dit Thomassin, pour rechercher dans l'antiquité quelque trace de la police moderne de l'Église, qui a presque réservé au pape seul l'élection et la confirmation des évêques, il a néanmoins paru qu'au contraire presque tous les anciens évêques, surtout dans les patriarcats orientaux, montaient sur le trône épiscopal sans que le pape en fût même averti... Quoique après leur ordination ils lui écrivissent pour témoigner leur union avec le centre de la communion catholique, ce n'était nullement pour attendre de lui la confirmation de leur dignité, et ce n'était que les patriarches, les exarques et les primats qui devaient entretenir ce commerce de lettres avec l'Église de Pierre, qui est la source de l'unité. Tous les autres lui étaient unis par l'union qu'ils avaient avec leurs chefs... Depuis l'an 500, tous les patriarches écrivaient au pape aussitôt après leur ordination; mais ce n'était rien moins qu'une confirmation de l'élection que le pape donnait ou que les patriarches demandaient au pape; ce n'était qu'une civilité religieuse ou une respectueuse déférence que les premiers de tous les évêques rendaient à leur chef, et une protestation de leur invariable résolution de persévérer dans l'union sainte de la communion indivisible avec le saint siége. » Le pape ne confirmait que dans la préfecture romaine ou les provinces suburbicaires, la Campanie, la Toscane, l'Ombrie, le Picenum suburbicaire, la Sicile, la Pouille, la Calabre, la Corse, la Lucanie, et Valérie, qui formaient son patriarcat, où les choses se passaient comme dans les autres.

CONSTITUTION CIVILE DU CLERGÉ

Dans les désordres du moyen âge, le pape avait envahi la plus grande partie des élections et des confirmations. Par le concordat de François Ier et de Léon X, toutes les confirmations en France lui furent livrées et toutes les élections au roi. L'Assemblée constituante entreprit de rétablir l'ancienne discipline, et l'ensemble des dispositions qu'elle décréta (12 juillet et 24 août 1790) reçut le nom de *Constitution civile du clergé*. En voici les articles fondamentaux : « Chaque département formera un seul diocèse, et chaque diocèse aura la même étendue et les mêmes limites que le département. A compter du jour de la publication du présent décret, on ne connaîtra qu'une seule manière de pourvoir aux évêchés et aux cures, c'est à savoir la forme des élections. Toutes les élections se feront par la voie du scrutin et à la pluralité absolue des suffrages. L'élection des évêques se fera dans la forme prescrite et par le corps électoral indiqué dans le décret du 22 décembre 1789, pour la nomination des membres de l'assemblée du département. Sur la première nouvelle que le procureur général syndic du département recevra de la vacance du siège épiscopal, par mort, démission ou autrement, il en donnera avis aux procureurs syndics des districts, à l'effet par eux de convoquer les électeurs qui auront procédé à la dernière nomination des membres de l'assemblée administrative, et en même temps il indiquera le jour où devra se faire l'élection de l'évêque, lequel sera au plus tard le troisième dimanche après la lettre d'avis qu'il écrira. L'élection de l'évêque ne pourra se faire ou être commencée qu'un jour de dimanche, dans l'église principale du chef-lieu du département, à l'issue de la messe paroissiale, à laquelle seront tenus d'assister tous les électeurs. La proclamation de l'élu se fera par le président de l'assemblée électorale, dans l'église où l'élection aura été faite, en présence du peuple et du clergé, et avant que de commencer la messe solennelle, qui sera célébrée à cet effet. Le procès-verbal de l'élection et de la proclamation sera envoyé au roi par le président de l'assemblée des électeurs, pour donner à sa majesté connaissance du choix qui aura été fait; au plus tard dans le mois qui suivra son élection, celui qui aura été élu à un évêché se présentera en personne à son évêque métropolitain, et s'il est élu pour le siège de la métropole, au plus ancien évêque de l'arrondissement, avec le procès-verbal d'élection et de proclamation, et le suppliera de lui accorder la confirmation canonique. Le métropolitain, ou l'ancien évêque, aura la faculté d'examiner l'élu, en présence de son conseil, sur sa doctrine et ses mœurs; s'il le juge capable, il lui donnera l'institution canonique; s'il croit devoir la lui refuser, les causes du refus seront données par écrit, signées du métropolitain et de son conseil, sauf aux parties intéressées à se pourvoir par voie d'appel comme d'abus. Le conseil de l'évêque se compose des vicaires de l'église cathédrale et des vicaires supérieurs ou directeurs du séminaire. Les vicaires de l'église cathédrale sont tous les prêtres qui y sont établis. Le curé ou pasteur immédiat est l'évêque lui-même, l'église cathédrale étant ramenée à son état primitif d'être en même temps église paroissiale et église épiscopale. Avant que la cérémonie de la consécration commence, l'élu prêtera, en présence des officiers municipaux, du peuple et du clergé, le serment solennel de veiller avec soin sur les fidèles du diocèse qui lui est confié, d'être fidèle à la nation, à la loi et au roi, et de maintenir de tout son pouvoir la constitution décrétée par l'Assemblée nationale et acceptée par le roi. Ce qui concerne l'élection et l'institution des curés était analogue.

Ce serment à la constitution nouvelle, dans laquelle se trouvait comprise la constitution civile du clergé, fut prêté par Loménie, cardinal de Brienne, archevêque de Sens; par son coadjuteur, qui était son neveu, et qui s'appelait aussi Loménie; par Jarento, évêque d'Orléans; par Savines, évêque de Viviers; par Talleyrand-Périgord, évêque d'Autun; par Gobel, évêque de Lidda, *in partibus*. Tous les autres évêques et archevêques le refusèrent. Parmi les prêtres, un plus grand nombre proportionnellement jura fidélité. L'abbé Grégoire assure que ce fut la majorité, que Lanjuinais l'a démontré. Le clergé se divisa ainsi en deux classes, les *assermentés* et les *insermentés*. Dans un décret du 27 novembre de la même année 1790, l'Assemblée constituante déclara que « ceux qui n'auraient pas prêté dans les délais déterminés le serment prescrit seraient réputés avoir renoncé à leur emploi, et qu'il serait pourvu à leur remplacement, comme en cas de vacance par démission. » Ce qui eut lieu effectivement. Les *insermentés* ne voulurent point s'avouer destitués, et ils traitèrent d'usurpateurs ou d'*intrus* ceux qui les remplaçaient.

Leur grand argument contre la constitution du clergé, c'était que l'Assemblée constituante en changeant les limites des diocèses et des paroisses s'arrogeait le droit de conférer la juridiction ecclésiastique. Suivant eux, pour être évêque d'un diocèse il ne suffisait point d'être élu et sacré, il fallait encore une mission, qui était donnée par la confirmation, en sorte qu'il y aurait comme deux sacrements de l'ordre. Les assermentés soutenaient que l'élection et le sacre suffisent, et que la confirmation ne fait que constater l'idonéité du sujet ou déclarer qu'il possède les qualités requises. Dans le sacre, l'évêque reçoit tout son pouvoir de Jésus-Christ, qui le lui communique par le ministère de l'évêque consécrateur; et c'est de Jésus-Christ seul, dont il relève immédiatement, qu'il tient sa mission à l'égard du diocèse où il a été appelé par le choix des fidèles. Quand l'Assemblée constituante agrandit les diocèses, la juridiction des évêques s'appliquait donc d'elle-même aux nouveaux habitants qui leur étaient donnés. D'après le même principe, on avait le droit de retirer leurs sièges aux évêques *insermentés* ou rebelles à la loi. Par là on n'attaquait point leur autorité; seulement on déclarait qu'on ne voulait plus de leur ministère. Ce que je viens de dire des évêques est également vrai des curés. La juridiction, qui est inhérente à la prêtrise, s'appliquait d'elle-même aux nouvelles délimitations des paroisses; le refus de serment entraînait la soustraction des cures.

Les insermentés prétendaient aussi que la constitution civile du clergé anéantissait le pouvoir du pape par les deux articles suivants : « Il est défendu à toute église ou paroisse de France, et à tout citoyen français, de reconnaître en aucun cas, et sous quelque prétexte que ce soit, l'autorité d'un évêque ordinaire ou métropolitain dont le siège serait établi sous la domination d'une puissance étrangère, ni celle de ses délégués résidant en France ou ailleurs; le tout sans préjudice de l'unité de foi et de la communion qui sera entretenue avec le chef visible universel. L'évêque élu ne pourra s'adresser au pape pour en obtenir aucune confirmation; mais il lui écrira comme au chef visible de l'Église universelle, en témoignage de l'unité de foi et de la communion qu'il doit entretenir avec lui. » Sans doute l'autorité du successeur de saint Pierre aurait pu être marquée plus explicitement; mais à ces mots du pape, elle ne reçoit aucune atteinte. L'Église gallicane ne fait que rentrer dans les droits originels qu'a chaque Église de se donner elle-même ses pasteurs, de les juger s'ils prévariquent, et de suspendre les lois de discipline dans quelques cas particuliers, tels, par exemple, que des degrés de parenté touchant les mariages. Dans les premiers temps on ne s'adressait pas plus à Rome pour les dispenses et les jugements que pour l'institution canonique. « Suivant l'ancienne discipline de l'Église, observée pendant huit cents ans au moins, les évêques étaient jugés par leurs confrères, chacun dans sa province, et ils ne recouraient que rarement à l'autorité du pape. » Le concile de Sardique, en 347, autorisa l'appel, mais il le réduisit à une simple révision du procès; il fallait que les parties fussont renvoyées sur les lieux pour y être jugées de nouveau avec d'autres juges.

Les évêques opposants criaient encore que leur autorité propre était dégradée, parce qu'il leur était interdit « de faire aucun acte de juridiction en ce qui concerne le gouvernement du diocèse et du séminaire, sans en avoir délibéré avec leur conseil, » passage, comme on l'a vu, des prêtres établis dans l'église cathédrale. Mais cette disposition les obligeait à prendre l'avis de leur conseil, et ne les forçait pas à le suivre.

La constitution civile du clergé fut attaquée par des écrivains qui désiraient le retour à l'ancienne discipline. Ils trouvaient qu'elle s'en écartait trop. « Dans le régime primitif, l'autorité du concile provincial, disait Tabaraud, s'exerçait sur la forme de l'élection aussi bien que sur la capacité de l'élu. Suivant la nouvelle constitution, le ministère de métropolitain se borne à examiner l'élu sur *sa doctrine et ses mœurs*. La forme de l'élection, regardée comme une chose purement civile, n'est point de son ressort. De sorte que si les suffrages ont été achetés à prix d'argent, ou accaparés par toute autre voie incanonique, le métropolitain n'en sera pas moins obligé de confirmer une élection simoniaque ou forcée... C'est au titre de citoyen actif que les décrets attachent le droit de voter et d'élire. Aucun ecclésiastique ne peut, en qualité de ministre de la religion, pénétrer dans les assemblées électorales, ni obtenir droit de suffrage. Dans ce nouvel ordre de choses, l'Église n'a donc aucune part au choix de ses ministres. Cette élection qui intéresse si vivement la religion est encore dégénérée sous ce rapport en une affaire purement civile et profane.... Jamais l'Église n'a connu ce scrutin de ballottage, d'où il résultera souvent qu'entre plusieurs concurrents on sera forcé, à une troisième épreuve, de choisir celui que la majeure partie des électeurs aurait voulu exclure ; sous l'ancienne forme, on votait ouvertement ; lorsqu'il y avait partage, les motifs de chaque parti étaient discutés publiquement ; on ne comptait pas les suffrages ; on les pesait, ce n'était pas la majeure, mais la plus saine partie qui l'emportait. Cette forme était aussi propre à écarter les mauvais sujets que la nouvelle est propre à les enhardir à se présenter... Le choix des pasteurs est pour l'Église une des affaires les plus intéressantes de son gouvernement. Il n'y a que ses enfants qui puissent avoir le droit de s'en mêler. La religion, la justice, les plus simples notions du bon sens en interdisent la connaissance aux étrangers, et à plus forte raison aux ennemis. Dans tous les âges précédents, en remontant jusqu'aux apôtres, on aurait regardé comme une profanation d'admettre aux assemblées électorales les païens, les juifs, les hérétiques... Condamner une religion à recevoir ses ministres d'une main ennemie, c'est vouloir qu'elle n'en ait que de détestables, c'est porter contre elle un arrêt de mort, c'est introduire dans son sein la cause la plus infaillible d'une prompte dissolution. Il n'est pas jusqu'au fameux abbé Grégoire qui n'ait senti l'abus d'une pareille disposition. *Il est étrange*, dit-il, *que des pasteurs puissent être élus non par ceux qui leur soumettent leur conscience, mais par des protestants ou des juifs, qui croiront peut-être servir leur religion par l'introduction d'un mauvais sujet dans le sanctuaire de la nôtre !* » Ces reproches ne manquaient pas de fondement. Les apologistes de la constitution répondaient que si elle ne retraçait qu'en partie l'antique forme des élections, ce qu'elles eurent d'essentiel, et qu'on devait l'adopter par amour pour l'Église, où elle opérait une régénération universelle, depuis tant de siècles si ardemment et si vainement demandée par les personnages les plus saints et les plus éclairés.

« Déjà divers évêques, dit Grégoire, tels que ceux de Langres, Besançon, Blois, Chartres, Rhodez, avaient pris des mesures pour organiser leurs diocèses sur le plan de la constitution civile du clergé : tout à coup ils changèrent de direction, lorsque, entraînés par des évêques de l'assemblée, ils crurent que leur résistance combinée ferait échouer la loi nouvelle.... Elle est étonnante, ajoute-t-il plus loin, la foule de témoignages consolants que nous avons reçus de ces églises étrangères, où la guerre avait empêché nos communications pendant plusieurs années, où par conséquent le clergé émigré avait eu le loisir d'égarer, d'empoisonner l'opinion ; et cependant des prêtres en très-grand nombre, des évêques catholiques, nous ont donné les gages les plus flatteurs de leur union... » Enfin, Pie VII lui-même, étant évêque d'Imola, dit au général Girardon, qui dînait chez lui : *J'ai lu et examiné la constitution civile du clergé en prêtre italien qui voulait la trouver mauvaise et la réfuter, je n'ai pu y réussir. Si j'avais été prêtre français : je l'aurais acceptée et signée.* » Au concordat de 1801, il admit sans rétractation les évêques constitutionnels que Bonaparte désignait pour faire partie du nouveau clergé. Il est vrai qu'il lutta jusqu'au dernier moment. Il revint même à la charge, lors du sacre de Napoléon.

Suivant l'abbé Emery, supérieur du séminaire de Saint-Sulpice, *la Providence n'a pas permis que l'Église constitutionnelle ait rien changé dans la doctrine et les rites de l'Église*. Le fougueux abbé Barruel, qui avait tant crié contre la constitution civile du clergé, disait, au rapport de Guyot, que *les prêtres constitutionnels ne sont pas coupables ; qu'ils sont constamment demeurés attachés à la foi catholique, apostolique et romaine*. Guyot ajoute que les autres vicaires généraux de Paris avouaient de bouche que la constitution civile du clergé ne contenait que des objets de discipline. « On se tromperait, observe l'abbé Grégoire, en croyant que l'opposition aux réformes était uniquement inspirée par un zèle religieux. Ainsi que du temps de la ligue, souvent la religion servit de voile aux passions. Si l'Assemblée constituante, dirigée par une politique plus adroite, eût laissé au clergé, et surtout aux évêques, leurs bénéfices, leurs commendes, en sorte que la réunion des biens au domaine de l'État ne se fût opérée que par la mort des titulaires, la constitution civile leur eût paru très-orthodoxe. Une preuve de cette assertion, c'est que plusieurs évêques avaient déjà commencé à organiser leur clergé conformément aux lois nouvelles. Les évêchés, les riches bénéfices, étaient une sorte de patrimoine pour les nobles : aussi les évêques et la plupart des ecclésiastiques qui tenaient à la noblesse par leur naissance, à la cour par des faveurs obtenues ou attendues, refusèrent le serment : leur exemple entraîna des prêtres, qui les imitèrent jusque dans l'émigration ; mais le serment fut prêté par une grande partie de ce clergé qui, n'étant pas de la caste nobiliaire, étranger à ses prétentions, soupirait après le retour de la discipline primitive, et méditait de le replacer sur ses bases antiques ; par son assentiment il sanctionna l'abolition des commendes et la suppression de titres sans fonctions et sans utilité pour l'Église. » Sur les châtiments justement éprouvés par le clergé insermenté, et principalement par les évêques, il est curieux d'entendre l'un d'entre eux, Bausset, l'ancien évêque d'Alais et l'historien de Fénelon et de Bossuet. « L'aveu si général et si involontaire, dit-il, qui échappe à ceux même qui ont le plus souffert ; qu'on a mérité ses malheurs ; qu'on a été injuste par l'excès même du bonheur ; qu'on a été entraîné au murmure et à la révolte par caprice, par amour-propre, par légèreté, par esprit de mode, cet aveu seul dénote la justice de la Providence, qui a voulu étendre sa vengeance sur tous, parce que tous ont été plus ou moins coupables. »

« Les évêques, dit le marquis de Ferrières, membres de l'Assemblée constituante, les évêques se rapprochèrent des curés ; les dévots et les dévotes se mirent en mouvement, toutes les conversations ne roulèrent plus que sur le serment du clergé. On eût dit que le destin de la France et le sort de tous les Français dépendaient de sa prestation ou de sa non-prestation. Les hommes les plus libres dans leurs opinions religieuses, les femmes les plus décriées par leurs mœurs, devinrent tout à coup de sévères théologiens, d'ardents missionnaires de la pureté et de l'intégrité de la foi romaine. Le journal de Fontenay; *L'Ami du Roi*, la *Gazette de Durosois*, employèrent leurs armes ordinaires, l'exagération, le mensonge, la calomnie. On répandit une foule d'écrits dans lesquels la constitution civile du clergé était traitée de schismatique, d'hérétique, de destructive de la religion. Les dévotes colportaient ces écrits de maison en maison. Elles priaient, conjuraient, menaçaient, selon les penchants et les caractères. On montrait aux uns le clergé triomphant, l'assemblée dissoute, les ecclésiastiques prévaricateurs dépouillés de leurs bénéfices, enfermés dans des maisons de correction; les ecclésiastiques fidèles couverts de gloire, comblés de richesses. Le pape allait lancer ses foudres sur une assemblée sacrilége et sur des prêtres apostats. Les peuples, dépourvus de sacrements, se soulèveraient, les puissances étrangères entreraient en France, et cet édifice d'iniquité et de scélératesse s'écroulerait sur ses propres fondements. »

« Parmi les pièces, dit Grégoire, trouvées dans l'armoire de fer, et qui sont imprimées, on peut lire une lettre de Boisjelin, qui, sollicitant de Louis XVI la permission de se rendre à Rome, s'engageait à faire approuver la constitution civile par le pape. Les archives romaines m'ont présenté un autre document : à l'époque où l'on discutait cette constitution, M. Jalabert, alors supérieur du petit séminaire de Toulouse, étant à ce moment à Paris, écrivait à Pie VI (Paris, 27 novembre 1790) « pour le prier d'adresser un bref de « *propre mouvement* aux évêques de France, pour étendre « provisoirement leur juridiction au delà des limites de leurs « diocèses; pour autoriser provisoirement les métropolitains, « aussi désignés par l'Assemblée nationale, à instituer cano- « niquement les évêques qui seraient élus, même dans les « siéges de nouvelle création. » Trois cents diatribes contre la constitution civile du clergé la déclarèrent entachée d'hérésie, et voilà des coryphées du parti dissident, un archevêque et un supérieur de séminaire qui la déclarent seulement schismatique. Aussi disait-on aux prélats : Qui vous empêche d'accepter, par voie de jugement, un acte qui, d'après votre aveu, n'aurait par là un caractère de légitimité? Le bien de la religion et de l'État résulterait de cet heureux accord entre les deux puissances, et vous refusez! C'est alors que, changeant de batterie, ils prirent la résolution d'y trouver des hérésies. »

« Les évêques opposants, ajoute Grégoire, publièrent alors l'*Exposition des Principes*, combattue par tant d'écrits, et surtout par Durand de Maillane dans son *Histoire apologétique du comité ecclésiastique* (Paris, in-8°, 1791). Rome, après avoir temporisé, publia ses fameux brefs, dans lesquels on ne parle pas des réformes que commandait l'impérieuse nécessité. Les brefs, dont plusieurs étaient apocryphes, disséminés furtivement en France, et sans avoir obtenu l'*exequatur* exigé depuis tant de siècles, furent un des moyens les plus efficaces pour attiser la guerre civile. Le pape ne s'en tint pas là. Les 25 février 1792 et 3 novembre de la même année Pie VI annonce à l'impératrice de Russie que les princes se coalisent contre l'Assemblée nationale de France; il la prie de se joindre à eux, et d'envoyer contre les Français une flotte puissante; d'autres lettres, dans le même sens, sont par lui adressées à l'empereur François II, au roi Georges III, et à l'électeur de Saxe. La dernière surtout est très-pressante. Quelques pièces font entrevoir qu'on méditait une guerre de religion. Ce projet avait pour approbateurs une foule de preux qui autrefois n'ayant de chrétien que le nom, improvisèrent tout à coup la dévotion, et se dirent défenseurs intrépides non-seulement du trône, mais encore de l'autel. De là les guerres de la Vendée, de la chouannerie, qui furent de véritables croisades de chrétiens contre chrétiens. L'abbé Maury, qui dans l'Assemblée nationale s'était montré l'adversaire le plus déterminé de la constitution civile du clergé, fut nommé successivement archevêque, nonce, puis cardinal. Le pape reçut pour cette nomination les remercîments et les félicitations de trois princes français, et même du roi de Prusse. » En 1795, le gouvernement ayant décidé qu'il ne se mêlerait plus en rien de la religion, la constitution civile cessa d'être loi de l'État. Le clergé, qui lui avait prêté serment sans l'approuver, saisit cette première occasion favorable pour la corriger, en lui donnant un caractère plus ecclésiastique et la rapprochant davantage de l'ancienne discipline. Elle fut abolie par le concordat de 1801.

BORDAS-DEMOULIN.

CONSTITUTIONNAIRES, nom de ceux qui, sous le règne de Louis XV, se déclarèrent soumis, adhérents, à la constitution ou bulle *Unigenitus*.

CONSTITUTIONNEL (LE), l'un des quatre *grands* journaux de Paris. En le qualifiant ainsi, nous ne faisons que nous conformer à un usage introduit par MM. les courtiers d'annonces, et notre intention n'est certes pas de dire quelque chose de désobligeant pour ceux de ses rivaux qui, avec la même taille et le même poids, n'ont pu réussir à se faire classer par ces rois de la presse dans la même catégorie.

Le Constitutionnel a été et est toujours une puissance. Rien n'autorise encore à penser qu'il n'en doive pas être longtemps ainsi. Raison de plus pour qu'on veuille savoir d'où il vient et ce qu'il a fait pendant ses trente-huit années de règne.

L'Europe liguée tout entière contre la France avait enfin triomphé de Napoléon, grâce aux rigueurs d'un hiver exceptionnel, puis aux défections et aux trahisons qui avaient rendu inutiles les belles combinaisons stratégiques par lesquelles l'empereur, en défendant le sol sacré de la patrie, avait peut-être déployé encore plus de talents que dans son immortelle campagne d'Italie. L'étranger vainqueur nous avait imposé le gouvernement des Bourbons. C'était vers la fin de 1815, époque calamiteuse entre toutes, car pour la seconde fois les hordes étrangères souillaient le sol français. Dans l'ivresse de son récent triomphe, la Restauration n'avait point encore eu l'idée de réglementer d'avance le journalisme, et de lui imposer des conditions. On était en pleine *terreur blanche*; et, par une bizarre anomalie, fondait alors un journal qui voulait. Le gouvernement n'y voyait aucun inconvénient, n'y mettait aucun obstacle. Dès lors point d'autorisation préalable à demander et à obtenir comme aujourd'hui, point de cautionnement à verser comme aujourd'hui, pas même de gérance responsable à constituer. La création d'un journal, en raison de l'extrême exiguité du format encore en usage pour ces sortes de publications, n'exigeait guère d'ailleurs qu'une couple de mille francs; et les écrivains attachés à une pareille entreprise ne couraient pas de risques personnels, puisque messieurs les censeurs royaux, à qui ils étaient tenus de remettre chaque soir leur feuille en épreuve avant de la tirer et de la publier, se chargeaient paternellement de biffer tout ce qui dans leurs élucubrations eût pu offusquer les puissants du jour. Il n'y avait d'opposition possible que celle du silence. Ne pas faire chorus avec les énergumènes salariés par la réaction royaliste pour porter aux nues l'héroïsme monarchique des Truphémy et des Trestaillons; ne pas inventer chaque jour, avec *La Quotidienne*, la *Gazette de France*, le *Journal général*, le *Journal des Débats*, l'*Ami du Roi* et le *Journal de Paris*, de nouvelles formules laudatives pour célébrer les faits et gestes de la chambre introuvable, c'étaient là déjà autant d'actes d'indépendance dont l'opinion savait gré à un journaliste.

C'est ce moment que *Le Constitutionnel* choisit pour

naître dans une échoppe adossée aux écuries de l'ancien Sénat-Conservateur.

Sans doute les nécessités du régime impérial avaient momentanément déshabitué la France de ce régime de libre discussion des intérêts généraux, la plus précieuse de nos conquêtes de 89, et qui, quoi qu'on fasse, restera toujours le premier de nos besoins; sans doute le gouvernement royal n'avait eu rien de plus pressé que de conserver et de faire fonctionner à son profit particulier l'habile organisation de la police créée par l'empire. Mais, à la vive surprise de ses agents, cette police rencontrait déjà des obstacles auxquels rien ne l'avait encore préparée et qui rendaient sa tâche autrement difficile que lorsqu'elle se trouvait aux mains expéditives d'un Fouché ou d'un Savary. Toujours *admirable* de dévouement quand il s'agissait de violer le domicile des citoyens, de décacheter leurs lettres, ou encore d'*empoigner* les récalcitrants, de sabrer sans pitié les opposants, elle en était à hésiter, à trébucher, à jeter sa langue aux chiens maintenant qu'il lui fallait en outre et surtout faire la chasse aux idées, arrêter au vol des allusions toujours saisies et applaudies à outrance par le vulgaire vingt-quatre heures avant qu'elle en eût deviné le sens. Son insuffisance venait de ce qu'après une longue somnolence, l'esprit public s'était enfin réveillé chez nous, et de ce qu'il acquérait chaque jour plus de force en présence des déplorables excès de la réaction et des hontes de tout genre infligées à la France par un gouvernement suppôt de l'étranger, complaisant exécuteur de ses vengeances.

Le Constitutionnel se donna pour mission de servir d'organe, autant que cela était possible avec un bâillon à la bouche, à cette partie de la nation que le pouvoir traitait en ennemis et en vaincue. Dans la guerre de buissons qu'il entreprit contre la Restauration, il fut puissamment secondé par une classe d'hommes que, sous la dénomination de *brigands de la Loire*, elle avait mise tout entière en état de suspicion légale. Nous voulons parler de cette foule de militaires de tous grades dont la paix était venue briser la carrière avant le temps, qu'on avait dépouillés des récompenses que leur avait conférées le gouvernement de l'*usurpateur*, à l'époque des cent-jours; à qui, pour les empêcher de mourir de faim en attendant qu'ils pussent trouver du travail, il avait bien fallu accorder de chétifs secours temporaires, et qui s'étaient faits tout naturellement les colporteurs de l'esprit d'opposition dans le pays.

Le Constitutionnel devint tout de suite le journal de prédilection des officiers à demi-solde, l'écho de leurs plaintes, de leurs réclamations, et surtout le défenseur de leur gloire contre les dénigrements systématiques des écrivains payés par la police pour déverser le mépris et la calomnie sur les hommes et les choses de la Révolution et de l'empire. Dans ses allures, la réplique était nécessairement moins vive que l'attaque; mais la clientèle du *Constitutionnel* tenait compte des bonnes intentions, et se déclarait satisfaite pour peu que son défenseur invoquât les souvenirs de Marengo, d'Austerlitz, de Wagram et de tant d'autres immortelles journées, pour en accabler les obscurs blasphémateurs de la gloire impériale, dont tout officier à demi-solde se considérait de la meilleure de la monade comme la plus belle partie. *Le Constitutionnel* fut le berceau du chauvinisme, sentiment qu'on a pu ridiculiser, mais qui n'en reste pas moins une formule naïve de sincère patriotisme.

L'ordonnance du 5 septembre 1816, qui indiquait un retour du pouvoir aux idées consacrées par la Charte, fut une première victoire remportée par l'opinion sur la réaction. A la vérité, la censure continuait toujours de fonctionner; mais, dans l'intérêt de son existence ministérielle, et par suite du système de bascule à l'aide duquel il comptait tenir en respect les haines dont il était l'objet à la petite cour du pavillon Marsan, M. Decazes donna ordre à ses censeurs de se relâcher de leur sévérité à l'égard de la presse libérale. Aussi fut-il maintenant amplement permis à celle-ci de poursuivre ses récriminations et de ses sarcasmes l'absolutisme et l'obscurantisme des *ultras*, comme on appela les hommes qui avaient gouverné la France pendant une année, à la suite des événements de 1815, et qui se proclamaient hautement plus royalistes que le roi lui-même. *Le Constitutionnel* recueillit les profits du rôle qu'il avait assumé l'année précédente; il put redoubler d'efforts pour accroître le nombre de ses abonnés et de ses lecteurs; les officiers à demi-solde furent pour lui autant de commis voyageurs aussi dévoués que désintéressés; ils contraignirent tous les cafetiers de France à s'abonner à leur journal, devenu d'ailleurs l'organe officiel de la gauche dans la chambre des députés, où de nouvelles élections avaient amené un certain nombre de représentants du parti libéral.

Or, comme dans l'intervalle le pouvoir s'était ravisé, comme il avait fini par constituer en privilège, en faveur des feuilles existant à un moment donné, la faculté de s'occuper tous les jours des affaires publiques sous le bon plaisir de la censure, *Le Constitutionnel*, demeuré à peu près sans concurrents dans l'exploitation des rancunes du pays contre la Restauration, était dès 1817 non pas seulement un instrument puissant en politique, mais encore une grosse affaire au point de vue industriel. Il comptait déjà de 13 à 14,000 abonnés; chiffre qui à l'époque de son plus grand succès, en 1832, s'éleva même à 24,000. La propriété en était divisée en 14 parts. Une 15° part fut ensuite créée aux dépens des autres et gratuitement attribuée à Étienne, afin d'assurer exclusivement au journal le concours de l'habile et incisif publiciste. Pendant près de vingt-cinq ans, le produit de chacune de ces parts ou actions s'éleva en moyenne à 25,000 francs; et la valeur vénale en varia entre 180,000 et 250,000 francs, suivant que les nouveaux acquéreurs, avant de passer marché, obtinrent ou n'obtinrent pas l'assurance d'être admis à siéger et à voter au conseil d'administration du journal. C'était là en effet un droit dont, en vertu des titres constitutifs de la propriété commune, et dans la vue d'empêcher le loup, c'est-à-dire l'agent secret du gouvernement, de se glisser dans la bergerie, les actionnaires s'étaient réservé la faculté de priver les nouveaux co-associés que le hasard des mutations pourrait leur donner sans qu'on fût parfaitement édifié sur leurs antécédents. A l'origine, ce titre s'obtenait et sans tant de façons et à bien meilleur compte. M. Gouriet, l'un des fondateurs du *Constitutionnel* et aujourd'hui doyen des journalistes de Paris, peu rassuré sur l'avenir réservé à l'entreprise, s'était estimé heureux, au bout de quelques semaines, de récupérer ses déboursés et au delà en vendant 300 francs sa part de co-propriété à Évariste Dumoulin, que nous avons vu ensuite jusqu'à sa mort chargé de l'article *Théâtres* dans les colonnes de ce journal, bien moins à cause de son talent comme critique qu'en vertu de son droit d'actionnaire.

Ce n'est pas sans intention que nous rapportons ici ce fait, en apparence oiseux, car il est bon de rappeler à ce propos que les différents faiseurs qui depuis une vingtaine d'années se sont mêlés de fonder des journaux nouveaux à l'aide de commandites au capital d'un et même de plusieurs millions divisé également en parts de 200 ou de 250 francs, afin de pomper plus aisément ainsi dans les petites bourses, n'ont jamais manqué d'invoquer à l'appui de leurs mirobolantes évaluations de bénéfices probables, ce précédent incontestable d'actions du *Constitutionnel* placées à 300 francs et ayant ensuite rapporté à leurs heureux possesseurs jusqu'à 25,000 livres de rente. Seulement ils se donnaient bien garde de dire que le nombre total des parts du *Constitutionnel* s'élevait à quinze, et que les actions des entreprises rivales à créer se complaient par milliers. L'important, comme on pense bien, était d'éblouir avec ces chiffres vraiment fascinateurs les trop crédules actionnaires, qui vingt fois déjà se sont laissé prendre à cette vulgaire amorce, et que l'expérience a si peu guéris qu'ils s'y laisseront prendre vingt fois encore. Il n'y a pas d'exagération à dire qu'une vingtaine de millions ont été ainsi, dans ces derniers temps, et toujours en citant le sort des actions de l'ancien *Constitutionnel*, prélevés sur le commun des niais pour pousser au pouvoir quelques ambitieux sans moralité ou quelques intrigants sans talents.

Tout semblait conspirer pour donner au *Constitutionnel* de plus en plus de crédit et d'influence sur les masses, en même temps que toujours plus d'importance comme engin de destruction aux mains des adversaires du gouvernement. Voltaire et Rousseau dormaient depuis longtemps dans leurs tombes, aussi profondément oubliés que les autres philosophes du dix-huitième siècle. Un libraire de Paris s'avise un beau jour d'annoncer une nouvelle édition des œuvres complètes du patriarche de Ferney. Ce libraire ne rencontre d'abord dans le public qu'apathie et indifférence pour son entreprise; en la poursuivant, il marchait à une ruine inévitable, quand je ne sais quel évêque eut l'idée de lancer un mandement exprès à l'occasion de cette œuvre du démon, déjà morte pourtant aux trois quarts et de sa mort naturelle; de prêcher la sainte croisade contre l'esprit de doute et d'incrédulité, l'ennemi le plus redoutable, disait Sa Grandeur, que la monarchie légitime eût à vaincre. Ce malencontreux mandement ne fut pas plutôt connu, que ce qui restait du Voltaire ainsi dénoncé fut enlevé par le public; et trois ou quatre autres éditions devinrent nécessaires pour répondre à l'empressement de tous ceux qui, en souscrivant à l'œuvre défendue, entendaient protester contre l'intrusion du clergé dans les affaires de la politique. Les œuvres de tous les philosophes du siècle dernier furent alors successivement réimprimées et vendues à un nombre prodigieux d'exemplaires, grâce à l'appui prêté à ces opérations de la librairie parisienne par l'opinion d'abord, et ensuite par *Le Constitutionnel*, qui comprenait trop bien son rôle et quelle belle partie on lui faisait là, pour ne pas prendre énergiquement en mains la cause de la science et de la philosophie contre l'ignorance et la superstition. A son tour la chaire évangélique retentit d'anathèmes jetés à la mémoire d'écrivains dénoncés comme les précurseurs et les instigateurs du grand mouvement rénovateur de 1789, et de lamentations au sujet de la faiblesse dont faisait preuve l'autorité séculière en fermant les yeux sur le scandale de toutes ces réimpressions des ouvrages des ennemis de J.-C. Voilà dès lors la guerre décidément et franchement engagée entre la liberté de penser et le génie de l'intolérance, entre les lumières du siècle et les ténèbres de l'obscurantisme. Les jésuites, eux aussi, accourent se mêler à cette lutte : ils créent et organisent la congrégation, espèce de Sainte-Hermandad laïque qui doit assurer leur domination sur la société nouvelle. Le parti prêtre se constitue, il s'empare de toutes les avenues du pouvoir en affectant la prétention de gouverner la France, malgré qu'elle en ait; et à partir de ce moment jusqu'aux journées de Juillet 1830, l'histoire du *Constitutionnel* se confond avec celle de la lutte opiniâtre soutenue par l'esprit public contre les menées de ce parti pour jeter le gouvernement de la Restauration dans les voies de la violence et de la contre-révolution.

Il y aurait plus que de l'ingratitude à ne pas reconnaître ici que les rédacteurs de cette feuille y tinrent longtemps haut et ferme le drapeau des glorieuses et impérissables conquêtes de 1789. Bien longue serait la liste de ces écrivains, s'il fallait la faire complète jusqu'en 1830 seulement; mais on y remarquerait plus particulièrement les noms, tous, à un exception près, si honorables de MM. Aignan, Année, Arnault, Avenel, Bailleul, le général Beauvais, Benaben, F. Bodin, Buchon, Carrel, Cauchois-Lemaire, Darmaing, Dufau, le général Mathieu Dumas, Dupin aîné, Évariste Dumoulin, Étienne, Gosse, Jai, Jay, Jouy, Lacretelle, Mignet, Moreau, Moureau, René Périn, Léon Thiessé, A. Thiers, Tissot, etc., etc. Ils n'appartenaient sans doute pas tous à la même école; et quelques-uns avaient même en politique des antécédents qui contrastaient singulièrement avec leur attitude et leurs opinions actuelles. Mais, il faut bien l'avouer, l'esprit public est un peu comme l'esprit de parti; ils se soucient médiocrement l'un et l'autre de ce qu'ont pu dire et faire ceux qui les servent : l'important est qu'on sache comprendre leurs instincts et flatter leurs préjugés du moment. La révolution de Juillet ouvrit la carrière des honneurs et du pouvoir à certains d'entre ceux que nous venons de nommer; mais ce fut nécessairement à la condition de donner aussitôt de leurs plus étranges démentis à tous leurs principes et à tout leur passé d'hommes d'opposition. Aussi, en s'attachant à les mettre sans cesse en contradiction avec eux-mêmes dans leurs actes et leurs discours officiels, les partis légitimiste et républicain leur eurent-ils vite fait perdre cette auréole de popularité qui avait justifié leur entrée aux affaires.

Sous la Restauration, il n'était pas rare non plus de voir les écrivains aux gages de la contre-révolution, quand ils croyaient avoir reconnu certains de leurs adversaires, sous le masque de l'anonyme, alors en usage dans les journaux, leur jeter à la face des souvenirs assez embarrassants de leur passé; et on ne saurait disconvenir que d'anciens censeurs, d'anciens et très-violents agents de la haute police impériale, étaient mal venus à parler sur un ton aussi haut qu'ils le faisaient maintenant dans les colonnes du *Constitutionnel* des droits imprescriptibles de la pensée, et des garanties de liberté dont doit être entourée toute l'existence du citoyen. Cependant ce qu'une pareille polémique aurait pu si facilement avoir de tout personnel gardait le plus souvent le caractère de vagues généralités, en raison de l'incertitude où l'on restait alors ordinairement sur le véritable auteur de l'article qui soulevait le plus vivement les colères des partis. En effet, la loi n'ayant point encore songé à rendre la signature obligatoire, ils étaient en bien petit nombre ceux qui assumaient directement la responsabilité de ce qu'ils écrivaient; et c'est à grand'peine si au bas de quelques articles de critique littéraire se trouvaient de temps à autre des initiales dont très-peu de lecteurs possédaient la clef. Un journal n'était donc qu'un être de convention, une espèce, une fiction de droit; et il était permis, de lui faire tous les plus mauvais compliments, sans que celui à qui, dans l'intention véritable de l'offenseur, s'adressait l'offense eût le droit de s'en plaindre. Quand Martainville, barbouillant, en 1818, quelque nouvelle diatribe de sa façon sur une table du café Dufils, où il avait en quelque sorte fait élection de domicile, attachait au pilori de son journal ces hommes qui, après avoir porté la tête de la princesse de Lamballe au bout d'une pique, après avoir figuré parmi les égorgeurs aux terribles journées de septembre 1792, osaient maintenant donner au pouvoir et aux partis des leçons de modération, le public pouvait à la rigueur penser que l'évocation de ces souvenirs de la plus hideuse époque de la Révolution n'était qu'une simple figure de rhétorique; tandis qu'en réalité tout cela était à l'adresse d'un des propriétaires du *Constitutionnel*, riche personnage, qui à cette époque daignait encore quelquefois venir faire bourgeoisement sa partie de dominos au café Coste, à deux pas du café Dufils, avec Évariste Dumoulin, Étienne, Gosse, etc., lesquels, pour l'honneur du corps, faisaient semblant de ne pas croire un mot des *peccadilles* révolutionnaires reprochées si crûment à leur confrère par le cynique auteur du *Grivoisiana*.

Journal de la bourgeoisie, le *Constitutionnel* s'attachait en toutes occasions à mettre l'aristocratie des écus bien au-dessus de celle de la naissance. Il avait eu l'habileté d'abandonner son échoppe de la rue Vaugirard pour venir planter sa tente rue Thibault-aux-Dez, au centre du commerce des toiles; et, par fidélité à ses souvenirs personnels autant que par rancune contre les Bourbons, et aussi par esprit de spéculation, il avait pris, autant que cela était possible alors, une teinte de bonapartisme parfaitement visible pour les yeux les moins exercés, et qui n'avait pas peu contribué à son succès dans une certaine partie du public où l'on persistait à rêver une restauration impérialiste au profit du *fils de l'homme*. Mais plus tard, à la suite d'intrigues fort compliquées, les meneurs de la conspiration permanente tramée contre les Bourbons décidèrent qu'Eugène *Beauharnais* seul convenait aux exigences de la situation ; que dès lors, le cas échéant, ce serait à ce prince qu'on offrirait le trône, au mépris des droits du roi de Rome, qui ne fut plus qu'un *colonel autrichien*. Quant aux droits des autres membres de la famille de Napoléon, il y eut unanimité pour les déclarer non avenus, nuls et de toute nullité. Tenu au courant de ce qui se tramait, le duc de Leuchtenberg accepta les conditions qui lui furent posées, et fit savoir qu'on pouvait compter sur lui, qu'au premier signal il se mettrait résolument à la tête d'un mouvement. Mais la mort inopinée de ce prince vint déranger tous ces projets, au moment même où on s'occupait le plus activement de les réaliser, où la lithographie et la gravure reproduisaient à l'envi ses traits pour populariser son nom et en faire le représentant du parti national.

Le gouvernement royal connut parfaitement ces ténébreuses menées ; il ne lui échappa pas non plus que les conspirations et les mouvements militaires des années 1820 et 1821 en étaient la suite, et il déploya tant de vigueur dans la répression de ces diverses entreprises que, frappés de découragement, les conspirateurs, après avoir abandonné au bourreau quelques obscurs et inintelligents séides, n'essayèrent même pas de l'entraver dans son expédition d'Espagne, dont le succès acheva de les désillusionner. Une scission profonde éclata alors parmi les chefs de l'opposition. Les uns ne virent plus de salut pour la liberté que dans l'adoption du gouvernement républicain, et résolurent de travailler l'opinion dans ce sens. Les autres s'arrêtèrent à l'idée d'un nouveau 1688, et à la substitution de la branche cadette de la maison de Bourbon à son aînée. Dès 1824 *Le Constitutionnel* s'était complètement dévoué aux intérêts de M. le duc d'Orléans, en faveur de qui on fonda encore cinq ans plus tard *Le National*.

L'éclatant triomphe qu'il remporta en 1827 sur le parti prêtre, par la retraite forcée du ministère Villèle, acheva de donner au *Constitutionnel* une prépondérance qu'il conserva toute sa carrière, mais qui lui échappa le jour où il n'eut plus, pour satisfaire les passions de sa clientèle, la ressource si commode du fantôme de la congrégation et du parti prêtre à évoquer, car il ne pouvait plus en être question après la révolution de Juillet.

La dynastie nouvelle avait nanti de places lucratives ou appelé aux honneurs une bonne partie des propriétaires du *Constitutionnel*, et avec eux leurs parents et alliés jusqu'au douzième degré; elle n'avait pas été moins généreuse à l'égard des rédacteurs. L'être moral appelé *propriété* essaya cependant de conserver encore à l'égard du pouvoir une quasi-indépendance, dont on lui sut très-mauvais gré dans les hautes régions gouvernementales et dont on ne lui tint aucun compte dans sa clientèle, dont les rangs à partir de ce moment s'éclaircirent rapidement.

L'heure fatale du *désabonnement*, comme disait si plaisamment *Le Charivari*, avait sonné. C'était le commencement de la fin. Une révolution opérée dans la presse en 1836 par la création de journaux *au rabais*, acheva la ruine de l'entreprise, qui ne conserva pendant longtemps encore une apparence de vie que parce que *Le Constitutionnel* était devenu le journal officiel de M. Thiers, au pouvoir comme hors du pouvoir ; l'arme avec laquelle il parait les coups fourrés que M. Guizot, son rival heureux dans les affections et la confiance de Louis-Philippe, lui portait incessamment dans le *Journal des Débats*. L'agonie du vieil athlète se prolongea cependant encore au delà de huit années. La mort d'ailleurs avait amplement moissonné aussi bien parmi les rédacteurs que parmi les propriétaires du *Constitutionnel*, dont le personnel s'était à peu près complètement renouvelé. Parmi les nouveaux venus, on remarquait surtout le docteur V*éron*, qui essaya de galvaniser le moribond, mais dont les remèdes héroïques rencontrèrent toujours l'opposition la plus systématique et la plus malveillante de la part de ceux de ses co-associés qui se rappelaient les jours de gloire et de prospérité du *Constitutionnel*, les jours où les actions produisaient 25,000 fr. de rente, tandis qu'elles ne rapportaient plus rien depuis longtemps, et qui ne voulaient à aucun prix entendre parler des innovations proposées par l'aventureux enfant d'Hippocrate. On l'avait bien admis, lui, rien que sur sa réputation d'habile et heureux *faiseur*, à siéger et à voter au fameux conseil d'administration. Mais ses manières de grand seigneur, ses habitudes d'autocratie contractées dans la direction de l'Opéra, n'avaient pas tardé à blesser les susceptibilités essentiellement bourgeoises de ses collègues, qui à force de mauvais procédés avaient fini par lui faire déserter la place.

A la fin de 1843 la position n'était plus tenable. Le journal était réduit à 2,000 abonnés ; et il était démontré, par le mouvement de plus en plus accéléré du *désabonnement*, qu'en moins de six mois, si on persistait dans les mêmes errements, le journal ne serait plus publié que pour l'instruction et l'agrément personnels de ses propriétaires. C'est alors que ceux d'entre eux qui n'avaient pas voix au chapitre, poussés à bout par l'absence infiniment trop prolongée de toute espèce de dividendes, s'ameutèrent, et, M. Véron à leur tête, introduisirent devant la juridiction consulaire une demande en dissolution de société et en liquidation de l'entreprise. L'urgence, le péril et la demeure, étaient évidents. La vente aux enchères fut ordonnée.

Malgré son état de décrépitude, *Le Constitutionnel* trouva encore acquéreurs à plus de 500,000 francs, tant reste longtemps grande la puissance des noms ! En effet, c'était uniquement son titre, si significatif et si heureux, qu'on s'était ainsi disputé sous le feu des enchères. Ce titre, grâce à l'incontestable talent d'un grand nombre de ses rédacteurs, le journal l'avait porté avec autant de gloire que de profit pendant près de vingt-cinq ans, sauf une courte éclipse, tout à ses débuts, en 1818, moment où, par suite d'une suspension de deux mois à laquelle il avait été condamné en vertu de la législation existante, on avait dû le publier pendant quelque temps sous la dénomination de *Journal du Commerce*. C'était celle d'une feuille toute spéciale et fort obscure, qui paraissait déjà depuis longtemps, et qui aux yeux de la loi eut alors l'air d'hériter de la clientèle du *Constitutionnel*, tandis qu'en réalité c'était celui-ci qui l'absorbait et qui achetait, avec un titre nouveau, le moyen d'éviter à ses abonnés toute interruption dans la réception d'une feuille dont les articles étaient devenus pour eux paroles d'évangile.

Le monde journaliste apprit sans surprise que l'audacieux enchérisseur, qui, coûte que coûte, s'était ainsi fait adjuger ce cadavre, n'était autre que M. Véron ; car on savait depuis longtemps quel prix cet heureux spéculateur attachait à acquérir enfin un peu de cette considération qu'il est rare de gagner dans les coulisses d'un théâtre, et surtout à être compté pour quelque chose dans les régions des grandes intrigues gouvernementales. Le succès de sa nouvelle spéculation était assuré s'il parvenait à ramener au journal réorganisé et transformé une partie de son ancienne clientèle ; or, force nous est de reconnaître que le résultat dépassa toutes ses espérances. Mettre l'abonnement du *Constitutionnel* à 40 fr. au lieu de 80 fr. c'était le *pont aux ânes*, en présence de cinq ou six journaux faisant depuis plusieurs années de brillantes affaires à ce prix et devenus des centres d'action pour autant de coteries parlementaires, un tel rabais entrait dans les nécessités mêmes de la situation. Le premier venu, à la place de M. Véron, eût eu cette idée-là comme lui ; tandis que bien peu eussent osé faire ce qu'il fit, et essayer du moyen héroïque auquel il eut en outre recours. Les *Mystères de Paris*, ce livre immoral trop légèrement acheté en 1841 par le *Journal des Débats*, qui, depuis, a loyalement reconnu la faute qu'il commit en le publiant, faisaient encore fureur et avaient rendu M. Eugène Sûe le conteur à la mode. M. Véron s'en alla bravement lui commander, au prix de *cent mille francs*, c'est-à-dire en lui donnant près de six fois plus que ne lui en eût promis le libraire le plus hardi, un autre roman dont les aventures du *Juif errant* seraient le sujet. L'énormité de la rétribution accordée au travail du romancier fut l'événement du jour. On ne parla que de cela d'un bout de la France à l'autre ; et alléchés par les vives jouissances que semblaient leur promettre le titre d'un ouvrage acheté, par un vrai *connaisseur*, 100,000 fr. avant que l'auteur en eût, cette fois encore, écrit une seule ligne, les capricieux abonnés revinrent en foule au journal qu'ils avaient déserté depuis longues années.

Le roman fut détestable ; mais le but fut atteint. En quelques mois *Le Constitutionnel*, réduit à 40 fr., avait vu le chiffre de ses abonnés remonter de 2,000 à 30,000 ; et son heureux éditeur avait réalisé le rêve de son âge mûr. Il se trouvait enfin métamorphosé en personnage politique, ni plus ni moins que tant d'autres rédacteurs en chef dont le talent et la capacité n'étaient certes pas si clairement démontrés. M. Véron fut alors généreux à l'endroit de M. Thiers, en continuant de mettre *Le Constitutionnel* à sa complète disposition dans la guerre acharnée que cet homme d'État fit à M. Guizot jusqu'en 1848. Disons cependant que ce dévouement n'était pas tout à fait libre et spontané, et que M. Thiers était entré dans la combinaison du rachat du *Constitutionnel* pour un versement de 100,000 fr. en stipulant que le journal prendrait toujours comme par le passé le mot d'ordre de lui, à moins que M. Véron, pour acquérir la complète indépendance de ses mouvements, ne crût devoir lui restituer cette somme.

Après les événements de Février, *Le Constitutionnel* resta longtemps encore l'organe officiel de M. Thiers et de ses amis. L'ambition de cet homme d'État était alors de restaurer le trône de la maison d'Orléans, après avoir tant contribué à le lui faire perdre par son opposition hargneuse et systématique au *gouvernement personnel*, c'est-à-dire à l'intrusion de Louis-Philippe dans la direction des affaires.

M. Thiers permit à son journal d'appuyer la candidature de Louis-Napoléon à la présidence de la république, parce qu'il pensait avec raison que le plus pressé était de rétablir l'ordre dans la rue et dans les esprits, et qu'à ce moment le nom de ce prince était très-certainement le seul qu'on pût avec quelque chance de succès offrir aux masses pour leur garantir qu'après le retour au travail, au bon ordre, leurs droits seraient respectés et leurs intérêts sauvegardés. D'ailleurs, ainsi que les autres burgraves, M. Thiers n'entendait se servir du neveu de l'empereur que comme d'un instrument pour opérer une restauration au profit de la maison d'Orléans. On sait la guerre sourde, mais haineuse et implacable, que dès lors lui et ses amis firent constamment au gouvernement du prince président. Vers la fin de 1850, les burgraves décidèrent qu'ils s'opposeraient en 1852 à ce qu'il fût réélu à la présidence. M. Véron, sur cette question, prit la liberté grande de n'être pas de l'avis de M. Thiers ; et alors, après avoir reconquis la liberté de ses inspirations en remboursant à celui-ci ses 100,000 fr., il se mit à *protéger* Louis Bonaparte et à demander la prorogation de ses pouvoirs.

Le gouvernement issu du coup d'État du 2 décembre 1851 ne s'est point montré ingrat envers *Le Constitutionnel*. Le ban et l'arrière-ban de ses rédacteurs ont obtenu la croix et de lucratives positions administratives en récompense du concours que, d'après l'ordre de M. Véron, ils avaient prêté au gouvernement du prince président de la république. Nous voulons croire qu'on les méconnait quand on vient dire, comme certains, que si M. Thiers n'avait pu être *remboursé*, ils eussent défendu la thèse contraire avec non moins de zèle et de talent. Quoi qu'il en soit, l'étonnement a été assez général quand, au commencement de la présente année 1853, on a vu M. Véron abdiquer l'autocratie du *Constitutionnel*, moyennant *deux millions* payés comptant. Un récent procès introduit par les héritiers Aguado relativement au partage de ce prix de vente nous a appris que sur cette somme M. Véron s'était attribué un million (le pauvre homme!), que 500,000 fr. avaient été donnés par lui à M. le comte de Morny, le bailleur de fonds qui était venu si à propos en 1850 lui rendre sa liberté en se mettant au lieu et place de M. Thiers et en remboursant à celui-ci ses fameux 100,000 francs ; enfin, que le dernier demi-million avait été réservé pour les actionnaires, trop heureux certes de rentrer dans le montant de leur commandite avec une prime de 50 p. 100 de bénéfice, attendu que *Le Constitutionnel*, atteint déjà d'un premier *avertissement* aux termes de la législation actuelle sur la presse, pouvait être d'un jour à l'autre *supprimé* ; position critique, périlleuse même, et dans laquelle M. Véron avait cru agir conformément aux vrais intérêts de tous en n'alisant un bénéfice raisonnable et en renonçant, quant à lui, à la politique active.

La preuve que, sous le coup de la terreur profonde que lui inspirait ce fatal avertissement, M. Véron a peut-être agi trop précipitamment dans cette circonstance, c'est que M. Mirès, quelques jours après avoir acquis de lui *Le Constitutionnel*, le remettait en société à un capital de *trois millions*, dont toutes les actions étaient aussitôt enlevées qu'offertes, et réalisait ainsi à son tour, en moins d'un mois, un *million de bénéfices* ; tandis que pour en arriver là son vendeur avait dû péniblement lutter pendant neuf années, et tout près de cinq de révolution ! M. Mirès, banquier avant tout, a le bon esprit de ne point imposer à son public la lecture de sa propre prose, ainsi que faisait trop souvent M. Véron. En revanche, il se préoccupe évidemment beaucoup trop des questions de banque, de hausse ou de baisse, de reports et de fins-courant, et surtout de valeurs industrielles ; préoccupation assez naturelle de sa part, mais qui a déjà valu à son journal, de la part de l'autorité supérieure, un *avertissement* plus que sévère ! Pour le quart d'heure, le rédacteur en chef du *Constitutionnel* est M. A. de Cesèna, en 1848 secrétaire intime de M. Proudhon.

CONSTITUTIONNEL (Cercle). *Voyez* CLUB.
CONSTITUTIONNELLE (Église). *Voyez* CONSTITUTION CIVILE DU CLERGÉ et ÉGLISE CONSTITUTIONNELLE.
CONSTRICTION, CONSTRICTEUR (du latin *constrictio*, *constrictor*, faits de *constringere*, resserrer). La *constriction* est le resserrement par l'occlusion plus ou moins complète des ouvertures naturelles qui font communiquer les surfaces de la peau externe avec celles de la peau interne qu'on désigne ordinairement sous le nom de *membranes muqueuses*. On applique aussi ce nom au resserrement du *pharynx*. Lorsque les ouvertures naturelles sont circonscrites par des voiles mobiles, tels que les lèvres, les paupières, ces parties s'écartent plus ou moins pour admettre la lumière ou les aliments, ou se rapprochent pendant l'inaction de leurs organes. Ce simple rapprochement est d'abord dû au relâchement des muscles dilatateurs des ouvertures et à l'élasticité naturelle des muscles orbiculaires ou circulaires. Mais lorsque ces derniers organes musculaires entrent en action, les voiles mobiles sont fortement appliqués les uns contre les autres ; leurs ouvertures sont alors très-resserrées, et se refusent à l'introduction des corps nuisibles ou utiles dont l'animal veut se garantir ou ne point user. Cet usage de resserrer a fait donner à ces muscles le nom de *constricteurs*. Il s'en trouve au bord des lèvres, aux paupières, et, dans quelques ani-

maux, aux narines et aux ouvertures des oreilles. Les ouvertures anales et sexuelles en ont aussi.

Lorsque les lèvres, très-développées, sont employées, comme dans le cheval, à saisir la nourriture et à l'introduire dans la bouche, les muscles orbiculaires labiaux ou constricteurs de la bouche agissent très-efficacement dans l'exercice de cette fonction. Chez l'homme et les singes, les constricteurs des lèvres sont très-contractés pendant l'espèce de grimace ou de mine dans laquelle la bouche est allongée, et qu'on nomme la *moue;* d'où l'expression familière, *faire la moue,* qui signifie, au figuré, témoigner de la mauvaise humeur par son silence et par son air. Il suffit de se rappeler la douce impression d'un baiser maternel reçu après une longue absence, pour s'émouvoir encore au souvenir de l'expression d'un sentiment qui s'exhale sur les lèvres d'une mère tendre. Cette expression est évidemment due en partie à la *constriction* spasmodique des constricteurs labiaux appliqués sur la joue de l'objet chéri. Bornons-nous enfin à citer encore l'action de ces muscles pendant le téter. L. LAURENT.

CONSTRUCTION, partie de l'art de bâtir qui comprend les opérations par lesquelles on dispose le terrain pour y élever un édifice, on prépare, on met en place et on unit entre eux les matériaux dont il sera composé. Ses attributions forment ce qu'on nomme le *métier* de l'architecte; elle ne s'occupe que de détails purement techniques, de calculs et de mesures; une surveillance minutieuse, le soin de coordonner des travaux divers, sont des devoirs imposés aux *constructeurs* : sur la route qui leur est tracée, et dont ils ne peuvent s'écarter un seul moment, à peine leur inspire point, l'imagination n'éblouit pas leur pensée par ses éclairs; ils recherchent plutôt le *bon* pour donner quelque attention à ce qui ne serait que *beau*, et quoique leur industrie soit considérée comme une partie essentielle de l'un des beaux-arts, ils bornent volontiers leur ambition à se rendre utiles, sans rechercher le mérite de plaire aux yeux, avantage réservé aux autres parties de l'**architecture**. Quelques compensations leur sont offertes en échange de l'éclat dont leurs travaux sont privés : plusieurs sciences les éclairent, ils possèdent la plus grande partie du savoir de l'architecte; leur habileté contribue beaucoup à la durée des monuments dont l'exécution leur est confiée.

Pour donner une idée juste des connaissances dont le constructeur doit être pourvu, entrons dans quelques détails sur ses travaux. Les plus grandes difficultés que l'on ait à surmonter dans la construction d'un édifice se présentent au commencement des opérations, lorsque le terrain est ouvert pour recevoir les **fondations**. Il faut donc que le constructeur connaisse la nature des couches superficielles, leur degré de consistance, l'ordre de leur superposition, et qu'il ait au moins commencé l'étude des faits géologiques. Les machines qu'il emploie sont aussi l'objet d'une instruction dont il ne peut se passer; et s'il la pousse assez loin, il parviendra facilement à éviter des pertes de forces, de travail et de temps auxquelles on est souvent exposé dans ces travaux. Après la consolidation de la base qui supportera le poids de l'édifice à élever, arrive le travail du maçon. La minéralogie et la chimie viennent éclairer cette partie de l'art de construire, et pour pratiquer cet art avec succès, on ne négligera point sans doute d'acquérir une connaissance complète de l'art du briquetier et de celui du chaufournier. Si les pierres mises en œuvre par le maçon peuvent être employées telles qu'elles sortent de la carrière, on les appelle, suivant leur volume et leur place, *libage* ou *moellon*; mais lorsqu'elles doivent avoir une forme et des dimensions déterminées par l'emploi qui leur est assigné, elles sont façonnées préalablement suivant les règles de la **coupe des pierres**, art qui est une application de la statique et de la **géométrie descriptive**, et auquel les savants du premier ordre n'ont pas dédaigné de consacrer une partie de leur temps. Lorsque les murs sont parvenus à une cer-

taine hauteur au-dessus du sol, il faut des **échafaudages** pour porter les matériaux et les ouvriers qui les placent, des **chèvres** ou des **grues** pour élever les fardeaux trop pesants pour qu'un homme en charge ses épaules : nouveaux problèmes de statique et de mécanique à résoudre, et le constructeur ne trouve pas toujours dans les procédés connus des moyens suffisants pour le travail dont il est chargé. Ainsi, par exemple, lorsque l'architecte de la façade du Louvre, Claude Perrault, fit placer au fronton une pierre de 18^m,30 de long, 2^m,60 de large, et seulement 0^m,21 d'épaisseur, il composa lui-même l'appareil et le mécanisme pour transporter et élever une masse aussi pesante et aussi fragile sans courir le danger de la rompre, dirigea toutes les manœuvres, et inséra dans ses écrits la description de cette œuvre, non moins difficile que l'érection de ces grands **obélisques** égyptiens qui ornent Rome et Paris.

Lorsque la construction est parvenue à la hauteur d'un plancher, des bois préparés par le **charpentier**, associé quelquefois au forgeron, doivent être mis en place avec les précautions nécessaires pour assurer la solidité et la durée de cette partie de l'édifice, sans dépenser plus qu'il ne faut pour obtenir cette garantie. Enfin, on arrive au **comble**, et la couverture emploiera des bois sous différentes formes, des tuiles, des ardoises, des métaux : voici d'autres matériaux et d'autres arts, un surcroît de connaissances exigées du constructeur. Le travail du charpentier prend ici une plus grande importance : son art, appliqué à la couverture des édifices, a fait des progrès remarquables, et dont l'utilité sera mieux appréciée à mesure que des nouvelles méthodes seront plus souvent mises en usage, car il en résulte une assez grande économie. Ses *fermes* admettent aujourd'hui des pièces de fer, et souvent même on leur substitue des assemblages de barres de ce métal; le travail du forgeron est alors substitué à celui du charpentier. En soumettant au calcul les anciennes charpentes et leur mode de résistance au poids qu'elles supportent, on a facilement constaté que leurs énormes dimensions ne contribuent nullement à la solidité des édifices qu'elles couvrent, et les expériences faites sur le bois et les métaux, ainsi que les résultats des formules qui expriment leur solidité, commencent à pénétrer dans les chantiers et les ateliers. FERRY.

CONSTRUCTION (*Grammaire*), arrangement des mots dans le discours suivant les règles et l'usage d'une langue. Elle est grecque ou latine lorsqu'ils sont rangés dans un ordre conforme au tour, au génie de la langue grecque ou de la langue latine. On dit qu'elle est *louche* lorsque les mots sont placés de façon qu'ils semblent d'abord se rapporter à ce qui précède, tandis qu'ils se rapportent réellement à ce qui suit; *pleine*, quand on exprime tous les mots dont les rapports successifs forment le sens qu'on veut énoncer; et *elliptique*, lorsqu'un de ces mots est sous-entendu.

On ne doit pas confondre *construction* avec **syntaxe**. *Construction* ne présente que l'idée de combinaison, d'arrangement. Cicéron a dit, selon trois combinaisons différentes : *accepi litteras tuas, tuas accepi litteras* et *litteras accepi tuas* : il y a trois *constructions*, puisqu'il y a trois différents arrangements de mots; cependant, il n'y a qu'une syntaxe; car dans chacune de ces *constructions* il y a les mêmes signes des rapports que les mots ont entre eux; ainsi ces rapports sont les mêmes dans chacune de ces phrases. Chaque mot de l'une indique également le même corrélatif qui est indiqué dans chacune des deux autres; en sorte qu'après qu'on a achevé de lire ou d'entendre quelqu'une de ces trois propositions, l'esprit voit également que *litteras* est le déterminant d'*accepi* ; que *tuas* est l'adjectif de *litteras;* ainsi chacun de ces trois arrangements réveille dans l'esprit le même sens : *j'ai reçu votre lettre*. Or ce qui fait en chaque langue que les mots réveillent le sens que l'on peut faire naître dans l'esprit de ceux qui savent la langue, c'est ce qu'on appelle *syntaxe*.

La syntaxe est donc la partie de la grammaire qui donne la connaissance des signes établis dans une langue pour réveiller un sens dans l'esprit. Ces signes, quand on en sait la destination, font connaître les rapports successifs que les mots ont entre eux; c'est pourquoi, lorsque celui qui parle ou qui écrit s'écarte de cet ordre par des transpositions que l'usage autorise, l'esprit de celui qui écoute ou qui lit rétablit cependant tout dans l'ordre, en vertu des signes dont nous parlons, et dont il connaît la destination par l'usage.

S'agit-il donc de traduire du grec ou du latin, qui sont des langues inversives, en français, langue dans laquelle l'inversion est une rareté, s'agit-il, en d'autres termes de ce qu'on appelle dans les classes une version, on doit procéder préalablement à la construction de chaque phrase qui se présente, ou simplement *faire la construction*, c'est-à-dire disposer suivant l'ordre direct ou analytique, les mots de chaque phrase renfermant une inversion.   DUMARSAIS.

CONSTRUCTION (Bois de). *Voyez* BOIS.
CONSTRUCTION (Cale de). *Voyez* CALE.
CONSTRUCTIONS NAVALES. On a raison de dire que l'homme peut être fier à la vue des navires qui se balancent majestueusement dans ses ports de mer; c'est son plus bel ouvrage. Il y a loin de la pirogue du sauvage, que le moindre flot menace de submerger, au magnifique vaisseau à trois ponts, qui se joue des vents et de la mer! Il a fallu quatre mille ans à l'esprit humain pour franchir cet espace.

La construction des bâtiments du commerce est l'enfance de l'art comparée aux vastes connaissances que doit posséder l'officier du génie maritime. L'étude des mathématiques élémentaires et une grande pratique suffisent au constructeur civil pour lui apprendre le secret de bâtir des navires comme en désirent les négociants, qui tiennent surtout à la commodité de l'arrimage : nos bâtiments du commerce sont en général solidement construits; ceux du Havre et de Bordeaux joignent à cela des formes gracieuses et un gréement bien entretenu; ils ont même quelques prétentions à la coquetterie, ce qui les distingue des navires de Marseille et des autres ports de la Méditerranée.

Mais l'architecture navale militaire exige bien d'autres connaissances : presque toutes les sciences y trouvent leur application, et l'ingénieur ne peut en négliger aucune. C'est qu'un *vaisseau* est une forteresse flottante destinée à se mouvoir dans deux fluides, dont l'un produit la force d'impulsion et l'autre la résistance. Les qualités qu'il doit avoir sont : 1° de flotter en portant un poids déterminé, et d'avoir toutes ses parties bien liées entre elles; 2° une stabilité suffisante pour être en sûreté dans toutes les circonstances de la mer, c'est-à-dire qu'une force étrangère venant à l'écarter de sa position d'équilibre, il tende sans cesse à y revenir; 3° de prendre sous l'impulsion du vent la plus grande vitesse possible ; 4° de suivre une route qui fasse avec son grand axe le plus petit angle possible, quand la direction de la force d'impulsion est oblique à l'axe; 5° de tourner facilement autour de l'axe vertical élevé par son centre de gravité, soit au moyen du gouvernail, soit à l'aide des voiles; 6° d'avoir, dans une mer orageuse et élevée, des mouvements d'oscillation doux, réguliers, peu étendus, etc. ; 7° de s'élancer aisément sur les lames pour se soustraire à l'inondation.

On le voit, l'ingénieur doit résoudre un grand problème nautique : aussi faut-il qu'il étudie à fond toutes les parties du navire : coque, mâture, armement, munitions de toutes sortes, lest, etc., rien n'a de lui échapper. Ce n'est que quand il a mûrement établi des plans, que l'on procède à la construction du navire. On commence par la *quille*: c'est la pièce de bois inférieure sur laquelle repose tout l'édifice, et qui est dans la construction ce que l'épine dorsale est dans la charpente du corps humain; puis, suivant des positions plus ou moins inclinées au gré du constructeur, on établit l'*étrave* et l'*arcasse*, c'est-à-dire les pièces extrêmes de l'avant et de l'arrière. Ensuite, on élève dans les plans verticaux et perpendiculaires à la quille les divers *couples* intermédiaires, qui sont, pour suivre notre comparaison, comme les côtes, et l'on a la carcasse du navire; on la recouvre avec des planches plus ou moins épaisses que l'on nomme *bordages* (ceux des vaisseaux de 120 canons ont plus de 16 centimètres d'épaisseur); on lie les couples entre eux par de fortes pièces de bois nommées *baus*; on dispose les ponts en étages, on calfate les bordages, on cloue des plaques de cuivre sur la partie qui doit rester immergée, et on lance le navire à la mer; il est entièrement construit; il ne reste plus qu'à lui donner ses mâts et ses agrès.

Les anciens construisaient leurs bâtiments en bois de pin ou de sapin; ils remplissaient d'une espèce de jonc marin les vides et les intervalles (mailles) qui se trouvaient entre chaque bordage, tant du dehors que du dedans, et ils y faisaient couler de la cire fondue avec quelques matières résineuses. Les hauts étaient garnis de claies d'osier entrelacées les unes dans les autres et recouvertes de peaux. Chez nous, tout est en bois de chêne, à l'exception des ponts ; nous calfatons avec de l'étoupe et du brai sec. Du reste, dans les constructions nouvelles, le fer se substitue au bois pour la coque des bâtiments. Ce système offre de nombreux avantages, entre autres celui de remplacer une matière végétale dont la croissance demande de nombreuses années, et qui devient de plus en plus difficile à se procurer, par une autre matière qu'on peut produire en masses considérables et presque instantanément.

Quand les vaisseaux ont été lancés à la mer, l'inégalité de pression de l'eau sur les divers points de la carène les déforme; la quille s'arque en tournant sa concavité en dedans, les bordages se disjoignent, le navire se casse, et sa durée est bientôt abrégée. Les constructeurs sont depuis longtemps à la recherche du moyen d'obtenir une plus grande liaison entre toutes les parties de la charpente pour diminuer l'effet de la flexion et de la rupture. Un constructeur anglais, Sepping, a remédié en partie à ce double inconvénient en remplissant les mailles de la carène, et en donnant une direction oblique à croisée à quelques pièces de liaison qui jusqu'alors avaient été directes. L'avantage de son système est évident : quand un vaisseau s'arque, la partie inférieure de sa carène se raccourcit; si les mailles sont pleines, les bois de remplissage s'opposent au raccourcissement, qui les comprime. La seconde modification satisfait à toutes les conditions d'économie, de stabilité, de durée et de commodité.

La construction des vaisseaux a atteint en France un degré de beauté et d'élégance où nulle autre nation n'était arrivée : il est impossible de voir avec plus d'admiration nos nouvelles frégates de 60 et nos vaisseaux de 100. Cependant il n'en faut pas conclure que nos navires soient supérieurs à ceux des autres peuples : les qualités que doit posséder un vaisseau sont si nombreuses, et quelquefois si contradictoires, que l'on ne peut guère augmenter les unes qu'aux dépens des autres. Par exemple, le navire hollandais, destiné à naviguer dans des mers remplies de bancs de sable à fleur d'eau, est construit en forme de caisse, de manière à s'asseoir solidement sur un bas-fond ; son avant et son arrière sont solidement renforcés de bonnes charpentes pour résister aux coups de mer, si dangereux dans un échouage; sa mâture, basse et large, ne donne point en cas de malheur une inclinaison défavorable au navire. Ainsi fait, on ne peut pas dire qu'il est beau, mais il a des qualités précieuses, indispensables pour les mers de la Hollande; ce serait folie d'en exiger d'autres.

Une autre considération influe encore sur la forme du bâtiment : c'est la nature de son moteur; car il peut être soumis à l'action des voiles ou à celle de la vapeur ou encore à la combinaison de ces deux modes. La vapeur elle-même peut diriger le navire à l'aide de roues ou de tout autre propulseur, comme l'hélice. De là résultent des modifications que nous nous bornons à signaler.

CONSTRUCTIONS NAVALES

[L'histoire des constructions navales me semble divisée naturellement en deux grandes époques : la première, où l'on employait les bras des hommes comme force motrice : c'est le temps où le genre humain paraissait confiné sur les rives de la Méditerranée ; la seconde, qui présente un cachet particulier de grandeur et de force, date du moment où les nations des bords de l'Océan se disputèrent l'empire de la mer ; alors l'usage des avirons fut abandonné, on commanda aux vents de faire marcher les vaisseaux. L'application de la vapeur à la navigation semble ouvrir une troisième époque, dont on ne saurait assigner d'avance la grandeur future.

C'est remonter assez haut en histoire que de la prendre au déluge : qu'on nous pardonne de passer légèrement sur l'a r c h e d e N o é ; si de nos jours on construisait un navire d'après les données de l'arche, pour qu'il pût naviguer sur une mer aussi agitée que durent l'être les eaux du déluge au milieu du bouleversement de la nature, il faudrait que Dieu manifestât sa toute-puissance, comme dans les premiers temps du monde. Un autre navire célèbre dans les traditions populaires, c'est le vaisseau des Argonautes; les Grecs l'ont placé dans le ciel : un poète, Apollonius de Rhodes, s'est chargé de nous transmettre les détails de sa construction. Argos, sous les ordres de Minerve, était le constructeur en chef. D'après son conseil, le premier soin des Argonautes pour lancer leur bâtiment à la mer fut de l'entourer d'un câble bien tendu, afin d'assujettir la charpente, et de la fortifier contre la violence des flots. Ils creusèrent ensuite depuis la proue jusqu'à la mer un fossé d'une largeur suffisante, et dont la pente augmentait de plus en plus ; on le garnit de pièces de bois bien polies, et l'on inclina la proue, afin qu'emporté par son propre poids, et poussé à force de bras, le vaisseau glissât plus facilement. On retourne les rames, on les fixe solidement aux bancs, puis les marins appuient leurs poitrines sur la poignée des rames. Le vaisseau s'ébranle, l'air retentit de cris d'allégresse, le frottement de la quille élève un nuage de fumée; on apporte les voiles, les mâts, les provisions, etc... De nos jours on peindrait presque dans les mêmes termes le lancement à la mer d'un nouveau navire. Si telle ne fut pas réellement la construction du vaisseau *Argo*, au moins est-ce ainsi que l'on construisait les navires au temps d'Apollonius, 280 ans avant J.-C.

Les premières traces de l'art des constructions se trouvent chez les Phéniciens. « Fille de Sidon, s'écrie le prophète, toutes les îles de la mer connaissaient tes marchands; les sapins de Senir faisaient des bordages pour tes vaisseaux ; les cèdres du Liban leur servaient de mâts; leurs avirons étaient faits avec des chênes de Barcham, et l'ivoire des îles Tchiltim décorait leurs bancs...; les anciens et les sages de Gaber étaient tes calfats! » C'est de Tyr que les Assyriens reçurent les premières notions de cet art. Sémiramis, à qui certains auteurs attribuent l'invention des galères, sans doute parce qu'on aime à donner une origine illustre aux grandes découvertes, fit venir de Chypre et de Phénicie les bois propres à construire une flotte pour traverser l'Indus. Le roi des Indiens, Staorabato, l'attendit avec des vaisseaux en cannes, selon l'usage du pays : il n'est pas besoin d'ajouter qu'il fut vaincu ; il perdit plus de deux mille de ses petits navires.

Salomon obtint du roi de Tyr, Hiram, son ami, des matelots, des constructeurs et des matériaux ; et l'on vit bientôt sortir deux flottes du port d'Eziongeber sur la mer Rouge. Chez les Égyptiens, c'est le dieu (roi) Osiris qui le premier osa construire des navires. Leur grand Rhamsès, Sésostris, à son retour de la conquête du monde, fit construire par reconnaissance pour les dieux de la mer un vaisseau de bois de cèdre long de 140 mètres, doré en dehors et argenté en dedans; il le consacra au dieu qu'on adorait dans la ville de Thèbes. Ses successeurs eurent des navires à voiles, dont les hunes portaient des archers.

Les Grecs eurent des navires de guerre et des bâtiments de transport. Les premiers étaient longs : on les désignait sous le nom de *g a l è r e s* ; leur force consistait dans l'éperon ou bec pointu, dont la proue était armée. La *samine*, ou vaisseau de Samos, dont parle Plutarque, avait la proue fort basse et le corps fort large; il ajoute qu'il était très-propre à la haute mer et léger à la course ; sa construction aurait fait supposer le contraire. Il en attribue l'invention à Polycrate, ce tyran de Samos qui avait fait construire jusqu'à cent galères à cinquante rames. Quant aux navires de transport, ils étaient courts et longs.

Les Romains, qui héritèrent de la puissance des Carthaginois et résumèrent l'art naval de la Grèce, ne naviguaient que le long des côtes. Ils eurent aussi des galères et des navires de transport d'une espèce particulière (*naves onerariæ*). Leur caractère général était d'avoir les extrémités pointues, dans la partie extérieure comme dans la partie plongée : elles se terminaient par une pièce de bois arquée où venaient aboutir les bordages; et cette pièce portait, comme de nos jours, une figure, un symbole. C'était ordinairement une tête d'oie (*anserculus*), peut-être un cou de cygne, qu'ils mettaient à la proue, sans doute en souvenir du Capitole sauvé. Sur le gaillard-d'avant se trouvait une petite guérite où se juchait ordinairement le second maître de l'équipage. Ces navires avaient les côtés arrondis et la marche lente; on les gouvernait à l'aide de deux longues rames, à tribord et à bâbord.

Au temps de la république romaine, quelques peuples barbares des rives de l'Océan construisaient des navires plus forts que ceux de Rome et de toute la Méditerranée. La marine celtique, que César anéantit en un seul jour à Dorioragum, comptait un grand nombre de vaisseaux à voiles, de haut bord, et bien supérieurs aux galères. Leurs bancs avaient 0m,30 d'équarrissage ; ils étaient pontés.

Dans le moyen âge, Charlemagne, imitant la politique de Rome, maintenant des flottes stationnées à l'embouchure des rivières et le long des côtes pour s'opposer aux descentes des barbares; mais tous ces navires n'étaient guère que des barques. Les hommes du Nord qui l'attaquaient venaient souvent dans des bateaux recouverts de peaux de bêtes, sans clous, comme chez les Arabes. Un siècle plus tard, quand Alfred, roi d'Angleterre, repoussa l'invasion des Danois, la construction prit un certain degré de force et de grandeur. Les Danois avaient adopté pour leurs navires la forme des galères de la Méditerranée un peu modifiées : Alfred imita leur construction ; seulement il donna à ses vaisseaux un plus grand nombre d'avirons. Ils étaient très-longs, étroits et peu profonds, avec trente-huit bancs de rameurs de chaque bord : chaque aviron était mis en mouvement par quatre rameurs, ce qui faisait trois cents hommes d'équipage par navire : ils n'avaient qu'un seul mât, qu'on installait ou qu'on enlevait à volonté, et portaient un pont très-élevé, d'où les guerriers pouvaient écraser leurs adversaires ; aussi Alfred eut-il toujours l'avantage. Leur fond était plat, le tirant d'eau faible, ce qui exigeait pour la stabilité un lest considérable.

Les Vénitiens vinrent ensuite, qui poussèrent loin la construction des galères. Ils leur donnaient 57 mètres de quille et plus de 300 hommes d'équipage; l'idée qu'ils avaient de leurs grosses galères ou galéasses était telle, que les officiers-commandants s'engageaient par serment à ne pas refuser le combat contre vingt-cinq galères ennemies. Les plus légères étaient armées d'un éperon de fer; les plus grandes suspendaient à leur grand mât une grosse poutre garnie de fer des deux côtés, qu'on lançait sur le pont des ennemis, et qui quelquefois l'entr'ouvrait. Elles avaient en outre des espèces de tours en bois pour attaquer les remparts des villes. Le grand mouvement qui fut la fièvre des croisades excita parmi les nations de l'Europe et de l'Asie un pas à la construction. Les découvertes nouvelles apparaissaient dès que le besoin s'en faisait sentir : pour transporter des armées entières, il fallait de gros navires, et l'on construisait d'énormes caraques où l'on embarquait jusqu'à 1,500 hommes armés.

C'est du siècle qui suivit les croisades que je dois faire dater la seconde époque des constructions navales. Les peuples de l'Océan prennent le premier rang dans l'histoire du monde ; l'ardeur des voyages, suscitée par la découverte de l'Amérique et du cap de Bonne-Espérance, entraîne les esprits vers la marine ; l'invention de la poudre à canon modifie le système militaire de l'Europe, et la construction des vaisseaux change entièrement. Les galères sont reléguées dans la Méditerranée ; en vain leurs proues s'arment de canons, elles ne sont plus en état de lutter contre les vaisseaux de l'Océan, dont les flancs épais se garnissent d'une formidable artillerie, et qui deviennent des citadelles flottantes : les scorpions et les balistes ne reparaissent plus ; les corbeilles que l'on fixait au sommet du bas mât prennent la figure d'une plate-forme ou d'un petit bastion, d'où les combattants font pleuvoir sur leurs adversaires une grêle de balles et de grenades ; les grapins d'abordage seuls restent encore suspendus aux vergues.

Comme tous les arts naissants, cette construction eut son enfance et ses progrès : d'abord les navires n'avaient qu'un pont, qu'on chargeait de canons de divers calibres ; les murailles étaient sans sabords, on tirait par-dessus ; ce n'est qu'au seizième siècle qu'on donna des embrasures aux canons. Bientôt on recouvrit les batteries d'un plancher, pour mettre les canonniers à l'abri de la mousqueterie ; les navires grandirent graduellement : une seconde batterie s'éleva sur la première, et enfin le règne de Louis XIV vit des escadres de vaisseaux à trois ponts. Là l'esprit humain s'arrêta quelque temps, et jusqu'au dix-neuvième siècle toutes les découvertes se bornèrent à des améliorations. Les vaisseaux prirent des formes plus élégantes : la carène s'amincit pour fendre l'eau avec plus de vitesse ; le gréement, lourd d'abord, s'allégea ; la mâture s'éleva plus haut ; les voiles présentèrent aux vents une surface mieux disposée. Vers la fin du dix-huitième siècle, le doublage en cuivre augmenta la promptitude et la sûreté de la navigation ; c'est à cette heureuse invention que les escadres anglaises durent leurs succès dans la guerre de l'Indépendance américaine ; et quand on eut la sécurité, on songea à se procurer le confortable de la vie : les dangers sans nombre qui menaçaient les navigateurs furent écartés ou considérablement diminués ; les maladies ne décimèrent plus les équipages.

Les succès des Américains dans la guerre de 1812 avaient démontré l'avantage des navires de fort échantillon, lorsque l'étude des causes qui avaient amené les désastres de nos escadres sous l'empire sembla modifier les idées de notre gouvernement sur la guerre navale. Il renonça à lutter flotte contre flotte, et il construisit des frégates de grande dimension et d'une grande capacité relativement à leur équipage, pour les envoyer au loin croiser contre l'ennemi et ruiner son commerce. Ces nouveaux navires se présentèrent avec des qualités précieuses : l'arrondissement de leur poupe offrait aux coups de mer et aux boulets une résistance plus forte ; leurs murailles droites rendant l'abordage plus facile, flattaient le caractère national, et nos marins les accueillirent avec enthousiasme. Mais on ne tarda pas à reconnaître qu'il serait au moins imprudent de renoncer aux grands vaisseaux de ligne.

L'application de la force élastique de la vapeur à la navigation semble ouvrir à la construction une ère nouvelle ; la force motrice changeant, les formes de navire durent changer aussi. Cependant l'énorme quantité de combustible consommée par la machine à vapeur s'oppose aux longs voyages. De là l'idée des vaisseaux mixtes, qui marchent indifféremment à la voile ou à la vapeur. Aux roues des bâtiments à vapeur on substitua des palettes, puis des hélices, et des navires aux proportions les plus gigantesques flottent aujourd'hui sur les mers. Théogène PACE.]

CONSUBSTANTIATION, mot fait de la particule latine *cum*, avec, et de *substantia*, substance, et par lequel les luthériens expriment leur croyance sur la présence réelle de Jésus-Christ dans l'Eucharistie. Ils disent qu'après la consécration le corps et le sang de Jésus-Christ sont réellement présents avec la substance du pain, et sans que celle-ci soit détruite : c'est ce qu'ils appellent encore *impanation*. Les catholiques ont donné le nom de *consubstantiateurs* aux luthériens.

Quant aux mots *consubstantialité* et *consubstantiel*, qui s'appliquent spécialement en théologie aux trois personnes dont se compose la Trinité, ils indiquent proprement l'unité, l'identité de substance, et sont la traduction du grec ὁμοούσιος, dont s'est servi le concile de Nicée pour définir la divinité du Verbe.

CONSUL. C'était à Rome, sous la république, le titre de la magistrature suprême ordinaire. Ce nom dérivait de *consulere*, de sorte que, soit celui qui conseillait, soit celui qui consultait, désignait, soit celui qui conseillait, soit celui qui consultait, à savoir le sénat et le peuple. A l'époque la plus reculée, les consuls avaient le titre de *prætores*, ceux qui président. Leur charge, *consulatus*, fut introduite lors de l'expulsion des rois ; et les premiers qu'on en revêtit furent, en l'an 509 av. J.-C., Lucius Junius Brutus et Lucius Tarquinius Collatinus, après l'abdication duquel on élut Publius Valérius Publicola ; mais les plébéiens ayant exigé qu'on les laissât participer à ces fonctions, on fonda, en l'an 44, la magistrature des tribuns consulaires militaires, qui devait leur être accessible, et le sénat fut chargé de décider chaque année lesquels on élirait ou de ces tribuns consulaires militaires, ou des consuls ; fonctions demeurées toujours accessibles aux seuls patriciens. Enfin, en l'an 366, les tribuns du peuple Caïus Licinius Stolo et Lucius Sextius firent adopter leur proposition de loi, dite *Licinienne*. On cessa dès lors d'élire des tribuns consulaires, et une place dans le consulat fut assurée aux plébéiens. Sextius fut le premier plébéien élu consul. Après la seconde guerre punique, on tenait encore rigoureusement la main à ce que les charges de consuls fussent exactement réparties entre les deux ordres. Ce fut en l'an 172 que pour la première fois on choisit les deux consuls parmi les plébéiens, et depuis lors de pareilles élections devinrent très-fréquentes.

La puissance des consuls, leur *imperium*, ne différa d'abord de celle des rois qu'en ce qu'elle était conférée seulement pour une année, à l'expiration de laquelle il était possible que les consuls eussent à rendre compte de l'usage qu'ils en avaient fait, et aussi en ce que deux individus en étaient investis en même temps ; de sorte que l'un pouvait toujours mettre obstacle à l'abus que l'autre pouvait en faire. On n'a que deux exemples, l'un en 68 pour des motifs religieux, l'autre en 52 pour favoriser Pompée, qu'il n'y ait eu qu'un seul consul pendant une partie de l'année. Valérius Publicola avait déjà accordé aux plébéiens le droit de provocation, qui ne put cependant pas être exercé utilement avant que la *plebs* eût obtenu des défenseurs dans ses tribuns, et qui leur garantit ainsi commencement une protection suffisante contre les injustices des consuls. Les décisions juridiques si précises de la loi des Douze Tables assuraient aussi les citoyens contre l'arbitraire ; et plus elles eurent pour résultat de mettre en pratique le principe de la souveraineté du peuple, plus les fonctions consulaires prirent d'importance après la fin de la querelle des deux ordres, et plus aussi les consuls en vinrent à être considérés comme les véritables délégués du sénat et du peuple. Dès l'an 433 la direction supérieure des finances et la surveillance des mœurs avaient été distraites de leurs attributions par la création des censeurs ; et en fut de même en l'an 365, par la création d'un préteur, de la fonction de juge suprême ordinaire, qui s'était jusque alors confondue avec leur charge. Mais ils conservèrent la puissance exécutive suprême ;

et dans les moments de crises ils pouvaient l'exercer sans aucune restriction en vertu du célèbre sénatus-consulte : « *Videant consules ne quid respublica detrimenti capiat* (que les consuls veillent à ce que la république n'éprouve aucun dommage), » qui mettait à leur disposition tous les moyens nécessaires pour assurer le salut de l'État.

Tant qu'ils séjournaient à la ville, ils étaient surtout investis du droit de convoquer les comices par centuries et le sénat, ainsi que de présider aux délibérations de ces deux assemblées. Les autres magistrats, à l'exception des tribuns du peuple, étaient leurs inférieurs en rang et en puissance; aussi le préteur lui-même devait-il leur rendre hommage en se levant à leur approche et en les saluant. En raison des guerres continuelles des Romains, la direction des opérations militaires constituait la plus importante de leurs attributions. Ils étaient chargés de la levée et de l'armement des troupes, du choix des tribuns militaires, qu'à partir de l'an 360 ils partagèrent avec le peuple. Ils commandaient en chef, et les questeurs comptables qui leur étaient adjoints étaient tenus d'obéir à leurs ordres. Ce fut seulement dans les derniers temps de la république, vers le milieu des premiers siècles de notre ère, que s'établit la règle que les consuls demeureraient à Rome pendant l'année de leurs fonctions, à l'expiration desquelles ils se rendraient dans leurs provinces respectives avec le titre de *proconsuls*.

L'élection des consuls avait lieu dans les comices par centuries, qui dans les derniers temps se réunissaient d'ordinaire en avril, sous la présidence d'un consul ou d'un *interrex*. Des lois postérieures décidèrent que ceux-là seuls seraient éligibles qui auraient compté quarante-trois ans accomplis. L'époque de l'entrée en fonctions, jusqu'à laquelle on les appelait *consules designati*, était dans la seconde guerre punique le 15 mars; à partir de l'an 153 ce fut régulièrement le 1er janvier. Autrefois elle n'avait rien de fixe; c'est ce qui explique les variantes nombreuses de la chronologie relative à l'histoire primitive de Rome, attendu que les Romains comptaient leurs années d'après les consuls, dont les noms étaient consignés dans des annales (*Fasti consulares*). Si un consul mourait dans l'exercice de ses fonctions, ou bien s'il était forcé d'abdiquer, on en élisait un nouveau à sa place (*consul suffectus* ou *subrogatus*). Quand ils se démettaient de leurs fonctions le dernier jour de décembre, les consuls étaient dans l'usage d'affirmer sous serment, en présence du peuple, qu'ils s'en étaient acquittés en respectant la légalité. Rentrés ensuite dans la vie privée, ils étaient désignés par la qualification de *consulares*. La chaise curule et la *toga prætexta* étaient au nombre des insignes de leur puissance, de même que le droit d'être accompagnés chacun de douze *licteurs* portant des *faisceaux* (*fasces*) de verges, dont on enlevait les haches à l'intérieur de la banlieue, et qu'on abaissait devant l'assemblée du peuple. Quand les deux consuls se trouvaient aux mêmes lieux, l'usage voulait qu'un seul eût les faisceaux, et qu'ils les eussent chacun alternativement pendant un mois. Au temps où florissait la république, un des deux consuls restait ordinairement à la tête du sénat quand l'autre entrait en campagne; quelquefois chaque consul commandait une armée consulaire; il en fut ainsi au temps de Fabius. Quelquefois deux consuls se succédaient jour par jour dans le commandement. Le désastre des légions de Varron en rend témoignage. Un consul avait le plus habituellement deux légions sous ses ordres; à mille pas de Rome, il avait droit de vie et de mort, et désignait le genre de supplice à infliger ou de châtiment à subir; c'étaient en général l'expulsion, la fustigation, le crucifiement, la décimation, etc., etc. Le consul avait pour signe de son autorité, outre les faisceaux de verges, un bâton de commandement en ivoire. Au camp, il habitait l'enceinte qu'on nommait le *prétoire* : c'était là qu'il notifiait ses ordres par la voie de l'allocution; son manteau de pourpre, développé et arboré en manière de drapeau, était l'annonce du départ. La chute de sa tente était le signal du décampement. La consécration des dépouilles opimes était le plus éclatant honneur auquel un consul pût prétendre; il en était peu qui l'obtinssent.

Le consulat continua d'exister sous l'empire; on le considérait toujours comme la plus haute des magistratures, encore bien qu'elle ne fût plus que l'ombre de ce qu'elle avait été jadis, depuis que les attributions en avaient été limitées à la présidence du sénat, au droit de juridiction et à celui de célébrer des jeux. L'usage s'introduisit alors qu'aux consuls élus d'abord par le sénat, et d'après lesquels était nommée l'année, en succédassent cette année-là même de nouveaux, désignés par l'empereur. On appelait les premiers *ordinarii* et les seconds *suffecti*. Il en résultait que la durée de leurs fonctions se trouvait quelquefois réduite à six et même à deux mois. Il arrivait aussi fréquemment que les empereurs ne conféraient que les insignes seuls du consulat; de là le titre de *consul titulaire* en exercice, qu'on trouve plus tard en usage. Après le partage de l'empire, il y eut d'ordinaire un consul dans chaque capitale. Basile fut, en l'an 541, le dernier consul en Orient.

Au moyen âge, et plus particulièrement dans nos provinces méridionales, où les traditions des antiques municipalités romaines s'étaient conservées plus vivaces que dans le nord, on donnait la qualification de *consuls* aux magistrats des cités qui s'administraient elles-mêmes. Leurs fonctions étaient les mêmes que celles des *jurats* à Bordeaux, des *capitouls* à Toulouse, et des *échevins* dans les autres villes. C'étaient les chefs de la cité, les magistrats de la ville. Dans le même sens on donnait également, dans quelques villes de commerce, la qualification de *consuls* aux syndics et aux officiers de diverses communautés d'arts et de métiers. Des lettres royaux de 1351 font mention des *consuls* de la communauté des tailleurs de Montpellier. Les *consuls des marchands* ou *juges-consuls* étaient des officiers de justice choisis parmi les marchands et négociants d'une ville, faisant actuellement commerce ou l'ayant fait précédemment, et chargés de connaître de toutes contestations survenant entre des négociants et relatives au commerce. Leurs fonctions duraient une année; et la juridiction qu'ils exerçaient était appelée *juridiction consulaire*, dénomination qu'on applique encore aujourd'hui à la compétence des tribunaux de *commerce*, qui depuis l'introduction des codes ont remplacé partout en France les anciens juges consulaires. On dit encore aujourd'hui *billets consulaires* pour désigner des effets de commerce ; *sentence consulaire*, jugement d'un tribunal de commerce ; *condamnation consulaire*, *dette consulaire*, *droit consulaire*, toutes locutions dans lesquelles l'adjectif *consulaire* est synonyme de *commercial*.

Dans les derniers temps de la première république française le gouvernement était composé de trois fonctionnaires qui prirent le titre de consuls (*voyez* CONSULAT).

On désigne encore sous le nom de *consuls* les fonctionnaires qu'un État entretient dans des places de commerce étrangères, avec mission d'y protéger son commerce et d'y faire respecter les droits de ses nationaux qui viennent y faire du négoce. Les Marseillais sont les premiers qui aient donné le nom de *consuls* aux fonctionnaires chargés de défendre les intérêts de leur négoce dans les ports du Levant.

Suivant que leur cercle d'action est plus ou moins étendu, plus ou moins important, on distingue des *consuls généraux*, ayant des États tout entiers ou de vastes territoires dans leurs attributions; des *consuls*, exerçant leurs fonctions dans un grand centre commercial; des *vice-consuls*, établis dans des places moins importantes, et des *agents consulaires*, faisant fonctions de consuls là où il n'en existe point. Le plus ordinairement les puissances choisissent pour consuls ceux de leurs nationaux qui déjà font le commerce sur les places où ils les accréditent; souvent même ils confient ces fonctions à des sujets de puissances amies. Quelquefois aussi un État y accrédite des fonctionnaires d'un ordre particulier, ne faisant point le commerce; c'est surtout le cas lorsque les consuls doivent en même temps remplir une mission politique, fonctionner comme des espèces d'envoyés diplomatiques, mission qui, à bien dire, est étrangère aux devoirs d'un consul. Il faut que l'État sur le territoire duquel un consul est accrédité consente expressément à le reconnaître en cette qualité, au moyen d'une formalité qu'on appelle l'*exequatur*. Tant qu'un consul n'a pas obtenu cet *exequatur*, il n'est point appelé à exercer les pouvoirs que lui a conférés son gouvernement; mais d'ordinaire, dans leurs traités de commerce et d'amitié, les États prennent à cet égard des engagements réciproques.

Quant à l'autorité que les consuls exercent sur les nationaux qui viennent trafiquer sous leur protection dans les pays de leur résidence, les règles sont fort simples, car il suffit de se reporter à la législation spéciale du pays que le consul représente; les nationaux, bien que sur une terre étrangère, se retrouvent alors devant le magistrat de leur pays. C'est le consul qui sera l'intermédiaire naturel entre eux et le sol natal; il forme le lien qui les rattache à la patrie commune. Aussi, dès le jour même du débarquement, est-ce au consul que le capitaine du navire devra porter ses papiers de bord pour les faire viser; c'est à lui qu'il fera toutes les déclarations nécessaires pour assurer les droits des tiers, lorsqu'en cours de voyage il est survenu en mer quelque accident de nature, soit à créer des droits nouveaux, soit à compromettre des droits acquis; en un mot, c'est sous son autorité qu'il placera le navire pour prendre ses ordres. En effet, il trouve à la fois dans le consul un administrateur, un officier public et un juge.

Comme administrateur, le consul a le droit de faire tous les règlements qu'il peut juger nécessaires à la sûreté de ses nationaux dans le pays étranger où il se trouve. Comme officier public, il reçoit tous les actes qui peuvent les intéresser, et il leur donne toute authenticité; il dresse tous les actes de l'état civil qui les concernent, même les actes de mariage, et il donne force d'exécution aux actes privés qu'ils peuvent passer dans le pays même, en constatant que les formes usitées dans ce pays ont été religieusement remplies; comme juge, il rend sur les contestations qui s'élèvent entre deux nationaux soumis à sa juridiction de véritables sentences, susceptibles tout au moins d'une exécution provisoire.

Les devoirs d'un consul ne consistent pas seulement à protéger les intérêts commerciaux de ses nationaux, mais encore à recueillir des informations sur tout ce qui peut être utile au commerce de la mère-patrie, et à adresser régulièrement à son gouvernement des rapports sur la situation commerciale de la contrée où il réside. Lorsque c'est dans un port de mer, tout ce qui intéresse la navigation de la mère-patrie rentre dans ses attributions; et il a mission de concilier et de juger comme arbitre les différends qui peuvent survenir entre les patrons de navires et leurs équipages. Dans le Levant, les divers consuls exercent d'ailleurs une juridiction expresse sur ceux de leurs nationaux placés sous leur protection. Ils doivent en outre éclairer de leurs conseils les négociants et les patrons de navires de leur pays; aussi convient-il qu'au lieu d'être, eux aussi, établis comme marchands sur telle ou telle place, ils y soient de véritables fonctionnaires publics, et qu'un traitement convenable les mette à même de conserver une complète indépendance de toute influence étrangère. C'est d'après cette idée qu'est constitué le corps consulaire français.

Pour faire un bon consul, il faut un homme possédant une instruction large, versé dans la connaissance des intérêts commerciaux et du droit commercial, surtout dans celle des besoins du commerce et de l'industrie de son pays.

Toutes les puissances, les petites notamment, n'entretiennent point des consuls dans toutes les places importantes; il arrive même souvent qu'une puissance charge le consul d'une puissance amie, déjà accrédité sur une place, d'y veiller à la protection des intérêts de ses nationaux. Il n'est donc pas rare de voir, sur certaines places de commerce, le même individu chargé de représenter, comme consul, les intérêts de plusieurs peuples étrangers. Mais la fiction légale qui le nationalise lui fait momentanément dépouiller sa qualité d'étranger pour tous les faits de sa charge.

De toutes les nations, l'Angleterre est incontestablement celle qui a le mieux compris la haute importance des consuls de commerce. L'organisation de ses consulats est admirable, et forme un immense réseau jeté sur tous les points de la terre. Les consuls des États-Unis de l'Amérique du Nord ne reçoivent pas de traitement direct de leur gouvernement; ils ont pour émoluments les droits, fort élevés, qu'ils perçoivent sur l'expédition des différents documents relatifs au commerce et à la navigation. Le visa des passeports, la délivrance des certificats d'origine, les légalisations, etc., rentrent encore dans les attributions des consuls, et donnent lieu d'ordinaire à certains honoraires.

Notre corps consulaire ne comprend aujourd'hui que des consuls généraux, au nombre de vingt-six, et des consuls de première ou de seconde classe, au nombre de quatre-vingt-quatre, indépendamment de quelques fonctionnaires n'ayant que le simple titre d'agents commerciaux. Les consuls de seconde classe ont remplacé les anciens vice-consuls.

CONSULAIRE (Juridiction). *Voyez* COMMERCE (Tribunaux de) et CONSUL.

CONSULAIRES (Monnaies), *nummi consulares*. Cette expression sert à désigner les différentes monnaies romaines frappées à l'époque où existait la république. Elles sont d'or, d'argent et de cuivre. On ne les nomme pas ainsi parce qu'elles furent frappées par des consuls, mais à l'époque où l'État était gouverné par des consuls. Quelquefois on établit, mais à tort, une distinction entre les monnaies consulaires et les monnaies de familles. Ainsi, on range parmi les premières celles dont le type représente à la face la tête de Rome et au revers la *biga*, la *quadriga*, sans aucune inscription; et parmi les secondes, toutes celles qui portent le nom d'une famille ou d'un membre d'une famille. Le type qui domine dans les monnaies consulaires, c'est pour les pièces de cuivre, l'éperon de navire, la tête de Janus, etc.; pour celles d'argent, la tête de Rome et une biga ou une quadriga. De nombreuses empreintes ont trait à des événements historiques, et servent ainsi à expliquer l'histoire. Il n'y a point d'empreinte dominante sur les pièces d'or, lesquelles d'ailleurs sont d'une rareté extrême. On range dans les cabinets les monnaies consulaires suivant les diverses familles auxquelles elles appartiennent; mais cette classification ne laisse pas que de présenter des difficultés, à cause des noms de famille, souvent fort incomplètement inscrits. Les écrivains spéciaux sur ces matières, pour rendre les recherches plus faciles, ont ajouté à leurs ouvrages des listes de noms des diverses familles. C'est ce qu'ont fait Ursinus, Patin, Vaillant, et dans ces derniers temps Mionnet.

CONSULAT. Ce mot désignait chez les anciens la dignité de *consul*. En France, il se dit absolument du gouvernement consulaire, du temps pendant lequel le pays a été gouverné par des consuls.

Après la journée du 18 brumaire, dans laquelle Bonaparte mit fin à l'existence de la constitution de l'an III et du Directoire, les débris du Conseil des Anciens et du Conseil des Cinq-Cents constituèrent, dans la nuit du 19 au 20 (11 novembre 1799) un gouvernement provisoire, composé de trois consuls, et appelèrent Sieyès, Bonaparte et Roger-Ducos à remplir ces fonctions. Ce quasi-retour à la constitution monarchique fut consacré le 13 décembre 1799 par la constitution de l'an VIII. Aux termes de cette constitution, le pouvoir exécutif était confié à trois consuls, élus pour dix ans, chacun à part et ayant un rang particulier, et qui à l'expiration de leurs fonctions pouvaient être réélus. Le sénat conservateur avait le droit de choisir dans son sein ces trois magistrats suprêmes; mais pour la première fois c'était la constitution elle-même qui désignait ceux à qui ces fonctions étaient dévolues, à savoir: Bonaparte comme premier consul, Cambacérès et Lebrun comme second et troisième consul. Par exception, Lebrun n'était élu que pour cinq ans.

Le premier consul avait un cercle d'action extrêmement étendu, et pouvait déléguer ses pouvoirs dans certains cas. Il nommait les ministres, publiait les lois, choisissait les membres du conseil d'État, les ambassadeurs, conférait les grades dans l'armée et dans la marine, nommait aux fonctions civiles et administratives, aux fonctions judiciaires, tant dans les tribunaux civils que dans les tribunaux criminels, à l'exception des juges de paix et des membres de la cour de cassation. Il recevait 500,000 fr. de traitement, tandis que ses deux collègues n'en recevaient que 160,000.

Bonaparte se trouva dès lors le véritable chef du gouvernement, et ses deux collègues ne lui servirent qu'à dissimuler quelque peu sa puissance réelle et ses projets pour l'avenir. Il alla s'établir aux Tuileries, où il organisa une cour brillante. Au mois de mai 1802 parut un sénatus-consulte qui le confirmait pour dix années de plus dans les fonctions consulaires. Le 2 août suivant un autre sénatus-consulte modifia de nouveau la constitution, pour nommer Bonaparte consul à vie. Le peuple fut appelé à se prononcer sur ce changement; des registres destinés à recevoir les votes furent disposés dans toutes les municipalités de France; et sur 3,577,259 votants, 3,568,885 se prononcèrent en faveur du nouvel ordre de choses établi dans le pays. Ce sénatus-consulte conférait à Bonaparte un pouvoir absolu sur la France. C'est lui qui nommait les membres du sénat, qui lui présentait ceux qu'il consentait à avoir pour collègues; il était libre de désigner qui bon lui semblait pour lui succéder; il avait le droit de déclarer et de conclure la paix, de faire grâce, et possédait une liste civile. Enfin, le 18 mai 1804 un sénatus-consulte abolit définitivement le fantôme de république qui subsistait encore, en proclamant Bonaparte empereur des Français sous le nom de Napoléon Ier.

Consulat désigne encore la charge de consul de commerce dans un port étranger, et le lieu où demeure le consul, l'endroit où aussi situés ses bureaux.

CONSULTA, mot italien qui répond à *conseil*, et qui fut le nom de différents corps constitués italiens. Au commencement de 1802, une *consulta extraordinaire* se réunit à Lyon pour organiser la république cisalpine, qui prit ensuite le titre de république italienne. Sous cette république et sous le royaume d'Italie, qui la remplaça, la *consulta* était une branche de l'administration publique, composée de huit personnes, et dont les principales attributions consistaient dans la direction des affaires étrangères et la rédaction des transactions diplomatiques.

Au mois de novembre 1852, le pape réunit à Rome, pour la première fois, une *consulta* pour les finances, chargée d'examiner le budget et autres questions financières ou d'intérêt public. Les membres, au nombre de trente, étaient désignés et envoyés par les provinces et approuvés par le gouvernement, qui avait le choix d'un nom sur trois. Six étaient nommés directement par le pape. Cette consulta, présidée par le cardinal Brignolle, fit ses observations sur le budget, et sur les projets de loi qui lui furent présentés, et elle se sépara emportant les bénédictions du saint-père.

CONSULTATION. On nomme ainsi au barreau l'avis verbal ou par écrit, donné par les jurisconsultes, sur les questions relatives à leur profession qui leur sont soumises. Les consultations sont délibérées quelquefois par plusieurs avocats. Nous ne parlerons que des consultations écrites, comme étant les seules authentiques. Il n'existe point, dans les bibliothèques de droit, de recueils spéciaux de consultations; cependant une collection *choisie* des décisions des jurisconsultes français pourrait être d'une grande utilité. Le *Digeste*, où le droit romain est traité avec le plus d'étendue, et qui abonde en principes, est une compilation d'extraits des décisions des jurisconsultes à laquelle l'empereur Justinien a donné le caractère de loi, et c'est d'après cette sanction que chaque extrait est appelé une *loi*. De combien de lois les décisions de nos jurisconsultes ne sont-elles pas devenues aussi les projets; et si elles n'ont pas toujours cette noble destination, il n'en faut pas moins reconnaître leur importance, comme servant à éclairer les citoyens sur leurs intérêts contentieux et à leur fournir les moyens de les défendre. Les jurisconsultes s'associent aux législateurs et aux magistrats, et souvent leurs *réponses* préparent les lois et les arrêts. Les consultations que nous avons de Cujas et de Dumoulin nous font regretter celles de leurs successeurs, auxquels ils avaient mérité de servir de modèles.

Tout *avocat-consultant* n'est pas toutefois un *jurisconsulte*, et il peut exister entre ces deux expressions une grande différence, que Henrion de Pansey a parfaitement expliquée. Après s'être demandé : Qu'est-ce donc qu'un *jurisconsulte ?* ce docte magistrat répond : « C'est l'homme rare, l'homme doué d'une raison forte, d'une sagacité peu commune, d'une ardeur infatigable pour la méditation et pour l'étude, qui, planant sur la sphère des lois, en éclaire les points obscurs et fait briller d'un nouvel éclat les vérités connues; qui non-seulement aplanit les avenues de la science, mais en recule les bornes; qui indique aux légis lateurs ce qu'ils ont à faire et laisse à ceux qui voudront marcher sur ses traces un fil qui les conduira sûrement dans cette vaste et pénible carrière. » Ainsi, d'après cette belle définition, Loiseau, de Laurière, voilà des *jurisconsultes*, qui ont fait jaillir la lumière sur toutes les parties du droit français. La qualification de *jurisconsulte* peut être méritée et obtenue, sans avoir fait de traité. Après les noms que nous venons de citer, les jurisconsultes les plus distingués de l'ancien barreau ont été : pour les matières ecclésiastiques, Pialès, Treilhard, Camus; pour les matières féodales, Henrion de Pansey, et pour le droit commun et coutumier, Férey et Tronchet, que le chef de l'empire avait si justement proclamé *le premier jurisconsulte de la France*. Poirier, sans être un avocat-consultant de premier ordre, rappelait Pothier par le caractère de ses décisions, souvent plus appuyées sur le *for intérieur* que sur le *droit*. Sous le Directoire et la République, plusieurs anciens membres des Assemblées législatives s'étaient partagé ou plutôt avaient réuni en eux le trésor de la science, l'autorité de la jurisprudence et la dispensation du conseil. Un magistrat qui avait présenté le premier *projet du Code civil*, et qui, après avoir été ministre de la justice, n'avait pas dédaigné de redevenir avocat, se distinguait à la tête de la consultation, et Cambacérès pouvait s'enorgueillir de voir des noms tels que ceux de Portalis, Siméon, Muraire, Bigot-Préameneu, Abrial, Berlier, se placer à côté du sien. A aucune époque du barreau, le cabinet des jurisconsultes n'avait rendu des oracles plus sûrs; aucune partie de l'Europe ne pouvait offrir une telle réunion de légistes, et l'ancienne Rome elle-même, cette terre classique du droit, n'eut jamais un semblable collége de jurisconsultes.

Les vicissitudes politiques ayant dispersé les membres de cette célèbre conférence, ils trouvèrent de dignes successeurs dans Merlin, Guien, Mailhe, Chabroud,

Grappe, Lacroix-Frainville, Darrieux et Nicod. Plus tard, MM. Berryer, Dupin, O. Barrot signèrent des consultations.

Aujourd'hui, la plupart des consultations importantes sont imprimées, mais elles ne subsistent que pour ceux qui prennent le soin de les recueillir, et nous voudrions les voir conserver au delà du besoin de la cause pour laquelle elles ont été données. Les consultations, qui essentiellement ne sont que des dissertations sur le droit, demeurent ordinairement étrangères à l'éloquence. Cependant elle n'en est pas absolument bannie, et une doctrine qui n'est pas trop analytique peut aussi prendre quelquefois les formes littéraires. Les *honoraires* des consultations se proportionnent au nombre et à la difficulté des questions, à l'importance des affaires et aussi un peu à la condition et à la fortune des clients. Le coût de la simple signature est ordinairement de 25 francs, et la signature après conférence se paye 50 francs. Nous avons entendu Malleville, président de la cour de cassation, l'un des rédacteurs et des commentateurs du Code Civil, s'honorer d'avoir donné dans la ville natale de Sarlat des consultations à douze sous. Le prix des consultations se paye comptant, et Tronchet n'en signait aucune avant d'avoir vu les honoraires déposés sur son bureau ou sur sa cheminée. Poirier était exact aussi à toucher ses honoraires, et il avait à ses pieds, et quelquefois sur ses genoux, sa chère cassette. PARENT-RÉAL.

On comptait autrefois plusieurs *chambres des consultations* dans l'enceinte du Palais à Paris. Les plaideurs allaient chercher au *pilier des consultations* les avocats dont ils voulaient prendre les avis sur leur cause. Les avocats se réunissaient dans une des chambres destinées à cet usage, et y donnaient leur avis verbalement ou par écrit. Les avis verbaux se donnaient ordinairement au pilier des consultations. Cet usage n'existe plus depuis près d'un demi-siècle, mais il est souvent mentionné dans les anciens ouvrages d'histoire et de jurisprudence. Le bâtonnier, les anciens, s'assemblaient à la *chambre principale des consultations*, pour y délibérer sur les affaires de l'ordre.

DUFEY (de l'Yonne).

En médecine, le mot *consultation* reçoit la même acception qu'en droit. C'est plus qu'un conseil, plus qu'un avis ordinaire : c'est une opinion méditée avec déduction de motifs, c'est le mûr avis d'un seul ou la délibération de plusieurs. Tantôt le malade va chercher secrètement une consultation chez le médecin en qui il a foi, et tantôt, si le malade est alité, c'est le médecin qui vient *consulter* à son chevet. Le mot *consultation*, comme on voit, n'a pas entièrement la même signification dans les deux cas. Dans le premier, le malade consulte véritablement le médecin : celui qui souffre narre et circonstancie ses maux ; le médecin écoute, conseille et prononce ; tandis que dans l'autre cas ce sont les deux ou les quatre médecins qui consultent ou délibèrent entre eux. Le médecin ordinaire ou habituel est rarement présent à la consultation que son client va chercher hors de sa maison, au lieu que dans cette maison, hors du lit ou dans son lit, le malade ne peut mander aucun médecin étranger sans l'assistance de son médecin habituel. C'est une nécessité fondée sur trois raisons : les procédés, la prudence et le vœu judicieux du médecin étranger. La plupart des médecins ne se rendent à une consultation qu'avec la certitude de rencontrer près du malade son médecin ordinaire. L'intérêt, cela est vrai, peut bien quelquefois revendiquer sa part d'influence sur cette conduite, puisqu'une consultation entre plusieurs rapporte à chaque consultant quatre fois autant qu'une simple visite ; mais la raison principale est le respect qu'on se doit entre confrères, comme aussi le besoin consciencieux de s'éclairer sur les antécédents du malade et de la maladie. Que de choses à dire sur les consultations et qu'il est sage de taire !

Il y a plusieurs sortes de consultations : la *consultation écrite* ou *par correspondance* est la plus vraie, la plus solide, la plus circonstanciée de part et d'autre, surtout quand celui qui consulte joint à sa narration personnelle et à toutes les confidences de sa vie une note ou un mémoire de son médecin ordinaire. Voilà le genre de consultation où excellent les médecins transcendants. Toutefois, cette espèce de consultation a deux inconvénients : 1° elle n'est applicable qu'aux maladies chroniques, 2° elle favorise l'ingratitude et l'inconstance des malades ; et cela est si avéré que les malades doivent se conduire envers le médecin d'exception qu'ils consultent à distance comme on se conduit à l'égard des avocats. La *consultation publique* est celle qui a lieu dans les divers hôpitaux, aux cliniques, aux dispensaires de Paris et de Londres, au siège de quelques sociétés savantes, aux établissements de charité : elle ne peut convenir qu'au peuple, lui dont les mœurs n'ont point de secrets ni le front de pudeur. La *consultation gratuite* ou *apparemment gratuite* se compose de conseils que quelques médecins donnent chez eux, les uns avec désintéressement et dans l'unique but de s'instruire et de se rendre plus expérimentés, d'être utiles et de se faire connaître ; les autres, à grand bruit, pour débiter leurs recettes ou pour favoriser un pharmacien, non toujours sans lucre, quoique sans rougir. La *consultation mystérieuse* est quelquefois bien délicate, et souvent plus scabreuse pour le docteur que pour le malade. Dr Isidore BOURDON.

CONSUS. Les Romains donnaient ce nom au dieu des desseins secrets. Romulus prétendait n'avoir fait qu'obéir à ses ordres lorsqu'il enleva les femmes et les filles des Sabins pour les partager entre ses soldats. Ce coup de main lui ayant réussi, il prescrivit qu'une fête appelée *consualia* serait chaque année célébrée le 18 ou le 21 août en l'honneur de ce dieu et pour éterniser le souvenir de cet événement. A cette occasion on découvrait à tous les regards l'autel du dieu, qui pendant le reste de l'année demeurait enseveli dans la terre, pour indiquer que les desseins doivent être tenus secrets. Les jeux du cirque remplacèrent plus tard cette fête, après la construction du grand cirque.

Hartung prétend que ce dieu Consus était un être habitant les régions souterraines, et il explique le culte dont il était l'objet par les efforts que les Romains croyaient devoir faire pour se rendre favorables les puissances infernales.

CONTACT (en latin *contactus*, de *cum*, avec, et *tactus*, tact, attouchement, dérivé de *tangere*, toucher). Ce nom, peu employé dans le style familier, l'est fréquemment dans le langage des sciences. En physique, il signifie en général l'attouchement de deux corps qui peut être permanent, plus ou moins durable ou instantané. Lorsque les corps qui se touchent sont animés d'une vitesse plus ou moins grande, le *contact* prend le nom de *choc*. Les endroits par lesquels ils se touchent sont appelés *points de contact*. Deux billes qui marchent l'une vers l'autre décrivent dans l'espace deux lignes dont l'écartement est l'*angle de contact*. En géométrie, le point où une ligne droite appelée *tangente* touche une ligne courbe, ou dans lequel deux courbes se touchent, est aussi appelé *point de contact*.

Deux parallélipipèdes de fer doux par le moyen desquels on réunit deux barreaux magnétiques, pour conserver plus longtemps leur vertu, sont aussi désignés sous l'appellation de *contacts*.

En physiologie animale, on entend en général par *contact* le toucher passif, qu'on distingue ainsi du *tact* ou toucher actif. On spécifie encore quelquefois ce dernier sous le nom de *palpation* ou action de palper. L'action du contact s'exerce : 1° dans toutes les parties de l'organisme animal qui sont composées de tissus plus ou moins vivants ; 2° par l'intermédiaire de celles qui sont sans texture, mais adhérentes à des tissus organiques. Il faut en excepter toutes les humeurs, même celles qui sont les plus indispensables à la vie, telles que les divers fluides sanguins et ceux employés à la reproduction, etc. Quoique toutes les surfaces de la peau externe, toutes celles de la peau interne, qui forme les divers viscères, et toutes les parties mises à nu par les blessures, soient le siége du sens d'un contact plus ou moins latent, l'expérience nous fait connaître que ce sens s'affaiblit et semble disparaître sur les surfaces du canal digestif et des autres viscères, où nous n'avons plus la sensation de la présence de ces corps, quoique le contact ait lieu pendant leur trajet. Faisons remarquer encore que la continuité d'un contact sur la peau externe semble émousser ou annuler la sensation du toucher de nos vêtements, tandis que nous sentons souvent les plus légères vicissitudes dans la température et l'état hygrométrique de l'air.

Le contact est considéré avec raison comme la cause de la *contagion* ou des maladies dites *contagieuses*. En pathologie, on le distingue en *immédiat* et en *médiat*. Il faut aussi s'abstenir du contact de quelques végétaux (*urtica, tithymalus, rhus toxicodendron*), qui irritent la peau et peuvent l'enflammer. Plusieurs médicaments, connus sous les noms de *rubéfiants, vésicants, caustiques, escarotiques*, produisent par leur contact plus ou moins prolongé sur la peau les effets d'après lesquels on les a caractérisés. L. LAURENT.

CONTACT MORAL. Ce qui caractérise l'espèce humaine, c'est un besoin continuel d'imitation, qui change d'objet avec l'âge : dans l'enfance, il s'applique aux choses matérielles; dans la jeunesse, aux choses morales. On conçoit pour ces dernières l'importance de toute espèce de contact relativement aux mœurs et à la conduite de la vie. Les mauvais exemples exercent en général sur les jeunes gens une influence décisive, au moment surtout où ils entrent dans le monde, parce qu'alors leurs passions sont aussi impétueuses que violentes, et que tout ce qui est devoir les blesse à titre d'obstacle et de résistance. Les pères de famille comprennent avec quelle précaution ils doivent permettre à leurs enfants d'être en contact avec telle ou telle société; il ne faut qu'un jour, qu'une simple rencontre, pour recevoir une impression qui restera ineffaçable. Les plus grands ennemis des jeunes gens sont en général les jeunes gens : ils ne s'inoculent pas seulement entre eux tous les vices, ils disputent à qui en étendra les limites. D'un autre côté, les jeunes gens se plaisent avec les jeunes gens : se devinant dans leurs pensées les plus secrètes, il n'ont qu'à se voir pour se comprendre. Ont-ils reçu de part et d'autre, au foyer domestique, de bons exemples dont ils ont profité, ils gagnent à se fréquenter, parce qu'ils ressentent pour le bien une généreuse émulation et se fortifient dans l'exercice de toutes les vertus. Un point important pour les pères de famille est donc de faire choix à l'avance de ceux qu'ils veulent mettre en contact avec leurs enfants.

Il faut le dire à l'éloge des jeunes filles, sont-elles parvenues à l'âge de raison, le contact des mauvais exemples est moins redoutable pour elles, surtout si leur éducation a été religieuse, parce que c'est une force qui se mêle à la délicatesse de leur nature, qui touche alors à sa perfection. N'ont-elles reçu que des leçons de sagesse et de morale mondaines, elles ont encore la certitude pour toute démarche, ne fût-elle que légère, peut les perdre dans l'avenir le plus éloigné, elles savent que pour déterminer un homme à leur confier son sort, elles sont tenues de lui apporter en garantie une réputation sans tache; elles peuvent donc tomber au milieu du contact du vice sans en devenir corrompues. Mais la différence est bien plus grande pour les jeunes femmes, le mariage les a classées; elles possèdent ce que leur sexe obtient le plus difficilement dans la vie; elles ont en outre, parmi nous, une liberté si grande, si complète, si absolue que dans tout ce qui constitue les mœurs on s'en rapporte à leur conscience. Abandonnées à elles-mêmes, elles se conserveraient pures; mais elles ont quelquefois, surtout dans les commencements du mariage, des impressions bien funestes à recevoir du contact de compagnies qui ne sont que trop mêlées. Sont-elles conduites pour leur malheur dans les salons où une grande facilité de mœurs domine, elles courent risque de se perdre. Il est certain que les femmes offrent pour elles plus de périls que les hommes, elles discernent facilement l'abîme où ceux-ci veulent les conduire et s'arrêtent sur-le-champ; mais elles sont sans défiance avec les personnes de leur sexe que protège une position honorable. Elles cèdent à de mauvais conseils qu'on pare de fallacieuses apparences, ou qu'on déguise sous de tendres caresses, et bientôt elles sont compromises sans retour. On ne peut, au reste, se faire une idée de l'art que certaines femmes déploient pour en pervertir d'autres : c'est une jouissance à laquelle elles sacrifient tout, parce que leur vanité y est intéressée et qu'elles se relèvent à leurs propres yeux en faisant tomber plus bas qu'elles de jeunes femmes à leur début dans la société.

Il était autrefois d'usage que les jeunes mariées n'allassent dans le monde pendant un certain temps qu'avec des parents ou des dames d'un âge assez avancé, et dont la réputation était parfaite : elles leur servaient de *chaperon*, et dirigeaient leurs démarches. Cette coutume, qui ne fait plus partie de nos mœurs, est fort à regretter. Il est cependant quelques femmes d'une nature si admirable qu'elles peuvent traverser seules tous les genres de contact sans en être souillées : c'est là une glorieuse exception; mais, en définitive, on ne vit avec sécurité qu'en s'appuyant sur la règle. SAINT-PROSPER.

CONTADES (Famille de). La maison de Contades, originaire du comté de Béarn, vint se fixer en Anjou vers l'an 1600, et prit rang à cette époque parmi la noblesse. Elle a donné dans l'espace d'un siècle un maréchal de France, chevalier des ordres du roi, quatre généraux, deux brigadiers et plusieurs officiers supérieurs.

Georges-Gaspard DE CONTADES, lieutenant général, né en 1666, se distingua dans les guerres de la succession, à Malplaquet, à Oudenarde, à Denain, fut blessé au siége de Mons et à l'attaque de Fribourg. Il accompagna le maréchal de Villars au congrès de Rastadt, et déploya du zèle et des talents dans le cours de ces négociations.

Louis-Georges-Érasme marquis DE CONTADES, maréchal de France, fils du précédent, né en 1704, combattit à Guastalla à la tête du régiment d'Auvergne, s'empara d'Ostende, de Nieuport et de Bruxelles. Après la prise de Berg-op-Zoom, le comte de Lœwendahl étant tombé malade, le marquis de Contades fut appelé à le remplacer, et commanda la première ligne d'infanterie à la bataille d'Hastembeck. Ses exploits contre l'armée hanovrienne lui valurent, en 1758, le bâton de maréchal, qu'il continua de mériter par de nouveaux faits d'armes jusqu'à la fin de la guerre de sept ans. Il mourut en 1795, doyen des maréchaux de France.

Érasme-Gaspard comte DE CONTADES, petit-fils du précédent, né en 1758, était colonel de cavalerie lorsque les premiers événements de la Révolution le déterminèrent à passer sous les drapeaux du prince de Condé. Il fut nommé, à Coblentz, aide de camp de Monsieur, depuis Louis XVIII, et fut en cette qualité le chef de la campagne de 1792. Contades était major général de l'armée royale qui vint débarquer à Quiberon, sous les ordres du marquis de Puisaye. Créé lieutenant général et pair de France à la seconde rentrée des Bourbons, il mourut en 1834.

CONTAGION, communication d'une maladie par le contact. La transmission d'une maladie d'un individu à un autre peut se faire par le toucher *immédiat* de la personne infectée, ou simplement par le contact de ses vêtements ou de tout autre objet qu'elle a touché : on appelle contact *médiat* ce dernier mode de communication.

Il y a des médecins qui nient l'existence des *maladies contagieuses*; mais malheureusement pour l'espèce humaine il en existe beaucoup. Les maladies contagieuses sont toutes celles qui reconnaissent pour cause la contagion; toutefois, il ne faut pas conclure de cette définition qu'une maladie pour être regardée comme contagieuse doit attaquer de toute nécessité chaque individu exposé à la contagion. Cette fausse conclusion est la source de beaucoup de jugements erronés. La communication d'une maladie par *contact* ne peut jamais avoir lieu qu'à des conditions déterminées.

Un des caractères les plus essentiels d'une maladie contagieuse, c'est d'être toujours la même, indépendamment du temps, des lieux, du climat, de la saison, de l'état de l'atmosphère, et de la constitution individuelle des personnes qu'elle attaque. Ses symptômes caractéristiques, leur manifestation, leur progression et leur cessation sont constamment les mêmes, sauf les modifications que mille circonstances accidentelles amènent ordinairement dans ses différents degrés d'intensité et de durée. Une maladie contagieuse peut-elle se manifester spontanément dans un individu sans contagion préalable? Nous ne le croyons pas. L'histoire et l'observation nous prouvent que toute contagion a été transportée du dehors, telles que la lèpre, la peste, la petite vérole, la syphilis, le choléra, etc. Toutes ces maladies ne se sont manifestées spontanément nulle part. Les désordres du régime, l'humidité, la malpropreté, la chaleur, les affections morales, peuvent très-bien faire naître différentes maladies communes; mais ces causes ne donneront jamais origine à des maladies véritablement contagieuses. Si les germes d'une maladie contagieuse ont été préalablement déposés sur une personne ou sur les effets qu'elle touchera par la suite, et pendant son isolement des malades, alors on conçoit que les causes indiquées peuvent en hâter le développement et la faire éclore. C'est ainsi qu'il faut expliquer la manifestation d'une maladie contagieuse dans les endroits où l'on n'a pu découvrir d'une manière claire les germes primitifs. Il est presque impossible ou il est excessivement difficile de constater si la variété infinie des objets qui peuvent se trouver exposés au contact de l'homme ne contiennent pas des germes contagieux, et nous avons acquis la certitude que les germes de certaines contagions peuvent rester inactifs pendant des années, et ne se développer ensuite que dans des circonstances favorables à leur développement. On confond trop souvent les causes qui ont déterminé ou favorisé le développement d'une maladie contagieuse avec la cause efficiente elle-même. Le public, dans les épidémies contagieuses, va plus loin, ou, pour mieux dire, resserre son esprit d'observation dans des limites encore plus étroites, et ne reconnaît pour cause de la maladie dominante que les objets qui tombent le plus immédiatement sous les sens : c'est alors la chaleur, l'humidité, l'eau, les aliments qu'on lui fournit, qui sont pour lui la cause de l'épidémie. De là à l'idée du poison il n'y a qu'un pas à faire; et malheureusement ce pas a été franchi par le peuple dans tous les pays quand il y a eu de graves épidémies.

Toute contagion résulte manifestement d'une substance matérielle qui se sépare du corps infecté pour produire dans le corps sain qu'elle approche une maladie identique à celle dont elle dérive. Cette matière, que nous appelons *virus*, doit être différente pour chaque maladie contagieuse essentiellement différente. Le virus contagieux a la propriété de se multiplier, de s'engendrer partout où il trouve les conditions propres à son développement, et c'est ce qui constitue la maladie. Les symptômes qui se manifestent dans les différentes maladies contagieuses résultent de la manière diverse dont les organes se trouvent affectés par la présence du virus, ainsi que de la différence des organes ou des tissus qui sont plus spécialement attaqués par les diverses contagions. Il y a des maladies contagieuses d'une période déterminée, lesquelles sont ordinairement accompagnées de fièvre : telles sont la petite vérole, la rou-

geole, etc.; il y en a d'autres dont la durée est indéfinie, comme la syphilis, la gale, etc. Dans les unes, le virus s'éteint de lui-même, après avoir parcouru sa période dans les individus attaqués; dans les autres, le virus se perpétue (1). Il y a lieu de croire, que les contagions existent en nature de tout temps, comme les papillons, les mouches et les fourmis; mais elles ne se propagent dans les corps vivants que dans des circonstances données.

Chaque virus contagieux se transmet par contact, soit sur l'épiderme, soit sur la surface des membranes muqueuses, etc. Il s'attache et se conserve sur les vêtements, sur les différents corps solides, mais plus spécialement sur les substances animales, la soie, la laine et les fourrures. Certains virus, comme celui de la petite vérole, se sont conservés sans s'altérer pendant plusieurs années, et mis à l'air, en contact avec l'homme, dans les conditions favorables à leur développement, ont donné lieu à de graves épidémies. On a conservé dans des verres le virus de la vaccine pendant plusieurs mois, sans qu'il ait perdu de son efficacité. Voilà pourquoi il est difficile de découvrir l'origine d'une épidémie contagieuse. Comment savoir si sur la surface de tel ou tel corps il n'y a pas eu les germes invisibles, insaisissables, d'un virus qui n'attendait pour se développer qu'un épiderme convenable à sa nature?

Cette observation nous conduit à examiner quelles sont les conditions de l'absorption du virus. Il est certain que pour qu'un virus contagieux développe son action il ne suffit pas qu'il soit offert au contact de la peau, il faut qu'il puisse se multiplier, qu'il soit conséquemment absorbé par le système lymphatique, et transporté dans l'organisme. Cette multiplication, cette absorption et cette transmission supposent des conditions favorables, lesquelles sont : 1° que le virus ne soit aucunement altéré, et qu'il conserve la propriété de s'engendrer; 2° qu'il trouve le système lymphatique disposé à l'absorber; 3° que dans l'individu il n'y ait aucune émanation capable de détruire les germes contagieux qui se sont présentés à sa peau; 4° enfin, que l'individu soit apte à contracter telle ou telle contagion. Il importe de faire connaître la différence qu'il faut établir entre les *maladies contagieuses* et les *maladies épidémiques*, maladies que l'on a encore l'habitude de confondre, parce qu'elles se ressemblent sous différents rapports. Les maladies contagieuses ne se communiquent que par contact médiat ou immédiat; l'air n'en est pas le véhicule. Les maladies épidémiques, au contraire, ont pour cause des principes qui se trouvent dans l'atmosphère : ses altérations, ses révolutions, les émanations ou les principes morbides dont elle est chargée, sont la cause des épidémies non contagieuses.

Généralement on convient que nous ignorons la nature du virus contagieux. Il y a cependant une opinion qui nous paraît très-fondée, et qui est celle de beaucoup de médecins anciens et modernes; nous l'adoptons. Dans les ouvrages de Varron, de Columelle, de Valisnieri et d'autres, l'on trouve déjà exprimée l'idée que plusieurs maladies ne sont dues qu'à la présence d'atomes organisés, à des insectes infiniment petits. Cette opinion des *miasmes* ou *virus animés* a été soutenue par Kircher, Lange, Lancisi, Fabri, Linné, Ricca, etc.; de nos jours, par Scuderi, Rasori, Targioni, Acerbi, Mojon. En 1650, A. Hautman regarda les animalcules comme la cause des maladies les plus terribles. En 1704 on inséra dans le *Journal des Savants* l'extrait d'une dissertation où l'auteur cherchait à établir que tout l'espace est rempli de vers et d'œufs imperceptibles à la vue, qui causent la plupart des fièvres malignes et les maladies contagieuses. Nous pourrions citer un très grand nombre d'au-

---

(1) Cette distinction, ainsi que nos observations sur la nature du virus, furent adoptées, on pourrait presque dire copiées, par quelques auteurs qui écrivirent sur la contagion après la publication de cet article de la première édition. M. Raspail et M. Hameau notamment en ont fait depuis la base de leurs doctrines.

teurs qui ont soutenu l'opinion des animalcules comme causes des maladies contagieuses et épidémiques.

Plusieurs faits, l'analogie et l'induction, viennent à l'appui de cette opinion. Les observations microscopiques de nos jours ont découvert des milliards d'animalcules divers dans des liquides et des substances diverses, et l'on peut déjà se convaincre que le monde invisible et vivant est mille fois plus nombreux que le monde visible. Qui aurait pensé qu'une goutte d'eau ou de vinaigre pût contenir des milliers d'animaux infusoires? Qui aurait cru autrefois que plusieurs maladies des moutons, des bœufs, des chevaux, fussent occasionnées par des *ichneumons*, des *cynips*, des *spes*, et par plusieurs autres espèces d'êtres qui vivent et se multiplient dans l'intérieur de ces animaux? Beaucoup de maladies des plantes sont dues à quelques insectes. Le *bostrichus topographus*, l'*hylesinus destructor* et d'autres insectes firent à différentes époques des dégâts incroyables sur différentes espèces de végétaux. Si nous portons notre examen sur l'homme, nous remarquons spécialement les maladies pédiculaires; au Paraguai, une espèce de papillon grand et noirâtre dépose ses œufs sur les personnes endormies, et il en sort des vers qui s'insinuent sous l'épiderme sans que l'on s'en aperçoive. Il en survient un bouton très-douloureux. Au Brésil et dans toute l'Amérique méridionale, il y a beaucoup d'insectes qui s'attachent à l'homme et lui causent des maladies. On sait comment le petit insecte appelé chique s'introduit sous les ongles des pieds. Les recherches faites depuis Cestoni, en 1698, jusque ici ont prouvé jusqu'à l'évidence que la gale est produite par un insecte qui s'insinue sous l'épiderme, où il se multiplie et se propage. Rogers a observé que le pus que l'on crache à une certaine période de la consomption pulmonaire est rempli de petits vers dont la forme particulière est facilement saisie à l'aide d'un bon microscope. Vasani a découvert dans le pus de l'ophthalmie contagieuse des animalcules et en très-grand nombre. Dans les pays où l'on voit en été beaucoup de mouches, de moucherons, de cousins, de papillons et d'autres insectes, les maladies contagieuses se propagent avec une très-grande facilité. A Paris il y a très-peu d'insectes, et les maladies contagieuses se propagent difficilement, au point que plusieurs maladies réellement contagieuses ne sont pas reconnues pour telles par divers médecins. On comprend ainsi comment est fondée l'opinion que tous les virus contagieux ne sont que des êtres organisés vivants, susceptibles de se multiplier, lorsqu'ils trouvent dans les corps où ils sont déposées les conditions convenables à leur propagation.

C'est un fait qu'en général le virus contagieux qui attaque une espèce d'animaux n'attaque pas l'autre; il y a cependant des exceptions : l'hydrophobie, la morve, le vaccine passent des animaux à l'homme. Le corps de l'homme ou des animaux, sans être atteint d'une contagion, peuvent servir de moyen de transmission. Les contagions fébriles ne se reproduisent pas ordinairement dans le même individu ; et lorsque, dans quelque cas particulier, la maladie revient une seconde fois, cette seconde attaque est moins dangereuse que la première. Il paraît donc que les contagions diminuent dans les individus l'aptitude à ressentir leurs funestes effets, et en cela elles diffèrent des maladies communes non contagieuses, à l'attaque desquelles on est plus prédisposé en raison que l'on en a été atteint plus récemment et plus souvent. Deux maladies contagieuses et fébriles n'ont pas lieu ordinairement à la fois et dans le même individu ; l'une fait place à l'autre, elles se succèdent. Nous avons vu la petite vérole succéder au typhus; la scarlatine à la rougeole, etc., etc. Les maladies contagieuses non fébriles laissent le champ libre au développement de toute autre maladie contagieuse. La présence du virus syphilitique, de la gale ou de la teigne, n'exclut pas le développement d'autres virus ou des miasmes. Une espèce de contagion détruit dans le corps l'aptitude à contracter une autre contagion : la vaccine exclut la petite vérole.

Maintenant, si nous considérons la machine humaine dans une condition passive, par rapport aux contagions, et comme une habitation de différents êtres parasites qui s'associent ou s'excluent réciproquement, nous aurons un guide pour donner la solution de tous les curieux phénomènes qui se passent dans le corps de l'homme.

Chaque virus contagieux envahit une partie déterminée de l'organisme : le plus grand nombre se tient à la peau; d'autres attaquent profondément toutes les parties. La syphilis pénètre jusqu'aux os ; le choléra se porte sur le ventre et les organes de la vie végétative, etc. Une des propriétés des contagions est de ne se développer que dans des temps, des lieux et des circonstances favorables : la maladie pétéchiale se manifeste partout, là même où l'air, l'eau et le sol sont très-purs. Elle existe habituellement à Paris, malgré le peu de diffusibilité des contagions. Quand elle est légère, elle passe souvent pour une *gastro-entérite* ou autre maladie analogue. Les diverses contagions ne se manifestent pas toujours avec la même force; quelquefois elles opèrent d'une manière presque insensible. La petite vérole, le morbus pétéchial, si souvent mortels, sont quelquefois si légers que les malades ne s'en trouvent presque pas incommodés. Les praticiens connaissent ces différences, et regardent cependant la maladie comme identique. C'est pour cette raison que nous ne faisons pas de distinction entre le choléra et la cholérine. Où est le point où la cholérine finit et où le choléra commence? La cause productrice est la même : un virus spécifique. Nous n'avons jamais entendu appeler *rougeoline*, *varioline*, la rougeole ou la petite vérole légères.

Les praticiens remarquent aussi pour toutes les contagions une différence respective de leur *communicabilité*, laquelle tient d'abord aux propriétés inhérentes à chaque espèce de virus contagieux, ensuite aux conditions atmosphériques, c'est-à-dire l'humidité ou à la sécheresse de l'air, à l'état en électricité, à sa condensation ou pression, etc., finalement aux dispositions particulières des individus exposés à la contagion. La différente communicabilité, spécialement dans les diverses circonstances atmosphériques, est la cause des méprises des médecins sur la nature contagieuse ou non contagieuse de plusieurs maladies. La petite vérole, cet épouvantable fléau, lorsqu'elle commença à se répandre en Europe, donna lieu aux plus vives contestations parmi les médecins, les uns la regardant comme contagieuse, et les autres comme non contagieuse ; les autorités s'en mêlèrent, et l'on a vu à Naples un médecin célèbre être puni pour avoir soutenu qu'elle était contagieuse. Il a fallu plus de cinquante ans pour que les médecins se missent d'accord sur ce point. Ne nous étonnons donc pas si de nos jours nous avons vu se renouveler la même mésintelligence à l'apparition du choléra.

Les médecins ont fait des recherches pour établir la période latente des diverses contagions, c'est-à-dire le temps qu'un virus peut rester dans nos corps avant qu'il fasse explosion. L'on n'a pu rien établir de précis là-dessus; cependant nous pouvons dire qu'en général toutes les contagions, fébriles ou autres, se manifestent dans les huit jours qui suivent l'infection. Il y a des exemples où le virus est resté caché un mois ou deux dans le corps et ne s'est développé qu'après ; et il y a des cas au contraire où la maladie s'est présentée quelques heures après le moment de l'infection. Le virus hydrophobique peut rester inoffensif dans le corps pendant des années, et se manifester ensuite tout à coup avec ses caractères les plus prononcés. Il paraît qu'il lui faut le concours de quelque condition particulière de l'organisme pour qu'il puisse se multiplier et éclore.

Nous avons dit qu'une maladie contagieuse reconnaît pour cause le virus qui se détache d'un corps infect et se dépose sur un corps sain; et que le virus n'est pas dans l'air ni transporté par l'air. Le premier soin, dans une épidémie d'une maladie contagieuse sera donc d'éviter le contact des malades et des corps qui ont été en contact avec eux. Nous pourrions réduire à cette seule maxime tous les préservatifs possibles; mais il n'est pas donné à tous les habitants d'un pays ou d'émigrer, ou d'éviter toute sorte de contact avec le virus. Or, que faire dans ce cas? Ne pouvant éviter le contact, tâchons du moins que le virus déposé sur notre peau soit immédiatement détruit, empêchons qu'il ne soit absorbé. Si le virus, comme nous l'avons démontré plus haut, n'est autre chose que des corpuscules organisés, les substances qui détruisent les insectes et en général les corps organisés seront les meilleurs préservatifs de la contagion. L'expérience nous a prouvé que les préparations qui contiennent le soufre, le mercure, l'antimoine, l'arsenic, le camphre et les acides, sont celles qui atteignent le mieux le but proposé. Il n'est pas nécessaire d'expliquer comment la propreté la plus soigneuse devient un préservatif inappréciable. L'eau enlève de la surface des corps toutes les matières malpropres, et décompose en général ou détruit les corps organisés qui ne sont pas destinés à vivre dans cet élément, particulièrement si elle est rendue active par la chaleur. On fait entrer généralement le régime parmi les moyens préservatifs des contagions. Certainement la sobriété est nécessaire; elle est une des précautions les plus utiles lorsqu'une maladie contagieuse règne dans un pays, mais il ne faut pas regarder ce moyen précisément comme un préservatif. La tempérance dans ce cas et l'abstinence de toutes sortes d'excès dans l'exercice des fonctions vitales nous prépare à ressentir d'une manière moins funeste l'influence de la maladie dominante, si malheureusement nous en sommes attaqués. Les émotions, les affections, la frayeur ne nous font pas contracter plus facilement les contagions que si nous restions impassibles; mais les médecins ont beaucoup de peine à guérir les malades dominés par des affections trop vives.

Les moyens qu'un gouvernement devrait employer pour préserver le pays de l'invasion d'une maladie contagieuse, lorsqu'il en est menacé, c'est d'empêcher que du pays infecté au pays sain; c'est le *cordon sanitaire*. Mais je m'empresse de dire que dans l'état de civilisation où nous sommes, les mesures sanitaires ordonnées par le gouvernement sont presque toujours illusoires. A travers tous les cordons sanitaires, il se glisse toujours, d'une manière ou d'une autre, des personnes, des marchandises ou des animaux chargés de quelque germe de la contagion, lesquels trouvent ensuite facilement la peau de quelques individus propre à leur propagation. La généralité des habitants n'est jamais convaincue de la nécessité d'exécuter rigoureusement les ordres donnés par les autorités, et il ne manque jamais de médecins qui leur assurent qu'elles sont superflues.

Si malgré les précautions sanitaires adoptées une maladie contagieuse a pénétré dans le pays, le gouvernement ne doit pas l'abandonner à elle même; il doit, au contraire, redoubler de zèle et de vigilance pour isoler les malades des personnes saines, et détruire les germes de la contagion partout où il est probable qu'il s'en trouve. De là les règlements pour la dénonciation des malades, pour la séparation des infectés et des suspects, pour l'exécution rigoureuse du séquestre, la création des hôpitaux provisoires ou des simples dépôts de malades; les procédés de désinfection et la purification des matières qui furent en contact avec les malades mêmes, ou simplement avec les personnes qui les ont soignés. Par des mesures sanitaires bien exécutées on peut parvenir à dompter dans un pays une épidémie contagieuse, ou pour le moins à préserver le plus grand nombre des habitants d'en être atteints; mais nous devons avouer que la nature fait pour cela plus que l'homme. Les observateurs ont remarqué souvent qu'à la suite d'un orage ou d'un changement de vent, c'est-à-dire après un changement dans l'état électrique, thermométrique et hygrométrique de l'atmosphère, les épidémies changeaient d'aspect, les malades attaqués présentaient d'un jour à l'autre des symptômes moins graves, et la contagion perdait de son activité. Ces phénomènes atmosphériques peuvent nous servir à expliquer ce que plusieurs auteurs appellent *périodes* d'une épidémie, *recrudescence* et *cessation*.

Nous avons dit plus haut qu'il y a deux grandes classes de maladies contagieuses : les *contagions fébriles*, celles où le virus s'éteint tout seul, après avoir fait des ravages plus ou moins graves dans l'organisme; et les *contagions permanentes* ou *continues*, qui tendent plutôt à augmenter qu'à diminuer d'intensité dans les corps où elles se trouvent.

La première classe s'annonce ordinairement par des symptômes généraux, abattement, céphalalgie, nausées, frissons, etc.; bientôt après la fièvre survient, accompagnée d'une éruption à la peau qui est différente selon la diversité de la contagion. Les principales maladies qui forment cette classe sont, dans l'ordre de leur gravité et de leur diffusibilité : la peste d'Orient, la petite vérole, le typhus ou morbus pétéchial, la miliaire, le choléra, la scarlatine, la rougeole, la vaccine. Il y a des cas où l'invasion du virus dans l'économie animale est si prompte que les organes principaux sont déjà attaqués et profondément altérés avant que la fièvre ait pu se développer.

Toutes ces maladies, surtout à leur commencement, produisent dans le corps un état général d'excitation. Le traitement qui leur convient doit donc être le traitement antiphlogistique ou débilitant; il faut, en conséquence, ordonner la diète absolue, les boissons rafraîchissantes, de légères purgations et quelquefois la saignée. Parmi les remèdes évacuants, nous avons trouvé dans toutes ces maladies, et spécialement à leur début, l'usage de l'émétique d'une très-grande utilité.

Dans la seconde classe de maladies contagieuses, nous mettrons la syphilis, la blennorrhagie, l'ophthalmie contagieuse, la lèpre, l'éléphantiasis, la gale, la teigne, le trichoma ou plique polonaise et certaines espèces de dartres. L'hydrophobie a des caractères tellement propres que nous ne saurions la porter dans aucune de ces classes. Il y a un autre genre de contagion qui se fait par inoculation, comme l'hydrophobie, et qui doit être considéré à part, c'est le virus cadavérique. Il y a peu d'anatomistes exercés qui ne se soient fait par méprise, dans une circonstance ou dans une autre, l'inoculation de ce virus. Le moyen d'en arrêter le développement est de cautériser le point où l'inoculation a été faite. La même chose doit se faire pour empêcher le développement de l'hydrophobie. La pustule maligne doit être considérée dans la même classe de maladies. Il y a aussi d'autres maladies que l'on doit attribuer à la présence d'une matière analogue à celle d'un virus, qui se fixe sur certains organes et les altère; mais nous ne pouvons pas établir si ces maladies sont contagieuses ou miasmatiques. Telles sont la coqueluche, la grippe, la dyssenterie épidémique, et certaines espèces de phthisie pulmonaire. Le cancer est une maladie de la même famille, due à une cause matérielle, qui s'engendre et se multiplie à l'endroit où elle a pris naissance, mais que nous ne pouvons regarder ni comme contagieuse ni comme miasmatique.

Pour plusieurs autres maladies de cette seconde classe, nous avons des spécifiques. Le mercure est le spécifique de la syphilis. La Providence, qui a voulu affliger l'espèce humaine d'une maladie si affreuse, lui a aussi procuré dans cette substance un médicament dont l'effet est presque prompt que certain. Dans son emploi, il peut y avoir de l'abus; mais de quoi l'homme n'abuse-t-il pas? Le spécifique contre la gale est le soufre, employé sous formes différentes. Le soufre, l'antimoine, le mercure, le zinc, les préparations arsénicales, le camphre, etc., sont tous des médicaments utiles dans les maladies courageuses et cutanées dont il est question ici; mais il faut que ces substances soient administrées par des mains habiles; autrement elles peuvent devenir dangereuses. Le but du médecin doit être de détruire jusqu'au dernier germe du virus, soit en introduisant dans le corps, par les voies digestives, des substances destructives des virus, soit en les appliquant directement aux parties de la peau où les atomes organisés qui constituent le virus ont leur siège. Lorsqu'une partie d'un virus, naturellement destiné à occuper la peau, trouve moyen de se placer et de s'engendrer sur des membranes ou dans les tissus des parties internes du corps, il fait naître alors des symptômes alarmants d'irritation, qui ne cèdent pas aux moyens antiphlogistiques ordinaires. Il faut avoir recours aux médicaments qui conviennent à la maladie spéciale. On appelle ces sortes d'irritations des *éruptions rentrées*; mais effectivement ce n'est que du virus qui s'est développé ailleurs.

Une fois qu'un malade pris d'une maladie contagieuse quelconque est guéri, ou bien qu'il a succombé, l'hygiène publique exige que l'on passe à la désinfection des objets qui peuvent contenir de la matière contagieuse. Nous nous contenterons de dire à cet égard que l'air, l'eau, le feu ou la chaleur, le chlore avec ses différentes préparations, le soufre, les vapeurs mercurielles et arsénicales sont, suivant les cas, les désinfectants les plus sûrs et que l'on doit employer pour les diverses contagions.

Dr FOSSATI.

CONTAGION MORALE. Il est certaines habitudes pernicieuses, il est des crimes qui se répandent d'une manière si subite et si générale, soit dans une partie de la société, soit même dans toutes les parties de la société, qu'il semble, au premier coup d'œil, comme impossible de s'en préserver. Quand on songe, d'autre part, à cette diversité de caractères et de positions qu'offrent les hommes, à tous ces contrastes par lesquels ils se repoussent, à cette sorte d'originalité qui en tourmente quelques-uns, on croit difficilement à tout ce qui est contagion morale. Mais il faut pourtant se résigner à y ajouter foi, puisque l'histoire en fournit d'irrécusables preuves. Certes, aucune similitude n'existe, comme peuple, entre les Français et les Anglais : eh bien, tous deux ont été en proie à une véritable contagion morale. Qui ne connaît les saturnales de la cour de Charles II? Qui n'a encore présentes à l'esprit les débauches de la régence? En faisant la part de la différence des habitudes nationales, on trouve que le résultat a été le même, c'est-à-dire que la dépravation des mœurs a été aussi complète à Londres qu'à Paris. Mais ce qu'il faut ensuite remarquer, c'est que la contagion morale s'est renfermée dans un cercle unique, la cour et ses adhérents; et il devait en être ainsi, puisque les excès les plus déplorables partaient des chefs suprêmes de l'État.

Il est peu difficile de constater une contagion morale, car elle se trahit par une multitude de faits; mais ce qui exige quelquefois de la perspicacité, c'est de discerner la cause qui a produit cette même contagion. Chez les Anglais comme chez les Français, la dépravation de mœurs que nous venons de citer est venue d'une violente réaction. Doctrines, croyances, habitudes, tout chez les puritains avait été sombre et austère; sous la vieillesse de Louis XIV on avait trop souvent mis l'exigence minutieuse de certaines formes du culte à la place du véritable esprit religieux. Les classes supérieures, qui avaient eu principalement à souffrir de cette exagération, se sont précipitées dans un autre extrême : de là résulte que les meilleurs principes ne résistent pas toujours à une application qui manque de mesure et d'une sorte d'élasticité : la règle ne doit pas être rigoureusement tendue.

C'est un grand tort, si ce n'est encore plus, d'arguer de telle ou telle contagion morale qui a existé jadis, pour détruire ce qui est plus haut que soi, ou pour renverser un obstacle qui nous gêne. En réalité, comme contagion morale, la dépravation des mœurs ne pénètre que chez des gens de cour ou des individus appartenant aux plus basses classes : c'est là où le vice s'étend avec une meurtrière rapidité; partout ailleurs il peut compter certains partisans, mais ils sont remarqués précisément parce qu'ils font tache.

SAINT-PROSPER.

CONTARINI (Famille), noble maison vénitienne, qui a compté parmi ses membres un grand nombre d'hommes célèbres et distingués, et l'une des douze familles qui élurent le premier doge de Venise. De l'an 1041 à 1674 elle compta sept doges choisis dans son sein. Parmi les personnages illustres qu'elle a produits, nous citerons :

Ambrosio CONTARINI, ambassadeur de Venise en Perse de 1473 à 1477, et qui nous a transmis le récit de son voyage dans ses *Viaggi fatti da Vinetia alla Tana, in Persia et in Constantinopoli* (Venise, 1487).

Gasparo CONTARINI, né en 1483, qui fut ambassadeur de Venise auprès de Charles-Quint et du saint-siége, obtint en 1535 le chapeau de cardinal, et en 1541 assista comme légat du pape aux délibérations de la diète de Ratisbonne, où il se conduisit avec beaucoup de modération. Mort en 1542, légat à Bologne.

Giovanni CONTARINI, né en 1549, mort en 1605, l'un des peintres les plus célèbres de son siècle, avait adopté la manière du Titien, et excella surtout dans l'art de peindre les plafonds, comme le témoigne son tableau de *La Résurrection*, qui se trouve dans l'église San-Francesco di Paolo, à Venise.

Giampietro CONTARINI, auteur d'une *Istoria delle cose successe nella guerra mossa da Selim a' Veneziani* (Venise, 1572).

Camillo CONTARINI, auteur de l'*Istoria della Guerra di Leopoldo I e de' principi collegati contra il Turco*, nel 1683 (2 vol., Venise, 1710).

Vincenzo CONTARINI, né à Venise, en 1577, avait déjà acquis à l'âge de vingt-six ans une si grande réputation de savoir que les magistrats de Padoue, afin de le décider à faire partie de l'université de leur ville, y fondèrent une chaire extraordinaire d'éloquence grecque et latine. Il l'occupa jusqu'en 1614, et mourut en 1617.

Simone CONTARINI, né à Venise, en 1563, fut ambassadeur de Venise auprès du duc de Savoie, du roi d'Espagne Philippe II, de Mahomet III, à Constantinople, du pape Paul V et de l'empereur Ferdinand, puis fut nommé procureur de Saint-Marc. Quand, en 1630, la peste exerça ses ravages à Venise, il n'abandonna pas la ville un seul instant, à l'effet d'y maintenir l'ordre, si nécessaire en présence d'un tel fléau. Il se distingua aussi comme poète, et mourut en 1633.

Carlo CONTARINI fut élu doge de Venise le 25 mars 1655, mais mourut dès l'année suivante.

CONTAT (LOUISE), célèbre actrice du Théâtre-Français, née à Paris, le 7 avril 1760, fut élève de Mme Préville, qui se trompa en la destinant au culte de Melpomène. Le début de Mlle Contat (3 avril 1776), dans la salle des Tuileries, par le rôle d'Atalide, dans la tragédie de *Bajazet*, passa inaperçu, et elle n'obtint pas plus de succès dans d'autres rôles tragiques. En effet, elle avait plus de grâce que de noblesse, plus de noblesse que de dignité, et paraissait alors dépourvue de sensibilité, qualité qui se déploya tardivement en elle, et qu'elle ne poussa jamais à l'excès. Cependant, comme sa jeunesse, sa taille élégante, sa jolie figure, la douceur de son organe et la justesse de sa diction faisaient espérer qu'elle serait un sujet précieux dans la comédie, elle fut reçue sociétaire en avril 1777. Applaudie dans Agathe, des *Folies amoureuses*, elle se borna exclusivement au genre comique; mais longtemps elle y parut froide et guindée, comme son institutrice, et malgré les rôles qu'elle créa en 1782, à la nouvelle salle du faubourg Saint-Germain, dans *Les Courtisanes* de Palissot et dans *Le Vieux Garçon* de Dubuisson, elle n'était guère connue que par ses intrigues amoureuses.

surtout avec l'ex-chancelier Maupeou et le comte d'Artois, lorsqu'en 1784 Beaumarchais lui confia le rôle de Suzanne dans *Le Mariage de Figaro*. Alors commença la brillante réputation de Mlle Contat. Ce rôle, qui appartenait plutôt à l'emploi des soubrettes qu'à celui des amoureuses, dont elle était chargée, lui fournit les moyens de déployer la flexibilité de son talent, et elle s'y concilia tous les suffrages par sa gaieté, sa finesse, sa vivacité, et par son adresse à ne laisser échapper aucune des intentions malignes de l'auteur. Préville vint l'embrasser après la première représentation, en disant : *Voilà la première infidélité que je fais à mademoiselle Dangeville*.

Dès lors il y eut bien peu d'auteurs qui ne regardassent comme une bonne fortune sa complaisance à se charger d'un rôle dans leurs ouvrages, et en effet elle contribua pour beaucoup au succès de plusieurs pièces médiocres et à peu près oubliées aujourd'hui, telles que *Les Rivaux amis*, *Les Épreuves*, *La Ressemblance* (où elle jouait deux rôles), de Forgeot; *Le Séducteur*, du marquis de Bièvre; *Le Jaloux sans amour*, et *Le Jaloux malgré lui*, d'Imbert; *Le Jaloux*, de Rochon de Chabannes; *La Fausse Coquette*, *L'Entrevue*; et *La Matinée d'une Jolie Femme*, de Vigée; *Les Femmes*, de Demoustier, etc. Ces pièces, sans rien ajouter à la célébrité de Mlle Contat, prouvèrent que la nature de son talent se prêtait à merveille à conserver, à reproduire la tradition du ton aisé, des manières élégantes de ce qu'on appelait la grande société avant la révolution de 1789. Aussi excellait-elle dans Célimène, du *Misanthrope*, dans Elmire, du *Tartufe*; dans *La Coquette Corrigée*, de Lanoue; dans plusieurs comédies de Marivaux : *Le Legs*, *Les Fausses Confidences*, *Les Jeux de l'Amour et du Hasard*, et dans tous les rôles dont il fallait faire valoir ingénieusement les moindres détails. Le talent de cette actrice n'était rien moins que populaire et n'excitait pas d'entraînement. Les connaisseurs, les gens du beau monde, étaient seuls capables de l'apprécier, de l'admirer; mais le vulgaire s'obstinait à croire qu'elle manquait de verve. Elle en montra pourtant, et beaucoup, dans *Le Mariage Secret*, dans l'hôtesse des *Deux Pages*, et surtout dans Mme Évrard, du *Vieux Célibataire*, un de ses meilleurs rôles.

En 1795 Mlle Contat partagea l'arrestation de la plupart de ses camarades, et fut envoyée à Sainte-Pélagie, d'où elle obtint d'être transférée quelque temps après dans une maison de santé. Les comédiens français furent mis en liberté par suite de la révolution du 9 termidor; mais il s'opéra bientôt entre eux une scission. Mlle Contat fut du nombre des artistes qui restèrent au théâtre Feydeau, où ils jouaient alternativement avec les acteurs de l'opéra-comique. Ce fut là qu'après avoir quitté le rôle de Suzanne pour celui de la comtesse, dans *Le Mariage de Figaro*, elle ajouta à son répertoire le rôle de la comtesse dans *La Mère coupable*, de Beaumarchais. Ce rôle terrible convenait peu à son organisation physique et à sa piquante physionomie. Après l'avoir joué deux fois assez faiblement, elle parvint à le rendre avec une apparence d'énergie qui faisait généralement illusion. Mais, à vrai dire, les rôles pathétiques et à grands développements, la douleur, les larmes, le désespoir ne sympathisaient ni avec son caractère, ni avec son physique, ni avec son talent. Dans sa carrière dramatique, elle remplit divers emplois. Elle avait passé des jeunes amoureuses aux jeunes coquettes, puis des grandes coquettes aux mères nobles et aux demi-caractères, lorsqu'elle eut acquis un peu trop d'embonpoint. Mais le rôle de Suzanne prouva qu'elle aurait obtenu les plus grands succès dans l'emploi des soubrettes; elle en offrait de légères réminiscences dans Céliante du *Philosophe Marié*, dans Mme de Martigue de *L'Amant Bourru*, dans Mme de Volmare du *Mariage Secret*, etc., où les connaisseurs trouvaient qu'elle abusait un peu des moyens comiques pour plaire au public.

En 1799 Mlle Contat fit partie de la réunion complète des Comédiens français, qui redevinrent sociétaires au théâtre de la rue de Richelieu. Elle y conserva sa réputation sans l'agrandir, dans les rôles marqués, auxquels sa taille épaisse l'avait forcée de se borner, et elle continua d'y jouir de la faveur constante du public, qui lui témoigna ses regrets à sa brillante représentation de retraite, le 6 mars 1809. Ce n'est point alors, comme l'ont dit quelques biographes, mais environ dix ans auparavant, qu'elle avait épousé de Parny, neveu du poète de ce nom. Le gouvernement lui avait accordé un appartement dans une maison voisine de l'Odéon; elle y mourut d'un cancer, après six mois de souffrances, le 9 mars 1813, à l'âge de cinquante trois ans. Mlle Contat avait été fort intéressée dans sa jeunesse; mais les traits qu'on a cités à la médisance ou la calomnie ont été bien compensés par ceux de sa bienfaisance. Son esprit, son amabilité, faisaient le charme d'une société choisie.

CONTAT (Mlle ÉMILIE), sa sœur et son élève, née à Paris, en 1769, débuta fort jeune, en 1784, dans le petit rôle de Fanchette du *Mariage de Figaro*. Ses heureuses dispositions et sa jolie figure la firent recevoir sociétaire en 1785; mais, réduite à ne jouer que les rôles insignifiants de soubrette que voulaient bien lui laisser ses chefs d'emploi, elle parut se dégoûter de son état, et négligea jusqu'à son costume. Devenue à son tour chef d'emploi, elle se piqua d'honneur, et répara le temps perdu. Mais son jeu, franc et naturel, brilla surtout dans les servantes de Molière, où son talent avait beaucoup d'analogie avec celui de Mme Bellecour; et comme elle réussissait moins dans le marivaudage, et que les auteurs trouvaient plus facile d'imiter Marivaux que Molière, elle n'a pas joui de la réputation qu'elle méritait. Elle quitta la scène en 1815. Veuve de Chagot-Dufay, l'un des propriétaires du théâtre Feydeau, elle épousa M. Amelot, de la même famille qu'un ministre de Louis XV. Elle mourut en 1846, à Nogent sur Vernisson (Loiret), près de Montargis, dans une propriété qui lui appartenait. Elle laissait quatre enfants.

CONTAT (Mlle AHALRIC), fille et nièce des deux précédentes, débuta en 1805 dans les soubrettes; mais, malgré l'enthousiasme qu'elle excita, malgré les éloges qui lui furent prodigués, elle ne réalisa point les espérances qu'elle avait fait naître, et se retira en 1808, pour se marier.

H. AUDIFFRET.

CONTE, récit fabuleux en prose ou en vers d'une aventure sérieuse, plaisante, merveilleuse ou intéressante. Le conte est fort ancien; mais nous ne ferons point, avec Paul-Philippe Gudin, remonter son origine jusqu'à la création du monde, en supposant comme lui que les livres de Moïse sont remplis de contes, opinion qu'a aussi adoptée Parny, quand il s'est amusé à mettre en vers les *Galanteries de la Bible*, pour faire le pendant de sa *Guerre des Dieux*. C'est dans l'Inde, berceau de toutes les religions, de toutes les sciences, c'est sur les bords du Gange, chez les Brahmes, que le conte a pris sa naissance, ainsi que la fable, qui reconnaît Bidpaï pour son père. Il ne serait pas aussi facile de dire quel a été le créateur des contes; ce qu'il y a de certain, c'est que de l'Inde ils passèrent dans la Perse et dans l'Arabie; mais bien longtemps sans doute avant que Khosrou-Nouschirvan, roi de Perse, eût conquis les provinces septentrionales de l'Indoustan et reçu la traduction persane de l'*Houmayoun-Nameh* (livre impérial), de Bidpaï.

Les merveilleux de la féerie, les *péris* des Persans, les *djinns* des Arabes, le pouvoir des génies et les talismans, les fictions de la théologie orientale, fondées sur la croyance d'êtres intermédiaires entre l'homme et la Divinité, sont le fond des contes arabes, des contes persans, qui, sous le titre de *Mille et une Nuits*, de *Mille et un Jours*, traduits en français, les uns par Galland, les autres par Petit de la Croix, aidé du style de Lesage, obtinrent tant de succès dans les premières années du dix-huitième siècle. Il n'y faut point chercher de philosophie, de but vraiment moral ; mais quelle fécondité ! quelle variété ! quel fonds d'intérêt ! quelle peinture fidèle du caractère et des mœurs des peuples orientaux ! de leurs idées religieuses, des artifices audacieux de leurs femmes, de l'hypocrisie de leurs derviches, des prévarications de leurs cadis, des friponneries de leurs esclaves! Les *Mille et une Nuits* n'ont d'autre but que d'amuser un sultan par des contes pour l'empêcher de faire mourir sa femme, qui les lui raconte. Le but des *Mille et un Jours* est plus raisonnable : il s'agit de prouver à une princesse prévenue contre les hommes qu'ils peuvent être fidèles en amour ; mais s'il y a peut-être plus d'intérêt, s'ils sont conduits avec plus d'élégance, ils offrent moins d'invention et de variété, et l'on s'aperçoit qu'ils sont l'ouvrage d'un moine, à sa haine fanatique contre la religion des mages, détruite en Perse par les musulmans ; c'était un derviche nommé Moclès. Quant aux *Mille et une Nuits*, on n'en connaît pas l'auteur arabe; ils paraissent être de différentes mains.

On trouve encore dans le *Cabinet des Fées*, en fait de contes orientaux, l'*Histoire de la Sultane de Perse et des quarante Visirs*, contes turcs, composés par Chéikh-Zadeh, pour l'amusement du sultan Amurat II, dont il était précepteur : ces contes, traduits par Petit de La Croix, n'ont pas été achevés ; Les *Contes et Fables Indiens*, de Bidpaï et de Lokman, traduits d'Ali-Tchélebi-Ben-Saleh, auteur turc, par Galland et Cardonne ; les *Contes des Génies*, ou les *Charmantes Leçons d'Horam, fils d'Asmar*, traduits du persan en anglais par sir Ch. Morell ; un continuation des *Mille et une Nuits*, traduite par dom Chavis, moine de Saint-Basile, et revue pour le style par Cazotte, dans les œuvres duquel on l'a depuis insérée. Parmi les heureuses imitations des contes orientaux, nous citerons les *Aventures d'Abdalla*, par l'abbé J.-P. Bignon, continuées et terminées par Colson ; Les *Mille et un Quarts d'Heure*, contes tatars, par Gueulette ; Les *Sultanes de Guzarate*, ou les *songes des hommes éveillés*, contes mogols par le même ; les *Contes Chinois*, ou *aventures du mandarin Fum-Hoam*, par le même : ce Gueulette, procureur au Châtelet, avait assez bien imité la manière de Galland ; *Nourjahad*, par Mme Sheridan, mère de l'illustre orateur ; les *Contes Orientaux*, du comte de Caylus. On pourrait y joindre les *Contes Persans*, par Inatula de Dehly, traduits en anglais par Alexandre Dow, puis de l'anglais en français ; le *Contes Turcs*, traduits par Digeon, à la suite de son *Abrégé de l'Histoire Othomane* ; les *Contes* traduits et ajoutés par M. Caussin de Perceval à l'édition qu'il a donnée des *Mille et une Nuits* ; Le *Gulistan ou Pays des Roses*, de Sâdi, dont il existe plus d'une traduction française ; Le *Baharistan, ou Pays du Printemps*, par le même, moins connu en France ; les *Contes, Fables, etc.*, tirés de différents auteurs arabes et persans, par Langlès ; les *Fables et Contes Indiens*, par le même ; les *Contes Orientaux*, ou les *Récits du sage Caleb*, voyageur persan, par Mme Monnet ; les *Contes Arabes*, par Goulliard ; les *Contes Orientaux*, traduits de l'anglais et de l'allemand par Griffel La Baume ; les *Contes du Sérail*, et *Abassaï*, par Mlle Fauque ; les *Contes très-Mogols*, par Mérard de Saint-Just ; Le *Caravansérail*, et *Bardouc, ou le Pâtre du mont Taurus*, de M. Adrien de Sarrazin ; *Nouveaux Contes Arabes, ou Supplément aux Mille et une Nuits*, par l'abbé Guillon ; les *Contes Chinois*, traduits ou publiés par Abel Remusat. Ces contes sont simples, verbeux, et contiennent moins de faits, moins de narration, moins d'effets d'imagination que des conversations, de la morale et des détails domestiques.

Les *Contes des Fées* tiennent de trop près aux contes orientaux, aux contes des génies, pour ne pas en faire mention immédiatement après, bien que leur origine soit moins ancienne et qu'on ne la fasse remonter qu'au roman de *Lancelot du Lac*, qui paraît avoir accrédité la féerie en France sur la fin du douzième siècle. Le mot fée était devenu synonyme de sorcière, de prophétesse. Le peuple croyait en voir partout, dans les forêts, dans les vieux châteaux. Telle était la Dame du Lac dans Lancelot ; telle était la Mélusine du château de Lusignan, dont l'histoire fut écrite par Jean d'Arras, vers 1360. Toutefois, *Le Pentameron* de l'italien Basile, augmenté par Alessia Abbatutis, et publié en 1672, et *Le Pèlerinage de Colombelle et Volontairette*, par Boèce de Boisvert en Frise, paraissent avoir ouvert la carrière aux contes des fées. La France est le pays qui en a produit le plus grand nombre ; et Charles Perrault, le premier qui en ait composé, est l'auteur qui a obtenu dans ce genre les succès les plus durables : *Le Chaperon Rouge, La Barbe Bleue, La Belle au bois dormant, Cendrillon, Grisélidis, Le Petit Poucet, Peau d'Ane*, etc. (Paris, 1697), sont en possession, depuis plus de cent cinquante ans, d'amuser les enfants et les adultes, car, a dit La Fontaine :

Si Peau-d'Ane m'était conté,
J'y prendrais un plaisir extrême.

On a vu encore de nos jours ces contes avoir la même vogue, sous la forme dramatique. Après Perrault, les comtesses de Murat, d'Aulnoy, d'Auneuil, Mlles de La Force, Lhéritier, de Lussan, de Lubert, Mmes Le Marchand, Lévêque, de Villeneuve, de Lintot, Fagnan, Leprince de Beaumont ; enfin Preschac, l'illustre Fénelon, Hamilton, le comte de Caylus, Moncrif, Saint-Hyacinthe, Beauchamp, Pajon, Coypel, Duclos, J.-J. Rousseau, Sélis, se sont exercés dans ce genre, et y ont acquis plus ou moins de célébrité. Tous les ouvrages de ces auteurs ont été recueillis dans le *Cabinet des Fées*. Mais bien d'autres auteurs n'y figurent pas ; tels sont Arnaud-Baculard, le chevalier de Boufflers, le marquis de Sennectère, Fromaget, le chevalier de Mouchi, MMmes Robert et de Mortemart, Mlle de Morville, etc. Quant aux romans ou contes de Crébillon fils, de l'abbé de Voisenon, du chevalier de La Morlière, du financier la Poplinière, ce sont moins des contes de fées que des tableaux plus ou moins cyniques des mœurs de la société sous le règne de Louis XV, représentés sous des noms orientaux.

Les contes de fées ayant été principalement imaginés pour l'instruction de l'enfance, on doit peu s'étonner qu'ils aient si longtemps fait fortune en France, où la morale ne plait que sous le voile de l'allégorie, où dans l'instruction même on aime l'amusement ; et l'on doit encore moins être surpris que tant de femmes aient si bien pris le caractère de ce genre de littérature et s'y soient fait un nom. Quelques censeurs austères se sont élevés contre la frivolité de la féerie ; mais les gens raisonnables ont toujours préféré les contes orientaux, les contes des fées, comme moins dangereux que les romans, qui, plus vraisemblables, sont aussi plus capables d'égarer l'imagination, de gâter l'esprit et de corrompre les mœurs. Toutefois, les contes de fées ont l'inconvénient de remplir le cerveau des enfants d'ogres et de sorciers, d'effrayer leur imagination et d'entretenir leur crédulité ; c'est un mal de les tromper, et il n'est pas plus difficile de leur inculquer la vérité que le mensonge. On a donc eu raison de remplacer les contes de fées, dans l'éducation, par des contes plus vraisemblables et plus rationnels.

Les Grecs et les Romains n'ont pas eu de contes proprement dits, à moins qu'on ne regarde comme tels les *Histoires Milésiennes* et *Sybaritiques*, qui, loin d'avoir quelques rapports avec les contes orientaux, ne sont en réalité que de petits contes libidineux. Les idylles de Moschus, de Bion, de Théocrite, sont des espèces de contes plus naïfs, plus gracieux, plus moraux. Quant aux Romains, ils ont eu les *Métamorphoses* d'Ovide, charmant recueil de contes mythologiques ; la *Satire* de Pétrone, *L'Ane d'Or* d'Apulée, nous ont transmis le conte de *La Matrone d'Éphèse* et celui de *Psyché*. Plus tard, Siméon Métaphraste a mis en contes dévots la vie des saints.

Au moyen âge, où les citadins n'avaient point de spectacles réglés, où la noblesse vivait retirée dans ses terres, les troubadours et les trouvères allaient de ville en ville, de château en château, les uns chantant des romances, les autres contant des *fabliaux* ou *fabels*. Souvent même à la fin des repas chaque convive payait son écot par un de ces contes ; cette manière d'amuser une société vient des Orientaux, chez qui elle est encore en usage. Elle se retrouve chez les Hurons, les Iroquois et les divers peuples sauvages de l'Afrique. Les romans de chevalerie, venus probablement des Maures d'Espagne, étaient connus en France ; mais leur narration prolixe ne pouvait captiver une attention soutenue dans un festin. De là vinrent sans doute les contes qui composent ce qu'on appelle la *Bibliothèque Bleue*, et que pour cette raison on appelle aussi *Contes Bleus* : *Richard sans Peur*, *Les Quatre Fils Aymon*, *Robert le Diable*, *Pierre de Provence* et *La Belle Maguelonne*, etc., qui sont évidemment des abrégés de romans de chevalerie.

Alors aussi parurent les premiers *fabliaux* ou *fabels*, d'origine arabe, exportés de l'Orient par les Français, qui de tous les peuples de l'Europe avaient figuré les premiers et joué le principal rôle dans les croisades d'outre mer. Quelques-uns de ces contes, tels que ceux d'*Aristote*, d'*Hippocrate*, etc., sont évidemment venus du grec, mais par l'intermédiaire des musulmans, parce que dans les beaux jours du khalifat les meilleurs ouvrages grecs, et particulièrement ceux de ces deux grands hommes, avaient été traduits en arabe. La plupart des fabliaux sont indécents, et pourtant l'un d'eux est lu par un père qui instruit son fils ; d'autres sont insérés par un chevalier dans un recueil pour l'éducation de ses filles. Rien n'y est gazé ; mais alors les idées de pudeur ne portaient pas sur les mots, et l'on désignait chaque chose par son nom. On y trouve toutefois des sentiments chevaleresques et peu de satires contre les prêtres, les religieuses et les moines, parce que la corruption du clergé séculier et régulier n'était pas alors aussi complète qu'elle le fut depuis. Parmi ces contes, on en trouve dont la morale est forte et pénétrante : tel est celui du *Bourgeois d'Abbeville, ou la housse coupée en deux* ; d'autres tirés des *Mille et un Jours*, comme celui des *Trois Bossus*. Les fabliaux écrits en vers et en vieux français étaient peu connus en France, malgré un mémoire du comte de Caylus à leur sujet, malgré l'édition d'un choix de fabliaux que Barbazan avait publiée en trois volumes, avec un vocabulaire des mots les plus obscurs, en 1766, lorsque Legrand d'Aussy les mit à la portée de tout le monde, les traduisit en prose élégante et en fit disparaître les obscénités dans l'édition qu'il donna en 1781, avec des notes savantes et curieuses. Imbert en versifia plusieurs, et Méon en a donné une édition plus complète et plus volumineuse que celle de Barbazan, en 1808, sans les avoir rendus plus classiques et plus populaires. Citer les noms obscurs de la plupart des auteurs de fabliaux serait chose assez peu intéressante pour les lecteurs ; Ruteb œuf est à peu près le seul qui se soit fait connaître par le nombre et la variété de ses ouvrages. Les auteurs des *Contes Dévots* méritent encore moins d'être connus : ces contes, qui datent des douzième, treizième et quatorzième siècles, comme les fabliaux, sont plus bizarres, sans être plus amusants.

La France ayant été le berceau des contes en Europe, et sa langue étant déjà fort répandue pendant le moyen âge, le goût des contes se propagea chez ses voisins et trouva des imitateurs. Un Espagnol et un Italien s'étaient bornés aux contes dévots, lorsque Boccace, l'Homère des conteurs, vint recueillir en France les germes d'un genre de littérature qu'il naturalisa, qu'il perfectionna dans sa patrie. Son *Décaméron*, composé de cent nouvelles gaies et intéressantes, regardées par les Italiens comme des modèles de style, de grâce et de variété, en contient plusieurs où les moines sont fort maltraités : c'était la philosophie du temps. Néanmoins il ne fut jamais persécuté, et son livre, malgré sa teinte irréligieuse et ses nombreuses indécences, jouit en Italie d'une telle estime, qu'il n'a jamais été entièrement mis à l'*index*. Sachetti l'imita dans ses *Novelle*, sans l'égaler. Poggio, secrétaire du Vatican, écrivit des contes plus libres que ceux de Boccace, et ne fut point chassé. Le *Décaméron*, venu en France, y fut traduit et imité comme un ouvrage original. On vit à la cour de Philippe le Bon, duc de Bourgogne, les *Cent Nouvelles nouvelles*, publiées en 1466, sous les auspices du dauphin (depuis Louis XI). Plus tard, Marguerite de Valois, reine de Navarre et sœur de François 1er, composa 71 contes, dont le recueil porte le titre d'*Heptaméron*. La plupart sont graveleux, quoique ses mœurs aient été régulières et qu'elle passe pour avoir opposé une vigoureuse résistance aux attaques de l'amiral Bonnivet. L'exemple d'une femme, d'une reine, était séduisant ; il fut dès lors généralement convenu que les contes ou nouvelles devaient être libres et mêmes licencieux.

En Italie, Grazzini, dit le Lasca, Pulci, le moine Bandello, Straparola, écrivirent des contes et nouvelles dans le même goût ; Bragiantino mit en vers les nouvelles de Boccace, dont il n'a pas fait oublier la prose. Le comte Basile del Torone, dans son *Pentaméron*, et en France, Bonaventure des Perriers, dans ses *Contes, Nouvelles et Joyeux Devis*, adoptèrent le style bouffon, que Rabelais, dans des ouvrages de plus longue haleine, mettait alors à la mode. Béroalde de Verville, dans son *Moyen de Parvenir*, sut allier les deux genres avec le langage le plus ordurier. Le jésuite espagnol Ribadeneira, fidèle à l'esprit de sa robe et de sa nation, ne vint chercher en France que des contes dévots. Mais le célèbre Michel Cervantes, son compatriote, fut l'inventeur d'une autre sorte de nouvelles, que le bon goût et les mœurs ne pouvaient réprouver. Comme Boccace, il fut chef d'une école. Les nouvelles historiques, tragiques, comiques, furent imitées en Espagne par dona Maria de Zayas. Traduites en France, elles servirent de modèle à celles de Scarron, de Donneau de Visé, de Dufresny ; aux *Cent Nouvelles* et aux *Journées Amusantes* de Mme de Gomez, aux nouvelles que Lesage a intercalées dans son *Gil-Blas*, son *Diable boiteux*, etc.; à celles de Mmes de Lafayette, de Fontaines, de Tencin, de Genlis ; aux *Épreuves du Sentiment*, d'Arnaud Baculard, à ses nouvelles, au *Décaméron français* de D'Ussieux, et à ses *Nouvelles françaises* ; à celles de Mayer, de Willemain d'Ablancourt, de Florian, de Rosny, de Coste, et à une foule d'autres nouvelles insérées dans la *Bibliothèque de Campagne* et dans la *Bibliothèque des Romans*. Quant aux *Crimes de l'Amour*, du marquis de Sade, ils sont bien de lui, et n'ont pas eu de modèle.

A la suite de ces nouvelles, de ces contes en prose, on peut ranger deux autres sortes de contes, aussi en prose, qui ont paru dans le dix-huitième et le dix-neuvième siècles, qui offrent moins d'imagination que de philosophie, et qui pourtant enseignent moins la morale qu'ils ne peignent l'esprit et les mœurs du temps : tels sont les *Contes philosophiques* de Voltaire, les *Contes moraux* de Mercier, de Marmontel, d'Imbert, de Charpentier de Cambray ; les *Contes philosophiques et moraux* de La Dixmerie, les *Contes moraux et allégoriques* de Brunet, ceux du vicomte de Ségur, un ouvrage intitulé *Les Femmes* ; *Le Conteur des Dames, ou soirées parisiennes*, par Charrin ; *Les Sept Péchés capitaux*, par Bruckère et Michel Raimond, et bien d'autres contes modernes, dont la liste serait trop longue. On peut ranger dans cette classe les contes plus ou moins directement destinés à l'éducation de la jeunesse : ceux de Berquin, de Blanchard, de Mlle Deleyre, de Bouilly, de Mme de Maraise, de M. Soulhié, etc., etc.

Les imitateurs de Boccace continuèrent d'abord à écrire en prose, soit que leurs contes fussent licencieux ou grivois. Tels furent *Les Facétieuses Journées* de Chapuis, *Les Matinées et les Après-Dîners* de Cholières, les *Soirées* de Bouchet, la *Gibecière de Momus*, les *Contes d'Eutrapel*, par Noël du Fail, et plus tard les *Contes à rire*, par Douville. Parmi les modernes, on peut citer : *Les Nuits Parisiennes* de Chomel, *Les Contemporaines*, *Les Parisiennes* et *Les Nuits de Paris*, par Rétif de la Bretonne, qui n'est indécent que parce qu'il montre les vices trop à nu ; les *Contes en l'air* de Mme de Nesmond, les *Contes Sages et Fous*, de Mme Desjardins de Courcelles ; les *Contes Fantastiques*, de Balzac, les *Contes Romantiques*, de M. Alfred de Musset, etc. Mais c'est en vers qu'ont écrit les auteurs des meilleurs contes et nouvelles, dans le genre de ceux de Boccace, soit qu'ils aient plus ou moins emprunté la licence de son style, soit qu'ils aient davantage respecté les mœurs. Nous rangeons parmi eux les auteurs de contes épigrammatiques, graveleux ou non. Marot, modèle de naïveté et de bonne plaisanterie ; Passerat, digne prédécesseur de notre célèbre fablier ; Etienne Tabourot, Furetière, La Fontaine, supérieur à tous les conteurs comme à tous les fabulistes ; Vergier, Lamonnoie, Ducerceau, Senecé, Grécourt, J.-B. Rousseau, La Chaussée, Saint-Gilles, Piron, Voltaire, Vadé, Gresset, Bernard, Moncrif, Saint-Lambert, Bret, Robbé, le duc de Nivernois, le P. Barbe, Sedaine, Bologne, Ganeau, Daillant de La Touche, Dupont, Guiraudet, Gobet, Parny, Busca, Pajon, Armand Charlemagne, Chénier, Ximenès, Dorat, La Condamine, Maisson de Morvilliers, Rhulières, Léonard, d'Aquin de Châteaulion, de Théis, Philippon de la Madelaine, Imbert, Félix Nogaret, Gudin, Guichard, Lantier, le comédien Plancher de Valcour, Cailly, Florian, Piis, Vasselier, Andrieux, les deux Ségur, Pons de Verdun, Adrien Mangrin, François de Neufchâteau, Capelle, Joseph Pain, Aug. Rigaud, Saint-Ussans, l'abbé Bertin, Mme Panier, Gab. de Moiria, Mennechet, Vial, Ladoucette, etc., etc. Trois conteurs en langue provençale, Coye d'Arles, Royer d'Avignon, Astier de Saint-Remy ; Lelaé, conteur bas-breton, etc.

La France est sans contredit le pays qui a produit le plus de contes et de conteurs. Aux Italiens que nous avons cités, il faut joindre l'abbé Casti. Les Anglais ont eu Chaucer et Dryden, imitateurs de Boccace ; Prior, qui a pris les Français pour modèles ; Hawkesworth, dont les contes ont été traduits par l'abbé Blavet. L'Allemagne a été plus riche en conteurs : Waldis, le fameux Martin Luther, et dans les temps modernes, Hagedorn, Lichtwer, Lessing, Gersenberg, Gessner, Wieland, Pfeffel, Auguste Lafontaine, Hoffmann.

Le conte est le genre le plus agréable et le plus varié de la littérature, car s'il en est beaucoup de libres, il y en a aussi de naïfs, de gais, d'héroïques, de pastoraux, d'anacréontiques, de moraux, qui instruisent, amusent et ressent. Il est donc fort difficile, quoi qu'en ait dit Marmontel, d'assigner au conte des règles fixes. Qu'il soit à la comédie, suivant lui, ce que l'épopée est à la tragédie, son étendue dépend toujours des détails qu'exige le développement de l'aventure qui en forme le sujet. Mais dans le conte épigrammatique, dont l'intérêt ou le sel repose sur le trait qui le termine, la concision est de rigueur. Il faut aller droit au but. La brièveté est l'âme du conte. Cette règle a été posée par La Fontaine, qui s'en est souvent affranchi. Elle est la même pour ce qu'on appelle *conte* dans la conversation. Le récit de tout conte en général doit être simple, rapide, pittoresque, dramatique, sobre de détails et de réflexions, à moins qu'ils ne soient naturels et ingénieux. Il n'est pas d'absolue nécessité qu'il finisse par un bon mot, une pointe ou un calembour, mais toujours, suivant le sujet, par un trait de caractère, de mœurs, d'originalité, de vanité, de bêtise ou de naïveté.

Les contes que l'on débite en société sont ordinairement faits de traits de raillerie ou de médisance. On rit d'un *conte fait à plaisir*, sans y croire ; et l'on ricane de certaines femmes sur lesquelles *on fait d'étranges contes*. On appelle aussi *conte* tout discours inutile, sans fondement et sans apparence de vérité. *Vous ne nous faites que des contes* ; *ce sont des contes en l'air*, *des contes à dormir debout*, expressions proverbiales, ainsi que *contes de vieille*, *contes de nourrice*, *conte de bonne femme*, dont on berce les enfants ; *contes jaunes*, *contes bleus*, dont on les amuse.

H. AUDIFFRET.

CONTEMPLATION, VIE CONTEMPLATIVE. Notre siècle de mouvement et de révolutions dans lesquelles chacun s'évertue afin de s'élancer le plus haut possible près des sommités de l'édifice social, cet âge d'agitation ambitieuse et de turbulente activité comprend à peine une existence toute spéculative d'isolement et de repos, consacrée au culte de l'intelligence pure et à ces vastes pensées qui reportent l'âme vers le suprême auteur de la nature et les magnificences de l'univers. Cependant, il fut des époques silencieuses de l'histoire où les peuples s'éloignèrent de la carrière politique, soit qu'ils vécussent satisfaits de leur gouvernement (chose rare) ou qu'ils ne trouvassent aucun intérêt à le changer, soit qu'aucune voie de progrès ne s'ouvrît devant eux, enfin, soit qu'une barrière de fer les étreignît sous un étouffant despotisme. Alors une foule d'hommes indifférents à la vie commune se retirèrent dans les solitudes, abandonnèrent pour une heureuse tranquillité les chances des plaisirs, des honneurs ou de la fortune, que promet comme un leurre la carrière civile. Tels sont principalement les pays chauds, séjour de l'indolence, et dans lesquels un sol fertile procure sans efforts tous les moyens d'existence avec les plus doux loisirs ; telles furent aussi les époques de la décadence de l'empire romain, où d'atroces tyrans s'arrachaient à main armée les lambeaux du pouvoir, et pressuraient les peuples tour à tour. Chacun fuyait alors au désert les fureurs de l'arbitraire. De même, au moyen âge, lorsque la caste aristocratique, triomphant des peuples par la conquête, avait réduit au servage de la glèbe les classes laborieuses, inférieures, comme gens de roture et de main-morte, des foules d'habitants se réfugiaient dans les monastères et des couvents, pour s'exempter, sous le manteau révéré de la religion, des exactions oppressives de leurs seigneurs. L'Orient, l'Inde, se remplissent d'une multitude de solitaires, pendant ces périodes de décadence et de ruine des empires, lorsque le despotisme ravage les populations, et que de nouveaux cultes deviennent nécessaires pour consoler les humains des crimes de la terre. C'est ainsi que l'établissement du christianisme s'allia naturellement avec le platonisme, et dans l'Hindoustan le bouddhisme trouva de nombreux sectateurs parmi les dévots spéculatifs de la religion de Brahma. Par toute la terre les cultes ont toujours préféré la vie contemplative, comme une prééminence de l'*esprit* sur la *chair*, et comme la destination naturelle de l'homme, être doué d'intelligence et de raison, au-dessus de la matière brute et grossière, qui constitue l'*animalité* avec tous les êtres subordonnés de la création.

On peut distinguer, par la philosophie, la vie de l'homme en deux genres opposés. Elle est ou spéculative, tout intérieure et cérébrale, ou bien elle est active, répandue au dehors dans les organes des sens et les membres, pour se livrer à tous les genres de travaux et d'occupation nécessaires au bien-être, au développement de l'industrie et des richesses de la société. Telle est l'existence mondaine et charnelle. Au contraire, la vie contemplative, attirant toutes les forces au cerveau, organe de la pensée, pour une méditation perpétuelle, laisse inertes, presque insensibles et immobiles les fonctions sensoriales extérieures ; le contemplatif devient indifférent au monde, à ses délices comme à ses tourments ; il aspire à la solitude, il ferme toutes les portes aux plaisirs ;

il mure son habitation au désert, loin de ses semblables; il renonce également aux jouissances de l'amour et aux délicatesses de la table : tel est l'homme qui se voue non-seulement au culte de la Divinité, mais aussi à celui d'une haute sagesse, et même le favori des doctes sœurs, comme le dit si bien Horace,

Abstinuit Venere et vino, sudavit et alsit,

parce que les Muses n'accordent leurs faveurs qu'à leurs amants exclusifs.

Il est évident en effet qu'on ne peut pénétrer bien profondément dans aucune science et dans aucun art sans cette investigation isolée, assidue, attentive, sans cette puissante contention de la pensée, réfléchie, concentrée sur un seul objet, de même que les rayons solaires, convergeant, dans un miroir concave, en un seul point, y réunissent un foyer lumineux et brûlant. C'est ainsi que disparaissent autour de nous les objets, lorsque nous sommes fortement occupés d'une question épineuse ou de réflexions abstruses. Cet état de contemplation dans les plus puissants génies peut aller jusqu'au ravissement et à l'extase; des poètes se sont alors sentis transportés par l'enthousiasme, et, tels que les divins prophètes, ils ont cru voir, par l'illusion de leur imagination, les êtres fantastiques qu'elle créait; ils ont dévoilé l'avenir, en quelque sorte, par cet art prestigieux qui leur faisait pressentir la chaîne des événements; de là le nom de *vates* que leur donnait l'antiquité crédule. Il est certain qu'une vie d'isolement ou de concentration d'esprit, sous un climat chaud, surtout dans l'obscurité, et en restant couché (car en cet état le sang afflue au cerveau), parmi le silence des nuits, avec l'immobilité, l'inactivité des sens extérieurs et les jeûnes, qui rendent, dit-on, le cerveau creux, prête beaucoup aux illusions, aux chimères, aux vertiges, même à *l'illuminisme.* Ainsi, l'on voit les individus mystiques, les théosophes, comme les anciens gnostiques, les esséniens et les thérapeutes, imposant les mains et priant pour opérer ainsi des guérisons miraculeuses; d'autres philosophant avec les néoplatoniciens de l'école d'Alexandrie, les Porphyre, les Jamblique et les Proclus, ou se créant un monde à part, une sorte de panorama imaginaire. Ils établissent un commerce intellectuel avec la Divinité; ils s'élancent à l'amour pur des choses éternelles en dédaignant les temporelles, comme sainte Thérèse, saint François de Sales, ou Swedenborg; telle était aussi la tendance du *quiétisme* de Mme Guyon, de Mme de Bourignon, et même du vertueux Fénelon. De là, chez les dévots mélancoliques et atrabilaires, il n'y a qu'un pas jusqu'au fanatisme et aux plus déplorables absurdités des pratiques superstitieuses, ou même cruelles, des esprits possédés de ces idées. On en citerait plusieurs exemples parmi les fakirs.

On ne peut que s'étonner d'avoir vu de nos jours les partisans de Saint-Simon prétendre établir une nouvelle religion par des moyens tout contraires, *en réhabilitant*, selon eux, *la chair* par les plaisirs, en appelant *la femme libre*, par des sociétés et des festins en commun, par des travaux corporels et une tendance à l'activité la plus dilatante, physique, industrielle, toutes choses opposées éminemment à l'esprit de contemplation divine et à cette voie sacrée de supériorité intellectuelle; aussi prétendirent-ils vainement à classer les capacités, et devinrent-ils bientôt la risée du public. On peut ajouter que la raison pour laquelle si peu d'œuvres de génie, si peu de profondes conceptions, apparaissent dans ce siècle, vient précisément de cet état d'extrême sociabilité qui cherche dans la réunion des forces individuelles une puissance d'invention qu'on ne rencontre plus faute de cette concentration isolée. Ainsi, les académies mêmes, et toutes les sociétés s'occupant d'entreprises ou scientifiques ou littéraires en communauté, ne donnant pour chaque associé qu'une faible quote-part de collaboration, n'ont jamais fait de découvertes ni produit de ces œuvres immortelles d'unité, d'inspiration, qui enlèvent l'admiration des siècles et des peuples. On ne peut jamais produire en commun ces poëmes, ces tableaux sublimes, émanant d'une pensée unique, malgré le concours des efforts; mais les associations deviennent très-utiles pour l'enseignement et la diffusion des connaissances acquises, lorsque chacun déploie son savoir dans la sphère qu'il s'est choisie.

Pense-t-on atteindre, en quelque genre que ce soit, un degré supérieur d'intelligence, de capacité et de grandeur, sans se plonger profondément dans ces contemplations longues par lesquelles l'âme a besoin de s'accumuler tout entière sur l'objet qu'elle veut pénétrer de sa lumière? Nul génie ne saurait éclore sans cette incubation; nul élan d'enthousiasme, nul héroïsme de la pensée, n'est le prix d'une vie de dissipation et de plaisirs sociaux; mille petits soins tiraillent trop de tous côtés les idées, suscitent trop le jeu des passions qui se succèdent et s'effacent l'une par l'autre; si l'on est tout à tous, on n'est en effet à personne : rien de fixe et de profond. De là cette infinité d'esprits superficiels et vides qui s'agitent en vain en tous sens, aptes à se copier les uns les autres. Pour devenir original, il faut être soi; mais afin de rester soi-même la condition de rigueur est de s'isoler, de rentrer dans son intérieur, s'y fortifier, s'y agrandir par la méditation. Du haut de cette forteresse, l'âme, enrichie des trésors de la réflexion, élance ses regards dans l'immensité de la nature; elle domine les siècles comme les espaces, elle élargit par la vaste sphère de l'univers ses vues sublimes, et, comparable à l'aigle, elle plane sur le reste des mortels.

Tentanda via est qua me quoque possim
Tollere humo victorque virum volitare per ora.

Quel que soit l'esprit naturel dont nous ait favorisé une heureuse organisation, c'est un champ fertile qui ne produira que des plantes parasites ou des ronces abondantes, vigoureuses, comme chez les génies incultes; mais à la méditation contemplative appartient seule le pouvoir de féconder les germes des plus hautes découvertes.

Tout homme, cependant, n'est point également apte à concentrer profondément son attention dans cette vie intellectuelle et contemplative; plusieurs dispositions sont requises :

1°. Le *tempérament* sérieux, méditatif, qu'on appelle *mélancolique* ou *hypocondriaque* et nerveux, doué d'une sensibilité intérieure énergique et vaste, vivant peu par les sens extérieurs, fuyant les jouissances corporelles, bientôt fatigué, dégoûté d'elles comme ne pouvant satisfaire cette âme immense dans ses désirs et ses hautes préoccupations. Cette impassibilité des organes peut aller jusqu'à l'abnégation de soi, jusqu'à l'insensibilité aux douleurs, comme dans l'extase, la catalepsie : tel était le prêtre Restitutus, cité par saint Augustin, qu'on pouvait blesser, brûler, sans qu'il éprouvât rien dans ses élans de contemplation divine. On rapporte une foule d'exemples analogues chez les convulsionnaires. On a vu La Fontaine assis des journées entières sous un arbre, en composant ses fables, sans s'apercevoir de la pluie : le bonhomme était si distrait! Zimmermann, dans son *Traité de la Solitude,* donne une foule de traits frappants d'insensibilité physique par suite de fortes contentions d'esprit.

2°. Le *jeûne*, affaiblissant de même les sens organes des sens externes, contribue à recueillir l'esprit dans de profondes réflexions : ainsi, Newton, écrivant son *Optique*, oubliait de prendre ses repas, ou ne se nourrissait que d'un peu de pain et de vin. Tout au contraire, les plaisirs de la table sont épanouissants et éminemment antipathiques avec les contemplations.

3°. La *continence* est également requise comme un moyen puissant de concentrer toute son énergie intellectuelle et morale au cerveau. C'est pour cet objet que le célibat et le vœu de chasteté ont été imposés aux fonctions du sacerdoce et de la vie religieuse. La dévotion, non-seulement au culte divin, mais aux sciences, aux lettres et aux arts, enfin à tout ce qui doit exalter les plus nobles facultés de l'humanité, exige ce sacrifice : en abandonnant l'espoir d'une génération mortelle, on acquiert celle de l'immortalité. On peut dire aussi que par cette abstinence notre énergie organique s'affermit, s'enrichit de tout ce que d'autres personnes dissipent ou perdent dans la carrière ordinaire de la vie. En effet, la plupart des hommes voués au célibat pour le culte religieux et pour celui des Muses, s'ils y joignent la tempérance et la modération, parviennent à la plus longue et la plus heureuse vieillesse ; témoin ces saints anachorètes de la Thébaïde qui atteignaient des âges séculaires au milieu de ces abstinences et de leurs perpétuelles contemplations, loin des soucis de la terre.

Exercés à l'émulation même du dévouement, aux sacrifices, n'ayant rien à perdre, mais tout à gagner, ces solitaires, tels que des soldats impétueux et enthousiastes, ne croient rien d'impossible à la ferveur de leur zèle pour le triomphe de leurs desseins ; ils peuvent aisément se monter la tête dans ces jeûnes, ces macérations, ces veilles, ces oraisons ferventes ; c'est ainsi qu'on a vu le jacobin Jacques Clément sortir de la communion pour commettre un régicide. Le fameux chéik nommé le *Vieux de la Montagne*, seigneur des assassins, selon nos vieilles chroniques des croisades, fanatisait des jeunes gens, dit-on, en les accoutumant à cette vie cloîtrée, isolée, dévouée à la plus entière obéissance, et en leur promettant les joies ineffables d'un paradis dont il leur faisait goûter d'avance les prémices. L'état monastique, comme l'état contemplatif, est donc très-propre à déterminer l'exaltation mentale, car plus on se détache des liens terrestres, plus on croit se rattacher à la Divinité, et lorsqu'on commande des crimes au nom même de cette Divinité, le moine court le fer à la main au *baptême de sang* ou au meurtre. Sainte Thérèse se charge de pierres et de chaînes comme les bêtes de somme, elle se traîne dans la boue, se déchirant le sein de coups de discipline ; sainte Catherine de Gênes veut s'élancer au milieu des flammes, comme le philosophe Calanus, qui se brûla à la vue d'Alexandre. Rien ne coûte à ces âmes transportées d'exaltation méditative de l'amour divin ; c'est par ces actions qu'elles s'élancent au sommet de l'échelle mystique de Jacob, décrite par saint Jean Climaque : Aimez Dieu de toutes vos forces, est-il dit, puis faites ce qu'il vous inspirera.

Ce n'est point une observation indifférente pour le médecin et le philosophe que celle des contemplatifs dévoués à la vie toute cérébrale dans les cloîtres, que cette résignation à l'austérité des jeûnes, des macérations, de la retraite, de la méditation sous le cilice et la haire : ces habitudes constantes du corps dans une cellule où la réclusion est étroite, avec l'exaltation mentale pour l'oraison, disposent les solitaires, les ascètes à la complexion atrabilaire. Pareillement, les tempéraments mélancoliques, vivant sous l'empire du foie, sont très-portés à cette vie obscure, comme le deviennent les hommes studieux enfermés dans leur cabinet, ou pâtissant sur des livres ; tels furent les bénédictins, et autres infatigables auteurs d'in-folios, de chroniques historiques, empreints de toute la crédulité et des vues étroites ou bornées qu'on se forme dans les cellules et les cloîtres.

Voyez en effet le teint pâle, plombé ou livide, les chairs molles et flasques de la plupart de ces pieux contemplatifs, comme les laborieux compilateurs qui jadis ont illustré la vie claustrale ; tout dénonce en eux un système viscéral engorgé ou pâtissant d'obstructions pénibles. Leur digestion est lente et laborieuse, sous un régime aussi exclusivement débilitant. Le sang veineux s'accumule dans les méandres abdominaux des veines mésaraïques ; le foie s'empâte, dispose à l'ictère, aux épaississements de la bile, en sorte qu'on observe fréquemment des calculs biliaires dans la vésicule du fiel. Aussi, plusieurs chartreux périssaient d'affections du foie ; comme saint Bruno, saint François de Sales présenta une multitude considérable de ces concrétions à sa mort. L'amas de sang et d'humeurs que procure encore une vie trop sédentaire aux contemplatifs d'un tempérament lymphatique ou sanguin les expose aux congestions encéphaliques et à l'apoplexie. C'est aussi pourquoi la saignée était recommandée en plusieurs monastères, une ou deux fois chaque année ; elle devenait nécessaire, d'ailleurs, pour diminuer cette pléthore libidineuse que produit nécessairement une chasteté forcée. Les religieuses deviennent surtout sujettes aux dégénérations cancéreuses au sein ou à l'utérus, par une raison analogue. En général, aussi, les tables de mortalité indiquent une plus grande quantité de mourants parmi la plupart des religieux contemplatifs que parmi les personnes vivant dans le monde, à moins qu'on en excepte les solitaires, qui jeûnent et prient, comme la plupart des anachorètes des déserts.

Une existence tellement contraire à l'état naturel rend presque toujours le caractère aigre, chagrin, misanthrope, ou même querelleur. Il semble qu'on voie avec une secrète rage les autres hommes jouir des biens dont on s'est ainsi volontairement sevré. On déteste surtout les épicuriens. Cet excès de vie rassemblé dans l'encéphale, tandis que le reste du corps languit avec inertie, tend par la nature y dispose sous les climats chauds, favorables à la paresse, n'est point la destination régulière de l'homme. La preuve en est dans les maux physiques qui résultent d'une existence exclusivement contemplative. Les fonctions digestives s'altèrent profondément, et les pratiques du jeûne recommandées en cet état (car l'indolence cause d'ailleurs l'inappétence, et l'oisiveté engendre la pauvreté) ne font qu'aggraver les dangers de cette vie musarde. La nature nous a donné sans doute un cerveau pensant et une immense curiosité de savoir, mais aussi des mains pour le travail. Il est certain que l'homme qui médite, sans se livrer aux exercices de la vie active, est, comme l'a dit J.-J. Rousseau, un animal dépravé ; il y perd sa santé, sa force, et souvent même sa raison. Et d'ailleurs, on ne peut faire de vastes progrès dans les sciences par la seule contemplation. La preuve en est chez ces nations méditatives de l'Orient et de l'Inde, restées stationnaires, au milieu du mouvement progressif de la civilisation de nos sociétés modernes, bouillantes d'expériences et de mille entreprises industrielles tentées pour se perfectionner. Voyez l'ancienne école d'Alexandrie rouler sans cesse dans un cercle étroit de subtilités grammaticales, au milieu d'une multitude de livres et de bibliothèques. Ces savants n'ont enfanté que des arguties philosophiques et toutes les crédules imaginations des néoplatoniciens.

La méditation ne sait rien produire seule sans l'expérimentation. La philosophie intérieure, l'intuition de notre être sans doute peut élever à toute sa dignité morale l'homme intellectuel, le rattacher à la Divinité, comme à son origine, l'agrandir à ses propres regards, mais le monde extérieur rentre dans l'obscurité. Bientôt le contemplatif exclusif, tendu aux fatigues intellectuelles, éprouve de noirs soucis ; des songes cruels viennent sur sa couche dure irriter encore ses misères et susciter l'acrimonie de sa bile. Son cerveau, disposé à l'exaltation par toutes ces abstinences, sévit contre les mondains d'autant plus qu'il souffre. Il devient souvent despote et inexorable dans le commandement, parce que la solitude ou l'isolement de la pensée enfle aussi l'orgueil, rend entier et absolu ; tandis que l'usage du monde et de la société oblige au contraire à toutes sortes de déférences, de politesses et de soumissions. Les maladies du contemplatif naissent surtout aussi de cette ambition rentrée, de cette rage du cœur qu'il couve au fond d'une étroite cellule, comme s'il boudait contre tout le genre humain. Sa mauvaise diète, et cette tension cérébrale qui affaiblit les organes digestifs comme les générateurs, déprave la fonction nutritive, rend le corps cacochyme ou cachectique. Le seul appareil nerveux profite d'une énergie exubérante, mais dont l'excès n'est point sans danger.

J.-J. VIREY.

CONTEMPORAINE (La), nom de guerre sous lequel s'est rendue fameuse, dans les dernières années de la Restauration une vieille courtisane connue aussi sous le nom d'Ida Saint-Elme, et qui consentit à accepter la responsabilité de mémoires scandaleux, publiés par feu Ladvocat, libraire alors à la mode.

CONTENANCE. Cette expression, dérivée du verbe latin *continere*, contenir, est synonyme de *capacité*. On dit vulgairement que la *contenance* d'un vase, d'un tonneau, est de tant de litres. On dit aussi la *contenance* d'une terre, en parlant de la quantité de mesures agraires qu'elle contient. *Contenance* diffère de *contenu*: ce dernier mot désigne la quantité de matière qui se trouve réellement dans le vase, tandis que *contenance* indique la quantité de matière que le vase peut contenir. TEYSSÈDRE.

Au moral et au figuré, on entend par *contenance* la manière de se présenter, de faire face à telle ou telle circonstance, et, suivant le plus ou le moins d'à-propos qu'on y sait déployer, d'en sortir à son avantage ou à son détriment. Il est impossible, dans les rapports habituels, de ne pas être influencé par l'apparence : or, se donner sur-le-champ la contenance qu'exige le moment, c'est enlever de prime abord ce que le succès offre de plus difficile. En effet, la contenance que nous prenons, quand elle sympathise avec ceux dont nous avons besoin, nous ouvre leur cœur, et nous acquiert quelquefois leur confiance tout entière. Une contenance timide, surtout chez les jeunes gens, met de leur côté ceux même qui par position doivent leur être hostiles : ils se sentent désarmés, et tendent une main protectrice à ceux que d'abord ils voulaient frapper. Vous rencontrez-vous en public avec un adversaire fougueux, le sang-froid est la meilleure contenance à lui opposer; maître de soi, on discerne bientôt l'endroit vulnérable, et l'on dirige en conséquence ses coups. Dans le tête-à-tête, on abat quelquefois son ennemi par un éclat de colère, qui le prévient et le saisit. Est-on assailli par une de ces attaques imprévues, où l'on a contre soi plutôt le nombre que la valeur, on l'emporte par une contenance intrépide : elle met en fuite les lâches qui étaient venus pour recueillir une facile victoire, et non pour être mêlés à des périls. C'est un immense avantage dans les assemblées politiques de ne jamais perdre contenance; on a le temps de trouver sa réplique, et elle produit d'autant plus d'effet qu'elle est preste. Il est certain que beaucoup d'hommes n'ont qu'un seul genre de contenance; ils le possèdent à un degré d'autant plus haut qu'ils l'ont reçu comme un véritable instinct : tel général qui fait admirable contenance sur le champ de bataille, et qui dans la mêlée et au milieu de la mitraille donne les ordres les plus précis et les plus multipliés, se trouble à la tribune et la quitte sans avoir pu balbutier quelques paroles : il comprend ce qu'il devrait dire; ses pensées sont enchaînées les unes aux autres; le raisonnement est fait dans son esprit, mais la puissance de l'énoncer lui manque.

Il est quelques positions où une surprise inattendue déroute les gens du monde qui ont le plus d'aplomb; en vain cherchent-ils à retrouver leur présence d'esprit ordinaire, il n'est plus temps, ils sont confondus. Rien de pareil n'arrive aux femmes : prises sur le fait, elles le démentent par la contenance qu'elles savent improviser, et elles parviennent à rendre douteux jusqu'au propre témoignage de nos sens. Cette espèce de ressource tient à la promptitude et à la mobilité de leur esprit; aussi, les aime-t-on bien, il faut toujours arriver à les croire un peu, quoique notre raison leur soit contraire. Sans doute c'est à l'aide de la beauté que les femmes font leurs conquêtes, mais celles-ci seraient souvent passagères si elles ne les retenaient captives par ces petits moyens que tout leur inspire : elles tirent donc un égal parti de leur désespoir comme de leur gaîté, de leur repentir comme de leur vertu, de leur coquetterie comme de leur fixité; et c'est par la contenance qu'elles parviennent à prendre dans les rôles les plus opposés, qu'elles ont toujours à leur disposition un charme, une ruse ou une séduction, et que nous vieillissons auprès d'elles sans jamais les croire complétement, mais sans pouvoir non plus ne pas les croire du tout.

SAINT-PROSPER.

CONTENTEMENT. *Voyez* SATISFACTION.

CONTENTIEUX. On désigne par ce mot l'ensemble des difficultés que soulève l'application d'un acte d'une autorité quelconque. On distingue généralement le *contentieux judiciaire*, dont le jugement est soumis aux tribunaux ordinaires, du *contentieux administratif*, qui est de la compétence de l'administration, et sur lequel statuent en première instance diverses juridictions dont nous allons parler; en dernière instance le chef de l'État par un décret que lui propose le Conseil d'État délibérant au contentieux.

Les principaux organes de l'administration contentieuse en France sont les ministres, les préfets; les conseils de préfecture, les sous-préfets et les maires dans un très-petit nombre de cas; les conseils de révision pour le recrutement de l'armée; les conseils de recensement et les jurys de révision pour le service de la garde nationale; les conseils académiques; les juges des prises maritimes; les commissions des travaux publics; la cour des comptes.

Les cas dans lesquels les ministres sont appelés à statuer au contentieux sont nombreux; toutefois leur juridiction résulte moins de dispositions législatives spéciales que du principe qui leur confère l'examen et au besoin la révision des actes des agents placés sous leurs ordres. On peut donc dire que généralement ils statuent en seconde instance. Leurs décisions au contentieux sont d'ailleurs susceptibles d'être déférées au conseil d'État. Une foule de matières administratives sont soumises à la décision des conseils de préfecture et du préfet. Dans tous les cas où le préfet statue seul, ses arrêtés peuvent être rapportés par le ministre compétent; autrement il y a appel au conseil d'État. Les sous-préfets prennent des arrêtés au contentieux sur plusieurs matières; leurs arrêtés peuvent toujours être réformés par le préfet. Les cas dans lesquels le maire statue comme juge au contentieux sont encore plus rares; le plus important est celui où il prend un arrêté pour ordonner la démolition de tout ou partie d'une maison qui menace ruine. Cet arrêté est susceptible de pourvoi devant le préfet.

Les conseils de révision en matière de recrutement prononcent définitivement, sauf recours au conseil d'État pour incompétence et excès de pouvoir. Les conseils de recensement de la garde nationale prononcent sur les admissions, sur l'inscription au contrôle du service ordinaire ou de réserve, etc. Les jurys de révision prononcent en appel sur les décisions des conseils de recensement, on se pourvoit contre leurs décisions devant le conseil d'État pour incompétence et excès de pouvoir. Les *conseils académiques* exercent une juridiction sur le personnel de l'instruction primaire et secondaire. Bien que des attributions de même nature qui avaient été conférées autrefois au conseil supérieur de l'instruction publique par la loi du 15 mars 1850 aient été transportées au ministre de l'instruction publique par le décret du 9 mars 1852, ce décret le fait intervenir dans le cas où le ministre croit devoir prononcer la réprimande *devant le conseil*. Les décisions du ministre en matière disciplinaire sont sans appel. Les conseils de faculté exercent également vis-à-vis des élèves une juridiction disciplinaire fort étendue. Les juges des prises maritimes sont institués dans les ports de France, dans les ports coloniaux et dans les ports neutres. Leurs décisions sont susceptibles d'appel devant le conseil d'État; cette décision lui est déférée de droit dans certains cas, notamment lorsqu'elle ne prononce pas la validité de la prise. Les commissions des travaux publics ont été créées par la loi du 16 septembre 1807 pour prononcer, sauf recours au conseil d'État, sur la plupart des difficultés qui s'élèvent à l'occasion des travaux d'utilité publique; ainsi, par exemple, lorsque, par suite de l'ouverture de nouvelles rues, de la formation de places nouvelles, de la construction de quais, de dessèchements, et d'autres travaux faits par l'État, les départements ou les communes, des propriétés privées ont acquis une notable augmentation de valeur, ces propriétés peuvent être obligées à payer une indemnité susceptible de s'élever jusqu'à la valeur de la moitié des avantages qu'elles ont acquis. Cette plus value est appréciée par la commission spéciale nommée à cet effet. La cour des comptes prononce en appel ou en dernier ressort, selon les cas. Il y a recours au conseil d'État contre ses arrêts pour violation des formes de la loi et aussi pour incompétence et excès de pouvoir. La cour des comptes est la seule des juridictions administratives qui jouisse du bénéfice de l'inamovibilité.

L'un des mérites de ces juridictions, c'est la célérité et l'économie; sous ce rapport elles soutiennent avantageusement la comparaison avec les tribunaux chargés d'appliquer les contentieux civil et criminel. Mais ont-elles, d'une part l'indépendance qui résulte de l'inamovibilité, et de l'autre les lumières que garantit dans une certaine mesure le mode actuel de nomination, quelque imparfait qu'il soit, des magistrats de l'ordre judiciaire? Il est peut-être permis d'en douter. Les meilleurs esprits sont d'ailleurs partagés sur la question de savoir si on doit les considérer comme des juridictions exceptionnelles, ou s'il y a lieu de voir en elles, dans le domaine administratif, des juges ordinaires et naturels.

A. LECOYT.

CONTENTION, application vigoureuse et opiniâtre à des matières abstraites ou ardues, exigeant une extrême pénétration d'esprit ou une grande force d'imagination : tels sont les problèmes en mathématiques, ainsi que les plus hautes questions dans les sciences exactes ou les grandes inventions poétiques. La théologie et la métaphysique réclament aussi une contention d'esprit peu commune, puisqu'elles s'efforcent de percer les voiles mystérieux qui enveloppent et la Divinité et la nature de l'homme. Il y a cette différence entre la contention et la méditation, que l'une, la méditation, n'est que l'examen sérieux et attentif d'un sujet, tandis que l'autre en est l'examen approfondi et prolongé. Chez les poëtes et les artistes, la contention produit une sorte d'exaltation fébrile, d'où jaillissent les plus belles inspirations. Pour eux, point de méditations profondes et laborieuses; illuminés tout à coup, ils s'élancent et touchent le but d'un seul bond, tandis que les esprits réfléchis ne l'atteignent qu'après de longs et de pénibles efforts. La contention fatigue en même temps qu'elle féconde les opérations de l'esprit; aussi les hommes doués au plus haut point de cette faculté en sont-ils comme accablés, et se reposent dans des distractions étranges, quelquefois même puériles. C'est ainsi que le célèbre controversiste Arnaud et l'illustre mécanicien Watt se délassaient dans la lecture des romans frivoles, tandis que Malebranche jouait avec des petits chats, et que Bayle se récréait à sa fenêtre à considérer les passants. La contention d'esprit, poussée à ses dernières limites, paralyse les sens et en supprime momentanément l'exercice : alors on regarde sans voir, on écoute sans entendre (*voyez* ATTENTION et CONTEMPLATION.)

SAINT-PROSPER jeune.

CONTEUR. *Voyez* CONTEUR.

CONTESSA (CHRISTIAN-JACOB SALICE-), poëte et romancier allemand, né le 21 février 1767, à Hirschberg, en Silésie, fut destiné à la carrière commerciale et envoyé à cet effet par ses parents à Hambourg, d'où, à partir de 1788, il fit divers voyages en France, en Angleterre et en Espagne. En 1793 il revint dans sa ville natale, prendre la direction de la maison de commerce de son père. Jeune et inexpérimenté, il devint suspect, en 1797, au gouvernement, qui crut devoir le détenir pendant une année à Spandau et à Stettin comme prisonnier d'État. Mais en 1810 il prit une part si active à la nouvelle institution des municipalités, et en 1813 à l'organisation de la *landwehr*, que le roi de Prusse reconnaissant lui octroya le titre de *conseiller de commerce*, c'est-à-dire une de ces savonnettes à vilains à l'aide desquelles les souverains du Nord satisfont économiquement les petites vanités de la bourgeoisie. Plus tard, Contessa ne s'occupa plus que de travaux littéraires; et il mourut le 11 septembre 1825, dans sa terre de Liebenthal, en Silésie.

L'élévation de son âme, sa chaleureuse sensibilité pour le beau et le bon, se réfléchissent vivement dans ses poésies, qui brillent en outre par beaucoup d'originalité, par une grande pureté de style et par une rare richesse d'images. On a de lui *Le Tombeau, ou Amitié et Amour* (1792) ; *Almanzor* (1808), nouvelle qu'il écrivit pendant sa détention, avec un crayon de mine de plomb, sur les marges d'un livre imprimé ; un drame historique, *Alfred* (1809); *Le Baron et son Neveu* (Breslau, 1824), et il publia en société avec son frère, *Jeux et Récits dramatiques* (2 vol., Hirschberg, 1812-14).

CONTESSA (CHARLES-WILHELM SALICE-), frère du précédent, romancier et poëte comique, naquit le 19 août 1777, à Hirschberg, et fut au collège le camarade de chambrée de Houwald. En 1797 il suivit les cours de l'université de Halle, alla plus tard terminer ses études à Goëttingue, et vécut ensuite à Weimar et à Berlin. En dernier lieu, il habita Neuhaus, terre située près de Lubben et appartenant à son ami Houwald. Il mourut le 2 juin 1825, à Berlin. Ses romans et ses nouvelles se distinguent par une grande sensibilité, par une douce gaieté; dans ses comédies, et le nombre en est considérable, il est toujours ingénieux et délicat; son style est pur et son vers coule de source. Nous citerons, entre autres, *L'Énigme, Le Bavard interrompu,* et *Le Talisman.*

Il publia aussi, en société avec Hoffmann et Fouqué, des *Contes pour les petits Enfants.* Il était de plus excellent peintre de paysages, et dans *Les Frères Sérapion* Hoffmann a parfaitement dépeint, sous le nom de Sylvestre, son caractère heureux et tout à fait exempt de prétentions. Son ami Houwald a donné une édition complète de ses œuvres (2 vol., Leipzig, 1826).

CONTESTATION (du latin *contestatio*), contradiction, dispute, débat sur quelque chose. Toute discussion dégénère en général en contestation ; si ces contestations se rapportent à des intérêts contraires, elles donnent lieu à des procès. Les contestations entre puissances amènent parfois la guerre. En jurisprudence, on nommait autrefois *contestation en cause* le premier règlement ou appointement qui intervenait sur les demandes et défenses des parties. Avant la contestation en cause, on ne pouvait point appeler, et après la contestation en cause on ne pouvait plus récuser le juge. On n'était censé constitué en mauvaise foi chez les Romains que du jour de la contestation en cause, et non pas du jour de la demande. Il n'en est plus de même chez nous; *contestation plus ample* signifiait une plus ample information.

CONTEUR. Jusqu'au règne de François 1er on appela *conteurs* ou *conteours*, des farceurs, des histrions, des jongleurs, qui inventaient, qui improvisaient des contes qu'ils chantaient, qu'ils récitaient en public ou dans les châteaux. Leurs contes différaient de ceux des *trouvères*, qui étaient en vers, et qu'ils ne se faisaient pas scrupule aussi de débiter. De là vient que le mot *conteur* est quelquefois employé familièrement, et se prend en mauvaise part. *C'est un conteur, ne vous y fiez pas*, dit-on d'un homme qui manque à sa parole, qui ne dit rien de vrai, de sérieux, de solide. On appelle encore proverbialement *conteur de sornettes, conteur de fagots*, un homme qui conte des bagatelles, des niaiseries, ou des choses incroyables; *conteur de fleurettes*, celui qui cajole les femmes; et l'on dit qu'une femme *s'en fait conter*, quand elle aime qu'on *lui en conte*, qu'on la cajole.

Aux qualités qu'on exige dans un conte et dans la manière de le faire ou de le dire, il n'est pas étonnant que le nombre des *bons conteurs* soit si rare, surtout aujourd'hui où le travail de cabinet, l'habitude ou la nécessité des occupations sérieuses dispose peu les jeunes gens aux relations sociales. Quand on décline, quand on vieillit, on aime à faire, à entendre des contes. Les vieillards, les voyageurs, les anciens militaires, sont conteurs; ils se plaisent à raconter les aventures de leur jeune temps, leurs naufrages et leurs batailles; mais ils sont quelquefois de fort *ennuyeux conteurs*, surtout s'*ils content de fil en aiguille*, sans oublier les moindres circonstances. On dit, au contraire, d'un homme qui conte avec grâce, avec esprit, qui sait broder un conte : *c'est un agréable conteur; il s'entend bien à faire un conte*. Plus d'un ouvrage périodique et littéraire en France a porté le titre de *Conteur*.

En termes de coutume, et particulièrement en Normandie, on nommait *conteur* ou *conteor* ou le procureur chargé de réciter les faits d'un procès devant les juges.
H. AUDIFFRET.

CONTEXTURE (de *contextura*, fait de *contexere*, ourdir, lier), union des tissus et de leurs parties accessoires. Ce mot n'est usité que dans son application aux différentes parties d'un discours, dont il exprime la liaison et l'arrangement. Nous ferons remarquer, d'après Roubaud, que quoiqu'il ait pour synonyme le mot *texture*, cependant il exprime plus distinctement l'ensemble ou le résultat des parties combinées ou des détails. *Texture* se dit d'une partie, et *contexture* de toutes les parties ou du tout. Ce sont là les acceptions les plus générales, résultant de leur examen comparatif.

Au propre, on dit, dans les sciences des corps organisés, la *contexture* des végétaux et des animaux, pour exprimer la combinaison des tissus simples ou plus ou moins composés avec des fluides qui les pénètrent et les divers produits qui en émanent : on fait dans ce cas abstraction des formes organiques que revêtent les parties. On ne peut ainsi confondre le mot *contexture* avec *texture*, qui se dit de l'arrangement propre aux tissus, ni avec le mot *organisation* ou construction organique, par lequel sont indiqués tous les caractères qui se rattachent à l'idée générale de forme.
L. LAURENT.

CONTI (Princes de BOURBON-), branche cadette de la maison de Bourbon-Condé. Ces princes empruntèrent leur titre du bourg de Conti-sur-Selle, entre Amiens et Montdidier, qui était entré dans les domaines de la maison de Bourbon par le mariage d'Éléonore de Roye avec Louis de Bourbon, premier prince de Condé, et oncle de Henri IV : ce fief fut érigé en principauté en faveur d'*Armand* DE BOURBON, second fils de Henri II, prince de Condé, et frère cadet du grand Condé.

Armand, doué d'une physionomie agréable et assez spirituelle, mais faible de complexion et contrefait de taille, fut destiné à l'état ecclésiastique. Agé de dix-neuf à vingt ans lorsque éclata la guerre de la Fronde, il fut entraîné à y jouer un rôle actif, par jalousie contre son frère aîné, dont la gloire militaire l'offusquait, et par complaisance pour sa sœur, la belle duchesse de Longueville, que lui et le grand Condé aimaient autrement qu'en frères, s'il faut en croire les pamphlets et les chansons du temps, autorités, du reste, un peu suspectes. Conti, durant le siège de Paris

DICT. DE LA CONVERS. — T. VI.

(1049), fut élu général de l'armée du parlement, opposée à l'armée de la cour, que commandait son frère; ses talents, moins que médiocres, ne lui permettaient guère de soutenir une telle concurrence, et les véritables généraux étaient le coadjuteur et Mme de Longueville. Paris, toutefois, ne fut point pris, et une transaction termina cette lutte peu meurtrière. La guerre des intrigues remplaça celle des armes. Conti s'était réconcilié avec son frère, et voulait l'aider à dominer la cour, espérant obtenir pour son compte le chapeau de cardinal; mais dans des combats de cette nature le fougueux vainqueur de Rocroi et ses alliés devaient succomber devant le rusé Mazarin. Condé, Conti et leur beau-frère (le duc de Longueville), furent arrêtés par surprise au Palais-Royal (1650), et détenus pendant treize mois, d'abord à Vincennes, ensuite au Havre. La coalition du parti parlementaire et de la haute noblesse tira enfin les princes de leur prison. Depuis ce temps Conti ne figura plus que d'une manière très-secondaire sur la scène politique, bien qu'il eût abandonné sans retour l'Église pour le *siècle* : il se rapprocha du cardinal Mazarin, son ancien ennemi, et épousa la nièce de ce ministre, Mlle Martinozzi. Mazarin lui donna le gouvernement de la Guienne, puis celui du grand Subieski : elle ne fut point toutefois posée sur son front, la majorité de la nation polonaise s'étant prononcée en faveur de l'électeur de Saxe, Auguste II. François-Louis mourut en 1709.

Son petit-fils, *Louis-François*, né en 1717, se distingua dans les campagnes d'Italie, d'Allemagne et des Pays-Bas, en 1744, 1745 et 1746; il commanda en chef dans le Piémont en 1744, et y gagna la bataille de Coni sur les Impériaux; il prit Mons durant la célèbre campagne de Fontenoy. Lorsque les idées philosophiques du dix-huitième siècle commencèrent à sortir des livres pour descendre sur le terrain des faits, le prince Louis-François se montra un chaud défenseur des abus, et coopéra énergiquement à la chute du sage et vertueux ministre Turgot. Il survécut peu à ce déplorable triomphe. Il mourut en 1776.

Louis-François-Joseph, fils du précédent, né le 1er septembre 1734, montra d'abord les mêmes sentiments politiques que son père ; il combattit les commencements de la Révolution, sans que ses opinions eussent beaucoup de retentissement; mais lorsqu'il vit le parti populaire conquérir un ascendant irrésistible, il prêta serment à la constitution, s'effaça complètement, et n'émigra pas, probablement à cause de sa faible santé. En 1793, par suite du décret lancé par la Convention nationale contre les Bourbons restés en France, il fut arrêté, conduit à Marseille, et détenu au fort Saint-Jean, puis traduit en jugement. Il ne s'était point mêlé d'intrigues contre-révolutionnaires; mais l'innocence était trop souvent une garantie impuissante en ces jours terribles. Il eut toutefois le bonheur d'être acquitté, et descendant des rois, réduit à l'indigence par la saisie de ses pro priétés et les catastrophes du temps, reçut du gouvernement républicain des secours pécuniaires. Après le 18 fructidor, une loi ayant banni du territoire français tous les membres de l'ex-famille royale, le prince Louis-François-Joseph se retira en Espagne, où il mourut : avec lui s'éteignit obscurément la branche de Bourbon-Conti. Henri MARTIN.

CONTI (ANTONIO SCHINELLA-), né à Padoue, en 1677, avait étudié les sciences exactes en même temps que la théologie, et s'attira bientôt par ses recherches mathématiques l'attention de Newton. Renonçant à la carrière ecclésiastique, parce qu'il lui répugnait d'entendre en confession, il vint à Paris en 1713, et se rendit en 1715 à Londres, où, sur la proposition de Newton, il fut nommé membre de la Société Royale. Mêlé à la querelle qui éclata entre Leibnitz et Newton, il ne satisfit ni l'un ni l'autre, en s'efforçant de ne déplaire à aucun d'eux. La faiblesse de sa santé le contraignit en 1726 à chercher de nouveau le climat plus doux de son pays, et à partir de cette époque il habita la plupart du temps Venise, entièrement occupé de travaux littéraires ou poétiques, et mourut en 1749, à Padoue. Le plus connu de ses ouvrages est son grand poëme, *Il Globo di Venere*, dans lequel il s'est attaché à développer et rendre sensibles quelques idées de Platon sur le beau. On trouve en lui moins un poète créateur qu'un penseur abstrait, et on reproche à son style, malgré toute son énergie, de n'être point exempt d'emprunts faits aux langues étrangères.

CONTIGUÏTÉ. Ce terme marque l'état de deux choses qui se touchent sans se tenir, et qu'on peut séparer sans déchirement. Il est usité dans ce sens en anatomie par opposition à *continuité*. Les surfaces de toutes les parties molles ou dures des animaux qui se meuvent les unes sur les autres dans les mouvements d'expansion, de ballottement et de traction dans tous les sens, étant libres de toute adhérence, sont entre elles dans des rapports de *contiguïté* qui facilitent leurs fonctions. Ces surfaces contiguës sont observables dans toutes les articulations plus ou moins mobiles du squelette des animaux vertébrés et autres appareils, dans les grandes cavités splanchniques, et sur une portion des viscères et autres organes qui y sont contenus. Elles appartiennent à des membranes communes sous les noms de *séreuses* et de *synoviales*, parce qu'elles sont lubrifiées par des fluides appelés *sérosité* et *synovie*. Cette addition d'un fluide plus ou moins aqueux ou visqueux, répandu en nappe légère, aux surfaces correspondantes, favorise les mouvements d'une part, et de l'autre s'oppose à ce qu'il s'établisse des adhérences pendant le repos des parties. Lorsque toutes ces parties mobiles les unes sur les autres, qui n'ont entre elles que des rapports de contiguïté, restent pendant un temps plus ou moins long dans une immobilité complète, ou lorsqu'il survient des inflammations des surfaces contiguës, il se forme des adhérences qui sont désignées sous divers noms. Alors la contiguïté n'existe plus, du moins sur tous les points, et il y a *continuité*. Les jointures ou articulations mobiles des os du squelette dont les surfaces sont libres sont appelées *diarthroses de contiguïté*, par opposition à celles mobiles aussi, mais dont les surfaces sont adhérentes, qui ont reçu le nom de *diarthroses de continuité*. C'est par des considérations analogues qu'en botanique on distingue les *épines*, qui sont continues avec la tige, des *aiguillons*, qui ne sont que contigus. On dit aussi dans jardins *contigus*, etc. L. LAURENT.

CONTINENCE. Le mot continence est la désignation philosophique de cette abstinence de voluptés que la religion prescrit comme vertu, sous le nom de *chasteté*. Toutefois doit-on remarquer que ce dernier terme exprime beaucoup plus que l'autre. *Continence* s'entend de l'acte procréateur, dont on se prive ou dont on use avec réserve dans l'intérêt de l'énergie virile ou de la progéniture, tandis que le mot *chasteté*, envisageant le même objet sous le rapport de la pureté et de l'innocence des sentiments, s'applique aux pensées autant qu'à l'acte même, au souvenir comme à l'espérance, aux vêtements comme aux manières, et au style comme aux paroles. On peut être continent sans être chaste, chaste sans être continent.

La continence est quant à l'union des sexes ce qu'est la diète à l'égard des aliments, abstinence ou jeûne. La continence absolue est pour certaines personnes un devoir obligé ou consenti. Les prêtres catholiques romains font vœu d'éternelle continence, serment trop souvent irréfléchi ou trop tôt juré pour que l'énergie corporelle et l'exigence des passions ne le fassent pas quelquefois maudire ou fausser. C'est un lourd fardeau dans la solitude, c'est un plus dangereux tourment dans le monde social. A ceux qu'elle veut continents, la religion prescrit le jeûne, l'abstinence, et des austérités au moyen desquelles le corps est affaibli et les passions amorties; elle commande la retraite, c'est-à-dire la fuite du monde et de ses séductions; de plus, elle conseille de pieuses méditations, la prière et le recueillement, préoccupations qui détournent l'esprit des suggestions des sens. Le célibataire laïc n'a point de vœux à rompre s'il cesse d'être continent; mais s'il n'a point de serment à enfreindre, il a des devoirs sociaux à respecter : il ne peut cesser d'être continent sans blesser les mœurs publiques, et sans troubler l'ordre établi par les lois et fondé sur les croyances. Point de milieu pour lui : il faut qu'il séduise, qu'il sème le scandale ou qu'il sollicite et partage un parjure ; après cela viennent les mensonges, cortège obligé de toute action répréhensible; après vient l'inconstance, fruit d'une liberté sans frein, et l'une des grandes misères de notre nature.

La continence absolue est-elle possible? On a souvent nié que l'extrême continence fût longtemps compatible avec l'état de santé; on a dit qu'elle était inobservable quant aux hommes jeunes et bien organisés, purs d'infirmités et de maladies. On doit la considérer que comme une vertu; et quelle est donc la vertu qui aille sans force et sans sacrifice? Il en est des vertus comme du génie, leur digne compagnon et parfois leur auxiliaire : il leur faut un but désigné par des couronnes, l'espoir comme la volonté de les atteindre et de les mériter; sans efforts et sans espérance, quels obstacles a-t-on jamais surmontés, et quelles couronnes a-t-on ceintes?

La contention habituelle de l'esprit, voilà le plus sûr garant de la pureté des mœurs. Charles XII était d'une continence incroyable chez un prince. Constamment préoccupé d'idées de gloire, d'entreprises et de conquêtes, la même fascination qui le faisait perdre aux échecs, pour trop dégarnir et trop avancer son roi, le rendait d'une modération parfaite en fait de passions. On exalte la continence de Bayard le jour d'une victoire; on prodigue les mêmes admirations à Napoléon, à Turenne et à vingt autres guerriers. Éloges outrés, louanges irréfléchies. Chez un chef d'armée, chez un général plein d'ambition, chez un prince assiégé de sollicitudes, la continence, loin d'être une vertu, n'a pas même le mérite d'un sacrifice : c'est une nécessité. Si je connaissais une Didon ou une Hermione, je la dissuaderais de fixer son choix sur un roi qui médite la fondation d'un royaume ou qui aspire à l'asservissement de quelque peuplade : l'un est fort néglige les femmes et perd la sienne.

L'amour n'a pas de plus mortel adversaire que les méditations dont il a fait l'objet. Un autre grand préservatif, ce sont les chagrins, surtout s'il s'y joint des privations. Il est des individus dont l'impuissance prématurée n'a pas eu d'autres causes. On comprend aisément que ce n'est point un moyen de continence qu'on indique, c'est tout simplement un fait à constater. La fatigue corporelle a quelquefois été d'un grand secours pour la sagesse. Aussi, beaucoup de congrégations et de couvents ont-ils fait une règle sévère du travail, les moines de la Trappe surtout. Ce n'est point durant les marches forcées que le soldat songe à enfreindre le célibat, c'est dans l'oisiveté des garnisons; ce n'est point à Cannes, c'est à Capoue. Un de nos vieux maîtres, qui a connu les secrets de mille familles et les licences de deux révolutions, nous racontait, parlant des fureurs de l'onanisme et de ses dangers rendus plus grands par le mystère, l'anecdote que voici : un père voyait son fils dépérir de jour en jour, son corps s'amaigrir, sa fraîcheur se perdre, ses jambes refuser l'obéissance et ses prunelles s'élargir comme s'il eût eu le ver solitaire. La pâleur de ce fils chéri, son indolence, sa faiblesse, sa taciturnité et sa sauvagerie, lui jusque alors si gai et si turbulent, inspiraient de vives inquiétudes. Qu'a-t-il donc, et que faire? Sans s'arrêter à rien de précis, on épuisait toutes les conjectures, et cependant le mal empirait; le jeune homme avait quinze ans. Une fois dans les confidences de sa famille, le médecin mit promptement sur les traces du mal, et il indiqua pour remède l'exercice le plus fatiguant qu'on pourrait trouver. Bientôt le père eut pris sa résolution et donné ses ordres.... Le lendemain dès le point du jour deux chevaux tout équipés attendaient à la porte du manoir : le jeune homme, non prévenu et encore tout endormi, fut placé malgré lui sur l'un des coursiers, le père monta l'autre. Maintenant nous galopons! Long voyage dans les Pyrénées, d'où l'enfant après six semaines revint guéri et corrigé.

La continence est un précepte de rigueur pour quiconque a besoin d'énergie pour combattre, pour concourir ou résister : l'athlète doit rester chaste avant la lutte ou le concours, comme le guerrier la veille d'une bataille, comme le citoyen au sein d'une épidémie ou d'une contagion ; il en est de même de toutes les occasions où il faut montrer du courage ou de l'audace.

Cette abstention a peu de mérite et comporte peu de combats après cinquante ans et avant vingt-cinq ; mais de trente à quarante ans, on doit la ranger parmi les vertus, tant il est rare et difficile qu'on oppose à l'ardeur des sens cette même énergie qui la fomente. Au reste, tout dépend de l'usage qu'on fait de la vie, du succès des premières luttes, des habitudes contractées, et surtout de cette défiance salutaire dont les plus irréprochables ne doivent jamais se départir. Il est des hommes qui ont payé un seul moment d'imprudence d'une renommée de sainteté chèrement acquise par vingt ans d'austérités. On en a vu commencer à devenir coupables à un âge où la foule se corrige ou se repent; parce que les passions survivent souvent à la foi, le seul frein qui les trouve dociles.

La continence est plus pénible à l'homme qu'à la femme, et cela pour des raisons matérielles. Au reste, comme nous faisons abstraction de l'état de veuvage, nous pouvons affirmer que la femme qui reste pure à vingt-cinq ans pourrait sans efforts demeurer chaste toute sa vie; assertion qui appliquée à l'homme serait démentie par les faits.

Les sens sont moins domptables dans les climats chauds que sous des zones plus froides, et plus tyranniques au printemps qu'en toute autre saison. C'est même à cette considération que quelques philosophes rattachent l'institution du carême. Mais si l'on réfléchit qu'après une abstinence de quarante jours on passe incontinent à une alimentation copieuse et succulente; si l'on tient compte des expériences par lesquelles Dodart a prouvé que quatre ou cinq jours après Pâques le corps a déjà repris au delà de ce qu'il avait perdu par le jeûne, on en inférera avec raison que l'abstinence du carême n'a pas sur la passion les effets que s'en promettaient les conciles. Une nourriture excitante de plus grands effets chez ceux qui en ont quelque temps perdu l'habitude.

Au rang des causes qui contrarient les résolutions de continence il faut placer les tempéraments sanguins et bilieux, une grande quiétude et l'oisiveté, et il en est de même de certaines maladies de la peau. On doit surtout redouter les viandes noires, le poisson, les coquillages, les truffes et les aromates, les spiritueux, les parfums, les bains fréquents, les frictions et le massage, et fuir le séjour des eaux thermales à l'égal des spectacles. Quant aux vins, ce sont des ennemis qu'il faut craindre, moins en face que dans l'éloignement, plutôt le lendemain que le jour même, et qui sont plus redoutables isolés que confondus. Les imprudences conseillées par l'ivresse sont ordinairement stériles. A l'égard du café et, surtout quant au tabac qu'on aspire, ils modèrent les désirs sensuels plutôt qu'ils ne les provoquent. Il en est tout autrement du tabac fumé, cette cause croissante d'excès funestes. Enfin, le célibat sans infraction n'est vraiment praticable que pour ceux-là qui, comme nos dignes curés de village, fuient les spectacles mondains et les lectures frivoles; qui, dans leur isolement, ont pour gouvernante une vieille nourrice, un chien pour fidèle suivant, comme constante distraction un bréviaire, pour étude assidue des sermons, un jardin à embellir et des pauvres à consoler ; qui pour tout ornement et toute perspective ont fait choix d'un Christ nu, sans Madeleine, et même sans vierges saintes, fussent des vierges de Raphaël. Je n'y joindrais pas sans appréhension le ministère du confessional, tant il me semble périlleux pour Fénelon lui-même de recevoir les confidences des innocentes de Saint-Cyr.

Les droits légitimes du mariage souffrent eux-mêmes quelques restrictions commandées par la prudence, notamment dans les cas suivants : 1° chaque fois qu'il y a commencement de grossesse ou conception, principalement s'il y a déjà eu fausse-couche, et qu'il y ait lieu d'en redouter la récidive. Peut-être serait-il juste d'attribuer la moitié des avortements à des imprudences de cette nature : il est du moins certain que les sens des animaux se rendorment dès que la procréation est accomplie, et que l'avortement est beaucoup plus fréquent dans notre espèce. On est d'ailleurs porté à croire que la cause dont nous parlons a de l'influence sur la mortalité dans le jeune âge. 2° La continence est nécessaire pendant l'allaitement, dans la crainte de supprimer la sécrétion du lait ou d'altérer la nature de ce fluide précieux. Malheur aux enfants dont les nourrices ne sont pas prudentes! Il est d'autres circonstances d'abstention nécessaire, mais qu'il est superflu d'indiquer. Dans les saisons chaudes, dans les mois sans r, comme disent quelques-uns, durant la canicule, comme dit le peuple, on ne saurait apporter trop de modération dans l'acte dont nous parlons. Nous ne citerons qu'un fait à l'appui de ce conseil, c'est que les hommes les plus forts, les plus sains ou les plus intelligents datent presque tous des mois de juillet, d'août ou de septembre ; je veux dire qu'ils ont été conçus dans les mois d'octobre, de novembre ou de décembre, temps de l'année où l'homme a non le plus de désirs, mais le plus d'énergie, la meilleure digestion et le plus long sommeil. Remarquez aussi quelle grande influence a sur les enfants l'heureuse circonstance d'être nés dans les beaux jours, alors que l'air est pur, le ciel serein, l'atmosphère douce et chaude! D'après ce qui précède, on voit qu'il est dans la vie un certain nombre d'occasions où il faut préférer le nénuphar à la vanille ou aux truffes, le lait à l'alcool, les légumes et les viandes blanches aux épices et aux viandes très-fortes, et à l'élixir de Stoughton l'orgeat et le jeûne.

On a souvent remarqué, surtout parmi les détenus et les cloîtrés, que l'extrême continence exaspère les passions de toute espèce : presque toujours elle rend haineux, irascible, farouche, principalement dans les saisons chaudes et dans les temps d'orage; beaucoup de révoltes intestines n'ont pas eu d'autre origine. Les hommes bilieux, comme plus ardents, sont alors capables de se livrer aux actions les plus déplorables, moitié honte, moitié fureur. Quant à ceux qu'on désigne par le nom de *mélancoliques*, ordinairement ils sont redevables à une excessive continence des caractères physiques et moraux qui les rendent tels. L'extrême continence a quelquefois produit la folie véritable. Buffon

27.

a cité de ce fait un exemple remarquable : c'était un prêtre. Esquirol allègue aussi quelques cas du même genre, entre autres une fille nubile qu'on avait renfermée dans la maison d'Ivry, et qui guérit en s'évadant. Du nombre des folies que peut engendrer une continence excessive, peut-être ne devrait-on pas distraire ces mariages précoces, souvent si mal assortis, tissus par tant d'amour, bonheur d'un printemps si chèrement payé par des larmes, et quelquefois maudit de ceux même qui lui ont dû l'existence. Ces estimables folies sont bien rares dans les capitales, et c'est là qu'on en sait préserver : beaucoup de pères de famille envoient leurs fils à Paris, moins quelquefois pour apprendre que pour oublier. La sagesse a donc aussi ses excès redontables. Toutefois, le sommeil remédie aux grandes privations par des songes formés des réminiscences enrichies de la veille; et les songes, ces romans de la vie, ramènent à la réalité par une route semée de mensonges.

Dr Isidore BOURDON.

CONTINENT. On nomme ainsi les plus grands espaces de terre que l'on puisse parcourir sans traverser des mers, et dont l'étendue paraît être hors de proportion avec celle des plus grandes îles.

Quoiqu'il n'y ait point de limites mathématiques entre les idées de *terre ferme* et *d'îles*, l'usage s'est à la longue introduit dans les langues de donner à cinq grandes masses de terre de notre globe la dénomination de *continent*, *terre ferme*, *partie du monde* ou *partie de la terre*. L'Asie, l'Afrique et l'Europe forment ce qu'on appelle l'*ancien monde*; l'Amérique, divisée en deux continents, et le continent austral constituent le *nouveau monde*. Les anciens ne connaissaient qu'un seul grand continent; Christophe Colomb découvrit le second, et ce n'est que dans les premières années du dix-septième siècle qu'il fut question d'un troisième ou continent austral, situé dans les mers antipodes de l'Europe. L'existence d'un continent polaire antarctique n'est point encore démontrée.

L'apparente irrégularité de la conformation extérieure des continents, de même que la diversité de leur membrure horizontale, disparaissent à un examen plus attentif et obéissent à certaines lois dont les causes sont déjà depuis longtemps l'objet de méditations profondes de la part des savants. Bacon faisait remarquer que les continents se terminent en pointes vers la mer polaire du Sud, tandis qu'au Nord ils se développent de la manière la plus large. En poursuivant cette idée, Forster fut le premier qui prétendit que les pointes méridionales sont les extrémités de soulèvements montagneux continués dans la direction du nord, que le côté oriental de ces extrémités ou pointes méridionales est toujours flanqué d'archipels plus ou moins grands, et que le côté occidental est toujours creux et échancré par de grands golfes. Pallas, entre autres, partageait l'idée de Forster. Steffens est le premier qui à cet égard ait émis des idées nouvelles. Il montra qu'à bien dire il n'existait que trois grands continents, composés chacun de deux divisions de terre réunies par un isthme, voisin d'un côté d'un archipel et de l'autre d'une presqu'île. L'un de ces continents est par conséquent l'Amérique, composée de l'Amérique du Nord et de l'Amérique du Sud réunies par un isthme à l'est duquel on trouve l'archipel des Antilles et à l'ouest la presqu'île de Californie. Le second continent se compose de l'Europe, y compris la haute Asie, et de l'Afrique; il est réuni par l'isthme de Suez, au nord-ouest duquel on trouve le petit archipel gréco-asiatique, et au sud est l'Arabie comme péninsule. Le troisième continent est formé par le reste de l'Asie et par la terre ferme australe, bien que postérieurement il ait été rompu sur un grand nombre de points, entre l'archipel des Indes orientales et la presqu'île de l'Inde. Mais les développements horizontaux des continents n'ont pas seuls fourni matière à réflexions; il en a été de même de leurs dimensions verticales, où l'on

s'est efforcé de découvrir les secrets de la nature dans la simplicité de leurs lois. Les soulèvements montagneux surtout avaient été l'objet d'études approfondies jusqu'à ce que Alex. de Humboldt, excité par les travaux de La Place, ait enrichi la géographie physique d'un instrument ayant pour but de déterminer la hauteur moyenne des continents ou la hauteur du centre de gravité de leur volume. Il fixe la hauteur moyenne de l'Europe à 200 mètres, celle de l'Amérique du Nord à 228, celle de l'Amérique du Sud à 345, et enfin celle de l'Asie à 351. La Place déterminait le *maximum* de la hauteur moyenne des continents à 1000 mètres; mais Humboldt a trouvé cette évaluation de deux tiers trop forte. Suivant lui la hauteur du centre de gravité du volume de toutes les masses continentales, à l'exception de l'Afrique, n'est que de 307 mètres au-dessus du niveau actuel de la mer.

On appelle *continental*, par opposition à *insulaire*, tout ce qui est propre à la terre ferme; et on désigne surtout par *continent* la terre ferme d'Europe, par opposition à l'Angleterre.

CONTINENTAL (Système ou Blocus). C'est le nom qu'on donna au plan formé par Napoléon pour exclure l'Angleterre de tout rapport avec le continent, afin de la forcer ainsi tout au moins à conclure la paix et à reconnaître les principes de droit maritime posés lors de la paix d'Utrecht, surtout relativement aux droits des neutres. Ce système commença par le célèbre décret de Napoléon daté de Berlin 21 octobre 1806, qui déclarait les îles Britanniques en état de blocus, interdisait toutes relations commerciales avec elles, ordonnait que tout sujet anglais qui serait rencontré dans un pays occupé par les troupes françaises ou par celles des alliés de la France, serait considéré comme prisonnier de guerre, que toutes les marchandises appartenant à des Anglais fussent déclarées de bonne prise, et prohibait de la manière la plus absolue la vente et le commerce des marchandises anglaises, de quelque nature qu'elles fussent. Aucun navire venant directement d'Angleterre ou des colonies anglaises ne pouvait être admis dans un port d'Europe; et tout bâtiment qui chercherait à se dérober à l'effet de ces prescriptions au moyen de fausses déclarations devait être confisqué avec sa cargaison, comme propriété britannique.

L'Angleterre ne tarda point à user de représailles. Par un ordre du conseil privé, en date du 7 janvier 1807, il fut défendu à tous vaisseaux neutres d'aborder dans des ports appartenant à la France ou à ses alliés ou bien placés sous son contrôle. Tout vaisseau neutre qui essayerait d'enfreindre cette interdiction devait être confisqué avec sa cargaison. Un second ordre du conseil privé, en date du 11 novembre 1807, fut encore autrement vexatoire pour le commerce des neutres : il soumettait en effet tous les ports et places de la France et de ses alliés, tant en Europe qu'aux colonies, de même en général que tout pays en guerre avec l'Angleterre et duquel le pavillon anglais serait exclu, aux mêmes restrictions que s'ils se trouvaient dans l'état de blocus le plus rigoureux. Tout commerce avec ces marchandises et les produits de pays placés dans ces conditions était interdit, en même temps que les navires employés soumis à la confiscation. Une troisième délibération du conseil privé déclara illégale toute vente de vaisseaux à des neutres faite par des puissances belligérantes, et annula d'avance toute transmission de propriété de ce genre qu'on chercherait à faire.

A ces *orders in council* la France répondit par de nouvelles rigueurs. Suivant un décret de Milan, en date du 17 décembre 1807, aggravé encore par un second décret daté des Tuileries le 11 janvier 1808, tout bâtiment, à quelque nation qu'il appartint, était dénationalisé du moment où il avait été visité par un vaisseau anglais, ou bien avait entrepris un voyage en Angleterre, ou encore avait payé des droits quelconques au gouvernement anglais. Pour anéantir plus sûrement encore le commerce britannique, parut le 3 août 1810 le tarif de Trianon, relatif aux denrées coloniales, élargi encore par un second décret en date du 12 septembre ; et le 18 octobre de la même année le décret de Fontainebleau ordonna de brûler toutes les marchandises anglaises qu'on pourrait trouver ; décret qui devait être exécuté, sauf de légères modifications, dans tous les États alliés de la France. Sans doute le système continental eut pour résultat de provoquer sur le continent, au détriment de l'Angleterre, la création d'un grand nombre de fabriques en tout genre ; par contre, le prix des denrées coloniales atteignit des chiffres inouïs : source de fortune pour quelques négociants, mais cause de privations pénibles pour les classes élégantes, obligées de renoncer à de vieilles habitudes. Mais ce qui irrita le plus les esprits cultivés, ce fut l'infranchissable barrière qu'on essayait d'élever ainsi entre eux et une nation parvenue à un haut degré de civilisation, ayant toujours fait partie de la grande famille européenne, à laquelle la rattachent tous les événements de son histoire. Il y avait quelque chose de contre nature dans cette violente rupture des liens de haute sociabilité et de commerce. Une telle situation ne pouvait pas durer, et ne devait que contribuer à accroître la haine générale contre l'oppression étrangère. Le système continental disparut bientôt sous le souffle des tempêtes qui firent crouler la puissance Napoléonienne.

CONTINGENCE. Demain le soleil éclairera de nouveau notre hémisphère ; la terre est habitée par des hommes ; Socrate fut condamné à boire la ciguë : voilà des faits qui s'accompliront ou qui sont accomplis, qui sont *arrivés* ou *arriveront*, mais que nous concevons pouvant ou ayant pu ne pas exister, pouvant ou ayant pu être modifiés et ne point présenter les mêmes circonstances. Si je dis : les corps sont placés dans l'espace ; tout événement se passe dans le temps ; ce phénomène a une cause ; les trois angles d'un triangle sont égaux à deux angles droits : non-seulement je conçois que ces vérités existent, mais je conçois aussi qu'elles ne peuvent cesser d'exister, ni exister différemment. Je ne conçois pas qu'un tout puisse ne pas être égal à la somme de ses parties : le rapport qui enchaîne ces deux idées m'apparaît comme indissoluble, inévitable, *nécessaire*. C'est par opposition à ces vérités *nécessaires* qu'on a donné le nom de *contingents* à ces faits qui nous apparaissent bien comme vrais, mais aussi comme pouvant ne pas exister, comme accidentels, modifiables, et dépendants de circonstances qui peuvent ou auraient pu changer. On a appelé ces faits *contingents*, du mot *contingere* (arriver), parce qu'ils ont commencé, parce qu'ils *arrivent*, et que par la même raison ils auraient pu ne pas *arriver*. De là le mot *contingence* a servi à désigner le caractère de ces faits, qui consiste pour eux à être conçus comme pouvant être ou n'être pas.

Ce ne sont pas seulement les faits que nous appelons *contingents* ; nous revêtons également de ce caractère les lois en vertu desquelles ces faits se produisent, quoique nous les rapportions toutes à un principe dont l'essence est immuable : ainsi, nous concevons non-seulement que le soleil puisse ne pas se lever demain, mais que la loi en vertu de laquelle il nous éclaire cesse d'exister ou d'être la même ; nous concevons, par exemple, que notre planète pourrait voir tourner le soleil autour d'elle, au lieu de faire elle-même sa révolution autour de lui ; nous concevons que l'eau, au lieu d'être en ébullition à une température de 100 degrés, y entre à une température moins ou plus élevée. Telles sont toutes les lois de la nature physique, et même les lois qui régissent le monde des esprits. Ainsi, nous concevons la possibilité pour l'homme de connaître à fond un objet à la première intuition, quoiqu'il ne le connaisse maintenant que par des actes d'attention fréquemment répétés. Nous concevons qu'il n'oublie rien de ce qu'il a connu une fois, quoique l'expérience nous atteste que le temps efface bien des souvenirs.

L'existence même de la nature, régie par ces lois, nous apparaît empreinte du caractère de contingence, et non-seulement la terre où nous vivons, mais tous ces mondes qui roulent au-dessus de nos têtes, n'ont aux regards de notre raison qu'une existence dépendante et précaire ; elle conçoit qu'ils disparaissent de l'espace où les a jetés le Créateur ; elle conçoit qu'ils ne se soient jamais échappés de ses mains. C'est que les phénomènes qui nous entourent, c'est que leurs lois, c'est que tout ce vaste univers, quoique sortis du sein de l'Être nécessaire, ont été librement créés par lui, et ne servent pas moins à attester sa liberté que sa sagesse et sa puissance. Platon, en proclamant l'éternité de la matière, méconnut malgré son génie cet attribut essentiel de la Divinité, et Platon moins que tout autre aurait dû refuser à Dieu le pouvoir de créer la matière, puisqu'il admettait déjà que l'idée de tout ce qui existe est de toute éternité dans l'esprit du Créateur, et que le monde n'est autre chose que cette idée réalisée, ce que j'admets avec lui, car il serait impossible de concevoir autrement la création. Or, pour que Dieu puisse ainsi réaliser les idées qui résident en lui, et leur donner une existence extérieure à lui-même, ne faut-il pas que la réalisation de ces idées ait un commencement ? L'idée de réalisation n'implique-t-elle pas l'idée d'une action qui a commencé, d'un fait qui a été produit, et cette idée ne s'applique-t-elle pas aussi bien à la matière qu'à ses modifications, puisque la matière n'est autre chose que ces modifications elles-mêmes, plus la force qui leur sert de lien et d'appui ? Quand on dit que le monde est sorti de la pensée de Dieu, ne dit-on pas par là même qu'il n'y était qu'à l'état de possible, et qu'il a passé à l'état de réel, c'est-à-dire d'extérieur à Dieu ? La contingence de la matière est donc tout aussi bien démontrée que la contingence des phénomènes qu'elle présente. D'ailleurs, comme nous l'avons dit plus haut, le seul pouvoir que nous avons de concevoir l'anéantissement ou la non-existence de la matière nous suffit pour la regarder comme contingente ; et ce pouvoir est incontestable. En effet, il n'y a rien dans l'espace qui nous force à lui accorder un caractère d'indestructibilité, de nécessité, comme au temps, comme à l'espace, comme à l'être, à la cause première. Ne pouvons-nous pas anéantir dans notre pensée une partie de l'univers, une des planètes par exemple ? Or, si nous anéantissions une partie, ne pouvons-nous pas anéantir successivement chacune d'elles ? Le domaine de la contingence comprend donc tout l'univers créé, et notre raison nous oblige à croire que celui qui a fait sortir le monde du néant a aussi le pouvoir de l'y faire rentrer, comme il a le pouvoir de le laisser subsister et de le maintenir par sa toute-puissance.

Quoique les rapports contingents et les rapports nécessaires aient aux yeux de l'esprit une si grande différence, cependant, ils sont pour lui l'objet d'une égale certitude. Ainsi, nous avons autant de foi dans l'accomplissement des lois contingentes du monde physique que dans les vérités invariables des mathématiques. Nous sommes assurés que l'eau qui nous a désaltérés aujourd'hui nous désaltérera demain, et nous le savons de science aussi certaine que nous savons que le tout est égal à la somme de ses parties, et si nous nous trompons sur un grand nombre de faits contingents, sur certaines propriétés des corps, par exemple, c'est que nous ne connaissons pas encore leurs lois, ou que nous ne tenons pas compte de l'influence que peuvent exercer sur ces faits d'autres lois qui les modifient. Toujours est-il que nous sommes convaincus que la même loi agissant au milieu des mêmes circonstances aura toujours les mêmes résultats ; en d'autres termes, nous croyons à la permanence et à la régularité des lois de la nature au sein de laquelle nous vivons ; quoique notre raison nous atteste qu'elles soient révocables, elle nous atteste aussi qu'elles émanent d'un être sage qui ne permet pas d'infractions aux règles qu'il a établies, et qui nous a inspiré une confiance entière dans la stabilité des lois de la nature au milieu de laquelle nous sommes placés, confiance qui nous est si nécessaire, que sans elle nous ne saurions subsister un seul instant.

Une remarque qu'il est important de faire, c'est que les vérités morales, quoique s'appliquant à des êtres créés, ne sont pas contingentes, mais participent de l'invariabilité et de la nécessité de l'être qui les impose. En effet, ce qui rend l'exécution de la loi morale nécessaire pour l'homme, c'est la nécessité de ce principe en vertu duquel un être doué de raison et de liberté doit agir conformément à cette raison qui l'éclaire, ou, si l'on veut, en vertu duquel l'homme créé par un être infiniment supérieur et souverainement sage, est obligé de se conformer aux volontés de cet être, qui lui sont manifestées par sa raison. Ce principe coexiste en Dieu et avec Dieu ; il n'est pas seulement éternel comme lui, il est aussi comme lui nécessaire et invariable. Or, comme nos devoirs, quels qu'ils soient, ne sont que les applications de ce principe, il en résulte que la morale est une science qui s'occupe de vérités nécessaires, et que si nous pouvons, en tant qu'êtres libres, ne pas exécuter ces lois, leur nécessité rationnelle n'en subsiste pas moins, et notre conduite, tout opposée qu'elle est à ces lois, ne peut détruire l'obligation morale où nous sommes de les exécuter, ne peut invalider ce principe nécessaire en vertu duquel nos actions sont bonnes ou mauvaises, selon qu'elles sont ou non conformes à la règle.

Mais, dira-t-on, si ce principe (qu'un inférieur doit obéissance à son supérieur, lorsque ce supérieur est infiniment sage, et que sa volonté a été révélée), si ce principe existe de toute éternité dans la pensée de Dieu, toutes les lois qui régissent la nature physique existent aussi de toute éternité dans cette même pensée, toutes contingentes qu'elles sont. Car Dieu sait de toute éternité tout ce qui est possible. Assurément on doit admettre que les vérités contingentes existent dans l'esprit de Dieu de toute éternité ; mais elles y existent comme modifiables, comme pouvant changer, comme pouvant être considérées dans leur effet, enfin, comme pouvant avoir leur contraire. Ainsi, on conçoit que l'idée de terre habitée par les hommes a toujours existé dans la pensée divine, mais on comprend aussi que Dieu conçoit la terre comme pouvant ne pas être habitée. Ce rapport n'a rien de nécessaire, d'absolu, puisque son contraire est possible. Mais ce qu'on appelle *vérités nécessaires* non-seulement existe en Dieu de toute éternité, mais est conçu par lui comme ne pouvant pas recevoir de modification, comme invariable, et les rapports qui constituent ces vérités sont pour les termes qu'ils unissent un lien indissoluble. Le contraire de ces vérités est l'*impossible*, l'*absurde*, tandis que le contraire du contingent est *possible*, et n'est par nous nullement qualifié d'absurde, mais seulement d'*extraordinaire*. En un mot, Dieu peut faire que la terre ne soit pas habitée, il ne peut faire que l'homme ne soit tenu d'obéir à sa loi, s'il est libre et s'il la connaît. Les vérités morales participent donc de l'invariabilité des axiomes mathématiques, et n'ont rien de passager, de variable, de *contingent*.

On peut demander encore comment il se fait que les lois que nous appelons *contingentes* soient par nous regardées comme telles, et ne soient pas invariables à nos yeux, puisque nous ne les avons jamais vues violées, puisque nous rejetons tous les faits qui sembleraient y déroger, les miracles, par exemple, que nous refusons d'admettre, par la seule raison qu'ils nous apparaissent comme les infractions à ces lois. Nous répondrons d'abord qu'il suffit que l'esprit conçoive qu'elles peuvent être enfreintes ou ne pas exister, pour que nous ayons le droit de les déclarer *contingentes* et de les distinguer des principes *nécessaires* dont le contraire est pour nous l'*impossible*. Mais de plus l'expérience même nous prouve qu'elles sont variables, puisque l'action d'une loi détruit ou du moins suspend l'action d'une autre loi, et qu'elles se modifient et se limitent entre elles par l'influence qu'elles exercent les unes sur les autres. Les axiomes, au contraire, ou leurs applications, ne peuvent ainsi se modifier ou s'entre-détruire. Une vérité mathématique n'en détruit pas une autre. Aucune d'elles ne peut faire que les trois angles d'un triangle soient plus grands ou moins grands que deux angles droits ; tandis que cette vérité, que tous les corps sont attirés par la force centripète, reçoit tous les jours des infractions, et que nous n'avons, par exemple, qu'à lancer une pierre en l'air pour que cette loi soit momentanément violée, pour que son action soit quelque temps suspendue. C'est ainsi que nous sommes arrivés à concevoir pour ces vérités la possibilité qu'elles puissent changer, c'est-à-dire leur *contingence*.

C.-M. PAFFE.

CONTINGENCE (Angle de). L'*angle de contingence* a été l'*objet* des discussions des géomètres du seizième et du dix-septième siècle. Ils le définissaient ainsi : *l'angle compris entre l'arc d'une courbe quelconque et la ligne qui touche cet arc à son extrémité*. Comme on ne peut mener aucune droite entre une courbe et sa tangente, plusieurs mathématiciens en concluaient que l'angle de contingence est plus petit qu'un angle rectiligne quelque petit qu'il soit, c'est-à-dire qu'il n'existe pas. D'autres admettaient son existence, mais lui reconnaissaient une nature hétérogène à celle de l'angle rectiligne. « Cette dispute, disait D'Alembert, pourrait bien n'être qu'une question de nom ; tout dépend de l'idée qu'on attache au mot *angle*. Si on entend par ce mot une portion finie de l'espace compris entre la courbe et sa tangente, il n'est pas douteux que cet espace ne soit comparable à une portion finie de celui qui est renfermé par deux lignes droites qui se coupent. Si on veut y attacher l'idée ordinaire de l'angle formé par deux lignes droites, on trouvera, pour peu qu'on y réfléchisse, que cette idée, prise absolument et sans modification, ne peut convenir à l'angle de contingence, parce que dans l'angle de contingence une des lignes qui le forme est courbe. Il faudra donc donner pour cet angle une définition particulière ; et cette définition, qui est arbitraire, étant une fois bien exposée et bien établie, il ne pourra plus y avoir de difficulté. Une bonne preuve que cette question est purement de nom, c'est que les géomètres sont d'ailleurs entièrement d'accord sur toutes les propriétés qu'ils démontrent de l'angle de contingence ; par exemple, qu'entre un cercle et sa tangente on ne peut faire passer de lignes droites ; qu'on y peut faire passer une infinité de lignes circulaires, etc. »

L'angle de contingence nous donne un exemple de l'importance des bonnes définitions dans les sciences. Ozanam, Wallis, Clavius, n'auraient pas perdu leur temps en discussions oiseuses s'ils s'étaient appuyés sur un texte précis comme celui-ci : *L'angle de contingence est l'angle infiniment petit formé par deux éléments consécutifs d'une courbe considérée comme un polygone d'une infinité de côtés.* L'angle de contingence ainsi défini est une grandeur qui peut facilement se mesurer à l'aide de ce théorème de Newton : Les angles de contingence sont entre eux en raison inverse des racines carrées des rayons de courbure au point de contact.

CONTINGENT, casuel, ce qui peut arriver ou n'arriver pas. En logique, on se sert de l'expression *futurs contingents* pour indiquer ces choses qui ne sont pas d'une nécessité absolue et que nous concevons pouvoir ne pas arriver (*voyez* CONTINGENCE). Les *propositions contingentes* sont celles qui énoncent une chose qui peut être ou n'être pas. *Portion contingente* se dit de la part qui peut appartenir à quelqu'un dans un partage. Il s'entend aussi de la part des frais communs dans une société, et auxquels chacun doit contribuer à proportion de l'intérêt qu'il y a. Dans ce cas, le mot *contingent* s'emploie substantivement, et signifie la part que chacun doit recevoir ou que chacun doit fournir.

[Dans le langage des armées, un contingent est une quotité d'hommes armés ou susceptibles de l'être, ou un envoi de troupes destinées à un service concerté. Des contingents pour une durée de temps déterminée, et fournis d'armures ou d'outils d'un genre spécifié à l'avance, constituaient les milices de la féodalité. En 1793 le contingent, ou les hommes du contingent, ont été la levée d'une espèce de réquisition, qui ne s'est pas renouvelée, ou qui n'a eu lieu que sous d'autres formes. La diète germanique a fixé les contingents de l'armée confédérée que les États d'Allemagne tiennent sur pied depuis les stipulations de 1814. En France, chaque année une loi fixe le contingent. (*Voyez* RECRUTEMENT.) Gal BARDIN.]

CONTINU se dit d'un ouvrage, d'un mouvement, etc., qui se prolonge sans interruption : un entablement est dit *continu* lorsqu'il fait tout le tour d'un édifice sans être interrompu par une masse saillante, un avant-corps ; tel est celui de l'église de la Madeleine, à Paris. C'est encore ainsi que l'on dit en médecine *fièvre continue*, en musique *basse continue*, etc.

En mécanique, on appelle *continu* le mouvement qui produit un certain effet par un moteur agissant toujours dans le même sens ; au puits de Bicêtre, par exemple, les seaux montent et descendent alternativement, tandis que les hommes qui font tourner le manége marchent constamment dans le même sens. Un *mouvement continu* peut donc produire des effets alternatifs. La mécanique connaît aussi des moyens pour convertir un mouvement alternatif en mouvement continu.

En arithmétique, une proportion est dite *continue* lorsque ses termes moyens sont égaux : les expressions
$$3 : 6 : : 6 : 12$$
$$a : b : : b : d$$
sont des *proportions continues*. TEYSSÈDRE.

Les mots *continu* et *continuel* offrent une différence essentielle, qu'un exemple rendra sensible : le cliquet d'un moulin en mouvement fait un bruit *continuel*, parce qu'il est le même tant que le moulin tourne ; mais ce bruit n'est pas *continu* parce qu'il est composé de retours périodiques, séparés par des intervalles de silence, parce qu'enfin il est *divisé*.

CONTINUATION (en latin *continuatio*, de la préposition *cum*, avec, et du verbe *tenere*, tenir). On entend à la fois par ce mot l'action par laquelle on *continue*, on poursuit une chose commencée, la durée de la chose *continuée* et la chose continuée elle-même. Il y a cette différence entre les termes *continuation* et *suite*, que tous deux désignent la liaison et le rapport d'une chose avec ce qui la précède, qu'on applique plutôt le premier à une chose qui n'est pas achevée, et qu'on se sert spécialement du second pour indiquer une opération ou une chose qui vient s'ajouter à une autre que l'on avait pu regarder jusque là comme complète. On continue ses propres œuvres, et on donne une *suite* à celle des autres ; toutefois on désigne sous le nom de *continuateur* celui qui reprend et continue l'ouvrage d'un autre auteur, en partant du point où celui-ci l'avait laissé.

CONTINUITÉ. Il y a cette distinction à établir entre les mots *continuation* et *continuité* que la *continuation* s'entend de la durée, la *continuité* de l'étendue. On dit la *continuation* d'un travail et d'une action, la *continuité* d'un espace et d'une grandeur ; on dit la *continuation* d'un édifice l'action de le *continuer* pour l'achever ou le parfaire ; et par sa *continuité* son *étendue*. On dit, dans le sens direct, la *continuité* des biens, des maux, du travail, de la misère, pour dire la *durée*. On dit aussi la *continuité* des parties pour dire leur *liaison*, soit physique, soit intellectuelle.

On dit en chirurgie qu'il y a *solution de continuité* lorsque la peau, les chairs, les os, sont divisés.

L'idée de continuité s'applique usuellement aux quantités, aux actes, aux phénomènes, lorsqu'ils sont sans interruption.

La continuité d'action est au théâtre une des principales règles, et consiste dans un progrès non interrompu de l'action principale vers le dénoûment pour soutenir constamment l'intérêt. Les digressions trop fréquentes font languir la marche, interrompent la *continuité* d'un poëme ou d'une action dramatique.

CONTINUITÉ (Loi de). Leibnitz croyait qu'elle gouvernait l'intelligence et la nature extérieure. Jean Bernoulli l'explique en ces termes dans son discours sur le mouvement : « Je parle de cet ordre immuable et perpétuel établi depuis la création de l'univers, qu'on peut appeler *loi de continuité*, en vertu de laquelle tout ce qui s'exécute s'exécute par des degrés infiniment petits. Il semble que le bon sens dicte assez qu'aucun changement ne peut se faire par saut : *natura non operatur per saltum* ; rien ne peut passer d'une extrémité à l'autre sans passer par tous les degrés du milieu. » Mais, ainsi que l'a observé Robins, mathématicien et philosophe des plus distingués, comment le bon sens seul, sans l'expérience, peut-il déterminer une loi de la nature extérieure? Rien jusque ici n'autorise à admettre ce principe synthétique comme universel, quoique son application soit utile dans certains cas. M. F. Bérard ne craint pas de dire qu'il est faux en lui-même et démenti par mille exemples. DE REIFFENBERG.

CONTONDANTS (de *contundere*, broyer). On nomme ainsi les corps qui occasionnent les meurtrissures de la peau, qui blessent les parties molles ou charnues, qui produisent les contusions. Quoique ces corps soient en général arrondis et obtus, cette forme n'est point la seule à laquelle on puisse attribuer leur mode d'action vulnérant. Des coups donnés avec le plat d'un sabre ou la lame d'une épée font agir ces instruments, l'un tranchant, l'autre piquant, à la manière des corps contondants. Ces derniers sont donc caractérisés par de larges surfaces qui blessent nos parties, sans les piquer ni les trancher net, et peuvent les diviser dans certains cas ; d'où les *plaies contuses*. Tantôt le corps contondant est fixe, et c'est le corps humain ou celui d'un animal qui tombe dans diverses directions sur lui ou qui le heurte avec une vitesse plus ou moins grande. Tantôt les corps contondants tombent d'une hauteur variable et dans diverses directions, ou sont lancés contre le corps humain ou celui des animaux. Les cailloux emportés par des vents violents, tous les projectiles lancés par la poudre à canon, par les fusils à vent ou par la force de la vapeur, depuis le plomb léger destiné pour la chasse jusqu'aux boulets et aux bombes, les bâtons plus ou moins inflexibles, les verges, les tiges métalliques, les cravaches, les fouets, les cordes, les lanières de cuir ou courroies, les manches en toiles remplies d'eau, une colonne d'eau ou même d'un gaz lancée avec une violence extrême, en général tous les corps animés d'une grande vitesse, et agissant par de larges surfaces sur nos tissus vivants, sans les trancher ni les piquer, sont, comme les *balles*, traversent souvent nos parties, et peuvent séjourner longtemps dans notre corps ; les autres n'occasionnent que des contusions légères ; d'autres enfin peuvent briser tous les os et réduire en bouillie les chairs sans avoir divisé la peau. Ces corps agissent aussi en pinçant, mordant, déchirant, brisant et arrachant même des portions ou des membres entiers. L. LAURENT.

CONTORNIATES (*contourniati, contorniati*, et peut-être bien *crotoniati*), mot d'origine toute récente, employé pour désigner une espèce particulière de médailles romaines qui, dans les cabinets les plus riches, sont d'une rareté excessive, et qui ont cela de caractéristique, qu'un cercle tracé en creux, en forme de rainure, s'y trouve de chaque côté au lieu du cercle perlé qu'on remarque sur la plupart des médailles romaines. Ce cercle (contour, *contorno*) serait, suivant quelques auteurs, l'origine de cette dénomination toute spéciale; mais les opinions varient beaucoup à ce sujet.

Les *contorniates*, médaillons de première grandeur en cuivre, sont d'un relief très-aplati et entourés d'un cordon saillant, qui paraît avoir eu pour objet de protéger le relief. Elles représentent le plus souvent la tête d'un empereur romain, ou de quelque illustre personnage grec ou romain, etc. Les revers offrent des sujets variés; le plus ordinairement on y voit une course en char, un cirque, une chasse, etc. Il s'y trouve aussi des monogrammes, soit en creux, soit en relief, mais tracés évidemment après l'opération de la frappe ou de la fonte.

Les *contorniates*, essentiellement différentes des autres médailles antiques, ont beaucoup occupé les savants. Toute la composition des types indique qu'à l'époque où furent frappées les *contorniates* on regardait comme mortes depuis longtemps les personnes qu'elles représentent. L'opinion la plus probable, c'est que les contorniates furent frappées à Constantinople jusqu'à l'époque de Valentinien III, et qu'elles servaient à divers usages comme *tesseræ* ou marques. Ce qu'il y a de certain, c'est qu'elles n'étaient point une monnaie, et qu'elles n'avaient aucun caractère légal.

CONTORSION (en latin *contorsio*, de *contorquere*, tordre), mouvement violent qui, communément, tord les membres ou les traits d'un animal. Ce mot, employé dans son sens propre, se prend quelquefois au figuré. En peinture, les attitudes exagérées ou forcées, considérées comme n'étant point l'imitation exacte des mouvements naturels et possibles, sont un défaut contre la correction du dessin. On les désigne sous le nom de *contorsion*, qui est encore applicable à l'exagération des traits du visage. Les peintres qui ne savent pas mesurer les contours et les traits de leurs figures, et estimer les mouvements des muscles de la face suivant la passion qui les meut, croyant rendre l'expression plus sensible, sont sujets à les outrer et à abandonner le vrai.

Ce mot se prend surtout en mauvaise part, dans le cas où l'on veut désigner les mouvements irréguliers et les contractions violentes d'une personne qui exagère le sentiment d'une douleur réelle ou en simule l'expression. Il ne faut pas confondre l'état des membres *contournés*, et rendus difformes par des dérivations des os ou des irrégularités dans la disposition et le développement des muscles, avec les véritables contorsions qu'on observe dans les maladies convulsives. Celles-ci sont caractérisées par l'impétuosité des mouvements, par une agitation extrême, et surtout par le désordre, l'irrégularité dans les contractions des parties symétriques du corps, dont l'harmonie est tout à fait rompue. Un grand délire ou l'excitation forte produite par les grandes douleurs détermine quelquefois des contorsions dans les coliques violentes, les spasmes hystériques, et les néphrites calculeuses. Enfin les grimaces des bateleurs, les postures extraordinaires de certaines personnes parlant avec véhémence, sont des contorsions, ou les voies volontaires, autres habituelles et involontaires. Un spectacle d'horribles grimaces et de contorsions est pour le bateleur qui le donne un moyen d'existence, pour le peuple un amusement, et pour le physiologiste une occasion de constater la possibilité des mouvements extraordinaires des muscles de la face et de la mâchoire inférieure, acquise par un long exercice.

L. LAURENT.

CONTOUR, dans les figures vivantes ou dans les statues, signifie le bord des surfaces, aperçu au point fixe où l'on s'est placé pour les étudier. Ce contour varie de forme au moindre déplacement de l'objet fixé, ou bien par le plus léger mouvement de celui qui l'observe. Il n'en est pas de même d'une figure dessinée, dont le trait porte aussi le nom de *contour*. Lorsqu'un élève dessine d'après le modèle, son contour peut être exact, correct, pur, ferme, énergique, ou bien avoir les défauts opposés à ces qualités.

CONTOURNÉ. Cette expression se prend ordinairement en mauvaise part, et est presque synonyme de *contrefait*. Si une figure paraît sans nécessité avoir des mouvements violents, on dit qu'elle est mal contournée. On ne dira jamais que Raphael a bien *contourné* ses figures, mais qu'il a su leur donner un *contour* élégant et gracieux.

CONTRA. *Voyez* CONTRE.

CONTRACTANT. C'est celui qui figure dans un contrat comme partie intéressée; naturellement les témoins qui assistent à la confection d'un acte et l'officier public qui le reçoit ne figurent point au nombre des *parties contractantes*.

CONTRACTILITÉ, propriété de tirer ensemble (*contrahere*, d'où *contractilitas*) dont jouissent les fibres de la chair musculaire. Bichat, admettant deux modes ou degrés de cette propriété vitale, l'a distinguée en *contractilité volontaire* et *contractilité involontaire*. Il a aussi désigné sous le nom de *contractilité insensible* la *tonicité*. La contractilité, quoique ayant lieu sans resserrement, sans diminution du volume des tissus où elle siège, est ainsi dénommée par opposition à la dilatabilité, à l'expansibilité des organes plus ou moins érectiles, dont le volume augmente évidemment. La contractilité du plus grand nombre des physiologistes, la *myotilité* (de Chaussier), l'*irritabilité* (d'Haller), sont une seule et même propriété, dont les divers noms sont tirés des idées de *traction*, de *siège* dans les muscles ou de la propriété d'entrer en action sous l'influence des irritants mécaniques, physiques et chimiques.

En thèse générale, on doit dire que la contractilité de tous les tissus charnus ou musculaires est parfaitement adaptée à la nature et à la diversité des résistances à vaincre, et les organes qui en sont doués reçoivent toutes les formes voulues pour ce but. Lorsque la contractilité vient à disparaître dans certains points, elle y est suppléée par l'élasticité de divers tissus, parmi lesquels celui qui se rapproche le plus de la nature des chairs contractiles reçoit le nom de *tissu jaune* ou *élastique*. A vrai dire, la contractilité n'est elle-même qu'une sorte d'élasticité mise en jeu avec une excessive rapidité par la succession de commotions électriques que les nerfs spéciaux d'un muscle impriment à toutes ses fibres sous l'influence de la volonté ou de l'instinct.

L. LAURENT.

CONTRACTION. C'est en physiologie l'exercice de cette propriété qu'ont les muscles et les fibres contractiles en action, de se resserrer sous l'influence des irritants mécaniques, physiques ou chimiques. C'est aussi l'état d'un tissu charnu ou d'un muscle pendant la manifestation de la contractilité, qui existe virtuellement, soit pendant le repos et le relâchement du muscle dans l'état de santé, soit dans les paralysies curables ou incurables. Il suffit de suppléer à l'action nerveuse centrale, qui est suspendue ou éteinte, par l'électricité galvanique, pour démontrer que la force contractile des muscles paralysés n'est pas perdue entièrement. Mais cette force réside encore dans les nerfs spéciaux musculaires qui sont sains et aptes à produire la secousse *contractive*, tant que leur tissu propre, identifié avec celui de la chair, est arrosé par le sang artériel. La force nerveuse qui provoque la contraction, et l'aptitude du tissu musculaire à se contracter sous l'influence de cette force, ou la contractilité, cessent du moment où les filets nerveux et les fibres des muscles ne sont plus vivifiés par un sang excitant: c'est ce qui a lieu dans les asphyxies locales ou générales. On sait que pour remédier à ces affections il faut qu'un sang artériel ou vivificateur arrive de nouveau dans le tissu des chairs et de ses nerfs, afin que la contractilité revienne et que les contractions puissent avoir lieu. Plus l'appareil respiratoire d'un animal est développé et imprègne d'une plus grande quantité d'oxygène son sang artériel, plus la contractilité des muscles est grande et leur contraction énergique est puissante. Cette particularité d'organisation caractérise éminemment les oiseaux, surtout ceux qui sont les plus grands voiliers; et il le fallait bien pour que l'excessive rapidité de la contraction musculaire qui donne le coup d'aile, suppléant au peu de densité d'un milieu aussi léger que l'air, permit d'y prendre un point d'appui et l'élan qui constitue le vol. Il y a pendant la contraction d'un muscle diminution de sa longueur, mais augmentation de sa largeur et de son épaisseur. Le volume n'est point changé. Un muscle contracté est devenu dur de mou qu'il était pendant l'état de repos ou de relâchement. Le stéthoscope appliqué sur un corps charnu pendant une contraction soutenue fait entendre à l'oreille d'un physiologiste exercé un bruit semblable à celui d'une voiture qui roule sur le sol dans le lointain. L. LAURENT.

On appelle *contraction*, en termes de grammaire, la réduction de deux syllabes en une. Ce mot est particulièrement en usage dans la grammaire grecque. Les Grecs ont des déclinaisons de noms *contractés*; par exemple, on dit sans contraction τοῦ Δημοσθένεος, en cinq syllabes, et par contraction Δημοσθενοῦς, en quatre syllabes; l'un et l'autre est au génitif, et signifie également *de Démosthène*. Les Grecs font aussi usage de la contraction dans les verbes. On dit sans contraction ποιέω, et par contraction ποιῶ, etc. Les verbes qui se conjuguent avec contraction sont appelés *circonflexes*, à cause de leur accent.

Il y a deux sortes de *contractions*, l'une qu'on appelle *simple* : c'est lorsque deux syllabes se réunissent en une seule, ce qui arrive toutes les fois que deux voyelles, qu'on prononce communément en deux syllabes, sont prononcées en une seule, comme lorsqu'au lieu de prononcer Ὀρφεὺ en trois syllabes, on dit Ὀρφεῦ en deux syllabes. Cette sorte de contraction est appelée *synchrèse*. Il y a une autre espèce de contraction que la méthode de Port-Royal appelle *mêlée*, et qu'on nomme *crase*, mot qui signifie en grec mélange : c'est lorsque les deux voyelles se confondant ensemble; il en résulte un nouveau son, comme τείχεα, et par crase τείχη, en deux syllabes.

Nous avons aussi des contractions en français; c'est ainsi que nous disons le mois d'*oût*, au lieu d'*août*. Du est aussi une contraction pour *de le*; *au*, pour *à le*; *aux*, pour *à les*, etc. L'empressement que l'on met à énoncer la pensée a donné lieu aux contractions et à l'ellipse dans toutes les langues. DUMARSAIS.

En hydraulique, on appelle *contraction de la veine fluide* le resserrement qu'éprouve la colonne d'eau ou de tout autre liquide qui sort d'un vase par un orifice. L'effet de cette contraction est de diminuer la quantité d'eau qui s'écoulerait dans un temps déterminé si ce phénomène n'avait pas lieu. Pour s'assurer de son existence, il suffit de mêler à l'eau une poussière colorée ; on peut alors suivre les mouvements du liquide, et on voit que les molécules affluent de toutes parts vers l'orifice du vase, en décrivant des lignes courbes dont la convergence se continue au delà de cet orifice. Il en résulte que le jet se resserre depuis sa sortie jusqu'à un certain point où la contraction se trouve à son maximum : c'est la section de cet endroit que l'on nomme *section de la veine contractée*. Sa considération est d'une grande importance, car la dépense réelle d'un orifice est réglée, non par sa grandeur propre, mais par celle de la section de la veine contractée. Lorsque l'écoulement s'effectue à l'aide d'un ajutage, la contraction de la veine fluide reçoit des modifications qui dépendent de la forme de cet ajutage.

CONTRACTUEL, ce qui est stipulé par un contrat. Dans les clauses pénales on nomme *peine contractuelle* celle qui dérive des stipulations mêmes du contrat. L'obligation *contractuelle* est celle qui résulte d'un contrat formel et irrévocable. Cette expression s'emploie surtout relativement au contrat de mariage. Ainsi une *succession contractuelle*, une *institution contractuelle*, sont la succession ou l'institution établie par un contrat de mariage : l'héritier prend alors la dénomination d'*héritier contractuel*.

CONTRACTURE (de *contrahere*, resserrer). C'est d'abord un terme d'architecture employé par Vitruve pour désigner le resserrement des colonnes dans leurs parties supérieures. On s'en sert aussi en médecine pour désigner une maladie qui est souvent la suite de plusieurs autres, telles que les rhumatismes, les névralgies, les convulsions, la syphilis et la colique métallique. La *contracture* est une rigidité permanente produite par l'atrophie progressive des muscles fléchisseurs, qui s'opposent aux mouvements d'extension au delà d'un certain degré. Ces muscles amincis se présentent sous forme de cordes dures qui soulèvent la peau. Les personnes affligées de cette maladie, forcées de rester immobiles dans leur lit, sont exposées à voir leur état s'aggraver par la formation d'escarres dans les endroits les plus exposés à la pression de tout le corps. L'autopsie cadavérique démontre que les corps charnus des muscles atrophiés ont plus ou moins perdu la texture qui leur est propre et sont plus ou moins convertis en fibres tendineuses.

Le traitement des contractures est relatif à la nature des maladies qui les ont précédées et au temps qui s'est écoulé depuis leur apparition. Les mouvements imprimés aux membres plusieurs fois dans la journée, l'extension mécanique de la partie affectée exercée pendant l'intervalle de ces manœuvres, et augmentée graduellement si la maladie est ancienne, le massage, les embrocations (fomentations) avec divers liniments, les bains tièdes, ceux de vapeurs ou d'eaux thermales, sont les moyens communs employés dans le traitement local des contractures. On doit les combiner avec les soins hygiéniques et l'emploi des médicaments dirigés contre les maladies antécédentes. L. LAURENT.

CONTRADICTION. Il faut l'envisager dans les personnes et dans les choses. La contradiction envisagée dans les choses est l'opposition qui se manifeste entre deux propositions qui s'excluent l'une l'autre. Ainsi, on dira : soutenir que Dieu est infiniment bon, et prétendre qu'il condamne ses créatures à un malheur éternel, n'est-ce pas tomber dans une *contradiction* évidente?

Envisagée dans les personnes, la *contradiction* est un acte de l'esprit qui consiste à reprendre et à critiquer les paroles ou les actions d'un autre, sans autre but que de se montrer d'un avis différent. On peut avoir des motifs légitimes de blâmer les discours ou la conduite de ses semblables, soit dans l'intérêt des personnes, soit dans celui de la vérité ou de la justice. La contradiction n'est point guidée par des motifs de ce genre; elle est aveuglément hostile, elle combat pour le plaisir de combattre ou pour des raisons qu'elle ne s'avoue pas, et que nous ferons bientôt connaître. La contradiction devient le plus souvent une habitude, parce qu'elle tient dans les individus à la nature particulière de leur esprit; cette habitude prend le nom d'*esprit de contradiction*. Molière en a fait, dans sa comédie du *Misanthrope*, une admirable peinture, et nous ne pouvons nous dispenser de la citer ici :

Et ne faut-il pas bien que monsieur *contredise*?
A la commune voix veut-on qu'il se réduise
Et qu'il ne fasse pas éclater en tous lieux
L'esprit *contrariant* qu'il a reçu des cieux :
Le sentiment d'autrui n'est jamais pour lui plaire,
Il prend toujours en main l'opinion contraire,
Et penserait paraître un homme du commun
Si l'on voyait qu'il fût de l'avis de quelqu'un,
L'honneur de *contredire* a pour lui tant de charmes
Qu'il prend contre lui-même assez souvent les armes ;
Et ses vrais sentiments sont combattus par lui
Aussitôt qu'il les voit dans la bouche d'autrui.

Il est aisé de voir, d'après ce tableau si vrai, que la source de l'esprit de contradiction est dans l'orgueil et la vanité. Car on ne combat ainsi *quand même* les opinions et les actes d'autrui que parce qu'on se croit meilleur et plus sensé, ou parce qu'on cherche à le paraître, et que le plus sûr moyen de se distinguer des autres est de ne penser comme personne. Le rôle de censeur exige une grande supériorité de sagesse et de lumières. Aussi l'homme vaniteux s'empressera-t-il de le prendre, non pour corriger réellement ses semblables et redresser leurs erreurs, car la plupart du temps il en est incapable et s'en inquiète peu, mais pour se mettre à la plus belle place et se donner aux yeux des autres un relief de sagesse et de pénétration. Comme il y a moins à louer qu'à reprendre en ce monde, l'esprit de contradiction aura souvent beau jeu; et comme il n'est pas guidé par l'amour du vrai ou du bien, mais par un sentiment tout personnel d'orgueil ou de vanité, sentiment aveugle de sa nature, il lui arrivera souvent de se tromper et d'être en hostilité contre le vrai et contre le bien. Ce besoin qu'il a de tout combattre le rend ingénieux, subtil, habile à la discussion, sophiste même s'il le faut. A-t-il attaqué juste, frappé un endroit vulnérable, il triomphe, bat des mains, raille et déchire sans pitié, car son seul but était de trouver son adversaire en défaut, et non d'être le champion de la vérité.

Ce qui prouve combien il est peu jaloux de la vérité pour elle-même, c'est qu'il serait prêt à soutenir le lendemain la thèse qu'il avait attaquée la veille; car, ainsi que l'a observé Molière, le propre de l'esprit de contradiction est d'aller jusqu'à se contredire lui-même. Ne lui supposez jamais une opinion arrêtée; il se garde bien d'en avoir une, ou plutôt il s'arrête à celle que vous n'avez pas. Vous auriez tort de raisonner avec lui, de chercher à lui opposer l'évidence, il la niera plutôt que d'être du même avis que vous, et si vous le poussez trop loin, il se retranchera dans le scepticisme, d'où il bravera tous vos efforts. Voyez-le s'attaquer à toutes les opinions reçues, aux vérités les plus sacrées : croyez-vous qu'il ait de bonnes raisons pour agir ainsi? Non, c'est uniquement pour le plaisir de ne point penser comme le commun des hommes. Tout occupé de renverser et de détruire, il ne songe nullement à édifier, il n'a point de système, il n'en veut pas avoir, il ne veut point qu'il y en ait. Et en effet, qu'a-t-il produit, qu'a-t-il fondé en philosophie? quelles découvertes a-t-il faites? à quoi a-t-il abouti, si ce n'est au scepticisme? Et le scepticisme est-il réellement un système? Vainement on chercherait quelque chose au fond de sa pensée, il est essentiellement négatif, et quoique destructeur par sa nature; il se promène dans la science comme un fléau, comme le génie du mal; armé de subtilités, de mauvaise foi, de sarcasmes, armes aussi insaisissables que sa pensée, il attaque tout, ébranle tout, renverse ce qu'il peut, s'en prend de préférence aux doctrines les plus consolantes et les mieux fondées, profane ce qu'on respecte, brûle ce qu'on adore, et on ne saurait mieux le définir qu'en le nommant le Zoïle de la vérité.

La contradiction avouons-le cependant, a parfois son bon côté; elle attaque bien des erreurs, détruit bien des préjugés, couvre de ridicule bien des travers et bien des vices. Quelle que soit l'intention qui la dirige, elle n'en rend pas moins par le fait d'importants services à la vérité, et lorsqu'elle combat la vérité elle-même, elle ne la sert pas moins efficacement. Plus elle est ingénieuse à l'attaquer, plus elle la rend ingénieuse à se défendre. Plus elle déploie d'efforts contre elle, plus elle la force à déployer aussi toutes ses ressources; plus elle lui porte de rudes coups et s'opiniâtre à sa ruine, plus elle l'excite à s'appuyer et d'où il soit impossible de la renverser. En effet, c'est à la contradiction qu'il faut attribuer une grande partie des progrès de l'esprit humain, et, pour me servir d'une comparaison bien con-nue, c'est du choc des opinions qu'est sortie pour lui la lumière. Je n'ai jamais assisté à des discussions sans y rencontrer de ces esprits frondeurs et tracassiers qui, cherchant à briller, attaquent toujours l'opinion la plus vraisemblable. Pour leur répondre alors, on s'évertuait à chercher des raisons plus solides ou plus claires que celles qui avaient été apportées d'abord, et on en trouvait beaucoup. On finissait par rencontrer les meilleures, tous les termes de la question se démêlaient peu à peu, et ce qui n'était auparavant qu'une opinion vraisemblable devenait une *conviction*. La contradiction a été pour l'esprit un stimulant nécessaire, elle l'a empêché de s'endormir au sein d'une foi aveugle, l'a fait remonter jusqu'aux principes de ses croyances, et l'a forcé à les asseoir sur d'inébranlables fondements. Tous les obstacles dont elle hérissait sa route n'ont servi qu'à affermir ses pas et à l'attacher plus fortement à ses convictions, si péniblement acquises; et de même que les membres n'acquièrent de la vigueur, de l'agilité que par les luttes et les combats, de même l'esprit humain est redevable de la force de ses croyances et de la fécondité de ses ressources à l'antagonisme de la contradiction.
C.-M. Paffe.

CONTRADICTION (Principe de). Platon avait reconnu le principe de contradiction; Leibnitz l'a élevé au rang de *criterium* de la vérité. Ce principe s'énonce ainsi : le sujet et l'attribut d'une proposition ne doivent pas mutuellement s'exclure. La fameuse preuve de l'existence de Dieu, qu'on trouve déjà dans les écrits d'Anselme, archevêque de Cantorbéry, au onzième siècle, tire sa force de cette loi logique; la voici : « L'idée d'un être suprême qui possède toutes les réalités, et qui soit cause première de tout ce qui existe, ne renferme en soi nulle contradiction. Une chose dont elle n'implique pas contradiction est possible. Dieu est donc possible; or, toutes les réalités devant se trouver dans l'idée de Dieu, la réalité de l'existence lui appartient nécessairement, par où il est démontré que Dieu existe. En un mot, l'être réel absolu est possible : donc il est; ou s'il n'était pas, il lui manquerait quelque réalité. »

Il faut remarquer que le *principe de contradiction*, comme tous les principes semblables, n'est un *criterium* positif de la légitimité des idées que quant à leur valeur logique, et qu'il est négatif quant à leur valeur matérielle. Car toute idée qui a saisi le rapport du *subjectif* à l'*objectif*, c'est-à-dire toute vérité humaine, est conforme à ce principe; mais nous ne pouvons pas assurer que toute idée conforme à ce même principe a saisi le rapport du subjectif à l'objectif. De manière que la violation du principe montre bien que l'on n'est pas dans le vrai, tandis que son observation ne prouve pas toujours qu'on y soit parvenu. Et la raison en est simple, puisqu'une connaissance n'étant telle que par la pensée, nulles connaissances ne peuvent être vraies matériellement quand la pensée qui leur sert de fondement est soumise à ses lois, tandis que la pensée pourrait être d'accord avec ses lois, c'est-à-dire pourrait être subjectivement régulière, sans qu'elle eût le droit de rien affirmer hors d'elle-même. Ces règles, toutes négatives qu'elles sont sous le rapport objectif, n'en offrent pas moins, lorsqu'on les a exactement suivies, une grande probabilité en faveur de la valeur matérielle des idées, attendu l'harmonie qui existe nécessairement entre le monde extérieur et le monde intérieur, et qui constitue les rapports de l'homme à la nature et de la nature à l'homme. Les moyens possibles d'expérience élèvent dans certains cas cette *probabilité* à la *certitude*.
De Reiffenberg.

CONTRADICTOIRE. Les logiciens entendent par *contradictoires* deux propositions dont l'une dit simplement ce qui est nécessaire pour réfuter l'autre; exemple : *Toutes les idées naissent de la sensation. Quelques idées ne naissent pas de la sensation*. Les propositions contradictoires sont donc opposées en quantité et en qualité. Elles ne sauraient être toutes deux vraies ou fausses en même temps.

Contradictoire, en droit, se dit des actes judiciaires faits en présence de toutes les parties intéressées ou de leurs représentants, qui par conséquent ont pu s'entendre et se contredire respectivement. Un jugement ainsi rendu est appelé *contradictoire*, par opposition à un jugement *par défaut*, qui est celui où l'une des parties intéressées n'a pas comparu.

CONTRAINTE (du latin *constringere*, fait de *cum*, avec, et de *stringere*, serrer). Ce mot exprime l'action de forcer, d'obliger quelqu'un par force, par justice, par nécessité ou par quelque autre considération puissante, prise en dehors de sa volonté, à faire une chose vers laquelle il n'était point porté, et qu'il n'eût point faite de son propre mouvement; ou bien de l'empêcher de faire ce qu'il désirait, de l'obliger à s'en abstenir ; enfin de le gêner et de le violenter dans ses goûts, dans ses penchants, dans sa volonté.

On dit proverbialement que la *nécessité contraint la loi*, pour dire que la nécessité oblige quelquefois à enfreindre la loi, à passer par-dessus la loi. Il y a souvent dans la vie des circonstances où l'on se fait violence à soi-même, où l'on fait taire ses goûts, ses penchants, sa volonté, pour obéir à des convenances sociales, et quelquefois à un calcul d'intérêt bien entendu. On dit alors qu'on *se contraint*. C'est le propre des diplomates et des politiques de savoir *se contraindre*.

On dit qu'on est ou qu'on parait *contraint*, gêné, dans son habit. Mais en général ce mot s'emploie plus volontiers dans l'acception figurée, par opposition à tout ce qui est libre ou naturel; on dit d'une personne qu'elle a l'air *contraint*, que sa posture est *contrainte*, que ses mouvements sont *contraints*.

En termes de musique, on appelle *basse contrainte* une basse à laquelle le compositeur assujettit les autres parties.

Contrainte a pour synonymes *force*, *obligation* et *violence*. L'*obligation* est le résultat d'un principe, d'un devoir, qui nous lie ou nous engage : elle est souvent volontaire; la *force* entraîne, enlève, emporte ce qu'on lui refuse ou ce qui lui résiste ; la *violence* emploie l'outrage et les mauvais traitements pour arriver au même but ; la *contrainte* s'exerce plus particulièrement sur les goûts, sur les penchants, sur la volonté des personnes ; son action consiste surtout à les confiner, à les molester. « *Obliger*, dit Roubaud, est un acte de pouvoir qui impose un devoir ou une nécessité; *contraindre*, un acte de persécution ou d'obsession, qui arrache plutôt qu'il n'obtient un consentement ; *forcer*, un acte de puissance et d'oppression, qui par son énergie détruit celle d'une volonté (ou d'une force) opposée ; *violenter*, un acte d'emportement ou de brutalité, qui emploie le droit et les ressources du plus fort à dompter une volonté rebelle et opiniâtre. » Edme Héreau.

La *contrainte morale* est un genre d'influence qui ôte toute espèce de liberté à ceux sur lesquels on l'exerce, et qui sous ce rapport est à condamner énergiquement. La qualité distinctive de l'homme, celle qui le place en tête de la création, c'est le *libre arbitre*; du moment donc où on l'en dépouille, on le ravale au-dessous de la bête, et l'on se rend en outre coupable de tyrannie et d'oppression. Certes, s'il est un acte grave dans la vie, c'est le mariage ; les parents qui ont de l'expérience savent en général mieux faire un choix que leurs enfants; mais comme il s'agit, d'une part, du sort de toute la vie, et que, de l'autre, si on ne peut éclairer les sentiments, nul n'a droit de leur commander obéissance, les parents sont répréhensibles lorsqu'à propos d'une union, fût-elle contraire aux convenances, ils descendent jusqu'à la contrainte morale. Ils doivent sans doute tous les genres de conseils que la tendresse leur impose, mais c'est dans ces limites que leur pouvoir s'arrête. D'après cet exemple, on sent com-

bien toute espèce de contrainte morale est odieuse, et néanmoins on l'emploie chaque jour dans la famille, comme dans les rapports de l'amitié : c'est quelquefois par un zèle mal entendu, mais qu'il faut s'interdire. En effet, qu'on porte la main à sa conscience, et l'on acquerra la preuve qu'il ne se sent homme que parce que, intérêts et sentiments, tout en nous veut être *libre*. Saint-Prosper.

Dans le sens légal, on nomme *contraintes* les différentes voies par lesquelles la loi permet de forcer quelqu'un à faire ce à quoi il s'est obligé ou a été condamné. Les contraintes qui s'exercent sur les biens prennent le nom de *saisies*; celle qui s'exerce sur la personne se nomme *contrainte par corps*.

On donne aussi le nom de *contrainte* à certains actes par lesquels le fisc somme une personne d'acquitter tels ou tels droits, sous peine de saisie ou d'emprisonnement.

CONTRAINTE PAR CORPS. C'est, suivant la définition qu'en a donnée Portalis, un moyen de coaction pour forcer un débiteur à remplir ses engagements. Ce moyen, qui consiste dans une atteinte portée à la liberté du débiteur, apparaît dans toutes les anciennes législations, comme il se retrouve encore aujourd'hui dans les législations modernes. Ainsi la contrainte par corps existait en Égypte, où, suivant Diodore, Bocchoris l'abolit. En Grèce, il était permis de réduire en esclavage, ou de vendre à l'étranger les débiteurs insolvables ; et ce fut Solon qui le premier fit disparaître des lois d'Athènes cette disposition rigoureuse. Elle engendra à Rome toutes les séditions qui signalèrent les premiers temps de la république. Qui ne connaît la retraite du peuple sur le Mont-Sacré, l'effroi du sénat, l'apologue de Ménennius et la création des tribuns du peuple ? Tous ces actes, qui ont exercé une si grande influence sur les destinées de Rome, n'ont eu d'autre cause que l'abus et les rigueurs de la contrainte par corps. Plus tard nous la rencontrons dans les Gaules, pratiquée par les Francs ; enfin, elle a traversé le moyen âge, et, perdant chaque jour quelque chose de sa barbarie primitive à mesure que l'humanité progressait, elle est arrivée jusqu'à nous, malgré les nombreuses attaques dont elle n'a cessé d'être l'objet.

C'est une étude curieuse et intéressante à faire que celle des modifications successives qu'a subies la contrainte par corps dans sa nature, les idées qui lui ont servi de base, et ses différents modes d'application. Grossière et cruelle à l'enfance des peuples, elle dépouille peu à peu son caractère sauvage ; elle devient plus humaine à mesure que les mœurs s'adoucissent, plus morale et plus rationnelle avec le droit qui se forme, plus restreinte enfin et plus rare en raison directe des progrès de la civilisation. Et ce qui n'est pas moins digne de remarque, c'est que son histoire est la même chez tous les peuples, et que partout elle a passé par les mêmes phases : tant il est vrai que l'esprit humain est soumis à des lois immuables, qui ne dépendent ni de l'éloignement des lieux ni de la différence des temps.

A Rome, dans l'époque la plus reculée, elle ne repose que sur un sentiment de vengeance. Comment expliquer autrement cette disposition de la loi romaine qui permettait aux créanciers de se partager les membres de leur débiteur insolvable? Assurément cette mutilation barbare ne pouvait profiter à personne. Bientôt une nouvelle idée surgit, et avec elle commence une autre période de l'histoire de la contrainte par corps : c'est l'idée d'une compensation de la dette, d'un dédommagement accordé au créancier. Tel fut l'esprit de la loi des Douze Tables, qui, attribuant au créancier la propriété du débiteur, réduisait celui-ci à une sorte d'esclavage. Les *nexi*, par exemple, étaient ceux qui par une convention particulière, appelée *nexum*, se donnaient volontairement à leurs créanciers. Les *addicti*, au contraire, avaient pris le parti de la résistance : sur un ordre du préteur, ils étaient remis entre les mains du créancier, qui les menait au Forum et les exposait aux regards du peuple à trois reprises successives. A la troisième, s'il ne s'était présenté ni parent ni ami qui voulût bien payer leur dette, ils étaient *addicti*, c'est-à-dire adjugés à leur créancier. Celui-ci pouvait ou les tuer, pour les punir de la violation de la foi donnée, ou se vendre *trans Tiberim*, pour en retirer quelque argent, ou, enfin, les enfermer dans des *ergastula*, espèces de prisons privées, où ils devaient travailler pour le compte de celui qu'ils n'avaient pu payer.

Voilà ce que fut la contrainte par corps pendant toute l'époque classique du droit romain. Mais peu à peu chaque sédition populaire amena une amélioration dans la condition des débiteurs. Ainsi, le préteur permit de poursuivre sur les biens par une vente publique, *bonorum cessio*, l'acquittement de la dette, privilège qui jusque alors était réservé au fisc ; une loi *Pætilia* fut rendue qui défendait aux citoyens romains de se donner volontairement en servitude à leurs créanciers. Auguste vint en aide aux débiteurs malheureux et de bonne foi : il décida que pour eux seulement la vente publique de leurs biens n'entraînerait pas l'infamie. C'étaient là de notables progrès ; cependant l'*addictio* subsistait toujours, et avec l'autorisation du préteur le créancier pouvait incarcérer son débiteur et le livrer à mille tortures pour le forcer à s'acquitter envers lui : cet état de choses dura jusqu'à Dioclétien. Sous ce prince une révolution définitive s'opère, et nous fait voir la contrainte par corps sous un aspect tout différent de celui qu'elle présentait jusque ici : Dioclétien substitua la prison publique à la prison privée ; dès lors il n'est plus question de l'idée de vengeance ni de celle de compensation ; l'*addictio* n'a plus qu'un caractère de coërcition, les *ergastula* disparaissent, et quiconque a retenu un débiteur dans une prison privée peut être poursuivi comme coupable de lèse-majesté. Telle est la dernière phase de toutes les législations sur la contrainte par corps. La personne du débiteur continue sans doute de répondre de la dette ; mais si on saisit son corps, si on enchaîne sa liberté, c'est pour l'obliger par cette voie de rigueur à payer une dette qu'il peut mais ne veut pas acquitter.

Si, laissant de côté les législations des autres peuples, nous nous bornons à celle de la Gaule, nous voyons l'histoire de la contrainte par corps depuis la conquête des Francs jusqu'à nos jours présenter la même marche, les mêmes modifications, les mêmes progrès que nous venons de signaler à Rome. Ainsi, l'idée de la vengeance est consacrée par la loi salique, qui accorde aux créanciers droit de vie et de mort sur la personne de leurs débiteurs. L'idée d'une compensation de la dette, d'une dation en payement, remplace celle de la vengeance. Quand un délinquant, par exemple, ne pouvait payer la composition ou *wehrgeld* à laquelle il était condamné envers l'offensé ou ses parents, on leur remettait ce débiteur insolvable, qu'ils pouvaient réduire en esclavage et faire travailler pour leur propre compte. Chose étrange ! ce ne sont pas seulement les mêmes principes, les mêmes idées fondamentales, ce sont encore les institutions, les modes d'application, qui se retrouvent en Gaule comme nous les avons vus à Rome. Ainsi, le débiteur gaulois pouvait faire appel à ses amis, à sa famille ; dans ce but, il était conduit quatre fois au *mallum* ou assemblée publique, et à la quatrième, si personne n'avait désintéressé le créancier, la tradition était définitive. Ne semble-t-il pas, en vérité, que l'on a sous les yeux la reproduction littérale de la loi romaine ? Et cependant, personne n'oserait soutenir que les quatre chefs rédacteurs de la loi salique se sont inspirés de la loi des Douze Tables. L'idée de compensation de la dette réalisée par l'esclavage se retrouve dans les Capitulaires et dans les Assises de Jérusalem, où nous lisons : « Celui qui doit et ne paye tant à celui à qui il doit ladite dette, et il sera tenu sans fers, mais que il ait un anel de fer au bras ou par connoissance que il est au poeir d'autrui por dette, et il sera comme esclaf.. etc. » Quant à la troisième idée, celle que la contrainte par corps n'est qu'un moyen de coërcition pour forcer à payer un débiteur parfaitement solvable, mais de mauvaise volonté, elle ne se rencontre que sous saint Louis. Restreindre autant que possible l'application de la contrainte par corps, ne la permettre que pour certaines dettes, et quand elle aurait été stipulée, n'y plus voir, à vrai dire, qu'une épreuve de solvabilité, voilà les réformes que réalisa ce sage monarque, et dès lors le droit était parvenu chez nous au dernier état de la législation romaine en cette matière.

Après avoir une fois rencontré sa véritable base, la contrainte par corps ne devait pas en rester là. Un nouveau progrès, conquête de l'esprit moderne, fut réalisé sous Louis XIV : pour la première fois, il fut déclaré que la contrainte par corps était non le droit commun, mais l'exception ; en outre, des distinctions s'introduisirent à cet égard entre les Français et les étrangers, entre les dettes commerciales et les dettes purement civiles, enfin parmi les dettes civiles, entre les dettes ordinaires et celles qui étaient contractées envers l'État. C'est ainsi que la contrainte par corps s'épurait et se réglementait peu à peu ; il semblait que sage et restreinte désormais, si différente de ce qu'elle avait été dans l'origine, elle ne devrait plus qu'éprouver quelques modifications peu importantes ; mais avec la révolution de 89 commença pour elle une période de vicissitudes qui n'est peut-être pas encore terminée aujourd'hui : attaquée sous la Constituante, comme toutes les institutions en vigueur, elle ne fut maintenue qu'à regret ; une ordonnance de 1715 avait accordé aux nourrices le droit de poursuivre, même par la contrainte par corps, le payement de ce qui leur était dû, mais il faut croire que depuis les déclamations de Rousseau les nourrices avaient beaucoup perdu dans l'opinion, car lorsque, dans la Convention, Danton proposa l'abolition complète de la contrainte par corps, il lui suffit de quelques phrases sonores en l'honneur de la liberté pour voir adopter sa proposition avec le plus vif empressement. Quelques jours après, cependant, elle était rétablie contre les comptables des deniers publics ; bientôt, entièrement ressuscitée par la loi de germinal an VIII, elle a été consacrée par le Code Civil de 1803, modifiée seulement par une loi de 1832, qui faisait droit à de justes réclamations, abolie pour la seconde fois en 1848, enfin de nouveau promulguée quelques mois après cette dernière abolition.

Aujourd'hui, la contrainte par corps est régie par plusieurs lois : d'abord celles du 17 avril 1832 et du 13 septembre 1848 ; puis toutes les dispositions du Code Civil sur la contrainte par corps et le bénéfice de cession de biens ; plusieurs articles des Codes de Procédure, de Commerce, d'Instruction criminelle, Pénal et Forestier ; enfin quelques parties des anciennes ordonnances, auxquelles renvoie l'art. 46 de la loi du 17 avril 1832. D'après toutes ces dispositions, la contrainte par corps a chez nous un triple caractère : contre les auteurs de certains délits civils, les stellionataires, les dépositaires infidèles, tels que les fonctionnaires publics, séquestres, commissaires, gardiens ; c'est une voie d'exécution contre les commerçants ; c'est à la fois une voie d'exécution et une mesure de sûreté, une présomption légale contre les étrangers. Elle est exceptionnelle en matière civile, de droit commun, au contraire, contre les étrangers et les commerçants. Elle s'exerce contre toutes personnes, excepté les ecclésiastiques, les mineurs, les interdits, les septuagénaires et les femmes non commerçantes. Enfin, elle ne peut pas être prononcée entre certains parents, au profit de l'un contre l'autre. Des règles spéciales existent en matière administrative, en matière criminelle, pour les soldats des armées de terre et de mer. La contrainte par corps doit être prononcée par un jugement : elle est exécutée par les gardes du commerce dans les localités où il y a des chambres de commerce, par les huissiers dans les autres endroits. Qui dirait toutes les ruses, toutes les luttes du débiteur poursuivi et de l'agent chargé de le poursui-

tre? Que de présence d'esprit, que de ressources d'intelligence déployées souvent de part et d'autre! c'est entre eux une véritable guerre. Le garde du commerce ne peut arrêter le débiteur avant le lever ni après le coucher du soleil; il ne peut se saisir de lui ni dans une église, ni pendant les séances des assemblées constituées, ni dans les maisons des particuliers; mais il veille sur lui, il l'attend à sa porte, il lui tend des embûches, et malheur au débiteur qui se sera mis en dehors de la protection de la loi ! Il est sommé de payer, et sur son refus, appréhendé au corps. S'il résiste, la force armée viendra appuyer les recors; s'il conteste, le président du tribunal civil du lieu où l'arrestation a été faite tranchera la difficulté; s'il n'oppose aucune résistance ni de fait ni de droit, il sera incarcéré. Le geôlier de la prison dresse alors un acte d'écrou; des aliments sont consignés pour trente jours au moins par le créancier pour le compte duquel la contrainte a été exercée. Le débiteur ne sera libéré que s'il paye, ou s'il atteint sa soixante-dixième année, ou enfin si le créancier, à bout de patience, cesse de consigner des aliments. Vient-il à se libérer par le payement, il peut être encore détenu pour le compte d'un créancier qui l'a *recommandé*, mot cruellement ironique, car cette recommandation consiste à s'opposer à sa mise en liberté. Toutefois, la contrainte par corps ne peut pas être perpétuelle; et au bout d'un certain temps la loi présume une véritable insolvabilité. Ce temps est de cinq ans en matière civile et criminelle; il est proportionnel à la dette en matière commerciale, de telle sorte que l'emprisonnement cesse au bout de trois mois lorsque le montant de la condamnation au principal ne s'élève pas à 500 fr., au bout de cinq mois lorsqu'elle ne s'élève pas à 1,000 fr., à neuf mois lorsqu'elle ne s'élève pas à 1,500 fr, et ainsi de suite de trois mois en trois mois par chaque 500 fr. en sus, sans pouvoir excéder trois ans pour les sommes de 6,000 fr. et au-dessus.
Adrien HUARD.

La contrainte par corps a eu de nombreux partisans, de nombreux adversaires; tour à tour vivement attaquée, vivement défendue, elle a toujours perdu quelqu'un de ses lambeaux à la suite de chaque discussion; le temps n'est sans doute pas éloigné où elle disparaîtra entièrement de notre Code. Débris vermoulu d'une époque de barbarie, cette loi, dans son application, confond l'innocent, l'imprudent, le coupable. Les lois correctionnelles, les lois criminelles établissent une distinction, et ne punissent pas de la même peine l'imprudent et le coupable, pour elles l'intention surtout constitue le délit, constitue le crime. Pourquoi n'en serait-il pas de même pour la contrainte par corps? Les tribunaux de commerce, chargés de l'appliquer, ne cherchent pas l'origine de la dette, l'époque où elle a été contractée, les circonstances indépendantes de la volonté du débiteur qui le mettent dans l'impossibilité de l'acquitter au jour nommé; il y a dette, ils prononcent la contrainte par corps; et pourtant, à l'époque où nous vivons, que d'événements imprévus viennent déjouer les calculs les plus certains, les opérations les plus sagement combinées, et empêchent le négociant le plus honorable de remplir ses engagements! Sous le monarque le plus absolu, sous Louis XIV, il y avait un tribunal spécial chargé d'appliquer la contrainte par corps, c'est-à-dire d'examiner la nature de la dette et d'apprécier s'il y avait de la part du débiteur impossibilité de s'acquitter ou mauvais vouloir. Pourquoi n'en serait-il pas de même aujourd'hui? Ce serait une garantie pour le débiteur, sans rien ôter des droits du créancier. Alors disparaîtrait un des plus grands griefs reprochés à cette loi, de donner à un seul individu un pouvoir que n'a pas la société tout entière, celui d'exercer une vengeance.

Les partisans de la contrainte par corps prétendent qu'elle est nécessaire, indispensable, que sans elle il n'y aurait pas sécurité pour le commerce : ils oublient que cette loi n'existe plus aux États-Unis, où pourtant le commerce se fait sur une grande échelle, qu'en Angleterre elle a reçu des modifications telles qu'on entrevoit le moment où elle disparaîtra, et qu'en Espagne elle n'a jamais existé; soutenir un pareil argument, c'est avoir une fausse idée des transactions commerciales. Quel est le négociant, le commerçant, qui pense à la contrainte par corps comme moyen de se faire payer, au moment où il vend sa marchandise? Et cela est tellement vrai, que les incarcérations par des négociants ou des commerçants sont de rares exceptions : le comptoir d'escompte seul, en fait de grands établissements, a encore ce triste courage; elles ne sont faites en général que par des prêteurs d'argent, des usuriers, des acheteurs de créances, comme il est facile de s'en convaincre en consultant le registre d'écrou de la maison pour dettes, où l'on verra toujours les mêmes noms reparaître comme incarcérateurs. Les législateurs n'ont pas pensé qu'ils donnaient un auxiliaire puissant à l'usure, que, d'un autre côté, ils tendent à réprimer sévèrement. Cette loi, telle qu'elle existe aujourd'hui, n'est plus dans nos mœurs; la meilleure preuve c'est que, sur 74,000 jugements prononcés chaque année par le tribunal consulaire, 350 ou 400 au plus sont exécutés. Tous ceux qui ont le cœur honnête reculent devant une mesure qui, sans profit pour personne, en arrachant brusquement un père de famille à ses affaires, en le privant de sa liberté, réduit à la plus affreuse misère sa femme, ses enfants, et le met dans l'impossibilité absolue de jamais s'acquitter.

CONTRAIRES. En logique, on appelle *contraires* deux propositions dont l'une dit plus qu'il n'est nécessaire pour réfuter l'autre. Exemple : *Toutes les facultés de l'âme sont des sensations transformées; aucune faculté de l'âme n'est la sensation transformée.* Les propositions contraires sont donc générales et opposées seulement en qualité. Deux propositions contraires ne peuvent être vraies en même temps, mais elles peuvent être fausses toutes à la fois, parce qu'avançant plus qu'il n'est besoin pour se détruire mutuellement, il est possible que l'une et l'autre soient exagérées et qu'elles pèchent par excès. Entre elles peut se trouver une ou plusieurs propositions moyennes qui renfermeraient la vérité. Exemple : *Toute liberté est possible* ; *aucune liberté n'est possible* : *quelque liberté est possible* ; *quelque liberté n'est pas possible.*

Les propositions *sous-contraires* sont particulières, et ne diffèrent aussi que par la qualité. Exemple : *Quelque liberté est possible* ; *quelque liberté n'est pas possible.* Elles peuvent être toutes les deux vraies, mais elles ne peuvent pas être toutes les deux fausses, car s'il est faux que *quelque vérité ne soit pas possible*, il sera vrai que *quelque vérité l'est.*

Cicéron observe que dans l'argument tiré des contraires les choses opposées doivent être du même genre, comme la *vitesse* et la *lenteur*, et non pas la *faiblesse*, laquelle est contraire à la *force*. Les contraires s'appellent opposés (*adversa*). Il y en a d'autres qu'on nomme privatifs (*privantia*), comme *humanité*, *inhumanité*, etc. Cicéron reconnaît encore des contraires négatifs ou *contraria aientibus* : « Si ceci est, cela n'est pas. » Enfin, des contraires *relatifs*, comme le double et le simple, le grand et le petit. Mais ceux-là même doivent être du même genre :

Je puis choisir, dit-on, ou beaucoup d'ans sans gloire,
Ou peu de jours suivis d'une longue mémoire.
(Achille, dans *Iphigénie*.)

Peu de plaisirs et beaucoup de peines ne sont pas des *contraires* : ils peuvent se trouver ensemble.

Aristote sur cet article des *contraires* donne un conseil qui sent l'école et la dispute : « Si l'on vous allègue les lois, dit-il, appelez-en à la nature, et si on fait parler la nature, rangez-vous du côté des lois. » De tous les préceptes de la dialectique, c'est peut-être le plus communément suivi. La

Fontaine, au commencement de son conte du *Faucon*, argumente en forme :

> Je me souviens d'avoir damné jadis
> L'amant avare ; et je ne m'en dédis.
> Si la *raison des contraires* est bonne,
> Le libéral doit être en paradis :
> Je m'en rapporte à messieurs de Sorbonne.
> DE REIFFENBERG.

CONTRALTO. On appelle ainsi la voix qui tient le milieu entre le *soprano* ou voix aiguë de femme, et le *ténor* ou voix aiguë d'homme. Les voix de contralto sont naturelles ; l'étude peut cependant y ajouter beaucoup. Elles sont rares chez les femmes, et très-recherchées. Quelques cantatrices remarquables ont eu avec une voix de soprano de très-belles notes de *contralto*. On trouve en France peu d'hommes ayant une voix de *contralto* bien décidée. On assure toutefois qu'aux environs de Toulouse il n'est pas rare de trouver de jeunes paysans s'élevant sans effort jusqu'aux notes les plus élevées de cette nature de voix. En France, elle prend le nom de *haute-contre* pour les hommes. Les chapelles des princes en Italie possédaient autrefois de magnifiques *tenori contraltini*, que l'on obtenait par la castration.
A. LEGOTT.

CONTRARIANT, celui que possède l'esprit de contradiction, qui prend en toutes choses le contre-pied de ce que disent ou désirent les autres. Les uns naissent avec un esprit contrariant, comme les autres avec un esprit faux ; ce sont des vices qui tiennent à notre constitution morale ou intellectuelle, et que l'on parvient à modifier, mais jamais à effacer complétement, à moins que ce ne soit dans l'âge qui précède les premiers développements de la raison. Les enfants sont en général contrariants ; mais à cette époque pareille disposition n'a rien d'inquiétant : c'est une manière qui leur est propre d'exercer leur force, et qui a des avantages, parce qu'elle développe en eux l'habileté du raisonnement et les ressources de la persuasion ; car si les enfants ont recours à l'énergie physique, ils discutent entre eux beaucoup plus qu'on ne le croit. Mais le premier âge passé, reste-t-on contrariant, c'est d'un mauvais augure, à moins cependant que l'on ne porte à un très-haut degré l'amour du monde ; alors les convenances de la société parviennent à vous modifier : car ce que nous ne tolérons jamais dans un salon, ce sont les vices qui nous blessent tous ; il y a unanimité pour se défendre.

Il n'est donné qu'à un très-petit nombre d'hommes de se maintenir contrariants ; c'est un genre de tyrannie quotidienne qui exige de la fortune, de l'esprit, et souvent une position élevée ; encore l'éclat des dignités ne sauve pas dans ce genre de fréquents échecs, et dans un temps en France où le pouvoir monarchique était si prépondérant, le prince avait des ménagements à garder, parce que l'esprit de société planait sur tous, et, en définitive, le classait lui-même : il pouvait être contrariant dans son intimité domestique ; il s'en défendait dans ses réceptions et aux fêtes, ne fût-ce que pour les femmes qui s'y trouvaient invitées. A moins que les femmes ne soient très-jeunes, et qu'une adoration continuelle ne les entoure, elles ne se montrent contrariantes que par exception, et encore arrivent-elles à se corriger de ce défaut lorsque le premier éclat de leur beauté se passe ou que leur printemps commence à s'évanouir. Les femmes parviennent même quelquefois à tempérer en nous le penchant à la contrariété ; mais dans nos mœurs trop faciles elles ont perdu beaucoup de leur empire sous ce rapport.
SAINT-PROSPER.

CONTRARIÉTÉ, opposition entre les choses contraires. Au pluriel il est synonyme d'obstacle, empêchement, traverse. Il est assez difficile de soumettre les *contrariétés* à une définition bien précise, tant elles prennent de formes différentes et varient suivant le temps, l'âge et les caractères. On appelle en général *contrariétés* des contre-temps subits, ces désappointements imprévus qui se glissent dans la vie la plus brillante et en décolorent l'éclat. Dans les affaires d'intérêt, le retour fréquent des contrariétés est la compensation des bénéfices. Les spéculateurs expirent sous le poids des contrariétés, comme les gens du monde sous le poids des chagrins ; les uns sont asphyxiés au sein des richesses comme les autres tombent flétris au sein des honneurs. Le remède le plus efficace à opposer aux contrariétés, c'est la résignation, lorsqu'elle découle du principe religieux, ou bien encore l'indifférence ; mais celle-ci, à des réveils, tandis que l'autre reste toujours calme.

Avoir de hauts emplois, être revêtu de suprêmes dignités, voilà ce que nous désirons tous. L'avons-nous obtenu, il semble que tout ne sera plus pour nous qu'empressement et hommage. Maintenant telle est la réalité : dans cette position si enviée il y a tant de contrariétés d'amour-propre, tant de contradictions inévitables ; on est si persécuté dans toutes ses jouissances de vanité, que maintes fois on est plus à plaindre que l'homme qui plie sous la nécessité d'un travail à la fois qui le nourrit lui et sa famille. Les riches et les puissants quittent donc souvent avec joie leurs hôtels ou leurs palais pour aller se confiner dans la retraite ou dans la solitude : ils sont maîtres de leur bonheur, ils le font eux-mêmes.
SAINT-PROSPER.

CONTRASTE (du latin *contrastare*, se tenir contre). En effet, *contraste* n'est point, comme *contraire*, une chose entièrement opposée à une autre, mais une chose qui, bien que différente, conserve pourtant des rapports avec celle avec laquelle elle est en opposition. Le contraste est nécessaire en peinture et en sculpture, tandis que l'architecture ordinairement exige de la symétrie. Un peintre doit avoir soin de faire *contraster ses figures*, c'est-à-dire qu'elles ne doivent pas être toutes blondes, toutes de même âge, ou toutes d'un égal embonpoint. Les membres d'une même figure doivent aussi *contraster* entre eux : les deux bras, les deux jambes, ne doivent pas avoir le même mouvement. Mais il faut cependant observer que la recherche affectée et trop apparente des contrastes serait aussi vicieuse que la symétrie. Les contrastes sont également désirés en musique, où le mouvement, la mélodie, l'accompagnement, doivent, de temps à autre, offrir quelques contrastes. Au théâtre, en poésie, on aime aussi à trouver des contrastes entre les caractères des personnages, afin d'éviter la monotonie.
DUCHESNE aîné.

On entend le plus généralement par *contraste* l'opposition frappante et complète que présentent deux faits qui, malgré leur totale dissemblance, se trouvent réunis ou pour ainsi dire juxta-posés dans la réalité ou par l'imagination du poète. La nature, quoique plus sobre de contrastes que la poésie, en offre pourtant en assez grand nombre. Ainsi, pendant une nuit orageuse, des éclairs viendront parfois interrompre l'obscurité, et jeter tout à coup à travers d'épaisses ténèbres des flots éblouissants de lumière. Des rochers dont la dureté brave les efforts de la tempête et les outrages des siècles s'élèvent immobiles au milieu des ondes agitées d'un éternel mouvement, et dont le sein liquide ouvre un passage aux êtres les plus faibles de la création. L'Égypte a ses oasis, qui semblent des îles fraîches et verdoyantes situées au milieu d'un océan de sables arides et brûlants. La Suisse a ses mers de glace suspendues au-dessus de riantes prairies, ses montagnes sourcilleuses, qui se perdent dans les nuages à côté de précipices dont l'œil n'atteint pas la profondeur, ses lacs tranquilles et limpides auprès de cascades écumantes et d'impétueux torrents.

La nature humaine et la vie sociale nous offrent des contrastes plus nombreux encore, car il est impossible qu'une si grande multitude d'individus dont la liberté est l'essence, qui diffèrent entre eux par les idées, les penchants, le caractère, les intérêts, et qui se trouvent néanmoins réunis dans un même lieu, ne présentent point à chaque instant une foule d'oppositions variées et de bizarres contrastes. L'enfant donne presque en même temps les démonstrations de la joie la plus vive et de la plus amère douleur. Le jeune homme passe tout à coup du recueillement de l'étude aux plaisirs d'une bruyante orgie. Souvent on voit à la pompe lugubre des funérailles succéder de splendides repas, et les convives noyer leur douleur dans des flots de vin. L'opulence et la misère vivent ici-bas côte à côte; et l'on voit souvent auprès des chaumières délabrées, où sont entassés de pauvres villageois nourris de pain noir et de sueur, s'élever un château à la façade élégante, aux vastes appartements, où une seule famille vit au sein de l'abondance et des plaisirs. Le prisonnier, à travers les barreaux de son étroite fenêtre, voit courir çà et là de jeunes enfants dont la liberté fait tout le bonheur; on voit se coudoyer dans nos cités le savant et le rustre, le guerrier et le prêtre, le riche blasé et l'indigent qui a faim, la prostituée et la jeune fille qui rougit; en un mot, la société semble un composé de mille éléments contraires, sans cesse en lutte et sans cesse rapprochés, où se croisent les plus étranges incohérences condamnées à vivre ensemble, un pêle-mêle d'or et de fange, de diamants et de haillons, de joies et de souffrances, d'ignorance et de lumières, de sagesse et de folie, d'activité et d'indolence, d'héroïsme et de bassesse.

Si les contrastes se rencontrent quelquefois dans la nature extérieure, s'ils sont fréquents dans la vie sociale, ils fourmillent dans les œuvres du poëte. Milton, après nous avoir décrit avec une effrayante vigueur de pinceau la sombre demeure de Satan, après nous avoir révélé les terribles mystères du monde infernal, nous introduit dans le séjour délicieux de l'Éden, et nous fait savourer toutes les voluptés calmes et pures de ces régions bienheureuses. Le Tasse, du sein des combats et des champs de carnage, nous transporte avec Herminie dans de riants paysages, séjour de l'innocence et de la paix. Mais ce sont surtout les productions dramatiques qui en fournissent à chaque instant des exemples. Dans un drame, l'intérêt des situations naît presque toujours d'un contraste, et s'il nous était possible de faire ici l'analyse d'une pièce de théâtre quelconque, on verrait que tous les effets que le poëte a voulu produire l'ont été au moyen d'oppositions frappantes, habilement ménagées, entre les actions successives dont se compose le drame, oppositions qui étonnent le spectateur et plaisent singulièrement à son imagination.

On a dit que tout le mérite du contraste consiste à rendre plus évidentes les qualités des objets que l'on oppose l'un à l'autre, et qu'ainsi il est toujours employé avec avantage pour rendre plus vive l'impression que nous voulons faire produire à un objet. On ne peut mieux, par exemple, faire ressortir la blancheur d'un corps qu'en le plaçant auprès d'un autre de couleur noire. C'est ainsi que Virgile, pour faire valoir les charmes de la vie champêtre, leur oppose la vie agitée de la place publique et les horreurs de la guerre. C'est là sans contredit un des principaux avantages du contraste, mais je lui accorderai plus encore : un contraste, à mon avis, ne plaît pas seulement parce qu'il fait valoir les objets qu'on oppose l'un à l'autre, il plaît aussi par lui-même, et parce qu'un rapport d'opposition complète est par sa nature même une source véritable de jouissances pour la pensée. Si je parle d'un enfant que la mort vient d'enlever, et que je dise qu'il est passé du berceau dans la tombe, je n'ai pas seulement cherché à faire valoir les deux idées l'une par l'autre, j'ai voulu flatter l'esprit par l'opposition même des idées, par le rapprochement de deux contraires. On peut donc affirmer que l'esprit aime qu'on lui présente un rapport de différence bien tranchée, bien complète, et que l'opposition frappante qui existe entre les deux termes du rapport lui plaît indépendamment des termes eux-mêmes; il y a donc une beauté attachée à la nature même du contraste.

Enfin, il y a encore un motif qui donne au contraste une grande valeur, et auquel nous devons attribuer principalement l'effet qu'il produit au théâtre : c'est qu'en nous faisant passer brusquement par des sentiments tout opposés, il communique à l'âme une vive secousse. Interdite, étonnée par ce changement d'état subit, elle a peine à soutenir ce conflit d'émotions, ce choc de sentiments contraires qui viennent en même temps l'assaillir et la remuent si profondément. Or, elle sait gré au poëte de ce tumulte, de cette commotion violente qu'elle éprouve, et elle applaudit aux ressorts qu'il a fait jouer pour l'ébranler avec tant de violence. Les contrastes ont donc un nouvel attrait pour l'esprit, en ce qu'ils ont pour résultat de donner une plus grande énergie à nos émotions.

Si nous sommes avides à ce point de sensations vives, si la poésie prodigue tellement les contrastes, qui sont en effet sa richesse et sa vie', pourquoi la nature en est-elle si avare? pourquoi fait-elle succéder la nuit au jour par une dégradation insensible de lumière? pourquoi ses formes ne sont-elles pas plus heurtées? pourquoi ses teintes ne sont-elles pas plus tranchées? pourquoi les couleurs diverses dont elle est revêtue se fondent-elles par des nuances qui leur servent de transitions? pourquoi tous les objets de la création forment-ils une chaîne harmonieuse qui unit les êtres organisés les plus parfaits à ses productions les plus grossières? C'est qu'en effet le caractère principal du beau, c'est l'harmonie, c'est que Dieu, qui est la source du beau, comme il est le principe du vrai et du bien, a dû accomplir son œuvre en la développant avec ordre, sagesse, grandeur et majesté; s'il a permis des contrastes, c'est pour jeter de la diversité dans cette création, qui peut-être aurait eu quelque monotonie pour l'homme. Mais il ne les a pas multipliés, parce qu'ils ne constituent pas ce qu'il y a de plus beau et de plus admirable, parce qu'il n'a pas voulu non plus que l'âme humaine fût à chaque instant fortement émue et violemment impressionnée; il a voulu nourrir de préférence en elle les sentiments calmes et l'admiration calme. Le poëte, au contraire, a pour but la plupart du temps de nous enlever à ces émotions tranquilles et ordinaires; il veut exciter en nous des plaisirs nouveaux, des sensations inconnues; il ne croirait pas avoir besoin de nous présenter ses tableaux s'ils ne devaient pas produire plus d'effet sur notre âme que les scènes habituelles de la nature; et comme son objet principal est de nous plaire et de nous émouvoir pendant un certain temps, il est obligé de charger ses couleurs, de prodiguer les moyens de surexciter l'âme et de la remuer violemment. Mais hâtons-nous de reconnaître que ces émotions vives ne sauraient être l'état normal de l'âme; qu'elle ne les recherche et ne les supporte que parce qu'elles doivent être de courte durée, et que si elle préfère encore à ces poésies dramatiques, qui ne vivent que de contrastes, la contemplation de la nature, où l'harmonie est la règle et le contraste l'exception   C. M. PAFE.

CONTRAT. Dans l'acception la plus générale et suivant le langage de la loi, on entend par ce mot une convention par laquelle une ou plusieurs personnes s'obligent envers une ou plusieurs autres à donner, à faire, ou à ne pas faire quelque chose. Il est souvent employé, dans l'usage, pour désigner des formes revêtue des formes d'un acte public et dès lors capable de produire certains effets, comme d'imprimer hypothèque et d'emporter exécution parée. Dans un sens encore plus étroit, contrat est synonyme d'acte notarié. La loi emploie indistinctement les mots *contrat*, *obligation*, *convention*, *pacte*; mais quoique ayant de nombreux rapports d'affinité, ces mots ne sont pas synonymes.

Les contrats ne sont pas tous de même nature; ils se divisent en plusieurs catégories. A cet égard les jurisconsultes romains avaient établi des divisions assez singulières: ils distinguaient les *contrats nommés* et les *contrats innommés*; les premiers étaient la vente, le louage, le mandat, le dépôt, le commodat ou prêt à usage, et la société : ces contrats donnaient lieu à différentes **actions** provenant du droit civil; les seconds étaient ceux qui n'avaient pas de dénomination propre dans le droit civil, l'échange, par exemple, et à raison desquels on ne pouvait intenter que des actions utiles, des actions *in factum*, ou des actions *præscriptis verbis*; le plus souvent même, à la différence des contrats nommés, ils ne donnaient lieu qu'à des **exceptions**. Ils distinguaient encore les *contrats de bonne foi*, dans l'interprétation desquels le juge n'était pas strictement asservi aux termes dont les parties contractantes s'étaient servies, comme la vente, le louage, le mandat, le dépôt, le prêt à usage, la société, etc., et les contrats de *droit étroit*, qui devaient être exécutés à la lettre, tel que le *mutuum* ou prêt de consommation. Ces distinctions n'ont pas été admises dans le droit français. Les Romains distinguaient encore les *contrats consensuels* et les *contrats réels*; les premiers, tels que la vente, le louage, le mandat, la société, se formaient par le seul consentement des parties; les seconds, comme le dépôt, le gage, le commodat, le *mutuum*, ne se formaient que par la délivrance de la chose qui en était l'objet. Cette distinction de pure théorie n'a pas été reproduite dans le Code Napoléon. Enfin ils divisaient encore les contrats en *synallagmatiques* ou *bilatéraux*, et *unilatéraux*; en *contrats actuellement commutatifs*, et *contrats aléatoires*; en *contrats de bienfaisance* ou *à titre gratuit*, par lesquels une partie procure gratuitement un avantage à l'autre; et en *contrats à titre onéreux*, qui assujettissent chacune des parties à donner ou à faire quelque chose : divisions fondées sur la nature des choses, qui ont été consacrées par le Code Napoléon. On peut distinguer en outre, quoique cette division ne soit pas dans le code, les *contrats principaux* et les *contrats accessoires*, qui ne subsisteraient pas par eux-mêmes et ne se formeraient que pour assurer l'exécution d'une convention, comme le cautionnement, le nantissement; les *contrats solennels*, dont l'existence est subordonnée à l'observation de certaines formalités, sans lesquelles ils ne produiraient aucun effet civil, comme l'hypothèque conventionnelle et le contrat de mariage, et les *contrats non solennels*, comme la vente, le louage, etc.

Quatre conditions sont essentielles pour la validité du contrat : le consentement des parties, la capacité de toute partie qui s'oblige, la certitude de l'obligation licite et suffisamment déterminé, enfin une cause également licite de cette même obligation.

De la nécessité du mutuel consentement des parties pour la formation d'un contrat, il résulte que si l'une d'elles était, au moment de l'acte, privée de raison, ou en état d'ivresse, le contrat ne se formerait pas. Il pourrait en outre être brisé, si le consentement, quoique réel, n'avait été donné que par **erreur** ou extorqué par **violence**. La lésion et même le simple **dol** dont une partie a été victime conduisent quelquefois au même résultat.

Les personnes légalement incapables de s'obliger sont les interdits, les femmes mariées et quelques autres personnes dans quelques cas particuliers prévus par la loi. Toutefois, les femmes mariées et les personnes pourvues d'un **conseil judiciaire** peuvent s'obliger dans certains cas. Quant aux **mineurs**, quoique le Code Napoléon les place au premier rang des incapables, ils sont seulement restituables pour lésion.

Pour qu'un contrat soit valablement formé, il faut que la chose qui en est l'objet soit dans le commerce; ce qui exclut les faits physiquement impossibles, les faits illicites, les choses qui n'existent pas dans la nature, celles qui font partie du domaine public, celles qui se trouvent enlevées à la disposition de l'homme par un texte exprès de loi, comme les successions de personnes vivantes, les personnes et tout ce qui concerne leur état; en outre, l'objet du contrat doit être tel que le promettant puisse être contraint à procurer une certaine utilité au stipulant : ainsi le contrat serait nul si l'on avait promis, sans autre désignation, de faire *quelque chose* ou de livrer un *animal*. Il serait également nul si l'objet de la promesse n'était utile qu'à une tierce personne, de telle sorte que le stipulant fût sans intérêt et dès lors sans action pour en poursuivre l'exécution : du reste, rien n'empêche que cette chose ou ce fait ne doivent être utiles qu'à un tiers, ne soient pris comme condition ou comme charge de la convention.

Une dernière condition nécessaire à la validité et même à la formation du contrat et des obligations qu'il doit produire, c'est que chacune de ces obligations ait une cause licite. Dans les contrats à titre onéreux, la cause de l'obligation n'est rien autre chose que l'avantage que l'obligé a voulu obtenir de l'autre partie; si ce contrat est synallagmatique, la cause de chaque obligation se trouve dans l'objet même de l'obligation réciproque. Dans ces contrats de bienfaisance, la cause de l'obligation n'est autre que le désir de rendre un service. Une promesse peut se trouver sans cause, quand il s'agit d'une cause future et successive. Ainsi lorsqu'une récolte qu'on avait promis à l'avance de payer tel prix ne naît pas, l'obligation se trouve nulle par défaut de cause.

Toutes les règles relatives à l'interprétation des contrats se réduisent à ce principe unique, qu'il faut rechercher par tous les moyens possibles quelle a été la commune intention des parties contractantes. Les clauses susceptibles de deux sens doivent s'entendre dans le sens qui leur donne un effet plutôt que dans celui qui n'en produirait aucun.

Toute convention, du moment qu'elle est légalement formée, lie les parties contractantes comme le ferait la loi même. Mais ce n'est pas à dire pourtant que les conventions soient des lois proprement dites, et dès lors la mauvaise interprétation des contrats ne saurait être une ouverture à cassation. Les conventions n'obligent pas seulement à ce qui est exprimé dans l'acte, mais aussi à toutes les suites que la loi, l'usage ou l'équité leur donnent. Elles n'ont d'effet en général que pour ou contre les parties contractantes ou leurs ayant-cause, sans qu'elles puissent nuire ni profiter aux tiers. Parmi les ayant-cause se trouvent les créanciers; ils peuvent, pour arriver à payement, exercer, au nom de leur débiteur, tous les droits et actions qui lui appartiennent, sauf certains droits exclusivement attachés à sa personne, ceux, par exemple, dont l'intérêt est purement moral.

Le contrat, considéré comme représentant le titre écrit justificatif de la convention, peut se faire d'une manière **authentique** ou **sous seing privé**. Le caractère d'authenticité ne peut être imprimé aux conventions des parties que par le ministère des notaires. Les contrats ou plutôt les actes sous signatures privées n'ont de date certaine contre des tiers qu'à compter du jour où ils sont soumis à la formalité de l'enregistrement. Ils doivent être faits en autant d'originaux qu'il y a de parties ayant un intérêt distinct, et chaque original doit contenir la mention du nombre total d'originaux.

Le Code s'occupe encore de plusieurs faits volontaires et licites qui obligent sans convention; on les appelle *quasi-contrats*.

CONTRAT À LA GROSSE, *voyez* PRÊT A LA GROSSE.

CONTRAT DE MARIAGE. C'est le contrat qui régit l'association conjugale et fixe les droits des époux quant à leurs biens. A la différence du contrat purement moral, qui fixe les droits respectifs des époux quant à leurs personnes, et dans lequel tout est réglé par les dispositions mêmes de la loi, sans que rien y puisse dépendre de la volonté privée des parties (*voyez* MARIAGE), le contrat pécuniaire, au contraire, est entièrement abandonné au libre arbitre des contractants, qui jouissent même à cet égard d'une plus grande latitude que pour tout autre contrat. C'est seulement à défaut de conventions régulièrement fixées par les époux, que la loi intervient pour les soumettre de plein droit au système organisé par elle comme régime de droit commun. Cette latitude laissée aux époux reçoit pourtant quelques restrictions, demandées soit par la morale elle-même, soit par des considérations d'intérêt général. Ils ne pourraient faire aucune convention dérogeant soit aux droits que la puissance maritale confère à l'époux sur la personne de l'épouse ou des enfants, soit à ceux qui découlent, pour l'un ou l'autre des conjoints, de la puissance paternelle ou de la tutelle légitime.

Il y a cinq régimes ou systèmes différents de conventions matrimoniales : la *communauté légale*, la *communauté conventionnelle*, *l'exclusion simple de communauté*, la *séparation de biens*, enfin le *régime dotal*. Quelque système que l'on ait adopté, il est interdit au mari de déroger aux droits qui lui appartiennent, quant aux biens, par sa qualité de chef de la société pécuniaire des époux. Pour les biens propres du mari, toute clause qui soumettrait le mari à demander à sa femme ou à la justice la permission de les administrer et d'en disposer serait nulle, comme portant atteinte à la dignité maritale. Pour les biens de la femme, les époux jouissent d'une grande latitude; ils pourraient même, après avoir dit qu'ils adoptent la communauté légale ou que les biens de la femme seront dotaux, réserver à la femme l'administration et la jouissance de ses biens, car ils auraient alors seulement fait erreur sur les qualifications. Mais, après avoir soumis ses biens soit à la communauté, soit à la dotalité, soit encore à l'exclusion simple de communauté, la femme ne pourrait pas s'en réserver l'administration en laissant la jouissance au mari : cette clause serait nulle, comme injurieuse pour ce dernier; serait nulle également la clause qui, sous quelque régime que ce soit, attribuerait à la femme le droit d'aliéner ses biens sans autorisation. Quant aux biens communs, meubles ou immeubles, le mari en est le maître, et on ne peut pas plus pour eux que pour les autres porter atteinte à sa qualité de chef.

La loi déclare également nulle : toute convention qui dérogerait à l'ordre légal des successions, toutes les stipulations qui sont interdites par quelque disposition prohibitive du Code, enfin celles qui, sans être prévues par un texte spécial, se trouveraient contraires aux bonnes mœurs ou à l'ordre public.

En dehors de ces diverses restrictions, les futurs époux sont libres de choisir celui qui leur plaît des cinq régimes de mariage; de composer un régime mixte en combinant les règles de celui-ci avec les règles de celui-là, d'insérer dans leur contrat des clauses qui ne sont nullement prévues dans le Code, soit en les créant eux-mêmes, soit en les puisant dans quelqu'une de nos anciennes coutumes, pourvu, dans ce dernier cas, qu'elles soient exprimées en toutes lettres dans le contrat, car on ne pourrait pas renvoyer aux textes de ces coutumes, qui ne sont plus des textes légaux.

Lorsque les époux se marient sans aucun contrat, ils se trouvent alors soumis au régime de la communauté légale. Il en est de même quand le contrat rédigé se trouve nul pour vice de forme, ou lorsqu'il est impossible de comprendre à quel régime on a voulu se soumettre.

Des formes rigoureuses et des conditions sévères sont imposées soit au contrat, soit aux changements qu'on voudrait lui apporter après une première rédaction. Le Code Napoléon, à la différence de plusieurs de nos anciennes coutumes, et pour assurer l'immutabilité des conventions matrimoniales, exige, à peine de nullité, qu'elles soient arrêtées irrévocablement avant la célébration de l'union, par acte passé devant notaire et avec minute. Il y aurait aussi nullité de tous changements apportés au contrat postérieurement à la célébration. Ces changements au contrat sont possibles tant que la célébration n'a pas eu lieu; mais sous des conditions plus ou moins sévères, selon qu'il s'agit de les exécuter vis-à-vis des tiers ou entre les époux seulement. Même entre époux, le changement n'est valable qu'autant qu'il est constaté, comme le contrat, par acte passé devant le notaire en minute, et qu'il est fait avec le concours de tous ceux qui ont été parties à ce contrat, et qui doivent se réunir par eux-mêmes ou par des fondés de pouvoirs pour y consentir tous simultanément. Il faut regarder comme ayant été parties au contrat les époux, ceux des signataires qui leur ont fait des libéralités, ceux dont le consentement est nécessaire à leur mariage et ceux même dont ils sont tenus de requérir conseil. Si une seule de ces parties manque, il devient impossible de faire le changement projeté, alors même que cette partie ne serait qu'un simple donateur; et le seul moyen, dans ce dernier cas, d'arriver au résultat voulu serait d'abandonner le premier contrat et d'en faire un nouveau en sacrifiant la donation dont l'auteur ne veut ou ne peut se prêter au changement. Pour que l'acte modificatif soit valable envers les tiers, il faut en outre que les parties aient soin de le faire rédiger à la suite de la minute du contrat. La loi exige aussi que le notaire ne délivre jamais aucune expédition du contrat sans y joindre l'expédition de l'acte accessoire; mais la violation de cette dernière règle n'entraîne pas au profit des tiers la nullité du changement; elle leur permet seulement de s'adresser au notaire pour se faire indemniser du préjudice que leur cause l'expédition incomplète. Du reste, on ne peut ranger parmi les changements au contrat les donations que postérieurement à ce contrat des tiers feraient aux époux; mais il faut y ranger, au contraire, la donation qu'un des époux ferait à l'autre, dans l'intervalle de la signature du contrat à la célébration de l'union, puisqu'elle viendrait modifier la position respective que le contrat faisait à ces époux. Il faut y ranger également les conventions que les parties présenteraient comme simplement interprétatives de clauses obscures de leur contrat. Il n'est pas permis davantage de changer les conventions matrimoniales au moyen de clauses insérées à l'avance dans le contrat lui-même : la loi veut un régime unique et identique pour toute la durée du mariage.

Quant à la capacité des parties contractantes, les règles sont en général les mêmes pour le contrat de mariage que pour les autres contrats pécuniaires. Ainsi, quelque le jeune homme de vingt et un ans à vingt-cinq ans, qui a encore quelque ascendant, soit mineur pour le mariage, il n'en est pas moins majeur pour le contrat pécuniaire. Par faveur pour le mariage, la loi déclare en outre pleinement valables les conventions faites par un mineur avec l'assistance de ceux dont le consentement suffit à son mariage. Du reste, l'incapacité de contracter du mineur fait sans cause d'annulabilité, et le contrat fait sans l'assistance voulue par un mineur ou un prodigue, comme aussi celui que le mineur ferait avant l'âge compétent pour le mariage et sans avoir obtenu dispense, serait susceptible de ratification, notamment par une exécution volontairement faite au moment où l'on serait devenu capable.

Lorsque les époux ou l'un d'eux sont commerçants, la loi leur impose de nouvelles obligations, et les assujettit à d'autres formalités. Les fréquentes relations d'affaires que le commerce établit entre eux et le public donnent nécessairement à tous un grand intérêt à connaître les conventions de leur contrat de mariage, alors que par leur contexture elles doivent influer nécessairement sur leur crédit et sur la confiance qu'on peut avoir en eux, en donnant plus ou moins de sûreté aux personnes avec lesquelles ils ont à traiter. Leur contrat de mariage doit être transmis par extrait, dans le mois de sa date, aux greffes des tribunaux civils et de commerce du domicile du mari pour être inséré sur un tableau à ce destiné et exposé pendant un an dans l'auditoire de ces tribunaux. Lorsqu'il n'y a pas de tribunal de commerce, cette exposition est faite dans la principale salle de la maison commune du domicile du mari. Pareil extrait doit être inséré sur un tableau exposé dans les chambres des notaires et des avoués près le tribunal civil du même lieu. Cet extrait doit énoncer si les époux sont mariés sous communauté, s'ils sont séparés de biens ou s'ils ont contracté sous le régime dotal. Mais il n'est pas nécessaire qu'il exprime le montant des apports successifs. Le notaire qui a reçu le contrat de mariage est tenu de faire cette remise sous peine de cent francs d'amende et même de destitution et de responsabilité envers les créanciers, s'il est prouvé que l'omission est le résultat d'une collusion. L'époux séparé de biens, ou marié sous le régime dotal, qui embrasse la profession de commerçant postérieurement à son mariage, est tenu de faire pareille remise dans le mois du jour où il aura ouvert son commerce; à défaut de cette remise, il pourra être condamné, en cas de faillite, comme banqueroutier simple.

Une loi récente oblige les futurs époux, commerçants ou non, à déclarer devant l'officier de l'état civil, au moment de contracter leur union, s'ils ont fait un contrat de mariage et quelle est sa teneur.

CONTRAT D'UNION. Voyez FAILLITE.

CONTRAT SOCIAL. C'est le nom que, surtout depuis J.-J. Rousseau, on a donné à cette espèce de loi non écrite qui semble avoir présidé à la formation des sociétés humaines; loi indépendante de toutes les institutions formant les législations civiles ou politiques d'un peuple. Dans ce contrat, l'homme n'a pu pour toujours aliéner ses droits naturels, ses droits imprescriptibles, qui le rendent l'égal d'un autre homme; si par un contrat tacite, si devant la nécessité, il a dû consentir à accepter la loi du plus fort, s'il a dû entrer dans une société rangée sous quelque chef, ce contrat n'a pu porter atteinte à sa qualité d'être libre. L'homme se trouve donc dans toute société, avec des droits antérieurs à la formation de cette société et s'il ne peut en revendiquer le plein et entier exercice, la société lui doit du moins laisser toute la liberté d'action dont la civilisation l'a rendu digne. Une société n'est donc assise sur des bases solides qu'autant que sa constitution accorde à chacun les droits et la liberté qui ne peuvent nuire à l'ensemble des membres de la société; et si tout citoyen doit soumission aux lois de son pays, ces lois doivent lui assurer une protection efficace. Que ces lois soient contraires au pacte primitif, ou à ceux de ces droits naturels qu'il n'est permis à personne de sacrifier dans aucune circonstance, le citoyen lésé subit la loi, mais ne l'adopte pas; et quand le joug devient insupportable, il rompt lui-même le contrat social pour rétablir la société sur des bases conformes au droit naturel.

CONTRAVENTION. En termes généraux, c'est l'infraction à une loi, à un règlement, à une convention. Mais dans un sens plus légal on désigne sous le nom de contraventions les infractions que les lois punissent des peines de simple police. Les commissaires de police et, dans les communes où il n'y en a point, les maires ou les adjoints sont chargés de rechercher les contraventions de police, et de recevoir les plaintes et les dénonciations qui y sont relatives. Les peines de police sont l'emprisonnement, l'amende et la confiscation de certains objets saisis.

En matière de contravention, la loi ne recherche point la complicité. L'absence d'intention répréhensible n'est jamais une cause d'excuse; c'est un fait seul qui est réprimé, la loi voulant que les citoyens soient tenus à une surveillance continuelle envers eux et ceux dont ils répondent.

CONTRAYERVA, nom d'une espèce du genre dorstenia (le dorstenia contrayerva) et de sa racine. Ce genre, appartenant à la tribu des morées, famille des urticées, est caractérisé par un réceptacle commun, charnu, dans lequel des semences solitaires sont nichées (ou placées dans des espèces de godets, sans attaches).

Le dorstenia contrayerva est une plante vivace, indigène au Pérou, au Mexique et dans plusieurs des Antilles. On la trouve principalement dans l'île Saint-Vincent. La racine est fusiforme, noueuse et ramifiée, compacte, garnie d'une multitude de fibres rudes; à l'extérieur elle est de couleur brune, et blanchâtre à l'intérieur. De cette racine il pousse plusieurs feuilles, qui ont environ dix centimètres de long et autant de large : ces feuilles sont de forme irrégulière, mais en général profondément laciniées et divisées en cinq ou sept parties obtuses; elles sont portées par de longs pétioles radicaux, qui dans le voisinage de la feuille sont ailés. La fructification, très-singulière et très-remarquable, se montre à l'extrémité de hampes ou tiges radicales, qui ont à peu près la même hauteur; elle présente un réceptacle charnu de la forme d'un placenta animal, de trois centimètres environ de long sur deux de large, et placé verticalement. Ce réceptacle s'appuie sur la face supérieure des fleurs, qui sont fort petites, à peine visibles, étroitement unies entre elles, noyées dans le réceptacle et occupant la totalité de son disque. La capsule à l'état de maturité jouit de l'élasticité, et les semences qu'elle contient sont lancées avec une force considérable, comme celles de l'elaterium et de l'impatiens noli tangere (voyez BALSAMINE). Cette plante ne serait pas plus connue que ses congénères, si sa racine n'avait passé longtemps en Europe pour douée de vertus alexipharmaques; ce que rappelle le nom de contrayerva (le mot espagnol, qui rend celui d'antidote, est contrahierba). Cette racine, que l'on n'emploie plus aujourd'hui, a une odeur qui lui est propre, sans être désagréable. Sa saveur est amère, chaude, et laisse sur la langue une impression assez durable. PELOUZE père.

CONTRE (en latin contra), préposition qui marque l'opposition, par laquelle on désigne une chose directement opposée à une autre. Il y a une distinction à faire entre les trois prépositions contre, nonobstant et malgré, qui marquent toutes les trois une opposition, mais avec des nuances graduées. On se sert de la première pour exprimer simplement l'idée d'une chose opposée ou contraire à une autre : ainsi, l'on dira, d'une manière absolue et générale, qu'il ne faut rien faire contre sa conscience, qu'un honnête homme ne doit point parler contre la vérité. Nonobstant marque une opposition légère à laquelle on ne s'arrête point. Malgré marque une opposition plus réelle, plus forte, une force de résistance soutenue, dont on triomphe par voie de faits et par la violence à défaut de la persuasion, par une persistance opiniâtre enfin et quelquefois même aveugle. Ainsi, nous dirons, en rapprochant les trois synonymes dans une seule phrase, que ce que l'on entreprend contre l'avis de ses amis et nonobstant leurs observations, il faut avoir les moyens et la force de l'exécuter malgré tous les obstacles.

CONTRE (Escrime), parade qui se fait en dégageant. Voyez DÉGAGEMENT.

CONTRE ou **CONTRA** (Musique). On désignait autrefois par ce mot la voix d'alto; mais il servait spécialement à indiquer les parties destinées à faire harmonie avec une autre. Ainsi, l'alto chantait-il contre le dessus, le premier le nom de contralto ou haute-contre; le tenor servait-il de basse, il s'appelait contra-tenor; et si l'on employait une partie plus grave que la basse chantante, cette partie devenait contre-basse ou basse-contre. Le mot contre désigne aujourd'hui un son relativement plus grave qu'un autre de même nature. Ainsi, la voix la plus grave de l'alto s'appelle contralto, et pour les instruments de basse, archet contre-basse.

Le mot contra indique en Allemagne les sons les plus graves de la première octave. A. LEGOYT.

CONTRE-AMIRAL, nom que portait autrefois l'officier chargé du commandement de la division d'arrière-garde dans une armée navale; c'était une simple qualité qui ne subsistait que pendant le temps de l'armement. Aujourd'hui, c'est le troisième grade d'officier général de la marine et le même que celui de *chef d'escadre* d'autrefois. Dans toutes les marines militaires, le grade de contre-amiral est le troisième (*voyez* AMIRAL). Le navire monté par le contre-amiral porte au haut du mât d'artimon le pavillon national, de figure carrée.   MERLIN.

CONTRE-APPEL. En termes d'escrime, c'est l'appel d'un des combattants, contraire à celui qu'a fait son adversaire : ainsi, si *l'appel* est un engagement de l'épée en dehors, le *contre-appel* sera l'engagement de l'épée en dedans.

Contre-appel, en termes d'art militaire, est un nouvel appel fait pour constater l'exactitude du premier et pour s'assurer de la présence de tous les hommes qui doivent y répondre.   MERLIN.

CONTRE-APPROCHE. En fortification, c'est une ligne ou tranchée faite par les assiégés pour reconnaître et attaquer les tranchées des assiégeants. Cette ligne se pratique depuis le chemin couvert jusqu'à la droite et la gauche des attaques, pour découvrir ou envelopper les travaux de l'ennemi. Les dangers des contre-approches en ont pour ainsi dire fait abandonner l'usage.

CONTREBANDE, CONTREBANDIER. La contrebande est une contravention aux lois prohibitives de douanes. Autrefois, elle était jugée et punie à l'égal d'un grand crime. On condamnait les contrebandiers aux galères. Necker écrivait en 1784 que le nombre d'hommes qu'on y envoyait annuellement pour la seule fraude du sel et du tabac dépassait trois cents ; il en résultait ce qui arrive toujours quand les châtiments sont trop sévères : la contrebande, traquée et jetée au bagne comme infâme, devenait un métier lucratif ; chacun s'en mêlait. Aujourd'hui, le fait seul de contrebande, quand il n'est pas accompagné de rébellion, et qu'il se borne à l'introduction frauduleuse de marchandises prohibées, n'emporte plus que la peine de l'emprisonnement et la confiscation des objets saisis, avec amende de cinq cents francs. Il est bien reconnu que les droits trop élevés et surtout les prohibitions sont une prime accordée à la fraude ; qu'elles encouragent plutôt qu'elles ne l'effrayent ; et à mesure que l'administration, entrée dans la voie de sages améliorations, efface les prohibitions et les taxes exagérées de nos lois, la contrebande s'efface de nos mœurs.

On distingue la contrebande de *filtration* de celle qui s'opère sur une plus grande échelle pour le compte de spéculateurs. La première est de peu d'importance, et consiste uniquement en menues quantités de marchandises que les habitants des villes et des villages avoisinant la frontière vont chercher à l'étranger pour leur consommation personnelle. Le café, le sucre et le tabac sont les principaux aliments de ce genre de fraude dans les départements du Nord, où les paysans font un grand usage de ces denrées. Du côté de Genève, il s'importe clandestinement un grand nombre de ressorts de montres ; le petit volume de ces objets aide à les cacher facilement. La vigilance du service des douanes ne saurait dans tous les cas empêcher la *filtration*. Il est juste d'ajouter que toutes les fois qu'il s'agit de denrées apportées de l'étranger en très-petites quantités, et destinées seulement à la consommation de pauvres gens qui y payent le tabac et le café à un prix bien moindre qu'en France, une répression trop sévère, outre qu'elle serait vexatoire et sans profit réel pour le pays, pourrait souvent causer de grands désordres, et rendre impraticable une surveillance plus raisonnable.

Il n'en est pas de même quand la contrebande s'exerce sur de fortes quantités de produits de fabrication étrangère, et au détriment de l'industrie nationale, au profit de spéculateurs intéressés qui risquent leurs fonds dans l'appât de gains considérables. C'est alors que des bandes nombreuses de gens armés se réunissent à la frontière, escortent des voitures chargées de marchandises, et repoussent souvent à coups de fusil les préposés de la douane.

Ces expéditions considérables deviennent de plus en plus rares. Du temps de l'Empire et sous le régime du blocus continental elles étaient très-fréquentes. La douane fut quelquefois obligée d'appeler à son aide des bataillons de grenadiers pour renforcer ses rangs. Quelques prises s'élevèrent alors à une si haute valeur, que Napoléon assembla son conseil pour délibérer sur la répartition qui devait en être faite. Plus d'une fois il fit brûler sur la place publique des tissus de fabrique anglaise qui avaient été saisis. Beaucoup de maisons de commerce très-importantes ne résistèrent point à l'appât d'un gain immense, et se livrèrent à la contrebande. Quelques-uns y firent une belle fortune, le plus grand nombre s'y ruina.

Chaque année de la Restauration a vu s'affaiblir l'ardeur de ces spéculations. Si la contrebande ne porte pas directement atteinte à la richesse du pays, on ne peut nier au moins qu'elle ne frustre les droits du trésor. Elle porte avec elle un caractère de clandestinité qui la flétrit. Elle place le peuple des campagnes en hostilité permanente avec les agents du gouvernement ; elle propage le goût de cette vie aventurière et vagabonde qui en France a alimenté la chouannerie, et qui en Espagne fait de chaque bande de contrebandiers une bande de *guerillas*.

A les considérer sous un tout autre point de vue que leur aspect moral, les contrebandiers sont souvent des hommes très-remarquables : leur adresse égale leur courage ; habitués à braver les rigueurs des saisons, intrépides à la marche, durs aux fatigues, ils se cachent durant le jour, la nuit ils sortent de leurs demeures ; ils gravissent les rochers, se glissent à travers les bois, franchissent les torrents, rampent dans les plaines, le dos pliant sous le poids de marchandises prohibées, et accompagnés de chiens chargés comme eux, et qu'ils ont dressés à ce rude métier. Dans les Alpes et dans les Pyrénées, on montre aux voyageurs des sentiers escarpés et presque impraticables où ils passent au milieu des nuits les plus obscures. D'autres font la contrebande d'une manière moins périlleuse, mais non moins habile. Tout ce que la ruse la plus ingénieuse peut inventer, ils le mettent en pratique avec une sagacité et une adresse extraordinaires, pour déjouer la vigilance de la douane. Leur industrie s'exerce de préférence sur les marchandises d'une grande valeur et d'un petit volume. On a trouvé des paquets de coton filé renfermés dans des masses artificielles de charbon de terre composées avec du charbon pilé à la superficie, dans des moules à moudre, dans des rames de papier artistement disposées, dans des crics de diligence, dans des torsades de paille, et jusque dans des pains de munition, et dans des pains de beurre. D'autres fois, c'était sous l'eau, à la traîne des barques, ou dans les brancards creusés d'un cabriolet, qu'on essayait d'introduire la contrebande ; sur les frontières de la Suisse, des voyageurs qui entraient en France avaient caché des montres, les uns dans leurs perruques, d'autres dans des bandages herniaires.

En France, la contrebande a peu d'activité à la sortie ; mais elle s'exerce surtout à l'entrée, et est dans certains cas très-difficile à réprimer : par exemple, celle sur les chevaux que l'on introduit quelquefois en bandes nombreuses, et qui, par la rapidité de leur course, échappent facilement aux préposés, et franchissent en quelques heures le rayon au delà duquel on ne peut les poursuivre.

La contrebande pour le compte de spéculateurs se pratique presque toujours par l'entremise de compagnies d'assurances, qui garantissent l'opération, moyennant une prime qu'elles prélèvent. C'est d'après le taux de l'assurance dans les départements de la frontière et des côtes que l'administration constate le degré d'activité de la contrebande, et le résultat des mesures déployées contre elle. Il faut espérer qu'avant quelques années ce mot sera effacé de nos dictionnaires et de nos codes, en même temps que celui de *prohibition* sera rayé de nos tarifs de douanes. Plusieurs

28.

économistes, convaincus que l'importation des marchandises étrangères est un bienfait pour le consommateur, et ne porte point préjudice au commerce, partagent l'avis de J.-B. Say, que « La contrebande est une action innocente en elle-même, et que les lois seules rendent criminelle. » Il ajoute que « Dans le fait les contrebandiers travaillent à la prospérité générale. » D'autres écrivains, dont l'opinion est respectable, pensent, au contraire, que la contrebande tend en définitive à ruiner les fabriques nationales en inondant nos marchés de produits étrangers, souvent plus parfaits, d'une qualité supérieure, et d'un moindre prix que les nôtres.
PARENT DU MOIRON.

CONTRE-BASSE, l'instrument le plus volumineux de la famille des violons. En France, la contre-basse est montée de trois cordes, qu'on accorde à la quinte, savoir : *la*, la plus basse ; *ré*, la moyenne ; et *sol*, la plus basse. En Italie, elle est également montée de trois cordes, mais accordées par quarte : *la* la plus basse ; *ré*, la moyenne ; *sol* la plus haute. En Allemagne, elle a quatre cordes, accordées à la quarte l'une de l'autre, ce qui facilite beaucoup le doigté. L'influence de la contre-basse sur l'orchestre est toute-puissante ; elle soutient énergiquement les masses harmoniques. Que sa marche soit grave et sévère ou qu'elle suive l'orchestre dans les morceaux rapides, elle produit toujours les plus grands effets. Dans les passages vigoureux, elle est ordinairement appuyée par les basses.

On appelle encore *contre-basse* un jeu d'orgue dont les tuyaux, de cinq à onze mètres de long, sont ouverts ou fermés, selon la qualité de l'orgue.
A. LEGOYT.

CONTRE-CŒUR. On appelle ainsi le fond d'une cheminée, ou la partie située entre les jambages, et qui est ordinairement construite en briques et recouverte d'une plaque de fonte. Ces plaques, coulées d'avance dans les grosses forges, se distinguaient jadis à l'envi par des figures et des moulures de toute espèce. Rien ne pouvait être plus mal imaginé. Il serait au contraire, à désirer qu'elles fussent le plus unies possible, et qu'on les entretînt constamment dans un grand état de propreté, en ne faisant rouge jour soigneusement tomber la suie qui s'y attache : elles seraient alors bien plus aptes à réfléchir dans les appartements la calorique rayonnante.

Beaucoup de constructeurs attribuent à tort une grande influence à la forme du contre-cœur au fond de la cheminée sur le tirage de celle-ci. Dans le fait, cependant, aucune forme particulière n'exerce cette influence, excepté ce qui est de la hauteur de ce contre-cœur, par rapport au tube de la cheminée ; mais cette hauteur et cette largeur sont chose fort importante. La plupart des cheminées ne fument en effet que parce qu'elles ont une trop vaste ouverture dans la chambre.
PELOUZE père.

CONTRE-COUP. C'est en général la répercussion d'un corps sur un autre. On le dit aussi de l'ébranlement produit dans les organes par une chute. Les fractures par contre-coup sont celles qui ont lieu dans un autre point que celui qui a reçu l'effort contondant.

Comme le mot *coup*, *contre-coup* a été transporté dans le langage figuré, où ses diverses acceptions rappellent son sens propre.

CONTRE-DANSE, sorte de danse à huit, à douze, à seize, et même à un nombre indéterminé de personnes. Les danseurs sont divisés par couples, placés en face les uns des autres, et exécutent par moitié des pas et des figures qui sont immédiatement répétés par le reste des figurants. L'origine de la contre-danse a échappé aux recherches des érudits, qui ne savent s'il faut en rapporter l'honneur aux anciens ou aux modernes. Quant aux différentes étymologies de ce mot, qui vient, selon les uns, du latin, suivant les autres de l'italien ou de l'allemand, nous n'en signalerons qu'une, assez vraisemblable d'ailleurs, si elle n'est pas la plus certaine : savoir que *contre-danse* a été formé de deux mots anglais *country, dance*, danse villageoise. Les savants partisans de cette opinion assurent de plus que la contre-danse est originaire de la Normandie, d'où elle passa en Angleterre, à la suite d'un des successeurs de Guillaume. Quoi qu'il en soit, elle fit fortune, et ne tarda pas à se répandre en Italie et en Allemagne, elle pénétra même en Hollande. Des recueils de contre-danses imprimés en 1688 prouvent qu'elle florissait alors dans ce pays. Oubliée en France durant plusieurs siècles, elle y reparut enfin en 1745, dans un ballet de Rameau, intitulé *Les Fêtes de Polymnie* : il s'y trouvait une contre-danse qui ravit tellement le public parisien, qu'il fallut en mettre dans tous les ballets et divertissements, « afin, dit un auteur du temps, de renvoyer les spectateurs sur un morceau de gaieté ». De la scène, la contre-danse se glissa bientôt dans les salons, puis descendit dans les guinguettes. Depuis cette époque elle n'a cessé de jouir d'une vogue constante, ce qui tient sans doute à ce qu'elle est d'une exécution facile et occupe beaucoup de monde à la fois. Elle a fait déserter sans retour le *menuet*, *l'allemande*, la *marée*, la *chasse*, les *cotillons*, et, d'un autre côté, elle a su maintenir son empire malgré la *valse*, le *galop*, la *polka*, la *redowa*, la *mazurka*, la *scotish*, et tant d'autres danses dont quelques-unes n'ont même pas vécu une saison.
SAINT-PROSPER jeune.

CONTRÉE, certaine étendue de pays, dit l'Académie ; définition bien vague et insuffisante. Saint Odéric paraît s'être servi le premier du mot *contrata*, pour *contrée*. Les bollandistes prétendent que ce mot est la contraction de celui de *conterrata*, employé dans la basse latinité pour désigner un territoire, un district, où il y a plusieurs bourgs et villages. *Contrée* a pour synonymes *pays*, *région*. Ces trois mots, dit notre honorable collaborateur M. Guizot, servent à désigner les grandes divisions de la terre ; mais *région*, qui s'étend aux différentes parties de l'univers, s'emploie surtout quand on les considère sous le rapport des différentes influences auxquelles les soumet leur situation. Les *contrées* paraissent se distinguer surtout par l'aspect, soit naturel, soit artificiel, et les divisions naturelles des diverses parties du globe. Le mot *pays* indique jusqu'à une certaine dimension les différents genres de division dont la terre est susceptible. On dit les *régions éthérées*, pour désigner ces parties de l'univers qui sont hors de l'atmosphère terrestre : en appliquant ce mot à notre globe, on dit une *région* brûlante, des *régions* glacées, les désignant ainsi par la nature de l'air. Une *contrée* est triste par l'aspect qu'elle présente ; une autre est riante ; elle est aride ou fertile, sauvage ou bien cultivée, etc. On comprend assez généralement dans la même *contrée* les espaces contigus contenus entre deux chaînes de montagnes, habités par la même espèce d'hommes, ou remarquables par le même genre de productions. Ces distinctions sont communes aux *pays*, qui ont de plus toutes celles qu'on peut tirer des différentes dénominations, juridictions, des différents usages, des différents caractères, etc. Ainsi, on dit les mœurs de ce *pays*, les magistrats du *pays*, l'esprit ou le caractère du *pays*, etc. Il serait assez difficile de déterminer positivement l'étendue relative que désignent ces trois dénominations ; il semble cependant que la *contrée* embrasse de plus vastes espaces, et que le *pays* se soumet à de plus petites subdivisions. L'Europe est une *contrée*, quoiqu'elle en renferme plusieurs autres, et ce n'est point un *pays* ; la France est un *pays* ; une province est un *pays* ; pour un paysan son village est son *pays*. On dit à la vue d'un beau site que le *pays* est joli ; mais ce n'est qu'à une élévation d'où l'on peut apercevoir des châteaux, des villes, des rivières, etc., que l'on dit que la vue s'étend sur toute la *contrée*. La *région* n'a rien qui détermine son étendue relative : sur la pointe d'une montagne, qui ne fait qu'une petite partie d'un *pays*, on se trouve dans une *région* différente de celle du bas de la montagne ; la *région* du tropique embrasse d'immenses *contrées*. Dire qu'une *contrée* est riche, c'est exprimer la fertilité et l'aspect de la terre. Un *pays* est riche, c'est-à-dire heureux, eu égard à l'état de ceux qui l'habitent; une *région* est douce en raison de la température dont on y jouit. »

CONTRE-ÉPREUVE. Lorsqu'une planche est gravée, avant de la livrer à l'impression on est dans l'usage d'en tirer quelques essais, et cela se nomme *faire épreuve*. Comme ces épreuves montrent l'objet en sens inverse de la planche, l'artiste, quelquefois, afin de juger son travail avec plus de facilité, fait faire une *contre-épreuve*; c'est-à-dire que plaçant une feuille de papier blanc sur l'épreuve même toute fraîche, et les faisant passer toutes deux ensemble sous la presse, il obtient une répétition dans le sens même de la planche. Souvent on fait subir la même opération à un dessin au crayon; c'est ce qu'on appelle *contre-épreuver* un dessin. Cette opération a l'avantage de fixer le dessin, c'est-à-dire que le frottement ne peut plus enlever le crayon.

On donne aussi, dans les assemblées délibérantes, le nom de *contre-épreuve* aux opérations faites dans le but d'assurer la fidélité d'un vote. Ainsi, lorsqu'on a voté par assis et levé pour *oui*, on fait voter de même pour *non*, et l'on compare les résultats.

CONTREFAÇON. C'est une atteinte au droit qui résulte de la propriété des œuvres littéraires, artistiques ou industrielles. En matière de brevets d'invention, la contrefaçon est définie par la loi du 5 juillet 1844 : toute atteinte portée aux droits du breveté, soit par la fabrication de produits, soit par l'emploi de moyens faisant l'objet de son brevet. La contrefaçon artistique et littéraire, qu'il ne faut pas confondre avec le plagiat, est définie par le Code pénal : toute édition d'écrits, de composition musicale, de dessin, de peinture ou de toute autre production imprimée ou gravée, en entier ou en partie, au mépris des lois et règlements relatifs à la propriété des auteurs. La contrefaçon étant un délit, le ministère public a droit de poursuivre d'office, et le retrait de la plainte n'arrête pas l'action publique. Le Code pénal prévoit en outre deux délits de la même nature que celui de contrefaçon : ce sont le débit d'ouvrages contrefaits et l'introduction en France d'ouvrages contrefaits à l'étranger. La peine contre le contrefacteur ou l'introducteur est une amende de 200 francs au moins et de 2,000 francs au plus, contre le débitant une amende de 25 fr. au moins et de 500 fr. au plus, avec confiscation contre le contrefacteur, l'introducteur et le débitant, soit de l'édition contrefaite, soit des planches, moules ou matrices des objets contrefaits.

Le plus souvent, surtout lorsqu'il s'agit de propriété littéraire, de gravure, ou bien de propriété industrielle, une formalité indispensable pour former une action en contrefaçon est l'accomplissement préalable du dépôt. Cependant, pour la reproduction de certaines œuvres d'art, on est obligé de s'en rapporter à la notoriété publique. Indépendamment de la marque de fabrique, tout industriel peut distinguer ses produits par des désignations spéciales, telles que la forme et la couleur des boîtes, flacons, étiquettes ou enveloppes; le nom spécial qu'il donne à son produit; la forme et la couleur des annonces, prospectus et affiches dont il se sert pour en favoriser le débit; l'enseigne adoptée pour un établissement. Si le fait de la reproduction de ces désignations ne constitue pas le délit de contrefaçon proprement dit, on peut toujours obtenir réparation du préjudice éprouvé par suite d'imitations frauduleuses.

En érigeant en délit le fait de l'introduction en France d'ouvrages contrefaits à l'étranger, le législateur ne donnait cependant pas aux intéressés une arme suffisante contre la contrefaçon étrangère. Des traités internationaux pouvaient seuls délivrer l'industrie de cette lèpre, en fermant aux contrefacteurs le refuge qu'ils trouvaient dans des pays voisins.

Le gouvernement français n'entra que fort tard dans cette voie. Le 28 août 1843 une convention intervenait entre la France et la Sardaigne, destinée à garantir la propriété des œuvres littéraires ou artistiques, dont la publication aurait lieu dans ces deux pays. Le 22 avril 1846 une convention supplémentaire fut conclue pour régler les points omis ou demeurés douteux de la précédente. Suivant la jurisprudence et les traités, les traductions elles-mêmes peuvent être considérées comme des contrefaçons. Nous n'hésitons pas à dire qu'il y a là un véritable abus du droit de propriété; et les écrivains seront eux-mêmes dupes du calcul de monopole qui leur a fait appeler à grands cris l'insertion de cette étrange clause dans les traités internationaux. En effet, la traduction popularisait leurs noms dans les couches des populations étrangères où l'on ne comprend pas l'idiome national, où dès lors la *contrefaçon* ne pouvait pas pénétrer et diminuer leur lucre. Avec cette prohibition, ils courent grand risque de perdre 75 pour 100 de leur gloire! Depuis, des traités semblables ont été conclus avec d'autres pays, notamment avec la Grande-Bretagne, le Portugal et la Belgique. Ce dernier a été signé au mois d'août 1852. La Belgique, dont le marché se trouvait restreint par les traités que la France a signés dans ces derniers temps avec diverses puissances, et qui se voyait menacée de perdre tous les avantages que des traités lui accordaient sur notre marché pour certains de ses produits, comme la houille, dut finir par accepter la perte de cette industrie immorale, et à moitié ruinée. Quelques réductions sur la sortie des caractères et du papier lui furent offertes en compensation.

Puisque l'occasion s'en présente, nous la saisirons pour venger en passant ces pauvres Belges de toutes les injures que leur a jetées à la tête pendant ces vingt-cinq dernières années une partie de la presse française, sous prétexte de *contrefaçon littéraire*, alors que Paris était un foyer de contrefaçon tout aussi actif, plus actif peut-être, que Bruxelles à Paris, comme Balzac, Soulié, Paul de Kock, Lamartine et Victor Hugo à Bruxelles. Aujourd'hui encore les contrefaçons de livres espagnols s'exercent à l'usage de l'Amérique se chez nous sur la plus large échelle. Or, il est de notoriété que la plupart des libraires de Bruxelles qui ont entrepris la contrefaçon ou se sont ruinés, ou n'ont fait d'assez tristes affaires. Au contraire, toutes les maisons de librairie de Paris qui ont exercé la même industrie, s'y sont enrichies.

Dat veniam corvis, vexat censura columbas!

[Maintenant que la Belgique est condamnée à ne plus vivre de l'esprit français, la malheureuse! il me semble que je regrette, au fond de l'âme, cette ardente et incessante reproduction de nos livres, à nous autres, les humbles et petits écrivains, que la contrefaçon faisait les égaux des fameux écrivains, de ceux qui écrivent « un tome le matin pour être lu le soir! » C'était de ta part une galanterie, ô contrefaçon! de prendre en main nos petits romans, nos petites histoires, et de les reproduire à plaisir, si bien que, grâce à tes bontés, nous finissions par savoir un peu comment était fait le grand jour, et que ça devient un livre adopté par plus de douze ou quinze cents lecteurs. Car voilà — pour les petits comme nous — tout l'effort de la France, qui est, comme on sait, la mère nourrice des beaux esprits, douze ou quinze cents exemplaires tout au plus; encore faut-il être appuyé, pour en arriver là, de toutes les indulgences de la critique! Ainsi douze ou quinze cents lecteurs dans ces trente-six millions d'hommes! — *Vel duo, vel nemo!* et puis c'est fini, ton livre est mort! Et c'est en vain que tu auras fait un bon livre, tu n'as plus rien à espérer, mon camarade, avant l'heure de ta postérité !

C'est alors, c'est au milieu de cet abandon et de ces misères des belles-lettres françaises, que la contrefaçon arrivait leste, pimpante et court vêtue; elle achetait votre livre, et soudain elle le distribuait à ses ouvriers ! Trois jours après, vous étiez traité comme si vous eussiez écrit des romans en vingt-cinq tomes! O miracle! on vous imprimait par milliers d'exemplaires, et tant de volumes qui portaient votre nom s'en allaient soudain à travers l'Allemagne, à travers les Flandres, de Madrid à Moscou, de Londres à New-York, dans tous les sentiers au printemps, sur tous les fleuves en été, dans chaque foyer de l'hiver, racontant à ces âmes attentives votre roman, votre histoire, votre élégie et votre conte, agrandi de tous ces lecteurs inespérés qui vous acceptent, qui vous aiment, et à qui vous ne coûtez rien !

Oh, quelle joie et quelle fête, et quelle admirable combinaison, lorsqu'une contrefaçon de la première contrefaçon venait ajouter dix mille volumes aux dix mille volumes déjà contrefaits ! Alors vous rouliez dans le torrent de la vente à bon marché, et c'était à qui viendrait puiser à ce fleuve qui passe ! A votre tour, vous êtes où fleuve, une renommée à votre tour, et vous étiez bien étonné et bien content lorsque, du fond de la Norwège ou de l'Afrique non française, vous arrivaient de temps à autre une bénédiction, une louange ! A coup sûr, celui qui me loue ainsi, et que pousse à moi la sympathie irrésistible, il a lu mon livre dans une contrefaçon de la Belgique ! Ami contrefacteur, c'est à toi que je dois cette fête; hélas ! tu étais sinon la fortune, du moins la renommée, et pour les pauvres gens des belles-lettres, aussi loin de la pitié que de l'envie, et pour les honnêtes gens, aussi loin de l'argent que de la dette; pour les ambitieux, qui ne changeraient pas un lecteur de moins contre un écu de plus, pour ceux qui aiment à être reproduits et écoutés, c'est une perte, oui sans doute, ce foyer vivant qui s'alimentait de nos livres, cette publication ardente de nos travaux pénibles et inconnus ! Et réellement je te pleure, ô Belgique ! en te perdant, il me semble que je perds un royaume où nous allions tête levée, en braves gens qui ne doivent rien à personne, à qui plusieurs doivent quelque chose ! Et comme ça nous rendait fiers ! nos livres dans tous les passages, nos livres dans toutes les librairies, nos livres dans tous les prospectus ! Allez donc vous promener en France, qui que vous soyez, et cherchez votre nom en deçà des volumes à quatre sous! Pas de livre et pas de nom, rien de vous ! Et quelle dignité avec le respect dont vous entouraient ces villes plantureuses de la Belgique, où les enfants eux-mêmes savent le nom du dernier écrivain qui passe.

Et vous, mes frères les traducteurs, vous les malheureux esclaves de notre humble génie, infortunés qui vous teniez assis à notre ombre, et forcés de tout temps à autre nous faisiez l'honneur de faire passer notre langue effarée, éperdue, à demi brisée, insultée et maltraitée à plaisir, dans quelque langue plus humaine et plus calme. — O martyrs de l'esprit français ! — que c'était glorieux pour nous, et la nouvelle heureuse, lorsqu'on nous disait : Vous savez bien, ce bon écrivain de l'Allemagne, il a traduit votre dernier livre ! Et ce poëte de l'Espagne, il vous a été écouté chez lui, il a traduit votre poëme ! Et cet Anglais, tout frais sorti de l'université d'Oxford, il a traduit et commenté votre interminable histoire ! Ils se sont attachés, les uns et les autres, de toute la force de leur esprit, à comprendre, à savoir mieux ce que vous avez voulu dire; après quoi ils se sont mis à l'œuvre, ils ont donné une vie inespérée à ces pages si péniblement sorties de votre cerveau ! Braves gens ! vous vous effacez pour céder le pas à des gens qui valent souvent moins que vous ! Vous appliquez toutes les forces de votre esprit à suivre ces renommées qui sans vous ne dépasseraient pas le seuil des faubourgs ! Que je vous estime, que je vous plains et que je vous aime, et quel homme assez ingrat pour ne pas vous rendre, en ces circonstances difficiles, les respects qui vous sont dus !

Courbons la tête et résignons-nous, nous les pauvres d'esprit, nous le dernier rôle dans le grand concert ! Laissons passer les puissants, les forts, les fameux et les célèbres, les gros bonnets de l'ordre, les insatiables et les maniaques de la plume ! Il n'y a plus désormais de contrefaçon qui égalise les œuvres humaines, plus d'appel nulle part contre l'indifférence de sa propre nation ! plus de succès là-bas, quand les succès nous manquent ici ! Jules Janin.]

CONTRE-FANONS. *Voyez* CANGUE.

CONTRE-FORT. En fortification, on donne ce nom à un massif de maçonnerie construit derrière le revêtement d'un rempart, pour lui donner plus de force et l'aider à soutenir la poussée des terres. La largeur et l'épaisseur des contreforts sont calculées d'après la hauteur et la force des revêtements qu'ils doivent garantir.

On appelle aussi *contre-forts* ou *éperons* des piliers de pierre ou de maçonnerie construits en dehors d'un mur, d'une terrasse ou d'une plate-forme élevée, et qu'on place de distance en distance pour soutenir ces constructions ; l'arc-boutant n'est qu'une modification du contre-fort. Les ouvrages triangulaires construits au-devant des piles d'un pont pour le protéger contre le choc des corps étrangers, sont des contre-forts. On donne le même nom à des espèces de piliers, construits au dedans d'un mur de quai ou de terrasse, lorsque, pour éviter la dépense, on ne le fait pas d'une épaisseur suffisante pour retenir la poussée des terres.

Par analogie, la géographie physique emploie le mot *contre-fort* pour désigner les petites chaînes de montagnes latérales qui semblent servir d'appui à la chaîne principale dont elles dépendent.

Contre-fort est encore le nom d'une pièce de cuir avec laquelle les cordonniers fortifient le derrière de la botte ou du soulier, à l'endroit du talon.

CONTRE-GARDE. En fortification, c'est un ouvrage construit en avant d'un bastion, et parallèlement à ses faces, pour couvrir celles-ci contre les batteries de brèche, forcer l'assiégeant à s'emparer d'abord de cet ouvrage par les moyens qu'il aurait employés pour ouvrir le corps de place, et prolonger ainsi la durée du siége. Les contre-gardes peuvent servir pour établir l'*équilibre* de résistance entre toutes les parties de l'enceinte d'une place, en donnant plus de force à celles que leur position et la figure du terrain environnant rendraient trop faibles. Dans quelques écrits sur la fortification, on donne mal à propos le nom de *contre-gardes* aux bastions détachés introduits par Vauban dans son second et son troisième système : ces ouvrages, quoique séparés du corps de place, n'en sont pas moins des *bastions* ; ils en conservent la forme, les propriétés et la destination.
FERRY.

CONTRE-LETTRE. C'est un acte destiné à en détruire ou à en modifier un autre, en tout ou en partie. Son étymologie, très-apparente comme on le voit tout d'abord, tient à ce que le mot *lettre* signifiait originairement toute espèce d'actes ou de dispositions. La *contre-lettre*, considérée *absolument et en soi*, n'a rien d'illicite, ni même de défavorable. Maîtresses de leurs volontés et de leurs droits, les parties peuvent bien défaire le lendemain ce qu'on fait la veille, sans qu'on leur en demande compte ou qu'on leur en fasse reproche. Cependant, il est vrai de dire que ce genre de dispositions est vu d'un mauvais œil par la loi, qui ne s'en est guère occupée que pour prendre des précautions contre elles. C'est qu'en effet elles servent souvent d'instrument à la fraude, et qu'on ne les emploie ordinairement que pour cacher aux tiers intéressés le véritable état des choses. Ainsi, un débiteur de mauvaise foi veut dérober son patrimoine aux poursuites de créanciers simples chirographaires : il en fait une vente ostensible par acte public ; mais un autre acte sous seing privé est souscrit en même temps, et le prétendu acquéreur y déclare que le précédent n'a rien de sérieux et que la propriété n'a pas changé de mains. Ou bien encore, si la vente a réellement eu lieu, le prix est déclaré avoir été payé comptant, quand de fait il est encore dû. C'est surtout contre le fisc que ce genre de fraude est fréquemment employé.

Un préjugé très-condamnable et pourtant très-répandu, fait considérer le trésor public comme un exacteur, qu'on peut tromper en sûreté de conscience : de là une multitude de fausses énonciations de prix. Telle terre, par exemple, qui a été vendue 150,000 fr., paraît dans le contrat avoir été cédée pour 100,000 ou même moins, afin que la perception de l'enregistrement s'abaisse dans la même proportion. Outre que cette dissimulation cache un véritable vol, c'est encore une imprudence grave pour ceux qui la commettent, ainsi que nous allons le faire voir. La loi, qui adopte ou institue les contrats pour l'exercice loyal des droits de chacun, n'a pas dû permettre qu'on s'en servît comme de pièges tendus à la bonne foi des tiers. Le danger de l'abus des contre-lettres tenant donc uniquement, d'après ce qui a été dit tout à l'heure, à l'effet qu'elles pourraient produire contre les personnes qui y ont été étrangères, elle a coupé le mal dans sa racine, en statuant que ces stipulations n'auraient d'efficacité qu'entre les parties contractantes, et qu'elles en seraient dénuées à l'égard des tiers (Code Napoléon, art. 1321). On voit immédiatement la conséquence de ceci. Que le feint acquéreur ou l'acheteur réel à prix dissimulé aient eux-mêmes des créanciers, voilà l'héritage ou la différence du prix perdus pour le vendeur. Car vainement essayera-t-il de se prévaloir de la contre-lettre. Les créanciers lui répondront : nous sommes des tiers, et contre les tiers elle n'a point de force.

Cette disposition générale de la loi s'applique à un genre particulier de contre-lettres, celles qui peuvent intervenir à l'occasion des contrats de mariage, mais toutefois avec une modification remarquable. La nullité n'est prononcée à l'égard des tiers, excepté quand elles ont été rédigées à la suite de la minute du contrat de mariage. Cette exception semble de toute justice, surtout quand on considère que la loi a complété sa précaution en ajoutant que le notaire-rédacteur ne pourra délivrer d'expédition du contrat sans y joindre celle de la contre-lettre. On a donc quelque lieu de s'étonner qu'une telle exception soit réservée à une matière spéciale. Mais il est permis de croire qu'on peut, par identité de raison, l'étendre à toutes les autres : et l'on ne comprendrait réellement pas le langage d'un tiers qui, sur le fondement des expressions générales dont le Code s'est servi au titre des contrats, viendrait demander la nullité d'une contre-lettre dont il aurait eu une connaissance authentique en même temps que de l'acte modifié par elle.

Notons, en finissant, pour l'histoire de la langue du droit, une synonymie aujourd'hui oubliée, mais qui mérite un souvenir. Dans les anciennes ordonnances, les contre-lettres sont appelées distrats : expression qui, rapprochée de celle de contrats, donne une idée prompte et vive de leur objet, et à ce titre aurait dû être conservée. JAMET.

CONTRE-MAÎTRE. Dans la marine militaire, on donne ce nom à un officier marinier (sous-officier d'un équipage), le troisième en rang dans la hiérarchie de cette classe de marins, qui descend ainsi : maîtres, seconds maîtres, contre-maîtres et quartiers-maîtres. Le contre-maître de bord ou du pont remplit des fonctions analogues à celles de maître d'équipage, sous les ordres de celui-ci, et devant le remplacer au besoin. Comme son chef, il est tenu de faire exécuter les règlements établis par les ordonnances, ou émanant du capitaine, relativement à la discipline, à la bonne tenue des matelots, à l'arrangement intérieur, à la propreté, à la salubrité du bâtiment; il doit veiller à ce que tout ce qui concerne la manœuvre, les voiles, les cordages, les vergues, etc., soit dans le meilleur état de service possible, et toujours à la place et dans l'ordre requis ; il doit avoir soin que les câbles, les ancres et tout ce qui sert au mouillage, soit dégagé de ce qui en gênerait la manœuvre au moment où le navire entre dans un port ou s'approche d'une côte. Sa place est au gaillard d'avant en présence de l'ennemi; il transmet aux matelots qui s'y trouvent les ordres supérieurs. Si des manœuvres, des vergues sont coupées, démontées ou détruites, il les fait réparer, ou remplacer, autant que faire se peut, et donne dans ces circonstances l'exemple à ses hommes. C'est une fonction de confiance, pour laquelle on ne choisit d'ordinaire que des hommes ayant servi longtemps comme matelots et donné de fréquentes preuves d'adresse, d'intelligence et de fermeté.

Il y a aussi à bord des grands navires un contre-maître de la cale, auquel est remise la garde du vin, de l'eau, du biscuit, de l'eau-de-vie et autres bonnes choses dont le matelot est très-friand. Le commis aux vivres et les cambusiers, chargés de la distribution des vivres, ont pour lui des égards infinis : ils font tous leurs efforts pour obtenir son amitié. Quand la ligue entre la cale et la cambuse est bien ourdie, le bâtiment peut devenir une riche mine d'exploitation dont le gouvernement et les matelots font les frais, et dont les commis aux vivres et le contre-maître recueillent les bénéfices. Le lieutenant du navire est l'ennemi naturel de ces peuplades sous-marines; il veille à ce qu'aucune fraude ne puisse avoir lieu.

Dans les ports de l'État, le titre de contre-maître est d'un usage fréquent. On s'en sert pour désigner, dans nos arsenaux maritimes et nos chantiers de construction, les maîtres en sous-ordre de divers métiers ; il y a là des contre-maîtres charpentiers, forgerons, calfats, voiliers, etc., etc.

Dans les fabriques, les manufactures, les grands ateliers, publics ou privés, où l'on emploie des ouvriers nombreux, le titre de contre-maître appartient à l'agent qui est chargé de la conduite et de l'inspection de tout ou partie de l'établissement, sous les ordres du chef de l'atelier, du propriétaire ou du directeur de la fabrique ou de la manufacture. Règle générale, ces fonctions difficiles ne peuvent être convenablement remplies que par des hommes spéciaux, ayant appris et longtemps pratiqué le genre de travail dont on leur confie la surveillance.

CONTRE-MARCHE. Ce mot, mal composé quant à sa principale acception, répond, sous le point de vue de la tactique, au retrogressus des Latins. Sous ce rapport, il n'est pas sans exactitude; il est réellement le contraire ou l'opposé d'une première marche qu'une troupe vient d'accomplir, ou plutôt il est le renversement d'un ordre qu'elle affectait sur un terrain. Mais s'il s'agit des grandes opérations de la guerre et de ce que les novateurs ont appelé stratégie, une contre-marche n'est pas, absolument parlant, l'envers d'une première marche, le contraste d'un ordre tactique primitif ; c'est un changement de marche, une longue marche sur un terrain borné, une sorte d'exploration d'un périmètre circonscrit. Une contre-marche tactique a lieu à partir d'un état d'immobilité, ou se fait de pied ferme, comme on dit techniquement; une contre-marche stratégique est au contraire une continuation de locomotion.

Aucun écrivain ne témoigne que l'était le système des contre-marches tactiques de la légion romaine, mais il n'est pas permis de douter qu'un mécanisme de cette nature ne fût connu des Romains. On sait, au contraire, quel était le jeu des contre-marches tactiques de la phalange grecque; la principale évolution de cette espèce consistait, en Macédoine, dans la danse persique. Au temps de l'ordre profond, et à l'imitation des Suisses, les Espagnols et les Hollandais ont fait revivre la contre-marche grecque; les Français l'empruntèrent d'eux : cette contre-marche s'exécutait par files, par rangs, en ordre de bataille. Depuis que l'ordre mince prévalut, les Prussiens pratiquèrent encore la contre-marche en ordre de bataille; Mirabeau, dans sa Monarchie prussienne, ou plutôt Mauvillon, dont Mirabeau recopiait le traité, en donne l'explication et la gravure. Cependant, dès le milieu du siècle dernier, les Français ne connaissaient plus de contre-marches, soit d'infanterie, soit de cavalerie, qu'en ordre de colonne, et leurs règlements de 1788 et de 1791, devenus européens, ont consacré ce principe, établi maintenant dans toutes les armées.

Le nom de la contre-marche tactique est d'invention française; le nom de la contre-marche stratégique est une traduction de la *contra-marcha* des Espagnols, lorsque florissait leur infanterie. Dans ce dernier cas, le terme exprime une diversion, une disposition propre à tromper l'ennemi, à l'insulter sur un point plus vulnérable. Quelquefois c'est une manière de faire retraite; mais ce mouvement diffère de la retraite en ce que le plus ordinairement celle-ci est imposée par la nécessité, à la suite d'un engagement, tandis qu'une contre-marche est une action libre, quand même elle serait un retour sur une route déjà parcourue. Gal BARDIN.

CONTRE-MINE. Voyez GALERIE (*Fortification*).

CONTRE-PARTIE. Ce mot a plusieurs acceptions dans les arts, la littérature et la banque.

Le *dessus* et la *basse*, dans une composition musicale, sont la contre-partie l'une de l'autre : *imus summo sonus oppositus*. Traiter un sujet littéraire ou scientifique dans un sens inverse d'un premier ouvrage du même genre et sur le même sujet, c'est en faire la contre-partie. Ainsi, *Le Philinte de Molière*, par Fabre d'Églantine, est la contre-partie de *L'Optimiste*, de Collin d'Harleville; la comédie des *Deux Figaro*, de Richaud-Martelli, est la contre-partie des pièces de Beaumarchais dans lesquelles figure le personnage de Figaro. En histoire, les écrits de Mably, de Dubos, sont la contre-partie du système du comte de Boulainvilliers. On pourrait ajouter une foule d'exemples pris dans les ouvrages consacrés aux sciences physiques, morales et politiques.

En style de banque, on appelait *contre-partie* le registre tenu par le contrôleur des fermes générales, et sur lequel il transcrivait les articles portés sur les registres particuliers des commis. *Contre-partie* en ce sens était synonyme de *contrôle*.

Les ébénistes appellent *contre-partie* ce qui reste d'un dessin de marqueterie, quand on l'a évidé sur les baquets de cuivre ou d'étain pour en faire des pièces de rapport.

DUFEY (de l'Yonne).

CONTRE-POIDS, poids, ou, plus généralement, force qui sert à diminuer ou à annuler les effets d'une autre force agissant en sens opposé. Un grand nombre de machines offrent des contre-poids. Les uns sont adaptés à des poulies, comme ceux qui servent à faire refermer les portes, ceux des horloges, de certaines lampes, du baromètre à cadran, etc. D'autres agissent simplement sur des tiges rigides. Dans tous les cas, il n'est pas nécessaire que le contre-poids soit égal à la force qu'il doit tenir en équilibre; il faut que ces deux forces soient en raison inverse de leur distance au point d'appui (*voyez* LEVIER).

CONTRE-POINT. C'est à peu près la même chose, en musique, que *composition*, si ce n'est que composition peut se dire du chant et d'une seule partie, et contre-point ne se dit que de l'harmonie et d'une composition à deux ou plusieurs parties différentes. Ce mot vient de ce qu'anciennement les notes ou signes des sons étaient de simples points, et l'on composant à plusieurs parties on plaçait ainsi ces points l'un sur l'autre, ou l'un contre l'autre.

L'objet ou le résultat du contre-point est d'apprendre à donner à chacune des parties et à l'ensemble de la composition les formes et les termes les plus convenables; on voit par là que le contre-point est absolument, par rapport à la musique, ce qu'est à la peinture le dessin pris dans le sens le plus étendu. Ainsi que le dessin, le contre-point a plusieurs degrés, et chaque degré a plusieurs sortes. Pour les bien faire connaître, il faut nécessairement entrer dans quelques détails sur la marche que l'on suit dans cette étude.

On prend d'abord un sujet qui, pour plus de simplicité, n'est formé que de notes égales et toutes portant harmonie, c'est-à-dire des rondes dans la mesure *a capella*. Le sujet peut se placer à la basse, ou dans une partie supérieure, et le premier degré de la science du compositeur est de déterminer les sons qui doivent servir à former les autres parties : c'est ce qu'on nomme l'harmonie de la pièce. Cette première opération faite, il s'agit de répartir les sons accompagnants entre les autres parties : c'est ici que commence, à proprement parler, l'étude du contre-point.

Le premier degré se nomme *contre-point simple*. On y apprend à éviter ce qui peut déplaire à l'oreille, et à connaître les dispositions qui lui sont les plus agréables. Il se fait d'abord à deux parties, et l'on choisit dans l'harmonie les notes les plus favorables pour former le contre-point au-dessus et au-dessous. C'est la première espèce de contre-point simple; elle se forme de notes contre notes. La seconde espèce de contre-point simple enseigne l'emploi des notes de passage de la valeur d'une demi-mesure. La troisième espèce emploie les notes de passage d'un quart de mesure. La quatrième règle l'emploi des dissonnances. La cinquième, enfin, appelée *contre-point fleuri*, se forme de toutes les précédentes. Ce contre-point est rempli d'un grand nombre d'ornements exécutés par la partie qui tient le contre-point fleuri; les autres, s'il y en a plusieurs, font un contre-point de note contre note. Le contre-point fleuri demande autant de pureté que d'élégance dans le style : l'étude et la comparaison des bons modèles peuvent seules faire acquérir ces qualités indépendantes des préceptes de l'école.

Le second degré renferme les *contre-points conditionnels*, c'est-à-dire ceux qui, au moyen de l'observation de certaines conditions, sont susceptibles de toutes sortes de renversements et transpositions de parties : on les appelle *contre-points doubles, triples, quadruples*, selon le nombre des parties que l'on peut transposer.

Dans le troisième degré, on apprend à former du sujet principal diverses réductions, à opposer à ces produits des contre-points susceptibles de renversement, et à enchaîner toutes les parties de manière à produire des pièces régulières que l'on nomme *fugues*.

Dans le quatrième et dernier degré, un genre d'imitation plus restreint et plus continuel apprend à former des canons.

Tels sont les divers degrés de l'art du contre-point, que l'on peut appeler la musique scolastique. Les anciens ne connaissaient pas le contre-point. Il a été inventé dans le sixième siècle, selon Gerbert, Burney, Forkel; d'autres en ont attribué la découverte à Guy d'Arezzo, qui a seulement contribué à le perfectionner. Mais un art aussi difficile, qui a pu naître, pour ainsi dire, que par degrés, et parvenir à la perfection que par les efforts successifs des hommes de génie, dans l'espace de plusieurs siècles, doit avoir été bien faible dans son enfance; et ses premières tentatives ont été nécessairement circonscrites et grossières.

Quoique le contre-point soit consacré au style d'église, les grands maîtres en font usage quelquefois au théâtre. Le chœur de l'épithalame de Jason, dans l'opéra de *Médée*, de Cherubini, renferme un très-beau contre-point. On rencontre divers contre-points dans les opéras de *Joseph*, des *Bardes*, et même dans les chants joyeux du *Mariage de Figaro*.

CASTIL-BLAZE.

CONTRE-POISON. Voyez ANTIDOTE et POISON.

CONTRESCARPE. En fortification, c'est le talus intérieur du chemin couvert jusqu'au fond du fossé. Il est opposé à l'*escarpe*, talus intérieur du rempart du corps de place, des demi-lunes, des contre-gardes, et autres ouvrages analogues construits dans le fossé. Il y a peu de places fortes dont les contrescarpes ne soient pas en maçonnerie avec un talus très-faible, ou même tout à fait supprimé :

cependant, quelques ingénieurs préféreraient les talus en terre avec une inclinaison qui faciliterait les communications au dehors et les retours offensifs. Carnot était de cet avis.

Lorsque le fossé est revêtu de murs dans toute son étendue, on ne peut s'élever de son fond jusqu'au chemin couvert que par des *pas de souris*, escaliers étroits pratiqués dans la maçonnerie de la contrescarpe, et les manœuvres de l'artillerie sont encore plus gênées que celles des soldats. Ces désavantages sont compensés en partie par les ressources que la guerre souterraine peut tirer des contrescarpes en maçonnerie pour y construire des galeries ou des contremines, faire craindre à l'assiégeant de voir sauter en l'air les batteries de brèche qu'il aurait établies après avoir *couronné* le chemin couvert. Mais si la défense fait un pas en avant, l'offensive ne tarde pas à l'atteindre et à reprendre sa supériorité. Cette observation n'est pas bornée à la guerre de siège : toutes les autres parties de l'art militaire la vérifient également.

La maçonnerie de la contrescarpe oppose quelque difficulté de plus à l'assiégeant après qu'il a fait au corps de place une brèche praticable. Il s'agit alors de descendre dans le fossé pour atteindre le pied de la brèche et tenter l'assaut; on ne peut effectuer cette descente sous le feu de la place, qui alors n'est pas encore éteint, qu'en pratiquant dans le chemin couvert une rampe *blindée* aboutissant au pied de la contrescarpe. Il faut donc ouvrir cette masse de maçonnerie ; ce qui oblige quelquefois à y *attacher le mineur*. Quoique le surcroît de travail et de temps exigé pour cette opération ne retarde que très-peu la reddition de la place, on doit cependant en tenir compte lorsque l'on compare les avantages des deux manières de disposer les fossés d'une place forte.

FERRY.

CONTRE-SCEL (*contrasigillum*). On appelle ainsi toute empreinte faite sur le dos d'un sceau, pour assurer davantage la foi des actes. Les contre-scels en cire ont été principalement inventés pour arrêter les coups de main des faussaires assez habiles pour enlever la cire du revers du sceau, le détacher et le transporter à un acte supposé. Les sceaux de cire des rois de France de la première et de la seconde race ne portent point de contre-scels; ceux des princes lombards en eurent dès le dixième siècle. On distingue plusieurs espèces de contre-scels. Tantôt ils sont en liaison avec le sceau principal, dont l'inscription est continuée sur le contre-scel; tantôt le contre-scel est indépendant du sceau, et n'a aucun rapport avec lui. Quelques contre-scels s'annoncent eux-mêmes comme tels par le mot *contrasigillum*, qu'ils portent à la tête de leur légende. Les contre-scels de même grandeur que le sceau principal commencèrent en Italie dès le dixième siècle. Ceux à qui leur moindre volume a fait donner le nom de *petits sceaux* ou *cachets* ne furent pas inconnus au onzième siècle. Le roi Louis le Jeune introduisit l'usage du petit sceau ou cachet pour contre-sceller. La mode s'en établit à la cour des comtes de Flandre, vers le milieu du douzième siècle. On ne trouve point de contre-scels imprimés au revers des sceaux des grands seigneurs inférieurs aux princes souverains avant ce temps-là. Les cachets ou contre-scels des évêques paraissent plus anciens que ceux des seigneurs laïques. Les petits cachets servirent non-seulement à contre-sceller, mais ils tinrent encore lieu des grands sceaux authentiques absents ou jugés non nécessaires, surtout quand il ne s'agissait que d'affaires particulières ou d'expéditions peu importantes. Quelquefois on s'en servait même de préférence. A.-L. MILLIN.

CONTRE-SEING. C'est la signature d'un subordonné au-dessous de la signature d'un supérieur. Sous l'ancien régime déjà, tout ce que le roi signait en finance ou autrement était contre-signé par un secrétaire d'État, qui signait : *Par le Roi*, N.... Ce fut sous Louis XI, en 1481, qu'il fut arrêté que le roi ne signerait rien qu'il ne le fît contre-signer par un secrétaire d'État, sans quoi on n'y aurait nul égard.

Les princes faisaient aussi contre-signer leurs expéditions par les secrétaires de leurs commandements.

Dans les gouvernements constitutionnels il est entendu qu'aucune ordonnance ne peut paraître sans le contre-seing d'un ministre, qui en répond. Le contre-seing ministériel est censé la garantie et la condition de l'i n v i o l a b i l i t é du chef de l'État.

Les archevêques et évêques, les préfets et d'autres officiers publics font aussi souvent contre-signer leurs actes par leur secrétaire.

CONTRE-SENS. C'est l'opposé du *sens naturel*. Il peut exister dans les choses comme dans les mots. Que la conduite de quelqu'un soit en opposition avec ses antécédents ou avec les devoirs de son état, on qualifie de *contresens* les actes blâmables auxquels il se livre. On dit aussi prendre une étoffe à *contre-sens*. Mais l'acception la plus ordinaire de ce mot est relative aux traductions qui s'écartent de la pensée de l'auteur, faute de clarté ou d'intelligence. Il arrive même assez souvent que le traducteur prête à l'auteur une assertion toute contraire à celle qui lui appartient. Pour éviter les *contre-sens*, il ne suffit pas d'avoir une connaissance intime de la langue, il faut connaître aussi les idées de celui dont on se rend l'interprète, et même l'histoire contemporaine. Trop souvent il arrive qu'une phrase susceptible de deux significations opposées, dont aucune n'est repoussée par la grammaire; alors, si l'on n'avait pour se guider les connaissances accessoires dont nous venons de parler, il faudrait s'abandonner au hasard. Exemple : dans son *Traité des Orateurs illustres*, Cicéron, parlant de l'éloquence de Brutus, dit : « *Nempe igitur hinc, ductus est sermo quod erat a me mentio facta causam Dejotari fidelissimi atque optimi regis ornatissime et copiosissime a Bruto me audisse defensam.* » M. Leclerc, dans son excellente traduction, dit : « Eh bien, Atticus, je vous parlais d'un discours où Brutus a déployé toutes les richesses de l'éloquence en faveur du roi Dejotarus, le meilleur et le plus fidèle de nos alliés. » Il ne peut y avoir dans cette version aucune espèce de *contre-sens*, parce qu'elle laisse en dehors les mots *me audisse defensam*. Quelques traducteurs les ont entendus ce sens, que Cicéron était lui-même au nombre des auditeurs; d'autres qu'il avait appris ce triomphe de l'éloquence de Brutus. Pour décider, il faut encore se fixer sur une leçon de la première lettre du douzième livre des *Lettres à Atticus*. S'agit-il de Nicée en Bithynie? s'agit-il de Nice en Ligurie? Quelle est la date réelle de la lettre où il est fait mention de ce discours? quel est le moment de la publication du dialogue intitulé *Brutus*? Enfin, Brutus n'a-t-il pas aussi parlé pour Déjotarus à Rome? On voit de combien de recherches peut dépendre le sens d'une phrase, et de combien il s'en faut que l'étude de la grammaire puisse suffire à éviter les *contre-sens*. P. DE GOLBÉRY.

CONTRE-STIMULISME. On donne le nom de *contre-stimulisme* ou *de rasorisme* à une doctrine médicale fondée en Italie par R a s o r i, au commencement de ce siècle, et qui, modifiée de nos jours par Giacomini, règne encore actuellement dans la plupart des écoles italiennes. Voici en quelques mots les principes généraux de cette doctrine.

La vie est la résultante de deux forces opposées qui se contre-balancent d'une manière continue, le *stimulus* et le *contre-stimulus* : la *santé*, c'est l'équilibre entre ces deux forces ; la *maladie* ou *diathèse*, c'est le triomphe de l'une des puissances sur l'autre; c'est une dose trop grande ou trop petite d'excitabilité : la diathèse est de *stimulus* dans le premier cas et de *contre-stimulus* dans le second. On voit donc d'après l'appréciation des phénomènes de la santé et de la maladie repose donc sur une seule base, *la différence du plus ou moins*. La thérapeutique servira de corollaire à ce théorème, en s'efforçant de remédier au défaut ou à l'excès d'excitabilité : il n'y aura guère (comme l'a dit Giacomini, qui a donné aux principes rasoriens le plus de développement) que deux classes de médicaments, les stimulants ou *hypersthénisants*, et les contre-stimulants ou *hyposthénisants*.

Il ne nous sera pas difficile de démontrer que ce système n'est pas autre chose qu'une hypothèse, une pure conception de l'esprit, sans base réelle. La vie, disent les contre-stimulistes, est susceptible de deux modifications, et de deux seulement, de *plus* ou de *moins*; or, à quel titre est-on autorisé à soutenir que la vie ne peut être altérée que de deux façons, exaltée ou déprimée? Ne pourrions-nous, si nous voulions opposer hypothèse à hypothèse, prétendre qu'elle est susceptible soit de perversion, soit de corruption, soit de toute autre modification qu'il nous plaira de supposer? La vitalité n'est en aucune façon assimilable aux puissances mécaniques : c'est une force de toute autre nature, et l'on ne peut savoir si elle est susceptible uniquement de plus ou de moins, et même si elle est susceptible de plus ou de moins : c'est comme si le chimiste allait prétendre que tous les faits de combinaison et de décomposition, que les différences de propriétés entre les composants et les composés, s'expliquent par le plus ou le moins de force chimique. De même, dans l'état morbide, on ne saurait dire d'une manière générale que la vie est seulement exaltée ou uniquement déprimée; quand on examine une maladie, on se trouve en face d'effets très-compliqués, dont les uns indiquent l'excitation de certaines activités, tandis que les autres annoncent la dépression ou la perversion, et plusieurs autres l'indifférence d'autres activités. A la vie telle que la nature nous la présente, le contre-stimulisme substitue une idée erronée et imparfaite; il dresse une hypothèse inadmissible, et conséquemment tombent avec cette hypothèse la dichotomie des diathèses de stimulus et de contre-stimulus de Rasori et la dichotomie des médications hypersthénisantes et hyposthénisantes de la nouvelle école italienne.

En résumé, dans le système du contre-stimulisme qu'y a-t-il de vieux et d'usé? Une hypothèse qui attribue à la vie, force absolue d'existence, les qualités d'une force mécanique; qui range sous deux chefs uniques toutes les maladies, et qui, enfin, n'admet plus que deux classes de moyens thérapeutiques. Qu'y a-t-il de nouveau et de digne d'attention? Une étude profonde des médicaments dans laquelle on considère leurs effets *dynamiques*, leur action sur l'ensemble de l'organisme plutôt que leurs effets mécaniques ou chimiques; une application plus variée des ressources thérapeutiques; une audace plus grande dans l'administration des agents médicaux, et, en conséquence, des succès parfois inespérés, mais parfois aussi de tristes revers. Le praticien ne saurait, pour ces hautes doses, procéder avec trop de réserve; comme l'a dit lui-même Giacomini, la loi de tolérance n'exclut pas la loi de prudence, et il ne faudrait pas abattre le malade sous prétexte d'abattre la vitalité.

Dr Henry Roger, médecin du bureau central.

CONTRE-TAILLE. Après avoir donné la gravure le nom de *taille*, dont on se sert pour former les ombres, on a donné celui de *contre-taille* à la hachure que l'on emploie en second pour donner un ton plus vigoureux. La contre-taille coupe toujours la taille soit à angle droit, soit à angle aigu, suivant que l'artiste le juge convenable pour ces objets qu'il grave. Lorsqu'on représente de la pierre unie, la contre-taille coupe carrément la taille; mais dans les draperies, et surtout dans les clairs, l'usage est de la placer en losange. Dans le travail qui doit passer à l'eau-forte, si le losange était trop aigu on pourrait craindre que l'eau-forte ne mordît trop vivement dans les sections, ce qui pourrait occasionner des taches. L'arrangement des contre-tailles est une des difficultés de l'art de la gravure.

Duchesne aîné.

CONTREVALLATION. Dans la fortification ce nom s'applique en général aux ouvrages de défense construits contre les entreprises de l'assiégé, quelles que soient la forme et l'étendue que l'assiégeant croit nécessaire de leur donner. Il faut remarquer que l'assiégeant ne juge pas toujours nécessaire d'enfermer l'assiégé dans une ligne fortifiée, afin de s'opposer à tout ce qu'il pourrait entreprendre hors de la place; quelquefois même ce travail serait inexécutable, et alors l'assiégeant se borne aux précautions qu'exige sa propre sûreté, et s'environne lui-même de retranchements pour se mettre à couvert des attaques de l'assiégé, auquel il laisse d'ailleurs la faculté de sortir de la place et de parcourir tout l'espace qu'il ne peut lui interdire. Ce fut ainsi que durant le très-long siège de Grenade le camp retranché des Espagnols devant cette dernière forteresse des Maures dans la Péninsule s'accrut, et augmenta de jour en jour ses moyens de défense, jusqu'à ce qu'il devint une ville sous le nom de *Santa-Fe*. Dans les premières campagnes de Bonaparte en Italie, les Français entreprirent le siège de Mantoue, dont la garnison était plus nombreuse que les assiégeants, et commandée par Wurmser; il fallut bien pourvoir à la sûreté des troupes de siège et de leurs travaux. La *contrevallation* fut aussi un camp retranché. (*Voyez* Circonvallation.)

Ferry.

CONTREVENTS. Ce sont de véritables portes pleines dont on ferme les fenêtres pour défendre les vitres des vents, de la pluie et de la grêle. Les contrevents ouvrent en dehors; ils sont moins coûteux et d'un aspect moins agréable que les persiennes; cependant il est préférable d'en faire usage dans les maisons isolées, parce qu'ils offrent plus de garanties contre les voleurs que les fermetures d'un autre genre. On peut, dans les circonstances qui l'exigent, les doubler de plaques métalliques.

Teyssedre.

CONTRE-VÉRITÉ. Ce mot composé l'est si bien, qu'il serait difficile d'en donner une explication plus claire que le mot lui-même. Une contre-vérité est une assertion précisément opposée à ce que l'on veut faire croire. Cette façon de s'exprimer, railleuse et énergique, impressionne l'esprit. Les rhéteurs l'ont définie sous le nom d'*antiphrase* et mise au nombre de leurs fleurs d'éloquence comptées et classées. On en fait un usage aussi fréquent dans la conversation familière que dans l'élocution préparée. Combien de fois disons-nous : *C'est beau! Elle est belle!* pour exprimer exactement le contraire? Le peuple, dans son langage moins étudié et pourtant bien plus figuré que le nôtre, emploie souvent cette locution. Dans la poésie, cette figure revient à chaque instant et presque toujours avec bonheur; surtout dans la comédie, la satire et les divers genres qui appellent l'*ironie*.

Pauline Flaugergues.

CONTREXEVILLE (Eaux de). Contrexeville est un assez joli village du département des Vosges, à 24 kilomètres de Mirecourt. Il doit sa réputation aux eaux minérales froides, un peu gazeuses, un peu ferrugineuses, qu'on y voit sourdre. Ces eaux limpides, quelquefois recouvertes d'une pellicule plutôt blanchâtre qu'irisée; elles déposent en outre, dans les autres eaux ferrugineuses, un sédiment onctueux et ocracé, d'une saveur seulement un peu ferrée et acidule, et tout à fait inodore. Les eaux de Contrexeville ne s'administrent qu'en boisson : voilà pourquoi certaines personnes se dispensent de les aller prendre sur les lieux. Il est certain que prises à la source, leurs effets seraient plus prononcés, outre que de la sorte on serait sûr de prendre les eaux véritables, au lieu de quelques imitations, toujours imparfaites, quoi que fasse la chimie la plus habile. Ces eaux, comme celles de Vichy, ont la propriété de dissoudre en partie les graviers des reins, la gravelle et les calculs de la vessie : quelques praticiens ont même cité des cas très-remarquables de guérisons pareilles, dont ils attribuent tout l'honneur aux eaux de Contrexeville. On les administre aussi avec quelque avantage dans les affections goutteuses, dans les catarrhes de la vessie, dans les flueurs blanches et les pâles couleurs. Les effets qu'on leur attribue, de briser en quelque sorte les calculs, de les user, de les faire sortir des

urétères et même de la vessie, ces effets sont d'autant plus étonnants, moins croyables, qu'elles ne contiennent pas autant de bi-carbonate de soude que les autres eaux acidules gazeuses.
Dr Isidore BOURDON.

CONTRIBUABLE. C'est le sujet de l'État considéré comme payant, sous une forme ou sous un autre, un portion quelconque des *contributions publiques*, ou de l'*impôt*.

CONTRIBUTION, payement fait on à faire par chaque habitant d'une maison, d'un village, d'une ville, d'une province, d'un État, de la part qu'il doit porter dans une dépense ou une imposition commune ou publique. Ce n'est guère que depuis 1789 que ce mot, comme synonyme d'*impôt*, a quitté son acception générique pour revêtir un sens spécial, et qu'il est passé de la théorie dans la langue des faits précis, dans le vocabulaire administratif et politique.

La *contribution* est de deux natures : *directe*, quand elle se demande et se perçoit *annuellement* et en vertu de *rôles nominatifs* ; *indirecte*, quand elle prend la forme d'une obligation purement *facultative*.

Contributions directes. Il y en a quatre principales, la contribution foncière, la contribution personnelle et mobilière, celle des portes et fenêtres, et celle des patentes. Il existe en outre un certain nombre de taxes d'origines variées que la loi assimile aux contributions directes.

La contribution f o n c i è r e frappe tous les immeubles, propriétés bâties et non bâties. C'est un impôt de répartition. La contribution p e r s o n n e l l e e t m o b i l i è r e est un impôt de répartition; elle se compose de deux taxes. La première est une espèce de c a p i t a t i o n, due par les personnes par cela seul qu'elles vivent sur le sol de la France et à l'ombre de ses lois. Elle s'évalue par trois journées de travail, journées dont le taux moyen pour chaque commune est fixé par le conseil général du département sur la proposition du préfet, sans cependant que son *minimum* puisse être au-dessous de 50 centimes, ni son maximum au-dessus de 1 franc 50 centimes. La taxe mobilière a pour but d'atteindre la fortune mobilière; elle se détermine pour chaque contribuable d'après le loyer de son habitation personnelle; elle frappe toute habitation meublée, et, comme la précédente, atteint toute personne qui n'est pas reconnue indigente. Toutefois, dans les villes ayant un octroi, le contingent personnel et mobilier des habitants peut être payé en totalité ou en partie par les caisses de la cité, sur la demande qui en est faite au préfet par le conseil municipal.

La contribution des p o r t e s et f e n ê t r e s frappe les portes et les fenêtres des bâtiments et usines donnant sur les rues, cours et jardins. Elle est assise d'après un tarif qui se divise en deux parties. La première concerne les maisons de une à cinq ouvertures inclusivement, et ici la taxe est réglée en raison du nombre des ouvertures et de la population de la commune : les communes sont à cet effet partagées en cinq classes. La deuxième partie du tarif concerne les maisons à cinq ouvertures et au-dessus, et comprend elle-même trois' parties, savoir : 1° pour les portes cochères, charretières, et de magasin, la taxe croît avec la population et les communes sont aussi partagées en cinq classes; 2° pour les portes ordinaires, les fenêtres du rez-de-chaussée, de l'entresol, des premier et deuxième étages : la taxe croît ici encore en raison de la population ; 3° enfin pour les fenêtres du troisième étage et des étages supérieurs : ici l'on fait encore acception de la population quant à la fixation de la taxe; mais il n'y a plus que deux classes de communes, les communes de 5,000 et au-dessous, et les communes au-dessus de 5,000 âmes.

La contribution des p a t e n t e s est un impôt de quotité; elle a pour but de faire contribuer à l'acquittement des charges publiques les revenus provenant de l'exercice d'une industrie ou d'une profession lucrative. La taxe des patentes se compose de deux droits, le droit fixe et le droit proportionnel. Le droit fixe est établi d'après la classe de la patente et la population de la commune où s'exerce l'industrie. Le droit proportionnel est basé sur le loyer. Nous n'entrerons dans aucune classification à ce sujet : la seule énonciation de chaque industrie sujette à la patente demanderait plusieurs pages.

Contributions indirectes. Il y en a quatorze espèces principales : l'impôt sur les b o i s s o n s ; les droits d'o c t r o i ; l'impôt sur les s e l s ; l'impôt sur le s u c r e i n d i g è n e, les droits sur les v o i t u r e s p u b l i q u e s ; les droits de n a v i g a t i o n ; les droits de g a r a n t i e sur les matières d'or et d'argent; l'impôt sur les c a r t e s à j o u e r ; les droits de d o u a n e ; les droits de t i m b r e ; les droits d'e n r e g i s t r e m e n t ; les monopoles des p o u d r e s, des p o s t e s et des t a b a c s.

Quatre grandes sections du ministère des finances, savoir : l'administration des contributions indirectes, l'administration des douanes, l'administration du timbre, de l'enregistrement et des domaines, et l'administration des postes, sont chargées de l'assiette et de la perception de ces impôts. Nous ne parlerons ici que de la première, les autres devant trouver leur place à des articles spéciaux.

L'administration des *contributions indirectes* peut être considérée comme ayant succédé à l'ancienne régie générale des a i d e s. Lorsqu'on rétablit les droits de consommation, on créa en l'an XII, sous le titre de *régie des droits réunis*, une administration chargée de percevoir les droits sur les boissons, sur les tabacs, sur les cartes à jouer, sur les matières d'or et d'argent. Bientôt on ajouta à ces attributions la recette de la taxe d'entretien des routes, du droit de navigation intérieure et des droits et revenus des bacs, bateaux et canaux, puis l'exécution des lois et règlements sur les octrois municipaux et de bienfaisance. A la tête de cette administration on plaça un directeur général, assisté de cinq administrateurs. On sait quelle terreur et quelle haine cette régie des droits réunis inspirait aux populations, et comment, à la rentrée des Bourbons, elle fut comprise dans un même anathème avec la c o n s c r i p t i o n. On sait aussi que les Bourbons se gardèrent bien de toucher à la chose, mais qu'ils en changèrent les dénominations ; la régie des droits réunis devint la direction générale des contributions indirectes, et l'esprit public fut généralement satisfait de cette concession. Aujourd'hui l'administration des contributions indirectes comprend dans ses attributions : la perception des droits de circulation, d'entrée, de détail, de consommation sur les boissons ; de fabrication sur les bières ; d'entrée sur les huiles ; de fabrication des cartes à jouer; de garantie sur les matières d'or et d'argent ; des licences nécessaires pour l'exercice de certaines professions ; du dixième sur les voitures publiques et le transport des marchandises ; le recouvrement de l'impôt sur les sels en dedans du rayon des douanes; celui des taxes de navigation intérieure et produits accessoires; celui du produit des bacs et passages d'eau, ponts, canaux, pêches, francs-bords, etc., etc.; la surveillance générale des octrois communaux et la perception du dixième de leurs produits. Elle est, en outre, chargée pour le compte du gouvernement, qui a le monopole de la fabrication, de la vente des tabacs et des poudres à feu, de la surveillance sur la circulation et le commerce illicite de ces matières, et du prélèvement sur le revenu des communes pour frais de casernement.

CONTRIBUTION (*Droit*). On appelle ainsi, ou *contribution de deniers*, la distribution faite amiablement ou par justice entre tous les c r é a n c i e r s chirographaires d'un même individu, concurremment et au marc le franc de leurs créances respectives, des sommes qui ont été saisies-arrêtées contre lui, ou du prix des objets mobiliers qui ont été vendus par suite de saisie-exécution ou de saisie-brandon, etc. Le Code de Procédure civile (art. 656 à 672) règle la forme de cette distribution lorsqu'elle est faite en justice.

Contribution se dit encore de la part proportionnelle pour laquelle chacun de ceux qui sont appelés à recueillir une succession concourt au payement des dettes dont elle est grevée, eu égard à la part qu'il prend dans les biens dont elle se compose.

Enfin, dans le droit commercial maritime on nomme *contribution* la répartition entre les divers propriétaires d'un navire et des marchandises dont il est chargé, de la somme à payer pour le montant des pertes ou des sacrifices constituant des avaries communes. Le Code de Commerce (articles 397 à 429) détermine les cas où il y a lieu à contribution, les choses qui y sont soumises, et la manière dont on y doit procéder.

CONTRIBUTION DE GUERRE. Les mots *droit de la guerre* et *jurisprudence des armes* sont des locutions qui n'ont pas de sens, puisqu'aucun code, aucune puissance ne les ont définies. Des écrivains n'en attestent pas moins que le droit de la guerre autorise les *contributions*. Supposons-le pour l'explication du terme. Les contributions sont ainsi de deux natures ; ce sont des impositions frappées par exécutions militaires, et poursuivies par voie de garnisaires, conformément à un système régulier et avoué. Une sorte d'ordre règne dans ce désordre ; la chose publique en tire quelque profit, ou bien ce sont des exactions que se permettent des chefs militaires plus ou moins élevés en grade ; malheureusement, cette dernière forme de tribut est la plus fréquente. Après avoir supposé existante la jurisprudence, il eût fallu compléter les recherches, en exposant les voies et moyens ; mais jusque ici la législation, l'administration et les généraux d'armée, qui trop souvent se substituent à l'une et à l'autre, n'ont appliqué à la levée des contributions que des méthodes disparates et peu arrêtées. L'usage de pressurer le vaincu par des contributions est du reste si invétéré, que la langue familière a emprunté aux armées l'expression : *mettre à contribution*. Disserter sur les contributions devrait concerner la politique et la morale, avant de regarder l'art militaire ; mais à quelles règles soumettre une action où tout est local, accidentel et inévitablement arbitraire ? Comment tempérer une action quelquefois ordonnée par la cupidité, et toujours accomplie par l'extorsion, excepté dans les cas rares où l'acquittement des contributions payées au vainqueur résulte d'un rachat spontané, d'un contrat librement consenti par le débiteur. Gal BARDIN.

CONTRITION. La première des trois parties qui renferme le sacrement de pénitence. Ce mot signifie regret, repentir, et provient du verbe latin *contero*, je brise, expression métaphorique du regret et du repentir, dans lesquels le cœur est comme flétri, brisé. Dans sa véritable acception, et suivant la foi catholique exprimée par le concile de Trente, la contrition est la douleur de ses fautes passées, avec la ferme propos de n'en plus commettre à l'avenir. Les théologiens en distinguent de deux sortes : la *contrition parfaite* et la *contrition imparfaite*. La première consiste dans une douleur et une détestation du péché, causées par un acte de charité parfait, c'est-à-dire en tant que par lequel on aime Dieu pour lui-même, et parce qu'il est l'objet le plus digne d'amour. La seconde, qu'on appelle *attrition*, est aussi une douleur de ses péchés commis, avec une volonté ferme de n'en plus commettre, mais provenant de la laideur naturelle du péché ou de la crainte du châtiment qu'il mérite. Les protestants enseignent que cette crainte est mauvaise et blâmable, comme uniquement fondée sur l'amour de soi ; mais les catholiques soutiennent qu'elle est bonne et louable d'elle-même, qu'elle est un commencement de sagesse, un don de l'Esprit-Saint. Il y a cette différence entre la contrition parfaite et l'attrition, que l'une justifie par elle-même, pourvu qu'elle soit jointe au désir de recevoir le sacrement de pénitence, et c'est la contrition parfaite ; tandis que l'attrition ne justifie qu'autant qu'elle est jointe au sacrement de pénitence, dont elle est une condition nécessaire et préalable pour produire la justification ; encore faut-il qu'elle renferme un commencement d'amour de Dieu, comme source de toute justice, c'est-à-dire un acte d'amour de Dieu qui nous le fasse aimer comme notre fin dernière et devant faire notre félicité. Au reste, pour être bonne et pour produire la justification, la contrition, soit parfaite, soit imparfaite, doit avoir quatre qualités : il faut, 1° qu'elle soit *intérieure*, c'est-à-dire sincère et véritable : autrement on ne pourrait pas l'appeler une douleur, un repentir, un regret du mal que l'on a fait ; 2° *surnaturelle*, c'est-à-dire fondée sur un motif surnaturel de la foi et non pas seulement sur des motifs humains ; 3° *universelle*, c'est-à-dire s'étendre à toutes nos fautes, au moins à tous les péchés mortels sans exception ; car on ne serait pas justifié ni réconcilié avec Dieu en conservant de l'affection et de l'attachement pour quelque chose qui lui déplaît essentiellement et qui provoque sa colère ; 4° elle doit être *souveraine*, c'est-à-dire que l'on doit être plus fâché d'avoir offensé Dieu par le péché que de tout autre mal quelconque qui puisse nous arriver. NÉGRIEN.

CONTRÔLE. C'est le nom que l'on donnait autrefois à la formalité connue aujourd'hui sous le nom d'*enregistrement*. On distinguait trois espèces de contrôles : le *contrôle des actes*, celui des *exploits* et celui *des greffes*. Le contrôle des actes avait été établi pour assurer la priorité des hypothèques en mettant les actes à l'abri des doutes et des suppositions d'antidates. Il s'appliquait aux actes des notaires, tabellions, greffiers, gens de loi et autres ayant droit d'instrumenter, et aux actes sous seings privés passés dans toute l'étendue du royaume. Il comprenait également les actes ecclésiastiques, c'est-à-dire les nominations, démissions, permutations faites par les ecclésiastiques.

Le *contrôle des matières d'or ou d'argent* est une marque appliquée sur tous les ouvrages d'or et d'argent. Il paraît remonter en France à saint Louis. La loi du 19 brumaire an VI, confirmée par celle du 28 avril 1816, a réglé définitivement cette matière, et forme encore aujourd'hui la base de la législation en vigueur. (*Voyez* GARANTIE [Bureau de].)

CONTRÔLEUR, fonctionnaire appelé à exercer un contrôle sur certains actes ou sur certaines parties des services publics. Il y avait autrefois un très-grand nombre de contrôleurs, depuis le *contrôleur général des finances*, le *contrôleur général des fermes*, celui des *monnaies*, des *domaines*, des *rentes*, les contrôleurs des guerres, de la marine, des eaux et forêts, des bons d'État, jusqu'aux simples *contrôleurs des gabelles*, des *traites*, des *aides*, des *portes*, des *greniers à sel*, etc. Nous ne nous occuperons que de la charge de contrôleur général des finances. Créée en 1547, on lui conféra d'abord que des attributions assez restreintes aux officiers qui en furent investis ; ils n'avaient d'autres fonctions que de contrôler les quittances du trésorier de l'épargne, et de tenir le registre de toute la recette et de toute la dépense. En 1616 et 1617 on voit cependant Barbin exercer avec le titre de contrôleur général tous les pouvoirs attribués jusque alors au surintendant, chef suprême de ce département. De 1617 à 1661 les contrôleurs généraux descendirent au second ou au troisième rang dans l'ordre hiérarchique ; mais à cette époque Louis XIV, ayant disgracié Fouquet, supprima sa charge et confia l'administration des deniers publics à Colbert, avec le titre de *contrôleur général*. Le contrôleur général était de droit membre du conseil des finances et du commerce, où il faisait seul le rapport de toutes les affaires. Chargé d'assigner le payement de toutes les ordonnances, et de diriger la perception et l'application des revenus de l'État, il ne pouvait jamais être comptable. Toutes les dépenses excédant mille livres devaient non seulement être contre-signées par lui, mais signées par le roi et délivrées en son nom ; ce qui donnait au prince l'occasion de vérifier l'emploi des fonds du trésor royal.

Aujourd'hui nous connaissons encore les *contrôleurs*

des impositions directes, qui sont chargés, sous les ordres des inspecteurs et des directeurs de département, de fixer l'assiette et la répartition des impôts directs ; les *contrôleurs des contributions indirectes*, subdivisés en *contrôleurs ambulants*, institués pour surveiller le service des contributions indirectes dans chaque arrondissement et y faire des tournées, et en *contrôleurs de ville*, qui, sous la surveillance des précédents, doivent veiller à l'exécution des exercices dans le lieu où ils doivent résider, à la tenue régulière des portatifs et à la rédaction et signature des actes qui doivent y être inscrits ; les *contrôleurs des bureaux de garantie*, qui veillent à ce que les mesures prescrites pour la garantie des matières d'or et d'argent ne soient ni négligées ni omises ; les *contrôleurs en chef* et les *contrôleurs ordinaires des manufactures impériales de tabac*, ainsi que les *contrôleurs généraux, particuliers ou spéciaux des magasins ou de manutention des feuilles*; les *contrôleurs des salines impériales ou contrôleurs-receveurs des salines particulières*, chargés de concourir à la perception et à la comptabilité du droit sur les sels fabriqués dans les salines, et de veiller à l'observation des formalités prescrites, soit pour la conservation du droit, soit pour la délivrance et la décharge des acquits à caution ; les *contrôleurs des douanes*, soit *de brigade*, soit *aux entrepôts*, soit *aux visites* : ces derniers ont aujourd'hui le titre de sous-inspecteurs sédentaires ; les *contrôleurs de la marine*, chargés dans chaque arrondissement maritime du contrôle des ports ; et enfin les *contrôleurs des postes*, employés supérieurs, chargés de faire des tournées pour inspecter le service des postes aux lettres et des postes aux chevaux.

CONTROVERSE (en latin *controversia*, qui a pour racine la préposition latine *contra*, contre, et le verbe *versare*, fréquentatif de *vertere*, qui signifie au propre *tourner, verser*, et au figuré *interpréter, discuter*). On doit entendre généralement par ce terme de dogmatique toute interprétation contraire, différente, d'une autre, d'une opinion, d'un texte, etc., tout débat, toute dispute, toute discussion relative à ce sujet. On dit d'une chose qu'elle est *hors de controverse*, pour dire qu'elle est réglée, déterminée ; que sa nature est bien reconnue, et qu'elle ne doit plus offrir matière à débat ou à contestation. Sénèque, le rhéteur, a fait dix livres de *Controverses* (*Controversiarum libri X*). Mais ce mot s'entend plus ordinairement des disputes religieuses, de celles qui s'élèvent dans l'Église sur des objets ou des points de foi, spécialement entre les catholiques et les sectes dissidentes. On traite un *point de controverse*, on étudie, on prêche la *controverse*. Celui qui écrit sur des matières de *controverse*, sur un sujet ou sur un point *controversé*, est un *controversiste*. Les cardinaux Bellarmin et Du Perron ont été de grands *controversistes*. Pour que les controverses produisent de bons effets, il faut que de part et d'autre elles soient non-seulement libres, mais toujours contenues dans les bornes de la politesse et de la modération. Bossuet, Nicole, Pellisson, Papin, etc., ont mérité de devenir et de rester des modèles dans ce genre. Malheureusement il en est rarement ainsi.

Edme HÉREAU.

Chez toutes les communions chrétiennes, l'histoire de la théologie n'est malheureusement que l'histoire des disputes théologiques. Ce fait général s'explique facilement par une observation bien simple, c'est que toutes les sectes chrétiennes ont fait consister leur symbole religieux en une série de dogmes de nature transcendante, définis en un langage nécessairement très-mystique, et paraissant tous s'appuyer sur certains passages de l'Écriture Sainte qu'on avait soin de contempler isolément. Si l'on joint à cet état de choses l'ardeur naturelle qui porte l'esprit humain à définir ce qu'il y a de plus indéfinissable, les conséquences terribles et éternelles que les docteurs attachaient à la foi ou à l'incrédulité, enfin le fiel et l'acharnement des débats théologiques sous la protection du pouvoir civil, qui leur prêtait sa force et ses arrêts, alors on concevra sans peine que plus une controverse fut subtile et creuse, plus elle dut être vive et interminable. La plus puissante organisation d'autorité dogmatique qui fut jamais, l'Église romaine, ne put conjurer ni même suspendre les orages de la dispute religieuse en son sein. Il n'y a point dans l'Église protestante d'exemple d'une controverse plus éclatante, plus acharnée et plus verbeuse que celle que l'ouvrage de Jansenius et les subtilités du dogme augustinien soulevèrent et entretinrent pendant plus de deux siècles en France, malgré les foudres des papes et les édits des rois. La révolution française de 1789 éclata pour ainsi dire au bruit des derniers échos de ces pitoyables querelles. Mais si l'Église réformée a eu sous ce rapport le même sort que l'Église catholique, elle a retiré bien plus de fruits de ses longues querelles. La liberté d'examen, qui est devenue, contrairement aux intentions des premiers réformateurs, la colonne de l'Église protestante, dut bientôt surmonter les formes des vieilles *confessions de foi*, et porter les discussions sur des questions réellement élevées et philosophiques ; terrain immense et fécond, dont l'intolérante autorité de l'Église romaine interdisait la voie à ses disciples. Aussi, dans tous les pays protestants libres, la discussion théologique a fini par soulever des questions d'un grand intérêt scientifique, surtout en Allemagne, en Angleterre, et aux États-Unis d'Amérique. Il suffira d'indiquer la controverse *unitaire* de la Grande-Bretagne et des États-Unis, et surtout le grand mouvement *rationaliste* des universités allemandes. Charles COQUEREL.

CONTUMACE, CONTUMAX (du latin *contumacia*, désobéissance). La contumace est l'état de celui qui, mis en accusation devant la justice criminelle, ne se présente pas dans le délai fixé, ou qui, ayant été saisi, s'est évadé avant le jugement. *Contumax* se dit de la personne qui se trouve dans l'état de contumace. Ainsi les jugements par contumace sont, en justice criminelle, ce que sont en matière civile ou correctionnelle les jugements par défaut.

Tout ce qui régit cette matière, procédure et condamnation, est d'exception. Aussi plusieurs jurisconsultes se sont-ils élevés contre cette partie de nos codes, notamment Carnot, MM. Bérenger et Dupin. Le premier acte de la procédure a pour objet la constitution de l'accusé en état de contumace ; il suffit d'une ordonnance judiciaire dont la loi a réglé la forme. Si, après un arrêt d'accusation, l'accusé ne se présente pas volontairement dans les dix jours de la notification qui a dû lui être faite à domicile, ou s'il n'a pu être arrêté, ou si, après avoir été saisi, il s'est évadé, le président du tribunal chargé de l'affaire, ou le juge le plus ancien, rend une ordonnance portant que cet accusé sera tenu de se représenter dans un nouveau délai de dix jours, à défaut de quoi il sera déclaré rebelle à la loi, et privé provisoirement de l'exercice de ses droits de citoyen ; que ses biens seront séquestrés pendant l'instruction de la contumace, et que toute action en justice lui sera interdite pendant cette instruction ; enfin que toute personne est tenue de dénoncer à l'autorité le lieu où se trouve l'accusé.

L'homme contre qui on débute par de tels procédés n'est guère tenté de courir au-devant de la justice qu'on lui offre. Aussi les contumaces, pour la plupart, se tiennent ils éloignés, alors surtout que les passions politiques sont en jeu.

L'ordonnance est publiée le dimanche suivant, et affichée à la porte du domicile de l'accusé, à celle du maire et du tribunal. On la notifie immédiatement au fisc, pour qu'il s'empare des biens de l'accusé. Après le délai de dix jours, on procède au jugement. Il n'est pas permis au juge d'accorder un nouveau délai ; aucune défense n'est admise ; néanmoins la loi autorise les parents et amis à plaider des motifs d'excuse tendant à constater que l'accusé est dans l'impossibilité absolue de se présenter. Il peut aussi faire plaider des moyens préjudiciels, surtout quand ils sont péremptoires et ne laissent aucun prétexte à l'accusation, par exemple, s'il y a prescription acquise, ou déclaration de non-culpabilité, ou incompétence radicale, ou enfin s'il n'y a pas identité du prévenu avec l'accusé déclaré contumax. C'est le jury qui décide la question d'identité.

On procède ensuite au jugement, on lit l'arrêt de renvoi, la notification de l'ordonnance et les procès-verbaux ; et la cour, après cette lecture, sur les conclusions du ministère public, prononce sur la contumace. Si l'instruction n'est pas conforme à la loi, la cour la déclare nulle, et ordonne qu'elle sera recommencée depuis le premier acte illégal. Si tout est régulier, la cour prononce sur l'accusation et sur les intérêts civils, sans l'assistance des jurés. Un extrait du jugement était autrefois affiché, par l'exécuteur des jugements criminels, sur l'une des places publiques du chef-lieu de l'arrondissement où le crime avait été commis ; depuis 1849, cet extrait est seulement affiché à la porte du dernier domicile du condamné ; pareil extrait est adressé au directeur de l'enregistrement et des domaines du dernier domicile du condamné.

Les héritiers du contumax sont admis à demander que le jugement rendu contre lui soit rapporté, lorsqu'ils justifient de son décès, arrivé avant la condamnation. L'action dans ce cas doit être portée devant la cour qui a rendu l'arrêt.

L'accusé contumax n'est pas admis à se pourvoir en cassation du jugement qui le condamne ; cette faculté n'est accordée qu'au procureur général impérial ; il y a exception en faveur du condamné, si le jugement a été rendu par un tribunal incompétent à raison de la matière.

Les effets de la contumace quant aux biens sont les suivants : si le contumax est condamné, ses biens sont considérés et régis comme biens d'absent (*voyez* ABSENCE), à partir de l'exécution de l'arrêt, le compte de séquestre est rendu à qui de droit, après que la condamnation est devenue irrévocable par l'expiration du délai accordé pour purger la contumace. Le délai de grâce fixé par la loi pour purger la contumace est de cinq ans : après ce temps, le jugement rendu devient définitif. La régie garde l'administration des biens pendant vingt ans, lorsque la peine prononcée n'emporte pas la mort civile ; dans le cas contraire, elle ne la tient que durant cinq ans. La régie doit compte des fruits des biens séquestrés. Les créanciers peuvent poursuivre l'accusé contumax, qui ne saurait exercer aucune action en justice. On peut faire exécuter les condamnations obtenues contre lui nonobstant le séquestre de ses biens. Le contumax conserve la libre disposition de ses biens tant qu'il n'a pas encouru la mort civile ; la loi l'assimile à un absent, dont la capacité reste entière quoiqu'il soit suspendu des droits de citoyen. Pendant le séquestre apposé sur les biens, il peut être accordé des secours à la femme, aux enfants, au père ou à la mère de l'accusé, s'ils sont dans le besoin ; l'autorité administrative règle ces secours.

Si l'accusé se constitue prisonnier, ou s'il est arrêté avant que la peine soit éteinte par prescription, le jugement rendu par contumace et les procédures, depuis l'ordonnance de se représenter, sont anéantis de plein droit, et il est procédé de nouveau dans la forme ordinaire, sans égard à l'acquiescement donné par l'accusé au jugement rendu sur sa contumace. Il n'est qu'un cas où les condamnations par contumace, bien que s'évanouissant par le retour de l'accusé, conservent pour le passé tout l'effet qu'elles ont pu produire, c'est le cas où il a encouru la mort civile. La représentation du contumax anéantit l'arrêt de compétence rendu contre lui, et il ne peut être procédé au jugement contradictoire sans un nouvel arrêt qui fixe cette compétence. Mais elle n'anéantit ni l'acte d'accusation, ni l'arrêt de mise en accusation, quoique postérieur à l'ordonnance de prise de corps rendue par la chambre du conseil. Le jugement rendu sur contumace contre plusieurs n'est point annulé dans l'intérêt de tous par l'arrestation de quelques-uns d'eux ; il continue de subsister contre ceux qui n'ont pas purgé leur contumace.

Le contumax qui, après s'être représenté, obtient son renvoi de l'accusation, est toujours condamné aux frais occasionnés par sa contumace.

CONTUSION. Cette dénomination, dont l'acception est vague, sert à désigner en général le dommage causé sur quelques parties de l'organisme par un contact violent avec des corps étrangers, de forme arrondie, et sans destruction de la peau ; il est à peu près synonyme de *meurtrissure*. Les adjectifs *contus*, *contusionné*, en dérivent, et servent à indiquer le siège de la contusion, ou sa complication avec une division de la peau : ainsi, on dit : une *partie contuse* ou *contusionnée* et une *plaie contuse*. Cette lésion, résultat très-commun des coups et des chutes, présente, sous le rapport des accidents qui l'accompagnent, des nuances très-variées. Dans les cas les plus simples, le tissu cellulaire recouvert par la peau n'est pas notablement altéré, et l'effet se réduit à un gonflement de peu de durée : telles sont les *bosses* au front, si fréquentes dans l'enfance. Quand l'action des corps contondants est un peu plus forte, elle produit une tache noire, bleuâtre, jaunâtre, due à la rupture de quelques vaisseaux sanguins qu'on appelle *capillaires* en raison de leur ténuité. Lorsque l'action vulnérante a été plus intense, le tissu cellulaire peut être broyé, les muscles déchirés, des os fracturés, et la peau porte une empreinte plus ou moins marquée. Toutefois, de grands désordres peuvent exister au-dessous de la peau sans que cette enveloppe paraisse avoir été frappée. L'observation démontre qu'un homme s'élançant la tête en avant contre une muraille peut se tuer instantanément sans qu'aucune lésion apparaisse extérieurement. On a vu également, à la suite de chocs violents contre la poitrine, les côtes être fracturées, le cœur et les poumons être déchirés, la mort s'ensuivre, sans dommage de la peau. On rencontre principalement de semblables lésions après des coups portés sur le ventre. C'est surtout sur le champ de bataille que ces exemples sont communs, par l'effet des projectiles parvenus au dernier temps de leur impulsion. L'absence d'une lésion extérieure en ces derniers cas induit à croire qu'aucun coup n'a été porté. D'après une opinion erronée, on attribue les accidents consécutifs au déplacement rapide de l'air, qui suspend et arrête la respiration ainsi que la circulation, au *vent du boulet*, comme disent les soldats. La commotion des viscères, dans quelques cas, suffit pour causer la mort. Ce n'est donc point d'après l'intégrité de la peau qu'il faut juger de la gravité des contusions, ni même d'après les apparences d'une chute. Les dérangements qui surviennent dans le jeu de l'organisme doivent seuls servir de mesure pour évaluer la gravité des contusions.

En général le volume, la forme des corps dont on reçoit le choc, la force d'impulsion qui leur est communiquée, la texture, la tension ou le relâchement des organes lésés et la résistance qu'ils offrent sont des considérations d'une grande importance en chirurgie pour juger et traiter les contusions, ainsi que pour éclairer les procédures criminelles.

Les contusions violentes sont ordinairement accompagnées de signes trop expressifs pour qu'on puisse demeurer dans une sécurité dangereuse ; tels sont : les syncopes réitérées, les mouvements convulsifs, la paralysie des organes des sens ou celle des membres, les hémorrhagies abondantes par les plaies, ou par les ouvertures naturelles, comme les narines, les oreilles, la bouche, etc. ; des nausées, des vomissements, des déjections involontaires. En attendant les secours compétents, si le blessé est en défaillance, il faut le tenir couché, avertissement important, parce que dans la position verticale, les mouvements du cœur étant affaiblis, le sang ne peut pas être suffisamment projeté jusqu'au cerveau. Pour ranimer le blessé, il faut desserrer les ligatures que les vêtements nécessitent, exercer des frictions sur la région du cœur, et asperger de l'eau froide sur le visage. Les liqueurs spiritueuses qu'on s'empresse d'administrer en ces cas ont des inconvénients. L'eau pure et froide est la boisson la plus convenable. Au lieu de bassiner la partie contuse avec des liqueurs spiritueuses, l'eau-de-vie camphrée, l'eau rouge, ou la solution de l'eau de boule de Nancy, il est préférable d'appliquer des compresses trempées dans de l'eau froide, qu'on renouvelle à mesure qu'elles s'échauffent : cette médication, qu'on peut faciliter avec de la glace, prévient et modère les effets des contusions avec une efficacité très-grande, mais qui ne peut surprendre, puisque le résultat des contusions est l'inflammation, dont le froid est le remède le plus rationnel.

Quand les contusions sont causées par un coup ou par une chute trop peu considérable pour qu'elle soit accompagnée d'une désorganisation notable et d'un dérangement grave dans l'état habituel de la santé, la douleur qui accompagne ces lésions légères ne tarde pas à se dissiper, ainsi que la tuméfaction ; l'épanchement de sang qui forme des taches qu'on appelle *meurtrissures* est résorbé après une durée de temps plus ou moins longue ; l'énergie vitale suffit pour réparer ces désordres.   Dr CHARBONNIER.

CONVALESCENCE (de *convalescere*, se rétablir, se fortifier), intervalle qui s'écoule entre la cessation d'une maladie plus ou moins grave et le retour à la santé. Ce passage est une époque critique dans l'existence de l'homme : une menace de mort est écartée de lui, il est vrai, mais elle est encore trop peu éloignée pour ne pas être redoutable. Renversé sur sa couche, il demeure haletant et sans force, comme un naufragé que la tempête a jeté sur la rive presque inanimé, et que les vagues peuvent ressaisir. Dans cette situation, sa faiblesse extrême nécessite des secours et des soins presque égaux à ceux que la première enfance exige. La vitalité des organes, dont le jeu compose la vie, a été pervertie durant la maladie ; leur tissu peut en outre avoir été altéré ; ils ne sont plus en rapport avec les excitants naturels qui les entretiennent et les font agir. Il faut restaurer les forces ; il faut rétablir la mesure normale de la vitalité de ces instruments ; favoriser la réparation des altérations qu'ils ont pu éprouver ; ramener dans leur mouvement la liberté, l'énergie et l'équilibre, qui sont les conditions de la santé. La force conservatrice, dont les corps organisés sont doués suffit sans doute pour opérer le rétablissement des malades dans un grand nombre de cas, mais dans plusieurs les impulsions de cette force qu'on appelle l'instinct sont fallacieuses, et en se conformant à ces suggestions, on ne voit que trop communément résulter des rechutes plus graves que les maladies premières.

Il est difficile de déterminer rigoureusement la dernière période d'une maladie et le commencement de la convalescence : c'est une transition insensible pour tous autres que les médecins expérimentés ; des efforts critiques, l'état du pouls, la forme et la couleur de la langue, l'action générale des organes, et des significations qu'on ne peut apprécier sans les connaissances de l'anatomie et de la physiologie. Mais quand l'état morbide a cessé réellement, on ne tarde pas à voir éclater des signes auxquels tout homme peut se fier. La pose du malade dans son lit devient aisée ; il recouvre un sommeil calme ; sa peau s'assouplit et devient humide ; sa physionomie exprime le bien-être ; sa respiration s'effectue librement ; le sang circule chez lui lentement et tranquillement ; les excrétions, qui étaient diminuées ou supprimées, se manifestent de nouveau ; l'appétition des aliments se réveille et sans soif considérable ; les mouvements de ses membres sont lents, mais non pénibles. Lorsque ce rétablissement persiste et va s'accroissant de jour en jour, la peau reprend sa couleur naturelle, les forces renaissent et la convalescence devient alors évidente. Mais si le sommeil est agité, si la circulation n'a pas repris un cours tranquille, si la pose du malade et son visage décèlent encore l'anxiété ou le malaise, si la faiblesse persiste au même degré, l'état morbide, quelque amendé qu'il puisse être, existe encore ; il peut reprendre une énergie nouvelle ou passer à l'état chronique. Cette dernière transition est souvent appelée, mais à tort, *convalescence* ; cette dénomination ne lui convient point : elle n'est applicable qu'au rétablissement dont nous avons signalé ci-dessus les caractères.

La fonction qui est principalement troublée dans le cours des maladies, et qui influence le plus l'ensemble de l'organisme, est celle de la digestion. Les instruments qui l'accomplissent ont été plus ou moins affectés, soit directement, soit par sympathie ; il a dû en être ainsi, car c'est eux qu'on trouve les racines de la vie animale ; c'est à eux qu'on adresse les substances qui nous alimentent ; leur tissu contient des nerfs nombreux et complexes qui établissent d'étroites liaisons avec toutes les parties du corps. C'est de ces organes que les troubles du cœur et du cerveau irradient très-souvent. C'est sur eux en outre qu'on dirige les médications les plus usitées, tirées en grande parties des pharmacies, et si contraires aux excitants naturels de ces organes. Les soins que la fonction digestive, pour ainsi dire renaissante, exige, ont donc une importance majeure.

Le retour de l'appétit est le premier signal de la convalescence pour le vulgaire : c'est ordinairement un indice rassurant, mais il peut être trompeur, et est souvent un écueil dangereux. C'est avec la plus grande réserve qu'il faut satisfaire ce premier besoin des aliments : on doit n'accorder d'abord que des substances d'une facile décomposition : telles sont les fécules, si variées aujourd'hui, qu'on apprête au maigre, soit avec l'eau, soit avec le lait, et dont on corrige l'insipidité par le sucre ; les bouillons de poulet, de poissons, de veau, qui servent à composer des potages avec le riz, le maïs et les différentes pâtes farineuses, les échaudés, des biscuits sans aromates, le pain bien cuit, les œufs frais, les gâteaux au riz, au vermicelle, au maïs, etc. On fait un usage trop étendu de bouillons de bœuf au début de la convalescence ; ils sont très-nutritifs, il est vrai, mais trop excitants, comme on le reconnaît à la soif qu'ils allument. C'est très tard qu'il convient de les donner ; encore faut-il qu'ils soient très-légers ou coupés, soit avec l'eau, soit avec le lait. On peut ajouter à cette liste des légumes et des fruits d'une saveur douce. Quand cette alimentation première restaure évidemment et sans causer d'accidents, on peut donner des viandes blanches, rôties ou bouillies, et sans épices ; quelques poissons frits, qu'on dépouille ensuite de leur peau, tels que des merlans, limandes, et en général ceux qui sont peu savoureux. Les anguilles, le saumon, l'alose, qui plaisent beaucoup plus au goût, doivent être exclus comme étant d'une digestion difficile. Il est bon de varier l'alimentation, mais quand la convalescence est franchie, le goût n'est pas difficile, et c'est un signe très-favorable. Il est important de ne prendre les aliments qu'avec une grande modération, et à ce sujet l'axiome populaire : *il faut manger moins et plus souvent* est très-plausible. Il ne faut cependant pas pousser la réserve trop loin, surtout chez les enfants et chez certains sujets, comme aussi après quelques maladies accompagnées de perte de sang considérable, des fièvres éruptives, comme la rougeole, la variole, etc. Les boissons doivent être de l'eau pure ou édulcorée avec du sucre ou du sirop de gomme. L'habitude du vin permet d'en ajouter graduellement de faibles quantités. Il faut s'abstenir rigoureusement du café et des liqueurs spiritueuses.

A l'exception de quelques cas, il ne faut administrer aucun médicament aux convalescents ; le préjugé qui induit à leur donner des potions purgatives, afin de chasser complétement les humeurs, est aussi ridicule que funeste : c'est un moyen très-puissant pour ressusciter les maladies, et on n'en voit que trop souvent des preuves. Aussitôt que les aliments excitent des troubles qui s'annoncent par la soif, la chaleur, l'accélération du pouls, l'agitation du corps, le malaise, le défaut d'un sommeil tranquille, il faut suspendre complétement l'alimentation solide, donner des boissons aqueuses : cette suspension momentanée suffit communément pour ramener le calme. L'alimentation est plus difficile à régler après des maladies qui ont duré plus ou moins longtemps qu'après celles dont la durée a été plus ou moins brève : le régime convenable doit être observé pour les premières avec beaucoup plus de sévérité et de constance, parce qu'il est souvent le principal moyen de traitement.

Quand la fonction digestive se rétablit dans toute son étendue, on ne tarde pas à s'en apercevoir par un prompt retour à l'état normal; mais si l'alimentation ne produit pas cet effet, si *le manger ne profite point*, comme on le dit vulgairement, c'est un augure sinistre, reconnu et signalé par Hippocrate, un des meilleurs observateurs de la nature. La fonction de la respiration doit être favorisée autant que possible. A cet effet, on renouvellera l'atmosphère de la chambre du convalescent, et on s'appliquera à la tenir à la température de 18 à 20 degrés centigrades, en allumant le feu durant l'hiver, en choisissant l'exposition du nord pendant l'été, et en ayant recours aux courants d'air: ces soins empêcheront en même temps le l'air d'être humide, condition qui serait défavorable. Des soins spéciaux sont nécessaires après les affections de poitrine qu'on appelle *pleurésies*, *inflammations* ou *fluxions de poitrine*, etc. Les poumons, instruments de la fonction respiratoire, ayant été principalement affectés, demandent une attention particulière : la première est de ménager aussi soigneusement qu'on le peut l'exercice de ces organes. L'air, qui est leur excitant naturel, doit être plus frais que chaud ; il est souvent utile d'atténuer son action excitante en vaporisant de l'eau dans l'atmosphère de la chambre et en la renouvelant très-peu. On impose en même temps le silence aux convalescents, soin important, et sur lequel il faut quelquefois insister longtemps et avec la sévérité de ne communiquer que par écrit. La faiblesse, à la suite des inflammations pulmonaires à l'état aigu, est ordinairement très-grande, ayant été produite par le trouble même de la respiration, comme aussi par le traitement qui a exigé des saignées plus ou moins abondantes et une privation d'aliments plus ou moins rigoureuse. Toutefois, cette faiblesse n'est pas redoutable, et il ne faut point recourir à une alimentation copieuse, ainsi qu'à des substances stimulantes, pour rappeler les forces, parce que ces moyens, qui activent la circulation, réagissent sur les poumons.

Dans le cas où le cœur a été l'origine d'une maladie, il est nécessaire de ménager son action autant que possible par le repos du corps et le calme moral, par une alimentation légère, en plaçant le convalescent dans un milieu très-tempéré, et en veillant à ce que ses vêtements ne puissent entraver le cours du sang. Les fonctions de la peau doivent être entretenues soigneusement et excitées s'il en est besoin. En effet, on doit préserver les convalescents du froid par des couvertures et des vêtements convenables; cependant, il serait dangereux de les soumettre à une chaleur pu delà des degrés tempérés, parce que le calorique exerce une action excitante des plus énergiques ; il est bon de prescrire quelques bains à la température de 26 à 27°, de pratiquer des lotions et des frictions sur les diverses régions du corps, si la transpiration s'effectue difficilement. On entretiendra la tête aussi proprement que possible, surtout chez les enfants; mais ce que lorsque la santé est rétablie qu'on peut se hasarder à couper les cheveux.

On doit favoriser les évacuations excrémentielles quand elles ne s'effectuent point; à cet effet, on fera usage de lavements émollients pour remédier à la constipation, qui est assez fréquente durant la convalescence. On administrera des boissons purement aqueuses ou émollientes, si les urines sont trop rares; mais si la convalescence succède à la maladie des reins qu'on appelle *néphrite*, il faut alors donner très-

peu de boisson, afin de ne pas activer la fonction des organes sécréteurs de l'urine : dans ces mêmes cas, il faut éviter de donner aux convalescents aucune préparation culinaire dans laquelle il entre de l'oseille, parce que ce végétal contient un acide qui concourt souvent à la production de calculs, dont l'existence dans les reins ou dans la vessie est très-redoutable.

Les fonctions cérébrales doivent être aussi l'objet d'une attention très-grande; il est bon de procurer aux convalescents des distractions morales au moyen de la conversation, de la lecture et de la musique, en évitant de causer de la fatigue; il est important de prévenir autant qu'on le peut les impressions vives, tant sous le rapport de la tristesse que sous celui de la joie, et en écartant tout ce qui peut soulever les passions. On ne doit permettre la reprise des études et des occupations intellectuelles en général qu'après le retour complet de la santé. Si le cerveau a été principalement affecté durant la maladie, si la raison a été pervertie, il faut redoubler d'attention relativement aux excitants du cerveau. Enfin, c'est avec prudence qu'il faut aussi reprendre l'exercice des muscles qui servent aux divers mouvements du corps. On commencera par asseoir les convalescents dans leur lit, ensuite dessus, ayant les jambes pendantes ; plus tard, on les fera marcher dans la chambre en les soutenant. Les promenades en plein air, quand la saison et l'état de l'atmosphère le permettent, sont aussi très-efficaces, surtout à la campagne; des courses en voiture sont favorables, mais on doit attendre le retour de la santé pour se livrer à l'équitation. Il faut éviter de sortir le soir et le matin, ainsi que de causer la fatigue musculaire, qui allume facilement la fièvre.

Dr Charbonnier.

CONVENANCE. Dans son acception morale, ce mot s'entend d'une série de mille petits devoirs imposés à l'homme dans ses rapports avec la société ou avec ses semblables. Ces devoirs consistent à dire et à faire tout ce qu'il est convenable de faire et de dire, à éviter ce qui ne l'est pas, non d'après les vieilles lois de la nature, que ces résolvent dans cette maxime humaine ou divine : « Ne fais pas à autrui ce que tu ne voudrais pas qu'il te fût fait à toi-même »; mais d'après les lois que la civilisation y a ajoutées pour gêner, contraindre et fausser la liberté naturelle. Encore ces lois ne sont-elles pas écrites. C'est dans la fréquentation du monde social qu'on les apprend. C'est une longue suite d'usages qu'enseigne l'exemple plutôt que la théorie, d'habitudes qu'on se donne, de chaînes qu'on s'impose; et plus on remonte dans l'échelle sociale, plus ces chaînes se multiplient sous le nom de *formes*, de *façons*, de *manières*, qui, dans la sphère la plus élevée, vulgairement appelée la cour, entrent dans le code souvent bizarre de ce qu'on nomme *étiquette*.

Il est des convenances qui tiennent aux mœurs de l'humanité en général; c'est le domaine de la philanthropie, sans distinction de peuples, vertu presque ignorée des anciens, qui n'avaient que du patriotisme : le moyen âge ne fut pas plus l'époque de cette philanthropie que celle des autres vertus sociales. Le mot *convenance* n'avait pas alors de pluriel, n'avait pas même d'acception généreuse. On ne l'entendait que dans son intérêt propre. On ne se mettait en peine de ce qui *convenait* à son voisin; on ne voyait que ce qui convenait à soi-même. C'était le contraire du temps qui a succédé à cet âge d'ignorance et de brutalité. Cette pudeur publique, ce respect humain, sont des créations morales qui datent de ce qu'on appelle la renaissance des lettres. La convenance est aujourd'hui un sacrifice que fait l'individu à l'espèce, la passion individuelle à la morale publique. De cette direction imprimée aux esprits par la marche de la civilisation est né ce *qu'en dira-t-on?* question que chacun se fait avant de céder à l'impulsion de ses besoins ou de ses désirs. Ce n'est pas tout à fait la vertu, car elle consiste dans l'abnégation de tout égoïsme; et cette même civilisation a créé trop de besoins nouveaux pour qu'on soit bien scrupuleux sur les moyens de les satisfaire. On ne se refuse point un péché caché, on cède volontiers à un penchant vicieux, quand on est assuré du mystère. Mais on redoute l'éclat, le scandale; on s'attache à les éviter, on prend soin de les prévenir : on sauve, comme on dit, les apparences, on ménage les convenances, et c'est tout ce qu'on peut demander à un monde que se disputent les passions, la vanité et l'hypocrisie. La morale privée y a peu gagné, mais la morale publique a fait d'étonnants progrès, et la surface du monde est meilleure, l'épiderme de la société plus polie. Dans les choses malhonnêtes, écrivait Mme de Sévigné, il y a une honnêteté à garder.

De cette civilisation avancée sont venues les convenances de peuple à peuple. Ce n'est pas le fond de la diplomatie, c'en est seulement la forme. La science du diplomate consiste à revêtir ses négociations de ces formes aimables et bienveillantes qui sont l'apanage du grand monde, à servir les intérêts de sa nation sans blesser l'amour-propre des autres, sans alarmer leur susceptibilité. Les allures d'un Popilius ou des envoyés de notre république et de Napoléon seraient des étrangetés dans un siècle où chaque État a repris son indépendance et sa dignité. On traite maintenant d'égal à égal ; et les agents diplomatiques doivent observer à l'égard des cours où ils sont accrédités les mêmes convenances qui s'observent d'individu à individu.

Ces convenances sont sans nombre. Un homme qui tomberait à vingt ans au milieu du monde parisien avec ses idées naturelles du juste et de l'injuste, avec les seules lumières de sa raison, commettrait à chaque pas, à chaque acte de sa vie, des fautes qu'il ne concevrait pas plus que les usages de ce monde factice. Il nous prendrait pour des fous, souvent pour des sots; on le tournerait en ridicule, et il ne le comprendrait pas davantage. Voltaire, dans son roman de l'*Ingénu*, Delille, dans un de ses fragmements en prose, ont effleuré ce sujet. Il y a un gros livre à faire; il serait fort amusant et obtiendrait la vogue, si notre société se résignait à rire d'elle-même. On n'en finirait pas si l'on voulait énumérer toutes les bévues, les irrégularités, les *inconvenances* d'un homme qui voudrait se guider par son seul instinct au milieu d'une société façonnée par les conventions ou les caprices de la mode, et qui a pris pour une de ses maximes que toutes vérités ne sont pas bonnes à dire.

Dans les pays libres ce dernier précepte est assez mal observé par les agents de cette puissance qu'on nomme la presse. Ses formes acerbes, brutales, respectent peu de choses; et en voulant dire toute la vérité elle s'expose à propager des calomnies. Bruits de salons, caquetages de cafés, cancans d'estaminet, elle ramasse tout, prend et donne tout comme vrai, sans examen, et surtout sans ménagement. Elle observe fort peu les convenances, elle affecte de les dédaigner, elle les considère comme des préjugés dont il faut débarrasser la société. La génération qui arrive à la vie intellectuelle et positive est imbue de cette idée, et transporte cette brutalité de manières jusque sur le théâtre. On disait autrefois des *convenances théâtrales* pour exprimer la réserve et la décence à laquelle nous avaient façonnés les hommes du grand siècle. Le nôtre s'en est affranchi. Ces convenances étaient gênantes sans doute; elles nuisaient peut-être au progrès de l'art : la digue a été rompue, et on est passé tout d'un coup à l'excès contraire. Il est possible qu'on revienne de cette exagération, qu'on finisse par choisir entre les collets montés et les haillons sanglants. Elles sociétés modernes ont leurs conditions d'existence. Elles n'ont pas condamné les brutalités du moyen âge pour y revenir. Chez une nation civilisée, les dialogues ne peuvent pour longtemps dégénérer en échange de quolibets et d'injures. Cet oubli des convenances n'est que momentané, et nos pères, si chatouilleux sur le point d'honneur, auraient peine à le concevoir, eux qui se battaient pour un regard de travers. Le mépris exagéré des convenances a heureusement produit le mépris des injures. C'est un bien sans doute, mais il est chèrement payé. Espérons que nos enfants vaudront mieux que nous; qu'ils seront moins maniérés et moins vicieux que nos pères, et moins grossiers que nous affectons de l'être.

Nous avons gagné quelque chose, en fait de convenances, sur nos devanciers. Avant la révolution, nous étions fort peu scrupuleux sur les intimités d'homme à femme, sur la moralité des ménages. Au siècle des petits soupers, des petits hôtels a succédé celui des mœurs bourgeoises, qui ont gagné les hautes classes. Nous sommes plus réguliers dans nos façons de vivre. Les convenances sont à cet égard mieux gardées. Nous agissons mieux enfin, mais nous parlons plus mal. Juvénal serait aujourd'hui un modèle d'urbanité, et le père Garasse un modèle de style.

Dans la composition littéraire, l'attention aux convenances par rapport à ce qui regarde les personnes et les choses, les temps et les lieux, doit diriger partout l'écrivain et l'orateur, autant dans l'invention et la disposition que dans l'élocution. La convenance est en quelque sorte le résumé de toutes les autres qualités du style ; car on entend par ce mot la manière de dire ou d'écrire la mieux appropriée à la matière que l'on traite.

Bien écrire, c'est tout à la fois *bien sentir*, *bien penser* et *bien rendre* ; d'où il suit qu'on ne peut avoir une juste idée du style, si on le considère isolé et comme séparé des sentiments et des pensées qu'il sert à exprimer. Ces choses ont entre elles des rapports si intimes qu'elles s'identifient le plus souvent. Le langage, en effet, c'est ce qu'on sent et ce qu'on pense rendu sensible. A quoi peuvent servir des mots purs, élégants, nombreux et figurés, s'ils ne répondent ni aux choses que nous voulons persuader, ni aux sentiments que nous avons dessein d'inspirer; si notre style est magnifique et pompeux dans les petits sujets, poli et sans élévation dans les grands, enjoué dans ceux qui exigent un ton sérieux, humble et soumis quand il faudrait de l'énergie et de la vivacité, violent et emporté où il est besoin de douceur et d'agrément? Celui-là seul écrit et parle bien qui sait accorder son langage avec les sentiments et les pensées qu'il veut exprimer.

Dans l'application du principe de la convenance on doit avoir égard au ton général qui convient au genre d'éloquence auquel appartient le sujet, et au ton particulier qui convient aux objets de détail. Nous entendons par objets de détail les différents morceaux dont un ouvrage, quel qu'il soit, se compose. Or ces objets peuvent consister, ou dans une passion à exprimer, ou dans une action à décrire, ou dans une chose particulière à peindre.

Faut-il exprimer une passion? qu'on se rappelle que chaque passion donne à l'âme des secousses différentes qui se marquent au dehors par des traits particuliers ; qu'on réfléchisse sur la nature et sur les effets ordinaires de celle qu'on voudrait peindre. L'admiration entasse les hyperboles, les parallèles flatteurs, les images sublimes ; l'envie cache le dépit sous le dédain, prélude à la satire par l'éloge ; l'orgueil défie, la crainte invoque, la reconnaissance adore ; l'égarement de la pensée, un accent rompu et brisé annoncent la douleur ; le plaisir bondit, pétille, éclate, s'évapore en saillies, écarte les réflexions, appelle les sentiments ; des traits moins vifs et plus touchants caractérisent la joie douce et paisible. La mélancolie se plaît à rassembler autour d'elle les tristes souvenirs, les images funestes, les sombres pressentiments. L'espérance s'exprime par des soupirs ardents, par des élans de l'âme vers l'avenir. Le reproche amer, l'ironie perçante, la menace cruelle sont les traits favoris de la haine et de la vengeance. Le désespoir éclate en imprécations lancées contre la nature et contre les hommes, etc.

Avez-vous une action à décrire? Souvenez-vous que toute action a un mouvement et un but qui lui est propre et

VIENNET, de l'Académie française.

qu'il importe de reproduire avec fidélité, et sous le rapport de l'harmonie et sous celui de l'intérêt. S'agit-il de peindre une chose particulière? Soyez, selon la nature et les qualités de cette chose, gracieux ou énergique, simple ou brillant, abondant ou concis.

En résumé, un style qui serait clair, correct, noble, naturel et harmonieux aurait sans doute les qualités qu'on doit exiger de quiconque veut se faire lire avec intérêt. Cependant, outre ces qualités indispensables, il en est d'autres qui sont plus ou moins analogues aux divers sujets que l'on traite. On pourrait dire que le précepte de la *convenance* du style *avec le sujet* est toujours celui qu'il faut suivre, et que les qualités particulières ne sont au fond que cette convenance diversement modifiée.

Les qualités générales du style sont invariables ; mais les qualités particulières varient suivant la nature du sujet et le but qu'on se propose. L'élocution ne sera donc pas la même dans les récits, dans les matières de discussion, dans les sujets pathétiques et dans les sujets agréables. Cette division n'a, du reste, rien d'absolu ; les qualités du pathétique peuvent convenir et conviennent souvent dans les matières de discussion ; celles des sujets agréables ne sont pas à dédaigner dans les récits. C'est à l'écrivain, c'est à l'orateur à savoir appliquer avec discernement le précepte de la convenance, qui résume à lui seul tous les autres.

Auguste Husson.

Nous avons dit ailleurs que la *convenance* doit être regardée comme le premier principe de l'architecture. En peinture, les *convenances*, c'est-à-dire le choix des parties d'un tableau et l'accord de ces parties entre elles dans la composition, n'appartiennent point à l'essence de l'art, mais elles en sont une des plus importantes dépendances. Un tableau dans lequel les parties essentielles sont d'une grande beauté restera toujours un excellent ouvrage de peinture, quoique le peintre y ait manqué aux convenances d'histoire, de costume, etc. Ainsi les tableaux vénitiens sont remplis de fautes de ce genre, et cependant on leur pardonne toutes ces défectuosités, en considération de la richesse de leur couleur. La pureté du dessin de Raphaël fait oublier que ses *Vierges* portent le costume italien de la fin du quinzième siècle. Les reproches se taisent même devant les toiles de Rembrandt. Mais cette indulgence pour des défauts que l'on doit attribuer moins à l'ignorance de certains peintres qu'au goût de leur époque et à l'humeur capricieuse de ceux qui les employèrent, manquerait certainement aux artistes qui sortiraient d'une école où ils ont appris les convenances en même temps que les autres règles de leur art, et qui vivraient dans un siècle où la facilité de s'instruire rend l'ignorance inexcusable.

CONVENANT (Bail à). *Voyez* CONGÉABLE.
CONVENTION. C'est en général un pacte, un accord entre plusieurs personnes. Ce mot est synonyme du mot *contrat*, lorsqu'il est employé pour désigner l'engagement par lequel une ou plusieurs personnes s'obligent envers une ou plusieurs autres à donner, à faire ou à ne pas faire quelque chose. Mais il a une acception plus étendue en ce que, par cet engagement, par ce pacte, on peut, non-seulement former un contrat, mais encore le modifier et le résoudre. Ainsi, lorsque après avoir vendu un immeuble moyennant une somme payable dans deux mois, nous consentons à ce que cette somme ne soit payée que dans deux ans, il en résulte, non un contrat proprement dit, mais une convention. Il en est de même lorsqu'après avoir conclu un marché, deux personnes tombent d'accord de le tenir pour non avenu.

CONVENTION (Monnaie de). Pour mettre un terme à l'incessante confusion des monnaies qui régnait au dix-septième siècle en Allemagne, on convint en 1690 d'adopter pour étalon des monnaies de l'Empire le marc d'argent fin de Leipzig, au taux de 18 florins. Mais les abus dont on s'était plaint précédemment, et résultant de l'extrême diversité des titres auxquels étaient frappées les monnaies émises par les différents princes, ne tardèrent pas à reparaître. De nombreuses négociations engagées à l'effet de remédier à cet état de choses restèrent pendant longtemps sans résultat. Enfin, à la diète tenue à Ratisbonne en 1737, on arrêta un autre étalon *comme devant être obligatoire* pour tous les hôtels des monnaies de l'Empire, à partir du 1er décembre 1738. Mais il en arriva encore de celui-ci comme du marc de Leipzig : personne ne s'astreignit à l'observer, et les choses devinrent pires que jamais. L'Autriche et la Bavière convinrent alors, le 21 septembre 1753, qu'à l'avenir elles ne feraient plus frapper de monnaies qu'au titre de 20 *florins* le marc d'argent fin, 10 *species* ou 13 *thalers* et 5 gros ; et que l'or serait à l'argent comme 14 est à 1. Le titre des monnaies adopté comme étalon à la suite de cette convention reçut le nom de *titre de convention*, et par extension on appela *monnaie de convention* la monnaie frappée à ce titre. Toutefois une année ne s'était pas encore écoulée depuis la conclusion de cet arrangement, que la Bavière s'en retirait ; elle continua bien à frapper des monnaies au titre qui y avait été fixé, mais elle en éleva la valeur nominale dans le rapport de 5 à 6. Par contre, la Saxe adhéra à la convention, et un grand nombre d'États et de cercles de l'Empire ne tardèrent point à en faire autant. Mais les États du sud de l'Allemagne adoptèrent successivement l'étalon de la Bavière, et, comme cette puissance, frappèrent des monnaies au titre de 24 °/₀ fl. le marc d'argent fin, tandis que la Hesse-électorale, la Saxe et le Hanovre adoptaient l'étalon prussien de 14 thalers au marc d'argent fin.

Il s'ensuit que l'Autriche seule a conservé jusqu'à ce jour le titre de 20 florins au marc d'argent fin adopté comme étalon par la convention de 1753, à l'exception de sa monnaie de billon ou de ses *kreuzers* ; cependant en ce moment même elle songe, dit-on, à adopter le titre de 24 °/₀ florins pour ses monnaies

CONVENTION NATIONALE. On a donné le nom de convention à une assemblée du congrès national chargé spécialement de modifier la constitution existante, ou d'en formuler une nouvelle. Ce mot a été introduit pour la première fois en ce sens dans la langue politique lors de la révolution anglaise de 1688, et donné à l'assemblée extraordinaire du parlement faite sans lettres patentes après la retraite du roi Jacques II en France. Ce parlement, par une loi de l'année suivante, appela au trône d'Angleterre la maison d'Orange. On a nommé aussi *Convention* le congrès général des États-Unis de l'Amérique du Nord, qui, le 17 septembre 1787, substitua à la constitution promulguée lors de la déclaration d'indépendance, celle qui régit aujourd'hui la grande confédération américaine. Nous n'avons à nous occuper ici que de la grande assemblée qui succéda en France à la première Assemblée législative.

Le 10 août 1792, sur le rapport de Vergniaud au nom d'une commission extraordinaire, l'Assemblée législative rendit un décret par lequel le peuple Français était invité à former une *Convention nationale*, et le chef du pouvoir exécutif provisoirement suspendu de ses fonctions jusqu'à ce que la Convention eût prononcé sur les mesures qu'elle devait prendre pour assurer la sûreté individuelle, le règne de la liberté et de l'égalité, etc. Par un second décret du surlendemain 12 août, l'Assemblée ordonna que le nombre des députés à la Convention nationale serait égal à celui de la première législature (749) ; que les suffrages des électeurs pouvaient porter sur tous les citoyens réunissant les qualités requises, quelles qu'eussent été les fonctions par eux précédemment remplies. Ces députés pouvaient même être choisis parmi les étrangers. Plusieurs en effet furent élus et admis dans cette Assemblée, notamment le Prussien Clootz, élu par le département de l'Oise ; l'Anglo-Américain Thomas Payne, par le Pas-de-Calais, etc. Le choix du second, l'un des plus illustres citoyens d'une jeune et puissante république, fut applaudi par tous les patriotes. La Convention avait reçu des pouvoirs illimités. Une pareille dictature confiée à une assemblée est sans exemple dans l'histoire. Ni la Convention anglaise de 1688 ni celle des État Unis d'Amérique en 1787 ne peuvent lui être comparées. Tous les obstacles, tous les dangers l'attendaient; il s'agissait non-seulement d'une question de gouvernement, mais de l'existence même de la France. Les traités de Mantoue et de Pilnitz en avaient proclamé hautement le démembrement; elle allait subir le sort de la Pologne. Les troupes les plus renommées de l'Europe, commandées par les plus fameux généraux de l'époque, avaient déjà franchi les frontières; la trahison leur avait livré nos places fortes. Aux vieilles bandes de Frédéric, aux meilleures troupes de l'Autriche, la France n'avait à opposer qu'une armée de 50,000 hommes, désorganisée par la défection de tous les officiers, et de jeunes bataillons de volontaires, braves et dévoués, mais sans expérience militaire.

Des corps d'émigrés s'étaient joints aux troupes étrangères. Déjà la Champagne se trouvait envahie, et l'armée prussienne n'était plus qu'à quelques journées d'étape de la capitale. Longwy et Verdun avaient ouvert leurs portes. Thionville et Lille se défendirent avec courage. Les manifestes de Brunswick menaçaient d'une entière destruction les villes qui opposeraient la moindre résistance. Les habitants devaient en être égorgés. Ces brutales menaces produisirent un effet tout contraire à celui que s'en promettaient, sur la foi des émigrés, les chefs des armées coalisées; elles n'excitèrent qu'une généreuse indignation. Le courage et le dévouement des citoyens grandirent avec le danger. Toutefois, la coalition comptait moins sur le nombre de ses soldats et l'habileté de leurs chefs, que sur nos dissensions intestines. Le parti que depuis on a appelé *girondin* dominait alors dans l'Assemblée législative, dans les sociétés populaires, dans les autorités constituées de tous les degrés; il semblait devoir obtenir la même influence dans l'assemblée conventionnelle. Tous les girondins furent en effet réélus, mais un autre pouvoir rival s'était élevé dans la capitale même. La municipalité insurrectionnelle, plus connue sous le titre de Commune du 10 août, exerçait dans Paris une redoutable dictature. Elle dirigea à sa convenance les élections de cette immense ville; et leur résultat révéla à la puissance du moment et aux projets d'avenir. Ce fut un avertissement pour les députés des départements, dont la presque totalité appartenait à l'opinion *de la Gironde*.

La session conventionnelle se divise en trois périodes : 1° depuis l'ouverture de la session jusqu'à la fin du procès de Louis XVI; 2° depuis le supplice de ce roi jusqu'au 9 thermidor an II; 3° depuis ce coup d'État jusqu'à la fin de la session conventionnelle; et les actes de chacune d'elles semblent appartenir à des hommes et à des temps séparés par de grands intervalles.

La Convention ouvrit ses séances le 21 septembre 1792, dans l'enceinte du Manége, où avait siégé l'Assemblée législative, qui ce jour-là même déclara sa session close, et se sépara. La composition du bureau promettait aux girondins une imposante majorité. A peine constituée, la Convention se déclara investie de tous les droits de la souveraineté nationale, et, sur la proposition de Grégoire, elle décréta que « la royauté était abolie en France ». La vaine formalité d'en proclamer dès août la suspension semblait n'avoir eu pour but que de motiver la déchéance pure personnelle; la Convention en inaugurant la république ne fit donc que promulguer un décret déjà porté. Les principaux membres de la Commune insurrectionnelle du 10 août, Danton, Panis, Sergent, Marat, Robespierre, avaient été nommés députés à la Convention; cependant, comme nous l'avons dit, le parti de la Gironde fut d'abord celui de la majorité. La lutte ne se fit pas attendre : dès le 24 septembre Buzot se plaignit que chaque jour les murs de Paris étaient couverts de placards incendiaires, de listes de proscriptions, et demanda un décret « contre ces hommes qui veulent dominer par la terreur. Il faut que nos frères qui vont combattre sur les frontières soient assurés de la paix de leur famille et de leurs propriétés. Eh quoi! lui répliqua Collot d'Herbois, depuis trois jours seulement, vos premiers décrets sont rendus, et déjà l'on vous montre une injurieuse défiance; on vous propose une loi de sang. Ajournez cette proposition; il sera toujours assez tôt pour rendre une seconde loi martiale sur les plaintes irréfléchies d'un ministre! »

La Convention décréta la nomination de six commissaires chargés de lui rendre compte de la situation de la république et de Paris; de lui présenter un projet de décret contre les provocateurs au meurtre et au pillage; et de lui indiquer les moyens de mettre à sa disposition une force publique prise dans chacun des quatre-vingt-quatre départements.

Les girondins l'avaient emporté dans cette séance; mais la lutte se renouvela le lendemain, plus directe et plus passionnée. Merlin de Thionville provoqua ces orageux débats : en rappelant les paroles de Buzot pour la paix des familles des défenseurs de la patrie et la garantie de leurs propriétés, il ajouta : « Il faut aussi qu'ils soient sûrs de ne combattre ni pour des dictateurs ni pour des triumvirs, et j'invite La Source, qui m'a dit hier qu'il existait une faction qui voulait la dictature, de m'indiquer *celui que je dois poignarder.* » La Source répond sur-le-champ à l'interpellation : « Oui, il existe un parti qui veut dominer l'assemblée nationale, c'est celui qui a cherché à effrayer par des menaces les membres de la législature, c'est celui qui commence à désigner à la fureur des assassins qu'il gage les membres de la Convention nationale dont il redoute les principes ainsi que leur ardent amour pour la liberté. « Ce parti est celui de Robespierre, » ajoute Barbaroux, et il signe sa déclaration et la dépose sur le bureau, après avoir cité à l'appui plusieurs faits. Danton, sans contester ces faits, demande la peine de mort contre quiconque proposerait la dictature ou le triumvirat. Robespierre, dans un long discours, cherche moins à réfuter l'accusation qu'à faire sa propre apologie. Les débats continuent, et signalent Marat comme l'un des auteurs du projet de dictature, et sa mise en accusation est formellement demandée, mais bientôt écartée. L'ordre du jour est invoqué et adopté. Marat se lève alors, et s'écrie en tirant un pistolet de sa poche : « Si le décret eût été prononcé, je me brûlais la cervelle; mais je resterai parmi vous pour braver vos fureurs. » Si le décret eût été porté, Marat cessait d'être dangereux; il était dès lors sans influence et tout à fait dépopularisé. Il ne se fût pas brûlé la cervelle.

Ce long et orageux débat se termina par un décret qui proclama *l'unité et l'indivisibilité de la république*. En outre, la croix de Saint-Louis fut supprimée; beaucoup d'officiers avaient prévenu le décret et déposé leur décoration *sur l'autel de la patrie*, comme on disait alors.

La lutte entre les deux partis n'était que suspendue; ils s'attaquèrent plus vivement encore dans les derniers jours d'octobre. Louvet accusa formellement Robespierre, et précisa ses griefs; mais, soit préoccupation d'homme de parti, soit imprévoyance, il termina en demandant que le ministre de l'intérieur Roland fût autorisé, en cas de trouble dans Paris, à requérir la force publique qui se trouvait dans le département : c'était mettre la capitale et la Convention elle-même dans la dépendance d'un ministre, et peut-être provoquer la guerre civile. Barbaroux, sans discuter cette imprudente conclusion, proposa de décréter que lorsque la représentation nationale aurait été menacée dans son indépendance ou insultée dans la ville où elle siégerait, cette ville perdrait le droit de posséder le corps législatif et tous les établissements qui en dépendent; que les bataillons de fédérés, de volontaires, la gendarmerie, la troupe de ligne,

29.

feraient alors le service de garde auprès de la Convention, concurremment avec la garde nationale de Paris. Il demandait, en terminant, que la municipalité et le conseil général de Paris fussent cassés à l'instant, et que les assemblées sectionnaires cessassent d'être en permanence. Ces propositions eussent été sans doute décrétées, si Péthion, effrayé des obstacles que pourrait éprouver leur exécution de la part de la municipalité, du conseil général et des sections, n'eût demandé l'ajournement. Ce fut une grave faute, que Péthion et ses amis ont expiée par la proscription et la mort. Barbaroux avait révélé dans cette séance un fait qui, sans la maladresse de Louvet et la timide prévision de Péthion, eût suffi pour dépopulariser ceux qu'ils appelaient des facticux et les signaler à l'impuissance de nuire; mais il ne savait point transiger avec ses convictions. Ce titre de *Commune du 10 août*, que s'était arrogé la municipalité, lui semblait une usurpation. Barbaroux attaquait en face et sans ménagements ses représentants à la Convention. « Ils disent, s'écria-t-il, qu'ils ont fait la révolution du 10 août! O vous qui combattiez au Carrousel, Parisiens, fédérés des départements, dites, ces hommes étaient-ils avec vous? Marat m'écrivait le 9 août de le conduire à Marseille; Panis, Robespierre, faisaient de petites cabales. Aucun d'eux n'était chez Roland lorsqu'on y traçait le plan de défense du midi, qui devait reporter la liberté dans le nord, si le nord eût succombé; aucun d'eux n'était à Charenton, où fut arrêtée la conspiration contre la cour, qui devait s'exécuter le 29 juillet, et qui n'eut lieu que le 10 août. »

Ces mots appartiennent à l'histoire. L'ajournement demandé si imprudemment par Péthion en détruisit l'effet : il donna à Robespierre et à ses partisans le temps de calculer leurs forces et de combiner leurs réponses. Ce fut Robespierre qui prit l'initiative quelques jours après. Alors, comme dans la séance du 25 août, il éluda la question directe; ce n'était plus un simple représentant discutant avec ses égaux, c'était le chef audacieux d'un parti puissant. Il ne suffisait plus que la Convention eût passé à l'ordre du jour sur l'accusation portée contre lui et ses partisans; cet ordre du jour, proposé par Barrère, était motivé sur ce que la Convention ne devait s'occuper que des intérêts de la république. « Je ne veux pas de votre ordre du jour, dit Robespierre, si vous le faites précéder d'un préambule qui m'est injurieux. » L'ordre du jour pur et simple fut adopté.

Le 3 décembre 1792, un premier décret avait décidé que Louis XVI serait jugé par la Convention. Nous nous bornerons que très-sommairement les principales circonstances de ce procès. Le 6 décembre 1792, près de trois mois après l'ouverture de la session, la Convention nationale, sur le rapport de Valazé, au nom de la commission des vingt-quatre, décréta que trois membres de chacun des comités de législation et de sûreté générale, réunis à celle des douze, présenteraient, le mardi 11 du même mois, la série des questions à adresser à Louis XVI, qui serait traduit à la barre le lendemain 12; que copie des chefs d'accusation et des questions lui serait remise, et que le président l'ajournerait à deux jours; que le lendemain de cette dernière comparution la Convention nationale prononcerait sur le sort de *Louis* du terme fixe par ce décret. Le premier appel nominal n'eut lieu que le 15 janvier 1793, les trois autres dans les séances suivantes, jusqu'au 20. En voici les résultats extraits des procès-verbaux de la Convention : 1ᵉʳ Appel nominal. Sur cette question : Louis Capet, ci-devant roi des Français, est-il coupable de conspiration contre la liberté et d'attentat contre la sûreté générale de l'État? Oui ou non. Le président proclame le résultat de l'appel nominal, invite les membres et les citoyens à l'entendre avec le calme qui convient à cette circonstance. Sur 745 membres, il y en a 20 absents par commission, 5 par maladie, 1 sans motif connu; 26 ont fait diverses déclarations, 693 ont voté pour l'affirmative. Ainsi la Convention déclare Louis Capet coupable d'attentat à la liberté et de conspiration contre la sûreté générale de l'État. 2ᵉ Appel nominal. Le jugement qui sera rendu sur Louis sera-t-il soumis à la ratification du peuple réuni dans ses assemblées primaires? Oui ou non. Résultat proclamé par le président. Sur 717 membres présents, 10 ont refusé de voter, 424 ont voté contre l'appel au peuple, 283 pour. La majorité absolue était 359; elle excède de 141 voix. En conséquence, le président déclare au nom de la Convention nationale, que le recours au peuple est rejeté. 3ᵉ Appel nominal. Quelle peine Louis, ci-devant roi des Français, a-t-il encourue? Résultat. L'assemblée est composée de 749 membres, 15 membres absents par commission, 7 par maladie; reste 721 votants. La majorité absolue était donc de 361; 2 votèrent pour les fers; 286 soit pour la détention et le bannissement à la paix, soit pour le bannissement immédiat, soit après l'expulsion des Bourbons, soit à la paix, soit à la ratification de la constitution; 361 pour la mort sans condition; 26 pour la mort, en demandant une discussion pour savoir s'il conviendrait à l'intérêt public qu'elle fût ou non différée, et en déclarant leur vote indépendant de cette demande.

Un incident grave et tout à fait imprévu signala cette séance ; le président annonça qu'il avait reçu deux lettres, l'une du ministre de la guerre, l'autre des défenseurs de Louis. A la première était jointe une dépêche officielle du chargé d'affaires de l'Espagne auprès du gouvernement français, offrant, si la Convention voulait suspendre l'exécution du jugement de Louis, d'expédier sur-le-champ un courrier à sa cour pour solliciter sa médiation entre les puissances belligérantes, et il répondait en quelque sorte du succès de cette démarche. La Convention passa à l'ordre du jour! Les défenseurs de Louis avaient été entendus sur l'application de la peine : Tronchet et Malesherbes avaient insisté pour obtenir un sursis à l'exécution d'une condamnation terrible, prononcée à une aussi *faible majorité*; ils concluaient à ce qu'il leur fût accordé jusqu'au lendemain pour exposer les motifs de leur demande. Malgré l'opposition de Tallien, et sur les observations de Lareveillère-Lépaux et de Daunou, l'ajournement au lendemain fut adopté. La demande en sursis était motivée sur une déclaration d'appel au peuple que Louis avait fait remettre à la Convention par ses défenseurs. Cette séance du 20 janvier fut très-animée. L'appel nominal qui termina ces derniers débats ne finit qu'à deux heures après minuit. La question avait été posée en ces termes : « Sera-t-il sursis à l'exécution du jugement de Louis Capet? Oui ou non. » L'assemblée était composée de 749 membres ; un était mort, restait 748 ; 27 étaient absents par commission ; 21 par maladie ; 12 n'avaient pas voulu voter; restait 690 votants ; majorité absolue, 346. Pour le sursis, 310 voix ; contre le sursis, 380 ; voix en sus de la majorité absolue, 34. La Convention rendit immédiatement le décret suivant : « Art. 1ᵉʳ. La Convention nationale déclare Louis Capet, dernier roi des Français, coupable de conspiration contre la liberté de la nation et d'attaque contre la sûreté générale de l'État. 2. Elle décrète qu'il subira la peine de mort. Elle déclare nul l'acte de Louis Capet apporté à la barre par ses conseils, qualifié d'appel à la nation, et défend à qui que ce soit d'y donner suite, à peine d'être poursuivi et puni comme coupable d'attentat à la sûreté générale de la république. » L'Assemblée ne s'était retirée qu'à huit heures du matin. Cette séance, commencée le 19 janvier, avait duré trente-six heures. Louis était condamné. Tout Paris avait appris la terrible nouvelle. Les autorités parisiennes s'occupaient des moyens d'en assurer l'exécution; toute la force publique était sous les armes...

La Convention après quelques heures de repos avait repris le cours de ses travaux. Kersaint, ancien capitaine de la marine royale, député de Seine-et-Oise, qui avait voté pour la culpabilité et la condamnation de Louis à la détention jusqu'à la paix, s'était abstenu de voter sur l'appel au peuple et le sursis ; il avait osé motiver son refus, et dès le lendemain, 20, il écrivait à la Convention qu'indigné de voir Marat l'emporter sur Péthion, il donnait sa démission de député, pour ne pas siéger à côté des promoteurs des assassinats du 2 septembre. Cette lettre renouvela la discussion sur la proposition de Gensonné pour la mise en jugement des assassins de septembre. Une autre démission étonna plus encore l'assemblée; ce fut celle de Manuel, qui avait voté pour la peine de mort, pour l'appel au peuple et contre le sursis. Il motivait sa rupture sur ce que la Convention, telle qu'il la voyait composée, était dans l'impossibilité de sauver la France. Barbaroux soutient en principe que ces démissions ne peuvent être acceptées; Chaudieu propose de déclarer Kersaint et Manuel infâmes et traîtres à la patrie pour avoir déserté leur poste. Parmi les contes que l'on débita alors sur les causes de la retraite du roi de Prusse, il en est un que les détracteurs de la gloire nationale ont affecté de répéter, et qui ne peut soutenir l'épreuve d'un sérieux examen. Ils ont supposé que le roi de Prusse ne s'était déterminé à suspendre sa marche sur Paris qu'à la sollicitation de Louis XVI, alors prisonnier au Temple; que la lettre de ce prince lui avait été demandée par Manuel, Kersaint et Péthion, qui pour prix de cette demande s'étaient engagés à se prononcer en sa faveur dans les débats de son procès et à faire approuver cet engagement par la Commune de Paris; que tel était le motif de la double démission de ces députés. Mais l'un et l'autre se sont prononcés pour la condamnation; leurs votes n'ont varié que quant à la pénalité : Kersaint veut la détention, Manuel la mort; tous deux demandent l'appel au peuple; et ce n'est qu'après le rejet de cet appel qu'ils envoient leur démission. Ils ne la donnent pas parce qu'ils n'ont pu faire triompher leur opinion pour l'appel au peuple. La victoire de Valmy a seule déterminé la retraite du roi de Prusse, qui, sur la parole des émigrés, avait cru que la marche de son armée sur Paris ne rencontrerait aucun obstacle; et qu'elle serait partout accueillie avec reconnaissance. Mais quand il eut vu les vieilles bandes du grand Frédéric, déjà décimées par la faim et les maladies, mises en déroute par de jeunes volontaires, il apprit à ses dépens de ce que c'était que ces troupes appelées par des émigrés des *soldats de faïence, incapables de soutenir le feu.*

Burke avait dit : « La France n'est plus qu'un vide sur la carte d'Europe; » et Mirabeau lui avait répondu : « Ce vide est un volcan. » Le procès de Louis XVI occupait l'intervalle qui séparait les deux partis de la Convention. Le procès jugé, cet intervalle fut un vide, et ce vide devint un volcan. Trois décrets fameux furent rendus dans la séance du 21 janvier. Les girondins obtinrent enfin que les auteurs des massacres de septembre seraient jugés, et que les Bourbons, à l'exception de l'ex-famille royale détenue au Temple, seraient expulsés du territoire français; les montagnards avaient fait décréter que les royalistes qui s'étaient rassemblés aux Tuileries dans la nuit du 9 au 10 août seraient également jugés. Les girondins n'avaient fait adopter presque sans opposition leurs décrets qu'à la faveur de la préoccupation qui absorbait alors les esprits. Barrère, en appuyant la proposition de Gensonné contre les septembriseurs, avait ajouté : « On vous a dit que vous seriez assassinés demain : honorez-vous aujourd'hui, et périssez demain. » Un député fut en effet assassiné : Le Pelletier-Saint-Fargeau, qui avait voté la mort de Louis, fut poignardé par l'ex-garde du corps Pâris, et les torches de son convoi funèbre éclairèrent le dernier succès des girondins. Ils avaient perdu par le défaut d'ensemble, d'unité de principes et de systèmes, tous les avantages qu'ils devaient à la pureté de leurs intentions, à la supériorité du talent et à une honorable et immense popularité. Mais l'énergie de la Convention croissait avec les obstacles. Elle établit un conseil de défense générale, composé de vingt-cinq membres. La trahison de Dumouriez venait d'étonner la France. Ce n'était pas un fait isolé. On remarqua qu'alors, pour la première fois, les Vendéens, qui ne s'étaient montrés qu'en petites bandes, se réunirent au nombre de 40,000, et osèrent tenter le siège de Nantes.

Le tribunal révolutionnaire fut établi malgré les efforts d'une forte opposition. Les visites domiciliaires pour la recherche des émigrés commencèrent, et un décret prescrivit la peine capitale contre tous ceux qui provoqueraient le rétablissement de la royauté, au meurtre et au pillage. Les propriétaires furent astreints à faire afficher sur la porte de leur maison les noms, âge et qualités de tous ceux qui l'habitaient. Pour mettre un terme aux manœuvres vraies ou supposées de la faction d'Orléans, l'arrestation des membres de cette famille fut décrétée, et ils furent immédiatement transférés à Marseille. Ph. d'Orléans voulut vainement se prévaloir de sa qualité de représentant du peuple : ses réclamations, ses lettres insérées dans les journaux, furent inutiles. La tribune retentissait chaque jour de récriminations dénonciatrices entre les girondins et les montagnards. La Convention, qui devait tous les instants et ses soins à l'administration générale, aux moyens de défense et de répression contre les progrès toujours croissants de la guerre étrangère et de la guerre civile, écartait par un ordre du jour ces débats de parti, et Vergniaud lui-même, après avoir tonné à la tribune contre les *anarchistes*, terminait ses accusations par un appel à la concorde : « Mettons, disait-il, un terme à des discussions scandaleuses; n'exaspérons pas des gens naturellement irritables. »

La majorité pressait de tous ses vœux le travail de la nouvelle constitution. Mais elle se prononça enfin quand Guadet vint lui dénoncer une adresse des jacobins, signée Marat, où l'on provoquait l'insurrection contre la Convention. Le but des agents de l'étranger, qui dirigeaient tous ces mouvements, et qui poussaient à tous les excès une foule ignorante et crédule, était la *dissolution de la Convention nationale*. Guadet proposa l'arrestation de Marat, et elle fut décrétée après une discussion violente. Marat fut traduit devant le tribunal révolutionnaire; mais il y parut moins en accusé qu'en chef d'un parti puissant et redoutable. Son acquittement ne se fit pas attendre, et il fut ramené en triomphe à l'assemblée qui l'avait accusé. Ce fut le prélude de la formidable insurrection du 31 mai. Pache, maire de Paris, s'était présenté à la barre avec une pétition à laquelle avaient adhéré trente-cinq sections. Cette pétition concluait à l'arrestation et à la mise en jugement des vingt-deux députés les plus influents parti de la Gironde. La Convention repoussa et la pétition et les pétitionnaires. Mais la Commune, redoublant d'audace et d'activité, convoqua à l'archevêché les présidents et commissaires des quarante-huit sections. Un comité central d'insurrection fut formé, et se déclara le représentant de toutes les autorités de la capitale. Dans ce comité et dans ceux qui s'étaient établis dans les sections figuraient les Proll, les Gusman, les Frey, et tous ces étrangers qui depuis le 10 août s'étaient introduits dans toutes les réunions politiques. Les 31 mai, 1er et 2 juin, la Convention nationale fut investie, menacée par les insurgés; elle se trouvait cernée de toutes parts. Barras proposa de se retirer dans le *temple des lois*, et d'aller au milieu du peuple : tous se levèrent. A peine arrivés dans la cour, ils s'aperçoivent qu'une masse immense d'hommes armés et menaçants. Ils avançaient vers la porte qui conduit au Carrousel : Henriot en fait barrer le passage. Hérault de Séchelles, le président, somme de faire écarter sa troupe : « La force armée ne se retirera, répond Henriot, que lorsque la Convention aura livré au peuple les députés perfides dénoncés par la Commune. » Le président insiste : « Personne ne sortira », réplique Henriot. Le président ordonne d'arrêter ce soldat rebelle. Henriot s'éloigne de quelques pas, et crie : « Aux armes!..... canonniers, à vos pièces! » La Convention revint sous le vestibule, et parcourut les groupes qui encombraient le jardin. Elle rentra enfin dans la salle de ses séances. Couthon s'écria avec une amère ironie : « L'assemblée, par la démarche qu'elle vient de faire, est convaincue qu'elle est libre, parfaitement libre, et qu'elle peut reprendre le cours de ses travaux ! » Le décret d'arrestation des vingt-deux et des membres de la commission des douze fut enlevé par la terreur. Des voix courageuses protestèrent contre cette violence; mais que pouvaient le courage et le dévouement contre la force? La résistance matérielle était impossible : elle n'eût eu pour résultat que la dissolution de la Convention.

La constitution, si impatiemment attendue, fut enfin discutée, votée, présentée aux assemblées primaires, et acceptée; mais, faite pour un temps de paix et pour une génération sans vices et sans passions politiques, elle ne fut et ne pouvait être qu'une systématique utopie. La Convention y substitua un gouvernement de transition, le gouvernement révolutionnaire. Des revers au dehors, la trahison au dedans, partout des obstacles et des dangers, telle était sa situation : elle n'avait pas le choix des moyens. La concentration de tous les pouvoirs dans un pouvoir unique était le seul moyen de salut; mais ce pouvoir dictatorial était gêné dans son action par des exigences qu'il fallait subir. L'erreur de quelques hommes de patriotisme, de conscience et de talent, a coûté à la France, qu'ils voulaient sauver, des flots de sang sur les champs de bataille et sur les échafauds. Qui oserait nier l'influence de l'étranger dans les événements de 1793? Cette influence ne se montre-t-elle pas évidente dans le choix des victimes vouées aux échafauds, dans les désastres et les crimes dont Marseille, Toulon, Lyon, Bordeaux, furent le théâtre? Comment l'opposition toute républicaine de ces cités contre le parti de la Montagne a-t-elle pu être convertie en opposition contre-révolutionnaire et monarchique? Malheureusement les véritables émissaires de la contre-révolution étaient partout, usurpant une funeste popularité. Fidèles à leurs instructions secrètes, ils montrent aux Toulonais les échafauds s'élevant dans leurs murs à la voix de Fréron et de Robespierre; la faim, la misère envahissant toutes les familles; la proscription menaçant toutes les existences. Les magistrats livrent le port et la ville aux flottes ennemies; le drapeau tricolore a disparu, et dans le port, sur les monuments publics, flottent les drapeaux de l'Angleterre et de l'Espagne : la contre-révolution est consommée. Bientôt Lyon et Marseille subissent les mêmes déceptions, les mêmes calamités, et deviennent les places d'armes de la contre-révolution.

La reprise de ces villes par les armées républicaines amène de terribles et sanglantes représailles. Le sang est vengé par le sang, et les auteurs de tant de crimes et de désastres ont abandonné les vaincus qu'ils ont armés, à la merci de vainqueurs irrités et impitoyables. La Convention elle-même ne peut échapper à ce joug de fer et de sang que le triumvirat de Robespierre, de Couthon et de Saint-Just fait peser sur la France entière. Les girondins ont succombé sous les coups des montagnards; ceux-ci subissent le même sort. Le triumvirat n'épargne pas ses propres complices; Danton, Hérault de Séchelles, Hébert, Chaumette périssent sur le même échafaud que les chefs girondins. Robespierre seul reste encore debout, triomphant, sur les débris de toutes les factions qu'il a combattues ou organisées. Mais d'autres étaient menacés du même sort : l'intérêt de leur commune conservation les rallie, et la nuit du 9 au 10 thermidor sera le terme de la puissance et de la vie des triumvirs.

On l'a dit souvent, on ne saurait trop le répéter, quoique ce soit devenu une vérité banale et presqu'un lieu commun,
la France vraiment républicaine s'était alors réfugiée dans les camps ; là aux plus grands revers avaient succédé les plus brillantes victoires. Elle était aussi dans la majorité de la Convention, dans le comité de salut public, dont les triumvirs ne partageaient point les immenses travaux. Ceux-ci s'étaient créé un comité spécial de police générale, et, forts de leur popularité usurpée, de leur influence sur toutes les autorités populaires de l'intérieur, ils se croyaient assez forts pour tout oser impunément. La fête de l'Être-Suprême avait été leur dernière déception, la dernière joie de leur vanité et de leur hypocrisie. Environné d'hommages et saturé d'encens, Robespierre, président de cette grande solennité, ne pouvait apercevoir l'étroit intervalle qui séparait son char triomphal de l'échafaud. Quel était le projet politique de cet homme vraiment extraordinaire? Sa fortune était bornée; il pouvait se créer une opulence colossale, et ce dictateur de la France est mort pauvre! Aux chefs puissants des clubs il a dû la chute des girondins, ses redoutables rivaux, et bientôt il a proscrit et envoyé à l'échafaud ceux que la veille il appelait ses amis, ses frères, ceux par qui seuls il pouvait conserver la dictature.

On a souvent mis en question s'il n'eût pas été plus honorable pour la Convention d'imiter l'exemple de l'Assemblée législative, en remettant entre les mains de ses commettants le pouvoir qu'elle en avait reçu, et en provoquant la convocation d'une nouvelle assemblée; mais les circonstances n'étaient pas les mêmes : le mandat de la Convention n'était pas rempli, elle devait donner une constitution. Cette constitution avait été acceptée par la nation, mais la mise en activité en avait été suspendue, et son entière exécution était encore impraticable; elle supposait un état de paix intérieure et extérieure qui n'existait pas, et le terme en paraissait plus éloigné que jamais : la contre-révolution n'était point désarmée ; les événements ultérieurs ont prouvé qu'elle était plus forte, plus active que jamais, et la Convention n'avait pas fait tout ce qu'elle aurait dû pour la réduire à l'impuissance de nuire. Le 9 thermidor fut une victoire sans lendemain. Le 10, Robespierre, son frère, Saint-Just, Couthon, Lebas, Henriot, le maire de Paris, Fleuriot, Payan, agent national de la commune; Vivier, Lavalette, général de brigade, et douze autres, périssent sur l'échafaud; et le jour suivant le général Boulanger, Sijas, adjoint à la commission du mouvement des armées de terre; Lacour, notaire; Lubin et Maenne, substituts de l'agent national ; Michot et Blin, secrétaires greffiers, et soixante-huit autres les suivent à la mort. Plus tard, Lebon, Carrier, subissent le même sort. C'en était assez, sans doute; la Convention aurait dû, par une amnistie générale, couvrir le passé du voile de la clémence et de l'oubli. Que de sang et de larmes elle eût épargnés à la France! Mais elle ouvrit la tribune aux récriminations, et la dénonciation de Lecointre contre les membres des anciens comités de gouvernement, qu'elle déclara d'abord calomnieuse, et qu'elle admit ensuite par un autre décret, donna le signal d'une réaction sanglante, qui renouvela les scènes de carnage et de terreur de 1793, sous des formes plus hideuses peut-être.

Les bandes d'assassins, qui s'étaient formées à Lyon, assurées de l'impunité, se ruèrent sur tous ceux qu'ils appelaient *terroristes* et *queue de Robespierre*. Nous ne retracerons point les scènes atroces, les massacres en masse, qui ensanglantèrent Toulon, Marseille, Avignon, et tout le midi de la France. Traqués partout, ceux qui avaient bon gré mal gré exercé quelques fonctions, mêmes inoffensives, en 1793; ceux surtout qui à Paris avaient figuré activement dans les comités de surveillance, dans les assemblées sectionnaires, se rallièrent. Les scènes du 31 mai et du 2 juin se renouvelèrent, plus effrayantes et plus acharnées. Les insurgés qui les 31 mai, 1ᵉʳ et 2 juin 1793, avaient envahi la Convention s'étaient bornés à des menaces, mais aucun n'avait porté la main sur un représentant; les insurgés des 1ᵉʳ et 2 prairial, au contraire, assassinèrent le député Féraud, et déposèrent sa tête sur le bureau du président, Boissy d'Anglas. Bientôt la contre-révolution se montre sans voile; des généraux vendéens paraissent à la tête de quelques sections armées; Paris devient le champ de bataille de la royauté et de la république.

La royauté fut vaincue. Le canon du 13 vendémiaire conduisit Bonaparte au commandement d'une armée; devenu chef de l'État, il retrouva les mêmes ennemis sur le même terrain, mais non plus face à face. Ce n'était plus des soldats qu'il avait à combattre, mais des assassins. Cette journée de vendémiaire ne fut pas décisive; la réaction royaliste avait été comprimée et non détruite, et ses compagnies de Jéhu et du Soleil continuèrent pendant plusieurs années à troubler, à ensanglanter le midi de la France, et à y former une nouvelle Vendée.

La Convention, éclairée par les dangers qu'elle venait de courir, avait au moins reconnu quels étaient les véritables ennemis de la patrie; elle revint à un système de prudence et de modération. La constitution de 1793 était encore le cri des mécontents; la Convention n'osa pas en proclamer l'abolition : elle n'annonça d'abord que des lois organiques; mais elle y substitua bientôt une constitution nouvelle, qui fut aussi l'ouvrage des représentants de la nation et de la nation elle-même, qui la sanctionna par ses suffrages. Le calme renaissait dans l'intérieur; la guerre étrangère semblait toucher à son terme; l'exemple donné par le grand-duc de Toscane, qui avait reconnu la république, était imité par le landgrave de Hesse-Cassel et par les rois de Prusse et d'Espagne. Les ambassadeurs de ces gouvernements étaient présentés à la Convention. Il était donc permis de croire à une prochaine pacification générale; mais la révolution n'avait pas subi toutes ses épreuves! La Convention termina sa longue et orageuse session par un décret qui l'honore, mais qui malheureusement ne fut pas exécuté. Ce fut la dernière et la plus belle page de son histoire. Elle abolit, le 4 brumaire de l'an iv, à la peine de mort, à dater du jour de la publication de la paix générale, et décréta une amnistie pour tous les délits commis pendant la révolution autres que ceux de la conspiration de vendémiaire.

Il faut, pour apprécier justement les hommes politiques et la moralité de leurs actes, faire avant tout la part des circonstances. On ne doit à la Convention que des éloges et de la reconnaissance pour les institutions qu'elle a fondées et qui ont ouvert une ère nouvelle à la civilisation. La seule création de l'École Normale, telle que la Convention l'avait conçue et exécutée, était destinée à donner dans l'espace de quelques années à toutes les communes de la France d'habiles professeurs dans tous les genres. Tout était habilement combiné, dans son système, pour le perfectionnement des connaissances humaines, depuis l'école primaire du village jusqu'à cet Institut national, dont l'empire devait briser bientôt l'admirable ensemble. On doit de plus à la Convention l'École Polytechnique, le Conservatoire des Arts et Métiers, le Bureau des Longitudes, le système métrique et l'unité des poids et mesures. Durant les trois ans trente-cinq jours que dura sa session, elle ne rendit pas moins de 8,370 décrets. Dès les premiers jours de sa réunion, il fallut que cette courageuse assemblée se préparât à combattre tous les gouvernements de l'Europe. A sa voix la jeunesse accourt spontanément sous les drapeaux; mais bientôt les agents de l'étranger et les ennemis intérieurs de la révolution provoquent de funestes rivalités entre les régiments de ligne et les volontaires. La Convention les réunit en demi-brigades : volontaires et soldats n'ont plus que le même drapeau, le même uniforme, et ce changement s'opère sans délai, sans la plus légère opposition, en présence de l'ennemi, dans toutes les garnisons comme sur les champs de bataille. « Le spectacle d'une assemblée qui avait surpris en quelque sorte à la nature son secret, dit l'auteur de l'*Essai historique et critique sur la Révolution française*, sera unique sur la terre. L'ordre des temps ne ramènera pas une seconde fois le concours des causes qui produisirent presque en un jour plusieurs siècles de crimes et de vertu, d'héroïsme, de fureur, de gloire et d'injustice, de destruction et de création. L'histoire de la Convention nationale appartient à tous les peuples, à tous les âges : c'est un fanal élevé au centre de l'immensité des siècles et des générations; c'est l'école de l'avenir. »

DUFEY (de l'Yonne.)

CONVENTIONS MATRIMONIALES. *Voyez* CONTRAT DE MARIAGE.

CONVERGENCE, CONVERGENT (de *cum*, avec, et *vergere*, pencher vers, être tourné vers). Plusieurs lignes sont dites *convergentes* lorsque, suffisamment prolongées, elles se rencontrent en un même point. Du reste, cette expression n'exprime rien d'absolu, car suivant que l'on regardera ces lignes comme concourant en un même point, ou comme issues de ce point, on pourra les regarder comme étant convergentes ou comme étant *divergentes*. En optique, ce mot acquiert plus de précision, et certaines lentilles reçoivent la qualification de *convergentes*, les unes parce qu'elles amènent des rayons lumineux divergents ou parallèles à la *convergence*, les autres parce qu'elles augmentent la convergence de ces rayons.

En algèbre, une série est *convergente* quand la somme de ses termes approche d'autant plus d'une limite fixe que l'on prend un plus grand nombre de termes; les termes d'une progression géométrique décroissante forment une série convergente. Plus une série est convergente, moins il faut calculer de termes pour approcher de sa valeur. C'est pourquoi dans les applications on cherche toujours à obtenir des séries très-convergentes.

CONVERS. Ce nom se donna, jusqu'au onzième siècle, comme synonyme de *converti* (*conversi* en latin), à quiconque embrassait l'état monastique en âge de raison, par opposition aux *oblats* (offerts, *oblati*). Ceux-ci étaient offerts à Dieu dès leur enfance par leurs parents. Dans le onzième siècle on commença à recevoir dans les couvents des hommes illettrés, qui n'entraient point dans les ordres et ne chantaient pas au chœur, mais étaient exclusivement consacrés aux travaux matériels et aux offices de la communauté. On les appela *convers* ou *frères lais*. Suivant Mabillon, les frères *convers* furent institués par saint Jean Gualbert, premier abbé de Vallombreuse. Dans les couvents de femmes, les *converses* furent établies quelque temps après; elles n'étaient pas religieuses, comme les convers : on croit qu'elles étaient du nombre de celles qui se donnaient en servitude à un monastère, elles et leurs descendants. Les frères convers bénédictins de la congrégation du mont Cassin s'appelaient *frères commis*. Les frères convers ne pouvaient posséder de bénéfices. On les a quelquefois appelés *frères barbus* (*fratres barbati*), parce qu'ils laissaient croître leur barbe; ce qui avait principalement lieu parmi les chartreux.

A. SAVAGNER.

CONVERSATION. Tout ce qui se dit et tout ce qu'on ne dit pas, tout ce qu'on sait et tout ce qu'on ignore, les bruits, les rumeurs, les craintes et les espérances du monde, un peu de calomnie, beaucoup de médisance, un certain fonds de justice, la flatterie pour ceux qui vous écoutent, nulle pitié pour les absents, voilà comment, à la rigueur, se peut définir cette chose indéfinissable qu'on appelle *la conversation.*

Quand est-elle née et quand les hommes ont-ils été assez humains pour se réunir et se parler les uns les autres sans fiel, sans aigreur, et, qui plus est, sans avoir rien à se dire? Ce sont là de grandes questions que je ne me ferai pas à moi-même, de peur de ne pouvoir pas les résoudre. Toujours est-il cependant que la conversation proprement dite, c'est-à-dire l'élégance, l'esprit, la politesse, les grâces du langage, ce qu'on appelait l'atticisme à Athènes et ce qu'on appelle politesse à Paris, tout cela est né sous le beau ciel de la Grèce, parmi ce peuple oisif et bavard, qui s'amusait à se gouverner lui-même, dans les écoles, les théâtres et les académies, au pied de la tribune de Démosthène, sur les places publiques entourées de portiques. Là se promenait l'Athénien vêtu de son manteau ; là chacun parlait de ses affaires, ou, qui mieux est, des affaires de son voisin ; là chacun passait sa vie au soleil en hiver, ou à l'ombre en été, demandant de temps à autre : *quoi de nouveau ?* là tout était matière à conversation, une tragédie d'Euripide, une comédie d'Aristophane, un chapitre de Théophraste, une saillie de Diogène, une joûte de lutteurs, un bon mot d'Aristippe, une folie d'Alcibiade. On allait au tribunal voir les juges, et surtout les entendre; on allait au Pyrée voir les vaisseaux qui entraient dans le port; on accompagnait l'athlète jusque chez lui, on plaisantait beaucoup les voisins de Lacédémone, qui avaient la prétention de ne dire aucune parole inutile, de porter des manteaux grossiers, de ne pas se faire la barbe, et de trouver le brouet noir le plus exquis de tous les mets. Ainsi, à Athènes la conversation se faisait à l'air libre ; on parlait tout haut, comme à la tribune ; on avait tous les langages le même jour, et pour ainsi dire à la fois : colères, épigrammes, admiration, honneur ou blâme ; la spirituelle mobilité du peuple athénien se montrait à propos des moindres choses; le grand homme couronné la veille était berné le lendemain.

Pourquoi donc le peuple athénien passait-il si facilement de l'amour à la haine et de la haine à l'amour? C'est que le peuple athénien était un peuple bavard, qui recevait facilement toutes les impressions, et qui leur obéissait plus facilement encore. Il s'enivrait lui-même de ses propres discours, à peu près comme un homme d'esprit trouve moyen de s'enivrer en ne buvant que de l'eau. Peuple frivole et charmant, qui oubliait si admirablement tous les services qu'on lui avait rendus et pour qui les malheureux qu'il avait faits !

A n'en pas douter, la *conversation* proprement dite prend son origine en la ville d'Athènes. La plupart des grands ouvrages de cette littérature ne sont, à dire vrai, que des conversations de génie. Qu'est-ce, je vous prie, que l'*Iliade*, sinon la conversation du poëte avec la Muse qui lui raconte la colère d'Achille? Qu'est-ce que la tragédie de Sophocle ou d'Euripide, sinon la conversation de tous les héros d'Homère évoqués sur le théâtre? Et la comédie d'Aristophane, sinon la conversation de tous ces frivoles citoyens d'Athènes qui viennent se montrer au grand jour, tels qu'ils sont en effet, coléreux, vaniteux, menteurs, curieux, faquins, flaneurs, paresseux avec délices, bavards, surtout bavards comme des pies? Et les dialogues de Platon, qu'est-ce autre chose, je vous prie, sinon une conversation philosophique de ses disciples avec l'esprit de Socrate? La Grèce est une conversation universelle. Les philosophes disputent entre eux. Les rhéteurs se partagent l'attention : l'un excelle à la demande, l'autre triomphe dans la réponse, et si bien que souvent ils ont raison tous les deux. De même les orateurs : ils se disputent la chaire politique, ils se partagent l'attention, ils parlent avec leur auditoire, et l'un d'eux, pour s'accoutumer à tous les dialogues, à tous les temps, harangue les flots de la mer. Et dans les repas, quels longs discours, quels murmures murmurent ! Puis, si vous quittez la place publique, les gymnases, les écoles, les théâtres, tous les lieux vulgaires de la conversation de toute le monde, et même la halle aux légumes, où les marchandes d'herbes elles-mêmes reconnaissent Théophraste pour un étranger ; si vous entrez dans ces toutes petites maisons sombres au dehors, mais éclairées au dedans, alors vous pénétrez tout à fait dans le secret de la véritable conversation athénienne. Ce n'est plus seulement la conversation d'un citoyen et d'un autre citoyen, c'est l'élégante causerie d'un homme avec une femme ; alors la voix, le geste, l'accent, la parole, le regard, se modifient de mille nuances ; tout porte alors à écouter en silence : c'est Périclès qui écoute Aspasie, c'est le charmant idiome d'Ionie qui tombe cadencé de ses lèvres de rose ! Ne disons pas de mal des mœurs grecques et des courtisanes d'Athènes : les véritables Athéniens n'allaient chez une belle courtisane que pour parler avec elle. Une belle esclave de Lesbos venait-elle à Athènes, on se demandait non pas : Est-elle belle? mais : Parle-t-elle bien? On la voulait avec de l'esprit d'abord ; la beauté et les grâces étaient par dessus le marché.

La Grèce s'en va, Athènes tombe ; reviennent les guerres qui jettent les hommes et les peuples dans le silence et la terreur : une nouvelle puissance se forme, non plus par le langage et par les beaux-arts, comme la puissance athénienne, mais par le fer et par les armes. Rome a tout d'abord parlé plus rudement que n'avait jamais fait Athènes. Les disputes des patriciens et du peuple, voilà une terrible conversation, qui a mis la république à deux doigts de sa perte. Il n'a fallu rien moins qu'une fable athénienne habilement employée par le consul Menenius pour ramener le peuple qui s'était réfugié sur le mont Aventin. La véritable conversation romaine ne commence qu'à Cicéron. Cicéron est le premier causeur de la république. Il est tout à fait l'homme de lettres : riche, honorable, considéré, puissant, heureux de son beau style et de son admirable langage, ses lettres sont déjà une histoire aussi vraie de son temps que les lettres de Mme de Sévigné elle-même. Après Cicéron vient Auguste. Alors se forme la belle société romaine ; la république s'en va, pour laisser la place au gouvernement d'un seul. Alors arrivent à la suite tant d'hommes d'esprit, causeurs de génie, dont le nom est honorablement inscrit dans les épîtres d'Horace, qui sont à peu près toute la conversation de ce temps-là. Auguste, Mécène Quintilius Varus, Virgile, les Pisons, Tibulle, Properce, Ovide, qui a trop parlé, les élèves de Cicéron, les échappés de l'ancienne Athènes, les Romains sceptiques, les républicains renégats, ces accommodants philosophes, qui rajeunissaient et retrempaient dans le vin de Falerne la doctrine d'Épicure ; et avec Auguste Livie, et avec Tibulle Lesbie, et Cinthie avec Catulle, et Nééra avec Horace, et toutes ensemble avec Mécène : voilà sans nul doute une société bien faite et toute faite pour une conversation piquante, conversation de plaisirs ou d'affaires, de belles-lettres ou d'amour. Ces derniers Romains, qui remplaçaient par l'esprit la liberté, se hâtent de jouir de la dernière paix de l'empire. Ils se réfugient dans leurs belles demeures, sur les bords de la mer. Alors vous entendez retentir les noms de Sorente ou de Tibur, et les noms de toutes ces villas abritées par le mont Soracte chargé de neige ; la société romaine se résume avant de mourir ; elle se fait athénienne avant de devenir barbare ; après avoir combattu pendant des siècles, elle cause pendant un règne. Horace, le maître et le chef de tout ce monde poétique, définit ainsi le bonheur : « Quels vœux, dit-il, une mère peut-elle adresser au ciel pour son fils chéri, sinon celui-ci : avoir de nobles pensées, et pour rendre ces nobles pensées, de belles paroles (*fari quæ sentiat*) ? » Il est vrai que le poëte ajoute, « avec de l'argent dans sa bourse (*non deficiente crumena*). » Sans doute le sage Horace regardait l'argent comme *la commodité de la conversation*.

Mais ce n'est pas une histoire que nous voulons faire. Il va sans dire que la causerie de l'homme a pris toutes les nuances de ses passions : suivre l'histoire de la conversation humaine, ce serait faire l'histoire universelle. La conversation ce n'est pas toute parole qui sort de la bouche de l'homme, c'est sa parole perfectionnée, érudite, délicate ; c'est le langage de l'homme en société, mais dans une société bien faite, élégante, polie ; la *conversation*, c'est le superflu de la pa-

CONVERSATION

rôle humaine, c'est toute parole qui n'est pas proférée par la colère, par l'ambition, par la vanité, par les passions mauvaises; ce n'est pas un cri, ce n'est pas une menace, ce n'est pas une plainte, ce n'est pas une demande, ce n'est pas une prière; la conversation est une espèce de murmure capricieux, savant, aimable, caressant, moqueur, poétique, toujours flatteur, même dans son sarcasme; c'est une politesse réciproque que se font les hommes les uns les autres; c'est une langue à part dans la langue universelle, qui emploie beaucoup plus de voyelles que de consonnes; c'est une langue que tous croient savoir, entendre et parler, que bien peu savent entendre et que bien moins encore savent parler. Mais j'arrête ici mes définitions, par la raison que plus elles seraient complètes et moins je serais compris.

C'est surtout en France que la *conversation* est un titre de gloire nationale; c'est presque une gloire littéraire. L'institution des salons n'est pas si vieille chez nous qu'on pourrait bien le croire. Elle date à peine de l'hôtel Rambouillet, ce grand arsenal de causerie, où M. de Balzac régnait en maître, ou l'abbé Bossuet, à seize ans, qui devint plus tard l'aigle de Meaux, prononça à minuit son premier sermon. L'hôtel Rambouillet, renversé par Molière, rendit cependant ce grand service à la France, qu'il lui donna le goût des réunions où l'on se rencontre soit la nuit, soit le jour : réunion d'hommes et de femmes, qui, sans le vouloir, rendirent à la langue plus de services que l'Académie elle-même. Alors commence à Paris ce grand travail du beau langage, auquel chacun prend part de toutes les forces de son esprit. Racine, Pascal, Molière, La Fontaine, Fénelon, Bossuet, que font-ils autre chose, sinon épurer, agrandir, embellir, simplifier la langue? C'est alors véritablement que toute conversation commence. Mme de Sévigné, Bussy-Rabutin, Mme de Scarron, qui remplaçait par une histoire le rôti qui manquait, cette belle Ninon de Lenclos, qui protégea Molière, et qui devina Voltaire, le prince de Condé, voilà déjà la conversation qui se manifeste, qui s'arrange. On s'écoute parler, on répète les mots ingénieux de chacun; le roi lui-même a ses mots à lui, qui ne sont pas les moins exquis, et qui surtout ne sont pas les moins vantés; mais tout cela, ce n'est pas encore une conversation populaire, ce sont des coteries, ou plutôt ce sont de petites cours où règne en souveraine telle femme d'esprit, où commande en despote tel homme d'esprit; ce ne fut véritablement que sous le roi Louis XV ou plutôt sous Voltaire, que la conversation en France devint tout à fait une conversation générale, c'est-à-dire véritablement la conversation. Alors s'ouvrirent à toutes les célébrités du dix-huitième siècle les salons de Mme Geoffrin, et là chacun vint apporter autour de cette femme d'un sourire si fier, d'un tact si exquis, d'un regard si intelligent, tout ce qu'il avait de verve, d'imagination, de style, d'audace, et surtout de paradoxes. La conversation, qui sous Louis XIV n'avait été, à vrai dire, qu'une causerie intime entre quelques hommes et quelques femmes d'élite, devint sous Louis XV une véritable controverse, dans laquelle chacun fut appelé, celui-ci parce qu'il était grand seigneur, celui-là parce qu'il était un grand poète, cet autre comme grand philosophe, et tous enfin, tout au moins parce qu'ils savaient se faire et écouter. L'opinion publique commença à se former dans les salons de belle compagnie et de spirituel langage; alors il y eut en France une opposition contre le pouvoir d'un genre tout nouveau, non pas la brutale opposition de la rue, sur laquelle on lance les gardes françaises, non pas l'opposition du pamphlet, qu'on fait brûler par la main du bourreau, mais une opposition insaisissable, l'opposition du salon : contre cette opposition le pouvoir était impuissant, il fallait la subir, il fallait lui faire des avances, il fallait la flatter; on ne pouvait pas lui faire peur. Vous comprenez tout de suite quelle importance arrive tout à coup à ces salons d'encyclopédistes frondeurs et railleurs. La belle partie du dix-huitième siècle se passe ainsi, à causer, à parler, à conter; c'est un bruit, c'est un mouvement incroyable; c'est une mêlée non interrompue de plaisanteries et d'attaques de tout genre. On cite encore aujourd'hui les noms de ces révolutionnaires de salon qui ont si merveilleusement préparé la révolution de 89. Car, au fait, la société française s'émancipe par la conversation.

Or il y eut un instant où ce peuple français, lui aussi, devint tout à coup et tout à fait un peuple athénien. Le Parisien se porta avec fureur au Palais-Royal : là il faisait ses proclamations, là il récitait ses discours, là il votait la mort ou la paix, là il demandait, comme l'Athénien de Démosthène : *Qu'y a-t-il de nouveau?* Voilà donc la conversation descendue du salon dans la rue, jusqu'à ce qu'enfin l'empereur Napoléon, cet homme qui a mis l'ordre partout dans le monde, dans les plus petites choses comme dans les plus grandes, ait fait violemment remonter la conversation de la rue dans le salon. Dès lors la conversation perdit beaucoup de son importance; elle ne fut plus qu'une puissance très-secondaire, comparée à cette ardente et terrible conversation de chaque jour qu'on appela le *journal*. Ainsi, privée, par le journal, de son primitif attrait, à savoir les nouvelles politiques, les nouveautés littéraires, la critique du théâtre, les événements les plus vulgaires de la vie, un accident même de carrefour, la conversation prit en France une voie nouvelle. Elle est devenue plus grave, plus posée, plus savante. Elle s'est inquiétée de tous les progrès et de toutes les découvertes qui échappent au journal. Elle a trouvé une formule qui n'appartient qu'à elle pour juger, pour approuver, pour blâmer, pour applaudir. La conversation, moins rigide et moins futile, a cherché un aliment de chaque jour dans l'histoire et dans la science. Chaque branche des connaissances humaines est entrée dans son domaine; elle n'a plus donné exclusion à aucune science, toute science lui est bonne, pourvu qu'elle serve d'aliment à une causerie d'une heure. De là est résulté une entreprise qu'on n'aurait pas crue possible autrefois, et qui en effet n'était possible que de nos jours.

Cette entreprise, qui a répondu à un besoin universellement senti, c'est le *Dictionnaire de la Conversation*; le *Dictionnaire de la Conversation*, c'est-à-dire un assemblage de toutes les connaissances humaines, graves ou folles, mises à la portée de tous. Le plan de ce dictionnaire est plus vaste encore que le plan de l'*Encyclopédie* : car il comprend tout ce qu'il y a de grave, mais aussi tout ce qu'il y a de futile à savoir. Ce n'est pas seulement le livre d'un homme qui veut apprendre, c'est le livre d'un homme qui veut apprendre et enseigner. Ce n'est pas seulement un livre de cabinet, c'est un livre de cabinet et de salon, c'est un livre de causerie familière aussi bien que de dissertation savante, un livre de noms propres et un livre où l'anecdote est mêlée à la grande biographie ; ce n'est pas un système, ou une seule opinion, c'est la réunion spontanée de toutes les opinions et de tous les systèmes; ce n'est pas un livre d'unité, c'est un livre de variété : un pareil livre n'enseigne pas, il raconte; il ne récite pas, il parle; il n'instruit pas seulement, il amuse, et il instruit. Là les préjugés se combattent par les préjugés, le progrès est le bien-venu, de quelque part que vienne le progrès; c'est comme un salon où viennent se réunir dans une amicale causerie les jeunes gens et les vieillards, la vieille royauté et la royauté nouvelle, la république et l'empire; c'est une foule variée, amusante, mobile, savante; c'est à tour des historiens, des poètes, des mathématiciens, des philosophes ou des politiques, qui passent sous vos regards; bien plus, toutes les nations y travaillent, et chacune y apporte ce qu'elle sait de mieux et ce qu'elle sait le mieux : Allemagne, Angleterre, Italie, Espagne, Orient, apportent à ce trésor commun leurs découvertes, leurs souvenirs, leur philosophie, leurs œuvres, leur politique. C'est un livre qui écoute tout ce qui se dit et tout ce qui se raconte, qui entend tous les systèmes, et se souvient de toutes ces choses; livre immense, qui est à la fois toute biographie, toute histoire, toute science, toute anecdote, tout journal. En un mot, ce n'est pas un livre, c'est bien réellement une *conversation*, mais une conversation de gens d'esprit et de science, une conversation de toutes les opinions, et de tous les systèmes, et de toute l'Europe; une longue et intéressante conversation.   Jules Janin.

CONVERSATION (Pièces de). On désigne depuis quelque temps en Allemagne sous cette dénomination certains drames expressément destinés à la scène, conduits avec calme, et offrant l'exemple d'une grande finesse dans le développement des caractères. Ils s'agitent dans la sphère des hautes existences sociales, affectent le plus souvent des dénoûments comiques, bien qu'ils n'évitent pas toujours les situations saisissantes, et représentent ordinairement des conflits sociaux qu'on n'y entrevoit que dans une perspective amusante, sans que jamais d'ailleurs ils s'écartent du ton et des manières de la haute société. La peinture et le développement des grandes passions leur sont étrangers; en revanche, ils s'efforcent de reproduire jusque dans ses moindres détails le coloris de la vie moderne. Tout en contribuant à affaiblir de plus en plus, disent les critiques allemands, le goût du public pour le drame héroïque et historique, pour les catastrophes puissantes et les grandes compositions poétiques, ils ont le mérite d'apporter du moins un contre-poids à cet appétit de plus en plus vif que témoigne la foule pour la grosse farce, le grossier et le commun. Ce genre de pièces de théâtre a en outre l'avantage de beaucoup mieux convenir que tout autre aux moyens d'artistes médiocres; d'où il résulte que leur mise en scène offre toujours un ensemble plus satisfaisant que celle des drames d'un genre plus élevé. Quoique l'on puisse citer des *pièces de conversation* où se trouvent des situations tragiques, on ne se sert ordinairement de cette expression, dans le langage des coulisses, que pour désigner la comédie moderne telle que l'ont conçue la princesse *Amélie de Saxe*, Bauernfeld, Tœpfer, etc.

Les Allemands donnent aussi le nom *d'opéra de conversation* à ce que nous autres Français nous appelons *opéra-comique*, genre dans lequel, il faut le dire, notre scène n'a point de rivale.

CONVERSATION'S-LEXICON, c'est-à-dire *Lexique de conversation*. Tel est le titre sous lequel, depuis un demi-siècle, est connue de l'autre côté du Rhin une des encyclopédies les plus pratiques, les plus utiles, qui aient encore été, nous ne disons pas *conçues*, mais *exécutées*. Cette distinction que nous faisons là n'est pas oiseuse à une époque comme la nôtre, toute pavée de bonnes intentions et où retentissent incessamment les plus magnifiques promesses. En effet, que de gens aujourd'hui font d'alléchants prospectus en littérature et d'admirables programmes en politique, qui, lorsque le hasard vient à leur permettre de les réaliser, se contentent de marcher dans l'ornière déjà suivie par leurs devanciers! Cette fois, contre l'usage, les nouveaux encyclopédistes promettaient peu; et le titre des plus modestes dont ils avaient fait choix n'annonçait point un de ces livres que leurs auteurs présentent arrogamment au public comme devant renouveler la face du monde scientifique et dire sur toutes choses le dernier mot du savoir humain. Il ne s'agissait évidemment que d'un recueil bornant toutes ses prétentions à venir en aide à cette foule d'honnêtes gens qui par état ne sont pas tenus de tout savoir ou encore de ne jamais oublier ce qu'ils ont pu apprendre autrefois; d'un recueil où ils pourraient trouver sans peine cette foule de renseignements sur les hommes ou sur les choses du présent et du passé, dont, à un moment donné chacun de nous peut avoir besoin, quand même il s'agit d'un ordre de faits ou d'idées appartenant à la sphère de ses travaux habituels, et, à bien plus forte raison encore, lorsqu'il n'en est pas ainsi.

Un ouvrage de cette nature était surtout nécessaire et devait surtout réussir en Allemagne, le pays de l'Europe, sans contredit, dont la langue, en dépit de l'extrême richesse de son propre fonds, se soit en outre enrichie de plus d'emprunts faits aux idiomes des différents peuples étrangers. L'allemand n'a pas seulement, comme le français, emprunté à des langues mortes, au grec et au latin, des mots propres à exprimer certaines idées, certaines notions encore nouvelles pour les populations auxquelles il servait d'instrument de communication. Il a pris sans hésitation, sans vergogne, à l'anglais, à l'espagnol, à l'italien, au français, etc., tout ce qui dans leurs vocabulaires respectifs était à sa convenance particulière, sans autrement se soucier de savoir si de ces larcins ne résulteraient pas de nombreux doubles emplois avec les articles de son propre fonds. En prenant un mot à une autre langue, il a d'ailleurs toujours eu grand soin d'y ajouter une nuance qui le différenciait essentiellement de son équivalent teutonique et qui détruisait entre eux toute synonymie. Ainsi, pour prendre un exemple dans le sujet même de cet article, les mots *Unterredung*, *Gespræch*, *Umgang* n'ont rien de la nuance de délicatesse, de finesse et de politesse qu'un Allemand attachera toujours au mot *Conversation* emprunté par ses pères aux langues romanes; et le mot grec *Lexicon* exprime, et comme nomenclature et comme but final, un tout autre sens que *Wœrterbuch*, le mot allemand qui répond à notre mot *dictionnaire*.

Il est rare de ne pas voir l'abus à côté de l'usage. Plus donc que tous autres, les Allemands ont abusé de cette faculté illimitée d'emprunter aux idiomes étrangers; et à la fin du dernier siècle leur littérature en était venue à produire des œuvres dont bon nombre de lecteurs étaient souvent réduits à deviner le sens, farcies qu'elles étaient de phrases entières écrites en français, par exemple, ou encore quelquefois en italien; ce qui supposait de la part du public auquel elles s'adressaient une variété de connaissances faite pour donner une haute idée de son instruction. C'est au théâtre que ce ridicule avait surtout pris faveur, et il a fallu de longues années à la critique pour en débarrasser la scène nationale. Il résulte de là que les lexiques allemands contiennent un grand nombre de mots empruntés aux langues étrangères, entrés peu à peu dans l'usage général, mais employés souvent par des ignorants dans une acception tout autre que leur sens primitif et vrai, et à l'égard desquels les lexiques renseignent le lecteur en lui indiquant les équivalents qu'ils ont dans la langue allemande.

Il entrait essentiellement dans le plan primitif du *Conversation's-Lexicon* de présenter au lecteur des notions de ce genre, et surtout des renseignements sur des faits et des idées restés jusque alors, pour ainsi parler, en dehors de la circulation générale, mais qui venaient d'y être tout à coup jetés par le grand mouvement de rénovation sociale dont notre révolution avait été partout le signal en Europe, et à l'égard desquels un grand nombre d'intelligences devaient forcément se trouver embarrassées. Ce besoin des esprits fut admirablement pressenti par Brockhaus. L'intelligent éditeur réalisa pour la première fois sa pensée dans les circonstances les plus défavorables à une entreprise de ce genre; mais on ne lui tint compte des difficultés qu'il avait eu à surmonter, et lui ils'attacha toujours à mériter de plus en plus la faveur publique en faisant constamment de nouveaux sacrifices pour perfectionner son livre, pour élargir le cercle des idées qui s'y trouvaient traitées, enfin pour le tenir constamment à la hauteur de tous les progrès accomplis dans les différentes branches des connaissances humaines. Les gens de lettres à la collaboration desquels on est redevable de la rédaction du *Conversation's-Lexicon* (ils le *refont* complètement en ce moment, pour la *dixième fois*) ont puisé partout aux meilleures sources, et n'ont pas hésité à prendre leur bien partout où ils le trouvaient. Un immense succès a toujours récompensé jusque ici les efforts qu'ils ont faits pour améliorer successivement l'œuvre commune, devenue en Allemagne un véritable engin de civilisation, un moyen des plus puissants pour propager les notions utiles, les pensées sages et justes, enfin pour préparer l'avenir en répandant de plus en plus dans les masses le bienfait de l'instruction générale. Nous manquerions à tout ce que nous nous devons à nous-même si nous ne reconnaissions pas hautement ici les nombreuses obligations que nous leur avons; trop heureux d'avoir pu de loin suivre leur trace, *longe vestigia sequi!* C'est d'ailleurs avec une satisfaction bien naturelle que nous avons pu reconnaître plus d'une fois que notre livre, en dépit de la différence radicale entre le plan que nous suivons et le leur, avait pu aussi leur être de quelque utilité.

CONVERSION (du latin *conversio*, fait du verbe convertere, changer). Ce mot est employé dans plusieurs circonstances, avec des acceptions diverses. On dit *conversion* des espèces, des écus vieux en neufs, en parlant des monnaies. En arithmétique, on convertit une mesure en une autre en multipliant la première par la valeur correspondante de l'unité de la seconde. En termes de jurisprudence, c'est le changement d'un acte, d'une procédure en une autre. On opère la conversion d'une obligation en rente, d'un procès civil en procès criminel, d'une vente par autorité de justice en vente volontaire, etc. En morale, la conversion est le retour au bien, par un changement de mœurs, un changement de doctrine ou un changement de religion. Ainsi, on dit d'un païen qui renonce au culte des idoles pour embrasser le christianisme, qu'il s'est converti; on le dit d'un hérétique qui rentre dans le sein de l'Église; on le dit aussi du pécheur, de l'homme déréglé, qui renonce à sa vie désordonnée, pour mener une conduite sage, chrétienne, conforme à la morale de l'Évangile. La conversion d'un chrétien qui s'était égaré dans les voies honteuses du vice et du mensonge est un don de Dieu, un secours surnaturel de la grâce, qui le rappelle au bien et lui donne la force de le faire. NÉCRIER.

Cassiodore d'abord et après lui Bède se servent du mot latin *conversio* pour désigner l'entrée dans l'état religieux, d'où est venu le nom de *convers*. Aujourd'hui, quand on parle de *convertis*, il est question des individus qui abandonnent une religion pour en embrasser une autre. La vieillesse de Louis XIV et le règne de la dévote Maintenon furent une époque de remarquable prospérité pour les entrepreneurs de conversions de même que pour les spéculateurs faisant métier et marchandise de leurs convictions. Cette industrie ne fut pas moins productive sous Charles X, malgré la concurrence redoutable et acharnée que se faisaient alors des aventuriers juifs ou protestants pour se faire conférer le baptême, et enseigner dans la foi catholique, mais surtout pour empocher le produit des quêtes, généralement fort abondantes, ordonnées à leur profit en pareille occurrence. L'infâme Deutz, qui vendit la duchesse de Berry, sa bienfaitrice, à M. Thiers pour 500,000 fr., était, lui aussi, un juif récemment *converti*; c'est cette position sociale qui lui avait valu la confiance et la bienveillance toute particulière de la mère de M. le comte de Chambord.

Loin de nous, cependant, la pensée qu'un changement de religion ne puisse jamais être qu'une spéculation; mais de nos jours les exemples de conversions sincères et désintéressées sont si rares, qu'on peut bien les considérer comme de pures exceptions. Or toujours on a vu dans les exceptions la confirmation d'une règle générale.

Les grandes crises sociales ont ordinairement pour résultat de provoquer un retour sensible aux idées religieuses de la part des masses qui naguère leur étaient ou indifférentes ou hostiles. Les révolutions, pourrait-on dire, font de la conversion en grand. Il n'y a dans un pareil résultat rien que de fort naturel. A la vue de tant de ruines irréparables, de tant d'inappréciables misères, de tant de forfaits heureux, de tant de vices triomphants, il est tout naturel que l'homme le moins disposé à des réflexions sérieuses en vienne à penser qu'il doit nécessairement y avoir quelque chose au delà de cette vie, un être souverainement juste qui récompense la vertu et châtie le crime.

Si nous devions citer ici tous les hommes célèbres à un titre ou à un autre qui de nos jours ont déserté la foi de leurs pères pour embrasser une religion parlant mieux à leur cœur et à leur intelligence, longue serait la liste de noms que nous aurions à placer les uns après les autres. Il nous est difficile d'ailleurs de révoquer en doute la bonne foi de ceux d'entre eux qui ont renoncé à des avantages positifs pour adopter le culte de la minorité, et nous admirons le mouvement des esprits qui de nos jours en Angleterre, en Silésie, en Mecklembourg, etc., porte tant d'individus à déserter le protestantisme et à embrasser le catholicisme, qui ne peut pourtant leur procurer aucun des avantages temporels que l'Église dominante réserve dans ces pays à ses fidèles. Par contre, nous nous défierons toujours instinctivement du juif ou du protestant qui en France, en Espagne, en Italie et autres contrées catholiques, abandonnera la religion dans laquelle il est né, mais que professe seulement la minorité, et adoptera celle dont les ministres sont les dispensateurs ordinaires des faveurs du pouvoir. Un fait incontestable d'ailleurs, c'est que de nos jours les conversions de protestants au catholicisme sont bien autrement nombreuses dans les pays protestants même que dans les pays catholiques; résultat assez bizarre, et que les protestants zélés essayent d'expliquer par la réaction qu'ont produite les événements de 1848 dans une foule d'esprits faibles, mais surtout par le savoir-faire et l'activité des Jésuites. Ce n'est pas d'ailleurs que l'Église protestante n'ait aussi s'enorgueillir d'assez nombreuses *conversions*. Dans le pays de Bade, par exemple, on a vu des communes entières quitter le catholicisme pour le culte évangélique, et autant en a fait, il n'y a pas longtemps, la commune de Charbonnières, près de Lyon.

CONVERSION (*Logique*), procédé de vérification d'un jugement, qui repose sur cette vérité, que la relation ou le rapport entre deux termes est mutuel et *réciproque*, ou que si A = B, réciproquement B = A. Donc, une proposition ne peut être vraie ou fausse sans que sa *réciproque* ne soit pareillement vraie ou fausse. C'est pourquoi si, lorsqu'on éprouve quelque embarras à réfuter ou à établir directement certaine proposition, on lui donne une réciproque simulée et fallacieuse, elle devient une source de malentendus et de disputes. Exemple : si après avoir accordé cette proposition, *juger, c'est sentir*, vous admettez que la réciproque soit celle-ci : *sentir, c'est juger*, le système des sensations aura gain de cause. Pour se prémunir contre de pareils pièges, il ne faut point perdre de vue la règle suivante : conserver dans les termes de la réciproque le même sens, c'est-à-dire la même extension et la même compréhension qu'ils avaient dans la proposition convertie. Ainsi, quand on dit *juger, c'est sentir*, cela revient à dire que juger, *c'est sentir d'une manière particulière*, et la réciproque est celle-ci : *sentir d'une manière particulière, c'est juger*. Proposition qu'on peut admettre, si l'on tombe d'accord que le mot *sentir* embrasse tous les phénomènes de la réceptivité et de l'activité du *moi*, et n'exprime pas seulement ce qu'on éprouve à la présence des corps.

Si la conversion pure et simple présente quelque embarras, si elle expose à des méprises, on doit préalablement *traduire* la proposition en lui substituant une qui soit équivalente, et cependant plus facile à convertir.

Quoique toute proposition déterminée puisse être convertie en une autre proposition réciproque et identique, et que deux propositions réciproques et identiques aient nécessairement les mêmes qualités logiques, cependant l'usage a prévalu, même parmi les mathématiciens, de dire en certains cas : cette proposition est vraie, mais *sa réciproque est fausse*. Par conséquent, pour concilier les principes avec

les locutions vicieuses qui sont, en quelque sorte, autorisées par l'usage, il faudrait distinguer une réciprocité apparente et grammaticale, et une réciprocité exacte et logique.
De Reiffenberg.

CONVERSION (*Rhétorique*), figure qui consiste à terminer les divers membres d'une période par les mêmes tours, comme dans ce passage de Cicéron : *Doletis tres exercitus populi Romani interfectos ? Interfecit Antonius. Desideratis clarissimos cives ? Eos vobis eripuit Antonius. Auctoritas hujus ordinis (senatus) afflicta est ? Afflixit Antonius.*

On appelle encore, en rhétorique, *conversion* l'art de retourner ou de rétorquer un argument contre son adversaire, ou de le montrer par des côtés opposés, en changeant le sujet en attribut et l'attribut en sujet. Il y a aussi des *conversions* d'arguments d'une figure à une autre ; et des propositions générales aux particulières (*voyez* Réponsion).

CONVERSION (*Art militaire*), mouvement exécuté par une troupe en marche lorsqu'elle change de direction, ou qu'étant de pied ferme, on veut lui faire occuper une position perpendiculaire ou oblique à celle qu'elle occupait d'abord. Les conversions s'exécutent du côté du guide, ou du côté opposé au guide. Dans le premier cas, elles prennent le nom de *changement de direction*, et s'exécutent à pivot mobile. Dans les grandes manœuvres de la guerre, les conversions s'emploient sur chaque corps isolé, et consistent à faire avancer l'aile droite ou l'aile gauche, pendant que l'aile opposée, conservant sa position, tient l'ennemi en échec et l'empêche d'inquiéter la marche des troupes en mouvement.

CONVERSION DES RENTES. *Voyez* Rentes.

CONVEXE (de *conveho*, je porte) se dit de la surface extérieure d'un corps rond, par opposition à la surface intérieure qui est creuse ou concave. Les mots *convexe* et *concave* sont purement relatifs : ce qui est convexe d'un côté peut être concave de l'autre. Pour avoir une idée nette de la *convexité*, il faut emprunter sa définition à la géométrie. Dans cette science, une ligne ou une surface courbe est dite *convexe* lorsque toute tangente à la ligne ou tout plan tangent à la surface laisse cette ligne ou cette surface d'un même côté. S'il s'agit d'une ligne ou d'une surface brisée, il faut remplacer dans cet énoncé la tangente par un côté quelconque de la ligne brisée, et le plan tangent par une des faces de la surface brisée. On reconnaît encore les lignes et les surfaces convexes à leur propriété commune de ne pouvoir être rencontrées par une droite en plus de deux points.

CONVICT, mot anglais qui signifie *convaincu*, *condamné*, et qui s'applique surtout aux déportés dans les colonies pénales (*voyez* Déportation).

CONVICTION, état de l'esprit, qui, après avoir balancé le pour et le contre, se prononce d'une manière décisive : telle est la *conviction de raisonnement* ; à celle-ci il faut en joindre une autre, qui naît spontanément et à la suite d'une impression tout à la fois profonde et rapide. La première espèce de conviction appartient aux hommes d'étude et de cabinet ; la seconde caractérise les masses, surtout aux époques de troubles civils, ou bien sous les gouvernements dans la composition desquels entrent plus ou moins de liberté politique. Si nous considérons la conviction en son entier, nous dirons que c'est une force immense, et pour ainsi dire incalculable, parce qu'elle est libre en même temps qu'elle est désintéressée. Sans conviction ardente et sincère, on ne fait rien de grand ni de durable ; c'est ce qui explique la débilité de nos œuvres actuelles dans tous les genres : nous ne sommes plus que gens d'affaires, d'industrie et de transactions. Les débuts de la révolution française seront d'une magnificence éternelle dans l'histoire, parce que nos pères n'agissaient et ne vivaient alors que de conviction. Il y a une prodigieuse différence entre ce qui est grand et ce qui est durable ; la conviction peut enfanter l'un sans produire l'autre ; elle est parfaite lorsqu'elle réunit les deux conditions. Sans doute la conviction qui est le fruit de la réflexion est fort à priser, parce qu'elle proportionne les moyens au but. Cependant elle se trompe aussi ; car enfin elle s'appuie sur le raisonnement, qui en politique peut être d'une justesse admirable dans les déductions, et rester faux pour toujours dans l'application. Les gens vertueux se trompent encore dans leur conviction : ce ne sont pas les lumières qui leur manquent, mais la bienveillance les couvre, et ils donnent aux autres la pureté de leurs propres sentiments. Quant à la conviction qui naît tout à coup, celle du peuple, elle est souvent sublime, et par les sacrifices qu'elle s'impose et par les résultats qu'elle obtient ; mais elle devient terrible si cette conviction a été soufflée par des sophistes, race perfide et abjecte, qui fait noyer dans le sang toutes les améliorations que le génie et la vertu avaient découvertes et préparées. Les croyances religieuses ont cet avantage sur la conviction, qu'elles y tracent d'une façon impérative la ligne que celle-ci suit à son gré, mais en s'égarant quelquefois.
Saint-Prosper.

CONVICTOLITAN. César, maître d'Avaricum (Bourges), se préparait à continuer la guerre contre Vercingetorix, lorsque les principaux parmi les Éduens vinrent le prier de secourir leur cité, dans l'extrême danger où elle allait tomber. D'après leurs antiques lois, disaient-ils, un magistrat unique était créé pour l'année seulement. Or, en ce moment il y en avait deux qui se disaient l'un et l'autre nommés suivant les lois. L'un était Convictolitan, jeune homme d'une naissance illustre ; l'autre Cotus, issu d'une très-ancienne famille, très-puissant par lui-même et par ses grandes alliances, et dont le frère, Valétiac avait, et l'année précédente, rempli la même magistrature. Toute la nation était en armes ; le sénat partagé, le peuple divisé, chacun à la tête de ses clients. L'élection de Cotus n'était point légale : d'abord, il était défendu par la loi des Éduens d'admettre dans le sénat deux personnes de la même famille, toutes les deux vivantes, ce qui avait eu lieu pour Cotus ; en outre, Cotus avait été proclamé par son frère, en présence d'un petit nombre de personnes secrètement convoquées, dans un temps et dans un lieu autres que le voulait la constitution du pays. Au contraire, Convictolitan avait été élu par les prêtres, suivant l'usage de la cité, et avec le concours régulier des magistrats. César partit de Bourges et se dirigea sur Décize (sur la Loire), où il manda tout le sénat éduen. Là, après avoir pris connaissance de l'affaire, soit politique, soit équité, il se rangea du côté des lois, obligea Cotus de se démettre de sa magistrature, et ordonna que le pouvoir fût remis à Convictolitan. A peu de temps de là, Convictolitan se trouva engagé dans la défection des Éduens, lesquels scellèrent avec le sang des chevaliers romains égorgés à Nevers leur alliance avec Vercingetorix. César ne dit point ce que devint ce chef des Éduens, ni s'il prit un commandement dans l'armée de la Gaule confédérée. Il fait, au contraire, mention de Cotus, lequel commandait la cavalerie des Éduens, et fut pris dans le combat de cavalerie qui força Vercingetorix à s'enfermer dans Alise. Une révolution avait-elle eu lieu dans l'intervalle de la réintégration de Convictolitan par César et de la défection des Éduens ? cette révolution l'avait-elle de nouveau dépossédé au profit de Cotus nommé chef des forces éduennes ? ou enfin la haine contre César aurait-elle réconcilié Convictolitan et Cotus, investis, dès lors, l'un de la puissance civile et l'autre de la puissance militaire ? C'est ce que César n'indique point dans le récit trop sommaire où il a parlé de cette dispute pour l'autorité suprême dans la cité des Éduens.
D. Nisard, de l'Académie Française.

CONVIÉ. *Voyez* Convive.

CONVIVE, CONVIÉ. Ces mots signifient tous deux un personnage invité à un repas. Ils viennent du latin *conviva*

CONVIVE

et *convivere*, formés de *vivere* et de *cum* (vivre avec, vivre ensemble), et ils signifiaient par conséquent manger ensemble, plutôt qu'être invité à manger. Mais aujourd'hui il y a deux différences entre les mots *convive* et *convié*. L'un est toujours présent avec d'autres personnes au banquet auquel il est invité, l'autre refuse quelquefois l'invitation ; mais il y a aussi des convives qui ne sont pas conviés : tels sont les parasites, les *pique-assiette*, ces gastronomes sans argent, si nombreux à Paris. Il n'y a point de *convive* sans qu'il soit question de repas, et l'on peut être *convié* à des fêtes, à des cérémonies où l'on ne mange pas. C'est par une extension de sens que *convier* est devenu synonyme d'*inviter*, avec cette différence pourtant que l'un exprime la cordialité, la franchise, et que l'autre tient plus de la froide politesse :

Aimons-nous, tout nous y *convie*,

a dit Quinault dans *Armide*. Aujourd'hui qu'on n'aime plus, aujourd'hui que l'égoïsme et la fausseté ont remplacé toutes les affections du cœur, tous les sentiments de la nature, il est tout naturel que les mots *convier*, *conviés*, soient passés de mode, et qu'ils aient été remplacés par le mot *inviter*. On ne *conviait* que ses amis, on *invite* des gens qu'on ne connaît pas du tout.

On voit dans l'Évangile la parabole du *convié* à une noce. Un ancien proverbe grec disait : Je hais un *convive* qui a de la mémoire, c'est-à-dire qui révèle le secret de la table. Jusque dans les premières années de ce siècle on appelait *bons convives* ceux qui buvaient et mangeaient bien, qui égayaient un banquet par leurs contes, leurs saillies et leurs chansons ; on avait soin de n'inviter que de *bons convives*, de ne réunir que des *convives choisis* : c'est un *mauvais convive*, disait-on d'un homme sobre, sérieux et taciturne. Piron, Panard, Desaugiers, ont été d'excellents convives, ainsi que la plupart de leurs joyeux confrères des *Caveaux ancien et moderne*, des *Dîners du Vaudeville*, voir même des *Soupers de Momus*; mais de nos jours il est de bon ton d'affecter même la gravité qu'on n'a pas : les jeunes gens sont d'imberbes Catons ; les repas ressemblent à des cours d'assises ou à des banquets funèbres; on y mange peu, on y boit encore moins; les amphitryons y mettent bon ordre. Plus de toasts, plus de chansons; chacun y tient son *quant à soi*; on n'y parle que politique, encore y déguise-t-on ses opinions, pour ménager certains convives titrés, et pour faire la cour à ceux dont on veut obtenir la protection. Du moment qu'il n'y a plus ni confiance, ni liberté, ni abandon, ni égalité, il ne peut plus y avoir de *convives*.

Ce mot, qui exprime la joie, figure néanmoins convenablement dans un sens tout différent. Le malheureux Gilbert l'a employé d'une manière bien touchante dans les derniers vers qu'il composa :

Au banquet de la vie, infortuné *convive*,
J'apparus un jour, et je meurs!
H. AUDIFFRET.

Dans les repas des Romains, il y avait des *convives*, des *ombres* et des *parasites* ; les derniers étaient appelés ou tolérés par le maître de la maison, et les ombres étaient amenées par les convives : tels étaient chez Nasidienus, Servilius, Halatro et Vibidius, *quos Mæcenas adduxerat umbras*. On leur destinait le dernier des trois lits, c'est-à-dire celui qui était à la gauche du lit du milieu.

Les convives se rendaient aux repas à la sortie du bain, avec une robe qui ne servait qu'à cela, et qu'ils appelaient *vestis cænatoria*, *triclinaria*, *convivalis*; sa couleur la plus ordinaire était blanche, surtout dans les repas de quelque solennité; et c'était aussi bien chez les Romains que chez les Orientaux une indiscrétion punissable que de se présenter dans la salle du festin sans cette robe. Cicéron fait un crime à Vatinius d'y être venu en habit noir, quoique le repas se donnât à l'occasion d'une cérémonie funèbre. Capitolin raconte que Maximin le fils, encore jeune, ayant été invité à la table de l'empereur Alexandre Sévère, et n'ayant point d'habit de table, on lui en donna un de la garde-robe de l'empereur. Cet habit était une espèce de draperie attachée fort légèrement, comme on le voit dans les marbres, et qui était pourtant différente du *pallium* des Grecs. Martial reproche à Luseus d'en avoir plus d'une fois remporté chez lui deux au lieu d'un, de la maison où il avait soupé.

Il était ordinaire d'ôter les souliers aux hommes *conviés* à un repas, de leur laver ou parfumer les pieds, quand ils venaient prendre leurs places sur les lits qui leur étaient destinés. On avait raison de ne pas exposer à la boue et à la poussière les étoffes précieuses dont ces lits étaient couverts. Mais une chose qui paraîtra bizarre, c'est que longtemps même après le siècle d'Auguste, ce n'était point encore la mode que l'on fournît des serviettes aux convives, ils en apportaient de chez eux.

Tout le monde étant rangé suivant l'ordre établi par un maître des cérémonies, préposé à l'observation de cet ordre, on apportait des coupes qu'on plaçait devant chaque convive. Suétone dit qu'un seigneur de la cour de Claude ayant été soupçonné d'avoir volé la coupe d'or qu'on lui avait servie, fut encore invité pour le lendemain ; mais qu'au lieu d'une coupe d'or, telle qu'on en servait aux autres convives, on ne lui servit qu'un gobelet de terre. Après la distribution des coupes, on dressait le premier service. Dans les grandes fêtes, les esclaves, tant ceux de la maison que ceux que les particuliers avaient amenés, et qui se tenaient debout aux pieds de leur maître, étaient couronnés de fleurs et de verdure aussi bien que les convives, et il n'y avait rien alors qui n'inspirât la joie. Quand un ami, un parent, un voisin, n'avait pu venir à un repas où il avait été *invité*, on lui en envoyait des portions; et c'est ce qui s'appelait *partes mittere*, ou *de mensa mittere*.

Pendant le repas, les convives avaient coutume de boire à la santé les uns des autres, de se présenter la coupe, et de faire des souhaits pour le bonheur de leurs amis : ainsi la coupe passait de main en main depuis la première place jusqu'à la dernière. Juvénal dit que rarement les riches faisaient cet honneur aux pauvres, ou les pauvres n'auraient pas été bien venus à prendre cette liberté avec les riches. C'était néanmoins, au rapport de Varron, un engagement pour tous les convives, lorsque, pour conserver l'ancien usage, on *faisait un roi*.

Avant de se séparer, les convives terminaient la fête par des libations, et par des vœux pour la prospérité de leur hôte et pour celle de l'empereur. Les Anglais suivent encore cet usage aujourd'hui. Enfin, les convives, en prenant congé de leur hôte, recevaient de lui de petits présents appelés d'un mot grec *apophoreta*. Entre les exemples que nous en fournit l'histoire, on a signalé souvent celui de Cléopâtre. Après avoir offert un superbe repas à Marc-Antoine et à ses officiers dans la Cilicie, elle leur donna les lits, les couvertures, les vases d'or et d'argent, les coupes qu'on avait mises devant chacun d'eux, avec tout ce qui avait servi au festin. Elle y ajouta encore des litières pour les reporter chez eux, avec des porteurs mêmes, et des esclaves maures pour les reconduire avec des flambeaux. Les empereurs Vérus et Héliogabale copièrent Cléopâtre, mais ils n'ont guère été copiés depuis.
Ch[er] DE JAUCOURT.

On cite cependant de nos jours un directeur d'opéra qui imagina d'offrir aux nymphes de son Olympe, invitées à un de ses festins, des bijoux en guise de plat de dessert.

Au rapport d'Athénée, il y avait chez les Grecs des festins où l'usage voulait qu'on changeât de propos de table à chaque nouveau service. Les convives étaient couronnés de fleurs, et l'on voit dans les chansons d'Anacréon combien les peuples de la Grèce aimaient les parfums, surtout celui de la rose. Ils buvaient même leur vin parfumé, ainsi qu'on peut le voir dans Xénophon.

Chez les Juifs, on avait coutume de servir aux convives le meilleur vin au commencement du repas; et lorsque, à force de boire, leur goût était devenu moins délicat, on leur servait du vin d'une qualité bien inférieure.

Chez les Romains, comme aujourd'hui chez ceux de nos amphitryons qui savent vivre, on remettait aux convives, au moment de se mettre à table, le menu du repas, afin qu'ils tinssent en réserve leur appétit pour les mets qui leur plairaient davantage. Varron disait que le nombre des convives ne devait pas être au-dessous de trois ni au-dessus de neuf. Jamais moins que les grâces, jamais plus que les muses, a répété un moderne. On voulait à Rome qu'il y eût sur la table autant de cyathes ou gobelets qu'il y avait de lettres dans le nom de la personne à laquelle on allait boire. Ce n'est qu'à partir des premiers temps de l'empire que les dames romaines, à l'exemple des hommes, mangèrent couchées à table. La coutume de se tenir couché à table remontait à Scipion l'Africain, qui l'avait mise à la mode à son retour d'Afrique. L'usage fréquent des bains, qui affaiblit extrêmement, avait fait préférer cette posture comme plus propre à délasser. On était obligé de se conformer, pour boire, aux lois données par le roi du festin, dont l'élection était décidée, tantôt par la pluralité des voix, tantôt par un coup de dé.

CONVOCATION. C'est une invitation faite à plusieurs personnes pour les rassembler. On disait par exemple la convocation du ban et de l'arrière-ban : c'était par des *lettres de convocation* que l'on invitait les pairs du royaume à venir siéger au parlement. Sous la monarchie constitutionnelle, c'était par des *ordonnances de convocation* que le roi appelait les deux chambres à se réunir pour leurs travaux, et par des *lettres de convocation* qu'il invitait les membres à se rendre à la séance d'ouverture de la session, nommée séance royale. C'est encore aujourd'hui par des ordonnances de convocation que le chef de l'État autorise la réunion de toutes les assemblées qui sont appelées à fonctionner, administrer ou éclairer le gouvernement sur la marche qu'il doit suivre. Dans une faillite, on convoque les créanciers pour faire opérer la vérification de leurs créances. On convoque également les créanciers hypothécaires d'un immeuble dont le prix est mis en distribution.

CONVOCATION. C'est la dénomination particulière qu'on donne en Angleterre à une assemblée de députés du clergé anglican ayant pour objet de délibérer sur des affaires ecclésiastiques. Cette assemblée, qui se tient à l'époque des cessions du parlement, se compose d'une chambre haute et d'une chambre basse. Dans la première siègent les évêques, et dans la seconde les doyens (*deans*), les archi-diacres (*archdeacons*), ainsi que le clergé inférieur, représenté par des fondés de pouvoirs (*proctors*). La chambre basse élit son président (*prolocutor*), qui convoque les membres en séance, compte les voix et transmet à la chambre haute les résolutions prises. La *Convocation* a lieu en vertu d'un ordre (*writ*) royal.

Cette assemblée exerçait autrefois une grande puissance et pouvait être considérée comme un parlement ecclésiastique. Il n'en fut plus ainsi une fois que Henri VIII se fut constitué chef de l'Église. Il arracha alors au clergé anglais l'*acte de soumission* par lequel la *Convocation* s'engageait à ne plus promulguer aucun canon ni prendre aucune résolution sans l'assentiment de la couronne; et lorsqu'en 1665 la Convocation eut renoncé en outre au privilége de se taxer elle-même, elle acheva de perdre peu à peu de son importance. La seule compensation que le clergé obtint alors pour la perte du privilége qu'il avait eu précédemment de fixer lui-même le chiffre de ses contributions, ce fut le droit de prendre part aux élections pour la chambre des communes, qu'il n'avait pas jadis. Jusqu'en 1720 cette espèce de parlement continua de traîner encore une existence inutile quoique fort agitée de controverses théologiques; mais cette année-là, sous prétexte qu'il était une cause de dissensions dans l'Église, la couronne lui enleva jusqu'au droit de délibérer. Depuis, ses réunions n'ont donc plus été qu'une affaire de forme, une pure fiction, comme tant d'autres vieilles coutumes constituant ce qu'on appelle la constitution anglaise. Tous les ans, quand la couronne convoque la chambre des lords et la chambre des communes, le même *writ* convoque les chambres ecclésiastiques; mais ce parlement dérisoire ne tient qu'une seule séance, au milieu de laquelle un huissier vient infailliblement lire une ordonnance de prorogation; et cela se renouvelle à chaque session.

Tout récemment on a vu se former dans le clergé anglican un parti nombreux, obéissant à l'agitation religieuse provoquée par les doctrines du *puseysme* et ne supportant qu'avec impatience l'état d'asservissement où l'élément spirituel est depuis longtemps réduit en Angleterre par le pouvoir temporel, alors que sous ses yeux, et au cœur même de son domaine, l'Église catholique, libre de toute entrave temporelle, découpe tranquillement sa carte en diocèses, tient des conciles et brave impunément des lois désormais impuissantes. Ce parti a donc senti le besoin de défendre l'Église anglicane; résultat qui n'est possible qu'à la condition de rendre à cette Église sa liberté d'action. Il s'est en conséquence efforcé de rendre à la Convocation quelque peu de l'importance et de la vie qu'elle avait autrefois; mais jusqu'à ce jour cette *agitation* anglicane, dans laquelle on a voulu voir des tendances secrètes à reconstituer au profit de la haute Église un pouvoir clérical et théocratique complétement indépendant du pouvoir civil, n'a produit aucun résultat appréciable.

CONVOI. Dans l'art militaire, on appelle ainsi une réunion de transports conduisant d'un point à un autre des munitions de guerre ou de bouche, des bagages, des effets d'armement et d'habillement, etc. On donne ce même nom à des colonnes de malades, de blessés, de prisonniers de guerre, qu'on est obligé de faire marcher sous escorte, pour les couvrir d'une attaque ou pour les empêcher de se débander. Les convois les plus importants sont ceux de munitions de guerre, de vivres et d'effets d'habillement et d'armement, parce que, devant servir au remplacement des consommations journalières, leur mouvement est obligé, et on ne peut presque jamais choisir les circonstances dans lesquelles ils pourraient avoir lieu d'une manière plus commode et plus sûre. Les autres convois peuvent presque toujours se retarder assez pour qu'on puisse choisir des circonstances opportunes.

La formation de l'escorte des convois, sous le rapport de l'espèce des troupes qui y sont employées et de leur nombre, dépend de la double considération de la nature du terrain qu'ils ont à parcourir et du danger qu'on peut prévoir qu'ils auront à courir. Quelques considérations suffiront pour donner une idée des règles générales à suivre dans les différents cas. Un convoi de 800 voitures forme une colonne d'une lieue de long, s'il marche sur deux de front, ce qui n'est guère possible que sur une grande route. Dans les chemins ordinaires, la colonne est d'une longueur double. Il est donc facile de concevoir que l'escorte ne saurait être assez nombreuse pour la couvrir dans toute son étendue, de manière à en défendre partout à la fois. L'ennemi ne l'attaquera lui-même pas partout en force. Il faudrait alors, de part et d'autre, une armée, et l'attaque et la défense d'un convoi deviendraient une bataille. L'escorte ne doit donc avoir que la force suffisante pour résister avec succès au corps ennemi qu'on peut présumer devoir l'attaquer, et ce corps est de moins en moins fort, à mesure que la route du convoi est plus éloignée de l'armée ennemie; car l'attaque d'un convoi ne peut avoir lieu, avec quelques chances de succès, que par une espèce de surprise, c'est-à-dire par un mouvement dérobé à la connaissance de l'armée à laquelle il est destiné. Or, un corps un peu considérable, détaché à une grande distance, ne peut pas tenir son mouvement si caché qu'il soit impossible de prévenir l'effet qu'il doit produire, en envoyant contre lui un détachement aussi fort.

Ces considérations sont celles qui doivent déterminer la composition de l'escorte des différents convois. L'objet de celui qui l'expédie et de celui qui le commande est double : d'abord, de connaître ce qui se passe autour du convoi à une distance assez grande pour qu'on ait le temps de faire les dispositions de la défense avant l'attaque; en second lieu, de connaître la direction des mouvements de l'ennemi, et par là quel est le point du convoi sur lequel doivent porter ses efforts. Il faut donc que l'escorte soit composée de troupes de combat et de troupes qui éclairent, c'est-à-dire de troupes de ligne et de troupes légères. Si le pays que le convoi doit traverser est uni et découvert, les troupes légères qui doivent l'éclairer, devant, derrière et sur les flancs, devront être à cheval, c'est-à-dire en entier de cavalerie légère. Si, au contraire, le pays est boisé, montagneux ou accidenté, il faudra que les troupes légères qui couvrent le convoi soient composées d'infanterie et de cavalerie, parce que cette dernière arme seule ne saurait découvrir les embuscades que l'ennemi peut avoir tendues dans des lieux inabordables pour elle. Les troupes proprement chargées de la défense du convoi doivent être de l'infanterie de ligne, parce que leur mission est simplement de l'accompagner et de combattre de pied ferme.

Dans l'ordre de marche, les troupes qui couvrent le convoi doivent se diviser en trois corps, dont l'un forme l'avant-garde et l'éclaire aussi loin que possible en avant; l'autre forme l'arrière-garde, l'éclairant également en arrière; le troisième, subdivisé en deux sections, à droite et à gauche, éclairera les flancs de la marche. La force relative de l'avant-garde, de l'arrière-garde et des flanqueurs dépend de la direction dans laquelle se trouvent les forces principales de l'ennemi, et par conséquent de celle dans laquelle une attaque est présumable, soit devant, derrière, ou sur un flanc; la portion opposée au mouvement présumé de l'ennemi doit toujours être la plus forte. Les troupes chargées de la défense du convoi doivent également être divisées en réserve et escorte proprement dite. L'escorte, qui en est la plus faible portion, se subdivise en un certain nombre de pelotons, placés chacun à la tête d'une division de voitures, pour y maintenir l'ordre et la police, et même pour s'opposer à quelques pelotons ennemis qui auraient pu se glisser entre les éclaireurs. La réserve se compose de toutes les troupes qui ne sont pas indispensables auprès des voitures mêmes. La place qu'occupera la réserve, tantôt au centre ou à la hauteur du centre de la colonne, tantôt à la tête ou à la queue, soit en totalité ou en partie, comme pour couvrir le passage des défilés, dépend des circonstances du terrain, et sa juste détermination, que les instructions ne peuvent pas toujours prévoir, est la mesure de l'intelligence et de l'expérience de l'officier qui commande le convoi.

Lorsqu'un convoi est attaqué, le premier soin de l'officier qui est chargé de sa conduite doit être de se concentrer en diminuant la longueur de la colonne. Pour cela il fera doubler ou tripler, s'il se peut, les files de voitures, quand même elles pourraient éprouver quelques difficultés à marcher dans cet ordre. Cela fait, il doit, s'il se trouve en avant, dans la direction de la marche, une position avantageuse où il puisse, soit adosser son convoi à un obstacle, soit se trouver mieux en mesure de le défendre, faire doubler le pas aux voitures pour atteindre cette position le plus promptement possible. Alors, il pourra réunir la plus grande partie de ses forces, et tenter contre l'ennemi un effort pour le battre et l'éloigner. Si l'attaque a lieu pendant le passage d'un défilé, ce sera probablement la queue du convoi qui sera attaquée, afin de profiter de la difficulté où l'on se trouvera d'empêcher l'encombrement. Dans ce cas, ce que le commandant aura de mieux à faire sera de faire gagner à la tête du convoi une distance suffisante pour pouvoir placer en avant du défilé la totalité du convoi, en doublant, triplant ou quadruplant même les files, si on le peut ; de couvrir cette tête par son avant-garde; de faire occuper l'entrée du défilé par un détachement chargé de faire filer les voitures au pas redoublé, en empêchant l'encombrement, et de se porter avec ses forces principales à la queue du convoi, pour contenir l'ennemi. Le passage effectué, il fera embarrasser le défilé derrière lui, et fera marcher de nouveau le convoi en dédoublant les files. L'usage de renfermer l'escorte d'un convoi dans un retranchement formé par des voitures est sujet aux plus graves inconvénients. Le moral des troupes s'ébranle nécessairement dans une position qui indique qu'on n'espère ni battre l'ennemi, ni moins encore se faire jour. A cette première cause de désordre s'ajoute encore le trouble causé par l'épouvante des chevaux, la difficulté de faire un bon usage de ses armes, et la dispersion des soldats entre les voitures, qui empêche les officiers de diriger les dispositions de la défense. L'objet principal du commandant de l'escorte doit être d'empêcher l'ennemi de prendre ou brûler le convoi, et ce but est manqué dès l'instant où les troupes se servent des voitures pour se couvrir. Ce moyen ne doit être employé qu'à la dernière extrémité, et alors même il vaut mieux brûler soi-même le convoi, et essayer de se faire jour avec les troupes.

Nous ne dirons rien de l'attaque, dont les dispositions doivent varier selon la nature du terrain où elle a eu lieu, et la proportion qui existe entre les forces assaillantes et les défensives. Gal G. DE VAUDONCOURT.

CONVOI (*Marine*), réunion d'un certain nombre de navires marchands qui font route, en temps de guerre ou dans des mers infestées de pirates, sous l'escorte et la protection d'un ou plusieurs bâtiments de l'État, chargés de les défendre contre toute attaque de l'ennemi. L'officier qui commande le *convoyeur* (navire qui protège le convoi), délivre d'ordinaire à chaque capitaine des bâtiments qui le composent une lettre par laquelle ils sont autorisés à se mettre sous sa protection, et qu'on appelle *lettre de convoi*. Il établit de plus sur son bord des signaux réguliers, servant à transmettre ses ordres ou ses avis. Les bâtiments du commerce qui font partie d'un convoi sont assujettis aux lois de la discipline à l'égard de l'officier qui les protège.

On a vu fréquemment un navire *convoyeur*, quand l'ennemi venait à sa rencontre, livrer bataille et amuser son adversaire, afin de donner le temps au *convoi* de poursuivre sa route. Aussi le salut du *convoi* a-t-il été souvent acheté par la prise ou la défaite du *convoyeur*. Le nombre de navires de l'État affecté à un *convoi* de voiles marchandes est proportionnel à la quantité de celles-ci, à l'importance de leur cargaison et au plus ou moins de chance de leur arrivée à bon port.

Le combat du 13 prairial, dirigé par Villaret-de-Joyeuse, servit à favoriser l'entrée à Brest du fameux *convoi* de subsistances depuis si longtemps attendu, et dont la France avait un si pressant besoin. Souvent un *convoi* est composé de bâtiments de transport appartenant à l'État ou prêtés par lui, qui marchent à la suite d'une escadre, ou d'une force navale suffisante pour leur servir d'escorte et les protéger jusqu'à leur destination.

Parmi les différents ordres de la tactique navale, on distingue celui dit de convoi, où tous les vaisseaux (armée ou escadre) sont rangés sur une seule ligne, et naviguent dans les eaux les uns des autres, marchant à la file, dans une même direction autre que *le plus près*.

CONVOI FUNÈBRE. Le Voltaire de l'antiquité, le plus spirituel et le plus original des écrivains grecs, l'ennemi déclaré des superstitions avec lesquelles les charlatans de toute espèce, sacrés ou autres, emmaillottent la raison humaine, se moque assez malignement des croyances et des usages qui présidaient aux funérailles chez les différents peuples. Il s'attaque surtout à ces exagérations de la douleur, qui font que les vivants ont un air *plus triste et plus misérable que le mort.* « Plusieurs des assistants, dit-il, se roulent à terre, se frappent la tête contre les murs, s'arrachent les cheveux, s'ensanglantent les joues, tandis que le mort, parfumé, couvert de vêtements magnifiques, la tête couronnée de fleurs, repose en pompe sur un lit de parade. » Lucien nous répète ensuite les lamentations d'un père au convoi de son fils, lamentations qui ne feraient pas tant de bruit n'était la présence du public, *car personne ne crie pour soi.* Mais voici bien une autre affaire : grâce au privilége de la fiction, le mort ressuscite, et réprime, avec la pressante logique du bon sens, les vaines déclamations du vieillard, qui aurait grand besoin de quelques grains d'ellébore.

Par suite de la décadence morale amenée par les désordres et les scandales de Louis XIV, du régent et de Louis XV, il s'était établi la plus affligeante indifférence des vivants pour les morts, et l'oubli presque général du culte des tombeaux. « On devrait, disait Mercier, louer, comme les anciens, des pleureurs aux enterrements, puisque nous ne venons plus avec une seule larme à la mort de nos parents et de nos amis. » Que si le défunt était pauvre, sa dépouille mortelle, renfermée dans trois planches de sapin et assez mal unies, et à peine recouvertes d'un sale drap noir, ne faisait qu'apparaître sur le seuil de la paroisse; et comme si l'on eût été pressé de la jeter dehors, on expédiait son âme pour le ciel avec une parcimonie de prières, avec une lésinerie de préparatifs vraiment insultantes sous l'empire de la religion du Christ, le restaurateur de l'égalité entre les hommes. Alors, deux hommes, revêtus des livrées de la misère, s'emparaient du cortége, qui souvent faisait seul avec eux le triste et dernier voyage, pour aller se perdre dans la fosse commune, où chacun voyait s'engloutir ce qu'il avait de plus cher. Pascal semble avoir caractérisé cette interruption des rapports de la vie avec la mort par ces mots terribles : « On jette un peu de terre, et en voilà pour jamais. » Maintenant les corps ne sont plus portés à bras par des mercenaires ni exposés à tomber dans la boue et à être arrachés de leur cercueil brisé par une chute. Le pauvre a son char funèbre comme le riche. Les convois sont remarquables par la décence du cortége officiel, par l'affluence des amis et des parents, par l'attitude affligée, ou tout au moins grave et sérieuse. Mercier disait de Paris en 1783 : « Il n'y a point de ville où le spectacle du trépas fasse moins d'impression. » Effectivement, un convoi, à moins qu'il ne fût remarquable par la magnificence, passait inaperçu ; à peine se dérangeait-on pour faire place au mort. De nos jours presque tout le monde se découvre devant un convoi stationnaire ou en marche. Et on, en regardant le mort inconnu : « C'est un homme qui va où nous irons tous; » et on le salue comme un membre de la grande famille qui ne cesse de mourir et de renaître.

Un peintre distingué, Vigneron, nous semble avoir conçu à la manière du Poussin le tableau du *Convoi du Pauvre,* n'ayant pour cortége que son chien. Cette composition rappelle la réponse célèbre d'un mendiant : « Si je perds mon chien, qui est-ce qui m'aimera? » Les convois des ouvriers surtout offrent presque toujours une grande affluence; ou quand un petit nombre de personnes accompagnent le char funèbre, on voit dans ce petit nombre tous les signes d'un véritable deuil. Après le convoi du pauvre, qui reçoit des associés d'infortune sa fête de mort, rien ne donne de plus vives et de plus douloureuses émotions que le convoi de la jeune vierge aux ses compagnes, vêtues de blanc, le front paré d'innocence, les joues colorées par de brûlantes larmes, conduisent au lieu fatal où tout vient aboutir.

D'autres convois, dont Paris a donné le spectacle, réveillent d'autres pensées et d'autres sentiments. Qu'un grand citoyen meure, la foule le suit à sa dernière demeure. Qu'un grand fonctionnaire quitte ce monde, on va voir passer son char funèbre avec un sentiment de curiosité; des milliers d'inconnus suivent le convoi d'un chef de parti; l'homme privé disparait devant l'homme public ; un parti croit compter ses adhérents dans le cortége du mort. De sanglantes collisions ont signalé quelques-unes de ces funérailles.

Après chaque révolution, chaque émeute, de longs convois de victimes circulent dans la capitale; les couleurs nationales se marient aux fanfares et au bruit des tambours. On s'incline devant ces martyrs dont le sang a si rarement fait avancer la cause qu'ils croyaient servir.

P.-F. Tissot, de l'Académie Française.

CONVOITISE, penchant déréglé et qui nous porte toujours à tâcher de saisir ce qui appartient à autrui. La convoitise est donc, par sa nature, un vice bas et abject, abstraction faite des objets auxquels elle s'attache. L'envie n'exclut pas les grandes qualités : elle en est quelquefois la compagne et même la rivale. Mais la convoitise est timide et peureuse; elle chemine dans les ténèbres ou par des routes détournées : la ruse et l'astuce sont ses moyens favoris de succès; enfin elle corrompt, si le gain doit surpasser pour elle la dépense. L'amour peut quelquefois conduire jusqu'au crime. La convoitise a une autre marche; il faut, pour qu'elle se passionne, qu'elle ait des droits à enfreindre : elle s'attache donc à séduire la femme qui a des devoirs à remplir ; c'est là le stimulant qui l'aiguise. Si maintenant nous passons à des objets purement matériels, nous voyons que la convoitise pousse tôt ou tard dans cette route où elle entraîne le vol. Le paysan, après avoir quelque temps convoité une portion du champ de son voisin, augmente un peu chaque jour ses tentatives d'empiétement jusqu'à ce que l'usurpation soit accomplie. Le meilleur remède à opposer ici, c'est une éducation qui soit tout à la fois morale et élevée : dans le premier cas, elle délivre de ce genre de convoitise qui s'attache aux plaisirs des sens ; dans le second, elle donne de l'élévation à l'esprit, qui ne cède plus dès lors qu'à une généreuse émulation. Saint-Prosper.

CONVOL. En termes de pratique, c'est l'action de contracter un second mariage : on dit dans ce sens *convoler* à de secondes, à de troisièmes noces. Les dangers de cette union, lorsqu'il existait des enfants d'un premier lit, ont été signalés de tout temps ; Athénagore l'appelait même un *honnête adultère.* On sait cependant que les premiers Romains recommandaient instamment à leurs veuves, lorsqu'ils mouraient, de se remarier pour donner des enfants à la patrie. Un grand nombre d'édits dans notre ancien droit avaient prohibé les secondes noces lorsqu'il existait des enfants d'un premier mariage. La législation actuelle a conservé quelques traces de cette répugnance pour les seconds mariages ; car dans ce cas celui des époux qui convole ne peut attribuer à l'autre par donation contractuelle qu'une part d'enfant le moins prenant, pourvu encore qu'elle ne dépasse pas le quart de ses biens.

CONVOLVULACÉES, famille de plantes dicotylédones monopétales hypogynes, qui tire son nom de son principal genre, le *convolvulus,* et qui se compose d'un assez grand nombre d'arbrisseaux et d'herbes souvent laiteux, et renfermant des sucs qui possèdent, souvent à un haut degré, des propriétés purgatives. Ce sont des convolvulacées qui fournissent le jalap et la scammonée.

CONVOLVULUS, nom latin et scientifique du liseron.

CONVULSION (en latin *convulsio,* de *convellere,* secouer, ébranler). Il n'est personne à qui ce mot ne représente les mouvements désordonnés que provoquent parfois les souffrances physiques et morales auxquelles la fragile humanité est si souvent en proie. Cependant nous manquons encore d'une bonne définition scientifique des convulsions.

CONVULSION

Quelques-uns les définissent des mouvements irréguliers des muscles, qui dans l'état ordinaire obéissent à la volonté; réservant le mot *spasme* pour exprimer les contractions exagérées des muscles qui entrent dans la composition des viscères de la vie organique. D'autres comprennent par le mot *convulsion* toute contraction anormale de la fibre musculaire en général. Mais il est des organes non musculaires qui peuvent être le siége de ces contractions; de sorte que, pour être exact, nous croyons pouvoir définir les *convulsions* : des mouvements brusques, irréguliers, involontaires de la fibre organisée contractile ; ce qui n'empêche pas que les convulsions ne soient incomparablement plus fréquentes dans les muscles, dans ceux surtout qui sont soumis à l'empire de la volonté.

Les convulsions constituent les phénomènes les plus saillants de certaines maladies nerveuses, telles que l'*épilepsie*, l'*hystérie*, la *danse de Saint-Guy* ; ce sont elles qui expulsent le contenu de l'estomac, des intestins, de la vessie, de l'utérus même, lorsque l'aspect d'un objet dégoûtant, la frayeur, le travail de l'accouchement ou quelque maladie de ces organes en déterminent les contractions. Les sanglots de la douleur, les angoisses de l'asthme, la toux de la coqueluche, sont des convulsions de l'appareil respiratoire; les mouvements violents, précipités, inégaux, par lesquels le cœur répond à tant d'impressions diverses, sont aussi des convulsions de cet organe.

On comprend déjà combien doivent être nombreuses et variées les causes provocatrices du phénomène qui nous occupe. Ces causes tiennent à la constitution particulière de l'individu et à une infinité d'impressions accidentelles. Le système nerveux, agent essentiel des convulsions, présente en effet une susceptibilité très-variée suivant l'âge, le sexe, les habitudes : ainsi les enfants, les femmes, les individus énervés par la mollesse, débilités par les maladies, ou dont la sensibilité se trouve exaltée par les passions, les travaux intellectuels, etc., sont spécialement sujets aux convulsions. Qui ne sait que certaines personnes ont des spasmes, des convulsions, à l'aspect d'un objet inattendu, à l'odeur d'un parfum pénétrant, aux sons d'une musique passionnée, à la moindre titillation? Qui ne sait les désordres nerveux que peuvent occasionner les passions turbulentes, telles que la joie, la colère, la terreur, la jalousie, même la tristesse et l'ennui prolongés? Cet ébranlement nerveux peut naître même d'un simple souvenir; enfin, il peut dériver de cette tendance à l'imitation, de cette sympathie qui nous porte à suivre automatiquement les gestes d'autrui. C'est ainsi que s'expliquent en partie les prétendues possessions si communes dans les siècles d'ignorance (*voyez* CONVULSIONNAIRES), les merveilles du magnétisme et la contagion de certaines maladies nerveuses. Ainsi, les convulsions, comme tant d'autres infirmités, sont dans bien des cas un funeste présent de la civilisation. Cependant il en est qui résultent de la simple condition d'être vivant, et sujet, par cela même, à d'inévitables maladies : c'est ainsi que la présence des vers et le travail de la dentition chez les enfants, les désordres des fonctions sexuelles, et l'acte de la parturition chez la femme, l'ingestion de substances irritantes et vénéneuses, les hémorrhagies abondantes, les inflammations et les blessures graves, celles surtout qui affectent le tissu nerveux, enfin toutes les lésions internes et externes, constituent des causes indépendantes de la susceptibilité individuelle, laquelle ne fait qu'ajouter à la gravité des accidents.

Toute convulsion suppose une atteinte directe ou indirecte portée au système nerveux ; mais s'il est permis dans quelques cas d'apprécier la nature et l'intensité de la lésion de ce système, il est une foule de circonstances dans lesquelles cette lésion n'est appréciable que par ses résultats. Ainsi, l'inflammation, la compression, la déchirure du cerveau, de la moelle épinière ou des nerfs, expliquent très-bien l'apparition des accidents convulsifs; mais où gît la raison de ceux qui se développent sous l'influence d'une impression morale? C'est que tout est encore mystère dans ce qui se rattache au phénomène le plus abstrait de la vie, la *sensibilité*.

Les convulsions présentent des formes et des combinaisons infinies : elles sont partielles ou générales, suivant qu'elles affectent une partie ou la totalité du corps; intermittentes ou continues, aiguës ou chroniques, suivant leur type et leur durée. Quand elles apparaissent groupées d'une certaine manière et sous des formes déterminées, elles constituent certaines maladies qui ont reçu des noms particuliers : tels sont le *tétanos*, l'*épilepsie*, la *chorée*, l'*hystérie*, les différents *tics*, etc. Les autres espèces sont comprises sous le nom générique de *convulsions*, auquel on ajoute une circonstance explicative : telles sont les convulsions des enfants, liées spécialement à l'inflammation cérébrale; celles des femmes en couches, dues aux congestions vers la tête, à la douleur, aux hémorrhagies, etc.

On conçoit que la gravité des convulsions est principalement en rapport avec la nature des causes qui les provoquent : il en est de fugitives, de superficielles, comme l'accident qui leur a donné lieu; il en est d'autres qui sont profondes, incurables, comme la lésion organique dont elles dérivent. En général, les convulsions sont d'autant moins sérieuses qu'elles se montrent chez des sujets plus impressionnables; personne ne s'inquiète des spasmes que pourra susciter une simple contrariété chez une femme nerveuse ; mais on sait combien sont fâcheuses les convulsions qui caractérisent le tétanos, la fièvre cérébrale, etc.; maladies dont la vigueur de constitution ne préserve pas, et qu'elle paraît même favoriser.

Le traitement des convulsions doit être subordonné à la nature des causes, à la constitution des individus, à la forme, à la gravité, à la durée des symptômes, etc. Soustraire le malade à l'impression des objets qui l'ont plongé dans l'état convulsif est le précepte capital; on combattra par des moyens appréciés des inflammations, les blessures graves d'où naissent les accidents. Indépendamment de ces moyens préventifs, il en est de directement applicables à l'état nerveux lui-même : ainsi, la saignée modérée convient chez les individus vigoureux et sanguins; les bains tièdes prolongés sont un des meilleurs calmants de l'irritation nerveuse; d'autres fois, ce sont les bains froids qui conviennent. L'opium est dans beaucoup de cas un remède héroïque. Quant aux excitants décorés du titre d'*antispasmodiques*, tels que l'éther, le musc, le camphre, etc., ils ne conviennent guère que dans ces états convulsifs passagers qui se manifestent sous l'influence d'une cause éphémère. Lorsque les convulsions affectent le type intermittent, on leur oppose souvent avec avantage le sulfate de quinine; lorsqu'elles sont liées à un état de faiblesse, on les combat par les toniques, surtout par les ferrugineux. D'autres fois on leur oppose les dérivatifs, tels que les sinapismes, les vésicatoires, appliqués aux extrémités, et que l'on combine ordinairement avec des applications froides sur la tête, etc. Mais il est sans contredit plus avantageux pour l'humanité et plus glorieux pour la science de prévenir les maux que de les guérir. Adressez-vous donc à la constitution, au moral de vos malades; arrachez-les à la mollesse, soustrayez-les aux orages des passions : une vie occupée, un régime salubre, une sage éducation, préviennent plus de maux que ne peut en guérir tout l'arsenal pharmaceutique. Emparez-vous de l'esprit du malade, et n'oubliez pas que tel est l'empire de l'imagination sur les troubles de l'appareil sensitif, qu'on a vu la seule force de la volonté vaincre des maladies jusque là rebelles aux remèdes. Boerhaave parvint à borner une épidémie de convulsions épileptiques parmi des enfants, en menaçant de brûler le premier qui aurait un accès. On a vu la chorée, le tétanos lui-même, cesser par le ferme vouloir de résister au mal, et l'on sait qu'il suffit de rudoyer certaines femmes vaporeuses pour prévenir un accès d'hystérie. Certes, en agissant ainsi, le médecin ne fera pas sa cour aux dames du bon ton; sa renommée de boudoir en souffrira peut-être, mais il aura satisfait un devoir de conscience; car, en fait de maladies nerveuses, l'habitude exerce un souverain empire, et le simulacre devient presque toujours une réalité, si par sa fermeté le médecin n'y met bon ordre.   Dr FONCET.

Lorsque les enfants sont menacés de convulsions, on remarque qu'ils se trouvent souvent dans un état de somnolence presque voisin de l'état comateux. Leur sommeil dure peu de temps; ils ont les yeux à demi fermés, mais la pupille reste cachée constamment pendant le sommeil; la sclérotique seule se laisse apercevoir entre les paupières. La respiration est supérieure; on entend des cris plaintifs et quelquefois, mais rarement, un cri continuel. L'enfant éprouve aussi des vomissements; il tend ses bras, écarte fortement ses doigts, et tressaille de tout son corps et plus souvent d'une seule partie. Les convulsions peuvent aussi se manifester, sans aucun prélude, d'une manière foudroyante.

Chez les enfants, la durée des convulsions varie depuis quelques minutes jusqu'à deux heures et quelquefois plus. C'est pendant cet intervalle que se présentent les vomissements, l'écume à la bouche, que la respiration s'embarrasse graduellement, que le corps se roidit, que la tête se renverse en arrière, et que surviennent des complications nombreuses. Si l'accès est léger, quelquefois il ne se reproduit plus. Plus souvent il se manifeste en trois ou quatre reprises, et dure jusqu'à cinq jours, mais seulement par exception.

Outre les causes déjà indiquées, les convulsions des enfants peuvent provenir d'une altération du cerveau, d'une irritation de cet organe, et elles réclament alors la plus grande attention. Quand il est impossible de reconnaître la nature des convulsions, il est toujours bon de recourir aux antispasmodiques; si elles cèdent facilement à l'action de ces médicaments, elles sont rarement dangereuses. Mais si l'enfant a le cou court, le visage plein et coloré, il conviendra de lui appliquer quelques sangsues derrière les oreilles ou aux tempes. S'il éprouve des nausées et que sa langue soit blanche, on lui administrera du sirop d'ipécacuanha. Si la langue est rouge, on fera l'application de sangsues sur l'estomac. Si le ventre est tuméfié et que les selles ne se soient point produites depuis plusieurs jours, on usera d'un purgatif doux, tel que l'huile d'amandes douces. Si l'enfant a des vers, une décoction de rhubarbe ou de mousse de Corse, qui les détruisant, fera disparaître la cause de ses convulsions. Il existe encore des vermifuges dont on ne doit pas négliger l'emploi dans de pareilles circonstances : telles sont les infusions d'absinthe, de tanaisie, de camomille, etc. L'émétique a aussi été préconisé dans le même cas. Si enfin les convulsions viennent de la difficulté qu'éprouvent les dents à percer les gencives, il conviendra de les inciser pour faciliter leur sortie ; on a vu des convulsions cesser instantanément par ce seul procédé.

CONVULSIONNAIRES, fanatiques du dix-huitième siècle. La bulle *Unigenitus* était venue jeter la division dans le clergé de France; les parlements refusèrent de l'enregistrer. L'abbé Dubois, qui n'avait obtenu le cardinalat qu'à la condition de la faire recevoir par l'Église de France, avait fait enregistrer cette bulle au grand conseil, laissant cours souveraines et saint-siège se débattre comme ils l'entendraient dans cette controverse théologique. S'il gardait lui-même la neutralité, c'est qu'il avait compris que le gouvernement du régent devait rester étranger à ces disputes d'école; mais les jésuites, auteurs de la bulle, qu'ils avaient rédigée à Paris et expédiée à Rome, n'attendaient qu'une occasion pour forcer le gouvernement à prendre parti dans cette querelle, et la mort du diacre Paris la fit naître. Bientôt il ne fut plus question que des miracles opérés chaque jour sur le tombeau du bienheureux diacre. Il avait été enterré le 3 mai 1727, dans le cimetière Saint-Médard. Une foule immense, des magistrats, des prêtres, de grandes dames, avaient suivi son convoi. Chaque jour le cimetière était encombré de fanatiques, se pressant, se heurtant, pour arriver jusqu'à la tombe du saint diacre. Des paralytiques sortaient en dansant ; des estropiés marchaient d'un pas ferme, après avoir jeté leurs béquilles; d'autres, couchés sur la tombe sainte, avaient des extases, des convulsions, et prophétisaient. Une enquête publique, impartiale, eût fait justice de ces jongleries. Les ministres et les magistrats ne s'en avisèrent point; ils laissèrent au contraire le cardinal de Noailles, chef des *appelants*, tenir registre des miracles quotidiens du cimetière Saint-Médard et leur prêter un caractère d'authenticité. Ce ne fut qu'un an après l'ouverture de ces scandaleuses représentations, qui n'outrageaient pas moins la religion que le bon sens, que le garde des sceaux Chauvelin écrivit au prélat certificateur des miracles, pour lui faire comprendre, dans les termes les plus respectueux d'ailleurs, qu'il aurait dû, avant d'agir, prendre les ordres de Sa Majesté.

Les gens sensés savaient apprécier à leur juste valeur les miracles de la façon du cardinal-archevêque, et des siens. Les hommes de l'art les plus instruits avouaient bien qu'ils ne pouvaient expliquer le phénomène des convulsions. L'épreuve du feu, des coups de bûche et de l'embrochement confondait leur raison; quoique la cause naturelle du fait leur échappât, ils n'y voyaient pas de miracles. Mais leur silence laissait le champ libre aux charlatans; on s'extasiait partout sur les prétendus miracles. On citait avec admiration la petite Lepère, enfant de sept ans, qui se donnait des convulsions à volonté; Marguerite Thibaut, Marie Couroneau, Louise Coizin, Louise Hardoin, Françoise Duchesne, etc. Toutes ces femmes, hydropiques ou paralytiques, ou bien couvertes d'ulcères, avaient recouvré la santé en se couchant et *trémoussant sur le diacre Paris*, *sur les précieux restes de sa mortalité*. Mille témoins trompés ou trompeurs attestaient ces prodiges. Malheur à qui aurait osé, par un geste, un mot, protester contre ce honteux charlatanisme ! Il eût été hué, accablé de coups, peut-être bien assommé sur place.

Le gouvernement fit fermer le cimetière : une main courageuse écrivit sur la porte ce spirituel distique :

De par le roi, défense à Dieu
De faire miracle en ce lieu.

Un poste y fut établi, et chaque jour un sergent des gardes françaises faisait son rapport sur les personnes qui se présentaient pour entrer. La foule fut alors moins nombreuse; les petites gens s'y montrèrent plus rarement, et les rapports ne signalèrent plus guère que des voitures armoriées, que de nobles seigneurs, de nobles dames, et surtout force prêtres et magistrats. L'un des plus violents adversaires du saint diacre avait jusque alors été le conseiller au parlement Carré de Mongeron, fils de l'intendant de Limoges, homme ruiné de débauches et affectant la plus absolue incrédulité en matière de religion. Sa conversion fut subite, sa dévotion au bienheureux Paris devint une véritable monomanie; et quand il ne lui fut plus possible d'aller prier au cimetière et d'y prendre note des miracles, il ne désempara plus des galetas où opéraient les convulsionnaires, puis de témoin il devint acteur. Du reste, son dévouement lui coûta le reste de sa fortune et la liberté. Il fut mis à la Bastille, et transféré ensuite dans autre une prison d'État, où il mourut après une captivité de quatorze ans.

Expulsés du cimetière, les convulsionnaires s'étaient réfugiés les uns dans des greniers, d'autres dans les hôtels des seigneurs, des grandes dames et des prêtres qui présidaient à l'*œuvre de Dieu*, comme on voit, ajouter le blasphème à la plus stupide crédulité. Les croyants fournissaient à l'entretien, à tous les frais des *frères* et des *sœurs*. Ce ne furent d'abord que de simples prières, de simples tremblements, les petits prodiges du cimetière. Mais bientôt on ne se borna pas, dit l'abbé Duvernet dans son *Histoire de la Sorbonne*, à trembler, à se tordre les membres pour guérir; on substitua aux prières la flagellation et les coups. « A force de s'exercer, les convulsionnaires parvinrent à soutenir l'épreuve du feu, de la croix, des coups de bûche et de la barre de fer. » Ces cruelles épreuves, c'est ce qu'on appelait *l'œuvre des convulsions* ou l'exercice du chenet, du caillou et de la broche. Les coups n'étaient plus que le *secours* ou le *capital de l'œuvre*; de jeunes filles, dites *prophétesses*, étaient dressées à ces exercices, c'est-à-dire à demander ou à soutenir les *secours* humains : et les hommes ne manquèrent jamais pour les administrer. On les nommait *frères*. Ils ne pouvaient refuser les *secours* sans pécher grièvement contre la charité. Les *secours* étaient de deux degrés, les *grands* et les *petits*. Pour les premiers on employait le chenet, la bûche, la broche et le bâton. La sœur *secourue* restait impassible sous les coups vigoureux qu'on lui assénait. « Frappez, frappez, s'écriait-elle, frappez plus fort ! Au nom de Dieu, redoublez vos *secours* ! » La plus fameuse dans ce genre d'exercice était *Marie Sonnet*, surnommée *la sœur au feu*, ou *la salamandre*. Elle faisait merveille dans tous les exercices des *premiers secours*. On la plaçait sur un brasier ardent, et quand le feu commençait à s'éteindre, elle criait : *Sucre d'orge !* Or, *sucre d'orge* était un énorme bâton pointu. En sortant du feu, elle ployait son corps en arc, le ventre en l'air, les reins portant sur la pointe de ce bâton. Une fois placée, elle criait, *biscuit ! biscuit !* Et une pierre de cinquante livres, attachée et soutenue en l'air par une poulie, tombait de tout son poids sur sa poitrine. On relevait la pierre au moyen de la poulie à laquelle elle était attachée, et on ne cessait cette manœuvre que lorsque la *sœur* cessait de crier : *Sucre d'orge !*

L'exercice de la broche n'était pas moins étonnant; mais notre exactitude est obligée de s'arrêter devant une description et des détails dont la plume la plus habile ne saurait déguiser l'obscénité.

Les jésuites attaquèrent ces *miracles* dans de graves dissertations. Chaque secte corroborée de consultations de médecins, de chirurgiens et d'apothicaires. En vain les gens d'esprit chansonnaient les miracles et les thaumaturges, les docteurs en médecine et la faculté par dessus le marché. Les confréries de convulsionnaires se multipliaient malgré la police et les lettres de cachet. Les prisons étaient encombrées. D'Alembert avait conseillé à d'Argenson, lieutenant général de police, de faire jouer les nouveaux miracles sur les théâtres des boulevards. Ce magistrat était fort tenté de le faire; mais il craignit de blesser ainsi les dévotes de la cour et de la ville. Les convulsionnaires, qui comptaient beaucoup d'amis dans le parlement, en vinrent jusqu'à solliciter une enquête judiciaire; mais la grand'chambre refusa, et fit bien. Le conseiller Carré de Montgeron, dont nous parlions tout à l'heure, composa à ce sujet un factum qu'il intitula : *Histoire des Convulsions*, et osa se rendre à Versailles, en robe rouge, pour présenter cet ouvrage au roi. C'est un livre fort extravagant, mais fort curieux; l'auteur y a inséré une foule de procès-verbaux et de témoignages relatifs à l'authenticité des prétendus miracles des *secouristes*.

Dodart, de l'Académie des Sciences, avait entrepris, avec succès, d'expliquer les causes naturelles des prétendus miracles; il cita beaucoup de faits : sa lettre, insérée dans le *Journal des Savants*, produisit la plus vive impression.

L'histoire de tous les temps offre de nombreux exemples d'hommes incombustibles. Qui ne sait que les *saladores* et les *santiguadores* d'Espagne, espèce d'*hidalgos* qui se prétendent incombustibles par un privilége de naissance, à titre de descendants de sainte Catherine, vierge et martyre, se lavent les mains avec du plomb en fusion, jouent impunément avec des barres de fer chauffées à blanc? Mais qui ne sait aussi que ce sont là des tours de haute prestidigitation ? On n'oserait sans doute pas aujourd'hui, dans notre France, renouveler les épreuves du feu, et tant d'autres tours de passe-passe des anciens temps qui réussissaient toujours si bien, parce que le peuple était alors ignorant et crédule, et qu'à cet égard tout le monde était peuplé. Cependant ne nous enorgueillissons pas trop, et rappelons-nous qu'en ce moment même où il est de bon ton de ne plus croire en Dieu, on rencontre partout des fanatiques du *magnétisme animal*, des imbéciles parfaitement convaincus que M. *Alexis* et tant d'autres jongleurs *ejusdem farinæ* possèdent le pouvoir de lire, en dormant, dans le passé, le présent et l'avenir.

Les jongleries des convulsionnaires prirent fin lorsque D'Alembert et Diderot commencèrent l'*Encyclopédie*.

DUFEY (de l'Yonne).

COOBLIGÉ, celui qui est obligé avec une ou plusieurs autres personnes dans un con trat, dans une obligation.

COOK (JAMES), né dans le comté d'York, au village de Marton, le 27 octobre 1728, est l'un de ces hommes que la Providence semble n'avoir fait naître dans l'une des classes condamnées par le sort à la pauvreté et à l'ignorance, que pour faire mieux éclater la puissance du génie. Son père, honnête cultivateur chargé de neuf enfants, lui fit dès l'âge de treize ans contracter un engagement de sept années, à bord d'un bâtiment employé au transport des charbons de Newcastle à Londres. Ces sept années d'apprentissage passées à aller et venir incessamment de l'un de ces ports à l'autre, James Cook les employa à s'initier à la pratique de tous les détails de l'art de la navigation, depuis les humbles fonctions de mousse, par lesquelles il débuta; et elles firent de lui un matelot consommé. A l'école de son village, toute l'instruction qu'on lui avait donnée s'était bornée à la lecture et à l'écriture; mais une fois parvenu aux fonctions de contre-maître, James Cook consacra ses épargnes à acheter les livres nécessaires pour se donner à lui-même l'instruction qui lui manquait encore, et à prendre des leçons de navigation et d'hydrographie.

Après avoir visité Pétersbourg, les ports de la Baltique et de la Norvège, Cook, qui d'un instant à l'autre pouvait être *pressé*, s'enrôla volontairement, lors de la guerre de 1755 entre la France et l'Angleterre, à bord d'un vaisseau de l'État, l'*Eagle*, commandé par le capitaine Palliser, qui, satisfait de sa conduite et de son service, lui fit obtenir en 1759 une commission de maître d'équipage (*master*) à bord du *Mercury*, l'un des bâtiments aux ordres de lord Saunders. Cook accompagna cet amiral au Canada, où, placé sous les ordres du général Wolf, il assista au siége de Québec. Il y fut chargé de deux opérations importantes, qu'il exécuta avec un plein succès : le sondage du canal situé au nord de l'Ile d'Orléans, dont il leva le plan, et la reconnaissance du cours du Saint-Laurent, dont il dressa la carte avec tant d'exactitude que ce document est resté le seul que consultent encore les navigateurs. Ce fait était d'autant plus remarquable que jamais encore Cook n'avait appris à dessiner. Cook passa ensuite avec le même grade sur le *Northumberland*. C'est alors qu'au milieu des travaux et des difficultés de sa vie de marin, il se livra seul à l'étude de la géométrie et de l'astronomie, et qu'il parvint à acquérir les connaissances dont il donna plus tard tant de preuves dans les entreprises qui ont immortalisé son nom.

En 1762, il contribua à la prise de Terre-Neuve, et mérita, dans le cours de cette campagne, d'être remarqué par l'amiral Graves. Après un court séjour en Angleterre, pendant lequel il se maria, Cook repartit avec l'amiral Graves pour Terre-Neuve. Cette fois il avait le titre d'ingénieur hydrographe, et, après avoir levé le plan de Saint-Pierre et de Miquelon, il retourna de nouveau en Angleterre. De 1764 à 1767 il fut encore une fois employé à la station de Terre-Neuve et du Labrador, où il leva plusieurs cartes et plans. C'est de cette époque de sa vie que date un mémoire sur une éclipse de soleil qu'il avait eu occasion d'observer à Terre-

Neuve, mémoire adressé par lui à la Société Royale de Londres, et que celle-ci fit insérer au 57ᵉ volume des *Philosophical Transactions*. Il témoigne chez l'auteur des connaissances étendues en astronomie. Désormais ses travaux et ses services le plaçaient sans conteste au rang des officiers les plus distingués de la marine de son pays. Mais, on le voit, il lui avait fallu vingt-six années d'épreuves et de pénibles services pour arriver à ce renom d'expérience et de haute capacité qui le signala à son gouvernement comme le navigateur le plus propre à diriger avec succès les trois expéditions scientifiques qu'on lui confia l'une après l'autre dans l'espace de huit années.

Les deux tiers du dix-huitième siècle étaient déjà presque écoulés, lorsque la passion des découvertes anima les Français et les Anglais d'une vive émulation pour la solution des grandes questions se rattachant à la recherche d'une route plus courte vers l'Inde par le nord-est ou le nord-ouest de l'Amérique septentrionale. Aussi, **Byron**, **Wallis**, **Carteret**, **Surville**, **Bougainville**, avaient-ils déjà parcouru les archipels de la mer du Sud, et retrouvé, en grande partie, les terres visitées par les anciens navigateurs, en signalant à leur tour des terres nouvelles, lorsque lord Hawke fit choix de Cook pour lui confier la direction d'une expédition scientifique dont l'observation du passage de Vénus sur le disque du soleil était le but. En conséquence, Cook partit à la fin de mai 1768 sur l'*Endeavour*, qu'il commandait avec le grade de lieutenant de vaisseau. Rien n'avait été négligé pour l'intérêt des sciences. Des instructions précises autant qu'étendues avaient été rédigées par la Société Royale de Londres et par Alexandre Dalrymple, géographe et voyageur célèbre. Le docteur Solander, sir Joseph Banks, savants déjà renommés, s'embarquèrent avec Cook. Ce fut à Otaïti, la *Sagittaria* de Quiros, l'*Ile du roi Georges III* de Wallis, la *Nouvelle-Cythère* de Bougainville, que pendant un séjour de trois mois, en 1769, l'on observa le passage de Vénus. Les fruits de cette première expédition de Cook furent en outre : 1° la reconnaissance complète de la *Nouvelle-Zélande*, ainsi que la découverte du canal qui la coupe en deux îles, canal que les Anglais ont nommé le *détroit de Cook ;* 2° celle du détroit qui sépare la Nouvelle-Hollande de la Terre de Van-Diémen ; et 3° l'exploration de la côte orientale de ces deux pays, nommé par lui *Nouvelles-Galles du Sud*, et devenu de nos jours une colonie dont nul obstacle n'a pu arrêter les progrès. Dans cette partie de son expédition, l'habile navigateur, faisant route à travers des récifs et des écueils, n'échappa aux plus grands périls qu'à force de prudence et de vigilance. Son bâtiment, percé par la pointe d'un rocher, n'évita même de sombrer que grâce à cette pointe, restée dans le trou même qu'elle avait ouvert. Au retour, Cook fut nommé *maître commandant de vaisseau* ; grade intermédiaire entre ceux de lieutenant et de capitaine.

En 1772, le gouvernement anglais lui confia le commandement d'une seconde expédition, destinée à explorer d'une manière plus exacte les parties encore peu connues de la mer du Sud, et il partit à bord du vaisseau The *Resolution*, accompagné du vaisseau l'*Adventure*, capitaine Furneaux. Cook parcourut cette fois les mers du grand Océan, tantôt s'avançant, au milieu de montagnes de glaces et au risque de n'en pouvoir plus sortir, le plus loin possible vers le pôle Sud, tantôt revenant, entre les tropiques, visiter les îles de la Nouvelle-Zélande, de la Société, des Amis et de Sandwich. La certitude apparente de la non-existence d'un autre continent austral que celui de la Nouvelle-Hollande, la reconnaissance de l'archipel du Saint-Esprit trouvé par Quiros, au commencement du dix-septième siècle, et restitué en partie à la géographie par les *Grandes-Cyclades* de Bougainville ; enfin la découverte de la *Nouvelle-Calédonie*, reconnue dans sa côte orientale : tels furent les résultats de ce nouveau voyage, au retour duquel (3 juillet 1775) Cook fut nommé capitaine de la flotte et pourvu d'un emploi à Greenwich.

Le but de la troisième expédition qui devait lui être si fatale, et dont le succès des deux premières avait donné l'idée à lord Sandwich, alors chef de l'amirauté, était d'arriver enfin à la solution d'un autre problème, qui occupait depuis longtemps les esprits. Il s'agissait de tenter encore de pénétrer dans la mer du Sud par la baie d'Hudson et le passage nord-ouest entre l'Amérique et l'Asie. Le départ de Cook eut lieu le 12 juillet 1776 ; il montait son vaisseau la *Résolution*, qu'accompagnait le capitaine Clarke, commandant la *Découverte*. Arrivé entre le 57ᵉ et le 59ᵉ degré de latitude nord, Cook ne trouva que des terres partout où eût dû s'ouvrir la prétendue communication avec la baie d'Hudson ; à 70° 44' de latitude nord, il fut arrêté par les glaces, ne surmonta qu'à force de prudence les difficultés de la navigation la plus périlleuse, et fut enfin forcé de revenir à la côte d'Asie, après avoir sondé toutes les passes apparentes entre les deux continents. Le résultat unique de cette expédition fut donc la découverte de la partie septentrionale des îles Sandwich, et de la vaste baie *William*, ainsi que d'un canal fermé, de cinquante lieues de longueur, à l'endroit où l'on pouvait espérer de communiquer avec la baie d'Hudson.

C'est à *Owhihi*, l'une des îles Sandwich, et dans la baie occidentale de *Karakacoua*, que devait se terminer d'une manière déplorable la carrière si brillante de l'illustre navigateur. Ses vaisseaux avaient pris le large ; un misérable accident survenu au mât de misaine de la *Résolution*, et qu'il fallait réparer, ramena Cook dans cette baie maudite. L'habitude du vol, enracinée chez ces insulaires, amena des conflits jusque alors apaisés toujours par sa sagesse et par sa fermeté. Cette fois les naturels montrèrent dans leurs larcins réitérés une audace opiniâtre ; leur témérité irrita les Anglais. Cook, trop confiant dans la terreur qu'il avait inspirée aux habitants en s'emparant maintes fois de leurs chefs, voulut employer le même moyen ; et, s'écartant pour la première fois de sa prudence habituelle, il se hasarda lui-même à descendre à terre avec un petit détachement de neuf hommes. Les naturels s'opposant à l'enlèvement de leur roi, il fallait employer la violence ou céder ; Cook avait opté pour ce dernier parti, quand le meurtre d'un des leurs, que commit un Anglais, exaspéra leur fureur. Cette multitude se rua aussitôt sur les compagnons de Cook ; une décharge de mousqueterie ne fait qu'enflammer davantage la rage des assaillants ; et, à l'instant où Cook se retourne pour donner des ordres, ces furieux le frappent par derrière, le renversent, et mettent son corps en morceaux, qu'ils se partagent comme une proie.

Ainsi périt, le 15 février 1778, le plus illustre des navigateurs modernes, le précurseur de notre infortuné La Peyrouse.

L'âme de Cook était aussi forte que son corps était robuste et endurci aux fatigues, aux privations ; rare perspicacité, coup d'œil toujours prompt et sûr, audace de conception, prudence dans l'exécution, persévérance infatigable et à l'épreuve de tous les obstacles comme de tous les périls, courage calme et inébranlable, présence d'esprit inaltérable au milieu des dangers, il réunissait au plus haut degré toutes ces qualités des grands hommes. Doué d'un esprit supérieur, il prouva, dans la relation de son second voyage, qu'il savait y joindre le talent d'écrivain. Toujours naturel, exact et précis, il instruit et intéresse en même temps. Il a attaché au récit de son séjour à Otaïti et au tableau physique et moral de cette île renommée en charme ce qu'il n'y a guère encore trouvé que dans des narrations fabuleuses. Hawkesworth avait écrit la relation de son premier voyage ; celle du troisième est l'œuvre du lieutenant King. Cette dernière a été traduite en français par Démeunier, les deux premières relations l'avaient été par Suard. On a une vie de Cook par Kippis ; elle a été traduite en français par Castera.

AUBERT DE VITRY.

COOK (Archipel de), désigné aussi sous le nom d'*archipel Mangia*, et plus récemment sous celui d'*îles Hervey*, groupe d'îles dépendant de l'Australie, découvert par Cook en 1777, et situé dans le grand Océan par 214° 19' et 219° 38' de lat. orient. et par 18° 4' et 21° 57' de lat. mérid. Il se compose d'îles de corail, basses et entourées de récifs, de sorte que, pour peu que la mer soit houleuse, on ne peut guère y aborder qu'avec des barques. L'eau est d'une rareté extrême dans la plupart d'entre elles. On n'en trouve pas d'autre que celle de quelques rares étangs ou ruisseaux ; aussi est-on obligé de suppléer au manque d'eau potable par le lait de noix de coco. Indépendamment des palmiers à cocos, on y rencontre encore l'arbre à pain, le pisang et autres produits des îles de la Société. On évalue la superficie totale de ces différentes îles à 30 myriamètres carrés. La population ne s'élève guère aujourd'hui qu'à 20,000 têtes, parce que depuis Cook elle a été en partie anéantie par des guerres intérieures. Les habitants sont des Malais-Polynésiens, de la même race que ceux des îles de la Société et des Amis ; ils excellent dans différents genres d'industrie, et ont été convertis au christianisme par les missionnaires européens. Les plus grandes îles de cet archipel sont *Manaia* (Mangia) et *Watin*, puis *Mahowara*, les îles *Hervey*, *Okakoudaia*, *Whitoutaki*, *Raratonga*, *Mittimo*, *Palmerston*, *Hagemeister*, *Waterland* et *Souvarof*. Consulter Williams, *A Narrative of Missionnary Enterprises in the South-Sea Islands* (Londres, 1840).

COOK (Détroit de). *Voyez* BERING (Détroit de).

COOLIES. *Voyez* COULIES.

COOPER (Sir ASTLEY PASTON), est le plus célèbre chirurgien qu'ait eu l'Angleterre dans la première moitié du dix-neuvième siècle. Il naquit à Brooke, dans le comté de Norfolk, le 28 août 1768, et il reçut de son oncle, ministre du lieu, les enseignements élémentaires. Peut-être n'est-il pas inutile de remarquer que Cooper eut pour mère une femme de mérite. Recueillie, tendre et lettrée, Mme Cooper, comme pour mieux guider son zèle maternel, voulut se créer un type idéal, en composant un roman intitulé *La Mère modèle*, et il y a lieu de croire que la réalité en elle surpassait la fiction. Le jeune Astley demeura à Brooke jusqu'à l'âge de quatorze ans, et il ne quitta le lieu natal que pour habiter Yarmouth avec sa famille. C'est là qu'il fit quelques études classiques, qui sans doute furent incomplètes, puisqu'à quinze ans on le plaçait comme élève chez un M. Turner, chirurgien-apothicaire de la ville. Il n'y resta qu'un an. Un peu plus tard, en 1784, il vint à Londres pour continuer ses études sous les auspices de son oncle, M. W. Cooper, chirurgien de l'hôpital de Guy. Toutefois, et sans qu'on en sache la cause, qui n'était peut-être qu'un goût prononcé pour l'indépendance, Astley quitta son parent pour s'attacher à M. Cline, alors chirurgien de l'hôpital Saint-Thomas. C'est sous la direction de ce digne praticien que Cooper poursuivit avec une ardeur peu commune ses études durant trois années, c'est-à-dire jusqu'en 1787, époque où il fit un voyage universitaire à Édimbourg.

A son retour à Londres, on le chargea de démontrer l'anatomie, et plus tard on l'adjoignit à M. Cline comme professeur de chirurgie. Il devint bientôt le principal professeur de l'hôpital Saint-Thomas ; et comme tout se paye en Angleterre, Cooper, avec ses quatre cents disciples, réunit aussitôt tous les éléments solides d'un vrai succès : la réputation et les premiers fondements d'une existence presque opulente. Ce n'est pas que Cooper fût éloquent ni qu'il affichât aucune prétention au talent de la parole, genre d'affectation dont les Anglais sont plus sobres que nous ; mais il professait avec une simplicité franche et facile, qui n'était pas sans charme. Il se maria en 1791, avec une parente de son respectable maître, M. Cline, et vint en 1792 à Paris, où il assista aux leçons très-courues de Desault et de Chopart. Cooper n'a jamais interrompu ses cours depuis 1788 jusqu'en 1826. Loin de se rebuter aux fatigues renaissantes de sa profession, il professa l'anatomie comparée au collège des chirurgiens de Londres, et accepta les fonctions de membre du conseil des examinateurs aux réceptions. Georges IV, dès 1827, l'avait choisi pour chirurgien ordinaire (*sergeant-surgeon*). Le même roi, six ans auparavant, lui avait conféré le titre de baronnet. Guillaume IV et la reine Victoria l'honorèrent également de leur confiance. Le jour même où il fêtait la cinquantième année de sa réception, la reine Victoria, qui venait d'hériter du trône, lui envoya gracieusement le brevet qui l'instituait son premier chirurgien.

Tous ceux qui ont connu Cooper ont parlé de son habileté avec enthousiasme, et avec une profonde estime de son instruction, de sa sagacité, de son dévouement et de sa prudence. Dupuytren, lui-même, qui était allé à Londres tout exprès pour le voir, et qui le reçut à Paris avec un empressement extraordinaire, ne parlait jamais de lui qu'avec déférence. Il est vrai que Cooper était étranger, et plus âgé que lui de neuf années, deux causes qui pour Dupuytren pouvaient motiver ces élans de justice. Cooper ne fut pas seulement estimé comme opérateur, il fut de même remarqué comme pathologiste, comme auteur et comme homme. Attentif, adroit, sensé, prudent et discret surtout, impartial et bienveillant, sans envie, il ne permit jamais à la vanité d'entraver aucun de ses devoirs essentiels. Sans doute il eut comme chirurgien ses moments de témérité : il fut le premier à lier l'artère carotide primitive, qui porte le sang à la tête, et l'artère aorte, où circule tout le sang du corps ; aucune de ces opérations extraordinaires ne réussit entre ses mains, mais que d'efforts il fit pour les rendre heureuses ! Membre de la Société Royale de Londres et de l'Institut de France, sa renommée était immense, et ses élèves la répandirent en beaucoup de contrées. Sa fortune fut au niveau de sa célébrité et de ses talents. Ses honoraires annuels se sont élevés jusqu'à la somme de 21,000 guinées (525,000 fr.), et ils étaient habituellement de 15,000 livr. sterl. (375,000 fr.), ce qui n'est arrivé qu'une seule année à Dupuytren. Or, comme Cooper a pratiqué son art pendant quarante-huit ans pleins, on conçoit qu'il a pu laisser une fortune de 10 à 12 millions amplement, tout en pourvoyant aux dépenses et aux caprices d'une existence opulente et généreuse. Il faisait de sa fortune un magnifique usage, dont témoignèrent plusieurs arts et de nombreux artistes assiégeaient journellement sa maison, qu'un de ses valets gagna, dit-on, 1,000 livres st. (25,000 fr.) dans une seule année, au moyen des tours de faveur qu'il accordait à des clients qui se résignaient à escompter une trop longue attente. Le prix de quelques opérations de sir Cooper fut d'un chiffre tellement élevé qu'on le croirait fabuleux.

Cooper est mort sans descendants, quoique s'étant marié deux fois. Ce grand chirurgien n'a guère publié que des mémoires et des monographies, opuscules que MM. Chassaignac et Richelot ont pris soin de réunir pour la première fois dans la fidèle traduction qu'ils en ont donnée (Paris, 1835). C'est l'ouvrage de chirurgie où l'on rencontre le plus de faits et le moins de théorie. J'y compte cinq cent soixante observations inédites, qui toutes sont racontées de la manière la plus judicieuse. J'ai parlé de la discrétion de sir Astley, non de celle du praticien : ce devoir, imposé sous serment et prescrit par Hippocrate comme par les lois, aucun médecin n'y déroge. Mais comme auteur Cooper se montre constamment d'une réserve impénétrable. S'il fait l'histoire d'une infirmité, il tait prudemment le nom de ses malades, les eût-il traités à l'hôpital. Jamais on ne l'entend révéler l'erreur d'un confrère, si ce confrère ne l'y a expressément autorisé. Si Dupuytren se troubla au chevet du duc de Berry mourant, Cooper eut de même un moment d'incertitude et d'émotion le jour où il fut mandé près de Georges IV pour extirper du crâne de ce roi une petite loupe sans malignité ni conséquence..

On dit même qu'il était près de s'évanouir quand lord Liverpool, s'approchant de lui, lui dit bien bas : « Courage, sir Astley! Cette chétive opération exécutée d'une main tremblante peut perdre le premier chirurgien du siècle. »
Astley Cooper mourut à Londres, le 15 février 1841, à l'âge de soixante-treize ans. Il succomba, comme Dupuytren, à la maladie des chirurgiens, je veux dire à une hydropisie de poitrine. Ce genre d'épanchement est en effet presque toujours engendré par une affection du cœur; résultat bien naturel de ces renaissantes émotions que doit ressentir tout honnête homme qui sur un coup de bistouri joue la mort ou la vie de ses pareils. D' Isidore BOURDON.

COOPER (JAMES-FENIMORE), célèbre romancier américain, celui des écrivains des deux mondes qui a suivi de plus près les traces de Walter Scott, sans lui ressembler toutefois, avec son caractère et sa physionomie propres, naquit le 15 septembre 1789, à Burlington, dans l'État de New-Jersey. Après avoir appris dans la maison paternelle les premiers rudiments des sciences, il fut placé en 1802 au collége d'Yale à Newhaven, où il n'annonça nullement des dispositions remarquables; et en 1805, n'ayant pas encore tout à fait accompli sa seizième année, il entra dans la marine en qualité de *midshipman*, par esprit d'aventures autant que par goût pour la vie du marin. Il y a tout lieu de penser que les vives impressions qu'il reçut alors ne furent pas sans influence sur le choix de plusieurs sujets qu'il traita plus tard; et que les courses maritimes, dans la pratique de la vie de vaisseau, il recueillit les éléments et les riches couleurs dont un jour il devait largement empreindre ses tableaux, et ce pittoresque vrai et saisissant, parfois si grandiose, qu'il a répandu dans un grand nombre de ses compositions. Familiarisé pour ainsi dire dès son enfance avec l'Océan, nul mieux que lui n'en a peint avec plus de vérité et d'énergie les sublimes effets et les aspects diversement pittoresques. C'est là un de ses plus grands mérites : l'Océan et ses pompes, ses terribles retours, la vie du marin aux prises avec l'élément qu'il aime et qui le menace incessamment; l'homme et la mer dans l'infinie variété de leurs rapports, voilà ce que Cooper a su rendre admirablement.

En 1810 il abandonna le service de mer; peu de temps après, il se maria, et s'établit, d'abord provisoirement à Winchester près de New-York, puis d'une manière fixe et durable à Cooperstown, charmant domaine appartenant à son père et situé sur les bords du lac d'Otségo. Des raisons de santé l'ayant engagé à entreprendre un voyage en Europe en 1826, après un court séjour en Angleterre, il alla remplir à Lyon jusqu'en 1829 les fonctions de consul des États-Unis. Plus tard, il se rendit à Dresde; et après avoir parcouru la Suisse et l'Italie, il était de retour aux États-Unis en 1831.

Son premier roman *Precaution* (New-York, 1821) n'est guère connu de ce côté-ci de l'Atlantique, et ne semblait pas promettre ce que l'habile écrivain a tenu depuis. Dès la même année il faisait paraître *The Spy* (l'*Espion*); la guerre de l'indépendance et le patriotisme de ce temps d'héroïques efforts y sont retracés sans exagération, mais aussi avec une touche vive et un peu âpre par endroits, qui conviennent à merveille à la peinture de cette glorieuse époque. La grande figure de Washington, qui domine le fond du tableau, y apparaît avec toutes les éminentes qualités du héros américain. Harvey Birch, l'espion, n'est pas une figure de moindre mérite : c'est peut-être la plus dramatique création de Cooper; car Harvey Birch n'a pas fait seulement à son pays le sacrifice de sa vie : né avec de hautes facultés, un cœur généreux et chaud, l'instinct des nobles choses, il se résout pour sa patrie à la perte de son honneur; il consent à être la plus basse et la plus vile chose de ce monde, *espion*. Le mot dit tout. Et en lui-même cependant, lorsqu'il considère à quel but il tend par l'exercice de son métier infâme, cet homme ne peut se mépriser; il trouve en son cœur de quoi se consoler, et dans son opprobre le sentiment des services qu'il rend à son pays lui tient lieu de tout, le paye de ses souffrances, de ses périls, et rachète suffisamment à ses yeux son honneur à jamais perdu selon le monde.

Vinrent ensuite *The Pioneers, or the Sources of the Susquehanna* (*Les Pionniers*, 1822), peinture animée de la naissance des nouveaux États, et *The Pilot* (1823), dont le fond est tiré de l'histoire de la vie de Paul Jones, l'un des héros de la guerre de l'indépendance. Ce roman maritime a malheureusement valu au monde littéraire un véritable déluge de maladroites imitations. Dans les ouvrages qu'il donna ensuite, la scène se passe toujours sur le sol américain, tantôt à l'époque des premiers établissements des colons européens et de leurs luttes contre les Indiens, tantôt pendant les guerres de la révolution, par exemple *Lionel Lincoln* (1824) et *The last of the Mohicans* (1826), qu'on s'accorde généralement à regarder comme son meilleur ouvrage. Avant de les écrire, il avait visité l'Amérique en observateur, en poëte. Aussi l'Amérique y vit-elle tout entière, avec ses fleuves immenses, ses cités nées d'hier, avec ses couleurs domestiques, ses femmes pleines d'un éclat pur qui leur est particulier; l'Amérique, enfin, telle qu'elle est ou qu'elle a été.

On n'accueillit pas moins favorablement *The Prairie* (1827); *The Wept of Wish-Ton-Wish* (*Les Puritains* [1828]); *Red Rover* (*Le Corsaire Rouge* [1828]) et *The Water Witch* (*La Sorcière des Eaux* [Dresde, 1830]), qui parurent, de même que *The Bravo* (1831) et *The Heidenmauer* (1832) pendant son séjour en Europe. Dans ces deux derniers romans, la scène se passe en Italie et sur les bords du Rhin. Les *Gleanings in Europe* (6 volumes; New-York, 1830-1832) contiennent les observations que ses voyages sur notre continent lui avaient fourni l'occasion de recueillir.

A son retour dans sa patrie, Cooper fit successivement paraître à fort peu d'intervalle *The Pathfinder*, *The Deorslayer*, *The Two Admirals* (1842); *Wing and Wing, Mercedes of Castille*, *The Wyandotte* (1844); *Autobiography of a pocket Handkerchief*, *Ned Myers*, *Ashore and Afloat*, *Miles Wallingford*, *Satanstoe*, *The Chainbearer*, *The red skins*, *The Crater or Volcans peak*, *Oak openings*, *Jack Tier, or de Florida rief*, *The sea Lions* (1849), et *The Ways of the Hour* (1850), son dernier livre.

Cooper est mort le 14 septembre 1851, dans son domaine de Cooperstown. Peu de jours après, un comité se constitua à New-York, sous la présidence de Washington Irving, à l'effet d'élever un monument à sa mémoire. Ses romans ont été traduits dans presque toutes les langues vivantes et jusqu'en persan (*L'Espion*, par exemple, en 1847).

Après avoir commencé par mettre Fenimore Cooper au-dessus de Walter Scott, la critique en est venue aujourd'hui à l'apprécier avec plus de sang-froid. Sans doute il l'emporte sur le romancier écossais en ce qui est de la fécondité et de la rapidité d'exécution; mais pour l'imagination, la force créatrice et l'esprit, il lui est inférieur. Le côté par où il brille, c'est la simplicité, l'art de rattacher naturellement la réalité à la fiction. Il excelle à traiter son sujet d'une manière vraie et saisissante, et à lui donner une couleur conforme à la nature. Il captive par le calme et l'impartialité de son récit et par la chaleureuse sympathie dont en toute occasion il fait preuve pour la liberté et pour l'indépendance de son pays. Mais il manque à sa haute poésie, de cette énergie, que Walter Scott sait toujours prêter à ses caractères et à ses sujets.

Cooper s'essaya aussi, à diverses reprises, comme écrivain politique, mais sans pouvoir jamais réussir à obtenir à ce titre les suffrages de ses compatriotes. Il faut reconnaître toutefois que son *Histoire de la Marine Américaine* (New-York, 1839) n'a pas obtenu moins de succès en Amérique que ses romans les plus goûtés.

COOPÉRATION. C'est en général l'action de deux ou de plusieurs agents concourant à un même effet. En droit criminel, on nomme ainsi l'action simultanée de deux ou plusieurs personnes pour commettre un crime. Il faut bien se garder de confondre la coopération avec la complicité; car si la première comprend nécessairement la seconde, il n'est pas vrai de dire que la réciproque soit exacte. Un exemple fera mieux saisir cette distinction fondamentale. L'article 386 du Code Pénal punit de peines plus sévères le vol commis la nuit et par *deux ou plusieurs* personnes. C'est là un exemple de coopération qui, dans l'esprit de la loi, devient une circonstance aggravante du crime. Un vol sera donc commis par coopération lorsque les coupables auront *simultanément* participé au vol, et se seront trouvés ensemble sur le lieu même du crime ; lorsque enfin il y aura de leur part combinaison *actuelle* de leurs efforts et de leurs moyens pour parvenir au crime, comme si l'un des auteurs fait le guet pendant que l'autre exécute. Au contraire, un vol est commis par une personne seule, mais elle a reçu d'une autre personne soit des instructions, soit des instruments pour l'exécuter ; le vol ne sera pas commis par deux personnes, mais il y aura pour ce fait un auteur et un complice. Cette distinction est fondamentale en droit criminel ; car la coopération détermine dans certains cas la compétence de la cour d'assises, tandis que la complicité n'opère pas un changement dans l'ordre des juridictions.

E. DE CHABROL.

COORDINATION, disposition de plusieurs *ordres* de choses suivant une loi qui leur est commune, et qui établit leurs relations et leur dépendance mutuelle. Dans une bonne administration, les dépenses sont *subordonnées* aux revenus, et *coordonnées* entre elles en raison de l'urgence des besoins. La *coordination* de toutes les parties d'un édifice peut donner au tout, quelles que soient la multitude et la diversité de ses parties, le mérite de la simplicité, de l'unité.

Pour qu'un ouvrage sur les sciences soit bien fait, il ne suffit pas qu'un bon ordre soit établi dans chacun des sujets qui y sont traités, il faut de plus qu'une *coordination* exacte ait fixé les proportions respectives de ces sujets, l'étendue des développements en raison de leur importance, etc. Il serait très-bon que la littérature instructive fût traitée suivant la même méthode, car elle en est susceptible. FERRY.

COORDONNÉES. Si l'on trace sur un plan deux droites qui se coupent à angle droit, la position d'un point quelconque de ce plan se trouvera déterminée lorsque l'on connaîtra en grandeur et en direction les distances de ce point à chacune de ces deux droites. Nous disons *et en direction*, car autrement la détermination du point ne serait pas complète ; il y aurait en général quatre positions qui satisferaient aux mêmes conditions de distance. Mais si la direction dans laquelle doivent être comptées les distances données est indiquée, toute incertitude cesse. Ces distances ainsi définies sont les *coordonnées* du point : l'une en est l'*abscisse*, l'autre l'*ordonnée*. Les deux droites fixes auxquelles on les rapporte sont les *axes des coordonnées* ; et, comme on peut compter sur l'un de ces axes la distance de l'autre, on le nomme, l'un *axe des abscisses*, l'autre *axe des ordonnées*, ou encore *axe des x* et *axe des y*, parce que l'on a coutume de désigner par ces lettres les coordonnées d'un point. Le point de rencontre des axes est *l'origine des coordonnées*.

Une propriété caractéristique d'une ligne étant connue, on peut représenter cette ligne par une équation qui lie l'abscisse x et l'ordonnée y d'un quelconque de ses points : une de ces coordonnées, x, étant prise arbitrairement, l'équation donnera la valeur correspondante de y ; de sorte qu'en faisant passer x par tous les états de grandeur, on déterminera une suite de points dont l'ensemble formera la ligne proposée. Prenons pour exemple un cercle de rayon r, et supposons que l'origine des coordonnées soit le centre de ce cercle, les axes étant deux diamètres rectangulaires ; on aura en un point quelconque de la courbe $x^2 + y^2 = r^2$.

De même, toutes les lignes planes dont la génération est connue peuvent être représentées par une équation entre deux variables. Ce principe est la base de la géométrie de Descartes (*voyez* APPLICATION, t. Ier, p. 704).

Au lieu de *coordonnées rectangulaires*, on peut se servir de *coordonnées obliques*, c'est-à-dire se coupant sous un angle différant de l'angle droit. Les distances des points aux axes sont alors comptées parallèlement à ces axes. C'est ainsi que, si l'on rapporte une hyperbole à ses asymptotes, son équation est $xy = \frac{1}{4}(a^2 + b^2)$, en désignant par a et b les axes de la courbe, tandis que, rapportée à ces mêmes axes, l'équation était $a^2 y^2 - b^2 x^2 = -a^2 b^2$. En général, quand l'on connaît l'équation d'une ligne par rapport à certains axes, on peut toujours, à l'aide de formules très-simples, trouver l'équation de la même ligne par rapport à d'autres axes : tel est l'objet de la *transformation des coordonnées*. Quelque modification que cette transformation fasse subir à l'équation, celle-ci reste toujours du même degré, parce que les formules qui expriment les anciennes coordonnées en fonction des nouvelles sont du premier degré. Cette propriété remarquable a permis de classer les courbes suivant le degré de leur équation.

Jusqu'ici nous n'avons parlé que des coordonnées rectilignes ; mais la position d'un point peut être autrement déterminée. Ainsi les *coordonnées polaires* d'un point sont sa distance à un point fixe (origine) et l'angle que fait la direction de cette distance avec une droite issue de ce point fixe. On désigne ordinairement la distance par ρ et l'angle par ω. En coordonnées polaires, l'équation d'un cercle dont le centre serait à l'origine, se réduit à $\rho = r$, ce qui exprime que tous les points de la circonférence sont à la même distance r du centre. Mais les coordonnées polaires n'offrent pas pour la classification des courbes les mêmes avantages que les coordonnées rectilignes. On les emploie cependant dans les cas où elles simplifient les calculs, comme les recherches relatives aux spirales. Du reste, il existe des formules à l'aide desquelles on peut transformer les coordonnées polaires en rectilignes, et *vice versa*.

On pourrait encore prendre pour coordonnées d'un point ses distances, u, v, à deux points fixes. Dans un tel système l'équation de l'ellipse serait $u + v = 2a$, en regardant comme points fixes les foyers de cette courbe : cette équation exprime, en effet, que la somme des rayons vecteurs est égale au grand axe. Si l'on voulait se servir de la distance ξ à un point et de la distance φ à une droite, on aurait, pour la parabole, $\xi = \varphi$, en prenant pour point fixe le foyer de cette courbe et pour droite fixe sa directrice. Il y aurait bien d'autres manières de choisir les coordonnées ; mais les deux premiers systèmes sont les seuls usités, à cause des avantages qu'ils offrent.

Pour les surfaces et les courbes à double courbure, on prend trois plans issus d'un même point ; leur intersection détermine trois droites qui servent d'axes des coordonnées, et parallèlement auxquelles on compte les distances des points aux trois plans. Ainsi, en désignant les coordonnées par x, y, z, une sphère de rayon r sera représentée par $x^2 + y^2 + z^2 = r^2$, en supposant les axes rectangulaires et l'origine au centre de la sphère. La transformation des coordonnées donne lieu ici aux mêmes remarques que pour les courbes planes. On peut encore également classer les surfaces. Les coordonnées polaires, convenablement modifiées, sont aussi employées dans la géométrie de l'espace, mais leur usage est beaucoup plus restreint.

Considérées dans toute leur généralité, les coordonnées d'un point sont donc les éléments qui déterminent sa position. C'est pourquoi, en géodésie, la latitude, la longitude et l'altitude d'un lieu, en sont nommées les *coordonnées géographiques*. E. MERLIEUX.

COPAHU. Cette substance oléo-résineuse porte à tort le nom de baume dans le langage vulgaire ; car, d'après

Strolze, elle est ainsi composée : huile volatile, 46; résine jaune, 52; résine visqueuse, 1 à 2. On obtient le copahu en incisant jusqu'au tissu médullaire, près de la base du tronc, le *copaifera officinalis* (*voyez* COPAIER). Il coule alors avec une extrême abondance sous forme d'un liquide clair et sans couleur, qui s'épaissit bientôt et acquiert une teinte jaunâtre en vieillissant. Pison nous dit à ce sujet, dans son *Histoire naturelle du Brésil* : *Tanta quantitate distillat ut spatio trium horarum ad libras* XIII *effundat*. On recommence plusieurs fois sur le même arbre l'opération du perçage dans le courant de la même année; et c'est des plus vieux arbres que l'on se procure le meilleur baume. Il nous est apporté du Brésil dans de petits barils.

Le bon et véritable copahu a une odeur toute particulière, une saveur légèrement amère, chaude et nauséabonde. Il est d'abord clair et transparent; sa consistance est celle d'une huile fluide, sa couleur d'un jaune doré pâle, et sa pesanteur spécifique 0,950. Mais exposé à l'action de l'air, il ne tarde pas, si la surface qu'il offre est un peu étendue, à s'épaissir par degrés, à se foncer en couleur, et il finit par devenir sec, friable, comme la résine ordinaire. Il est insoluble dans l'eau, mais complètement soluble dans l'alcool et dans l'éther.

Le copahu est souvent sophistiqué avec la térébenthine. Bucholz observe que s'il ne se dissout pas complètement dans un mélange de quatre parties d'alcool et une partie d'éther sulfurique rectifié, on peut conclure la sophistication.

PELOUZE père.

Comme médicament, le *baume de copahu* est un stimulant très-actif de toute l'organisation; il agit promptement au moment de son passage dans les voies digestives; il occasionne de la chaleur et de l'âcreté à la gorge, de la chaleur dans l'estomac, accroît la température générale du corps, la fréquence du pouls et la transpiration cutanée. Cependant son influence se porte spécialement sur les membranes muqueuses; à une dose un peu forte et même souvent modérée, il produit des nausées, des coliques et la purgation; il excite aussi la muqueuse des bronches et celle des voies urinaires; il augmente la sécrétion de l'urine, et lui communique l'odeur qui le caractérise.

On en fait principalement usage dans les blennorrhagies, lorsque l'intensité des symptômes est considérablement diminuée, c'est-à-dire lorsque la maladie tend à passer à l'état chronique. Plusieurs médecins l'emploient même dès le début de cette affection. On l'administre sous plusieurs formes, en bouls, en pilules, etc. Mais la saveur repoussante de ce médicament et le dégoût invincible qu'il inspire à la plupart des malades font souvent recourir à l'emploi des capsules. Ces capsules, de forme ovoïde, sont en gélatine; elles contiennent environ 90 centigrammes de copahu. Elles sont assez épaisses pour contenir le liquide jusqu'à leur arrivée dans l'estomac. Là, l'enveloppe se dissout, et le médicament peut produire son effet. DÉMPZIN.

COPAIER ou **COPAYER** (en latin *copaifera*, arbre au copahu), genre de la famille des papilionacées, tribu des cæsalpiniées, composé d'une vingtaine d'espèces indigènes de l'Amérique méridionale et des îles espagnoles, dans les Indes Occidentales. Tous les copaiers sécrètent un suc balsamique assez abondant, qu'on peut extraire par incision. Le plus important pour l'économie est le *copaifera officinalis*, dont on extrait une térébenthine improprement nommée *baume de copahu*. Il croît en abondance dans les bois de Tolu, près de Carthagène, et dans ceux de Quito et du Brésil. C'est un bel arbre, élevé, rameux au sommet, couvert d'une écorce brunâtre cendrée; les feuilles sont grandes et pennées, consistant en quatre paires de folioles ovales, pointues, alternes, de couleur ferrugineuse, avec une foliole terminale : ces folioles ont de cinq à huit centimètres de long; elles sont entières, luisantes, veinées, plus étroites sur un côté que sur l'autre, portées sur de courts pétioles. Les fleurs sont blanches, disposées en racèmes terminaux, serrés, étalés, de la longueur des pennes, et divisés lâchement sur huit pétioles communs, alternes. Le calice est nul. Les pétales, au nombre de quatre, sont oblongs, aigus, concaves, étalés; les filaments grêles, recourbés, portant des anthères oblongues. L'ovaire est arrondi, comprimé, et porté sur un court pédicelle. Le fruit est une gousse ovale, bivalve, qui renferme une seule semence, ovoïde, enveloppée d'une arille.

PELOUZE père.

COPAÏS, lac ou plutôt vaste et marécageux abaissement du sol au centre de la Béotie, ainsi nommé de la ville de Copæ, située à son côté nord-est, appelé aujourd'hui *lac de Livadie et Topolie*; est formé en grande partie par le Céphise et le Mélas, et en automne, quand les pluies deviennent persistantes, arrive à ne plus former qu'une plaine liquide; mais au printemps et en été, par suite des chaleurs, et en raison de l'existence de vingt canaux de décharge, pour la plupart naturels, au moyen desquels il communique avec deux lacs voisins et avec la mer Eubée, il se dessèche souvent si complètement, qu'en août et en septembre on y trouve les plus beaux pâturages. On prisait beaucoup dans l'antiquité les roseaux coupés dans le lac Copaïs pour en faire des flûtes.

COPAL ou **COPALE**. Il règne encore une telle incertitude sur l'origine de ce produit, que nous nous bornerons à le décrire sous le rapport de commerce et d'emploi dans les arts. Il a cependant été affirmé par nombre de voyageurs que le copal s'obtient au moyen d'incisions pratiquées sur le *rhus copallinum* (voyez SUMAC); mais tout porte à croire quecette matière résineuse est fournie par plusieurs arbres différents. C'est le fait qu'on lui donne le nom de *gomme* : c'est bien évidemment un suc résineux, mais offrant un caractère tout particulier et bien tranché dans cette classe, celui d'être absolument insoluble sans intermède dans l'esprit de vin ni à chaud ni à froid. En général, le copal de première qualité est d'un beau jaune d'or et parfaitement transparent. Il nous en vient de l'île de Ceylan et du Brésil. On préfère celui de l'Inde. Celui d'Amérique est ordinairement en morceaux plus volumineux, d'un jaune plus pâle et d'une transparence moins parfaite; mais ce qui différencie ces deux sortes d'une manière plus certaine, c'est la lenteur avec laquelle le copal d'Amérique se dissout dans l'essence de térébenthine chaude, tandis que celui de l'Inde y disparaît entièrement et promptement, sans altérer la transparence de l'huile essentielle.

Dans le commerce, on a établi beaucoup de sortes de copals. On distingue d'abord le dur et le tendre; celui de Ceylan est ordinairement très-dur. Quelques auteurs croient que celui-ci est le produit, soit du *valeria indica* ou de l'*elæocarpus copallifera*; d'autres pensent que l'arbre d'où il découle est un *hymenca*, de la famille des fausses légumineuses, très-voisin du courbaril, qui fournit la résine animé. Le copal dur est insipide, inodore, en morceaux de formes et grosseurs variables; plus généralement en larmes arrondies ou un peu allongées, aplaties d'un seul côté. Le copal dur casse net, la cassure est vitreuse, extrêmement luisante, d'une transparence cristalline; venant à être fondu, il exhale une odeur pénétrante très-désagréable. Le copal tendre est en morceaux vitreux, légèrement transparents, globuleux, légers, faciles à rompre, même par le plus petit effort de la main, et en général couverts d'une crasse terreuse. L'intérieur est plus pâle que celui du copal dur, mais en vieillissant la croûte se fonce en couleur. Il fond au feu plus promptement que le copal dur, et répand alors une odeur tout aussi désagréable que celui-ci. Chez les droguistes, on distingue les deux espèces de copals en *copal en sorte*, *copal demi-mondé*, *copal mondé à l'italienne*, *copal mondé* et *copal mondé au vif*.

Le copal entre dans la composition des meilleurs vernis à l'huile siccative et des plus solides. Il est précieux sous ce rapport. Lorsque après avoir fait dissoudre le copal dans un liquide volatil on étend cette dissolution sur du bois, du papier, sur un métal, etc., après l'évaporation du dissolvant il reste parfaitement transparent, et forme un vernis très-beau et très-durable. Maintenant, on l'emploie de préférence au karabé dans la composition des vernis dits *gras*.

On pourrait, au premier aspect, confondre la résine copale avec la résine animée; mais celle-ci se ramollit dans la bouche, tandis que le copal se brise entre les dents. M. Hatchett a remarqué que le copal se dissout dans l'acide nitrique et dans les alcalis avec des phénomènes extraordinaires.

PELOUZE père.

COPARTAGEANT. C'est celui qui est appelé à partager avec d'autres une chose quelconque. En droit, ce mot sert surtout à désigner ceux qui ont droit au partage d'une chose indivise, que la chose soit elle-même divisible, ou qu'après licitation, ils s'en partagent le prix.

COPAYER. *Voyez* COPAIER.

COPENHAGUE (en danois *Kjœbenhavn*, c'est-à-dire port des marchands), capitale du Danemark, dans l'île de Séelande, sur les bords du Sund, dont la largeur en cet endroit est d'environ 30 kilomètres, et sur un étroit bras de mer qui la sépare de l'île d'Amager en même temps qu'il forme un beau port, capable de contenir 5,000 navires, et servant aussi de station à la flotte militaire. Bâtie sur un sol plat, mais à l'abri des inondations, cette ville se compose de trois parties principales: la *vieille ville*, qui en forme la partie occidentale, et qui à la suite du grand incendie de 1794 a été reconstruite dans de plus belles proportions qu'autrefois, mais dont les rues sont en général tortueuses et étroites; la *nouvelle ville*, appelée aussi *Frederikstad*, à l'est, qui en est la partie la plus belle; et *Christianshavn*, situé dans l'île d'Amager.

Cette île d'Amager ou d'*Amak*, séparée de la Séelande par un étroit canal appelé *Kallebœstrand*, est le véritable jardin potager de Copenhague. Elle a environ un myriamètre carré de superficie, et 6,500 habitants, descendant tous d'une colonie de 24 familles que Christian II y fit venir au seizième siècle de la Hollande septentrionale, et ayant conservé jusqu'à ce jour le pittoresque et original costume de leurs ancêtres. La plupart continuent même à parler entre eux hollandais. La petite ville de Dragoe, située à l'ouest de l'île, contient 1,800 habitants et possède environ 60 navires. La population de cette île est une pépinière de pilotes et de matelots expérimentés.

Sous le rapport municipal, Copenhague est divisée en 12 quartiers, et sous le rapport ecclésiastique en 9 paroisses. On y compte 256 rues, tant grandes que petites, 16 places publiques, 4 portes principales, plus de 4,000 maisons, et, d'après le recensement fait au mois de février 1850, 129,695 habitants, dont 2,300 israélites, et 550 catholiques.

La ville est entourée de fortifications, dont les remparts forment de belles promenades, et défendue en outre par une citadelle, *Frederikshavn*. Les maisons, parmi lesquelles beaucoup se font remarquer par la beauté et l'ampleur de leurs proportions, sont généralement construites en briques. De toutes les rues, l'*Œstergade* (rue de l'est) est la plus animée; *Amalienengade* et *Bredgade* en sont les plus belles. Le *Kongens ny Torv* (nouvelle place du roi), la plus vaste et la plus belle de toutes les places, quoique irrégulière, est située au centre de la ville et décorée de la statue en plomb de Christian V. La *Frederiksplatz* (place Frédéric), de forme octogone, est ornée d'une belle statue équestre de Frédéric V. L'église Notre-Dame, ornée à l'intérieur d'une suite de bas-reliefs de toute beauté par Thorwaldsen, est l'église métropolitaine de tout le royaume. La bibliothèque de l'Université est disposée dans les combles de l'église de la Trinité, remarquable par sa tour, au sommet de laquelle on parvient par une allée en spirale (elle est connue sous le nom de *Tour Ronde*). L'église de Notre-Sauveur, à Christianshavn, est surtout remarquable par sa belle tour. La chapelle des catholiques, édifice de style gothique, mérite aussi d'être mentionnée.

Le château royal, appelé *Christiansborg*, l'un des plus considérables qu'il y ait en Europe, reconstruit à la suite de l'incendie de 1794 selon le plan actuel, dans le goût italien et français, a une façade sur la place du château d'un développement de 120 mètres, et un beau portail, orné de statues et de sculptures par Thorwaldsen. A l'intérieur, il faut surtout citer la *salle des chevaliers*, avec une sculpture en relief de 53 mètres de développement; le *Ragnarok*, exécuté par Freund et Bissen. Le célèbre bas-relief de Thorwaldsen, l'*Entrée d'Alexandre à Babylone*, décore une autre salle. Le château appelé *Amalienborg* se compose de quatre palais construits dans le style Louis XV, formant ensemble une place octogone, et dont l'un contient, indépendamment des deux premières statues qu'ait faites Thorwaldsen, les collections d'histoire naturelle, de numismatique et d'antiquités du feu roi Christian VIII. Citons encore deux autres châteaux, *Rosenborg*, d'architecture moitié gothique, moitié anglaise et italienne, qu'on prétend avoir été construit en 1604 par Inigo Jones, contenant des collections historiques, avec un beau parc servant de promenade publique (*Kongensgarten*); et *Charlottenborg*, où siège l'Académie des beaux-arts. L'université, la synagogue, l'hôtel de ville, le palais de justice, auquel est adjointe la prison de ville; la bourse, monument de l'époque de Christian IV et d'un style gothique peu pur; le beffroi de Saint-Nicolas, débris de l'église de Saint-Nicolas, détruite par l'incendie de 1794, entourée, depuis 1846, de vastes hangars d'une construction légère et de bon goût, en la fonte de fer joue un grand rôle, et servant de halle à la viande et aux légumes; l'arsenal, etc., etc., sont encore d'autres édifices que les voyageurs doivent aller visiter.

Copenhague n'est pas seulement le centre politique et administratif du royaume; cette ville est en outre son grand foyer intellectuel, et possède dans ses murs ses principales institutions scientifiques, littéraires et artistiques. Il faut, en première ligne, mentionner son université, fondée en 1478, par Christian 1er et reconstituée avec son organisation actuelle en 1788. En 1852 on y comptait 52 professeurs et de 1,000 à 1,200 étudiants. La construction du bâtiment qu'elle occupe, dont la façade a 72 mètres de développement, date de 1836; on y voit des sculptures par Bissen, Hansen et Hilker. De cette université dépendent une académie de chirurgie, dont le cours d'accouchement (l'un dans la *Tour Ronde*, l'autre à la Porte de l'ouest), un jardin botanique (*Ny havn*) et une pépinière à Charlottenlund. L'École polytechnique, fondée en 1826 et dont l'illustre Ersted fut le directeur jusqu'à sa mort, arrivée en 1852, est une institution en rapport intime et direct avec l'université. On y compte 13 professeurs, occupant en même temps pour la plupart des chaires à l'université. En fait d'établissements d'instruction supérieure, mentionnons encore l'École vétérinaire, fondée en 1773; l'École des hautes études militaires (1830); l'École militaire (1713); l'École de marine (1781); l'École métropolitaine, qui compte 150 élèves. Copenhague n'a point d'établissements d'instruction secondaire répondant à nos lycées impériaux et à nos collèges municipaux; il est question en ce moment de l'en doter très-prochainement, mais jusqu'à ce jour les institutions et des maisons d'éducation particulières en ont tenu lieu. L'Académie des beaux-arts, qui siège au château de Charlottenborg, a mission de former des sujets pour les différents arts, de même que d'en propager de plus en plus le goût. Fondée en 1754, reconstituée en 1814, elle possède un revenu annuel de 19,000 *rixbankdalers* (environ 55,000 fr.). Parmi les professeurs qui y sont attachés, on distingue les peintres Eckersberg, Lund et Marstrand, les sculpteurs Bissen et Jerichau, l'architecte Hetsch, etc.

Foyer des sciences et des arts dans le nord de l'Europe

Copenhague compte un grand nombre de sociétés ayant pour but d'en favoriser les progrès. Il faut mentionner en première ligne la Société danoise des sciences, fondée en 1742 et la Société royale d'archéologie du nord. Cette dernière, dont la création ne date que de 1825, a déployé une remarquable activité, dont témoignent les travaux de plusieurs d'entre les savants qui en font partie, par exemple MM. Thomsen, Rafn, Finn-Magnusen, Petersen, etc. Les ouvrages qu'ils ont publiés et le journal de la société offrent un vif intérêt, même pour l'étranger. Citons encore la Société des arts fondée en 1827 ; la Société musicale, la seule de ce genre qui existe à Copenhague, et qui a singulièrement contribué à l'éducation musicale de la population de cette capitale.

Parmi les collections scientifiques, le premier rang appartient à la Bibliothèque royale, l'une des plus grandes qu'il y ait en Europe, fondée par Christian III, composée de 400,000 volumes et de 18,000 manuscrits, au nombre desquels se trouve la collection de manuscrits sanscrits de Rask. Outre la Bibliothèque de l'université dont il a déjà été mention, il faut encore citer la Bibliothèque Classen, fondée par les deux frères Classen et comprenant 25,000 volumes relatifs à l'économie agricole, à l'histoire naturelle, aux sciences mathématiques et physiques. Le Muséum des antiquités du Nord, établi au château de Christiansborg, est unique en son genre. Fondé en 1807, il contenait en 1852 12,000 articles ; et depuis 1843 on y a réuni le cabinet spécial établi pour les antiquités américaines. On voit au château de Rosenborg une belle collection de monnaies et de médailles. Mentionnons aussi le Muséum d'histoire naturelle ; la Galerie d'histoire naturelle du roi Christian VIII, au palais d'Amalienborg, où l'on remarque surtout une collection de coquilles ; la collection d'armes, à l'arsenal, etc. Mais de toutes ces collections, celle qui offre le plus d'intérêt n'est pas contredit le *Musée Thorwaldsen*, ouvert en 1846. Il contient 648 morceaux de ce grand maître et la collection d'objets d'art et d'antiquité léguée par lui à l'État. Il faut encore citer la galerie de tableaux du château de Christiansborg, et son cabinet d'estampes composé de 40,000 articles, ainsi la galerie Moltke, qui contient 146 tableaux des écoles flamande et allemande.

Le théâtre de Copenhague, construit en 1748, et situé sur le *Kongens ny Torv*, est sous tous les rapports un édifice peu digne de cette capitale. On y joue l'opéra, le ballet, la tragédie, le drame, la comédie et le vaudeville. Le théâtre du Casino est une scène secondaire. Ce Casino, lieu de divertissements publics, a acquis une certaine renommée politique, parce qu'à l'époque de 1848, c'est là qu'avaient lieu les séances d'une société populaire où l'on professait les doctrines les plus avancées en matière de réformes sociales. Un autre lieu de divertissement fort couru est le Jardin de Tivoli, en dehors de la ville, à la porte de l'ouest.

En fait d'institutions charitables, citons l'hôpital Frédérick, l'hôpital général, la maison d'accouchement, l'hospice des Orphelins, l'école des Sourds-Muets et l'institution des Jeunes-Aveugles.

Quoique l'industrie manufacturière du Danemark soit fort arriérée, Copenhague ne laisse pas pourtant que de posséder divers établissements industriels importants, par exemple la manufacture royale de porcelaine, la fabrique de toiles et de toiles à voile pour les besoins de la marine royale, diverses fabriques de châles, de papier, de produits chimiques, de montres, de chronomètres, de machines, quelques fonderies de fer, de cuivre. Le commerce, tant intérieur qu'extérieur, n'est pas à beaucoup près aussi important qu'il pourrait l'être, en raison de la position géographique si avantageuse de Copenhague ; cependant il est en voie de progression constante. Cette capitale est d'ailleurs le grand centre d'activité commerciale du royaume, aussi bien par terre que par mer ; et les transactions y sont facilitées par la banque royale, par la société d'assurances maritimes, par des communications régulières à vapeur avec Kiel, Lubeck, Wismar, Stettin, la Norvège, la Suède, l'Angleterre et la France. Le commerce de Copenhague possède 300 gros navires jaugeant ensemble 32,000 tonneaux. Le mouvement annuel du port, tant à la sortie qu'à l'entrée, est de 10,000 navires. Le commerce des Indes occidentales, des îles Féroë et du Groënland est d'une importance toute particulière pour le Danemark, et occupe à lui seul de 80 à 100 bâtiments, jaugeant ensemble 8,000 tonneaux.

Vers le milieu du douzième siècle Copenhague n'était encore qu'un village de pêcheurs, aux environs duquel l'évêque Absalon fit construire un château fort, qu'on appela *Axelhuus*. Absalon légua ce château, le village et les terres qui l'avoisinaient au siège épiscopal de Roeskeilde. En 1254 ce village, que Saxon le Grammairien désigne indifféremment sous les noms de *Urbs absalonica*, *Portus mercatorum* ou *Castrum de Hafnia*, et *Havn*, obtint sa première charte municipale. Au milieu du quatorzième siècle, cette ville devint ville royale, et en 1443 le roi Christophe la choisit pour résidence, comme firent depuis tous ses successeurs. Depuis l'année 1428 Copenhague fut à diverses reprises attaquée par les forces des villes hanséatiques ; au dix-septième siècle elle fut assiégée et bombardée par les Suédois. De grands incendies la ravagèrent en 1728, 1794 et 1795. Le 2 avril 1801, sa rade fut le théâtre d'une bataille navale, dans laquelle les Anglais, commandés par Nelson, battirent la flotte danoise (*Voyez* l'article ci-après).

En 1807, à la suite du plus infâme guet-apens, cette ville fut bombardée du 2 au 5 septembre par les Anglais, qui y réduisirent en cendres 400 maisons ou édifices publics, entre autres la belle église Notre-Dame. En outre, plus de 2,000 maisons furent plus ou moins gravement endommagées et 2,000 individus périrent dans cet horrible désastre.

Les environs de Copenhague sont généralement fort agréables. On y trouve les châteaux de plaisance royaux de *Frederiksberg*, de *Fredensborg*, de *Frederikbourg*, séjour d'été du roi actuel, le château de *Jægerspruss*.

Jusqu'en la présente année 1853 le Danemark avait échappé aux ravages que le choléra a successivement exercés depuis un quart de siècle dans les différentes parties de l'Europe. Mais au commencement de juillet ce fléau a tout à coup éclaté à Copenhague, dont il a, on peut le dire, décimé la population. A la fin d'août, date de l'impression de ces lignes, on comptait qu'il avait déjà frappé dans cette capitale 7,700 individus, dont 4,150 avaient succombé. Un chiffre de mortalité si effrayant, quand on le compare à celui de la population, et quand on réfléchit qu'il est le résultat de deux mois seulement d'épidémie, laquelle n'était point encore alors entrée dans sa période décroissante, devait faire craindre que le total des victimes ne s'élevât au moins à 5,000. Plus d'un tiers de la population de Copenhague avait abandonné cette malheureuse ville ; et cette émigration en masse avait malheureusement eu pour résultat de répandre le fléau sur les différents points de la Séelande, de même que dans les îles de l'archipel danois. Le souvenir de l'été de 1853 restera longtemps un souvenir de deuil pour la capitale du Danemark.

COPENHAGUE (Combat naval de), en 1801. C'est un beau fait d'armes et bien glorieux pour la marine anglaise que l'attaque tentée le 2 avril 1801 contre Copenhague par l'amiral Nelson ; il faut se garder de le confondre avec l'odieux guet-apens dont cette même capitale fut la victime, au mois d'avril 1807, de la part des forces anglaises commandées par lord Cathcart.

Les puissances du Nord allaient, à l'instigation de Napoléon, former contre l'Angleterre une coalition sous les auspices du tzar Paul Ier ; le gouvernement anglais, menacé, exigea des explications du Danemark. Il appuya ses demandes par l'envoi dans la Baltique d'une flottille considérable, sous les ordres de l'amiral Parker, ayant pour second l'amiral Nelson, déjà connu par son exploit d'Aboukir. Avant d'arriver devant Copenhague, il fallait forcer l'entrée du Sund : du côté de la Suède, le fort de Helsinborg ; sur la rive danoise le château de Kronborg, et plusieurs fortes batteries nouvelles et bien armées, menaçaient d'écraser toute flotte qui oserait tenter de pénétrer dans le détroit ; aussi regardait-on généralement comme impossible de passer le Sund de vive force; et cependant il fallait braver le feu de tous ces forts pour parvenir devant Copenhague. Après plusieurs pourparlers, l'amiral Parker donna enfin le signal de former la ligne de bataille : c'était le 30 mars 1801 ; l'avant-garde y répondit par un cri d'enthousiasme ; elle était conduite par le héros du Nil, et l'ordre fut exécuté si rapidement que dès six heures du matin les vaisseaux anglais étaient engagés avec toute la ligne de fortifications danoises, qui firent sur eux un feu bien nourri. Heureusement pour les assaillants, les Suédois, soit jalousie, soit indifférence, ne tirèrent pas ; la flotte anglaise put serrer la côte de la Suède à moins d'un mille de distance, et se venir ainsi hors de la portée des canons danois. Aussi dès dix heures et demie toute la flotte, poussée par un vent favorable, avait franchi le Sund, n'ayant à déplorer que la perte de six ou sept hommes, et seulement quelques faibles avaries à réparer. Les vaisseaux anglais mouillèrent à cinq ou six milles de l'île d'Hvéen. Les trois amiraux allèrent reconnaître l'état de défense de la place et chercher un passage pour arriver jusque sous les remparts. D'un côté, les murailles étaient flanquées de bastions armés d'une formidable artillerie, dont les feux se croisaient avec ceux de la citadelle et balayaient la rade. A l'entrée du goulet, sur les îles des Couronnes, on avait élevé des batteries hérissées de quatre-vingt-huit canons ; quatre vaisseaux de ligne amarrés à l'entrée du port et quelques batteries sur l'île d'Amak menaçaient aussi d'une terrible canonnade ; mais la principale défense consistait en une ligne d'embossage de six vaisseaux de ligne bien armés, onze batteries flottantes de vingt-six canons de 24 et de dix-huit canons de 18, une bombarde et quelques schooners. Les navires danois, serrés beaupré sur poupe, étaient rangés le long du canal qui suit la côte, et il semblait impossible de les prendre ou même de résister à leur feu.

Nelson lui-même alla sonder pour chercher un chenal, et en ayant découvert un nouveau, il le balisa, et demanda à commander la première colonne d'attaque, formée de douze vaisseaux de ligne et de quelques bâtiments légers ; elle devait attaquer la ligne d'embossage, tandis que l'amiral Parker s'avancerait d'un autre côté pour prendre en flanc les batteries des Couronnes et remorquer les navires qui se laisseraient dériver. La brise ne permit pas à Parker d'exécuter ce mouvement, et Nelson seul eut les dangers et la gloire de l'action. Le 2 avril il franchit la barre avec neuf de ses vaisseaux seulement, les trois autres s'étant échoués sur les bancs de sable qui sont en face du port, et il vint audacieusement se placer par le travers de la ligne danoise. Là s'engagea un horrible combat : jamais, au rapport de l'amiral anglais lui-même, il ne s'était trouvé à si chaude affaire. Toute la population de Copenhague avait couru aux armes avec un enthousiasme impossible à décrire. De nouveaux équipages de matelots improvisés remplaçaient successivement ceux que les boulets et la mitraille de l'ennemi détruisaient ; les forts et les batteries faisaient continuellement un feu terrible ; il fallait céder à une force mieux dirigée ; et après quatre heures de carnage, le feu des Danois tomba. Nelson proposa alors un armistice, qui fut accepté sur-le-champ. Comment ne pas accéder à ses propositions? il menaçait, en cas de refus, de couler bas tous les navires danois et d'en massacrer les équipages. Outre la destruction de la flotte danoise, l'Angleterre obtint encore le résultat qu'elle ambitionnait avec le plus d'ardeur : elle détacha le Danemark de la coalition du Nord.

Les faits parlent assez haut pour que nous n'ayons pas besoin de dire quel nouveau lustre ce glorieux exploit ajouta au nom de Nelson ; nous remarquerons seulement qu'ainsi que Blake à Tunis, et Duguay-Trouin à Rio-Janeiro, il prouva que les flottes peuvent affronter des forteresses, les attaquer, les foudroyer et les démolir, quand leur feu est supérieur.   Théogène PAGE, capitaine de vaisseau.

COPERNIC (NICOLAS) naquit le 19 février 1473, à Thorn, sur les bords de la Vistule, où son père, originaire, suivant toute apparence, de Westphalie, était bourgeois. Sa mère était sœur de l'évêque d'Ermeland, Waisselrod dit l'Ancien. Il reçut son éducation à Thorn, où il étudia la médecine, les mathématiques et l'astronomie. En 1497 il se rendit en Italie, où il suivit à Bologne le cours d'astronomie de Domenicus Maria, et où à partir de l'an 1501 il enseigna les mathématiques à Rome avec beaucoup de succès. A son retour à Thorn, son oncle lui fit obtenir un canonicat à la cathédrale de Fauenburg. Député par son chapitre à la diète de Graudenz, en 1521, il s'efforça de faire prendre par cette assemblée les mesures propres à mettre un terme au désordre des monnaies ; mais ce ne fut qu'après de longues discussions qu'il lui fut donné de mettre à exécution les idées qu'il avait conçues à cet égard. Depuis lors il n'exerça plus sa sagacité que sur les sujets les plus élevés de la nature. Il ne pouvait se résoudre à croire qu'il y eût dans les mouvements des corps célestes autant de désordre et de complication que le prétendait le système du monde de Ptolémée. Il avait lu dans les anciens auteurs que déjà les pythagoriciens avaient cru à un mouvement de la terre ; mais il ne connaissait de l'hypothèse d'Aristarque de Samos, suivant laquelle la terre décrit un cercle oblique autour du soleil, en tournant en même temps chaque jour sur son axe, parce qu'elle ne se trouve consignée que dans l'*Arénaire* d'Archimède, découvert seulement plus tard. Peu à peu il arriva à penser que le soleil est le centre de l'univers, que la terre est une planète tout comme Mars et Vénus, et que les planètes tournent autour du soleil dans l'ordre suivant : Mercure en 87 jours, Vénus en 224, la Terre en 365 jours, Mars en un an et 325 jours, Jupiter en 11 années, et Saturne en 29 années. Son idée fut confirmée par les orbites tracées en conséquence. En effet, quelque simples que fussent ces cercles, ils expliquaient parfaitement tous les mouvements du ciel. Copernic eut donc la gloire de découvrir le véritable système du monde, et à cet égard on peut le considérer comme le père de l'astronomie moderne. Il mourut le 11 juin 1543, et fut enterré dans la cathédrale de Fauenburg. Ce fut seulement en 1581 que l'évêque d'Ermeland, Martin Cramer, distingua son tombeau de celui des autres chanoines, par une petite plaque en marbre portant une inscription.

Le système de Copernic suffit à lui seul pour prouver que c'était un homme d'une merveilleuse sagacité et d'une fermeté de caractère peu commune ; car il ne fallait pas une médiocre force d'esprit pour admettre, contre l'opinion générale, contre celle des hommes les plus savants eux-mêmes, et contre toute apparence, que le soleil est immobile et que c'est la terre qui tourne autour de lui au moyen d'un double mouvement. Il exposa son système dans son immortel ouvrage dédié au pape Paul III, *De Orbium cœlestium Revolutionibus libri VI* (in fol., Nuremberg, 1543; in-4°, Bale, 1566). Müller en donna une nouvelle édition, sous le titre d'*Astronomia instaurata* (in-4°, Amsterdam, 1617 et 1640). Indépendamment de ce grand ouvrage, on a de lui un livre *De Lateribus et Angulis Triangulorum* (in-4°, Wittenberg, 1542) ; c'est un traité de trigonométrie avec des tables de sinus, que Müller avait réuni à l'*Astronomia instaurata*.

L'ouvrage que nous avons mentionné en premier lieu était terminé dès 1530 ; mais ce ne fut que sur les instantes sollicitations du cardinal de Schœnberg et d'autres encore, par exemple de Rhœticus, qui avait embrassé ses idées avec une ardeur extrême, qu'il se décida à le publier; toutefois, il ne vécut pas assez pour le mettre lui-même au jour. Il avait soin d'ailleurs de n'y présenter ses idées que comme une hypothèse qui, suivant lui, expliquait les phénomènes célestes plus facilement qu'on ne l'avait encore fait; précaution que les idées généralement dominantes l'obligeaient d'employer. Mais il suffit de le lire pour voir combien il était profondément convaincu de l'exactitude de son système du monde. Sa vie a été écrite par Gassendi (in-4°, La Haye, 1652) et par Westchal (Constance, 1822). Le comte Surakowski lui a fait élever dans l'église Sainte-Anne de Cracovie un beau monument, avec cette inscription tirée de l'Écriture (Josué, IX, 12) : « *Sta sol, ne moveare!* » et en 1829 la Société des Amis des Sciences de Varsovie lui a fait élever une statue en pied, modelée par Thorwaldsen et fondue par Grégoire de Varsovie.

COPIAPO, district formant l'extrémité de la république du Chili, dans la province de Coquimbo, est devenu récemment célèbre par ses riches mines d'argent, dont l'exploitation serait autrement facile et productive si le pays n'était pas si désert et si pauvre en eau. Ces mines furent découvertes en 1832, par un pauvre homme, qui en arrachant un arbre rencontra un filon d'argent. Elles se prolongent sur une superficie de 46 myriamètres carrés. Dès les quatre premières journées on rencontra seize veines argentifères; trois semaines après on en avait découvert quarante de plus, sans compter les filons de peu d'importance. Les galets qu'on trouvait à la superficie étaient des quantités considérables d'argent pur. Une masse seule pesait 4,849 livres.

La ville de *Copiapo*, bâtie sur les bords de la mer, a environ 1,500 habitants, avec un bon port.

COPIE. Ménage fait dériver ce mot de *copia*, abondance, un ouvrage étant en effet d'autant plus *abondant* que l'on en a fait plus de *copies*. Il s'emploie indistinctement dans la littérature et dans les beaux-arts pour désigner un objet fait d'après un autre : ainsi on dit la *copie* d'un poëme, d'une lettre, celle d'un titre ou d'un acte; celle d'un tableau, d'une statue ou d'une gravure. Dans le premier cas, une *copie* exacte est quelquefois préférable à l'*original*, souvent surchargé de ratures et de mots difficiles à lire. En termes d'imprimerie, on donne toujours le nom de *copie* au *manuscrit* d'après lequel travaille le compositeur, quand même il serait de la main de l'auteur, parce qu'on suppose qu'il existe un premier brouillon dont le manuscrit livré à l'imprimeur n'est que la *copie*.

En style de pratique, une copie est la transcription d'un acte. L'acte transcrit se nomme minute ou original. Les copies, lorsque le titre original existe, ne font foi que de ce qui est contenu au titre, dont la représentation peut toujours être exigée. Lorsque le titre original n'existe plus, les copies font foi d'après les distinctions suivantes : 1° les grosses ou premières expéditions font la même foi que l'original ; il en est de même des copies qui ont été tirées par l'autorité du magistrat, parties présentes ou dûment appelées, ou de celles qui ont été tirées en présence des parties et de leur consentement réciproque ; 2° les copies qui, sans l'autorité du magistrat, ou sans le consentement des parties, et depuis la délivrance des grosses ou premières expéditions, auront été tirées sur la minute de l'acte, par le notaire qui l'a reçu, ou par l'un de ses successeurs, ou par officiers publics qui, en cette qualité, sont dépositaires des minutes, peuvent, au cas de perte de l'original, faire foi quand elles sont anciennes : elles sont considérées comme anciennes lorsqu'elles ont plus de trente ans ; en ont moins de trente ans, elles ne peuvent servir que de commencement de preuve par écrit ; 3° lorsque les copies tirées sur la minute d'un acte ne l'auront pas été par le notaire qui l'a reçu ou par l'un de ses successeurs, ou par officiers publics qui, en cette qualité, seront dépositaires des minutes, elles ne pourront servir, quelle que soit leur ancienneté, que de commencement de preuve par écrit ; 4° les copies de copies pourront, suivant les circonstances, être considérées comme simples renseignements : la transcription d'un acte sur les registres publics ne peut servir que de commencement de preuve par écrit, et il faut même pour cela qu'il soit constant que toutes les minutes du notaire de l'année dans laquelle l'acte paraît avoir été fait soient perdues, ou que l'on prouve que la perte de la minute de cet acte a été faite par un accident particulier ; 5° qu'il existe un répertoire en règle, qui constate que l'acte a été fait à la même date : lorsqu'au moyen du concours de ces deux circonstances, la preuve par témoins est admise, il est nécessaire que ceux qui ont été témoins de l'acte, s'ils existent encore, soient entendus.

En termes administratifs, on donne le nom d'*amplia-tion* à la *copie* d'un arrêté ou d'un ordre quelconque.

Pour les copies des chartes, en diplomatique, *voyez* l'article **CHARTE**.

COPIE (*Arts du dessin*). Dans les beaux-arts, les *copies* de tableaux ou de statues sont toujours inférieures à l'original, et laissent à désirer plus ou moins en raison de l'habileté du *copiste*; quel que soit son talent, il règne toujours moins de liberté dans son exécution, par la contrainte que lui occasionne l'obligation où il est de suivre la manière de faire de celui dont il imite l'ouvrage. Cependant, quelquefois on a de la peine à reconnaître si un tableau est *original* ou *copie*; mais on ne peut plus se méprendre si on a la possibilité de comparer les deux objets. Il existe encore une autre nature de *copies* ou plutôt d'*imitations* de tableaux et de dessins, qui reçoivent le nom de *pastiches*, dans lesquelles l'artiste cherche à composer et à peindre dans la manière d'un autre.

On a dit aussi qu'une gravure était *copiée* d'après un tableau ; on s'est trompé en se servant de cette expression : le graveur ne pouvant employer ni les mêmes moyens ni les mêmes ressources que le peintre, il ne peut être regardé comme un *copiste*. Quelques personnes ont voulu le regarder comme un *traducteur*. Cela peut avoir quelque apparence de vérité, mais nous nous garderons bien d'engager à adopter ce terme. Nous pensons qu'il est plus convenable de dire qu'une gravure est *faite d'après* un tableau, que de dire qu'elle est *traduite*.

Souvent on a *copié* avec la plus grande exactitude d'anciens manuscrits, des lettres autographes, des dessins ou des gravures, pour satisfaire la curiosité d'un amateur; quelques personnes, peu versées dans ceux qui, n'ayant pas assez de lumières, ont pu regarder comme originale une pièce de cette nature, qui dans ce cas reçoit le nom de *copie figurée*, *copie trompeuse*. Lorsque de semblables *copies* sont faites dans l'intention de nuire, on leur donne le nom de *faux*; mais quand les *copies* de cette espèce sont faites seulement pour imiter et représenter un objet rare ou précieux, et que cela ne peut causer de dommage à personne, on les nomme *fac-simile*. DUCHESNE aîné.

COPIE (*Musique*). Les personnes qui veulent acquérir une belle manière de copier la musique doivent prendre pour modèle les ouvrages gravés par d'habiles graveurs, et en imiter les caractères, ainsi que la disposition, sans s'asservir pourtant à une exactitude puérile. La note doit être ronde, bien formée et jetée librement sur la portée. Le copiste donnera aux groupes de notes et aux divers signes tout l'espace nécessaire pour ne laisser aucun doute à l'exécutant, les valeurs ne se distinguant pas bien dans une foule de notes entassées les unes sur les autres. Il lui ménagera un silence de plusieurs mesures pour tourner le feuillet, dût-il sacrifier pour cela dix portées, et même une page entière. Si le morceau de musique n'a que deux pages, il faut nécessairement le commencer au verso, pour qu'on ne soit pas obligé de tourner le feuillet pendant son exécution. Dans les partitions, le copiste aura soin de faire correspondre parfaitement les valeurs, en plaçant chaque note au lieu où elle doit être frappée. Puisque la ronde s'attaque sur le premier temps, il faut donc qu'elle s'y trouve, et non pas au milieu de la mesure. Les lignes additionnelles, qui sont destinées à recevoir les notes dont l'élévation ou l'abaissement excède l'étendue de la portée, doivent être faites avant ces mêmes notes, pour que les intervalles postiches soient bien alignés, et conservent des distances parfaitement régulières, relativement à eux-mêmes et à la portée. Les copistes qui, ne pratiquant pas cette méthode, commencent par former la tête et la queue d'une note fort élevée ou fort basse, et marquent ensuite sur sa queue les fragments de ligne qu'elle doit recevoir, n'ont aucune règle fixe pour établir l'éloignement des notes hors des lignes, et prennent trop ou trop peu d'espace, de manière qu'un *ré* est au niveau d'un *fa*, ou un *mi* d'un *ré*, quoique ces diverses notes soient armées chacune de leurs fragments de ligne comme cela est prescrit ; mais il ne suffit pas de poser ces lignes, il faut encore qu'elles soient toutes dans une direction : les prolonger d'une note à une autre serait tomber dans un défaut plus grave encore.

CASTIL-BLAZE.

COPIER (Instruments, Machines et Procédés à). Les instruments dont on se sert pour reproduire, augmenter ou diminuer les proportions des objets matériels peuvent se distribuer en trois classes : 1° ceux avec lesquels on multiplie une lettre ou toute autre pièce d'écriture ; 2° les instruments avec lesquels on copie, réduit un dessin, un tableau ; 3° ceux avec lesquels on copie ou réduit des statues, des bas-reliefs, etc.

L'instrument le plus simple pour copier une lettre, ou plutôt pour écrire deux lettres à la fois, se compose de deux tablettes, dont une fixe et l'autre mobile : celle-ci est placée sur la première. Chacune de ces tablettes porte une feuille de papier ; celle de la tablette supérieure est pliée en deux, partie en dessous de la tablette, partie en dessus. Pour se faire une idée de cette disposition, on collera une feuille de papier sur un carton, on prendra une autre feuille ayant les mêmes dimensions, dont on pliera une partie ; cela fait, on prendra deux plumes, attachées ensemble, au moyen d'un cordon, comme celles dont les écoliers font usage pour écrire deux lignes à la fois : on conçoit qu'il sera possible de former en même temps une ligne d'écriture sur la feuille inférieure et une autre sur la feuille supérieure, et tout près du pli. Pour écrire une seconde ligne, on fera un second pli à la feuille supérieure, et l'on continuera de la même manière jusqu'à ce que les deux feuilles soient écrites.

Pour garder *copie des lettres* ou d'autres écritures on a imaginé aussi les presses à copier. Voici en général comment elles opèrent : on écrit les lettres avec une encre particulière, séchant lentement ; on l'applique sur une feuille de papier transparente ; on met les deux feuilles entre deux cartons gras, on presse, et la lettre se trouve écrite au verso du feuillet transparent, que l'on peut lire au recto comme si elle était écrite dessus. D'autres systèmes ont encore été inventés pour écrire plusieurs pages à la fois, notamment le *polygraphe* : à l'aide de minces cartons maculés de noir de fumée ou de mine de plomb que l'on intercale entre les feuilles de papier blanc, on obtient d'un seul coup un certain nombre de copies de ce qu'on a écrit sur le premier feuillet. Enfin l'autographie est encore un moyen d'obtenir vivement plusieurs copies d'une même écriture.

On peut prendre la copie ou le *fac-simile* d'une pièce d'écriture très-facilement au moyen d'un carreau de vitre ou d'un papier transparent : c'est ce qu'on appelle *calquer* (*voyez* CALQUE).

L'instrument le plus simple, un des meilleurs peut-être qui existent pour prendre ou réduire les proportions d'une figure, d'un tableau, ce sont les carreaux. Soit un tableau ayant 150 centimètres de hauteur sur 80 de largeur : si de centimètre en centimètre, soit en largeur, soit en hauteur, on tire des lignes verticales et horizontales, on divisera le tableau en 12,000 carreaux. Le résultat sera le même si, au lieu de tracer des lignes sur le tableau, on applique dessus un cadre ayant les mêmes dimensions que celui du tableau, et dont l'intérieur soit divisé en un même nombre de carreaux par des fils transversaux et verticaux. Un cadre semblablement divisé étant appliqué sur la toile destinée à recevoir la copie du même tableau, servira de guide très-sûr au dessinateur qui voudra faire une copie exacte de l'original ; car, en subdivisant par des fils plus déliés les carreaux primitifs en carreaux plus petits, il n'est pas d'homme un peu intelligent qui, à l'aide de ce procédé, ne soit en état de copier fidèlement le trait de tout dessin, de tout tableau quelconque. Les carreaux étant bien disposés peuvent servir encore à dessiner d'après nature avec avantage. Le pantographe, le diagraphe, le physionotrace, etc., facilitent encore davantage la copie ou la réduction d'un modèle donné.

Les sculpteurs prennent la copie d'un bas-relief, d'une statue, au moyen d'un moule en plâtre formé sur la statue elle-même Ce moule se compose de plusieurs pièces, qui, étant toutes réunies, forment un creux dont les proportions sont exactement les mêmes que celles de l'original. On coule du plâtre dans ce creux, et l'on obtient, si toutes les précautions ont été bien prises, une copie fidèle de l'objet qu'on a voulu reproduire. Le même moule peut servir à former plusieurs copies. En opérant d'une manière semblable, on peut ainsi faire le buste d'une personne. Cependant, l'opération a rarement un bon succès : la bouche se trouve déplacée, les joues déformées. Quoi qu'il en soit, c'est le moyen qu'on emploie pour prendre le masque d'une personne morte.

Du reste, le moulage n'est applicable que lorsque la matière de la copie est susceptible d'être coulée. Mais, si c'est au contraire du marbre, de la pierre, du bois, etc., il faut recourir à d'autres moyens. Les sculpteurs emploient alors le *mise au point*, qui n'est qu'une sorte de triangulation de l'ouvrage que l'on veut copier. Le praticien relève trois points remarquables d'un seul coup à l'aide du compas à trois branches. De proche en proche, il dégrossit le bloc qui lui a été donné, et, en multipliant suffisamment les points, il arrive à une grande exactitude. M. Gatteaux a aussi imaginé le *pantographe du sculpteur*, machine d'une grande simplicité. Enfin le *tour à portrait*, borné d'abord dans son emploi, s'applique aujourd'hui à tous les produits de la plastique, grâce aux perfectionnements de M. Collas. Ce mécanicien est même parvenu à faire exécuter à une machine des gravures planes d'après des médailles.

COPISTES. Avant la découverte de l'imprimerie et jusqu'aux premières années du seizième siècle, époque à laquelle cet art fut répandu et devint d'un commun usage dans toute l'Europe, il existait, on doit le croire, un grand nombre de *copistes* (*voyez* CALLIGRAPHIE). Quand on pense à la multiplicité des ouvrages manuscrits que nous a légués le moyen âge ; quand on réfléchit que le cabinet de la Bibliothèque Impériale contient environ 60 mille volumes antérieurs à la fin du quinzième siècle, et qu'il n'est pas d'autre bibliothèque particulière qui n'en possède quelques-uns ; et, d'un autre côté, si l'on réfléchit au grand nombre que les révolutions et le temps ont dû anéantir, on doit nécessairement en conclure que l'occupation de copier les manuscrits était devenue celle d'une classe d'hommes tout entière, et d'une classe d'hommes assez considérable. En effet, sans parler des moines, pour lesquels ce genre d'étude était une règle et un devoir de leur profession, il y eut, même avant le quatorzième siècle, des copistes qui faisaient prix avec de riches seigneurs pour leur écrire ces épais volumes dont l'exécution nous étonne quand on pense qu'une vie tout entière ne suffirait peut-être pas aujourd'hui pour les lire.

Charles V, qui pendant son règne a tant fait pour les sciences et les lettres, fut un de ceux qui encouragèrent l'exécution de ces beaux monuments littéraires, et l'on peut voir à la Bibliothèque Impériale le superbe *Tite-Live*, translaté et copié par ses ordres. Philippe le Bon, duc de Bourgogne, eut aussi un grand nombre de copistes à ses gages, et voici ce que M. Peignot dit à ce sujet : « Il est certain que Philippe le Bon a fait composer, traduire et *copier* un grand nombre d'ouvrages, tant pour enrichir sa bibliothèque et pour son amusement particulier que pour l'instruction de son fils Charles. C'est ce que dénote l'inscription de beaucoup de livres qui lui ont appartenu, comme, par exemple, les suivants : l'*Histoire de Gérard de Nevers et de la belle Euryane, sa mie*, avec cette suscription à la fin : « Escript par moy Guyot d'Angers, par le commandement tres trèsredoubté ségneur Philippe, par la grâce de Dieu duc de Bourgogne, etc.; *Gérard de Roussillon*, traduit du latin en françois » par ordre du duc de Bourgogne, et une infinité d'autres ouvrages portant toujours la même suscription : « Au commandement ou par ordre du duc Philippe le Bon. » Ce prince ne fut pas le seul de sa maison qui aima les livres et encouragea les copistes. Dans des comptes de dépenses manuscrits de la maison de Philippe le Hardi, on trouve ces notes curieuses, qui nous ont été conservées par l'archiviste de Dijon : « 1373 (Amiot Arnaut) Belin, enlumineur à Dijon, escript et enlumine un sept *seaumes*, pour la duchesse, pour 3 fr. (28 fr. 45 c.). — 1377. Le duc paye à maistre Robert, faiseur de cadrans à Paris, 4 fr. (36 fr. 45 c.), pour un almanach qu'il avait fait pour li, pour cete année, commençant le 1er janvier. — 1382. Le duc paye à Henriot Garnier Breton 72 fr. (511 fr. 30 c.), pour ung livre appellé les *Chroniques des Rois de France*.

Ces écrivains joignaient parfois à leur talent pour copier en lettres *rondes*, *gothiques*, ou *de forme*, les manuscrits qui leur étaient confiés, celui de peindre et d'enluminer toutes ces arabesques, tous ces fleurons dont ils ornaient les marges de leurs livres ; ils formaient à Paris au quinzième siècle une confrérie, et la plupart d'entre eux étaient libraires ou « vendoyeurs du parchemin ».

Dans les cloîtres, nous avons dit que c'était un devoir pour certains moines de copier quelques grands ouvrages, la *Bible*, l'*Évangile*, ou quelques Pères de l'Église, par exemple. Malheureusement, une piété malentendue portait quelquefois ces cénobites à gratter des ouvrages de l'antiquité, pour les remplacer par leurs saintes mais souvent trop inutiles élucubrations. Il n'en fut pas cependant toujours ainsi, comme se sont plu à le dire quelques critiques peu consciencieux ; et dès le onzième et le douzième siècles nous voyons dans plusieurs abbayes célèbres les frères, et souvent le supérieur lui-même, occupés à transcrire les écrivains de Rome ou d'Athènes, dont quelques débris étaient venus jusqu'à eux. L'abbé Lebeuf assure que dès le onzième siècle il y avait en Normandie, dans le monastère de Saint-Évroul, une multitude de copistes : « Les bibliothèques furent tellement l'objet de l'attention dans les monastères, ajoutet-il, qu'il y avait des jours destinés à prier Dieu pour ceux qui avaient donné ou *écrit* des livres.... » Plus loin, se savant dit encore que dans tous les ordres nouveaux, aux onzième et douzième siècles, il s'établissait un grand nombre de copistes qui renouvelèrent presque tous les anciens exemplaires latins des Pères de l'Église, des historiens ecclésiastiques et même des auteurs profanes, et ce fait est prouvé par le grand nombre de manuscrits de cette époque parvenus jusqu'à nous. Le développement rapide que prit au commencement du seizième siècle l'art de l'imprimerie, et la perfection que cet art atteignit presqu'en naissant, fit tout à coup disparaître les copistes, devenus presque inutiles.

LE ROUX DE LINCY.

COPLAND (JAMES), célèbre médecin anglais, est né en 1792 dans la paroisse de Deerness, aux îles Orcades.

Élevé par un prêtre de l'Église presbytérienne, il vint en 1807 étudier à l'université d'Édimbourg, où il suivit d'abord les cours de philosophie de Leslie, de Dugald Stewart, de Playfair, de Ritchie et de John Brown, et commença ensuite l'étude de la médecine. Reçu docteur en 1815, il visita successivement Londres, Paris, Berlin, Vienne et d'autres grandes villes de l'Allemagne, où il passa une année. Revenu en Angleterre, il entreprit, au commencement de l'année 1817, un voyage en Afrique, pour étudier les dangereuses épidémies particulières aux pays chauds. En 1818 il se fixa à Londres, où en 1820 il fut reçu membre du *Royal College of Physicians*. C'est de cette époque aussi que datent les premiers ouvrages de Copland, qui en 1822 prit la rédaction en chef du *London Medical Repository*. Cette même année ce fut lui qu'on choisit pour prononcer devant la Société Médicale de Londres le discours annuel d'usage ; et à cette occasion il développa une théorie aussi nouvelle que remarquable de l'électro-galvanisme. A quelque temps de là, il publia ses *Outlines of Pathology and practical medicine*, où il s'occupait surtout des nerfs ganglions et de leurs fonctions, et essayait une nouvelle et plus simple classification des maladies. Il fit ensuite paraître ses *Elements of Physiology* (Londres, 1824), d'après Richerand, avec de nombreuses observations et additions.

Le principal ouvrage de Copland est son *Dictionary of practical Medicine* (Londres, 1830 et années suiv.), que l'auteur ne termina que lentement, à cause de sa grande étendue, mais qui n'en obtint pas moins une extrême popularité, et fut réimprimé en Amérique et traduit en Allemagne. Ce travail fatigant et absorbant n'empêcha point Copland de s'occuper en même temps d'autres ouvrages, non moins importants. A la première apparition du choléra en Angleterre, il publia un essai intitulé *On pestilential Cholera* (Londres, 1832), dans lequel il émettait des idées dont l'expérience a plus tard démontré la justesse. Le livre *On the Diseases of Warm Climates* (2 vol.), écrit en société avec Annesley, a paru sous le seul nom de celui-ci. La dernière production de Copland est intitulée *On Palsy and Apoplexy* (1850) ; en outre il a fait paraître un grand nombre d'articles dans les divers journaux et recueils de médecine.

COPPET, bourg du canton de Vaud, district de Nyon, avec environ 500 habitants, est situé dans une charmante contrée, sur les bords du lac de Genève. La population s'occupe de la culture de la vigne, de la pêche et de la navigation sur le lac. Avant la Révolution Coppet était une baronnie, avec un grand château, bâti sur une hauteur, pris d'assaut en 1536 par les Bernois, reconstruit et beaucoup embelli après avoir été réduit en cendres, et auquel le séjour de quelques personnages distingués a donné de la célébrité. Bayle y passa deux années comme précepteur des enfants du comte de Dohna, qui en était alors propriétaire. Necker, quand il renonça aux affaires en 1790, en fit l'acquisition, et continua de l'habiter jusqu'en 1804, époque de sa mort. Sa fille, Mme de Staël, qui en hérita alors, en fit le centre de réunion des beaux esprits du temps, et surtout des frondeurs qui faisaient à l'empire une cruelle guerre d'épigrammes. Son fils, Auguste de Staël, transforma ce domaine en école-modèle d'agriculture pratique. A sa mort, ce fut son beau-frère, le duc de Broglie, qui en hérita ; et celui-ci en est encore aujourd'hui propriétaire. On voit à Coppet les tombeaux de Necker et de sa femme, de madame de Staël et de son fils ; et tout récemment on y a transporté les restes mortels de sa fille, la duchesse de Broglie.

COPRIDES (de κόπρος, fiente). *Voyez* BOUSIER.

COPROLITHES (de κόπρος, excrément, et λίθος, pierre). On désigne ainsi les excréments pétrifiés d'animaux antédiluviens, qui autrefois étaient pour la plupart connus sous le nom de *pierres de bezoar*. Les premiers débris du monde primitif auxquels on ait réellement reconnu ce caractère furent trouvés dans la caverne de Kirkdale, comté d'York, au milieu d'ossements d'hyènes, de tigres, d'ours, de bœufs, d'éléphants et d'autres animaux. La couleur en était jaunâtre. Ils avaient la forme de masses rondes, contenaient des fragments d'ossements broyés, et ressemblaient tout à fait aux matières fécales des hyènes encore vivantes. On ne tarda pas à reconnaître que les *pierres de bezoar* provenant des ardoisières de Lyme-Regis et Whitby n'étaient autre chose que des excréments pétrifiés de plésiosaures, d'ichthyosaures et autres sauriens antédiluviens.

On rencontre les coprolithes par bancs immenses, dans les plus profondes couches calcaires des montagnes, et toujours dans le voisinage du vieux grès rouge, comme à Bristol, ou bien sous des ardoises bitumineuses, comme sur les bords de la Severn. Ces pétrifications ont dans ces derniers temps été l'objet de recherches attentives de la part des naturalistes; par leurs formes, leurs dimensions et les matières qu'elles renferment, elles mènent à des inductions sur la nature, l'organisation et le mode de nutrition des animaux du monde primitif, et c'est à ce titre qu'elles méritent de fixer l'attention des géognostes et des zoologistes.

On peut aussi considérer comme une espèce particulière de coprolithes, mais d'une formation appartenant au monde actuel, le *guano*.

On donne également le nom de *coprolithes* à des matières excrémentielles non fossiles, mais qui, comme celles des ophidiens, se solidifient très-rapidement au contact de l'air.

COPROPHAGES (de κόπρος, excrément, et φάγω, je mange), nom donné par Latreille à une section de la tribu des scarabéides, famille des lamellicornes, dans l'ordre des coléoptères, comprenant ceux qui vivent et se tiennent habituellement dans le fumier et les excréments. (*Voyez* BOUSIER.)

COPROPRIÉTAIRE, celui qui possède en commun ou par indivis avec un ou plusieurs autres un bien dont ils ne demandent ni la licitation ni le partage.

COPTES, c'est le nom qu'on donne aux chrétiens d'Égypte. On n'est pas d'accord sur son origine. Les Arabes, qui l'employèrent dès le septième siècle de notre ère, l'écrivirent *Kobti*, et l'appliquèrent à la fois aux Égyptiens, aux Nubéens et aux Éthiopiens. Saumaise fait dériver de *Coptos*, ville de la haute Égypte où les Égyptiens soutinrent un long et malheureux siège contre l'empereur Dioclétien; d'autres auteurs, des Jacobites, secte qui était extrêmement répandue en Égypte, et qui y existe encore. Mais il est beaucoup plus probable que ce nom n'est qu'une corruption du mot grec *Ai-gypt-os*, dont on aura supprimé la première et la dernière syllabe. Dans le pays même on les appelle *Qibt*, au singulier *Qibti*.

A l'époque de la conquête de l'Égypte par Amrou, on évaluait à 600,000 le nombre de ces chrétiens. Il n'est plus guère aujourd'hui que de 150,000 (chiffre qui répond à la 14ᵉ partie de la population totale d'Égypte), dont 10,000 habitent les quartiers les plus populeux du Caire. Répandus dans la haute et la basse Égypte, ils forment la classe la plus nombreuse parmi la population chrétienne. Dans les villages, la plupart se livrent, ainsi que les Fellahs, aux travaux de la campagne; d'autres exercent divers métiers. A Syouth, ils tissent le lin; au Fayoum, ils distillent l'eau de rose; dans la province de Menouf, ils font les nattes; au Caire, ils sont orfévres, tailleurs, menuisiers et maçons.

Les coptes sont petits de taille; ils ont les yeux noirs, les cheveux assez généralement crépus, et offrent encore des traits de ressemblance avec les anciens Égyptiens, dont ils ont conservé l'habitude de pratiquer la circoncision. Leur costume ressemble beaucoup à celui des musulmans; toutefois, ils diffèrent de cette partie de la population actuelle de l'Égypte par la couleur de leur turban, qui est généralement noir. En général, le copte est taciturne; son air est sombre et mélancolique, effet de ses abstinences et des sévérités de son éducation. Il est rampant et souple, quand il est dominé; arrogant, quand l'emploi qu'il occupe lui donne quelque considération. Il fait durement peser son ascendant sur ses subalternes; ses chefs, ses égaux, sont en butte à sa jalousie haineuse. Dans toutes les classes, la dissimulation est l'apanage héréditaire des coptes; défaut commun à toute cette population en général, et qui est le résultat de l'asservissement où elle est plongée. Depuis un temps immémorial, les coptes se distinguent par une grande habileté dans tout ce qui est affaire de comptabilité; aussi, aujourd'hui c'est encore presque exclusivement parmi eux que le gouvernement va prendre ses comptables. Il en est résulté pour eux une influence considérable, à laquelle Méhémet-Ali lui-même a mainte fois inutilement voulu se soustraire.

Ils attribuent leur conversion au christianisme à saint Marc, qu'ils considèrent comme leur premier patriarche. Ils restèrent orthodoxes jusqu'au temps de leur patriarche Dioscure, qui les plongea dans le schisme des monophysites, en leur faisant soutenir qu'il n'y avait en Jésus-Christ qu'une seule nature, une substance, une volonté et une opération. Le concile de Chalcédoine condamna cette hérésie et son auteur; et les coptes qui y persistèrent furent persécutés. Le patriarche d'Alexandrie porte encore ce titre, quoiqu'il réside au Caire. Il est le chef spirituel des Coptes. Il existe en outre un métropolitain des Abyssins, des évêques, des archiprêtres, des prêtres, des diacres et des moines. Le patriarche est désigné par son prédécesseur parmi les moines du couvent de Saint-Antoine ou bien élu au sort, et doit garder le célibat. Les évêques sont au nombre de douze. Les coptes sont fort attachés à leurs usages religieux; et ils haïssent les autres sectes chrétiennes peut-être encore plus que les musulmans. Ils pratiquent le baptême par immersion, l'onction, l'exorcisme et la confession auriculaire. Ils communient sous les deux espèces, avec du pain levé, qu'ils trempent dans le vin. Ils observent le jeûne le plus rigoureux tous les vendredis. Leurs moines et leurs religieuses mènent le genre de vie le plus sévère. C'est le patriarche qui nomme les chefs des différentes maisons religieuses et églises, au nombre de 97. Un copte ne peut être prêtre s'il n'est pas marié, et s'il vient à mourir dans le sacerdoce, sa femme doit demeurer dans l'état de veuvage. Cette condition est d'ailleurs réciproque. On n'admet, au contraire, à la profession de moines que les hommes non mariés. Quant au temporel, les coptes suivent les lois du pays.

On compte en Égypte environ 5,000 coptes catholiques, c'est-à-dire en communion avec l'Église de Rome, et dont les usages sont les mêmes. Ils ne se distinguent des autres que par les cérémonies de l'Église. Au Caire, ils ont leurs prêtres du rit latin; dans le Saïd, ils sont assistés par les missionnaires de la Propagande.

Les coptes possèdent aussi beaucoup d'écoles, mais seulement à l'usage des petits enfants, à qui on fait apprendre les Psaumes, les Évangiles et les Épîtres en arabe, et les Évangiles ainsi que les Épîtres aussi en copte. Cependant, on n'enseigne plus la langue copte grammaticalement, et on ne la parle plus nulle part. Elle tomba successivement en désuétude à partir de la conquête de l'Égypte par les Arabes; et dès le dixième siècle on avait complètement cessé de la parler dans la basse Égypte, tandis qu'elle se maintint quelques siècles de plus dans la haute Égypte jusqu'à ce qu'elle ait fini par y être remplacée presque entièrement par l'arabe. Tous les coptes qui ont été à l'école prient encore aujourd'hui dans cette langue et chez eux; et l'Écriture Sainte est toujours lue encore en copte dans les églises; mais c'est en arabe que se font les commentaires et les explications.

En ce qui touche les mœurs et l'organisation politique actuelles des coptes, les meilleurs ouvrages à consulter sont: Lane, *Manners et Customs of the modern Egyptians* (Londres, 1837). Quatremère a publié sur leur histoire les deux ouvrages suivants: 1° *Recherches critiques et histo-*

riques sur la *Langue et la Littérature de l'Égypte* (Paris, 1810), et *Mémoires géographiques et historiques sur l'Égypte* (1811).

[En se convertissant au christianisme, les anciens Égyptiens conservèrent bien leur antique langue ; mais ils renoncèrent à l'ancienne écriture ; et au lieu d'écrire cette langue avec les signes alphabétiques figuratifs ou symboliques qui composaient l'écriture hiéroglyphique, ils écrivirent les mots avec les lettres de l'alphabet grec, accru de cinq ou six signes alphabétiques de l'ancienne écriture, qui étaient nécessaires pour exprimer des articulations qui n'étaient pas usitées par les Grecs. C'est donc avec toute raison qu'on a dit que la langue copte n'est que l'ancienne langue des Pharaons, écrite avec les lettres de l'alphabet grec, et dans laquelle se sont introduits des mots grecs ou autres dont les nouvelles conquêtes de l'Égypte ont rendu l'adoption nécessaire. Il existe de cette langue une grammaire rédigée en copte et en arabe par le patriarche Tuky, et d'autres grammaires plus modernes, rédigées par des savants de l'Occident, tels que Scholtz, Ungarelli, Peyron, Tattam (Londres, 1831), Valperga de Coluso, et des dictionnaires par Vayssière-Lacroze (Oxford, 1778), Peyron, Tattam et Parthey. Enfin, Champollion le jeune a laissé parmi ses autres ouvrages manuscrits une *Grammaire analytique de la Langue Copte* et un *Dictionnaire Copte* selon les trois dialectes thébain, memphitique et baschmourique (ou du Fayoum). Il existe un grand nombre de manuscrits coptes dans les bibliothèques de l'Europe ; mais, à très-peu d'exceptions près, ils ne contiennent que la traduction, faite assez tard, des livres de la Bible ; des ouvrages ascétiques et liturgiques, des *Vies des Pères du Désert*, des grammaires et des dictionnaires ou nomenclatures par ordre, non pas alphabétique, mais de *matières*, concernant, par exemple, les animaux, le ciel, l'homme, les régions et les lieux ; et quelques phrases pour faciliter les relations avec les étrangers, telles que celles que nous avons publiées nous-même, et qui sont des phrases de la langue romane ou provençale, écrites en lettres coptes pour les coptes, et expliquées en arabe. Les exceptions indiquées plus haut consistent jusqu'à présent qu'en quelques contrats écrits sur peau, qu'on croit être de gazelle ; en un traité sur les gnostiques, manuscrits de la bibliothèque d'Oxford, et en un recueil de recettes médicales contre les maladies de la peau. Il existe aussi quelques inscriptions coptes tracées sur des pierres isolées ou des tessons de poterie. Enfin, on a recueilli quelques fragments de manuscrits coptes sur papyrus ; les autres sont écrits sur parchemin ou sur papier. Le Pentateuque, plusieurs livres de l'Ancien Testament, les Évangiles et d'autres portions des livres saints ont été imprimés, le plus grand nombre à Rome, ainsi que les livres liturgiques. Zoega, dans son Catalogue des manuscrits coptes du Vatican, a publié un très-grand nombre d'autres textes coptes, notamment les recettes médicales déjà citées, et dont Champollion le jeune a aussi laissé une traduction avec le texte revu et commenté. Il existe enfin un recueil d'hymnes coptes en vers et en rimes, et on sait aujourd'hui, par les travaux et les recherches de Champollion le jeune, toute l'utilité et l'indispensable nécessité de la langue copte pour pénétrer dans l'histoire de l'antique Égypte : ses monuments sont couverts d'inscriptions écrites dans cette même langue ; il n'y a de différence qu'entre le nouveau et l'ancien alphabet, et Champollion a donné la clef de celui-ci : ses découvertes ont élevé la langue copte, jusque là reléguée au simple rang d'idiome d'une secte chrétienne, au rang des plus importants dans les recherches sur l'histoire primitive de l'intelligence humaine.

La langue copte se partage en deux dialectes principaux, le haut égyptien ou thébain, et le bas égyptien ou memphitique, le dialecte copte proprement dit. On en parle encore un troisième, le *baschmourique*, dans une partie du Delta, mais il n'en existe plus que quelques débris. Ce qui donne de l'intérêt à ce dernier, c'est qu'à certains égards il se rapproche plus de la langue hiéroglyphique que les deux autres, dont le haut égyptien est celui qui s'est le mieux conservé dans sa forme antique.

C'est à tort que certains auteurs considèrent les coptes comme les descendants sans mélange des anciens Égyptiens. Les observations de Larrey et de Caillaud excluent les coptes de toute descendance, ou du moins de la descendance directe et exclusive des anciens Égyptiens. Champollion le jeune n'a reconnu comme tels, après avoir vu les lieux, que les *Kensous* ou *Barabras*, habitants actuels de la Nubie. Et il ajoute à l'égard des coptes : « On ne retrouve dans les coptes de l'Égypte aucun des traits caractéristiques de l'ancienne population égyptienne. Les coptes sont le résultat du mélange confus de toutes les nations qui successivement ont dominé sur l'Égypte. On a tort de vouloir retrouver chez eux les traits principaux de la vieille race égyptienne. »
CHAMPOLLION-FIGEAC.]

COPULE. C'est en logique le terme ou signe qui marque, dans un jugement, la comparaison ou liaison que l'esprit fait de l'attribut et du sujet. Quelquefois la copule et l'attribut sont renfermés dans un seul mot. Ainsi dans *Dieu existe*, *existe* contient la copule et l'attribut, qu'on distinguera en disant *Dieu est existant*. C'est sur la copule que tombe toujours la négation ou l'affirmation qui fait la qualité de la proposition.
DIDEROT.

COPYHOLDERS. *Voyez* GRANDE-BRETAGNE.

COQ (*Ornithologie*). Ce genre de gallinacés a pour caractères des joues en partie dénuées de plumes et garnies d'une peau rouge, la mandibule inférieure fournie de chaque côté de barbillons charnus, les pennes de la queue, au nombre de quatorze, qui se redressent sur deux plans verticaux, adossés l'un à l'autre, et les couvertures de la queue du mâle se prolongeant en arc sur la queue proprement dite. C'est à ce genre qu'appartient l'espèce de gallinacés qui peuple toutes nos basses-cours. Cette espèce, qui se trouve maintenant dans l'état de domesticité sur tout le globe, varie à l'infini pour la taille et la couleur : il y a même des races où la crête est remplacée par une touffe de plumes redressées. « Le coq, dit Gueneau de Montbéliard, est un oiseau pesant, dont la démarche est lente et grave, et qui, ayant les ailes fort courtes, ne vole que rarement, et quelquefois avec des cris qui expriment l'effort. Il chante indifféremment la nuit et le jour, mais non pas régulièrement à certaines heures, et son chant est fort différent de celui de sa femelle, quoiqu'il y ait aussi quelques femelles qui ont le même cri du coq, c'est-à-dire qui font le même effort du gosier, avec un moindre effet ; car leur voix n'est pas si forte, et ce cri n'est pas aussi bien articulé. Il gratte la terre pour chercher sa nourriture ; il boit en prenant de l'eau dans son bec et levant la tête à chaque fois pour l'avaler. Il dort le plus souvent un pied en l'air, et en cachant sa tête sous l'aile du même côté ; son corps, dans la situation naturelle, se soutient à peu près parallèlement au plan de position, le bec de même ; le cou s'élève verticalement. Ce qui distingue le mâle, c'est que les deux plumes du milieu de la queue sont beaucoup plus longues que les autres et se recourbent en arc ; que les plumes du cou et du croupion sont longues et étroites, et que leurs pieds sont armés d'éperons. Il est vrai qu'il se trouve aussi des poules qui ont des éperons ; mais cela est rare, et les poules ainsi éperonnées ont beaucoup d'autres rapports avec le mâle : leur crête se relève ainsi que leur queue ; elles imitent le chant du coq, et cherchent à l'imiter en choses plus essentielles.... Un bon coq est celui qui a du feu dans les yeux et de la fierté dans la démarche, de la liberté dans ses mouvements, et toutes les proportions qui annoncent la force. Le matin, lorsqu'on lui ouvre la porte du poulailler où il a été renfermé pendant la nuit, le premier usage qu'il fait de sa liberté est de se joindre à ses poules ; il semble que chez lui le besoin de manger ne soit que le second... Le coq a beaucoup de soin et même d'inquiétude et de souci pour ses poules : il ne les perd guère de vue ; il les conduit, les défend, les menace, va chercher celles qui s'écartent, les ramène, et ne se livre au plaisir de manger que lorsqu'il les voit toutes manger autour de lui. A juger par les différentes inflexions de sa voix et par les différentes expressions de sa mine, on ne peut guère douter qu'il ne leur parle différents langages. Quand il les perd, il donne des signes de regret. Quoique aussi jaloux qu'amoureux, il n'en maltraite aucune ; sa jalousie ne l'irrite que contre ses concurrents : s'il se présente un autre coq, sans lui donner le temps de rien entreprendre, il accourt, l'œil en feu, les plumes hérissées, se jette sur son rival, et lui livre un combat opiniâtre, jusqu'à ce que l'un ou l'autre succombe, ou que le nouveau venu lui cède le champ de bataille. Le désir de jouir, toujours trop violent, le porte non-seulement à écarter tout rival, mais même tout obstacle innocent : il bat et tue quelquefois les poussins pour jouir plus à son aise de la mère. »

Châtré, le coq devient chapon, et sa chair est alors fort prisée des gourmets.

On connaît aujourd'hui plusieurs espèces de *coqs sauvages*. Le voyageur Sonnerat en a décrit une qui a conservé son nom, le *gallus Sonneratii*. Elle est fort remarquable par les plumes du cou du mâle, dont les tiges s'élargissent par le bas en trois disques successifs de matière cornée. La crête du mâle est dentelée. Cette espèce se trouve dans les montagnes des Gates de l'Indostan. On a longtemps cru qu'elle était la souche de nos races domestiques ; mais Temminck a démontré que cette prérogative appartient au *gallus bankiva*, rapporté de Java par Leschenault de Latour, et caractérisé par sa crête dentelée et son cou garni dans le mâle de longues plumes tombantes, du plus beau roux doré. Une autre espèce, également rapportée de Java par Leschenault, est noire, à cou vert cuivré, maillé de noir ; elle a la crête sans dentelures, et sous la gorge un petit fanon sans barbillons latéraux. DÉMÉZIL.

L'emploi du *coq* comme symbole remonte à une haute antiquité. Les Dardaniens le plaçaient sur leurs enseignes militaires pour annoncer que, comme l'oiseau belliqueux des joûtes, ils étaient résolus à vaincre ou à périr dans les combats. Hardouin cite une médaille à l'effigie de Géta, sur laquelle les Dardaniens avaient fait représenter deux coqs se livrant bataille. Les Grecs avaient consacré cet oiseau au dieu Mars, à Bellone, à Minerve et à Mercure. Pausanias l'a vu surmontant le casque de la déesse de la sagesse dans la citadelle d'Élis. Les Romains, comme les Grecs et les habitants de Pergame, et quelques peuples modernes, se donnaient le spectacle des joûtes où ce généreux oiseau combat jusqu'à la mort avec une noblesse, une intrépidité et une fierté admirables (*Voyez* ALECTRION.)

On immolait le coq à la déesse de la nuit, sans doute parce qu'il troublait son repos en signalant dès les premières lueurs l'apparition du jour. Ovide dit :

Nocte deæ Noctí cristatus cæditur ales,
Quod tepidum vigili provocat ore diem.

Chez les chrétiens, le coq joue aussi son rôle. Il rappela à son devoir, dit-on, le grand prêtre Caïphe, l'apôtre Pierre, qui venait de renier son maître par trois fois consécutives. Raynier assure que le coq placé sur nos clochers désigne le docteur toujours prêt à instruire le peuple. Suivant Honoré d'Autun, qui vivait au commencement du douzième siècle, le coq doit avertir le prêtre (qui est le coq de Dieu) de se servir du son de la cloche pour appeler à matines ceux que retiendrait le sommeil dans les bras de la mollesse.

Nous ignorons où La Combe de Prezel, écrivain fort superficiel et très-inexact, a pu trouver que « les Gaulois avaient pris le coq dans leurs enseignes ». Le coq, choisi pour emblème des Français, est beaucoup plus récent que l'existence politique des Gaulois. Son emploi dans le sens symbolique ne remonte qu'à l'époque de l'invention du blason et des armes parlantes : c'est l'effet d'un pur jeu de mots qui provient de la ressemblance des mots latins *gallus*, coq, et *Gallus*, Gaulois, puis Français. Toutefois, le choix de cet emblème nous semblait bien trouvé. En effet, le coq, ainsi que le Français, est sociable, intrépide, beau, galant, et doué d'une voix sonore et brillante. Certes, Passerat eut raison de dire :

Hic idem invictis populis mavortius ales
Præclarumque simul tribuit tibi, Gallia, nomen.

Nos naturalistes le représentent comme ayant une démarche fière, comme offrant un modèle d'ardeur amoureuse. On voit le coq dans quelques vieux emblèmes où la défaite des ennemis de la France est figurée par le lion de Castille ou l'aigle autrichienne fuyant devant l'oiseau français.

Comme il n'avait jamais cessé de figurer la France, on le conserva après la révolution de 1789 sur quelques-unes de nos monnaies métalliques et sur quelques assignats. Il n'avait rien d'aristocratique ni de républicain, il représentait seulement la France. Ainsi, M. Pelet (de la Lozère) a eu tort de dire dans son ouvrage intitulé *Opinions de Napoléon*, qu'on agita au conseil d'État la question de savoir par quel emblème on remplacerait le *coq républicain* sur le sceau de l'État. Il nous apprend qu'on proposa l'éléphant, puis le lion, et que Denon indiqua l'aigle. Assurément ce ne fut que pour compléter par un nouveau plagiat la continuelle parodie des Romains que Napoléon, qui leur avait emprunté les dénominations de sénat, questeurs, préfets, vélites, consul, tribuns, sénatus-consultes, plébiscites, comices, etc., substitua au coq français , beau, brave et galant , le hideux et sauvage oiseau de proie qui assimilait nos enseignes à cet aigle dont les deux têtes inspirèrent à l'Italien Alamanni ces beaux vers :

Aquila grifagna
Che per divorar due becchi porta;

que l'on peut traduire ainsi :

C'est pour mieux dévorer que cette aigle affamée
Est de serres pourvue et de deux becs armée.

En effet, l'oiseau de proie n'a en sa faveur que la force ; sauvage et solitaire, jetant un cri effrayant et lamentable, il joint un aspect dur à des formes désagréables et à une hideuse couleur ; il ne se désaltère guère qu'avec du sang, ne connaît que très-rarement les plaisirs de l'amour, et témoigne par le volume considérable de son fiel qu'il ne sait que haïr et massacrer. Le coq rendit noblement et n'attend pas de la victoire la pâture du carnage. Aussi, ses duels chevaleresques plaisaient beaucoup, dans l'antiquité, aux Athéniens, aux Rhodiens, aux citoyens de Pergame, et de nos jours font les délices des Chinois et des Anglais (*voyez* coqs [Combats de]). Thémistocle lui-même allant combattre les Perses citait à ses soldats, comme un modèle qu'ils étaient dignes d'imiter, le courage indomptable du coq et sa beauté dans le péril des batailles : car chez les anciens on mettait une sorte de coquetterie à se montrer beau dans la bataille et à succomber sous la mort avec grâce et noblesse. Aussi avions-nous dû voir avec une patriotique satisfaction notre ancien coq reprendre sa place en 1830, appeler toute la vigilance dont il est le symbole, caractériser l'intrépidité qui lui est familière, et mériter ainsi d'être l'emblème d'un peuple généreux et fier. Louis Du Bois.

Le *coq*, que les Gaulois, a-t-on dit, avaient pris pour emblème, à cause de l'analogie de son nom latin (*gallus*) avec le leur, est le symbole général du courage, de l'activité et de la vigilance. Selon la Fable, un jeune confident des amours de Mars et de Vénus, nommé *Alectryon*, ayant reçu du dieu de la guerre la mission de veiller pour empêcher que ces amants heureux ne fussent surpris, s'endormit, en sorte qu'ils furent aperçus par le dieu du jour, qui les dénonça à Vulcain. Celui-ci, type de tous les maris indiscrets et imprudents, les enveloppa d'un filet et les donna ainsi en spectacle à tous les dieux, qui rirent encore plus sans doute de l'infortune du pauvre Vulcain. Néanmoins, Mars, irrité de la négligence d'Alectryon, le métamorphosa en coq. C'est pour cela, dit-on, que cet oiseau, se souvenant de la faute d'Alectryon, ne manque plus d'annoncer chaque jour par son chant le retour du soleil. Les anciens immolaient le *coq* aux dieux Lares et à Priape. C'était aussi la victime du sacrifice offert à Esculape lorsqu'on guérissait d'une maladie par son intervention. Enfin, les statues de Bacchus le montrent quelquefois avec un coq à ses pieds, parce qu'on lui sacrifiait cet oiseau pour la conservation de la vigne.

Coq, dans le sens figuré, se dit du chef, du seigneur, du maître, du premier en titre ou en considération d'un lieu quelconque, principalement d'une paroisse ou d'un village. Hauteroche fait dire à un de ses personnages parlant d'un autre, dans une de ses comédies :

Il est le *coq* du bourg, connu pour un Crésus.

On dit proverbialement : mauvaise maison où le *coq* se tait et la *poule* chante, pour dire que tout ménage où la femme est la maîtresse est un mauvais ménage. On dit encore, en faisant allusion aux soins amoureux que le sérail d'un coq exige de cet oiseau, que *bon coq ne fut jamais gras*. On dit enfin, proverbialement et familièrement, d'un homme qui vit fort commodément, fort à son aise dans un lieu quelconque, qui est entouré de soins, et auquel surtout on fait faire bonne chère, qu'il y est *comme un coq en pâte*.

Les serruriers appellent *coq*, dans une serrure, la partie dans laquelle se forme le pêne de la gachette. En termes d'horlogerie, le *coq* est, dans les pendules, une sorte de pièce de laiton attachée sur la platine de derrière, et qui sert à suspendre le pendule ; dans les montres, c'est une petite platine qui couvre le balancier. Edme Héreau.

COQ (*Ichthyologie*), nom vulgaire d'un poisson du genre *zee*, le *zeus gallus*. Celui que l'on appelle *coq doré* est le *zeus vomer*.

COQ (*Paléontologie*), coquille fossile du genre des térébratules. On la nomme plus communément *poule* ou *poulette*.

COQ (*Marine*). C'est le nom sous lequel on désigne à bord d'un grand navire le cuisinier de l'équipage. On sait que nous avons emprunté la plupart de nos termes de marine à la première puissance maritime du globe, à l'Angleterre ; et les érudits en ont conclu que nous lui étions redevables du mot *kock* (cuisinier de bord) ; mais les Latins, bien des siècles auparavant, appelaient un cuisinier *coquus* ; c'était le titre que prenait l'élégant cordon-bleu de Lucullus, et c'est celui dont toutes les marines ont affublé d'un commun accord le sale fonctionnaire qui prépare le manger d'un équipage. Sur les petits navires marchands, où les matelots sont peu nombreux, le cuisinier des officiers n'est autre que le *vulgaire coq* ; mais ce cumul ne saurait exister à bord des vaisseaux de guerre, où la hiérarchie divise le personnel en plusieurs tables, dont chacune a son cuisinier. L'équipage a aussi le sien, et c'est le *coq*.

Le coq a son rôle à part dans le pêle-mêle d'un bâtiment de l'État. Ce n'est pas un matelot qu'on affecte au service de la cuisine : on trouverait difficilement un marin qui se résignât à cette condition ; il n'est pas inscrit sur le rôle de l'équipage, et, comme le cambusier, il ne relève que du fournisseur des vivres de la marine. Mais il a beaucoup navigué, c'est même une condition essentielle de sa spécialité ; on exige plus de lui l'habitude des bords que des grands talents culinaires, qui se bornent ordinairement à faire cuire du lard ou du bœuf salé dans une immense chaudière, à préparer une bouillie de biscuit, qu'il décore du nom bizarre de *turlutine*,

à opérer à grande eau la décoction d'une quantité énorme de haricots ; enfin, le cas échéant, à faire, toujours dans sa gigantesque marmite, le pot au feu de l'équipage ; et c'est là le triomphe du *coq*.

COQ-A-L'ÂNE, discours interrompu, sans suite et sans liaison, ou dont la suite n'a aucun rapport avec le commencement, tel que serait, par exemple, celui d'une personne qui, ayant commencé à parler de son *coq*, en viendrait brusquement et sans transition à vous entretenir de son *âne*, comme on le reproche dans ces vers du *Loyer des folles Amours*, ouvrages du quinzième siècle :

De moi vraiment
Vous vous raillez ;
Trop vous faillez,
Car vous *sailles* (sautez)
Du *coq* à l'*asne*

Ménage dit que Marot a été le parrain ou plutôt le père de cette façon de parler, ayant fait une épître burlesque, ainsi dénuée de suite et de liaison, qu'il intitula *Du Coq à l'Âne*, et qui fut imitée ensuite par bon nombre d'auteurs. Un poète italien, Burchiello a excellé dans ce genre de poésie, et a eu pour commentateur Fr.-Maria Doni, qui a voulu enchérir sur le texte par ses extravagances. Un écrivain du commencement du dix-septième siècle, Guillaume du Sable, qui avait vécu dans la domesticité de sept rois, François Ier, Henri II, François II, Charles IX, Henri III, Henri IV et Louis XIII, a laissé une satire sur les affaires du temps, présentée sous la forme d'un *coq-à-l'âne*, qui est une histoire abrégée de la ligue et de quelques événements particuliers, surtout depuis la mort de Henri II. Il y parle avec une liberté souvent cynique non-seulement du pape et de la Sorbonne, mais des personnes qui étaient le plus en crédit à la cour, tels qu'Albert de Gondi, le chancelier Birague, et de Catherine de Médicis elle-même.
Edme Héreau.

COQ BRUANT, COQ DE BOIS, COQ DE BOULEAU, COQ DE MONTAGNE. *Voyez* Coq de bruyère.

COQ DE BRUYÈRE, nom vulgaire de plusieurs espèces de gallinacés, qui, réunis aux gélinottes, constituent le genre *tetras*.

Le *grand coq de bruyère* (*tetras urogallus*, Linné), que l'on appelle encore *coq de bois*, *coq de montagne*, *coq bruant*, est le plus grand des gallinacés. Le mâle, long de 0^{m}92, au plumage ardoisé, rayé finement, en travers, de noirâtre ; la femelle, plus petite d'un tiers, est fauve, avec des lignes transversales brunes ou noirâtres. Les jeunes ressemblent aux femelles jusqu'à la première mue. On trouve cet oiseau en assez grand nombre en Livonie, en Russie, en Sibérie, et généralement dans toutes les parties septentrionales de l'Asie ; il est bien plus rare en Allemagne, en Hongrie, et surtout en France, quoiqu'on en rencontre dans les pays de Foix et de Comminges, en Auvergne, dans les Ardennes et les Vosges lorraines. Il vit toujours dans le même lieu, habite de préférence les forêts montagneuses, et se nourrit principalement de baies, de bourgeons et de jeunes pousses, auxquels il ajoute des graines, des insectes et des vers. Le mâle commence à entrer en chaleur dans les premiers jours de février, et c'est vers la fin de mars que son ardeur amoureuse est dans toute sa force. Chaque coq se tient alors dans un certain canton, dont il ne s'éloigne pas. On le voit, soir et matin, perché sur un gros arbre, ayant la queue étalée en rond, les ailes traînantes, le cou porté en avant, la tête enflée par le redressement de ses plumes, et prenant toutes sortes de postures extraordinaires. Il appelle ses femelles par un cri très-fort, qui commence et se termine par une explosion aiguë et perçante ; celles-ci répondent par une sorte de râlement plus doux, et accourent au pied de l'arbre où il se tient, et d'où il descend aussitôt pour les féconder. Cet oiseau, qui dans tout autre temps est fort difficile à approcher, se laisse surprendre très-aisément lorsqu'il est en amour, et surtout pendant qu'il fait entendre son cri de rappel; il est alors si étourdi du bruit qu'il fait lui-même, ou, si l'on veut, tellement enivré, que ni la vue d'un homme, ni même, dit-on, l'explosion de la poudre, ne lui fait prendre sa volée. « On le croit sourd et aveugle, dit un naturaliste : il n'est qu'amoureux. » Ce temps d'amour dure jusqu'au commencement de juin. Chaque femelle fécondée va faire à l'écart à terre, dans la bruyère ou dans tout autre endroit bien couvert, un nid composé de mousse, où elle pond de onze a seize œufs, d'un blanc sale, marqués de taches jaunâtres, un peu plus gros et plus obtus que ceux des poules ordinaires. L'incubation, à laquelle le mâle ne prend aucune part, dure environ quatre semaines, et les femelles couvent avec tant d'assiduité et de passion, qu'il n'est point rare de les prendre vivantes sur leur nid. Dès que les petits sont éclos, ils se mettent à courir avec beaucoup de légèreté ; la mère les conduit avec sollicitude, et les promène dans les bois, où ils se nourrissent d'œufs de fourmis, de mûres sauvages, etc. La famille demeure unie tout le reste de l'année, jusqu'a ce que la saison des amours, leur donnant de nouveaux besoins et de nouveaux intérêts, vienne à les disperser, surtout les mâles, qui ne se souffrent pas entre eux, et qui ne vivent guère avec les femelles que pendant le temps de leur chaleur. Hors ce temps, ces oiseaux sont presque toujours à terre et ne se perchent guère que pour passer la nuit. Le grand coq de bruyère est un gibier excellent, surtout lorsqu'il est jeune ; aussi a-t-on fait plusieurs fois des tentatives pour le rendre domestique, mais on n'a pas encore pu y réussir. Il languit et ne tarde pas à mourir, quand on le tient en captivité.

Parmi les autres espèces, on distingue encore le *coq de bruyère à queue fourchue* ou *coq de bouleau* (*tetras tetrix*, Linné). Le mâle est noir, irisé de violet sur la tête, le cou, la poitrine et le croupion, avec du blanc aux couvertures des ailes et sous la queue, qui est fourchue ; la femelle, fauve, rayée en travers de noirâtre et de blanchâtre, avec la queue peu fourchue. Leur taille est celle du coq et de la poule. Comme dans l'espèce précédente, les jeunes mâles ressemblent aux femelles jusqu'à leur première mue. Ces oiseaux habitent les mêmes lieux que ceux de l'espèce précédente, mais sont moins rares dans nos contrées tempérées. Ils vivent par troupes dans les forêts plantées de bouleaux, dont les jeunes pousses font leur nourriture favorite. Ils entrent en amour vers la fin de l'hiver, et les mâles se disputent alors les femelles avec un acharnement qui ne cesse bien souvent que par la mort de l'un des combattants. Le vainqueur conduit trois ou quatre femelles, et sa passion amoureuse n'est pas moins violente que celle du grand coq de bruyère. Posé sur les grosses branches des arbres, il est en proie à une agitation continuelle, semble n'avoir de sens que pour faire entendre, et les rappelle fréquemment un cri d'amour qui s'entend de fort loin. Chaque femelle va faire sa ponte à l'écart dans des taillis épais peu élevés, et sur la terre même ; les œufs, au nombre de six à huit, ont des mouchetures de couleur rouillée sur un fond blanc jaunâtre. Les petits prennent un accroissement assez rapide : dès l'âge de cinq à six semaines, ils sont en état de voler et de se percher sur les arbres avec leur mère, qu'ils ne quittent point durant leur première année. Aux approches de l'hiver, toutes les familles se rassemblent et se réunissent aux vieux mâles pour former des bandes nombreuses. Cette espèce est moins farouche que la précédente. C'est un gibier moins rare, mais aussi moins exquis et beaucoup moins recherché. Démezil.

COQ DE ROCHE. Cuvier fait de ces oiseaux, qui, à cause de leur ressemblance en quelques points avec les gallinacés et de leur demeure habituelle dans les cavernes, ont été appelés *coqs de roche*, un genre de la famille des manakins, dans l'ordre des passereaux. Les coqs de roche étaient rangés par Linné dans son genre *pipra* ; Brisson les en a séparés, sous le nom générique de *rupicola*. Ils ont pour caractères : un bec médiocre, robuste, un peu voûté et courbé vers son extrémité, dont la mandibule supérieure, aussi large que haute, a la base comprimée et est échancrée à la pointe, et dont l'inférieure, plus courte, est droite et aiguë ; des narines placées de chaque côté du bec, ovoïdes, cachées par les plumes de la huppe, qui s'élèvent en demi-cercle ; des tarses en partie couverts de plumes, des pieds robustes, quatre doigts, trois en avant, l'externe uni à l'intermédiaire au-dessus de la seconde articulation, et l'interne soudé à la base de ce doigt ; le pouce, dirigé en arrière, très-fort et armé d'un ongle crochu ; des ailes dont la première rémige est filiforme et presque imberbe vers le bout, et dont les quatrième et cinquième sont les plus longues. On en connaît depuis longtemps deux espèces qui existent à la Guyane et au Pérou, et dont nous allons parler.

Le *coq de roche de la Guyane* (*rupicola aurantia*, Vieill.) a le plumage d'un rouge orangé très-vif ; sa tête est surmontée d'une belle huppe longitudinale, formée d'une double rangée de plumes très-serrées, qui se recourbent en demi-cercle ; il a quelques traits blancs sur les ailes, les rémiges brunes, bordées extérieurement et terminées de jaune, les rectrices brunes terminées de jaune clair ; la plupart des plumes sont coupées carrément et frangées ; le bec et les pieds d'un jaune très-pâle. La taille du mâle égale à peu près celle du pigeon ramier ; mais la femelle, beaucoup plus petite, et entièrement d'un brun verdâtre, avec quelques nuances de roux, ressemble extérieurement à un jeune coq. Les plumes des jeunes mâles sont d'un brun moins foncé que chez les femelles, et l'on y observe des taches de couleur orangée. Ces oiseaux habitent à la Guyane des cavernes aux environs desquelles ils volent pendant le jour, d'un vol bas, court et rapide. Pendant le jour, les femelles sortent de leurs retraites moins fréquemment que les mâles. Elles y établissent un nid composé seulement de quelques brins de bois et d'herbe sèche, dans lequel elles pondent deux œufs blancs, sphériques, et gros comme ceux des plus forts pigeons. Leur défiance ne permet de les classer qu'à l'affût. Ils se nourrissent de fruits sauvages, de baies et d'insectes qu'ils se procurent en grattant la terre à la manière des poules.

Le *coq de roche du Pérou* (*rupicola peruviana*, Dum.) a tout le plumage d'un rouge orangé vif, à l'exception du croupion, qui est d'un gris cendré, des rémiges et des rectrices, qui sont noires ; toutes les plumes sont entières, et celles de la huppe sont peu serrées. Le bec et les pieds sont jaunes. Démezil.

COQ DES JARDINS, nom vulgaire d'une espèce de tanaisie que l'on nomme encore menthe-coq et herbe au coq.

COQ D'INDE. Voyez DINDON.

COQ PUANT. Voyez HUPPE.

COQS (Combats de). Ces combats sont un spectacle essentiellement anglais ; ils forment une des nombreuses variétés de ces amusements appelés *sports*, qui dans la Grande-Bretagne absorbent une portion assez notable du temps et des idées des hommes riches ou oisifs. Chez un pareil peuple, les combats de coqs ne sauraient être un amusement futile ; c'est un art qui a ses adeptes, une science qui a ses écrivains, et un spectacle qui compte un public nombreux et empressé. Plusieurs ouvrages existent sur la manière d'élever les poulets, d'essayer leurs forces, de les préparer au combat, etc. Des amateurs ont poussé l'amour de l'art jusqu'à réunir en corps de lois toutes les coutumes et toutes les règles qui président à ce genre d'amusement. Le traité le plus complet sur la matière est un petit volume intitulé : *Conseils pour élever des coqs de combat, augmentés des calculs pour les paris.*

Lorsque doit se livrer une lutte de ce genre, le public en est averti à l'aide d'annonces pompeuses insérées dans les journaux les plus répandus. Ces annonces, rédigées en termes techniques tout à fait ignorés du vulgaire, indiquent le gain de la partie, qui se monte parfois à 2 ou 300 guinées (5,000 ou 7,500 fr.), et disent les nombreux paris qui doivent s'engager, ainsi que les noms des amateurs fameux qui ont promis d'assister à la séance.

A Londres, le champ-clos se tient habituellement dans le quartier de Westminster, Tufton-Street, au Royal-Cockpit, vieil édifice à la porte duquel on voit se presser, aux jours de représentation, une foule de vieux cochers, de vieux grooms, de vieilles culottes de peau, qui attendent avec une frémissante impatience l'heure où ils pourront pénétrer dans le temple. Le sanctuaire est une rotonde autour de laquelle trois ou quatre rangs de gradins s'élèvent en amphithéâtre. Une estrade arrondie, de 6 à 7 mètres de diamètre, et que recouvre un paillasson circulaire, occupe le centre de la salle; les bords de cette estrade présentent un sur exhaussement de 24 à 27 centimètres, destiné à empêcher les coqs de tomber par terre durant le combat. La lice accordée aux champions est circonscrite dans un cercle de 80 centimètres de diamètre, tracée à la craie au centre du paillasson; ce premier cercle en comprend un second, aussi tracé à la craie, mais beaucoup plus étroit, et dans lequel on place les coqs bec contre bec, lorsque, n'ayant plus la force de s'attaquer on est obligé de les exciter à s'entre-déchirer. Enfin, un chandelier colossal, fixé au plafond, et ayant pour mission d'éclairer l'assemblée lorsque la lutte a lieu pendant la nuit, complète la décoration intérieure du Royal-Cockpit.

Quelques instants avant le combat, on a soin de répandre de l'eau sur toute la surface du paillasson afin d'empêcher les coqs de glisser. Ce préliminaire rempli, les champions paraissent. On les tire de deux cages ou volières placées dans l'intérieur de la salle, mais à des coins opposés; nous ne devons pas oublier de dire que les combattants ont été au préalable pesés et appareillés, puis marqués et numérotés. Les soins les plus scrupuleux et la solennité la plus grande président à chacune de ces opérations : ainsi, la clef de chaque volière est non-seulement posée sur la table où se fait la pesée, mais chaque parti a le droit, en outre, d'ajouter un cadenas à chacune des deux portes. Ces précautions ont pour but de garantir les parieurs contre toute substitution de combattants : tel en effet qui, séduit par la renommée d'un athlète sorti vainqueur de plus d'un combat, ou bien par le plumage bleu, gris ou jaune d'un inconnu, par la petitesse de sa tête, le feu de ses yeux, par ses jambes fortes et osseuses, par son talon court et pointu; tel, disons-nous, qui risque alors des sommes considérables, ne voudrait pas hasarder un seul penny s'il avait chance de voir son favori subrepticement remplacé par un coq blanc ou noir, et dont les plumes du cou seraient pâles et fanées.

Les champions ont les éperons garnis de pointes d'acier très-acérées. Lorsque leurs maîtres les ont placés sur le paillasson, les conversations s'arrêtent, et les doctes de l'assemblée suspendent leur enseignement, puis, après un examen de quelques minutes, les paris s'établissent de tous côtés avec fureur, et les voûtes de la salle retentissent de ces cris: deux contre un pour....! une couronne pour....! pour.... une guinée! Pendant ce temps, les deux maîtres, tenant les deux coqs dans leurs mains, caressent la tête et le cou de ces animaux, humectent les bandages qui servent à raffermir les éperons, placent par intervalles les champions en face l'un de l'autre, les irritent par tous les moyens, et cherchent à accroître leur fureur en faisant semblant de les jeter bec contre bec; puis lorsqu'ils les jugent suffisamment excités, il les lâchent en même temps. La première attitude des coqs lorsqu'ils se voient en présence est noble et magnifique : un instant, ils restent tête contre tête, et s'élancent ensuite l'un vers l'autre avec une incroyable rapidité; leurs ailes, alors, s'entrelacent; leurs ergots nerveux s'enfoncent dans les chairs l'un de l'autre, et ils ne forment bientôt plus qu'une masse. Il est difficile de se faire une idée juste des sauts, de la furie et de la vigueur de ces animaux. Quelquefois les premiers coups qu'ils se portent sont mortels; dans d'autres instants, le combat se prolonge avec des chances égales, et les deux champions, épuisés, hors d'haleine, montrent toute l'obstination du courage, toute la lassitude et l'anxiété qu'on remarque fréquemment dans les combats des pugilistes. Souvent alors, on voit chez tous deux le bec s'ouvrir, la langue palpiter, l'aile se traîner sur le paillasson; les jambes chancellent, la partie supérieure du corps retombe sur le poitrail; l'œil, si brillant auparavant, s'obscurcit, et l'on aperçoit de grosses gouttes de sueur couler le long des plumes du dos. Lorsqu'il y a interruption dans la lutte, et que les deux coqs, vaincus par la lassitude, tombent sans force l'un à côté de l'autre, un des maîtres compte jusqu'à dix. Si les deux champions restent immobiles, leurs maîtres les prennent dans leurs mains, les raniment et les placent de nouveau dans le plus petit des deux cercles tracés à la craie. Si l'un des champions renonce à continuer le combat, et s'il demeure inactif pendant tout le temps employé par un des maîtres à compter une seconde fois jusqu'à *quarante*; si l'autre, au contraire, continue à donner des coups de bec et se montre disposé à combattre, le premier est déclaré vaincu. Le silence qui a régné dans la salle durant tout le cours de la lutte fait place alors à un véritable tumulte; les cris des parieurs recommencent, mais ce n'est plus cette fois pour proposer des paris; il s'agit pour chaque gagnant de réclamer et de recevoir de son adversaire le montant de son enjeu.

Tel est le spectacle que présente à Londres un combat de coqs. Un instant on dut croire que ces luttes viendraient se naturaliser à Paris. Dans le courant de 1828 et de 1829, et pendant les six premiers mois de 1830, des combats de coqs se livrèrent au bois de Boulogne et dans un des hôtels de la rue du faubourg Saint-Honoré; mais cette tentative fut arrêtée par les Journées de Juillet. Les apôtres de ce nouveau culte porteront jusqu'au soif de prosélytisme sur d'autres objets ou vers d'autres lieux, et depuis cette époque la capitale n'a point vu de coqs pratiqués, gladiateurs à gage, l'art de s'entre-tuer par principes; le duel entre ces animaux est resté un passe-temps essentiellement britannique.

Achille DE VAULABELLE.

COQUE. Dans son acception vulgaire, ce mot sert à désigner ce que l'on appelle autrement *coquille* de l'œuf de la poule, des oiseaux et de la plupart des reptiles. De là, dans l'art culinaire, l'expression d'*œufs à la coque*, ou *à la mouillette*, pour les œufs cuits et mangés dans leur coquille. *Coque* est aussi quelquefois synonyme de *cocon*. Enfin, ce terme est usité en botanique pour désigner les loges closes du *péricarpe* multiloculaire, qui se séparent l'une de l'autre à la maturité, qu'elles soient déhiscentes ou non. Decandolle appelait *coques* les *carpelles* qui ne présentent que la suture ventrale ou séminifère et qui s'ouvrent avec élasticité.

COQUE DU LEVANT. C'est le fruit du *menispermum cocculus* (Linné), arbuste sarmenteux qui croît dans les Indes, au Malabar, aux Moluques, et dans les îles Célèbes. D'après les recherches de Roxburgh, la coque du Levant du commerce proviendrait d'une autre espèce de ménispermées, le *cocculus suberosus* de Decandolle. Les notions incomplètes que l'on a sur ce sujet n'ont pas permis de trancher la question, et nous portent à croire que les fruits appelés de ce nom sont probablement retirés de plusieurs espèces différentes du même genre, qui jouissent des mêmes propriétés. Tels que le commerce nous les apporte des grandes Indes, ces fruits sont des drupes desséchés, réunis au nombre de deux ou trois, mais plus souvent séparés les uns des autres. Ils sont ovoïdes, globuleux, de la grosseur d'une merise, convexes d'un côté, anguleux de l'autre ; à surface glabre et ridée. Ils sont composés d'un péricarpe mince et presque subéreux (de la nature du liége), renfermant une seule graine attachée par son milieu à un réceptacle épais, qui naît de l'angle rentrant de la cavité. Cette graine, qui est huileuse et blanchâtre, a une amertume extrêmement prononcée. C'est en elle que résident les propriétés vénéneuses de la coque du Levant, propriétés qui sont dues, d'après l'analyse de M. Boullay, à un principe particulier, cristallisable, de nature alcaline, et que ce chimiste a nommé *picrotoxine*. On trouve encore dans sa composition de l'albumine, une matière sucrée, deux espèces d'huiles fixes et du ligneux.

La coque du Levant est employée pour la pêche dans quelques îles de l'océan Indien ; on en fait aussi chez nous quelquefois, mais illicitement, le même usage. Elle jette le poisson dans un état de stupeur et d'immobilité tel que, porté à la surface de l'eau, il s'offre de lui-même à la main du pêcheur. C'est surtout l'amande qui jouit au plus haut degré de cette propriété stupéfiante. Le péricarpe agit simplement à la manière des substances émétiques. On a prétendu que les propriétés délétères dont sont doués les fruits du *menispermum cocculus* se communiquent à la chair des poissons qui en avalent ; mais cette opinion ne paraît pas fondée, puisque les pêcheurs se servent depuis longtemps de cette substance comme appât pour prendre le poisson dont ils se nourrissent et dont ils font commerce. La coque du Levant exerce une action vénéneuse sur les animaux et sur l'homme ; et même, réduite en poudre, c'est un p o i s o n énergique. Orfila la place parmi les narcoticoâcres. Elle est totalement inusitée en médecine. DÉMEZIL.

COQUELICOT. Cette espèce du genre p a v o t, connue des botanistes sous le nom de *papaver rhœas*, a la tige droite, rameuse, hérissée de poils espacés et étalés, haute de trois ou quatre décimètres ; ses feuilles sont pinnatipartites, à lobes incisés-dentés, aigus ; ses fleurs, terminales sur de longs rameaux grêles, hérissés, sont grandes, d'un rouge vif, avec une tache noirâtre à la base des pétales ; elles renferment un grand nombre d'étamines à pollen brunâtre ; la capsule qui leur succède est obovée ; le disque stigmatifère qui la surmonte a le plus souvent dix lobes.

Dans nos climats, le coquelicot abonde dans les champs de blé et dans tous les terrains fraîchement remués, où il mêle à l'azur des b l u e t s l'écarlate de sa corolle. Mais sa présence est toujours l'indice d'une culture peu soignée. Si l'agriculteur cherche à détruire le coquelicot, l'horticulteur le recherche pour l'ornement des jardins, où cette plante produit, surtout en grande masse, un effet magnifique, par les nombreuses variations de couleur de ses fleurs, les unes simples, les autres doubles, unicolores ou panachées de blanc, de rouge, de brun-rouge, bordées d'un beau liséré blanc, etc. Ces fleurs ont une odeur faiblement vireuse, et jouissent de propriétés sudorifiques. Desséchées, elles sont fort employées dans les rhumes chroniques, ce qui les a fait ranger, avec quelques autres, parmi les *fleurs pectorales*. On en fait un sirop qui a été autrefois très-préconisé, et qui avait beaucoup plus de vogue et de réputation, comme incisif et expectorant, qu'il n'en conserve aujourd'hui.

COQUELIN (CHARLES), l'un de nos économistes modernes les plus distingués, naquit à Dunkerque, le 25 novembre 1803. Après avoir fait de brillantes études au collége de Douai, il vint à Paris suivre les cours de la faculté de droit ; il y obtint le diplôme de licencié. En 1827 il fonda, avec quelques jeunes avocats, un journal mensuel de jurisprudence commerciale, qui succomba au bout de deux ans. Après avoir exercé pendant quelque temps la profession d'avocat dans sa ville natale, il vint chercher à Paris, en 1830,

des moyens d'existence. Il travailla d'abord au journal *Le Temps*, et y publia, sur le régime des banques en Europe et aux États-Unis, des articles qui appelèrent l'attention. En 1837 il s'attacha à la rédaction du *Monde*, que venait de fonder M. de Lamennais. En 1839 il soumit quelques articles au journal *Le Droit*, et notamment deux bonnes études sur Quesnay et Turgot. Dans la même année il devint l'un des collaborateurs de la *Revue des Deux Mondes*, et publia successivement dans ce recueil de remarquables articles sur l'industrie linière, sur les sociétés commerciales, les chemins de fer et les canaux, la conversion des rentes, les lois sur les céréales, la monnaie, les banques, les crises commerciales, la liberté des échanges et le système prohibitif, l'industrie métallurgique en France, etc. En 1840 il réunit en un volume ses articles de la *Revue des Deux Mondes* sur l'industrie linière, et le publia sous le titre de : *Essai sur la Filature Mécanique du Lin et du Chanvre*. En 1845 il en fit une nouvelle édition, intitulée : *Traité de la Filature Mécanique*. Cette publication le mit en rapport avec un constructeur de machines à filer le lin, qui lui confia plusieurs missions industrielles dans les départements.

En 1846 il devint l'un des collaborateurs du *Journal des Économistes*. Peu de temps après il fut adjoint, en qualité de secrétaire, à l'Association pour la liberté des échanges. L'influence qu'il ne tarda pas à acquérir sur cette association le fit charger de la direction de ses travaux, jusqu'au moment de sa dissolution, provoquée par les événements de 1848. Dans le cours de cette dernière année il fonda, avec quelques-uns de ses collaborateurs du *Journal des Économistes*, un journal populaire intitulé *Jacques Bonhomme*, avec l'intention d'y combattre les idées socialistes et communistes. *Jacques Bonhomme* n'eut qu'une très-courte existence. Il consacra les loisirs que lui faisait la révolution à écrire son excellent écrit *Du Crédit et des Banques*, dans lequel il soutient avec chaleur la théorie de la liberté des banques, telle qu'elle est pratiquée aux États-Unis. Publié en 1848, cet ouvrage obtint un succès mérité. Ch. Coquelin fut chargé en 1851 de la direction du *Dictionnaire de l'Économie politique* ; il avait déjà inséré dans cette importante publication un grand nombre d'articles remarquables, lorsqu'une mort imprévue vint l'enlever subitement à ses travaux et à ses amis. A. LEGOYT.

COQUELOURDE. On nomme ainsi l'*agrostemma coronaria* de Linné, que Lamarck a réuni au genre *lychnide* sous le nom de *lychnis coronaria*. C'est une très-belle plante, couverte sur toutes ses parties d'un duvet blanc, cotonneux ; les fleurs sont rouges au milieu, blanches à leur contour, quelquefois tout à fait rouges ou blanches, simples ou doubles, munies d'appendices à leur orifice ; elles sont solitaires, au sommet de longs pédoncules, et forment dans leur ensemble un corymbe lâche, irrégulier. La beauté de la coquelourde lui fait donner aussi par les jardiniers les noms de *passe-fleur* et d'*œillet de Dieu*.

Coquelourde est encore un nom vulgaire de l'a n é m o n e pulsatille.

COQUELUCHE. Ce nom paraît avoir été donné pour la première fois, en 1414, à un catarrhe épidémique qui s'emparait de la tête, de la poitrine et des reins, et semblait recouvrir ces parties comme un c o q u e l u c h o n ou capuchon. Quelques auteurs dérivent simplement ce nom du *coqueluchon* même que portaient les personnes atteintes de la maladie ; enfin, il en est d'autres qui pensent que cette affection a été ainsi nommée parce qu'on lui opposait comme remède ordinaire les fleurs de *c o q u e l i c o t*. Quoi qu'il en soit, la coqueluche, telle qu'on l'observe de nos jours, est une maladie caractérisée par une toux convulsive, revenant par quintes plus ou moins longues, dans lesquelles plusieurs mouvements rapides d'expiration bruyante sont suivis d'une seule inspiration lente, pénible et très-sonore.

Les causes de la coqueluche ne sont que très-imparfaitement connues. Elle règne, dit-on, plus fréquemment dans les climats humides, dans les lieux bas, marécageux, dans les saisons froides. Néanmoins, les épidémies de coqueluche se manifestent dans les climats les plus opposés, et toutes les saisons paraissent également propres à leur développement. Elle attaque ordinairement à la fois un grand nombre d'individus; on la rencontre particulièrement chez les enfants, depuis la naissance jusque après la seconde dentition; on l'observe quelquefois chez les adultes, et beaucoup plus rarement chez les vieillards. Il n'est pas bien certain que les filles en soient plus fréquemment atteintes que les garçons; mais il ne paraît pas douteux que parmi les adultes elle soit plus commune chez les femmes que chez les hommes : une constitution faible et irritable semble y prédisposer davantage. La coqueluche est épidémique : cette assertion n'a jamais été contestée; mais elle peut aussi se transmettre par contagion, et cette propriété, que lui refusent certains auteurs, nous paraît néanmoins indubitable. En effet, la coqueluche se communique presque toujours rapidement aux enfants d'une même famille, à moins qu'on ne les éloigne les uns des autres; fréquemment il arrive que les mères contractent la maladie de leurs enfants, surtout pendant qu'elles allaitent. Les pères et les bonnes d'enfants sont aussi quelquefois atteints par la contagion, et nous pourrions citer une foule de faits qui ne permettent point de conserver le moindre doute à cet égard.

Pour que la transmission contagieuse ait lieu, il faut que les enfants soient assez près les uns des autres pour qu'ils puissent recevoir les émanations de leur haleine; il faut aussi que l'affection soit dans son plus haut degré de développement. C'est ordinairement cinq à six jours après qu'on s'est exposé à l'infection, que la toux commence à se manifester. Quant à la nature de l'agent morbifique, nous ne la connaissons pas sans doute; mais il ne nous est pas plus permis d'en nier l'existence que celle de tous les autres miasmes qui ne tombent pas sous nos sens, et dont la nature nous est tout aussi cachée.

La coqueluche commence chez la plupart des sujets par l'apparence d'un simple rhume. Le malade accuse quelques frissons vagues; il est triste, abattu ou assoupi; les yeux sont rouges; il y a du larmoiement, des éternuements; le pouls est à peine fébrile; la toux est sèche, plus ou moins fréquente, et revient par quintes. A cette époque on pourrait croire à l'invasion prochaine d'une rougeole ou de toute autre maladie éruptive. Ces symptômes, qui constituent la *période catarrhale*, durent environ cinq à dix ou quinze jours au plus. C'est alors que la maladie se dessine, et que la toux devient convulsive, en prenant un rhythme spécial. Les quintes sont plus longues, plus rapprochées, surtout la nuit. Chaque accès s'annonce ordinairement par une sensation de chatouillement incommode dans le trajet de la trachée-artère et du larynx, pendant laquelle les mouvements d'inspiration et d'expiration sont visiblement irréguliers et incomplets, surtout chez les jeunes enfants, qui paraissent comme saisis d'une espèce d'effroi. Au moment où la quinte survient, les malades cherchent un soutien sur les corps environnants, ou courent effrayés vers les personnes qu'ils supposent pouvoir les secourir. Les secousses de la toux se succèdent alors si promptement que l'enfant peut à peine respirer, et que la suffocation paraît imminente; la face et le cou deviennent rouges ou livides et se tuméfient; les artères superficielles offrent des battements manifestes; les veines sont distendues et les vaisseaux capillaires conjonctivaux sont injectés, les yeux, larmoyants, font saillie hors des orbites; le sang s'échappe quelquefois par le nez, les yeux, la bouche ou les oreilles; une sueur froide et abondante couvre tout le corps, et plus particulièrement la tête, le cou et les épaules; on observe des vomissements, et chez quelques malades l'excrétion involontaire de l'urine ou des matières fécales, la chute du rectum, la formation ou la réapparition de hernies. Enfin, ont lieu quelques petites inspirations saccadées; l'air pénètre dans la poitrine, et bientôt une longue inspiration sonore et caractéristique vient terminer la quinte. Quelquefois l'accès s'interrompt pendant un instant et reprend ensuite le même caractère, pour ne cesser complétement que lorsque le malade rejette, tantôt par une sorte de régurgitation, tantôt par le vomissement, un liquide glaireux, filant et limpide, qui vient des bronches. Après la quinte, quelques enfants versent des larmes, poussent des cris et se plaignent de douleurs à la poitrine; la tête est pesante, la face reste gonflée, les yeux bouffis; il reste dans tout le tronc une sensation de malaise et de fatigue; la circulation et la respiration conservent de la fréquence pendant un temps plus ou moins long. Mais ceci ne s'observe pas lorsque les quintes sont légères; le plus ordinairement alors la quinte une fois passée, tout revient bientôt dans l'état naturel, et l'on voit les enfants reprendre leurs jeux ou continuer leur repas. Les quintes sont presque toujours plus fortes après l'ingestion des aliments ou une course précipitée. Les cris, les pleurs, une contrariété, suffisent pour les provoquer. Leur nombre varie beaucoup; quelquefois on en observe à peine cinq à six dans la journée, d'autres fois elles se répètent tous les quarts d'heure. Dans le cours de la maladie, elles sont en général plus fréquentes la nuit, le matin et le soir que pendant la journée. Cette période, qu'on appelle *convulsive* ou *spasmodique*, se prolonge ordinairement de quinze jours au moins, à un ou deux mois, et souvent bien davantage.

La troisième période est celle du *déclin* : pendant sa durée, qui varie de huit à dix jours à un ou plusieurs mois, les quintes deviennent plus rares et moins longues; elles sont suivies de l'expulsion ou de la régurgitation d'un liquide opaque ou de crachats épais, comme dans le catarrhe, et de vomissements d'aliments. Cette longue inspiration bruyante qui termine la quinte s'efface peu à peu, et par sa disparition rend presque à la maladie le caractère qu'elle avait au début, c'est-à-dire celui de catarrhe pulmonaire.

La durée moyenne de la coqueluche est de six semaines; très-rarement elle cesse avant la quatrième, et bien des fois elle persiste pendant plusieurs mois. Sa marche n'est pas toujours simple et régulière. Lorsqu'elle est portée à un très-haut degré d'intensité, il survient quelquefois des accidents graves, qui la rendent promptement mortelle. Celle qui affecte les très-jeunes enfants est, toutes choses égales d'ailleurs, beaucoup plus dangereuse que celle des enfants plus âgés. Elle est presque toujours funeste chez ces petits êtres, quand il survient des convulsions ou une inflammation des organes pulmonaires. Un âge très-avancé doit toujours aussi inspirer de vives craintes, quand bien même alors la coqueluche ne serait point compliquée. En général, les affections cérébrales, l'inflammation de poitrine et celle des organes digestifs, quel que soit l'âge où ces complications viennent à se manifester, doivent faire craindre une terminaison fâcheuse; il en est de même quand la coqueluche attaque des enfants chétifs, d'une mauvaise santé habituelle, rachitiques ou scrofuleux. L'inspection des organes après la mort, sorte de complément auquel on attache de nos jours un si grand prix, ne fournit dans cette affection que des résultats négatifs. En effet, les lésions matérielles, quand il en existe, ne sont que de simples coïncidences ou des complications plus ou moins fréquentes.

S'il est parmi les maladies plus rebelles à la médecine que la coqueluche, il serait difficile d'en trouver une contre laquelle on ait employé un plus grand nombre d'agents thérapeutiques, et l'on ferait une longue liste des *moyens infaillibles* que chaque auteur propose tous les jours contre cette affection. La première période ne réclame pas d'autre traitement que celui qu'on oppose au catarrhe pulmonaire à son état aigu. Sans doute il est permis de ne pas croire, avec certains médecins, qu'on puisse s'opposer au développement ultérieur des quintes à l'aide des émissions sanguines locales ou générales, ou par le moyen des médicaments stimulants; mais il n'en faut pas moins s'attacher à combattre activement les symptômes d'inflammation des bronches, et veiller avec soin à ce qu'aucune complication grave ne vienne s'y ajouter. Dans la seconde période, on doit s'efforcer de rendre les quintes moins pénibles. Pour cela, au moment où elles ont lieu, on place ordinairement les enfants dans une position assise, et on leur fournit un point d'appui, ayant soin de relever la tête, en appliquant la main sur le front. On parvient aussi quelquefois à extraire avec le doigt les mucosités épaisses qui s'accumulent dans la bouche, ou bien on favorise le vomissement en appuyant fortement le doigt ou le dos d'une cuillère sur la langue. Il est aussi d'observation que lorsqu'on peut parvenir à faire boire le malade à petits coups pendant la quinte, on en abrège singulièrement la durée et l'intensité.

Pour boisson, on conseille l'infusion de fleurs de violette, de mauve ou de bouillon blanc, l'eau de gomme ou toute autre tisane analogue, qu'on change et qu'on varie d'ailleurs suivant le goût des enfants, et auxquelles on ajoute de temps en temps quelques cuillerées d'une potion gommeuse ou d'un looch. blanc, afin d'adoucir la sensation d'âpreté que la toux laisse ordinairement dans l'isthme du gosier. On diminue plus ou moins la quantité des aliments, et l'on insiste sur l'usage des bains de pieds simples, ou rendus irritants par le savon, le sel, le vinaigre ou la farine de moutarde. Il faut veiller en même temps à la liberté du ventre, et prémunir les malades contre le froid humide et les vicissitudes atmosphériques. Lorsque la température est sèche et tempérée, si le temps est beau, quoique froid, il ne saurait y avoir d'inconvénient à ce qu'ils fassent quelques promenades en plein air, soit en voiture, soit à pied, mais en évitant soigneusement les exercices violents, tels que les sauts, la course, les chants et les cris. Les vêtements de flanelle, portés immédiatement sur la peau, nous ont toujours paru utiles aux enfants d'une constitution faible et délicate. Nous nous trouvons bien aussi dans cette période de la coqueluche, comme dans celle qui précède, de recouvrir la poitrine en avant et en arrière d'un large emplâtre de poix de Bourgogne ou de sparadrap de diachylon gommé, qui ne produit qu'une rubéfaction modérée, avec ou sans démangeaison, et protège ces parties contre les variations de la température. On seconde l'emploi de ces moyens par quelques vomitifs, qui chez les jeunes enfants surtout ont le double avantage de débarrasser l'estomac des crachats qu'ils avaient déjà portés, et les bronches de ceux qui y sont encore contenus. Les enfants, comme on l'a dit, *crachent dans leur estomac*, et le vomissement est leur seul mode d'expectorer. Il faut toutefois chez eux n'user des vomitifs qu'avec circonspection, choisir les plus doux, comme le sirop et la poudre d'ipécacuanha, ou le tartre stibié à faible dose, et ne point oublier qu'ils inspirent quelquefois aux enfants une sorte d'horreur pour toute espèce de boisson. Les laxatifs, tels que le sirop de roses pâles, le sirop de fleurs de pêcher, la manne en larmes ou l'huile douce de ricin, conviennent alors aussi quelquefois, et présentent en général ils n'offrent pas les mêmes avantages que les vomitifs, à moins d'indications particulières. Quant aux émissions sanguines, que certains médecins (à raison des idées qu'ils se sont faites sur la nature de la coqueluche) ont placé au premier rang des agents thérapeutiques réclamés par cette maladie, l'expérience nous a prouvé que dans la coqueluche exempte de complications phlegmasiques les saignées ne produisent aucun effet avantageux sur les quintes de toux, et qu'elles ont souvent l'inconvénient d'augmenter la faiblesse des malades et de prolonger la durée de la maladie. Quelques médecins appliquent alors de préférence sur le thorax des topiques rubéfiants ou vésicants, tels que l'huile de *croton-tiglium*,

l'essence de térébenthine, l'ammoniaque, les cantharides, l'émétique : ces moyens, quand ils sont employés à propos, et qu'on en surveille attentivement l'action, produisent quelquefois les plus heureux résultats ; mais chez les individus nerveux et très-irritables on ne saurait être trop circonspect dans leur usage.

C'est dans la seconde période, concurremment avec le mode de traitement que nous venons d'indiquer, ou en cas d'insuccès, qu'on a l'habitude d'avoir recours aux sédatifs et aux antispasmodiques : l'opium, l'assa-fœtida, le musc, l'extrait de narcisse des prés, l'oxyde de zinc, la ciguë, la jusquiame, etc., ont été préconisés alors, et ont quelquefois amené de bons effets; mais de toutes ces substances, celle qui nous a paru la plus efficace est la belladone, administrée en poudre ou en extrait, à la dose de sept milligrammes, qu'on peut élever par degrés jusqu'à cinq ou dix centigrammes, deux ou trois fois par jour, suivant l'âge des malades. Nous ne devons point oublier non plus les bains tièdes, si recommandables lorsque les symptômes nerveux dominent, que l'excitation générale est très-vive, et que, malgré la fréquence du pouls, aucun des organes thoraciques ne paraît manifestement lésé.

Dans la troisième période de la coqueluche, les toniques et les légers excitants, employés d'une manière convenable, amènent presque toujours une solution favorable. Chez les enfants faibles et épuisés par la longueur de cette maladie, on fait succéder avec avantage au régime lacté ou féculent, et aux boissons délayantes ou mucilagineuses, les décoctions de quinquina, de lichen d'Islande, l'infusion de café, de serpolet, d'hysope ou de lierre terrestre, les eaux minérales sulfureuses de Bonnes, de Cauterets ou d'Enghien, un régime fortifiant, et principalement composé de viandes rôties ou bouillies. C'est dans cette période et dans ces circonstances aussi qu'on a vanté les substances balsamiques, la gomme ammoniaque, l'oxymel scillitique, le kermès minéral, les pastilles de soufre et celles d'ipécacuanha, certains sirops, tels que celui de Des Essarts, de Boulay, de Lamouroux, etc.; mais presque jamais ces divers moyens ne nous ont paru répondre aux éloges qu'on leur prodiguait, et de toutes les pâtes pectorales qui ont été recommandées pour remplir les mêmes indications, celle de Regnauld nous semble mériter la préférence. L'usage du lait d'ânesse, et quelquefois même un cautère placé au bras, parviennent à mettre fin au catarrhe pulmonaire, lorsqu'il se prolonge par trop longtemps.

Nous n'avons encore rien dit du changement d'air, et cependant chaque jour nous avons les exemples les plus frappants des avantages qu'on peut en obtenir vers le déclin de la coqueluche, lorsque tous les moyens rationnels ont échoué. Il n'est pas indispensable (bien qu'il soit préférable) que ce changement ait lieu de la ville à la campagne : nous avons vu des enfants changer seulement de quartier et obtenir presque aussitôt une amélioration notable, parfois même la cessation immédiate des quintes de toux. On devra donc faire passer les malades d'un quartier dans l'autre, et mieux les transporter à la campagne, lorsqu'ils habitent la ville, ou les faire voyager et les faire changer d'exposition, surtout en passant du nord au midi. Quant aux moyens préservatifs, il n'en est pas d'autres que l'isolement lorsqu'il est praticable. L'emploi de la vaccine, infructueusement conseillé comme tel, paraît avoir été essayé au moins avec quelque avantage pour abréger la durée de la maladie. Les docteurs Thomson et Chevallier ont publié en Angleterre plusieurs cas de succès obtenus sur de jeunes enfants, et moi-même j'ai eu l'occasion de reconnaître l'heureuse influence de la vaccine sur une petite fille, au vingtième jour environ de la coqueluche. Dr J. BLACHE.

COQUELUCHON ou COQUELUCHE, sorte de capuchon, dont le nom vient du latin *cucullus*, dont on avait fait aussi le mot *cuculle*, qui a la même signification.

Un bénédictin, dom Cajot, a publié en 1762, sous le voile de l'anonyme, une *Histoire critique des Coqueluchons;* mais il n'a fait que glisser sur l'emploi de cette coiffure dans les rangs civils, le capuchon monastique étant son principal objet.

Par un détournement du sens de ce mot *coqueluche*, appliqué à l'idée exprimée déjà par cette autre façon de parler : *se coiffer, être coiffé* de quelqu'un, on dit figurément des personnes qui sont courues, fêtées, prônées, recherchées par un coterie, par un parti, ou qui ont beaucoup de partisans dans une ville ou dans un lieu quelconque, qu'elles en sont *la coqueluche*. La Bruyère s'en est servi en ce sens quand il dit : « Si à votre âge vous êtes si vif et si impétueux, quel nom, Théobalde, fallait-il vous donner dans votre jeunesse, et lorsque vous étiez la *coqueluche* ou l'entêtement de certaines femmes qui ne juraient que par vous et sur votre parole ? »   Edme Héreau.

COQUERET. *Voyez* Alkékenge.

COQUETIER, ustensile de table qui sert à recevoir l'œuf que l'on a fait cuire pour le manger à la coque. Les plus communs sont en bois. Il y en a en porcelaine, en argent, en vermeil, etc. On donne aussi le nom de *coquetiers* aux marchands d'œufs et de volaille en gros, mais cette expression est peu usitée.

COQUETTERIE. Ainsi que la plupart des mots employés dans le langage des peuples civilisés, et qui ne peignent point un objet matériel, cette expression a pure susceptible de plusieurs interprétations. Dire que la coquetterie n'est que le désir de plaire, c'est en donner une idée fausse, car le désir de plaire est un sentiment naturel qui naît du besoin de vivre en société, et qui inspire le dévoûment, l'indulgence, les égards, la politesse, toutes les vertus et tous les agréments que les hommes aiment à rencontrer dans leurs semblables. La coquetterie ne saurait être ce sentiment, puisqu'elle ne rend pas meilleur, et le perfectionne point le caractère. La coquetterie est le désir d'inspirer de l'amour sans en ressentir soi-même. Telle est la définition la plus commune; c'est en parlant des femmes que l'expression *coquetterie* est spécialement consacrée, quoique beaucoup d'hommes cherchent à faire naître des affections qu'ils n'ont aucune envie de partager. Nous n'examinerons donc la coquetterie que relativement à la moitié du genre humain, et nous lui donnerons pour unique base la vanité, ainsi que le manque de jugement, l'insensibilité, la folie, que la vanité traîne à sa suite. Une femme commence d'abord par désirer qu'on la trouve belle; bientôt elle veut qu'on le lui dise; peu après, c'est à une préférence exclusive qu'elle aspire : vient ensuite l'insuffisance des hommages, ce sont les passions qu'il lui faut exciter ; rien ne lui coûte pour y parvenir, la jalousie, la haine contre les personnes de son sexe, la mettent au pouvoir de l'envie. Alors seulement, elle sait ce que c'est que la coquetterie; jusque là elle l'avait confondue avec la légèreté, l'inclination aux plaisirs du monde, l'enjouement de son âge, la faiblesse naturelle à son sexe... Maintenant elle ne s'abuse plus; mais aussi elle ne s'excuse plus. Elle parlait d'amour, elle parle d'amants ; et le premier n'a été que le multiplicateur.

Quelques poètes ont conseillé la coquetterie, quelques philosophes l'ont excusée, mais en accompagnant ce mot d'un commentaire qui classe la coquetterie au nombre de presque tous les penchants de l'homme, dont le bien et le mal peuvent ressortir également : c'est ainsi que la prudence proviendra de la crainte ou de la défiance, l'économie de l'avarice, la douceur de la faiblesse, la générosité de l'imprévoyance ou de l'ostentation. Il n'est ni vices ni vertus qui ne puissent produire leur contraire. Si l'on considère la coquetterie, non comme inclination naturelle, mais comme un art, le but qu'elle se proposera et les moyens qu'elle emploiera la feront de même juger innocente ou coupable : qui condamnera l'adresse mise en usage pour captiver un mari? qui s'élèvera contre la persévérance, contre les soins destinés à gagner tous les cœurs par l'obligeance, l'égalité d'humeur, les talents profitables à la société?... Mais lorsqu'il faut, en se servant d'un mot, le faire suivre d'une infinité d'autres qui le modifient, nul doute qu'il ne soit pas le mot propre à peindre la pensée; et quelque peine que l'on se donne, la coquetterie ne sera jamais comprise au nombre des vertus que les femmes doivent pratiquer. Vainement dirait-on qu'une *coquette*, contente de vouloir être possédée, ne se livre point; sa pudeur, son innocence, seront justement mises en doute, car la pensée du mal suffit pour alarmer l'une et l'autre...

Le premier qui compara la *coquette* au *conquérant* fut un homme de sens; ils marchent de pair : tous deux ont mis leurs joies dans le désordre, dans les maux d'autrui; ils n'examinent ni la nature des obstacles qui leur sont opposés, ni la nature du succès qu'ils se proposent. Tous deux veulent s'abuser, d'abord sur les moyens qu'ils emploieront, puis sur le but qu'ils veulent atteindre. Le conquérant est le plus sensé; il se promet du repos un jour; et l'étendue du globe terrestre étant connue, il limite ses travaux d'après les proportions de la terre ; il calcule sur la possession du tout, et meurt ordinairement avant d'en avoir dévasté une partie. La coquette ne se borne point : les générations se renouvelant, son esprit les envahit, et s'il dépendait d'elle, la trompette qui les réunira dans la vallée de Josaphat sonnerait une charge contre les ressuscités de tous les temps antérieurs au sien lui auraient dérobés. La coquette ne s'arrête ni devant les pleurs d'une mère, ni devant la colère d'un époux, ni devant la honte d'un fils, ni devant l'indignation et le mépris du monde. Ce que l'on appelle communément honte et déshonneur s'élève à ses yeux comme un trophée ; elle s'ennuie de la vie sédentaire, du travail des mains, du silence, de l'économie, du repos des champs, des soins de la famille; elle fuit la vue des infirmités et de la vieillesse ; le mensonge, la calomnie, lui sont familiers, et elle réunit l'indiscrétion, l'astuce et la perfidie, présentant aux yeux de la religion, de la morale et de l'humanité, l'être le plus monstrueux et le plus déplorable à la fois. Telle est la voie funeste où la légèreté, le goût des louanges frivoles entraînent d'abord une jeune femme, et que l'orgueil, l'envie, une aberration inexplicable, lui font ensuite parcourir. Aussi ce nom de *coquette* n'est-il employé que par les hautes classes de la société ; et quand l'irréflexion a fait donner au goût de la parure le nom de *coquetterie*, le mal s'est aggravé, puisque l'on a pu sans horreur s'entendre accuser d'être *coquette*.

Une des plus belles définitions de la coquetterie a été faite par Fielding dans *Joseph Andrews*, et le portrait le plus vrai d'une *coquette* a été tracé par Mme de Genlis dans *Les Chevaliers du Cygne*. C'est parce que la coquetterie dans son principe ne présente point à la vue ce que la vice a de grossier et de hideux, qu'il faut prémunir contre elle les jeunes filles et la leur montrer d'abord telle qu'elle sera indubitablement. Il faut qu'on la voie inquiète, tracassière, menteuse, perfide, insatiable, fardée, regrettant le passé, mécontente du présent, redoutant l'avenir ; car elle a troublé l'innocence des joies de la jeunesse, dérobé à l'âge mûr celles que l'on éprouve dans l'accomplissement de ses devoirs, et privé la vieillesse du respect qui charme les maux de ses derniers jours. Une femme modeste, vraie, sensible, laborieuse, ne sera jamais *coquette*. La *coquetterie* est incompatible avec la vertu.   Cnse de Bradi.

COQUILLE, COQUILLAGE. On entend par le premier de ces noms la coquille et l'animal vivant qui l'habite. *L'oquillage* est, dans le langage usuel, le mot qui, en histoire naturelle, correspond à celui de *mollusque testacé*, c'est-à-dire animal mou, pourvu d'un test ou coquille. Chacun sait qu'on désigne sous le nom de *coquille* le corps protecteur ou test des animaux appelés jadis *poissons ou*

COQUILLE

vers testacés, et qui depuis G. Cuvier ont été scientifiquement caractérisés sous la dénomination de *mollusques*. L'enveloppe solide plus ou moins crétacée de l'œuf des oiseaux et des reptiles, la partie ligneuse qui entoure la graine dans les drupes, les noix, les nuculaires, sont encore appelées *coquille* ou *coque*.

Envisagée sous le rapport de l'histoire naturelle, l'étude de ce corps protecteur des mollusques se rattache à celle de la peau de ces animaux dont la coquille est évidemment un produit et une partie distincte. La coquille ne peut être confondue avec d'autres parties solides, qui ont reçu les noms d'*opercules*, d'*épiphragmes*. Son mode de formation bien connu consiste dans l'exhalation d'une matière muqueuse, qui contient et réunit des molécules calcaires ou cornées, et souvent des matières colorantes. Ces molécules se disposent les unes à côté des autres, et forment en se desséchant des couches plus ou moins nombreuses, dont la dernière formée est la seule qui adhère à l'animal dans une étendue plus ou moins grande. Le plus souvent le dépôt calcaire qui constitue la coquille se fait à l'extérieur du derme, sous forme de couches imbriquées plus ou moins colorées, et recouvertes par une sorte d'épiderme plus ou moins épais, qu'on nomme *drap marin*, et quelquefois par de petites productions piliformes, connues sous le nom d'*épiphlose*. Les coquilles ainsi formées sont dites *externes*, et se distinguent des *coquilles internes*, ou *derniques*, qui sont entièrement cachées dans l'épaisseur de la peau, et déposées dans une grande maille du tissu du derme. Il y a aussi des coquilles intermédiaires à celles dites *externes* et *internes*, qui sont par conséquent en partie cachées dans la peau, et en partie plus ou moins apparentes à l'extérieur. Quoique la coquille ait été considérée avec raison comme un véritable corps sans vie, et comparable à la partie morte d'une dent ou d'un poil, son adhérence au tissu vivant et sa place dans le corps des mollusques démontrent bien évidemment qu'elle est destinée à protéger le corps, soit entier, soit dans une étendue qui diminue progressivement, et enfin, lorsqu'elle est devenue rudimentaire, les organes respiratoires et le cœur seulement. Plus la coquille d'un mollusque est grande, plus sa peau, qui est abritée par elle, est fine, et *vice versâ*.

L'arrangement moléculaire du tissu non vivant des coquilles, ou les diverses sortes de textures qu'elles offrent ont été spécifiées sous les épithètes de *lamelleuse* ou *feuilletée*, de *fibreuse*, *fibro-lamelleuse*, *nacrée*, *vitreuse* ou *émaillée*, et *cellulaire*. La cire noire qu'on presse sur la surface nacrée d'une coquille pour en recevoir l'empreinte, prend l'aspect de la nacre. Cette expérience sert à prouver que le genre de texture, comme tous les autres, n'est qu'un arrangement moléculaire. D'après l'analyse chimique des coquilles, distinguées par Hatchett en *coquilles porcelaines* et en *coquilles formées de nacre de perle*, les premières sont composées de sous-carbonate de chaux et d'une très petite quantité de matière azotée, analogue à la gélatine; les secondes sont formées de 66 parties de sous-carbonate de chaux et de 34 parties de membranes organiques. Vauquelin a trouvé en outre de ces matériaux, dans les coquilles d'huître et celles d'œuf de poule, du phosphate de chaux, du sous-carbonate de magnésie et de l'oxyde de fer. Les anatomistes se bornent à faire remarquer que les coquilles sont, dans le plus grand nombre de cas, composées de matière calcaire, et quelquefois de substance muqueuse presque entièrement.

D'après le nombre des pièces dites *valves* dont elles se composent, les coquilles ont été distinguées en *univalves*, *bivalves*, et *multi* ou *plurivalves*. De Blainville a proposé de désigner les coquilles univalves operculées comme un nom de *subivalves*, et sous celui de *tubivalves* certaines coquilles (fistulanes) enveloppées d'un tube. Dans les univalves, la coquille est située sur le dos de l'animal; dans les bivalves, les deux pièces sont placées, soit, l'une sous le ventre, l'autre sur le dos (térébratules, lingules, orbicules), soit une sur chaque flanc (huître, peigne, moule, etc.). En outre des deux valves latérales, il y a des valves accessoires dorsales dans les pholades ou un tube extérieur. Dans les multivalves, les pièces qui composent la coquille sont disposées de trois manières, savoir : 1° *en couronne*, tout autour du corps et s'engrenant par les bords, d'où la dénomination de coquille *multivalve coronale* ; 2° *sous forme d'écailles* ou squammes, encore autour du corps, mais se touchant à peine et ne s'engrenant point (coquilles multivalves squammeuses, anatifes, etc.); 3° *en série*, les unes à la suite des autres sur le dos de l'animal (coquilles multivalves sériales, oscabrions). Dans les multivalves en couronne, la cavité de la coquille est quelquefois ouverte inférieurement et toujours close supérieurement par ceux ou quatre petites pièces mobiles qui font l'office d'opercules.

Les coquilles univalves ou formées d'une seule pièce sont distinguées en *terrestres*, *fluviatiles* et *marines*. Les premières, généralement plus minces, ne présentent jamais d'épines, et ont très rarement des tubercules. Leur bouche arrondie, quelquefois anguleuse, n'est jamais canaliculée. Les coquilles univalves fluviatiles, dont la forme est intermédiaire à celles des coquilles terrestres et marines, s'en distinguent par un épiderme vert ou brun. Parfois épineuses, quelquefois tuberculeuses, elles ne sont jamais échancrées à la base, si l'on excepte les mélanopsides. Les univalves marines sont remarquables par leur épaisseur, par des bourrelets, des épines, et par l'existence d'un canal à la base chez le plus grand nombre.

La détermination des différentes parties d'une coquille univalve doit être faite en considérant la coquille sur l'animal qui marche devant l'observateur et renfermée entre six plans. Dans cette position, la partie de la coquille qui correspond au plan antérieur, sur laquelle on voit l'ombilic, se nomme la *base*; la partie diamétralement opposée correspond au sommet du cône ou de la spire. A la face inférieure se trouve la bouche de la coquille et une portion de la spire. La face supérieure comprend le dos de la coquille et l'autre portion de la spire. Aux deux faces latérales correspondent à droite la lèvre droite, à gauche la lèvre gauche de la coquille. Les univalves sont dites, 1° *uniloculaires* ou *monothalames*, lorsque leur cavité est simple; 2° *multiloculaires* ou *polythalames*, lorsque des cloisons plus ou moins nombreuses divisent leur cavité en plusieurs loges. La pièce unique qui constitue les coquilles dites *univalves* peut être tout à fait plane, très rarement convexe sur les deux côtés, comme dans l'os de la sèche, et très souvent de plus en plus convexe et concave en sens opposé et s'élevant en cône plus ou moins allongé. Ce cône est tantôt droit et vertical, et tantôt courbé et enroulé. Cet enroulement se fait dans trois directions : 1° *longitudinalement*, 2° *transversalement*, 3° *en spire* composée d'un nombre plus ou moins grand de tours, le plus souvent de gauche à droite (*coquille dextres*), quelquefois dans certaines espèces et quelques individus d'une même espèce de droite à gauche (*coquille sénestres* ou *gauches*). Dans ces trois modes d'enroulement, on a égard, 1° à la ligne fictive autour de laquelle ils s'effectuent, c'est l'*axe de la coquille*; 2° au côté droit du cône enroulé et plus ou moins distant de l'axe, d'où résulte un trou ou une cavité allongée dite *ombilic de la coquille*; 3° au côté interne de ce même cône atteignant ou dépassant l'axe fictif, et produisant une sorte de pilier tordu appelé *columelle*. Le commencement de la cavité d'une coquille univalve s'appelle *ouverture* ou *bouche*; sa circonférence ou son bord a reçu le nom de *péristome*; les parties droite et gauche sont appelées *lèvres*, l'une interne gauche et columellaire, l'autre externe et droite. Parmi les modifications nombreuses de l'ouverture ou bouche d'une coquille univalve, on a surtout égard à l'existence d'une *échancrure* et à celle d'un *tube* ou *canal*. Toutes les saillies qui hérissent la surface de ce grand groupe de coquilles (tubercules, cordons, varices, côtes, stries, sillons plus ou moins profonds, soit verticaux, soit transverses) sont dues à des formes correspondantes dans le bord du manteau et à l'accroissement progressif de la coquille par l'augmentation du nombre et des dimensions des *tours de la spire*. La nomenclature de toutes les différences qu'offrent les parties que nous venons d'énumérer (bouche, lèvres, échancrure, canal, ombilic, columelle, base, etc.) est si surchargée et si minutieuse, que nous devons renvoyer aux ouvrages spéciaux de conchyliologie.

Les coquilles bivalves étant placées dans la position qu'elles ont sur leurs animaux lorsqu'ils marchent devant l'observateur (position considérée comme la plus rationnelle par Linné, de Blainville et Deshaies), on en détermine exactement les diverses parties, qui sont, dans chaque valve droite ou gauche, les faces et les bords. Les faces se distinguent en *externe* et en *interne*, la première le plus souvent convexe. On y considère un *ventre*, ou partie la plus bombée, un *disque* ou partie convexe qui est au-dessus du ventre, et le *limbe* ou la circonférence des valves depuis le disque jusqu'au bord : cette surface peut être lisse ou présenter toutes les sortes de saillies déjà indiquées ci-dessus pour les coquilles univalves dont la production reconnaît la même cause. L'indication des aspects de cette face externe exige encore un grand nombre d'épithètes indispensables pour la caractérisation des espèces. La face interne des coquilles bivalves offre une concavité qui ne répond pas toujours à la convexité de la face externe. Sa surface, presque toujours lisse, présente des impressions qu'on a distinguées en 1° *musculaires*, c'est-à-dire impressions pour l'attache des muscles, qui sont uniques ou doubles, d'où la subdivision de conchifères en *monomyaires* et *dymyaires*; 2° *palléales* ou impressions faites par le manteau (*pallium*), et 3° *glandulaires* ou *innominées*, c'est-à-dire impressions correspondant à des glandes ou autres organes particuliers parsemés sur le manteau. Les bords des valves se prêtent ou se refusent à des distinctions d'antériorité, de postériorité, etc., selon que la forme de la coquille est plus ou moins longitudinale, ou plus ou moins transversale.

Au côté ou au bord supérieur des coquilles bivalves transversales, au sommet et aux bords antérieur et postérieur de celles qui sont plus ou moins longitudinales, on remarque des parties qui sont plus ou moins marquées, auxquelles les conchyliologistes ont donné les noms de *crochets*, de *corselet*, comprenant l'écusson et les lèvres; de *lunule*, de *charnière*, et de *ligament*. Les divers genres de mobilité et de solidité de la charnière ont nécessité des modifications très nombreuses, qui consistent principalement dans l'absence ou la présence, le nombre et la forme des dents plus ou moins saillantes et séparées par des intervalles (fossettes, gouttières), dans sa forme générale et sa position par raport aux crochets. Ces modifications ont entraîné toutes celles qu'on observe dans le ligament, substance cornée dont l'élasticité fait bâiller la coquille pendant que les muscles qui la ferment n'agissent point. Le ligament est simple, double ou multiple, et plus ou moins extérieur ou intérieur, plus ou moins saillant et plus ou moins étendu. Toutes les différences qu'il offre sous ces rapports sont mises à profit pour caractériser les espèces.

Les coquilles bivalves ou conques sont les unes *fluviatiles*, les autres *marines*. L'observation a fait découvrir que quelques espèces vivant dans l'eau douce deviennent par degré marines, et réciproquement que certaines espèces marines s'habituent successivement à vivre dans l'eau douce. Les conques marines se distinguent en général par l'absence d'épiderme et par les saillies de leur surface externe. Les coquilles bivalves se divisent encore en *libres*, ou pouvant changer de lieu, et en *adhérentes*, c'est-à-dire fixées aux corps sous-marins, soit par leur propre substance (huîtres; la plus petite des deux valves est dite *operculaire* dans ce cas), soit par un *byssus*, soit enfin par un ligament postérieur qui s'attache aux crochets (térébratules, lingules). D'après leur habitat, ces coquilles sont les unes *tubicoles*, ou vivant dans l'intérieur d'un tube accessoire aux valves, les autres *lignicoles* ou habitant dans le bois; d'autres enfin sont ou *pétricoles*, c'est-à-dire perçant les pierres en les dissolvant pour s'y loger, ou *arénicoles*, et vivant enfoncées sous le sable. Les autres distinctions des coquilles bivalves en *closes* ou *bâillantes*, en équitatérales ou *inéquilatérales*, équivalves ou *inéquivalves*, régulières ou *irrégulières*, qu'il n'est pas nécessaire de définir, sont aussi prises en grande considération.

Quoique les coquilles multivalves, dont nous avons indiqué la disposition sous trois modes, soient susceptibles d'offrir dans la description de toutes leurs parties des remarques générales comparables jusqu'à un certain point à celles qui ont été déjà faites par les auteurs sur les coquilles univalves et bivalves, on ne trouve cependant point encore dans les traités classiques ces remarques importantes, qui simplifieraient beaucoup leur étude.

L'étude des coquilles se rattache par les espèces fossiles à la géologie, par les autres à la la malacologie. Depuis les coquilles microscopiques jusqu'à celles des plus grandes dimensions, qui servent de bénitiers dans les églises, on peut constater toutes les grandeurs de ces corps. Ces objets d'histoire naturelle sont si remarquables par la variété, la beauté de leurs formes et de leurs couleurs, qu'ils excitent l'attention et même l'avidité des amateurs, dont le nombre s'est considérablement accru de nos jours. Une belle collection de coquilles, convenablement disposée, offre, dit Lamarck, l'aspect d'un parterre richement orné de fleurs, et cède à peine en beauté à une riche collection de papillons.

Certaines coquilles sont employées dans l'Inde comme pièces de monnaie (*voyez* Cauris). Quelques nations encore barbares s'en servent comme ornements (pendants d'oreilles, colliers); l'industrie européenne les a mises en œuvre pour imiter les fleurs, les animaux et autres objets d'arts. Les Chinois et les habitants des Philippines emploient à la place de carreaux de vitre des coquilles très-plates, minces et transparentes, appelées *placunes*. On sait enfin le parti que les arts de luxe tirent de la nacre et des perles qu'on obtient de certaines coquilles.

Un ancien ordre de chevalerie, institué en 1292 par un comte de Hollande en l'honneur de saint Jacques, s'appelait *l'ordre de la coquille*. Tout le monde sait que les pèlerins de Saint-Jacques se paraient de ces coquilles au retour de leurs voyages entrepris par dévotion, et que le nom de *pélerines*, donné aux peignes, tire son origine de cet usage.

Les botanistes se servent du mot *coquille*, ou vu'gaire de la *mâche* dans quelques lieux, pour désigner des champignons ainsi nommés à cause de la ressemblance de leur chapeau avec une coquille.

Coquille reçoit en architecture les acceptions suivantes : 1° espèce de voûte formée d'un quart de sphère ouverte pour couvrir une niche; 2° ornement de sculpture dont on décore le fond d'une niche, etc., et qu'on appelle *double*, lorsqu'il a deux lèvres; 3° dans les escaliers de pierre, le débordement du dessous des marches, et dans ceux en bois les ravalements en latte et plâtre du dessous de ces mêmes marches.

En serrurerie, le petit morceau de fer en forme de coquille sur lequel on met le doigt pour ouvrir la porte se nomme *coquille de loquet*.

Coquilles au pluriel s'emploie pour toute sorte de marchandises au propre ou au figuré dans les locutions suivante : *Vendre bien cher ses coquilles*; *à qui vendez-vous vos coquilles? Portez vos coquilles à d'autres; c'est vendre des coquilles à ceux qui viennent de Saint-Michel.* Les trois dernières locutions sont proverbiales, et s'adressent à quelqu'un qui veut nous en faire accroire. On dit encore au figuré : *ne faire que sortir de sa coquille*, être jeune ; *rentrer dans sa coquille*, au lieu de 1° devenir modeste quand quelqu'un a rabaissé notre caquet, baisser le ton et se taire; 2° se retirer d'une entreprise téméraire.

L. LAURENT.

COQUILLE (*Imprimerie*). C'est le nom que les typographes donnent à une faute d'impression qui consiste à mettre une lettre à la place d'une autre. Cette faute, assez commune, peut occasionner une infinité de quiproquos. Un compositeur a énuméré dans les vers suivants quelques-unes des espiégleries de la *coquille* :

> Toi qu'à bon droit je qualifie
> Fléau de la typographie,
> Pour flétrir tes nombreux méfaits,
> Ou, pour mieux dire, tes forfaits,
> Il faudrait un très-gros volume
> Et qu'un Despréaux tint la plume.
> S'agit-il d'un homme de *bien*,
> Tu m'en fais un homme de *rien* ;
> Fait-il quelque action insigne,
> Ta malice le rend indigne,
> Et par toi sa *capacité*
> Se transforme en *rapacité* ;
> Ce qui, soit dit par parenthèse,
> Dénature un peu trop la *thèse*.
> Un cirque a de nombreux *gradins*,
> Et tu le peuples de *gredins* ;
> Parle-t-on d'un pouvoir *unique*,
> Tu m'en fais un pouvoir *inique*,
> Dont toutes les *prescriptions*
> Deviennent des *proscriptions*.
> Certain oncle hésitait à faire
> Un sien neveu son légataire
> Mais il est enfin décidé :
> *Décidé* devient *décédé*.
> A ce prompt trésor, pour sa *gloire*,
> Ce neveu hésite de *croire*,
> Et même il est fier d'*hésiter* :
> Mais tu le fais fier... d'*hériter*.
> A ce quiproquo qui l'*outrage*,
> C'est vainement que son visage
> S'empreint d'une vive *douleur* ;
> Je dis par toi : vive *couleur*;
> Plus, son émotion *visible*
> Devient émotion *risible* ;
> Et s'il allait s'*évanouir*,
> Tu le ferais s'*épanouir*.
> Qu'un bas bleu, partant à la *noce*,
> Mette des souliers de *satin*,
> Par une noirceur bien atroce,
> Tu dis des souliers de *catin*.
> Que sur un vaisseau quelque prince
> Visite nos ports en province,
> J'en fais un glorieux *amiral* ;
> Tu changes en grand *animal*.
> Te voilà, coquille effrontée ;
> Ton allure dévergondée
> Ne respecte raison ni sens.
> Mais de m'arrêter il est temps,
> Pour compléter la litanie
> (Car ce serait chose infinie)
> Chaque lecteur ajoutera
> D'innombrables *et cætera*.

COQUILLE (Guy), sieur DE ROMENAY, l'un des plus célèbres jurisconsultes du seizième siècle, que d'Aguesseau n'appelle jamais que le *judicieux Coquille*, et dont le nom latinisé, suivant un usage reçu à cette époque parmi les gens de lettres et les savants, était *Conchylius*, naquit le 11 novembre 1523 à Décize, dans le Nivernais, et mourut à l'âge de quatre-vingts ans à Nevers, le 11 mars 1603.

Après avoir été étudier la science du droit en Italie sous le célèbre Marianus Sorin, il termina ses études à Orléans, où il prit ses degrés, et s'attacha d'abord au barreau de Paris, qu'il abandonna ensuite pour se fixer à Nevers, d'où sa réputation s'étendit bientôt au loin. Ses *Institutes Coutumières*, son *Commentaire sur la Coutume du Nivernais*, lui assurent un rang distingué dans la science. Ami particulier de Jean Bodin, il fut en relation avec tous les hommes célèbres de son siècle, et entretint une correspondance suivie avec le chancelier Bacon, qui prisait en lui le bon citoyen, l'honnête homme, à l'égal du publiciste et de l'homme d'État. Guy Coquille se mêla, en effet, aux affaires politiques de son pays. Député du tiers état à l'assemblée des états généraux tenue en 1560 à Orléans, et à celles de Blois en 1575 et 1588, il y fut chargé de la rédaction du cahier de son ordre. Il avait laissé sur les états de Blois et d'Orléans des mémoires aujourd'hui perdus pour nous sans retour, parce que le chanoine chargé de publier ses œuvres, regardant, nous dit-il naïvement, ces écrits politiques comme *au-dessus de la portée du jugement du vulgaire*, prit le parti de ne les pas imprimer. Mais dans un recueil de poésies latines que Guy Coquille publia de son vivant, nous trouvons la preuve du dégoût et du chagrin tout patriotiques qu'il éprouvait à la vue de la profonde corruption de son temps. Il flétrit en beaux vers, et avec l'indignation de l'honnête homme, ces députés serviles et vendus qui font leurs affaires au lieu de faire celles du pays, qui reçoivent du pouvoir de l'argent ou des places, à la condition d'oublier les intérêts du peuple. Après la clôture des états, Guy Coquille accepta les fonctions de procureur fiscal à Nevers; mais ce fut en vain que Henri IV, dans l'espoir de l'attirer à Paris, lui fit offrir une charge de conseiller d'État.

COQUILLE DE PHARAON. Cette coquille, connue aussi sous le nom vulgaire de *bouton de camisole*, est le *trochus Pharaonis* de Linné (*monodonta Pharaonis* de Lamarck). *Voyez* TROQUE.

COQUILLE DE SAINT-JACQUES. *Voyez* PEIGNE.

COQUILLE DES PEINTRES, nom vulgaire qui s'applique, tantôt à l'*unio pictorum* (*voyez* MULETTE), tantôt à *mytilus edulis* (*voyez* MOULE), et quelquefois au *mactra stultorum* (*voyez* MACTRE), parce que souvent les peintres déposent leurs couleurs préparées dans les valves détachées de ces coquilles.

COQUILLES (Or, Argent en). L'or *en coquilles* est ainsi nommé de ce qu'on est dans l'usage de le conserver dans des coquilles, où on l'étend en couches mince. On le prépare avec de l'or pur, battu à l'ordinaire en feuilles ; on pose ces feuilles ou fragments de feuilles sur une glace, et l'on y ajoute du miel. On broie ensuite le tout au moyen d'une molette, comme les couleurs destinées à la peinture. Après cette opération, on jette ce mélange dans un vase contenant de l'eau bien chaude; on agite le tout afin d'accélérer la dissolution du miel. Dans cette manipulation, une partie de l'or se tient suspendue dans le liquide à cause de l'extrême ténuité de ses molécules. On décante cette eau aurifère, et le reste du métal broyé moins fin reste au fond du vase. On remet de la nouvelle eau chaude, et l'on continue à laver et à décanter jusqu'à ce que tout le miel soit emporté. On laisse en repos les eaux du lavage; l'or tombe au fond du vase; on décante, et il ne reste plus qu'à placer la poudre sur un bain de sable pour la débarrasser de toute humidité. Dans l'opération du broyage de l'or *en coquilles*, on remplace quelquefois le miel par des dissolutions de gomme ayant la consistance de sirop. Lorsqu'on veut employer cet or, on le mettre *en coquilles*, on le broie de nouveau en y mêlant une dissolution de gomme arabique un peu épaisse, dans la proportion de deux à trois gouttes de cette dissolution pour deux grammes d'or. Le mélange, après le broyage, doit être épais et tenace.

L'*or en coquilles* s'emploie pur sur la porcelaine tendre;

mais, pour la porcelaine dure, il est indispensable d'y ajouter un fondant composé de trois parties de litharge, six de sable, une de sel de soude, deux d'antimoine diaphorétique ; on fait fondre le tout, on le broie, et quand on l'emploie, on en met un vingt-quatrième avec l'or. Le mat de la dorure de l'*or en coquilles* est beaucoup plus beau que celui de l'or *précipité* (en poudre).

L'*argent en coquilles*, qui tire son nom de la même cause, se prépare et s'emploie à peu près dans les mêmes conditions.
TEYSSÈDRE.

COQUIMBO, ville maritime, chef-lieu de la province du même nom, au Chili, située sur une hauteur, dans une belle plaine à l'embouchure du Coquimbo qui y forme un assez bon port, à 29 myriamètres au nord du San-Iago, a été très-bien reconstruite à la suite des dévastations qu'y avaient exercées les tremblements de terre de 1820 et 1822. Elle possède une belle cathédrale et 12,000 habitants, qui font par mer un commerce très-actif, en cuivre, grains, huile excellente, chevaux et viandes salées pour l'exportation. De riches mines de cuivre existent aux environs de Coquimbo, et aussi sur divers autres points de la province.

Coquimbo s'appelait autrefois *Serena* ou *Ciudad de Serena*, et fut fondé en 1544 par Pedro de Valdivia. La province de Coquimbo, qui n'adhéra à la fédération chilienne que le 26 juin 1826, est la plus grande (825 myriamètres carrés) et la plus septentrionale du Chili ; mais la population en est très-exiguë.

COQUIN, COQUINERIE ; termes injurieux, qui ont été formés du latin *coquus*, cuisinier, ou plutôt du qualificatif *coquinus*, qui s'entend de tout ce qui concerne la cuisine, et que l'on a d'abord appliqué à ceux et à celles qui allaient mendier les restes des repas des riches aux portes des cuisines. Puis, comme ceux qui font métier de mendier, qui prennent l'habitude du vagabondage, sont par cela même enclins à toutes sortes de vices, bientôt ce nom de *coquin* est devenu l'appellation des gens sans aveu ou exerçant une profession peu honnête, et on l'a employé comme synonyme de *fripon*. Il paraît bien prouvé qu'originairement ce mot *coquin* fut l'appellation des plus bas officiers de la cuisine, et qu'il devint ensuite celle des gens les plus vils et les plus méprisables. Cette application du mot n'était pas du reste nouvelle, puisqu'au témoignage de Plaute les Latins donnaient le nom de *cocus* à un larron. Du Cange dit aussi que dans la basse latinité on appelait *coccicones* les vagabonds qui hantaient les foires pour voler, pour couper les bourses. *Coquin* s'est dit ensuite d'un poltron, d'un homme coupable ou capable de quelque lâcheté ; mais son acception la plus générale est celle de gueux, misérable, homme de néant, homme de rien.

Coquin se prend quelquefois dans un sens moins défavorable, et s'adoucit même comme son synonyme *fripon*, au point de devenir aimable quand cette épithète passe par la bouche d'une jolie femme, qui l'adresse en badinant à un homme ; et l'on dit de celui qui est favorisé par les dames que c'est un *heureux coquin*. Il n'en est pas de même du qualificatif *coquine*, qui est toujours pris en mauvaise part, du moins relativement aux personnes. Edme HÉREAU.

COR (*Pathologie*). Les callosités ou petites tumeurs dures qui se développent sur les parties du pied les plus exposées aux frottements réitérés des chaussures trop étroites ou trop larges, ont été appelées *cors* (du latin *cornu*), parce que leur substance est de même nature que la corne. Les cors ne sont autre chose que des amas toujours croissants de matière épidermique, qui durcit et s'enfonce de plus en plus ; on en prévient ordinairement la formation de chaussures bien adaptées à la forme des pieds, et appropriées à tous les genres d'exercice que les hommes des diverses professions sont forcés de faire. Lorsque les cors sont formés, et qu'ils produisent des douleurs très-vives, surtout pendant la marche, on peut les enlever soi-même, après les avoir ramollis ou assouplis par l'action prolongée des bains de pied, en les grattant avec le bord libre des ongles, ou en les raclant avec diverses sortes de râpes ou de limes douces, ou enfin en les excisant avec la pointe d'un canif. On peut aussi réclamer les soins des pédicures, dont l'adresse et l'habileté sont telles qu'ils peuvent extirper les cors qui s'étendent. le plus profondément dans les chairs sans répandre une seule goutte de sang, sans causer la moindre douleur. On peut enlever les cors sans les avoir ramollis préliminairement dans l'eau ; il faut alors que l'instrument aigu et tranchant dont on se sert pour les disséquer et les exciser soit dirigé par une main sûre et bien exercée. Lorsqu'on néglige d'extirper les cors, ils peuvent occasionner quelquefois des inflammations suivies de suppuration ; la portion de la peau sur laquelle ils s'étaient formés se mortifie ; l'escarrhe se détache ; et après la guérison cette partie du pied n'est plus exposée à de nouvelles formations de cors. Quelle que soit la propreté des pieds, les cors, malgré les soins qu'on met à les enlever, se forment d'autant plus promptement qu'on réitère fréquemment et qu'on prolonge la marche sur un sol inégal, surtout pendant la saison chaude. De petits morceaux de linge fin recouvert d'une légère couche de diachylon gommé ou de diapalme sont les seuls médicaments convenables avant ou après l'extirpation des cors. Ils soulagent en diminuant les effets de la pression des chaussures. Les feuilles de lierre, celles de vigne, l'ail pilé, sont inutiles ; les caustiques doivent être bannis du traitement des cors, en raison de leur danger.
L. LAURENT.

COR (*Musique*), de *cornu*, corne. Le cor est un instrument de musique à vent et à embouchure. Consacré dès son origine et pendant plusieurs siècles aux nobles jeux de Diane, après avoir fait redire aux échos des montagnes le bruyant *halali*, le chant triomphal de la curée, le cor, appelé à de plus hautes destinées, a passé des mains du chasseur dans celles des favoris d'Apollon. Cette voix rauque et sauvage, la terreur des hôtes des bois, s'est adoucie au point de nous ravir par des sons flatteurs. L'art des Punto, des Duvernoy, des Dauprat, des Gallay, lui donnant une nouvelle existence, l'a enrichie d'une multitude de tons que la nature semblait vouloir lui refuser. Brillant et sonore dans tout ce qui rappelle sa destination primitive, le cor est tendre et pathétique dans le *cantabile* : le miel n'est pas plus doux, le jour n'est pas plus pur que sa délicieuse mélodie. Quoique dans le *solo* il parcoure avec agilité tous les degrés de la gamme, on lui reproche le peu de variété de ses traits d'orchestre, dans lesquels les tons artificiels ne se font presque jamais entendre. Ces traits se reproduisent souvent, il est vrai, mais sont-ils moins agréables pour cela ? Ces accents simples et pleins de candeur, cette fraternité constante entre les deux cors, ces tierces, ces quintes, riches, harmonieuses et redondantes, ont des charmes toujours nouveaux. Nous les avons entendus mille fois ces traits, et quand nous les entendons encore nous éprouvons les mêmes sensations : se lasse-t-on jamais de voir les roses printanières et de respirer leur délicieux parfum ?

Le cor étant un tuyau sonore, ouvert par les deux bouts, et privé des trous qui, dans le hautbois et dans la clarinette, servent à modifier les sons, c'est au moyen de la pression plus ou moins forte des lèvres sur l'embouchure que l'on parvient à rendre des sons différents ; mais comme par cette manière on ne peut faire résonner que la tonique et ses aliquotes, on se verrait réduit à demeurer constamment dans le même ton, si l'on n'avait recours à divers corps de rechange, qui, en s'adaptant à l'instrument, servent à élever ou à abaisser son intonation. Ces variations étant produites par un moyen physique qui tient au mécanisme de l'instrument et consiste à raccourcir ou allonger ces tuyaux dans des proportions données, la mélodie doit rester immobile : aussi les parties de cor ou de trompette sont-elles toujours notées en *ut* (certains solos exceptés), et cet *ut* devenant successivement un *ré*, un *mi*, un *fa*, etc., tout le système des aliquotes change en même temps que la tonique. L'exécutant voit sans cesse *ut mi sol* sur le papier, et l'oreille entend *ré fa la*, *mi sol si*, *fa la ut*, *si ré fa*, selon que l'instrument se trouve disposé d'après les indications qui se trouvent en tête des morceaux de musique.

Le système harmonique du cor est pareil en tout à celui de la trompette ; mais ses tuyaux, du double plus longs, et terminés par un grand pavillon, donnent l'octave basse de cet instrument. Ce pavillon est disposé de manière à recevoir la main, qui réunit son artifice au pouvoir de l'embouchure, pour maîtriser la colonne d'air et la forcer à articuler les tons que la résonnance multiple ne fait point entendre, et que l'on nomme vulgairement *sons bouchés*. C'est pour obvier à cet inconvénient qu'un Allemand nommé Stœlzel a imaginé d'ajouter au cor des pistons, au moyen desquels on obtient des *sons* ouverts à toutes les notes. Mais ce moyen, quelque ingénieux qu'il soit, a le défaut d'altérer la belle et pure qualité de son du cor ; et si l'on ne parvient à y remédier complétement, ce défaut sera toujours un obstacle à l'admission générale du *cor à pistons* dans les orchestres.

Comme la faculté d'obtenir sur le cor les sons très-élevés ou très-bas provient d'une disposition particulière que l'exécutant reçoit de la nature, et que les exercices qui ont pour objet d'apprendre à monter contrarient ceux que l'on prescrit pour faire résonner les sons graves, un élève doit se destiner de bonne heure à la première ou à la seconde partie : la qualité de son embouchure, les conseils des professeurs, lui serviront de règle pour son choix, et dès lors il travaillera exclusivement les tons élevés ou les basses.

La musique de cor se note sur la clef de *sol*; on se sert néanmoins de la clef de *fa quatrième ligne* pour quelques notes graves. Autrefois on avait soin de changer la clef toutes les fois que le cor changeait de ton, et de lui donner celle qui pouvait mettre la partie de cet instrument en rapport avec le reste de l'orchestre. Par exemple, la clef de *sol* ne servait que pour le mode d'*ut*, celle de *fa* pour celui de *mi*, celle d'*ut troisième ligne* pour le ton de *ré*, celle d'*ut quatrième ligne* pour celui de *si*, etc.; : la transposition se trouvait ainsi toute faite. Cet usage s'est perdu, et l'on écrit maintenant toute la musique de cor sur la clef de *sol*, ce qui est plus simple.   CASTIL-BLAZE.

CORACOÏDE (Apophyse). *Voyez* OMOPLATE.
CORACOÏDIENNE (Clavicule). *Voyez* CLAVICULE.
CORAH, CORÉ ou CORACH, fils aîné du lévite Jézéar, est connu par la conspiration que son orgueil le porta à tramer contre Moïse, et par la mort qui le frappa, lui et ses complices Dathan et Abiron : tous trois furent engloutis, dit l'Écriture, par la terre qui s'ouvrit sous leurs pas. On attribue onze des plus anciens psaumes aux descendants de Corach, les *Coraïtes*, qui étaient consacrés au service du temple, et dont il est particulièrement fait mention comme de chanteurs aux ordres de Josaphat.

CORAIL. C'est le résultat de la sécrétion d'un *polype*, dont les caractères ont été donnés par M. Milne-Edwards. Pour l'aspect et le port, l'élégant corail est semblable à un petit arbre qui aurait été dépouillé de ses feuilles ; il croît aussi, du moins en apparence, à la manière des plantes; mais la matière qui le constitue offre en presque totalité du carbonate de chaux, empâté par une sorte de gélatine, et peut-être d'albumine animale, teinte d'une vive couleur rouge. La substance calcaire du corail est dure, formée de couches concentriques, striée, d'un rouge éclatant. Elle est recouverte, dans l'état de fraîcheur, d'une chair vivante, mince, mais évidemment organisée : c'est celle de l'animal procréateur du squelette qu'il enveloppe. Cette chair, en se desséchant à l'air, devient une couche friable.

On trouve le corail, à partir d'une très-petite profondeur dans les eaux, jusqu'à plus de cent mètres dans la mer : c'est dans la Méditerranée, et principalement sur les côtes de Barbarie, que la pêche du corail, objet d'une industrie développée et quelquefois très-profitable, s'exerce en Europe sur une grande échelle. Pour extraire le corail de son gisement, on fait descendre dans la mer une espèce de drague formée de branches de fer, disposées en croix horizontale, qui accroche les ramifications que l'on recherche.

Le tissu du corail est d'un grain fin et compacte, assez analogue à celui des marbres les plus précieux, et susceptible comme eux, et plus encore, de recevoir le plus beau poli. Chacun connaît les nombreuses variétés de bijoux de toutes formes et à tous usages dont le corail est la matière principale : croix, colliers, boucles d'oreilles, bracelets, etc. Les vertus chimériques attribuées si largement et avec tant de confiance au corail par les anciens doivent être rangées parmi les contes bleus; mais ce qui est plus vrai, c'est l'attrait que les ornements en corail ont pour le beau sexe, et ce goût est bien justifié par tout le charme qu'il ajoute à une belle et jeune carnation. Peu de pierres précieuses, malgré leur haut prix et leur richesse, sont aussi dignes des regards de la beauté. Les femmes de l'Orient surtout savent apprécier le corail. Les îles de l'archipel Indien en recèlent beaucoup, et les côtes de l'Océanie en sont tapissées.

Le *corail artificiel*, bien inférieur au corail naturel, sous le rapport du poli, de l'éclat, et surtout de la durée, est une pâte qui a pour base ordinaire la poudre de marbre cristallin, cimentée avec de l'ichthyocolle, et quelquefois avec une huile très-siccative. On presse dans des moules, on laisse bien sécher et on polit. Cette matière se teint au moyen du vermillon de Chine, mêlé à une très-petite quantité de poudre de carmin.   PELOUZE père.

On trouve le corail dans la Méditerranée, près de Marseille, sur les côtes de la Loose, de la Sardaigne, des Baléares, et auprès de Tunis et de La Calle. Ce dernier point est depuis longtemps celui qui fournit la plus grande partie du corail du commerce. Quoique la pêche en soit la plus souvent faite par des Maltais, l'industrie à laquelle elle donne lieu mérite d'être considérée comme française. La Calle, qui fait aujourd'hui partie de nos possessions du nord de l'Afrique, était dès 1450 le siége d'un établissement français dont l'objet principal était la pêche du corail. Une compagnie, qui ne devait employer que des marins provençaux, avait le privilége de cette pêche, et le conserva pendant plusieurs siècles. En 1791 on supprima le privilége, et la pêche devint libre pour tous les Français faisant le commerce du Levant et de la Barbarie. Mais les Italiens s'emparèrent bientôt de presque tous les avantages de cette pêche ; et, devenus maîtres de l'établissement de l'ancienne compagnie, ils furent remplacés par l'État moyennant une rétribution en nature. Le 27 nivôse an IV un arrêté créa pour la pêche du corail une nouvelle société. D'après les nouvelles conditions, la compagnie ne pouvait avoir que des marins français ou des marins étrangers établis ou s'établissant en France. L'armement de tout bateau devait d'ailleurs se faire dans un port français. Mais cet arrêté fut à peine suivi, et en 1802 les Anglais devinrent même possesseurs de La Calle. Ils donnèrent à la pêche un développement tel qu'ils y employèrent jusqu'à 400 bateaux. En 1816 nous rentrâmes dans nos anciens droits, mais sans que l'établissement continuât d'être aussi lucratif, et les hostilités avec la régence d'Alger y suspendirent de nouveau notre domination. Depuis 1830 la pêche du corail relève de nouveau de l'administration française.

La pêche du corail effectuée en 1832 sur le littoral algérien a été l'une des plus abondantes que l'on ait vues depuis longtemps. Ainsi il a été pêché en moyenne 230 kilogr. de corail par bateau, soit, pour 156 bateaux corailleurs qui ont exploité les parages de Bone et de La Calle, 34,880 kilogr., qui ont été vendus en grande partie à Naples, à raison de 60 fr. le kilogr., ce qui porte la valeur totale de la pêche au chiffre de 2,152,880 fr. Plusieurs bateaux, dont les frais de pêche s'élèvent à 8 ou 9,000 fr., ont emporté de 4 à 500 kilogr. de corail, lesquels, au prix ci-dessus désigné, représentaient un capital de 24 à 30,000 fr., et ont procuré un bénéfice net de 15 à 20,000 fr. Pendant le cours de cette même campagne, la pêche du corail a pris un développement notable sur les côtes de la province d'Oran, où les bancs récemment découverts promettent une exploitation fructueuse.

Quelque riche et agréable que soit la couleur du corail, son emploi dans les parures et, par suite, son cours et ses débouchés sont soumis au caprice de la mode; tantôt le commerce suffit à peine aux demandes, et tantôt il séjourne invendu dans les magasins.

CORALLINE (diminutif de χοράλλιον, corail). Les productions marines qui portent ce nom ont été le sujet de longues discussions entre les savants de toutes les époques: les anciens n'y voyant que des corps pierreux, des métamorphoses d'une nature à une autre, ou des jeux, des transformations du règne minéral; les modernes voulant en faire des végétaux, comme Tournefort, le père de la botanique, ou des animaux, comme Peyssonnel, le médecin du roi, qui avait si bien démontré, contre le savant Marsigli, la nature animale du corail et autres zoophytes corticifères. Dans ces derniers temps encore les opinions restaient flottantes; cependant, Lamouroux, l'habile observateur, aussi bien que le célèbre Lamarck, et l'illustre Cuvier mettaient les corallines, quoique avec quelque doute, parmi les polypiers, à la suite des cellulaires, avant les corticaux, quand tout à fait de nos jours la question a été enfin décidée en faveur des botanistes d'après les heureuses recherches de MM. Schweiger, Link, Philippi, Zanardini, Meneghini, et surtout Kützing et Decaisne ; c'est maintenant un fait bien acquis à la science : les corallines sont rentrées, pour n'en plus sortir, dans le domaine du règne végétal, et constituent une petite tribu dans la classe des algues.

Les corallines sont des tiges articulées, portées sur des espèces de racines, divisées elles-mêmes en rameaux également articulés, à la surface desquels on n'aperçoit pas de pores. Les spores ont du plus beau rose, granuleuses et à l'intérieur, et assez semblables à celles des genres bonnemaisonia, asparagopsis, etc. Les corallines varient de couleur entre le vert, le rouge et toutes les nuances intermédiaires; souvent elles deviennent très-blanches par leur séjour à l'air, et c'est dans cet état qu'on les trouve fréquemment sur le sable des côtes maritimes. Ces plantes croissent par touffes plus ou moins fournies sur les rochers du bord de la mer; peu d'espèces sont parasites sur les fucus. On les rencontre dans toutes les Océans et à tous les latitudes, mais principalement dans les régions intertropicales. On en connaît dix-huit ou vingt espèces.

Les anciens vantaient beaucoup la coralline comme absorbant efficace ou puissant anthelmintique. Au commencement du dix-huitième siècle, l'usage de cette plante était presque tombé en désuétude; depuis il a été remis en vogue par la réputation que s'est acquise la *mousse de Corse* comme anthelmintique.   E. LE GUILLOU.

CORAN ou KHORAN, vulgairement nommé ALCORAN, qui est le même mot précédé de l'article arabe *al* (le), signifie *lecture*, et par extension, *lecture par excellence*, ainsi que dans le même sens nous appelons *Bible* (livre) l'Ancien Testament.

Le Coran est le livre que les musulmans révèrent comme le recueil des lois divines promulguées par leur prophète Mahomet; aussi l'appellent-ils *Kitab-Allah*, le livre de Dieu; *Kitab-Atziz*, le livre précieux; *Kelam-Chérif*, la parole sacrée; *Masshaf*, le code suprême; *Fourkann*, qui sert à distinguer le bien, le vrai, d'avec le mal et le faux ; et *Tanzil*, descendu du ciel; car ils croient que le Coran, tiré du grand livre des décrets divins, est tombé du ciel feuille par feuille, verset par verset. C'est du moins ce que publiait Mahomet, lorsque dans les moments d'embarras et de perplexité, il lui fallait éclaircir ses prédications, confirmer ses assertions, résoudre quelque problème politique, autoriser un projet, absoudre ou condamner quelqu'un, corroborer ou abroger quelque loi, etc.

Le Coran est en même temps le code civil, criminel, politique et militaire des mahométans, qui ne respectent que ce qu'il contient, ce qui est conforme à son esprit, et qui rejettent et maudissent tout ce qui lui est contraire. Il est divisé en 30 sections ou cahiers, composés de 114 chapitres et 1,666 versets. Ces chapitres ne sont point rangés dans l'ordre de leur rédaction ou de leur promulgation. En effet, c'est dans l'année 609 de l'ère chrétienne, la première de sa mission, et la quarantième de son âge, que Mahomet prétendit avoir reçu de l'ange Gabriel les deux premiers chapitres du Coran, qui dans le livre sont les 96e et 74e; et il continua durant vingt-trois ans à recevoir ainsi du messager céleste les autres chapitres envoyés par le Très-Haut.

Ce ne fut que la 13e année de *l'hégire*, 635 de J.-C., la seconde après la mort du législateur, que le khalife Abou-Bekr, son beau-père et successeur, fit rassembler les feuillets épars du Coran et en forma un livre, qu'il fit déposer solennellement chez Hafza, l'une des veuves du prophète. Sous le règne d'Othman, le quatrième des khalifes, il en circula plusieurs copies dont le texte altéré et falsifié donna lieu à des disputes, à des controverses sur divers points de la doctrine musulmane, dans plusieurs parties de l'empire. Pour mettre fin à ces désordres, Othman, l'an 652, fit répandre un grand nombre de copies de l'exemplaire original, et condamner au feu tous les exemplaires apocryphes.

Rien de plus obscur qu'une foule de passages de ce divin livre, malgré les interprétations différentes et souvent contradictoires qu'en ont données Béidhawi (au quinzième siècle de notre ère) et un grand nombre d'autres commentateurs arabes, turcs et persans, moins estimés que lui. Il est d'autres défauts que l'on peut justement reprocher au Coran : l'incohérence des matières dans un même chapitre, le vague dans les dispositions législatives et dans les préceptes religieux, les répétitions, les contradictions, les absurdités. Mais ces défauts tiennent peut-être à la manière dont ce recueil fut mis en ordre et rédigé sous le règne d'Abou-Bekr, par Zaïd-Ben-Thabet, qui pourtant passe pour avoir été l'un des plus intimes et des plus habiles secrétaires de Mahomet. Il recueillit sans choix et sans discernement tous les fragments écrits sur des feuilles de palmier, sur des pierres blanches, sur des morceaux de cuir et d'étoffe, sur des omoplates de brebis, et les prétendues traditions conservées, avec des variantes inévitables, dans la mémoire de divers disciples et compagnons du prophète. Les premiers chapitres sont très-longs, les suivants plus courts, et les derniers ne contiennent que quelques versets. Cette différence vient probablement de ce que le rédacteur après avoir réuni dans les premiers tout ce qui pouvait se rapprocher par la rime ou par la nature du sujet, réserva pour la fin des fragments qui ne se rapportaient à rien, ou qui lui étaient parvenus trop tard. Les parties du Coran qui paraissent être directement l'ouvrage de Mahomet sont supérieures aux autres; mais il est douteux qu'il les ait écrites lui-même, parce qu'il ne sut lire que dans un âge assez avancé, et parce que l'écriture avait été récemment introduite dans le Hedjaz, dont le dialecte fut, comme on sait, celui dans lequel fut écrit le Coran. Toutefois, ces parties ont pu être écrites par quelqu'un de ses secrétaires. Le Coran renferme d'excellents préceptes sur la pratique des vertus, surtout de l'humilité, de la charité, de la reconnaissance, du pardon des injures; il promet aux fidèles croyants des récompenses dans un autre monde. Cette morale est visiblement tirée de l'Évangile et de la Bible, dont plusieurs prêtres chrétiens et rabbins juifs avaient donné connaissance à Mahomet (Consultez une dissertation de Geiger intitulée : *Sur les sources judaïques du Coran* [en allemand, Bonn, 1832]).

Sans doute quelques passages sublimes se trouvent dans le Coran; mais pour les découvrir il faut dévorer bien de l'ennui, et au total ce livre ne répond point à la haute idée qu'en ont les dévots musulmans, et ne justifie nullement l'admiration qu'il a inspirée à quelques écrivains européens qui en ont lu à peine quelques pages. Le chapitre qui contient le voyage miraculeux de Mahomet de la Mecque à Jérusalem, et son ascension nocturne au ciel; d'autres prodiges, tels que les secours qu'il recevait du Très-Haut dans divers combats; la lune qui se fendait à sa voix; les arbres et les rochers qui s'inclinaient pour le saluer; la toile d'araignée qui l'avait dérobé aux poursuites de ses ennemis, en couvrant subitement l'entrée d'une caverne où il s'était réfugié; bien d'autres miracles non moins invraisemblables, que cet habile législateur n'a pas supposés, mais qu'il a laissé propager par quelques disciples enthousiastes parmi les classes ignorantes et crédules, déparent le Coran. Comment d'ailleurs reconnaître la divine origine d'un livre dans les chapitres où l'auteur a bien réellement feint des révélations célestes pour pallier le scandale de son incontinence, pour autoriser ses divorces et ses mariages adultères, pour convrir les turpitudes de sa famille? Et faut-il s'étonner que la sainteté de ce livre ait trouvé des incrédules et produit des hérésies? Elle fut ouvertement attaquée, l'an 740, sous le khalifat de Hescham, par Djeab-Ibn-Dirhem, qui rejetait l'opinion générale que le Coran était éternel et incréé. Cette hérésie, étouffée dans le sang de son auteur et d'une foule de ses adhérents, reparut en 826; et pour y mettre fin en 842, il fallut que le khalife Haroun II, Al-Wathek, non pas reconnût l'éternité et la divinité du Coran, mais défendit de jamais rechercher la nature de ce livre, puisque le législateur lui-même avait gardé sur ce point un silence respectueux. Le schisme fut réveillé dans les siècles postérieurs, et donna naissance à plusieurs hérésies (*voyez* CARMATHES, CHYITES et WAHABITES) en Perse, dans l'Inde et en Arabie.

Le Coran est l'objet des hommages de tout zélé mahométan. On l'enseigne dans les écoles avec les commentaires. On n'y touche jamais sans être en état de pureté légale, sans le baiser et le porter au front, avec respect et dévotion. On prête serment sur le Coran devant les tribunaux. Les musulmans se font un devoir d'en apprendre par cœur et d'en réciter souvent des versets et des chapitres. Ceux qui le savent en entier le récitent tous les quarante jours, et portent le nom de *hafiz*. Plusieurs khalifes, sulthans, princes et grands seigneurs ont imité cet exemple. D'autres en ont toujours un ou plusieurs exemplaires enrichis d'or et de pierreries; quelques-uns même ont poussé le zèle jusqu'à le copier plusieurs fois pendant leur vie, et ont fait vendre ces exemplaires au profit des indigents.

Le Coran a été traduit en anglais par Sales (1734, in-8°), en français par Du Ryer (Amsterdam, 1770 et 1775; 2 vol. in-8°), et par Savary (1753, 2 vol. in-8°). Une nouvelle édition de cette traduction a été publiée en 1825, par M. Garcin de Tassy, qui y a joint un eucologe ou catéchisme musulman. Il en existe aussi une de Mouradgea d'Ohsson. Citons encore la traduction nouvelle qu'a donnée du Coran en 1846, M. Kazimirski, et qui fait partie de la collection dite Charpentier. H. AUDIFFRET.

COR ANGLAIS, instrument à vent et à anche, qui dans la famille du hautbois tient la même place que la viole dans celle du violon : c'est la quinte du hautbois. Le cor anglais a la forme de cet instrument, dans des proportions plus fortes; il est un peu recourbé, et son pavillon se termine en boule, au lieu d'être évasé comme celui du hautbois. Les sons du cor anglais ne sont guère propres qu'à l'expression de la tendresse, de la mélancolie et de la tristesse; son diapason est de deux octaves, qui commencent au troisième *fa* grave du piano. Le cor anglais n'est pas considéré comme instrument d'orchestre; il n'y est ad mis que pour l'exécution de quelques solos. La musique destinée au cor anglais se note sur la clef d'*ut* seconde ligne. Le cor anglais est toujours joué par un hautboïste : l'embouchure et le doigté sont les mêmes dans les deux instruments. Les Italiens appellent le cor anglais *corno inglese*, et *voce umana*. CASTIL-BLAZE.

COR À PISTONS. *Voyez* COR.

CORAS (JACQUES), né à Toulouse, vers 1630, suivit d'abord la carrière des armes comme cadet dans le régiment aux gardes. Son père, protestant zélé, goûtant peu cette vocation pour son fils, lui fit donner sa démission, et Coras se tourna alors vers la théologie. Nommé ministre de la religion réformée, il en exerça les fonctions pendant quelques années dans de petites villes du Languedoc et de la Guienne, et auprès du maréchal de Turenne. Ayant eu occasion de parcourir les *controverses du cardinal de Richelieu*, il résolut d'en entreprendre la réfutation; mais une lecture attentive de cet ouvrage lui ayant inspiré des doutes que ses confrères ne purent résoudre, il s'adressa à un prêtre catholique, et abjura entre ses mains; après quoi il rendit compte des motifs qui l'avaient déterminé à cette action dans un livre in-12, qu'il dédia, en 1665, au clergé de France. Plût à Dieu qu'il s'en fût tenu là! Mais, avec un helléniste de ses amis, nommé Leclerc, il s'avisa de rimer une méchante tragédie d'*Iphigénie*; sur quoi Racine, caustique et malin plus que tone se le figurent ceux qui ne le connaissent que par ses tragédies, ne se put tenir, et fit l'épigramme suivante, qui commença la réputation de Coras :

> Entre Leclerc et son ami Coras,
> Deux grands auteurs rimant de compagnie,
> N'a pas longtemps s'ourdirent grands débats,
> Sur le sujet de leur *Iphigénie*.
> Leclerc lui dit : La pièce est de mon cru.
> Coras répond : Elle est mienne, et non vôtre.
> Mais aussitôt que l'ouvrage a paru,
> Plus n'ont voulu l'avoir fait l'un ni l'autre.

Il avait déjà publié incognito à cette époque le poëme de *Jonas, ou Ninive penitente* (in-12, 1663), lequel n'est connu de nos jours que par ses amis. Ces deux échecs le découragèrent pas, et il mit successivement au jour *Josué*, *Samson* et *David*, qui réunis à *Jonas* parurent in-12, à Paris, en 1665, sous le titre d'*Œuvres poétiques*. Cette malédiction de Boileau :

> Le Jonas inconnu sèche dans la poussière,

s'est étendue à toutes les productions de Coras, qui est mort en 1677.

CORAY. *Voyez* KORAÏS.

CORBEAU, genre de passereaux, de la famille des conirostres, qui se subdivise en *corbeaux proprement dits*, *corneilles*, *choucas*, *corbiveaux*, *chocards* et *craves*. Les corbeaux ont le bec robuste, plus ou moins aplati par les côtés, l'arête de la mandibule supérieure fortement arquée, les narines recouvertes par des plumes roides, dirigées en avant, la queue ronde ou peu arrondie. Le sens de ces oiseaux, surtout celui de l'odorat, sont très-subtils; ils ont l'habitude de dérober et de cacher tout ce qu'ils peuvent trouver, même des objets inutiles pour eux, comme des pièces d'argent; ils font des provisions pour l'arrière-saison, et se nourrissent de toute espèce d'aliments, graines, fruits, insectes et vers, chair vivante ou morte, en sorte qu'aucun genre d'animaux ne peut mieux mériter la qualification d'*omnivore*.

Celle des espèces de ce genre qui a retenu spécialement

le nom de *corbeau* (*corvus corax*), est le plus grand des passereaux qui se trouvent en Europe. Sa taille égale celle du coq; son plumage est tout noir, la queue arrondie. La femelle d'un noir moins décidé, et sa taille est un peu plus petite. Cet oiseau vole bien et haut, sent les cadavres d'une lieue, se nourrit d'ailleurs de toutes sortes de fruits et de petits animaux, enlève même des oiseaux de basse-cour. Il vit très-retiré, mais par paires. Chaque mâle conserve sa femelle pendant un grand nombre d'années, peut-être toute sa vie. Ils font leur nid dans les crevasses des rochers ou dans les trous des murailles, au haut des vieilles tours abandonnées et quelquefois sur le sommet des arbres isolés. Ce nid, très-grand, est composé extérieurement de rameaux et de racines d'arbrisseaux; des os de quadrupèdes ou des fragments de substances dures en forment la seconde couche, et l'intérieur est tapissé de graminées, de mousse et de bourre. La femelle y pond, vers le mois de mars, cinq ou six œufs, d'un vert pâle et bleuâtre, marquetés d'un grand nombre de taches et de traits d'une couleur obscure. Le mâle partage avec la femelle les soins de l'incubation, qui dure une vingtaine de jours. Le mâle défend courageusement sa jeune famille contre les milans et les autres oiseaux de proie, et les petits restent tout l'été avec leurs parents. Mais lorsqu'ils peuvent se suffire, ceux-ci les chassent de leur canton, et reprennent leur vie solitaire. Ils ne font probablement qu'une couvée par an, mais ce peu de fécondité est bien compensé par la durée de leur vie, que l'on dit être de plus d'un siècle. Il paraît d'ailleurs qu'on trouve cette espèce dans toutes les parties du monde; seulement, dans le nord, son plumage est souvent mêlé de blanc. Elle se laisse facilement apprivoiser, apprend assez bien à parler, et semble même capable de quelque attachement personnel.

Déménil.

Le *corbeau* était consacré à Apollon. La Fable dit qu'il devint noir pour avoir trop parlé, et que ce fut une vengeance d'Apollon, qui, sur le rapport que lui avait fait cet oiseau de l'infidélité de *Coronis*, tua sa maîtresse. Dans une médaille de Gordien le jeune, on voit Apollon ayant à sa droite un corbeau, et à sa gauche un trépied. Deux corbeaux se remarquent également avec un trépied, au revers d'une médaille d'Antoine. Dans certains pays, on regarde les corbeaux comme les bienfaiteurs, destinés à purger les champs et les jardins des vers et des insectes; dans d'autres, leur tête est mise à prix, parce qu'on redoute leurs bandes affamées. La superstition s'est aussi emparée d'eux dès les temps anciens :

Sæpe sinistra cava prædixit ab ilice.....

et notre civilisation moderne n'empêche pas qu'ils ne soient encore de sinistre augure pour nos paysans.

Le *corbeau* est déclaré impur par la loi de Moïse. Il en est souvent fait mention dans l'Écriture. On sait que Noé ayant fait sortir un corbeau de l'arche pour voir si les eaux s'étaient retirées de dessus la terre, cet animal ne revint point dans l'arche. La noirceur du corbeau est passée en proverbe.
Edme Héreau.

En architecture, on appelle *corbeau* une pierre en saillie, sur laquelle pose le bout d'une poutre. Cette pierre a quelquefois la forme d'un modillon ou d'une console. On applique enfin le nom de *corbeaux* aux potences.

CORBEAU (*Art militaire*). Les Latins donnaient le nom de cet oiseau (*corvus*) à une sorte de croc en métal, assujetti à une bascule, avec lequel on saisissait un navire, un bélier. On s'en servait dans les sièges et les combats de mer. Dans la bataille navale que les Romains, commandés par le consul Duilius, livrèrent aux Carthaginois auprès de la Sicile, ils firent usage d'un corbeau avec lequel ils saisissaient les vaisseaux ennemis et les retenaient. Le *dauphin* était un corbeau armé d'une masse de plomb, qui, s'abattant sur le pont d'un bâtiment, l'enfonçait ou tuait ceux qui le montaient. On appelait *corbeau démolisseur* une bascule armée d'un croc avec lequel on arrachait les pierres des murailles ébranlées par le bélier.

Au siége de Syracuse, Archimède saisissait et enlevait les vaisseaux des Romains avec des corbeaux. Il est aisé de se faire une idée de ces machines, en se figurant une grosse poutre suspendue en équilibre par son milieu en travers des murailles, comme le fléau d'une balance. Au bout qui donnait du côté de la mer, était suspendu un corbeau, qu'un homme placé sur la bascule lâchait sur le vaisseau ; sitôt qu'il était accroché, les assiégés faisaient basculer la poutre en tirant des cordes attachées au bout qui regardait la ville, ou bien ce bout était chargé d'avance d'un poids suffisant. Ces machines servaient encore à enlever des hommes.
Teyssèdre.

CORBEIL, ville de France, chef-lieu d'arrondissement dans le département de Seine-et-Oise, à 27 kilomètres de Paris, sur la rive gauche de la Seine, qu'on y traverse sur un beau pont de pierre, à l'embouchure de l'Essonne, avec une population de 4,725 habitants, un tribunal de première instance, une bibliothèque publique de 4,000 volumes, une typographie, de nombreux et très-importants moulins à farine, des tanneries. Il s'y fait une fabrication de toiles peintes, d'indiennes, de mousselines, de tissus cachemires, de sangles et courroies en fil et de tuyaux sans couture. Corbeil possède un grand entrepôt de grains et de farines pour l'approvisionnement de Paris; il communique avec la capitale par un chemin de fer embranché sur la ligne d'Orléans.

Au commencement du neuvième siècle, Corbeil n'était que le nom d'un territoire ou la réunion de quelques cabanes de pêcheurs. En 803 les incursions des Normands obligèrent ceux qui possédaient les reliques de saint Exupère et de saint Loup de les transporter au château de Paluan, qui était près de là, et dès lors Corbeil prit un grand accroissement. On y bâtit un château, et jusqu'au temps de Louis le Gros la ville fut possédée par des comtes particuliers. Le premier fut Aymon, dont on voit encore aujourd'hui le tombeau dans la vieille église de Saint-Spire. Le dernier fut Hugues le Jeune, qui céda ce comté au roi de France. Plusieurs reines eurent ensuite leur douaire assigné sur Corbeil et habitèrent cette ville. Le château était vaste et bien fortifié ; et c'est dans sa grosse tour, fameuse par son élévation, que George d'Amboise fut renfermé. Vainement assiégé par le duc de Bourgogne en 1418, et par les calvinistes en 1570, Corbeil fut pris en 1500 par le duc de Parme, qui l'incendia et le livra aux plus horribles excès.

CORBEILLE, petit ouvrage de vannerie, espèce de panier, fait ordinairement avec de l'osier rond ou fendu, et qu'on remplit de fleurs, de fruits, ou de diverses choses de toute autre nature. Il y a des corbeilles de différentes capacités, grandeurs et formes, le plus souvent comme nattées, circulaires, et munies quelquefois d'un couvercle de même matière que la corbeille. *La corbeille à ouvrage* est un diminutif de la corbeille ordinaire, faite aussi en osier, ou en paille, ou en tresse, etc., et dans laquelle les dames serrent leur dé, leur étui, leurs aiguilles, leurs ciseaux, leur fil, leur coton ou leur soie, et leur broderie ou autres menus ouvrages en train. *La corbeille de mariage* joue un rôle dans les conventions matrimoniales de notre temps. C'est un grave sujet de lutte entre les jeunes fiancées. C'est là en effet que tout prétendant bien appris dépose les bijoux, les parures, les cachemires, etc., qu'il envoie à celle qu'il va conduire à l'autel. *Le corbeillon ou corbillon* est un jeu innocent, en vogue de temps immémorial, pour lequel on ne risque rien de faire ample réserve de rimes en *on*, si l'on ne veut pas donner de nombreux gages et subir de nombreuses pénitences.

Corbeille, en sculpture, est un ornement en forme de panier, rempli de fleurs ou de fruits, qui termine quelque décoration, comme les piliers de pierre qui entourent l'orangerie de Versailles. On en fait aussi des bas-reliefs, et de ce nombre sont celles du portail du Val-de-Grâce. La corbeille défensive, dans l'art militaire, est un panier plein de terre qu'on emploie dans une fortification passagère, en manière de sacs de terre et concurremment avec les fascines.

CORBEILLE D'ARGENT, nom vulgaire de l'ibéride toujours verte (*iberis sempervirens*, Linné). Cette plante croît spontanément sur les rochers de l'île de Candie; elle est très-répandue dans les jardins, où on en fait de très-belles bordures, qui se couvrent entièrement de fleurs blanches; avant et après la floraison, ces bordures sont encore d'un très-bel effet, par la fraîcheur constante de leur verdure. La corbeille d'argent est frutescente, plus basse que les autres ibérides, mais plus rustique, et passant parfaitement l'hiver en pleine terre. Ses feuilles sont oblongues, obtuses, atténuées à leur base, glabres; ses fleurs sont disposées en grappes allongées; ses silicules sont creusées à leur extrémité d'une échancrure étroite. On la multiplie sans peine par semis et par marcottes.

CORBEILLE D'OR, nom vulgaire de l'*alyssum saxatile*, plante de la famille des crucifères. Ce nom exprime très-bien l'effet agréable que produisent, au printemps et pendant presque tout l'été, ses fleurs, d'un beau jaune d'or : elles sont petites, mais tellement abondantes qu'elles forment de grosses touffes sous lesquelles les feuilles disparaissent. Les tiges sont un peu ligneuses, très-rameuses; les feuilles linéaires-lancéolées, entières ou un peu sinuées.

CORBIE, ville de France, agréablement située sur la rive droite de la Somme, à 20 kilomètres d'Amiens. Jadis très-peuplée, riche, fortifiée, elle compte à peine aujourd'hui 3,000 habitants. Elle possédait autrefois une riche abbaye de bénédictins, qu'il ne faut pas confondre avec *Corvey* ou *Corbie* (*Corbeia nova*) en Westphalie.

Sous les rois de la première race, Corbie (*Corbeia vetus*) était une de ces maisons fiscales dont Charlemagne nous a conservé le type dans son capitulaire *De villis fisci*. Elle avait été donnée en récompense, c'est-à-dire en bénéfice à un seigneur nommé Gontland, qui était maire du palais sous Clotaire II. Il la possédait avec l'autorité de *comte*, et son domaine ne comprenait pas moins de six lieues de pays. Gontland étant mort vers l'an 655, le comté de Corbie fit retour au domaine royal, avec toutes ses dépendances, et y demeura réuni jusqu'au règne de Clotaire III, qui, à la sollicitation de la reine Bathilde, sa mère, l'en détacha de nouveau pour l'affecter à la fondation d'un monastère. Cette fondation célèbre eut lieu en 660. Quand tous les bâtiments furent disposés pour recevoir une communauté, la reine Bathilde y fit venir une colonie de religieux de la célèbre abbaye de Luxeuil en Bourgogne. Il y avait parmi eux un vénérable vieillard nommé Théofride ou Theoffroy : on le choisit pour abbé. A sa demande, le roi et sa sainte mère déclarèrent tous les biens du monastère francs et quittes des charges publiques pour le présent et pour l'avenir, à perpétuité, c'est-à-dire que le domaine de Corbie fut accordé aux religieux à titre de *comté*.

L'abbaye de Corbie a été gouvernée pendant l'espace de plus de onze siècles par soixante douze abbés, dont plusieurs ont été déclarés saints. Parmi eux on compte des princes, des personnages illustres : plusieurs devinrent cardinaux.

Guillaume Le Breton, au livre II de la Philippique, représente la ville de Corbie en 1184, comme *un grand bourg, une bonne ville, avec un château et plusieurs ponts sur la Somme et sur la rivière de Corbie*. Cette ville a soutenu plusieurs sièges : en 859 et 879, contre les Normands; en 922 contre Herbert, comte de Vermandois; en 1182, contre Philippe, comte de Flandre, et notamment en 1562, contre les Ligueurs, et en 1636, contre les Espagnols, qui s'en rendirent maîtres. Louis XIII la reprit le 10 novembre de la même année. Mais Louis XIV, dont les conquêtes avaient reculé nos frontières, la fit démanteler en 1673, et depuis cette époque elle est devenue presque déserte. Un ancien titre portait sa population à 22,000 âmes.

CORBIÈRE (Jacques-Joseph-Guillaume, comte), avant d'être ministre du roi Louis XVIII, était avocat à Rennes. Il y professait tous les principes ennemis de la Révolution. Ce fut la sinistre année 1815 qui le fit député, la terreur blanche qui le fit ministre. Rapporteur d'une loi d'*amnistie*, dont le nom hypocrite cachait de royales vengeances, il proposa des exceptions nouvelles et des catégories, admettant un plus grand nombre de victimes. Il vint siéger au conseil présidé par M. de Villèle; il fut son acolyte et son pendant dans les plus mauvais jours de la Restauration. Sa mission toute politique, haineuse et réactionnaire, fut couverte du portefeuille de l'intérieur. Il fut chargé des lettres et des arts; il n'y connaissait ni les choses ni les personnes. Sa taille et sa figure ressemblaient un peu à l'extérieur de M. de Villèle. « On ne peut pas être du parti de ces gens-là : disaient les dames, ils sont trop laids. »

Les Romains auraient donné l'épithète d'*incomptus* à un orateur tel que le comte Corbière : nous ne savons traduire l'expression latine que par le mot *mal léché*. Telle que nous l'avons vue, la conformation de l'élu d'Ille-et-Vilaine était impossible à décrire. On eût dit que le torse ne reposait pas sur les hanches. Ses épaules étaient hautes et sa tête renfoncée; à la ligne, son front large et chauve, ses yeux petits, mais étincelants, ne manquaient pas d'une certaine noblesse sauvage. Sa logique n'avait point de méthode, son éloquence était incorrecte, mais sa diction avait un accent bas-breton, des traits inattendus, quelque chose de désordonné et de vif. Assis à son banc, il ne pouvait se tenir en silence et en place plus de cinq minutes. Le plus souvent il apostrophait à demi-voix l'orateur qui avait la parole : *Crois-tu qu'on t'écoute? Belle raison, ma foi ; ennuyeux bavard !* Un jour, sorti de la salle pour un moment, il rentre et voit deux députés à la tribune. « Bon ! dit-il, les voilà qui parlent deux à la fois, ce sera plus tôt fini. »

Ce que ses amis appelaient sa bonhomie, sa franchise, allait quelquefois jusqu'à la rudesse, à la cruauté. Le vieux pair de France Siméon, ancien ministre en Westphalie, et même collègue des Richelieu et des Vaublanc, alla un jour au ministère de l'intérieur solliciter pour son fils. « Qu'a-t-il besoin de places, dit le ministre au vieillard ? » sera-t-il pas pair de France dans quelques semaines ! » Ce farouche réactionnaire, ce jésuitique promoteur de violences, demeura toutefois jusqu'à la fin de sa puissance désintéressé et jaloux de regagner au plus vite sa petite ville, ses habitudes de province et même un certain petit cheval Brisquet, dont les journaux plaisants avaient fait le compagnon de ses promenades. Un jour, assis au conseil des ministres près du formaliste et méticuleux Louis XVIII, il tira son mouchoir à carreaux et le laissa sur le tapis vert. « Est-ce que vous allez vider vos poches, monsieur le ministre, dit le petit-fils de Louis XIV ? — Cela vaudrait encore mieux, dit le roturier légitimiste, que de les remplir aux dépens de l'État. » En somme, cette Excellence était fort partiale et cynique : pendant une discussion sur une loi concernant les poudres et salpêtres, il quitta la chambre des députés en disant qu'il n'estimait le salpêtre que pour la préparation des jambons.

H. DE LATOUCHE.

Corbière était né à Amanlis, près de Rennes, en 1766, d'une famille de laboureurs. Nommé chef de l'instruction publique le 22 décembre 1820, il fut appelé au ministère de l'intérieur le 14 décembre 1821, et créé comte peu de temps après. Il débuta par de grandes épurations, combattit à outrance l'enseignement mutuel et la liberté de la presse, faisant tous ses efforts pour rétablir la censure. Il attacha son nom à la dissolution de la garde nationale en 1827, suivie bientôt de la dissolution de la chambre des députés. Là s'arrêta du moins sa résistance. Le 4 janvier 1828 il quittait le ministère avec ses collègues, et recevait en dédommagement les titres de ministre d'État, membre du conseil privé du roi, de pair de France, de chevalier du Saint-Esprit. Il avait déjà passé par tous les grades de la Légion d'Honneur. La révolution de 1830 lui ayant enlevé son siège à la chambre haute, il se retira dans sa terre près de Rennes, et vécut depuis dans la plus profonde retraite, livré tout entier à sa passion pour les anciennes éditions des classiques. Il y est mort, le 13 janvier 1853, à l'âge de quatre-vingt-six ans.

CORBILLARD. Ce mot paraît dérivé ou d'un coche d'eau qu'on appelait ainsi, parce qu'il conduisait de Paris à Corbeil, ou de la forme et de la matière de certaines voitures faites en osier comme des *corbeilles*. On a depuis nommé *corbillards* les carrosses destinés à voiturer les gens de la suite des princes, parce qu'ils y étaient en grand nombre. On a même appelé ironiquement *corbillard* toute voiture dans laquelle plusieurs personnes se trouvent entassées. Le nom de *corbillard* était spécialement donné autrefois à ces vastes chars funèbres, surmontés de panaches, et sur lesquels les restes des rois, des princes, des grands seigneurs, dans un double cercueil de plomb et de bois, étaient orgueilleusement conduits à leur dernier gîte, traînés par huit, six ou quatre chevaux, caparaçonnés et empanachés, portant le deuil et les armoiries du défunt. A voir les colossales dimensions du corbillard, on eût dit qu'il renfermait le corps d'un géant, et trop souvent ce n'était que le frêle cadavre d'un personnage fort mince au physique et au moral. Par un contraste bizarre, tandis que le deuil d'étiquette, le silence et la douleur de commande régnaient autour du corbillard, il arrivait souvent que des ouvriers, selliers, tapissiers et charrons, mis en réquisition pour le réparer, en cas d'accidents, cachés sous ses épaisses et amples draperies, jouaient aux dés ou aux cartes sur le cercueil de la majesté, de l'altesse ou de l'excellence, pour se désennuyer de la longueur et de la lenteur de la marche. Les honneurs du corbillard étaient généralement le privilége exclusif des gens de cour et des riches financiers, dans un temps où les roturiers, plus modestes ou sans fortune, étaient portés très-simplement dans la bière sur les épaules ou à bras.

La Révolution de 1789, qui est venue rétablir à certains égards une sorte de niveau parmi les Français, a généralisé, du moins à Paris, l'usage des chars funèbres nommés *corbillards*. Il y en a de tous prix, de toutes formes, de toutes grandeurs, plus ou moins richement décorés, plus ou moins dénués d'ornement; quelques-uns même ressemblent plus à des brouettes qu'à des corbillards. Chacun peut donc, à son gré ou suivant ses moyens, se procurer aujourd'hui, pour son dernier voyage, *le plaisir de partir en voiture*, comme l'a dit Armand-Gouffé dans sa jolie chanson du *Corbillard*. Il est seulement fâcheux que les corbillards et tous les accessoires des pompes funèbres soient devenus l'objet d'une spéculation commerciale, autorisée par le gouvernement, ou par l'administration, qui en retire un bénéfice, et qu'on soit forcé de subir jusqu'au tombeau la loi du fisc, des tarifs et du monopole. Dans les villes de province, où l'on prodigue moins l'argent en vanités superflues, où l'on cherche moins à jeter de la poudre aux yeux, il n'y a qu'une sorte de corbillard, uniquement réservé à l'aristocratie de la noblesse ou de l'opulence, et les bons bourgeois continuent, ainsi que les pauvres, à se faire porter modestement au cimetière sur des brancards.

H. AUDIFFRET.

CORCELET. *Voyez* CORSELET.

CORCYRE, en grec Κέρκυρα, la plus septentrionale des îles Ioniennes, à l'ouest de l'Épire, aujourd'hui Corfou, est déjà mentionnée dans Homère, sous le nom de Σχερία. C'était aux temps héroïques le siége des Phéaciens et de leur roi Alcinoüs, dont la fille et les jardins ont été immortalisés par Homère dans son Odyssée. Plus tard elle fut peuplée par les Liburniens, et vers l'an 700 avant J.-C. par des Corinthiens; et grâce à sa position éminemment favorable à la navigation et au commerce, elle parvint à exercer dans l'Adriatique et dans la mer Ionienne une prépondérance telle, qu'elle put fonder des colonies à l'étranger. La jalousie qu'elle inspirait à Corinthe amena une guerre, dans laquelle celle-ci eut le dessous. Par la suite, Corcyre se trouva mêlée à la guerre du Péloponnèse; mais alors elle perdit de sa puissance, tomba successivement sous la domination d'Agathocle, tyran de Syracuse, de Pyrrhus, roi d'Épire, puis des rois de Macédoine; et en l'an 220 avant J.-C., impuissante à se défendre contre les déprédations des pirates illyriens, elle se plaça sous la protection des Romains, auxquels dès lors elle demeura fidèle. Elle prit le parti de Pompée contre César, puis de Brutus contre Octave, et d'Antoine contre ce dernier, qui l'assiégea et s'en rendit maître. Sous le règne de Claude, le christianisme s'y établit; et l'un de ses évêques, Apollodore, se distingua au concile de Nicée. Plus tard Corcyre secourut les Romains dans plusieurs de leurs guerres contre les Parthes, puis contre les Goths, jusqu'à ce que le roi de ces barbares, Totila, s'en rendit maître. Adjugée à l'empire d'Orient, lors du partage de l'empire romain, elle eut subir les crises et les révolutions politiques successives. Conquise par Charles d'Anjou, c'est à cette époque qu'elle commence à figurer dans l'histoire sous le nom de *Corfou*.

Les habitants de Corcyre étaient fameux dans l'antiquité par leur esprit fallacieux et leurs manières présomptueuses.

CORDAGE. C'est la dénomination générique de toutes les cordes qui servent au gréement et à la manœuvre des navires. Les cordages varient infiniment d'espèce, de grosseur, de force; chaque sorte a son nom. Ils sont presque généralement fabriqués avec du chanvre. Cependant, il y en a en *pitte* (filament d'une espèce d'aloès), en *quer* (enveloppe filamenteuse de la noix de coco), et en *bastin* (sorte de jonc du Levant). Quelques bâtiments américains ont même de menus cordages en coton; et certains baleiniers l'emploient aussi pour lignes de harpon. L'usage du pitte, du quer et du bastin comme cordages est inférieur à celui du chanvre pour la force et la durée. Seulement, étant plus légers que le volume d'eau qu'ils déplacent, ils flottent plus aisément que le chanvre, et risquent moins, par conséquent, de s'user par le frottement contre les rochers du fond quand ils fonctionnent comme câbles. Mais leurs brins sont beaucoup moins longs. Dans de menus travaux, dans les arts surtout, on emploie des cordages de soie, d'écorce de tilleul, de boyaux, de gomme élastique, et des fils de cuivre ou de fer.

En marine, on se sert d'une foule de menus cordages. Le fil de *caret* est le premier élément de tout cordage menu ou fort. On appelle *lusin* une petite ligne, ou ficelle, composée du commettage de deux fils de caret très-fins. Le *merlin* est d'une qualité moins parfaite. Le *bitord* est fabriqué avec les fils de caret les moins réguliers. Le *quarantenier* est formé de quatre ou cinq fils.

Tous les cordages dont on vient de parler sont imprégnés de goudron. Le fil de caret est d'abord goudronné; puis, à chaque fabrication plus compliquée, on renouvelle l'opération: elle a pour but de rendre le cordage moins sensible à l'influence de l'humidité qui le pourrit et le détériore promptement. L'application du goudron aux cordages diminue aussi très-sensiblement la tendance du chanvre à se raccourcir à la pluie, ce qui entraînerait de graves inconvénients dans une foule d'emplois.

Les cordages courants, destinés à un service actif, à rouler dans les poulies comme les cargues, à être souvent tirés et abraqués, doivent être moins goudronnés que ceux qui restent à poste fixe et qu'on nomme *dormants*, tels que les *haubans*, etc. Le *cordage blanc* est celui qui n'est pas goudronné; l'humidité le raccourcit tellement qu'on a fait l'épreuve d'attacher et d'étendre un gros cordage sec, sans goudron, à deux fortes boucles de fer, et qu'on a vu l'humidité, en faisant retirer tous ses fils, arracher les deux points de résistance.

On ne connaît, au reste, que des *cordages* en marine. Le mot *corde* n'a qu'une seule application sur un navire : c'est celle qui désigne le petit bout de cordage attaché à la branche de fer au moyen de laquelle on met en branle la cloche de bord. Jamais le mot corde n'est prononcé sur un bâtiment que pour désigner celle-ci. Naguère encore c'était le nom de l'instrument avec lequel on frappait les marins et les mousses en contravention. Mais on ne l'employait que par allusion à la corde de la cloche, celle qui servait à battre, étant, comme sa sœur, courte et pourvue d'un gros nœud à son extrémité.

CORDAY D'ARMANS (MARIANNE-CHARLOTTE), naquit en 1768, à Saint-Saturnin-lès-Vigneaux, près de Séez, en Normandie. Jusqu'à l'heure où elle vint frapper Marat d'un coup de poignard, elle avait vécu ignorée, et même, après sa condamnation, les plus fougueux panégyristes de Marat ne trouvèrent aucune médisance, aucune calomnie sur les mœurs de Charlotte Corday. Qui nous dira par quelles études, par quelles méditations cette femme, issue de la classe nobiliaire, belle, modeste et chaste, était devenue à vingt-cinq ans une républicaine résignée à un grand coup qui ne pouvait que la conduire à la mort? Ni fragile, ni coquette, ni dévote, comme on l'a prétendu, mais versée dans la lecture des anciens, elle se représentait ces fières et vertueuses Spartiates ou Romaines qu'ont dessinées Plutarque et Tite-Live. Elle voyait dans Marat soit un Hippias, qu'un Tarquin ou qu'un Appius Claudius. Heureuse si elle eût pu le frapper au milieu d'une fête ou d'un combat, ou l'atteindre sur sa chaise curule! Mais pour parvenir jusqu'au tyran, qui se rendait inaccessible, elle eut besoin de recourir à des voies de dissimulation et de perfidie. Il faut le dire, on aimerait à pouvoir effacer de l'histoire de Charlotte Corday les deux lettres qu'elle écrivit à Marat, afin d'être admise auprès de lui. On voudrait sa main, prête à s'armer du poignard, n'eût point tracé cette phrase équivoque de la première de ces épîtres : « Je vous mettrai à même de rendre un grand service à la république. » Et cette flagornerie de la seconde lettre : « Il me suffit de vous faire savoir que je suis malheureuse pour espérer que votre belle âme ne sera pas insensible, etc. » Charlotte elle-même, au surplus, en a témoigné son repentir dans une lettre qu'elle écrivit la veille de son supplice. Elle s'y peint en effet introduite, non sans avoir subi le regard inquisitorial de la femme assez jeune qui partageait la table et la couche du monstre ! Fière de cette chaîne hideuse, cette femme se sentait une jalousie d'instinct contre toute prévenance adressée à parler en particulier au citoyen Marat. Que dut-elle éprouver en voyant apparaître une beauté aussi remarquable que Charlotte Corday ! Ses pressentiments ne la trompèrent point : Charlotte venait lui ravir son *bien-aimé*.

Charlotte Corday avait connu à Caen Pétion, Guadet, Gensonné et d'autres girondins, qui avaient trouvé un asile dans cette ville après la journée du 31 mai 1793. Marat, qui la reçoit dans son bain, se hâte de lui demander leurs noms ; elle les fait connaître; et avec une joie féroce il les inscrit sur ses tablettes : « Ils n'iront pas loin, s'écrie-t-il : je les ferai tous guillotiner à Paris. » Ces mots furent un signal de mort pour celui qui les avait prononcés; Charlotte lui enfonce dans la gorge le couteau qu'elle tenait caché sous sa robe. « A moi, moi où ma chère amie ! » s'écrie Marat; puis il expire dans le bain où ce tyran sans pudeur avait reçu la jeune fille. La compagne du monstre accourt avec une autre femme et des employés du journal de Marat, qui se précipitent sur Charlotte, et la terrassent. La garde nationale arrive : un procès-verbal est dressé par les conventionnels Drouet et Chabot. Leur rapport en fait foi : ils furent étonnés de l'élévation et de la modestie des réponses de la jeune fille. A trois heures du matin, un fiacre la conduisait à l'Abbaye. Les commissaires et les gendarmes qui l'escortaient eurent à la protéger contre les fureurs d'une populace forcenée. Dans ce moment terrible, elle s'évanouit. Revenue à elle-même, elle dit : « Quoi ! j'existe encore ! j'aurais cru que le peuple m'aurait mise en pièces. » Transférée à la Conciergerie, où elle fut traitée avec humanité, elle comparut devant le tribunal dès le 17 juillet. La justice révolutionnaire était expéditive; et si elle a mérité de sanglants reproches, ce n'est pas au moins celui de laisser pourrir dans les cachots les infortunés en état de prévention.

Charlotte Corday devant ses juges ne chercha nullement à pallier l'action dont on l'accusait. « Quel a pu être, lui dit le président, votre motif en assassinant le citoyen Marat? — Ses crimes. — Qu'entendez-vous par ses crimes? — Les ravages que l'anarchie fait dans ma patrie. — Cette action vous a-t-elle été inspirée par quelqu'un? — Par personne. — Pourquoi l'avez-vous faite? — Pour empêcher la suite de ses crimes. — Connaissez-vous ce couteau ? — Oui, c'est celui qui m'a servi pour tuer Marat. — Y a-t-il longtemps que vous avez formé ce projet? — Depuis la révolution du 31 mai, jour de la proscription des députés patriotes. — Comment avez-vous pu assassiner un homme que vous ne connaissiez pas? — C'est par les journaux que je connaissais Marat; je savais qu'il pervertissait la France; j'ai tué un homme pour en sauver cent mille, pour donner le repos à mon pays; j'étais républicaine avant la révolution, et je n'ai jamais manqué d'énergie. — Qu'entendez-vous par énergie? — J'entends par énergie le sentiment de ceux qui, mettant de côté l'intérêt particulier, savent se sacrifier pour leur pays. » Interrogée si c'était à un prêtre assermenté ou insermenté qu'elle allait à confesse à Caen, elle répondit : « Je n'allais ni aux uns ni aux autres. » Au milieu de ces réponses, qui décèlent une si parfaite quiétude morale, Charlotte s'aperçut qu'un dessinateur placé dans l'auditoire cherchait à saisir ses traits; aussitôt un sourire brilla sur son beau visage, et elle se tourna légèrement de côté pour favoriser l'artiste. Ce dessin, fort ressemblant, a été gravé, et c'est lui qui a inspiré M. Scheffer dans le beau tableau qu'il a exposé de Charlotte Corday.

On avait donné un défenseur à l'accusée. Doulcet de Pontécoulant, député par France, avait reculé devant cette mission, qui n'effraya point le courage de Chauveau-Lagarde. Sa courte défense de l'accusée fut dictée par la plus exquise délicatesse d'âme : « L'accusée, dit-il, avoue avec sang-froid l'horrible attentat qu'elle a commis, elle en avoue avec sang-froid la longue préméditation, elle en avoue les circonstances affreuses; en un mot, elle avoue tout, et ne cherche pas même à se justifier; voilà, citoyens, sa défense tout entière. Ce calme imperturbable et cette abnégation de soi-même, qui n'annoncent aucun remords en présence de la mort même, ne sont pas dans la nature : ils ne peuvent s'expliquer que par l'exaltation du fanatisme politique qui lui a mis le poignard à la main; et c'est à vous, citoyens jurés, de juger de quel poids cette considération peut être dans la balance de la justice. » La fière républicaine remercia l'avocat avec grâce, et lui donna un témoignage de sa reconnaissance en le priant d'acquitter quelques petites dettes qu'elle avait faites dans sa prison. Les jurés parisiens n'entendirent pas le noble langage de son défenseur : Charlotte Corday, qui avait écouté son arrêt de mort avec calme, fut exécutée le soir même. Pendant le trajet de la Conciergerie au lieu de l'exécution, une sérénité vraiment céleste brillait sur le charmant visage de la victime. Seulement, elle rougit à l'aspect de l'échafaud : le calme de ses traits ne se démentit qu'au moment où l'exécuteur (cet infâme avait nom Legros) lui arracha le fichu qui couvrait son sein. La pudeur outragée se trahit chez la jeune fille par un mouvement de colère bientôt réprimé. Quand la tête de Charlotte Corday fut tombée sous le fatal couteau, l'exécuteur,

32.

le montrant au peuple, osa lui appliquer deux soufflets. Les joues se couvrirent d'une rougeur qui frappa tous les regards. Charlotte Corday n'a pas manqué de panégyristes depuis André Chénier. Mais rien ne fait mieux son éloge que les deux lettres qu'elle écrivit de sa prison. L'une est adressée à son père, l'autre à Barbaroux. « Je comptais, y dit-elle, le sacrifier sur la cime de la Montagne; mais il n'était plus à la Convention. Nous sommes meilleurs républicains qu'à Paris; l'on ne conçoit pas comment une femme puérile, dont la plus longue vie ne serait bonne à rien, peut sacrifier sa vie de sang-froid pour sauver son pays. Je n'ai jamais tué qu'un seul être, et j'ai fait voir mon caractère. Ceux qui me regretteront se réjouiront de me voir jouir du repos dans les Champs-Élysées avec Brutus et quelques anciens. Il est peu de vrais patriotes qui sachent mourir pour leur pays : ils sont presque tous égoïstes, etc. » Charlotte Corday n'a pas eu de tombeau ; ses restes, négligés, profanés, ont été confondus avec ceux des plus obscures victimes.

Charles Du Rozoir.

CORDE, CORDERIE. L'art du *cordier* est du petit nombre des industries sur lesquelles les progrès modernes n'ont pas eu pour ainsi dire d'influence, parce que dès l'abord l'habile, exact et ingénieux académicien qui s'était occupé des théories dont il n'est que le développement et l'application, a profondément examiné les principes rationnels qui régissent ce genre de fabrication. Le traité de Duhamel-Dumonceau n'a presque rien laissé à désirer ; et après lui on n'a pu tout au plus que simplifier les appareils, substituer de nouveaux moteurs, en un mot économiser le temps et la dépense de main-d'œuvre ; mais tout avait été dit sur la bienfaçon et la qualité des cordages. Il convient cependant de parler tout d'abord de l'emploi qu'on a fait, principalement en Angleterre, des fils de coton pour la fabrication des câbles, emploi que Duhamel-Dumonceau n'avait fait qu'entrevoir. C'est à l'élasticité du coton, supérieure à celle du chanvre, et à son peu d'hygrométricité comparée, qu'il faut attribuer les bons effets qu'on en obtient dans la corderie. Les cordes en coton répondent heureusement au besoin qu'on a dans quelques arts et principalement dans les ateliers de filature, de cordes très-élastiques. Anciennement on faisait dans ces ateliers un grand emploi, et à grands frais, de cordes de boyaux, auxquelles on associe aujourd'hui le coton filé et tordu.

Le travail de la corderie se divise naturellement en deux parties distinctes et fondamentales : le *filage* et le *commettage*. Cela suffit pour les cordages dits *blancs*, et qui prennent le nom de *cordages noirs* quand ils ont été imprégnés de goudron.

On classe les *cordages* en *simples* et *composés*. Les premiers sont le produit d'un seul commettage, c'est-à-dire que d'une première opération le cordier obtient la corde qu'il désire à la grosseur requise pour l'emploi qu'on en veut faire. Le nom générique de ces cordes simples est *aussière*. Les cordes de second ou troisième commettage s'appellent *grelins*. Cette distinction s'applique aux cordes de toutes dimensions : ainsi, le plus petit des cordages, connu particulièrement sous le nom de *bitors*, et qui n'est que le résultat de deux seuls fils tortillés l'un sur l'autre, peut être considéré comme une aussière de très-petit diamètre ; tandis que d'autres ficelles tout aussi petites, mais doublement commettes ou retordues, sont de véritables grelins. Il y a aussi des dénominations particulières attribuées à des cordages de diverses sortes : c'est ainsi qu'on appelle *merlin* une corde d'aussière composée de trois fils tortillés, au lieu que le bitors, ainsi que l'indique son nom, n'est que la réunion de deux fils. Nous entendons ici par *fils* non pas le brin de chanvre ; mais un faisceau de plusieurs brins primitivement tordus ensemble pour faire un *toron*. Le fil dit de *carret* est un *toron* plus soigné, mieux tordu, et la *ficelle fine* est un très-petit grelin.

L'art de filer consiste, en général, à répartir très-également et sans interruption les brins des matières filamenteuses à côté et à la suite les uns des autres, et à les réunir par un certain degré de torsion qu'on donne à tous en même temps, de manière qu'étant tortillés les uns sur les autres, leur force et leur ténacité se combinent, et qu'on pourrait les rompre plutôt que de les désunir. On ne peut obtenir du fil très-fin et bien égal qu'avec des matières extrêmement divisées. Les instruments du fileur consistent dans un rouet à plusieurs broches et un touret ou dévidoir. Ces deux instruments étant placés à l'une des extrémités de l'atelier du cordier, ordinairement en plein vent, contre les murs d'une suite de bâtiments, chaque fileur prend un *peignon* (poignée de chanvre peigné), qu'il s'attache autour de la ceinture. Le peignon doit être d'une grosseur calculée pour fournir un fil de toute la longueur du développement de l'atelier. C'est le maître fileur qui commence seul ; il fait avec le chanvre une petite boucle qu'il engage dans un crochet disposé pour cet usage sur la première broche du rouet, et le tourneur fait mouvoir aussitôt la roue. Fournissant alors du chanvre à mesure qu'il s'éloigne à reculons, le fileur forme le premier bout ou portée du fil de carret ; puis, enveloppant ce fil avec un bout de lisière de drap, appelé *paumelle*, il le serre fortement en tirant à lui d'une main, en même temps que de l'autre il empêche le tortillement de passer plus loin, jusqu'à ce qu'il ait complètement, de l'autre main, disposé le chanvre qui doit servir à prolonger le fil ; alors il continue, toujours en reculant à petits pas et en serrant fortement le fil avec la paumelle, à mesure qu'il gagne en longueur. Pour ne pas le laisser traîner à terre, il a soin de reposer le fil au cours de ses bras, sur des *chevalets* ou *râteliers* placés de distance en distance dans la direction du fil. Quand le premier fileur a ainsi pris l'avance d'une dizaine de pas, un second commence un travail semblable sur sa broche ; et chacun des fileurs successivement commence à son tour, de manière que les travailleurs restent constamment à une certaine distance les uns des autres et que le travail se fasse sans confusion.

Des expériences bien faites ont prouvé que plus les fils de carret sont fins, plus les cordes, à diamètre égal, ont de force. La règle adoptée à cet égard dans les grandes corderies est que le fil de carret pour les gros cordages doit avoir de 6 à 9 millimètres de circonférence, et pour les petits et moyens cordages, de 4 à 6 millimètres. Le chanvre de *premier brin*, ou de première qualité, quand d'ailleurs il a été bien *espadonné*, *affiné*, *peigné*, ne doit perdre à la filature que de 3 à 4 pour 100 ; celui de *second brin* donne souvent jusqu'à 8 et 10 pour 100 de déchet.

Le *commettage* consiste dans la réunion de plusieurs fils par le tortillement, pour faire des *ficelles*, des *torons*, des *aussières*, des *grelins*. Le commettage peut s'exécuter sur le rouet du fileur pour toutes les cordes d'un petit diamètre ; pour le commettage des grosses cordes, des câbles, il faut un appareil plus puissant, mais analogue dans sa construction. Le tortillement qu'exige le commettage raccourcit du quart au tiers le cordage ourdi : on dit, dans ces deux cas correspondants, qu'une corde a été *commise à tiers* ou à *quart*. Les intéressantes expériences de Duhamel ont prouvé que ce degré de torsion est déjà beaucoup trop grand, et qu'il nuit essentiellement à la force des cordages, qui d'ailleurs perdent encore plus rapidement de leur ténacité à mesure qu'augmente la torsion au delà de ce terme. Duhamel est d'avis qu'on ne devrait dans aucun cas pousser la torsion au delà de ce qu'il en faut produire un raccourcissement d'un cinquième, d'un quart tout au plus, dans la longueur des fils du chanvre. Il croit qu'il faut accorder, sur le raccourcissement total, deux tiers pour le raccourcissement des premiers torons, et un tiers pour celui qui résulte de leur commettage.

La force d'un cordage augmente suivant une proportion

supérieure à celle du nombre des fils qui y entrent, car un cordage de 12 fils ne porte, sans se rompre, que 756 kilogrammes, et il en soutient 1662 quand il est de 24 fils, et 2138 à 30 fils. La même proportion à peu près existe relativement aux poids, et tout cela est sensiblement proportionnel au carré des diamètres et des circonférences. Ajoutons une dernière observation, c'est que les cordes mouillées perdent environ le tiers de leur force, et que le goudron qu'on est forcé d'employer pour les rendre plus durables, sans les affaiblir à beaucoup près autant que la mouillure, diminue cependant aussi la ténacité. Pelouze père.

Les cordes sont d'un grand usage pour le fonctionnement des machines. Leur présence apporte de nombreuses modifications aux lois générales de la mécanique théorique, où l'on regarde ordinairement les forces comme transmises par des fils parfaitement flexibles, inextensibles, dont le poids est négligé. Dans la pratique, le poids et l'élasticité des cordes doivent être pris en considération; leur roideur occasionne également des résistances qui exigent un plus grand effort de la part de la puissance. Ainsi encore le frottement des cordes sur les poulies diminue sensiblement l'action de ces machines.

On appelle *corde sans fin* une corde dont les deux bouts sont joints ensemble. Telle est la corde qui entoure la roue des tourneurs, celle de la machine électrique, etc.

La corde est en général un tortis fait de chanvre et quelquefois de coton, de laine, de soie, d'écorce d'arbre, de poil, de crin, de jonc, et d'autres matières pliantes et flexibles. On étend du linge sur une corde, on retire d'un puits un seau plein d'eau à l'aide d'une corde. Il y a des ponts de corde et des souliers de corde. On met en branle une cloche au moyen d'une corde, que Santeuil et Boileau auraient voulu voir autour du cou des sonneurs. *L'échelle de corde* des amoureux est depuis longtemps passée de mode. On appelle *corde de jeu de paume* une grosse corde tendue au milieu d'un jeu de paume couvert, et qui est garnie de filets jusqu'en bas, de manière à arrêter la balle qui ne passe pas par-dessus. La *corde d'estrapade* était celle avec laquelle on guindait jadis ceux qui étaient condamnés à l'estrapade. Dans ce sens *donner trois coups de corde à quelqu'un*, c'était le guinder trois fois en haut et le laisser aller de toute sa pesanteur à un pied près de terre.

Corde est aussi un gros câble tendu en l'air et attaché par les deux bouts, sur lequel dansent acrobates et funambules, autrement dits *danseurs de cordes*, auxquels on sans balancier; c'est qu'ils appellent *corde roide* dans leur langage technique.

Corde se prend encore quelquefois pour le supplice de la potence dans les lieux où il est resté en usage. Au moyen âge, les grands criminels faisaient amende honorable devant le portail d'une église, tête nue, la *corde* au cou, avec une torche ardente d'un certain poids à la main droite.

Corde se dit aussi du tortis de chanvre, de crin, ou d'autres matières dont on garnit les arcs et les arbalètes pour les bander.

Corde se dit en outre des fils dont le drap est tissu : Un vieil habit tout pelé montre la *corde*; il est usé jusqu'à la *corde*. *Corde* se dit enfin d'une certaine quantité de bois à brûler, qu'on mesurait autrefois avec une corde, et qui équivaut à quatre stères de bois. On appelle le bois neuf *bois de corde*.

Proverbialement *avoir frisé la corde*, c'est avoir couru risque d'être pendu comme un fripon qu'on est, ou avoir été bien près de perdre son procès, de succomber à une maladie, ou en général de tomber dans quelque malheur. *Danser sur la corde*, c'est être engagé dans une affaire hasardeuse, se trouver dans une situation embarrassante, incertaine, où l'on risque à tout moment de succomber. *Filer sa corde*, c'est faire des actions qui peuvent mener au gibet. *Mettre la corde au cou de quelqu'un*, c'est le mettre en danger d'être pendu, ou, dans un sens plus général, être cause de sa ruine, de sa perte. Dans ce sens, *on se met souvent la corde au cou à soi-même*. Dire qu'il ne faut point parler de corde dans la maison d'un pendu, c'est recommander très-sagement de ne point parler, en présence de certaines personnes, de certaines choses qui peuvent leur rappeler certains souvenirs peu flatteurs. *Avoir de la corde de pendu dans sa poche* se dit d'un homme qui gagne beaucoup, qui gagne toujours au jeu, ou qui se tire heureusement des entreprises les plus hasardeuses. *Un homme de sac et de corde* est un scélérat, un filou, un mauvais garnement, un vaurien. *Se rendre la corde au cou*, c'est se mettre sans condition à la merci de quelqu'un qu'on a offensé. *Avoir deux cordes à son arc, plusieurs cordes, plus d'une corde à son arc*, c'est avoir plusieurs moyens d'arriver à son but. *Toucher la grosse corde*, c'est parler de ce qu'il y a d'essentiel, d'important dans une affaire. *Toucher la corde sensible*, c'est parler de ce qui intéresse le plus vivement une personne, de ce qui lui fait le plus de peine ou de plaisir; menacer par exemple de faire un emprunt à la bourse d'un avare. *Ne touchez pas cette corde!* c'est faire entendre qu'il ne convient pas de parler de telle chose, soit qu'on s'expose à un danger, soit qu'on craigne de blesser ou d'affliger la personne à qui l'on s'adresse. *Montrer la corde*, c'est faire voir qu'on est aux expédients, à ses dernières ressources. *Cela montre la corde* signale une finesse grossière, facile à découvrir; *cela est usé jusqu'à la corde* : une ruse, une plaisanterie, un argument qu'on a si souvent employés qu'ils n'ont plus d'attrait et que tout le monde les sait par cœur. Dieu nous garde de ces prétendus hommes d'esprit dont le vieux répertoire est *usé jusqu'à la corde!*

CORDE (*Géométrie*). On appelle *corde* ou *sous-tendante* d'un arc de courbe la droite qui joint les extrémités de cet arc. L'arc, ancienne arme de jet, et ses accessoires, ont fourni les dénominations par lesquelles les géomètres désignent une partie quelconque d'une courbe, et presque toutes les droites qui ont des rapports avec elle. Ainsi, pour nous borner aux arcs de cercle, la partie du rayon comprise entre l'arc et la corde s'appelle vulgairement *flèche*; cette ligne est pour les mathématiciens le *sinus-verse* de l'arc sous-double. La demi-corde est ce qu'on appelle le *sinus-droit* ou simplement le *sinus* de ce dernier arc.

Les propriétés fondamentales des cordes du cercle, les seules dont nous nous occupions ici, sont les suivantes : Dans un même cercle ou dans des cercles égaux, les cordes égales soutendent des arcs égaux, et réciproquement. Des cordes parallèles interceptent entre elles sur la circonférence des arcs égaux. Dans un même cercle ou dans des cercles égaux, deux cordes égales sont également éloignées du centre. Deux cordes se coupent en parties réciproquement proportionnelles; etc.

Les cordes du cercle ont servi à établir des tables qui, pour la construction des angles, donnent plus de précision que l'emploi du rapporteur. Ces tables contiennent les cordes de tous les arcs du quadrant de minute en minute, ou de dix secondes en dix secondes, pour un rayon que l'on suppose ordinairement divisé en 10000 parties. Si l'on demande, par exemple, de construire un angle de 24° 20′, on trouve dans la table que la corde de cet angle renferme 4215 de ces parties. A l'aide de cette donnée, rien de plus facile que d'exécuter la construction demandée. Il suffit de prendre une corde qui soit au rayon dont on se servira 4215 est à 10000.

COR DE BASSET, *corno di bassetto*, ou *bassethorn*, instrument de musique, à vent, à bec et à anche. Le cor de basset est de la nature de la clarinette, et n'en diffère qu'en ce qu'il est un peu plus recourbé et qu'il descend une tierce plus bas. C'est le plus riche de tous les instruments à vent. Son diapason comprend quatre octaves, qui commencent au second *ut* grave du piano. La musique destinée au cor de basset se transpose à la quarte ou à la quinte. Ainsi, les modes de *sol* et de *fa*, qui sont les plus usités dans cet instrument, s'écrivent l'un et l'autre en *ut*. On se sert de la clef de *sol* pour le premier cor de basset, et de la clef de *fa* pour les passages bas qui se rencontrent dans les parties du second et du troisième. Cet instrument n'est en usage qu'en Allemagne, où il a été perfectionné par Antoine Stadler. Mozart l'a employé avec succès dans son *Requiem*, où il le fait figurer comme instrument à vent principal.   CASTIL-BLAZE.

COR DE CHASSE. Cet instrument, dérivé de la trompe, a été lui-même la souche du cor de nos orchestres, du cornet à pistons, et d'une foule d'autres. Malgré le peu de justesse et le son rauque de quelques-unes de ses notes, l'éclat et la force de sa sonorité le rendent très-propre à l'emploi qu'on en fait à la chasse. C'est de cet instrument que nous est venue l'expression *chasser à cor et à cri*, qui, en termes de vénerie, indique une chasse avec le cor et les chiens. Cette chasse autrefois constituait un privilége. Dans le langage figuré, *poursuivre quelque chose à cor et à cri* équivaut à vouloir cette chose à toute force.

CORDELIÈRE, nom que l'on donne en architecture à un petit ornement taillé en forme de corde sur les baguettes, ou à un petit liteau qui se met sous les patenôtres.

On appelait aussi autrefois *cordelières* de petits filets de soie noire ornés de petits nœuds fort propres, à la distance d'un pouce, et que les dames mettaient quelquefois à leur cou en guise de collier. Maintenant on donne le nom de *cordelière* à de longs cordons faits en passementerie, ornés de glands à leurs extrémités, et que l'on noue autour du corps pardessus une robe de chambre, qui servent à attacher d'élégants tabliers.

On appelle enfin *cordelière*, en termes de blason, le filet plein de nœuds que les veuves ou les filles mettent en guise de *cordon* pour entourer l'écu de leurs armes. On croit que cet usage remonte à l'époque d'Anne de Bretagne. Cette reine de France, épouse de Charles VIII, qui commença à régner en 1483, puis de Louis XII, qui lui succéda en 1498, voulut, dit-on, instituer une espèce d'ordre en l'honneur des *cordes* dont Notre-Seigneur fut lié en sa passion, et pour la dévotion qu'elle avait à saint François d'Assise, dont elle portait le *cordon*. Elle donna à cet ordre le nom de la *Cordelière*, et pour marque un collier fait d'une corde à plusieurs nœuds, entrelacés de lacs d'amour, dont elle honora les principales dames de sa cour, pour le mettre autour de leurs armes. Herman dit que cette princesse institua cet ordre après la mort de Charles VIII, et qu'elle prit pour devise : *J'ai le corps délié*, faisant allusion au mot *cordelier*, parce que la mort de son mari l'avait affranchie du joug du mariage ; mais cette *cordelière* signifiait plutôt un engagement qu'un affranchissement de lois, et Herman a confondu apparemment cette reine avec Louise de la Tour d'Auvergne, qui après la mort de Claude de Montaigu, son mari, prit effectivement pour devise : *J'ai le corps délié*. Anne de Bretagne n'a plutôt fait qu'imiter son père, qui avait mis un pareil collier à l'entour de l'écu de ses armes, à cause de la dévotion qu'il avait à saint François d'Assise.   Edme HÉREAU.

CORDELIÈRES, ordre de religieuses, variété des Clarisses, suivant la règle de saint François d'Assise et portant, comme les cordeliers, la ceinture de corde nouée. Leur premier couvent à Paris fut situé rue de l'Oursine, au faubourg Saint-Marcel. Elles le tenaient de la générosité de Marguerite de Provence, veuve de saint Louis. Dans un titre du seizième siècle, cet établissement est qualifié d'*abbaye du couvent des Cordelières de l'église de Sainte-Claire*. Les religieuses conservaient le manteau royal de saint Louis, qu'elles dépecèrent au dix-huitième siècle pour en faire un ornement d'autel. Les bâtiments de cette communauté ont été abattus en grande partie lors de la suppression des couvents en 1789.

En 1628 il s'en était détaché un essaim de religieuses qui, favorisées de quelques donations pieuses, vinrent se fixer dans une maison et un jardin situés au cloître Saint-Marcel ; puis, en 1632, dans une habitation sise rue des Francs-Bourgeois au Marais, où elles prirent le titre de *Religieuses de Saint-Claire et de la Nativité* ; et enfin, le 13 mai 1687, dans l'hôtel de Beauvais, rue de Grenelle-Saint-Germain, où deux ans auparavant elles avaient été précédées par le doge et quatre sénateurs de Venise venant donner satisfaction à Louis XIV. Les bonnes sœurs, établies dans cette fastueuse demeure, en métamorphosèrent la salle de bal en église et les boudoirs en cellules. On ignore si c'est la contagion de ce lieu mondain qui leur mérita d'être supprimées le 4 juin 1749 par mandement de l'archevêque de Paris, confirmé par lettres patentes. Leur hôtel et son magnifique jardin furent vendus à divers particuliers, qui y firent bâtir des maisons.

CORDELIERS, religieux de l'ordre des frères mineurs de saint François, supprimés avec tous les autres ordres monastiques à la révolution de 1789. Ils étaient habillés de gros drap gris, avec un petit capuce, un chaperon et un manteau de même étoffe, portaient le soc ou la sandale, et étaient spécialement distingués par une ceinture de *corde* nouée de trois nœuds. C'est de là que leur vient le nom de *cordeliers*, qui leur fut donné lors de la guerre de saint Louis contre les infidèles, en 1238, pendant laquelle les frères mineurs, ayant repoussé les barbares, attirèrent l'attention du roi, qui voulut connaître leur ordre. On lui répondit que c'étaient les gens de *cordes liés*. Le surnom leur en resta, et prévalut même dans la suite sur celui de *frères mineurs*. Louis IX en laissa quelques-uns pour garder les lieux saints, et ramena les autres en France, où il fonda leur grand couvent de Paris, près de la rue de l'École de Médecine actuelle et de la rue de l'Observance. Ce fut depuis un collège dépendant du général de l'ordre ; car les cordeliers se firent bientôt agréger à l'Université et recevoir docteurs. Ils suivaient les opinions de Scot, qui fut parmi eux un grand homme, un subtil discoureur, et leur laissa son nom, d'où on les appela quelquefois *scotistes*. Ils se multiplièrent rapidement en France, et y formèrent bientôt huit grandes provinces, comprenant 224 couvents d'hommes et 123 de femmes. Cet ordre, qui prit une part très-active aux troubles de la ligue, a donné à l'Église des évêques, des archevêques, des cardinaux, des papes. Il fut le premier qui renonça à la propriété des biens temporels pour vivre d'aumônes ; mais cette abnégation ne fut pas de longue durée, et il y eut bientôt les cordeliers *de la grande observance*, se laissant faire des rentes, et des cordeliers *de la petite observance*, n'acceptant que la charité qu'on fait au mendiant.

Une grave question agita jusqu'au seizième siècle les cordeliers de France : il s'agissait de décider si leur capuchon devait être rond, pointu ou carré ; souvent aussi ils se révoltèrent contre l'autorité, et soutinrent leurs droits prétendus à l'aide d'armes spirituelles et même temporelles. Plusieurs fois on essaya de les réformer, mais ce fut presque toujours en vain.

Outre les souvenirs historiques qui se rattachent au nom de *cordeliers*, il doit rester dans la langue à cause des façons de parler ou proverbes assez nombreux auxquels il a donné naissance, par leurs mœurs, leur manière d'être, leur esprit a pu motiver en quelques points. On dit ainsi d'un homme qui ne se fait scrupule de rien, qu'*il a la conscience large comme la manche du cordelier*. On dit encore communément, par une mauvaise équivoque, en parlant d'un homme ivre, qu'il est *gris comme un cordelier*, faisant allusion à la couleur de leur habit, et non sans doute à une habitude vicieuse de ces pauvres pères.

CORDELIERS (Club des). Rival de celui des *Amis de la Constitution*, qui fut appelé depuis des *Jacobins*, ce club exerça une grande influence sur la capitale et sur la France entière. Il tenait ses séances à l'ancien couvent des Cordeliers, près de la rue de l'École de Médecine et de la rue de l'Observance, au centre du quartier nommé District des Cordeliers. Ce n'était d'abord qu'une de ces *sociétés fraternelles*, comme celle de l'hôtel Soubise, où les séances se passaient en conférences morales et politiques, presque sans discussion. Mais bientôt des hommes impatients de se produire sur la scène politique se posèrent sur le premier plan comme défenseurs des droits et des intérêts populaires. La tribune des *Amis de la Constitution* (les Jacobins) leur était interdite, cette société mère n'admettant alors au nombre de ses membres que des députés et des notabilités bourgeoises. Ses doctrines, et par conséquent ses discussions, n'excédaient pas les limites tracées par la constitution de 1791. Les orateurs du *Club des Cordeliers*, plus hardis, plus indépendants, professaient le radicalisme le plus absolu; ils n'acceptaient pas même la constitution de 1791 comme une transition nécessaire à un gouvernement essentiellement démocratique. Ces théories étaient soutenues par de tumultueuses et menaçantes manifestations et par des journaux dont chaque numéro était une accusation contre les principaux membres de l'Assemblée et contre les autorités constituées. Ces feuilles n'étaient que les échos de la tribune des Cordeliers, ouverte à une foule d'étrangers dont les noms devinrent si fameux dès les sanglantes collisions dont ils furent les provocateurs et les complices. Ce club, établi au milieu d'une population d'ouvriers, de prolétaires, hommes d'action et de dévouement, mais crédules et sans expérience politique, offrait aux agitateurs étrangers un puissant moyen d'impulsion pour jeter la perturbation dans l'intérieur, et aux chefs de factions une force compacte et redoutable pour le succès de leurs ambitieux projets.

Le *Club des Cordeliers* fut le point d'appui, le foyer de toutes les intrigues. Là sans doute se trouvaient quelques hommes purs de toute ambition, franchement dévoués à la liberté, qui, devançant leur époque, et sans égards pour les exigences du moment, pour les préjugés, les traditions d'une génération qui ne pouvait les comprendre, voulaient arriver immédiatement et à tout prix à un gouvernement de démocratie pure. Mais ces hommes, d'ailleurs en minorité, étaient à leur insu les auxiliaires des boute-feux de l'étranger et de la faction qui n'aspirait au renversement de l'ordre constitutionnel établi que pour s'emparer du pouvoir et du trône. La faction d'Orléans, convaincue de son impuissance pour dominer et associer à ses desseins la majorité des Jacobins, s'était repliée sur le *Club des Cordeliers*, dont Marat, Danton, étaient les oracles. Camille Desmoulins les appuyait, sans être leur complice. Il était l'homme de son pays; il s'était attaché à Danton comme il s'était attaché à Mirabeau; il ne devait qu'à ses talents, à son énergique et spirituelle fraternité, son influence dans les délibérations du *Club des Cordeliers*. Ainsi s'expliquent les contradictions que l'on remarque parfois dans les actes et dans les manifestations de ce club fameux. La majorité, abandonnée à ses sympathies politiques, était républicaine. La nuance d'opinion qui séparait les deux clubs rivaux se révéla avec la plus énergique évidence lors de l'événement de Varennes (1791). Bouche, député provençal, à la nouvelle de l'arrestation de Louis XVI et de sa famille, proposa à la séance des Jacobins de constituer la France en république. Sa proposition fut repoussée à l'unanimité, sur le motif qu'elle était contraire au principe de l'institution des *Amis de la Constitution*. Le *Club des Cordeliers*, au contraire, se prononça hautement pour la déchéance immédiate de Louis XVI, et tel fut l'objet de la fameuse pétition déposée au champ de Mars, sur l'autel de la patrie, et qui bientôt fut couverte de plusieurs milliers de signatures (14 juillet 1791). Les pétitionnaires furent sommés de se retirer. Une collision sanglante s'engagea. La loi martiale y fut exécutée avec une impitoyable rigueur. Quarante-deux personnes, dont trois femmes, y furent tuées, et douze blessées. La plupart des signataires, même ceux qui faisaient partie du *Club des Cordeliers*, n'étaient pas initiés dans le secret : ils avaient agi de bonne foi; mais l'Assemblée nationale, le maire de Paris Bailly, et Lafayette, qui n'avaient fait qu'obéir au décret de l'Assemblée, savaient que cette pétition était l'œuvre de la faction d'Orléans. Il fallait plus que du courage pour maintenir la paix au milieu de tant d'éléments de discorde et de destruction.

Le *Club des Cordeliers* était dans une continuelle et menaçante agitation. Vaincu dans la question de la déchéance immédiate de Louis XVI, il prit sa revanche dans la journée du 10 août, dont il fut le principal instigateur. Il triompha encore à l'époque de la révolution du 31 mai, qui ruina la Gironde. Aussi se faisait-il gloire d'avoir renversé le trône et appelé la république dès 1789. Mais à partir du 31 mai, ne trouvant plus rien à détruire, et faute de pouvoir frapper ailleurs, il dirigea tous ses coups contre le comité de salut public, adversaire de taille à se défendre, et dans cette lutte se montra plus violent qu'habile. Puis il se scinda en deux partis, la faction des *Indulgents* et celle des *Enragés*, qui était la plus nombreuse. Toutefois, il se leva comme un seul homme à la voix de Danton pour défendre Marat, dont l'arrestation était légalement ordonnée. Si le chef de la garde nationale, ses magistrats, n'eussent prévenu une collision, la guerre civile était déclarée. Le club et le district des Cordeliers n'étaient en fait qu'une seule et même chose. Les hommes et les actes étaient les mêmes. On délibérait au club, et l'on agissait au nom du district.

Les *Cordeliers* prirent une part active à tous les mouvements sous la Constituante, la Législative et la Convention; la mort de Marat ne fut qu'un événement secondaire : Marat n'était que l'instrument de la faction qui dominait les *Cordeliers*, laquelle alla présenter à la Convention le cœur de son héros. Les deux clubs rivaux avaient paru unis tant qu'avait duré le procès de Louis XVI ; mais le jour même de l'exécution du terrible décret de mort, la scission des Cordeliers et des Jacobins se manifesta à la Convention. D'Orléans n'avait pu obtenir d'être excepté du décret qui bannissait de la France tous les Bourbons. Il fut immédiatement conduit à Marseille. La majorité des membres de la représentation parisienne appartenaient à ce club. Tous siégeaient *à la montagne* et étaient affiliés à l'un et à l'autre des deux clubs. Celui des Jacobins était débordé par celui des Cordeliers. L'éloignement de d'Orléans fut le signal de la ruine de son parti.

Les *Indulgents* ou *Dantonistes* et les *Enragés* ou *Hébertistes* du Club des Cordeliers, s'appuyant, les premiers sur le conseil des ministres, les seconds sur la *commune*, finirent par succomber sous les coups du comité de salut public, mais ce ne fut pas sans lui avoir fait courir les plus grands dangers. De là cette séance du 28 février 1794, où les Cordeliers violèrent les droits de l'homme et provoquèrent le peuple à l'insurrection. Si depuis ils prirent encore part aux grandes émeutes du 13 mai et de prairial, ils ne furent plus comme avant-garde. Les hommes qui jusque alors leur avaient fait prendre l'initiative, Hébert, Chaumette et leurs complices, avaient substitué au drapeau du club des Cordeliers celui de la Commune; autour d'eux s'étaient groupés les émissaires soldés de l'étranger. Le club et le district des *Cordeliers* ne se montrèrent plus en première ligne dans les rassemblements. Il était loin déjà le temps où ils avaient rêvé un grand triumvirat dictatorial, composé d'un grand juge, d'un généralissime et d'un censeur (Pache, Ronsin et Hebert ou Chaumette). Après la mort de Danton et de ces deux derniers, le club qu'ils avaient dirigé, et dont ils étaient l'âme, perdit son activité et son influence ; il subit le sort de toutes les sociétés populaires, ne survécut que quelques mois à la promulgation de la constitution de l'an III, et fut dissous comme société politique par la loi du 6 fructidor (*voyez* CLUBS).

DUPEY (de l'Yonne).

CORDES (*Musique*). Les *cordes d'instruments de musique* ou *cordes harmoniques* sont de diverses matières, selon la manière dont on doit exciter en elles le frémissement nécessaire pour produire le son et faire vibrer l'air dans les tables d'harmonie. Les cordes attaquées par frottement sont faites avec les boyaux de certains animaux : telles sont les cordes de violon, de la viole, de la basse; les cordes frappées sont toujours de métal. On met des cordes de laiton aux octaves basses du piano; celles d'acier servent pour les tons moyens et les tons élevés. Les cordes pincées sont de boyau, de métal, de soie filée en métal, selon l'instrument auquel elles sont destinées. La harpe et la guitare sont montées avec des cordes de boyau et des cordes de soie, recouvertes par un fil de métal qui les entoure et couvre toute leur surface; la mandoline est armée de cordes métalliques. Quelques ménétriers se servent d'un cordon de soie, et substituent cette chanterelle économique à la chanterelle ordinaire. Le son de cette corde de soie est moins agréable, mais la chanterelle dure plus longtemps. On a essayé de monter le violon avec des cordes en *fil de Venise*, fil transparent dont les pêcheurs se servent pour leurs lignes. Ce fil est fabriqué avec la soie encore gluante que l'on extrait du ver. Ces cordes en fil de Venise ne donnent pas une bonne qualité de son. Les meilleures chanterelles sont connues sous le nom de *cordes de Naples*.

Le son produit par une corde tendue est plus ou moins aigu en raison de sa longueur, de son diamètre, de sa contexture et de sa tension. Dans les instruments à manche, tels que le violon et la guitare, la corde perdant de sa longueur toutes les fois que le doigt vient la presser sur la touche, une seule corde rend une multitude de sons. La lyre des anciens, avec ses huit cordes, ne donnait que huit notes; avec quatre cordes de moins, le violon en produit 32 et 60 même entre les mains de Paganini. Dans le piano, la longueur de la corde tendue ne variant point, on n'a pu obtenir une échelle de six ou sept octaves qu'en plaçant un nombre de cordes pareil à celui des tons et demi-tons de l'instrument, et l'on voit que les cordes perdre en longueur et en épaisseur à mesure que le système s'éloigne de l'extrême grave pour arriver à la dernière note aiguë. On a fait des pianos dans lesquels la touche ne frappait qu'une seule corde, d'autres où chaque touche en attaquait quatre groupées et accordées à l'unisson. Ces deux manières de procéder ont été abandonnées ; les pianos portent maintenant trois cordes à l'unisson pour chaque touche ; les petits pianos n'en ont que deux. Tous les instruments à cordes immobiles, tels que le piano, le clavecin, le psaltérion, le tympanon, ont une forme triangulaire, qui est celle de la harpe; ils ne peuvent en avoir d'autre, puisque leur dernière corde n'a souvent que la vingtième partie de la longueur de la première. Dans les petits pianos, ce triangle est inscrit dans un carré long : cette forme est bien moins élégante et pittoresque; elle convient plutôt à un meuble qu'à un instrument. La vieille n'a que deux cordes, dont l'une est immobile et sonne la dominante; l'autre subit la pression des touches et sert à l'exécution de la mélodie.

La contexture d'une corde influe sur le son qu'elle doit produire. Une chanterelle de violon recouverte, dans toute sa longueur, avec un fil de laiton très-délié, sert de quatrième corde au même instrument, et le *sol* ou bourdon n'est qu'un fil filé en laiton. Les cordes filées de la harpe ou de la guitare sont de soie.

Ton vient du grec τόνος, qui lui-même vient de τείνω, je tends. Il signifie donc une *corde tendue*, une *corde so-* *nore*; de là vient que le mot *corde* est souvent pris pour *ton*, et que l'on dit les *cordes graves*, les *cordes moyennes*, *aiguës* de la voix, de la mélodie, de l'échelle, pour dire les tons graves, moyens, aigus de la voix, etc.

CASTIL-BLAZE.

CORDES A BOYAU ou CORDES EN BOYAU, cordes faites avec les boyaux de différents animaux. Ces cordes se divisent en deux classes : les plus belles et les plus dures servent pour les instruments de musique, dits *instruments à cordes*; on les nomme *cordes harmoniques*; la deuxième classe comprend diverses qualités inférieures, dites *cordes à raquettes*, *cordes à fouets* et *cordes à mécaniques*.

Les boyaux étant convenablement préparés (*voyez* BOYAUDERIE), les cordes harmoniques se filent sur des métiers qui portent environ trois longueurs de violon, et l'on suit ordinairement trois cordes à la fois. On a pour cela une roue à deux crochets. Après avoir attaché les boyaux à une petite cheville, on place celle-ci sur un des crochets de la roue et ensuite on passe les boyaux autour d'une cheville fixée à l'extrémité du métier, puis on coupe à la longueur convenable. On fixe alors la seconde extrémité des boyaux à une autre petite cheville, que l'on place sur le second crochet de la roue. On fait faire à cette roue huit ou dix tours, ce qui met en mouvement de petites molettes qui font un nombre de tours trente fois plus considérable. Il en résulte que les cordes reçoivent une torsion de quelques centaines de tours.

Les cordes étant filées, on les blanchit au *soufroir*. On les polit ensuite avec de la pierre ponce, excepté les chanterelles de violon, puis on les roule et on les met en paquet. Quelques-unes sont préalablement teintes en rouge de cochenille ou en bleu de tournesol; ce sont celles qu'on emploie dans les harpes.

La fabrication des cordes harmoniques a pris une grande importance. Dans le seul département de la Seine, elle représente annuellement une somme de près de 700,000 francs.

Les autres cordes à boyau demandent beaucoup moins de soins dans leur préparation.

CORDES MÉTALLIQUES. Il y en a de plusieurs sortes; les plus simples consistent en un seul fil de métal, comme laiton, fer, etc; telles sont les cordes des pianos, harpes et autres instruments de musique. La fabrication de ces sortes de cordes ne diffère pas essentiellement des procédés que l'on suit dans les tréfileries. Une bonne corde métallique doit être exempte de pailles (gerçures) ; et, tout en conservant une grande ténacité, elle aura ses parties constituantes aussi rapprochées que possible; de ces qualités dépendent la clarté, la netteté du son d'un instrument à cordes. Il y a des cordes métalliques dont l'*âme* est de boyau. Les cordes des archets des arquebusiers et autres mécaniciens, se composent quelquefois d'une corde de boyau, enveloppée d'une spire de fil de laiton. Pour couvrir une corde de boyau d'un fil métallique, on la tend, au-dessus d'un banc, entre deux crochets. Un mécanisme qu'on met en mouvement en tournant une manivelle, est combiné de façon que les crochets et la corde tournent à la fois dans le même sens; pendant ce temps, le fil métallique se roule sur la corde, comme le fil sur le fuseau d'un rouet.

Pour les grosses constructions, on a fait des *cordes métalliques en fils parallèles*, telles sont celles à l'aide desquelles le pont Louis-Philippe, à Paris, est suspendu. Ce sont des cordes de fer composées de fils disposés comme ceux d'un écheveau ; le faisceau est lié, de distance en distance, par des fils roulés en travers.

On fait quelquefois les *conducteurs des paratonnerres* en *fils de fer tordus* comme les torons d'une corde de chanvre ordinaire. C'est au moyen de cordes semblables, en fil de laiton de quatre à sept millimètres de diamètre, qu'on fait jouer les diverses pièces des télégraphes aériens. Ces cordes, d'une souplesse suffisante, ont l'avantage de ne pas se relâcher sensiblement et de transmettre, par cette raison, avec exactitude les mouvements qu'on leur imprime.

Il se fait encore des cordes métalliques tissues à la manière des lacets ; on en voit en fil d'or, d'argent, de fer, qui servent de chaînes de sûreté pour les montres, etc. Les cordes métalliques ont des avantages sur les chaînes de même matière : si elles n'ont pas autant de souplesse, elles sont moins coûteuses, plus solides et plus faciles à fabriquer. TEYSSÈDRE.

CORDIAL (en latin *cordialis*, fait de *cor*, cœur). On a donné ce nom à des médicaments stimulants, dont on croyait que l'action se portait principalement sur le cœur pour en réveiller l'énergie ; les teintures vineuses et alcooliques, les éthers, faisaient la base des médicaments appelés *cordiaux*.

CORDIALITÉ, qualité qui part du cœur et qui charme d'autant plus qu'elle est, pour ainsi dire, involontaire. On la porte partout, comme la gaîté ; elle fait du bien à ceux qui la possèdent comme à ceux qui en ressentent le contact ; enfin, c'est un de ces heureux dons qui nous donnent pour amis tous ceux qui nous approchent. On recherche un homme à cause de sa fortune ou de son pouvoir, mais on s'attache à lui s'il a de la *cordialité* ; on lui apporte en tribut tous les genres de service ; on se dévoue même à son malheur ; on le partage quelquefois avec délices. La cordialité est un mélange de bonté et de franchise ; elle renferme ce qui plaît le plus aux hommes, et c'est ce qui explique le cas qu'on en fait. Toutefois, elle apparaît rarement dans les gouvernements despotiques ; là il faut que chacun mesure ses paroles, ses épanchements ; or la cordialité a besoin d'abandon. SAINT-PROSPER.

CORDICOLES, CORDICOLISME. C'est le nom qu'on a donné aux adorateurs du sacré cœur de Jésus, appelés autrement *cordiolâtres*, et au culte qui lui est rendu.

CORDIÈRE (La belle). *Voyez* LABÉ.

CORDILLÈRES, en espagnol *Cordilleras*, mot équivalant à *chaînes de montagnes*. C'est le surnom donné à diverses montagnes du continent américain. Indépendamment de la *Cordillera grande*, de la *Cordillera geral* au Brésil, etc., on appelait ainsi surtout les montagnes du Chili, du Pérou et de Quito, en y ajoutant un déterminatif : *Cordilleras de los Andes*. Mais comme on manquait d'une appellation commune pour désigner le grand système de la côte occidentale de l'Amérique, on se servit à cet effet des mots *Cordillères* ou *Andes*, dans leur plus grande extension, sans avoir égard aux noms spéciaux en usage dans chaque province. Ces cordillères forment une crête entrecoupée par une foule d'embranchements affectant la forme de chaînes, et renfermant un grand nombre de profondes vallées, mais peu de plateaux ; crête qui s'étend depuis l'embouchure du Mackenzie, dans l'Amérique septentrionale, jusqu'au cap Forward dans l'Amérique méridionale, sur un développement de 1,400 myriamètres, et qui, adossée à la côte occidentale, s'élève sur une base de 118,800 myriamètres carrés. La largeur de la chaîne principale varie entre 7 et 15 myriamètres ; mais en la supputant sur ses embranchements à l'est, elle va jusqu'à 74 myriamètres dans l'Amérique du Sud, et au delà de 220 dans l'Amérique du Nord. Ces masses semblent avoir jailli d'un gigantesque abîme longitudinal, en s'amoncelant en terrasses successives pour former des crêtes de 200 à 500 mètres de hauteur, envoyant à l'est de nombreuses ramifications, qui s'abaissent ensuite insensiblement pour aboutir à des plaines à perte de vue. Il n'y a peut-être pas sur la terre de montagnes plus riches en volcans, soit en ignition, soit éteints, et ils forment quelquefois ses pics les plus élevés, lesquels atteignent une altitude de 6700 et même 7500 mètres. D'ailleurs, la solution de continuité qu'elles offrent dans l'isthme de Panama les divise naturellement en *Cordillères de l'Amérique du Nord* et *Cordillères de l'Amérique du Sud*, les unes et les autres remarquables chacune par des caractères particuliers. Voici les différents groupes des cordillères, en partant du sud et en remontant vers le nord :

1° Les *Cordillères de la Patagonie*, qui s'étendent au sud jusqu'au cap Horn, avec lequel elles atteignent une altitude de 950 mètres ou comme une espèce de labyrinthe de roches amoncelées les unes sur les autres, mais qui dans la direction du nord deviennent une chaîne riche en pics, dont le plus élevé est le *Nevado de Corcovado*, couvert de neiges éternelles, haut de 3,870 mètres, et parallèle aux îles Chiloé.

2° Les *Cordillères du Chili* en sont la continuation, et forment une chaîne étroite, dont la crête va toujours s'élevant davantage, pour atteindre une altitude de 3 à 4,000 mètres, avec des pics volcaniques encore plus hauts, tels que ceux de Villarica, d'Antuco, d'Aconcagua et de Descabezado. La crête principale s'étend au nord du 30° de latitude, en formant divers embranchements, dont le plus important est la *Cordillère Despoblada*, tandis qu'à l'ouest on trouve le désert d'Atacama.

3° Entre le 22° et le 20° parallèle commence dans les hautes contrées de San-Christoval et de Potosi, comme crête principale, le système des *Cordillères du Pérou*, qui renferme d'abord, dans une chaîne orientale haute de 4,500 mètres et une chaîne occidentale haute de 4,800 mètres, le long et étroit plateau du Pérou, haut de 4,000 mètres, comprenant une superficie de plus de 550 myriamètres carrés, et où l'on rencontre les pics les plus élevés de toute l'Amérique, entre autres, à l'est, le pic de Sorate, haut de 7,870 mètres, et l'Illimani, haut de 7,570 mètres, à l'ouest l'Isluga, l'Anaclache, et le Chuquibamba, haut de 6,870 mètres, à quelques myriamètres du rivage de la mer et du lac de Titicaca, situé à 3,981 mètres au-dessus du niveau de l'Océan. Au nord-ouest du *Nevado de Pasco*, le plateau du Marañon et de l'Huallaga sépare les Cordillères du Pérou en trois chaînes principales, dont deux à l'est sont profondément coupées par une vallée transversale du Marañon, et ne se rattachent que sous le 5° degré de latitude, par le mont Loxa, à la crête principale, qui a toujours continué à longer la côte du grand Océan.

4° Des deux côtés de l'équateur, depuis le mont Loxa jusqu'au mont Los Pastos, les *Cordillères de Quito* longent de fort près les rivages de l'océan Pacifique, et y forment un plateau haut de 2,866 mètres, dominé par les pics du Chimborazo, haut de 6,970 mètres, du Ylinija et du Pichincha à l'ouest, et par ceux du Cotopaxi, de l'Antisana et du Cayambé à l'est.

5° Près des sources de Magdalena commence un nouvel embranchement de Cordillères désignées alors sous le nom générique de *Cordillères de la Nouvelle Grenade*. Il est formé par la vallée même de ce fleuve et par celle du Cauca, son affluent. Sa chaîne orientale s'étend, sous le nom de *Sierra de Suma-Paz*, au nord-est, s'élargit pour former le plateau de Bogota, haut de 2,933 mètres, et se prolonge, sous le nom de *Sierra Nevada de Merida*, depuis le golfe de Maracaibo jusqu'aux chaînes septentrionales des côtes de Venezuela. La chaîne du milieu, appelée *Cordillères de Quindiu*, offre à son centre le pic volcanique de Tolima, haut de 4,933 mètres, puis s'abaisse insensiblement dans la vallée septentrionale. La chaîne occidentale, celle qui longe immédiatement la mer Pacifique, porte le nom de *Cordillères de Choco*, s'abaisse pour ne plus former qu'une crête haute de 15 à 1,600 mètres, mais se relève bientôt en constituant des plateaux de 2,300 mètres avec des pics de 3,000 mètres, avant de se perdre vers l'isthme de Panama, où on ne trouve plus que des crêtes de 150 à 200 mètres marquant l'extrémité septentrionale des cordillères de l'Amérique du Sud.

6° Les cordillères de l'Amérique du Nord commencent avec la série de volcans des *Cordillères de Guatemala*, où l'on trouve un grand nombre de pics de 3 à 5,000 mètres d'élévation, dont les cimes fumantes et couvertes de neiges se mirent dans les eaux de l'océan. La *Sierra de Veragua* s'élève abruptement des bas-fonds de Panama, et atteint une altitude de 2,890 mètres, tandis que la crête principale du centre, haute de 2,300 mètres seulement, présente du côté de l'isthme de Tehuantepec une brusque solution de continuité avec une différence de niveau de 3,700 mètres. La *Sierra de Yucatan* en forme un embranchement oriental, dont les pics volcaniques les plus importants sont le Barba, le Miraballos, le Cosiguina, et l'Amilpas.

7° Au delà de la vallée de Tehuantepec les *Cordillères de Mexico* prennent un caractère nouveau. Elles n'y forment que le revers oriental et saillant d'un plateau s'étendant à l'ouest du plateau d'Anahuac, haut de 2,300 mètres.

8° Sous le 28° de latitude, entre San-Luis et Queretaro, la constitution montagneuse du sol redevient plus prononcée, quoiqu'il faille aussi tenir compte de la fonction de contre-fort qu'il y remplit, car les embranchements que les cordillères envoient à l'est et à l'ouest, en s'avançant davantage vers le nord, enserrent un nouveau plateau, celui de Mexico, le plus élevé de toutes les Cordillères, puisque son altitude varie de 700 à 1,000 mètres, et formant la haute vallée du Rio del Norte supérieur jusque près du quarantième parallèle. La crête orientale en est désignée sous le nom générique de *Cordillères de l'Est*; elle s'abaisse tout à coup dans de profondes vallées voisines, abruptement coupée, sous le 30° de latitude, par la vallée transversale du Rio del Norte, et envoyant au nord-est de cette solution de continuité, comme embranchement latéral, la *Sierra de Texas*, qui finit par devenir le mont Ozark.

9° La *Cordillère centrale* forme le contre-fort occidental du plateau du nouveau Mexique; elle commence au sud, sous le nom de *Sierra Madre*, longeant la côte avec les Cordillères de *Sonora*, et, vers les sources du Rio del Norte, devient une âpre contrée alpestre au milieu de laquelle surgissent le Pic d'Espagne, le Pic de James et le Big-Horn, d'une altitude de 2,700 mètres. De là cette Cordillère centrale se prolonge au nord-ouest sous le nom de *Montagnes Rocheuses* au *Montagnes de l'Orégon*. De sa base orientale partent de nombreuses chaînes de rochers peu élevés; puis les montagnes Noires s'en détachent au sud comme un tout compacte, et forment pour ainsi dire la digue gigantesque servant de délimitation au bassin du Missouri.

10° Plus loin encore, mais parallèlement à la Cordillère centrale, dont les séparent de hautes plaines de la nature des steppes, la côte occidentale de l'Amérique du Nord est longée par les *Cordillères de l'Ouest*, ou Alpes maritimes de l'Amérique septentrionale, dont la base se soulève du fond de la mer, à l'extrémité méridionale de la presqu'île de Californie, avec le cap San-Lucas. Par 44° de latitude, le pic Jefferson, haut de plus de 3,300 mètres, forme le point culminant d'une chaîne parallèle intérieure. A côté du 60° parallèle, le mont du Beau-temps atteint même, au voisinage de l'océan Pacifique, une altitude de 4,600 mètres; le mont Elias, 5,700 mètres; et des pics volcaniques en ignition de 2,400, de 1,800 et de 1000 mètres annoncent encore dans les îles Aléoutiennes l'extrémité nord-ouest des fractionnements divers du système des Cordillères; vaste ensemble de montagnes qui jouent un rôle important dans la constitution physique de la partie de la terre où elles sont situées. Leurs entrailles offrent en métaux précieux, tels qu'or, argent, platine, de fascinatrices richesses, qui ont attiré l'étranger et ont puissamment contribué de la sorte à en décider les destinées. Sous chaque zone, sous la zone torride elle-même, un manteau de neiges éternelles couvre les crêtes extrêmes de ces montagnes. Les vents et les masses vaporeuses viennent se briser contre leurs contre-forts, qui jouent la rôle de murs d'abri, pour marquer la ligne de séparation entre les climats de l'est et de l'ouest. D'inépuisables sources sourdent de ces majestueuses cimes, pour constituer l'un des plus riches systèmes d'irrigation qu'on puisse imaginer; et les brusques changements qu'offre la configuration du terrain sur un espace assez circonscrit donnent lieu à une variété extrême de produits. Les fertiles plaines des plateaux furent pour les habitants aborigènes d'importants centres de culture; la direction méridienne des diverses chaînes que nous venons de décrire détermina d'une manière précise les voies du développement historique des races; et de même que les vagues du grand Océan viennent se briser contre les rochers des côtes de cet immense continent, tout en obéissant à l'irrésistible impulsion de certains courants, de même la direction presque générale des cours d'eau de l'ouest à l'est, vers des côtes où le climat est presque toujours sain et agréable, servait naturellement de guide aux émigrants d'Europe dans le choix du sol auquel ils devaient donner la préférence à l'effet de se constituer une patrie nouvelle.

CORDOFAN, grande contrée de l'intérieur de l'Afrique, autrefois État indépendant, placé en partie depuis 1821 sous la souveraineté turco-égyptienne, s'étend, en y comprenant la partie dépendant de la Nubie turque, du 12° au 15° de latitude septentrionale, et du 47° 12' au 49° 30' de longitude orientale, depuis le désert de Bahiouda au nord jusqu'au Djebel-Deier, l'un des prolongements du gigantesque groupe des monts Teggélé au sud, ainsi que des rives du Bahrel-Ablad, du Nil Blanc à l'est, jusqu'au territoire du Darfour à l'ouest, comme une immense savane, qui à l'époque des sécheresses ne présente que le morne aspect d'un désert; mais qui lorsque arrive la saison des pluies se couvre de la plus luxuriante végétation, et ressemble alors à un véritable paradis. D'immenses forêts de mimosas interrompant cependant ces prairies sans fin sur de vastes superficies; et à l'époque même des pluies on ne laisse pas que d'y rencontrer par-ci par-là quelques régions toujours arides et roses. A une minime profondeur on y trouve un vaste bassin souterrain, qu'on utilise à l'aide de puits pour arroser les terres. De cette plaine, dont l'élévation moyenne absolue est de 600 mètres, et qui va toujours croissant dans la direction du sud à l'ouest, se détachent plusieurs groupes et diverses montagnes isolées tout autour du chef-lieu, *El Obeid*, mais plus particulièrement entre la moitié nord et la moitié sud du pays, sans que les pics les plus élevés atteignent plus de 1,000 mètres d'altitude. Par contre, on trouve au sud d'Obeid un abaissement du sol en forme de bassin, de plusieurs myriamètres de circuit, appelé *Birkeh* (lac), qui s'emplit d'eau à l'époque des pluies, forme alors un véritable lac d'eau douce, et ne se dessèche même pas complètement dans la saison de l'extrême chaleur. La savane est couverte de villages au voisinage des puits, et parcourue à l'époque des pluies par des tribus nomades, avec leurs nombreux troupeaux, surtout avec des chameaux, mais qui s'en éloignent quand arrive la saison sèche. D'immenses troupeaux d'antilopes, des girafes, des autruches et des oiseaux des espèces les plus variées constituent le règne animal de cette partie de la plaine, où l'on rencontre souvent la plus riche végétation. Si le palmier y fait défaut, il est suppléé par le baobab, aux gigantesques proportions.

La partie méridionale du Cordofan participe bien aussi de la nature des plaines et des savanes; mais, en raison de la nature argileuse du sol, on y rencontre une irrigation plus uniforme et plus constante, de laquelle résulte aussi une admirable puissance de végétation. L'herbe de cette savane forme une véritable forêt, où la monotonie des bois d'acacias est rompue par un nombre toujours croissant de baobabs, de cassiers et de tamarins, jusqu'à ce qu'enfin on y aperçoive le palmier. Outre des lions, des léopards, des singes et beaucoup de hyènes, on y rencontre un grand nombre d'espèces d'oiseaux rares, de grands ours et diverses espèces de grandes antilopes.

Le Cordofan est habité par une race de nègres de Nuba,

vivant du produit de ses troupeaux et obéissant à un chef nègre placé sous la souveraineté du vice-roi d'Égypte. Outre ces nègres, on y trouve aussi beaucoup de Dongols, qui viennent s'y établir pour faire le commerce, ainsi que diverses tribus de Bedouins venues d'Hedjaz, et qui s'y livrent à l'éducation du bétail. Les premiers font entre Dongola et le Darfour un commerce de caravanes ayant pour objets principaux les esclaves, l'or, la gomme arabique, l'encens, le natron et les peaux. Le Cordofan dépendait autrefois des souverains du Sennaar, et fut soumis vers le milieu du dix-huitième siècle par ceux du Darfour. En 1820 la conquête en fut faite par Méhémet-Ali, qui en emmena un grand nombre d'habitants comme esclaves, et contraignit les tribus arabes à lui payer tribut.

Le chef-lieu actuel, *Obéïdha* ou *El Obéïd*, situé au nord-ouest du Djebel-Cordofan et au centre de la contrée, à 25 myriamètres du Bahr-el-Abiad, à 18 du Darfour, se compose à bien dire de trois localités distinctes, habitées chacune par des tribus de race différente. Cette ville est grande et mal bâtie; on y compte 20,000 habitants, qui fabriquent de beaux ouvrages en sparterie et en fils de palmier, de délicats ouvrages en filigrane d'argent, et qui font un commerce important avec les montagnards de Nuba et avec le Darfour, d'où ils tirent beaucoup de gomme, d'or et d'ivoire. Il faut encore mentionner *Bara*, autrefois capitale de la contrée, maintenant la ville la plus importante après Obéïd, entourée de plantations de palmiers parfaitement cultivées et arrosées ; *Malpess*, située au milieu de jardins bien arrosés et offrant la plus belle végétation ; les villages *Choursi*, *Vaddisacki* et *Mo-Hagar*, dans le Cordofan septentrional, où a lieu une grande production de fer, industrie pratiquée également sur divers points du pays. Consultez Ruppell, *Voyages en Nubie, dans le Codorfan*, etc. (Francfort, 1829), et Palme, *Description du Cordofan et de quelques autres contrées* (Stuttgard, 1843).

CORDON, diminutif de *corde*, brins ou fils de chanvre tortillés pour en faire une corde qui se compose de trois ou quatre cordons; chanvre prêt à filer, plié et cordé, en paquets plus ou moins gros. Le cordon proprement dit a la forme d'une corde, mais il est plus délié, plus petit. Il est de fil, de coton, de soie, de filoselle, d'une ou de plusieurs couleurs et quelquefois mêlé de fils d'or et d'argent. Il devient alors cordon de rideaux, de draperies, de dais, de lampes d'église, de sonnettes, etc. On se sert de cordons pour suspendre des estampes, des tableaux, etc. C'était aussi la forme du cordon qu'en termes de dévotion on appelait *cordon de saint François*, garni de nœuds et servant de ceinture aux membres de la confrérie en l'honneur de ce saint, et à divers ordres monastiques, tels que les *cordeliers*, qui en tiraient leur nom, les *capucins*, *minimes*, *récollets*, *picpus*, etc. Ces derniers seuls avaient le cordon noir; les autres le portaient blanc.

Cordon (*cinctum*, *cingulum*) est encore la troisième partie des vêtements sacerdotaux servant à resserrer l'ampleur et à relever la longueur de l'aube, dont il est un accessoire indispensable. Déjà le grand prêtre et les sacrificateurs juifs avaient un cordon sur leur tunique. On lit dans le psaume 9 : *Jéhovah revêt la toute-puissance et la ceint autour de ses reins*; et dans l'Évangile de saint Luc : *Que vos reins soient ceints!*

Cordon se dit encore de tout ce qui sert à lier, à entourer quelque chose : cordons de souliers, de chapeau, de caleçon, de culotte, de canne, de montre, de bourse.

Au figuré, *tenir les cordons de la bourse*, c'est avoir le maniement de l'argent; *délier les cordons de la bourse*, c'est payer une dette, faire un acte de générosité; *ne pas être digne de dénouer les cordons des souliers d'une personne*, c'est lui être fort inférieur en mérite.

Le cordon plat n'est autre chose qu'une ganse travaillée à la navette sur un métier.

Absolument, on donne le nom de *cordon* à celui que tirent les portiers pour ouvrir les portes d'une maison.

En termes de fortification, le *cordon* est la pierre qui forme le recouvrement des murs d'escarpe et de contrescarpe; elle porte sur ces murs une saillie demi-circulaire, d'environ 30 centimètres de diamètre. Le cordon règne dans tout le pourtour des ouvrages de fortification, et reçoit le pied du talus extérieur du parapet. Il ne peut exister que dans les ouvrages de maçonnerie. Dans ceux en terre, dont les talus sont gazonnés, on forme une espèce de cordon en enfonçant au pied du talus du parapet et à la crête de celui de l'escarpe une suite de palissades plantées en terre presque horizontalement, avec une légère inclinaison vers le fossé. C'est ce qu'on nomme *fraise*. Comme le cordon de maçonnerie, il règne tout autour des ouvrages et porte une saillie de 50 à 60 centimètres.

En architecture et en sculpture, le cordon est une moulure qui règne autour d'un mur, d'un bâtiment, ou le long d'une corniche dans un appartement, et sur laquelle on taille parfois des perles, des fleurs, des feuilles d'acanthe ou de laurier, continues ou par bouquets, ou tortillées de rubans. Les jardiniers font des *cordons* de gazon ou de buis dans les compartiments des parterres, le long des plates-bandes et sur les bords d'une fontaine.

Le *cordon* d'une pièce de monnaie est le petit bord façonné qui en forme la circonférence.

En termes de blason, le *cordon* est un ornement qui accompagne les armoiries des prélats, et descend du chapeau qui en forme le cimier. Ce cordon se subdivise à un certain nombre de housses suivant les dignités : les cardinaux en ont 15, les archevêques 10, les évêques 6 et les protonotaires 3.

On appelle aussi *cordon* une suite d'objets rangés circulairement.

Autour de cet amas de viandes entassées
Régnait un long *cordon* d'alouettes pressées,

a dit Boileau. C'est dans ce sens qu'on a donné le nom de *cordon* à une ligne de troupes ou de postes militaires *placés* assez près les uns des autres pour pouvoir intercepter toute communication à l'ennemi qui voudrait pénétrer dans le pays qu'on occupe. Si ce cordon de troupes a pour but d'empêcher l'invasion d'une épidémie, d'une maladie contagieuse, on le nomme *cordon sanitaire*.

Mais l'emploi le plus ordinaire que l'on ait fait du mot *cordon*, c'est comme synonyme de ruban et comme décoration distinctive des ordres de chevalerie, se portant soit autour du cou et sur la poitrine, soit en baudrier, de l'épaule droite au côté gauche, ou de l'épaule gauche au côté droit. Il y avait l'ordre du *cordon jaune*, institué par un duc de Nevers, vers 1606, et aboli par Henri IV. Il se composait de chevaliers catholiques et protestants, qui devaient savoir le jeu de la mourre, et ne pouvaient venir au chapitre qu'avec un cheval gris, deux pistolets, deux fourreaux et un harnais de cuir rouge. Tous les chevaliers de l'ordre du Saint-Esprit étaient appelés *cordons bleus*, en raison de la couleur de leur ruban, qui est également celle des rubans de la Jarretière d'Angleterre, de l'Éléphant de Danemark, des Séraphins de Suède, de Saint-André de Russie, etc. Quoique celui de la croix de Saint-Louis fût rouge, tous les chevaliers n'étaient pas pour cela *cordons rouges* : ce titre était réservé à ceux qui portaient la grand'-croix de cet ordre. Les grand's croix de la Légion d'Honneur sont bien *cordons rouges* dans le même sens, mais ils n'en portent pas le titre. Le *cordon noir* était un ruban large moiré et noir, auquel était attachée la croix de l'ordre de Saint-Michel. Rien ne serait plus honorable que ces cordons, s'ils étaient toujours la récompense du mérite modeste, des services réels rendus à l'État; mais ils sont bien plus souvent le privilège distinctif de la naissance, des dignités, et quelquefois le prix de l'intrigue ou de services honteux. Un bambin, héritier d'un grand nom, recevait dès le berceau le cordon de la Toison-d'Or, le cordon bleu, ou le cordon de la Jarretière, suivant qu'il était Allemand, Espagnol, Français ou Anglais. Tel grand seigneur, bardé de cordons, n'en était pas moins méprisable par son immoralité, par son impudeur à ne pas payer ses dettes. Tel sénateur qui, sans l'avoir mérité, avait reçu de Napoléon le grand cordon de la Légion d'Honneur, obtenait sous la Restauration le cordon rouge ou bleu, sans s'en être rendu plus digne, si ce n'est par la trahison ou par la versatilité. Tel petit baron allemand, chamarré de huit ou dix cordons des petits princes d'Allemagne, qui se cotisaient pour l'entretenir à Versailles ou à Paris, comme leur ministre plénipotentiaire en commun, n'en était pas moins un très-mince personnage. La vanité des cordons avait gagné les femmes. Il y avait des cordons de diverses couleurs en France, et surtout en Allemagne, pour des ordres de chanoinesses. La reine d'Espagne, épouse de Charles IV, avait créé en 1791 l'ordre de Marie Louise, dont elle était grande maîtresse, et dont le cordon bleu et blanc était uniquement réservé à des femmes de qualité, qui certes n'avaient rien fait pour le mériter.

Rien ne prouve mieux, au reste, la futilité des cordons et l'avilissement où ils étaient tombés, que l'abus trivial qu'on a fait de ce mot. On disait d'abord figurément des personnages distingués dans les communautés religieuses : le père un tel est un des *cordons bleus* de l'ordre. On a depuis approprié cette locution à tous les états, à toutes les professions ; et parmi les cuisinières elles-mêmes, il y a des *cordons bleus*.

Dans l'Orient on ne connaissait pas les ordres chevaleresques avant que, dans les premières années de ce siècle, la Perse et la Turquie eussent vu établir l'ordre du Soleil et celui du Croissant. Le seul cordon qui fut longtemps connu et révéré, quoique redouté des Othomans, c'était celui que le sultban envoyait par ses muets aux vizirs et aux pachas dont il voulait se défaire. Ils baisaient le *fatal cordon*, et se laissaient étrangler. H. AUDIFFRET.

CORDONNIER (en latin *sutor*, couseur). Le nom moderne de cette profession vient, suivant Ménage, de celui de *Cordoue*, ville d'Espagne, où l'on fabriquait autrefois des peaux tannées d'une qualité supérieure ; de là on appela *cordouanniers* les ouvriers qui les premiers en France confectionnèrent des chaussures avec des cuirs tirés de Cordoue.

La profession de cordonnier, sans être tout à fait dépourvue de mérite, ne jouit pas d'une grande importance : les pièces qui entrent dans la composition d'un soulier et même d'une botte ne sont pas susceptibles de varier considérablement de figure ; leur nombre est limité, et la manière la plus convenable et la plus solide de les assembler est trouvée et fixée depuis longtemps : les systèmes qu'on a tentés pour faire des souliers à la mécanique, la substitution des clous à la couture en fil poissé, etc., commencent seulement à avoir quelque succès ; et toutefois, un cordonnier qui joindrait l'élégance de la coupe, la solidité de la couture, à la connaissance parfaite des cuirs et peaux, pourrait figurer parmi les ouvriers distingués exerçant des professions réputées supérieures à la sienne, surtout si, connaissant la composition anatomique du pied et de la jambe de l'homme, il était en état de faire en plâtre le modèle d'une jambe contrefait, afin d'en atténuer les difformités et les infirmités, au moyen d'une chaussure composée en conséquence. En effet, le cordonnier observateur examine les vieilles chaussures de ses pratiques, note les points sur lesquels s'exerce le plus souvent la pression du corps. Si, par exemple, on lui présente une botte dont le talon soit plus usé en dehors qu'en dedans, il conclura que la ligne perpendiculaire qui part du centre de gravité de celui qui a usé la botte ne passe pas par le milieu de son talon, mais qu'elle tombe sur un point plus ou moins rapproché du bord extérieur de la plante du pied ; en conséquence, il détournera un peu en dehors le talon de la nouvelle chaussure qui lui sera commandée par la même pratique. Après deux ou trois tâtonnements, il aura trouvé un tel degré d'inclinaison du talon de la chaussure que la personne qui la portera l'usera également tant en dedans qu'en dehors.

Un cordonnier habile doit aussi diriger la confection des embauchoirs. Quand on changeait les souliers de pied, une seule forme suffisait pour en confectionner une paire ; mais depuis que l'usage a voulu que chaque pied eût une chaussure particulière, la paire de bottes ou de souliers se fait sur deux formes. Nous ne dirons rien des tranchets, alènes, marteaux, etc., qui sont les outils spéciaux de cette profession, et qui n'offrent rien de particulier à noter.

TEYSSÈDRE.

CORDON OMBILICAL. On donne ce nom à un cordon qui chez les animaux vivipares unit le fœtus à la mère, et contient les vaisseaux sanguins qui se rendent de l'un à l'autre. Il est d'une part attaché à la face fœtale du placenta, et de l'autre à l'ombilic du fœtus. Sa longueur varie aux diverses époques de la vie intra-utérine, de telle façon, néanmoins, que s'accroissant proportionnellement au développement du fœtus, il permet les mouvements de celui-ci dans la cavité qui le renferme. Dans les temps qui suivent immédiatement la conception, le cordon ombilical ne se distingue point encore ; à l'époque de la parturition, sa longueur ordinaire est de 45 à 60 centimètres. Quelquefois, cependant, il est beaucoup plus long ou beaucoup plus court. Sa structure et ses dispositions générales varient aux différents termes de la vie fœtale, ce qui fournit à la médecine légale quelques considérations intéressantes. Ainsi, son point d'insertion à l'enfant se trouve, dans une naissance à terme, exactement au milieu de la longueur totale du corps de celui-ci ; et ce point d'insertion est d'autant plus rapproché du pubis que le fœtus est plus jeune. A quelque époque qu'on l'examine, le cordon ombilical se compose : 1° d'une gaîne d'enveloppe, fournie, selon les uns, par l'amnios et le chorion ; selon les autres, par l'amnios seul ; 2° d'une substance d'apparence et de consistance gélatineuse nommée *gélatine de Warthon* ; 3° de *l'ouraque*, canal qui communique avec la vessie du fœtus ; 4° d'une veine ; et 5° de deux artères. Le cordon présente, à la fin de la vie fœtale, des nœuds quelquefois assez compliqués ; les vaisseaux artériels et veineux qu'il contient sont très-flexueux et contournés généralement de gauche à droite. Vers la cinquième semaine de la conception, qui est environ l'époque où l'on en trouve les premiers indices, il est tout droit, très-gros et très-court ; il contient une partie du canal intestinal ; jusqu'au terme de trois mois, il reste droit, et la portion de l'intestin continue à s'y rencontrer en diminuant de volume ; à cette époque, elle disparaît, et l'on n'y rencontre déjà plus ni la vésicule ombilicale ni les vaisseaux omphalo-mésentériques, qui ne persistent guère au delà de deux mois et demi. BAUDET DE BALZAC.

CORDON SANITAIRE, appareil de guerre développé contre une épidémie qu'on croit contagieuse, et dont on prétend ainsi limiter les ravages. C'est une sorte de barrière militaire, qui n'arrête rien, sinon les bonnes relations de voisinage et de commerce, d'où naissent l'abondance et la prospérité. On convient que les sources d'eau n'ont point de limites assignables, point de périmètre certain ; à plus forte raison en est-il ainsi de l'air, fluide subtil qui ne comporte ni digues ni barrages. Comment pourrait-on le circonscrire, lui toujours si mobile ? Ces cordons, prétextés sanitaires, ont presque toujours de secrets motifs politiques. Tels sont ceux que les Autrichiens ont placés sur les confins de leur empire, du côté de la Turquie, où règne fréquemment la peste, et qui menacent bien plus la Russie qu'ils ne protègent la santé des Germains. Tel fut notre cordon sanitaire de 1822 sur la frontière de l'Espagne. Pour l'établir on allégua la fièvre jaune, tandis qu'en effet on n'avait pour but que d'arrêter la contagion des idées révolutionnaires et les influences des cortès d'alors. A cette époque il eût fallu du courage pour oser dire que la fièvre jaune n'était pas plus contagieuse que la fièvre putride, que la gastrite ou l'ictère. Le docteur Lassis fut presque persécuté pour avoir eu pareille audace. Le fait est que notre cordon sanitaire, transformé ultérieurement en armée d'invasion, eut pour effet de doubler la misère, l'abandon et le danger mortel des malades de Barcelone. O préjugés! comme les ambitieux vous exploitent! combien les peuples vous sont tributaires, et que de temps il faut pour vous détruire!

Dr Isidore BOURDON.

CORDOUAN, espèce de cuir ou de maroquin qui se fabrique aujourd'hui à Larisse et à Salonique, mais qu'on ne tirait autrefois que de Cordoue, où les Maures en avaient introduit la fabrication.

CORDOUE (*Cordova*), antique et célèbre ville d'Espagne, dans le royaume d'Andalousie, chef-lieu d'une province à laquelle elle a donné son nom, et contenant une population de 330,000 habitants, répartie sur une superficie de 107 myriamètres carrés, jadis royaume Maure, est construite en amphithéâtre et en forme de rectangle sur la douce déclivité d'une ramification de la Sierra Morena, dans une contrée bien cultivée, couverte de jardins, de vignes, de plantations d'oliviers et d'orangers, et entourée de murailles flanquées de tours formidables. Une partie de la ville est d'origine romaine, et l'autre d'origine mauresque; mais un grand nombre d'édifices tombent en ruine, et des jardins interrompent souvent les rangées de maisons. Les rues sont étroites, tortueuses, sales et désertes; cependant la *Plaza Mayor*, grande et régulière place, servant aussi de marché central, est remarquable par la belle colonnade qui l'entoure. Cordoue possède 15 paroisses, 40 couvents, 2 collèges et un grand nombre d'hôpitaux. Mais son édifice le plus digne d'être vu est sa cathédrale, au milieu d'une grande cour à fontaines plantée de citronniers et d'orangers (*Piazzo de los Naranjos*), longue de 207 mètres et large de 147, la plus belle qu'il y ait en Espagne et unique en son genre, appelée *la Mezquita*, et qui n'est autre que la magnifique mosquée que le khalife Abd-er-Rhaman Ier commença vers la fin du huitième siècle, mais qui ne fut terminée que cent ans plus tard; véritable chef-d'œuvre de l'architecture arabe, qu'on a plus ou moins bien approprié aux exigences du culte catholique. Cet édifice n'est point voûté et la toiture en est représentée par des coupoles admirablement rattachées les unes aux autres, celles-ci octogones, celles-là rondes, que soutiennent 850 colonnes de jaspe, de marbre, de syénite et de porphyre, mais peu élevées et formant 19 colonnades ou nefs. Les couleurs éclatantes et les dorures ont dû en maints endroits disparaître sous une couche de badigeon blanchâtre ou jaunâtre; et les nécessités d'une église chrétienne ont souvent contraint de modifier et de complétement défigurer même le caractère original du temple mauresque. Il n'y a que la chapelle dans laquelle était déposé le Coran qui ait conservé à peu près son brillant état originel, parce que, cachée par une muraille postiche, on fut longtemps sans la découvrir. Cet édifice a 20 portes, 16 tours et une centaine de chapelles. Un maître autel a été placé au milieu. Le pont de Cordoue, de 266 mètres de longueur, avec ses arches jetées sur la rivière, est encore un autre monument de la magnifique architecture des Maures.

La population de Cordoue et de ses nombreux faubourgs s'élève à environ 40,000 âmes. Jadis l'une des places commerciales les plus importantes de la Péninsule, et dans les bazars de laquelle étaient exposés les produits des trois parties de la terre, son commerce, bien déchu depuis, se borne aujourd'hui à des affaires de détail. Cordoue était autrefois célèbre par une espèce particulière de maroquin dite *cordouan*, que seule elle était en possession de fabriquer, et dont il se faisait une grande consommation, même à l'étranger. De nos jours quelques manufactures de couvertures de laine pour mulets, de merceries et de passementeries sont les seuls établissements qui fournissent un peu de travail à la population pauvre. En revanche, le commerce des chevaux y est fort important; et le haras royal établi dans l'ancien palais de l'Inquisition, c'est-à-dire dans le château mauresque (*Alcazar*), construit en 786, par Abd-er-Rhaman Ier, qui est aussi utilisé en partie comme prison publique, est le plus considérable qu'on trouve en Espagne.

Il est fait mention dès l'an 152 av. J.-C. de Cordoue (*Corduba*) comme quartier d'hiver du consul romain Marcellus. Ce fut lui qui y établit une colonie de citoyens d'élite, à laquelle on donna le nom de *Patricia*, la première que les Romains aient eue en Espagne. L'an 45 avant J.-C. elle fut enlevée par César aux derniers débris du parti de Pompée. A l'époque où vivait Strabon, c'était la plus grande et la plus riche ville du pays; elle possédait le droit de battre monnaie, et était le siége d'un tribunal supérieur pour la Bétique. Prise, en 571, par le roi Léovigilde, elle devint le siége d'un évêché visigoth. Conquise, en 711, par Tarik, général de Musa, elle remplaça, en 716, Séville comme centre de la puissance arabe en Espagne. Abd-er-Rhaman Ier, de la maison des Ommiades, qui, en 556, fonda le khalifat de Cordoue, en fit la capitale de ses États. Elle atteignit l'apogée de sa splendeur sous les khalifes Abd-er-Rhaman III et Abd-er-Rhaman IV. A cette époque elle embrassait un circuit de 3 myriamètres environ, renfermait 22,000 maisons avec une population d'un million d'âmes, et, indépendamment d'une université qui au dixième siècle était pour l'Europe ce qu'était Bagdad pour l'Asie, elle possédait encore 80 écoles publiques ainsi qu'une bibliothèque de 600,000 volumes, plus de 900 bains publics, 600 mosquées et d'immenses palais. Après la chute du khalifat, en l'an 1031, Cordoue passa sous les lois des Béni-Djewar, en 1060 sous celles des Abbadites de Séville, en 1091 sous celles des Admoravides, en 1148 sous celles des Almohades, et, enfin, en 1236 Ferdinand III de Castille s'en rendit maître. Elle était restée pendant cinq cent vingt-cinq ans au pouvoir des musulmans. En 1808 elle fut prise par les Français commandés par le général Dupont, après un combat contre les troupes de la junte sur le beau pont d'Alcolea, monument de l'époque des Maures et situé à environ sept kilomètres au-dessous de la ville. Cordoue a vu naître dans ses murs les deux **Sénèque**, le poète **Lucain**, et le philosophe arabe **Averrhoës**.

CORDOVA, chef-lieu de la province du même nom dans la république Argentine, au confluent du Pucara et du Primero, située dans une contrée en partie marécageuse et en partie fertile, siége d'un évêché, est régulièrement construite, possède une très-importante université, placée jadis sous la direction des jésuites, un grand nombre de belles églises, notamment une remarquable cathédrale, et 14,000 habitants, qui fabriquent des couvertures de laine, des draps, des cotonnades, et font un commerce très-actif en bestiaux, principalement en mulets. Cordova fut fondé en 1573, par Jérôme Cabrera. Le roi d'Espagne Philippe V en fit la capitale de la province de Tucuman; elle tard elle devint le chef-lieu des missions des jésuites dans le Sud, et elle a été dans ces derniers temps le centre d'action du parti fédéraliste.

La province de *Cordova* occupe une superficie de 1,188 myr. carrés, et compte environ 90,000 habitants, non compris les Indiens indépendants, dont le nombre ne s'élève pas à moins de 230,000. Le sol en est le plus généralement plat, mais fertile et propre à la culture des céréales. A l'ouest s'élèvent les premières assises de la *Sierra Nevada de Cordova*, laquelle se rattache aux Cordillères du Chili.

Il y a une autre ville du nom de *Cordova* dans la république du Mexique, sur le versant oriental du pic d'Orizaba. Elle est bien bâtie, dans une contrée fertile, possède une belle cathédrale et 6,000 habitants, qui s'occupent surtout de la culture du tabac. Elle fut fondée en 1618, par don Diego Fernandez de Cordova.

CORDOVA (Don Louis-Fernandez de), lieutenant général espagnol, né à Cadix, en 1799, entra en 1820 dans l'état-major des troupes qui proclamèrent à Las-Cabezas la constitution de 1812. Adversaire du parti constitutionnel, il organisa, d'accord avec le roi, la malheureuse insurrection de la garde royale sur 7 juillet 1822. Il se réfugia alors à Paris, s'enrôla dans l'armée de la Foi aux ordres de Quesada en Navarre, puis créa un corps franc, à la tête duquel il précéda l'armée française en Andalousie. Son humeur joviale et ses propos firent de lui l'un des favoris de Ferdinand VII. En 1825 il fut nommé secrétaire d'ambassade à Paris, en 1827 chargé d'affaires à Copenhague, et peu de temps après envoyé extraordinaire et ministre plénipotentiaire à Berlin, où il agit dans l'intérêt de dom Miguel. A la nouvelle de la révolution de Juillet, il accourut à Madrid ; mais la jalousie de Calomarde ne tarda pas à l'en éloigner. Il figura alors sur la frontière au nombre des volontaires réunis pour repousser une tentative faite par les constitutionnels, et en 1831 il était de retour à son poste à Berlin. Nommé, vers la fin de 1832, ambassadeur à Lisbonne, il y défendit les intérêts de dom Miguel avec le plus grand zèle ; mais plus tard il se trouva placé dans une position qui le contraignit à se rattacher désormais à la cause de la reine Isabelle. Il obtint alors le commandement d'une division à l'armée du nord, et prit part avec elle à de nombreux combats en 1834. A Madrid il obtint la faveur personnelle de la reine régente Marie-Christine. Appelé en 1835 au commandement en chef de l'armée du nord, il fut vainqueur à l'affaire de Mendigorria. Plus tard, il fut maintes fois malheureux, et par sa propre faute ; aussi perdit-il complétement la confiance de ses troupes. Il donna en conséquence sa démission ; et à la nouvelle de la révolution de la Granja, il se rendit en France, où il affecta de se montrer partisan du nouvel ordre de choses établi en Espagne. Comme on devait s'attendre à une réaction dans le sens du parti modéré, il retourna dans sa patrie ; mais tous ses efforts pour se concilier les faveurs de l'opinion publique furent inutiles. Ce ne fut qu'à grand'peine qu'il parvint à se faire nommer député aux cortès par la ville de Pampelune ; et la conduite indécise qu'il tint dans cette assemblée le brouilla avec tous les partis. Par la suite il se rendit dans le sud du royaume, et au mois de novembre 1838 il se mit à Séville avec Narvaez à la tête d'un mouvement des *moderados* contre les *exaltados*. En sa qualité d'adversaire d'Espartero, il fut obligé de se réfugier en Portugal, où il mourut, le 29 avril 1840, à Lisbonne. Orgueilleux et dépourvu de tout sentiment noble et généreux, brave personnellement, mais sans aucune espèce de talents militaires, manquant d'ailleurs de convictions, et toujours esclave des circonstances, qu'il s'imaginait dominer, il ne s'éleva jamais, en dépit de toutes ses intrigues, au-dessus du rôle d'aventurier politique.

CORÉ. *Voyez* CORAH.

CORÉE, appelée par les Chinois *Tchao-sian*, par les Japonais *Tsio-sen*, royaume du nord-est de la Chine, qui comprend, sur une superficie d'environ 2,200 myriamètres carrés, la presqu'île contiguë au nord à la Mandchourie et s'étendant depuis cette contrée, entre la mer Jaune et la mer du Japon, jusqu'au détroit de Corée. Cette presqu'île, séparée de la Mandchourie au nord par des montagnes dont les crêtes atteignent la ligne des neiges éternelles, est formée par un embranchement de cette chaîne, qui traverse le pays en longueur dans la direction du nord au sud et devient haute et escarpée surtout à l'est. Par suite de la configuration étroite et allongée de cette presqu'île et de sa nature montagneuse, elle n'a point de grands fleuves. En revanche, elle est entourée, surtout à l'ouest et au sud, par une foule de petites îles, dont la plus grande est *Quelpaert*, d'une superficie de 715 kilomètres carrés. Quoique située seulement entre le 34° et le 42° de latitude septentrionale, cette contrée est loin de jouir d'un climat tempéré ; et, de même que dans tout l'est de l'Asie, les étés y sont excessivement chauds et les hivers extrêmement rigoureux ; aussi le *Hoang-haï*, ou mer Jaune, situé entre la Chine et la Corée, gèle-t-il en hiver. Les communications avec la Chine ont lieu alors surtout au moyen de sa surface solidifiée. En effet, les hautes montagnes qui bornent la Corée au nord sont en tout temps d'un accès difficile, de même qu'en été les bas-fonds et le peu d'élévation des côtes de la mer Jaune en rendent la navigation peu praticable. Dans ses parties basses et dans les vallées de ses provinces méridionales, la Corée est une fertile contrée, produisant surtout du riz, du coton et du chanvre. Dans sa partie septentrionale, pays sauvage couvert d'immenses forêts, mais offrant aussi de nombreux déserts, la récolte du *ginseng* et la chasse aux zibelines sont la principale ressource des populations. Il est assez remarquable qu'on y rencontre le tigre royal jusque par 42° de latitude septentrionale ; et les peaux de tigre et de panthère font partie des articles d'exportation.

L'élève des bestiaux, surtout des chevaux et des bêtes à cornes, est très-florissante en Corée ; il en est de même de l'exploitation des mines, qui donne beaucoup de métaux précieux ou grossiers, de sel et de houille. Les habitants, sur le nombre exact desquels on n'a que des données fort incertaines, variant entre 1,500,000 et 15,000,000, mais qu'il est permis d'évaluer à 8,000,000 appartiennent à la race mongole, et forment une nation indépendante, dont le type a cependant été singulièrement altéré dans le cours des temps, par de fréquents mélanges avec les Chinois, les Mandchous et les Japonais. Ils se distinguent des Chinois par l'énergie et par plus d'indépendance de caractère, mais surtout par l'absence de ce stupide orgueil que les Chinois apportent dans toutes leurs relations avec les étrangers, et surtout avec les Européens ; mais leurs mœurs sont moins raffinées que celles des Chinois et des Japonais. Ils parlent une langue particulière, aussi différente du chinois que du mandchou, qui nous est peu connue, mais qui paraît appartenir à la famille des langues unisyllabiques ou dépourvues de flexion et qui s'écrit avec une écriture d'un genre particulier. La langue et la littérature chinoises sont d'ailleurs très-répandues parmi eux. Les Coréens paraissent avoir atteint dans les industries techniques une grande habileté, encore bien qu'elle ne soit pas aussi parfaite que celle des Chinois. Le papier qu'ils fabriquent est fort renommé ; et il s'en exporte d'immenses quantités en Chine. On l'emploie pour confectionner des chapeaux, des parapluies, des sacs et même de solides manteaux. Les poteries et les porcelaines figurent aussi parmi les principaux articles de leur industrie ; leurs étoffes de coton et de chanvre sont grossières ; et leurs soieries plus épaisses que fines. Les unes et les autres figurent au nombre de leurs articles d'exportation. Il en est de même de leurs armes, surtout de leurs sabres et de leurs poignards, qui sont vivement recherchés à la Chine. Leurs fusils seraient excellents s'ils n'étaient pas à mèche. Ce sont d'ailleurs de bons marins, d'habiles pêcheurs ; ils font un commerce très-actif tant avec la Chine qu'avec leurs propres ports. Ils vont à la pêche du hareng, et même à celle de la baleine. Par contre, leur commerce avec le Japon est très-restreint. Le seul port de la Corée où les bâtiments japonais soient autorisés à entrer est Kou-Chan ; et les navires coréens ne peuvent fréquenter au Japon que le port de Nangasaki.

Tout ce qu'on sait de leur constitution politique, c'est que la puissance suprême est exercée de la manière la plus illimitée, par un roi très-despotique, disposant d'un personnel administratif organisé sur le modèle de celui qui existe en Chine. On dit que ce souverain peut mettre sur pied jusqu'à 640,000 hommes. Sa flotte est forte de 200 voiles. Le roi de Corée est tributaire tout à la fois de l'empereur de la Chine et de celui du Japon. Le tribut est régulièrement porté dans ces deux pays par des ambassadeurs, qui en rapportent des présents pour leur maître. La position de la Corée entre ces deux puissants États, la force à les avoir tous deux pour amis; et la jalousie réciproque de la Chine et du Japon la met à l'abri de leurs attaques, de même qu'elle fait de son indépendance une nécessité politique pour ces deux pays. Mais elle entraîne aussi pour la Corée un isolement tout aussi rigoureux que celui du Japon. La religion généralement répandue est le bouddhisme; cependant dans ces derniers temps le christianisme a réussi à y remettre les pieds, et ce sont des missionnaires catholiques qui se chargent de l'y propager. Le pays est divisé en huit *tao* ou provinces, dont la plus importante est *Kung-ti-tao* ou province de la cour, où se trouve située *Hang-tching*, capitale du royaume et résidence du roi.

CORELLI (ARCANGELO), le chef de toutes les bonnes écoles de violon modernes, naquit au mois de février 1653, à Fusignano, près d'Imola, sur le territoire de Bologne. Il eut pour maître de contre-point Matteo Simonelli, et J.-B. Bassani fut son maître de violon. En 1680, Corelli était entré au service de la cour de Bavière. Vers la fin de 1681, il revint en Italie pour se fixer à Rome; il y publia, deux ans plus tard, des sonates pour deux violons et basse, avec accompagnement d'orgue. Sa réputation fut telle, que tous les grands seigneurs l'attiraient chez eux, et lui confiaient la direction des orchestres de leur musique. Matthéson l'avait surnommé *le prince de tous les musiciens*, et Gasparini l'avait appelé *virtuosissimo di violino, e vero Orfeo de' nostri tempi*. Le cardinal Ottoboni avait voulu être le Mécène de ce violoniste, et l'avait logé dans son palais. Après les instances réitérées de la part du roi de Naples, pour aller visiter son royaume, Corelli se décida à se rendre à son invitation. Il y rencontra Scarlatti, qui le pressa beaucoup de jouer ses concertos devant la cour. Corelli obtint d'abord des triomphes complets; puis il y éprouva quelques mésaventures qui le firent partir brusquement pour Rome. Mais là de nouveaux déboires l'attendaient. Il trouva d'abord un hauboïste, puis un violoniste médiocre, nommé Valentini, qui lui disputèrent la vogue. Toutes ces contrariétés abrégèrent sa vie, qui se termina le 18 janvier 1713. Fétis, dit qu'il fut inhumé dans l'église de la Rotonde ou Panthéon, et qu'un monument en marbre lui fut élevé près de celui de Raphaël, par le prince Palatin, qui chargea le cardinal Ottoboni d'en diriger l'exécution. C'était au cardinal Ottoboni, son bienfaiteur, que Corelli avait laissé, par testament, sa riche collection de tableaux et une somme de cinquante mille écus. Mais Ottoboni ne garda pour lui que les tableaux, et distribua les cinquante mille écus aux parents du virtuose. Pendant une longue suite d'années, un service funèbre eut lieu sur la tombe de Corelli, à l'anniversaire de sa mort. Un orchestre nombreux y exécutait des morceaux tirés des œuvres de ce musicien.

Malgré les progrès introduits depuis Corelli dans l'art de jouer du violon, il est vrai de dire qu'il a été le type de la belle école de cet instrument; que ses nombreux ouvrages sont des modèles du style large, noble et majestueux, et qu'ils peuvent être, même aujourd'hui, étudiés avec fruit par les jeunes violonistes. J. D'ORTIGUE.

COREOPSIS, genre de la famille des composées. Il renferme des herbes vivaces de l'Amérique septentrionale, et dont plusieurs servent à la décoration des jardins. Tels sont le *coreopsis tinctoria* (*calliopsis tinctoria*, Decandolle) aux fleurs brillantes, noires au centre et jaunes à la circonférence; le *coreopsis diversifolia*, dont les fleurs en capitules terminaux, à disque pourpre, ont les rayons jaunes marqués d'une tache pourpre à la base des ligules, etc.

CORFOU, la plus septentrionale des îles Ioniennes, appelée dans l'antiquité Corcyre, contient, sur une superficie de 550 kilomètres carrés, une population de 60,000 habitants, Grecs pour la plupart. La partie septentrionale de l'île est très-fertile en vin, huile, miel, fruits de toute espèce et surtout figues, etc.; cependant on y trouve de vastes étendues de terrains incultes et des marais pestilentiels. Cette île est tout à fait montagneuse; et, comme dans les autres îles Ioniennes, les montagnes y sont généralement chauves et arides. Il n'y a que les vallées et les endroits bas et arrosés par des cours d'eau, qui soient susceptibles de culture. Presque tout le grain et toute la viande qu'on y consomme proviennent de la Morée.

Depuis le moyen-âge, Corfou a constamment partagé le sort du reste des îles Ioniennes. En 1401, elle passa définitivement sous les lois des Vénitiens, qui, en 1537 et en 1716, y repoussèrent bravement deux débarquements et deux attaques des plus vives, tentées par les Turcs. La dernière de ces attaques est surtout célèbre dans l'histoire par la manière glorieuse dont le comte Mathias de Schulenbourg se défendit dans la forteresse de Corfou. Les Vénitiens en restèrent possesseurs jusqu'à la destruction de leur république en 1797 par les Français. Corfou devint alors le chef-lieu d'un des trois départements que l'on forma des îles de la mer Ionienne. Le congrès à Vienne en adjugea en 1814 la possession à l'Angleterre, sous la spécieuse dénomination de protectorat.

Son chef-lieu, qui porte le même nom, est le siége du *lord haut-commissaire* anglais, d'un archevêque grec et d'un évêque catholique. C'est une ville bien fortifiée, possédant un port spacieux et sûr, protégé par une forte citadelle. On y trouve un grand arsenal maritime anglais, d'importants chantiers de construction et 16,000 habitants, qui font un commerce important. Indépendamment d'une université fondée par lord Guilford, et ouverte en 1824, avec un jardin botanique et une bibliothèque publique de 20,000 volumes, la ville possède un lycée fréquenté par de nombreux élèves.

CORIANDRE, genre de la famille des ombellifères, ne renfermant qu'une espèce, le *coriandrum sativum*, originaire de l'Italie, où on la trouve abondamment dans les blés; cette plante annuelle n'a d'intérêt que par ses semences, qui sont un objet de commerce non sans quelque importance, parce qu'elles ont une saveur forte et aromatique qui les fait employer dans la confection des dragées, et pour aromatiser les mets et les boissons, dans le Nord surtout, où des peuples en mettent jusque dans le pain, concurremment avec les semences de cumin et de carvi. Dans le Midi, on met cette semence dans la bouche pour se rendre l'haleine agréable, et en effet, cette graine a une odeur très-fine, et un arôme qui lui est particulier.

La coriandre est un objet de grande culture, comme l'anis, avec lequel elle a beaucoup d'analogie; elle se sème au printemps dans le Nord, et en automne dans le Midi. Son produit en graines est considérable, et celles-ci doivent, après avoir été récoltées par un temps sec, n'être mises en sac que bien desséchées, afin de conserver leur couleur rousse, qui en facilite la vente; car si elles reçoivent de l'humidité, elles noircissent et perdent une partie de leur qualité et de leur valeur. TOLLARD aîné.

CORINDON. On comprend sous ce nom et l'on rapporte à une même espèce plusieurs minéraux connus depuis longtemps, et regardés comme très-différents les uns des autres. Les corindons sont les plus durs de tous les minéraux, après le diamant; ils les raient tous et ne sont rayés par aucun; ils sont essentiellement composés d'alumine, dans la proportion de 90 à 98 pour cent; le reste est tantôt du peroxyde de fer, tantôt de l'oxyde de titane ou de chrome, principes auxquels les corindons doivent leurs diverses colorations. On distingue quatre variétés principales de corindon, dont trois sont relatives à la texture, et la quatrième est une variété de mélange ; ce sont : le *corindon hyalin*, nommé d'abord *télésie* par Haüy ; le *corindon adamantin*, ou *harmophane* ; le *corindon compacte*, et le *corindon ferrifère*. La plupart sont recherchées comme pierres précieuses, par suite des couleurs variées qu'elles possèdent.

Dans l'Orient, et surtout dans l'Inde, on fait un usage beaucoup plus fréquent qu'en Europe du *corindon hyalin*. Il est transparent, à cassure vitreuse, incolore, ou diversement coloré ; il comprend tous les cristaux connus sous le nom de *gemmes orientales*, et, vu sa grande dureté et l'intensité de son éclat, il fournit au commerce de la joaillerie un grand nombre de pierres fines, dont quelques-unes sont estimées presque à l'égal du diamant, lorsqu'elles jouissent de toute leur perfection ; tels sont : le corindon d'un rouge cramoisi, dit *rubis oriental* ; le jaune pur, ou *topaze orientale* ; le bleu d'azur, ou *saphir oriental* ; le violet pur, ou *améthyste orientale* ; le vert, ou *émeraude orientale* ; le *saphir blanc*, etc. On peut encore citer le *corindon girasol*, à fond blanc laiteux et à reflets mobiles, et le *corindon astérie*, qui, sur un plan perpendiculaire à son axe, montre une étoile blanchâtre à six rayons. La pierre nommée *saphir* par Théophraste et Pline n'est pas notre corindon hyalin, mais paraît devoir être rapportée au lazulithe. Les anciens ne gravaient ni en creux ni en relief sur les télésies. Les pièces de cette espèce qui sont gravées appartiennent à tous temps modernes. Une des plus célèbres représente un portrait en relief de Henri IV, gravé par Coldoré.

Le *corindon adamantin* comprend toutes les variétés des corindons de l'Inde, du Thibet et de la Chine, qui sont translucides, lamelleuses, et se divisent facilement en fragments rhomboïdaux. Elles ont des couleurs beaucoup plus ternes que celles des corindons hyalins.

Le *corindon compacte* est gris ou noirâtre, d'un aspect terreux, et complétement opaque ; tel est celui qu'on trouve près de Mozzo, en Piémont, dans un feldspath altéré.

Le *corindon ferrifère* à texture grenue n'est employé qu'en poudre. On le connaît alors sous le nom d'*émeri*.

CORINE ou **CORINNE** (du nom de la savante Thébaine, ou peut-être d'un diminutif du grec κόρη, jeune fille). C'est le nom donné par Gmelin, éditeur de Linné, à une espèce d'antilope (*antilope corinna*) qui ne paraît différer de la gazelle que par des cornes beaucoup plus grêles ; ce n'est probablement qu'une variété d'âge ou de sexe, puisqu'elle se trouve également dans tout le nord de l'Afrique.

CORINNE, femme aussi célèbre par sa beauté extraordinaire que par son talent dans la poésie lyrique, et qui vivait vers 500 avant J.-C., était originaire de Tanagra en Béotie, mais résida souvent à Thèbes, d'où le surnom de *Thébaine* qu'on lui donne quelquefois. Elle remporta, dit-on, cinq fois le prix sur Pindare lui-même dans les concours de musique et de poésie ; aussi lui avait-on érigé une statue dans le gymnase de Tanagra. Ce furent vraisemblablement la douceur et la mollesse de ses chants qui la firent surnommer *la mouche*, de même que Sapho et Erinna avaient reçu celui *d'abeille*. Il n'existe plus aujourd'hui qu'un petit nombre de fragments de ses poésies, écrits en dialecte éolien. Ils ont été réunis par Schneider dans ses *Poetarum Græcorum Carminum Fragmenta* (Giessen, 1802), par Schneidwin, dans ses *Delectus Poetarum*, etc. (Gœttingue, 1839), et en dernier lieu par Bergk, dans ses *Lyrici Poetæ Græci* (Leipzig, 1843).

CORINNUS D'ILION. C'est le nom d'un poëte épique qui suivant une tradition inventée et propagée, à ce que tout indique, par les ennemis d'Homère, aurait écrit avant lui *l'Iliade*, au temps même de la guerre de Troie ; et ce serait de cette *Iliade*, antérieure à la sienne, que l'immortel aveugle aurait tiré la matière et le plan entier de son œuvre. Suidas est le seul qui mentionne cette tradition. A l'en croire, Corinnus aurait été élève de Palamède ; il aurait employé le premier les caractères doriques, inventés par son maître, et aurait écrit également un poëme sur la guerre de Dardanus contre les Paphlagoniens. Ainsi rien n'a manqué à Homère, ni la misère ni la calomnie ; mais

Trois mille ans ont passé sur la cendre d'Homère,
Et depuis trois mille ans Homère respecté
Est jeune encor de gloire et d'immortalité.

CORINTHE, ville célèbre dans l'antiquité, bâtie sur le détroit du même nom, auquel on donne par excellence le nom d'*isthme*, appartenant, d'après la division politique actuelle, au *nomos* d'Argolis et de Corinthe du royaume de Grèce, ne consiste plus, depuis les dernières luttes que les Grecs ont dû soutenir pour reconquérir leur indépendance, qu'en quelques ruines, composées de la citadelle, du temple de Neptune et d'un théâtre. Ses deux ports, autrefois si beaux, le *Lechæon*, sur le golfe de Corinthe, et *Cenchreæ*, sur le golfe Saronique, ne sont plus aujourd'hui que des marais, qui infectent au loin l'atmosphère, et il n'existe presque plus de traces de *Schœnos*, port situé au nord. Les débris de l'antique Corinthe furent utilisés plus tard pour construire les églises, les mosquées et les maisons de la ville neuve, ruinée à son tour dans ces derniers temps.

La tradition antique veut que Corinthe ait été fondée vers l'an 1350 avant J.-C., par l'Éolien Sisyphe, à la race duquel succédèrent les Héraclides, puis les Bacchiades, branche de la famille des Héraclides qui constitua une oligarchie. Quelques générations plus tard, Cypselos (an 657 av. J.C.) et son fils Périandre (627) s'y érigèrent en tyrans. Après la chute de son dernier tyran, Psammétique, en l'an 584 av. J.-C., Corinthe se donna une constitution ayant pour base la timocratie et l'aristocratie, et au début de la guerre du Péloponnèse elle fit cause commune avec Athènes, puis avec Sparte. L'or des Perses la mêla ensuite à la guerre dite de Corinthe, pendant la durée de laquelle son territoire fut le champ de bataille des Béotiens, des Argiens et des Athéniens. Plus tard les souverains de la Macédoine s'en emparèrent, comme d'un point important pour assurer leurs frontières ; et quand, en l'an 243 av. J. C., les Macédoniens en eurent été chassés, elle entra dans la ligue Achéenne, et en fit partie jusqu'à ce qu'elle eut été détruite de fond en comble et réduite en cendres par le consul romain Nummius, l'an 146 av. J.-C.. A l'époque de sa dictature, en l'an 46, Jules César fit bien reconstruire Corinthe ; mais elle ne put jamais recouvrer son ancienne prospérité, bien que, en qualité de chef-lieu de la province d'Achaïe, elle soit parvenue encore à une certaine importance. Pins tard, l'apôtre saint Paul séjourna à Corinthe ; il y écrivit ses épîtres aux Thessaloniciens et aux Romains, et de là se rendit, en 54, à Jérusalem.

Les arts plastiques brillèrent dès la plus haute antiquité d'un vif éclat à Corinthe, l'architecture notamment, qui y créa une foule de temples magnifiques, et qui donna son nom à un bel ordre de colonnes. Les vases fabriqués à Corinthe furent de tous temps en renom ; aussi finit-on par désigner sous l'épithète de *corinthien* tous les raffinements du luxe et de l'élégance dans l'ornementation intérieure des palais, parce que Corinthe l'emportait sur toutes les autres villes de la Grèce par son goût pour le luxe, goût dont elle avait hérité de Sycione, sa voisine. Aussi existait-il à la cour de Byzance, sous le nom de *corinthiarius*, un officier spécialement chargé des objets relatifs à l'ameublement des palais impériaux. Les *hétaires* de Corinthe étaient fameuses aussi par le luxe extrême dont elles s'entouraient ; elles avaient pour habitude de ruiner complétement leurs amants, et le haut prix qu'elles mettaient à leurs faveurs avait donné naissance à ce proverbe : *Non cuivis homini contingit adire Corinthum* ; ce qui veut dire : Tout le monde ne peut pas aller à Corinthe. Dans le 3ᵉ volume de l'*Expédition scientifique en Morée* (Paris, 1838), on trouve la représentation des ruines actuelles de Corinthe. Consultez aussi Wagner, *Rerum Corinthiacarum Specimen* (Darmstadt, 1824).

[La même année, 146 avant J.-C., vit tomber sous les armes romaines deux puissantes cités, Carthage et Corinthe. Corinthe, musée de toute la Grèce, et qui pour les arts n'eut de rivale qu'Athènes, qu'elle surpassait de beaucoup en richesses, eut comme une place de prédilection dans le plus beau et le plus heureux site du Péloponnèse. Assise sur un isthme de deux lieues et demie de large, pour cela appelé aujourd'hui Hexa-Mili, *les six milles*, elle était tournée vers deux mers, la mer Ionienne et l'Archipel ; deux golfes, celui de *Corinthe* à l'occident (aujourd'hui golfe de Lépante), et celui qu'on appelait *Saronique* à l'orient (golfe d'Engia), la protégeaient contre les tempêtes et les ennemis, ainsi qu'au midi une roche escarpée, l'*Acro-Corinthe*, citadelle bâtie par la nature. Sa position l'avait fait surnommer par les Grecs *Amphithalassios*, la cité aux deux mers. De ses deux ports, le Lechæon et le Cencréea, le premier était ouvert sur l'Europe, le second sur l'Asie. Son antiquité, sa position formidable, qui la rendait la clef du Péloponnèse, ses richesses, son luxe, sa noble passion pour les arts, ses temples, qui égalaient en nombre les dieux et demi-dieux de l'Olympe et de la terre, tous les objets admirables et d'un haut prix en tableaux, en statues, en vases, en ciselures, en sculptures, dont elle était, pour ainsi dire, encombrée, en avaient fait le rendez-vous de toute la terre, particulièrement des grands et des riches.

Cette cité républicaine paya cher le courage et l'honneur de s'être mise à la tête de la ligue Achéenne contre le peuple-roi : Mummius l'assiégea et la prit. Il ne céda en férocité à pas un chef de barbares ; il commanda à ses légions de n'y point laisser pierre sur pierre, corps sur corps, et d'y porter la torche dans tous les recoins. La grandeur et l'activité de l'incendie furent telles, que pendant plusieurs jours les deux mers en furent illuminées au loin, et que des décombres de cette métropole de l'Achaïe on retira, longtemps encore après sa destruction, un métal nouveau, résidu et précieux alliage de l'or, de l'argent et de l'airain, que les flammes avaient mis en fusion comme dans un volcan (*voyez* AIRAIN). Corinthe, sortie de ses ruines, subsista jusque sous les empereurs du Bas-Empire, ne laissant pas que de jeter quelques étincelants rayons de sa gloire passée. Pausanias et Strabon, qui ne la virent point dans son antique magnificence, que nul auteur n'avait encore décrite, nous la dépeignent ornée et splendide au temps où ils vivaient. Hérode Atticus, ce noble ami des arts, n'avait pas peu contribué à l'embellir. Il avait rempli le temple de Neptune, peu vaste, mais riche d'une architecture, d'un grand nombre d'offrandes, parmi lesquelles on admirait quatre chevaux en bronze doré, dont les pieds seuls étaient d'ivoire : ainsi, ils ne peuvent être ceux que l'armée française ramena d'Italie, et qui, placés sur l'arc de triomphe du Carrousel, avaient mal à propos été appelés *chevaux de Corinthe*. Parmi les monuments datant de la restauration de cette ville ou échappés aux torches de Mummius, on distinguait son magnifique théâtre, son stade en marbre blanc, son temple de Neptune, dans le parvis duquel se voyait une grande mer d'airain ; rapprochement remarquable à faire avec celui du temple de Salomon. Là aussi était un vieil autel où l'on offrait des sacrifices aux Cyclopes, ces demi-dieux anthropophages, dont le culte était abhorré, pour ne pas dire inconnu du reste de la Grèce et de toute l'Italie. On montrait comme un objet précieux une statue d'Hercule en bois, ouvrage de Dédale. Corinthe était aussi peuplée de divinités de l'Olympe ; car, outre les statues de Cybèle, de Jupiter Très-Haut, de Jupiter Terrestre, de Neptune, d'Apollon Clarius, de Diane, de Vénus, de Vénus Armée, de Mercure, de Bacchus, il y en avait à la Fortune, à l'Amour, à Phaéton, à Leucothoé, à Palémon, à Esculape, à Hygyéia

(la Santé), à Bellérophon, à Pégase, à la Force, à la Nécessité, à Cérès, aux Parques, à Proserpine, à Lucine, etc.

Au rapport de Strabon, le temple de Vénus à Corinthe, vaste et somptueux, possédait des richesses immenses, et on y voyait plus de mille courtisanes, qui y attiraient une foule d'étrangers. Son gymnase était un des plus beaux de la Grèce, et son superbe aqueduc, qui y amenait les eaux de Stymphale d'Arcadie, l'un des monuments qu'y élevèrent les Romains. Dans un des faubourgs de la ville, non loin d'un bois de cyprès nommé le Cranée, se voyaient les tombeaux de deux figures historiques bien opposées, celui de Diogène le Cynique et celui de l'élégante et voluptueuse Laïs. Callimaque l'architecte, inventeur du chapiteau à feuilles d'acanthe, l'appela *corinthien*, du nom de cette ville, où il avait vu le jour.

L'*Acro-Corinthe*, roche ardue et circulaire, ferme l'isthme du côté du Péloponnèse ; de sa plate-forme on jouit de la plus belle vue du monde. L'Hélicon, le Parnasse avec sa double cime, les monts d'Athènes, le cap Colonne, les îles voisines et les côtes du Péloponnèse, forment un tableau magnifique et varié, au centre duquel est le spectateur ravi. L'*Acro-Corinthe* est un immense château d'eau ; on y compte en effet plus de deux cents puits ou citernes ; un peu au-dessous de son sommet jaillit cette fameuse fontaine de Pirène, au bord de laquelle Bellérophon saisit le cheval Pégase, qui s'y désaltérait. C'est de là que les médailles de Corinthe portent un cheval ailé, avec ou sans Bellérophon. Au moyen âge, Corinthe fut pendant longtemps gouverné par de petits despotes, puis passa sous les lois des Vénitiens. Mahomet II s'en empara en 1450 ; Venise la reprit en 1687 ; et les Turcs, qui la leur enlevèrent pour la dernière fois en 1715, la gardèrent jusqu'à l'affranchissement de la Grèce, en 1822. Mais qu'est-ce de nos jours que Corinthe ? Quelques groupes épars de dix à vingt maisons séparées les unes des autres par des jardins de citronniers et d'orangers. Aujourd'hui cette ville a tout perdu, si ce n'est le grandiose et le pittoresque de sa citadelle naturelle, l'Acro-Corinthe. D'ailleurs, l'air y est malsain, à cause de la vase qu'on a laissée s'accumuler dans ses deux ports. Le principal commerce des habitants consiste dans la vente des raisins secs.

L'*isthme de Corinthe*, dans sa plus grande largeur, n'a guère qu'un myriamètre. Cette petite langue de terre, qui séparait deux mers semées d'îles, et qui forçait les vaisseaux à doubler le si dangereux cap Ténare (aujourd'hui cap Matapan), semblait à tous facile à couper. Démétrius de Phalère, Jules César, Néron, Caligula, Hérode Atticus, le tentèrent, mais vainement : Pausanias dit que de son temps on voyait encore dans le roc la trace de ces travaux. Aucune antiquité n'est debout dans l'isthme ; on sait seulement que le temple de Neptune n'était pas loin du port Schcenos, où l'on heurte encore les ruines d'un temple, d'un théâtre et de quelques autres monuments.

DENNE-BARON.]

CORINTHE (Airain de). *Voyez* AIRAIN.
CORINTHE (Raisins de). *Voyez* RAISINS SECS.
CORINTHIEN (Ordre). *Voyez* ORDRES D'ARCHITECTURE, CALLIMAQUE, ACANTHE, CHAPITEAU, COLONNE, etc.

CORIOLAN, surnom sous lequel est connu dans l'histoire le fameux transfuge patricien CAIUS (et suivant quelques uns CNÆUS) MARCIUS, issu de l'illustre maison *Marcia*, qui avait la prétention de tirer son origine du roi Ancus Marcius. Il se fit d'abord connaître dans la guerre contre les Volsques, où il servait en qualité de tribun de légion sous le consul Posthumius Cominius. Le surnom de *Coriolan* lui fut alors donné, parce qu'il signala sa valeur devant la ville de Corioli, dont les Romains lui durent la conquête (l'an de R. 262, av. J.-C. 492). La retraite du peuple sur le mont Sacré, qui avait eu lieu deux ans auparavant, précisément au moment des semailles, avait occasionné la disette.

Gélon, roi de Syracuse, fit passer aux Romains un convoi considérable de blé, dont la moitié était offerte en pur don. Les plus sages et les plus humains d'entre les sénateurs voulaient qu'on distribuât gratuitement au peuple le blé reçu gratuitement, et qu'on vendît à vil prix celui que Gélon avait vendu. Coriolan se montra l'un des plus véhéments parmi ceux qui opinèrent pour qu'on tînt tout ce grain à haut prix, prétendant que jamais les patriciens ne retrouveraient une si belle occasion de revenir sur les concessions faites au mont Sacré : il fallait dompter le peuple par le besoin. Les tribuns du peuple, qui venaient tout récemment d'être admis aux délibérations du sénat, dénoncèrent au peuple les propos atroces du jeune patricien. L'indignation des plébéiens fut à son comble : ils demandèrent vengeance, et les patriciens furent réduits à souffrir que l'ennemi du peuple fût appelé en jugement. Il ne se présenta pas, et fut condamné en son absence par les comices des tribus, qui pour la première fois exercèrent contre un membre du sénat la juridiction qu'ils venaient d'acquérir (an de Rome 264). Coriolan quitta Rome en proférant des imprécations contre elle, et se retira chez les Volsques, alors les plus ardents ennemis de sa patrie. Ce fut à Antium, dans la maison d'Attius Tullus, leur roi ou général, qu'il trouva l'hospitalité. Il offrit aux Volsques le secours de son expérience et de sa valeur, fut appelé par eux à prendre le commandement de leur armée, à la tête de laquelle il s'empara d'un grand nombre de colonies et de villes du Latium, forçant les populations à renoncer à l'alliance de Rome et à faire cause commune avec lui. Bientôt il vint établir ses tentes à cinq milles de Rome, où ses troupes dévastèrent la campagne romaine (an de R. 265-266), mais en épargnant avec soin les propriétés des patriciens : et le peuple ne manqua point d'accuser ceux-ci d'être d'accord avec le transfuge. Rome, que cette attaque avait prise au dépourvu, se voit menacée par Marcius de subir le sort de Corioli. Les Romains, dans cette extrémité, implorent la paix : on envoie en députation au rebelle cinq personnages consulaires chargés de lui faire savoir que le sénat et le peuple venaient de le rétablir dans la puissance de ses droits de citoyen. Mais Coriolan exige en outre la restitution de toutes les terres enlevées jusque alors aux Volsques, et, comme Niebuhr l'établit avec quelque vraisemblance, le rappel de tous les exilés, dont il était le chef, accordant d'ailleurs à ses anciens concitoyens un délai de trente-trois jours pour accepter ou rejeter ses conditions. Au trente-unième jour, les Volsques virent arriver à leur camp les sénateurs les plus illustres et les plus vénérables, qui venaient une seconde fois implorer la mansuétude du vainqueur; mais ils n'obtinrent même pas d'être admis en sa présence. Le lendemain, ce furent les pontifes, les augures, les sacrificateurs, revêtus des ornements sacerdotaux : cette troisième députation est aussi durement accueillie que les sénateurs. Rome semble n'avoir plus de soldats; toute sa population est sous la pression de l'épouvante. Enfin, le trente-troisième jour, où expire le délai fatal, la mère et l'épouse de Coriolan, Véturie et Volumnie, celle-ci tenant dans ses bras ses deux enfants en bas âge, se présentent accompagnées des dames romaines les plus illustres. L'inflexible transfuge est vaincu par les larmes de sa mère. Il lève son camp, et retourne chez les Volsques, qui, dit-on, indignés de sa faiblesse, lui donnèrent la mort; mais suivant Fabius Pictor il finit ses jours à Antium, dans un âge très-avancé, et répétant souvent qu'il est dur à un vieillard de vivre en exil.

Les dames romaines, en l'honneur desquelles la tradition veut qu'un temple ait été spécialement érigé à la Fortune des femmes (*Fortuna muliebris*), portèrent, dit-on, son deuil pendant toute une année.

Ce qui donne au récit qu'on vient de lire, et dont nous empruntons les détails à Tite-Live, à Denys d'Halicarnasse et à Plutarque, un caractère frappant d'invraisemblance,

c'est de voir les Romains, toujours si fermes dans les dangers de la patrie, se montrer si honteusement pusillanimes lors de l'agression des Volsques commandés par Coriolan. En perdant un seul de leurs concitoyens, avaient-ils donc perdu leur valeur? Ils se trouvent sans armée par la défection d'un seul homme; et quoique cet homme n'eût jamais été revêtu du commandement en chef, ils n'ont plus de généraux. Cela est difficile à expliquer. Que dire encore des harangues que rapporte Denys d'Halicarnasse, qui les donne comme ayant été tenues au sénat et dans les comices par Coriolan, les sénateurs et les tribuns? La harangue qu'il met dans la bouche de Coriolan est évidemment l'œuvre d'un rhéteur.

Tite-Live, plus judicieux que Denys, est beaucoup plus succinct. Du temps de Coriolan les Romains n'avaient que des fastes très-arides. Mais quand l'écriture fut devenue plus familière aux Romains, toutes les familles décorées de quelque illustration se piquèrent d'avoir les mémoires de leurs ancêtres. On eut alors beau jeu pour fabriquer des exploits, des bons mots et des harangues. C'est dans de telles sources, c'est dans les mémoires apocryphes de la maison Marcia, qu'ont dû puiser les auteurs qui ont écrit l'histoire de Coriolan. Niebuhr ne voit dans toute cette histoire qu'un résumé de la tradition relative aux guerres que Rome eut, de l'an 493 à l'an 459, à soutenir contre les Volsques, lesquels obtinrent effectivement la restitution des terres qu'on leur avait enlevées et devinrent alors les alliés des Romains.

Coriolan a été le héros de huit tragédies dans notre langue; elles sont toutes complètement oubliées et méritent de l'être, depuis celle de Hardi, qui fut jouée en 1614, jusqu'à celle de La Harpe représentée en 1784. C'est une maladroite imitation du *Coriolan* de Shakspeare, qui, s'affranchissant de la règle des trois unités, a renfermé dans sa tragédie toute l'histoire de Coriolan; mais La Harpe, en se croyant obligé d'accumuler dans l'espace de vingt-quatre heures une foule d'événements, qui perdent ainsi tout intérêt et toute vraisemblance, a fait une pièce qui n'appartient à aucune école, et que sa versification déclamatoire classe dans le genre ennuyeux. La Harpe aurait dû faire son profit de cette réponse qu'adressa Crébillon à un jeune homme qui, en sortant de son collège, lui présentait un *Coriolan* : « Croyez-vous que si ce sujet eût été propre au théâtre, nous vous l'eussions laissé! »
Charles Du Rozoir.

CORISANDE (La belle). *Voyez* GRAMONT.

CORK, la seconde ville de l'Irlande, à l'embouchure du Lee, qui y est navigable pour les bâtiments de 150 à 200 tonneaux, chef-lieu d'un comté du même nom, dans la province de Munster, le pays le plus fertile en blé de toute l'île, est bien bâtie, quoique sans luxe. Outre l'église cathédrale protestante de Saint-Finbars, elle possède encore sept églises anglicanes, quatre églises catholiques, trois églises méthodistes, une chapelle de quakers, une d'anabaptistes et une de presbytériens. Elle est le siège d'un évêché, et compte 117,000 habitants, dont la très-grande majorité professent la religion catholique. On y trouve quatre couvents d'hommes, trois couvents de femmes, deux hôpitaux, un refuge pour les fiévreux, un hospice d'orphelins, une maison d'aliénés et une maison d'enfants trouvés, ainsi que divers autres établissements de charité. Parmi le grand nombre de ses autres édifices publics, on distingue surtout la Banque, avec une façade d'ordre dorique, l'hôtel de ville et la halle au blé. Une association scientifique pour l'encouragement de l'industrie et des arts, notamment de l'agriculture, y a été fondée en 1807, sous la dénomination de *Cork Institution*, et est subventionnée par le parlement.

On fabrique à Cork de la quincaillerie, de la toile à voiles, du papier, du cuir, de la colle, et il y existe d'importantes brasseries. Le commerce d'exportation s'y fait dans de larges proportions, et a pour principaux objets la viande salée de bœuf et de porc, le beurre, le suif, le savon, les peaux brutes et ouvrées, les toiles à voiles, les filets de fil et de laine, les toiles et les verroteries. Les relations commerciales entre Cork et Bristol surtout sont des plus actives. C'est de là que la marine anglaise tire la plus grande partie de ses approvisionnements. Le port (*Cove of Cork*), situé à douze kilomètres de la ville, est célèbre par sa commodité et sa sécurité. Il y entre annuellement plus de 3,000 bâtiments. Son étroite entrée est défendue par deux formidables forts et dominée par les batteries élevées sur deux petites îles voisines. En avant du port est située la ville de *Cove*, avec environ 8,000 habitants, un grand arsenal maritime et un phare.

Cork fut fondée vraisemblablement par des Danois, au sixième siècle, dans une petite île du Lee, et communiquait alors par deux ponts avec la terre ferme; mais peu à peu la ville s'est étendue sur les deux rives du fleuve.

CORLIEU. *Voyez* CORLIS.

CORMATIN-DÉSOTEUX (PIERRE-MARIE-FÉLICITÉ baron DE), connu dans l'histoire de nos troubles civils de la fin du siècle dernier comme ayant signé, le 20 avril 1795, la fameuse convention de la Mabilais en faveur des insurgés bretons de la rive droite de la Loire, était né vers 1750 et fils d'un chirurgien. Après avoir été aide de camp du baron de Viomenil en Amérique, il embrassa avec ardeur les principes de la révolution, et figura même, dit-on, activement au milieu des bandes qui se ruèrent sur Versailles le 5 octobre 1789. Attaché ensuite à l'état-major général de la garde nationale de Paris, il déserta le parti de la révolution pour se rattacher au parti royaliste. Compromis dans l'affaire du voyage de Varennes, il émigra; mais mal accueilli à Coblentz, il revint à Paris et obtint un grade dans la garde constitutionnelle du roi. A la suite du 10 août il passa en Angleterre, où le comte d'Artois lui confia une mission pour les départements de l'ouest. Dès qu'il eut pris terre sur les côtes de Normandie, son premier soin fut de s'aboucher avec M. de Puisaye, qui le nomma son trésorier-général. Accusé d'avoir violé lui-même les conditions de la convention de la Mabilais, Cormatin fut arrêté par ordre de Hoche et traduit devant une commission militaire, qui le condamna, comme émigré, à la déportation. Remis en liberté par le gouvernement consulaire, il se retira aux environs de Mâcon, et mourut à Lyon, le 19 juillet 1812. On a de lui des mémoires sur l'administration de Pombal en Portugal.

CORMÉ, boisson que l'on obtient en traitant les cormes, fruits du sorbier cormier, à peu près comme les pommes dans la fabrication du cidre. Plus limpide, moins pesant, mais plus enivrant que le cidre, le cormé sert dans certains pays à améliorer cette dernière boisson, surtout lorsqu'elle veut tourner en gras. Dans tous les cas, on ne doit piler les cormes que lorsqu'elles ont molli, comme les nèfles, sur la paille, car leur jus est tellement âcre, qu'il vaut mieux sacrifier un peu de la quantité et l'obtenir plus adouci.

CORMENIN (LOUIS-MARIE DE LAHAYE, vicomte DE), spirituel écrivain et jurisconsulte profond, qui s'est fait une réputation européenne par un important ouvrage sur le droit administratif, et surtout par ses écrits polémiques, aujourd'hui conseiller d'État, est né à Paris, le 6 janvier 1788. Placé par son père à l'École centrale, il y fit de bonnes études classiques, suivit ensuite les cours de l'École de Droit, et fut reçu avocat en 1808. En janvier 1810 il fut nommé auditeur au conseil d'État et attaché en cette qualité au comité du contentieux. Partageant alors son temps entre ses occupations administratives et la culture de la poésie, il fit paraître, de 1811 à 1813, quelques poëmes, qui d'ailleurs n'ont pas laissé de traces. Quand, à la fin de 1813, Napoléon, sentant sa fortune chanceler, jugea nécessaire d'envoyer dans les vingt-six divisions militaires de l'empire des sénateurs et des conseillers d'État, flanqués de maîtres des requêtes et d'auditeurs, en qualité de commissaires extraordinaires chargés d'accélérer : 1° les levées de la conscription; 2° l'habillement, l'équipement et l'armement des troupes; 3° le complétement et l'approvisionnement des places; 4° la rentrée des chevaux requis pour le service de l'armée; 5° la levée et l'organisation des gardes nationales, M. de Cormenin fut adjoint au sénateur Cochon, comte *de L'Apparent*, et envoyé dans la vingtième division militaire.

La Restauration, à laquelle il se rallia avec empressement, le nomma maître des requêtes; et à l'époque des Cent-jours, il se montra fidèle à ses nouveaux serments en renonçant à toutes fonctions publiques. Après la rentrée du roi à Paris, il reçut la récompense de cette conduite par l'ordonnance en date du 24 août 1815, reconstitutive du conseil d'État, qui lui rendit sa place de maître des requêtes.

A partir de ce moment, il se consacra tout entier à l'étude des questions de droit administratif les plus importantes; et diverses publications, en témoignant de ses consciencieux travaux, lui assignèrent un rang distingué dans le corps dont il faisait partie. La première fut l'ouvrage intitulé : *Du Conseil d'État envisagé comme conseil et comme juridiction dans notre monarchie constitutionnelle* (Paris, 1818). Dans cet écrit anonyme, l'auteur demandait que, pour donner des garanties aux particuliers dans la distribution de la justice administrative, une cour spéciale fût organisée par une loi (avec les conditions de l'inamovibilité de ses membres, de la défense orale, et de la publicité des audiences), pour qu'on y portât l'appel des arrêtés des conseils de préfecture, des décisions des ministres et des arrêtés des préfets qui excéderaient leur compétence. Dans un autre écrit, qui date de la même époque, publié également sans nom d'auteur, et ayant pour titre : *De la responsabilité des agents du gouvernement*, *et des garanties des citoyens contre les décisions des ministres et du Conseil d'État* (1819), il demandait plus qu'on n'a encore obtenu : c'est-à-dire des *garanties* contre le conseil d'État même. Enfin, il donna en 1822 la première édition du plus important de ses ouvrages, de ses *Questions de Droit administratif* (2 vol. in-8°), dont la sixième édition, qui a paru en 1844, est simplement intitulée : *Droit administratif*. C'était le fruit de douze années de réflexions et de pratique. Sous ce titre modeste, le livre de M. de Cormenin embrasse l'universalité des matières contentieuses. On a justement loué la méthode de l'auteur, dans ce savant travail; son talent de déduction et d'analyse, la vigueur de sa dialectique, la solidité de ses doctrines, la fécondité de ses solutions. Ce livre fait aujourd'hui autorité devant les tribunaux, les cours impériales, le conseil d'État, et même devant la cour de cassation, qui, par plusieurs arrêts, en a confirmé la doctrine. M. de Cormenin, nous devons le dire, parce que notre habitude n'est pas de marchander l'éloge quand il est mérité, le premier créé et constitué la science de cette branche du droit public enseignée maintenant dans les chaires spéciales, et avant lui presque ignorée parmi nous.

La Restauration sut récompenser les services de M. de Cormenin par des distinctions honorifiques, gage de l'avenir brillant que sans doute elle lui réservait; mais qui peut-être fut retardé par l'utilité même de sa présence au conseil d'État, utilité trop réelle pour qu'on songeât à s'en priver en l'appelant dans une autre carrière, où son avancement eût été plus rapide. En janvier 1826, l'année qui suivit le sacre de Charles X, notre auteur, déjà nommé chevalier, puis officier de la Légion d'Honneur, et créé *baron* dès 1818, fut autorisé à constituer un majorat au titre également héréditaire de *vicomte*; condition à laquelle l'impétrant satisfit deux ans après, en 1828. C'étaient là autant de faveurs qui à cette époque avaient un grand prix; et la preuve, c'est qu'ils nécessitaient de la part de ceux qui en étaient l'objet des dépenses assez considérables en droits de sceau. Ne les obtenait certes pas qui voulait; cependant M. de Cormenin n'eut en quelque sorte besoin que de témoigner qu'il les recevrait avec reconnaissance, pour qu'elles lui fussent tout aussitôt accordées.

L'usage alors n'était pas d'insérer au *Moniteur* l'octroi des lettres patentes conférant soit l'anoblissement, soit des titres nobiliaires, non plus que les différentes nominations faites dans la Légion d'Honneur. Aussi ne connut-on assez généralement dans le public les grâces que M. de Cormenin avait ainsi successivement sollicitées et obtenues de Louis XVIII et de Charles X que lorsque, après la révolution de Juillet, il lui arriva de se poser, contre toute attente, en adversaire systématique et implacable de la dynastie d'Orléans, dont les créatures ne manquèrent pas d'aller bien vite fouiller curieusement dans les antécédents de cet ennemi personnel de Louis-Philippe, afin d'apprendre au parti républicain le passé de l'homme auquel il décernait d'emblée le titre de *grand citoyen*. Il faut le reconnaître, le procédé était autorisé par les lois de la guerre; les défenseurs de la royauté des barricades n'en tirèrent cependant pas autant de profit qu'ils avaient dû s'en promettre. Leurs efforts pour démolir la réputation toujours plus grande faite par l'opposition à M. de Cormenin, l'effleurèrent à peine; parce qu'en tous temps le propre des partis, des partis extrêmes surtout, est d'amnistier le passé des transfuges, de quelque côté et de quelque façon qu'ils viennent à eux, au moment où ces nouveaux venus peuvent encore utilement servir la cause commune. En l'absence de toute mention officielle au *Moniteur* des faits ainsi révélés, le plus grand nombre des démocrates persistèrent à les tenir pour des calomnies de la *camarilla*, laquelle d'ailleurs avait grand soin de donner à entendre que M. de Cormenin, *cariste* repentant et déguisé, ne travaillait que dans les intérêts de la branche aînée. D'autres, moins injurieux, excusaient les antécédents monarchiques de M. de Cormenin comme des légèretés de jeunesse, sans réfléchir que c'est à trente-huit ans accomplis que l'ingénieux publiciste s'était avisé de solliciter une de ces *hochets de la vanité*. N'est-il pas étrange qu'à cet âge un esprit si distingué et si philosophique ne fût pas encore arrivé à les apprécier à leur véritable valeur?

Quoi qu'il en soit, dès la fin de cette même année 1826 une bien remarquable transformation s'était opérée dans les idées de M. de Cormenin. Appétant maintenant avec autrement d'ardeur encore, au lieu des inutiles honneurs du Louvre, les plus productifs honneurs de la députation auxquels son âge allait bientôt lui permettre de prétendre, il désertait décidément le camp des hommes et des intérêts de l'ancien régime, pour celui de la gauche ou pour mieux dire de la Révolution.

La presse, le journalisme, furent naturellement les moyens d'action auxquels il eut recours alors pour atteindre le but de toute son ambition : un siège à la chambre élective. La *Gazette des Tribunaux*, dont il était devenu l'un des actionnaires, et le *Courrier Français* lui servirent concurremment d'organes pour publier ses idées pratiques ou ses théories en matière d'administration ou encore de législation générale.

En se plaçant au point de vue, toujours si étroit, du positivisme, il est difficile de ne pas se voir contraint d'avouer que la lumière avait quelque peu tardé à se faire aux yeux de cette recrue si récente et déjà si redoutable de l'opposition. Force est aussi de regretter, dans l'intérêt des principes, que M. de Cormenin eût patiemment laissé s'écouler douze années avant de s'apercevoir que, non plus que l'Empire, qui lui avait ouvert la carrière des honneurs, la Restauration n'était pas précisément le type du gouvernement constitutionnel tel que notre génération avait pu dès 1814 le rêver, en échappant au despotisme de fer de Bonaparte; de déplorer surtout qu'il eût impunément permis à un pouvoir corrupteur et rétrograde, non-seulement de le *crucifier* à deux reprises, mais encore de le *baroniser* et de le *vicomtiser* pour ainsi dire coup sur coup.

Quoi qu'il en soit, avec son remarquable talent d'écrivain, avec sa rude dialectique, mis l'un et l'autre désormais (nous n'avons pas à scruter pour quels motifs) au service de l'idée révolutionnaire, il ne lui fut pas difficile de briller parmi les jouteurs plus ou moins expérimentés qui se ruaient de tous côtés sur l'édifice politique si péniblement constitué à la suite de nos revers de 1814 et de 1815; chacun d'eux, avec l'espoir d'en accélérer la ruine et de se faire ainsi un titre à être admis à la curée de ses débris. Le nom de M. de Cormenin était donc déjà dans toutes les bouches, lorsque, en 1828, il atteignit enfin l'âge de quarante ans, fixé par la charte pour faire partie de la chambre des députés. Élu au mois de mai, dans le département du Loiret, où sont en grande partie situées ses propriétés, il accourut bien vite prendre place sur les bancs du centre gauche (il eût été par trop cynique vraiment à un maître des requêtes d'aller s'asseoir immédiatement à l'extrême gauche!); et tout aussitôt il y marqua par la teinte de plus en plus vivement accusée de son opposition; bien moins pourtant à la tribune, qu'il lui arriva fort rarement d'aborder, et pour cause, dit-on, que dans les bureaux de la chambre, et surtout au dehors de l'assemblée, grâce à une série de brochures successivement publiées sur les questions à l'ordre du jour, et dans lesquelles il faisait preuve d'encore plus de hardiesse et de radicalisme d'idées que ses collègues de l'opposition la plus avancée dans leurs discours lus ou récités au palais Bourbon.

Martignac, ce charmant esprit, ce ministre si bien intentionné, si conciliant, qui, s'il avait été libre de suivre ses inspirations, eût encore sauvé le trône des Bourbons, Martignac en était déjà à lutter impuissant contre la mauvaise queue du parti libéral, composée de cette tourbe d'ambitieux sans cœur et sans convictions, qui, à la différence du loyal général Foy, avaient toujours voulu autrement et plus que la charte. Dans la session de 1829, M. de Cormenin fut un des plus acharnés à battre en brèche tout l'ensemble du système de la Restauration. Un discours qu'il prononça le 14 avril fut le plus violent acte d'accusation qu'on eût encore dressé contre les hommes et les choses de ce gouvernement. Martignac, vivement ému, comprit qu'on ne pouvait le laisser sans réfutation; il y répondit en ces termes : « Le discours « que vous venez d'entendre, messieurs, exige nécessaire-« ment une réponse. C'est à la modération que mon intention « est de l'adresser.... Je ne crois pas nécessaire d'abord de « justifier les quinze années de la Restauration du trône lé-« gitime des étranges accusations qui viennent d'être accu-« mulées contre elle. Non, il ne sera pas possible qu'on croie « en France qu'on ait pu signaler comme une ère d'iniquité, « de trahison et de banqueroute, les quinze années qui ont « suivi la Restauration du trône légitime (*vive adhésion à* « *droite et au centre*).... J'ai entendu énumérer avec une « complaisance qui, quant à moi, est incompréhensible, « de prétendues violations d'engagements sacrés qui au-« raient été méconnues depuis la Restauration du trône de « nos rois.... Eh bien! je déclare que le crédit public, que la « prospérité du royaume, que la confiance dont le gouver-« nement du roi est entouré, tant à l'intérieur qu'à l'exté-« rieur, répondent sans mon secours à de semblables allégá-« tions.... Je le déclare : à mes yeux, dans mon cœur, dans « ma conscience, et le règne de Louis XVIII et le règne de « Charles X n'ont pas besoin d'être justifiés aux yeux de la « France! »

Sans doute, des salves de *bravos* partis de la droite et du centre suivirent ces paroles tout empreintes d'indignation et de colère, et qui par contre provoquèrent de violents murmures à la gauche; mais nous croyons, et à nos yeux les événements l'ont démontré de reste, que ce n'était point ainsi, en demeurant dans de vagues généralités, qu'on pouvait utilement défendre le gouvernement royal. Comme tout le monde, nous estimons que les personnalités doivent être sévèrement proscrites de l'enceinte des assemblées délibérantes ; mais cela ne saurait pourtant dire qu'il soit absolument interdit de s'y servir, à l'occasion, d'arguments *ad hominem*. Aussi bien, quand on se trouve en présence d'une opposition de mauvaise foi, et surtout lorsqu'on a mission de défendre un gouvernement qui, à tort ou à raison, peut se considérer comme l'expression légale de la volonté du pays, il faut, en certaines circonstances données, savoir se mettre résolument au-dessus des banales convenances parlementaires. A notre sens donc, Martignac eût produit bien plus d'effet, et sur l'assemblée et sur le pays, s'il avait hardiment jeté alors à la face de l'accusateur son propre passé, qui faisait évidemment de lui un complice volontaire de la politique qu'il dénonçait maintenant à la nation. Le ministre avait d'autant plus d'avantage sur l'intraitable puritain qui venait ainsi faire le procès de la Restauration, qu'en ce moment même cet homme était encore l'un des instruments du système qu'il signalait à l'animadversion du pays. Or la conscience publique n'admettra jamais qu'on puisse être salarié par un pouvoir, quel qu'il soit, et avoir en même temps le droit de l'attaquer, de le vilipender, de le calomnier, soit à haute et intelligible voix, soit traitreusement et sourdement. En effet, la plus vulgaire probité politique exige de tout fonctionnaire public, pour peu qu'il ne *fonctionne* pas précisément comme une machine inintelligente, qu'il se sépare d'un gouvernement aussitôt que, en raison des actes qu'il lui voit accomplir, de la politique qu'il lui voit suivre, il croit avoir lieu de ne plus l'estimer.

Ce que nous disons-là, qu'on ne l'oublie pas, ne s'applique qu'aux gouvernements *constitutionnels*; les casuistes républicains ayant décidé, ce qui est des gouvernements despotiques, que les plus grands citoyens peuvent impunément mendier leurs faveurs, du moment où c'est pour le *bon motif* et sous la réserve faite *in petto* de les trahir à la première occasion favorable.

Après la journée du 7 août, où il refusa de s'associer à l'usurpation de pouvoirs commise par la chambre des députés de Charles X, lorsqu'elle appela le duc d'Orléans au trône, au mépris des droits incontestables du duc de Bordeaux, M. de Cormenin apprécia complètement les exigences du principe que nous posions tout à l'heure, et la nécessité pour un homme politique de joindre le désintéressement à l'indépendance, qu'après avoir déposé dans l'urne sa boule noire, il se démit aussitôt de sa place au conseil d'État et même de son mandat de député. Sa conduite ce jour-là lui fut dictée par le sentiment bien compris de ses devoirs envers ses concitoyens; et à cet égard nous ne pouvons mieux faire que de renvoyer le lecteur au tome Ier de ce Dictionnaire, où se trouve un article signé TIMON, qui projette la lumière la plus vive et la plus complète sur ce fait de l'histoire contemporaine auquel l'auteur prit une part si importante. Cet acte décisif de la vie politique de M. de Cormenin a été l'objet des jugements les plus divers et quelquefois les plus passionnés. Impartiaux avant tout et conséquents avec nos principes, nous n'hésiterons pas à l'approuver sans restrictions. Nous dirons même que dans cette circonstance M. de Cormenin, très-probablement sans le vouloir, agit en véritable ami de Louis-Philippe. Assurément si ce prince n'avait accepté la couronne que les 221 lui offraient ainsi de leur autorité privée, que *sauf ratification du peuple*, il eût obtenu plus de dix millions de suffrages, cette fois bien *librement*, bien *sincèrement* donnés, tant il y avait encore alors dans les masses d'unanimité et d'enthousiasme en sa faveur. Il eut par conséquent été impossible à une imperceptible minorité de contester sans cesse la légitimité de l'origine même de son pouvoir. De là pour le gouvernement de Louis-Philippe une force immense, qui lui manqua toujours, et en l'absence de laquelle il ne put pas difficile aux factions de laminer si complètement en quelques années, qu'il devait suffire de la première raffale pour le renverser.

Toutes les ressources dont disposait l'administration furent alors mises en usage, mais bien inutilement, pour fermer à M. de Cormenin les portes du palais Bourbon. Si les électeurs censitaires du Loiret, circonvenus par les menaces des agents du pouvoir, lui refusèrent cette fois leurs voix, ceux de Belley (Ain) l'en dédommagèrent par leur mandat; et dès la fin d'octobre de cette même année 1830 il était revenu à la chambre élective, où désormais il siégea tout à l'extrémité de la gauche.

Pendant ces dix-huit années, l'époque par excellence du *partage* politique, des intrigues et des contre-intrigues parlementaires, M. de Cormenin se condamna stoïquement au mutisme le plus complet, se contentant de jeter invariablement sa boule noire dans l'urne toutes les fois qu'il s'agissait d'aller aux voix sur une mesure quelconque proposée par le gouvernement, et opposant toujours le flegme le plus imperturbable aux provocations, si vives, si irritantes qu'elles pussent être, à l'aide desquelles on s'efforça maintes fois de l'attirer à la tribune. On espérait sans doute le voir échouer piteusement dans cette redoutable épreuve, proclamée le *criterium* infaillible et unique du vrai talent par tous les *blagueurs* des barreaux de province, parmi lesquels l'opposition allait d'ordinaire recruter ses députés. Mais le représentant de Belley, ne se sentant pas né improvisateur, en avait bravement pris son parti. Le rôle modeste de *pamphlétaire* lui suffisait, et certes ses pamphlets avaient autrement de portée que n'auraient pu en avoir les discours même les plus violents qu'il serait venu imperturbablement débiter à la tribune à l'instar de tant d'*orateurs* habiles à manier le pathos et l'éthos, et surtout doués de mémoire.

La discussion du budget lui fournit en 1831 l'occasion de publier ses fameuses *Lettres sur la liste civile* (1re Lettre; 2e et 3e, 1832), qui furent postérieurement réunies en un petit volume, et dont quelques éditions portent le titre de *Trois Philippiques*. Les ministres de Louis-Philippe avaient proposé à la chambre de fixer à *dix-huit millions* la dotation annuelle de la couronne. L'opposition trouva ce chiffre exagéré, et le fit réduire à *douze*. C'était le soufflet le plus rude qu'on pût appliquer sur la joue de la royauté nouvelle! Les débats ardents, passionnés, et au total misérables, auxquels donna lieu la fixation définitive du chiffre de la liste civile, eurent un immense retentissement. Le gouvernement y fit preuve du manque de toute dignité; et l'opposition, encouragée, excitée par la presse républicaine, y déploya d'un bout à l'autre la plus insigne mauvaise foi. Il se fit alors parmi ses orateurs une prodigieuse consommation des différents lieux communs en usage depuis trois mille ans parmi les rhéteurs pour qualifier et flétrir le luxe insolent et la corruption profonde des cours; pour apitoyer les âmes sensibles sur les souffrances sans nom des malheureux prolétaires condamnés à travailler à la sueur de leur front, et au milieu des plus poignantes privations, afin de fournir aux profusions de tout genre dont de vils courtisans sont incessamment l'objet de la part de tyrans imbéciles et voluptueux, etc., etc. Le grand, l'incontestable mérite de l'auteur des *Lettres sur la liste civile*, c'est d'avoir su donner un tour original et piquant à toutes ces déclamations, à tous ces lieux communs vieux comme le monde; c'est d'avoir su rajeunir la forme à l'aide d'un style leste, incisif, pittoresque, mais peut-être trop évidemment calqué sur celui de Paul-Louis Courier, cet autre pamphlétaire qui lui servit de modèle, et qu'il ne fera point oublier. Le comble de l'habileté de la part de M. de Cormenin dans la guerre acharnée et toute personnelle qu'il fit au prince qui pouvait à bon droit se dire le représentant des classes bourgeoises sur le trône, ce fut de s'adresser aux sentiments égoïstes et envieux qui sont par tous pays le propre de cette caste. Il parvint aisément à lui persuader qu'il était bon et utile de faire comprendre au roi de son choix qu'elle entendait expressément qu'il restât un roi bourgeois; à faire croire à la bourgeoisic que si, par malheur, la chambre des députés votait dix-huit millions de liste civile à l'élu des 221, et consentait à ce que la royauté de Juillet s'entourât de la grandeur et de la pompe qui doivent être les attributs de la monarchie, on verrait infailliblement se reconstituer aux Tuileries une aristocratie nobiliaire, qui l'aurait bientôt renvoyée à ses boutiques et ses offices, ses *jeunes gens* et ses *demoiselles*.

Nous disions que dans cette discussion les ministres de Louis-Philippe avaient manqué de dignité. Nous pourrions citer vingt faits à l'appui de cette assertion; nous nous contenterons de rappeler l'étrange complaisance qui les porta à fournir à la chambre le compte minutieux, détaillé, par francs et centimes, des divers services de la maison du roi, afin de justifier le chiffre de l'allocation par eux réclamée. Il y avait autant de bassesse à entrer dans ces détails, que de mesquinerie et de petitesse à les discuter. M. de Cormenin en sut merveilleusement tirer parti pour jeter à pleines mains le ridicule sur cette royauté dont il avait juré la ruine. Ses plaisanteries âcres, mordantes, ses railleries impitoyables, avaient d'autant plus beau jeu sur le terrain des chiffres, qu'elles étaient à l'adresse d'un prince qui savait parfaitement compter et qui, ses amis eux-mêmes en convenaient, avait le grand défaut de trop aimer l'argent, non certes à la manière des bourgeois, pour l'accumuler dans ses coffres et en faire ensuite de *bons* et *sûrs* placements, ainsi que le donnait très-clairement à entendre M. de Cormenin, lequel, d'ailleurs, n'en croyait pas un mot, mais comme moyen puissant, infaillible, en politique; d'un prince qui attachait dès lors une importance extrême à avoir une cassette toujours bien garnie, et qui souvent encourut de gaieté de cœur le reproche d'avarice, pour ne pas savoir capituler assez vite devant les exigences de certains gros bonnets de l'opposition, ou pour trop marchander le prix qu'ils entendaient tirer d'une apostasie de plus.

Les *Lettres sur la liste civile* obtinrent un immense, un incontestable succès de scandale. Il en fut de même d'un autre pamphlet de M. de Cormenin intitulé : *Très-humbles Remontrances de Timon au sujet d'une Compensation d'un nouveau genre que la liste civile prétend établir entre quatre millions qu'elle doit au Trésor, et quatre millions que le Trésor ne lui doit pas* (Paris, 1838), lancé à propos d'un projet présenté par le ministère pour obtenir la liquidation de certaines répétitions élevées par la liste civile contre le Trésor. L'effet en fut tel, que le gouvernement, reculant devant la clameur de haro provoquée tout aussitôt dans l'opinion par ce brûlot, ne crut pas devoir donner suite à ses réclamations. On ne compte plus depuis longtemps les éditions de ces diverses brochures, toutes saturées de fiel, toutes remplies de personnalités, où la haine ardente de l'auteur pour le roi des barricades perce à chaque ligne et se donne libre carrière dans chaque phrase. Il ne faudrait pas cependant s'exagérer le chiffre total et réel des exemplaires qui en furent mis en circulation. Ainsi, quand on voit en tête de l'édition des *Lettres* publiée en 1838 figurer en gros caractères cette mention : VINGT-DEUXIÈME ÉDITION, il n'est pas inutile de savoir que, soit caprice, soit calcul, jamais l'auteur ne consentit à ce qu'on tirât plus de mille exemplaires à la fois de ses divers ouvrages. Quand ce millier d'exemplaires était vendu, il remettait son travail sur le métier, aiguisant et affilant chaque fois ses phrases à nouveau, et à l'occasion y ajoutant des considérations empruntées aux faits et aux questions du moment. Ces additions, toujours soigneusement communiquées d'avance aux journaux de l'opposition, qui s'empressaient de les servir comme *primeurs* à leurs abonnés, étaient à deux fins. Si elles donnaient plus de saveur et de piquant, partant plus de prix à l'édition la plus récente, leur reproduction par les journaux en faisait comme autant de *réclames* gratuites bien propres à affriander l'acheteur resté jusque alors indifférent, et qu'un succès constaté par de si nombreuses éditions successives devait finir par arracher à son apathie. Il n'y avait pas là spéculation en vue d'un lucre vulgaire, puisqu'on assure que la plus grande partie du produit des *Lettres sur la liste civile* fut employée par l'auteur en œuvres de bienfaisance (1), mais spéculation d'influence et de popularité. Aussi était-il vraiment infatigable. S'il gardait toujours à la chambre un silence prudent, il s'en dédommageait amplement au dehors; et il est peu de questions successivement débattues à la tribune, de 1831 à 1847, au sujet desquelles il n'ait trouvé moyen de dire, lui aussi, son mot, à l'aide d'articles insérés, tantôt dans *Le Bon Sens*, tantôt dans *Le Populaire*, tantôt dans le *Courrier Français*, un jour dans la *Revue Indépendante*, un autre dans la *Gazette des Tribunaux*, dans la *Revue de Jurisprudence*, ou encore dans *La Thémis*. Il était rare d'ailleurs que *Le National*, *La Tribune* ou *La Réforme* reproduisissent *in extenso* les diverses élucubrations de notre publiciste, qui jamais non plus n'avait directement recours à leur publicité. Seulement, ces journaux se croyaient obligés, par égard pour les *frères et amis*, d'en citer toujours quelques fragments plus ou moins étendus. Cette abstention d'un côté, et cette froide réserve de l'autre, s'expliquent un peu par l'indépendance des opinions de M. de Cormenin, mais surtout par sa prétention, beaucoup trop visible, de constituer dans l'opposition républicaine une individualité tout à fait à part, prétention qui blessait aussi bien l'orgueil des *talons rouges* que celui des *culotteurs de pipes* du parti.

Quand, en 1840, Louis-Philippe maria son second fils, M. le duc de Nemours, à une princesse de Cobourg-Kohary, il en prit prétexte pour saisir la chambre des députés d'un projet de loi qui constituait à ce prince une dotation de 500,000 francs sur le budget; et fut aussitôt M. de Cormenin de revenir à la charge avec un pamphlet intitulé : *Questions scandaleuses d'un jacobin au sujet d'une dotation*, dans lequel se retrouvent la verve d'ironie, le style incisif, le sarcasme poignant, impitoyable, qui caractérisent éminemment sa manière. La demande d'une dotation pour M. le duc de Nemours, alors qu'il était notoire que ce prince devait un jour avoir une fortune d'au moins quatre-vingt millions, fut une des lourdes fautes du règne de Louis-Philippe : et on a peine à comprendre comment le vieux roi, après avoir vu, en 1840, la chambre des députés repousser dédaigneusement un pareil projet, ait pu encore avoir le courage de le faire présenter à nouveau en 1842, à propos de la loi de régence votée à la suite de la déplorable catastrophe du *Chemin de la Révolte*, où son fils aîné, le duc d'Orléans, prince royal, avait si misérablement péri. *Malesuada fames!*

Cette question de la dotation fut exploitée fort habilement, fort perfidement, par l'opposition, à laquelle le pamphlet de M. de Cormenin ne vint pas peu en aide pour achever de détruire le peu de popularité qu'avait pu conserver jusque là un prince qui perdait le sentiment de ce qu'il se devait à lui-même, à son rang, à son grand nom de Bourbon, dès que son intérêt particulier et celui des siens se trouvaient en jeu. Il en fut d'ailleurs des *Questions scandaleuses d'un jacobin*, comme des *Lettres sur la liste civile*. Publiées de 20 à 30,000 exemplaires; publicité centuplée au moins par les longues citations que ne manquèrent pas d'en faire, à Paris et dans les départements, les diverses feuilles de l'opposition, toujours très-attentives à recueillir et annoncer à son de trompe les moindres additions dont s'enrichissait successivement chaque édition nouvelle de cette virulente philippique de TIMON.

(1) En ce qui est du *Dictionnaire de la Conversation*, nous devons à la vérité de déclarer que les honoraires dus à M. de Cormenin, pour sa part de collaboration ont été successivement versés par nous *en totalité*, et sur son indication, entre les mains de différents maîtres du département du Loiret, pour être appliqués par eux aux besoins de leurs communes respectives. (*Note de la Direction.*)

C'est de ce pseudonyme, choisi avec assez de bonheur, que depuis 1834 M. de Cormenin avait pris l'habitude de signer tout ce qui tombait de sa plume. Il s'en était pour la première fois servi dans une revue politique, *La Nouvelle Minerve*, qui avait tout aussitôt affiché les tendances républicaines les plus prononcées et était devenue l'organe des colères et des haines d'une petite coterie de publicistes incompris, dont *Le National, Le Réformateur, Le Bons-Sens, La Tribune*, persistaient, sous des prétextes honnêtes, à repousser la prose vide et déclamatoire. Après quinze mois d'une existence à peu près ignorée, cette *Nouvelle Minerve* mourut d'inanition, sans même que l'ingrat public eût daigné y remarquer une série de portraits d'hommes politiques que M. de Cormenin avait consenti à y écrire sous ce nom de TIMON; travail pour lequel, à l'instar de Buffon, il avait mis ses plus belles manchettes et fait une dépense de grosses noirceurs et de petites perfidies plus considérable encore que de coutume. Tant de personnalités mordantes tirées à brûle-pourpoint sur les notabilités parlementaires, sur des collègues, passèrent d'abord inaperçues. Mais voyez combien le poète a eu raison de s'écrier de son temps déjà : *Habent sua fata libelli !* Ces mêmes articles auxquels personne n'avait pris garde dans *La Nouvelle Minerve*, une fois qu'ils eurent été réunis et publiés en volumes, curent le sort de tout ce qu'écrivait alors le publiciste qui dans ses *Lettres sur la liste civile* avait porté de si rudes, de si irréparables coups à l'établissement de Juillet. Chaque année, pour ainsi dire, vit paraître une édition nouvelle des *Études sur les Orateurs parlementaires* et du *Livre des Orateurs* (14ᵉ édition, 1847); et il en fut ainsi jusqu'en 1848. En dépit de l'incontestable succès de ces deux ouvrages, qui restèrent dans notre littérature politique, la critique n'a pas laissé que d'y signaler de nombreux défauts. On a reproché par exemple à l'auteur, et non sans raison, de beaucoup trop souvent traiter la langue et la grammaire avec la laisser-aller et la familiarité d'un grand seigneur. Il affecte aussi de trop visiblement d'imiter la manière de Brantôme et de Montaigne, sans s'apercevoir qu'il ne réussit de la sorte qu'à faire un pastiche, où ne se trouvent pas toujours les qualités qu'on exige d'une œuvre de ce genre bâtard. Trop souvent aussi il lui arrive de confondre la langue du règne de Louis XIII avec celle du seizième siècle; anachronismes de style qui choquent d'autant plus, que l'instant d'après on le voit revenir, quelquefois sans transition aucune, à la phrase brillante et nombreuse des rhéteurs de l'époque impériale.

Depuis douze ans M. de Cormenin, s'il était toujours en butte aux attaques et aux insultes plus provoquantes de la part de la presse ministérielle, jouissait en revanche d'une immense popularité dans le parti républicain, qui qu'en pussent dire ou penser certains meneurs impatients de toute espèce de supériorité et surtout de celle du talent, lorsqu'il lui arriva de blesser de la manière la plus grave les préjugés politiques de la grande majorité de ses amis et admirateurs, à propos de la nature des rapports qui doivent exister entre l'État et le clergé. Les idées qu'il essaya, dès 1840, de faire prévaloir sur cette question, au lieu d'être comprises comme l'application logique du principe de liberté, excitèrent contre lui les plus injurieux soupçons parmi le plus grand nombre de ceux qui, la veille encore, exaltaient son patriotisme immaculé et le tenaient pour l'une des gloires de la *démocratie française !* Il était alors (probablement son opinion a changé depuis !) de ceux qui pensent qu'en recevant de l'État un salaire, le clergé n'a pas cru avoir abdiqué toute indépendance, et que, sous prétexte de faire la guerre à l'ultramontanisme, il ne faut pas transformer le gallicanisme en une manière d'anglicanisme qui fasse du représentant du pouvoir temporel en France, quel qu'il soit, le chef véritable et jusqu'à un certain point infaillible de l'Église catholique. Cette opinion lui fit prendre la défense de l'évêque de Clermont contre les prétentions gallicanes du gouvernement, de même que contre les clameurs du parti libéral demandant à grands cris que l'enseignement des séminaires fût soumis à la surveillance de l'Université, comme celui de tous les autres établissements d'instruction publique. La querelle allant toujours s'envenimant davantage, M. de Cormenin, conséquent avec lui-même, fut encore amené à prendre la défense des jésuites, dont l'intolérance de l'esprit philosophique réclamait l'expulsion du territoire français. Les brochures qu'il publia l'une après l'autre sur ces irritantes questions : *Oui et non ! au sujet des ultramontains et des gallicans*, et *Feu! Feu!* (1845), le firent hautement accuser de trahison et d'apostasie dans un parti où la haine du christianisme et du prêtre s'allie toujours instinctivement à la haine de toute espèce d'ordre social régulier. Sentant sa popularité lui échapper décidément, l'auteur demanda à la philanthropie des compensations pour la perte irréparable de cette vaine fumée. Ses *Dialogues de Maître Pierre* et ses *Entretiens de Village* (8ᵉ édition, 1847) le posèrent en homme préoccupé maintenant avant tout du soin d'éclairer et de moraliser les classes inférieures; mais qui ne sait que jamais aucune de ces publications-là ne va à son adresse, et que, si excellentes, si pratiques que puissent être les idées qu'on y expose, elles n'amendent rien, ne corrigent pas un ivrogne, pas un paresseux, et ne font pas fermer un seul cabaret!

Nous sommes arrivés au moment où devait s'accomplir enfin l'éclipse totale de la radieuse auréole qui pendant longtemps avait entouré ce nom si cher à la démagogie.

Aux élections générales de 1846, M. de Cormenin ne trouva pas un seul collège électoral qui se chargeât de renvoyer *l'ami des jésuites* au Palais-Bourbon. Afin d'y rentrer, il lui fallut attendre la révolution de Février et les élections pour la Constituante. Le suffrage universel le vengea, il est vrai, des dédains des électeurs censitaires; son nom sortit de l'urne dans quatre endroits à la fois, à Paris, à Marseille, à Auxerre et à Laval, et l'assemblée lui fit même la politesse de l'élire pour l'un de ses vice-présidents. Vains et stériles honneurs! L'audacieux *jacobin* se vit bientôt dépassé de cent piques par les nouvelles idoles de la foule, par les orateurs et les docteurs du socialisme, du communisme, etc., dont les principes et les actes furent par l'effrayer lui-même et par lui faire faire les plus sérieuses réflexions. En temps de révolution, on ne possède pas longtemps impunément, en terres et en forêts au soleil, trente bonnes mille livres de rente; et avec cela on arrive bien vite à être un *aristo* et ni plus ni moins que les *exploiteurs du pauvre peuple, les privilégiés, les monopoleurs, les capitalistes*, etc. M. de Cormenin se rangea donc à ce moment, et avec autant de résolution que de sincérité de conviction, parmi les conservateurs.... de la *propriété*. Certes ce ne sera pas nous qui l'en blâmerons ; mais à ce moment aussi, par un juste retour des choses d'ici-bas, l'opinion publique se mit à lui demander un compte sévère de son passé d'homme d'opposition. C'est qu'on se sentait involontairement ému de pitié en présence de la ruine si complète de cette famille d'Orléans, que pendant dix-huit années il avait poursuivie de ses insultants sarcasmes ; c'est qu'on regrettait maintenant, à l'égal d'une mauvaise action, les éclats de gaieté ou les sources de satisfaction auxquels on s'était laissé aller en les écoutant. Comme il était certainement l'un de ceux qui avaient le plus contribué à ce grand naufrage, on se prit à examiner si tous les moyens qu'il avait employés pour en arriver à ses fins étaient bien de ceux que peuvent avouer et permettre la conscience et la probité. Or, quand la lumière se fut faite sur la véritable situation de cette *liste civile* que M. de Cormenin avait incessamment dénoncée à la nation comme entassant dans ses coffres le plus clair du produit des sueurs des malheureux prolétaires, on reconnut que, dans l'emportement de sa haine, il avait été bien au delà de la vérité, et qu'il ne s'était pas fait faute de calomnier un prince, réduit, pour pouvoir aller demander un asile à l'Angleterre, à emprunter *douze cents* misérables francs, et ne les trouvant même pas sans difficulté. Louis-Philippe plaçait si peu les *économies* de sa liste civile dans les banques étrangères, comme tant de gens durent longtemps le croire sur la foi des pamphlets de M. de Cormenin, que l'assemblée nationale elle-même fut obligée de lui voter, à titre de *secours provisoire*, une somme à prélever sur le produit de ses biens personnels frappés de séquestre, mais dont elle n'eut jamais l'idée de le dépouiller, alors pourtant que telle eût été la conséquence logique à tirer de tout ce que Timon avait écrit sous l'égide d'une constitution qui proclamait la liberté presque absolue de la presse.

Désigné pour faire partie du comité chargé de rédiger la fameuse constitution de 1848, M. de Cormenin fut, à bien dire, avec M. Armand Marrast, le véritable père de cette œuvre difforme. Pendant longtemps on le vit si fier de sa part de paternité dans le pacte social qui devait imposer pour toujours la forme républicaine au gouvernement de notre pays, que pour sa satisfaction personnelle et aussi pour en faire hommage à quelques amis, il en fit tirer un certain nombre d'exemplaires où se trouvent imprimés *en rouge*, à la manière des missels et des antiphonaires, toutes les phrases, tous les mots, et jusqu'aux points, aux virgules, qu'il pouvait revendiquer comme lui appartenant en propre dans l'œuvre commune. Cette édition de la constitution de 1848 est aujourd'hui du nombre de ces curiosités bibliographiques dont bien peu d'amateurs peuvent se passer la fantaisie; et on raconte que pour se la procurer je ne sais plus quel lord a dû mettre jusqu'à 120 livres sterling. M. de Cormenin à cette époque faisait remarquer, avec un orgueil bien excusable chez un auteur, que les idées les plus avancées de cette constitution provenaient de son crû. Il avait même fallu, dit-on, que ses collègues modérassent souvent l'ardeur de son zèle démocratique; et c'est à ces petites collisions d'amours propres et de prétentions qu'il attribua dans le temps le parti qu'il prit de donner avec éclat sa démission de membre du comité de constitution, quelques jours seulement avant que celui-ci eût terminé son laborieux enfantement.

Cette constitution de 1848 ayant réorganisé le conseil d'État, dont les fonctions étaient déclarées incompatibles avec celles de législateur, M. de Cormenin dut s'y laisser déporter à titre de *spécialité incontestée*, quelque envie qu'il eût d'ailleurs de rester à l'assemblée. Désigné par le sort, quelques mois après, pour faire partie du roulement annuel par suite duquel le personnel de ce corps devait successivement se renouveler et se retremper par l'élection, il se présenta fort inutilement dans diverses localités aux électeurs du suffrage universel, à l'époque des élections générales pour la législative. Sa candidature fut repoussée partout avec perte; et s'il se vit dès lors condamné à faire simple spectateur des événements pendant les trois années 1849, 1850 et 1851; sa résignation fut d'autant moins méritoire qu'on ne pense, car, comme tant d'autres, il comptait bien prendre une éclatante revanche en 1852. La Journée du 2 Décembre 1851 fut donc impuissante à détruire les convictions républicaines de M. de Cormenin; et longtemps encore il protesta avec indignation contre le coup d'État qui avait mis à néant sa chère constitution. Comme tant d'autres aussi, il ne doutait pas alors que la France entière allait se lever pour la défendre. Mais si le gouvernement royal s'était écroulé par suite de la profonde déconsidération où il était tombé dans l'opinion, on peut dire qu'à son tour la république périt sous le poids du mépris mêlé de dégoût qu'inspiraient au pays les actes, les doctrines et jusqu'à la personne même des individus qui par un moment de surprise avaient réussi à s'emparer du pouvoir suprême en 1848.

On comprend quel découragement M. de Cormenin dut éprouver le 20 décembre, quand, au lieu de la formidable insurrection sur laquelle il comptait, il lui fut démontré,

à n'en plus douter, que la France battait des mains à la chute de la constitution de 1848, et, cédant à un entraînement bien moins irréfléchi qu'on ne pense, s'estimait heureuse d'être enfin débarrassée, n'importe à quel prix, des hommes qui lui avaient fait ce beau présent. Ce qu'on a plus de peine à comprendre, force nous est d'en convenir, c'est la brusque et complète révolution qui s'opéra alors dans toutes les idées du père de cette même constitution. Ceci prouve bien que les conversions sont toujours un effet spécial de la grâce d'en haut!

Depuis longtemps on avait appris à quoi s'en tenir sur la vertu de tous ces champions de la liberté, de tous ces incorruptibles défenseurs des droits du peuple, qui depuis vingt-cinq ans encombraient la voie publique; et on savait les moyens immanquables à employer pour avoir bientôt raison des plus ardents démagogues. Personne donc ne témoigna d'étonnement à la vue des nombreuses métamorphoses qui s'opérèrent alors dans les rangs des républicains; en lisant, par exemple, dans le *Moniteur*, quelques mois plus tard, le décret qui appelait M. de Cormenin à faire partie du conseil d'État réorganisé une fois de plus, on et il lui est donné d'avoir pour collègues non-seulement quelques-uns de ses anciens amis politiques, mais jusqu'à un ministre de Louis-Philippe, M. Persil lui-même, qui il y a dix-huit ans, dans l'ardeur de son zèle dynastique, fut volontiers venu demander à la justice la tête de l'auteur des *Lettres sur la liste civile*, comme atteint et convaincu de *complicité morale* dans quelque conspiration ou attentat contre *l'ordre de choses*. O grande politique de la conciliation, voilà de tes coups, et j'avoue qu'ils confondent ma raison! Combien, d'ailleurs, ne pourrais-je par vous en citer qui, après avoir été orateurs frénétiques de clubs en 1848, et agitateurs populaires jusqu'au 2 décembre 1851, se sont *convertis* à bien meilleur compte encore! *Et nunc, reges, intelligite! Et nunc, populi, erudimini!*

CORMENIN (Louis, baron de), fils du précédent, né à Paris, en 1826, débuta dans le journalisme, en 1850, comme collaborateur de *La Presse*, où il tint l'*intérim* du feuilleton pendant une absence de M. Théophile Gautier. A quelque temps de là, le baron Louis de Cormenin s'enrôla dans la petite pléiade qui rédigeait *L'Événement*, pâle satellite de la feuille de M. Émile Girardin, mais, en revanche, journal officiel de M. Victor Hugo, l'instrument à l'aide duquel cet ancien pair de France de Louis-Philippe, converti désormais à la république, comptait se faire élire Président en 1852. Ceci revient à dire que *L'Événement* était l'un des adversaires les plus violents, les plus provoquants, les plus personnels de Louis-Napoléon. La part active que M. Louis de Cormenin prit à la rédaction de ce journal du soir le fit ranger dès lors parmi les jeunes publicistes qui avaient le plus d'avenir; et jusqu'au dernier moment, d'ailleurs, il demeura fidèle à ses premières convictions républicaines. On en retrouverait au besoin l'écho, affaibli sans doute, mais facilement perceptible encore, dans les articles purement littéraires ou philosophiques qu'il fournit à la *Revue de Paris*, recueil dont il est l'un des propriétaires fondateurs, et qui nous a tout l'air, dans ses allures, de faire assez peu de cas des encouragements du ministère d'État. Aussi la *jeune démocratie* ne laisse-t-elle pas que de savoir gré à M. Louis de Cormenin de la contrainte qu'il a dû se faire quand il lui a fallu céder aux obsessions du pouvoir actuel en quête de plumes *capables et exercées*, et accepter les fonctions de rédacteur en chef du *Moniteur*, *journal officiel de l'Empire Français*. Aussi bien, ces importantes fonctions, M. Louis de Cormenin les partage avec un autre rédacteur de *L'Événement*, M. Turgan l'aéronaute, le même qui vingt fois se fit fort, dans le journal et dans les colonnes de celui de M. Girardin, d'apprendre quelque jour à ses contemporains à diriger un ballon aussi facilement qu'un fiacre, et qui est homme à tenir sa promesse. L'un portant l'autre, ces deux jeunes talents ne peuvent manquer d'aller haut et loin.

CORMIER, nom vulgaire du *sorbus domestica* (voyez Sorbier).

CORMONTAIGNE (Louis de), l'un de nos plus célèbres ingénieurs, naquit, vers 1695 ou 1696, à Strasbourg, et mourut le 20 octobre 1752. Entré de bonne heure dans le corps du génie, il devint maréchal-de-camp, après avoir successivement passé par tous les grades intermédiaires et avoir assisté à la plupart des sièges importants qui eurent lieu depuis 1712, c'est-à-dire depuis ceux de Landau et de Fribourg, jusqu'en 1745. En 1734 il avait été chargé, comme ingénieur en chef, de la direction des sièges de Philippsbourg et de Forbach. Les grands ouvrages ajoutés par Louis XV aux places de Metz et de Thionville furent construits sous ses ordres, et on lui est redevable, dans la construction des fortifications, de bon nombre de perfectionnements importants. C'est ainsi qu'il réussit à soustraire les escarpes en maçonnerie à la vue de l'ennemi éloigné et à le forcer ainsi à s'en approcher pour les battre en brèche. Il augmenta aussi la saillie des demi-lunes, et donna plus d'importance aux réduits des demi-lunes et des places d'armes rentrantes. Il avait composé un assez grand nombre d'ouvrages, dont on avait fait de nombreux extraits, avant que M. Bayard, officier du génie, en donnât, en 1806, une édition complète en trois volumes, qui forment un manuel complet de l'officier du génie. Le premier est le *Mémorial pour l'Attaque des Places*; le second, le *Mémorial pour la Défense des Places*; le troisième, le *Mémorial pour la Fortification permanente et passagère*.

CORMORAN, genre d'oiseaux de la famille des totipalmes, de l'ordre des palmipèdes. *Cormoran* est un mot breton, qui signifie *corbeau marin*. Ces oiseaux ont été ainsi nommés à cause de la couleur plus ou moins noire qui domine en général dans le système de coloration du plumage de la plupart des espèces de ce genre. C'est Pline, et non Aristote, qui avait désigné sous le nom grec *phalacrocorax*, c'est-à-dire *corbeau chauve*, une espèce d'Europe. Les autres dénominations employées par les ornithologistes pour ce même genre sont : 1° *hydrocorax*, ou *corbeau d'eau* (Vieillot) ; 2° *carbo* (Albert) : peut-être, dit G. Cuvier, d'après son nom allemand, *scharb*; 3° *halieus* (Illiger), mot grec, qui signifie *pêcheur*. Toutes les espèces de cormorans étant encore très-mal déterminées, leur nomenclature n'offre point l'ordre de leurs affinités réciproques. Les caractères génériques sont : Bec assez long, droit, comprimé, arrondi en dessus, mandibule supérieure sillonnée, très-courbée à la pointe, l'inférieure plus courte, obtuse et peu courbée; narines linéaires, situées à la base du bec, qui est engagé dans une petite membrane : celle-ci s'étend dans la gorge, qui est nue, ainsi que la face; pieds robustes, courts, retirés sous l'abdomen, quatre doigts réunis par une seule membrane ; l'ongle du doigt intermédiaire dentelé en scie, celui de derrière s'articulant en dedans, l'extérieur le plus long; ailes médiocres, queue ronde.

Les mœurs des cormorans les rendent à la fois utiles et nuisibles à l'homme. Ce sont de grands consommateurs de poissons, surtout de ceux de rivière et des étangs, dont ils sont le fléau, ce qui ne leur permet pas de séjourner longtemps dans un même lieu. La plupart de ces oiseaux, bons voiliers et grands nageurs, poursuivent les poissons avec une rapidité extraordinaire. Ils recherchent plus particulièrement l'anguille, dont ils paraissent très-friands, puisqu'on la trouve souvent dans leur estomac. Pour s'emparer de sa proie, le cormoran fond sur elle, plonge, la saisit avec ses deux rames, la transporte jusque auprès de la surface de l'eau. Arrivé là, par une manœuvre adroite, il lance en l'air le poisson, qui tombe la tête la première, et se nageoires couchées en arrière, dans le gosier, très-dilatable, de l'oiseau. L'habileté des cormorans à la pêche a été mise autrefois à contribution par l'homme. On dit même qu'en Chine le cormoran domestique rend encore au pêcheur les mêmes services que le faucon au chasseur. Pour l'utiliser, on lui met au cou un anneau assez juste, qui l'empêche d'avaler sa capture. Placé sur l'avant de la nacelle que dirige son maître, cet oiseau s'élance sur la proie qu'il aperçoit, et la rapporte avec fidélité.

Les cormorans vont par petites troupes, excepté dans la saison des amours, pendant laquelle ils sont constamment appariés. Ils ont la faculté de percher, et c'est dans cette position qu'ils se livrent au sommeil sur les plages désertes. Leurs nids sont composés d'herbes fines, entourées d'un tissu grossier de joncs. Ils les établissent plus fréquemment sur des arbres que dans les anfractuosités des rochers, et font ordinairement trois ou quatre œufs, parfaitement ovales. La chair fétide et noire des cormorans est un aliment de si mauvaise qualité, qu'on n'en a fait usage que dans les cas extrêmes. L. Laurent.

CORNAC. C'est l'homme qui est chargé de nourrir, soigner et conduire un éléphant. Depuis quelques années, on a appliqué ce nom aux gens qui font le métier de prôner un écrivain, un artiste, soit dans la société, soit dans les journaux. C'est surtout pour ces nouveaux venus que l'emploi allégorique de ce terme est peu flatteur. Il faut être juste cependant, et convenir que cet autre *cornac* ne se voue pas toujours au service d'une *grosse bête*. Il est plus d'un homme de talent que l'on pourrait citer, et qui a dû beaucoup au zèle et à l'adresse de son *cornac*. C'est en pareil cas pour ce dernier, une sorte de profession littéraire; il se crée une petite renommée, qui voyage sur les épaules de la grande, comme le cornac sur le dos de l'éléphant. Celui-ci montre, dit-on, beaucoup de reconnaissance pour son conducteur. Aimons à croire, pour l'honneur de l'espèce humaine, que les *cornacs* des moins littérateurs et de nos artistes obtiennent le même prix de leurs soins. Oubry.

CORNAGE. Sous ce nom, on désigne, dans l'art vétérinaire, le bruit de la respiration de certains chevaux lorsqu'ils courent en trottant, parce qu'il imite le son que rend une corne dans laquelle on souffle. On appelle *cheval corneur* celui qui est atteint de cette maladie, laquelle est très-difficile à guérir si elle n'est incurable.

CORNALINE, pierre siliceuse contenant un peu d'alumine et d'eau, colorée par l'oxyde de fer en rouge plus ou moins intense, passant quelquefois au rose et à la couleur de chair ; d'une transparence *cornée*, ce qui lui a fait donner le nom qu'elle porte. Sa dureté varie beaucoup, car il y en a de trop tendres pour être susceptibles d'un beau poli, et qui ne font pas feu avec le briquet, comme presque toutes les pierres siliceuses. Celles de ces pierres que l'on estime le plus, en raison de leur dureté, de leur transparence et de leur couleur, sont appelées *orientales* par les bijoutiers; celles dont on fait moins de cas sont les *occidentales*. Les minéralogistes n'admettent point cette distinction, parce qu'ils trouvent en Europe des cornalines dites *orientales* dans les gisements d'agate, et en Asie, dans des gisements analogues, des cornalines *occidentales*.

Suivant l'emploi de ces pierres dans la bijouterie, on préfère tantôt celles qui sont d'une couleur et d'une transparence uniformes, et d'autres fois celles où l'on trouve des arborisations, comme dans les agates. Les graveurs recherchent les premières, et les autres ornent les bagues et différentes sortes de bijoux.

Les cornalines sont infusibles, comme la plupart des pierres siliceuses. Une très-haute température leur fait perdre leur transparence, et les noircit lorsque leur surface a été exposée quelque temps à une flamme fuligineuse ou à un courant d'hydrogène carboné. Leur origine est la même que celle des agates, des calcédoines, sardoines et autres pierres siliceuses à cassure conchoïde. Les *neptunistes* et les *vulcanistes* se la disputent encore, et chacun cite quelques

faits particuliers en faveur de son opinion ; mais si on fait attention à l'analogie de composition chimique entre les *silex* (pierres à fusil) et les autres pierres dont on vient de parler, on reconnaîtra sans peine qu'elles eurent toutes le même mode de formation, quoiqu'elles puissent appartenir à des époques fort éloignées les unes des autres. Il est donc au moins très-probable que les cornalines, ainsi que leurs congénères siliceux, ont été formées par les eaux, sans que les feux souterrains y soient intervenus d'aucune manière.
FERRY.

Notre collaborateur M. Gaultier de Claubry attribue le principe colorant de la cornaline à une matière de nature organique, fait qui offrirait un certain intérêt pour la géologie, en prouvant l'existence de produits organiques dans des terrains trappéens.

Une sorte de c a l c é d o i n e blanchâtre a reçu dans le commerce le nom de *cornaline blanche*.

CORNARD, terme bas et trivial, qu'on applique quelquefois au mari dont l'épouse est infidèle, et qui répond au grec κερατοφόρος. On a cru long-temps qu'il venait de l'habitude où étaient les *fous de cour*, les bouffons de rois, de porter des cornes comme marque distinctive de leurs grotesques fonctions. De là l'épithète échue en partage aux *époux prédestinés*, comme emblème de sottise, d'ineptie, d'innocence ou de stupidité. Mais est né en 1620 le savant médecin Pierre Borel, de l'Académie des Sciences, qui, dans un ouvrage latin fort curieux, a invinciblement prouvé que ce nom dérivait tout bonnement des *cornettes* des femmes, attendu qu'on a dit d'un mari esclave de sa moitié : il porte *la cornette*, comme on dit encore d'une femme qui mène son mari par le bout du nez : elle porte *les culottes*.

Les *cornards* ou *conards*, ancienne confrérie de Rouen et d'Évreux, dont l'origine remonte au delà du quinzième siècle, et qui subsista pendant de longues années, n'étaient pas précisément une réunion de maris prédestinés. Les *cornards* normands étaient de joyeux compères, associés dans le même but et à peu près avec les mêmes statuts que la confrérie des *fous* et de la *mère folle* de Dijon. Ils voulaient poursuivre les vices et les ridicules avec les armes de la plaisanterie ; et bientôt leur licence n'eut plus de bornes. Les désordres des prêtres et des moines servaient surtout de point de mire à leurs attaques. Les dignités, les cérémonies des *cornards* étaient une parodie continuelle des dignités et des cérémonies de l'Église. Si les *fous* de Dijon avaient un pape, les *cornards* de Rouen et d'Évreux avaient un *abbé* mitré et crossé. Tous les ans, le jour de saint Barnabé, l'abbé, monté à Évreux sur un âne, et à Rouen sur un char, se montrait processionnellement à la voie publique, escorté de son burlesque clergé, qui n'épargnait pas aux passants les lazzis, les quolibets et les injures.

L'*abbé* des *cornards* était électif. C'était un titre fort recherché, que certaines familles notables se disputaient ; car le titulaire jouissait de beaux priviléges, reconnus par arrêt authentique du parlement. A Rouen, les *cornards*, qui avaient succédé aux *coqueluchiers*, maintinrent longtemps leur société ; mais le scandale devint tel que l'Église en obtint enfin du roi l'abolition. A Évreux ils furent remplacés, dès le quinzième siècle, par la confrérie de saint Barnabé, qu'institua Paul de Capranie, évêque de cette ville « pour réparer les crimes, malfaçons, excès et plusieurs autres cas inhumains, commis par cette confrérie de *cornards*, au déshonneur et irrévérence de Dieu, notre créateur, et de saint Barnabé et de la sainte Église ». Si l'on veut de plus amples détails sur cette étrange confrérie, on peut consulter un petit in-12 imprimé à Rouen, en 1587, sous ce titre : « *Le Triomphe de l'Abbaye des Cornards*, sous le rêveur en décimes Fagot, abbé des cornards, contenant les criées et proclamations faites depuis son avénement jusqu'à présent ; plus, l'ingénieuse lessive qu'ils ont conardement montrée aux jours gras en l'an 1540 ; plus, le testament d'Omnet, de nouveau augmenté par le commandement dudit abbé, non encore vu ; plus, la litanie, l'antienne et l'oraison faite en ladite maison abbatiale, en l'an 1580. »

L'abbé Lebœuf pense que le mot *cornards* a pu fort bien venir des joueurs de *cornet* ou de *cornemuse*, et que l'*abbé des cornards* n'aurait été dès lors qu'un chef de ménétriers. C'est possible, mais ce n'est pas vraisemblable.

CORNARO, l'une des familles patriciennes de Venise les plus distinguées au temps de la république.

CORNARO (MARCO), célèbre par son éloquence, fut élu doge en 1368, et acheva de soumettre Candie. Sa petite-fille, *Catherine* CORNARO, née en 1454, épousa en 1468 Jacques de Lusignan, roi de Chypre. Après cinq ans de mariage, elle perdit son époux ; et le sénat de Venise, qui par politique l'avait adoptée comme fille de la république (*Aglia di san Marco*), lui contesta pendant quatorze ans la souveraineté de ses États, la retenant même, pour ainsi dire, prisonnière dans son propre palais ; de sorte que, fatiguée à la longue de cette tutelle, elle renonça au trône en faveur de la république, pour se retirer dans la villa d'*Asola*, près Trévise. Un descendant de son majordome, Cobertaldi, a écrit son histoire, dont le 14ᵉ volume de la *Nueva Raccolta di Opuscoli Scientifici e Filologici* (Venise, 1766) ne contient qu'un extrait.

[CORNARO (LUDOVICO), naquit à Venise, en l'année 1462. Héritier d'une grande fortune, mais d'une complexion faible et passionnée, ses richesses l'autorisèrent à user sa vie dans mille excès : aussi avant quarante ans avait-il compromis sa fortune et sa santé. C'est alors qu'après avoir inutilement invoqué le secours de tous les arcanes d'une médecine empirique, il devint sage, et si sage même que la régularité de sa vie a seule suffi pour donner à son nom une durable célébrité. Jusque là Cornaro ressemblait à nos petits-maîtres : déjeûner tardif au café de sa ville, après un sommeil tourmenté, courses évaporées en char, promenades en gondole, dîners truffés sans appétit, soirées d'Opéra et de divan, nuits accablantes, jeu sans frein, richesses dissipées et fol amour, tel était alors le noble Vénitien. Mais déjà caduc à l'âge de l'ordinaire maturité, voici, pour prolonger sa vie, quel régime subit il s'imposa. Il réduisit sa pitance journalière à douze onces d'aliments solides (pain, viande, fruits, légumes) et à quatorze onces de vin (environ un tiers de bouteille). Il rechercha attentivement ce qui convenait à son tempérament, ce qui lui donnait du calme, ce qui l'excitait, ce qui le faisait dormir, et dont il éprouvait quelque bien-être, etc. Cornaro alla plus loin : il construisit une sorte de *balance*, où lui-même allait de temps en temps constater combien tel aliment lui faisait gagner, ou combien tel exercice et telle transpiration lui avaient fait perdre. Cet essai de réforme, ce mélange de sagesse et de bizarrerie, lui réussit au delà de tout espoir. Non-seulement il devint plus fort, plus alerte, moins maigre et d'une santé plus solide, mais son humeur aussi changea visiblement : son irascibilité se métamorphosa en patience, et sa bienveillance sa morosité. Enfin, cent ans allaient amener sa retraite d'un monde auquel ses exemples prêchaient en vain la tempérance, qu'aucune infirmité ne lui présageait la mort et le détachait de la vie. Ce fut à Padoue qu'il cessa d'exister, en 1566 ; il s'y éteignit sans douleur, à l'âge de cent quatre ans.

Cornaro, à l'âge de quatre-vingt trois ans, avait commencé d'écrire une sorte de journal d'hygiène et comme un code de salubrité, ouvrage qu'il ne termina qu'à quatre-vingt quinze ans. Cet opuscule, intitulé : *Trattato della Vita Sobria* (Padoue, 1558 ; édition plus complète, Venise, 1599), souvent réimprimé, annoté, abrégé, rimé, commenté, a été traduit en toutes sortes de langues, depuis le latin jusqu'à l'allemand. Les traducteurs ont souvent joint aux trois principaux *livres* dont il se compose l'*Hygias-*

ticon de Lessius. Au reste, si la sobriété est favorable à la prolongation de la vie, il faut croire qu'elle n'est pas si profitable aux facultés de l'entendement ; c'est du moins ce qu'on serait tenté d'inférer du livre de Cornaro, dont le style aqueux, flasque, tout au plus correct, ne dénote ni fécondité d'aperçus ni profondeur. D' Isidore BOURDON.]

CORNARO (GIOVANNI Ier) fut doge de Venise de 1625 à 1629.

CORNARO PISCOPIA (LUCREZIA ELENA), célèbre par son érudition, qui comprenait même les langues anciennes, la théologie et la philosophie, obtint en 1678 le diplôme de docteur devant la faculté de philosophie de Padoue, et était membre de la plupart des sociétés savantes de l'Europe, lorsqu'elle mourut, à l'âge de trente-huit ans, en 1684. Ses ouvrages ne justifient pas d'ailleurs la réputation si éclatante dont elle jouit de son temps. Ils ont été publiés par Bacchini, sous le titre de *Opere e Vita di L. E. C. Piscopia* (Parme, 1688), et se composent d'éloges emphatiques, de lettres, de discussions, et aussi de quelques poëmes. Lucrezia Cornaro mourut sans avoir été mariée, et dans sa jeunesse elle portait même le costume des religieuses bénédictines.

CORNARO (GIOVANNI II), élu doge de Venise en 1709, signa le traité de Passarowicz (1718), qui détermina les frontières respectives des États Vénitiens et de la Turquie.

CORNAROS (VINCENT), l'Homère de la Grèce moderne, naquit à Sitia, dans l'île de Crète. On présume qu'il était d'origine vénitienne et qu'il florissait au seizième siècle. Il est auteur d'un poeme divisé en cinq chants, et intitulé : *Erotocritos*, dont la langue a déjà tellement vieilli qu'il n'y a que les gens instruits qui puissent le comprendre, et dans lequel les Grecs modernes verront toujours un des plus précieux monuments de leur langue et de leur littérature. L'héroisme de quelques caractères de ce poëme, le feu de plusieurs descriptions de combats, la variété des aventures de son héros, l'emploi d'une langue à peine formée, l'obscurité dans laquelle sont restées sa naissance et sa vie, enfin, la gloire d'être aussi chanté par des rhapsodes, justifient jusqu'à un certain point les parallèles qu'on a établis entre Vincent Cornaros et l'immortel chantre de l'*Odyssée*. Denys Photinos, de Patras, a eu l'idée de rajeunir l'*Erotocritos* en ce qui est de la langue ; son travail a paru en deux volumes (Vienne, 1818) ; mais il n'a pu faire oublier l'original.

CORNE. Ce nom, dérivé du latin *cornu*, est très-usité, soit dans le style familier, soit dans le langage scientifique, pour désigner en général toute éminence placée sur la tête des animaux. Dans cette acception générale, on l'applique aux tentacules des mollusques, aux antennes des insectes et aux prolongements solides qui surmontent le front d'un certain nombre d'animaux vertébrés, et principalement des mammifères ruminants céroplores. Ce sont en effet les cornes de tous les animaux de ce grand groupe, dont les usages, la forme conique et la nature propre, ont fixé plus particulièrement l'attention des observateurs, qui ont servi de type à toutes les autres dénominations des parties qui semblent avoir quelque analogie avec elles. En anatomie comparée, on distingue les armes ou les ornements du front des ruminants, en bois et en cornes. Les cornes des genres *antilope*, *chèvre*, *mouton*, *bœuf*, sont, comme les bois, des prolongements de l'os frontal, mais revêtus d'une couche de substance cornée qui n'existe pas dans le bois. Selon que l'axe ou la cheville osseuse des cornes est pleine ou celluleuse, les ruminants cérophores ont été subdivisés par Latreille en *plénicornes* (antilopes) et en *tubicornes* (bœuf, mouton, chèvre). Les cornes de ces animaux sont appelées *cornes creuses* lorsque, faisant abstraction de leur cheville osseuse, on la compare aux éminences coniques du nez des rhinocéros. Celles-ci ont reçu le nom de *cornes pleines*.

Selon les idées qu'ils avaient de leurs dieux, plusieurs peuples anciens les représentaient avec des cornes à la tête (Jupiter-Ammon, Bacchus, Pan, les Satyres, Achéloüs), ou tenant une corne d'une main (Harpocrate, Sommeil). Les cornes étant chez eux un emblème de force et de puissance, on conçoit qu'elles aient pu servir de caractère distinctif au dieu Pan, aux Satyres, au rival malheureux d'Hercule (Achéloüs), à Hercule lui-même. Il y a des statues de Bacchus qui portent aussi des cornes ; mais il n'est fait mention de ces cornes que dans les poëtes. Il faut y voir également un symbole, une allusion aux effets du vin, à la force, à l'énergie, à la puissance qu'il donne à ceux qui en font un usage modéré. C'est de là que venait cette coutume des femmes des Spartiates d'orner le front de leurs maris, au moment de leur départ pour la guerre, d'une *couronne de cornes*. Très-certainement ils n'attachaient point d'autre idée à cet emblème honorable, et ils étaient bien loin surtout d'y voir le présage de la foi conjugale trompée. C'est cependant cette dernière allusion qui a prévalu chez nous, où l'on a tout à fait perdu de vue l'ancienne et véritable acception du mot. De là sont venues les façons de parler, triviales et populaires, qui ont quelquefois été employé pour désigner l'atteinte portée par une femme à l'honneur de son mari, et l'épithète injurieuse de *cornard*, que l'on applique à celui qui est *trompé*.

On peut voir comment le sens figuré du mot *corne* se nuance dans les phrases ou les locutions suivantes : *il est aussi étonné que si les cornes lui venaient à la tête*, pour exprimer la surprise causée par quelque accident extraordinaire ; *on prend les hommes par les paroles et les bêtes par les cornes* ; il n'a pas besoin qu'on lui donne un coup de corne pour lui donner de l'appétit, en parlant d'un goulu qui mange vite : *donner un coup de corne*, se dit d'un trait piquant lancé par un satirique contre quelqu'un ; *montrer les cornes*, c'est se mettre en état de défense ; *faire les cornes à quelqu'un*, c'est faire par dérision, avec deux doigts, un signe qui représente les cornes, et figurément se moquer de lui. Une femme *fait porter des cornes* à son mari quand elle le fait *cornard*.

Par suite, on a donné le nom de *corne* à des substances dont la matière a de l'analogie avec celle des cornes des ruminants (*voyez* CORNÉ) ; c'est ainsi que le sabot du cheval, de l'âne, etc., est regardé comme de la corne.

Cornes signifie encore, 1° en termes de marine, une vergue qui appuie sur le mât, et l'embrasse par une de ses extrémités ; 2° la raie blanche qu'on voit sur la tranche d'un cuir mal tanné lorsqu'on le fend ; 3° un pli fait à un feuillet d'un livre ; 4° le fruit du cornouiller.

Cornes est le nom 1° de divers ornements en architecture, 2° des angles d'une pâtisserie (talmouse), 3° d'une sorte de saillie de bonnet des ecclésiastiques, d'un bonnet à *trois cornes* ou d'un *chapeau dit à trois ou quatre cornes*, enfin des angles saillants que présentent certains objets, comme les *cornes d'un croissant*. (Quelques personnes font des *cornes* aux livres pour marquer les endroits qu'elles veulent retrouver. C'est une mauvaise habitude : le pli du papier ne disparaît jamais.)

En anatomie humaine, les *cornes* du cartilage thyroïde, les *cornes* du coccyx, les *cornes* du sacrum, sont des éminences apophysaires ; les *cornes* de la matrice sont les trompes utérines.

On qualifie particulièrement de *bêtes à cornes* les bœufs, les vaches, en un coin. Les Hébreux donnaient spécialement le nom de *cornes* aux angles de l'autel des holocaustes ; il y avait en outre aux quatre coins de l'autel des cornes ou éminences, auxquelles étaient attachées quatre chaînes, d'où pen-

En termes de fortification, un ouvrage extérieur composé de deux flancs assez longs s'appelle *ouvrage à cornes*. L. LAURENT.

Le mot *corne* s'entend quelquefois d'une hauteur d'un angle, d'un coin. Les Hébreux donnaient spécialement le nom de *cornes* aux angles de l'autel des holocaustes ; il y avait en outre aux quatre coins de l'autel des cornes ou éminences, auxquelles étaient attachées quatre chaînes, d'où pendait la grille de l'autel. La *corne* marque aussi dans l'Écriture la gloire, l'éclat, les rayons ; par exemple, on dit que le visage de Moïse était environné de *cornes*, et c'est ainsi, en effet, que les peintres ont coutume de le représenter.

A l'exemple des anciens, qui se servaient souvent de *cornes*, surtout de *cornes de bœuf*, en guise de vases dans les festins ou les sacrifices, l'Ecriture donne le nom de *cornes* aux vases où l'on mettait l'huile, les parfums.

Dans les auteurs profanes, on donne quelquefois aux flèches ou aux dards le nom de *cornes*, parce qu'autrefois on les armait de *cornes*. Plusieurs peuples garnissaient de *cornes* le bout de leurs dards; et le centaure Dorylas était armé de deux *cornes* de bœuf au lieu de javelots.

Le mot *corne*, pris dans l'acception de promontoire, de bosse ou d'avancement, a été transporté dans la géographie. Un cap de l'Éthiopie, au-dessus de l'Égypte, du côté de l'est, dans la partie septentrionale des côtes de l'Aranie, appelé aujourd'hui *cap du Midi*, ou *cap des Bosses*, avait autrefois nom *Noti Cornu* ou *Noti Heras*. Ptolémée fait mention d'une ville de l'Asie Mineure nommée *Corne* (*Korné*). Les trois pointes les plus élevées des chaînes de montagnes dont le Groenland est hérissé, et qui se distinguent à la distance de 100 ou 120 kilomètres en mer, se nomment *Cornes des cerf*.

Edme HÉREAU.

CORNÉ (*Technologie*). La corne, sous le rapport de la composition chimique, est analogue à la matière des poils, des ongles, du tissu dermique. Nous ne nous occuperons spécialement ici que de la corne que nous fournissent les races bovines, la seule qui offre un grand intérêt dans les arts de la tabletterie, du tourneur, du boutonnier, du faiseur de peignes, etc., etc. Les cornes que l'industrie emploie presque exclusivement sont celles des bœufs, des vaches et des buffles. L'Irlande a été de temps immémorial réputée pour la belle qualité de sa corne blonde; non-seulement les cornes de ce pays sont de grande taille, mais on les trouve encore susceptibles de mieux s'étendre, de recevoir un plus beau poli et de se mieux teindre que les cornes des animaux de plusieurs autres contrées.

La préparation donnée à la corne par le *cornetier* consiste à la faire macérer dans l'eau pendant plus ou moins longtemps, suivant sa densité ou sa sécheresse plus ou grande, qui dépend principalement de l'âge et du degré d'embonpoint de l'animal qui l'a fournie. Souvent cette macération doit durer quinze et même vingt jours, après quoi, les cornes étant retirées de l'eau, on les saisit par la pointe, et, au moyen d'une forte et brusque agitation, on détache le tube corné du noyau osseux qui y était fortement adhérent avant que l'espèce de fermentation putride qu'a subie pendant la durée du trempage la matière animale, naturellement interposée entre le noyau et la corne, eût en partie détruit ce tissu cellulaire. Les cornes étant ainsi débarrassées de la substance osseuse, on les tient pendant quelques minutes dans l'eau bouillante, et on les scie longitudinalement. Les deux moitiés, étant ainsi séparées, sont de nouveau soumises à l'ébullition, et elles se ramollissent; c'est le moment de les aplatir en les étendant. Pour en dresser exactement les surfaces, on les place sur un plan bien régulier, on les presse fortement entre ce plan et une plaque polie. Après sa dessiccation, la corne a conservé le niveau de cela plaque qu'on lui a fait prendre.

Il s'agit maintenant de diviser cette plaque en feuilles minces. Il y a pour cela deux moyens, qui consistent soit dans l'emploi d'un ciseau d'acier tranchant, à l'aide duquel on refend la corne, soit dans une énorme pression exercée sur les plaques. Dans ce cas, la feuille gagne en surface tout ce qu'elle a perdu en épaisseur. Pour arriver plus facilement au résultat cherché, et en moins de temps, on peut tenir dans l'eau bouillante, ou à une température un peu au-dessus, les plaques entre lesquelles la corne se trouve pressée. Après plusieurs pressions et ramollissements successifs, qui ont amené ces feuilles au degré de ténuité qu'on désire, il ne reste plus qu'à en polir les surfaces restées rugueuses, qu'on peut d'ailleurs préalablement beaucoup adoucir en les comprimant de nouveau entre des plaques de laiton bien polies.

La corne est susceptible de se fondre à une chaleur humide, douce et longtemps continuée. Par ce moyen, on peut la mouler de toutes façons pour une infinité de petits meubles. On emploie ordinairement à la confection des tabatières, des branches de lunettes, des boutons, etc., de la râpure de corne ainsi ramollie. La corne se teint profondément et avec beaucoup de facilité et même de rapidité. Le chlorure d'or, dont on imprègne légèrement la surface de la corne, lui communique une belle couleur rouge, et le nitrate d'argent un brun très-foncé, presque noir, d'une teinte chaude.

PELOUZE père.

CORNÉ, ce qui est de la nature de la corne, ce qui en a l'apparence. Le tissu qui forme les ongles est un *tissu corné*. On appelle *substance cornée* la matière animale qui, sous des formes très-variées, prend les noms d'*épiderme*, d'*épithélium*, de *drap marin*, d'*épiphlose*, de *poils*, de *soies*, de *cheveux*, de *piquants*, de *plumes*, de *laine*, de *crochets*, de *châtaignes*, d'*écaille*, de *becs*, de *fanons*, d'*ongles*, de *griffes*, de *sabots*, d'*opercules*, de *cornes pleines*, de *cornes creuses*. Cette substance est un mucus albumineux, secrété par des organes du derme ou par le derme lui-même. Ce sont les formes diverses de ces organes et du derme qui président à la formation d'un si grand nombre de produits, dont la matière principale, identique dans tous, se trouve plus ou moins condensée, combinée avec des proportions variables de matières colorantes, et paraît avoir subi une modification particulière dans l'intérieur de l'axe des plumes et des piquants.

En pathologie, les calus ou callosités ou durillons, les cors, les cornes même naissant de la peau, sont des productions *cornées* morbides, auxquelles il faut joindre celles qu'on observe dans l'*ichthyose cornée*, maladie qui a fait donner aux individus qui en sont affectés le nom d'*hommes porcs-épics*.

En termes de pêche, les harengs *cornés* sont ceux prêts à frayer, dont la chair est molle, la laite petite, et qui deviennent coriaces dans le sel.

Lune cornée ou *argent corné* est le nom que les anciens chimistes donnaient au sel qui porte dans la nouvelle nomenclature celui de *muriate d'argent*.

L. LAURENT.

CORNE D'ABONDANCE. Les poètes désignent sous ce nom de (*Cornu copix*) une *corne* d'où sortaient toutes choses en abondance, par un privilége que Jupiter avait donné à sa nourrice, qu'on a feint avoir été la chèvre Amalthée. D'autres disent que c'était une des cornes d'Achéloüs, transformé en taureau, laquelle, lui ayant été arrachée par Hercule dans la lutte où ce dernier demeura vainqueur, fut remplie par les nymphes de fleurs et de fruits, et consacrée à la déesse Abondance. Cette fable fait allusion à une partie du territoire de Libye, fait en forme de *corne de bœuf*, très-fertile en vins et en fruits exquis, qui fut donnée par le roi Ammon à sa fille Amalthée. Ajoutons que, sur un grand nombre de médailles, les *cornes d'abondance* sont attribuées à toutes les divinités, aux génies et aux héros, pour marquer les richesses, la félicité et l'abondance de tous les biens, procurée par la bonté des uns ou par les soins et la valeur des autres. On en met quelquefois deux pour marquer une abondance extraordinaire. L'architecture moderne s'est emparée de cet emblème, et le reproduit partout sous la forme d'une *corne* d'où sortent des fruits, des fleurs et toutes sortes de productions de la nature; mais elle n'a fait en ceci que suivre l'exemple de l'architecture ancienne, car on trouve des chapiteaux ioniques antiques dont les volutes sont sculptées en forme de *corne d'abondance*.

Edme HÉREAU.

CORNE D'ABONDANCE (*Conchyliologie*), nom vulgaire de l'huître plissée et de quelques grandes espèces de tritons.

CORNE D'AMMON, CORNE DE BÉLIER, noms vulgaires des ammonites.

En anatomie, on nomme *cornes d'Ammon* des éminences situées dans les ventricules du cerveau.

CORNE DE CERF. *Voyez* CERF, t. v, p. 41.

En botanique, c'est le nom vulgaire de plusieurs espèces de clavaires et du *plantago coronopus* (*voyez* PLANTAIN).

CORNE DORÉE. C'est le nom particulier que les Turcs donnent au port de Constantinople.

CORNÉE. Beaucoup d'auteurs ont donné ce nom à toute l'enveloppe extérieure du globe de l'œil, à cette membrane épaisse et consistante qui, maintenant en rapport convenable les parties intérieures de cet organe, en détermine et en conserve la forme irrégulièrement globulaire. Aussi distinguent-ils la *cornée opaque* (celle qui, blanche et nullement translucide, forme les parties latérales et postérieures d'un globe oculaire) et la *cornée transparente* (celle qui, encore épaisse et solide, mais parfaitement transparente, forme la partie antérieure de l'œil). Le nom de *sclérotique* est donné maintenant à la cornée opaque, et celui de *cornée* est réservé à la partie antérieure transparente. Cette distinction est fondée sur ce que ces deux membranes sont non-seulement très-différentes par leurs propriétés et par leurs usages, mais qu'encore on parvient, par la macération, à les séparer l'une de l'autre, et à montrer ainsi qu'elles ne font pas corps ensemble.

Considérant le globe oculaire comme un instrument d'optique, dont les différentes parties ont leur raison physique, on classe la cornée parmi les parties destinées à la réfraction des rayons lumineux. Sa forme est celle d'un segment d'une sphère plus petite que celle à laquelle appartiendrait la sclérotique, dans une ouverture circulaire de laquelle elle est enchâssée à peu près comme un verre de montre dans son cadre. Si la conjonctive oculaire ne la recouvrait (selon la plupart des anatomistes), elle formerait la partie la plus avancée du globe de l'œil. Son épaisseur est un peu plus grande et son tissu un peu plus serré au centre qu'à sa circonférence. Ce tissu, comparé à la corne, se compose de lames superposées et unies par un tissu cellulaire très-dense.

Par sa face postérieure concave, la cornée forme la paroi antérieure de la cavité oculaire nommée *chambre antérieure*. On n'est point parvenu à démontrer la présence de nerfs ni de vaisseaux dans l'épaisseur de ses lames; l'analogie ne permet pas néanmoins d'en nier absolument la présence, ne serait-ce que pour l'entretien de l'organisation; du reste, la sensibilité de la cornée est presque nulle dans l'état sain, ainsi que le démontrent les opérations chirurgicales, telles que celle de l'ablation de la cataracte, dans lesquelles on incise largement cette membrane sans que le patient en éprouve de douleur.

Les usages optiques de la cornée sont, vu sa densité et sa convexité, de réfracter les rayons lumineux en les rapprochant du centre du faisceau ; elle augmente donc l'intensité de la lumière ; de plus, comme sa surface est très-polie, elle réfléchit une petite partie de ces rayons, et, faisant ainsi l'office d'un miroir, elle permet à l'observateur de voir les objets peints sur l'œil. On sent que la puissance de réfringence de la cornée étant proportionnée à la saillie de sa convexité, celle-ci influe puissamment sur les anomalies que l'on nomme *myopie* et *presbytie*. On a calculé que la cornée forme un segment d'une sphère qui aurait 17 millimètres de diamètre, et que la corde de ce segment est environ d'un peu plus de onze millimètres. Chez les myopes, sa convexité est plus saillante ; au contraire, chez les presbytes, la cornée est plus aplatie. Des différences remarquables dans la convexité plus ou moins grande de la cornée s'observent aux différents âges de l'homme : ainsi, chez l'enfant nouveau-né et chez le vieillard la cornée est assez plate, il y a presbytie ; au contraire, dans la jeunesse, la cornée est généralement plus saillante : c'est l'âge de la myopie. C'est pourquoi il se rencontre beaucoup de personnes qui, ayant été myopes dans leur jeunesse, ont jouï dans l'âge adulte d'une vue ordinaire qui leur a permis de se passer de lunettes, et qui, devenues vieilles, sont presbytes et sont obligées de se servir de verres d'une structure diamétralement opposée à ceux dont elles s'étaient servies autrefois. Pour remédier à la myopie, elles portaient des verres concaves, et maintenant elles ont besoin de verres convexes (*voyez* LUNETTES).

Chez les animaux, la convexité plus ou moins grande de la cornée est en rapport avec la puissance réfringente plus ou moins grande des autres parties de l'œil, et surtout avec le milieu qu'ils habitent. La différence de saillie de la cornée sur la sclérotique n'existe, selon G. Cuvier, ni dans le porc-épic, ni dans le sarigue. Chez les poissons, et chez les cétacés aquatiques, l'aplatissement de la partie antérieure de l'œil est beaucoup plus considérable, au point que dans beaucoup de poissons l'œil représente une demi-sphère dont la partie plane est en avant. Quelques poissons, entre autres la lotte, ont au contraire la cornée très-convexe ; chez les oiseaux, et notamment chez les chouettes et chez les vautours, la saillie de la cornée est très-considérable ; la cornée est presque toujours parfaitement circulaire chez l'homme et chez les mammifères, elle est un peu plus étendue horizontalement que verticalement, et plus étroite du côté du nez. Enfin, il paraît, toujours selon Cuvier, que chez les siches la cornée manque complétement, et que chez ces animaux le cristallin vient s'appliquer au pourtour de l'ouverture de la sclérotique.   BAUDRY DE BALZAC.

CORNE FÉTIDE (Bois de). *Voy.* BOIS DE CORNE FÉTIDE.

CORNEILLE (en latin *cornicula*, diminutif de *cornix*, dérivé du grec κορώνη), race d'oiseaux du sous-genre *corbeau*, de la famille des corvidés, qui renferme plusieurs espèces, dont la plupart sont exotiques. Celles d'Europe sont la *corneille vulgaire* (*corvus corone*) et la *corneille mantelée* (*corvus cornix*).

La corneille vulgaire ou noire, qu'on nomme aussi *corbeau* et *corbine*, a un plumage d'un noir lustré, irisé en violet, la queue faiblement arrondie, le bec et les pieds noirs, l'iris brun. Les corbines se réunissent fréquemment aux corneilles mantelées et aux *freux* (autre espèce de corbeaux). Leurs troupes volent et cohabitent ensemble pendant l'hiver. Mais au printemps elles se séparent, et les couples fidèles se forment. Les corbines placent leur nid sur l'arbre le plus élevé, et le construisent avec des branches épineuses entrelacées et mastiquées avec de la terre, et le garnissent à l'intérieur de menues racines et d'herbes molles. La ponte est de cinq à six œufs blanchâtres, marqués de taches obscures. Le mâle et la femelle couvent chacun alternativement pendant vingt heures. Les corbines résistent avec courage aux oiseaux de proie, qui sont très-friands de leurs petits, et parviennent quelquefois à tuer leur ennemi : ces oiseaux omnivores attaquent le petit gibier, et se nourrissent aussi de charognes. Leur chair, dure, noire et fétide, ne sert d'aliment au pauvre que dans les cas d'extrême nécessité.

Les corneilles mantelées, dont le plumage est gris cendré au dos, au ventre et aux scapulaires, et parfois entièrement bronzé, se nourrissent de graines, de limaces, de vers, de fruits, de crabes et de petits poissons, et ne mangent de charognes que par nécessité.

On dit proverbialement d'un auteur qui n'a fait un ouvrage qu'avec des morceaux puisés dans les livres, qu'il est *la corneille d'Ésope, la corneille de la fable*, ou un geai paré des plumes du paon. *Aller de cul et de tête, comme une corneille qui abat des noix*, est une locution triviale et populaire.   L. LAURENT.

Le chant de la corneille, ainsi que celui du corbeau

était chez les Romains, comme il a été longtemps parmi nous, d'un mauvais présage à celui qui commençait une entreprise. Cette opinion, toutefois, n'était pas absolue, et l'on a vu des anciens tirer, au contraire, un bon présage de la rencontre d'une corneille :

Tarpeio quondam quæ sedit culmine cornix,
Est bene, non potuit dicere, dixit, erit.

La corneille était sous la protection de la déesse Concorde, comme le dit Élien. Cet auteur rapporte que les anciens avaient coutume d'invoquer cet oiseau lorsqu'ils pensaient à se marier. Politien confirme ce fait, et assure qu'il avait vu une médaille d'or de la jeune Faustine, fille de Marc-Aurèle et femme de L. Verus, sur le revers de laquelle était représentée une corneille, symbole de la concorde. E. HÉREAU.

CORNEILLE ou **CORNELIUS**, pape qui a été canonisé, était né à Rome, et fut élu évêque de sa ville natale en 251, après une vacance du saint-siège qui avait duré six mois, par suite de la persécution de l'Église chrétienne sous l'empereur Decius. Corneille se prononça avec force contre Novatien et ses adhérents ; mais il ne lui fut pas donné de jouir longtemps du triomphe qu'il avait remporté sur lui, attendu que dès l'année 252 il était arrêté par ordre de l'empereur Gallus ; et il est probable qu'il subit alors le martyre. Sa fête se célèbre le 16 septembre.

CORNEILLE. Nom illustre dans nos fastes littéraires, et qui fut celui du véritable créateur du théâtre français. D'autres membres de cette famille cultivèrent la poésie.

CORNEILLE (PIERRE), naquit à Rouen, le 6 juin 1606. Son père, nommé *Pierre* comme lui, était maître des eaux et forêts en la vicomté de Rouen, et Marthe Lepesant, sa mère, était fille d'un maître des comptes. Élevé chez les jésuites, il leur conserva toute sa vie un grand attachement, et s'occupa trop peu des affaires politiques de son temps pour rechercher s'ils en étaient dignes. Destiné d'abord au barreau, il en fut dégoûté par le peu de succès qu'il y obtint, et l'amour lui révéla sa vocation pour le théâtre. Fontenelle raconte qu'un jeune homme de Rouen, l'ayant conduit chez une demoiselle dont il était amoureux, fut supplanté par Corneille, qui se rendit plus agréable que son introducteur. Cette aventure lui parut comique, et lui inspira la comédie de *Mélite*, qui fut représentée en 1620. L'auteur avoue qu'il ignorait alors s'il y avait des règles au théâtre. Malgré ses défauts et ses invraisemblances, cette pièce obtint un grand succès, fit connaître Corneille à la cour, fit pressentir une révolution dans l'art dramatique, et donna lieu à l'établissement d'une nouvelle troupe de comédiens à Paris. Un seul théâtre y existait alors ; il était établi à l'hôtel de Bourgogne, avec privilège depuis 1518, et la direction en était confiée au sieur de Bellerose. Y régnaient en maîtres de la scène les Du Ryer, les Jodelle, les Scudéry, et surtout le poëte Hardy, qui s'était engagé à fournir six tragédies par an aux comédiens. Ces auteurs, qui forment le troisième âge de l'art dramatique en France, avaient tiré la tragédie des rues et des tréteaux, mais aucune de leurs compositions n'était comparable même à *Mélite*, quoiqu'il fût encore impossible de deviner la haute destinée de son auteur.

Les reproches que valut à Corneille le peu d'action qu'on voit dans cette comédie le jetèrent dans le défaut contraire. Il mit tant d'événements dans *Clitandre*, jouée en 1630, que cette pièce en parut d'abord inintelligible ; mais il la renferma dans l'espace d'un jour, et donna ainsi le premier exemple de cette unité de temps qu'il avait négligée dans son début. Il ne suivit pourtant pas cette règle dans *La Veuve*, représentée en 1634 ; mais l'intrigue fut plus raisonnable, le style plus dégagé des pointes, des comparaisons, des allégories, que le poëte Hardy avait mises à la mode. Il parut vouloir seulement l'imiter dans sa précipitation, car il fit jouer la même année *La Galerie du Palais* et *La Suivante*,

que suivirent, en 1636, *La Place Royale* et *Médée*. Cette tragédie fut son coup d'essai dans ce genre : il n'était pas heureux. Corneille n'y avait pas même rencontré le style tragique, et les lecteurs de notre temps y trouvent plus à rire que dans ses comédies. Toutes ces pièces le distinguaient cependant de ses devanciers, qu'il avait la bonté d'appeler ses modèles. Ses plans étaient plus réguliers, son dialogue plus naturel, sa versification plus pure. Mais il parut rétrograder dans *L'Illusion comique*, représentée l'année suivante, en confondant le tragique, le comique, souvent même le burlesque, à la manière des auteurs qui l'avaient précédé et de ceux qui deux siècles plus tard devaient le suivre sur notre scène. Tout cela n'était pas encore du Corneille.

Le hasard lui fit abandonner cette fausse route et chercher d'autres guides que ceux qui l'avaient égaré. Une anecdote racontée par le père Tournemine opéra ce changement de direction dans ses idées : Un vieux courtisan, secrétaire de la reine Marie de Médicis, venait de se retirer à Rouen pour y finir ses jours, à l'époque où notre poëte, également dégoûté de la cour, retournait dans sa ville natale pour chercher d'autres inspirations, loin du tumulte de la capitale, des mauvais exemples des auteurs, qui lui disputaient la faveur publique, et pour échapper surtout au tyrannique patronage du cardinal de Richelieu. On sait que l'honneur de gouverner l'État et l'ambition de dominer l'Europe ne suffisaient point à cette Éminence ; qu'elle aspirait encore à régner sur le Parnasse. Ce grand ministre avait la manie de composer des canevas de comédie, et les faisait remplir par un comité d'auteurs : c'étaient L'Étoile, fils de l'auteur des *Mémoires* ; Bois-Robert, Colletet et Rotrou, qui n'était pas encore l'auteur de *Venceslas*. Corneille avait été admis dans cette coterie de poëtes officiels, et reçut comme eux la pension dont le cardinal payait leur servile complaisance. Mais les défauts qu'il remarquait dans les plans du cardinal rebutaient son imagination poétique, et il se permettait, contre l'usage de ses confrères, des changements qui étaient loin de satisfaire la vanité du maître. Richelieu s'offensa de cette audace ; Corneille se piqua de cet entêtement à ne pas vouloir de conseils dans un genre de travail qu'il connaissait mieux que le ministre, et il rompit avec ce despote. M. de Châlon le reçut ainsi, le félicita de ses premiers succès ; mais il lui déclara en même temps que s'il persistait dans la route qu'il s'était ouverte, il n'acquerrait jamais qu'une gloire passagère. « Apprenez l'espagnol, ajouta-t-il : cette langue est facile, et je vous aiderai. Vous trouverez dans les auteurs de ce pays des sujets qui, traités par un génie comme le vôtre, produiront les plus grands effets. »

Corneille suivit ce conseil, étudia particulièrement Guillem de Castro, et puisa le sujet du *Cid* dans les ouvrages de ce poëte. Ce n'était point la première pièce que nos écrivains eussent empruntée à l'Espagne. La littérature castillane était en vogue à Paris depuis que les Espagnols s'étaient tant mêlés de nos affaires ; mais le mauvais goût des imitateurs ajoutait encore aux vices des originaux, et Corneille n'avait garde de suivre cet exemple. Castro avait tiré ce sujet intéressant d'une foule de romances qui célébraient les exploits et les amours du Roland espagnol ; mais les défauts en surpassaient les beautés, et Corneille eut un grand travail à faire pour approprier cette tragédie à la scène qu'elle devait régénérer. Il fut vivement frappé par cette admirable situation d'une maîtresse qui, pour venger la mort de son père, poursuit la mort de l'amant qu'elle adore et qu'elle tremble en même temps de perdre par l'effet de ses poursuites. Ce sujet remplissait les deux premières conditions qu'Aristote avait imposées à la tragédie. C'était la seule pièce qui après *Pastor fido* eût fait couler des larmes sur les théâtres de l'Europe. Il y avait là de grandes passions à développer, des situations qui allaient à l'âme, des éléments d'un grand succès, et Corneille se trouva à la hauteur d'un pareil sujet. La réussite n'en fut point douteuse.

Les spectateurs furent transportés, et la renommée de Corneille brilla d'un éclat incomparable.

L'envie la lui fit chèrement payer; le cardinal de Richelieu ne fut dans cette occasion qu'un petit poëte, plein de petites passions et de mesquines jalousies. Remarquons auparavant, de peur de l'oublier, que *Le Cid* fut joué la même année que *L'Illusion comique*, et que l'anecdote du père Tournemine doit appartenir à un temps plus reculé, car il eût été impossible que dans le faible intervalle qui sépare les deux pièces Corneille se fût mis en état de comprendre Guilhen de Castro et de produire un aussi bel ouvrage. Le déchaînement des haines rivales fut aussi étonnant que le succès. Un auteur appelé Claveret publia contre *Le Cid* les injures les plus grossières; Mairet s'exprima avec une amertume indigne de l'auteur de *Sophonisbe*. Le cardinal, fondateur de l'Académie Française, ordonna à cette compagnie de faire un examen sévère du premier chef-d'œuvre applaudi du théâtre français, mais avec le dessein d'en rabaisser le mérite et d'en humilier l'auteur. L'Académie s'occupa de ce travail pendant cinq mois; mais sa critique, rédigée par Chapelain avec beaucoup de goût et de modération, ne satisfit point la jalouse colère du dominateur de la France. Elle n'était point en harmonie avec les nombreuses brochures où les insultes les plus dégoûtantes se joignaient à la plus honteuse ignorance des lois du goût et de la raison. L'Académie avait cependant exagéré les défauts de cette pièce. La plupart de ces prétendus défauts étaient des beautés du premier ordre. Mais Paris et les provinces vengèrent Corneille de ce débordement d'infamies, qui n'ont fait tort qu'à leurs auteurs. Il passa en proverbe de dire : *Cela est beau comme Le Cid*. L'Europe admira comme la France, et Corneille montrait avec orgueil cette pièce traduite dans toutes les langues vivantes.

La révolution du théâtre ne fut pas cependant accomplie. Les rapsodies qui régnaient sur la scène avant *Le Cid* furent suivies de beaucoup d'autres dans le même goût. Le même public qui se passionnait pour ce chef-d'œuvre applaudissait également le *Méléagre* de Benserade, la *Didon* de Boisrobert, le *Bélisaire* de Rotrou, l'*Arminius* de Scudéry, et les conceptions bizarres des Rayssiguier, des Marcassus, des Bridard, des Frenicle et autres poëtes ensevelis dans les recueils de l'abbé Goujet et des frères Parfait. Longtemps même après Corneille, ces générations de barbares se succédèrent pour lutter contre son goût et son exemple. Mais une autre ligne de grands génies suivit la route que l'auteur du *Cid* avait ouverte, forma le goût de la nation, tira notre langue de la barbarie, et nous donna cette littérature modèle qui fait encore l'admiration de l'Europe. L'Académie avait eu cependant raison dans la plupart de ses critiques. L'action du *Cid* est embarrassée, ralentie par des scènes inutiles, des personnages parasites, qu'on supprime maintenant à la représentation. Cette tragédie se ressentait de son origine; mais rien n'était plus absurde de la part de certains critiques que de reporter à Guilhen de Castro tout l'honneur de cette création. Ce reproche piqua Corneille; il voulut ne rien devoir qu'à lui-même, ne s'en fier qu'à son génie, et choisit un peuple dont la gloire répondît à la hauteur de ses pensées, à la majesté de son style. Il s'attacha dès lors aux Romains, et, mesurant les hommes de cette nation à la grandeur de ses destinées, il les fit encore plus grands que ne les avait faits l'histoire.

Les Horaces, joués en 1639, révélèrent toutes les ressources de son génie. Les annales de Rome ne lui fournissaient qu'un combat; il devina les passions que ce combat avait dû mettre en jeu, et les développa, surtout dans les premiers actes, avec un art inconnu jusqu'à lui. Les deux derniers présentent deux actions nouvelles, et pèchent contre la plus impérieuse des trois unités. Mais ce défaut est racheté par de si beaux vers, par des plaidoyers d'une si mâle éloquence, qu'ils ont trouvé grâce devant la postérité. Tout est création dans cette pièce. Tite-Live ne lui a prêté que le récit du combat et quelques traits du dernier discours du vieil Horace. Les autres parties de ce sublime caractère, les personnages de Camille et de Sabine, les rôles du jeune Horace et de Curiace, ne doivent rien à Tite-Live. Tout appartient à Corneille, qui se montre supérieur à lui-même. Il avait le sentiment de cette supériorité quand il répondit à ceux qui le menaçaient d'une seconde critique officielle, qu'Horace, condamné par les duumvirs, avait été absous par le peuple. L'envie parut reculer devant le nouveau chef-d'œuvre. Elle n'avait plus à alléguer le défaut d'invention; elle ne pouvait attribuer à un original étranger les beautés des *Horaces* : Corneille s'était mis à l'abri de ce reproche. Le succès en fut d'autant plus étonnant que, suivant la remarque de La Harpe, le sujet était bien moins heureux que *Le Cid*, et bien plus difficile à manier. Mais nous ne pouvons partager le sentiment de Voltaire, qui était allé plus loin que son disciple, en prononçant que le sujet des *Horaces* n'était pas fait pour le théâtre. Toutefois, on est désolé de voir un auteur qui s'était élevé si haut se rapetisser tout à coup dans sa dédicace. Il n'y a point de dignité dans le choix du patron qu'il donne à cette tragédie. Le cardinal de Richelieu s'était avili aux yeux de la postérité en persécutant l'auteur du *Cid* par des moyens indignes de lui. L'auteur des *Horaces* ne devait point s'humilier en le flattant. Un Romain des premiers temps ne l'eût point fait. C'était imiter les flatteurs d'Octave. Mais Corneille était pauvre; il était obligé de vivre à Rouen et ne pouvait venir à Paris que pour faire représenter ses ouvrages. Il en recueillait moins de profit que de gloire. Il recevait 500 écus de pension du cardinal. Cette éminence était toute-puissante; elle avait altéré la joie des premiers succès de Corneille, et le poëte sentit la nécessité de faire taire les ressentiments du ministre. N'importe, cela fait mal.

Cinna suivit de près *Les Horaces*, et fut joué la même année. Corneille avait pris goût aux Romains; il s'était identifié avec eux. Il y avait une sorte de sympathie entre leur gloire et son génie. Mais il est étonnant qu'il ait choisi une époque où les Romains n'avaient plus de grandeur personnelle, où les habitudes de la servilité avaient dégradé leurs sentiments primitifs; qu'il ait franchi, sans être inspiré, les époques intermédiaires où le patriotisme et la vertu se signalaient par tant d'héroïsme. Un trait de clémence raconté par Sénèque le philosophe frappa son imagination. C'était le seul épisode du règne d'Auguste qui imprimât un caractère de grandeur personnelle à ce charlatan couronné; et Corneille ne trouvait dans l'histoire aucune figure vraiment héroïque qu'il pût grouper autour de son premier personnage. Cinna, d'après Sénèque, n'était qu'un étourdi, *stolidi ingenii vir*; mais il était de la race de Pompée, et Corneille le revêt de tous les sentiments d'un Brutus, animé par deux grandes passions, l'amour et la liberté. Il lui donne pour maîtresse et pour complice la fille même victime des triumvirs. Il réunit ainsi contre Auguste toutes les libertés de la vieille Rome qu'il avait opprimées, tous les ressentiments qu'Octave avait soulevés par ses proscriptions, et par cette conception admirable il s'élève à l'apogée de son talent et de sa gloire. Voltaire a signalé des défauts dans cette pièce, et Corneille lui-même ne s'épargne point dans l'examen qu'il en fait. Mais la simplicité de l'action, l'intérêt qu'elle inspire, la vigueur du style, la majesté des détails, l'énergie des caractères, la conduite de la fable, la beauté du dénoûment, la sublimité des pensées, tout en fait le chef-d'œuvre de Corneille et peut-être de l'art dramatique. « Ce ne sont point, dit Voltaire, des actes ajoutés à des actes, des intérêts indépendants les uns des autres. C'est toujours la même intrigue, et les trois unités y sont aussi parfaitement observées qu'elles puissent l'être ». *Cinna* fut en effet la première pièce de notre théâtre qui présenta cette régularité, et sous ce rapport aucune autre ne l'a surpassée. Elle acheva cette révolution dramatique que son auteur avait commencée, et ne lui attira que des éloges. « Votre *Cinna*, lui écrivait Balzac, guérit les malades. Il fait que les paralytiques battent des mains. Vous nous montrez la Rome de Tite-Live aussi pompeuse qu'elle était au temps des Césars ; et ce que vous prêtez à l'histoire est toujours meilleur que ce que vous empruntez d'elle. » Deux siècles entiers ont confirmé le jugement des contemporains, et les absurdes dédains de la génération actuelle n'influeront pas sur le jugement des siècles à venir. Nous ne remarquerons pas que *Cinna* fut la tragédie de prédilection de Napoléon : l'admirateur outré d'Ossian doit être suspect en matière de goût ; mais nous tenons d'un familier de sa cour une réponse qui prouve le cas que ce grand homme faisait de Corneille. Le courtisan, surpris qu'une pension de 6,000 fr. eût été allouée à deux tragiques de l'empire, lui demanda ce qu'il eût donné à Corneille. « Vingt millions, » répondit l'empereur ; mais Corneille n'était point là pour le recevoir.

Il suivit encore les Romains dans *Polyeucte* ; mais il ne les montra que dans cet état de dégradation où les avait fait descendre la tyrannie, et leur opposa l'énergie des premiers chrétiens. Si l'on me répond par le beau caractère de Sévère, je répliquerai que ce personnage n'agit point comme Romain, mais seulement comme un honnête homme de tous les pays. On sait que l'hôtel Rambouillet, tribunal suprême des beaux esprits de ce temps, condamna *Polyeucte*, à la lecture qu'en fit Corneille dans cette réunion célèbre ; et que Voiture lui fut député pour le supplier de ne pas risquer sa gloire dans la représentation de cet ouvrage. Le poëte fut ébranlé : un mauvais comédien le rassura contre l'arrêt des beaux esprits, et le public jugea comme le comédien. On a remarqué avec plus de justesse que c'était une chose hardie de mettre le christianisme en scène. Il n'y avait pas cinquante ans que les sujets sacrés avaient été abandonnés par nos auteurs dramatiques au profit de l'histoire grecque et romaine. Six ans même avant *Polyeucte* un certain Nicolas de Grouchy avait donné dix poëmes dramatiques en cinq actes sous le titre de *La Béatitude, ou les inimitables amours du Fils de Dieu et de la grâce*; Jean Puget de La Serre avait fait représenter *Le Martyre de sainte Catherine*; et Du Ryer donnait presqu'en même temps ses tragédies de *Saül* et d'*Esther*. Le public était donc habitué à ce sortes de sujets ; et Corneille, en y ajoutant l'ascendant de son génie et de ses succès, ne devait pas craindre de le rebuter. Le grand tragique ne cite point ces exemples dans son examen : il faisait sans doute trop peu de cas de ces barbares ; il se borne à parler de Grotius et de Buchanan, qui ne pouvaient faire autorité pour un public français. Quoi qu'il en soit, *Polyeucte* eut un grand succès, bien que le style n'en pût être partout comparé à celui des deux chefs-d'œuvre qui l'avaient précédé. Mais les quatre beaux caractères que développe cette tragédie, la régularité du plan, l'intérêt du sujet, en assuraient la réussite. Voltaire prétend qu'il fallait ennoblir le caractère de Félix par l'opiniâtreté d'un fanatisme religieux : il a raison ; mais il reste assez de beautés dans cette tragédie pour qu'elle soit inscrite au rang des plus belles.

On sent pourtant que Corneille décline, et cette décadence se manifeste par des faiblesses de style, qui se montrèrent en plus grand nombre dans *La Mort de Pompée*, jouée en 1641. Des personnages vils ne sauraient inspirer de nobles pensées, et dans cet entourage, César lui-même perd de son énergie et de son importance. Un héros de cette taille qui vient déclarer à Cléopâtre qu'il n'est allé vaincre à Pharsale que pour elle est moins digne de Corneille que de Cyrano de Bergerac. Mais César est partout ailleurs ce qu'il doit être, et le personnage de la veuve de Pompée est l'une des plus belles créations de ce grand poëte. Cette tragédie n'est cependant pas comparable à *Polyeucte*, à plus forte raison à *Cinna*; et cette décadence si rapide a d'autant plus lieu de nous étonner dans un génie de trente-six ans, qu'il avait rassemblé toutes ses forces pour se maintenir à la hauteur de son chef-d'œuvre. C'est lui qui nous apprend dans la dédicace du *Menteur* qu'il avait fait *Pompée* pour satisfaire ceux qui ne trouvaient pas les vers de *Polyeucte* aussi beaux que ceux de *Cinna*, et pour leur montrer qu'il en saurait bien retrouver la pompe quand le sujet le comporterait. Sa volonté fut évidemment trahie par son génie, ou, pour mieux dire, par le choix du sujet, quoiqu'il nous laisse croire qu'il aurait fait ce choix à dessein, pour faire, dit-il, un essai de ce que pouvaient la majesté du raisonnement et la force des vers dénués de l'agrément du sujet.

Il voulut tenter en même temps, ajoute-t-il, ce que pouvait cet agrément sans la force des vers ; et il donna la même année sa comédie du *Menteur*, pour contenter ceux qui, après tant de poëmes graves, et selon lui *nos meilleures plumes* avaient enrichi la scène, lui demandaient quelque chose d'enjoué pour les divertir. Nous avons cherché quelles étaient ces bonnes plumes dont voulait parler Corneille, nous avons trouvé des Gombaud, des Scudéry et autres, dont les tragédies ne supportent pas la lecture. Nous voyons bien aussi des Mairet et des Rotrou ; mais la *Sophonisbe* du premier ne méritait pas cet honneur, et le *Vencesías* du second n'avait point encore vu le jour ; et nous ne pouvons attribuer ce léger trait de flatterie envers ses rivaux qu'à une extrême complaisance, ou à une extrême malice. En revenant à son premier genre, Corneille n'osa point voler de ses propres ailes. Il avoue qu'il n'eut point la témérité de se passer d'un guide qui l'empêchât de s'égarer ; et c'est aux Espagnols Lope de Véga et Alarcon qu'il s'adressa. C'est à lui qu'il emprunta le sujet du *Menteur* ; et ses premières comédies ne l'avaient pas plus fait espérer que sa *Médée* n'avait fait deviner *Le Cid*. Il eut ainsi, comme Voltaire le remarque, la gloire d'avoir créé notre scène comique avec autant de bonheur qu'il avait créé l'autre, puisque le théâtre n'avait retenti auparavant des gravelures de Hardy ou des farces de Jodelle, et que Molière n'y parut que vingt ans après. Le succès du *Menteur*, que la postérité a confirmé, suggéra à Corneille la malheureuse idée de lui donner une suite. Elle eut le sort de toutes les suites de ce genre, quoiqu'elle fût traitée par la même main.

Passons légèrement sur la tragédie de *Théodore, vierge et martyre*. C'est une étrange erreur que saint Augustin lui fit commettre ; mais Voltaire, dans son indignation, n'en a pas moins calomnié le style ; et ce n'est pas, quoi qu'il en dise, le plus inepte des versificateurs qui a écrit cette pièce. Corneille avait besoin toutefois de se relever. *Rodogune* vint au secours de sa gloire. Il en puisa le sujet dans Appien d'Alexandrie ; mais ce qu'il y ajouta et les beautés qu'il en fit jaillir attestent toutes les ressources de son génie. Cette peinture des plus violentes passions du cœur humain était une nouveauté pour lui : il porta, dans le cinquième acte surtout, le pathétique et la terreur jusqu'au plus haut degré du sublime. Le public retrouva son Corneille ; et si, comme l'observe La Harpe, les quatre premiers actes avaient été dignes du dernier, l'auteur aurait eu plus de raison d'hésiter entre *Rodogune* et *Cinna*. Il avait, comme dans *Théodore*, une haine de femme à développer. Mais quelle distance de Marcelle à Cléopâtre ! On est étonné que ces deux rôles soient presque en même temps sortis de la même plume. Cette tragédie avait été devancée de quelques mois sur la scène par une autre du même nom, et Fontenelle prétend que l'indiscrétion d'un ami avait révélé le secret de cette composition à un sieur Gabriel Gilbert, résident de la reine Christine. On retrouve dans Gilbert quelques-unes des situations créées par Corneille ; mais, comme il ne s'en plaint en aucune manière dans les préfaces et les examens où il a l'habitude de ne cacher aucun des incidents relatifs à ses ouvrages, on est fondé à douter d'un larcin qui, au reste, malgré la protection du duc d'Orléans, lieutenant général du royaume, ne porta point bonheur à le concurrent de notre premier tragique.

La manière de Corneille était cependant changée. Il commençait à multiplier les incidents, pour suppléer peut-être par de nouveaux moyens à la pompeuse énergie du style ou à la grandeur des sujets, qui avaient soutenu la simplicité de ses premiers plans. Il suivit, il outra même cette manière dans *Héraclius*, qui parut une année après, en 1647; et, comme dans *Rodogune*, cette complication d'intrigues y produisit des invraisemblances choquantes. On a dit, et l'on répète de nos jours, qu'il emprunta cette pièce à *la Comédie fameuse* de Calderon : c'est une erreur, que le père Tournemine et le confesseur de la reine d'Espagne ont victorieusement réfutée, en prouvant l'antériorité de la pièce de Corneille et la présence du poëte espagnol à Paris pendant qu'elle y était représentée. On a blâmé avec juste raison l'égalité d'intérêt qui s'attache aux deux princes, en ce qu'elle produit une parfaite indifférence dans l'âme du spectateur, le sacrifice du fils de Léontine par la mère, contre toutes les lois de la nature, et le peu de part que prend à l'action ce personnage annoncé d'abord comme le principal ressort de l'intrigue. Il n'y a en effet qu'un intérêt de curiosité dans cet ouvrage. Mais, comme dit La Harpe, l'amitié des deux princes, leur générosité réciproque et la situation de Phocas entre deux héros dont aucun ne veut être son fils, et entre lesquels il est embarrassé de choisir son successeur et sa victime, impriment aux deux derniers actes un intérêt plus réel et plus puissant.

Corneille chercha encore de nouveaux moyens de retenir la faveur publique en présentant une pièce à machines dans *Andromède*, et une *comédie héroïque* dans *Don Sanche d'Aragon*. Aucun de ces genres n'était nouveau. Déjà plusieurs auteurs avaient eu recours au machiniste et aux musiciens pour suppléer aux faibles ressources de leur esprit : *Le Mariage d'Orphée et d'Eurydice* avait été joué avec cet appareil en 1640; Mairet avait mêlé des chœurs à la *Silvanire*; Jean Desmarets avait fait descendre une déesse du ciel dans sa comédie allégorique de l'*Europe*; les tragicomédies de Hardy et de ses émules avaient également présenté le mélange de noms illustres et d'aventures comiques. L'Espagne avait surtout inventé et adopté cette espèce de drame. Mais Corneille pouvait seul lui donner des lettres de naturalisation sur notre scène; il avait seul alors le privilége de créer, même en imitant; et, malgré la médiocrité de ces deux pièces, elles sont tellement supérieures à tout ce qui les avait précédées que l'opéra et la comédie héroïque doivent remonter à ce grand poëte pour fixer la date de leur origine. Leur fortune fut toutefois différente : *Andromède*, jouée au théâtre du Petit-Bourbon, avec les décorations et les machines du signor Torrelli, eut plus de succès qu'elle n'en méritait, tandis que *Don Sanche* n'obtint pas celui dont il était moins indigne. Le beau caractère du principal personnage devait soutenir l'ouvrage; mais Corneille avait rendu le public difficile; il ne pouvait s'en prendre qu'à lui-même, et c'est à tort qu'il rejette la chute de cette pièce sur le grand Condé, dont l'*illustre suffrage* lui manqua. Un aussi grand poëte pouvait désormais se passer du patronage des rois et des princes; c'est lui qui se manqua à lui-même. Cependant, grâce à d'heureuses coupures, *Don Sanche*, réduit à trois actes, a reparu avec succès dans ces derniers temps au Théâtre-Français, et est sorti de l'oubli auquel Voltaire l'avait condamné.

Nicomède lui succéda en 1652, et ce fut encore une variété dans les compositions de ce génie extraordinaire. Ce n'est point, à proprement parler, une tragédie, car il n'y a ni terreur, ni pitié, ni grandes et fortes passions. Ce n'est pourtant pas une comédie, car il y a une grandeur tragique dans le personnage de Nicomède et dans les incidents qui forment le nœud de cette pièce. C'est la noble mystification

DICT. DE LA CONVERS. — T. VI.

tion d'un ambassadeur romain, à une époque où les agents de la république se plaçaient au-dessus des rois. Corneille puisa son sujet dans Justin, mais il en supprima la catastrophe sanglante qui termine ce dernier épisode de la vie de Prusias. Cette suppression est étonnante de la part d'un auteur tragique. Il n'osa point risquer sans doute un parricide sur la scène; et d'un fils barbare il fit un héros politique, dont l'ironie mordante s'attache à flétrir les Romains dans la personne de leur envoyé. C'était une sorte de démenti que Corneille se donnait à lui-même en rabaissant un peuple qu'il s'était plu à faire si grand dans ses chefs-d'œuvre. Le succès fut aussi brillant qu'il méritait de l'être. Mais le grand poëte avait évidemment baissé. Son style reprenait ces locutions vicieuses, ces vieilles tournures qu'il en avait lui-même bannies; et cependant il avait à peine quarante-six ans. *Pertharite*, qui éprouva l'année suivante une chute complète, révéla plus fortement encore cette décadence de son génie. Ce n'est pas, toutefois, comme il le dit lui-même, que le public ne pût supporter la résolution d'un mari qui cède son royaume pour racheter sa femme : cette détermination n'éclate qu'à la dernière scène, et le public avait eu à dévorer jusque là des invraisemblances fatigantes, des caractères vils, des amours sans intérêt et des vers souvent inintelligibles. Pertharite n'avait plus d'ailleurs de royaume à donner; il en était dépossédé, il était captif, et aux yeux d'un conquérant barbare le sacrifice n'eût pas été le prix qu'il y mettait. Cette chute découragea Corneille. Il résolut de renoncer au théâtre, et s'appliqua le *Solve senescentem* d'Horace. Il se console en songeant, dit-il, qu'il va laisser la scène française en meilleur état qu'il ne l'avait trouvée, et prédit à la France l'inimitable Racine, en prévoyant qu'il viendra de plus heureux poëtes pour perfectionner un théâtre qu'il a retiré de la barbarie.

Il est fâcheux pour lui qu'il n'ait pas persisté dans sa résolution. Après avoir occupé l'activité de son esprit à traduire en vers français l'*Imitation de Jésus-Christ*, à l'instigation des jésuites, dont le crédit donna quelque vogue à ce faible et inutile ouvrage, il revint pour son malheur à ses premières inclinations. Le surintendant Fouquet ne cessait de l'y engager par ses conseils. Il lui fit accepter le sujet d'*Œdipe*, et ne lui donna que deux mois pour le mettre en œuvre. Monseigneur commandait une tragédie comme il eût commandé à un commis un état de finances. La précipitation porta malheur à Corneille; il n'eut pas le temps d'approfondir un sujet aussi terrible, qui fit, soixante ans plus tard, la fortune du jeune Voltaire; il en noya les incidents tragiques dans un fatras de conversations oiseuses, dans les insipides développements d'un amour ridicule; et son plus grand tort fut de ne pas vaincre Sophocle en l'imitant. Mais Voltaire a eu tort à son tour de se moquer de l'amour de Thésée pour Dircé; car celui de Philoctète pour Jocaste est plus ridicule encore. Le succès d'*Œdipe* attira cependant sur Corneille les libéralités de Louis XIV; et la crainte d'être ingrat le rengagea pour jamais au théâtre. Mais il n'y présenta plus que des sujets mal choisis, des plans mal combinés, des conceptions fausses, une versification en général lâche et diffuse, où l'impropriété des termes, la trivialité de l'expression, le disputaient trop souvent à la bizarrerie des pensées. Ainsi, de 1661 à 1674, *La Toison d'or*, *Sertorius*, *Sophonisbe*, *Othon*, *Agésilas*, *Attila*, *Tite et Bérénice*, *Pulchérie*, *Suréna*, ne renferment plus qu'une nomenclature qui dépare les œuvres de ce grand poëte. Fontenelle a beau s'extasier sur le mérite de quelques-uns de ces ouvrages; Corneille lui-même s'aveugle en vain sur leur peu de valeur : ils sont indignes de lui, et en examinant de bien près les causes de leur faiblesse, on ne peut l'attribuer qu'à sa manie de mettre de l'amour partout. Il ne semble plus composer une tragédie que pour développer cette passion; il prend plaisir à la multiplier, à la torturer par une complication d'incidents sans intérêt, à en dénaturer l'expression par des pensées alambiquées et des vers où le mot propre ne se rencontre presque jamais. C'est du Marivaux tragique.

Cependant, du sein de ces obscurités jaillissent par intervalles des éclairs de génie qui rappellent le grand Corneille. Il n'est pas une de ces pièces où il ne se trouvent des vers, des tirades, des scènes, des actes même, qui révèlent son génie. Dans *Sertorius*, c'est la scène de Pompée avec ce chef des rebelles, scène admirable et digne de l'auteur de *Cinna*. Dans *Sophonisbe*, c'est l'attachement de cette reine pour Carthage et son aversion pour Rome, qui lui inspire souvent de très-beaux vers, le noble caractère d'Éryxe, la réponse de Sophonisbe à Massinisse quand il veut l'entraîner aux pieds de Scipion. *Othon* nous offre l'une des plus belles expositions qui soient au théâtre, et où se trouvent les quatre vers sublimes sur les favoris de Galba, que tout le monde sait par cœur. C'est encore du Corneille que les vers du second acte, où l'affranchi Martian s'enorgueillit de ce titre, la noble ironie de la réponse de Plautine, et la hauteur des dédains qu'elle manifeste pour lui, quand on vient lui annoncer que le vieux Galba lui accorde la main d'Othon. Nous rencontrons même dans *Agésilas* une longue scène entre Lysandre et le roi de Sparte, où la critique ne peut se prendre qu'à la coupe des vers, si l'on veut à toute force considérer cet ouvrage comme une tragédie. Mais ce n'est et ne peut être qu'une comédie héroïque, et tout en approuvant le fameux *hélas* ! dont Boileau l'a frappée, en condamnant le sujet, le plan et la conduite de cette pièce, il est impossible de ne pas remarquer la rapidité du dialogue, la facilité du style et la clarté de l'expression. C'est un essai de comédie à rimes croisées, en vers irréguliers, dont l'intrigue est sans doute difficile à comprendre, mais dont chaque phrase est fort intelligible et fort habilement cadencée. *Attila* nous offre encore de ces beautés de détail qui n'appartiennent qu'à Corneille. Mais la seule idée de faire soupirer *le fléau de Dieu* devait porter malheur à son génie, et l'on ne peut vraiment citer que dix à douze vers isolés, qui forment un étonnant contraste avec leur ridicule entourage.

Il fit encore pis dans *Tite et Bérénice*. On sait que c'est un mauvais tour que lui joua, par l'entremise de Dangeau, cette Henriette d'Angleterre qui avait à vaincre sa passion pour Louis XIV, son beau-frère. Elle voulait voir développer sur la scène les sentiments qu'elle avait eu à combattre, et elle en chargea simultanément les deux plus grands poètes de l'époque. Le vieux Corneille fut vaincu par le jeune Racine, qui ne se doutait pas de cette concurrence; mais celui-ci ne triompha point de l'auteur d'*Andromaque*. Cette défaite ne découragea point le vieillard, il retrouva quelque vigueur dans le premier acte de *Pulchérie*. La première scène en est surtout imposante et poétique; le caractère d'Aspar s'y développe d'une manière admirable; et au milieu de ce conflit d'amours ridicules, qui font une fatigue de la lecture de cette pièce, on s'arrête avec plaisir sur la scène du troisième acte où Pulchérie explique à Justine ses sentiments pour Léon. *Suréna* nous présente des fragments du premier ordre. Le caractère du héros, ses réponses à Pacoras, à Orode, la plupart de ses scènes avec Eurydice, le rôle presque entier de cette princesse, et la presque totalité du cinquième acte, renferment des vers admirables et de sublimes pensées. On peut citer enfin la délicieuse scène de l'Amour et de Psyché, dans la tragi-comédie qu'il fit en commun avec Molière pour les fêtes de Versailles.

Nous ajouterons peu de chose à sa gloire en parlant d'une foule de poésies, d'épîtres, de sonnets, adressés au roi, aux grands seigneurs, aux hommes célèbres de son temps. Ce n'est point là qu'il brille son génie. Il avait besoin d'être animé par de grandes passions ou de grands caractères. Ces flatteries, ces remerciments, ces éloges, n'allaient ni à la tournure de son esprit, ni à la simplicité de sa nature, qui le fit qualifier de bonhomme par le courtisan Dangeau. Il avait de la bonhomie sans doute, mais ce n'était point celle dont entendait parler ce vieux pilier de cour, qui n'y voyait qu'un vieux bourgeois vêtu d'un habit râpé. Cette bonhomie éclate dans toutes les dissertations où il énumère avec tant de franchise et d'impartialité les défauts et les beautés de ses ouvrages. Il a bien quelquefois pour eux une complaisance de père, mais on n'y trouve jamais cette intrépidité d'amour-propre ou cette naïveté orgueilleuse dont ses disciples et ses successeurs nous ont donné et nous donnent tous les jours de si fatigants exemples. Ces dissertations, imprimées sous les titres de préface, d'examen, d'épître dédicatoire, ne sauraient être négligées par les hommes qui s'occupent de l'art dramatique; elles renferment des enseignements utiles, qu'on ne peut trop consulter; et Corneille, toujours passionné pour un art qu'il avait régénéré, ne s'est pas borné à les leçons. Ses discours sur la poésie dramatique, sur la tragédie, sur les trois unités, attestent la pureté de son goût, la solidité de son jugement, la connaissance profonde d'un art qu'il avait élevé si haut, et que d'imbéciles critiques l'accusaient cependant de ne pas connaître. Ce ne fut point seulement la représentation du *Cid* qui lui valut des injures; l'abbé d'Aubignac ne cessa de le poursuivre de ses grossières diatribes, pour se venger de ce que Corneille ne l'avait jamais cité dans ses dissertations. L'auteur de la *Pratique du Théâtre* était blessé de cet oubli; il se déshonora par sa vengeance. Corneille ne fut pas en reste de grossièretés, et ses épigrammes sont heureusement perdues. Les plus illustres de ses contemporains le consolèrent de ces inconvénients du métier par leur amitié ou leur admiration. Le chancelier Séguier avait pour lui une affection toute particulière, ainsi que les beaux esprits de l'hôtel de Rambouillet. Richelieu fut révolté lui-même des platitudes que l'envie inspirait aux Scudéry; il leur fit commander de se taire. Balzac et Saint-Évremond lui témoignaient de l'attachement et du respect. Le dernier nous apprend l'état que faisaient les étrangers de notre grand tragique. Les Anglais donnaient à leur Ben-Johnson le nom du Corneille de l'Angleterre. Waller attendait ses tragédies avec une grande impatience, et se faisait un honneur et un plaisir d'en traduire les meilleurs passages. Vossius proclamait hautement qu'il le préférait à Sophocle et à Euripide.

Il est étonnant que Fontenelle ne parle point, dans la vie de son oncle, de son entrée à l'Académie Française; il est moins étonnant que les fondateurs de cette compagnie ne l'aient pas admis dans son sein dès l'origine. Il s'y présenta même deux fois avant d'y être nommé, malgré la représentation et sans doute à cause du succès de tous ses chefs-d'œuvre. C'est en 1647 qu'il entra enfin y prendre la place de Maynard, dont il ne dit pas un mot dans son remerciment. Ce discours de réception est sans contredit ce qu'il a écrit de plus médiocre. L'Académie n'était pas faite pour l'inspirer; il se rappelait les amertumes dont elle l'avait abreuvé, et il était le seul qui fût alors digne de l'être. Il la loua cependant du mieux qu'il put, la traita d'illustre, et parla des maîtres de la scène comme s'il en existait d'autres que lui. Corneille s'était essayé aussi en vers latins, qui furent recueillis en 1738, par l'abbé Granet, avec ses autres œuvres fugitives. Ils n'ajoutent pas plus à sa gloire que sa traduction de quelques psaumes et son *Imitation de Jésus-Christ*. On prétend qu'il avait une place marquée au théâtre, et que le public se levait à son arrivée. Voltaire en doute, et il en donne pour preuve que les comédiens refusèrent de jouer ses deux dernières pièces. Les deux faits peuvent être également vrais; on pouvait vénérer l'auteur de *Cinna* et craindre d'étudier *Agésilas* et *Pulchérie*. Fontenelle nous a tracé de son oncle le portrait suivant : « Il était assez grand et assez bien fait, l'air fort simple et fort commun, toujours négligé et peu curieux de son extérieur. Il avait le visage assez agréable, un grand nez, la bouche belle, les yeux pleins de feu, la physionomie vive, des traits fort marqués. Sa prononciation n'était pas fort nette. Il lisait ses vers avec force, mais sans grâce. Il parlait peu, même sur la matière qu'il entendait si parfaitement ; il n'ornait pas ce qu'il disait, et pour trouver le grand Corneille il fallait le lire. Il était mélancolique, avait l'humeur brusque et quelquefois rude en apparence. Au fond, il était fort aisé à vivre, bon mari, bon parent, tendre et plein d'amitié ; son tempérament le portait à l'amour, jamais au libertinage, rarement aux grands attachements ; il avait l'âme fière, indépendante, nulle souplesse, nul manège ; il n'aimait point la cour, il y apportait un visage presque inconnu et un mérite qui n'était pas de ce pays-là. Rien n'était égal à son incapacité pour les affaires que son aversion. Quoique son talent lui eût beaucoup rapporté, il n'en était guère plus riche ; il était sensible à la gloire, mais fort éloigné de la vanité, car il croyait trop facilement qu'il pût avoir des rivaux. A beaucoup de probité naturelle il a joint, dans tous les temps de sa vie, beaucoup de religion, et plus de piété que n'en permet ordinairement le commerce du monde. »

Corneille avait épousé sous le règne de Louis XIII une fille du lieutenant général des Andelys. Il en eut trois fils, dont aucun n'hérita de son génie. L'aîné, capitaine de cavalerie et gentilhomme ordinaire du roi, fut père de *Pierre-Alexis*, marié à Nevers, en 1717, et dont le fils, *Claude-Étienne*, donna le jour à Jeanne-Marie CORNEILLE, et à *Pierre-Alexis*, qui a laissé cinq enfants. Pierre-Alexis était encore réduit en 1817 à demander au ministre des finances une petite place, « au nom du grand Corneille, dont il était, écrivait-il, le vrai sang en ligne directe ». Il fut plus tard nommé professeur au collège de Rouen. Un de ses frères avait sous la Restauration une petite boutique de libraire près de la place des Victoires. Une de ses sœurs essaya vainement, à la même époque, de débuter au Théâtre-Français dans la tragédie. Voltaire n'avait connu qu'une petite nièce de Corneille, et ce fut pour lui constituer une dot qu'il publia, en 1764, ses *Commentaires*. Sous Louis XVI, Malesherbes connut dans Jeanne-Marie Corneille une descendante directe du grand homme ; il en fit sa pupille, et lui obtint une pension sur la Comédie-Française. Elle avait sous la Restauration, un bureau de tabac rue Montmartre, et élevait cinq enfants de son frère. Le second fils de l'auteur du *Cid*, officier de cavalerie comme son frère aîné, fut tué à la fleur de l'âge ; le troisième, par goût pour la gloire, entra dans les ordres, obtint en 1630 le bénéfice d'Aigue-Vive, dans la Touraine.

Corneille mourut à soixante-dix-huit ans, le 1er octobre 1684. Louis XIV lui envoya un secours pendant sa dernière maladie ; mais ce grand poète n'appartient pas à ce règne, comme on est convenu de le dire. Il avait donné tous ses chefs-d'œuvre à l'avénement de ce prince ; et les rois, quelque grands qu'ils soient, n'ont pas le pouvoir de créer des génies ; c'est assez qu'ils ne les persécutent pas. A Corneille plus qu'à Louis XIV appartient en effet l'honneur d'avoir donné Molière et Racine à la France. Ce grand monarque est assez riche de sa propre gloire, et son siècle est assez beau pour n'avoir pas besoin d'emprunter un éclat qui lui est étranger. On voit encore à Rouen, rue de la Pie, l'humble maison où naquit le grand tragique. Le 6 juin 1834 cette ville inaugura dans ses murs la statue de son illustre compatriote.

CORNEILLE (THOMAS), frère du précédent, plus jeune que lui de vingt années, naquit à Rouen, le 20 août 1625. Élevé au collège des jésuites de cette ville, il ne s'y fit distinguer que par une pièce en vers latins, que son maître de rhétorique fit représenter à la distribution des prix à la place de celle qu'il avait composée lui-même pour cette solennité. Attiré à Paris par le grand Corneille, qui avait déjà donné ses trois chefs-d'œuvre, il se fit poète par imitation, et crut trouver dans le théâtre espagnol la gloire que l'auteur du *Cid* y avait puisée. Il fondit, en 1651, dans *Les Engagements du Hasard* deux pièces de Calderon, et ne produisit qu'un avorton qu'il n'osa pas avouer. Le même auteur lui fournit la même année son *Feint Astrologue*, et don Francisco de Roxas son *Bertrand de Cigaral*. Deux ans après, il prit dans Antonio de Solis sa comédie de *L'Amour à la Mode*, et, désespérant sans doute de retrouver chez nos voisins ce que son frère y avait découvert, il exploita dans *Le Berger extravagant* l'ingénieuse satire de Sorel contre la manie des pastorales. Son peu de succès le ramena vers les Espagnols. Augustin Moreto lui suggéra son *Charme de la Voix*, et il s'en prit à l'original de la nouvelle chute qu'il éprouva. Moins malheureux dans *Le Geôlier de soi-même*, puisé aux mêmes sources, il essaya un nouvel échec dans une dernière imitation sous le titre des *Illustres Ennemis*, et parut enfin se dégoûter entièrement de ses premiers guides. Il osa s'abandonner à lui-même, et produisit sa tragédie de *Timocrate*, qui eut un succès si prodigieux que Louis XIV quitta Versailles pour venir la voir, et qu'après quatre-vingts représentations, les comédiens, lassés de la jouer, vinrent demander grâce au public, qui ne cessait d'y courir. Cette vogue extraordinaire est d'autant plus inconcevable qu'il nous serait aujourd'hui impossible de voir jouer cette pièce, et qu'il y a même du courage à la lire jusqu'au bout. Le même enthousiasme accueillit ses tragédies de *Darius*, de *Stilicon*, de *Camma*, de *Laodice* et d'*Annibal*, et le même public qui se pâmait à la représentation de ces médiocrités applaudissait à peine le *Britannicus* de Racine. A ces prétendus chefs-d'œuvre Thomas Corneille entremêla ses tragédies de *Bérénice*, de *Commode*, de *Maximien*, de *Pyrrhus*, de *Persée* et *Démétrius*, d'*Antiochus*, de *Théodat*, de *La Mort d'Achille*, et ses comédies du *Galant doublé*, du *Baron d'Albikrac*, de *La Comtesse d'Orgueil*, de *Don César d'Avalos*, compositions malheureuses, qui avaient cependant autant de droit que les premières à l'engouement du parterre.

Ce fut enfin en 1672, à l'âge de quarante-sept ans, que Thomas Corneille produisit un ouvrage digne de parvenir jusqu'à nous : *Ariane* lui valut un succès qui s'est soutenu, parce encore à ce rôle unique, qui tente assez souvent les débutantes. Ce succès balança celui de *Bajazet*, que Racine faisait représenter en même temps ; et six ans après *Le Comte d'Essex* vint ajouter à la réputation de Thomas Corneille. Ce ne sont pas deux chefs-d'œuvre, mais l'intérêt qui règne dans ces deux pièces, la régularité de leur marche, la pureté du dialogue, en font goûter encore la représentation. Ne disons pas toutefois, comme Voltaire, que Thomas écrivait avec plus de pureté que son frère. Remarquons seulement que la réputation de l'auteur d'*Ariane* l'importunait moins que la gloire de l'auteur de *Cinna*. La comédie du *Festin de pierre* est aussi restée au théâtre, et y est plus souvent jouée que les deux tragédies. On sait que cette pièce, empruntée à l'espagnol Tirso de Molina, avait été donnée en prose par Molière en 1665. Ce fut la veuve de notre grand comique qui, après la mort de son mari, pria Thomas Corneille de la mettre en vers ; et cette traduction versifiée est restée seule en possession de la scène française, jusqu'à ces derniers temps, où l'on a vu reparaître, sans grand succès, la pièce en prose de Molière au Théâtre-Français. Le *Convié de pierre*, comme l'appelait plus justement l'auteur espagnol, était au reste l'objet d'une telle vogue en France que tous les théâtres de la capitale en avaient un ou deux à représenter. Dorimond, Rosimond, Pierre de Villiers, avaient produit le leur en même temps que Molière ; mais celui de Thomas Corneille a survécu à tous les autres ; et cette version prouve une grande facilité de versification dans ce poëte, qui s'astreignit à respecter les pensées de son original. Cette facilité, qui était en effet prodigieuse, a donné lieu sans doute à cette anecdote que depuis Voisenon traîne dans toutes les biographies, sur les appels faits par Pierre Corneille à son frère, que, dans son embarras, il prenait fréquemment pour un dictionnaire de rimes.

Thomas s'exerça aussi dans la poésie lyrique pour complaire à Boileau et à Racine, qui, sans le lui dire, voulaient opposer un rival à Quinault. Racine aurait mieux fait de s'en charger : ses chœurs d'*Esther* et d'*Athalie* lui en donnaient le droit, et il aurait mieux réussi que Thomas Corneille. Son opéra de *Circé* eut cependant quarante-deux représentations en 1675, et fut repris en 1701 avec un prologue et des intermèdes composés par Dancourt. Le succès de *L'Inconnu* fut plus étonnant. Joué la même année, il fut repris en 1724 aux Tuileries, avec un nouveau ballet, dans lequel figurèrent Louis XV et ses jeunes courtisans. *Le Triomphe des Dames* fut moins heureux, en 1676 : on n'y vit qu'un programme fort ennuyeux et une versification fort médiocre, que la musique ne réussit point à faire passer. *Bradamante* et *Les Dames vengées*, contre-partie de la satire de Boileau, furent accueillies avec la même froideur. Ce fut à la même époque que Thomas Corneille donna, croyons-nous, le premier exemple de ces associations d'auteurs dont on a tant abusé depuis. Il publia, de compagnie avec Visé, dont il était le collaborateur au *Mercure galant*, la comédie de *La Devineresse*, jouée en 1679 ; avec Montfleury, *Le Comédien poëte*, en 1673 ; avec Hauteroche, *Le Deuil*, en 1682, et *L'Esprit follet*, nouvelle imitation de Calderon, en 1684. Il ne restreignit point à ce genre d'ouvrages son bagage littéraire, et quarante pièces de théâtre ne suffirent point à l'activité de son esprit. Il traduisit les *Épîtres héroïques* et les *Métamorphoses* d'Ovide, avec des commentaires.

Thomas Corneille était encore un grammairien distingué. Il le prouva dans les notes qu'il joignit aux *Remarques de Vaugelas*, dans l'édition qu'il en donna en 1687. Il composa un dictionnaire particulier des termes des arts et des sciences, utile supplément du *Dictionnaire de l'Académie*, qui en avait exclu ces termes. Il était alors et depuis quelque temps au nombre des quarante : il avait longtemps sollicité cet honneur. Le grand électeur Chapelain l'en avait repoussé, en prétendant qu'à force de vouloir surpasser son aîné, il était tombé fort au-dessous de lui. C'était rejeter le tort de la nature sur une vanité que Thomas Corneille n'avait jamais connue, puisqu'il se plaisait lui même à donner le titre de *Grand* à son frère. C'est à la mort de Pierre, en 1685, que l'Académie élut Thomas à l'unanimité, croyant ne pouvoir mieux réparer la perte irréparable qu'elle avait faite. S'il faut en croire Bayle, les courtisans voulaient y faire entrer le jeune duc d'Angoulême ; mais le roi son père eut assez de sagesse pour s'y opposer et pour laisser aux quarante la liberté de leurs suffrages. Le hasard fit que Racine se trouva, comme directeur, chargé de recevoir le nouvel élu. C'était une épreuve difficile pour le rival du grand Corneille ; mais il pouvait être juste sans crainte : il le fut, et fit suspecter sa sincérité que dans le passage où il félicitait l'auteur d'*Ariane* de rendre à l'Académie avec le nom de Corneille l'esprit, l'enthousiasme, la modestie et les vertus de l'auteur de *Cinna*. Passe pour les vertus, mais la modestie était fort contestable : la vanité en effet poussa Thomas Corneille à prendre le titre d'*écuyer*, et de *sieur de l'Isle*, dont il pouvait fort bien se passer. Il était directeur lui-même quand Fontenelle, son neveu, vint à son tour, en 1691, occuper le fauteuil de Villayer et de Servien, et il le loua avec une réserve et une délicatesse qui furent applaudies par son auditoire, et que n'imita point Lamothe-Houdard quand il succédant à Thomas Corneille, l'appela le rival de son frère. C'était toutefois un homme d'un profond savoir en littérature et d'une infatigable activité, qui ne se démentit pas même lorsqu'une cécité incurable vint attrister sa vieillesse. Il n'en termina pas moins un dictionnaire géographique, auquel il travaillait depuis quinze ans : ce fut sa dernière publication.

Accablé d'infirmités, il se retira aux Andelys, où il possédait quelque bien, et y mourut, le 9 décembre 1709, à l'âge de quatre-vingt-quatre ans. La vie paisible convenait seule à la simplicité de ses goûts. Il fuyait les grands et la cour, et n'aimait à vivre qu'au sein de l'étude et dans le commerce des Muses. Il eût pourtant brillé dans le beau monde par l'aisance de sa conversation, par la vivacité de ses reparties, et par les prodigieuses ressources d'une mémoire où tous ses ouvrages avaient trouvé place, au point de les réciter sans le secours du manuscrit. Sa politesse était exquise, même dans son extrême vieillesse, quand ses douleurs physiques auraient dû aigrir son caractère. On vante encore son empressement à reconnaître, à louer le mérite des autres, ainsi que sa générosité, sa libéralité, sa bienfaisance, que n'arrêtait point la modicité de sa fortune.

VIENNET, de l'Académie Française.

CORNEILLE (Dom ANTOINE), frère obscur des deux célèbres poëtes, Pierre et Thomas Corneille, cultiva comme eux la poésie, et cependant il a passé presque inaperçu. Chanoine du prieuré du Mont-aux-Malades-lès-Rouen, ancienne léproserie fameuse au moyen âge ; condamné à l'humilité par état, sa réputation n'a pas dépassé l'enceinte du monastère ou les portes de la basilique théâtre de ses succès ; aussi n'a-t-on que des détails peu précis pour sa biographie. Sa naissance doit être placée entre 1606 et 1625, c'est-à-dire entre celle de Pierre et de Thomas. En 1636, l'année même où le père de la tragédie donnait au public son premier chef-d'œuvre, *Le Cid*, Antoine Corneille était couronné à l'Académie du Puy-Sainte-Cécile ou le Puy-des-Palinods, société littéraire, qui appelait chaque année dans la métropole de la Normandie les chanteurs et les instrumentistes de tous les pays. Le but unique de cette académie et son invariable programme était de chanter dans l'église de Saint-Jean sur Renelle, et plus tard dans l'église des Carmes, la conception immaculée de Marie. Dans sa première ode, qui fut récompensée d'un anneau d'or, il décrit le naufrage d'un vaisseau dont tout l'équipage périt, à l'exception d'une jeune fille que le solitaire Martinien recueillit sur son roc escarpé. Cette légende des églises d'Orient était ingénieusement choisie pour figurer la Vierge, seule préservée de la chute originelle. En 1638 dom Antoine présenta aux juges du Palinod un *chant royal* sur saint Augustin, patron de son ordre et vainqueur de l'hérésie. En voici le début :

> Père du jour ! retire ton flambeau ;
> Je ne suis plus ta clarté coustumière ;
> Un nouvel astre, et plus digne et plus beau,
> Offre à mes yeux sa divine lumière,
> Pour me guider au delà du tombeau.

En 1639 il fut de nouveau couronné toujours pour le même thème, l'histoire de saint Martinien ; ses succès appelèrent sur lui l'attention de son évêque, et il fut nommé en 1642 curé de Fréville. Sa poésie, comme celle du P. Le Moine, de Chapelain, de Scudéry, et en général toute celle de l'époque, est souvent entachée de mauvais goût ; mais il rachète ordinairement ce défaut par la chaleur du style et la hardiesse des images.

Les œuvres littéraires de dom Antoine Corneille se trouvent dans l'*Histoire du Prieuré du Mont-aux-Malades-lès-Rouen*, par l'abbé Langlois, et plus complètes dans Ballin, *Recueil des Palinods*.

A. FEILLET.

CORNÉLIE, fille du grand Scipion, et mère des Gracques ; toute l'histoire de cette femme célèbre est renfermée dans ce peu de mots ; car qui se souvient, à moins d'avoir relu d'hier les sources historiques, que son mari Tiberius Sempronius Gracchus, qui avait été censeur, deux fois consul et honoré du triomphe, la laissa veuve avec douze enfants, puis que le roi d'Égypte Ptolémée-Physcon, dans un voyage qu'il fit à Rome, la demanda en mariage et fut refusé par elle ?

Dans son veuvage, elle perdit neuf de ses enfants ; il ne lui en resta que trois : *Sempronia*, laide, érudite et acariâtre, qu'elle maria à Scipion Émilien, puis *Tiberius* et *Caius*

Gracchus, dont la destinée fut si courte, si agitée et si brillante. Elle-même présida à leur éducation ; on sait tout le succès qui couronna ses soins. Entourée de ses fils, elle put dire à une dame qui faisait gloire devant elle de la frivole recherche de sa toilette : « Voilà ma parure et mes atours. »

On a accusé Cornélie d'avoir, par un vain motif de gloire, poussé l'aîné de ses fils, Tiberius, à proposer les réformes qui marquèrent son tribunat et causèrent sa mort. Elle reprochait, dit-on, chaque jour à ses deux fils « que les Romains ne l'appelaient que la belle-mère de Scipion, et qu'ils ne l'appelaient pas encore la mère des Gracques ». On a de plus accusé cette Romaine d'avoir, ainsi que sa fille Sempronia, trempé dans l'assassinat de son gendre Scipion, qui avait approuvé l'assassinat de Tiberius ; mais cette accusation, à peu près prouvée pour Sempronia, jalouse jusqu'à la fureur d'un mari qui la négligeait, paraît calomnieuse à l'égard de Cornélie.

Le peuple, bientôt revenu des défiances exagérées qu'on lui avait inspirées contre les Gracques, leur éleva des statues et des autels ; mais ces éclatants hommages ne rendirent pas ses fils à leur malheureuse mère. Elle supporta, dit Plutarque, son malheur avec beaucoup de constance et de magnanimité. En parlant des édifices sacrés qui avaient été construits sur les lieux où ses enfants avaient été tués, elle dit seulement : « Ils ont eu les tombeaux qu'ils méritaient. »

Elle passa le reste de ses jours dans une maison de campagne près du mont de Misène, sans rien changer à sa manière de vivre. Comme elle avait beaucoup d'amis, et qu'elle aimait à recevoir les étrangers, elle avait une bonne table ; sa maison était pleine de Grecs et de gens de lettres ; les rois mêmes se faisaient un honneur de recevoir ses présents et de lui en envoyer. Tous ceux qui étaient admis chez elle prenaient un singulier plaisir à lui entendre raconter les particularités de la vie de son père Scipion l'Africain et sa manière de vivre. Mais on l'admirait surtout quand, sans donner aucune marque de douleur et sans verser une seule larme, elle faisait l'histoire de tout ce que ses enfants avaient fait et souffert, comme si elle eût parlé de quelques anciens personnages qui lui auraient été entièrement étrangers. Cela paraissait si extraordinaire que la plupart croyaient que la vieillesse lui avait affaibli l'esprit, ou que la grandeur de ses maux lui en avait ôté le sentiment ; mais c'est que, fière d'avoir mis au jour de tels fils, ce noble orgueil absorbait en elle tout autre sentiment, et semblait n'avoir pas laissé de place au regret.

Cornélie a été l'héroïne d'une tragédie de Mlle Barbier, faite en société avec l'abbé Pellegrin, représentée le 5 janvier 1703, sous le titre de *Cornélie, mère des Gracques*.

L'histoire nous a conservé encore le souvenir de plusieurs dames romaines du nom de *Cornélie* ; citons entre autres :

Cornélie, femme de Livius et mère du tribun Livius Drusus. Sa destinée eut quelque rapport avec celle de la mère des Gracques. Elle eut aussi la douleur de voir périr sous ses yeux son fils à la fleur de l'âge. Elle était si près de lui lorsqu'on le tua, que le sang lui rejaillit au visage.

Cornélie, fille de Cinna et femme de César, qui eut d'elle Julie, mariée à Pompée.

Cornélie, fille de Metellus Scipion, destinée à voir ses deux époux périr de mort violente. Le jeune Crassus, le premier, fut tué dans la guerre contre les Parthes ; Pompée fut le second, et les regrets que Cornélie donna à sa mort funeste l'ont immortalisée, et ont fourni à Corneille les traits les plus pathétiques de sa tragédie intitulée : *La Mort de Pompée*. Charles Du Rozoir.

CORNELIS (Cornelius), dit *Cornelius de Harlem*, né à Harlem, en 1562, fut de son temps l'un des plus remarquables peintres des Pays-Bas. Élève de Peter Aertsens le jeune et de Franz Parbus, il se distingua bientôt, en opposition au style manière alors à la mode, par la correction de son dessin et par un beau coloris, encore bien qu'il ne soit pas possible de dire de ses ouvrages qu'ils brillent par beaucoup d'originalité. Ses portraits des présidents de la Société de l'Arquebuse de Harlem, sont les toiles qui lui ont fait le plus d'honneur. Il mourut en 1638.

CORNELIUS, nom d'une famille romaine qui se divisait en un grand nombre de branches. Celles qui appartenaient à l'ordre des patriciens furent surtout célèbres, et se distinguaient entre elles par les surnoms de *Cinna*, *Cethegus*, *Dolabella*, *Lentulus*, *Scipion*, *Sylla*, etc. Parmi celles de l'ordre des plébéiens, l'une n'avait point de surnom ; l'autre portait celui de *Balbus*. Tacite, l'historien, était issu d'une famille plébéienne de la race des Cornelius.

CORNELIUS (Pierre, baron de), peintre d'histoire, chef d'une école de peinture en Allemagne, le fils d'un peintre, est né à Dusseldorf, en 1787. Il étudia de fort bonne heure la peinture, et fort jeune encore il fit concevoir des espérances qu'il a depuis pleinement justifiées. En 1810 il attira sur lui l'attention, en publiant des dessins faits sur des sujets tirés du *Faust* de Gœthe. Il y révéla de l'originalité et un sentiment poétique peu ordinaire. Vers la même année, il se rendit à Rome, et, encouragé par le succès de ses premières compositions, il *illustra* le poème des Nibelungen. Mais des études plus graves et plus sérieuses l'absorbèrent bientôt complètement. A Rome, il se lia d'étroite amitié avec Overbeck, Veitel et Schadow. Ces quatre amis, remplis d'admiration pour la peinture monumentale de l'Italie, alors complètement négligée, résolurent de la faire revivre dans des œuvres étudiées et exécutées selon l'esprit des grands maîtres. Le consul de Prusse à Rome, Bartholdy, donna aux quatre jeunes artistes une salle de son palais de la Trinita-dè-Monti à décorer. Ils y peignirent l'histoire de Joseph, et ils prouvèrent qu'en étudiant les procédés matériels de la fresque ils avaient étudié et compris le style propre à la grande peinture. Bientôt après, Cornelius et ses amis furent chargés de décorer la villa Massini, à Rome. Le prince Massini leur donna pour sujets les trois grands poèmes italiens du Dante, de l'Arioste et du Tasse. La *Divine Comédie* échut à Cornelius ; il en fit les dessins ; mais avant qu'il eût commencé à les exécuter le prince royal de Bavière, qui l'avait connu à Rome, l'appela à Munich. Les compositions de la *Divine Comédie* ont été gravées et publiées en 1831.

Cornelius étant à s'établir, en 1820, à Munich. Là le prince lui confia la décoration de la Glyptothèque, musée où il avait réuni tous les chefs-d'œuvre qu'il possédait de la statuaire antique. Cornelius mit dix ans à peindre deux grandes salles. Dans la première salle, il représenta, par des faits tirés de la mythologie, et par de poétiques allégories, les rapports des dieux et des hommes ; dans la seconde, il peignit les principaux épisodes de la guerre de Troie. A peine eut-il achevé cette œuvre toute païenne d'esprit et d'expression, que le prince royal, devenu roi, le chargea de la décoration de l'église Saint-Louis à Munich. Cornelius partagea sa composition en en quatre parties, d'après les espaces qu'il avait à couvrir. Dans la voûte, il peignit Dieu le Père ; dans les trois absides du chœur et de la croix, la *Naissance du Christ*, le *Crucifiement* et le *Jugement dernier*. Ce dernier morceau est le plus important et le plus remarquable de toute l'œuvre. Il a vingt et un mètres d'élévation. C'était une entreprise hardie de peindre le *Jugement dernier* après Michel-Ange. Cornelius a réussi sous un certain point, mais en négligeant la forme au profit de l'idée, qui, dans son ouvrage, est grande, énergique, saisissante, et à un degré éminent. La décoration de l'église Saint-Louis fut achevée en 1840, en même temps que la décoration des loges de la Pinacothèque de Munich, dont il avait fait les dessins, et que ses élèves exécutèrent. Dans ces nouvelles compositions, destinées à illustrer les peintres italiens et allemands à l'exclusion des peintres français, Cornelius a su donner de nouvelles preuves de la richesse de ses idées. En 1839, il était venu à Paris, où il avait été reçu par les artistes français avec tous les égards dus à son mérite éminent. Le roi Louis-Philippe l'avait décoré alors de la croix de la Légion d'Honneur. L'ordre du Mérite de Bavière lui avait été donné depuis longtemps par le roi de Bavière, qui l'avait anobli et nommé directeur de l'Académie de Munich.

Après avoir achevé la peinture de son Jugement dernier, Cornelius se brouilla avec le roi Louis, qui blessa sa juste fierté d'artiste. Il accepta en conséquence la place de directeur de l'Académie de Berlin, que Frédéric-Guillaume lui offrit aussitôt; et il alla alors fixer sa résidence à Berlin. Une œuvre capitale à laquelle il travaille encore en ce moment, est la décoration du Campo-Santo de cette capitale. C'est encore lui qui a fait la composition du bouclier que le roi a donné au prince de Galles, son filleul. En 1853 le roi l'a chargé d'une importante mission artistique à Rome; mais le grand artiste est tombé malade à Florence. Cornelius est sans contredit l'artiste qui a fait en peinture les œuvres les plus importantes de notre siècle. Sa fécondité est inépuisable. Si chez lui l'étude de la beauté de la forme, la couleur et l'exécution pratique sont restées insuffisantes, la richesse d'imagination, ou plutôt la puissance créatrice dans l'idée, qu'il possède à un degré des plus remarquables, en fait un homme illustre. S'il n'est pas un grand peintre dans l'acception rigoureuse du mot, c'est un poète de la famille de Gœthe, universel comme lui de conception, et véritablement original. Cornelius a pour élèves célèbres: Kaulbach, Hess, Schwanthaler, Nacher, Gœtzenberg, etc.
Sébastien Albin.

CORNELIUS NEPOS. Voyez Nepos.

CORNELIUS SEVERUS, poète latin, appartient à cette école contemporaine d'Ovide qui, dès le siècle d'Auguste, rivalisait à Rome de bel esprit et de fécondité avec les poètes alexandrins, ses modèles. Alors les Grecs (*Græculi*) bornaient l'ambition de leur génie à amuser les loisirs de quelques nobles patriciens. La contagion gagna Rome, et il est triste de penser que du vivant de Virgile, et en comparant aux *Géorgiques* les autres poèmes didactiques du temps, par exemple l'*Astronomicon* de Manilius, les *Theriaca* d'Æmilius Macer, le *Cynegeticon* de Gratius Faliscus, etc., Horace put entrevoir des traces certaines de la corruption du goût et de l'affaiblissement de la langue. On peut dire autant du poëme intitulé l'*Etna*, qui contient en 640 vers hexamètres la description du volcan de ce nom et l'explication des causes de ses éruptions. Au sortir de la barbarie du moyen âge, cette amplification n'en fut pas moins attribuée à Virgile, et imprimée parmi ses *Catalecta*. Depuis Scaliger on la publiait sous le nom de Cornelius Severus. Enfin, Wernsdorff a cru restituer l'Etna à son véritable auteur, Lucile (*Lucilius junior*), épicurien, et ami de Sénèque. Né dans une humble fortune, ce Lucile s'était élevé par son mérite personnel, et fut, sous Néron, gouverneur en Sicile. C'est à lui que Sénèque adressa ses recherches sur la physique. Dans l'hypothèse de Wernsdorff, il ne resterait plus de Cornelius Severus qu'un fragment de son grand ouvrage sur la *Mort de Cicéron*. Quel que soit l'auteur de l'*Etna*, il faut convenir que ce poëme, qui pourrait bien être du moyen âge, est plus précieux pour la science que pour l'imagination et le goût. Il existe une traduction française de Cornelius Severus et de Publius Syrus réunis, par Accarias de Sérion (Paris, 1736). J. Aicard.

CORNEMUSE, instrument à vent et à anches, en usage surtout dans les campagnes, notamment au nord de la Grande-Bretagne. Il se compose d'une peau de mouton qu'on enfle comme un ballon à l'aide du *porte-vent*, et de trois chalumeaux, dont l'un porte le nom de *grand bourdon*, l'autre celui de *petit bourdon*, et le troisième est plus spécialement appelé *chalumeau*. Le porte-vent a une soupape au dedans de la peau, qui permet au vent d'entrer, mais qui ne lui permet pas de sortir tandis que le joueur de cornemuse reprend haleine. Le vent n'a d'issue que par les chalumeaux. Ils ont chacun leur anche à leur partie inférieure; ces anches sont prises dans des boîtes sur lesquelles la peau est bien appliquée. Quand on joue de la cornemuse, le grand bourdon passe sur l'épaule gauche; la peau enflée par le porte-vent est pressée sous le bras gauche; les doigts sont sur les chalumeaux que le vent fait résonner. Le grand bourdon rend l'octave au-dessous du petit, et le petit l'octave au-dessous du chalumeau, quand tous les trous sont bouchés, et la quinzième, quand ils sont ouverts. Ainsi la cornemuse a trois octaves d'étendue. On peut lui en donner davantage en forçant le vent.

Depuis longtemps la cornemuse est tellement en faveur parmi les Écossais, qu'on peut la considérer comme leur instrument national. On ignore à quelle époque elle fut introduite parmi eux; mais on conjecture que ce furent les Danois ou les Norvégiens qui l'apportèrent aux îles Hébrides, où cet instrument est connu de temps immémorial. Quelle que soit l'antiquité qu'on donne à la cornemuse, elle n'en paraît pas moins provenir de l'antique *musette* gaélique, à laquelle elle ressemble de tous points, et de même la musette gaélique n'est que le *sampunia* des anciens Juifs. Cet instrument s'en va d'ailleurs disparaissant de plus en plus.

CORNER. Ce verbe signifie, au propre, *sonner d'un cornet* ou *d'une corne*, et, par dérision, *sonner mal du cor*. On dit vulgairement: *les oreilles me cornent*, quand on a des bourdonnements. Au figuré, *les oreilles lui cornent*, signifie qu'une personne entend de travers ce qu'on lui dit. *Corner une nouvelle*, c'est la publier. *Corner aux oreilles de quelqu'un*, c'est lui suggérer quelque chose. Ces dernières acceptions sont du style familier.

CORNET. Ce nom sert à désigner un grand nombre d'objets, savoir: une sorte de petit cor ou de petite trompe; un morceau de papier roulé sous forme conique; un petit vase de corne ou autre substance dans lequel on agite les dés quand on joue; une espèce d'oublie en forme de cône creux; la partie de l'écritoire où l'on met l'encre et le coton; un instrument qui sert à ventouser; l'un des principaux jeux de l'orgue; toutes les coquilles du genre *cône*, et quelquefois celles du genre *olive*; en botanique, les appendices variés, creux et évasés de certaines fleurs irrégulières (asclépiades, ancolie, hellébore). En ostéologie, on donne aussi le nom de *cornets* à des lames osseuses très-minces, roulées sur elles-mêmes, qui sont contenues dans les fosses nasales dont elles font partie. Ces cornets, sur lesquels s'étend la membrane pituitaire, servent à l'olfaction en favorisant le développement de la membrane qui est le principal siège de cette fonction; aussi sont-ils plus développés chez les animaux dont l'odorat est plus parfait. On les distingue en *cornet supérieur*, *cornet moyen* et *cornet inférieur*. Une lame analogue du sphénoïde est aussi appelée *cornet de Berlin*. Le Laurent.

CORNET (*Musique*), instrument à vent dont les anciens se servaient à la guerre. Les *cornets* faisaient marcher les enseignes sans les soldats, et les *trompettes* les soldats sans les enseignes. Les cornets et les *clairons* sonnaient la charge et la retraite, et les *trompettes* et les *cornets* animaient les troupes pendant le combat.

Jusque vers la fin du dix-huitième siècle, on se servit dans les orchestres d'un instrument nommé *cornet*, appartenant à la famille des clarinettes. Depuis ce nom a été donné, dans la musique militaire, à un petit cor (voyez Clairon.)

CORNET À BOUQUIN. C'était autrefois une espèce de grande flûte qui n'avait qu'une octave, et dont on se servait pour soutenir les chœurs; il avait beaucoup de rapports avec l'instrument connu depuis sous le nom de *serpent*. Aujourd'hui, on appelle de ce nom une corne de bœuf qui sert aux pâtres pour rassembler leurs troupeaux, et spécialement les chèvres et les boucs, qui sont plus sujets à vagabonder. Cet instrument grossier apparaît aussi tous les ans, dans nos villes, à l'occasion des réjouissances du carnaval. Enfin, le *cornet à bouquin* joue un grand rôle dans tous les charivaris.   Edme HÉREAU.

CORNET ACOUSTIQUE, instrument employé dans la faiblesse de l'audition : il est destiné à rassembler les rayons sonores et à augmenter l'intensité des sons, pour suppléer à la dureté de l'ouïe. C'est en général une sorte de cône en or, en laiton, en argent, en fer blanc ou même en gomme élastique, dont la base est dirigée vers la personne qui parle et le sommet dans l'orifice du conduit de l'oreille de celui qui écoute. On a donné à ces cornets acoustiques diverses formes : tantôt celle du pavillon d'une oreille humaine, tantôt celle d'une spire, celle d'un cor de chasse ayant un support, tantôt, enfin, celle d'une trompette ou d'une trompe, soit simple, soit à douille, soit aplatie.

CORNET À PISTONS, instrument de musique construit de la même manière que le cor à pistons. Mais, ainsi que l'indique son nom, il est réduit à des proportions moins étendues et monté sur un diapason plus élevé. Il est fort en vogue aujourd'hui pour les airs de contredanse, quoique le son ne soit quelque peu sec et dur. Mis à la mode par un artiste qui en jouait d'une manière extraordinaire, aux concerts Musard, il occupe aussi une place éminente dans les musiques militaires. Il joue sans transposer dans les tons qui n'ont pas plus de deux accidents à la clef, et peut, comme le cor ordinaire, modifier son diapason par des tubes de rechange.   Ch. BECUEM.

CORNET CHAMBRÉ, CORNET DE POSTILLON, CORNET DE SAINT-HUBERT, noms vulgaires d'un mollusque du genre *spirule*.

CORNETIER, artisan qui refend les cornes de bœufs tués, les redresse et les vend pour en faire des peignes et autres ouvrages (*voyez* CORNE [Technologie]).

CORNETO, petite ville de la délégation romaine de Civita-Vecchia, avec 2,500 habitants, siège d'un évêché, est célèbre par les nombreuses antiquités que les fouilles pratiquées dans ses environs ont fait découvrir. C'est près de là qu'étaient autrefois situées les villes étrusques de *Tarquinii*, *Corioli*, *Pulci* et *Graviscæ*, dont le prince de Canino surtout est parvenu à remettre en lumière les nécropoles. Ce sont les fouilles opérées dans la nécropole de Tarquinii, tout près de Corneto, qui ont donné les plus importants résultats. On y trouva 593 hypogées. Parmi les objets ainsi remis en lumière, on remarque surtout un bouclier d'un mètre de diamètre, richement ciselé et représentant des figures d'hommes et d'animaux, une grande quantité de vases, de précieuses mosaïques et une foule de petites figures de dieux ressemblant beaucoup à celles d'Égypte. Sur plusieurs monuments existaient encore des peintures fort bien conservées. Les archéologues Fossati et Manzi ont également réussi à découvrir les ruines de trois temples étrusques et des thermes de Tarquinii.

CORNETTE. Ce mot désignait autrefois toute sorte de vêtement de tête. On appelait *cornette de moines* leur capuchon; *cornette* d'avocat, de docteur, le chaperon que ceux-ci portèrent longtemps sur la tête. La partie de devant de ce chaperon, ou bourrelet, s'entortillait sur l'os coronal, et son nom lui venait de ce qu'après avoir fait quelques tours, ses deux extrémités se réunissaient sur le haut de la tête en guise de petites *cornes*. Les consuls et les échevins ont aussi porté la cornette comme marque de leur magistrature. Les docteurs en droit s'enroulaient autour du cou une large bande d'étoffe de soie, pendant jusqu'à terre, qu'on appelait *cornette*. Enfin, c'était le nom du bonnet pointu qui décorait la tête du doge de Venise. Le P. Lobineau dit, dans son *Histoire de Bretagne*, qu'en 1495, les ecclésiastiques ayant commencé à porter des coiffures ou chapeaux sans *cornettes*, à l'imitation des séculiers, cette licence fut regardée comme l'indice d'un grave désordre : ordre leur fut donc donné d'avoir des chapeaux de drap noir, avec des *cornes* honnêtes, et s'ils étaient trop pauvres pour faire la dépense de ces chaperons, d'avoir au moins des *cornettes* attachées à leur chapeau, « cela sous peine de suspension, d'excommunication et de cent sols d'amende ». Toutes ces distinctions ayant disparu avec le temps, il ne resta plus d'autre coiffure de ce nom que les *cornettes* de femme, sorte de coiffe de nuit, qu'elles ne gardaient d'ordinaire que dans le déshabillé du matin, mais qui ne laissait pas que d'être souvent pour elles un objet de luxe et de coquetterie, puisqu'on en voyait recevoir leurs visites en cornettes de point ou de dentelle magnifiques. Quelques-unes aussi mettaient sur leur visage des *cornettes* de toile d'orfie, pour se conserver le teint. Les *cornes* ou *cornettes* étaient en usage dès avant Charles V; et Juvénal des Ursins, à propos des dissolutions qui souillèrent l'hôtel de la reine Isabeau de Bavière, dit, dans son *Histoire de Charles VI*, sous la rubrique de l'an 1417, que, « malgré les guerres et les tempêtes politiques, *les dames et demoiselles menaient un excessif estat;* que leur coiffure se composait de *cornes merveilleuses, hautes et larges;* qu'elles avaient de chaque côté, au lieu de bourrelets, deux grandes oreilles, si larges, que quand elles voulaient passer par la porte d'une chambre, elles étaient obligées de se baisser et de se tourner de côté. »

De l'usage de ces *cornettes*, ou *cornes*, est venue l'ancienne manière de s'exprimer par laquelle on dit d'un homme, qu'*il porte cornette* quand il se laisse maîtriser par sa femme, ou que, par goût, par un travers d'esprit assez commun encore de nos jours, il se mêle des menus détails du ménage. On s'en sert aussi pour désigner un mari dont la femme est infidèle. De là sont nées une foule d'épithètes, plus ou moins injurieuses, plus ou moins offensantes (*voyez* CORNARD).   Edme HÉREAU.

CORNETTE (*Marine*). Ce nom désignait autrefois le pavillon pointu que le chef d'escadre portait au mât d'artimon quand il commandait. Elle était blanche, et devait avoir quatre fois plus de battant que de guidant, être fendue par le milieu des deux tiers de sa hauteur, dont les extrémités se terminaient en pointes. Elle ne pouvait être portée par le chef d'escadre que s'il était accompagné de cinq vaisseaux, à moins d'une autorisation particulière du roi. Lorsque plusieurs chefs d'escadre se trouvaient réunis dans une même division, le plus ancien seul arborait la cornette, les autres n'avaient qu'une *flamme*. Plus tard le chef d'escadre prit le pavillon carré, et la *cornette* descendit au chef de division, qui la porta au grand mât; mais, le mot *cornette* emportant l'idée de deux *cornes*, on donna ce nom à ce qu'on nommait autrefois *guidon de commandement*, et l'ancienne *cornette*, à son tour, devint *guidon*. Enfin, ce même guidon ne se distinguant pas bien de la cornette, on le supprima, et la *cornette* seule resta maîtresse du terrain. C'est aujourd'hui une sorte de pavillon, en étamine, aux couleurs nationales, dont la forme est un carré long; la partie rouge est fendue, et représente deux langues, deux cornes pointues; la partie bleue est attachée à un bâton, sur le milieu duquel on fixe la corde fine qui sert à l'arborer. La *cornette* est le signe distinctif du capitaine de frégate, du lieutenant de vaisseau et du lieutenant de frégate commandant une réunion de trois bâtiments de guerre ou moins.

CORNETTE (*Art militaire*). Rien de moins expliqué et de plus confus que le mot *cornette*; il en est de ce terme comme de tous ceux que les militaires ont employés et ont laissé tomber en désuétude. On désignait autrefois sous ce nom en France l'étendard de tout corps de cavalerie et surtout de cavalerie légère (régiment, escadron et même compagnie). Il consistait en une pièce de taffetas carrée, d'environ un demi-mètre de côté, brodée, garnie de franges d'or, parsemée de fleurs de lis; un chiffre du roi ou du mestre de camp, et de couleur fort variable. C'était aussi le nom de l'officier qui portait cet étendard. Son poste dans une action était en tête du corps, et dans la marche, entre le troisième et le quatrième rang. Il commandait la compagnie après le lieutenant. On disait *enseigne des mousquetaires* et *guidon des gendarmes*, au lieu de *cornette*. Louis XIV les supprima toutes en 1668, à l'exception de celle de la compagnie du colonel général de la cavalerie légère et de celle du mestre de camp général; mais elles furent rétablies en 1672. En 1737 il n'y eut plus que deux *cornettes* par régiment. Ce nom supprimé en 1790 fut rendu un instant en 1815 aux étendards des régiments *colonels généraux*.

La cornette royale s'est aussi nommée *cornette blanche de France*; elle a succédé au pennon royal; elle a amené l'usage du blanc, qu'à tort ou à raison on a prétendu être l'ancienne couleur nationale de la France. Charles VII confia, dit-on, comme enseigne royale, une cornette blanche à chacune des premières compagnies de sa gendarmerie, troupe qui composait à cette époque la grosse cavalerie de France. Mais ce sont des ouï-dire : les témoignages authentiques manquent. Si Charles VII fit porter devant lui la cornette blanche, comme plusieurs écrivains l'affirment, il ne paraît pas qu'il la considérât comme couleur nationale quand il fit son entrée à Rouen, en 1449, puisqu'un écuyer portait derrière ses pages un étendard bleu, et qu'un autre écuyer portait, dit l'histoire « *l'estendard du roy, qui estoit de satin cramoisy, semé de soleils d'or* ». Sa couleur, son étoffe, ses broderies, se répétaient dans les *cornettes des casques* de ses archers. Laissons aux antiquaires à décider si l'enseigne bleue, l'enseigne rouge, l'enseigne blanche, ont été simultanément en usage sous ce règne, comme l'enseigne tricolore a été de mode sous Henri IV et sous Louis XIV. D'autres disent que la cornette royale ou cornette blanche de France ne date que de Charles VIII : suivant les uns elle était carrée, suivant les autres elle se terminait en pointe. Les uns prétendent qu'elle était semée de fleurs de lis, d'autres le nient. La cornette royale ne se déployait à l'armée que quand le roi y était; elle rassemblait sa domesticité et les seigneurs non revêtus de charges actives. En temps de guerre le porte-cornette, qui était d'ordinaire un général appartenant à quelque ancienne famille, conservait et emportait la cornette chez lui quand le roi quittait l'armée; mais en temps de paix la cornette était déposée dans les coffres de la garde-robe, et en campagne elle était derrière le chevet du roi ou du porte-cornette. Un jour d'action elle annonçait par certains signes si le monarque était en danger; elle indiquait s'il fallait avancer ou reculer. En 1587, à Coutras, Henri IV et Joyeuse avaient, chacun de son côté, leur cornette blanche. L'usage de la cornette royale se perd sous Louis XIII.   Gal BARDIN.

CORNEUR (Cheval). *Voyez* CORNAGE.

CORNIANI (GIOVAN BATTISTA, comte), littérateur italien, né à Orzi-Nuovi, dans le Brescian, étudia le droit à Milan à partir de 1759, ainsi que les mathématiques et la littérature classique, et fut reçu membre de l'Académie des *Trasformati*, qui était alors dans tout son éclat. A l'âge de vingt ans environ il revint à Brescia, où il s'occupa de littérature et de poésie. C'est à cette époque qu'il composa ses deux *libretti* d'opéra, *L'Inganno felice* et *Il Matrimonio secreto*, dont les partitions furent d'abord faites par Papa pour un théâtre de société de Brescia; de même que ses deux tragédies, *Les Décemvirs* (1774) et *Darius à Babylone*. Ces travaux poétiques lui firent faire la connaissance de Caterina Brocchi, devenue ensuite sa femme. Il devint membre et plus tard président de la nouvelle *Accademia di Agricoltura*, écrivit divers mémoires sur des questions d'agriculture, et se chargea de divers procès pour des communes de sa province. Après l'invasion française, il remplit plusieurs fonctions judiciaires importantes, devint plus tard l'un des rédacteurs du code civil pour le royaume d'Italie et député au congrès provincial de Milan. En 1807 il revint se fixer dans sa ville natale, où il fut nommé conseiller à la cour d'appel. Il mourut en octobre 1813, après avoir mis la dernière main à son histoire de la littérature italienne, qui a pour titre *I Secoli della Letteratura Italiana*, et dont le succès fut très-grand. Stefano Ticozzi en a donné une nouvelle édition (2 vol., Milan, 1832), comprenant en outre l'intervalle de 1710, où l'auteur s'est arrêté, jusqu'à 1720.

CORNICHE (du latin *coronis*, couronnement). C'est le troisième membre de l'entablement, celui qui en fait la terminaison; il varie de forme ou de profil selon les ordres. Par le mot *corniche* on entend aussi en général toute saillie profilée qui couronne un corps, comme un piédestal, etc. La corniche est *taillée* lorsque les moulures sont ornées. L'idée de corniche emporte en général celle de couronnement, et la corniche ne comporte que les signes représentatifs du comble; on peut donc donner comme principe de convenance de ne point l'employer là où l'on ne saurait présumer que le bâtiment soit terminé. Les anciens ont suivi cette maxime, lorsqu'ils ont placé plusieurs ordres l'un sur l'autre. Dans l'intérieur du grand temple de Pæstum, l'entablement qui sépare les deux ordres de colonnes n'a point de corniche. La corniche dorique a pour attribut particulier des *mutules*, qui sont censés représenter les parties inclinées des solives du comble. Dans plusieurs monuments doriques, on leur a conservé encore cette inclinaison. Les *denticules* sont affectés particulièrement à la corniche ionique, et les *modillons* à la corniche corinthienne. La proportion la plus générale qu'on donne aux corniches est les huit vingtièmes de tout l'entablement.

On appelle *corniche architravée* celle qui est confondue avec l'architrave, lorsque la frise est supprimée; *corniche en chanfrein*, celle qui n'a pas de moulures : elle est la plus simple. La *corniche cintrée* est celle qui dans son élévation se retourne en cintre ou en arcade, comme à la porte des Invalides à Paris ; la *corniche continue*, celle qui dans toute son étendue et dans tous ses retours n'est interrompue par aucun corps : telle est celle du dedans ou du dehors de Saint-Pierre à Rome ; la *corniche coupée* est celle qui dans son cours éprouve quelque interruption ; la *corniche de couronnement* est la dernière corniche d'une façade, et sur laquelle pose le chéneau d'un comble.

A.-L. MILLIN, de l'Institut.

CORNICHON. Sous ce nom, on fait un grand usage sur les tables des jeunes fruits du concombre cueillis avant leur maturité et confits dans le vinaigre avec différents aromates qui leur donnent une saveur piquante, agréable, et propre à exciter l'appétit.

CORN-LAWS, c'est-à-dire *lois sur les céréales*. L'une des principales causes de collisions et de luttes intérieures en Angleterre et d'amères accusations contre toute sa constitution politique, c'était naguère la partie de sa législation qui avait trait au commerce des céréales et dans laquelle le législateur avait eu pour but de rendre plus difficile ou tout à fait impossible, suivant les circonstances, toute importation de blés étrangers. L'histoire de cette législation est assez curieuse pour qu'on remonte à son origine.

D'abord on prohiba longtemps en Angleterre, de même que partout ailleurs au moyen âge, l'exportation du blé ; tandis qu'on en favorisait au contraire l'importation, ce qui nuisait singulièrement au commerce intérieur. En 1436, pour la première fois, l'exportation du blé fut permise à un certain taux assez bas; sous Guillaume III elle fut complétement autorisée pour la première fois, et il en fut de même en 1773 du commerce des blés en général, tant à l'entrée qu'à la sortie. Jusqu'en 1788 l'exportation fut plus forte que l'importation. Dès 1670 celle-ci avait été rendue très-difficile par des droits fort élevés, suivant l'échelle des prix;

en 1773, au contraire, elle fut rendue complétement libre par la réduction considérable apportée alors dans le taux des tarifs. Mais dès 1791 il fut décidé que ce léger droit (¹/₄ shilling par *quarter* de blé) ne serait perçu que lorsque les prix seraient montés à 54 shillings; à 50-54 shillings, il devait être de 2¹/₂ shillings; à moins de 50 shillings, de 24 ¹/₄ shillings. En 1804 on fixa même, au lieu du chiffre de 50 shillings, celui de 63, et au lieu de 54, le chiffre de 66. En 1815 il fut décidé que le blé étranger entrerait bien en franchise de droits, mais qu'il resterait déposé dans les magasins de la couronne pour n'être vendu qu'autant que le prix du blé s'élèverait à 80 shillings. En 1822 ce prix si élevé fut abaissé à 70 shillings; mais il fut décidé en même temps que le droit serait de 12 shillings quand les prix moyens varieraient entre 70 et 80 sh., de 5 sh. quand ils varieraient de 80 à 85, et de 1 sh. seulement au delà de 85. En 1828, enfin, on adopta une échelle encore plus compliquée, d'après laquelle au prix de 72 shillings le droit était de 2 shillings 8 pence; à 71 sh., de 6 shillings 8 pence; à 70 sh., de 10 sh.; à 66 shillings, de 20 shillings 8 pence.

En 1842 sir Robert Peel présenta un nouveau *corn-bill*, ayant pour point de départ un droit de 1 shilling au prix moyen de 73 shillings, et ce droit s'accroissait d'autant de shillings que le prix moyen baissait de shillings. Les prix de 68-66 et de 54-53 étaient les points d'arrêt où le droit restait à 6 et 18 ; 51 shillings étaient le minimum de l'échelle des prix, et le droit de 20 shillings qu'on appliquait alors équivalait à une prohibition absolue. Le prix était fixé par le cours moyen de 150 marchés. Dans ces indications de chiffres, nous n'avons cru devoir mentionner que ceux qui concernaient le froment, nourriture principale des populations, sans nous préoccuper autrement de quelques adoucissements au tarif résultant de certaines modifications adoptées en faveur de diverses colonies à l'effet d'y faciliter l'importation.

Les radicaux voulaient que l'introduction du blé en Angleterre fût rendue complétement libre; et pour atteindre ce but ils organisèrent la célèbre *anti-corn-laws League*, dont Richard Cobden devint bientôt l'âme, et qui amena la chute de ce système en 1846. Les whigs ne demandaient que des droits plus modérés, prétendant que l'échelle mobile ouvrait un trop large champ à la spéculation; mouvement auquel les clauses de détail du bill de sir Robert Peel avaient pour but d'obvier. Quant aux ultra-tories, ils trouvaient encore beaucoup trop bas les droits fixés par ce bill.

Il était naturel qu'on trouvât souverainement injuste, impolitique et oppressif pour les classes pauvres tout l'ensemble de ce système, dont le résultat était de faire renchérir la base essentielle de la nourriture des populations; et évidemment l'état de choses qui avait amené un pareil système était vicieux. Toutefois, et sans vouloir faire chorus avec ceux qui n'avaient que des formules d'approbation et d'admiration pour ce système, une étude plus approfondie des circonstances déterminantes fait bientôt découvrir quelques motifs qui expliquent et l'introduction et le maintien de cette partie de la législation, en même temps qu'ils sont de nature à modifier la sévérité du jugement que sans cela on serait tenté d'émettre sur ses motifs et ses conséquences. Nous allons les exposer ici brièvement.

L'Angleterre est un pays fertile; son agriculture est arrivée à un haut degré de prospérité. La corvée, sous laquelle gémit encore une bonne partie de l'Europe, est pas plus moins inconnue dans ce pays que ce que nous appelons impôt foncier. Si par conséquent, une industrie agricole placée dans de telles conditions a eu dans ces derniers temps beaucoup à souffrir de la concurrence étrangère, un résultat d'une telle nature tient à trois causes différentes : à la grande disproportion existant en Angleterre entre la population commerciale et manufacturière et la population agricole, bien autrement faible; au bas prix des arrivages par eau dans toutes les parties du royaume, bas prix qui amène de tous les points du monde des grains sur les marchés anglais; et surtout à l'extrême bon marché auquel l'argent est partout descendu en Angleterre. La première et la dernière de ces causes sont le produit de l'immense développement qu'y a pris l'industrie. Ainsi un inconvénient en a engendré un autre.

Il était impossible à l'agriculture anglaise de soutenir sans droits protecteurs la concurrence contre l'étranger. On les lui accorda, et tout aussitôt on lui vit faire des efforts prodigieux et augmenter dans des proportions tout à fait extraordinaires tant la culture du sol que ses produits. Maintenant, disait-on, supprimez les droits protecteurs, et vous verrez une grande partie des terres à blé redevenir des pâturages ou même des landes incultes; très-certainement on cultivera moins qu'aujourd'hui. Or, comme royaume insulaire, l'Angleterre a un double motif pour se rendre autant que possible indépendante de l'étranger en ce qui est de la production des blés. On faisait d'ailleurs valoir encore cette considération que l'échelle mobile maintenait une certaine constance dans les prix, et que les dépôts de grains dans les magasins de la couronne assuraient les approvisionnements au meilleur compte possible.

Inutile sans doute d'insister sur les motifs politiques tirés de l'importance qu'a la propriété foncière dans le mécanisme constitutionnel de l'Angleterre, et qu'on pouvait aussi faire valoir pour recommander le maintien, du *statu quo*. En ce qui touche le reproche fait aux *corn-laws* d'être aussi oppressives que fatales à la prospérité du pays, les optimistes répondaient encore qu'il fallait que les choses n'allassent pas si mal qu'on voulait dire, puisque le peuple anglais n'avait pas encore pu se déterminer à manger du pain de seigle, et que les cultivateurs manquaient souvent d'ouvriers; que d'ailleurs le propriétaire restituait une partie de son bénéfice sous forme de taxe des pauvres et de surélévation des salaires; qu'un impôt levé dans les droits d'entrée prélevés sur les grains amènerait probablement une baisse corrélative dans le prix du travail; enfin, que la moyenne du droit frappé en Angleterre sur le froment étranger n'atteint pas à beaucoup près l'élévation de charges qui résulte, en Prusse par exemple, du droit de mouture pour le froment indigène, sans parler de l'impôt sur le sel, de l'impôt foncier, du droit d'abat, des corvées et des rentes de rachat, tous impôts inconnus à l'Angleterre ; qu'en France les droits dont la propriété est grevée sont bien autrement considérables, et contribuent nécessairement à faire renchérir ses produits.

L'industrie du continent aurait dû faire des vœux pour le maintien de l'ancienne législation anglaise en matière de céréales ; car il devait suffire à l'Angleterre de supprimer les droits d'entrée sur les grains étrangers pour neutraliser à l'instant même tous les efforts de nos systèmes protecteurs de douanes, et en même temps pour enlever à celles de nos industries rivales des siennes leur plus puissant élément de succès : le bas prix des salaires. C'est évidemment cette considération, lorsque les hommes d'État de la Grande-Bretagne en ont enfin compris la justesse, qui a dû les déterminer à renoncer au système de protection de l'agriculture nationale et à donner gain de cause aux publicistes qui depuis si longtemps, et même bien avant Cobden et son *anti-corn-laws League*, réclamaient, sinon l'abrogation totale, du moins une profonde modification des *corn-laws*.

CORNOUAILLES. Ce nom, qu'on traduit en latin par ces mots : *Cornu Galliæ*, qui en sont probablement l'étymologie, était celui d'une petite contrée de la Bretagne, avec titre de comté, comprise aujourd'hui dans les départements des Côtes-du-Nord, du Finistère et du Morbihan, et qui autrefois correspondait aux diocèses de Quimper-Corentin et de Saint-Pol-de-Léon.

C'est aussi le nom francisé d'un comté, le *Cornwall*, formant l'extrémité sud-ouest de l'Angleterre. Il est borné à l'est par le comté de Devon, et de tous les autres côtés par l'océan Atlantique, dont les flots viennent se briser contre ses côtes, vivement échancrées, et baignent le cap Lizard, où s'élève un phare, ainsi que Landsend, le promontoire d'Angleterre situé le plus à l'ouest. Cette presqu'île, qui, en y comprenant les îles Scilly, qui l'avoisinent, occupe une superficie de 36 myriamètres carrés, présente un sol montueux, s'élevant jusqu'à 500 mètres au-dessus du niveau de l'Océan, et placé dans les mêmes conditions que celui de la Bretagne, qui lui fait face, c'est-à-dire assis sur un terrain primitif, couvert de rochers dénudés, et vivement échancré sur ses bords. Ses points extrêmes sont le *Brown-Willy*, haut de 461 mètres, le *Carraton-Hill*, haut de 417, et le *Cadon-Barrow*, haut de 337. Les très-basses contrées qui bordent la côte, et où domine l'influence de l'atmosphère maritime, jouissent d'un climat extrêmement modéré, non pas seulement caractérisé par une température moyenne de 12° cent., en été de 15°, et en hiver de 7°, mais encore par cette circonstance que les myrtes peuvent y passer l'hiver en plein air, et l'oranger, la vigne et l'abricotier, pour peu qu'on les enveloppe d'un chaperon de paille. Les hauts plateaux ont un climat plus âpre; la couche de terre végétale y est très-mince, et quelques maigres prairies y présentent seules un terrain favorable à l'élève des moutons.

Le pays de Cornouailles n'est par conséquent ni agricole ni herbager; et cependant de tout temps ses richesses y ont appelé les peuples commerçants de la Méditerranée. Elles consistent en productions du règne minéral, parmi lesquelles figurent surtout le cuivre et l'étain: l'étain, qui autrefois avait fait donner à toute l'Angleterre le nom de *Cassitérides*. Quant au cuivre qu'on obtient à Swansen (Pays de Galles) par le grillage, les mines les plus riches sont situées entre la ville de Truro et le cap Landsend. On en extrait année commune environ 150,000 tonnes de minerai, dont l'affinage donne environ 9 pour 100 de métal pur, et à la tonne une valeur de 2,500 f. environ. La production de l'étain est encore bien plus importante. Les principales mines de ce métal sont situées à Palgooth, et produisent en moyenne de 60 à 80,000 quintaux par an, le quintal à 87 f. 50 c.

Le comté de Cornouailles a pour chef-lieu *Launceston*, avec 5,500 habitants, près d'une montagne appelée Hengston-Hill. C'est là que les mineurs des comtés de Devon et de Cornouailles tiennent tous les sept ans leur assemblée générale, et qu'on trouve aussi les pierres dites *diamants de Cornouailles*. Après Pembroke, le meilleur port de toute l'Angleterre, à cause de ses abris naturels, est Falmouth; le grand centre de l'industrie minière et du commerce d'étain est *Helston*, au sud-ouest du comté. Le pays de Cornouailles eut d'abord ses souverains particuliers, jusqu'à ce qu'au siècle dernier, en l'an 823, il passa sous l'autorité des rois d'Angleterre. Toutefois, en 1330, le roi Édouard III lui accorda le rang et le titre de duché, il y a trois siècles à peine, on y parlait encore un idiome particulier, dialecte du Kimre ou du gaélique, que les Anglais désignent sous le nom de *cornish language*, mais qui a presque entièrement disparu aujourd'hui.

CORNOUILLÉ. *Voyez* CORNOUILLER.

CORNOUILLER, genre d'arbres de la famille des caprifoliées. Il est caractérisé par un calice à quatre dents, quatre pétales, autant d'étamines, un ovaire infère, un style, une baie renfermant un noyau à deux loges monospermes.

On cultive dans les jardins fruitiers le *cornouiller mâle* (*cornus mascula*, Linné), arbre indigène, dont il existe trois variétés perfectionnées par la culture, et qui sont : le *cornouiller à gros fruits rouges*, le *cornouiller à gros fruits jaunes*, et le *cornouiller à gros fruits blancs*, dont les fruits, appelés *cornes* ou *cornouilles*, ne diffèrent que par la couleur et sont de la grosseur d'une olive et un peu plus allongés. Les cornouilles ont une saveur aigrelette, et composent d'excellentes confitures, des liqueurs très-estimées. Cet arbre se multiplie par ses semences, par marcotte

CORNOUAILLES — CORNUE

ou par la greffe des espèces perfectionnées sur le cornouiller commun, d'où elles sont sorties. Ces cornouillers comestibles, ayant de très-belles fleurs, sont aussi employés comme arbres d'ornement.

On cultive encore les espèces suivantes comme arbres d'agrément: le *cornouiller à fleurs et fruits blancs* (*cornus alba*), dont il existe une variété à feuilles panachées; le *cornouiller à fruits bleus* (*cornus cærulea*), dont les fruits sont bleu-céleste et les fleurs blanches; le *cornouiller à feuilles alternes* (*cornus alternifolia*), dont les fruits sont violets: tous se multiplient par leurs graines, par couchage et par la greffe sur le *cornouiller commun* et sur le *cornus alba*; enfin, le *cornouiller à grandes fleurs* (*cornus florida*), qui s'élève à treize mètres de hauteur et est très-remarquable, par la beauté de ses fleurs et la qualité de son bois, très-estimé pour les arts, dans l'Amérique septentrionale, où il croît naturellement.

On sait que le bois de notre cornouiller indigène est l'un des plus durs et des plus recherchés.   C. TOLLARD aîné.

CORNU (du latin *cornutus*), qualificatif de celui qui porte des *cornes* : le bœuf, le bouc, etc., sont des animaux *cornus*. Il se dit, par extension, de certaines choses qui ont des saillies, des angles en forme de *cornes*. On dit aussi en détournant un peu le sens de ce mot, qu'un cheval est *cornu* lorsqu'il a les os des hanches aussi élevés que le haut de la croupe. Au figuré, on dit, en termes de logique, qu'un dilemme, qu'un argument est *cornu* (*argumentum cornutum*) lorsqu'il a deux parties bien distinctes, et qu'on y propose des choses dont il faut que l'une arrive nécessairement. Par exemple, un général qui a dit à ses soldats les moyens de s'enfuir, leur dit, pour les engager à se bien battre : « Il faut vaincre ou mourir. » L'acception du mot *cornu* se prend ici en bonne part; mais dans le sens métaphorique on dit encore, en parlant des choses de l'esprit, qu'elles sont *cornues*, pour dire qu'elles sont absurdes ou de mauvais goût. On se sert souvent, dans cette acception fâcheuse, des expressions suivantes : raisons *cornues*, raisonnements *cornus*, pour méchantes raisons, raisonnements qui ne concluent pas; *visions cornues*, idées folles et extravagantes; le tout par allusion aux *cornes* qui formaient autrefois la coiffure des docteurs et à celles du diable, qui envoie des rêves fantastiques à ceux dont il s'empare et qu'il *possède*.

CORNUE, vase distillatoire. La forme et la matière de cet instrument de laboratoire et de fabrication varient selon les usages auxquels on le destine. Il y a des cornues en verre, en grès, en porcelaine, en platine, en fonte de fer, en tôle et en cuivre. C'est une espèce d'alambic. Les cornues de verre ne sont guère employées que dans les laboratoires de chimie; on y a renoncé dans beaucoup de travaux de fabrique, où on les a généralement remplacées par des cornues de platine, notamment pour la concentration de l'acide sulfurique et pour la fabrication des acides nitrique et muriatique. Pour toutes les autres opérations on fait usage maintenant de cornues ou plutôt de cylindres creux en fonte.

Pour ce qui est du travail en fabrique, l'emploi des cornues en verre, en grès ou en porcelaine, est à peu près réduit à la préparation de l'acide sulfurique fumant de Nordhausen, du phosphore, et à quelques autres opérations peu importantes sous le rapport commercial.

On ajoute communément à la résistance des cornues fragiles qu'on expose au feu en les enduisant, sur toute leur surface, d'un lut, qui varie selon les destinations. Mais dans tous les cas, afin d'éviter la rupture occasionnée par les changements brusques de température, il est nécessaire que le fond de la cornue soit très-mince, et qu'il aille en augmentant d'épaisseur bien uniformément sur tout le pourtour du vase.

Dans les arts on fait emploi des cornues en fonte, on leur donne ordinairement les noms de *retortes*, *cylindres*, *canules*, etc. La fonte grise y doit être employée de préférence, comme moins fragile et moins fusible que la fonte blanche. **Pelouze** père.

CORNUEL (Anne Bigot, dame de), femme célèbre par son esprit, née à Paris, vers la fin du règne de Henri IV. Ses bons mots sont épars dans tous les ouvrages du temps. M*me* de Sévigné en rapporte un grand nombre. Ce fut elle qui donna le nom d'*importants* aux gens de la cabale du duc de Beaufort, parce qu'elle avait remarqué qu'en quittant une compagnie, ils disaient toujours qu'ils s'en allaient pour une affaire d'*importance*. Plus tard, elle définit les jansénistes *des importants spirituels*. C'est elle encore qui disait de l'abbé de Boisrobert : « Quand je le vois monter en chaire, je sens ma dévotion s'évanouir, car il me semble toujours que son surplus est fait d'une jupe de Ninon. » Son mari, Cornuel, trésorier de l'extraordinaire des guerres, en était devenu amoureux à l'enterrement de sa première femme : il l'épousa peu de temps après. A son tour, elle devint veuve en 1650, parvint à une extrême vieillesse, qui ne la priva d'aucune de ses facultés, et mourut en 1694. Tallemant des Réaux dit qu'elle avait été fort jolie femme, passablement galante, et qu'elle avait plus d'une fois donné prise à la médisance.

CORNULAIRES, genre établi par Lamouroux pour un polype à tuyaux, ayant de petits tubes coniques, de chacun desquels sort un polype à huit bras dentelés, comme ceux des alcyons, des gorgones, etc. De Blainville le place dans les zoophytaires tubulipores.

CORNWALL. Voyez Cornouailles.

CORNWALLIS, nom donné à l'une des îles, encore fort imparfaitement connues, de la Géorgie septentrionale, subdivision des terres arctiques occidentales ou anglaises, qui s'étendent à l'ouest de la mer de Baffin et au nord de la mer de Hudson.

Une autre île du même nom est située dans l'archipel de Broughton.

CORNWALLIS (Charles Mann, marquis de), général anglais, fils aîné du premier comte de ce nom, naquit le 31 décembre 1738, et, après avoir fait ses études à Eton et à Cambridge, entra dans l'armée. Lors de la guerre de sept ans, il se distingua de la manière la plus glorieuse en Allemagne, sous le nom de *lord Brome*. A son retour, il fut promu au grade de colonel, et élu membre de la chambre des communes. Dès 1761 la mort de son père l'appelait à la chambre haute, où il combattit vivement la politique du ministre, surtout à l'égard des colonies. Cela ne l'empêcha pas de partir à la tête de son régiment pour l'Amérique du Nord, à l'effet d'y appuyer les opérations du général Clinton contre les colonies insurgées. Il fut ensuite chargé d'occuper le comté de Jersey, s'empara de Charlestown en 1780, et remporta près de Cambden une sanglante victoire sur le général Gates. Son talent et le bonheur qui s'attachait à ses armes semblaient garantir à l'Angleterre la soumission des insurgés, quand, en 1781, plein de confiance dans ses forces, il envahit la Virginie, où, cerné par Washington lui-même à Yorktown, il fut contraint de mettre bas les armes, le 19 octobre, avec ses 8,000 hommes placés sous ses ordres. Une vive mésintelligence éclata alors entre Cornwallis et Clinton, rejetant l'un sur l'autre la responsabilité de ce désastre; tous deux durent résigner leur commandement et s'en revenir en Angleterre.

En 1786 Cornwallis fut envoyé aux Grandes-Indes, en qualité de gouverneur général et de commandant en chef des troupes britanniques dans cette partie du monde. En 1791 il attaqua le belliqueux sultan de Mysore, le vainqueur à Bangalore, assiégea l'année suivante Seringapatam, et contraignit enfin Tippo-Saïb, réduit à la position la plus critique, à implorer la paix et à céder à la Compagnie des Indes une grande partie de ses possessions. Cornwallis s'efforça ensuite d'introduire plus d'ordre et de régularité dans l'administration de l'Inde, et mérita bien du pays en y établissant un système précis d'impôts. En 1793 il revint en Angleterre, et en 1798 il reçut le gouvernement de l'Irlande. Il fit prisonnier les Français qui essayèrent alors d'y opérer un débarquement, comprima l'insurrection, et, par sa fermeté, sa prudence et ses mesures de conciliation, s'efforça de calmer les partis qui troublaient le pays. En 1801 on le chargea de négocier la paix avec la France, et en 1802 il signa le traité d'Amiens. En 1805, lors du rappel du marquis de Wellesley, il accepta encore une fois, quoique souffrant, le gouvernement général des Indes orientales; mais il mourut le 5 octobre de la même année à Gazepour, peu de temps après son arrivée. Cornwallis était un caractère aussi distingué comme militaire que comme administrateur. Des monuments ont été élevés à sa mémoire par les populations reconnaissantes, à Madras, à Bombay et à Calcutta, et le parlement lui en fit ériger un dans l'église Saint-Paul à Londres.

CORNWALLIS (William Mann, comte de), frère du précédent, amiral distingué, naquit en 1744, et fut de bonne heure destiné à la marine. Jusqu'en 1765 il servit avec succès sur les côtes d'Angleterre contre les Français, puis, lors de la guerre avec les colonies, fut envoyé en Amérique, où, à la tête d'une petite escadre, il soutint dans les eaux de la Jamaïque un glorieux combat contre Lamothe-Piquet. En 1781 il passa aux Grandes-Indes, où, placé sous les ordres de l'amiral Hood, il contribua beaucoup par sa bravoure à la conquête des possessions françaises. Nommé en 1793, à la suite de la prise de Pondichéry, vice-amiral du pavillon bleu, et bientôt après amiral du pavillon blanc, il remporta le 23 juin 1795, dans la mer des Indes, une victoire complète sur les forces navales françaises, et, à la suite de ce triomphe, fut appelé au commandement supérieur des forces navales britanniques dans ces mêmes mers. Il revint ensuite en Angleterre, où, sous prétexte de mauvaise santé, mais vraisemblablement par suite d'intrigues, il voulut donner sa démission. Il en advint que le traduisit devant une cour martiale, qui d'ailleurs le renvoya absous; il ne reprit du service qu'en 1799, fut nommé amiral du pavillon rouge, et en cette qualité reçut le commandement en chef de la flotte anglaise dans le canal, commandement qu'il conserva jusqu'à la paix d'Amiens. Depuis lors il vécut étranger au service public, et mourut en 1819.

CORO, chef-lieu de la province du même nom, dans la république de Vénézuéla (Amérique du Sud), sur la *Golfete de Coro*, partie orientale du golfe de Maracaïbo, et sur l'isthme de Midanos, long de 29 kilomètres et large de 4 kilomètres, conduisant à la presqu'île de Paraguana, dans un climat chaud mais sain, a un port peu sûr, mais très-fréquenté, des rues droites, quatre belles églises, 12,000 habitants, de riches plantations et un commerce considérable en bestiaux, peaux et cochenille. On est obligé d'aller chercher au loin l'eau à boire. Coro, le premier établissement fortifié que les Espagnols aient possédé sur la côte septentrionale de l'Amérique du Sud, bâti à l'origine sur plusieurs îlots de lagunes, et appelé en conséquence *Vénézuéla* (petite Venise), nom qui passa ensuite au pays tout entier, était autrefois très-riche, et demeura le siège des autorités espagnoles jusqu'en 1636, époque où on le transféra à Caracas.

La province de Coro comprend 941 lieues carrées, compte 45,000 habitants, et est divisée en 6 cantons : *Coro*, *Paroguana*, *Casigua*, *Cumarobo*, *Tocuyo* et *San-Luis*.

COROGNE (LA), *La Coruña*, chef-lieu de la province du même nom, qui compte 440,000 habitants, sur la côte nord-ouest du royaume de Galice (Espagne), dans une presqu'île conduisant à l'entrée de la baie de Betanzos, est divisée en ville haute et ville basse. La première, située sur le penchant d'une montagne, est entourée de murs et défendue par une citadelle. Les rues en sont étroites et mal pavées. Au contraire, la ville basse (*Pescaderia*), pêcherie bâtie sur une étroite langue de terre, a des rues larges et propres. L'arsenal et une vieille et très-haute tour sont les édifices publics qui méritent le plus l'attention des voyageurs. Le nombre des habitants s'élève à 25,000, qui font un commerce important et possèdent quelques industries. Le capitaine général, l'intendant provincial et la haute cour de justice du royaume de Galice siègent à la Corogne. Le port, qui forme un demi-cercle et est garni d'un beau quai, est spacieux et sûr. L'entrée en est défendue par les deux châteaux de San-Martin et de Santa-Cruz, et par les deux forts de San-Amaro et de San-Antonio. Ce dernier est construit sur un rocher entouré de remparts, et sert en même temps de prison. Sur une haute montagne, à cinq kilomètres de la ville environ, existe un phare, appelé *Tour d'Hercule*, dont les feux s'aperçoivent à cent-dix kilomètres en mer.

Au moyen âge cette ville s'appelait *Caronium*, puis *La Corogna*. En 1598 elle fut prise et incendiée par les Anglais, et plus tard fortifiée. Les batailles navales du 14 juin 1747, où les Anglais, commandés par Anson et Warren, battirent une belle flottille française, et du 22 juillet 1805, où, sous les ordres de l'amiral Calder, ils mirent en déroute la flotte franco-espagnole commandée par les amiraux Gravina et Villeneuve, sont généralement désignées sous le nom de *batailles du Finistère*, à cause d'un cap de ce nom situé au sud-ouest de la ville. Le 16 janvier 1809 le maréchal Soult attaqua non loin de la Corogne les troupes anglaises, commandées par Moore, qui battait en retraite devant lui. Ce général fut tué dans l'action; mais Soult ne parvint point à empêcher les Anglais de se rembarquer. Le 21 février 1820 la population et la garnison de la Corogne proclamèrent la constitution des Cortès; mais, le 13 juillet 1823 le général français Bourck ayant couronné ses hauteurs, la ville dut capituler un mois après.

COROLLAIRE (du latin *corollarium*, fait de *corolla*, qui dérive de *corona*, couronne), conséquence tirée d'une proposition qui a déjà été avancée ou démontrée. D'après Varron, *corollarium* est le surplus d'une chose, outre de plus, outre le poids et la mesure ou le prix d'une chose; suivant Cicéron, c'est un petit présent. C'était aussi chez les Latins une couronne de lames d'argent, ou d'oripeau, qu'on distribuait aux spectateurs des jeux ou aux conviés d'un festin. Ajouter des *corollaires*, c'est donc couronner un travail scientifique, comme *donner des conclusions* est former le discours, et *tirer des conséquences* avant les antécédences.

COROLLE, partie accessoire de la *fleur*, qui entoure immédiatement les étamines et le pistil; son nom vient du latin *corolla*, petite couronne, contraction de *coronula*, *diminutif de corona*. Elle est un des organes les plus intéressants du végétal, par sa fraîcheur, son éclat, la délicatesse de son tissu et le doux parfum qu'elle répand; selon Linné, elle est le produit du *liber* épanoui à l'extrémité du pédoncule, de même que le calice n'est qu'un prolongement de l'écorce. Dans les fleurs complètes, la corolle est très-facile à déterminer, mais dans les fleurs incomplètes on est souvent embarrassé pour décider si la seule enveloppe restante est une corolle ou un *calice*; sa principale fonction paraît être de protéger les organes essentiels à la fructification, qu'elle enveloppe lorsqu'ils n'ont point encore assez de consistance, et qu'elle loge pour ainsi dire lorsqu'ils sont capables d'exécuter leurs fonctions. Après que la fécondation s'est opérée, la corolle, devenue inutile, s'épanouit, se fane et tombe incessamment. Étudiée dans sa forme, sa structure, le lieu de son insertion, ainsi que sa couleur, cette partie fournit pour la distinction des végétaux des caractères fort importants; aussi l'a-t-on souvent employée.

Si nous examinons d'abord l'insertion de la corolle, nous verrons que tantôt elle se fait sur l'ovaire : c'est le cas de la *corolle supérieure* ou *épigyne*, et tantôt sous l'ovaire, *corolle inférieure* ou *hypogyne*, ou bien encore sur le calice : elle est alors dite *corolle périgyne*. On distingue aussi les corolles en *monopétales* et en *polypétales*, suivant qu'elles se composent d'une seule ou de plusieurs pièces. Les corolles monopétales, appelées aussi *gamopétales*, se composent d'un *tube*, d'une *gorge* et d'un *limbe*, et chacun des *pétales*, ou partie d'une corolle polypétale, comprend un *onglet*, une *lame* et un *bord*. Quand la circonférence d'une corolle monopétale et les pièces d'une corolle polypétale s'étalent également, symétriquement, dans tous les sens en partant du point d'insertion, la corolle est dite *régulière* (dans les roses, les renoncules, les œillets); dans le cas contraire, elle est *irrégulière* (dans la capucine, la violette, la digitale).

Les corolles monopétales régulières et irrégulières, de même que les polypétales, varient considérablement pour la forme, le nombre des divisions et des pétales; et comme toutes ces considérations ont été recherchées pour établir les genres, qu'elles ont même servi de base à la classification de Tournefort (*voyez* BOTANIQUE), nous devons donner quelques-uns des termes par lesquels on les a indiquées : les monopétales irrégulières sont dites *tubuleuses*, *campanulées*, *infundibuliformes* ou en entonnoir, etc.; les régulières, *unilabiées*, *ligulées*, *bilabiées*, *personnées*, etc.; les corolles polypétales irrégulières sont *papilionacées* ou *anomales*, et les régulières, *cruciformes*, *rosacées* ou *caryophyllées*. Quant au nombre des pièces qui les composent, les polypétales sont *bipétales*, *tripétales*, *tétrapétales*, etc., selon qu'elles ont deux, trois, ou un plus grand nombre de pétales.

L'Écluse a donné le nom de *corolle* à ce qu'on appelle *collerette* dans les agarics, et Hedwig à la membrane délicate qui dans les mousses produit la coiffe et la vaginule.
Paul Gervais.

COROMANDEL ou **CHOLOMANDEL** (Côte de). On appelle ainsi l'étendue de côtes des Indes Orientales située à l'est de la Péninsule, en deçà du Gange, sur le golfe du Bengale, depuis l'embouchure du Kistna jusqu'au cap Kaleimer, entre le 10° 30' et le 16° de latitude septentrionale, comprenant la partie méridionale de la suite de terrasses formées par la côte orientale de la presqu'île avec les provinces de Tajola ou Tandjaour sur le Kawery au sud, de Dravida ou Karnatik avec Madras, chef-lieu de gouvernement, à son centre, et Andhra ou les Circars au nord. Le sol en est composé par les versants des Ghâts de l'est entre les montagnes et la mer, du sud au nord. Les vents du nord règnent depuis le commencement d'octobre jusqu'en avril le long de cette côte, et avec tant de vivacité pendant les trois premiers mois de la mousson du nord-est, que la navigation y devient alors très-périlleuse, vu l'absence de bons ports. Vers la mi-avril, le vent tourne au sud et continue à souffler dans cette direction jusque vers la mi-octobre; pendant toute la durée de cette saison, on peut s'approcher sans crainte de cette côte. A cette époque règne souvent dans le jour un vent d'une chaleur étouffante qui gêne la respiration; mais le vent frais de la mer rafraîchit l'atmosphère pendant la nuit. Au total, le climat de cette contrée est sain, aussi sain du moins pour des Européens que peut l'être un climat tropical. La nature sablonneuse du terrain sur toute cette étendue de côtes n'est guère favorable à la culture du riz; en revanche, le coton y croît avec une abondance extrême, et devient une source de prospérité pour les industrieux habitants. Les principales places du Coromandel, en remontant du midi au nord, sont : *Negapatnan*, *Karikal*, *Tranquebar*, *Devicotta*, *Porto-Novo*, *Kondallare*, *Pondichéry*, *Sadras*, *Mebsapour* ou *San-Thomé*, *Madras*, *Pallacate* et *Masulipatan*, quoique cette dernière soit un peu au delà des limites assignées au Coromandel.

CORON, petite ville de la Grèce, qui donne aujourd'hui son nom à un golfe vaste et profond, que les anciens géographes appelaient *golfe de Messénie*, est située à deux myriamètres de Modon, non loin du cap Matapan. Elle compte une population d'environ 8,000 âmes, et est entourée d'importantes fortifications; mais son port n'offre aux vaisseaux qu'un abri incommode et peu sûr contre les vents du sud.

CORONAL. *Voyez* Frontal.

CORONÉE, ville de la Béotie, bâtie sur une colline, au sud-ouest de Chéronée et à l'ouest du lac Copaïs, dont il n'existe presque plus de traces aujourd'hui, mais fameuse dans l'antiquité à cause de la fête générale de la ligue Béotienne, qui se célébrait dans un temple de Minerve, situé à peu de distance, de même que par la victoire meurtrière, mais peu décisive, que les Spartiates, commandés par Agésilas, rappelé d'Asie, y remportèrent sur les Thébains, les Athéniens et leurs alliés, l'an 394 av. J.-C.

CORONELLI (Marc-Vincent), né à Venise, vers la seconde moitié du dix-septième siècle, entra de bonne heure chez les Mineurs conventuels. Il s'adonna avec passion à l'étude des mathématiques, et surtout à celle de la géographie. La renommée de son habileté s'étant répandue en Europe, le cardinal d'Estrées l'appela en France, où il fut chargé de la confection des deux globes terrestre et céleste qui se voient aujourd'hui à la Bibliothèque Impériale : ces globes ont 3^m,98 de diamètre; leur méridien mobile est en bois recouvert d'un côté d'un limbe de laiton. Outre les contours des divers pays, le cours des fleuves, les noms des villes, etc., ils sont ornés de divers emblèmes, où y voit plusieurs figures avec les costumes des nations connues de l'auteur. Tous ces objets sont dessinés et coloriés avec la plus grande pureté. C'est en 1683 que ces globes gigantesques furent terminés. Deux ans après, Coronelli retourna dans sa patrie. Il y fit graver deux globes, un terrestre et l'autre céleste, chacun en trente feuilles. Ces globes, les plus gros qu'on ait multipliés par la gravure, avaient 1^m,12 de diamètre. On a encore les planches du globe céleste; celles du globe terrestre sont perdues.

Coronelli, élu général de son ordre en 1702, mourut en 1718. Ce savant travaillait avec la plus grande facilité; il a composé plus de 400 cartes géographiques, dont plusieurs sont accompagnées de notes ou de mémoires explicatifs. Il avait formé le plan d'une sorte d'encyclopédie géographique, qui aurait eu 40 volumes in-folio; mais les six ou sept premiers volumes qui parurent sont composés ou compilés avec tant de négligence, si peu de goût et de discernement, qu'on n'a pas lieu de regretter que l'ouvrage soit resté inachevé. Les ouvrages de Coronelli, écrits pour la plupart en italien, ne sont plus lus aujourd'hui : si l'exécution de ses globes et de ses cartes lui fait honneur, ses contemporains avaient déjà reconnu que ces diverses compositions manquent d'exactitude, et que l'auteur avait rassemblé des matériaux, pris de tous côtés sans critique. Teyssèdre.

CORONER (en latin *coronator*). Ainsi s'appelle en Angleterre un fonctionnaire élu par les francs tenanciers (*free holders*) de chaque comté pour défendre les droits de la couronne. Sa principale occupation consiste à examiner, avec l'assistance de douze jurés, les cas de mort subite et à commencer l'instruction criminelle contre les individus prévenus de meurtre commis avec préméditation ou de voies de fait et de violences ayant occasionné la mort. Quand il y a suicide, il doit rechercher s'il a été le résultat d'un dérangement passager de l'intelligence, ou bien si l'on doit le considérer comme un crime (*felonia de ipso*). Tous les biens meubles et immeubles du suicidé, tout ce qui a pu causer la mort de quelqu'un, par exemple, un cheval, une voiture avec lesquels quelqu'un a péri, reviennent au roi à titre de *deodand*. Le suicidé ne reçoit pas non plus de sépulture honorable. Si, par suite de la négligence avec laquelle elle fait faire sa police, une commune est cause de la mort de quelqu'un, le jury du *coroner* lui impose une amende. Le *coroner* est encore chargé des enquêtes à faire au sujet des naufrages et du sauvetage des débris qui en proviennent, ainsi que de quelques autres fonctions judiciaires. Il est nommé à vie; mais il peut être promu à un emploi plus élevé, ou bien destitué pour abus de pouvoir ou négligence dans l'exercice de ses devoirs.

[Du temps de Shakspeare, on disait *crowner*. Ce terme se trouve deux fois dans Hamlet. Shakspeare, qui ne se piquait nullement d'observer le *costume* ni les mœurs locales, parle des enquêtes faites par le *coroner de Danemark* après la mort de Polonius et d'Ophélie ! Suivant les uns, cette dénomination vient de ce que ce fonctionnaire agissait en qualité d'officier de la couronne et de ce qu'il portait en effet une petite couronne sur la baguette qui lui servait d'insigne. Selon d'autres, le *coroner* a été ainsi nommé parce qu'il procédait *cum corona populi*. Nous voyons dans l'exorde du plaidoyer de Cicéron pour Milon le mot *corona* employé comme synonyme d'auditoire : *Non enim corona consessus vester cinctus est, ut solebat.*

Depuis quelque temps les tribunaux de police de Londres considèrent l'enquête du *coroner* comme une superfétation, et refusent d'obéir au mandat en vertu duquel le *coroner* exige la comparution en personne de l'inculpé devant le jury qu'il a convoqué. L'enquête du *coroner* se fait publiquement, dans une auberge voisine du théâtre du crime ou de l'accident, et il choisit lui-même les jurés parmi les habitants les plus notables qui se trouvent sur les lieux. Breton.]

CORONILLE (en latin *coronilla*, diminutif de *corona*, couronne, par allusion à la disposition des fleurs), genre de la famille des papilionacées, ainsi caractérisé : Fleurs disposées en couronne sur un tête terminale; calice à deux lèvres et à cinq dents; gousse grêle, allongée, composée de plusieurs pièces séparées par des cloisons transversales ; une semence dans chaque articulation; feuilles ailées, avec une impaire. On en compte une vingtaine d'espèces; ce sont des arbrisseaux et des herbes qui croissent en Europe, principalement dans tout le bassin méditerranéen.

La *coronille des jardins* (*coronilla emerus*, Linné) est un fort joli petit arbrisseau, très-rameux, ramassé en buisson, orné d'un feuillage léger, d'un beau vert clair; chaque feuille est composée de cinq ou de sept folioles, un peu en cœur. Les fleurs sont jaunes, très-nombreuses, l'étendard un peu excepté en dehors, les onglets des pétales beaucoup plus longs que le calice. Cette plante porte les noms vulgaires de *séné bâtard*, *faux buguenaudier*, etc.

La *coronille glauque* (*coronilla glauca*, Linné) doit son nom au vert de ses feuilles, à folioles cunéiformes, tronquées au sommet. Les fleurs, jaunes, odorantes pendant le jour, ont les onglets des pétales à peine plus longs que le calice.

La *coronille en jonc* (*coronilla juncea*, Linné), très-distincte par sa forme, a le port d'un petit genêt. Ses tiges ressemblent à celle d'un jonc; elles sont lisses, effilées, flexibles, rameuses, presque nues, d'une écorce fongueuse. Les feuilles sont glauques, distantes, un peu charnues, composées de trois ou cinq folioles, linéaires, obtuses. Les fleurs sont jaunes, disposées en petites ombelles, à l'extrémité d'un long pédoncule axillaire.

Citons encore la *coronille bigarrée* (*coronilla varia*, Linné), la plus élégante des espèces herbacées de ce genre. Ses fleurs, environ au nombre de douze, forment véritablement une jolie petite couronne, agréablement mélangée de rose, de blanc et de violet, posée au sommet d'un long pédoncule nu. Les tiges sont longues, rameuses, étalées en guirlande sur la terre, garnies de feuilles distantes, ailées; les folioles sont petites, glabres, ovales.

CORONIS, fille de Coronée, fut vainement demandée en mariage par plusieurs rois puissants. Un jour qu'elle se promenait sur le bord de la mer, Pluton la vit, et brûla pour elle. Il s'approcha, lui déclara son amour, et, voyant que ses prières étaient inutiles, il eut recours à la violence ; mais Coronis prit la fuite, et, accablée de lassitude, appela les dieux et les hommes à son secours. Minerve, touchée de compassion, la métamorphosa en *corneille*, et lui accorda la faveur de demeurer auprès d'elle, parce qu'elle avait conservé sa chasteté. Mais dans la suite elle perdit les bonnes grâces de la déesse pour lui avoir rapporté qu'Aglaure avait enfreint ses ordres ; et l'oiseau de la nuit, ou le hibou, lui fut préféré.

CORONULE (du latin *coronula*, diminutif de *corona*, couronne), genre de mollusques dont la coquille est composée de plusieurs valves rassemblées en cercle au sommet, et qui vivent sur la peau des baleines.

En entomologie, la couronne ou demi-couronne qui garnit c sommet du tibia ou du cubitus de quelques insectes a été aussi appelée *coronule*.   L. LAURENT.

COROSSOL, COROSSOLIER. *Voyez* ASIMINIER.

COROT (JEAN-BAPTISTE-CAMILLE) est né à Paris, en 1796. Au début de sa vie, rien n'annonçait l'artiste que l'avenir réservait à notre génération. Fils de négociants, d'abord négociant comme eux, il ne devait quitter l'obscur magasin du marchand de draps qu'à la vingtième année de son âge, après de longues obsessions ; et c'était pour tomber dans l'atelier de J.-V. Bertin, homme de mérite à coup sûr, mais du génie le plus incompatible avec le sien. La poétique de Michallon n'était pas davantage celle qui convenait à son esprit. De telle sorte que M. Corot arrivait à l'âge de produire sans avoir recueilli sur son chemin autre chose que des obstacles. A trente ans il avait tout à faire. L'idée lui vint alors de suivre naïvement son inspiration, et, après avoir inutilement cherché un professeur dans les ateliers, il finit par rencontrer un grand maître dans la nature. Cette instruction pittoresque explique certains vides signalés dans le talent de M. Corot, et donne en même temps le secret de l'irrésistible puissance d'une peinture incomplète. Il n'y a pas d'intermédiaire entre la nature et lui. Aussi, donnez à M. Corot de l'herbe et des feuilles, et il vous fera une églogue tellement attachante, il enveloppera si bien votre pensée de mystère et d'ombre, que, pénétrée de fraîcheur et saturée de pastoral, votre imagination couchera parmi ses personnages idylliques, comme aux appesantie de langueur, sans remarquer que l'artiste l'emprisonne dans un horizon de six mètres carrés, barré par des saules à peine revêtus de verdure. Et Dieu sait le temps que durera cette rêverie, si la plume au bec de fer avec laquelle la critique laboure les colonnes basses du journal ne vient vous reprocher le mol abandon de votre esprit, vous prouver, de par Lorrain ou Ruysdael, combien M. Corot s'éloigne de leur ressemblance. Cela est vrai en effet, et si M. Corot a conquis une place honorable parmi les paysagistes, c'est parce qu'il s'appartient tout entier ; sa rare originalité excuse à nos yeux ses incorrections. Le poète protége le peintre.   B. DE CORCY.

M. Corot a exposé en 1827 une *Vue prise à Narni*, et *La Campagne de Rome*; en 1834, une *Forêt*, une *Marine*, un *Site d'Italie*; en 1838, *Silène*; en 1840, *La Fuite en Égypte*; en 1841, *Démocrite et les Abdéritains*; en 1842, *La Destruction de Sodome*; en 1845, *Homère et les Bergers*, *Daphnis et Chloé*; en 1846, une *Vue prise dans la forêt de Fontainebleau*, qui lui valut la décoration de la Légion d'Honneur ; en 1849 il exposa *Le Christ au jardin des Oliviers*, la *Vue du Colysée*; en 1850, un *Soleil couchant dans le Tyrol*, etc.

CORPORAL, linge consacré dont le prêtre se sert pendant la messe, et qu'il étend sous le calice avant d'y mettre le *corps* de Jésus-Christ, d'où lui vient son nom. Il sert aussi à recueillir les particules de l'hostie qui pourraient venir à tomber, soit lorsque le prêtre la rompt, soit lorsqu'il la consume. Suivant quelques auteurs, ce serait le pape Eusèbe qui le premier aurait ordonné l'usage du corporal ; suivant d'autres, ce serait saint Sylvestre. Au rapport de Comines, cet usage remonterait au temps des apôtres. Il raconte que le saint-père fit présent à saint Louis d'un *corporal* sur lequel, d'après la tradition, saint Pierre lui-même aurait dit la messe. A une époque où la foi était plus vive qu'éclairée, on avait coutume de porter les *corporaux* aux incendies et de les élever contre les flammes pour les éteindre.

CORPORATION, association dont les membres sont unis par des droits et des devoirs réciproques. Chaque corporation honorifique, religieuse ou industrielle a eu ses statuts, ses administrateurs spéciaux, ses priviléges et ses immunités. Les progrès de l'industrie et le libre exercice des professions sont rarement compatibles avec l'esprit des corporations ; mais elles peuvent contribuer à l'émancipation des hommes, à une époque où ils vivent dans une servitude humiliante, sous le joug de maîtres refusant de les admettre à participer aux bienfaits de la liberté, à une époque où la société se divise en un petit nombre d'oppresseurs et un grand nombre d'opprimés. Alors la culture des arts, qui développe l'intelligence, devient insensiblement pour ces derniers une source féconde d'affranchissement, car le pouvoir, qui a un intérêt réel à les faire fleurir, à se ménager un appui, à se créer une nouvelle force contre une noblesse jalouse de son autorité, leur accorde des immunités et des priviléges. Des *corporations d'arts et métiers* se forment bientôt, qui protégent leurs membres contre la tyrannie des puissants ; les richesses suivent les progrès de l'industrie ; et ceux qui à l'aide de cette protection les acquièrent par leur travail s'en servent pour se racheter des corvées et des services dégradants. On commence dès lors à goûter les prémices d'une liberté personnelle ; mais, comme il est de la nature des institutions humaines de porter avec elles un germe d'imperfection, les corporations, utiles dans leur origine, deviennent nuisibles plus tard, un obstacle à la culture et au progrès des arts, parce que la faculté de les exercer devient un privilége exclusif. L'ouvrier qui veut travailler pour son compte ne le peut qu'après être passé maître, faveur que la corporation lui accorde difficilement. Les abus, les entraves se multiplient de toutes parts jusqu'à ce qu'éclate une révolution sociale qui abolisse les corporations. Depuis celle de 1789 une libre concurrence existe en France parmi les travailleurs : la rivalité des talents, excitée par les suffrages du public et par les encouragements du pouvoir, porte les arts mécaniques à un degré de perfectionnement auquel le privilége opposait un obstacle insurmontable ; ils n'en rencontrent plus d'autre aujourd'hui que le *brevet*, garantie légale justement accordée au mérite de l'invention et du perfectionnement.

L'origine des corporations remonte à une antiquité reculée. Quelques auteurs ont cru en découvrir le germe dans les *castes* indiennes, sans réfléchir qu'elles sont basées plus sur une diversité d'origine que sur la différence des travaux. Peut-être les retrouverait-on mieux en Égypte, où elles existent encore. Au Caire en effet elles sont aujourd'hui au nombre de cent soixante-quatre. Nous savons aussi que les corporations existèrent dans l'ancienne Rome, sous le nom de *collèges* (*collegia*, *corpora opificum*), et qu'elles faisaient remonter leur origine à Numa. On citait, entre autres, celles des marchands, des serruriers, des bateliers, des fondeurs, des argentiers ou banquiers, etc. Supprimées, à cause de leurs turbulence, sous le consulat de L. Cœcilius et de Q. Martius, elles furent rétablis par le célèbre Clodius. Mais elles ne ressemblaient aux corporations modernes que comme agglomérations d'individus, ayant le droit de publier des statuts. En Italie, berceau de la bourgeoisie libre au moyen âge, dans les villes lombardes surtout, c'est probablement le souvenir des institutions romaines qui a le plus contribué à la naissance de pareilles corporations, favorisées d'abord par les princes, qui y voyaient un contre-poids aux envahissements de la noblesse, et auxquelles les constitutions municipales donnèrent bientôt une nouvelle vie. Il est difficile de préciser l'époque où les premières corporations se formèrent en Italie. Au dixième siècle il en existait une à Milan, sous le nom. de *credentia*. D'autres au douzième siècle possédaient une certaine importance politique, et il fallait nécessairement en faire partie pour aspirer à prendre part aux affaires publiques.

Leur formation en Allemagne correspond également à la naissance des premières constitutions municipales. D'abord les métiers étaient entre les mains des serfs, qui sous Charlemagne les exerçaient sur les biens des grands propriétaires ; mais à côté d'eux existait déjà une classe d'ouvriers libres, vivant, sous la protection et non sous la dépendance des seigneurs, en vrais *serviteurs à gages*. C'est dans la seconde moitié du douzième siècle que prennent naissance dans cette contrée la plupart des corporations. Les plus anciennes sont celles des tailleurs et des merciers de Hambourg (1152), et celles des marchands de drap (1153) et des cordonniers (1157) de Magdebourg. Aux quatorzième et quinzième siècles, elles s'élevèrent généralement à une telle importance politique, que d'autres métiers, qui leur étaient entièrement étrangers, durent se placer sous leur protection. On fixait aux ouvriers un temps d'apprentissage, et pour leur conférer la maîtrise on exigeait d'eux, comme partout ailleurs, la production d'un échantillon appelé *chef-d'œuvre*. Plus tard on acheta à prix d'argent l'exemption de cette formalité. Les lois de l'Empire et les ordonnances des princes, tout en respectant le droit d'association, ont cherché à remédier aux maux des maîtrises anciennes ; et en Saxe les *mandats* de 1780, 1810, 1828 et 1841 n'ont pas eu d'autre but.

Les corporations se formèrent en Angleterre à peu près comme en Allemagne ; seulement l'élément démocratique y domina davantage. Aussi leur participation aux affaires publiques, à la représentation de la bourgeoisie et à l'administration des villes, s'y est-elle fait toujours plus sentir que sur le continent : le droit d'exercer un métier indépendant s'y obtenait soit en l'achetant, soit en passant par un apprentissage à l'expiration duquel on avait le droit d'être maître. Tous les métiers étaient égaux, et chacun pouvait faire partie de telle corporation qui lui plaisait. Comme un de leurs priviléges consistait dans le droit d'élection, ceux qui n'étaient pas artisans s'y faisaient agréger pour le posséder. Sous Henri 1er les tisserands formaient déjà à Londres une communauté.

En Danemark, on trouve dès 1476, à Odensée, une corporation qui porte le nom de *Sainte-Trinité*. La Suisse, surtout la partie allemande, en a bien auparavant. En 1260 les bouchers en formaient déjà une à Bâle, et deux ans plus tard nous en voyons une de jardiniers dans la même ville. En France, les corporations jaillirent également du sein des constitutions municipales. On peut dater du règne de Louis IX l'ère de leur développement, activement secondé par le célèbre Étienne Boileau, l'auteur du *Livre des Métiers*, bien que sous les rois de la seconde race il soit déjà question d'un *roi des merciers*. Mais avant le treizième siècle elles ne possédaient encore de priviléges, n'étaient pas autorisées par lettres patentes du roi, ou n'avaient pas encore de statuts approuvés par les magistrats compétents. Saint Louis, pour relever le commerce, établit ces espèces de *confréries*, où les ouvriers travaillaient sous les yeux de leurs maîtres. Bientôt les nobles en établirent de pareilles sur leurs domaines. Pour les surveiller, le roi créa un office de *grand chambrier de France*, qui instituait les *rois des merciers* et les *visiteurs des poids et balances*. Alors les commerçants de Paris formaient une grande corporation, qui se divisait en six classes, qu'on appelait *corps des marchands* ; de là le titre de *prévôt des marchands* donné au chef de l'administration municipale. Chaque corps de marchands avait ses syndics et ses règlements particuliers.

Sous Henri III, les corporations commencèrent à être envisagées comme une ressources de finances. Elles s'augmentèrent sous le ministère de Colbert. En 1691 le rôle du conseil les portait à 129. Depuis 1673 il fut créé dans les corporations plus de 40,000 offices. Mais l'argent que rapporta le vente de ces charges ne compensa pas le mal que ce système fit au pays. Enfin, l'édit de Versailles de février 1776 abolit toutes les corporations ; mais il y eut bientôt tant de réclamations, qu'un édit d'août de la même année les rétablit sous une autre forme, en 6 corps de marchands et 44 communautés ; 21 professions faisant partie des communautés supprimées purent être librement exercées. Il fallut la grande révolution de 1789 pour détruire ce monopole. La suppression de toutes corporations fut demandée par la majorité des assemblées bailliagères et consignée dans les cahiers remis à chaque députation. La loi du 17 mars 1791 supprima toutes les corporations, maîtrises et jurandes. C'est par la comparaison de l'état de choses qu'elle a créé en France avec ce qui existe dans les pays où les corporations se sont maintenues, qu'on reconnaît combien on a à se féliciter de cette mesure.

Les *confréries* étaient des *corporations religieuses* ; les compagnies financières, comme celle des fermiers généraux, avaient aussi une administration spéciale, un syndicat chargé de représenter la compagnie ; les ordres de Saint-Louis, du Saint-Esprit, etc., étaient aussi des *corporations*, et c'est sous cette dénomination générale que les lois rendues pour leur suppression et le mode de liquidation de leurs propriétés, de leurs dettes actives et passives, désignent tous les ordres militaires et religieux, toutes les communautés industrielles. On ne disait pas *corporations des parlements*, des magistrats municipaux, mais *corps du parlement*, *corps de ville*. En Angleterre le mot *corporation* sert aussi à désigner un corps politique auquel une charte, une patente royale a donné le droit d'avoir un sceau commun, d'agir, de concéder, d'acquérir, etc., en un mot de faire, dans l'étendue du territoire qui lui est assigné, tout ce que la loi permet aux particuliers. C'est aussi l'ensemble des magistrats et des notables d'une cité. Les *corporations* proprement dites n'ont plus en France d'existence légale.

Eng. G. DE MONCLAVE.

CORPS (du latin *corpus*). Par ce mot, on doit entendre tous les êtres animés, inanimés, organisés et non organisés, qui sont sortis des mains du Créateur et qui affectent nos sens. Les corps s'offrent à nous dans trois états différents : ils sont *solides*, *liquides*, ou *gazeux*. De la *glace* est à l'état *solide* ; quand elle est fondue, elle devient *eau*, et passe à l'état *liquide* ; enfin, elle passe à l'état de *gaz* quand elle reçoit un degré de chaleur suffisant. Considérés par le physicien sous d'autres points de vue, les corps sont encore divisés en *conducteurs* et *non conducteurs* de la chaleur ou de l'électricité, en *idio-électriques* et *anélectriques*, etc.

Les propriétés des corps sont *générales* ou *particulières*. Les propriétés générales sont celles qui appartiennent à tous les corps indistinctement : telles sont l'étendue, l'impénétrabilité, la porosité, la divisibilité, l'élasticité, la compressibilité, la mobilité et l'inertie. Les propriétés particulières sont celles qui n'appartiennent qu'à certains corps, comme la solidité, la dureté, la transparence, etc.

Les chimistes, dont la science a pour but l'étude de la nature des corps, divisent ceux-ci en deux classes, les corps *simples* ou *élémentaires*, et les corps *composés*. Les anciens ne reconnaissaient que quatre éléments, l'eau, l'air, la terre et le feu. Il est bien reconnu aujourd'hui que l'eau, l'air, la terre, sont des *composés*. Les chimistes classent aussi les corps simples en *pondérables* et non *pondérables* (chaleur, lumière, électricité). On distingue encore les corps simples pondérables en corps *métalliques* et en corps *non métalliques*. On compte maintenant parmi les corps pondérables 55 corps simples, c'est-à-dire 55 substances qui jusqu'à présent n'ont pu être décomposées : du *fer*, du *soufre*, pura, etc., traités de toutes les manières, donnent toujours pour résultat du fer et du soufre. On peut donc considérer ces substances comme des corps simples. Les corps simples pondérables non métalliques, au nombre de 14, sont : oxygène, hydrogène, bore, carbone, phosphore, soufre, sélénium, iode, brome, chlore, azote, phtore ou fluor, silicium, zirconium. Les corps simples métalliques sont plus nombreux ; on en compte 41, qu'on nomme : magnésium, calcium, strontium, baryum, lithium, sodium, potassium, manganèse, zinc, fer, étain, cadmium, aluminium, arsenic, glucynium, yttrium, thorinum, molybdène, chrome, tungstène, columbium ou tantale, vanadium, antimoine, uranium, cérium, lantane, cobalt, titane, bismuth, cuivre, tellure, plomb, mercure, nickel, osmium, rhodium, iridium, argent, or, platine, palladium. TEYSSÈDRE.

Corps signifie aussi, dans un sens particulier, la partie matérielle d'un être animé, et principalement de l'homme. On l'oppose souvent dans ce sens à l'âme, à l'esprit.

Nous n'essayerons pas de définir le corps, cette substance indéfinissable. « De même, dit Voltaire, que nous ne savons ce que c'est qu'un esprit, nous ignorons ce que c'est qu'un *corps* : nous voyons quelques propriétés, mais quel est le sujet en qui ces propriétés résident ? *Il n'y a que des corps*, disaient Démocrite et Épicure ; *il n'y a point de corps*, disaient les disciples de Zénon d'Élée. » Mais si l'on ne peut établir quelle est la nature du *corps humain*, du moins on doit s'humilier devant la profondeur des desseins de Dieu qui a couronné ses créations par une œuvre aussi belle, par une œuvre plus sublime à elle seule que toutes les autres, à considérer le merveilleux assemblage des parties qui constituent la machine humaine. « On ne peut assez, dit Malebranche, admirer la Providence dans l'arrangement des *corps* et dans les différents organes qui composent la machine des animaux. Que d'ordre, que de ressorts, que de liaison ! »

On dira d'un *corps*, eu égard à la taille et à la conformation de l'individu, qu'il est *bien conformé*, *bien proportionné*, et familièrement, *bien* ou *mal bâti* ; d'une personne chez laquelle l'embonpoint commence à se faire remarquer, qu'elle *prend du corps* ; d'un individu qui résiste bien à la fatigue, aux privations, à la douleur physique ou morale, qu'il *a un corps de fer*. Eu égard aux exercices, on dira qu'un individu *porte bien son corps* ou qu'il *le porte de travers*. Dans la lutte, dans les combats où on en vient aux mains, on saisit son adversaire *au corps*, deux combattants, deux ennemis (au figuré, deux rivaux) *se prennent corps à corps*, *luttent corps à corps*. Saisir quelqu'un à *bras le corps*, c'est le prendre au moyen du bras ou des deux bras passés autour du corps. *A corps perdu*, c'est avec impétuosité, sans songer à se ménager ; il se dit aussi au figuré. *A son corps défendant*, c'est en repoussant une attaque, ou au figuré, malgré soi, à regret, avec répugnance. *Tomber rudement sur le corps à quelqu'un*, c'est au figuré dire de quelqu'un des choses désobligeantes, en sa présence ou en son absence. On dit quelquefois, dans le langage familier, qu'il faut voir ce qu'un homme *a dans le corps* pour dire ce qu'il peut faire, ce qu'il est capable d'entreprendre et d'exécuter. *Avoir du corps* se dit, en manège, d'un cheval quand ses côtes sont bien tournées, amples, longues, et *être trop en corps*, en vénerie, d'un oiseau qui est trop gras et vole avec difficulté. *Corps* se prend souvent pour *cadavre*, *corps mort*. Après une bataille sanglante, les deux partis se contestent quelquefois la victoire ; mais le champ, jonché de plus ou moins de *corps*, est là pour dire qui a plus ou moins souffert. Les anciens brûlaient les *corps* ; chez nous on est dans l'usage de les ensevelir, de les enterrer ; on les expose, on jette sur eux de l'eau bénite, on les accompagne à leur dernière demeure. Parfois, on les embaume auparavant, ou l'on en fait l'autopsie dans l'intérêt de la science ou lorsqu'il y a présomption de crime. L'Église nous promet la *résurrection des corps*. Un *corps saint* est celui d'un saint ou d'un martyr. Le *corps* et le *sang* de Jésus-Christ sont dans le sacrement de l'Eucharistie. On dit proverbialement d'un homme qu'on enlève de vive force, qu'on l'enlève *comme un corps saint*. C'est par allusion aux arrestations fréquentes dans le moyen-âge des fameux usuriers connus sous le nom de *caorsins*. Il faut donc dire *corsin* et non *corps saint*.

Le *corps* se prend quelquefois aussi pour l'homme lui-même, comme les Latins l'entendaient et comme nous l'entendons aussi de la *tête*. On dit d'un sens, d'un homme qui n'a ni esprit ni vigueur, que c'est un *pauvre corps*, ou simplement et par exclamation : *le pauvre corps !* ou bien encore, familièrement, d'un homme plaisant, facétieux, grotesque ou mal partagé de la nature sous le rapport du physique ou de l'intelligence : *voilà un drôle de corps*, *un plaisant corps !*

Corps se prend enfin pour l'usage, l'abus que l'on en peut faire, en se livrant aux plaisirs qui ne touchent que les sens. « Le *corps*, dit Malebranche tyrannise l'âme. » Si l'homme n'avait point péché, l'âme et le *corps* ne seraient point importunés par des désirs déraisonnables. La *rébellion du corps*, dont nous sommes les esclaves, vient du péché. Il est des personnes chastes qui savent résister à toutes les tentations, qui ne se livrent point, se tiennent toujours sur la réserve, s'observent minutieusement dans leur conduite et font dire d'elles qu'elles n'ont jamais *fait folie de leurs corps*, par opposition aux femmes débauchées, que les ordonnances de nos rois qualifiaient de femmes *folles de leur corps*. On dit aussi, en poursuivant la série des applications figurées que l'on peut faire du mot *corps*, qu'un homme fait *corps neuf* quand, après une longue maladie, sa santé se rétablit, et *son corps* semble être renouvelé. Un homme ardent et généreux se jette *à corps perdu* dans toutes entreprises, sans crainte du danger ou des obstacles ; il met à réussir toute sa force et toute son application ; il est le même dans les affaires et dans les plaisirs ; souvent il étonne par son courage, son esprit, son adresse ou sa persévérance ; il provoque l'admiration, et fait dire de lui qu'il a *le diable au corps* (expression qui s'applique aussi, en mauvaise part, à ceux qui sont toujours prêts à quereller et à battre tout le monde). De pareils hommes se donnent tout entiers à ce qu'ils entreprennent ou aux personnes qu'ils affectionnent ; ils se livrent, comme on dit, *corps et âme* ; ils font *bon marché de leur corps*, c'est-à-dire qu'ils n'épargnent rien pour servir la cause ou les intérêts qu'ils ont embrassés ; en un mot, on les voit *se tuer le corps et l'âme* pour arriver et souvent pour faire arriver les autres au but ; aussi quand ils ont réussi, ils peuvent dire qu'ils l'ont fait *à la sueur de leur corps*, tandis que d'autres, au contraire, qui ne sont pas *traîtres à leur corps*, c'est-à-dire qui se ménagent, semblent ne jamais vouloir rien faire qu'à *leur corps défendant*. On peut dire de ces derniers que ce sont des *corps sans âme*, comme on le dit d'une belle femme sans esprit, d'un amant qui a perdu sa maîtresse, d'une armée privée de son chef.

Corps se dit quelquefois dans un sens particulier de la personne d'un souverain ; de là le nom de *gardes du corps*, donné à la troupe chargée spécialement de la garde d'une majesté. On appelait à la cour *carrosse du corps* et *cocher du corps* le carrosse et le cocher spécialement affectés au service du roi.

En termes de palais, on dit qu'un homme s'est obligé *corps et biens*, pour dire qu'il s'est soumis au risque de la prison faute de payement (*voyez* CONTRAINTE PAR CORPS) ; on saisit, on *appréhende* quelqu'un *au corps* pour l'exécution d'un jugement, par suite d'un *décret de prise de corps* ou ordonnance d'un juge pour arrêter un débiteur, un criminel, un coupable, ou simplement un prévenu. La *confiscation de corps et de biens*, aujourd'hui abolie, était autrefois la conséquence de toute condamnation capitale; enfin, nous avons conservé la *séparation de corps et de biens* entre époux, prononcée par les tribunaux pour diverses causes graves. Un geôlier répond d'un prisonnier livré à sa garde *corps pour corps*; il pouvait autrefois être condamné à subir la même peine, la même détention que celui dont sa négligence aurait facilité l'évasion.

Corps se dit, par extension, des habits, des armes qui servent à couvrir cette partie du corps qui va du cou jusqu'à la ceinture : *corps de pourpoint, corps de jupe ou de robe, corps de cuirasse*, d'où sont venus, par imitation, les *corps de fer*, les corps de baleine, les corps rembourrés, employés pour soutenir ou redresser la taille ou pour cacher les difformités.

Le mot *corps* s'applique figurément à la société politique, à l'union de plusieurs personnes qui vivent sous les mêmes lois, les mêmes coutumes, les mêmes règles. Tout État, quelle que soit d'ailleurs sa forme, despotique, aristocratique, monarchique ou démocratique, est un *corps politique*. L'Église est un *corps mystique*, dont Jésus-Christ est le *chef*, la *tête*, et dont les fidèles sont les *membres*. On emploie ce mot, par extension, pour désigner toute réunion de personnes qui forment une compagnie, ou une assemblée, convoquée par autorité publique. Les états autrefois étaient composés, en France, du *corps du clergé* (qui était le premier *corps* du royaume), du *corps de la noblesse*, du *corps du tiers état*. On y joignait le *corps du parlement* ou de *la magistrature*. On disait aussi le *corps de ville* pour les officiers de ville, qui étaient le prévôt des marchands, les échevins, les conseillers de ville, le procureur du roi. Il y avait à Paris six *corps de marchands* ou *de métiers* : les merciers, les pelletiers ou fourreurs, les épiciers, les drapiers, les bonnetiers et les orfèvres. Sous François Ier on y adjoignit les *changeurs*. Ces derniers, se trouvant, au commencement du seizième siècle, réduits à un très-petit nombre, cessèrent de faire *corps*. Les *drapiers* occupèrent alors le premier rang, qui avait été dévolu aux *changeurs*, et il n'y eut plus que *six corps*. En 1585, Henri III érigea un *septième corps*, celui des *marchands de vin*; mais les autres corporations refusèrent de le reconnaître. Enfin, le nom de *corps* s'applique à toutes les autres communautés : le *corps de l'université*, le *corps de Sorbonne*, le *corps du chapitre*. A tous ces corps, dont la plupart existent encore aujourd'hui, il faut joindre le *corps municipal*. On donnait, dans l'ancienne législation, le nom de *corps et communautés* aux villes, universités, collèges, hôpitaux et maisons religieuses. A l'Opéra, *le corps du ballet* est la troupe des danseurs qui l'exécutent, par opposition à ceux qui dansent un pas. On donne le nom de *corps diplomatique* à la réunion des ambassadeurs, ou ministres étrangers, qui résident auprès d'une puissance.

Corps se prend, dans l'acception d'une réunion d'hommes armés, pour un certain nombre de gens de guerre. Une armée est ordinairement divisée en trois *corps*, *infanterie*, *cavalerie*, *artillerie*; on y joint le *génie* et l'*état-major*. Relativement au nombre, on peut la diviser en plusieurs *corps*, en *grands corps*, en *petits corps*, en *corps détachés*; il y a aussi des *corps séparés* ou *avancés*, des *corps de réserve*, des *corps de partisans*, de *volontaires*, etc. On dit l'armée *en corps*, pour désigner toute l'armée. On marche *en corps* contre l'ennemi, quand on a réuni toutes ses forces pour l'attaquer. On donne quelquefois le nom de *corps* à une arme ou à une troupe particulière : tels sont les *corps de gendarmerie*, *de carabiniers*, *de grenadiers*, etc. Les officiers et les simples soldats en congé ont ordre de rejoindre leur *corps* quand celui-ci reçoit une destination active. La visite, l'inspection des *corps*, se fait ordinairement par les colonels, et les visites extraordinaires sont confiées à des généraux inspecteurs. Les six régiments d'infanterie française les plus anciens portaient autrefois le titre de *vieux corps* : c'étaient ceux de Picardie, de Champagne, de Navarre, de Piémont, de Normandie et de Marine. *Petits vieux corps* se disait des régiments de Bourbonnais, de Béarn, d'Auvergne, de Flandre, de Guyenne et de Soissonnais.

Maintenant, si des personnes nous passons aux choses, nous trouverons que le mot *corps* s'emploie, dans le sens d'assemblage, de réunion, pour désigner plusieurs ouvrages de même nature qui ont été recueillis et joints ensemble. Gratien a recueilli les canons de l'Église, et en a fait un *corps*, qu'on appelle le *corps canonique*, ou de *droit canon*. Le *corps du droit civil* est la réunion de toutes les lois civiles d'un peuple. On a fait un *corps des poètes grecs* et un *des poètes latins*, un *corps* de plusieurs historiens, spécialement de l'*histoire byzantine*, et nous avons un *corps de l'histoire de France*, par André Duchesne (Paris, 1633-1635, in-fol.). *Corps de doctrine* est la même chose que *système* : c'est un amas de principes et de conclusions qui contiennent tout ce qu'il y a à dire, tout ce qu'on doit savoir sur un sujet, sur une question scientifique ou philosophique quelconque.

On appelle *le corps d'un livre* le sujet qu'il traite, ce qui en est réellement la principale partie, la substance, sans les *préface* ou *post-face*, *avertissement*, *introduction*, *avis au lecteur*, *épilogues*, *gloses*, *commentaires*, *annotations*, qui cependant sont quelquefois plus utiles et plus curieux que le livre lui-même. On donne le même nom à la charpente, au dessin, au plan, au scénario d'une pièce de théâtre, à la disposition des scènes de l'ouvrage, en un mot à tout ce qui constitue son ensemble lorsqu'il ne reste plus qu'à l'écrire; d'où l'on dit, en style de critique et de coulisse, que *l'intrigue d'une pièce est plus ou moins bien corsée*. En matière de devises, on appelle *le corps* les figures qui en font le sujet, ce qu'on a peint pour marquer la pensée, et l'*âme* est le mot qui en donne l'explication. En matière d'écriture, le *corps* est le trait principal dont la lettre est formée. Enfin, en matière de correspondance, le *corps d'une lettre*, c'est le texte seul de la lettre, sans les accessoires, tels que les compliments de forme, la date, la signature, etc.

Corps se dit aussi de plusieurs choses ramassées, réunies ensemble; par exemple, de ce qui est renfermé en quelque enceinte : le *corps d'une ville*, d'une forteresse; *corps de la place* : les forts sont ordinairement hors de l'enceinte des murs et détachés du *corps de la place*.

Par extension, on donne le nom de *corps* à la partie principale de certaines choses, naturelles ou artificielles, sur laquelle portent ou reposent toutes les autres, qui sont à son égard ce que les *membres* sont à l'égard du *corps*. Ainsi l'on dit le *corps d'un arbre*, pour dire la tige, le tronc, sans les racines, les branches ni les rameaux; le *corps* pour la *coque* d'un navire, sans mâts, voiles, cordages ni ancres; un *corps de voiture*, pour la *caisse* ou la partie de la voiture qui est suspendue; le *corps d'une guitare*, *d'un violon*, ou de tout autre instrument de musique à boîte, pour indiquer seulement sa partie creuse, sans y comprendre le manche. On dit aussi un *corps d'artifice*, pour désigner la carcasse, l'ensemble matériel auquel doivent se rattacher toutes les pièces d'un *feu d'artifice*.

On dit enfin qu'un vaisseau s'est perdu *corps et biens*, quand l'équipage ainsi que tout ce qui se trouvait sur le vaisseau a péri dans le naufrage.

Par une application des propriétés des corps considérés comme matière dans les sciences physiques, on appelle *corps célestes* ceux qui nous voyons, errants ou fixes, peupler la vaste sphère des cieux. Les *corps planétaires* ont chacun leur sphère.

Sous le nom commun de *corps organisés*, on comprend les **végétaux** et les **animaux**. En les réunissant, on a constitué le règne organique.

Le mot *corps* en architecture sert à exprimer des objets très-divers par leur emploi ou par leur étendue. Il désigne depuis le plus petit membre d'architecture qui excède le nu de la construction jusqu'à la masse qui porte *de fond*, ou qui compose une partie du bâtiment, et que l'on nomme par conséquent *corps de fond*. On nomme *corps de logis* un bâtiment complet pour l'habitation. Lorsqu'il ne renferme qu'une seule pièce entre les murs de face, il est *simple*; on l'appelle *double* lorsque l'espace intérieur est partagé par un *mur de refend* ou par une *cloison*. On nomme *corps de logis de devant* la partie des habitations des villes qui donne sur la rue, et *corps de logis de derrière* celle qui donne sur une cour, un jardin, ou sur d'autres constructions placées à l'opposé de la rue.

On nomme *corps de pompe* le tuyau d'une pompe dans lequel joue le piston.

Corps, en termes de fondeur de caractères d'imprimerie, se dit; tantôt d'un *corps entier* de caractères, tantôt du corps d'une seule lettre. Il y a des caractères de différentes épaisseurs, ou *forces de corps*.

En anatomie, on nomme *corps* certaines parties du corps dont la forme et la substance sont très-diverses. Tels sont le *corps calleux*, qu'on rencontre dans le système cérébral; le *corps caverneux*, petit lacis qui se trouve des deux côtés du pénis; le *corps muqueux* est, d'après quelques auteurs, une des parties constituantes de la peau.

Le mot *corps* s'emploie dans le sens de *consistance*, épaisseur ou *solidité*, en parlant de choses qui ne se font pas remarquer d'ordinaire par ces qualités, et qui en reçoivent un prix nouveau. On dit, dans cette acception, qu'une étoffe a plus ou moins de *corps*, ou qu'elle manque de *corps*. Un papier qui n'a guère de corps, c'est-à-dire qui est mince, est sujet à *boire*. Les vins *prennent du corps* en vieillissant, et ceux qui ont du *corps* se gardent mieux que les autres. On dit aussi qu'un sirop n'a pas assez de *corps* quand il n'est pas assez cuit, assez consistant. On dit figurément, en ce sens, *prendre l'ombre pour le corps*, l'apparence pour la réalité. On dit aussi que l'envie suit le corps, *comme l'ombre suit le corps*.   Edme Hérau.

CORPS (Chute des). *Voyez* Chute des Corps.
CORPS (Esprit de). *Voyez* Esprit de Corps.
CORPS D'ARMÉE. C'est, ainsi que l'indique cette expression même, le nom qu'on donne à une des grandes fractions dans lesquelles une armée est divisée. Ce terme technique, ayant une acception déterminée, il appartient aux temps modernes. La guerre produite par la ligue des rois absolus contre la France ayant singulièrement augmenté la force des armées, il ne fut plus possible de suivre les errements de l'ancienne tactique. La difficulté d'alimenter un pareil nombre d'hommes sur une même route, ou dans un même camp, l'impossibilité de faire mouvoir une même armée sur une seule colonne, dont l'extrême prolongement n'aurait pas permis de la remettre assez promptement en bataille, la difficulté qu'éprouverait un chef unique pour diriger à la fois les mouvements de plusieurs colonnes, qu'il fallait tenir à une assez grande distance l'une de l'autre, tous ces motifs réunis firent sentir la nécessité de modifier l'organisation des armées. L'exemple en fut donné par la France, qui la première établit une fixité dans les attributions des officiers généraux subordonnés au général en chef. Chaque armée fut partagée en un certain nombre de corps, qui prirent le nom de *divisions*; chaque division, en deux ou trois subdivisions, qui s'appelèrent *brigades*, composées ordinairement de six à dix bataillons. Chaque division d'infanterie reçut sa part proportionnelle de cavalerie et d'artillerie. De cette manière, les officiers généraux, au lieu de n'être employés en ligne qu'au jour de bataille, et au poste que le général en chef leur assignait ce jour-là, furent constamment attachés au commandement d'un corps de troupes qui ne variait plus. Les différentes fractions de l'armée eurent chacune un chef direct et immédiat, qui, toujours près d'elle, la dirigeait avantageusement et facilement. Le travail et la correspondance du général en chef pour toutes les dispositions militaires et administratives, et par conséquent le service de l'état-major, fut simplifié, et moins sujet à des erreurs ou à des contre-temps. Un certain nombre de divisions formèrent le corps de bataille de l'armée; les autres l'**avant-garde** et la **réserve**.

Dans la première organisation, la cavalerie était répartie dans les divisions, ce qui était avantageux, soit pour compléter les succès qu'elles obtenaient, soit pour les appuyer dans les revers. Mais elle y était tout entière, ce qui entraînait souvent un inconvénient grave. Lorsqu'il fallait, dans certaines circonstances, en réunir une masse afin d'obtenir de grands succès d'une victoire ou de couvrir la totalité de l'armée dans une retraite, il ne s'en trouvait point de toute prête, sous la main du général en chef. Il fallait en former un corps en rappelant celle des divisions, ce qui causait toujours une perte de temps. On y remédia d'abord en ne laissant dans chaque division d'infanterie qu'un ou deux régiments de cavalerie légère, et en organisant le reste de la cavalerie en une ou deux divisions, qui prirent le nom de *réserve de cavalerie*.

Lorsque la France porta ses armes hors de ses frontières, le besoin d'une plus grande simplicité dans son organisation se fit encore sentir. Il arrivait souvent, dans les combinaisons d'une campagne, que deux ou trois divisions avaient à opérer simultanément dans une même direction, ou sur un même point et dans un but commun. Or, il est de principe que partout où il y a simultanéité d'action et d'effet intentionnel il faut que la direction soit unique, c'est-à-dire qu'elle dépende d'un seul chef. On conçut alors la division du corps de bataille d'une armée en trois grands corps, *centre*, *droite* et *gauche*, chacun de deux ou trois divisions; la réserve forma un corps, et l'avant-garde, lorsqu'elle comptait plus d'une division, en forma un autre. Chacun de ces corps eut un chef, qui prit le nom de lieutenant du général en chef, ou **lieutenant général**, et qui à ce titre commandait les généraux de division. C'est ainsi que Jourdan et Moreau firent la guerre, surtout au delà du Rhin. Cette organisation paraissait renfermer et réunissait en effet les éléments de simplification et d'action les plus favorables aux bons succès de la guerre. Chaque corps d'armée avait une portion de cavalerie suffisante pour les besoins du moment, et qui marchait constamment avec les divisions. Le restant de la cavalerie, joint à des divisions d'infanterie, se trouvait à la réserve, sous la main du général en chef, prêt à appuyer, par portions ou en totalité les corps d'armée qui en avaient besoin, ou à compléter les succès d'une victoire.

Sous l'Empire, la grande extension que prirent les armées dont Napoléon se réserva le commandement, fit encore changer cette organisation. Il fallut augmenter le nombre des corps d'armée, afin de ne pas être obligé de les subdiviser; il y en eut huit, dix, et jusqu'à quatorze dans la grande armée. Dès lors les dénominations de *droite*, *centre*, *gauche*, *avant-garde*, *réserve*, disparurent pour l'infanterie, et furent remplacées par des numéros. La cavalerie fut retirée des divisions d'infanterie, et, organisée elle-même par divisions, elle forma à elle seule un ou plusieurs corps de cavalerie, indépendants des autres. Dans la première organisation, on avait commis la faute de trop disséminer la cavalerie et de se priver de l'avantage d'avoir une force toujours réunie de cette arme; dans la dernière, on tomba dans le défaut contraire, celui de perdre les avantages de détail que peut procurer la cavalerie, sans regagner d'une manière certaine ceux qu'elle doit produire en masse. On tomba même dans des inconvénients aussi graves qu'ils sont inévitables : la difficulté de faire mouvoir ces grands corps et de trouver un terrain assez étendu pour les faire manœuvrer, la difficulté, plus grande encore, de faire subsister un aussi grand nombre de chevaux réunis dans un petit espace. L'à-propos de bien des charges utiles dans le courant des batailles manqua. Les régiments se fondirent par les fatigues et les disettes inséparables de leur agglomération, et la cavalerie, souvent renouvelée, souffrit dans son instruction.

Gal G. DE VAUDONCOURT.

CORPS DE DÉLIT. C'est la constatation légale du fait incriminé. Ainsi le vol est constaté par la découverte de la chose volée; dans le cas d'homicide, or acquiert la certitude du crime par la représentation du cadavre de la personne tuée, portant des marques apparentes de blessures, des vestiges de la violence exercée sur elle; caractères ordinaires de l'assassinat. Il n'est pas toujours nécessaire que le corps matériel du délit soit représenté, et c'est dans ce sens que D'Aguesseau a dit que le corps du délit est le délit même dont l'existence serait établie par le témoignage de témoins dignes de foi, concordants entre eux, fermes et persévérants dans leurs dépositions, incapables de variations et attestant à la justice qu'ils ont vu commettre un assassinat. Mais ce mode de suppléer la représentation du corps de délit cède en faveur de l'accusé aux moindres hésitations des témoins, aux plus légères preuves de suspicion qui s'élèvent contre eux. Car la preuve, en matière criminelle, doit être pleine et entière. Sous l'empire de l'ancienne législation, le même magistrat pouvait constater le corps de délit, diriger l'information et prononcer le jugement. Celle qui nous régit actuellement est plus conforme aux principes de justice et d'humanité : le corps de délit ne peut être constaté par un magistrat unique, hors le cas du flagrant délit. Le juge d'instruction doit être assisté du procureur impérial; tous deux concourent simultanément aux actes d'instruction.

CORPS DE GARDE, local occupé par une garde, bâtiment attenant à un plus grand édifice, ou quelquefois indépendant et isolé, servant à recueillir et à abriter les soldats de garde pendant le temps que dure leur service. Un corps de garde se compose ordinairement de trois pièces : 1° de la chambre ou du cabinet de l'officier, modestement meublée d'un vieux fauteuil de cuir à la Voltaire, d'une ou deux chaises, d'une table boiteuse et d'un réchaud ou poêle de faïence ou de fonte; 2° d'une grande chambrée pour les soldats : c'est le corps de garde proprement dit, garni d'un lit de camp en fortes planches, muni de ses matelas étiques; d'une longue table, taillée profondément de temps immémorial, en tous sens, par les couteaux oisifs des hommes de garde, et flanquée de deux bancs, peu solides, d'égale longueur, avec un fallot ou lanterne pour les rondes, muni de vitres en corne, un chandelier de cuivre, de fer blanc ou de bois, une scie, une hache, un balai, plus un râtelier pour recevoir les fusils, qui le jour cependant, quand le temps est beau, sont parfois exposés aux regards du public, sur un autre râtelier, placé extérieurement, sous la garde de la sentinelle ; 3° enfin , d'une prison , bien connue des ivrognes et des coureuses de nuit, qui l'ont baptisée du nom vulgaire de *violon*.

Les corps de garde des places de guerre sont en général plus remarquables par le rapport architectural, plaisent plus à l'œil, et ont à l'extérieur plus d'apparence. Presque toujours sous le péristyle qui les précède, le poste peut se tenir sous les armes à l'abri des intempéries de l'air. Sous Louis-Philippe, on a fait murer solidement et percer de meurtrières la plupart des postes de Paris.

Au corps de garde les soldats jouent, plaisantent ou dorment. Les *plaisanteries de corps de garde*, qui ne se piquent pas d'atticisme, ont donné leur nom à toute raillerie grossière, basse et sale.

CORPS ÉTRANGERS, terme de pathologie, par lequel on désigne les corps venus du dehors ou formés dans l'intérieur même d'un animal vivant, qui ne font point partie de son organisation. A ce titre, tous les matériaux émanés du sang, urine, bile, pus, sérosité, etc., et le sang lui-même, qui se déposent hors de leurs voies naturelles et s'y décomposent, ou qui forment des concrétions ou des calculs dans leurs canaux et leurs réservoirs naturels, sont des *corps étrangers*. Il faut ranger dans la même catégorie les vers intestinaux, les hydatides, et généralement tous les animaux qui ne peuvent vivre que dans les viscères ou dans les tissus mêmes d'autres animaux vivants. Enfin les kystes, les substances squirreuses, cancéreuses, tuberculeuses des lésions organiques, peuvent être considérés comme des corps étrangers formés à l'intérieur de l'animal.

Les corps étrangers venus du dehors peuvent être dangereux par leur action chimique ou par leur action mécanique. Les caustiques et les poisons sont dans le premier cas ; il en est quelquefois de même de la poussière ténue que les ouvriers de certaines professions sont obligés de respirer. Les balles et autres projectiles qui peuvent pénétrer au sein des tissus organiques nous donnent un exemple d'action mécanique. Beaucoup d'autres corps étrangers peuvent s'introduire dans les yeux, les oreilles, les cavités nasales, gutturales, etc. L'extraction de ces corps est du domaine de la chirurgie, qui varie ses procédés suivant leur nature et leur situation. Cette extraction n'est pas toujours possible. Heureusement on voit souvent les corps introduits plus ou moins violemment au sein de nos parties y développer des phénomènes tendant à les chasser et à remédier aux accidents qu'ils ont produits. La douleur et le dérangement des fonctions qui se manifestent sont suivis de symptômes inflammatoires qui souvent déplacent l'objet dont la présence est nuisible. Quelquefois cependant des corps étrangers, tels que des balles, des morceaux de vêtement, séjournent très-longtemps dans l'épaisseur des chairs sans provoquer aucun accident. Abstraction faite des propriétés des corps qui les occasionnent, les désordres qui se présentent sont proportionnés à la sensibilité des parties où le corps étranger s'est introduit et à l'importance des fonctions qu'elles remplissent.

CORPS FRANCS. Ce nom a disparu des armées françaises depuis 1793, lors de l'embrigadement des compagnies et des légions franches qui avaient été créées en 1792, au commencement de la guerre de la première coalition. Les corps francs revinrent un instant en 1814 et 1815 ; mais la précipitation et les vices de leur organisation empêchèrent qu'on en tirât tout le service qu'ils auraient pu rendre.

Les *compagnies* et les *légions franches* étaient des corps qui n'appartenaient pas au cadre constitutif de l'armée permanente. Levés en temps de guerre, ils étaient licenciés à la paix. L'origine des compagnies franches remonte à Louis XI. Sous ce règne, et jusqu'à celui de Louis XIII, les villes, outre les sommes qu'elles donnaient pour l'entretien des troupes, entretenaient à leur compte des compagnies appelées *franches*, qui étaient chargées de leur défense particulière. En temps de guerre, ces compagnies allaient joindre les armées, et à la paix elles revenaient tenir garnison dans leurs villes. Pendant le service extraordinaire, elles étaient également à la charge de leurs communes. De là est venu sans doute l'usage d'appeler *corps francs* de petits corps de troupes légères, levés pour la guerre seulement, et dont l'entretien n'était pas à la charge du gouvernement. Lorsque, sous Louis XIV, les villes ne formèrent plus de compagnies franches, l'entretien de celles qu'on employait était abandonné aux ressources des contributions et du pillage, qui n'épargnait pas plus les pays amis que les ennemis. On les composait en grande partie de gens sans aveu et de déserteurs ennemis, ce qui tendait encore à augmenter les dévastations et les brigandages de ces pirates. L'état actuel de la civilisation ne permet plus de souffrir à la suite des armées des troupes de bandits, dont la présence et l'exemple ne sont pas sans danger pour la discipline; le droit des gens, mieux connu et plus respecté, ne permet plus de dévaster les pays que les armées parcourent. Ces deux causes paraissent avoir le plus puissamment contribué à la suppression des corps francs, et l'ont emporté sur leur utilité réelle. Cependant, cette dernière considération aurait dû entrer en balance, et on aurait pu se contenter d'en corriger l'organisation, soit par le choix des hommes et par la règle disciplinaire auxquelles ils seraient assujettis, soit en faisant des corps permanents, auxiliaires de l'armée.

Un des soins les plus importants d'un général en chef est de veiller d'un côté à la conservation de ses magasins, à la libre circulation de ses convois, à la continuité de ses communications avec sa base d'opérations; de l'autre, d'inquiéter et de gêner le plus qu'il peut les convois, les magasins et les communications de l'ennemi. Pour y parvenir, de même que pour diriger ses opérations, il a besoin d'être exactement informé des projets et des mouvements de l'ennemi, et il ne saurait mieux atteindre ce double but que par des corps détachés, assez forts pour se défendre contre un détachement ordinaire, mais assez peu nombreux pour passer partout, se glisser au travers des postes ennemis sans être aperçus, et se retirer de même après avoir rempli leur mission. L'espionnage est bon pour connaître les projets de l'ennemi, et pénétrer, pour ainsi dire, dans le secret du cabinet de son général. Mais pour juger convenablement de la force et de la direction de ses mouvements (d'où il est facile d'en déduire le but), une reconnaissance bien faite vaut beaucoup mieux, surtout si elle peut s'étendre sur ses flancs et sur ses derrières. Il est évident qu'un corps destiné aux opérations délicates que nous venons d'indiquer a besoin non-seulement d'être commandé par un chef instruit et intelligent, mais même que les individus qui le composent soient dressés et exercés au service qu'ils doivent faire, et en acquièrent la pratique. Il en résulte que des détachements temporaires, formés au moment du besoin, sont en général peu propres aux missions qu'ils doivent remplir, et le sont certainement beaucoup moins que des troupes permanentes, créés et organisés à cet effet. Plus une armée est composée de jeunes soldats, moins elle est manœuvrière, et plus elle a besoin de ces corps détachés qui en harcelant et inquiétant l'ennemi dans toutes les directions, le contraignent à une guerre de postes et de détail.

Ces considérations, qui doivent démontrer l'utilité et la nécessité même des corps francs, sont précisément celles qui en inspirèrent la création, au commencement de 1792. Le décret du 31 mai apporta une heureuse modification à la formation en usage jusque alors. Recevant la solde, l'habillement et les vivres des magasins de l'État, tout prétexte d'exaction et de pillage avait été écarté. Mais elle avait laissé subsister un vice qui fut la cause que la plupart ne rendirent que de médiocres services : ce fut celui d'y admettre des déserteurs étrangers, qui étaient même de préférence encadrés dans ces corps. Un coup d'œil rapide sur le service qu'ils devraient faire suffira pour le démontrer. Dans les guerres qui se font hors de notre pays, leur devoir est d'éclairer les marches de l'armée, en visitant le terrain que les colonnes doivent parcourir; de s'introduire dans les intervalles des points occupés de la ligne ennemie, afin d'inquiéter ses communications et ses convois, et d'agir, s'il se peut, contre ses magasins; d'occuper les intervalles des points de notre ligne, afin d'empêcher l'introduction des troupes légères ennemies, et de couvrir nos magasins et nos convois. Dans les guerres qui se font dans notre pays, ils doivent encore flanquer les mouvements de l'ennemi, inquiéter les derrières de ses positions, attaquer ses lignes directes d'action et inutiliser les latérales, afin de le réduire à la plus étroite communication possible. Il est aisé de voir que ce service, par sa nature même, exige une discipline plus sévère qu'on ne le croit peut-être et une grande fidélité. Or, il est presque impossible que ces deux qualités se trouvent dans les déserteurs qu'on y admettrait. Il y aurait surtout à craindre les effets de la seconde désertion d'individus qui pourraient obtenir leur grâce de la première en considération des avis importants qu'ils donneraient à l'ennemi.

L'auteur du présent article, dans la formation des corps francs qu'il commandait en 1792, crut devoir prendre sur lui de modifier le décret de formation, en refusant absolument d'y admettre des déserteurs étrangers, et il s'en trouva fort bien. Son corps, porté d'abord à cinq cents, puis à mille hommes d'infanterie, cinq cents chevaux et une batterie à cheval, par l'adjonction de divers auxiliaires, non-seulement mérita d'être mis plusieurs fois à l'ordre du jour pour sa tenue, sa discipline et sa conduite envers les habitants, mais il rendit encore des services assez importants. Il suffira de citer les deux expéditions qui détruisirent les convois de vivres et de munitions des ennemis, au premier siége de Thionville; le mouvement qui couvrit la formation du corps des Vosges, en 1793; la surprise de l'avant-garde prussienne à Deux-Ponts, et l'occupation du Pétersberg, sur le flanc de l'ennemi, le matin du combat de Pernacems.

Gal G. DE VAUDONCOURT.

CORPS LÉGISLATIF. La constitution de l'an VIII fut justement l'opposé des trois constitutions de 1791, 1793 et de 1795 (an III), qui l'avaient précédée. Autant celles-ci avaient restreint la sphère du pouvoir exécutif, autant elle s'efforça de l'agrandir au détriment de l'Assemblée délibérante. Le pouvoir législatif, à la place du Conseil des Anciens et du Conseil des Cinq-Cents, se compose encore de deux chambres : le Tribunat et le Corps législatif; mais il n'a plus l'initiative de la proposition des lois, qui appartient qu'au pouvoir exécutif. Le Corps législatif est composé de trois cents membres, âgés de trente ans au moins, renouvelés par cinquième tous les ans. Il fait les lois en siégeant au scrutin secret, sans aucune discussion de la part de ses membres sur les projets de lois débattus devant lui par les orateurs du Tribunat et du gouvernement. Tout décret du Corps législatif est promulgué par le premier consul le dixième jour après son émission, à moins que dans l'intervalle il n'ait eu recours, pour cause d'inconstitutionnalité, au Sénat conservateur, institution nouvelle, intermédiaire entre le pouvoir législatif et le pouvoir exécutif.

La session du Corps législatif commençait, chaque année, le 1er frimaire, et durait quatre mois. Pendant les huit autres, il pouvait être extraordinairement convoqué par le gouvernement. Il devait toujours se trouver dans son sein au moins un citoyen de chaque département de la république. Un membre sortant du Corps législatif n'y pouvait rentrer qu'après un an d'intervalle; mais il était apte à être immédiatement élu à toute autre fonction publique, y compris celle de tribun, s'il était d'ailleurs éligible. Les séances de cette assemblée étaient publiques, comme celles du Tribunat, sans que toutefois dans chacun d'eux le nombre des assistants pût excéder deux cents. Le traitement annuel d'un législateur était de 10,000 fr.

Quoique conservée en principe, l'élection commençait à devenir une fiction. Tous les Français actifs, jouissant des droits civiques, nés et résidant en France, âgés de vingt et un ans accomplis et inscrits au registre de leur arrondissement, étaient effectivement électeurs, mais ils n'élisaient pas directement les membres au Corps législatif; le Sénat était chargé de ce soin. La jouissance des droits civiques ne donnait que la faculté de désigner les citoyens les plus propres à gérer les affaires publiques. Il en résultait une liste contenant un nombre de noms égal au dixième du

CORPS LÉGISLATIF

nombre des citoyens ayant droit d'y coopérer. Sur cette première liste communale les fonctionnaires de l'arrondissement étaient nommés par le premier consul. Les citoyens portés sur les listes communales élisaient un dixième d'entre eux pour former la liste départementale, dans laquelle le premier consul choisissait les fonctionnaires du département. Enfin, les élus de la liste départementale désignaient également un dixième d'entre eux. Il en résultait une troisième liste, la liste nationale, qui comprenait les citoyens du département éligibles aux fonctions publiques nationales, y compris celles de membre du Corps législatif. Les listes étaient toutes permanentes et complétées chaque année.

Cet état de choses dura jusqu'au sénatus-consulte organique du 16 thermidor an x. Dans la constitution de l'an VIII le premier consul avait gardé quelques ménagements, au moins pour la forme ; cette fois il n'en a plus besoin. Le voilà consul à vie, avec pouvoir de présenter, quand il le jugera convenable, un citoyen pour lui succéder après sa mort. De nouvelles atteintes sont portées à l'autorité, déjà si restreinte, du Corps législatif. Le gouvernement s'arroge le droit non-seulement de le convoquer, mais encore de l'ajourner et de le proroger. Le Tribunat, à partir de l'an XIII, sera réduit de cent membres à cinquante, renouvelables par moitié tous les trois ans. Enfin, Tribunat et Corps législatif seront renouvelés dans tous leurs membres quand le Sénat en prononcera la dissolution. De cette manière, tout député qui se permettra d'avoir une opinion en désaccord avec celle du Sénat, qui lui-même ne peut penser autrement que le premier consul, verra non-seulement dissoudre la législature dont il fait partie, mais ne pourra même plus entrer dans la suivante.

La constitution de l'an VIII et le sénatus-consulte de l'an X, aidés par les victoires de la grande armée, ont porté leur fruit ; le premier consul est *empereur des Français par la grâce de Dieu et les constitutions de la république*, ainsi parle le sénatus-consulte organique de l'an XII. Le Corps législatif est dépouillé en grande partie du bienfait de la publicité. Ses séances se distinguent en séances ordinaires et en comités généraux. Comme auparavant, les séances ordinaires sont composées des membres du Corps législatif, des orateurs du conseil d'État et de ceux du Tribunat ; mais les comités généraux ne sont composés que des membres du Corps législatif, et se distinguent eux-mêmes en comités secrets et en comités publics. Dans les comités secrets, qui peuvent être formés sur l'invitation du président, ou sur la demande de cinquante députés présents, les législateurs discutent entre eux les avantages et les inconvénients d'un projet de loi, mais leurs discussions ne doivent être ni imprimées ni divulguées. Les comités publics se forment sur la demande des orateurs du conseil d'État, spécialement autorisés à cet effet. Ceci mérite d'être remarqué, parce qu'alors les orateurs du Tribunat n'étant pas présents, la parole n'appartenait qu'à ceux du gouvernement. Eh bien, quelque temps encore, et de ce mutisme exceptionnel l'empereur va faire la règle générale en supprimant le Tribunat. Alors la parodie du gouvernement parlementaire sera complète. Le Corps législatif ne pourra même plus nommer de commissions spéciales et temporaires dans son sein. Mais ses membres seront rééligibles sans intervalle.

A cette époque, les colléges électoraux, qui n'élisaient toujours que des candidats, furent en outre placés sous la tutelle d'un grand électeur et sous celle des grands dignitaires de l'empire. Le grand électeur faisait les fonctions de chancelier pour la convocation du Corps législatif, des colléges électoraux et des assemblées de canton. Lorsqu'un membre d'un collége électoral était dénoncé comme coupable de quelque acte contraire à *l'honneur et à la patrie*, le grand électeur invitait le collége à manifester son vœu, qu'il portait à la connaissance de l'empereur. Il recevait le serment des présidents des colléges électoraux de département et des assemblées de canton. Les titulaires des grandes dignités de l'empire présidaient les colléges électoraux des départements, qui étaient pour ainsi dire envahis par l'armée : les grands-officiers, les commandants, les officiers de la Légion d'Honneur étaient de droit membres du collége électoral du département où ils avaient leur domicile, ou de l'un des départements de la cohorte à laquelle ils appartenaient. Les légionnaires étaient de droit membres du collége électoral de leur arrondissement. L'exhibition de leur brevet suffisait pour les y faire admettre. Ainsi, le grand électeur pouvait à son gré porter ses forces là où le gouvernement en avait besoin, et cependant les électeurs étaient toujours nommés à vie.

Cet état de choses dura jusqu'à la Restauration. La dénomination de *Corps législatif* céda la place à celles de *Chambre des députés*, de *Chambre des représentants*, d'*Assemblée constituante*, d'*Assemblée législative*, jusqu'à la constitution promulguée le 14 janvier 1852, qui ramena le *Corps législatif* oublié, et conduisit, à la suite du coup d'état du 2 décembre 1851, la France à l'empire. Depuis l'élection a pour base la population ; il y a un député au Corps législatif à raison de 35,000 électeurs. Les députés continuent à être élus par le suffrage universel, sans scrutin de liste ; mais le gouvernement proclame ouvertement ses candidats, et se réserve de les soutenir de tous ses efforts. Les députés reçoivent aujourd'hui un traitement de 2,500 fr. par mois durant le temps de leur session, qui ne peut être ordinairement de trois mois. Ils sont nommés pour six ans. Le Corps législatif discute et vote les projets de loi et d'impôt. Tout amendement adopté par la commission chargée d'examiner un projet de loi est renvoyé, sans discussion, au conseil d'État par le président du Corps législatif. Si l'amendement n'est pas adopté par le conseil d'État, il ne peut être soumis à la délibération du Corps législatif. Les séances sont publiques ; mais la demande de cinq membres suffit pour que la chambre se forme en comité secret. Il n'y a plus de tribune. Les membres peuvent seulement présenter leurs observations de leur place. Le compte-rendu des séances par les journaux ou par tout autre moyen de communication ne consiste que dans la reproduction d'une sorte de procès-verbal arrangé sous la surveillance du président ; chaque membre peut néanmoins faire imprimer ses discours à ses frais, avec l'autorisation de l'Assemblée.

Le président et les deux vice-présidents sont nommés par l'empereur pour un an. Le premier jouit d'une indemnité annuelle de 100,000 fr. Ils sont choisis parmi les députés. Les ministres ne peuvent être membres du Corps législatif. Aucune pétition ne peut être adressée à l'assemblée. L'empereur la convoque, l'ajourne, la proroge et la dissout. En cas de dissolution, il doit en convoquer une nouvelle dans le délai de six mois. Au jour de l'ouverture indiqué par le décret de convocation, le président du Corps Législatif, assisté des quatre plus jeunes membres présents, qui remplissent les fonctions de secrétaires pendant toute la durée de la session, procède par la voie du sort à la division de l'assemblée en sept bureaux. Il a la haute administration de la chambre et droit au titre d'Excellence. Il est assisté de deux questeurs nommés chaque année par l'empereur.

Le costume avait depuis longtemps disparu des chambres de députés de France ; le règlement actuel l'impose au Corps législatif. Il consiste en un habit de drap bleu national, coupé droit sur le devant, garni de neuf gros boutons dorés, à l'aigle, sur la poitrine. Cet habit est brodé en or et en argent au collet. La broderie représente des feuilles de chêne et d'olivier alternes, les premières en or, les secondes en argent. Le gilet, droit, est blanc, avec six petits boutons à aigle ; le pantalon, en casimir blanc, ou en drap bleu, toujours avec une bande en filé d'or sur la couture ; le chapeau à la française en feutre, avec une ganse de velours noir brodée or et argent. Il est garni de plumes noires. L'épée est dorée, à poignée de nacre, représentant un aigle sur la coquille.

CORPS MORT. En marine, on désigne par ces mots un point de résistance établi, soit sur le rivage, soit sur le fond d'une rade, pour l'amarrage des vaisseaux. On leur donne la plus grande solidité; ordinairement, ce sont de très-fortes ancres empennelées (munies d'une autre petite ancre mouillée devant la grande), auxquelles on casse la bague (ou bec), pour qu'elles ne puissent rien intercepter sur le fond. Les bouts des chaînes à émerillon, ou des câbles qui y sont entalingués (amarrés), sont portés par un petit ponton ou par une caisse flottante.

CORPS SONORE. On appelle ainsi tout corps qui rend ou peut rendre immédiatement un son. Il ne suit pas de cette définition que tout instrument de musique soit un corps sonore; on ne doit donner ce nom qu'à la partie de l'instrument qui sonne elle-même, et sans laquelle il n'y aurait point de son. Ainsi, dans un violoncelle, un violon, chaque corde est un corps sonore; mais la caisse de l'instrument, qui ne fait que représenter et réfléchir les sons, n'est point le corps sonore, et n'en fait point partie.

Plus un corps est élastique, plus il est sonore. C'est pourquoi on allie la matière des cloches, des timbres, etc., de manière à augmenter son élasticité et par suite sa sonorité.
Castil-Blaze.

CORPULENCE. Ce mot est employé dans plusieurs acceptions qui se touchent de très-près. Il signifie en général grosseur, embonpoint, taille de l'homme et des animaux considérée sous le rapport de leur volume dans leur âge adulte, comme dans les âges qui précèdent et ceux qui suivent.

Le développement considérable des chairs et des muscles caractérise la corpulence propre aux athlètes, dont le corps volumineux, remarquable par des saillies anguleuses, sa porte une tête en général petite, ainsi qu'on l'observe dans la statue de l'Hercule des païens, et chez un certain nombre d'individus vivants, qui de temps en temps se montrent au public et prennent les noms d'Hercule du nord, d'Hercule du midi, etc. On sait que de nos jours, comme autrefois, ces individus, privilégiés sous le rapport de la puissance musculaire, sont très-inférieurs sous celui des facultés intellectuelles. Lorsque l'embonpoint consiste dans l'obésité graisseuse, c'est-à-dire dans l'accumulation de la graisse dans le tissu cellulaire, la corpulence est plus ou moins considérable : les formes, les contours, sont arrondis; les formes musculaires sont diminuées, et les facultés de l'esprit deviennent obtuses.
L. Laurent.

CORPUS CATHOLICORUM et CORPUS EVANGELICORUM. C'est la dénomination qu'à la suite du traité de Westphalie prirent les États de l'empire, divisés désormais par la réformation en deux corporations religieuses distinctes. La Saxe et la Hesse avaient posé les bases de l'union des États évangéliques par une alliance conclue entre elles en 1526, à Thorgau, pour la défense de la foi évangélique, et à laquelle accédèrent bientôt après les ducs de Luneboug et de Mecklembourg, le duc Albert de Prusse, le prince d'Anhalt, les comtes de Mansfeld et la ville de Magdebourg. Ils protestèrent en commun, en 1529, contre les résolutions prises à la diète de Spire contre les évangéliques. Les autres États évangéliques de l'Empire concluèrent déjà, lors de la paix de religion de Nuremberg de 1532, et comme corporation distincte (*corpus*), un traité avec les catholiques comme constituant la seconde corporation (*corpus*) de l'Empire; cependant cette union ou coalition n'avait d'effet qu'en matière de religion. A l'époque de la guerre de trente ans, les empereurs Ferdinand II et Ferdinand III ayant poursuivi la réalisation du plan qu'ils avaient conçu pour l'anéantissement de l'Église évangélique, cette coalition devint de plus en plus prononcée, particulièrement à partir de l'année 1631. Elle fut formellement reconnue par la paix de Westphalie, laquelle contenait cette clause qu'en matière religieuse, et en général lorsque les deux corps ou partis religieux se sépareraient comme tels l'un de l'autre (*catholicis et Augustanæ confessionis statibus in duas partes euntibus*), il n'y aurait plus rien de décisoire dans les majorités de voix.

Tous les souverains de pays évangéliques, tant protestants que réformés, appartenaient au *corpus evangelicorum*, encore bien que personnellement ils professassent la religion catholique. La direction (*directorium*) du corps catholique était exercée par l'archevêque de Mayence, et celle du corps évangélique par l'électeur de Saxe. A partir de 1575 l'électeur palatin Frédéric III, qui avait abandonné l'Église catholique pour l'Église évangélique, chercha à obtenir le *directorium* parmi les évangéliques; chose devenue d'autant plus facile à son successeur, que les électeurs de Saxe considéraient ce privilège plutôt comme une charge que comme un avantage. Pendant la guerre de trente ans, Gustave-Adolphe s'en saisit; et à partir de 1633 ce fut le chancelier Oxenstiern qui l'exerça, en dépit de toutes les protestations de l'électeur de Saxe, Jean-Georges Ier. En 1653 cependant ce prince en obtint formellement la restitution, quoique les États évangéliques hésitassent à le lui confier, en raison de son attachement à la cause de l'empereur. La Saxe resta dès lors constamment en possession de la direction du *corpus evangelicorum*. Le changement de religion d'Auguste II, en 1697, provoqua, il est vrai, de nouvelles agitations parmi les États évangéliques; mais ce prince s'étant solennellement engagé à maintenir la religion protestante dans ses États, et ayant déclaré que son changement de religion était une affaire toute personnelle, puis ayant cédé en 1698 le *directorium* au duc Frédéric II de Saxe-Gotha, et lui ayant adjoint, en ce qui concernait les affaires de la religion protestante, le conseil privé de Dresde rendu tout à fait indépendant de lui, les États évangéliques donnèrent leur assentiment à cet arrangement. Le duc Frédéric s'étant retiré dès l'année 1700, Jean-Georges, électeur de Saxe-Weissenfels, fut chargé dans les mêmes conditions de la direction du *corpus evangelicorum*. Lorsqu'en 1717 Auguste III, à son tour, embrassa le catholicisme, la Saxe conserva encore le *directorium*, quoique déjà la Prusse, pour l'électorat de Brandebourg et comme ayant jusque alors exercé le droit de *directorium* intérimaire, y élevât des prétentions; et la jalousie de l'électeur de Hanovre, Georges II, qui était en même temps roi d'Angleterre, en semant adroitement la désunion parmi les princes, l'empêcha seule de l'obtenir. La Saxe faisait exercer ce *directorium* par ses ambassadeurs à la diète, toujours choisis en conséquence dans l'Église évangélique et recevant leurs instructions du conseil privé. A l'occasion d'un empiétement sur les droits des États protestants, que se permit l'électeur Jean-Guillaume, en même temps qu'il repoussait énergiquement les réclamations du *corpus evangelicorum*, l'empereur, dans une lettre aux États évangéliques, en date du 12 avril 1720, contesta bien au *corpus evangelicorum* le droit d'agir comme corps distinct; mais le roi d'Angleterre Georges II parvint à concilier les deux partis, à ce moment fort irrités l'un contre l'autre, et le 11 avril 1770 le *corpus evangelicorum*, pour mieux et plus promptement exercer ses droits, souvent violés, résolut même de constituer dans son sein un comité permanent, composé de six personnes. Les querelles si animées provoquées jadis par ces différentes questions ont perdu leur raison d'être depuis la destruction du vieil Empire germanique, en 1806.

CORPUSCULAIRE (Philosophie). On donne ce nom à un système philosophique qui cherche à expliquer les choses et à rendre compte des phénomènes de la nature par le mouvement, la forme, le repos, la position, etc., des *corpuscules*, ou parties infiniment petites de la matière. Boyle en réduit les principes aux quatre théorèmes suivants :

1° Il n'y a qu'une espèce universelle de matière, laquelle est une substance étendue, impénétrable et divisible, commune à tous les corps et susceptible de recevoir toutes les formes. Newton fait sur cette proposition les remarques suivantes : « Tout considéré, il me paraît probable qu'au commencement du monde Dieu a créé la matière en particules solides, dures, impénétrables, mobiles, douées de l'étendue, de la forme et des autres attributs qui devaient le mieux convenir au but pour lequel il les créait ; et que ces particules primitives étant des solides, sont incomparablement plus dures qu'aucun des corps poreux et sensibles qu'elles composent, si dures même que l'on ne peut jamais les user ni les briser, aucune autre puissance n'étant capable de diviser ce que dans la création première Dieu fit un. Tant que ces corpuscules restent entiers, ils peuvent former des corps d'une nature identique dans tous les âges ; si on pouvait jamais parvenir à les user ou à les briser, il en résulterait une transformation complète de la nature des choses qui en dépendent : ainsi, la terre et l'eau, composées de vieilles particules usées, de fragments de particules, ne seraient pas maintenant de la même nature et de la même contexture que la terre et l'eau composées, au commencement du monde, de particules entières. Par conséquent, pour que la nature puisse durer, il faut que les changements de choses corporelles ne consistent que dans des séparations variées et de nouvelles associations de ces corpuscules permanents. » '

2° Pour former l'immense variété des corps naturels, il faut que cette matière soit mobile dans toutes ou seulement quelques-unes de ses parties assignables. Ce mouvement a été donné à la matière par Dieu, créateur de toutes choses, et est doué de tous les genres de directions et de tendances. « Ces corpuscules, ajoute Newton, n'ont pas seulement une force d'inertie accompagnée de lois passives de mouvement, telles qu'elles résultent naturellement de cette force, mais ils sont en outre mus par certains principes actifs, comme celui de la pesanteur ou bien celui qui cause la fermentation et la cohésion des corps. »

3° Cette matière doit donc être actuellement divisée en parties, et chacune de ces particules primitives, chacun de ces fragments ou atomes de matière, possède sa grandeur, sa forme et sa figure propres.

4° Ces particules de formes et de figures différentes ont des rangs, des positions, des situations, des postures différentes, d'où résulte toute la variété des corps composés (*voyez* ATOMISTIQUE [Système] et ATTRACTION).

CORPUSCULE (en latin *corpusculum*, diminutif de *corpus*, corps). On désigne en général sous ce nom les parties de la matière qui se dérobent à l'œil non armé d'instruments les plus grossissants : c'est parce qu'on a considéré ces parties matérielles d'une excessive petitesse par rapport à notre masse, comme de très-petits corps, qu'on les a appelées *corpuscules*. On se sert de ce mot pour indiquer : 1° les fractions les plus minimes du fluide éminemment subtil qui remplit l'immensité de l'espace, et dans lequel se meuvent les grandes masses astronomiques (*voyez* ÉTHER) ; 2° les molécules ou particules les plus ténues de toutes les substances qui entrent dans la constitution des corps bruts, soit planétaires, soit stellaires, et dans celle des corps organisés, végétaux ou animaux. Ces corpuscules moléculaires se distinguent en *corpuscules simples*, indécomposables, qu'on désigne en général sous le nom de *molécules chimiques* ou *constituantes*, et en *corpuscules composés*, décomposables, qu'on nomme *molécules physiques* ou *intégrantes*. Les corpuscules, envisagés sous les points de vue physique ou chimique, prennent le nom d'*atomes*, ou de molécules insécables, lorsque, tout en admettant la divisibilité à l'infini de la matière par la pensée, on suppose une limite effective à cette divisibilité corporelle, et l'on établit ainsi une indivisibilité réelle des corpuscules atomiques ou des atomes.

En admettant *à priori* une nature et une tension électriques et des formes primordiales dans ces corpuscules indivisibles, la science a fait de nos jours de grands progrès dans les théories chimiques, physiques, et surtout dans celle de la cristallisation, et l'expérience a confirmé la valeur rationnelle de ces conceptions philosophiques. Quoiqu'il soit vrai de dire que les théories corpusculaires ou atomistiques ont été primitivement aperçues et propagées par les philosophes de la Grèce, ce n'est cependant que depuis les grandes découvertes de la physique et de la chimie modernes qu'elles ont revêtu un caractère expérimental, et qu'elles tendent à se rapprocher de plus en plus des sciences exactes.

Dans les sciences des corps organisés, on donne le nom de *globules*, de *granules*, aux particules les plus déliées qu'on peut découvrir la forme à l'aide du microscope, soit dans les tissus, soit dans le sang, le lait, etc. Dans leur état le plus rudimentaire, les végétaux et les animaux les plus grands existent sous forme *corpusculaire*.

En médecine, le mot *corpuscule* sert à désigner quelquefois, 1° les petits corps qui semblent exister, se mouvoir et voltiger devant les yeux, dans les affections cérébro-oculaires, soit fébriles, soit apyrexiques ; 2° les premiers linéaments d'une cataracte commençante. Dans ces cas pathologiques, le médecin physiologiste expérimenté doit distinguer ce qui n'est qu'une hallucination de l'illusion, et rechercher l'existence réelle des corpuscules dans les humeurs de l'œil, où l'on a même observé dans ces derniers temps des animalcules vivants. On a aussi attribué la propagation des maladies contagieuses à des corpuscules, soit animés (animalcules), soit inanimés (effluves, virus). L. LAURENT.

CORPUS EVANGELICORUM. *Voyez* CORPUS CATHOLICORUM.

CORPUS JURIS. On appelle ainsi le recueil des lois romaines, tel qu'il a été fait sous le règne et d'après les ordres de l'empereur Justinien. Il comprend quatre parties distinctes : 1° les *Pandectes* ou le *Digeste*; 2° les *Institutes*; 3° le *Code*; 4° les *Novelles* ou *Authentiques*.

En 530, Justinien chargea Tribonien, alors questeur du palais, et seize autres légistes, d'extraire des ouvrages des anciens jurisconsultes et de réunir par ordre de matières, sous différents titres, toutes les décisions qui pouvaient être susceptibles d'applications, en évitant toutes les répétitions et rejetant ce qui était tombé en désuétude. Cet ouvrage immense fut terminé en trois ans, et parut sous le nom de *Pandectes*, le 16 décembre 533. Justinien interdit en même temps l'usage des écrits des anciens jurisconsultes et, afin que la science du droit ne fût plus ni aussi diffuse ni aussi variable, il interdit les commentaires sur cette nouvelle compilation.

Le but qu'on s'était proposé avait été de populariser et de rendre plus facile l'étude du droit ; mais en travaillant aux Pandectes on s'aperçut que ce recueil serait trop volumineux, et l'on sentit la nécessité d'un livre plus élémentaire. Justinien arrêta donc qu'un abrégé des Pandectes serait rédigé en même temps, et il chargea de ce soin les jurisconsultes Tribonien, Dorothée et Théophile, qui publièrent leur travail sous le nom d'*Institutes*, le 21 novembre 533, c'est-à-dire un mois avant les Pandectes elles-mêmes. Justinien cependant ne s'en tint pas là ; les constitutions et les édits des empereurs étaient une source importante du droit, et il voulut qu'on suivît à leur égard le même système que pour les écrits des anciens jurisconsultes. Il avait bien déjà publié, il est vrai, à son avénement à l'empire, un recueil provisoire de constitutions ; mais ce recueil avait besoin d'être complété et revu. Tribonien, Dorothée, Menna, Constantin et Jean reçurent, au commencement de 534 l'ordre de réviser l'ancien code, et de le mettre en rapport avec le Digeste et les Institutes. Cette révision eut lieu dans l'année même, et la nouvelle édition du code fut confirmée le

16 novembre 534, sous le titre de *Codex repetitæ prælectionis*.

Ainsi fut achevée dans l'espace de quatre ans cette grande entreprise, qui a eu tant d'influence sur les législations européennes. Mais pendant le long intervalle que régna encore Justinien, il donna, depuis 536 jusqu'à 559, une multitude d'ordonnances particulières, par lesquelles il changeait souvent ce qu'il avait publié. Ces ordonnances ont été ajoutées au *Corpus*, sous le titre de *Novellæ Constitutiones*. Les savants ont même inséré dans cette quatrième partie du *Corpus* quelques constitutions des successeurs de Justinien.

Tel est le monument qu'éleva Justinien à la science du droit, et qui rendra son nom à jamais célèbre. Peut-on faire un plus grand éloge d'une législation que de pouvoir dire que pendant des siècles elle a régné en souveraine dans tous les pays de l'Europe; que l'Italie, la France, l'Angleterre, l'Espagne, l'Allemagne, se sont tour à tour soumises à son joug; que l'Allemagne, même encore aujourd'hui, en fait l'objet d'études spéciales et profondes, et qu'au moment où les législations de l'Europe moderne ont voulu être nationales, elles n'ont rien trouvé de mieux que de lui prendre ses bases, ses doctrines, et de copier servilement quelques-unes de ses parties?

Il s'est accrédité longtemps sur la destinée du droit romain une version singulière : on a cru que pendant le moyen âge il avait entièrement disparu; que le manuscrit unique des Pandectes était resté caché à Amalfi; qu'en 1135 les Pisans, en faisant le siège de cette ville, s'emparèrent du manuscrit, et que l'empereur Lothaire II, dont ils étaient les alliés, leur en fit présent et rendit une loi qui abrogeait le droit germanique pour celle du droit romain.

On sait maintenant à quoi s'en tenir sur cet épisode, grâce aux savants travaux de Savigny. Il a très-bien prouvé que le droit romain n'a pas cessé d'exister dans le moyen âge, qu'il s'est constamment associé aux lois des barbares et au christianisme, et qu'il est devenu une des bases fondamentales de notre monde moderne. Il est bien vrai qu'au douzième siècle le droit romain prit tout à coup à Bologne, sous les auspices d'Irnerius, un essor tout scientifique, et que de là il se répandit rapidement dans le monde; mais la version qui donnait pour fondement à cette école la découverte subite des Pandectes est aujourd'hui tout à fait abandonnée des savants. Le *Corpus Juris* a eu de nombreuses éditions; mais la meilleure est celle qu'en a donnée Beck (Leipzig, 1825-1837). Cette édition, résultat d'un travail immense, reproduit dans des variantes des différentes versions les plus accréditées; en sorte qu'elle réunit dans un même cadre toutes celles qui font autorité dans la science.

Le nom de *Corpus Juris* a encore été donné à d'autres recueils de lois; ainsi, indépendamment du *Corpus Juris Canonici*, il y un *Corpus Juris Germanici*, un *Corpus Juris Feudalis*, un *Corpus Juris Germanici publici et privati medii ævi*, et un *Corpus Juris Militaris*.

E. DE CHABROL.

CORPUS JURIS CANONICI. On appelle ainsi une compilation des lois de l'Église formant la base du droit canon, et faite au moyen âge à l'instar du *Corpus Juris Civilis*. Gratien, moine italien, de l'ordre de Saint-Benoît, entreprit, vers le milieu du douzième siècle, de rassembler et de mettre en ordre tous les canons, les décrets des conciles, qui avaient été rendus jusque là, et de concilier ceux qui semblaient contradictoires; mais le succès ne répondit pas à ses efforts : après vingt-quatre ans de veilles et de travaux, il fit paraître son ouvrage, sous le titre de *Concordantia Discordantium Canonum*, immense compilation, remplie d'erreurs, de décrets apocryphes, etc. Cette collection fut dans la suite corrigée par l'ordre des papes Pie IV, Pie V, et Grégoire XIII. Malgré ces corrections, comme elle n'est appuyée sur aucune autorité, elle n'a de poids dans la jurisprudence qu'autant que les canons et les décrets qui y sont cités sont reçus généralement dans l'Église. Le travail de Gratien, tout imparfait qu'il était, fut pendant près d'un siècle le seul Code ecclésiastique. Raymond de Pennaforte, par l'ordre de Grégoire IX, recueillit et distribua en cinq livres les décrets des conciles et des papes qui avaient paru depuis Gratien. Ce recueil, qu'il publia en 1230, sous le titre de *Décrétales*, passa pour le plus achevé de tous ceux du même genre. Boniface VIII, vers la fin du treizième siècle, fit ajouter aux Décrétales un sixième livre, qui ne fut pas reçu en France, à cause des démêlés avec le pontife, mais que l'usage fit admettre dans la suite. Une nouvelle collection, formée par Clément V, fut publiée par Jean XXII, en 1317, sous le nom de *Clémentines*. Quelques années après, le même pape fit paraître un recueil de ses propres constitutions, qu'il nomma *Extravagantes*, parce qu'elles semblaient errer en dehors (*extra vagari*) du droit canonique. Le nom d'*Extravagantes communes* fut donné aux constitutions qui furent ajoutées aux précédentes jusqu'au quinzième siècle. C'est de ces collections successives, au nombre de six, que se compose le *Corps du Droit Canonique*.

L'abbé BANDEVILLE.

CORRECTEUR. Dans l'imprimerie, c'est celui qui lit les épreuves pour marquer à la marge, avec différents signes de convention, les fautes que le compositeur a faites dans l'arrangement des caractères. Rien n'est si rare qu'un bon correcteur : il faut qu'il connaisse bien la langue dans laquelle l'ouvrage est composé; qu'il sache se méfier de ses lumières; qu'il entende bien l'orthographe et la ponctuation, etc.

La tâche ingrate et monotone du correcteur est d'ailleurs bien plus difficile que les ignorants ne pourraient le croire. Indépendamment d'un talent tout particulier, elle exige des connaissances aussi variées qu'étendues, une habileté consommée dans la partie technique de l'art typographique, et surtout une extrême sûreté de coup d'œil, ce qu'en termes de l'art on appelle *l'œil typographique*, permettant d'apercevoir à la fois toutes les lettres dont un mot se compose sans perdre le sens et la suite d'idées du tout.

Dans les temps qui suivirent immédiatement la découverte de l'imprimerie, la correction des épreuves était faite d'ordinaire par l'éditeur lui-même, ou tout au moins, lorsqu'il n'en était pas ainsi, était-elle confiée à des savants capables et souvent célèbres. Robert Étienne (1526-1559) et Plantin (1555-1589) avaient même recours à la publicité; avant de mettre un livre en vente, ils en exposaient les différentes feuilles, en promettant d'en payer à quiconque y signalerait une faute. Nous mentionnerons ici les correcteurs les plus célèbres d'autrefois, et nous indiquerons en même temps les officines auxquelles ils étaient attachés ainsi que les ouvrages les plus importants à la correction desquels ils ont donné leurs soins. Andreas, prévot à Arles, correcteur de l'imprimerie de Schweynheim et Pannartz, à Rome; Pietro Bembo, correcteur d'Alde Manuce à Venise (l'édition de Pétrarque de 1514); Christophe Berardus, correcteur de Wendelin de Spire, à Venise (l'édition de Dante de 1477); le célèbre helléniste Jean-Baptiste Camotius, correcteur d'Alde, à Venise (l'édition d'Aristote en 6 volumes, de 1551-1553); Petrus Castellanus, correcteur de Jean Frobenius à Bâle; Jean-Antoine Campanus, auparavant évêque de Teramo, correcteur de l'imprimerie d'Ulrich Han, à Rome; Demétrius Chalcondyle, correcteur de Merlius à Florence (la première édition d'Homère, 2 vol. 1484); J.-B. Egnatius, correcteur d'Alde à Venise (les éditions de Lactance, 1515 : de Suétone, 1516, etc.); Désiré Érasme, de Rotterdam; Marcus Maurus, chez Alde à Venise (les éditions de Platon, 1513, d'Athénée, 1514, de Grégoire de Nazianze, 1516, etc.); Jean Œcolampade, correcteur de Cratander à Bâle; Barthélemi Platina, chez Schweynheim et Pannartz à Rome (l'édition de Flavius Josèphe, 1475); F. Raphelengius, chez son beau-frère Christophe Plantin, à Anvers, célèbre surtout pour avoir corrigé les épreuves de la grande *Biblia polyglotta*; Robert Étienne, de Paris, qui corrigeait lui-même ses épreuves, si nombreuses qu'elles fussent; Fred. Sylburg; Peter Trecius, qui corrigea, dit-on, plus de 3,000 ouvrages différents; Adr. Turnebus, imprimeur du roi à Paris, qui corrigeait aussi lui-même tout ce qui sortait de son officine.

CORRECTIF. C'est ce qui donne à une pensée, à un mot, le sens vrai qu'on y attache; ce qui explique ce qu'on a voulu dire ou faire; ce qui modifie, *corrige* une chose, une substance. Tout a son *correctif*. Telle expression qui pourrait paraitre bizarre, exagérée, quelquefois injurieuse, perd ces différents caractères à l'aide d'un *correctif*, d'une modification, d'un adoucissement. On donne à un mot, à une pensée, son sens vrai, en employant, soit un adverbe, soit une préposition, soit une épithète. Dire d'un homme : « Il y a de la folie dans tout ce qu'il dit, » ce serait l'insulter grossièrement. Si à cette phrase vous joignez un *correctif*, elle n'aura plus ni aigreur ni amertume : « Il y a dans tout ce qu'il dit une aimable folie. » L'épithète *aimable* est ici le *correctif*. Les locutions vulgairement connues sous le nom de *correctifs* sont les suivantes : *En quelque façon, si j'ose m'exprimer ainsi, pour ainsi dire, s'il m'est permis d'employer cette expression*, etc. Ajoutons que le *correctif* se trouve la plupart du temps dans le tour de la phrase, dans l'inflexion même de la voix, dans le geste, dans la physionomie d'un orateur.

On entend par *correctifs*, en pharmacie, certains ingrédients des médicaments composés, soit officinaux, soit magistraux, qui sont destinés à détruire les qualités nuisibles ou désagréables des autres ingrédients de la même composition, sans diminuer leurs vertus ou qualités utiles. Ainsi, au moyen de *correctifs*, on tempère l'activité de certains remèdes, on corrige l'odeur ou le goût de quelques autres. On fait disparaitre la mauvaise odeur, en ajoutant au médicament, en forme de *correctif*, quelque eau, quelque esprit ou quelque poudre aromatique. On corrige le mauvais goût ou par l'*édulcoration* ou bien en renfermant les remèdes solides sous une enveloppe sans goût, ou encore par certaine circonstance de la préparation pharmaceutique.
Édouard LEMOINE.

CORRECTION (du latin *correctio*, qui a pour racine *regere*, fait des mots *recte agere*, faire, agir bien). C'est l'acte par lequel, dans diverses circonstances données, on cherche à ramener à la pureté matérielle ou morale une chose dans laquelle on aperçoit des fautes. Ainsi, on dit qu'un enfant, un esclave, un mauvais sujet a besoin de *correction*, lorsqu'il a fait une faute contre l'éducation, le travail ou la morale. Le père a le *pouvoir correctionnel* sur ses enfants, le maitre sur ceux qu'il emploie. Un poëme, un ouvrage historique ou littéraire, peut être bien pensé, bien conduit, mais il peut manquer en même temps de *correction*. Une pièce de théâtre est souvent reçue *à correction*, c'est-à-dire que, bien qu'admise par le comité, elle est rendue à l'auteur pour y faire les changements et *corrections* indiqués par l'administration. En matière d'imprimerie, on envoie une épreuve à l'auteur pour qu'il y fasse des *corrections*. Il y avait autrefois dans les chambres de comptes un bureau que l'on nommait la *correction*; c'était celui où se tenaient les *correcteurs des comptes*, que l'on nomme aujourd'hui *référendaires*.

Correction, en termes de pharmacie, est la préparation que l'on fait subir à un médicament pour *corriger* ou diminuer la violence de son action.

Dans les arts, en peinture spécialement, le mot *correction* n'est pas synonyme de *pureté*. Une figure peut être correcte sans être belle. Il y a des figures de Rubens d'un dessin *correct* et savant, quoique les formes n'en soient pas d'un beau choix. On ne peut pas accuser d'*incorrection* une figure difforme : ainsi un peintre peut représenter un bossu, un boiteux, sans manquer de *correction*, puisqu'il a suivi *correctement* le modèle que lui offrait la nature et qu'il a cru nécessaire de placer dans sa composition avec cette difformité.
DUCHESNE aîné.

En littérature, la *correction* marque une des qualités du style. Elle consiste dans l'observation scrupuleuse des règles de la grammaire. Un écrivain très-correct est presque nécessairement froid : il semble du moins qu'il y ait un grand nombre d'occasions où l'on n'a de la chaleur qu'aux dépens des règles minutieuses de la syntaxe; règles qu'il faut bien se garder de mépriser par cette raison, car elles sont ordinairement fondées sur une dialectique très-fine et très-solide; et pour un endroit qui serait gâté par leur observation rigoureuse, et où l'auteur qui a du goût sent bien qu'il faut les négliger, il y en a mille où cette observation distingue celui qui sait écrire et penser de celui qui croit le savoir. En un mot, on ne doit pardonner à un auteur de pécher contre la correction du style que lorsqu'il y a plus à gagner qu'à perdre. La correction diffère de l'exactitude : l'exactitude tombe sur les faits et les choses; la correction sur les mots. Ce qui est écrit exactement dans une langue, rendu fidèlement, est exact dans toutes les langues. Il n'en est pas de même de ce qui est correct; l'auteur qui a écrit le plus correctement pourrait être très-incorrect traduit mot à mot de sa langue dans une autre. L'exactitude nait de la vérité, qui est une et absolue; la correction, des règles de convention et variables.
DIDEROT.

Dans l'imprimerie, on donne le nom de *correction* aux changements marqués sur une épreuve, soit par le correcteur, pour rectifier les fautes échappées au compositeur, soit par l'auteur, pour modifier son livre. Après avoir levé les corrections dans un composteur en bois, le compositeur couche sa forme sur le marbre et la desserre; ensuite il opère les changements indiqués, en enlevant les lettres au moyen d'un petit instrument nommé *pointe*, ou bien de petites pinces, ou en faisant repasser dans le composteur les lignes qui ont besoin d'être remaniées.

CORRECTION (*Rhétorique*), figure qui consiste à corriger ou à expliquer une expression, une pensée qu'on a déjà avancée : elle est très-propre à fixer ou à réveiller l'attention des auditeurs, comme dans cet endroit de Cicéron : « *Atque hæc cives, cives inquam, si hoc nomine eos appellari fas est, qui hæc de patria sua cogitant.* « Il y a une autre sorte de correction, par laquelle, loin de rétracter une pensée, on la rappelle de nouveau pour la confirmer davantage, la présenter avec plus de force et de véhémence, comme si on n'en avait pas d'abord assez dit. Telles sont ces paroles de Jésus-Christ touchant son précurseur : « Qu'êtes-vous donc allés voir? Un prophète? Oui certes, je vous le dis, et plus que prophète! » Cette figure s'appelle autrement *épanorthose*.

CORRECTION (Droit de). Ce mot signifie le droit qu'ont le père, la mère ou le tuteur, d'infliger certaines punitions, dans la limite de la loi, à l'enfant qui leur a donné de justes sujets de mécontentement. Ce droit de correction a varié suivant les temps et suivant les lieux, ainsi que la puissance paternelle, dont il est un des attributs. Les magistrats exercent un droit semblable lorsque après avoir acquitté des enfants poursuivis pour crime ou délits, parce qu'ils ont agi sans discernement, ils ordonnent néanmoins qu'ils seront détenus pendant un certain temps à titre de correction.

La puissance maritale n'emporte plus aujourd'hui droit de correction, et au contraire, tous sévices, tous mauvais traitements exercés par le mari sur sa femme autorisent celle-ci à demander la séparation de corps. Sous la législation romaine, le mari avait le pouvoir d'infliger à sa femme, à titre de correction, un certain nombre de coups de fouet; seulement, s'ils étaient donnés sans juste cause, la femme avait droit, pour dommages-intérêts, à une somme égale au tiers de la donation que lui assurait son contrat de mariage. Mais cette décision n'était pas suivie en France, parce que, disait-on, bien des femmes se feraient battre pour voir augmenter leur douaire ou leur dot. Que nous sommes loin du temps où les auteurs de l'Encyclopédie écrivaient encore « que le mari devait traiter sa femme avec douceur et avec amitié ; que cependant si elle s'oubliait, il devait la corriger modérément ; qu'il pouvait même, s'il ne trouvait point d'autres remèdes, la faire renfermer dans un couvent, et si elle avait une mauvaise conduite, la faire mettre dans une maison de correction. »

Quant au droit de correction sur les esclaves, dans les pays où l'esclavage subsiste encore, la puissance publique doit considérer comme de son devoir et de son intérêt qu'il n'en soit pas fait abus.

CORRECTION (Maison de). *Voyez* PRISONS.

CORRECTIONNELLE (Police). *Voyez* POLICE COR-RECTIONNELLE.

CORRÉGE (ANTONIO ALLEGRI, *dit* LE), était né à Correggio, ville du Modénais, en 1475 suivant quelques historiens, et selon plusieurs autres en 1494 : bien que d'après Vasari l'on ait souvent indiqué la première de ces dates, la dernière est généralement admise aujourd'hui comme reposant sur des données plus certaines. Du reste, on ne possède aucun document authentique sur l'origine d'Antonio Allegri, que chaque auteur a fait naître de parents riches ou pauvres, selon l'importance qu'il attachait à cette filiation, sans pouvoir appuyer son opinion sur des faits positifs. Mengs, en prenant un terme moyen entre ces deux versions, n'en a pas mieux résolu le problème ; mais ce qui n'est aucunement contesté ni contestable, c'est la supériorité du chef de l'école lombarde dans une partie de l'art qui ne s'enseigne pas, la *grâce* : chez lui, cette qualité si rare est native. Ce n'est pas dans l'étude de ses devanciers qu'il a puisé sa manière suave et grande, c'est à la nature elle-même que le Corrége a surpris le secret de ce charme indicible, que son pinceau moelleux a fondu dans ses œuvres, et dont le caractère particulier n'a jamais été reproduit par un autre émule.

Antonio Allegri ne doit effectivement qu'à lui seul son admirable talent ; il n'est guère présumable qu'il ait eu les maîtres qu'on lui attribue, car, bien qu'à l'âge où l'artiste s'abandonne aux inspirations de son propre génie, il tende naturellement à modifier, dans leur application, les leçons reçues, on en retrouve néanmoins des traces dans ses productions ; et ni le mode de composition, ni le faire de Laurent, de François Bianchi ou d'André Mantegna, ne se révèlent dans les nombreux travaux de celui qu'on prétend avoir été leur élève. Il paraît constant, en outre, qu'Antonio Allegri n'a point quitté Parme et la Lombardie, où il a laissé de si longs souvenirs, et qu'il n'a pu conséquemment profiter, ainsi que ses rivaux, des grands enseignements offerts à cette époque par les chefs-d'œuvre répandus dans Rome et dans Venise ; ce que l'on a dit comme preuve contradictoire de cette énonciation, en citant l'exclamation du Corrége à la vue d'un tableau de Raphaël : *Anch'io, son pittore !* (Et moi aussi, je suis peintre !), ne peut s'entendre évidemment que d'un travail médiocre de Raphaël mis sous les yeux du Lombard luttant contre la misère avec la conscience de ses forces, et ne pouvant admettre une si grande inégalité de position dans une condition que, sans autre donnée, il devait juger au moins égale. Il n'y a le moindre doute qu'il ne se fût montré plus modeste devant les pages sublimes du Vatican, si c'est été à Rome même que son noble dépit se fût ainsi manifesté.

La grâce qui distingue le pinceau du Corrége tient moins, comme dans les madones dues au crayon divin de Raphaël, à la pureté harmonique des linéaments qu'à la disposition de tons harmonieux rendus plus doux encore par des demi-teintes les liant les uns aux autres ; aussi, les contours des formes obtenues par cette manière ont-ils un certain vague invitant l'œil à s'associer au peintre pour les compléter à son gré. De là ce prestige enchanteur sous l'influence duquel on se trouve à l'aspect de l'*Antiope endormie*, où la magie de la couleur fait si bien oublier la difficulté du raccourci de ce beau corps, sans autre voile que le jour mystérieux qui le caresse en le modelant. L'une des plus gracieuses compositions du Corrége en ce genre, une Léda, n'a pu parvenir jusqu'à nous. Transporté de Prague à Stockholm, ce tableau disparut par négligence, et ce ne fut qu'après la minorité de Christine, qu'ayant été retiré d'une écurie à laquelle il servait de volet, cette reine le sauva d'une destruction imminente en l'emportant avec elle à Rome : Christine y étant morte, le laissa par testament à don Livio Odescalchi. Ce legs passa des mains des héritiers de ce seigneur dans celles du régent de France, le duc d'Orléans, et devint enfin la propriété du fils de ce prince. Ce dernier possesseur fit brûler la tête de Léda, dont l'expression pleine de volupté ne présentait à ses yeux qu'un scandale de plus. Cette belle peinture du Corrége n'est pas la seule que le duc dévot ait fait mutiler ; il fit enlever également et détruire les têtes de Jupiter et d'Io dans le tableau de ce nom, et en fit lacérer la toile ; ces précieux restes, recueillis par Coypel, présent à l'exécution, furent vendus, à son inventaire, à M. Pasquier, député du commerce de Rouen, pour la somme de 16,500 livres. La tête de Léda a été restaurée par un homme presque inconnu, Desliens, et celles de Jupiter et d'Io par un nommé Collins.

Le Corrége ne doit pas seulement à la suavité de son pinceau la haute estime acquise à ses productions ; c'est lui qui le premier osa tracer des figures planant dans l'espace aérien des parois d'une coupole, et ne se développant aux yeux du spectateur que par l'entente si difficile des raccourcis. Le dôme de la cathédrale de Parme offre l'une des fresques les plus remarquables qui soient sorties de la main de ce peintre. Le plafond de l'église de Saint-Jean-des-Bénédictins, représentant l'ascension du Sauveur entouré des douze apôtres, n'est pas moins bien traité sous le rapport du dessin, de la couleur et du modelé.

Une riche ordonnance dans la composition, des draperies larges, de la vigueur autant que du charme et de la fraîcheur dans le coloris, des airs de tête où la finesse de l'expression s'unit à un ensemble ravissant par la grâce qui en coordonne toutes les parties, une sorte de mollesse indéfinissable qui saisit et enivre, telles sont les qualités dominantes du Corrége. Ses plafonds, *La Nativité*, *Jupiter et Io*, *Léda*, *Antiope endormie*, *Saint Jérôme*, *Le Mariage de sainte Catherine*, *La Madeleine*, *Une sainte Famille*, en fournissent de beaux exemples. Les dessins de Corrége sont en général au-dessous des créations de sa brillante palette ; on en connaît peu. Beaucoup de graveurs ont multiplié les œuvres de ce maître.

Le Corrége est mort à l'âge de quarante ans, en 1534, à la suite d'une fièvre causée par la rapidité avec laquelle il parcourut le chemin de Parme au lieu qu'il habitait : l'artiste célèbre dont on paye si cher aujourd'hui les tableaux s'était trop hâté de porter à sa famille indigente la monnaie de cuivre qu'il venait de recevoir pour prix d'une fresque où ressortait toute la grandeur de son génie.

J.-B. DELESTRE.

CORRÉGIDOR, titre d'une magistrature autrefois très-importante en Espagne. C'était le premier fonctionnaire public dans les villes et districts qui n'étaient pas le siége d'une audience royale, ou qui n'étaient pas régis par un gouverneur. Là son autorité était sans bornes ; il était à la fois juge, administrateur et chef du corps municipal. Il répondait assez bien à l'*urbis præfectus* des Romains. Depuis l'introduction du régime constitutionnel, cette dignité a été modifiée ; ce n'est guère plus à présent qu'une administration de district. Le *corrégidor*, nommé par le souverain, est chargé d'exercer en première instance les fonctions de juge, tant au civil qu'au criminel, en même temps que cortaines branches de la police d'une portion plus ou moins grande de territoire, appelée *corregimiento*.

Les corrégidors se divisent en trois classes : les *corregidores letrados*, *politicos o de capa y espada*, et *militares*. Leurs prérogatives sont à peu près les mêmes. Seulement ceux des deux dernières classes ont des *alcades majors* qui leur sont adjoints comme assesseurs, et dont ils doivent prendre l'avis dans les affaires contentieuses.

CORRÉLATION, rapport réciproque et de même espèce entre deux idées. Il y a corrélation entre celles de *maître* et de *serviteur*, de *père* et de *fils*, de *vieillard* et de *jeune homme*. En somme, la *corrélation* est le terme par lequel on désigne qu'il y a rapport entre deux objets, sans dire lequel on compare à l'autre; l'un n'est pas plus présent à l'esprit que l'autre, du moins au moment où l'on assure qu'il y a corrélation entre eux. Quant à la nature de la *corrélation*, elle consiste dans le rapport de deux qualités dont l'une ne peut se concevoir sans l'autre.

Le terme *corrélatif* marque cette relation réciproque entre deux idées. Il se dit également des mots qui vont ordinairement ensemble et qui servent à indiquer une certaine relation entre deux membres de phrase, tels que *eo* et *quo*, *tantum* et *quantum*, en latin, et *tellement* et *que*, en français, etc. On dit, dans un sens analogue, que deux membres de phrase sont *corrélatifs*.

CORRESPONDANCE, terme de relation, dont l'emploi s'est borné d'abord à exprimer une communication de pensées entre des personnes placées à distance. Attendu que dans ce genre de relation on s'adresse réciproquement des demandes et des réponses, des dits et des redites, le mot *correspondance* (de *cum*, avec, et de *spondere*, pris pour *dicere*, dire, et de la particule itérative *re*) donne exactement dans sa valeur étymologique la signification propre de l'idée première pour laquelle il a été créé.

Il est des correspondances qui sont des chefs-d'œuvre, telles que celles de Cicéron, de Pline le jeune, de Muret, de Mme de Sévigné, de Voltaire, de Grimm, de Diderot, de Jean de Muller, de Frédéric II, de Catherine II, de Napoléon, etc. De tout temps, et surtout depuis la renaissance des lettres, les hommes connus dans le monde savant par leurs travaux éprouvèrent le besoin d'établir entre eux des communications plus ou moins fréquentes. Les journaux et les correspondances épistolaires furent les instruments de leurs doctes confidences. Pendant le dix-septième siècle surtout, ces relations entre les philosophes, les érudits et les savants, eurent une grande activité : témoin les collections de lettres de Descartes, de Bayle, de Leibnitz, etc., de celles de leurs illustres correspondants, et les recueils périodiques où s'enregistraient les discussions qu'excitaient leurs doctrines, leurs écrits et leurs découvertes; les *Acta Eruditorum* de Leipzig, les *Nouvelles de la République des Lettres*, de Bayle et de Basnage; la *Bibliothèque critique et universelle* de Le Clerc, le *Journal des Savants*, etc. Ces correspondances se continuèrent pendant le dix-huitième siècle, mais surtout entre les philosophes et les littérateurs. L'extension prise par celles-ci et la liberté de la presse depuis la révolution française ôtèrent une grande partie de leur importance à ces échanges épistolaires. Les académies continuèrent cependant à dépouiller une correspondance active et importante. En outre, les journaux ont en différents pays des correspondants qui leur adressent des nouvelles particulières; mais souvent ces communications sont supposées. Quelques correspondances de journaux ont eu une certaine importance.

Depuis que les nations, de plus en plus civilisées, ont agrandi tous leurs genres de relation, la correspondance, à l'aide des signes écrits pour les lettres, se fait au moyen des grandes et des petites postes, soit entre les personnes qui gouvernent les peuples (*correspondance politique, diplomatique*), soit entre celles qui administrent les diverses branches du service public des États (*correspondance administrative*), soit entre les diverses corporations qui, sous l'égide des gouvernements, cultivent les sciences, les lettres, les arts, le commerce (*correspondance académique, scientifique, littéraire, commerciale*), soit enfin entre toutes les personnes de tous les rangs de la société qui se communiquent par cette voie leurs vues d'intérêts ou leurs opinions et leurs sentiments les plus intimes (*correspondance particulière*). La correspondance par écrit ou *par lettres* a pour origine le besoin de se communiquer des vues réciproques d'intérêt ou des sentiments d'affection. On commence, on lie, on interrompt, on suspend, on reprend une correspondance, sous l'influence de ces motifs. On cesse, on rompt toute correspondance, lorsque les divisions arrivent.

On entend d'ordinaire par *correspondant* une personne avec laquelle on est en commerce de lettres, ou celle qu'on a chargée de quelque affaire dans un lieu où l'on n'est pas, et de qui l'on reçoit des informations régulières. On dit : *correspondre par terre, par mer*, lorsque les lettres ou autres objets arrivent par ces deux voies. Le *télégraphe*, les *sémaphores*, les divers *signaux* de nuit et de jour, employés dans les armées de terre et de mer, sont les moyens les plus ingénieux et les plus favorables à une correspondance très-active et très-rapide. Nous attendons qu'au premier moment les aéronautes nous ouvrent des voies de communication et de correspondance *par air*.

En géographie, en topographie, lorsqu'il s'agit de déterminer les situations respectives des continents, des îles, des mers, etc., etc., et des villes, on se sert fréquemment du mot *correspondance* pour indiquer ces rapports de situation ou de contingence. En géologie, la *correspondance des terrains*, des formations, des dépôts, est aussi l'objet d'études sérieuses. Dans la construction des maisons particulières, des bâtiments ou édifices publics, on établit le plan de manière à ce que les diverses pièces d'un appartement ou d'un étage correspondent entre elles. On observe également dans les habitations souterraines de quelques animaux, en outre des pièces qui leur servent de nid pour leurs petits et de magasin pour leur nourriture, des voies nombreuses de communication et de correspondance entre ces pièces, et d'autres pour l'extérieur. Dans les sciences mathématiques et astronomiques, on admet des *points* et des *angles correspondants*, des lignes, des surfaces et des hauteurs *correspondantes*. L. LAURENT.

CORRESPONDANTES (Hauteurs). *Voyez* HAUTEURS CORRESPONDANTES.

CORRÈZE (Département de la). Ce département, l'un de ceux qui ont été formés du haut et du bas Limousin, est borné au nord par les départements du Puy-de-Dôme, de la Creuse et de la Haute-Vienne; à l'est, par ceux du Puy-de-Dôme et du Cantal : au sud, par ceux du Cantal, du Lot et de la Dordogne; et à l'ouest, par ceux de la Dordogne et de la Haute-Vienne.

Divisé en trois arrondissements, dont les chefs-lieux sont Tulle, Brives et Ussel, il compte 29 cantons, 286 communes et 320,864 habitants. Il envoie deux députés au corps législatif. Il forme avec les départements du Cantal et de la Haute-Loire, de la Haute-Vienne et de l'Aveyron, la 28e arrondissement forestier, constitue la 3e subdivision de la 21e division militaire, dont le quartier général est à Limoges, ressortit à la Cour d'appel de Limoges, et compose le diocèse de Tulle, suffragant de l'archevêché de Bourges. Son académie comprend 3 collèges communaux, 1 école normale primaire, 7 pensions et 396 écoles primaires.

Sa superficie est 586,796 hectares, dont 164,330 en landes, pâtis, bruyères; 155,396 en terres labourables; 122,440 en cultures diverses; 73,060 en prés; 31,044 en bois; 15,203 en vignes; 3,566 en lacs, rivières et ruisseaux; 1,875 en propriétés bâties; 1,688 en vergers, pépinières et jardins;

1,478 en forêts, domaines improductifs; 1,232 en étangs, abreuvoirs, mares, canaux d'irrigation, etc. On y compte 49,418 bâtiments consacrés à l'habitation, 1,252 moulins à vent et à eau, 88 fabriques et usines diverses, 7 forges et hauts fourneaux. Il paye 1,372,585 fr. d'impôt foncier.

Situé presqu'en entier dans le bassin de la Garonne, sauf une petite partie au nord, qui est comprise dans le bassin de la Loire, ce département est arrosé par la Dordogne et ses affluents ou sous-affluents, la Vezère, la Corrèze, qui donne son nom au département, la Cère et la Maronne, au nord par la Vienne, dont il renferme les sources. Le pays est montagneux, surtout au nord et à l'est; il est traversé au nord par une chaîne élevée, contre-fort des montagnes de l'Auvergne, qui sépare le bassin de la Garonne de celui de la Loire, et dont le point culminant est le mont Oudouze, d'une altitude de 1,304 mètres; le sol est peu fertile, excepté dans un petit nombre de vallées.

Le gibier de toute nature est abondant et excellent; toutes les rivières sont très-poissonneuses. Dans les bois et les plantations isolées les essences qui dominent sont le chêne, le bouleau, le hêtre, l'aulne et le peuplier. Il existe aussi des plantations considérables de noyers et de châtaigniers. Les produits minéraux exploités sont le fer, la houille, des ardoises, des pierres meulières, des pierres à aiguiser, du granit, des calcaires à bâtir et à chaux hydraulique et de l'argile à poterie.

Quoique la Corrèze soit un pays exclusivement agricole, l'agriculture y est peu avancée; on n'y fait qu'une récolte insuffisante de céréales, mais on y supplée par une abondante récolte de pommes de terre et surtout de châtaignes. On récolte aussi des truffes; on y obtient des vins en surabondance, mais ils sont en général de qualité médiocre, et les meilleurs sont les vins rouges d'Allassac, Saillac et Donzenac, classés parmi les bons vins ordinaires de la France. On y fait une culture importante d'arbres fruitiers et une récolte abondante de foin. On élève beaucoup de gros bétail, moutons et porcs, des chevaux de cette race estimée qu'on appelle race limousine, mais négligés et dégénérés, des mulets et des ânes estimés, ainsi qu'une assez grande quantité d'abeilles, qui donnent un miel excellent.

L'industrie manufacturière est sans aucune importance; on ne peut guère citer parmi les principaux établissements industriels que la manufacture d'armes de Tulle, quelques filatures, quelques forges, quelques houillères et un petit nombre de papeteries, de brasseries, de tanneries, de verreries, de briqueteries, de manufactures d'étoffes de laine du pays.

5 routes impériales, 5 routes départementales, 4,300 chemins vicinaux sillonnent le département, dont les principales villes sont: *Tulle*, chef-lieu du département; *Brives*; *Ussel*, sur la Sarsonne, à 61 kilomètres au nord-est de Tulle, avec une population de 4,306 habitants, des fabriques d'étoffes de laine, de selles, de tuiles à voiles, des tanneries, des clouteries, un commerce de chanvre et une exploitation de mines de fer; on y remarque un beau pont : cette ville a soutenu plusieurs sièges, et elle a beaucoup souffert dans le treizième, le quatorzième et le quinzième siècle, durant les guerres contre les Anglais; elle fut dévastée par plusieurs incendies, en 1358, 1404 et 1472; enfin, elle fut presqu'entièrement dépeuplée par la peste en 1438, 1564 et 1587; *Uzerche*, jolie petite ville, adossée à une colline, près la rive droite de la Vezère et de son confluent avec la Bradascou, à 6 kilomètres de Tulle, avec une population de 3,428 habitants: ses maisons, presque toutes flanquées de tourelles et couvertes en ardoises, lui donnent une physionomie particulière; *Treignac*, à 45 kilomètres au nord de Tulle, sur la rive gauche de la Vezère, avec une population de 3,359 habitants : ville ancienne, qui possède une église gothique remarquable, un collège, une halle couverte, une jolie promenade, et un pont d'une seule arche, jeté entre deux rochers, sur la Vezère; on peut encore admirer au-dessus de la ville les ruines imposantes du château de Treignac, qui a successivement appartenu aux maisons de Comboen, de Pompadour et d'Hautefort; *Argentat*, sur la rive droite de la Dordogne, avec 3,536 habitants et un grand commerce de merrain; *Beaulieu*, sur la Dordogne, avec 2,490 habitants : son église gothique offre des sculptures remarquables; *Bort*, avec 2,559 habitants, une industrie et un commerce actifs: à 2 kilomètres de cette ville on voit une belle cataracte dite le Saut de la Saule. Citons encore *Turenne*, ancienne vicomté qui appartint au célèbre maréchal de ce nom; *Pompadour*, où l'on voit un h a r a s impérial; *Noailles*, qui a donné son nom à une grande famille, etc.

CORRIDOR (de l'italien *corridore*, dérivé de *currere*, courir), sorte de longue allée qui, dans l'intérieur d'un bâtiment ou d'un simple appartement, conduit à plusieurs chambres. On ne peut le confondre avec une *galerie*, qui suppose toujours une certaine élégance de décoration. Se bornant à l'utilité, le corridor sert à rendre l'entrée et la sortie des chambres plus libres et plus commodes : elles n'ont alors besoin de communiquer ensemble qu'autant qu'elles forment un appartement. Les corridors sont nécessaires dans les édifices destinés à la circulation d'un grand nombre de personnes, tels que les couvents, les collèges, les ministères, les théâtres, etc., et aussi dans les prisons où est appliqué le système cellulaire. Tantôt ils n'offrent de chambres que d'un seul côté, ce qui permet de les éclairer par des ouvertures percées de l'autre. D'autres fois ils en ont à droite et à gauche; l'architecte doit alors chercher à leur donner la plus grande quantité possible d'air et de jour, ce qui n'est guère facile que dans l'étage supérieur, où l'on peut les couvrir d'un vitrage : aussi la plupart sont-ils sombres et mal aérés.

Dans les anciennes fortifications, on donnait le nom de *corridors* à ces chemins profonds et étroits qui régnent autour des places fortes, et qu'on nomme aujourd'hui plus justement *chemins couverts*.

CORRIENTES ou SAN-JUAN DE CORRIENTES, chef-lieu de l'État du même nom, dans les Provinces-Unies du Rio de la Plata, sur la rive gauche du Parana, un peu au-dessous de son confluent avec le Paraguay, dans une position favorable au négoce, possède une citadelle et 10,000 habitants, qui font un commerce assez important. Cette ville ne date que des premières années du dix-huitième siècle. La province de Corrientes, située entre l'État d'Entre-Rios au sud, le Parana à l'ouest, la république de Paraguay au nord, et les États d'Uruguay et du Brésil à l'ouest, a une superficie de 1,210 myriamètres carrés, et compte 140,000 habitants, dont 100,000 indigènes.

CORROBORANT, CORROBORATIF (du latin *corroborare*, corroborer, fortifier, dérivé de *robur*, force). Ces deux adjectifs, pris substantivement, servent à désigner, en langage vulgaire, les moyens médicamenteux et alimentaires employés pour donner des forces, pour les relever et les ramener à leur type normal. Ils ont pour synonymes les termes *confortants*, *confortatifs* et *fortifiants*, qui ont absolument la même signification.

La corroboration est *alimentaire* lorsqu'on remédie à la perte des forces par une nourriture bien adaptée à la constitution et à l'âge des individus. Elle est dite *analeptique* lorsqu'on a recours à des moyens qui réunissent la qualité nourrissante et la propriété tonique ou excitante. Lorsque, pour remédier à la faiblesse produite par la laxité, le relâchement des tissus organiques, on emploie des substances amères et styptiques, on obtient une corroboration *tonique*. Enfin, la confortation ou la corroboration est *excitante* ou *stimulante* lorsque des médicaments propres à aiguillonner les organes hâtent ou restaurent relèvent promptement les forces, les exaltent au delà de leur rhythme normal, et tendent même à les épuiser si on ne sait en bien graduer l'action.

L. LAURENT.

CORRODANT, CORROSIF. On désigne par ces adjectifs, pris nominativement, des substances qui mises en contact avec les tissus vivants les altèrent en formant des combinaisons chimiques nouvelles, et les désorganisent peu à peu. L'action prétendue corrodante ou corrosive (de *corrodere*, ronger) n'a point lieu. Il n'y a point érosion ou destruction des parties, comparable à celle produite par les frottements et les pressions réitérées d'une dent ou d'une lime. C'est donc dans un sens figuré que les médicaments employés pour désorganiser peu à peu les parties vivantes ont été appelés *corrosifs* et *corrodants* (*voyez* CAUSTIQUE).
L. LAURENT.

CORROI, couche plus ou moins épaisse d'argile, et, à défaut, de terre franche, dont on se sert en architecture hydraulique pour empêcher les filtrations de l'eau. On emploie ordinairement les *corrois* pour le lit des rivières factices dans les parcs, pour celui des canaux, des réservoirs, des viviers, etc., lorsque le fond en est perméable. L'argile ou terre glaise est la matière généralement préférée; elle présente cependant l'inconvénient d'être sujette au *retrait*, c'est-à-dire que si, par une cause quelconque, le bassin vient à se trouver à sec, le lit d'argile se fendille et n'est plus propre à retenir les eaux. On a obvié à ce retrait de la glaise, dans la construction des docks de Sainte-Catherine à Londres, en la pénétrant d'une grande quantité de petites pierres ou de gravier pur, qui, en divisant ses molécules, et en facilitant peu à peu l'évaporation de l'humidité, empêchent par leur ténacité toute déliaison et atténuent ainsi les effets de la dessiccation.

CORROSIF. *Voyez* CORRODANT.

CORROYEUR, ouvrier qui retravaille les cuirs après qu'ils ont subi les opérations du tannage. Son industrie s'exerce sur tous les cuirs tannés qui ne sont pas cuirs forts et qui ne sont pas destinés à faire des semelles. Le corroyeur défonce d'abord les cuirs en les mouillant fortement avec un balai trempé dans l'eau, les mettant ensuite sur une *claie* construite exprès pour faciliter le ramollissement et l'adoucissement de chaque partie; en les foulant, soit avec le talon de gros souliers appelés *souliers de boutique*, soit avec la *bigorne*, espèce de masse en bois; enfin en enlevant les *drayures* (inégalités de l'épaisseur de la peau), à l'aide d'une espèce de couteau à deux manches nommé *drayoire*. Il faut alors passer avec force sur les cuirs la *paumelle*, espèce de rabot en bois très-dur, dont la semelle est taillée en crans transversaux très-aigus; cet outil donne à la peau un grain plus ou moins fin. L'ouvrier étend ensuite les peaux, et, à l'aide d'une plaque de fer ou de cuivre nommée *étire*, il fait refluer les parties épaisses du côté des minces. Enfin, on pare à la *lunette*, c'est-à-dire qu'après avoir tendu la peau sur un bâton et avoir attaché le bout qui pend à la tenaille placée à la ceinture de l'ouvrier, celui-ci râcle les parties charnues avec un couteau circulaire percé d'une ouverture ronde et appelé *lunette*. Il ne reste plus qu'à passer à l'huile ou au suif, à teindre et à lustrer les peaux destinées à certains usages.

CORRUPTICOLES, parti d'eutychiens qui surgit, vers l'an 531 de J.-C., en Égypte, et eut pour chef Sévère, faux patriarche d'Alexandrie, qui prétendait que le corps du Sauveur était corruptible, et que le nier était nier la vérité de sa passion. D'un autre côté, Julien d'Halicarnasse, autre eutychien, également réfugié en Égypte, soutenait que le corps de Jésus-Christ avait toujours été incorruptible et que soutenir le contraire était admettre deux natures en lui. Le peuple d'Alexandrie se partagea en *corrupticoles* et *incorruptibles* ou *phantasiastes*. Le clergé et les puissances séculières étaient pour les premiers; les moines et le peuple pour les seconds.

CORRUPTION (en latin *corruptio*, de *corrumpere*, composé de *cum*, avec, et de *rumpere*, rompre) Si ce mot était pris rigoureusement dans son sens étymologique, il aurait pour synonymes les termes *décomposition* et *désagrégation*, qui, comme lui, indiquent l'état dans lequel les molécules constitutives des corps tendent incessamment à se désassocier et à se répandre dans l'espace pour former de nouvelles combinaisons. Mais, attendu que lorsque la corruption d'un corps s'effectue, il se passe dans certains cas des changements chimiques qu'on désigne sous le nom de *fermentation putride* ou de *putréfaction*, l'idée de corruption physique entraîne toujours celle de dégagement de vapeurs ou de gaz infects qui se répandent dans l'atmosphère.

On observe d'une part que les émanations fétides qui se dégagent des corps corrompus dont la putréfaction est plus ou moins avancée sont nuisibles à l'homme et à un très-grand nombre d'espèces animales, et de l'autre qu'un certain nombre d'animaux recherchent soit les chairs corrompues, soit les détritus des végétaux et des animaux dans un état de corruption pour s'en nourrir, et que d'autres encore, dont les germes ont été préalablement déposés dans les cloaques ou les putrilages, naissent et vivent plus ou moins longtemps au sein même de la corruption, qui dissémine dans l'atmosphère les éléments fluidifiables des corps organisés après leur mort. Avant que des observations exactes eussent permis de constater qu'un certain nombre d'insectes allaient déposer leurs œufs sur les corps corrompus, les anciens philosophes, trompés par les apparences, ont pu croire que la corruption engendrait elle-même la vie.
L. LAURENT.

Corruption, en morale, en politique, en matière de goût, est le signe précurseur d'une destruction, tantôt lente, tantôt rapide, et dont les effets disparaissent quelquefois pour se reproduire un peu plus tard avec des développements encore plus considérables. La corruption, celle qui s'attache aux mœurs, dérive d'une si grande multitude de causes, qu'on la retrouve aux premiers jours des empires comme à leur déclin: elle ne varie que dans la forme. Chez les peuples conquérants, où la force se permet tout, la victoire donne trop de jouissances pour que les mœurs se conservent pures. Au sein des nations commerçantes, il se forme rapidement des fortunes si prodigieuses qu'elles achètent ce qu'on refuse ailleurs. Les peuplades à demi barbares cèdent si vite et si avec l'impétuosité de leurs passions, qu'elles effrayent par une corruption tout à la fois féroce et abjecte. Enfin, dans les capitales, les séductions sont si nombreuses, les besoins si exigeants, le luxe si impérieux et si étendu dans ses dépenses, qu'il semble qu'on respire la corruption avec l'air. Dans la vie privée, un pouvoir sans bornes, laissé à un *seul* sur plusieurs, amène encore les effets les plus désastreux. L'esclavage corrompt les mœurs de celui qui commande comme les mœurs de celui qui obéit : aussi, chez les modernes a-t-il été en général d'une courte durée. Pour arrêter les progrès de tant de causes diverses de corruption, restent les enseignements religieux et les institutions politiques, qui dans tous les pays forment un heureux contre-poids. Remarquons que chez les anciens, où il y avait plutôt culte que morale religieuse, les formes de gouvernement venaient au secours des mœurs; ces formes étaient républicaines, c'est-à-dire que chacun avait droit d'inspection sur son voisin, et que c'était même pour lui un devoir de le dénoncer. Depuis l'apparition du christianisme, où le système monarchique a prédominé, les Pères, les docteurs de la loi, ont élevé la chasteté au rang des plus hautes vertus; ils l'ont infusée dans la conscience, à défaut de la force publique qui leur manquait.

La plus redoutable de toutes les corruptions est la *corruption politique* : elle corrode tout; il n'y a de patrie qu'à la condition imposée à tout citoyen de remplir les devoirs dont lui-même fait choix; manque-t-il à son engagement, l'État s'écroule. En effet, au lieu de rendre la justice, on la vend; au lieu de remplir les places, on les exploite; les généraux capitulent pour devenir riches, et l'indépendance nationale se perd. La corruption politique, pour être hideuse, n'en a pas moins ses retours périodiques ; on l'aperçoit à la suite de longs règnes efféminés, ou bien encore comme conséquence inévitable de ces révolutions qui engloutissent dans leurs violences toutes les promesses qu'elles avaient d'abord faites. Découragés, les citoyens ne regardent plus que comme des rêves, des chimères ou des enfantillages, toutes les nobles espérances qu'ils avaient conçues ; ils passent d'un généreux dévouement à la soif d'un gain sordide ; ils aspiraient jadis à faire des sacrifices, ils ne veulent plus désormais que s'assurer des *recettes* ; on postule les suffrages publics pour les échanger contre des places lucratives.

A la corruption politique il en faut joindre une autre, celle du goût dans les arts et dans la littérature ; et c'est là un bien triste complément. Dans une civilisation avancée, les arts et la littérature sont mêlés à tout ; ils réagissent sur les sensations et sur les sentiments. Deviennent-ils barbares, ils impriment aux sensations toutes les habitudes d'une violence frénétique, comme ils donnent aux sentiments la conviction d'une fatalité perpétuelle. Il n'y a plus de justice, puisque c'est la force qui décide en souveraine ; il n'y a plus de dignité, parce qu'on enlève à l'homme le libre arbitre ; c'est une dégradation complète.

Les femmes, dans tous les genres, sont moins sujettes que les hommes à la corruption : il y a dans leur nature quelque chose de délicat qui passe dans toutes leurs habitudes, et qui purifie tous leurs sentiments ; elles ressentent donc pour certains désordres une répugnance invincible. Mais tombent-elles dans la corruption, il leur arrive de dépasser tous nos excès : elles ont rompu avec leur sexe.

SAINT-PROSPER.

COR RUSSE. Les Russes ont une musique de cor dont les effets sont surprenants. Vingt, trente, quarante musiciens ont chacun une espèce de grand cor ou de trompe qui ne doit rendre qu'un seul son ; ces cors sont tellement accordés qu'ils fournissent, comme les tuyaux de l'orgue, toutes les notes nécessaires pour exécuter un morceau de musique et ses accompagnements : ainsi, l'un des musiciens fait tous les *ut* de telle ou telle octave qui se rencontrent dans ce morceau, un autre tous les *ré*, etc., et la précision de leur exécution doit être telle que ces différents sons paraissent partir d'un même instrument. Comme il y a tels tons qui ne se rencontrent presque jamais près les uns des autres, ou qui reviennent plus rarement, on peut charger de deux ou trois cors quelques-uns des exécutants, ce qui diminue le nombre de ceux-ci. Cette espèce d'orchestre rend des sons plus forts, plus nerveux, plus pleins que nos instruments à vent, ces instruments étant limités, soit par la nécessité où l'on est de leur donner un certain diapason, soit pour qu'ils ne couvrent pas les voix et les autres instruments avec lesquels on les emploie ordinairement. Un habile orchestre russe peut exécuter des quatuors, des symphonies, des concertos de Haydn, Mozart, Pleyel, etc., et rendre jusqu'aux trilles et aux roulades avec la plus grande précision. Dans un temps calme, cette musique a souvent été entendue à la distance de six kilomètres ; et même dans une nuit tranquille, et d'un lieu élevé, on a pu l'entendre jusqu'à la distance de neuf kilomètres. De près ces cors produisent l'effet d'un grand orgue, sur lequel ils ont le précieux avantage de pouvoir enfler, diminuer, laisser expirer les sons ; de loin on croit entendre un harmonica. En 1763 on employa cette musique avec succès dans une fête qui fut donnée à Moscou : un immense traîneau de quatre-vingts mètres de tour, et tiré par vingt-deux bœufs d'Ukraine, portait les musiciens. L'inventeur de cette musique de cors est J.-A. Mareschi, né en Bohême, en 1719. C'est vers 1750 qu'il s'en occupa avec le prince Narichikin. On l'a perfectionnée ensuite, et les musiciens chargés des parties aiguës gouvernent maintenant des cornets à clés qui donnent trois sons. CASTIL-BLAZE.

CORS ou **ANDOUILLERS.** *Voyez* CERF.

CORSAIRE. La racine de ce mot est *course*. Le corsaire est le *bâtiment armé en course* ; par extension, on donne aussi ce nom au capitaine du navire, et souvent, dans le langage ordinaire, il reçoit l'acception de *forban* ou *pirate*.

Toute puissance navale militaire n'a été à son aurore qu'une réunion de corsaires ; il faut du temps pour qu'une grande société politique s'organise, et que son gouvernement ait en main des forces suffisantes pour protéger tous les intérêts sans recourir à la coopération des particuliers, et le commerce maritime est une proie attrayante pour les esprits aventureux ; la fortune, et une fortune rapide, éclatante, s'y montre toujours prête à faire oublier le péril, et la cupidité n'a jamais manqué d'excellentes raisons, basées sur ce qu'on appelle le *droit naturel*, pour justifier et honorer le pillage. Quand les guerres de peuple à peuple étaient acharnées, on s'est dit : « La nature donne le droit de piller celui qu'on a le droit de tuer ; » et les corsaires sont devenus les auxiliaires des gouvernements ; puis les mœurs se sont adoucies, la victoire n'a plus conféré au plus fort le droit de vie et de mort sur le vaincu ; la civilisation de nos jours a même été plus loin, elle a refusé le pillage à ses armées organisées ; mais la marine est restée en dehors de la civilisation moderne, et les corsaires ont été maintenus.

Chez toutes les nations, l'existence des corsaires a été reconnue légitime ; on en trouve des traces chez les Tyriens, les Carthaginois, à Athènes avant que Périclès soldat une marine nationale, au Japon, dans les mers de la Chine, au milieu des pirates qui ont choisi leurs autres repaires sur toute la côte de la presqu'île du Gange, à Venise, lorsqu'elle avait à protéger son berceau contre les attaques d'ennemis jaloux de sa grandeur naissante. Qu'était la marine en France même et en Angleterre au temps de la féodalité, alors que les rois et seigneurs suzerains étaient obligés, pour faire la guerre sur mer, d'emprunter des navires aux villes commerçantes, et des compagnies d'hommes d'armes à leurs vassaux ? Le corsaire alors, sûr de l'applaudissement des princes dont il avait arboré le pavillon, exerçait la piraterie en grand ; car quel autre nom donner à cette espèce de guerre maritime qui se faisait sur les côtes de Normandie et de Bretagne à l'époque des croisades ? Aujourd'hui la loi lui impose des restrictions. Tout en le protégeant, l'excitant même souvent au nom de la patrie à tenter des expéditions avantageuses, elle exige de lui de fortes garanties.

C'est à partir de la découverte du Nouveau-Monde, quand le commerce maritime eut pris un vaste accroissement, quand la navigation de l'Europe eut embrassé le monde entier, que la carrière des corsaires devint grande et importante. Le Portugal et l'Espagne n'ont eu que peu d'illustrations en ce genre. Les premiers ils possédèrent de vastes colonies, les premiers ils exploitèrent des trésors des deux Indes. Mais leurs richesses éveillèrent la cupidité des marchands de la Hollande et de la Tamise, qui guettèrent au retour les galions chargés d'or que les colonies expédiaient à la Péninsule ; les fortunes colossales que firent quelques particuliers dans ces excursions peu dangereuses excitèrent mille aventuriers à courir les mêmes hasards, et l'on tenta des entreprises extravagantes : plusieurs hommes de distinction, tels que Raleigh, Drake, Candish, allèrent piller les établissements espagnols jusque dans la mer du Sud, et enfin, quand les Français entrèrent à leur tour dans cette nouvelle carrière des combats, on vit pulluler sur toutes les côtes de l'Amérique des corsaires et des pirates, qui finirent par former un établissement dans l'île de la Tortue, sur la côte septentrionale de Saint-Domingue, et prirent le nom de *flibustiers*. Le principe qui poussa ces hommes sur les colonies des Espagnes était le même qui avait donné le Nouveau-Monde aux rois de Castille et de Léon ; les cruautés que les premiers conquérants avaient exercées sur les Indiens furent vengées par de sanglantes représailles.

Sur la côte septentrionale de l'Afrique, non loin de la plage où l'on trouve aujourd'hui les ruines de Carthage, une tribu, sortie des sables de l'Arabie, s'était établie et avait fondé sa ville près d'une baie. Le voisinage de la mer les rendit marins ; la différence d'origine et de religion en fit des ennemis du nom chrétien ; la soif du pillage, inhérente au sang maure, les arma en course, et bientôt on vit s'élever sur tous ces rivages plusieurs petits États qui grandirent en s'enrichissant des dépouilles de l'Europe. Des rangs de ces forbans sortirent quelques hommes dignes de commander à des nations ; les Barberousse avaient fait leurs premières armes avec les corsaires ; ils prirent l'autorité suprême, organisèrent une police vigoureuse au milieu de ces hommes accoutumés à n'obéir qu'à leurs caprices ; et Alger, Tunis, Tripoli, devinrent la terreur de la chrétienté. Étrange association, qui n'exista dans la suite que parce que les puissants États de l'Europe ne savaient la remplacer, et qui pourtant vendait chèrement à tous les rois l'assurance de ne pas piller leur commerce. La conquête d'Alger a lavé l'Europe de cet opprobre. La civilisation moderne annoncerait-elle par ce signe qu'elle veut effacer la *course* du droit des nations ?

En France, c'est parmi les corsaires que la marine compte ses plus grands hommes : Jean Bart, Tourville, Duguay-Trouin avaient débuté par faire la course sur des bâtiments de commerce, et ils n'achetèrent qu'à force d'exploits le droit d'illustrer la marine royale ; cependant, c'était alors le beau temps de cette dernière. Les flottes de Louis XIV disputaient l'empire des mers aux Anglais et à la Hollande ; mais elles ne jetèrent qu'un éclat éphémère, et il ne sortit de leur école qu'un petit nombre de marins distingués. On s'étonna de cette différence ; et quand la Révolution française eut porté le coup de mort à la noblesse, on prétendit trouver dans l'histoire la preuve que la marine marchande suffisait à remplacer honorablement les officiers émigrés de la marine de Louis XVI. Fatale erreur ! Les hommes qui ont guidé notre marine, par ignorance ou à dessein, ont tous fermé les yeux sur ses intérêts et sur sa gloire ; ils n'avaient appris son histoire que dans de ridicules déclamations. Sous Louis XIV et sous Louis XVI la course était la véritable école du marin ; elle avait dû produire des hommes du plus grand mérite : l'intérêt privé les forçait à comprendre leur art dans toutes ses ressources, étude que dédaignait la marine royale ; et même lorsque les combats continuels qu'ils avaient à livrer leur apprenaient la guerre. Mais il ne faut pas confondre ces audacieux corsaires avec la marine marchande en général, et les désastres de la Révolution et de l'Empire ont donné un sanglant démenti à toutes ces théories babillardes. Duguay-Trouin eut le courage d'un soldat et les talents d'un général : son expédition contre Rio-de-Janeiro restera longtemps comme un modèle de descente en pays ennemi ; mais Duguay-Trouin s'était formé au milieu des combats. Cassart, que lui-même appelait le premier homme de mer de la France, et sous l'Empire le brave Surcouf, commencèrent comme lui, et comme lui s'illustrèrent dans cette carrière. Le grand nombre de vaillants corsaires que la France peut citer après eux donne le droit de conclure que la guerre de course est éminemment dans le caractère français. Les corsaires tentent rarement de longues expéditions, ils sont faits plutôt pour les coups de main, dont l'audace est la qualité la plus nécessaire, et l'on sait que l'audace ne manque pas à notre nation.

Enfin, presque sous nos yeux, un grand peuple a fondé sa nationalité et son commerce avec la protection de ses corsaires. Lors de la déclaration de leur indépendance, les États-Unis n'avaient que des corsaires pour marine nationale ; mais la haine qui brûlait dans toutes âmes les poussa à d'audacieux exploits. Le plus remarquable fut Paul Jones, dont le nom resta longtemps l'exécration de l'Angleterre : dans son roman intitulé *Le Pirate*, Cooper a retracé les actes de cet homme extraordinaire. Chez les Américains, tout favorisait la course, et leurs rivages semés d'îlots et de criques, et la faiblesse de leur commerce maritime, et l'éloignement de leurs ennemis.

Ce sont les corsaires de tous les pays qui ont porté les plus grands coups à la puissance des Espagnols dans les colonies ; comme si la haine universelle que souleva la première conquête avait imprimé sur leur postérité un stigmate ineffaçable. Les premiers germes de révolution étaient à peine éclos dans les vastes empires du Mexique et du Pérou, que soudain l'on vit apparaître dans les golfes de Honduras et du Mexique des milliers de corsaires. L'île de Barataria était leur quartier général ; les exilés de Saint-Domingue, tous les Français que les armes de l'Angleterre avaient chassés de la Martinique et de la Guadeloupe, s'y rendirent en foule, et organisèrent une nouvelle république dont le commerce espagnol fit les frais. Les localités leur étaient favorables : en face de La Havane, la plus riche capitale de l'empire colonial des Espagnes, s'étend le vaste banc de Bahama, immense archipel d'îlots, de rochers, d'écueils, de hauts-fonds, entrecoupés de canaux où doivent passer les navires destinés pour l'Europe ; le marin pratique de ces parages trouve partout un abri pour un bâtiment léger, et de là le corsaire fond à l'improviste sur les navires sans défense. Les ennemis de l'Espagne ont su profiter de la connaissance des lieux, et peut-être, grâce à leurs attaques, le nom espagnol ne sera bientôt plus qu'historique dans le Nouveau-Monde.

La différence qui existe entre le *corsaire* et le *pirate*, c'est que celui-ci attaque et pille indifféremment tous les navires qu'il rencontre, tandis que le premier ne fait main basse que sur ceux des nations ostensiblement en guerre avec la nation qu'il a choisie. Quand une guerre maritime se déclare, le gouvernement délivre aux particuliers des lettres de marque ou permissions de *courre sus aux ennemis*. L'âpreté du gain donnant lieu à d'horribles cruautés, il assujettit ses nouveaux auxiliaires à un code de lois, comme pour justifier ce genre de guerre aux yeux des autres nations ; c'est la loi qui décide aujourd'hui de la validité des prises, et qui en règle le partage entre le gouvernement, les armateurs et les équipages des navires. Louis XIV, à l'époque où sa marine déclinait, alla même jusqu'à confier ses vaisseaux aux corsaires, entrant pour le tiers dans le partage du gain. Louis XV suivit quelquefois cet exemple. Enfin, tous les gouvernements qui se sont succédé jusqu'à nos jours, alléchés par l'odeur du pillage, ont sans cesse modifié la législation de la course et surtout celle des prises : il en est résulté un monstrueux amas de décrets, de lois, d'ordonnances. En général, en France, tout ce qui tient à la marine est administré d'une manière ténébreuse, de telle sorte qu'on pourrait douter qu'elle soit organisée dans le but de défendre le littoral et de protéger le commerce ; mais, au milieu du chaos des lois qui concernent les prises, les décisions sont tellement arbitraires que le plus grand ennemi qu'ait aujourd'hui à combattre le corsaire, c'est l'administrateur, qui profite de mille arrêts contradictoires pour le frustrer de son salaire.

La guerre de course a un caractère particulier, qui demande des qualités spéciales dans les hommes qui la tentent et dans les navires qu'ils emploient. Attaques promptes, inopinées, reconnaissances audacieuses, fuites rapides, descentes soudaines, voilà ce que se propose le corsaire ; il doit donc être marin consommé, intrépide jusqu'à la témérité, avoir une grande connaissance des lieux, des éléments. Le navire qu'il a sous ses pieds doit être léger à la course, facile et prompt dans les évolutions, et cependant chargé d'artillerie et rempli d'armes. Les hommes auxquels il commande doivent être des matelots déterminés, endurcis aux fatigues et aux dangers ; la vie qu'ils mènent leur fait contracter un caractère énergique, insouciant, toujours prêt à se jeter au milieu de tous les dangers dès qu'on leur parle de butin et de gloire. Surcouf, de Saint-Malo, s'est fait sous l'Empire une réputation extraordinaire en ce genre. A dix-neuf ans il était devenu amoureux de la fille d'un riche armateur; le père le lui refusa, parce qu'il était sans fortune. « Il vous faut de l'argent, lui dit Surcouf, vous en aurez ! » Il s'embarqua sur un corsaire, devient bientôt capitaine, et gagne à force de courage la femme qu'il aimait et une fortune de plus de deux millions. Il savait enchaîner à sa destinée les meilleurs matelots en flattant la prodigalité et toutes les passions de ces hommes excessifs. Quand il était sur le point de partir, il se rendait dans les cabarets, dans les tavernes où se tenaient les hommes qu'il voulait enrôler. « Eh quoi ! leur disait-il, un matelot de Surcouf boit du vin bleu ? — Nous n'avons plus d'argent, capitaine. — Plus d'argent, coquins ! Vous ne savez donc plus comment on en gagne ? Allons, de l'or ! du vin ! des femmes ! des équipages ! Un matelot de Surcouf doit mener le train d'un prince. » — Et il faisait pleuvoir au milieu d'eux des poignées d'or, et l'orgie renaissait bruyante et furibonde, et les matelots de Surcouf brûlaient le pavé de la ville dans des voitures à huit chevaux, et les amis, les maîtresses, partageaient le trésor, et quand l'or avait disparu, le matelot payait son capitaine en courant avec lui de nouveaux hasards.

Théogène Page, *capitaine de vaisseau*.

CORSAIRE, nom que les marins donnent à l'épervier.

CORSE (Département de la). Formé de l'île de Corse, il est situé dans la Méditerranée, entre 41° et 43° de latitude septentrionale et 6° et 8° de longitude orientale. Au nord il est séparé de la Sardaigne par le détroit de Bonifacio; sa distance moyenne de la côte orientale du département du Var est d'environ 18 myriamètres; sa pointe septentrionale est à 77 kilomètres de la côte méridionale de la Toscane; sa plus grande longueur, entre les deux pointes extrêmes sud et nord est de 148 kilom.; sa plus grande largeur, entre Sagona et Aléria, est de 72 kilomètres.

Il est divisé en 5 arrondissements, dont les chefs-lieux sont Ajaccio, Bastia, Calvi, Corte, Sartène, et compte 61 cantons, 354 communes et 236,251 habitants. Il envoie un député au corps législatif. Il forme le 30° arrondissement forestier, le ressort de la cour d'appel de Bastia, la 17° division militaire, dont le quartier général est à Bastia ; par exception il est partagé en deux subdivisions. La Corse forme aussi le diocèse d'Ajaccio, suffragant de l'archevêché d'Aix. Son académie comprend 1 lycée, 3 collèges communaux, 1 école normale primaire, 5 pensions et 380 écoles primaires.

Sa superficie est de 874,745 hectares, dont 371,044 en terres labourables; 347,516 en landes, pâtis, bruyères; 79,067 en bois; 31,551 en cultures diverses; 16,113 en vignes; 15,761 en forêts, domaines improductifs; 6,976 en vergers, pépinières et jardins; 5,888 en lacs, rivières et ruisseaux; 449 en prés; 380 en propriétés bâties; etc. On y compte 36,864 bâtiments consacrés à l'habitation, 1,085 moulins, 27 fabriques, manufactures et usines, et 2 forges à la catalane. Il paye 177,673 fr. d'impôt foncier.

Les plus importants de ses cours d'eau, qui souvent se trouvent complètement à sec, sont le Golo, le seul de tous qui soit navigable, et le Tavignano sur la côte orientale, le Liamone et le Talavi sur la côte occidentale.

Des chaînes de montagnes se prolongent dans la direction du sud-ouest au nord-est occupent la plus grande partie de l'île, et poussent à l'ouest de vives saillies en forme d'écueils, tandis que leurs extrémités septentrionales s'abaissent insensiblement en formant une succession de collines, qui disparaissent même complètement à une certaine distance des côtes. Ce n'est qu'au centre que s'élève une massive chaîne de montagnes, sur lesquelles on trouve assez souvent un petit lac rempli de truites. Couvertes de plantes aromatiques, et *rouges* de fraises pendant la saison, ces montagnes forment le point de partage entre les différents bassins et

l'on y trouve les pics les plus élevés de toute l'île, que la neige recouvre pendant la plus grande partie de l'année : le *Monte Rotondo*, haut de 2,672 mètres, d'où l'on jouit de la vue d'un des plus beaux panoramas qu'il y ait en Europe, et le *Monte d'Oro*, haut de 2,652 mètres. De cette chaîne principale, à laquelle se rattache une montagne de 1,000 à 1,300 mètres d'élévation, couvrant l'étroite langue de terre que l'île forme au nord, partent également dans la direction du sud-ouest de nombreux embranchements, qui s'avancent jusqu'à la côte occidentale, où ils forment des rochers presque à pic. Il en résulte que cette côte est élevée et escarpée sur-tous les points, en même temps qu'elle abonde en baies et en ports naturels, dont les plus importants sont ceux de Sagone, d'Ajaccio et de Valinco, tandis qu'à l'est la côte, plus plate, et large de deux myriamètres au plus, n'offre point d'échancrures et est très-pauvre en bons ports. Porto-Vecchio est le meilleur de tous. L'intérieur des montagnes est extrêmement sauvage; et d'impétueux torrents se précipitent à travers leurs profondes vallées. Les terrasses latérales sont couvertes de plantations de vignes et d'oliviers; plus haut on trouve des châtaigniers, des chênes et d'autres essences de bois. On appelle *machi* des bois composés de genévriers, de myrtes, d'arbousiers et autres arbustes élevés, que l'on brûle souvent pour fertiliser et ensemencer la terre qu'ils recouvrent. D'odoriférants pâturages s'abritent entre d'impénétrables forêts; cependant la seule partie de l'île qui soit régulièrement cultivée est la côte de l'est. L'aspect général du pays est pittoresque et sauvage. Des rochers sourcilleux, des arbres séculaires, des torrents mugissants, la mer mêlant le bruit de ses flots à leurs eaux turbulentes, et les vieilles tours romaines se montrant de distance en distance sur les plages, comme des vestiges de civilisation au milieu de cette nature âpre et capricieuse, tout concourt sur ce coin de terre à faire méditer l'artiste, le poëte, le philosophe et même l'homme qui se borne à admirer, sans analyser ses sensations, quand quelques beautés frappent ses yeux.

La communication entre l'une et l'autre côte n'a lieu qu'à travers les montagnes par d'étroits passages, souvent d'une difficulté extrême, et pour la plupart praticables seulement pour des bêtes de somme. Le climat est agréable, attendu que l'ardeur du soleil y est tempérée par l'élévation des montagnes et par les vents de mer. Le nombre de localités que des eaux stagnantes et un air malsain rendent désertes et inanimées est très-restreint. Le sol, surtout sur la côte et dans les vallées, est d'une grande fécondité; aussi les habitants, malgré l'extrême négligence qu'ils apportent à la culture, récoltent-ils assez de grain pour leur consommation, à l'exception de l'avoine, qu'on ne cultive pas du tout dans l'île. Le prolétaire corse vit ordinairement de châtaignes, et ne mange que bien rarement du pain de froment. On récolte, en dépit d'une culture très-négligée, beaucoup de vins, assez semblables à ceux de France et de Malaga. On cultive aussi en Corse beaucoup de chanvre et tous les fruits du midi, dont il se fait de grandes exportations; on y a même établi des plantations d'indigo et de coton. Avec des méthodes plus rationnelles, l'huile et la soie y seraient d'un bien plus grand rapport. On y trouve aussi de vastes forêts de chênes, de sapins et de mélèzes, offrant à la marine française d'inappréciables ressources, et qui classent ce département au nombre des plus riches en bois qu'il y ait dans tout l'empire. Le pin *laricio* et le laurier-rose sont originaires de la Corse. L'élève du bétail s'y fait sur une très-large échelle; cependant les chevaux, les ânes et les mulets y sont de petite taille. Les bêtes à cornes sont grandes, mais maigres; les moutons, généralement noirs, sont pourvus de quatre et même de six cornes, et donnent une laine grossière. On y rencontre une race de chèvres fort belle et extrêmement nombreuse. Le mouton à l'état sauvage (mouflon) existe dans les montagnes, où l'on trouve aussi des sangliers et beaucoup d'autres espèces de gibier. On récolte beaucoup de miel et de cidre. La pêche du thon, de la sardine et des huîtres constitue, avec le commerce du sel et le cabotage, la principale occupation des habitants des côtes, et il s'y joint encore la pêche du corail sur la côte d'Ajaccio et de Bonifacio.

Les montagnes, généralement de formation granitique, contiennent beaucoup de richesses minérales, dont jusqu'à ce jour l'exploitation est demeurée nulle. Les fers surtout sont d'une qualité supérieure. On y trouve aussi des mines de plomb, et il existe à Porto-Vecchio de riches salines.

Les sources d'eaux minérales les plus remarquables de la Corse sont celles d'*Orezza*, qui a quelque analogie avec l'eau de Spa, et qui pétille comme du vin de champagne : on y a recours dans les maladies chroniques des organes abdominaux, dans les affections nerveuses, dans les engorgements du foie, de la rate et des reins et dans les nombreux cas d'appauvrissement du sang; de *Puzzichello*, située sur la côte orientale, à huit kilomètres des ruines de l'antique ville d'Aleria : c'est une eau sulfureuse, froide, qui paraît avoir quelque analogie avec l'eau d'Enghien; enfin, de *Pietrapola*, sources sulfureuses chaudes de 40 à 60° centigrades : on y retrouve les ruines de thermes que les Romains y avaient construits.

L'industrie manufacturière y est pour ainsi dire nulle. Des fabriques de draps et de lainages grossiers, des scieries de planches, des tanneries et des usines de fer sont les seuls établissements industriels un peu remarquables.

5 routes impériales, 5 routes départementales, et 1,967 chemins vicinaux sillonnent le département, dont les villes principales sont : *Ajaccio*, chef-lieu du département; *Bastia; Calvi; Corte; Sartène*, avec 3,949 habitants, un commerce de grains, huile, cire, cuirs de bœuf, peaux de chèvre, de mouton, de planches de sapin : on y élève des bestiaux et des abeilles; *Bonifacio; Porto-Vecchio*, avec 2,071 habitants, un port de commerce, de pêche et de relâche, un des plus spacieux de l'Europe; il peut recevoir une flotte entière, avec ses trois kilomètres de longueur, sa profondeur d'eau, qui varie de 5 à 24 mètres, et abrité qu'il est par les montagnes qui l'environnent, excepté du côté du nord-est. La ville est entourée de murs et assez bien bâtie; mais elle est située dans une contrée marécageuse, qui en rend l'air malsain et la fait abandonner par une grande partie des habitants pendant plusieurs mois de l'année. Elle possède un bureau de douanes; on y pêche de la nacre, dans laquelle se trouvent des perles grises ou rouges.

Les Corses sont une race d'hommes de taille moyenne, nerveux et demeurés aujourd'hui encore à peu près à l'état primitif. La bravoure, l'amour de la liberté, la simplicité, la tempérance et l'hospitalité, mais aussi la violence, la paresse et surtout l'esprit de vengeance porté au plus haut degré, sont les caractères distinctifs de cette population. Tout ce que l'on a écrit sur les *vendette* et ces bandits auxquels l'île doit une partie de sa célébrité non-seulement n'est pas exagéré, mais, chose déplorable à rapporter, les inimitiés privées semblent de nos jours redoubler de fureur: l'autorité, impuissante, s'efface, et le crime se multiplie de toutes parts. A quoi tient tant de faiblesse du côté où devrait être la force, tant d'audace du côté où on devrait craindre ? se demandait en 1850 un magistrat dans un rapport qu'il faisait sur cette malheureuse contrée. Et il l'attribuait à l'armement général du pays, au banditisme, au patronage et au défaut de répression. Puis il nous révélait les faits les plus déplorables. Ainsi à Venzolasco, à seize kilomètres de Bastia, les Filippi et les Petrignagni sont en guerre, et entraînent avec eux toute la population : les fenêtres de leurs maisons sont défendues par des barbacanes et des créneaux. Aux élections de Vescavato, en 1848, il y eut rencontre entre ces deux partis, et il s'ensuivit mort d'hommes; à Campitello, Calacuccia, Piedicroce, la rencontre des partis pour les élections a eu le même résultat; les deux populations de Piela et de Canale sont en hostilité depuis plusieurs années; et l'église, qui se trouve commune à ces deux hameaux, n'est plus fréquentée que par les femmes, qui ont adopté séparément leur côté; dans l'arrondissement de Sartène, à Arbellara, deux familles d'une parenté assez rapprochée, les Forcioli et les Giustiniani sont en inimitié depuis quinze ans, et chacune a sa maison crénelée et défendue par de bons murs d'enceinte. En février 1851, le docteur Malaspina de Lunio, dont le fils avait tué un vieillard qui lui avait refusé sa fille, est assassiné dans la diligence faisant le service des dépêches; il périt sous les coups de six hommes armés, qui venaient d'apprendre que son fils, condamné à six ans de prison, avait obtenu une remise de trois ans. Trois ou quatre jours plus tard, à peu près sur le même point où un cantonnier nommé Pinelli venait d'être tué par le fameux bandit Massoni, deux hommes soupçonnés d'avoir donné des renseignements à la gendarmerie sont frappés à mort. « En outre, ajoutait le rapport, le goût et l'habitude des armes condamnent la population à l'oisiveté; la plus grande partie de la Corse est en friche, et les travaux des champs y sont exécutés par des milliers d'Italiens, de Lucquois, dont le nom est passé à l'état d'injure et qui viennent tous les ans prélever la dîme que la fainéantise doit au travail. Le nombre des bandits est considérable. Quelques-uns sont à l'étranger et la plupart en Sardaigne, mais à cause de leurs fréquentes incursions ils peuvent être comptés comme présents dans l'île; les autres, pour emprunter le langage du pays, tiennent la campagne. Ce n'est pas une armée de malfaiteurs, ayant des chefs et luttant en guerre ouverte contre la société : s'il en était ainsi, l'on en aurait promptement raison. Le bandit vit seul dans un rayon déterminé, et trouve sa force dans son isolement. Les accidents du terrain, l'épaisseur des *machi*, la terreur qu'il inspire, les secours et la sympathie des populations, l'abdication surtout de l'autorité, tout lui vient en aide et assure sa domination. Et tandis qu'il est insaisissable dans sa fuite, des avis secrets lui indiquent les mouvements de la force publique pour qu'il l'évite, et de ses ennemis pour qu'il les trouve... Pour tout dire, les bandits prennent des arrêtés qui sont affichés et obéis, frappent des contributions qui sont payées; ils pèsent sur les élections, sur les contrats civils, sur les témoins, souvent même sur les agents subalternes de l'administration et de la justice..... Nulle part la parenté n'est plus étendue et ne traverse sans être altérée des positions plus diverses qu'en Corse; nulle part aussi elle ne crée plus de droits et d'exigences... Le patronage descend ainsi, par une échelle sans fin, des positions les plus hautes aux plus basses, et de la remonte à son point de départ. »

« On rencontre souvent, dit M. le docteur Donné, des hommes bien élevés, de bonne compagnie, qui ne font pas de difficulté pour vous dire : « Mon frère, qui est bandit, » car un bandit corse est un homme qui s'est vengé d'une injure, non suivant les lois écrites, mais suivant les lois de l'honneur telles qu'on les entend dans son pays. Sa situation ressemble à celle d'un homme qui chez nous a tué honorablement son adversaire en duel. Le bandit corse est criminel aux yeux de la loi, et trop souvent il ajoute d'autres crimes au premier, se défendre contre les poursuites dont il est l'objet; il n'est pas déshonoré. La vie aventureuse qu'il mène, la manière dont il est obligé de payer de sa personne, le courage, l'audace, la ruse qu'il déploie, frappent les imaginations, intéressent à ses périls, et en font bientôt une sorte de héros mystérieux, une véritable puissance, exerçant au loin son influence. Aussi personne n'est fâché, du petit au grand, d'être bien avec quelque bandit, de l'avoir pour parent, pour ami; on le ménage, on le sert en secret pour pouvoir s'en servir à l'occasion. » « Qu'on se figure, ajoute le rapport que nous avons déjà cité, un

DICT. DE LA CONVERS. — T. VI. 36

jury composé de parents et d'amis des malfaiteurs, partageant leurs idées, leurs besoins, leurs préjugés. Placés dans les mêmes conditions que les accusés, les jurés auraient fait comme eux. Comment frapperaient-ils avec vigueur, lorsque intérieurement ils approuvent..? L'institution du jury en Corse a eu deux résultats parallèles, l'augmentation des crimes et l'énervement de la répression. »

A la fin de la session de 1853, le corps législatif a adopté un projet de loi interdisant le port d'armes en Corse.

La Corse s'appelait *Kyrnos* dans l'antiquité. Ses premiers habitants étaient de race ligurienne. Les Étrusques, après s'être emparés des côtes, y fondèrent des villes de commerce. Plus tard, l'île passa au pouvoir des Carthaginois, qui à la suite de la première guerre punique (238 av. J.-C.) durent en abandonner la possession aux Romains. La dure oppression à laquelle les Corses étaient soumis par les gouverneurs que leur envoyait la république provoqua une révolte, qui ne put être complètement comprimée qu'au bout de sept années de luttes sanglantes (236-230). Plus tard Marius, puis Sylla établirent des colonies romaines sur les côtes. Sous les empereurs, la Corse parvint à un haut degré de prospérité; elle comptait alors trente-trois villes entourées de murailles, et dont quelques-unes étaient le centre d'un riche commerce. Sylla fit rebâtir Aléria, fondée par les Phéniciens; sa population devait dépasser 40,000 âmes.

Dans l'antiquité, les Corses jouissaient déjà du plus mauvais renom, à cause de leur caractère. Les Romains n'en voulaient pas même pour esclaves, et le bannissement en Corse était une de leurs plus sévères dispositions pénales. A partir de l'an 450 de notre ère, la Corse eut singulièrement à souffrir des invasions réitérées des Vandales, sous la domination complète desquels elle tomba en 470. Bélisaire expulsa les Vandales en 533, et depuis lors l'île obéit alternativement aux empereurs grecs et aux Goths. Les Lombards pillèrent ses côtes en 580. En 754 les Francs s'en rendirent maîtres. Sous leur domination, elle eut beaucoup à souffrir, à partir de 806, des invasions des Sarrasins, qui en firent la conquête en 850 et en restèrent les maîtres jusqu'au commencement du onzième siècle, époque où les Pisans s'en emparèrent. C'est aussi vers ce temps-là que l'île fut divisée en divers petits fiefs. En l'année 1002 les Corses se révoltèrent contre la tyrannie des petits barons, et se donnèrent une espèce de constitution représentative, sous l'autorité de quinze *caporali*, produit de l'élection. A partir de 1077, ils reconnurent Grégoire VII pour leur souverain. Urbain II confia l'administration de l'île aux Pisans, qui y créèrent diverses institutions sages et utiles. Mais en 1284 les Génois, ayant détruit, à Melloria, la puissance navale des Pisans, conquirent successivement les différentes parties de la Corse; et en 1300 Pise dut leur en faire la cession formelle. Ce ne fut toutefois qu'en 1387 que les Corses consentirent à reconnaître la souveraineté de Gênes. Provoquée continuellement par la révolte par le système oligarchique du gouvernement génois, on vit pendant les partis génois, aragonais et national continuellement lutter en Corse avec des succès alternatifs.

En 1729, les Corses ayant pris les armes contre Gênes, celle-ci invoqua en 1730 le secours des armes impériales, et parvint ainsi à comprimer bientôt l'insurrection. Cependant dès 1736 un aventurier, appelé le baron Théodore de Neuhof, était parvenu à acquérir une telle influence dans l'île, qu'on l'y proclama roi. En 1738 Gênes sollicita l'intervention de la France, et avant même que les troupes de cette puissance fussent arrivées en Corse le baron de Neuhof était réduit à abandonner l'île. L'insurrection éclata de nouveau en 1741, tout aussitôt après le départ des Français. En 1755 le sénat Corse nomma Pasquale Paoli général de l'armée nationale; et celui-ci déploya une telle activité, qu'en 1764 les Génois, bien que secondés par un corps auxiliaire français, n'occupaient plus que quelques villes maritimes et la capitale, Bastia. Désespérant désormais de pouvoir ramener l'île sous leurs lois, ils l'abandonnèrent à la France en 1768, par le traité de Compiègne, aux termes duquel la France s'engageait à soumettre les Corses et devait administrer leur pays jusqu'à ce que la république de Gênes lui eût remboursé les frais de la guerre. Le gouvernement français avait cru qu'il lui suffirait d'un très-faible déploiement de forces pour opérer la soumission de l'île; mais Paoli, comptant sur les secours de l'Angleterre, opposa une résistance tellement vive, que les frais de cette entreprise dépassaient déjà 30 millions de francs, sans que les troupes françaises eussent encore remporté le moindre avantage décisif. Irrité d'une telle résistance, le roi de France y envoya alors une armée de trente mille hommes aux ordres du maréchal de Vaux; mais l'Angleterre demeura inactive, et les Corses eux-mêmes firent preuve d'une telle tiédeur pour leur propre cause, que Paoli dut renoncer à toute résistance, et au mois de juin 1768 se retira en Angleterre. Toutefois, la petite guerre de montagnes continua jusqu'en 1774.

A l'époque de la Révolution la Corse fut déclarée partie intégrante du territoire français et divisée, sous le nom de *Golo* et de *Liamone*, en deux départements. A ce titre, elle aussi, elle envoya des représentants à la Convention. De même, Paoli put rentrer dans sa patrie. Mandé à Paris à l'époque de la terreur pour rendre compte de sa conduite, et sachant bien quel sort l'y attendait, il appela ses concitoyens à prendre les armes et à venir se ranger sous la bannière des vieilles armoiries de la Corse (une tête de Maure). Avec l'aide d'un corps anglais auxiliaire, qui débarqua en Corse le 18 février 1794, il s'empara le 22 mai de Bastia et le 24 août suivant de Calvi; et dès le 18 juin une assemblée nationale, réunie à Corte, plaçait la Corse sous la souveraineté de l'Angleterre.

L'île fut alors constituée en royaume indépendant avec une constitution calquée sur celle de l'Angleterre, un parlement particulier comme l'Irlande et un vice-roi. Mais une grande partie des Corses haïssaient les Anglais; et à partir d'octobre 1796, époque où les Français vinrent de Livourne y opérer un débarquement, le parti français y gagna toujours plus de terrain; de sorte qu'à la fin de cette même année les troupes anglaises étaient réduites à évacuer l'île, qui depuis lors est demeurée au pouvoir de la France, sauf un séjour de quelques mois que les Anglais y firent en 1814. Par une exception assez singulière, la Corse ne fut jamais admise sous le règne de Napoléon à envoyer de représentants au corps législatif : le grand homme affectionnait sans doute trop ses compatriotes pour permettre que quelques-uns d'entre eux vinssent perdre leur temps dans cette assemblée de muets.

Consultez Bellin, *Description géographique et historique de l'île de Corse* (2 vol. , Paris, 1769); Stephanopoli, *Histoire de la Colonie Grecque en Corse* (Paris, 1827); Filippini , *Historia di Corsica* (Turnone, 1594 ; 2ᵉ édit. , continuée jusqu'en 1769, par Gregori, 5 vol. , Pise, 1832); Robiquet, *Recherches historiques et statistiques sur la Corse* (2 vol. , Paris, 1835) ; Jacobi, *Histoire générale de la Corse*, (2 vol. , Paris, 1835); Friess-Colonna, *Histoire de la Corse*, dans l' *Univers pittoresque* (1 vol. , Paris, 1846).

CORSE (Mousse de). *Voyez* Mousse de Corse.

CORSELET. Sous ce nom, dérivé et diminutif de *corps*, les anciens désignaient la partie principale de la cuirasse, celle qui couvrait la poitrine et le ventre. C'était dans des temps plus modernes un corps de cuirasse dont les piquiers avaient le corps couvert. En entomologie ou histoire naturelle des insectes, après avoir divisé leur corps en trois parties, tête, thorax ou poitrine et abdomen, on subdivise le thorax en trois segments ou anneaux. Le corselet est le segment antérieur. Il a pour caractères de ne jamais supporter d'ailes, et de donner insertion à la première paire des pattes.

En raison de sa situation en avant, on a désigné le corselet ou premier segment sous le nom de *prothorax*, pour le distinguer du second segment ou segment moyen, ou *mésothorax* (du grec μεσον, milieu), et du troisième segment, qui est postérieur, d'où le nom de *métathorax* (du grec μετα, après). Ces dénominations sont utiles pour bien différencier les trois anneaux du thorax ; et le nom de *prothorax* est préférable dans la science, pour éviter la confusion et l'erreur introduites dans l'ancien langage, lorsque dans certains ordres d'insectes on donne le nom de *corselet* à l'ensemble du thorax.

Par analogie, on dit quelquefois vulgairement le *corselet d'une écrevisse, d'un homard*, etc.

Enfin, les malacologistes donnent le nom de *corselet* à la partie antérieure des crochets d'une coquille bivalve, à laquelle s'attache le ligament. L. LAURENT.

CORSET, vêtement qui embrasse une grande partie de la poitrine, toute l'étendue du ventre et une partie des hanches, enfin, la presque totalité du tronc. Le corset est employé dans le but de soutenir la taille et les seins, de maintenir le tronc dans une rectitude convenable ; il doit être médiocrement serré, afin de conserver au tronc la liberté de ses mouvements, et de ne pas gêner l'action des organes de la poitrine et de l'abdomen. Il est encore très-souvent employé pour dissimuler ou diminuer le volume du ventre, quand une obésité excessive ou des grossesses réitérées l'ont trop accru ; de même que chez les jeunes filles, afin de leur former une taille déliée, de corriger un défaut, ou de dissimuler une déviation de l'épine dorsale. Tout corset qui exerce une pression capable de gêner l'action des muscles et des viscères de la poitrine et de l'abdomen peut être très-nuisible à la santé, et par conséquent doit être proscrit.

Les corsets semblent avoir été employés dans tous les temps ; cependant les dames grecques en ont peu connu l'usage, leur manière de se vêtir rendant à peu près inutile cette partie de la parure. Nous savons que les dames romaines dès les premiers temps de la république portaient une sorte de corset, qui avait pour objet seulement de soutenir et de séparer leurs seins. Par la suite, elles regardèrent comme un attribut de la beauté de paraître sveltes, et pour cela, celles qui avaient la gorge et la taille amples se servirent de corsets serrés, pour paraître plus minces.

Il y a une soixantaine d'années que les femmes de la société, dans presque toute l'Europe, portaient des corsets désignés alors sous le nom vulgaire de *corps* ; ces corsets, inventés en Allemagne depuis plusieurs siècles, étaient garnis de baleines et même de plaques de fer ; on les portait dans l'intention de donner du relief à la taille. Mais les inconvénients qu'ils causaient, et surtout les révolutions opérées dans l'habillement des femmes, les ont fait abandonner depuis longtemps.

Après les *corsets* ou *corps baleinés*, quand les dames françaises ont adopté le costume grec, vers le commencement de notre Révolution, elles ont mis en usage un petit corset de basin, de coutil ou de toile, sans baleines, qui serrait modérément, et avait pour principal objet de maintenir et de protéger, sans entraves ni douleurs. Ce corset s'attachait par quelques rubans ou lacs, placés de distance en distance vers le dos. Depuis un demi-siècle environ, le costume grec a été en partie abandonné, les femmes en sont revenues aux fines tailles. Les corsets que l'on porte aujourd'hui ont pour effet d'amincir la taille, de dissimuler un trop grand embonpoint ou des difformités : instrument de mensonge, qu'il réprime, soit qu'il cache ou qu'il exagère. Pour parvenir à ces fins, il faut que le corset embrasse la poitrine, tout l'abdomen et une partie des hanches ; qu'il soit fait de coutil fort, garni d'espace en espace de solides baleines, et muni dans sa partie antérieure d'une lame de baleine ou d'acier, de la largeur de deux à trois doigts, et qu'on nomme *busc* ; ce busc est introduit dans une coulisse située à la partie antérieure du corset, de manière que sa partie supérieure appuie sur le sternum et sépare les seins, qui souvent s'en trouvent froissés ; sa partie inférieure appuie sur l'estomac en se prolongeant sur l'abdomen.

L'action de ces corsets à busc, quand on a l'habitude de les porter serrés, est très-préjudiciable à la santé ; ils agissent contrairement à la nature, en amincissant la partie la plus évasée de la poitrine, celle qui est formée par les fausses côtes. Tout le monde sait que la poitrine forme un tronc de cône dont la plus petite base est en haut : or, les corsets, plus serrés vers le milieu du torse, rétrécissent la base de la poitrine, partie du tronc qui doit être naturellement la plus large. De la sorte, ils compriment et déplacent les principaux organes ; et les intestins, correspondant à l'endroit le plus serré, s'échappent au-dessus et au-dessous de ce lieu, et se dirigent vers la poitrine et le bassin. Dans le premier cas, ils compriment le foie, la rate et l'estomac, refoulent le diaphragme, qui se voûte vers la poitrine. D'un autre côté, les parties qui sont poussées vers le bassin compriment la vessie, l'utérus, etc. De la compression de ces différents organes il résulte une grande gêne pour tous les viscères et les principales fonctions : la respiration est très-gênée par le serrement des fausses côtes et le refoulement du diaphragme vers les poumons ; la circulation du sang est aussi troublée par la gêne de la respiration et la compression du cœur et des gros vaisseaux. Le sang alors se trouve retenu en trop grande quantité dans les vaisseaux de la poitrine, de la tête, de l'utérus, etc., ce qui occasionne une espèce de regorgement, qui, selon les dispositions individuelles, peut donner lieu à des palpitations, à des oppressions, à des phthisies, des vertiges, ou même à de véritables apoplexies, à des pertes utérines, à des affections hystériques, des vapeurs, etc.

Voilà les principales maladies que l'usage des corsets serrés peut occasionner ; mais c'est principalement chez les jeunes filles que l'emploi de ce vêtement est pernicieux : souvent, pour avoir voulu embellir la taille, on a déformé le torse, compromis ou entravé la crue, en même temps qu'on fomentait chez ces jeunes personnes le germe de ces maladies auxquelles on doit attribuer beaucoup de morts prématurées. Les corsets agissent chez les jeunes filles en s'opposant au développement de la charpente osseuse de la poitrine, et au libre exercice des viscères qu'elle renferme. Les poumons et le cœur sont en effet gênés dans leur action, et de là résultent des irritations pectorales qui compromettent gravement la santé et souvent la vie. L'irritation des organes pectoraux empêche le sang de se porter vers l'utérus, et c'est une des causes les plus fréquentes de l'aménorrhée et de la chlorose. Quant à la compression du torse, indépendamment des désordres que nous venons de signaler, elle est très-souvent la cause la plus active des distorsions vertébrales ; car elle agit en comprimant les muscles du tronc, et par conséquent en entravant leur développement ; alors, ces muscles n'ont en effet plus assez de force pour soutenir l'épine dans sa rectitude normale (*voyez* Bosse). Cette remarque a été faite par Riolan, premier médecin de Catherine de Médicis, et par le célèbre Winslow, qui avait observé que chez les femmes qui avaient porté des corsets serrés les muscles du tronc étaient peu développés, les côtes inférieures abaissées, tandis que ces côtes étaient bien plus droites chez les femmes du peuple. L'empereur Joseph II, frappé du grand nombre de femmes bossues qu'il voyait à sa cour, et sachant que les corps baleinés et fortement serrés étaient en partie la cause de ces difformités, rendit un décret pour abolir l'usage du corset dans les maisons d'orphelins, dans les couvents et les institutions de son empire. Mais les sages vues de cet empereur ne furent point remplies, le despotisme de la mode prévalut sur ses édits.

D'après ce que nous venons de dire, il est facile de voir que nous blâmons fortement l'usage des corsets garnis de baleines, principalement quand ils sont très-serrés ; nous regardons cette partie de l'habillement des femmes comme très-nuisible à la santé lorsqu'elle comprime le torse au point de gêner l'action des viscères pectoraux et abdominaux ainsi que les muscles. Cependant nous sommes d'avis qu'il est des cas où des corsets *bien faits* sont nécessaires; mais ces corsets ne doivent jamais exercer une grande compression sur les fausses côtes, ni serrer les seins, qu'ils déformeraient et froisseraient : ces organes, l'un des séduisants attributs de la beauté, ne se conservent jamais mieux que lorsqu'on se borne à les soutenir et à les tenir séparés sans nulle compression. Les femmes de l'Inde éternisent en quelque sorte les caractères de la jeunesse en faisant usage d'un corset très-simple, qui a pour principal objet de conserver la forme sphérique des seins. Pour cela, elles se servent d'un tissu souple, élastique, fait avec l'écorce d'un arbre. On donne à ce tissu la forme des seins, de sorte que ceux-ci sont renfermés dans une espèce d'étui ayant une couleur assortie à la nuance de la peau. L'étoffe de ces corsets est tellement fine et élastique qu'il est fort difficile de la distinguer de l'organe qu'elle voile ou protège. Du reste, le corset des Indiennes s'adapte comme les petits corsets dits *à la paresseuse*.

Pour les jeunes filles ayant contracté de mauvaises attitudes, un corset élastique, s'il est bien fait, corrige souvent en elles de ces défauts de tenue si disgracieux, en faisant sentir sa présence lorsqu'elles font de ces mouvements désordonnés qui sont tout au plus supportables chez de jeunes garçons. Une inclinaison sur un des côtés du corps, en avant ou en arrière, un léger défaut dans la conformation de la taille, cèdent assez souvent à l'emploi d'un corset approprié. Je suis journellement consulté pour des jeunes filles ayant de légères déviations vertébrales ; et auxquelles je conseille simplement un corset à tuteurs latéraux, incapable de comprimer le tronc : l'emploi de ce simple appareil aidé de quelques autres moyens, rétablit presque toujours la taille dans sa rectitude normale. Il suffit de ces corsets pour diriger et maintenir convenablement les épaules, pour entraver des mouvements désordonnés, et pour corriger des attitudes insolites ; cette espèce de répression est de même d'un grand secours chez les jeunes personnes déjà un peu déformées ; ainsi que pour celles qui ne l'étant pas encore finiraient inévitablement par devenir bossues, si l'on n'avait le soin de les prémunir contre un accident aussi disgracieux que répandu. D' Vincent DUVAL, orthopédiste.

CORSINI, nom d'une des familles patriciennes de Florence les plus célèbres par leurs richesses, leur rang dans le monde et leurs alliances. Il en est question dès le treizième siècle ; la grandeur de cette maison ne date toutefois que des siècles derniers. Parmi les personnages historiques qu'elle a produits, nous citerons :

CORSINI (ANDREAS), né en 1302, mort en 1373, évêque de Fresole, canonisé en 1629, par le Pape Urbain VIII, en raison des vertus chrétiennes qui le distinguaient à un haut degré.

CORSINI (AMERIGO), premier archevêque de Florence, à partir de 1420.

CORSINI (LAURENT), qui en 1730, à l'âge de soixante-dix-huit ans, monta sur le trône pontifical sous le nom de Clément XII, mérita l'amour du peuple romain par la mansuétude et la sagesse de son gouvernement.

CORSINI (Don NERI) fut ministre de l'intérieur en Toscane sous Ferdinand III et Léopold II, et en 1832, à la mort de Fossombroni, devint ministre dirigeant. Homme d'une instruction extrêmement variée et d'une inébranlable loyauté, il persista en dépit de toutes les influences et prétentions de l'étranger dans le système de tolérance politique et religieuse inauguré par ses prédécesseurs au pouvoir. Malheureusement il n'avait pas toute l'énergie qui lui eût été nécessaire pour triompher des obstacles que rencontraient ses projets de réforme intérieure. Il mourut en 1845.

CORSINI (Don TOMMASO), frère du précédent et aujourd'hui chef de la famille, est prince *de Sismismeno*, grand d'Espagne, et réside à Rome. Né en 1767, il fut pendant les années 1847 et 1848 *sénateur* (chef du corps munipal) de Rome. Dans l'exercice de ces fonctions, il se fit beaucoup aimer de la population romaine, et exerça une grande influence sur le pape Pie IX sur les réformes qui signalèrent le début de son règne. Après la fuite du pape, il se démit de sa charge, quoique appartenant notoirement à l'opinion libérale, et se rendit à Florence. Revenu plus tard à Rome, il a fait partie de la consulte des finances en 1852. De ses quatre fils, l'aîné, don *Andrea* CORSINI, duc de *Casigliano*, est depuis 1849 ministre des affaires étrangères en Toscane ; le second, Don *Neri* CORSINI, marquis de *Lajatico*, a été ministre de la guerre en Toscane, et est aujourd'hui général major en non-activité. Gouverneur de Livourne en septembre 1847, il conseilla au grand-duc d'accorder sur-le-champ une constitution à ses sujets, sans attendre que ceux-ci l'y forçassent. Ce n'était qu'à cette condition qu'il consentait à accepter un portefeuille. Cependant ses conseils furent alors repoussés. Les événements n'ayant pas tardé à prouver combien il avait eu raison, il fut, au printemps de 1848, appelé à prendre le ministère de la guerre, qu'il n'administra d'ailleurs que pendant six mois. Depuis la restauration, il s'est complétement retiré de la vie publique, et réside le plus ordinairement en Piémont.

CORSINS. *Voyez* CAORSINS.

CORSO (c'est-à-dire *course*). C'est le nom qu'on donne en Italie non-seulement aux courses de chevaux (sans cavaliers), mais encore aux lentes promenades que de brillants équipages rangés les uns après les autres font dans les principales rues d'une ville, ainsi qu'il est d'usage de le faire dans presque toutes les solennités publiques, mais surtout à l'époque du carnaval, le dimanche et le jour qui précèdent le carême-prenant (*berlingaccio*), et principalement le mardi gras. Cet usage a fait donner le même nom à un grand nombre de rues dans les principales villes d'Italie. La plus célèbre de toutes est le *Corso* de Rome, qui a environ trois kilomètres de longueur en ligne droite, de la *Porta del Popolo* jusqu'au Capitole. Cette rue est bordée de maisons généralement élevées et d'une belle architecture ; elle est tous les jours, à l'heure de la promenade, animée par le monde élégant, et c'est en même temps le principal théâtre des célèbres divertissements du carnaval.

CORT (CORNEILLE), dessinateur et graveur hollandais, né à Horn, en 1526, et mort à Rome, en 1578. Son œuvre est aussi considérable que variée ; car le burin facile de Cort réussissait aussi bien dans l'histoire que dans le portrait et le paysage. On le regarde généralement comme celui qui a porté les premiers traits la gravure en grand. Il compte parmi ses élèves Augustin Carrache, Joye, Thomassin et plusieurs autres artistes qui, comme lui, ont produit de véritables estampes à tailles larges et nourries, à travaux variés. « Il a ouvert à l'art, dit un biographe, une ère nouvelle de perfectionnement, et il ne lui a manqué peut-être pour être l'émule des Boiswert, des Vostermann et autres célèbres graveurs de l'école de Rubens, que d'avoir eu comme eux l'avantage d'être constamment dirigé par un tel coloriste. »

CORTE, ville de France, chef-lieu d'arrondissement, dans le département de la Corse, à 57 kilomètres au nord-est d'Ajaccio, près du confluent de l'Orta et du Tavignano, avec une population de 4,719 habitants, un collége et un tribunal de première instance. C'est une place de guerre de quatrième classe ; la citadelle est un ancien château élevé au commencement du quinzième siècle par Vincentello d'Istria. Cette ville, située au centre de l'île, était le lieu où, dans le onzième siècle se réunissaient les principaux seigneurs du pays. Plus tard elle fut le siège du gouvernement de Paoli.

CORTÉGE. Cette expression, d'origine toute moderne, puisqu'elle ne se trouve pas dans le *Dictionnaire de Monet*, imprimé au milieu du dix-septième siècle, fut probablement composée des deux mots latins *corpus*, corps et *tegere*, couvrir, protéger, défendre. On est surpris que la dénomination d'une coutume aussi ancienne ait manqué à notre vieux langage; car en tout temps l'usage d'accompagner les grands, et en certaines occasions les hommes, quels qu'ils fussent, a été pratiqué. Ainsi chez les anciens, comme chez les peuples modernes, les parents, les amis, les serviteurs, accompagnent nos dépouilles et font *cortége* autour d'elles; mais dans notre langue le mot *cortége* s'applique principalement à cette suite nombreuse de courtisans, de gardes et de valets, dont s'entourent les princes dans les cérémonies. On se souvient de la pompe et de l'éclat dont les Romains ne manquaient pas d'environner leurs généraux vainqueurs; et Tacite, dans la peinture qu'il nous a laissée des peuplades germaines, dit que les chefs célèbres par leurs exploits avaient toujours avec eux un grand nombre de jeunes guerriers qui s'attachaient à leur personne et la défendaient à la guerre. Le chef, en récompense, partageait avec eux le butin; cette coutume passa dans les mœurs féodales, et nous voyons les riches seigneurs visiter leurs vassaux ou le suzerain lui-même avec une suite nombreuse. Dans le roman de *Garin*, Fromont de Gascogne se rend à Paris, et l'abbé de Saint-Germain des Prés, son parent, le loge avec *dix mille chevaliers* qui l'accompagnaient au parlement que devait tenir le roi Pépin. Ceci n'est qu'un exemple, qu'il serait facile de multiplier.

Les rois de France dans les occasions ordinaires marchaient seuls ou accompagnés de quelques familiers et domestiques. « Le roi vit souvent à la campagne, dit Christine de Pisan, en sa *Vie de Charles V*; il s'y rend sur un cheval blanc, dont le harnais est garni de greliots d'or; quelques gens d'armes le précèdent et les seigneurs du sang l'accompagnent, mais à distance et sans oser l'approcher, à moins qu'il ne les appelle; ce n'est pas par fierté, mais il dit que la royauté est chose patrimoniale de l'État, qu'ainsi il ne peut la compromettre en faisant autrement qu'avaient fait ses prédécesseurs. » Ce fut Louis XI, toujours craignant la vengeance de quelques hautes familles dont il avait sacrifié les chefs, qui eut le premier autour de sa personne une garde écossaise, qui ne le quittait pas. François Ier, ce prince si fastueux, si magnifique quand il fallait soutenir l'éclat de son rang, courait à cheval dans Paris, n'ayant qu'un page à sa suite, et s'en venait ainsi visiter le fameux Robert Étienne, imprimant le *Trésor de la Langue Grecque*, qu'il avait composé. On sait que Henri IV fut assassiné rue de la Ferronnerie, n'ayant pour tout *cortége* que trois seigneurs assis dans le même *coche* que lui; et des trois, assurent quelques historiens, deux le trahissaient. Le cardinal de Richelieu est celui qui introduisit l'usage de faire accompagner la voiture des princes régnants par une garde d'honneur, et, lui-même avait un régiment commandé par un comte de Fiesque, sa créature. Louis XIV, dont le goût pour la représentation et le faste était prononcé, maintint cet usage et en régla l'exercice. Le *cérémonial* qu'il avait établi, à quelques différences près, fut conservé par ses successeurs. Dans les fêtes religieuses ou politiques, à leur sacre ou à leurs entrées dans les *bonnes* villes de France, nos rois déployèrent toujours beaucoup de pompe et d'éclat.

LE ROUX DE LINCY.

CORTENBERG, village entre Bruxelles et Louvain, où le duc de Brabant Jean II, surnommé *le Pacifique*, quoique son règne ait été fort agité, voulant prévenir les troubles qui avaient éclaté dans les principales cités de ses États entre le peuple et les magistrats choisis exclusivement parmi les familles patriciennes, assembla en 1212 les seigneurs et les députés des villes, et publia les règlements célèbres connus sous le nom de *charte* ou *loi de Cortenberg*. De sages mesures furent prises concernant les impôts, l'administration de la justice et le maintien des droits et franchises des grandes communes; on créa un conseil, composé de quatre seigneurs et de dix députés des villes du premier rang, qui devaient s'assembler toutes les trois semaines au château de Cortenberg, tant pour remédier aux abus qui pourraient se glisser dans l'administration que pour aviser aux mesures législatives réclamées par l'intérêt public. Enfin, les sujets du Brabant furent autorisés à refuser le service au duc qui viendrait à enfreindre ces statuts. Cet acte solennel, rédigé en flamand, et auquel on attribue l'origine du conseil souverain de Brabant, est daté du 27 septembre 1312. Le duc mourut le 27 du mois suivant. Le 17 septembre 1372, le duc Wenceslas, dans une assemblée tenue à Cortenberg, accorda une grande charte confirmative de celle de 1312 et de la charte wallonne de Jean III, qui en développait l'esprit.

DE REIFFENBERG.

CORTÈS, dérivé de *corte*, équivalent espagnol du latin *curia*, c'est-à-dire cour, résidence d'un souverain. C'est le nom qu'on donne en Espagne et en Portugal aux assemblées législatives. Quand, à la suite de la décadence de la puissance des Maures en Espagne, les princes chrétiens en enlevèrent les conquêtes les unes après les autres, il se forma dans les nouveaux États des assemblées représentatives (*cortès*), qui restreignirent l'autorité du prince. En Castille et en Aragon, deux puissants États qui se constituèrent par la réunion de plusieurs autres d'importance moindre, ces assemblées se composèrent de délégués du clergé, de la noblesse et des villes, séparés en classes différentes, appelées en Castille *estamientos* et en Aragon *brazos*.

En Aragon, la constitution des états eut un caractère tout particulier, et l'on peut même y remarquer, de bonne heure l'assemblée des états y obtint d'importants privilèges, et l'ordre de la bourgeoisie eut le droit d'y siéger et d'y voter beaucoup plus tôt qu'en Castille. Un juge nommé par les états eux-mêmes, *el justicia*, jugeait les différends qui pouvaient s'élever entre le roi et les états, et avait mission de maintenir la puissance royale dans les limites tracées par la loi fondamentale.

En Castille, les droits des états étaient moins précis, et les privilèges de la bourgeoisie moins étendus que dans le royaume voisin; mais dans l'un et l'autre pays le roi était obligé de se soumettre à la volonté des cortès. Après la réunion des royaumes d'Aragon et de Castille, le roi Ferdinand et sa femme Isabelle réussirent à se rendre plus indépendants des cortès; et celles de Castille, lors de la diète tenue par Charles-Quint à Tolède en 1538, ayant osé refuser de consentir à l'établissement d'un impôt extraordinaire, le roi déclara l'assemblée dissoute. Depuis lors le clergé et la noblesse cessèrent d'être convoqués, et il n'y eut plus que les députés de dix-huit villes, qu'on réunit dans certains cas, quand il s'agissait de consentir à l'établissement de nouveaux impôts. Après la guerre de la succession d'Espagne, Philippe V enleva aux provinces qui avaient tenu pour la maison d'Autriche le reste de leurs immunités. Depuis lors les cortès ne se rassemblèrent plus que pour des prestations de foi et hommage, et encore quand il s'agissait de prendre une décision sur une question de successibilité au trône. Ce fut en 1713 qu'on les appela pour la dernière fois à rendre une décision de ce genre; en 1780 elles furent encore réunies à l'occasion de l'accession au trône de Charles IV.

Quand Napoléon détrôna Ferdinand VII, en 1808, la constitution acceptée à Bayonne par la junte des cortès créait, sous le nom d'*assemblée des cortès*, une représentation nationale composée de vingt-cinq archevêques, de vingt-cinq nobles et de cent vingt-deux députés du peuple. Mais cette représentation nationale n'exista jamais que sur le papier, de même que les cortès, auxquelles plus tard Napoléon, dans la vue de se concilier les sympathies populaires en Espagne, promit de rendre leurs anciennes prérogatives. Par contre, la junte insurrectionnelle de Séville, autorisée à cet effet par Ferdinand VII, convoqua en 1809 les cortès; et l'assemblée, qui se composait de cent quatre-vingt-deux membres, ouverte le 24 septembre 1810, donna au pays, le 18 mars 1812, une constitution nouvelle. Les cortès *extraordinaires* se tranformèrent le 14 septembre 1813 en cortès *ordinaires*, et vinrent, dans les premiers jours de 1814, s'établir à Madrid, où, au retour de Ferdinand VII, elles furent dissoutes, en même temps que leurs membres étaient de la part du gouvernement de la restauration l'objet de cruelles persécutions. Par suite de la révolution de 1820, Ferdinand VII se vit contraint, au mois de mars de cette même année, de convoquer de nouveau les cortès de 1812; mais l'invasion française força en 1823 cette assemblée à se retirer d'abord à Séville, puis à Cadix, ou, le 27 septembre, elle se déclara dissoute, et rendit au roi l'exercice de son pouvoir absolu. Le premier usage qu'en fit ce prince fut de condamner à l'exil la plupart de ceux qui avaient fait partie de cette assemblée. Quand, par sa pragmatique de 1830, Ferdinand VII eut aboli la loi salique en Espagne, il convoqua en 1833 les anciennes cortès du royaume, qui durent prêter avec beaucoup de solennité serment de fidélité au nouvel ordre de succession introduit dans la monarchie. Après la mort de Ferdinand, et lorsque éclata la guerre civile, la reine régente Marie-Christine se vit contrainte d'accorder à la nation une nouvelle constitution ayant pour base le système constitutionnel (*Estatuto real*), avec des cortès divisées en chambre des députés (*Procuradores del reino*) et en chambre des pairs (*Proceres*). Mais dès le mois d'août 1836 l'*estatuto real* était renversé et remplacé par la constitution des cortès de 1812, à laquelle une assemblée constituante convoquée fit ensuite subir de nombreuses modifications. Les droits des cortès furent encore restreints davantage après la chute d'Espartero, par Narvaez et par Marie-Christine, en octobre 1844, puis en 1852.

En Portugal, l'histoire des cortès date de l'assemblée de Lamego (1144), qui confirma le titre de roi à Alphonse Ier. Leur composition, de même que l'étendue de leurs droits, n'avait rien de fixe, et fut soumise à de nombreuses variations. A peu près supprimées depuis le commencement du seizième siècle, elles furent rétablies dans toutes leurs anciennes prérogatives lorsqu'en 1640 la maison de Bragance monta sur le trône; mais à partir de 1697 on cessa tout à fait de les convoquer. La révolution de 1820 eut pour résultat de doter le Portugal d'une nouvelle constitution, votée par des cortès constituantes plus libérales encore que celles d'Espagne, et à laquelle le roi Jean VI prêta serment le 1er octobre 1822. Les nouvelles cortès, convoquées aux termes de cette constitution, se réunirent le 1er décembre suivant; mais une contre-révolution ne tarda pas à les renverser avec la constitution, de qui elles tenaient leurs pouvoirs. Le 5 juin 1824 le roi Jean VI publia un décret qui remettait en vigueur l'ancienne constitution de la monarchie, l'ancienne assemblée des cortès (de Lamego). A la mort de Jean VI, son successeur dom Pedro octroya, dès le 26 avril, au Portugal une nouvelle constitution, calquée sur celle d'Angleterre et de France (*carta de Ley*), en même temps qu'il convoquait de nouvelles cortès et abdiquait la couronne en faveur de sa fille dona Maria da Gloria. Après avoir été supprimée pendant l'usurpation de dom Miguel, cette constitution, remise en vigueur à la suite de l'expulsion de cet usurpateur, fut remplacée en 1836, à la suite d'une révolution, par celle de 1822, puis encore une fois remise en vigueur le 11 février 1842; et depuis cette époque, en dépit de nombreux orages politiques, elle n'a pas laissé que de fonctionner tant bien que mal.

CORTESE (Jules-César), poëte napolitain, qui florissait au commencement du dix-septième siècle, naquit vers la fin du seizième siècle, à Naples, et se rendit fort jeune à la cour de Ferdinand de Médicis, où son esprit, sa gaieté, lui valurent l'amitié du prince et celle des plus grands seigneurs. Devenu amoureux d'une fille d'honneur de la grande-duchesse, il l'accabla de madrigaux et de sonnets. Mais la belle, qui était hautaine et n'aimait pas la poésie, étant un jour de son pied un de ses souliers à hauts talons, alors à la mode, alla jusqu'à l'en frapper rudement. Cet éclat décida Cortese à quitter Florence. Il revint dans sa patrie, chercha des distractions à ses peines dans des sociétés qui au dire des uns étaient équivoques, et qui selon d'autres ne l'étaient pas; puis il se mit à écrire en patois des poëmes dont les personnages étaient pris dans la plèbe napolitaine.

Son premier ouvrage, en cinq chants et en octaves, parut en 1604, sous le titre de la *Vajasseide*; il eut seize éditions *réelles* en quatorze ans. Les *vajasse* sont les servantes des marchands de la capitale. Cortese les représente comme ayant formé un complot pour forcer leurs maîtres à augmenter leurs gages. Toutes les richesses du pittoresque langage des lazzaronis sont prodiguées dans cette composition; les jeux, les usages du peuple y sont retracés de main de maître, et avec une parfaite fidélité. Au quatrième chant, le éros et l'héroïne de l'ouvrage, Ciullo et Carmosina, s'engagent sous le joug de l'hyménée; mais les perfides sortilèges d'une vieille sorcière, ennemie du jeune couple, jettent le désespoir dans le ménage. Grâce à un *bravo* et à une espèce de gladiateur, le redoutable Micco Passaro, le charme est enfin rompu, à l'entière satisfaction des époux et du lecteur. Ce personnage de Micco Passaro fut trouvé si attrayant, que Cortese lui consacra bientôt une nouvelle épopée en dix chants, le *Micco Passaro innamorato*. Son caractère est un mélange d'audace fanfaronne et de lâcheté; il cherche de bonne foi le péril, mais aussitôt qu'il s'y trouve exposé, il s'enfuit le plus loin qu'il peut, tout en se proclamant vainqueur.

Le *Cerriglio incantato*, autre poëme de Cortese, nous transporte dans un monde peuplé de chevaliers errants et d'enchanteurs. Le paladin Sacripante tente la conquête du château de Cerriglio; le roi Sarchiapone, qui y réside, se défend à l'aide de la nécromancie. Il en résulte les plus incroyables événements. A force de bravoure, Sacripante triomphe; le Cerriglio est pris d'assaut; les vainqueurs n'ont cesse d'y célébrer leurs succès le verre en main : il est transformé en taverne. Il y en avait alors en effet une de ce nom aux environs de Naples, et le poëte s'est amusé à s'en faire l'historiographe en renchérissant d'extravagances sur les épopées chevaleresques du seizième siècle. Nous laissons de côté sa pastorale de *La Rose*, son *Voyage au Parnasse*, en sept chants, son roman en prose *Les Aventures de Ciullo et de Perna*.

Ce qui distingue par-dessus tout Cortese, c'est son incomparable facilité, c'est le parti qu'il sait tirer de ce langage si expressif et si bouffon, qu'il manie à merveille. Il fait encore, après plus de deux siècles, les délices de tout véritable enfant de Naples; après l'avoir appris par cœur, on le relit sans cesse, et on ne se lasse pas de le réimprimer. Mais nulle traduction ne saurait donner une idée de son mérite : il faut pour le goûter pleinement descendre en droite ligne des compagnons de Masaniello; il faut croire sincèrement au mauvais œil, et dans les plus minces détails de la vie de chaque jour découvrir d'importants, d'infaillibles présages. Cortese gagne surtout à être déclamé à haute voix; sa phrase est des plus sonores; ses expressions, on ne peut plus vives, réclament l'accompagnement obligé du geste; il prodigue les onomatopées les plus entraînantes.

G. Brunet.

CORTEZ (Fernand), le plus célèbre des aventuriers qui firent tomber l'Amérique sous le joug de l'Espagne, naquit à Medellin, dans l'Estramadure, en 1483, d'une famille noble et pauvre. Destiné au barreau, il suivit bientôt sa propre inclination, et quitta l'université de Salamanque dans l'intention d'aller à Naples, s'attacher à la fortune de Gonsalve de Cordoue. Arrêté en chemin par une maladie grave, il changea de direction dès qu'il fut rétabli, et s'embarqua pour Saint-Domingue, que gouvernait son parent Ovando, l'un des plus avides et des plus féroces spoliateurs des Antilles. Six ans après, en 1511, il suivit Vélasquez à la conquête de Cuba, et s'y distingua de manière à faire pressentir ce qu'il pourrait faire un jour sur un plus grand théâtre. Aussi fut-il choisi par Vélasquez pour l'envahissement du Mexique, au préjudice de Jean de Grijalva, qui venait d'en découvrir les rivages. Cortez rassembla six cent dix-sept Espagnols dans l'île de Cozumel, s'y renforça de quelques hommes perdus sur cette côte, et se hâta, heureusement pour lui, de partir pour son expédition. S'il eût tardé de quelques jours, un caprice de Vélasquez lui aurait enlevé cette occasion de fonder sa gloire et d'effacer toutes les réputations du Nouveau-Monde. Il atteignit le 4 mars 1519 l'embouchure de la rivière à laquelle Grijalva avait donné son nom, et la remonta avec sa flotte pour en explorer les rivages.

Le vaste empire du Mexique était soumis alors à l'empereur *Montezuma*; une nombreuse population de guerriers en couvrait l'étendue; des villes riches étaient disséminées en grand nombre sur cette contrée de 2,200 kilomètres de long et de 880 de large; et Cortez n'en fut pas même ébranlé dans ses résolutions. Une multitude de canots descendirent le fleuve pour s'opposer à son passage; mais l'aspect des châteaux ailés qui portaient les Espagnols, les explosions de leur artillerie, firent un tel effet sur les Indiens, qu'ils se jetèrent à la nage pour échapper à une destruction inévitable. Cortez mit pied à terre, et marcha droit à la ville de Tabasco, qu'il emporta de vive force; et sa clémence envers les prisonniers acheva la soumission de la province. Parmi les présents qu'il reçut se trouva la belle Marina, qui, enflammée d'une vive passion pour le conquérant, devint par la suite l'instrument le plus actif de la ruine de son pays.

Le bruit des exploits de Cortez ayant frappé de terreur la capitale et l'empereur du Mexique, deux ambassadeurs se présentèrent de la part de Montezuma pour lui demander ce qu'il voulait. Cortez les reçut dans l'île de Saint-Jean d'Ulloa, leur répondit qu'il venait en ami traiter au nom de son roi Charles-Quint des intérêts des deux monarchies; mais, dans l'intention de leur inspirer sa puissance, il leur offrit, comme des jeux, les exercices de l'artillerie et de l'arquebuse, que l'esprit superstitieux des Mexicains prit pour des inventions d'une divinité ennemie. L'or que Montezuma lui avait fait présenter pour le renvoyer ne fut qu'un attrait de plus pour l'avide conquérant. Les Mexicains exagéraient en vain les forces de leur empire. « C'est ce que nous voulons, répondit le téméraire, de grands dangers et de grandes richesses. »

La province de Tempoalla se soumit à son approche. C'est là qu'il apprit du cacique même que la tyrannie de Montezuma lui aliénait le cœur de ses sujets; mais cette tyrannie a été grandement exagérée par des historiens espagnols, qui avaient intérêt à justifier la barbarie des conquérants. Cortez profita habilement de ces divisions intestines, et sut employer à propos les négociations et les armes. Sa présence suffit également pour soumettre la ville et la province de Quiabizlan, où les gouverneurs de plusieurs autres contrées vinrent le saluer comme un libérateur. La richesse de ce pays le détermina à détruire son premier établissement, et c'est alors seulement qu'il fonda la Vera Cruz, entre Quiabizlan et la mer. Il y reçut un renfort de onze Espagnols que lui amena Francisco de Sancedo, et connut par ce dernier la jalousie et les intrigues de Vélasquez contre lui. Ces avis le déterminèrent à faire partir pour l'Espagne deux de ses compagnons, Montejo et Porto-Carrero, à l'effet de détromper Charles-Quint et de se faire déclarer indépendant du gouverneur de Cuba. Une conspiration dans les rangs des siens lui suggéra une résolution plus audacieuse et plus décisive. Pour ôter à ses soldats tout espoir de retour, il brûla ses vaisseaux, et, plaçant son armée entre la mort et la victoire, il lui annonça son départ pour Mexico.

Escalente fut laissé à la Véra-Cruz, dans la ville nouvelle, avec 150 hommes et 2 chevaux; le reste de l'armée, montant à 500 fantassins, s'avança dans le pays à la suite de Cortez, qui n'accepta que 400 Indiens pour auxiliaires, sur les 100,000 que lui avaient offerts les caciques. L'abolition des sacrifices humains, la destruction des idoles mexicaines, étaient partout l'objet de ses premiers soins; et sans se convertir encore au christianisme, le peuple souffrait sans se plaindre les outrages faits à ses dieux. Cortez traversa paisiblement la province de Zocothla, et ne trouva la guerre que sur les frontières de Tlascalans. Ce peuple formait une république indépendante au milieu du grand empire. Il fallut le réduire par les armes. Après divers engagements dans lesquels la victoire fut longtemps disputée, la paix fut conclue, et les républicains devinrent dès ce moment les plus sûrs, les plus fidèles alliés de Cortez. Celui-ci abusait en même temps Montezuma, en lui faisant croire qu'il les soumettait à sa domination. L'empereur n'en semait pas moins sur ses pas les pièges, les embûches et les conspirations. Marina en découvrit une qui coûta la vie à 2,000 soldats de Cholula, premier exemple de barbarie, qui fut malheureusement suivi de bien d'autres. L'empereur Mexicain laissa ses ennemis arriver jusque dans sa capitale, à travers un pays dont la richesse et la prospérité ne faisaient qu'exciter leur cupidité. Cortez y entra le 8 novembre 1519: ses soldats furent frappés d'étonnement à l'aspect de cette grande ville, assise au milieu d'un lac de trente lieues de tour, et sur les bords duquel s'élevaient cinquante autres villes considérables. Montezuma n'osa en fermer les portes à un homme à qui le ciel avait confié sa foudre. L'adresse avec laquelle Cortez avait déjoué toutes les conspirations et les embuscades faisait croire qu'il avait aussi reçu le don de tout prévoir; et la superstition lui aplanissait toutes les voies.

Au milieu des fêtes qu'on lui prodiguait, il apprit que Qualpopoca, général mexicain, avait attaqué la Vera-Cruz, que le gouverneur Jean Escalente avait péri dans un combat avait sept des siens, et que cette colonie était sur le point de succomber. Il est douteux que Montezuma fût l'auteur de cette insulte; mais Cortez ayant intérêt à le croire, il par, une résolution énergique, il alla droit au palais de l'empereur et s'empara de sa personne. Montezuma continua à régner comme par le passé; mais Cortez n'en fit que le servile instrument de sa politique. L'exécution de Qualpopoca et de ses complices parut rétablir l'harmonie entre les deux peuples. Ce fut Cortez qui la troubla le premier, en abattant les idoles mexicaines. Les prêtres soulevèrent le peuple, firent rougir Montezuma de sa faiblesse, et cet empereur, changeant de ton avec son hôte, lui fit entendre qu'il était temps de retourner en Espagne. La multitude des guerriers que les neveux de Montezuma avaient rassemblés força Cortez à la dissimulation. Il répondit qu'il n'avait plus de flotte, et qu'il était nécessaire de construire des vaisseaux; à l'instant même les ordres sont donnés partout: les forêts sont abattues, le bois apporté à la Vera-Cruz; les travaux sont poussés avec une grande activité, quand l'empereur vient le prévenir qu'il n'en est plus besoin, et que dix-huit navires espagnols viennent d'aborder ses rivages. Cortez apprend le même jour que cette flotte est envoyée par Velasquez avec 1,400 hommes; que Pamphile de Narvaez les commande, et qu'ils n'ont d'autre mission que de le dépouiller de sa conquête.

Jamais il n'avait couru d'aussi grands dangers. Entouré

d'ennemis de toute espèce, il trompe ses soldats sur le but de cette expédition, et ne prend conseil que de son courage. Il ose confier à quatre-vingts Espagnols la garde de Montezuma et de sa capitale, marche contre Narvaez, séduit ses officiers, débauche ses troupes, que la brutalité et les caprices de ce chef ont aliénées, l'attaque lui-même, et le prend dans la ville de Zempoala. Il réunit les deux armées sous ses ordres, et revient sur Mexico à la tête de 1,300 soldats, de 100 chevaux, de dix canons, et de 2,000 Tlascalans.

Mais les choses avaient changé de face pendant son absence. Alvarado, chef de la garnison espagnole, avait massacré des seigneurs mexicains dans une fête, et le peuple entier avait pris les armes. Le retour de Cortez ne glaça point leur courage; ils étaient résolus à vaincre ou à mourir. Ils coururent à leurs canons, firent des prodiges de valeur, tuèrent dix Castillans, et en blessèrent un grand nombre. Montezuma s'efforce en vain de parler de paix; le peuple la refuse, élève des barricades, montre une discipline, une tactique dont jusque alors il n'avait pas eu l'idée. Cortez, resté maître de Montezuma, essaye de s'en servir pour calmer la sédition. Cet empereur tombe percé de coups sous les flèches de Mexicains, et la stupeur du peuple suspend un moment la guerre, que Cortez lui-même n'ose poursuivre. Mais Quetlavaca, cacique d'Istacpalapa, est élevé sur le trône, et l'attaque du quartier espagnol recommence. Cortez est sur le point d'être pris; il fléchit, songe à capituler : il cherche même à se sauver avec le siége de Mexico; mais les Mexicains l'attendaient sur la chaussée. Ils attaquent son avant-garde; il y perd ses 2,000 Tlascalans, 200 Espagnols et 46 chevaux; et si ses ennemis s'étaient jetés en force à l'extrémité de la digue, Cortez y périssait avec son armée.

Poursuivi jusqu'à Tlascala, il est forcé de se réfugier dans un temple, et de s'échapper encore pendant la nuit; le jour lui révèle de plus grands périls : 40,000 Indiens l'attendent en bataille dans la plaine d'Otumba. Il y voit flotter le fameux filet d'or surmonté de panaches, étendard impérial et palladium de l'empire; et cette vue lui rend quelque énergie. Il sait que les Mexicains attachent à ce symbole la destinée de leur monarchie. Il prend avec lui ses plus braves officiers, et pique droit à l'étendard; il tue le général qui le porte; et toute cette multitude, frappée de stupeur, ne songe plus qu'à la fuite. Le carnage fut horrible, le butin immense. Cortez se reposa enfin à Tlascala, et ne vit plus autour de lui que 450 soldats. Ses blessures le mettent lui-même aux portes du tombeau ; mais les fidèles Tlascalans veillent sur lui; leurs médecins le guérissent. Leur sotte générosité pour l'oppresseur de leur patrie. Bientôt 2,000 Mexicains se rangent sous les drapeaux espagnols; l'héroïsme et la politique de Cortez les séduisent, les entraînent. Alors ils se hâtent de revenir vers la capitale. L'empire avait encore changé de maître : Quetlavaca était mort, et le brave Guatimosin, neveu de Montezuma, avait été élu à sa place. Il harcela la marche des Espagnols, les força tous les jours à combattre, leur tendit piége sur piége. Arrivée aux portes de Mexico en refoulant ses ennemis, l'avant-garde de Cortez est vigoureusement repoussée sur la chaussée de Tacuba. Il tente de pénétrer par celle de Suchimilco ; mais il est forcé de se replier encore. Tant d'échecs déconcertent ses alliés ; ses officiers même conspirent contre lui. Cortez sent la nécessité d'en finir; mais des vaisseaux lui sont nécessaires. Treize brigantins sont construits sur les bords du lac. De nouveaux renforts portent ses forces à 900 Espagnols et 18 canons avec 30 à 40,000 alliés; il attaque alors à la fois les trois principales chaussées de la capitale et la flotte mexicaine, que l'exagération des historiens espagnols élève à 200,000 canots; les plus modestes parlent seulement de 4,000. Cortez, placé sur sa flotte, écrase et disperse les pirogues ennemies; les barricades des chaussées sont foudroyées par son artillerie. Arrivé au pied des murailles, il pénètre encore dans la ville; mais ses lieutenants n'avancent pas avec la même impétuosité, et il est forcé de reculer pour les secourir. Repoussé partout, il désespère de vaincre; il offre à Guatimosin de reconnaître son autorité, à condition qu'il se reconnaîtra lui-même vassal de Charles-Quint. Guatimosin veut céder, les prêtres le lui défendent, et la bataille recommence; elle est funeste aux Espagnols. Cortez, blessé lui-même, est contraint de chercher un refuge sur sa flotte. Des oracles, répandus par les prêtres, annoncent la ruine de Cortez pour le huitième jour. Ses alliés se découragent; les Tlascalans eux-mêmes se débandent; mais la politique de Cortez les arrête. « Restez huit jours, leur dit-il, et restez sans combattre ; je convaincrai les oracles d'imposture. » Le traité fut accepté ; les huit jours expirèrent, et les prêtres furent démentis par l'événement. Les alliés revinrent en foule, et Guatimosin, pressé par la famine, sentit affaiblir son courage. Il détermina cependant ses lieutenants à tenter d'échapper à l'armée espagnole, et résolut de porter la guerre dans le nord de ses États, en abandonnant sa capitale ; mais son dessein fut soupçonné. Les canots qui le portaient furent poursuivis, attaqués par l'Espagnol Holguin; l'empereur fut pris, et le malheur glaça les Mexicains d'une telle épouvante qu'ils n'osèrent plus se défendre. Mexico se rendit enfin le 13 août 1521 : le Mexique reçut le nom de *Nouvelle-Espagne*; les Tlascalans furent récompensés par une exemption perpétuelle de tributs.

Les vainqueurs, trompés dans leur avarice par le peu de richesses qu'ils y trouvèrent à piller, se livrèrent aux transports de la plus infâme barbarie. Les seigneurs mexicains furent appliqués à la torture; Guatimosin fut étendu lui-même sur des charbons ardents. Un de ses ministres se plaignait à côté de lui des cuisantes douleurs qu'il éprouvait : « Et moi, répondit le jeune monarque, suis-je sur un lit de roses? » Mot éternellement sublime, qui sera toujours pour les Espagnols un témoignage de honte! Cortez apprit que les trésors de l'empire avaient été jetés dans le lac par l'empereur, qui se flattait de les retrouver après la victoire. Le prince n'expira point dans les tortures; mais il ne fut retiré du brasier que pour languir dans une prison, et pour être pendu trois ans après sous le vain prétexte d'une conjuration.

Son vainqueur ne fut pas plus heureux que lui. Traversé par la jalousie de Vélasquez, calomnié à la cour de Madrid, il vit ses riches présents méprisés, sa gloire méconnue. Sans la protection du cardinal Adrien, il aurait eu de la peine à obtenir le titre de vice-roi de l'empire qu'il avait donné à son maître. Dans cet empire, il eut perpétuellement à lutter contre les séditions de ses lieutenants et les révoltes des Mexicains. Cortez rebâtit la ville de Mexico, y attira les principales familles de l'empire, distribua des terres à ses compagnons, introduisit dans la colonie les animaux domestiques et les plantes de l'Europe, établit des manufactures, des fonderies. Mais l'histoire ne doit pas laisser ignorer qu'il fut ingrat lui-même envers la fidèle et tendre Marina, qui lui avait plusieurs fois sauvé la vie, et qu'il poussa jusqu'à la brutalité, à la férocité même, les moyens de conversion qu'il employait à l'égard des vaincus. Les travaux de la paix ne le détournaient point des fatigues de la guerre; et tandis qu'un de ses lieutenants allait soumettre la riche contrée de Guatemala, il poussa lui-même jusqu'à l'océan Pacifique et la presqu'île de Californie; mais il n'eut que le temps de la reconnaître. Les divisions de ses lieutenants, les soulèvements des Indiens, les exactions de ses officiers, le pillage même de ses propres trésors, le supplice de son trésorier particulier, le forcèrent de rentrer à Mexico pour mettre un terme à ces désordres. Ses amis lui conseillèrent de se venger de tant d'injustices en proclamant son indépendance. Il repoussa ces conseils, et partit pour l'Espagne en 1528, dans l'intention de s'expliquer avec le plus ingrat des souverains. Charles-Quint parut reconnaître son erreur ; il le combla d'éloges, le décora de l'ordre de Saint-Jacques ; mais, sous prétexte de diviser l'autorité, il lui imposa un vice-roi civil, en lui conservant le commandement des troupes et la faculté d'étendre ses conquêtes. Revenu à Mexico, il en repartit bientôt pour explorer les rivages de la mer Vermeille, et pour assurer la domination de son maître sur la Californie. De nouvelles dissensions, de nouvelles injustices le rappelèrent. Fatigué enfin de tant d'ingratitude, il reprit en 1540 la route d'Espagne, suivit Charles-Quint dans son expédition d'Alger, et y combattit comme volontaire. Ses nouveaux services ne furent pas mieux payés; on lui refusa même le remboursement des 300,000 piastres qu'il avait dépensées dans son voyage de Californie. Plus tard, il ne put pas même obtenir une audience de son maître. Sa fierté s'en indigna ; il attendit la voiture de Charles-Quint, et s'élança sur le marche-pied. « Qui êtes-vous? lui demanda le despote. — Je suis, répondit Cortez, un homme qui vous a gagné plus de provinces que votre père ne vous a laissé de villes. » Cette triste et dernière vengeance d'un héros justement indigné ne changea point sa situation. Il quitta la cour et la capitale, regrettant sans doute de n'avoir pas suivi les conseils de ses amis, et se retira dans une solitude près de Séville, où il mourut, le 2 décembre 1554, à l'âge de soixante-trois ans.

Les historiens ont défiguré sa conquête par toutes les absurdités que peut enfanter l'esprit superstitieux d'un peuple bigot. Pour savoir la vérité, il faut s'en tenir à la propre correspondance de Cortez, qui se compose de quatre lettres, dont trois ont été traduites par M. de Flavigny, en 1778. Ce fut un esprit fécond en ressources, un aventurier intrépide. Sa barbarie fut le crime de son siècle, ses qualités n'appartiennent qu'à lui. Les bonnes gens prétendent que ses dégoûts furent un châtiment céleste. Trop de tyrans ont été épargnés par la Providence pour lui faire honneur de ceux que le hasard châtie. Elle pouvait mieux choisir ; Cortez était digne d'un meilleur sort, et, à tout prendre, il valait mieux que Charles-Quint.

S'il faut en croire son testament, il éprouva des remords cuisants avant de mourir. Il se demande s'il a bien fait de dépouiller les Mexicains et en faire des esclaves. Il ordonne à ses fils de découvrir ceux qu'il aurait traités ainsi, et de les dédommager sur son majorat. Il veut aussi que ses enfants restituent les portions de ce majorat qui appartiendraient à des familles mexicaines. On ignore si ses héritiers accomplirent sa volonté dernière, mais on sait que le seul monument élevé à la mémoire de ce héros est un cénotaphe que lui consacra longtemps après le duc de Monteleone, dans la chapelle d'un hôpital mexicain.

VIENNET, de l'Académie française.

CORTICALES (Couches). *Voyez* COUCHE.

CORTICIFÈRES (du latin *cortex*, *corticis*, écorce, et *fero*, je porte). Nom donné par Lamouroux à une section de la classe des polypiersflexibles ou non entièrement pierreux, formés d'un axe souvent corné ou calcaire, et recouverts d'une croûte contractile et vivante : ce sont, d'après cet habile zoophytologiste, les *spongides*, les *gorgonides*, les *isidées*. C'est aussi le nom donné par Latreille à une tribu de la famille des alvéolaires; par Schweiger à une famille de zoophytes cératophytes; par Eichwald à une famille de la classe des phytozoaires. Mais nous devons surtout rappeler que M. Lesueur a établi sous le nom de *corticifères* un genre de polypiers dont les grandiaires coriaces, dont les parois, encroûtées de matière sablonneuse, se collent les unes aux autres et s'étendent en larges expansions à la surface des corps sous-marins; on rencontre les corticifères aux Antilles et sur les côtes de l'Amérique septentrionale. E. LE GUILLOU.

CORTONA, ville bâtie sur le versant d'une montagne qui domine la riche et fertile vallée de Chiana, dans le *compartimento* d'Arezzo (grand-duché de Toscane), est le *Co-rytum* des anciens, la plus importante des douze villes d'Étrurie, et dont la fondation se perdait dans la nuit des temps. Plus tard elle s'allia avec les Romains ; mais alors sa décadence fut telle, qu'il fallut y envoyer une colonie romaine à l'effet de la repeupler. Dévastée par les barbares, Cortona au onzième siècle parvint encore à un haut degré de prospérité. Gouvernée pendant un siècle par la famille Casali, elle fut cédée par son dernier rejeton au roi de Naples, Ladislas, qui en 1411 l'abandonna aux Florentins, au pouvoir desquels elle demeura depuis lors. La ville actuelle, qui n'est plus que l'ombre de ce qu'elle était jadis, compte 4,500 habitants, dont l'agriculture est la principale ressource. Ses formidables murailles cyclopéennes sont les mieux conservées de toute l'Italie; et parmi les monuments d'architecture antique qu'elle renferme, on distingue surtout les ruines d'un temple de Bacchus. Cette ville possède d'ailleurs beaucoup de richesses artistiques. Dans le muséum de l'*Accademia Etrusca*, qui y fut fondée en 1726, on voit une foule de vases, de sarcophages étrusques, etc. Entre cette ville et le lac de Perugia (le *Lacus Trasimenus* des anciens), s'étendent les fondrières dans lesquelles, l'an 217 avant J.-C., Annibal battit le consul Flaminius, dont on montre encore aujourd'hui à Cortona le prétendu tombeau.

CORTONA (PIETRO BERETTINI, *dit* DA) ou *Pierre* DE CORTONE, du lieu de sa naissance, peintre et architecte, naquit le 1er novembre 1596. A l'âge de quinze ans il quitta Florence, et son premier maître, Andrea Commodi, pour se rendre à Rome, où il fut reçu dans l'atelier de Baccio Ciarpi. Les ouvrages de Raphaël, de Michel-Ange, les antiques, surtout les bas-reliefs de la colonne trajane devinrent pour lui l'objet d'une étude assidue. Lecardin al Sacchetti se fit son protecteur ; il l'employa et le présenta à Urbain VIII, qui lui donna quelques travaux. Cortone fut ensuite chargé d'exécuter au palais Barberini une grande peinture murale, qui passe pour son chef-d'œuvre. Il voyagea en Lombardie, visita Venise, revint à Florence, où il peignit au palais Pitti ; puis retourna à Rome, où il exécuta un grand nombre de fresques et de tableaux de chevalet.

Cortone fut parmi les artistes Italiens celui qui, après la réforme opérée dans l'art par les Carrache, et à laquelle il n'avait pas laissé que de contribuer aussi, amena, malgré un talent d'un incontestable éclat, une nouvelle et plus profonde décadence de la peinture en Italie. Ses débuts promettaient peu ; mais il ne tarda pas à acquérir une grande supériorité. Il excellait surtout à couvrir une vaste surface d'une quantité extraordinaire de figures, à éblouir l'œil par un agréable coloris et à satisfaire par une énorme rapidité d'exécution aux exigences les plus pressantes. Malgré toute son activité, il manquait, à bien dire, de cette force d'imagination qui crée, de cette pénétration qui identifie l'artiste avec son sujet, et de cette noblesse de style qui seule fait les grands maîtres. Ses ouvrages sont plus ou moins pauvres d'idées, avec de la trivialité dans les détails. Ils peuvent éblouir au premier abord, mais l'illusion s'évanouit bien vite quand on les étudie de plus près. Son dessin, presque toujours incorrect, est souvent fatigué par la recherche qu'il y apportait. En général, ses figures sont lourdes et sans beaucoup d'expression ; ses draperies manquent de naturel et de goût; son coloris a plus de force que de beauté ; il a peu varié l'expression de ses traits. Mais la grâce, l'enjouement des groupes, des effets de lumière et d'ombre bien sentis, des passages remarquables, peuvent jusqu'à un certain point racheter les défauts que la critique signale dans une longue série de productions. Le musée du Louvre possède sept de ses productions : *L'Alliance de Jacob et de Laban*, *La Nativité de la Vierge*, *Sainte Martine*, deux autres *Sainte Martine adorant la Vierge et l'enfant Jésus*, *Romulus et Rémus recueillis par Faustulus*, et la *Rencontre d'Énée et de Didon à la chasse*.

Pietro da Cortona a, comme architecte des titres non

moins bien constatés à l'estime des amis des arts : l'église de Sainte-Marie *in Via lata*, celle de Sainte-Martine, où se trouve le tombeau de l'artiste, et plusieurs autres édifices, tels que palais et chapelles, ont été élevés d'après ses plans. Le portique de l'église de la Paix mérite d'être cité. C'est le 16 mai 1669, à l'âge de soixante-treize ans, que Pietro da Cortona mourut, à Rome. Parmi ses élèves, qui popularisèrent ce qu'il y avait d'éminemment superficiel dans sa manière, on remarque Cero Ferri, Romanelli, Lazzo Baldi, Giacomo Germiniani da Pistoia, Pietro Testa et Guillaume Courtois. Plus de cent planches ont été gravées d'après Pietro de Cortone.

CORTOT (JEAN-PIERRE), sculpteur, était né à Paris, en 1787, de parents pauvres. L'instinct de l'imitation se manifesta chez lui dès ses premières années ; il copiait tout ce qu'il voyait, dessinait tout ce qui lui tombait sous la main ; et ce goût si précoce s'annonçait avec tant de puissance, qu'après avoir étonné ses parents il subjugua les sculpteurs Bridan, qui le prirent dans leur atelier. Ses progrès furent rapides, et en 1806 il remporta le 2ᵉ grand prix avec sa statue en ronde-bosse de Philoctète blessé ; et un peu plus tard (en 1809), le 1ᵉʳ grand prix avec celle de Marius à Carthage. Cortot, pensionnaire de l'Académie de France à Rome à l'âge de vingt-deux ans, savant dans son art, grâce à ses sérieuses études, n'attendait plus que l'occasion de montrer son talent. Mis en évidence par ses succès d'école, les dix-huit premières années de sa vie d'artiste furent traversées par quatre règnes et deux révolutions ; c'est assez dire combien de bustes, de statues en pied, équestres, taillia son ciseau. On lui confia successivement un Napoléon et un Louis XVIII en pied, deux bustes de Louis XVIII et Charles X pour l'hôtel de ville, de Louis XIII de la place Royale (d'après Dupaty) et une foule de modèles (qui n'arrivèrent point à destination) pour la chapelle expiatoire du duc de Berry à la place Louvois. Il avait été chargé de faire une statue de Louis XVI accompagnée de quatre statues colossales, la Justice, la Piété, la Bienfaisance et la Modération pour l'ornementation de la place de la Concorde ; mais la révolution de 1830 ne lui laissa pas achever ce travail. On lui doit la statue de Marie-Antoinette soutenue par la Religion, à la chapelle expiatoire de la rue d'Anjou Saint-Honoré ; et le bas-relief du monument de Malesherbes (la séparation du roi d'avec son courageux défenseur). Revenu d'Italie au moment où le comte de Chabrol songeait à restaurer les églises de la capitale, on lui demanda un *Ecce Homo* et une sainte Catherine pour Saint-Gervais, etc. On remarque parmi ses statues monumentales le C. Périer au Père-Lachaise, le Montebello de Lectoure , le Corneille de Rouen, etc.; et parmi celles qui furent inspirées par la fantaisie, Narcisse et Pandore aux musées d'Angers et de Lyon, Daphnis et Chloé à la galerie du Luxembourg, le soldat de Marathon dans le jardin des Tuileries. Il faut encore citer le beau groupe de la Piété, qui surmonte le maître-autel de Notre-Dame de Lorette, l'imposante statue de l'Immortalité qui devait couronner le Panthéon, et dont le canon de juin 1848 enleva la tête ; l'*Apothéose de Napoléon* à l'arc de triomphe de l'Étoile ; et le fronton du palais de la Chambre des Députés.

Cortot mourut à Paris, d'une hydropisie, le 13 août 1843. Il avait été appelé à l'Académie des Beaux-Arts en 1825. Décoré de la Légion d'Honneur en 1824, il avait été élevé au grade d'officier de cet ordre en 1842.

CORVÉE, travail gratuit que les paysans d'une seigneurie devaient au seigneur pour l'exploitation de ses propriétés rurales. Ces derniers mots doivent être remarqués. La corvée n'existait que pour le service des champs, et non pour celui de la personne. Ainsi, le seigneur qui pouvait faire labourer son guéret ou faucher son pré par le *manant* de son enclave n'aurait pu le forcer à lui rendre le moindre office dans son château. Il lui était loisible d'en user comme d'un métayer, non comme d'un laquais. Dans nos idées d'aujourd'hui, nous croirions volontiers que c'était un égard ; au rebours, c'était un dédain. Sous le régime féodal, le service personnel était noble, ou, dans les fonctions trop inférieures, il était libre au moins. C'est de là qu'est venu notre mot actuel *livrée*, qui désigne l'ensemble des domestiques d'une grande maison. Le manant, qui était serf, n'y pouvait donc prétendre. Cette distinction est dans la nature des choses ; car, dans une hiérarchie despotique, c'est à l'un de s'approcher du maître. Aussi, on la retrouve partout où le servage existe. En Russie, par exemple, l'une des récompenses les plus flatteuses qu'un noble puisse accorder à l'un de ses paysans, c'est de l'appeler à la domesticité de la ville, et l'un des châtiments les plus sensibles, c'est de le renvoyer au travail des champs.

La corvée est peut-être le souvenir le plus odieux qu'ait laissé l'ordre de choses aboli par la révolution de 1789. Quand on veut peindre en abrégé la misère des sujets d'une baronnie, on dit proverbialement : *taillable et corvéable à merci et miséricorde*. Il est pourtant vrai que la corvée n'était une oppression que par abus, et qu'en soi c'est tout simplement la moins onéreuse des redevances, savoir la prestation en nature. Aussi existe-t-elle encore au profit des communes rurales sur leurs habitants. Ce n'était donc pas la nature du droit, c'était son extension et surtout son origine qui le rendaient vexatoire. Qu'un seigneur, ordinairement propriétaire de terres étendues, qu'il ne pouvait ou ne voulait mettre lui-même en valeur, en cédât des portions à des paysans à la charge de lui faire une certaine quantité de labours ou de charrois, il n'y avait là ni extension ni tyrannie ; et beaucoup de fermiers s'estimeraient aujourd'hui trop heureux de ne pas payer d'autre prix de bail. Le mal était que ce genre de corvées, nommé *réel* parce qu'il était la condition de la cession d'une *chose*, d'un fonds, était le plus rare, et qu'à côté de lui en existait un autre, nommé corvée *personnelle*, qui était le prix prétendu d'un affranchissement. Les jurisconsultes, d'après une erreur historique que les annalistes de nos jours ont enfin pleinement démontrée, admettaient l'asservissement général de la population gallo-romaine à la population franque, à la suite de l'invasion. Dans cette hypothèse, rendre à un homme de la race vaincue le droit de liberté et de propriété, la faculté d'acquérir et de travailler pour son propre compte, c'était un inestimable bienfait, grevé d'une bien juste charge dans l'imposition de la corvée : et voilà comme on justifiait cet impôt, comme on prétendait même qu'il y laissait de grands devoirs de reconnaissance à l'infortuné qu'il accablait souvent. Tel est l'empire des préjugés de caste sur les meilleurs esprits, qu'un homme d'un haut savoir et d'un jugement partout ailleurs fort sain, le président Boubier, au milieu même du dix-huitième siècle, parlait encore en ce sens de la corvée, et écrivait de très-bonne foi, « qu'on ne saurait sans injustice lui donner les noms odieux d'usurpation et d'extorsion....; que c'était à l'égard des affranchis le prix de leur liberté, et conséquemment d'une faveur dont l'avantage est inestimable, *et dont ils ne doivent jamais perdre le souvenir !* »

On pense bien que l'abolition de la corvée fut une des premières mesures qui signalèrent l'apparition du nouvel ordre de choses. Toutefois, l'Assemblée constituante respecta la corvée *réelle*, en imposant seulement au ci-devant seigneur l'obligation d'en prouver la réalité, c'est-à-dire d'établir qu'elle avait été créée comme condition de la cession d'un fonds. Mais la Convention frappa d'une proscription absolue toutes les redevances qui portaient ce nom.

JAMET.

CORVETTE, bâtiment de guerre à trois mâts, qui tient le milieu entre la frégate et le brick. Une corvette porte de 20 à 26 caronades. Elle n'a pas de batterie sur le pont. C'était avant la première révolution une petite frégate. Il

y a aujourd'hui des *corvettes-bricks*, qui sont de grands bricks et des *corvettes* proprement dites, qui ont trois mâts sans compter le beaupré et se rapprochent plus des frégates. Il arrive cependant quelquefois que le mât de l'arrière, le mât d'artimon, n'est qu'un mâtereau portant une simple brigantine. Il est difficile de rien voir de plus gracieux qu'une *corvette* sous voiles. Vers 1830 on a introduit, dans la marine française une nouvelle dénomination, celle de *corvette de charge*, que l'on donne à des bâtiments de transport plus fins que les *flûtes* et les *gabares*. Ces derniers noms suffisaient pourtant à notre avis, et celui de *corvette de charge* n'a été qu'une superfétation malheureuse. La véritable *corvette* est construite de manière à avoir une marche rapide et à servir souvent même d'*aviso*. Ce sont en général de ces bâtiments qu'on emploie en France dans les voyages de circumnavigation : *L'Uranie*, *La Coquille*, *L'Astrolabe*, *La Favorite*, etc., qui ont promené le pavillon français sur tous les points du globe, étaient des *corvettes*. Les *corvettes de guerre* portent presque toutes un nom de nymphe ou de naïade. Une ordonnance du 1ᵉʳ mars 1831 avait institué dans la marine royale un nouveau grade, assimilé à celui de chef de bataillon de l'armée de terre, et auquel avait été donné le nom de *capitaine de corvette*. Il a été remplacé, d'après un arrêté du 3 mai 1848, par celui de *capitaine de frégate*.
MERLIN.

CORVETTO (LOUIS-EMMANUEL, comte), naquit à Gênes, le 11 juillet 1758, de parents honorables, mais sans fortune. Après avoir fait d'excellentes études, il parvint à occuper une place honorable au barreau de Gênes. Partisan sage et modéré de la Révolution, il favorisa l'entrée de l'armée française en Italie, et il fut, en 1797, président du directoire qui remplaça à Gênes le gouvernement du doge. Nommé, en 1799, juge au tribunal de cassation, il préféra à cette place lucrative celle d'avocat des pauvres. Nommé membre du sénat de Gênes à la suite de la journée de Marengo, il renonça, en 1802, à ses fonctions pour accepter la direction de la banque Saint-Georges, qui, malgré ses efforts, ne put recouvrer son antique splendeur.

La république ligurienne ayant été réunie à la France en 1805, Corvetto fut nommé conseiller d'État. Il concourut alors à la rédaction du Code de Commerce et du Code Pénal, et porta souvent la parole devant le Corps législatif, pour y présenter et appuyer des projets de loi. Comte de l'empire en 1809, il fut chargé par Napoléon de l'inspection générale des prisons d'État, encombrées de détenus dont il fit rendre un grand nombre à la liberté. Après l'abdication de Fontainebleau, il voulait retourner à Gênes; mais il fut maintenu par Louis XVIII sur la liste des conseillers d'État. Dans les cent-jours, il refusa de siéger au conseil d'État, et à la seconde rentrée du roi il reprit ses fonctions.

Le 28 septembre 1815, après la retraite du baron Louis, il eut le portefeuille des finances, par l'influence de Talleyrand. Pour acquitter les engagements contractés envers les étrangers et combler les vides du trésor, Corvetto fut autorisé par les chambres à contracter deux emprunts, l'un de 600 millions, en 1816, l'autre de 800 millions, en 1817. Le premier ne produisit que 306 millions, mais le second fut moins onéreux. Cette double opération excita cependant les plaintes de l'opposition, qui accusait Corvetto d'avoir fait servir une partie de ces fonds à augmenter l'influence ministérielle dans les deux chambres; mais elle ne laissa planer aucun soupçon sur son désintéressement et sa loyauté. Forcé, à la fin de 1818, par le mauvais état de sa santé, de se démettre, il refusa la pairie; mais il accepta le grand-cordon de la Légion d'Honneur, les titres de ministre d'État et de membre du conseil privé, avec une pension de 20,000 fr. et la jouissance du pavillon de La Muette, à Passy.

Au mois de juin 1820 Corvetto partit pour les bains d'Acqui, d'où il se rendit à Gênes, et il y mourut, le 23 mai 1822.

CORVEY (*Corbeia nova*), abbaye princière de bénédictins, sur le Weser, près de Hœxter, la plus ancienne et la plus célèbre qu'il y eût en Saxe, était une colonie fondée par le monastère du même nom (*voyez* CORBIE) situé dans la Franconie occidentale, devenue plus tard la Picardie. Établie d'abord aux environs de Paderborn, on la transféra, en l'an 822, à cause de l'infertilité de cette contrée, dans son emplacement actuel. L'empereur Louis le Pieux lui accorda des privilèges importants et des terres considérables. Elle relevait du pape, et les constructions qui s'élevèrent tout à l'entour ne tardèrent point à prendre l'apparence d'une ville. Au commencement du dixième siècle elle eut cependant beaucoup à souffrir des invasions des Hongrois. Suivant une tradition, l'empereur Lothaire aurait fait don à ce monastère, en l'an 844, de l'île de Rugen, dans la Baltique. Tout au moins l'abbaye éleva-t-elle toujours depuis lors des prétentions à la propriété de cet important domaine, que le pape Adrien IV lui aurait confirmée en 1154. L'abbé de Corvey était prince de l'Empire, et siégeait le dernier parmi les princes ecclésiastiques. Corvey, comme F u l d a, fut pendant longtemps le foyer de la civilisation et des sciences en Allemagne. C'est de ce monastère que partit en 826 saint A n s g a r, l'apôtre du Nord, quand il alla porter la lumière de l'Évangile dans ces contrées, et ce fut lui, dit-on, qui y fonda une école dont la renommée et l'éclat furent extrêmes aux neuvième et dixième siècles.

L'abbaye de Corvey possédait un territoire d'environ 275 kilomètres carrés, avec 10,000 habitants quand, en 1794, le pape Pie VI l'érigea en évêché. En 1803 un recez de la diète de l'Empire attribua la souveraineté de ce petit pays au duc de Nassau. En 1807 il fut incorporé au royaume de Westphalie et en 1815 à la Prusse. En 1822 les possessions territoriales de l'ancienne abbaye de Corvey furent érigées par le roi de Prusse en principauté médiate en faveur du landgrave Victor-Amédée de Hesse-Rheinfels-Rotenburg, qui à sa mort la légua aux princes Victor et Louis de Hohenlohe-Waldenburg-Schillingsfurst. L'église de l'abbaye, de style gothique et magnifiquement décorée à l'intérieur, contient les tombeaux d'un grand nombre de princes, dont les possessions étaient plus ou moins rapprochées. La bibliothèque, où furent retrouvés jadis les cinq premiers livres des *Annales* de Tacite, manuscrit qui passa ensuite à la bibliothèque de Florence, et les archives de l'abbaye, qui contenaient les plus précieux documents sur les temps primitifs de l'histoire d'Allemagne, sont dispersées depuis longtemps.

Il y a une trentaine d'années, Wedekind publia, dans le tome 1ᵉʳ de ses *Notices sur quelques écrivains allemands du moyen âge* (Brunswick, 1823), une Chronique de Corvey (*Chronicon Corbejense*) comprenant l'époque de 768 à 1187 environ, et qui, par le jour tout nouveau qu'elle projetait sur l'histoire de la civilisation au moyen âge, excita une sensation des plus vives dans le monde savant. Mais il y a malheureusement lieu de croire que ce n'est là encore qu'une de ces supercheries littéraires que des savants s'amusent quelquefois à jeter en pâture à la curiosité publique, et dont des savants de profession eux-mêmes se trouvent dupes. Le célèbre Ranke fut le premier qui en démontra la fausseté.
CORVIN (MATTHIAS). *Voyez* MATTHIAS CORVIN.

CORVISART (JEAN-NICOLAS), naquit à Vouziers, en Champagne, le 15 février 1755. Le père de Corvisart, procureur à parlement de Paris, se vit obligé de partager l'exil des magistrats lors de leurs folles querelles avec le clergé, et c'est pendant cette espèce de bannissement que le jeune Nicolas vit le jour. Riche comme un procureur, mais amateur trop passionné de tableaux pour amasser des trésors durables, le père de Corvisart plaça économiquement son fils chez un prêtre, son oncle maternel, desservant la cure d'un petit village voisin de Boulogne-sur-Mer. Tel fut le premier maître du médecin de l'empereur, maître dont les leçons d'orthodoxie durent jeter dans son esprit des racines bien peu profondes, à en juger par quelques actions de sa vie. A douze ans Corvisart fut admis dans le collége de Sainte-Barbe, et ce fut dans cette maison célèbre qu'il acheva ses humanités avec une médiocrité si remarquable qu'il mérita, au lieu de couronnes, l'amitié vive de ses camarades. Sorti de son collége à peu près comme il y était entré, le jeune Corvisart aurait bien désiré retourner chez son oncle le curé, n'eût-ce été que pour cultiver son petit jardin ; mais son père, qui voyait avec joie qu'aucun éclair d'imagination ne venait gâter le bon sens du jeune homme, résolut d'en faire un procureur. Corvisart, non sans dépit, obéit d'abord aux exigences paternelles ; mais un jour qu'il venait d'assister à la dérobée à une leçon publique de Desault, il quitta furtivement l'étude de son père pour aller s'enfermer à l'Hôtel-Dieu, où il se tint studieusement caché durant plusieurs mois.

Quoique impatient et incrédule, Corvisart était né médecin. Il avait ce coup d'œil sûr qui saisit l'ensemble des choses encore mieux que chaque détail ; il avait aussi le tact et l'ouïe d'une extrême finesse, des sens parfaits en un mot, et de plus une grande dextérité : aptitudes diverses dont l'alliance est fort rare, et qui le firent hésiter longtemps entre la médecine et la chirurgie. Toutefois, cette indécision quant à une vocation précise, loin de lui conseiller l'oisiveté, doubla sa ferveur pour l'étude : suivant tour à tour Desbois de Rochefort et Desault, les deux fondateurs d'une clinique en France, bientôt il devint l'ami et quasi l'émule de ses deux maîtres, à chacun desquels il aurait également pu succéder sans blesser ses goûts ni la justice. Cependant, préférant la rivalité de deux hommes modestes comme Hallé et Pinel, à la joûte, sans doute plus dangereuse, de Dubois, de Pelletan et de Boyer, et d'ailleurs Desbois de Rochefort étant mort, Corvisart succéda à ce prudent praticien comme professeur de clinique à l'hôpital de la Charité. Une fois chef d'emploi, et cet emploi souriant à ses goûts, Corvisart en accomplit dignement les devoirs, dont il ne craignit point de reculer les bornes. Au lieu des simples causeries familières à son prédécesseur, au lieu de ces confidences paternelles d'un maître entouré de quelques disciples de choix, Corvisart imita les majestueuses cliniques de Vienne, marcha sur les traces de Stoll, qu'il traduisait afin de le mieux connaître, divisa son hôpital, disciples et malades, comme une armée, prit le ton de commandement d'un général escorté d'un nombreux état-major, faisant régner avec sévérité dans ses salles la discipline des camps, et exerçant chaque matin des groupes d'élèves à la besogne de l'observation, aussi précisément que s'il se fût agi de manœuvres militaires au Champ de Mars.

Cette façon d'agir dans un temps de guerre et de révolution enthousiasma la foule, et l'on vit bientôt Corvisart unir à ce premier succès de toute espèce : il professa au Collége de France la médecine théorique, sans avoir pris le soin de créer lui-même aucune théorie. Stoll le suivait ou plutôt le précédait partout ; car Stoll était son guide à sa clinique, son autorité favorite dans ses jugements et ses pronostics ; il le traduisait dans ses livres, il le commentait dans ses cours. Mais le grand sujet de gloire pour Corvisart, c'est d'avoir reçu les confidences des hommes de génie que la Révolution faisait éclore, et principalement d'avoir obtenu la confiance du plus grand de tous. Napoléon cependant ne connut pas d'abord directement Corvisart ; ce ne fut point non plus l'estime publique qui lui dicta le choix qu'il fixa sur lui. Corvisart ayant connu Barras par Lecouteulx de Canteleu, l'un de ses premiers clients, ce fut Joséphine qui le présenta à Bonaparte, après l'avoir connu chez Barras. « Selon vous, docteur, lui demanda Joséphine, à quelle maladie le général est-il exposé ? — Aux maladies du cœur, répondit le médecin. — Ah ! dit Bonaparte... et vous avez fait un livre là-dessus ? — Non, répondit Corvisart, mais j'en ferai un. — Faites, faites vite, répliqua le grand homme : nous en parlerons ensemble. » Cet ouvrage sur les maladies du cœur est effectivement celui que Corvisart composa avec le plus d'attention, celui qui a le mieux motivé sa célébrité, qu'au reste il aurait également acquise sans aucun ouvrage.

Nous sommes loin de prétendre que ce traité de Corvisart, évidemment calqué sur l'ouvrage de Sénac, et d'ailleurs rédigé par le docteur Horeau (qui devint plus tard sous-préfet de Pontoise), soit une composition de premier ordre ; nous dirons seulement qu'il fut jugé l'égal de la *Nosographie philosophique* du docteur Pinel lors du concours pour les prix décennaux, en 1810. Quoique Corvisart se bornât à la *percussion* de la poitrine et à l'étude de la physionomie et du pouls, comme moyens essentiels d'exploration clinique, son livre offre des preuves d'un diagnostic merveilleusement précis. Quand il aurait eu à sa disposition le *stéthoscope* de Laënnec et le *phygmomètre* du docteur Hérisson, il n'aurait pas montré plus de bonheur dans ses prévisions. Il lui est arrivé de dire à la vue d'un portrait : « Cet homme a dû mourir d'une maladie du cœur ; » et cette rare appréciation se trouvait exacte.

Habituellement triste et rêveur, grand lecteur de Voltaire et de Molière, railleur comme eux, et non moins sceptique, Corvisart ressentit plus d'une fois cette maladie affreuse qu'on nomme l'ennui, et il ne réussit pas toujours à la dissiper au milieu de cette foule d'artistes célèbres dont il composait habituellement sa société. Brusque, franc et spirituel, portant la vérité jusqu'au pied du trône, où il osait aussi porter des conseils toujours bien reçus, quoique peu suivis, Corvisart a souvent prononcé de ces mots piquants qui méritent quelque souvenir... A l'époque où Napoléon méditait et ajournait son divorce d'avec Joséphine, il aborda un jour Corvisart : « Docteur, lui dit-il, à soixante ans peut-on raisonnablement espérer de devenir père ? — *Quelquefois*, sire. — Mais à soixante-dix ans ? — Oh ! sire, à soixante-dix ans, *toujours*. »

Ami et admirateur de l'empereur, Corvisart éprouva une attaque d'apoplexie à la nouvelle des désastres de 1814. Il mourut à la campagne de La Garenne, à Courbevoie, le 18 septembre 1821. Il avait ordonné que son corps fût immédiatement transporté à sa terre d'Athis, près Corbeil.

Corvisart, ce roi des médecins de l'empire, ne vit personne lui dénier sa prépondérance, sans doute parce qu'il la dut à l'ascendant du caractère plutôt encore qu'aux vives lumières de l'esprit, et à une conduite habile plutôt qu'à un zèle patiemment studieux. Cependant, lui aussi connut les vicissitudes : devenu opulent, honoré de l'estime du maître, et vivant sans complaisance dans l'intimité d'une cour glorieuse ; possédant tout ce que légitime le mérite, et tout ce qu'espère l'ambition, titres, cordons, diplômes d'Institut, fortune et baronnie ; eux heureux sans inspirer d'envie, et témoin des succès de Bichat sans le ressentir, Corvisart avait commencé par les privations une existence qu'il acheva dans les regrets. A trente ans, quoique issu d'une famille aisée, les ressources pécuniaires de Corvisart n'excédaient pas 100 écus : « Et plus d'une fois, comme le dit Pariset, il avait été réduit à la dure nécessité de faire des emprunts. » A quarante ans il n'était encore ni connu hors de l'école, ni convenablement récompensé. Une femme insolente, Mme Necker, si charmante pour Thomas, emphatique comme elle, l'avait humilié par ses caprices : elle lui promettait une place d'hôpital, à la condition qu'il affublerait sa fraîche *titus* d'une perruque d'octogénaire. Mais la bonté de Joséphine vint enfin jeter son baume sur tant de souffrances. Elle lui donna même un pouvoir si grand que dix ans après Corvisart menaçait d'une destitution le pharmacien Bouillon-Lagrange, qui avait surpris un ordre ordonnant une potion à cette illustre Joséphine. C'est même après cette dure admonition, que Bouillon-Lagrange prit la soudaine détermination de se faire médecin.

Quoique bienfaisant et indulgent, Corvisart portait quelquefois sa brusque sincérité jusqu'à l'indiscrétion, jusqu'à l'imprudence. Corvisart savait que ce défaut était le sien, et il le blâmait dans lui comme dans les autres. Un jour que je lui donnai à lire (en 1819) un mémoire récemment publié, je ne sais au sujet de quelle observation, Corvisart me dit : « C'est trop vrai, cela ; si la personne venait à vous lire et à se reconnaître ! »... Et là-dessus il me raconta ce qui lui était arrivé avec Mlle Contat, l'actrice célèbre. « Cette dame, dit Corvisart, était affectée d'une maladie cancéreuse que je désespérais de guérir, et qui me la ramenait sans cesse. Convaincu de l'inutilité de mes soins, et très-ennuyé d'elle, je pris le parti un jour de l'adresser au baron Boyer. A cette intention, j'écrivis une lettre ainsi conçue : « Voici « un carcinome incurable. Ayez recours à votre adresse, ou « armez-vous de patience ; moi je la perds. » Eh bien, ajouta Corvisart, voici ce qui arriva : M^ll Contat ne fut pas si tôt hors de ma vue qu'elle s'empressa d'ouvrir ma lettre ; et l'on vint m'avertir qu'une femme venait de tomber évanouie dans la cour de mon hôtel. »

Nommé par Louis XVIII, dès la première fondation, membre de l'Académie de Médecine, c'est par le nom de Corvisart que cette Académie vit commencer la liste de ses décès. Il fut honoré des souvenirs de Napoléon, auquel il survécut quatre mois et demi, et son nom se trouve glorieusement mentionné dans le testament de Sainte-Hélène.

Dr Isidore BOURDON.

CORWIN (THOMAS), secrétaire d'État au département des finances et orateur distingué des États-Unis, né en 1789, de parents pauvres, dans le Kentucky, ne reçut aucune espèce d'instruction dans sa jeunesse, mais n'en devint pas moins plus tard, par ses propres efforts, un savant distingué. Il s'établit en premier lieu comme avocat dans l'Ohio, et fut élu par ses concitoyens d'abord membre de la législature de cet État, puis leur représentant au congrès, où il ne tarda point à devenir l'un des membres les plus influents du sénat. Thomas Corwin s'est toujours montré whig zélé, et aujourd'hui encore, après la division qui est survenue dans ce parti, il appartient à la fraction *ultra*, appelée celle des anciens fédéralistes. Comme orateur, les Américains le comparent à Sheridan, et, en raison de l'inépuisable fonds d'*humour* qui le distingue et s'allie parfois à la plus mordante satire, ils le mettent même bien au-dessus de l'illustre Anglais, auquel il est d'ailleurs incontestablement supérieur par son incomparable facilité d'improvisation. Aussi le regarde-t-on comme le plus puissant des improvisateurs actuels du congrès, tant il exerce une irrésistible influence sur son auditoire. C'est à cette précieuse faculté que Thomas Corwin est redevable de la grande popularité dont il jouit dans son parti. Il a siégé presque sans interruption au sénat pendant une longue suite d'années.

Cet homme, jadis si modéré, attaqua avec une vivacité incroyable l'administration du défunt président Polk, qu'il traita, en toutes lettres, de boucher et d'assassin, à l'occasion de sa déclaration de guerre contre le Mexique. A la mort du président Taylor, son successeur Fillmore appela l'actif et capable Corwin au poste de secrétaire d'État des finances. Il n'y a pas longtemps qu'il fut accusé d'avoir pris part à une fraude organisée sur la plus grande échelle aux dépens du trésor public. Les tripotages connus dans l'Union sous la dénomination de *Dr Gardiner's claim* n'auront pas coûté moins de 500,000 dollars au trésor américain ; et sur cette somme Thomas Corwin est accusé d'en avoir prélevé 80,000, tant pour se couvrir de ses honoraires d'avocat restés jusqu'alors impayés, que comme prix de ses complaisantes signatures.

CORYBANTES, prêtres de Cybèle et Phrygiens d'origine. L'étymologie de leur nom est grecque, et se modifie en plusieurs acceptions. Les uns la font venir de κόρυς, casque, et de βαίνω, je marche, ce qui voudrait dire marcher la tête armée d'un casque, espèce de tiare phrygienne, appelée κορυβάντιον. Leur chef en portait une d'une grande richesse, et était vêtu de pourpre. D'autres prétendent que le nom de ces prêtres venait de κόρη, prunelle, parce qu'ils avaient incessamment les yeux ouverts pour veiller sur Jupiter enfant. D'autres, d'après Callimaque, assurent qu'il venait de κρύπτω, je cache, à cause de l'attention qu'ils avaient eue de dérober à la voracité de son père ce dieu vagissant, dans les antres de l'Ida de Crète. On célébrait, en effet, à Gnosse, capitale de cette île, les *Corybantiques*, en l'honneur de la conservation du maître des dieux. Strabon dérive leur nom de κορύπτοντες βαίνειν, marcher en sautant. Enfin, selon le plus grand nombre, leur nom viendrait de celui de *Corybas*, fils de Cybèle et de Jasion, qui apporta en Phrygie le culte de sa mère (la Terre). Corybas en fut le pontife, secondé seulement de deux ministres, Pyrrhus et Idæus.

Dans le principe, les Corybantes étaient des hommes distingués par leur force physique, leur savoir et leur pureté. S'il faut en croire quelques auteurs anciens, ils perfectionnèrent l'agriculture, furent d'habiles métallurgistes, inventèrent l'airain, métal composé, et beaucoup d'armes défensives. On fait remonter leur institution à 297 ans avant la prise de Troie, époque où les mystères de la *Bonne Déesse*, qui n'étaient autres que ceux de l'*Isis* d'Égypte, furent établis à Pessinunte, dans l'Asie Mineure, après l'apparition prétendue de sa statue dans cette ville. On les célébrait à l'équinoxe du printemps. Ce fut aux conquêtes de Sésostris en Asie que cette contrée dut ce culte phrygio-égyptien. Des sommets de l'Ida, dont ils avaient exploité les mines, les Corybantes passèrent en Crète, et là, dans les gorges d'un autre mont Ida, ils furent commis à la garde de Jupiter enfant, d'où la contradiction chronologique, si familière aux poètes et aux mythologues. Bien mieux, par un anachronisme plus grand, ces premiers ministres du culte primitif, d'abord si respectables et si utiles aux hommes par leur science et leurs services, passent ailleurs pour être fils de Calliope et de ce même Jupiter, qu'ils ont caché encore enveloppé dans ses langes. Plusieurs même les ont fait enfants de Saturne, et quelques-uns enfants d'Apollon et de Thalie, à cause du talent de la persuasion dont leurs lèvres étaient douées. C'est pour de si rares qualités qu'ils ont été mis au rang des divinités subalternes ou des Génies. Ils avaient trouvé un puissant protecteur dans Midas.

Le collége de ces ministres de Rhéa s'étant insensiblement accru, la dissolution s'introduisit au milieu d'eux, et augmenta avec leur nombre. La mort cruelle d'Atys, fils et amant de Cybèle, qu'ils pleurèrent d'abord avec autant de simplicité que d'amertume au pied d'un pin sacré, arbre sous l'ombrage duquel expira ce jeune et beau prêtre, qui dépit d'ainsi se mutiler lui-même on se mutilant, devint bientôt l'objet des cérémonies les plus honteuses, les plus effrénées : ils se mutilaient en public en l'honneur de la grande déesse, et, leur offrande à la main, couraient çà et là sur les montagnes, à travers les villes, se déchiquetaient le corps avec de courtes épées, et poussant des hurlements de bêtes féroces. A ces horribles cris se mêlait un tintamarre de tambours, de flûtes, de cymbales, de crotales, de boucliers d'airain, et à la lueur de torches résineuses qu'ils brandissaient ils exécutaient des danses frénétiques, accompagnées de contorsions. Aussi Socrate, dans *Platon*, voulant peindre la fureur d'un esprit inspiré, dit-il qu'il *corybantise*. Ces scènes ensanglantées des corybantes n'étaient-elles point aussi une imitation des ministres de Baal ? Il est raconté en effet, dans le troisième livre des *Rois*, que les prêtres de ce Dieu « sautaient sur l'autel qu'ils avaient élevé, et criaient de plus en plus, et se faisaient des incisions avec des couteaux et des lancettes, jusqu'à ce qu'ils fussent couverts de sang. »

Depuis lors, ces frénésies humaines, ce fanatisme infâme, ces impostures religieuses, sont restés endémiques dans l'Asie ; les bonzes les y ont perpétués.

Au commencement du christianisme, les corybantes, avec le titre de prêtres de Cybèle, reparurent à Rome, où, sous le nom de *galles*, ils avaient longtemps exercé leur ministère. Ils étaient employés à la cérémonie du taurobole, nouveau genre d'expiation opposé au baptême des curétions. Vers 355, Julien l'Apostat rétablit dans toute sa vigueur le culte de Rhée, avec ses prêtres frénétiques. Déjà, auparavant, selon Hérodien, ils avaient trouvé un protecteur puissant dans Commode. Sur la fin, dans la Grèce et l'Asie Mineure, les corybantes n'étaient plus que des gueux et des mendiants, qui débitaient aux crédules et aux femmes des oracles en méchants vers, lorsque les trépieds et les sibylles n'avaient plus de voix. Ces fourbes, d'un ordre inférieur parmi les prêtres de la Bonne Déesse, s'appelaient *métagyrtes* ou *métragyrtes* : ils portaient au cou des cymbales et des tambours, dont ils assourdissaient les passants. Il est presque certain, d'après Strabon et Diodore de Sicile, que les corybantes avaient la suprématie sur les d a c t y l e s, les *galles* et les *curètes*, divisions subséquentes de leur ordre. DENNE-BARON.

CORYBANTIASME, maladie décrite par les anciens, et qui consistait en éblouissements, en tournoiements de tête, vertiges, tintements d'oreilles, apparitions de fantômes, insomnies, et quelquefois sommeil les yeux ouverts ; affection qui rappelait les veilles des c o r y b a n t e s près du berceau de Jupiter. Ces malades passaient pour avoir été frappés d'épouvante par les prêtres de Cybèle. DENNE-BARON.

CORYMBE, mode particulier d'inflorescence, dans lequel les fleurs ou les fruits sont portés sur des pédoncules qui s'élèvent tous à peu près à la même hauteur, quoique naissant de points différents de la tige. Cette dernière circonstance distingue le corymbe de l'*ombelle*, dont les pédicules partent tous d'un même point. On peut voir cette disposition des fleurs en corymbe dans le sorbier, la matricaire, la mille-feuille et plusieurs autres *corymbifères*. DÉMEZIL.

CORYMBIFÈRES, une des trois tribus que Vaillant avait établies dans la famille des c o m p o s é e s ; les deux autres étaient celles des *carduacées* et des *c h i c o r a c é e s*. Les corymbifères, qui correspondent aux radiées de Tournefort, sont disséminées aujourd'hui dans plusieurs sections des synanthérées.

CORYPHÉE (du grec κορυφή, sommet). C'était le chef du chœur dans les tragédies antiques, ou celui qui commençait un dialogue avec le héros au nom de sa troupe ; c'est encore dans nos opéras le chef d'un chœur. Sur la scène d'Athènes et de Rome, le coryphée entonnait le chant d'une voix forte, dominant toutes les autres, qui se succédaient en suivant sa mesure, sa prosodie et les mouvements de sa passion ; c'était avec le pied que le coryphée donnait le signal. Quelquefois le coryphée était appelé *c h o r a g e*. Vitruve nomme *choregium* un lieu où l'on renfermait les habits, les décorations, les instruments de musique, et où l'on disposait les exécutants.

Eschyle donne aussi le nom de *coryphée* à l'une des Furies, qui porte la parole pour les autres, dans l'accusation des Euménides contre Oreste.

Enfin, *coryphée* se dit communément de ceux qui dans un art, une secte, une profession, une académie, se distinguent des autres ; c'est le nom que l'on donne au meneur, au chef d'un complot, d'une conspiration. DENNE-BARON.

CORYPHÈNES, genre de poissons de la famille des scombéroïdes, vulgairement appelés *dauphins*, et dont le nom, tiré du grec, veut dire *sommet brillant*. On en compte dix-neuf espèces différentes, dont la plus commune est le *coryphæna hippurus*. En voici les caractères généraux : Corps comprimé, allongé, couvert de petites écailles, la tête tranchante à sa partie supérieure, une nageoire dorsale qui règne tout le long du dos et se compose de rayons presque également flexibles, quoique les antérieurs n'aient pas d'articulations. Il y a des rayons aux ouïes.

La plupart de ces poissons habitent les mers de l'Inde et les deux Océans, et on n'en rencontre qu'une seule espèce dans la Méditerranée, celle que nous venons de signaler. On les voit souvent suivre le sillage des navires, et se jeter avec une voracité extrême sur tous les objets que leur jettent les équipages, et leur gloutonnerie est telle qu'ils les avalent sans les mâcher : aussi, en ouvrant leur corps, n'est-il pas rare d'y trouver de gros clous et d'autres objets de non moins difficile digestion. Parmi les autres poissons, aucun ne peut être comparé aux coryphènes pour l'éclat des couleurs. Lorsqu'ils nagent à la surface de la mer et que le soleil vient à luire, leur corps brille de teintes d'or unies à celles des saphirs, des émeraudes et des topazes ; mais leur chair n'est pas estimée. Doués d'une force et d'une vigueur extraordinaires, ils nagent avec une aisance et une rapidité sans pareilles, et la grâce ainsi que la souplesse de leurs mouvements ajoutent encore à leur beauté. Ils poursuivent avec acharnement les petits poissons. Ils croissent rapidement, et on les pêche soit à la ligne, soit au filet. Une fois sortis de l'eau, les couleurs chatoyantes des coryphènes s'effacent, pour reparaître et disparaître par intervalles, jusqu'à ce que le principe de vitalité finisse par s'éteindre complétement en eux.

CORYTUM. *Voyez* CORYTONA.

CORYZA. Ce mot grec, signifiant *pesanteur de tête*, a été conservé pour désigner le c a t a r r h e nasal, vulgairement appelé *rhume de cerveau*. Cette affection, des plus communes, est une irritation inflammatoire de la membrane qui tapisse les fosses nasales : elle débute par la sécheresse des narines ; un démangeaison plus ou moins vive, qui provoque l'éternument ; la membrane rougit ensuite, et se gonfle au point d'intercepter le passage de l'air, effet qui, réuni à un sentiment de plénitude dans le nez, est appelé *enchifrènement*. Le sens de l'odorat est aboli. La membrane pituitaire ne tarde pas à devenir humide en fournissant une abondante sécrétion de mucus aqueux, âcre, corrodant quelquefois le pourtour du nez et s'épaississant par les progrès de la maladie. Des frissons et un état fébrile accompagnent souvent cette succession d'accidents. L'irritation se propage aux yeux, aux sinus maxillaires et frontaux, et descend communément dans les conduits qui servent au passage de l'air dans les poumons : aussi le coryza est-il l'avant-coureur habituel des rhumes de poitrine ou bronchites (*voyez* CATARRHE PULMONAIRE). Cette irritation, après une durée plus ou moins longue, se termine ordinairement par une cessation graduelle et spontanée des altérations que nous avons indiquées. Le passage de l'air à travers les narines redevient libre, et le sens de l'odorat se rétablit ; quelquefois l'irritation persiste avec opiniâtreté, surtout dans la vieillesse, ou récidive fréquemment.

Cette affection, si peu redoutable dans la majorité des cas, peut cependant acquérir de la gravité quand l'irritation de la membrane pituitaire pénètre jusqu'au cerveau, comme le prouve un exemple cité par le docteur Lallemand. La cause qui produit le plus communément cette maladie est l'impression de l'air froid, surtout quand il est humide, quand on l'éprouve sur la tête ou les pieds, et durant la nuit, comme aussi quand on sort d'un lieu chaud et sec. Des vapeurs irritantes, telles que celles du chlore, du soufre, etc., peuvent encore causer le coryza, et on le voit aussi se manifester au début de différentes maladies qui affectent l'ensemble des membranes muqueuses et de la peau. L'intervention d'un médecin est rarement nécessaire pour le traitement d'une maladie aussi légère : on doit se borner à se tenir chaudement, à boire quelques boissons théiformes, qui excitent la transpiration ; en cas de fièvre, on suivra l'impulsion de l'instinct, qui suggère l'abstinence des aliments ; on cherchera en même temps à dériver l'affection de la tête par des bains de pieds et des lavements. On a recours quelquefois dans cette affection à des fumigations chaudes et émollientes sur la face; mais on active souvent l'irritation par cette médication échauffante, qui appelle le sang vers la tête, et, au lieu d'abréger la durée du coryza, on peut la prolonger. La routine plus que la raison a établi l'usage de ces fumigations.   Dr CHARBONNIER.

COS, l'une des îles S p o r a d e s et l'une des plus remarquables de l'Archipel, est située sur les côtes de l'Asie Mineure, à l'entrée du golfe Céramique, au voisinage de la Doride. Elle conserve aujourd'hui son nom sous la forme de *Stan-Cou* ou *Stancho*. Cette île a 44 kilomètres de long sur 17 à 22 de large, et 123 de circonférence, avec une population de 10,000 âmes. Elle avait d'abord porté les noms de *Ménèpe*, de *Cæa*, de *Nymphæa*, de *Caris* et de *Méropis*, de Mérops, l'un de ses premiers rois, puis elle prit définitivement et garda jusqu'à nos jours celui de Cos, que lui légua, dit-on, la fille de ce prince, Côs ou Côos, qui signifie *toison* en grec. Ne serait-ce pas plutôt qu'elle l'emprunta de la laine de ses nombreux troupeaux, laine encore recherchée aujourd'hui? Monarchique d'abord, le gouvernement de cette île tomba aux mains du peuple, puis fut ressaisi par l'aristocratie; et elle finit par grossir le nombre des provinces romaines, sous Vespasien. Dans la suite des temps, elle échut aux chevaliers de Rhodes, auxquels les Turcs la prirent.

Cette île s'enorgueillissait de plusieurs genres de célébrité : illustrée par la naissance d'Hippocrate et d'Apelles, elle donna encore le jour à cette Pamphyla, femme dont l'immortelle industrie mit la première en œuvre le fil délié du ver à soie. La pourpre, ce précieux coquillage qui se pêchait dans les parages de Cos, ajoutait encore par sa teinture éclatante à la richesse de ces gazes de soie si fines, que les poètes les appelaient du *vent tissu*. Là Esculape et Vénus étaient particulièrement adorés; ils y avaient deux beaux temples. Une admirable statue de cette déesse, donnée dans la suite par les habitants de cette île à Auguste; une Vénus *anadyomène* ou sortant des eaux, ouvrage d'Apelles, y laissait l'admiration des étrangers curieux ou malades, qui se rendaient de tous côtés dans cette île hospitalière pour faire des offrandes au dieu de la santé, et y suspendre dans son temple des tableaux votifs. L'île tout entière était d'ailleurs consacrée à E s c u l a p e, et longtemps les Asclépiades y conservèrent le premier rang. Les descendants d'Esculape étaient gravés successivement sur des tables d'airain les noms des maladies, leurs symptômes, leur progrès, leur paroxisme, leurs cures, et la vertu des remèdes avec leur dose. Hippocrate inscrivait et classait dans un recueillement profond, vers l'an 400 avant l'ère chrétienne, cette célèbre clinique de l'antiquité; il en composa un livre, et ce livre fut ses *Aphorismes*.

Cos, qui dans les premiers siècles du christianisme sut conserver assez longtemps sa prépondérance pour devenir le siège d'un évêché, n'est plus aujourd'hui cette ville fameuse alors vantée par Diodore de Sicile; elle n'a plus ce port si beau, si grand et si sûr, qu'il nous a décrit : creusé dans une baie, celui d'à présent ne peut servir d'abri qu'à de petits bâtiments, à des caïques, et à des barques des pêcheurs. Si la fortune a ravi à cette île son ancienne magnificence, en revanche la nature lui a laissé la sienne : son sol, ondulé de petites collines, si ce n'est vers la partie orientale, ressemble à un immense jardin planté d'orangers, de figuiers, de cyprès, de citronniers, de térébinthes, et verdoyant d'un grand nombre de plantes médicinales, qui semblent attester l'antique présence du dieu de la santé dans ces lieux. Le tout est entremêlé de vignes qui fournissent un vin délicieux, et d'excellents pâturages, abondants en troupeaux. Cos fabrique en outre des étoffes de laine d'une belle teinture, et qui sont encore fort recherchées.   DEKNE-BARON.

COSAQUES. *Voyez* KOZAKS.

COSCINOMANCIE (de deux mots grecs, κόσκινον, crible, et μαντεία, divination), divination par le moyen d'un crible. Voici comment elle se pratiquait chez les anciens : on prenait un crible, on l'élevait sur la personne qui venait consulter, puis, après avoir dit quelques paroles, dont Quintus Fabius Pictor nous a laissé la formule, on le soutenait légèrement avec deux doigts seulement, de manière à ce que la moindre circonstance, le moindre mouvement, la moindre impression de l'air, pût suffire pour l'agiter; on prononçait en même temps le nom des personnes que l'on soupçonnait être les auteurs du maléfice que l'on voulait détourner, ou de l'action quelconque dont on avait intérêt à connaître les auteurs; et celui qui venait à être prononcé au moment où le crible était mis en mouvement était infailliblement le nom du coupable ou celui de la personne que l'on cherchait. On pratiquait aussi cette divination en suspendant un crible par un fil, ou en le posant sur une pointe de ciseau et en le faisant tourner ensuite pendant qu'on prononçait le nom des personnes suspectes.

Théocrite parle, dans sa troisième idylle, d'une femme qui était fort habile dans cette espèce de divination, et il paraît, par ce qu'il en dit, qu'on avait recours à ce moyen non-seulement pour découvrir les personnes, mais encore pour pénétrer les sentiments intérieurs de celles que l'on connaissait. C'est ce qu'on appelle en France *tourner le sas*, pratique qui est encore en usage parmi le peuple ignorant de nos campagnes pour découvrir les auteurs d'un vol ou recouvrer les choses perdues.   Th. DELBARE.

COSÉCANTE, terme particulier à la trigonométrie, introduit dans la science (de même que les expressions de *cosinus* et de *cotangente*) par le mathématicien anglais Edmond Gunter, mort en 1626. La cosécante d'un arc de cercle ou d'un angle est égale à la sécante du complément de cet arc ou de cet angle : par exemple, la cosécante de 40° égale la sécante de 50°.

COSEIGNEUR. C'était, dans le droit féodal, celui qui possédait avec un autre une même justice ou seigneurie directe. Ainsi ceux à qui appartenaient un droit de justice par indivis étaient *coseigneurs justiciers* du lieu sur lequel s'étendait ce droit de justice; ceux à qui appartenait un même fief étaient *coseigneurs féodaux*. Les coseigneurs étaient ordinairement tous égaux quant à la qualité du droit, mais non pas quant à la quantité : l'un pouvait avoir les deux tiers, un autre le tiers ou autres portions plus ou moins grandes. Chacun des coseigneurs était tenu aux mêmes devoirs envers le seigneur suzorain.

COSEL (ANNA-CONSTANTIA, comtesse DE), de toutes les maîtresses du fastueux et voluptueux Auguste II, roi de Pologne et électeur de Saxe, celle qui parut la première à ce titre à sa cour, qui resta le plus longtemps en faveur, qui exerça sur lui le plus de puissance, et qui l'entraîna dans les dépenses les plus considérables, naquit en 1680, à Deppenau, en Holstein, de *Joachim* DE BROCKDORF, colonel au service de Danemarck. Elle entra dans le monde comme dame d'honneur de la princesse Jeanne de Holstein-Plœn, mariée au prince héréditaire de Brunswick-Wolfenbüttel. Le ministre saxon de Hoym ayant eu occasion de la voir à cette petite cour, en devint éperdument amoureux, la demanda en mariage, l'obtint, et pour la mettre à l'abri des séductions du roi, l'établit bien mystérieusement dans l'une de ses terres. Mais Auguste, à qui Hoym lui-même, dans une partie de plaisir et la raison troublée par les fumées du vin, peignit sa femme avec les couleurs les plus attrayantes, le décida à l'amener à Dresde; et le résultat de cette condescendance aux désirs de son maître fut que quelque temps après Mme de Hoym *succédait* à la princesse de Teschen, se séparait judiciairement de son mari, et prenait le nom de *Madame de Cosel*. Plus tard, l'empereur Joseph lui accorda le rang et le titre de comtesse de l'Empire. Le roi lui fit construire à Dresde un hôtel magnifique, qu'une galerie couverte reliait à son propre palais, et qu'aujourd'hui encore on appelle du nom de la comtesse.

Elle se maintint plus de neuf années dans la faveur d'Auguste II, reçut de lui pendant ce temps-là, sans parler des menus présents, un million de thalers à titre de traitement. Mais son esprit de domination était sans bornes ; ses moindres caprices devaient être obéis comme autant d'ordres, et malheur à celui qui osait lui résister, car sa chute était certaine. C'est ainsi qu'elle fit tomber dans une complète disgrâce le chancelier comte de Beichling, favori du roi ; mais une trame qu'elle ourdit à l'effet de perdre le prince Egon de Furstemberg et le feld-maréchal comte de Flemming fut cause de sa propre ruine. Ayant voulu en 1716, pendant le séjour d'Auguste II à Varsovie, aller le surprendre dans cette capitale, par suite de soupçons jaloux à l'égard de la comtesse de Dœnhoff, nouvelle maîtresse du roi, elle fut arrêtée en route sur les frontières de Silésie, ramenée sous bonne escorte à Dresde, et bannie de cette capitale avant que le roi y rentrât. Elle se rendit d'abord à Pilnitz, puis à Berlin, et de là, peu satisfaite de l'accueil qu'on lui fit dans cette capitale, à Halle, où elle fut arrêtée par ordre d'Auguste II, qui finit par la faire renfermer (octobre 1716) dans la vieille forteresse de Stolpen. Il paraît que cet acte de rigueur lui provoqué par quelques propos empreints d'un âpre désir de vengeance tenus inconsidérément au sujet du roi, et que celui-ci, à qui des ennemis de la comtesse eurent soin de les rapporter, prit peut-être trop au sérieux. Pendant les premiers temps de sa captivité, elle lui écrivit d'innombrables lettres, que d'abord il laissa sans réponse, ensuite il ne daigna même plus ouvrir, et que plus tard il finit par jeter au feu au fur et à mesure qu'il les recevait. Étant venu, en 1727, à Stolpen, pour y assister à des expériences relatives à l'effet de la mitraille sur des rochers basaltiques, la comtesse de Cosel lui adressa la parole en français du haut de la fenêtre de son donjon ; mais le vindicatif monarque s'éloigna sans lui répondre un seul mot.

A la mort de ce prince (1733), on offrit à la captive de la laisser aller où bon lui semblerait ; mais elle était tellement habituée à sa prison, qu'elle refusa de la quitter. Jusqu'à la fin de ses jours elle continua de résider à Stolpen, où le gouvernement Saxon lui faisait un traitement convenable. Le roi Frédéric II, tant que pendant la guerre de sept ans, il se trouva maître de la Saxe, lui fit payer régulièrement la pension considérable qui lui était allouée, mais seulement en *éphraïmites*, monnaie de bas aloi qui représentait à peine le quart de sa valeur nominale. Soit en forme de passe-temps, soit manière d'exprimer son dédain, la comtesse fit couvrir les murailles de sa chambre de ces pièces de monnaie, qu'un clou enfoncé au centre y fixait solidement. Elle avait de si fréquents rapports avec des juifs, qu'on crut qu'elle avait fini par embrasser, dans sa vieillesse, la religion mosaïque ; mais le fait est peu probable. Elle mourut en 1761.

La comtesse de Cosel était une des femmes les plus belles et les plus spirituelles de son temps ; il paraît que le feu et l'éclat de ses yeux étaient sans pareils, et sa conversation enchanteresse. Elle connaissait à fond la littérature française, et dans sa captivité elle partageait son temps entre la culture d'un petit jardin et la lecture, les deux seules jouissances qu'on lui eût laissées. Elle avait l'habitude de couvrir de notes et de réflexions les marges des livres dont se composait sa bibliothèque : la fragilité des choses d'ici-bas, le néant des grandeurs, en sont le sujet ordinaire. Dans les premiers temps de sa disgrâce, sa haine pour le roi était sans bornes ; mais plus tard elle se transforma en une espèce d'amour enthousiaste, et quand elle apprit la mort de ce prince, elle fondit en larmes. Elle avait eu trois enfants d'Auguste II, deux filles et un fils, *Frédéric-Auguste*, comte DE COSEL, né en 1711, qui fut général d'infanterie,

et mourut en 1770, à Sabor, en Silésie. Il laissait deux fils, qui moururent sans être mariés, l'un en 1786, l'autre en 1789.

COSENZA, chef-lieu de la Calabre citérieure, province du royaume de Naples, qui était déjà un bourg important dans l'antiquité, est bâtie dans une belle et plantureuse vallée, au confluent du Crati et du Busento. Siége d'un archevêché, d'un tribunal supérieur criminel et civil, cette ville possède une cathédrale d'un style noble, un grand et beau château, bien situé, plusieurs autres églises et couvents, un collège royal et un hospice d'orphelins. On en évalue la population à 11,000 âmes, et elle fait surtout le commerce de la soie, du vin, de l'huile, du chanvre et du thon, de même que celui d'articles de poterie, et de quincaillerie qu'on fabrique dans ses murs. Aux environs de la ville on trouve la forêt de Sila, déjà célèbre dans l'antiquité par sa vaste étendue et par ses points de vue pittoresques, mais aujourd'hui en assez mauvais renom comme servant de refuge à bon nombre de condamnés contumax et de brigands.

COSINUS (de *co*, abréviation de *complément*, et *sinus*), partie du rayon comprise entre le sommet d'un angle et le pied de son sinus. Le cosinus d'un angle est égal au sinus de son complément. Le mathématicien anglais Edmond Gunter s'est servi le premier de ce mot.

COSMAS, surnommé *Indicopleustès*, c'est-à-dire *naviguant dans l'Inde*, était un marchand d'Alexandrie, qui vivait au sixième siècle, sous le règne de Justinien. Il parcourut l'Orient dans les intérêts de son commerce ; puis il renonça aux affaires et au monde, et embrassa la vie religieuse. On a de lui une *Topographie chrétienne*, écrite en langue grecque vers 536, où il donne des détails sur les plus lointaines régions, notamment sur l'Inde, et où il s'efforce, à l'encontre du système de Ptolémée, alors généralement adopté, de mettre complètement d'accord la description de la terre avec les idées de la Bible ; tâche dans l'accomplissement de laquelle il lui arriva nécessairement de commettre de fréquentes erreurs. Cet ouvrage, où il est pour la première fois fait mention du monument d'Adulé, a été publié par Montfaucon en 1707. On attribue également à Cosmas Indicopleustès une description des plantes et des animaux de l'Inde, publiée par Thévenot dans ses *Relations de divers Voyages curieux*.

COSME et DAMIEN (Saints), martyrs, étaient deux frères originaires de l'Arabie. Ils appartenaient à une famille chrétienne distinguée, et jouissaient d'une grande considération parmi les païens eux-mêmes à cause de la rare étendue de leurs connaissances scientifiques, et de leur noble désintéressement. A Égée, en Cilicie, où ils séjournèrent pendant longtemps comme médecins, ils guérissaient, suivant la légende, la simple imposition des mains et par le signe de la croix, les maladies les plus graves ; et au moyen des succès de ce genre qu'ils obtenaient journellement, ils opéraient parmi les païens de nombreuses conversions au christianisme. Aussi, lorsque commença la grande persécution ordonnée par Dioclétien, les deux frères furent-ils les premiers que Lysias, gouverneur de la Cilicie, fit emprisonner. Ni les sollicitations de ce fonctionnaire ni les tortures auxquelles il les soumit, n'ayant pu déterminer Cosme et Damien à abandonner la foi du Christ, Lysias les fit décapiter en l'an 303 de notre ère. Leurs ossements furent transférés le 8 mai 1649 de Brême à Munich, où on les déposa dans l'église Saint-Michel, qui possédait déjà leurs têtes depuis 1606. L'église célèbre la mémoire de ces martyrs le 27 septembre.

[Chaque profession avait autrefois son patron et sa confrérie. Celle de Saint-Cosme s'était d'abord fondée à Luzarches. Le 25 février 1235 elle s'établit dans l'église paroissiale de Saint-Cosme, à Paris. Pendant la captivité du roi en Angleterre, Charles, son fils aîné, régent de France, se fit recevoir dans la confrérie de Saint-Cosme et de Saint-Damien, *pour*, est-il dit dans une charte, *la très-vraie et parfaite dévotion et affection que nous avions et avons* encore ès mérite d'iceux martyrs. Les chirurgiens et les barbiers ne formaient d'abord qu'une confrérie, une communauté ; les chirurgiens restèrent seuls sous le patronage de saint Cosme ; de là les locutions vulgaires de *frater*, *suppôt*, *disciple de saint Cosme*. L'ordonnance de 1544 rétablit l'usage des myres ou mycres du moyen âge, qui donnaient *gratis* leurs soins aux indigents certain jour de la semaine. L'ordonnance réduisait ce service à une fois par mois, « à la charge, y est-il dit, de se trouver, tous les premiers lundis des mois de l'an en l'église paroissiale de Saint-Cosme et Saint-Damien, rue de la Harpe, et d'y demeurer depuis dix heures jusqu'à douze pour visiter et conseiller, en l'honneur de Dieu et sans rien en prendre, les pauvres malades, tant de notre bonne ville de Paris que autres lieux et endroits de notre royaume, qui se présenteraient à eux pour avoir aide et secours de leur art et science de chirurgien, etc. »

L'église Saint-Cosme, à l'angle des rues de la Harpe et de l'École-de-Médecine, était une des plus petites paroisses de Paris ; bâtie au commencement du treizième siècle, ce n'était dans l'origine qu'une chapelle de confrérie ; mais elle appartenait à l'histoire de l'art par sa structure et ses ornements intérieurs ; c'était un des plus intéressants monuments du moyen âge. La paroisse avait été supprimée en 1750. L'église ne fut démolie qu'en 1834. Les restes des mausolées qu'elle renfermait avaient été recueillis et déposés dans les musées par une commission de savants et d'artistes nommés par le gouvernement. Dupuy (de l'Yonne).

COSME DE PRAGUE, le plus ancien des historiens de la Bohême, né en 1045, fut élevé à Liége, où Franco le Magister notamment lui donna des leçons de grammaire et de dialectique. En 1061 il revint à Prague, où il fut attaché à la paroisse de Saint-Veit (ou Saint-Gui). Comme il ne manquait ni d'expérience ni d'habileté dans les affaires temporelles, il accompagna plusieurs évêques de Prague dans leurs voyages à diverses cours, et eut ainsi occasion d'étudier de ses propres yeux la marche des événements contemporains. Il était marié, car à cette époque le mariage n'était point encore interdit en Bohême aux ecclésiastiques. Il mourut le 21 octobre 1125. Son *Chronicon Bohemorum* est divisé en trois livres, dont le premier (allant jusqu'à l'an 1038) contient les plus anciennes traditions et légendes de la Bohême, telles que l'auteur les avait entendu raconter par des vieillards. Le second livre va jusqu'à l'an 1092, et le troisième jusqu'en 1125.

Cosme de Prague est, pour l'époque où il vécut, la source la plus riche et en général la plus sûre que l'historien puisse consulter. Son ouvrage fut publié pour la première fois en 1602 par Freher, puis par Menekon dans le 1er vol. de ses *Scriptores Rerum Germanicarum*. La meilleure et la plus récente édition est celle que Pelzel et Dobrowski en ont donnée dans le 1er vol. de leurs *Scriptores Rerum Bohemicarum* (Prague, 1783).

COSME I-II, de Médicis. *Voyez* MÉDICIS.

COSME (Frère), éminent chirurgien, était né à Pouy-Astruc (Hautes-Pyrénées), le 5 avril 1703. Sa piété, sa bienfaisance et son habileté ont rendu son nom vénérable autant que célèbre. Le père de frère Cosme (dont le nom véritable est *Jean* BAZEILHAC), était maître en chirurgie ; son aïeul et son oncle portaient le même titre. Cet oncle, qui était attaché au grand hôpital de Lyon à l'époque où le jeune Bazeilhac terminait ses études littéraires, garda son neveu près de lui environ deux années. Jean Bazeilhac se rendit ensuite à Paris, où son zèle studieux, sa conduite exemplaire et sa ferveur le firent remarquer de quelques personnes haut placées, et en particulier de l'évêque de Bayeux, Armand de Lorraine, qui se déclara son protecteur en toute rencontre, et le combla de ses bienfaits jusqu'au delà du tombeau, en consacrant une portion de sa fortune à fonder d'une manière durable l'indépendance de son protégé. Les largesses de ce noble patron laissèrent à Bazeilhac de profonds souvenirs ; une grande tristesse et le sentiment de la reconnaissance accrurent encore sa piété. Sans divorcer d'avec la chirurgie, il entra, dès 1729, un an après la mort de l'évêque, et âgé de vingt-six ans, au couvent des Feuillants ; mais il ne fit vœu de chasteté et d'abnégation qu'en 1740, alors que l'habitude déjà longue de gouverner ses passions l'eut rendu plus confiant dans sa volonté et plus certain de son empire. Quoique religieux, frère Cosme n'en continua pas moins l'exercice de la chirurgie, art dans lequel il comptait parmi les maîtres, principalement en ce qui regardait les calculs de la vessie et l'opération de la taille. L'invention de deux instruments remarquables, et dont on se sert encore aujourd'hui, le *lithotome caché*, qui porte son nom, et la *sonde à dard*, pour maintenir la vessie au-dessus du pubis dans la taille hypogastrique, acheva de rendre son nom populaire ; et, quelle que fût sa prédilection pour les pauvres, il se vit malgré lui comblé de richesses, dont de nobles fondations firent profiter les malheureux.

On conçoit qu'homme célèbre, praticien journellement consulté et jouissant d'un grand crédit même à la cour, la position de frère Cosme parmi les feuillants ses frères n'était pas celle d'un simple moine dévot et borné. Il existait dans la plus belle partie du couvent, à peu près vers le lieu où la rue Castiglione d'aujourd'hui aboutit à la rue de Rivoli, une jolie habitation isolée qu'on avait bâtie pour lui seul. Un beau jardin, couronné de grilles et cité pour ses magnifiques espaliers, se trouvait joint à ce manoir ; c'était là que frère Cosme recevait les visites de quelques grands seigneurs désœuvrés. Ils y étaient surtout attirés par les beaux raisins du frère Cosme, amateur renommé pour ses vignes. Le prince de Conti était au rang de ses plus assidus visiteurs, et de ceux qui le plus volontiers prenaient part gratuite à sa récolte, à ses raisins. Louis XV lui-même, nous assurait Souberbielle, neveu de Bazeilhac, se fit plusieurs fois apporter des raisins de frère Cosme, qu'il préférait à ceux de Trianon et de Fontainebleau. Voltaire aussi, suivant la mode, voulut goûter des raisins du couvent, surtout à l'époque où quelques douleurs vésicales semblaient le menacer du lithotome ; mais il le cueillait grain à grain, ce qui mécontentait souverainement le propriétaire, dont il s'attira plus d'une fois les vertes réprimandes. « Que n'en demandez-vous ? disait brusquement Cosme, on vous en portera un panier ; mais, de grâce, ne déshonorez pas mes grappes ! » Jean Bazeilhac a publié les deux ouvrages suivants : 1° *Nouvelle méthode d'extraire la pierre par-dessus le pubis* (1779) ; 2° *Recueil de pièces importantes concernant la taille au moyen du lithotome caché*. La lithotritie a nui à la réputation de frère Cosme comme à celle de Celse.

Dr Isidore BOURDON.

COSMÉTIQUE (de κοσμέω, j'embellis), c'est-à-dire préparation propre à embellir la peau. Mais peut-on réussir à embellir la peau ? C'est, comme on sait, de l'épaisseur relative des couches de composition de tous les corps que dépendent les sensations de couleur qui nous affectent. A tel degré de ténuité d'une couche ou lamelle, nous avons la perception d'une nuance ; pour telle autre épaisseur, nous avons la perception d'une autre nuance. Cela explique comment le sang riche, incarnat et vermeil, qui coule dans les ramifications veineuses faciales dans la peau d'une jeune personne, de rosé qu'il nous paraissait, ne s'offre plus à nous sous la même teinte quand le progrès de l'âge et les affections morbides ont amené une perturbation qui a changé l'épaisseur relative des couches du tissu cutané ; le frais coloris a fait place à la teinte livide et rembrunie. Que peut donc faire à cela l'art des rajeunisseurs de profession ? La véritable officine n'est pour celle-là, c'est le bord d'un clair ruisseau. Tout au plus a-t-il besoin de faire tomber quelques grains de poussière qui masquent les deux reflets de la rose épanouie sur ses joues. Il est aussi quelques beautés surannées qui n'ont pas à faire de frais en pommades et en onguents pour captiver l'attention des gens délicats. Ce sont alors les charmes de l'esprit, et plus encore les célestes qualités du cœur, qui font couler chez celles-ci le fabuleux ruisseau. Mais hélas ! le plus grand nombre a recours au *badigeon*! De là tant d'emplâtres de toutes les couleurs, tant d'eaux merveilleuses, admirables, incomparables ; les miracles de Mlle Bresson, de Mme Matz; puis enfin le *rouge-vert d'Athènes*, les *cosmétiques du sérail*, etc.

De même qu'en peinture il faut préalablement établir un fond blanc sur lequel ressortiront avec avantage les couleurs de nuances diverses, de même la coquette a besoin de se faire poser sur le visage ce qu'on appelle une *assiette*. Les seuls oxydes métalliques combinés avec des corps onctueux peuvent servir à cet usage. Le moins sujet à de graves inconvénients pour la santé, celui qui d'ailleurs est d'une plus facile application, est l'oxyde de bismuth (*magistère de bismuth*, mélange d'oxyde hydraté et de sous nitrate du même métal, qu'on obtient en précipité par une affusion considérable d'eau pure sur du nitrate de bismuth) : ce blanc n'est pas précisément vénéneux ; l'application sur la peau n'a guère d'autre inconvénient que de boucher les pores, d'interrompre la perspiration insensible, et d'occasionner à la longue une disposition à l'empâtement ; il agit aussi comme légèrement émétique ; et voilà pourquoi les idoles plâtrées ressentent quelquefois des maux d'estomac, éprouvent de légères nausées, et sont sujettes aux spasmes, aux borborygmes.

Si l'inconvénient se bornait là, ce ne serait aux yeux de ces dames qu'une misère. Que ne souffrirait-on pas pour redevenir belle ! Mais, ô cruel désappointement ! il peut arriver tout à coup qu'au milieu d'un triomphe de coquetterie, la beauté blanche se transforme en africaine, et, pour comble de disgrâce, la métamorphose pourra n'avoir lieu que d'un côté du visage : nous aurons alors une beauté *pie*. Le gaz d'éclairage, le brûlage de certaines huiles à quinquet, le voisinage des cuisines ; en un mot, tout ce qui peut donner lieu au dégagement de l'acide hydro-sulfurique, est apte à produire cette effroyable catastrophe : il se forme alors sur les joues un hydro-sulfure noir de bismuth. Autre disgrâce imminente : l'ail est un condiment devenu à la mode, eh bien ! qu'un sectateur de cette gousse adorée des Égyptiens s'approche de l'odalisque qui ravit tous les hommages dans un brillant salon, et de son souffle empoisonné il va également *hydro-sulfurer* le factice et joli minois !

Au surplus, tous les prétendus cosmétiques ne méritent pas, comme celui-ci, l'anathème. Lorsqu'on jette un coup d'œil sur la foule des recettes qu'on en a données, on reconnaît sans peine l'innocuité de beaucoup d'entre eux, et de ce nombre sont les lotions émulsives, les embrocations onctueuses, les eaux distillées de rose, de plantain, de frai de grenouilles, et tant d'autres ; les pommades de concombre, de cacao, d'amandes douces, le baume de la Mecque, etc. : ces préparations peuvent être employées sans danger ; on les recommande toutes les fois qu'il s'agit de rendre à la peau sa souplesse. Mais tout cela ne rajeunira personne.

Cet oracle est plus sûr que celui de Calchas.

PELOUZE père.

Les parfumeurs ont aussi donné le nom de *cosmétiques* à des espèces de pommades solides qui servent en quelque sorte à *cirer* les cheveux, les moustaches, les favoris, et quelquefois à leur donner une couleur plus foncée.

COSMIQUE (Lever, Coucher), de κόσμος, monde, qui a rapport au monde. *Voyez* LEVER ET COUCHER DES ASTRES.

COSMOGONIE, nom composé de deux mots grecs, κόσμος, monde ou ordre, et γόνος, génération, signifiant génération ou origine du monde. C'est le même sujet qui est traité dans le livre de la *Genèse*. Non-seulement la religion judaïque et la chrétienne, mais encore toutes les autres qui couvrent la surface du globe, même celles des sauvages, ne pouvaient pas s'établir sans remonter à l'origine de toutes choses et de l'homme, à ce phénomène mystérieux qui frappe d'abord notre intelligence aussitôt que nous commençons à réfléchir, à faire un retour sur nous-mêmes et sur ce qui nous environne.

Les cosmogonies de l'Orient et de l'Inde, qui paraissent être les plus antiques de toutes, et jusqu'à celles de quelques peuples du Nouveau-Monde, admettent un déluge à l'origine des choses. Plusieurs savants ont essayé de faire concorder les époques de ces déluges ou d'un immense cataclysme avec le récit de Moïse ; mais quand même ces traditions si vagues des différentes cosmogonies seraient plus ou moins contradictoires, soit entre elles, soit avec plusieurs faits, il n'en est pas moins évident que la surface de notre planète a été bouleversée par de grandes catastrophes, plutoniques et neptuniennes. Elle a été couverte (partiellement du moins) par de vastes inondations ou par le déplacement des mers, et à plusieurs reprises, et travaillée par les feux des volcans : tant de couches de terrains stratifiés, tant de coquillages enfouis attestent à tous les regards ces prodigieux événements ! Une foule de débris et d'ossements exhumés de nos jours par les recherches des naturalistes, qui en ont reconstitué des espèces par le rapprochement de ces reliques, prouvent l'existence d'un ordre de choses ou d'un système d'êtres vivants (animaux et végétaux), soit antédiluviens, soit contemporains de ces événements. Ces êtres, si différents à beaucoup d'égards de ceux que nous voyons aujourd'hui, furent pourtant nos ancêtres ; ils attestent la puissance d'une nature alors jeune et brillante d'énergie, qui déployait les larges membres des mammouths, des mastodontes, des palæothériums, etc., des ours et des cerfs gigantesques, dont les représentants actuels ne semblent être que les avortons dégénérés.

La poésie sacrée, non moins que les religions, s'est emparée de ces hautes questions, dans lesquelles l'imagination de l'homme ne peut développer en toute indépendance. Partout les *cosmogonies* sont aussi des *théogonies*, comme Hésiode nous en donne un poétique exemple. Il a fallu remonter à la Divinité, aux forces surnaturelles, pour expliquer la nature ; car les premiers systèmes des philosophes sur les causes de toutes choses sont des cosmogonies. Ceux qui ont essayé de se passer de la Divinité, comme les atomistes, les partisans de Démocrite, Épicure, Straton, etc., ne pouvant bien expliquer la sage coordination des êtres, ont eu recours aux chances infinies d'un hasard heureux (*voyez* CHAOS). Tous les autres fondateurs de systèmes cosmologiques ont été plus ou moins théologiens, et obligés de faire intervenir une sagesse suprême, ordonnatrice et organisatrice.

Il serait long et fort peu utile de dénombrer ici les différentes cosmogonies écloses en diverses contrées, les systèmes brahmanique et bouddhiste de l'Inde, celui de Foé, en Chine, de Xaka, au Japon, le lamanisme du Tibet, puis ressusciter les anciennes cosmogonies de l'Égypte et de la Chaldée, en rechercher les émanations dans la Phénicie, la Grèce et Rome antique; rappeler les idées du législateur de la Scandinavie, Odin, celles du système druidique de nos vieux Celtes et Gaulois avant l'introduction du christianisme, suivre jusque dans un nouvel hémisphère, chez les Mexicains, les Péruviens, les traces de leurs opinions sur l'origine des hommes et de l'univers; enfin, si cette revue n'est pas assez instructive, s'enquérir, dans les lettres des missionnaires, des idées qu'ils ont recueillies parmi les Iroquois, les Topinambous, etc., sur les causes premières de toutes choses.

Parmi les philosophes de la Grèce, employant les seules forces de l'intelligence, Ocellus Lucanus, Timée de Locres et quelques autres, tentèrent de soumettre à une sorte de raisonnement et d'investigation théoriques les opinions les plus remarquables qu'on peut se former sur la naissance du monde. Le système de l'univers ne pouvait point être connu suffisamment de leur temps, faute d'instruments. Aussi le monde des anciens, comme celui des peuples les moins instruits, est bien borné relativement aux espaces incommensurables qui se perdent dans le champ de nos télescopes. L'infini, tel qu'il nous est révélé maintenant par Herschell et les astronomes modernes, écrase notre imagination. Il est désormais évident qu'un système cosmologique ne peut plus être limité à la terre seulement, et qu'elle n'éprouve guère de révolutions générales sans que celles-ci ne soient le résultat de quelque grande perturbation commune à tout notre système planétaire, comme serait le passage ou la commotion d'une comète, attirant plus ou moins les sphères voisines dans sa courbe parabolique autour de notre soleil. Aussi, Burnet, Whiston, Woodward, Buffon et d'autres modernes, ont recouru à ce genre de causes pour expliquer les catastrophes ou les immenses changements dont la terre a été le théâtre. Les autres théories de la terre, soit qu'on les attribue au feu des volcans, ou bien à des cataclysmes, ne peuvent être que des événements partiels sur notre planète, comme serait l'hypothèse du soulèvement de l'océan Indien d'après Pallas, ou l'enfoncement de la croûte du globe, etc.

Mais le vrai but des cosmogonies est d'exposer la naissance ou la création, sur le globe terrestre, de l'homme, des animaux et des plantes. En effet, la vie et l'organisation paraissent le phénomène le plus surprenant, le plus difficile à concevoir, tandis que les forces générales de l'agrégation et des affinités chimiques peuvent jusqu'à certain point rendre raison des combinaisons minérales, et les lois de l'attraction à distance de celles de la pondération réciproque des grands astres qui sillonnent l'espace de l'empyrée.

Les matériaux de notre globe sont ou inorganiques, ou organisables ; car il faut observer que certains corps, l'arsenic, par exemple, et bien d'autres, ne possèdent point l'aptitude à l'organisation, ni la faculté de recevoir la vie. Les radicaux organisables se composent surtout de combustibles, formant des mixtes complexes, tandis que les masses inorganiques consistent presque toutes en des corps comburés simples, établissant des combinaisons fixes, la plupart binaires, à l'état cristallin, non putrescibles.

La vie, ce moi, ce principe étranger à tout minéral, est la force formatrice de tous les êtres organisés, végétaux et animaux. C'est une puissance d'intussusception, assimilante, réparatrice des organismes, cicatrisante, reproductive des parties mutilées, propagatrice de l'espèce et transmissible. Cette source de l'organisation, de la conservation ou de l'amour de soi, des instincts, jusque dans le plus chétif insecte, tout appris, loin de ses parents, en sortant de l'œuf, comment cet élément de toute pensée, de tout intellect dans l'homme même, naîtrait-il d'une production spontanée, de toutes pièces, par des radicaux plus ou moins bruts, et comment la sagesse surgirait-elle du sein de la putréfaction ? Comment la mort imprimerait-elle la vie ? Vaincu par ces difficultés terrassantes, le philosophe a dû, de toute nécessité, recourir à une force antérieure qui détermine dans plusieurs matériaux du globe cette élaboration organique intelligente. Quelle est cette cause spéciale ? Est-ce la Divinité sous le nom de nature ? Les termes différents ne changent rien au fond des choses. On admet donc une intervention autre que celle des puissances générales des matières brutes, qui seules restent insuffisantes pour la production de la vie.

Si l'organisation résulte d'un travail intelligent ou d'une sagesse ordonnatrice, il faut bien que celle-ci existe, soit dans les masses brutes de notre globe, soit hors de ces matériaux. Les organisations actuelles ou les antédiluviennes ne peuvent pas avoir précédé les éléments bruts de notre planète. Il ne peut y avoir des effets sans cause : une intelligence antérieure à la formation de produits intelligents ou élaborant la matière inorganique, est donc de toute nécessité.
J.-J. VIREY.

COSMOGRAPHIE (de κόσμος, monde, et γράφω, je décris), description du *monde*, en prenant ce mot dans le sens le plus étendu, comme synonyme du mot *univers*. Plusieurs savants ont pensé que l'immense objet de cette science devait être partagé en deux parties très-inégales, quant à l'étendue, mais beaucoup moins disproportionnées en raison de l'importance des notions qu'elles renferment : la terre serait d'un côté, et de l'autre tout ce qui est épars dans les espaces célestes (*voyez* CIEL). La première partie serait la *géographie*, et l'autre l'*astronomie* ; mais la terre, considérée comme l'un des corps célestes, est aussi dans le domaine de la *cosmographie*, et doit y être classée parmi ceux de ces corps qui s'en rapprochent par les analogies les plus nombreuses : il ne peut être utile d'en faire l'objet d'une section spéciale de la science, en la séparant du groupe où sa place est marquée, et dans lequel on ne pourra se dispenser de la remettre. La cosmographie est donc l'exposition du système du monde tel que le raisonnement appliqué aux observations l'a fait connaître en le dégageant des apparences qui le déguisent et de l'histoire des essais infructueux que les savants ont faits à différentes époques pour imaginer une structure de l'univers dont les mouvements fussent d'accord avec les observations.

Les astres sont probablement tous mobiles ; mais à cause de la distance où ils sont les uns des autres et de la terre, leur mouvement ne peut être aperçu. On devrait cependant rectifier l'inutile dénomination d'*étoiles fixes* donnée aux astres dont la situation et les distances respectives paraissent invariables. Dans ce qui est à portée des instruments d'observation et de mesure, tout se meut, et certains corps exécutent à la fois plusieurs sortes de mouvements. La terre, par exemple, tourne autour de son axe en un jour, autour du soleil en un an, et son axe, considéré indépendamment de ce double mouvement, décrit dans l'espace une surface conique, et ne revient à sa position initiale qu'après un intervalle de plus de 25,000 ans : c'est de cette lente nutation que résulte la précession des équinoxes. Il n'y a probablement pas dans tout l'univers un seul astre parfaitement isolé et en repos ; mais il est aussi très-probable que ces *mobiles*, dont le nombre et la grandeur surpassent tout ce que la plus forte imagination peut se représenter, forment des groupes dont toutes les parties sont liées, exercent les unes sur les autres une puissante action, tandis que l'éloignement prodigieux des autres groupes les soustrait presque totalement à leur influence, sans que l'on puisse dire cependant que ce pouvoir a réellement cessé. Pour acquérir une idée juste du système du monde, il faut se familiariser avec des nombres peu usités dans le calcul, mais ne pas croire qu'une suite de chiffres dont l'œil n'aperçoit pas les extrémités puisse être confondue avec l'infini. Quoique l'étoile la plus voisine de la terre en soit éloignée de moins de six à sept milliards de lieues, il faut contracter l'habitude de regarder de pareilles distances comme des points dans l'immensité de l'espace, et que la mesure du temps ne reste pas au-dessous de celle de l'étendue : que peuvent être ce petit nombre de millions, des milliards de siècles, en comparaison de l'éternité ?

La terre que nous habitons est un globe qui fait partie d'un assemblage ou système particulier, le seul qu'il nous soit possible de bien connaître. Une des lois auxquelles il est soumis est que les corps dont il est composé agissent les uns sur les autres en raison de leur masse, et en raison inverse du carré de leur distance. Cette action n'est donc rigoureusement annulée que lorsque la distance devient infinie ; et comme elle tend à rapprocher l'un de l'autre les deux corps entre lesquels elle est exercée, l'univers serait exposé, après une durée qui ne pourrait être infinie, à ne

37.

former qu'une seule masse consolidée, et tous les phénomènes qu'il manifeste dans son état actuel auraient disparu. Il ne peut donc être maintenu tel qu'il est que par des forces opposées à sa tendance à la consolidation; et dans un système de corps libres et isolés dans l'espace, les forces conservatrices ne peuvent être que des mouvements acquis ou des causes de mouvement, car il n'y a nulle part aucun point d'appui. D'ailleurs, on démontre qu'un nombre quelconque de corps agissant les uns sur les autres par attraction, suivant une loi donnée, peuvent circuler éternellement sans jamais se réunir ni même se toucher, si l'on imprime à chacun un mouvement d'impulsion avec une vitesse et suivant une direction convenables : la solution de ce problème de mécanique est en quelque sorte la *clef* de la cosmographie.

FERRY.

COSMOLOGIE (de κόσμος, monde, et λόγος, discours). La *cosmologie* est donc une histoire du monde, comme la *cosmographie* en est une description. Ces termes s'emploient souvent l'un pour l'autre dans les traités de géographie générale, parce que pour nous le monde semble être renfermé autour de notre globe terrestre sublunaire. En effet, nous ne connaissons de la nature des astres ou de ces vastes corps lumineux qui sillonnent les cieux que leurs mouvements observables à nos instruments, ou que les analogies les plus vraisemblables entre notre terre et les autres sphères de notre système solaire. A cet égard, le livre de Fontenelle sur la pluralité des mondes reçut jadis un accueil brillant. Un ouvrage plus savant et bien autrement profond sur le même sujet, le *Nouveau Traité de la Pluralité des Mondes*, par Huygens, mérite encore d'être lu, quoique moins agréable par le style. Mais cet habile géomètre prend à tâche de prouver que les autres planètes de notre système, si elles présentent à leur surface, comme il est vraisemblable, des êtres organisés vivants en harmonie avec les conditions propres à ces sphères, ne peuvent point avoir d'autres lois d'existence que celle des habitants de la terre. Ainsi, les causes de la reproduction et de la multiplication des animaux, des végétaux, ou des êtres analogues, dans Mars, ou Vénus, ou Jupiter, suivraient les mêmes règles générales que celles qui se manifestent sur le globe terrestre. S'il y avait autour de ces sphères une classe d'êtres intelligents ou supérieurs, telle qu'est la race humaine de la Terre, les principes de vérités mathématiques, la géométrie, la musique, les arts, etc., n'auraient pas d'autres bases que les nôtres; comme la lumière n'y donnerait pas d'autres couleurs, les lois de l'optique, de l'acoustique, etc., ne pourraient point être différentes des nôtres. Les calculs astronomiques, les mesures géographiques ou autres rapports des nombres ne pourraient point offrir d'autres vérités que celles qui sont démontrées à l'intelligence de la terre. Toutes ces questions sont expliquées avec une grande force de lucidité qui entraîne la conviction.

Les anciens philosophes ont admis aussi la pluralité des mondes. Platon n'en supposait que cinq possibles. Le cardinal de Cusa, Jordanus Brunus, Képler, ont prétendu que les planètes et même le Soleil ont des habitants. Leibnitz, en reconnaissant la possibilité de mondes infinis dans les espaces et les combinaisons des sphères, n'établissait pas, comme le veut Voltaire, que notre globe fût le meilleur des mondes possibles, mais bien celui dans lequel les maux étaient les moindres ou compensés par des avantages correspondants. Tel fut le but de son traité de la *Théodicée*, ou justice divine.

Avant l'établissement dans la science de l'astronomie du système de Copernic, il était presque impossible de concevoir l'existence d'un autre monde que la Terre, qu'on plaçait fixe au centre de l'univers, et autour de laquelle on faisait tourner chaque jour, pendant vingt-quatre heures, l'universalité des astres de l'empyrée avec une vitesse incompréhensible, ou pour mieux dire impossible. Il fallait de plus imaginer des épicycles et une foule de détours pour expliquer d'après Ptolémée (dans son *Almageste*) les mouvements apparents, les rétrogradations, les stations des planètes. Mais après que l'école de Pythagore et que le sentiment d'Aristarque de Samos, au rapport d'Archimède, développé par Philolaüs, Héraclide de Pont, Nicétas, Leucippe et Platon sur la fin de sa vie, eurent fondé le véritable système cosmique, en plaçant le soleil fixe au centre de son système; après que le chanoine de Warmic, le Polonais Nicolas Copernic, eut démontré par trente ans d'observations ce fait capital, prouvé ensuite par Galilée et par Descartes, l'univers a dû s'agrandir à l'infini. Bientôt le télescope ouvrit un champ sans limites aux regards des astronomes, confondus de tant de merveilles. Il n'est plus besoin de faire avec le savant Athanase Kircher, son *Iter extaticum*, ou un voyage extatique dans l'empyrée. Autant qu'il est permis à la force des grands instruments d'optique et des lunettes achromatiques, nous nous enfonçons avec les deux Herschell parmi ces soleils fixes, innombrables, et ces nébuleuses de la voie lactée, qui semblent nous manifester la formation et l'agrégation de nouveaux mondes. Aucun terme ne peut être assigné au nombre de ces étoiles si lointaines, dont la lumière ne parvient à nos yeux qu'après un grand laps d'années.

Par-delà tout ce qu'il fut donné à l'homme de voir, règne l'infini, incommensurable abîme qui engloutit toutes les forces de la pensée, et qui permet de tout supposer dans la composition des mondes et des existences. C'est cette sphère dont le centre est partout et la circonférence nulle part, comme Pascal l'a dit de Dieu même. Après cette excursion dans l'infini, que la cosmologie ne peut ni expliquer ni décrire, elle rentre dans le système solaire dont notre Terre constitue une partie. Mais elle se confond alors avec l'astronomie, et lorsqu'elle se borne à l'étude de notre globe, elle se divise en géographie, hydrographie, géologie, minéralogie, etc., suivant les objets qu'elle embrasse.

J.-J. VIREY.

COSMOPOLITE, COSMOPOLITISME. L'homme qui fait profession d'être citoyen du monde entier et d'avoir constamment en vue les intérêts du genre humain est *cosmopolite* (du grec κόσμος, monde, et πολίτης, citoyen). La doctrine qui supprime les limites de la patrie et dégage des liens d'affections locales est le *cosmopolitisme*. Un philosophe exposait cette doctrine sous la forme la plus séduisante dont elle puisse être revêtue, en disant : *Je préfère ma famille à moi, ma patrie à ma famille, le genre humain à ma patrie*. Mais qui ne professe point cette morale dans le silence des passions ? Il n'est pas besoin de philosophie pour attacher moins de prix à son intérêt individuel qu'à celui de sa famille, pour reconnaître qu'une population tout entière mérite plus d'attention et de sacrifices qu'un petit nombre d'individus. Le mépris et la haine poursuivent très-justement tout homme exclusivement attaché à des intérêts privés, lorsqu'ils sont opposés à des intérêts publics et d'une plus haute importance.

D'un autre côté, ce cosmopolitisme divise autant qu'il est possible l'affection de l'homme pour ses semblables, et la réduit ainsi à l'inefficacité; l'ami de tout le monde n'est véritablement l'ami de personne. Autre inconvénient plus grave encore : cette doctrine d'affection universelle, crée une apparence de vertu dont certaines gens s'accommodent volontiers, parce qu'elle n'impose aucun sacrifice. *Tel homme*, dit J.-J. Rousseau, *fait profession d'aimer les Chinois, afin d'être dispensé d'aimer ses voisins*.

Attachons les citoyens à la patrie par tout ce qui peut la faire aimer et vénérer; que son nom soit doux à notre oreille comme son image à notre cœur. Le moyen le plus sûr de faire du bien à tous les hommes est de commencer par ses compatriotes. Avec le temps, les bonnes institutions établies dans un pays sont imitées ailleurs; les découvertes utiles se propagent, les sciences et les lettres deviennent le patrimoine commun de tous les peuples, et dans la marche vers le perfectionnement social, aucune nation ne reste trop en arrière. Ces bienfaits réels, l'humanité ne peut les attendre des efforts isolés d'un petit nombre d'hommes, elle ne les obtiendra que par des coopérations bien concertées et secondées par les gouvernements. Il faut que les communications entre les peuples deviennent encore plus libres et plus faciles qu'elles ne le sont actuellement, que le commerce soit moins entravé, que les étrangers reçoivent dans tous les États ce que l'hospitalité prescrit de leur offrir; ce sont les lois commerciales et la police exercée sur les étrangers qui doivent être *cosmopolites*.

L'amour de la patrie s'est montré plus souvent et avec plus d'éclat dans les petits États que dans les nombreuses populations : serait-ce parce que cette noble passion s'affaiblit lorsque son objet a moins besoin d'un généreux dévouement? Non; mais les petits États sont plus souvent exposés à des périls dont le courage des citoyens peut seul les sauver. La mesure *naturelle* de l'attachement à la patrie est la part de bonheur qu'elle distribue à chacun de ses enfants; cette part est indépendante des limites territoriales et de la population. Cependant, les grands États ont une sorte d'avantage sur les petits, c'est que le *cosmopolitisme* n'y est pas nuisible et peut être toléré, au lieu que dans une association peu nombreuse chaque membre se doit tout entier à la cause commune, et le *cosmopolite* y serait un déserteur.
FERRY.

COSMORAMA (de κοσμος, monde, et οραμα, vue).
Ce nom, qui signifie *vue*, *représentation de l'univers*, est celui sous lequel a été connu un spectacle de curiosité à Paris. Depuis sept ou huit ans les panoramas étaient seuls en possession d'attirer la foule des curieux lorsque le *Cosmorama* fut établi par l'abbé Gazzera, savant plémontais, que son dévouement à la France avait forcé d'y venir chercher un asile. Le but de Gazzera fut de former une riche collection de tableaux à la gouache et à l'aquarelle, représentant les sites et les monuments les plus remarquables du monde entier, l'état primitif des chefs-d'œuvre de l'antiquité et leurs ruines actuelles; d'exposer ainsi les progrès de l'architecture et des arts chez toutes les nations de la terre, et de faire un cours complet aussi instructif qu'intéressant de géographie pratique, historique et descriptive, au moyen des notices explicatives qui accompagnaient les tableaux.

L'ouverture du *Cosmorama* eut lieu le 1ᵉʳ janvier 1808, sous l'ancienne galerie vitrée du Palais-Royal. Il consistait en un grand salon autour duquel étaient placés vingt-quatre verres d'optique, et à travers chacun d'eux le public pouvait voir trois tableaux. Chaque exposition se composait donc de soixante-douze tableaux, qui tous les mois étaient renouvelés en totalité ou en partie, en suivant autant que possible un ordre méthodique, tant pour la géographie que pour la chronologie. On commença par l'Asie; on parcourait ensuite l'Amérique et l'Afrique, et on aurait terminé par l'Europe, qui, étant plus jeune, devait moins piquer la curiosité, et dont on offrait cependant les sites les plus pittoresques et les monuments les plus célèbres. Le nombre de ces tableaux monta successivement à près de 800, dont le quart au moins étaient l'ouvrage de plusieurs artistes distingués. Pendant quinze ans ces tableaux furent de 1^m,13 de long sur 0^m,81 de haut, et les verres d'optique eurent 18 à 22 centimètres de diamètre; puis, par suite de perfectionnements nécessaires, on porta la dimension des tableaux à 2^m,11 de long sur 1^m,30 de haut, celle des verres à 27 ou 32 centimètres, et on réduisit à 260 le nombre des tableaux, en ne conservant que les meilleurs.

Le Cosmorama prospéra d'abord; mais la construction de la nouvelle galerie vitrée du Palais-Royal ayant nécessité la démolition de l'ancienne, le Cosmorama y fit sa clôture en 1828, et fut transféré dans un plus vaste local, rue et passage Vivienne. L'augmentation des frais, le manque d'encouragements, la révolution de 1830, et peut-être aussi l'inconstance des Parisiens causèrent sa décadence. Il fit sa dernière exposition en septembre 1832, après vingt-cinq ans d'existence. Le propriétaire n'ayant pu s'entendre avec la liste civile pour la vente de ses meilleurs tableaux, en fit hommage à ses amis, à la ville de Mondovi, sa patrie, à celle de Velletri, où il avait professé la théologie, à celle d'Avignon et à quelques autres, où dans des temps difficiles, il avait reçu une noble hospitalité. Les notices imprimées séparément et distribuées à chaque exposition ont été recueillies en 3 vol. in-8°, que l'on trouve rarement complets.
H. AUDIFFRET.

COSMOS (en grec κοσμος, le monde, l'univers). C'est le titre que M. Alexandre de Humboldt a donné à l'ouvrage célèbre où il décrit la nature des astres, puis de l'écorce rudimentaire de la terre, s'animant organiquement jusqu'à l'homme.

Aux yeux des anciens, le *cosmos* était le globe céleste qu'ils se figuraient tourner autour de la terre comme point central. Suivant les Aristotéliciens, son mouvement était le mouvement fondamental, celui d'où provenaient tous les mouvements des éléments et des organismes vivants, en même temps que le plus parfait des mouvements, comme étant la réunion tout à la fois du mouvement et du repos, puisqu'un corps sphérique tournant sur son axe se meut sans cependant changer de place. Au sentiment de la grande majorité des anciens philosophes, le *cosmos* était un être animé. Les écoles ionique, éléatique, péripatéticienne et stoïque, le considéraient comme le Dieu suprême, comme une merveille de beauté et d'harmonie, dont on se représentait les matières élémentaires comme coordonnées d'après les rapports fondamentaux d'intervalles musicaux. A Anaximandre et les épicuriens, au contraire, admettaient la pluralité des mondes, et niaient ainsi l'idée de la divinité suprême dans le sens où l'entendait la presque totalité de l'antiquité grecque. Suivant le système d'Aristote, le *cosmos* se composait de sphères des astres, considérées comme autant de sphères ou d'enveloppes creuses et mobiles, à chacune desquelles est attaché l'astre qui porte son nom. La sphère de la Lune se meut d'abord autour de la Terre; la sphère de Mercure se meut autour de la Lune, puis viennent celles de Vénus, du Soleil, de Mars, de Jupiter, de Saturne, et enfin du ciel des étoiles fixes. La sphère du ciel des étoiles fixes se compose d'éther, matière la plus subtile et la plus légère; et celle de la Terre, corps sphérique immobile au centre, des éléments les plus grossiers. Cette opinion, développée par Ératosthènes et par Ptolémée avec une exactitude mathématique, constitua le système dit *de Ptolémée*, lequel domina pendant tout le cours du moyen âge, mais qui ne laissa pourtant pas d'être combattu déjà dans l'antiquité par une secte de l'école pythagoricienne, ayant à sa tête Aristarque de Samos, qui prétendait que le soleil était le point central du monde, autour duquel se meut la terre.

A l'idée que se faisait l'antiquité que le *cosmos* avait une âme se rattachait l'idée extrêmement répandue suivant laquelle on espérait retrouver les parties et les membres des êtres organiques dans les parties et les membres du *cosmos*. C'est ainsi, par exemple, qu'un hymne attribué à Orphée voit dans le Soleil et la Lune les yeux de la divinité, dans la terre et les montagnes son corps, dans l'éther son intelligence, dans l'air ses épaules garnies d'ailes. Plus tard, au seizième siècle, les philosophes naturalistes, Paracelse à leur tête, renouvelèrent ces idées, en ce sens qu'ils considéraient l'univers comme un organisme humain en grand, et l'homme comme un univers en petit; de là les dénominations de *microcosme*, petit monde, et de *macrocosme*, grand monde, qu'ils appliquaient à l'homme et à l'univers. On y rattacha la croyance que les mouvements de la vie du monde en petit répondaient toujours exactement à ceux du monde en grand, et qu'ils les reproduisaient en copies; croyance qui devait nécessairement conduire à admettre l'influence des mouvements des astres sur le tempérament et la destinée des hommes (*voyez* ASTROLOGIE). Mais quand le système de Ptolemée eut été renversé par Copernic, on cessa bientôt de soutenir plus longtemps que le soleil, comme simple étoile fixe parmi les autres étoiles fixes, fût le point central de tout l'univers; et à une sphère tournant sur elle-même on substitua un océan immense, illimité, de mondes sur mondes. La transition de l'ancienne opinion à la nouvelle fut des plus difficiles, parce que la cour de Rome, comme Mélanchthon, vit dans la nouvelle théorie un élément hostile à la théologie. Képler et Newton assirent la nouvelle théorie cosmique sur des bases inébranlables. Aussitôt surgirent avec une irrésistible puissance des questions que l'antiquité ne s'était posées que bien rarement et avec beaucoup de timidité, par exemple, la question de savoir si le monde ne serait point peut-être sans limites et infini, et celle de savoir si les planètes autres que la nôtre ne sont pas peuplées comme elle. Fontenelle, dans ses célèbres *Entretiens sur la pluralité des mondes* (1686), et Kant par son *Histoire naturelle et Théorie universelle du ciel* (1755) contribuèrent beaucoup à faire admettre l'affirmative sur la seconde de ces questions, et à lui donner pour base des motifs de probabilité. De nouveaux philosophes, par exemple Schubert, dans son ouvrage intitulé *Le Monde primitif et les Étoiles fixes* (1822), ont vainement tenté de restreindre de nouveau les limites du monde infini, et de faire de notre système solaire le centre de l'univers. De même l'hypothèse émise récemment par Mœdler, d'après Herschell, suivant laquelle il faudrait considérer une étoile de la constellation d'Hercule comme le point central de l'univers, autour duquel notre soleil décrirait un cours régulier avec le cortège de planètes et de comètes, comme font les planètes autour du soleil, demande encore à être prouvée.

De nos jours, l'idée de l'existence d'une âme de l'univers a été renouvelée d'abord en général par Schelling dans son livre *Sur l'Âme du Monde* (Iéna, 1798), et postérieurement dans une démonstration plus spéciale par Fechner dans son *Zandavista* ou *Essai sur les choses du ciel et d'au-delà du ciel* (Leipzig, 1851).

COSNAC (DANIEL DE) naquit, vers 1630, au château de Cosnac, en Limousin, de François de Cosnac et d'Éléonore de Talleyrand, sœur de l'infortuné comte de Chalais. Destiné de bonne heure à l'état ecclésiastique, il entra dans la maison du prince de Conti comme premier gentilhomme de la chambre et ne tarda pas à devenir son favori. Quelques sermons prêchés avec succès à la cour, la part qu'il prit ensuite aux préparatifs du mariage du prince de Conti avec la nièce du cardinal Mazarin lui valut, alors qu'il n'avait encore que vingt-quatre ans, les évêchés réunis de Valence et de Die. Plus tard il acheta la charge de premier aumônier de Monsieur, frère de Louis XIV. Son dévouement pour Henriette d'Angleterre et plusieurs altercations qu'il eut avec le duc d'Orléans l'obligèrent à se défaire de sa charge, et il reçut un ordre d'exil dans son diocèse. Revenu secrètement à Paris, à l'appel de Madame, Louvois le fit arrêter et écrouer au For-l'Évêque, et ne le relégua à l'Île-Jourdain, en Languedoc, où il demeura quatorze ans. La célèbre assemblée de 1682, dans laquelle il joua un rôle important, amena sa rentrée en grâce auprès de Louis XIV. En 1687 il fut fait archevêque d'Aix, et mourut dans cette ville, le 18 janvier 1708. Ce prélat a laissé un recueil d'ordonnances synodales, imprimées à Aix, en 1694, et des *Mémoires historiques*, publiés en 1852 par M. le comte Jules de Cosnac, dans la collection de la Société de l'Histoire de France.

COSSE (de *cossa*, mot de la basse latinité). On donne ce nom vulgaire à l'enveloppe de certains fruits, comme les pois, les fèves, les haricots. Cette enveloppe est formée de deux valves, réunies par deux sutures longitudinales et opposées dans les trois sortes de fruits désignés en botanique sous les dénominations de *gousse* ou *légume*, de *silique*, de *silicule*. C'est dans la cavité de la cosse que sont enfermées les graines attachées de diverses manières aux valves; et cette cavité est tantôt unique, tantôt divisée en deux par une cloison longitudinale (giroflée, chou), ou en plusieurs loges par des cloisons transversales (casse des boutiques). Cette enveloppe, rarement ligneuse, est plus fréquemment d'un tissu herbacé et plus ou moins flexible.

Un ancien ordre de chevalerie, institué par Louis IX en 1234, portait le nom *d'ordre de la cosse de geneste*. Le collier de cet ordre était composé de cosses de *genestes* ou genêts, entrelacées de fleurs de lis d'or, avec une croix fleurdelisée au bout, et la devise *Exaltat humiles*.

En termes de marine, un anneau de fer cannelé et garni dans sa circonférence extérieure d'une boucle de corde est appelé *cosse*. La peau de mouton dont on a fait tomber seulement la laine forme ce qu'on nomme vulgairement le *parchemin en cosse*.
L. LAURENT.

COSSÉ-BRISSAC (Famille de). *Voyez* BRISSAC.
COSSE DE JUDÉE. *Voyez* CARUBA DI GIUDEA.
COSSUS, genre d'insectes lépidoptères appartenant à la famille des nocturnes, et qui se reconnaît à ses antennes, aussi longues au moins que le thorax, et offrant à leur côté interne une rangée de petites dents lamellaires, courtes et arrondies au bout. Les chenilles de ces papillons vivent dans l'intérieur des arbres, où elles occasionnent de grands ravages; l'une des plus nuisibles est celle du *cossus ligniperda*, vulgairement appelée *grattebois* ou *ronge-bois*. Cette chenille ressemble à un gros ver; sa couleur est rougeâtre, avec des bandes transverses d'un rouge de sang; elle est très-commune aux environs de Paris; elle répand une mauvaise odeur, qui provient d'un liquide âcre et fétide qu'elle dégorge. C'est elle que le célèbre Lyonnet a choisie pour sujet de ses belles observations, et sur laquelle il a publié son *Traité anatomique de la Chenille du Saule*.

Le *cossus ligniperda* se tient dans les ormes principalement, et aussi dans les saules et les chênes; à l'état parfait, c'est-à-dire lorsqu'il a revêtu la forme de papillon, il a environ trois centimètres de longueur; il est gris, avec de petites bandes noires très-nombreuses sur les ailes supérieures; l'extrémité postérieure de son thorax est jaunâtre, avec une ligne noire.

Les anciens ont nommé *cossus* des larves ou chenilles qu'ils prenaient dans le bois des chênes et qu'ils mangeaient après les avoir tenues quelque temps dans la farine : on a longtemps pensé que ces *cossus* étaient de la même espèce que les nôtres, mais cette opinion est aujourd'hui tout à fait abandonnée. C'est Geoffroy qui l'a combattue le premier; cependant il paraît qu'il s'est trompé en rapportant les larves en question à celles du charançon ou calandre des palmiers, et qu'elles étaient plutôt de l'espèce du grand capricorne ou du cerf-volant.
P. GERVAIS.

COSTA (LORENZO), peintre de l'école ferraraise, naquit à Ferrare, en 1460, apprit dans sa patrie les premiers éléments de l'art, puis se rendit à Florence, où il suivit les leçons de Benozzo Gozzoli, cherchant à s'assimiler sa manière en même temps qu'il étudiait les œuvres de fra Filippo Lippi. Ayant été appelé à Bologne par le gouverneur de cette ville, Gio Bentivoglio, il exécuta beaucoup de peintures en détrempe, à l'huile et à fresque, dans son palais et dans plusieurs églises. Il se lia avec le Francia; quelques-uns même le lui donnent pour maître. De 1492 à 1497, il ouvrit une école à Ferrare, et retourna ensuite à Bologne. En 1509, François de Gonzague l'appela à Mantoue, lui confia beaucoup de travaux, et le combla de présents et de pensions. Lorenzo Costa mourut dans cette ville, le 5 mars

1535. Le Musée du Louvre possède deux tableaux de Costa, la *Cour d'Isabelle d'Este, marquise de Mantoue*, et un *Sujet allégorique*. Il laissa une nombreuse famille d'artistes, entre autres *Ippolito*, son frère, qui imita Jules Romain; *Girolamo*, autre frère, qui eut deux fils, *Francesco* et *Alessandro*; il faut encore citer *Lorenzo Costa le jeune*, probablement neveu de Lorenzo Costa de Ferrare.

COSTA (PAOLO), célèbre écrivain italien, né le 13 juin 1771, à Ravenne, fut élevé d'abord au collége de cette ville et plus tard à celui de Padoue. Avec quelques-uns de ses condisciples il ne tarda point à se poser en adversaire des innovations tentées par l'école romantique ; et il s'efforca de ranimer le culte et l'étude des anciens, notamment de Virgile et du Dante. Il occupa successivement des chaires à Trévise, à Bologne et à Corfou, et mourut le 21 décembre 1836. Le premier ouvrage de lui qui fit sensation fut ses *Osservasioni critiche* (Bologne, 1807), dirigées contre les *Bando della Selva nira* de Monti. C'est à l'usage de ses cours qu'il composa son traité *Dell' Elocuzione* (Forli, 1818), qui fut successivement adopté dans toutes les écoles d'Italie. Par son ouvrage intitulé *La divina Commedia di Dante Alighieri con tavole in rame* (3 vol., Bologne, 1819), il mit ce grand poëme national plus à la portée de la jeunesse italienne. Il entreprit ensuite avec Orioli et Cardinale la révision du grand dictionnaire de la Crusca (1819-1828). C'était un prosateur distingué, comme on peut le voir par son *Elogio del conte Guel Perticari* (1823), par sa nouvelle *Demetrio di Mondone*, dont il emprunta le sujet à Gil-Blas, et par une suite de petits essais. Il ne s'est pas moins distingué comme poëte, par sa traduction des *Odes d'Anacréon* (faite en société avec Giovanni Macchietti), de la *Batrachomyomachie* d'Homère, et du *Don Carlos* de Schiller. Dans l'espoir d'arrêter la décadence de la littérature théâtrale italienne, il écrivit en prose *La Donna ingegnosa* (Bologne, 1825), œuvre où il est resté bien inférieur à son maître Goldoni, et la tragédie *La Propersia de Aossi* (Bologne, 1828), où il s'est montré impuissant à manier l'élément tragique. Il fut plus heureux comme satiriste; mais ce qui l'a surtout mis en renom parmi ses compatriotes, c'est son habileté à traiter avec lucidité les matières métaphysiques. Nous citerons à cet égard son *Discorso sulle Sintesi e sull' Analisi*. Dans un autre ouvrage il combattit le mesmérisme ; il prit également l'un des contradicteurs de l'abbé de Lamennais. Il existe deux éditions différentes de ses Œuvres complètes : l'une à paru à Bologne (1825), l'autre à Florence (2 vol. 1830). Giovanni Rambelli a publié une biographie de Paolo Costa (Bologne, 1837).

COSTA-CABRAL (ANTONIO-BERNARDO DA), comte DE THOMAR, homme d'État portugais, né en 1803, à Fornas de Algostra, dans la province de Beira supérieure, étudia à l'université de Coïmbre, et fut nommé plus tard, par dom Pedro, procureur au tribunal supérieur d'Oporto. Bientôt après il obtint une place de juge à Lisbonne, où en 1835 il fut élu membre de la chambre des députés. Il y prit fait et cause pour le parti de la cour, qui se trouvait alors dans une triste situation, et par l'habileté de ses intrigues parvint à créer en sa faveur une puissante coalition ; en récompense de quoi il fut nommé ministre (7 mars 1838). Par l'énergie de ses mesures il eut bientôt rétabli complétement la tranquillité publique ; toutefois, il lui fallut consentir à ce que la reine prêtât serment à la constitution de 1820 (4 avril 1838). Son administration vigoureuse, quoique parfois inconstitutionnelle, lui valut toute la faveur de la cour, qui dès lors le considéra comme son plus ferme soutien. C'était l'encourager à persister dans la même voie.

A l'aide d'un semblant de mouvement révolutionnaire, provoqué par son savoir-faire à Oporto (19 janvier 1842), il réussit à faire mettre de côté la constitution des cortès et à lui faire substituer, le 11 février suivant, la *Carta de ley*; service que la reine récompensa par la collation du titre de comte de Thomar. Depuis ce moment il ne gouverna plus que de la manière la plus arbitraire, déployant en toute occasion une sévérité extrême, accablant le peuple d'impôts, et dissipant les revenus de l'État; conduite qui lui valut la haine de tous les partis, en même temps qu'elle était pour la cour un motif de l'approuver et de le soutenir dans toutes ses entreprises. Ces actes oppressifs avaient surtout irrité contre lui les gens de la campagne ; aussi il éclata parmi eux une insurrection qui se répandit rapidement dans tout le pays et amena la retraite de ce ministre, le 17 mai 1846.

En juin 1849 le parti de la cour osa placer de nouveau le comte de Thomar à la tête des affaires, quoique les haines dont il était l'objet de la part du peuple n'eussent rien perdu de leur énergie. On le vit alors suivre les mêmes errements que par le passé, contracter des emprunts et créer des impôts sans autorisation préalable des cortès. De nombreuses difficultés diplomatiques à propos de réclamations financières élevées par l'Angleterre et par l'Amérique lui fournirent l'occasion de se montrer aussi souple et aussi condescendant à l'égard de l'étranger qu'il faisait l'insolent dictateur en Portugal. La haine de la nation contre lui fut encore augmentée par son frère *Silva*, qui lui fut d'abord adjoint en qualité de ministre de la justice, mais qui plus tard fit de l'opposition contre lui. Cette lutte des deux frères amena de plus déplorables conflits, et eut pour résultat de nouvelles entraves mises à la liberté de la presse.

Cependant l'opposition contre le tout-puissant ministre gagnait de jour en jour des forces nouvelles. Le 5 février 1851 il fut accusé dans les cortès d'avoir fraudé les intérêts du trésor pour une somme d'environ 7,500 francs sur des droits qu'il eût dû acquitter pour des porcelaines étrangères ; l'affaire n'eut pas de suites. Mais le 18 du même mois une majorité de 52 voix s'étant prononcée contre lui au sujet d'un article de la nouvelle loi électorale qui déclarait certains fonctionnaires publics non éligibles, il dut donner sa démission. La reine toutefois ne l'accepta point, et prorogea les cortès. A ce moment le comte Saldanha se mit à la tête d'une insurrection à Cintra. Ce mouvement ne tarda point à gagner Oporto. Dès lors maître du pays, Saldanha exigea l'éloignement du comte de Thomar ; et cette fois la cour dut céder. Le 26 avril Costa-Cabral donnait enfin sa démission, et se réfugiait à Vigo, d'où il gagna en toute hâte l'Angleterre.

C'est un homme auquel on ne saurait refuser de l'énergie, de l'activité et un courage assez rare chez un méridional ; mais il s'est toujours montré arbitraire, dur et impitoyable dans son administration, de même que plein de mépris pour le texte de la constitution ; et il a su parfaitement s'enrichir, tandis que la misère générale allait toujours croissant.

COSTAL, mot qu'on emploie en anatomie pour désigner ce qui appartient aux côtes ou ce qui y a quelque rapport ; ainsi on dit les *vertèbres costales*, etc.

COSTAR (PIERRE DE), homme de littérature comme on l'était sous Richelieu, c'est-à-dire pédant lettré, plein de grec et de latin, imitateur de Voiture et de Balzac, bel esprit ayant ses grandes entrées à l'hôtel Rambouillet ; gourmand, satirique, entêté, ami des biographes ; d'une recherche extrême dans ses vêtements, et, ajoute-t-on, d'une morale quelque peu relâchée en matière de galanterie, bien qu'il fût homme d'église, reçu dans les ordres, archidiacre, voire même curé et bachelier en théologie de la Faculté de Paris ; au demeurant, le meilleur fils du monde, comme eût dit le vieux Régnier.

Costar naquit à Paris, en 1603. Ce personnage ne nous intéresse que comme ayant appartenu à une époque où, malgré bien des travers, les lettres furent du moins cultivées en France avec passion et pour elles-mêmes. Il a publié un grand nombre d'ouvrages plus ou moins rares aujourd'hui, et presque tous ignorés de ceux qui par état ne sont pas obligés de tout connaître, mais où l'on trouve de curieux détails sur les beaux esprits contemporains de l'auteur. Nous en citerons les principaux : *Défense des ouvrages de Voiture* (1653); *Entretiens des sieurs Voiture et Costar* (1654, in-4°); *Recueil de Lettres* (1658 et 1659, 2 volumes in-4°). Ces lettres sont écrites en général d'un style recherché, tout hérissé de pointes et de jeux d'esprit, quoique par moments d'un tour élégant et noble. La manie du temps était l'emphase; elle déborde pour ainsi dire dans ces lettres. On a encore de lui un ouvrage intitulé : *Mémoire des gens de lettres célèbres de France*. Nous copions exactement le titre de ce *Mémoire*, qui est presque entièrement dénué d'intérêt.

Costar était fils d'un chapelier ; ses manières étaient envers tout le monde celles d'un courtisan obséquieux. Dalibrai disait de lui à ce sujet : « M. Costar est un homme fort poli; a toujours le chapeau à la main : il tient cela de monsieur son père. » Il fut particulièrement lié avec Voiture. Leur commerce d'amitié fut remarquable surtout par l'exquise délicatesse qu'ils y apportaient en toute rencontre. Entre mille traits nous citerons celui-ci. Voiture aimait le jeu avec fureur : un soir il perdit quatorze cents écus chez Monsieur, frère du roi, où il était admis quoique roturier, fils d'un marchand de vin, et s'engagea sur son honneur à les payer le lendemain. Il n'en avait chez lui que douze cents ; et afin d'avoir le reste il écrivit à Costar une lettre qui, pour n'avoir pas été travaillée quinze jours comme il avait coutume de faire de ses lettres galantes, écrites en vue du public, ne laissait pas d'être fort remarquable, et à plus d'un titre. La réponse de Costar ne le fut pas moins. La voici :

« Je n'aurais jamais cru avoir tant de plaisir pour si peu d'argent. Puisque vous jouez sur ma parole, je garderai toujours un fonds pour le dégager : je vous assure de plus qu'un de mes parents a toujours mille louis dont je puis disposer comme s'ils étaient dans votre cassette. Je ne voudrais pourtant pas vous exposer par là à une perte considérable. Un de mes amis me dit hier que feu son bien avait été le meilleur ami qu'il eût au monde. Je vous conseille de garder le vôtre. Je vous renvoie votre promesse. Je suis surpris que vous en usiez ainsi avec moi, après ce que je vous vis faire l'autre jour pour M. de Balzac. »

Or, veut-on savoir ce que Voiture avait fait pour Balzac? Celui-ci lui ayant envoyé demander en prêt quatre cents écus dont il avait besoin, Voiture compta la somme sur-le-champ ; et comme le domestique chargé de cette commission lui remettait la promesse de Balzac, il la prit, et, ayant écrit au bas : « Je, soussigné, confesse devoir à M. de Balzac la somme de huit cents écus pour le plaisir qu'il m'a fait de m'en emprunter quatre cents, » il le chargea de la rapporter à son maître. Voilà sans contredit de nobles procédés, qui font pardonner aisément aux travers et aux ridicules du bel esprit.

Costar mourut en 1660, âgé de cinquante-sept ans.

COSTA-RICA (c'est-à-dire *Côte riche*), jadis l'un des États-Unis centro-américains, aujourd'hui république indépendante, située entre l'isthme de Panama, les deux Océans et l'État de Nicaragua, forme un plateau haut de 1,500 à 2,000 mètres, qui va toujours en s'élevant par une succession de terrasses vers les Cordillières centrales. Les Cordillières envoient des deux côtés de nombreux embranchements entre lesquels s'ouvrent des vallées et des plaines hautes de 700 à 1000 mètres. Des cours d'eau s'échappent de toutes parts du plateau supérieur ; mais il n'y en a aucun qui ait de l'importance et qui puisse être navigable par des barques pendant plus de quelques kilomètres. Le sol témoigne partout d'une admirable fécondité, mais particulièrement encore sur les côtes. Toutefois le rivage bordé l'océan Pacifique, hérissé de rochers et sablonneux, est malsain en raison de la chaleur extrême qu'on y ressent. La côte baignée par la mer des Antilles est bien autrement malsaine encore, à cause des vastes savanes, des immenses lagunes et des énormes forêts vierges dont elle est couverte. En dépit de leur fécondité, l'une et l'autre de ces côtes sont donc mornes et désertes, et la culture du sol s'est concentrée à peu près dans les montagnes, où l'air est plus pur et la chaleur plus tempérée. L'État de Costa-Rica offre une superficie de 588 myriamètres carrés, avec une population 250,000 âmes, et est divisé en huit *partidos*. Sa capitale, *San-José*, située dans une superbe vallée entourée de pics élevés, sur le versant occidental de la chaîne des Andes, à 13 myriamètres de l'océan Pacifique, belle et régulière ville, est le siège du gouvernement et d'un évêque. On y trouve une cathédrale, un hôtel des monnaies, une manufacture de tabacs, diverses autres fabriques et 20,000 habitants. La ville la plus importante après celle-ci est *Cartago*, autrefois capitale de l'État, et dont la population s'élève aussi à 20,000 âmes. Le plateau sur lequel sont construites ces deux villes, et qui occupe une superficie de 22 myriamètres carrés, est entouré de six volcans, appartiennent tous aux plus considérables de l'Amérique centrale.

Costa-Rica s'est détachée depuis 1842 de l'union des États centro-américains, et par sa loi fondamentale d'avril 1848 elle s'est constituée en État indépendant. La même année elle conclut un traité de commerce et de navigation avec les trois villes anséatiques, et en 1849 un traité de commerce et une alliance d'amitié avec l'Angleterre. Vers la fin de 1848 la république eut à comprimer une insurrection d'Indiens, et à soutenir en 1850 une guerre avec l'État d'Honduras. Par suite des riches ressources qu'offre ce pays et de sa situation avantageuse, à proximité du canal projeté pour unir les deux mers, on a dernièrement cherché à y diriger le courant de l'émigration.

COSTE (PIERRE), né à Uzès, en 1668, de parents protestants, se réfugia en Angleterre au commencement du dix-huitième siècle, puis revint en France, et mourut en 1747, à Paris. On lui doit la seule traduction française qui existe encore de l'*Essai sur l'Entendement humain de Locke*, travail que personne n'a été tenté de refaire après lui, car il satisfait à toutes les conditions qu'on exige d'un bon ouvrage de ce genre. Diverses autres traductions, non moins justement estimées, et surtout d'ingénieux commentaires sur les *Caractères de Théophraste et de La Bruyère*, sur les *Essais de Montaigne*, et sur les *Fables de La Fontaine*, commentaires qui ont obtenu les honneurs de nombreuses réimpressions, assurent à cet écrivain, non moins modeste qu'estimable, une place honorable parmi les gens de lettres du dix-huitième siècle.

COSTER (LAURENS-JANSZOON) aurait, suivant l'opinion commune en Hollande, inventé la typographie à Harlem avant Gutenberg. Cette opinion repose sur une tradition locale, dont on ne trouve d'ailleurs aucune trace avant le milieu du quinzième siècle. C'est Adr. Junius, médecin hollandais et historiographe des états généraux, qui le premier exposa de la manière la plus complète dans son ouvrage historique intitulé *Batavia* (Leyde, 1588) et écrit de 1565 à 1569, cette tradition telle que la rapportaient, prétend-il, des vieillards dignes de foi de cette ville, telle qu'il la tenait aussi en partie de souvenirs de jeunesse à lui personnels et provenant d'entretiens avec un serviteur de Coster, et à l'appui de laquelle il citait divers autres documents ; c'est lui qui le premier a fait connaître le nom de l'homme à qui suivant lui devrait revenir l'honneur de la merveilleuse invention de l'imprimerie. Ainsi il nous dit qu'il appartenait à une famille considérée, dans laquelle la charge de marguillier était héréditaire, d'où son nom de *Coster* (en allemand *Küster*); qu'il vivait cent vingt-huit ans auparavant (par conséquent vers l'an 1440), et qu'il habitait une maison encore occupée de son temps par ses descendants, et où l'on montrait des pots d'étain provenant de la fonte des débris de ses caractères. Il raconte alors que ce Coster avait d'abord, pour l'instruction et l'amusement de ses enfants, découpé à rebours dans l'écorce de hêtre des caractères qu'il imprimait ligne par ligne sur du papier, mais que plus tard, après avoir inventé une encre plus consistante, il grava des planches entières de figures et de lettres au moyen desquelles il imprima notamment le *Miroir du Salut* en hollandais, sur des feuilles de papier dont le recto seul était chargé d'impression. Ces formes en bois lui auraient donné l'idée de confectionner des formes de lettres en plomb et en étain; et cette industrie étant devenue productive entre ses mains, il aurait pris des aides en leur faisant prêter serment de ne révéler son secret à personne. Un de ces aides, un certain Johannes (Jean), infidèle à son serment, n'aurait pas seulement dévalisé l'atelier dans une nuit de Noël, mais encore se serait rendu à Mayence avec ses lettres et ses ustensiles, et aurait dès l'année suivante, en 1441, imprimé quelques ouvrages de piété dans cette ville, à laquelle il aurait ainsi procuré indûment la gloire de cette invention.

Depuis lors, les Hollandais se sont toujours fait un point d'honneur de défendre le récit de Junius contre toutes les attaques critiques dont il a pu être l'objet. Dès 1628, Scriver composait l'éloge de Coster; en 1740, à l'occasion du troisième jubilé de l'invention de l'imprimerie, Seiz en faisait autant; et en 1765 Meerman entrait en lice dans la même intention, armé de ses *Origines typographiæ*, ouvrage qui partout ailleurs qu'en Hollande n'obtint qu'un médiocre succès. Enfin, la Société des Sciences de Harlem ayant proposé un prix pour le meilleur mémoire qu'on écrirait à l'appui des prétentions de cette ville, couronna une dissertation de Koning (*Verhandeling over het oorsprong, etc. der boekdrukkunst;* Harlem, 1816), dont il fut publié en 1819 une traduction française à laquelle on ajouta plus tard quelques suppléments. Koning a produit de meilleurs arguments que ses devanciers pour faire regarder comme originaires de Hollande les premiers livres xylographiques et les impressions typographiques attribuées à Coster. Les recherches d'Otley sur les livres à images xylographiques, consignées dans son *Inquiry into the Origin of Engraving* (tome 1er), de même que celles d'Ebert (dans le 4e numéro de l'*Hermès*, 1823) sur le caractère original des types employés dans les premiers produits sortis des presses hollandaises après 1470, et qui offrent beaucoup d'analogie avec ceux de Coster, sont venues à l'appui de sa thèse. Koning prétend que Coster ne fut autre que *Laurens Janszoon* (né en 1390, mort en 1430), bourgeois considéré, échevin et trésorier de la ville de Harlem; il va même jusqu'à le présenter comme le premier qui ait eu l'idée d'imprimer des livres, et jusqu'à lui attribuer dès 1420 tout ce qui en fait de livres xylographiques est d'origine hollandaise. Il lui fait ensuite inventer les caractères mobiles en fonte, puis commencer et continuer jusqu'à sa mort l'impression typographique. Quant aux impressions de Coster, qui sont évidemment d'une date postérieure, il les attribue à ses héritiers, qui auraient continué ses affaires jusque vers l'an 1470. Le monument typographique sur lequel il s'appuie surtout, ce sont les quatre éditions du *Miroir du Salut*, à savoir deux en latin et deux en hollandais, de figures et de types uniformes, qui ne différent un peu et ne sont un peu plus mauvais que dans l'une des éditions hollandaises. Celle-ci, la plus grossière, aurait paru la première des quatre: l'une des éditions latines, en vingt feuilles de texte xylographique, et l'autre édition hollandaise, dans laquelle deux feuilles sont à la vérité typographiques comme les autres, mais imprimées d'une autre manière et plus mal, auraient été commencées peu de temps avant la mort de Coster et prouveraient le vol de lettres qui aurait rendu nécessaire d'y suppléer d'une autre façon. Mais cet ordre assigné aux éditions ne s'accorde pas avec celui qu'indique d'une manière certaine le plus ou moins de fatigue des figures en bois.

D'ailleurs, les preuves à l'appui du vol commis dans l'atelier de Coster et la transportation de la découverte à Mayence par suite de la fuite du voleur, sont si faibles, si peu soutenables, que ce qui a le plus nui aux prétentions des Hollandais, ce sont les efforts qu'ils ont faits pour défendre la vérité de cette partie du récit de Junius. Aussi, l'opinion contraire, celle qui est exclusivement favorable aux prétentions de la ville de Mayence, n'a-t-elle pas manqué de tirer grand parti de ces invraisemblances. C'est ainsi que, dans leurs ouvrages sur l'histoire de l'invention de l'imprimerie, Schaab (Mayence 1832) et Wetter (Mayence, 1836) ont représenté le récit de Junius comme une invention mensongère; et les impressions de Coster, que déjà Renouard, dans sa *Note sur L. Coster*, insérée au 2e volume de ses *Annales des Estienne* (Paris, 1837) plaçait entre 1466 et 1470, et qu'il tenait pour une maladroite contrefaçon de l'art inventé à Mayence, ont été depuis rejetées encore bien plus bas. Après la mort de Koning, Scheltema d'Utrecht lui succéda comme champion des prétentions de Harlem; et la querelle a continué de part et d'autre avec une vivacité extrême, les avocats de Mayence s'efforçant toujours de présenter Gutenberg comme l'unique inventeur, sans permettre de le rattacher en rien aux tentatives qui purent être faites par d'autres, ne fût-ce qu'en petit, avant lui ou en même temps que lui, pour arriver au même but.

Un tiers parti s'est constitué, qui tient le Coster de Harlem pour un de ces imprimeurs, de ces *peintres en lettres* ou imagiers que dans les Pays-Bas on appelait des *printers*, et dont il est déjà fait mention, entre autres dans le privilège de la confrérie de Saint-Luc à Anvers de 1442, comme appartenant aux ouvriers et artistes dont elle se composait. Outre des cartes à jouer, des images, des prières et des calendriers, ils imprimaient aussi de petits livres, notamment des livres d'école avec des gravures en bois; que dès 1450 on désignait dans les Pays-Bas sous la dénomination de *getter en molle*, des livres écrits et qu'on colportait de village en village. Quand bien même, ajoute-t-on, ce serait, ainsi que le confirme la chronique de Cologne, la vue des livres d'école xylographiques hollandais qui aurait inspiré à Gutenberg l'idée non-seulement de rendre plus facile l'impression des lettres au moyen de caractères mobiles, mais encore de l'élargir et de la perfectionner de telle sorte qu'on pût s'en passer dans tout le domaine de la littérature du travail pénible et dispendieux du copiste, les imprimeurs en lettres, tant ceux des Pays-Bas que ceux de l'Allemagne, n'en seraient pas restés à l'impression par planches, attendu qu'en raison même de leur industrie toute spéciale ce seraient eux qui auraient eu le plus occasion de songer aux moyens de confectionner de la manière la plus prompte, la plus facile et la plus économique un article qui leur était chaque jour demandé davantage. Ainsi à Harlem le marguillier dont parle la tradition locale aurait en même temps que Gutenberg imaginé la transition de l'impression en planches xylographiques à l'impression en caractères mobiles et fondus, ainsi qu'il résulte de la série d'ouvrages typographiques, fort remarquables de tous points, dits *impressions de Coster*, et dont font partie les quatre éditions ci-dessus mentionnées du *Miroir du Salut*, les livres d'école de Donat, de A. Gallus et de Caton, ainsi que quelques autres petits écrits. Ces impressions, se rattachant aux Pays-Bas par une partie supérieure aux anciens monuments xylographiques, et par une partie inférieure aux premiers monuments typographiques qu'on rencontre à partir de 1470, devraient, en raison de ce rapport, de même que les progrès successifs que la comparaison signale entre eux, être reconnus comme des produits primitifs de l'art de l'imprimeur en lettres, qui était particulier à la Hollande, et qui alla se perfectionner jusque vers le milieu du quinzième siècle. L'invention de la typographie par Gutenberg, conçue d'une manière plus large et mise complètement à exécution, aurait dépassé les progrès plus lents des imagiers et imprimeurs en lettres, auxquels le monde savant n'avait point jusque alors pris garde, parce qu'il ne pouvait espérer en tirer aucun avantage, et aurait mis fin aux impressions de livres par les imagiers et imprimeurs en lettres. C'est ainsi, par conséquent, que l'atelier de Harlem aurait péri lors de l'introduction d'Allemagne en Hollande d'une typographie perfectionnée; et son souvenir ne se serait plus conservé que comme une obscure tradition locale, que Junius aurait reproduite sans doute de bonne foi, mais guidé plutôt par son patriotisme que par une étude approfondie et critique de la question.

Quoi qu'il en soit, on avait élevé dès 1722 à Harlem une statue à Coster. Quand l'opinion locale eut paru suffisamment confirmée par le mémoire couronné de Koning, et après qu'une commission spéciale, instituée par le conseil municipal de Harlem eut fixé l'année 1423 comme celle de l'invention de Coster, le quatrième jubilé de l'invention de l'imprimerie y fut célébré en grande solennité les 10 et 11 juillet 1823, en même temps qu'une fête en l'honneur de Coster.

COSTOLI (ARISTODEMO), professeur de sculpture à l'Académie de Florence, où il a remplacé le célèbre Bartolini. Envoyé à Rome pour achever ses études par le grand-duc de Toscane, Léopold II, M. Costoli y exécuta sa belle statue *Le Menescio*, que l'on voit aujourd'hui à l'Académie des Beaux-Arts de Florence. C'est principalement ce beau travail qui a assuré la réputation de l'artiste dont le coup d'essai fut ainsi un coup de maître. Depuis, ses productions les plus importantes ont été un monument élevé dans l'église de San-Lorenzo à la mémoire du peintre Benvenuti, une statue de Galiléo placée dans une tribune de l'Observatoire de Florence, un projet de monument en l'honneur de Christophe Colomb, etc. M. Costoli n'est pas seulement un sculpteur distingué; comme peintre on lui doit un beau tableau de *Sainte Philomène*, qui est justement admiré et qui se trouve maintenant à Florence.

COSTUME, mot dérivé de l'italien *costume*, usage, coutume, manière, et qui maintenant en français est devenu presque synonyme de *mode*, de *vêtement*, puisque l'on dit un homme bien ou mal *costumé*. Cependant, dans les arts ainsi qu'au théâtre, le costume n'embrasse pas seulement les habits, mais aussi les armes, les meubles, et généralement tout ce qui dans un tableau est compris sous la désignation d'*accessoires*; objets variés, qui tous doivent être parfaitement d'accord entre eux, et par leur concours révéler le siècle de la scène se passe, ainsi que le génie, le goût, les mœurs, les habitudes du pays ou de la nation dont il est question dans un tableau, un bas-relief ou un ouvrage dramatique.

Les anciens artistes ne se donnaient aucune peine pour rendre le costume, et dans leurs compositions ils habillaient les soldats grecs et les patriarches hébreux comme leurs propres concitoyens. Paul Véronèse, peintre du seizième siècle, dans son tableau des *Noces de Cana*, a vêtu les Juifs avec des brocards en étoffes de soie brochées en usage de son temps à Venise. D'autres peintres ont souvent imaginé de donner à leurs personnages des habits qui, tout en s'éloignant de la mode de leur siècle, ne se rapprochaient pas pour cela de ceux des anciens peuples. Poussin et Le Sueur ont appris aux peintres à quitter cette mauvaise route. Le premier surtout s'est fait remarquer par la perfection avec laquelle il a su rendre dans ses tableaux les mœurs des Israélites, tâche difficile pourtant, puisque la religion de ce peuple ne lui permettait de faire aucune image. Un siècle plus tard, Vien s'est donné beaucoup de peine pour bien représenter les costumes des Grecs et des Romains. David s'est montré encore plus scrupuleux à cet égard, et maintenant tous les peintres apportent le plus grand soin à cette étude, et poussent même l'exactitude jusque dans les plus petits détails.

En remontant jusqu'à l'origine du monde, nous pourrions bien croire que l'homme a pu rester nu pendant quelque temps; mais il n'a pas dû tarder à s'apercevoir qu'il avait besoin de s'abriter contre l'intempérie des saisons, contre l'attaque des animaux. La nature lui offrit de nombreux exemples des moyens variés dont se trouvent pourvus différents animaux pour supporter sans inconvénient les variations de l'atmosphère. Occupé de la chasse pour se procurer sa nourriture, il mit bientôt à profit la peau de l'animal qu'il avait tué. Les habitants des bords de la mer s'emparèrent également de ce que leur offrait l'empire des eaux, et la peau des phoques leur fournit un vêtement plus épais et plus solide que celle des poissons, dont quelquefois pourtant ils firent usage. A peine les besoins furent-ils satisfaits que la coquetterie amena de nouvelles habitudes, qui devinrent insensiblement indispensables. Tandis que l'homme se reposait des fatigues de la chasse, la femme, après avoir préparé les aliments de la famille, pensa que la parure pourrait ajouter quelque chose à sa beauté. Le plumage des oiseaux lui fournit des ornements assez variés; elle crut même voir dans la nature l'indication de l'usage qu'elle en devait faire, et, voulant reproduire l'aigrette qui distingue quelques oiseaux, elle plaça dans ses cheveux des plumes. Le plastron des oiseaux devint ensuite le but qu'elle chercha à imiter, et l'éclat des plumes dont elle couvrit sa poitrine sembla lui rendre au premier abord une beauté que l'âge avait pu lui faire perdre. Des coquilles ou des graines furent mises en pendants d'oreilles; d'autres furent enfilées et formèrent des colliers ou des bracelets. Le chef de la tribu reçut comme un hommage des chasseurs qui lui étaient soumis les plumes les plus belles, et il s'en forma une coiffure remarquable, qui devint comme l'enseigne autour de laquelle chacun s'empressait de se grouper en cas d'attaque.

La population ayant pris beaucoup d'accroissement, l'homme ne trouva plus dans sa chasse la quantité de vêtements nécessaire; il chercha à suppléer par la toison des troupeaux, qu'il n'avait primitivement élevés que pour en avoir le lait. On parvint à la filer, à la tisser et à faire une étoffe qui, grossière en premier lieu, fut ensuite perfectionnée par le développement des arts, puis mise en teinture et brodée en laine, en soie, en or, en argent. Ces étoffes étant bien plus amples qu'aucune fourrure, il devint facile de varier la forme des vêtements, qui, d'abord assez courts pour ne pas embarrasser la marche du chasseur, devinrent plus longs pour les princes, les magistrats ou les femmes. Le climat fut aussi cause de beaucoup de variations dans la forme du vêtement et dans la nature de son tissu. On vit des peuples en avoir de différents pour rester dans l'intérieur, pour paraître en public ou pour aller à la guerre.

Lorsque les premiers chrétiens se réunirent pour célébrer les mystères sacrés, ils n'avaient certainement aucun costume particulier; mais les prêtres et les évêques, choisis parmi les anciens, conservèrent toute leur vie la forme de l'habit qu'ils avaient revêtu dans leur jeunesse. Leurs successeurs, cherchant à inspirer le même respect, se gardèrent de rien changer au vêtements que les fidèles étaient habitués à voir à ceux qui officiait : de là vient qu'encore aujourd'hui nous retrouvons à l'église des costumes à peu près semblables à ceux que portaient les empereurs grecs, lors de l'établissement du christianisme. La même fixité se retrouve dans les habits des ordres monastiques : leur variété ne tient qu'au temps et au pays dans lequel l'ordre a été institué. Nous pourrions citer à l'appui de cette assertion le costume des *sœurs grises*, dont toutes les parties sont absolument les mêmes que celles du vêtement que portaient les femmes du peuple à l'époque où vivait leur fondateur saint Vincent de Paule, confesseur de Louis XIII.

Les *armes*, qui font aussi partie du costume, furent multipliées à l'infini. A mesure que l'on inventa des armes offensives, on chercha à diminuer leur danger en créant des armes défensives. Les métaux furent employés avec succès, et fournirent à la fois des épées et des casques, des javelots et des boucliers. On fit même usage de vêtements qui couvraient le corps entier du soldat; et comme ils étaient formés de plusieurs peaux l'une sur l'autre, ils reçurent le nom de cuirasse. Pour leur donner plus de force, on les garnit de bandes de métal, et on finit même par en avoir entièrement en fer. Cet usage fut assez général depuis le onzième siècle jusqu'au seizième; mais si les cuirasses avaient pu protéger contre les flèches et même contre les armes blanches, elles cessèrent de présenter le même avantage contre les armes à feu : alors on les abandonna peu à peu.

C'est aussi vers cette époque que, dans l'espoir de mieux faire connaître l'illustration de leur maison, on vit les nobles adapter sur leurs habits les couleurs de leur blason, et y placer de la manière la plus apparente les pièces principales de leurs armoiries. Leurs femmes partagèrent cet usage bizarre, et celles qui appartenaient à de grandes maisons eurent bien soin d'avoir leur jupe partagée en deux dans sa hauteur : l'une contenant l'écusson de la famille du mari et l'autre celui de la famille de la femme. Les habits de cette espèce ne se virent bientôt plus que dans les fêtes ou les cérémonies; mais les officiers des princes, plus tard leurs valets, portèrent habituellement ces insignes. C'est l'origine de nos livrées, qui ont été singulièrement simplifiées depuis.

Si nous quittons l'Europe pour jeter un regard sur les contrées de l'Orient, nous les trouverons sous ce rapport dans un état de stabilité tout à fait surprenant pour nous autres, dont les modes varient si souvent. Le peu de monuments qui existent nous font voir les Turcs, les Indiens et les Chinois conservant les mêmes habits, les mêmes armes, sans aucune modification pendant plusieurs siècles. Si l'on aperçoit quelques nouveautés dans leurs armes, c'est de nous qu'ils les prennent, afin de se mieux défendre contre nous.

La guerre ayant cessé d'être le mobile le plus important des sociétés humaines, on vit les arts amener dans les costumes d'énormes changements. Les courtisans de François Ier, de Charles-Quint et de Henri VIII déployèrent un luxe qui fut partagé par la cour de Rome et par celle de Florence. Les tissus de laine furent remplacés par de brillantes étoffes de soie; les velours, les satins brochés, furent employés généralement par toutes les personnes qui n'étaient pas de la classe du peuple.

Les progrès de la civilisation auraient dû empêcher les peuples de se faire la guerre, mais l'ambition des princes donna naissance à d'assez fréquentes hostilités. Chaque chef revendiqua comme un honneur personnel les actions de courage et d'éclat qui appartenaient à la troupe qu'il commandait. Voulant avoir un moyen de reconnaître ses hommes au sein même de la mêlée, on imagina divers moyens peu coûteux; l'un ordonna aux hommes de son régiment de mettre à leurs chapeaux une plume noire, rouge ou verte; un autre, pour avoir un signe plus durable, pensa que, sans faire changer l'habit que chacun avait dans son village, on pourrait y mettre un collet ou un parement d'une couleur uniforme, qui ordinairement était celle de son blason; d'autres imaginèrent de placer par-dessus l'habit une bandoulière, qui servait à porter le sabre, et qu'on garnit d'un galon dont les couleurs étaient également celles des mêmes colonels. C'est ainsi que commencèrent les uniformes, qui pourtant ne se trouvèrent régulièrement établis qu'à la fin du règne de Louis XIV.

Si le siècle de François Ier s'était fait remarquer par l'élégance des habits et par la beauté des étoffes dont ils étaient faits, celui de Henri III offrit une coquetterie puérile, suite des mœurs efféminées de la cour de ce prince. De larges collerettes empesées étaient également portées par les deux sexes; mais tandis que les femmes laissaient voir entièrement la forme de leur poitrine et celle de leurs épaules, elles voulurent en dissimuler d'autres, et l'on commença dès lors à employer quelques garnitures pour soutenir la jupe tout autour du bas de la taille. Pendant le règne de Henri IV, l'économie de Sully et la sévérité de mœurs des calvinistes amenèrent plus de simplicité dans les vêtements, qui généralement étaient noirs. De grands changements s'opérèrent sous le règne de Louis XIII : on garda le manteau court et la veste ou pourpoint, que l'on nommait *juste-au-corps*; mais le pantalon de tricot et la culotte bouffante, qui ne venait qu'à la moitié du genou, furent remplacés par des culottes en drap, de couleurs vives, et descendant au jarret. La toque en étoffe fit place à un grand chapeau rond en feutre, qui habituellement était orné de quelques plumes, puis on laissa croître les cheveux, que depuis longtemps, on avait portés très-courts.

La cour de Louis XIV vit d'autres changements plus grands encore : on quitta le petit manteau et on prit l'habit à manches, que l'on nomma *surtout*, parce qu'en effet on le mettait par-dessus tous les autres vêtements. Il était assez ample pour entourer le corps et couvrir les cuisses; ce qui n'empêcha pas cependant de porter dans quelques circonstances un manteau très-long, dans lequel on pouvait s'envelopper entièrement. Les ecclésiastiques le gardaient toujours, et dans les cérémonies la queue traînait à terre. Les magistrats et les gens de robe l'avaient aussi adopté, mais il était plus court. Les femmes continuèrent à porter des étoffes de soie brochées. Les habits des hommes étaient quelquefois en velours, mais plus ordinairement en drap de couleur; on les surchargeait de la richesse, on les bordait avec des galons d'or plus ou moins larges. Le chapeau, toujours rond, fut surchargé d'un grand nombre de plumes : celles de l'autruche servirent seules à cet usage, tandis que dans les règnes précédents on avait très-souvent porté des plumes de coq. Quant à la chevelure, qui avait paru dans son entier au commencement du siècle, on voulut la rendre plus apparente, et pour cela on la remplaça par d'énormes perruques, dont on retrouve des exemples chez les anciens Égyptiens et chez quelques peuples des îles du grand Océan.

Il est à remarquer que si les costumes des hommes avaient éprouvé de changements si considérables, celui des femmes, au contraire, semblait être toujours le même : c'était une robe à corsage, avec des manches et une jupe fort longue, mais que rien ne soutenait par-dessous, ce qui était plus gracieux et plus élégant; mais cette fixité dans la forme générale avait éprouvé un nombre infini de variations, qui même devait avoir des nuances peu sensibles pour nous maintenant, et fort importantes sans doute pour les personnes soumises à l'empire de la mode.

De nouveaux changements arrivèrent pendant le règne de Louis XV : l'habit varia peu dans sa forme; on reprit les étoffes de soie brochées; les velours même furent ornés de broderies en soie de couleur, ou bien en or et en argent, mêlées de paillettes. Les habits de drap galonnés restèrent cependant pour la bourgeoisie, qui ne les quitta entièrement qu'à la révolution de 1789. Les grandes perruques furent abandonnées par les hommes; mais en reprenant les cheveux, on les frisa d'une manière un peu serrée, on y mêla de la poudre et de la pommade, et cette mode dura près de quatre-vingts ans; puis le chapeau rond, que dans les deux règnes précédents on avait porté avec un large bord rabatu, fut considérablement diminué; et ce bord fut relevé de trois côtés d'une manière assez ridicule, et qui le rendit très-exigu. Les femmes prirent aussi la poudre et la pommade; leur frisure fut également très-serrée et leur visage à peine accompagné d'un bonnet léger, orné seulement de quelques coques de rubans fort courtes et fort serrées. Les étoffes de soie brochées, dont on fit les robes et les habits, présentaient à cette époque des dessins à grands ramages, on voulut éviter de les voir disparaître au milieu des plis que fait naturellement une étoffe : pour cela, on mit du carton dans les basques des habits, et les femmes imaginèrent de placer sous leur jupe plusieurs cerceaux en baleine, réunis par une toile légère. Cet ajustement reçut les noms de *bouffant*, de *panier*, de *tournure*; on osa même lui donner celui de *cul*. Ces paniers, qui d'abord n'avaient été faits que pour donner à la robe un peu plus de développement, prirent un tel accroissement que leur largeur fut portée jusqu'à 1ᵐ,30. Lorsque la jeune reine Marie-Antoinette voulut, le matin au moins, se débarrasser d'un vêtement aussi ridicule que difforme, on l'accusa d'indécence. Les habits des hommes eurent aussi moins d'ampleur; leurs basques furent considérablement étrécies, et tombèrent seulement en pointe par derrière; celles des vestes furent également raccourcies et ne couvrirent plus du tout les cuisses.

On s'occupe peu maintenant de savoir si dans les quinzième et seizième siècles on avait en France et dans les pays septentrionaux des habits variés suivant les saisons; mais depuis le siècle de Louis XIV l'étiquette, qui réglait tout, avait amené des obligations auxquelles les gens de cour et même les gens riches et de bon ton ne pouvaient se soustraire. Les étoffes étaient classées par saison : en hiver, les velours, les satins, les ratines et les draps; en été, les taffetas; au printemps et en automne, des draps légers nommés *silésies*, des camelots, des velours ciselés et d'autres étoffes de soie moins légères que le taffetas et moins fortes que le satin. Les dentelles même variaient suivant les saisons. Cependant, le point d'Angleterre n'était pas une parure plus chaude que la dentelle de Malines; mais le premier ne pouvait plus paraître après les fêtes de Longchamps, tandis que la dentelle ornait les bonnets pendant tout l'été. Ces usages n'auraient encore eu rien de bien choquant si on les avait suivis en raison de l'intensité du froid ou de la chaleur; mais l'étiquette avait fixé les jours de changement. Les fourrures se prenaient le jour de la Toussaint; et Pâques, quoique l'une des fêtes mobiles, était le jour où l'on quittait les manchons, sans qu'il fût permis de les reprendre, lorsqu'il survenait de la neige. Une autre époque, également fixe et invariable, servait à la cour apprendre qu'une dame avait atteint son huitième lustre : alors elle ne devait plus y paraître sans avoir une coiffe en dentelle noire, qui, passant sur son bonnet, venait se nouer sous le menton.

La révolution de 1789 vint abolir toutes ces étiquettes; elle fit aussi cesser les distinctions adoptées dans les différentes classes de la société : les hommes quittèrent l'épée; les conseillers au parlement, les baillis, les avocats, quittèrent la robe et le petit manteau; les ecclésiastiques même se virent obligés de ne plus porter la soutane. La suppression des couvents fit disparaître également tous les habits monastiques. Les uniformes même éprouvèrent de grands changements. Toute l'infanterie, qui portait l'uniforme blanc, avec des collets, des revers et des parements de couleurs variées, prit l'habit bleu, sans modification de couleur pour aucune de ses parties; le bouton, avec un numéro indiquant le régiment, était la seule variation qu'on y remarquât. Les principes de l'égalité, proclamés avec tant de violence, amenèrent une grande simplicité dans les vêtements. Les hommes conservèrent un habit en drap, sans broderie ni galons; quelques-uns même portèrent une veste à basque, dite *carmagnole*, avec un pantalon large, ordinairement de la même couleur que la veste; puis, pour se garantir du froid, on prit une large et longue redingote nommée *houpelande*. Elle était d'étoffe grossière de laine brune, à longs poils, avec une bordure en peluche de laine bleue, rouge ou noire. Quelques personnes plus élégantes, au lieu de peluche, mettaient du velours de soie cramoisi ou noir. La coiffure changea beaucoup aussi : on quitta la poudre et la frisure; les cheveux furent coupés court; le chapeau rond fut adopté, car jamais le *bonnet rouge* ne fut généralement adopté; on ne le voyait que dans quelques réunions, où tout le monde même ne s'en affublait pas. Quant à la chaussure, elle éprouva aussi de grands changements : on ne porta plus de bas de soie; les boucles d'or et d'argent disparurent de dessus les souliers, qui eux-mêmes furent souvent remplacés par des bottes. Les femmes avaient également quitté la poudre; leurs cheveux étaient quelquefois coupés très-court, ou plus ou moins resserrés sous un simple bonnet rond, orné d'une très-petite dentelle lorsqu'il y en avait, et entouré d'un simple ruban; quelque-unes même portaient un mouchoir mis en marmotte. Cette coiffure, après la Terreur, prit pourtant une certaine élégance; les cheveux relevés en chignon furent plus ou moins flottants, et ces mouchoirs ou fichus, qui d'abord avaient été de toile ou de mousseline, se portèrent en linon, et même en crêpe de couleur écarlate, brodés en paillettes d'argent. Il est inutile de dire que l'on ne voyait aucune robe de velours ni de satin; la soie n'était plus admise que sous la forme de *petit taffetas*, encore en portait-on rarement; les robes étaient habituellement en toile peinte, en cotonnade, en étoffe soie et coton. Les grandes toilettes seules admettaient la robe blanche en percale, ou tout au plus la mousseline, mais sans aucune broderie.

La tranquillité ramena peu à peu de l'élégance et même quelque richesse dans les vêtements des dames; le corsage des robes devint excessivement court, la poitrine fort entièrement découverte; les jupes, au contraire, allongèrent par le bas encore plus que par le haut; souvent même elles avaient une queue traînante de plusieurs pieds. Le peintre David dessina les costumes de nouveaux fonctionnaires publics. Tous étaient en drap, excepté ceux des cinq directeurs, qui étaient en satin. Tous consistaient en un pantalon et un habit, dont les revers formaient la continuation du collet; le bout des manches, souvent doublées de velours noir ou vert, se retroussait à volonté. Quant au bas de l'habit, il formait une espèce de jupe qui, comme les redingotes, couvrait entièrement les cuisses, mais ne descendait que jusqu'aux genoux. Cette mode reçut bientôt quelques variantes: les revers furent séparés du collet, agrandi d'une manière presque démesurée, non-seulement pour l'habit, mais pour le gilet : c'est alors que quelques élégants laissèrent croître leurs cheveux, et firent avec ceux de derrière une tresse qu'ils relevaient avec un petit peigne, et qui portait le nom de *cadenette*.

[Cependant, la mode des cheveux coupés court et sans poudre, coiffure dite à *la Titus* et à *la Caracalla*, continuait à prévaloir et à être adoptée par le plus grand nombre d'hommes et de femmes qui ne dépassaient pas vingt-cinq ans. Beaucoup de ces dernières, néanmoins, s'opiniâtrèrent à les porter longs sans poudre, suivant l'exemple qui leur avait été donné par une fort belle personne, Mᵐᵉ de Vailly, femme d'abord de l'architecte de ce nom, puis de Fourcroy, l'illustre chimiste, laquelle, jeune et dans tout l'éclat de la beauté, avait eu le courage et la hardiesse (car il fallait avoir l'un et l'autre) de se montrer en loge au théâtre de l'Odéon avec ses beaux cheveux, noir de geai, tombant en boucles abondantes autour de son cou et jusque sur ses épaules, grand sujet de scandale pour les femmes sur le retour! Mais les jeunes, après avoir crié beaucoup, eurent la curiosité de faire en secret l'essai de ce moyen de varier le pouvoir de leurs charmes. Les brunes, les blondes, les châtaines, aux mille et une nuances, après avoir purgé leur chevelure de la pommade et de la poudre, leur firent reprendre sous leurs doigts l'allure calme, ondée ou capricieuse que leur a donnée la nature, et elles s'en trouvèrent bien.

N'oublions pas la gravure bien connue de Dubricourt, représentant, sous le titre de *promenade publique*, le jardin du Palais-Royal, où se pressent les habillements d'hommes et de femmes alors à la mode, reproduits avec autant de verve que de vérité. Là vous verrez des *merveilleux* et des *merveilleuses*, les uns affectant de porter les cheveux poudrés et des chapeaux à cornes, les autres, les brunes surtout, se couvrant la tête de monstrueuses perruques blondes, pour aller entendre chanter Garat : le tout pour faire opposition aux *têtes noires* coiffées à la Titus, montrer sa haine au nouvel ordre de choses, et témoigner de son amour pour les Bourbons.

Toutefois, ces modes éphémères n'eurent qu'un temps. Lorsque la société se trouva comparativement dans un état paisible, le goût de la toilette et du luxe, la mode enfin reprit ses droits. Ce fut alors que les élégantes rejetèrent complètement la coupe et les formes des vêtements portés par leurs mères pour suivre désormais celles que David avait adoptées pour le costume de la femme et de la fille de Brutus. L'élan passionné qui se manifesta pour la statuaire antique contribua encore à affermir cette mode nouvelle, qui ne tarda pas malheureusement à être défigurée par des exagérations. Le grand défaut des robes de femmes à cette époque est que la ceinture unique est placée immédiatement au-dessous du sein. En prenant ce point de départ sur l'habillement des femmes de l'antiquité, on a eu le tort grave de ne pas adopter la ceinture double, comme on la voit aux filles de Brutus de David. A toutes les époques et dans presque tous les temps la véritable ceinture a été placée immédiatement au-dessus des hanches, tant pour les hommes que pour les femmes; et pour ces dernières la seconde ceinture, la plus haute, est un besoin qui résulte de leur conformation. En effet, si l'on considère de sang-froid comment le double usage des horribles corsets et des monstrueux paniers a pu s'introduire, on reconnaît qu'ils ne sont qu'une exagération excessive des deux ceintures primitives qu'on retrouve sur presque toutes les statues de femmes de l'antiquité. Or voici ce qui arriva presque aussitôt après 1801 : l'usage de cette ceinture unique, placée si haut, se combina avec celui du corset non visible, mais dont il est difficile de se passer à tout âge, en sorte que la roideur réelle du corps ne s'accordant plus avec la flexibilité de la jupe et par suite la jupe ayant contracté la roideur du corps, toute la personne fut divisée en deux portions très-inégales : l'une comprenant seulement la poitrine, l'autre tombant roide et sans inflexion de la taille jusqu'aux pieds, ce qui est peu agréable à l'œil.

Ce défaut se fait sentir surtout dans les toilettes de cour de dames peintes par Gérard de 1810 à 1812 et dans le sacre de Napoléon, par David. Là le défaut est porté au suprême degré.

Les costumes militaire et administratif du consulat et de l'empire se distinguèrent par une allure théâtrale, chevaleresque et quelque peu fanfaronne, à laquelle nos yeux, il y a quelques années, avaient peine à s'accoutumer, en les revoyant en peinture ou en rencontrant dans les rues quelques vieillards qui s'obstinaient à revêtir ces glorieux oripeaux. La Restauration essaya vainement de naturaliser chez nous toutes les friperies oubliées des règnes de Louis XV et de Louis XVI. Le ridicule fit promptement justice de ces mascarades, et quand la révolution de Juillet éclata, on avait depuis longtemps fait divorce avec ce passé vermoulu. Louis-Philippe parut mieux comprendre son siècle en restreignant dans leurs plus étroites limites les habits de cour et d'administration. Il fallut moins y songer encore sous la république, malgré les vains efforts des citoyens Flocon et Caussidière pour renouer la tradition des *gilets à la Robespierre* et de la *carmagnole*. Qui eût pu se douter alors que toute la défroque du vieil empire reviendrait de mode sous le nouveau et qu'on essayerait de nous prouver que la multiplicité et la variété des costumes impriment plus de respect à un gouvernement? Ce qui semblerait indiquer toutefois que le peuple partage encore fort peu cet avis, c'est que vous trouveriez difficilement, par la plus beau jour d'été, un habit de chambellan, de sénateur ou de membre du corps législatif, se risquant autrement qu'en voiture dans les rues de la capitale. Et pourtant, jadis sous Louis XIV, Louis XV, Louis XVI et même sous le premier Napoléon, ces costumes-là s'étalaient sans gêne et avec orgueil en plein soleil. Pour en voir, il faut aujourd'hui s'en aller jusqu'à Saint-Pétersbourg.]

Avant de terminer cet article, nous dirons quelques mots des costumes de théâtre. Sous Louis XIII et Louis XIV, les acteurs, dans la comédie, étaient vêtus sur le théâtre comme à la ville; dans la tragédie, leur costume n'avait rien de la réalité. Dans l'opéra, le costume des personnages mythologiques offrait un mélange bizarre et incohérent, dont il serait difficile de rendre compte. La mode et son inconstance influa sur ces costumes imaginaires, et on vit sous Louis XV les nymphes et même les faunes venir danser sur la scène avec des paniers et des bouffants tout couverts de gaze, bouillonnés avec des rubans. Lekain et Mlle Clairon voulurent amener la réforme dans les costumes de théâtre; mais l'amélioration qu'ils y introduisirent se borna à supprimer les paniers des actrices et les chapeaux à plumes des acteurs, à introduire dans les sujets asiatiques tantôt un vêtement turc, tantôt une peau de tigre en forme de manteau, puis le vêtement français du seizième siècle pour les sujets relatifs à la chevalerie.

Ces améliorations étaient bien loin d'atteindre les perfectionnements que Talma devait faire adopter vers 1791. La tragédie de *Charles IX*, jouée alors au Théâtre-Français, est la première où l'on ait suivi le costume avec une rigoureuse exactitude. Cette innovation fut tellement goûtée du public, qu'elle s'étendit bientôt à d'autres pièces. Les acteurs et même les actrices parurent sur la scène avec des habits et des coiffures parfaitement imités de ceux des Grecs et des Romains. La tragédie de *Virginie* par La Harpe, celle des *Gracques* par Chénier, furent jouées avec des costumes parfaitement exacts. Une semblable réforme fut opérée dans les tragédies de *Henri VIII*, par Chénier, dans celles de *Macbeth* et d'*Othello*, par Ducis. Tous les théâtres de Paris et de la province adoptèrent successivement les mêmes usages.

On pourrait encore présenter quelques réflexions sur les *costumes*, en les considérant sous la rapport de l'influence qu'ils ont pu exercer sur les mœurs des différents peuples, ou bien rechercher quels changements la civilisation a pu y apporter; mais ces considérations de cette nature nous entraîneraient beaucoup trop loin. Nous nous bornerons à faire remarquer que si le principe de la mode est que *tout est bien, pourvu que cela soit nouveau*, les arts et le bon goût ne peuvent adopter un tel axiome. Aussi a-t-on vu dans plusieurs circonstances les artistes chercher à éviter l'influence de la mode quand elle leur offrait des objets de formes bizarres ou ridicules. Ainsi, lorsque l'on quitta les manteaux que prenaient les habits à manches, lorsque les petits chapeaux à trois cornes et les bonnets à bec devinrent la coiffure habituelle, on vit les peintres chercher s'ils ne pourraient pas introduire un costume de convention pour les portraits, et afin de motiver ce retour vers les temps anciens, ils allèrent souvent jusqu'à transformer nos grand'mères en *Diane* et en *Vénus*. Un motif semblable a pu influer beaucoup sur le choix des sujets, qui pendant près d'un siècle étaient presque toujours puisés dans l'histoire grecque, l'artiste trouvant ainsi le moyen d'offrir des parties nues, ou au moins la facilité de les draper avec l'élégance que son goût lui suggérait. Maintenant on représente indifféremment des scènes de tous les siècles et de tous les pays, sans rechercher si les costumes sont plus ou moins gracieux; on tient surtout à être exact.

DUCHESNE aîné.

Les critiques allemands reprochent à bon droit aux comédiens de leur pays de ne pas assez tenir compte de l'exactitude et de la vérité du costume ; de ne pas prendre exemple sur les acteurs de Paris, qui aujourd'hui ne croiraient certes pas possible de jouer une pièce de Molière autrement avec des costumes rappelant de tous points ceux qui étaient en usage au temps de Louis XIV, de représenter Regnard, Marivaux et les autres poëtes comiques du siècle dernier avec des costumes qui ne fussent pas exactement ceux du règne de Louis XV ; tandis qu'il leur arrive journellement de jouer les pièces de Lessing, de Schrœder et d'Iffland, vêtus à la dernière mode. De là, disent-ils, de choquants contrastes entre les idées, le style et le costume, qu'un goût plus exercé devait éviter.

COTANGENTE. On appelle ainsi, en trigonométrie, la tangente du complément d'un arc ou d'un angle. Ainsi, par exemple, la cotangente de 37° est la tangente de 53°.

COTE. Ce mot, que l'on écrit aussi quelquefois *quote*, vient du latin *quot*, combien. Il a plusieurs significations différentes. Il désigne d'abord la part que chacun doit payer d'une dépense, d'une dette ou d'une imposition communes ; cela s'appelle aussi *quote-part*. Par extension, *cote* exprime la part que chacun doit payer dans les impôts ou contributions publiques.

En style de palais, ce terme se prend pour la lettre ou le chiffre que l'on met au dos de chaque pièce mentionnée dans un inventaire ou dans une production pour les distinguer les unes des autres, les reconnaître et les retrouver plus aisément. On comprend ordinairement sous une même cote toutes les pièces qui ont rapport au même objet ; et alors la lettre ou le chiffre ne se met sur aucune des pièces en particulier, mais sur un dossier auquel elles sont attachées ensemble. On cote aussi dans le commerce les feuilles dont se composent les livres des négociants, les registres et les répertoires des notaires, ceux des huissiers, etc.

Cote mal taillée se dit d'un compte qu'on a arrêté sans exiger tout ce qui pouvait être dû, et où l'on a rabattu quelque chose de part et d'autre. Cette expression vient de ce qu'anciennement, lorsque l'usage de l'écriture était peu commun en France, ceux qui avaient des comptes à faire ensemble marquaient le nombre des fournitures ou payements sur des tailles de bois ; si les tailles ne se rapportaient pas, cela s'appelait une cote mal taillée, c'est-à-dire que la quantité dont il s'agissait était mal marquée sur la taille.

La cote d'une valeur ou d'une marchandise est son appréciation officielle d'après le cours des effets publics ou le prix courant des marchandises. Ainsi l'on dira la *cote du 3 p. 100*, la *cote du papier sur telle ville*, la *cote des sucres*, etc. Avant qu'un emprunt public soit coté, il faut que l'autorité supérieure l'ait reconnu. On se sert aussi de ce mot pour désigner le bulletin officiel des cours des effets publics rédigé par les agents de change. C'est ainsi qu'on dit la *cote des négociations au comptant*, ou la *cote des négociations à terme*.

CÔTE (*Anatomie*). Ce nom n'est autre chose que le mot latin *costa* francisé, d'où primitivement *coste* et enfin *côte*. Tout le monde sait que les côtes sont des os longs et plats, offrant plusieurs courbures, et placés sur les côtés de la poitrine, entre l'épine du dos ou la colonne vertébrale et le sternum.

En anatomie et en physiologie comparée, le sens propre du mot *côte* prend naturellement une extension rationnelle, lorsqu'on reconnaît que chez les animaux vertébrés il en est qui ont des côtes non-seulement à la poitrine, mais encore à l'abdomen ou aux lombes et au cou, et même encore au sacrum et à la queue ; mais alors, pour éviter toute équivoque, il faut bien indiquer qu'on entend par *côtes* les arcs osseux qui protègent latéralement non-seulement le cœur, les grands troncs vasculaires et les organes respiratoires, mais encore les viscères abdominaux, c'est-à-dire la masse des organes digestifs et génito-urinaires renfermés dans l'abdomen.

Après cette indication générale des arcs osseux qui au cou, au thorax, à l'abdomen, protègent évidemment les organes renfermés dans la grande cavité splanchnique de ces trois régions, il faut noter soigneusement que lorsque le grand axe vasculaire (aorte et veine cave postérieure) se prolonge sous une queue très-développée, il y a encore, autour et en dessous de cet axe, des arcs osseux, tantôt soudés au corps des vertèbres caudales, tantôt simplement articulés avec ce corps, et s'offrant sous forme d'os en V, lorsqu'ils sont recouverts de couches musculaires. De cette détermination, que nous croyons très-exacte, il résulte nécessairement que la grandeur et la forme de toutes ces côtes ou arcs osseux sont toujours relatives à celles des viscères et des vaisseaux renfermés dans la cavité qu'ils circonscrivent, et à celles des muscles, soit intermédiaires, soit surjacents. Nous croyons avoir démontré le premier que les vestiges des côtes existent au cou, aux lombes et au sacrum chez l'homme, et chez la plupart des animaux vertébrés. On avait jusque alors confondu ces côtes rudimentaires avec les apophyses transverses des vertèbres ; mais les lumières puisées dans l'étude des monstruosités et dans l'observation comparative du squelette dans toute la série des animaux vertébrés, ne permettent plus de révoquer en doute l'existence de ces rudiments des côtes, méconnus jusqu'à l'époque actuelle.

Les modifications que les arcs costaux ont dû subir sont sans nul doute très-nombreuses, et nous ne pouvons les énumérer ici en détail ; mais au fond il nous est très-possible de caractériser les modifications principales en faisant remarquer que, malgré la variété apparente de leurs fonctions spéciales, les côtes n'ont d'autres usages généraux que de protéger les organes contenus, et de concourir, avec les muscles qui s'implantent sur elles, soit à la locomotion générale, soit à des mouvements divers, coordonnés avec les phénomènes fonctionnels des appareils assimilateur, dépurateur et générateur. Considérés toujours comme agents mécaniques passifs, soit de protection, soit de locomotion pour divers buts, les arcs costaux ne devaient offrir dans leur construction que des degrés très-variés de solidité et d'immobilité ou de mobilité. C'est en effet ce qui a lieu ; car depuis le squelette des tortues, où les côtes, élargies et réunies entre elles par engrenure, offrent ce qu'on a nommé avec raison un *crâne thoracique* ou *carapace* tout à fait immobile, et d'une solidité qui le rend susceptible de supporter de très-grands poids, depuis, dis-je, cette construction d'un coffre constitué évidemment par les côtes, jusqu'aux appendices costaux tout à fait divergents, très-mobiles, et renfermés dans les expansions latérales de la peau des dragons (espèces de lézards), on conçoit qu'il existe dans toute la série des animaux vertébrés un très-grand nombre de dispositions intermédiaires entre ces deux exemples, de l'extrême solidité des côtes ou de leur plus grande mobilité.

Ces exemples ont dû être choisis parmi les côtes thoraciques dont cet acquis un très-grand développement. Nous avons déjà indiqué que dans les diverses régions du squelette leurs dimensions diminuent beaucoup, au point qu'elles n'existent plus que comme des vestiges. Il est essentiel maintenant de signaler un fait d'une importance non moins grande. Ce fait est la manière dont les côtes s'unissent en arrière avec les apophyses transverses des vertèbres ou en sont séparées, ainsi que leur connexion en avant, avec un os médian appelé *sternum*. A la poitrine, les dernières côtes, qui chez l'homme et les mammifères ne s'appuient point ni sur des apophyses transverses ni sur un sternum, sont plus mobiles, semblent flotter dans les chairs, et sont appelées *côtes flottantes*. Toutes les autres côtes aboutissent, les unes directement, les autres indirectement au sternum. Les premières (*vraies côtes* ou *côtes vertébro-sternales*) ont leur extrémité appuyée sur les bords mêmes du sternum, tandis que les extrémités des secondes (*fausses côtes* ou *côtes sternales*) remontent vers cet os, n'arrivent point jusqu'à lui, et s'articulent chacune avec le bord inférieur de la côte qui précède. La partie des côtes qui aboutit ou tend au sternum est toujours une pièce distincte de celle en connexion avec la colonne vertébrale. Elle est tantôt cartilagineuse (homme et la plupart des mammifères), tantôt osseuse (oiseaux).

L'arc osseux costal est donc formé de deux pièces, le plus souvent, et dans quelques espèces (crocodiles), où la mobilité est très-grande, le nombre de ces pièces est de trois. Dans ces reptiles, ainsi que dans les cétacés, l'extrémité vertébrale des premières côtes s'appuie en haut sur la colonne vertébrale et sur l'apophyse transverse ; on voit ensuite cette extrémité de la côte diminuer progressivement et ne plus s'articuler avec les vertèbres, puis disparaître entièrement. C'est alors l'apophyse transverse qui a remplacé cette portion de la côte. C'est en étudiant la disposition des développements réciproques des côtes et des apophyses transverses, en raison inverse, que nous avons été conduit à regarder les éléments ou rayons maxillaires des vertèbres comme des parties correspondant analogiquement aux côtes et aux apophyses transverses des autres régions de la colonne vertébrale. Et cela ne peut être autrement, s'il est vrai que chaque segment du tronc d'un animal vertébré est toujours établi sur un même plan, mais modifié de manière à pouvoir concourir aux diverses fonctions spéciales de chaque région du corps.

Les allusions fréquentes que le mot *côte* éveille naturellement dans l'esprit donnent lieu à son emploi très-fréquent dans une foule de locutions : *côte de melon*, *côte de citrouille*, *côte de feuille* ; *côtes d'un vaisseau*, pièces qui sont jointes à la quille ; *côtes d'une colonne*, *d'un pilastre*, parties saillantes qui séparent les cannelures du fût ; *il se croit issu de la côte de saint Louis*, par allusion à la formation d'Ève, créée, selon la Genèse, d'une côte d'Adam ; *côte de luth*, pièce du corps du luth ; *serrer les côtes à quelqu'un*, le presser vivement pour l'obliger à quelque chose ; *lui mesurer les côtes*, le battre à coups de bâton, de nerf de bœuf ; *lui rompre les côtes*, le battre à outrance. On dit aussi, *côte à côte* pour à côté l'un de l'autre ; *à mi-côte*, signifiant au milieu du penchant d'une montagne, ou plutôt d'une colline, car ce sont ces petites éminences que l'on désigne quelquefois sous le nom de *côtes*.

En botanique, on donne le nom de *côte* 1° à la nervure médiane d'une feuille, lorsqu'elle saille beaucoup plus que les autres ; 2° aux lignes anguleuses du fruit des ombellifères.
L. LAURENT.

CÔTE ou **RIVAGE** (*Hydrographie*). On appelle ainsi la partie de la terre qui touche à la mer, qui est bornée par elle, tandis qu'on désigne sous le nom de *plage* l'espace tour à tour couvert et laissé à sec par son flux et son reflux. La côte constitue la ligne de démarcation existant entre l'élément liquide et l'élément solide de la surface terrestre. Comme produit, d'une part de la conformation primitive de la terre en général et de la résistance passive de l'élément continental, de l'autre de l'action de l'élément océanien liquide, de ses brisants, de ses courants, de son flux et reflux, elle affecte des contours et des délinéaments divers sous le rapport de son extension horizontale, de même que des formes très-variables et très-différentes sous celui de son élévation verticale au-dessus de la mer et de sa constitution orographique. Si les parties de la mer forment des golfes, des baies, des anses, des détroits, des ports et des rades suivant l'étendue plus ou moins grande des terres qu'elles enserrent ; de même la terre, suivant qu'elle pénètre plus ou moins avant dans la mer, forme des presqu'îles, des langues, des pointes de terre, des caps et des isthmes. Il y a une constante corrélation entre les diverses configurations de l'une et de l'autre. La grandeur de l'étendue de côtes ou du *littoral*, c'est-à-dire de la ligne par laquelle un pays ou une partie de la terre se trouve en contact avec la mer, et qui donne la mesure de sa configuration est, relativement à l'aire ou superficie de ce pays ou de ce continent, de la plus grande importance pour son accessibilité par mer et pour la facilité du développement de sa civilisation. Alexandre de Humboldt est le premier qui ait signalé cette circonstance à l'attention des observateurs et des penseurs. Sans tenir compte des îles dépendant des divers continents, on constate l'existence des rapports suivants :

	SUPERFICIE.	LITTORAL.	RAPPORT.
Europe........	83,000 myr. c.	3,182 myr.	28 : 1
Asie..........	445,500	5,698	78 : 1
Afrique.......	293,700	2,590	113 : 1
Amérique sept..	188,100	4,514	42 : 1
Amérique mérid...	176,550	2,516	70 : 1
N^{lle} Hollande...	75,900	1,406	54 : 1

En combinant ces différentes données, on trouve pour le continent européen-asiatique (533,500 myriamètres carrés) un développement de 8,880 myriamètres de côtes ; pour tout le continent formant l'ancien monde (82,700 myriamètres carrés), un développement total de 11,470 myriamètres ; pour le continent américain tout entier (364,650 myriamètres carrés), 7,030 myriamètres de côtes ; par conséquent, pour le premier un rapport de 60 : 1 ; pour le second, de 72 : 1 ; pour le troisième, de 52 : 1. L'Europe est dès lors, on peut le dire, de toutes les parties de la terre celle qui offre le rapport le plus favorable, attendu qu'on y compte 1 myriamètre de côtes pour 28 myriamètres de superficie carrée. Vient ensuite l'Amérique, puis la Nouvelle-Hollande, puis l'Asie, et enfin la compacte et massive Afrique.

Suivant leur conformation verticale, les côtes se divisent en trois classes : les *côtes escarpées*, les *côtes à écueils* et les *côtes plates*.

Les *côtes escarpées* consistent en parois d'élévations diverses, souvent formées de rochers et aboutissant immédiatement à la mer ou à la plage. Dans leur voisinage, la mer offre une grande profondeur relative, augmentant abruptement, brusquement, et cependant d'ordinaire fort régulièrement, ou, comme disent les marins, donnant partout des sondages réguliers. Généralement on n'y trouve ni écueils ni bas-fonds ; elles forment rarement des échancrures, mais souvent de grands golfes et des caps qui s'avancent abruptement dans la mer ; quelquefois aussi elle se prolongent uniformément sur une longue étendue. Ce sont les moins dangereuses, les plus sûres, celles qui là où se trouve un abri contre le vent présentent les meilleurs ports, par conséquent celles qui sont les plus favorables à la navigation.

Les *côtes à écueils*, ou entourées d'écueils, sont de deux espèces. Les côtes à écueils proprement dites, sont des côtes escarpées, garnies partout de masses rocheuses ou écueils isolés, s'élevant abruptement du fond de la mer et séparés par de profondes passes. On y rencontre souvent des ports aussi sûrs que vastes, et dès lors ces passes sont d'une haute importance pour la navigation ; mais souvent aussi celles qui séparent les écueils entre eux sont très-resserrées, dangereuses, à cause des courants impétueux qui y règnent, qui rendent l'entrée des ports très-difficile et ne permettent de les utiliser que pour de petits navires. Ces sortes de côtes sont fréquentes en Dalmatie, mais plus particulièrement dans les régions septentrionales, par exemple en Islande, au nord de l'Écosse, dans la presqu'île Scandinave, en Sibérie et jusqu'au Kamtschatka ; en Amérique, au nord du fleuve Saint-Laurent et de la Haute-Californie.

Les côtes à écueils de corail sont des côtes ou escarpées ou plates, avec de nombreux bancs, construits et incessamment modifiés par l'infatigable activité des madrépores, s'élevant jusqu'à fleur d'eau (souvent par larges et régulières assises affectant la forme de marches), et formant assez souvent des écueils en saillie, des îles plates, résultat de l'accumulation successive par la mer sur leurs couches de blocs détachés, de sable et de débris végétaux. Souvent aussi des passes praticables conduisent à travers cette ceinture de rescifs, vers des ports situés dans la mer libre qui se trouve derrière; mais la navigation de ces côtes n'est jamais exempte de périls. On ne les rencontre guère, d'ailleurs, que dans les zones tropicales, attendu que les animaux dont ces écueils sont le produit ne peuvent vivre que dans les plus chaudes contrées du globe.

La configuration de côtes la plus commune est celle des *côtes plates*, là où le sol va toujours en s'abaissant insensiblement vers la mer, et continue à décrire le même mouvement de déclivité au-dessous de son niveau. La mer n'y a dès lors qu'une profondeur médiocre, et souvent elle y présente des bancs de sable. Ces côtes sont d'une grande uniformité et presque sans échancrure jusqu'à l'embouchure des fleuves. C'est là que la plage est le plus étendue, que le mouvement de déclivité vers la mer est plus faiblement prononcé. D'ordinaire des dunes rejetées par la mer y bordent la plage, et y protègent la terre contre les envahissements des flots; mais souvent aussi, composées d'un sable d'une finesse et d'une mobilité extrêmes, elles pénètrent dans l'intérieur des terres sous l'influence des vents, et finissent par couvrir de sable de fertiles contrées. Là où il n'y a point de dunes, les peuples cultivateurs se protègent au moyen de digues et de chaussées. Quand il n'en existe pas, ou bien lorsqu'elles ont été détruites par les vagues; et encore lorsque des alluvions maritimes ou fluviales interceptent des parties de la mer, il en résulte des eaux stagnantes, des marais, des lagunes. Là où il est possible d'utiliser ces alluvions, on les protège par des digues ou des *polders*, et on les transforme en *marches*. En général, les côtes plates sont défavorables à la navigation et souvent même impraticables pour de vastes étendues pour les plus faibles bâtiments. On y rencontre rarement des ports naturels, et elles exigent la création et l'entretien de ports produits de l'industrie humaine. Ils se trouvent le plus ordinairement à l'embouchure des fleuves ou bien dans les solutions de continuité des dunes, et sont souvent extrêmement peu sûrs.

La forme des côtes plates domine dans le golfe de Venise, au sud-ouest et à l'ouest de la France, en Hollande, au nord de l'Allemagne, en Danemark, à l'est de la Chine, en Coromandel, en Perse, en Arabie, dans la plus grande partie de l'Afrique, en Patagonie, en Guyane, dans le golfe du Mexique, dans les États composant l'Union Américaine, au nord du cap Hatteras. Dans tout le nord de la terre, elles offrent un sol rocheux, avec une pente médiocre et où des marais se forment à la longue avec des lichens et de la tourbe. C'est en effet en Sibérie, et vers l'ouest, dans le nord de l'Europe jusqu'à la mer Blanche, que s'étendent, sous le nom de *tundra*, ces effrayantes steppes de lichens, dont la superficie se dégèle à l'époque d'un court été et se transforme alors en impraticables marais, tandis qu'en hiver le froid la solidifie et la rend accessible.

[Comment les marins se sont-ils avisés de donner le nom de *côtes* au rivage de la mer? Ce mot vient évidemment du latin *costa*, côte, os long et recourbé qui enveloppe le thorax, et Pline s'en sert par analogie pour désigner les pièces de bois qui constituent la charpente principale des vaisseaux (*costa navium*). Nous admettrons donc que la langue de la marine est redevable à l'anatomie de ce mot.

La navigation le long des côtes est encore aujourd'hui la terreur des marins. En pleine mer, ils se rient des vents et des flots; mais près de terre, ils ont toujours à craindre que quelque resci f inaperçu jusqu'alors n'entr'ouvre le flanc de leurs vaisseaux, ou que la violence du vent et des vagues ne les pousse contre les brisants du rivage. Et c'est une cruelle position que celle qui ne laisse à l'homme que le choix du rocher où il doit se briser! Aussi ces mêmes matelots qui dorment tranquillement quand la tempête les berce au milieu de l'Océan, veillent-ils avec inquiétude dès qu'ils approchent de la terre. C'est surtout au milieu des ténèbres qu'il est important d'avertir les navigateurs du voisinage des côtes : toutes les nations civilisées ont eu l'heureuse idée d'établir des phares sur les bords de la mer; mais l'Angleterre, toujours attentive aux intérêts de son commerce et de sa navigation, en a, pour ainsi dire, semé ses rivages. Il n'y a pas le long de ses côtes un seul point dangereux, un seul banc caché, où quelque feu ne s'élève pour prévenir du danger : son active prévoyance a étendu ses effets jusqu'en pleine mer, et les étrangers rencontrent souvent avec surprise et reconnaissance une barque, un petit navire mouillé à plusieurs lieues au large; il est là, exposé lui-même à être englouti par l'orage, mais l'audacieux gardien qui veille à l'entretien du feu, qu'on distingue au sommet de ses mâts, remplit pour son gouvernement un grand devoir d'humanité: il a sauvé bien des vaisseaux du naufrage.

Le littoral de nos mers nourrit une classe d'hommes qui m'a toujours paru admirable: ce sont les pilotes: élevés dans le fracas de la tempête, c'est la mer, et une mer furieuse et terrible, qui devient leur élément. Dès qu'ils aperçoivent un navire qui s'approche du port ou fait signal de détresse, ils ne s'inquiètent pas si l'ouragan tonne au large, ils s'élancent dans leur barque, courent au vaisseau, sautent à son bord, au risque d'être écrasés mille fois par la lame qui bat ses flancs.

Les rivages de la mer n'offrent pas partout le même aspect : quelquefois ils s'inclinent doucement sous la surface des eaux, comme une longue dune de sable, et les navires alors ne peuvent approcher du bord qu'à une grande distance; c'est ce qui a lieu dans cette partie de la côte occidentale de l'Afrique où confine l'empire de Maroc. Malheur aux navigateurs qui ne connaissent pas ces parages! Le vent du désert y soulève continuellement des tourbillons de sable; l'horizon y prend une teinte rougeâtre et uniforme; la vue de la terre est cachée à tous les yeux; les courants les poussent au milieu des syrtes de ces bords inhospitaliers, où les Arabes sauvages leur laissent à peine le choix entre l'esclavage et la mort. Souvent ces côtes sablonneuses sont le produit de l'alluvion des grands fleuves qui viennent déposer sur le rivage les parties terreuses dont ils se chargent dans leur cours : ainsi se forme chaque jour la côte de la Floride occidentale, près des bouches du Mississipi. D'autres fois on peut les considérer comme les digues naturelles où s'accumulent les sables que l'Océan agite et tient suspendus dans ses flots. C'est la seule explication qu'on puisse donner de la formation lente de la côte du Yucatan, où le bassin du golfe du Mexique semble aller en se rétrécissant sensiblement. C'est ce dépôt successif des sables de la mer qui produit le plus notable changement qu'on puisse observer de nos jours dans l'état physique des rivages.

La nature n'a pas également partagé les nations riveraines de l'Océan : on dirait qu'elle a imprimé à chaque pays le caractère de ses habitants. Les côtes de l'Angleterre sont faites pour un peuple entier de marins; les rescifs y sont rares; les vagues ne viennent pas s'y briser avec force; toute la rage de la mer se tourne vers les rivages de notre France. Quoi de plus affreux que le littoral qui s'étend entre Lorient et Calais ! Les sables de la Manche comblent nos ports, les courants et les vents qui battent ces côtes entraînent nos vaisseaux sur ce rivage de fer, et les rochers dont il est hérissé portent toujours sur leurs pointes quelques nouveaux débris d'innombrables naufrages. Il semble que Dieu ait dit à la France : « Tu ne seras pas une grande nation maritime. »

Les marins disent qu'une *côte* est *saine* quand une mer profonde vient laver ses rivages. Que leur importe qu'un roc noir et taillé à pic lui donne l'air sombre et menaçant, pourvu que sous ses flots aucun resci f caché ne les attende? C'est ce qui a lieu dans l'Archipel grec : on dirait qu'une secousse volcanique a fait surgir toutes ces îles du sein des eaux à une grande hauteur; leurs côtes sont arides et brisées, mais à leur pied la mer est sans fond. Aussi ces parages si fréquentés ne sont-ils signalés que par de rares naufrages, tandis que le littoral de la France est un vaste cimetière.

Quand deux nations maritimes sont en guerre, le bord de la mer devient la frontière menacée. Les navires de guerre n'ont pas seulement pour mission de combattre les vaisseaux ennemis qu'ils rencontrent au milieu de la mer, souvent encore, réunis en escadres, ils sont chargés d'opérer des descentes et de ravager les côtes. Rochefort et Saint-Malo, dans la guerre de 1756, accusèrent longtemps l'impéritie du gouvernement, incapable à la fois de les protéger et de les venger. Les Français n'avaient plus de flottes à opposer aux flottes de l'Angleterre; et la dernière guerre d'Amérique a prouvé par de sanglants témoignages que c'est aux vaisseaux à défendre les côtes contre des vaisseaux. Il est impossible de hérisser de canons un rivage dans toute son étendue : une escadre promène rapidement de lieu en lieu de fortes troupes; elle peut choisir son point d'attaque, et fondre à l'improviste sur l'endroit non défendu : la crainte d'une escadre ennemie peut donc seule l'empêcher d'effectuer un débarquement. La France possède une grande étendue de littoral; une guerre maritime la trouverait bien faible si ses ports étaient dépourvus de vaisseaux : les frégates, les corsaires, peuvent faire du mal au commerce de l'ennemi, mais ce n'est pas une protection contre des attaques. Depuis 1815 les esprits sont à la recherche du meilleur système de fortifications maritimes. On cite au premier rang les batteries à vapeur armées de projectiles creux, de bombes destinées à éclater dans la charpente même des navires; les chaloupes canonnières qui lanceraient des boulets rouges, des obus, ainsi que l'a fait avec succès l'Amérique dans la guerre de 1812; enfin, on propose encore la navigation sous-marine, les torpilles (*torpedo*), espèces de marines flottantes, qui iraient éclater sous la carène des vaisseaux, et les feraient sauter avec une force volcanique. Ce système a pu jouir d'un instant de faveur ; mais l'expérience n'en a pas encore démontré l'utilité pratique. Théogène PAGE.]

CÔTE, COTEAU, penchant, versant d'une montagne, d'une colline. Les côtes sont en général plantées de bois ou de vignes. Celles qui sont exposées au midi fournissent les meilleurs vins. De là les noms de Côte-d'Or, Côte-rôtie et d'autres crûs renommés. Au nord les côtes sont beaucoup moins fertiles. La *mi-côte* est le milieu du penchant d'une côte.

En jardinage, on nomme *cotière* une planche qui va en pente, qui est exposée au midi et qui est abritée pour y semer des primeurs.

CÔTE (La). C'est le nom que porte la partie du rivage du lac de Genève dépendant du canton de Vaud, qui s'élève en amphithéâtre et s'étend sur un espace de près de 29 kilomètres depuis l'embouchure de la Promenthouse jusqu'à l'Aubonne, et où l'on trouve la petite ville de Rolle. Cette côte se compose presque entièrement de montagnes couvertes de vignobles, dont le point le plus élevé, situé au-dessus de Vincy, atteint 910 mètres d'altitude. Cependant ce sol fertile présente aussi de magnifiques prairies et de riches terres à blé. Le spiritueux vin de La Côte appartient aux plus estimés qu'on récolte en Suisse, particulièrement celui du crû Moulart, ou encore ceux des crûs situés entre Mont et Begnins.

CÔTÉ, la partie droite ou gauche de l'homme ou de l'animal, depuis l'aisselle jusqu'à la hanche, ou dans une signification plus étendue, toute la partie droite ou gauche de l'homme ou de l'animal. A la première vue, les deux moitiés du corps humain paraissent absolument identiques ; mais c'est là une de ces erreurs que le scalpel a constatées, puis détruites.

Au côté droit du corps, on trouve le foie, d'où provient la bile; le pylore ou *portier de l'estomac*, la vésicule du fiel, la veine-cave et le tronc de la veine-porte (*porta malorum*), de même que le colon ascendant, siége fréquent de *coliques*. Le poumon droit est plus gros que le gauche, outre qu'il est divisé en trois lobes, tandis que le gauche n'en a que deux; le sang artériel destiné au bras droit ainsi qu'au côté droit de la face, du crâne, et du cerveau, naît de l'aorte par un vaisseau unique, tandis que les deux artères analogues au côté gauche y sont isolées dès leur origine. Or, il résulte de cette disposition, d'après les lois de l'hydrodynamique, que le cours du sang artériel a plus de vélocité au côté droit. A droite également, la veine jugulaire est plus grosse; les sinus veineux du cerveau sont plus évidents, et les rainures osseuses logeant ces sinus plus profondes. Le côté droit est aussi, comme chacun sait, le plus fort et le plus agile : cette inégalité originaire s'étend même quelquefois à la puissance de l'ouïe et de la vue, à la largeur des prunelles ou pupilles.

Quoique le cœur soit à gauche, le côté gauche n'est pas celui qui reçoit le plus de sang. Le cœur en effet envoie le sang artériel dans un canal unique, qui ensuite, par mille canaux secondaires, le répartit sans préférence dans chaque organe; et c'est dans ce fluide vital que les organes puisent leur nourriture, leur chaleur, les éléments de leurs travaux, la réparation de leurs pertes comme de leurs fatigues. Toutefois, le cœur et son enveloppe membraneuse (le *péricarde*) sont à gauche; l'estomac et le bas de l'œsophage sont à gauche, de même que l'étroite ouverture de l'estomac (le *cardia*), bouche sensible, où les aliments trop chauds ou trop peu divisés font éprouver de vives souffrances. La rate aussi est à gauche; à gauche est l'aorte, ainsi que la veine *azygos*, merveilleux moyen de communication de la veine-cave supérieure avec l'inférieure, dans le cas où l'une de ces veines serait oblitérée ou entravée. A gauche se trouve également le *canal thoracique* ou réservoir de la lymphe, à laquelle se trouve mêlé le chyle résultant de la digestion : ce canal verse ensuite ce chyle et cette lymphe dans la veine qui revient du bras gauche, puis cette veine le porte dans le côté droit du cœur, qui le jette à son tour dans les poumons, et les poumons en font du sang nouveau en le mariant mystérieusement à l'un des éléments de l'air, cet air qui ne cesse de les abreuver et de les distendre. Il n'y a pas jusques aux nerfs *récurrents*, destinés au larynx, qui ne diffèrent des deux côtés; celui du côté gauche entourant la crosse de l'aorte, d'où résulte des douleurs au cou lorsque cette artère se trouve dilatée dans le cas d'anévrisme, tandis que le nerf récurrent droit embrasse l'artère destinée au bras droit, ce qui semble enchaîner l'un à l'autre les gestes et la voix.

La prépondérance du côté droit sur le gauche n'est pas douteuse. Les muscles situés à droite du corps sont plus gros, plus forts, plus agissants; les os eux-mêmes sont un peu plus gros, et les inégalités servant à l'insertion des fibres musculeuses en sont plus prononcées. Les nerfs aussi ont un peu plus de volume, de même que les veines et les artères : le pouls, en conséquence, a plus de force à droite, au bras, au cou, à la cuisse. En plaçant le *sphygmomètre* sur les artères des deux bras, on peut vérifier que l'instrument marque ordinairement un ou plusieurs degrés de plus à droite. Si l'on fait marcher une personne après lui avoir bandé les yeux, on s'aperçoit bientôt qu'elle suit une ligne qui dévie sensiblement à gauche, tant le côté droit prédomine sur l'autre. Mais d'où cela provient-il? Serait-ce le résultat de l'organisation primitive, disposition transmise des pères aux enfants par hérédité? ou bien le surcroît de volume et d'énergie des organes du côté droit serait-il l'effet de l'habitude où sont presque tous les hommes d'exercer plus fréquemment ces organes? Quant à cette influence de l'exercice réitéré ou de l'habitude, nous la regardons comme bien réelle. Toutefois, elle n'est pas la seule, puisque nos deux jambes, qui agissent autant l'une que l'autre, sont pourtant presque aussi inégales que nos deux bras. Les habitudes sociales et l'éducation première n'ont guère d'empire que sur les parties supérieures du corps, les seules qui se laissent aller à l'ascendant de la politesse et de l'imitation. Comme c'est toujours du bras droit que l'enfant apprend à faire usage, il en résulte qu'on réduit presque à l'inertie les muscles de son bras gauche; on l'oblige de la sorte à n'agir que d'une main; et nos exemples, unis à nos leçons, paralysent pour ainsi dire l'un de ses petits membres. C'est ainsi que la plupart des enfants deviennent *droitiers*, à l'exemple de ceux qui les instruisent. Voilà donc déjà une des causes probables de la prépondérance du côté droit. Nous en trouverons de plus puissantes dans les commencements de l'organisation, de même que dans les habitudes de la vie.

Le squelette de l'homme, comme celui des animaux des classes supérieures, est primitivement formé de deux parties séparées, l'une droite et l'autre gauche, et ce n'est que par degrés insensibles que ces deux moitiés d'homme se réunissent l'une à l'autre pour ne former qu'un corps unique. Des traces de cette dichotomie originaire subsistent encore après la naissance : c'est ainsi que les os du crâne ne sont encore qu'imparfaitement réunis, comme le prouvent les fontanelles; les pubis sont encore mous, les lèvres quelquefois fendues; le palais parfois est divisé, et les organes génitaux mâles, pour n'être pas entièrement suturés, paraissent quelquefois équivoques. Lorsque la nature oublie d'accomplir cette réunion mitoyenne ou médiane, il en résulte des difformités dont la liste serait innombrable. Il peut aussi arriver que l'une des moitiés du corps se développe beaucoup plus que l'autre et au détriment de celle-ci : nouvelle source d'inégalité entre les deux moitiés droite et gauche du corps.

Après cela, si nous nous représentons quelle est la position du fœtus dans le sein maternel, peut-être trouverons-nous en cela fertile matière à conjectures. Presque toujours le fœtus, de même que le berceau charnu qui le nourrit, qui le renferme et le protège, repose sur le côté droit; il a de plus la tête en bas, les pieds en haut, et la face tournée en arrière. Or, dans cette situation, qui est favorisée par celle que la mère prend durant le sommeil, on conçoit que le sang, comme tous les fluides qui émanent du sang, a de la propension à se diriger plutôt à droite qu'à gauche. Aussi les organes du jeune être sont-ils plus injectés et plus colorés du côté droit; et nous ne mettons pas en doute que cette circonstance n'influe assez puissamment sur le surcroît de volume des organes du côté droit. Un autre résultat du même fait, c'est l'engorgement du cerveau du fœtus, vers le côté droit principalement : injection sanguine qui a pour conséquence la débilité des muscles du côté gauche.

Ainsi donc, la situation du fœtus dans le sein de sa mère, la circonstance d'être né de deux êtres ayant eux-mêmes le côté droit prépondérant, l'influence de la première éducation et de l'exemple, l'ascendant de l'instinct d'imitation, la différence déjà indiquée des artères se distribuant aux deux côtés du corps, l'énergie acquise par un plus fréquent exercice, telles sont les principales causes de la prédominance du côté droit.

Le côté droit est plus souvent atteint d'inflammations, d'hémorrhagies, de coups de sang, d'apoplexie, de fluxion de poitrine, de bruissements d'oreille, de sarcocèle, d'ophthalmie; le nez est fréquemment incliné à droite, l'épaule droite est presque toujours la plus grosse, etc. A gauche, au contraire, on observe plus souvent de l'engourdissement, de la paralysie, des maux de nerfs, la sciatique, des ulcères, des varices, des claudications, des tubercules; le poumon gauche est le plus souvent caverneux, et plus exposé à la phthisie.

Le canard mâle a une excavation osseuse au côté gauche de la trachée-artère, ce qui rend sa voix si criarde, tandis que la patte droite du crustacé nommé *l'ermite* est beaucoup plus grosse que la gauche. Le côté droit des oiseaux et des poissons est ordinairement le plus succulent, le plus savoureux; les plumes de l'aile droite sont les plus fortes,

les plus résistantes; il en est de même des bois de cerf et d'élan. Quant aux poissons, il en est, comme les soles, les carrelets, les limandes, etc., qui nagent sur un seul côté du corps, les uns sur les côté droit, d'autres sur le gauche : le côté opposé est le seul coloré, et c'est lui qui porte les yeux. Quelques vers et beaucoup de mollusques ont les organes génitaux situés du côté droit, tandis que les oiseaux n'ont d'ovaire que du côté gauche.

Dr Isidore BOURDON.

COTEAUX (Ordre des). On appelait ainsi au dix-septième siècle une société de gourmands et de gourmets qui ne voulaient, dans leurs repas, que du vin de certains coteaux, dont la liste n'est pas venue jusqu'à nous. « Il y a des grands qui se laissent appauvrir et maîtriser par des intendants, dit La Bruyère, et qui se contentent d'être gourmets ou *coteaux*, et d'aller chez Thaïs ou chez Phryné. » Boileau en parle ainsi dans sa satire du *Dîner* :

> Surtout certain hâbleur, à la gueule affamée,
> Qui vint à ce festin conduit par la fumée,
> Et qui s'est dit profès dans l'*ordre des coteaux*,
> A fait, en bien mangeant, l'éloge des morceaux.

Saint-Évremond, qui était membre de cette société, a composé une comédie intitulée *Les Coteaux, ou les Marquis friands*. Il y définit ainsi les gourmets :

> Ce sont gens délicats, aimant les bons morceaux,
> Et qui, les connaissant, ont par expérience
> Le goût le plus certain et le meilleur de France.
> Des friands d'aujourd'hui c'est l'élite et la fleur.
> En voyant du gibier, ils disent à l'odeur
> De quel pays il vient. Ces hommes admirables,
> Ces palais délicats, ces vrais amis des tables.
> Et qu'on en peut nommer les dignes souverains,
> Savent tous les *coteaux* où naissent les bons vins,
> Et, leur goût leur ayant acquis cette science,
> Du grand nom de *coteaux* on les appelle en France.

Edme HÉREAU.

CÔTE DES DENTS ou **COTE D'IVOIRE**. On nomme ainsi, à cause de la grande quantité de dents d'éléphants qu'on s'y procure, une partie de la Guinée septentrionale qui s'étend, depuis l'Issinie à l'est et le cap Palmas à l'ouest, sur environ 540 kilomètres de développement. Réunie à la Côte des Graines, du Poivre ou de Malaguette, elle prend le nom de *Côte du Vent*.

CÔTE DES ESCLAVES. C'est une partie de la Guinée septentrionale, sur l'Atlantique, entre la Côte d'Or et le Bénin, dont elle est séparée par la Volta et le Lagos. Elle se développe sur environ 310 kilomètres. On y voyait jadis un grand nombre d'établissements européens pour le commerce de la traite des nègres; ils ont disparu depuis l'abolition de cet odieux trafic.

CÔTE D'IVOIRE. *Voyez* CÔTE DES DENTS.

CÔTE D'OR, contrée de la Guinée supérieure ou septentrionale, qui s'étend entre la côte d'Ivoire à l'ouest et la Côte des Esclaves à l'est, depuis le fleuve Sinnie ou Ancobra et le cap Apollonia jusqu'au fleuve Volta et au cap Saint-Paul, c'est-à-dire sur 51 myriamètres de longueur, est plate et sablonneuse sur ces côtes, qu'échancrent de nombreuses baies, montagneuse et d'une grande fertilité une fois qu'on arrive à l'intérieur des terres et à son extrémité orientale, qui est encore peu connue, traversée par de puissantes chaînes de montagnes couvertes de riches forêts. Son nom lui vient du métal qui, avec les autres produits naturels du sud de l'Afrique, forme le principal objet de son commerce, et qui a surtout appelé l'attention des Européens sur cette partie de la côte d'Afrique en même temps qu'il les déterminait à y fonder divers établissements. Les naturels sont des nègres, et la plupart appartiennent à la redoutable race des Aschantis. Les plus importants des petits royaumes nègres, sur les côtes desquels les Européens se sont établis, sont, après celui des Aschantis, *Axim*, avec la factorerie hollandaise du même nom et le fort *San-Antonio*, à l'embouchure de l'Ancobra; et *Fanti*, avec la ville et le fort d'*Elmina*, chef-lieu des possessions hollandaises dans ces parages, construit en 1482 par les Portugais sous le nom de *Saint-Georges della Mina*, et cédé à la Hollande en 1637. On trouve également dans ce royaume la forteresse de Cape-Coast-Castle ou *Cabo-Corso*, principal établissement des Anglais, plus *Dix-cove*, *Succandi*, *Comenda*, *Annamaboe*, *Tantam*, *Winebach* et *Accra*, qui ne sont guère d'ailleurs que des stations ou de petits forts. Les possessions hollandaises dans cette contrée et sur la côte des Esclaves, qu'on évalue à 66 ou 71 myriamètres carrés avec 15,000 habitants, ou à 275 myriamètres carrés et 100,000 habitants, suivant qu'on y comprend comme territoire colonial plus ou moins de pays nègres, contiennent aussi le fort *Hollandia*, fondé sous le nom de *Fredericsberg* ou *Brandenburg* par le grand-électeur Frédéric-Guillaume pour la société de commerce de Brandebourg, mais que dès l'année 1720 le roi de Prusse Frédéric-Guillaume Ier vendait à la Hollande en même temps que les forts *Accoda* et *Boutrie*, qui l'avoisinent. Consultez Beecham, *Ashantee and the Gold-Coast* (Londres, 1841).

CÔTE-D'OR (Département de la). Formé de la partie septentrionale de la Bourgogne et d'une partie de l'Auxerrois, il est borné au nord par les départements de la Haute-Marne, de l'Aube et de l'Yonne; à l'est, par ceux de la Haute-Marne, de la Haute-Saône et du Jura; au sud, par ceux du Jura et de Saône-et-Loire; et à l'ouest, par ceux de la Nièvre et de l'Yonne. Son nom lui vient de celui d'une chaîne de petites montagnes qui s'étendent de Dijon, par Nuits, Beaune et Chalon, jusqu'à Mâcon.

Divisé en quatre arrondissements, dont les chefs-lieux sont Dijon, Beaune, Châtillon-sur-Seine et Semur, il compte 36 cantons, 727 communes et 400,297 habitants. Il envoie trois députés au corps législatif. Il forme le 3e arrondissement forestier, la 3e subdivision de la septième division militaire, dont le quartier général est à Besançon, ressortit à la cour d'appel de Dijon, et compose le diocèse de Dijon, suffragant de l'archevêché de Lyon. Son académie comprend une faculté des lettres, une faculté des sciences, une faculté de droit, une école préparatoire de médecine et de pharmacie, un lycée, une école normale primaire, sept collèges communaux, 19 pensions et 983 écoles primaires.

Sa superficie est de 856,445 hectares, dont 457,083 en terres labourables; 196,057 en bois; 62,970 en prés; 51,576 en forêts, domaines improductifs; 28,943 en landes, pâtis, bruyères; 26,371 en vignes; 6,009 en vergers, pépinières et jardins; 3,505 en lacs, rivières et ruisseaux; 2,778 en étangs, abreuvoirs, mares, canaux d'irrigation; 411 en oseraies, aulnaies, saussaies; etc. On y compte 78,253 maisons, 572 moulins, 88 forges et hauts fourneaux, et 292 fabriques, manufactures et usines diverses. Il paye 2,631,244 francs d'impôt foncier.

Le département de la Côte-d'Or est situé dans les trois bassins de la Seine, du Rhône et de la Loire, mais en grande partie dans les deux premiers. Il est arrosé au nord-ouest par la Seine, qui y a sa source, et par ses affluents du sous-affluents, l'Aube, l'Ource, l'Armançon et le Sérain; à l'est, par la Saône et ses affluents, la Vingeane, la Tille, l'Ouche et la Dheune; au sud-ouest, par l'Arroux, affluent de la Loire. Le pays est assez élevé; il offre quelques plaines à l'est et au nord-ouest; les contreforts de la petite chaîne de la Côte-d'Or, qui la traversent en partie du sud au nord et lie la chaîne des Cévennes au massif du plateau de Langres, occupent presque toute sa superficie. Cette chaîne fait partie de la ligne de faîte qui sépare le bassin de la Méditerranée de celui de l'Océan, et le contrefort qu'elle envoie à l'ouest pour former le massif des montagnes du Morvan sépare le bassin de la Seine de celui de la Loire. Le sol est riche et fertile dans la partie méridionale du département; ailleurs il est en général pierreux.

Outre les animaux nuisibles tels que le loup, le renard, le blaireau, etc., les bois renferment une grande quantité de gros gibier; le menu gibier y est aussi très-commun. Les rivières sont poissonneuses. Les essences dominantes dans les forêts du département sont le chêne et le hêtre. Le charme et le tremble forment une portion considérable de taillis. Le tilleul, l'érable et le platane sont plus rares. Les produits minéraux exploités sont du fer, qu'on y trouve en grande quantité, de l'anthracite, des pierres à bâtir et à chaux, des marbres, des gypses, des pierres lithographiques, des pierres meulières, des pierres à aiguiser et de l'argile à poterie. Il y a de nombreuses sources d'eau minérale, mais elles sont peu fréquentées. Il y a des sources thermales à Cessy, à Prémeaux et à Alise.

Pays vinicole et agricole, l'agriculture y est avancée; les céréales et les vins y viennent en grande abondance; on fait aussi une récolte importante de chanvre et de colza, de légumes, de fruits et de betteraves à sucre. Les crûs des contreforts orientaux de la Côte-d'Or, dits la côte de Nuits, et la côte de Beaune produisent en abondance les célèbres vins fins de la haute Bourgogne, qui sont comptés parmi les premiers vins de France. Les plus fameux sont : les vins rouges de la Romanée-Conti, Chambertin, Richebourg, Clos-Vougeot, Pomard, Volnay, la Romanée-Saint-Vivant, Vosne et Nuits; les vins blancs de Puligny, de Montrachet, de Meursault et les vins rouges mousseux préparés dans les meilleurs crûs. On élève beaucoup de chevaux estimés, des moutons en général de race améliorée, des gros bœufs dans le Morvan et une grande quantité d'abeilles.

La branche la plus importante de l'industrie manufacturière est la préparation et le travail des fers et aciers. Les produits des usines alimentent des tréfileries, des fabriques de tôles, de fers noirs, de limes et de rapes. Parmi les autres produits de la fabrication, nous citerons les tuiles et carreaux en très-grande quantité; de la faïence et de la poterie estimées ; les papiers, les draps et lainages, les cuirs, le sucre de betterave, les eaux-de-vie de grains et de sucre, la moutarde renommée de Dijon, etc.

8 routes impériales, 17 routes départementales, 7,681 chemins vicinaux sillonnent le département, qui possède en outre deux canaux, le canal de Bourgogne et celui du Rhône au Rhin. Le chemin de fer de Paris à Lyon le traverse dans sa plus grande largeur.

Les principaux endroits du département sont : *Dijon*, chef-lieu; *Beaune*, *Châtillon-sur-Seine*, *Semur*, *Auxonne*, *Nuits*, *Montbard*, *Fontaine-Française*, avec une population de 1208 habitants, célèbre par la victoire qu'Henri IV y remporta en 1595 sur Ferdinand de Vélasco et sur le duc de Mayenne. Elle possède un beau château et un monument élevé en l'honneur de Henri IV ; *Saint-Jean-de-Losne*, sur la rive droite de la Saône, à la jonction du canal de Bourgogne et de celui du Rhône au Rhin, avec 2,266 habitants, exporte par la Saône et par les deux canaux du fer, du bois, du charbon, du foin, du blé, des pierres, des briques. Cette ville, l'une des plus anciennes de la Bourgogne, mérite d'être citée d'une manière particulière dans les fastes de notre pays pour le courage héroïque avec lequel ses habitants repoussèrent, en octobre 1636, l'armée impériale, commandée par le grand-duc Galéas, qui, après quelques attaques opiniâtres, fut obligée d'en lever le siège.

COTÉ DROIT, COTÉ GAUCHE. Dans le langage politique, ces expressions servent à désigner deux sections d'une assemblée, séparées l'une de l'autre par le bureau du président. Cette dénomination est venue de ce que les partisans de la monarchie, dans l'Assemblée constituante, puis dans l'Assemblée législative, et ceux des principes modérés dans la Convention, avaient coutume de s'asseoir au *côté droit* du président; et les partisans de la

38.

révolution au *côté gauche*. Si dans la Convention le *côté droit* fut réellement celui des patriotes les plus sages et peut-être aussi les plus sincères, on ne peut pas dire qu'à l'Assemblée constituante le *côté droit* ait été celui de la raison ni de la modération. Ce fut le foyer d'une résistance imprudente, désespérée, provocatrice, aux conséquences les plus naturelles de la Révolution, que Louis XVI avait moins commencée que déclarée par la convocation des états généraux; c'était la lutte des intérêts anciens, des droits acquis, contre des intérêts, des droits nouveaux; et les membres qui soutenaient la lutte, confondant avec leur cause celle de la royauté, que leurs adversaires les plus ardents voulaient renverser, étaient excusables peut-être de s'écarter des voies d'une résistance modérée en présence d'une majorité oppressive, ou du moins irrésistible par sa force numérique, et dont l'attitude calme avait quelque chose de menaçant.

Voici comment Nougaret s'exprime sur les côtés de la Constituante dans ses *Anecdotes du règne de Louis XVI* : « Soit effet du hasard, soit que l'identité de sentiments engageât les amis du peuple à se rapprocher entre-eux et à s'éloigner de ceux qui ne partageaient pas leurs opinions, on s'aperçut qu'ils affectionnaient le *côté gauche* de la salle, et qu'ils ne manquaient jamais de s'y réunir. Ainsi l'on voyait à l'Assemblée nationale tout le contraire de ce qui est annoncé dans le *Nouveau Testament*, où Dieu dit que les bons et les justes sont à *sa droite* et les réprouvés à *sa gauche*. » Un plaisant, qui ne se passionnait pour aucun côté, fit à ce sujet le quatrain, que Grimm n'a pas dédaigné de rapporter dans sa *Correspondance* :

Dans l'auguste assemblée on est sûr que tout cloche ;
La raison, chacun l'aperçoit ;
Le côté droit est toujours *gauche*,
Et le gauche n'est jamais *droit*.

Les habitués du côté droit, dans la Constituante, s'attachèrent à discréditer leurs adversaires; ils ne les appelaient que factieux, par allusion aux desseins du duc d'Orléans, et donnèrent le nom de *coin du Palais-Royal* à la partie de la salle que leurs adversaires du côté gauche avaient adoptée. Ils les appelaient encore *jacobins*, du lieu principal de leur réunion particulière, puis *enragés*, puis *incendiaires*, tandis qu'ils se nommaient entre eux les *impartiaux*, les *vrais amis du peuple*. Les membres du *côté gauche* n'étaient pas en reste à l'égard de leurs antagonistes : ils les qualifiaient d'*aristocrates*, puis d'*augustins*, de *capucins*, parce que ceux-ci s'étaient réunis dans ces deux couvents pour protester contre les décrets d'une majorité qui les écrasait : car, sur les 1,200 membres qui composaient l'Assemblée, ils étaient 295. De là aussi reçurent-ils le nom de *protestants*. On appelait en outre le *côté droit* la *faction verte*, par allusion à la livrée du comte d'Artois, grand ennemi, comme on sait, de la Révolution. Comme le *côté droit* réunissait un grand nombre d'ecclésiastiques, on donna encore à ses membres le sobriquet de *noirs*. On nommait alors par opposition les membres du *côté gauche* les *blancs*, et ceux qui flottaient entre les deux partis, les *gris*. La réunion des députés aristocrates enrageants, dit Nougaret, s'appelait le *sabbat des noirs* ou *des marattes*, » ou encore le *cul-de-sac des noirs*. On voit que l'esprit de parti aurait épuisé volontiers toutes les couleurs de l'arc-en-ciel pour y trouver des épithètes qualificatives de ses antagonistes. Bientôt le titre de *blancs* cessa d'être appliqué aux membres du côté gauche, et l'on se contenta de donner le titre d'*aristocrates blancs* aux ennemis modérés de la Révolution, tandis que ses adversaires les plus emportés consacrèrent celui d'*aristocrates noirs*.

Si dans la Constituante le côté droit n'avait pour lui ni l'avantage du nombre, ni celui de la popularité, il pouvait citer de grands et beaux talents, tels que Maury, Cazalès,

Montlosier. D'autres membres ne se signalaient que par leur effervescence irréfléchie, comme Duval d'Éprémesnil, qui, après avoir dès avant les assemblées des notables attaché, en quelque sorte, le grelot révolutionnaire, était revenu à ce que ses nouveaux amis appelaient *résipiscence*, traitant dans une séance le président de l'Assemblée lui-même de J...f...; comme Faucigny, qui interrompit un jour une discussion assez orageuse en disant : « Allons, f....., puisque la majorité et la minorité sont dans une guerre ouverte, il faut tomber à coups de sabre sur ces gaillards-là; » comme le vicomte de Mirabeau, à qui de telles incartades étaient familières, et qui, connu par son intempérance, donna lieu à une motion tendant à lui interdire la tribune après dîner. Nous pourrions encore citer le comte de Virieu, qui, rappelé à l'ordre pour avoir dit que l'Assemblée était dirigée par des démagogues, montra le poing à ses collègues, en leur adressant des b. et des f. bien articulés; Guilhermy, qui, interrompant Mirabeau l'aîné, s'écria : « Mirabeau parle comme un scélérat et un assassin. » Il est inutile d'ajouter que le *côté droit* en masse se permettait d'étranges vociférations. *A bas! qu'on les f.... à la porte!* telles étaient les interjections seulement de cette fraction de l'Assemblée, qui pourtant était presque toute composée de courtisans, de nobles et de prêtres. L'abbé Maury, le chef de l'opposition aristocratique, avait le ton et les manières d'un grenadier, et Clermont-Tonnerre, évêque de Loudève, qui primait aussi dans le parti, n'était ni plus modéré ni plus calme. C'est lui qui, demandant un jour que Mirabeau l'aîné fût rappelé à l'ordre, ajouta que *si on ne l'y mettait pas, il saurait bien l'y rappeler lui-même*.

Le *côté gauche* était ordinairement moins bruyant : il sentait sa force. Ses habiles meneurs avaient besoin de sang-froid pour ne pas laisser échapper leurs secrets au milieu des tempêtes soulevées comme à plaisir par une impuissante minorité. Toutefois, dans une circonstance où le *côté gauche* était très-orageux et le *côté droit* extrêmement tranquille, l'abbé de Montesquiou, qui présidait, observa que l'assemblée nationale ressemblait aux malheureux peuples de l'Indostan, qui voient *à droite* le soleil, et la tempête *à gauche*. » Mais quand la *gauche* et la *droite* se mêlaient de se renvoyer les sarcasmes, les interpellations, les vociférations, le tumulte durait des heures entières : « On n'aurait pas entendu Dieu tonner, est-il dit dans les *Anecdotes*, quand la question précédait ne réussissait pas à la minorité (côté droit) : sa dernière ressource était ce charivari infernal. Les uns se servaient de leur fausset, les autres de leur basse-contre; ceux-ci frappaient du pied, ceux-là des mains. »

Dans l'Assemblée *législative*, dont la contenance ne fut quelquefois pas plus calme que celle de la *Constituante*, le *côté droit* devint le refuge de la majorité modérée de cette première Assemblée : Girardin, Raymond, Dumas, Du Galand, Beugnot, Becquey, Lemontey, vinrent s'asseoir sur les bancs qu'occupaient naguère Cazalès, Virieu, Maury, Fronderville, d'Esprémesnil, etc. Ils héritèrent de la haine que le peuple vouait à ces orateurs *aristocrates*, mais ils surent se préserver des excès de ceux-ci; et s'ils furent opprimés, ce fut du moins avec calme et dignité. La majorité démocrate de l'Assemblée, qui obtint seule la popularité, cette majorité se divisait en deux sections, les girondins, républicains modérés, qui étaient destinés à former un jour le *côté droit* de la Convention, et les anarchistes, où divers éléments hétérogènes venaient se combiner. Cette dernière fraction, qui formait réellement le *côté gauche* de l'Assemblée, réunissait les partisans du duc d'Orléans, quelques républicains exaltés et sans instruction, et tous les hommes que la conviction moins que l'intérêt avait entraînés dans la révolution. Merlin de Thionville, Bazire et Chabot, dirigeaient ce parti, qui avait pour lui toutes les sociétés populaires, et l'influence immense de Robespierre et de Danton. Au reste, le temps n'était pas encore venu où l'on dût apercevoir une séparation marquée entre ce parti et celui de la Gironde. Au 10 août, les constitutionnels de l'Assemblée, en se réunissant à la cour, méritèrent plus que jamais la qualification de *côté droit*. Les massacres de septembre furent, comme le 10 août, l'ouvrage du *côté gauche* de la Législative; mais ce côté était si peu nombreux qu'on peut dire que la Législative fut plutôt le témoin passif et inerte des crimes qui se commirent pendant sa courte carrière, à la faveur de l'anarchie à laquelle elle ne sut pas résister.

Lorsque après la dissolution de cette assemblée, la Convention ouvrit ses séances, le *côté droit* se composa de quelques membres de l'Assemblée constituante, des constitutionnels de la Législative, enfin de tous les hommes modérés par caractère, ou faibles par tempérament, que les électeurs avaient appelés à la nouvelle législature. Les girondins formaient d'abord le *centre*, auquel se rallièrent et les honnêtes gens et les politiques indécis du *côté droit*. A la tête de cette majorité, composée d'éléments si divers, on remarquait les Vergniaud, les Barbaroux, les Gensonné, les Louvet, les Rabaud, les Guadet, les Condorcet, qui voulaient de bonne foi la république, mais la république établie et perpétuée par les lois. Boissy d'Anglas, Lanjuinais et d'autres hommes respectés de tous les partis par leur probité, leurs talents et leur modération, se réunirent aux girondins. C'étaient là véritablement les chefs du *côté droit*. Un autre parti moins respectable et moins nombreux, mais fort par son audace et par l'appui de la Commune de Paris, s'était emparé de la *gauche* de la salle des séances, où avaient siégé des patriotes plus purs dans les précédentes Assemblées. Ce parti, qui prit le nom de *Montagne*, parce qu'il s'asseyait ordinairement sur les bancs élevés du *côté gauche*, était lui-même composé d'éléments discords : on y voyait dominer le triumvirat puissant, avec des vues diverses, de Robespierre, de Danton et de Marat, puis les auteurs des assassinats de septembre, les Tallien, les Billaud, les Fréron et tant d'autres égorgeurs subalternes envoyés par la Commune de Paris; enfin des hommes de bonne foi, mais sans éducation. Au premier rang de ces montagnards égarés étaient le boucher Le Gendre et l'immortel David, homme de génie, mais seulement en peinture. Quand la Montagne fut devenue toute puissante, des gens timides désertèrent le *côté droit* de la Convention pour se réunir à la majorité anarchiste : tels étaient Barrère et Hérault de Séchelles, tous deux nés pour la modération et devenus sanguinaires par peur. Au *côté gauche* figurait aussi le duc d'Orléans, depuis peu nommé *Égalité* par la Commune de Paris.

Dès les premières séances de la Convention, la représentation nationale devint une arène de gladiateurs; et ce fut le *côté gauche*, la farouche Montagne, à qui l'on doit faire principalement honneur des interpellations furibondes qui et qui chaque jour troublaient les séances. Jusqu'au procès de Louis XVI, les girondins, soutenus par les constitutionnels et les modérés du *côté droit*, et non encore abandonnés par le *centre, ventre* ou *marais* (*voyez* CENTRE), parurent conserver la majorité. Après le procès de Louis XVI, qu'ils avaient envoyé à la mort, pour ainsi dire malgré eux, ils perdirent toute prépondérance; et chaque jour vit s'éclaircir les rangs du *côté droit*; vingt-deux girondins furent proscrits au 31 mai. Chercherons-nous à la Convention pendant la Terreur un *côté droit*, un *côté gauche*? La Montagne avait tout envahi, et comme *Saturne*, elle dévorait ses enfants. Quand ce régime finit, au 9 thermidor, par la mort de Robespierre, la Convention resta divisée en deux factions, l'une des thermidoriens, qui poussait à la réaction, l'autre des terroristes, ou partisans du régime déchu; c'étaient là, si l'on veut, les *côté droit* et *côté gauche* de l'époque. Au milieu de ces éléments de discorde, la Convention flottait incertaine. Les terroristes qualifiaient les thermidoriens de *royalistes*, de *réacteurs*, d'*aristocrates*; ceux-ci appelaient leurs antagonistes *buveurs de sang*, *queue de Robespierre*. Il est bien vrai de dire que les royalistes de l'intérieur se rallièrent aux thermidoriens; Fréron alors, avec sa *jeunesse dorée*, était (inconcevable métamorphose) un homme du *côté droit*!

Les conseils des Anciens et des Cinq-cents, qui succédèrent à la Convention, furent également en butte à des divisions, qu'assez arbitrairement on prétendrait classer en *côté droit* et en *côté gauche*. Cependant, on ne courrait aucun risque de qualifier de membres du *côté droit* une partie de ceux qui, à la suite du triomphe éphémère du parti *clichien* et des élections de l'an v, furent proscrits ou éliminés par les décrets du 18 fructidor. Le 18 brumaire amena la fin du gouvernement révolutionnaire, et y substitua le régime militaire. Sous Bonaparte il y eut des simulacres d'assemblées, mais là où l'opposition était impossible pouvait-il y avoir *côté gauche* ou *côté droit*?

La Restauration, en nous donnant la charte, rétablit la liberté des délibérations constitutionnelles; mais si ce nouvel essai du gouvernement représentatif fut terne et insignifiant en 1814, il n'en fut pas de même en 1815 et en 1816. Ici se place le fameux *côté droit*, formant l'immense majorité de la *chambre introuvable*. Qui ne connaît les fureurs des *jacobins blancs* d'alors contre ceux qu'ils appelaient les *jacobins rouges* du *côté gauche*, et qui étaient si peu nombreux ; les votes courageux des d'Argenson, des Manuel, des Laffitte et des Benjamin Constant, membres du *côté gauche*. Mais, grâce à l'ordonnance du 5 septembre, ce *côté gauche* s'élargit, et la France fut sauvée. Sous le ministère Villèle, le *côté droit*, discipliné par la corruption, devint le bataillon ministériel des *Trois-Cents*. En 1828 le *côté gauche*, appuyé sur le centre-gauche, soutint faiblement le ministère indécis de Martignac. Ce *côté* avait alors pour chefs Laffitte, C. Perrier, Girardin, Benjamin Constant, Chauvelin, Dupont de l'Eure, Dumarçay, etc. En 1830 tous les membres du *côté gauche* votèrent avec les deux cent vingt-et-un, tous ceux du *côté droit* avec les cent quatre-vingt-un.

Après la révolution de Juillet, tout changea dans la chambre. Il en était difficile de désigner par le côté, par le siège qu'occupaient les députés, les différentes nuances des opinions. Les membres des centres occupaient en partie les bancs de la *droite* et de la *gauche*. La jeune droite, légitimiste-libérale, se plaçait aux bancs les plus élevés de la *gauche*, et se confondait ainsi avec les cinquante ou soixante membres du vrai *côté gauche*. Ajouterons-nous que dans la chambre cette absence de physionomie à l'extérieur se faisait remarquer dans le fond même des délibérations? Une opposition vigoureusement prononcée, voilà ce qui dénote la vitalité d'une chambre; et jamais opposition de *droite* ou de *gauche* ne fut plus terne, plus indécise que celle qui siégea d'abord au palais Bourbon. Fallait-il attribuer ce résultat à l'intolérance d'un *centre* qui, plus fougueux que les trois cents de Villèle, hurlait, jappait, grognait ou beuglait pour étouffer toute discussion?

Charles Du Rozoir.

Sous Louis-Philippe les centres finirent par se coaliser, et la coalition sortit un ministère centre gauche, qui ne put arriver jusqu'à l'ouverture de la session. Depuis lors ces centres résistèrent vigoureusement aux diverses oppositions, et si de temps à autre le ministère recevait quelques avertissements, cela n'entraînait jamais sa chute. Les centres étaient encore compactes lorsque éclata la révolution de Février. La droite et les centres reparurent dans les assemblées républicaines, et formèrent cette droite qui devait perdre la république, comme les centres de la chambre avaient perdu la monarchie par leur résistance.

A l'Assemblée constituante et à l'Assemblée législative, la minorité de l'*extrême gauche* eut la malheureuse idée de s'affubler du nom terrible de *montagna*, oublié depuis la Convention, et de jeter ainsi l'effroi dans les rangs de la bourgeoisie. Aussi le reste de l'Assemblée ne qualifia-t-il plus bientôt ses membres et leurs adhérents que des noms de *rouges* ou de *socs* (diminutif de *socialistes*), auxquels ceux-ci répondirent par les épithètes d'*aristos* et de *réacs* (diminutifs d'*aristocrates* et de *réactionnaires*). Sous le triple rapport de la turbulence, des injures et des provocations, la *montagne* de 1848 ne demeura point en arrière de celle de 1793. Si elle fut moins féroce, c'est que les temps avaient bien changé et que ses membres n'étaient pas méchants au fond, tant s'en faut.

Dans le nouveau corps législatif enfanté par le coup d'État du 2 décembre 1851, les dénominations de *côté droit* et de *côté gauche* sont complétement tombées en désuétude, et nous n'avons pas besoin de dire pourquoi.

COTENTIN ou **COUTANTIN**, pays avec titre de bailliage dans la basse Normandie, borné à l'ouest et au nord par l'Océan, à l'est par le Bessin proprement dit et le Bocage, et au midi par l'Avranchin. On lui donnait 80 kilomètres dans sa plus grande longueur, que 34 à 35 dans sa plus grande largeur, qui est à peu près la même du nord au midi. *Coutances* était sa capitale; ses villes principales : *Granville*, *Saint-Lô*, *Carentan*, *Valogne*, *Cherbourg*. Du temps de César ce pays était habité par les *Uxelli* ou *Venelli*; plus tard il prit le nom de *pagus Constantinus*. Sous Honorius il faisait partie de la seconde Lyonnaise. Depuis l'époque de la conquête franque, il suivit le sort de la Normandie. Il forme aujourd'hui la majeure partie du département de la Manche. La terre y est fertile en grains et principalement en pâturages. Aussi on y élève beaucoup de chevaux, qui sont fort estimés. Le commerce consiste en cidre, en chapons et poulardes, en chanvre et en lin. On y fait aussi beaucoup de beurre.

COTEREAUX, aventuriers qu'on a aussi nommés *beignants*, *brabançons*, *malandrins*, *ribauds* et *routiers*. C'étaient des ramassis d'Allemands et de Flamands, qui s'amalgamaient ou se dispersaient si fréquemment, que l'histoire, ne pouvant les différencier, les a pris les uns pour les autres. Des auteurs prétendent que le nom de *cotereaux* leur venait de leur cotte de mailles; c'est une assertion sans fondement. D'autres avancent que les rois d'Angleterre tirant de l'Écosse (*Scotia*) leurs cotereaux, qu'on appelait en bas latin *scoterelli*, le français en a fait *cotereaux*. Il est plus présumable que le *coterel* ou *couteau* dont les brigands étaient armés a donné lieu à leur dénomination. Mais comment retrouver la vérité quand il s'agit de siècles qui, comme dit Voltaire, étaient ceux des ours et des loups? Toutes les troupes du genre des cotereaux se ressemblaient par un esprit de rapine que l'imprévoyance des gouvernements semblait se plaire à entretenir; on les rassemblait en hâte et sans choix quand la guerre éclatait ; on les licenciait quand les hostilités cessaient et quoique souvent même la paix ne fût pas faite, parce qu'on ne savait comment les nourrir ou les payer, ni sans doute en tirer. Ces hommes affamés et sans ressources gardaient leurs armes et se livraient à d'affreux désordres. Les cotereaux anglais figurent à partir de 1137, et Henri Ier, Henri II, Jean sans Terre, Richard Cœur de Lion, en ont à leur solde. Les cotereaux français désolent la France depuis Louis VII; il en est fait mention surtout en 1171 ; en 1183 ils sont organisés en corps, nommés bandes, par Philippe-Auguste, et disparaissent après Charles V. Gal BARDIN.

COTERIE. Ce mot, dérivé du latin *quot*, combien, prend toujours en mauvaise part pour désigner un certain nombre de personnes liées entre elles par des rapports d'intérêt, d'ambition et d'opinion presque toujours en opposition avec l'intérêt général. Au treizième ou quatorzième siècle, lorsque les petits marchands voulaient faire quelque entreprise commerciale, ils formaient une *coterie*, c'est-à-dire une association partielle. Chacun apportait sa *quote-part* d'argent ou de marchandises, et devait recueillir sa *quote-part* de profit ou de bénéfice. Aujourd'hui même, dans le compagnonnage, certaines associations prennent le nom de *coteries*. Mais, en un sens plus étendu, *intérêt de coterie*, *esprit de coterie*, *opinion de coterie* sont toutes choses qui ne s'appliquent qu'à un cercle d'individus s'entendant entre eux contre le public ou contre d'autres coteries. Leur but est d'exploiter à leur profit exclusif la faveur de l'opinion. Il y a des coteries de toute espèce, littéraires, scientifiques, politiques, religieuses. Au dix-septième siècle, l'hôtel de Rambouillet était une coterie littéraire, qui se séparait du public par l'affectation dans les manières et dans le langage, s'arrogeant le privilége exclusif du bon goût et du bon ton, tout en les choquant l'un et l'autre. Molière fit justice de ces prétentions ridicules. Ce qu'on appelle *bas-bleus* en Angleterre rappelle cette affectation surannée d'esprit et de savoir. Dans les sciences, dans la religion, dans la politique, il n'y a de vérité pour les coteries que ce qui est convenu parmi les initiés; tout ce qui s'écarte du *credo* admis par le sanhédrin est impitoyablement repoussé sans examen, et livré aux risées de la coterie. Pour peu même que ses intérêts soient compromis par une vérité nouvelle, on la frappe d'anathème, et l'on s'efforce de l'étouffer en persécutant l'auteur. Ce fut la coterie des prêtres et des sophistes d'Athènes qui força Socrate à boire la ciguë. En prêchant une religion et une morale pures, il décréditait leurs jongleries. La jeunesse athénienne prenait en mépris les superstitions et les leçons des Anytus, des Mélitus et des Lycon. Ce furent aussi les coteries pharisaïque et sacerdotale qui conspirèrent et accomplirent à Jérusalem la perte du Christ. La prédication de l'Évangile eût suffi pour la condamnation de leur orgueil hypocrite : comment leur fureur eût-elle pardonné à Jésus de l'avoir maudit? Ils étaient puissants ; entre l'humiliation et la vengeance, leur choix ne pouvait être douteux. Dans les temps modernes, Roger Bacon, Érasme, Galilée, Descartes, Bayle, la proscription de Port-Royal, ont attesté la colère des coteries monacales et savantes.

Cette colère se manifeste par des persécutions atroces, quand l'ambition des coteries a réussi à accaparer le pouvoir, les honneurs et les richesses. Pour celles qui n'exploitent que de plus minces profits, comme la réputation, la gloriole littéraire et le lucre qui s'y attache, on s'y borne d'ordinaire aux intrigues, aux médisances, aux calomnies, contre ceux qui s'avisent de marcher seuls, et qui font ombrage.

Nul n'aura de l'esprit hors nous et nos amis.

Ou bien encore :

Le moins de gens qu'on peut à l'entour du gâteau,
C'est le droit du jeu ; c'est l'affaire.

Telles sont leurs devises. De nos jours la camaraderie a reconstitué le règne des coteries. AUBERT DE VITRY.

CÔTE-ROTIE. C'est un côteau du département du Rhône, près d'Ampuis, à 26 kilomètres au sud de Lyon, sur les bords du Rhône et qui produit des vins excellents.

COTES (ROGER), mathématicien et physicien distingué, né en 1682 à Burbock, dans le comté de Leicester, mort professeur d'astronomie et de physique à Cambridge, le 5 juin 1716, est demeuré célèbre dans les mathématiques par le théorème qui porte son nom. Ce théorème fournissait le moyen d'intégrer par logarithmes et par arcs de cercle les fractions rationnelles dont le dénominateur est un binome. Les travaux de Jean Bernoulli et d'Euler ont donné depuis une forme plus simple à cette branche du calcul intégral, en sorte que le théorème de Cotes n'est plus aujourd'hui qu'une propriété curieuse du cercle et un cas particulier du théorème de Moivre.

Cotes donna en 1713 la seconde édition des *Principia mathematica* de Newton, qu'il enrichit d'une excellente préface. C'est, avec un mémoire d'analyse intitulé *Logometria*, et la description du grand météore vu en Angleterre le 6 mars 1716, insérés l'un et l'autre dans les *Transactions Philosophiques*, tout ce que la mort prématurée de l'auteur lui permit de faire imprimer lui-même. Son théorème était resté inédit avec quelques fragments que Robert Smith, son parent et son successeur dans la chaire d'astronomie qu'il occupait, réunit en un ouvrage sous le titre de *Harmonia Mensurarum* (Cambridge, 1722, in-4°). Robert Smith fit également imprimer un traité de physique très-estimé que Cotes avait laissé.

Cotes fut vivement regretté des savants anglais. C'est de lui que, au sujet de quelques recherches d'optique dont il s'était occupé, Newton disait : « Si ce jeune homme eût vécu, nous saurions quelque chose. »

COTES-DU-NORD (Département des). L'un des cinq qui ont été formés de la Bretagne, il est borné au nord par la mer de la Manche, à l'est par le département d'Ille-et-Vilaine, au sud par celui du Morbihan, et à l'ouest par celui du Finistère.

Divisé en cinq arrondissements, dont les chefs-lieux sont Saint-Brieuc, Dinan, Guingamp, Lannion, et Loudéac, il compte 48 cantons, 378 communes, et 632,613 habitants. Il envoie cinq députés au corps législatif. Il appartient au 23ᵉ arrondissement forestier, forme la 4ᵉ subdivision de la 16ᵉ division militaire, ressortit à la cour impériale de Rennes, et compose le diocèse de Saint-Brieuc, suffragant de l'archevêché de Tours. Son académie comprend 4 colléges, 4 institutions et pensions, et 610 écoles primaires.

Sa superficie est de 672,096 hectares, dont 411,379 en terres labourables ; 129,635 en landes, pâtis, bruyères ; 54,516 en prés ; 40,549 en bois ; 5,532 en vergers, pépinières et jardins, 3,301 en propriétés bâties ; 1495 en étangs, abreuvoirs, mares, canaux d'irrigation ; 1,318 en lacs, rivières et ruisseaux ; 5 en oseraies, aulnaies, saussaies ; 3 en cultures diverses ; etc. On y compte 125,983 maisons, 1,822 moulins à vent et à eau, 20 forges et fourneaux, 460 fabriques et manufactures. Il paye 1,704,859 fr. d'impôt foncier.

Situé dans les deux bassins de la Manche et du golfe de Gascogne, mais en plus grande partie dans le premier, ce département est arrosé au nord par un grand nombre de petits fleuves, affluents de la Manche, et dont les principaux sont la Rance, l'Arguenon, le Goriet, le Trieux et le Guer ; au sud par le Meu et l'Oust, affluents de la Vilaine ; par le Blavet, par l'Aven, affluents de l'Aulne. Le pays est peu élevé ; il est traversé de l'est à l'ouest par la chaîne basse qui sépare les bassins de la Manche et du golfe de Gascogne, et se bifurque à l'ouest en formant les deux chaînes des Montagnes d'Arrez et des Montagnes Noires. Les côtes sont très-sinueuses, et leur développement est d'environ 245 kilomètres ; elles sont formées de falaises granitiques escarpées, au pied desquelles s'étendent des grèves souvent assez larges. On trouve quelques bons ports à l'embouchure des petits fleuves. Le département compte encore plusieurs petites îles de la Manche, entre autres celle de Bréhat et celles du groupe des Sept-Iles. Le sol est très-fertile sur le littoral.

Les forêts abondent en animaux de toutes espèces ; on y trouve des loups, des renards, des blaireaux, des chevreuils, des sangliers, etc. Le pays renferme un grand nombre d'oiseaux terrestres et aquatiques. Les côtes sont très-poissonneuses et abondantes en mollusques. Les essences dominantes des forêts sont le chêne, le hêtre, le bouleau et les conifères. L'exploitation minérale est assez peu considérable, et ses deux grands produits sont le fer et le sel marin ; toutefois, on trouve aussi de très-beau granit, de la pierre à chaux, des ardoises et de la terre à poterie.

Pays agricole, la culture y est cependant très-arriérée ; les céréales et les pommes de terre y viennent en grande abondance, ainsi que le lin et le chanvre ; on récolte aussi de bons légumes et des betteraves à sucre. Il n'y a pas de vignes, et la culture des arbres fruitiers est complétement négligée, sauf celle des pommiers, qui produisent du cidre en quantité plus que suffisante pour la consommation du pays. On élève beaucoup de gros bétail, des chevaux estimés et des abeilles en grande quantité.

La principale industrie du département, c'est le filage du lin et du chanvre et la fabrication des excellentes toiles dites *toiles de Bretagne*, des toiles à voiles et autres. D'autres produits assez considérables sont les fers, les cuirs, les peaux et les papiers ; ensuite, de la cordonnerie de pacotille, des lainages communs, de la faïence et de la poterie, et du sucre de betteraves.

Six routes impériales, dix-sept routes départementales, 4,541 chemins vicinaux sillonnent le département, qui possède en outre deux canaux, le canal d'Ille-et-Rance et celui de Nantes à Brest ou de Bretagne.

Les principales villes et endroits remarquables du département sont : *Saint-Brieuc*, chef-lieu, *Dinan*, *Guingamp*, *Loudéac*, *Lannion*, sur la rive droite du Guer, près de son embouchure dans la Manche, avec une population de 6,272 habitants, un tribunal de première instance, un collége et un port qui peut contenir 40 bâtiments de 600 tonneaux. Le château de Lannion fut enlevé en 1346 par les Anglais. Une insurrection causée par des achats de grain y éclata en 1789 ; elle fut promptement réprimée ; *Lamballe* ; *Quintin*, sur le Gouet, avec 3,947 habitants, un tribunal de commerce, une chambre consultative des arts et manufactures et une fabrication d'excellentes toiles, dites de *Quintin* : on y fait un commerce de fils retors, cuirs, veau en vert, grosse chapellerie, papeterie, miel, bestiaux ; *Paimpol* ; *Tréguier* ; *La Roche-Derrien*, sur le Jaudy, avec 1,670 habitants et un port, à 6 kilomètres au-dessus de Tréguier, asséchant à toutes les marées, et pouvant recevoir des bâtiments de 150 à 200 tonneaux. Cette ville, jadis fortifiée, a soutenu plusieurs siéges.

COTHIER ou **COTTIER**. *Voyez* COTTIER.

COTHURNE (en grec κόθορνος). Les anciens appelaient ainsi une espèce de chaussure élevée qui s'attachait au milieu de la jambe avec des courroies, et qui à l'origine fut portée en Crète par les chasseurs de cerfs et de chamois, à l'effet de se préserver du choc des corps étrangers en marchant sur des surfaces inégales, ou bien en sautant ; et plus tard aussi en Laconie, ce qui en fit attribuer l'origine à Diane et à la suite qui l'accompagnait à la chasse. Eschyle le premier en fit porter aux acteurs dans la tragédie, vraisemblablement parce que les courroies à l'aide desquelles on les nouait étaient susceptibles de plus d'ornementation et en même temps parce qu'elles entouraient d'une manière plus élégante le pied des danseurs dans les chœurs. Parmi les diverses espèces de cothurnes, nous mentionnerons surtout le *cothurne tragique*, celui que chaussaient les acteurs chargés des rôles de dieux et de héros. Il consistait en une quadruple semelle de liége, de quatre doigts d'épaisseur au moins, et quelquefois de bien davantage ; la forme en fut d'abord carrée, jusqu'à ce que le goût finit par l'arrondir davantage suivant la conformation du pied. Plus tard le cothurne devint l'emblème de la tragédie ; il servit à désigner la langue et l'expression tragiques, quelquefois aussi, comme aujourd'hui, un style emphatique et exagéré.

[Cette chaussure que portaient les rois, les nobles, les gens opulents, et quelquefois les dames et les courtisanes de petite taille, était particulièrement affectée aux déesses sévères et aux grandes reines. Melpomène est toujours représentée avec le cothurne, et une statue de Cléopâtre porte cette chaussure. La semelle allait en s'étrécissant de la plante des pieds au sol, ainsi que nos patins, et une longue et ample robe ou manteau les cachait entièrement. Dans une peinture d'Herculanum on remarque un cothurne composé en grande partie de réseaux et de filets. Il y avait aussi des cothurnes rustiques : un vieux faune est figuré avec cette chaussure, à peu près la même que celle qu'affectaient de porter le commun des philosophes. Elle était d'un cuir cru, mais souple, ainsi que celui des brodequins de voyage. Il y avait encore des cothurnes d'un cuir si luisant qu'Eustathe dit d'un jeune élégant que « le pré sur lequel il marchait se peignait dans sa chaussure comme dans un miroir. » Les Romains, quand ils se plaçaient sur le lit de table, les quittaient. Les rois d'Albe portaient des cothurnes couleur de pourpre, mode qu'ils tenaient des Étrusques, et qu'ils transmirent aux grands de Rome et à ses empereurs, qui ne cessèrent point de les porter de cette couleur. Plus ou moins riches, ils étincelaient parfois de pierreries, ou étaient ornés de minéraux artistement gravés. Dans certaines parties des Pyrénées, on en porte encore de corde, que l'on nomme *espardilles* ou *abarcas*.

Le cothurne par sa conformation s'adaptait également à chacun des deux pieds ; ce qui fit que les Athéniens surnommèrent *Cothornos* un de leurs orateurs célèbres, Théramène, contemporain de Périclès, à cause de la facilité qu'il avait de se plier aux circonstances. DENNE-BARON.]

COTIA. *Voyez* AGOUTI.
COTICE (*Blason*). *Voyez* BANDE.
COTIER (Pilote). *Voyez* PILOTE.
COTIGNAC, chef-lieu de canton du département du Var, avec 3,541 habitants : fabrique de soie organsinée, tanneries, commerce de vin, de soie, de figues, d'huile d'olive, de fruits secs et de confitures estimées. Cotignac a donné son nom à une confiture de coing, dont Orléans et Mâcon eurent aussi la renommée (*voyez* CONFISEUR). Près de Cotignac se trouve une chapelle de Notre-Dame-de-Grâce, fondée en 1519 et objet de pèlerinages.

COTIGNON (PIERRE), sieur DE LA CHARNAYS, gentilhomme du Nivernais, poète peu connu, et qui ne mériterait guère de l'être, s'il n'avait pas fait partie de cette coterie de beaux-esprits qui se montrèrent peu après la mort d'Henri IV, rimeurs audacieux, cyniques, hantant fort les cabarets, dont Saint-Amand et Motin furent les chefs, et qui s'étaient décerné le nom de *goinfres*; Cotignon s'affilia à cette illustre confrérie. En 1623 ou 1626 il publia des recueils de vers, épigrammes, chansons, énigmes, le tout fort gai, mais sans grand souci des bienséances. Malgré leur allure beaucoup trop leste, ces poésies se vendirent peu, et, pour en faciliter l'écoulement, le libraire eut l'idée de substituer à leur titre une désignation plus alléchante; il remplaça le frontispice par cette autre étiquette : *Vers satiriques du nouveau Théophile*. Précisément le célèbre Théophile venait de mourir ; il avait été brûlé, mais en effigie seulement, et un livre placé sous son patronage devait se recommander à cette portion, toujours nombreuse, du public qui regarde le scandale comme un grand bien. Quelques années plus tard, Cotignon revit ses vers, les adoucit, supprima des plaisanteries par trop inconvenantes, et dédia le tout au cardinal de Richelieu, mais à celui qui devint le véritable roi de France tandis que le fils d'Henri IV dormait sur le trône, mais à son frère, qui fut également prince de l'Église, grand-aumônier de France, archevêque de Lyon, et qui n'en est pas moins resté fort ignoré. Afin de ne pas faire les choses comme tout le monde, Cotignon avait employé dans ce nouveau volume une orthographe différent fort de celle qui était alors généralement adoptée ; elle n'a pas fait fortune. Il renonça à la suite de Cirine, et mit au jour un roman en prose dans le goût de l'*Astrée*, mais cent fois plus ennuyeux, et ce n'est pas peu dire. Dans cet écrit, intitulé *Mes Bocages*, il raconte la fuite de Cirine, la jalousie de l'Éliandre, la froideur de Héristel, l'ardeur de Filenie, les disgrâces de Ponirot. En devenant vieux, Cotignon, toujours altéré de se voir imprimé, publia un poëme bien différent de ses premiers essais, et tout aussi édifiant que ceux-ci l'étaient peu. C'est une pieuse épopée, intitulée les *Travaux de Jésus*, en huit parties, et en soi-disant vers qui ne sont que de la mauvaise prose très-mal rimée. On lui doit encore des *quatrains moraux*, que Colletet faisait apprendre à son fils; *Le Combat des Muses*, poëme en l'honneur de Salomon Certon ; et *Madonthe*, tragédie extraite de l'*Astrée*.
G. BRUNET.

COTILLON cotte ou jupe de dessous des femmes, et particulièrement jupon des femmes du peuple et des paysannes, d'où est venu l'expression d'*aimer le cotillon*, pour exprimer des amours peu recherchées.

Cotillon est aussi le nom d'une danse oubliée depuis longtemps : c'était une sorte de branle, à quatre ou huit personnes.

On dansait souvent les branles aux chansons, et probablement celui qu'on appelle *cotillon* fut d'abord accompagné de la vieille chanson française :

Ma commère, quand je danse,
Mon cotillon va-t-il bien ?

On donne actuellement le nom de *cotillon* à une danse polkée mêlée de scènes mimiques et chorégraphiques par laquelle on termine ordinairement le bal. Un jeune homme est chargé de mener le cotillon et de disposer les scènes de fantaisie qui en font tout le charme.

COTIN (CHARLES), conseiller, prédicateur et aumônier du roi, chanoine de Bayeux et membre de l'Académie Française, était né en 1604, à Paris, où il mourut en 1682. Blessé douloureusement par Molière et Boileau, il dut aux satires du second et aux scènes du premier une célébrité que son mérite seul n'aurait su lui faire. On a dit que son nom était entré dans les écrits de Boileau pour la commodité qu'il offrait à la rime : un jour celui-ci récitait sa troisième satire dans un cercle d'amis, il s'arrêta au milieu d'un vers, manquant de rime et d'idée pour le second hémistiche :

Jugez en cet état si je pouvais me plaire,
Moi qui ne connais rien ni le vin ni la chère,
Si l'on n'est plus au large assis en un festin
Qu'aux sermons de Cassagne. . . . .

« Parbleu ! dit Furetière, que ne mettez-vous *et de l'abbé Cotin* ! » Le sort en fut jeté, et la destinée de Cotin attacha son nom aux satires de Boileau. Celui-ci était déjà peu disposé en faveur de l'abbé, qui l'avait mal reçu dans l'hôtel de Rambouillet, où il donnait le ton, et lui avait conseillé avec aigreur de quitter la satire pour cultiver un genre moins hostile. Depuis, il accrut l'amertume que ses dures leçons avaient déposée au cœur du jeune poète en s'immisçant dans les querelles survenues entre les deux Boileau, et soutenant le parti de Gilles contre Nicolas. D'autre part, Molière se plaignait que le duc de Montausier avait cru, par les insinuations malignes de Cotin, qu'il était l'original d'Alceste et le type du Misanthrope. Pour se venger, il joua notre abbé dans *Les Femmes savantes*, sous le nom de *Tricotin* d'abord, et ensuite de *Trissotin*, rendant ainsi le trait plus piquant, sous prétexte de mieux déguiser la personne. Qui pouvait s'y tromper ? Imitant un peu les excès de l'ancienne comédie grecque, qui masquait les noms et les visages, il avait poussé la malice jusqu'à faire acheter un habit de Cotin, et l'acteur en parut affublé sur la scène. D'ailleurs, quiconque avait lu Cotin n'aurait pu méconnaître le bel esprit de l'hôtel de Rambouillet à son langage, copié de ses écrits avec une fidélité parfaite, surtout quand à ces mots de Philaminte :

Servez-nous promptement votre aimable *repas* !

Trissotin répond :

Pour cette grande *faim* qu'à mes yeux on expose,
Un *plat* seul de huit vers me semble peu de chose,

Et je pense qu'ici je ne ferai pas mal
De joindre à l'épigramme, ou bien au madrigal,
Le *ragoût* d'un sonnet, qui chez une princesse
A passé pour avoir quelque délicatesse.
Il est de sel attique assaisonné partout.

N'était-ce point là Cotin mot à mot? et pouvait-on railler plus finement ce qu'il appelle son *Festin poétique* dans ses *Œuvres galantes* : « Vous voulez, madame, y est-il dit, que je vous traite..... Après quelques parfums et un peu d'encens, c'est-à-dire après des remerciments, le *premier service* sera de raisonnements forts et solides ; le *second*, de sentiments épurés, avec quelques pointes d'épigrammes pour *ragoûts*, et quelques *entremets* de parenthèses et de pensées. »

Qui plus est, Molière, ayant dérobé aux œuvres de l'abbé son absurde *sonnet sur la fièvre de la princesse Uranie* (Mme de Longueville), broda sur le canevas d'une querelle où l'amour-propre mis en jeu par cette bluette avait engagé Ménage et Cotin chez Mlle de Montpensier, l'excellente scène où Vadius critique le sonnet sans se douter qu'il parle à son auteur. Aussi, à la mort de Cotin, lui composa-t-on cette espèce d'épitaphe :

Savez-vous en quoi *Cotin*
Diffère de *Trissotin* ?
Cotin a fini ses jours ;
Trissotin vivra toujours.

La *Ménagerie* (1666), libelle qui l'aurait vengé de Ménage, s'il n'était pas mort en naissant, fut suivie dans la même année d'une satire contre Boileau : *La critique désintéressée sur les satires du temps*. On dit que Mignot, l'empoisonneur, voulut s'associer à sa vengeance d'une manière assez plaisante. Comme il composait un biscuit avec plus de goût que Cotin n'en savait mettre dans une satire, il fit imprimer la pièce à grand nombre d'exemplaires, et pour les répandre il imagina de s'en user en guise de sacs ou de cornets. La chose parut curieuse, et l'on courut acheter dans sa boutique pour avoir le plaisir de trouver ses biscuits enveloppés dans la satire.

Outre les ouvrages dont nous avons parlé, Cotin a publié : *Théoclée, ou la vraie Philosophie des principes du monde* ; la *Jérusalem désolée* ; un *Recueil de Rondeaux* ; *Recueil des Énigmes de ce temps* ; un *Traité de l'Ame immortelle* ; des *Poésies chrétiennes* ; la *Pastorale sacrée* ou *Paraphrase du Cantique des Cantiques* ; une *Oraison funèbre de Messire Abel Servien* ; des *Œuvres mêlées*, contenant énigmes, odes, etc. ; deux volumes d'*Œuvres galantes*, en prose et en vers ; des *Réflexions sur la conduite du roi Louis XIV*, quand il prit lui-même le timon des affaires ; *Salomon, ou la Politique royale*, en trois discours en prose, etc., etc. Cependant, quatorze carêmes prêchés à la cour, et que, crainte de Boileau, il ne voulut jamais faire imprimer, attestent, outre l'amitié des personnages les plus distingués de l'époque, qu'il n'était pas sans mérite. Il avait de l'érudition, possédait les langues grecque et latine, récitait par cœur Homère et Platon, savait l'hébreu et la syriaque, était enfin versé dans la philosophie et la théologie. Sa prose, tournée avec aisance, pèche moins par l'absence que par l'abus de l'esprit, le faux goût, la recherche ambitieux, l'afféterie des expressions ou des pensées, et dans la foule de ses vers durs, plats, boursouflés, obscurs, il en est qui ne manquent ni de facilité ni d'agrément.

Hippolyte Fauche.

COTINGA, genre d'oiseaux de l'ordre des passereaux, à bec large, légèrement arqué, échancré à la pointe, qui est comprimée. Les cotingas sont sauvages, taciturnes ; ils aiment la solitude et vivent dans les régions chaudes de l'Amérique : on ne les rencontre que dans les fourrés épais et obscurs. Ces oiseaux semblent vouloir dérober à nos regards le plumage riche et brillant qui décore la plupart de leurs espèces Ils font leur nourriture habituelle d'insectes et de fruits savoureux et sucrés. Le *cotinga bleu* (*cotinga ampelis*) se fait remarquer par une couleur magnifique d'outre-mer, et par sa poitrine pourprée. Le mâle du *cotinga Pompadour* (*ampelis Pompadora*) n'est pas moins remarquable, surtout à l'époque des amours, où son plumage, carmin foncé, que font ressortir ses deux ailes blanches, brille du plus vif éclat.

COTISATION, dérivé du mot c o t e. La cotisation en jurisprudence est l'imposition faite sur quelqu'un de la *cote-part* qu'il doit supporter d'une dette, charge ou imposition commune à plusieurs.

Cotisation signifie aussi l'action de se taxer soi-même pour payer des frais communs. Dans ces derniers temps, où l'association, cet admirable privilège de l'homme libre, a fait de si merveilleux progrès, il est peu d'individus qui n'aient pas eu leur *cotisation* à payer : toutes les sociétés, ou politiques, ou industrielles, ou scientifiques, ou littéraires, reposent sur une seule base, la *cotisation*, c'est-à-dire la mise individuelle à une masse commune. Il y a telle association qui, grâce à la *cotisation* de chacun de ses membres, fait vivre au large président, vice-président, secrétaires et trésorier.

Dans la garde nationale, il y avait une *cotisation* mensuelle et volontaire que devait payer chaque citoyen. Elle variait suivant les villes, les bataillons, les compagnies. Administrés par un conseil de famille, les fonds qui en provenaient servaient à élever la paye du tambour, à payer les impressions, à fournir chaque garde national d'ornements hors de l'uniforme, enfin à constituer un fonds de réserve, que quelques compagnies ont employé à des institutions de bienfaisance. Tout cela, bien entendu, était en dehors de la loi ; mais personne n'osait s'y soustraire.

Dans les sociétés de s e c o u r s m u t u e l s, il y a aussi une *cotisation*. Celle-là a une destination vraiment noble, vraiment élevée : c'est une mesure de sûreté prise contre l'avenir, contre les maladies, contre le manque d'ouvrage. Il est rare qu'un mauvais ouvrier consente à faire partie d'une de ces sociétés, dont la *cotisation* hebdomadaire ou mensuelle est la condition première, je dirai même la condition unique.

Il est certains genres de *cotisations* dont on ne saurait trop s'abstenir : par exemple, les *cotisations* établies par les sociétés qui se disent scientifiques dont les pièges dont il est prudent de se préserver. On vous annonce qu'il vient de se former une société d'hommes d'art et de science réunis dans un but purement artistique, purement littéraire, ou purement philosophique : comme la société tient beaucoup à ce qu'aucune illustration ne lui fasse défaut, comme elle veut *relier* toutes les notabilités sociales, elle a jeté les yeux sur vous, elle vous décore du titre pompeux de *sociétaire*, ou mieux encore de *sociétaire-fondateur*, vous fait l'honneur d'un diplôme sur parchemin, dont le prix est de ......, payable comptant ou à terme. La société n'est pas méchante personne ; pourvu qu'à la fin de l'an la *cotisation* soit réglée, c'est tout ce qu'il lui faut.

Une autre *cotisation* non moins périlleuse est la *cotisation* pour bals, concerts, ou repas de corps. D'avance, vous vous imaginez avoir tout prévu, le nombre des glaces, des brioches, des violons, des bouteilles de Bordeaux, Médoc ; vous croyez avoir posé votre budget sur les bases les plus larges ; mais quand vient le règlement de la *cotisation*, vous reconnaissez qu'il y a dans vos calculs erreur de moitié ou de deux tiers. La chaleur était étouffante, il a fallu un supplément de glaces ; le Médoc n'étant pas un vin de dames, on a dû, à la demande générale, recourir au Champagne frappé. De là il arrive que votre *cotisation*, qu'on avait arrêtée, paraphée, scellée à dix francs par tête, ne s'élève plus qu'à trente francs.

Foin des *cotisations*! Donc, ne vous y fiez qu'à bonne enseigne et le plus rarement possible.   Édouard Lemoine.

COTON. Le coton est une bourre fine, soyeuse, ou plutôt laineuse, plus ou moins blanche, qui remplit la capsule déhiscente qu'offre le fruit du cotonnier.

Les premières et grandes divisions des cotons en bourre (dits en *laine*) comprennent : 1° les longues soies ; 2° les courtes soies. Dans la première catégorie, on distingue principalement, d'après leur provenance : les *Géorgie* long, *Fernambouc*, *Bahia*, *Maragnan*, *Para*, *Camouchi*, *Bourbon*, *Martinique*, *Guadeloupe*, *Cayenne*, *Porto-Rico*, *Cuba*, *Trinité de Cuba*, *Haïti*, *Carthagène*, *Minas*, *Carraque*, *Cumana*, et *Jumel* ou *Égypte*; dans la deuxième catégorie, les *Louistane*, *Alabama*, *Tenessée*, *Mobile*, *Caroline*, *Virginia*, *Sénégal*, *Bengale*, *Madras*, *Surate*, *Sonboujac*, *Kinick*, *Kirkagach*, et les courtes soies de *Cayenne*, *Géorgie* et *Alexandrie d'Égypte*.

Les cotons des États-Unis, tant ceux longues soies que les courtes, sont les plus beaux et les plus généralement estimés : ils sont cotés à des prix correspondant à leurs qualités. Les sortes qui jouissent après celles-ci de la plus grande faveur sont le Bourbon, l'Égypte, le Porto-Rico et le Cayenne ; viennent ensuite les cotons du Brésil, de la côte espagnole de l'Amérique du Sud, et enfin les cotons de la Martinique, de la Guadeloupe et de l'Inde. Mais il est à observer que cette estime est relative au genre d'emploi, et même aux procédés de filature auxquels les laines sont soumises. C'est principalement dans les longues soies que le coton du Brésil offre une grande supériorité.

Les longues soies d'Amérique offrent la matière des tissus les plus fins, des mousselines, tulles et percales supérieurs. Les courtes soies d'Amérique, d'un travail facile, conviennent à tous les tissus au-dessous des surtins ; on a remarqué d'ailleurs qu'ils reçoivent mieux les couleurs d'impression. Les Brésil se teignent solidement, et on les préfère pour la fabrication de la bonneterie et des *madapolams*. Les courtes soies de l'Inde sont en général réservées à la fabrication des couvertures, de la passementerie et des objets les plus grossiers. Mais il est essentiel de remarquer que le lieu de provenance des cotons est quelquefois bien loin de résoudre péremptoirement la question de qualité relative ; car la même plante, et dans les mêmes climats, pourra produire une laine douée de plus ou moins de force, de longueur, de ténacité, d'incoloration et d'éclat, et les différences seront quelquefois énormes, suivant la température, l'opportunité de la récolte, les soins de culture, etc., etc. Ce qui importe encore puissamment sur la qualité des produits, c'est le soin et la propreté dans l'*égrenage* (enlèvement des graines adhérentes à la bourre). PELOUZE père.

Jacques de Vitry, mort en 1244, qui était allé en Palestine pendant les croisades, est le premier des écrivains occidentaux qui ait employé le mot *coton*. « Il y a, dit-il (*Hist. Orient.*, lib. I, cap. 85), dans l'Orient des arbrisseaux venus de semence, qui produisent le *bombax*, appelé par les Français *coton*, qui tient le milieu entre la laine et le lin, avec lequel on tisse des vêtements légers. » Le coton est encore désigné par les mots *bombagia* et *bombazo*, à Milan et en Sicile, là où les Occidentaux le cultivèrent et le travaillèrent pour la première fois. Les Arabes, qui s'en occupèrent, même avant notre ère, de leur côté, l'appellent *q'hotton*, et l'on peut conjecturer avec un de nos savants géographes, que ce nom était venu de *Cottonara* (aujourd'hui *Canara*), contrée de la côte de Malabar, d'où les navires des Arabes et ceux des Ptolmées le transportaient dans l'Arabie par le golfe Persique, et dans l'Égypte par la mer Rouge. DE REIFFENBERG.

[Si l'on se rapporte à la description que Pollux et Philostrate font du *byssus*, l'usage du coton remonterait en Asie à la plus haute antiquité. Il était connu longtemps avant Moïse, puisqu'il paraît, par cet écrivain sacré, que l'étoffe dont Pharaon fit revêtir Joseph était de coton ; cependant les Grecs et les Romains ne s'en servirent que fort tard. Pline est le premier auteur latin qui en fasse mention. Voici ce qu'il en dit [1] « La partie de l'Égypte supérieure voisine de l'Arabie, produit un arbrisseau appelé *xilon* par les uns, et *gossypion* par les autres. Son fruit, assez semblable à celui de l'aveline entouré de son enveloppe barbue, contient un duvet que l'on file et dont on tisse des étoffes d'une blancheur éclatante et d'une grande flexibilité. »

Le commerce des tissus de coton remonte à une époque également très-reculée ; mais ce n'est que vers le commencement de l'ère chrétienne qu'il s'étendit de l'Orient dans la Grèce et dans l'empire romain. On pense que c'est aux Musulmans qu'on doit la culture du cotonier en Afrique et la mise en œuvre de ses produits. On sait que vers le treizième siècle il y avait à Maroc et à Fez des manufactures très-florissantes, et que vers la fin du seizième siècle on apporta à Londres des toiles de coton fabriquées à Bénin.

L'introduction du cotonnier en Europe remonte au neuvième siècle, et est due aux Arabes d'Espagne, qui firent leurs premières plantations dans les plaines de Valence. Bientôt des manufactures furent établies à Cordoue, à Grenade, à Séville ; et au quatorzième siècle les étoffes fabriquées dans le royaume de Grenade étaient regardées comme supérieures en finesse et en beauté à celles de Syrie. C'est encore aux Maures d'Espagne qu'on doit la fabrication du *papier de coton*, dont leurs ancêtres avaient appris le secret à Samarcande, au septième siècle.

En 1807 la France fit des essais de culture du cotonnier. Les essais furent assez satisfaisants ; cependant on y renonça. Les tentatives faites depuis en Algérie ont eu des résultats bien plus sérieux. Le nombre d'hectares ensemencés en coton, qui n'était pas de 3 en 1851, est monté à 20 en 1852 et est aujourd'hui de plus de 700.

Ce n'est que vers le quatorzième siècle qu'on trouve des traces de la fabrication des tissus de coton en Italie et en Belgique. A cette époque les Vénitiens et les Génois importèrent en Angleterre des cotons, qui ne furent employés qu'à faire des mèches de chandelles. En 1430 quelques tisserands des comtés de Chester et de Lancastre fabriquèrent des futaines à l'instar de celles de Flandre. Cet essai ayant réussi, des armateurs de Bristol et de Londres allèrent chercher du coton dans le Levant. Henri VIII et Édouard VI favorisèrent cette industrie, qui sous Georges III occupait déjà 40,000 personnes, et produisait 15 millions de francs. Pour suivre sa marche toujours croissante en Angleterre, il suffit de comparer les chiffres suivants d'exportation : en 1701, 583,750 francs ; en 1764, 5,008,750 francs ; en 1833, 462,180,000 francs. Cette fabrication occupe en Angleterre 1,500,000 personnes. On y emploie 51,000 balles de coton par semaine ; 21,000,000 de fuseaux filent plus de 105,000,000 de poignées, ou 8,000,000 de kilomètres de fil, longueur égale à 200 fois la circonférence du globe. Le tissage occupe plus de 250,000 métiers mécaniques, qui produisent 6,500,000 mètres d'étoffes par jour, ce qui équivaut à la distance de Liverpool à New-York.

Les États-Unis reçurent pour la première fois en 1786 et plantèrent en Géorgie le cotonnier *Sea-Island* (Géorgie à longue soie), qui leur fut envoyé de Bahama. Le sol convenait si bien à cette plante, qu'elle y prospéra au delà de toute attente, et fut multipliée avec assiduité pour satisfaire aux demandes de l'Angleterre. Depuis cette culture s'est répandue dans la Caroline du Sud, dans l'Alabama, à Mobile, etc. ; et en 1839 le chiffre de l'exportation dépassait 150,000,000 de kilogrammes. Le premier chiffre d'exportation, en 1791, était de 85,323 kilogrammes. Les tissus fabriqués dans les États de l'Union, où cette industrie occupe beaucoup de bras, ont produit en 1833 plus de 12,000,000 de francs.

L'établissement de l'industrie cotonnière en France ne

remonte pas au delà de la fin du dix-septième siècle. Dans les premiers temps nous tirions par Marseille tous nos cotons du Levant, car nos colonies ne nous en fournissaient qu'une très-petite quantité. Ainsi, en 1668 l'importation fut de 200,000 kilogrammes de coton en laine et 700,000 de coton filé. En 1750 elle était sept fois plus considérable. Amiens fut une des premières villes où la fabrication fut établie en grand; aujourd'hui on travaille le coton sur tous les points du territoire. Nous avons de nombreuses fabriques à Saint-Quentin, Tarare, Lille, dans les départements du Haut-Rhin et du Bas-Rhin, dans la Normandie, à Troyes, Lyon, Paris, Reims, Montpellier, etc. Cette industrie occupe de 8 à 900,000 ouvriers; 3,500,000 broches, rendent par année 34,000,000 de kilogrammes de coton filé, représentant en moyenne une valeur de 170,000,000 fr.

L'industrie cotonnière est aujourd'hui répandue en Suisse, en Allemagne et en Belgique; mais ce sont pour nous des concurrences peu redoutables. Nous n'avons à craindre que l'Angleterre et l'Amérique.

Le métier à la main fut seul employé en Angleterre pour la filature du coton jusqu'en 1750, époque à laquelle John Kay, de Bolton, imagina la *navette volante*. Bientôt la division du travail fit classer en opérations distinctes la préparation, le cardage, le filage et le tissage du coton, et les perfectionnements dans chacune de ces opérations se succédèrent rapidement. De 1750 à 1770, Hargreaves, de Blackburn, inventa et propagea son métier (la *Jenny*) qui permit à une jeune fille de faire fonctionner de dix à vingt fuseaux au lieu d'un seul. Mais la *Jenny* n'était applicable qu'à la filature des fils de trame, et ne donnait pas des fils assez résistants pour les fils de chaîne. C'est à Arkwright que revient l'honneur d'y être parvenu par l'invention du *Trostle* ou métier continu. Arkwright créa aussi les machines appliquées au cordage. Enfin, de l'invention de la *Jenny* et du *Trostle*, de la combinaison de ces deux modes d'étirage, est née la *Mull-Jenny*, inventée en 1775, par Samuel Crompton, de Bolton-le-Moors. C'est de cette époque que date le gigantesque développement des manufactures anglaises.]

En 1780, époque à laquelle Roland de la Platière publia l'*Art du Fabricant de Velours et de Coton*, plusieurs manufacturiers possédaient, depuis un temps que l'auteur n'a pu déterminer, des machines à cylindre propres à carder le coton, nommées *cardes à loquettes*, et des machines à une seule broche pour filer en gros et en fin le coton préparé par les cardes, et des machines à filer en fin, connues sous le nom de *mécaniques à chariot*, au moyen desquelles une seule personne pouvait filer de 20 à 84 fils à la fois. C'est en 1785 que le gouvernement français accorda pour les filatures continues au sieur Miln, Anglais, une somme de 60,000 fr., un local et un traitement annuel de 6,000 fr., et une prime de 1,200 par chaque assortiment de machines qu'il justifierait d'avoir fourni en France à des fabricants.

Le principe des mécaniques à la filature continue est tout entier dans l'idée du laminoir, composé de deux et même de trois paires de cylindres *à étirer*, montés sur la même cage. Pour filer, on sait qu'il faut non-seulement tordre, mais étirer en même temps, c'est-à-dire distribuer les filaments en plus petit nombre sur une plus grande longueur : c'est ce qu'exécute la machine qui étire successivement le coton cardé en ruban, au moyen de plusieurs paires de cylindres qui le compriment, et dont la vitesse de rotation s'accroît d'une paire à l'autre, en sorte que si les premiers cylindres ont tiré un mètre de ruban, et qu'en même temps les seconds en tirent trois mètres, il faudra que les filaments qui étaient distribués sur un mètre de longueur derrière ceux-ci le soient sur trois en sortant, et que par conséquent il y en ait trois fois moins sur chaque mètre. Si la distance entre les paires de cylindres est plus grande que la longueur des filaments, il ne pourra y avoir aucun filament de rompu, et si elle n'est pas beaucoup plus grande, ils se soutiendront mutuellement et conserveront leur parallélisme dans l'étirage. Cette idée une fois bien conçue, le reste pouvait être trouvé sous différentes formes par tous les hommes versés dans la mécanique et les travaux des manufactures. Les machines construites par Miln, établies à Orléans, diffèrent de celles qu'il avait déposées comme modèles et que l'on voit encore au Conservatoire des Arts et Métiers; elles diffèrent aussi de celles construites par son fils à Neuville, près Lyon. Celles que Martin a fait faire dans l'établissement de l'Épine, près d'Arpajon; celles de Décrétot et compagnie, à Louviers; de Boyer-Fonfrède, à Toulouse, établies à peu près dans le même temps, en diffèrent encore, comme elles diffèrent toutes entre elles; mais toutes ces variétés ne sont que le développement d'une même idée.

Le coton filé aux mécaniques continues, ayant reçu des préparations qui tendent toutes à rendre ses filaments parallèles et suffisamment tordus, convient particulièrement à la chaîne de toutes les étoffes de coton; mais ce genre de filature laissait à désirer une qualité de coton propre à la trame, qu'on n'obtenait pas avec économie des mécaniques continues. La *mull-jenny*, réunion ingénieuse des deux autres moyens, remédie à cet inconvénient. Ce métier produit une filature qui joint à la douceur de celle qu'on obtient des mécaniques à chariot l'égalité de la filature continue : ce coton sert à former la trame des étoffes. Il peut aussi servir pour la chaîne, parce qu'on peut régler les tors du fil à volonté. Les machines préparatoires sont les mêmes pour l'un et pour l'autre système. En 1789 Morgham et Massey, d'Amiens, firent construire une mull-jenny de 280 broches : le gouvernement leur accorda 12,000 fr. d'encouragement.
PELOUZE père.

Ce fut à Cromford, en Derbyshire, que Arkwright construisit sa fabrique, en 1771, avec l'eau pour moteur. La machine à vapeur ne fut appliquée à l'industrie du coton qu'en 1790. Mais à partir de cette première application, le progrès s'est incessamment élevé jusqu'aux colossales proportions qu'il a prises dans notre temps.

Les perfectionnements du tissage sont contemporains de ceux de la filature. Cartwright, en 1774, créa le métier mécanique qui fut perfectionné au commencement de ce siècle par Bennet, Woodcroft, Jacquart, etc.

COTONNIER, genre de plante de la famille des malvacées. Le coton du commerce est le duvet floconneux qui enveloppe leurs graines; les flocons se gonflent et débordent de toutes parts lorsque la capsule s'ouvre à sa maturité. Outre ce caractère, les cotonniers se reconnaissent à un involucelle triphylle, à un calice intérieur plus court, et à des capsules ovoïdes à trois ou cinq valves, avec autant de loges polyspermes.

Le *cotonnier herbacé* (*gossypium herbaceum*, Linné) porte un nom assez inexact, puisque cette plante, qui ne s'élève pas quelquefois, il est vrai, au-dessus de 50 centimètres, et celle que l'on sème comme une plante herbacée véritablement annuelle, devient dans certaines localités un arbuste de 1^m,60 à 2 mètres, dont la tige est ligneuse par le bas. Il se reconnaît à la brièveté des lobes de ses feuilles, qui sont courts, arrondis et terminés par une pointe brusque, et à la glande qui existe à leur base. La fleur est d'un jaune pâle, avec une tache pourpre au bas de chaque pétale. Cette espèce, originaire de l'Orient, est celle qui aurait réussi le mieux en France (*voyez* COTON).

Le *cotonnier arborescent* (*gossypium arborescens*), que l'on trouve aux Indes, en Arabie et en Chine, d'où il a été transporté aux Canaries et à l'Amérique, atteint une hauteur de cinq à six mètres. Sa tige est ligneuse par le bas; ses rameaux, glabres dans leur partie inférieure, sont pubescents au sommet. Les feuilles, portées sur des pétioles allongés et bien stipulées, sont divisées en lobes profonds. Les fleurs sont axillaires et solitaires, tout à fait purpurines.

Les autres espèces se rapprochent plus ou moins des deux précédentes.

COTON-POUDRE. *Voyez* FULMI-COTON.

COTON SAUVAGE. *Voyez* APOCYN.

COTOPAXI, montagne vomissant des flammes, haute de 5,900 mètres au-dessus du niveau de la mer, à 8 myriamètres au sud-est de Quito, est couverte de neiges jusqu'à son sommet, offre à son extrémité la forme d'une cône régulier et rejette incessamment des scories, de la pierre ponce, de l'eau et des blocs de glace. C'est de toutes les cordillères de Quito la plus effrayante; et les scories ainsi que les quartiers de roche qu'elle a vomis successivement ont fini par couvrir une surface de plusieurs myriamètres. Ses éruptions les plus mémorables furent celle de 1698, qui ensevelit dans ses cendres plusieurs villages et la ville de Tacunga avec les trois quarts de sa population, puis celles de 1738, 1744, 1766, 1768 et de janvier 1803. Lorsque cette dernière eut lieu, il y avait vingt ans que le cratère n'avait laissé échapper ni feu ni fumée; mais dans une seule nuit le feu souterrain prit tout à coup une telle activité, que dès le lendemain matin les torrents rapides, formés par la subite fonte des neiges, se précipitaient à travers les vallées voisines et y portaient la désolation et la mort. En 1802 M. de Humboldt essaya de gravir le Cotopaxi; mais, après avoir eu à lutter contre les plus grandes difficultés, il ne parvint point à franchir la limite des neiges éternelles.

[L'Hécla, l'Etna, le Vésuve, sont de véritables avortons à côté de ce géant ignivome. La fumée, le feu, les neiges éternelles ! voilà son manteau, sa tête et son panache. Quand ses flancs bouillonnent, quand sa lave pétille, quand sa gueule béante se crevasse sur ses parois, quand les violentes secousses qui l'agitent ébranlent les monts voisins, oh ! alors c'est un spectacle aussi beau, aussi imposant, aussi solennel que celui d'un calme plat au milieu de l'Océan pacifique, aussi terrible qu'une tempête au milieu des glaces australes.

L'Arequipa, le Popocatepetl dans le Mexique, et le Mowna-Kah aux Sandwich, peuvent seuls être comparés au Cotopaxi, dont ils ont la hauteur, dont ils égalent les ravages. Non loin du Cotopaxi se dressent des volcans d'air, ceux de Turbaco : ici des ouragans, là des feux que les siècles n'ont pu éteindre, et tous ces phénomènes dans le centre de la terre !... Où sont ces immenses soufflets qui chassent les nuages saisis dans leur course comme des flocons de neige? Où sont ces éternelles fournaises dont les éruptions presque périodiques répandent en tous lieux l'effroi et la désolation? Dieu le sait !

Dès que vous avez atteint le pied du volcan, vous êtes étonné du chaos qui vous environne. Ce sont des blocs immenses de lave entassés les uns sur les autres, brisés dans leur chute et présentant à leur surface luisante les traces ineffaçables des flammes souterraines qui les ont pétris. Mais l'imagination recule alors que le voyageur trouve, à près d'un myriamètre du cratère, à demi enfouies dans le sol, au milieu de steppes désolées, des masses imposantes comme des ruines de châteaux gothiques, vomies à coup sûr par une colère du Cotopaxi.

La base du cône le plus élevé n'est pas fort difficile à atteindre; vous y arrivez comme par échelons à l'aide d'une vingtaine de collines, dont les unes sont âpres et stériles, et les autres riches d'une végétation splendide et toujours verte. Mais si vous essayez d'escalader l'arête du cône, vous vous apercevrez dès les premiers pas de la tâche est impossible : vous plongez jusqu'aux genoux dans les couches superposées de soufre et de carbone qui, à quelques centimètres de la surface, gardent une chaleur de cinquante à soixante degrés, et si, en vous aidant de planches, au sommet desquelles vous avez fixé de longs crocs de fer, vous cherchez à gagner la région des neiges éternelles, votre respiration est singulièrement gênée par les exhalaisons sulfureuses du terrain, qui s'échappent en jets phosphorescents de toutes les parties frappées par un corps extérieur.

Une zone immense de pierre ponce, amoncelée sans doute par une profonde irrégularité du sol, arrête ici les explorations des voyageurs, et le condor est le seul être vivant qui ait vu la cime du Cotopaxi en baissant la tête.

Jacques ARAGO.]

COTRE. *Voyez* CUTTER.

COTRONA, l'ancienne *Crotone*, ville forte du royaume de Naples, dans la Calabre ultérieure première, au pied du Carvaro et à l'embouchure de l'Esaro dans le golfe de Tarente, avec un port petit et ne pouvant admettre que des bâtiments du commerce, mais sûr, est le siège d'un évêque, et possède un château fort ainsi que de hautes murailles, datant de l'époque de Charles-Quint, une cathédrale, 6,000 habitants, un commerce d'huile, de vin, de miel et de térébenthine, et, dans son voisinage, d'importantes mines de sel. Aux environs se trouvent les ruines d'un temple de Junon Lucine, sur le *Capo delle Colonne* ou *Capa di Nau*, le promontoire Licinium ou Naus des anciens.

COTTA, famille romaine, qui a produit plusieurs consuls et généraux, parmi lesquels nous citerons :

COTTA (MARCUS AURELIUS), consul romain avec Lucullus, l'an 74 avant J.-C. Il fit la guerre contre Mithridate avec peu de succès, et prit Héraclée par trahison ; ce qui lui fit donner le nom de *Pontique*.

COTTA (CAÏUS AURELIUS), orateur distingué, était de l'école de Lucius Crassus. Il florissait au barreau de Rome quand Cicéron était jeune encore. Cet illustre orateur dit que personne ne lui donna plus d'émulation dans la carrière de l'éloquence que Hortensius et Cotta. L'élocution de ce dernier était calme et coulante, sa diction élégante et correcte. Exilé au temps de Marius, il fut rappelé par Sylla, et appelé au consulat l'an 75 avant J.-C.

COTTA (AURUNCULEIUS). C'était le second des lieutenants de César qui commandaient la légion et les cinq cohortes massacrées par les Gaulois Éburons, dans le guet-apens que leur avait dressé le chef d'une moitié de cette nation, Ambiorix. Ce fut un grand malheur que le commandement en chef n'appartint pas ce jour-là à Cotta ; car dans le conseil où l'on examina quelle foi il fallait faire aux communications et aux offres d'Ambiorix, il avait donné le meilleur avis. Selon lui, il ne fallait point agir au hasard, ni quitter les quartiers d'hiver sans l'ordre de César ; il n'y avait pas de forces ennemies auxquelles on ne pût résister dans des quartiers bien fortifiés ; témoin l'attaque récente des Éburons, rendue si vaine par le courage des Romains ; la légion ne manquait pas de blé ; en peu de temps il leur viendrait des secours, soit de César, soit des quartiers les plus proches ; « enfin, disait-il, quoi de plus léger et de plus honteux que de prendre de si graves résolutions sur l'avis d'un ennemi ? » Le conseil donné par Cotta était doublement bon, car il était inspiré à la fois par la prévoyance et par le sentiment du devoir. Sabinus le combattit par des raisons spécieuses et par la peur dissimulée sous des bravades. Ni l'un ni l'autre ne voulant céder, les soldats les entourèrent, les conjurant de ne pas tout compromettre par leur division et leur opiniâtreté. Le débat se prolongea jusqu'au milieu de la nuit. Enfin, soit conviction, soit plutôt déférence envers son collègue, Cotta se laissa ébranler ; il céda, et le départ fut fixé au matin.

Quand la légion, engagée dans une vallée étroite et encaissée, se vit enveloppée de toutes parts, et qu'il fallut organiser la résistance, les deux lieutenants se montrèrent dans l'action ce qu'ils avaient été dans le conseil. Sabinus, en homme qui n'avait pourvu à rien, faisait toutes choses précipitamment et avec timidité, comme si tout lui eût manqué à la fois. Cotta, qui avait prévu l'événement, et qui pour cette raison s'était opposé au départ, n'oubliait rien de ce qui pouvait contribuer au salut de l'armée, et remplissait à la fois tous les devoirs du général et du soldat. Après une lutte héroïque, nul espoir n'étant plus permis, les deux caractères demeurèrent tels qu'on les avait vus dans le conseil et dans le combat. Sabinus accepta l'offre que lui avait faite Ambiorix de venir à un entretien, lui assurant la vie sauve, et, pour celle de la légion, se bornant à promettre qu'il la demanderait à ses soldats, avec l'espoir de l'obtenir. Cotta, blessé d'un coup de fronde au visage, au moment où il allait de rang en rang exhorter les cohortes, protesta qu'il ne se rendrait pas auprès d'un ennemi armé, et refusa de suivre Sabinus. Sabinus fut misérablement massacré dans la conférence où il discutait avec Ambiorix les conditions de sa soumission. Pour Cotta, il périt en combattant, avec la plus grande partie des soldats.

Désiré Nisard, de l'Académie française.

COTTA (Jean-Frédéric), par son activité, sa connaissance des affaires et des hommes, devint en quelque sorte le roi de la librairie allemande, et occupa sans conteste le premier rang dans une profession que sa famille exerçait depuis deux siècles. Né à Tubingue, le 27 avril 1764, il fit de bonnes études, et se mit de bonne heure en état de juger d'une manière compétente les ouvrages dont il serait un jour l'éditeur. Il avait un tact tout particulier pour découvrir les écrivains dont la collaboration pouvait lui être avantageuse, une rare pénétration pour pressentir les destinées d'un livre, apprécier sa valeur commerciale et littéraire, prévoir s'il ferait sensation, quel serait son succès, combien de temps il obtiendrait la vogue. Que de jeunes talents lui durent d'être tirés de l'obscurité! que de talents formés et reconnus échappèrent par lui au besoin ou reçurent enfin la juste rémunération qu'ils méritaient ! On prétend qu'il devina M. Thiers, et que les premiers ducats touchés par cet écrivain, à qui la fortune avait l'air de montrer d'abord de l'indifférence et du mépris, sortirent de la caisse de Cotta. Tous ceux qui maniaient une plume allemande devinrent bientôt les amis ou les vassaux de ce libraire célèbre. Jamais aucune de ses spéculations n'avortait. Plein de finesse et de prudence, il savait à la fois satisfaire le goût du public pour les idées nouvelles, et ménager la susceptibilité des gouvernements, qui auraient voulu s'en tenir aux idées d'autrefois. Ce fut lui qui fonda la *Gazette universelle d'Augsbourg*, organe impassible de toutes les opinions, exemple sérieux de toutes les palinodies. En peu d'années il acquit des richesses considérables; et comme il joignait à une profonde capacité une ambition ardente, quoique couverte, il voulut s'élever au-dessus de son état, sans renoncer aux avantages dont il était la source durable. Il resta libraire : il le fut à Stuttgart, à Leipzig, à Munich, partout ; mais ces succursales étaient des espèces de fiefs qu'il régissait en grand seigneur. Un des savants à sa solde découvrit alors qu'il descendait d'une ancienne famille italienne, issue elle-même d'une des plus illustres races de la Rome païenne. De sorte que le *Buchhændler* Cotta était proche cousin de Jules César, par la mère de ce dernier, Aurelia Cotta, plus que cela ! Ces belles imaginations furent accueillies sans objection grave par les chancelleries, et l'opulent patron de la littérature moderne fut créé baron. Il n'en resta pas là : il reçut du roi de Bavière la clef de chambellan, et, quoiqu'on fût moins prodigue alors de rubans qu'on ne l'est aujourd'hui, après de nouvelles révolutions démocratiques, il vit décoré de plusieurs ordres. En même temps il siégea sur le banc des chevaliers dans la chambre des députés de Wurtemberg, et obtint la vice-présidence de cette assemblée. Le 29 décembre 1832 mit fin à sa laborieuse carrière. Il mourut honoré et regretté du commerce et de la littérature, respecté par les grands, qui lui pardonnaient d'avoir cherché à se rapprocher d'eux.

De Reiffenberg.

COTTABE (en grec, κότταβος), jeu célèbre parmi les Grecs, d'où il passa chez d'autres nations. On en attribue l'invention aux Siciliens. Les Grecs montraient tant de goût pour ce jeu, que les riches avaient ordinairement dans leurs maisons une salle, nommé *cottabéion*, qui lui était spécialement destinée. Les femmes, d'ordinaire exclues de toutes les assemblées d'hommes, étaient souvent admises au cottabéion, comme simples spectatrices toutefois, se bornant à animer le jeu par l'intérêt qu'elles y prenaient et par leurs applaudissements. Voici en quoi il consistait : au milieu du cottabéion était scellé, dans le pavé ou le plancher, un bâton placé dans une position perpendiculaire. Sur ce bâton on en mettait un autre, dans une position horizontale, et à chaque extrémité de ce dernier on suspendait un petit bassin en forme de balance, de manière à ce qu'il en résultât entre les deux bassins un parfait équilibre. Sous chacun d'eux on en mettait un plus grand, du milieu duquel s'élevait une sorte de petite pyramide, qu'on appelait *manès*; et on avait soin que le petit bassin suspendu fût précisément au-dessus du sommet de cette petite pyramide, mais à quelques pouces de distance. On se livrait surtout à ce jeu à l'issue d'un festin. Les joueurs, une coupe à la main, après avoir bu le vin qu'elle contenait, à la réserve d'une petite quantité qu'ils laissaient au fond pour servir au jeu, se rangeaient en cerle autour de la petite balance. Alors, chacun à son tour jetait en l'air, le plus haut possible, ce qui était resté dans sa coupe, et tâchait de le faire avec tant d'adresse que ce peu de vin pût retomber dans un des petits bassins suspendus, et le faire incliner assez bas pour toucher au sommet du manès, et assez fort pour qu'il en résultât un son. Suivant que ce son était plus ou moins fort, on en tirait, relativement aux personnes présentes à la fête, des augures plus ou moins favorables. Le prix du vainqueur était ordinairement un gâteau, ou quelque autre pièce de fine pâtisserie, et quelquefois le droit d'embrasser la personne qu'il choisissait dans la galerie.

Il y avait une autre manière de jouer le cottabe, à table, au dessert, et sans sortir de la salle du festin. On faisait apporter un grand bassin plein d'eau, sur lequel on mettait plusieurs petits bassins qui y surnageaient. L'adresse du joueur consistait alors, en jetant en l'air ce qui restait de vin dans sa coupe, à faire en sorte qu'il retombât assez fort dans un des petits bassins non-seulement pour former un son dont on pût tirer des augures semblables à ceux du grand jeu, mais encore pour précipiter le petit bassin au fond du grand plein d'eau. Il y avait ceci de particulier dans cette manière de jouer le cottabe, que chacun des petits bassins portait une marque particulière, à peu près comme nos dés à jouer; ce qui faisait de ce jeu une espèce de loterie : de sorte que, selon la marque ou le nombre porté par le petit bassin qu'il enfonçait, le joueur gagnait plus ou moins de pièces de pâtisserie ou plus ou moins de baisers.

Edme Héreau.

COTTAGE (On prononce *cottedge*), mot anglais signifiant au propre *chaumière*, et qui joue un grand rôle dans la vie réelle de nos voisins. La possession d'un *cottage* bien confortable, loin de l'atmosphère toujours viciée de la ville, dans une paisible campagne et dans une situation aussi pittoresque que possible, tel est le but qu'assignent à leurs efforts, en Angleterre, cette foule de travailleurs de tout genre qui chez nous veulent bien que messieurs les vaudevillistes leur vantent sur tous les tons les délices de *une chaumière et son cœur*, mais qui bien rarement s'avisent de songer à réaliser ce rêve du vrai sage. La riche bourgeoisie de nos grandes villes ne se résigne guère à vivre de la vie des champs que pendant quelques mois de la belle saison, et encore à la condition de pouvoir s'installer dans quelque château aristocratique, entouré des terres d'un bon produit, où le plus souvent elle réalise des économies. La bourgeoisie anglaise, au contraire, réserve tout son luxe pour l'habitation champêtre, imitant en cela l'aristocratie, qui déploie son faste dans les manoirs et les châteaux, où elle passe les trois quarts de l'année et surtout les mois d'automne et d'hiver.

Dans la cité de Londres, on voit tous les comptoirs se fermer peu de temps après la clôture des opérations de la Bourse. Il y a alors parmi les négociants comme un sauve-qui-peut général; ils fuient à l'envi la grande ville, pour aller chercher dans leurs *cottages* et demander à la vie de famille et d'intérieur des distractions aux soucis et aux tracas des affaires. Toute l'ambition du modeste employé est de pouvoir quelque jour en faire autant à son tour; et si son *cottage* ne réunit pas, comme celui du patron, toutes les délicatesses du luxe, au moins la simplicité de l'ameublement n'en exclut-elle pas le comfort, cette chose si rare en France qu'elle y est sans nom, et que nous apprécions d'ailleurs si peu dans la vie ordinaire.

COTTE D'ARMES. Les historiens confondent *cotte* et *cotte d'armes*, les prenant également par opposition à *cotte de mailles*, mais la *cotte* a été de toute ancienneté le vêtement militaire de dessus; la *cotte d'armes*, proprement parlant, a été la *cotte armoriée*: car le mot *cotte*, bien plus ancien que les armoiries, vient de l'allemand *kutte*, reproduit dans le bas latin et dans l'italien *cotta*, et resté dans l'anglais *coat*. La *cotte* ou *sayon* des Germains et des Francs, qui étaient en général hommes de pied, descendait jusqu'aux hanches; c'était un manteau court qu'une agrafe, une cheville ou fermail retenait par devant. La *cotte* des Gaulois descendait jusqu'aux genoux. Les Francs, devenus hommes de cheval, portaient sous Charlemagne la *cotte* ample et longue. Au lieu de rester ouverte comme un manteau, ce qui eût été trop embarrassant, elle se fermait comme une chemise. Sous Louis le Débonnaire la *cotte gauloise* reprit faveur; mais après son règne les combattants à cheval en revinrent à la grande cotte fermée ou à la *tunicle* d'étoffe éclatante, terminant en caparaçon et s'étendant sur la croupe du cheval. Depuis les croisades, elle devint une espèce de vêtement d'uniforme, que les nobles, qui seuls avaient le droit d'être armés, portaient par-dessus la cuirasse ou le haubert. Elle prit le nom de *cotte saladine*, en imitation des tuniques à orfèvrerie des Sarrasins; les Français y ajoutèrent la pourpre de Byzance et les fourrures de l'Orient. Cette cotte était comparable à une dalmatique, à manches d'ange, et était accompagnée de l'écharpe.

Il y a eu aussi des *cottes d'armes*, fort différentes et fort courtes: telles étaient la *plaque* ou le *tabard* des hérauts d'armes; telle était la *soubreveste* des mousquetaires de la garde de Louis XIV. Quant à la grande cotte d'armes, elle cessa peu à peu depuis Charles VI d'être en usage, et fit place dans le quinzième siècle à la *casaque* et au *hoqueton*. On avait vu figurer à l'inhumation de Louis XIII sa cotte d'armes, qui fut descendue sur le cercueil. Les enterrements de Louis XIV et de Louis XV furent moins pompeux; le cérémonial de la cotte d'armes y fut omis. De nos jours cet usage et ce mot semblaient oubliés, quand à la cérémonie funèbre de Louis XVIII, on déploya une cotte d'armes en velours violet, semée de fleurs de lis d'or, à laquelle on donna le nom de *cotte d'armes du roi*, quoique Louis XVIII n'en eût jamais porté de sa vie. Gal BARDIN.

COTTE DE MAILLES, vêtement de guerre du moyen âge, consistant en une peau de cerf ou d'autre quadrupède, façonnée en camisole, et garnie extérieurement d'un tricot de mailles de fer. La *brugne*, le *haubert*, la *brigandine*, ont été des variétés de cette cotte, qui s'est aussi appelée *jaque*, *jaserand*, *jouque*. De toute antiquité les Égyptiens et les Chinois en ont fait usage; Virgile en mentionne d'une grande richesse:

Loricam consertam hamis, auroque trilicem...
De triples mailles d'or sa cuirasse étincelle.

La cotte française était une espèce de blouse, qui dans l'origine n'avait pas de manches, et qui à partir des hanches formait pans et tablier. Elle était imitée de l'armure romaine.

Grégoire de Tours en parle; mais l'usage n'en devint commun que depuis la bataille de Poitiers, en 732; Charles Martel y dépouilla de ses cottes l'innombrable cavalerie sarrasine. Un savant antiquaire, Allou, était d'avis que ce fut dans le onzième siècle que s'introduisit l'usage des cottes ou *chemisettes de mailles*, qui d'abord ne descendaient qu'aux genoux, et finirent par envelopper le corps tout entier jusqu'aux extrémités des pieds et des mains, formant autour de la tête un capuchon. Il est possible que ce soit dans le onzième siècle qu'une révolution dans la forme de la cotte se soit opérée, quoique, suivant quelques opinions, le privilège de l'armure à haubert ou cotte complète ait pris naissance après le huitième siècle; mais il est certain que Charlemagne et une partie de sa garde portaient comme arme défensive la cotte de mailles: le moine de Saint-Gall en témoigne, et on voit dans Willemin l'image du costume de mailles complet du dixième siècle. L'Espagne au temps des Maures était devenue le centre de la fabrication des *tastrices* ou cottes de mailles; et Walter Scott nous apprend que dans le onzième siècle c'était de là que l'Angleterre tirait les cottes de mailles les plus estimées. La cotte se mettait par-dessus la matelassure nommée *gambeson*, et elle se portait en outre du plastron ou des platines de fer. Sous le règne de Jean, l'usage de la cotte de mailles commence à passer, et l'armure de fer plein lui est préférée. La mode en était tout à fait établie dans la cavalerie de Charles VII; mais l'infanterie de François Ier avait encore des cottes de mailles légères; ce sont les dernières que l'histoire de France mentionne. Jusqu'à ces derniers temps, des cavaliers turcs, les Circassiens de l'armée russe, quelques Mamelucks et la cavalerie irrégulière de la milice persane portaient encore la cotte de mailles. Gal BARDIN.

COTTEREAU (Les frères). *Voyez* CHOUANS et CHOUANNERIE. Le dernier mourut à Saint-Ouen des Toits, à l'âge de quatre-vingt-deux ans, au mois de mai 1846.

COTTÉREAUX. *Voyez* COTEREAUX.

COTTIENNES (Alpes). *Voyez* ALPES.

COTTIN (SOPHIE RESTAUD, connue depuis sous le nom de Mme), naquit à Tonneins, en 1773. Élevée à Bordeaux, par les soins d'une mère qui aimait les arts et les lettres, elle croissait loin des plaisirs de son âge, préférant le calme de ses pensées au vain bruit du monde, et le charme de l'étude aux distractions de la société, quand un riche banquier de Paris la vit et ne put résister à cette douceur angélique, à cette modestie attrayante. Mariée à dix-sept ans, elle se trouva tout à coup transportée du fond de la solitude dans un des plus beaux hôtels de Paris; mais en changeant de fortune elle ne changea point de caractère, et les goûts simples la suivirent dans ses salons dorés. Elle trouva de plus dans sa richesse le moyen de répandre secrètement de nombreux bienfaits. Son époux fut malheureusement enlevé trop tôt à son amour et aux bénédictions de l'infortune, dont elle l'avait rendu le consolateur. Cette perte irréparable donna à son caractère, naturellement triste, une teinte de mélancolie qui ne s'effaça jamais. A peine âgée de vingt ans, c'est dans l'étude qu'elle trouve ses plus douces consolations. Sa bienfaisance survit à sa fortune. Son adversité lui sert à distinguer dans la foule de ses amis ceux qui lui sont sincèrement attachés d'avec ceux chez qui l'amitié n'est qu'un vain mot.

Personne n'était encore dans la confidence de ses travaux littéraires. Le secret de son talent fut révélé par l'arrivée d'une de ses cousines. Longtemps elles correspondirent ensemble. Cette parente fut étonnée de voir que tout le monde ne partageait pas son admiration pour une femme qui écrivait de si jolies lettres. Elle les lut amis de sa cousine, parmi lesquels on comptait des hommes aussi recommandables par l'élévation de leur esprit que par la pureté de leur goût. Surpris de voir un si rare talent uni à une modestie plus rare encore, ils manifestèrent unanimement le regret qu'il ne fût pas employé à la composition d'un ouvrage. Ce ne fut pas sans peine que Mme Cottin se rendit à leurs instances. Inquiète sur la nouvelle carrière qu'on veut lui faire parcourir, elle a bien soin de nous apprendre dans la préface de *Claire d'Albe* qu'elle n'écrit qu'un récit qu'elle a entendu faire, et qu'elle le retrace avec rapidité, ne se donnant ni la peine ni le temps de le revoir. Ce roman parut en 1798, et malgré les événements politiques de l'époque, qui étaient peu favorables à de pareilles publications, on applaudit au talent qu'il annonçait à la France; on admira l'élégance et la facilité du style, la simplicité de l'action dégagée d'inutiles épisodes, la marche admirable de l'intrigue, les situations qui se lient sans efforts, et surtout la gradation sensible de cette passion qui subjugue les deux amants et finit par les perdre. Ce roman, dit-on, fut écrit en quinze jours.

Mme Cottin consacra deux ans à écrire *Malvina*, qui vit le jour en 1800. Cette œuvre, conçue sur un plan beaucoup plus vaste que la première, ouvre un champ plus libre aux inspirations de l'auteur; elle y met en action la vie de château. Le produit de ce roman fut consacré à une œuvre de bienfaisance : un ami de Mme Cottin venait d'être proscrit; il était dénué de toute ressource; Mme Cottin, qui n'était pas riche, lui remit le prix qu'elle venait de recevoir de *Malvina*, et lui fournit ainsi le moyen de chercher un refuge sur la terre étrangère. *Amélie Mansfield*, sujet plus difficile, fut publié en 1802. La conception en est plus forte, les caractères en sont plus prononcés. *Mathilde* parut en 1805. Mme Cottin n'avait pris encore ses héros que dans les classes moyennes; soudain elle s'élève jusqu'au genre héroïque, son style devient plus mâle et plus vigoureux, elle chante l'amour le plus pur, luttant contre les lois sévères de la religion. Il n'y avait qu'un an que *Mathilde* était publiée, quand *Élisabeth* parut en 1806. Ici Mme Cottin abandonne le pinceau gracieux et brûlant dont elle s'est servie quatre fois pour nous offrir l'amour. Elle veut peindre maintenant la vertu la plus pure et la plus héroïque. C'est *Élisabeth* venant à pied, à travers les frimas, des extrémités de la Sibérie à Moscou, demander à l'empereur la grâce de son père innocent. Ce fut dans l'espace de huit ans environ que Mme Cottin fit paraître ses cinq romans. *La prise de Jéricho*, qui vit le jour en 1802, dans les *Mélanges de Littérature* de M. Suard, doit être considéré comme son premier ouvrage, quoique l'on ignore l'époque précise de sa composition.

Si l'on en croit lady Morgan, l'auteur de *Mathilde* n'aurait fait que reproduire dans ses romans l'image fidèle de ses sensations. Mme Cottin possédait un petit ermitage dans la vallée d'Orsay. Ce fut sous ses bosquets verdoyants qu'elle créa le beau caractère de Malek-Adel. « Dépourvue de beauté, dit lady Morgan, n'ayant aucune de ces grâces qui en tiennent lieu, Mme Cottin inspira deux passions fatales : son jeune parent, M. D..., se tua d'un coup de pistolet dans son jardin, et son rival sexagénaire et non plus heureux, M. M..., s'empoisonna, de honte, dit-on, d'éprouver une passion sans espérance et trop peu en harmonie avec son âge. »

Au moment où Mme Cottin fut atteinte de la maladie qui l'enleva aux lettres et à l'amitié, le 25 août 1807, à l'âge de trente-quatre ans, elle travaillait à un roman d'éducation, dont elle avait déjà écrit les deux premiers volumes. C'était sur cet ouvrage, qui avait un but réel d'utilité, qu'elle voulait fonder sa réputation et prétendre, disait-elle, la seule gloire à laquelle une femme doit aspirer. Elle avait aussi entrepris un livre sur la religion chrétienne prouvée par les sentiments. Qui mieux qu'elle était capable de l'écrire? Liée d'amitié avec M. Mestrésat, pasteur du saint Évangile, elle sentit profondément sa perte, et prévoyant qu'elle le suivrait de près, elle manifesta la volonté d'être ensevelie à ses côtés.
Eug. G de Monglave.

COTTON (Pierre), célèbre jésuite, né en 1564, à Néronde (Loire), fut envoyé fort jeune à Paris, puis à Bourges, où il étudia le droit. Il achevait ses cours à Turin, lorqu'un jésuite, qui était son confesseur, réussit à le décider à entrer dans son ordre. Son père, qui était secrétaire de la reine-mère, en jeta les hauts cris, et fit supplier par cette princesse le duc de Savoie de lui rendre son fils; tout fut inutile. Après avoir séjourné à Rome et dans plusieurs autres villes d'Italie, il revint en France, où il prêcha avec succès à Roanne, à Avignon, à Nîmes, à Grenoble, à Marseille. Il fut appelé à la cour de Henri IV par le maréchal de Lesdiguières, dont il avait converti la fille, Mme de Créqui. Peu après le roi le prit pour son confesseur. Le père Cotton gagna promptement la confiance de Henri IV, et on lui attribua une grande part dans le rappel des jésuites, qui avaient été expulsés de France après l'attentat de Jean Châtel. C'est à lui aussi qu'on rapporte l'origine du juron *jarnicotton*, qui serait une corruption de *je renie Cotton*, paroles que le confesseur avait conseillé au roi, son pénitent, de substituer à ces mots *je renie Dieu*, espèce de serment auquel Henri IV s'était habitué. Son crédit donna lieu à quelques plaisanteries : on disait, par exemple, du roi, qu'il avait du *coton* dans les oreilles. Après la mort de ce prince, Cotton fut aussi confesseur de Louis XIII, et conserva ce titre jusqu'en 1617, époque où il quitta la cour pour aller en missionnaire prêcher dans le midi de la France et en Italie. On a accusé le père Cotton de n'avoir pas réprouvé la doctrine du régicide, prêchée par les jésuites, ses confrères, et même de n'être pas resté complètement étranger au crime de Ravaillac. Tel est le but de la satire amère qui parut en 1610, intitulée : l'*Anti-Cotton, où est prouvé que les jésuites sont coupables du parricide de Henri IV*. Quoi qu'il en soit de cette accusation grave, à l'appui de laquelle on n'a jamais pu invoquer que des bruits vagues, l'ancien confesseur des deux rois mourut à Paris, dans la maison professe de son ordre, à l'âge de soixante-deux ans, le 19 mars 1626.

COTTU (Jean-François), magistrat et publiciste, dont le nom a été longtemps voué au ridicule, est né à Paris, le 13 mars 1778. Reçu à l'École Polytechnique, il se destinait à la carrière du commerce maritime; mais atteint par la conscription il fut envoyé à Port-Louis, dans un dépôt d'artillerie de marine. Au bout d'un an il obtint son congé, et se livra à l'étude du droit. Nommé juge au tribunal d'appel de Paris, devenu cour impériale en 1810 et cour royale en 1814, il perdit cette place pendant les cent-jours, mais il y fut réintégré en septembre 1815. Ses *Réflexions sur l'état actuel du jury* (Paris, 1818) déterminèrent M. de Serre, alors ministre de la justice, à l'envoyer à Londres recueillir des renseignements relatifs à l'institution du jury et à la liberté de la presse. En mars 1819 il fut un des fondateurs de la Société royale pour l'amélioration des prisons et envoyé une seconde fois en Angleterre pour y chercher les moyens d'améliorer les prisons de France. A son retour, vers la fin de mai 1819, il fit partie de la commission chargée du projet de loi pour la réforme du jury. Un article de la *Bibliothèque Historique*, contenant une critique de la constitution temporelle de la religion catholique, plutôt qu'un examen de ses dogmes, ayant été poursuivi comme attentatoire à la liberté des cultes et à la morale publique et religieuse, M. Cottu, président de la cour d'assises, tâcha d'influencer la décisions des jurés, et refusa la parole à M. Mérilhou, défenseur du gérant. L'avocat, n'ayant pu obtenir acte de ce refus, rédigea des conclusions pour lesquelles le ministère public requit son interdiction. M. Dupin aîné défendit son confrère, qui fut acquitté.

Depuis lors M. Cottu présida rarement les assises; mais il s'en dédommagea par la fécondité qu'il déploya à partir de ce moment comme publiciste, sans d'ailleurs faire preuve de beaucoup de fixité d'idées. Toutefois, on doit reconnaître à sa décharge, qu'il était du nombre de ces hommes qui avaient pris le gouvernement de la Restauration et le principe de la légitimité au sérieux, et qui, tout en voulant que la royauté fût forte et considérée, ne la confondaient pas avec ses ministres, et surtout avec le parti prêtre. Les jésuites et leurs incessants envahissements trouvèrent donc en lui un dénonciateur intrépide, et les différentes brochures qu'il publia à ce sujet obtinrent un grand succès. En 1827 il en fit paraître une sous ce titre : *De la nécessité d'un changement de ministère.* Rangé alors dans le parti de l'opposition, il avait cru accabler les ministres Villèle, Corbière et Peyronnet; mais, ayant échoué partout dans sa candidature pour la députation à la session de 1828, il devint subitement l'un des plus fougueux apôtres de l'absolutisme, et publia divers pamphlets dans lesquels il accusait l'opposition de *républicanisme* et de *jacobinisme*. A cet égard il allait sans doute trop loin ; cependant il avait parfaitement deviné les tendances secrètes des d o c t r i n a i r e s, qui n'invoquaient si haut la charte que pour la détruire et faire passer la couronne dans la branche cadette de la maison de Bourbon. En revanche, il était souverainement ridicule quand, dans les développements de sa thèse anti-révolutionnaire, il allait jusqu'à dire qu'il aimerait mieux être *banneret* ou simple *écuyer* que conseiller à la cour royale, quand il proposait de réduire le nombre des électeurs et d'en laisser la nomination au roi, qui devrait préférer des nobles, des hommes titrés, même aux riches propriétaires. Ces excentricités et ces variations de M. Cottu lui valurent une chanson qui eut beaucoup de vogue, et qui commençait par ce refrain, sur l'air : *Faut d'la vertu, pas trop n'en faut.*

Cottu, qu'es-tu ?
Qu'es-tu, Cottu ?

Il n'y répondit pas; et si l'on adressait aujourd'hui la même question aux innombrables girouettes qui depuis 1830 ont tour à tour adopté toutes les opinions et encensé tous les gouvernements, elles ne seraient pas moins embarrassées que M. Cottu pour y répondre. Sous le ministère Polignac il publia encore diverses brochures; dans lesquelles il dénonçait avec la même ardeur les projets révolutionnaires de l'opposition, et réclamait pour le salut de la France l'établissement d'une dictature.

Après la révolution de Juillet, se croyant en danger comme un des chefs du parti qui venait de succomber, il fit un troisième voyage à Londres ; mais au bout d'un mois, quand il crut l'orage passé, il revint à Paris. Comme il s'était absenté sans congé et n'avait pas prêté serment au nouveau roi, il fut déclaré démissionnaire, par ordonnance du 18 septembre. Il s'en vengea en ajoutant à son nom la qualité de conseiller *réputé démissionnaire*, sur le titre des différents écrits qu'il publia depuis, savoir : *Théorie générale des devoirs des peuples et des gouvernements appliquée à la révolution de Juillet* (1832); *Appel à la France en faveur des prisonniers de Ham* (1834); *Guide politique de la Jeunesse, ou traité de l'ordre social, à l'usage des jeunes gens qui entrent dans le monde* (1838). Retiré d'abord à Lausanne, il vint en 1836 se fixer à Versailles.

COTTUS, géant, fils d'Uranus et de Gæa, était l'un des centimanes à l'aide desquels Jupiter triompha des Titans.
COTUS. *Voyez* CONVICTOLITAN.
COTUTEUR. On nomme ainsi celui qui exerce la tutelle concurremment avec un autre en titre. Lorsqu'une femme veuve, qui est tutrice des enfants de son premier mariage, veut à convoler à de secondes noces, le conseil de famille qui est appelé à délibérer pour savoir si la tutelle ne doit lui être retirée, est tenu, en la confirmant, de lui donner son second mari pour *cotuteur*, afin qu'il devienne responsable de sa gestion.
COTYLE (du grec κοτύλη, écuelle). On donne ce nom, en anatomie, à la cavité d'un os dans laquelle un autre os s'articule.

COTYLÉDONS. On nomme ainsi des parties de la g r a i n e distinctes de l'embryon qu'elles enveloppent, et qui dans le plus grand nombre de cas sont au nombre de deux. Ce sont des lobes charnus appliqués l'un contre l'autre, mais qui ne se tiennent le plus souvent que par un seul point, placé tantôt latéralement, tantôt à l'une des extrémités; à ce point de réunion viennent aboutir les nombreux vaisseaux qui apportent la nourriture à la jeune plante, et qui sont leurs ramifications dispersées dans la substance même des cotylédons. Ceux-ci varient pour la forme, le nombre et la nature des éléments qui les composent, selon les diverses espèces de plantes auxquelles ils appartiennent : ils sont très-gros et farineux dans les haricots, les fèves, etc., où on peut facilement les étudier ; dans les graminées, ils sont mucilagineux et fermentescibles; dans les rubiacées et les ombellifères, ils sont au contraire semblables à de la corne. Les corps cotylédonaires n'ont d'usage que pendant la g e r m i n a t i o n; ils fournissent à l'embryon les premiers aliments, et tombent après que celui-ci a pris assez de développement dans ses feuilles et ses racines pour se nourrir par lui-même : quelquefois ils restent sous la terre sans jamais se montrer à l'extérieur ; d'autres fois ils apparaissent à la surface, et se changent alors en des sortes de feuilles qu'on nomme *feuilles séminales*.

Toutes les plantes n'ont pas de cotylédons, et parmi celles qui en ont, toutes n'en possèdent pas un nombre égal. Le plus généralement il y en a deux, ou bien un seulement; mais il peut arriver qu'il y en ait un plus grand nombre, trois, quatre et même huit, dix ou douze; la considération de ces particularités, jointe à celles qu'on a pu tirer de la forme, de la disposition et de la nature des cotylédons, ont fourni aux botanistes des caractères de premier ordre, dont ils se sont servis pour établir leurs classifications. Ainsi, les végétaux ont été répartis dans trois classes : les uns, qui n'ont pas de cotylédons, sont appelés *a c o t y l é d o n é s* ; les autres, qui en ont un, sont les *monocotylédonés* ; et ceux qui en ont deux, les *dicotylédonés*. Ce derniers sont les plus nombreux, et aussi les plus compliqués sous le rapport de leur organisation. Quant aux végétaux qui ont offert plus de deux cotylédons, on n'a pas cru devoir en faire une classe à part, et comme il ne s'en trouve que fort peu, on les a laissés parmi les dicotylédonés ; ils appartiennent à la famille des conifères.

Le mot *cotylédon* vient du grec κοτυληδών qui signifie *écuelle* : il a été choisi parce qu'on a cru trouver quelque ressemblance entre les lobes ainsi nommés et de petites écuelles.

Les botanistes ont aussi employé le mot *cotylédon* pour nommer un genre de la famille des crassulacées, appelé aussi *cotylet* ou *cotylier*, lequel est remarquable par ses feuilles charnues et succulentes, et ses fleurs à corolle monopétale. Les espèces de ce genre sont très-nombreuses; quelques-unes se trouvent en Europe, d'autres en Asie, mais le plus grand nombre appartiennent à l'Afrique. P. GERVAIS.
COTYLET ou **COTYLIER.** *Voyez* COTYLÉDON.
COTYLOÏDE (du grec κοτύλη, vase, et de εἶδος, forme), nom d'une cavité sphéroïdale de l'os coxal, dans laquelle est reçue la tête du fémur ou os de la cuisse (*voyez* BASSIN).
COU (du latin *collum*), partie du corps située entre la tête et la poitrine. Les parties qui entrent dans la composition du cou sont, en procédant du dehors vers les os : 1° la peau, ordinairement plus fine et plus blanche que sur les côtés qu'en arrière; 2° un muscle peaussier, le plus grand de tous les muscles adhérents à la peau, qui n'existent qu'en vestige chez l'homme comparé aux mammifères, si ce n'est à la face; 3° des muscles profonds, situés les uns en arrière, pour redresser le cou et la tête, les autres sur les côtés, pour l'incliner dans ces deux sens et agir sur les côtés ; d'autres encore en avant, pour fléchir la tête et la faire pirouetter sur la colonne vertébrale; 4° les os connus sous le

COU — COUCHE

nom de *vertèvres cervicales*, au nombre de sept, dont les deux premiers ont reçu les noms d'*atlas* et d'*axis*. Toutes ces parties sont vivifiées par les vaisseaux et les nerfs qui les pénètrent. Ces organes vasculaires et nerveux naissent des troncs qui les uns se portent à la tête, comme les ca ro-ti des, les j u gu la i res, et les autres aux membres, qui ont retournent de la tête et des membres pour se rendre dans la poitrine. Dans le canal des vertèbres du cou est renfermée la portion cervicale de la m o el le épinière ; en avant du corps de ces vertèbres sont placés : 1° l'œso ph age, ou partie supérieure du canal digestif ; 2° la t r ach ée-artère, ou canal de l'air, et le l a rynx ou partie supérieure des voies respiratoires.

Ces deux conduits, l'un pour l'aliment, l'autre pour l'air, sont surmontés par une sorte d'arc osseux formé sur chaque côté de trois pièces, dont deux osseuses, l'une intermédiaire fibreuse et au milieu d'un corps osseux. Cet arc, tendu d'un côté de la base du crâne à l'autre au-dessous de la langue, est ce qu'on nomme l'*appareil hyoïdien* ou l'os hyoïde, avec ses pièces accessoires, ligament et apophyse styloïde, qui n'appartient point à l'os temporal. La position de cet appareil hyoïdien au haut du cou indique qu'il appartient à la fois aux voies digestives et à l'appareil respiratoire. Ces os hyoïdiens donnent insertion à des muscles nombreux, tous situés en avant et sur les côtés du cou ; ces muscles servent à élever et à baisser les hyoïde et le larynx.

On sait qu'on nomme vulgairement *gorge* le devant, et *nuque* le derrière du cou, où l'on remarque une petite *fossette*.

En anatomie comparée, on peut établir que le cou existe 1° chez tous les m a m m i fères, même chez les cétacés, où il est très-court ; 2° chez les o i s e a u x ; 3° chez les tortues, les crocodiles et les sauriens ; qu'il semble disparaître chez les o ph id i en s dépourvus de membres ; qu'il reparaît dans les am ph i b i ens (grenouilles, salamandres, etc.) ; qu'il disparaît réellement dans les po i s so n s osseux, et qu'il reparaît encore dans quelques poissons cartilagineux (r a i es), pour disparaître de nouveau dans les derniers animaux de cette classe (lamproies, ammocètes).

On a aussi donné le nom de *cou* à la partie rétrécie qui chez les insectes sépare la tête du corselet, et quelquefois au corselet lui-même, lorsqu'il est allongé.

On dit quelquefois *col* au lieu de *cou* dans le style poétique, pour éviter l'hiatus. *Col* se dit aussi de préférence dans ces deux locutions : *col court, col tors*. Mais le mot *cou* est fréquemment employé, soit au propre, soit au figuré. On en jugera facilement par les expressions, soit familières, soit proverbiales, suivantes : *avoir le cou d'une grue*, c'est-à-dire un cou long et grêle ; *sauter*, *se jeter au cou d'une personne*, l'embrasser avec vivacité ; *se jeter au cou de tout le monde*, c'est-à-dire se lier très-aisément d'amitié ; *mettre à quelqu'un la bride sur le cou*, lui donner une entière liberté ; *se rompre, se casser le cou*, signifie, au propre, avoir une fracture des vertèbres du cou, et *au figuré*, se ruiner par ses sottises ; *prendre ses jambes à son cou*, marcher rapidement pour fuir ou servir quelqu'un ; *se mettre dans l'eau jusqu'au cou pour ses amis*, s'exposer à tous les dangers pour leur rendre service.

Le *cou* d'une bouteille, d'une carafe, d'un matras, est la partie longue et étroite par où l'on remplit ou l'on vide ces vases. L. LAURENT.

COUAGGA. L'espèce la moins élégante du genre *ch e v a l* est ainsi nommée, en imitation de son cri. Le pelage du couagga (*equus quaccha*, Gmel.) offre des rayures ; mais elles ne s'étendent que sur la tête, le cou et les épaules, et ne se détachent pas avec autant d'avantage sur le fond obscur de sa robe que sur celle du zèbre ou du dauw. La couleur de la croupe est d'un gris roussâtre, celle des jambes et de la queue d'un blanc sale. Le couagga se rapproche plus que le zèbre et le dauw du cheval domestique, par ses formes générales, par l'abondance des crins qui garnissent sa queue, presque jusqu'à la racine, par la forme du pied, et enfin par sa docilité.

Le couagga appartient aux parties les plus méridionales de l'Afrique. Comme les autres chevaux, il vit en troupes, qui se mêlent souvent avec celles de zèbres. Il s'apprivoise facilement, et les colons hollandais du Cap ont, dit-on, l'habitude d'en élever avec le bétail ordinaire, qu'il défend avec courage contre les animaux féroces.

COUARD, COUARDISE, vieux mots, que quelques auteurs dérivent de l'allemand *kuhe hertz*, cœur de vache, et d'autres du latin *cauda*, dont on aurait fait le mot *coue*, transformé ensuite en *queue*. On a cru voir dans l'origine de ce mot l'intention formelle de procéder par une comparaison prise des animaux, qui lorsqu'on les poursuit et qu'ils fuient ont l'habitude de serrer la queue entre les jambes. Dans le blason même, *couard* se dit d'un lion fuyant la queue entre les jambes.

La *couardise* est une espèce de crainte qui tient en général à l'ignorance des choses, et qui se passe lorsqu'on prend des années ou qu'on acquiert une expérience plus complète de la vie. Il existe dans la couardise une simplicité bouffonne et ridicule reproduite sur la scène dans de jeunes paysans ou des valets balourds, que, jusqu'au bruit du vent, tout met en fuite. Il a pu en être ainsi à certaine époque de notre société ; mais rien de pareil ne se passe plus de nos jours. Nous avons tous pris plus ou moins part à tant de guerres civiles, à tant de révolutions, que nous en avons contracté l'habitude de regarder en face tous les genres de périls, ne fût-ce que pour mieux réussir à leur échapper. C'est le propre des guerres civiles de rendre les populations intrépides. Montaigne, qui vivait sous la ligue, en a fait la remarque. On dit quelquefois d'un homme qui dans une circonstance très-grave ou très-délicate a manqué tout à fait de courage, qu'il s'est conduit comme le dernier des *couards*. Mais cette façon de parler, plus que familière, est tombée en désuétude. SAINT-PROSPER.

COUCARACHA. *Voyez* BLATTE.

COUCHANT. C'est la région du ciel où le soleil et les astres semblent *se coucher* : le spectateur qui regarde le midi l'a à sa droite. Le *couchant vrai*, point où le soleil se couche aux équinoxes, est l'un des points cardinaux. Les astronomes l'appellent *occident*, les marins *ouest*.

COUCHE. Ce mot, dérivé du verbe latin *cubare*, a des acceptions extrêmement variées. La plus ancienne, qui a servi d'origine à toutes les autres, était celle par laquelle on désignait le grand meuble où l'on se couchait, et dont le nom ne s'est conservé que dans quelques provinces, mais qu'on retrouve dans les mots *coucher* et *couchette*. Les poètes seuls se servent encore du mot *couche* dans le sens de *lit*. On dit aussi au figuré la *couche nuptiale*, la *couche royale* ; et il s'entend en ce sens du mariage et de la cohabitation, qui en est la suite.

Du mot *couche*, envisagé comme *lit*, est venu l'usage de dire, par figure, pour exprimer l'enfantement, qu'une femme est *en couches*, qu'elle a eu une *couche heureuse* ou qu'elle a fait une *fausse couche* (*voyez* AVORTEMENT), pour dire qu'elle est *accouchée* avant terme. De là sont venus également les termes d'*accouchée, accouchement, accoucheur, accoucheuse*. On nomme aussi *couche* le linge dans lequel on enveloppe les petits enfants pour les *coucher*, d'où a été fait le sobriquet de *chauffe la couche*, donné dans le peuple à ces maris et à ces pères complaisants et commodes qui poussent jusqu'à l'excès ni ridicule les attentions maritales et paternelles.

On entend on *strate*, en géologie, les différents lits superposés dont se compose un terrain. C'est une masse minérale très-étendue en longueur et en largeur,

39

mais limitée dans le sens de son épaisseur par deux grandes faces sensiblement parallèles. Quand les couches sont très-épaisses, elles prennent le nom de *bancs*, et quand elles sont très-minces, on les nomme *lits* ou *feuilles*.

On appelle *couches corticales* en botanique les plans les plus extérieurs du *liber*, qui ne sont apparents que dans un petit nombre d'arbres. Vus au microscope, les réseaux dont ces couches sont formées se présentent composés de faisceaux de cellules allongées, analogues à de la dentelle. Les *couches ligneuses* (*strata lignea*), dont l'ensemble constitue le *bois*, sont dessinées en zones concentriques, sur la coupe transversale du *tronc*. On peut en les comptant connaître à peu près l'âge de l'arbre; car il ne s'en forme guère qu'une par année. Elles augmentent de densité à mesure qu'elles sont plus rapprochées du centre.

Couche, en jardinage, est le nom d'un amas de fumier d'environ 65 centimètres de haut, soigneusement arrangé par lits l'un sur l'autre, avec quelques centimètres de terre légère par-dessus, et recouvert de châssis vitrés, pour faire des semis ou pour élever des primeurs; on dit : une belle *couche de melons*; une bonne *couche de champignons*. On réchauffe une couche en mettant autour du nouveau fumier, pour lui redonner de la chaleur. Une *couche sourde* est celle qui, au lieu d'être élevée au-dessus de terre, y est enfoncée de toute son épaisseur.

Couche est encore dans certains jeux, comme le lansquenet, la somme placée sur une carte; de là est venue l'expression triviale et populaire : il n'a pas *couché gros*, pour dire a risqué bien peu.

Le mot *couche* est aussi fort en usage dans les arts et métiers, et surtout dans la peinture. La toile ou le panneau sur lequel on veut faire un tableau doit être imprimé à plusieurs *couches*. Il faut donner au moins trois *couches* de couleur à l'huile sur les bois extérieurs; à l'intérieur, on termine quelquefois par une ou deux *couches* de vernis.

COUCHER DES ASTRES. Voyez LEVER ET COUCHER DES ASTRES.

COUCHER DU ROI. Toutes les actions des anciens souverains de la France se faisaient dans des formes que l'étiquette avait soigneusement indiquées. Nous n'examinerons point la conduite du monarque et ses courtisans gagnaient à observer ces usages, devenus une espèce de culte obligatoire pour tous. Nous nous bornerons à rapporter ce qui se passait dans cette grande chambre si bien restaurée du château de Versailles, quand Louis XIV, après avoir soupé en famille, sortait de son cabinet pour se retirer. Les officiers du gobelet avaient préparé à l'avance dans la chambre du roi la *collation de nuit*, consistant en trois pains, deux flacons de vin et un d'eau. Une tasse, un verre, trois assiettes de vermeil, et plusieurs serviettes, étaient sur la même table. Sur un fauteuil, les valets de chambre posaient la robe de chambre et les pantoufles de même étoffe, tandis que le barbier disposait les peignes sur un guéridon. Le bougeoir à deux branches, réservé au roi seul, était placé sur un siège, près du fauteuil du roi. D'autres tables portaient de grands morceaux carrés de velours et de taffetas rouges, appelés *toilettes*, dans lesquels se renfermaient le linge de nuit que prendrait le roi, et les habits qu'il quitterait. A la porte du cabinet le maître de la garde-robe recevait de la main de S. M. son chapeau, ses gants et sa canne. Arrivé dans la chambre, que remplissaient les princes et tous ceux qui jouissaient des grandes entrées, le même officier recevait l'épée. Le roi, précédé d'un huissier qui écartait la foule, allait près de son lit pour prier, l'aumônier tenant le bougeoir, et disant l'oraison *Quæsumus*. Revenu à son fauteuil, le roi faisait donner le bougeoir à la personne qu'il lui plaisait de distinguer ce soir-là, et c'était une grande faveur. Il quittait alors son cordon bleu, ainsi que sa cravate, que recevait le maître de la garde-robe, tandis que deux valets de chambre détachaient les boucles de jarretières, de souliers, et achevaient de déshabiller le roi. Les valets de chambre alors élevaient la robe de chambre à la hauteur des épaules de S. M. qui recevait sa chemise des mains d'un prince, ou, à son défaut, d'un officier le plus haut en dignité. Un valet de chambre prenait sur les genoux du roi la chemise qu'il venait de quitter. Le roi, debout, en robe de chambre, saluait. Le bougeoir était retiré au seigneur par le premier valet de chambre, qui le donnait à tenir à un de ses amis restant au petit coucher; les huissiers criaient : *Allons, messieurs, passez*, et, la cour sortie, le capitaine des gardes du corps, le capitaine des cent suisses, les colonels des gardes françaises et suisses, le grand-écuyer, le premier écuyer, s'avançaient et recevaient l'ordre du roi.

Le *petit coucher* commençait : quelques officiers de la maison du roi, son premier médecin, les chirurgiens et quelques personnes à qui S. M. avait accordé les petites entrées demeuraient dans la chambre pendant que les barbiers peignaient le roi, ou qu'il se peignait lui-même. Un valet de chambre apportait sur une *salve* un bonnet de nuit et deux mouchoirs sans dentelle, que le grand-maître présentait à S. M. ainsi que deux assiettes de vermeil renfermant une serviette dont un coin était mouillé, afin que le roi se lavât la figure et les mains. Le roi, ayant dit au premier gentil-homme de la chambre à quelle heure il se lèverait le lendemain, désignait au grand-maître de la garde-robe les habits qu'il revêtirait, et l'huissier donnait de nouveau l'ordre de sortir. Demeuré seul avec son premier valet de chambre et les garçons de chambre, le roi passait dans un cabinet où il donnait à manger à ses chiens, afin qu'ils le connussent. Pendant ce temps on préparait le lit de veille. Le roi rentrait, se lavait encore les mains et se couchait. Les garçons de chambre allumaient le *mortier* et une bougie placée à terre dans un bassin d'argent, puis ils se retiraient. Le premier valet de chambre fermait les rideaux du roi, tirait les verrous des portes, éteignait le bougeoir et se couchait dans le lit de veille. Quand le roi allait passer la nuit dans la chambre de la reine, le premier valet de chambre portait devant S. M. son épée et son haut-de-chausses, enveloppés dans une toilette de taffetas rouge, qu'il déposait sur un fauteuil près du lit. A la rentrée du roi dans sa chambre, ces objets étaient rapportés de même.

Ctesse de BRADI.

COUCHES. En médecine, ce mot est employé dans deux acceptions : 1° pour désigner l'enfantement, l'accouchement : on dit dans ce sens, *une première couche, une fausse couche, une couche heureuse; une mauvaise couche*; 2° pour signifier le temps pendant lequel une femme garde le lit à cause de l'accouchement. On donne le nom de *suites de couches* à un flux sanguin par lequel l'utérus perd progressivement les fluides accumulés dans son tissu pendant la gestation. Ce flux est très-favorable au rétablissement de la santé des femmes en couche. Le travail de l'enfantement, quoique n'étant point une maladie, donne cependant une secousse si véhémente à la constitution des femmes, qu'elles sont le plus fréquemment exposées aux plus grands dangers si la médecine ne vient à leur secours. Leur état a donc dû non-seulement exciter l'intérêt de leurs proches, mais encore appeler sur elles le respect des peuples et l'attention des législateurs. Lycurgue accordait aux mères victimes de l'enfantement, comme aux braves morts pour la patrie, des inscriptions sépulcrales. Chez les Romains, l'habitation d'une accouchée était signalée par une couronne. Les criminalistes les plus sévères n'ont pu méconnaître les égards dus à des femmes en couche placées sous le poids d'un jugement. Notre législation moderne suspend toute poursuite criminelle directe contre elles. Dans la ville de Harlem, non-seulement il n'est point permis de faire le plus léger bruit auprès de l'habitation d'une accouchée, mais encore une affiche suspendue à la porte de sa maison en défend l'entrée aux huissiers. Plusieurs autres lois protègent les femmes en couche en cas de danger, et leurs dispositions s'étendent jusqu'à leurs maris. Beaucoup d'autres lois en encore seraient à faire pour les prémunir contre de graves inconvénients signalés par les médecins légistes. Les praticiens regardent comme très-nuisibles aux femmes en couche : 1° l'abus des visites nombreuses pendant les premiers jours qui suivent l'accouchement ; 2° les repas de baptême qui ont lieu dans certains pays, et surtout dans les campagnes ; 3° l'usage de donner à l'accouchée un potage épicé appelé *soupe baptismale*. Les médecins devraient toujours fixer l'époque des *relevailles*, c'est-à-dire le moment où la femme, relevant de couche, peut sans danger faire la cérémonie religieuse et reprendre ensuite ses occupations domestiques. La cérémonie des relevailles a lieu suivant la position sociale des familles, du neuvième au quarante-deuxième jour. Mais cette époque est toujours subordonnée aux suites plus ou moins pénibles des couches même les plus heureuses.

En anatomie, on donne le nom de *couches optiques* ou *couches des nerfs optiques* et celui de *couches du nerf ethmoïdal* (corps strié) à des éminences situées dans les ventricules latéraux du cerveau considérées comme origines des nerfs indiqués. L. LAURENT.

COUCOU, genre de grimpeurs, dont le bec est médiocre, assez fendu et légèrement arqué, les tarses courts, la queue longue, composée de dix pennes. Ce sont des oiseaux voyageurs, qui vivent d'insectes. Ils sont célèbres par l'habitude singulière où ils sont de déposer leurs œufs dans le nid d'autres oiseaux insectivores. Il paraît qu'ils pondent à terre, et qu'ils transportent leurs œufs avec leur bec ou leurs serres. Ils n'en introduisent qu'un dans chaque nid ; mais ils les déposent tous dans des nids voisins, et ne cessent, dit-on, de les surveiller. L'oiseau dans le nid duquel l'œuf de coucou a été introduit le couve comme les siens propres, même lorsque le coucou, ce qui n'est pas rare, a commencé par les lui détruire. Il continue ses soins au jeune coucou jusqu'au moment où il est assez fort pour sortir du nid. A cette époque le petit étranger prend sa volée, et rejoint ses parents, avec lesquels il reste jusqu'à ce que son éducation soit terminée.

Le *coucou commun* (*cuculus canorus*), généralement répandu en Europe, est à peu près de la taille du pigeon bizet (35 à 38 centimètres), d'un gris cendré, à ventre blanc, rayé en travers de noir, la queue tachetée de blanc sur les côtés, les jeunes ont du roux au lieu de gris. Cette espèce nous arrive par troupes au mois d'avril, et se répand dans nos bois, où elle s'apparie presque aussitôt. C'est alors qu'elle nous fait entendre ce chant si connu, *cou, cou*, dont on a tiré son nom, et qui cesse dès les premiers jours de juillet, époque où commence la mue. Elle émigre en septembre pour des contrées plus chaudes. DÉMÉZIL.

Le coucou était consacré à Jupiter. Il serait difficile d'en donner la raison sûr ce qu'on raconte. On dit que ce fut sous cette forme que le maître des dieux, transi de froid, s'alla reposer un jour d'hiver sur le sein de Junon. N'est-il pas plus naturel d'y voir une analogie et l'application des mœurs du coucou aux amours vagabondes de Jupiter ? Quoi qu'il en soit, c'est du fait que nous venons de rappeler qu'au rapport de Pausanias (VIII, c. 27) le mont Thornax (situé dans l'Argolide, et qui se prolongeait du promontoire Struthium aux monts Pronos), par la déesse ont la complaisance de réchauffer le dieu, prit le nom de *Coccygie* ou *mont du Coucou*.

C'est à la même source qu'il faut demander l'origine d'un mot que nous avons également tiré de l'analogie des mœurs du coucou, mais que, par une extension ou plutôt une déviation bien extraordinaire du sens primitif, nous avons appliqué à l'époux d'une femme infidèle, lorsque rationnellement nous aurions dû le réserver pour le complice de celle-ci. Les Latins donnaient en effet au mari *trompé* le nom de la fauvette (*curruca*), qui couve ordinairement et fait éclore les œufs du coucou. Ce mot, que Molière ne craignait guère d'employer, est du reste fort ancien, ainsi que celui de *cornard*, qui est moins dur et moins grossier. Jean Nevizan, auteur italien du commencement du seizième siècle, a parlé des *cornuti in herbis* dans un livre bizarre, intitulé *Sylvæ nuptialis libri sex*, et publié à Paris en 1521, in-8°. Charron, dans son livre *De la Sagesse*, dit qu'un avare est plus malheureux qu'un pauvre, et un jaloux qu'un cocu. « Il me semble, ajoute à ce sujet Guy Patin, que ce grand homme a dit vrai là aussi bien qu'ailleurs. Lucullus, César, Pompeius, Antonius, Caton et d'autres braves hommes furent cocus, et le surent sans en exciter tumulte ; il n'y eut en ce temps qu'un sot de Lepidus (père du triumvir) qui en mourut d'angoisse. » Nodier disait que le mot *cocu* serait bientôt probablement retranché de nos dictionnaires, parce que « nos mœurs deviennent tous les jours plus exactes et nos oreilles plus difficiles ». Où donc avait-il vu cela ? Edme HÉREAU.

COUCOU, sorte de voiture qui, avec le carabas, avait autrefois le monopole de transporter les Parisiens aux environs de la capitale. Presque tous étaient montés sur des soupentes ; c'était le *char branlant* du seizième siècle. Il avait conservé la forme des voitures de gala de Henri III, et il offrait sur toutes ses faces des fleurs ou des arabesques. L'intérieur pouvait contenir huit à dix personnes sur plusieurs rangs. En général les coucous étaient traînés par de vieux chevaux étriqués et mourant à la fatigue, quelquefois sur la route, malgré l'aide d'un pauvre âne attelé à ses côtés. Le conducteur surchargeait autant que possible sa voiture ; l'intérieur rempli, il mettait des voyageurs à côté de lui, sur la banquette qui lui servait de siège : c'était ce qu'on appelait aller en *lapin*. D'autres fois il en plaçait derrière : c'étaient les *singes*. Il ne partait jamais qu'il ne fût complet : aussi fallait-il attendre un temps infini ; pour aller ensuite tout cabin-caha, cahotté, culbuté et rester parfois en chemin. Joignez à cela les discussions pour le prix, qui n'avait rien de fixe, et vous aurez une faible idée de ce qu'étaient les voitures publiques des environs de Paris avant 1820 ; aussi un voyage à Saint-Cloud ou à Versailles était-il véritablement une affaire. Le coucou ne date guère que de 1789 ; c'était un progrès ! Il remplaçait la patache ; jusqu'à 1807 et 1808, il fut peu florissant. De 1809 à 1820, le sort des coucous fut des plus heureux ; ils ne suffisaient pas les jours de fête et les dimanches, et en 1829 un numéro de coucou se vendait encore jusqu'à 600 fr.

Mais déjà plusieurs années avant la révolution de 1830 des voitures commodes et élégantes, bien montées, partant à heures fixes, desservaient les principaux points de la banlieue ; les chemins de fer arrivèrent ensuite, et, malgré l'énorme accroissement de la population parisienne, les véhicules ne manquent pas aujourd'hui pour la transporter tout entière le dimanche dans les divers endroits où elle aime à chercher un peu de verdure et de fraîcheur. Le coucou ne se rencontre plus guère à présent que sur les routes départementales qui aboutissent à Saint-Denis, et avant peu il n'y sera même plus qu'un souvenir.

COUCOU, nom vulgaire du *narcisse* des prés, d'une espèce du *lychnide*, et de la *primevère* officinale.

COUCOU (Pain de), nom vulgaire de plusieurs *oxalis*, principalement l'*oxalis acetosella* (*voyez* OSEILLE), et quelquefois de la *primevère* officinale.

COUCY, petite ville de France, dans le département de l'Aisne, à 22 kilomètres au sud-ouest de Laon, avec 830 habitants, sur une assez haute montagne. On y voit les ruines immenses d'un vieux château fort. C'était un carré irrégulier, fortifié à chacun de ses angles d'une grosse tour ; on y entrait par un pont sur cinq piliers, qui soutenaient un pareil nombre de portes, par lesquelles il fallait passer successivement. Entre les deux tours d'entrée, à main gauche, était bâtie cette fameuse tour qui n'avait d'égale

39.

ni pour sa hauteur (55 mètres), ni pour sa circonférence (99 mètres). Cette tour était, sans communication avec le château, et on n'y entrait que par un pont-levis. Pour la garantir de toute attaque, on avait élevé tout autour une forte muraille de 5 mètres 84 centimètres d'épaisseur, et de pierre dure. C'est ce qu'on appelait la *chemise de la tour*. Dans les guerres que se firent les Bourguignons et les Armagnacs, Coucy fut pris plus d'une fois ; il eut le même sort dans les guerres de religion. Plus tard, les frondeurs s'en emparèrent, et en 1652 les troupes royales l'assiégèrent inutilement ; mais cette place s'étant rendue à la fin de la même année, Mazarin s'empressa de la faire démanteler. Le donjon seul était resté debout, lorsqu'en 1692 un tremblement de terre le fendit du haut en bas sans pouvoir le renverser.

Coucy appartint d'abord aux archevêques de Reims, qui en firent don à l'abbaye de Saint-Remy. Vers le milieu du onzième siècle, Coucy passa à des seigneurs particuliers, qui en prirent le nom, et demeura dans leur famille jusqu'au quinzième siècle. Les sires de Coucy jouèrent un rôle éminent dans l'histoire de leur temps, et s'allièrent aux maisons souveraines de France, d'Angleterre et d'Allemagne. Les plus célèbres d'entre eux sont *Thomas de* Marle, comte d'Amiens, qui guerroya contre Louis le Gros et mourut en 1130 ; *Enguerrand* III, surnommé *le Grand*, chef de la ligue formée par les seigneurs contre la régente Blanche de Castille sous la minorité de Louis IX ; il fut ensuite au nombre des barons les plus dévoués au roi, et mourut en 1242. C'est à lui qu'on attribue la fameuse devise :

Je ne suis roy, ni prince aussi,
Je suis le sire de Coucy.

Ou, selon une autre leçon :

Roy ne puis-je être ?
Duc ne veux être,
Ne comte aussy,
Mais grand seigneur de *Coucy*.

C'est lui qui fit bâtir le château de Coucy. *Enguerrand* VI ou VII, gendre du roi d'Angleterre Édouard III, alla combattre en Italie pour n'être point forcé de prendre parti entre son beau-père et sa patrie. Après la mort d'Édouard, il renvoya au nouveau monarque anglais les insignes de l'ordre de la Jarretière en lui déclarant qu'il servirait désormais la France. En 1380 il refusa l'épée de connétable, et la fit donner à Olivier de Clisson. Enfin, il porta ses armes contre les Infidèles, fut fait prisonnier à la bataille de Nicopolis, et mourut en Bithynie, de chagrin ou des suites de ses blessures, en 1397. *Marie* de Coucy, sa fille unique, n'ayant pas d'enfants, vendit la seigneurie de Coucy au duc d'Orléans, neveu de Charles VI. Ce domaine ayant fait retour à la couronne fut plus d'une fois cédé aux princes du sang. Enfin Louis XIV le comprit dans l'apanage de son frère. Devenu domaine national en 1793, ce qui reste du château fut racheté en 1829 par Louis-Philippe.

De Belloy a fait d'un *Raoul* de Coucy le héros de la tragédie de *Gabrielle de Vergy* ; et dans une dissertation il a voulu prouver qu'il s'agit du premier sire de Coucy ; mais c'est là une erreur, car l'amant de Gabrielle n'était que le neveu de Raoul Iᵉʳ, dont il portait du reste le nom. Son oncle l'avait fait châtelain, c'est-à-dire gouverneur du château de Coucy. On a de lui vingt-quatre chansons pleines de grâce et d'harmonie. Elles ont été publiées par Laborde, dans son *Essai sur la Musique*, puis avec une traduction de Le Grand d'Aussy et Mouchet, dans les *Mémoires historiques de Raoul de Coucy* (Paris, 1781).

COUDE. Ce mot, dérivé du latin *cubitus*, se dit vulgairement de l'articulation du bras avec l'avant-bras, et surtout de la saillie formée en arrière et en dehors par une éminence osseuse appelée *olécrâne*. On appelle *pli du coude* la partie antérieure de cette articulation ; mais on peut aussi envisager le coude comme une véritable région formant la limite entre le bras et l'avant-bras, et correspondant analogiquement au genou. En procédant ainsi, on reconnaît la correspondance de l'humérus au fémur, du radius au tibia, du cubitus au péroné, et celle de l'olécrâne à la rotule. Dans cette correspondance, on saisit facilement ce que doit être le coude, ou genou du membre supérieur, destiné chez l'homme à la préhension des corps, et en quoi il diffère du genou, ou coude du membre inférieur, établi pour la station et la locomotion bipède. Cette indication des analogies des coudes aux genoux fait pressentir leurs différences, non-seulement dans les formes des os et de leurs jointures, mais encore dans toutes les parties musculaires, vasculaires ou nerveuses de ces deux régions.

Chez l'homme, la peau qui recouvre la partie postérieure de l'articulation, dite du coude, est assez blanche en dedans et en dehors, et assez fine sur chaque côté, où l'on voit une fossette quand l'avant-bras est étendu ; la fossette externe est plus marquée que l'interne. La peau qui recouvre la saillie de l'os du coude est plus large, et d'autant plus dure et plus calleuse qu'on a l'habitude de s'y appuyer souvent ou de la frotter contre des corps durs, ce qui arrive fréquemment aux bateliers. Les mouvements de cette peau sur l'olécrâne sont facilités par une bourse synoviale sous-cutanée.

En langage usuel, le mot *coude* reçoit les acceptions suivantes ; 1° partie de la manche qui recouvre le coude ; 2° angle que font en certains endroits un chemin, une rivière, une muraille ; 3° en hydraulique, bout de tuyau de plomb *coudé* pour raccorder ensemble les tuyaux ce fer dans le tournant d'une conduite : on dit aussi dans ce sens *jarret* ; 4° les parties des outils et autres instruments qui forment des retours ou des angles par des lignes droites ou courbes.

On dit proverbialement : *hausser le coude*, ce qui signifie boire au point de s'enivrer. Les locutions *rentrer les coudes*, *donner un coup ou des coups de coude*, sont fréquemment usitées.

L. LAURENT.

COUDÉE. C'était l'unité principale des mesures de longueur, adoptée par les anciens peuples de l'Asie et de l'Afrique. D'abord prises sur la nature humaine, ces mesures ont dans la suite dégénéré en mesures artificielles, de longueurs très-variables. La *coudée naturelle* est la distance du coude à l'extrémité du grand doigt, lorsque le bras et l'avant-bras sont pliés en équerre, et que la main est ouverte. Cette coudée se divise en deux *empans* ; l'empan, qui est le plus grand écartement possible entre les deux extrémités du pouce et du petit doigt, se divise à son tour en trois *palmes*, chacune de quatre doigts pris en largeur. Quatre coudées forment exactement la *brasse* naturelle de la stature humaine. Le rapport entre la coudée naturelle et la longueur du *pied* (prise entre le talon et le bout du gros orteil) est moins simple, car ce pied vaut 14 doigts. Considérée comme un grand empan, on obtient en le doublant une coudée de 28 doigts *coudée royale* ou *sacrée*, qui semble avoir été la première *coudée artificielle* employée par les anciens. Cette coudée, dite *septennaire*, parce qu'elle se compose de sept palmes, a été le sujet de vives controverses, et son existence n'a pu être constatée qu'en 1799, époque à laquelle Girard la trouva gravée contre une muraille du nilomètre d'Éléphantine dans la haute Égypte. Depuis on retrouve des étalons de cette même coudée dans quelques tombeaux égyptiens, où ils avaient été déposés comme monuments funéraires.

Moïse conserva les mesures égyptiennes. Dans les livres saints, la coudée de 24 doigts est dite *coudée virile* ou *coudée des ouvriers* ; et celle de 28 doigts est la *coudée sacrée* ou *du sanctuaire*. Les mêmes mesures paraissent avoir été en usage dans tout l'Orient. D'après les étalons retrouvés en Égypte, la coudée royale est de 525 millimètres, ce qui donne 450 millimètres pour la coudée naturelle.

Les mesures égyptiennes furent introduites en Grèce et en Italie; mais les Grecs prirent 16 doigts égyptiens pour former un *pied* artificiel de 4 palmes. Alors, la coudée naturelle, la seule dont ils paraissent avoir fait usage, représentait un pied et demi. Le pied grec ou italique valait donc 300 millimètres, exactement 3 décimètres.

En Égypte, la garde des étalons de mesures était confiée aux prêtres. Les Grecs n'y mirent pas un soin aussi religieux, et le pied qui servit à marquer le stade à Olympie était déjà fort altéré, comme Pythagore en fit la remarque. Ce pied olympique fut néanmoins adopté par les Grecs; sa longueur dépassait de 8 millimètres les 16 doigts égyptiens. La coudée dite *olympique* valut 462 millimètres, et il ne fallait plus qu'environ 27 doigts de cette coudée pour représenter l'antique coudée de 28 doigts. Ainsi, quand Hérodote dit que la coudée royale de Babylone était plus longue de 3 doigts que la coudée commune, il n'en faut pas conclure, avec les auteurs modernes, que la coudée de Babylone ait été divisée en 27 doigts. Les Romains firent une erreur en sens contraire; leur pied valut 294 millimètres et demi, et leur coudée 441 et trois quarts. Il résultait de là que 25 coudées romaines valaient à très-peu près 24 coudées olympiques, et ce rapport nous a été conservé par les historiens.

Les successeurs d'Alexandre, voulant probablement concilier des intérêts opposés, établirent en Asie et en Égypte une coudée de 28 doigts olympiques, qui valut 540 millimètres. Cette coudée, dite *philétérienne*, fut dans la suite partagée en 24 doigts ou pouces, dont 16 composèrent le pied philétérien de 360 millimètres. A ce compte, 5 pieds philétériens représentaient exactement 6 pieds italiques, rapport que Héron donne effectivement. Deux pieds philétériens formèrent la grande coudée, ou coudée royale philétérienne, qui est devenue l'*archine* des Russes.

Les Arabes avaient adopté un doigt de 6 grains d'orge ou de blé posés en travers, qui valait juste 20 millimètres; alors, leur coudée naturelle, de 24 doigts, était de 480 millimètres. Après la conquête de la Syrie et de l'Égypte, Omar adopta un pied de 16 doigts, et une coudée de 32 doigts arabes, à l'instar du pied et de la coudée royale philétérienne. Le pied arabe valut en conséquence 320 millimètres, et la coudée d'Omar, dite *hachémique*, en valut 640. Quant à la coudée philétérienne ordinaire, de 540 millimètres, elle représentait 27 doigts arabes; elle fut désignée sous le nom de *coudée noire*, et les astronomes d'Almamoun s'en servirent pour vérifier la valeur du degré terrestre donnée par Ptolémée, qui en avait déjà fait usage. Les mahométans du nord de l'Inde et du Tibet ont aussi employé la coudée d'Omar, mais ils la divisèrent en 24 pouces. Douze de ces pouces ont formé le pied actuel des Chinois, ainsi que le pied de Charlemagne.

Les coudées sont restées jusqu'à présent en usage chez les peuples de l'Asie et du nord de l'Afrique. On les retrouve en Europe sous la dénomination d'*aunes*; elles ne gardèrent leur nom qu'en Portugal et en Espagne. La première a 657 millimètres, la seconde 424.

Dans les États mahométans, les coudées portent en général le nom de *pic* (du grec πῆχυς), quelquefois celui de *cubit*, *covid*, ou de *guz*, *guerze*. A moins d'une indication différente, toutes les mesures suivantes, rangées par ordre de grandeur, seront des pics. La coudée olympique vaut 467 millimètres à Alger. La coudée de 24 doigts arabes vaut 473 millimètres à Tunis, 480 à Alger, et 482 à Moka (*cobido*). Le cubit de Maroc varie de 517 à 533 : c'est l'ancienne coudée royale égyptienne. Le pic de Tripoli en Barbarie est de 554; celui de Damas vaut 582 ou deux pieds romains; celui de Sidon, 604 ou deux pieds grecs. La coudée d'Omar vaut 630 à Tunis et en Perse (guerze commune), 635 à Patras et à Moka (guz), 638 en Candie, 640 à Alger, 648 à Constantinople. Il y a un pic de 660 à Scio et à Maroc. La coudée de 2 pygmes ou 36 doigts égyptiens vaut 669 à Constantinople, 672 à Chypre, 673 à Tunis, 677 à Alep et en Égypte, 686 à Patras, à Scio, à Smyrne, à Oran, en Arabie et en Abyssinie. La coudée halebi, ou archim, vaut 708 à Constantinople. A Rhodes, le pic est de 756. Le guz ou cubit de Bassora vaut 940; la guerze royale de Perse, 946; l'arish, aune de Perse, 972; le guz de Gamron en Perse, 983 : ces trois dernières mesures représentent deux coudées ou le simple pas des Arabes.

Dans les Indes, on trouve les mesures suivantes : à Calcutta, la coudée naturelle antique, de 447 millimètres, et un guz de 915. Dans le Malabar, la coudée olympique de 457 millimètres, et un guz de 716, qui est exactement de deux pieds olympiques; à Calicut, un guz de 721; à Madras, la coudée du Malabar, et une demi-coudée royale babylonienne de 266; dans le Mysore, le gujah de 977, ou de deux coudées arabes; chez les Birmans, une coudée *taim* de 423, à Siam, un *sock* de *saundang* de 517; à Siam, un *sock* de 480, qui est exactement la coudée arabe; à Malacca et à Batavia, la coudée olympique de 461; à Ceylan, une coudée de 470.
SAIGEY.

COUDE-PIED. La station verticale de l'homme entraînait dans la forme générale de son pied une concavité en dessous, et une saillie en dessus, près de son articulation avec la jambe. C'est à cette saillie qu'on donne le nom vulgaire de *coude-pied*. Dans l'étude comparative des membres du corps humain, on reconnaît facilement que le *coude-pied* ou la saillie formée par la face supérieure et dorsale du tarse correspond analogiquement à la face dorsale du carpe ou poignet. Pour que le pied pût agir presque sans fatigue, il fallait que les doigts ou orteils fussent restreints dans leurs dimensions, et que le tarse fût agrandi dans des proportions harmonisées avec celles de la jambe et de toute la charpente solide. Aussi le tarse du pied de l'homme s'est-il à cet effet prolongé en arrière, sous le nom de *talon*, s'est-il élevé en voûte, dont la partie convexe, offrant un coude, a été spécifiée sous l'appellation de *coude-pied*. Les individus dont les pieds sont plats, dont le coude-pied est peu saillant, sont peu propres à des marches prolongées.

COUDER (Louis-Charles-Auguste), artiste distingué, né à Paris, en 1790, d'un colon du Port-au-Prince et d'une mère appartenant à une famille honorable de Marseille, fit ses premières études dans cette ville, où son goût pour le dessin se développa d'une manière remarquée par ses maîtres. Aussi, de retour à Paris, au lieu de suivre les cours de l'École Centrale, à laquelle il fut admis, résistant au vœu de son père, qui souhaitait donner une autre direction à ses études, et entraîné par une force irrésistible, il entra dans l'atelier de Regnault. Cependant le jeune Couder regrettait vivement de ne s'être pas attaché dès le principe à l'école de David, dont les sévères leçons préparaient une révolution dans la peinture française. Il entra enfin dans l'atelier de l'auteur des *Sabines*. Après quatre ans d'un travail opiniâtre, éclairé par les conseils du plus célèbre chef d'atelier de l'époque, conseils souvent énigmatiques et toujours devinés par la sagacité de l'élève, celui-ci se montra aussi digne des leçons qu'il recevait que des espérances dont son talent précoce avait été le gage. La révolution de 1814 ayant enlevé David à son atelier, les événements subséquents, de 1815 firent ajourner l'exposition jusqu'au salon de 1817, où *Le Lévite d'Éphraïm* et bientôt *La Mort de Mascio* attirèrent les regards du public le plus éclairé de la capitale et des provinces. Son côté, M. Abel de Pujol avait mérité, dans la même exposition, d'être distingué par le jury pour son *Martyre de saint Étienne*. L'École française eut ainsi à couronner deux lauréats.

Il arriva de ce triomphe que le jeune Couder devint l'objet de la faveur publique. Les étrangers ainsi que ses compatriotes lui firent de nombreuses commandes; mais une réaction était prochaine : comme on s'était servi de la réputation naissante de l'élève de David pour arrêter dans leur course des talents peut-être un peu présomptueux, on se servit du premier succès de Couder pour l'opposer à lui-même. Le *Lévite d'Éphraïm* devint un point de comparaison, duquel on rapprocha les œuvres subséquentes de l'auteur, avec l'intention directe de constater leur infériorité. Le courage du jeune artiste en fut abattu. Rebuté, mécontent de lui-même et des autres, poursuivi, en quelque sorte, par l'ombre de son *Lévite d'Éphraïm*, il quitta la France le désespoir dans l'âme. La capitale de la Bavière lui offrit un asile. Les murailles de Munich se couvraient de peintures à fresques; il fut admis à y prendre part, et c'est là que son talent, d'une flexibilité remarquable, acquit dans ce nouveau genre de travail une habitude d'exécution à laquelle on doit l'histoire, saisie presque dans sa profondeur mystérieuse, de la naissance, de la vie et de la mort du Rédempteur. Placée dans un jour ingrat, sous le reflet de vitraux coloriés, cette œuvre, dont s'est enrichi le chevet de l'église de Saint-Germain-l'Auxerrois, offre une pureté de lignes et une simplicité de style en rapport parfait avec la pensée qui fonda cette basilique. La révolution de Juillet rappela Couder en France. Le peintre du *Lévite* se releva brillamment de la sorte de déchéance à laquelle on l'avait condamné, par sa belle et grande page de la bataille de *Lawfelt*. En 1839 l'Académie de Peinture lui ouvrit ses portes; son tableau de *L'Ouverture des états généraux* l'avait déjà fait nommer officier de la Légion d'Honneur. La belle toile de *La Fédération*, exposée en 1844 et destinée au Musée de Versailles, mit le sceau à sa réputation. En dépit de l'ampleur de la toile sur laquelle l'habile pinceau de M. Couder s'est exercé, il était impossible d'y présenter d'une manière plus satisfaisante l'ensemble de la grande action qui se passa sous le ciel. Tout au plus était-il permis de l'offrir en perspective. C'est ce qu'a fait l'artiste. M. Couder a conçu son sujet du 14 juillet 1790 dans la seule pensée susceptible d'être reproduite sur la toile. Faisant revivre un siècle déjà loin de nous, M. Couder nous a ainsi promené le long d'une charmante galerie de portraits dont le fini, non moins précieux que spirituel, atteste la flexibilité de son talent. KÉRATRY.

COUDERC (CHARLES), charmant acteur de l'Opéra-Comique, naquit à Toulouse, en 1810. Son père, qui tenait un commerce d'épicerie, le garda près de lui jusqu'en 1830, époque à laquelle le jeune Couderc vint à Paris par les soins de son compatriote Révial, qui, ayant deviné la rare intelligence du commis épicier de Toulouse, lui facilita l'entrée du Conservatoire. Dès lors l'avenir de Couderc était assuré. Son éducation musicale terminée, il entra au théâtre de l'Opéra-Comique, et prit sur-le-champ possession de son emploi avec éclat. On se rappelle la supériorité qu'il montra dans les rôles d'Horace, Daniel, Georges et Bénédict, du *Domino*, du *Châlet*, de *L'Éclair* et de *L'Ambassadrice*, ses principales créations. Acteur distingué, Couderc laissait plus à désirer comme chanteur. Après un séjour à Bruxelles, il revint au théâtre de ses premiers succès, et contribua au succès de la *Dame de Pique* de M. Halévy; bien plus, en 1851, il fit réussir, *Le fidèle Berger*, de M. Adam, qui avait été mal accueilli en 1838.

COUDRAIE, lieu planté de coudres ou **coudriers**, et dont le diminutif *coudrette* était autrefois du style léger en poésie. Mais il est presque inusité aujourd'hui, grâce à l'abus qu'en ont fait les chansons et les idylles du commencement du siècle.

COUDRIER (*Corylus*), genre de la famille des amentacées et de la monœcie polyandrie, qui renferme des arbres et des arbrisseaux d'Europe et de l'Amérique septentrionale. L'espèce la plus connue est le *noisetier commun*.

COUENNE. Ménage dérive ce nom du latin *cutis*, peau, dont on a fait, par des altérations successives, *culena*. Il est employé dans le langage usuel pour désigner le derme ou la peau de certains animaux, tels que les cochons, les pachydermes en général, et les cétacés, dont le tissu renferme naturellement une grande quantité de graisse, d'où l'expression vulgaire *couenne de lard*. Cette couenne fournit à l'industrie des produits dont elle retire de très-grands avantages. La couenne du cochon se mange dépourvue de son lard, et c'est un des mets les plus vulgaires que vende le charcutier. Aussi le nom de *paquet de couenne* est-il devenu une injure populaire, pour désigner un homme assez mal ficelé, surtout lorsqu'il aime à se déguiser en militaire.

En pathologie, on a donné, peut-être à tort, le nom de *couenne* à une sorte de texture cutanée anormale, dans laquelle la peau, au lieu de présenter les mêmes propriétés et le même aspect que le tissu cutané ordinaire, est dure, saillante, brunâtre et couverte de poils différents de ceux des autres parties. Ces formations anormales, connues aussi en pathologie sous la dénomination de *nævi materni* ou *envies*, ont été attribuées à l'influence de l'imagination de la mère sur la nutrition du fœtus.

Lorsque sur le sang qui ne circule plus il se forme une couche grisâtre qui recouvre le caillot, les médecins appellent cette couche *couenne inflammatoire*, *couenne pleurétique* (*corium phlogisticum; crusta pleuretica*). Ces dénominations indiquent assez qu'on attribuait la formation de cette couche à l'inflammation, et surtout à celle de la plèvre. Cette couenne a été observée après les saignées pratiquées dans le traitement des maladies inflammatoires de l'homme et des grands quadrupèdes. Les praticiens ont étudié avec beaucoup de soin les caractères de la couenne, les circonstances dans lesquelles on l'observe, les causes de sa formation et les résultats qu'on peut retirer de son observation. L. LAURENT.

COUFIQUE. Voyez CUFIQUE.

COUGOURDETTE, nom vulgaire du *cucurbita ovifera*, espèce du genre *courge*, que l'on appelle encore fausse poire ou coloquinte laitée. C'est une plante grêle, grimpante, à feuilles cordées, argentées, quinquélobées, denticulaires, pubescentes. La cougourdette est plus robuste que la plupart des autres cucurbitacées; elle n'exige qu'un terrain chaud pour fructifier abondamment. Ses fruits, pyriformes, sont blancs, verts, ou panachés de ces deux couleurs. On en place quelquefois comme ornements sur les cheminées.

COUGUAR (*felis concolor* de Linné). Cet animal, que l'on appelle vulgairement lion d'Amérique, lion des Péruviens, tigre rouge, tigre poltron, etc., appartient au genre des chats. Son pelage est fauve, sans crinière sur les épaules ni flocon de crins à l'extrémité de la queue; sa longueur totale, en y comprenant la queue, qui mesure 75 centimètres, est de 1^m,90. Le couguar est le grand des-carnassiers du Nouveau-Monde; il est d'un naturel féroce; il a tous les défauts du tigre sans en avoir le courage. Lorsqu'il peut s'introduire au milieu d'un troupeau, il tue un grand nombre de bêtes et suce seulement le sang de quelques-unes. Il attaque de préférence les moutons, les chèvres et les génisses, mais il n'ose s'en prendre aux vaches et aux chevaux; il fuit l'homme et aussi les chiens; il est d'une grande légèreté et monte très-facilement aux arbres. Les femelles mettent bas chaque portée deux ou trois petits, qui ont tout le dessus du corps et des cuisses couvert de taches ou un peu plus foncées que le fond du pelage : ces taches disparaissent avec l'âge. Les couguars vivent dans une grande partie de l'Amérique; on les trouve au Paraguay, au Brésil, au Chili, ainsi que dans la Guiane, le Mexique et les États-Unis. Le couguar est le lion de ces contrées. P. GERVAIS.

COULANGES (PHILIPPE-EMMANUEL, marquis DE), né à Paris, en 1631, mourut en 1716, à l'âge de quatre-vingt-cinq ans, avec la réputation d'avoir fait jusqu'à la fin de sa longue carrière l'agrément de la plus élégante société de son temps par les charmes de son esprit et l'à-propos de ses petites pièces de poésie : elles sont inspirées, la plupart sur des airs connus, par les événements et les anecdotes de cette époque féconde, ce qui peut encore aujourd'hui donner quelque intérêt à ces aimables futilités. Le marquis de Coulanges, d'abord conseiller au parlement, quitta la magistrature, parce qu'il se sentait incapable de la gravité qu'elle exige. Il accompagna le duc de Chaulnes dans son ambassade à Rome, y composa une *relation des conclaves de 1689 et 1690*, et monta, à soixante ans, dans la boule qui surmonte la coupole de Saint-Pierre. Renommé par ses bons mots, son talent à jouer, ses anecdotes, son goût pour les arts, il était recherché partout; sa vie fut une fête. Il fut l'un de ces beaux esprits dont la haute société offre de nombreux exemples en France, et dont les ouvrages, mélange singulier de bon goût, de négligence, de profondeur et de moquerie, en donnent peut-être l'idée la plus exacte. De Coulanges était cousin germain de Mme de Sévigné. On a recueilli ses chansons en 2 vol. in-12 (1698). Il a aussi composé des *Mémoires*. Il ne faut pas le confondre avec un autre Coulanges, auteur ignoré de poésies imprimées en 1753.

Après lui, sa femme mérite une mention honorable. Les lettres de la marquise DE COULANGES (*Marie-Angélique*), au nombre de cinquante, sont pleines de charme, même à côté de celles de Mme de Sévigné. Fille d'un intendant de Lyon, elle se fit de son esprit une dignité à la cour. Aux représentations d'*Esther*, Mme de Maintenon lui faisait garder une place à côté d'elle, et lorsque son mari alla à Rome, le pape le pria de faire venir Mme de Coulanges. Mme de Sévigné l'affectionnait particulièrement, et ne pouvait se séparer d'elle. Quoique cousine germaine de Louvois, elle ne voulut jamais user du crédit que cette position lui donnait auprès du ministre. Elle mourut à quatre-vingt-deux ans.

COULANT, c'est-à-dire qui coule aisément, que rien n'arrête dans son cours : on dit d'une encre qu'elle est *coulante* lorsque aidée d'une bonne plume elle n'oppose aucun obstacle à la rapidité de l'écriture. Du *vin coulant*, c'est du vin agréable à boire et qui passe aisément. Un *nœud coulant* est un nœud d'une forme particulière, facile à dénouer. Un *dessin coulant* est celui qui procède par courbes légères et qui est plus facile que correct. Un *coulant*, en style de lapidairie, est un diamant, ou une pierre précieuse que les femmes portent au cou, enfilé à un cordon de soie ou de velours qui permet de le hausser ou de le baisser. C'est, en termes d'orfévrerie et d'horlogerie, un anneau de fer, au moyen duquel on rapproche les branches d'une tenaille pour en faire joindre les mâchoires. En vieux termes militaires, c'était une herse des anciennes forteresses, qu'on appelait aussi *passant-coulant* et *porte-coulant*. Un *coulant* en agriculture est le jet d'une plante qui pousse des feuilles et des racines de distance en distance.

Dans le sens figuré, on dit qu'un homme est *coulant en affaires*, *coulant sur ses intérêts*, lorsque, loin d'élever des difficultés, il les écarte et fait tout ce qui dépend de lui pour arriver à un arrangement ou à une conclusion définitive. Les gens qui ont l'habitude d'une société choisie n'ont pas la peine de se montrer *coulants* sur leurs prétentions; ils les cachent avec art, ou ne les divulguent que lorsqu'il y a certitude de succès. Les provinciaux, dont toutes les actions sont soumises au contrôle d'une opinion publique, non-seulement rigoureuse, mais encore tracassière, prennent leur revanche dans les relations journalières; ils sèment chaque détail de la vie de tant de susceptibilités qu'ils inspirent la soif de la retraite et de la solitude; ils sont enfin si peu *coulants*, qu'ils font tourner le savoir-vivre en supplice continuel.

En littérature, *coulant* se dit de ce qui se fait aisément, naturellement, de ce qui ne sent point le travail : de la *prose coulante*, des *vers coulants*. Un style est qualifié de *coulant* soit lorsque aucune consonnance n'y frappe désagréablement l'oreille, soit encore lorsque toutes les expressions en sont bien fondues et forment un ensemble dans lequel rien n'arrête l'esprit. Il est impossible de trouver quelque chose de plus opposé au *style coulant* que le style de beaucoup de nos auteurs à la mode, sorte de jargon prétentieux et barbare, dans lequel, après les plus pénibles recherches, on entasse les mots les plus durs, les plus hétérogènes, et qui coûte autant d'efforts à lire qu'à composer. Sans doute, être *coulant* ne prouve pas qu'on possède une des grandes qualités du style, mais il ne faut pas non plus, même dans les ouvrages inspirés par le génie, que l'harmonie manque complétement ou toujours.

SAINT-PROSPER.

COULE (*cuculla*, *pallium*), ancienne robe monacale, qui était à l'usage des bernardins et des bénédictins; il y en avait deux espèces, l'une blanche, l'autre noire. Les fondateurs d'ordres religieux l'adoptèrent d'abord par humilité. Mais bientôt elle devint commune aux laïques, surtout dans les pays froids, et on la portait dans plusieurs pays de l'Europe il y a trois siècles.

COULÉ, terme de musique ou de danse, notes ou pas exécutés d'un seul trait ou liés ensemble. En musique, le coulé se fait lorsqu'au lieu de marquer chaque note d'un coup d'archet sur les instruments à corde, ou d'un coup de langue sur les instruments à vent, on passe deux ou plusieurs notes sous la même articulation en prolongeant l'expiration ou en continuant de tirer ou pousser l'archet aussi longtemps qu'il est nécessaire. Sur les instruments à touches, tels que le piano, l'orgue, etc., le coulé paraît presque impossible à pratiquer; cependant on parvient à l'y faire sentir par un toucher doux et lié, plus facile à pratiquer qu'à décrire.

Le coulé se marque par une liaison dont on couvre toutes les notes auxquelles il se rapporte.

COULÉE, sorte d'écriture liée et penchée, dont les déliés joignent les traits ou le corps de la lettre, en partant de bas en haut.

COULEUR (*Physique*, *Histoire naturelle*), du latin *color*. La couleur d'un corps est l'impression que produit sur notre vue la lumière réfléchie par ce corps. Aussi cette couleur disparaît-elle dans l'obscurité et varie-t-elle avec la nature des rayons lumineux auxquels elle est exposée.

L'expérience du spectre solaire nous démontre que la lumière blanche est composée de sept sortes de rayons dont les couleurs ont reçu le nom de *couleurs simples*, c'est-à-dire indécomposables par l'action du prisme : ce sont le rouge, l'orangé, le jaune, le vert, le bleu, l'indigo et le violet. Toutes les autres couleurs sont dites *couleurs composées*; car on peut les former en combinant les couleurs simples en proportions convenables. Les couleurs de deux rayons dont la réunion reproduit la lumière blanche, sont des *couleurs complémentaires* : le rouge est complémentaire du vert; en général la couleur qui résulte de la combinaison d'un nombre quelconque de rayons du spectre solaire est complémentaire de celle que forme la réunion des rayons restants.

La théorie des couleurs est loin de reposer sur des bases certaines. Dans le système des ondulations, généralement admis aujourd'hui en optique, on est obligé d'abandonner l'explication qu'avait donnée Newton. On suppose alors que, suivant leur constitution moléculaire, les corps exposés à la lumière blanche absorbent certaines couleurs du spectre et en laissent passer d'autres. Cette hypothèse une fois admise, les phénomènes de coloration s'expliquent très-naturellement.

[La *couleur des plantes* est un des phénomènes les plus remarquables de la nature et sans contredit son plus bel ornement. C'est le *Cæli enarrant gloriam Dei* de notre globe. En effet, quel plus beau spectacle que celui que les plantes présentent pendant toute la durée de chaque époque de végétation! Ici des prairies d'un vert tendre ou foncé, parsemées de fleurs aussi variées par leurs nuances que nombreuses par les espèces de végétaux qui les produisent; là des champs couverts de toutes sortes de plantes utiles, particulièrement de céréales, dont les chaumes s'inclinent sous la pression des vents, et se relèvent ensuite, offrant différentes teintes de verdure, au milieu desquelles se montrent des fleurs brillantes de toutes sortes de couleurs, depuis le rouge vif jusqu'au blanc pâle; plus loin, des forêts plus ou moins étendues, riches par les nuances de leur couleur verte; enfin, jusqu'au fond des mers et des lacs, des cavernes et des souterrains, des plantes, offrant des couleurs plus distinctes, variant du vert noirâtre au rouge pourpre. Ainsi, soit qu'elles couvrent les continents, soit qu'elles végètent au fond des mers ou dans les souterrains de notre globe, les plantes offrent des couleurs variées, dont la couleur verte cependant est pour ainsi dire exclusivement celle des végétaux, terrestres et *aériens*, c'est à-dire croissant à la superficie du sol, et s'élevant dans l'atmosphère. Mais la couleur des plantes, comme celle de tous les corps colorés, n'est point le résultat d'une matière particulière, *sui generis* : elle dépend des rayons lumineux, soit qu'ils viennent directement du soleil, soit qu'on les produise par la combustion ou la combinaison de substances quelconques, lesquels étant diversement refléchis par chaque espèce de plante, et souvent d'une manière différente par chacun de ses organes, sont décomposés, comme par le prisme.

Chose prodigieuse! un petit nombre d'organes primitifs ou essentiels, à l'aide de leurs modifications constantes, dont la couleur fait partie, suffisent pour séparer et faire reconnaître le nombre très-considérable d'espèces de végétaux qui existent. Cependant, les travaux et les recherches d'anatomie végétale, auxquels M. Raspail a si puissamment contribué, permettent d'apprécier la disposition des molécules dans les tissus organiques, ou à leur superficie, lesquelles réfléchient, et en les décomposant, les rayons lumineux, et sont le siège de la couleur des plantes. CLARION.]

[Parmi les caractères différentiels que les naturalistes ont remarqués pour distinguer les espèces et les variétés des corps organisés, végétaux et animaux, les couleurs des parties superficielles ou profondes méritent quelquefois d'être prises en grande considération, et peuvent acquérir une telle importance qu'elles soient, pour le botaniste comme pour le zoologiste, la caractéristique, sinon la plus philosophique, du moins la plus frappante. Mais ce n'est ni leur vivacité, ni leur éclat, ni l'affaiblissement, ni l'obscurité des teintes, qui les ont éblouis ou repoussés. C'était et ç'a été l'ordre dans la disposition de toutes les nuances des couleurs de l'enveloppe extérieure, qui par sa fixité et ses différences graduelles devait le plus frapper l'attention des observateurs judicieux. C'est dans les animaux surtout qu'il faut l'étudier avec toutes les précautions convenables, pour éviter les nombreuses erreurs dans lesquelles sont tombés beaucoup de zoologistes. A cet effet, il faudra s'enquérir de l'âge, du sexe, de la constitution propre aux individus qu'on examine, avoir égard au climat, aux saisons, à la domesticité ou à l'état sauvage et libre, aux mœurs habituelles de l'espèce, enfin, à toutes les circonstances qui modifient profondément l'organisme; car il ne faut pas se dissimuler ici que quoiqu'alu coloration et la décoloration soient des caractères extérieurs et superficiels en apparence, elles n'en révèlent pas moins l'état normal ou anormal de la crâse ou composition des humeurs sous l'influence de la nourriture et de toutes les autres conditions du milieu ambiant.

Les parties dont les systèmes de coloration fournissent des caractères distinctifs sont : 1° *dans les végétaux*, toutes celles qui composent la tige ou que celle-ci supporte; 2° chez les animaux, toutes celles qui entrent dans la composition de l'enveloppe extérieure de l'animal. Sous ce nom, il faut comprendre non-seulement la peau plus ou moins nue, mais encore toutes ses annexes, qui sont les poils, les plumes, les écailles, les squammes, les coquilles, les têts, etc. Sous les noms de *pelage* et de *plumage*, on désigne en général les systèmes de coloration des poils et des plumes; la science manque de termes propres pour indiquer ceux des écailles, des squammes, des coquilles et des têts, qui sont aussi importants à étudier que les premiers, mais qui n'ont point encore autant excité l'attention des amateurs et des industriels.

Dans l'étude élémentaire de la zoologie, on constate : 1° qu'en outre des couleurs du spectre solaire, et de toutes leurs nuances variées à l'infini, les parties extérieures plus ou moins opaques du corps des animaux offrent encore toutes les variétés de blanc, de noir, de gris, de brun, et quelquefois aussi le corps entier d'un animal présente divers degrés de transparence, de limpidité, de translucidité; 2° que la coloration consiste tantôt en une seule teinte uniforme dans tout le corps, tantôt en une couleur presque uniforme dans toute la région dorsale, et s'affaiblissant vers le ventre, ou passant même à une couleur contraire, tantôt enfin en un fond de couleur uniforme ou très-peu nuancé, et parsemé de lignes, de bandes, de bandelettes, de taches, de points, de piquetés, de marbrures, d'ocelles, d'anneaux, enfin, de figures diverses, sous lesquelles se montrent les couleurs qui tranchent plus ou moins sur le fond; 3° que toutes ces couleurs, diversement isolées ou combinées, sont plus ou moins mates ou dépolies, plus ou moins brillantes, et appartiennent à des surfaces du poli le plus parfait, le plus souvent fixes, quelquefois changeantes, à reflets irisés, métalliques, offrant l'éclat des pierres précieuses, des rubis, du diamant et une sorte d'oscillation tremblottante dans le système de coloration, qui de l'éclat le plus éblouissant est susceptible de passer à une teinte mate et sombre. On sait que ces conditions changeantes sont dues à la disposition de poils très-fins (chrysochlores), de plumes particulières (colibris, pigeons), d'écailles très-fines (papillons), et que leur production a la plus grande analogie avec la formation des anneaux colorés.

Les fluides générateurs sont en général diaphanes, blancs ou jaunâtres. Si ces couleurs conviennent à une vie obscure, latente et primordiale, il n'en est pas de même en général à l'égard du fluide qui, pâle, faiblement coloré d'abord, rougit de plus en plus et devient sang et source commune de tous les matériaux mis en œuvre pour toutes les formations, transformations, nutritions et sécrétions diverses. Ce sont des pigments, émanés du sang, venus par conséquent des profondeurs de l'organisme qui, déposés dans le tissu de la peau, sont en nappe sous l'épiderme ou combinés avec la matière cornée des poils, des piquants, des plumes, des écailles, des squammes, des ongles, des sabots, des griffes, des becs, etc., ou avec la matière calcaire des coquilles des mollusques, des têts des animaux rayonnés. Ce sont toutes ces matières nacrées ou colorantes, qui donnent aux parties extérieures, soit l'uniformité, soit l'éclat et l'innombrable variété des couleurs qui, frappant les regards de tous les observateurs, ont été les premières connues, et celles qu'on étudie en zoologie élémentaire. En outre de ces matériaux venus du sang pour colorer les surfaces de l'animal, le sang lui-même se répand dans les réseaux vasculaires sous-cutanés, et selon les émotions de l'âme, ou l'excitation reproductrice pendant la saison du rut, une vive rougeur éclate dans toutes les parties de la peau, dans les crêtes, dans tous les tissus érectiles des pavillons d'amour, enfin, dans l'iris même des animaux les plus irascibles, tels que certains oiseaux (perroquets). L. LAURENT.]

En ce qui est du costume, les couleurs sont comme lui sujettes de la mode. Sous Louis XIV, dit Ménage, les couleurs à la mode étaient celles de *Céladon*, d'*Astrée*, d'*Espagnol malade*, d'*Amarante*, de *fille émue*, de *barbe de Neptune*, d'*inconstance*, de *Clélie*; c'est assez donner une idée du goût dominant des *beaux* de l'époque. Plus tard la licence des mœurs, sous la régence, fit inventer et donner des noms obscènes aux couleurs ; plus tard encore, au fort de notre Révolution, les costumes reçurent des noms populaires plus ou moins énergiques et caractéristiques de l'époque; mais la passion politique eut plus d'influence que la mode sur l'adoption du bonnet rouge. Sous l'Empire, nous eûmes les couleurs *bleu Marie-Louise* et *caca du roi de Rome*, comme nous avions eu précédemment les couleurs *bleu de roi* et *caca dauphin*; dénominations qui toutes constatent plus ou moins le servilisme des gens de cour et l'habileté des marchands à s'emparer de ces faiblesses pour en faire les auxiliaires de la mode. Du reste, notre siècle ne faisait qu'imiter ses aînés, si l'on s'en rapporte à l'origine attribuée en Espagne à la couleur Isabelle.

COULEUR (*Beaux-arts*). La peinture ne reconnaît que *trois couleurs* simples, le *jaune*, le *rouge* et le *bleu*, parce qu'elle forme toutes les autres par leurs combinaisons ; mais on a besoin de *blanc* pour rendre la lumière, et de *noir* pour en exprimer la privation. On peut donc dire que dans l'usage il existe en effet *cinq couleurs*, et on prétend que le peintre Santerre, reçu à l'Académie en 1704, n'employait que cinq couleurs, savoir, le *massicot*, le *brun-rouge*, l'*outremer*, la *craie* et le *noir d'Allemagne*. Mayer, professeur à Gœttingue, a calculé que ces cinq tons, par leurs différentes combinaisons, produisent 819 changements, dont un grand nombre, il est vrai, ne paraissent sur la palette que par les soins du peintre, tandis que d'autres existent effectivement dans la nature, ou sont obtenus par des opérations chimiques tellement certaines qu'elles n'offrent aucune variété dans leur ton ni leur intensité.

Les *matières colorantes* dont on fait usage, soit en peinture, soit en teinture, se trouvent dans les trois règnes de la nature ; le *règne minéral* fournit le plus grand nombre des couleurs employées dans la peinture ; celle du *règne végétal* sont plus souvent mises en usage par le teinturier.

Le *blanc* provient des oxydes de plomb et de zinc, ainsi que des différentes espèces de craies, dont la plus ordinaire est celle de Bougival, dite *blanc d'Espagne*. Le *blanc de céruse*, c'est un oxyde de plomb. Le teinturier n'a jamais besoin de produire le *blanc*; il lui suffit seulement de nettoyer les étoffes, ou de leur faire perdre la couleur qu'elles ont pu recevoir, ou enfin d'employer différents moyens pour empêcher la teinture de prendre sur les parties qu'il veut conserver blanches.

Pour les *jaunes*, on emploie principalement des *ocres*, matières terreuses, colorées par l'oxyde de fer, que l'on trouve abondamment en Bourgogne ; le *massicot* est un oxyde de plomb, ainsi que le *jaune de Naples*; le *jaune de chrome* est tiré d'un métal souvent joint au plomb, et connu depuis peu d'années : suivant la quantité d'oxyde qui lui est combiné, il donne du *jaune*, du *vert* ou du *rouge*. L'*orpin* est une combinaison du soufre et de l'arsenic ; par conséquent l'usage en est très-dangereux. Le *stil de grain* est un mélange de craie avec une décoction du fruit de nerprun, dit *graine d'Avignon*, parce qu'on le cultive abondamment dans les environs de cette ville ; on tire aussi du jaune du safran, de la fleur de carthame ou safran bâtard, du curcuma ou souchet des Indes, dont la racine en poudre produit une belle couleur, et enfin de la gaude, plante qui dans son entier donne une couleur jaune lorsqu'elle est desséchée, et dont on fait le plus grand emploi en teinture.

Les *rouges* sont produits aussi par des ocres, ou terres combinées avec le fer dans un état plus avancé d'oxydation ; quelques-uns portent dans le commerce les noms de *rouge de Prusse* et de *rouge d'Angleterre*. Les oxydes de plomb et de mercure donnent aussi des *rouges* très-beaux, que l'on emploie sous les noms de *minium* et de *cinabre* ou *vermillon*. On tire encore de très-beau *rouge* d'un in-

secte nommé *cochenille*, et qui sert à la composition du *carmin* et de la *laque*. Le règne végétal fournit abondamment des *rouges* tirés de la *garance*, du carthame et du bois de Brésil, grand arbre, dont la meilleure qualité vient de Fernambouc.

Les *bleus* minéraux sont tirés du fer, sous le nom de *bleu de Prusse*; du cuivre, sous le nom de *cendre bleue*; du cobalt et du *lapis lazuli* (pierre lazulite), ordinairement nommé *outremer*. On faisait autrefois un grand usage de cette dernière couleur, malgré son prix excessivement élevé ; mais elle a été remplacée avec succès par le cobalt, dont on a trouvé des mines dans les Pyrénées. L'*indigo*, que l'on tire d'Amérique, et le *pastel*, que l'on cultive en France, fournissent des *bleus* dont on fait grand usage, principalement dans la teinture.

Les *noirs* ne se trouvent pas dans la nature ; on les fabrique, et le seul qui appartienne au règne minéral est composé avec le résidu des opérations du bleu de Prusse. On fait de beaux noirs avec de l'ivoire et des os brûlés. Les noirs plus communs se font avec des charbons de sarment de vigne, d'écorce de liège, de noyaux de pêche ; mais celui dont on fait le plus d'usage encore se vend sous le nom de *noir de fumée* et de *noir d'Allemagne*. Il est le produit de la volatilisation d'une matière résineuse, brûlée dans des cheminées ou dans des chambres faites exprès, et garnies de toiles sur lesquelles le noir de fumée s'arrête, et est facilement recueilli.

Il existe encore un grand nombre de *matières colorantes* qu'il serait trop long de détailler ici : toutes ces substances sont ordinairement mises en poudre et porphyrisées, c'est-à-dire broyées d'une manière impalpable sur une table de porphyre avec une autre pierre dure avec une molette de même matière. Lorsque les couleurs ont été mises en *pâte* avec de l'eau, et broyées avec plus ou moins de soin, suivant l'usage auquel on les destine, elles sont mises en petits tas de la forme d'un cône que l'on nomme *trochisques*. Pour faire des couleurs à l'huile, on les reprend après leur parfaite dessiccation pour les broyer de nouveau avec de l'huile, et on les conserve alors dans des vases vernissés, ou bien on les enveloppe dans des morceaux de vessie : ces petits paquets portent le nom de *nouets* ; ils sont d'une grosseur inégale ; leur prix restant à peu près le même, quelle que soit la matière, dont la quantité est diminuée ou augmentée en raison de sa valeur. Les *couleurs pour la miniature* sont également reprises et broyées de nouveau avec de la gomme ; cette nouvelle opération se fait sur une glace, avec une molette aussi en glace. Il y a des couleurs qu'il est si difficile de bien préparer, que quelques peintres prennent la peine de les broyer eux-mêmes.

Dans l'architecture, on emploie souvent les couleurs en teinte plate pour couvrir les boiseries et les murs dans l'intérieur des appartements (*voyez* PEINTURE EN BATIMENTS). Il y a des pays où l'on peint aussi l'extérieur des maisons avec des couleurs variées. Le goût seul indique quelles sont celles que l'on peut admettre l'une auprès de l'autre, et on leur donne le nom de *couleurs amies*. On appelle *couleur rompue* celle qui est produite par un mélange de plusieurs matières.

Dans l'art de la peinture, on dit que la *couleur est tourmentée* quand l'artiste, au lieu de peindre franchement et du premier coup, altère sa couleur par un frottement souvent et inutilement répété. Cette fatigue rend la *couleur sale*. On donne le nom de *couleurs transparentes* à celles que l'on emploie en *glacis*, c'est-à-dire que l'on passe légèrement par-dessus d'autres, et qui laissent apercevoir les fonds. Un tableau est peint à *pleine couleur* lorsque l'artiste, ayant sa brosse très-chargée, l'étend fort peu et la laisse très-épaisse, surtout dans les lumières. Les effets du clair-obscur ne doivent pas empêcher le peintre de conserver aux objets leur *couleur propre*, c'est-à-dire qui leur est particulière ;

mais il doit faire attention que l'intensité de la couleur est affaiblie dans les corps éloignés de notre vue par l'air intermédiaire. Il doit donc les faire participer de la couleur de l'air, et la rendre d'autant plus sensible que les objets sont dans un plus grand éloignement. C'est ce que l'on peut nommer la *couleur locale*, puisque c'est la couleur que prend chaque objet en raison du lieu qu'il occupe à une distance plus ou moins grande du spectateur. Dans quelques occasions, la couleur d'un corps est altérée par le voisinage d'un autre corps ayant une teinte forte et très-différente; c'est ce que l'on nomme *couleur réfléchie*. On donne le nom de *couleurs sourdes* à celles qui n'ont aucun éclat.

Couleur se prend quelquefois pour *coloris*. Ainsi on dit d'un tableau qu'il est *d'une bonne*, *d'une belle couleur*.

Le *blason* a donné un nom particulier à ses couleurs, qui sont au nombre de *sept*, savoir, deux *métaux* et cinq *émaux* : les métaux sont l'or et l'argent, que l'on rend par le *jaune* et le *blanc*; les émaux sont le *gueula* (rouge), l'*azur* (bleu), le *sinople* (vert), le *pourpre* (violet), le *sable* (noir). Pour représenter ces couleurs sans les employer en nature, Vulson de la Colombière imagina, vers 1630, de leur donner des signes de convention, qui ont été généralement adoptés. Ainsi, l'or est pointillé, l'argent reste sans aucune trace; les émaux sont rendus par des tailles verticales pour le gueule, horizontales pour l'azur, diagonales de gauche à droite pour le sinople, et en sens inverse pour le pourpre, puis des tailles croisées pour le sable.

Au figuré, on dit qu'un homme *change de couleur*, pour dire qu'il a passé d'un parti à un autre, parce que souvent en effet, dans les guerres civiles, chaque parti prenait les *couleurs* d'un de ses chefs. Lorsque dans une discussion une personne restée longtemps indécise, et qu'enfin elle se range à l'avis de l'un des contendants, on dit qu'elle a *pris couleur*. Souvent en politique, ou dans les affaires, lorsque l'on veut dissimuler ou pallier une faute, et que l'on emploie des subterfuges, on dit que l'on a fait prendre une *autre couleur* à une affaire; quelquefois un accusé, dans sa défense, donne une *mauvaise couleur* à la sienne. L'usage des tournois, qui présidaient les dames, a fait dire qu'un chevalier portait *les couleurs de sa dame*.

L'église, suivant ses rubriques, *change de couleur*, c'est-à-dire qu'elle varie la *couleur* de ses ornements suivant les fêtes qu'elle célèbre : ainsi, les sont *blancs* pour les fêtes de la Vierge et les grandes fêtes de Noël, Pâques et la Pentecôte; *rouges* pour celles du Saint-Sacrement et pour tous les martyrs; *verts* pour les confesseurs et les pontifes; *violets* pendant le carême et l'avent; puis *noirs* pour le service des morts.

Les cartes à jouer sont divisées en quatre classes, le *cœur*, le *carreau*, le *trèfle* et le *pique*, auxquels on donne le nom de *couleurs*, quoiqu'il n'y en ait réellement que deux (le *rouge* et le *noir*), et non quatre.

DUCHESNE aîné.

COULEUR (*Poétique*). Horace a dit : *Ut pictura poesis* (la poésie est comme la peinture). « La poésie, a dit aussi très-ingénieusement Marmontel, est une peinture qui parle, ou, si l'on veut, un langage qui peint. » C'était chez les Grecs une alliance intime, non-seulement de la peinture, mais de la musique avec la langue des dieux. Les rapsodes chantaient plus souvent qu'ils ne récitaient les vers d'Homère. La musique n'a-t-elle point prêté à la peinture ses tons, ainsi qu'à la prosodie, poème ou prose? Il y a des tons à la lyre, il y en a sur la toile. L'imagination du poète est sa palette, c'est son génie qui emploie les couleurs, et son goût qui les choisit. Tous les mots de l'idiome dans lequel il écrit, jusqu'aux plus vulgaires, sont autant de teintes et de nuances dont il compose ses tableaux. Sans le ciment commun, sans la soudure à vil prix, les cèdres du Liban, les chênes de Bazan, les granits d'Égypte, les pierreries et l'ivoire des Indes, l'or d'Ophir, n'eussent pu s'élever sur le sol et former cette merveille du monde, le temple de Salomon. Tout est pittoresque dans la Bible, depuis l'éblouissante maison du Seigneur jusqu'aux tentes noires de Cédar, faites de peaux de chameaux, où pleuraient les captifs d'Israël. La langue hébraïque, si pauvre de mots, rachète cette pauvreté par sa force, semblable à une essence concentrée, et par l'inspiration de ses prophètes : ainsi, Apelle et Protogène, avec trois couleurs seulement, faisaient des chefs-d'œuvre; des raisins peints par Zeuxis trompaient les oiseaux. Le sombre Ézéchiel ne doit cette épithète qu'à ses effrayantes et lugubres images, tandis que les couleurs tendres, comme les appellent les peintres, sont répandues avec une suavité ineffable dans le *Cantique des cantiques*: les grappes d'Engaddi, les colombes, les fruits, les lys, en sont les accessoires charmants; c'est une guirlande d'arabesques qui sert de cadre à une scène pastorale.

Le poëte, comme le peintre, a une couleur propre à laquelle on reconnaît son œuvre. L'*Aurore aux doigts de rose* et la *Nuit noire* s'offrent à chaque pas dans Homère, le modèle et le désespoir des écrivains coloristes. Il y a trois mille ans que le poëte a emprunté ses couleurs à Iris, ainsi qu'il a dérobé sa ceinture à Vénus, comme l'a dit l'auteur du *Lutrin*, qui, lui, a broyé en riant, et si légèrement aidé de la Mollesse, le vermillon des moines. Ronsard prodiguait les couleurs de son imagination ; il créait jusques à des mots pour varier ses teintes; Malherbe cherchait les siennes, les trouvait avec peine, et pour cela en était économe, mais il les distribuait avec art ; la nature les mit toutes sur la palette de Jean de La Fontaine, jusqu'aux couleurs lugubres. Il n'y a pas moins de terreur dans *les Animaux malades de la peste* que dans la peste célèbre décrite par Lucrèce.

Les couleurs poétiques ne sont pas moins du domaine de la prose que de la poésie. Qui oserait dénier le titre de poëte à Platon, qui les voulait bannir de sa *république*, à Tacite, à Montaigne, à Fénelon, à Bossuet, à J.-J. Rousseau, à l'auteur des Martyrs? Montaigne n'est-il pas un admirable peintre lorsqu'il dit : « C'est le déjeûner d'un petit ver que le cœur et la vie d'un grand empereur. » Quel tableau ! Serait-il sorti de la palette du sombre Michel-Ange une image plus lugubre?

Il y a aussi la *couleur locale*, qui, si elle n'est point observée, fait manquer tout l'effet; le *Mahomet* de Voltaire est privé de cette couleur; Byron, Châteaubriand, l'ont partout, parce qu'ils sont des poëtes voyageurs. Il n'a fallu rien moins à Racine que son étude approfondie des livres saints, fruit mûri de Port-Royal, et sa piété sincère dans ses dernières années, pour imprimer à son *Athalie* et à ses chœurs des couleurs si belles et si vives. Nous devons à M. de Lamartine des poésies d'une admirable couleur hébraïque; mais, plus riche et plus libre que l'historiographe de Louis XIV, il a eu le loisir d'aller tremper ses pinceaux dans la piscine de Siloé et les eaux du Jourdain.

A une distance immense d'années et d'époques, des génies se rencontrèrent qui virent la nature sous le même jour, et dont l'imagination fut impressionnée de même. Il y a une grande analogie dans les manières de peindre entre Eschyle, Lucain, Corneille, Dante, Milton et Shakspeare. Lucain est un grand coloriste : son portrait de la magicienne Érichtho, sa forêt de Marseille, et surtout son effrayante résurrection d'un cadavre sur un champ de bataille récent de la Thessalie, d'un pinceau terrible, dont le terrible Néron fut si jaloux qu'il donna un pendant à ces tableaux par l'incendie de Rome, épouvantable réalité, impuissant qu'il était à peindre des fictions en ses vers. Laissons les couleurs transparentes quelquefois à Théocrite, et toujours à Anacréon, poète sobre de couleurs, ainsi que Béranger, mais desquels l'apparente négligence a tant d'art qu'elle est inimitable. Virgile et Le Tasse ont les mêmes teintes; tous deux emploient merveilleusement les grandes masses de lumière, comme disent les peintres. Le coloris d'Ovide et celui de l'Arioste se ressemblent à peu de chose près. Les couleurs poétiques de l'école allemande, ne participant point de celles de la littérature du reste de l'Europe, sont à la fois triviales et mystiques. Les inhabiles et les apprentis de l'école romantique n'étaient point leurs couleurs; ils les plaquent, pour ainsi dire, sur la toile, ainsi qu'un peintre médiocre qui attire l'admiration des ignorants par les masses éblouissantes d'outremer et de vermillon de son tableau informe.

Le premier des romantiques du dix-neuvième siècle est très-sobre de couleurs, et quand il les prodigue, elles sont admirablement distribuées et fondues; il ne se contente pas de toutes les images que le hasard lui offre dans l'Asie et l'Europe, il sait les choisir : ce poëte, c'est Byron. Parmi nos belles pièces de poésies romantiques, il en est une surtout qui est admirable, et où les plus éclatantes couleurs, étalées avec un large pinceau, nous offrent un tableau merveilleux : c'est *Le Feu du ciel* de M. Victor Hugo.

Comme nous l'avons dit plus haut, la musique a aussi des couleurs poétiques : nous les voyons briller éminemment dans Gluck; nous voyons dans l'ouverture d'*Iphigénie* éclater la colère d'Achille et poindre les roses de la pudeur sur les joues de la jeune fille d'Agamemnon; dans Grétry, notre oreille perçoit la couleur des mœurs pastorales, celles de la mélancolie dans Mozart, celles de la gravité religieuse et patriarcale dans Haydn, de l'enfer et du ciel dans Beethoven, dans Weber, dans Meyer-Beer, enfin, des passions tendres et sombres dans Rossini, malgré l'abus des fioritures, fleurs artificielles qui étouffent souvent chez lui les fleurs véritables La poésie, la musique et la peinture étaient chez les anciens des sœurs chéries du dieu de la lumière; c'est le soleil qui donne la *couleur* et la vie à l'univers, et la *couleur* est la vie des beaux-arts.

DENNE-BARON.

COULEURS (Pâles). *Voyez* CHLOROSE.

COULEURS (Langage des). Employées comme moyen de transmettre les sentiments, la pensée, on peut se servir des couleurs de deux manières, ou comme d'*emblèmes*, de *symboles*, ou comme de signes propres à former des mots et à tenir lieu des lettres de l'alphabet.

De toute antiquité et chez presque tous les peuples de la terre, le *noir* a été le signe du malheur, de la tristesse, du deuil, des plus affreuses calamités publiques ou privées. L*e blanc* est par tout pays l'emblème de l'innocence, de la satisfaction calme, de la douce joie, de la pureté de l'âme et du corps. Le *rouge* est le signe de la force, de la puissance, du courage militaire, des combats sanglants; les soldats de tous les pays ont sur leurs habits quelques pièces de couleur rouge, et quelquefois ils sont entièrement vêtus de cette couleur. Lorsqu'un général romain avait résolu de livrer bataille, il faisait hisser un drapeau rouge au-dessus de sa tente. L'*orangé* est l'emblème des pompes royales, de l'opulence, de la richesse, des demeures somptueuses. Le *jaune* indique la mauvaise santé, les peines domestiques, les chagrins concentrés, des revers de fortune. Le *vert* est le symbole de l'espérance; cette qualification lui vient de ce que l'hiver finit et que le printemps commence lorsque les végétaux annoncent qu'ils vont se couvrir de feuilles. Le vert est aussi l'emblème de la nature prise en général; il désigne encore la jeunesse. Le *bleu* est un signe de bonté et d'aménité dans le caractère, de douces rêveries; il est aussi l'emblème de l'air du firmament, des demeures célestes et de l'âge viril. L'*indigo* est le signe de la vieillesse, de ses infirmités, de l'affaiblissement des facultés intellectuelles. Le *violet* indique la modestie, la bienfaisance, les vertus cachées, la tranquillité de l'âme.

Ces emblèmes peuvent être multipliés et variés à l'infini à la volonté des correspondants; et comme les sept couleurs élémentaires sont susceptibles d'un très-grand nombre de combinaisons, qui donnent des nuances très-variées, et qu'on peut distinguer facilement, il n'est pas de correspondance secrète indéchiffrable qu'on ne puisse entretenir réciproquement, une fois qu'on aura dressé deux tableaux pareils, et arrêté certaines conventions : des lignes coloriées, entremêlées de quelques mots, donneront la facilité d'écrire des lettres que tout le monde pourra lire sans y rien comprendre, excepté le correspondant.

Quatorze lettres de l'alphabet vulgaire suffisent pour exprimer tous les sons de la langue française, sans trop d'inconvénients. Ces lettres sont a, b, c, d, e, f, i, j, l, m, n, o, r, u. Le c peut tenir lieu de qu. Si je trouve, par exemple, *ci va là?* je vois par le sens qu'il faut prononcer *qui va*. C, par une raison semblable, peut aussi remplacer le s; tout comme b peut être pris pour p. On représentera donc les sept premières lettres : a, b, c... j, par de petites barres (ı) de couleur *rouge*, *orangé*, *violet*; et les sept i, j, l, m, n... u, qui suivent, par les mêmes barres coloriées, surmontées d'un point (ı). Ce système d'écriture permettra de renfermer beaucoup de mots dans un très-petit espace, car tout l'alphabet sera contenu dans une ligne comme celle-ci : ıııııııııı. On laissera de petits intervalles entre les mots, pour les distinguer. Comme il serait facile de confondre l'*indigo* et le *violet* avec le *bleu*, on remplacera ces deux dernières couleurs par le *noir* et un *rouge pâle*; il sera bon aussi de donner au *jaune* une teinte faible, afin de le bien distinguer de l'*orangé*. Il est inutile de faire observer combien il sera facile aux deux correspondants de varier les combinaisons de cet alphabet.

TEYSSÈDRE.

COULEURS FRANÇAISES. Le sujet est difficile, les opinions partagées, les preuves contradictoires; il y a eu, suivant les temps, trois couleurs principales, indépendamment des couleurs des provinces, des drapeaux, et des cocardes; mais il est aussi embarrassant d'attribuer à l'une d'elles la prééminence sur les autres, qu'il le serait de déterminer les motifs que les Français ont eus de les adopter ou de les porter seule à seule, de les unir ou de les séparer. La superstition, le hasard, le caprice, l'intérêt du commerce ou les combinaisons industrielles en ont seuls décidé. Le *bleu* de la chape de saint Martin et de la bannière de France est la plus ancienne couleur; le *blanc* vient de bien avant, puisqu'il date à peine de Charles VII, si ce n'est comme couleur de chevalerie, puisqu'il est un vestige de la *cornette* des colonels généraux; puisqu'il a été attribué comme *couleur nationale* aux Francs que fabuleusement; mais tandis que, suivant les époques, le *bleu*, le *rouge* ou le *blanc*, étaient regardés comme insigne, ou national ou royal, car on ne saurait trop dire laquelle, chaque grand feudataire avait à part où sa livrée et son *écharpe*: le comté d'Anjou arborait le *vert naissant*; la Bourgogne, les comtes de Blois et de Champagne, *l'aurore et le bleu*; le duc de Bretagne et son armée, le *noir et blanc*; le comte de Flandre, le *vert foncé*; la Lorraine et son duc, le *jaune*. On demanderait donc en vain quelles étaient, à proprement parler, les *couleurs françaises;* il y aurait une histoire à composer sur chacune des nuances qui viennent d'être indiquées, qui n'ont régné qu'en subissant des variations qu'il serait aussi insipide de rechercher que de décrire. Il suffit d'esquisser quelques aperçus sur le *bleu* de la bannière, des confesseurs, le *rouge* de saint Denis ou des martyrs, et le *blanc* de la Vierge.

Des écrivains appartenant à la première moitié du siècle dernier, et qui ne prévoyaient guère que la fin du siècle marierait les trois couleurs, nous disent que : « Les Français ont changé trois fois leurs couleurs désignatives; ils ont eu du *bleu* tant que la bannière de saint Martin a été leur enseigne principale; ils eurent du *rouge* pendant qu'ils se servirent de l'oriflamme; ils prirent le *blanc* quand leur dévotion se tourna vers la sainte Vierge, et qu'ils se trouvèrent obligés de se distinguer d'avec les Anglais, qui au règne de Charles VI quittèrent le *blanc* et prirent le *rouge* (qui était la couleur des Français), à cause des prétentions qu'ils avaient sur la France: c'est ce qui porta le successeur de Charles VI à prendre le *blanc*. « Le bleu, c'est-à-dire l'*azur* ou le *pers*, mais non le *bleu de roi*, était distinctif des Francs; et si Charlemagne arbora le *rouge*, c'était comme pourpre impériale. Philippe-Auguste portait à son couronnement la dalmatique et les bottines d'*azur*, semées de fleurs de lis d'or. Ces vêtements étaient conservés d'abord au trésor du Palais, ensuite à Saint-Denis; Henri II les fit renouveler. L'étendard de Philippe était de même teinte que sa dalmatique, et rehaussée de même. Saint Martin et sa chape ayant dû céder le pas à saint Denis et à son oriflamme, le *bleu*, de sacré qu'il était, se sécularisa, et continua à se montrer comme couleur de second ordre dans l'armée française. Saint Denis, détrôné à son tour lors de l'usurpation des Anglais, en 1422, se vit dépouiller de ses livrées par leur patron saint Georges, et le *blanc* voulut lui oublier aux Français la perte de leur oriflamme.

Si le *blanc*, comme couleur royale, date de Charles VII, ce prince serait donc le premier qui aurait rapproché des couleurs devenues célèbres dans les temps modernes par leur union, puisque lors de son entrée triomphale à Rouen, en 1449, il faisait porter devant lui un étendard royal qui était *bleu*, et un autre qui était *écarlate*; mais il paraîtrait que ce n'est que depuis le milieu du quinzième siècle que le *blanc* fut adopté, et d'abord comme cornette, non comme drapeau. Si nous entrons dans la supposition qu'il devint couleur dominante vers le temps de Jeanne d'Arc, nous trouverons dans la conduite que tinrent les Anglais l'excuse ou la cause de l'abandon de nos anciennes couleurs. Avant que nos pères les quittassent, le compétiteur de Charles VII, s'étant rendu maître de Paris, du couvent de Saint-Denis et de sa bannière, renonçait au *blanc*, couleur anglaise consacrée depuis la croisade de 1188, et déployait, à titre supposé de roi de France, notre bannière, et le *rouge* qu'a conservé l'armée britannique; l'armée française agissait en sens contraire, elle arborait le *blanc*, jusque là anglais. La bizarrerie du troc, c'est que le temps l'ait consolidé, alors que les événements l'invalidaient. Si, au contraire, nous en rapportons qu'au règne de Charles VIII l'introduction du *blanc* (et c'est ici l'opinion vers laquelle nous inclinons), nous le reconnaîtrons couleur royale plutôt que nationale, puisque c'était sous cette couleur que le fils de Louis XI promenait cette couleur en Italie. Sa cornette n'était autre chose qu'un pennon de chef : ainsi, avoir du *blanc* au casque ou à la lance, et monter un cheval *blanc*, c'était exercer un commandement principal. Charles IX et Henri III reprirent le *rouge*, et laissèrent le *blanc* aux calvinistes. Henri IV le remit en honneur, mais il ne le reconnut pas comme couleur unique, ainsi que le prouve, comme nous l'avons dit ailleurs, le pavillon qu'il donna aux Hollandais. Louis XIV ne le regardait pas non plus comme couleur royale; c'était la *couleur de feu* qui était la sienne, comme le témoigne le ruban de l'ordre de Saint-Louis.

Ce monarque ayant aboli les charges de connétable et de colonel général de l'infanterie, et s'étant institué l'héritier de leurs attributions et de leurs couleurs, on s'habitua à regarder le drapeau de la colonelle, c'est-à-dire le *drapeau blanc*, comme le drapeau du roi. Quand il n'y eut plus de compagnies colonelles, quand il n'y eut plus que trois, que deux, qu'une seule par régiment, ce qui répond au milieu du dernier siècle, le *drapeau blanc* fut le drapeau principal du régiment; tous les autres drapeaux, quel qu'en fût le nombre, étaient de couleurs diverses ou provinciales, et chamarrés de croix, de couleurs tranchantes : ils s'appelaient *drapeaux d'ordonnance*. Mais il n'y a jamais eu rien de légalement et de complétement réglé à cet égard. Nos armoiries ont changé plusieurs fois sans motifs fondés; nos couleurs ont, suivant les temps, été séditieuses ou légitimes, soit qu'elles aient figuré réunies ou isolées. Le blanc, s'il est vrai que les Francs l'aient porté, devait probablement être factieux aux yeux des Romains ; cette couleur, que quelques auteurs ont supposée être celle de la noblesse, parce qu'elle a de temps à autre été la nuance de l'écharpe militaire, devient propre aux chaperons et aux huguenots combattant le trône; les couleurs unies de saint Martin et de saint Denis sont factieusement arborées en 1358 par le prévôt Marcel. A l'époque où la Hollande soulevée s'en remet à Henri IV sur le choix du pavillon qu'elle déploiera : *Prenez les couleurs françaises*, leur répond le Béarnais, en leur indiquant le *bleu*, le *rouge*, le *blanc*; et il ajoute à sa lettre : « Tant que la Hollande aura ces couleurs sous les yeux, elles lui rappelleront le souvenir de ceux qui l'ont si ardemment secourue pour la conquête de sa liberté. »

Le *blanc*, s'il était la couleur désignative de l'emploi des colonels généraux et l'attribut de leur lieutenance royale, n'était pas la couleur inhérente à leur charge, à leurs armoiries, tant les coutumes et les traditions sont inexplicables. Il est rendu témoignage de ce fait dans un article de l'*Encyclopédie*, imprimé en 1785, et recopié d'un vieux auteur; il y est dit : « Le colonel général mettait derrière l'écu de ses armes quatre ou six drapeaux des couleurs du roi, qui sont *blanc*, *incarnat* et *bleu*. » Les couleurs nationales d'abord adoptées en 1789, dit un auteur moderne, ne comprenaient que le *bleu* et le *rouge*; le général Lafayette y fit ajouter le *blanc*. D'autres ont prétendu que le *tricolore* avait été adopté comme emprunté de la maison d'Orléans ; d'autres, comme couleurs de la ville de Paris, parce que sur son sceal le fond était de *gueule* ou *rouge*; le vaisseau, *blanc* ou d'*argent*; le chef où lisière, à *fleur de lis d'azur*. Les cravates des drapeaux et des étendards, qui étaient *blanches*, parce qu'elles avaient été données telles par les colonels généraux, comme constatant leur juridiction, leur titre de propriétaires d'une compagnie, ces cravates furent emportées par les officiers émigrants ; de là l'usage général du *drapeau blanc*, sans drapeaux d'ordonnance, dans l'armée des princes, tandis que l'armée du roi conserva le *drapeau tricolore* qu'elle en avait reçu. Postérieurement de beaucoup à l'émigration, quelques Français, peu éclairés sur les vieilles coutumes du pays, se sont persuadés que le *blanc* était l'ancienne couleur nationale, parce que la cocarde des Français avait été blanche; mais la cocarde n'était pas d'un usage général et sa couleur n'était pas invariable. De 1789 à 1814, de 1815 à 1830, et de 1830 à nos jours, la *couleur* ou les *couleurs nationales* ont été légalement, nettement déterminées, tandis qu'elles n'avaient été jusque là ni précisément nationales, ni positivement déterminées.

Gal BARDIN.

COULEUVRE (*coluber*, Daudin), genre de reptiles de l'ordre des *ophidiens*, dont le corps est couvert d'écailles en dessus; avec des plaques entières sous le ventre, doubles sous la queue, la tête couverte de neuf à douze écailles plus grandes que celles du reste du corps; il n'y a pas d'ergots sur les côtés de l'anus. Ce sont des serpents de moyenne ou de petite taille, dont la nourriture varie selon les espèces, mais consistent en animaux qu'ils prennent tout vivants. Il est faux, quoi qu'on en ait dit, que les couleuvres aillent manger les fruits dans les jardins, sucer le lait des vaches dans les prairies et les étables. Elles pondent une ou deux fois chaque année un assez grand nombre d'œufs oblongs et membraneux, attachés en chapelet les uns aux autres, et que la chaleur du soleil fait éclore.

Ce genre contient un grand nombre d'espèces, et il y en a dans toutes les parties du globe ; celles des pays froids ou tempérés s'enfoncent en terre en automne, et y restent engourdies pendant tout l'hiver. On trouve dans toute la France, et particulièrement aux environs de Paris, les espèces suivantes :

La *couleuvre à collier*, dont la taille est de 0m,65 à 1m,15, est cendrée, avec des taches noires le long des flancs, et trois taches blanches formant un collier sur la nuque ; ses écailles sont relevées d'une arête. Elle varie d'ailleurs pour les couleurs : le collier est souvent jaune ; le dos ou le cou présente parfois des taches, soit jaunes, soit couleur de feu ; la teinte générale passe tantôt au bleu, tantôt au brun. Cette couleuvre se rencontre communément dans toute l'Europe, sur le bord des eaux douces, dans les prairies, sur la lisière des bois. On la désigne vulgairement sous les noms d'*anguille de haie*, de *serpent d'eau*, de *serpent nageur*. Elle nage en effet assez facilement, traverse des mares et des ruisseaux ; elle grimpe aussi aux arbres avec une agilité remarquable, pour y surprendre les oiseaux. Elle pond dans les trous, sur le bord des eaux, dans le fumier, dans les meules de foin, de quinze à quarante œufs gros comme le doigt, et attachés en chapelet les uns aux autres. Ils éclosent au milieu de l'été, et avant l'hiver les petits ont déjà 0m,15 de longueur. On peut manier sans crainte cette couleuvre, car elle ne cherche à mordre que lorsqu'elle est très-irritée, et sa morsure n'est pas dangereuse. Quand on la tourmente, elle siffle avec force, exhale par la bouche une vapeur fétide, et laisse suinter de dessous ses écailles une humeur blanche d'une grande puanteur. On la mange dans quelques pays, et l'on en prépare des bouillons qui s'emploient, ainsi que sa graisse, dans diverses maladies, mais ce sont des remèdes à peu près abandonnés de nos jours.

La *couleuvre vipérine*, gris-brun, avec une suite de taches noires formant un zig-zag le long du dos, et une autre de taches plus petites œillées le long des côtés, doit son nom à ces couleurs qui la font ressembler à la v i p è r e ; le dessous est tacheté en damier de noir et de grisâtre ; les écailles sont relevées d'une arête. Elle a 0m,50 de longueur, et se distingue des autres couleuvres en ce qu'elle met au jour ses petits vivants.

La *couleuvre lisse*, d'une taille un peu inférieure à celle de la couleuvre à collier, roux-brun, marbrée de couleur d'acier en dessous, avec deux rangs de petites taches noirâtres le long du dos, se reconnaît en outre à ses écailles, les écailles lisses portant chacune un petit point brun vers la pointe.

La *couleuvre verte et jaune*, la plus jolie des espèces d'Europe, tachetée de noir et de jaune en dessus, et toute jaune verdâtre en dessous ; les écailles sont lisses. Sa taille varie de 1 m. à 1m,30, et va quelquefois jusqu'à 1m,60. Elle se trouve dans les contrées méridionales de la France ; et on l'a même rencontrée à Fontainebleau. Sa demeure ordinaire est dans les bois, le long des haies, ou bien au milieu des rochers et des pierres. Elle se nourrit d'oiseaux, de souris, de grenouilles, de crapauds, etc., grimpe sur les arbres et nage avec agilité.

On trouve dans le midi de la France et en Italie la *couleuvre à quatre raies*, fauve, avec quatre lignes brunes ou noires sur le dos. C'est le plus grand de nos serpents d'Europe : elle dépasse quelquefois deux mètres. C'est encore à ce genre qu'appartient le *serpent d'Esculape*, qu'on trouve en Italie, en Turquie, en Hongrie, en Illyrie, et que les anciens avaient consacré au dieu de la médecine, qui s'était plusieurs fois caché, dit la Fable, sous la forme d'un serpent.

DÉMEZIL.

COULEUVRÉE. *Voyez* BRYONE.

COULEUVRINE, ancienne bouche à feu, à tir direct, qui n'a pas moins varié que le reste de l'artillerie, et qui a été tour à tour, ou une couleuvrine à main, ou une pièce monstrueuse. Ce nom de couleuvrine lui fut donnée à cause de la couleur du métal et de sa forme allongée qui lui donnait quelque ressemblance avec la c o u l e u v r e. Originairement, ce fut une bombarde allongée et amincie. Son usage a duré environ trois siècles et demi, et peut-être même cinq siècles, s'il fallait s'en rapporter à la découverte faite en juin 1819, au fond du puits de la grosse tour de l'ancien château de Coucy, du fragment d'une couleuvrine portant le millésime 1258 ; ce qui semblerait prouver que l'usage du canon est d'un siècle au moins plus ancien qu'on ne l'a cru jusqu'à présent. Ce fragment a 60 centimètres de longueur. Le tube n'en a que 3 de calibre ; il est brisé à 11 centimètres en avant des tourillons, et comprend la culasse et le renfort ; il est en cuivre jaune, et porte en exergue les mots : « Faict le 6 mars 1258. Raoul, roy de Coucy. » Ce morceau a été trouvé à 63 mètres de profondeur ; mais la légende pourrait bien être apocryphe.

En 1428, les couleuvrines employées à la défense d'Orléans différaient des canons et bombardes de la même ville en ce qu'elles étaient d'un bien moindre volume, et que le tube était d'une seule pièce, au lieu d'être à boîte ou à chambre mobile ; on les chargeait de balles de plomb au moyen d'une baguette de fer. Telles de ces couleuvrines, dont la pesanteur intrinsèque n'excédait pas 5 à 6 kilogr. étaient enchâssées dans un affut, comme les bombardes, et soutenues sur un chevalet, au lieu d'être sur un tablouin à roues. A la bataille de Guinegate, en 1479, il y avait une énorme couleuvrine qu'on appelait la *grosse bourbonnaise*. Dans l'expédition de Naples, en 1495, les couleuvrines françaises venaient après le canon ; elles étaient plus longues, de moindre calibre, et classées avant les fauconneaux. En 1512, le succès de quelques couleuvrines, qui renversèrent à Novarre les gendarmes, fut la cause première du discrédit où cette troupe tomba par la suite. Depuis ces époques notre couleuvrine a varié dans ses formes, suivant qu'elle s'est appelée *basilic, bâtarde, demi-canon, double couleuvrine, extraordinaire, légitime*, etc. Les différents écrivains lui donnent 8, 9, 10, 12 et 14 kilogr. de balles, et d'autres, jusqu'à 20 et 40 kilogr. ; la couleuvrine ou bombarde de Louis XI portait un boulet de 245 ; celle de Marseille et de Malaga, un de 39 kilogr. ; celle d'Ehrenbreitstein, un de 69 ; elle se voyait encore en 1831 à la citadelle de Metz ; elle pesait près de 13,000 kilogr. Daniel avait vu à Dunkerque la couleuvrine de Nancy, fondue en 1592 ou 1598, par l'ordre du duc de Lorraine ; elle était la plus longue pièce de France ; elle avait plus de 7 mètres d'une extrémité à l'autre, recevait du 18, et n'avait que la portée ordinaire. Une couleuvrine non moins célèbre était celle de Bois-le-Duc, qu'on nommait *la Diablesse*. Au commencement du dernier siècle, les couleuvrines françaises ne chassaient que du 4 ; elles ont été réformées et refondues sous Louis XV, en 1732 ; cependant, on lit dans les *Mémoires de l'empereur Napoléon*, publiés par le général Montholon, qu'au siège de Toulon, en 1793, il fut amené à grands frais de Marseille une couleuvrine (celle de 40 kilogr. de balles) qui était censée porter à 4 kilomètres ; elle ne fut d'aucun secours.

On se formera une plus juste idée du sujet par l'aperçu historique que voici : Au siège d'Orléans, en 1428, Salisbury est blessé à mort d'un coup de couleuvrine. Louis XII, en 1509, fait tirer sur Venise, à coups perdus, 5 ou 600 volées de ces *engins à poudre*, comme on disait alors. A la bataille de Ravenne, en 1512, un boulet de couleuvrine emporta 33 cavaliers. A la bataille d'Ivry, Henri IV n'avait point de parc ; mais en 1610 il attache six couleuvrines à son armée de Châlons. Ignace de Loyola, chevalier galant et coquet, est estropié en 1521 d'une balle de couleuvrine, en défendant le château de Pampelune contre l'armée de François Ier ; et cet accident le décida à prendre la soutane pour masquer la difformité que cette blessure lui a laissée. Ce cerveau ardent fonde l'ordre des *jésuites* après une veille d'armes où il s'est fait le champion de la vierge Marie. L'arme qui avait été la cause première de la création des enfants de Jésus fut achetée par leur société, et transportée en 1664 dans leur établissement de Buenos-Ayres ;

elle y devint l'objet d'un culte idolâtre, et annuellement, « le 27 septembre, tous les profès des nouvelles Indes venaient, avant l'extinction de l'ordre, la baiser comme premier canal de la grâce suffisante ».

Les vétérans de l'armée française se souviennent d'avoir vu à Gand une couleuvrine qu'on supposait espagnole, appartenant au règne de Charles-Quint; on l'appelait *le grand canon*; son diamètre permettait qu'un homme pût s'y introduire, et même s'y tenir assis. Il était d'usage, lors de la fête des cordonniers, qu'un d'entre eux vînt s'y placer et y fît mouvoir ses bras en simulacre des travaux de sa profession. Quelques savants belges ont cru retrouver dans cette pièce la bombarde dont fait mention Froissard, et que suivant lui les Gantois avaient fait fabriquer en 1382 pour le siége d'Oudenarde, attaqué par Philippe d'Arteveld. Il dit : « Encore firent faire ceux de Gand un engin et assooir devant la ville (d'Oudenarde), qui jettoit croisseaux (creusets ou brûlots) de cuivre tout bouillants. » En 1452 les Gantois portèrent, dit-on, au siége d'Oudenarde cette pièce et l'y abandonnèrent; on suppose qu'à cette époque les Oudenardois, qui tenaient pour le duc de Bourgogne, y firent ciseler les armoiries du duché; elles y sont figurées, ainsi que celles de Flandre, près de la lumière. En 1578 les Gantois reconquirent ce canon, et le ramenèrent par l'Escaut, comme le témoignent des documents des archives de l'hôtel de ville d'Oudenarde. Il ornait la place du marché de Gand, et fut longtemps supporté sur des tréteaux, avant de reposer sur un trépied en pierre. Ce chef-d'œuvre de l'art du forgeur était confectionné en lattes de fer; sa chambre était mouvante; la longueur de la pièce était de 6 mètres sur 3^m,25 de circonférence; elle pesait plus de 15,000 kilogr., et lançait des boulets de pierre ou des barils remplis de mitraille. Mais sur ces questions il y a ambiguïté et incertitude. Daniel dit que la bombarde qui servait en 1382 avait 16^m,25 de long; le gros canon de Gand n'en a pas la moitié. Daniel penche vers l'opinion que cette bombarde de 1382 était une machine *névrobalistique*, ce qui n'est pas dépourvu de vraisemblance. Les uns appellent *couleuvrine* le gros canon de Gand, les autres lui donnent le nom de *bombarde*. Il a un le nom de *Dulle-Griet* ou *Marguerite-la-Furibonde*, et celui de *Diable-Rouge*, à raison de la couleur dont il était peint. On en pourrait conclure que Marguerite-la-Furibonde était une bombarde névrobalistique ou un engin à ressorts, et que le *Diable-Rouge* était la pièce en métal, qui s'était conservée comme un trophée.

La milice turque tient encore en batterie des couleuvrines de fer pour la défense des châteaux de l'Hellespont et de la passe des Dardanelles; une, entre autres, a 8 mètres de long. De nos jours, une couleuvrine joue un rôle dans les cérémonies sacrées de Rome, et dans les vieilles routines de guerre se sont conservées, comme dans presque toute l'Italie. La grande couleuvrine de Saint-Pierre donne, au château Saint-Ange, lors de l'élection des papes, le signal d'une décharge de toute l'artillerie. Concluons-en que les historiens qui parlent de couleuvrines, sans en caractériser le calibre, disent un mot qui ne présente pas de sens à l'esprit; il en est malheureusement ainsi d'une prodigieuse quantité de termes militaires. Gal Bardin.

COULIES, Indous de la caste inférieure, qui dans les Indes orientales, leur patrie, vivent en exerçant la profession de portefaix (porteurs de palanquins) et de journaliers. Aussi depuis l'émancipation des esclaves dans les diverses colonies anglaises des Indes occidentales, à Maurice, etc., a-t-on eu l'idée de les y remplacer par des Coulies qu'on ferait venir de la presqu'île de l'Inde. A cet effet, des agents spéciaux passent avec eux des contrats formels, aux termes desquels ils s'engagent, à de certaines conditions et moyennant certains avantages, à travailler à la terre dans les colonies pendant plus ou moins de temps. Tant qu'ils habitent les colonies, ils sont régis par les lois et les autorités locales, et ne peuvent point renoncer au travail dont ils se sont chargés sans perdre leur droit à être ramenés sans frais dans leur pays natal. Mais il est rare que, le temps de leur engagement écoulé, ils invoquent le bénéfice de cette clause, et en général ils préfèrent se fixer dans les colonies où on les a transportés. L'île de la Trinité est de toutes les colonies celle où de pareilles immigrations ont été faites sur la plus vaste échelle. Les *Coulies* y forment aujourd'hui la moitié de la population livrée à la culture du sol, et leur nombre s'accroît sans cesse par de nouveaux arrivages. Le gouvernement de cette colonie a rendu une loi relative au transfert des *coulies* et au traitement auquel ils ont droit; loi qui a été mise en vigueur à partir de 1851. Les *Coulies* transportés depuis le commencement de 1851 à la Trinité et ceux qui y arriveront désormais sont tenus de travailler, sous peine d'une amende de cinq shillings, ou d'emprisonnement s'ils sont hors d'état de l'acquitter. Les Coulies n'apportent sans doute pas plus d'ardeur au travail que les nègres, mais ce qu'ils font, ils le font mieux et avec plus de soin; aussi les préfère-t-on généralement. Sauf l'époque de la récolte des sucres, ils doivent travailler sept heures par jour à la Trinité, et le salaire de leur journée est fixé à 30 centimes. Il est de 40 centimes à l'époque de la récolte; et la durée de leur travail dépend de la plus ou moins grande quantité de sucre de canne à exprimer. Quand ils ne remplissent pas les conditions de leur engagement, il leur est fait une retenue proportionnelle sur leur salaire. Malgré l'élévation de ce salaire et les frais de transport, malgré l'inconstance d'humeur qui les porte à courir d'une plantation à l'autre, les planteurs s'accordent à dire que l'importation des Coulies après la suppression de l'esclavage a sauvé plusieurs colonies d'une ruine sans cela inévitable et notamment la Trinité.

COULIS. Ce terme du langage usuel est dérivé du verbe *couler*. Employé substantivement, il signifie, dans *l'art culinaire*, soit un jus ou suc de viande obtenu par l'extrême cuisson et passé au tamis, soit une sorte de purée, et en termes de maçon, du plâtre gâché clair qui se glisse par une fente. Adjectivement, il n'est usité que dans l'expression suivante : *vent coulis*, c'est-à-dire courant d'air qui se glisse à travers les fentes et les trous.

Les *coulis* ou *jus de viandes*, qui ont mérité d'être mentionnés dans les traités pharmaceutiques à l'occasion des extraits gélatineux et des colles animales, sont : 1° le *soui* ou *soi*, qui est un extrait de jambons et de perdrix, et auquel on ajoute des épices et du sel. Ce jus de viandes se conserve pendant un grand nombre d'années, dans les bouteilles bien bouchées. Il est très-recherché, non-seulement des Japonais et des Chinois, qui le préparent, mais encore des Hollandais, qui en rapportent de l'Asie. 2° Des consommés assaisonnés de légumes et d'herbes, qu'on peut conserver d'après les procédés d'Appert. 3° Plusieurs autres coulis ou extraits liquides qu'on peut garder sans altération à l'aide d'un certain degré de cuisson, et des assaisonnements, en les mettant à l'abri du contact de l'air. Ce sont les chairs plus ou moins rouges des animaux adultes, qui fournissent les sucs ou coulis les plus savoureux et les plus colorés. Ces sucs de viandes peuvent être associés aux aliments légers et féculents qu'on prescrit dans le commencement des convalescences des maladies asthéniques. Ils ont la propriété d'exciter l'appétit, de faciliter la digestion des autres aliments et de nourrir en fortifiant. Leur action tonique et échauffante force de les prescrire dans les convalescences des gastrites, soit aiguës, soit chroniques, et ne permet de les employer qu'avec circonspection dans les gastralgies ou affections nerveuses de l'estomac. L. Laurent.

COULISSE, COULISSEAU, rainure ou canal dans lequel va et vient, avec plus ou moins de frottement, une règle de bois, de métal, etc. Quelquefois, on appelle *coulisse* la pièce mobile elle-même. Les ouvriers désignent par le nom de *coulisseaux* les deux pièces qui forment le canal d'une coulisse. A proprement parler, il peut exister des coulisses rectilignes, circulaires, etc.

Faire les yeux en coulisse c'est faire les yeux doux en regardant de côté. On dit même elliptiquement : *regarder en coulisse*. Il y a, au propre, dans les arts, dans les métiers, dans les sciences, un nombre infini et varié de coulisses qu'on fait mouvoir en les tirant, en les allongeant ; telles sont celles des lorgnettes, des corsages de robes de femmes, des ouvertures de leurs sacs à ouvrage, de certaines bourses, etc. Les instruments de mathématiques, de physique, d'astronomie, ont pour la plupart des coulisses où se meuvent des boutons, des pinnules ou plaques de cuivre et autres ressorts qu'il faut dans plusieurs opérations éloigner, séparer ou rapprocher. Enfin, c'est par des coulisses que se meuvent la plupart des machines.

En termes de blason, la *coulisse* est la représentation d'un château, d'une tour, ayant une herse ou porte-coulisse. En marine, c'est le canal que suit sur le chantier la quille d'un bâtiment lancé à l'eau sans ber. Les imprimeurs appellent *coulisses de galée* celles de certaines galées sur lesquelles les compositeurs arrangent leurs pages quand elles sont d'un grand format. La *coulisse* en termes d'horlogerie est un demi-cercle sous lequel le râteau du ressort spiral peut se mouvoir.

COULISSE (*Théâtre*). On donne ce nom aux pilastres ou châssis mobiles qui sont placés sur les deux côtés de la scène, de distance en distance, et qui par l'effet de la perspective servent à compléter la décoration. Les arbres, les colonnes, les panneaux d'appartement qu'elles représentent, bien que détachés et séparés par un intervalle d'un mètre ou un mètre et demi, semblent se joindre et former un ensemble, parce que les coulisses sont toujours en rapport et en harmonie avec la toile du fond. Leur nombre varie suivant la profondeur du théâtre, et on les désigne, tant celles de droite que celles de gauche, par un numéro dont le premier est le plus près des spectateurs. Leur nom de *coulisse* vient de ce que, dans les changements de décoration, on fait *couler* une coulisse devant celle qu'on veut cacher, ou couler celle de devant pour découvrir celle qui est derrière. On appelle aussi *coulisses* les intervalles qui séparent ces châssis ; c'est par les coulisses que les acteurs entrent sur la scène et en sortent. Tel acteur entre par une coulisse de devant ou de droite, et sort par une coulisse de gauche ou du fond.

Depuis quelques années on a beaucoup perfectionné tout ce qui a trait au matériel de la scène. Parmi ces améliorations on doit compter une disposition mieux entendue des coulisses et même leur suppression presque entière dans ce qu'on nomme en langage théâtral les *salons fermés*, admis principalement dans la comédie. Les coulisses sont en effet un grand obstacle à l'illusion dramatique ; une partie des spectateurs se trouvent placés de manière à en apercevoir l'intérieur ; bon gré mal gré, il faut qu'ils aient pour point de vue les quinquets qui y sont attachés et les machinistes qui les font mouvoir.

Lorsqu'au théâtre on respectait les convenances et qu'on voulait épargner aux spectateurs, surtout aux femmes, l'aspect d'un assassinat, de la mort, la victime frappée ou empoisonnée allait tomber dans la coulisse la plus voisine, et plus souvent encore c'était dans les coulisses que les forfaits les plus horribles étaient censés commis. Mais si les représentations scéniques étaient rarement ensanglantées, d'autres abus existèrent longtemps au théâtre : des banquettes adossées contre les coulisses rétrécissaient la scène, embarrassaient les acteurs, entravaient l'exécution dramatique et détruisaient toute illusion : là se plaçaient des magistrats oisifs, de jeunes officiers, des petits-maîtres de cour, qui, sachant tout sans avoir rien appris et jugeant tout sans rien savoir, contrastaient ridiculement avec la gravité romaine, avec l'héroïsme grec, coudoyaient Caton et se mesuraient avec Achille. Après de longues et vives réclamations, ces banquettes furent supprimées à la comédie française en 1759, et disparurent un peu plus tard des autres théâtres. Mais les coulisses ont continué à être envahies par des individus inutiles ou étrangers aux théâtres. Les mirliflors y vont pour courtiser les actrices ou pour lorgner les belles qui sont dans la salle. Le parterre, qui en province surtout, aperçoit des jeunes gens en frac ou en uniforme chuchoter avec *Phèdre* ou *Sémiramis*, crie à tue-tête : *hors des coulisses!* et la résistance, l'obstination des deux côtés, donnent souvent lieu à des rixes. Quelquefois aussi ces *piliers de coulisses* se sont compromis avec les comédiens. On vit de mon temps un jeune conseiller au parlement, par suite d'une rivalité amoureuse, recevoir dans les coulisses des soufflets et des coups de pied de Dugazon.

Quel plaisir ont donc ces messieurs à *hanter les coulisses*, à se commettre avec les *héros de coulisses*, pour conter fleurette aux *princesses de coulisses?* Comment n'éprouvent-ils pas que tout ce qu'ils voient dans les coulisses, tout ce qui se passe derrière les coulisses, est bien fait pour détruire tout prestige? Des lampions, des trappes, des cordes, des poulies, des derrières de décorations, des garçons de théâtre en veste ou en chemise, des actrices plâtrées ou enluminées, des acteurs achevant leur toilette entre les mains du perruquier ou du tailleur; *Tancrède* avalant un verre de Madère ou de Porto pour se remettre en verve, et *Mérope* recevant un bouillon de sa cuisinière pour réchauffer ses entrailles maternelles; Rodogune et Cléopâtre se disputant comme des poissardes, en attendant de se quereller plus noblement sur la scène; Agamemnon se farcissant le nez de tabac, parce que la tabatière est interdite aux rois de théâtre comme une inconvenance et aux héros grecs comme un anachronisme; Pyrrhus se mouchant, parce que le mouchoir n'y est permis qu'aux *Andromaque* et aux *Electre* : tout cela n'est-il pas capable de désenchanter l'imagination des plus fanatiques amateurs de spectacles? Il y a bien des choses (même sur d'autres théâtres que ceux où l'on joue la comédie et l'opéra) qui ne sont bonnes qu'à être vues de loin, qui perdent à être vues de près. Ainsi, *regarder dans les coulisses* et y pénétrer, c'est le plus sûr moyen de se dégoûter du théâtre. Quand on veut suivre avec succès, comme acteur ou comme auteur, la carrière dramatique, il faut perdre de vue les coulisses, il faut les oublier. C'est bien assez pour le pauvre auteur d'une pièce nouvelle d'être condamné par le besoin de sa cause à s'asseoir dans la coulisse, son ouvrage à la main, pour en diriger la représentation et souffler au besoin.

Par *coulisses* on entend aussi tout ce qui est relatif à l'administration intérieure et au régime des théâtres, aux habitudes, à la moralité des comédiens, à leurs procédés, soit entre eux, soit envers le public et les auteurs dramatiques. De là sont venues les locutions qui commencent à devenir un peu surannées : *tripot de coulisses, intrigues de coulisses, bruit de coulisses, nouvelles de coulisses*. Les épreuves, les lenteurs, les angoisses qu'un auteur doit subir, présentation de pièce, lecture, répétitions, corrections et coupures exigées, conciliation d'acteurs, refus d'actrices, etc., quel patience ne lui faut-il pas pour capter la bienveillance du *tripot de coulisses*, pour surmonter les *intrigues de coulisses?* Une pièce tombe; une autre reçue depuis longtemps n'est pas jouée, ou cède le pas au pauvre ouvrage d'un jeune débutant, protégé par une actrice. Un acteur est sifflé ; un autre, après de brillants débuts, est obligé de s'en retourner en province. Tels sont les résultats des *intrigues de coulisses*. Ces intrigues sont souvent annoncées par des *bruits de coulisses*, des *nouvelles de coulisses*, qui se composent aussi des détails vrais ou faux de la chronique scandaleuse ou galante du théâtre.

H. AUDIFFRET.

COULISSE, COULISSIER. *Voyez* BOURSE (Opérations de).

COULOIR, corridor étroit, droit ou tortueux, souvent mal éclairé, qui conduit à une chambre, à un cabinet.

Le mot *couloir* servait aux anciens médecins à désigner tout canal ou conduit par lequel s'écoulent les humeurs excrémentielles du corps. On a désigné aussi sous le nom de *couloirs accidentels* ou *artificiels* les ulcères, les fistules, les sétons, les cautères, etc. On donne aussi le nom de *couloir* ou *couloire* à un vase dont on se sert pour passer ou filtrer une liqueur, et à un panier qui se met sous la cuve pour tirer le moût.

Dans la langue liturgique, le mot *couloir* servait à désigner un vase percé d'une infinité de petits trous par lesquels on faisait passer le vin destiné au saint sacrifice. Le cardinal Bona fait mention d'un ustensile de ce genre que l'on conservait au musée Barberini. Il le compare à une petite cuiller, terminée par un manche oblong. Il parle aussi d'un *couloir* d'argent, fait en forme d'écuelle, remarquable par un travail d'une extrême délicatesse. Depuis plusieurs siècles on ne fait plus usage du *couloir*. Il est même très-probable qu'on ne s'en est servi qu'à Rome ou en Italie, à cause des vins forts et épais de ces contrées.

COULOMB (CHARLES-AUGUSTIN DE), célèbre par ses expériences sur le frottement et par l'instrument qu'il inventa pour mesurer les forces d'attraction magnétique et électrique, appelé *balance de torsion*, était né, en 1736, à Angoulême, et entra de bonne heure dans le corps du génie. Envoyé à la Martinique, il y construisit le fort Bourbon. En 1769 il obtint pour sa *Théorie des Machines simples* le prix fondé par l'Académie des Sciences, et que ce corps savant crut devoir doubler en faveur de cet ouvrage remarquable. En 1777 il remporta un nouveau prix à l'Académie des Sciences, en société avec Pons, pour une dissertation sur les aiguilles aimantées, et un autre encore en 1784, pour son mémoire sur les effets du frottement et de la roideur des cordes. La même année l'Académie l'admit dans son sein. Le gouvernement l'ayant chargé d'examiner les plans que les états de la Bretagne lui avaient proposés pour établir dans cette province des canaux navigables, il se prononça contre leur création, après s'être convaincu que leurs produits ne pourraient jamais indemniser l'État des sommes énormes qu'il lui faudrait dépenser pour les établir. Il paraît que l'avis motivé donné en cette circonstance déplut à quelque ministre ou à quelque personnage intéressé dans la question, car il en fut récompensé par un emprisonnement de quelques mois. Il donna sa démission ; mais le gouvernement refusa de la recevoir, et lui enjoignit d'examiner de nouveau le projet de canalisation de la Bretagne. Cette fois encore il combattit le projet, et, en reconnaissance de la noble indépendance qu'il avait fait preuve dans cette circonstance, les états lui firent présent d'une montre à secondes aux armes de leur province. Au moment où éclata la Révolution, il était lieutenant-colonel du génie ; mais il ne tarda pas à se démettre de ses divers emplois pour se consacrer tout entier, dans la solitude, à l'éducation de ses enfants et à la culture des sciences. A la création de l'Institut, il fut nommé membre de ce corps savant, et en 1804 on l'appela aux fonctions d'inspecteur général de l'instruction publique. Il mourut le 23 août 1806.

COULON-THÉVENOT, né à Versailles, vers 1760, s'était occupé avant T.-P. Bertin de diverses méthodes employées par les Anglais pour recueillir les paroles des orateurs. La suppression des voyelles médiantes dans la plupart des procédés lui parut rendre l'écriture trop difficile à lire. Marchant sur les traces d'un auteur plus ancien, Shelton, dont l'ouvrage avait été imité en France par Ramson, et dédié à Louis XIV, il inventa la *tachygraphie*, espèce d'écriture syllabaire, dans laquelle on rend tous les sons, mais qui offre beaucoup moins de rapidité que la sténographie. Il obtint en 1787 un rapport favorable de l'Académie des Sciences de Paris, et depuis cette époque publia diverses éditions de son traité. Successivement attaché comme secrétaire tachygraphe à diverses administrations, il fut chargé sous l'Empire de classer et recueillir plus de 250,000 extraits mortuaires de l'armée, entassés pêle-mêle dans une vaste salle de l'hôtel Monaco, et en vingt-deux jours il eut achevé cette besogne. Entré dans l'administration des hôpitaux militaires lors de la campagne de Moscou, on prétend qu'il périt de misère, dans la retraite, sur la route de Bohême, ayant été dépouillé par les cosaques, vers le mois de novembre 1812. Sa veuve et sa fille, s'étant vues dans le cas de poursuivre des contrefacteurs, firent constater son décès dans les formes prévues par la loi de 1814, et se firent envoyer par la justice en possession du droit de soutenir leur procès, qu'elles gagnèrent avec l'appui du talent de l'avocat Hennequin.

COULOUGLIS ou **COUROUGLIS**. On appelle ainsi en Barbarie, et notamment à Alger, les descendants de Turcs qui sont venus s'établir dans le pays et de femmes indigènes. Sous le pouvoir des deys, ils ne jouissaient pas sans doute des mêmes droits que la race dominante, celle des Turcs émigrés ; mais ils avaient cependant des privilèges importants, dont demeuraient privées les populations soumises des Maures, des Arabes et des Berbères ; et quoique les emplois les plus importants leur fussent interdits, il en était cependant auxquels ils pouvaient prétendre. Depuis la conquête d'Alger par la France, la position légale des couloughs s'est singulièrement améliorée. En effet, bien moins fanatiques que les autres mahométans de la Barbarie, ils se rallièrent franchement à la domination française dès l'origine, et l'ont servie avec autant de bravoure sur les champs de bataille que de fidélité dans l'administration. C'est là au reste une race particulière, qui tend de plus en plus à disparaître de l'Algérie, attendu qu'elle ne peut plus s'accroître à Alger même, pendant qu'à Tunis et à Tripoli l'immigration turque ne peut lui apporter que de bien faibles éléments.

COULURE, mouvement de ce qui coule. On nomme encore *coulure* cette maladie des plantes causée par le vent ou par les pluies, qui enlèvent les étamines, ou tout au moins leur pollen, et, empêchant ainsi la fécondation du pistil, font *couler* la fleur, avorter le grain, le raisin, les fruits en général.

COUNSEL (abréviation de *counsellor*, conseiller), dénomination d'usage des avocats anglais, qui comprend dans son sens général aussi bien les *private attorneys* (avocats particuliers), qui ont l'autorisation de dresser des contrats et autres documents juridiques, que les *attorneys at law*, qui furent institués par un acte du roi Édouard Ier, en date de 1285, et dont les attributions ont été fixées en dernier lieu par la loi de 1843, de même que les *solicitors* (défenseurs près la cour de chancellerie) ; mais, dans un sens plus restreint, les *barristers* et les *sergeants at law*, gradués supérieurs appartenant à cet ordre. Ceux-ci ont le privilège exclusif de plaider devant des cours de justice. L'*attorney* qui leur fournit les éléments de la plaidoirie, que le *barrister* met en ordre et revêt auxquels il donne la forme oratoire. Chaque partie prend deux *counsels*, dans les causes importantes quatre, et plus davantage ; et pour s'assurer des services d'un avocat célèbre, ou pour empêcher la partie adverse de se faire défendre par eux, il est d'usage de leur donner un *retainer* (mandat) auquel sont attachés des honoraires considérables, sans que souvent ils aient occasion de figurer le moins du monde dans la cause. Le titre de *queen's* ou *king's counsel* est une distinction honorifique, qui s'accorde aux *sergeants at law* et souvent aussi à d'autres jurisconsultes. Elle leur donne la prééminence sur leurs confrères et le droit de porter un manteau de soie (*silk-gown*). C'est dans les rangs des *counsels* qu'on va d'ordinaire prendre les avocats généraux, les procureurs généraux, les juges et jusqu'au lord chancelier lui-même. C'est ainsi que jusqu'à son élévation à la dignité de lord chancelier Brougham n'avait eu d'autre titre dans le monde que celui de *king's counsel.*

COUP. C'est l'impression que fait un corps sur un autre en le frappant, le perçant, le divisant, etc. Ménage fait dériver *coup* de la basse latinité *colpus*, mot qui lui-même vient du grec κολπω. Du Cange veut que *colpus* soit un diminutif de *colaphus*, qui dans la Loi Salique (titre 43) signifie les coups de fouet dont on punit les esclaves; mais *colpus* s'y trouve également (titre 20) à peu près dans la même acception. Lorsque des substances solides, animées d'une vitesse plus ou moins grande, frappent les corps organisés, et principalement les animaux, ou bien lorsque l'homme et les êtres animés heurtent contre des corps durs, on dit dans le premier cas qu'ils ont reçu, et dans le second qu'ils se sont donné un *coup*. Les c h o c s ou les *coups* et les c h u t e s sont des causes très-fréquentes de p l a i e s, de c o n t u s i o n s, de l u x a t i o n s et de f r a c t u r e s. Il s'en produit même ailleurs souvent par contre-coup. *Coup* signifie l'impression ou la lésion physique faite sur la partie même du corps de l'homme ou des animaux qui a été frappée ou heurtée.

Coup se dit aussi du mouvement, de l'impression des corps qui ne paraissent pas solides, et qui néanmoins produisent des effets très-positifs. Tels sont les *coups de tonnerre*, les *coups de vent*.

Sans coup férir est une expression proverbiale qui signifie sans en venir aux mains, sans se battre. *Porter un coup* ou *des coups* à quelqu'un, c'est le battre; et l'on dit ironiquement de celui qui vient d'être battu dans une rixe, qu'il a été le plus fort, qu'il a *porté les coups*. Les gens du peuple se battent à *coups de bâton*, à *coups de poing*. Un *coup* donné à la figure avec le poing fermé peut faire une lésion grave, mais c'est là une insulte que l'on peut pardonner. Un *coup* donné du plat de la main sur le joue est un outrage qui selon l'opinion générale ne peut se laver que dans le sang (voyez Soufflet). Il en est de même des *coups de pied*. Reçus dans la partie postérieure du corps, ils emportent une idée de mépris et de dégradation, qui ne se rattache point aux *coups de pied* reçus dans le ventre, et dont l'effet est souvent mortel : témoin Poppée, que Néron fit périr ainsi. De là sans doute le dicton populaire : « C'est un homme qui sait se retourner : quand on veut lui donner un *coup de pied* au derrière, il le reçoit dans le ventre. » On a dit d'un fameux diplomate : « Il sait si bien se posséder que, reçût-il un *coup de pied* au derrière, son visage ne vous en dirait rien. » Qui connaît l'expression proverbiale *le coup de pied de l'âne*, si heureusement mise en action par La Fontaine dans la fable du *Lion devenu vieux?* Que d'applications n'a-t-elle pas dans le monde politique? Napoléon, attaqué après sa chute par tant de lâches folliculaires, la France en butte en 1815 et même depuis aux insolences de puissances du dernier ordre, ont bien aussi reçu le *coup de pied de l'âne*.

Aux *coups de bâton* se lie la même idée de déshonneur qu'à ceux qu'on reçoit au visage et à la partie postérieure du corps. Donner des *coups* à un gentil-homme, c'était le dégrader; et l'affront ne s'effaçait que dans le sang, parce que, dit Montesquieu, un homme qui l'avait reçu avait été traité comme un vilain. Louis XIV, poussé à bout par Lauzun, jette sa canne par la fenêtre, de peur de se laisser emporter jusqu'à le frapper. Une nouvelle insérée dans le roman de *Gil Blas*, l'histoire de *don Pompeio de Castro*, porte principalement sur des *coups de bâton* qu'un seigneur polonais fait donner par ses valets à un gentil-homme espagnol, son rival. On y voit qu'alors une pareille offense était assimilée à un lâche assassinat, et que pour obtenir le droit de faire réparation à don Pompeio l'épée à la main, il fallut que l'offenseur présentât préalablement, en présence du roi de Portugal, un bâton à l'offensé, et qu'il s'offrît à ses *coups*.

DICT. DE LA CONVERS. — T. VI.

Sous l'ancien régime il était reçu qu'un gentil-homme pouvait châtier un vilain à *coups de bâton*. Les scènes les plus bouffonnes des *Fourberies de Scapin* roulent sur des *coups de bâton*. Les *coups de bâton* étaient alors un revenant-bon de la patente d'huissier à verge et des fonctions de sergent.

Combien donc les contemporains de Racine ne devaient-ils pas rire de la scène, encore si plaisante, de l'Intimé s'offrant avec tant de dévouement aux *coups de bâton* du processif Chicaneau. Il y a quelques années, n'a-t-on pas vu un débat correctionnel provoqué par une lettre de change portant à l'échéance une certaine quantité de *coups de bâton*, payables au mort. Cette susceptibilité, qui fait honneur à la nature humaine, se retrouve chez les Français. Jamais nos soldats ne se sont soumis volontairement aux *coups de bâton*, comme ceux des autres nations européennes (voyez Bastonnade). On sait que l'une des fautes capitales du ministère du comte de Saint-Germain, sous Louis XVI, est d'avoir voulu soumettre nos troupes au régime des *coups de bâton*. C'est ici le cas de rappeler que les *coups de plat d'épée*, les *coups de plat de sabre*, passent également pour déshonorants. Les *coups de bâton* paraissent l'*ultima ratio* chez les Chinois et chez les Japonais. Les mandarins, à en croire les relations de voyages, n'appliquent la loi qu'à *coups de bâton* ; il y aurait même à la Chine, si l'on s'en rapporte au P. Le Comte, missionnaire, des gens qui ne vivraient que de *coups de bâton*, c'est-à-dire qui, moyennant finances, recevraient des coups pour les criminels que les mandarins condamnent à la bastonnade. Il faut convenir que c'est une sorte de magistrature responsable dont les institutions constitutionnelles n'avaient pas doté la France. Nous avons bien eu sous la Restauration, dans certains journaux, des spadassins qui portaient des *coups* pour les patrons qui les payaient; mais c'étaient des *coups d'épée* ou de *pistolet*. Pour revenir aux Japonais, ils sont si pénétrés d'amour pour le régime des *coups de bâton*, que quand leur dairi a mal dormi, il fait tomber une *grêle de coups de bâton* sur toutes les idoles qui étaient de garde pendant la nuit pour lui procurer un doux sommeil.

Il y a encore en France des partisans de la vieille méthode, qui regrettent les *coups de verge* et les *coups de férule* dans l'éducation de la jeunesse. Ces pédants farouches citent avec emphase l'*Ancien Testament*, où se trouve cette maxime : *equo flagellum, asino frænum, stulto virga adhibetur*, employez le fouet avec le cheval, le frein avec l'âne, la verge avec l'ignorant. Ils se passionnent à ces expressions, qui foisonnent dans ce livre : *ego regam vos virga ferrea*, je vous tiendrai sous une verge de fer. *Virga castigationis, correctionis, disciplinæ, æquitatis*, la verge de la correction, du châtiment, de la discipline, de l'équité, etc. Ils ne réfléchissent pas que de telles locutions étaient la plupart du temps figurées; que d'ailleurs elles s'adressaient à des populations bien peu avancées dans la civilisation, et dont la descendance, soumise au joug de l'islamisme, n'a pas encore fait divorce, après tant de siècles, avec l'ignoble régime des *coups de bâton*. Les mêmes sophistes ne se targuent pas avec moins d'emphase de ce mot de l'empereur Marc-Aurèle : « J'ai appris dans l'oraison que Cicéron fit pour Flaccus que *Phryx tantum plagis emen-*

40

datur (les Phrygiens ne peuvent être corrigés qu'à *force de coups*). » Mais laissons ces tristes moralistes dégrader l'enfance *à force de coups*. Ils doivent sans doute aussi être de l'avis de Sganarelle, qui dit que dans un ménage *quelques petits coups de bâton par-ci par-là entretiennent l'amitié*. En cela Sganarelle n'était que le plagiaire de Sancho Pança, qui, entre autres proverbes, a dit : « Bats ta femme et ton blé, et tout ira bien chez toi. »

On nomme *coup de canon, de fusil, de pistolet*, etc., le coup que frappe le boulet, la balle, le plomb, etc., lancé par un canon, par un fusil, par une arme à feu, etc. Avoir le bras emporté d'un *coup de canon*. *Faire le coup de fusil*, c'est tirer des coups de fusil. Le *coup de feu* est une blessure, plus ou moins grave, faite par une arme à feu. Un grand nombre de lésions physiques (plaies, contusions, fractures, etc.) sont aussi quelquefois désignées d'une manière vague sous les noms des armes qui les produisent : tels sont les *coups de sabre*, les *coups d'épée*, etc.

L'expression *coup de feu* s'emploie aussi avec succès dans l'art culinaire pour exprimer un degré décisif de cuisson. Qui n'a pu dire un jour de gala : Ma cuisinière est dans son *coup de feu?*.. Mais qu'elle se garde bien toutefois d'en laisser recevoir un à son rôti.

Coup de balai se dit dans le langage familier, mais La Fontaine a su l'employer convenablement en poésie à propos de l'araignée.

Autre toile tissue, autre *coup de balai*,

Le grand homme a dit avec la même convenance :

Coups de fourche ni *d'étrivières*
Ne lui font changer de manières.

En escrime, le *coup fourré* est celui que les deux adversaires se portent en même temps. Dans le langage figuré, à cette expression, *porter un coup fourré*, est attachée une idée de ruse et de perfidie, comme au dicton *coup de Jarnac*, auquel a donné lieu le fameux duel de Jarnac et de la Châtaigneraie. Le *coup de temps* est un coup pris d'opposition sur un développement. Les bons tireurs regardent le *coup de temps* comme un des plus beaux de l'escrime.

Coup se dit aussi des opérations légères qui se font sur le corps humain pour le guérir, pour le soulager de quelque mal local : un *coup de lancette*, un *coup de bistouri*.

Donner un *coup de rasoir*, un *coup de peigne*, signifie raser et coiffer légèrement, *coup de peigne*, s'applique à un genre de lutte assez ignoble. On dit : il n'y a plus qu'un *coup de pinceau* à donner à ce tableau, pour exprimer qu'il n'y a presque plus rien à faire pour le terminer.

Coup se dit aussi des actions qui s'accomplissent en un instant. A en juger par les budgets de la guerre, la France devrait avoir au moins 400,000 hommes prêts à marcher *au premier coup de tambour*. Les voleurs se réunissent *au premier coup de sifflet*, au coup de minuit plutôt qu'à celui de midi. Tout l'orchestre part *au premier coup d'archet*. Les professeurs, qui sous la Restauration devaient être en chaire *au premier coup de cloche*, sont maintenant soumis au *coup de tambour*. Un maltôtier, spéculant sur les impôts, pouvait, sous l'ancien régime, être enrichi ou ruiné *d'un coup de plume* par le contrôleur général des finances. Lors des traités de 1815, on a vu les populations de la Belgique, de la Hollande, de l'Italie, de la confédération germanique, changer de maître *d'un coup de plume*. Aujourd'hui les fortunes se font et se défont d'un *coup de télégraphe*. Donner un *coup de chapeau* signifie saluer. Quand on est en crédit, quand on a le pouvoir de faire le bien et le mal, quand on a une jeune, jolie et surtout riche fille à marier, on a fort à faire de répondre aux *coups de chapeau*. Lors de la paix de Casal, moyennée par Jules Mazarin, on dit

plaisamment que cette paix était de sa part à la fois un *coup de tête* et un *coup de chapeau*, parce qu'elle lui valut le chapeau de cardinal. *Faire un bon coup*, s'applique également au voleur qui coupe subtilement une bourse, et au spéculateur qui réussit à la bourse. *Coup de filet* qui au positif est un terme de pêche, a dans le style figuré une signification analogue aux exemples qui précèdent. On dit : nous avons fait dans cette affaire un *beau coup de filet*, pour exprimer qu'on y a gagné beaucoup d'argent. Cette autre locution : la police a fait un *beau coup de filet*, indique que ses agents ont fait la capture de beaucoup de voleurs, ou d'un criminel important. Un *coup d'épée dans l'eau* exprime au contraire une action maladroite et sans succès. *Faire d'une pierre deux coups* veut dire obtenir deux avantages d'une même action. *Frapper les grands coups* dans une affaire veut dire employer des moyens sûrs et décisifs.

Coup se dit des actions qui se réitèrent, et dans ce sens il est synonyme de *fois* : boire *à grands coups*, *à petits coups*.

A *petits coups* vidons nos verres,

disent Dieu sait combien de chansonniers. Le *coup du milieu* est la liqueur ou le vin de choix qui se boit dans une repas entre les deux services. On lit dans La Fontaine :

Un jour, le cuisinier, ayant *trop bu d'un coup*.

On dit encore : ce tour est difficile à faire, *je vous le donne en dix coups*. *Passe pour ce coup* veut dire : on vous pardonne pour cette fois. Un canon de batterie tire tant de *coups par heure*. *Coup* s'emploie souvent pour exprimer des actions ou des entreprises hardies, extraordinaires. Le suicide de Caton d'Utique fut un *coup de désespoir*. Un *coup de tête*, selon la manière dont il est employé, signifie tantôt un coup d'un grand jugement, tantôt une action étourdie ; faire un *coup de sa tête* se prend toujours dans ce dernier sens. Un *beau coup*, un *mauvais coup*, sont encore des expressions souvent employées.

Coup de main, en terme de guerre, signifie une action vive et prompte : un *coup de main* l'a rendu maître de cette place. Cette forteresse est à l'abri *d'un coup de main*, elle ne cédera qu'à l'artillerie. Il est des cas où *coup de main* est synonyme d'exécution prompte et sévère. Malheur aux souverains qui ne viennent à bout de leurs sujets que par des *coups de main hardis*! Quelques fois *coup de main!* Donnez-moi un *coup de main* et secours : donnez-moi un aide quelconque. D'autres fois, c'est un par *coup d'épaule* qu'on aide quelqu'un de propos ou au figuré. Pour venir à bout de mettre une affaire en train, il faut parfois, comme le cheval qui veut mettre une voiture en branle, donner ce qu'on appelle un bon *coup de collier*.

Coup mortel exprime une blessure incurable, et au figuré un *coup funeste*, qui doit entraîner plus ou moins promptement la mort ou la perte de celui qui le reçoit. Le *coup de la mort* donne instantanément la mort ; mais ce terme se prend aussi au moral, et signifie la mort dans le cœur : cette nouvelle m'a porté *le coup de la mort*. On dit dans le même sens : quand le favori apprit la nouvelle de sa disgrâce, ce fut un *coup de massue*, qui l'étourdit tout à fait, ce fut un *coup de foudre*, qui l'abattit. On appelait le *coup de grâce* le coup qu'on donnait sur l'estomac aux criminels attachés à la roue pour les empêcher de languir longtemps. On dit maintenant au figuré : après tant de malheurs, celui-ci a été pour moi le *coup de grâce*. Casser le nez à quelqu'un *à coups d'encensoir*, c'est lui donner en face des louanges outrées, qui font voir qu'on se moque de lui. *Traduire à coups de dictionnaire* se dit de ceux qui, peu familiarisés avec une langue, sont obligés pour la traduire d'avoir sans cesse recours au dictionnaire.

Coup d'essai, premier ouvrage d'un homme en quelque

carrière, en quelque métier, en quelque art que ce soit; première épreuve de son savoir-faire : Il faut l'excuser de n'avoir pas tout à fait réussi, c'est son *coup d'essai*. Cette indulgence pour les débutants, La Fontaine nous la recommande dans ces vers :

> D'abord il s'y prit mal, puis un peu mieux, puis bien,
> Puis enfin il n'y manqua rien.

Coup d'essai s'allie fort bien à *coup de maître* dans ces vers de Corneille devenus proverbe :

> Mes pareils à deux fois ne se font pas connaître,
> Et pour leurs *coups d'essai* veulent des *coups de maître*.

Coup de maître est le *facinus* par excellence. La prise de La Rochelle, l'alliance de la France avec la Suède pour accabler la maison d'Autriche, voilà les *coups de maître* qui ont immortalisé Richelieu. On a remarqué que les hommes doués du génie militaire ont presque toujours pour *coups d'essai* fait des *coups* de maître : voyez les deux Scipion, Alexandre, Condé, Bonaparte. Le *coup d'essai* dramatique de Voltaire fut un vrai *coup* de maître; a-t-il depuis fait beaucoup mieux qu'*Œdipe*?

A ces significations faut-il ajouter *coup de ciseau*, terme dont la signification mécanique n'a pas besoin de commentaire. En sculpture *coup de ciseau* a le même sens que *coup de pinceau* en peinture. On dit encore que certains littérateurs ne font leurs livres qu'à *coups de ciseaux* (*voyez* Compilateur). Qui ne se rappelle la mission peu honorable que sous l'Empire et sous la Restauration les agents de la police littéraire remplissaient, en mutilant à *coups de ciseaux* les livres et les articles de journaux (*voyez* Censure)?

Dans la langue maritime, on emploie l'expression *coups d'assurance*. C'est le *coup* de canon que l'on tire après avoir hissé pavillon pour assurer sa nationalité. L'honneur militaire garantit la loyauté de cette démonstration; mais les pirates ne se font pas scrupule de convertir en ruse de guerre le *coup d'assurance*. Le *coup de partance* est le coup de canon qu'on tire quand une flotte ou un vaisseau part. C'est aussi le signal du départ. *Coup de talon* se dit du choc qu'éprouve un navire en passant sur un écueil, et *coup de barre*, de tel ou tel mouvement imprimé par le timonnier à la barre du gouvernail. On appelle *coup de vent*, en marine, la continuité d'un vent violent; *coup de fouet*, la dernière crise du *coup* de vent le coup de vent lui-même, s'il est de peu de durée, et *coup de mer* le choc d'une grosse lame qui frappe un bâtiment.

Un *coup d'air* est une fluxion ou douleur venant de ce qu'on s'est exposé à un courant d'air.

Coup se dit des accidents extraordinaires qui sont des effets de la Providence, de quelque cause inconnue, de la fortune, du hasard. On dit : un *coup de fortune*, un *coup du ciel*, un *coup de la Providence*, un *coup de malheur*, un *coup de hasard*. Malebranche a dit : « Les grands sont plus exposés aux *coups de la Fortune* que les autres. »

> A tous les *coups* du sort le sage est préparé,

répond le Trissotin des *Femmes savantes* à la très-naturelle Henriette, qui lui fait pressentir certaine disgrâce conjugale. Duclos a dit : « Cette ostentation d'opulence est ce que communément la manie de ces hommes nouveaux qu'un *coup du sort* a subitement enrichis, que ceux qui sont parvenus par degrés. » Un *coup rude*, *pesant*; la force, la pesanteur d'un *coup*, sont des locutions très-usitées.

Coup se dit aussi des atteintes que reçoivent les passions. Voiture l'emploie dans ce sens quand il dit :

> Non, mortels déplaisirs, je ne crains pas vos *coups*.

Cette expression était si communément employée dans ce sens au dix-septième siècle que l'on trouve dans les vieux répertoire du Théâtre-Français deux tragi-comédies, représentées, en 1656, sur les deux théâtres rivaux qui existaient alors à Paris, savoir : *Les Coups d'Amour et de Fortune*, ou *l'heureux infortuné*, par l'abbé de Boisrobert, et *Les Coups de l'Amour et de la Fortune*, par Quinault.

Coup simplement, ou *coup de langue, de bec, de dent de griffe, de patte*, se dit encore figurément des traits satiriques et des attaques faites par les discours. Cette femme donne toujours quelque *coup de bec* à sa rivale; ce satirique donne toujours quelque *coup de dent*; il a accablé son ennemi d'un *coup de pinceau*, c'est-à-dire d'un trait qui le peint au naturel. *Coup de dent*, au positif, a été employé d'une manière très-expressive par La Fontaine dans la fable de *Simonide préservé par les dieux* :

> Il sort de table, et la cohorte
> N'en perd pas un seul *coup de dent*.

Enfin, dans celle du *Lion devenu vieux*, on trouve en deux vers trois emplois différents du mot *coup* :

> Le cheval, s'approchant, lui donne un *coup de pied*,
> Le loup un *coup de dent*, le bœuf un *coup de corne*.

Donner un *coup de coude* à quelqu'un, au figuré, c'est l'avertir, le conseiller de se mettre en garde. Lui donner un *coup d'éperon*, c'est le stimuler, l'aguerrir, lui remettre du cœur au ventre.

On dit, en matière de raisonnement, qu'une chose *porte coup*, pour exprimer qu'elle entraîne la conviction, que c'est l'argument le plus décisif. Patru, dans un de ses plaidoyers, a dit : La plus petite tolérance *porte coup*, c'est-à-dire a de grandes suites. Dire de quelqu'un qu'il a besoin d'un *coup de rabot*, c'est exprimer qu'il manque de politesse, de savoir vivre.

Coup, pris adverbialement dans ces locutions : *tout à coup, tout d'un coup*, signifie en un moment, d'une seule fois. Dans ce tremblement de terre, on a vu une ville être *tout à coup* engloutie. « Personne ne devient scélérat *tout d'un coup*, » dit Saint-Réal.

> Il devint pauvre *tout d'un coup*,

dit La Fontaine.

> Et croyait entrer *tout d'un coup*,

dit encore le même auteur. « Le plus grand mal dans le renversement des grandes fortunes, c'est qu'il arrive *tout à coup*, » lisons-nous dans la grammaire de Port-Royal. Observez que *tout à coup* marque mieux que *tout d'un coup* la rapidité de l'action : *tout d'un coup* exprime en une fois, sans supposer nécessairement la promptitude. On dit encore : ces malheurs lui sont arrivés *coup sur coup*, c'est-à-dire *à la fois, sans intervalle*. Nous lisons dans La Fontaine :

> Après maints quolibets, *coup sur coup* renvoyés.

Un *coup de marteau*, au figuré, indique un degré de folie. Il en est de même d'un *coup de soleil*, quand il ne signifie pas un verre de vin de trop, et cela par allusion à l'impression subite que fait le soleil dardant à plomb sur la tête d'un homme ou d'un animal, et au *coup de soleil* qui détermina la dernière période de la démence, déjà trop bien caractérisée, de Charles VI.

Coup s'emploie en toutes sortes de jeux : il a fait au piquet un *coup de quarante points*; à la boule, il a mis un *coup sur le but*; à la paume, il a fait un *coup de grille, de dedans, de tambour*; aux dés, il a fait un *coup de rafle*. On dit, au billard, *coup du roi, coup sec, coup de bas*, Proverbialement mettre sa fortune sur un *coup de dé*, c'est risquer le tout pour le tout. C'est ce que fit Napoléon en débarquant à Cannes; malheureusement il perdit la partie.

Charles Du Rozoir.

COUPABLE. *Voyez* Culpabilité.
COUP DE SANG. *Voyez* Apoplexie.

40.

COUP DE SOLEIL. *Voyez* INSOLATION.

COUP D'ÉTAT. L'Académie le définit une mesure extraordinaire, et presque toujours violente, à laquelle un gouvernement a recours lorsque la sûreté de l'État lui paraît compromise. Quelques lignes de Montesquieu résument ce qu'on a dit de plus sage et de plus plausible en faveur des *coups d'État* dans les républiques. « Il y a, dit-il, dans les États où l'on fait le plus de cas de la liberté, des lois qui la violent contre un seul pour la garder à tous. Tels sont en Angleterre les bills appelés *d'attainder*. Ils se rapportent à ces lois d'Athènes qui statuaient contre un particulier (*l'ostracisme*), pourvu qu'elles fussent faites par le suffrage de six mille citoyens. Ils se rapportent à ces lois qu'on faisait à Rome contre des citoyens particuliers, et qu'on appelait privilèges (*de privatis hominibus latæ*). Elles ne se faisaient que dans les grands états du peuple. Mais, de quelque manière que le peuple les donne, Cicéron veut qu'on les abolisse, parce que la force de la loi ne consiste qu'en ce qu'elle statue sur tout le monde. J'avoue pourtant que l'usage des peuples les plus libres qui aient jamais été sur la terre me fait croire qu'il est des cas où il faut mettre pour un moment un voile sur la liberté, comme l'on cache les statues des dieux. » Remarquons bien que Montesquieu ne parle ici que des républiques anciennes; mais dans l'application sur les *coups d'État* que présente l'histoire d'Athènes et de Rome, qu'on nous dise combien on en pourrait compter d'utiles. Sera-ce l'ostracisme prononcé contre Aristide? ou la condamnation de Phocion? Lorsqu'à Rome le consul Cicéron, sans daigner ou oser en référer au peuple, seul juge souverain en cette matière, faisait périr dans la nuit quatre amis politiques de Catilina, ce *coup d'État* ne portait-il pas à la constitution romaine le coup le plus funeste? L'histoire romaine offre cependant quelques *coups d'État* d'une nature plus utile. Telle fut la création de la dictature, qui dans certaines circonstances sauva la république.

Dès que Montesquieu arrive à la monarchie, il n'est plus du tout partisan des *coups d'État*. Il se prononce contre les commissaires nommés quelquefois en France pour juger un particulier, et observe à ce propos que « la chose du monde la plus inutile en France est souvent affaibli la liberté dans la monarchie ». « Le prince, ajoute-t-il, tire si peu d'utilité des commissaires, qu'il ne vaut pas la peine qu'il change l'ordre des choses pour cela. Un prince doit agir envers ses sujets avec candeur, avec franchise, avec confiance. Celui qui a tant d'inquiétudes, de soupçons et de craintes, est un acteur qui est embarrassé à jouer son rôle. L'autorité royale est un grand ressort qui doit se mouvoir aisément et sans bruit. Il y a des cas où la puissance doit agir dans toute son étendue, il y en a où elle doit agir par ses limites. Le sublime de l'administration est de bien connaître quelle est la partie du pouvoir, grande ou petite, que l'on doit employer dans les diverses circonstances. »

Ces principes sages n'ont pas toujours été ceux des rois de la vieille Europe, ni ceux des chefs de la France républicaine, ni même ceux de notre monarchie constitutionnelle. L'histoire est là pour prouver presqu'à chaque page que les *coups d'État* risqués par nos divers gouvernants ont été fort loin d'être utiles à la France. Entre autres exemples, nous citerons le supplice des Templiers, la Saint-Barthélemi, la révocation de l'édit de Nantes, mesures funestes, *coups atroces d'autorité*, que la postérité a justement flétris. On peut souvent confondre les *coups d'État* avec les *coups de main*, quand il s'agit de sanglantes exécutions. La Convention nationale peut pour sa part en revendiquer plusieurs de ce genre; mais chacun de ces *coups d'État* ne faisait que creuser la tombe où devait s'ensevelir ce monstrueux gouvernement. Dans cette république française, si glorieusement redoutable au dehors, on peut dire qu'au dedans le *coup d'État* fut le régime habituel; et c'est pour ainsi dire par exception que la *statue de la liberté n'était pas voilée*. Sous la Restauration, nous avons vu maints *coups d'État* s'effectuer seulement et très-heureusement à *coups de plume* : telle a été la fameuse ordonnance du 5 septembre. Les ordonnances de Charles X, *coup d'État* stupide, misérablement exécuté, donnèrent lieu à un nouvel ordre de choses qui put bien aussi revendiquer la triste gloire des *coups d'État*. L'ordonnance concernant l'état de siège en 1832 et le ministère des trois jours en 1834, ces puériles saturnales du pouvoir, comparés aux *coups d'État* de Louis XI et de Richelieu, nous ramènent à Lilliput. De tels actes sont dignes de figurer dans l'histoire des turpitudes humaines, à côté du parlement Maupeou, honteuse création de Louis XV endormi dans les bras d'une courtisane : car les rois indolents et faibles ont plus que les autres la manie des *coups d'État*. Les princes véritablement grands se mettent peu dans la nécessité de recourir à cette fatale ressource. Quand un monarque fait un *coup d'État*, il joue sa couronne sur un *coup de dé*. Ainsi la risqua le défunt exilé de Prague, dont l'exemple fut une leçon perdue pour son successeur. Une grande mesure politique, qu'on a souvent confondue avec un *coup d'agiotage*, a été le système de Law. C'était vraiment un *coup d'État*. « Outre les changements qu'il fit, si brusques, si inusités, si inouïs, il voulait ôter les rangs intermédiaires et anéantir les corps politiques; il dissolvait la monarchie, etc. » Ainsi s'exprime Montesquieu; et le régent avait trop de pénétration pour ne pas sentir toute la portée d'un semblable projet.

Depuis le médecin Gabriel Naudé, écrivain très-avancé dans les idées de liberté, qui vivait sous Louis XIII, jusqu'à l'académicien Aignan, qui, après avoir été maître de cérémonies de Napoléon, s'était fait brochurier libéral sous Louis XVIII, tous les livres qui traitent des *coups d'État* ou de l'histoire des révolutions des empires nous apprennent que les *coups d'État* n'ont jamais été avantageux à une nation ni même au pouvoir. « Tous les siècles attestent, dit De Meunier dans l'*Encyclopédie méthodique*, que la patience et la modération des chefs des peuples sont le meilleur des remèdes contre les calamités physiques, morales et politiques. L'expérience démontre d'ailleurs que les administrateurs qui ont des talents et de la vertu n'ont pas besoin de recourir à la violence, aux suppressions, aux proscriptions, aux inquisitions, pour diriger ou réformer des sujets. » Ces vérités peuvent paraître triviales, mais elles n'en sont pas moins bonnes à répéter dans un temps où la science politique a suffisamment prouvé que rien n'était plus facile à faire et à subir qu'un *coup d'État* à toutes les règles. Ce ne fut cependant pas pour un coup d'État que périt la monarchie constitutionnelle en France; mais ce fut par un coup d'État (*voyez* DÉCEMBRE) que l'empire s'y rétablit.

Charles Du Rozoir.

COUP DE THÉÂTRE. Ce mot, en termes de littérature dramatique, se dit d'un événement imprévu, d'une situation surprenante qui frappe subitement l'esprit et les yeux des spectateurs, parce qu'ils ne s'y attendent pas, et qui ajoute à l'intérêt de la pièce, soit en compliquant l'intrigue, soit en la développant ou en amenant le dénouement. Il y a deux sortes de *coups de théâtre* ou de surprise, l'un d'action, l'autre de pensée. Le premier a plus de force que le second, et produit toujours plus d'effet. On en trouve plus d'un exemple dans Molière : la scène de *L'École des Maris* où Valère est amené à Isabelle par son tuteur même, celle de *Georges Dandin* où Angélique fait semblant de se tuer; celle où Orgon sort de dessous la table et surprend Tartufe qui cherche à séduire sa femme, etc. Mais ces sortes de *coups de théâtre* sont bien plus fréquents, bien plus remarquables et plus sentis dans les tragédies et dans les drames. On a reproché, peut-être avec quelque raison, à Corneille, à Racine, de n'en avoir pas assez fait usage, et d'avoir trop souvent mis en récit des événements qu'ils auraient pu amener par un coup de théâtre. Mais pense-t-on que le duel entre le Cid et le père de Chimène eût été plus beau que la scène de défi qui le précède? Le dénouement en action tenté par Saint-Foix pour l'*Iphigénie en Aulide* de Racine a-t-il pu se maintenir et faire abandonner l'admirable récit qu'il avait remplacé? Voltaire, qui a multiplié les coups de théâtre dans *Sémiramis*, en a été sobre dans *Mérope*. Crébillon, dans *Atrée et Thyeste*; Guimond de la Touche, dans *Iphigénie en Tauride*; Lemierre, dans *Hypermnestre*, dans *Guillaume Tell*, dans *la Veuve du Malabar*, n'ont pas négligé les coups de théâtre.

Quant aux coups de théâtre ou surprises de pensée, Riccoboni, dans ses *Observations sur le génie de Molière*, n'en cite pour exemple que la scène où la princesse d'Élide et le prince son amant, afin de s'éprouver, se font réciproquement le faux aveu d'un autre amour. Mais toutes les comédies de Marivaux, *La Surprise de l'Amour*, *Les Fausses Confidences*, *Les Jeux de l'Amour et du Hasard*, *Le Legs*, etc., ne sont basées que sur des coups de théâtre de cette espèce, et l'on peut dire que cet auteur en a vraiment abusé. Il faut avouer aussi que les coups de théâtre en action sont devenus bien plus communs encore aujourd'hui, les auteurs trouvant plus facile et plus commode de parler aux yeux qu'à l'esprit, au cœur et à la raison. Aussi la plupart des pièces ne sont-elles plus divisées en actes, mais en *tableaux* : les coups de théâtre y sont prodigués jusqu'à satiété, et presque à chaque scène. Faut-il donc s'étonner si, ne devant leur succès qu'au décorateur, au machiniste, au costumier, et quelquefois au talent de deux ou trois acteurs, ces ouvrages, même les plus vantés, cessent après un an ou deux de reparaître sur la scène, lorsque leurs coups de théâtre n'offrent plus rien de neuf ni de piquant à la curiosité blasée du public?   H. AUDIFFRET.

COUP D'ŒIL. Cette expression singulière se prend pour l'impression que l'on éprouve en un seul instant, et qui fait juger à la simple vue de la grandeur et de la proportion de l'objet qu'on examine. Le *coup d'œil* a plus ou moins de justesse, suivant la capacité de l'individu, mais une longue habitude peut ajouter aux dispositions données par la nature. On dit qu'un général a un *coup d'œil excellent* quand il voit tout de suite les avantages qu'il peut tirer de la situation où il se trouve et des dispositions qu'il voit faire à l'ennemi. On dit qu'une maison, un jardin, plaisent au *premier coup d'œil*, mais que l'examen fait découvrir plusieurs inconvénients. Une terrasse, une montagne, offrent le plus beau *coup d'œil*, c'est-à-dire un aspect, une vue des plus agréables. Dans les arts, le *coup d'œil* est le meilleur guide du dessinateur : la règle et le compas ne peuvent y suppléer.   DUCHESNE aîné.

COUPE. C'est le nom que l'on donne aux vases qui ont plus de largeur que de hauteur. Le goût seul détermine leur galbe et leur dimension; néanmoins, les coupes ne sont généralement pas très grandes. Elles servaient aux anciens dans leurs repas. Les plus précieuses sont en agate, en sardoine ou autres pierres dures. On trouve quelques coupes dont le pied et les anses sont en or ciselé ou émaillé. On a aussi des coupes en bronze, en albâtre et en marbre. Les plus nombreuses sont en terre cuite, avec des ornements ou des sujets peints, et proviennent des fabriques grecques. On fait maintenant des coupes en porcelaine et cristal.

Les écrivains de l'antiquité parlent de plusieurs coupes célèbres et remarquables : telle est une coupe d'ambre jaune, qui se voyait dans le temple de Lindos, et avait été consacrée à Minerve par Hélène; sa grandeur est désignée comme étant celle de l'une des mamelles de la donatrice. On vantait, sans doute à cause de leur forme, les coupes faites par Téricles de Corinthe, et l'on dit qu'il y en avait en terre, en or, et aussi en bois de térébinthe. Peut-être alors Téricles était-il plutôt l'auteur des modèles d'après lesquels différents ouvriers avaient pu travailler. Athénée, en rapportant la pompe triomphale de Ptolémée-Philadelphe, dit que l'on y portait un grand nombre de vases et de coupes, dont une, en or, contenait 15 mesures de 100 livres chacune : elle était nommée *laconique*; deux autres, en argent, avaient 12 coudées de larges, (6 mètres environ) et 6 de haut ; seize autres, aussi en argent, pouvaient contenir de 5 à 30 mesures chacune. On rencontre parmi les monuments antiques quelques grandes coupes de marbre. Les modernes en ont fait aussi de cette matière, puis, en bronze et en fonte de fer, pour orner et recevoir les eaux d'une fontaine jaillissante : elles ont alors un diamètre de 1 à 4 mètres, et dans ce cas elles portent plutôt le nom de *vasque*.

L'usage des coupes remonte à la plus haute antiquité : la *Genèse* fait mention de la coupe de Joseph, qui fut placée dans le sac de Benjamin, afin d'avoir l'occasion de le retenir comme ayant dérobé un objet d'une haute importance. Dans l'Olympe, Hébé d'abord et ensuite Ganymède étaient chargés d'offrir la coupe aux dieux et de la remplir de nectar. Les princes et les héros ne se servaient également dans leurs repas que d'une seule coupe, que l'on remplissait alternativement pour chacun des convives.

Il existe à Gênes une coupe d'une grande célébrité, connue sous le nom de *sacro catino* (bassin sacré); elle est de forme octogone, verte, et d'environ 40 centimètres de diamètre. On prétend que c'est celle dont se servit Jésus-Christ lorsqu'il fut reçu à souper par Nicodème. Lors de la conquête de l'Italie par Napoléon, ce précieux objet fut apporté à Paris, pour être déposé au cabinet des antiques; mais avant de l'y placer les conservateurs firent reconnaître que cette coupe, qui depuis si longtemps avait la réputation d'être en émeraude, n'était autre chose que du verre fondu, dans lequel même il était facile d'apercevoir de petites bulles d'air. Cette coupe sacrée a été restituée depuis, et en retournant à son ancienne place peut-être lui a-t-on rendu sa réputation de pierre précieuse.

Nous trouverons encore un témoignage du prix que l'on mettait aux coupes, dans le testament de Léodebode, abbé de Fleury, qui vivait dans le septième siècle, et légua à son abbaye deux coupes dorées de Marseille, qui avaient au milieu des croix niellées.

Coupe était autrefois en Auvergne le nom d'une mesure qui formait le trente-deuxième d'un septier.

Coupe est aussi le nom de l'une des constellations de l'hémisphère méridional : les étoiles dont elle se compose sont au nombre de onze.

Coupe, en architecture, est le nom que l'on donne au dessin d'un monument supposé *coupé* sur sa longueur ou sa largeur, et par le moyen duquel on peut étudier l'épaisseur des murs, celle des voûtes et des planchers, ainsi que la construction des combles. On ne peut bien connaître un édifice que lorsque l'on a sous les yeux plans, élévations et *coupes*. Les dessins de cette espèce portaient autrefois le nom de *profil*; mais celui de *coupe* convient beaucoup mieux, et il est maintenant seul en usage.

Coupe, en construction, est le nom que l'on donne au joint d'une pierre lorsqu'il est incliné, ainsi que cela se trouve dans tous les *voussoirs* ou fragments de voûte. Comme ce travail exige des études approfondies, et offre même d'assez grandes difficultés, on l'a nommé *l'art du trait* ou *de la coupe des pierres*, ou bien la *stéréotomie*.

Coupe est aussi l'expression employée, en littérature, pour désigner l'arrangement des diverses parties qui composent un poëme lyrique. Ainsi, dans un opéra nouveau il se trouvera de bonne musique, mais les morceaux de chant seront mal placés ; le sujet du poëme sera dramatique, mais dans les personnages quelques-uns ne se trouveront pas placés convenablement; les décorations seront belles, mais les ballets et les divertissements mal amenés : alors on dira qu'il n'a pas eu de succès, parce que sa *coupe* était mauvaise. Lorsqu'à une première représentation l'auteur s'aperçoit que sa pièce est languissante dans quelques parties, il s'empresse de faire des *coupures*, pour la représentation suivante.

Coupe, dans l'art de graver sur bois, suivant la méthode décrite par Papillon, et qui maintenant a subi de grands changements, était le nom que l'on donnait à la première opération dans laquelle le graveur, tenant sa pointe un peu inclinée, suivait alternativement chaque taille d'un côté, puis, retournant sa planche en sens inverse, il traçait la taille de l'autre côté, ce qui se nommait *recoupe*, et faisait par ce moyen sauter chaque entretaille en petit copeau triangulaire.

Coupe, en termes d'eaux et forêts, est l'expression que l'on emploie, soit pour l'opération d'abattre les bois, soit pour désigner la localité sur laquelle est le bois abattu, soit enfin pour indiquer les divisions d'une forêt ou d'un bois, qui doivent être exploitées chaque année. La *coupe* d'un taillis se fait de vingt-sept ans, etc. (*voyez* AMÉNAGEMENT, BOIS, etc.)

L'agriculture fait également usage de ce mot : c'est en juin qu'a lieu la *coupe des foins*; lorsque de bonnes années ou des terrains humides, permettent de faucher une seconde ou une troisième fois, on donne à ces récoltes le nom de *regain*.

Coupe est aussi d'usage dans quelques arts et métiers comme synonyme de *tailler* : ainsi, on dit d'un coiffeur est renommé pour la *coupe des cheveux*, et qu'un tailleur est très-habile pour la *coupe d'un habit*.

Coupe est encore le nom que dans tous les jeux de cartes on donne à la division en deux parties par un autre joueur que celui qui les a mêlées. On dit d'un joueur qu'il a la *coupe heureuse*; tel autre se plaint de se trouver sous la *coupe* de celui qui a la main malheureuse. C'est une insigne friponnerie au jeu de faire *sauter la coupe*, c'est-à-dire de replacer sans que l'on s'en aperçoive le jeu dans la situation où il se trouvait avant que l'on l'ît *couper*.

Coupe, enfin, est le nom que dans la natation on donne à certaine manœuvre dans laquelle le nageur, retirant alternativement hors de l'eau chacun de ses bras, l'étend autant que possible en avant de sa tête, puis, l'entraînant dans l'eau, le ramène en passant sous sa poitrine. Un nageur ne peut aller vite que s'il sait bien *faire la coupe*.

DUCUESNE aîné.

COUPÉ, pas de danse, mouvement de celui qui en dansant se jette sur un pied et passe l'autre devant ou derrière. En termes d'escrime, on nomme *coupé* l'action de *couper* sous le poignet avec l'épée. Un *coupé* est aussi une sorte de voiture, à quatre roues, ou de demi-calèche, qui diffère de la calèche en ce que le *coupé* a une partie coupée par-devant à partir de la portière.

COUPÉ (*Blason*) se dit d'un écu divisé par le milieu et en deux parties égales, de droite à gauche, par une ligne parallèle à l'horizon, ou dans le sens de la *fasce*. On le dit aussi des pièces honorables, et même des animaux et des meubles qui chargent l'écu, quand ils sont divisés également dans le même sens, en sorte toutefois qu'une partie soit de couleur et l'autre de métal.

COUPE-CERCLE. On nomme ainsi un compas dont l'une des pointes, rendue tranchante, sert à diviser circulairement le papier ou le carton sur lequel on l'appuie. Les menuisiers donnent aussi ce nom à un vilbrequin armé à son extrémité d'une couronne tranchante, au centre de laquelle il y a un point qui fixe l'instrument, et qui sert à percer un trou tandis que la couronne emporte une pièce circulaire.

COUPE DES PIERRES ou STÉRÉOTOMIE. Il ne faut pas croire que cette science soit celle d'un simple appareilleur, ou tailleur de pierre; elle nécessite des connaissances en géométrie, statique et dynamique. « Il faut, dit Mathurin Jousse, plus d'industrie qu'on ne le pense pour que toutes ces pierres soient faites de façon que, quoique de formes et de grandeurs différentes, elles concourent chacune en particulier à former une surface régulière, et qu'elles soient disposées de manière qu'elles se soutiennent en l'air, en s'appuyant réciproquement les unes sur les autres, sans autre moyen que celui de leur propre pesanteur, car les liaisons de mortier ou de ciment doivent être comptées pour rien. » Les Égyptiens ignoraient entièrement cet art : tous leurs plafonds et leurs architraves étaient monolithes (*voyez* ARCHITECTURE). Les Grecs et les Romains les ont souvent imités. Cependant, ces derniers ont connu l'art de la coupe des pierres, et leurs monuments offrent plusieurs exemples de voûtes et de plates-bandes en claveau. Les églises construites dans les douzième et treizième siècles, et improprement nommées *gothiques*, sont celles où l'on trouve les exemples les plus nombreux et les plus remarquables de la coupe des pierres, à cause de la légèreté et de la hardiesse des voûtes, ainsi que des compartiments qui les composent. Ce qu'il y a de plus étonnant dans ces constructions, ce sont les clefs, soit qu'une seule serve à plusieurs voûtes, soit que, dans l'intention de montrer un travail plus surprenant encore, on ait fait des clefs retombantes.

Il ne nous est rien parvenu de ce que les anciens peuvent avoir écrit sur l'art de la coupe des pierres. Philibert de Lorme, architecte de Henri II, est le premier qui ait écrit sur ce sujet (1567). Mathurin Jousse a aussi donné quelques principes à cet égard en 1642. Depuis, le P. Deran, Abraham Bosse, Desargues et De la Rue, ont publié divers ouvrages relatifs à cet art : le plus volumineux de tous est celui de l'ingénieur Frézier (3 vol. in-4°); mais l'auteur est diffus, et semble avoir pris à tâche d'employer les expressions scientifiques qui ne sont pas à la portée de tout le monde. M. Douillot a publié depuis un ouvrage assez estimé sur cet objet.

DUCUESNE aîné.

COUPE DE TANTALE, instrument de physique amusante. Figurez-vous deux coupes soudées par leurs bords, placées l'une dans l'autre, de manière qu'il règne un certain espace vide entre elles ; dans cet espace est placé un siphon dont une des orifices communique avec le fond de la coupe intérieure, et l'autre avec le fond de la coupe extérieure : il est aisé de masquer ces orifices. Lorsqu'on verse un liquide dans la coupe intérieure, il s'y maintient, pourvu qu'on ne dépasse pas une certaine hauteur. Alors on présente la coupe à une personne, et l'on fait en sorte qu'elle la porte à sa bouche en l'inclinant d'un certain côté, celui vers lequel se trouve le coude du siphon, le liquide atteint ce point de l'instrument, l'écoulement s'établit, et la coupe se vide par le pied, quoi que fasse la personne qui la tient.

TEYSSÈDRE.

COUPE-GAZON. Deux instruments portent ce nom : le premier est un grand couteau emmanché en biais ; le second est un disque d'acier coupant, tournant sur un tourillon. Tous deux agissent en glissant le long d'un cordeau ; le premier est en usage en Suisse, et le second en Angleterre. Ce dernier est prompt et économique pour faire des rigoles propres à l'irrigation des prés. Il fait rapidement les deux tranchées qui indiquent la largeur des rigoles dont on enlève ensuite les terres à la bêche.

COUPE-GORGE, lieu écarté, obscur, désert, passage dangereux à cause des voleurs; tripot, mauvais lieu, maison de jeu clandestine, tapis franc, endroit où il est périlleux d'aller. On emploie aussi cette expression en remplacement de celle de *coupe-cul* au lansquenet, lorsque celui qui donne ne fait qu'une seule carte et amène la sienne la première. On dit aussi *jouer à coupe-cul*, pour exprimer l'action de ne jouer qu'un coup, une partie, sans donner revanche.

COUPELLATION, action de mettre un métal à la coupelle, dans le but de séparer au moyen du feu l'or et l'argent des autres métaux avec lesquels il sont unis, et particulièrement du cuivre. Quand, par exemple, on veut connaître la quantité de cuivre qui peut être contenue dans un lingot d'argent, on met du plomb dans une *coupelle*; on expose le tout au feu, sous une moufle; on prend un petit morceau de l'alliage, et après l'avoir enveloppé dans du papier, on le jette dans le plomb fondu; on pousse le feu, l'alliage fond, et il se forme des oxydes de plomb et de cuivre dont une partie se volatilise, et le reste passe dans les pores de la *coupelle*, laquelle peut-être considérée comme une sorte de filtre : dans cette opération, il arrive un instant qu'on appelle l'*éclair*, où le bain prend une couleur brillante, et c'est alors que la séparation complète des matières a lieu. Le petit morceau d'argent pur qui reste dans la *coupelle* s'appelle *bouton*. Quand on opère dans de grandes *coupelles*, les oxydes de plomb s'écoulent par une échancrure qu'on approfondit à mesure que la surface des matières fondues descend. TEYSSÈDRE.

COUPELLE. Les chimistes appellent de ce nom un vase en forme de mortier dont ils font usage pour séparer, au moyen du plomb, un métal allié avec de l'or, de l'argent, etc. Il y a deux sortes de *coupelles*, les petites et les grandes. Les petites coupelles ont quelques centimètres de diamètre, celui des grandes peut avoir jusqu'à un mètre. Les petites *coupelles* se font avec des os calcinés, broyés à un degré convenable et lavés à plusieurs reprises avec de l'eau de rivière. On comprime cette poudre dans un moule de cuivre composé de trois pièces, et le petit vase en sort tout formé ; il est indispensable que la porosité de ses parois n'excède pas une certaine limite; l'expérience et l'habitude font trouver le degré convenable. Les grandes *coupelles* s'établissent sur un fond de terre, de brique, etc. Leur intérieur est couvert d'une couche d'os calcinés, de cendres lessivées, ou de terres argileuses mêlées de cendres; cette couche est fortement foulée. On couvre les grandes *coupelles* d'une plaque de tôle enduite d'une couche épaisse d'argile.

Dans la fabrication des coupelles d'os calcinés ou de cendres de bois, on humecte les cendres afin de pouvoir donner au vase la forme convenable ; comme dans l'usage qu'on fait des coupelles un reste d'humidité pourrait faire jaillir du plomb et occasionner des fentes aux coupelles, il faut les sécher entièrement : on atteint ce but en les faisant rougir sous la moufle dans un fourneau d'essai. Les coupelles faites avec des os calcinés exigent un quart d'heure, tandis que celles de cendres de bois demandent une heure de chaleur rouge pour les priver de toute humidité.

COUPER. En termes de marine, *couper un câble* est une manœuvre forcée, qui s'exécute en coupant *le câble* sur la bitte (assemblage de charpentes qui sert à tourner les câbles d'un vaisseau à l'ancre) à coups de hache; ce qui a lieu quand il faut appareiller sans délai, soit par la force du vent ou de la marée, soit dans une manœuvre désespérée, en virant vent devant près de la côte. *Couper un mât* est une opération qui se fait également dans un danger imminent, soit sous voiles, soit à l'ancre, et qui demande beaucoup de dextérité et de précaution pour ne blesser personne. A la mer, on commence par couper les haubans de sous le vent ; ensuite, on donne quelques coups de hache au mât, vers le vent, en pénétrant à peu près du quart de son diamètre : on les achève tout aussitôt les haubans du vent et l'étai le dernier ; le mât, abandonné à lui-même, cède à trois ou quatre coups de hache, puis la bande du vaisseau et la force du vent déterminent la chute sous le vent. Il est plus difficile de *couper sur rade*, car le mouvement du tangage tend à faire tomber le mât en arrière, ce qui est fort dangereux et peut produire des accidents graves. On doit en cette circonstance garder l'étai, que l'on ne coupe qu'après la chute du mât, et couper celui-ci du côté opposé à celui sur lequel on veut le faire tomber. Enfin, on *coupe le gréement* d'un ennemi en lui tirant à mitraille dans sa mâture.

On dit, par analogie, *couper la terre*, quand on l'aborde par la ligne la plus courte ; ou dit qu'on *coupe la terre à un vaisseau* quand on passe entre la terre et lui pour l'empêcher de l'accoster ou de s'y réfugier. On *coupe un vaisseau* quand on a sur lui une grande supériorité de marche ; on vire sur lui si l'on est sous le vent ; dans le cas contraire, on porte sur lui en décrivant une courbe autour de lui, de manière à ce qu'il ne puisse échapper, et qu'on soit maître de lui passer sur l'avant et de l'approcher à volonté pour le reconnaître, lui parler ou le combattre. On *coupe un ou plusieurs vaisseaux*, quand on les sépare de leur armée et qu'on s'en empare. On appelle *couper la ligne* une manœuvre dangereuse pour celui qui la tente, et dont l'ennemi, s'il est bon manœuvrier, peut tirer un grand parti en la faisant tourner à son profit, et en trouvant la victoire là où un homme ordinaire rencontrerait une défaite assurée. « Si on veut empêcher l'ennemi de couper la ligne, dit M. de Morogues, ou rendre son entreprise inutile, l'armée se tiendra serrée, et si, malgré son intention, l'ennemi traverse, aussitôt que quelques vaisseaux auront pénétré, et avant que plusieurs aient mis à l'autre bord, l'armée virera toute en même temps, en sorte que, s'élevant au vent sur le même bord que les vaisseaux qui l'ont coupée, ceux d'entre eux qui se trouveront dans la ligne ennemie lors de ce mouvement seront entre deux feux, et bientôt désemparés ; et ceux qui auront traversé les premiers seront eux-mêmes coupés et séparés du reste de leur armée, qui n'aura pas d'autre manœuvre à faire que de se mettre aussi à l'autre bord pour chasser l'ennemi au vent et ne point abandonner ses vaisseaux, qui de leur côté feront en sorte de rejoindre leur ligne. »

Couper l'équateur, c'est passer d'un hémisphère dans un autre, en traversant l'équateur. *Couper la lame* se dit quand la pointe du vaisseau fend le milieu de la lame, et passe au travers. On coupe également l'eau ou la lame d'eau en nageant. Enfin, *couper chemin*, c'est tirer un coup de canon à boulet en avant d'un vaisseau chassé. C'est un ordre à ce vaisseau de s'arrêter pour être *arraisonné* (lui demander qui il est, d'où il vient, où il va). S'il n'obéit pas, il annonce qu'il veut faire résistance, et dès ce moment le combat commence, si c'est un ennemi.

COUPE-RACINES, instrument qui sert à couper en tranches les racines fraîches que l'on donne aux bestiaux. On en trouve de différentes formes chez les marchands d'instruments. Les plus simples est une lame en fer de la forme d'un S, emmanchée d'un bâton de plusieurs décimètres de longueur. Les racines étant posées à terre, ou mieux encore sur un assemblage carré de planches, on les coupe aussi menu que l'on désire en faisant agir le coupe-racines comme si l'on voulait les piler.

COUPERET, sorte de hachette, très-large couteau de cuisine, de boucher, de bûcheron, qui sert particulièrement à débiter la viande. Le fer de la guillotine a de la ressemblance avec un couperet.

COUPEROSE. Trois sels métalliques sont connus en médecine, dans les arts et dans le commerce, sous le nom de *couperose*. Tous trois offrent une combinaison chimique de l'acide sulfurique avec une base. Ce sont : 1° le sulfate de zinc; 2° le sulfate de cuivre, et 3° le sulfate de fer. Le premier de ces sels n'a guère d'usages que dans la pharmaceutique ; les deux autres, et principalement le sulfate de fer, sont fort employés dans les arts, en même temps que dans la médecine.

Couperose blanche, vitriol blanc, vitriol de Goslar; sulfate de zinc. Ce sel fut découvert en Allemagne vers le milieu du dix-septième siècle. Henkel et Neumann y démontrèrent les premiers la présence du zinc, et Brandt en détermina exactement la composition. On prépare le plus généralement le sulfate de zinc en faisant griller la mine de zinc sulfurée que les minéralogistes ont appelée *blende*, et qui est ordinairement mêlée, en petites proportions, de sulfures de fer, de cuivre et de plomb ; le grillage oxyde le soufre du sulfure, et il en résulte des sulfates de zinc, de fer, de cuivre, de plomb ; on lessive la masse, on laisse déposer les solutions, puis on les concentre jusqu'au point où la liqueur se prend en masse par le refroidissement. On coule alors dans des moules coniques ; le sulfate de zinc se prend en une masse dure, blanchâtre, qui exposée à l'air ne tarde pas à être parsemée de quelque taches jaunes ; ces taches sont dues à la présence du sulfate de fer, qui absorbe l'oxygène de l'air et passe à l'état de trito-sulfate. Pour purifier le sulfate de zinc des autres sulfates qu'il contient, on fait bouillir sur de l'oxyde de zinc. Celui-ci précipite les autres métaux de leur solution, en s'emparant de leur acide : on filtre la liqueur, ou on la laisse déposer ; on fait évaporer, puis on décante le liquide clair dans des terrines, où il cristallise par refroidissement. Les cristaux de sulfate de zinc sont blancs, transparents ; ce sont des prismes à quatre pans, terminés par des pyramides à quatre faces ; deux des bords opposés du prisme sont ordinairement remplacés par de petites faces qui les rendent hexaèdres ; souvent aussi la cristallisation, opérée rapidement, est confuse et irrégulière, quoiqu'elle offre des cristaux assez volumineux. On peut encore obtenir le sulfate de zinc en faisant agir directement l'acide sulfurique fort étendu d'eau sur du zinc pur. Quel que soit le mode de fabrication, la couperose blanche est d'une saveur âcre, styptique, soluble à froid dans deux fois et demie son poids d'eau ; elle s'effleurit à l'air ; étant chauffée, elle se fond dans son eau de cristallisation. La consommation qu'on fait de la couperose blanche est très-minime ; elle n'est guère employée que dans la thérapeutique. On l'administre à l'intérieur comme astringent, à l'extérieur dans des collyres pour les yeux. On l'employait autrefois comme émétique, pour exciter le vomissement. Le tartre stibié lui a été substitué dans ce cas avec avantage.

Couperose bleue, vitriol bleu, sulfate de cuivre. Ce sel est rarement formé par la combinaison directe de ses constituants ; mais on l'obtient, soit par l'évaporation des eaux minérales qui le contiennent, ou en acidifiant le sulfure de cuivre natif, par l'exposition à l'action de l'air humide, ou en brûlant son soufre à une température élevée. Quand le sulfate de cuivre est pur, il est d'une couleur bleue foncée ; il cristallise généralement en rhomboïdes allongés. Il s'effleurit légèrement à l'air, et cette efflorescence est d'un blanc verdâtre ; il est soluble à froid dans quatre parties d'eau, insoluble, comme la plupart des sulfates, dans l'alcool ; par la chaleur, il perd d'abord son eau de cristallisation et ensuite tout son acide. Le sulfate de cuivre a une saveur forte, styptique et métallique, et on s'en sert en médecine, principalement à l'extérieur, comme escharotique, pour ronger les bords calleux et les excroissances fongueuses, comme un topique stimulant sur les ulcères de mauvais caractère, et comme styptique sur les parties saignantes. Pris à l'intérieur, il agit, à très-petites doses, comme un puissant émétique. Il a cependant été donné, peut-être témérairement, dans la phthisie pulmonaire au premier degré, dans quelques fièvres intermittentes et dans l'épilepsie.

Couperose verte, vitriol de fer ou de mars, vitriol d'Angleterre, sulfate de fer (proto-sulfate). Le sulfate de fer du commerce s'obtient ordinairement par l'oxydation spontanée des sulfures de fer naturels, et subséquemment par lexiviation et cristallisation : dans ce cas, il n'est jamais parfaitement pur, il contient du zinc, ou du cuivre, ou du sulfate d'alumine. Le cuivre peut en être séparé en mettant dans sa solution un peu de fer métallique, mais nous n'avons aucun moyen de séparer le zinc : c'est pourquoi, dans la vue d'obtenir le sulfate de fer à l'état de pureté, principalement pour les usages pharmaceutiques, il convient mieux de le préparer par la dissolution directe du fer dans l'acide étendu d'eau. C'est au surplus une telle opération qui fournit le gaz hydrogène dégagé de l'eau, et dont on fait un si grand emploi pour le gonflement des aérostats. Les cristaux du proto-sulfate de fer sont des prismes transparents, rhomboïdaux, d'une belle couleur verte ; ils sont solubles dans deux parties d'eau froide et dans moins de leur propre poids d'eau bouillante, insolubles dans l'alcool. Ils sont composés d'oxyde noir de fer 28, et de 8 d'eau de composition, ce qui donne 36 d'hydroxyde vert de fer, qui unis à 26 d'acide sulfurique et à 38 d'eau de cristallisation, = 100. Le sulfate de fer vert est décomposé par les alcalis et les terres alcalines, ainsi que par tous les sels dont la base forme avec l'acide sulfurique un composé insoluble ; il est encore en partie décomposé par la simple exposition à l'air surtout en dissolution dans l'eau, et par toutes les substances qui cèdent avec facilité leur oxygène. Dans ce cas le protoxyde de fer, très-avide d'oxygène, l'absorbe, et passe à l'état d'oxyde rouge ou peroxyde, qui abandonne l'acide. A l'intérieur, le sulfate de fer, le moins dangereux de tous les sels métalliques, est cependant sujet à exciter des douleurs d'estomac et le spasme des intestins, et à grande dose il provoque le vomissement. On l'a néanmoins administré souvent à la dose d'un à trois grains, comme tonique, astringent ou vermifuge.

Pour les besoins des arts, ce sel se fabrique très en grand, presque exclusivement par le traitement des pyrites martiales. La proto-sulfate de fer, exposé à l'action de l'air humide, se recouvre bientôt d'une pellicule jaune, due à l'absorption de l'oxygène, qui le fait passer à l'état de sous-tritosulfate. Cet aspect le détériore considérablement aux yeux des consommateurs. Pour éviter l'inconvénient, ou du moins, pour le dissimuler, on arrose les cristaux placés sur une claie avec une solution du même sel dans une eau fortement chargée de mélasse, et quelquefois même tenant en suspension une petite quantité de noir d'ivoire : il se forme dans ce cas à la surface des cristaux une espèce d'enduit qui les défend de l'oxydation. Il est encore quelques localités éloignées des lieux abondants en sulfure de fer, où l'on fabrique de toutes pièces la couperose verte, en faisant agir directement de l'acide sulfurique étendu d'eau sur de vieilles ferrailles. Quand la couperose a été plusieurs fois dissoute, principalement dans le but de la faire cristalliser de nouveau et d'obtenir des cristaux plus volumineux, elle perd la couleur vert de mer ou vert de bouteille, que les teinturiers y recherchent. Elle est alors d'un vert émeraude léger, tirant sur le bleu. Plusieurs fabricants ont essayé avec succès de la faire dans ce cas dissoudre dans des eaux colorées, qui lui rendent la nuance désirée ; c'est ce qu'on appelle la *teinture à la chaudière* : on fait une sorte de mystère de ces préparations ; quoi qu'il en soit, il y a peu de difficulté : une décoction de *fausse graine d'Avignon*, dite *graine jaune du Levant*, atteint très-bien le but. La couperose verte d'Angleterre, obtenue par le traitement des pyrites martiales de ce pays, a pendant longtemps obtenu une préférence marquée, parmi les teinturiers surtout, et malgré la différence énorme de prix, ils la recherchent encore : on peut supposer que cela est dû à l'absence de cuivre et d'alumine dans cette couperose. Celle fabriquée à Beauvais, avec des tourbes pyriteuses, rivalise avec le vitriol vert des Anglais ; malheureusement les matières sur lesquelles on opérait se sont épuisées. La très-majeure partie de la couperose du commerce se fabrique aujourd'hui dans les départements de la ci-devant Picardie, qui abondent en lignites pyriteux, d'où l'on extrait simultanément la couperose et l'alun. La couperose verte s'emploie en grande quantité dans les arts ; on s'en sert beaucoup en teinturerie, dans la chapellerie, dans la fabrication du bleu de Prusse et de l'encre à écrire. Le sulfate de fer convenablement calciné est l'ingrédient du rouge à polir les métaux et le verre, des pâtes pour les cuirs à rasoir, etc., etc. (*voyez* COLCOTAR). Le proto-sulfate de fer calciné à une chaleur modérée, ou traité à chaud par l'acide nitrique, de manière à être converti en tritosulfate soluble, et calciné ensuite fortement dans des cornues de grès réfractaire, se décompose, laisse échapper des vapeurs acides, qui, condensées dans de l'acide sulfurique d'une densité de 1,84, forment un acide très-dense (à 1,90), et qui est toujours fumant. Cet acide, qui dissout bien l'indigo, est très-estimé et se vend fort cher; on le connaît sous le nom d'*acide fumant de Nordhausen*.

Dans ces derniers temps on a constaté que les sulfates de cuivre et de fer sont susceptibles d'une combinaison chimique et d'une cristallisation *sui generis* en un véritable sulfate double. On a remarqué d'ailleurs que ce composé jouissait, pour plusieurs opérations de la teinture, de propriétés particulières fort avantageuses. Ces observations ont dé à donné lieu à une fabrication assez étendue de cette couperose à double base métallique. Dans le commerce, la *couperose blanche* se présente en une cristallisation confuse; elle est en masses compactes, d'une cassure nette, d'une texture semblable à celle du sucre, et d'une saveur âpre et styptique. La *couperose bleue* ou vitriol bleu, vitriol de Chypre, est en cristaux transparents, quelquefois très-volumineux, d'une magnifique couleur bleue, d'une saveur très-styptique. La pharmacie, la peinture, la fabrication des toiles peintes, celle des papiers de tenture, en font un usage qui devient de jour en jour plus considérable. La *couperose verte*, ou vitriol vert, est d'un immense emploi. Celle de Forges, qui se rapproche beaucoup de la couperose de Beauvais, la plus estimée, se reconnaît à sa couleur foncée et à ses cristaux très-friables; elle a une odeur toute particulière : on croit qu'il entre dans sa composition un peu de sulfate de potasse. La couperose dite *de Saltzbourg*, aujourd'hui imitée en France, et qui est le sulfate double de fer et de cuivres est fort estimée, principalement pour certaines teintures noires à reflet azuré.   PELOUZE père.

COUPEROSE ou **GOUTTE-ROSE** (*Pathologie*). *Voyez* DARTRES.

COUPE-TÊTE. *Voyez* SAUTE-MOUTON.

COUPEUR D'EAU. *Voyez* BEC EN CISEAU.

COUPLE et PAIRE. Ces deux mots ne sont pas synonymes. Tous deux désignent des choses de même espèce qu'on met ensemble; mais entre eux il existe des différences qu'il faut remarquer. *Couple* (dont la racine est *copula*, lien) peut être masculin ou féminin. En parlant de deux personnes unies ensemble, ou par amour, ou par mariage, ou seulement envisagées comme pouvant former cette union, on dit au masculin : voilà *un beau couple* un *couple heureux*. *Ces deux jeunes gens formeraient un joli couple*. *Couple* est encore masculin quand on l'emploie pour désigner deux animaux unis pour la propagation. *Couple* au féminin se dit de deux choses quelconques d'une même espèce, qui ne vont point ensemble nécessairement, et qui ne sont unies qu'accidentellement. Ainsi on dira : *une couple d'œufs*, *une couple de boîtes*. En ce sens, *couple* ne signifie que deux. *Couple* s'emploie de même au féminin lorsqu'on parle des personnes ou des animaux, et qu'on ne les considère que sous le rapport du nombre.

La différence qui existe entre *couple* et *paire*, c'est que *paire* ne se dit que des choses qui vont nécessairement ensemble, et qui sont incomplètes dès qu'elles ne sont plus réunies, comme une *paire de boucles d'oreilles*, une *paire de gants*, une *paire de bottes*, etc. Il se dit également de certaines parties pareilles, encore qu'elles ne soient point divisées (la racine du mot *paire* est *par égal*, *pareil*), on dit en ce sens, une *paire de lunettes*, de *ciseaux*, de *mouchettes*. On dit aussi, mais par extension, une *paire de soufflets* et non pas une *couple* de soufflets, quoiqu'un premier soufflet ne doive pas nécessairement être suivi d'un second, et bien que deux soufflets puissent difficilement avoir entre eux une exacte ressemblance.

Couple, dans les deux genres, est collectif, mais au masculin il est général, parce que les deux suffisent pour la destination marquée par le mot; au féminin, il est partitif, parce qu'il désigne un nombre tiré d'un plus grand. La syntaxe varie en conséquence, et l'on doit dire avec Beauzée : « Un *couple de pigeons* est suffisant pour peupler un pigeonnier; une *couple de pigeons* ne sont pas suffisants pour le dîner de six personnes. » Une *couple* et une *paire* peuvent se dire aussi des animaux; mais la *couple* ne marque que le nombre, et la *paire* y ajoute l'idée d'une association nécessaire pour une fin particulière : de là vient qu'un boucher peut dire qu'il achètera une *couple de bœufs*, parce qu'il en veut deux; mais un laboureur doit dire qu'il en achètera une *paire*, parce qu'il veut les atteler à la même charrue. De même on dira. « J'ai dans mon écurie une *couple de chevaux*, dont l'un va à la selle et l'autre au cabriolet, je veux les échanger contre une *paire* de chevaux de carrosse.

Couple se dit encore du lien de cuir et de fer avec lequel on attache ensemble deux chiens de chasse : *J'ai perdu la couple de ces chiens*. *Coupler* les chiens, c'est les attacher deux à deux avec une *couple*.

Couple, en termes de blason, est un meuble représentant un petit bâton avec deux liens dont les bouts sont un peu ondés et qui sert à *coupler* les chiens de chasse. Les liens ne s'expriment en blasonnant que lorsqu'ils sont d'un autre émail que la *couple*.

Couple se dit, en marine, des côtes ou membres d'un navire, qui, étant égaux de deux en deux, croissent ou décroissent *couple à couple* également, à mesure qu'ils s'éloignent du principal ou *maître couple*, qui est celui du vaisseau qui a le plus de capacité. On le nomme aussi *maître gabarit*. *Couples* employé seulement au pluriel est un autre terme de marine ; il désigne les deux planches du franc *bordage* (revêtement de planches qui couvre le bord d'un vaisseau par dehors), entre chaque *préceinte* (assemblage de grosses pièces de bois qui sert à lier les membres d'un vaisseau : on l'appelle aussi *lisse*). Le *couple* d'entre les deux plus hautes préceintes doit être placé de telle sorte que les dalots (trous) du haut pont y puissent être percés convenablement; et la plus basse planche de ce *couple*, qui est sous l'autre, doit être de la même largeur qu'il en faut aux *préceintes* entre lesquelles elle est posée. L'autre planche, qui est sur cette première, doit, en cas que le vaisseau possède deux batteries, avoir autant de largeur qu'il en faut aux *sabords*, sans qu'on soit obligé de toucher aux préceintes du *vibord*, Si le vaisseau a trois batteries, il faut prendre d'autres mesures. Mais en général on ne peut pas donner de règles certaines pour les *couples* : cela dépend du gabarit.

Coupler un train, en terme de rivière, c'est en rassembler les parties; on se sert pour cet ouvrage de grosses rouelles dites *rouettes à couple*.   Édouard LEMOINE.

COUPLE (*Électro-magnétisme*). *Voyez* PILE.

COUPLE (*Statique*). Supposez un bâton portant par le milieu sur un pivot et pouvant librement tourner de droite à gauche, de gauche à droite. Si on applique aux deux extrémités deux forces égales qui agissent dans le même sens et dans les directions parallèles, le bâton demeurera en repos. Mais si les deux forces, au lieu d'agir parallèlement dans le même sens, agissent parallèlement dans un sens opposé, elles feront tourner le bâton. Ces deux forces, M. Poinsot les appelle *couple*. Avec le couple, il a créé une théorie neuve du mouvement de rotation, théorie qui, entre autres avantages, présente à l'imagination, avec une grande netteté, les circonstances diverses de ce mouvement.

COUPLET. Le couplet est une stance de la chanson, qui en contient ordinairement cinq ou six. Comme elle, il est tour à tour bachique, érotique, malin, grivois, etc. Il fut une époque dans notre littérature où non-seulement une chanson, mais un couplet bien tourné, faisait à son auteur une petite célébrité. Un chevalier de Cailly, à peu près inconnu aujourd'hui, en acquit une alors par une foule de couplets détachés, dont la plupart étaient des impromptus, et qui formaient un recueil de deux volumes. Le sévère Boileau ne dédaigna point d'insérer dans ses œuvres quelques couplets de table faits à la campagne, chez le président de Lamoignon On nous a même conservé le couplet suivant fait par un prélat, couplet très-moral au surplus, et qui ne compromet en rien la piété éclairée de Fénelon :

Iris, vous connaîtrez un jour,
Le tort que vous vous faites ;
Le mépris suit de près l'amour
Qu'inspirent les coquettes.
Songez à vous faire estimer
Plus qu'à vous rendre aimable ;
Le faux honneur de tout charmer
Détruit le véritable.

Le marquis de Mascarille voulait faire l'histoire de France en *madrigaux* ; il y en a une toute faite en couplets, du moins depuis la guerre de la Fronde jusqu'à nos jours ; mais ces couplets ne sont rien moins que des madrigaux. C'étaient les pamphlets du temps. Blot, Coulanges et quelques autres, en étaient les Paul-Louis Courier. Il est telle de ces épigrammes chantées qui tuait son homme sur le coup. Les amours de Louis XIV, son mariage avec la veuve de Scarron, les galantes aventures de sa cour, firent éclore une grande quantité de couplets satiriques. On a recueilli ces pièces manuscrites, qui forment 4 volumes in-8°, publiés en 1793, sous le titre de *Nouveau Siècle de Louis XIV*. Sous Louis XV le couplet était encore une puissance, et il troubla plus d'une fois les voluptés du règne des *trois Cotillons*. Maurepas, grand frondeur lyrique de ce temps, quoique ministre, fut disgracié pour un couplet contre Mme de Pompadour, couplet trop teste pour être cité ici. On sait que, par contre, un couplet adulateur de Bernis adressé à cette favorite fut l'origine de sa fortune. Les amateurs trouveront au surplus la plus agréable partie de ces petites satires, passablement libres, dans la collection intitulée : *Mémoires de Bachaumont*. Ils contiennent aussi les couplets que firent naître, sous le règne de Louis XVI, la guerre d'Amérique, le mesmérisme, et *Figaro*, dont le succès prodigieux fut aussi un événement.

La révolution de 1789 et surtout la liberté de la presse vinrent diminuer le pouvoir des couplets ; mais un nouveau débouché leur fut ouvert par l'accroissement du nombre de nos spectacles. Huit ou dix théâtres, consacrés en tout ou en partie au vaudeville, en causèrent une émission prodigieuse, et il fallut créer de nouvelles expressions pour en désigner les nombreuses variétés : ainsi, nous eûmes le *couplet de facture*, qui consistait à placer sous un air d'une certaine étendue, choisi ordinairement parmi les contre-danses ou les valses, trente ou quarante vers à rimes très-rapprochées ; le *couplet sans rimes* ou *monorime*, qui éludait au contraire toute difficulté de ce genre ; puis le *couplet assis*, c'est-à-dire ramenant à la fin de chacun le même vers ou au moins le même mot ; le *couplet au public*, dans lequel on demandait plus ou moins ingénieusement sa *bienveillance*, sa *clémence*, son *indulgence*, était de rigueur dans chacune de ces pièces. Le théâtre du Vaudeville s'imposa en outre le tribut d'un *couplet d'annonce*, qui devait précéder chaque nouveauté ; le désir de l'auteur de prévenir favorablement son auditoire en produisit souvent de fort jolis, entre autres celui qui fut chanté avant la première représentation du *Trésor*, vaudeville de Ségur fils, tiré de la fable de l'*Enfouisseur et son Compère* :

Ce sujet que , bien jeune encor,
Un auteur transporte à la scène ,

Est par sa source un vrai *trésor* :
Il l'a trouvé dans La Fontaine.
Il voudrait, hélas ! être sûr ,
Pour le succès de son ouvrage ,
Qu'en faveur de cet or si pur
Vous ferez grâce à l'alliage.

Les vaudevilles firent aussi, depuis la Restauration surtout, un grand emploi d'une sorte de couplets que l'on nomma *patriotiques* ou *nationaux*, et dans lesquels figuraient inévitablement la *gloire* et la *victoire*, les *guerriers* et les *lauriers*. L'ennui et le ridicule firent justice de ce *patriotisme* lyrique. En général, la consommation des couplets a beaucoup diminué au théâtre, parce que le goût du public a changé, et ils ont été presque entièrement réformés chez les deux principaux organes du vaudeville, le théâtre de la place de la Bourse et le Gymnase.

Dans la société, deux espèces de couplets ont triomphé du discrédit où est tombée la chanson : ce sont les *couplets de mariage* et *de fête*. Je ne sais si le vaste local de la bibliothèque pourrait en contenir l'immense quantité, que nos poètes de famille augmentent encore chaque année. Vainement un malin chansonnier a-t-il voulu les ridiculiser ; vainement a-t-il pris pour refrain :

Ah ! mon Dieu ! q'c'est bête
Les couplets de fête !

C'est précisément pour cela que les *couplets de fête* survivront aux couplets spirituels, et trouveront des faiseurs et des amateurs dans tous les temps. OURRY.

COUPOLE est le nom que portent les voûtes sphériques ressemblant à une *coupe renversée*, et qui surmontent un édifice circulaire, ou au moins la portion qui dans un grand monument offre, quel que soit son plan, une vaste partie carrée ou octogone, que l'on peut couvrir circulairement, telle que la croisée d'une grande église ou une vaste salle dans un palais. Quoique souvent on semble employer indifféremment les mots *coupole* et *dôme*, ils ne sont cependant pas synonymes, et l'un désigne mieux l'intérieur, tandis que l'autre est réservé pour l'apparence extérieure. Ainsi, on doit dire que la *coupole des Invalides*, à Paris, a été peinte par La Fosse, et que le *dôme* est surmonté d'une lanterne. L'École Militaire, les palais du Louvre et des Tuileries, ont chacun un *dôme*, et leur intérieur ne présentepourtant pas de *coupole*.

Les temples anciens offrent généralement la forme d'un rectangle ; cependant, il en est quelques-uns qui sont construits en rotonde, et par conséquent surmontés d'une *coupole*. Le seul exemple de cette nature que nous offrent les Grecs se voit dans le petit édifice désigné à Athènes sous le nom singulier de *Lanterne de Démosthène*, et dont une copie exacte en terre cuite est placée au point le plus élevé du parc de Saint-Cloud. Le monument d'Athènes est en marbre, et son couronnement est d'un seul bloc, creusé en calotte de 1m,62 de diamètre. Les Romains n'employèrent la forme de rotonde que pour quelques temples, parmi lesquels on remarque ceux de Cybèle, Vénus, Bacchus, Neptune et Hercule. La plus célèbre et la mieux conservée de toutes ces rotondes est celle qui passe pour avoir été consacrée par les Romains à leurs douze grands dieux, et est encore aujourd'hui désignée sous le nom de *Panthéon*.

Ce qui distingue les *voûtes* en *coupole*, et leur donne un grand avantage sur les autres voûtes, c'est qu'elles peuvent s'exécuter sans ceintre, chaque rang de pierre formant une couronne qui a la propriété de se soutenir d'ellemême dès qu'elle est achevée.

Les coupoles des anciens , soit celles de leurs temples, soit celles des salles dont se composent leurs thermes, sont toutes construites sur des parties rondes : ainsi, la voûte trouvait son point d'appui également tout autour, et souvent, par cette raison, ces monuments ont reçu la dénomination de *rotonde*. On voit encore à Rome le temple de Vesta, près du Tibre, celui de la Sibylle, à Tivoli. Dans quelques anciens monuments, maintenant en ruines, on voit aussi des traces de coupoles, élevées sur des pendentifs; il n'est donc pas convenable d'attribuer cette invention à Anthemius de Tralles, constructeur de l'église Sainte-Sophie de Constantinople, sous l'empereur Justinien; mais sans doute c'est lui qui le premier parmi les modernes osa faire reposer une aussi grande voûte au point de réunion de deux grandes nefs ou galeries, et qui par conséquent, par le moyen des arcs doubleaux qui ferment ces nefs, et par les pendentifs qui les réunissent, offrent une base légère à la coupole en ramenant le poids entier sur quatre piliers. Cette coupole a été refaite deux fois en vingt ans, la première ayant été détruite par un tremblement de terre; celle qui existe maintenant est faite en briques très-légères, et on n'a pas employé de bois dans les combles. Dans l'intention de donner plus d'élégance encore aux coupoles, on construisit sur les pendentifs un mur circulaire ou tambour, qui donna plus d'élévation à la coupole. On croit que c'est Buschetto qui le premier donna cet exemple dans la cathédrale de Pise. Plus tard, Brunelleschi, dans l'église de Sainte-Marie des Fleurs, à Florence, imagina de construire deux voûtes l'une sur l'autre, afin de donner plus de grâce à son monument, chacune d'elles ayant un galbe différent et des proportions convenables à l'œil, suivant qu'elle devait être considérée intérieurement ou extérieurement. C'est en 1420 que cette coupole fut commencée; elle fut terminée en moins de vingt ans.

La coupole la plus hardie et la plus magnifique qui ait été construite, et nous comprenons dans la comparaison celles des anciens et celles des modernes, est la coupole de Saint-Pierre de Rome. Ainsi que celui de l'église de Sainte-Marie des Fleurs, le dôme de Saint-Pierre se trouve composé de deux voûtes, l'une intérieure et ouverte à son sommet, l'autre extérieure, qui forme le dôme et soutient la lanterne.

L'immensité de la basilique, l'élévation extraordinaire de la coupole, et sa grande proportion, la firent bientôt admirer de tous les voyageurs et par tous les artistes. L'Angleterre, dont le climat si peu favorable au génie des beaux-arts, voulut avoir un grand monument qui, sans rivaliser avec celui du monde chrétien, pût au moins lui ressembler : on voyait à Rome un monument sous l'invocation de saint Pierre, on voulut à Londres en avoir un sous l'invocation de saint Paul. L'architecte Christophe Wren fut chargé de l'ériger, en 1670, et il fut terminé cinquante-six ans après. Il construisit sa coupole sur un plan octogone; de sorte qu'il eut huit pendentifs au lieu de quatre, ce qui lui offrit la facilité, en multipliant ses points d'appui, de leur donner plus de légèreté sans diminuer la force dont il avait besoin pour assurer la solidité de sa coupole. Il fit aussi, comme Michel Ange, deux voûtes, l'une presque hémisphérique pour la coupole, l'autre dans la forme d'une tour conique pour servir de support à la lanterne qui couronnait l'édifice; et comme cette forme était peu agréable à l'œil, il l'enveloppa d'un dôme en charpente recouverte en plomb.

En même temps, on construisait à Paris une autre coupole, celle du dôme des Invalides, sous la direction de l'architecte Jules Hardouin, neveu de Mansart, dont il porte le nom. Cette coupole est aussi composée de deux voûtes également enveloppées par une charpente recouverte en plomb. Elle est percée et laisse voir les peintures exécutées sur la voûte supérieure. Les constructions de cette coupole sont fort lourdes, et on aurait pu diminuer beaucoup la quantité de matériaux employés; mais à cette époque on croyait par ce moyen donner plus de solidité à un édifice. Soufflot a démontré depuis, dans la construction de Sainte-Geneviève, que l'on pouvait atteindre à la solidité sans pécher par la lourdeur. On lui doit un autre essai que personne n'avait tenté avant lui : il a fait trois voûtes toutes en pierre de taille, et s'est ainsi débarrassé de l'appareil en charpente, qui est d'un poids égal à celui de la pierre, à cause de la force des bois que l'on est obligé d'employer. Comme dans les autres coupoles dont nous venons de parler, la voûte intérieure, ouverte à son sommet, est hémisphérique; la voûte intermédiaire est d'une forme très-elliptique, afin de supporter plus facilement le poids de la lanterne, construite aussi en pierre de taille; et pour la rendre moins pesante, elle est évidée par quatre grands arceaux; enfin, la voûte extérieure forme le dôme et est recouverte en cuivre. La calotte de la voûte intermédiaire a été peinte par Gros. Pour bien juger du mérite de ces peintures, il faut monter dans l'intérieur du dôme, car du pavé de l'église on est trop éloigné pour les bien apprécier.

Pour terminer, donnons la grandeur comparative de diverses coupoles en diamètre : celle du Panthéon, à Rome, a 43^m,41; celle de Sainte-Marie des Fleurs, à Florence (1136), et de Saint-Pierre, à Rome (1580), 42^m,12; celles des Thermes de Caracalla, à Rome (217), de Sainte-Sophie, à Constantinople (537), 34^m,20; celle de Saint-Paul, à Londres (1710), 32^m,72; celle du temple de Diane, à Pouzzole, 29^m,43; celle de la chapelle de Médicis, à Florence, 27^m,86; celle du temple de Vénus, à Pouzzole, 26^m,24; celle du Baptistère, à Florence, 25^m,92; celle des Invalides, à Paris (1704), 24^m,30; celle de la Minerva Medica, à Rome, 23^m,32; celle de Saint-Bernard, à Rome (302), 22^m,35; celle de la Madone della Salute, à Venise (1640), 21^m,06; celle de Sainte-Geneviève, à Paris (1790), 20^m,08; celle de la Superga, à Turin (1731), 19^m,44; celles du Dôme, à Sienne (1250), à Milan (1420), de Sainte-Agnès (1660), et de Sainte-Marie in Portico (1665), à Rome, 17^m,17; du Val-de-Grâce, à Paris (1660), 16^m,48; de Notre-Dame-de-Lorette, à Rome (1507), 14^m,58; celle de la Sorbonne, à Paris (1653), 12^m,31; enfin celle de Sainte-Marie de la Rotonde, à Ravenne (530), 11^m,01. Cette dernière a cela de remarquable qu'elle est d'un seul bloc de pierre d'Istrie.

DUCHESNE aîné.

COUPON. Ce mot a plusieurs significations. Autrefois, dans les manufactures d'étoffes, on appelait *coupons* de petites pièces de toile, de serge, etc., qui n'avaient pas plus de cinq aunes de long. Il était défendu par les règlements d'attacher aux ouvrages, soit étoffe, soit toile, des *coupons*, pour en compléter l'aunage prescrit. Nos marchands de nouveautés, de drap, d'étoffes, de lingerie, appellent *coupon* ce qui reste d'une pièce de drap, de toile, ou d'étoffe quelconque, lorsqu'on a coupé sur cette pièce une certaine quantité de mètres, et que cette pièce n'est plus complète. Il y a des *coupons* de toute dimension. D'ordinaire, pourtant, un *coupon* est considéré comme objet de moins de valeur, et se vend la plupart du temps au rabais. *Coupon* se dit aussi d'une toile très-fine et très-fraîche qui se fait à la Chine avec du chanvre provenant d'une espèce d'ortie ou de lierre appelé *co*, qu'on ne trouve guère que dans la province de Fokien.

Coupon, en termes de rivière, s'entend de la dix-huitième partie d'un train de bois flotté. Chaque *coupon* doit avoir 4 mètres de long, ce qui donne 72 mètres pour la longueur entière du train. La largeur du train est de quatre longueurs de *coupon*.

Coupon d'action signifie une portion du *dividende*, ou la répartition d'une action. Ce terme, inconnu en France, du moins en ce sens, jusqu'au règne de Louis XV, commença à s'y introduire dans les finances lorsque, pour accréditer et soutenir les fermiers généraux des revenus du roi, on créa les actions des fermes. Après les actions des fermes vinrent les actions de la Compagnie des Indes, et l'usage du *coupon* fut rétabli dans le commerce des actions,

Voici ce qu'était un *coupon* : chaque action se divisait en six parties, sur chacune desquelles était inscrit le sixième du montant de trois années de dividende. Ces différentes parties d'un même tout s'appelaient *coupons*. On avait imaginé les *coupons* pour faciliter le payement des dividendes, payement qui s'effectuait de six mois en six mois, entre les mains de chaque actionnaire. Toutes les fois que le caissier de la Compagnie soldait à un actionnaire le dividende semestriel, il retranchait de l'action même une de ses six parties de l'action : sur ce sixième d'action était inscrite la somme reçue par l'actionnaire; ce morceau de papier coupé, ce *coupon*, servait de quittance au caissier, en même temps qu'il permettait à l'actionnaire de toucher son dividende, sans que même il eût la peine de signer. Plus tard, quand le mode des entreprises par actions se fut popularisé, les uns suivirent le modèle d'actions créé par la Compagnie des Indes, d'autres ne divisèrent plus leurs actions par *coupons*, persuadés d'avance, sans doute, que les actionnaires n'auraient pas une si grande quantité de dividendes à toucher qu'ils ne pussent, quand de fortune ils en palperaient, faire des quittances à la main. Aussi le mot *coupon d'action* a pris un autre sens : il s'est entendu de l'action elle-même, qui, étant coupée, pour être remise à l'actionnaire, d'un registre à *souche* ou *talon*, devenait un *coupon* de ce registre. Dans certaines entreprises, on a créé des *actions* et des *coupons d'action*. Les actions, par exemple, étaient à 5,000 fr., et les *coupons* d'action étaient à 1,000 ou à 500 fr. C'est le mode de la Compagnie des Indes renversé. La Compagnie des Indes vous donnait un dividende pour un *coupon* d'action. Au contraire, dans les entreprises de nos jours, au fur et à mesure que l'actionnaire donne de l'argent, on lui donne un *coupon*.

La défunte *loterie* avait aussi ses *coupons*. Les billets que l'on donnait à chaque joueur étaient *coupés* d'un registre à *souche*; la souche portait les mêmes numéros que le *billet-coupon* que l'on remettait au joueur.

Quel est le Parisien un peu au fait des administrations théâtrales qui ne connaisse les *coupons de loge*. Ce sont tout simplement de petits carrés de papier vert, jaune ou bleu, sur lesquels on lit imprimé : *Théâtre de...... Loge* (ou de face, ou de côté) n°...... *Places louées à M......* Au bas du billet est la signature de la personne chargée de la location. Il peut y avoir pour une loge cinq ou six *coupons*, si la loge est de cinq ou six places, et si chacune d'elles est louée à une personne différente. Les *coupons* engendrent souvent de vives et profondes haines entre les journalistes et les directeurs de théâtre. Nous connaissons un critique de beaucoup d'esprit, de conscience et de raison, qui a juré guerre à mort à un directeur de spectacle parce qu'un jour celui-ci par distraction, croyons-nous, lui a envoyé le *coupon* d'une loge de côté ! Édouard LEMOINE.

COUPURE. On désigne par ce nom les plaies ayant très-peu d'étendue et de profondeur qui sont produites par des instruments tranchants. Ces accidents sont, comme on sait, très-communs. Quand on s'est coupé, il n'est pas nécessaire de laisser fluer longtemps le sang. Il faut rapprocher les bords de la plaie et les maintenir avec du taffetas d'Angleterre, qu'on a préalablement mouillé, soit avec de l'eau, soit avec de la salive. On applique deux ou trois bandelettes, selon la longueur de l'incision, et à défaut de taffetas gommé, on peut employer du diachylon étendu sur du linge. On contourne autour de la partie lésée une bande de toile qu'un compriment médiocrement, et le pansement est fini. Dans le cas où la coupure verse du sang en abondance, on peut couvrir les bandelettes agglutinatives avec un peu de charpie. Il est nécessaire de laisser la partie blessée dans le repos ; cinq ou six jours après on enlève la bande et la réunion est ordinairement opérée : si elle était imparfaite, on laisserait les bandelettes en place et on réappliquerait une nouvelle bande. Sur la face, comme sur toute autre partie, les coupures très-légères n'exigent qu'un morceau de taffetas gommé proportionné à leur étendue. Au lieu de se comporter ainsi, on suit trop souvent une routine irrationnelle. On couvre la coupure avec une toile d'araignée, afin d'empêcher le sang de couler, ou avec des feuilles d'achillée, herbe appelée vulgairement *mille-feuilles* ou *herbe à charpentier*, après les avoir pliées. On applique également encore des compresses imbibées d'eau-de-vie, d'eau de Cologne, d'une solution de sel de cuisine, et quelquefois de baume du commandeur ou de tout autre, que les charlatans débitent en public. Toutes ces applications, loin de hâter la cicatrisation des coupures, les maintiennent ouvertes et les irritent. Dans ces cas, comme dans la plupart des maladies, les moyens les plus simples sont à préférer.

On donne aussi le nom de *coupure* aux solutions de continuité de la peau qu'on observe chez les enfants très-jeunes et très-replets, ainsi que chez les femmes enceintes, principalement aux fesses, aux cuisses, dans les replis profonds de cette surface extérieure (*voyez* GERÇURE).

D'CHARBONNIER.

COUR (de *cors*, basse-cour, qui répond au *cavædium* des Latins). On désigne par ce mot l'espace vide, de figure carrée, circulaire, etc., qui est entouré de bâtiments, de murs, de grilles, etc. On dit la *cour* du Louvre, des Tuileries, des Invalides. Un espace qui est un peu vaste prend le nom de *place* : on dit la place du Carrousel, la place Royale, la place Vendôme, la place Louis XV, qui ne pourraient être désignées par le nom de *cour*. En général, les constructions qui entourent une cour doivent faire partie d'un même édifice.

Presque toutes les maisons des anciens avaient des *cours* plus ou moins vastes, plus ou moins ornées. Celles des maisons de Pompéi étaient pavées de compartiments de marbre ou de mosaïques ; tout autour régnaient des ailes de bâtiment, des portiques. Le milieu de l'espace vide était occupé par une citerne. Les palais, les maisons de campagne de l'Italie moderne, ont souvent des cours qui occupent le centre de la masse des constructions. Des galeries soutenues par des arcades, des colonnes, etc., permettent de se promener tout autour, à l'abri de la pluie et des rayons du soleil. Dans les pays du Nord, où l'inconstance et souvent la rigueur du temps forcent les habitants à se tenir dans leurs appartements, on ne donne pas aux cours la même importance que dans les climats chauds. Rarement les nôtres sont entourées de *portiques*, et leur pavé ne diffère pas de celui de la rue.

Quand les villes étaient entourées de murailles, le défaut d'espace ne permettait pas de faire des maisons avec des cours ; c'est quand les troubles extérieurs sont devenus rares, et surtout depuis que l'usage des carrosses s'est introduit, qu'on a vu des hôtels, des maisons même, ayant des cours d'une étendue considérable. On recouvre quelquefois les cours d'un vitrage : on les nomme alors *cours vitrées*.

On appelle *cour d'honneur* celle où le vulgaire n'est pas admis, du moins ordinairement.

TEYSSÈDRE.

COUR, lieu où habite un roi ou un prince souverain. Ce mot vient de *cortis* ou *curtis* ; en grec χορτη, qui a signifié une *tente*, et qui s'est pris aussi pour toute la cour d'un prince. Il y a dans les lois des Allemands deux titres, l'un sur les vols, l'autre sur les meurtres, commis *in curto regis*, *in curte ducis* (dans la tente du roi, dans la tente du chef). C'est conformément à cette étymologie que *cour* s'est d'abord écrit *cort* et *court*. La cour d'un souverain se compose de princes, de princesses, de ministres, de grands, de principaux officiers. *Cour* signifiait aussi le chef de l'État et son conseil ou ses ministres. *Cour* se prend encore quelquefois pour le corps de l'État que le prince représente. Les *cours* de France et d'Espagne sont en perpétuelle jalousie, disait-on sous Louis XIV. L'Église gallicane a souvent à se défendre contre la *cour* de Rome. La Harpe, dans son *Lycée*, examinant, sous le rapport des convenances religieuses, le sujet de *La Henriade*, établit que la *cour* de Rome n'a rien de commun avec la religion catholique. Ici nous envisagerons le mot *cour* dans son acception la plus générale, c'est-à-dire comme la réunion des grands qui entourent le prince. C'est dans ce sens que La Fontaine a dit :

> Selon que vous serez puissant ou misérable,
> Les jugements de cour vous rendront blanc ou noir.

La *cour* était sous l'ancien régime et est encore dans certains États de l'Europe le centre de la politesse d'une nation. Montesquieu a dit quelque part : « Je hais Versailles, parce que tout le monde y est petit. » Qu'eût-il dit de ce qui après 1830 avait succédé à Versailles? Dans l'ancienne *cour* de France, noble création de François Ier et de Louis XIV, la politesse subsistait par l'égalité à laquelle l'extrême grandeur d'un seul réduisait tous ceux qui l'environnaient. Le goût dans la vieille cour était raffiné par un usage continuel des superfluités de la fortune; et, comme a dit Saint-Évremond, « la *cour* est un extrait de tout le royaume; tout ce qu'il y a de plus fin et de plus pur s'y rencontre. » Cette sorte de délicatesse, noble et gracieuse, du vieux Versailles, de Saint-Germain, de Marly, se répandait sur d'autres objets, beaucoup plus importants; elle avait passé dans le langage, dans les jugements, dans les opinions, dans les manières, dans le ton, dans les ouvrages d'esprit, dans la galanterie, dans les mœurs même. Il n'y avait point d'endroit où la délicatesse dans les procédés fût mieux connue, plus rigoureusement observée par les honnêtes gens, et plus recherchée par les *courtisans*. Depuis la Révolution il n'y a plus guère de cour possible. En vain l'Empire et la Restauration voulurent reconstituer une cour : sous les broderies des maréchaux, sous les rubans des émigrés, on pouvait retrouver des *courtisans* sans doute; mais non des *hommes de cour*. Et puis les nécessités de la politique amenaient à la cour des hommes et des femmes peu faits pour l'orner. Louis-Philippe alla plus loin : il ouvrit les salons de la royauté à la cohue bourgeoise; mais il n'avait pas sûrement la prétention de constituer une cour. Après 1848 quelques marquis démocrates imaginèrent de se faire une petite cour aux frais de l'État; puis le retour de l'Empire ramena les titres de la cour, en attendant qu'il nous en rende les magnificences et le bon ton.

Montesquieu a défini l'*air de cour* l'échange de sa grandeur naturelle contre une grandeur empruntée ; cet air selon lui est le vernis séduisant sous lequel se dérobent souvent l'ambition des hommes oisifs, la bassesse des hommes orgueilleux, le désir de s'enrichir sans travail, l'aversion pour la vérité, la flatterie, la trahison, la perfidie, le mépris des devoirs du citoyen, la crainte de la vertu du prince, l'espoir qu'on fonde sur ses faiblesses, en un mot la malhonnêteté avec tout son cortége, sous les dehors de l'honnêteté la plus vraie. Le mensonge et la flatterie règnent presque sans partage à la *cour*, et sans l'appui de ces deux vices un honnête homme peut à peine s'y soutenir. « Les *cours* seraient désertes, et les rois presque seuls, si l'on était guéri de la vanité et de l'intérêt, » dit La Bruyère. « C'est à la *cour* que les passions s'excitent et se forment contre l'innocence, » dit Fléchier. « La fourberie passe pour vertu à la *cour*, » ajoute Arnauld. Racine dit aussi :

> Mais, hélas ! à la *cour*
> Combien tout ce qu'on dit est loin de ce qu'on pense !
> Que la bouche et le cœur sont peu d'intelligence !

Il y a bien de la différence entre un *homme de cour* et un *homme de la cour*. Un *homme de cour*, n'en déplaise à Beaumarchais, est un homme que sa naissance et d'honorables emplois attachent à la résidence du souverain, et qui a d'ailleurs les manières *de la cour*. Un *homme de la cour* désigne un homme d'un rang peu élevé que certaines fonctions appellent à la *cour*. Par un de ces caprices auxquels toutes les langues sont sujettes, si *homme de cour* peut être ainsi quelquefois une qualification honorable, *femme de cour* ne peut se prendre qu'en mauvaise part. « Une *femme de cour*, dit le P. Bouhours, est d'ordinaire une femme d'intrigues, » mais *une femme de la cour* est une femme que sa naissance ou ses emplois fixent naturellement et honorablement à la *cour*.

Cour exprime les assiduités respectueuses que l'on rend à un roi, à un grand, à une femme. Ce ministre avait *grosse cour* à son lever. Les officiers d'armée vont faire leur *cour* à leur général. « Quand dans un royaume il y a plus d'avantage à *faire la cour* qu'à faire son devoir, tout est perdu, » dit Montesquieu. *Faire la cour* se prend aussi en mauvaise part pour exprimer des assiduités intéressées rendues à une riche veuve dont on veut épouser la dot ; à une vieille opulente dont on veut exploiter les tendres faiblesses ou capter la succession. *Savoir la cour* est une expression souvent employée dans les bons auteurs du siècle de Louis XIV. « Le reproche en un sens le plus honorable que l'on puisse faire à un homme, dit La Bruyère, c'est de lui dire qu'*il ne sait pas la cour* ; il n'y a sorte de vertus qu'on ne rassemble en lui par ce seul mot. Un homme *qui sait la cour* est maître de son geste, de ses yeux et de son visage ; il est profond, impénétrable : il dissimule les mauvais offices, sourit à ses ennemis, contraint son humeur, déguise ses passions, domine son cœur, parle et agit contre ses sentiments. » On dit dans le style familier, pour exprimer qu'un homme a de belles manières : *il sent son homme de cour*.

Dire d'un *courtisan* sous la Régence que c'était un homme de la *vieille cour*, c'était faire de lui un éloge presque aussi beau que si l'on avait dit *un homme de la vieille roche*. On disait, on imprimait autrefois : *Il a écrit en cour, il est bien en cour, pour il a écrit à la cour, il est bien à la cour*. On disait alors *évêque de cour* pour désigner un prélat suivant *la cour*, ne résidant point dans son diocèse, et briguant la faveur. Bossuet n'est peut-être pas à l'abri du reproche d'avoir été un *évêque de cour*. Massillon, lorsqu'il sacra le cardinal Dubois, agit assurément *en évêque de cour*. *Amis de cour* indique des amis sur qui on ne peut guère compter, de ces amis qui vous déchirent en votre absence, et font leur *cour* à vos dépens.

> Allons, ferme ! poussez ! mes *bons amis de cour*,

s'écrie le Misanthrope de Molière en sa vertueuse indignation. Malheureusement, dans des carrières les moins élevées on trouve aussi de *bons amis de cour*.

Peste de cour exprime ces *courtisans* sans importance, dont l'unique affaire est de desservir les autres par des rapports malveillants, des médisances et des calomnies. Balzac a employé l'expression de *renards de cour*, pour caractériser de fins *courtisans*. *Mouche de cour*, espion *courtisan*, qui rend compte au maître de ce qui se passe. On appelle *eau bénite de cour* les vaines promesses, les caresses trompeuses et les compliments tels qu'en font les *gens de cour*.

La *cour* était autrefois un objet d'admiration et d'envie pour la ville et pour la province. La province surtout était l'endroit d'où la *cour*, centre unique de toutes les passions les plus fines, les plus déliées et les plus dangereuses, paraissait, comme dans son point de vue, un lieu admirable : « À mesure qu'on s'en approche, les agréments diminuent comme ceux d'une perspective que l'on voit de trop près. » On s'accoutume difficilement à une vie qui se passe dans une antichambre, dans des cours et sur un escalier. C'est ce qui a fait dire au comte Gabriel Oxenstiern, dans ses *Pensées* : « La vie de la cour ressemble à celle que l'on mène aux galères, où les forçats qui voguent mal sont battus, et ceux qui travaillent bien ont du biscuit et de l'eau pour récompense. Il n'y a point de profession dont l'extérieur soit plus riant, mais il n'en est point qui traîne à sa suite plus d'amertume et de chagrin. Un gentil-homme est maître chez lui; à la *cour* il est esclave... » Voici quelques vers cités par ce courtisan philosophe, sur la vie de *cour* :

   Servir le souverain et se donner un maître,
   Dépendre absolument des volontés d'autrui,
   Demeurer en des lieux et l'on ne voudrait être,
   Pour un peu de plaisir souffrir beaucoup d'ennui,
   Ne témoigner jamais ce qu'on son cœur ou pense,
   Suivre les favoris sans pourtant les aimer,
   S'appauvrir en effet, s'enrichir d'espérance,
   Louer tout ce qu'on voit, mais ne rien estimer,
   Entretenir un grand d'un discours qui le flatte,
   Rire de voir un chien caresser une chatte,
   Manger toujours fort tard, changer la nuit en jour,
   Être toujours debout et jamais à son aise,
   Fait voir en abrégé comme on vit à la *cour*.

Mais quel poète a mieux défini la *cour* que La Fontaine?

   Je définis la *cour* un pays où les gens,
   Tristes, gais, prêts à tout, à tout indifférents,
   Sont ce qu'il plaît au prince, ou, s'ils ne peuvent l'être,
   Tâchent au moins de le paraître.
   Peuple caméléon, peuple singe du maître;
   On dirait qu'un esprit anime mille corps :
   C'est bien là que les gens sont de simples ressorts.

On a souvent comparé la *cour* à une mer orageuse et fertile en naufrages. A cette occasion un trait nous revient en mémoire : Louis XIV disait à un seigneur de sa cour, en lui montrant les nouveaux bâtiments de Versailles : « Vous souvient-il qu'il y avait là un moulin? — Oui, sire : le moulin n'y est plus, mais le vent y est encore. »

Malgré toutes ces sentences si justes portées contre la *cour*, ceux qui n'y sont pas admis la désirent, ceux qui l'ont quittée la regrettent. « La *cour* ne rend pas content, a dit un auteur, elle empêche de l'être ailleurs. » Et Saint Évremond ajoute : « Je ne suis point dupe de ces *hypocrites de la cour*, qui prêchent les autres sur la retraite. »

Les poètes donnent aux dieux une *cour*. Les dévots appellent le Paradis la *cour céleste*. On connaît l'expression si souvent employée de *courtiser les Muses*. On dit encore *courtiser les dames*, jeunes ou vieilles, c'est-à-dire leur faire une *cour* sans estime, seulement pour en tirer plaisir ou profit. On *courtise* un vieillard pour être mis dans son testament. Ce verbe s'employait jadis que dans le style familier; c'est Saint-Réal qui s'en est servi le premier avec grâce dans un de ses discours sur l'histoire romaine : « Marius commença, dit-il, à *courtiser* le peuple, et à déclamer contre le luxe et l'orgueil insupportable des sénateurs. » Voiture l'a employé dans ses vers d'une tournure assez noble :

   Les Achilles et les Thésées
   Là-bas, sous leurs tristes lauriers,
   Ne sont ni plus grands ni plus fiers,
   Ni leurs ombres plus *courtisées*.

Nos livres saints et les livres chinois pourraient nous fournir encore d'amples documents sur l'histoire des cours, depuis ce successeur de Fo-hi qui *gouverna comme la Providence*, jusqu'à David, et surtout Salomon, à qui les partisans de la galanterie ne reprocheront pas d'avoir voulu *une cour sans femmes*. Avec ces historiens et les écrivains grecs, on pourrait introduire le lecteur dans *les cours* si antiques de ce bon roi Phéron, de ce bon roi Candaule, de cette terrible et voluptueuse Sémiramis, dont Hérodote et Ctésias nous racontent tant de merveilleuses et naïves histoires. Et la *cour* de Périclès (car ce républicain en avait une) ne fut-elle pas cent fois plus brillante que celle des tyrans Pisistrate d'Athènes et Denys de Syracuse? Avec Tacite, Suétone, Pétrone, l'*Histoire Auguste*, nous avons pénétré dans les plus infâmes réduits de *la cour* de Néron, de Tibère, d'Héliogabale. Le type du *courtisan* en Grèce et à Rome, c'est le parasite, le *comes*. Témoin les amis d'Alexandre à la table de Clitus, les *comites* d'Octave, les convives et les *pourvoyeurs* de Néron : Othon, Sénécion, etc. Plus polis, nous disons les *amis du prince*. Les épistolographes et les agiographes du moyen âge nous ont-ils laissé ignorer *la cour* des Théodoric, des Genséric, des Attila, des Alboïn? Quant à la vieille *cour* d'Écosse, ou plutôt aux vieilles *cours* d'Écosse (car chaque clan en avait une), Walter Scott, l'Hérodote de notre âge, les a exhumées toutes. En France, grâce à la servilité de nos historiens, tout dans nos annales, même depuis Childéric, l'amant adultère de Basine, se passe *à la cour*. Grâce à Eginhard, nous connaissons même dans ses détails les plus attachants *la cour* de Charlemagne. Sous la deuxième race, et même sous une partie de la troisième, *la cour* de nos rois fut nomade. De là ces *cours plénières*, vastes réunions où, à des intervalles irréguliers, le monarque, entouré des grands et de ses serviteurs, étalait tout le faste du trône. C'étaient des chasses, des frairies, des *courtoises* à n'en plus finir. Rien n'égalait alors le luxe et la galanterie des *cours* de Toulouse, de Provence, et même de Foix. On y faisait l'amour, on y cultivait les lettres : *cour* ne va point sans poètes parasites et sans femmes. Mais la véritable *cour* de France, celle qui devint en Europe une puissance, indépendante des hontes et des revers de la politique royale, c'est la *cour* telle que François Ier commença de la faire au Louvre. Il dit un jour : *Une cour sans femmes est un printemps sans fleurs*; et comme un roi n'a qu'à dire, il eut *des femmes en foule*. Alors, si la *cour* devint nécessairement pour les dames un centre de corruption, elle forma cette élite brillante noblesse qui sous les petits-fils du *père des lettres* se disputa la France, son culte et sa couronne. Notez bien que les *mignons* de Henri III étaient une autre race de *courtisans*, race de nains à côté des Guises, des Montmorency, des Brissac, des Condé.

Mais le véritable roi de *cour*, c'est Louis XIV : grâce à son génie pour l'étiquette, à ses habitudes de grandeur, à sa hauteur espagnole, puisée dans le sang d'Anne d'Autriche, *la cour* de Saint-Germain, de Versailles, de Marly, devint l'établissement le plus admirable dans l'intérêt du trône. Nous avons pudeur de citer la *cour* du régent : lui-même appelait ses *courtisans des roués*. C'était se peindre avec l'histoire. Mais l'institution de Louis XIV était telle qu'après le règne énervé de Louis XV, qui dans la fange du vice conserva jusqu'à la fin l'extérieur magnifique d'un roi, *la cour* de France était encore quelque chose, même sous Louis XVI.

Oublierons-nous que l'exemple de Louis XIV, le plus grand des rois selon *la cour*, avait fait surgir autour de lui les cours, un peu *collet monté*, mais savantes et polies, du grand Condé et de la duchesse du Maine? Sous Louis XV chaque prince conservait sa *cour*, à laquelle le caractère personnel du maître de la maison donnait un caractère particulier. L'Europe voulut imiter Louis XIV. La *cour* autrichienne, sans cesser d'être moins grave, apprit à sacrifier quelquefois aux Grâces. Pierre le Grand aurait voulu avoir une *cour à la française*. Il n'eut que quelques *courtisans français*, qui se montrèrent dignes d'être les amis d'un grand homme. La *cour de Frédéric-Guillaume*, père du grand Frédéric, était toute militaire : c'était une vraie caserne, où les coups de canne avaient-cours comme les bons mots à Versailles. La *cour* de son successeur fut moins grande que sa politique. Cette cour d'un roi poète, philosophe, n'avait rien qui rappelât les paisibles réunions que présidaient les Aurèle ou les Antonin. C'était un mélange du corps de garde et de l'académie : on y était, sans le comme le maître, pédantesque et tracassier. C'était d'ailleurs une *cour sans femmes*, car le philosophe Frédéric courtisait à la Socrate ses tambours. Sous Catherine II la *cour* de

Pétersbourg devint toute française : on s'y amusait noblement, poliment, comme à Versailles. La maîtresse y avait aussi ses petits appartements, mais avec toute la politique virile de Richelieu ou de Pierre le Grand. Quel *courtisan* que ce Potemkin, qui sur nous ne savons combien de verstes de pays improvisa pour Catherine une Crimée en pleine culture, comme on change à vue une décoration d'opéra! La *cour* de Marie-Thérèse n'était pas aussi sans agréments : cette cour nous donna la vive et sémillante Marie-Antoinette, cette reine d'abord si jeune, si folle, et plus tard si grande dans l'infortune.

Les niveleurs de 1789 à 1793 croyaient avoir détruit de fond en comble la *vieille cour*. Ils ont passé bien vite, ces gens qui eurent successivement pour *courtisans* le noble peuple qui fit le 14 juillet et défit la Bastille, puis la canaille. Les pourvoyeurs de la guillotine, voilà quels étaient les *courtisans* en veste des Robespierre, des Danton et des Marat. Après eux, *la cour de la régence*, avec quelques vices de moins, se retrouva dans les salons du Directoire. La *cour* de Louis XIV se refit avec des proportions romaines sous Napoléon. Il tomba, et Louis XVIII recomposa avec de vieux débris une sorte de *cour* qui ne manquait pas de décence : malgré ses infirmités, on peut dire qu'il n'y représentait pas mal. Napoléon cependant avait autour de lui, à Sainte-Hélène, les plus respectables des *courtisans*, ceux du malheur. Dieu sait ce qu'est devenue la *cour* de Charles X! Au jour de sa disgrâce trouva-t-il un seul *courtisan* pour le défendre? En 1830 on vit, comme en 1793, certains personnages se faire un instant les humbles *courtisans* du peuple; mais ce culte pour l'idole de Juillet dura à peine quelques semaines. Bientôt ceux qui flattaient le lion populaire pour l'endormir se tournèrent vers une autre idole. Mais pouvait-on dire qu'ils formassent une cour au roi-citoyen? Charles Du Rozoir.

La république de 1848 a eu ses *courtisans* comme sa sœur aînée : administrateurs, officiers généraux, magistrats, prêtres même, n'ont pas manqué aux salons de MM. de Lamartine et Ledru-Rollin, des généraux Cavaignac, Courtais et Clément Thomas, et même à ceux des citoyens Caussidière et Flocon. Quand le vent a tourné du côté de la Présidence, on les y a retrouvés non moins assidus, non moins empressés; et ils ne font pas davantage défaut aux Tuileries depuis la résurrection de l'Empire, dont *la cour* est devenue en miniature le calque déteint de celle du grand empereur.

COUR. Ce mot, synonyme de tribunal, vient du latin *curia*, curie, assemblée où se discutaient les intérêts de l'État. *Cour* s'entendait aussi, comme on l'a vu, de la résidence du souverain (*aula*), et de là venait le nom composé *cour aulique*, tribunal où le souverain siégeait lui-même. Dans les temps modernes, ce titre de *cour* a été attribué aux parlements, qui parfois s'occupaient des affaires publiques. Cette qualification s'est étendue plus tard, a été généralement appliquée aux tribunaux jugeant souverainement. Pendant la Révolution il n'y eut plus de *cours de justice*, il n'y eut que des tribunaux; on disait tribunal d'appel, tribunal de cassation. Napoléon croyait à l'influence des mots sur les institutions : les peuples avaient gardé le souvenir de cette dénomination de *cour*, dans laquelle ils avaient connu les grands corps de magistrature, et, par le sénatus-consulte du 18 mai 1804, il crut devoir rendre ce titre au tribunal de cassation ainsi qu'aux tribunaux d'appel et de justice criminelle. Depuis, et par la loi du 20 avril 1810, les *cours d'appel* reçurent le nom de *cours impériales*, les *cours de justice criminelle* furent supprimées et leurs attributions réunies à celles des cours impériales; des *cours d'assises*, qui n'étaient à vrai dire qu'une section des cours impériales, leur furent substituées. En 1814 les cours impériales devinrent *royales*, et en 1848 elles reprirent le nom de *cour d'appel*; elles se nomment de nouveau aujourd'hui cours impériales; mais si les cours changent de nom, les magistrats sont du moins inamovibles. La *cour des comptes* fut aussi instituée sous l'Empire pour remplacer les anciennes chambres des comptes.

On reconnaissait autrefois d'autres tribunaux auxquels le titre de *cour* était accordé : telles étaient les *cours des aides*, les *cours des monnaies*. La cour d'*Église* était une juridiction ecclésiastique exercée autrefois par le clergé en matière temporelle sur les ecclésiastiques et sur les laïcs ; la *cour des maréchaux* ou *connétablie*, qui connaissait de toutes les affaires ayant trait au point d'honneur, et jugeait les personnes impliquées dans des duels. Toutes ces différentes juridictions, ainsi que celle qui est connue sous le nom de *cour prévôtale*, tribunal militaire dont les fonctions appartenaient autrefois à la maréchaussée ou gendarmerie, et qui a été rétabli un instant, sous d'autres formes, dans les premières années de la Restauration; toutes ces juridictions, disons-nous, ont été supprimées, et, à l'exception des *conseils de guerre*, que l'on appelait autrefois *cours martiales*, il n'y a plus d'autres cours ou tribunaux que ceux dont l'existence régulière et permanente est consacrée par les lois générales du pays. Sous la monarchie constitutionnelle, *la cour des pairs* connaissait des crimes de haute trahison et d'attentats contre la sûreté de l'État. Ces crimes rentrent aujourd'hui dans les attributions de la *haute-cour impériale de justice*.

On appelle *cour souveraine* un tribunal supérieur et de premier ordre qui connaît souverainement et sans appel des matières de son ressort. La cour de cassation et la cour des comptes sont aujourd'hui les seuls tribunaux auxquels on puisse donner ce nom. Il y en avait autrefois un bien plus grand nombre; tels étaient les parlements, le grand conseil, les chambres des comptes, les cours des aides, les cours des monnaies et les conseils supérieurs établis dans quelques provinces, comme en Alsace, en Roussillon, etc.

COUR (Fou de). *Voyez* Fou de Cour.

COUR (Haute). *Voyez* Haute Cour de Justice.

COURAGE. On attache toujours à l'idée que ce mot exprime celle d'une disposition dans un individu à agir d'une manière hardie et difficile, à braver les dangers et les obstacles. Il en est de ce sentiment comme des talents ou des facultés intellectuelles particulières : on trouve des individus qui possèdent le courage à un très-haut degré et d'autres à un degré excessivement faible ; et entre ces extrémités il y a une infinité de nuances en force et en activité. Examinez les enfants du peuple, lorsqu'ils sont entre eux ; vous verrez qu'il y en a qui provoquent partout des disputes et des rixes, qui aiment le danger et cherchent continuellement à faire preuve de leur courage, et qu'il y en a d'autres qui sont pacifiques, timides, qui fuient le danger et sont regardés avec mépris par les premiers, qui les appellent des *poltrons*. Ce n'est pourtant ni l'influence ni l'éducation ni les circonstances extérieures qui ont fait cette différence de caractères. De pareils hommes sont tels que la nature les a faits : chaque individu s'abandonne sans réserve à ses penchants ; et toutes ses actions portent l'empreinte de son organisation. Ce fut en comparant l'organisation cérébrale de ces deux classes d'hommes, *braves* et *poltrons*, que Gall découvrit que les premiers ont la tête, immédiatement derrière et au niveau des oreilles, beaucoup plus large que les poltrons.

On demande quel a pu être le but de la nature en donnant aux hommes le penchant à la rixe? On a trouvé que la faculté fondamentale n'est pas le penchant à se battre, mais simplement un instinct à la défense de soi-même et de sa propriété. En effet, la nature ne pouvait pas laisser les hommes et les animaux individuellement exposés à toutes sortes d'attaques de la part des êtres qui les environnent, sans leur donner l'instinct de la défense. C'est là une faculté commune et générale ; mais lorsque l'organe qui sert à la manifestation de cette faculté est très-développé et très-actif, alors on ne se contente pas seulement de se défendre, on sent le besoin d'exercer cette même faculté, et l'on va jusqu'à chercher querelle et à provoquer les autres. L'instinct de sa propre défense est commun aux hommes et aux animaux. On accuse certains animaux, dit Gall, de manquer de courage, parce qu'ils se montrent craintifs dans les cas où ils se voient assaillis par une force supérieure. Dans cette manière de voir, il n'existerait en général que de la témérité, et nulle part du véritable courage. Parmi les *carnassiers*, le chien est sans contredit l'un des plus courageux. Tant qu'il n'a point éprouvé la supériorité du lion, du tigre et du bison, *il les attaque sans balancer*; mais échappé à ce combat inégal, qui l'expose à une mort presque certaine, il fuit à l'approche de ces redoutables animaux. Le lièvre, le pigeon et d'autres animaux ne sont nullement craintifs, comme on le croit. Voyez-les se battre les uns contre les autres; ils se blessent, ils s'arrachent des lambeaux de peau; leur combat est quelquefois très acharné. Les animaux carnassiers n'ont pas plus de courage que les frugivores. Les chasseurs n'ignorent pas que le loup, à moins qu'il ne soit excité par la faim, prend la fuite à l'approche du moindre danger. Le tigre, qui est d'une force incroyable, armé de dents et de griffes, à l'attaque inopinée duquel rien ne résiste, manque d'un courage soutenu. A peine un troupeau de buffles le voit-il arriver à pas de loup que le taureau chef de la famille se détache, présente le combat au tigre, et d'ordinaire en est vainqueur. Le courage du chamois et du bouquetin sont connus; les chasseurs en sont souvent victimes. Si les animaux de proie, armés comme ils le sont, de griffes et de dents, étaient doués encore d'un courage téméraire, rien ne pourrait leur résister; mais il n'y a d'ordinaire que la faim qui puisse leur faire risquer quelque coup hardi.

L'instinct de la propre défense est donc un instinct commun à tous les animaux; mais il n'est pas également actif dans toutes les espèces. Certaines espèces vivent en paix et en société; d'autres, au contraire, non contentes de repousser les attaques, sont en guerre éternelle avec leur propre espèce et avec les autres.

Les individus de toutes les espèces diffèrent entre eux relativement au courage, selon que l'organe de la défense de soi-même et de sa propriété est plus ou moins développé chez eux. Il y a de gros et de petits chiens qui évitent tous les combats; il y en a d'autres qui ne demandent qu'à se battre, et qui attaquent avec audace le sanglier écumant de rage et le taureau furieux. Il y a des oiseaux très-courageux et querelleurs; il y en a d'autres qui sont très timides. Le milan prend la fuite lorsqu'il se voit aux prises avec quelque corbeau. Parmi les *rongeurs*, il n'y en a pas qui égale le hamster pour le courage et même pour la témérité, tandis que le cochon d'Inde, qui est de la même taille, est très-pacifique et très-craintif. Une telle différence de mœurs chez les animaux ne peut s'expliquer que par une disposition innée, et conséquemment que par l'organisation. C'est un fait positif que l'on ne peut dresser pour le combat un chien d'un naturel poltron. Un jeune chien inexpérimenté peut bien, semble-t-il, témoigner d'abord de la crainte; mais à peine sera-t-il familiarisé avec le danger que ce sera un chien de combat tout formé. Lorsqu'un troupeau d'animaux sauvages se trouve menacé de quelque danger, c'est toujours le plus entreprenant qui se met à la tête; c'est toujours le mâle le plus courageux qui est le conducteur des troupeaux de bisons et de chevaux sauvages. Les mêmes différences ont lieu dans l'espèce humaine. Le penchant pour les rixes et les combats se manifeste souvent dès l'âge le plus tendre, indépendamment de l'influence de l'éducation.

Nous devons faire observer cependant, que l'influence des circonstances extérieures peut produire, spécialement sur l'homme, des résultats qui ne sont pas en rapport direct avec les prédispositions des individus. Les actes chez l'homme ne sont jamais l'effet d'une seule faculté mise en action, de l'activité d'un seul organe; mais elles sont le résultat de l'influence réciproque de toutes ses facultés. Ainsi, un organe naturellement très-faible peut être excité à une action plus énergique par des boissons stimulantes, par l'exemple, par l'espoir des distinctions, par l'amour de la gloire, par la nécessité même de se tirer d'un danger imminent; Mais, malgré cela, il y aura toujours une différence notable entre les individus *naturellement* courageux et ceux qui ne le sont que *par circonstance*. L'instinct de la propre défense peut se trouver surexcité dans un individu indépendamment de toutes les autres facultés, et cette excitation peut dégénérer en monomanie. Les exemples de cette espèce d'aliénation mentale sont malheureusement très-fréquents.

Il y a des peuples qui sont plus portés aux combats et à la guerre que d'autres. Cette différence est due au climat, et surtout à l'organisation particulière des habitants du pays. Ceux qui admettent l'influence du physique sur le moral, croient encore généralement que c'est à la vigueur et au développement du cœur que l'homme et les animaux doivent leurs prédispositions au courage. D'autres pensent que le courage naît du sentiment de la force. Le cœur est un muscle destiné à la fonction principale de la circulation du sang; des observations récentes ont prouvé qu'il n'est pas vrai que les espèces timides et faibles aient un cœur plus petit que les espèces courageuses. Le cœur du lièvre est beaucoup plus volumineux que le cœur du chat. Que si dans nos vives affections les fonctions du cœur se trouvent troublées, il en est de même de la couleur du visage et de la force des jambes, et l'on ne s'est pas avisé de placer dans la couleur du visage ou dans la vigueur des jambes le siège du courage. Quant au sentiment de la force, c'est encore une opinion démentie par les faits. Il y a des hommes très-forts, et qui sont non-seulement pacifiques, mais très-craintifs; et l'on voit, au contraire, des hommes très-grêles et très-faibles qui sont excessivement querelleurs et courageux.

Le penchant au combat et le courage ne sont pas la même chose que le penchant à la cruauté et au meurtre. Les lâches et les poltrons sont ordinairement cruels, si le hasard les rend victorieux et leur donne la force dans les mains.

Le courage qui résulte de l'activité de l'organe de la propre défense est celui qui fait le bon militaire. Ce courage se manifestera d'autant plus facilement que l'individu manquera de circonspection, qualité qui résulte également d'un organe particulier qui est dans le cerveau. Les étourdis courageux sont les plus propres à l'assaut, ou à engager un combat; ils s'exposent sans calculer le danger et sans en tenir compte. Ils sont aussi qui ordinairement les premiers le combat dans une émeute ou dans les révolutions. La *peur* est une affection, un saisissement de l'organe de la propre défense. On peut être habituellement courageux et ressentir, éprouver de la peur, si le danger paraît évident. La *poltronnerie*, au contraire, est une disposition permanente dans un individu. Le poltron a peur quand même il reconnaît qu'il n'y a point de danger imminent pour lui.

Il y a un genre de courage, le *courage civil*, beaucoup plus rare malheureusement que le *courage militaire*, qui ne vient pas de l'instinct de la propre défense, mais qui a sa source dans la fermeté du caractère. Les phrénologistes ont reconnu que le caractère de l'homme, la fermeté, la persévérance dans une entreprise ou dans une opinion adoptée, résultent d'une organisation particulière du cerveau. C'est cette qualité qui engendre les martyrs politiques et religieux. Des hommes ainsi organisés sont inébranlables dans leurs opinions et dans leurs résolutions: on les appelle *courageux*; ils sacrifient tout, la vie même, plutôt que de se plier à la volonté des autres. Cette qualité forme les grands hommes ou les grands criminels, selon que les idées, les opinions ou les actions se portent sur des choses bonnes ou mauvaises, justes ou injustes, et souvent aussi selon le résultat bon ou mauvais que l'on en obtient. Dr FOSSATI.

Le *courage civil* s'entend et se dit, par opposition à la *bravoure militaire*, de la fermeté d'âme dont on fait preuve dans l'exercice des fonctions publiques, et même dans certains actes de la vie privée. On distingue le *courage civil* du *courage militaire*; car ces deux sortes de courage different, et il est rare de les trouver réunis. Il résulte même de l'expérience qu'en général le courage militaire est plus facile au citoyen que le courage civil au guerrier. Custine, qui dans les combats avait bravé vingt périls, pâlit devant l'échafaud. A la guerre tout se réunit pour inspirer la bravoure, et l'on donne la mort moins pour tuer que pour se défendre. Mais un grand caractère dans l'adversité est plus héroïque, et nous sommes de telle nature, a dit Sénèque, qu'il n'y a rien au monde qui se fasse autant admirer qu'un homme qui sait être malheureux avec courage. Plusieurs exemples de courage civil ont été donnés durant nos révolutions politiques. Simoneau, maire d'Étampes, assailli sur la place publique par une multitude furieuse, qui pille le blé et veut lui faire réduire le prix du pain, offre sa vie et se laisse massacrer plutôt que de manquer à son devoir. Bailly, maire de Paris, proclamant la loi martiale, pour obéir à un décret rendu la veille, et condamné bientôt à mort pour avoir fait tirer sur les attroupements, est martyr de la légalité, et ne « tremble que de froid » en subissant les plus cruelles avanies. Louvet, dans son accusation contre Robespierre, défend avec un grand courage politique le parti de la Gironde. Danton, paresseux et insouciant de la vie, sait mourir en digne chef de tribuns, tandis que Maximilien Robespierre, qui a voulu mourir comme Tibérius, et n'a pu se tuer d'un coup de pistolet, est réduit à être porté sur l'échafaud, léchant piteusement la blessure qu'il s'est faite. Lanjuinais, arraché violemment de la tribune nationale par Legendre, s'écrie, en faisant allusion à l'ancien état de son collègue : « Fais décréter que je suis un bœuf, et tu auras le droit de m'assommer! » Boissy-d'Anglas, président la convention lorsque le peuple de prairial lui présente à baiser la tête encore fumante de Féraud, salue avec respect ce trophée sanglant, et, par son intrépide et noble contenance, fait reculer les meurtriers. Laya, faisant représenter le 2 janvier 1793 l'*Ami des Lois*, et Marie-Joseph Chénier proclamant sur le même théâtre, sous la dictature de la Terreur, cette maxime accusatrice : *Des lois ont du sang!* eurent sans doute dans ces temps de péril un courage civil qui mérite d'être honoré.

Le courage civil n'est pas étranger non plus aux femmes françaises, et Mlles de Sombreuil et Cazotte, Mmes Roland et Lavalette, en ont laissé de glorieux témoignages. Mme de Sainte-Amarante et sa fille, jeune et belle personne âgée de moins de dix-huit ans, montrèrent tant de fermeté devant le tribunal révolutionnaire, que le farouche Fouquier-Tinville en fut comme frappé d'incrédulité, et voulut aller les voir monter sur l'échafaud pour s'assurer si elles conserveraient leur caractère jusqu'à la mort. Mme la duchesse d'Angoulême, dont Napoléon a dit qu'elle était le *seul homme de sa famille*, déploya à Bordeaux, en avril 1815, une grande fermeté, qui tenait plutôt du courage civil que du courage militaire. Il ne suffit pas non plus de savoir donner ou recevoir la mort sans peur, pour exercer le courage civil, car les assassins et les scélérats pourraient réclamer les honneurs de la vertu; mais il faut que l'acte de courage ait un objet louable et des moyens honorables. Nous ne saurions appeler grande et courageuse l'action par laquelle une jeune paysanne espagnole but d'un vin empoisonné et ne craignit pas d'en faire périr son enfant pour inspirer de la confiance à un détachement de soldats français qu'elle empoisonna presque tous par la même boisson. Ce n'est pas là, selon nous, du *courage civil*; c'est une haine fanatique de l'étranger, qui n'a produit qu'un multiple assassinat, et n'a point sauvé la patrie. Chaque peuple a ses héros de courage civil. L'Angleterre, ce pays classique de l'esprit public, où il peut soutenir la comparaison avec le patriotisme antique, nous offre parmi les beaux exemples de courage civil la conduite de John Hampden, qui en 1636 refusa la *taxe de mer*, demandée par Charles Ier, et se laissa accuser de trahison plutôt que de se soumettre à des illégalités d'impôts qui menèrent à la république. PARENT-RÉAL.

COURANT. Pris dans son acception la plus générale, le mot *courant* exprime le transport ou mouvement progressif d'un fluide quelconque suivant une direction droite ou courbe. Les fluides sont soumis à des lois constantes d'équilibre; et quand, par une cause accidentelle ou régulière, leurs molécules ont été écartées de cette position normale, elles tendent sans cesse à y revenir. Les courants peuvent donc être produits, ou par une force perturbatrice de ces lois d'équilibre, ou par celle qui les maintient : ainsi, l'attraction du soleil et de la lune détermine le phénomène des marées, qui sont réellement l'effet d'un courant; un abaissement ou une élévation considérable de température en un point de l'atmosphère occasionne les vents; enfin, c'est la gravité qui fait glisser les eaux des sources sur les terrains inclinés, les réunit en rivières, en fleuves, et les conduit jusqu'à la mer. Quand une partie d'un fluide se trouve sous l'influence de forces qui n'agissent pas sur toute sa masse, il s'établit un courant partiel, comme on en rencontre souvent dans l'Océan.

Voici l'énoncé des principaux phénomènes qui ont révélé l'existence de ces courants : les navires qui se rendent d'Europe aux Antilles ou au Brésil, en se tenant sous la zone où soufflent les vents alizés, se trouvent toujours en avant de leur estime, comme si un courant équinoxial d'orient en occident, contraire au mouvement de rotation de la terre, ajoutait son effet à la vitesse de movr pour leur faire parcourir plus rapidement leur route. Si ces navires traversent l'archipel des Caraïbes par la baie de Honduras, puis sortent par le canal de la Floride et celui de Bahama pour retourner dans l'Océan, ils sont pris en effet entraînés par un rapide courant qui suit les contours des terres comme un immense fleuve, remonte jusqu'à la hauteur du banc de Terre-Neuve, et se perd enfin au milieu de l'océan Atlantique. Dans la mer des Indes, on trouve aussi des courants qui pendant six mois se portent à l'ouest, et à l'est pendant les six autres mois de l'année. En un mot, dans toutes les parties des deux océans, sur les côtes, dans les détroits, on a pu observer de ces mouvements progressifs de la mer, et les physiciens en ont cherché les causes.

De la raison bien connue des marées on a voulu conclure d'abord que l'attraction des astres pouvait produire tous les courants de la mer; puis, quand de nouvelles expériences ont éclairé la science et démontré l'insuffisance et la fausseté de cette explication, on les a attribués à la même cause qui engendre les vents, nous voulons dire la dilatation des fluides sous les feux du soleil. Enfin, de savants géomètres ont cru la voir principalement dans le mouvement de rotation de la terre, qui laissait en arrière, suivant une direction tangentielle, les eaux de sa surface. Alors, on répugnait à l'idée que le vent, qui n'est autre chose qu'un mouvement d'une partie de l'atmosphère, pût agir avec assez de force pour transporter au loin une masse aussi considérable d'eau ; on croyait qu'il ne pouvait produire sur la surface de la mer que des ondulations sans transport de vagues, ainsi qu'un archet fait vibrer les cordes d'un violon Les mathématiques, qui, dans leur application à la physique, démontrent tout ce qu'on veut, parce que les bases qu'on leur donne sont aussi flexibles que la volonté de l'homme, les mathématiques vinrent appuyer ce système, et le rendirent presque général.

Sans entrer dans de plus grands détails sur les explications qu'on a données des courants de la mer, nous allons énumérer les causes qu'on reconnaît aujourd'hui comme pouvant agir efficacement : 1° une attraction ou impulsion extérieure ; 2° la fonte périodique des glaces des pôles ; 3° une différence de température et de salure ; 4° l'inégalité d'évaporation sous diverses latitudes. De toutes les causes que nous venons d'énoncer, et dont l'influence peut avoir lieu simultanément ou séparément, nous considérons les deux premières comme les plus puissantes, l'action des autres n'étant que secondaire et à peine constatée : elles suffisent du reste à expliquer presque tous les phénomènes. Indépendamment des effets de l'attraction, qui produit les marées, il est certain que l'air peut produire un transport considérable des eaux de la mer, car on remarque dans toutes rades un abaissement ou une élévation très-sensible de niveau toutes les fois qu'il a régné un vent fort sur la côte. Le soleil, dans son oscillation annuelle entre les deux tropiques, détermine, sous la zone torride et à plusieurs degrés au delà, des vents d'est connus sous le nom d'*alizés* : l'action de ces vents est constante et opère sur l'immense étendue d'eau qui sépare l'Afrique de l'Amérique ; elle amoncelle sur les côtes orientales de ce dernier continent une énorme quantité de vagues, qui, cherchant à se mettre en équilibre d'après la loi des fluides, suivent les contours de la côte du Brésil et de Darien, et vont s'entasser dans la baie de Honduras, d'où elles se précipitent dans le golfe du Mexique par le petit détroit qui sépare l'Yucatan de l'île de Cuba. Là, réunies à l'immense colonne d'eau que versent chaque année dans ce golfe les grands fleuves de l'Amérique du Nord, elles débouchent par le canal de la Floride, contournent la pointe méridionale de cette terre, remontent par le nouveau canal de Bahama, en suivant les inflexions de la côte, et s'inclinant à l'est à la hauteur du banc de Terre-Neuve, se dirigent vers les côtes de l'Europe. Ce courant, connu sous le nom de *Gulf-Stream* (courant du golfe), paraît se bifurquer à la hauteur des Açores. L'une des branches descend vers le Sud, côtoie les rivages de l'Afrique, après avoir fourni les eaux nécessaires à l'alimentation de la Méditerranée, et va rejoindre le courant équinoxial ; on a calculé qu'une molécule d'eau mettrait deux ans et huit mois à parcourir cet espace. L'autre branche semble se diriger vers le Nord, en baignant les côtes de France, entre dans la Manche, remonte dans la Baltique et la mer du Nord, et quelquefois dépose sur les rives de l'Islande et de la Norvège des productions du Brésil et des Antilles, ou des débris de navires naufragés sur les écueils du golfe de Gascogne et de l'Amérique. Un courant équinoxial analogue existe aussi dans la mer Pacifique, mais il n'a pas encore été constaté d'une manière aussi certaine.

L'impulsion du vent explique encore très-bien les courants qu'on a trouvés dans la mer des Indes ; car ils suivent dans toutes leurs variations la même loi que les *moussons*. Près des plages où de grands fleuves déversent leurs eaux, les vagues de l'Océan se trouvent refoulées, et il s'établit des courants partiels d'eau douce qui s'étendent plus ou moins loin dans la mer : ainsi, sur les rivages de la Louisiane, le Mississipi, l'Orénoque, et la rivière des Amazones, le long des côtes du Brésil, produisent des courants que l'on peut reconnaître, à plusieurs lieues au large, par les troncs d'arbre ou autres débris de végétation qu'ils entraînent dans leur course.

Enfin, la fonte des glaces donne une raison satisfaisante des courants polaires ; car ce changement d'état partiel de la mer accumule près des pôles une masse d'eau fort considérable ; il y a donc inégalité de pression et nécessité d'écoulement dans le fluide. C'est surtout dans les mers australes que l'on peut reconnaître ces courants ; là les énormes glaçons qu'ils charrient ne sont pas arrêtés par les terres, comme près du pôle arctique.

Quand on examine une rivière ou un fleuve, on distingue aisément que la vitesse de ses eaux n'est pas la même dans toute sa largeur ; elle est plus grande au milieu, ou, comme l'on dit, dans le lit du courant, que près des bords. Les molécules liquides, en heurtant les rives, perdent une partie de leur mouvement et changent de direction en ricochant les unes contre les autres ; alors on voit se former une multitude de petits tournoiements ou tourbillons ; en quelques endroits plus circonscrits, l'eau reste presque en repos. Le même effet a lieu dans les courants de la mer ; la vitesse des molécules est plus grande dans le fil de l'eau que sur les bords ; car ici le choc des particules en mouvement contre celles qui sont en repos occasionne une perte de vitesse et un changement de direction. Le Gulf-Stream présente ce phénomène à un haut degré : dans le nouveau canal de Bahama, où sa vitesse est très-grande, la mer est clapoteuse sur ses bords, blanche et couverte d'écume, comme si elle brisait sur des récifs. C'est ainsi que très-souvent, à une certaine distance des côtes, les marins reconnaissent des lits de courant.

Le seul moyen qu'on ait de bien constater l'existence des courants en pleine mer, c'est de comparer les observations astronomiques avec l'estime de la marche du navire, et l'on sait combien cette méthode est imparfaite ; toutes les idées que les physiciens ont émises pour déterminer la direction et la vitesse sont inapplicables : il est fâcheux pour la navigation que l'on ne soit pas plus éclairé à cet égard. Le Gulf-Stream est sans contredit de tous ces courants celui qu'on a le mieux étudié, et qui est le mieux connu aujourd'hui ; et cependant chaque jour il arrive des faits qui déconcertent le navigateur le plus expérimenté. L'étude de ce courant a fait naître l'idée d'une nouvelle navigation par le thermomètre. Les eaux échauffées par le soleil des tropiques conservent longtemps une température supérieure à celle de l'Océan, au milieu duquel coule ce courant comme un vaste fleuve d'eau chaude ; on a donc proposé de déterminer la position du navire quand il se trouve dans le courant par la différence observée de la chaleur des eaux et de celle de l'air ambiant ; mais il ne faut se servir de ce moyen qu'à défaut d'autres. Du reste, la connaissance que nous avons de ses limites n'est guère fondée que sur des indices ; on n'en retrouve plus la trace quand il s'est élargi au milieu de l'Océan. Qu'on juge d'après cela de la valeur de l'opinion d'un de nos géologues les plus distingués, qui attribue en partie la différence des températures de l'Europe et de l'Amérique sous des latitudes égales à la chaleur communiquée aux côtes de l'Europe par les eaux de ce courant. Nous le répétons, on n'a pas encore constaté exactement l'étendue de sa course, on ne la connaît guère que par induction, d'après les débris de végétation américaine trouvés sur les côtes de l'Europe et de l'Afrique. C'est ainsi qu'on a expliqué la découverte sur le rivage de l'Écosse d'une partie de la carcasse du vaisseau anglais le *Tilbury*, incendié près de la Jamaïque. On prétend aussi que c'est la vue de productions étrangères et de deux cadavres indiens apportés par ce courant qui a révélé à Christophe Colomb l'existence d'un nouveau monde. Nous rapportons cette opinion sans y ajouter foi.

Quelquefois des courants contraires existent l'un à côté de l'autre, et semblent se frotter : ainsi ; à droite et à gauche du Gulf-Stream, on trouve un courant opposé qui porte vers le canal de Bahama. On dit encore qu'il règne des courants sous-marins dans certains parages, et c'est par ce moyen que l'on a voulu expliquer le niveau constant de la Méditerranée, malgré la quantité d'eau que lui verse l'Océan, comme si l'évaporation ne suffisait pas à le maintenir. On peut en démontrer théoriquement l'existence ; ils donnent même une raison de la basse température des eaux profondes de la zone torride ; mais tout ce que l'on sait à leur égard est basé sur ce fait qu'on a cru retrouver sur les côtes de

France les débris d'un navire naufragé et coulé bas près de l'Afrique.
Théogène PAGE.

Afin d'étudier la direction et la vitesse des courants de la mer, divers navigateurs, à partir de 1763, mais surtout depuis 1818, ont pris le parti de jeter à la mer un corps léger qui, flottant à sa surface, se laisse entraîner par le courant général des eaux. Ordinairement on emploie dans un tel but une bouteille vide et bien cachetée, dans laquelle est un billet où l'on indique en quel lieu et à quelle date elle a été jetée à la mer. Convaincu de l'utilité qu'auraient un jour de pareilles expériences, M. Daussy a commencé par en rassembler quatre-vingt-dix-sept des plus irréprochables, et il y a joint une carte dans laquelle se trouve indiqué l'itinéraire qu'ont dû suivre ces corps flottants jetés à la mer. Il a eu soin de tracer la ligne la plus droite possible entre le point de départ et le point d'arrivée, sans jamais empiéter sur la terre ferme. Il s'est de la sorte assuré que les courants se dirigent de l'est à l'ouest entre les tropiques, et au contraire de l'ouest à l'est dans les latitudes les plus élevées. Et quant à la vitesse de ces corps qu'entraînent les courants, elle a toujours paru être de deux à trois lieues ou de cinq à huit milles anglais en vingt-quatre heures ; ce qui s'accorde assez exactement avec des calculs antérieurs de MM. Fleuriau, Borda, Alexandre de Humboldt, et de l'amiral Roussin. Quelques personnes n'ont pas hésité à attribuer les courants de la mer à l'influence du magnétisme terrestre : le fait est qu'un physicien est parvenu à faire mouvoir de petites masses d'eau en les soumettant à l'action de l'aimant. Il s'en est trouvé d'autres qui ont cherché à expliquer ces courants par la rotation de la terre.
D' Isidore BOURDON.

COURANTE. C'était une danse vive qui s'exécutait rapidement sur un air d'une mesure triple ou à mouvement ternaire, noté ordinairement de blanches triples, avec deux reprises que l'on recommençait chacune deux fois. Elle se composait ordinairement d'un temps, d'un pas, d'un balancé et d'un coupé, quelquefois aussi on en sautait le pas. Il y avait des *courantes simples* et des *courantes figurées*, qui se dansaient toutes à deux personnes. La *courante* et la *sarabande* sont les deux danses qui ont eu le plus *cours* autrefois en France. Molière quelque part a fait entrer ce mot dans une expression comique et burlesque, en faisant dire au personnage d'une de ses comédies : *ma franchise a dansé la courante*, pour dire : j'ai perdu ma franchise. Cette danse passée de mode aujourd'hui ; mais par analogie on en a transporté le nom dans le langage bas et populaire, pour exprimer ce que les médecins appellent *flux de ventre* ou *diarrhée*.
E. HÉREAU.

COURANT ÉLECTRIQUE. Voyez ÉLECTRICITÉ.

COURBARIL (Bois de). Le courbaril est un arbre résineux, du genre *hymenæa*, de la famille des papilionacées. Il croît dans l'Amérique méridionale, l'Éthiopie et les Indes. Son bois, recouvert d'une écorce épaisse, rugueuse, rousse ou noirâtre, est très-dur, solide, prenant médiocrement le poli, et très-durable. Sa couleur est un rouge d'abord très-pâle, veiné de brun ; le tout finit, par l'exposition à l'air, par passer au rouge brun. Il peut s'employer l'ébénisterie ; il nous arrive en billes, en poutres, en bûches et en planches.
PELOUZE père.

COURBATURE. Les pathologistes désignent sous ce nom un sentiment de lassitude douloureuse dans tout le corps, qui porte à désirer le repos pour réparer ses forces. La courbature n'est le plus souvent qu'une indisposition de peu de durée ; dans quelques cas elle est le prélude d'une autre maladie plus ou moins grave. Considérée comme simple indisposition, elle a pour causes les plus ordinaires des excès de tout genre, des veilles, des passions vives, un exercice violent, des écarts de régime, l'exposition subite au froid ou au chaud. L'invasion est ordinairement prompte ou même immédiate. Les symptômes sont fatigue générale, malaise et brisement dans tout le corps, souvent mal de tête, difficulté des mouvements, une sorte de paresse physique et morale, insomnie ou sommeil agité, perte de l'appétit, sécheresse, quelquefois amertume de la bouche, accélération passagère et plénitude du pouls, répartition inégale de la chaleur, couleur foncée de l'urine, quelquefois aussi nausées et vomissements. Ce sont les douleurs sourdes dans les bras, les jambes, le dos, et dans tous les organes musculaires de l'appareil locomoteur, qui font naître l'idée que ces parties souffrent comme si elles avaient été brisées, contuses et frappées à coups de bâton, et qui forcent les malades à éviter le mouvement, à garder le repos le plus absolu, les membres étant fléchis sur eux-mêmes, et sur le tronc, recourbé lui-même en avant. C'est à cette courbure générale de tout le corps (*curvatura*) que les étymologistes ont attribué l'origine du mot *courbature*. La durée de cette indisposition est ordinairement de douze à vingt-quatre heures, rarement de deux ou trois jours. Quelques heures de sommeil suffisent souvent pour dissiper tous les symptômes. La diète et le repos, l'usage de boissons rafraîchissantes ou légèrement diaphorétiques, suivant les saisons, la température convenable de la chambre, sont les seuls moyens qu'on doive prescrire. On pourrait cependant être obligé de recourir à des saignées, soit générales, soit locales, chez les individus jeunes et adultes des deux sexes, d'une constitution robuste, pléthorique, surtout si les maladies régnantes avaient un caractère inflammatoire grave. Quelquefois un bain tiède pris avec précaution achève la guérison.
L. LAURENT.

COURBE. A la première page de la plupart des traités modernes de géométrie élémentaire, on trouve cette définition : *Une ligne courbe est celle qui n'est ni droite ni composée de lignes droites.* Mais d'un côté cet énoncé ne renferme qu'une propriété négative, et de l'autre on sait combien est peu satisfaisante la définition de la ligne droite. C'est ce qui balancé dire d'Alembert : « Peut-être ferait-on mieux de ne point définir la ligne courbe ni la ligne droite, par la difficulté et peut-être l'impossibilité de réduire ces mots à une idée plus élémentaire que celle qu'ils présentent d'eux-mêmes. » Bien persuadés que nul ne confondra l'idée de ligne courbe avec celle de ligne droite ou de ligne brisée, disons donc seulement que l'on divise les courbes en deux catégories, suivant qu'elles sont ou ne sont pas contenues dans un plan. Occupons-nous d'abord des premières ou *courbes planes*.

Quoique plusieurs géomètres anciens aient fait sur certaines courbes, et particulièrement sur les sections coniques de beaux travaux, ce n'est qu'à l'emploi des coordonnées introduit par Descartes que remonte l'essor prodigieux qu'a pris l'étude de cette branche des mathématiques (*voyez* APPLICATION). Mais une fois qu'il fut démontré que toute courbe plane dont la génération est connue peut-être représentée par une équation, on put employer l'analyse à découvrir les propriétés des lignes, et tirer ensuite parti de ces propriétés pour la solution des problèmes de mécanique, d'astronomie, de navigation, etc.

La méthode de Descartes, et ce n'est pas un de ses moindres avantages, a permis de classer les lignes d'une manière rigoureuse. On les divise d'abord en deux sections : suivant que l'équation d'une courbe est algébrique ou transcendante, la courbe est elle-même algébrique ou transcendante. Les équations des *courbes algébriques* peuvent toutes être ramenées à la forme

$$Ay^m + (Bx+C)y^{m-1} + (Dx^2+Ex+F)y^{m-2}+\ldots\ldots=0.$$

On classe les lignes algébriques d'après le degré de leur équation. Ce mode serait défectueux s'il pouvait arriver qu'en changeant les axes ou les coordonnées, le degré de l'équation changeât ; mais nous savons qu'il n'en est pas ainsi. Se fondant sur ce que l'équation du premier degré représente que des lignes droites, Newton appelait *courbes du premier genre* celles dont l'équation est du second degré, *courbes* du *second genre* celles dont l'équation est du troisième degré, etc. Aujourd'hui une courbe du $m^{ième}$ degré est celle dont l'équation est du degré m.

Les courbes du second degré sont les sections coniques, savoir l'hyperbole, la parabole, et l'ellipse, dont le cercle n'est qu'un cas particulier.

Sous le titre d'*Enumeratio linearum tertii ordinis*, Newton a donné une classification des courbes du troisième degré, qu'il a distribuées sous quatorze divisions contenant soixante-douze espèces, auxquelles Stirling et Cramer en ont ajouté, l'un quatre et l'autre deux, ce qui donne en tout soixante-dix-huit espèces bien distinctes. De Gua remarque même que ce nombre pourrait être augmenté si on partait de caractères spécifiques autres que ceux qu'a choisis Newton. Dans tous les cas, ce nombre ne doit pas étonner; car l'équation générale de ces courbes,

$$Ay^3 + (Bx+C)y^2 + (Dx^2+Ex+F)y + Gx^3 + Hx^2 + Kx + L = 0$$

renferme dix coefficients, et on conçoit que, suivant les relations qui existent entre eux, cette équation représente bien des lignes différentes. Dans le nombre de ces courbes, on compte les deux paraboles cubiques, la cissoïde, le *folium* de Descartes, etc.

Dans son *Introductio in analysin Infinitorum*, Euler porte à plus de 500 le nombre des espèces de courbes du quatrième degré : les plus célèbres sont la conchoïde, la cassinoïde, la lemniscate, etc. On ne s'est pas donné la peine de les énumérer toutes, et encore moins dans les ordres supérieurs, où leur nombre doit augmenter de plus en plus rapidement. D'ailleurs l'état de la science ne permet pas de discuter les équations générales d'un degré plus élevé que le quatrième.

Les *courbes transcendantes* ou *mécaniques* viennent se placer ici, car les fonctions qui les représentent se développant algébriquement en séries infinies, ordonnées suivant les puissances croissantes de la variable, on peut regarder ces courbes et leurs équations comme étant de degré infini. Les spirales, la cycloïde, la logarithmique, la chaînette, la sinusoïde, etc., appartiennent à cette classe. Quelques-unes d'entre elles étaient connues des anciens; mais les propriétés de la plupart n'ont pu être étudiées qu'avec les procédés des calculs différentiel et intégral.

Avant de parler des courbes à double courbure, il est nécessaire de dire quelques mots des *surfaces courbes*, c'est-à-dire de celles qui ne sont ni planes ni composées de surfaces planes. En rapportant une telle surface à trois plans coordonnés, on peut la représenter par une équation à trois variables. Ces surfaces se classent comme les lignes, par le degré de leur équation. Il résulte de la certaines relations entre lignes et surfaces du même degré. Ainsi, une équation du premier degré à deux variables représente une ligne droite; de même, une équation du premier degré entre trois variables représente un plan. Ainsi encore, les surfaces du second degré, qui sont l'ellipsoïde, les paraboloïdes elliptique et hyperbolique, les hyperboloïdes à une et à deux nappes, ayant pour cas particuliers la sphère, le cylindre et le cône, ces différentes surfaces ont cette propriété commune de ne pouvoir être coupées par un plan suivant une section conique ou courbe du second degré.

On peut maintenant regarder une *courbe à double courbure*, c'est-à-dire celle dont tous les points ne sont pas situés dans un même plan, comme l'intersection de deux surfaces courbes. Il faut donc, pour caractériser une telle ligne, connaître les équations de ces deux surfaces. Généralement on choisit pour l'une de ces dernières la surface cylindrique qu'engendrerait une parallèle à l'axe des z s'appuyant sur la courbe donnée parallèlement à l'axe des y, et pour l'autre une surface analogue engendrée par une parallèle à l'axe des x. Alors les deux équations sont, l'une indépendante de y et l'autre de

z. L'hélice, la loxodromie, sont les plus simples exemples de courbes à double courbure. La partie de la géométrie qui traite de ces courbes est une des plus ardues. Aussi est-on frappé d'admiration lorsqu'on pense que Clairaut n'avait que seize ans quand il fit paraître ses savantes recherches sur ce sujet difficile. E. MERLIEUX.

COURBEMENT DES BOIS. Vers le milieu du dernier siècle, un carrossier français, voulant remédier à la rareté des bois propres à faire des brancards, des jantes, etc., lesquels sont courbés sur pied par la nature, conçut le projet de faire des roues d'une seule jante, en courbant artificiellement des bois droits d'une longueur suffisante; le procédé réussit. On vit donc des roues d'une seule jante, ou pour mieux dire des roues d'une seule pièce de bois contournée en cercle; cependant l'invention de notre compatriote (Mugueron, en 1783) n'eut pas tout le succès qu'elle méritait : quoique citée dans l'*Encyclopédie méthodique*, avec les éloges qui lui étaient dus, elle fut complètement délaissée, ou à peu près, jusqu'au commencement de ce siècle, où les Anglais la reprirent, et l'exploitèrent en France.

Le procédé du courbement des bois est basé sur le principe de la grande chaleur fait fondre ou amollit les matières résineuses qui sont interposées entre les fibres du bois; en second lieu, cette même chaleur écarte, disjoint les unes des autres les fibres d'un même morceau de bois : aussi est-il digne de remarque que des bois tenus pendant quelque temps dans de l'eau bouillante, et mieux encore dans de la vapeur d'eau, acquièrent une souplesse extraordinaire : on peut les tourner alors, sans qu'ils rompent, comme de la cire molle. Pour courber en cercle, par exemple, une pièce rectiligne de bois, on expose celle-ci dans un bain de vapeur d'eau; après quoi on la fait entrer de force dans une gorge de rigole ou de moule circulaire : on la retire quand on juge qu'elle est suffisamment sèche; alors elle conserve la forme qu'on lui a fait prendre.

Les Anglais pratiquent depuis longtemps une méthode fort simple pour faire prendre au bois telle ou telle courbure; ils choisissent un jeune arbre, le courbent sur pied, et le maintiennent dans cette position jusqu'à ce qu'il ait acquis une grosseur convenable. Si ce procédé est simple, il faut avouer que le résultat se fait attendre un peu trop longtemps. TEYSSÈDRE.

COURBETTE, terme de manége, mouvement que fait le cheval en levant également ses jambes et les rabattant aussitôt. C'est une espèce de saut en l'air, un peu en avant, dans lequel le cheval lève en même temps ses deux jambes de devant en les avançant également, et dès qu'il les baisse, élève celles de derrière, en les avançant toujours également en avant, de sorte que ses quatre pieds sont en l'air en même temps. Les chevaux qui ont trop de feu et ceux qui n'en ont pas assez ne valent rien pour les *courbettes*, ce saut étant le plus difficile et demandant beaucoup de fermeté dans le cavalier et de patience dans le cheval. Un cheval bat la poudre *à courbettes* quand il les hâte trop, qu'elles sont basses. *Rabattre la courbette, terminer la courbette*, c'est poser à terre les deux pieds de derrière à la fois. La *demi-courbette* est une espèce de petite *courbette* dans laquelle le cheval ne s'élève pas autant à la *courbette*. On dit qu'un cheval *fait la croix à courbette* quand il exécute ce saut tout d'une haleine, en avant, en arrière, aux côtés, comme une figure de croix.

Outre les *courbettes* équestres, nous avons aussi les *courbettes humaines*. L'homme, dont l'industrie emprunte à tous et partout, a emprunté au cheval l'art de faire des *courbettes*. Donner une définition exacte de ce qu'on entend par les *courbettes* comme savent les faire certains personnages, serait chose assez difficile. Cependant, je crois que je serais compris en disant que *faire la courbette*, c'est s'incliner devant quelqu'un d'une manière vile et rampante. De nos jours, il se trouve des épines dorsales qui sont merveilleusement aptes à faire la *courbette*, tant est grande la flexibilité dont dame nature les a douées. Les individus qui jouissent de cette heureuse faculté la poussent d'ordinaire extrêmement loin ; ils se tirent on ne peut mieux de ce que nous avons appelé *la croix à courbette* : ils en remontreraient sur ce point au cheval de manége le mieux dressé : au reste, cela leur réussit, car une chose déplorable, mais vraie, c'est que les hommes le plus haut placés sont en général ceux qui ont su faire souvent et à propos le plus de *courbettes*. Pour eux spécialement a semblé se réaliser cette parabole de l'Évangile : Plus ils se sont abaissés, plus on les a élevés.

On confond quelquefois, mais à grand tort, le *salut* avec la *courbette*. Le *salut*, dit l'abbé Roubaud, est une démonstration extérieure de civilité, d'amitié, de respect, faite aux personnes qu'on rencontre, qu'on aborde, qu'on visite. La *courbette* est le témoignage d'une soumission sans bornes. Le *salut* fait ou rendu indique un homme bien élevé, la *courbette* accuse un homme sans cœur. Celui qui ne rougit point de descendre jusqu'à faire des *courbettes* renonce volontairement au noble privilège que Dieu n'a accordé qu'à l'homme :

Os homini sublime dedit, cœlumque tueri
Jussit, et erectos ad sidera tollere vultus.

Édouard LEMOINE.

COURBIÈRE (GUILLAUME-RENÉ, baron DE L'HOMME DE), feld-maréchal prussien, célèbre par sa belle défense de Graudenz en 1807, était né le 25 février 1733, à Groningue, en Hollande, et descendait d'une famille française expulsée à la suite de la révocation de l'édit de Nantes. Son père était major au service des Provinces-Unies. Dès l'année 1747, le jeune de Courbière prit part à la défense de Berg-op-Zoom. Dix ans plus tard il entra en qualité de capitaine-ingénieur au service de Prusse, se distingua en 1758, au premier siège de Schweidnitz, et fut nommé l'année d'après, avec le grade de major, au commandement d'un corps franc, qui finit par présenter un effectif aussi nombreux qu'un régiment, et qui de tous les corps du même genre fut le seul que Frédéric II laissa subsister après la paix d'Hubertsbourg. Général-major en 1780, lieutenant général en 1787, dans la guerre contre la république française, il commandait les gardes, à la tête desquels il se distingua particulièrement à l'affaire de Pirmasens. En 1797 il fut nommé général d'infanterie, et l'année d'après gouverneur de Graudenz, où dix ans après, c'est-à-dire lors de la malheureuse campagne de 1806 et 1807, il sut se maintenir contre toutes les attaques de l'ennemi, qu'il empêcha ainsi de s'établir sur la Vistule, ce qui lors de la paix de Tilsitt valut à Frédéric-Guillaume III la conservation de la Prusse occidentale. Les Français lui ayant fait dire qu'il n'y avait plus de roi de Prusse, que par conséquent sa défense était inutile, il répondit : « Eh bien, dans ce cas-là je me fais roi de Graudenz, et je le garde! » Il mourut en juillet 1811, feld-maréchal, gouverneur de la Prusse occidentale et grand'croix de tous les ordres prussiens, laissant dans l'armée prussienne les plus fâcheux souvenirs, en dépit des nombreuses améliorations matérielles dont elle lui était redevable. En effet, Courbière poussait trop souvent la sévérité jusqu'à la cruauté. La bastonnade, le pilori et le gibet résumaient à ses yeux tout l'art de conduire des soldats ; ce qu'explique jusqu'à un certain point le commandement d'un corps franc dont il avait été si longtemps chargé à l'époque de la guerre de sept-ans, et pendant lequel il s'était trouvé en contact uniquement avec l'écume de l'armée.

COURBURE. C'est la quantité dont un arc de courbe infiniment petit s'écarte de sa tangente. La courbure d'un cercle est évidemment la même en un point quelconque de sa circonférence. La courbure des autres courbes varie au contraire à chaque instant. On mesure la courbure d'une ligne quelconque, en un point donné, par celle du cercle qui lui coïncide en ce point et que l'on nomme *cercle osculateur*. La courbure d'un cercle étant d'autant plus grande que son rayon est plus petit, la courbure d'une courbe en chacun de ses points est en raison inverse du rayon du cercle osculateur. Ce rayon s'appelle *rayon de courbure*. Empruntée aux éléments du calcul différentiel, la formule à l'aide de laquelle on l'obtient est :

$$\gamma = \frac{\mp(1+p^2)^{\frac{3}{2}}}{q},$$

en posant $\frac{dy}{dx} = p$ et $\frac{d^2y}{dx^2} = q$, x et y étant les coordonnées de la courbe. Les applications particulières de cette formule nous apprennent que le rayon de courbure d'une section conique est égal au cube de la normale divisé par le carré du demi-paramètre, que le rayon de courbure de la cycloïde est double de la normale, etc.

La considération du rayon de courbure, qui s'étend aux courbes à double courbure et aux surfaces courbes, est souvent d'une grande importance pratique. Pour n'en donner qu'un exemple, les raccordements des rails-ways se font le plus souvent par des portions de courbe qui ne sont pas des arcs de cercles : il est alors indispensable de tracer ces portions de courbes de manière à ce que leur maximum de courbure ne dépasse pas la limite voulue (*voyez* CHEMINS DE FER).

On désigne sous le nom de *courbure*, dans les sciences médicales et naturelles, soit les inflexions naturelles des diverses parties des corps organisés, soit les déviations accidentelles de celles qui sont normalement droites.

En horticulture, *courbure* est synonyme d'*arcure*.

E. MERLIEUX.

COURCHAMPS (N. COUSEN, *dit* comte DE). Le plagiaire effronté qui se para longtemps de ce féodal pseudonyme se fit il y a quelque vingt ans une réputation auprès des ignorants comme éditeur et auteur présumé des prétendus *Mémoires* ou *Souvenirs de la marquise de Créqui*. Avec bribes et morceaux, avec bons mots et anecdotes entassés dans sa hotte et dans celles de ses pourvoyeurs ordinaires, il a, soi-disant comte Cousen, avait fagotté cette longue et ennuyeuse rapsodie en dix volumes, calomnieusement attribuée à une noble et spirituelle personne, morte bien entendu, indigeste et déplorable ramassis de faits insipides et controuvés. Ces impossibles souvenirs de la marquise de Créqui, écrits d'un ton équivoque et dans un français mondain, furent en ce temps très-littérai et très-poli, comme chacun sait, tenus pour authentiques ou du moins pour spirituels par bien des gens qui donnaient ainsi la mesure de leur savoir et de leur goût. Ce méchant livre eut même deux éditions : il se trouva, vers 1840, un libraire qui eut le triste courage de rééditer, accompagné d'une prétendue correspondance *inédite et authentique* de la pauvre marquise *avec sa famille et ses amis*. Malheureusement toute cette correspondance est supposée. Les possesseurs de ces lettres impudemment cités n'existent pas, et les faits relatés sont démentis par l'histoire, que l'inventeur connaissait mal, à ce qu'il paraît.

Tout cela n'eût point suffi cependant à décréditer l'audacieux imposteur, sans la mémorable aventure qui lui advint au sujet d'un roman-feuilleton volé par lui et vendu comme sien à *La Presse*. Voici l'histoire dans sa comique nudité : le 11 octobre 1841, *La Presse* annonce qu'elle vient d'acquérir un trésor, les *Mémoires du comte de Cagliostro, traduits de l'italien sur les manuscrits originaux*, par un gentil-homme qui livre son nom en garantie de l'authenticité de l'ouvrage ; et elle en commence ce jour-là même la publication par un roman détaché de ces mémoires et ayant pour titre Le *Val funeste*, signé *comte de Courchamps*. Elle continue le 12. Mais le lendemain 13 quel affreux réveil !

Le National contient un article intitulé : *Le vol au roman! Avis au public.* « Toute cette histoire du *val funeste* a été, dit-il, copiée textuellement, y compris les noms de lieux et de personnes, dans un roman du comte Potocki, publié il y a plus de trente ans à Paris et portant pour titre : *Dix Journées de la vie d'Alphonse Van Worden.* » Il engage les amateurs à vérifier ce plagiat effronté. *La Presse* s'émeut de cet *avis au public*, et croit devoir si bien agir que le 15 octobre *Le National* publie un nouvel article intitulé : *Deux exploits.* L'un est du directeur gérant de *La Presse,* l'autre de M. de Courchamps. Le premier, arguant de sa bonne foi, dit que, jusqu'à preuve évidente du contraire, il garde la conviction qu'on annonçant comme *inédits* les *Mémoires de Cagliostro* M. de Courchamps n'a pu se rendre coupable d'*un vol si grossier,* d'*une mystification si insultante,* d'*une si impudente piraterie,* dont *La Presse* pourrait avoir été la victime, mais dont, en aucun cas, elle ne consentirait à être complice. » Le second arrange nous ne savons quelle histoire fantastique, selon laquelle ce serait lui, de Courchamps, qui aurait été volé par Potocki, et non Potocki par de Courchamps. Mais immédiatement à l'article *Le National* démontre sans réplique le flagrant mensonge du prétendu de Courchamps ; et pour convaincre MM. de Girardin et Dujarrier qu'ils ont été victimes dans cette affaire, il termine la bataille par un véritable coup de Jarnac : « Vous avez sans doute à votre disposition, leur dit-il, tout le manuscrit du *Val funeste*; eh bien, soyez de bonne foi : ne faites pas à votre prochain feuilleton plus de changements qu'au dernier, et voici ce que vous allez dire : « J'avais dormi plusieurs heures lorsqu'on vint me réveiller. Je vis entrer un moine de Saint-Dominique, suivi de plusieurs hommes. » Et ainsi de suite, à peu près la valeur de deux colonnes de texte. A l'heure même où cet article paraissait dans *Le National, La Presse* paraissait de son côté avec la suite du *Val funeste*; et tout Paris éclate de rire en y lisant : « J'avais dormi plusieurs heures lorsqu'on vint me réveiller. Je vis entrer un moine de Saint-Dominique, suivi de plusieurs hommes. » Le reste, à deux ou trois mots près, comme dans *Le National.* Toute discussion était impossible.

Quant au comte de Courchamps, au lieu d'aller cacher sa honte à l'autre bout du monde, il resta tranquillement à Paris, et y continua son commerce : *semel mendax, semper mendax.* Mais son audace ne lui réussit plus. On en vint à se demander si, après avoir sur tant de points forfait à la vérité, il ne se serait pas aussi de son autorité privée créé comte et baptisé de Courchamps. Le résultat de cette enquête fut que, nom et titre, tout était encore chez lui d'emprunt. Son seul et véritable nom légitime était *Cousen,* de Saint-Malo, c'est-à-dire né à Saint-Malo.

Le plagiaire depuis lors est-il passé de vie à trépas? Nous l'ignorons, et nous en inquiétons guère. Depuis longtemps le malheureux n'est plus de ce monde.

COUR D'AMOUR. C'était dans le moyen âge le nom de tribunaux composés de dames, la plupart illustres autant par leur naissance que par leur savoir, et dont la juridiction, reconnue par la courtoisie et l'opinion, s'étendait, du midi au nord de la France, sur toutes les questions de galanterie et toutes les contestations que l'amour peut faire naître entre les deux sexes. L'existence de ces tribunaux depuis le douzième siècle jusqu'à la fin du quatorzième est un des témoignages les plus formels des *pouvoirs des femmes,* de leurs privilèges et du respect que nos pères leur portaient. On sait ce que la vénération des Gaulois et des anciens peuples du Nord pour les femmes. Les Germains, au rapport de Tacite, en faisaient des espèces de divinités, entre les mains desquelles ils déposaient toute l'autorité civile et politique. Les Gaules avaient un conseil général de femmes tirées des soixante cantons qui les divisaient. Dans le fameux traité conclu avec Annibal, il fut stipulé que si un Gaulois commettait quelque offense contre un Carthaginois, le coupable serait jugé au tribunal des femmes gauloises. Vers le même temps, les Grecs, après la mort de Démophon, tyran de Pise, avaient également institué un tribunal où siégeaient seize femmes choisies dans les seize villes des Éléens. Postérieurement, à Rome, sous Héliogabale, nous trouvons aussi un sénat de femmes, que Sœmis, sa mère, présidait, et dont les arrêts sur tout ce qui concernait les modes et la galanterie. Il n'est point étonnant de voir ces sortes de tribunaux se reproduire à une époque où l'enthousiasme chevaleresque avait renouvelé l'espèce de culte que les anciens avaient rendu au beau sexe. La galanterie était l'esprit dominant de cette époque; elle faisait le sujet ordinaire de tous les entretiens, et certes la sagacité des dames, à laquelle aucun sentiment du cœur ne peut échapper, devait naturellement être appelée à prononcer sur les questions que peuvent produire l'inconstance, les rigueurs ou les caprices des amants. Telle fut la mission des *cours d'amour,* dont le pouvoir n'exerçait qu'une autorité d'opinion, mais qui néanmoins fut aussi fort et aussi redouté que si, comme la juridiction des hommes, elles avaient en ou mains de ces moyens coërcitifs.

On a beaucoup parlé des cours d'amour sans les connaître, et depuis Martial d'Auvergne, qui, dans le quinzième siècle, composa un recueil de pure imagination, intitulé *Arrêts d'Amour,* commentés sérieusement et très-savamment en langue latine dans le siècle suivant par Benoît de Court, un des plus habiles jurisconsultes de son temps, jusqu'à la dissertation publiée en 1787 par le président Roland, en y comprenant tout ce qu'en ont dit Papon, dans son *Histoire de Provence,* Cazaneuve, de l'*Origine des Jeux Floraux,* l'auteur des arcs triomphaux d'Aix, et même deux écrivains fort recommandables d'ailleurs, Ginguené et Sismondi, on ne trouve rien de satisfaisant, rien de précis sur la composition de ces cours, et moins encore sur les formes qu'on y observait et sur les matières qu'on y jugeait. Lacurne de Sainte-Palaie n'a rien laissé sur cette matière ; aussi l'abbé Millot, paraphraseur spirituel des notes de ce célèbre philologue, paraît-il, dans le discours préliminaire de son *Histoire littéraire des Troubadours,* révoquer en doute l'existence de ces tribunaux. Il appartenait à Raynouard d'éclairer ce point intéressant de notre histoire, à l'aide d'un manuscrit de la Bibliothèque Impériale, qui paraît également avoir connu M. d'Aretin, bibliothécaire à Munich, et dans lequel son auteur, André, chapelain de la cour royale de France, qui vivait vers 1170, fournit sur les cours d'amour des documents d'autant plus précieux qu'ils sont uniques. C'est aussi dans ce manuscrit, intitulé : *De Arte Amatoria et reprobatione amoris,* que nous puiserons principalement les notions suivantes.

Les cours d'amour dont parle André le chapelain, et dont il rapporte un grand nombre de jugements, étaient celles, 1° des dames de Gascogne; 2° d'Ermengarde, vicomtesse de Narbonne, en 1143; 3° de la reine Éléonore d'Aquitaine, mariée en 1137 à Louis dit le Jeune, roi de France, et ensuite à Henry II, roi d'Angleterre; 4° par la comtesse de Champagne, Marie de France, fille de Louis VII; 5° enfin de la comtesse de Flandre, Sibylle, fille de Fouliques d'Anjou, qui épousa en 1134 Thierry, comte de Flandre. Quant aux cours établies en Provence, les détails qui les concernent nous ont été transmis par le vieil historien des troubadours, Jean de Nostradamus, frère du célèbre astrologue et médecin de ce nom, qui cite les cours qui se tenaient à Pierrefeu, à Romanin, à Signes et à Avignon. Il désigne également les dames qui les présidaient, parmi lesquelles on voit figurer la comtesse de Die, qu'on pourrait à juste titre nommer la Sapho du moyen âge, et plus tard la fameuse Laurette de Sade, tant célébrée par Pétrarque. Le plus ancien des troubadours dont les poésies soient parvenues jusqu'à nous, Guillaume IX, comte de Poitiers et d'Aquitaine, qui vivait en 1070, et après lui plusieurs autres de ces poëtes, ont fait souvent allusion à ces cours, qui pour la plupart se composaient d'un grand nombre de dames, comme le prouvent deux arrêts de la comtesse de Champagne, dont l'un est de 1174. Il est de même certain que ces tribunaux se conformaient en général dans leurs décisions aux règles du code d'amour, rapporté en entier par André le chapelain, en 31 articles ; il nous suffira d'en traduire quelques-uns : « Art. 1ᵉʳ. Le mariage n'est pas une excuse légitime d'amour. — 2. Qui n'est pas discret ne peut aimer. — 4. L'amour va toujours en augmentant ou en diminuant. — 5. Point de saveur à ce qu'un amant prend à l'autre sans son consentement. — 7. La viduité biennale est prescrite à l'amant qui survit à l'autre. — 10. L'amour a coutume de ne pas loger dans le domicile de l'avarice. — 14. La facilité de la jouissance en diminue le prix, la difficulté l'augmente. — 19. Si l'amour s'affaiblit, il meurt bientôt ; rarement il se ranime. — 31. Rien ne défend qu'une femme soit aimée de deux hommes, ni qu'un homme soit aimé de deux femmes. »

Parmi les jugements rapportés dans le manuscrit de l'*Art d'Aimer et de la réprobation de l'amour*, on en trouve plusieurs dans lesquels il est fait application de divers articles du code amoureux. Nous nous bornons à celui-ci de la comtesse de Champagne, qui, ayant à prononcer sur cette question : « Le véritable amour peut-il exister entre personnes mariées ? » décide la négative, en conformité de l'art. 1ᵉʳ : « En effet, dit-elle, les amants s'accordent tout, mutuellement et gratuitement, sans être contraints par aucun motif de nécessité, tandis que les époux sont tenus par devoir de subir réciproquement leurs volontés et de ne se rien refuser les uns aux autres. » Elle ajoute : « Que ce jugement, que nous avons rendu avec une extrême prudence, et d'après l'avis d'un grand nombre de dames, soit pour vous d'une vérité constatée. Ainsi jugé l'an 1174, le troisième jour des kalendes de mai, indiction VIIᵉ. »

Quant aux formes observées devant ces tribunaux, il paraît que parfois les parties comparaissaient et plaidaient leur cause, ou qu'elles la faisaient plaider, et que souvent aussi les cours d'amour prononçaient sur les questions exposées dans des suppliques ou débattues dans des tensons. Ces espèces de luttes poétiques étaient souvent soumises au jugement des cours d'amour. « S'ils ne se pouvoient accorder, dit Nostradamus, ils les envoyoyent, pour en avoir la définition, aux dames illustres présidentes, qui tenoyent cour d'amour ouverte et plénière à Signes et à Pierrefeu, ou à Romanin, ou à autres, et là-dessus en faisoyent arrêts. » On trouve en effet dans les poésies des troubadours plusieurs tensons à la fin desquels les interlocuteurs choisissent les cours qui doivent décider la question qui les divise.

Ces tribunaux n'étaient pas toujours exclusivement composés de dames ; des chevaliers y siégeaient parfois. « Dans la cour d'Avignon, dit Nostradamus, se trouvoyent tous les poëtes, gentils-hommes et gentils-femmes du pays. » La cour qui adopta et promulgua le *code amoureux* était composée, au rapport d'André le chapelain, de dames et de chevaliers. Dans les provinces du nord de la France, les cours de Lille et de Tournai, au quatorzième siècle, avaient l'une et l'autre leur *prince d'amour*, charge annuelle, qui, s'il faut en croire Moréri, au mot *troubadour*, avait été alternativement remplie par le roi Richard Cœur de Lion, le roi Alfonse d'Aragon, le dauphin d'Auvergne, le comte de Provence, etc.

Quelques jugements des cours d'amour paraissent avoir été convertis en règlements généraux. C'est ainsi que la cour de Gascogne, dans un arrêt rapporté par André le chapelain, ordonna qu'il serait observé comme constitution perpétuelle. Il paraît également que des arrêts déjà prononcés sur certaines questions faisaient jurisprudence, et que les autres cours s'y conformaient lorsque les mêmes questions se présentaient de nouveau. La reine Éléonore motive un de ses jugements en ces termes : « Nous n'osons contredire l'arrêt de la comtesse de Champagne, qui par un jugement solennel (celui que je viens de rapporter) a prononcé que le véritable amour ne peut exister entre époux ; nous approuvons, etc. » Les parties appelaient quelquefois des jugements d'une cour à une autre, lorsqu'elles étaient l'une et l'autre mécontentes de l'arrêt qui avait été rendu. C'est ainsi que les troubadours Perceval Doria et Lanfranc Cigala eurent recours à la cour des dames de Rómanin contre un jugement de la cour de Signes et Pierrefeu. L'auteur des *Arcs triomphaux d'Aix* rapporte également qu'on appelait des jugements de Signes à la cour souveraine qui se tenait à Romanin.

Tels sont les principaux faits qui se rattachent à l'existence et à l'organisation des cours d'amour, qui, selon Martial d'Auvergne, cessèrent avec la fameuse reine Jeanne de Naples et de Sicile, comtesse de Provence, morte en 1383. Quelque défiance que doivent inspirer les assertions de cet auteur, il est certain qu'après le quatorzième siècle on ne retrouve plus aucune trace de ces tribunaux. A la vérité, le marquis de Paulmy, dans ses *Mélanges tirés d'une grande bibliothèque*, parle d'une *cour amoureuse* tenue, sous le règne de Charles VI, par la belle-sœur de ce roi, grand'mère de Louis XII ; mais d'autres femmes n'y siégeaient pas, et cette société, fermée pour le plaisir, avait en outre pour principal objet de tourner en ridicule tout ce qu'il y a de plus grave et de plus sérieux. Le roi René chercha également à rappeler les usages et les traditions des cours d'amour, en créant, comme dans le nord de la France, pour assister à la fameuse procession de la Fête-Dieu d'Aix, la charge de *prince d'amour*, qui avait entre autres prérogatives le droit d'imposer une amende, nommée *pelote*, à tous ceux, qui se mariaient avec des personnes étrangères au pays ou qui convolaient en secondes noces. Cette charge n'a été supprimée que par un édit du 28 juin 1668. Enfin, on peut regarder comme une dernière imitation des cours d'amour l'assemblée tenue à Ruel par le cardinal de Richelieu, pour examiner une question de galanterie soulevée à l'hôtel de Rambouillet. Cette assemblée, selon les mémoires de la princesse palatine, qui en faisait partie, ainsi que plusieurs dames de première qualité, fut présidée par sa sœur Marie, devenue depuis femme de Sigismond IV, roi de Pologne. Mˡˡᵉ Scudéry y remplit les fonctions d'avocat général, et ce fut sur ses conclusions qu'il fut gravement décidé : « qu'un véritable amant doit être plus occupé de son amour que des sentiments qu'il inspire ». PELLISSIER.

COUR D'ASSISES. *Voyez* ASSISES (Cour d').
COUR DE CASSATION. *Voyez* CASSATION (Cour de).
COUR DES AIDES. *Voyez* AIDES (Cour des).
COUR DES COMPTES. *Voyez* COMPTES (Cour des).
COUR DES MIRACLES. *Voyez* MIRACLES (Cour des).
COUR DES MONNAIES. *Voyez* MONNAIES.
COUR DES PAIRS. *Voyez* PAIRS.
COUR DES POISONS. On appelait ainsi la chambre royale établie à l'Arsenal par lettres-patentes du 7 avril 1679, et contre-signées Colbert, « pour connaître et juger les accusés prévenus de poisons, maléfices, impiétés, sacriléges, profanations, et fausse monnaie, circonstances et dépendances, tant dans la ville de Paris qu'en divers autres lieux du royaume. » Cette commission extraordinaire se composait de huit conseillers d'État, six maîtres des requêtes. La Reynie, lieutenant général de police, et de Bezons, conseiller d'État, furent nommés rapporteurs.

La mort tout à fait imprévue de Mᵐᵉ Henriette avait effrayé la cour sans l'éclairer sur les funestes conséquences de l'impunité d'un si grand crime ; la fille de Charles Iᵉʳ était morte empoisonnée ; aucune poursuite judiciaire ne fut ordonnée pour connaître et punir les coupables. Depuis 1679, les crimes d'empoisonnement s'étaient multipliés avec une effrayante intensité, malgré l'inflexible sévérité des arrêts du parlement. La marquise de Brinvilliers, quoique protégée par une partie du haut clergé et de la magistrature même, avait été condamnée à la peine capitale, et avait subi son arrêt. Hamelin, dit La Chaussée, ancien valet de chambre du chevalier de Sainte-Croix, passé au service de M. d'Aubray, frère de Mme de Brinvilliers et empoisonné par elle, avait péri sur l'échafaud ; ses deux autres complices, l'Italien Exili et le chevalier de Sainte-Croix, auraient sans doute expié leurs crimes sur l'échafaud ; mais le premier était mort en prison, l'autre avait péri en manipulant un poison très-subtil. Deux autres individus impliqués dans la même accusation, *Bastard* et *Le Maitre*, étaient détenus, l'un à la Conciergerie, l'autre à la Bastille, et le parlement instruisait leur procès, quand l'ordonnance royale créa la *chambre des poisons*.

Les révélations de plusieurs empoisonneurs condamnés avaient signalé comme complices de leurs crimes des seigneurs et des grandes dames de la cour ; le maréchal duc de **Luxembourg**, les deux nièces de Mazarin, Olympe et Marie-Anne **Mancini**, duchesse de Bouillon et comtesse de Soissons, étaient gravement compromis. L'abbé Le Sage, condamné et exécuté depuis comme empoisonneur, avait déclaré que Pas, marquis de Feuquières, colonel d'un régiment d'infanterie, lui avait offert 2,000 livres de rentes s'il parvenait à la *défaire* du proche parent d'une demoiselle qu'il voulait épouser, et qui seul s'opposait à ce mariage ; que la veuve du président Le Féron, mort empoisonné, avait, de la part de Mme de Dreux, sollicité la **Voisin** de la *défaire* de deux magistrats, dont l'un, conseiller à la cour des monnaies, avait sauvé la vie à la Voisin, qui n'en fournit pas moins le poison demandé par Mme de Dreux, et reçut pour prix de ce double empoisonnement un collier de diamants évalué à cinq cents écus. Le Sage avait ajouté que la duchesse de Vivonne l'avait consulté sur le moyen de retirer des mains de la Fillastre, autre empoisonneuse, un billet signé d'elle, duchesse de Vivonne, et des duchesses d'Angoulême, de Vitry et de la princesse de Tingry. *Ce billet regardait le roi, et contenait des choses épouvantables.* Mme de Vivonne l'avait supplié plusieurs fois, et les larmes aux yeux, de tout tenter pour *faire revenir ledit papier*; enfin, il l'avait déterminé à écrire sur un bulletin ce qu'elle demandait ; en sa présence il brûla, ou plutôt feignit de brûler ce bulletin, mais il en substitua un autre, et en lisant le dernier billet écrit par Mme de Vivonne il avait appris le secret de cette dame. Cet escamotage du billet brûlé était le moyen qu'employaient ordinairement les fabricateurs ou distributeurs de poison, pour s'assurer la protection de leurs nobles complices. L'abbé Le Sage avait ainsi surpris la confiance du maréchal de Luxembourg et de la duchesse de Bouillon, et sur ce point ses révélations sont parfaitement d'accord avec les interrogatoires du maréchal et de Mme de Bouillon.

La Voisin était la grande entremetteuse dans ces criminelles négociations. C'était presque toujours à elle que s'adressaient les grandes dames et les seigneurs qui voulaient se *défaire de quelqu'un*. Ce fut encore la Voisin qui introduisit la duchesse de Bouillon et le maréchal de Luxembourg chez Le Sage. Un billet écrit par l'un et l'autre fut remis à cet abbé, ficelé et cacheté, puis jeté dans un fourneau et brûlé : ce billet, suivant la promesse du *savant physicien*, devait se retrouver dans une porcelaine chez Mme de Bouillon. Ce n'est pas, mais quelques jours après Le Sage l'apporta lui-même ; il était tel que Mme de Bouillon et le maréchal l'avaient vu jeter dans le fourneau et brûler. Le Sage l'avait lu ; il ne contenait rien de mystérieux ; la duchesse y demandait des nouvelles de son époux absent, et le maréchal, si le duc de Beaufort était mort. Ce billet avait bien tardé à revenir, mais la crédulité des deux no-

bles dupes n'en avait pas été ébranlée. Un second rendez-vous fut pris, un nouveau billet fut écrit par la duchesse : il devait exprimer et exprimait en effet le véritable objet de sa demande ; il fut mis au fourneau comme le premier, mais il ne *revint* pas. Il contenait le secret de la duchesse ; elle voulait se *défaire* de son mari pour épouser M. de Vendôme. Tous les empoisonneurs, prétendus nécromanciens, procédaient de même.

Les procès-verbaux de la cour des poisons constatent d'autres circonstances plus incroyables. Le sacrilège, les blasphèmes, les plus obscènes profanations, se mêlaient à ces préparatifs d'empoisonnement. Une messe était célébrée par ces fabricants de poisons, les abbés Le Sage, Guibourg, aumônier du comte de Montgomery, Davot ; une femme servait d'autel, et, après la consécration, le prêtre sacrilège prononçait la conjuration suivante : « Je vous conjure, esprits, dont vos noms sont dans ce papier écrits, d'accomplir la volonté et le dessein de la personne pour laquelle cette messe est célébrée. » Un billet qui énonçait en termes formels le crime projeté était en effet remis avant la messe, et déposé sur l'autel. Ces messes étaient payées fort cher. L'abbé Guibourg avait reçu 20 pistoles pour une prétendue messe ainsi célébrée dans une mesure à Saint-Denis. La grande dame qui en était l'objet avait envoyé sa femme de chambre à sa place ; ces sortes de substitutions étaient admises sans difficulté.

Au milieu du trouble et de l'émoi qui avaient saisi la cour, on surprit à Louis XIV l'ordonnance de création d'un tribunal d'exception, de cette commission extraordinaire que l'opinion a qualifiée *cour des poisons*. On observa que pour la première fois aucun membre du parlement ne fut appelé dans cette commission extraordinaire. Depuis près de trois années le parlement avait poursuivi sans relâche les fabricants et distributeurs de poisons ; les magistrats qui avaient concouru à l'instruction et au jugement de tous ces procès en connaissaient toutes les ramifications : ils offraient par leurs antécédents toutes les garanties d'une justice prompte, éclairée et sévère. Mais on voulait à tout prix sauver d'illustres criminels. Le roi croyait faire grâce et non pas justice. Il prévint lui-même la comtesse de Soissons qu'elle allait être décrétée d'ajournement personnel, et que si elle ne se sentait pas bien nette du fait des poisons, il lui conseillait *en ami* de pourvoir à sa sûreté. Le maréchal duc de Luxembourg fut absous ; mais le roi l'exila dans ses terres. Son intendant, François Bonnard, avait été jugé ensuite, et condamné à faire amende honorable, la corde au cou, et aux galères à perpétuité. Les comtesses de Soissons, du Roure et de Polignac, étaient accusées d'avoir offert à la Voisin des sommes considérables pour se défaire de Mlle de la Vallière ; la comtesse de Polignac était en outre accusée d'avoir empoisonné un valet de chambre, confident de ses amours, et dont elle craignait l'indiscrétion ; la marquise d'Alluye, d'avoir empoisonné son beau-père. Ces dames ne comparurent pas devant la chambre royale ; elles s'étaient réfugiées en pays étranger. La duchesse de Bouillon, accusée d'avoir voulu empoisonner son mari pour épouser ensuite M. de Vendôme, qu'elle aimait, osa se présenter et tourna ses juges en dérision avec beaucoup d'esprit. Chacune de ses réponses était un sarcasme. Elle n'en fut pas moins acquittée ; elle fit circuler à la cour et à Paris des copies de son étrange interrogatoire, et arrivée en Italie, elle menaça le roi de le faire imprimer.

La duchesse de La Ferté disait après l'exécution de la Voisin : « Dieu lui fasse miséricorde ! elle avait de grands vices, mais elle était toute pleine de petits secrets pour les femmes, dont les hommes devaient lui savoir gré : par exemple, etc.... » J'omets le reste du panégyrique de la Voisin. Mme de La Ferté avait plus d'esprit que de pudeur, et faisait bon marché des convenances bourgeoises. Elle était elle-même impliquée dans cette horrible procédure ;

elle devait être jugée innocente, disait devant le roi et Mme de Maintenon le marquis de Rivière ; la preuve qu'elle n'a jamais empoisonné personne, c'est que je suis vivant, et je suis certain qu'elle ne hait que moi dans le monde... Je présume que sa haine vient de ce qu'un jour je l'assurai de mon profond respect, et qu'un peu auparavant j'avais déclaré ne respecter que les femmes laides et imbéciles ou galantes. » Le roi rit beaucoup. La princesse de Tingry avait été aussi décrétée d'ajournement personnel : elle était accusée d'avoir empoisonné ses enfants. « Je n'aurais jamais, dit Mme de Montmorency, soupçonné la princesse Tingry de galanterie ; sa figure garantissait sa réputation, et si j'étais homme, et que j'eusse une maîtresse comme elle, à coup sûr je ne l'aurais prise que pour ne pas craindre de rivaux. Pour moi, je crois que le diable, qui lui a fait tuer ses enfants, en était le père, et qu'elle s'en est *défaite* pour sauver l'honneur de son amant. » C'était avec cette légèreté cynique que l'on parlait des empoisonnements, dans une cour où chaque famille comptait un accusé ou des victimes. Louis de Clermont, comte de Saissac, figurait aussi dans les révélations de l'abbé Le Sage. Ce fameux empoisonneur avait déclaré que le comte voulait se *défaire* de son frère, le comte de Clermont, et qu'il avait fait travailler chez lui à *des essences dangereuses.* La cour des poisons avait commencé l'instruction de ce procès. Le comte n'avait pas été arrêté, et ce ne fut qu'en 1691, plusieurs années après que cette cour avait été dissoute, qu'il reparut (1691) ; il demanda et obtint une lettre de cachet pour entrer à la Bastille. Il fallut une nouvelle ordonnance pour reconstituer la commission ; elle reprit la procédure commencée onze ans auparavant, ordonna qu'il serait plus amplement informé pendant trois mois ; et ce délai expiré sans que le procureur général eût produit de nouvelles charges, le comte de Clermont-Saissac fut acquitté et mis en liberté le 4 décembre 1692.

On crut avoir assez fait pour arrêter le cours des empoisonnements qui menaçaient toutes les existences, en faisant périr les artisans et marchands de poisons. L'expérience du passé aurait dû convaincre les ministres et le tribunal d'exception qu'ils avaient créé, que d'autres empoisonneurs ne manqueraient pas, tant qu'ils trouveraient de riches complices pour les payer. Si Louis XIV, au lieu de céder à des considérations de personnes, eût laissé le parlement continuer son œuvre de justice et de rigueur contre tous les coupables d'empoisonnement, sans égard pour leur rang et leur naissance, il eût peut-être évité les longs et douloureux chagrins qui affligèrent sa vieillesse. Il apprit, mais trop tard, que tous les empoisonneurs n'avaient point péri sur les échafauds, et il vit sa belle et nombreuse postérité mourir avant le temps et par le poison. Sans cette intelligence il n'eût sans doute pas fait à la France l'injure de lui imposer ses bâtards comme héritiers du trône, à défaut de descendants légitimes. Une seule victime échappa, ce n'était un pauvre enfant débile : cet enfant *du miracle* fut Louis XV. Ainsi, sous le prétexte de sauver l'honneur de quelques familles, compromis par le plus lâche des assassinats, Louis XIV avait compromis réellement l'existence et les droits de sa dynastie. La cour dont nous nous occupons n'avait été imaginée que pour frapper les complices, des femmes et des prêtres obscurs, et pour absoudre de nobles coupables. Créatures des ministres, les conseillers d'État, les maîtres de requêtes qui composaient cette commission royale, que l'histoire a flétrie du nom de cour des poisons, ne jugeaient pas d'après leur conscience, mais par *ordre*. Le parlement eût été moins facile, et ses arrêts eussent mis un terme aux empoisonnements, qui bientôt atteignirent de plus illustres victimes. Dupey (de l'Yonne).

COUREUR, proprement qui est léger à la *course*, qui se pique de bien courir. Aux jeux olympiques, il y avait des lutteurs, des coureurs et autres athlètes qui se livraient à toutes sortes d'exercices physiques, généralement trop négligés chez les peuples modernes. En termes de guerre, on appelle *coureurs* ou *éclaireurs* des cavaliers détachés pour battre l'estrade, pour aller aux nouvelles et à la découverte de l'ennemi. On applique aussi cette épithète, mais en mauvaise part, à ceux qui sortent de la garnison pour aller à la *picorée*. En termes de manége, on appelle *coureur* un cheval de selle propre pour la *course*, et plus particulièrement encore pour la chasse. On dit qu'un chasseur a tant de *coureurs* dans son équipage de chasse. On appelle aussi un *coureur de bague* celui qui court la bague.

On donne encore le nom de *coureur* à celui qui ne saurait rester en place ni demeurer dans sa maison ; on dit en ce sens qu'un homme est un *coureur*, qu'il est toujours en voyage, en course, qu'on ne le rencontre jamais chez lui. Il prend même quelquefois alors l'acception de vagabond ou de libertin. En affaires d'amour et de cœur, *coureur* devient synonyme d'inconstant. *Coureur* se dit généralement de celui qui *court* avec empressement, avidité, après certaines choses qu'il souhaite, qu'il désire ardemment. Il y a des *coureurs d'aventures*, des coureurs de bonnes fortunes, de femmes, d'héritages, de bals, de concerts, de sermons, de bénéfices. On a remarqué généralement que les hommes ne *courent* pas seulement après les choses qui conviennent à leur tempérament et à leurs facultés, et auxquelles par conséquent ils sont les plus propres, mais souvent aussi, par un travers d'esprit inexplicable, ou du moins *inexpliqué*, après les choses qui peuvent le plus leur nuire, et où ils peuvent apporter le moins d'aptitude et de dispositions heureuses. Quant aux *coureurs de places* et *de bénéfices* spécialement, ils avaient donné lieu au proverbe suivant : *Ce sont les chevaux qui courent les bénéfices, et les ânes qui les attrapent*.

En histoire naturelle, la famille des lièvres, dans l'ordre des rongeurs, a été bien définie par Blainville sous le nom de *coureurs*, qui distingue ces animaux de ceux du même ordre nommés par lui *grimpeurs*, *fouisseurs* et *marcheurs*.

Dans la classe des oiseaux, le même naturaliste nous paraît avoir très-heureusement caractérisé la famille des autruches sous l'épithète de *cursores* ou *coureurs*, en les intercalant entre les oiseaux marcheurs ou *gradatores*, et les échassiers ou *grallatores*. On a encore donné le nom de *coureurs* 1° à certaines araignées qui sont vagabondes et ne filent pas de toile ; 2° à une famille d'insectes orthoptères, dont les pieds postérieurs, ainsi que les autres, sont uniquement propres à la course ; 3° à une famille de crustacés qui se font remarquer par leur agilité, et dont tous les pieds sont destinés à l'usage de la course.

Dans les mines de houille, on appelle *coureurs de jour* les mineurs qui viennent mourir à la superficie de la matière.

Coureuse se dit au propre d'une femme qui court bien : c'est une *bonne coureuse*, comme on dit de celle qui marche bien : c'est une *bonne marcheuse*; mais vulgairement on donne ce nom aux filles et aux femmes de mauvaise vie, à celles enfin que les Latins appelaient *vagæ*.
Edme Héreau.

Nicot, dans son *Trésor de la Langue Française* (1606), dit : « *Coureur* est celuy qui court (*cursor*) ; mais le François en use en blasme, disant d'un gny ne s'arrête où il doigt et à son mesnage et besogne : c'est un coureur ; et coureuse d'une femme qui le fait ainsi (*cursitator*, *cursitatrix*), qui vont çà et là errer et vaucrer pendant le temps. Mais, au pluriel, *coureurs* se dit des gens de cheval, armez à la légère, qui se partent d'une armée pour faire courses, pilleries et dégasts au pays, à l'ennemy (*excursores*). » Nicolles Gilles a écrit dans la *Vie du roy Philippe de Valois* : « Tandis que le roy d'Angleterre estoit à Poissy et son fils à Saint-Germain-en-Laye, on dit ils furent par six jours, leurs *coureurs* gâtèrent et brûlèrent tout le pays, etc., et ne sont pas les mêmes que *avant-coureurs*, car ceux-ci devancent l'armée qui marche... On dit aussi *coureur de poste* celui qu'on homme communément *courrier*.... On dit pareillement *coureur de bénéfices*, ce qu'on fait sonner en mauvaise part. » Telles sont en effet toutes les acceptions dans lesquelles fut pris ce mot jusqu'au dix-septième siècle, et presque toutes nous sont restées, en même temps qu'il en a été créé de nouvelles.

Le mot *coureur* n'était pas encore en usage au commencement du dix-septième siècle pour désigner ces domestiques tout chamarrés d'or, de rubans et de plumes, que les grands seigneurs du dix-huitième siècle étalaient derrière leurs voitures et employaient à porter leurs messages. On prétend que nous sommes redevables de cette mode à l'Italie, et que Marie de Médicis et Mazarin sont les premiers qui introduisirent en France ce luxe nouveau. Malheureusement la richesse du costume des *coureurs* et ses couleurs claires et brillantes convenaient mal à nos rues sales et à notre climat pluvieux ; aussi les *coureurs* ont-ils complétement disparu à la révolution de 1789, pour faire place aux *chasseurs*.   Le Roux de Lincy.

Les *coureurs* appartenant à de grandes maisons faisaient autrefois des joûtes qui donnaient lieu à des paris extravagants. Le public prétendait qu'ils étaient *dératés*. A cette époque, où l'on avait la manie d'imiter les jeux de la Grèce, on institua dans les fêtes publiques des courses à pied, qui ne se soutinrent pas longtemps. Aujourd'hui ce n'est plus que de loin en loin qu'on entend parler de *coureurs à pied*, et encore le public passe-t-il indifférent devant leurs annonces.

COURE-VITE ou **COURT-VITE**, genre de la famille des échassiers pressirostres, dans lequel on range aujourd'hui cinq espèces. Ces oiseaux, dont le bec, grêle et conique, est arqué, sans sillon et médiocrement fendu, ont les ailes courtes et les jambes assez petites, se terminant par trois doigts sans palmures.

La seule espèce sur laquelle on ait quelques renseignements et qui vit dans le nord de l'Afrique, est fauve-clair, avec le ventre blanchâtre ; on l'a vu quelquefois en Europe, et particulièrement en France, aux environs de Paris. Ses mœurs sont tout à fait inconnues, ainsi que celles de ses congénères, dont l'un a été trouvé aux Indes.   P. Gervais.

COURGE (*cucurbita*), genre de plantes de la famille des cucurbitacées, qui contient un grand nombre d'espèces, connues sous les noms vulgaires de *calebasse*, *potiron*, *coloquinelle*, *cougourdette*, *citrouille*, *giraumont*, *patisson*, *pastèque*, etc. Toutes ces espèces et leurs variétés se multiplient de graines, que l'on fait lever sur des couches ou sur des plates-bandes garnies de fumier, et exposées au midi, pour en repiquer ensuite le plant en pleine terre, à une bonne exposition. On peut aussi les semer en pleine terre dans des trous garnis de fumier et de terreau ; et lorsque le plant est levé, on n'y laisse que la tige la plus forte. En résumé, ces plantes demandent de la chaleur, une bonne terre franche et légère et de fréquents arrosages.

COURIANDE. *Voyez* Chataignier.

COURIER (Paul-Louis), né le 4 janvier 1772, mort assassiné, le 10 avril 1825, était fils d'un propriétaire de la Touraine, qui avait failli lui-même périr dans un guet-apens, à la suite d'une aventure galante. Il fut élevé sous les yeux de son père, et fit de bonnes études. Comme il se destinait à la carrière militaire, il entra en 1792 à l'école d'artillerie de Châlons. Il en sortit avec le grade de lieutenant d'artillerie à cheval, et il resta au service jusqu'en 1810. Dans le cours de ses campagnes, le hasard conduisit en Italie le corps d'armée dont il faisait partie, et son régiment fut désigné pour l'occupation. La beauté du climat le séduisit. Le repos dont il put jouir en l'absence de toute hostilité lui permettait de se livrer à l'étude, et le retint dans ce pays ; aussi, loin de solliciter un avancement auquel un service plus actif lui eût donné des droits, satisfait du grade de chef d'escadron, qu'il avait obtenu, il ne chercha qu'à faire oublier ses studieux loisirs. Ce fut dans une des bibliothèques de Florence qu'il découvrit un manuscrit de Longus, contenant un fragment de *Daphnis et Chloé* que l'on croyait perdu. Courier le restitua en grec et en français, et révéla à l'Europe un helléniste distingué. Cette découverte excita l'envie de quelques savants italiens, entre autres du bibliothécaire Furia, qui avait le manuscrit sous sa garde, et qui l'avait déjà s'apercevoir qu'il était complet. Une tache d'encre faite par mégarde sur le précieux manuscrit fut l'occasion ou le prétexte de plaintes graves portées contre le jeune officier français. Alors commencèrent contre lui les premières persécutions du pouvoir, qui, bien qu'étranger à cette affaire, désirait sans doute faire sentir son action à Courier. Celui-ci d'ailleurs la bravait hautement chaque jour, et jusque-là avec impunité. Un exemple entre mille prouvera cette assertion. Il avait été témoin du peu de bravoure d'un général français pendant une affaire en Calabre : c'était César Berthier, frère du prince de Wagram. Quelques jours après, dans un convoi, il rencontre un caisson du général, recouvert en toile peinte, et portant écrit en grandes lettres le nom de son propriétaire. Courier approche du caisson, enlève avec son sabre le mot *César*, et s'adressant au conducteur, étonné : « Tu diras à ton maître que Courier veut bien qu'il continue à s'appeler Berthier, mais pour *César*, il le lui défend. » On conçoit qu'après une telle avanie, faite publiquement au frère du ministre de la guerre, il devait attendre tout autre chose que de l'avancement.

Le premier ouvrage qu'ait publié Courier est un éloge d'Hélène, d'après Isocrate, traduction ou plutôt imitation que l'auteur dédia, en 1800 et sans se nommer, à Mme Constance Pipelet, plus tard princesse de Salm. Parurent ensuite la traduction du fragment de Longus, et la lettre à M. Renouard, libraire, sur la discussion relative à la tache du manuscrit. C'est un modèle de satire et de polémique. L'*Hippiatrique de Xénophon*, ouvrage qu'un officier de cavalerie seul pouvait convenablement traduire, fut publiée vers 1807, peu de temps avant que Courier quittât le service militaire. Depuis longtemps en effet il avait conçu le projet d'abandonner cette carrière ; il voulut cependant servir dans une armée commandée par le grand capitaine qui était parvenu à changer la face de l'Europe. Ce n'était point un sentiment d'admiration, mais bien plutôt le désir d'observer, qui lui fit souhaiter de voir de près les opérations et le système stratégique de Napoléon. Courier l'accusait d'avoir détruit l'esprit de l'armée en remplaçant l'élan patriotique et généreux des vieilles troupes républicaines par l'appât effréné des décorations et des grades. La peinture qu'il se plaisait à faire dès lors de ces nouveaux courtisans, qui quittaient le corps de garde pour peupler les vestibules des Tuileries ou du palais de Naples, était de la plus grande vérité comique. Il composa sur ce sujet plusieurs dialogues pour la comtesse d'Albani, qui n'ont pu être mis au jour qu'après sa mort. Dans le temps leur impression eût été impossible, et Courier aurait regardé comme une lâcheté inutile de les livrer au public quand il n'y avait aucun danger à le faire et que le ridicule qu'ils signalaient avait disparu. Un de ces dialogues, dans lequel la gloire militaire est réduite à sa juste valeur, est un chef-d'œuvre de logique et d'excellente plaisanterie.

En 1809, époque où les hostilités reprirent tout à coup en Allemagne, Courier, alors en congé à Paris, demanda et obtint de se transporter activement sur le théâtre de la guerre. Il fit la campagne de Wagram en militaire expérimenté et profond. A la paix qui suivit, il donna sa démission, et revint à Paris, avec l'intention de s'y livrer exclusivement à l'étude. Ce fut alors, et après avoir vu de ses propres yeux la tactique adoptée par l'homme qui passait pour le premier capitaine de son temps, que Courier nous confirma ce qu'il avait avancé déjà plusieurs fois : que ce héros n'était qu'un chef d'invasion, qui avait su persuader à cinq cent mille hommes armés de marcher sur un seul point, comme s'ils n'eussent été qu'un seul. « Avec de semblables masses, disait Courier en 1810, on avance, mais on ne peut pas reculer. Une défaite, et l'ennemi est à Paris. » Quoiqu'il ne pensât pas sans doute que sa triste prédiction se réaliserait si facilement, son amour de l'indépendance, sa passion pour l'étude, un patriotisme généreux et éclairé, l'éloignèrent des rangs de l'armée, qu'il regardait comme solidaire et responsable des malheurs que l'ambition de son chef accumulait sur la France. Des rapports de goûts et d'études l'avaient lié avec Clavier, savant helléniste lui-même et honnête homme. Courier épousa sa fille aînée, et se retira à Veretz en Touraine, quelque temps après la mort de son beau-père.

A la Restauration, Courier, pour nous servir de ses propres expressions, *donna en plein dans la charte*, qui nous promettait plus de liberté que nous n'en avions eu jusque là, et un gouvernement basé sur ses lois. La réaction de 1815, qui se fit sentir en province plus encore qu'à Paris, lui inspira son premier écrit politique : la *Pétition aux Chambres*, au nom des habitants de Luynes. En retrouvant le fragment de *Daphnis et Chloé*, Courier voulut le traduire; mais il n'existe qu'une seule traduction de cette charmante pastorale : elle est d'Amyot, le traducteur de Plutarque, et par conséquent écrite en vieux français. Pour que la partie restituée fût en harmonie avec le reste de l'ouvrage, Courier étudia le langage d'Amyot et celui des auteurs contemporains, et avec cette conscience qui faisait le fond de son caractère, il reproduisit le passage inconnu d'Amyot avec tout le charme et la grâce naïve qu'aurait pu y mettre l'homme de la cour de François Ier. Ce travail lui révéla à lui-même une facilité jusque alors ignorée pour traduire les auteurs grecs. Il ne se trouva plus forcé de chercher des équivalents, de torturer les périphrases simples de l'antiquité pour en faire passer le sens naturel dans notre langue dédaigneuse. Il trouva dans ce vieux français une certaine énergie que n'affaiblit point l'abondance élégante de la période grecque; il lui sembla, enfin, que ce langage gaulois conservait ce juste milieu entre la sécheresse et le verbiage, qui de jour en jour devient pour nous plus difficile à garder. Il adopta ce principe pour traduire l'*Ane de Lucius*. La simplicité presque primitive de notre vieux langage lui sembla propre surtout à interpréter la simplicité, également primitive, du style d'Hérodote, et il entreprit une traduction de cet historien, dont il n'a publié qu'un fragment en forme de prospectus. Il travaillait encore à cet ouvrage, pour lequel il avait une sorte de prédilection, quand la mort la plus affreuse et la moins attendue vint le surprendre.

C'est l'étude approfondie des anciens auteurs français et l'habitude qu'il avait contractée d'écrire dans leur langage qui donnèrent à son style un aspect particulier, dont l'originalité contribua puissamment au succès des pamphlets politiques qu'il publia depuis. L'arbitraire et l'abus du pouvoir, contre lesquels la générosité de son âme se soulevait presque involontairement, l'engagèrent à prendre fait et cause contre les exactions qui ne le froissaient point personnellement. Il irrita ainsi quelques puissances subalternes, qui bientôt lui fournirent l'occasion de parler pour son propre compte; et le *Simple Discours* à l'occasion de la souscription de Chambord fut le prétexte dont se servit l'autorité pour obtenir contre lui une condamnation de deux mois de prison devant la cour d'assises de la Seine. Ce jugement donna lieu à une *Histoire du Procès de Paul-Louis Courier, vigneron, etc.*, qu'on pourrait croire écrite par Molière. Et cependant la gaieté maligne de Courier ne put supporter l'épreuve de la captivité. Convaincu de l'innocence de ses opinions, amant passionné de la liberté, qu'il n'avait jamais soumise même aux impérieux devoirs de l'état militaire, l'injustice de cette courte détention lui causa le plus violent chagrin. Dans une visite que nous lui fîmes à Sainte-Pélagie, n'ayant pas le courage de l'en plaisanter, nous ne pûmes que déplorer l'usage qu'il faisait de son talent à produire des opuscules piquants, mais fugitifs, et dont il ne pouvait supporter les conséquences; nous l'engageâmes à poursuivre ses travaux commencés, plus sérieux et plus durables. Il nous répondit par écrit : « Vous avez bien raison; les querelles de la politique n'ont pas le sens commun, non plus que les autres querelles : tout cela fait pitié ! Vos conseils me semblent fort sages et ne seront pas perdus. J'envoie au diable les ultras et les jacobins, la droite, la gauche et le centre. Dans le fait, je sais par expérience qu'il ne faut pas se mettre sur le pied de dire au public ce que chacun pense et dit publiquement; la vérité n'est bonne à rien. Ainsi, prenez-y garde vous-même, car mieux vous la direz et plus elle vous nuira. » Courier n'en continua pas moins à publier de nouveaux pamphlets, dont l'un le fit encore remettre en jugement. Acquitté cette fois (il en serait mort), Courier devint plus prudent, et ses derniers écrits politiques furent imprimés clandestinement.

Du reste, la vie entière de Courier fut une suite d'actions qui pourraient paraître contradictoires à quiconque n'aurait pas une connaissance intime de son caractère ardent à saisir toutes les impressions, ce qui l'a rendu l'un des hommes les plus souvent trompés qui aient existé; mais sa loyale franchise exprimait bientôt d'autres sentiments. C'est ainsi qu'il postula un fauteuil à l'Académie, qu'il tourna bientôt en ridicule dans le plus piquant peut-être de ses écrits; c'est ainsi que, l'opposition ayant cru pouvoir le compter dans ses rangs, Courier, étranger à tout parti, prouva qu'il n'en adoptait qu'un, celui de sa conscience, et nous l'entendîmes tourner en moquerie « tel qui le matin, après avoir bravé les potentats, le soir, devant un coryphée du parti, s'inclinait profondément, et n'osait s'asseoir dans le salon d'un autre qui lui frappait sur l'épaule en l'appelant *mon cher*... » Courier travaillait beaucoup aux moindres ouvrages. Il recopiait sa propre correspondance, et l'on doit lui en savoir gré; car c'est sur ses brouillons qu'on l'a publiée en deux volumes, en 1828. Il poussait la correction du langage jusqu'au purisme. Cet écrivain, qui maniait si habilement le sarcasme, sous la plume duquel la satire était mordante et souvent cruelle, devenait l'homme le plus doux dans la discussion, le plus accessible à la raison, le plus tolérant dès qu'il avait reconnu le principe d'une opinion, quand bien même il n'en eût pas admis les conséquences. La bonne foi était sa vertu. Apte à tous les sentiments vrais, il les respectait tous dans autrui ; sa haine pour le mensonge et la tyrannie était seule implacable.

Tourmenté par les résultats fâcheux peut-être d'une exploitation agricole et par des chagrins domestiques, Courier avait résolu de se fixer à Paris, de s'y occuper exclusivement de travaux littéraires et de l'éducation d'un fils qu'il chérissait. Il faisait à Veretz un dernier voyage, lorsque, atteint par une main obscure et restée inconnue, il meurt au moment d'ajouter de nouveaux titres à sa réputation, au moment où ses amis espéraient jouir pour la première fois, sans de longs intervalles, de la conversation spirituelle, animée, instructive, d'un homme au cœur droit, riche d'études nombreuses et variées, d'observations fines et justes.

VIOLLET-LEDUC.

COURIR, en termes de marine, se dit dans une foule d'acceptions, et marque généralement un mouvement progressif en avant. *Courir au nord* ou *au sud*, c'est faire du chemin vers le nord ou vers le sud, sous quelque allure que ce soit; on en dit autant des autres aires du vent. *Courir au plus près*, c'est faire du chemin au plus près du vent. *Courir à terre*, c'est se diriger vers la terre. *Courir au large*, c'est, au contraire, s'éloigner de terre, avoir le cap au large, gouverner au large, soit au plus près, soit sous toute autre allure. *Courir vent arrière*, c'est gouverner dans la direction du vent, placer la quille du vaisseau dans la direction du vent, de manière qu'il souffle dans la poupe. *Courir la grande bordée* : on désigne ainsi le service des quarts à la mer, lorsqu'ils sont distribués de telle sorte qu'il n'y en ait que deux; moitié de l'équipage est de quart, et l'autre moitié est couchée. Un vaisseau *court sur son ancre* quand, n'étant pas affourché, le vent ou la marée le poussent sur son ancre sans qu'il réponde à l'appel de son câble. Le résultat immanquable de cette manœuvre est de surjaler l'ancre, c'est-à-dire de la faire passer par-dessous le jas, et la forcer ainsi à prendre une direction oblique, qui la fait chasser. Un vaisseau *court sur son câble* quand, ayant beaucoup de mou (c'est-à-dire ses haubans étant lâches) dans ses amarres, pendant un coup de vent, le ressac le ramène de l'avant. Le câble alors, par son élasticité, prend du mou après son effort et se détord, s'imbibe plus facilement et subit une sorte de trituration qui le fatigue, et peut à la longue le faire casser. Il faut alors un peu roidir l'affour (l'espace compris entre les câbles d'un vaisseau à l'ancre); mais si on est sur une ancre, le mal est sans remède d'un temps forcé.

On dit aussi *courir à grasses écoutes, à grasses boulines. Faire courir* les garants (partie du cordage d'un *palan*, d'un appareil, c'est ne affaler (les faire descendre, les abaisser). *Fais courir* est un commandement au timonier pour lui dire de porter plein, de donner, par cette raison, de l'air au vaisseau, de ne pas serrer le vent aussi près qu'il le pourrait. *Laisse courir* est une expression, un commandement indéterminé, qui s'applique à tout. Ainsi, quand on court la bordée de terre, un pilote dira : « *Laisse courir*, il y a de l'eau »; si l'on double un danger, on dit : « *Laisse courir*, nous sommes parés; » si l'on conseille une précaution que l'on ne veut pas prendre, on répond : « *Laissez courir*, il n'y a point de soin; » c'est-à-dire laissez aller, il n'y a pas sujet de s'inquiéter.

COURLANDE (en allemand *Kurland*), aujourd'hui l'un des gouvernements de l'empire de Russie et comprise aussi au nombre des *Provinces de la Baltique*, formait jadis un duché indépendant, divisé à bien dire en deux duchés différents, celui de *Courlande* et celui de *Semgallen*, qui en était la partie orientale, et appartenait avec la Livonie aux chevaliers de l'ordre Teutonique. Mais quand la puissance de la Russie devint de plus en plus redoutable à ses voisins, et lorsque les chevaliers de l'ordre Teutonique ne purent plus se maintenir en Livonie contre les Russes, le dernier grand-maître, Gothard Kettler, accepta en 1561 des Polonais, à titre de fief, la Courlande et la Semgallen en échange de la cession de la Livonie; traité qui fonda en même temps la puissance temporelle de l'ordre, qui n'avait été jusque alors qu'une aristocratie ecclésiastique, attendu que les héritiers de Kettler se transmettaient ce fief jusqu'au dix-huitième siècle. Par suite du mariage contracté en 1710 entre le duc Frédéric-Guillaume de Courlande avec une princesse Russe, Anne, fille du tsar Ivan, et surtout après la mort du duc, arrivée l'année suivante, et qui laissa Anne souveraine sous la protection de Pierre le Grand, la Courlande tomba dans la dépendance la plus complète de la Russie, et par là même dans de violents conflits avec la Pologne, lesquels les ducs de Courlande continuaient à être regardés comme les vassaux.

En 1730, à la mort de Pierre II, la duchesse Anne étant montée sur le trône de Russie, elle défendit avec autant d'énergie que de succès les droits de son oncle et successeur en Courlande, le duc Ferdinand, qu'elle sut constamment protéger contre les intrigues du parti polonais. A la mort de Ferdinand, arrivée en 1737, Anne fit élire duc de Courland, son favori et grand-chambellan, le comte Ernest-Jean de Biren, lequel toutefois ne sut pas plus se concilier l'affection du parti russe que celle du parti courlandais, et qui aussitôt après la mort d'Anne, en 1740, fut en conséquence exilé en Sibérie par le successeur de cette princesse, Ivan V. Après diverses élections ducales faites, tantôt sous l'influence de la Russie, tantôt sous celle de la Pologne, mais demeurées toujours inutiles, Biren fut rappelé de Sibérie par Pierre III et rétabli en 1763 dans ses droits de souveraineté par Catherine II; de sorte qu'en 1769 il put léguer paisiblement le pouvoir à son fils Pierre. Mais la fermentation des esprits, comprimée jusque alors, éclata sous le règne de ce prince. La diète de Courlande, formée uniquement, aux termes des *Provinces de la Baltique*, de gentils-hommes, résolut, le 18 mars 1795, de placer la Courlande sous le sceptre russe, et envoya une députation sommer le duc, qui résidait à Saint-Pétersbourg, de résigner son autorité souveraine. Celui-ci consentit effectivement à signer, le 28 mars 1795, son acte d'abdication, et (de même que la ligne de Biren, descendant de son frère aîné, laquelle possède encore aujourd'hui en Silésie la seigneurie de Wartemberg) fut dédommagé, au moyen d'une rente annuelle, de ses prétentions à la souveraineté du duché. La Courlande devint alors une province russe, tout en conservant cependant quelques débris de sa constitution primitive. La noblesse, notamment, continua à être l'objet d'immunités et de priviléges de toutes espèces, comme aussi l'ordre des paysans à être opprimé, en dépit de l'oukase rendu en 1817 par l'empereur Alexandre, lequel supprimait le servage personnel en Courlande et dans le reste des *Provinces de la Baltique*, et contenait l'engagement de défendre les droits des paysans contre les prétentions et les usurpations de la noblesse.

La Courlande a 264 myriamètres carrés et une population de plus de 512,000 habitants. Ce nombre, 14,700 seulement appartiennent à l'Église russe, malgré ses nombreux et actifs efforts pour faire des conversions. Le reste se compose de 436,800 protestants, 45,500 catholiques et 15,300 israélites. Le clergé comprend au delà de 1,100 individus, la noblesse 4,060, la bourgeoisie plus de 51,000. Ce gouvernement est un pays plat, n'offrant d'ondulations de terrain que sur un petit nombre de points, où, comme dans les autres provinces de la Baltique, on voit beaucoup de forêts, de marais, de lacs et de dunes sablonneuses alterner avec le sol le plus fertile. Son extrémité septentrionale est formée par le cap *Donnes-Næs*, qui s'avance au loin dans la mer et sur lequel, comme dans l'île d'OEsel, qui lui fait face, on a élevé deux phares pour la sûreté de la navigation. Le *Huningsberg*, haut de 233 mètres à peine, est le point le plus élevé de l'intérieur du pays. La Windau, l'Aa et la Duna sont les cours d'eau qui arrosent la Courlande; et encore la dernière de ces rivières ne forme-t-elle que la ligne de démarcation qui la sépare des gouvernements de Witepsk et de Livonie. Parmi ses 300 lacs, les plus remarquables sont ceux d'*Usmaiten*, au milieu duquel se trouve une île, de Libau, d'Anger, et celui de Sancken, situé à peu de distance de Jakobstadt, et qui, suivant toute apparence, doit son origine à un tremblement de terre. Le climat est plus tempéré que celui de la Livonie, mais ordinairement d'une rigueur extrême en hiver. L'agriculture, la pêche, la chasse et l'élève du bétail sont les principales occupations des habitants, qui se livrent aussi à l'éducation des abeilles sur une large échelle. On trouve sur les côtes beaucoup d'ambre, qu'on façonne ensuite dans l'intérieur du pays. L'industrie y est encore singulièrement arriérée, et le commerce fort peu important. Le chef-lieu de la province, Mitau, peut à peine elle-même passer pour une ville commerçante. *Libau* est plus importante, et elle ne pourra que gagner encore à l'exécution du projet de canal dont il est de nouveau question. La population des onze villes de ce gouvernement (ensemble 450,500 âmes environ) ne se compose guère que d'Allemands; à cette race appartiennent également le plus grand nombre des propriétaires de terres seigneuriales de la province. Les paysans sont de race soit lettone et courlandaise, soit esthonienne. Consultez Bienenstamm, *Esquisse géographique de l'Es-*

honie, de la **Livonie** et de la *Courlande* (en allemand, Riga, 1826).

COURLIS, genre d'oiseaux, appartenant à l'ordre des échassiers, qui ont le bec arqué comme les ibis, mais plus grêle, rond sur toute sa longueur; le bout de la mandibule supérieure dépasse l'inférieure; la tête et le cou sont entièrement garnis de plumes; il y a quatre doigts, trois antérieurs, palmés à la base, et un postérieur, qui ne touche à terre que par le bout. Ces oiseaux vivent sur les bords de la mer et des fleuves, dans les marais, les prairies, et s'avancent aussi dans l'intérieur des terres : ils se nourrissent de vers, d'insectes et de mollusques. Leur marche est grave et mesurée; leur vol est soutenu et très-élevé, mais ils ne se perchent pas. Ils vivent par grandes troupes, hors le temps des amours, où ils s'isolent par couples; ils nichent sur le sable ou dans les herbes, et les petits quittent leur nid dès leur naissance pour aller chercher eux-mêmes leur nourriture. Nous en avons en Europe deux espèces, dont nous allons parler et que l'on confond quelquefois sous le nom de *bécasses de mer*.

Le *courlis commun* (*numenius arcuatus*), long de $0^m,65$ et plus, y compris le bec, qui a $0^m,18$, a le plumage brun, avec le bord de toutes les plumes blanchâtres, le croupion blanc, la queue rayée de blanc et de brun. C'est un gibier médiocre, qui s'arrête peu dans l'intérieur des terres, mais qui est commun le long de nos côtes, et en particulier dans les pays qu'arrose la Loire. Il se retrouve dans tout le nord de l'Europe et aussi en Italie, en Grèce et en Égypte.

Le *petit courlis* ou *corlieu* (*numenius phœopus*) est de moitié moindre que le précédent, mais à peu près de même plumage. Fort rare en France, il se trouve cependant quelquefois sur nos côtes aux mois d'avril et de mai, époque à laquelle il se rend dans le Nord. Il est plus commun dans le même temps en Angleterre et en Hollande. DÉMEZIL.

COUR MARTIALE. *Voyez* CONSEIL DE GUERRE.

COURONNE (en latin *corona*, en grec χορώνη), marque de dignité, ornement que les grands portaient sur leur tête pour marquer leur pouvoir, et qu'on regarde aussi comme un symbole de la victoire, de la joie et du plaisir. L'antiquité la plus reculée ne déféra les couronnes qu'à la Divinité. La plupart des auteurs conviennent que la couronne était dans son origine plutôt un ornement du sacerdoce que de la royauté; les souverains la prirent ensuite, parce qu'alors ces deux dignités du sacerdoce et de l'empire étaient réunies. Les premières couronnes ne furent qu'une bandelette, nommée *diadème*, dont on se ceignait la tête, et qu'on liait par derrière; quelquefois on les faisait de deux bandelettes. Ensuite on prit des rameaux de différents arbres, auxquels on ajouta des fleurs. Tertullien dit, d'après Claudius Saturninus, qu'il n'y avait aucune plante dont on n'eût fait des couronnes : celle de Jupiter était de fleurs; elle est souvent de laurier sur les médailles; celle de Junon, de vigne; celle de Bacchus, de pampre et de raisin, de branches de lierre chargées de fleurs et de fruits; celles de Castor, de Pollux et des Fleuves, de roseaux; celle d'Apollon, de roseaux ou de laurier; celle de Saturne, de figues nouvelles; celle d'Hercule, de peuplier; celle de Pan, de pin ou d'hyèble; celle de Lucine, de dictame; celles des Heures, de fruits propres à chaque saison; celle des Grâces et de Minerve, de branches d'olivier; celle de Vénus, de roses; celle de Cérès, d'épis, aussi bien que celle d'Isis; celle des Lares, de noyer et de romarin.

On offrait aussi des couronnes d'or aux dieux, comme celle qu'Attale, roi de Pergame, envoya à Rome au Capitole, et celle que Philippe, roi de Syrie, y fit porter par ses ambassadeurs. Les prêtres et les sacrificateurs étaient couronnés pendant les cérémonies du sacrifice. Leurs couronnes étaient d'or ou de branches d'olivier; mais celles des Flamines étaient de laurier. On couronnait même les victimes de branches de cyprès ou de pin. Dans les funérailles, on mettait sur les sépulcres des couronnes qui étaient faites de branches de laurier ou d'olivier, et quelquefois de lys. Cette coutume passa de Lacédémone à Athènes, et d'Athènes à Rome; les magistrats, dans les jours de cérémonie, portaient des couronnes d'olivier ou de myrthe; les ambassadeurs, de verveine ou d'olivier. Dans les festins, on composait les couronnes de fleurs, d'herbes, et de branches qui avaient la vertu de rafraîchir ou de fortifier le cerveau, comme de roses, de pouliot, de quintefeuille, de lierre, d'if, de feuilles d'olivier, etc. Les conviés portaient trois couronnes, l'une qu'ils plaçaient d'abord sur le haut de la tête; l'autre dont ils se ceignaient le front, et la troisième, qu'ils se mettaient autour du col. Pline rapporte que ce fut la bouquetière Glycère, aimée du peintre Pausanias, qui inventa les nuances et les liaisons des fleurs pour augmenter leur odeur et leur beauté par cet assemblage industrieux. Il dit aussi que P. Claudius Pulcher, consul l'an de Rome 569, avant J.-C. 185, introduisit la coutume de dorer le cercle de la couronne, couvrant de feuilles d'or la branche de tilleul ou de jonc auquel on attachait les fleurs. On y ajouta ensuite des rubans, qui pendaient sur les épaules, et qui étaient quelquefois de laine ou de lin, quelquefois tissu d'or ou brodés. Dans la cérémonie des noces, l'époux portait une couronne; l'épouse en avait deux, l'une de fleurs naturelles, lorsqu'on la conduisait dans la maison de l'époux, l'autre de fleurs artificielles, représentées en or et enrichies de pierres précieuses.

Un mot maintenant sur les couronnes militaires, qui étaient données au mérite, c'est-à-dire aux généraux d'armée, aux capitaines ou aux soldats, pour récompense de leurs belles actions. La couronne *triomphale* était pour celui qui triomphait après quelque illustre victoire. D'abord, elle fut de laurier, puis on la fit d'or; on en porta plus tard un grand nombre faites de ce même métal devant le char du triomphateur. Tite-Live nous apprend qu'on porta 234 couronnes d'or dans le triomphe de Scipion l'Asiatique, et Appien en compte 2,822 dans celui de César. On représentait autour de ces couronnes les principaux exploits du triomphateur. La couronne *ovale*, que portaient ceux qui recevaient l'honneur du petit triomphe appelé *ovation*, était de myrte ou quelquefois de laurier. La couronne *obsidionale* était présentée par les assiégés au capitaine ou gouverneur qui avait fait lever le siège; elle était faite avec de l'herbe verte, cueillie dans la ville assiégée. La couronne *civique* se donnait par le général d'armée à un citoyen qui avait conservé la vie à un autre citoyen en tuant son ennemi; elle était de feuilles de chêne avec les glands. La couronne *murale* était pour celui qui avait été le premier à l'escalade, et qui avait monté sur les murs d'une ville assiégée, ou était entré par la brèche; elle était d'or, et son cercle était élevé en forme de créneaux et murailles. La couronne *castrense* ou *vallaire* se donnait à celui qui était entré le premier dans les retranchements des ennemis. Sa figure représentait en or une palissade forcée. La couronne *navale* était donnée à celui qui était monté le premier à bord du vaisseau ennemi dans un combat naval. Elle était d'or, et environnée de petits éperons et de proues de navires, le tout du même métal.

Dans les jeux de la Grèce, on couronnait pareillement les vainqueurs : aux jeux olympiques, dédiés à Jupiter, la couronne était d'olivier sauvage; aux jeux Pythiens, en l'honneur d'Apollon, de laurier; aux jeux Isthmiens, de branches de pin; aux jeux Néméens, de lierre. On donnait aussi aux gladiateurs qu'on mettait en liberté une couronne de laine.

Menestus et Callimaque, tous deux médecins, écrivirent contre l'usage des couronnes de fleurs dans les festins, prétendant qu'elles étaient nuisibles au cerveau; mais un autre médecin, Typhon, et Ariston le Péripatéticien, ont soutenu le contraire, disant que les fleurs peuvent ouvrir les pores

du cerveau, et donner par ce moyen un libre passage aux fumées des viandes et du vin. On trouve sur les médailles quatre sortes de couronnes propres aux empereurs romains : 1° une couronne de laurier; 2° une couronne rayonnée; 3° une couronne ornée de perles et quelquefois de pierreries; 4° une espèce de bonnet, tel que les princes de l'Empire le mettent sur leur écu. Jules César obtint du sénat la permission de porter la première, à cause, dit-on, qu'il était chauve; ses successeurs l'imitèrent. La couronne *radiale* n'était accordée aux princes qu'après leur mort; mais Néron la prit de son vivant. On les voit sur les médailles avec la couronne *perlée*. Justinien est le premier qui ait porté celle de la quatrième espèce, que Du Cange nomme *camelancium*.
Edme Héreau.

Aux premiers jours des temps modernes, quand le Christ, pour avoir prêché la plus simple comme la plus douce des religions, fut abreuvé d'outrages par ses adversaires; quand, par une amère dérision, on lui eut posé sur le front la *couronne d'épines*, les ministres de cette religion, bientôt triomphante, adoptèrent la couronne en mémoire de ce que l'Homme-Dieu avait souffert. Plusieurs Pères et Docteurs de l'Église expliquent ainsi l'origine de la tonsure ecclésiastique; et nous lisons qu'aux premiers siècles du christianisme la couronne ou tonsure des prêtres embrassait tout le haut de la tête. Les empereurs romains de la famille de César ne portèrent pas de diadème; on les représente souvent avec une couronne de laurier. Ce fut Héliogabale qui porta le premier un rang de perles sur la tête. Cette espèce de diadème devint fort en usage, surtout depuis le temps de Constantin.

« On le voit souvent exprimé sur les médailles, dit Du Cange, mais avec cette différence qu'il est quelquefois composé d'un double rang de perles, et quelquefois entremêlé de pierres précieuses enchâssées dans l'or. » Quand les peuples du Nord eurent détruit la ville éternelle, et que l'Occident resta seul à la dignité impériale, qui fut considérée comme la première des souverainetés temporelles de l'Europe, les empereurs se servirent d'une couronne en usage à Constantinople, et que le bibliothécaire Anastase appelle *spanoclista*, c'est-à-dire couverte par le haut. Cette couronne, qui se terminait par un cercle d'or, est celle dont un auteur latin du moyen âge disait : « La couronne impériale est le cercle de la terre, elle désigne la puissance universelle. » Et pourtant cette puissance universelle était revendiquée par un autre souverain, qui pendant plusieurs siècles fut le maître du monde civilisé et chrétien. Les papes, comme on le sait, portaient la triple couronne, et voici comment s'exprime à ce sujet le *Cérémonial Romain* : « Les pontifes portent la tiare, aussi nommée *règne*; elle est ornée de trois couronnes, qui signifient que les papes réunissent la puissance ecclésiastique et impériale. » Et le même livre nous fournit encore ce passage : « La *couronne* impériale diffère des autres; elle est surmontée d'une mitre semblable à celle des évêques, plus petite cependant, plus large et moins pointue; son ouverture est au front; au-dessus d'un cercle d'or est placée une petite croix. » Mais cette couronne était celle que les papes donnaient aux empereurs; car nous lisons que les premiers dignitaires laïques de l'Europe au moyen âge portaient trois couronnes : une d'argent à Aix-la-Chapelle, comme roi d'Allemagne; une de fer à Milan, comme roi de Lombardie; une d'or à Rome, comme empereur.

Vers le dixième siècle, quand les États féodaux se formèrent, les rois, les ducs, les marquis, les comtes, prirent la couronne. Elle consistait alors en un cercle d'or; du moins nous trouvons ces couronnes ainsi désignées dans les poëmes du douzième siècle, dans *Garin le Loherain* et dans le *Brut* d'Angleterre : « Prens ceste dame, est-il dit dans le premier de ces poëmes, il n'y en a pas de plus belle. »

Sire seras de trestot cest pays
La cercle d'or tenras el chief assis.

Le cercle d'or entraînait la puissance absolue, la royauté, avec un simple hommage de reconnaissance au suzerain.

Si nous cherchons quelles ont été les couronnes en usage aux différentes époques de notre monarchie française, voici ce que nous trouvons dans un excellent mémoire que Du Cange nous a laissé sur ce sujet. Les rois de la première race portèrent des couronnes de quatre sortes; la première était un diadème de perles, fait en forme de *bandeau*, avec des bandelettes qui pendent derrière la tête. La seconde, celle que portaient les empereurs au moyen âge, et dont nous avons parlé plus haut. La troisième avait la forme d'un *mortier*, comme celui des présidents aux parlements de France. La dernière, enfin, était en forme de chapeau pyramidal, qui finissait en une pointe surmontée d'une grosse perle. Quant aux rois de la seconde race, les monnaies de cette époque nous les représentent avec la tête ceinte d'un double rang de perles; quelquefois nous les voyons avec une couronne de laurier; leurs sceaux ou cachets surtout nous les représentent ainsi. N'oublions pas que ces cachets étaient souvent une pierre antique, avec l'image d'un empereur romain, autour de laquelle ces souverains faisaient graver leurs noms. Ils portaient aussi une mitre impériale surmontée d'une croix. Pour ceux de la troisième race, au contraire, les monnaies et les sceaux ne nous font connaître qu'une seule espèce de couronne, composée d'un cercle d'or, enrichi de pierreries, et rehaussé de fleurs de lys. On a plusieurs exemples de couronne fermée par le sommet avant le règne de François Ier, qui, dit-on, adopta cette forme pour ne le céder en rien à Charles-Quint. Aux fêtes célébrées en 1498, à l'entrée de Louis XII dans Paris, on voyait une *couronne timbrée en forme d'empereur* sur l'échafaud royal. Cette dernière espèce resta en usage, et nous la voyons encore adoptée aujourd'hui.

Nous avons dit que les princes féodaux portaient la couronne ; nous voyons en France les douze pairs assister au sacre du roi ayant le cercle d'or sur la tête. Charles le Chauve accorda aux ducs le privilége de porter la couronne; et plus tard, la féodalité croissant toujours en puissance, en étendue, chacun de ses membres, roi dans son domaine, porta la couronne.
Le Roux de Lincy.

Couronne se dit figurément encore de la gloire que les martyrs acquièrent en mourant pour la foi, et de la béatitude que Dieu donne à ses saints : La *couronne* du martyre; la *couronne* de gloire, de justice; la *couronne* des saints.

Ce mot se dit aussi figurément de la puissance royale : aspirer à la *couronne*; abdiquer la *couronne*. L'héritier présomptif de la *couronne*. Un des plus beaux fleurons de la *couronne* d'un prince, c'est une de ses principales prérogatives, un de ses meilleurs revenus, une de ses plus belles provinces. C'est aussi un monarchie, un État gouverné par un roi, par un empereur : la *couronne* de France, la *couronne* d'Espagne.

Les sciences médicales et naturelles ont dû recourir fréquemment à ce nom du langage usuel. En botanique, l'appendice qui dans quelques fleurs surmonte la gorge de la corolle ou du périanthe simple a été appelé *couronne*. Les bractées qui surmontent les fleurs (fritillaire, *vulgo* couronne impériale), les feuilles ramassées en rose au haut de la tige ou des rameaux (palmiers), sont dites *couronnantes*. Le nectaire qui surmonte l'ovaire est *couronnant* dans les ombellifères.

En anatomie, *couronne des dents* signifie la partie de la dent qui fait saillie hors de la gencive. Ce nom est évidemment plus applicable aux dents molaires ou mâchelières, qui sont plus ou moins arrondies, qu'aux canines, aux incisives et aux molaires tranchantes et aplaties.

Couronne des glands est le nom donné aux bourrelets arrondis et presque circulaires qui forment la limite entre les corps caverneux et l'extrémité de certains organes excitateurs. *Couronne ciliaire*, se dit quelquefois pour *cercle ciliaire*.

En chirurgie, une espèce de cylindre ou de cône tronqué creux, terminé à l'une de ses extrémités par des dents formant une scie circulaire, est appelée *couronne de trépan*.

En pathologie, on désigne sous le nom de *couronne de Vénus* des pustules dues à la syphilis constitutionnelle, dont le siége est au front et aux tempes.

Dans la pratique des accouchements, on dit que la tête de l'enfant est au *couronnement*, lorsqu'elle est arrivée au pourtour de l'orifice vaginal de l'utérus ou matrice.

Dans l'art vétérinaire, le mot *couronne* est pris dans deux acceptions, et signifie : 1° la partie la plus basse du paturon du cheval, qui se distingue par le poil prolongé sur le haut du sabot ; 2° une marque qui reste aux genoux du cheval, lorsque après une chute les poils de cette partie n'ont pas repoussé. Les chevaux offrant ces marques sont dits *couronnés*. C'est en se frottant contre l'auge ou muraille, ou en faisant des chutes fréquentes sur les genoux, occasionnées par la faiblesse des jambes, que les chevaux se couronnent, c'est-à-dire se font aux genoux des excoriations qui les privent de poils dans cette partie. L. LAURENT.

En agriculture, on greffe *en couronne*, on taille les arbres fruitiers *en couronne*. On entend par arbre *couronné* celui dont les branches de la cime sont mortes. Il est à remarquer que l'arbre qui *se couronne* par sa cime se couronne aussi par ses racines. L'arbre dans cette position ne croît plus en hauteur, quoiqu'il puisse croître encore en grosseur; mais le bois s'altère beaucoup. Cette altération, qui a lieu dans le cœur de l'arbre, se nomme d'abord *échauffement*, quand elle est peu apparente. Cette maladie fait de rapides progrès : lorsque le bois est tellement altéré qu'on peut le déchirer avec l'ongle, c'est la *carie sèche*; enfin, lorsqu'il y a *gouttière*, c'est-à-dire que la sève et la pluie ont creusé, fendu l'arbre, c'est un *ulcère*. Un arbre *couronné* est donc arrivé à la caducité, et il est temps de l'abattre. On ne peut fixer le terme auquel chaque espèce d'arbre arrive à la caducité, cela dépend du terrain. On peut donc en retarder le moment par des engrais; car il est reconnu que c'est l'épuisement du sol qui produit le *couronnement*. On a remarqué que le chêne placé dans un même terrain que l'orme ne se couronne qu'à un âge double de ce dernier. L'arbre venu naturellement *se couronne* plus tard que celui qui a repoussé sur souche. On voit aussi dans les forêts une autre espèce de *couronnement*, principalement sur les jeunes baliveaux; il ne dure qu'un an : les boutons inférieurs produisent de nouvelles branches. On attribue cet effet à ce que les arbres forestiers, ayant le pied presque toujours humide, poussent beaucoup de racines à la surface de la terre, qui y est plus productive, et que ces racines se dessèchent lorsque les arbres environnants ont été coupés : cela fait mourir les petites branches les plus élevées.

COURONNE (*Blason*). Les plus anciennes monnaies représentaient les rois et les souverains couronnés. A partir de Hugues Capet jusqu'à Charles VIII la couronne des rois de France paraît ouverte, ayant le cercle sommé de différentes sortes de fleurons, mais le plus souvent fleurdelisé. Charles VIII fut le premier qui porta la couronne fermée. Ce fut probablement à raison du titre d'empereur de Constantinople, que le pape Alexandre VI lui conféra à Rome en 1495; car le roi Louis XII, son successeur au trône de France, la porte ouverte et semblable à celle qu'ont portée depuis les princes du sang. Il y a des sceaux du roi François Ier où sa couronne est tantôt ouverte, tantôt fermée. Elle est demeurée constamment fermée à partir de 1540. Le roi Jean fut le premier qui surmonta son casque de la couronne royale. Son exemple fut imité par la haute noblesse. Suivant les hérauts d'armes, nul ne devait porter la couronne sur son timbre (casque) qu'il ne fût gentilhomme de nom, d'armes et de cri (c'est-à-dire banneret). Les anciennes couronnes des princes du sang sont ornées de feuilles d'ache, comme celles portées depuis par les ducs. Dans la suite, ils ont entremêlé ces fleurons de fleurs de lis, et, à la fin, les fleurs de lis seules ont orné leur couronne. On a observé que Robert de France, seigneur de Bourbon, mort en 1317, chef de la maison royale, ne portait sur son écu que le cercle de baron.

Voici comment on distingue les couronnes de la noblesse : la *couronne de duc* est un cercle d'or, enrichi de pierres précieuses, à huit grands fleurons refendus (feuilles d'ache). Les princes ou ceux qui prétendent descendre d'une maison princière placent cette couronne sur une toque de velours de gueules, terminée par une croix, une houppe ou une perle. La *couronne de marquis* est un cercle d'or à quatre fleurons, alternés chacun de trois perles en forme de trèfle. La *couronne de comte* est un cercle d'or à seize grosses perles au-dessus. La *couronne de vicomte* est un cercle d'or sommé de quatre grosses perles. La *couronne de baron* est un cercle entrelacé, en six espaces égaux, de rangs de perles, trois à trois en bandes. La *couronne de vidame* avait son cercle sommé de quatre croisettes patées, marque de la juridiction de ces officiers comme avoués ou défenseurs des droits des églises. LAISNÉ.

COURONNE ou **ÉCU DE FLANDRE** (en allemand *kronenthaler*, *krone* ou *silberkrone*), nom d'une monnaie d'argent originairement frappée à l'usage des Pays-Bas Autrichiens, au titre fixé pour les monnaies de l'Empire, et de valeur égale à celle des anciens *Albertusthaler*. Au revers, on voit la croix de Saint-André de Bourgogne (d'où le nom d'écus à la croix, *kreuzthaler*, donné souvent aussi à ces pièces), avec des couronnes fixées aux trois angles supérieurs ; ce qui leur a valu leur dénomination. Il existait aussi des demies des quarts et des huitièmes de couronne portant la même empreinte. Cette monnaie est demeurée en usage jusque dans ces derniers temps en Autriche. Des *couronnes* ou *kronenthaler*, du même module et au même titre que ceux d'Autriche, furent en outre frappées : en Bavière, depuis le règne de Maximilien-Joseph; au revers, elles portent une épée (d'où le nom de *schwertthaler*) et un sceptre attachés à la croix avec une couronne par-dessus ; en Wurtemberg, dans le pays de Bade, dans les duchés de Nassau, de Hesse-Darmstadt, et de Saxe-Cobourg, dans la principauté de Waldeck, etc. Dans ces derniers temps les *kronenthaler* ont toujours disparu de plus en plus de la circulation, et on a cessé complètement de les frapper dans les États méridionaux faisant partie du *Zollverein*, depuis qu'un titre uniforme y a été adopté en 1837 pour la monnaie légale.

On donne aussi en Allemagne le nom de *couronne* à une mesure de pesanteur dont on continue encore à se servir pour l'or, notamment à Francfort et à Bâle. Dans la première de ces villes, elle équivaut à 3,3648 grammes de notre système métrique (69 ¹/₃ couronnes == 1 marc); et dans la seconde, à 3,3710. Cette mesure d'origine française ; elle provient d'une de nos anciennes monnaies d'or, notre *écu d'or*, dont 72 ¹/₂ pièces devaient légalement peser 1 marc, ancien poids de marc de Paris. A Francfort, on appelle *or à la couronne* l'or à 18 carats.

Couronne, en anglais *crown*, est aussi le nom de la plus forte pièce de monnaie d'argent en usage en Angleterre. Elle est regardée comme le quart de la livre sterling, et vaut cinq shillings. L'ancienne couronne équivalait à 6 fr. 16; depuis 1818 elle ne vaut plus que 5 fr. 81.

COURONNE DE FER. La mort venait de ravir Autharis, roi des Lombards, à ses sujets, laissait sa veuve Théodelinde seule maîtresse du trône. Sur la proposition du peuple, elle se choisit pour époux Agilulphe, duc de Turin. C'est à l'occasion de son sacre qu'elle lui fit présent de cette fameuse couronne que devaient ceindre depuis tous ceux que leur sort rendrait maîtres de la belle Italie. Elle est d'or pur, quoique sa dénomination puisse la faire croire d'un métal moins précieux. Un petit cercle de fer, formé, dit-on, d'un des clous qui servirent à crucifier Jésus-Christ, et placé dans sa partie intérieure, l'a seul fait appeler *couronne de fer*. Depuis, elle a été toujours déposée dans le trésor du monastère de Monza (à 17 kilomètres de Milan). C'est là qu'en 774 Charlemagne la reçut du pape Adrien Ier. En 1452 elle fut portée à Rome pour le couronnement de Frédéric IV, et en 1530 à Bologne pour celui de Charles-Quint. Le 26 mai 1805, à Milan, en présence de tous les corps de l'État, des envoyés des puissances alliées et des nombreux dignitaires de France, Napoléon réunit la couronne de fer à la couronne impériale. C'est à cette occasion qu'il prononça ces paroles sorties de la bouche d'Agilulphe douze siècles auparavant. *Dieu me l'a donnée, gare à qui la touchera!*

Le 5 juin suivant, pour récompenser les services rendus à l'Italie, tant dans la carrière des armes que dans celles de l'administration, de la magistrature, des lettres et des arts, Napoléon institua *l'ordre de la Couronne de Fer*, composé de 500 chevaliers, 100 commandeurs et 20 dignitaires. La décoration consiste dans la représentation de la couronne lombarde, avec sa devise authentique, suspendue à un ruban orange à liséré vert. Un revenu sur le *monte Napoleone* de 400,000 écus de Milan (304,000 fr.) était affecté par le fondateur à la dotation de l'ordre. Cette rente fut considérablement augmentée depuis.

Une ordonnance de Louis XVIII, du 19 juillet 1814, portait : « Ceux de nos sujets qui ont obtenu l'ordre de la couronne de fer continueront de la porter à la charge par eux de se pourvoir auprès du souverain auquel cet ordre appartient. » En 1815 l'ordre fut retombée sous le joug de l'Autriche, l'ordre fondé par Napoléon est devenu pour les Français un ordre étranger, dont dispose la cour de Vienne.

COURONNE D'ÉPINES, celle dont les Juifs par dérision ensanglantèrent la tête du Fils de l'Homme durant l'agonie de sa Passion. Au commencement du douzième siècle, les moines de l'abbaye de Saint-Denis se glorifiaient de la posséder. On ne sait d'où ils la tenaient ; ce qu'il y a de certain, c'est qu'on peut lire dans le *Recueil des Historiens de France* qu'en 1191 un fils de Philippe-Auguste ayant été attaqué d'une dyssenterie violente, ces religieux partirent de leur demeure nu-pieds, portant *le bras de saint Siméon*, la *sainte clou*, la *couronne d'épines*, et, suivis d'un immense cortège de Parisiens et d'écoliers, firent successivement baiser au jeune prince ces reliques, et les lui appliquèrent sur toutes les parties malades. Aussitôt l'enfant royal alla de mieux en mieux.

En décembre 1206, disant les mêmes historiens, la Seine ayant débordé extraordinairement et causé de grands ravages dans Paris, emportant le Petit-Pont, plusieurs maisons construites dessus et d'autres de la ville, montant jusqu'au deuxième étage de la plupart de celles qui résistaient et ne pouvaient plus communiquer qu'en bateaux, Henri, abbé de Saint-Denis, vint, avec une nombreuse procession de prêtres et de laïques, marchant nu-pieds, porter le *saint clou*, le *très-saint bois* et la *couronne d'épines* sur le bord du fleuve et lui donner sa bénédiction, qui fut si efficace qu'aussitôt il diminua sensiblement.

Comment faire concorder cependant ces deux récits avec ce que nous dit dans le père Daniel, que trente-trois ans après saint Louis dégagea à ses frais la véritable couronne d'épines qui avait été engagée par Baudouin, empereur de Constantinople, pour une somme considérable ? Quoi qu'il en soit, la relique que le fils de Blanche de Castille avait payée si cher arriva le 10 août 1239 à Villeneuve-l'Archevêque, où le roi et sa famille se rendirent avec beaucoup de solennité. Elle était contenue dans trois cassettes successives, la première de bois, la seconde d'argent, la troisième d'or. Elles furent toutes trois ouvertes, et aux yeux du public énervé on exposa la sainte couronne. De là, portée par le roi,

par Robert, comte d'Artois, et par plusieurs seigneurs qui marchaient nu-pieds, elle prit la route de Sens. Huit jours après, elle arrivait à Paris avec son cortège. On fit une station dans l'abbaye de Saint-Antoine-des-Champs. Là fut dressé un échafaud en pleine campagne, et plusieurs prélats, revêtus de leurs plus somptueux habits pontificaux, exposèrent aux regards avides des Parisiens cette précieuse relique. Le jeudi 18 août 1239, Louis IX se dépouilla de ses habits royaux et vêtu d'une simple tunique, les pieds nus, il se chargea, avec son frère Robert, de porter sur ses épaules la sainte relique, qui dans cette pompe religieuse était précédée par plusieurs prélats et seigneurs marchant têtes et pieds nus, suivis d'une longue procession. Le cortège se rendit d'abord à Notre-Dame, puis à la sainte chapelle de Saint-Nicolas, dans l'enceinte du Palais, chapelle fondée par le roi Robert et réparée par Louis VII. C'est sur son emplacement, et pour offrir un asile digne d'elles à la couronne d'épines et à une foule d'autres reliques de la Passion, expédiées encore contre argent, quelques mois après, par Baudouin, que saint Louis fit bâtir la Sainte-Chapelle actuelle. Aussitôt l'apparition de cette couronne d'épines, celle que possédait l'abbaye de Saint-Denis disparut subitement comme par respect, sans doute, pour la nouvelle venue. Un fragment possédé par l'église Saint-Germain des Prés fut plus lent à battre en retraite : il figurait encore dans son trésor trente ans après, en 1269.

L'auteur de la vie de saint Louis prétend que les épines de la couronne de la Sainte-Chapelle restaient toujours vertes. Quelques écrivains, d'après saint Clément d'Alexandrie, assurent qu'elle était de ronce, d'autres qu'elle était de nerprun ; d'autres, d'épines blanches ; d'autres, enfin, de jonc marin. Ces reliques étaient enfermées dans un vase de cristal, déposé dans une châsse d'or derrière l'autel. On ne les montrait que quand quelque grand personnage demandait à les voir. Louis XI les avait fait venir à Plessis-lès-Tours, dans l'espoir de ne pas mourir. En 1791 elles furent extraites de leur châsse, et remises à l'évêque Gobel pour être transportées à Notre-Dame, où elles sont restées depuis.

COURONNE IMPÉRIALE (*Botanique*). *Voyez* FRITILLAIRE.

COURONNE IMPÉRIALE (*Conchyliologie*). *Voyez* CÔNE.

COURONNEMENT, action de couronner. Il se dit plus particulièrement de la cérémonie dans laquelle on couronne solennellement un souverain (*voyez* SACRE).

COURONNEMENT (*Architecture*). Généralement on désigne par ce mot tout ce qui termine en dessus un mur, une colonne, un dôme, un comble, etc. : ainsi, la corniche couronne l'entablement, qui lui-même couronne le mur, la colonnade qui le soutient. Un quadrige de bronze couronne l'arc de triomphe du Carrousel ; les dômes des Invalides, du Panthéon, du Val-de-Grâce, sont couronnés par des lanternes ; la statue de Napoléon couronne la colonne de la place Vendôme. Une pomme de pin en bronze couronnait le mausolée d'Adrien. On cherche encore un couronnement pour l'arc de triomphe de l'Étoile.

COUR PLÉNIÈRE. On donnait ce nom au moyen âge à des assemblées solennelles tenues par les rois aux fêtes de Noël et de Pâques, à l'occasion d'un joyeux avènement, d'un mariage, de la réception de quelque prince étranger ou de tout autre sujet de joie extraordinaire. La fête était célébrée tantôt dans une des maisons royales, tantôt dans quelque grande ville, quelquefois en pleine campagne, toujours en lieu commode pour y loger tous les grands seigneurs, obligés par leur rang même d'y assister.

La ville choisie pour théâtre de cette solennité se parait et se métamorphosait comme par enchantement. Les chemins étaient couverts d'une litière de joncs, les murs garnis de tapisseries de haute lisse fabriquées dans les riches ateliers de la Flandre, les balcons revêtus de draps camelotés, d'étoffes de soie à crépines d'or et d'argent, les façades et les parois des monuments publics ornées d'armoiries et de devises ; les étendards des seigneurs flottaient à toutes les fenêtres des maisons particulières. Le peuple en habits de fête, les jeunes femmes vêtues de blanc et couronnées de roses ; les corps de bourgeoisie en longues robes vertes ou bleues, les artisans divisés par classes, qui chacune avait sa livrée, se rangeaient sur le passage du souverain, précédé du clergé portant les croix d'or et les bannières des abbayes voisines, dont tous les clochers carillonnaient du matin jusqu'au soir.

Le prince, entouré de la noblesse, s'avançait lentement, monté sur un coursier blanc, qui agitait son collier de sonnettes et sa crinière empanachée. Au bruit des cymbales et des buccines, la plus belle fille, les cheveux flottants, et ornée d'un *chapel* d'églantiers, venait à la rencontre de l'illustre visiteur, et lui présentait les clefs de la ville. De toutes parts on criait : *Noël!* et *Vive le roi* et l'on répétait, suivant l'adage du temps, *Bon roi amende le pays*.

La fête, qui durait sept ou huit jours, commençait par une messe solennelle, pendant laquelle le célébrant, qui était toujours un évêque, déposait sur la tête du roi, avant l'épître, une couronne. Le roi ne quittait cette couronne qu'en se couchant : il la gardait à table et au bal. Il mangeait en public, dans un lieu un peu élevé, pour être vu de tout le monde. Les tables, auxquelles étaient admis les évêques, les ducs, les abbés, les comtes et autres seigneurs, étaient servies avec profusion. Devant chaque service on portait sur celle du roi marchaient des joueurs de flûtes, de hautbois et un grand nombre d'officiers. A l'entre-mets, vingt hérauts d'armes rangés en rond devant la table, et tenant à la main chacun une coupe pleine de pièces de monnaie criaient trois fois : « Largesse du plus puissant des rois ! » Puis ils semaient l'or et l'argent ; et tandis que le peuple le ramassait avec des cris de joie, les trompettes sonnaient des fanfares. Il y avait l'après-dînée pêche, jeu, chasse, danseurs de corde, *plaisantins*, jongleurs, pantomimes. Les plaisantins faisaient des contes, les jongleurs jouaient de la vielle, les pantomimes représentaient de vieilles légendes ou des farces. Une dépense considérable était employée à faire venir toutes sortes de bateleurs et charlatans ; la fête n'était belle qu'autant qu'il y en avait beaucoup. Au milieu de ces fêtes et de ces réjouissances, les rois traitaient des affaires de l'État et jugeaient avec la principale noblesse les différends qui se présentaient.

Sous la troisième race, la tenue de la cour plénière fut plus fréquente : indépendamment de Noël et de Pâques, elle avait lieu encore à la fête des rois et à la Pentecôte. Ces cours avaient eu moins d'éclat depuis Charles le Simple ; mais Hugues Capet leur rendit leur ancienne splendeur ; saint Louis même, au témoignage de Joinville, y porta la somptuosité jusqu'à une sorte d'excès. Charles VII, épuisé par la guerre contre les Anglais, se dispensa de continuer l'usage de ces fêtes ruineuses, et dès lors elles furent abolies.

A la fin de l'ancienne monarchie, Louis XVI voulut à deux reprises, en 1774 et en 1788, établir une *cour plénière* pour enlever au parlement l'enregistrement des édits. Elle devait être composée du chancelier ou du garde des sceaux, de la grande chambre du parlement, dans laquelle devaient prendre séance les princes du sang, les pairs du royaume, les membres du conseil et d'autres grands et notables personnages. Le parlement protesta contre cet édit ; mais les événements marchaient alors à grands pas. La convocation des états généraux par le 1er mai 1789 suspendit jusqu'à cette époque l'établissement de la cour plénière, qui disparut, avec toutes les institutions du passé, dans la grande régénération sociale.   W.-A. DUCKETT.

COUR PRÉVOTALE. *Voyez* PRÉVOTALE.

COURRE. Ce verbe qui, comme *courir*, vient du latin *currere*, ne prend guère que la forme active, et est très-borné dans son emploi, surtout aujourd'hui. On s'en sert principalement en parlant de la chasse. La chasse à courre consiste principalement à faire poursuivre une seule bête par une meute de chiens, suivie de plusieurs veneurs à cheval, jusqu'à ce que la bête, épuisée de fatigue, tombe et puisse être tuée par le principal personnage de la chasse. On dit en ce sens *courre le cerf*, *courre un lièvre*. *Laisser courre les chiens*, c'est les découpler. On appelle aussi *laisser-courre* le lieu même où on les découple. On dit d'un pays commode pour la chasse que c'est un beau *courre*. On dit (mais cette expression vieillit) *courre un cheval*, pour dire le faire courir à toute bride étant monté dessus : voulez-vous *courre* votre cheval contre le mien ? En termes de jurisprudence, *courre* ou *courir sus* signifie courir après quelqu'un, se jeter sur quelqu'un pour l'arrêter ou le maltraiter. On dit encore *courre la bague* et *courre la poste*. On a dit enfin *courre* la fortune, *courre* un risque, et familièrement *donner à courre* à quelqu'un, pour dire le faire courir, le mettre dans la nécessité de faire bien des pas, de se donner bien du mouvement, bien de la peine pour une affaire ; mais dans ces dernières façons de parler on peut se servir également du verbe *courir*. *Courre la bouline* était un châtiment employé sur mer.

COURRIER, mot dérivé du latin *cursor*, ainsi que *coureur*. Mais ce qui distingue principalement le *courrier* du *coureur*, c'est que celui-ci court toujours à pied, et que l'autre ne court qu'à cheval ou en voiture. L'usage des courriers est fort ancien : Hérodote dit qu'il y en avait en Perse, et qu'ils étaient fort prompts. Xénophon attribue leur établissement à Cyrus, qui, ayant examiné ce qu'un cheval pouvait faire de chemin dans un jour, plaça des relais à la distance de chaque journée de cheval. En arrivant à un de ces relais, le courrier remettait son paquet à un autre, qui, monté sur un cheval frais, portait les dépêches à une journée de là, où un nouveau cavalier s'en chargeait, et ainsi de relai en relai jusqu'à la cour.

Les Grecs avaient des courriers à pied nommés *hemerodromi* (courriers d'un jour) : c'étaient les *diarii-cursores* des Romains, lesquels, suivant Cornélius Nepos et les *Commentaires* de César, faisaient 80, 120, et jusqu'à 160 kilomètres par jour dans le Cirque pour gagner le prix. Il y avait aussi à Rome des courriers qui changeaient de chevaux, comme Tite-Live et César le rapportent de Gracchus et de Vibullius. On les nommait *viatores*, et on les envoyait partout où il y avait des ordres, des lettres, des avis, des nouvelles à porter ou à recevoir. Mais les Romains, pas plus que les Grecs, ne paraissent avoir eu de postes réglées jusqu'au temps de l'empereur Auguste, qui en établit seulement pour des chars. On ne sait point précisément à quelle époque commencèrent les courriers à cheval dans l'empire romain. On voit par l'*Histoire Ecclésiastique* de Socrate qu'il y eut des relais pour ce service, et il parle d'un Palladius qui, sous le règne de Théodose, allait en trois jours de Constantinople aux frontières de Perse, et revenait de même, faisant ainsi 320 kilomètres environ par jour. Sous l'empire d'Orient, ces courriers étaient appelés *cursores*. Dans le moyen âge on nommait *courriers* ou *coureurs* des gens qu'on envoyait devant soi pour reconnaître si les chemins étaient praticables et sûrs. De là vinrent les laquais ou valets de pied, nommés *coureurs*, dont la mode passa d'Italie en France, au commencement du dix-septième siècle, mais dont le service avait fini par se borner à être les Mercures des messages galants ou libertins de leurs maîtres.

L'institution des *courriers* en France date de l'établissement des postes par Louis XI, dans le quinzième siècle ; mais ces courriers, ne servant d'abord que pour les affaires du roi et du pape, étaient une charge pour l'État. Longtemps il n'y eut pour les lettres que des messagers, qui allaient fort lentement, et ne partaient que lorsqu'ils avaient un certain nombre de paquets. L'établissement des courriers, si simple, si commode, si utile pour les particuliers, et qui

DICT. DE LA CONVERS. — T. VI.

devenu l'une des principales branches des revenus de l'État, ne date que de 1630. On appelle *courrier* tout homme qui fait métier de courir la poste, soit à cheval, soit en voiture, précédé ou conduit par un postillon. Il y a plusieurs sortes de courriers à cheval : les *courriers ordinaires*, payés par l'administration pour porter les lettres dans les diverses villes qui ne sont pas situées sur les lignes de poste; les *courriers extraordinaires*, expédiés par de riches particuliers pour annoncer un mariage, un décès, un héritage, ou par des banquiers, par des négociants, pour donner avis de la conclusion d'une affaire, de l'arrivée d'un navire, pour porter des ordres d'achat ou de vente, informer du cours des effets publics ou de telle ou telle marchandise; mais les courriers extraordinaires sont plus souvent dépêchés par des généraux, des gouverneurs, des préfets, des magistrats, pour annoncer plus promptement la nouvelle d'une défaite, d'une révolte, d'un arrêt, ou de tout autre événement important. On appelle *courriers de cabinet* ceux qui portent les dépêches du chef de l'État et de ses ministres à des fonctionnaires civils et militaires, à des ambassadeurs. Ils sont appointés à l'année. Mais il y a aussi des circonstances importantes, ou pour des missions secrètes et délicates, sont choisis dans les hautes classes de la société; on dit alors : Monsieur A..., le comte C... sont partis en courriers pour Londres, pour Vienne, etc. Ces courriers ne voyagent pas à franc étrier, comme on pourrait le penser, mais dans de bonnes chaises de poste.

Courrier de malheur se dit au figuré d'une personne qui nous apporte une mauvaise nouvelle. *Courrière* ne s'emploie qu'en poésie en parlant de la lune : *l'inégale courrière des nuits*.

De tous les courriers en voiture, les plus connus, les plus utiles, sont les *courriers de la malle*, qui font le service ordinaire de la poste aux lettres, tant en France que dans tous les États de l'Europe, pour toutes les villes situées sur les principales routes de communication, chemins de fer, ou autres. Leur nom vient de ce qu'autrefois ils étaient entassés pêle-mêle avec leurs paquets de dépêches, dans le fond d'une voiture, grossièrement construite, et couverte en cuir, en forme de malle. Aujourd'hui ces malles-postes sont des berlines fort commodes pour les voyageurs. Le courrier se place dans le coupé de devant, et les lettres sont dans un coffre derrière la voiture. Ces courriers passent une moitié de leur vie dans leur malle-poste, se réveillant à chaque relai, et l'autre moitié dans la ville qui est le terme de leur voyage, où ils se reposent comme s'ils n'avaient pas dormi en route. Leur existence d'ailleurs est assez agréable sous le rapport physique : bien nourris par les voyageurs et par les citadins pour lesquels ils font des commissions, ils achètent et revendent pour leur propre compte les poulardes du Mans, de la Bresse et de Caen, les pâtés d'Amiens et de Strasbourg, les saumons et les sardines de Bretagne, le thon et les ortolans de Provence, les truffes du Périgord, etc. Ils deviennent gros et gras, et font ordinairement fortune, quand ils ont de l'ordre et de l'économie. Si, habitués à vivre avec les chevaux et les postillons, ils sont, généralement parlant, un peu dénués des formes de la politesse et de l'urbanité, ils méritent du moins entière confiance; car il est fort rare que quelqu'un d'entre eux ait manqué à la probité. Les *courriers à cheval* ont plus de fatigues et de maux à supporter, et ne peuvent point faire de petit commerce en voyageant; mais ils sont plus largement rétribués. Les uns et les autres sont exposés à de graves dangers, de la part des voleurs et des bandits, qui en veulent quelquefois à leurs dépêches, et plus souvent à leur argent.

Les courriers de la Porte Ottomane sont des Tatars, qui parcourent à franc étrier les provinces de l'empire, changeant de cheval dans les villes où ils en trouvent à leur disposition, et, à défaut, permutant de gré ou de force leur monture fatiguée contre celle toute fraîche du premier voyageur qu'ils rencontrent. Dans divers pays, on s'est servi et on se sert encore pour courriers de certains animaux, tels que les chiens, les hirondelles, et surtout les pigeons, si utilement employés en Syrie, depuis le règne du sulthan Nour-Eddyn, au douzième siècle, et dont l'expérience a été renouvelée avec succès entre la Belgique et la France. On trouverait difficilement des courriers plus diligents, plus fidèles, plus désintéressés et plus économiques que ces intéressants oiseaux lorsqu'il ne s'agit que de les charger d'une lettre attachée sous une de leurs ailes. Ils font concurrence aux chemins de fer, et seuls les télégraphes aériens et surtout électriques transmettent les nouvelles avec plus de promptitude.

Les *courriers apostoliques* sont les messagers de la cour de Rome. Ils ont remplacé les courriers qui dans les premiers siècles de l'Église, et dans les temps de persécution, étaient chargés par les évêques d'informer les fidèles du lieu et de l'heure où ils devaient se réunir pour célébrer l'office divin. Les courriers apostoliques convoquent les cardinaux, les princes et les ambassadeurs de la part du pape, pour assister à ses consistoires, à ses cavalcades et aux grands offices de ses chapelles. Ils convoquent aussi le sacré collège pour l'élection d'un souverain pontife et pour les obsèques d'un pape ou d'un cardinal. Ils affichent les bulles, les décrets, les constitutions du saint-siège, aux portes de Saint-Jean de Latran, de Saint-Pierre de Rome, du palais de l'inquisition, de la chancellerie apostolique et du champ de Flore. Vêtu d'une robe violette, ils portent un bâton d'épine quand ils sont en mission, et une masse d'argent lorsqu'ils assistent aux cavalcades du pape, dont ils entourent la litière. Ils sont au nombre de dix-neuf, et l'un d'eux remplit tour à tour pendant trois mois les fonctions de maître : c'est à lui seul que sont adressées les commissions signées par le souverain pontife et par le cardinal-préfet. Les cardinaux sont tenus de donner prompte audience, debout et tête nue, au courrier apostolique, qui met un genou en terre devant eux.

Dans quelques ordres monastiques, le *courrier* ou célerier était un religieux chargé de courir pour les affaires temporelles de la communauté, tandis que ses confrères célébraient les offices. À la Grande-Chartreuse, le courrier était proprement le procureur de la maison. Chez les évêques et archevêques, le *courrier* était autrefois un officier considérable, chargé de faire exécuter leurs ordres et leurs mandements. Il partait au gouvernement, et tenait lieu de bailli : il était l'intendant, le procureur des prélats, des abbés et des prieurs. À Vienne, en Dauphiné, le *courrier* était tout à la fois le second magistrat de la ville, le lieutenant et le vicaire général de l'archevêque, dont il émanait : mais sa juridiction n'embrassait que les matières laïques et temporelles; il remplissait quelquefois les fonctions de juge, et même de procureur fiscal. Le *courrier* de l'évêque de Grenoble avait en outre le privilège de convoquer au nom du prélat l'arrière-ban, les milices, et de faire mettre les habitants sous les armes. Parmi les officiers de l'archevêque et du chapitre de Lyon, il y avait un *courrier* dont la charge était souvent exercée par un gentilhomme. Les princes laïcs, les seigneurs même, avaient aussi des lieutenants qu'on appelait *courriers*. Enfin, jusqu'à la Révolution, on a vu figurer au parlement et à la chambre des comptes un *courrier* qui servait de guide dans les cérémonies publiques.

Le mot *courrier* s'emploie au neutre, pour signifier tout à la fois les lettres qui partent et arrivent par la poste, ainsi que le jour et l'heure du départ et de l'arrivée. Plusieurs journaux, à diverses époques, ont pris le titre de *Courrier*, pour exprimer sans doute la promptitude avec laquelle ils voulaient porter au loin des nouvelles. Il y a eu *Le Courrier de l'Europe; Le Courrier d'Avignon; Le Courrier des Spectacles; Le Courrier des Dames; Le Courrier des Salons; Le Courrier des Tribunaux; Le Courrier Français et Le Courrier* de Paris, ce dernier mort bravement en 1848 en soutenant Louis-Napoléon contre les énergumènes de la Montagne, qui prétendaient lui faire interdire l'eau et le feu en France ; sans compter beaucoup de journaux de départements qui ont paru ou paraissent sous ce titre, sans compter, non plus, le journal anglais *The Courrier*, qui a disparu il y a quelques années, mais qui à plusieurs époques avait reçu les confidences et les communications du gouvernement.

H. AUDIFFRET.

COURROIE (du latin *corium*, cuir), bande plus ou moins large de cuir, simple ou composée de plusieurs pièces ; on en fait usage dans la sellerie, la carrosserie, etc. Le cuir ayant de la souplesse, et beaucoup de ténacité, les mécaniciens tirent un excellent parti des *courroies fermées ou sans fin* (dont les bouts sont cousus ensemble) pour transmettre le mouvement d'une roue à des poulies sans gorge, des bobines ; ils préfèrent ce mode à l'emploi de chaînes ou de cordes, parce que les courroies, ayant beaucoup de largeur, glissent moins sur les surfaces, durent plus longtemps que les cordes, et coûtent moins cher que les chaînes.

COURROUX, sentiment tantôt impétueux, tantôt concentré, et qui est le résultat d'une irritation violente. On peut dire que le *courroux* forme la partie la plus élevée de la colère ; aussi cette expression n'est-elle employée que du supérieur à l'inférieur : un soldat tiendra tête à la colère d'un autre soldat ; il tremblera à la pensée de la colère de son chef, parce que dans ce dernier cas la volonté de nuire est appuyée sur l'autorité. La colère du peuple est terrible, mais oublieuse ; le courroux d'un homme qui commande se contraint en général ; il a de la patience et du coup d'œil, il ne retarde le coup que pour frapper mieux et plus fort. On dira la *colère* d'une femme, et non pas son *courroux*, à moins qu'elle n'exerce le commandement suprême, comme une souveraine dans un État despotique. SAINT-PROSPER.

COURS (du latin *cursus*). Au propre, ce mot signifie flux, course, direction d'un fluide qui suit sa pente. C'est aussi le nom de certains lieux où l'on se promène. Au figuré, *cours* se dit de la direction, de la marche que prennent certaines choses en qu'on leur donne ; il signifie aussi durée, suite, enchaînement. Il se dit, en outre, pour vogue, crédit ; et, en termes de commerce, du prix actuel des marchandises, du taux auquel est le change, la rente, etc.

En style universitaire, on donne le nom de *cours* à la durée du temps employé, soit par un professeur à enseigner publiquement par ses discours ou à démontrer par ses expériences les principes et les avantages d'une science, d'un art, d'une branche quelconque de la littérature, soit par un élève à étudier ces principes, et à s'y perfectionner : ainsi, l'on dit que tel professeur *a fait son cours* avec distinction, que *son cours a été brillant*, ou a été *peu suivi* ; qu'un élève a fait avec succès au collège ses *cours d'humanités*, *de rhétorique*, *de philosophie* ; qu'un jeune homme a *terminé* à l'université *son cours de théologie*, *de droit*, ou *de médecine*. On dit encore qu'on a *assisté à tel cours* ; qu'on a *suivi le cours* de tel ou tel professeur. On appelle aussi *cours* les livres et ouvrages imprimés qui expliquent et développent les éléments des sciences, des lettres, des arts, et présentent ce qu'il importe le plus d'en savoir, soit que ces ouvrages aient été composés dans un but spécial, soit qu'ils contiennent le résumé ou l'exposé d'un cours fait en public : ainsi l'on dit, le *Cours de Mathématiques* de Bezout, le *Cours d'Études* de Condillac, le *Cours de Chimie* de Chaptal, le *Cours de Littérature* de La Harpe, etc.

L'origine des *cours scientifiques et littéraires* pourrait bien remonter jusqu'à Homère, qui tenait, dit-on, son école sur un rocher de l'île de Chio. Plus tard, Pythagore, dans les diverses villes où il résida pendant ses longs voyages, Platon à l'Académie et sur le cap Sunium, Aristote, en se promenant dans le Lycée, instruisaient leurs disciples et propageaient leur doctrine. Jésus-Christ lui-même n'enseigna la morale dans les environs de Jérusalem que sous la forme de cours publics. A son exemple, les théologiens, tant orthodoxes qu'hérétiques, employèrent longtemps cette manière toute naturelle d'instruire, de persuader un plus grand nombre de prosélytes. Comme la théologie fut la première science qu'on enseigna dans les écoles universitaires du moyen âge, elle dut s'y présenter aussi sous la forme de *cours*, et l'on adopta depuis cette méthode pour toutes les autres sciences. Le *cours de théologie* était précédé de celui de philosophie, subdivisé en *cours de logique*, de *métaphysique*, *de morale* et *de mathématiques*. L'adjonction de cette dernière science, où tout est positif, aux trois autres, et surtout aux deux premières, où tout est plus ou moins arbitraire et systématique, s'est perpétuée jusqu'à nos jours, malgré son anomalie et son absurdité. Aussi, dès le dix-septième siècle, Saint-Évremond avait-il remarqué qu'on n'apprenait dans les cours de théologie et de philosophie qu'à s'exercer à la dispute.

Il aurait pu en dire autant de l'étude du droit, qui n'a produit que trop d'argumentateurs et de chicaneurs, plaidant tour à tour, suivant leur caprice ou leur intérêt, le pour et le contre, et habituant ainsi leur jugement et leur éloquence à cette flexibilité, à cette versatilité que nous avons vue se manifester jusque dans les fonctions législatives. Quant aux médecins, Molière, à la même époque, sut fort bien signaler leur ignorance, leur charlatanisme et la barbarie du langage qu'on parlait à leurs cours. Plus instruits aujourd'hui sous le rapport des connaissances générales et de la science médicale, mais trop livrés peut-être aux plaisirs de la société, où ils figurent avec autant d'agrément que de distinction, les médecins sont-ils véritablement plus habiles dans l'art de guérir ? Et chaque cours de la Faculté de Médecine ne serait-il pas une école particulière, où le professeur, jaloux de passer pour novateur, enseigne un système qui, adopté aveuglément par la mode, est ensuite soumis à tous ses caprices ? Quoique Hippocrate, le père de la médecine, ne l'ait probablement pas apprise en suivant des cours, nous sommes loin de blâmer ceux qu'on a successivement établis : les diverses sciences qui se rattachent à celle du médecin, l'anatomie, la botanique, la chimie, la pharmacie, la physique, la chirurgie, etc., exigent tant d'expériences, de démonstrations, de recherches, d'appareils, d'instruments et de frais, qu'elles rebuteraient le zèle et la patience de la plupart des aspirants, et dépasseraient les bornes de leur fortune, s'ils n'étaient aidés par les leçons de leurs anciens et par les secours du gouvernement. Mais pour cela les cours des Facultés de Médecine de Paris, Montpellier, Strasbourg et Toulouse, ceux des nombreuses écoles secondaires de médecine éparses dans les départements, ceux des écoles de pharmacie, du Muséum d'Histoire Naturelle de Paris, de l'amphithéâtre d'anatomie, et ceux que l'on fait dans les hôpitaux, sont plus que suffisants, s'il est vrai qu'il y ait plus de médecins que de malades. On pourrait dire aussi qu'il y a autant d'avocats que de procès, grâce aux cours de la Faculté de Droit de Paris et à ceux des Facultés des départements ; et pourtant le barreau est une des nécessités de la France, pays populeux, où les ressources manquent à la jeunesse, pays démoralisé, où la mauvaise foi et la cupidité en progrès fournissent matière à tant de débats, à tant de crimes.

La théologie catholique a ses cours en France, ainsi que la théologie calviniste, et la théologie luthérienne. Ces cours et ceux des séminaires satisfont aux besoins des cultes religieux. Les sciences, les lettres, les arts, sont enseignés dans des cours publics à la Sorbonne et au Collége de France ; les langues orientales au Collége de France, à la Bibliothèque Impériale et surtout au lycée Louis-le-Grand. Il y a des cours de sciences, de lettres et d'arts indispensablement annexés à diverses institutions spéciales, telles que l'École Polytechnique, les Écoles Militaires de Saint-Cyr et de Saumur, l'École d'Application du corps d'État-Major, l'École des Mines, l'École des Ponts et Chaussées, l'École d'Artillerie et de Génie, l'École Forestière, les Écoles Vétérinaires, le Muséum d'Histoire Naturelle au Jardin des Plantes, le cours d'astronomie à l'Observatoire, le Conservatoire des Arts et Métiers, les Écoles d'Arts et Métiers, le Conservatoire ou école de musique et de déclamation, etc., etc; enfin, les nombreux lycées et colléges de Paris et des départements. Si à cette longue nomenclature d'établissements salariés par la nation on ajoute le Collége de France, les Facultés, l'École des Chartes, on jugera qu'en France on a choyé les hautes études et l'instruction secondaire, tant pour les connaissances utiles en tout genre que pour les arts d'agrément, mais qu'on y a trop négligé l'instruction primaire, bien plus nécessaire et bien moins coûteuse. H. AUDIFFRET.

COURS D'EAU. On comprend sous cette dénomination générique les fleuves, rivières, torrents, ruisseaux, en un mot toutes les eaux courantes. Dans beaucoup de cas les canaux sont également compris parmi les cours d'eau. Les eaux courantes et le sol qu'elles occupent font l'objet d'une législation toute spéciale.

On distingue trois espèces de cours d'eau : les *cours d'eau navigables et flottables*, les *cours d'eau flottables seulement* et les *cours d'eau qui ne sont ni navigables ni flottables*.

Les cours d'eau navigables et flottables sont ceux qui sont susceptibles de porter bateaux ou trains. C'est l'administration qui fixe, par des déclarations publiques, quels sont les cours d'eau navigables et à quel endroit précis ils commencent à l'être. Sont considérés comme navigables les rivières où la navigation n'est établie qu'à l'aide d'écluses et d'autres ouvrages d'art; les canaux de navigation, même lorsqu'ils sont cédés à des compagnies; mais non les canaux de simple vicinalité creusés pour l'usage d'un petit nombre de communes ou même seulement d'un particulier. Toutes les rivières navigables sont en même temps flottables et le flottage y a lieu par trains et non à bûches perdues. Ces cours d'eau sont considérés par le législateur comme des voies de communication, et font partie du domaine public; la pêche est affermée au profit de l'État, et les îles, îlots et atterrissements qui s'y forment, lui appartiennent. Les riverains sont grevés des servitudes de halage et de marchepied, et n'ont sur les cours d'eau navigables et flottables aucune espèce de droit. Ils ne peuvent s'en servir pour l'irrigation de leurs propriétés ou pour mettre en mouvement des usines, qu'avec la permission de l'administration, qui n'accorde ces concessions qu'à la condition qu'elles ne nuiront pas à la navigation, et avec la réserve de pouvoir la révoquer à volonté. Quant aux contestations que soulèvent les intérêts particuliers, l'administration et les tribunaux administratifs sont seuls appelés à en décider.

Les cours d'eau flottables seulement n'entrent pas dans le domaine public; les propriétaires riverains ne sont assujétis qu'à livrer passage, dans les temps du flot, aux ouvriers du commerce des bois, chargés de diriger les bûches flottables et de repêcher les bûches submergées. Le curage et l'entretien de ces sortes de cours d'eau sont à la charge des propriétaires riverains.

Quant aux cours d'eau qui ne sont ni navigables ni flottables, le lit appartient aux riverains, quoiqu'un petit nombre d'auteurs soit de l'avis contraire, comme ces riverains ont les charges fort dispendieuses du curage, outre l'impôt foncier, il est juste qu'ils trouvent un dédommagement dans la possession des pentes d'eau, la pêche, l'usage exclusif des eaux et l'interdiction de passage le long du cours d'eau. Cependant notre législation, qui proclame les principes, admet aussi que le cours d'eau doit être rendu à sa direction naturelle si les propriétaires inférieurs acquis le droit de s'en servir; et comme le législateur a eu soin de réserver expressément tous les droits d'utilité ou de nécessité publiques, tels que l'obligation d'assurer à une communauté d'habitants l'eau qui leur est indispensable, il en résulte que le droit de propriété énoncé par la loi est plutôt encore un droit d'usage plein et entier qu'un droit de propriété véritable. Aussi toutes les fois que cela est jugé avantageux ou nécessaire, il doit être procédé par un *règlement administratif* à la distribution des eaux : c'est là ce que l'on nomme les *règlements d'eau*. Ces règlements peuvent être arrêtés dans toutes les circonstances, dans l'intérêt général, pour empêcher par exemple la stagnation des eaux ou leur débordement. C'est par la même raison que l'administration autorise ou interdit les constructions d'usines au sujet des cours d'eau. Les îles et atterrissements qui s'y forment appartiennent aux riverains du côté ou l'île s'est formée; si elle n'est pas formée d'un seul côté, elle appartient aux propriétaires riverains des deux côtés à partir de la ligne qu'on suppose tracée au milieu de la rivière. Toutes contestations au sujet des cours d'eau qui ne sont ni navigables ni flottables est de la compétence des tribunaux ordinaires ou de l'administration, suivant qu'elle a rapport à des intérêts privés ou qu'elle intéresse plus particulièrement l'intérêt public, et qu'elle est de la compétence de la voirie. Les tribunaux de police municipale répriment les contraventions aux règlements de police et d'administration, et leur compétence est bornée aux faits qui peuvent donner lieu à une amende de 15 francs et au-dessous. S'il y a lieu de prononcer une peine plus forte, le fait est un délit, et compète aux tribunaux de police correctionnelle.

COURS DE LA BOURSE. *Voyez* BOURSE (Opérations de).

COURSE (du latin *cursus*). En langage usuel, ce nom signifie action de courir, assaut de vitesse, mouvement d'un animal qui court; lieu pour les exercices de la course; ce qu'on donne à un commissionnaire pour sa peine, voyage que l'on fait pour quelqu'un, pour quelque affaire, figurément le cours d'un emploi, d'un travail.

En physiologie, on entend par *course* un mode de progression accéléré, composé de la marche et du saut parabolique, par lequel les animaux pourvus de membres se transportent plus ou moins rapidement d'un point de l'espace à un autre, à la surface d'un sol ou terrain. Le docteur Mouton admet pour l'homme trois sortes de *courses*, savoir : 1° *la course en fauchant*, dans laquelle on lance en avant les membres inférieurs en rasant à peine le sol; 2° *la course en sautillant* : dans celle-ci, les pas ne sont pas plus grands que dans la marche ordinaire, mais ils sont plus rapides ou plus nombreux dans le même temps : cette course a lieu par petits sauts sur la pointe des pieds, c'est-à-dire que la base de sustentation de tout le corps ne porte que sur les phalanges des orteils et sur l'extrémité antérieure du métatarse, tandis que dans la marche ordinaire et dans la course en fauchant la totalité de la plante du pied est en contact avec le sol; 3° *la course en sautant*, qui n'est, comme son nom l'indique, qu'une succession de sauts et de bonds. Ces trois sortes de courses peuvent s'exécuter sur un sol plus ou moins égal et uni, ou inégal et raboteux, plus ou moins élastique ou inflexible, dont le plan peut être horizontal, ascendant ou descendant. Les effets physiologiques de la course sont l'accélération du cours du sang, qui, n'étant point portée trop loin, permet encore le passage de ce fluide à travers les poumons (la course peut alors être soutenue plus ou moins longtemps), mais qui devenue très-rapide produit l'engorgement du poumon, l'anhélation (agitation des poumons), l'essoufflement, la suffocation, et finit par déterminer une sorte d'apoplexie pulmonaire.

En hygiène, la *course* plus ou moins rapide, avec des alternatives de repos, est considérée comme un exercice favorable à la santé des personnes d'une constitution forte, dont la poitrine est bien développée, elle est défendue dans

COURSE — COURSE EN MER

tous les cas où les organes thoraciques, le cœur et les poumons, sont atteints ou menacés de maladies; elle est aussi très-nuisible aux individus affectés de phlegmasies du foie, des intestins, aux femmes enceintes, à celles qui ont des maladies de la matrice; elle est impossible aux personnes attaquées d'anévrismes du cœur et des gros vaisseaux, dont les secousses violentes provoqueraient la rupture et amèneraient une mort très-prompte.

En zoologie, l'aptitude à la *course* a été considérée comme un caractère très-valable pour différencier des familles (*voyez* Coureur).
L. Laurent.

COURSE EN MER. En donnant à ce mot la signification la plus étendue qu'il puisse avoir, on définirait la *course* « l'expédition d'un navire *armé en guerre* contre les ennemis de l'État. » Mais on restreint généralement son acception pour l'appliquer aux « campagnes des navires *armés en guerre pour les particuliers avec permission du gouvernement* ». C'est donc l'état de guerre qui provoque la *course*; mais entre la *course* et la *piraterie* la différence est souvent si faible que, pour éviter leur confusion, nous avons besoin de définir ces deux mots parallèlement. La *piraterie*, nous employons ici l'expression de tous les jurisconsultes depuis Cicéron jusqu'à nos jours, la piraterie est la guerre maritime contre le genre humain; la *course* est la guerre maritime contre le commerce d'une nation ennemie : par conséquent, l'écumeur de mer pille et vole amis et ennemis ; le corsaire fait la guerre en *honnête homme* (Répertoire de Jurisprudence) ; il ne pille et détrousse que les marchands ennemis. A quelque haute antiquité que l'on remonte, quelle que soit la nation que l'on interroge, monarchie ou république, sur les plages romaines ou sur les rives de l'océan Indien, on trouve la course reçue et honorée. Visitez tous nos ports, de Calais à Antibes ; consultez les matelots, les armateurs, les officiers de marine, recueillez les voix, tout le monde réclame le maintien de la course. C'est dans la guerre de course que se sont formés nos plus illustres marins ; et cependant la course n'est qu'un pillage, une piraterie légalisée.

Dès que les nations maritimes eurent fondé leur commerce extérieur, l'appât d'un gain facile attira les pirates dans les parages fréquentés par les navires marchands ; les gouvernements n'étaient ni assez bien organisés, ni assez puissants, pour accorder une protection suffisante à ceux de leurs sujets qui couraient les risques de la mer, et ces risques étaient grands, car dans ces siècles barbares la piraterie s'exerçait avec férocité : ainsi, sur la côte du Malabar et de Guzurate, les écumeurs de mer étaient si rapaces qu'ils forçaient les marchands à avaler des drogues pour leur faire rendre les perles et les diamants qu'ils auraient pu avaler pour les soustraire à leurs perquisitions. Les intéressés s'associèrent donc pour une mutuelle défense; ils se réunirent en convois ou caravanes maritimes, enlaissant des armes sur leurs vaisseaux, et souvent, comme on le pratiquait dans le golfe Arabique, louant des hommes de guerre pour résister aux attaques inopinées. Puis, la cupidité s'en mêla : les particuliers, excités par l'espoir des richesses, offrirent aux gouvernements de faire la guerre navale à leurs propres frais, guerre qui consistait à harceler les convois ennemis ; et cette permission fut si bien regardée comme un droit naturel, qu'il n'y a pas une seule nation maritime qui ne l'ait admis et successivement exercé : on en trouve des traces chez les Phéniciens. A Carthage, la course était un moyen de signaler son patriotisme, car la république avait basé sa puissance sur le monopole du commerce, sur la domination des mers, et toutes ses guerres étaient féroces. Dans l'Athènes de Périclès, aux beaux jours de la civilisation grecque, on tenait à honneur de parcourir avec des vaisseaux armés les îles de l'Archipel, depuis le Bosphore jusqu'aux embouchures du Nil, pour butiner sur l'ennemi.

On ne peut s'étonner que de pareils principes fussent admis pour la guerre maritime, quand on considère l'espèce de droit des gens qui régnait parmi ces nations de l'antiquité. Les Phéniciens auraient coulé au fond de la mer le navire étranger assez audacieux pour suivre la route qui conduisait aux îles Cassitérides, et Carthage faisait noyer tous les étrangers qui trafiquaient en Sardaigne et vers les Colonnes d'Hercule. Aujourd'hui que nous avons répudié comme barbares les traditions antiques sur le droit des gens, nous conservons encore dans la guerre de course cette formule : « La nature nous donne le droit de piller, puisque la guerre nous donne le droit de tuer. » Pendant le moyen âge, le droit maritime se forma sous le patronage des républiques d'Italie, au milieu des guerres acharnées que les petits États du littoral de la Méditerranée se faisaient continuellement. Quelle espèce de droit des gens pouvait-il sortir de la politique jalouse des marchands de Venise et de Gênes? Le théâtre qu'occupaient ces villes était assez vaste cependant pour suffire à leur ambition : seules elles approvisionnaient tous les marchés de l'Europe, elles étaient en possession du commerce de l'Asie et de l'Afrique jusqu'à l'Atlas ; mais de toutes les passions humaines la cupidité est la plus basse et la plus cruelle : la soif des richesses, la jalousie de la domination absolue sur les mers, sur le commerce du monde pour le monopole, toutes les rivalités d'intérêt et de vanité, se heurtèrent et souvent s'unirent pour inscrire dans leur droit maritime la férocité qui fait horreur dans celui de Carthage. Chacune se proposait pour premier but l'anéantissement de sa rivale; tout moyen d'y arriver parut bon : elles provoquaient les révoltes, appelaient à leur secours les plus déterminés forbans, et favorisaient la piraterie pour se harceler mutuellement; les pirates trouvèrent au milieu de ces haines réciproques des asiles assurés; ils purent même s'établir et s'organiser sur un littoral assez étendu. La course alors était un droit sacré; mais invoquer le témoignage de ces siècles et de ces peuples pour soutenir un pareil droit, c'est prendre son point d'appui sur la fange. Cependant, tandis que l'intérêt commercial soulevait tant de haines et de discordes entre les républiques italiennes, sur les bords de la mer Baltique une puissante et glorieuse association se fondait sur le même intérêt. Quelques villes s'établirent qui devinrent les entrepôts des marchandises que le commerce distribuait en Allemagne et dans le nord de l'Europe ; sans chercher à s'entre-détruire pour s'élever sur leurs mutuelles ruines, elles s'unirent pour se protéger contre les pirates; leur union fit leur force et leur grandeur; elles formèrent cette fameuse ligue hanséatique, dont les statuts sont encore aujourd'hui la base de nos codes maritimes de l'Europe.

Dès le douzième siècle, la civilisation chrétienne avait fait justice de cet esprit de brigandage et de pillage qui avait longtemps subsisté parmi les seigneurs féodaux ; mais dans la Méditerranée il se maintenait toujours. La navigation ne devait pas obtenir aussi facilement des garanties; sa sécurité ne pouvait reposer que sur une convention générale entre les puissances maritimes ; et quelle moralité publique eût assuré, l'exécution d'un tel contrat menacé par toutes les passions avides et cruelles? Chrétiens et sarrasins s'étaient juré guerre à mort. Rhodes et Malte furent, sous la domination des chevaliers de Jérusalem, des nids d'audacieux corsaires; la catholicité a fait passer leurs actions jusqu'à nos temps avec le vernis d'exploits glorieux ; ils combattaient et pillaient des infidèles ; la religion sanctifiait leur pillage ; mais nous avons trouvé d'autres noms pour désigner les régences barbaresques de l'Afrique : Alger, Tunis et Tripoli étaient pour nous des repaires d'infâmes pirates ; et cependant ils se contentaient de faire la course contre le commerce de la chrétienté. Il est donc facile de concevoir comment la course devint le droit naturel de la guerre maritime.

Quand la France et l'Angleterre entrèrent au rang des

grandes puissances, elles usèrent du droit établi; d'ailleurs, ne l'eussent-elles pas trouvé admis, que leurs haines, leurs rivalités, leurs continuelles guerres, n'eussent pas manqué de le leur révéler. Ces États ne formaient pas un tout compact, ils étaient divisés en petites provinces, enchaînées l'une à l'autre par un faible lien ; les rois n'avaient en propre que peu de vaisseaux. Quand une guerre navale éclatait, les ports et les villes maritimes se cotisaient pour un offrir au chef de l'État, ou recevaient de l'argent pour les armer et les équiper, car les navires de guerre n'étaient alors que des bâtiments marchands sur lesquels on embarquait accidentellement des armes et des soldats. Sous Philippe de Valois, la France était obligée de tirer des vaisseaux de la Norvège et souvent de Gênes. Aussi, après avoir sommé les divers ports de leur domination de leur fournir les navires dont ils pouvaient disposer, nos rois devaient-ils se trouver fort heureux lorsque des particuliers leur proposaient d'en armer à leurs propres frais pour venir grossir leurs flottes. La même chose avait lieu en Angleterre; Henri VIII lui-même se trouva dans ce cas. Il était donc permis à qui voulait de faire construire des vaisseaux; les princes ne se montraient pas récalcitrants pour accorder cette permission : l'État en tirait profit. En temps de paix, ils servaient au commerce; en temps de guerre, plus il y avait de vaisseaux dans le royaume, plus l'armée navale du roi était considérable. On concevra facilement qu'à des époques de troubles et de désordre social, l'action des lois devait être bien faible sur ces marins volontairement enrôlés, qui ne voulaient reconnaître de discipline que celle qu'ils s'étaient eux-mêmes imposée, et souvent se rendaient justice et se soldaient de leurs propres mains par le pillage, que l'autorité n'osait pas punir. C'était dans leurs rangs que la piraterie se recrutait, car ces hommes, habitués à une vie d'excès, ne déposaient pas toujours leurs armes aussitôt que la paix ou une trêve était conclue; il fallait quelquefois employer contre eux toute la rigueur des lois. Ainsi, en 1242, saint Louis se vit contraint d'avoir recours à la force pour arrêter les excursions des corsaires bretons, longtemps après que leur duc avait signé une trêve avec les Anglais. Voilà l'origine de ce *droit de course* qui s'est conservé jusqu'à nos jours, et dont on peut suivre pas à pas les progrès dans les ordonnances de nos rois. Car, dès que les gouvernements eurent solennellement accepté de pareils auxiliaires, il fallut leur imposer une vigoureuse organisation; le commerce des puissances alliées et neutres devait être respecté, et le pillage d'un navire ami pouvait entraîner une déclaration de guerre. Ce fut sur l'examen de la validité des *prises* que reposa le *droit de course*; on désigna des juges spéciaux pour en décider.

Ce droit se trouve parfaitement fixé avec ses conditions et restrictions dans une ordonnance de Charles VI, en date du 7 décembre 1400 : « Art. 3. que de quelque estat qu'il soit, mettoit sus aucun navire à ses propres despens pour porter guerre à nos ennemis, ce sera par le congé et consentement de nostre admiral, lequel aura la cognoissance, correction et punition de touts les faicts de ladicte mer, criminellement et civilement... Art. 6. Que doresnavant ledict admiral s'informera deuement aux preneurs de la manière de la prinse, verra et fera veoir les marchandises et les nefs par les gens cognoissants à ce, et par bonne et meure délibération regardera s'il y a vraye question qu'elles fussent de nos ennemis, et si lesdictes prinses sont des pays de nos alliés, icelles en ce cas seront mises en seure garde. » On désigne ensuite les peines qu'encouraient les capteurs quand ils avaient violé les formalités. Deux règlements de François 1ᵉʳ, l'un de 1517, l'autre de 1543, confirment ce droit presque dans les mêmes termes. La guerre des huguenots fit limiter ces permissions d'armer en course, car les révoltés en tiraient grand avantage. Louis XIII, après avoir soumis La Rochelle, eut grand soin de tenir tous les ports sous sa dépendance; il se rendit maître des magasins, de l'artillerie, et empêcha, sous de sévères peines, que nul n'armât un vaisseau sans son expresse permission.

Cette partie du droit des gens suivit la même marche en Angleterre qu'en France. Chez nous, dès qu'il y eut une espèce de tribunal chargé de juger de la validité des prises, on forma un recueil d'arrêts rendus qui fixa la coutume, jusqu'à ce que Louis XIV l'assujettit à un code régulier par sa fameuse ordonnance de 1681. Ce code, qui reconnaît les bases posées par l'ordonnance de Charles VI, impose à la course de grandes restrictions, rendues nécessaires par les nouvelles relations qui s'étaient établies entre les divers peuples. Mais la morale de nation à nation n'est que la science qui apprend jusqu'à quel point on peut violer la justice sans froisser ses intérêts; aussi, malgré les lois reconnues, les **flibustiers** trouvèrent-ils un appui dans les cours européennes; ils se réunirent en un corps organisé, ainsi que, quelques siècles auparavant, les pirates vitaliens s'étaient constitués dans la mer Baltique, sous la protection de la ville de Mecklembourg. Les flibustiers basèrent leur droit de faire la guerre à l'Espagne sur l'avidité de cette nation, qui ne voulait pas leur permettre de chasser dans ses îles : mais ce n'était là que le prétexte ostensible de leur pillage : le mot de ralliement de cette fameuse société était « le butin ».

De tout temps, comme nous l'avons vu, on avait encouragé la course : on accordait des gratifications aux corsaires. Louis XIV fixa réglementairement la part qu'ils auraient dans le butin; il alla même, au temps de sa décadence, jusqu'à céder aux particuliers ses propres navires pour faire la course; la célèbre expédition de Duguay-Trouin contre Rio-de-Janeiro eut lieu sur des navires de cette espèce. La police à bord des corsaires doit être la même qu'à bord des vaisseaux de la marine royale. Louis XV adopta les mêmes mesures, et sous ces deux règnes la guerre de course fut souvent glorieuse pour nos armes; nos plus braves marins se formèrent à cette école, et lui donnèrent du relief. Louis XVI la rendit nationale par sa déclaration du 24 juin 1778 «... La protection que les armateurs ont toujours méritée et les services qu'ils ont rendus nous ont engagé à, etc.. Art. 4. Pour encourager l'armement des grands bâtiments corsaires, qui sont à la fois plus propres à la course et d'une meilleure défense, il sera fourni de nos arsenaux des canons... Art. 11. Nous nous réservons d'accorder aux capitaines et officiers desdits corsaires qui se seront distingués, des récompenses particulières, même des *emplois dans le service de notre marine*, selon la nature des combats qu'ils auront soutenus. » Tous les décrets de la Convention nationale, du Directoire, de l'Empire, ont reconnu et consacré ces principes, et provoqué une foule de règlements et de décisions qui rendent aujourd'hui le code des prises un indéchiffrable chaos.

On nomme *lettres de marque* les commissions en course accordées par le gouvernement aux particuliers : il ne faut pas les confondre avec les lettres de *représailles*. De temps immémorial, quand les motifs de plaintes d'un État contre un autre ne consistaient que dans la violation de quelque propriété particulière, dans le pillage de quelques navires marchands, sans recourir à une déclaration de guerre générale on se permettait une sorte de guerre particulière. Le gouvernement accordait aux particuliers lésés la permission de faire *main-basse* sur les propriétés ou les navires appartenant aux sujets de l'autre État, jusqu'à concurrence de la valeur qui leur avait été ravie; et cela ne constituait pas une déclaration de guerre. Voilà le *droit de représailles*, si peu connu aujourd'hui en France, quoique exercé sous les règnes antérieurs.

Les États-Unis eux-mêmes, nation toute nouvelle, ont reconnu dès leur origine et proclamé la course le droit naturel de la guerre. En France, l'espoir d'une prompte fortune, le caractère des habitants, la haine nationale contre les richesses commerciales de l'Angleterre, les exploits d'un grand nombre de vaillants corsaires, l'ont rendue populaire. Cependant, il nous semble que ce système, qui permet aux particuliers de s'armer, et qui lance la marine militaire aux trousses des navires marchands sans défense, est une barbarie. Aujourd'hui que la marine de l'État est puissante, la course n'est plus qu'une piraterie ; dans notre civilisation, ce genre de guerre devrait être aboli : une gloire qui n'est acquise que par le pillage est une flétrissure pour une grande nation. Que dirait-on de nos jours si dans une guerre continentale un peuple permettait l'organisation de bandes d'aventuriers dont le but serait de dévaster le pays ennemi? D'ailleurs, un simple relevé statistique de nos pertes comparées à celles de l'ennemi pendant les guerres de 1756, de la Révolution et de l'Empire, démontre clairement que la course nous a été plus nuisible que profitable, et que toujours elle doit tourner à la ruine de la marine la plus faible, parce qu'un corsaire finit toujours par être pris, et comme son équipage se compose d'excellents matelots, en peu de temps la marine de l'État se trouve dépourvue de ses plus braves défenseurs.

Il y a une vingtaine d'années, la course se ranima, comme aux beaux temps des flibustiers, dans le golfe du Mexique, la baie de Honduras et le grand banc de Bahama : les révolutions des républiques de l'Amérique du Sud avaient rallié tous les corsaires de Saint-Domingue et de la Guadeloupe contre le commerce espagnol. Nous avons connu un de ces Français qui dans une seule campagne avait pris ou coulé quatre-vingts navires aux Espagnols : aussi était-il en exécration à la Havane ; il donnait à son équipage un aspect effrayant ; ses matelots portaient une énorme barbe et les cheveux hérissés ; il comptait sur la terreur pour aider à ses succès.

Théogène PAGE, capitaine de vaisseau.

COURSES DE CHEVAUX. L'origine des courses de chevaux remonte à l'antiquité la plus haute ; elles illustrèrent l'ancienne Grèce, furent chantées par les poëtes, et firent l'objet principal de ses fêtes. Les courses de chevaux formaient une partie essentielle de l'athlétique, de l'éducation du gymnase et des jeux olympiques. C'est par les courses que les Thessaliens se formèrent à l'exercice du cheval, et que les Lapithes, habitants d'une partie de cette même Thessalie, acquirent leur habileté si vantée à manier ces animaux. Le goût de ces exercices ne se montra pas chez les seuls habitants de la Grèce, les Romains en furent aussi dominés. Les fêtes de la Rome des empereurs font une partie de leur éclat, et les luttes brillantes de l'hippodrome, transportées des bords du Tibre sur ceux du Bosphore, ne trouvèrent un terme que dans la chute de l'empire grec. On se tromperait toutefois si l'on voyait dans ces exercices une institution créée en vue d'améliorer l'espèce chevaline. Pour les anciens, ces jeux n'étaient qu'un moyen de développer le courage, la force, l'adresse et l'agilité des lutteurs et des guerriers. En imitant ces antiques luttes, les Anglais n'eurent au contraire qu'un but d'utilité : ils voulurent les faire servir à l'amélioration et à la conservation de leurs espèces chevalines. Napoléon obéit à la même pensée, lorsqu'en 1807 il institua les courses publiques de chevaux, qui existent aujourd'hui en France.

Le tableau de celles qui eurent lieu en 1829 a présenté les résultats suivants : ces courses, y compris celles faites par suite d'engagements entre particuliers, étaient au nombre de soixante-deux : vingt-cinq avaient été gagnées par des produits de *sang arabe* ; les vainqueurs des trente-sept autres étaient de *sang anglais*. Il ressortait, en outre, de ce relevé de courses que chacune des deux races arabe et anglaise se partageait à cette époque la France chevaline, et que l'une et l'autre y produisaient des résultats également satisfaisants ; que presque tous les chevaux vainqueurs sur nos hippodromes du midi, c'est-à-dire à Limoges, Aurillac, Tarbes et Bordeaux, appartenaient à la race arabe ; que ceux qui avaient remporté les prix sur nos hippodromes du Nord, c'est-à-dire à Nancy, au Pin et à Paris, appartenaient au contraire à la race anglaise ; que la Bretagne seule présentait en nombre à peu près égal des produits issus de ces deux races, et que *Vesta*, l'ornement des courses de cette année, était anglaise par son père et arabe par sa mère. Enfin, il y avait eu augmentation de vitesse sur les courses faites l'année précédente, et les chevaux de demi-sang l'avaient en général emporté en vélocité sur ceux de pur sang. La course la plus rapide avait été faite par *Vesta*, jument appartenant à M. le baron de La Bastide, de Limoges ; elle n'avait mis que 5 minutes 1 seconde 4/5 à franchir une distance de 4,000 mètres. Le tableau des luttes de 1830 présente 57 courses. Des chevaux qui remportèrent ces 57 prix, 34 étaient de *sang anglais*, 22 de *sang arabe* et 1 d'espèce *bretonne*. Toutefois, il résultait des courses de 1830 que le sang anglais faisait une invasion marquée dans nos provinces du midi. Il y avait également augmentation de vitesse sur 1829 : *Capitaine*, cheval de quatre ans, appartenant encore à M. de La Bastide, avait franchi la distance de 4,000 mètres en 4 minutes 58 secondes.

Notre système de courses nous paraît mieux entendu que celui des Anglais : ces derniers admettent à ces luttes de trop jeunes chevaux, et l'habitude où ils sont de ne pas mesurer le temps leur ôte tout moyen de comparaison pour les courses faites dans des années et sur des lices différentes, ainsi que pour la vitesse des chevaux qui ne luttent pas ensemble. Il y a, au reste, dissemblance complète entre les courses des deux nations. En Angleterre, une course remue toute la population d'un comté. En France, c'est à peine si une solennité de ce genre réunit une partie des habitants de la ville où elle a lieu. En Angleterre, les courses sont une institution nationale, que soutient le public, et qui fait volontairement et largement les frais ; chez nous, les courses ont lieu *par ordre*, et la dépense en est prise sur les fonds de l'État. Une seule course en Angleterre suffit pour élever ou détruire des fortunes ; en France, c'est à peine si (en dehors des membres du jockey-club de Paris, qui ne se ruinent pas eux-mêmes, quoiqu'ils disent), de rares parieurs y échangent de rares pièces de 5 fr. Pour réunir quelques centaines de spectateurs, nos préfets sont obligés de fixer ces luttes au dimanche ; en Angleterre, elles attirent de toutes les parties du royaume une telle affluence que l'amateur éloigné qui veut s'y assurer un gîte, est obligé de le payer au poids de l'or, et de le retenir longtemps à l'avance. Chez les Anglais, l'avidité pour les courses semble en raison directe des pertes et des dépenses qu'entraînent ces réunions ; en France, le peuple et les oisifs s'y portent, surtout parce que c'est une spectacle gratuit. Une course chez nous n'est en quelque sorte qu'un but de promenade ; la masse des assistants y est calme, presque indifférente ; à Paris, quelques rafraîchissements pris dans l'intervalle de chaque lutte, dans les provinces quelques divertissements peu coûteux à la fin de la journée, voilà toutes les dépenses que fait naître chez nous ce spectacle.

Mais c'est précisément cette absence de toute pensée de jeu, de toute habitude de pari, qui conserve à nos courses leur caractère d'utilité. Aussi doit-on désirer de les voir se multiplier sur tous les points de la France ; elles exciteraient la paresse routinière et l'amour-propre des éleveurs, qui, pouvant espérer honneur et récompense, produiraient plus et mieux. Les abus et les maux réels qu'elles entraînent aujourd'hui en Angleterre ne sont point à craindre ; notre population agricole, assise sur un sol qui lui appartient, a peu de goût pour les opérations hasardeuses ; la chance des spéculations la tente peu. Sous ce rapport, les mœurs de la France sont à celles de l'Angleterre comme les habitudes d'un petit propriétaire actif et rangé sont aux habitudes d'un riche capitaliste saturé de plaisirs et dévoré d'ennuis. En un mot, l'extrême division du territoire, division que nos lois civiles étendent chaque jour, garantit pour longtemps nos courses de la révolution fâcheuse que ces luttes ont subie chez nos voisins d'outre-Manche.

En Angleterre les principales courses ont lieu à Newmarket, Epsom, Ascot, Duncaster, Saint-Alban, Leeds, Chester, Hambleton, etc. Il n'est pas de jeu de hasard plus extravagant que celui qu'elles présentent ; ce n'est guère que sous ce point de vue qu'elles y inspirent de l'intérêt, et il est peu de producteurs, sans en excepter même ceux des classes les plus élevées, qui soient guidés dans leurs travaux par une émulation étrangère à cette fureur de paris. La symétrie ainsi que la régularité des formes et de la marche, la netteté des os, la souplesse et la beauté, ne sont plus les qualités que recherche le producteur anglais. La plus grande vitesse possible est la seule chose qu'il ambitionne : cela se conçoit, puisque quelques centimètres de distance décident souvent du gain ou de la perte des sommes les plus considérables. Les prix, comme les paris, sont énormes : à Duncaster, la course de Saint-Léger avait pour prix en 1827 une somme de 2,575 guinées (66,950 fr.), fruit d'une souscription ouverte entre les joueurs. Cette direction des courses anglaises est fatale aux jeunes chevaux : on les fait courir à l'âge de deux et trois ans, et souvent ils se trouvent engagés même avant de naître ; ces luttes prématurées épuisent de bonne heure leurs forces. Sans égard pour leur âge, on met en œuvre tous les moyens factices imaginables pour les exciter ; bien peu arrivent, par suite, à leur entier développement, et la plus grande partie se déforme promptement et dépérit. Ainsi, sur un total de cent-vingt-cinq chevaux qui coururent dans une seule réunion d'automne à Duncaster, on compta trente chevaux de deux ans, soixante-trois de trois, et seulement vingt-quatre de quatre, sept de cinq et un de six. Ce furent les chevaux de deux et trois ans qui gagnèrent toutes les courses. Du 2 au 5 octobre 1826, cent neuf chevaux coururent à Newmarket : on ne vit figurer parmi eux que deux chevaux de cinq ans et un de six, qui tous les trois furent constamment battus. Cette méthode de faire courir les jeunes chevaux n'a pas de propagateurs et de prôneurs plus zélés que les *entraîneurs* (*voyez* ENTRAINEMENT).

Les *entraîneurs* anglais exercent une grande influence sur toutes les opérations de ce jeu de hasard qu'on nomme les courses : ils sont ordinairement établis près des hippodromes de quelque importance, et dans le voisinage des lieux où l'on élève le plus de chevaux par sang. Leur intérêt est le moteur qui les porte à traiter des poulains de dix-huit mois, par exemple, plutôt que des chevaux plus âgés ; il est facile, en effet, de concevoir qu'exigeant un prix exorbitant pour la pension mensuelle des animaux qui leur sont confiés, les chevaux encore jeunes leur assurent un bénéfice plus long et plus considérable qu'ils obtiendraient de chevaux d'un âge plus avancé. On a calculé que les frais d'*entraînement* montaient habituellement pour chaque cheval engagé à près de 3,000 fr.

Les détails qui vont suivre pourront donner une idée générale des courses de chevaux telles qu'on les voit en Angleterre. Il s'agit d'une des courses appelées *courses de Saint-Léger*, qui se font à Duncaster. *Belzoni* était le cheval favori de cette lutte : à part sa tête, laide et d'une grosseur disproportionnée, *Belzoni* paraissait réunir toutes les qualités que font le cheval rare. Les entraîneurs et la plus grande partie des amateurs que cette course avait fait accourir des comtés les plus éloignés proclamaient les qualités de *Belzoni* comme uniques en Angleterre. La veille même de cette lutte, son propriétaire, M. Watt, en avait refusé 10,000 guinées (260,000 fr.), qui lui étaient offertes, non par un éleveur, mais par un spéculateur de courses. Les paris étaient énormes ; plus d'une grande fortune s'y trouvait engagée. Depuis plusieurs jours tous les objets nécessaires aux besoins de la vie avaient quadruplé de prix,

et la ville, ainsi que ses environs, était encombrée de femmes de plaisir venues de Londres, et de chevaliers d'industrie, de joueurs, de boxeurs, de jongleurs et de voleurs accourus de toutes parts. Dès le matin ce monde de curieux et d'industriels se pressait autour de la lice. De toutes les bouches on entendait sortir le nom de *Belzoni* ; des paris s'engageaient sur tous les points, et chacun témoignait par ses gestes ou par ses cris l'impatience qu'il avait de voir réaliser ses craintes et ses espérances. Enfin, *Belzoni* parut ; de longs applaudissements accueillirent son arrivée ; pendant quelques instants, un tumulte et une agitation difficiles à décrire régnèrent dans toute cette masse ; mais lorsqu'à un signal donné *Belzoni* et ses rivaux vinrent à s'élancer dans l'arène, tout se tut, et au bruit succéda le plus profond silence. L'innombrable quantité de joueurs qui se trouvaient intéressés dans la lutte montraient cette attention inquiète et profonde que fait naître l'attente d'un débat où les fortunes entières se trouvent compromises. Tous les yeux étaient fixement attachés sur les coursiers ; on suivait chacun de leurs mouvements ; on observait avec inquiétude leur *placement*, leurs progrès ou leurs retards ; l'anxiété devint plus générale et plus vive à mesure qu'ils approchèrent du but ; enfin la fortune se décida et transforma le favori du pays en l'un des plus malheureux coureurs qui eussent paru depuis longtemps. *Belzoni* fut vaincu. Toutes les différences de caractère et de tempérament qui existent dans les diverses classes de l'espèce humaine se montrèrent alors dans leur énergie. A côté d'un groupe d'individus dont le seul jeu de physionomie exprimait le violent désappointement ou le désespoir, se trouvait un autre groupe faisant retentir l'air d'exclamations de colère ou d'imprécations. Cependant, il était facile de remarquer que les gagnants étaient en général beaucoup plus bruyants que leurs adversaires. Dans le premier moment, *Belzoni* fut proclamé la rosse la plus épouvantable qui eût encore figuré sur un champ de course ; son maître le prit en tel mépris qu'un entraîneur lui en ayant immédiatement offert 800 guinées (20,800 fr.), il s'empressa de le lui céder pour ce prix ; un engagement gagné par *Belzoni* deux jours après rendit sa possession très-peu coûteuse au nouvel acquéreur. Si *Belzoni* avait été vainqueur dans la course que nous venons de décrire, il aurait assuré pour toujours la réputation de sa famille ; la saillie de son père, *Blacklock*, aurait été augmentée de 10 guinées (260 fr.) par jument, et lui-même, bien qu'entièrement ruiné, selon toute apparence, par les efforts prodigieux de ses jarrets et de ses paturons, aurait certainement sailli au prix de 25 guinées (670 fr.) par jument.

De toutes les classes qui prennent une part active aux courses, il en est trois surtout pour qui elles sont profitables : les hôteliers, les entraîneurs et les jockeys. Ce sont les maîtres d'hôtel et d'auberge qui fournissent le plus aux souscriptions ; ils donnent depuis la coupe d'or (*gold cup*) de 210 souverains (5,250 fr.) jusqu'au plus mince *town plate* (vase donné par une ville). Cet argent, comme on peut le croire, leur est rendu au décuple ; ainsi, un seul *Champaign stake* (poule de vin de Champagne) leur fait toujours vendre douze douzaines de bouteilles de vin de Champagne, que le vainqueur est obligé de donner pour abreuver le *jockey club* de l'endroit.

Nous avons dit l'intérêt des entraîneurs à maintenir cette fièvre de courses qui agite le peuple anglais. Quant aux jockeys, leur rôle dans ces luttes explique tout naturellement la ferveur de leur apostolat. Il est peu de contrées où l'on vise autant qu'en Angleterre à obtenir de grandes et fortes espèces ; les taureaux, les chevaux de trait, les chiens, les coqs, y sont d'une taille et d'une vigueur peu communes ; les boxeurs des trois royaumes ont des formes herculéennes. Par un singulier contraste, rien n'est chétif et frêle comme l'organisation de leurs jockeys de course. Dès l'âge le plus tendre, ces malheureux mettent en usage toutes les ressources de l'hygiène et de la médecine pour arrêter leur croissance, et pour se conserver légers de poids. Si la nature, plus forte que la science, leur impose quelques centimètres et quelques livres de chair de plus que ne le comporte leur profession, chaque année, alors, ils cherchent à combattre cet excédant de forces par une abstinence et par des sudorifiques capables de *momifier* l'homme le plus robuste. Les plus habiles ou les plus heureux se retirent fort riches et très-considérés. Ils jouissent dans ce pays du respect et de l'estime dont on entoure dans d'autres contrées les artistes de l'ordre le plus élevé.

La conservation attentive et la propagation raisonnée du *pur sang*, une méthode excellente de nourriture, et les courses elles-mêmes, telles qu'elles furent d'abord conçues, furent les causes qui fondèrent la réputation méritée dont ont joui si longtemps les chevaux de l'Angleterre. Mais depuis quarante ans les choses ont bien changé. L'élève et l'éducation chevalines ne sont plus, comme autrefois, dans les mains des éleveurs proprement dits. A l'époque que nous rappelons, le producteur anglais ne faisait pas courir les juments qu'il destinait à la reproduction; il se gardait bien surtout d'engager dans des paris ruineux les poulains qui n'étaient encore que dans le ventre de leur mère. Le nombre de ceux qui entretenaient des chevaux de course n'était pas alors de moitié aussi considérable qu'aujourd'hui. D'un autre côté, la plus grande partie de ceux qui possèdent actuellement des chevaux de course ne sont ni éleveurs ni même connaisseurs en chevaux : ce sont simplement des *joueurs*, qui, confiant à un propriétaire ou à un fermier leur *thorough bred mare* (jument de pur sang), la font couvrir par un des vainqueurs des *Derby* ou *Saint-Leger-Stakes*, quelle que soit d'ailleurs la conformation de cet étalon; ils engagent ensuite le produit qu'ils en espèrent, aussi haut que possible; puis quand elle est née, et qu'elle a atteint l'âge de dix-huit mois, ils le livrent à l'entraîneur. C'est à cette manière de procéder qu'il faut attribuer la dégénérescence que l'on remarque aujourd'hui dans les races supérieures de l'Angleterre. Les chevaux de course anglais ne se montent guère; ils servent à la reproduction. Quelques chevaux de course se vendent à des prix très-élevés : on a vu la somme offerte pour *Belzoni* la veille de la course que nous avons décrite; dans les premiers mois de 1831, lord Chesterfield acheta du jockey Clifney le cheval *Priam* 3,000 guinées (75,000 fr.); il est vrai que *Priam* avait rapporté à son ancien propriétaire, qui le montait lui-même dans les courses, au delà de 10,000 liv. st. (250,000 fr.). Ce gain, toutefois, n'avait rien d'extraordinaire, car dans la seule année 1823 lord Exeter gagna en prix et en paris au delà de 25,000 livres sterling (625,000 fr.).

Plusieurs fois dans la semaine, surtout lors de la saison des courses, les journaux anglais donnent le cours des paris ouverts sur les chevaux engagés dans les principales luttes du royaume. Ces paris sont cotés comme les fonds publics; ils subissent les mêmes variations; un jour, tel coureur qui a dîné de bon appétit et s'est convenablement comporté dans un exercice voit le taux des paris engagés en sa faveur augmenter du double; tel autre, au contraire, dont la digestion a été laborieuse voit les siens diminuer de moitié. Que l'on ne croye pas que ces singulières annonces n'aient d'intérêt que pour un petit nombre de lecteurs ! Il est telle baisse et telle hausse, en ce genre, qui met plus d'émoi dans la classe riche et oisive de la Grande-Bretagne que n'en cause parmi les petits rentiers de Paris une différence de 3 ou 4 fr. dans le cours des rentes de Naples ou d'Espagne.

Les possessions des Anglais dans l'Inde ont aussi leurs courses de chevaux. Les principales ont lieu à Madras, à Calcutta et à Bombay; on y voit paraître des chevaux importés de la métropole, et des chevaux de race arabe, nés ou élevés dans le pays.

Depuis 1814, le goût de ces luttes s'est répandu dans toute l'Europe. Après avoir traversé l'Allemagne et la Hongrie, il a pénétré jusque dans l'empire russe. L'Autriche, la Prusse, le Hanovre, le Mecklembourg, comptent aujourd'hui de nombreux hippodromes; les courses y sont à peu près ce qu'on les voit en France; elle n'ont également qu'un but, l'amélioration des races. Les courses qui se font en Russie se ressentent de la nature à demi sauvage des races de chevaux de cet empire, et de l'immense étendue du sol qui lui est soumis : les chevaux tatars, kalmouks et cosaques que l'on y voit figurer ne se bornent pas, comme dans le reste de l'Europe, à franchir une distance de quelques mille mètres : ce sont des myriamètres qu'ils leur font parcourir. Le 15 novembre 1827, une course fut proposée sur les rives du Don, par l'hetman comte Platoff; 67 verstes (81 kilomètres environ) séparaient le but du point de départ; vingt-cinq chevaux se présentèrent; tous partirent, montés par de jeunes Tatars; dix arrivèrent; le reste tomba mort en route ou près du but. Les 81 kilomètres avaient été franchis par le vainqueur en deux heures cinq minutes.

Achille DE VAULABELLE.

Il est encore un certain genre de courses qui n'a pu s'acclimater en France qu'à Paris et dans un cercle fort restreint de membres du *jockey-club* et de *gentlemen riders*. Nous voulons parler des *courses au clocher* (*steeple-chases*), que d'assez graves accidents arrivés dans ces luttes n'ont pas permis de faire passer de mode. Elles consistent à parcourir un espace immense, dans la campagne, malgré les fossés et même les murs qui entravent le passage des chevaux. Un clocher qu'on voit ou qu'on est censé voir à distance est ordinairement indiqué comme but, et l'on doit y arriver dans un certain temps en franchissant sans balancer les fossés, les haies, les taillis, les ruisseaux, les terres labourées et tous les autres obstacles qui interceptent la route.

Au mois de mai 1853 eut lieu à Epsom le grand prix des courses du printemps, le *Derby*. Chaque cheval payant 50 souverains d'entrée et le nombre des chevaux engagés étant de 195, la valeur du prix était de 243,750 francs. *West Australian* arriva le premier, en deux minutes cinquante-six secondes; la distance à parcourir était de 2,400 mètres. Il appartenait à un éleveur dont les chevaux ont eu de très-grands succès sur les hippodromes.

COURSIER, « grand et beau cheval, dit l'Académie, propre pour les batailles et les tournois ». On ne se sert guère de ce terme que dans la poésie ou dans le style élevé et sévère. *Cheval* est le nom simple de l'espèce, sans aucune autre idée accessoire; son synonyme *coursier* présente l'idée d'un cheval courageux et brillant, et celui de *rosse* (terme bas et vulgaire), celle d'un cheval vieux et usé, ou d'une nature chétive. Ces deux derniers termes emportent avec eux leurs épithètes; le mot *cheval* ne peut s'en passer, et c'est par des qualificatifs divers qu'on distingue un cheval d'un autre. La poésie a longtemps employé de préférence le terme de *coursier* pour parler d'un cheval de monture ou des chevaux d'un char.

Dans la marine ancienne, on nommait *coursier* le passage de la proue à la poupe, dans une galère, entre les bancs des forçats. Par extension, ce mot s'est dit du canon qui était sous le coursier et dont la bouche sortait par la proue. Il se dit encore du canon de chasse des chaloupes canonnières, etc., lequel est placé à l'avant. Edme HÉREAU.

Dans les constructions hydrauliques, *coursier*, synonyme de *chenal*, est le *courant d'eau* pris à une chute de ce liquide, et qui est amené entre deux murs ou entre des planches ou madriers disposés à cet effet, jusque sur les aubes d'une roue hydraulique. Ce coursier peut varier de forme et de dimensions, tant en largeur qu'en profondeur. Le plus souvent il est construit en pierres jointes à ciment de chaux et de briques, de pouzzolane, etc.; ou bien on établit sur deux lignes des rangs de pilotis qui supportent le coursier, formé de fortes planches ou madriers de chêne. A l'origine du coursier, il y a une *vanne*, qu'on abaisse à volonté, ou qu'on relève pour défendre ou permettre l'entrée de l'eau dans le chenal. Il faut que le coursier atteigne jusqu'aux nubes de la roue, sans quoi toute l'action du liquide, avec toute sa vitesse, ne serait pas utilement employée. Pelouze père.

COURSIVE, terme de marine, sous lequel on désigne en général tout passage étroit pratiqué quelque part pour la commodité du service, et plus particulièrement pour le transport des poudres pendant le combat ou pour circuler sur le pont d'un navire, du gaillard d'avant au gaillard d'arrière. On la nomme aussi encore *grand'rue*, et par corruption *grand run*.

COURSON, nouvelle pousse produite par le tronc d'un arbre et conservée par le jardinier. On appelle aussi *courson* une branche d'un arbre fruitier, principalement de la vigne, taillée et raccourcie à trois ou quatre yeux, pour l'empêcher de courir, de s'étendre, et de s'énerver.

COURT (Antoine), fondateur de l'école des pasteurs du désert, naquit à Villeneuve, en Vivarais, en 1696. Dès l'âge de dix-sept ans, bravant le reproche de *faire la guerre à Dieu*, il parcourut le Vivarais luttant courageusement contre les dangereuses doctrines des inspirés, qui déshonoraient la religion réformée par leurs superstitions. Le 21 août 1715, réuni dans un désert avec neuf des plus résolus du parti, il rétablit les synodes supprimés depuis trente ans, la discipline ecclésiastique, et se fit consacrer ministre en 1718. Dès lors commença pour lui un véritable apostolat; avec l'aide de quelques jeunes gens qu'il avait animés de la foi ardente, il réinstitua au péril de sa vie les assemblées du désert, et obtint bientôt une grande influence sur toutes ces populations; il ne s'en servit jamais que dans des vues de paix et de conciliation; c'est ainsi qu'il déjoua les projets du cardinal Alberoni, qui cherchait à créer parmi les protestants un parti en faveur de Philippe V d'Espagne : le duc d'Orléans, pour le récompenser, lui offrit une pension considérable, la permission de vendre ses biens et de sortir du royaume; mais il préféra soutenir ses frères à ses risques et périls. Cependant la persécution ayant redoublé à la majorité de Louis XV, il fut enfin forcé de partir en 1729, et se retira avec sa femme à Lausanne. Là il s'occupa à fonder un établissement qui pourvût les églises françaises et remplaçât ainsi les écoles détruites de Saumur et de Sedan. Pour parvenir, il composa des mémoires, entreprit des voyages avec un gentil-homme d'Alais, nommé Duplan, et recueillit par toute l'Europe protestante des collectes pour les *fidèles sous la croix*. Son zèle fut récompensé par le titre de député général des Églises. Son séminaire de Lausanne fut appelé l'école des pasteurs du désert, et pendant trente ans qu'il vécut encore, Court ne cessa de consacrer tous ses soins à cette grande institution religieuse. Cette école subsista jusqu'au jour où la création de la faculté de théologie de Montauban par Napoléon mit un terme naturel à sa mission. Court mourut en 1760. A. Feillet.

COURT DE GÉBELIN (Antoine), son fils, grammairien, linguiste et archéologue, naquit à Nîmes, en 1725. Ce fut à Lausanne que le jeune Court s'initia de bonne heure aux mystères de la science. A douze ans il étonnait par l'étendue de ses connaissances. Histoire naturelle, mathématiques, langues mortes et vivantes, mythologie, archéologie, il embrassa tout, sans même négliger les arts d'agrément et d'utilité. Son père étant mort, il ne tarda pas à se rendre à Paris, où ses idées s'agrandirent encore dans le commerce des hommes éclairés. Quoique travaillant sans cesse, il resta longtemps inconnu du public comme auteur et comme écrivain. Il s'occupait d'un livre important, dont il préparait les matériaux, analysant avec ardeur toutes les connaissances humaines, et discutant tous les objets dont il aurait à parler. Ce ne fut qu'à quarante-huit ans qu'il se détermina à publier le plan détaillé de cet ouvrage, sous ce titre : *Plan général et raisonné des divers objets des découvertes qui composent le monde primitif* (Paris, 1772, in-4°). Jamais homme n'avait tenté une aussi vaste entreprise à lui seul. D'Alembert demandait s'il y avait quarante hommes pour exécuter un tel plan. Les savants les plus distingués de l'époque doutèrent même que la société la plus savante pût y réussir, tant les difficultés étaient effrayantes. Cependant l'ouvrage parut successivement de 1773 à 1784, à Paris, en 9 volumes in-4°, avec des planches, sous ce titre : *Le monde primitif analysé et comparé avec le monde moderne*. Le mécanisme de la parole, l'existence d'une langue primitive, l'origine, la filiation des langues, la recherche des étymologies, les principes des caractères hiéroglyphiques et de l'écriture alphabétique, l'explication de tous les mystères allégoriques de l'antiquité, et la chronologie, qui sert de lien entre les temps historiques et les temps fabuleux, tels sont les nombreux objets qui devaient être exposés et discutés dans cet immense ouvrage. L'annonce du *Monde primitif* devait faire et fit en effet une brillante réputation à Court de Gébelin. Deux fois il obtint de l'Académie Française le prix annuel, fondé par M. de Valbelle dans le but de récompenser l'auteur de l'ouvrage le plus utile. Quoique protestant, il fut nommé aux fonctions de censeur royal. Le célèbre Quesnay, le chef des économistes, l'appelait son *disciple bien aimé*. Enfin, Court de Gébelin fut appelé à la présidence du Musée littéraire, présidence qui lui attira bien des tracasseries. Les chagrins domestiques altérèrent gravement sa santé. Comme il était partisan du magnétisme, il crut y trouver un remède à ses maux. Un soulagement momentané le fortifia dans cette croyance; mais une rechute détruisit tout espoir, et Gébelin mourut le 10 mai 1784.

Des neuf premiers volumes du *Monde primitif*, c'est celui qui contient son *Histoire naturelle de la Parole* qui est justement regardé, malgré ses imperfections, comme le meilleur des ouvrages de l'auteur. On ne peut nier que Court de Gébelin n'ait fait preuve d'un esprit extraordinaire, d'une érudition prodigieuse. Il possédait une imagination vive, souvent trop peu réglée, un style facile, brillant, animé, quoique diffus; mais il n'y avait point équilibre entre son savoir et sa critique; cette dernière manquait fréquemment de cette justesse qui fait son grand mérite. Lanjuinais publia une édition nouvelle de l'*Histoire naturelle de la Parole*, avec un discours préliminaire et des notes (Paris, 1816, in-18°). Court de Gébelin fut aussi l'éditeur de plusieurs ouvrages de son père. Ce sont : *Le Français patriote et impartial* (Villefranche, 1754, 3 vol.), ouvrage sur la tolérance religieuse; et l'*Histoire des Cévennes, ou la guerre des Camisards sous le règne de Louis le Grand* (1760, 3 vol.). Champagnac.

COURT (Joseph-Désiré), peintre, né à Rouen, en 1797, élève de Gros, remporta en 1821 le grand prix de peinture sur ce sujet : *Samson livré aux Philistins*. Pendant son séjour à Rome, il composa une *Scène du Déluge* et un *Faune au bain, attirant à lui une jeune fille*, qui firent sensation. Son tableau de *La Mort de César*, qui fait aujourd'hui partie de la galerie du Luxembourg, et par lequel il débuta au salon, en 1827, vaste toile où l'on remarque une grande énergie de conception, une rare intelligence des formes, une science étendue d'expression et de dessin, fut regardé comme le morceau capital de l'exposition, et plaça tout de suite l'artiste parmi les maîtres de l'École française actuelle. Six ans plus tard, parut le *Boissy d'Anglas saluant la tête de Féraud*, page immense, dans laquelle se trouvent réunis tous les éléments d'un talent de premier ordre, et qui acheva de populariser le nom de ce peintre. Malheureusement, depuis lors les tableaux que produisit M. Court, bien loin d'ajouter à sa réputation, auraient pu, à ce qu'il semble, la compromettre; son pinceau n'a plus la même vigueur; ses portraits même ne sont plus aussi habilement peints. Le brillant seul les fait remarquer, et si l'artiste a acquis des qualités vulgaires qu'il n'avait pas, en revanche il a perdu cette fougue qui brille dans ses premières productions.

COURTAGE. *Voyez* COURTIER.

COURTAUD, individu dont la taille ramassée manque de souplesse et d'élégance. Par extension, on a donné le nom de *courtaud* aux garçons de boutique et de magasin, nouveaux débarqués dans le commerce, et dont la tournure et les manières ont quelque chose de lourd et d'épais. Dans l'ancienne société, où en naissant on était irrévocablement destiné à telle ou telle carrière, chaque profession avait une physionomie pour ainsi dire ineffaçable; il suffisait d'être vu pour être classé. Aujourd'hui les provinces envoient aux courtauds de continuelles recrues, qui perpétueront longtemps encore l'honneur de l'espèce à Paris : ce sont de jeunes garçons qui, après avoir reçu dans leur village les premiers éléments d'une éducation vulgaire, viennent chercher fortune dans la capitale, moyennant quelques sacrifices que s'impose leur famille. Quelquefois le courtaud devient chef de maison; mais il n'en reste pas moins *courtaud* comme devant. SAINT-PROSPER.

COURTAUT. *Voyez* CANON.

COURTENAY (Maison de). Deux familles historiques ont successivement porté le nom de Courtenay, qui est celui d'une ancienne principauté du Gâtinais français, aujourd'hui chef-lieu de canton dans le département du Loiret. La première a fourni au comté d'Édesse, dépendant des empereurs de Constantinople, trois personnages remarquables :

Josselin Ier DE COURTENAY, digne successeur des deux Baudouin appelés à aller régner à Constantinople, tua de sa propre main, en 1125, Balac, redoutable émir turcoman, qui l'avait fait prisonnier trois ans auparavant. Sa mort fut digne de sa vie : retenu au lit par de graves blessures, que lui avait causées l'écroulement d'une tour d'un château qu'il assiégeait, il apprend que le sulthan d'Iconium vient de mettre le siége devant une de ses forteresses, se fait porter en litière au point menacé, force les musulmans à lever le siége, et meurt en recevant cette nouvelle.

Josselin II DE COURTENAY, dit *le jeune* ou *du Cange*, fils du précédent, fut aussi très-libéral et très-vaillant, mais malheureusement adonné aux excès de tous genres. Il eut la douleur de voir Édesse tomber au pouvoir des sulthans de Mossoul, qui y commirent des atrocités. Cet événement eut un retentissement immense en Europe, et détermina la seconde croisade.

Josselin III DE COURTENAY, non moins brave que ses aïeux, essaya vainement de reconquérir ses États en 1148, et mourut prisonnier des infidèles à Alep.

La seconde maison des Courtenay était une branche de la famille capétienne. Elle descendait de *Pierre*, l'un des fils de Louis le Gros, qui par son mariage avec *Élisabeth*, dame et héritière de Courtenay, devint, en 1150, propriétaire de cette seigneurie. Il accompagna son frère, le roi Louis le Jeune, à la seconde croisade, et mourut en 1183. Son fils aîné *Pierre II DE COURTENAY*, après avoir suivi en 1190 Philippe-Auguste à la Terre Sainte, épousa, en 1184, Agnès, héritière des comtés de Nevers et d'Auxerre. Devenu veuf en 1192, il se remaria l'année suivante à la sœur de Baudoin et de Henri Ier, qui furent les deux premiers empereurs latins de Constantinople, et de laquelle il eut dix enfants. Élu lui-même empereur après la mort du dernier de ses beaux-frères, il fut fait prisonnier par un seigneur grec appelé Théodore-Lange, à qui il avait vainement essayé de reprendre le château de Durazzo, et mourut après deux ans de captivité.

Robert DE COURTENAY, fils du précédent, quitta la France pour aller prendre possession de l'héritage impérial de son père, et entra à Constantinople en 1221. Mais il trouva ses États bien divisés : l'Orient comptait alors quatre empereurs : Robert à Constantinople, Vatace à Nicée, Théodore à Thessalonique, et Comnène à Trébizonde. L'armée de Vatace anéantit celle de Robert, et s'empara de ses meilleurs généraux. Celui-ci fit en vain un appel à l'Occident. Devenu odieux à son peuple par son inconduite, il partit pour Rome, où le pape Grégoire IX lui donna des conseils, des consolations, des secours, et l'exhorta à revenir dans ses États, pour y mener une vie meilleure. Mais s'étant remis en route, il mourut en traversant l'Achaïe en 1228, à peine âgé de trente ans.

Baudouin II DE COURTENAY, frère du précédent, fut le dernier empereur latin de Constantinople (*voyez* BAUDOIN).

Philippe DE COURTENAY, fils de Baudouin II, qui avait remis son frère en otage aux Vénitiens pour les sommes considérables qu'il leur avait empruntées, épousa Béatrice, seconde fille de Charles d'Anjou, roi de Naples, lequel s'engagea, de concert avec les Vénitiens, à appuyer ses prétentions à l'empire et à faire la guerre à Michel-Paléologue; mais les Vêpres siciliennes empêchèrent que suite fut donnée à ce projet de restauration de la maison de Courtenay sur le trône de Constantinople. Il mourut en 1285.

Sa fille unique, *Catherine DE COURTENAY*, épousa, en 1300, son cousin, Charles de Valois, fils de Philippe le Hardi. Ainsi rentra dans la maison de France cette branche aînée de la maison de Courtenay, qui avait occupé le trône de Constantinople.

Les branches cadettes de ce nom s'étaient, pendant ce temps-là, étendues et multipliées. En effet, Pierre, fils de Louis le Gros, avait eu, outre Pierre II de Courtenay, deux autres fils : *Robert*, qui fut la tige de la maison de *Courtenay-Champignelles*, éteinte en 1472, et *Guillaume*, avec qui commença la maison de *Courtenay-Taulay*, également éteinte depuis longtemps. Mais, à leur tour, ces maisons formèrent les branches de *Bleneau*, de la *Ferté-Loupierre*, de *Chevillon*, de *Bontin*, demeurées les unes et les autres fort obscures, mais qui toutes prirent le surnom et les armes elles ajoutèrent un écu semé de fleurs de lis. Ce ne fut que vers la fin du seizième siècle, lorsqu'ils virent monter sur le trône une famille qui en était presque aussi éloignée qu'eux-mêmes, que les membres suivis des différentes branches de la maison de Courtenay firent des démarches pour être reconnus en qualité de princes du sang et faire constater leurs droits à la couronne de France, dans le cas où la famille régnante viendrait à s'éteindre. Ces démarches, conduites par Jean DE COURTENAY, seigneur de Chevillon, échouèrent complètement sous Henri IV, malgré de savants mémoires composés à l'appui par les plus célèbres jurisconsultes d'Italie et d'Allemagne. Elles furent aussi inutilement renouvelées sous Louis XIII; et en 1614 Jean de Courtenay, prenant en aversion un pouvoir qui se refusait à reconnaître ses droits, demanda et obtint la permission de se retirer en Angleterre, où il devint la tige des comtes actuels de *Devon*. Jacques Ier écrivit en sa faveur à Louis XIII, et dans le traité de Loudun le prince de Conti fit même insérer des réserves au sujet des prétentions de cette maison. Mais toutes ces réclamations furent inutiles. Renouvelées au commencement de chaque règne, elles échouèrent jusqu'à dûrent coup comme auprès de Mazarin. Ce n'est pas cependant que le rusé Italien n'ait eu un instant l'idée de tirer parti des Courtenay pour les opposer aux princes du sang, qui par leurs intrigues rendaient si difficile la régence d'Anne d'Autriche; mais il dut renoncer à ses projets, nous dit Saint-Simon, en reconnaissant la complète nullité de celui des Courtenay sur lequel il avait jeté les yeux. Saint-Simon, qui avait eu occasion de connaître et de pratiquer les derniers représentants de cette branche très-légitimement issue de la famille royale de France, n'hésite pas à attribuer la constante injustice dont elle fut victime à ce que jamais il ne se rencontra une intelligence de quelque valeur dans cette race dégénérée, qui s'éteignit en 1730, en la personne de l'abbé *Charles-Roger* de Cour-tenay, mort à l'âge de quatre-vingt-trois ans. Quelques années auparavant, son petit-neveu, l'unique héritier de ce grand nom, s'était brûlé la cervelle.

COURTIERS, COURTAGE. Ce sont des officiers publics, dont le ministère consiste principalement à s'entremettre près des commerçants pour faciliter leurs opérations, en leur faisant respectivement connaître leurs besoins réciproques. Ce ministère, étant une des nécessités du commerce des villes populeuses, a dû de tout temps s'y exercer. L'antiquité elle-même a connu les courtiers sous le nom de *proxénètes*. Montaigne désirait leur institution avant qu'elle eût lieu en titre d'office; mais déjà ils existaient, sauf l'investiture, qui ne tarda pas à leur être donnée, et l'une des premières places dans lesquelles des charges de cette nature furent créées fut précisément l'industrieuse cité dont le philosophe avait été maire. L'étymologie, fort apparente, du nom des courtiers indique assez le genre de leurs travaux. Il leur faut *courir* d'un négociant chez l'autre pour recevoir et rapporter les propositions et les réponses. De là, par une dérivation plus énergique qu'élégante, l'appellation de *couratier*, *couretiers*, dont nous avons enfin fait *courtiers*. Leurs offices, comme tous les autres, furent supprimés à l'époque de l'effervescence révolutionnaire, suppression prononcée au nom de la liberté de l'industrie. Mais on ne tarda pas à s'apercevoir que cette liberté illimitée, désirable en théorie, était impossible en pratique. Le *courtage* tomba aux mains d'hommes sans moralité, qui en firent un instrument de fraude et de spoliation. Mis forcément par leur position dans la confidence des négociants, obligés, pour économiser le temps, de recourir à leur intermédiaire, ils prévenaient les rapprochements qu'ils avaient promis d'effectuer, écartaient les vendeurs des acheteurs, en les trompant sur leurs désirs respectifs; et, instruits des besoins de chacun, faisaient pour leur propre compte les opérations qu'ils s'étaient chargés de procurer. Aussi, le commerce élevait-il déjà depuis longtemps des réclamations unanimes, lorsque les titres de courtiers furent rétablis en l'an IX par une loi, suivie bientôt de plusieurs arrêtés du gouvernement consulaire sur la matière. Par là les négociants retrouvèrent les garanties qu'on leur avait si imprudemment ôtées, la vérification de la capacité et de la moralité des sujets, le contrôle de la compagnie sur chacun de ses membres, et, plus que tout cela, la certitude pour chaque officier muni désormais d'un privilège réduisant la concurrence à des limites raisonnables, de pouvoir vivre avec aisance en exerçant avec honnêteté; certitude qui est l'âme de la probité de tous les titulaires de charges, et l'*ultima ratio* de leur privilège. Les personnes étrangères aux fonctions de courtier ne peuvent s'y immiscer sous aucun prétexte. La loi punit le courtage clandestin de la même manière qu'elle punit l'exercice illicite des fonctions d'agent de change.

Comme il y a diverses espèces d'industries, il y a aussi différentes classes de courtiers. Au premier rang la loi place les *courtiers de marchandises*, mot qui dispense de toute définition touchant les objets de leur entremise. Après eux viennent les *courtiers d'assurances*, dont les fonctions ont pour but principal de négocier les conventions des commerçants qui, faisant des envois par terre ou par eau, veulent garantir leurs expéditions des risques du voyage. Ensuite, paraissent les *courtiers conducteurs de navires*, qui tiennent lieu d'interprètes et de conseils aux capitaines de bâtiments étrangers arrivant dans nos ports, leur indiquent la nécessité et leur facilitent l'accomplissement des formalités qu'ils ont à remplir, traduisent pour eux les pièces qui doivent être mises en notre langue, et font, soit pour les étrangers, soit pour les nationaux, le courtage des affrétements, c'est-à-dire la préparation des locations de navires.

Enfin, en dernier lieu, se trouvent les *courtiers de transports par terre ou par eau*, appelés à négocier les marchés à faire avec les entrepreneurs de roulage et les bateliers sur rivière. Mais ces dernières charges, qui ne feraient pas vivre les titulaires, ne sont jamais exercées, et n'existent que pour mémoire. Les commissionnaires de roulage établis dans presque toutes les villes, et qui reçoivent les marchandises à bureau ouvert, ont annihilé les fonctions de ces sortes de courtiers.

Une attribution remarquable des courtiers en général, c'est la faculté de rédiger l'acte des conventions qu'ils sont chargés de préparer : pour cette raison, on les appelle métaphoriquement les *notaires du commerce*. Ils ont en outre le privilège exclusif de constater le cours du prix des jours de marché affectés à chacune de leurs classes : par exemple, en cas de contestation sur le prix d'une marchandise vendue au cours de tel jour, le tribunal ne pourra s'en rapporter qu'au certificat d'un courtier de marchandises, et ainsi des autres.

Les manières de ces officiers publics sont douces et insinuantes; le courtier est empressé, serviable, d'un caractère facile et de mœurs joyeuses; il s'est muni, avant d'exercer, d'une bonhomie acquise, qui est sa denrée à lui, et qu'il exploite d'ordinaire très-fructueusement. Aussi est-il devenu un personnage du petit comique, dont la scène secondaire et le roman des classes inférieures se sont emparés quelquefois avec assez de succès.   J.-J. Jamet.

Un décret du 15 décembre 1813 a institué des *courtiers gourmets piqueurs de vins*. Leurs fonctions sont de servir, dans l'entrepôt, d'intermédiaires, quand ils en sont requis, entre les vendeurs et les acheteurs de boissons; de déguster à cet effet ces boissons, et d'en indiquer fidèlement le cru et la qualité; de servir aussi d'experts, en cas de contestation sur la qualité des vins, ou en cas d'allégation contre les voituriers et bateliers arrivant sur les ports ou à l'entrepôt, que les vins ont été altérés ou falsifiés. Ils ne peuvent faire aucun achat ou vente pour leur compte ou par commission.

COURTIERS-MARRONS. *Voyez* Bourse (Opérations de).

COURTILIÈRE, insecte appartenant à la famille des orthoptères grilloïdes ou grilliformes. Les courtilières se font remarquer par leur tête allongée, leur corselet massif semblable à celui des écrevisses, et leurs ailes courtes, atteignant à peine la moitié de l'abdomen; l'extrémité postérieure de leur corps est garnie de deux petits appendices, ou filets coniques, et ce qui fait leur principal caractère, leurs jambes sont successivement aplaties et élargies, ainsi que leur tarse des pattes de devant, qui, ayant plusieurs denteluures en scie, rappelle par sa forme les mains des taupes (d'où le nom vulgaire de *taupes-grillons* donné à ces petits animaux). Les courtilières existent sur plusieurs points de la terre ; on les trouve dans presque toute l'Europe et aussi dans l'Afrique; nous en avons vu qui provenaient du Sénégal; elles sont de couleur brune, et n'ont guère que trois centimètres de longueur. Elles se tiennent dans les champs cultivés, dans les jardins, et recherchent les terrains gras et humides, parce qu'elles peuvent y fouir plus aisément. Elles sillonnent la surface de la terre pour aller chercher les racines des végétaux, et creusent aussi pour sa faire de petits terriers; comme elles sont très-nuisibles aux cultivateurs, on a indiqué plusieurs moyens pour les détruire; l'un des plus simples consiste à verser dans leurs trous un peu d'huile, et les baigne et les a bientôt asphyxiées.

Suivant quelques étymologistes, le nom des *courtilières* vient du vieux mot français *courtil* ou *courtille*, qui si-

gnifie jardin; en Anjou, ces insectes s'appellent en effet *jardinières*.
P. Gervais.

COURTILLE, vieux mot, qui, ainsi que *courtil*, son homonyme masculin, signifie petite cour, enclos, jardin champêtre, qui n'est point fermé de murs, mais seulement de haies, de palissades ou de fossés : il s'est dit aussi des basses-cours, des ménageries de campagne. Ces deux mots dérivent du latin *cohors*, et *hortus* (basse-cour, et jardin). *Courtille* et *courtil* ne sont plus en usage que dans quelques provinces, parmi les gens de la campagne. On retrouve néanmoins ces deux noms dans d'anciens titres, et ils se sont conservés dans quelques lieux qui ont été bâtis depuis. Les courtilles de Saint-Martin, les courtilles du Temple, étaient autrefois, près de ces deux quartiers de Paris, des marais, des jardins potagers, et c'est dans ce même sens que le mot *courtille* est toujours employé en Picardie. Ce nom a été particulièrement donné à un village bâti sur une partie de la Courtille du Temple, et qui, par suite des agrandissements de Paris, se trouve maintenant compris dans l'enceinte de la capitale, et dans le quartier qu'on appelle improprement *faubourg du Temple*. L'ancienne expression proverbiale, *vin de la Courtille* ou *de Courtille*, en parlant de mauvais vin, avait pu venir originairement de ce que les treilles des jardins ou *courtilles* n'en produisent guère de bon; mais elle faisait plus particulièrement allusion au vin qu'on débitait dans les cabarets de la Courtille. Cet endroit tenait le premier rang parmi les lieux consacrés à la joie populaire du dimanche et du lundi. La Courtille dut principalement sa réputation au fameux Ramponneau, qui vers le milieu du siècle dernier y attira la foule, et acquit une fortune considérable en débitant du vin à trois sous et demi la pinte. Ce vin était-il bon? C'est ce dont il est permis de douter; mais il faut dire aussi que Ramponneau fut le plus honnête cabaretier de son temps; que son établissement, successivement agrandi, était visité par les grands seigneurs, par les princes; qu'il fut l'honneur de la Courtille, et que si une des barrières du faubourg du Temple rappelle encore le nom de la *Courtille*, celui de Ramponneau sera transmis d'âge en âge par une autre barrière dans le même quartier, quoiqu'il eût porté son industrie et sa gloire aux Porcherons. H. Audiffret.

COURTILLE (Descente de la). *Voyez* Carnaval.

COURTINE, mot dérivé du diminutif latin *cortina*, enceinte, cour, lieu fermé de murs. La courtine des forteresses d'ancien système était une muraille arrondie et entrecoupée de cours. Maintenant on appelle *courtine* une des parties d'une face d'une forteresse ou d'une citadelle; la courtine est la liaison de deux bastions. Elles sont ordinairement rectilignes; cependant il y en a de *brisées* ou *à ressaut*; il y en a aussi à *angles saillants*, ou de *concaves* et de *convexes*; celles qui sont rectilignes sont rasées par les feux de flancs fichants; une guérite est établie vers le milieu. Une courtine doit être garantie de tout commandement d'enfilade; elle est quelquefois fortifiée d'une fausse braie, quelquefois précédée d'un molneau, d'un ouvrage à cornes, etc. Certaines ont une de leurs parties nommée *flanc-oblique*. Conformément aux lois du tracé, la courtine forme côté intérieur, et se prolonge d'une manière imaginaire le long des demi-gorges, de manière à répondre au point nommé *centre de bastion*. Sa longueur est calculée à raison de la petite portée du fusil : ainsi, la ligne de défense est de 180 mètres au plus, 80 mètres au moins, afin que les tireurs des angles flanquants puissent défendre les angles flanqués, nettoyer le fossé et résister à l'attaque du chemin couvert. Si la courtine est à fossé sec, il n'est pas indispensable qu'il soit aussi creux que devant les bastions. Quelquefois les extrémités de la courtine forment *oreillon*, et les bastions y sont unis, *à brisures*, *à casemates*, etc. Quelquefois les courtines sont en *tenaille*, c'est-à-dire qu'elles ont deux côtés unis en *angle rentrant*. Il y en a de renforcées, c'est-à-dire qu'elles sont rendues plus fortes par

moyen de flancs. Les casernes doivent être peu distantes des courtines, afin que les troupes puissent se porter rapidement à leur défense. Quelquefois, en avant du milieu, le chemin couvert forme un angle saillant. Quelquefois la courtine est liée à une caponnière; quelquefois elle est précédée d'un éperon; elle est couverte par un dehors, tel qu'une contre-queue d'aronde, un bonnet de prêtre, une corne de fortification, une corne à double flanc, etc. Les demi-lunes ou ravelins, les portes de forteresse, les ponts dormants, correspondent ordinairement au milieu des courtines, parce que cette partie du corps de la place est regardée comme la mieux défendue; aussi n'est-ce pas la courtine que l'ennemi attaque et où il plante des échelles d'escalade; parfois pourtant il y fait brèche, à l'aide de batteries directes, ou parvient à les prendre à revers par des batteries à ricochets.
Gal Bardin.

Courtine a signifié longtemps aussi les rideaux d'un lit, le tour d'un lit. Il était employé surtout en poésie.

COURTISAN, homme qui fréquente *la cour*. Les *courtisans* sont trop souvent flatteurs, intéressés, dissimulés. Sous Louis XIV il y en eut de vertueux. Les *courtisans* d'ordinaire, en ayant l'air d'idolâtrer le prince, n'aiment en réalité qu'eux-mêmes. Sous ce monarque, cependant, on a vu maint *courtisan* se passionner d'amour pour sa majesté, de la meilleure foi du monde. Tout le monde voulait passer pour *courtisan*, même Racine, tandis que Cavoie, *courtisan* accompli, voulait passer pour bel esprit. Parler, agir en *courtisan*, se prend, selon l'occasion, en bonne ou en mauvaise part. Il n'est pas *courtisan* veut toujours dire, c'est un homme franc. On a dit des *courtisans* qu'ils sont durs, froids et polis comme une colonne de marbre. Un *courtisan* n'est pas nécessairement *flatteur*; aussi Corneille a-t-il pu dire :

D'un *courtisan flatteur* la présence importune.

Un *courtisan* en faveur a une grande valeur; il est moins que rien dans la disgrâce.

Les *courtisans* sont des jetons ;
Leur valeur dépend de leur place :
Dans la faveur des millions,
Et des zéros dans la disgrâce.

Les assujettissements de la cour sont appelés par les philosophes *les misères des courtisans*. En effet, un bon prince peut avoir des *courtisans* vertueux. Un monarque inepte a des *courtisans* dignes de lui, c'est-à-dire faux et intéressés à profiter de l'incapacité du maître. Un tyran habile se sert des *courtisans corrompus*, et les méprise.

Sous Louis XIV, dans les beaux jours ou moins de ce règne, le titre de *courtisan accompli* n'était que synonyme d'*honnête homme*. On le donnait à Montausier. Nous lisons dans un sermonnaire : « Il commença dès là à faire voir qu'il n'est pas impossible d'accorder le devoir d'*un bon courtisan* avec les obligations d'un véritable chrétien. » Mais il est bien permis de rire de ce bon et naïf prédicateur qui prêchant sur la mort, après avoir ainsi débuté par ces mots : *Nous mourrons tous, mes frères*, se retourna humblement vers le roi, en ajoutant ce correctif : *Oui, sire, presque tous*. Voltaire a consacré quelques pages à l'éloge des *courtisans* qui ont protégé et cultivé les lettres. Voici le début de cet écrit : « Il a été un temps, en France, où les beaux-arts étaient cultivés par les premiers de l'État. Les *courtisans* surtout se piquaient d'aimer, la dissipation, le goût des riens, la passion pour l'intrigue, toutes divinités du pays. » Les *Mémoires* de Saint-Simon peuvent être considérés comme le manuel du *courtisan* vertueux et éclairé; ceux de Dangeau sont le journal d'un *courtisan* sans portée. Combien le caractère de *courtisan* nous apparaît grand dans les oraisons de Bossuet, aimable dans quelques scènes des *Femmes savantes*, honnête et imposant dans *Le Misanthrope* !
Charles Du Rozoir.

COURTISANE n'est point grammaticalement le féminin du mot *courtisan*, mais moralement parlant une *courtisane* est bien réellement, comme on l'a dit, la *femelle du courtisan*. Dans l'une et dans l'autre même banalité de sentiments, même égoïsme caché sous l'apparence de l'amour et du dévouement, etc. Cependant, comme

Ainsi que la vertu le vice a ses degrés,

le mot *courtisane*, tout en indiquant une femme livrée à la débauche publique, suppose qu'elle exerce son métier avec une sorte d'agrément et de décence, et qu'elle sait donner au libertinage l'attrait que la prostitution lui ôte presque toujours. Ainsi, la qualification de *courtisane* n'entraîne pas l'ignoble idée d'une *prostituée* de bas étage, d'une *fille de joie*. Nous trouvons dans un lexique que le mot *courtisane* signifiait autrefois « une personne de qualité qui fréquentait la cour, et qui avait des galanteries avec quelques seigneurs »; puis à ce propos on cite ce vers de Régnier :

Se déguise et se masque, et devient courtisane.

Cette définition ne nous semble pas juste, ou du moins on ne l'appliquerait plus aujourd'hui de la sorte. Il paraît que jadis il ne manquait pas de femmes de la cour qui vivaient en vraies *courtisanes*; témoin celles dont parle Saint-Évremond : « Pour une bonne partie des femmes, dit-il, personne ne disconvient de leur fragilité. Tout leur est bon, jeune, vieux, homme de qualité, bourgeois, et le reste : telle honore même de ses faveurs le maître et le valet. Mais elles sont excusables. Comment pourraient-elles subvenir à leur jeu, si elles ne prenaient dans toutes les bourses? Après avoir ruiné leur mari, il est bien juste qu'elles ruinent leurs amants. » Quelque galante, quelque facile que puisse être une femme, on ne lui donne aujourd'hui la qualification de *courtisane* qu'autant qu'elle met un prix à ses faveurs, et qu'elle n'a pas dans le monde l'état de femme mariée.

Les *courtisanes* semblent avoir été plus en honneur chez les Romains que chez les modernes, et chez les Grecs que chez les Romains. Cela s'explique d'abord par le culte que les *courtisanes* étaient censées rendre à Vénus et à l'Amour; en second lieu, par le fait que, les femmes légitimes vivant renfermées dans le gynécée, et séparées des hommes, il en résultait de la fréquentation des *courtisanes* pour les jeunes gens. On en voit la preuve dans les comédies grecques, tant d'Aristophane que de Plaute et de Térence; car ces deux derniers n'ont fait que copier les Grecs. A tous les grands événements de l'histoire grecque on trouve mêlées des *courtisanes*. Une *courtisane* contribue à établir la tyrannie de Pisistrate. C'est cette courtisane elle-même, que nous ne savons quel bourg de l'Attique qu'il fit revêtir du costume de Minerve, et qu'il associa à son cortège pour détourner les superstitieux Athéniens de mettre obstacle à la marche conquérante de l'usurpateur vers Athènes. La *courtisane* Leœna conspire avec Harmodius et Aristogiton pour renverser les Pisistratides. Digne amante de ces héros de la liberté, elle sut se laisser dans les tortures et mourir avec eux. Athènes reconnaissante lui érigea une statue sous les traits d'une lionne privée de sa langue. Les guerres sanglantes de Mégare et du Péloponnèse eurent pour cause un enlèvement de *courtisanes*. Au milieu d'une orgie, des jeunes gens d'Athènes vantent les charmes de la *courtisane* Simœtha : ils volent à Mégare, ils l'enlèvent. Irrités, les habitants de cette ville usent de représailles, et enlèvent deux femmes d'Aspasie, *courtisane* qui, sous les auspices de Périclès, tenait école de philosophie et de volupté, alliance plus naturelle qu'on ne pense aux yeux de l'homme qui comprend l'état social tout matériel des anciens. « Alors, Périclès tonne, comme dit Chaussard, Voilà tout le Péloponnèse en feu. Il lance des décrets dont le style ressemble à des chansons. S'il pouvait, Mégare s'écroulerait de fond en comble pour satisfaire quelques *courtisanes*. »

Pendant les guerres médiques, les *courtisanes* de Corinthe se rendent au temple de Vénus, et les cheveux épars, élevant vers le ciel leurs yeux et leurs bras consacrés à la volupté, elles implorent la déesse dont elles sont les prêtresses, lui consacrent leur chevelure, et lui demandent à genoux la liberté de la patrie. La Grèce triomphe dans la lutte contre le maître énervé des sérails de l'Asie, et l'image des *courtisanes* de Corinthe est, au nom de la patrie, reproduite par le pinceau, à l'instar des vainqueurs de Marathon.

Du théâtre de l'héroïsme descendons aux écoles de la philosophie. Aspasie l'enseigne à Socrate, qui pour elle oublie un instant Alcibiade. Dans son école, la *courtisane* Hipparète tient le compas d'Euclide, la *courtisane* Léontium trace avec Épicure le code des voluptés. Laïs embellit Corinthe, sa ville natale, d'édifices magnifiques; c'est cette *courtisane* dont le philosophe Aristippe, qui entendait passablement la vie, disait : « Je possède Laïs, mais Laïs ne me possède point. » Nous aimons moins ce mot que la réponse de Démosthène à une de ses pareilles : « Je n'achète pas si cher un repentir. » Phryné ne désira la plus belle statue de Praxitèle que pour en faire hommage à Thèbes, sa patrie. Elle proposa de rebâtir Thèbes à ses dépens et d'y placer cette inscription :

ALEXANDRE DÉTRUISIT THÈBES, PHRYNÉ L'A REBATIE.

C'est elle encore qui donne une statue d'or massif au temple de Jupiter, avec une légende qui atteste qu'un pareil *ex voto* provient de ses complaisances pour les Grecs. « Il y a *courtisane* et *courtisane*, » dit Saint-Évremond; de même il ne faut pas confondre les deux Phryné. Nous venons de parler de celle qui savait garder pour se dépenser avec une noble munificence les trésors qu'elle amassait sans trop de peine; l'autre, bien différente, fut surnommée *le crible*, parce qu'elle ruinait tous ses amants, sans en être plus riche, à peu près comme les Phrynés d'aujourd'hui. Phryné la riche fut accusée d'impiété à Athènes; et son avocat, se défiant de sa propre éloquence, y substitua un plaidoyer bien plus énergique : il arracha le voile qui couvrait les charmes de sa cliente : les juges sur-le-champ proclamèrent son innocence. Cette manière de justifier une accusée n'est point encore abolie : seulement la scène se passe d'ordinaire, dit-on, en tête-à-tête chez le juge, et non point au tribunal.

Comparez ces *courtisanes* de la Grèce avec les nôtres : quelle différence! Pourquoi? Dans l'état d'isolement et presque d'esclavage où les Grecs, les Athéniens surtout, tenaient leurs épouses, celles-ci, uniquement livrées aux soins domestiques, ne quittant leur maison que pour assister silencieusement aux cérémonies religieuses, étaient tout à fait dépourvues de ce charme séduisant que donnent la culture de l'esprit et l'usage du monde. Les *courtisanes*, au contraire, cultivaient toutes les sciences avec d'autant plus d'ardeur qu'elles y voyaient le moyen d'embellir par des plaisirs faciles le court espace qui nous sépare de la mort. Ainsi admises, ainsi placées haut dans la société des Grecs, les *courtisanes* s'attachaient à justifier la considération qui ne leur était pas refusée, à la mériter, sinon par les vertus de la femme légitime, du moins par le brillant, par la solidité de leur esprit, et quelquefois, comme Aspasie, comme Léontium, par la sûreté de leur commerce. Elles étaient en général ce que chez les modernes Ninon de L'Enclos a été par exception. Dans plusieurs villes de la Grèce, à Corinthe, à Éphèse, il y avait des temples érigés à Vénus terrestre. Les *courtisanes* n'y étaient pas seulement tolérées, mais honorées comme prêtresses de cette divinité complaisante. C'est ce qui a fait dire à Montesquieu, en parlant de Corinthe : « La religion acheva de corrompre ce que son opulence lui avait laissé de mœurs. Elle érigea un temple à Vénus, où plus de mille *courtisanes* furent consacrées. C'est de ce séminaire que sortirent la plupart de ces beautés célèbres dont Athénée a osé écrire l'histoire. » Ce n'est pas que la législation ait été plus favorable en Grèce, et particulièrement à Athènes, aux *courtisanes* que dans les autres pays. Une loi de Solon dispensait les enfants nés d'une *courtisane* de l'obligation de nourrir leur père. La loi considérait dans ce cas que le père, se trouvant incertain, avait rendu précaire son obligation naturelle.

En Égypte, en Syrie, en Babylonie, les *courtisanes* paraissent avoir été privilégiées. Qui ne connaît cette fameuse Rhodolphe, qui bâtit une pyramide du fruit de ses faveurs vénales? Selon quelques auteurs, la fameuse reine Sémiramis, fille de la *courtisane* Derceto, exerça d'abord la profession maternelle.

A Rome, les *courtisanes* furent longtemps moins en honneur qu'en Grèce; cependant, on voit dans Tite-Live qu'une *courtisane* qui révéla au sénat les infâmes mystères des Bacchanales, fut richement récompensée. Dans les derniers temps de la république, des patriciennes se livraient avec éclat au métier de *courtisane*. Souvent on voit leur nom mêlé aux événements politiques. « Toutes les *courtisanes*, dit Saint-Évremond, n'ont pas été également portées contre leur pays, témoin Fulvia, du temps de Cicéron, qui découvrit à ce consul la conjuration de Catilina. » Sous les empereurs, si l'on ne voit pas tous les maîtres du monde épouser des *courtisanes*, on voit du moins presque toutes les princesses et impératrices romaines se conduire en *courtisanes* dans le palais de César.

Mais laissons là Suétone et Juvénal!

Qu'aux portefaix de Rome ils vendent Messaline!

Passons au moyen âge, et, après avoir nommé Théodora, l'épouse de Justinien, Antonina, l'épouse de Bélisaire, *courtisanes* qui méritent assurément une mention, arrivons à Marozia, qui à Rome faisait et défaisait des papes. Les *courtisanes* romaines, grâce au grand nombre de riches et puissants célibataires qu'entretient la cour du saint père, ont constamment joué un brillant rôle dans la ville aux sept collines. C'est de l'une d'elles que La Fontaine a dit:

Elle était fière et bizarre surtout.
. . . .
Mettre à ses pieds de la mitre avec la crosse,
C'était trop peu : les simples monseigneurs
N'étaient d'un rang digne de ses faveurs;
Il lui fallait un homme du conclave,
Et des premiers, et qui fût son esclave :
Et même encore, il y profitait peu,
A moins que d'être un cardinal neveu.
Le pape enfin, s'il se fût piqué d'elle,
N'aurait été trop bon pour la donzelle.

Montesquieu nous apprend qu'à Venise les *courtisanes* ont longtemps joui seules du privilège de dépenser beaucoup. On lit à la même époque dans le *Dictionnaire de Trévoux* : « Venise est le lieu du monde où il y a le plus de *courtisanes*; on dit même qu'il y a deux cent cinquante ans le sénat, qui les avait chassées, fut obligé de les faire revenir, afin de pourvoir à la sûreté des femmes d'honneur et d'occuper la noblesse, de peur qu'elle ne méditât des nouveautés contre l'État. »

En France, dans le moyen âge, les *courtisanes* ont été l'objet de fréquentes lois somptuaires. Ce sont elles qui ont donné lieu au proverbe connu: *bonne renommée vaut mieux que ceinture dorée*. Mais, à l'exception d'un petit nombre, pourrait-on, d'après notre définition du mot *courtisane*, accorder ce titre aux malheureuses qui furent ainsi l'objet des sévérités de notre vieille législation? L'auteur des *Fêtes et Courtisanes de la Grèce*, P. Chaussard, pense qu'en France trois femmes de cette classe sont les seules qui aient rappelé quelques traits des *courtisanes* de l'antiquité. « Telles furent, dit-il, la tendre Gaussin, comédienne, Louise Labbé, poète, et Ninon, philosophe. » A ces noms n'aurait-il pas pu ajouter l'altière Marion de Lorme, l'Aspasie de la place Royale? En descendant au règne de Louis XV et de Louis XVI, nous pouvons mettre au nombre des *courtisanes* les Parabère, les Phalaris, qui amusaient le régent et ses roués; et la comtesse Du Barry, qui sans doute avait commencé par être moins qu'une *courtisane*. Du temps de Saint-Évremond, les *courtisanes* de bonne compagnie s'appelaient des *femmes naturelles*. Dans les divers mémoires secrets du temps de Louis XV, on les appelle sans façon des *impures*. La marquise de Langeac, maîtresse de La Vrillière, la Camargo, la Clairon, la Raucour, les demoiselles Quinault, la Duthé, et vingt autres, dont les noms nous échappent, peuvent après Ninon continuer la liste des *courtisanes*. En 1782, au moment où l'on espérait que les vertus de Louis XVI allaient opérer une réaction en faveur de la morale, le luxe insolent des *impures* inspira à Palissot *La Courtisane, ou l'école des mœurs*, comédie qui ne se soutient que par le mérite du style, comme toutes les pièces de cet auteur. La *Correspondance de Grimm* nous apprend que le jour de la première représentation, Mlles Arnould, Raucour, D'Hervieu, Duthé, affectèrent de se placer en grande toilette au balcon et d'applaudir aux traits les plus vifs.

Pendant nos longues révolutions, depuis 1789, lorsque l'écume de la société surgissait à la surface, il n'est pas étonnant que des *courtisanes* aient joué un grand rôle. Après la fameuse Théroigne de Méricourt, qui mourut folle à la Salpétrière, nous pourrions citer quelques noms fameux. Mais ce serait troubler la retraite religieuse des unes et remuer la cendre encore tiède de leurs tombes. Nous nous rappelons cependant que de méchantes langues ont appelé Mme de Genlis *la Phryné du Palais-Égalité*. Vraie Araminthe en littérature, après avoir publié, disent-elles, presque autant de volumes qu'elle avait eu d'amants, elle a fini par mourir en état d'hypocrisie finale.

Un dernier mot, en résumant tout cet article! Parmi les *prostituées*, les *courtisanes* sont l'aristocratie; le proverbe dit : *N'est pas femme de bien qui veut*; de même : *N'est pas courtisane qui veut.*   Charles Du Rozom.

COURTOIS (Jacques), dit *le Bourguignon*, naquit en 1621, dans un village de la Franche-Comté, à Saint-Hippolyte, où son père lui enseigna les premiers éléments de la peinture. Pour compléter ses études, Courtois se rendit successivement à Milan, à Venise, à Bologne, à Rome, dont il visita les célèbres écoles. Décidé à s'adonner à la peinture des batailles, il se mit pendant trois ans à la suite d'une armée, dessinant les marches, les campements, les sièges et les combats dont il était témoin. C'est de là que ses tableaux ont acquis cette vérité qui en est un des principaux mérites. Nous en possédons deux au Louvre : la *Bataille d'Arbelles*, et *Moïse en prière pendant le combat des Amalécites*, tous deux petits mais fort estimés.

Après la mort de sa femme, avec laquelle il n'avait pas été heureux, Courtois entra dans la société comme frère-lai. Il avait alors trente-sept ans. Il orna d'un grand nombre de tableaux la maison de son ordre, à Rome, où il mourut, en 1676. Il a gravé aussi à l'eau forte quelques morceaux fort estimés. Joseph Parocel fut un de ses élèves.

COURTOIS (Guillaume), frère du précédent, naquit en 1628. Il montra les mêmes dispositions que son aîné et le suivit en Italie, où il entra dans l'école de Pietro de Cortone. S'il eut plus de correction dans le dessin que son aîné, il fut jamais sous le rapport de la composition, et son coloris manqua toujours de vigueur. Les différents musées d'Italie renferment un grand nombre de ses tableaux. Nous n'avons au Louvre que son *Josué arrêtant le Soleil*. Guillaume Courtois a beaucoup aidé son frère dans ses principaux ouvrages. Il mourut à Rome, en 1679.

COURTOIS (Edme-Bonaventure), né à Arcis-sur-Aube, en 1756, fut successivement membre de l'Assemblée Légistative, de la Convention, du Conseil des Anciens et du Tribunat. Il doit toute sa renommée au rapport qu'après le 9 thermidor il présenta à la Convention, le 16 nivôse an III, au sujet des papiers saisis chez Robespierre et ses complices.

On lit, dans plusieurs biographies que Courtois fut accusé d'avoir commis des dilapidations dans une mission en Belgique, et par ce motif éliminé du tribunat. C'est une erreur, fondée sur un procès que soutint Courtois lorsqu'il était encore tribun, et qui fit alors beaucoup de bruit. Il s'était seulement mêlé de tripotages sur les grains, et avait, à ce qu'il paraît, profité de son crédit pour faire charger d'achats à l'étranger une compagnie dans laquelle il avait pris intérêt sous le nom d'un tiers. Au jour des comptes, ses associés se refusèrent à lui payer sa quote-part des bénéfices. Il intenta un procès correctionnel, qu'il perdit.

Courtois avait voté la mort de Louis XVI. Ayant signé pendant les cent-jours l'acte additionnel, il se trouva naturellement frappé de proscription par la *loi dite d'amnistie* du 12 janvier 1816. Il se retira à Bruxelles. Mais, désirant voir abréger son exil, il fit adresser à Louis XVIII la lettre autographe écrite de la Conciergerie par la reine Marie-Antoinette et sa belle-sœur, madame Élisabeth. Il obtint ainsi la faveur de rentrer en France ; mais, rappelé à Bruxelles par quelques affaires, il y mourut, le 6 décembre de la même année. On ne dit pas de quelle manière Courtois s'était procuré ce précieux écrit. Ce qu'il y a de certain, c'est qu'il était curieux d'*autographes* : il a été l'un des premiers en France qui se soit trouvé possédé de cette louable manie, et on a trouvé dans sa bibliothèque un grand nombre de lettres des personnages les plus célèbres, entre autres une correspondance inédite entre Voltaire et Mlle Quinault.

BRETON.

COURTOISIE. De même que la *civilité*, l'*urbanité*, la *politesse*, la *courtoisie* peut se définir le *costume de la morale publique*. C'est un mélange de générosité, de grâce, de franchise dans les procédés, très-supérieur à la civilité et à la politesse ; c'est une certaine convenance de ton et de manières nécessaire à la société pour maintenir sous le couvert et faire disparaître des relations habituelles les deux plus fortes passions de l'homme social, la jalousie et la vanité ; c'est, enfin, une qualité éminemment française, fille de cet esprit et de ces habitudes chevaleresques qui ont fait la gloire de notre pays. Quoique les quatre mots *courtoisie*, *civilité*, *urbanité*, *politesse*, offrent une grande analogie, il ne faudrait cependant pas les confondre ni les tenir pour synonymes. Les trois derniers indiquent en général les rapports d'honnêteté convenus parmi les citoyens d'une même ville ; la courtoisie exprime plus spécialement l'étiquette des courtisans entre eux et envers leurs suzerains. La courtoisie est donc une politesse plus relevée, une civilité patricienne. Aujourd'hui que l'importance sérieuse de la cour et de la noblesse a fort diminué chez nous, la courtoisie ne sort guère plus qu'à désigner une sorte de politesse ou d'honnêteté chevaleresque qui depuis longtemps a disparu de nos mœurs. Aussi n'est-ce pas parmi nous qu'il faut chercher le sens réel de cette expression et les obligations qu'elle renferme, mais dans les chroniques les plus reculées. Déjà du temps de Charron il était trop tard pour en retrouver la moindre trace ; « La courtoisie, dit-il, est un marché et complot fait ensemble de se moquer, mentir et piper les uns les autres. » Cela devait être ainsi du temps des Médicis ; mais plus anciennement, à des époques plus rudes en apparence, la courtoisie s'était montrée précisément ce qu'elle devait être, c'est-à-dire un hommage constant rendu par la force au rang et à la vertu. Alors cette politesse des nobles brillait elle-même pure et vertueuse, et devenait souvent le châtiment le plus redouté de ceux qui avaient forfait à l'honneur. Dans les rapports qu'elle établissait entre les chevaliers et les dames, la courtoisie allait jusqu'à faire rendre justice aux femmes de meilleure renommée, au détriment de celles qui étaient jugées moins méritantes.

COURTRAI ou **KORTRYK**, ville de la province de la Flandre occidentale, dans le royaume de Belgique, bâtie sur les deux rives de la Lys, avec de larges rues, possède de nombreuses églises, parmi lesquelles celles de Saint-Martin et de Notre-Dame se distinguent plus particulièrement par leur architecture, un superbe hôtel de ville gothique, une bourse, un collège et divers établissements de bienfaisance, et est le siège d'une chambre de commerce, d'un tribunal de commerce et d'une justice de paix. On y compte 21,000 habitants, qui fabriquent surtout de la toile, de la dentelle, des fils à dentelle, du linge de table et des cotonnades. On y trouve aussi des blanchisseries de toile, des raffineries de sucre et des fabriques de savon ; et elle est le centre d'un commerce fort important en étoffes de laine et autres produits manufacturés. C'est dans les environs de Courtray que se récolte le lin le plus fin de toute la Belgique. Des chemins de fer mettent cette ville en communication avec Gand, Lille et Tournay. Le 11 juillet 1302 eut lieu sous les murs de Courtray une fameuse bataille livrée entre les Français et les Flamands, qu'on appelle quelquefois *Journée des Éperons* (*voyez* l'article suivant). En 1382 les Français essayèrent d'effacer la honte de cette défaite en pillant et en détruisant la ville. Trois ans plus tard Philippe le Hardi posa la première pierre de ses fortifications, qui, par la suite furent considérablement augmentées, puis rasées en 1744 par les Français. Dans les guerres entre la France et l'Espagne, au dix-septième siècle, la possession de Courtray fut souvent vivement disputée par les parties belligérantes. Il en fut de même à l'époque des guerres de la Révolution, et Courtray en 1794 tomba au pouvoir des Français. En 1814, après avoir été alternativement prise par les coalisés et reprise par les Français, ceux-ci, commandés par Maison, délirent le 31 mars sous ses murs un corps de 8,000 hommes aux ordres de Thielmann, et composé de Saxons et d'autres troupes de la coalition.

COURTRAI (Bataille de). Le roi de France Philippe IV avait nommé gouverneur de la Flandre Jacques de Châtillon, frère du comte de Saint-Paul, qui traita cette province en pays conquis. Une insurrection populaire éclata à Bruges (1302), et Guillaume de Juliers (petit-fils, par sa mère, du vieux Guy de Dampierre, comte de Flandre, que Philippe retenait prisonnier à Paris) n'hésita pas à se mettre à la tête des Flamands. En peu de temps il soumit des villes importantes à la commune de Bruges. Son oncle, Guy le jeune, l'un des fils du comte de Flandre, vint alors le joindre. Les Flamands redoublèrent d'ardeur en voyant à leur tête un de leurs princes héréditaires : quinze mille hommes de milice à pied se mirent sous les ordres de Guy ; ils marchèrent sur Courtrai, dont ils se rendirent maîtres, à la réserve du château ; ils laissèrent un corps d'observation pour l'assiéger. Ils soumirent encore quelques places, et ils étaient venus assiéger Cassel, lorsqu'au mois de juillet Robert, comte d'Artois, entra en Flandre avec l'armée formidable qu'il avait été occupé à rassembler dès le commencement de la rébellion, et qui, au dire de Villani, alors résidant en Flandre, se composait de 7,500 cavaliers, tous gentils-hommes ; 10,000 archers et 30,000 fantassins, fournis par les milices des communes de France.

Le jeune Guy de Flandre étant revenu à Courtrai avec le gros de l'armée, et Guillaume de Juliers assiégeait Cassel, lorsque ces deux princes apprirent que Robert d'Artois était entré en Flandre par la route de Tournai. Guillaume leva le siège de Cassel, et vint rejoindre son parent devant Courtrai. Ils ne pouvaient cependant soutenir un siège dans cette ville, dont le château était toujours entre les mains des Français ; ils ne pouvaient non plus reculer devant une armée si puissante en cavalerie sans s'exposer à être enveloppés et détruits dans ces vastes plaines. Ils prirent donc le parti d'attendre le choc des Français, et de se ranger en bataille dans la plaine en avant de Courtray, derrière un canal peu large, que l'ennemi n'avait pas même remarqué, et qui porte dans la Lys les eaux de ces campagnes. Les gentils-hommes flamands, qui seuls avaient des chevaux, mirent pied à terre pour partager la fortune des bourgeois. Ceux-ci, au nombre de vingt mille environ, armés de pieux ferrés, qu'ils nommaient *guttentag*, dont ils appuyaient le bout sur le sol, formaient des phalanges serrées et hérissées de fer. Des prêtres avaient célébré la messe devant eux ; mais, au lieu de s'approcher pour recevoir la communion, chaque soldat, sans sortir de son rang, s'était baissé, avait pris à ses pieds un peu de terre qu'il avait portée à sa bouche, et s'était ainsi voué en silence, pour la défense de son pays, à une mort qui paraissait presque certaine. Guy de Flandre, cependant, et Guillaume de Juliers, parcouraient les rangs, rappelant à ces hardis bourgeois que la victoire seule les déroberait aux supplices que leur préparaient leurs ennemis ; en même temps ils affectaient une grande confiance, et en tête des divers bataillons ils accordèrent l'ordre de la chevalerie à Pierre Konig, chef de l'insurrection de Bruges, et à quarante de ses compagnons, comme lui chefs de métiers.

Robert d'Artois avait divisé son armée en dix colonnes : elles étaient commandées par les dix seigneurs qui lui avaient amené le plus grand nombre de chevaliers et de soldats. L'un d'eux, le connétable Raoul de Nesle, lui proposa une manœuvre par laquelle il aurait séparé les Flamands de Courtrai, et les aurait immanquablement mis en déroute. « Est-ce que vous avez peur de ces lapins, connétable, ou bien vous-même avez-vous de leur poil ? » lui dit le comte d'Artois. De Nesle, qui comprit qu'on voulait jeter sur lui un soupçon de trahison, parce qu'il avait épousé une fille de Guillaume de Flandre, répondit avec indignation. « Sire, si vous venez où j'irai, vous viendrez bien avant. » En même temps il se mit à la tête de son escadron, et il commanda la charge avec impétuosité. C'était le 11 juillet ; la campagne était brûlée par le soleil, et de Nesle fut bientôt enveloppé par un nuage de poussière. Cependant, chaque escadron à son tour était parti pour le suivre, et l'armée entière marchant sur une même colonne, les derniers poussaient les premiers de toutes leurs forces, sans soupçonner ce qui se passait à la tête. Là le connétable avait trouvé le canal qui couvrait les Flamands, et qui, n'étant indiqué par aucune inclinaison de terrain, dans cette plaine toute de niveau, n'était aperçu que quand on était dessus. Il n'avait pas cinq brasses de largeur et trois de profondeur ; mais c'en était assez pour qu'on ne pût pas le franchir sans pont, d'autant plus que ses bords étaient taillés presque à angle droit. La colonne pressant toujours les premiers rangs, il fut cependant bientôt comblé de chevaux et de cavaliers. Comme le fossé formait une demi-lune, il n'y avait aucun moyen, pour ceux qui arrivaient à la tête, de s'écouler par les côtés, et les chevaux, quand on voulait les pousser sur ce monceau de cadavres, se cabraient, renversaient leurs cavaliers, et augmentaient la confusion. La colonne française, arrêtée au front et sur les côtés, pressée en queue par les nouveaux arrivants, et resserrée au point de ne pouvoir se mouvoir, était jetée par les chevaux furieux dans le dernier degré de confusion. Ce fut le moment que saisirent Guy de Flandre et Guillaume de Juliers pour l'attaquer : ils commandaient aux deux ailes, et ils passèrent en même temps le fossé de l'un et de l'autre côté, en arrière du point sur lequel se précipitaient les Français, qu'ils vinrent ensuite prendre par les deux flancs. La résistance était déjà devenue impossible ; les chevaliers, tout bardés de fer comme ils étaient, devaient attendre la mort, sans pouvoir faire sans danger un fantassin presque nu, et qu'ils étaient accoutumés à mépriser.

Il y avait bien longtemps que la France n'avait éprouvé

une aussi sanglante défaite ; surtout, l'on ne se souvenait d'aucune où la noblesse eût autant souffert. Robert, comte d'Artois, y périt percé de plus de trente blessures. Jacques de Châtillon, frère du comte de Saint-Paul, et lieutenant du roi en Flandre ; le connétable de Nesle, Guy de Nesle, son frère, maréchal de France ; le chancelier Pierre Flotte, Godefroy, duc de Brabant, avec le seigneur de Vierzon, son fils ; les comtes d'Eu, d'Aumale, de Dammartin, de Dreux et de Soissons ; Jean, fils du comte de Hainaut ; le comte de Tancarville, grand chambellan ; Renaud de Trie, Henri de Ligny, Albéric de Longueval, le comte de Vienne et Simon de Melun, maréchal de France, furent au nombre des morts, avec deux cents autres seigneurs de marque, et six mille cavaliers. Louis de Clermont, ancêtre de la maison de Bourbon ; le comte Gui de Saint-Paul, et le duc de Bourgogne, n'échappèrent au massacre universel que parce qu'ils se dérobèrent au combat dès qu'ils virent que la fortune devenait contraire. *Mais dès lors*, dit Villani, *ils portèrent toujours grande honte et reproche en France.*   J.-C.-L. S. SISMONDI.

COURTS. C'est ainsi qu'on désigne les cours de justice en Angleterre. On les divise en *courts of record* (de procédure écrite) et en *courts of non record* (de procédure non écrite). Le tribunal de la chancellerie (*court of chancery*), présidée par le *lord high-chancellor* et par trois vice-chanceliers, cour suprême du pays, et espèce de cour d'équité chargée de suppléer à l'insuffisance de la loi positive, en fait également partie. Il connaît de toutes les affaires d'hérédité ou de tutèle ; et on ne peut appeler de ses décisions qu'à la chambre haute, près de laquelle sont institués depuis 1851 des juges d'appel (*lords justices*). La *court of queen's bench*, dont le président porte le titre de lord grand-juge d'Angleterre, connaît des affaires civiles et criminelles, et fonctionne aussi comme cour d'appel, tandis qu'on ne peut en appeler de ses décisions qu'à la chambre haute et à la *court of exchequer* (cour de l'échiquier ou chambre du trésor). Cette dernière, présidée par le *lord chief-baron* et par les quatre *barons of the exchequer*, juge en dernier ressort toutes les affaires intéressant les revenus publics, etc. Dans la *court of common pleas* (cour des plaids communs), devant laquelle se plaident des affaires réelles et personnelles, le président porte également le titre de lord grand-juge. On peut cependant en appeler de ses décisions au *queen's bench*. Devant toutes ces juridictions supérieures, les plaidoiries sont orales et publiques.

Les tribunaux inférieurs, ou *courts of non record*, se composent des cours de comtés (*county courts*), des tribunaux d'arrondissement (*hundred courts*) et de quelques autres encore. Il existe en outre à Londres des *police courts* (tribunaux de police), présidées par des magistrats, une *bankrupty court*, etc. Les comtés palatins (*counties palatine*) de Lancaster et de Durham ont leurs tribunaux supérieurs particuliers, avec leurs chanceliers, conseillers et le reste du personnel judiciaire. Enfin il faut encore mentionner les tribunaux ecclésiastiques (*ecclesiastical courts*), tels que le *college of doctors at law*, vulgairement appelé *doctor's commons*, dont la juridiction toutefois s'étend aussi sur les affaires de la vie civile, attendu qu'il connaît non-seulement des dispositions testamentaires, des questions de succession, etc., mais encore des affaires dans lesquelles figurent des navigateurs. Vient ensuite le tribunal suprême de l'archevêché de Canterbury, la *court of arches* (*curia de arcubus*), qui tire son nom de l'église de Saint-Mary le Bow de Londres, où elle se tenait autrefois, et qui connaît de tous les cas relatifs à la discipline ecclésiastique, ne ressortant pas à la *prerogative court*. Le président de tous ces tribunaux porte le titre de *principal of the arches court, master of the prerogative court of Canterbury, and commissary of the deaneries of the arches of London*, etc. Il a pour adjoints les juges du tribunal de l'amirauté, l'*advocate general*, le chancelier des divers diocèses et le vicaire général. Les appels ont lieu par devant le conseil privé, qui peut casser les jugements rendus par les tribunaux ecclésiastiques.

En Écosse il existe une *court of session* (tribunal civil), avec deux chambres, dont la première est placée sous le *lord président* et la seconde sous le *lord justice clerk*, auxquels sont adjoints onze juges portant le titre de lords; plus une *court of justiciary* (tribunal criminel), sous la présidence du *lord justice general*, avec l'assistance du *lord justice clerk* et de quelques membres de la *court of session*, faisant alors l'office de *commissioners*; deux d'entre eux sont en même temps chargés de la présidence à la *court of exchequer*, dont les attributions répondent à celles de la chambre du trésor en Angleterre. On appelle de ces tribunaux au parlement ou au conseil privé, qui décide alors par une commission (*court of delegates*).

En Irlande l'organisation judiciaire répond de tous points à celle de l'Angleterre : on y trouve dès lors également une *court of chancery*, un *queen's bench*, des *common pleas*, etc.

Dans les États-Unis de l'Amérique du Nord, il existe à New-York et dans les autres grandes villes, pour les procès civils ordinaires, une *court of common pleas*. Chaque comté (*county*) possède d'ailleurs un tribunal particulier (*county-court*). Les appels ont lieu par-devant les cours supérieures, dites *supreme* ou *superior courts*, et aussi *courts of appeal* ou *courts of error*. Il existe en outre des tribunaux spéciaux pour les affaires maritimes (*marine-courts*), des tribunaux criminels (*courts of oyer and terminer*), des tribunaux chargés de connaître des infractions aux devoirs qu'imposent des fonctions publiques, comme aussi des abus de pouvoir (*courts for the trial of empeachements*) et des tribunaux de tutelle (*probate-courts*). Dans quelques États on trouve encore des *courts of chancery*; dans d'autres, par exemple à New-York, elles ont été abolies, ou bien leur juridiction a été considérablement restreinte, attendu que, comme en Angleterre, elles compliquaient beaucoup trop la procédure. Il y a encore à côté, mais tout à fait indépendants des cours de justice des divers États, des tribunaux de la confédération, dont les fonctions sont déterminées par un article de la constitution fédérale. Il porte que les États-Unis sont divisés en arrondissements judiciaires, dans lesquels sont établies des *circuit courts*, auxquelles sont encore subordonnées des *districts courts*. La dernière instance a lieu par-devant le tribunal suprême (*supreme court*), à Washington, formé du grand-juge (*chief-justice*) et de huit juges, nommés par le président sous l'approbation du sénat. Ces fonctionnaires sont les gardiens suprêmes des lois de l'Union, les seuls interprètes légaux de l'acte fédéral. Ils peuvent annuler tout acte de la puissance civile qu'ils regardent comme contraire à la loi.

COURVOISIER (Jean-Joseph-Antoine de), né à Baume, près Besançon, en 1775, suivit son père en émigration, et servit dans l'armée de Condé, où il obtint la croix de Saint-Louis. Rentré en France, en 1803, il fut appelé, en 1815, par le département du Doubs à faire partie de la chambre des députés. Pendant les huit années que durèrent ses fonctions législatives, il lutta avec MM. de Serre, Pasquier, Royer-Collard et de La Boulaye, contre les prétentions des ultra-monarchiques de l'extrême droite. De 1816 à 1819 il se montra l'un des plus zélés partisans du ministère du duc de Richelieu. Nommé procureur général à Lyon, il led heureusement un terme à la réaction du midi. En 1820, lors de la discussion de la loi électorale présentée le 15 février, le lendemain même de la mort du duc de Berry, il présenta un système tout différent; mais il abandonna sans en expliquer les motifs la série d'amendements qu'il avait proposés.

Non réélu en 1824, il quitta la scène politique, car les fonctions de chef du parquet à la cour royale de Lyon touchaient peu aux affaires de gouvernement. Il y eut donc étonnement général lorsque le *Moniteur* du 9 août 1829 annonça que M. de Courvoisier et M. Chabrol de Crousol étaient appelés à faire partie du ministère Polignac. Mandé à Paris par une dépêche télégraphique, M. de Courvoisier alla trouver le prince de Polignac, et le pria de soumettre au roi ses objections et ses craintes; mais Charles X, avec qui il eut le jour même une entrevue, le pressa d'accepter les sceaux, disant qu'il connaissait les opinions constitutionnelles de M. de Courvoisier, mais qu'il pouvait le rassurer, que son intention à lui-même était d'affermir à la fois le trône et les libertés publiques; que les bons esprits différaient sur les moyens, mais que tous reconnaissaient la nécessité d'accomplir la charte.

On connaît les événements qui suivirent l'adresse mémorable des 221. La chambre fut dissoute en mars 1830. Le 21 avril le prince de Polignac soumit à la délibération du conseil la question suivante : « Que fera-t-on si les nouveaux choix présagent une opposition plus violente, une majorité plus hostile?... M. de Courvoisier opina le premier : son avis fut qu'un ministère sans majorité devait se démettre; il ajouta que si cette opinion ne prévalait pas, il ne pourrait continuer de faire partie du conseil. M. de Chabrol opina dans le même sens. Cette double retraite, et celle de M. de La Bourdonnaye, qui eut lieu peu de temps après, auraient dû dessiller les yeux le plus opiniâtrement fermés à la lumière. Il n'en fut pas ainsi; et le 19 décembre, sept mois après avoir abdiqué ses fonctions, M. de Courvoisier venait déposer à la cour des pairs dans le procès des ministres de Charles X. Interpellé par M. Pasquier, président, sur la question de savoir si M. de Polignac ne paraissait point céder à un empire irrésistible, M. de Courvoisier fit cette réponse significative : « Revenant de Saint-Cloud à Paris avec M. de Polignac dans la même voiture, je l'ai trouvé animé des sentiments les plus sincères pour le maintien de la charte; plusieurs fois il m'a exprimé les mêmes opinions, mais le lendemain il hésitait. Sa ferme résolution paraissait rencontrer des obstacles qu'il ne pouvait vaincre. » Je dois dire ici, comme témoin oculaire, que M. de Polignac repoussa par un geste expressif cette interprétation favorable donnée à sa conduite. La douleur occasionnée à M. de Courvoisier par des événements qu'il n'avait pu empêcher hâta sans doute la fin de ses jours. Il mourut en 1833, dans son pays natal. Breton.

COUR WEHMIQUE. *Voyez* Wehmique.

COUSIN. Ce mot, qui n'est qu'une corruption de *consanguin*, ou qui vient du latin *congenitus*, sert à exprimer divers degrés de parenté en ligne collatérale et désigne tous ceux qui sont issus de frères et de sœurs ou de leurs descendants. Les cousins sont *paternels* ou *maternels*, les uns par rapport aux autres, suivant qu'ils se rattachent les uns aux autres par leur père ou par leur mère; il résulte de là qu'on peut avoir un cousin maternel dont on est soi-même le cousin paternel et réciproquement. Les cousins sont à des degrés plus ou moins rapprochés suivant le plus ou moins d'éloignement de la souche. Les enfants de frères et de sœurs sont dits cousins germains : ce sont des cousins du premier degré, et sont parents entre eux au quatrième degré. Leurs enfants s'appellent *cousins issus de germains*; ils sont cousins du second degré et parents entre eux au sixième degré. On emploie quelquefois aussi pour la génération suivante, qui donne des parents au huitième degré, l'expression de *cousins arrière-issus de germains* : ce sont des cousins du troisième degré. Quant aux autres plus éloignés, on les appelle cousins au quatrième, au cinquième degré, etc., parce qu'ils ne sont en effet séparés que par quatre ou cinq degrés des frères et sœurs qui établissent le *cousinage*; mais ce chiffre n'exprime pas, on le voit du reste, leur degré réel de parenté. Si deux personnes se trouvent être cousins à des degrés différents, le plus rapproché de la souche est vis-à-vis de l'autre son oncle ou sa tante à la mode de Bretagne.

Cousin, cousine se dit encore pour exprimer de pures relations de familiarité; deux personnes qui sont mal ensemble *ne sont pas cousines*. Les rois se traitent entre eux de *cousins*. Ce ne fut que sous François Ier (environ l'an 1540) qu'ils commencèrent à faire des *cousins* de la plupart des grands constitués en dignité. Henri II est le premier de nos rois qui ait décoré les maréchaux et les ducs et pairs de ce titre d'honneur.

Cousiner, c'est l'action du parasite qui considère les étrangers comme des parents, comme les *cousins*, des personnes, enfin, avec lesquelles on peut agir sans se gêner et demander à dîner sans plus de façons.

COUSIN (*Entomologie*), en latin *culex*. Les cousins forment un genre très-intéressant, que les entomologistes placent parmi les diptères, dans une petite famille appelée des *culicides*; ils ont le corps et les pieds fort allongés et velus, les antennes très-garnies de poils, et qui forment un panache dans les mâles; les yeux sont grands, très-rapprochés, et les palpes avancés, filiformes et velus, de la longueur de la trompe, laquelle est composée d'un tube membraneux, cylindrique, et d'un suçoir de cinq filets écailleux, produisant l'effet d'un aiguillon; leurs ailes sont au nombre de deux, et couchées horizontalement l'une sur l'autre au-dessus du corps. On sait combien ces insectes sont importuns, combien leur piqûre est douloureuse, et leur opiniâtreté à nous poursuivre insupportable. Comme ils sont très-communs, il a été facile de les étudier, et on connaît aujourd'hui presque toutes les particularités de leurs habitudes.

Les cousins sont des insectes à métamorphoses, dont les larves vivent dans l'eau, et qui pour cette raison sont plus abondants dans les lieux aquatiques, et surtout les marais, que partout ailleurs. Dans les premiers temps de leur vie, ce sont de petits êtres assez semblables aux têtards, et que l'on trouve en grande abondance dans les moindres flaques d'eau : pendant cet état, qui est l'état de larve, ils sont privés de pattes; leur tête est grosse et séparée, par un petit étranglement en forme de cou, d'avec le corps, qui est allongé. Ils sont alors d'une vivacité singulière, nagent dans le liquide en s'agitant brusquement, et viennent le plus souvent à la surface pour respirer, ce qu'ils font au moyen d'un petit tuyau évasé en entonnoir à son extrémité, et qui se trouve à l'extrémité postérieure de leur abdomen. Dès que l'on remue l'eau ou même qu'on s'en approche, on voit toutes ces petites larves se précipiter au fond avec la plus grande promptitude; mais elles sont bientôt obligées de venir respirer, et si l'on reste quelques instants sans bouger, on ne tarde pas à les voir reparaître. Toutes ont autour de la bouche plusieurs barbillons garnis de poils; elles les font jouer continuellement avec beaucoup de vitesse, de manière à imprimer au liquide de petits courants qui portent vers leur bouche les aliments dont elles doivent se nourrir. Ces larves, de même que celles des autres insectes, changent plusieurs fois de peau; elles en prennent au moins trois dans l'espace d'une quinzaine de jours; après ce temps elles revêtent la forme de nymphes, qu'elles ne gardent que huit ou dix jours au plus, et ensuite elles arrivent à l'état parfait.

Elles quittent alors les eaux, et prennent l'air pour habitation. Cette dernière métamorphose se fait très-promptement, et s'accompagne de circonstances vraiment curieuses. La nymphe, placée à la surface de l'eau, sort du liquide une partie de son corps, et fait crever son enveloppe. La tête du cousin apparaît d'abord, puis ensuite son thorax, son abdomen, et en dernier lieu ses pattes; c'est alors un moment des plus périlleux : il n'a pour se soutenir que son enveloppe de nymphe, légère embarcation, que le moindre zéphir, le moindre souffle, peut faire chavirer. L'animal est la voile et le mât de ce petit navire; il s'élève peu à peu au-dessus, prenant sur lui son point d'appui, et aussi sur le liquide, qui offre à ses pattes assez de résistance pour lui permettre de les y appuyer; après qu'il s'est contracté à plusieurs reprises, et qu'il est parvenu à sortir toutes ses parties les unes après les autres, il doit chercher à s'envoler le plus tôt possible. Une vie nouvelle commence alors pour lui : il va chercher une nourriture d'un nouveau genre, et s'occuper de perpétuer son espèce. La manière dont se fait l'accouplement est encore peu connue; on sait seulement que cet acte dure peu de temps, et que les mâles se tiennent par troupes nombreuses élevées dans les airs; quelques femelles s'approchent de ces troupes, s'y mêlent, et ont bientôt choisi un compagnon : elles s'unissent à lui, volent quelques instants ensemble loin de la troupe, et bientôt après s'en séparent. Lorsqu'elles ont été fécondées, elles se préparent à pondre leurs œufs, et vont les déposer à la surface de l'eau. Les œufs doivent être à proximité du liquide, mais ils ne doivent point être submergés; autrement, ils ne pourraient éclore et se pourriraient bientôt : les femelles les disposent en forme de petits bateaux, qu'elles déposent à la surface, où ils restent quelque temps. Ces œufs sont d'abord blancs, mais ils deviennent bientôt gris, et ensuite d'un brun verdâtre; les larves en sortent au bout de deux ou trois jours; elles les percent par leur extrémité inférieure, et se trouvent en les quittant dans l'élément qui doit les nourrir. Chaque femelle pond environ trois cents œufs, et les petits qui en sortent ont subi toutes leurs métamorphoses dans l'espace de trois ou quatre semaines : aussi ces insectes produisent-ils plusieurs générations dans la même année; ils sont d'ailleurs assez vivaces, et peuvent supporter les plus grands froids.

Les cousins sont très-avides de notre sang; ils nous poursuivent avec une opiniâtreté singulière, et s'introduisent jusque dans nos demeures; leur aiguillon est l'instrument avec lequel ils nous tourmentent; ils le font sortir de la trompe qui lui sert d'étui, et l'enfoncent de plus en plus dans nos chairs, en même temps qu'ils distillent dans la plaie une liqueur vénéneuse, qui est la cause de l'irritation et de l'enflure qui s'ensuivent. On a observé que les femelles sont les seules qui nous inquiètent.

Quand on a été piqué par un de ces insectes, on ne doit pas se gratter, ce qui ne ferait qu'augmenter l'irritation. Il faut se contenter de mouiller la petite plaie avec un peu d'extrait de saturne ou de vinaigre, ou même d'eau salée; souvent la salive suffit : l'ammoniaque liquide étendue dans deux ou trois fois d'eau agit encore d'une manière plus rapide; la douleur se dissipe alors promptement.

Les cousins sont connus en Amérique sous le nom de *maringouins* et de *moustiques* : on est obligé, dans certaines contrées, si l'on veut se préserver de leurs atteintes, de s'envelopper ou d'envelopper sa couche d'une gaze appelée *moustiquaire*. Les Lapons les éloignent avec le feu et en se frottant les parties nues du corps avec de la graisse. Ces insectes se montrent surtout en plus grande quantité le soir et pendant les belles nuits de l'été; ils poursuivent les animaux pour se nourrir de leur sang, et recherchent aussi le suc des fleurs.

Le genre *culex* a été établi par Linné : il renferme un nombre immense d'espèces répandues sur tous les points de la terre; les auteurs le subdivisent généralement en trois sous-genres, qui sont les suivants : 1° *cousins* proprement dits, 2° *anophèles*, 3° *œdes*. Le *cousin commun* (*culex pipiens*, Linné) est l'espèce la plus répandue chez nous; il appartient au groupe des cousins proprement dits.

Les étymologistes font venir le mot cousin (insecte) du latin *culex*, dont on a fait, par des altérations successives, *culcinus*, *coucin* et enfin *cousin*.   P. Gervais.

COUSIN (Jean), qui vivait dans le seizième siècle, est le premier de notre école qui se soit fait une réputation comme peintre d'histoire. C'est à Soucy, près de Sens, qu'il reçut le jour : la date de sa naissance est inconnue, ainsi que l'époque de sa mort; on sait seulement qu'il a vu les règnes de Henri II, François II, Charles IX et Henri III.

Jean Cousin doit principalement la popularité de son nom dans les arts aux traités qu'il a publiés sur les sciences accessoires du dessin, dont il avait fait une étude spéciale; ses leçons de géométrie, de perspective, et son petit livre des proportions du corps humain, ont été longtemps le guide classique des élèves dans la peinture et la sculpture, qu'il cultiva lui-même avec un égal succès. Lorsque Jean Cousin parut, la peinture sur verre était en grande faveur pour la décoration des églises, et le clergé d'alors était presque le seul corps, vu ses immenses richesses, en état d'exploiter utilement et convenablement le génie d'un homme de mérite. C'est surtout à ce genre de travail que Cousin eut l'occasion d'occuper son savant pinceau. Plusieurs chapelles de Sens et des environs de cette ville épiscopale s'enrichirent ainsi de compositions remarquables par l'éclat des couleurs autant que par les contours, ayant quelque chose des écoles florentine et romaine, quoique empreintes parfois du caractère modifié de certaines œuvres gothiques; c'est un mélange dont on peut se faire une idée en se rappelant que n'étant pas allé visiter l'Italie, Cousin a cependant sous les yeux les tableaux que François Ier avait déjà fait venir de cette mère patrie des beaux-arts. Les vitraux du chœur de Saint-Gervais à Paris, représentant *Le Martyre de saint Laurent*, *La Samaritaine* et *Le Paralytique*, offrent ce goût complexe dans les belles parties que l'on y rencontre. Un portrait en pied de François Ier, deux sujets tirés de l'Apocalypse, les grisailles provenant du château d'Anet, que Henri II fit bâtir pour la célèbre Diane de Poitiers, sont tracés d'une main hardie et habile : ces productions sur verre ont attiré l'attention des connaisseurs alors qu'elles ornaient ce riche musée, dispersé maintenant, où les siècles écoulés de l'ère française se résumaient dans les monuments authentiques qui s'y trouvaient réunis : le modelé de ces peintures expressives est le résultat des hachures largement disposées, ainsi que dans les cartons dessinés par les grands maîtres de l'école italienne, pour servir à la confection de leurs fresques.

Quelques historiographes ont cru devoir conserver à Jean Cousin le surnom de *Michel-Ange français*, qu'il reçut de son vivant. Si l'on veut exprimer par cette qualification la supériorité de notre peintre sur ses rivaux contemporains, la postérité ne peut que ratifier ce titre brillant; mais si la comparaison repose uniquement sur une appréciation respective des conceptions des deux artistes, il faut avouer que l'Italien est supérieur à celui qui lui fut opposé. Que l'on mette seulement en parallèle cette scène étonnante de la prodigieuse fécondité des épisodes, cette gigantesque et sublime représentation du dernier jour de l'humanité tout entière, de ce jugement universel, où Michel-Ange épouvante et glace d'effroi le chrétien coupable, avec le même sujet à l'huile, où, dans un espace resserré, Cousin a tenté de retracer aussi ce moment terrible de la justice divine envers les nations ressuscitées, on ne pourra plus constater d'autre analogie que des rapports de parité relative dans une carrière semblable.

Comme Michel-Ange, Cousin a été bon architecte, et son mausolée de l'amiral Chabot atteste qu'en qualité de sculpteur il peut tenir une place honorable auprès de Jean Goujon, son émule et son ami. La figure de l'amiral, armé de toutes pièces, est couchée; son attitude calme et majestueuse présente de la noblesse et se recueillement propre à inviter l'âme du spectateur à reporter ses pensées au souvenir du héros qui n'est plus. Cette statue, l'une des plus estimées qui soient sorties d'un ciseau de notre pays, est d'un style sévère, d'un dessin correct et d'une exécution ferme et grande. Deux figures du même maître et de proportion deminature, que l'on a pu voir également au Musée des Monuments Français, sont naïvement posées, et, sans accuser autant de correction que la précédente, montrent un faire élégant et gracieux, malgré le jeu trop maniéré des draperies, ajustées dans le goût de celles de Germain Pilon.

Cousin a produit peu de tableaux à l'huile : on cite parmi ses portraits celui de sa fille Marie et celui du chanoine Jean Bouvier. On retrouve aisément dans les œuvres de Cousin l'observation des sciences dont il a donné les préceptes : son coloris est éclatant, les tons médiocres; dans les vitraux de sa main, et qui se sont conservés jusqu'à nous, c'est un coloriage éblouissant par la vigueur et la netteté des tons, que rehausse encore le jeu de la lumière qui les traverse. Son dessin participe souvent de celui de l'école de Michel-Ange, mais il a cette sécheresse que nécessite le genre auquel il s'est plus particulièrement livré : ses compositions à l'huile ont plus d'harmonie, et nous devons dire à cette occasion que c'est Cousin qui avant tout autre en France s'est servi de ce procédé. Des expressions animées, des pensées hautes, de la facilité, de la fermeté, distinguent le talent de cet artiste, qui n'a point fait d'élève.

Pierre de Jode a gravé de même grandeur (1m,46 sur 1m,42) *Le Jugement dernier* de Jean Cousin, que possède actuellement la galerie du Louvre. J.-B. Delestre.

COUSIN (Victor), membre de l'Académie Française et de l'Académie des Sciences morales et politiques, commandeur de la Légion d'Honneur, ancien pair de France et ancien ministre de l'Instruction publique sous Louis-Philippe, né à Paris le 28 novembre 1792, fit ses études au lycée Charlemagne, remporta en 1810 le prix d'honneur au concours général, et entra quelque temps après à l'École Normale. Ses succès dans cet établissement furent tels qu'en 1812 il y fut nommé répétiteur pour la littérature grecque, lorsque d'après maître d'une conférences, et en 1814 chargé du cours de philosophie comme professeur. Il était naturel que l'éclat inaccoutumé de son enseignement appelât sur lui l'attention des hommes placés à la tête de l'université. On lui confia donc, en outre, une chaire de troisième au collège Henri IV (lycée Napoléon) et à quelque temps de là il était appelé à suppléer à la Faculté des Lettres, dans sa chaire de l'histoire de la philosophie, M. Royer-Collard, ce correspondant secret de Louis XVIII pendant toute la durée du régime impérial, que la Restauration venait d'appeler à une haute position politique. M. Cousin avait alors à peine vingt-trois ans; on voit que le pouvoir n'avait marchandé à son précoce talent ni les encouragements ni les récompenses.

En homme habile, M. Cousin comprit à ce moment que le vent n'était plus aux idées philosophiques du dix-huitième siècle; que le nouveau gouvernement devait se donner pour mission expresse de les poursuivre partout ouvertement, dans les œuvres comme dans les institutions qui les reflétaient ; et que par conséquent la carrière des emplois et des honneurs universitaires ne pouvait plus s'ouvrir désormais que pour ceux qui aideraient au triomphe de la réaction déjà commencée depuis une quinzaine d'années contre le sensualisme par les Châteaubriand, les Bonald, etc. En conséquence, à l'exemple de M. Royer-Collard, désertant bruyamment l'école de Locke et de Condillac, dont jusque alors, sous l'influence de Laromiguière, son premier maître, il avait tenu haut et ferme le drapeau, entreprit de vulgariser chez nous l'idéalisme, quelque peu vague et confus, de la philosophie écossaise, de se faire en quelque sorte le continuateur de Maine de Biran, et de populariser dans nos écoles les noms, encore peu connus de Thomas Reid et de Dugald Stewart.

L'épisode des cent-jours n'interrompit que pendant quelques semaines l'apostolat philosophique de M. Cousin, qui à ce moment, pour repousser l'invasion tentée à main armée par *l'usurpateur*, s'enrôla résolument parmi les vo-

lontaires royaux. On sait que la *généreuse* jeunesse dont se composait ce corps d'élite avait juré de se faire tuer sur les marches du trône légitime, plutôt que de souffrir que *Buonaparte* vînt se réinstaller aux Tuileries, mais qu'il ne lui fut pas donné de trouver l'occasion de tenir ses promesses. Quoi qu'il en soit, le dévouement dont M. Cousin avait fait preuve dans cette circonstance critique fut apprécié par le gouvernement de la Restauration, qui, Louis XVIII une fois rentré à Paris, se garda bien de le comprendre dans le système d'épuration générale que son premier soin fut d'appliquer avec la dernière rigueur à toutes les parties de l'administration.

Maintenu dans ses diverses fonctions, M. Cousin entreprit en 1817 un voyage scientifique en Allemagne, à l'effet de s'y familiariser avec la langue, la littérature et surtout avec les penseurs de ce pays. Il y étudia d'abord les œuvres du philosophe de Kœnigsberg, pour lequel il s'éprit d'une vive admiration. Hegel, Jacobi, Fichte et Schelling devinrent ensuite successivement l'objet de ses travaux ; et bientôt il s'efforça de s'assimiler celles de leurs idées qu'il jugeait compatibles avec les principes qu'il avait puisés dans l'étude réfléchie de Descartes, empruntant à leurs divers systèmes ce qu'ils pouvaient avoir de bon et de pratique, et faisant de son mieux pour les combiner avec les principes de la philosophie écossaise, afin d'en constituer, sous le nom d'*éclectisme*, un système nouveau, que nous n'avons pas à apprécier dans cette notice, purement biographique, l'un de nos collaborateurs, autrement compétent que nous en pareilles matières, s'étant réservé ce soin dans l'article que le lecteur trouvera immédiatement à la suite du nôtre.

La lutte n'avait pas tardé à s'engager entre l'opinion publique et les tendances rétrogrades du pouvoir, et de jour en jour elle prenait un caractère plus nettement prononcé. L'esprit de résistance gagnait insensiblement tous les rangs de la société, et faisait des recrues jusque parmi les hommes qui naguère avaient accueilli la Restauration avec le plus d'enthousiasme. Le gouvernement royal avait promis de s'appuyer sur des institutions libres, et tous ses actes tendaient évidemment à revenir sur ce que ses ennemis appelaient les *imprudentes concessions* de 1814. La charte octroyée par ordonnance, disaient-ils, pouvait être mise à néant en vertu du même droit et par la même voie. Or beaucoup l'avaient prise au sérieux, surtout parmi la génération nouvelle, qui elle avait fait espérer pour la France les bienfaits du régime constitutionnel ; et leurs regrets étaient amers en s'apercevant qu'on les avait trompés. Les classes bourgeoises en étaient à redouter plus que jamais le retour de la domination exclusive du clergé et de la noblesse, avec tous les abus de l'ancien régime, incessamment défendus, vantés, par une presse sans pudeur. Les partisans de l'absolutisme criaient d'ailleurs bien haut qu'il n'y avait de bonheur et de tranquillité à espérer pour le pays qu'à la condition de rendre au clergé le monopole de l'instruction publique, comme avant 1789. L'université, création essentiellement révolutionnaire puisqu'elle était l'œuvre de Napoléon, était vivement menacée, et ses fonctionnaires se voyaient chaque jour dénoncés par de dévots énergumènes comme pervertissant l'esprit de la jeunesse. L'École Normale, cette pépinière où devait se recruter le corps enseignant, était signalée surtout comme un foyer de pestilence et de contagion morales.

En ce qui est des accusations dont cette institution était l'objet, ce qu'il y a de vrai, c'est que la liberté de penser, cette base première de toutes les libertés politiques, y était hautement défendue par les différents collègues de M. Cousin, combattant un peu dans ces circonstances *pro aris et focis*. Or un pareil enseignement allait trop à l'encontre des idées que les hommes de la contre-révolution voulaient faire prévaloir, pour être longtemps toléré.

M. Cousin avait encore pour tribunes sa chaire de la Faculté des Lettres, le *Journal des Savants* et les *Archives Philosophiques*. Mais bientôt aussi son enseignement à la Sorbonne parut au pouvoir offrir des dangers. La jeunesse des Écoles de Droit et de Médecine montrait, à ce qu'il paraît, trop d'empressement à suivre les leçons de l'éloquent professeur, qui savait donner un charme tout particulier à l'exposition des questions de métaphysique les plus ardues, et qui, en présence des envahissements de l'obscurantisme et de l'absolutisme, n'hésitait pas à revendiquer le libre exercice des droits imprescriptibles de la conscience, et à proclamer la liberté de l'homme *le plus précieux des dons que lui ait faits son Créateur*. En 1820 le cours de M. Cousin fut indéfiniment suspendu. Ce coup d'État au petit pied ne fut que le prélude d'une mesure autrement vigoureuse. Une ordonnance royale, rendue sans que le conseil royal d'instruction publique eût été appelé à donner son avis, prononça, le 6 septembre 1822, la fermeture de l'École Normale.

Cette époque est incontestablement la plus brillante de la vie de M. Cousin, celle dans laquelle il a le mieux mérité la grande et juste considération qui s'attache à son nom comme intrépide pionnier de l'intelligence et du progrès. C'est alors en effet qu'il entreprit la publication des œuvres de Proclus, une édition complète des œuvres de Descartes et sa belle traduction de Platon. Ces grands travaux ne l'empêchèrent point d'accepter le soin de présider concurremment à l'éducation de l'un des fils du maréchal Lannes ; et en 1824 il alla voyager en Allemagne avec son élève pour compléter l'instruction de ce jeune homme.

Là aussi le pouvoir avait à soutenir une lutte des plus vives contre l'opinion publique. C'est au nom de la liberté qu'en 1813 les différents gouvernements allemands avaient appelé leurs sujets à prendre les armes pour en finir avec l'intolérable despotisme exercé par Napoléon sur l'Europe. Mais après la victoire des peuples, au lieu des institutions libres qu'on leur avait si solennellement promises, avaient vu rétablir toutes les entraves au progrès, toutes les vieilleries que le grand mouvement émancipateur de 1789 avait eu mission de détruire en Europe. Une compression de fer étouffait dans ce pays toute réclamation légale ; dès lors les sociétés secrètes, cette honte et cette lèpre de la civilisation moderne, avaient beau jeu pour s'y développer à l'aise, en promettant à leurs affiliés et à leurs dupes la fin des souffrances communes à la suite de l'explosion prochaine et infaillible des colères et des vengeances provoquées et amassées dans les populations par le manque de foi et l'ingratitude des princes.

Or, M. Cousin fut alors dénoncé à la police de la sainte-alliance, représentée par la commission d'enquête siégeant à Mayence, comme faisant de la propagande révolutionnaire de l'autre côté du Rhin et comme notoirement chargé par le fameux *comité directeur* de mettre les ventes de *carbonari* français et italiens en communauté de conspiration permanente avec les sociétés secrètes d'Allemagne. Arrêté à Dresde à la demande du gouvernement prussien, il fut transféré à Berlin et incarcéré sous prévention de menées démagogiques. Sa détention ne dura pas moins de six mois, malgré le bon vouloir dont M. de Damas, alors ministre des affaires étrangères, fit preuve pour l y mettre un terme. Les inquisiteurs de la sainte-alliance, après avoir soumis leur prisonnier à de nombreux interrogatoires, dans lesquels, tout en repoussant les accusations dont il était l'objet, M. Cousin se montra constamment le confesseur intrépide de la liberté, lui firent, de guerre lasse, remettre des passe-ports avec lesquels il put enfin rentrer en France, où il fut considéré dès lors par l'opinion libérale comme l'un de ses plus glorieux martyrs.

La chute de M. de Villèle et l'inauguration d'une ère nouvelle en politique par Martignac rendirent M. Cousin à sa chaire ; et jamais on n'a vu auditoire ne fut plus nombreux. Dans l'ardeur empressée de la foule à se porter aux leçons du professeur de l'histoire de la philosophie, de même qu'aux cours d'histoire générale et de littérature française de MM. Guizot et Villemain, leçons où, contre l'intention des maîtres, sans aucun doute, chaque pensée, chaque mot, étaient saisis comme autant d'allusions politiques, il y avait un salutaire avertissement de plus pour le gouvernement de la Restauration. Il ne fut pas compris.

La révolution de Juillet porta aux affaires la plupart des hommes en qui depuis quinze ans le parti de la liberté et du progrès s'était habitué à voir ses chefs naturels ; mais pour leur faire perdre leur popularité quelques mois d'exercice du pouvoir devaient suffire. Tous, ou à peu près, quand il leur fallut quitter le domaine des théories et des abstractions, et entrer enfin dans celui des faits et de la réalité, n'eurent garde de tenir les téméraires engagements qu'ils avaient pris dans les rangs de l'opposition. On n'était point encore assez habitué en France au jeu naturel des partis dans un gouvernement constitutionnel, pour qu'à la vue de si brusques changements de front on ne criât pas bien vite à l'apostasie. Parmi les nouveaux gouvernants, il s'en rencontra beaucoup trop aussi qui donnèrent alors l'exemple du complet oubli des beaux principes d'abnégation et de désintéressement qu'ils préconisaient si fort la veille : rien de plus naturel par conséquent qu'ils héritassent des haines ardentes dont étaient naguère l'objet ceux qu'ils venaient de remplacer.

La démission de M. Royer-Collard, qui refusa noblement son concours au gouvernement de Louis-Philippe, rendit M. Cousin titulaire de sa chaire à la Faculté des Lettres ; et à peu d'intervalle il fut en outre successivement nommé directeur de l'École Normale (que force avait été de rétablir dès 1826, sous la dénomination d'*École Préparatoire*, mais qui reprit alors son ancien titre), conseiller d'État, membre du conseil royal d'instruction publique, membre de l'Académie Française et de l'Académie des Sciences morales et politiques, sans compter les improductifs honneurs de la pairie ; si bien que, grâce à ce cumul essentiellement éclectique, l'ingénieux traducteur de Platon se trouva émarger bon an mal an de vingt-cinq à trente mille francs d'appointements. Certes, à ce prix un homme d'un tel mérite n'était pas trop rémunéré par l'État ; seulement, comme tant d'autres, son tort fut de croire de la meilleure foi du monde que parce que tardive justice lui avait enfin été rendue, chacun devait se tenir pour satisfait, et que la France n'avait plus rien à demander au plus excellent gouvernement qu'il y eût sous le soleil. Cet optimisme n'était pas assez désintéressé pour devenir contagieux.

M. Cousin était arrivé aux honneurs, mais il avait irrémissiblement perdu son renom de grand citoyen ; il tâcha de s'en consoler par l'influence personnelle qu'il lui fut donné d'exercer sur le corps enseignant pendant toute la durée du règne de Louis-Philippe. Comme M. Guizot, comme M. Villemain, il s'était d'ailleurs dispensé, tout aussitôt après la révolution de Juillet, de remplir désormais ses fonctions de professeur, laissant à un suppléant, moyennant partage des appointements, le soin de vanter aux apprentis bacheliers ès-lettres les charmes infinis de l'idéalisme et de l'éclectisme. Au pouvoir, comme hors du pouvoir, il y aurait eu, suivant nous, plus de véritable dignité de leur part à ne pas déserter ainsi, pour les grandes et les petites intrigues de la politique, une carrière où ils pouvaient encore être utiles. Demeurés, de la sorte, en contact immédiat avec la jeunesse, ils eussent triomphé de bien des accusations qui finirent par leur aliéner complètement les sympathies des générations nouvelles.

En 1831 M. Cousin se fit confier par le gouvernement une mission en Allemagne à l'effet d'aller y étudier les bases données à l'instruction élémentaire en Prusse ; cinq ans après il fit encore en Hollande un autre voyage dans le même but, et toujours aux frais du budget. Il a publié le fruit de ses observations pendant ces deux tournées sous ces titres : *De l'état de l'Instruction publique dans quelques pays de l'Allemagne et particulièrement en Prusse* (3ᵉ édition, Paris, 1840) ; et *de l'Instruction publique en Hollande* (Paris, 1837). En 1840 il fut appelé à faire partie, comme ministre de l'instruction publique, du cabinet constitué le 1ᵉʳ mars sous la présidence de M. Thiers ; et dans ce poste éminent il ne fit ni plus ni moins que ceux qui l'avaient précédé ou qui lui ont succédé. Il est convenu en effet depuis longtemps que tout ministre de l'instruction publique, par ses mesures judicieuses et par le bonheur de ses choix, contribue toujours singulièrement à l'amélioration de cette partie si essentielle des services publics. En portant ce témoignage du passage de M. Cousin à la direction des affaires, nous ne ferons donc que nous conformer à un usage contre lequel nous n'avons pas la moindre envie de protester.

Si M. Cousin a cru dès 1830 devoir renoncer à occuper sa chaire, en revanche il s'est toujours montré l'un des collaborateurs les plus actifs du *Journal des Savants*, et en dernier lieu de la *Revue des Deux Mondes*. Les divers articles qu'il leur a fournis ont été réimprimés sous le titre de *Fragments Philosophiques*. Il s'est aussi occupé du soin de réunir en volumes les leçons qu'il avait faites à la Sorbonne ; et elles ont été publiées sous les titres de : *Cours de Philosophie professé à la Faculté des Lettres pendant l'année 1818* (Paris, 1836) et *Cours de l'Histoire de la Philosophie moderne*.

Après la révolution de 1848, il écrivit, à la demande de l'Académie des Sciences morales et politiques, deux petits traités destinés à combattre le socialisme et le communisme. L'un est intitulé *Philosophie populaire* et l'autre *Justice et Charité*. Les autres ouvrages de M. Cousin ont tous obtenu un succès assez éclatant pour qu'il nous soit permis d'avouer ici que ces deux dissertations n'ont guère fait de bruit, et il nous paraît douteux qu'elles aient été pour quoi que ce soit dans la victoire remportée à cette époque et plus tard encore par les idées d'ordre, de famille et de propriété sur les désolantes théories que les hommes de l'anarchie s'efforçaient de faire prévaloir. Dans la présente année 1853, M. Cousin a encore fait paraître une curieuse étude biographique sur cette belle madame de Longueville qui réussit à attacher à son char quelques-uns des meneurs de la Fronde. Dans ce travail remarquable à plus d'un titre on trouve réunies à un très haut degré toutes les qualités qui distinguent la manière et le style de cet écrivain. On y admire surtout la souplesse extrême d'un talent assez vigoureux pour abandonner tout à coup les hauteurs de l'abstraction philosophique et sonder d'une main sûre, et comme habituée à semblable tâche, les replis les plus cachés du cœur d'une coquette. Plus d'un lecteur profane sourit d'ailleurs en voyant la complaisance au moins singulière avec laquelle le nouvel historien de la sœur du grand Condé décrit et analyse les charmes physiques de son héroïne, et serait presque tenté de demander au grave disciple de Platon où il a appris tout cela. Mentionnons enfin, pour être aussi complet que possible dans cette énumération des ouvrages dont on est redevable à M. Cousin, une toute récente dissertation sur la Nature du Vrai, du Bien et du Beau. Sous le régime impérial, M. Cousin semble avoir décidément renoncé à la politique. Les lettres ne peuvent qu'y gagner.

[Quelle que soit l'importance personnelle de M. Cousin, elle est beaucoup moindre cependant que celle de ses doctrines philosophiques, sur lesquelles nous nous proposons de hasarder un jugement.

M. Cousin est tout entier dans le mot *éclectisme moderne*. Or, pour tout observateur impartial, qui saura saisir le point où est arrivée aujourd'hui la philosophie, et ce qu'elle était il y a un demi-siècle, il sera facile de se rendre compte de la venue de l'éclectisme, de son règne passager, de ses défauts et de ses mérites.

Le premier qui fit de l'éclectisme sans qu'on le sût fut Napoléon. Celui dont l'épée faisait triompher en Europe les idées révolutionnaires fut le même qui rouvrit les églises et releva les autels dispersés. Le général de la république française, l'auteur de ce code immortel où fut consacré le premier des bienfaits de la Révolution, le principe de l'égalité, s'assit lui-même sur le trône le plus élevé des trônes de la terre, et s'entoura d'une aristocratie que pouvaient lui envier les plus anciennes monarchies. Cette aristocratie elle-même, par les éléments divers dont elle se composait, achevait le contraste et était un nouveau symbole d'éclectisme; car on voyait les fils de pâtre confondus avec les rejetons les plus illustres de l'antique noblesse. Cette première tentative d'éclectisme échoua, et les partisans des idées anciennes, profitant de la fatigue de celui qui avait accompli en quelques années l'œuvre de plusieurs siècles, renversèrent ce premier édifice, mais sans pouvoir toucher aux fondements. La Restauration parut, et tel était alors le besoin d'éclectisme, que les anciennes idées, qui semblaient devoir triompher, appuyées qu'elles étaient de six cent mille baïonnettes et maîtresses du foyer de l'incendie révolutionnaire, se dissipèrent comme un petit nuage devant la charte de Saint-Ouen, où le droit divin donnait la main à la déclaration des droits de l'homme, véritable formule d'un éclectisme politique beaucoup plus clair, beaucoup plus avoué que celui de Napoléon. En effet, on peut dire que l'éclectisme, c'est la Restauration, moins ses ordonnances. Aussi ne vit-il jamais de plus beaux jours que pendant les premières années de cette période.

La philosophie de Condillac était encore dominante et vieillissait paisiblement sur un trône qu'aucune opposition sérieuse ne menaçait de renverser. Laromiguière avait bien essayé de rajeunir Condillac, en s'efforçant de retirer à la sensation ce qu'il semblait par trop impossible de lui accorder, l'activité humaine; mais Laromiguière n'avait pas conclu, et d'ailleurs sa philosophie laissait une lacune un peu forte. Il n'avait oublié qu'une toute petite faculté, la raison. Le premier qui entra décidément dans une voie nouvelle fut Royer-Collard, qui importa les doctrines de l'école écossaise. Mais, malgré les qualités éminentes de Royer-Collard, il ne possédait peut-être pas celles qui pouvaient en faire un chef d'école. Il légua cette tâche à M. Cousin, son disciple, et nul assurément ne s'en montrait plus digne. Plein d'une véritable éloquence, parce qu'il était passionné pour les idées dont il voulait le triomphe, il joignait à cette chaleur d'âme une vive et profonde intelligence de son sujet, une rigueur de logique merveilleusement secondée par une érudition précoce, et, chose rare dans un métaphysicien, une imagination toute poétique, qui rendait plus saisissables les abstractions philosophiques, en leur prêtant la couleur, le mouvement et la vie, et savait s'intéresser les plus froides intelligences. Aussi fut-il accueilli avec transport par un auditoire étonné et fier à la fois du talent qui se révélait dans le jeune professeur.

S'élançant dans la chaire que Royer-Collard laissait vacante, il acheva d'y développer les doctrines écossaises, sut les revêtir de la forme française, précise, méthodique et pleine de clarté. Mais bientôt il s'y trouva à l'étroit. C'est que l'école écossaise s'occupait à peu près exclusivement de psychologie, et qu'elle ne poursuivait l'analyse que d'un seul terme du problème philosophique par excellence, le rapport du fini à l'infini. Elle ne menait pas assez vite, ou, comme semble le penser M. Cousin, elle ne menait point du tout au second. Or il est certain bien qu'avant tout et au point où en était la philosophie en France, il avait à réhabiliter l'idée d'infini. Il abandonna donc l'Écosse pour l'Allemagne, déchiffra l'obscure terminologie de ses philosophes et se fit kantiste. Il consacra l'année 1818 à sortir du *moi* et à s'élever aux idées de vrai, de bien et de beau absolu, qu'il montra placées hors de la sphère du *moi*, ou, comme on dit, du *subjectif*, et essaya de séparer nettement l'absolu du relatif, l'idéal du réel, l'éternel du passager. Il alla même, entraîné par son sujet, jusqu'à proclamer l'*impersonnalité* de la raison, comme si l'homme pouvait arriver à l'idée d'infini avec une faculté qui ne lui appartiendrait pas, comme si l'intelligence qui s'élève à cette idée n'était pas aussi celle qui atteint le monde du fini!

Tout cela ressemblait fort à une réaction contre le dix-huitième siècle; et l'on vit en effet sortir de ce mouvement philosophique un mouvement analogue en religion, en politique, dans la littérature et dans les arts. Mais si M. Cousin était venu pour réhabiliter des idées oubliées et qu'il fallait nécessairement faire revivre, il n'était pas venu pour ressusciter exclusivement le passé, et lui sacrifier les conquêtes de la philosophie moderne. Donc, après s'être promené dans les régions de l'*absolu*, il revint sur la terre; il y trouva l'homme, et dans l'homme la liberté, son attribut essentiel et constitutif. S'inspirant des théories de Maine de Biran, dont il avait reçu les confidences, il vit dans le *moi* humain non plus un être sensitif, un ingénieux mécanisme, mais une force libre, distincte de toutes les autres forces de la nature, en ce qu'elle se possède, se gouverne elle-même. Néanmoins, cette théorie de la personnalité humaine entraîna son auteur dans une exagération manifeste, et qui fut depuis l'objet de critiques parfaitement fondées. Pénétré de cette vérité, que c'est la liberté qui constitue la personne, et que l'homme sans cet attribut ne serait pas une créature distincte des autres, il arriva à faire du *moi* une volonté pure, lui retirant et la raison, qu'il déclara impersonnelle, et même la sensibilité, qu'il rapporta à la nature.

La tolérance politique et la tolérance religieuse commençaient à passer dans les mœurs. M. Cousin prêcha la tolérance philosophique : il avait compris son siècle. Malheureusement pour elle, la Restauration cessa bientôt de le comprendre. Se laissant aller à la mauvaise pente dans laquelle l'entraînaient les adorateurs du passé et des conseillers perfides, elle s'étonna quand M. Cousin, après avoir relevé les croyances fondamentales de l'esprit humain à l'égard de la Divinité, osa formuler des théories sur la liberté humaine, appliquer ces théories à la politique, et placer en face des devoirs les droits imprescriptibles de l'humanité. M. Cousin fut réduit au silence. Mais qu'importe? Si l'on pouvait étouffer la voix du professeur et l'enlever à son auditoire, on ne pouvait de même étouffer les vérités qu'il avait fait entendre et qui étaient désormais acquises pour ceux qui l'avaient compris. D'ailleurs, M. Cousin avait alors accompli son œuvre : l'éclectisme, en ce qu'il avait d'utile, avait été suffisamment mis en lumière, et ne pouvait que perdre à vouloir continuer son règne, à se poser en système définitif et à exagérer sa valeur et sa portée. Mais M. Cousin ne pouvait le supposer : il voulait, il croyait devoir marcher toujours; et comme il ne pouvait avancer dans la même voie, il fit encore de l'éclectisme, mais sous une forme nouvelle; il fit de l'éclectisme dans l'histoire. C'est la pensée que M. Cousin développa lui-même quand, deux ans plus tard, il fut rendu à sa chaire. On s'attendait à un cours dogmatique où il vengerait ces systèmes auxquels on venait de porter atteinte jusque dans la personne du professeur, qu'on avait jeté en prison pendant un de ses voyages en Allemagne, comme suspect de menées démagogiques. M. Cousin débuta par une introduction à l'histoire de la philosophie. Quoique le public fût trompé dans son attente, il ne put refuser son admiration au professeur, dont les idées avaient pu se modifier, mais dont le talent et l'éloquence n'avaient pas changé.

Cependant, on attendait une conclusion, une conclusion pratique, et l'enthousiasme pour le professeur se refroidit singulièrement quand on l'entendit proclamer celle-ci : que l'humanité est condamnée à passer continuellement par une série périodique de quatre systèmes, dont chacun était faux en lui-même, le sensualisme, l'idéalisme, le scepticisme et le mysticisme; qu'à certains intervalles l'éclectisme viendrait en extraire tout ce qu'ils ont de vrai, mais que chaque époque pourtant devait les voir reparaître, parce que c'était la loi de l'esprit humain de tourner ainsi dans ce cercle fatal de luttes et d'erreurs jusqu'à la consommation des siècles. Quoi de plus propre à jeter dans les âmes le découragement et le désespoir?

Que dire maintenant de la prétention de faire un système de l'éclectisme historique? Cette prétention a été qualifiée en des termes trop vifs pour que nous puissions les reproduire ici; nous dirons seulement que les plus beaux esprits se sont quelquefois signalés par les plus inconcevables erreurs. M. Cousin, qui a toujours confondu la méthode avec le système, et qui avait ses raisons pour cela, ne se contentait nullement d'avoir remis au jour une méthode : il voulait l'élever à la dignité d'un système, et il se mit à dire un jour : « Ma route est historique, il est vrai, mais mon but est dogmatique ; je tends à une théorie, et cette théorie je la demande à l'histoire. » (*Hist. de la Phil. du dix-huitième siècle*, 12ᵉ leçon.) Comme pour lever au plus tôt toute espèce de doute à cet égard, M. Cousin se hâtait de dire dès la leçon suivante : « *La philosophie n'est pas à chercher, « elle est faite.* » On ne pouvait plus s'y tromper. Il demeurait entendu que le grand œuvre de la philosophie était achevé, que toute recherche dogmatique était interdite comme une absurde entreprise. L'éclectisme défendait de penser ! Écoutez plutôt le disciple répétant la parole du maître : « Faire un système c'est aujourd'hui un travail d'enfant, que les philosophes devraient laisser aux femmes du monde qui ont du temps et de l'esprit à perdre. » (Jouffroy.) Certes on ne pouvait plus lestement enterrer la philosophie. Le bon sens public se récria ; et comme on est prompt en France à brûler ce qu'on a adoré, M. Cousin fut mis au ban de l'opinion, surtout quand on le vit, un an plus tard, rejeter le manteau de la philosophie comme un vêtement incommode, pour s'élancer dans la carrière des honneurs et des dignités publiques.

Trois accusations principales ont été portées contre les idées de M. Cousin : tendance au panthéisme, tendance au scepticisme, tendance à l'immobilité.

Tout est écueil pour l'esprit humain. A force de chercher l'absolu et de ne rencontrer au fond de toute existence relative, on est bien tenté de le regarder comme la substance unique, et de ne voir dans toute réalité contingente qu'un développement nécessaire et phénoménal de la substance éternelle de l'infini. M. Cousin n'a pas résisté à la tentation ; dès l'année 1818 il réduisait les catégories d'Aristote et de Kant à deux : la *substance* et la *cause*; et il finit par les ramener à une seule, la substance, qu'il conçoit unique, infinie, absorbant en elle toute réalité : « Le Dieu de la conscience, dit-il dans la préface des *Fragments*, n'est pas un Dieu abstrait, un roi solitaire, relégué par delà la création sur le trône d'une éternité silencieuse et d'une existence absolue, qui ressemble au néant même de l'existence, c'est un Dieu à la fois vrai et réel, à la fois substance et cause... Un et plusieurs, éternité et temps, espace et nombre, essence et vie, individualité et totalité, principe, fin et milieu, au sommet de l'être et à son plus humble degré, infini et fini tout ensemble, triple enfin, c'est-à-dire à la fois Dieu, nature et humanité. En effet, si Dieu n'est pas tout, il n'est rien, etc. » Certes, on n'accusera pas M. Cousin de manquer de franchise et de voiler sa doctrine sous l'obscurité de la pensée ou l'ambiguïté des termes. Le panthéisme ne peut être plus clairement ni plus littéralement professé. Cependant M. Cousin s'est beaucoup récrié contre cette accusation de panthéisme. Il a même éloquemment réfuté cette doctrine, notamment dans son article sur Xénophane. Mais il n'a jamais essayé de prouver que cette doctrine n'est pas celle renfermée dans la préface des *Fragments Philosophiques* ; il n'a jamais donné satisfaction à l'égard du passage que nous venons de citer.

L'homme tourne perpétuellement dans le cercle de quatre systèmes : or, chacun de ces systèmes est à moitié vrai, à moitié faux, et l'erreur s'y trouve constamment mêlée à la vérité. Qui ne voit au premier abord que cette assertion est grosse de scepticisme? Quoi! vous déclarez que tout système est erroné, et vous ne voyez pas qu'en même temps vous condamnez l'homme à une perpétuelle erreur? que vous éteignez en lui l'ardeur qui l'animait à la recherche de la vérité, puisqu'en fin de compte le faux viendra toujours obscurcir la pureté de sa lumière? Qu'on se fasse éclectique, direz-vous, qu'on aille glaner la vérité partout, et l'on épurera ses croyances. Mais chaque système aboutit à une unité, se résume par conséquent en une idée indivisible. Il se peut que dans une théorie fausse en elle-même on rencontre des tendances utiles, des aperçus vrais, sortes de digressions ou d'inconséquences. Ce n'est point là pourtant ce qui constitue le système et son idée fondamentale. Or, si cette idée fondamentale est fausse, si elle est fausse dans chaque système, que ferez-vous? Essayerez-vous de prendre une partie de chacune? Mais vous ne le pouvez, car chacune est indivisible. Ou bien les prendrez-vous toutes pour les coudre ensemble? Mais vous n'obtiendrez ainsi qu'un monstrueux assemblage, un amas de contradictions. Essayez donc de concilier Platon et Épicure, Reid et Condillac; pour le sens le plus ordinaire, l'entreprise est ridicule. Votre œuvre, au lieu d'être une restauration de la philosophie, n'est-elle pas plutôt une œuvre de destruction? Car, après avoir ainsi tout détruit, qu'avez-vous bâti sur ces ruines? Rien, et le résultat le plus positif de vos travaux est la négation de tout système; or, qu'est-ce que la négation de tout système, sinon le scepticisme? D'ailleurs, c'est aux fruits que l'arbre se peut connaître, ce sont les fruits, que notre époque n'a pas manqué de recueillir, l'égoïsme et l'indifférence, n'attestent-ils pas leur évidente et funeste origine?

Il suffirait d'envisager l'éclectisme dogmatique pour y constater cette tendance à enfermer la philosophie dans un cercle infranchissable et à s'opposer à tout progrès. Il est si vrai que l'éclectisme ne voit pas d'autre situation possible pour l'humanité et n'a point de pensée d'avenir, qu'il a accepté la Restauration comme la réalisation de toutes ses idées. C'est pour cela que la charte de Louis XVIII parut à M. Cousin l'idéal des constitutions humaines, et que toutes les espérances de l'avenir brillèrent à ses yeux dans le ministère Martignac. Le système du *statu quo* est la plus pure expression du rôle de l'éclectisme. Les choses resteront et doivent rester ce qu'elles sont, n'avancer ni d'un côté ni d'un autre, offrir enfin définitivement l'image de la plus parfaite immobilité. Mais il doit exister un troisième parti, placé précisément au milieu des deux autres pour leur imposer l'inaction, ce sera le *juste milieu*. Quelles sont les idées, les théories propres à ce troisième parti? Il n'en a aucune. Il est, il doit être l'absence de tout système ; son unique tâche est de maintenir les deux ennemis à distance, et il remplira exactement l'office d'un gendarme se plaçant entre des gens qui veulent se battre, et frappant tantôt celui-ci, tantôt celui-là, au premier mouvement que l'un ou l'autre veut tenter. Voilà l'éclectisme à l'œuvre, voilà l'application rigoureuse de ce système, qui consiste à ne point voir, de toutes les routes glorieuses qu'il ouvre à l'humanité, voilà les progrès qu'il lui assure!

Mais que va faire l'éclectisme de la philosophie, cet élément de civilisation, qu'il plaçait lui-même à la tête de tous les autres, cette redoutable puissance qui peut changer la face du monde, et dont le développement pourrait déranger quelque chose à la bienheureuse inaction où l'humanité se trouve enchaînée? La philosophie n'existera plus, si ce n'est dans les livres, et si l'on en parle encore, ce sera pour mémoire. Depuis que M. Cousin préside officiellement aux destinées de la philosophie en France, je demanderai ce qu'elle est devenue. Je demanderai à l'éclectisme ce qu'il en a fait, et par quelles œuvres elle a dans cette école révélé son existence? Par des réimpressions, des traductions, avec ou sans commentaires. C'est quelque chose, si l'on veut, mais ce n'est pas de la philosophie. On a, direz-vous, tout exprès pour elle rouvert une académie. C'est bien; mais quelles sont, je vous prie, les questions que cette académie propose pour encourager l'étude de la philosophie? Des questions d'histoire. Des concours d'agrégation existent, pépinière de professeurs destinés à répandre dans toute la France les lumières philosophiques. Mais quel est l'objet principal des exercices dans ces concours? De prouver qu'Aristote a dit ceci, que Platon a dit cela. Les véritables discussions philosophiques sont bannies du concours de philosophie. Ce qui prouve tout le respect que les éclectiques ont inspiré à leurs contemporains pour les études philosophiques, c'est qu'on a pu agiter en 1844, au sein de la chambre des pairs, la question de savoir si on ne les supprimerait pas en France, ou si du moins on ne les renfermerait pas dans des limites plus restreintes qu'au moyen âge. Menace qui s'est réalisée en 1852. Après de tels faits, la tendance de l'éclectisme à l'immobilité, pour ne pas dire plus, n'est-elle pas suffisamment démontrée?

Si M. Cousin avant de s'attacher à l'éclectisme avait vu les abîmes où peut entraîner cette doctrine transformée en système, et en système définitif, assurément il ne l'eût point professée. Mais il n'en a vu que les côtés brillants, les tendances bienfaisantes, et il s'est consacré au culte d'une idée qu'il croyait excellente, et qui l'était en effet au moment où il est venu. Or, *cette idée n'est fausse que parce qu'elle est incomplète*, et M. Cousin a payé son tribut à la fragilité humaine en échouant sur un écueil que lui-même avait si expressément signalé. C.-M. PAFFE.

COUSIN-DESPRÉAUX (Louis), né à Dieppe, le 7 août 1743, se livra avec succès à la culture des sciences et des lettres. Le premier ouvrage qui fixa sur lui l'attention fut une *Histoire générale et particulière de la Grèce* (1780-89, 16 vol., in-12). Un autre ouvrage, qui conservera plus longtemps la mémoire de Cousin-Despréaux, ce sont les *Leçons de la Nature*, ou l'histoire naturelle, la physique et la chimie, présentées à l'esprit et au cœur. Il entreprit ce livre d'après les conseils de l'abbé Gérard, à qui le livre est dédié. Un auteur allemand, Sturm, avait déjà traité ce sujet au même point de vue religieux, dans un ouvrage intitulé : *Considérations sur les œuvres de Dieu dans le règne de la nature et de la Providence*. En imitant l'auteur allemand, Cousin-Despréaux sut le surpasser par le charme du style, par l'ordre et l'enchaînement qu'il établit entre les objets divers des trois règnes. Aussi son ouvrage a-t-il conquis depuis longtemps une place honorable dans les bibliothèques de la jeunesse. On regrettait seulement que des longueurs, des répétitions, une certaine monotonie dans les réflexions morales qui terminent les chapitres, et quelques erreurs scientifiques, inconvénients inséparables de l'époque où l'auteur écrivait, déparassent l'œuvre de Cousin-Despréaux. M. Desdouits, en publiant une nouvelle édition de cet ouvrage, sous le titre du *Livre de la Nature*, en a fait disparaître ces défauts. Cousin-Despréaux mourut le 30 octobre 1818. CHAMPAGNAC.

COUSINERY (Esprit-Marie), l'un des plus savants numismates des temps modernes, naquit à Marseille, le 8 juin 1747, et embrassa de bonne heure la carrière diplomatique. En 1793 il était consul à Thessalonique, lorsqu'il entreprit pour son propre agrément et partie pour affaires de son canton, un voyage à Constantinople, où M. de Choiseul-Gouffier représentait alors la France. On lui fit un crime de ce voyage et de l'amitié de l'ambassadeur; on lui enleva son consulat, et on inscrivit son nom sur la liste des émigrés. Il vécut ensuite presque constamment à Smyrne, ne s'occupant que de science, et tout entier au soin d'augmenter sa collection numismatique. A son retour à Paris, en 1803, M. de Talleyrand l'accueillit parfaitement, obtint sa radiation de la liste des émigrés, et lui fit en outre accorder une pension de 6,000 francs. Ayant mis en vente sa collection, et le directeur du cabinet des médailles de la Bibliothèque Impériale ne lui en offrant que 66,000 francs, il donna la préférence au cabinet de Munich, qui lui en proposait 136,000. M. de Champagny, alors ministre, s'en vengea en lui faisant ôter sa pension en 1811. A la Restauration, on lui rendit le consulat de Thessalonique; mais, soupçonné d'avoir accordé la protection de son pavillon à un individu de réputation suspecte, on le lui enleva une seconde fois, encore bien qu'il eût entrepris le voyage de Paris à l'effet de s'y justifier. Il ne vécut plus dès lors que pour la science, objet de ses prédilections, et obtint en 1825 une pension de 5,000 francs. Il avait été assez heureux pour réussir, à force de travaux et d'efforts, à réunir une seconde collection numismatique, que son fils vendit, en 1816, au roi de Bavière moyennant 75,000 francs; puis une troisième, que l'empereur d'Autriche lui acheta, en 1817, pour le cabinet de Vienne, 33,000 francs; et enfin une quatrième, que le cabinet de Paris lui paya, en 1820, 60,000 francs. Ses nombreux voyages dans l'Asie Mineure, en Macédoine, en Grèce, etc., etc., lui avaient fourni de favorables occasions d'accroître ses connaissances et d'enrichir ses collections. Ses principaux ouvrages sont : *Essai sur les Monnaies d'Argent de la Ligue Achéenne* (1825), et son *Voyage dans la Macédoine* (2 vol., 1831). Son *Mémoire sur les Monnaies des Princes Croisés*, annexé à l'*Histoire des Croisades* de Michaud, est moins estimé.

COUSIN-JACQUES. *Voyez* BEFFROY DE REIGNY.

COUSSIN. On trouve dans quelques auteurs de la basse latinité *cussinus* et *cussinum*, pour exprimer le mot français *coussin*; les savants ne sont pas d'accord sur son origine. De toutes les opinions qu'ils ont émises, celle qui paraît se rapprocher davantage de la vérité, c'est celle de Ménage, qui dit que l'italien *cossino* et le français *coussin* ont été faits de l'allemand *kussen*. L'usage des coussins sur les meubles ne remonte pas chez nous à une époque très-reculée; ce n'est qu'au seizième siècle qu'on en voit communément figurer dans les miniatures ou tableaux. Jadis, nos Français s'asseyaient sur des chaises en bois, dont quelques-unes sont parvenues jusqu'à nous. Souvent on en garnissait le siége d'une pièce de tapisserie. Nous trouvons cependant quelques rares exemples de coussins employés sur les siéges dans les premiers temps de la monarchie : ainsi, nous lisons dans le moine de Saint-Gal, historien de Charlemagne, la description d'un repas que donna un évêque à deux officiers de ce prince, dont il voulait capter la bienveillance. Les convives étaient assis sur des siéges garnis de *coussins* en plume; mais c'était un luxe inaccoutumé, et l'escabeau ou banquette en bois était seule d'un commun usage. Il y avait encore une habitude très-répandue au moyen âge, et que les croisades en Orient avaient probablement établie en Europe : c'était de s'asseoir par terre, sur un quarel de nattes ou de tapisserie. Parfois, quand ces meubles manquaient, ou s'ils étaient de bois, pour qu'ils fussent moins durs, on détachait les manteaux, que l'on pliait en forme de coussin. Dans un roman composé au plus tard au milieu du treizième siècle, dans *Aimery de Narbonne*, les chevaliers français envoyés à la cour du roi de Palerme pour lui demander sa fille en mariage, sont introduits auprès de la princesse. Tous, en s'asseyant, se font un coussin de leurs riches manteaux; puis l'un d'eux se lève pour retourner vers son maître lui annoncer les dispositions bienveillantes de la princesse à son égard. Dans son empressement, il oublie son manteau; un serviteur du palais court après lui pour le prévenir. « Ami, répond le chevalier, ce n'est pas mon usage d'emporter un avec moi le *quarel* où je m'assieds. Garde-le pour toi. » Le valet rentre et fait admirer à sa maîtresse la grandeur d'un tel prince, dont les chevaliers sont si généreux. Pareille aventure advint à un marchand de

Valenciennes, un siècle plus tard à peu près. Ce bourgeois se nommait Jean Party. Riche et vaniteux, il se présenta à la cour du roi de France couvert d'un manteau chamarré d'or et de perles. Personne ne s'avança pour lui offrir un coussin ou quarel de tapis en usage à cette époque; mais lui, détachant son manteau, le plia et s'en fit un coussin; puis, quand il voulut partir, il l'abandonna dédaigneusement aux valets, en disant : « que ce n'était pas la coutume de son pays d'emporter son quarreau quant et soy ». Depuis le seizième siècle l'usage des coussins est très-répandu. C'est aujourd'hui un meuble usuel et journalier, et Boileau a dit dans *Le Lutrin*, en faisant le portrait du prélat chez qui la Discorde descend :

La jeunesse en sa fleur brille sur son visage ;
Son menton sur son sein descend à double étage,
Et son corps, ramassé dans sa courte grosseur,
Fait gémir les coussins sous sa molle épaisseur.

E. LEROUX DE LINCY.

COUSSINET, demi-cylindre en métal ou en bois très-dur. C'est entre ces pièces de ce genre, encore appelées *empoèses* ou *empoises*, que sont maintenus et tournent les **tourillons** d'un axe de machine. Les pierres dures sont aussi de très-bons coussinets. Dans tous les cas, pour conserver les coussinets et éviter un frottement nuisible à l'effet des machines, il convient d'y entretenir de la graisse non oxydable, de l'huile d'olive ou de pied de bœuf. Une graisse très-bonne à cet usage consiste en un mélange de trois parties de saindoux et une partie de plombagine finement porphyrisée.

PÉLOUZE père.

COUSSINET (*Botanique*). Voyez AIRELLE.
COUSTILLIERS ou **COUTILLIERS**. Voyez ORDONNANCE (Compagnies d') et CHEVAU-LÉGERS.
COUSTOU (NICOLAS), statuaire, naquit à Lyon, le 9 janvier 1658. A l'âge de dix-huit ans, il vint à Paris continuer, sous la direction de son oncle COYSEVOX, ses études, que son père, sculpteur en bois, n'était pas en état de pousser plus loin. Il fit de rapides progrès à cette nouvelle école, et ce qui à vingt-trois ans qu'ayant remporté le grand prix de sculpture à l'Académie, il alla consulter à Rome les ouvrages des anciens, et surtout ceux de Michel-Ange et de l'Algarde, qu'il comprenait mieux. C'est à cette époque qu'il sculpta la copie de *l'Hercule-Commode*, conservée à Versailles, et dont l'exécution accuse une liberté de modelé ne rendant pas toujours fidèlement l'original. A son retour de l'Italie, où il ne resta que trois années, Coustou travailla pour les jardins de ces maisons royales, que la magnificence du chef de l'État se plaisait à décorer de toutes les richesses que les beaux-arts pouvaient offrir alors. Une réputation justement acquise lui ouvrit, en 1693, les portes de l'Académie, à laquelle il présenta pour morceau de réception un bas-relief exprimant la joie des Français à l'occasion du rétablissement de la santé de Louis XIV.

Le groupe de *La Seine et la Marne*, figures de $2^m,90$ de proportion, autour desquelles on voit des enfants chargés des attributs de ces deux rivières, qui se joignent, est une production remarquable par la manière large et habile dont elle est traitée. Le jardin des Tuileries, où se trouve cette œuvre capitale, possède également quatre autres statues de Nicolas Coustou : le *Jules César*, deux *Vénus*, l'une tenant en main sa colombe, et l'autre tirant une flèche du carquois de son fils, qui se tient auprès d'elle; enfin un chasseur assis sur un tronc d'arbre et ayant son chien à ses pieds. Ces marbres, où l'on voudrait moins de lourdeur dans les formes, n'ont pas toute la noblesse désirable, mais ils sont empreints d'un grand caractère de vérité, et de cette beauté de travail que l'on observe généralement dans les sculptures du siècle de Louis XIV. Le groupe des tritons de la cascade de Versailles atteste la facilité du talent fécond de cet artiste; mais c'est principalement dans sa *Descente de Croix*, ornant le fond du chœur de Notre-Dame, à Paris, que brille tout l'éclat du ciseau de Coustou : cette riche composition, connue sous la dénomination du *Vœu de Louis XIII*, est d'un ensemble grandiose, qui émeut par la force et la diversité d'expressions caractérisant chaque acteur de cette scène majestueuse. La même église renferme un *Saint Denis* et un crucifix que l'on doit au même auteur. On cite encore, parmi les travaux de Nicolas Coustou, le tombeau du prince de Conti, une figure en bronze de *La Saône*, de $3^m,25$ de stature, et *Le Passage du Rhin*, bas-relief qu'il était près d'achever lorsque la mort vint le frapper en 1733, le premier jour de mai.

Le monarque français, qui mettait sa gloire à récompenser le mérite, même étranger, n'oublia pas l'homme qui contribuait si puissamment à illustrer son règne : il lui fit donner d'abord une pension de 2,000 livres, à laquelle on réunit plus tard celle de 4,000 livres, que Coysevox recevait pendant sa vie. La ville de Lyon s'empressa de payer un modeste tribut à celui qui l'avait vu naître, et les 500 livres qu'elle lui faisait remettre chaque année à titre d'encouragement sont une preuve de toute sa sollicitude pour lui.

Le style de Coustou est agréable plutôt que grandiose et simple, comme celui des chefs-d'œuvre antiques : il y a un certain laisser-aller dans les ouvrages du sculpteur moderne. Ses formes, tout en ayant une sorte de pureté, manquent souvent d'élégance; mais il n'est guère possible de mieux travailler le marbre que cet artiste ne l'a fait, et s'il n'eût pas fait tant de concessions au goût dominant de son époque, il se fût élevé bien plus haut encore dans l'estime des amis du beau.

COUSTOU (GUILLAUME), frère de Nicolas, naquit en 1678, à Lyon, et suivit les leçons de Coysevox, ainsi que son aîné, qu'il a dépassé dans la carrière semblable que tous deux ont suivie. Appelé par concours à jouir de la pension de Rome, il ne rencontra que déboires et misères dans cette ville, et fut obligé, afin d'y vivre, de travailler pour le compte du statuaire Legros, qui s'y trouvait occupé. Quand Guillaume revint en France, l'Académie le reçut au nombre de ses membres. Il était d'usage, en entrant dans ce corps, que chaque élu offrît un ouvrage comme titre de réception : *l'Hercule sur le bûcher* fut son offrande. On retrouve d'heureuses inspirations de l'Atalante antique dans la figure de *Daphné*, qui faisait pendant à celle d'*Hippomène* dans les délicieux jardins de Marly où déjà Coustou avait enrichis d'un groupe de *L'Océan et de La Méditerranée*, conception tout à la fois recommandable par la disposition et l'exécution de ses diverses parties. La ville de Lyon montre avec orgueil une statue du *Rhône*, en bronze, de $3^m,25$ de proportion, ornant le vestibule de l'hôtel de ville, et faite par celui dont elle a vu la naissance et les débuts. Son *Bacchus* et son bas-relief représentant Jésus-Christ dans le temple au milieu des docteurs, tous deux placés à Versailles, sont d'une facture aisée et large. L'hôtel des Invalides possédait anciennement, en outre des figures de *Mars*, de *Minerve*, d'*Hercule* et de *Pallas*, un beau bas-relief de la main de Coustou, et qui décorait une de ses portes : on y voyait Louis XIV à cheval et deux Vertus assises à ses côtés. La simplicité de la composition, le mouvement des figures, et les oppositions résultant de l'effet général, y faisaient heureusement ressortir tout le génie de l'auteur.

Louis XIV entre la Justice et la Vérité, dans la grand'chambre du Palais de Justice; les statues de *Louis XIII* et du *Cardinal Dubois*, sont cités parmi les productions les plus estimées de Guillaume; mais ce qui lui assure à jamais un haut rang dans l'histoire des sculpteurs de notre pays, ce sont deux groupes admirables placés aujourd'hui à l'entrée des Champs-Élysées : un cheval qui se cabre et un écuyer qui le retient, tel est le thème de chacun de ces deux pendants, pleins de goût et de vie. Le bonheur avec lequel il a vaincu la difficulté d'une répétition fait le plus grand honneur à l'esprit ainsi qu'au jugement de Coustou : l'action des chevaux et des cavaliers cherchant à les maintenir est parfaitement rendue par la disposition des figures et l'expression bien sentie qui caractérise les efforts antagonistes des hommes et des animaux. Ces belles compositions avaient été commandées pour l'abreuvoir de la terrasse de Marly : c'est de cet endroit qu'elles ont été tirées pour occuper la place où elles sont maintenant.

Guillaume Coustou a produit beaucoup d'ouvrages, qui se distinguent par une grande recherche de la nature et la suavité d'un habile ciseau. On a peine à concevoir une existence aussi laborieuse, lorsque l'on songe que cet artiste a, dans les premiers temps de sa jeunesse, employé pour d'autres son fertile talent, et que les fonctions de directeur de l'Académie de peinture et de sculpture, qu'il exerça plus tard, durent nécessairement lui enlever encore une partie des moments que ses inclinations natives le portaient à consacrer exclusivement aux beaux-arts. Guillaume Coustou a terminé sa brillante carrière à Paris, le 22 février 1746.

COUSTOU (GUILLAUME), fils du précédent, naquit à Paris, en 1716. Moins renommé que son père, il a néanmoins laissé des preuves d'un mérite d'autant plus recommandable qu'il a dû subir plus impérieusement encore que ses prédécesseurs l'influence du mauvais goût, qui commençait à s'introduire dans les arts du dessin. Il n'avait que dix-neuf ans lorsqu'il obtint le premier prix de sculpture, et passa à Rome en qualité de pensionnaire du roi. De retour en France, il aida son père; et plusieurs travaux personnels lui ayant valu quelque célébrité, l'Académie l'admit dans son sein en 1742, sur la présentation d'un *Vulcain attendant les ordres de Vénus pour forger les armes d'Énée*. En 1746 il fut élu professeur de l'école, puis recteur, et enfin trésorier de la compagnie à laquelle il appartenait. *L'Apothéose de saint Xavier*, pour les jésuites de Bordeaux, les statues de *Mars* et de *Vénus*, que le roi de Prusse lui commanda, et surtout le mausolée du dauphin, qu'il exécuta pour la ville de Sens, montrent tout ce que l'on en était en droit d'attendre de Guillaume Coustou, s'il n'eût écouté que les dispositions rares qu'il avait reçues de la nature; mais, peu persévérant dans sa marche, il s'abandonnait trop aisément à la paresse, et confiait presque constamment la confection en marbre de ses modèles à des sculpteurs peu favorisés de la fortune, et n'apportant pas dans leur travail la chaleur que l'inventeur y aurait fait passer. Un bas-relief en bronze de la *Visitation*, dans la chapelle de Versailles, ainsi que la figure de saint Roch, dans l'église de son nom à Paris, sont dus au ciseau de Coustou, qui mourut le 13 juillet 1777, quelque temps après que le roi lui eut envoyé le cordon de Saint-Michel. J.-B. DELESTRE.

COUT. C'est, en style de pratique, le prix du salaire qui est attribué aux huissiers pour les actes de leur ministère. Ils sont tenus, sous peine de cinq francs d'amende, de l'énoncer sur les originaux et sur les copies de chacun de ces actes. On appelle *loyaux coûts* tout ce qui a été payé légitimement, à raison de son acquisition, par l'acheteur d'un bien, qui, s'en trouvant dépossédé ensuite par l'effet de l'éviction ou par l'exercice de la faculté de rachat, a le droit d'en exiger le remboursement contre son vendeur.

COUTANCES, ville de France, chef-lieu d'arrondissement dans le département de la Manche, à 26 kilomètres au sud-ouest de Saint-Lô, au confluent de la Soulle et du Bulsard, avec une population de 8,064 habitants, un tribunal de première instance, un tribunal de commerce, un collège, une bibliothèque publique de 5,000 volumes. Siége d'un évêché suffragant de Rouen et de la cour d'assises, cette ville possède deux typographies, un atelier de marbrerie, des fabriques de tissus de coton, de cotonnades, de madapolams et de lacets. Le commerce consiste en grains, beurre, volailles, bestiaux, chevaux, œufs, graine, lin, circ. En fait de monuments, on ne peut y citer que sa magnifique cathédrale gothique, consacrée en 1056.

On croit généralement que cette ville doit son nom à Constance Chlore, qui la fit entourer de fortifications et y établit une garnison. C'est probablement de cette époque que date l'aqueduc romain dont on voit encore quelques arches, connues sous le nom de *Piliers*. Le siège épiscopal de Contances fut fondé par saint Ereptiole, qui en fut le premier évêque. Saccagée et en partie dépeuplée en 866, cette ville fut cédée aux Bretons par Charles le Chauve en 886 et l'évêché transféré d'abord à Saint-Lô, puis à Rouen vers 888. En 943, Hérold, roi de Danemark, ayant été détrôné, se réfugia près de Guillaume II, duc de Normandie, qui lui donna le Cotentin, et Hérold fixa sa résidence à Coutances. Pendant la guerre avec les Anglais, cette ville, ayant embrassé le parti des étrangers, fut ruinée par Charles V en 1378. Reprise et pillée par les Anglais, en 1431, elle fut reconquise en 1449 par l'armée française sous les ordres du duc de Bretagne. En 1465 elle se soumit au duc de Berry, révolté contre le roi. Les protestants s'en emparèrent en 1562, et en furent chassés en 1575. Le présidial du Cotentin y fut établi en 1580.

COUTEAU (du latin *cutter*). Il y en a de toutes sortes ; les plus simples sont à lame fixe : ce sont des espèces de poignards, qu'on ne peut porter sur soi qu'en mettant la lame dans une gaîne. Les couteaux à lame mobile ont un manche formé le plus souvent de plusieurs pièces, assemblées avec des clous rivés, et qui laissent entre elles une rainure ou fente dans laquelle se loge le tranchant de la lame quand on ferme le couteau. Il y a, du reste, une infinie variété de couteaux, depuis le simple *eustache*, tant admiré par Fox, parce qu'il ne coûte qu'un sou, jusqu'au couteau de poche, au couteau-*poignard*, au couteau de table pointu ou arrondi, à manche d'argent, d'ivoire, d'os, d'ébène ou de bois, jusqu'au *tranche-lard* du cuisinier, au couteau à découper, jusqu'aux *coutelas* des bouchers, qui sent déjà son couperet.

Les balanciers appellent *couteaux* les chevilles d'acier fixées à angle droit au milieu et vers les extrémités d'un fléau, sur les arêtes desquelles sont suspendus les plateaux de la balance : l'instrument oscille sur le couteau du milieu.

Les horlogers appellent *suspension à couteau* le système dans lequel le pendule qui règle une horloge oscille sur l'arête d'une pièce semblable aux couteaux d'une balance : cette pièce est fixée vers l'extrémité supérieure de la tige qui soutient la lentille du pendule. TEYSSÈDRE.

Dans les sacrifices, le *couteau*, qui a joué un si grand rôle chez les anciens, était un instrument pointu, ou tranchant sans pointe, dont les victimaires se servaient pour égorger ou dépouiller les victimes : ils en avaient de plusieurs espèces. Le plus connu était le *secespita*, glaive aigu et tranchant, qu'ils plongeaient dans la gorge des animaux, et dont la figure, suivant la description de Festus, approchait de celle d'un poignard. La seconde espèce était le couteau à écorcher les victimes (*culter excoriatorius*), qui était tranchant, mais arrondi par le haut en quart de cercle. On faisait ceux-ci d'airain, comme l'étaient presque tous les autres instruments des sacrifices ; les côtés du manche en étaient plats, et à son extrémité était un trou qui servait à y passer un cordon, afin que le victimaire pût le porter plus aisément à sa ceinture. La dissection ou partage des membres de la victime se faisait avec une troisième espèce de couteaux, plus forts que les premiers, et emmanchés comme nos couperets : c'est ce qu'ils appelaient *dolabra* et *scena*. On en voit sur les médailles des empereurs, où cet instrument est un symbole de leur dignité de grand-pontife ; les cabinets des antiquaires en conservent encore quelques-uns. CHAMBERS.

Les chirurgiens se servent aussi de couteaux, notamment dans les amputations.

Le *couteau de chasse* est une espèce de sabre court et fort, dont la garde n'a qu'une coquille, qu'une croix et qu'une poignée sans pommeau ; cette poignée est généralement faite d'une corne de cerf ou autre.

Le *couteau à couleur* est formé d'une lame mince et flexible et qui sert à relever les couleurs sur le marbre où elles ont été broyées, et à faire les teintes sur la palette.

COUTEL (ANTOINE), né à Paris, en 1622, mort à Blois, en 1693, n'est connu que par une pièce de vers qui fait partie d'un recueil intitulé *Promenades de messire Antoine Coutel, chevalier, seigneur de Monteaux, des Ruez, Fouynais*, etc., imprimé à Blois, sans date. Sa pièce de vers, sur *l'Indolence*, offre un tel degré de ressemblance avec l'idylle Les *Moutons*, de Mme Deshoulières, qu'il est de toute évidence que l'une a été calquée sur l'autre. La pièce de Coutel est coupée en quatrains de vers alexandrins ; celle de Mme Deshoulières est en vers libres et sans divisions : mais pensées, expressions, rimes et vers entiers souvent, sont précisément les mêmes. La question est de savoir quel est celui des deux poètes qui a volé l'autre. Mme Deshoulières est de seize années plus jeune que Coutel ; le style de celui-ci d'ailleurs est plus vieux et beaucoup moins pur. Les ouvrages de Mme Deshoulières ont été imprimés pour la première fois en 1687, et postérieurement, tout porte à le croire, au livre de Coutel. L'idylle *Les Moutons* est infiniment supérieure par sa forme aux vers sur *l'Indolence*, et il est peu vraisemblable qu'un auteur gâte volontairement les ouvrages qu'il s'approprie. Tels sont les motifs qui militent en faveur de la priorité que l'on est tenté d'accorder à Coutel. D'un autre côté, bien que les vers sur *l'Indolence* soient de même style et paraissent être de la main qui a écrit les *Promenades*, il faut avouer que les pensées de celle-ci ont une délicatesse qu'il serait bien difficile de retrouver dans aucune autre pièce du même auteur. En les relisant toutes attentivement, on reconnaît dans la quatrième chanson, qu'il donne comme de lui, plus que des réminiscences des stances célèbres de Bertaud : *Félicité passée*, etc., ce qui paraîtrait indiquer que le bon Coutel mettait peu de scrupule à s'emparer des pensées d'autrui. La question demeure donc encore indécise ; et, quoi qu'il en soit, il reste à Mme Deshoulières assez de titres poétiques pour pouvoir se passer de l'honneur d'avoir rimé l'idylle des *Moutons*, pièce beaucoup trop vantée peut-être de son temps et du nôtre. VIOLLET-LEDUC.

COUTELIER, COUTELLERIE. On nomme *coutelier* l'ouvrier qui fabrique et vend des couteaux. Cette profession, qui chez les modernes, et surtout de nos jours, a acquis un grand développement, dut se borner chez les anciens et pendant le moyen âge à la confection de couteaux simples, souvent grossiers et de mauvaise qualité, alors que les métaux, l'acier surtout, étaient rares. Aujourd'hui, les artisans qui exercent cette profession fabriquent des couteaux, des rasoirs, des canifs, des ciseaux, etc. Tous ces produits sont en général de bonne qualité, surtout depuis que l'acier fondu est devenu commun ; l'acier ordinaire est aussi moins imparfait et à plus bas prix qu'il ne l'était autrefois.

Parmi les produits les plus intéressants de la coutellerie, on doit distinguer les instruments de chirurgie, dont plusieurs sont très-compliqués, ceux, par exemple, dont on fait usage pour briser la pierre dans la vessie. Les ouvriers qui exécutent ces instruments sont de véritables mécaniciens en fin.

Le coutelier se fait quelquefois bijoutier : il taille, polit, soude les métaux précieux ; il cisèle des ornements sur la nacre de perle, l'ivoire.

Les outils du coutelier sont, à peu d'exceptions près, les mêmes que ceux d'autres professions qui travaillent les métaux : ils ont des étaux, des marteaux, des limes, des forets, une forge, un soufflet, etc. Leur enclume porte une éminence demi-cylindrique, sur laquelle ils forgent les lames des rasoirs. Quand une pièce est ajustée et trempée, elle est ensuite dégrossie ou affûtée, affilée, puis polie. L'affûtage s'opère sur des meules de grandeur variable, suivant la nature des objets à affûter. L'affilage se fait au moyen de meules de bois appelées *polissoirs* : elles sont entourées d'une bande de cuir, sur laquelle on répand des poudres minérales très-fines. Enfin on donne le poli avec du rouge d'Angleterre très-fin, sur des meules en bois recouvertes de peau de buffle.

Cette industrie est pour la France l'objet d'un commerce très-étendu. La beauté et la qualité de ses produits les font rechercher de toute l'Europe, malgré la concurrence de l'Angleterre. Plusieurs villes importantes doivent leur prospérité à la fabrication presque exclusive de quelques-unes de ses branches. Les principales fabriques sont celles de Langres, Nogent, Châtellerault, Thiers et Saint-Étienne. Caen a eu longtemps la vogue pour tous les genres, Cosne pour le commun fermant. La coutellerie de Moulins est tombée entièrement. Enfin, là comme dans les autres industries, Paris tient son rang pour les objets de luxe.

La concurrence anglaise s'exerce surtout à Birmingham et à Sheffield ; beaucoup de montures se font à Londres. Cette coutellerie est plus soignée que la nôtre, mais moins élégante.

COUTHON (GEORGES), naquit en 1756, à Orsay, aux environs de Clermont en Auvergne. Avocat avant la révolution près le tribunal du district de cette ville, il fut nommé, en 1789, président au même tribunal, puis en 1791 élu par ses concitoyens député à l'Assemblée nationale législative. Dès l'âge de vingt ans il avait perdu l'usage de ses jambes : un soir qu'il se rendait près de sa maîtresse, il s'enfonça jusqu'à mi-corps dans un bourbier, et depuis resta affligé d'une paralysie incurable. Malgré cette grave infirmité et la faiblesse de sa constitution, il déploya une activité surprenante dans le cours de sa carrière politique. Dès son entrée à l'Assemblée législative, il prit rang parmi les ennemis les plus acharnés de la monarchie, et fut le premier qui osa porter la question sur ce que la Constituante avait laissé au trône de majesté et de privilèges. Dans la séance du 5 octobre 1791, il demanda qu'il fût permis aux membres de l'assemblée de s'asseoir devant le roi, disant qu'observer l'ancien cérémonial serait ressembler à des *automates* qui se meuvent par la volonté d'un homme ; il proposa aussi un décret qui abolit les titres de *sire* et de *majesté*, pour ne laisser subsister que celui de *roi des Français*. Son idée dominante fut dès le principe d'écraser la royauté : c'est ainsi qu'on le voit sans cesse s'efforcer d'affranchir les lois de la sanction du roi ; c'est ainsi que, dans les séances des 4 et 7 janvier 1792, il propose que les décrets rendus pour compléter l'organisation de la haute cour nationale soient exceptés de la sanction royale ; que, le 28 avril, il demande l'ordre du jour sur la proposition de Torné, tendant à ce qu'on prononce la suppression de la corporation civile du clergé, comme n'étant pas assez expressément indiquée dans le décret de la suppression des ordres : « *Le clergé* est détruit, disait-il ; et si le roi venait à frapper votre nouveau décret d'un *veto*, les prêtres croiraient qu'ils existent encore, et reprendraient leurs forces. » C'est toujours par le même motif que, dans la séance du 29, il demande le licenciement de la garde du roi, *comme mesure de police générale* exclusivement confiée au corps législatif ; qu'enfin, le 21 juin, pour que le décret n'ait pas été arrêté par le fatal *veto*, il propose que tous les décrets de circonstance soient affranchis de la sanction. C'était frapper la monarchie au cœur, c'était préparer le 10 août et le 21 janvier.

La Constituante, tout en suspendant les prêtres réfractaires, leur avait laissé une pension. Dès le 7 octobre 1791 Couthon se déchaîna contre les prêtres réfractaires, traça à l'assemblée un tableau énergique des vexations qu'ils faisaient éprouver aux prêtres assermentés ; puis, plus tard, demanda la suppression de leur traitement, et finit par réclamer contre eux des poursuites rigoureuses. La Constituante avait gardé le silence sur le sort des émigrés qui ne rentreraient pas; Couthon, dans la séance du 8 novembre, proposa un amendement d'après lequel seraient poursuivis comme conspirateurs ceux qui ne seraient pas rentrés au 1ᵉʳ janvier 1792. Dans la séance du 20 octobre, il proposa la déchéance de Monsieur aux droits de la régence. Aux yeux des républicains la Constituante n'était qu'un parti aristocrate : aussi Couthon s'oppose-t-il fortement, dans la séance du 18 octobre 1791, au projet de frapper une médaille en l'honneur des anciens membres de cette assemblée. Quelque temps auparavant il avait obtenu qu'on ne leur réserverait plus de tribunes dans l'Assemblée législative. Le 19 décembre il propose la mise en accusation de tous les princes français.

Vers le milieu de 1792, Couthon quitta Paris dans l'espoir de rétablir sa santé. Il était à Saint-Amand à l'époque du 10 août, et ne put voir de ses yeux la chute du trône, dont il avait sapé les fondements avec tant d'acharnement et d'énergie. Mais, en revanche, il siégeait à la Convention nationale le 16 janvier 1793, et il y consomma l'œuvre à laquelle il travaillait depuis si longtemps : il vota la mort de Capet sans sursis. L'œuvre accomplie, Couthon n'avait pas prévu au delà. Dans la Convention, tous les partis voulaient le salut de la patrie, mais ils différaient d'opinion sur les moyens de l'assurer. Couthon semble hésiter un instant : se joindrait-il aux dantonistes? mais il désapprouve les massacres du 2 septembre, auxquels il n'a point pris part. Alors il paraît vouloir se rapprocher des girondins, et fait acte de modérantisme en réclamant avec force contre la pétition insolente du faubourg Saint-Antoine. Toutefois, son modérantisme fut de courte durée. Pressentant la ruine de la Gironde et le triomphe de Robespierre, il se voua corps et âme à cette idole, qui plus tard devait l'écraser de sa chute. Son choix fait, il se fanatisa bientôt pour une cause qu'il avait embrassée par calcul, et poursuivit son système avec une horrible constance. Le 2 juin 1793 il demande l'arrestation de ces mêmes girondins auxquels naguère il a été sur le point de s'unir; puis, dans un élan de générosité, il veut être envoyé comme otage à Bordeaux pour répondre du traitement qu'éprouveront les députés mis en arrestation. Adjoint le 27 mai au Comité de salut public, il y entre comme membre le 10 juillet, et le 11 lit à la Convention nationale un rapport sur la révolte de Lyon, s'opposant toutefois à ce que la ville soit déclarée en état de rébellion, parce que, dit-il, « les bons citoyens pourraient être confondus avec les mauvais ». Organe du Comité de salut public, Couthon semble se multiplier et vient sans cesse à la tribune proposer de nouveaux décrets. Le 5 août il demande que tous les grains soient mis à la disposition de la nation; le 8 il fait décréter que Pitt est l'ennemi de l'espèce humaine; quelque temps auparavant, il avait proposé qu'on poursuivît ceux qui refuseraient des assignats, et qu'on déclarât traîtres à la patrie ceux qui auraient placé des fonds sur les banques en guerre avec la France.

Par ces mesures énergiques et par les déclamations dont il semait ses discours, toujours vivement applaudis, Couthon s'était fait adorer de la Montagne et au club des Jacobins. Par un décret du 21 août, il fut adjoint aux représentants envoyés à Lyon. Le 25 septembre il écrivait à la Convention pour lui rendre compte de ses opérations. « Nos maisons nationales, disait-il, regorgent de malveillants ; *elles auront besoin d'être purifiées à la paix*. J'ai fait abattre les châteaux-forts, tours et clochers; je ne conserve que les bâtiments nécessaires aux exploitations. » Dans une lettre du 13 octobre : « Ceux qui ont échappé au glaive du soldat, dit-il, tombent tous les jours sous la hache des lois. » Dans une autre lettre, datée de Ville-Affranchie, le 16 octobre, il félicite la Convention du nom qu'elle a donné par décret à la ville de Lyon, et ajoute qu'entre toutes les mesures vigoureuses « que le Comité de salut public avait à prendre au sujet de la ville rebelle, une seule lui avait échappé, c'était sa destruction totale ».

De retour à Paris, il demande, le 2 pluviôse an II (21 janvier 1794), qu'une députation de l'assemblée soit envoyée au pied de l'arbre de la liberté, afin de prendre part à la fête célébrée par les jacobins pour l'anniversaire de la mort du tyran, et que par un mouvement spontané la Convention nationale exprime *cette idée terrible pour les tyrans, consolatrice pour les patriotes : mort aux tyrans! paix aux chaumières* (tous les membres répètent ce cri avec enthousiasme)! Le même jour, dans la séance des Jacobins, il propose « que la société nomme deux commissaires chargés de rédiger l'acte d'accusation des rois ; que cet acte soit envoyé de jacobins au tribunal de l'opinion publique de tous les pays, afin qu'il n'y ait plus un roi qui puisse trouver un ciel qui veuille l'éclairer, une terre qui veuille le porter ». Le 7 pluviôse il demande que les biens des condamnés soient séquestrés ; le 20 il entre furieux dans la Convention, tenant un long écrit de Javogues, dans lequel ce député l'accuse d'être l'ennemi du peuple et du pauvre : « L'ennemi du peuple et du pauvre! s'écrie Couthon indigné, moi qui depuis que je me connais n'ai parlé, pensé, agi et senti que pour lui! moi qui ai déjà perdu à son service la moitié de mon corps, et qui lui sacrifie tous les jours avec tant de plaisir l'autre moitié! » Le 1ᵉʳ floréal Couthon et Javogues s'embrassaient en présence de la Convention nationale, craignant tous deux que leurs discordes ne les perdît l'un et l'autre dans l'esprit des jacobins.

A la séance du 18 floréal, Couthon, prosélyte toujours plus fanatique de Robespierre, propose que le discours sur la fête à l'Être-Suprême soit traduit dans toutes les langues et envoyé à tout l'univers, et le 26 il vient au nom des jacobins remercier la Convention « et la bénir d'avoir consacré par son décret cette vérité sainte que le juste retrouve toujours dans son cœur, que le peuple français reconnaît l'Être Suprême et l'immortalité de l'âme. Oh! ajoute-t-il, qu'ils savaient bien, les monstres qui ont prêché l'athéisme et le matérialisme, qu'ils savaient bien que le moyen le plus sûr de tuer la révolution était d'enlever aux hommes toute idée d'une vie future et de les désespérer par celle du néant. »

Couthon devait tomber avec Robespierre. Comme Saint-Just, il avait été son organe et son ministre, et c'est par sa bouche de Comité de salut public avait transmis à la Convention ses projets les plus sanguinaires. Sa physionomie, quoique assez douce dans ses moments de calme, prenait à la tribune un aspect sauvage et atroce, en rapport avec la mission qu'il remplissait. Actif et désintéressé, il parvint au triumvirat sans s'apercevoir de la tyrannie qu'il exerçait sous Robespierre ; et, quoique méprisé dans la Convention comme un vil agent du *dictateur*, il se croyait encore libre et partisan de la souveraineté du peuple. Le 26 juillet il est mis hors la loi, arrêté et envoyé à Port-Libre. La Commune, indignée « qu'une poignée de factieux (dit-elle) opprime Robespierre, Saint-Just et *Couthon, ce citoyen vertueux,qui n'a de vivants que la tête et le cœur, mais qui les a brûlants de patriotisme,* » la Commune défend au concierge d'ouvrir les prisons. Couthon est porté à l'hôtel de ville ; puis, repris par les soldats de la Convention, il est transféré sur un brancard à la Conciergerie, et le 10 thermidor (28 juillet 1794) il est conduit à l'échafaud, étendu dans la fatale charrette, et foulé aux pieds par les compagnons de sa puissance et de sa ruine.   T. TOUSSENEL.

COUTIL, tissu croisé en fil, dont on fait des enveloppes pour traversins, lits de plumes, etc., des pantalons, des corsets, etc. Il y a des coutils dont la chaîne est en fil et la trame en coton. Enfin d'autres ne renferment que du coton. Cet article se fabrique en diverses localités, et chacune d'elles produit un genre qui lui est presque spécial. A Laval, le coutil pour pantalons se fabrique depuis longtemps en écru, blanc, gris ou jaune. Il y en a de deux sortes, l'une nommée *grain de fougère*, l'autre *russe* ou *course*. La première se vend particulièrement pour le midi de la France ou l'exportation ; la deuxième, plus forte, plus solide, se consomme dans le nord de la France. Laval fait aussi des tissus variés à l'imitation des coutils d'Angleterre ; mais ils sont bien inférieurs à ces derniers. On peut évaluer à environ 200,000 mètres la fabrication annuelle du département de la Mayenne.

Lille et Roubaix produisent des coutils pur fil, nouveautés qui ont plus d'analogie avec les mêmes genres anglais que ceux de Laval. Rouen, Mulhouse, et particulièrement Troyes, font des coutils pour pantalons, tout coton, qui se vendent en blanc ou imprimés. Les coutils pour lits se fabriquent principalement à Saint-Lô, Flers, Verneuil, Condésur-Noireau et Laferté-Macé, soit en pur fil, soit en fil et coton, ou tout coton. En outre, Flers, Condé et Roubaix fournissent des coutils mille raies, bleus et blancs, ou verts et blancs, fil et coton, ou tout coton, pour pantalons, connus dans le commerce sous le nom de *lacets*.

On ne connaît pas la véritable étymologie du mot *coutil* ; on sait seulement que dans la basse latinité on appelait ces sortes de tissus *culcita*, d'où *coutil* a bien pu dériver. Vigenère, dans ses *Commentaires sur César*, prétend que *coutil* se dit en latin *cadurcum*, parce qu'anciennement on en fabriquait de fort bons à Cahors.

COUTRAS, ville de France, chef-lieu de canton du département de la Gironde, à 534 kilomètres de Paris, sur la rive gauche de la Dronne. Sa population est de 3,371 habitants ; on y récolte d'assez bons vins rouges. Coutras possède des moulins, et on y fait un commerce de farines. C'est un lieu d'approvisionnement pour Bordeaux. Henri IV y remporta une célèbre victoire sur les liguers, en 1587.

Ce fut le 20 octobre que l'armée de la ligue, commandée par Joyeuse, rencontra le roi de Navarre accompagné des princes de Condé, de Conti et de Soissons, tous trois du sang de Bourbon, de ses plus vieux capitaines, et comptant sous ses ordres 1,200 cheveaux et 4,500 fantassins. L'infanterie du duc était à peu près égale à celle du roi ; mais sa cavalerie était deux fois plus nombreuse et beaucoup mieux équipée.

Henri de Navarre avait formé sa ligne de bataille en demi-cercle ; les cavaliers, sur six hommes de file, étaient entremêlés d'arquebusiers, dont le premier rang se tenait ventre à terre, le second sur un genou ; le troisième penché et ceux de derrière debout, pour décharger leurs arquebuses tous en même temps. Ils avaient reçu l'ordre de ne tirer que lorsque l'ennemi serait à vingt pas. La brillante et présomptueuse noblesse de Joyeuse, dont les armes étincelaient d'or et de pierreries, s'élança avec impétuosité sur le rempart vivant. La première décharge des protestants jeta le trouble dans le rang des catholiques ; mais Lavardin enfonça presque aussitôt la droite des Huguenots. Le duc de Joyeuse, voulant profiter de la déroute de la cavalerie ennemie, s'avança avec ses gendarmes divisés en trois corps pour assaillir en même temps les escadrons du roi de Navarre, du prince de Condé et du comte de Soissons, qui commandait au centre. Les catholiques commençaient à crier victoire, mais un feu terrible de l'artillerie et une charge vigoureuse exécutée par le roi de Navarre changea la face des choses. En moins d'une heure trois mille hommes de pied, beaucoup de cavalerie, et plus de quatre cents gentils-hommes périrent du côté des catholiques. Joyeuse venait de se rendre lorsqu'il fut tué d'un coup de pistolet.

Le roi de Navarre fit preuve de la plus grande habileté avant la bataille, par les dispositions qu'il prit pour poster avantageusement ses troupes et son artillerie. Il montra beaucoup de courage pendant l'action, et de générosité après la victoire. C'était la première rencontre importante où triomphait le parti protestant, toujours battu jusque là dans les actions générales sous l'amiral de Coligny et sous le prince de Condé.

COUTRE (de *culter*, couteau). C'est le nom d'une sorte de *coutelas*, qu'on adapte à la flèche d'une charrue pour fendre la terre, couper les herbes, les racines, etc. La direction du coutre est verticale ; son plan est parallèle à la ligne de traction de la charrue (celle de la flèche). Le coutre se place un peu en avant de la pointe du soc. Il y a des charrues qui ont plusieurs coutres, dont un précède la pointe du soc, et les autres sont fixés ou à droite ou à gauche ; quelquefois la charrue à plusieurs coutres n'en a que d'un côté du soc. On ne fait usage de coutres que dans les terres fortes, tenaces, ou qu'on défriche pour la première fois ; dans les terres légères, sablonneuses, pierreuses, ils sont au moins inutiles. Le tranchant des coutres est d'acier trempé ; le manche par lequel ils tiennent à la charrue est en fer. Il est prouvé par un passage de Pline que le coutre était connu des anciens.

TEYSSÈDRE.

COUTTS (THOMAS), financier célèbre, l'un des rois de la Bourse de Londres au commencement de ce siècle, né en 1731, en Écosse, de parents peu fortunés, entra d'abord en qualité de commis, aux plus modestes appointements, dans une maison de banque, s'établit ensuite pour son compte, participa aux immenses opérations qu'alimentèrent les emprunts contractés par l'Angleterre pour faire face aux frais d'une guerre longue et terrible, et réalisa des bénéfices démesurés. L'intelligence, la probité de Coutts, fondèrent son crédit sur les bases les plus solides ; il devint le personnage le plus opulent de son époque. Sa vie privée ne fut pas non plus exempte d'incidents romanesques ; et c'est là une circonstance assez rare dans la biographie d'un banquier, pour qu'on la signale lorsqu'elle s'y montre. Très-jeune encore, il s'éprit d'une personne aimable et pauvre ; il l'épousa, bien que cette démarche décisive fût le fruit de sa part une véritable imprudence ; trois filles furent le fruit de cette union ; toutes trois s'allièrent à d'illustres familles patriciennes : l'une devint marquise de Bute, l'autre comtesse de Guildford, la troisième épousa sir Francis Burdett.

Coutts était déjà plus que septuagénaire, lorsqu'un soir le hasard le conduisit au théâtre de Drury-Lane ; une actrice spirituelle et jolie, miss Mellon, fit sur le vieux Crésus une impression telle qu'il mit son cœur et ses millions aux pieds de l'enchanteresse. Les soupirants de ce genre trouvent rarement de cruelles ; miss Mellon quitta le théâtre, et cette liaison s'afficha bientôt sans scrupule, quoique mistress Coutts vécût encore. Elle mourut enfin, et quarante-huit heures après, avant même que la défunte eût reçu les honneurs de la sépulture, Coutts épousait sa maîtresse. Il est beaucoup permis aux gens richissimes ; on trouva cependant que le banquier passait les bornes du privilége. Fort peu ému du scandale qu'il avait donné, Coutts vécut encore sept années. Il mourut nonagénaire, le 24 février 1822, laissant un testament de trois lignes, mais si clair, si net, si précis, que nul homme de loi ne l'a trouvé à y mordre. Dans cet acte, il léguait à celle qui l'avait complètement captivé la totalité de son immense fortune, la rendant maîtresse absolue de tant de trésors. De ses filles, de ses nombreux petits-enfants, le banquier n'y disait mot. Son inconsolable veuve finit par convoler en secondes noces avec le duc de Saint-Albans, grand seigneur ruiné qu'elle fit riche, mais qui ne put réussir à en faire une grand dame. G. BRUNET.

COUTUME. Les jurisconsultes romains entendaient par ce mot un droit nouveau introduit par la tradition, et qui modifiait en tout ou en partie une loi, l'abrogeait ou lui était substitué, *optima legum interpres consuetudo*. La *coutume* chez les Romains obtenait l'autorité de la loi sans avoir le caractère ; elle était l'œuvre de la *jurisprudence de l'opinion*, comme, dans d'autres cas, les modifications aux lois sont l'œuvre de la jurisprudence des arrêts. Les *coutumes* romaines n'ont donc de commun que le nom avec celles qui depuis la chute du grand empire ont régi et régissent encore la plupart des États de l'Europe. Celles-ci ont pour base des conventions formelles authentiques. La sanction du prince et l'assentiment de la nation, ce sont des lois, dans la véritable acception de ce mot.

En France les *coutumes* étaient des statuts et règlements locaux, qui régissaient certaines provinces. Avant la Révolution on comptait environ soixante coutumes générales, c'est-à-dire qui étaient observées dans une province entière, et environ trois cents coutumes locales qui n'étaient observées que dans une seule ville, bourg ou village. Il y a plus : les villes, jadis divisées en divers fiefs, avaient plusieurs coutumes, et même des juridictions différentes ; la loi d'un quartier n'était pas la loi du quartier voisin : « En sorte, dit un de nos anciens historiens, Agobert, que de cinq personnes qui se trouvaient ensemble, il n'était pas rare de n'en pouvoir rencontrer deux qui vécussent sous la même loi. » A cet égard il n'y avait point de province où il y eût tant de bigarrure qu'en Auvergne et en Flandre : chaque ville, bourg et village y avait, pour ainsi dire, sa coutume particulière. Les *pays de coutumes*, ou *de droit écrit*, par opposition aux *pays de droit écrit* ou *de droit romain*, étaient la Flandre, le Hainaut, l'Artois, la Picardie, la France proprement dite, le Vermandois, la Champagne, l'Orléanais, le Berry, l'Anjou, le Maine, la Normandie, la Bretagne, le Poitou, la Touraine, l'Angoumois, une partie de la Saintonge et de la basse Marche, la haute Marche, l'Auvergne, le Bourbonnais, le Nivernais, les deux Bourgognes, la Lorraine.

N'ayant été primitivement consacrées par aucun texte officiel, les coutumes se prouvaient de deux manières différentes : tantôt la question de droit se proposait au *parloir des bourgeois*, c'est-à-dire au lieu où le prévôt des marchands et les principaux bourgeois s'assemblaient pour les affaires de la ville ; tantôt on recourait à un moyen plus simple, et qui consistait à convoquer au tribunal plusieurs personnes bien famées, qui attestaient sous la foi du serment que telle était ou n'était pas la coutume. Ce moyen s'appelait *enqueste par tourbe*. Dans aucun cas un seul témoignage n'était suffisant : *voix d'un, voix de nun... une fois n'est pas coutume*. Néanmoins, et pour parer aux inconvénients qui résultaient de l'ignorance et de l'infidélité des témoins, on les rédigea par écrit. La première coutume écrite fut celle de Ponthieu, qui a été rédigée en 1453 ; celle de Paris fut rédigée d'abord en 1510 sous Louis XII, et réformée en 1580. Charles VII et ses successeurs firent mettre par écrit toutes les coutumes du royaume ; on s'efforça alors de leur donner un caractère plus général. Enfin quelques-unes reçurent encore jusqu'à la Révolution diverses modifications.

On donnait aux coutumes différentes qualifications, tirées des dispositions qu'elles renfermaient. Ainsi on appelait *coutumes d'égalité* celles qui défendaient d'avantager un héritier plus que son cohéritier ; les *coutumes de côté* ou *de simple côté* étaient celles où l'on admettait les propres paternels et maternels, et où pour succéder aux biens immeubles d'un défunt il suffisait d'être parent du côté où ils lui étaient provenus ; les *coutumes de côté et de ligne* étaient celles où pour succéder à un propre il ne suffisait pas d'être parent du côté et de ligne d'où il lui était venu, mais où il était encore nécessaire d'être le plus proche parent du défunt du côté et ligne du premier acquéreur de ce propre, c'est-à-dire du premier qui l'avait mis dans la famille. Les *coutumes de franc-alleu* étaient celles où le franc-alleu était naturel de droit, c'est-à-dire où tout héritage était réputé franc, si le seigneur dans la justice duquel il était situé ne prouvait le contraire. Les *coutumes de compatibilité et d'incompatibilité* étaient celles où les qualités d'héritier et de légataire pouvaient ou ne pouvaient pas concourir dans la même personne relativement à une succession à laquelle il était appelée par la loi et par un testament. Les *coutumes de représentation à l'infini* étaient celles où la représentation en ligne collatérale était admise dans tous les degrés indéfiniment.

C'est dans les coutumes qu'il faut étudier l'histoire des mœurs et des institutions du moyen âge ; c'est dans cet immense répertoire, si varié, si riche, et si compliqué, que se révèlent toutes les phases de la civilisation ; mais il faut plus que du courage pour braver les fatigues et l'ennui de ces pénibles investigations. Devant cet effrayant chaos de lois écrites indifféremment en langues vivantes, mortes ou étrangères, connues ou ignorées du grand nombre, au moment où la France rompait avec le passé pour entrer dans les voies de l'avenir, le besoin d'un code uniforme se fit généralement sentir, et l'esprit des trois classes de citoyens se manifesta par les cahiers des bailliages. Les représentants de la noblesse et du clergé se bornèrent alors à demander une seule coutume spéciale pour chaque province ou pour chaque ressort de parlement ; ceux du tiers état réclamèrent une seule coutume ou, en d'autres termes, un seul code pour toute la France. On sait que ce dernier vœu prévalut.

Toutes les dispositions des coutumes qui sont relatives à des matières dont s'est occupé le Code Napoléon sont abrogées par l'article 7 de la loi du 30 ventôse an XII. Mais elles peuvent être encore invoquées comme raison écrite sur les questions que ces matières présentent et que le Code Napoléon ne décide pas, sauf aux juges à y avoir tel égard qu'ils trouvent convenable. Les dispositions abrogées des coutumes font encore loi pour tous les actes qui ont été passés et pour tous les droits qui se sont ouverts sous leur empire.

COUTUME (Certificat de). *Voyez* CERTIFICAT.

COUTURE (THOMAS), l'un des plus habiles parmi les jeunes peintres de l'école contemporaine, est né à Senlis, le 21 décembre 1815. Entré en 1830 dans l'atelier de Gros, il apprit chez ce maître illustre les premiers rudiments de l'art, et alla achever son éducation chez Paul Delaroche. Bientôt il prit part au concours de l'École des Beaux-Arts. L'Académie ayant, en 1837, proposé le sujet du *Sacrifice de Noé*, Couture n'obtint que le second prix, bien que son tableau fût déjà plein de promesses et si fort notamment remarqué « une grande sérénité de tons, » qualité précieuse qui devait devenir familière à son pinceau. Trois ans après Couture débuta au salon, où il exposa un *Jeune Vénitien après une orgie*. On vit successivement paraître au Louvre son *Enfant prodigue*, *Une Veuve*, *Le Retour des Champs* (1841), *Un Trouvère* et les portraits de son père et de Mme D. (1843) ; mais ces œuvres n'excitèrent aucune émotion sérieuse. Ce ne fut qu'en 1844 qu'il commença à se faire un peu de bruit autour du nom de Couture. Indépendamment du portrait de M. H. Didier et d'une agréable petite toile représentant *Joconde*, le jeune artiste avait exposé une importante composition, *L'Amour de l'Or*, qui figure aujourd'hui avec honneur au musée de Toulouse. Dans ce tableau, d'un coloris à la fois brutal et rose, les brillantes qualités de Couture se montrent réunies aux nombreux défauts qui caractérisent sa manière. Enhardi par ce triomphe, Couture entreprit une œuvre plus considérable, et, après trois ans d'étude et de silence, il reparut au salon avec une très-vaste toile, *Les Romains de la décadence* (1847). L'artiste, s'inspirant d'un cri éloquent de Juvénal, avait voulu montrer les vainqueurs du monde domptés à leur tour par la débauche, plus puissante que les armes. Ce tableau est placé aujourd'hui au Musée du Luxembourg. La plupart des critiques firent des *Romains de la décadence* un éloge exagéré ; et l'on alla jusqu'à proclamer l'auteur le Véronèse de l'art nouveau. A côté de cette immense composition, Couture exposa deux portraits dont les vêtements surtout révélaient une main aussi hardie que facile.

Chevalier de la Légion d'Honneur le 11 novembre 1848, Couture, entraîné peut-être par les idées du temps, entreprit l'exécution d'une œuvre plus importante encore que celle qui l'avait illustré; mais, bien que très-avancé, le tableau des *Enrôlements volontaires de 1792* reste interrompu dans l'atelier de l'artiste, qu'absorbe aujourd'hui un autre travail, la décoration d'une des chapelles de Saint-Eustache. C'est pour ne pas se laisser oublier du public vulgaire que Couture a envoyé au salon de 1852 deux portraits et une tête de fantaisie, *La Bohémienne*. Quelques amateurs possèdent de petits tableaux de Couture d'un coloris brillant et vif. Sans compter son propre portrait, M. Baroilhet montre de sa main neuf compositions curieuses. L'auteur de *L'Amour de l'Or* a aussi dessiné au crayon les effigies de Mme Sand et de Béranger (1851). Les divers tableaux que nous venons de citer et d'autres encore qui n'ont pas reçu le baptême de l'exposition publique, *Le Fauconnier* par exemple, constituent déjà une œuvre qu'il faut prendre au sérieux et qui, malgré les critiques qu'elle soulève, font à Couture une sorte de personnalité et presque une renommée. Ce n'est pas que son talent ait une originalité réelle. Loin de là, dans son coloris, où dominent les tons du plâtre rosé, dans le laisser-aller de son procédé large et libre, Couture n'a fait que rajeunir, avec adresse et parfois avec bonheur, les méthodes faciles dont on abusait il y a cent ans. De là ce charme factice qui séduit l'œil et qui l'amuse; mais si de ce côté l'auteur des *Romains de la décadence* se rapproche des maîtres du dix-huitième siècle, il s'en éloigne par la manière par trop vigoureuse dont il accuse les contours et dont il colore les ombres. Il convient d'ajouter enfin que sous le rapport de l'expression et du sentiment la valeur de Couture est au-dessous des plus pauvres. Son pinceau seul est savant. Il peint avec l'audace d'un maître les accessoires, l'architecture, les draperies. Ce sont là certes des qualités pittoresques, dont il serait injuste de ne pas tenir compte; mais elles font bien moins de Couture un peintre sérieux et fort que l'un de nos premiers décorateurs.   P. MANTZ.

COUVENT. On disait autrefois *convent* (*conventus*), comme on le prononce dans ses dérivés, *conventuel*, *conventicule*, etc. L'on sait que *couvent* signifie une maison religieuse de l'un ou de l'autre sexe. Le mot *couvent* ne présente pas une idée tout à fait aussi austère que *cloître* et *monastère*. Et en effet, dans l'origine les communautés enfermées dans les couvents étaient composées de laïques. Avant 1789 la France était couverte de couvents : il y en avait à Paris quarante-deux d'hommes et soixante-huit de femmes. La plupart des jeunes personnes étaient élevées au couvent. Beaucoup de veuves s'y retiraient. Les femmes séparées n'avaient pas de demeure plus honnête. Celles qui se comportaient mal pouvaient y être enfermées, à la demande de leur mari, par autorité de justice. Les juges et officiers de police, les commis des fermes, étaient en droit de faire la visite dans les couvents, quand ils le jugeaient à propos. Aujourd'hui encore il y a en France, moins sous l'autorité que sous la tolérance du gouvernement et des lois, un assez grand nombre de couvents d'hommes, et une foule de couvents de femmes. Les religieuses qui habitent ces asiles se consacrent la plupart aux soins des malades et à l'éducation des jeunes filles. C'est le plus petit nombre des couvents de femmes qui se livrent à la vie ascétique et contemplative. Quant aux couvents d'hommes, leurs habitants, pour la plupart, se livrent à l'enseignement et aux travaux manuels.

Le *couvent* de *l'Abbaye-au-Bois* a été sous la Restauration, et même sous Louis-Philippe, à la mode pour la retraite des grandes dames qui ont le bon esprit de quitter le monde avant que le monde ne les quitte. Telle cellule de l'Abbaye-au-Bois a réuni longtemps chaque semaine quelques-unes des notabilités littéraires les plus en vogue. Rousseau, dans son *Émile*, aime mieux, sous le rapport physique, les couvents que la maison paternelle pour l'éducation des filles : « En ceci, dit-il, les couvents, où les pensionnaires ont une nourriture grossière, mais beaucoup d'ébats, de courses, de jeux en plein air et dans les jardins, sont à préférer à la maison paternelle, où une fille, délicatement nourrie, toujours flattée ou tancée, toujours assise sous les yeux de sa mère dans une chambre bien close, n'ose se lever ni marcher, ni parler, ni souffler, et n'a pas un moment de liberté pour jouer, sauter, courir, crier, se livrer à la pétulance naturelle à son âge : toujours, ou relâchement dangereux, ou sévérité mal entendue ; jamais rien selon la raison. Voilà comment on ruine le corps et le cœur de la jeunesse. » Ailleurs, sous le rapport moral, il flétrit les couvents comme de véritables écoles de coquetterie : « Non, dit-il, de cette coquetterie honnête dont j'ai parlé, mais de celle qui produit tous les travers des femmes et en fait les plus extravagantes des petites-maîtresses. En sortant de là pour entrer tout d'un coup dans des sociétés brillantes, de jeunes femmes s'y sentent tout d'abord à leur place : elles ont été élevées pour y vivre, faut-il s'étonner qu'elles s'y trouvent bien ?... Il me semble qu'en général dans les pays protestants il y a plus d'attachement de famille, de plus dignes épouses et de plus tendres mères que dans les pays catholiques ; et si cela est, on ne peut douter que cette différence ne soit due en partie à l'éducation des couvents. »

Nous n'examinerons point si en ceci ne pourrait pas s'adresser à Rousseau le compliment ironique que Montesquieu a fait à Voltaire : *Il écrit pour son couvent*. Le temps n'est plus, Dieu merci ! où un père, pour forcer sa fille à se marier contre son gré, ne lui laissait que l'alternative du couvent. C'est un trait de mœurs effacé des nôtres. Si, comme l'a dit, dans son style austère et pittoresque, un écrivain de Port-Royal, « les *couvents* sont autant de citadelles où la pudeur trouve un asile contre le dérèglement et la corruption du siècle, » il est vrai d'ajouter que la contrainte qui les peuplait jadis faisait de bien mauvaises religieuses. Les passions du siècle couvaient plus furieuses sous le cilice. Les livres sont pleins d'aventures romanesques, mais malheureusement trop vraies, où l'on voit mainte recluse secouer sans scrupule la contrainte du couvent. Du temps de Louis XIII et de Louis XIV la mode entraînait au *couvent* de grandes dames qui voulaient faire leur salut avec éclat. C'était une dévotion mêlée de bel air et de galanterie, une hypocrisie de bon ton, une humilité de cour.

Couvent signifie aussi le corps ou la communauté des religieux ou religieuses qui habitent ces maisons. Tout le *couvent* est assemblé capitulairement au son de la cloche. Les procès s'intentaient au nom des religieux, prieur et *couvent*. Entrer au *couvent*, sortir du *couvent*, c'est prendre ou quitter l'habit du *couvent*. Il fallait au moins trois religieux pour établir un *couvent*; on appelait *lieux réguliers* d'un *couvent* l'église, le cloître, le cimetière ou les caveaux, etc. *Couvent*, dans l'ordre de Malte, était la résidence du grand-maître ou de son lieutenant ; là se trouvaient l'église, l'infirmerie et les auberges, ou les huit langues.
     Charles Du Rozoir.

COUVER, COUVÉE (de *cubare*, être couché). Couver se dit de l'acte par lequel un oiseau femelle ou mâle reste assidûment sur des œufs jusqu'à leur éclosion. Les différents oiseaux couvent plus ou moins longtemps. Tout le monde a vu des poules, des pigeons, des serins couver leurs œufs. *Couvée* se dit de la totalité des œufs que couve un oiseau, et des petits lorsqu'ils sont éclos. Les autruches et certains reptiles, tels que les crocodiles, les tortues, enterrent leurs œufs dans le sable, et ce sont les rayons du soleil qui font développer les germes, éclore les petits, etc. Il y a des oiseaux qui couvent volontiers non-seulement des œufs pondus par d'autres oiseaux de leur espèce, mais encore ceux qui appartiennent à des oiseaux d'une espèce différente : la poule couve sans difficulté des œufs de cane, et, qui plus est, elle manifeste un grand attachement pour les canetons qui proviennent de sa couvée. Enfin, on est parvenu à faire couver des œufs à des coqs, des dindons, des chapons, et à leur faire conduire les petits. Les hommes ayant observé, ce qui était facile, que dans l'acte de l'incubation, tout se réduit, de la part des couveuses, à maintenir les œufs à un certain degré de température, on imita la nature en faisant couver des œufs artificiellement (*voyez* INCUBATION ARTIFICIELLE).

COUVERT. C'est le nom collectif qu'on a donné à tous les meubles nécessaires au repas. Cette expression ne s'appliquait au seizième siècle qu'aux tables préparées pour les princes ou rois : « *Couvert*, disait Nicot, signifie l'appareil de la table des rois et des princes, pour leur dîner ou souper. » Le *grand couvert* était le repas qu'un monarque faisait en public avec un certain cérémonial. Cet appareil, comme on le pense, a varié, et, pour ne nous occuper ici que des peuples modernes, nous lisons dans Possidonius, dans Strabon, dans Tacite et plusieurs autres écrivains, que le *couvert* des Celtes et des autres nations barbares ne consistait que dans une peau de bête fauve étendue à terre, sur laquelle ils plaçaient quelques vases d'argile ou d'airain qui contenaient les viandes par eux apprêtées. Leurs dents et un petit couteau qu'ils portaient à la ceinture étaient les seuls instruments à leur usage, et pour boire ils préféraient à tout la *corne* des bêtes sauvages qu'ils tuaient à la chasse. Leurs conquêtes en Europe, leurs fréquents rapports avec les Romains et les Grecs du Bas-Empire furent cause qu'ils adoptèrent certains usages communs à ces nations ; et, suivant le même Strabon, les Belges après César mangeaient presque tous à des tables et couchés sur des lits. Ces premiers meubles une fois en usage, leur forme varia beaucoup : on s'appliqua principalement à orner le dessus des tables, à les polir, car tout d'abord on ne se servit pas de nappes. Charlemagne, au rapport d'Éginart, fit faire trois tables d'argent, qui se recommandaient plus encore par leur travail que par leur matière : la première représentait Rome, la seconde Constantinople, la troisième les régions de l'univers alors connues ; il en avait une autre en or. Ce luxe de table se trouve encore chez plusieurs autres princes ecclésiastiques et séculiers.

Cependant, l'usage de les *couvrir* avec des *nappes*, la plupart de toile (bien qu'on ait quelques exemples de nappes en cuir et même en parchemin), ne tarda pas à s'introduire. Sous Louis le Débonnaire elles étaient velues et peluchées, au rapport d'Ermold Le Noir, poëte contemporain. On les nommait *doubliers* jusqu'au treizième siècle, parce qu'elles étaient doubles ; au moins est-ce l'interprétation assez probable que donnent de ce mot Legrand d'Aussy et Roquefort. Les *serviettes*, si l'on en croit Montaigne, ne furent usitées que depuis son temps, c'est-à-dire à la fin du seizième siècle. Avant leur introduction, on s'essuyait avec la nappe, comme on le fait encore dans certaines parties de l'Angleterre. Ceci fait comprendre pourquoi on avait un si grand besoin de se laver les mains avant et après le repas.

Si du linge nous passons aux autres meubles, nous voyons que la vaisselle d'un simple bourgeois de notre époque eût été alors d'un grand luxe ; il y a peu de temps encore il n'était permis qu'aux très-grands seigneurs d'étaler sur leur table des *nefs* plus ou moins riches. On appelait ainsi un meuble d'argent en forme de navire, qui contenait, outre des épices, les objets nécessaires au *couvert* de chacun. Ces nefs étaient souvent de la plus grande beauté, et les inventaires particuliers de nos rois en citent plusieurs dont la valeur était remarquable. Il ne faut pas oublier que dès le quatorzième siècle, et avant même, les gens riches, quelle que fût ailleurs leur condition, mettaient beaucoup de luxe dans la vaisselle de table ; et le poëte Eustache Deschamps, mort en 1420, parlant de tous les inconvénients attachés au mariage, dit : « Il vous faudra *pintes*, *pots*, *aiguières*,

dressoir avec beaucoup de vaisselle, sinon d'argent, au moins de plomb et d'étain. » D'ailleurs, dans le commun usage de la vie, on ne servait pas, ainsi que de nos jours, plusieurs plats à la fois, mais un seul, auquel chacun puisait à son tour. Quant aux vases qui contenaient le vin ou toute autre boisson, ils étaient communément étalés sur le meuble nommé anciennement *dressoir*, *crédence*, au seizième siècle, et de nos jours *buffet*.

Au quatorzième siècle, chez les souverains et les riches seigneurs, au milieu de la table s'élevait une *fontaine jaillissante*. Elle fournissait pendant le repas du vin, l'hippocras et les autres liqueurs. Ordinairement il en coulait aussi de l'eau odoriférante, qui parfumait la salle. Quant aux *gobelets* ou *vases à boire*, ils variaient beaucoup. Les cornes d'animaux sauvages furent longtemps seules en usage chez les peuples du Nord ; et sur les tapisseries de Mathilde, faites au onzième siècle, nous voyons encore ce meuble employé par les Normands. Nous trouvons ensuite les coupes de différentes formes et de divers métaux ; le *hanap*, qui différait de la coupe, en ce qu'il était monté sur un pied plus élevé ; enfin la verroterie, qui au seizième siècle fut travaillée d'une manière si merveilleuse. Les gobelets de cuivre et de bois et les *gourdes* surtout étaient encore d'un commun usage parmi le peuple.

Les Celtes et les Germains séparaient leur viande avec un petit *couteau*, qu'ils portaient toujours à la ceinture. Ce meuble continua à être fort commun, et nous voyons plusieurs villes de France célèbres pour leurs fabriques en ce genre : Périgueux, Beauvais, furent très-connues à cet égard, dès le douzième et le treizième siècle, et nous lisons dans la *Chronique Normande* que le duc Robert récompensa richement un coutelier de Beauvais qui lui avait offert un chef-d'œuvre de son art. Quant aux *cuillères*, Fortunat, qui écrivait dans le douzième siècle, met au nombre des charités de la reine Radegonde l'action de cette reine qui offrait à manger aux aveugles avec *une cuillère* ; et dans le testament de saint Remi il est parlé de *cuillères tant grandes que petites*. Dans le roman de *Partenopex de Blois*, composé vers la fin du même siècle, on lit :

> Tables mises et doubliers,
> Conteaux, sallières, et cuillers,
> Coupes, henas et escuelles
> D'or et d'argent.

Mais il n'est pas question de *fourchettes*. Ce n'est que dans un inventaire que le roi Charles V fit faire de son argenterie, en 1379, que l'on trouve ce meuble mentionné. A cette époque il était fort petit, et n'avait que deux branches : on le faisait encore ainsi au seizième siècle.

Ce fut aussi dans ce même siècle que de grands changements eurent lieu dans les meubles de table. La *faïence*, qui fut découverte, et dont l'usage fut porté si loin par le fameux Bernard de Palissy, remplaça bientôt l'étain, le fer et même l'argent. Sa fabrication, devenue facile, rendit son prix assez modique. Il n'en fut pas de même de la *porcelaine*, qui, apportée d'Asie en Europe vers la fin du même siècle, fut longtemps très-chère et d'une fabrication inconnue chez nous. C'est au dix-septième siècle que le baron de Bœttcher, chimiste saxon, en découvrit le secret, et naturalisa en Europe.   LE ROUX DE LINCY.

COUVERTE. espèce d'émail qui recouvre une poterie. L'antiquaire et l'amateur doivent également s'attacher à l'examen de la *couverte*, soit qu'ils étudient les antiques productions de l'Égypte et de la Grèce, ou que, cédant à l'influence du goût nouveau, ils recherchent dans un lot de luxe et de décoration les bizarres et gracieuses porcelaines de la Chine et du Japon. L'usage de la couverte est un produit du perfectionnement dans la fabrication de la poterie, et tous les peuples l'ont connue et différemment employée (*voyez* CÉRAMIQUE). L'Égypte en couvrait les scarabées d'argile ; la couleur de la couverte était alors grise, violette, brune, verte, blanche ou bleu de turquoise. La Grèce appliquait la couverte de ses vases après les avoir cuits très légèrement, pour obtenir ce que nous appelons le *biscuit*. Appliquée dans tout autre moment, la couverte se serait incorporée pour ainsi dire avec la terre, et aurait empêché d'exécuter avec une aussi grande délicatesse d'outil les dessins dont ces ouvrages sont ornés; tandis qu'il est aisé de l'enlever lorsqu'elle n'a reçu qu'une légère cuisson, ou plutôt de la découper sans qu'elle laisse la trace la plus légère. Cette couverte était faite avec une terre bolaire, la même qui est employée aujourd'hui pour la faïence, et que l'on désigne sous le nom de *manganèse*, ou *manganesia vitriariorum*. Cette matière était préparée et broyée parfaitement, pour la mettre en état de s'étendre et de couler au pinceau, comme les émaux. Mais avant de mettre cette couverte noire sur leurs vases, les ouvriers étrusques avaient soin de tremper leurs ouvrages, ou de leur donner une couleur rougeâtre, claire et fort approchante de celle de notre terre cuite. Ils prenaient cette précaution pour corriger la teinte naturelle et blanchâtre de leurs terres, qui ne produisait pas l'effet qu'ils aimaient à réaliser dans leurs plus beaux ouvrages; et le peintre ou le dessinateur ne commençait son travail que lorsque cette couverte rouge ou noire était entièrement sèche.

Quant aux porcelaines qui nous viennent d'Asie, on les reconnaît encore à la couverte. Ainsi, par exemple, la porcelaine dite *truitée* (ainsi désignée sans doute à cause de sa ressemblance avec les écailles de la truite), et qui est la plus ancienne de la Chine, se reconnaît à sa couverte gercée en mille manières, et à pâte grise, fort grise. C'est ce genre de porcelaine que le comte de Lauragais parvint à imiter parfaitement vers 1766, et l'on assure que la solidité de la couverte qu'il employait ne le cédait en rien à celle des Chinois. Les beaux produits en porcelaine de la Chine sont très-difficiles à distinguer de ceux du Japon, et la couverte sert encore à les faire reconnaître. La porcelaine du Japon a une couverte plus blanche et moins bleuâtre que celle de la Chine ; il y a aussi moins de profusion d'ornements, et les bleus y sont plus éclatants. La porcelaine de la Chine, outre qu'elle est plus chargée de couleurs et ornée de dessins plus bizarres, a encore une couverte plus bleuâtre. La couverte glacée blanche et très-belle annonce la porcelaine dite *China moderne ;* celle qui est un véritable émail blanc distingue le *Japon chiné*. Toutes les couleurs, à l'exception de l'azur, s'appliquent sur la couverte. Une manière particulière et assez familière aux Chinois de peindre la porcelaine, c'est de peindre la couverte tout entière, et il se fait des choses de fantaisie très-extraordinaires en ce genre. Ceux qui fabriquent des porcelaines doivent donc s'attacher surtout à avoir de belles couvertes, puisque de son plus ou moins grand degré de solidité et de sa belle application dépend souvent la belle exécution des ornements et des peintures. CHAMPOLLION-FIGEAC.

COUVERTURE, ce qui sert à couvrir. C'est le nom de pièces d'étoffes dont on se couvre ordinairement au lit (*voyez* COUVERTURIER).

En termes de bâtiment, c'est ce qui couvre le toit des maisons ou des édifices. Toute toiture imperméable à l'eau est propre à cet usage. Il y a donc des couvertures en gazon, chaume, planches, ardoises, tuiles, plomb, zinc, cuivre, tôle de fer, dalles de pierre, bitume et même en carton-pierre.

La matière dont on veut faire une couverture détermine en général la pente qu'il convient de donner au toit destiné à la porter (*voyez* COMBLE); cette pente est la plus grande pour les couvertures en gazon; les toits couverts en chaume exigent plus de pente que ceux qui sont couverts en ardoises, tuiles , plomb.

COUVERTURIER. C'est le nom qu'on donne au fabricant de ces pièces de gros tissus, le plus souvent en laine ou en coton, qu'on étend sur les lits pour se garantir du froid pendant le sommeil. Les couvertures de laine ne diffèrent des draps ordinaires que par la grosseur du fil dont elles sont composées; ces fils, en outre, sont faiblement tordus. Les bouts de la chaîne par lesquels la pièce tenait sur le métier, pendant l'opération du tissage, sont coupés et noués de façon que leur ensemble forme une sorte de frange. Lorsque la couverture est terminée, on la passe au foulon, ensuite on la carde des deux côtés pour en relever le poil aussi également que possible; après quoi il ne reste plus qu'à la blanchir. Quelquefois on les fait tondre après qu'elles ont été foulées et avant de les carder. La fabrication des couvertures de coton est, à l'exception du foulage, la même que celle des couvertures de laine. Le tissu en est croisé. Il est des pays pauvres dont les habitants se font des couvertures de rognures de lisières de drap ou même de bandes de vieux haillons entrelacées de façon que les unes forment la chaîne, et les autres la trame. Ces bandes étant de couleurs différentes, les couvertures qui en sont faites offrent l'aspect d'un habit d'arlequin. Dans les pays froids, on fait des couvertures en peaux de bêtes.

Plus une couverture est moelleuse, plus elle est chaude. En effet, les physiciens ont constaté, par des expériences, que le calorique circule difficilement à travers les matières composées de filaments fins et légers, tels que les laines, l'édredon, la plume. Voilà pourquoi les fils destinés à faire des couvertures sont faiblement tordus, et pourquoi on laisse au tissu qui en résulte un certain degré de *lâcheté* : car l'expérience et l'observation avaient appris bien avant que les physiciens n'eussent commencé à l'enseigner, que de l'air en repos est un excellent préservatif contre le froid. De là les avantages des manteaux sur les habits collants : ainsi donc, l'air contenu dans les vides qu'on a ménagés dans le tissu d'une couverture étant en repos, contribue pour beaucoup aux propriétés qu'on aime à trouver dans cette espèce de vêtement de nuit. Le verre, les résines, sont encore de mauvais conducteurs du calorique. Aussi, peut-on faire une excellente couverture avec une pièce de toile cirée.
TEYSSÈDRE.

COUVRE-FEU (*courfeu, carfou*), obligation d'éteindre sa lampe et son feu à une heure indiquée par le son d'une cloche ou d'un beffroi. Cet usage est fort ancien; Pasquier, dans ses Recherches sur l'histoire de France, en attribue l'origine aux magistrats des villes. « C'était un avertissement que dans les temps de troubles on donnait au peuple de ne vaguer plus dans les rues, ainsi de se renfermer dans sa maison jusqu'au lendemain. » L'historien Polydore Virgile affirme que cet usage, comme mesure de police, fut introduit en Angleterre par Guillaume le Conquérant. Il fut défendu aux Saxons de sortir des maisons sous des peines très-rigoureuses. Quelques auteurs ne font remonter l'origine du couvre-feu à sept heures du soir qu'à l'époque des troubles causés par les factions d'Orléans et de Bourgogne ; d'autres pensent qu'il fut introduit en France par les Anglais à la même époque. Mais des documents authentiques démontrent que cet usage était antérieur à cette époque. Dans quelques villes du midi, on appelait le couvre-feu *chasseribaud*, parce qu'à ce signal les cabarets, les maisons de débauche devaient être fermés.

On appelait aussi *couvre-feu* le signal de retraite pour les troupes en garnison, sans doute parce que ce signal était le même et sonné à la même heure que pour les habitants.
DUFEY (de l'Yonne).

COUVREUR. On donne spécialement ce nom à l'ouvrier qui fixe sur les toits des ardoises, des tuiles ; quand la couverture est métallique, elle est exécutée par des plombiers, si elle est en plomb ou en zinc ; ou par des chaudronniers, si elle est en cuivre, parce que les feuilles de ce métal qui sont destinées à former la couverture d'un édifice sont préalablement étamées d'un côté. Les outils du couvreur se composent d'une sorte de hachette tranchante d'un côté, pointue de l'autre, d'une tranche, etc. Dans les pays pauvres, où l'on fixe l'ardoise avec des chevilles de bois de chêne, le couvreur se munit d'une petite tarière.

COVE. *Voyez* Coix.

COVENANT, mot anglais signifiant *convention* et dérivé du latin *conventus*. En 1588, Philippe II avait résolu de conquérir l'hérétique Angleterre ; depuis trois années il avait employé toute la puissance de ses domaines d'Europe, et épuisé tous les trésors des Indes en immenses préparatifs de guerre. L'*armada* était réunie. Ce menaçant orage n'intimida pas Élisabeth, dont un de premiers soins fut de s'assurer de l'amitié du roi d'Écosse, Jacques VI, qui en conséquence leva des troupes et se tint prêt à repousser l'invasion des Espagnols. Le zèle religieux du peuple écossais ne le céda point à celui de son roi. La Bible était alors dans toutes les mains ; elle montrait les Israélites s'engageant par des pactes solennels à la défense de leur religion, chaque fois qu'ils étaient frappés par quelque événement extraordinaire ou alarmés par un danger public. Les Écossais regardèrent cet usage des Juifs comme un exemple sacré qu'ils devaient imiter. Roi, clergé, nobles, bourgeois et paysans, tous, en face du péril qui menaçait la réforme, s'empressèrent de signer une déclaration contenant : une profession de foi protestante, une renonciation particulière aux erreurs de la religion romaine, et la promesse solennelle de se tenir inséparablement unis les uns aux autres pour soutenir leur foi religieuse et combattre le papisme de toutes leurs forces. Ce pacte de défense mutuelle fut appelé *covenant*. La destruction complète de l'invincible *armada* rendit cet acte pour le moment sans objet.

Au siècle suivant les Écossais l'invoquèrent pour défendre la constitution de leur Église contre les prétentions de suprématie élevées par Charles I*er* en matière spirituelle. L'Église anglicane avait conservé l'ancienne hiérarchie ; l'organisation de son clergé laissait la nomination des bénéfices et des dignitaires, évêques et archevêques, à la discrétion de la couronne ; enfin, les pompes et la forme de ses cérémonies étaient encore en partie celles de la religion romaine. L'Église d'Écosse, au contraire, avait adopté presque tout entière dans sa discipline le rigorisme et la simplicité presbytérienne : indépendance complète du pouvoir temporel, et parfaite égalité entre tous ses membres, tels étaient ses premiers dogmes. Charles, dont cette organisation blessait les préjugés, voulut introduire l'ancien royaume de ses ancêtres le rituel anglican, et rendit un édit dit de *conformité*. Les Écossais regardèrent les cérémonies imposées par cette liturgie comme une messe déguisée, et comme une mesure préparatoire à la prochaine introduction dans le pays de toutes les *abominations* du papisme. De la capitale une sainte indignation se répandit dans les provinces ; bientôt presque toutes les chaires retentirent d'imprécations contre l'antéchrist, le papisme et le nouveau rituel, toute choses que les pieux orateurs présentaient comme identiques.

Charles n'en tint aucun compte, et maintint son œuvre. Cette impolitique persistance mit le comble à l'indignation du peuple écossais ; tout le pays se souleva, et quatre *tables* ou *conseils*, composés de la haute noblesse, de la noblesse inférieure, des ministres ecclésiastiques et des bourgeois, s'assemblèrent tumultueusement à Édimbourg. Le premier acte de ce parlement improvisé fut de renouveler le *covenant* de 1588. Des flots d'Écossais de tout rang, de tout sexe et de tout âge s'empressèrent d'adhérer à cette ligue ; bientôt 60,000 hommes se trouvèrent réunis aux environs d'Édimbourg, prêts à soutenir par les armes les décisions des quatre conseils. Charles, faisant appel à toutes les ressources que pouvait lui fournir son influence comme roi et comme chef d'une aristocratie encore puissante, dirigea contre l'Écosse une armée d'environ 30,000 hommes. Mais, grâce à l'ardeur religieuse qui enflammait toute la nation, quelques jours suffirent aux Écossais pour jeter sur la frontière une armée égale en nombre à celle qui s'avançait contre eux. Les deux partis se rencontrèrent près de Berwick ; quelque temps ils restèrent à s'observer. Charles, toujours très-prompt à concevoir un projet, était souvent l'homme de son royaume le plus irrésolu lorsqu'il s'agissait d'exécution. Son armée était assez bien disposée ; tout à coup il propose aux Écossais un projet de pacification ; puis, sans attendre le complet résultat de cette transaction, il licencie ses troupes, et revient à Londres. Les Écossais se montrèrent moins faciles ; leur parlement regarda les articles proposés comme non avenus, et ses décrets sur l'épiscopat, la liturgie et le *covenant* continuèrent à recevoir exécution. Cédant à la mobilité de ses impressions, une seconde fois Charles résolut d'aller soumettre l'Écossais à ses prescriptions liturgiques. Cette détermination irréfléchie ouvrit la série de luttes et de malheurs qui conduisit ce prince sur l'échafaud. Ayant obtenu de son clergé d'assez fortes avances, et emprunté de grosses sommes à ses ministres et à ses courtisans, il parvint à réunir environ 22,000 hommes, avec lesquels il marcha de nouveau sur l'Écosse. Mais dès la première rencontre, à Newborn, cette armée, mal disciplinée, se laissa battre ; et le roi fut réduit à ouvrir à Ripon de nouvelles négociations.

L'année qui suivit fut tout entière occupée par la lutte qui s'éleva entre Charles et la chambre des communes. Les Écossais en restèrent simples spectateurs. Des deux côtés on courut aux armes ; le roi, retiré à York, eut ses troupes ; le parlement, protégé par le peuple de Londres, eut les siennes. Toutefois, la fortune semblait devenir contraire aux communes, lorsque leurs membres les plus habiles s'avisèrent de recourir à la médiation du parlement d'Écosse, alors réuni. Des commissaires de cette dernière assemblée se transportèrent au quartier royal d'Oxford ; ils avaient, entre autres instructions, l'ordre de recommander à Charles l'usage exclusif pour l'Angleterre de la liturgie et de la discipline écossaises. Charles déclina formellement cette dernière demande. Les commissaires revinrent mécontents, et le parlement écossais, irrité par ce refus, écouta les propositions d'alliance politique et religieuse que lui firent alors les communes anglaises. Dans les derniers jours de juin 1643, une *ligue solennelle*, ou nouveau *covenant*, fut conclue entre les parlements des deux nations ; cet acte, plus étendu dans ses formules que les précédents, fut suivi d'une levée de 20,000 hommes appelés aux armes dans l'intérêt de la cause commune. Une troisième fois, les Écossais entrèrent en Angleterre, prirent d'assaut la ville de Newcastle, s'établirent dans les provinces du nord de ce royaume, et tinrent en échec une partie des troupes du roi Charles.

A peu de temps de là cependant, ce prince attaqué et défait sur tous les points, réduit à quelques milliers d'hommes désunis, mécontents et mal payés, bloqué pour ainsi dire dans la seule place importante qui lui restât, la ville d'Oxford, prenait tout à coup le parti de confier sa fortune et sa vie à l'armée covenantaire d'Écosse. Cette détermination s'explique par une modification profonde qui était survenue dans la situation respective des alliés. Les Écossais en effet avaient cru s'apercevoir qu'à mesure que leur assistance devenait moins nécessaire, le parlement anglais attachait moins de prix à leurs services. Ils étaient fort alarmés du progrès de la secte des *indépendants*, secte à la tête de laquelle était Olivier Cromwell, et qui proclamait à haute voix ses projets de république ; tandis que les covenantaires, intraitables sur le chapitre des prélatures, se montraient nous opposés à l'autorité royale. La brusque apparition du roi jeta les chefs écossais dans le plus grand embarras ; leur armée était à la solde de la chambre des communes anglaises, et un énorme arriéré lui était dû. Les amendes, les confiscations qui pesaient depuis plusieurs années sur le parti royaliste don-

44.

naient au parlement anglais le moyen de s'acquitter. Charles, au contraire, était pauvre ; sa cause était désespérée. L'abandon de ce prince fut résolu. Mais il s'agissait de trouver un moyen d'arriver à ce résultat sans paraître fouler aux pieds toutes les lois de l'honneur et de la loyauté la plus commune. Le double fanatisme des ministres presbytériens et du roi vinrent trancher la difficulté. Des conditions d'accommodement furent soumises à Charles, qui se montra prêt à tout accepter, moins toutefois les articles relatifs à la juridiction épiscopale. Les prédicateurs jetèrent aussitôt les hauts cris; ils s'emportèrent contre la mollesse des chefs, qui, dociles à ces clameurs religieuses, livrèrent Charles aux Anglais. La honte de cet infâme marché fit une si vive impression sur le parlement d'Écosse, qu'il déclara que le roi serait protégé et sa liberté demandée à tout prix. Mais l'assemblée générale du clergé presbytérien ayant prononcé bientôt après que Charles, en rejetant obstinément le *covenant*, s'était rendu indigne de l'intérêt et de la pitié des amis du ciel, le parlement fut obligé de retirer sa déclaration.

Les indépendants, maîtres de la personne du roi, ne tardèrent pas à froisser l'irascible amour-propre des covenantaires. En pleine chambre des communes, plusieurs membres donnèrent au *covenant* le nom profane d'*almanach hors de date*, et pas une voix ne s'éleva contre cette monstrueuse impiété! Au lieu de régler et d'établir l'orthodoxie par l'épée et par de vigoureux statuts, l'armée de Cromwell demandait cette absolue liberté de conscience que les presbytériens avaient en horreur; il n'était pas jusqu'aux violences exercées contre le roi que les Écossais ne regardassent alors comme une violation du *covenant*.

Cette disposition des esprits parut favorable aux partisans de Charles pour tenter d'arracher ce prince des mains du long parlement; ils agirent si puissamment sur la partie modérée du parlement écossais, que, sous prétexte de défendre les intérêts de la religion, une armée de 40,000 hommes fut confiée au marquis d'Hamilton, qui au mois d'août 1648 franchit les frontières anglaises. Ce général, dévoué à la cause de Charles, bien que chaud covenantaire, devait être appuyé de ces corps nombreux de royalistes anglais; mais tel était l'esprit de l'époque qu'à peine réunis à ces auxiliaires, les Écossais voulurent leur faire adopter le *covenant*; les royalistes ayant refusé, les troupes d'Hamilton repoussèrent tout contact avec ces profanes. On vit alors les deux troupes armées pour la même cause marcher de front, mais toujours à une certaine distance l'une de l'autre, et sans vouloir combiner leurs mouvements ni s'entr'aider. Cromwell sut mettre à profit cette désunion : il attaqua chaque corps d'armée séparément, les battit tour à tour, puis, pénétrant en Écosse, remit tous les pouvoirs entre les mains des covenantaires les plus exaltés. Le vainqueur, rappelé par le besoin de préparer et d'assurer la condamnation du roi Charles, ne tarda pas à rentrer en Angleterre, laissant le *covenant* et ses plus chauds apôtres régir sans partage l'Écosse politique et religieuse. Cette domination du parti le plus opposé aux intérêts et aux doctrines royalistes se maintint rigide et exclusive jusqu'à la fin de 1649.

La tête de Charles Ier venait alors de tomber. Immédiatement après cette exécution, le parlement anglais avait invité les chefs de l'Écosse à soumettre également leur pays à la forme républicaine. Les covenantaires refusèrent; et comme un article du pacte saint les obligeait à défendre et à maintenir la monarchie, Charles Ier mort, ils proclamèrent Charles II, son fils, pour successeur, mais à condition « qu'il tiendrait une sage conduite, qu'il observerait le *covenant*, et qu'il ne souffrirait autour de lui que des personnes bien disposées et fidèles à la même obligation ». Le nouveau roi ne vit dans cet acte qu'un commencement de soumission à ses droits; à ses yeux le moindre effort devait suffire pour renverser le double établissement covenantaire et presbytérien. Montrose reçut de lui l'ordre de s'embarquer pour l'Écosse, de s'y mettre à la tête des vieux royalistes et de déblayer cette contrée de toutes les indignités égalitaires et semi-républicaines qui faisaient obstacle au retour du roi comme souverain ne voulant relever que de Dieu. Montrose obéit, débarqua dans les îles Orcades avec moins de 500 hommes; battu à différentes reprises, il fut bientôt pris, puis conduit devant le parlement, condamné à mort et décapité. Cette fatale tentative éclaira Charles II ; il se soumit, et s'embarqua lui-même pour l'Écosse, escorté par sept vaisseaux de guerre hollandais, destinés à protéger la pêche du hareng. Entré dans le golfe de Coventry, on ne lui permit toutefois de débarquer (1650) que lorsqu'il eut signé de sa main le *covenant*, et écouté quantité de sermons et de lectures dans lesquelles on l'exhortait à se montrer toujours fidèle à la sainte confédération.

Mais Cromwell battit Charles II, Monck se rendit maître de l'Écosse, et obtint des représentants de tous les comtés et de toutes les villes une résolution qui unissait l'Écosse à l'Angleterre, et faisait de ces deux royaumes une seule et même république.

A dater de cette époque (1651), l'histoire ne fait plus mention du *covenant* que dans des circonstances bien différentes : la première, en 1661, pour consigner l'abolition solennelle du *covenant* par un parlement écossais assemblé d'après les ordres de Charles II ; la deuxième fois, en 1679, pour enregistrer une tentative faite en vue de rétablir dans toute sa pureté et sa rigidité primitives cet acte de pieuse confédération. Cette tentative, que termina le combat connu sous le nom de *bataille du pont de Bothwell*, vit périr les derniers covenantaires : c'est elle qui a fourni à Walter-Scott le sujet de son roman de *Old Mortality* (Les Puritains).

Achille DE VAULABELLE.

COVENTRY, vieille, étroite et tortueuse ville du comté de Warwick, en Angleterre, au confluent de la Sherbourne et du Radford, possède trois églises, dont la plus remarquable est celle de Saint-Michel avec une belle tour gothique, plusieurs chapelles de dissidents, quelques hôpitaux et écoles. On y compte 34,000 habitants, qui fabriquent des étoffes de soie, de la pluche, du camelot, des rubans, du fil, des retors et des montres, et qui font un commerce assez important. De Coventry part le canal du même nom, conduisant d'un côté à Branston et à Oxford, de l'autre à Fazeley, à la Mersey et à la Trent; un chemin de fer met aussi cette ville en communication avec Birmingham.

C'est à Coventry que la belle et pieuse lady Godiva, célèbre dans la légende anglaise, chevaucha toute nue à travers la ville, condition à laquelle son dur époux, le comte de Mercie, consentait à exonérer ce bourg des lourds impôts dont il l'avait frappé. Par ordonnance du conseil municipal de Coventry, toutes les portes et fenêtres des diverses maisons de la ville durent rester hermétiquement fermées pendant tout le temps que durerait cette promenade à cheval de la belle lady Godiva. Un seul individu osa enfreindre la consigne et regarder dans la rue par une fente de volet; mais il en fut puni par la perte de la vue. Aujourd'hui encore, dans les fêtes populaires de la localité, un mannequin en paille qui le représente, et auquel on conserve le sobriquet de *Peeping Tom*, joue toujours le rôle principal. O'Keefe a tiré de cette tradition le sujet d'une comédie. Longtemps d'ailleurs Coventry passa pour l'Abdère de l'Angleterre.

COWLEY (ABRAHAM), poète lyrique anglais, naquit à Londres, en 1618. Son père, petit commerçant, étant mort avant que lui fût né, sa mère se trouva seule chargée du soin de son éducation, et le fit entrer à l'école de Westminster; mais les maîtres du jeune Cowley ne trouvèrent en lui qu'un fort mauvais écolier. La lecture de *La reine fée* de Spenser avait décidé de son goût pour la poésie, et déjà la grammaire lui semblait trop aride. Comme Pope et Milton, il bégaya des vers dès l'enfance. Il n'avait que treize ans quand on imprima un volume de ses poésies, intitulé

Poetical Blossoms (*Fleurs poétiques*), et qui contenait entre autres sujets : *Les Amours de Pyrame et Thisbé*, écrits à dix ans ; puis *Constantin et Philétas*, composés à douze. C'est encore au collége qu'il fit sa comédie pastorale intitulée : *Énigme de l'Amour*.

Devenu maître ès arts à Cambridge, il fut forcé, en 1643, par le triomphe des parlementaires, de quitter cette université ; et s'étant alors réfugié à Oxford, il y publia sa satire *Le Puritain et le Papiste*. Son zèle pour la cause de Charles Ier, ses connaissances et son esprit attirèrent bientôt sur lui l'attention de plusieurs des chefs du parti royaliste ; et lord Falckland le recommanda si vivement à la reine, qu'elle l'emmena avec elle à Paris. Employé dans la chancellerie secrète de cette princesse, il resta à son service pendant douze ans. C'est à cette époque qu'il fit paraître un recueil de poésies érotiques, *The Mistress* (1647). Revenu en Angleterre pour se renseigner sur la véritable situation de son pays, sous prétexte d'y vivre désormais dans la vie privée, il fut arrêté comme suspect. Rendu à la liberté par l'intervention d'un protecteur, il renonça aux affaires de la politique, se livra à l'étude des sciences naturelles, auxquelles il rendit de notables services, et fut reçu docteur en médecine. Il fut déçu dans son espoir de parvenir, après la Restauration, à d'importantes fonctions. On se rappela en effet à la cour que dans sa jeunesse il avait composé une *Ode à Brutus*, qui était peu d'accord avec les opinions royalistes qu'il professait maintenant. Cependant, grâce à l'intervention du duc de Buckingham, il obtint la jouissance d'un domaine rural appartenant à la reine Henriette-Marie et rapportant 300 liv. st. par an. Mais la vie des champs, qu'il a dépeinte avec de si poétiques couleurs, ne lui allait guère dans la pratique. Sa santé s'altéra, et, pour changer d'air, il vint s'établir à Chertsey sur la Tamise, où il mourut, le 28 juillet 1667. Enterré dans l'abbaye de Westminster, près de Chaucer et de Spenser, on lui a donné sur sa tombe les surnoms de *Anglorum Pindarus*, *Flaccus et Maro* ; mais la postérité ne les lui a pas conservés. Toutefois ses poésies anacréontiques sont les premières imitations heureuses des modèles grecs que possède la littérature anglaise. Parmi ses odes on distingue surtout l'ode *à l'Esprit* et l'ode *à la Société royale*. Son poëme épique *Davideis* est demeuré inachevé.

Il est facile de juger, et dans les œuvres de Cowley, et dans ses préfaces, et surtout dans ses lettres, recueillies et publiées par Brown, que ce n'était pas un esprit de premier ordre. Son grand mérite est d'avoir, par la hardiesse des pensées et par l'énergie de l'expression, élargi dans sa langue maternelle le domaine de la poésie lyrique, bien qu'il n'ait pu se préserver de l'influence du mauvais goût de son époque. Aikin a publié ses œuvres complètes (Londres, 1802, souvent réimprimées depuis), dans lesquelles se trouvent aussi des *Essays* dont Johnson admire beaucoup le style.

On a l'histoire de Cowley écrite par le docteur Speal ; mais l'amitié a fait de cet ouvrage plutôt une oraison funèbre qu'une biographie.

COWLEY (HENRY WELLESLEY, lord), fils puîné de Garret Colley Wellesley, comte de Mornington, et frère du duc de Wellington, naquit le 20 janvier 1773. Destiné de bonne heure à la carrière diplomatique, il entra en 1795 au *foreign-office* en qualité de rédacteur (*precis-writer*), accompagna lord Maimesbury au congrès de Lille, et, au mois d'octobre 1797, suivit, avec le titre de secrétaire particulier, son frère aîné, envoyé aux grandes Indes comme gouverneur général. En 1800 il fut l'un des agents députés à Mysore ; et l'année suivante, par une habile négociation, il fit passer sous la domination anglaise le territoire d'Aoudh, province qu'il administra ensuite comme vice-gouverneur. Cependant, dès 1803 il était de retour en Angleterre, où il épousa la fille du comte Cadogan. Sa femme s'étant fait enlever en 1809 par lord Paget (aujourd'hui marquis d'Anglesey), un divorce intervint. Élu en 1807 membre de la chambre des communes par le bourg d'Eye, il fut en même temps nommé par le ministère Portland l'un des secrétaires de la trésorerie. Quoique bon financier et orateur disert, il ne joua jamais de rôle important au parlement. Quand son frère revint d'Espagne, en 1809, il alla le remplacer dans la péninsule en qualité d'ambassadeur ; et le rôle qu'il y joua appartient à l'histoire contemporaine. Ses services furent récompensés en 1812 par la croix de chevalier de l'ordre du Bain ; et après la restauration de Ferdinand VIII sur son trône, il resta encore accrédité auprès de lui jusqu'en 1822, sans pouvoir toutefois exercer d'influence modératrice sur la politique absolutiste de ce prince. En 1823 il fut appelé au poste d'ambassadeur à Vienne, qu'il conserva jusqu'en 1828, époque où il fut créé pair du royaume, sous le nom de *lord Cowley*, en même temps que l'arrivée des whigs aux affaires avait pour résultat de l'éloigner. Ce fut seulement en 1841 que le ministère Peel lui confia l'ambassade de France ; et par ses qualités privées, de même que par son habileté diplomatique, il y contribua efficacement au maintien de ce qu'on appela l'*entente cordiale* des deux gouvernements. Lord Palmerston ayant succédé en 1846 à lord John Russell comme ministre des affaires étrangères, lord Cowley fut remplacé dans son ambassade par le marquis de Normanby. Mais après un court séjour en Angleterre, il revint s'établir comme simple particulier à Paris, qu'il continua d'habiter jusqu'à sa mort, arrivée le 27 avril 1847.

COWLEY (HENRY-RICHARD-CHARLES WELLESLEY, lord), fils aîné du précédent et héritier de son titre, né le 17 juillet 1804, se destina aussi à la carrière diplomatique, et fut d'abord attaché à l'ambassade de Vienne. En 1832 il fut nommé secrétaire de légation à Stuttgard, poste qu'il conserva longtemps, après avoir épousé, en 1833, *Olivia* FITZGERALD, fille de lord de Ros. Ce ne fut qu'en 1843 qu'il obtint le poste, beaucoup plus important, de secrétaire de légation à Constantinople, où, en l'absence de sir Strafford Canning, il remplit pendant une année les fonctions de chargé d'affaires ; et l'habileté dont il y fit preuve appela sur lui l'attention de son gouvernement. Quand il revint en Angleterre prendre son siège dans la chambre haute, on lui destinait l'ambassade de Suisse, dont l'importance était des plus grandes à ce moment (janvier 1848). Mais les événements qui vinrent à peu de temps de là bouleverser la face de l'Europe donnèrent une tout autre direction à son activité. En effet on l'envoya à Francfort représenter le gouvernement anglais près du nouveau pouvoir central allemand ; et il prit une part essentielle aux négociations qui se suivirent alors. Après la dissolution de l'assemblée nationale allemande et le rétablissement de la diète fédérale, il continua de résider à Francfort ; cependant ce ne fut qu'en 1851, quand la diète eut été reconnue par toutes les puissances allemandes, qu'il fut officiellement accrédité près d'elle. Sa protestation contre l'accession de l'Autriche à la confédération germanique avec tous ses États, donna lieu à un échange de notes des plus actifs. L'attitude prise par son gouvernement à l'égard des réfugiés étrangers ayant rendu de plus en plus difficile sa position vis-à-vis de la diète, il se vit contraint, en décembre 1851, de retourner en Angleterre par congé. Au commencement de l'année suivante, son gouvernement l'envoya remplacer à Paris lord Normanby.

COWPER (WILLIAM), poète mélancolique et élégiaque, naquit le 26 novembre 1731, à Berkhamstead, dans le comté d'Hertford. Allié à de grandes familles, il reçut une éducation distinguée, qui ne fit que développer chez lui les dispositions rêveuses et la maladive sensibilité d'un caractère et d'un tempérament incompatibles avec les tracas des affaires et la lutte du monde social. Les rivalités du collège le blessèrent et l'étonnèrent jusqu'à l'accabler. La vie active l'effraya ; l'homme avec ses passions, ses ambitions et ses violences, lui sembla le plus terrible ennemi que l'homme pût craindre. On espérait que la place honorable et modeste de secrétaire-greffier de la chambre des communes apaiserait ce tourment secret et cette profonde anxiété d'une âme malade et d'une organisation faible. Il n'en fut rien. Le jour où Cowper vint pour prêter serment devant la chambre, l'aspect seul de l'assemblée fit tressaillir et pâlir le jeune homme, dont la langue resta muette, et qui tomba évanoui. Une sombre monomanie s'empara de lui. Croyant le monde réel à jamais fermé pour lui, il eut recours aux idées religieuses, et, se plongeant tout entier dans les plus sévères pratiques du calvinisme et de la prédestination, il se crut marqué du doigt de Dieu, condamné à la souffrance et à jamais damné dans cette vie et dans l'autre. Bientôt il fut atteint d'un complet dérangement d'esprit, et ne recouvra la raison qu'après un assez long séjour dans un établissement d'aliénés. A partir de 1767 il vécut dans le bourg d'Olney en commerce intime avec le pasteur Newton, qui partageait ses idées religieuses, mais qui ne connaissait pas assez le cœur humain pour pouvoir guérir l'esprit malade de son ami. Dans cette paisible retraite, Cowper ne s'occupait que de poésie, et traduisit quelques cantiques de madame Guyon, que Newton inséra dans ses *Hymns of Olney*. Mais les préoccupations religieuses reprirent alors en lui le dessus, et avec une telle force, qu'il passa plusieurs années dans le plus affligeant état. Le calme de l'esprit ne lui revint qu'en 1778.

En 1782 il publia une édition de ses poésies, qui n'obtinrent point de succès, à cause de leurs tendances mystiques. C'est vers cette époque qu'il fit la connaissance de la bonne et ingénieuse mistress Austen, qui habita longtemps le presbytère d'Olney et qui, avec le tact merveilleux des cœurs féminins, devina la guérison possible de cette existence choisie et misérable, que l'excès de sa propre délicatesse achevait de détruire. C'est à son doux empire sur l'esprit de Cowper qu'on est redevable de la ballade comique intitulée *John Gilpin*, et de *La Tâche* (1785), charmante galerie des impressions reçues par le poète sous l'influence du paysage et du climat anglais, qui obtint un grand succès. Mais bientôt Cowper retomba dans sa mélancolie habituelle. Pour se distraire, il entreprit une traduction en vers blancs de l'Iliade et de l'Odyssée (4 vol. Londres, 1816), et fraya la voie d'un mode poétique plus libre, plus sincère et plus varié que celui de l'école didactique, dont Pope avait fait la gloire. Une grâce pensive et naïve, une sensibilité toujours émue et toujours vraie, la reproduction la plus animée et la plus fraîche des tableaux de la nature, compensent les défauts que l'on peut reprocher à Cowper, la diffusion et le défaut d'ordre. Toujours malade, tourmenté, désespéré même par les prédications méthodistes, il mourut le 25 avril 1800, léguant à lord Byron et à Wordsworth le soin d'agrandir la nouvelle carrière qu'il venait d'ouvrir. Ses divers ouvrages ont eu depuis de nombreuses éditions, qui témoignent des vives sympathies que ce poète a fini par inspirer. J. Johnson a publié, d'après les papiers originaux, *Private Correspondance of William Cowper* (2 vol. Londres, 1824); et on a de Taylor une *Life of William Cowper* (Londres, 1833).

COW-POX. *Voyez* VACCINE.

COXAL (Os), du latin *coxa*, cuisse. *Voyez* HANCHE.

COXCIE, COCXCIE ou COXIS (MICHEL), peintre flamand, né à Malines, en 1497, étudia son art sous la direction de Bernard d'Orlay. Plus tard il se rendit à Rome, où il se livra avec ardeur à l'imitation du style de Raphaël, et où il exécuta divers travaux, notamment des peintures à fresque, par exemple à Santa-Maria dell' Anima. De retour dans sa patrie, il vécut jusque dans un âge fort avancé, déployant constamment une ardeur extrême pour le travail, et, par suite, jouissant d'une grande et honorable aisance. La plupart de ses tableaux sont passés en Espagne. Il mourut à Anvers, en 1592. Coxcie est du nombre des peintres de l'école flamande qui marquent la transition de l'ancienne manière au genre, plus moderne, des Italiens, et il se distingue de ceux-ci par un genre de charme qui lui est particulier. On voit aussi de ses toiles dans les églises Saint-Gudule et Notre-Dame des Victoires, à Bruxelles; et dans celle de Sainte-Gertrude, à Louvain. Le musée de cette ville a de lui un tableau dont le sujet est *Jésus-Christ entre saint Pierre et saint Paul*, grande page, qui a un peu souffert du temps, mais qui est une imitation de Raphaël des plus heureuses. Les tableaux de Cocxcie que possède l'Académie d'Anvers unissent davantage le style flamand à la manière italienne; il en est de même du *Saint Sébastien* qu'on voit dans l'église Sainte-Marie de la même ville. Saint-Jacques de Gand, l'Église des Jésuites de Bruges, Saint-Veit de Prague, sont aussi ornés de toiles dues à cet artiste. La copie qu'il fit du grand tableau d'autel exécuté, pour la cathédrale de Gand, par les frères Van Eyck, est surtout célèbre; elle lui fut commandée par le roi d'Espagne Philippe II, et se trouve aujourd'hui disséminée entre le musée de Berlin, la pinacothèque de Munich et la collection du roi de Hollande. Nous devons aussi faire ici mention de ses trente-deux dessins retraçant l'histoire de Psyché, œuvre dans laquelle il approche du style de Raphaël, dont il se pourrait d'ailleurs qu'il eût emprunté quelques esquisses. Ils ont été gravés par Agostino Veneziano. Cocxcie exécuta aussi quelques verrières.

COXE (WILLIAM), polygraphe et voyageur anglais, né le 7 mars 1748, à Londres, au lieu d'embrasser la profession de son père, médecin distingué, entra dans les ordres en 1772, et fut nommé à la cure de Denham. De 1775 à 1778, il voyagea avec lord Herbert, depuis comte de Pembroke, dans une grande partie de l'Europe; et au retour de cette tournée, il publia ses *Sketches on the natural, civil and political State of Switzerland*, qu'à la suite d'une seconde visite à ce pays il refondit complétement sous le titre de *Travels in Switzerland and the country of the Grisons* (3 vol., Londres, 1779). Une quatrième édition de cet ouvrage, publiée en 1801, contient en outre comme supplément une histoire de la révolution de 1793.

Comme précepteur du jeune Whitbread, devenu plus tard l'un des plus célèbres orateurs de la chambre basse, il entreprit en 1784 avec son élève une seconde tournée au nord et au sud de l'Europe : il était à peine de retour en Angleterre, en 1786, qu'il partait encore une fois visiter la Suisse et la France; et en 1794 il parcourut la Hollande, la plus grande partie de l'Allemagne et la Hongrie. Les observations que ces différents voyages lui fournirent l'occasion de recueillir ont été consignées par lui dans ses *Travels into Poland, Russia, Sweden and Denmark* (Londres, 1790; 4° édit., 1803).

A partir de 1786 il obtint divers bénéfices ecclésiastiques, et fut nommé en 1805 archidiacre dans le Wiltshire Il fit paraître en outre *Memoirs of sir Robert Walpole* (3 vol. 1798); *Memoirs of Horatio lord Walpole* (1802); *History of the House of Austria* (1807); *Historical Memoirs of the Bourbon kings of Spain* (1813); et *Memoirs of John duke of Marlborough* (1817). Ces deux derniers ouvrages sont incontestablement les meilleurs qui soient sortis de la plume de Coxe.

Tant de travaux contribuèrent à lui faire perdre la vue, en 1816. Il supporta ce malheur avec beaucoup de philosophie. Privé du secours de ses livres, il y suppléait par sa mémoire et par son érudition, corrigeant mêmes les erreurs de ses secrétaires et de ses collaborateurs. C'est ainsi qu'il termina *The private and original Correspondance of the duke of Shrewsbury* (1821). Les *Memoirs of the Administration of Heury Pelham* (1829) ne parurent qu'après sa mort, arrivée le 8 juillet 1828, dans son presbytère de Bemerton.

COXIS. *Voyez* COXCIE.

COYPEAU D'ASSOUCY (CHARLES). *Voy.* ASSOUCY.

COYPEL (NOEL) naquit à Paris, le 25 décembre 1628, et suivit les conseils d'un élève de Vouet; très-jeune encore, il fut employé à la décoration des maisons royales. L'oratoire et la chambre du roi, l'appartement du cardinal de Mazarin et celui de la reine, au Louvre, une des grandes salles du palais des Tuileries et le château de Fontainebleau fournirent à Noël l'occasion de faire apprécier ses connaissances et la grâce de son pinceau. En 1663 l'Académie royale de peinture le reçut parmi ses membres, sur la présentation d'un tableau remarquable, *La Mort d'Abel*. Nommé directeur de l'Académie de France à Rome, Coypel s'occupa de donner une grande impulsion à cette école, pour laquelle il obtint un palais spacieux, où il rassembla un grand nombre de plâtres moulés d'après l'antique. Peu de peintres ont donné plus de preuves que lui d'une extrême facilité : à l'âge de soixante-dix-sept ans il peignit encore avec succès deux grandes compositions pour l'hôtel des Invalides; tout ce qui est sorti de sa palette offre un coloris très-brillant; mais son dessin est souvent incorrect. Coypel rappelle trop dans ses poses les attitudes théâtrales que lui inspirait son goût pour la scène. Instruit dans la perspective et l'anatomie, cet habile artiste n'a pas négligé la théorie de son art. On a publié en 1741 un volume des discours qu'il a lus à l'Académie, et parmi lesquels on distingue particulièrement celui sur le coloris. Plusieurs graveurs ont reproduit quelques-unes des nombreuses et grandes compositions de Coypel, mort à Paris, le 2 décembre 1707.

COYPEL (Antoine), fils aîné du précédent, naquit à Paris, en 1661 : élève de son père, qu'il suivit à Rome, le jeune Antoine s'attacha trop exclusivement à cultiver le Bernin, dont il aimait la manière et le goût. A dix-huit ans, de retour à Paris, Antoine Coypel fit une *Assomption de la Vierge* pour l'église de Notre-Dame; deux ans après il obtint le titre de peintre de Monsieur, et enfin celui de peintre du roi en 1715. Homme de cour, Antoine a répandu dans ses œuvres l'afféterie et la manière des gens qui le fréquentaient alors; son coloris est éclatant, sans harmonie, et toutes ses têtes se ressentent de la mignardise qu'il avait sous les yeux. Les quatorze sujets de l'*Énéide*, qu'il peignit pour la galerie du Palais-Royal, offrent toutes ces qualités, qui ont puissamment contribué à égarer l'esprit de ses successeurs. Son *Jésus-Christ dans le temple avec les docteurs*, le *Jugement de Salomon* et l'*Athalie*, que l'on cite parmi ses travaux, ont été gravés par Gérard et Jules Audran; lui-même a multiplié par des gravures à l'eau forte très-estimées son *Démocrite* et son *Ecce homo*. Antoine Coypel a laissé de plus des écrits recommandables sur la peinture, entre autres son *Épitre à son Fils*, et vingt discours sur cette matière, publiés en 1721 (in-4°). Il mourut le 7 janvier 1722.

COYPEL (Noël-Nicolas), autre fils de Noël, naquit le 7 janvier 1684, à Paris. Élève de son père, il acquit de bonne heure une réputation méritée par ses deux tableaux de *La Manne et de Moïse frappant le rocher*, qu'il exécuta dans sa vingt et unième année. *L'enlèvement d'Europe*, la coupole de la chapelle de la Vierge, à Saint-Sauveur, brillent par la richesse de la composition, l'harmonie et l'intelligence du clair-obscur, ainsi que par la correction du dessin, où l'on retrouve d'heureuses inspirations des maîtres de l'école d'Italie. La grâce de son pinceau ressemble parfois à celle du Corrège, et dans tout ce qu'il a produit on remarque une grande fraîcheur et beaucoup de légèreté dans la touche. Ses portraits à l'huile et au pastel sont rendus avec esprit et un sentiment vrai de la nature. Il mourut à Paris, le 24 décembre 1734, à la suite d'un coup violent qu'il reçut à la tête.

COYPEL (Charles-Antoine), fils d'Antoine et petit-fils de Noël, naquit en 1694, à Paris; il est resté fort au-dessous du talent de son père, dont il fut l'élève, et c'est bien plus à la faveur qu'à son propre mérite qu'il dut l'emploi de peintre du roi; son peu de succès dans le genre de l'histoire l'y fit renoncer pour s'occuper de bambochades, sans pouvoir mieux réussir. Le théâtre lui présentant plus de chances d'avenir, il composa un grand nombre de pièces, dont deux tragédies, qui jouirent d'une certaine vogue alors, quoique bien médiocres en général. Il mourut en 1752.
J.-B. Delestre.

COYSEVOX (Antoine), sculpteur, dont la famille était originaire d'Espagne, naquit à Lyon, en 1640. A vingt-sept ans il alla décorer en Alsace le palais de Saverne du duc de Furstemberg, dont l'attention s'était fixée sur le jeune artiste, estimé déjà pour une statue de *La Vierge*, exécutée dans sa ville natale, et d'autres travaux faits à Paris. De retour, après quatre ans d'absence, dans cette capitale, il fut chargé de deux statues de Louis XIV, l'une pédestre, pour l'hôtel de ville de Paris, l'autre équestre, commandée pour les états de Bretagne, et d'une proportion de 4^m,85. Les *Chevaux ailés* des Tuileries, *Le Flûteur*, la *Flore* et l'*Hamadryade*, que l'on voit dans le même jardin, attestent la grande facilité, comme aussi la grâce et la naïveté de son ciseau. Le tombeau du cardinal Mazarin, le monument de Charles Lebrun et le mausolée de Colbert montrent que Coysevox savait communiquer à ses ouvrages le caractère propre du genre dans lequel ils étaient conçus. La plus grande partie des figures en marbre dont il a doté les maisons royales ont été détruites. Il a fait beaucoup de portraits, remarquables par l'animation et la finesse de l'expression, ce qui lui a mérité le surnom de *Van Dyck* de la sculpture: ceux de Lenôtre, de Lebrun, de Colbert et de Louis XIV sont d'une grande beauté. Coysevox, qui fut pendant quarante-quatre ans membre de l'Académie, professeur, et peu de temps chancelier, mourut le 10 octobre 1720.
J.-B. Delestre.

COYTHIER (Jacques), né au quinzième siècle, à Poligny, en Franche-Comté, vint à Paris étudier la médecine, et finit par y acquérir une telle réputation de savoir et d'habileté, que Louis XI le prit pour médecin. Ce qu'on dit des remèdes qu'il inventa pour prolonger la vie chancelante du vieux roi n'est rien moins qu'avéré, et il est permis de douter, par exemple, qu'il lui ait fait boire du sang humain, comme le prétend un chroniqueur de cette époque. Mais ce qu'il y a de bien certain, c'est qu'il sut profiter de son ascendant sur l'esprit faible et superstitieux de son maître pour sa fortune et celle de plusieurs de ses parents C'est ainsi qu'une seule maladie de Louis XI lui valut, suivant le registre de la chambre des comptes, près de 100,000 écus de gratification. Vainement l'envie essaya plusieurs fois de le perdre dans l'esprit de Louis XI; toujours il sut le dominer. « Je sais bien, lui disait-il, que vous m'envoyerez comme vous faites d'autres; mais (par un grand serment qu'il jurait) vous ne vivrez pas huit jours après. » Enfin, satisfait de la fortune qu'il avait amassée, ou peut-être fatigué d'avoir constamment à lutter contre des envieux et des ennemis, il se retira de la cour pour vivre dans une somptueuse demeure que Louis XI lui avait donnée en 1480, dans la rue Saint-André-des-Arcs à Paris. Cette demeure était l'hôtel d'Orléans, qu'avait habité Valentine de Milan. On sait que Coythier fit graver sur la porte ce jeu de mots connu : *A l'abri-Cothier*. A la mort de son royal protecteur, les attaques de ses ennemis recommencèrent de plus belle. On l'accusa de concussions, de dilapidations, et il ne détourna l'orage qui grondait sur sa tête qu'en faisant gracieusement don de 50,000 écus à Charles VIII, pour les frais de l'expédition de ce prince en Italie. Coythier vivait encore en 1500; mais on ignore l'époque précise de sa mort.

CRABBE (Georges), poète anglais, né le 24 décembre 1754, à Aldborough, dans le comté de Suffolk, destiné par ses parents à la profession de chirurgien, fut mis en apprentissage chez un frater de campagne. Son père, qui avait une petite place de receveur des droits sur le sel, provoqua sans le vouloir son goût pour la poésie par l'habitude où il était d'extraire et de couper du journal qu'il lisait, comme parfaitement inutiles à garder, les pièces de vers que le rédacteur y plaçait. Ces débris condamnés à allumer le feu, l'enfant les recueillait avec soin, les lisait, et les apprenait par cœur quand ils parlaient vivement à sa jeune imagination; commençant ainsi une étude que devait bientôt compléter la lecture de Shakspeare et de Milton. Quand il eut fini, tant bien que mal, son éducation médicale, Georges revint s'établir à Altborough; mais sa profession, pour laquelle évidemment il n'était point fait, ne lui rapportait pas même son pain quotidien. Ses essais poétiques avaient été approuvés par quelques amis; une jeune fille, qu'il aimait, miss Elmy, leur avait souri. Son poëme A l'Espérance venait d'obtenir un prix. Ce succès détermina Georges à se rendre à Londres, et à y tenter la vie littéraire. Il y subit tous les tourments de la misère : le sort de Chatterton semblait l'attendre; mais celui-ci s'était adressé à Walpole, tandis que Crabbe mit son espoir dans Burke. Il lui écrivit une lettre pleine de noblesse et de sensibilité. Burke dit a l'Angleterre qu'elle avait un écrivain distingué de plus, et l'Angleterre le crut. Son poëme La Bibliothèque, aposti lé par Burke, devait aller à la postérité : les libraires se hâtèrent de le faire imprimer. Malgré ce succès, et d'après le conseil de Burke, Crabbe se livra alors à l'étude de la théologie; et, sans suivre les cours d'une université, par ses travaux solitaires mais profonds, il parvint bientôt à être en état de recevoir les ordres, et vit alors s'ouvrir devant lui une carrière tout à la fois assurée et honorable. Il fut d'abord nommé vicaire à Altborough, puis la noble famille de Rutland le choisit pour chapelain. Ce fut dans le château de lord Rutland, dans une de ces belles retraites où l'aristocratie anglaise se plaît à étaler sa puissante et généreuse bienfaisance, qu'il composa son poëme Le Village (1782). Le sévère critique Johnson en fit l'éloge; il en corrigea même quelques vers, et le succès de ce poëme valut à son aut ur trois petites sinécures ecclésiastiques. En 1783 Crabbe épousa miss Elmy, cette jeune personne qui l'avait aimé dans l'infortune. Pendant les débats qui s'élevèrent dans le sein du parlement d'Angleterre lorsque éclata la Révolution française, Crabbe, tout en cultivant l'amitié de son bienfaiteur, ne se laissa pas entraîner par les mêmes terreurs et resta l'ami de Fox. En 1807, après un silence de plus de vingt années, il publia The Borough (le bourg), qu'il fit suivre, en 1810, de The parish Register (le registre de la paroisse), et en 1812 d'un recueil de vers intitulé Tales (contes). La mort de sa femme plongea le poëte dans une mélancolie durable : elle lui inspira ses Tales of the Hall (1819), qui obtinrent un grand succès. Ce poëme a pour sujet les confidences réciproques que se font deux frères, après une longue séparation, sur les événements de leur vie. On a conservé le journal qu'il écrivit lorsqu'en 1780 il manquait de pain à Londres, et celui qu'il écrivit en 1817 quand il reparut dans cette capitale, après une longue absence, trouvant la société complétement changée autour de lui. Mais si Burke n'était plus alors, Crabbe pouvait causer avec Brougham; si Fox avait suivi dans la tombe celui qu'il aima tout en le combattant, notre auteur fut accueilli par lord Holland.

Georges Crabbe mourut le 9 février 1832, à Trowbridge, dont il avait obtenu la cure en 1813. On a comparé le talent de Crabbe en poésie à celui d'un Teniers ou d'un Van Ostade en peinture. Les sujets qu'il choisit ne sont par eux-mêmes rien moins qu'attrayants; mais il sait leur communiquer un charme tout particulier, par la manière dont il les comprend et les traite. Sa poésie est ferme, claire et vigoureuse. Dans la puissance, pour ainsi dire, qu'elle s'attache au réel, et cherche surtout à être vraie et exacte. Il n'avait pas le talent pittoresque de Scott et la magnifique imagination de Byron : ce n'est pas un grand poëte, c'est un bon poëte. Son esprit est sage, sa pensée est ferme. Il ne faut pas le lire si on ne cherche que des émotions; mais si l'on croit que les vers peuvent instruire, si l'on pense que la justesse des images, l'harmonie du style, peuvent donner de la force à des idées morales et à des pensées philosophiques, on se plaira avec Crabbe. Une édition complète de ses œuvres, préparée par lui-même, a paru sous le titre de The Life and Works of George Crabbe (Londres, 1833).

E. DESCLOZEAUX.

CRABE. Ce nom est dérivé du latin carabus, ou du grec καραβος, ou bien encore du flamand krab, ou du teuton krebs. Il appartient au langage vulgaire. On s'en sert pour désigner, disent nos lexiques, une écrevisse de mer. Mais, dans l'histoire naturelle des crustacés, on donne tantôt à ce nom une acception très-générale, en l'appliquant à un très-grand nombre de ces animaux, et c'est ce qui a lieu dans la classification de Linné; tantôt aussi on en restreint la signification, et le mot crabe est alors le nom d'un genre dont les caractères sont : Carapace plus large que longue, dont le bord antérieur présente des dents en scie, ou de larges crénelures qui se confondent presque avec les rides du test; d'autres fois des crénelures nombreuses au bord d'un test uni, et souvent, enfin, des dentelures elles-mêmes subdivisées; abdomen divisé en sept articles, chez les femelles, et seulement en cinq chez les mâles; yeux rapprochés, portés sur un pédicule court; antennes au nombre de quatre, les externes petites, sétacées, les internes repliées sur elles-mêmes, et le plus souvent cachées dans deux fossettes ordinairement transverses. Ce genre d'animaux appartient, dans la classification de Latreille, à la famille des brachiures, de l'ordre des décapodes. Les crabes sont très-communs sur les côtes de l'Océan et de la Méditerranée. Ils abondent encore plus dans les mers des pays chauds. Ils se nourrissent indistinctement de toutes sortes de chairs des animaux morts qu'ils trouvent dans la mer. Ils sont craintifs, habitent les lieux solitaires ou peu fréquentés, se cachent dans les fentes des rochers, et ne vont à la recherche de leur nourriture que la nuit. D'après les observations de M. Risso, faites dans la mer de Nice, chaque ponte est de quatre à six cents œufs; et les individus qui en proviennent ne sont bien développés qu'au bout d'un an. Quelques espèces du genre crabe sont bonnes à manger. On estime la chair du crabe poupart ou tourteau, une des espèces les plus grandes de nos côtes ; il acquiert quelquefois 0ᵐ,27 de longueur, et pèse jusqu'à cinq livres.

On donne aussi le nom de crabes à de très-petits crustacés qui vivent une partie de l'année en parasites dans les moules, et auxquels on a attribué les accidents qu'occasionnent quelquefois ces dernières à ceux qui en mangent. Ces petits crustacés, qui n'appartiennent pas au genre crabe indiqué ci-dessus, sont des pinnothères.

En médecine, on emploie le mot crabe, au féminin, pour désigner une maladie de la paume des mains et de la plante des pieds, qui se couvrent de callosités, suivies de gonflements et d'excoriations. On en distingue deux variétés, la crabe sèche et la crabe verte. Ce genre de désorganisation de la peau est regardé comme un symptôme de la syphilis.

L. LAURENT.

CRABETH (THIERRY et GAUTIER). Il paraît que ces deux célèbres peintres sur verre étaient fils de Claude CRABETH, de Gouda, ainsi qu'Adrien-Pierre CRABETH, élève de Jean Zwart, qu'il surpassa en peu de temps. C'est du moins le sentiment d'Almeloveen. Gautier visita la France et l'Italie. Son usage, à ce que raconte Descamps, dont toutes les anecdotes sont loin d'être sûres, son usage était de laisser un carreau de vitre peint de sa main dans chaque ville où il passait. Les connaisseurs conviennent tous que Gautier était supérieur à son frère Thierry sous le rapport de la couleur et du dessin, mais que Thierry avait plus de vigueur. Au reste, ils étaient tous deux fort habiles, et réussissaient dans les grandes comme dans les petites compositions, avec une promptitude extraordinaire. Leurs chefs-d'œuvre servent encore de témoignage à leur réputation dans l'église de Saint-Jean de Gouda. Gautier y travailla de 1557 à 1564, et Thierry de 1555 à 1572.

Quoique ces deux frères fussent amis, dit encore Descamps, ils se faisaient mystère des procédés qu'ils employaient. Celui qui recevait la visite de l'autre couvrait son ouvrage. Il arriva, suivant la tradition, que l'un ayant demandé à son frère comment il s'y prenait pour triompher d'une certaine difficulté, il ne put avoir d'autre réponse que celle-ci : *J'ai trouvé par le travail; cherchez et vous touveres de même*. Ils finirent par vivre éloignés. Ils eurent pourtant le même sort. Leurs talents ne purent les préserver de l'indigence, et, pour échapper au besoin, ils se virent obligés d'exercer la profession de simples vitriers. Thierry ne se maria point, mais Gautier épousa une fille de la famille de Proyen, dont il eut un fils, qui devint bourgmestre.

Un *François* CRABETH, mort à Malines, en 1548, peignait en détrempe avec autant de force que s'il eût peint à l'huile. Tous ses ouvrages, excepté les têtes, qu'il faisait dans le goût de Quintin-Metsis, sont dans la manière de Lucas de Leyde.
De REIFFENBERG.

CRABIER. On donne ce nom à quelques espèces de mammifères et d'oiseaux qui se nourrissent de *crabes*. Ce sont un raton, un chien, un didelphe, une espèce du genre *héron*, et un martin-pêcheur du Sénégal.

CRAC ou **CRAQUE.** Ces deux expressions populaires, employées pour exprimer un mensonge évident, une exagération, une hablerie, sont très-anciennes, et le beau langage n'en saurait remplacer l'énergie naive. Elles avaient fait donner dès avant 1789 le nom d'*arbres de Cracovie* à certains arbres des jardins du Palais-Royal, des Tuileries et du Luxembourg, sous l'ombrage desquels se rassemblaient les nouvellistes et gobe-mouches de profession. Collin d'Harleville a écrit une petite pièce de carnaval intitulée *M. de Crac en son petit castel*, où le penchant inné et irrésistible des habitants des bords de la Garonne pour la fiction est retracé d'une manière aussi vive que plaisante. De temps immémorial, en Gascogne même, il est d'usage d'envoyer à ceux qui se distinguent par-dessus tous les autres dans cette spécialité des brevets imprimés de membres de la diète de *Moncrabeau* (Lot-et-Garonne), comme, dans les premières années de la Restauration, on expédiait de Paris des brevets de l'ordre de l'Éteignoir aux *ultras* les plus encroûtés. Du reste, ce travers est loin d'être particulier aux Gascons. Que de *craqueurs* en effet, depuis le ministre qui vante sa popularité dans ses journaux jusqu'à l'officier de la milice citoyenne qui énumère ses exploits de corps-de-garde; depuis l'auteur ingrat qui annonce la dixième édition de sa *trilogie*, jusqu'au gazetier qui communique bénévolement au public sa correspondance particulière de Pétersbourg ou de Constantinople ! Vouloir réfuter ces mensonges qui sautent aux yeux, mettre au jour ces tromperies qui ne dupent plus personne, ce serait montrer vraiment trop de simplicité et de candeur. Sur ce point, La Fontaine, dans *Le Dépositaire infidèle*, nous a enseigné ce qu'il fallait faire :

.... dispute advint entre deux voyageurs.
  L'un d'eux était de ces conteurs
Qui n'ont jamais rien vu qu'au microscope ;
Tout est géant chez eux ; écoutez-les, l'Europe,
Comme l'Afrique, aura des monstres à foison.
Celui-ci se croyait l'hyperbole permise :
J'ai vu, dit-il, un chou plus grand qu'une maison.
Et moi, dit l'autre, un pot aussi grand qu'une église.
Le premier se moquant, l'autre reprit : tout doux !
  On le fit pour cuire vos choux.
L'homme au pot fut plaisant........
Quand l'absurde est outré, l'on lui fait trop d'honneur
De vouloir par raison combattre son erreur :
Enchérir est plus court, sans s'échauffer la bile.
De REIFFENBERG.

CRACHATS, CRACHEMENT. On nomme *crachat* la matière évacuée par la bouche et provenant d'une sécrétion surabondante des glandes salivaires, des cryptes muqueuses et des follicules sébacés, ou bien d'une exhalation morbide particulière. Les crachats peuvent se former 1° dans la bouche; 2° dans le gosier, l'arrière-bouche ou les fosses nasales; 3° dans la trachée-artère ou les conduits bronchiques de la poitrine. Dans le premier cas, leur expulsion est très-simple, et constitue la simple *sputation* ou *crachement*. Dans le second, ils sont chassés par une expiration rapide en même temps que l'isthme du gosier se resserre : c'est l'*expuition*. Enfin, dans le troisième cas, l'expulsion des crachats est précédée d'une expiration brusque, d'une toux : il y a alors *expectoration*.

Les crachats de la bouche, principalement formés de salive, sont en général clairs et séreux. Ils sont quelquefois très-fréquents pendant la grossesse, ou par suite de l'usage du mercure (*voyez* SALIVATION), ou encore chez les individus atteints de la rage; beaucoup de fumeurs ont aussi la mauvaise habitude de cracher abondamment. Les crachats du gosier, qui indiquent le plus souvent un état inflammatoire de cette partie, sont visqueux et se détachent avec peine ; ils sont fréquemment mêlés de petits grumeaux blancs, qui s'écrasent entre les doigts en donnant une mauvaise odeur : cette matière provient des amygdales et s'observe aussi dans l'état de santé. Mais les crachats provenant de la poitrine sont ceux qui intéressent le plus le médecin : leur forme, leur consistance et leur composition varient en effet suivant la nature de l'affection. Ils sont séreux au début de la bronchite aiguë et de la pleurésie; plus opaques dans le catarrhe chronique; adhérents aux vases dans lesquels ils sont rendus, mêlés à de petites bulles d'air dans la pneumonie ou fluxion de poitrine; verdâtres dans la pneumonie bilieuse; etc. Chez les phthisiques, ils sont d'abord clairs et transparents; plus tard ils deviennent opaques, épais et exactement arrondis. Un des caractères les plus importants de la pneumonie est la présence du sang dans les crachats. Il ne faut cependant pas confondre le sang intimement mélangé aux crachats avec celui qui proviendrait du gosier ou des fosses nasales, et qui se présente sous forme de stries.

Le mot de crachat réveille une idée plutôt repoussante qu'agréable. Pourquoi donc l'applique-t-on populairement à la plaque qui distingue les grades supérieurs de la Légion d'Honneur et d'autres ordres de chevalerie?

CRACHEMENT DE SANG. *Voyez* HÉMOPTYSIE.

CRACOVIE (en polonais *Krakow*), chef-lieu de l'ancienne république et aujourd'hui du grand-duché de ce nom, en même temps que de l'un des trois cercles de régence du royaume de Gallicie (annexe de l'empire d'Autriche), siége du tribunal supérieur provincial des arrondissements judiciaires de Cracovie, Rzeszow et Jaslo, lieu capitanerie d'arrondissement, d'un tribunal de première instance et d'un tribunal d'appel d'arrondissement, d'un évêque catholique, d'un général commandant militaire et d'une université, est située au milieu d'une plaine bornée de tous côtés en amphithéâtre par des collines peu élevées, sur la rive gauche de la Vistule, qui y devient navigable, en même temps qu'elle y reçoit les eaux de la Rudawa, et qu'un pont inauguré en décembre 1850 met en communication avec Podgorze.

La population de cette ville est de 38,500 habitants, dont 13,000 juifs et quelques centaines d'Allemands. On y compte 39 églises, un grand nombre de chapelles, 15 couvents d'hommes et 10 couvents de femmes, et 7 synagogues. Elle se compose de la *vieille ville*, ou Cracovie proprement dite, dont les anciennes murailles, flanquées de nombreuses tours, les fossés et les remparts sont disparu et ont été transformés en promenades ; et des faubourgs de *Stradom* et de *Kleparz*, sur la rive gauche, de *Kazimiers* sur la rive droite de la vieille Vistule, et de quelques autres encore.

Quand de la plaine le voyageur aperçoit dans le lointain le grand nombre de vieilles tours et de coupoles qui dominent ses églises, l'orgueilleux château moyen âge qui s'élève au-dessus d'une masse compacte de maisons, il a devant les yeux un tableau imposant, auquel répond mal l'intérieur de la ville, labyrinthe de rues sales et tortueuses, environné de ruines qui témoignent d'une antique prospérité depuis longtemps évanouie. La porte Saint-Florian, construite en 1498 et conservée comme monument remarquable, est peut-être l'unique et en tous cas le plus beau débris d'architecture gothique existant en Pologne. On travaille de nouveau aujourd'hui à fortifier Cracovie, et il paraît que le système de défense qu'on a choisi reliera le château à divers forts détachés bâtis sur les hauteurs voisines. Le 18 juillet 1850 un effroyable incendie détruisit près de la moitié de la vieille ville, notamment la plus belle et sa plus riche partie, entre autres les magnifiques églises des Dominicains, des Franciscains et de Saint-Joseph, le palais épiscopal, la grande-garde, les hôtels du prince Jablonowski et du comte Mosstyn, une caserne, l'école polytechnique, et les plus riches entrepôts du commerce et de l'industrie. La perte fut évaluée à 7 millions et demi de florins, et porta un coup terrible à la prospérité de Cracovie.

Sur la grande et régulière place du marché, d'une superficie totale de 45,600 mètres, s'élèvent : la Halle aux draps, bâtie en 1358 par Casimir le Grand et reconstruite en 1550; à droite, le beffroi de l'hôtel de ville, la grande-garde et la chapelle de Saint-Adalbert, bâtie au dixième siècle; dans l'angle à l'ouest, l'église paroissiale de la Sainte-Vierge-Marie, imposant édifice de style mi-gothique, qui date du moyen-âge, surmonté de deux hautes tours, et où l'on voit un maître-autel artistement sculpté et de belles peintures sur verre. L'église Sainte-Anne, construite de 1689 à 1703, et l'église Saint-Pierre, qui date du seizième siècle, sont encore des monuments remarquables; et les autres églises présentent aussi beaucoup de beautés architecturales, de même qu'à leur fondation se rattachent ordinairement les plus grands souvenirs historiques. La cathédrale, située dans le château même, est un magnifique édifice gothique, qu'on prétend avoir été construit par le roi Ladislas Hermann (1081-1102), mais qui reçut sa configuration actuelle au quatorzième siècle, sous le règne de Casimir le Grand. Dans une chapelle située au centre de cet édifice, on conserve les ossements de saint Stanislas, et dans dix-huit autres chapelles latérales les tombeaux des plus célèbres rois, reines et héros polonais, de Jagellon, d'Hedwige, des trois Sigismond, d'Étienne Bathori, de Jean Sobieski, de Kosciuszko, de Joseph Poniatowski; et la chapelle de la famille Potocki renferme le tombeau d'Arthur Potocki, œuvre de Thorwaldsen.

Au sud, entre l'ancienne porte de Grodzk et le bras de la Vistule qui coule à travers la ville, est situé le faubourg de Stradom, où l'on remarque l'église des Bernardins, le séminaire épiscopal et le palais de la Régence. On arrive ensuite au faubourg Kasimierz, situé dans une île de la Vistule et fondé par Casimir le Grand, d'abord comme ville à part. On y voit l'église Saint-Michel, sur l'autel de laquelle fut tué saint Stanislas; les églises de Sainte-Catherine et du Saint-Sacrement, qui contiennent quelques débris d'admirables peintures sur verre; l'église de la Trinité, attenant au couvent et à l'hospice des frères de la Miséricorde, et l'ancien hôtel de ville, édifice de style gothique. Tous ces monuments dominent la masse confuse de maisons habitées par la totalité de la population juive, et formant ce qu'on appelle *la ville juive*. Au nord est situé le faubourg Kleparz, où l'on trouve les églises Saint-Florian, et Saint-Philippe-et-Jacques, l'embarcadère du chemin de fer, le marché aux grains et le marché aux bestiaux. C'est aussi de ce côté qu'est situé le faubourg Piasek (sur la grève), avec sa belle église de la Visitation, bâtie en 1087, et l'église de l'Annonciation. A l'ouest s'étendent les faubourgs de Smolensk et de Zwierzyniec, ce dernier avec un couvent de *Norbertines*. A l'est, enfin, est situé le faubourg de Wesola, avec l'église Saint-Nicolas, le grand hôpital Saint-Lazare; l'église Sainte-Thérèse, attenant au couvent des Carmélites, enfin avec la clinique médicale, le jardin botanique et l'observatoire.

L'université de Jagellon, ainsi appelée en l'honneur de son fondateur, l'une des plus anciennes de l'Europe, fut fondée en 1364, par Casimir le Grand; mais ce ne fut qu'en 1401 qu'elle fut mise en activité par Jagellon et Hedwige. Elle forma dès lors pendant longtemps le foyer de la vie scientifique en Pologne; l'art avec lequel les jésuites s'attachèrent à lui ôter de plus en plus son ancienne importance eut pour résultat d'amener insensiblement sa complète décadence. Après avoir été réorganisée, elle fut rouverte le 18 octobre 1817; mais depuis 1833 son organisation a encore subi de nombreuses modifications. Cette université possède une bibliothèque d'une valeur toute particulière pour la littérature polonaise, et renfermant plus de 50,000 volumes ainsi qu'un grand nombre de manuscrits, un cabinet d'histoire naturelle et un jardin botanique, celui dont il a déjà été question plus haut. En fait d'autres établissements d'instruction supérieure, il faut encore citer, le séminaire ecclésiastique, l'école normale pédagogique, deux écoles d'arts et métiers et d'industrie, indépendamment de dix-sept écoles élémentaires et d'un grand nombre de maisons d'éducation à l'usage des jeunes filles. Cracovie possède en outre une société littéraire et une société musicale, un institut des sciences forestières, de création récente, pour la Gallicie occidentale, et un théâtre national. Parmi ses institutions de bienfaisance, l'institut ophthalmique, fondé par le prince Lubomirski, mérite une mention particulière.

Au temps où elle formait une république, Cracovie, bien qu'entravée par les douanes russes, ne laissait point que de faire un commerce de transit considérable, généralement aux mains des juifs. On peut espérer que rattachée aujourd'hui aux États Autrichiens, la suppression du cordon de douanes qui avait toujours existé jusqu'à présent entre la Gallicie et la Hongrie, ainsi que la continuation prochaine du chemin de fer de Cracovie jusqu'en Hongrie, auront pour résultat d'imprimer une vie et une activité nouvelles au commerce de cette ville.

Cracovie fut, dit-on, fondée par Krak, prince des Polonais, qui vivait vers l'an 700, et d'après lequel elle fut nommée. Wanda, sa fille, qui lui succéda, se précipita, dit-on, dans la Vistule à Cracovie. Depuis qu'en 1320 Ladislas Lokiétek s'y fit couronner, cette ville devint la capitale de la Pologne et la résidence de ses rois, au lieu de Gnesen; et il en fut ainsi jusqu'à ce qu'en 1609 Sigismond choisit pour résidence Varsovie. Cependant elle demeura longtemps encore en possession d'être la ville où avait lieu le couronnement des rois. Jusqu'à l'an 1060 elle avait été aussi siège d'archevêché; mais plus tard elle devint simple siège d'évêché, suffragant de l'archevêché de Gnesen. L'évêque de Cracovie avait droit de préséance sur tous les autres évêques de Pologne, et depuis l'an 1443 il était prince souverain de la *Sévérie*, nom de la contrée située entre cette ville et la Silésie. Dès 1267 Cracovie obtint d'être régie par le droit de Magdebourg. Elle fut ravagée par des incendies dans les années 1025, 1125, 1473, 1528 et 1850. En 1039 elle tomba au pouvoir des Bohèmes, et fut prise par les Mongols en 1241 ; par les Suédois en 1655 et 1702, et en 1768 par les Russes, comme centre d'action de la confédération de Cracovie. Cité autrefois riche et industrielle, elle s'appauvrit peu à peu complétement. Lors du troisième partage de la Pologne, en 1795, elle échut en partage à l'Autriche, à qui déjà le faubourg Kasimierz avait été adjugé; et en 1809 et 1815 elle fit partie, avec toute la Gallicie occidentale, du duché de Varsovie.

La *république de Cracovie*, constituée par le congrès de

Vienne, comprenait sur la rive septentrionale de la Vistule, un territoire montagneux, fertile et en partie boisé, avec une population de 140,000 âmes, un bourg, 71 villages et hameaux, et avait Cracovie pour chef-lieu. Ce petit État, borné par la Prusse, l'Autriche et la Russie, devait jouir, sous la protection de ces trois puissances, d'une perpétuelle neutralité, et formait en même temps le dernier débris de la Pologne indépendante. D'après sa constitution, en date du 3 mai 1815, la puissance législative y était exercée par une représentation du peuple, qui chaque année s'assemblait pendant un mois. Le pouvoir exécutif y était confié à un sénat composé de huit sénateurs et d'un président. Le président était élu pour trois ans par la représentation du peuple et confirmé par les puissances protectrices. Le budget des recettes et des dépenses était évalué en dernier lieu à environ 1,300,000 fr. par an. Pour le maintien de la police, il y était entretenu un corps de milice municipale et de gendarmerie provinciale. De nombreuses atteintes portées par la noblesse à cette constitution déterminèrent, en 1829, les trois puissances à envoyer à Cracovie une commission d'enquête.

A la fin de l'année 1830 une partie de la population de Cracovie embrassa la cause de la révolution polonaise. Plus tard, un grand nombre d'hommes ayant appartenu au corps de Rozycki vinrent s'y réfugier; et la Russie ayant exigé leur extradition, il n'y en eut qu'un petit nombre qui purent gagner le territoire autrichien. A la suite de ces faits, Cracovie fut occupée par un corps russe aux ordres du général Rudiger, qui eut mission, avec l'assentiment de la Prusse et de l'Autriche, de la purger des éléments révolutionnaires qu'elle recélait dans ses murs. La réorganisation de la république de Cracovie eut lieu en 1833. Plus tard, des réfugiés polonais y ayant trouvé un asile d'où ils ourdissaient des plans ayant pour but d'opérer une nouvelle révolution, Cracovie fut occupée au mois de février 1836 par quelques bataillons autrichiens et des détachements de cosaques et d'uhlans prussiens aux ordres du général Trauenstein. Plus de 500 individus reçurent alors l'ordre d'avoir à sortir de la ville; on les conduisit sous escorte jusqu'à Trieste, où on les embarqua pour l'Amérique. Les troupes autrichiennes n'eurent pas plus tôt évacué Cracovie dans l'automne de 1837, que de nouveaux indices de l'existence d'une société secrète et l'assassinat du prétendu espion russe Céliak, au mois d'octobre 1838, amenèrent encore une fois l'occupation de la ville par les Autrichiens; occupation qui se prolongea jusqu'en 1841.

Enfin, quand, au mois de février 1846, éclatèrent des mouvements insurrectionnels qui devaient embraser toute la Pologne, l'insurrection fit de Cracovie, sa place d'armes et son centre d'action, et essaya de se propager en Gallicie. Mais cette tentative d'invasion fut repoussée par les Autrichiens, et Cracovie fut de nouveau occupée par les troupes des trois puissances. L'insurrection de la Gallicie, fomentée principalement par la noblesse, fut comprimée par la population des campagnes, qui prit fait et cause pour le gouvernement autrichien.

L'existence de cette petite république indépendante parut désormais incompatible avec le repos et la sécurité des États voisins. Dès le 6 avril les puissances protectrices ouvrirent à Berlin des conférences à l'effet de délibérer sur les mesures à prendre à l'égard de Cracovie; et le 6 novembre suivant une convention était signée à Vienne qui, mettant à néant les stipulations du traité de Vienne, adjugeait Cracovie et son territoire à l'Autriche, en dépit des protestations de l'Angleterre et de la France. Le décret de prise de possession ayant été rendu le 11 novembre, fut publié le 16 novembre à Cracovie. Les négociations ouvertes au sujet de la régularisation de la question de douanes à l'égard de la Prusse eurent enfin pour résultat, qu'au commencement de 1847, que la ville et son territoire furent compris dès lors dans le système des douanes autrichiennes. La constitution autrichienne de 1849 incorpora formellement le territoire de Cracovie au royaume de Gallicie sous la dénomination de *Grand-duché de Cracovie*; puis, aux termes de la constitution provinciale de 1850, la ville a été érigée en chef-lieu d'un des trois cercles de régence de ce royaume.

CRACOVIE (Arbre de). Dans le jardin du Palais-Royal, tel qu'il existait avant la construction des arcades en 1783, se trouvait un arbre antique, sous l'ombrage duquel se réunissaient les nouvellistes de ce temps. Un nommé Métra, qui avait alors une grande renommée en ce genre, était le président de ce congrès de gobe-mouches. C'était là que l'un vous traçait sur le sable, avec sa canne, la marche des armées russes et s'emparait de Constantinople; que les partisans respectifs de l'Angleterre et des États-Unis d'Amérique, en guerre à cette époque, se livraient, loin du théâtre des combats sanglants, les plus pacifiques des batailles. La quantité de fausses nouvelles, et, en langage populaire, de *craques*, qui se débitaient sous cet arbre lui fit donner, dans le même style, le nom d'*arbre de Cracovie*. La curiosité amenait en ce lieu des personnages de la plus haute classe, et l'on raconte qu'un jour Métra, ayant voulu expulser un domestique en livrée du groupe réuni autour de lui, ce dernier réclama, en annonçant qu'il n'était là que pour garder la place de son maître, M. le comte de...

Les jardins des Tuileries et du Luxembourg, autre rendez-vous de nouvellistes, avaient aussi leur arbre de Cracovie. Sous celui de cette dernière promenade l'orateur habituel était un certain abbé que l'on avait nommé *l'abbé Trente mille hommes*, parce que son éternel refrain était : « Donnez-moi seulement trente mille hommes, et je prends cette ville, ou je gagne cette bataille. » Un de ses auditeurs affiliés, enchanté de cette éloquence militaire, le fit hériter de sa petite fortune; et, n'ayant jamais su son nom de famille, il écrivit dans son testament : « Je laisse une somme de 20,000 fr. à M. *l'abbé Trente mille hommes*. » Des collatéraux voulurent attaquer ce legs; mais il fut confirmé par les tribunaux, d'après le témoignage des honnêtes gobe-mouches du faubourg Saint-Germain, qui attestèrent que l'on n'appelait point autrement l'ecclésiastique nouvelliste.

Aujourd'hui, les *arbres de Cracovie* ont disparu, mais les *Cracoviens* existent toujours; seulement, ce n'est plus dans les jardins, mais dans un palais qu'ils se réunissent; et les débitants de nouvelles de la Bourse sont loin d'y mettre la même bonne foi que le fameux Métra ou le non moins abbé *Trente mille hommes*.   OURRY.

CRACOVIENNE (*Krakowiak*), danse très-populaire en Pologne, et originaire de la ville de Cracovie. Elle a beaucoup d'analogie avec la *galopade*, car on l'exécute non en tournoyant comme la valse, mais en rond et par plusieurs couples, qui se suivent en s'accompagnant de chants. En la dansant, les cavaliers frappent l'une contre l'autre leurs bottes éperonnées, et ce cliquetis d'éperons en est l'accompagnement indispensable. Le grand art consiste à exécuter les mouvements les plus excentriques et les plus rapides sans jamais perdre l'aplomb ni déchirer les robes des danseuses. Le côté original de cette danse, c'est que le peuple, surtout à Cracovie, ne l'exécute jamais sans l'accompagner d'un chant improvisé par les figurants eux-mêmes. Ainsi, après quelques tours, le premier couple s'arrête, impose silence à l'orchestre, et le cavalier improvise une mélodie telle quelle. Quand il a terminé une série de modulations pouvant à la rigueur passer pour un air, le branle recommence, et les danseurs répètent en chœur les derniers refrains de l'improvisateur. Ces airs sont toujours simples, comme tous les airs populaires; les paroles en sont le plus souvent des réminiscences patriotiques et guerrières en harmonie avec l'esprit du peuple, quelquefois aussi elles ont pour sujet les personnes présentes, et alors les gais propos se croisent avec le plus merveilleux entrain. Voici la traduction d'un couplet d'une de ces chansons dansantes les plus populaires : « Il n'y a qu'une Pologne, qu'une Varsovie et qu'une Cracovie, c'est là que se trouvent les plaisirs et les divertissements ; c'est là que sont les beaux cavaliers, bien mis et bien peignés. Oh ! que cela fait plaisir à voir. Dis-moi, mon pauvre Allemand, dans ton habit étriqué, connais-tu Cracovie et le fier Polonais ? Quand il met sa magnifique capote et sa belle ceinture brodée, son sabre courbé retentit à ses côtés et fait tressaillir le Moscovite, etc. » Tout en chantant et en dansant, le cavalier a l'habitude de s'interrompre pour s'adresser à sa belle et l'encourager : *Dana, moia, dana* (Danse, ma belle, danse), sont les paroles qui reviennent toujours à la fin des strophes, et qui souvent sont reprises par le chœur comme refrain. PITKIEWICZ.

CRAIE. On nomme ainsi dans les arts des substances pierreuses blanches, assez tendres pour être employées comme crayons sur du bois et même sur des étoffes, en y déposant une trace pulvérulente, qui peut être enlevée très-facilement. Ce mot vient du latin *creta*, comme l'atteste l'adjectif *crétacé* (de craie, ou de nature crayeuse). Il ne faut pas croire cependant que ce soit la matière terreuse indiquée dans les *Géorgiques* de Virgile pour consolider l'aire d'une grange : celle-ci ne peut être qu'une *argile*, et les craies des modernes ne sont nullement propres au même usage. On en distingue deux espèces : l'une, beaucoup plus usitée, et que l'on voit entre les mains des professeurs qui ont des figures, des caractères, des calculs à tracer sur un tableau ; et l'autre, qui sert plus spécialement aux tailleurs d'habits, pour tracer les lignes qui doivent diriger les ciseaux ou l'aiguille. Dans les classifications minéralogiques, ces deux substances ne peuvent être rapprochées l'une de l'autre, en raison de l'analogie d'emploi que certains arts leur ont assigné, et la géologie les sépare encore davantage, en indiquant pour chacune une origine et un mode de formation qui n'ont rien de commun. La première de ces substances est incomparablement plus abondante et plus répandue que l'autre : c'est un carbonate de chaux terreux, ordinairement mêlé de silice dans l'état de sable, et d'une très-petite quantité d'alumine : le lavage, après une pulvérisation préalable, en sépare le sable, et la craie devient ce que l'on nomme assez mal à propos *blanc d'Espagne*. On peut voir entre Paris et Meudon des fabriques de cette sorte de blanc. Ce calcaire terreux est la craie des minéralogistes ; il caractérise le sol d'une partie du bassin de la Seine, qui forme à peu près la moitié de l'ancienne province de Champagne, et se trouve répandu abondamment en France, dans les terrains d'alluvion, tantôt à la surface, et tantôt interposé entre des couches de calcaire plus dur. Il est évidemment une formation des eaux, comme le témoignent les débris de corps organisés, marins ou d'eau douce, qu'il contient, soit en fragments trop atténués pour être reconnaissables, soit dans un état de conservation qui permet de les classer, d'assigner leurs analogues vivants, etc.

La craie des tailleurs d'habits porte le nom vulgaire de *craie de Briançon*, parce qu'elle vient des environs de cette ville, région alpina, dont le terrain est de formation très-ancienne, où rien n'indique un séjour prolongé des eaux salées ou non. Cette substance est une stéatite, pierre silico-magnésienne, lamelleuse, dont plusieurs variétés sont assez tendres pour servir à peu près au même usage que la craie proprement dite. Quoique la silice y soit la matière dominante, c'est à la magnésie que cette matière doit ses propriétés caractéristiques et usuelles. FERRY.

CRAIG (JOHN), mathématicien écossais, contemporain de Guillaume d'Orange, et qu'une application singulière du calcul des probabilités a sauvé d'un oubli complet. Il voulut ramener aux lois de l'algèbre l'affaiblissement de la crédibilité des témoignages historiques à mesure que s'éloignent les événements auxquels ils se rapportent, et il conçut l'idée d'appliquer ces théories aux récits des origines du christianisme. Il consigna le fruit de ses méditations dans un écrit assez mince, qui fut peu répandu, et qui passa d'abord presque inaperçu. Il était intitulé : *Principes mathématiques de la théologie chrétienne* (1699, in-4°). L'extrême rareté de cet opuscule décida un libraire de Leipzig à le faire réimprimer en 1755 ; mais cette seconde édition est maintenant tout aussi difficile à trouver que la première. D'après les calculs de Craig, à l'époque où il écrivait le christianisme avait encore 1454 années de durée probable, et au moment où la foi serait sur le point de disparaître, vers l'an 3150, un second avénement de Jésus-Christ aurait lieu. Plusieurs théologiens, l'abbé de Hauteville, entre autres, prirent la peine, cinquante ans après la mort de Craig, de réfuter en forme ces assertions étranges. Un autre docteur, C. Peterson, dans des *Observations* publiées à Londres en 1701, admit la justesse de l'idée de Craig, mais il taxa ses calculs d'inexactitude. D'après lui, le géomètre écossais aurait évalué beaucoup trop bas la loi de la rapidité du décroissement de la probabilité historique ; Peterson chercha donc à établir que des faits survenus au commencement de notre ère ne seraient plus du tout croyables en 1789. La détermination de cette date, annoncée ainsi quatre-vingt huit ans à l'avance, présente un rapprochement qui n'est qu'un jeu du hasard, mais qui est assez piquant. Ce fut d'ailleurs de la meilleure foi du monde et sans nulle intention de donner des armes au scepticisme que Craig et Peterson développèrent leurs paradoxes, et nous pourrions citer bien d'autres exemples pour montrer que des intelligences sérieuses, mais trop exclusivement attachées à l'étude des sciences exactes, ont tenté en vain d'appliquer les lois du calcul à des matières qui ne s'y comportent pas. G. BRUNET.

CRAINTE. Ce mot désigne la sensation pénible que l'approche ou la menace, soit d'un danger, soit d'un mal, fait éprouver à l'homme ainsi qu'à plusieurs animaux : c'est dans le cerveau que l'idée du péril auquel on se croit exposé naît, par l'intermédiaire des sens, comme aussi par l'imagination ; toutefois, elle peut provenir encore d'un des points de l'organisme, car la douleur, nous avertissant qu'une lésion est survenue sur quelque partie, peut nous alarmer ; l'état morbide des viscères peut encore suggérer et entretenir des pressentiments sinistres, et telle est l'hypochondrie. Cette idée, une fois produite, détermine diverses perturbations dans l'action normale des organes. L'affection qui résulte de cette opération cérébrale, excitée directement ou indirectement, étant considérée dans son acception générale, présente, sous le rapport de l'intensité, des nuances tellement marquées qu'on les désigne par des dénominations spéciales, qui sont encore modifiées par d'autres noms : ainsi, le mot *crainte* est appliqué à la nuance la plus modérée ; on nomme *peur* celle qui est plus prononcée, et on appelle *terreur* celle qui est extrême.

Aussitôt que l'idée d'un mal menaçant est perçue et jugée par l'action du cerveau, une constriction pénible se manifeste vers l'épigastre, autrement dit le creux de l'estomac, et on reconnaît évidemment l'intimité des rapports existant entre ces deux parties, écho fécond en renseignements pour les physiologistes, et trop méconnu des moralistes. Les fonctions sont promptement entravées : la respiration arrache des soupirs ; la circulation est ralentie ; la digestion se trouble, ainsi que tous les autres actes qui en dérivent ; la peau pâlit et se sèche ; les extrémités inférieures fléchissent sous le corps, qui est tremblant. Une grande perturbation se révèle en général dans tout l'organisme, à moins que l'intelligence ne soit assez forte pour faire taire ou retentissement. Si cet état de trouble est prolongé pendant quelque temps, la santé ne tarde pas à être notablement altérée, comme les maladies à s'aggraver par sa coexistence : sous ces rapports. La crainte se rallie au *chagrin* et à la *tristesse*. La *timidité* est le premier degré de cette affection, exerçant une influence souvent défavorable sur les actions de l'homme en état de santé, mais qui n'est pas morbifère.

Quand la crainte s'élève au degré de la *peur*, les résultats de l'impression cérébrale sont plus saillants : la contraction du d i a p h r a g m e , muscle qui concourt puissamment à la respiration, force à faire des inspirations grandes et involontaires, tandis que les expirations sont entravées ; alors on suffoque ; le sang étant retenu dans les poumons ainsi que dans les cavités du cœur, qui palpite au lieu de battre librement, la respiration devient convulsive et les syncopes surviennent fréquemment ; la gêne de la circulation cause en même temps un refroidissement du corps tel qu'il amène le f r i s s o n . L'influence de la crainte et de la peur sur les mouvements du cœur est si évidente que l'on considère vulgairement cet organe comme le siége du courage, et qu'on dit en parlant d'un homme habituellement dominé par cette force, qu'il est pusillanime, poltron, lâche, *sans cœur* ; si, stimulé par la honte ou par le besoin de se défendre, il fait meilleure contenance, on ajoute que *le cœur lui revient au ventre*. Aux troubles et de la circulation et de la respiration se joignent les suivants : la peau se crispe et se couvre d'une sueur froide ; des larmes jaillissent soudainement des yeux, des excrétions sont effectuées involontairement par la contraction de la vessie et celle des intestins, mais non par leur relâchement, comme on le croit trop communément ; l'action du cerveau éclate surtout sur ces derniers organes. Tandis que les excrétions sont ainsi provoquées, des flux habituels ou accidentels se suppriment : la salive se tarit dans la bouche ; les plaies en suppuration se dessèchent, etc. ; l'évacuation mensuelle est fréquemment arrêtée par cette cause. La jaunisse est encore un effet commun de la peur.

D'autres fois le cerveau triomphe de cette émotion générale, et réagit avec assez d'énergie pour que la volonté recouvre son empire. Alors on emploie toutes ses ressources pour se soustraire au mal ou pour le combattre. A cet effet, on a souvent recours à la fuite : *l'âme en ce cas descend dans les jambes*, suivant l'expression d'Homère. En cet état, on peut commettre les actions les plus ridicules, s'effrayer de son ombre et de tout ce qui nous environne ; tel fut le cas de Démosthène, qui, fuyant un champ de bataille, rendit, dit-on, ses armes à un buisson auquel ses vêtements s'étaient accrochés. Les animaux même, les insectes les plus chétifs, quand ils craignent des ennemis, ont aussi recours à la fuite ou emploient des ruses qui excitent l'admiration par l'intelligence qu'elles exigent : quelquefois, par exemple, ils se laissent tomber comme morts. Est-ce un état de stupeur ? est-ce un expédient ? Quelquefois la peur procure des guérisons extraordinaires : on cite des malades perclus depuis longtemps qui ont quitté leur lit étant menacés par le feu et ont recouvré l'usage de leurs membres. On a vu un goutteux soudainement guéri par un boulet qui passa près de lui durant un siège, etc. Ces faits ont suggéré l'idée d'employer la peur pour guérir des mouvements épileptiformes qui se propageaient chez des enfants par l'imitation, force qui nous porte à bâiller, à pleurer, à rire en voyant ces actes ; force qui propage la manie du suicide. Cet entraînement transmet rapidement la peur parmi les hommes réunis en masse. Dans ce cas, les anciens l'avaient surnommée *panique* (du grec πᾶν, qui signifie *tout*). On l'observe souvent à la suite des batailles, comme aussi durant les épidémies : dans cette dernière occurrence, elle est très-funeste, parce qu'elle favorise l'infection des miasmes. D'après de tels effets, il n'est point étonnant qu'on ait élevé des autels à la Peur, que l'idée seule de cette affection suffise pour produire un mal. La peur qui affecte à l'improviste et qui dure peu se nomme *frayeur*, et la situation dans laquelle on se trouve est appelée *effroi*.

Si la crainte s'élève au degré extrême de la *terreur*, l'homme demeure immobile : ses sens sont comme perclus, la voix lui manque, sa bouche se dessèche, ses oreilles s'ahaissent, ses poils et ses cheveux se hérissent, tant la contraction de la peau est forte ; quelquefois ils blanchissent subitement, ou se dessèchent et tombent ; l'intelligence l'abandonne, et il demeure stupéfié, état qu'on nomme *épouvante*. La folie, la démence, la paralysie, l'épilepsie, sont souvent des résultats fréquents de cette violente émotion ; la vie peut même s'éteindre plus ou moins promptement.

Cette affection est favorisée par une éducation efféminée, par l'ignorance, par l'insuffisance des stimulus qui entretiennent la vie, par certains états morbides : dans l'h y d r o p h o b i e , par exemple, des accès de terreur excités sans cause extérieure sont les préludes des horribles accidents qui composent cette maladie. L'art thérapeutique offre peu de moyens pour guérir de la peur : il se réduit à en rechercher, à en approfondir les causes ; à faire luire ensuite l'espérance, qui trompe d'autant plus les hommes qu'elle les flatte. On peut avoir recours aux stimulants matériels, tels que le vin, les liqueurs, comme encore aux excitants spirituels. Il est de la plus grande importance surtout de ne point impressionner leurs jeunes imaginations par des récits dangereux et la représentation intellectuelle des êtres fantastiques qu'on appelle *revenants*. On doit aussi les habituer à ne point redouter les animaux inoffensifs. On doit également limiter en eux la crainte du tonnerre en leur enseignant les préservatifs que nous pouvons lui opposer et en leur montrant que la foudre n'est point lancée par le bras d'un dieu façonné à l'instar de Jupiter. Il est encore prudent de ne point effrayer les enfants et les personnes d'un caractère faible par des tableaux de l'enfer. Quand il s'agit de relever le courage des malades pour l'idée de la mort épouvante, tous les moyens sont bons ; le charlatanisme est alors excusable, car *la fin justifie les moyens*.

Dr CHARBONNIER.

CRAITONITE. *Voyez* CHRICHTONITE.

CRAKOWIAK ou mieux KRAKOWIAK. *Voyez* CRACOVIENNE.

CRAMBÉ, ou CHOU MARIN (*crambe maritima*). Cette plante potagère, cultivée en Angleterre, et surtout en Écosse, commence à l'être en France ; c'est une crucifère voisine des c h o u x , dont elle réunit plusieurs qualités, circonstances qui, jointes à l'observation des lieux où elle croît naturellement, et qui sont les bords de la mer, lui ont valu à bon droit le nom de *chou marin*, qu'elle porte. Le chou marin est vivace ; et ce sont les nervures et les pétioles ou côtes des feuilles qu'il produit chaque printemps qu'on mange après avoir fait blanchir ces feuilles par un procédé de culture à peu près pareil à celui qu'on emploie pour le céleri, et néanmoins modifié en ce sens que le céleri s'emploie en cuisine dans l'année même qu'on le sème, tandis que le chou marin n'a été considéré jusqu'à ce moment comme étant mangeable que la seconde année de sa semaison, quoiqu'il soit évident qu'on peut le manger plus tendre et plus délicat dès la première année.

Le chou marin, étant une plante rustique et d'une grande longévité, produit de longues et grosses racines, qui ont d'abord servi à le multiplier, coupées par tronçons de huit centimètres, et mises en pleine terre, en rigoles assez profondes pour que ces fragments puissent être recouverts de six à huit centimètres de terre ; ces rigoles doivent être espacées de vingt-cinq à trente centimètres, afin de pouvoir butter les feuilles qui naissent de ces fragments. Si au lieu de planter des tronçons de racines en pleine terre, on les plante sur couche ou dans une serre chaude, on peut manger du chou marin en toute saison, et même les manger plus tendres. Si l'on a abondamment des graines de chou marin, comme c'est le cas aujourd'hui, au lieu de planter des tronçons de racines, on sème les graines de cette plante en rigoles, on obtient ce légume plus facilement, en buttant le produit de cette semaison, comme on a butté le produit des tronçons de racines; mais on fera bien de ne procéder au buttage des plants de semis que la deuxième année. Il est évident que si cette semaison se fait sous châssis ou en serre chaude, on aura des choux marins en toutes saisons, et même en hiver. Les feuilles de chou marin sont accommodées comme les chou-fleurs et les brocolis. C'est un mets délicat, et qui occupera un jour une place aussi grande dans les potagers que l'asperge et l'artichaut. C. TOLLARD aîné.

CRAMER (GABRIEL), mathématicien distingué, né à Genève, le 31 juillet 1704, se fit connaître d'abord par quelques recherches d'acoustique qui attirèrent sur lui l'attention des Bernoulli, dont il alla suivre les leçons à Bâle, en 1727. Après avoir parcouru la France et l'Angleterre, où il se lia avec les principaux savants de l'époque, il revint dans sa ville natale occuper une chaire de philosophie. En 1750 il fit paraître à Genève son *Introduction à l'analyse des lignes courbes algébriques*. C'est dans ce remarquable ouvrage que, traitant de la théorie de l'élimination, il donna les élégantes formules qui ont conservé son nom et qui servent à résoudre les équations du premier degré à plusieurs inconnues. Déjà de nombreuses publications de Cramer avaient précédé l'apparition de ce livre qui, plein de dévouement pour la science, il ne dérobait pas un instant au travail. Aussi sa santé s'altéra-t-elle de bonne heure. Épuisé par ses labeurs incessants, il se rendit à Bagnoles, en Languedoc, dans l'intention d'y prendre un peu de repos. Ce fut là qu'il mourut, en 1752, à peine âgé de quarante-huit ans. E. MERLIEUX.

CRAMER (JOHN-ANTONY), l'un des plus célèbres philologues qu'ait produits l'Angleterre, né en 1793, à Mitloedi, en Suisse, d'une famille allemande, fit ses études en Angleterre, et y fut nommé en 1822 curé à Binsey, comté d'Oxford. En 1831 il obtint la place de principal de *New-Inn-Hall* à Oxford, et fut appelé la même année aux fonctions d'*orateur public* de cette université. En 1842 on lui confia en outre la chaire d'histoire moderne; et il mourut à Brighton, le 24 août 1848. Parmi les nombreux ouvrages relatifs à la littérature et à l'histoire ancienne dont on lui est redevable, nous mentionnerons plus particulièrement, indépendamment de sa *Dissertation on the Passage of Hannibal over the Alps* (Oxford, 1820; 2ᵉ édit. 1828), composée en société avec H.-L. Wickham; sa *Description of Ancient Italy* (Londres, 1826); sa *Description of Ancient Greece* (1828); sa *Description of Asia Minor* (1832); ses *Anecdota Græca codicum manuscriptorum Bibliothecæ Oxoniensis* (1837); *Anecdota Græca e codicibus manuscriptis Bibliothecæ Regiæ Parisiensis* (1840); *Travels of Nicander Nucius of Corcyra in England, in the reign of Henry VIII* (1841).

CRAMER (JEAN-BAPTISTE), naquit à Manheim, en 1771. Son père *Guillaume* CRAMER, mort en 1799, fut un violoniste de premier ordre. Le jeune Cramer commença donc par apprendre le violon, mais son goût le portait vers l'étude du piano. Vaincu par son obstination, son père finit par le confier aux soins d'un professeur de cet instrument, nommé Benser. Trois ans après, en 1782, Jean-Baptiste passa sous la direction de Schrœter, et dès l'automne de l'année suivante il devint élève du célèbre Clémenti; cependant il ne profita guère que pendant un an des leçons de cet excellent maître, qui en 1784 quitta l'Angleterre, où Guillaume Cramer avait conduit son fils dès ses plus tendres années. A peine âgé de treize ans, le jeune Cramer, déjà familiarisé avec les œuvres des grands maîtres, notamment J.-B. Bach et Hændel, jouait dans les concerts publics, et faisait l'admiration des connaisseurs par son jeu pur et brillant. Ayant, en 1785, terminé ses études théoriques sous Charles-Frédéric Abel, il commença à voyager, et se fit applaudir dans toutes les grandes villes. De retour en Angleterre en 1791, il s'y livra à l'enseignement du piano, et s'y fit connaître avantageusement comme compositeur. Dans un voyage qu'il fit à Vienne, il y renouvela connaissance avec Haydn, qu'il avait connu à Londres. De retour à Londres une seconde fois, il s'y maria, s'y fixa, et devint professeur à l'académie royale de musique de Londres. Cramer a composé un grand nombre de sonates pour le piano, des concertos, divers morceaux pour le piano et la harpe. Mais c'est surtout par ses belles *études* qu'il se recommande particulièrement à l'attention des pianistes. Cet ouvrage tient le premier rang parmi les classiques que tous les élèves doivent sans cesse étudier. Cramer s'est quelquefois entendre à Paris. Son jeu correct, élégant, d'une pureté et d'une égalité parfaites, fait encore l'admiration des véritables connaisseurs. J. D'ORTIGUE.

CRAMER (JEAN-ULRICH), philosophe allemand qui se rattache à l'école de Leibnitz et de Wolf, et jurisconsulte distingué, naquit à Ulm, en 1706, et fit ses études à l'université de Marbourg. Plus tard il y occupa une chaire de droit, et fut créé baron par l'empereur Charles VII. On a de lui : *Usus philosophiæ Wolfianæ in jure* (1740); *Primæ lineæ logicæ* (1767); *Observationes juris universi* (1772). Il mourut à Ulm, en 1772.

CRAMMER (THOMAS). *Voyez* CRANMER.

CRAMOISY, nom d'une célèbre famille d'imprimeurs de Paris.

CRAMOISY (SÉBASTIEN), né à Paris, en 1585, mort dans la même ville, en 1669, fut le premier directeur de l'Imprimerie royale établie au Louvre par Louis XIII. Parmi les plus beaux ouvrages sortis de ses presses, on cite surtout les derniers volumes des *Œuvres de saint Jean Chrysostome*, avec la traduction française de Fronton Leduc (Paris, 1609-1624); *Nicephori Callisti Historiæ ecclesiasticæ libri XVIII* (1630); et l'édition des *Historiæ Francorum Scriptores* de Duchesne (1636).

CRAMOISY (CLAUDE), frère de Sébastien, qui dirigea avec lui l'Imprimerie Royale, mourut en 1661.

CRAMOISY (GABRIEL), frère des deux précédents, imprimeur comme eux, publia plusieurs ouvrages considérables, entre autres le *Traité des Droits des Libertés de l'Église gallicane et des preuves des libertés de cette même Église* (4 vol. in-fol.), qui lui valurent les persécutions d'une assemblée de prélats réunie à Sainte-Geneviève.

CRAMOISY (ANDRÉ), de la même famille, était imprimeur à Paris dès 1655. On lui doit une bonne traduction de l'*Harmonie ou Concorde évangélique*, contenant la vie de Jésus-Christ selon les quatre évangélistes, d'après la méthode et les notes de Nicolas Toinard (1716, in-8°).

CRAMPE. On appelle ainsi une contraction involontaire et très-douloureuse de plusieurs muscles, principalement de ceux qui forment le mollet. C'est une affection nerveuse, ordinairement d'une courte durée, mais qui peut récidiver : souvent le moindre effort suffit pour la déterminer chez quelques individus. Ces contractions pénibles ont pour cause l'irritation des centres nerveux produite par l'action exagérée de divers excitants : ainsi agissent les contentions d'esprit fortes et prolongées, les excès de boissons alcooliques, le café, des substances vénéneuses, les vers intestinaux, qui irritent secondairement le cerveau. En général, l'inflammation des viscères cause des crampes, et c'est pour cela qu'elles sont si fréquentes et si violentes dans le cours du choléra asiatique ou indigène et des fièvres graves. C'est pourquoi aussi on les observe ordinairement pendant la grossesse, où l'utérus, organe dont les sympathies sont très-étendues, éprouve des changements considérables dans son irritabilité comme dans ses rapports. Elles surviennent fréquemment à l'époque de la puberté, et durant la croissance. On peut dire aussi que les tiraillements spontanés et involontaires des muscles qui se manifestent au début d'un grand nombre de maladies, et qu'on appelle *pandiculations*, sont une nuance très-légère de cette affection.

On donne vulgairement le nom de *crampe* à une constriction très-douloureuse qui se fait sentir au creux de l'estomac : cette dénomination est vicieuse, parce qu'elle suppose une simple contraction musculaire du principal organe de la digestion, qui n'est pas suffisamment démontrée, et qui est plus évidemment un symptôme commun de la gastrite.

Ces crampes qu'on éprouve accidentellement et sans récidives fréquentes méritent peu d'attention ; elles proviennent d'une cause passagère, et souvent fort peu appréciable. Elles ne sont vraiment à redouter en ce cas que pour ceux qui se livrent à l'exercice de la natation, car elles les condamnent à une impuissance de mouvement qui a causé la perte de plusieurs nageurs. Aussi ceux qui sont sujets à ces contractions fortuites doivent-ils éviter d'entrer dans les eaux profondes, surtout étant seuls. Si les crampes se succèdent à des intervalles rapprochés, elles doivent éveiller l'attention et faire supposer un foyer d'irritation sur quelques points de l'organisme, qu'on ne saurait trop s'empresser d'éteindre.

Le traitement de ces affections dépend des causes. Celles qui sont passagères et rares n'exigent que des moyens bornés à la durée de l'affection : aussitôt qu'on commence à les ressentir, il faut étendre le membre affecté autant que possible ; si on est couché, et que les membres inférieurs soient le siége de ces contractions, il faut se lever rapidement. On applique aussi avantageusement des corps froids sur le siége de la contraction ; il est également utile de frictionner la partie avec la main, soit nue, soit couverte d'une étoffe de laine, ou avec une brosse. Quand les crampes récidivent souvent, il est nécessaire de s'abstenir des diverses excitations morales ou physiques que nous avons indiquées, et de se soumettre enfin sévèrement aux préceptes de l'hygiène.

Lorsqu'on éprouve la douleur d'estomac que nous avons dit être indûment appelée *crampe d'estomac*, il faut se borner à une diète adoucissante, prendre souvent de l'eau froide et même des morceaux de glace, couvrir la région de l'estomac par des topiques émollients. D'après des préjugés erronés, quelques auteurs conseillent d'employer l'éther, la liqueur d'Hoffman, le café, le vin de Madère, le fer, l'opium, un médicament appelé oxyde blanc de bismuth, etc. Ces agents, qui produiraient quelquefois une amélioration momentanée, finissent par devenir funestes, parce qu'ils attisent des gastrites chroniques au point d'allumer des maladies graves, qui absorbent tellement l'attention qu'on perd de vue le brandon qui a causé l'incendie.

D' CHARBONNIER.

CRAN (du latin *crena*), entaillure en bois, en fer ou autre corps dur, pour accrocher ou arrêter quelque chose. En termes d'imprimerie, c'est une espèce de sillon tracé sur le corps et ordinairement vers le pied d'un caractère, pour indiquer le sens de la lettre.

CRAN ou **CRANSON.** *Voyez* COCHLEARIA.

CRANACH, KRANACH ou KRONACH (LUC ou LUCAS), célèbre peintre allemand, naquit en 1472, dans l'évêché de Bamberg. Il n'est pas parfaitement démontré que son véritable nom ait été *Sunder*, et il est avéré qu'il ne s'appelait pas *Muller*. Son père était sculpteur en bois et cartier. On présume que c'est lui qui l'initia aux premiers éléments de l'art.

On manque d'ailleurs complétement de renseignements sur l'histoire de la vie de Luc Cranach jusqu'à l'âge de trente-quatre ans. En 1504 l'électeur de Saxe Frédéric le Sage le nomma son peintre. A ce moment il jouissait déjà d'une grande réputation, et ses contemporains vantent particulièrement le naturel de sa manière, ainsi que la célérité avec laquelle il peignait ses tableaux. En 1508, l'électeur lui octroya des armoiries représentant le serpent ailé qui déjà lui servait de marque comme artiste. En 1509 il fit par ordre de son maître un voyage dans les Pays-Bas ; et il eut occasion d'y connaître le prince devenu depuis si célèbre sous le nom de Charles-Quint, mais qui n'était alors âgé que de huit ans. Luc Cranach demeura attaché, en la même qualité de *peintre de la cour*, aux deux successeurs de l'électeur Frédéric le Sage, et entretint également avec eux le commerce le plus intime. Après les princes de la maison de Saxe, ce furent surtout ceux de la maison de Brandebourg qui surent le mieux apprécier et récompenser son talent. Du reste, Luc Cranach était le véritable factotum de la cour de Saxe ; c'est lui qui ordonnait ses fêtes, mettant la main à l'œuvre dans les moindres détails, et joignant à sa spécialité d'artiste beaucoup de travaux et d'occupations plus productifs que l'exercice de son art. En 1520 il se rendit acquéreur de l'apothicairerie de Wittemberg ; industrie avec laquelle il sut cumuler celles de libraire et de papetier. Après avoir rempli à Wittemberg les fonctions d'échevin et de trésorier de la ville, il en fut nommé à deux reprises, en 1537 et 1540, bourgmestre ; charge qu'il conserva jusqu'en 1544.

Luc Cranach fut lié d'amitié avec tous les chefs du grand mouvement réformateur de son époque. En 1550, cédant aux instances réitérées de son maître et seigneur, l'électeur Jean-Frédéric le Généreux, alors prisonnier de Charles-Quint, il alla demeurer auprès de lui à Augsbourg et à Inspruck tant que dura sa captivité. En 1552 il revint en Saxe en même temps que lui, et mourut le 16 octobre 1553, à Weimar, où il fut enterré, dans l'église du château ducal.

Cranach, peintre d'une fécondité extraordinaire, se fit, aider par un grand nombre d'élèves et d'apprentis. Les plus célèbres furent ses deux fils, Jean et Luc. Le premier, *Jean Cranach*, mourut dès l'an 1536. Son père l'avait envoyé étudier l'art à Rome, reconnaissant trop tard que l'étude des chefs-d'œuvre italiens lui avait manqué à lui-même. Dans une longue élégie latine, il est dit de lui qu'il avait plus de sagacité d'esprit que son père, mais qu'il lui était bien inférieur comme artiste. Le second, *Luc Cranach*, est connu sous le nom de *Cranach le jeune*. Excellent coloriste et habile portraitiste, il mourut en 1586, bourgmestre de Wittemberg.

Cranach l'ancien est un des maîtres dont il existe le plus de tableaux authentiques. On peut dire avec raison de lui que, pressé par les commandes, il peignit plus de toiles qu'il n'en pouvait faire. Quoiqu'à certains égards sa manière ait atteint le comble de la perfection, par exemple dans les tableaux de genre, les sujets plaisants, etc., le style noble, où pourtant force lui fut de tant produire, n'était au fond nullement son fait. Ce en quoi il excellait, c'étaient la naïveté de l'exposition et le coloris. Pour les sujets empruntés à l'idéal ou à l'histoire, il manquait, de même que ses contemporains en général, de l'intelligence du beau dans la forme. On retrouve dans celles de ses toiles qui appartiennent à des sujets au monde de la légende, les caractères particuliers de son talent. Son *Chevalier au chemin de traverse*, son *Somson entre les mains de Dalila*, ses petits paysages avec Apollon, Diane etc., enfin sa *Fontaine de Jouvence*, œuvre d'une époque postérieure, unissent de la manière la plus délicieuse la gaieté et la malice à la grâce de la forme. Mais les forces lui manquent dès qu'il veut traiter les formes humaines dans de grandes proportions et à un point de vue idéal, par exemple dans sa *Vénus*, dans son *Adam et Ève*. Aussi ses toiles dont les sujets sont tirés de l'Histoire Sainte ne sont-elles jamais plus réussies que lorsqu'y dominent des figures se rapprochant du genre, par exemple sa *Sainte Ursule avec les Vierges*.

Parmi ses plus grands tableaux, nous mentionnerons : le *Mariage de sainte Catherine*, dans la cathédrale d'Erfurt, production qui date de sa première période; le même sujet, à Wœrlitz; et le tableau d'autel de l'église de Weimar, sa dernière production. Plusieurs églises d'Inspruck possèdent de lui ses meilleures et ses plus gracieuses madones, et l'église des Paulinières de Leipzig un *Christ disant : Laissez venir à moi les petits enfants*. Le musée de la même ville possède aussi de lui une admirable madone et une toile magnifique représentant un mourant. Le grand tableau d'autel qui orne l'église paroissiale de Schneeberg n'est pas son ouvrage, mais fut exécuté sous sa direction par ses élèves. On voit aussi divers tableaux de Cranach dans la Pinacothèque de Munich, par exemple. *La Femme adultère devant le Christ*, toile faite avec un soin infini. Dans la salle des états, à Prague, on admire une magnifique *Chute de l'Homme*. Nuremberg, Vienne, Brunswick, Dresde et d'autres villes encore peuvent montrer des productions de Cranach, contenues soit dans des collections officielles, soit dans les cabinets d'amateurs. Le musée de Berlin est extrêmement riche aussi sous ce rapport. On y voit entre autres *La Fontaine de Jouvence, Hercule et Omphale, Vénus et l'Amour*, plusieurs *Adam et Ève* ainsi que les portraits d'Albert de Brandebourg et de Frédéric le Sage. On conserve à la bibliothèque royale de cette ville l'album de Luc Cranach, collection de portraits sur fond bleu, mais provenant de Cranach le jeune. En revanche, on voit à Cobourg le Livre des tournois de l'électeur Jean-Frédéric, album de 146 dessins à la plume de la main de Cranach l'ancien.

Luc Cranach a exécuté aussi huit gravures sur cuivre et les dessins d'un très-grand nombre de gravures sur bois, pour la plupart gravées par lui-même. Il ne se servit pas toujours du même monogramme ni de la même marque. Le plus souvent cependant il apposait à ses œuvres le cachet armorié qu'il avait reçu de Frédéric le Sage, un serpent ailé avec une couronne rouge sur la tête et une bague d'or à rubis dans la gueule; cachet dont son fils s'est aussi servi. Consultez Schuchardt, *Vie et ouvrages de Luc Cranach l'ancien* (Leipzig, 1851).

CRANCELIN, une des pièces héraldiques classées après celles dites *honorables*. Le *crancelin* est une espèce de bande fleuronnée en forme de diadème.

CRAN DE MIRE. *Voyez* CANON, tome IV, page 369.

CRÂNE. C'est la boîte osseuse qui renferme l'encéphale. Les anatomistes considèrent huit os dans la composition du crâne, savoir : le *basilaire*, le *frontal*, qui est encore divisé en deux parties au moment de la naissance; les *deux temporaux*, les *deux pariétaux* et l'*os criblé*. Ces os, joints ensemble par des sutures différentes, constituent la *cavité cérébrale*, entièrement remplie par l'encéphale, qui touche partout sa surface interne. Entre le cerveau et le crâne il n'y a que les *méninges*, c'est-à-dire la *membrane vasculaire* (ou pie-mère), l'*arachnoïde*, très-mince, et la *dure-mère*. Le cuir chevelu le recouvre en grande partie extérieurement. Nous n'avons à nous occuper ici du crâne que sous le rapport physiologique.

A aucune époque les anatomistes et les physiologistes ne se sont occupés de l'étude du crâne comme on l'a fait depuis les découvertes de Gall sur la structure et les fonctions du cerveau. Avant lui cette partie du système osseux n'avait jamais été le sujet de recherches et d'études sérieuses. Depuis, le crâne a acquis tellement d'importance que son nom même a fini par servir de radical à plusieurs autres mots introduits et adoptés très-improprement dans la science qui traite des fonctions du cerveau, tels que *crâniologie, crânioscopie, crâniologique, crâniologiste*, etc.

Dans le *fœtus*, le cerveau existe avant qu'il y ait un crâne : il y a seulement en dehors des méninges une membrane cartilagineuse, destinée à être changée en os. Dans la septième ou huitième semaine de la conception, il se forme dans cette membrane autant de points d'ossification qu'il existe d'os du crâne ; ces points s'étendent ensuite en forme de rayons par la juxta-position de nouvelles molécules osseuses, jusqu'à ce qu'il en résulte des os solides, dont les extrémités s'engrènent entre elles et forment les *sutures*. Il faut distinguer dans la structure du crâne deux lames osseuses compactes, une extérieure et une intérieure, et une substance spongieuse (le *diploé*), qui les sépare, mais d'une manière un peu inégale, ce qui fait qu'il n'y a pas de parallélisme absolu entre ces mêmes lames. Suivons maintenant la formation du crâne, et remarquons que la déposition de la substance osseuse, en s'effectuant sur la membrane cartilagineuse dont nous avons parlé, et celle-ci étant moulée sur le cerveau, il faut de toute nécessité que le crâne soit moulé sur ce viscère : c'est donc la masse du cerveau qui détermine l'*étendue* du crâne, et c'est le développement de ses différentes parties qui en détermine la *forme*.

Cette forme varie depuis l'enfance jusqu'à la décrépitude, et suit les changements qui se succèdent dans le cerveau. C'est une chose bien démontrée, et sur laquelle il ne peut y avoir de doute, que dans le fœtus les formes futures de l'individu, ou pour mieux dire la tendance aux formes que les parties adopteront par la suite, sont déterminées dans le moment même de la conception. Aussi non-seulement les formes des différentes parties du corps varient originairement d'un enfant à l'autre, comme les physionomies, la taille, etc., mais la forme future de la tête même lui est originairement empreinte par la tendance naturelle du développement différent des diverses parties cérébrales. On a prétendu que dans les accouchements difficiles, par l'application des instruments, on pouvait faire varier la forme du crâne. Il est facile de se convaincre que de pareilles objections ne sont pas fondées, si on réfléchit que les changements de la forme des têtes des enfants nouveau-nés n'existent ordinairement que pour les parties molles (pour les enveloppes du crâne). Mais quand même les parties osseuses et le cerveau auraient été obligés de céder momentanément à une compression violente, leur élasticité réagit aussitôt que la pression cesse, et les parties reprennent, au bout d'un certain temps, leur forme naturelle. Si le rétablissement des os comprimés n'a pas pu avoir lieu, on verra que les fonctions du cerveau seront proportionnellement altérées. Il n'est donc pas donné à un accoucheur, comme on l'a prétendu, de varier la forme des têtes que nous apportons en naissant, pas plus que de changer la ressemblance de nos physionomies.

Quand les os, après la naissance, ont acquis de la consistance, et que tous les intervalles membraneux ont été ossifiés, c'est encore l'encéphale qui imprime sa forme au crâne. Le cerveau d'un enfant de huit ans est plus volumineux que le cerveau d'un enfant nouveau-né, et le cerveau d'un adulte est plus volumineux que celui d'un enfant de huit ans. Or, de quelle manière le cerveau aurait-il pu être contenu dans la cavité cérébrale si celle-ci n'avait pas cédé en proportion du développement de ce viscère? Si l'on observe la surface interne du crâne d'un adulte, on verra distinctement l'impression des vaisseaux sanguins et l'impression des circonvolutions cérébrales, particulièrement sur le plancher orbitaire, dans les parties inférieure et antérieure du frontal et des temporaux.

Il ne faut pas croire, comme certains physiologistes l'ont pensé, que l'extension du crâne a lieu par une sorte de pression que le cerveau exercerait contre sa surface interne. Il y a là de la même chose que pour toutes les autres parties du corps : usure, sécrétion, nutrition, décomposition et recomposition. Les molécules osseuses sont absorbées, et d'autres sont sécrétées et déposées à leur place, mais avec les modifications déterminées par la croissance du cerveau. Il paraît prouvé que par une action permanente d'un corps dur et inflexible on peut changer avec le temps la forme naturelle du crâne, comme on l'observe particulièrement chez les Caraïbes; mais, outre que ce déplacement forcé des parties cérébrales peut altérer plus ou moins profondément les fonctions du cerveau, on doit regarder ces cas par rapport à la cranioscopie comme des cas pathologiques, dans lesquels on ne peut pas appliquer les principes que nous admettons pour l'état physiologique du crâne et du cerveau.

Ce qu'on observe pour la totalité du crâne relativement au développement du cerveau a lieu pour ses différentes parties en particulier. Le front d'un enfant nouveau-né est petit; au bout de trois mois, il commence à se bomber, et continue à garder ses formes jusqu'à l'âge de huit à dix ans, époque à laquelle les autres parties du cerveau commencent, à leur tour, à se développer davantage, et le front à perdre sa convexité. Les mêmes variations s'opèrent pour les différentes parties du cerveau, et le crâne se modifie de même. A l'âge indiqué le crâne n'a pas plus d'une ligne d'épaisseur, et on peut avec certitude reconnaître la forme du cerveau par la forme extérieure du crâne.

Quoique les deux lames du crâne ne soient pas exactement parallèles, et qu'on ne puisse pas, à la rigueur, déterminer, par l'inspection extérieure du crâne, les nuances les plus minutieuses qui peuvent exister dans les circonvolutions du cerveau, il est certain cependant que cette circonstance n'est pas un obstacle qui empêche d'observer et de juger convenablement le développement marqué des différentes parties cérébrales.

Au déclin de l'âge, les nerfs se rapetissent, le cerveau diminue, et les circonvolutions cérébrales s'affaissent. Dans cette circonstance, la substance osseuse du crâne vient à remplacer les parties du cerveau qui disparaissent, et le crâne entier devient, dans la plupart des cas, épais, léger et spongieux : c'est que la lame interne seule qui s'écarte d'ordinaire de la lame externe, et fait que la cavité crânienne dans la décrépitude est beaucoup plus petite que dans l'âge adulte. Dans certains cas, les fosses occipitales et celles des lobes moyens disparaissent, les sinus frontaux s'élargissent, et la lame supérieure du plancher orbitaire se sépare considérablement de sa lame inférieure. Tous ces faits prouvent jusqu'à l'évidence l'énorme diminution de la masse cérébrale dans l'âge le plus avancé, et nous amènent à faire l'observation que sur de pareils individus on ne peut plus juger avec précision de l'état de la masse du cerveau et de ses différentes parties par l'examen de la forme extérieure du crâne, et conséquemment de l'état actuel de leurs facultés morales et intellectuelles. Faisons une autre réflexion : c'est que rien ne pourra empêcher qu'avec la croissance de l'âge il n'y ait diminution et affaiblissement des penchants et des facultés intellectuelles. L'âme de l'homme est donc encore ici subordonnée à l'état de son cerveau.

Les maladies, soit du crâne, soit des méninges ou du cerveau, produisent des changements plus ou moins sensibles dans la forme extérieure du crâne. Une exostose, une fracture ou une altération accidentelle du crâne ne seront pas confondues par les praticiens avec les protubérances produites par un développement partiel des organes cérébraux, parce que les élévations que ceux-ci produisent dans le crâne se font insensiblement avec la croissance de l'individu, et on les trouve des deux côtés en même temps, s'ils ne sont pas sur la ligne médiane. Les élévations dans le crâne causées par maladie se font plus ou moins rapidement, et sont accompagnées des symptômes propres à la maladie qui la produit. Un cerveau originairement défectueux laisse le crâne dans un état incomplet de développement, comme on l'observe chez les enfants *acéphales* ou chez certains idiots. On a vu cependant des acéphales chez lesquels le crâne était rempli d'eau ; mais ils n'ont vécu que fort peu de temps. Dans l'*hydrocéphale*, le crâne, au contraire, cède peu à peu à l'épanchement d'eau qui se fait dans les cavités des hémisphères du cerveau, et quelquefois il acquiert un volume considérable. Il y a des têtes très-volumineuses que l'on prendrait pour celles de personnes douées d'une grande capacité, si l'on ne savait pas que dans la cavité du crâne, à la place du cerveau, il y a une quantité plus ou moins considérable d'eau.

Un autre genre d'altération a lieu dans les maladies mentales. Quand l'aliénation est récente, on ne trouve encore aucun changement dans le crâne; mais quand elle a été de longue durée, le cerveau d'ordinaire s'affaisse, et le crâne, comme dans la vieillesse, remplit le vide que la diminution de la masse cérébrale y laisse, avec cette différence pourtant que dans ce cas, au lieu d'être léger et spongieux, il devient épais, dur, compacte, pesant comme l'ivoire. Dans le suicide, quand il est le résultat d'un penchant intérieur, existant depuis longtemps, le crâne présente les mêmes altérations que chez les maniaques : il est ordinairement dense, pesant, épais ; ce qui prouve que la tendance à se détruire est en général une véritable maladie du cerveau.

Il y a des physiologistes, adversaires de la cránioscopie, qui croient pouvoir expliquer les formes différentes des crânes en les attribuant non pas au développement du cerveau, mais à une sorte de tiraillement que les muscles exerceraient selon eux sur les parties osseuses auxquelles ils sont attachés. Toutes les suppositions et toutes les hypothèses de la nature de celle-ci sont démenties par les faits.

L'étude de l'anatomie et de la physiologie comparées a été d'un grand secours pour établir les principes de la physiologie du cerveau chez l'homme. Il est vrai que le crâne des animaux exige une étude toute particulière de la structure des têtes des différentes espèces ; mais il existe des lois générales de conformation qui frappent l'esprit le plus superficiel, pour peu qu'il soit disposé à l'observation. C'est ainsi, par exemple, qu'on voit constamment des crânes très-larges sur les côtés chez tous les animaux carnassiers, soit mammifères, soit oiseaux, tandis qu'au contraire les crânes des animaux non carnassiers sont très-étroits. Que l'on compare le crâne d'un loup avec celui d'un mouton, le crâne d'une belette avec celui d'un lièvre, le crâne d'un aigle avec celui d'un cygne, et ainsi de suite, on sera bientôt convaincu de leurs différences essentielles, quoique les masses des cerveaux comparés soient à peu près les mêmes. Chez beaucoup d'animaux, on ne peut pas déterminer la forme du cerveau par la configuration extérieure du crâne. Les sinus frontaux s'étendent chez les uns aux vastes cellules existant entre les deux lames osseuses du crâne, et qui se prolongent même dans tout le crâne ; chez les autres, il n'y a pas de sinus frontaux. Chez certaines espèces, les muscles couvrent presque tout le crâne ; chez d'autres, il n'y en a pas plus que chez l'homme. Le cervelet des oiseaux n'occupe pas la ligne médiane de l'occipital ; chez certains animaux, au contraire, le cervelet est recouvert par les lobes postérieurs du cerveau, et chez d'autres il est placé à découvert derrière les lobes. On ne peut donc pas établir de règle générale sur la forme du crâne des animaux ; mais cependant, si l'on compare les crânes provenant d'animaux de la même espèce, et appartenant à des sujets que l'on aura étudiés pendant leur vie, sous le rapport de leurs instincts et de leurs penchants déterminés, on reconnaîtra aisément que la grande différence qui a existé entre un individu et un autre est due à des dispositions organiques cérébrales, et non pas à des causes accidentelles.

D'après tout ce que nous venons de dire, nous pouvons donc regarder comme démontré le principe physiologique, que la surface interne et externe du crâne offre, dans l'état ordinaire, chez l'homme, l'empreinte fidèle de la surface extérieure du cerveau.

Dr FOSSATI.

CRANIOLOGIE, CRANIOSCOPIE (de κρανίον, crâne, et λόγος, discours, σκοπέω, je considère). Nous avons montré à l'article CERVEAU que ce viscère est exclusivement l'organe destiné à la manifestation des facultés morales et intellectuelles. Nous savons que les *dispositions* aux facultés sont *innées*, que le cerveau est composé de plusieurs organes, destinés chacun à des fonctions essentiellement différentes ; que certaines facultés reconnaissent des organes particuliers. Les observations physiologiques nous prouvent également que dans des circonstances égales plus un organe cérébral a de masse ou de volume, et plus il y a de tendance et de prédisposition dans l'individu à exercer énergiquement la faculté qui en dépend. Ceci posé, l'on comprendra facilement que le crâne par lui-même ne peut aucunement être considéré comme une partie du corps destinée à la manifestation des facultés de l'âme ; il est passif, et dans sa formation, et dans sa configuration ; il est subordonné à la croissance, à la décroissance et aux modifications qui ont lieu dans le cerveau ; il n'a et ne peut avoir que les fonctions propres au système osseux. Nous ne devons donc le considérer que comme un moyen suffisamment exact pour juger du développement de la masse du cerveau, pris dans sa totalité ou dans ses différentes parties. C'est ce moyen, tout à fait empirique, qui a été mis en usage par Gall, et qui lui a valu les découvertes admirables qu'il a faites sur les fonctions du cerveau et des organes spéciaux dont il est composé. Il le dit lui-même dans ses ouvrages, et voici comment il s'exprime à ce sujet : « J'ai constamment déclaré que les recherches sur les crânes et sur les têtes avaient été nécessaires pour arriver par la voie d'observation à la connaissance des fonctions des diverses parties cérébrales. C'est cette partie de ma doctrine qui doit être désignée sous le nom de *cránioscopie*. » Et plus bas : « C'est pourtant à cette *cránioscopie*, à ses recherches si pénibles, si multipliées et si coûteuses, que vous devez enfin une physiologie, et par conséquent la partie la plus essentielle de la pathologie du cerveau ! Il n'existe pas d'autre moyen possible pour découvrir les fonctions des parties cérébrales ; tous les autres moyens servent tout au plus à constater ce qui a été trouvé par l'inspection des crânes et des têtes. »

Le mot *crâniologie* inventé primitivement par les journalistes allemands, avant même que Gall eût encore rien publié sur ses découvertes, a contribué considérablement à brouiller toutes les idées que l'on se formait sur ce que l'on devait avoir sur la physiologie du cerveau, et il s'est prêté admirablement à la mordante critique des journalistes et de ces niais scientifiques qui trouvent plus commode de se moquer des choses qui ne sont pas à la portée de leur intelligence que de les approfondir par l'étude et le travail.

Le public continue à ne vouloir connaître et voir dans les travaux de Gall et des physiologistes qui ont adopté ses doctrines que ce qui a rapport à la cránioscopie, et les savants en général affectent d'ignorer les vérités physiologiques et les doctrines philosophiques qui résultent des recherches faites sur la nature et l'importance des fonctions du cerveau. Les adversaires de la physiologie du cerveau nient les vérités de la cránioscopie, et attaquent les phrénologistes, spécialement dans les applications qu'ils en font. N'est-ce pas là en effet la partie la plus étonnante de cette nouvelle science? Quoi de plus admirable que de pouvoir reconnaître par l'examen de la forme d'une tête quels sont les penchants, les talents, les facultés intellectuelles d'un individu? Il y a bien là de quoi faire grand nombre d'incrédules ! Cependant la cránioscopie pique tellement la curiosité du public, qu'un phrénologiste, reconnu comme tel, ne peut paraître dans une société sans qu'hommes et femmes ne viennent immédiatement lui présenter leur tête pour savoir quelles sont les protubérances que l'on y découvre.

Mais si cette partie de la phrénologie est si pleine d'intérêt, ne croyons pas néanmoins qu'elle soit d'une application facile. Il faut une longue habitude de la part de l'observateur avant qu'il puisse saisir les différentes formes de têtes, et reconnaître, dans leur développement partiel, quelles parties correspondantes du cerveau elles représentent, et conséquemment quelles facultés elles annoncent. Les méprises et les erreurs en pareille matière sont trop faciles, et beaucoup de personnes croient qu'il suffit d'avoir suivi un cours de phrénologie, et de savoir, au moyen d'une tête dessinée, où sont placés les différents organes du cerveau, pour être à même de prononcer des jugements sur les différents individus qu'elles examinent : elles se trompent. Il faut être, au contraire, très-circonspect avant d'avancer un jugement quelconque : mille circonstances, mille accidents propres à induire en erreur, peuvent se présenter et nous égarer complètement dans nos jugements. Mais pour être remplie de difficultés, la cránioscopie n'en est pas moins fondée sur des faits positifs, sur des principes physiologiques de la dernière évidence : elle est donc praticable. Nous pourrions citer à l'appui de notre assertion des preuves et des exemples sans nombre. Il nous suffira de résumer en peu de mots les conclusions principales qui résultent des observations cránioscopiques, savoir : que chaque fois que le cerveau n'est pas assez développé, il y a imbécillité, idiotie plus ou moins complète; que lorsqu'il y a seulement défectuosité dans le développement de certaines parties cérébrales, il y a imperfection ou impossibilité à la manifestation de certaines facultés; que, pour le contraire, lorsqu'il y a un fort développement de quelque partie du cerveau, il y a, non-seulement possibilité, mais disposition à l'exercice très-actif et très-énergique de la faculté correspondante; que, finalement, lorsque toutes les parties du cerveau sont très-développées, il y a aptitude ou prédisposition à exercer toutes les facultés morales et intellectuelles d'une manière très-énergique. Ainsi donc la cránioscopie doit être regardée comme un art fondé sur des bases certaines : elle peut très-bien être regardée comme un véritable livre rempli d'instruction, d'agrément et d'avertissements utiles pour ceux qui savent le déchiffrer. Elle diffère de la physiognomonie ou de la pathognomonie, en ce que celles-ci se bornent à vous dévoiler l'expression des facultés en état d'activité, c'est-à-dire l'expression des passions et des affections humaines, que l'on peut, par l'habitude et l'exercice, contrefaire et simuler, comme les acteurs ; tandis que la cránioscopie nous fait connaître les dispositions innées d'un individu, son aptitude pour les différentes facultés propres à notre espèce, ainsi que la portée de notre intelligence. Aussi l'on ne peut affecter sur sa figure la colère ou la joie, la bienveillance ou l'amour, on ne pourra jamais en imposer par une forme de tête différente de celle que l'on a, et conséquemment l'étourdi ne pourra pas inspirer confiance pour sa prudence, ni l'homme vain et de courte intelligence pour son génie, comme l'homme juste, l'homme bienveillant, l'ami sincère, n'auront pas besoin de phrases pour faire croire à la vérité de leurs sentiments. Lorsque la phrénologie sera plus généralement étudiée, le livre de la cránioscopie ne sera plus une énigme à deviner; son interprétation ne sera plus un privilége réservé aux élus de l'école phrénologique, et chacun reconnaîtra avec admiration la vérité et l'utilité de cette science. Du reste, la pratique bien entendue de la cránioscopie ne peut être que le partage d'esprits eux-mêmes bien organisés pour cela.

Dr FOSSATI.

CRANMER (THOMAS), l'un des premiers qui protégèrent la réforme en Angleterre, né le 2 juillet 1489, à Aslacton, comté de Northampton, entra de bonne heure au collège de Jésus à Cambridge, où il se livra à l'étude des langues grecque et hébraïque, et obtint en 1510 un *fellowship* (espèce de bénéfice scientifique). En 1524 il fut nommé professeur de théologie, puis examinateur en 1526. Une maladie épidémique qui vint à sévir à Cambridge le contraignit à s'en éloigner; et il se rendit alors à Cressy, dans le comté d'Essex. Un jour que Henri VIII se trouvait en cet endroit, il arriva à Cranmer de se rencontrer avec le secrétaire d'État Gardiner, et le chapelain du roi, Édouard Fox; et, dans une conversation qui s'engagea entre eux sur les difficultés qu'on éprouvait pour faire prononcer le divorce du roi, il émit l'avis qu'il était possible de s'en tirer avec des citations de l'Écriture, en s'appuyant de l'avis de savants théologiens, au lieu d'aller demander au pape son approbation. Fox redit ce propos au roi, qui, plein de joie, s'écria : « Par la mère de Dieu, notre homme tient là le cochon par l'oreille droite ! » Henri VIII manda alors Cranmer auprès de lui, le nomma son chapelain, et le chargea de composer un mémoire sur l'affaire du divorce. Ce travail une fois terminé, Cranmer en fut récompensé par le don d'un riche bénéfice; et en 1530 il fut envoyé sur le continent à l'effet d'y recueillir des approbations théologiques sur la question du divorce. Puis, quand Henri VIII rouvrit des négociations sur ce sujet avec le pape, il lui confia l'ambassade de Rome. En 1531 Cranmer se rendit en Allemagne en qualité de plénipotentiaire du roi d'Angleterre, chargé de rendre l'empereur favorable au divorce; dans le cours de cette négociation, il eut avec les théologiens protestants de ce pays des rapports assez nombreux pour acquérir une connaissance plus intime encore de leurs opinions et de leurs projets, et, en épousant alors la fille du pasteur Osiander, de Nuremberg, il prouva que son intention était dès lors de se séparer de l'Église de Rome.

Peu de temps après, le siège de Canterbury étant venu à vaquer, Henri VIII le lui conféra. Cranmer n'accepta cette dignité qu'avec répugnance. Il redoutait en effet l'humeur capricieuse du roi; en outre, le serment à prêter au pape contrariait ses convictions, et le mariage secret qu'il avait contracté ne lui semblait pas pouvoir se concilier avec les règles canoniques, encore bien que dès le règne de Henri VII les tribunaux d'Angleterre eussent déclaré légal le mariage des prêtres. Il prêta serment comme archevêque, sous la réserve expresse qu'il l'entendait et le prenait dans le sens qui s'accorde avec la loi de Dieu, les droits du roi et les lois du pays. Peu de temps après il prononça la sentence du divorce entre Henri VIII et Catherine d'Aragon; puis, le pape l'ayant menacé des foudres de l'excommunication, il n'en parut pas plus effrayé que le roi, qui, par une décision du parlement venait de déclarer chef suprême de l'Église anglicane. Cranmer s'efforça alors de favoriser les progrès de la réforme autant que le lui permirent d'une part l'arbitraire volonté d'un prince qui prétendait imposer à ses peuples des règles de foi particulières, et de l'autre les adversaires de la nouvelle Église, à la tête desquels figurait Gardiner, qui avait été nommé évêque de Winchester. Tandis qu'il en propageait les principes par ses prédications, il ne négligeait rien pour rendre la lecture de la Bible dans la langue nationale accessible au peuple. Tant qu'il crut pouvoir l'oser, il combattit énergiquement les six articles (*bloody act*) décrétés à la demande du roi par le parlement comme loi du royaume, et condamnant à la peine de mort quiconque se déclarerait le partisan du mariage des prêtres ou l'adversaire de la transsubstantiation et autres articles de la foi catholique romaine; mais à la fin il dut se résigner à renvoyer sa femme en Allemagne auprès de ses parents.

Après la mort de Henri VIII, arrivée en 1547, il put agir avec plus de liberté et aussi avec plus de succès dans les intérêts des nouvelles doctrines religieuses. On peut dire que c'est lui qui amena en Angleterre la réforme à peu près au point où elle y est encore aujourd'hui. Mais ce qui laisse une tache indélébile sur sa mémoire, c'est d'avoir non-seulement toléré, mais encore autorisé, comme chef de l'Église anglicane, les cruelles persécutions qu'on fit essuyer aux dissidents et surtout aux anabaptistes, dont le fanatisme ne saurait excuser les atrocités commises à leur égard.

A peine Marie, fille de Henri VIII, issue du mariage de ce prince avec Catherine d'Aragon, eut-elle ceint la couronne en 1553, que Cranmer fut jeté en prison et traduit en justice avec quelques autres promoteurs de la réforme. Après un premier interrogatoire, le tribunal, composé de commissaires pontificaux, lui enjoignit d'avoir à comparaître à Rome dans un délai de quatre-vingts jours pour se justifier devant le pape. Mais on ne lui rendit pas pour cela sa liberté; et le délai fixé une fois écoulé, il fut déclaré hérétique relaps, et à ce titre dépouillé de ses dignités ecclésiastiques. Pendant la longue captivité que le vieillard subit alors à Oxford, on lui arracha successivement plusieurs déclarations dans lesquelles il faisait profession d'attachement aux points essentiels de la foi catholique et romaine, et on finit par lui dicter les termes d'une dernière déclaration par laquelle il devait faire publiquement amende honorable pour ses erreurs. Mais sa mort avait depuis longtemps été résolue par ses ennemis. Quand la reine et son époux, Philippe II, eurent donné l'ordre de son supplice, on le conduisit à l'église où il devait prononcer le discours prescrit. Alors, au lieu de se soumettre à cette dernière humiliation, il déclara avec un calme plein de dignité que la crainte de la mort avait seule pu lui arracher ses précédentes déclarations et lui faire renier la vérité. Le 21 mars 1556, on le conduisit au bûcher, et il y monta avec fermeté. Il étendit d'abord dans le feu sa main droite, qui lui avait servi à signer ses différentes rétractations, et l'y laissa lentement brûler, en s'écriant à plusieurs reprises : « O main indigne ! » Consultez Todd, *Vie de Cranmer* (Londres, 1831). Le même écrivain a publié la *Défense de la Transsubstantiation*, par Cranmer, et Burton a donné une nouvelle édition (Oxford, 1829) du catéchisme connu sous le nom de *le martyr de l'Église protestante*.

CRANTOR, philosophe grec, né à Soles, en Cilicie, vécut vers l'an 300 av. J.-C. Malgré la considération dont l'entouraient ses concitoyens, il put résister au désir d'aller étudier la philosophie à Athènes, et s'établit dans cette métropole des sciences et des arts. Disciple de Xénocrate et de Polémon son successeur, il devint à son tour chef d'école, et compta au nombre de ses disciples Arcésilas, à qui il légua tous ses biens. On a peu de détails sur sa vie; tout ce qu'on sait, c'est qu'il composa un grand nombre d'ouvrages. Proclus nous dit qu'il avait commenté Platon. Diogène de Laërce rapporte qu'il avait composé des *Commentaires* qui formaient un total de trente mille lignes, d'où l'on peut conclure que c'était un livre fort étendu; malheureusement il n'en subsiste plus que des fragments, cités par des écrivains postérieurs. Crantor, semble n'avoir pas été un philosophe purement spéculatif, mais s'être aussi attaché au côté pratique de la philosophie. Horace mentionne son nom avec celui de Chrysippe, comme d'éminents moralistes dont les écrits étaient à Rome entre les mains de tous ceux qui s'occupaient de sciences philosophiques. Cicéron donne beaucoup d'éloges à un Traité de l'*Affliction*, *de Luctu*, dont Crantor était l'auteur. C'est, dit-il, en rapportant l'opinion du philosophe Panétius, un petit livre, mais un livre d'or, et qu'on doit savoir par cœur. C'est le même ouvrage que celui dont il parle dans ses Tusculanes comme d'un *Traité de la Consolation*. Plutarque, dans un Traité de la Consolation adressé à Apollonius, cite de nombreux passages du traité de Crantor sur l'affliction. Ce philosophe, qui faisait sa lecture habituelle d'Homère et d'Euripide, cultiva aussi la poésie.

CRANZ (DAVID), né en 1723, en Poméranie, mort en 1777, en Silésie, fut d'abord secrétaire du comte de Zinzendorf. Plus tard, l'ardeur de ses sentiments religieux le décida à entrer dans la communauté des frères Moraves, qui l'attachèrent à une mission qu'ils envoyaient au Groënland. Il profita de son séjour dans ce pays pour l'étudier au point de vue géographique et physique, et plus tard il publia le résultat de ses études sous le titre d'*Histoire du Groënland* (en allemand, 2 vol. in-8°; Barby, 1770). A sa mort il remplissait les fonctions de pasteur à Gnadenfrey, en Silésie.

CRAON (Familles de). Craon ou Croismare était une ancienne seigneurie de Lorraine, qui fut érigée en marquisat en 1712, puis en principauté en 1723, en faveur d'un membre de la famille de Beauveau, laquelle par conséquent n'a rien de commun avec les deux grandes maisons, depuis longtemps éteintes, qui ont porté successivement le nom de Craon. C'était celui d'une ancienne baronnie de l'Anjou, aujourd'hui chef-lieu de canton du département de la Mayenne. La première de ces maisons s'éteignit dès le onzième siècle, et n'a produit aucun personnage remarquable. La seconde, qui remontait à Robert de Nevers, surnommé *le Bourguignon*, fils puîné de Renaud 1er et d'Adèle de France, joua un rôle assez important aux quatorzième et quinzième siècles. Le dernier de ces Craon, *Antoine* DE CRAON, seigneur de Domart, commanda pendant quelque temps, mais avec des succès divers, les armées de Louis XI, qui finit par lui attribuer le mauvais succès de ses entreprises, et qui en conséquence l'exila dans ses terres, où il mourut obscurément.

CRAONNE, petite ville du département de l'Aisne, à 20 kilomètres de Laon, avec une population de 1,003 habitants, est célèbre par la défaite qu'y éprouvèrent les alliés les 6 et 7 mars 1814.

L'empereur Napoléon, craignant que les maréchaux Marmont et Mortier ne fussent débordés par Blucher, s'était porté, le 1er mars 1814, sur la Ferté-sous-Jouarre, avec 25,000 hommes. Il y avait été rejoint par sa cavalerie et par cinq divisions d'infanterie qui l'avaient suivi depuis l'Aube. Blucher, redoutant une attaque à dos dans les défilés de l'Ourcq, s'était alors décidé à changer de direction et à gagner Laon, où il comptait joindre les corps de Bulow et de Winzingerode, qui arrivaient du nord. Mais, son arrière-garde ayant été atteinte à Neuilly-Saint-Front, il allait se voir acculé à Soissons, lorsque la lâcheté du général Moreau, qui commandait cette place, la livra par capitulation, le 2 mars, au général Bulow, et tira Blucher de tout danger. Le pont de la Ferté-sous-Jouarre n'ayant été rétabli que le 3 mars au matin, Napoléon, à qui le chemin direct de Laon était fermé, se dirigea sur Fismes, afin de passer l'Aisne à Béry-au-Bai, ce qui eut lieu le 6, et l'armée se déploya en avant de Corbeny, devant le plateau de Craonne. Cette position était défendue par un corps de 25,000 hommes d'infanterie, aux ordres du général Woronzow. Appuyée à droite sur le ravin de Vassogne, à gauche sur celui d'Ailly et sur le vallon encaissé de la Lette, ayant une partie de son front couvert par un défilé garni de trente-six bouches à feu, la position de Craonne était très-forte, et ne pouvait être abordée qu'avec beaucoup de difficulté par les flancs; ce fut par là que Napoléon se décida à attaquer l'ennemi.

Le 7 mars 1814 au matin le maréchal Ney, avec son corps et les dragons du général Roussel, partant de Vauclerc, ouvrit l'attaque à gauche en faisant soutenir ses ailes par les deux divisions du maréchal Victor. Le maréchal Mortier tenta une attaque secondaire sur le centre. Le général Nansouty, avec les divisions Exelmans et Laez, était chargé de doubler la droite de l'ennemi par Vassogne. Le combat fut acharné et sanglant; mais enfin le corps de Woronzow fut enfoncé et dispersé dans la retraite que la gauche de l'ennemi fit au delà de la Lette, sur Chavignon, et la droite sur Troucy. Les Russes perdirent 5,000 hommes; les généraux Lanskoy et Uszow furent tués; les généraux Chovansky, Laptier, Marlow et Svarikin, blessés. Notre perte s'éleva à 4,000 hommes, sur 11,000 qui avaient été engagés; les généraux duc de Bellune, Grouchy, Bigarré, Pierre Boyer et Laferrière furent blessés. Gal G. DE VAUDONCOURT.

CRAPAUD. C'est le nom d'un genre de reptiles appartenant à l'ordre des batraciens, qui ont le corps ventru, couvert de verrues ou papilles, un gros bourrelet percé de pores derrière l'oreille, lequel exprime une humeur laiteuse et fétide; leurs mâchoires sont dépourvues de dents; les pattes de derrière sont, en général, peu allongées. Ils sautent mal, et se tiennent communément plus éloignés de l'eau que les grenouilles. Les mâles sont presque toujours privés de ces poches qui renforcent la voix (*voyez* COASSEMENT) et que l'on remarque dans les grenouilles proprement dites et dans les rainettes. Ce sont des animaux d'une forme hideuse, d'un aspect dégoûtant, mais que l'on accuse mal à propos d'être venimeux par leur salive, leur morsure, leur urine, et même par l'humeur qu'ils transpirent. C'est pendant la nuit et à la suite des pluies chaudes de l'été, qu'ils sortent de leurs retraites; et alors on en voit souvent paraître tout à coup un très-grand nombre à la fois, ce qui a fait croire à l'existence de *pluies de crapauds*. Ce n'est pas là la seule erreur qu'on ait débité sur le compte de ces animaux, auxquels on avait même prêté des vertus thérapeutiques. On a été jusqu'à certifier qu'on rencontrait des crapauds vivants au centre des pierres les plus anciennes. En 1851, le *crapaud de Blois* qu'on prétendit avoir trouvé au centre d'une géode, occupa pendant plusieurs mois le monde savant : l'Académie des Sciences nomma des commissaires pour examiner le fait. Il y eut d'abord quelque indécision dans leur esprit; mais il fallut bien se rendre à l'évidence et reconnaître que l'on avait été victime d'une mystification.

Il faut aux crapauds quelques années avant de pouvoir se reproduire; ce n'est qu'à la quatrième année qu'ils jouissent de cette faculté, et qu'on leur en voit faire usage; la durée de leur vie n'est pas exactement connue, mais ils vivent probablement fort longtemps. Quelque grossiers et peu intelligents que paraissent ces animaux, ils sont susceptibles d'être apprivoisés jusqu'à un certain point. On en a vu qui venaient à un signal donné, ou à une certaine heure, chercher la nourriture qu'on avait l'habitude de leur jeter. Pennant en cite un qui, s'étant réfugié sous un escalier, s'était accoutumé à venir tous les soirs dès qu'il apercevait la lumière dans une salle à manger située tout près de là; il se laissait prendre et placer sur une table où on lui donnait à manger des vers, des mouches et des cloportes; il semblait même, par son attitude, demander à être mis à sa place lorsqu'on négligeait de l'y installer. Ce crapaud vécut ainsi trente-six ans; et comme il mourut par suite d'un accident, on peut, dans les erreurs que nous avons signalées plus haut, attribuer à ces animaux une assez grande longévité.

Nous allons parler des espèces qu'on rencontre communément en France. Les deux premières, le *crapaud commun* et le *crapaud vert*, sont seules rangées par MM. Duméril et Bibron dans le genre *crapaud*, parce que les autres, ayant leur mâchoire supérieure garnie de dents, ont dû être placées dans des genres distincts. Cependant on est tellement accoutumé à les désigner sous le nom de *crapauds* que nous les donnerons à la suite des deux véritables espèces.

Le *crapaud commun* (*bufo vulgaris*), dont la taille varie de cinq à quatorze centimètres, est gris roussâtre ou gris brun, quelquefois olivâtre ou noirâtre; il a le dos couvert de beaucoup de tubercules arrondis, gros comme des lentilles, le ventre garni de tubercules plus petits et plus serrés, les pieds de derrière demi palmés. Il se tient dans les lieux obscurs et étouffés, et passe l'hiver dans des trous qu'il se creuse. Son accouplement se fait dans l'eau, en mars et avril, ou, lorsqu'il a lieu sur la terre, la femelle se traîne à l'eau en portant son mâle. Elle produit des œufs petits et innombrables, réunis par une gelée transparente en deux cordons, souvent longs de 1^m30, que le mâle tire avec ses pattes de derrière. Le têtard est noirâtre, et, de tous ceux de notre pays, c'est celui qui est encore le plus petit quand il prend des pieds et perd sa queue. Le cri de cette espèce a quelque rapport avec l'aboiement d'un chien. Ce crapaud est le même que le *crapaud commun* de Lacépède, le *crapaud épineux*, les *crapauds vulgaire, cendré, de Rœsel*, et *ventru* de Daudin, le *crapaud des palmiers* de Cuvier, etc. On le trouve jusqu'au Japon. Dans quelques localités, et principalement en Italie, il prend une grande taille, et c'est pour avoir été trompé par ce volume considérable que Cuvier a distingué à tort la variété que nous venons de citer, comme une espèce distincte.

Le crapaud commun est répandu dans les mares et les bois d'Europe. On en fait dans les environs de Paris une pêche assez productive; on le coupe par le milieu du corps, et on en vend les cuisses sur les marchés de Paris pour des cuisses de grenouilles (il est bien reconnu qu'on y vend aussi souvent pour l'usage de la table des cuisses de crapauds que des cuisses de grenouilles). Ces cuisses, d'ailleurs, selon Bosc, sont aussi saines et aussi bonnes, quoique peut-être un peu plus dures, que celles de grenouilles, surtout lorsqu'elles appartiennent aux crapauds qui vivent ordinairement dans l'eau.

Le *crapaud vert* (*bufo viridis*) a souvent le dos marqué d'une raie longitudinale jaune, et l'iris d'un vert jaune vermiculé de noir. Bibron regarde comme n'en différant pas spécifiquement le *crapaud des joncs* de Cuvier, auquel ce naturaliste donne pour caractères une couleur olivâtre, des tubercules comme le crapaud commun, avec de moindres bourrelets derrière les oreilles; une ligne jaune longitudinale sur l'épine, une autre rougeâtre dentelée sur le flanc; les pieds de derrière sans aucune membrane. Ce crapaud, long de cinq à huit centimètres, répand une odeur empestée de poudre à canon, vit à terre, ne saute point du tout, mais court assez vite, grimpe aux murs pour se retirer dans leurs fentes, et a pour cet usage deux petits tubercules osseux sous la paume des mains; il ne va à l'eau que pour l'accouplement, hors du mois de juin, et pond deux cordons d'œufs comme le crapaud commun; le mâle crie comme celui de la rainette, et a de même une poche sous la gorge.

Le *crapaud brun*, qui appartient au genre *pelobate*, est long de cinq centimètres environ, brun clair, marbré de brun foncé ou de noirâtre; les tubercules du dos, peu nombreux, ont la grosseur de lentilles; son ventre est lisse; ses pieds de derrière présentent des doigts allongés et entièrement palmés. Il saute assez bien, se tient de préférence près des eaux, et répand une forte odeur d'ail lorsqu'il est inquiété. Ses œufs sortent de son corps en un seul cordon très-épais. Son têtard tarde plus que les autres de ce pays-ci à passer à l'état parfait, et est déjà fort grand qu'il a encore sa queue, et que ses pieds de devant ne sont pas sortis; il a même l'air de rapetisser lorsqu'il perd tout à fait son enveloppe de têtard. On le mange en quelques lieux, comme si c'était un poisson.

Le *crapaud accoucheur* n'appartient pas davantage au genre *bufo*. C'est l'*alytes obstetricans* de la zoologie moderne. Il est petit (ayant trois à quatre centimètres tout au plus), gris en dessus, blanchâtre en dessous, avec des points noirâtres sur le dos et blanchâtres sur les côtés. Le mâle aide la femelle à se délivrer de ses œufs, qui sont assez grands, et se les attache en paquets sur les deux cuisses, au moyen de quelques fils d'une matière glutineuse. Il les porte jusqu'à ce qu'on distingue au travers de leur enveloppe les yeux du têtard qu'ils contiennent. Lorsque ceux-ci doivent éclore, les crapauds cherchent quelque eau dormante pour les y déposer. Ils ne tardent pas à se fendre, et le têtard, qui est fort petit, en sort et nage aussitôt. Cette espèce est commune dans les lieux pierreux des environs de Paris.

Le *crapaud sonnant*, crapaud à ventre jaune de Cuvier, appartient aujourd'hui au genre *bombinator*. C'est le plus petit et le plus aquatique de nos crapauds, long de trois centimètres environ, il est grisâtre ou brun en dessus, bleu-noir avec des taches orangées en dessous, les pieds de derrière complétement palmés et presque aussi allongés que ceux des grenouilles; aussi saute-t-il presque aussi bien qu'elles. Il se tient dans les marais et s'accouple au mois de juin; ses œufs sont en petits pelotons et plus grands que ceux des espèces précédentes. Lorsque l'accouplement a lieu, il jette un gémissement lugubre, et pendant le reste de la belle saison il fait entendre, surtout le soir après la pluie, un coassement d'une monotonie fatigante, que l'on a comparé au son d'une cloche agitée dans l'éloignement.

DEMÉZIL.

CRAPAUD D'EAU. *Voyez* CANON.

CRAPAUD se disait autrefois d'une petite bourse de soie ou de laine, dans laquelle les militaires de tous grades enfermaient leurs cheveux par derrière, et qui affectait assez la figure du reptile de ce nom. Le crapaud, qui avait succédé à la cadenette, mesurait vingt centimètres en carré. Au haut et en dessus régnait un ruban passé dans une coulisse, qui aidait à ouvrir, pour le mettre ou le retirer, le crapaud, fermé des deux autres côtés.

CRAPAUD DE MER. *Voyez* CRABOT.

CRAPAUDINE, pièce de métal, fixée d'une manière quelconque sur un dé de pierre, une pièce de bois, de fer, horizontale, dans laquelle on pratique une cavité destinée à recevoir le pivot de l'arbre qui porte et fait tourner une meule de moulin, et en général le pivot de tout arbre vertical.

TEYSSÈDRE.

Dans l'art culinaire, on donne le nom de *crapaudine* à une manière de préparer les pigeons. On les fend sur le dos, on écarte les parties ouvertes, on les aplatit, on les saupoudre de sel et de poivre, puis on les fait rôtir sur le gril, on met dessous une sauce piquante, avec verjus, vinaigre, échalotes, câpres, et c'est ainsi qu'on prépare d'excellents pigeons *à la crapaudine*.

CRAPAUDINE (Supplice de la). En 1846 M. Bureaux de Pusy fit connaître à la chambre des députés diverses peines alors arbitraires appliquées en Afrique à l'armée. Ces peines étaient au nombre de cinq, savoir le *silo*, la *barre*, la *crapaudine*, le *clou rouge* et le *clou bleu*. Voici en résumé le tableau qu'il fit des quatre dernières : La *barre* est une peine employée déjà dans les colonies, où elle porte le même nom; on l'appliquait quelquefois aux esclaves qui sont punis dans les habitations; elle consiste en une barre horizontale fixée à environ 35 centimètres au-dessus du sol. Les pieds du condamné y sont attachés avec des anneaux de fer, et le patient est couché tantôt sur le dos, tantôt sur le ventre. Si cette punition n'est pas suffisante, si le condamné n'est pas dompté, on lui inflige le supplice de la *crapaudine*, qui consiste en ceci : Le soldat condamné a le bras droit attaché derrière le dos, avec la jambe gauche relevée le long de la cuisse; son bras gauche est croisé aussi derrière le dos, avec la jambe droite relevée également le long de la cuisse. Dans cette position, qui est une véritable torture, le soldat est placé soit sur le dos, soit sur le ventre, et pendant un temps plus ou moins long exposé aux intempéries de l'air, c'est-à-dire à une chaleur excessive, ou à la pluie, ou à la gelée. Si cette punition ne suffit pas, on lui applique le supplice qu'on appelle le *clou rouge*, et qui consiste à laisser l'homme attaché comme il l'était dans la punition de la crapaudine, en le suspendant à un clou ou à une barre élevée par la corde qui relie les quatre membres. Dans cette position le patient éprouve des douleurs atroces : la respiration est gênée, la circulation s'opère avec peine, et en très-peu d'instants ses yeux et sa figure sont injectés et prennent une couleur pourpre. Si ce supplice n'est pas suffisant encore pour dompter l'homme, on lui applique alors le *clou bleu*, c'est-à-dire que l'on prolonge, le précédent châtiment jusqu'à ce que la face de l'homme prenne une couleur bleue ou violacée : c'est pour cela qu'on l'appelle le *clou bleu*. Une pareille révélation souleva l'opinion publique. « Il y a des choses que l'on fait connaître et qu'on cite, disait l'orateur ; mais que l'on ne s'abaisse pas à discuter. » Des ordres furent aussitôt donnés pour que de pareils faits ne se renouvelassent plus. L. LOUVET.

CRAPONNE (Canal de). *Voyez* CRAU (La).

CRAQUE. *Voyez* CRAC.

CRASE (*Grammaire*). *Voyez* CONTRACTION.

CRASSE. C'est le nom que l'on donne à certaine ordure qui se forme ou s'attache, soit sur la peau de l'homme et des animaux, soit même sur des objets inanimés. Les enfants sont plus sujets que d'autres à avoir de la crasse sur la tête ; on a cru pendant longtemps qu'il fallait bien se donner de garde de chercher à la leur ôter, dans la crainte de nuire à leur santé. On sent tout le ridicule d'un pareil préjugé, qui commence aujourd'hui à se dissiper. Les mères soigneuses savent bien maintenant que la propreté n'est jamais nuisible, et nous offririons à celles qui pourraient en douter encore l'exemple des animaux, qui ne lèchent si souvent leurs petits que pour enlever la crasse que la transpiration occasionne en se mêlant avec la poussière ou autres impuretés. Les étrilles et les brosses servent à enlever la crasse qui s'amasse sur la peau des chevaux et empêcherait leur poil d'être brillant et lustré.

Lorsque l'on fait fondre les métaux, il se forme à la superficie une espèce de *crasse* composée de matières étrangères, mêlées à quelques parties de métal oxydé. On donne aussi le nom de *crasse* aux petites paillettes qui se forment sur le fer rouge tandis qu'on le forge.

La *crasse* se trouvant plus abondamment sur ceux qui prennent peu de soin de leur personne, ou bien qui se livrent à des travaux grossiers, on l'a considérée comme un des attributs, un des inconvénients ordinaires des gens du peuple. On dit aussi, par analogie, d'un homme sans aucune instruction, qu'il est d'une *ignorance crasse* (de *crassus*, lourd, épais, grossier), et de celui qui vit d'une manière pauvre et malheureuse, qu'il vit *dans la crasse* ; enfin on dit, en termes vulgaires, de celui qui est d'une avarice sordide, que c'est un *crasseux*.

Le mot *crasse*, dans les arts, est employé pour désigner le mélange de poussière et de fumée qui s'incorpore avec le vernis sur la superficie des tableaux, et rend nécessaire de les nettoyer avant de les revernir. Quand un ancien tableau est ainsi couvert d'un voile roussâtre plus ou moins épais, on dit qu'il est *sous crasse* ; souvent celui qui veut le restaurer avec trop de précipitation ou avec maladresse enlève quelques glacis, et même des parties de peinture, qui nécessite des restaurations ou des *repeints* et détériore beaucoup un tableau. DUCHESNE aîné.

CRASSULACÉES, famille de plantes dicotylédones, polypétales, à insertion périgyne, composée d'herbes ou de sous-arbrisseaux se rapprochant des saxifragées. Elles habitent les contrées tempérées de l'ancien monde. La moitié des espèces connues se trouve aux environs du Cap. Presque toutes contiennent un suc aqueux, riche en acide malique. Les plus remarquables de ces espèces appartiennent aux genres *crassule*, *arpin*, *cotylet*, *échévérie*, *bryophylle*, etc.

CRASSULE, en latin *crassula*, de *crassus*, épais, par allusion à l'épaisseur des feuilles, genre type de la famille des *crassulacées*. Il renferme plus de quatre-vingts espèces, dont un grand nombre sont cultivées dans les jardins, en raison de la beauté de leurs fleurs ou de la bizarrerie de leur port. Les espèces et variétés que recherchent le plus les amateurs sont les *crassules écarlate*, *bicolore*, *hybride*, *blanche*, etc. Cette dernière répand le seul très-suave, qui rappelle celle de la vanille. Presque toutes ces crassules demandent une terre légère et maigre, des arrosements très-modérés, et les soins généraux que réclament les plantes d'orangerie. Toutes sont exotiques, excepté le *crassula rubens*, qui croît en Europe sur les vieux murs, aux lieux sablonneux et pierreux. Mais les petites fleurs blanches de cette espèce ne donnent aucune idée de la beauté de ses congénères.

CRASSUS, surnom de plusieurs anciennes familles romaines, dont la plus connue est celle qui était une branche de l'antique race plébéienne des Licinii.

CRASSUS (LUCIUS LICINIUS), né l'an 140 avant J.-C., le plus célèbre orateur de son époque, aussi remarquable par son esprit que par la probité dont il fit preuve comme proconsul dans sa province, fut consul l'an 95 avant J.-C., avec Quintus Mucius Scævola. La loi proposée par les consuls pour expulser de Rome tous ceux qui n'avaient pas l'exercice complet des droits de citoyen, irrita les alliés, et provoqua la guerre Sociale. L'an 92, en sa qualité de censeur, Crassus fit fermer les écoles de rhéteurs comme sources de corruption et de démoralisation pour la jeunesse. Il mourut l'année suivante, à la suite d'une discussion qu'il eut dans le sénat avec le consul Lucius Marcius Philippus, au sujet des propositions de loi faites par le tribun Marcus Livius Drusus.

[CRASSUS (MARCUS LICINIUS), surnommé *Dives*, c'est-à-dire *le riche*, comme plusieurs de ses ancêtres. Ce triumvir naquit vers l'an de Rome 637, 115 ans avant J.-C. L'an 660 de Rome (85 av. J.-C.), il se réfugia en Espagne, pour y échapper aux vengeances de la faction de Marius. La mort de Marius et le triomphe de Sylla l'ayant ramené deux ans après en Italie, le nouveau dictateur, pressé par les armées de Cinna et de Marius le jeune, chargea Crassus d'aller lever des troupes chez les Marses ; et comme ce jeune homme lui demandait une escorte pour passer à travers les partis ennemis : « Je te donne pour gardes, répondit Sylla, ton père, ton frère, tes parents et amis assassinés par Marius. » Crassus s'en remit à son intrépidité, et, ayant rassemblé une armée, il alla saccager une ville de l'Ombrie, où se manifesta son penchant à cette cupidité effrénée qui le rendit le plus avide et le plus opulent des Romains. Ce vice déplut à Sylla, qui lui préféra dès lors le jeune Pompée, et cette préférence fut la cause de la jalousie que Crassus ne cessa de montrer contre cet illustre capitaine.

Un service plus éminent aurait dû lui mériter le premier rang dans l'estime de Sylla. Les Samnites, guidés par Telesinus, étaient venus jusqu'aux portes de Rome, et menaçaient de la mettre à feu et à sang. Sylla, accouru vers eux armée, avait vu détruire son aile gauche et son centre, et, repoussé vers Préneste, allait prévoir déjà la chute de Rome, quand, au milieu de la nuit, un courrier de Crassus vint lui annoncer une victoire décisive. Crassus avait mis en déroute l'aile droite des Samnites, surpris le centre et la gauche dans le désordre de la victoire. Telesinus avait péri dans la mêlée. Carinas, Ednetus et Censorinus, ses lieutenants, étaient prisonniers de guerre, et les débris de leur armée fuyaient vers Antiennes, où Crassus les avait poursuivis. Sylla songea moins à récompenser le sauveur de Rome qu'à se venger des vaincus, et il le fit en barbare.

Cependant les services de Crassus, et le talent d'orateur qu'il avait déployé dans le Forum, lui valurent, l'an 680 (71 av. J.-C.), les honneurs de la préture, et bientôt après il fut chargé de soutenir la guerre contre Spartacus. Ce gladiateur thrace, chef des esclaves révoltés dans la Lucanie, avait déjà défait deux ou trois armées romaines. Ses succès avaient accru la sienne, jusqu'au nombre de cent vingt mille hommes. Les consuls Lentulus et Gellius venaient d'être défaits à leur tour, lorsque Crassus arriva à la tête de six légions. Son lieutenant, Mummius, ayant subi le sort des autres, Crassus fit décimer cinq cents légionnaires qui avaient donné l'exemple de la fuite, et cette sévérité ayant rétabli la discipline, il marcha droit à Spartacus. Il lui enleva un corps de dix mille hommes, qu'il fit passer au fil de l'épée, et l'enferma dans une presqu'île, sur les bords du détroit de Rhegium ; mais Spartacus ayant profité d'une horrible tempête pour s'échapper vers les montagnes de Pétilie, Crassus se remit à sa poursuite, tua d'abord les douze mille hommes de son arrière-garde, et l'anéantit lui-même avec son armée dans la Lucanie. Cinq mille fuyards échappèrent seuls à ce massacre ; mais ils allèrent donner dans l'armée de Pompée, qui revenait d'Espagne ; et celui-ci, par une forfanterie indigne de son nom, essaya d'enlever à Crassus l'honneur de cette victoire, en écrivant au sénat que si ce capitaine avait vaincu les rebelles, il avait, lui, coupé les racines de la rébellion. Un nouvel incident vint donner un aliment nouveau au juste mécontentement de Crassus. Le triomphe fut accordé au vainqueur de Sertorius, tandis que le vainqueur des esclaves révoltés n'obtint que les honneurs de l'ovation ; et ce double dépit, apaisé d'abord par leur avénement simultané au consulat, éclata pendant tout le cours de cette magistrature, qui s'écoula sans gloire pour l'un et pour l'autre. Crassus ne s'y distingua que par un repas de dix mille tables, donné au peuple romain, et une distribution de blé aux citoyens pauvres, pour trois mois de subsistance.

Il profitait ainsi de son immense fortune, faite dans les proscriptions de Sylla, pour s'attirer les bonnes grâces du peuple, tandis que Pompée ne flattait la démocratie qu'en augmentant l'autorité des magistrats populaires et celle des chevaliers romains au détriment de la puissance patricienne. L'an 65 av. J.-C., il fut nommé censeur avec Caius Lutatius Catulus. La mésintelligence qui éclata entre eux fut cause qu'il ne fut point cette année procédé aux opérations du *cens*, et le contraignit enfin à se démettre.

Un autre ambitieux se révélait alors. C'était César. Crassus, accusé comme lui d'avoir trempé dans la conjuration de Catilina, et comme lui reconnu innocent, malgré l'histoire, qui en doute encore, s'acquit l'amitié de ce grand homme en répondant pour lui d'une somme équivalant à quatre millions de francs, au moment où ses créanciers allaient l'empêcher de prendre le commandement de l'armée d'Espagne.

César n'oublia jamais ce service rendu à sa fortune politique. Mais, par intérêt plus que par reconnaissance, il travailla sans cesse, de loin comme de près, à maintenir ou à rétablir la concorde entre Pompée et Crassus, pour les opposer à la ligue de Cicéron, de Caton et de Catulus. En l'an 60, il réussit à opérer entre eux une réconciliation complète ; et ainsi naquit ce premier *triumvirat* qui prépara la servitude romaine et l'abaissement de la république au profit de la tyrannie impériale, et qu'on renouvela en l'an 56 dans des conférences tenues à Lucques.

Ces honneurs ne suffisaient point à Crassus. Il ne pouvait se dissimuler l'infériorité de sa gloire. Les exploits de Pompée, ceux de César surtout, tourmentaient sa vieillesse. Il brigua une seconde fois le consulat, de concert avec Pompée et sous le patronage de César, auquel ses deux collègues devaient adjuger pour cinq ans le gouvernement de la Gaule. S'il faut en croire Plutarque, Crassus poussa l'ambition jusqu'à soudoyer des assassins pour se défaire de Caton et de Domitius, qui contrariaient sa candidature. Il n'eut pas besoin de ce crime. Il fut consul une seconde fois avec Pompée (an 55 av. J.-C.), et se fit décerner le gouvernement de l'Asie. C'était pour lui la route des Indes, dont la conquête devait effacer tous les exploits de ses deux rivaux. Les Parthes étaient sur son chemin, et c'est par leur défaite qu'il voulait ouvrir sa course triomphale. En vain le tribun Atteius, s'opposant à cette guerre, fit retentir Rome de ses imprécations, et fit des opérations magiques sur le passage de Crassus. Le triumvir brava ses malédictions et ses sortiléges ; il passa la mer à Brindes, gagna l'Euphrate, chassa les Parthes de la Mésopotamie, et revint prendre ses quartiers d'hiver en Syrie pour attendre son fils, que César

lui renvoyait de la Gaule avec un renfort. Cet hiver ne fut point stérile pour lui. Il pilla les riches temples de Jérusalem et de la déesse Atargatis, vendit la justice et accabla les Syriens de taxes.

Cependant le roi des Parthes, Orodes, rassemblait de puissantes armées, se jetait avec une sur l'Arménie, dont le roi, Artabase, avait fait alliance avec les Romains, et confiait l'autre à son lieutenant Suréna, pour reconquérir la Mésopotamie. En l'an 53, Crassus, à la tête de sept légions de 4,000 cavaliers et d'autant de soldats armés à la légère, repassa l'Euphrate à Zeugma, dans la Comagène, et reçut dans son camp Abgare, roi d'Edesse, dont les perfides conseils lui firent perdre d'abord l'amitié du roi d'Arménie, et l'entraînèrent à sa perte. Abgare était l'espion de Suréna ; il trompa Crassus sur les forces et sur les desseins des Parthes, et le conduisit à travers une campagne aride, coupée de marais et de sables, où la fatigue, la faim et l'indiscipline, préparèrent sa défaite. Cassius et ses autres lieutenants le supplient vainement de changer de route : il ne croit que le perfide Abgare, et quand cette plaine qui lui semble dépeuplée se couvre tout à coup de soldats, d'armes et de chevaux, c'est encore le roi d'Edesse qu'il écoute au lieu de ses tribuns, pour disposer son armée en une masse compacte sur les bords d'une rivière appelée Biléchа.

Les Parthes, conduits par Suréna, enveloppent cette masse et l'accablent de leurs traits. Le fils de Crassus, Publius, qui s'était distingué dans les Gaules sous César, s'élance sur eux avec treize cents cavaliers et huit cohortes, l'élite de l'armée romaine. Les Parthes fuient, l'attirent dans un piège, le massacrent avec tout son monde, et Crassus n'en est averti qu'en revoyant la tête de son fils au haut d'une pique ennemie. A cette vue, le vieillard n'est plus ni un Romain ni un capitaine : il se laisse entraîner jusqu'à la ville de Carres par ses légions découragées, et là c'est encore à un espion de Suréna qu'il se confie au lieu d'écouter les avis de Cassius. Le Carrien Andromachus le pousse vers des marais, à travers lesquels deux ou trois de ses lieutenants se sauvent à grande peine. Réduit à quatre cohortes, il accepte une entrevue que Suréna lui fait offrir pour traiter de la paix, et périt dans une misérable querelle suscitée à dessein par ce général.

Sa tête fut portée au roi des Parthes. Orodes la reçut au milieu d'un festin, et fit verser de l'or fondu dans sa bouche, en lui disant : « Rassasie-toi de ce métal, dont tu as toujours été si affamé. » Cette vile passion déshonore en effet toute la vie de Crassus. « On n'est pas riche, disait-il, quand on ne peut entretenir une armée ; » et tous les moyens de s'enrichir lui paraissaient bons et justes. Les proscriptions, le pillage, les exactions, l'usure, le trafic des esclaves, tout servait à l'accroissement de sa fortune, qui d'un patrimoine de quinze cent mille francs de notre monnaie était montée à trente-trois millions de biens à son départ pour la guerre des Parthes.

Le bruit de cette catastrophe, arrivée l'an 53 avant J.-C., se perdit bientôt dans le fracas de la guerre civile et du choc de César et de Pompée. César n'a pas fait pour lutter contre de tels hommes. A tout prendre, sa vie fut celle d'un mauvais citoyen, et il fallait plus que les deux victoires de sa jeunesse pour effacer cette parole de son biographe : « Que sa richesse lui venait du sang et du feu, et qu'il avait fait son plus grand revenu des calamités publiques. »

VIENNET, de l'Académie Française.]

CRATÈRE (du grec χρατήρ, grand vase dans lequel on mêlait l'eau et le vin), bouche *ignivome* d'un volcan en activité, ou cavité par laquelle sortirent autrefois les flammes et les courants de laves d'un volcan éteint. Les anciens avaient cru reconnaître la forme d'une coupe dans celle de ces cavités volcaniques, et de là vient le nom qu'ils leur donnèrent et qui a passé dans notre langue ; mais ces comparaisons peuvent se passer d'une grande justesse, et les observateurs attentifs ne les feront point. Il n'y a point d'uniformité dans les cratères des volcans éteints ; depuis tant de siècles qu'ils éprouvent l'action des agents atmosphériques, il n'en reste plus que des ruines, qui ne peuvent servir à retrouver ce qui est détruit. L'Etna même, quoique son activité n'ait pas cessé, n'a plus aujourd'hui son ancien cratère, dont une partie a roulé sur les flancs de la montagne et une autre est retombée dans les abîmes d'où elle était sortie. Ce n'est donc que par application aux *jeunes volcans* que le cratère peut justifier le nom qu'il porte; le Vésuve, dont les éruptions le plus anciennement connues ne remontent guère au delà de trois mille ans, est encore dans sa jeunesse, et sa bouche paraît avoir conservé sa forme primitive. C'est par la direction des courants de lave qu'on peut retrouver l'emplacement des cratères de volcans éteints ; ceux de l'ancienne province d'Auvergne, du bassin du Rhin, etc., ont été reconnus en suivant ces indications. Quant aux volcans en ignition, le cratère n'est pas toujours au sommet de la montagne qui livre le passage aux feux souterrains ; l'effort des fluides élastiques renfermés et comprimés dans l'intérieur de la terre suit toujours la ligne de moindre résistance ; et pour l'Etna, cette ligne traverse la montagne vers la base, et non par le sommet. FERRY.

Les naturalistes divisent les cratères en *cratères de soulèvement* et en *cratères d'éruption*. Par *cratères d'éruption* on entend la partie supérieure ou ouverture d'un conduit permanent en forme de tuyau de cheminée, s'élevant de l'intérieur du volcan jusqu'à son sommet, facilitant l'issue des matières solides, liquides ou gazeuses qui se développent au fond, dans ce qu'on appelle le *foyer du volcan*. Les *cratères de soulèvement*, au contraire, sont des cavités circulaires, en forme d'entonnoir, entourées de parois escarpées, hérissées d'anfractuosités, qui sans avoir servi de la même manière que les autres à provoquer l'issue des matières volcaniques, ont reçu cette configuration semblable à un calice ou cratère par le soulèvement et la rupture de la croûte terrestre solide, au moyen de la force d'expansion des gaz et des vapeurs comprimés et agissant dans l'intérieur de la terre. Cette dernière classe de cratères est celle qu'on observe le plus souvent dans les îles qui se sont formées à la suite de soulèvements ou de commotions volcaniques. Quant aux cratères d'éruption, il est aisé de comprendre qu'une montagne projetant du feu peut en changer le lieu et aussi avoir plusieurs cratères à la fois; le plus considérable se trouve cependant d'ordinaire à son sommet, d'où, en allant toujours en se rétrécissant davantage, il s'étend jusque dans les profondeurs du laboratoire souterrain du volcan, formant en même temps à sa partie supérieure une élévation de forme circulaire qui par l'accumulation successive de la lave, de la cendre et des pierres qu'il projette, arrive peu à peu à prendre les proportions d'une montagne.

CRATÈS, célèbre philosophe cynique, qui vivait vers l'an 328 avant J.-C., et descendait d'une riche et ancienne famille de Thèbes. Après avoir spontanément renoncé à un héritage considérable, il se rendit à Athènes, pour s'y consacrer, sous la direction de Diogène, à la philosophie cynique ; et dans cette ville, par les grâces de son esprit et par ses qualités aimables il gagna si bien les cœurs de tous ceux avec lesquels il eut des rapports, qu'un jour, malgré sa laideur physique, la belle Hipparchie, fille d'un de ses disciples, lui offrit sa main par véritable attachement. M. Boissonade est celui qui a publié de la manière la plus complète, dans ses *Notices et extraits de manuscrits de la Bibliothèque du Roi* (tome 9, Paris, 1817), les 38 lettres qu'on lui attribue, mais qui sont évidemment d'une époque postérieure.

Il ne faut pas le confondre avec le célèbre grammairien grec CRATÈS, de Malle, en Cilicie, surnommé pour cela *Mallotès*, qui fut élevé à Tarse, se rendit plus tard à Pergame, à la cour, alors brillante, d'Attale, et y fonda une école particulière de grammaire, qui dans ses principes appliqués à la critique d'Homère combattit ceux de l'école fondée à Alexandrie par Aristarque. Plus tard il séjourna à Rome, où, en l'an 167 avant J.-C., il avait accompagné les ambassadeurs d'Attale. Il y fit, avec le plus grand succès, des cours publics, et paraît y avoir le premier provoqué l'étude approfondie de la grammaire. L'édition la plus complète des fragments de ses commentaires sur Homère et d'autres poètes grecs est celle qui a été donnée par Wegener dans sa dissertation intitulée : *De Aula Attalica, litterarum artiumque fautrice* (Copenhague, 1836).

CRATINUS, célèbre poëte comique grec, qui florissait entre l'an 500 et l'an 470 avant J.-C., fut, avec ses deux jeunes contemporains les Athéniens Eupolis et Aristophane, le plus digne représentant de l'ancienne comédie attique, dont il s'efforça d'ennoblir la forme et le fond, en réduisant le nombre des personnages parlants à trois rôles principaux, et en rendant justiciables de la scène non pas seulement les travers de la vie privée, mais les vices et les délits de la vie publique; mission dans l'exercice de laquelle il ne ménagea même pas des hommes tels que Périclès. Nous ne possédons que quelques fragments de ses vingt une comédies, dont neuf avaient été couronnées ; ils ont été réunis par Meineke dans ses *Fragmenta Comicorum Græcorum* (Berlin, 1840).

Cratinus le jeune, dont les auteurs anciens citent également quelques pièces, vivait au troisième siècle avant J.-C., sous le règne de Ptolémée Évergète, et appartient à ce qu'on appelle la comédie moyenne.

CRATYLE, disciple du sophiste Protagoras et maître de Platon, lequel, dans le dialogue qui porte son nom, lui fait dire que les mots sont les signes naturels de la pensée, et lui prête une foule d'étymologies bizarres. Cratyle poussait en effet jusqu'à l'exagération les idées d'Héraclite sur l'enchaînement des choses.

CRAU (La), vaste plaine couverte de cailloux, dont le nom provençal, *la Craou*, signifie *champ pierreux*, et que les Romains nommaient *Lapidei Campi*, située dans le département des Bouches-du-Rhône, entre le Rhône, les étangs des Martigues, la mer et les dernières collines des Alpes. Sa superficie, très-inégale et sillonnée même par des vallées, est de 11 myriamètres carrés. Le canal de Craponne, qui joint le Rhône à la Durance en partant d'Arles, la traverso en entier et en a rendu une partie à l'agriculture. Les anciens attribuaient l'origine de la Crau à une grêle de pierres que Jupiter lança un jour sur un antagoniste d'Hercule que ce héros ne pouvait parvenir à vaincre. Quoiqu'elle se trouve aujourd'hui à 33 mètres au-dessus du niveau de la Méditerranée, on présume avec quelque vraisemblance que c'est une ancienne anse du golfe de Lyon, dans lequel se jetait la Durance. Le sol y est formé de couches de poudingues, qu'on retrouve dans les parties de la Provence traversées par la Durance, et dont le noyau est le galet charrié par cette rivière torrentielle ; des couches de calcaire coquillier sont venues s'y superposer par suite du séjour de la mer. La Crau abonde en plantes aromatiques, et dans les bruyères où la couvrent on trouve beaucoup de cistes et des chênes à kermès. Elle renferme plusieurs étangs considérables, et là où son sol aride a pu être entrecoupé de canaux, il s'est formé une végétation vigoureuse, qui permet de croire qu'on pourrait, avec quelques travaux bien entendus, en livrer le plus grande partie à la culture. Jusqu'à présent elle n'est guère utilisée que pour les bêtes à laine, qui y trouvent une herbe fine, mais rare sur plusieurs points. Cependant on est déjà parvenu à y cultiver avec succès en quelques endroits la vigne et la plupart des arbres à fruits de nos climats. Ainsi que la Camargue, dont elle est voisine, elle servit de champ de bataille à Marius contre les barbares. Plus tard, elle fut encore le théâtre des combats livrés aux Sarrasins par Charles-Martel.

CRAVATE, sorte de vêtement en usage chez toutes les nations de l'Europe, fait de divers tissus ordinairement appropriés aux saisons et aux climats, disposé sous forme de ceinture ou de bande, que les hommes mettent autour du cou, et dont les deux bouts s'attachent et pendent par devant. Indépendamment de leur utilité contre l'action du froid humide et toutes les vicissitudes du chaud au froid, les cravates défendent le cou contre le choc des corps vulnérants; mais il faut se garder d'en porter de trop volumineuses. Il est facile en effet de reconnaître les inconvénients d'une cravate qui gêne par sa construction les mouvements du cou et de la tête, l'action des organes vocaux et de ceux de la déglutition, et la libre circulation du sang dans la tête.

Les cravates ordinaires sont des carrés pliés triangulairement ou des triangles de tissus de soie, de laine, de coton, de toile de batiste. On les plie en cachant le sommet du triangle; on leur donne une largeur en rapport avec la longueur du cou; le milieu est appliqué le plus ordinairement sur la gorge, et les deux bouts, se croisant à la nuque, sont ramenés en avant, où on les noue, soit au milieu, soit un peu à côté; d'autres fois les bouts sont engagés dans une agrafe ou dans une bague, et ramenés de nouveau en arrière, où on les noue négligemment; d'autres fois encore les bouts, ramenés en avant, sont fixés avec des épingles-bijoux, et croisés sur la poitrine. On porte aussi des *cravates longues*, dont la forme rappelle celle d'une écharpe : elles ne conviennent que pour le *négligé*. Enfin on a fait des *colscravates*, qui offrent aux maladroits l'avantage d'avoir leur nœud tout fait. Pendant la saison des chaleurs, le villageois, endimanché, ne croise point sa cravate, dont le milieu est à la nuque, et la noue négligemment, en faisant une rosette qui tombe sur la poitrine : cette manière de porter sa cravate a été quelque temps à la mode sous la Restauration, mais aujourd'hui il est de très-mauvais ton de porter à la ville une *cravate à la Colin*. L. LAURENT.

Le nom de *cravate* ou *cravatte*, considérée comme ornement du cou, vient, suivant Furetière, d'une mode des *Croates*. Si l'on en croit Ménage, *cravate* serait une corruption de *carabate*, ce qui semblerait autoriser à croire que c'était un collet à l'usage des carabins, comme le *riste* était un collet à l'usage des reîtres; mais nous n'oserions prononcer si la cravate qui accompagnait le juste-au-corps a donné son nom à l'écharpe des étendards, ou si l'habitude qu'avaient les croates, les carabins, les reîtres, d'attacher une écharpe à leurs enseignes ou leur enseigne par une écharpe, fit, par allusion, appeler *carabate* ou *cravate* l'étoffe qui se porte autour du cou. Furetière affirme que la cravate d'habillement est d'invention allemande et date de 1636. L'autre genre de cravate est plus moderne : il n'y a pas beaucoup plus d'un siècle que son nom est en usage; mais s'il n'y avait pas nominalement de cravate d'enseigne, il y en avait par le fait, et leur histoire ne peut s'éclaircir que par celle des écharpes.

Dans le quinzième et le seizième siècle, quand l'écharpe était un accompagnement de l'habit militaire, il était d'usage dans la cavalerie que les porte-cornette à l'instant d'une action attachassent à leur buste avec une écharpe de taffetas leur cornette, afin d'en être inséparables, de combattre plus commodément, de la défendre mieux. Les grands et ridicules drapeaux que l'infanterie adopta n'étaient une imitation des petites cornettes de la cavalerie. Ce mot *drapeau* était naissant en 1583, comme le déclare et s'en plaint Henri Estienne. Les porte-drapeau eurent l'écharpe à double fin, comme les porte-cornette, et les colonels généraux, et non le gouvernement ou l'officier porte-enseigne, faisaient la dépense de l'écharpe, parce que ces grands dignitaires regardaient comme à eux l'enseigne, et comme leur mandataire le porte-enseigne. Ils donnaient blanche cette écharpe, parce que le blanc était la couleur de colonel général. Audouin prétend qu'en 1668 Louvois distribua, au nom du roi, les premières *cravates* aux corps d'infanterie; mais ce ne furent pas les *premières cravates*, ce furent les *dernières écharpes*. Louis XIV venait d'abolir la charge de colonel général de l'infanterie, s'en attribuant personnellement les fonctions et les prérogatives. L'écharpe que les officiers portaient comme signe distinctif ayant été abolie au commencement du dix-septième siècle, le porte-enseigne cessa, en même temps que ses camarades, de la porter; mais il attacha la sienne, ou plutôt celle que le roi lui avait confiée, à la lance du drapeau, dont elle devint inséparable; et c'est depuis lors que le mot *écharpe* tombant en oubli, le mot *cravate* lui succéda.

Les ordonnances de 1767 et 1779 chargeaient les colonels des corps de la fourniture des cravates. En 1790 l'émigration emporta le plus qu'elle put de cravates, parce que le préjugé militaire, ou les souvenirs dont on se rendait mal compte, faisaient considérer cet insigne comme un palladium ou une relique. C'eût été l'instant d'en abolir l'usage, parce que sa broderie, ses franges, son cordon, ses glands, ses flocs, son nœud bouffant, sont une dépense en pure perte, alourdissent un drapeau déjà trop lourd, et contrarient les opérations de l'alignement; mais, quoique ces chiffons ne rappelassent que des idées de galanterie ou de féodalité, qui avaient donné naissance aux écharpes, les cravates furent conservées à une époque de tant de sages réformes : la puissance des habitudes l'emporta; personne ne se doutait d'où venait et à quoi servait la cravate, tant sont fugitifs les souvenirs qu'aucune publicité n'enregistre. L'ordonnance de 1790 établissait que les cravates seraient tricolores; et pourtant, que signifiait sur un drapeau aux couleurs nationales une cravate de même nuance? Un décret de 1791 dispensa les colonels de faire les frais des cravates. La Restauration rattacha aux insignes la cravate blanche; la mesure était conséquente au système du temps : c'était la résurrection des cravates emportées en 1790. Mais l'année 1830 renouvela les cravates tricolores qui existent encore : c'était aussi peu plausible qu'en 1790. Gal BARDIN.

CRAVATE, pièce d'artifice. *Voyez* BRULOT.

CRAVEN (ÉLIZABETH BERKELEY, lady), devenue plus tard margrave d'Anspach, était la plus jeune des filles du comte de Berkeley. Née en 1750, elle épousa en 1767 le dernier comte de Craven, dont elle eut sept enfants, mais dont, après quatorze ans de mariage, elle se sépara à l'amiable pour cause d'incompatibilité d'humeur et de mauvais traitements. Lady Craven visita alors successivement les cours de Versailles, de Madrid, de Lisbonne, de Vienne, de Berlin, de Constantinople, de Varsovie, de Saint-Pétersbourg, de Rome, de Florence et de Naples, puis elle finit par se fixer à Anspach, où le margrave Christian-Frédéric-Charles-Guillaume, neveu du grand Frédéric, prince très-ennuyé d'une épouse maladive qu'il n'aimait guère, et qui jusque alors s'en dédommageait par les amours illégitimes, s'éprit pour elle d'une vive passion, et noua avec elle une liaison toute platonique. C'est elle du moins qui, dans ses mémoires, prend grand soin de nous le dire. Ce qu'il y a de plus certain, c'est qu'elle fit quitter la partie à notre célèbre tragédienne, Mlle Clairon, qui depuis longues années trônait à cette petite cour.

Lord Craven étant venu à mourir en 1791, et le margrave, de son côté, ayant perdu sa femme, un mariage en forme unit bientôt les deux amants, et quelque temps après on vit ce prince abandonner ses États, qu'il avait vendus au roi de Prusse moyennant une pension annuelle, pour venir vivre avec sa nouvelle épouse en Angleterre, où il acheta le domaine de Brandenburg, situé près de Hammersmith. Quoique l'empereur François II eût créé lady Craven, tout exprès en vue de son mariage avec le margrave, *princesse de Berkeley*, la reine d'Angleterre refusa de la recevoir à sa cour comme princesse, et ce fut là une bien rude mortification pour l'orgueil de la nouvelle margrave.

Après la mort de son second mari, arrivée en 1806, lady Craven, qu'il avait instituée son héritière universelle, vécut tantôt en Angleterre, tantôt à Naples, où elle mourut, le 13 janvier 1828. Le récit de son voyage en Crimée et à Constantinople parut en forme de lettres, sous ce titre : *Journey through the Crima to Constantinople* (Londres, 1789). Ses *Memoirs of the margravine of Anspach, formerly lady Craven*, offrent un vif intérêt, à cause des rapports intimes que l'auteur eut avec Catherine II, Joseph II et d'autres monarques.

CRAWFORD (WILLIAM-HENRY), l'un des hommes d'État les plus distingués des États-Unis, naquit le 24 février 1772 à Nelson-County, en Virginie. Son père, à la suite des guerres de l'indépendance, s'établit en Géorgie, et mourut après avoir perdu la plus grande partie de son patrimoine. Pour nourrir sa mère, le jeune Crawford fut obligé de se faire maître d'école, ce qui ne l'empêcha cependant pas d'étudier en même temps le droit ; et en 1799 il débuta dans la pratique de cette science à Oglethorp. En 1804 il fut élu membre de la législature de la Géorgie, et en 1807 nommé pour la première fois sénateur au congrès. Sans être un orateur éminent, il fit preuve de tant de tact et d'habileté comme homme d'État, qu'en 1811 sa réélection eut lieu sans opposition. Il se montra l'un des plus déterminés partisans de la guerre avec l'Angleterre ; ce qui ne l'empêcha pas de voter contre la fameuse loi d'embargo et en faveur du projet de constitution d'une banque nationale, deux questions sur lesquelles il se trouva en désaccord avec la majorité du parti démocratique. En 1813 il fut nommé ambassadeur des États-Unis près le cabinet des Tuileries, et il occupa ce poste jusqu'en 1815, époque où le président Madison l'appela aux fonctions de ministre des finances. Il remplit ces fonctions si importantes tellement à la satisfaction générale, que Monroe, qui succéda, en 1817, à Madison, crut devoir l'y maintenir. Il les conserva même jusqu'à l'arrivée à la présidence de John Quincy Adams, en 1825. Le nouveau président de l'Union américaine voulut alors qu'il continuât à gérer les finances du pays ; mais Crawford, qui avait refusé même la présidence, donna sa démission pour se retirer dans un domaine rural dont il était devenu propriétaire. Il mourut le 15 septembre 1834. C'était un homme de mérite, joignant à toutes les vertus civiques celles qui font l'honnête homme, le bon père, le bon mari. Il était beaucoup plus versé dans les questions financières que la plupart des hommes qui l'avaient précédé ou qui lui ont succédé depuis dans les hautes fonctions dont il fut pendant si longtemps investi.

CRAWFORD (WILLIAM), ministre de la guerre de l'Union américaine pendant la présidence du général Taylor, neveu du précédent, né dans l'État de Géorgie, fut élevé dans un collège de la Virginie, alla ensuite étudier le droit au *Yale-college* de Newhaven, et ne fut pas plus tôt admis au nombre des avocats que, grâce au crédit de son oncle et de sa famille, il fut élu membre de la législature de la Géorgie. En 1845 les suffrages de ses concitoyens lui conférèrent les fonctions de gouverneur de cet État ; et en 1849 le président Taylor le choisit pour son ministre de la guerre. C'est dans ce poste qu'un honte ineffaçable s'est venue s'attacher à son nom. Déjà sous l'administration du président Polk, il avait réussi à faire admettre comme valable et liquide par le trésor de l'Union une créance d'environ 10,000 dollars au nom des héritiers d'un certain Galphin. Le ministre des finances Walker consentit au payement de cette dette peu importante sans doute, mais rien moins que prouvée, il rejeta la partie de la réclamation qui avait pour but d'obtenir en même temps le payement des intérêts de cette somme échus depuis un siècle. Quand Crawford, avec l'assistance de ses amis, fut parvenu au ministère de la guerre, il fit de nouveau valoir auprès de son collègue des finances sa réclamation relative aux intérêts, et qui ne s'élevait pas à moins de 234,000 dollars, et il la fit liquider à 194,000. Mais plus tard on découvrit que les prétendus héritiers Galphin n'existaient point ; de sorte que Crawford avait *empoché* moitié des 194,000 dollars, et abandonné le reste à ses complices. Le scandale produit par cette révélation jeta une telle déconsidération sur le ministère Clayton, qu'à la mort du président Polk, il dut se retirer en masse. Jamais depuis Crawford n'a essayé de se disculper des accusations dont il était l'objet. La morale à tirer de ceci, c'est que dans les républiques il peut tout aussi bien que dans les États monarchiques se rencontrer des ministres tripoteurs et voleurs.

Iliacos intra muros peccatur et ultra !

CRAYER (GASPARD DE), peintre d'histoire, né à Anvers en 1582, fut élève de Raphael Coxcia, fils de Michel Coxcie. Il s'établit d'abord à Bruxelles, où il exécuta de grands travaux, et occupa une place lucrative dans l'administration ; mais les succès et les honneurs ne purent pas le captiver ; fatigué de la cour, il se retira à Gand, où il vécut désormais tout entier à son art. Il exécuta dans cette ville vingt et un grands tableaux d'autel ; le plus célèbre est l'*Ascension de sainte Catherine*, qu'on admire dans l'église Saint-Michel. La Belgique est riche en œuvres de Crayer. L'*Adoration des Bergers* et la *Descente de Croix* du musée d'Anvers sont les deux toiles de ce maître les plus estimées. Ses beaux portraits de l'infant d'Espagne, frère de Philippe IV, lui valurent une pension de la cour de Madrid. La vieillesse ne refroidit ni le talent ni l'ardeur de Crayer, qui mourut en 1669, en peignant le *Martyre de saint Blaise*. A la vue d'un de ses tableaux, qui se trouve à l'abbaye d'Afflegheim, Rubens s'écria : « Crayer, Crayer, personne ne te surpassera ! » Rubens n'exagérait le mérite du peintre. Crayer eut un talent hardi et pourtant réservé. Ses compositions, quoique colossales, sont pures de dessin et exécutées avec soin. L'harmonie de sa couleur est bien calculée, mais très-souvent un peu froide. La vie manque ordinairement à ses figures, qui, malgré cela, ont toujours une grande noblesse, et témoignent de l'élévation d'esprit de Crayer.

CRAYON. Ce nom a été fait du mot *craie* parce qu'en effet cette substance terreuse, blanche et friable, a servi à faire les premiers crayons avec lesquels il est facile de tracer sur toute matière, et dont on peut enlever la trace sans qu'il en reste d'apparence sur les objets. Jadis, lorsque, dans certains cas, on établissait à la hâte une contribution de guerre, ou que l'on désignait des logements dans une ville, ceux qui l'ordonnaient faisaient une trace de craie sur la porte de l'habitation des personnes imposées ; de là est venue cette expression : *il a été marqué à la craie*. On fait encore usage de craie dans les écoles publiques pour les démonstrations. Plusieurs ouvriers se servent aussi de craie pour tracer le plan de leur ouvrage ; d'autres emploient de la *pierre noire* et de la *sanguine*. Mais ces trois matières, dans leur état naturel, ne se présentent pas toujours fermes ou onctueuses au point convenable pour le dessinateur : on a mis en poudre ces diverses substances, et on les mélange avec de la gomme ou avec d'autres matières vo a rait des crayons plus ou moins tendres. On fait aussi des crayons avec un mélange désigné sous les noms de *mine de plomb* et de *plombagine*, dans lequel pourtant le plomb n'entre pour rien, puisque, mieux analysé, il a été reconnu pour du *carbure de fer*. Les meilleures qualités de ces crayons viennent d'Angleterre ; ceux d'Allemagne sont inférieurs. On trouve aussi la mine matière ou France, près de Marseille, de Dijon et de Morlaix. Les meilleurs crayons de mine de plomb sont celles avec soin en filets très-minces, et introduits dans une petite rainure tracée au milieu d'un demi-cylindre en bois de cèdre ; on la recouvre ensuite avec l'autre partie du cylindre, et on les fixe avec de la colle de Flandre. Les mines de moindre qualité, surtout en Allemagne, sont introduites dans des cylindres de bois blanc. On fait des crayons de toutes couleurs, et on les vend sous le nom de *pastels*.

A la fin du siècle dernier, on ne se servait encore que de crayons rouges dans les écoles de dessin : la pierre noire et la pierre d'Italie n'étaient employées que par quelques artistes, surtout pour les études des paysages ; mais en 1795 Conté, s'étant beaucoup occupé de l'amélioration des crayons, en fit des noirs d'excellente qualité et à très-bas prix. Son procédé, que lui et Humblot ont perfectionné depuis, consiste, dans sa plus grande simplicité, à mélanger le graphite pulvérisé, ou toute autre matière colorante convenable, avec de l'argile très-pure, complétement exempte de chaux et de sable ; puis à chauffer le tout en vases clos à une chaleur rouge. L'argile a la propriété de se durcir par l'action de la chaleur, en acquérant plus ou moins de compacité suivant que la température a été poussée plus ou moins loin, ce qui permet d'obtenir des crayons offrant tous les degrés de dureté et de mollesse désirables. On se sert aussi, pour faire des esquisses, de quelques menus brins de fusain mis en charbon ; mais, bien qu'ils servent comme crayons, on leur conserve le nom de *fusain*. Le savon entre pour quelque chose dans la composition des crayons lithographiques, et ils se détériorent plus ou moins promptement, suivant les influences atmosphériques.

Quelques artistes ont fait des dessins gris, en mêlant l'emploi du crayon noir et du crayon rouge, pour les parties ombrées, et le crayon blanc pour les clairs. Ces *dessins aux trois crayons* sont maintenant peu en usage. On leur préfère aujourd'hui les *dessins aux deux crayons* (noir et blanc). Le peintre Du Moustier et d'autres artistes vivant à la fin du seizième siècle, ainsi que le graveur Nanteuil, ont dessiné au crayon un grand nombre de portraits fort estimés. Alors on ne disait pas, comme aujourd'hui : Avez-vous vu le *portrait* d'un tel, mais : Avez-vous vu son *crayon* ? Cette manière de parler n'est plus d'usage maintenant ; cependant on dit encore d'un artiste qu'il a un bon *crayon*, qu'il a un *crayon moelleux*, ou que son *crayon est sec*.

DUCHESNE aîné.

CRÉANCE. Une créance est le droit d'exiger l'effet d'une obligation. Il y a plusieurs sortes de créances. On nomme créance *chirographaire* celle qui résulte d'une obligation ne conférant ni privilége ni hypothèque. Une créance *personnelle* engage la personne du débiteur ; une *créance hypothécaire* engage ses biens. Une créance *privilégiée* est celle à qui la loi accorde certains priviléges. Ainsi les créances ont des noms qui varient selon leurs causes, et les résultats qu'elles obtiennent. On dit par exemple qu'une créance est *éventuelle*, *exigible*, *passive*, *liquide*, etc.

Les *lettres de créance* sont des lettres qu'un banquier ou un négociant donne à une personne qui voyage pour ses affaires afin de la faire connaître à ses correspondants. Ce terme s'emploie aussi pour exprimer les avis par lesquels les princes annoncent aux autres cours le choix de leurs ambassadeurs.

CRÉANCIER. Le créancier est celui qui a le droit, en vertu d'un acte d'obligation, de contraindre un autre à lui payer une somme d'argent ou à faire quelque chose. La loi a pris soin de régler l'exercice des actions et du p r i v i l é g e qu'elle lui accorde contre son d é b i t e u r et sur ses biens, et de déterminer le temps par lequel ils se prescrivent. Elle lui fournit les moyens de veiller à la conservation de ses intérêts, et d'empêcher que son débiteur ne puisse rien faire à son détriment. Ainsi il peut accepter, avec l'autorisation de la justice et du chef de celui-ci, une succession à laquelle ce débiteur aurait renoncé au préjudice de ses droits ; il peut intervenir dans les contestations, dans les partages, auxquels son débiteur est intéressé ; il peut en exercer les droits et actions, et attaquer les actes faits en fraude de ceux qui lui sont acquis ; il peut requérir l'apposition des scellés sur les effets de la succession de son débiteur et de celles qui lui sont échues, ou y former opposition lorsqu'ils ont été apposés, etc… Les droits du créancier passent à ses héritiers.

Il y a trois classes de créanciers, les créanciers *privilégiés*, qui, quelquefois sans titre et quelquefois avec un titre sous seing privé, se font délivrer par préférence le prix d'un meuble, ou d'un immeuble, à l'exclusion de tous autres, en vertu d'une disposition de la loi ; les créanciers *hypothécaires*, qui, en vertu d'un titre authentique renfermant à leur profit stipulation formelle d'hypothèque ou d'un jugement emportant condamnation, ont pris une i n s c r i p t i o n spéciale sur les biens immeubles de leur débiteur, sauf le cas d'hypothèque légale, dans lequel ils sont dispensés de cette formalité ; ce qui en réalité les met au nombre des créanciers privilégiés : le créancier hypothécaire vient prendre à son rang, à l'exclusion de tous autres créanciers, la totalité de sa créance sur le prix de l'immeuble grevé de son hypothèque. Enfin, tous les créanciers qui ne peuvent invoquer en leur faveur ni privilége ni hypothèque composent la masse des créanciers simples improprement appelés *chirographaires*, lesquels n'arrivent au partage que lorsque les créanciers privilégiés ont été soldés. Les créanciers privilégiés et hypothécaires d'une part, et les créanciers simples d'autre part ont toujours un intérêt contraire, car les priviléges et les hypothèques sont toujours payés aux dépens de ce que l'on appelle la masse chirographaire ; de là des discussions sans nombre lorsqu'on partage les biens, les créanciers chirographaires ayant le plus grand intérêt à établir, ou que les priviléges et hypothèques prétendus n'existent pas, ou qu'ils ont été perdus, afin de faire rentrer ces créanciers dans la classe commune, qui est assujettie à perdre. Pour peu qu'il y ait doute, c'est la masse chirographaire qui doit profiter.

CRÉATION, CRÉATURE et CRÉATEUR sont les relations d'un même principe, de celui par lequel toutes choses ont été formées et tirées du néant. Le terme *créer* (*creare*) paraît moins dériver de κτίσις, ou κτίσμα, ou κτίστης des Grecs, que de κρέας, chair, parce que l'on a considéré la création comme une génération, une production de la chair. Le terme *création* s'applique également aux productions intellectuelles, aux inventions du *génie*, qui, étant considéré avec raison comme une faculté génératrice de l'esprit, émet des vérités nouvelles ou des œuvres originales dans les sciences, les lettres et les arts. C'est pourquoi l'on appelle *auteur* celui dont émanent ces productions, bien que l'on ait trop souvent prodigué ou même profané ce titre, qui ne devrait appartenir qu'aux vrais créateurs ou inventeurs.

Cependant, la philosophie a contesté l'existence d'un pouvoir créateur, qui de rien tirait quelque chose ; on a dit :

Ex nihilo nihil, in nihilum nil posse reverti.

Tel fut surtout l'adage des épicuriens et atomistes. La plupart même des anciens philosophes (sans en excepter A n a x a g o r e, dit l'*Esprit*, parce qu'il reconnut la nécessité d'une intelligence organisatrice du monde) admettaient bien l'intervention de puissances directrices, distributrices, coordonnatrices des éléments et de tous les êtres, ou le hasard, ou une aveugle fatalité, présidant à toutes les formations spontanées ; mais ils supposaient toujours que des matériaux préexistaient dans une sorte de chaos, ou en particules atomiques, ou en éléments épars, sans ordre, dans l'immensité, et de toute éternité, par leur propre essence, leur nature indestructible. Ils aimaient mieux supposer dans ces matériaux, tout bruts et informes, un instinct organisateur, une sorte d'âme ou nature secrète et intérieure, capable de se développer, de se constituer convenablement selon les circonstances, de soi-même, comme les herbes, les insectes, qui paraissent naître spontanément dans les campagnes, que de recourir originairement à une intelligence suprême, à cette sagesse ineffable qui éclate dans tous les rapports de la structure des êtres, avec une incompréhensible prévoyance. Plusieurs modernes ont soutenu pareillement cette opinion; en sorte qu'on s'est même étayé du texte de la *Genèse*, dans les questions théologico-philosophiques, pour soutenir la co-existence de la matière durant l'éternité profonde du passé, avec celle de Dieu. Alors, il n'y aurait eu aucune création réelle, mais bien un arrangement ou des modifications d'ordre et d'harmonie dans les éléments primitifs. Cependant, les premiers mots de la *Genèse* expriment une idée toute différente, celle de la production des choses tirées du néant, dans ces belles paroles : *Dieu dit : Que la lumière soit ! et elle fut.*

Il s'agit donc d'examiner, par les seuls principes de la philosophie naturelle, si la création de quelque substance réelle avec rien (ce qui constitue la vraie création) est dans les attributs d'une puissance divine, telle qu'il nous est permis de la concevoir. Ce fut le sentiment de Pythagore et des platoniciens, qui reçurent sans doute leur philosophie de l'Orient ou même des Indes. En effet, dans l'opinion antique de la doctrine brahmanique, établie par les Védas et autres livres sacrés, la Divinité ou Brahma existait seule à l'origine des choses, et constituait seule le temps, l'espace, l'être unique, éternel, infini, sans corps, sans parties. Brahma voulut réaliser son existence, ou révéler le monde (qui était une conception de sa suprême sagesse dans son intelligence pure, immatérielle), par des êtres matériels émanés d'elle, empreints de sa volonté et du sceau de sa toute-puissance. Les pandits hindous ou les savants donnent l'idée de cette réalisation de la pensée de Brahma par l'exemple de ces nuages qui apparaissent peu à peu au milieu d'un ciel pur et serein, puis enfin se développent jusqu'à former des masses considérables, jusqu'à offusquer le soleil. Ainsi Dieu s'est voilé sous le nuage épais de la matière, qui nous dérobe l'éblouissante lumière de sa toute-puissance : nos faibles yeux n'en pourraient pas supporter la clarté.

C'est par le même système de philosophie que Platon nous dépeint le suprême auteur de la nature, le *Demiourgos*, concevant dans sa pensée les *idées archétypes de l'univers*, tel qu'un artisan de génie, un architecte habile, se crée d'abord l'image intérieure d'un vaste édifice, d'une machine très-compliquée, puis la réalise par sa volonté, en sorte que l'édifice, la machine, n'existe que par cette intelligence puissante qui les a créés. De même, le monde n'offre que la représentation de la pensée de Dieu : il le soutient par sa seule volonté. Cette toute-puissance divine, conservatrice autant que créatrice, sans ce souffle de vie qui entretient et perpétue toutes les générations, toutes choses, s'il venait à défaillir, retomberaient dans le néant primitif, d'où sa féconde parole les a tirées. De là ces expressions fréquentes chez les platoniciens, du *Logos* créateur ou du *Verbe*, qui se retrouvent chez plusieurs anciens Pères de l'Église et dans saint Jean, lorsqu'il dit que *le Verbe s'est fait chair*, comme dans les théogonies de l'Inde il y a des incarnations successives de la Divinité. Les transmigrations des âmes, ou les *métempsycoses*, sont également des incarnations, ou plutôt des manifestations de ces intelligences (émanées d'une source divine), créant successivement des formes corporelles, jusqu'à l'époque à laquelle elles termineront ce long pèlerinage pour rentrer dans le sein de la Divinité ou de Brahma.

Suivant cette hypothèse, nulle création, nulle génération, n'a lieu qu'au moyen d'une intelligence formatrice ou d'une âme, émanation de l'intelligence universelle. C'est encore le développement de ces belles pensées, si bien exprimées par Virgile :

Principio cœlum ac terras, camposque liquentes,
Lucentemque globum lunæ titaniaque astra,
Spiritus intus alit, totamque infusa per artus

Mens agitat molem et magno se corpore miscet.
Inde hominum pecudumque genus, etc.

En effet, le monde n'est que le tabernacle de la Divinité, une enveloppe mystérieuse, changeante, périssable, comme notre corps, qui n'est pas nous, mais un cadavre sans cette partie insaisissable qui constitue notre être réel. De même, la seule Divinité est la vraie substance. Le monde physique ou phénoménal, tombant sous nos sens, n'est qu'une sorte de panorama, un spectacle d'illusion, comme ces ombres fantastiques qui se jouent de notre crédulité dans nos songes. De même, telle qualité de l'âme organise un corps en rapport avec ses dispositions; en sorte que ce corps n'est que l'image de la puissance secrète qui préside à sa vie. Enfermée dans cette prison corporelle, comme dans une obscure caverne, notre âme ne peut contempler les vérités éternelles qu'à travers le prisme grossier des organes qui nous dérobent les beautés divines et éternelles des œuvres du Créateur. Les anciens philosophes se représentaient la Divinité comme un feu, une lumière. De là encore ces vers du même poète, interprétatifs de la même philosophie :

Igneus est ollis vigor est cœlestis origo
Seminibus, quantum non noxia corpora tardant,
Terrenique hebetant artus, moribundaque membra.

Parmi les modernes, Newton a pensé que, l'impénétrabilité étant l'attribut essentiel de la matière, Dieu avait pu donner cette propriété à une partie circonscrite de l'espace, et créer ainsi le phénomène de la matérialité. En effet, s'il est vrai de dire que nous ne connaissons rien que par la sensation, si l'univers n'existe à notre égard que par ce que nos impressions nous en manifestent, tout pourrait être illusion de nos sens, ou simple apparence, comme dans un songe permanent, ainsi que l'a soutenu Berkeley.

Que l'univers ait été tiré du néant, ou que la matière soit éternelle et coexistante avec la puissance qui la modifie; que, selon Spinoza et les autres matérialistes, il n'existe qu'une substance unique, un *Dieu matière*, constituant seul le *pan*, le grand tout; que ces profondes et ténébreuses hypothèses, où se perd une abstruse métaphysique, soient admises ou rejetées, elles ne changent rien à l'observation et à l'étude des faits naturels. C'est à l'aide de ceux-ci que nous pourrons exposer quelques principes certains pour pénétrer dans la science des êtres créés. Car ici s'élève la plus grande des questions. Ces êtres que nous contemplons, les ouvrages merveilleux que nous présente la nature, l'arrangement même des cieux où les astres, les révolutions de tant de globes, avec une précision et une harmonie si étonnante qu'on prédit leurs retours durant des siècles à une minute près d'exactitude, et sur cette terre les vies des animaux, la végétation des plantes, leur structure si extraordinaire de sagesse et d'intelligence, la cristallisation géométrique et mathématique de tant de minéraux, leurs combinaisons savantes de chimie, sont-ils seulement le résultat de circonstances fortuites, le mélange du hasard, des éléments, suite d'une infinité de chances plus ou moins parfaites? Le tout, enfin, est-il ainsi parvenu, comme le soutiennent les atomistes, les épicuriens, à cet état aujourd'hui permanent, régulier à tant d'égards (quoiqu'il y ait encore beaucoup de monstruosités et d'imperfections), par une série nécessaire d'événements dans le mouvement éternel et spontané de la matière?

Admettez, disent-ils, qu'à l'origine des choses (s'il y a eu quelque origine), la matière, douée de mouvements divers et des propriétés que nous lui connaissons, se soit trouvée répandue dans des espaces infinis. Cette matière, soit en molécules, soit en masses, encore dans un chaos informe, si vous le supposez, jouissant essentiellement de la faculté de se mouvoir, comme on l'observe dans le feu, la lumière, etc., opérera diverses agrégations, bizarres sans doute, des combinaisons hasardeuses, téméraires, sans but, sans dessein, par sa seule activité, quoique aveugle et désordonnée. Mais parmi les milliards d'arrangements résultant de tant de jets perpétuels, de constructions et de destructions, il s'en formera nécessairement de plus réguliers, de plus solides, et par conséquent de plus constants les uns que les autres. Ainsi, par la seule persévérance du mouvement dans les particules de la matière, il arrivera que les agrégats ou corps qui se seront trouvés fortuitement composés de telle manière qu'ils puissent subsister d'eux-mêmes, se conserveront; les autres, mal ébauchés, périront comme des essais malheureux. Il est évident, ajoutent encore les épicuriens, que des animaux qui se seraient d'abord produits sans bouche, sans viscères ou sans membres, ne pourraient pas subsister, incapables qu'ils seraient de chercher, de prendre leur nourriture. Peu à peu, dans l'infinité des siècles, toutes les chances possibles de combinaisons ayant eu lieu, toutes les créatures dont la permanence était possible d'après la structure que le concours de tant de hasards heureux leur avait donnée, ont été formées; ces créatures spontanées se sont maintenues, perpétuées. Aujourd'hui nous ne voyons plus guère que les résultats des chances heureuses ou favorables, que des êtres plus ou moins compliqués et perfectionnés. Ce qui était hasard et désordre dans le principe est devenu ordre, régularité, succession ; et, ajoutent ces mêmes philosophes, l'on attribue à une intelligence suprême, à une sagesse incompréhensible, mais à tort, ce qui n'est que l'éternel résultat de l'activité de la matière et une suite inévitable de tant de mouvements.

Ainsi, quand l'œil eut été fait par un concours de ces hasards merveilleux, et que l'animal s'en fut servi pour voir, on en a conclu que cet organe, résultat de tant de circonstances fortuites, était la production intelligente d'une sagesse consommée; on a supposé des causes finales, un but, un dessein prémédité à chaque chose. On a cherché du miracle dans tout; on a dit que si les citrouilles n'étaient pas suspendues aux arbres, c'était, suivant la fable de La Fontaine, de peur d'écraser de leur chute le nez des hommes qui s'endorment sous leur ombrage. Mais les noix de coco sont bien suspendues, et la chute d'une des fruits suffirait pour briser un crâne humain. Dans ces menus détails ne gît pas la question; il y a d'irréfragables témoignages de la sagesse créatrice dans l'organisation de tous les êtres vivants surtout, et dans leurs rapports manifestes. Il ne faut qu'une légère étude de l'anatomie pour être forcé de convenir que l'œil, l'oreille, les dents, l'estomac, enfin toutes les pièces de la structure du plus chétif insecte même, sont coordonnées avec une intelligence si merveilleuse, si incompréhensible, qu'aucun homme doué de raison ne saurait douter de la nécessité de cette puissance souverainement sage, présidant à la formation de toutes les créatures (*voyez* COSMOGONIE).   J.-J. VIREY.

Il est naturel à l'homme de vouloir remonter à l'origine du monde qu'il habite, d'examiner toutes les parties qui le composent, d'étudier toutes les lois qui le régissent : il est chez lui; il veut connaître son domaine. Qu'il pénètre donc, s'il le désire, dans les entrailles de la terre pour en distinguer les éléments constitutifs, pour en compter les différentes couches, pour se rendre raison des révolutions qui en ont changé la surface; qu'il parcoure l'étendue des mers; qu'il en jauge la profondeur pour en reconnaître l'immensité; qu'il cherche la nature, le poids, le volume de l'air qu'il respire, de l'atmosphère qui l'environne; qu'il s'élève jusqu'au milieu des astres pour en mesurer l'orbite, en fixer les distances, en suivre les mouvements, en calculer le nombre; après cela, qu'il travaille à deviner le secret du Très-Haut, qu'il établisse des systèmes, qu'il fasse, pour ainsi dire, son monde, il ne le construira jamais de telle sorte que d'autres après lui ne trouvent le moyen de faire aussi le leur, et il est fort douteux que s'il avait à recommencer, le Créateur adoptât un seul de ces plans. Mais si ces laborieuses recherches ne sont pas toujours heureuses, elles ne sont pas entièrement vaines : il en reste toujours quelques vérités utiles dont l'expérience sait tirer parti. Travaillez donc avec persévérance : « Dieu, dit l'*Ecclésiaste*, a livré le monde à votre examen »; mais prenez garde que le désir de savoir ne vous emporte au delà des limites du bon sens, jusque dans ces régions nébuleuses où l'on ne rencontre plus que confusion, aveuglement et folie.

Plus simple, et par conséquent plus vrai, Moïse nous raconte la naissance du monde d'une manière peu scientifique peut-être, mais qui ne choque ni les lois de la nature ni les leçons de l'expérience. Un seul principe qui donne à tout l'être et la vie, qui coordonne toutes les parties de son ouvrage, pour les faire concourir au même but, c'est là tout son système : Six jours sont employés à ce grand ouvrage. Celui à la voix duquel tout sort du néant eût bien pu, sans doute, d'un seul acte de sa volonté former et réunir toutes les parties de l'univers ; mais sa sagesse, qui n'agit point d'après les lois d'une aveugle nécessité, préférait les produire successivement et se donner le loisir de les admirer en détail. Que si vous demandez quelle était la durée de ces jours, s'ils étaient consécutifs...... Saint Augustin n'en savait rien ; ce n'est pas pour que nous le décidions. Nous autres ignorants en géologie, nous adoptons tout bonnement le sens littéral, qui nous paraît le plus naturel; mais si quelque savant venait, avec des preuves évidentes, nous dire qu'il faut remonter à une plus haute antiquité, et admettre plus d'intervalle entre les *jours* de la création, nous pourrions, sans que rien nous en empêche, considérer ces jours comme autant d'époques, dont la durée n'est pas déterminée.

Mais suivons dans ses détails le récit de Moïse. « Au commencement, dit-il dans *la Genèse*, Dieu créa le ciel et la terre, alors stérile et déserte. » Ce n'était en quelque sorte qu'une masse informe, entièrement noyée sous les eaux, enveloppée de ténèbres, au milieu d'un ciel sans lumière. C'était le chaos ; mais c'était la matière de toute la création, les éléments dont Dieu allait tirer tout ce qu'il avait le dessein de produire.

Le *premier jour*, Dieu dit : « Que la lumière soit! et la lumière fut. » En même temps, commencent les révolutions qui, divisant la lumière et les ténèbres, devront marquer la séparation des jours et des nuits. Mais quelle est cette lumière préexistante au soleil? Serait-ce, comme on l'a dit, une masse ignée, destinée à former les astres? Est-ce plutôt un vaste fluide répandu de toutes parts? Nous l'ignorons. Tout ce que nous savons, c'est que nous pouvons concevoir la lumière indépendante du soleil, comme nous concevons la chaleur; elle peut avoir besoin, pour briller, d'un corps qui la mette en mouvement; mais elle n'est pas plus ce corps que le son n'est la cloche qui le produit.

Le *deuxième jour*, Dieu dit : « Qu'il y ait un firmament (en hébreu *étendue*), pour séparer les eaux. » Et aussitôt des masses d'eaux volatilisées s'élèvent dans les régions supérieures, et s'y déploient comme une immense pavillon. L'air, vaste ceinture, enveloppe le globe, et forme cette atmosphère qui, soutenant les eaux, les empêche de se précipiter sur la terre; et y puise ce qu'il lui faudra d'humidité pour entretenir partout la fraîcheur et la vie.

Le *troisième jour*, les eaux terrestres, quoique diminuées, couvrent encore la surface du globe. Dieu commande : un immense bassin se creuse; les eaux s'y précipitent et deviennent la mer, vaste récipient des rivières et des fleuves. « Tu viendras jusque ici, lui dit le Créateur en traçant ses limites, tu n'iras pas plus loin ; c'est là que tu briseras l'orgueil de tes flots. » Enfin, la terre a paru. A la voix de Dieu, elle se revêt d'un tapis de verdure ; les plantes sortent de son sein comme par milliers, et reçoivent en naissant la vertu de perpétuer leur espèce par la semence qu'elles renferment; les coteaux se couronnent de bois ; les vallées deviennent de riantes prairies, et cette surface, qui n'était tout à l'heure qu'un amas de boue, se transforme subitement en un séjour enchanteur.

Au *quatrième jour*, la lumière est faite, mais elle n'est point en activité ; le firmament existe, mais il est sans ornement et sans éclat ; les plantes sont créées, mais rien ne les vivifie : « Qu'il y ait des luminaires, dit Dieu, pour partager le jour et la nuit, pour marquer les mois, les jours et les années. » Et le soleil, allumant ses feux, colore le magnifique tableau du monde ; il fait sentir le bienfait de la lumière, l'influence de la chaleur. Les fleurs, qui pour s'épanouir n'attendaient que l'aurore, commencent à étaler leurs plus vives couleurs, à embaumer l'air de leurs parfums les plus doux. Tout s'éveille, tout s'anime en présence de ce *roi du jour*. Il s'éloigne : le miroir de la lune vient en réfléchir les rayons sur les contrées qu'il n'éclaire plus ; les étoiles, comme le grain qui s'échappe de la main du semeur, sont jetées dans les cieux, et deviennent autant de diamants qui en décorent la voûte.

Le *cinquième jour*, Dieu contemple ce qu'il a fait, il l'admire : l'émail des fleurs, la verdure des bois, l'étendue des mers, l'éclat des astres, les feux du soleil, l'azur des cieux, tout est digne de son auteur ; mais il ne voit encore qu'une belle solitude. Il dit, et, au milieu des mers, commencent à s'agiter, sous autant de formes et de grandeurs diverses, des myriades d'êtres animés ; et des nuées de volatiles, s'élançant dans les airs, semblent y essayer leurs ailes, et préluder par des chants d'amour aux plaisirs de la reproduction.

Le *sixième jour*, comme l'air, la mer et les fleuves, la terre a produit les animaux qui doivent l'habiter : les uns, farouches et sauvages, se retirent dans les rochers, dans les forêts ; les autres, plus doux, plus sociables, paissent ou bondissent dans les plaines en attendant un maître. Car il manque encore un témoin de tant de merveilles, qui puisse les apprécier, les utiliser, en devenir l'interprète de la nature reconnaissante. « Les cieux peuvent bien, dit le Psalmiste, publier la gloire de Dieu, le jour l'annoncer au jour, les oiseaux le chanter à leur manière ; mais, dans cette multitude d'êtres, aucun n'est capable de connaître et de bénir son auteur ; aucun n'a reçu le don de l'aimer. » Dieu ne commande plus, il semble réfléchir et tenir conseil en lui-même : on sent qu'il va produire son chef-d'œuvre. « Faisons l'homme, dit-il, à notre image et ressemblance. » Et en effet nous trouvons en nous nous ne savons quoi de divin : nous sentons notre existence, nous comprenons notre pensée, nous éprouvons le sentiment de l'amour ; il n'est aucun des attributs de la Divinité que nous ne voyions comme réfléchi en nous... Nous en demandons en vain la raison à la philosophie ; Moïse seul nous l'apprend : Nous sommes l'image de Dieu. Et si, fiers d'un tel titre, nous sentons s'élever en nous quelque sentiment d'orgueil, une autre pensée nous rappelle bientôt à la vérité : Nous ne sommes qu'un peu de boue sur laquelle Dieu a soufflé la vie !

Un seul homme, principe de tous les autres ; une seule femme, portion de lui-même, pour partager ses travaux, distraire ses ennuis, répondre à son amour, embellir son existence ; couple intéressant, autour duquel viendront se grouper les enfants sortis de leur union ; théorie du berceau de la société mille fois plus consolante que celle qui va chercher dans les cheveux, dans la couleur du Nègre ou de l'Indien, des motifs de briser les liens de la grande famille ! « Croissez et multipliez, dit le Créateur à ces nouveaux venus ; remplissez le monde, et soumettez-le à vos lois ; commandez aux poissons, aux oiseaux, aux animaux qui se mouvent sur la terre. » En vertu de cette investiture, l'homme prend possession de son empire ; partout il commande, partout il donne des lois ; il n'en reçoit que de Dieu. La terre lui ouvre son sein, lui abandonne ses trésors pour élever et orner sa demeure ; les plantes lui offrent des fruits pour couvrir sa table, du bois pour ses différents besoins ; il demande aux animaux leur toison pour ses vêtements, leur chair pour sa nourriture ; quelle que soit leur force ou leur agilité, quelque fiers, quelque sauvages qu'ils paraissent, quelque résistance qu'ils lui opposent, il saura les atteindre au milieu des airs, au sein des mers, au fond des forêts ; ils tomberont sous ses coups, ou subiront le joug qu'il lui plaît de leur imposer. Si parfois, en les combattant, il succombe victime de son imprudence, il ne sera pas plus vaincu par ces terribles adversaires qu'il ne le serait par les eaux qui l'engloutissent, ou par l'édifice qui l'écrase dans sa chute. Tous les êtres se meuvent, ou se développent, ou se reproduisent selon les lois qui leur ont été prescrites ; tout dans ces lois a été prévu, jusqu'à l'exception qui peut en suspendre le cours.

Le *septième jour* tout est terminé : Dieu est rentré dans le repos, pour diriger et conserver son œuvre. Que déjà quelques-unes des races primitives se soient perdues ; pour l'assurer, il faudrait être sûr de connaître toutes celles qui existent ; mais de nouvelles ne se présenteront plus. Au moyen de plus ou moins de culture, une plante pourra dégénérer ou s'améliorer ; mais de ce changement résultera tout au plus une variété qui rappellera toujours le type original. Parmi les animaux, des espèces voisines s'uniront, se croiseront ; il en naîtra parfois des individus inféconds, qui ne formeront point une race, et qui n'étendront pas plus loin ce genre d'abâtardissement : l'espèce modèle subsistera toujours. L'homme, pour son étude ou pour ses besoins, saura combiner, amalgamer des natures existantes ; il n'en produira pas de nouvelles. Qu'il cherche, qu'il médite, qu'il s'épuise en efforts pour former de nouveaux êtres ; peines perdues, travaux inutiles : la création est complète, il ne reste plus qu'à entonner l'hymne de la reconnaissance.

L'abbé C. Bandeville.

CRÉBILLON (Prosper Jolyot de), poëte dramatique, né à Dijon, le 13 février 1674, mort à Paris, le 17 juin 1762, fut reçu à l'Académie Française au mois de septembre 1731. Nous ne nous étions jamais parfaitement expliqué ce que Despréaux avait voulu dire dans ces deux vers :

> Sans la langue, en un mot, l'auteur le plus divin
> Est toujours, quoi qu'il fasse, un méchant écrivain.

Cet axiome est devenu parfaitement clair pour nous en relisant Crébillon. Oui, nous avons admiré, même dans ses plus faibles tragédies, l'homme de génie, assez peu soucieux de la grammaire ; le tragique sublime, terrible, mais presque toujours inculte, obscur, incorrect. Pour apprécier son théâtre, il faut non point épiloguer sur le régime ou sur la virgule, mais s'abandonner bonnement à la verdeur, à la passion profonde, dont presque chaque scène de ses tragédies est empreinte. S'étant fait une manière de travailler et de produire tout à lui, il apportait dans sa tête aux comédiens étonnés une tragédie tout entière. Était-elle reçue, alors il daignait la confier au papier. Composant ainsi de mémoire, il ne se corrigeait de même ; et l'endroit critiqué s'effaçait totalement de sa tête, lorsque, chose assez rare, il acceptait quelque observation, car, il faut bien le dire, Crébillon n'était rien moins que docile à la censure : on voit par ses préfaces qu'il ne craint point d'en appeler à lui-même du jugement du public. Quant aux fautes de style, il refusa toujours de les faire disparaître. Il tenait essentiellement au fond des idées. Il savait par expérience, et l'on en trouverait mille exemples dans ses tragédies, que les plus beaux vers, les vers frappés, les vers faits pour enlever tout un parterre, et pour devenir maximes, sont les enfants de la pensée et non point l'œuvre d'une habile et correcte versification. De là les beautés de détail qui empêcheront de périr même ses plus médiocres ouvrages.

Ce fut par l'étude poudreuse d'un procureur que passa le nouvel Eschyle avant de chausser le cothurne. Son père,

Melchior Jolyot, greffier de la cour des comptes de Dijon, quoique très-fier d'une assez vieille noblesse, eût été charmé que son fils devînt homme de loi, parce que la loi nourrit grassement ceux qui se consacrent à son culte équivoque. Mais ce fut précisément l'homme choisi pour initier Crébillon aux secrets de la chicane qui guida les premiers pas de sa muse tragique. Ce bon maître Prieur était de ces amis désintéressés des lettres, qui chez nos pères composaient ce parterre français, juge si impartial, si judicieux et si redouté : frappé des traits de génie qui dans la conversation échappaient à son élève, il l'engagea à se consacrer à la scène. Crébillon, qui n'avait d'autre garant de son talent que quelques chansons, se récria d'abord contre cette pensée. Prieur insista : le jeune clerc céda, et composa *Les Enfants de Brutus*, que les Comédiens français refusèrent, et dont longtemps après l'auteur brûla le manuscrit. Soutenu, pressé par Prieur, Crébillon se décida enfin à recommencer une tragédie. Ce fut *Idoménée* (1705), dont les défauts comme les beautés annonçaient ce que l'auteur devait être un jour. On y respire déjà cette sombre terreur qui caractérisa depuis toutes ses tragédies. Le cinquième acte ne fut point goûté à la première représentation. Crébillon en refit un autre, qui fut composé, appris et joué en cinq jours.

Atrée et Thyeste parut ensuite (1707), *Atrée*, l'une des pièces les plus remarquables du théâtre moderne. L'effet sur la scène en fut terrible. A la première représentation, Prieur, transporté malade dans la salle, embrassa le poëte en disant : « Je meurs content, j'ai donné un homme à la France. » Après un succès si peu contesté du public, Crébillon se vit en butte à des attaques personnelles : on mettait charitablement sur le compte de son cœur les sombres inventions de son drame. Dans une préface qui n'est pas humble assurément, mais qui est pleine de raison, il crut devoir se défendre de ce reproche d'être « un homme noir, avec qui il n'est pas sûr de vivre. » Voltaire, comme on sait, a refait plusieurs des pièces de Crébillon; mais quand il voulut refaire *Atrée*, il paya bien cher cette usurpation presque criminelle d'un sujet déjà traité par un autre, et dont les défauts sont au moins pour le copiste un utile avertissement. Il suffirait des *Pélopides* pour venger Crébillon de toutes les critiques de Voltaire.

Après *Atrée* vint *Électre* (1709), sujet dont la source est une tragédie de Sophocle. On peut reprocher à cette œuvre trop de complication, de la prolixité, quelques déclamations; mais le personnage d'Électre est intéressant, et celui d'Oreste, qui s'ignore longtemps lui-même, a dû paraître neuf au théâtre. Le rôle de Palamède, absolument d'invention, est marqué au génie de l'auteur. Rien encore de plus touchant que la reconnaissance d'Électre et de son frère; enfin même après Racine, Crébillon a pu peindre les fureurs d'Oreste. Voltaire a fait une critique amère de cet ouvrage dans un libelle hypocritement intitulé : *Éloge de M. de Crébillon*. Il condamne surtout les amours d'Électre et d'Itys, et ceux d'Iphianasse et de Tydée, que plaisamment on appela dans le temps *la partie carrée*. Crébillon se justifie dans sa préface par des raisons ingénieuses; et cependant il ne s'attache pas à la principale : c'est qu'à l'époque où fut représentée *Électre* les auteurs étaient obligés de payer ce tribut au goût de leurs contemporains. Voltaire, moins sur tout autre, devait l'ignorer, lui qui dix ans plus tard ne put faire passer sa tragédie d'*Œdipe* qu'à l'aide du ridicule amour de Philoctète pour Jocaste. Enfin, à en croire le témoignage de vieillards qui ont vu jouer les deux tragédies rivales, l'*Oreste* de Voltaire, bien plus rapproché de la manière antique et plus purement écrit que l'*Électre*, ne lui était pas supérieur par l'effet dramatique.

Rhadamiste et Zénobie, joué en 1711, mit le comble au succès et à la gloire de Crébillon. Obligé de convenir que c'est la meilleure pièce de ce tragique, Voltaire prétend, et après lui La Harpe répète que : « L'intrigue est tirée tout entière du deuxième tome d'un roman ignoré, de Segrais, intitulé *Bérénice*. » Peu nous importe que Crébillon ait puisé là ou dans Tacite sa première donnée. On reproche avec raison à *Rhadamiste* une exposition lente et obscure ; mais après les deux premières scènes quelle œuvre de génie ! La scène de reconnaissance des deux amants, une des plus belles du théâtre français, est pleine de pensées énergiques et brûlantes. En huit jours il parut deux éditions de *Rhadamiste*. On raconte que, comme il travaillait à cette pièce, Crébillon, qui cherchait la solitude, avait obtenu de Duverney, célèbre anatomiste, une clef des petits enclos du Jardin du Roi. Croyant n'être vu de personne, le poëte avait mis habit bas ; et, possédé de sa verve, il marchait à pas précipités en poussant des cris effroyables. Le jardinier, le prenant pour un fou, courut avertir Duverney, qui, ainsi que Crébillon, rit beaucoup de la méprise.

Xerxès, qui fut représenté trois ans après *Rhadamiste* (1714), n'eut aucun succès, et cela devait être : cette tragédie, par les mêmes motifs qui lui concilieraient les suffrages aujourd'hui, épouvanta nos pères. Il y a dans cette pièce un rôle de la plus grande beauté, celui d'Artaban. Les contemporains de Crébillon trouvaient trop profondément perverses les maximes de ce ministre conspirateur. Grâce aux événements extraordinaires qui ont métamorphosé l'Europe, tant d'hommes politiques se sont dessinés à nos yeux sous de sombres couleur qu'aujourd'hui un tel rôle serait compris, goûté du spectateur.

Xerxès disparut de la scène, et *Sémiramis*, qui lui succéda en 1717, fut tant critiquée que l'auteur la retira à la septième représentation. On a reproché à *Sémiramis* l'amour que cette reine conserve à Ninias, son fils, même après l'avoir reconnu. C'était faire un crime à Crébillon d'avoir trop bien suivi l'histoire. Ces maximes analogues à celles qui avaient fait scandale dans la bouche d'Artaban essuyèrent le même blâme. Notre siècle positif n'y verrait après tout que de fortes vérités exprimées en vers énergiques. Voltaire a refait une *Sémiramis* bien supérieure à l'autre pour la conduite comme pour le style.

Après un silence de neuf ans, Crébillon donna *Pyrrhus* (1726), où il a voulu prouver, en ne mettant en jeu que de nobles passions, qu'il pouvait comme un autre régner sur la scène sans l'ensanglanter. Il y a beaucoup de noblesse dans les caractères de Pyrrhus et de Glaucias ; mais la pièce est froide. Crébillon la terreur n'était plus lui-même. Il demeura ensuite vingt-deux ans éloigné du théâtre. Dans l'intervalle, il fut reçu à l'Académie Française, à la place de La Faye. Par une innovation qui n'a point eu d'imitateurs, l'auteur d'*Électre* fit son discours de réception en vers. On disait de lui : « Il a fait, il fera toute sa vie *Catilina*; » on répétait avec Cicéron : *Jusques à quand*, etc. ? Enfin, les bienfaits de Mme de Pompadour vinrent tirer de l'indigence et de sa léthargie la Muse qui avait inspiré *Rhadamiste*, et *Catilina* parut en 1748. La pièce fut montée avec magnificence ; le roi fit les frais de tous les costumes ; en vain pouvait-on trouver quelque faiblesse dans l'ouvrage, rien ne prévalut contre l'heureuse disposition du public, qui, en cela d'accord avec la cour, voulait ranimer un vieillard septuagénaire, dont il plaignait la longue retraite. Après vingt représentations, la pièce fut imprimée, et la jeune Clairon succéda à l'indulgence. Crébillon, qui s'était plus inspiré de Salluste que des *Catilinaires* de Cicéron, avait tout sacrifié à la grandeur du rôle de Catilina. Il avait fait de Cicéron, comme père, un Cassandre complaisant pour les amours de sa fille ; comme consul, un peureux ; et si c'était le lieu de discuter l'histoire, peut-être sous ce dernier rapport pourrait-on justifier Crébillon ; mais un auteur dramatique a toujours tort de heurter de front certains préjugés historiques. Lorsqu'il refit *Catilina*, Voltaire s'est donné beau jeu en traçant d'une manière si large le caractère convenu de Cicéron. Dans le *Catilina* de Crébillon, la dégradation du sénat de Rome est peinte de main de maître.

Nous avons hâte d'arriver au *Triumvirat*, que Crébillon composa à soixante-seize ans, et qu'il fit jouer à quatre-vingt-un ans. Il voulait réparer, disait-il, le tort qu'il avait fait à Cicéron. En effet, ce Romain parle, agit, avec une grandeur d'âme qu'il n'avait pas manifestée dans *Catilina*. Le caractère d'Octave est heureusement développé; celui de Tullie offre toute la fierté d'une Romaine. En un mot, pour un octogénaire, *Le Triumvirat* était un assez beau chant du cygne.

Telle est l'histoire dramatique de ce grand poëte. Dans l'intervalle qui s'était écoulé entre la tragédie de *Xerxès* et celle de *Sémiramis*, il avait entrepris de mettre Cromwell sur la scène; mais il reçut une défense de continuer la pièce, et cette défense, à laquelle il se soumit, dut accroître l'aversion de ce génie fier et indépendant pour l'arbitraire.

Crébillon vécut et mourut pauvre; et dans la notice que son fils lui a consacrée, il est aisé de voir que l'auteur de *Rhadamiste* n'était pas facile à enrichir. Cependant, on ne peut pas dire que le sort lui ait été contraire. Les bénéfices de ses premières tragédies furent considérables; ses amis lui avaient fait réaliser d'immenses profits dans les spéculations de la rue Quincampoix; le régent, le duc de Bourbon, les financiers Pâris, etc., lui firent de grandes libéralités; de 1715 à 1721, il eut un emploi dans les finances; le comte de Clermont lui donna un logement au Petit-Luxembourg; en 1735 il était à la fois censeur royal et censeur de la police. Mais il aimait le plaisir, la table, les beaux meubles, les beaux habits. Joignez à cela une paresse, une incurie, qui lui faisait négliger les affaires les plus essentielles, et vous ne serez pas étonné que Crébillon ait passé sa vie dans la pénurie. Le désordre fut au comble quand il eut le malheur de perdre sa femme. En butte à ses créanciers, il obtint contre eux un arrêt du conseil qui déclarait insaisissables les productions de l'esprit. Devenu vieux, trop fier pour mendier des secours, lui qui voyait dans sa vocation dramatique une haute dignité, il se séquestra du monde, fuyant les hommes et vivant entouré d'animaux. Nous avons vu qu'un caprice de Mme de Pompadour le tira de son isolement, moins par intérêt pour l'illustre vieillard que pour punir Voltaire de quelques épigrammes. De là cette haine active de l'auteur de *Zaïre* contre le père de *Rhadamiste*; de là les jugements iniques de Grimm et de La Harpe, qui tous deux s'identifiaient avec les enthousiasmes et les aversions de Voltaire, leur idole.

Crébillon eut pour lui les éloges judicieux de l'*Année littéraire*; mais personne ne lui a rendu une justice plus éclatante que Montesquieu et D'Alembert. « Nous n'avons pas, dit le premier, d'auteur tragique qui donne à l'âme de plus grands mouvements que Crébillon, qui nous arrache plus à nous-mêmes, qui nous remplisse plus de la vapeur du dieu qui l'agite. C'est le seul tragique de nos jours qui sache bien exciter la véritable passion de la tragédie, la terreur. » D'Alembert, dont l'esprit robuste et élevé était digne de comprendre Crébillon, lui sait gré d'avoir su peindre l'homme, sans offrir le tableau d'aucune nation particulière.

Charles Du Rozoir.

CRÉBILLON (CLAUDE-PROSPER JOLYOT DE), fils du précédent, naquit à Paris, le 14 février 1707. Cet enfant, dont toute sa vie a parlé d'ambre, de soie, et de femmes, grandit et s'éleva au milieu d'une épaisse atmosphère de tabac, dans un grenier, esclave soumis aux chats criards, aux chiens estropiés, et aux corbeaux de son père.

Cet enfant, qui fut toute sa vie Crébillon fils, entendit dès le berceau la muse tragique de la maison d'Atrée mugir à ses oreilles; il vit son honnête homme de père distiller le poison dans la coupe tragique, fouiller dans les entrailles sanglantes avec le poignard; il assista à ces luttes terribles et corps à corps avec Melpomène, comme on appelait encore la muse de la tragédie. Son père lui raconta en courant toutes ces fureurs; il prépara devant lui, et tout en dînant, les poisons les plus aigus. Jolyot de Crébillon, voyez-vous, c'était un bonhomme, qui rêvait tout haut, qui se démenait à ses heures, qui écrivait comme un barbare, qui pensait comme Eschyle, qui était sale et enfumé, et qui, tout sale et enfumé qu'il était, allait se rouler sur l'ottomane de Mme de Pompadour, qui l'embrassait pour l'amour du grec; c'était aussi un rêveur, un amoureux insatiable de gros romans : il les lisait et il les relisait; et quand les romans lui manquaient, il s'amusait à s'en faire à lui-même de très-longs et de très-sanglants : c'est peut-être la raison pour laquelle son fils en a fait de très-musqués et de très-courts.

Le fils se forma ainsi, et tout seul, au milieu de tous les débordements de l'imagination de son père. A cette époque un poëte tragique était une chose si élevée, qu'elle faisait peur : Crébillon fils eut pour sans doute de son père. Dans tout autre temps, cinquante ans plus tôt, il aurait fait de la pastorale; sous la maîtresse régnante, il fit des contes, de petits contes bien jolis, bien fous, bien mignards, des contes de fées galantes, des contes de petits-maîtres, des contes de sultans imbéciles, sans avoir peur de la Bastille, où il alla pourtant se reposer pour son roman de *Tanzaï et Néandarné*. Ces petits livres, à peine fabriqués, allaient se poser sur les toilettes de la belle dame et dans l'antichambre des caméristes; on lisait cela comme cela avait été fait, nonchalamment. C'est ainsi que les âmes efféminées de ce siècle se reposaient dans leur vice à fleur de peau des brûlantes et galvaniques secousses produites dans les âmes par *L'Héloïse* ou *La Religieuse*, singuliers contre-poisons, qui au besoin auraient empoisonné un peuple encore plus corrompu !

Crébillon fils a laissé plusieurs romans, qu'il ne signait pas, qu'on datait de La Haye, d'Amsterdam, de Londres, de Maestricht, de toutes les capitales de la littérature défendue. Aussi le nombre et le titre de ces romans ne sont-ils pas bien certains. Toutefois, voici combien j'ai compté de romans dans les œuvres complètes de notre auteur, imprimées à Maestricht, chez Jean-Edme Dufour et Philippe Roux : *Lettres de la Marquise de*** au comte de**** (2 vol. in-12); *Tanzaï et Néandarné* (2 vol. in-12); *Les Égarements du Cœur et de l'Esprit* (3 parties in-12); *Le Sopha* (2 vol. in-12); *Les Amours de Zéokinisul, roi des Kofirans* (in-12); *Lettres Athéniennes* (4 vol. in-12); *Ah, quel conte !* (2 vol. in-12); *Les Heureux Orphelins* (2 vol. in-12); *La Nuit et le Moment* (in-12); *Le Hasard du Coin du Feu* (in-12); *Lettres de la duchesse de****, etc. (2 vol. in-12). Quelques-uns lui attribuent les *Lettres de Ninon de Lenclos*; mais il nous semble qu'il n'y a à cela aucune nécessité.

Les romans de Crébillon fils peuvent se diviser en deux classes bien distinctes, les romans proprement dits et les gravelures. Dans le nombre des romans proprement dits il faut ranger *Les Heureux Orphelins*. Si Crébillon fils n'avait fait que ce genre de romans, nous ne nous en occuperions pas si longtemps. Ce que j'appelle ses *gravelures* est frappé à un coin plus intéressant et plus neuf. *Le Hasard du Coin du Feu*, par exemple, est établi dès les premières pages comme une comédie de Molière. La scène est à Paris, chez Cidlie, et l'action se passe presque toute dans une de ces petites pièces reculées que l'on nomme *boudoirs*. Cette histoire vous donne une idée de cette vie oisive, paresseuse, bavarde et gourmande, que les beaux et les belles de ce temps-là menaient à Paris, après avoir fait leur cour à Versailles le matin. Mais à Paris on était libre de toute censure, à la campagne encore plus qu'à Paris. Dans un très-joli roman, intitulé *La Nuit et le Moment*, Crébillon fils nous raconte les joyeux passe-temps de la campagne. Dans ces écrits, tout est d'une simplicité si nue qu'on s'étonne que cela devienne une histoire. Les hommes triomphent si vite, et les femmes se rendent si tôt, que toutes les idées reçues jusque alors sur la galanterie française et sur le roman français en sont étrangement dérangées. Qui aurait dit que nous viendrions des romans de la Table-Ronde, ou seulement des romans de La Calprenède ou de Mlle Scudéri, à ces conversations en robe de chambre de taffetas, de ces passions éternelles à ces amusements d'un jour?

Si je vous arrête sur ces obscénités rendues plus obscènes par la gaze qui les couvre, c'est pour m'indigner avec vous de ce vice à froid et sans excuse qui fut un instant la joie et le délassement du dix-huitième siècle; c'est pour m'indigner avec vous contre ces femmes sans passion et sans amour, qui ont gâté même le vice; c'est pour marquer d'un fer chaud ces élégants marquis, vieillards de dix-huit ans, aussi inhabiles à porter le nom de leurs pères qu'à se montrer leurs rivaux en gloire et en amour; c'est pour vous faire remarquer quelle distance il y a, pour le bonheur des empires, entre une femme et une autre femme, entre Mlle de La Vallière ou Mme de Montespan et la jolie prostituée qui amusait les dernières années du roi Louis XV. Pourtant, il y a peu de différence au premier abord : c'est un amant royal et une maîtresse royale; mais quelle différence, grand Dieu! Le premier aimait avec passion des femmes dignes de lui, et il rencontre Racine pour célébrer ses amours; le second aime avec vice et sans décence une femme vicieuse et sans cœur, et tout à coup voilà une littérature corrompue, énervée; voilà de la très-petite prose et de très-petits vers voilà d'infâmes livres vendus sous le manteau; voilà les livres du marquis de Sade pour les grandes dames, et les romans de Crébillon fils pour les jeunes mariées; livres obscènes également, qui surgissent subitement au milieu de la nation française, comme un commentaire nécessaire aux amours de son roi.

Intrépide historien des petits vices de cette époque, Crébillon n'a pas su saisir une seule de ses beautés. De toutes ces femmes qui s'agitaient dans ce monde frivole, assistant en souriant à la chute de cette monarchie si bien faite pour les femmes, et qui ne leur sera jamais rendue, Crébillon n'a vu que les plus perverses. Les femmes sans mœurs l'ont occupé exclusivement, les chastes et les honnêtes femmes lui ont échappé. A le lire, à lire J.-J. Rousseau lui-même, à lire Voltaire, à lire Diderot, à les lire tous, on dirait que le dix-huitième siècle tout entier était un siècle de courtisanes. Il est impossible de flétrir les femmes comme ces gens-là les ont flétries sans le vouloir. Pourtant, quelque chose nous dit à nous qu'il y avait parmi ces femmes de grandes et généreuses vertus. Comme elles sont mortes, ces femmes, quand la Terreur est venue les surprendre au milieu de leurs grandeurs! comme elles sont tombées chastement, arrangeant leur robe avec décence, et rougissant jusqu'au blanc des yeux de montrer leur cou nu au bourreau! Comment tout à coup, et d'un jour à l'autre, tant d'héroïsme aurait-il remplacé des mœurs si lâches! comment tant de vertus se seraient-elles fait jour parmi tant de vices? comment, en effet la vieille aristocratie de France eût été aussi souillée que vous le dites dans vos romans et dans vos drames, cette aristocratie, surtout les femmes, se serait-elle trouvée tout de suite et sans effort au niveau de son ancienne gloire? Non, non, non! cela n'est pas possible : le vice n'était pas aussi général que vous le faites. Les héroïnes de vos romans ne sont que des exceptions effrontées à la règle générale : votre vice est trop nu et trop insipide pour que nous y croyions.

Une seule fois, et dans un livre qui pouvait être un beau livre, mais qu'il a manqué comme tout ce qu'il a fait, Crébillon a tenté de nous représenter une jeune et jolie personne de la société d'autrefois. Élégante, bien faite, spirituelle, rieuse, pleine de noblesse, héritière d'un grand nom, et pure comme une jeune fille du dix-septième siècle, cette aimable personne s'appelle Mlle de Théville : c'est un nom que je n'ai jamais oublié, tant celle qui le porte fait un charmant contraste avec tous les personnages des autres romans. Le héros du livre est partagé entre Mlle de Théville et Mlle de Lursay. Son cœur s'égare avec l'une, sa raison avec l'autre : elles sont aimables et bonnes toutes deux, Mlle de Théville plus que Mlle de Lursay. Si l'on me demandait quel est le roman le plus raisonnable de Crébillon fils, je répondrais sans hésiter : *Les Égarements du Cœur et de l'Esprit*. Il est vrai que personne ne songera à me l'adresser, cette oiseuse question.

Au temps où écrivait Crébillon fils, c'était la mode en France, c'est-à-dire à Paris, qui était toute la France, de jurer beaucoup de la Grèce. Voltaire s'était avisé de nous comparer à des Athéniens; il n'était pas de jeune courtisan qui ne se crût un Alcibiade, et qui ne prît sa maîtresse pour Aspasie. Jamais époque moins savante ne fit un plus grand abus de l'antiquité grecque. C'était quelque chose de si ravissant, à les entendre, que cette société de l'Attique, où les courtisanes jouaient le grand rôle, gardant pour elles la politique, la poésie et le plaisir, laissant le reste aux autres femmes! Un instant donc Aspasie fut aussi fort à la mode que Mme de Pompadour elle-même; Alcibiade balança le duc de Richelieu. C'est à cette grave étude de l'antiquité grecque, considérée sous ce chaste et noble aspect, que nous devons les *Lettres athéniennes* de Crébillon fils. Il y a quelque part, dans Shakspeare, un *duc d'Athènes*. Alcibiade, dans le roman dont je parle, est tout à fait ce *duc d'Athènes*. Le roman est encore un roman par lettres; Alcibiade est le héros de ce livre. Alcibiade, qui fut pendant vingt ans le type d'un élégant Parisien; Alcibiade, dont nos grandes dames avaient fait un mousquetaire tout au moins, Crébillon fils s'est chargé de l'habiller et de le faire parler à la dernière mode. C'était bien la peine, ô mon jeune héros, de couper la belle queue de votre chien pour qu'on ne parlât pas de vous!

Crébillon fils a fait d'autres livres dont je ne veux pas parler, moins encore par respect pour le lecteur que parce que la chose est inutile. Une mode passée et finie aujourd'hui; les laquais eux-mêmes ne lisent plus de livres obscènes, c'est une littérature morte heureusement, et qui a porté de tristes fruits! Nous ne parlerons donc pas du *Sopha*, dont la donnée n'est guère plus mauvaise que celle d'un autre roman intitulé : *Ah, quel conte!* Le *Sopha* est un livre de beaucoup de réputation. De tous les romans de Crébillon fils, c'est celui dont on parle le plus, sans l'avoir lu plus que les autres. *Ah! quel conte!* est un roman en deux volumes, que je préfère de beaucoup au *Sopha*. Le récit est vif, animé, spirituel. Le héros du livre est un sultan imbécile qui jase avec ses femmes, héros voluptueux et flaneur, qui aime avant tout les histoires et le repos, et dont Louis XV ne s'est pas du tout offensé, tant c'était un roi d'esprit.

Cependant, pour éviter à l'auteur des reproches plus graves que ceux que je lui adresse ici, je dois dire que la licence de ses livres est la faute de son époque, et non pas la sienne. Malgré ce que j'en ai dit, et malgré tout ce que j'en ai passé sous silence, les romans de Crébillon fils sont les romans les plus chastes de leur époque. Ce qui s'est fabriqué et ce qui s'est consommé de livres immondes dans ce temps-là fait frémir! La langue, le goût, les mœurs, l'esprit public, le respect du jeune âge, le cœur et l'âme de la nation, par la prose, par les vers, par les romans, par la gravure, par l'allusion, par tous les moyens que le vice blasé puisse imaginer, ont été outragés indignement à cette époque. Dans cette époque les plus beaux esprits se faisaient un jeu de l'immoralité; à cette époque il y avait à la Bastille des hommes d'un grand nom et d'une grande puissance, hélas! tout nus, livrés aux assauts de la passion brutale, mordant leur table de travail, dévorés par le sang, qui écrivaient des livres infâmes. Ces livres étaient vendus aux libraires par le lieutenant de police lui-même, qui en faisait passer le prix aux auteurs !

Pour achever ce que j'avais à dire de Crébillon fils, je dois ajouter que cet homme, si léger dans ses écrits, fut pourtant de mœurs sévères dans sa vie et d'une conduite irréprochable. Sa conduite envers son père fut touchante jusqu'aux derniers moments de l'auteur de *Rhadamiste*. Quand le vieillard, battu par l'âge et le chagrin, vit sa haute stature se courber vers la terre, il trouva pour s'appuyer le bras de son fils. Son fils ne le quitta pas une heure, également soumis à son père, qu'il aimait, et au poète, qu'il admirait. Crébillon fils conduisit son père chez Mme de Pompadour (ne lui en veuillez pas, cela était dans les mœurs); mais je trouve la scène touchante et belle. Quand il entra chez la maîtresse régnante, le noble vieillard, Mme de Pompadour était retenue au lit par cette jolie migraine qu'elle avait mise à la mode. Elle fit signe à Crébillon d'avancer près d'elle. Elle fut touchée de le voir si tremblant et si pauvre, cet homme célèbre, tout chargé de ces palmes tragiques tant respectées alors, et dont la France a fait depuis un si étrange abus. Alors elle le fit asseoir sur son lit, la charmante femme; elle lui dit de ces paroles caressantes qu'elle disait d'une voix si douce et avec un sourire si aimable ! le vieillard était enchanté et pleurait de joie. Tout à coup entre le roi. Crébillon tout tremblant se lève : *Ah! mon Dieu, madame!* s'écrie-t-il, *nous sommes perdus! le roi m'a vu sur votre lit.* Crébillon père eut une pension de mille écus sur *Le Mercure de France*, et ses œuvres eurent les honneurs de l'imprimerie du Louvre. Quant à son fils, il lui arriva un bonheur qu'il n'avait pas imaginé, même dans ses romans. Il était en proie à toutes les inquiétudes matérielles qui donnaient tant de charme à la vie littéraire de ce temps-là, quand un matin, une jeune Anglaise fit demander à le voir : c'était une jeune personne, jolie, riche et de bonne maison, qui s'était prise de belle passion pour *Les Égarements du Cœur et de l'Esprit*. Elle donna sa main et sa fortune à Jolyot de Crébillon fils. Il mourut en 1777.

Jules JANIN.

CRÈCHE, mangeoire des animaux. Saint Luc raconte que la sainte Vierge et saint Joseph, n'ayant pu trouver place dans une hôtellerie publique, furent obligés de se retirer dans l'étable où la sainte Vierge mit au monde Jésus-Christ et, l'ayant emmailloté, le coucha dans une crèche. Les anciens Pères qui parlent du lieu de la naissance du Sauveur marquent toujours qu'il naquit dans une caverne creusée dans le roc. Saint Justin et Eusèbe disent que ce lieu n'est pas dans la ville de Bethléem, mais à la campagne, près de la ville. Ils ne devaient être mieux informés que d'autres, puisque saint Justin était du pays, et qu'Eusèbe y avait sa demeure. Saint Jérôme place cette caverne à l'extrémité de la ville de Bethléem, vers le midi. La sainte Vierge fut obligée de mettre l'enfant Jésus, nouveau-né, dans la crèche de l'étable où elle était, parce qu'elle n'avait point de berceau ni d'autre lieu où le placer. La crèche était apparemment ménagée dans le rocher, c'est-à-dire qu'il y avait au-dedans de la crèche de pierre une auge de bois, où l'enfant Jésus fut couché.

La crèche que l'on conserve à Rome est de bois. Un auteur latin, cité dans Baronius sous le nom de saint Chrysostome, dit que la crèche où Jésus-Christ fut mis était de terre, et qu'on l'avait été pour lui substituer une crèche d'argent. Les peintres ont accoutumé de représenter auprès de la crèche du Sauveur un bœuf et un âne.

L'auteur du *Symposium*, poëme attribué à Lactance, se déclare pour le sentiment, aussi bien que l'auteur du livre des *Promesses*, cité sous le nom de saint Prosper; mais, nonobstant ces autorités, plusieurs critiques doutent que le bœuf et l'âne aient été dans l'étable de Bethléem, ni l'Évangile ni les anciens Pères ne l'ayant remarqué; et les passages d'Isaïe et d'Habacuc, que l'on cite pour le prouver,

ne l'indiquant pas non plus bien distinctement. Dom CALMET.

CRÈCHES (Œuvres des), institution charitable ayant pour but de prendre soin des enfants âgés de moins de deux ans, dont les mères travaillent au dehors. L'existence des crèches et leur nom ne datent que d'hier; mais la chose naquit le jour où une pauvre mère confia son enfant à une gardeuse pour aller vaquer à son travail. A Paris, un grand nombre d'ouvrières mariées, et presque toutes les filles-mères, vivent de leur salaire journalier. Elles ne sauraient abandonner leurs enfants à eux-mêmes pendant toute une journée sans compromettre gravement leur santé et même leur vie. Il s'est donc établi forcément des *maisons de sevrage*, où les enfants restent jour et nuit, et des *garderies* où les enfants ne sont acceptés que pendant le jour. Dans ces garderies, les mères payent habituellement 70 centimes par jour (40 pour la gardeuse et 30 pour la nourriture de l'enfant) ; la mère se charge, en outre, du blanchissage.

Le nombre des enfants tenus par une sevreuse ou gardeuse est variable ; souvent il dépasse celui qu'on devrait raisonnablement leur confier. Aussi ces établissements étaient-ils devenus vraiment meurtriers pour les pauvres enfants qu'on y entassait : le préfet de police dut intervenir et soumettre la profession de sevreuse à une autorisation (ordonnance du 9 août 1828). Il y a actuellement plus de 400 maisons de sevrage autorisées, et il doit exister bien plus de garderies clandestines.

C'est de l'aspect d'une garderie cachée dans une rue déserte de Chaillot qui inspira l'idée des crèches à M. Marbeau, alors adjoint au maire du premier arrondissement. Il fit un appel à la charité, et peu de semaines après, en 1844, on put bénir les douze premiers berceaux. La crèche n'est qu'une garderie fondée et subventionnée par la charité, surveillée par des dames patronesses, visitée par des médecins et offrant toutes les garanties de salubrité désirables. Son organisation est très-simple ; quelques personnes charitables se réunissent, nomment un bureau et des dames visiteuses, et s'entendent sur les moyens de réunir les fonds nécessaires. On a calculé que si l'on demandait à la mère une contribution de 20 centimes par jour, on aurait à ajouter 50 centimes en moyenne par enfant.

Quant au service de la crèche, voici comment il se fait, d'après le règlement formulé par le fondateur : La crèche est ouverte tous les jours, depuis cinq heures et demie du matin jusqu'à huit et demie du soir, les dimanches et fêtes exceptés. On n'y admet que les enfants au-dessous de deux ans dont les mères sont pauvres, se conduisent bien, et travaillent hors de leur domicile. Il faut, en outre, que l'enfant ne soit point malade, qu'il ait été vacciné, ou qu'il le soit dans le plus bref délai. L'acte de naissance et le certificat de vaccine sont déposés au secrétariat. Chaque enfant est inscrit sur un registre le jour de son entrée. L'inscription énonce la date de sa naissance, la demeure et la profession des parents. Une case est réservée pour la sortie, une autre pour les observations. Dans cette dernière case, les médecins indiquent l'état sanitaire de l'enfant, à son entrée, pendant son séjour, et à sa sortie.

La mère apporte son enfant emmailloté proprement, vient exactement l'allaiter aux heures des repas, et le reprend chaque soir. Elle fournit le linge nécessaire pour la journée. Le linge est marqué du numéro de la case et on le place dans la lingerie. Ce numéro est le même que celui du berceau qu'occupe l'enfant. La mère donne pour les berceuses 20 centimes par jour, et 30 centimes seulement quand elle a deux enfants à la crèche. Les berceuses sont au choix et aux ordres des directrices. Elles sont chargées des soins à donner aux enfants, de la conservation du linge, etc. Leur salaire est fixé à 1 franc 25 centimes par jour, tout compris, et il leur est interdit de recevoir des mères aucun supplément, sous quelque forme que ce soit, sous peine d'être congédiées immédiatement.

On voit par ce qui précède qu'à côté des salles d'asile et des écoles primaires et autres, il restait une lacune que la crèche est venue combler. On peut dire maintenant que la charité prend l'enfant en naissant pour lui prêter sa main secourable aussi longtemps qu'il en a besoin. Quelques personnes ont prétendu que les crèches tendaient à affaiblir les liens de famille. C'est une erreur. Les crèches n'ont rien créé de nouveau, elles ont seulement perfectionné les garderies, dont l'existence était motivée par une nécessité impérieuse. A la crèche les mères payent moins, et les enfants sont mieux soignés, voilà tout.

Au reste, l'utilité de cette institution est actuellement reconnue partout, et déjà elle est introduite dans un grand nombre de villes de France et de l'étranger. Il n'existe pas de relevé qui fasse connaître le nombre total des crèches ni des enfants qui y sont gardés ; mais une telle statistique n'aurait encore qu'un faible intérêt en présence de leur accroissement constant.

Maurice BLOCK.

A la fin de 1845 on ne comptait encore que cinq crèches à Paris ; il en existait déjà vingt-cinq dans le département de la Seine à la fin de 1852.

CRÉCY, bourg de France, chef-lieu de canton dans le département de la Somme, dans l'arrondissement et à 15 kilomètres au nord d'Abbeville, sur la Maye, avec 1,640 habitants, une savonnerie et des tanneries. On prétend que les rois de la seconde race y avaient une maison de plaisance. C'est près de ce bourg que se livra la fameuse bataille qui porte son nom.

[C'était en 1346. Édouard III et Philippe VI étaient au plus fort de leur rivalité. Le 12 juillet le roi d'Angleterre avait débarqué à La Hogue avec une belle armée ; après avoir ravagé une partie de la Normandie, il était arrivé devant Caen, avait pris et pillé cette ville, puis il s'était aventuré jusqu'au cœur de la France. Il avait remonté la Seine et était arrivé jusqu'à Poissy. C'était là une tentative hardie et peut-être imprudente ; il avait, il est vrai, humilié son adversaire et ravagé ses plus belles provinces jusqu'aux environs de Paris ; mais il s'était trouvé bientôt dans la situation la plus critique, et pendant une retraite difficile il avait sans doute regretté plus d'une fois de s'être engagé si avant.

Le passage de la Somme n'avait pu s'effectuer sans de grands dangers, et dans la dernière partie de sa retraite surtout son armée avait beaucoup souffert ; elle avait souvent manqué de vivres, que le pays ne fournissait point en suffisante abondance, et elle ne pouvait sans danger continuer une marche précipitée. Le roi d'Angleterre résolut donc d'attendre Philippe dans le Ponthieu, pays qui était son patrimoine, et d'y livrer bataille sur son propre sol. Ses maréchaux étaient parvenus jusqu'à la mer, et s'étaient emparés des deux villes de Crotoy et de Rue ; pour lui, arrivé le 25 août, à midi, lendemain du jour où il avait passé la rivière, assez près de Crécy en Ponthieu, il s'y était logé en plein champ. Après s'être assuré que Philippe était retourné de Blanchetache à Abbeville, où il y avait un pont sur la Somme, et qu'il n'avait point encore paru sur la rive droite, il renvoya ses soldats dans leurs tentes, leur recommandant de prendre du repos pour être plus prêts à combattre le lendemain à l'aube du jour, quand la trompette les appellerait.

« Après ses oraisons, dit Froissart, environ minuit, il alla se coucher, et le lendemain se leva assez matin, par raison, et ouït messe, et le prince de Galles, son fils, s'accommunièrent. » Il ordonna ensuite à ses soldats de prendre les armes ; il voulut que tous ses gens d'armes combattissent à pied, et il fit enfermer tous ses chars et ses chevaux dans un grand parc, près d'un bois, derrière son armée. Il fit trois divisions de cette armée : dans la première, forte de huit cents hommes d'armes, deux mille archers et mille Gallois, il plaça son fils ; sous la direction du comte de Warwick, de Godefroy de Harcourt et de plusieurs de ses meilleurs chevaliers ; il donna la seconde au comte de Northampton, et il se réserva le commandement de la troisième. Après avoir assigné à chacun son poste, il parcourut les rangs, d'un visage joyeux. A midi, comme il n'avait point encore de nouvelles de l'approche des Français, il les invita « à ce que tous ses gens mangeassent à leur aise et bussent un coup... Après quoi, ils s'assirent tous à terre, leurs bassinets et leurs arcs devant eux, et eux reposant pour être plus frais et plus nouveaux quand leurs ennemis viendroient ».

Philippe regardait comme au-dessous de sa grandeur d'avoir de tels ménagements pour ses troupes ; c'était par des ordres impérieux et par des menaces qu'il croyait devoir les entraîner au combat, sans consulter leurs besoins ou leur fatigue. Le samedi 26 août il partit d'Abbeville, lorsqu'il faisait déjà grand jour, pour aller chercher l'ennemi, dont il était à près de cinq lieues. Une grosse pluie commença presque en même temps et l'accompagna pendant toute sa marche. Quatre chevaliers, qu'il avait envoyés devant pour reconnaître la position des Anglais, vinrent à sa rencontre, et lui rapportèrent qu'ils les avaient trouvés frais et dispos, l'attendant sur la place où ils voulaient lui livrer bataille. Ils lui avaient conseillé en même temps de donner à ses troupes, avant que d'attaquer, le repos d'une nuit. Philippe sentit que ce conseil était sage, et il ordonna de faire halte ; mais les grands seigneurs de France qui commandaient les différents corps d'armée mirent leur vanité à se dépasser les uns les autres, pour se loger le plus proche possible de l'ennemi. « Ni aussi, dit Froissart, le roi ni ses maréchaux ne purent adonc être maistres de leurs gens, car il y avoit si grands gens et si grand nombre de grands seigneurs que chacun vouloit là montrer sa puissance. Si chevauchèrent en cet état, sans arroi et sans ordonnance, si avant qu'ils approchèrent leurs ennemis et qu'ils les voyoient en leur présence.

« Les Anglois, sitôt qu'ils virent les François approcher, se levèrent moult ordonnément, sans nul effroi, et se rangèrent en leurs batailles ; celles du prince tout devant leurs archers mis en manière d'une herse, et leurs gens d'armes au fond de la bataille. Le comte de Northampton et le comte d'Arundel, et leur bataille, se trouvoient sur l'aile, bien ordonnément avisés, et pour le prince et pour le prince , si besoin étoit. Quand le roi Philippe vint jusque sur la place où les Anglois étoient de la arrêtés et ordonnés, et il les vit, le sang lui mua, car il les haïssoit..., et dit à ses maréchaux : Faites passer nos Génois devant et commencer la bataille, au nom de Dieu et de monseigneur Saint-Denis ! »

Ces Génois, Philippe les avait fait venir après le débarquement d'Édouard, sous la conduite de leurs deux amiraux, Charles Grimaldi et Antoine Doria ; car ces montagnards liguriens avaient la réputation d'être en même temps les meilleurs archers et les meilleurs marins de l'Europe. Le reste de l'infanterie de Philippe était fort inférieur en qualité à celle des Anglais ; ceux-ci étaient accoutumés à se servir sans cesse de l'arbalète, leurs armes leur donnaient du courage, et la noblesse les respectait et les craignait. Les gentils-hommes français, au contraire, ne permettaient jamais aux serfs de faire usage d'aucune arme ; ils les maintenaient dans la terreur et l'avilissement, et ne pouvaient au besoin en faire des soldats. La noblesse, accoutumée à mépriser les vilains et l'infanterie bourgeoise, étendait le même mépris à l'infanterie étrangère que le roi avait prise à sa solde.

La grosse pluie qui était tombée tout le matin avait mis la plupart des arcs des Génois hors de service. Aussi, quand on leur ordonna de commencer l'attaque, « ils eussent eu, dit Froissart, aussi cher peu néant de commencer adonc la bataille ; car ils étoient durement las et travaillés d'aller à pied ce jour, plus de six lieues, tous armés, et de leurs arbalètes porter ; et dirent adonc à leurs connétables qu'ils n'étoient mie adonc ordonnés de faire nul grand exploit de bataille. » Ces paroles volèrent jusqu'au comte d'Alençon, qui en fut durement courroucé, et dit : On se doit bien charger de cette ribaudaille, qui faillit au besoin. Malgré leurs représentations, et encore que la soirée fût déjà avancée, les Génois eurent ordre d'attaquer, et ils le firent avec beaucoup de résolution, en poussant de grands cris; mais les Anglais, qui les avaient attendus en silence, et qui avaient caché la corde de leurs arbalètes dans leurs chaperons pour la préserver de la pluie firent bientôt voir la supériorité de leurs archers. Les Génois tombaient en foule sous la grêle de flèches qui les accablait; d'ailleurs Villani nous apprend qu'Édouard avait entremêlé à ses archers « des bombardes, qui avec du feu lançaient de petites balles de fer, pour effrayer et détruire les chevaux ; et que les coups de ces bombardes causèrent tant de tremblement et de bruit qu'il semblait que Dieu tonnait, avec grand massacre de gens et renversement de chevaux. » Les Génois perdirent enfin courage, et voulurent fuir : « mais une haie de gendarmes françois, dit Froissart, montés et parés moult richement, leur fermoit le chemin. Le roi de France, par grand mutalent, quand il vit leur pauvre arroi, et qu'ils se déconfissoient, ainsi commanda et dit : Or tôt tuez toute cette ribaudaille, car ils nous empêchent la voie sans raison. Là vissiez gendarmes de tous côtés entre eux férir et frapper sur eux, et les plusieurs trébucher et cheoir parmi eux, qui onques puis ne se relevèrent; et toujours tiroient les Anglois en la plus grande presse, qui rien ne perdoient de leurs traits, car ils empalloient et feroient parmi le corps ou parmi les membres gens et chevaux, qui là cheoient et trébuchoient à grand mechef. »

Le propos atroce de Philippe n'était pas seulement une explosion de colère, ce fut un ordre exprès, qui, par son exécution, décida la perte de la bataille. On rapporte au roi Jean de Bohême, qui, tout aveugle qu'il était, se tenait armé à cheval au milieu de sa troupe, « que tous les Génois, dit encore Froissart, sont déconfits, et commandé le roi à eux tous tuer, et toutefois entre nos gens et eux a si grand touillis que merveilles, car ils cheent et trébuchent l'un sur l'autre, et nous empêchent trop grandement ; » Le roi de Bohême, qui comprit dans quel danger se trouvait l'armée, s'adressa alors à ses compagnons : « Je vous prie et requiers très-spécialement, leur dit-il, que vous me meniez si avant que je puisse férir un coup d'épée. » En effet, ses chevaliers lièrent les freins de leurs chevaux au sien, et tous ensemble se précipitèrent sur leurs ennemis, frappant devant eux en aveugles. Ils allèrent si avant qu'ils furent tous tués, et qu'on les retrouva le lendemain autour de leur seigneur, avec leurs chevaux tous liés ensemble. Le fils de Jean, Charles, roi des Romains, ne montra pas tant de résolution. Dès qu'il vit le désordre croissant, il tourna bride, et se mit en sûreté. Les princes français qui avaient engagé la bataille par leur imprudence, et surtout les comtes d'Alençon, de Blois, de Harcourt, d'Aumale, d'Auxerre, de Sancerre, de Saint-Pol, payèrent bravement de leur personne. Ils se précipitèrent sur les Anglais, la plupart traversèrent les archers, disposés en échiquier, et vinrent frapper contre la ligne des gens d'armes que commandait le prince de Galles. La seconde division, commandée par les comtes de Northampton et d'Arundel, vint le soutenir. Il y eut un moment où l'effort des Français parut si redoutable au comte de Warwick, qui se tenait auprès du jeune prince, qu'il envoya solliciter Édouard d'avancer avec la troisième division; mais celui-ci, qui, de la butte d'un moulin où il était placé, jugeait mieux de l'ensemble de la bataille, ne voulut pas faire donner sa réserve. Il répondit qu'il voulait laisser à l'enfant gagner ses éperons, et que l'honneur de la journée fût sien.

En effet, bientôt il devint évident que la bataille était perdue pour les Français. Les grands seigneurs, qui, à la tête de la chevalerie, s'étaient acharnés sur les Anglais, et qui n'avaient point été suivis par le gros des gens d'armes, tombaient rapidement les uns après les autres ; « car, dit Froissart, trop grand foison de gendarmes, richement armés et parés , bien montés », ainsi que on se montoit adonc, furent déconfits et perdus par les Génois, qui trébuchoient parmi eux, et s'entouilloient tellement qu'ils ne se pouvoient lever ni ravoir. Et là entre les Anglois avoit pillards et ribauds, Gallois et Cornouaillois, qui poursuivoient gendarmes, et archers qui portoient grandes coustilles, et venoient entre leurs gendarmes et leurs archers, qui leur faisoient voie, et trouvoient ces gens en ce danger, comtes, barons, chevaliers et écuyers; si les occioient sans merci, comme grands sires qu'ils fussent. » C'est ainsi que périrent le roi de Bohême, le duc de Lorraine, les comtes d'Alençon, de Flandre, de Nevers, de Blois, de Harcourt avec ses deux fils, d'Aumale, de Bar, de Sancerre, le seigneur de Thonars, les archevêques de Nîmes et de Sens, le grand-prieur de l'hôpital de Saint-Jean, le comte de Savoie, six comtes d'Allemagne, et un nombre infini d'autres seigneurs et hauts barons. Pendant cette déconfiture, Philippe de Valois avait persisté à se tenir à portée de trait; son cheval avait même été tué sous lui. Les sires Jean de Hainaut, de Montmorency, de Beaujeu, d'Aubigny et de Montsault, étaient seuls restés autour de lui avec environ soixante cavaliers. Si les Anglais avaient fait un mouvement en avant à la poursuite des fuyards, ils l'auraient pris inévitablement ; mais, étonnés d'avoir remporté la victoire sur une si grande multitude, ils ne bougeoient pas de leur place. Jean de Hainaut, prenant enfin la bride du cheval de Philippe, l'entraîna loin du champ de bataille. Le roi se reposa quelques heures au château de La Broye, puis il en repartit à minuit, et au point du jour il entra à Amiens.

Ainsi fut perdue la bataille de Crécy ; la France n'avait de longtemps éprouvé de si fatale défaite. Édouard, qui chargea deux de ses chevaliers, avec trois hérauts d'armes et deux clercs, de visiter le champ de bataille et d'y compter les morts, fut informé par eux qu'il y avaient trouvé 11 princes, 80 bannerets , 1,200 chevaliers et 30,000 soldats. Le lendemain de la bataille, deux corps d'armée qui, s'étant fourvoyés, n'avaient pu y assister, celui des bourgeois de Rouen et de Beauvais et celui de l'archevêque de Rouen et du grand-prieur de France, tombèrent encore entre les mains des Anglais, et furent presque absolument détruits. Après cette boucherie, Édouard accorda trois jours de trêve aux Français pour ensevelir les morts. Il passa lui-même à Crécy toute la journée du dimanche. Le lundi, il se mit en route pour Boulogne et Wissant, où il se reposa un jour, après quoi il conduisit son armée devant Calais dont il entreprit le siège. De son côté, Philippe avait recueilli une partie de ses fuyards à Amiens, et il avait appris d'eux l'étendue de ses pertes, entre autres la mort de son frère le comte d'Alençon; il avait aussi reconnu l'impossibilité d'y réorganiser son armée, en sorte qu'il donna congé à ses gendarmes, et qu'il s'achemina lui-même vers Paris.

J.-C.-L. S. SISMONDI.

CRÉDENCE (de *credo*, je confie). Les Italiens appellent de ce nom (*credenza*) le meuble ou plutôt la chambre dans laquelle on serre l'argenterie , des comestibles, et en général tout ce qui dépend de la table; c'est enfin le *buffet* ou *l'office* des Français.

Dans les églises, on appelle *crédence* la table ou les tables qui sont auprès d'un autel, et sur lesquelles on pose les chandeliers, les burettes, etc.

CREDI (LORENZO DI) , peintre distingué de l'école florentine et contemporain de Léonard de Vinci , naquit en 1452, à Florence, et vivait encore vers la fin de 1536. Il exerça d'abord la profession d'orfévre, s'appliqua ensuite à la peinture, et devint l'élève d'A. Verocchio, tout en s'efforçant plutôt d'imiter la manière de Léonard de Vinci, son condisciple, que celle de leur maître commun. D'un caractère doux et tranquille, Credi a empreint de ce sentiment toutes ses œuvres, sans en étendre beaucoup le cercle.

Il excellait à exécuter des madones et des saintes familles avec une grâce et un charme de coloris peu ordinaires. On retrouve dans ses ouvrages des inspirations qui sont évidemment l'écho de Léonard de Vinci, de Raphaël et du Pérugin. C'est surtout la galerie *degli Uffizii* de Florence qui possède des ouvrages de cet artiste; nous mentionnerons particulièrement une *Madone adorant l'enfant Jésus*. Mais son principal ouvrage est sa *Nativité*, qu'on voit à l'Académie de Florence, toile immense, où la manière du Pérugin se trouve alliée avec beaucoup de bonheur au style, plus libre, de l'école de Florence. Le musée de Berlin possède de ce peintre plusieurs toiles peintes en détrempe, notamment une Madeleine d'un charme tout particulier. On voit aussi de lui au Louvre une *Vierge présentant l'enfant Jésus à l'adoration de saint Julien et de saint Nicolas*, l'une de ses plus remarquables productions.

CRÉDIT. C'est la faculté qu'un homme, une association, une nation, ont de trouver des prêteurs. Le crédit se fonde sur la persuasion où sont les prêteurs que les *valeurs* qu'ils prêtent leur seront rendues, et que les conditions du marché seront fidèlement exécutées. Le crédit ne multiplie pas les *capitaux*, c'est-à-dire que si la personne qui emprunte pour employer productivement la valeur empruntée acquiert par là l'usage d'un capital, d'un autre côté la personne qui prête se prive de l'usage de ce même capital. Mais le crédit en général est bon, en ce qu'il facilite l'emploi de tous les capitaux, et les fait sortir des mains où ils chôment pour passer dans celles qui les font fructifier. Cela est vrai surtout du crédit des particuliers, qui attire les capitaux vers l'industrie où ils se perpétuent, tandis qu'ils sont ordinairement anéantis quand ils sont prêtés à l'État. Il y a plus de confiance, plus de disposition à prêter, là où les entreprises industrielles ont plus de chances de succès. Le déclin de l'industrie entraîne le déclin du crédit.

J.-B. SAY.

Le crédit n'est autre chose, comme on vient de le voir, que la confiance accordée par le capitaliste à l'industriel, à l'acheteur par le vendeur, au consommateur par le producteur; plus généralement, aux travailleurs par les possesseurs des instruments de travail. Dans l'enfance des sociétés, lorsque le crédit était nul et les relations difficiles, rares et bornées entre les hommes, aucun é c h a n g e ne se faisait que par tradition manuelle d'un objet contre un autre : c'était l'absence de tout crédit, puisque des deux parties contractantes aucune n'avait assez de confiance en l'autre pour se dessaisir autrement qu'à la condition de l'échange immédiat de l'objet désiré par elle contre l'objet qu'elle livrait elle-même. L'invention de la monnaie fut un pas immense dans la voie du crédit : l'échange au moyen du numéraire ne suppose pas encore une confiance bien étendue, puisque dans ce contrat l'on ne se dessaisit d'une denrée qu'à la condition de recevoir immédiatement une autre denrée de prix égal; cependant la transaction faite à cette condition suppose toujours foi dans les conventions établies : confiance que tout homme reconnaîtra au numéraire reçu le prix que vous lui reconnaissez vous-même; conviction que le développement de la production est assez considérable et assez régulier pour que l'approvisionnement des choses nécessaires à la vie soit en harmonie avec les besoins de la consommation. En effet, tous ceux qui reçoivent du numéraire ne le font que dans la croyance qu'ils pourront à volonté l'échanger contre des habits, de la nourriture, du logement, etc., etc.

Le jour où furent inventés la lettre de change et le billet, le crédit fit un grand progrès; car ce jour-là un homme eut assez de confiance dans un autre pour lui abandonner une richesse présente, en échange d'une promesse écrite de remboursement, de restitution, de payement futur. C'est même en cela que consiste le crédit proprement dit. Tous les hommes qui peuvent et veulent travailler ne possèdent point les instruments nécessaires à leur travail; d'un autre côté, tous ceux qui possèdent des terres, des usines, ou le capital avec lequel on se procure les matières premières du travail, ne peuvent ou ne veulent pas toujours se servir par eux-mêmes de tous leurs instruments : si donc ces derniers n'avaient pas assez de confiance dans les premiers pour leur prêter sur simple promesse tout ou partie de leurs instruments de travail, il arriverait qu'un grand nombre d'hommes industrieux seraient forcés à l'inaction, ou du moins à des travaux plus difficiles et moins productifs, en même temps qu'un grand nombre d'instruments de travail demeureraient inemployés, ou du moins employés moins productivement qu'ils n'auraient pu l'être : la société serait d'autant moins riche et prospère. Or, comme il y a toujours quelques risques à courir en livrant ainsi ses instruments de travail en échange de la promesse écrite d'un homme qui peut mourir, tromper ou faire de mauvaises affaires, indépendamment du prix exigé pour le loyer de l'instrument, le prêteur prélève encore une prime d'assurance, plus ou moins forte, selon les risques plus ou moins grands qu'il consent à courir. Le moyen direct de perfectionner le crédit, d'augmenter et de rendre moins coûteuse la circulation utile des instruments de travail, consiste donc à diminuer le plus possible cette prime d'assurance : elle disparaîtrait entièrement si les relations des emprunteurs avec les prêteurs étaient telles que dans aucun cas ces derniers n'eussent à subir de perte; en d'autres termes, si chaque emprunteur avait le moyen d'assurer à sa promesse une valeur telle que le prêteur eût en elle parfaite confiance et la reçût avec autant de sécurité qu'il reçoit aujourd'hui du numéraire, la perfection du crédit serait atteinte.

Tel est donc le but idéal vers lequel doit tendre tout perfectionnement du système de crédit : quant aux moyens, ils doivent être analogues à ceux par lesquels on est parvenu à faire jouir d'une confiance entière et générale l'usage de la monnaie. Nul industriel, quels que soient les avantages de sa position, ne pourra donner cette pleine et entière garantie aussi longtemps que les travailleurs ne seront pas associés; tout industriel, si inférieure que fût sa position, pourrait donner cette assurance, si tous les travailleurs formaient une grande association. Pour nous résumer, le système du crédit ne peut reposer que sur ces deux bases : le travail, l'association des travailleurs. Tout individu qui ne présente point de gage matériel ne peut mériter ni obtenir une confiance entière si ses promesses n'ont pour garantie un travail lucratif, assuré et solidaire. Favoriser le travail et les travailleurs, rendre plus faciles, plus accessibles, moins coûteuses, les conditions et les facultés du premier, moins chanceuses, moins embarrassées, plus confiantes, les relations des seconds entre eux et avec les possesseurs des instruments dont ils ont besoin, tel est en deux mots l'objet que doit se proposer tout système de crédit; le moyen consiste à généraliser et socialiser les garanties individuelles que déjà les hommes se donnent entre eux.

Quoique dans ce qui précède nous ayons traité du crédit en général, nous avons cependant parlé plus spécialement des conditions de ce que l'on appelle ordinairement le *crédit privé*; le *crédit public* ou la confiance que les gouvernements inspirent à ceux qui leur prêtent de l'argent ou leur font des fournitures, ne peut ni ne doit avoir d'autre base réelle que le *crédit privé*. L'amortissement et les autres jongleries financières dont les gouvernements ont voulu jusqu'à présent étayer de prétendus systèmes de crédit ont fait leur temps : on ne prête volontiers, et à bon marché, à un gouvernement que lorsqu'on pense qu'il fera bien ses affaires. Or, nous ne connaissons pas de gouvernement au monde qui ne laisse de ce côté beaucoup à désirer.

La plupart sont écrasés par une dette qui va chaque jour s'accroissant; ils ne peuvent sortir des embarras financiers

dans lesquels nous les voyons depuis longtemps se perdre et s'enfoncer, qu'en établissant le crédit public sur les bases que nous avons données au crédit en général : le travail et l'association des travailleurs. Il faut que les gouvernements tournent à un emploi reproductif des forces les capitaux, les administrations dont ils disposent ; il faut qu'en tout et partout ils se montrent zélés fauteurs de l'industrie : alors la paix sera définitive en Europe ; l'accroissement de la richesse nationale rendra le fardeau des impôts nécessaires moins lourd à porter, et le bas prix auquel les gouvernements trouveront à contracter des emprunts sera l'irrécusable témoignage de la bonté du système de crédit qu'ils auront adopté.
Charles LEMONNIER.

CRÉDIT (*Comptabilité*). On nomme ainsi la partie d'un compte où l'on porte toutes les valeurs reçues soit d'un client, soit d'un compte général. Dans le grand-livre, la page droite de chaque folio est réservée au crédit, et la page gauche au débit d'un même compte. Cette dernière est intitulée DOIT ; l'autre porte en tête AVOIR. Si, par exemple, Paul me paye le 1ᵉʳ octobre 1853 une somme de 1,000 fr. en espèces, je le *crédite* d'autant ; c'est-à-dire que, considérant que c'est la *Caisse* qui reçoit, j'écris sur la page intitulée AVOIR PAUL :

Du 1ᵉʳ octobre 1853. Par CAISSE..... 1,000 fr.

S'il m'avait payé en un billet, je le créditerais par *Effets à recevoir*. S'il m'avait fait une livraison en marchandises, le crédit serait par *Marchandises générales*; etc.

Un compte général se trouve souvent crédité, et, par suite, *débité* relativement à un autre. Ainsi, dans une vente au comptant, le compte de *Marchandises générales* est crédité par rapport à celui de *Caisse*, tandis que celui-ci est débité vis-à-vis du premier.

CRÉDIT (Ouverture, Lettres de). En droit commercial, l'ouverture de crédit consiste dans l'obligation que contracte un commerçant ou un banquier de fournir à une personne des fonds ou des effets négociables jusqu'à concurrence d'une somme déterminée. Celui qui ouvre le crédit s'appelle *créditeur*, celui pour qui le crédit est ouvert reçoit le nom de *crédité*. Lorsque l'ouverture d'un crédit est obtenue, moyennant la remise de sommes ou de valeurs entre les mains du créditeur, à la charge par ce dernier d'en tenir toujours le montant à la disposition du crédité, soit pour le tout, soit pour partie, il y a un véritable dépôt. Mais cette convention constitue un prêt, si le crédit est ouvert sans remise de fonds préalable.

La *lettre de crédit* est une lettre missive adressée par un négociant, banquier ou toute autre personne à un de ses correspondants, par laquelle elle dispose de son compte en faveur d'un tiers, en sorte que le mandataire indiqué ou le porteur a le droit de se faire remettre les fonds qui lui sont nécessaires jusqu'à concurrence de la somme fixée. Au reste, il est toujours prudent de donner un avis direct de l'émission de la lettre ou d'y joindre les instructions nécessaires. La lettre de crédit diffère de la lettre de change en ce que le porteur d'une lettre de crédit peut n'en user que dans de certaines limites et suivant sa volonté, en ce qu'elle est personnelle et non transmissible, enfin en ce que nulle formalité obligatoire ou conservatoire n'est exigée pour elle.

Dans la langue de la diplomatie les *lettres de crédit* sont destinées à accréditer un agent auprès d'un gouvernement étranger, à lui donner crédit auprès de lui.

CRÉDIT (Droit de). C'était un droit féodal qui consistait en ce que les seigneurs pouvaient prendre sur leurs terres des vivres et autres denrées à crédit, sans être obligés de les payer sur-le-champ, mais seulement après un certain temps marqué ; ils étaient quelquefois obligés de donner des gages pour la sûreté du payement.

CRÉDIT FONCIER (Sociétés de). Le crédit foncier, fondé depuis un siècle en Prusse, en Gallicie et en Pologne, où

il a survécu à la nationalité détruite, n'existe en France que depuis le décret du 28 février 1852. Ce décret, qui forme avec celui du 31 décembre de la même année la loi organique du crédit foncier, se résume dans les dispositions suivantes : L'objet des sociétés de crédit foncier est de fournir aux propriétaires d'immeubles qui veulent emprunter sur hypothèque la possibilité de se libérer au moyen d'annuités à long terme. Ces sociétés ne peuvent se constituer que sous la forme anonyme. Un règlement d'administration publique détermine d'une manière spéciale le mode de surveillance que le gouvernement exerce sur leurs opérations ; elles sont autorisées à émettre des *lettres de gage* ou obligations, nominatives ou au porteur, dont la valeur ne peut dépasser le montant des prêts effectués ; signées par un commissaire du gouvernement, ces lettres de gage ne peuvent être créées d'une coupure inférieure à cent francs ; elles portent intérêt ; il est procédé chaque année à leur remboursement au prorata des sommes affectées à l'amortissement des emprunts ; aucune opposition n'est admise à leur payement soit en capital, soit en intérêts. Les sociétés de crédit foncier ne peuvent prêter que sur première hypothèque ; en aucun cas le prêt ne peut excéder la moitié de la valeur de la propriété. Des dispositions particulières accordent aux sociétés de crédit foncier certains privilèges pour la sûreté et le recouvrement de leurs prêts : les unes sont relatives au mode de payer les hypothèques légales des mineurs et des femmes mariées, correction précieuse des vices du régime hypothécaire ordinaire ; les autres règlent certains moyens d'exécution contre les emprunteurs qui manquent à leurs engagements ; les principaux sont : le séquestre, l'expropriation et la vente après une procédure beaucoup plus simple et surtout beaucoup moins coûteuse que la procédure ordinaire. Aux termes des mêmes décrets, l'emprunteur acquitte sa dette par annuités ; mais il a toujours le droit de se libérer par anticipation, soit en totalité, soit partiellement. L'annuité doit comprendre : 1° l'intérêt stipulé, qui ne peut excéder cinq pour cent ; 2° la somme affectée à l'amortissement, qui ne peut être supérieure à deux pour cent ni inférieure à un pour cent du montant du prêt ; 3° les frais d'administration.

Il existe en ce moment trois sociétés de crédit foncier constituées sur les bases générales qui viennent d'être indiquées : l'une, constituée sous le nom de *Crédit foncier de France*, a été autorisée par décrets des 28 mars et du 10 décembre 1852 ; ses opérations s'étendent sur toute la France, à l'exception de six départements ; son siège est à Paris ; son capital est de 60,000,000 de francs ; elle ne consent point de prêt à un même emprunteur pour une somme dépassant un million ; elle ne prête pas moins de 300 francs. Ses emprunteurs quand ils contractent pour cinquante ans se libèrent moyennant une rente de cinq pour cent, par un comprenant l'intérêt, l'amortissement et les frais d'administration. Ses obligations sont émises au taux de 1,000 fr. ; elles peuvent se diviser en dix coupures de 100 fr., remboursables les premières à 1,200 fr., les secondes à 120 fr. Elles rapportent trois pour cent d'intérêt ; mais elles participent à un tirage de primes, dont le premier lot s'élève à 100,000 fr.

Deux autres sociétés se sont fondées ; l'une à Marseille, qui étend ses opérations sur trois départements, les Bouches-du-Rhône, le Var et les Basses-Alpes ; l'autre, qui a son siège à Nevers, comprend dans sa sphère d'action l'Allier, la Nièvre et le Cher.

Il est inutile d'insister sur les avantages que l'agriculture française peut retirer de l'établissement du crédit foncier. Le sol est dévoré par l'usure ; l'affranchir de ce fléau en mettant à la disposition des agriculteurs des capitaux à bon marché et surtout remboursables à une longue échéance, ce serait assurément le service le plus grand qu'on pût leur rendre.

CRÉDIT MOBILIER (Société générale de). Cette société, autorisée par décret du 18 novembre 1852, n'est en réalité qu'une banque constituée sous forme anonyme ; mais l'importance et la généralité des opérations dont ses statuts contiennent l'énumération la destinent évidemment à jouer un rôle considérable dans l'avenir financier du pays.

Ces opérations consistent : 1° à souscrire ou à acquérir des effets publics, des actions ou obligations dans les diverses entreprises de travaux publics, d'industrie et de crédit, qui peuvent exister et se former à l'avenir, pourvu que ces entreprises soient elles-mêmes constituées en sociétés anonymes; 2° à émettre pour une somme égale à celle employée aux acquisitions ou souscriptions dont nous venons de parler, ses propres obligations; 3° à vendre ou à donner en nantissement d'emprunt tout effet, action ou obligation acquise, et à les échanger contre d'autres valeurs; 4° à soumissionner toutes entreprises de travaux publics et tous emprunts, et à les réaliser; 5° à prêter sur effets publics, sur dépôt d'actions et d'obligations, à ouvrir des crédits en compte courant sur dépôt de ces diverses valeurs; 6° à recevoir des sommes en compte courant; 7° à opérer tous recouvrements pour compte de toutes compagnies anonymes, à payer leurs coupons d'intérêt ou de dividende et même toutes autres dispositions faites par elles; 8° enfin, à tenir une caisse de dépôt pour tous les titres émis par ces compagnies. Toutes autres opérations sont interdites à la société, qui ne peut faire aucune vente à découvert ni d'achat à prime. Le fonds social est fixé à 60,000,000 fr.; il est représenté par 120,000 actions de 500 fr. La société peut émettre ses propres obligations pour une somme égale à six fois son capital. Ces obligations doivent toujours être représentées pour leur montant total par des effets publics, par des actions et des obligations existant en portefeuille. Cette brève énumération des opérations dans le cercle desquelles la *Société générale* peut se mouvoir suffit à montrer combien les principes de cette institution nouvelle sont larges et féconds.

CRÉDIT SUPPLÉMENTAIRE, CRÉDIT EXTRAORDINAIRE. On entend par ces mots, dans le langage financier, l'acte par lequel sont accordés à un ministre les fonds nécessaires pour faire face à une dépense qui n'a pas été prévue, ou qui n'a pas été assez largement dotée lors du vote du b u d g e t annuel; en un mot, c'est un *budget additionnel*. Ces *crédits additionnels* sont de deux natures : les uns sont *supplémentaires*, les autres sont *extraordinaires*. Les *crédits supplémentaires* s'appliquent aux dépenses prévues dans le budget, mais pour lesquelles il n'a pas été, n'importe pour quelles causes, alloué des fonds suffisants. Certains ministres ont voulu faire une classe de crédits *complémentaires* et une classe de crédits *supplémentaires*; mais les chambres législatives ont fait justice de cette arguie. Le *crédit extraordinaire*, qui ne peut exister que dans des cas *extraordinaires* et *urgents* (loi du 25 mars 1817), a pour but de faire face à des dépenses nécessitées, après le vote du budget, par des circonstances nouvelles et imprévues. Il doit donc avoir pour objet ou la création d'un service nouveau ou l'extension d'un service inscrit dans la loi de finance, au delà des bornes déterminées par cette loi. Pendant la discussion d'un budget, des circonstances ont quelquefois fait reconnaître la nécessité d'une allocation plus forte que celle qui avait été primitivement demandée. Le ministère a dans ce cas sollicité un supplément de crédit avant la clôture de la session. Ce crédit, soit qu'il fût supplémentaire, soit qu'il fût extraordinaire, a été alors qualifié simplement d'*additionnel*.

La confiance aveugle de la chambre et l'omnipotence financière que M. de Villèle sut se créer suspendirent pendant quelques années la surveillance et la susceptibilité que l'abus des crédits supplémentaires avait fait naître au sein des chambres. La loi de 1817 fut en partie éludée à l'aide d'un ordonnance du 1er septembre 1827, et les ministres purent tranquillement violer la loi des finances sans compromettre leur responsabilité. Après la révolution de Juillet, tant d'abus étaient à réformer que ceux qui résultaient de cette ordonnance, perdus dans la foule, échappèrent d'abord à l'investigation de nos législateurs; on les laissa subsister, et on se borna (loi des comptes du 29 janvier 1831) à rendre applicables à *chaque chapitre* du budget la disposition de la loi de 1817 qui défendait seulement d'excéder le crédit *en masse* accordé à chaque ministre. Le 24 avril 1833, sur l'avis du ministre des finances Humann, il fut établi qu'à l'avenir « les ordonnances des crédits supplémentaires ou extraordinaires rendues en l'absence des chambres ne seraient exécutoires pour le ministre des finances qu'autant qu'elles auraient été rendues sur l'avis du conseil des ministres; que les ordonnances de crédits supplémentaires seraient présentées aux chambres à l'ouverture de la session, comme celles des crédits extraordinaires; qu'elles le seraient par le ministre des finances en un seul projet de loi; que les crédits supplémentaires seraient votés et justifiés non-seulement par chapitre, mais par article; enfin, que tout crédit extraordinaire formerait un chapitre particulier dans la loi du règlement du budget. » Il était difficile de multiplier davantage les précautions; cependant, le pouvoir législatif pensa qu'il n'avait pas encore assez de garanties. Dans la session de 1834, la commission des finances déclara que la législation des crédits supplémentaires n'était pas complète, et elle voulut circonscrire dans des limites mieux tracées la faculté d'accroître les allocations des dépenses de l'État, ou, en d'autres termes, d'ajouter au budget. Elle divisa celui-ci en deux catégories : dans l'une sont les services dont les allocations sont fixes, et pour lesquels il ne devait jamais y avoir de crédits supplémentaires; dans l'autre, viennent se placer les dépenses essentiellement variables. Dans la séance du 24 avril 1834, la chambre des députés adopta donc un article suivant lequel la faculté d'ouvrir par ordonnance du roi des crédits supplémentaires, accordée par l'article 3 de la loi du 24 avril 1833, pour subvenir à l'insuffisance dûment justifiée d'un service porté au budget, n'était applicable qu'aux dépenses concernant un service voté, et dont elle votait chaque année la nomenclature.

Aujourd'hui les ministres ne sont plus forcés de se renfermer dans les crédits spéciaux ouverts par articles ni même par chapitres ; le budget est voté par ministère, et chaque ministre a la liberté de se mouvoir dans la somme totale qui lui est votée; ce qui n'empêche pas chaque année les crédits supplémentaires et extraordinaires de venir déranger l'équilibre du budget ordinaire.

CREDO, mot latin signifiant *je crois*, et par lequel on désigne communément le S y m b o l e des Apôtres ou le Symbole de Nicée, professions de foi des chrétiens, ou des catholiques, qui commencent par ce mot.

Détourné de son sens primitif, le mot *credo* est souvent pris comme synonyme de *profession de foi*. Ainsi on dit un *credo* politique.

CRÉDULITÉ. C'est un penchant de l'esprit qui le porte à admettre comme vraie, sans examen et avec la plus grande facilité, toute proposition avancée par un autre. L'étymologie latine du mot est parfaitement conforme à sa signification, et elle vaut une définition à elle seule, puisque les deux idées, *facilité à croire*, y sont clairement exprimées. La crédulité n'est pas synonyme de *superstition*; elle diffère encore plus de *confiance*. Nous la distinguerons successivement de ces deux idées analogues. La superstition consiste dans ce penchant qu'ont les hommes à croire au merveilleux, au surnaturel; elle est donc une espèce particulière de crédulité; le mot crédulité a un sens beaucoup plus large : il signifie la facilité de l'esprit à admettre toute espèce de faits, qu'ils soient ou non merveilleux. Ainsi, on peut être taxé de crédulité si l'on admet sans examen les récits d'un voyageur qui, sans rapporter des faits surnaturels, peut néanmoins débiter des mensonges sur la nature d'un pays, sur les mœurs, les usages d'un peuple, sur les aventures qui lui sont arrivées : on ne sera point pour cela superstitieux. On poussera, au contraire, la crédulité jusqu'à la superstition si l'on croit à des récits miraculeux, à des visions, à des apparitions. La crédulité n'est pas non plus la confiance. La confiance consiste à se fier aux sentiments d'une personne, et à se reposer sur son amitié, sur sa loyauté, sur sa bonne foi, à se persuader qu'elle agira envers nous comme nous serions prêts à agir envers elle ; en un mot, la confiance est la crédulité du cœur. La crédulité proprement dite ne s'adresse pas aux sentiments, mais bien aux idées et aux faits qu'elles représentent. Ce n'est pas un penchant du cœur, c'est une disposition de l'esprit. Dans l'homme crédule, c'est l'intelligence qui accepte comme des vérités les paroles d'autrui ; dans l'homme confiant, c'est le cœur qui aime à supposer dans autrui les sentiments qui l'animent lui-même. Mais cette différence que nous nous attachons à faire ressortir devient bien plus évidente si l'on considère que la crédulité est un travers de l'esprit, une grave défectuosité intellectuelle, tandis que la confiance est, au contraire, la preuve d'une âme belle et naïve, qui, toute pleine de nobles sentiments, ne peut en supposer d'autres à personne, ni se résoudre à croire au mal, à soupçonner la trahison, la bassesse, en ceux qu'elle ne juge que par elle-même. En un mot, la confiance est le propre d'un cœur sensible et généreux, la crédulité est le fait d'un esprit faible et étroit.

On sera facilement convaincu que la crédulité porte ce caractère si l'on remonte à son origine : or, il est aisé de prouver qu'elle a sa source dans l'ignorance et dans le manque de jugement. N'est-elle pas le partage de l'enfance, qui, dans sa faiblesse et son dénûment intellectuel, adopte avidement et en aveugle tout ce qu'elle entend, jusqu'aux fables les plus grossières, pourvu qu'on les lui débite avec un peu de gravité et d'assurance ? N'est-elle pas le partage de ces villageois ignorants, si attentifs aux contes de la veillée, si aisément dupes des récits mensongers d'un vieux soldat, si prompts à admettre toute croyance superstitieuse ? N'est-elle pas le partage de la société dans son enfance, de ces peuples d'où nous sont venues tant de traditions fabuleuses, et tous ces dogmes religieux où l'erreur et le merveilleux dominent, et qui étaient pour eux l'objet d'une foi si vive, d'une vénération si profonde ? N'est-elle pas, enfin, le partage de ces intelligences que nous taxons vulgairement d'imbécillité ou de niaiserie, qui, par l'effet d'une paresse naturelle ou d'un défaut de sagacité, s'attachent aux premières opinions qui leur sont présentées, et semblent ne vivre que par l'esprit et les idées des autres ?

La crédulité nous paraît mériter de l'indulgence si nous la considérons relativement à son principe ; car, puisqu'elle naît de l'ignorance et de la faiblesse, il semble que c'est par elle qu'a dû naturellement débuter l'esprit humain. Mais elle va nous apparaître sous un jour plus défavorable et plus odieux si nous l'envisageons dans son caractère constitutif, et surtout dans ses conséquences. Or, le caractère essentiel de la crédulité est d'être une espèce d'abnégation que l'homme fait de sa raison et des facultés que la nature a départies à chacun de nous. L'homme crédule ne peut mieux se comparer qu'à un individu qui fermerait les yeux et se boucherait les oreilles pour ne plus voir et ne plus entendre que par les yeux et les oreilles d'un autre. La crédulité est une véritable lâcheté intellectuelle, une honteuse renonciation aux droits que nous a investis le Créateur et dont il veut que nous fassions usage.

Ce qui prouve combien l'exercice de ce droit est précieux et impérieusement commandé par la nature, ce sont les maux auxquels sont exposés l'individu ou la société qui y renoncent, ce sont, en d'autres termes, les conséquences funestes de la crédulité. L'homme crédule est livré à la merci de ses semblables ; il ne s'appartient plus, car ce sont nos idées et nos croyances qui nous gouvernent, qui déterminent nos actions et décident de notre destinée. Or, celui qui adopte en aveugle les idées et les croyances d'un autre homme est malgré lui et fatalement entraîné dans sa sphère : abdiquant toute personnalité, toute indépendance, il est souvent son jouet ou sa victime, quelquefois son séide. Si la vérité est le bien le plus réel de l'homme ; si son organe le plus fidèle, je dirai même son seul interprète, est la raison qui éclaire chaque homme venant en ce monde, à quels dangers et à quelles infortunes n'est-il pas réservé celui qui dédaigne la lumière dont la clarté frappe ses yeux, pour s'attacher aux pas de son semblable, que l'erreur ou la passion ont pu si facilement égarer, et que l'intérêt porte si souvent à vouloir égarer les autres ? L'ignorance est moins funeste à l'homme que la crédulité. L'ignorance a une certaine méfiance d'elle-même ; elle s'arrête dans son incertitude, ou bien ne marche qu'à tâtons, comme l'aveugle. La crédulité marche sans hésitation à sa perte, et court tête baissée dans le précipice. Ce qui est vrai pour l'individu l'est également pour la société ; et ici les déplorables résultats de la crédulité se présentent sous un aspect plus effrayant encore : là elle était un mal, ici elle devient un fléau. Elle consacre les coutumes ridicules et barbares, écrit les lois iniques, enseigne les dogmes bizarres et insensés, allume les guerres sanglantes et implacables, et livre toute une nation à la fourberie et à la scélératesse de quelques hommes qui exploitent à leur profit les stupides croyances des peuples, et ont grand soin d'entretenir et de fortifier leurs erreurs, pour s'engraisser plus à loisir de leur sang et de leurs dépouilles.

C.-M. PAFFE.

CREEKS (on prononce *Criks*), grande peuplade indienne de l'Amérique du Nord, et après les Chérokees la plus civilisée de toutes les hordes aborigènes qui habitent encore aujourd'hui ce continent, car déjà quelques journaux paraissent dans sa langue. Ce nom lui fut donné, dans le principe, par les Anglais, parce que le territoire qu'elle occupe est entre-coupé par une multitude de criques ou de petites rivières, en anglais *creeks*. Elle s'était divisée en plusieurs tribus, parmi lesquelles celle des *Meskogis* était la principale et était devenue la plus puissante en contraignant les tribus voisines à contracter des alliances avec elle et à joindre leurs efforts aux siens pour arrêter les progrès des blancs.

En 1829 on estimait à 20,000 âmes le nombre total de ces Indiens ; mais depuis qu'ils ont dû abandonner, dans les années 1836 à 1838, les États de Géorgie, d'Alabama et de Tenessée, pour aller s'établir sur le territoire d'Arkansas, ce chiffre s'est augmenté à peu près d'un tiers, vraisemblablement par suite du mélange de sang indien avec la race blanche, et cela malgré les nombreuses guerres que les Creeks ont soutenues contre les Américains. Ils habitent aujourd'hui les contrées situées à l'ouest du Mississipi, se livrent à l'agriculture et à l'élève des bestiaux, et sont propriétaires d'esclaves, ou planteurs de coton et de riz.

CREFELD. *Voyez* KREFELD.

CRELL (NICOLAS), chancelier et conseiller intime de l'électeur de Saxe, l'une des victimes de l'antagonisme du calvinisme et du luthéranisme en Allemagne, naquit en 1553 ou 1554, à Leipzig, et fut choisi par l'électeur de Saxe, Auguste, pour être l'instituteur de son fils Christian. A la mort d'Auguste, arrivée en 1586, le nouvel électeur, qui prit les rênes du gouvernement sous le nom de Christian 1er, le nomma son chancelier. Doué d'un rare savoir et d'une grande habileté pratique en affaires, possédant d'ailleurs l'entière confiance du souverain, il ne tarda pas à concentrer toute autorité entre ses mains. Il était impossible dès lors qu'il ne devînt pas l'objet de la haine et de la jalousie de la noblesse, qui ne voyait en lui qu'un bourgeois parvenu, et dont les dispositions hostiles à son égard gagnèrent de proche en proche le clergé et le peuple, par suite des innovations prématurées que Crell tenta d'introduire dans les matières relatives au culte et à la liberté de conscience. Déjà les différends des *cryptocalvinistes* avaient troublé le règne de l'électeur Auguste, et, dans l'espoir d'y mettre un terme, ce prince avait fait rédiger la fameuse *Formule de Concorde*, que tous les prêtres protestants étaient tenus de signer sous peine de perdre leurs emplois.

A la mort d'Auguste, les cryptocalvinistes, favorisés et appuyés par Crell, qui avait réussi à gagner son élève à leurs doctrines, commencèrent à relever la tête. L'autorité supérieure interdit sévèrement dans les chaires toute controverse religieuse, et soumit l'impression des ouvrages sur les affaires de religion à la formalité d'une autorisation préalable, qu'il fallait obtenir à Dresde, où Crell exerçait la censure avec quelques amis partageant ses opinions. Il n'avait pas manqué d'ailleurs de faire accorder à ses partisans toutes les places importantes à la cour, dans l'Église et dans les universités, après en avoir évincé ses adversaires.

Les affaires en étaient là lorsque l'électeur Christian Ier mourut inopinément, le 25 septembre 1591; et alors le duc Frédéric-Guillaume de Weimar, adversaire déclaré des opinions cryptocalvinistes, prit, en qualité de tuteur, la régence de l'électorat de Saxe. La veille même du jour fixé pour les funérailles de Christian Ier (23 octobre), Crell fut tout à coup arrêté, à l'instigation de l'électrice douairière. Un grand nombre de ses partisans et tous les prêtres suspects de partager les mauvaises doctrines furent révoqués tout aussitôt de leurs fonctions, astreints à signer une rétractation humiliante, puis expulsés du pays. Crell fut conduit dans la forteresse de Kœnigstein, et quoiqu'à la diète tenue en 1592 à Torgau les représentants des deux universités et des villes se fussent d'abord exprimés en sa faveur, la noblesse n'en exigea pas moins sa condamnation avec un acharnement sans pareil. Trois années s'écoulèrent avant que ses ennemis pussent tomber d'accord sur les formalités à observer dans le procès qu'il s'agissait de lui intenter. Ce ne fut qu'au mois d'août 1595 que le syndic des deux états produisit enfin un acte d'accusation contenant sept chefs, réduits plus tard à quatre. On y reprochait à Crell, indépendamment des troubles religieux qu'il avait suscités, d'avoir donné de mauvais conseils à l'électeur, de l'avoir rendu suspect dans l'Empire, d'être devenu infidèle à la confession d'Augsbourg, d'avoir en outre cherché à amener des collisions entre l'empereur et l'électeur et entre celui-ci et les états; enfin, d'avoir entamé au nom de son maître avec le roi de France Henri IV des négociations secrètes de la nature la plus dangereuse.

Le prisonnier avait tout d'abord réussi, malgré la sévère surveillance de ses geôliers, à faire passer à ses amis une instruction d'après laquelle sa femme porta plainte en déni de justice à la chambre impériale siégeant à Spire, et obtint à diverses reprises l'ordre ou de le rendre à la liberté, ou de suivre le procès qui lui était intenté. Ces plaintes n'eurent d'autre résultat que d'engager les persécuteurs de Crell à tout faire pour enlever à la chambre impériale de Spire la révision du procès et en charger le conseil aulique de Vienne. L'intrigue réussit ; seulement la révision fut attribuée à la cour d'apppel de Bohême siégeant à Prague, et il n'était guère possible de s'attendre à la voir rendre un jugement favorable à l'accusé. Le 11 septembre 1601 ce tribunal prononça contre Crell, dont la détention durait depuis dix ans, une condamnation capitale, confirmée malgré l'appel qu'interjeta tout aussitôt le condamné, et aussi malgré les efforts de ses amis. Elle reçut son exécution le 9 octobre suivant, à Dresde. Après être resté quelque temps exposé sur l'échafaud, le corps de la victime fut transporté dans le cimetière de Notre-Dame par deux fossoyeurs, que précédaient à cheval le juge et quelques échevins, et inhumé le jour suivant en présence du clergé luthérien.

CREMA, vieille ville fortifiée de la délégation de Lodi, dans le royaume Lombardo-Vénitien, bâtie sur la rive droite du Serio, dans une belle plaine, est le siège d'un évêché. On y trouve un gymnase, plusieurs écoles, deux théâtres, une galerie de tableaux, un hôpital et une maison d'orphelins. Les habitants, au nombre d'environ 9,000, se livrent à la culture de la vigne, des arbres fruitiers et du lin, à la fabrication des toiles et des étoffes de soie, à la pêche des lamproies et des marsouins, et font un commerce assez important en lin, toiles et autres produits de leur industrie. Le lin récolté aux environs de Crema passe pour le meilleur de l'Europe.

La fondation de Crema remonte à la conquête de l'Italie supérieure par les Lombards. La cruauté d'Alboin força en effet un grand nombre de fuyards à se réfugier dans un îlot marécageux appelé Fulcheria, où ils fondèrent, en l'an 570, une ville, qui reçut le nom de *Cremète*, d'après celui du chef suprême qu'ils s'étaient choisi. A l'époque de la lutte des gibelins et des guelfes, les habitants de Crema se montrèrent les ennemis si acharnés des premiers, qu'en l'an 1160 l'empereur Frédéric Ier saccagea leur ville, qui ne tarda pas cependant à être rebâtie.

CRÉMAILLÈRE. Il n'est pas seulement question ici de l'instrument appelé *crémaillère* qui s'attache sur le contre-cœur d'une cheminée de cuisine, et qui supporte le crochet de la marmite : toute barre dentée, ondée ou crénelée sur sa longueur est une *crémaillère*; elle se meut par l'engrenage d'un pignon ou d'une roue dentée. Le *cric*, par exemple, ne fonctionne qu'à l'aide d'une *crémaillère*. Ce mécanisme fort simple est le plus convenable et le plus facile pour transformer un mouvement de rotation donné en mouvement rectiligne ou de translation. PELOUZE père.

CRÈME. La crème est la moins abondante, la plus légère et la plus précieuse des trois substances principales qui entrent dans la composition du lait. C'est de la crème battue dans un vase qu'on extrait le beurre; mêlée avec du lait caillé, elle entre dans la composition des fromages dits *à la crème*.

La crème, étant spécifiquement plus légère que les autres composants du lait, monte à la surface du bain, et y forme une couche plus ou moins épaisse, suivant la qualité et la pureté du lait. On évalue la quantité de crème renfermée dans une mesure donnée de lait à l'aide d'un instrument nommé *galactomètre*.

La *crème fouettée* est une crème qu'on fait élever en mousse en la fouettant avec de petits osiers ; on y fait quelquefois entrer un peu de sucre en poudre, de gomme adragant pulvérisée, et d'eau de fleur d'oranger.

Les pharmaciens donnent le nom de *crème* à la décoction d'une semence farineuse passée et rapprochée en une consistance moyenne entre l'état liquide et l'état de bouillie claire. La *crème de riz*, la *crème d'orge mondé* sont les préparations les plus usitées de cette espèce.

Les liquoristes décorent du nom hyperbolique de *crèmes* les produits dont ils vantent l'excellence pour le moelleux, l'heureuse combinaison des ingrédients, etc., etc.; ils comparent ainsi leurs liqueurs alcooliques à de la crème; telles sont la *crème de menthe*, la *crème d'anisette*, etc.

CRÈME DE TARTRE. *Voyez* TARTRE.

CRÉMENT (du latin *crementum*, accroissement), nom consacré par la célèbre Grammaire de Port-Royal. C'est une augmentation finale d'un mot racine, substantif, adjectif ou verbe. Elle est particulière surtout aux idiomes anciens, et se compose de l'addition d'une, de deux, de trois syllabes au plus, à partir de l'ultième syllabe du mot qu'elle précède. Dans les substantifs et adjectifs, cet accroissement final se formule sur le nominatif singulier, et dans les verbes il se règle toujours sur la seconde personne de l'indicatif présent. Exemple : *puer victrix* (l'enfant vainqueur), petite légende, symbole de l'Amour chez les anciens, formule ainsi ses créments, substantif et adjectif : *puer*, pue-*ri* au génitif singulier, et au pluriel pue-*ro-rum*; *victrix*, victri-*cis*, au génitif singulier, et victri-*ci-bus*, au datif pluriel. Le double paradigme ou exemple du crément du nom et du verbe est dans cet hémistiche d'un vers charmant de Virgile, où Gallus, parlant des pins sur lesquels il a gravé le nom de sa Lycoris absente, s'écrie :

. . . . Crescent illæ, crescetis, amores.
Tous les jours ils croîtront, vous aussi, mes amours.

On en divise ainsi les créments : cresce-*tis*, amo-*res*. On voit qu'il n'y a pas d'accroissement dans *crescent*, qui a le même nombre de syllabes que *crescis*, seconde personne du présent de l'indicatif actif ou neutre, point de départ des créments. Dans les substantifs latins et grecs, ils tiennent lieu d'un article sous-entendu, si ce n'est que l'idiome grec, plus riche, cumule, ayant de plus et à sa volonté l'article au commencement du substantif. La langue hébraïque, qui dans les substantifs et adjectifs n'a de créments qu'au pluriel masculin et féminin, malgré sa simplicité, cumule aussi quelquefois l'article. Quant aux verbes des Grecs, nous nous contenterons de dire que leurs créments, si nombreux, si variés, selon les dialectes, étant les types des créments latins, ont la même analogie, c'est-à-dire que le verbe substantif εἰμὶ (*être*), en est la base, comme le verbe *esse* dans la langue du Latium.   DENNE-BARON.

CRÉMIER-GLACIER, celui qui fait, qui vend de la glace, des entremets, des desserts à la glace, glaces, fromages glacés, qui frappe les vins, etc.

CRÉMIEUX (ISAAC-ADOLPHE), l'une des notabilités du barreau contemporain, ancien membre du gouvernement provisoire, dont il fut en même temps le ministre de la justice. Né en 1796, à Nîmes, de parents israélites, et élevé à Paris, il suivit les cours de la faculté de droit d'Aix, et fut reçu licencié en 1817. A quelque temps de là il se faisait inscrire sur le tableau de l'ordre des avocats à la cour royale de Nîmes, où il ne tarda pas à se faire une grande réputation et à acquérir une belle et productive clientèle. Ses remarquables plaidoiries dans un grand nombre d'affaires importantes eurent du retentissement jusqu'à Paris, où on le citait déjà comme l'une des illustrations judiciaires de l'époque longtemps avant qu'il eût pris le parti de venir se fixer dans la capitale. La première fois qu'on eut occasion de l'y entendre porter la parole en public, ce fut devant un tribunal d'exception et dans une affaire politique. Les anciens ministres de Charles X signataires des fameuses ordonnances de Juillet avaient été traduits devant la chambre des pairs comme accusés d'attentat à la sûreté de l'État et de provocation à la guerre civile. M. de Guernon-Ranville, l'un d'eux, confia le soin de sa défense à M. Crémieux. Un vif intérêt de curiosité s'attachait à ce début de l'aigle de Nîmes sur un théâtre si nouveau pour lui, et où il devait parler après Berryer et Martignac. L'attente générale toutefois fut trompée; car l'avocat s'évanouit dès les premières phrases de son exorde, et se trouva ensuite dans l'impossibilité de reprendre sa plaidoirie. C'est à cette époque que M. Crémieux acheta de M. Odilon Barrot, moyennant 400,000 fr., la charge d'avocat aux conseils et à la cour de cassation; et les nombreux procès que le gouvernement de Louis-Philippe se trouva bientôt forcé d'intenter aux journaux officiels du parti républicain lui fournirent plus d'une occasion de prendre brillamment sa revanche de l'échec réel qui avait signalé ses débuts oratoires à Paris. C'est ainsi que M. Crémieux plaida successivement pour les saints-simoniens, pour Armand Marrast contre le maréchal Soult et Casimir Périer, pour M. Raspail contre M. Zangiacomi, pour les républicains Vignerte, Lebon, etc.; et chacun de ces différents plaidoyers popularisa toujours davantage son nom parmi les nombreux ennemis de la royauté de Juillet.

Aux élections de 1842, il fut élu membre de la chambre des députés par le collège électoral de Chinon (Indre-et-Loire), et alla s'asseoir sur les bancs de l'extrême gauche. Quand éclata la révolution de Février, que certes il n'avait pas peu contribué à provoquer par la guerre acharnée et systématique qu'avec tous ses amis politiques il avait faite à l'*ordre de choses*, M. Crémieux vint à la chambre avec l'espoir de faire prévaloir la régence de la duchesse d'Orléans ; mais cette combinaison échoua, et M. Crémieux, accepté par le cri populaire pour faire partie du gouvernement provisoire, vint s'installer à l'hôtel de ville, où on lui confia le portefeuille du ministère de la justice ; et depuis lors il n'a pas cessé d'être l'une des personnifications de la république, l'un des hommes en qui le parti républicain a placé toute sa confiance. En prenant le ministère de la justice, l'un des premiers soins de M. Crémieux fut de réorganiser le personnel du ministère public dans tous les tribunaux de France et de faire décréter l'abolition de l'inamovibilité des juges. Force est de reconnaître qu'au total il eut alors la main assez heureuse, puisque le plus grand nombre des ardents *patriotes* dont il peupla les différents parquets se sont parfaitement accommodés des événements qui vinrent bientôt après détruire leur chère république, et pour conserver leurs places ont prêté tous les serments qu'on leur a demandés. Élu à la Constituante dans Indre-et-Loire, M. Crémieux quitta le ministère de la justice le 7 juin 1848. Depuis, il prit une part active aux travaux de la Constituante, comme rapporteur de nombreuses commissions.

Loin de combattre l'élection du 10 décembre 1848, M. Crémieux se prononça hautement en faveur de la candidature de Louis-Napoléon Bonaparte à la présidence ; mais, par une inconséquence qu'on s'explique difficilement, il ne cessa point jusqu'au dernier moment de la Législative, dont il fit aussi partie, de parler et de voter dans le sens de la Montagne. Lors du coup d'État du 2 décembre 1851, il fut mis en état d'arrestation provisoire avec un grand nombre de ses collègues de l'Assemblée; mais, relâché bientôt après, il n'a plus été inquiété depuis, et a repris sa place au barreau de Paris. Comme son illustre confrère M. Berryer, M. Crémieux, *dilettante* passionné, a fait de son salon le rendez-vous habituel de toutes les célébrités musicales.

CRÉMONE (*Cremona*), chef-lieu de la délégation du même nom, dans le royaume Lombardo-Vénitien, au confluent de l'Adda et de l'Oglio dans le Pô, qu'on y traverse sur un pont de bois. Sa circonférence est d'à peu près un myriamètre, et sa population de 29,000 âmes, chiffre extrêmement minime pour une ville occupant une si vaste superficie de terrain. Siège d'un évêché, elle est défendue par un château fort, percée de belles rues régulières, mais en général médiocrement bâties. On y compte quarante-cinq églises ou chapelles et un grand nombre de couvents. La cathédrale est une énorme masse de pierres, avec un portail en beau marbre rouge et blanc de Crémone. Il y a à l'intérieur de cet édifice quelques belles peintures à fresque, et dans le baptistère se trouve un immense bassin fait d'un seul bloc de marbre de Vérone. Du haut du clocher ou *campanile*, qui a 123 mètres d'élévation, et qui se compose de deux obélisques octogones, sur lesquels s'élève une croix, l'œil découvre tout le cours du Pô, et peut le suivre dans les sinuosités qu'il décrit à travers les riches et fertiles plaines de la Lombardie. Il y a à Crémone d'importantes manufactures de soie ; et les violons qu'on y fabrique ont passé pendant longtemps pour les meilleurs qu'on pût se procurer.

Une colonie romaine fonda cette ville l'an 219 avant J.-C. ; mais elle eut continuellement à souffrir des invasions des Gaulois, et dut être reconstruite dès l'an 192 avant J.-C. Plus tard elle obtint les privilèges de municipe, et devint de plus en plus importante par son commerce. On y avait construit un amphithéâtre qui surpassait par ses proportions colossales tous ceux de la haute Italie. Crémone souffrit beaucoup durant la guerre entre Auguste et Antoine. Pour la punir de l'attachement qu'elle avait témoigné à la cause de son rival, et aussi pour récompenser ses vétérans, Auguste leur donna le territoire de Crémone ; puis, ce territoire ne suffisant pas, il y joignit celui de Mantoue, dont le voisinage de Crémone fit le malheur.

Mantua, væ miseræ nimium vicina Cremonæ!

L'an de J.-C. 69, après la défaite des partisans de Vitellius à Bébriac, bourg situé non loin de là, et la prise du camp retranché qu'ils occupaient près de Crémone, cette cité tomba au pouvoir du général de Vespasien, qui la fit saccager de fond en comble. Elle se releva, il est vrai, de ses ruines ; mais elle n'acquit de nouveau quelque importance qu'à l'époque où fleurirent les républiques italiennes.

Dans la guerre de succession, le maréchal de Villeroi y fut surpris et fait prisonnier par les Impériaux, que commandait le prince Eugène. L'ennemi, qui s'était approché de Crémone à marches forcées, y pénétra par un égout qui passait sous le mur de la ville ; toutefois, nos troupes lui opposèrent une si courageuse résistance, qu'il ne put pas s'y maintenir plus longtemps que jusqu'au lendemain soir. C'est à propos de l'héroïque défense opposée par nos soldats dans cette critique circonstance, et de la mésaventure de Villeroi, ce favori sans mérite du grand roi, que courut cette épigramme si connue :

> Palsambleu ! la nouvelle est bonne,
> Et notre bonheur sans égal.
> Nous avons recouvré Crémone
> Et perdu notre général !

On peut consulter sur l'histoire et les antiquités de Crémone Roboletti : *Cenni sulla qualità del clima della provincia Cremonese* (Pavie, 1827), et Vidoni : *La Pittura cremonese* (Milan, 1824, avec planches gravées).

CRÉNEAU, nom donné dans le moyen âge à la construction en maçonnerie qui formait l'entre-deux des *archières* : celles-ci étaient la partie vide, les créneaux étaient la partie pleine d'un rempart. Des écrivains qui se trompent (et ils sont nombreux) croient qu'un créneau était une échancrure de muraille. C'est le contraire. On appelait *châteaux crénelés* ceux dont les défenses s'entre-coupaient de créneaux. Quelquefois on tendait d'un créneau à l'autre un *hourdis*, c'est-à-dire un *clayonnage*, qui protégeait l'archer combattant sur l'archière. La fortification à créneaux différait du moderne système à embrasures, en ce qu'ils étaient intérieurement évasés, tandis que les merlons des batteries à feu ont plus de largeur à leur face intérieure qu'à leur face extérieure. Un droit seigneurial consistait à couronner de créneaux le mur auquel tenait la porte de l'habitation. L'image des créneaux s'est conservée dans les symboles qu'on nomme *meubles de blason*. Louis XII, dont l'histoire a vanté la mansuétude, fit pendre aux créneaux de Peschiera le gouverneur de cette place et son fils, pour les punir de s'être noblement et bravement défendus contre l'armée française.

G.al BARDIN.

CRÉNEQUIN, CRÉNEQUINIERS. Le *créquin* était un outil en forme de pied de biche, qui servait à tendre la corde d'une petite arbalète ; de là le nom de créquiniers, donné aux corps de cavalerie qui se servaient d'arbalètes et portaient le créquin pendu à la droite de leur ceinture. Charles VII comptait dans sa garde vingt-cinq créquiniers allemands. La maison militaire des souverains a compris des arbalétriers à cheval portant cette dénomination, jusqu'au règne de François I er. L'histoire cesse de mentionner les créquiniers depuis la bataille de Marignan.

G.al BARDIN.

CRÉOLE. On a coutume de donner ce nom soit aux individus de l'espèce humaine, soit même aux animaux qui naissent dans les colonies européennes, entre les tropiques surtout, bien que leurs parents soient originaires de l'ancien monde. Ainsi, l'on appelle *créoles* tous les blancs nés dans les deux Indes et originairement étrangers. On donne également le nom de créoles aux nègres dans les colonies où les Européens les ont transportés. Ainsi, ce terme ne désigne que la naissance dans les Amériques et les Indes orientales d'individus originaires d'une autre contrée : en effet, il a pour étymologie le verbe *creare*, d'où sans doute est formé le nom de *criado*, jeune garçon, en espagnol et en portugais. Quoiqu'un Européen puisse produire des enfants créoles aux États-Unis d'Amérique et au Canada, il semble que ce nom soit plus particulièrement réservé ou attribué aux personnes nées sous les climats chauds ; car les premiers diffèrent peu de leurs pères européens, à cause de la ressemblance d'un climat tempéré ou froid. Il en est autrement du créole blanc né sous les cieux ardents des tropiques.

Le créole blanc est en général bien développé ; sa taille, mince, est proportionnée convenablement, sa constitution plutôt maigre que grasse, plutôt délicate que robuste, plutôt svelte que trapue. Il se montre vif, ardent, passionné, fier, et d'ordinaire impérieux, parce que né au milieu d'une foule d'esclaves noirs, toujours prêts à prévenir ses moindres besoins, à exécuter ses ordres, à suivre ses volontés, et même ses caprices, il contracte l'habitude de se croire fait pour commander, pour être partout obéi. Il semble regarder les autres hommes comme autant de serviteurs empressés à courir au-devant de ses désirs. Cette espèce de despotisme, cette affectation présomptueuse de supériorité le rend odieux en Europe, où nos mœurs, plus sociales, rejetant cette arrogance, mettent une sorte d'égalité entre les personnes d'un rang et d'une fortune analogues. Toutefois, cet orgueil des créoles les rend ordinairement incapables de commettre une bassesse : il leur inspire plutôt une noble générosité, les préserve de l'avarice, les rend hospitaliers et braves par ostentation, si ce n'est par caractère. Comme ils méprisent l'abjection de leurs esclaves, ils croiraient se ravaler jusqu'à eux s'ils contractaient la souillure de leurs vices : ils se jettent plutôt dans un excès opposé. C'est pour cela qu'ils ne peuvent souvent supporter aucune contrainte, et dédaignent quelquefois même celle des lois et de la raison. Aussi l'impétuosité de leur naturel égale-t-elle l'inconstance de leurs goûts, excités surtout par la chaleur du climat et par la satiété de leurs désirs, trop facilement assouvis.

Cette ardeur du climat sous lequel vivent les créoles exalte à l'excès la sensibilité de leurs organes, et leur attribue cette imagination fougueuse qui les précipite de jouissance en jouissance. Plusieurs sont nés pour chanter les délices de l'amour, comme Parny et Bertin, ou les aimables épicuriens de la *table ovale* de l'Ile-de-France. Leur courage est intrépide, mais momentané ; ils ne vivent que par élans. Leurs membres sont souples et minces. La mobilité de leurs fibres et l'agacement de leurs nerfs les portent à tous les genres de voluptés avec une fureur insurmontable ; ils s'immolent tout entiers aux jouissances, et ne comptent jamais avec le lendemain. Ils aiment le luxe et les jeux de hasard jusqu'au délire. Ils déploient sans doute beaucoup de pénétration et de facilité dans leurs études dès l'enfance ; mais leur inconstance naturelle les rend trop souvent incapables d'une attention suivie, d'une discipline exacte, si nécessaire surtout à la guerre. Leurs passions, que rien ne limite, deviennent excessives : leurs amours ne connaissent guère ces nuances délicates d'attachement moral, de sensibilité douce, qui préparent et de plus vives jouissances ; ils passent sans intermédiaire de l'indifférence à la dernière ferveur, et pour la plupart ne connaissent, dit aussi Raynal, que le physique de l'amour. Leurs autres penchants ne sont ni moins violents ni moins désordonnés. Les boissons spiritueuses, les délices funestes de la bonne chère, l'ambition, la vengeance, la jalousie, les dominent tour à tour, tyrannisent leurs faibles âmes, empoisonnent fréquemment leurs jours, et les plongent souvent dans les plus cruels malheurs.

C'est cette ardente impétuosité de leurs sens qui rend toutes leurs affections immodérées.

L'exaspération de leur système nerveux paraît donc due à cette constitution exaltée par la chaleur du climat. En Europe, les hommes ont les organes des sens imbibés d'humeurs, de sang, et enveloppés d'un tissu cellulaire spongieux et gonflé, ce qui encroûte les nerfs, et rend leurs extrémités moins épanouies, moins accessibles au contact des corps extérieurs. Dans les régions méridionales, au contraire, les liquides s'évaporent par la chaleur; les corps perdent leur embonpoint; le tissu cellulaire s'affaisse, et les extrémités sentantes des nerfs restent plus à nu, plus exposées aux impressions externes, plus fortement affectées. Il n'est donc point étonnant de voir les sensations et les passions devenir plus impétueuses à mesure que les nerfs sont moins enveloppés, moins abreuvés de liquides, ou que les corps sont plus grêles. Cette extrême sensibilité est aussi la source d'une vive mobilité, ou plutôt de cette inconstance perpétuelle : on conçoit que des sensations très-pénétrantes fatiguent beaucoup, et obligent sans cesse à les varier. Ce qui confirme la cause que nous assignons à cette sensibilité, c'est que les hommes sont communément plus secs de constitution sous des cieux brûlants que dans les pays froids. Aussi tous les Européens passant aux Indes ou dans les colonies méridionales y éprouvent-ils, plus ou moins, suivant leur complexion, un acclimatement qui s'opère par une maladie inflammatoire. En effet, dans nos régions il s'établit un équilibre proportionnel entre les liquides et les solides de notre corps; mais sous des climats ardents les liquides se dilatent par la chaleur, tandis que les solides se crispent et se resserrent; l'équilibre est donc rompu, les humeurs ne peuvent plus être toutes contenues dans le corps; il s'opère une ébullition générale, true ébullition, hâtée surtout par les boissons spiritueuses ou aromatiques et irritantes dont un use fréquemment avec excès en ces pays. De là résulte encore la pléthore bilieuse qui se développe chez ces individus. De nombreuses saignées, la diète, opèrent la diminution des humeurs, et rétablissent l'équilibre nécessaire dans de semblables températures. Telle est la cause première de cette pâleur, de cette teinte livide et plombée de la plupart des créoles. Jamais ils n'offrent ces couleurs vives, roses ou fleuries du sang européen; l'action augmentée de l'appareil biliaire et la diminution du sang en sont les principales causes.

Ce n'est pas seulement le soleil qui hâle et jaunit leur peau, puisque les parties de leur corps qui sont toujours couvertes n'offrent jamais la fraîcheur, l'éclat et l'embonpoint poteté des membres des Européens. Ceux-ci s'acclimatent même qu'en perdant cette surabondance de liquides qui rendait leur corps pléthorique, robuste, chaleureux. Aussi les créoles qui viennent en Europe s'y trouvent-ils faibles, énervés, frileux, jusqu'à ce que leur corps ait reconquis un tempérament analogue au climat de cette partie du globe; et lorsqu'ils retournent ensuite dans leur pays natal, ils ont besoin de reperdre cette surabondance d'humeurs, trop contraire à la nature d'un climat chaud. Cette diminution du sang et des autres liquides est encore prouvée par la modicité des règles chez les femmes créoles, à moins que cette excretion menstruelle ne devienne excessive par la crispation spasmodique de l'organe utérin. Aussi sont-elles indolentes, faibles et timides. Mais comme le système nerveux devient encore plus sensible chez elles que chez les hommes, par la délicatesse de leurs fibres, elles subissent des passions extrêmes. Leur jalousie s'emporte jusqu'à la fureur; incapables de tout travail et oisives à l'excès, despotes pour leurs esclaves, capricieuses, voluntaires dans leur indolence, rien n'égale quelquefois la fureur de leurs désirs. Transportées pour la danse, pour tous les exercices de volupté, les glaces de l'âge semblent n'y apporter aucune diminution. Pour elles l'amour devient la plus impérieuse des nécessités. Quoique très-compatissantes aux malheurs d'autrui, elles sont excessivement cruelles et vindicatives envers leurs domestiques; elles infligent aux nègres des châtiments horribles pour la moindre faute; d'autant plus inexorables qu'elles ne voient ni n'entendent les tourments, les cris déchirants de ces infortunés, dont elles ne pourraient soutenir l'aspect. Rien de plus exigeant et de plus despote dans leurs volontés que ces êtres indolents ou faibles et inactifs, parce qu'ils ont plus besoin des bras et du travail d'autrui. Cependant, par la même exaltation de la sensibilité morale, les plus généreuses affections éclatent chez ces mêmes femmes; elles sont capables de porter les vertus jusqu'à l'enthousiasme.

Au reste, les femmes créoles deviennent plutôt pubères que celles d'Europe, à cause de la chaleur de ces régions, qui imprime beaucoup d'activité aux fonctions vitales. Cette même excitabilité les expose maintes fois à de fréquentes et dangereuses hémorrhagies de l'utérus, surtout lorsqu'elles abusent des voluptés de l'amour, ou font un usage excessif d'aliments âcres, épicés, de boissons spiritueuses, irritantes, abus trop fréquents sous ces climats brûlants. Aussi, les femmes créoles sont-elles très-exposées aux avortements et fournissent-elles peu de lait. Par ces mêmes raisons, elles chargent du soin d'allaiter leurs enfants les négresses, qui ne les emmaillotent jamais. Ces jeunes créoles, libres, dès la naissance, de tous leurs mouvements, ne deviennent jamais boiteux, disloqués, bossus ou estropiés : leurs membres se déploient sans contrainte et sans efforts.

Des Anglais, des Écossais surtout, blonds, et aux yeux bleus, unis à des femmes d'Europe également blondes auraient en Europe des enfants blonds comme eux naturellement; mais on remarque qu'en général leurs enfants blancs sans aucun mélange de sang étranger prennent dès leur naissance aux Antilles, ou en d'autres colonies des pays chauds, des cheveux plus noirs, des yeux à iris plus foncé et brun, de même qu'un teint plus hâlé, sans avoir toutefois été beaucoup exposés aux ardeurs du soleil. Sans méconnaître la puissante influence de cet astre, on croit s'être assuré que le lait des négresses contribuait à brunir le teint de leurs nourrissons de race blanche. On a pensé de même que l'usage des viandes noires, des aliments fortement colorés, du café, du chocolat, des épices, etc., brunissait davantage les humeurs, donnait plus d'activité contractile à la fibre, que l'emploi du laitage, des pâtes, des farineux, et autres nourritures molles, humectantes.

Telles sont les qualités dont héritent les blancs créoles. On dit aussi que les femmes deviennent très-fécondes, et souvent mères de dix à douze enfants, ce qui nous semble exagéré, car les habitants des pays méridionaux sont rarement aussi féconds que ceux des régions froides. L'ardeur trop précipitée de jeune âge cause d'ordinaire des avortements, des efforts de précocité suivis d'une stérilité anticipée. D'ailleurs, les mœurs se dépravent à mesure que les contrées plus ardentes rendent les individus plus passionnés ; rien n'apporte plus d'obstacles à la multiplication de l'espèce que la licence des mœurs. Toutefois, l'abondance des nourritures, l'ardeur de l'amour, la douceur et la fertilité du climat, invitent à une plus grande multiplication de tous les germes de vie que sous des cieux humides ou froids. Sans doute ce même tempérament de l'atmosphère et du sol influe sur les maladies et la santé de leurs habitants. Les créoles américains ne connaissent presque pas les affections dépendantes de l'abondance ou de la pléthore des liquides, les apoplexies, les hydropisies, les pleurésies, les catharres ou fluxions, et même la goutte et la gravelle; mais ils éprouvent les affections résultant de l'activité de la fibre et de la grande mobilité des nerfs. Leur vieillesse est plus précoce, mais moins infirme que chez nous, par l'uniformité plus grande d'un climat exempt des rigueurs du froid et de l'hiver. Leur vie, usée pendant une turbulente jeunesse, leur laisse une végétation tranquille dans leurs vieux jours. Énervés de bonne heure par l'amour, ils traînent le reste de leur existence dans l'apathie, dans une faiblesse d'autant plus sage, plus heureuse peut-être, qu'elle est plus inutile et plus impuissante.

Dès l'enfance la complexion nerveuse, très-impressionnable, des jeunes créoles les dispose au tétanos, au trismus des mâchoires et à d'autres affections spasmodiques analogues, surtout par les vents plus froids du nord et dans les températures humides des bords de la mer. Les Indiens préservent leurs enfants de ces accidents mortels en les frottant d'huile, ce qui empêche le contact de l'air à nu. Les femmes créoles sont aussi, par leur indolence et leur genre de vie, très-sujettes aux maux d'estomac et aux flueurs blanches, comme à de grandes irrégularités dans la menstruation. Elles tombent d'ordinaire alors dans la *chlorose*; le *pica* ou les appétits dépravés, qui les portent à l'abus des aliments épicés et salés, et les disposent aux obstructions des viscères abdominaux, aux gonflements de rate, à la jaunisse. Cet état d'atonie cachectique est tellement commun parmi les créoles des deux sexes, qu'à peine le quart de leur population en est exempt, suivant plusieurs médecins des colonies, et il en résulte aussi des hydropisies. Les vers, les mauvaises digestions qui les accompagnent, contribuent encore à d'interminables affections chroniques des intestins, à des fièvres hémitritées (demi-tierces). Cependant, on les dit moins exposées à prendre la fièvre jaune que les Européens arrivant de l'ancien monde. L'affection vénérienne passe aussi pour plus bénigne parmi les créoles; ils ont presque toujours la peau en sueur, et cette moiteur perpétuelle les rend moins impressionnables aux commotions électriques, par l'effet de l'évaporation. Les femmes, devenant mères de très-bonne heure, ne prennent pas toujours tout le développement de taille qu'elles pourraient avoir, ce qui contribue à l'abâtardissement de l'espèce.   J.-J. VIREY.

CRÉOSOTE (de κρέας, chair, et σώζω, je conserve). Ce nom sert à désigner une substance découverte comme un des produits de la distillation du goudron et de celle du vinaigre de bois par M. Reichenbach, chimiste allemand. La créosote est un liquide incolore et transparent, d'une consistance analogue à celle de l'huile d'amandes, d'une odeur désagréable, qui rappelle celle des viandes fumées. Elle a une action éminemment caustique : appliquée sur la langue, elle cause un sentiment de brûlure très-douloureux ; sur la peau, elle détruit l'épiderme; elle est enfin un poison pour les animaux et les végétaux. Mais si elle est redoutable à fortes doses, elle offre, quand elle est mitigée, des avantages signalés, qui donnent à cette découverte une certaine importance.

Comme la créosote coagule énergiquement l'albumine fourni par le blanc d'œuf, M. Reichenbach crut qu'elle agirait également sur l'albumine du sang, et l'épreuve justifia sa prévision. Il reconnut qu'en raison de cette propriété on peut tarir promptement les hémorrhagies causées par les blessures qui divisent les vaisseaux capillaires. L'eau chargée de créosote produit mieux cet effet hémostatique que la préparation appelée *eau de Benelli* ou *eau artérielle*, dont on a fait un secret, et qui probablement n'a pas d'autre base. La propriété reconnue de l'acide pyro-ligneux et de l'eau empyreumatique pour préserver les chairs de la décomposition putride lui fit aussi présumer que la créosote produirait le même effet, ce que l'expérience a démontré. Après avoir fait macérer des viandes fraîches dans une eau chargée de créosote, pendant une heure et moins, et en les faisant ensuite sécher au soleil, le chimiste allemand les fit passer à un état comparable à celui des viandes fumées ; il reconnut en même temps que si la fumée de bois est un agent conservateur des chairs, c'est qu'elle contient de la créosote. M. Reichenbach s'adonna aussi à quelques recherches afin de découvrir si la propriété antiputride de la créosote n'en rendrait pas l'application utile pour la pratique de la médecine. Il parvint à guérir avec l'eau créosotée des ulcères chancreux et carcinomateux, même une phthisie pulmonaire parvenue à un degré extrême, des brûlures plus ou moins profondes, des douleurs de dents, des dartres, des gerçures de la peau, dont les enfants sont affectés. Quoiqu'il ait aussi obtenu quelques heureux succès en employant cette substance pour arrêter la gangrène, elle n'est plus usitée aujourd'hui que comme anti-odontalgique, à cause de l'inconvénient qu'elle a de déterminer une phlogose assez vive de toutes les parties qu'elle touche.

La difficulté d'obtenir la créosote pure par la distillation du goudron a fait imaginer de la suppléer par la suie des cheminées où l'on brûle du bois, comme devant contenir des principes analogues à ceux du goudron, qui provient de la même combustion. Une pommade composée avec cette substance pulvérisée et avec le saindoux a suffi pour guérir des affections dartreuses et des teignes contre lesquelles différents médicaments avaient échoué. On a aussi préparé un extrait de suie en la faisant bouillir dans de l'eau que l'on filtre et que l'on réduit ensuite par l'ébullition. On dissout cet extrait dans du vinaigre bouillant ; quelques gouttes de ce liquide dans un verre d'eau composent un collyre dont on a éprouvé l'efficacité dans quelques cas d'ophthalmie.

La créosote pure étant un poison énergique, son action vénéneuse doit éveiller l'attention sur les viandes longtemps exposées à la fumée, surtout sur celles de cochon, dont les préparations sont si usitées. Plusieurs exemples d'empoisonnement par des jambons, des saucisses, du fromage d'Italie, ont été recueillis tant en Allemagne qu'en France, sans qu'on en ait découvert la cause. Aujourd'hui qu'on connaît la créosote, il est rationnel de lui attribuer ces effets délétères et de se défier des préparations de charcuterie qui auraient subi une longue exposition à la fumée.

D' CHARDONNIER.

CRÉPI (participe du verbe *crépir*, fait de *crispare*, friser), couche de mortier ou de plâtre qu'on jette sur un mur avec la truelle ou un balai. Le crépi diffère de l'*enduit* proprement dit, en ce qu'il n'est pas lissé, aplani, comme ce dernier, avec la truelle ou l'épervier. On laisse le crépi raboteux, soit pour donner de la variété à la surface d'un mur, soit afin que ses aspérités saisissent et retiennent mieux l'enduit qui doit le recouvrir.

CRÉPIDE (en latin *crepida*), espèce de chaussure. C'était chez les Grecs celle des philosophes, chez les Romains celle du petit peuple. On ferrait les crépides, et elles se nommaient alors *crepidæ æratæ*. Elles ne couvraient pas tout le pied. Les femmes les portaient dans la ville.

CRÉPIN (Saint), patron des savetiers, des cordonniers et des bottiers, appartenait, dit-on, à une grande famille de Rome. Converti aux doctrines du christianisme, il dut, sous le règne de Dioclétien, fuir la persécution, et se réfugia alors, avec son frère Crépinien, dans les Gaules, à Soissons, où il embrassa, autant par esprit d'humilité que pour subsister, le métier de cordonnier. La charité était chez lui un sentiment tellement naturel et inné, qu'il n'hésitait pas à dérober le cuir de ses pratiques pour en confectionner des chaussures qu'il donnait ensuite aux pauvres. Ne vous étonnez point de cet excès de zèle : saint Vincent de Paul, afin de se procurer plus d'argent pour son œuvre des Enfants-Trouvés, ne trichait-il pas au piquet comme le *grec* le plus habile? Soit qu'il ne comprît pas la sublimité de ces saints égarements de la charité, soit qu'il se sentît humilié de n'avoir pu réussir à ébranler la foi des deux frères, l'empereur Maximilien Hercule les fit conduire à Rictius Varus, préfet du prétoire, qui leur fit trancher la tête, vers l'an 287 de notre ère. L'Église a fixé au 25 octobre la commémoration du martyre de saint Crépin. Son nom et celui de son frère se trouvent dans les anciens martyrologes de saint Jérôme, de Bède, de Florus, d'Adon, d'Usuard. On bâtit à Soissons, dans le sixième siècle, une grande église sous leur invocation, et saint Éloi enrichit la châsse qui contenait leurs dépouilles. Ce ne fut qu'en 1645 qu'un certain Michel Buch, cordonnier allemand, connu sous le nom du *bon Henri*, institua la société des cordonniers, et lui donna saint Crépin pour patron.

CRÉPITATION (en latin *crepitatio*, de *crepitare*, pétiller, craquer). Ce nom est usité dans le langage usuel et en chimie pour désigner le bruit de la flamme qui pétille, ou celui que produisent certains sels lorsqu'on les jette dans le feu. On s'en sert aussi en chirurgie pour signifier 1° les bruits que produisent par leur frottement mutuel les fragments d'un os fracturé; 2° celui qu'on observe dans l'emphysème et dans certains mouvements articulaires. La crépitation des os fracturés peut n'être sensible qu'au toucher, ou bien elle est appréciable à l'oreille appliquée immédiatement sur le membre malade, ou médiatement à l'aide du stéthoscope, ou bien encore à distance. Pour produire la crépitation, signe de l'existence d'une fracture, on imprime au membre malade des mouvements très-légers en diverses directions, dans lesquels les fragments frottent les uns contre les autres, et à l'aide de l'habitude et de l'exercice on distingue aisément ce bruit léger qui, joint à tous les autres signes, ne laisse plus aucun doute sur le diagnostic de ce genre de blessure. On entend très-distinctement la crépitation des articulations des pieds pendant la marche des élans, des rennes, lorsqu'on n'en est éloigné que de quelques pas.

L. Laurent.

CRÉPUSCULAIRES, nom donné par Latreille à l'une des trois grandes familles dans lesquelles il a divisé l'ordre des lépidoptères. Leur nom est emprunté aux mœurs de la plupart de ces insectes, qui ne sortent de leur retraite qu'au coucher du soleil. Il y a cependant quelques genres qu'il faut excepter; ce caractère n'est donc pas aussi général que les caractères anatomiques suivants : Antennes fusiformes; corps généralement très-gros relativement aux ailes; les six pattes propres à la marche; les jambes postérieures armées de deux paires d'ergots; ailes étroites, en toit horizontal ou légèrement incliné dans le repos, les supérieures recouvrant alors les inférieures, qui sont généralement très-courtes. Les plus connus de ces lépidoptères sont les diverses espèces de sphinx.

CRÉPUSCULE, passage gradué de l'éclat du jour à l'obscurité de la nuit *fermée*; le retour de cette obscurité à la lumière du jour, en observant les mêmes gradations, est l'*aurore*. Dans le langage ordinaire, ces deux époques de la journée et les modifications de lumière qui les accompagnent devraient porter des noms différents : pour l'astronomie et le physicien, elles ne sont qu'un seul et même phénomène observé de deux situations opposées, qui dépend de l'atmosphère terrestre, de son étendue, de sa nature et de la densité de ses couches depuis la surface supérieure jusqu'à la terre. En effet, comme le grand cercle de l'atmosphère déborde de six à sept myriamètres au moins le grand cercle de la terre, tous les rayons solaires qui traversent cette zone ambiante subissent des réfractions qui les courbent vers la terre, et lui portent leur lumière jusqu'à ce que leur courbure devienne seulement tangente à la terre, et qu'après un simple contact ils poursuivent leur route en remontant dans l'atmosphère. La suite des points de contact de ces rayons extrêmes forme sur la terre une circonférence de cercle qui rigoureusement serait le *cercle crépusculaire*, limite de la *nuit fermée*, fin des *crépuscules* du soir et commencement des *aurores* du matin. Mais la difficulté de déterminer la position de ce cercle d'après des données assez précises a décidé les astronomes à le fixer conformément à des observations faites sur la portée de la vue. Alhazen, l'un de ces Arabes qui avaient rapporté les sciences en Europe par la conquête de l'Espagne, estimait que la nuit était close lorsque le soleil était abaissé de dix-neuf degrés au-dessous de l'horizon, parce qu'il pouvait alors apercevoir certaines étoiles très-petites, qu'une faible lumière répandue sur la voûte céleste rendait invisibles jusqu'à ce moment. D'autres astronomes, appliquant la méthode d'Alhazen au pays qu'ils habitaient, ont quelque peu avancé ou reculé la limite du *crépuscule*, et en prenant une moyenne entre ces estimations, on fixe généralement cette limite au moment où le soleil est à dix-huit degrés au-dessous de l'horizon. Ainsi, la *zone crépusculaire* est l'espace compris entre le grand cercle perpendiculaire au rayon vecteur de la terre, limite de l'hémisphère terrestre qui peut recevoir les rayons directs du soleil, et un petit cercle parallèle tracé à dix-huit degrés de distance sur l'hémisphère obscur, et qui est le *cercle crépusculaire*. Sur toute cette zone les cercles parallèles aux deux limites sont uniformément éclairés, et les arcs des grands cercles passant par le rayon vecteur et compris entre les mêmes limites, tous de dix-huit degrés, offrent, suivant la définition du crépuscule, *le passage gradué de l'éclat du jour à la nuit close*. Le tracé de la zone crépusculaire donne les moyens de résoudre toutes les questions relatives à la durée du crépuscule pour chaque lieu de la terre et pour chaque époque de l'année; on voit sur-le-champ pourquoi cette durée est constante et la plus courte possible dans la *sphère droite*, la plus longue dans la *sphère parallèle*, et variable dans la *sphère oblique*.

Ferry.

CRÉPY. *Voyez* Crespy.

CRÉQUI (Maison de), l'une des plus anciennes et des plus illustres du pays d'Artois, d'où elle a passé en Picardie et dans quelques autres provinces de France, tire son nom de *Créqui*, village d'Artois, aujourd'hui dans le Pas-de-Calais. Les anciennes généalogies lui donnent pour tige *Arnoul*, sire de Créqui, dit *le Vieil* ou *le Barbu*, qui vivait, dit-on, en 857, et qui mourut, à ce qu'on croit, en 897, dans un combat où il défendait la cause du roi Charles le Simple. Il eut pour fils *Odoacre*, sire de Créqui, qui fut père d'*Arnoul II*, dit *le Borgne*, parce qu'il perdit un œil dans un combat en 937. Cette maison a donné deux maréchaux de France, un cardinal et plusieurs évêques. *Ramelin II*, sire de Créqui et de Fressin, vivait en 986. Son fils *Baudouin*, sire de Créqui et de Fressin, se trouva en 1007, avec l'armée française, que commandait le comte de Flandre Baudouin IV, au siège de Valenciennes, contre l'empereur d'Allemagne Henri le Boiteux. On lui attribue pour devise *Nul ne s'y frotte*, et son cri de guerre était *A Créqui, le grand baron*, parce qu'après l'expédition de Valenciennes il avait été baron en Artois. Cette branche a donné cinq évêques et un cardinal. A elle remontent les seigneurs de Bierback, de Torchy et de Royon, de Raimboval, de Heilly, de Bernieulles, de Blequin et de Ricey. La branche aînée, dite des *sires de Créqui*, se fondit en 1543 avec la maison de Blanchefort, d'où sont sortis les ducs de Créqui et princes de Poix, remplacés ensuite dans leurs principautés par la maison des Noailles. Entre les membres les plus illustres des diverses branches de la famille de Créqui, on remarque les suivants :

CRÉQUI (Henri de), seigneur de Bierback, fit avec saint Louis le voyage de la Terre Sainte, et fut tué devant Damiette, en 1240.

CRÉQUI (Jacques III de), seigneur de Heilly et de Pas, dit *le maréchal de Guienne*. Il fut l'un des principaux chefs de l'armée que le duc de Bourgogne envoya en 1408 contre les bourgeois de Liége, qui avaient chassé leur évêque. Il eut la garde du seigneur de Montagu, grand-maître de France, lorsque celui-ci fut arrêté en 1409, et l'année suivante il commanda les troupes de Picardie que leva le duc de Bourgogne contre les princes ligués en faveur de la maison d'Orléans. En 1411 le roi de France l'envoya en Poitou, contre le duc de Berry. Le maréchal de Guienne, de concert avec les sires de Parthenay et de Sainte-Sévère, réduisit sous l'obéissance du roi Poitiers, Niort, et plusieurs autres places de cette province. En 1412, au siège de Bourges, il exerça la charge de maréchal de France, à la place de Boucicaut. En 1413 le roi le nomma son lieutenant général en Guienne, où il l'envoya pour l'opposer aux Anglais. Dans une rencontre qu'il eut avec le capitaine du château de Soubise, il devint le prisonnier de celui-ci, et fut conduit à Bordeaux. Lorsque après sa délivrance les Anglais descendirent à Calais, il alla sur les frontières pour les observer avec le connétable et le sire de Rambures. Il y resta jusqu'en 1415, époque où il se trouva à la bataille d'Azincourt. Il fut fait prisonnier dans cette journée, et tué, sous prétexte que, faussant sa parole, il s'était échappé de sa prison deux ans auparavant.

CRÉQUI (JEAN DE), seigneur de Canaples, fut l'un des vingt-quatre premiers chevaliers de l'ordre de la Toison-d'Or, institué, en 1429, par le duc de Bourgogne Philippe le Bon. Cette année même il contribua à la défense de Paris contre l'armée de Charles VII, que conduisait Jeanne d'Arc. En 1430 il était au siège de Compiègne, où Jeanne tomba au pouvoir de l'ennemi. A son tour, il fut fait prisonnier à l'affaire de Germigny. Il se signala encore dans toute cette guerre, et mourut en 1473. Charles le Téméraire le regardait comme un des chefs les plus habiles de son armée.

CRÉQUI (ANTOINE DE), seigneur du Pont-de-Rémi, près d'Abbeville, commandait l'artillerie française à la bataille de Ravennes, en 1512. L'année suivante, avec des forces bien inférieures à celles des assaillants, il défendit glorieusement Térouanne contre le roi d'Angleterre Henri VIII et l'empereur d'Allemagne Maximilien Ier. Après la bataille de Guinegate, il eut ordre de capituler, et obtint les conditions les plus honorables. En 1515 Créqui se distingua à la bataille de Marignan, et en 1523 au siège de Parme, puis à la malheureuse journée de la Bicoque. La Picardie était envahie par les Anglais et les Espagnols. Créqui s'y rend avec ses hommes d'armes, bat l'ennemi, et tient la campagne pendant deux ans. Il mourut victime d'un piége qu'il avait tendu à l'étranger, qui voulait surprendre Hesdin. Du Bellay lui rend ce témoignage que *jamais il ne trouva entreprise trop hasardeuse.*

CRÉQUI (CHARLES Ier DE BLANCHEFORT DE) était fils d'Antoine de Blanchefort, qui fut institué par le cardinal de Créqui, son oncle maternel, héritier de tous les biens de la maison de Créqui, à condition qu'il en porterait le nom et les armes. En 1611 Charles de Créqui épousa Madeleine de Bonne, fille de François, duc de Lesdiguières, connétable de France, et la même année la seigneurie de Lesdiguières fut érigée en duché-pairie en faveur du connétable et de son gendre. Celui-ci fit ses premières armes en 1594, au siège de Laon, et se distingua, en 1597, dans la guerre de Savoie. Son nom ne tarda pas à devenir fameux par la longue querelle qu'il eut au sujet d'une écharpe avec Don Philippin, bâtard de Savoie, qui fut tué par Créqui dans un combat singulier. En 1605, après la démission de Crillon, il obtint le régiment des gardes françaises. Durant la guerre de Louis XIII contre les mécontents et contre la reine mère (1620), il soutint le parti de la cour. En 1622 il fut fait maréchal de France après la prise de Montpellier, et battit, en 1625, le duc de Féria en Piémont. Il se distingua également dans les campagnes de 1629 et 1630, fut nommé ambassadeur à Rome en 1633, et ne démentit pas sa réputation dans les guerres de 1635 et 1636. Il fut tué dans une reconnaissance, en 1638. On conserve ses lettres et ses négociations à Rome et à la Bibliothèque Impériale de Paris. Il avait été aussi ambassadeur à Venise en 1634.

CRÉQUI (FRANÇOIS DE BONNE DE), fils du précédent et duc *de Lesdiguières*, se distingua en 1667, par la victoire qu'il obtint sur le comte de Marsin et le prince de Ligne : ceux-ci voulaient délivrer Lille, assiégée par Louis XIV. En 1668 il fut fait maréchal de France, et deux ans après il enlevait au duc de Lorraine ses États. En 1670 il refusa de servir en Allemagne sous les ordres de Turenne. Ce refus, qu'il partagea avec les maréchaux de Bellefonds et d'Humières, donna lieu à plusieurs intrigues dont le résultat fut l'exil des trois maréchaux récalcitrants. En d'autres occasions, Créqui montra encore de la jalousie contre Turenne. Lorsque celui-ci eut été tué, Créqui se trouva le plus ancien des maréchaux de France. Il n'avait qu'un corps de troupes faible et en mauvais état, lorsqu'il subit sa glorieuse défaite de Consarbrück. Il se sauva dans Trèves, qui fut bientôt assiégé, et qu'une odieuse trahison livra à l'ennemi. Les campagnes de 1677 et 1678, dans lesquelles il lutta de la manière la plus brillante contre le jeune duc Charles V de Lorraine, sont admirées des militaires. Elles furent signalées par la journée du Kochersberg, près du Strasbourg, par la prise de Fribourg, par l'affaire du pont de Rhinfeld, par celle de Gegenbach, par la prise du fort de Kehl, etc., qui furent immédiatement suivies de la paix de Nimègue. En 1679 Créqui battit deux fois, près de Minden, l'électeur de Brandebourg. Il prit Luxembourg en 1684, et mourut en 1687. Son fils, *François*, marquis DE CRÉQUI, fut tué en 1702, à la bataille de Luzara, et ne laissa point de postérité.

CRÉQUI (CHARLES, duc DE) et prince *de Poix*, fut ambassadeur de France à Rome et gouverneur de Paris, où il mourut la même année que le précédent, dont il était le frère aîné.

CRÉQUI-MANERBE (JACQUES-CHARLES, marquis DE) assista à la bataille de Fontenoy, fut lieutenant général en 1748, puis grand'croix de Saint-Louis, et se retira du service en 1754 pour aller mourir dans son gouvernement de Domme, en Quercy, dans l'année 1771. Ce dernier rejeton de son illustre race aimait et cultivait les lettres; il avait épousé Anne Le Fèvre d'Auxy, qui mérita, par ses connaissances et son esprit, d'être mise au nombre des femmes célèbres du dix-huitième siècle. Elle mourut à Paris, en 1803, dans un âge très-avancé. Les mémoires récemment publiés sous son nom sont apocryphes (*voyez* COURCHAMPS).

CRESCENCE ou CRESCENTIUS, patrice romain, qui, vers la fin du dixième siècle, essaya de rétablir dans sa patrie le gouvernement républicain. Il fut élu consul et placé par le peuple à la tête du gouvernement en 972. Son entreprise ayant échoué, il fut obligé de se retirer dans le château Saint-Ange, où il finit par capituler entre les mains d'Othon III, qui était accouru d'Allemagne au secours du pape. Mais cette capitulation fut violée par le perfide empereur dès qu'il se vit maître de la personne de Crescence, qu'il se hâta de faire massacrer. *Stéphanie*, femme de Crescence, vengea la mort de son mari en empoisonnant Othon (an de J.-C. 1002).

CRESCENDO. Ce mot italien signifie *en croissant, en augmentant*. Le *crescendo* consiste à prendre le son avec autant de douceur qu'il est possible, et à le conduire, par degrés imperceptibles, jusqu'au plus grand éclat. Cet effet est fort beau, surtout en matière bien une symphonie. Beaucoup d'ouvertures d'opéra arrivent à leurs dernières phrases par un *crescendo* sur la tonique gardée en pédale. On écrit plusieurs fois le mot *crescendo*, ou son abréviation *cres.*, sous le trait qui doit être rendu avec une augmentation graduée de force, autant pour marquer les divers degrés du *crescendo* que pour rappeler à l'exécutant l'intention du compositeur : il pourrait bien y avoir oubli pendant une très-longue période. On ajoute quelquefois ces mots : *a poco a poco*, peu à peu.

S'il y a plusieurs *crescendo* à la suite l'un de l'autre, comme dans l'ouverture du *Jeune Henri*, ce n'est qu'à la fin du dernier que l'on devra développer tout l'éclat de l'orchestre.

On produit le *crescendo* avec ses modifications sur toute espèce d'instruments. L'effet du dernier *forte* est toujours relatif au point d'où l'on est parti : on l'emploie aussi dans les compositions vocales et surtout dans les chœurs. La grande scène finale du second acte d'*Otello* renferme deux *crescendo* magnifiques.

A l'accroissement de la force du son se joint quelquefois l'accélération du mouvement; alors on ajoute *stringendo* (on serrant, en pressant), ce qui fait un double *crescendo*, puisque la vigueur du son et la marche du morceau reçoivent un accroissement progressif.

Le *crescendo* ne consiste pas seulement à présenter un trait commencé avec une grande douceur, et terminé avec le plus grand éclat. On donne à certains passages une nuance plus ou moins forte d'augmentation; et le *crescendo*, placé de cette manière, étant un agrément d'exécution, un renflement produit sur un petit trait, un groupe de notes, sur une seule ronde, on revient à l'extrême douceur sans avoir porté le son au-dessus du *mezzo forte*, et même sans l'avoir atteint. CASTIL-BLAZE.

CRESCENTIIS (PETRUS DE) ou CRESCENZI, le fondateur de l'agronomie en Europe, né en 1230, à Bologne, était avocat et adjoint au podestat de sa ville natale lorsque des troubles le forcèrent à la quitter. Il parcourut alors l'Italie en faisant partout d'utiles observations, et ce ne fut qu'après trente années d'absence qu'il lui fut donné de pouvoir revoir la cité où il avait reçu le jour. Il était alors âgé de soixante-dix ans, et reçut les suffrages de ses concitoyens pour les fonctions de sénateur.

Il a consigné les résultats pratiques de sa longue expérience en agriculture dans un ouvrage intitulé : *Ruralium commodorum Libri* XII. Rectifié d'après les observations des savants de Bologne, à qui Crescenzi soumit ce travail, on peut dire que c'est là un monument aussi remarquable pour l'histoire de ce siècle, qu'il domine complétement, que pour celle de l'esprit humain. Il fut dans le principe rédigé en latin; mais la traduction italienne qui en existe (Florence, 1478, in-fol.), et qui est si justement estimée à cause de la pureté de son style, a fait supposer que l'auteur le composa d'abord dans sa langue maternelle. Ses préceptes sont sages, appuyés toujours sur l'expérience et exempts d'une foule de préjugés qui régnaient encore pendant plusieurs siècles dans le reste de l'Europe. On traduisit l'œuvre de Crescenzi dans diverses langues; il existe encore aujourd'hui un magnifique manuscrit de la traduction qui en fut faite en 1373, à l'usage du roi de France Charles V. La première édition imprimée, devenue d'une rareté excessive, parut à Augsbourg (1471, in-fol.). La première traduction allemande, avec gravures sur bois, fut imprimée à Strasbourg (1494 1602); nouvelle édition. La dernière édition du texte de Crescenzi est celle qu'en a donnée Gessner dans ses *Scriptores Rei Rusticæ* (2 vol., Leipzig, 1736, in-4°).

CRESCENTINI (GIROLAMO) naquit à Urbania, près d'Urbino, patrie de Raphaël. Ce célèbre sopraniste a brillé sur les principaux théâtres et dans les différentes cours de l'Europe. En 1804 il était à Vienne. C'est là que Napoléon rencontra ce virtuose et lui fit proposer un engagement. Dans ce temps de guerres continuelles, l'Autriche payait ses soldats et les chanteurs avec un papier-monnaie dont le crédit se perdait de jour en jour, et Crescentini paraissait très-sensible à l'harmonie des écus. Lorsque M. de Rémusat lui adressa des propositions de la part de l'empereur, ce chanteur fut tellement charmé de la certitude d'empiler des napoléons au lieu de plier des assignats, qu'il borna modestement à 6,000 fr. le prix de ses services annuels. M. de Rémusat, le duc de Bassano, lui firent remarquer l'inconvenance d'une telle demande. « Je vous accorde les 6,000 fr. dit le duc à Crescentini, et vous consentirez à ce que l'empereur, d'en accepter 24,000 encore pour l'honneur de votre talent et du souverain qui sait l'apprécier. » Crescentini se soumit respectueusement aux volontés de son nouveau maître. Cet excellent chanteur fit une profonde sensation à Paris, où il ne chanta qu'au théâtre de la cour. Sa voix était à la fois suave et puissante, son exécution d'une habileté complète et incomparable. Il réunissait toutes ces qualités diverses qui chez la plupart des artistes d'aujourd'hui semblent s'exclure, l'ampleur du son et l'agilité, la grâce et l'énergie. « Quelques personnes, dit M. Fétis, se rappellent encore avec enthousiasme l'impression que ce grand artiste produisit dans une représentation de l'opéra de *Roméo et Juliette* qui fut donnée aux Tuileries en 1808. Jamais le sublime du chant et de l'art dramatique ne fut poussé plus loin. L'entrée de Roméo au troisième acte, sa prière; les cris de désespoir, l'air *Ombra adorata*, tout cela fut d'un effet tel, que Napoléon et tout l'auditoire fondaient en larmes, et que, ne sachant comment exprimer sa satisfaction à Crescentini, l'empereur lui envoya la décoration de l'ordre de la Couronne de Fer, dont il le fit chevalier. »

Napoléon, dit-on, a raconté depuis, à Sainte-Hélène, pourquoi il avait donné la Couronne de Fer à Crescentini. Ce n'était qu'un ballon d'essai. Il désirait donner la croix d'Honneur à Talma; mais comme il craignait de froisser trop vivement l'opinion publique, il fit Crescentini chevalier pour voir ce que l'on dirait. Cet acte souleva une clameur universelle; on y vit une profanation des titres de chevalerie. Une telle distinction était considérée comme devant être réservée aux braves qui la payaient de leur sang. Un jour que ce beau raisonnement était développé avec chaleur par un orateur de salon, madame Grassini s'écria majestueusement : *Et sa blessoure, monsieur ! La blessoure* bien entendu le monde ne tel succès de rire, que Napoléon, bien à regret, dut renoncer à récompenser Talma. Il n'avait compromis du moins que la Couronne de Fer. Depuis on n'y a pas regardé de si près pour la Légion d'Honneur elle-même.

Crescentini prit sa retraite en 1812. Il se retira d'abord à Milan, où il forma des élèves d'un grand talent, parmi lesquels Mme Pisaroni tient le premier rang. Quatre ans après, il alla s'établir à Naples, où il est mort en 1846. Il a publié à Paris un recueil de vocalises.

CRESCENZI (GIOVANNI-BATTISTA), devenu plus tard marquis *della Torre*, né à Rome, vers la fin du seizième siècle, se consacra à la peinture, et par quelques travaux de sa jeunesse attira l'attention de Paul V. En 1617 il accompagna le cardinal Zapata en Espagne, et réussit à y obtenir la faveur du roi Philippe III. Quelques tableaux de fleurs qu'il exécuta lui valurent d'être chargé de la construction de la chapelle sépulcrale de l'Escurial, l'un des monuments les plus remarquables de l'Europe, tant par la magnificence de l'ensemble que par la beauté de ses détails. Le roi Philippe IV l'éleva au rang de grand de Castille, il lui conféra le titre de marquis *della Torre*, et le combla de distinctions en tout genre. Sa maison, splendidement décorée de chefs-d'œuvre des arts en tout genre, était constamment ouverte aux artistes. Il mourut en 1660 ou 1665.

CRESCIMBENI (GIOVANNI-MARIA), littérateur et poëte italien, né à Macerata, le 9 octobre 1663, composa à l'âge de treize ans, alors qu'il était encore sur les bancs du collége des jésuites, dans sa ville natale, une tragédie intitulée *Daris*. A quinze ans, il était déjà membre d'une académie, et à seize ans docteur en droit. Son père l'envoya en 1681 à Rome pour s'y perfectionner dans la connaissance de la jurisprudence. En 1690 il fut l'un des fondateurs de l'Académie des A r c a d e s à Rome, dans laquelle il prit le nom d'*Alfesibeo Cario*, et dont le premier il fut le président (*Custos*), fonctions qui lui furent toujours continuées par ses collègues. En lui accordant un canonicat, le pape Clément IX lui donna les moyens de se consacrer exclusivement à la culture des sciences et des lettres. Quand l'Académie eut obtenu de la munificence du roi de Portugal Jean V une propriété foncière, et lorsqu'on eut construit sur le Janicule le théâtre qu'on y voit encore aujourd'hui, des jeux olympiques y furent pour la première fois célébrés le 9 septembre 1726, en l'honneur du roi de Portugal; et les poëmes dont Crescimbeni donna lecture à cette occasion obtinrent un grand succès. A peu de temps de là, Crescimbeni entra dans la société de Jésus; et il mourut, le 8 mars 1728. Le nombre de ses ouvrages de circonstance et de ses éloges est très-grand. Il en fit paraître un recueil intitulé : *Le Vite degli Arcadi illustri, scritte da diversi autori* (5 vol., Rome, 1700). Son *Istoria della Volgar Poesia* (Rome, 1698), œuvre d'un infatigable collectionneur, mais dépourvue de critique et de méthode, et son *Trattato della Bellezza della Volgar Poesia* (Rome, 1700) ne sont compréhensibles qu'à l'aide de ses *Commentarj intorno alla Storia della Volgar Poesia* (5 vol., Rome, 1702). Après sa mort, ces trois ouvrages ont été réunis sous le titre primitif de *Istoria della Volgar Poesia* (6 vol., Rome, 1731).

CRESPI (Giovanni-Battista), surnommé *il Cerano*, du lieu de sa naissance, né vers 1557, est du nombre des peintres les plus importants qui florissaient à Milan vers la fin du seizième siècle. Élevé à Rome, non pas seulement pour la peinture, mais aussi pour la littérature, les arts d'agrément et les exercices chevaleresques, versé également dans l'architecture et la sculpture, il seconda à la cour de Milan le cardinal Federigo dans toutes ses grandes entreprises, en même temps qu'il dirigeait les travaux de l'académie. C'est dans les églises de Milan et dans la galerie de la Brera que se trouvent ses principales œuvres. Il mourut en 1633.

CRESPI (Daniele), fils et élève du précédent, a comme artiste moins d'importance que lui. Il employa cependant des facultés remarquables à suivre exactement les traces de ses devanciers et à acquérir un véritable talent de copiste et d'imitateur. Son dessin est facile et sûr, son coloris vigoureux et juste, il groupe avec intelligence et clarté; mais très-souvent aussi il tombe dans la manière. Il y a d'excellents tableaux de lui dans l'église Santa-Maria della Passione à Milan, ainsi que de belles fresques dans une arrière-chapelle de San-Eustorgio. Daniele Crespi mourut de la peste, en 1630, à l'âge d'environ quarante ans.

CRESPI (Giuseppe-Maria), dit *lo Spagnuolo* (à cause de sa manière élégante de se vêtir), peintre et graveur, né à Bologne, le 16 mars 1665, appartient à l'école bolonaise. Il tomba dans la manière de son temps et l'exagéra même quelquefois. Sans avoir jamais eu un talent du premier ordre, il se montra pourtant supérieur à ses deux fils, *Antonio* et *Luigi*, qui, cherchant un goût meilleur, ne rencontrèrent, malgré de louables efforts, que la médiocrité. Notre musée possède deux tableaux de G. M. Crespi, qui mourut aveugle, le 17 juillet 1747.
B. de Corcy.

CRESPY (Traité de). Le traité de Crespy mit fin à la guerre qui en 1542 avait éclaté entre François Ier et Charles-Quint, et dans laquelle ce dernier, de concert avec le roi d'Angleterre, Henri VIII, avait envahi la France. Elle avait duré deux ans. Si celle-ci se faisait sentir dans l'armée de Charles-Quint; d'autre part, le dauphin (depuis Henri II), évitait constamment la bataille; l'empereur n'osait l'attaquer dans son camp avec des troupes harassées et beaucoup diminuées, et il renouait sans cesse des conférences sans cesse interrompues. La paix n'était pas difficile à conclure entre deux princes dont l'un la désirait ardemment et l'autre en avait la plus grand besoin. Elle fut signée à Crespy en Laonnois, bourg du département de l'Aisne, le 18 septembre 1544. Les principaux articles furent que des deux côtés on se restituerait toutes les conquêtes faites depuis la trêve de Nice; que l'empereur donnerait en mariage au duc d'Orléans, second fils de François Ier, sa fille aînée, ou la seconde fille de son frère Ferdinand ; que si c'était la sienne, il lui céderait, à titre de dot, les provinces des Pays-Bas en toute souveraineté, pour passer aux enfants mâles qui naîtraient de ce mariage; que s'il préférait donner sa nièce, elle apporterait à son mari l'investiture du duché de Milan, avec ses dépendances; que l'empereur déclarerait dans l'espace de quatre mois le choix qu'il aurait fait entre les deux princesses, et que les conditions respectives pour la conclusion du mariage auraient lieu dans un an à compter du jour de la date du traité; qu'aussitôt que le duc d'Orléans serait en possession des Pays-Bas ou de Milan, François Ier rendrait au duc de Savoie tout ce qu'il lui avait pris, excepté Pignerol et Montmélian; que ce monarque renoncerait à toutes ses prétentions sur le royaume de Naples, et sur la souveraineté de la Flandre et de l'Artois, et que Charles à son tour abandonnerait les siennes sur le duché de Bourgogne et le comté de Charolais; que François ne donnerait aucun secours au roi de Navarre dans sa retraite; enfin, que les deux monarques feraient conjointement la guerre aux Turcs, et que pour cet objet le roi fournirait, quand il en serait requis par l'empereur, six mille gendarmes et dix mille hommes d'infanterie.

Charles-Quint et Henri VIII étaient convenus de ne point traiter l'un sans l'autre. Au moment d'entamer des négociations avec la France, Charles avait prévenu Henri et l'avait invité à lever le siège de Boulogne-sur-Mer et de Montreuil, dont il était près de s'emparer. Le roi d'Angleterre s'y étant refusé, l'empereur se crut quitte envers lui, et libre de ne consulter que son intérêt. Du reste, le traité de Crespy ne fut pas beaucoup mieux observé que ceux qui avaient été conclus précédemment.

CRESSERELLE. C'est une espèce de la tribu des faucons (le *falco tinnunculus*), très-commune dans toute l'Europe, plus connue sous le nom d'*émouchet* dans la fauconnerie, où elle est assez estimée pour la chasse de *petite volerie*. Le mâle a dans son état adulte 0^m,38 de longueur, et 0^m,65 d'envergure. La cresserelle est rousse, tachetée de noir en dessus, marquée en dessous de taches longitudinales d'un brun pâle; la tête et la queue du mâle sont cendrées. La femelle est un peu plus grande; son plumage est plus varié en couleur. La cresserelle, dit Buffon, est l'oiseau de proie le plus commun dans la plupart de nos provinces. Il n'y a point d'ancien château ou de tour abandonnée qu'elle ne fréquente et qu'elle n'habite; et c'est surtout le matin et le soir qu'on la voit voler autour de ces vieux bâtiments, et on l'entend encore plus souvent qu'on ne la voit; elle a un cri précipité : *pli pli pli*, ou *pri pri pri*, qu'elle ne cesse de répéter en volant, et qui effraye tous les petits oiseaux, sur lesquels elle fond comme une flèche, et qu'elle saisit avec ses serres : si par hasard elle les manque du premier coup, elle les poursuit sans crainte du danger jusque dans les maisons. Lorsqu'elle a saisi et emporté l'oiseau, elle le tue, et le plume très-proprement avant de le manger; elle ne prend pas tant de peine avec les souris et les mulots, elle avale les plus petits tout entiers, et dépèce les autres. Toutes les parties molles du corps de la souris se digèrent dans l'estomac de cet oiseau ; mais la peau se roule et forme une petite pelotte qu'il rend par le bec. Quoique cet oiseau fréquente habituellement les vieux bâtiments, il y niche plus rarement que dans les bois, et lorsqu'il ne dépose pas ses œufs dans des trous de muraille ou d'arbre creux, il fait une espèce de nid très-négligé de bûchettes et de racines sur les arbres les plus élevés des forêts; quelquefois il occupe aussi les nids que les corneilles ont abandonnés. Il pond plus souvent cinq œufs que quatre, et quelquefois six, et même sept. Les petits dans le premier âge ne sont couverts que d'un duvet blanc; la mère les nourrit d'abord avec des insectes, et ensuite elle leur apporte des mulots en quantité.
Démezil.

CRESSON, CRESSON DE FONTAINE ou CRESSON D'EAU, plante de la famille des crucifères, appartenant au genre *nasturtium*. Le *cresson de fontaine* (*nasturtium officinale*, R. Brown) a des tiges nombreuses, hautes à peu près trente centimèt., vertes, creuses, cannelées, rameuses; les feuilles sont ailées avec impaire, sessiles, divisées en plusieurs folioles cordiformes, dont la terminale est plus longue que les autres; les racines, blanches et filamenteuses, partent des nœuds de la tige, qui plonge dans l'eau ou dans la terre; les fleurs, blanches et disposées en corymbe, s'élèvent très-peu au-dessus des feuilles; les fruits sont des siliques longues, à deux valves, renfermant des graines arrondies et nombreuses. Toutes les parties de cette plante ont une saveur piquante et agréable; aussi la recherche-t-on pour la manger en salade ou pour l'associer à des viandes rôties.

Le cresson vit préférablement autour des sources d'eau vive; sa présence est même l'indice de la pureté de ce liquide. On le trouve aussi sur les rives des ruisseaux limpides ou le long des fossés remplis d'une eau claire. La grande consommation de cresson qu'on fait à Paris, soit comme aliment, soit comme médicament, a engagé plusieurs personnes à en tenter la culture dans les jardins maraîchers : on y est parvenu en le semant dans des baquets remplis de terre aux deux tiers, et dont la surface est couverte d'eau qu'on renouvelle chaque jour; en le semant même en pleine terre, qu'on arrose journellement, il faut autant que possible le cultiver à l'abri du soleil, pour que sa saveur ne soit pas trop forte. Quelle que soit la culture du cresson, celui qui provient des jardins ne vaut jamais celui qui croît aux lieux où une eau transparente comme le cristal sort d'un terrain sablonneux.

Il y a peu de plantes auxquelles on ait accordé plus de propriétés favorables pour la santé qu'au *cresson de fontaine*. En qualité d'aliment, le cresson est réputé comme étant très-sain, et même comme rafraîchissant. C'est une assertion qu'on peut contester hardiment; il suffit à cet effet de citer combien de personnes ne peuvent user de cette plante sans que l'estomac en renvoie la saveur à la bouche longtemps après le repas; ce qui n'arrive pas quand un aliment est digéré facilement. Pour s'en convaincre encore, il suffit de regarder le visage de ceux qui ont mangé du cresson ; on le voit souvent s'animer, rougir jusqu'à devenir pourpre; et plusieurs femmes sont pour le seul motif contraintes de s'en abstenir. Non certes le cresson n'est point un aliment rafraîchissant; il est, au contraire, un échauffant très-actif : il rafraîchit comme la moutarde ou comme le poivre; aussi cette dernière substance a-t-elle une réputation égale et aussi peu fondée chez le vulgaire. Les personnes qui ont l'estomac sain, ce qu'on nomme à l'excellence de leur digestion, peuvent en user comme d'un mets ou d'un assaisonnement agréable, n'ayant pas plus d'inconvénients que d'autres stimulants culinaires; mais celles chez lesquelles la digestion est pénible, qui ont des dispositions aux congestions sanguines, qui ont des affections de la peau, qui sont sujettes aux hémorrhagies, doivent s'en abstenir rigoureusement.

C'est sous le rapport des propriétés médicales du cresson qu'il existe encore dans le public des préjugés qu'il convient de combattre : il est, dit-on, le remède antiscorbutique par excellence. Cette renommée lui fut acquise par des navigateurs qui, durant de longues traversées de mer, ayant été affectés du scorbut, furent guéris après un *séjour de quelque temps à terre*, où ils s'étaient nourris de viandes fraîches, de végétaux, au nombre desquels figure principalement le cresson : on en a conclu que leur rétablissement était dû à cette dernière plante. Cette déduction paraît plausible au premier aperçu; mais en l'examinant avec la sévérité qu'on exige aujourd'hui, on ne peut l'accepter sans doute. Les causes qui engendrent le scorbut sont une alimentation insuffisante et de mauvaise qualité, des eaux impures, des fatigues excessives, l'influence d'un air froid et humide; enfin, toutes les misères inséparables de la condition des matelots, une des plus dures de la vie humaine. Quand ces hommes, relâchant sur une côte, prennent du repos, substituent des viandes fraîches et des végétaux à des chairs préservées de la putréfaction à force de sel et à des légumes secs, souvent avariés; enfin, quand ils respirent un air moins chargé d'émanations de chlore, on conçoit comment leur santé se restaure et que le cresson n'y a concouru que secondairement. Cette plante, d'ailleurs, ainsi que le cochlearia, est beaucoup moins âcre dans les régions froides que dans nos climats tempérés; elle peut y servir d'aliment avec beaucoup moins d'inconvénients que chez nous. Quand on a voulu traiter le scorbut dans les hôpitaux avec le cresson et les autres plantes antiscorbutiques, on a reconnu combien peu il faut compter sur leur action. On a vu que toutes les substances d'une digestion et d'une assimilation facile sont de véritables antiscorbutiques, parce qu'elles réparent les solides et les fluides, si notablement altérés dans cette maladie. On a reconnu en même temps que dans le scorbut, dont la débilité du corps est un des principaux caractères, des aliments et des boissons excitantes sont indiquées, et c'est comme tel que le cresson est convenable, de même que divers acides végétaux.

Le vulgaire considère en outre le cresson non-seulement comme propre à purifier le sang, il lui accorde encore la propriété de prévenir et même de guérir la phthisie pulmonaire : cette croyance est appuyée par un conte traditionnel. Un phthisique, dit-on, parvenu au dernier degré du marasme et abandonné par son médecin, se mit à vivre exclusivement de cresson de fontaine. Sous l'influence de cette alimentation, il ne tarda pas à recouvrer ses forces et une santé des plus robustes. On ajoute que le médecin qui avait désespéré de cette cure en fut tellement étonné, qu'il ne put résister à la tentation d'examiner les poumons du ressuscité; que dans ce but il l'assassina, et trouva les poumons dans une intégrité complète. D'après une pareille autorité, on essaye souvent de nourrir avec du cresson les personnes dont la poitrine est malade, et on ne discontinue de l'employer que lorsque l'état du malade est empiré; mais ce n'est jamais la faute du remède, c'est toujours celle du mal, et la coutume se conserve : rien de plus commun dans le peuple que ces croyances sans examen, et rien de plus difficile à détruire. C'est par de pareils motifs qu'on fait un usage aussi fréquent du cresson et qu'on est obligé de prévenir ici de ne point le donner aux personnes valétudinaires, et surtout aux phthisiques, chez lesquels il attise fortement la fièvre hectique. Sans le bannir de nos tables, il faut l'y admettre seulement comme un stimulant analogue à ceux dont on fait usage pour exciter l'appétit, et non comme un moyen de prévenir les maladies. En définitive, celui qui écrit ces lignes ne nie pas formellement que *la voix du peuple* ne soit quelquefois *la voix de Dieu* ; mais sa profession lui a prescrit d'appeler la défiance sur la recommandation de ceux qui préconisent à si haute voix le cresson sous le nom de *santé du corps*.   Dr CHARBONNIER.

CRESSON ALÉNOIS ou CRESSON DES JARDINS, plante du genre *lepidium*, vulgairement connu sous le nom de *passerage*, et appartenant à la famille des crucifères. Le *cresson alénois* (*lepidium sativum*, Linné) est cultivé depuis longtemps dans tous les potagers, à cause de l'emploi que l'on en fait, dans sa jeunesse, comme un assaisonnement agréable dans les salades. Ses feuilles sont très-nombreuses, tendres, glabres, d'un vert glauque, déchiquetées ou pinnatifides; les fleurs blanches et sont remplacées par de petites silicules un peu échancrées. Les jardiniers reconnaissent trois variétés du *cresson alénois ordinaire*, savoir : le *frisé*, celui à *larges feuilles*, et le *doré*. Rien n'égale la rapidité de la croissance de cette plante, qui prend tout son développement en deux jours, lorsque la chaleur est suffisante. Le cresson alénois tire son surnom du verbe *alere*, nourrir. C'est donc à tort que le vulgaire le nomme cresson *à la noix*.

CRESSON DE PARA ou CRESSON DU BRÉSIL, plante du genre *spilanthus*, de la famille des composées. Le *cresson de Para* (*spilanthus oleracea*, Jacq.), encore nommé vulgairement *abécédaire*, paraît être originaire du Brésil, où Plumier le découvrit dans les environs de Para. C'est une plante à tiges basses, souvent rampantes, longues de 16 à 18 centimètres. Les feuilles sont opposées, un peu épaisses, glabres, presqu'en cœur, à dentelures obtuses, de la longueur des pétioles; les pédoncules, longs, solitaires, sont terminés, vers le mois d'août, par une assez grosse fleur hémisphérique à corolles jaunes, toutes flosculeuses et tachetées, et à réceptacle conique, garni de paillettes.

Le cresson de Para est conseillé comme un bon antiscorbutique, capable de remplacer efficacement le cochlearia dans les pays chauds, où celui-ci ne croît pas. On en fait des teintures alcooliques qui se reconnaissent aisément à leur saveur âcre et poivrée. Une de ces teintures est connue sous le nom de *paraguay-roux* : c'est un remède employé contre les maux de dents.

CRESSON DES PRÉS ou CRESSON ÉLÉGANT. *Voyez* CARDAMINE.

CRESSON DE TERRE ou CRESSON VIVACE, plante indigène du genre *erysimum*, de la famille des crucifères. Elle a beaucoup de rapports avec le *cresson de fontaine*, qu'elle peut remplacer.

CRESSON D'INDE ou CRESSON DU PÉROU. *Voyez* CAPUCINE.

CRÉSUS (en grec Κροῖσος), fils d'Alyatte, auquel il succéda, l'an 571, et suivant d'autres l'an 567 avant J.-C., fut le dernier et le plus célèbre des rois de Lydie. Il dut cette illustration à sa grandeur d'âme, à sa générosité, à ses richesses, à son orgueil, à sa vanité même, à l'éclat de ses prospérités, à ses malheurs, à ses rapides conquêtes, à sa chute plus rapide encore, et à l'insigne renommée de son vainqueur. Après avoir contraint les Grecs de l'Asie Mineure, la Lycie et la Cilicie exceptées, à lui payer tribut, il étendit sa domination jusqu'à l'Halys; et, tant par les contributions qu'il préleva sur les peuples vaincus que par l'exportation des mines d'or situées dans ses États et des sables aurifères du Pactole, il acquit des richesses si immenses, que l'usage s'établit dès lors de dire *riche comme Crésus* pour désigner un homme possédant des biens considérables. Magnifique dans toutes ses habitudes et dans ses moindres actions, il semait à pleines mains l'or sous ses pas, et s'estimait le plus heureux des mortels. Cependant, par un de ces jeux et une de ces ironies qui lui sont ordinaires, la fortune l'avertissait par d'amers chagrins, dont elle mêlait ses dons inouïs, des revers terribles qu'elle lui réservait : il eut deux fils; l'un était muet, l'autre, nommé Atys, jeune prince de la plus brillante espérance, fut tué par mégarde à la chasse, d'un javelot lancé par Adraste, son ami, son compagnon d'enfance.

Son expédition contre Cyrus put seule distraire le roi de Lydie de si noires douleurs. Il n'eut garde d'ailleurs de commettre sa dignité avec les îles de l'Archipel, dont les habitants semblaient ignorer qu'il fit trembler la grande Grèce sous ses lois. Essayer de les soumettre ne lui eût offert d'autre chance qu'une guerre de pirates, sans gloire et sans fin. Ce fut donc contre un plus digne ennemi qu'il tourna son esprit guerrier, contre Cyrus, dont les conquêtes étaient l'effroi et l'admiration de toute l'Asie. Après de grands préparatifs pour l'attaquer; il eut même la précaution d'envoyer consulter l'oracle de Delphes, corroborant sa demande d'avis par des offrandes d'une valeur de vingt millions, parmi lesquelles étaient des briques d'or tirées des mines du Tmolus, montagne où le Pactole prenait sa source, et que la Pythie accepta au nom de son dieu, qui, interrogé « si Crésus devait passer l'Halys et marcher contre les Perses, » répondit, par la bouche de sa prêtresse, que « lorsque le roi de Lydie aurait traversé ce fleuve, il détruirait un grand empire ». L'aveugle Crésus, trompé par l'ambiguïté de l'oracle, traversa l'Halys, à la tête de 420,000 hommes, dont 60,000 de cavalerie, et fut aussitôt défait par le roi des Perses, à la bataille de Tymbrée. Apollon, qui y avait un temple, ne se ressouvint pas des 20 millions qu'il avait reçus à Delphes; il accomplit son oracle, et ne le sauva pas. Crésus prit la fuite, et avec les débris de son armée courut se renfermer dans Sardes, sa capitale. Cyrus l'y suivit, l'y assiégea, et le prit lui et ses trésors, l'an 545 avant J.-C.

Hérodote raconte qu'un bûcher fut aussitôt dressé en présence de Cyrus, qui commanda d'y attacher le monarque vaincu et de l'y brûler vif. Crésus, voyant monter la flamme, se serait par trois fois écrié : « Solon! Solon! Solon ! » Le vainqueur lui aurait demandé la cause de cette exclamation, et l'illustre Lydien lui aurait répondu « qu'un jour, faisant parade de ses prospérités devant Solon, ce philosophe lui aurait dit que nul avant sa mort ne devait être appelé grand et heureux ». Et, toujours au rapport d'Hérodote, le roi des Perses, touché de compassion, et frappé de l'instabilité des choses humaines, aurait fait détacher le monarque vaincu, et par la suite en aurait fait son conseiller et son ami. Le goût dominant des Orientaux, même de nos jours, pour les contes sentencieux, et la haute moralité de cette scène, nous portent à ranger cet événement au nombre de ces fables philosophiques dont Hérodote, ami du merveilleux, se sera avidement emparé.

Le caractère de Cyrus, l'admiration de Xénophon, son éducation, modèle de l'éducation des rois, repoussent une pareille barbarie; Xénophon se tait sur ce drame; il dit que Cyrus traita en roi le roi vaincu, qu'il en fit son ami et le maître de son fils Cambyse, tâche que rendaient difficile la violence et la cruauté naturelles de ce jeune prince. Comme l'ancien roi de Lydie les lui reprochait, Cambyse, voulant se débarrasser d'un maître importun, commanda qu'on le défît en secret. On suspendit ses ordres sous quelque prétexte. Sa colère étant apaisée, il sut gré à ceux qui lui ramenèrent vivant son vieux conseiller. Est-ce encore un apologue oriental? L'épisode d'Atys et d'Adraste, cité plus haut, est-il un roman? Dans tous les cas, nous avons puisé ces faits dans l'histoire. Crésus fournit une longue carrière : il survécut à Cyrus et à Cambyse; on ignore quelle fut sa fin. Sa vie se partage en deux moitiés bien distinctes : l'une fut tout éclat, l'autre tout obscurité. Son histoire n'est-elle pas celle de bon nombre de princes de la *Bourse*, de marquis du *Report*, de barons de *Fin-courant*, de votre connaissance et de la mienne? DENNE-BARON.

CRÈTE, l'une des plus grandes îles de la Méditerranée, formant l'extrémité méridionale de l'Europe, située à peu près à égale distance de chacun des trois continents dont se compose ce qu'on appelle l'ancien monde, au sud-est de Laconica, au sud-ouest de Rhodes, est traversée, dans la direction de l'est à l'ouest, par une chaîne de montagnes envoyant de nombreux prolongements au nord et au sud, dont le mont Ida, de forme conique, est le pic le plus élevé en même temps qu'il en est le plus central, tandis que dans sa partie occidentale on trouve les montagnes appelées Blanches (*Albi Montes*). Les belles et riches vallées de la Crète, arrosées par un grand nombre de cours d'eau prenant leur source dans le mont Ida, étaient déjà célèbres dans l'antiquité par leurs épaisses forêts de cèdres, de cyprès et de myrtes, que par la richesse de leurs récoltes en vins, blés et huiles, ainsi que par une foule de plantes médicinales, entre autres par l'herbe merveilleuse appelée *dictamne*.

La Crète fut de toute antiquité le siège primitif de la religion de Zeus ou Jupiter, qu'on disait y être né et y avoir été élevé. C'est également à cette île que se rattachent les plus anciens souvenirs mythologiques, notamment l'enlèvement d'Europe par Zeus, l'amour d'Ariadne, et la mort du Minotaure. Le labyrinthe que Dédale avait construit par ordre de Minos était aussi en grand renom. Ses deux villes les plus célèbres, Gortyne, située au sud, et plus

47.

tard Cnosse, située au nord, qu'habitèrent Pythagore et Épiménide, parvinrent à une grande puissance et à une grande célébrité; aussi à l'époque où elles florissaient le plus la population de la Crète s'élevait-elle à un million d'âmes.

Il paraît que dès une époque fort reculée des navigateurs phéniciens vinrent s'établir sur les côtes de la Crète et y fonder des comptoirs, tandis que suivant une antique tradition l'île aurait d'abord été gouvernée par des rois particuliers, parmi lesquels on cite surtout Minos, célèbre par la sagesse de ses lois, et son petit-fils Idoménée, connu pour la part qu'il prit au siège de Troie. La Crète fut surtout peuplée à la suite d'une immigration de Doriens, qui vainquirent et soumirent les habitants aborigènes, et se donnèrent une constitution politique offrant beaucoup de rapports avec celle de Sparte pour ce qui était de la vie publique et privée. Des dissensions intestines eurent pour résultat de donner aux villes de Gortyne et de Cnosse la suprématie sur le reste de l'île; et elles continuèrent à l'exercer jusqu'à ce que, par leur participation à la guerre du Pont et à la guerre des pirates, les Crétois eussent fourni aux Romains l'occasion et le prétexte qu'ils attendaient pour leur enlever leur indépendance. En l'an 66 avant J.-C., Quintus Metellus fit la conquête de la Crète, et mérita ainsi le surnom de *Creticus*. Sous Auguste elle ne forma avec la Cyrénaïque qu'une seule et même province; mais plus tard, sous Constantin, elle eut un gouverneur particulier.

Au neuvième siècle, sous le règne de Michel, empereur de Byzance, les Sarrasins établis en Crète ayant à la longue transformé en une ville, devenue bientôt florissante, leur camp retranché ou *khandar*, ce nom, sous la domination des Vénitiens, qui firent la conquête de l'île en 1211, se modifia insensiblement en celui de *Candida*, et par contraction *Candia*, d'où l'on a fait Candie, sans que d'ailleurs les habitants s'en servissent pour désigner leur pays.

Les anciens Crétois avaient chez les Grecs une déplorable réputation de déloyauté, de perfidie et de menterie; leur nom avec celui des Cappadociens et des Ciliciens constituait le triple kappa (Κ), auquel s'associait toujours une idée défavorable. Les antiquités et l'histoire de la Crète ont dans ces dernières années été l'objet de nombreux travaux d'érudition, parmi lesquels nous citerons les *Travels in Creta* de Rob. Pashley (2 vol., Cambridge, 1837) et les Κρητικά de Churmuzis (Athènes, 1842).

CRÊTE. Ce nom, dérivé du latin *crista*, qui a la même signification, appartient à la fois au langage usuel et à celui des sciences naturelles et anatomiques. Il signifie, en général, une saillie longitudinale et aplatie sur les côtés, dont la nature et la forme sont très-variables. On en jugera facilement par l'énumération des principales parties du corps des animaux auxquelles on l'a appliqué. Chacun sait que la *crête de coq* est une excroissance ou caroncule charnue, plus ou moins rouge ou blanchâtre, qui est tantôt simple, tantôt double, tantôt droite et redressée, tantôt tombante. On donne aussi le nom de *crête*; 1° à la tuppe de certains oiseaux; 2° à un appendice que quelques serpents ont sur la nuque; 3° à une sorte de membrane qui surmonte le dos de certains reptiles, en particulier, des iguanes et des tritons; 4° à une saillie qui divise longitudinalement le front de quelques poissons, comme les coryphènes. En ostéologie, des éminences ou des bords plus ou moins saillants ont été aussi appelés *crêtes*; telles sont la *crête de l'ethmoïde*, ou apophyse *crista galli*, la *crête iliaque*, ou le bord supérieur de l'os des hanches, la *crête du tibia*, ou le bord antérieur du grand os de la jambe.

En entomologie, on nomme *crête* ou *carène du corselet* la saillie médiodorsale de cette partie du corps des insectes.

En géologie, on a aussi appliqué le nom de *crête* au sommet d'une chaîne ou d'un rameau de montagne qui correspond point à un plateau.

Le mot *crête* reçoit encore toutes les acceptions suivantes : 1° pièce de fer élevée sur un habillement de tête, *crête d'un casque*; 2° le haut de la terre relevée sur le bord d'un fossé ou le long d'une plate-bande; 3° en termes de fortification, la partie la plus élevée du glacis qui forme le parapet du chemin couvert. *Crête de morue* signifie morceau de morue de dessus le dos.

En termes de couvreur, on nomme *crêtes* les arêtières de plâtre dont on scelle les tuiles faîtières. Dans la science du blason, on nomme *crête*, ou les parties du dessus de la tête des animaux dont la couleur est différente de celle du corps, ou les crêtes proprement dites des poissons et des oiseaux, en général.
L. LAURENT.

CRÊTE DE COQ, nom vulgaire de la *celosia cristata* ou *amarante des jardiniers*. Certains coquillages du genre des huîtres ont été appelés aussi *crêtes de coq*, à cause de leur forme. Enfin, c'est encore l'un des noms vulgaires de la chanterelle comestible.

CRÊTE MARINE ou **CRISTE MARINE**. *Voy.* BACILE.

CRÉTINS, CRÉTINISME (du roman *cretina*, créature ou être misérable). Le crétinisme est une sorte de cachexie, dépendante d'un engorgement lymphatique et strumeux des glandes sous-maxillaires; elle se caractérise par un bronchocèle ou des goîtres, plus ou moins volumineux, pendant en fanons, le long du cou, par une peau flasque, ridée et livide. L'affaissement général des systèmes musculaire et nerveux rend l'individu presque inhabile à tout mouvement, et le plonge dans la stupidité la plus complète. Ce sont les tempéraments lymphatiques, aux cheveux blonds et aux yeux gris, les corps mous des enfants et des femmes, qui en sont le plus fréquemment atteints, et même la plupart des Valaisannes ont des mamelles énormes. Richard Clayton, Fodéré, Ackermann et autres auteurs observent qu'ils sont le plus rarement plus de 1 mèt. 35 de hauteur, qu'ils sont la plupart sourds et muets, parce que les tumeurs strumeuses de leur cou obstruent, compriment les nerfs glossopharyngiens et les nerfs auditifs; aussi ne parlent-ils et n'entendent-ils qu'avec la plus grande difficulté. Ils paraissent comme privés de sensibilité, et vieillissent promptement, quoiqu'ils végètent quelquefois longtemps dans l'apathie. Leurs membres sont en général mal proportionnés; leur ventre paraît tombant comme une besace, tandis que leurs jambes et leurs bras sont courts : *latamque trahunt ingloriis alvum*. Leurs membres restent pendants et abattus; leur peau est très-mollasse, leur figure ignoble ou insignifiante, hideuse; leur regard hébété. Ils ne peuvent ni se soutenir longtemps debout ni parler; ils restent accroupis ou couchés pendant toute leur vie; il faut les soigner, les nourrir, les habiller; à peine ont-ils l'intelligence de la brute. Nous les avons vus, insensibles à leur malheur, nonchalamment étalés au soleil et délaissés, la bouche béante, d'où pend une langue épaisse, et d'où s'écoule une salive gluante, la tête penchée d'un air idiot, ne pensant à rien, et tellement insensibles qu'ils lâchent leurs excréments sous eux sans s'émouvoir; il faut les nettoyer comme des enfants : aussi les hommes crétins portent-ils des jupons, au lieu de culottes.

Cependant ils sont excessivement gloutons et lascifs, car les fonctions digestives et génératrices gagnent en activité tout ce que perdent leurs autres facultés; aussi, dans leur vie animale et somnolente, se livrent-ils à des turpitudes infâmes et solitaires. Quoique ces êtres dégradés puissent se reproduire et se marient, soit entre eux, soit avec des personnes bien conformées, ils ne propagent pas nécessairement le crétinisme; seulement ils peuvent prédisposer à cette affection sans la rendre héréditaire. On juge qu'un enfant deviendra crétin s'il est bouffi, épais et tardif dans ses mouvements, assoupi et dormeur, avec une tête conique, un visage plat, des tempes enfoncées, un occiput peu saillant, le regard hébété, une poitrine étroite, des pieds larges et plats. Bientôt sa démarche devient chancelante. Quoique pubère fort tard, il a des parties génitales volumineuses et une lubricité sale. Du reste, ineptes, voraces, imbéciles dans leur inertie, inaccessibles presque à la douleur comme au plaisir, avec des sens obtus, ces êtres bruts, gisant dans la crasse et dans leurs excréments, périraient de faim par stupidité si l'on n'en prenait pitié. La plupart, muets de naissance, ne s'expriment que par certains hurlements ou glapissements aussi bizarres que leurs gesticulations sont désordonnées et singulières. Aussi a-t-on regardé ces individus comme tellement sacrés et inspirés par la Divinité, jusque chez les sauvages des îles Sandwich, selon Cook, qu'on les laisse libres de leurs actions. Les dévots mahométans vénèrent ces imbéciles, surtout parmi les calenders, les derviches, les santons, les marabouts, etc., à tel point qu'ils leur accordent la faculté, chose inouïe pour tous autres en Orient, de jouir même de leurs femmes, celles-ci se croyant ainsi honorées par la Divinité.

Les anatomistes qui ont le mieux observé les crétins ont vu que leur crâne se termine d'ordinaire en pointe comme celui de quelques bonzes japonais idiots. Il est aplati par derrière; les sutures lambdoïdes des os temporaux sont larges; les trous, déchirés à la base du crâne, près de l'apophyse basilaire de l'occipital et de la portion dure du temporal, demeurent presque obturés; ce qui comprime les paires du nerf vague, des glosso-pharyngiens et l'accessoire de Willis. Les sinus latéraux de la dure-mère paraissent plus vastes que d'ordinaire; la tente du cervelet est plus épaisse : aussi le cervelet se trouve-t-il bien plus à l'étroit et plus resserré que chez les hommes bien constitués, ce qui doit nuire à leurs fonctions. En effet, Malacarne, qui a compté jusqu'à 780 lamelles au cervelet des hommes de bon sens, n'en a trouvé qu'un nombre plus de moitié moindre chez les idiots et les crétins; car ce nombre de lamelles et de scissures, d'ailleurs, diminue progressivement depuis l'homme jusqu'aux rongeurs, selon la remarque de Tiedemann. Le cerveau des crétins est également affaissé et peu développé. Schiffner, qui a fait l'autopsie de plusieurs crétins, remarque que si leur encéphale reste faiblement développé, le système nerveux ganglionnaire est, en revanche, plus considérable que chez les hommes doués d'intelligence complète. Chez plusieurs crétins la moelle allongée se trouve également comprimée par l'obliquité de l'apophyse basilaire dans ses articulations avec les os voisins et les vertèbres du cou; il s'ensuit un resserrement nuisible aux fonctions de ce cordon médullaire. On remarque, au reste, que si les enfants ne sont pas crétins avant l'âge de dix ans, ils ne le deviennent guère par la suite; le moyen d'empêcher le développement de cette maladie consiste à les envoyer respirer un air vif et pur sur les montagnes, selon Saussure, et comme l'avait observé déjà Haller.

Deux causes principales contribuent à produire cet état chez les individus à fibres molles, en certains lieux de la terre. C'est d'abord l'air épais, stagnant, chargé de vapeurs, de brouillards débilitants, avec le froid, dans des vallées étroites, des gorges obscures, de grandes chaînes de montagnes, où l'humidité domine, où des vents et des hauteurs empêchent l'action des vents, comme l'a bien démontré Fodéré dans son *Traité sur le Goître et le Crétinisme*. Tous les auteurs qui ont écrit ensuite sur le même sujet n'ont fait que fortifier cette opinion. Aussi celle qui attribuait la formation des strumes et du bronchocèle, dans les Alpes, soit à l'usage des eaux de glaces fondues, soit à certaines eaux tophacées, ou charriant une matière crayeuse propre à obstruer les canaux étroits des glandes, n'a-t-elle presque plus conservé de partisans. Les animaux qui boivent ces mêmes eaux n'éprouvent jamais d'obstructions glandulaires. On sent, à la vérité, en buvant ces eaux presques glaciales, une légère constriction à la gorge, mais elles sont généralement très-pures, très-peu chargées de particules de bicarbonate de chaux en dissolution, car elles roulent sur des cailloux et sur un terrain peu soluble. Enfin, les sommets des montagnes, arrosés des mêmes eaux, n'ont jamais donné naissance aux goîtres, tandis que les seules gorges humides, renfermées et tièdes des vallons, relâchent les constitutions des hommes, ainsi que des autres productions vivantes, et débilitent l'organisme, comme celui qu'on observe dans les crétins. En effet, abritées de toutes parts contre les vents, ces sinuosités creuses présentent une atmosphère épaissie par les vapeurs qui s'élèvent sans cesse en brouillards de ces chaudes profondeurs, où les eaux croupissent dans des marécages. Les rayons du soleil, concentrés dans ces concavités, y maintiennent une humidité si prédominante qu'elle ramollit, détrempe tous les êtres vivants et végétants de ces lieux. Aussi les plantes y deviennent-elles hautes et molles, les quadrupèdes lourds et massifs; les hommes, épais, y prennent des chairs engorgées de fluides, un tissu cellulaire spongieux et des glandes gonflées d'une lymphe pâle et indolente. De là s'amassent le goitre et les affections scrofuleuses, augmentées encore par la mauvaise qualité des eaux croupissantes dont on fait usage. La chaleur est parfois si intense dans ces vallées, pendant l'été, qu'elle détermine de violents délires, la frénésie et la méningite. Tous les territoires bas, marécageux, sont plus ou moins soumis à ces brouillards stagnants, qui détendent tant les fibres, ou rendent flasque l'organisme, lorsqu'il s'y joint une tiède température. Telle est la Hollande, tels sont les rivages des mers. du nord de l'Europe, exposés aux vents humides de l'ouest et du sud, lesquels appesantissent les corps, allanguissent les sens et toutes les fonctions vitales.

La seconde cause du crétinisme, trop peu remarquée, est la nature des aliments. Considérez en effet des êtres encroûtés d'une épaisse matière, formés d'*atomes bourgeois*, ces espèces de brutes voraces qui ne vivent que pour manger, et qui traînent avec peine un lourd abdomen. Leur estomac étant farci sans relâche de pâtes insipides, de graisse, de chairs, de laitage, lard, beurre, fromage, pommes de terre, racines, farineux réduits en bouillies visqueuses et gluantes, de pâtisseries pesantes; leurs intestins étant gorgés encore de mucosités par des boissons mucilagineuses comme la bière, leur corps est nécessairement aussi pesant que leur esprit, qui, accablé sous ce poids, devient stupide et grossier. Une élaboration imparfaite de ces aliments difficiles à digérer et empâtants développe des acides dans les premières voies, et cause le ramollissement des os, ainsi que chez les rachitiques : on reconnaît en effet entre le rachitisme et le crétinisme des rapports d'analogie déjà entrevus par Boerhaave. De là naissent également la stupidité et la difformité. Les jeunes crétins offrent souvent, comme les rachitiques, un esprit d'abord précoce et éclatant pendant les premières années, mais suivi bientôt d'un incurable idiotisme. On connaît les aliments lourds des habitants de ces contrées enfermées entre les vallons des montagnes, comme la nourriture des Flamands, des Hollandais et de tous les peuples des territoires bas, comme la polenta de la Lombardie et du Bergamasque, comme les *noudles* des Suisses, des Allemands, etc. Aussi peut-on remarquer combien ces individus restent lents, pesants dans leurs pensées et dans leurs actions, auprès des peuples vivant d'aliments plus légers, plus digestibles, plus assaisonnés ou aromatisés, et dont les boissons se composent de vin, de café et autres liquides excitant, avivant davantage par leur stimulation les facultés de l'appareil nerveux, des systèmes fibreux et musculaire. Enfin, si l'on ajoute l'état d'isolement, le peu de civilisation, l'ignorance ténébreuse et insouciante dans lesquels les habitants des vallées croupissent, l'on reconnaîtra combien ces causes contribuent à produire des engorgements squirreux de la glande thyroïde et des autres, avec une dégénération physique et morale chez les individus les plus mollasses, inertes et humides, comme les femmes et les enfants.

Ces malheureux, réprouvés par la haine et le mépris public, rendent à la société qui les repousse guerre pour guerre ; s'ils ne peuvent vivre de proie et de vol, ils mendient, et préfèrent l'indolence au travail ; dépourvus d'éducation, abrutis, parce que rien ne peut réhabiliter leur dignité morale, ils se plongent dès le jeune âge dans les vices honteux du libertinage, et la propagation de la maladie vénérienne parmi eux accroît encore les causes de leurs difformités. Dans les siècles de superstition, ils se sont vus répudiés du commerce du monde ; on les accusait de se livrer entre eux aux plus brutales débauches ; voués à une éternelle infamie, on les poursuivait comme coupables des plus exécrables vices dont puisse se souiller la race humaine ; on les a séquestrés comme lépreux, maudits comme hérétiques, abhorrés comme anthropophages et pédérastes : on les menaçait de leur percer les pieds d'un fer ; on les obligeait à porter la figure d'une patte d'oie sur leurs vêtements ; ils ne devaient entrer dans les églises que par une porte séparée ; comme les cagots, enfin, ils y avaient leurs bénitiers à part.

Aujourd'hui encore on trouve un grand nombre de crétins dans toutes les gorges des grandes chaînes de montagnes, sous quelque climat que ce soit. Ainsi, les Alpes, les Pyrénées, les monts Carpathes, le Caucase, les chaînes de l'Oural et du Thibet, l'Himalaya, le Boutan, et même les montagnes de l'île de Sumatra, les Cordillères et les Andes en Amérique, en offrent des exemples. On ne doit point en chercher la raison dans la nature particulière de certaines eaux ni du sol, puisque nous avons exposés semblent bien suffisantes. Ce n'est même pas uniquement dans ces vallons humides et l'air épais des sinuosités des Alpes que se remarque la dégénération du crétinisme ; Barton l'a signalée aussi en plusieurs régions de l'Amérique septentrionale, au Connecticut, chez les Onéidas, en Pensylvanie, au Scioto, enfin partout où s'étendent des lacs, des marécages, comme vers les lacs Érié et Ontario, à Montréal, sur les bords du Saint-Laurent, de même que dans le Derbyshire, le Tyrol, la Carinthie, etc. Dans le New-York comme autres bestiaux sont également exposés à ces strumes, et aux monts Alleghanys, chez les Creeks, on rencontre un goîtreux sur dix personnes. Toutefois, l'idiotisme paraît moins fréquemment uni au bronchocèle en Amérique, tandis qu'il y est presque constamment lié dans les Alpes, au rapport de Saussure. L'Amérique méridionale offre aussi des exemples de strumes, au Pérou, à Guatémala et à Santa-Fé, d'après Garcilaso de la Véga ; et chez les Indiens des Cordillères, d'après Clavijero, Mutis, etc. M. de Humboldt a vu dans la Nouvelle-Grenade, en suivant le cours du Rio de Magdalena, et sur le plateau de Bogota, plus élevé de 1,948 mètres, sur des terrains très-secs, exposés à des vents impétueux, des crétins portant des goîtres énormes et laids ; ils boivent des eaux très-pures et jamais celles de neige. Il est même particulier que ces goîtres se propagent aux habitants des lieux les plus froids et les plus élevés, en des régions voisines de la ligne équinoxiale. Sans doute, cet effet résulte de nourritures empâtantes. Dans les Cordillères, les goîtreux sont aussi nombreux que difformes, ajoute M. Boussingault ; mais il y existe une grande quantité de mines de sel contenant de l'iode. Un fait remarquable, est que depuis plus d'un siècle les eaux-mères des salines de ces régions passent pour un spécifique puissant contre les goîtres. En effet, on n'observe pas ces strumes dans les lieux où se trouvent des mines de sel de ce genre, à cause de l'usage des eaux-mères contenant de l'iode, bien que les circonstances puissent également causer les engorgements scrofuleux des glandes.

Les goîtreux et crétins existent encore dans beaucoup d'autres lieux du globe. Staunton a rencontré dans les vallées de la Tartarie chinoise ; en il existe surtout dans les montagnes du Népaul, du Boutan, et dans l'Hindoustan même, au rapport de Saunders. On en a rencontré en divers régions de Bambarra en Afrique, selon Mungo-Park et les frères Lander, etc., le long du fleuve Niger, où certainement il n'existe point d'eaux glacées. Les terrains argileux donnent des eaux croupissantes plus capables de procurer les strumes que des terrains sablonneux. On a dit encore que les mêmes eaux tophacées qui peuvent obstruer, par leur dépôt pierreux, les canaux capillaires des glandes, et ainsi les gonfler en vastes goîtres, étaient capables d'obstruer également les vaisseaux les plus déliés qui traversent la masse cérébrale ; que de cette obstruction devait naître une sorte de pétrification commencée de la cervelle des idiots, et devenait la cause palpable de leur imbécillité. Cependant, tel n'est point l'état de l'encéphale des crétins et des idiots ; il est, au contraire, d'une mollesse et d'une diffusion remarquables, comme un fromage mou ; mais il est resserré et mal développé pour l'ordinaire ; il semble que la boîte osseuse ait subi une compression naturelle, soit par les grosses glandes qui se développent vers sa base, soit par l'usage trop longtemps continué chez les jeunes crétins de rester couchés et appuyés ainsi sur des lits durs.

Chez les Turcs, on sait que les princes étaient naguère souvent privés de la raison artificiellement, pour des motifs politiques. Ainsi, les frères d'un sulthan étaient rendus idiots, afin de ne lui porter aucun obstacle ni concurrence, comme on le voit par ces vers de la tragédie de *Bajazet* dans Racine :

L'imbécile Ibrahim, sans craindre sa naissance,
Traîne au fond du sérail une éternelle enfance ;
Indigne également de vivre et de mourir,
Il s'abandonne aux mains qui daignent le nourrir.

Pour rendre exprès crétins et idiots certains personnages de haut rang parmi les Osmanlis, déjà Bernier avait vu, dans son voyage au Grand-Mogol, qu'on donnait aux enfants une composition narcotique nommée *poust*, qui les engourdissait et les plongeait dans l'imbécillité ; mais, plus récemment, le docteur Oppenheim reconnut qu'on employait aussi diverses compressions, soit autour du col, soit sur la tête, afin de retenir le sang noir dans l'encéphale, et de gorger les sinus veineux pour appeler le coma et un état de somnolence pareil à celui des crétins. C'est par ces procédés qu'on mettait ces êtres hors d'état de gérer leurs affaires, soit pour s'emparer de leur fortune, soit afin de se débarrasser de compétiteurs dangereux dans les plus hautes postes du gouvernement. Ainsi, l'on a trouvé les moyens d'ôter l'esprit, mais non pas encore ceux d'en donner. J.-J. VIREY.

CRETONNE, toile blanche, qui porte le nom de celui qui en fabriqua le premier. On fabrique aussi maintenant de la cretonne en coton.

CREUSE (Département de la). Formé de la haute Marche et de quelques parties du Berry, du Bourbonnais, du Limousin et de l'Auvergne, il est borné au nord par les départements de l'Allier, du Cher et de l'Indre ; à l'est, par ceux de l'Allier et du Puy-de-Dôme ; au sud, par celui de la Corrèze ; et à l'ouest, par celui de la Haute-Vienne.

Divisé en quatre arrondissements, dont les chef-lieux sont Guéret, Aubusson, Bourganeuf et Boussac, il compte 25 cantons, 262 communes, et 287,075 habitants. Il envoie deux députés au corps législatif. Il fait partie du 2e arrondissement forestier, forme la 2e subdivision de la 21e division militaire, ressortit à la cour d'appel de Limoges, et compose avec le département de la Haute-Vienne le diocèse de Limoges, suffragant de l'archevêché de Bourges. Son académie comprend 2 collèges communaux, 1 école normale primaire, 2 institutions, 2 pensions, et 415 écoles primaires.

Sa superficie est de 558,341 hectares, dont 239,702 en terres labourables ; 132,342 en prés ; 120,309 en landes, pâtis, bruyères ; 33,119 en bois ; 11,859 en cultures diverses ; 2,582 en étangs, abreuvoirs, mares, canaux d'irrigation ;

1,876 en vergers, pépinières et jardins; 1,610 en propriétés bâties; 1,686 en lacs, rivières, ruisseaux; 994 en forêts, domaines non productifs, etc. On y compte 49,084 maisons; 969 moulins; une forge et 57 fabriques et manufactures diverses. Il paye 723,850 fr. d'impôt foncier.

Excepté une très-petite partie au sud, située dans le bassin de la Garonne, tout ce département appartient au bassin de la Loire. Il est arrosé par un grand nombre de cours d'eau peu considérables, qui tous y ont leur sources, et dont les principaux sont le Cher et son affluent la Tardes, la Creuse, qui donne son nom au département, et son affluent la Petite-Creuse, la Gartempe, la Vienne et son affluent le Thorion, tous affluents ou sous-affluents de la Loire, et le Chavanon, qui se jette dans la Dordogne. Le pays est assez élevé et très-montagneux, quoique les montagnes n'atteignent pas de hauteurs considérables; la plus haute d'entre elles, celle de Sermur, n'a que 740 mètres; il est déchiré de vallées profondes et encaissées. Le sol est peu fertile, excepté dans le fond d'un petit nombre de vallées.

On y trouve en abondance du gibier de toutes espèces et quelques animaux sauvages, des loups et des renards. Les rivières et les étangs sont poissonneux. Les arbres les plus communs dans les bois et les plantations isolées sont le chêne, le hêtre, l'orme, le bouleau, le peuplier, l'aulne et le châtaignier. Les principaux produits minéraux exploités sont la houille, du granit, des pierres de taille, de la terre à poterie, du gypse et du mica pour sable de bureau. Il y a aussi des mines de plomb argentifère et d'antimoine non exploitées; des sources thermales et des bains assez fréquentés à Évaux.

Quoique la Creuse soit un pays agricole, l'agriculture y est très-arriérée; on ne fait qu'une récolte insuffisante de céréales et on n'obtient pas de vin. En revanche les fruits y viennent en abondance; les châtaignes suppléent en partie au manque de céréales, et l'on fait un peu de cidre. La culture du chanvre y a de l'importance. On élève beaucoup de bétail, moutons et porcs; des chevaux, en général de race améliorée, et une grande quantité d'abeilles, qui donnent un miel excellent. L'émigration annuelle de la population est le trait distinctif de la Creuse; tous les ans 25,000 maçons, tailleurs de pierres, couvreurs, et ouvriers ou manœuvres en bâtiments, sortent de leurs communes respectives et se répandent sur toute la France, et principalement à Paris, pour y trouver du travail. On considère à tort cette émigration périodique comme la cause du peu de progrès de son industrie, puisqu'elle porte la consommation ailleurs et limite d'autant la production.

L'industrie manufacturière est très-bornée; les plus importants sont les célèbres tapis et tapisseries d'Aubusson et de Felletin. Nous citerons encore des lainages communs, des cuirs, quelques tissus de coton, du papier, des verres, des toiles et un peu de porcelaine.

6 routes impériales, 9 routes départementales, et 1,990 chemins vicinaux sillonnent le département, dont les principales villes sont : *Guéret*, chef-lieu du département; *Aubusson*; *Bourganeuf*, sur le Thorion, à 25 kilomètres au sud-ouest de Guéret, avec 3,384 habitants, un tribunal de 1re instance, une fabrication de porcelaine et de toiles de chanvre; des tuileries; une papeterie. Au quinzième siècle, Zizim, frère du sultan Bajazet II, résida plusieurs années à Bourganeuf, où l'avait envoyé le grand maître de Malte Pierre d'Aubusson, prieur de Bourganeuf; une vaste tour, qui existe encore, doit lui avoir servi de prison ou avoir été bâtie par lui; *Boussac*, au confluent du Beyroux et de la Petite-Creuse, à 32 kilomètres au nord-est de Guéret, avec 995 habitants, d'importantes tanneries, un commerce de cuirs de bestiaux et de laines: c'est une ville ancienne, entourée d'une enceinte de vieilles murailles et dominée par un château fort; les voitures n'y parviennent que par une seule route très-étroite; *Felletin*, sur la Creuse, à 8 kilomètres d'Aubusson, avec 3,454 habitants, une institution, une célèbre manufacture de tapis ras et veloutés et de moquettes; des filatures hydrauliques de laines, des teintureries, des papeteries et un commerce de sel; *Chambon*, au confluent de la Tardes et de la Vouise, à 24 kilomètres au sud-est de Boussac, avec 2,182 habitants, un tribunal de première instance, des tanneries et un commerce de bétail. C'est une ville très-ancienne; on y voit les restes d'un temple gaulois.

CRÉUSE, fille de Priam et d'Hécube, fut la première épouse d'Énée et la mère d'Ascagne ou Iule, dont Jules César se vantait de tirer son nom. Plus heureuse que ses sœurs Polyxène et Cassandre, lâchement égorgées, et que sa mère, esclave d'Ulysse, elle ne tourna point le fuseau près du lit des princesses grecques. Comme elle suivait avec peine, à travers les rues de Troie embrasée, son époux pieusement chargé de son père et de ses dieux et tenant d'une main le petit Ascagne, elle s'égara.

Parvenu sur la hauteur où était le temple de Cérès, Énée s'aperçoit alors seulement de l'absence de Créuse. Éperdu, il laisse dans une vallée profonde, à la garde des dieux, son père, son fils et ses pénates, reprend le chemin de Troie, l'épée à la main, s'élance de nouveau à travers les flammes, pénètre jusqu'au palais de Priam, et là fait vainement retentir du nom de Créuse les portiques encombrés de femmes tremblantes. Il parcourt à grands pas des rues brûlantes, quand un fantôme lugubre et d'une taille au-dessus de la taille humaine se présente à ses regards : c'était l'image de Créuse : « Pourquoi, cher époux, cette peine inutile? dit-elle, l'auguste mère des dieux me retient à jamais sur ces bords. Adieu! chéris toujours le gage mutuel de notre amour. » Puis, cette ombre s'évanouit dans les airs.

C'est Virgile qui fait ce récit, peut-être d'après d'anciennes chroniques latines. D'ailleurs, dans son poème, il avait besoin d'isoler Créuse d'Énée, qui, sans une séparation éternelle, n'eût pu épouser Lavinie, ni fonder l'empire romain. DENNE-BARON

Parmi les autres femmes de l'antiquité qui portèrent le nom de *Créuse*, il faut encore citer la fille de Créon, roi de Corinthe, que Jason devait épouser. Mais, jalouse de son sort, Médée lui envoya comme présent une couronne, et suivant d'autres une robe qui prit feu aussitôt qu'elle voulut s'en vêtir, et qui la consuma en même temps que son palais.

CREUSET. Beaucoup de gens ne se doutent guère de l'immense importance de la fabrication des creusets. A la perfection de cette fabrication tient le succès d'une multitude d'opérations qui seront profitables en employant de bons creusets, et qui ne manquent presque jamais de devenir ruineuses quand ces instruments ne remplissent pas les conditions de leur appropriation spéciale. Cela est rigoureusement vrai pour les travaux de l'industrie; et de leur côté les chimistes savent combien il y a eu d'expériences manquées à cause de l'imperfection des creusets, combien d'essais utiles à faire et auxquels on a renoncé par la même raison.

Les matières employées pour les creusets sont presque aussi variables que les formes qu'on leur donne. Pour les laboratoires de chimie, on fait principalement usage de creusets de platine, d'argent, de fonte, de fer forgé; on en a aussi en grès dur, en porcelaine, en plombagine. Les creusets en platine exigent un haut degré de purification du métal, d'un prix fort élevé, et cette purification ajoute encore beaucoup à leur prix. L'argent pour les creusets doit également être à un très-haut titre; on y emploie ordinairement le métal réduit du chlorure d'argent. Ces derniers creusets sont spécialement réservés pour attaquer par les alcalis les pierres alumineuses et siliceuses. Les creusets de fonte, et quelquefois de fer battu, sont les instruments généralement employés dans les ateliers monétaires. Les premiers ont la préférence en Angleterre, et les seconds en France et en Allemagne. Quant aux creusets en platine, que leur haut prix écarte toujours des opérations en grand, ils offrent surtout de l'avantage quand à l'aide d'une haute température il s'agit d'attaquer quelques substances réfractaires ou d'autres substances par des acides. Les creusets de plombagine, dont la presque totalité se tirent de Passau et d'Ypso, ont quelques appropriations spéciales, cependant assez rares; car ces creusets sont mous, poreux et friables, mais ils supportent on ne peut mieux les changements brusques de température, et sous ce rapport ils sont utiles pour la fusion des métaux : les sels traversent leurs pores et se perdent. La composition des creusets de plombagine est un mélange de cette substance réduite en poudre avec des terres réfractaires cuites et crues. Leur mollesse permet d'en entailler les bords au couteau pour y ajouter les couvercles.

Les creusets en grès dur, en porcelaine, en terres réfractaires, remplissent d'assez bien plusieurs indications; mais ils ont l'inconvénient d'être promptement et profondément attaqués par la potasse, la soude, les oxydes vitrifiables de plomb, de bismuth, qui se combinent à une température élevée avec la terre du creuset. Ces creusets sont en général réservés aux ateliers des orfèvres, et dans les laboratoires de chimie, pour la réduction des sulfates en sulfures au moyen du charbon; ils conviennent pour l'essai des mines; les fondeurs de matières d'or et d'argent, les fondeurs en cuivre, en bronze, en font usage. Ils servent encore dans la fabrication des fleurs de zinc et d'antimoine, dans la distillation du soufre, la réduction des oxydes métalliques par le charbon, etc. Dans cette dernière classe de creusets, ce sont ceux dits de *Hesse*, et qui nous viennent d'Allemagne, qu'on doit généralement préférer. Les creusets de terre sont toujours d'autant plus réfractaires qu'ils contiennent moins de chaux et d'oxyde de fer.

Les deux conditions principales qui pourraient rendre les creusets parfaits semblent malheureusement se repousser mutuellement : c'est la compacité, l'imperméabilité d'une part, et de l'autre la propriété de passer brusquement d'une haute à une basse température sans se briser. Voilà la pierre d'achoppement dans cette fabrication. PELOUZE père.

CREUTZ (GUSTAVE-PHILIPPE, comte DE), poëte suédois, né en Finlande, en 1729, d'une des premières familles de Suède. Destiné, par sa naissance et son éducation, à la vie publique, sa prédilection pour le culte des Muses le porta le plus souvent à se retirer du monde pour habiter la campagne et s'y vouer à l'étude de ses écrivains favoris. Il fit alors partie d'un cercle restreint, mais choisi, dont Louise Ulrique, devenue plus tard reine de Suède, était l'âme, et dont les membres se livraient à l'étude de la langue et de la poésie nationales. Il appartient aussi à cette époque à l'association de poëtes qui se réunissaient autour de la *bergère du Nord* (Mme de Nordenflycht). Son *Atis og Camilla* (Stockholm, 1761), poëme pastoral en cinq chants, est encore cité aujourd'hui comme un modèle du genre tendre et gracieux; et il ne contribua pas peu à affranchir la poésie suédoise des entraves que lui avait imposées l'imitation de la poésie française.

En 1763 le roi Adolphe-Frédéric le nomma ambassadeur de Suède à Madrid, et quelques années plus tard il fut accrédité en la même qualité à Paris, où il se lia bientôt avec les hommes les plus distingués dans les lettres et les arts, et surtout de la manière la plus intime avec Marmontel et Grétry. Le 3 avril 1783, le comte de Creutz signa dans cette capitale, avec Franklin, un traité d'alliance et de commerce entre la Suède et la jeune république des États-Unis de l'Amérique du Nord. Peu de temps après, son souverain le nomma ministre des affaires étrangères et chancelier de l'université d'Upsal. Mais dès 1785 son corps, affaibli, succombait à l'action du rude climat de son pays. Le roi Gustave III prononça lui-même, le 28 avril 1786, l'éloge du comte de Creutz dans un chapitre de l'ordre des Séraphins, auquel il avait appartenu. Sa bibliothèque fut acquise pour le compte du roi, et se trouve encore aujourd'hui au château de Haga. Son *Atis og Camilla* et dix autres poëmes ont été imprimés avec ceux de son ami Gyllenborg, sous le titre de : *Vitterhets arbeten af Creutz og Gyllenborg* (Stockholm, 1795 : 2e édition, 1812).

CREUX. Ménage dérive ce nom du latin *scrobs*, fosse. Roquefort rapporte à ce sujet l'opinion de Jauffret, qui considère le son de la lettre C prononcée de la gorge comme le mimologisme des objets creux, tels que *cave*, *coupe*, *cuve*, et la forme de cette lettre comme le mimographisme des objets creux, parce que le C représente une main cintrée. En raison de son emploi fréquent, les allusions nombreuses que ce mot excite dans l'esprit l'ont fait employer sous trois formes grammaticales : adjectivement, substantivement, adverbialement.

Adjectivement, *creux* est au propre, l'antithèse de *saillant*, comme *concave* est opposé à *convexe*, *plein* à *vide*, et employé quelquefois comme synonyme de *profond* et de *vide*, ainsi qu'on le reconnaît dans les locutions suivantes : *ventre creux*, *fossé bien creux*, *colonne creuse*; au figuré, l'équivalent de chimérique, visionnaire, *pensée creuse*, *esprit creux*. Cette signification adjective se reproduit fréquemment au figuré dans le langage familier : *drap creux*, c'est-à-dire mal fabriqué, dont le tissu est trop lâche; *peau creuse*, celle qui n'est pas compacte; *cuir creux*, celui qui n'a pas suffisamment pris le tan; avoir les *yeux creux*, au lieu de enfoncés dans l'orbite; *trouver buisson creux* signifie ne pas trouver dans l'enceinte la bête qu'on avait détournée, ou ne pas trouver la personne ou la chose qu'on demandait; *n'en avoir pas pour sa dent creuse* se dit proverbialement ou d'un grand mangeur à qui l'on sert peu de chose, ou d'un homme avide à qui l'on n'offre qu'un petit gain; *se repaître de viandes creuses*, expression synonyme de vaines espérances et d'imaginations chimériques.

Substantivement, *creux* signifie *cavité* : dans cette acception générale, il est très-usité usuellement et dans le langage des arts et des sciences : *faire un creux*, *tomber dans un creux*. En terme de marine, on nomme *creux*, la profondeur d'un vaisseau, ou encore l'enfoncement d'une voile enflée par le vent. En architecture, c'est l'espace vide d'une colonne. En termes de fondeur, un creux est un moule pris sur un modèle, et qui doit servir à mouler quelque figure semblable à ce modèle. On ne se sert du mot *creux* que pour désigner les moules en plâtre; on ne dit pas un *creux de potée*, mais un moule de potée. Un moule à bon creux est celui que l'on n'est pas obligé de briser pour avoir l'épreuve, et qui par conséquent peut servir à en tirer un grand nombre. En anatomie, on désigne sous le nom de *creux* diverses parties du corps qui présentent une dépression plus ou moins grande. On dit dans ce sens, le *creux de l'aisselle*, le *creux du jarret*, le *creux de l'estomac* ou l'épigastre, le *creux* ou la *paume de la main*, la voûte et non le *creux de la plante du pied*. Enfin on dit d'un chanteur dont la voix est une basse-taille qui descend fort bas : il *a un bon creux*.

Adverbialement, *songer creux* signifie rêver profondément à des choses vaines et chimériques. L. LAURENT.

CREUZÉ DE LESSER (AUGUSTE), né à Paris, en 1771, appartenait à une famille honorable et riche. Son père était payeur des rentes, et, fort jeune encore, il exerça ces mêmes fonctions, qu'il conserva jusqu'à la révolution qui amena la suppression de sa charge. Appelé à la défense de sa patrie avec la jeunesse française, et, par ses talents aux fonctions civiles, il devint secrétaire du consul Lebrun, secrétaire de légation à Parme, sous-préfet à Autun, puis membre du corps législatif. La Restauration le trouva tout disposé à accepter avec reconnaissance le bienfait d'une liberté exempte de licence, qu'elle s'engageait à nous donner. Louis XVIII accueillit le poëte, et fit rentrer l'administrateur dans ses fonctions. Pendant quinze années il sut remplir au gré du pouvoir et des administrés la délicate mission de préfet à Angoulême et à Montpellier. A la chute de la Restauration, Creuzé de Lesser rentra dans la vie privée. Il mourut en 1839, à l'âge de soixante-huit ans.

Il avait débuté avec bonheur dans la littérature par une agréable imitation du *Sceau enlevé* de Tassoni, plutôt refait qu'imité. Le charmant poème de la *Table ronde* décida la réputation de l'auteur. Il sut, ce qui n'était pas très-facile, y intéresser et être gai sans indécence. Rien de plus joli que ses prologues, même après ceux d'Arioste; les poëmes d'*Amadis* et de *Roland* n'obtinrent point une pareille vogue. Comment aussi s'aviser de refaire le *Roland furieux*? Un ouvrage plus sérieux, son *Voyage en Italie*, avait réussi auprès des esprits indépendants. Mais il avait choqué, par la singularité de ses opinions sur les hommes, les monuments, les arts et les artistes italiens, la foule des lecteurs, prompts à s'irriter contre tout ce qui s'écarte de l'ornière des opinions reçues. La traduction libre du *Romancero espagnol*, ce recueil si original de petits poëmes dont le Cid est le héros, n'est pas le moindre fleuron de sa couronne poétique de traducteur. La verve, l'enthousiasme, d'heureuses traces de la naïveté de ces temps héroïques, signalent le talent et le travail du poëte français, tout en laissant peut-être à regretter plus de fidélité au texte.

L'Opéra-Comique dut à l'esprit souple et fécond de Creuzé de Lesser de très-agréables ouvrages. M. Deschalumeaux reste l'une des bouffonneries les plus gaies de notre scène. *Le Nouveau Seigneur de Village* demeure en possession de la faveur publique même à Paris. Il est vrai que la charmante musique de Boieldieu peut bien y être pour beaucoup. Creuzé de Lesser aborda également avec succès le Théâtre-Français. *La Revanche*, composée en société avec Roger, y réussit, par le double attrait d'une intrigue neuve, piquante, et d'un dialogue vif et spirituel. Mais *Le Secret du Ménage*, qui n'appartient qu'à lui, est l'une de nos plus jolies comédies de genre. On lui doit encore plusieurs romans, parmi lesquels on remarque ses *Annales d'une Famille pendant dix-huit cents ans*, qui ont servi de type au *Juif Errant* de M. Eugène Sue.   AUBERT DE VITRY.

CREUZER (Georges-Frédéric), l'un des archéologues et des philologues contemporains le plus ingénieux et les plus instruits, membre correspondant de l'Institut (Académie des Inscriptions et Belles-Lettres), est né à Marbourg, le 30 mars 1771, et étudia d'abord à l'université de sa ville natale, puis à celle d'Iéna. En 1802 il fut nommé professeur à Marbourg, et en 1804 professeur de philologie et d'histoire ancienne à Heidelberg, où il fonda, en 1807, un collége philologique, qui fleurit encore aujourd'hui. A la sollicitation de Wyttenbach, il consentit, en 1809, à accepter une chaire à l'université de Leyde; mais il revint en Allemagne avant même d'avoir commencé à remplir ces nouvelles fonctions, et reprit sa position antérieure. Dans la longue suite d'années qui s'est écoulée depuis cette époque, Creuzer, par son enseignement oral et par ses nombreux ouvrages, où brille l'érudition la plus solide et la plus sagace, n'a pas cessé d'exercer l'influence la plus salutaire sur le développement et les progrès de l'étude des belles-lettres. L'ouvrage qui a le plus contribué à asseoir sa réputation, c'est la *Symbolique et Mythologie des Peuples anciens, et notamment des Grecs* (4 vol., Leipzig, 1810; 3ᵉ édition, Leipzig, 1836-1843, traduite en français par M. Guignaut; Paris, 1824-1850). Les idées émises par Creuzer dans cet ouvrage provoquèrent la controverse la plus vive. Le premier qui le combattit fut G. Hermann, dans des *Lettres sur Homère et Hésiode, et particulièrement sur la Théogonie* (Heidelberg, 1818), et dans sa lettre à Creuzer *sur la Nature de la Mythologie et la manière de l'expliquer* (Leipzig, 1819). Vint ensuite Voss, avec son *Anti-Symbolique* (Stuttgard, 1824); et enfin Lobeck, avec son *Aglaophamus*, sans compter un déluge de dissertations de moindre importance.

Un autre grand ouvrage de Creuzer, c'est son édition des *Œuvres complètes de Plotin* (3 vol. in-4°, Oxford, 1835). Parmi les nombreuses productions dont on est encore redevable à cet illustre savant, et qui jettent un jour tout nouveau sur l'antiquité, nous mentionnerons son *Art historique des Grecs* (1806); *Dionysius, seu commentationes de rerum bacchicarum orphicarumque originibus et causis* (2 vol. 1808); *Abrégé d'Antiquités Romaines* (1824); *Description d'un vase antique athénien avec peintures et inscription* (1832); *Essai sur l'Histoire de la Civilisation Romaine sur les bords du Haut-Rhin et du Necker* (1833); *Essai sur la connaissance des Pierres Précieuses* (1834); *Essai sur l'Histoire et l'Archéologie Romaines* (1836), traduit en français dans les *Mémoires de l'Institut* (1840); *Le Mithreum de Neuenheim* (1838), et *Choix de Vases Grecs inédits, extrait de la collection de Carlsruhe* (1839). En 1848, après avoir renoncé au professorat, Creuzer a encore fait paraître son autobiographie, sous le titre de *Souvenirs d'un Vieux Professeur*.

CREUZOT (Le), commune et village du département de Saône-et-Loire, arrondissement d'Autun, canton de Montcenis, l'un des foyers de l'industrie française, possédait en 1841 une population de plus de 4,000 âmes. Dès l'année 1774 d'importantes usines avaient été créées au Creuzot. On y trouve de riches mines de houille, une mine de fer, une usine à fer, plusieurs hauts fourneaux, une fonderie de canons et de boulets, des fabriques de machines à vapeur, d'ancres pour la marine, une manufacture de cristaux, la seule de ce genre qui existe en France, et dont les produits, les lustres surtout, peuvent rivaliser avec tout ce qui se fait de plus beau en Bohême et en Angleterre. Le bassin houiller du Creuzot et de Blanzy comptait en 1839 treize mines concédées, d'une superficie de 31,631 hectares, produisant année commune 2,195,285 quintaux métriques de houilles d'une valeur de 1,839,159 fr. Le canal du Creuzot communique par celui de Torcy au canal du centre ou canal du Charolais, et facilite singulièrement l'expédition au loin des produits du Creuzot tant bruts qu'ouvrés. La petite ville de *Montcenis*, voisine du Creuzot, est un autre grand centre pour la production du fer et l'extraction de la houille.

CREVASSE (du latin *crepare*, crever). On appelle ainsi une déchirure plus ou moins grande qui s'est opérée avec violence sur le côté d'un mur, le flanc d'une colline, d'une montagne; la crevasse a toujours une certaine largeur: aussi ne doit-on pas la confondre avec la *fente*, la *lézarde*, dont les bords peuvent être très-rapprochés.

On donne aussi le nom de *crevasses* à de petites fentes qui surviennent le plus ordinairement à la peau des mains et aux membranes muqueuses des lèvres; le mamelon des nourrices en est aussi souvent le siége. Les personnes affectées d'*engelures*, celles qui ont souvent les mains plongées dans l'eau chaude sont très-sujettes à avoir des crevasses aux mains. Lorsqu'on s'expose à un vent froid, si l'on a la mauvaise habitude d'humecter continuellement les lèvres avec la salive, elles se sèchent, s'enflamment légèrement, et peuvent se fendiller très-facilement. Dans tous les cas, les crevasses se guérissent en faisant cesser la cause qui les a produites, et en les enduisant de corps gras ou huileux non rances, tels que l'onguent rosat et la pommade de concombre.

Une nourrice dont les mamelons se crevassent ne doit pas nécessairement pour cela renoncer à l'allaitement. La salive qui baigne le mamelon, le tiraillement causé par l'enfant, sont bien, il est vrai, les causes les plus ordinaires de cette affection; mais la mauvaise conformation du mamelon et le manque de propreté y contribuent aussi quelquefois. Si les soins de propreté sont insuffisants, on protégera le mamelon avec un petit chapeau en cuir ou en caoutchouc, ou bien on le recouvrira d'un linge fin, percé et enduit de cérat bien frais ou de toute autre substance adoucissante; des applications de mucilages de guimauve, de semences de coing ou de lin, calment aussi beaucoup. Si enfin le mal était trop ancien pour qu'on obtint de cette médication des résultats satisfaisants, il faudrait user de substances légèrement astringentes et stimulantes, comme le cérat saturné, l'eau de chaux, etc.

Certaines crevasses des pieds, des mains, même du mamelon, ayant été rebelles à ce traitement, on a eu recours à la cautérisation avec le nitrate d'argent. Quoiqu'on ait obtenu ainsi de bons résultats, on ne doit employer de caustique qu'avec grande circonspection.

CRÈVE-COEUR. *Voyez* COLÈRE.

CREVETTE. Les *crevettes*, dont Fabricius a fait un genre distinct sous le nom de *gammarus*, avaient été confondues par Linné avec les crabes. Elles appartiennent à la classe des crustacés, et sont placées par Latreille dans son ordre des amphipodes. Les crevettes ont le corps allongé, ordinairement arqué et comprimé; leurs quatre pieds antérieurs sont terminés par une main comprimée, pourvue d'un fort crochet ou doigt mobile; les quatre suivants finissent par un article simple, ainsi que les six derniers, qui sont plus longs; des filets bifides très-mobiles existent de chaque côté du dessous de la queue, qui est terminée par trois paires d'appendices allongés, bifurqués, ciliés, étendus dans la direction du corps, et constituant une sorte de ressort dont l'animal se sert pour exécuter des sauts très-considérables. L'espèce type de ce genre est le petit crustacé d'eau douce, vulgairement appelé *crevette des ruisseaux* ou *chevrette*, qui abonde dans les fontaines, les bassins de sources, les filets d'eau des cressonnières. Cet animal, long de quelques lignes, nage toujours au fond, couché sur le côté; son principal moyen de progression consiste dans la détente rapide et souvent répétée de sa queue. La chevrette se nourrit de la chair des poissons morts, et souvent même de celle des individus de sa propre espèce; elle mange aussi les petits vers et les larves d'insectes que l'on trouve dans l'eau. La femelle garde ses œufs jusqu'au moment où ils éclosent; elle les porte sous sa queue, entre les lames latérales qui la composent. Les petits, après qu'ils sont nés, viennent encore quelque temps chercher un abri entre ces lames.

Parmi les autres espèces qui composent le genre *gammarus*, il en est qui ont offert aux entomologistes de nos jours des caractères assez tranchés pour qu'on ait pu les rapporter à plusieurs genres distincts : ce sont les *atyles*, les *mélites*, les *amphilocs*, les *dexamines*, etc.

P. GERVAIS.

CREVIER (JEAN-BAPTISTE-LOUIS), naquit à Paris en 1693. Son père, simple ouvrier imprimeur, fit de grands sacrifices pour l'éducation de cet enfant, destiné à devenir un jour l'une des lumières de l'Université, dont il composa l'histoire depuis son origine jusqu'en 1600; c'est un épitome de la grande histoire d'*Égasse de Boulay*; il parut en 1761. Crevier fit ses études sous le célèbre Rollin. Nommé professeur émérite de rhétorique au collège de Beauvais, le disciple se sentit de force à être le continuateur du maître; on lui doit les huit derniers volumes de l'*Histoire Romaine*, jusqu'à la bataille d'Actium. S'il surpassa le professeur d'éloquence au Collège royal, l'inimitable auteur du *Traité des Études*, dans l'art d'agencer les faits, la logique, la méthode et la sobriété des réflexions, il est resté bien loin de lui pour ce qui est des grâces du style, et surtout pour cette naïveté de narration où revit toute la franchise du caractère du bon Plutarque. L'appendice à l'histoire de Rome fut suivie de celle de ses empereurs, depuis Auguste jusqu'à Constantin; ouvrage entièrement composé dans les rares loisirs que laissait à l'auteur une santé affaiblie par les travaux de l'enseignement public; car il occupa vingt années sa chaire au collège de Beauvais. Ce livre fut publié pour la première fois en six volumes (1750).

Montesquieu et Voltaire marchaient de front dans leur siècle. Qui attaquait l'un attaquait l'autre; aussi le sceptique et malin chantre de *La Pucelle* ne pardonna-t-il pas au pieux professeur, au réviseur de *L'Anti-Lucrèce*, à l'élève du respectable maître qu'il avait placé dans son *Temple du Goût*, ses *Observations sur l'Esprit des Lois*. On a encore de Crevier trois lettres sur le *Pline* du P. Hardouin (1725) et une *Rhétorique Française*, qui eut quantité d'éditions, tant elle est claire et logique, tant en sont bien choisis les exemples, tirés la plupart des écrivains de l'antiquité; elle fut publiée en deux vol., en 1765. Crevier, comme scoliaste, a droit encore de se placer, par la justesse, par la clarté de ses interprétations, à côté des Servius, des Eustathe, des Scaliger et des Casaubon. Le titre de son ouvrage est : *Titi Livii Patavini Historiarum libri* XXXV, *cum notis* (1748, 6 vol. in-4°). Outre son mérite particulier comme écrivain, Crevier, avec une portion du talent de son maître, avait hérité de sa douceur, de sa piété, de sa sagesse et de sa modération; à son exemple, mais plus prudent encore, on le voit, quoique imbu des doctrines du Port-Royal, effacer avec une merveilleuse réserve de tous ses écrits ses opinions les plus intimes sur ce sujet, qui alors était une question de controverse aussi générale que brillante. Il mourut à Paris, le 1er décembre 1765. DESNE-BARON.

CREVISSE ou **ÉCREVISSE**. *Voyez* CUIRASSE.

CRI. Le cri est une sorte de voix inarticulée commune aux hommes et aux animaux, et produite par des efforts particuliers et des contractions exagérées des organes vocaux. En général, le ton des cris est beaucoup plus intense que celui de la voix modulée ou articulée, et il offre toujours quelque chose d'aigre, de bruyant et de susceptible de mille nuances. Chaque animal a un cri qui lui est propre, et qui offre un caractère particulier, compris seulement par les animaux de son espèce. Nous ne nous occuperons que du *cri humain*.

Les cris sont éminemment propres à appeler du secours et à fixer sur ceux qui les poussent l'attention de ceux qui les entendent; ils commencent à la naissance de l'homme, et forment alors le seul langage de l'enfant, ou voix *native*, appelée *vagissement*, qui seul peut faire connaître les besoins sans cesse renouvelés du premier âge. Ce genre de cri, qui n'est propre qu'à l'enfance, se prolonge seulement jusqu'à l'époque où, associé à la langue articulée qui se forme sous l'influence de l'éducation, il finit par disparaître tout à fait en prenant un caractère nouveau, qui constitue le cri de l'adulte. Ajouté à la voix articulée, le cri forme chez l'homme une partie importante de son langage, et devient un moyen supplémentaire de la parole, qui, quoique accidentel et temporaire, est néanmoins le plus énergique et le plus rapide pour exprimer les grands mouvements de l'âme et toutes les douleurs physiques et morales. L'espèce de langage que le cri établit, quoique étant instinctif et naturel, est donc par cela même le plus puissant de tous; c'est lui qui nous ébranle le plus fortement, qui excite en nous les sentiments les plus vifs; enfin, c'est lui qui provoque les déterminations les plus soudaines. Par le caractère de leur intonation et de leur accent distinctif, les cris font connaître, de manière à ne pas les confondre, les impressions et les sentiments qu'ils sont destinés à exprimer. Les uns inspirent la compassion, ceux-ci commandent la défensive et animent les combattants; enfin ceux-là animent l'épouvante et engagent à prendre la fuite; les cris bruyants du plaisir nous rendent joyeux, tandis que les cris du désespoir nous navrent le cœur et nous remplissent de tristesse. Ceux qui résultent des douleurs physiques contribuent à les rendre plus supportables. Chaque douleur a son intonation particulière : les cris des douleurs physiques diffèrent de ceux des douleurs morales, et les uns et les autres sont différents entre eux, selon l'expression à laquelle ils se rapportent.

Le mécanisme de la formation des cris ne diffère pas essentiellement de celui des autres phénomènes vocaux. Il peut se rapporter tout à la fois à la formation des sons graves de la voix, et en même temps et surtout à celles des sons aigus du fausset. C'est par des efforts particuliers et des contractions exagérées et plus ou moins fatigantes des organes vocaux que les cris sont produits; la voix est d'abord grave ou du premier registre, et se termine par un son prolongé et aigu du fausset ou second registre. Il y a donc deux mécanismes simultanés, car on entend d'abord un son laryngien très-bref, qui peut être représenté par son octave basse, et le second qui est plus prolongé, par son octave correspondante dans le fausset.

Pour faire mieux comprendre les observations que nous avons faites sur les différents cris, nous allons prendre pour diapason, ou point de départ, l'*ut* au dessous des lignes, en prévenant nos lecteurs que cette note choisie pour tonique peut changer selon les individus, mais qu'une fois que ce point de départ est connu, les intervalles résultant des doubles sons qui produisent les cris sont presque toujours les mêmes, et peuvent être notés approximativement. Ainsi, nous avons observé que les cris causés par les applications du feu sont graves et profonds, et que le double son qui en résulte peut être représenté par l'*octave basse* et la *tierce*, par exemple l'*ut* que nous venons d'indiquer, et le *mi* sur la première ligne. Les cris arrachés par l'action d'un instrument tranchant, pendant une opération, sont aigus et perçants, et peuvent être exprimés d'abord par un son rapide ou une *double croche de l'octave du medium*, qui serait à peu près le *sol* sur la seconde ligne, et ensuite et presque en même temps par un son très-aigu et prolongé ou une *ronde de l'octave du fausset*, qui donne le *sol au-dessus de la portée*. Les cris qui résultent des douleurs occasionnées par une affection aiguë, n'ayant pas pour cause une action extérieure, sont représentés de même par deux sons presque d'égale durée, l'*octave* et la *sixième*; le premier correspond à l'*ut* pris pour diapason, et le second au *la* dans la portée; ce genre de cri est celui que l'on désigne ordinairement sous le nom de *gémissement*. Le double son résultant du cri causé par une frayeur vive et subite, ou par un péril imminent, est le plus discord de tous ; on peut l'exprimer par l'*octave* et la *neuvième*, l'*ut* sous les lignes et le *ré* dans la portée; enfin, les cris arrachés par les douleurs déchirantes de l'accouchement sont encore plus aigus et plus intenses que tous les autres, et ils ont une expression particulière bien connue et plus remarquable. Le double son qui en résulte peut être représenté par l'*octave basse* et la *dix-septième*, par exemple l'*ut* et le *ré* suraigu du second registre. Il semble que les douleurs atroces de l'accouchement élèvent le diapason naturel de la voix et augmentent en même temps son étendue. Nous pourrions encore parler des cris de joie et des sanglots : les premiers, formés également par deux sons, l'un bref et l'autre prolongé, présentent un intervalle d'une note seulement, le *ré* et le *mi*. Les sanglots ou pleurs sont formés par trois notes saccadées ou trois sons semblables produits pendant l'inspiration, et ensuite par un son prolongé pendant l'expiration. Le cri du sanglot ou du chagrin peut être représenté par trois *noires* et une *blanche*.

On voit, d'après ce que nous venons d'exposer, qu'il serait approximativement possible de tracer la gamme de toutes nos passions, et de faire une échelle diatonique des cris arrachés par la douleur. Il paraît même que l'esprit d'invention qui tourmente les hommes et leur fait souvent concevoir les choses les plus bizarres les a déjà portés à former avec les cris des animaux des orgues vivantes, sur lesquelles on est parvenu à exécuter différents airs, ce qui tendrait à prouver que leurs cris divers sont formés d'intervalles appréciables (*voyez* CHATS [Concerts de]).

COLOMBAT (de l'Isère).

CRIC, machine composée, ainsi appelée, par onomatopée, à cause du bruit que produit le cli q u e t quand on tourne la manivelle. Le cric dont les charretiers, les maçons, etc., font usage pour soulever, déplacer des fardeaux, se compose d'une crémaillère, d'une roue dentée, de deux pignons, d'une manivelle portant un rochet. La manivelle fait tourner le premier pignon qui agit sur la roue dentée dont le pignon fait mouvoir la crémaillère.

Pour calculer les avantages qu'on peut obtenir au moyen d'un cric, il faut connaître les diamètres de la roue, celui des deux pignons et la longueur du levier de la manivelle. Supposons que le rayon de chaque pignon est de 2 centimètres, celui de la roue de 12 centimètres, et que le levier de la manivelle ait 32 centimètres de long. L'homme qui agira sur la manivelle aura en sa faveur un levier représenté par 32; celui que représente le rayon du pignon, n'étant que le seizième de 32, la force de l'homme de viendra 16 fois plus grande, c'est-à-dire qu'il produira un effort égal à celui de seize hommes. Le levier de la roue étant 12 et le rayon du pignon qui engrène dans la crémaillère étant six fois plus court, la force de l'homme sera sextuplée, tellement qu'il pourrait soulever à lui seul un fardeau qui, pour être déplacé dans le même sens, demanderait le concours de 96 hommes de même force que lui. Dans le développement qui précède, on ne tient pas compte de la force qui peut être neutralisée par le frottement.

TEYSSÈDRE.

CRIC, nom indien d'une espèce d'arme à manche, dont la lame est plate, large de trois doigts, comme une petite baïonnette, et ordinairement empoisonnée jusqu'au milieu, à partir de la pointe. Il y a des crics à tranchant flamboyant ou ondulé, et dont le talon se hérisse en crochets. Il y a tels de ces poignards dont le manche se termine en pointes d'échelle, afin que le pouce appuie entre elles pendant que la main porte le coup. On a rangé le cric au nombre des armes déloyales; quelques écrivains l'ont confondu avec le *candjiar*. Il est, quant à la forme, l'arme la plus terrible après le stylet en fourchette, dont se servaient les Romains modernes. L'usage du cric est répandu dans la presqu'île du Gange, à Pégu, dans les îles de Java et de Sumatra, et le long des côtes de la Chine. Quand des pèlerins indiens ou mahométans, ivres d'opium ou de fanatisme, revenaient de la Mekke ou des pagodes, ils s'excitaient quelquefois l'un l'autre à immoler à coups de cric les incirconcis qu'ils rencontraient. Il y avait encore des exemples de cette frénésie dans le siècle dernier; mais elle s'est tempérée depuis que les Anglais, maîtres de l'Indoustan, passent par les armes les pèlerins armés de crics. Gal BARDIN.

CRICHTON (JAMES), né en 1551, en Écosse, dans le comté de Perth, est peut-être le plus remarquable de tous ceux que la précocité de leur esprit a rendus célèbres. Il fit ses études à l'université de Saint-Andrew, et fut reçu maître ès arts dès l'âge de quatorze ans. Peu de temps après il voyagea sur le continent, où il fit briller ses rares connaissances dans un grand nombre de villes, et obtint de l'admiration générale le surnom de *l'étonnant Crichton*. Il mériterait évidemment s'il est vrai qu'il excellât aussi dans tous les exercices du corps, qu'il maniât l'épée comme un spadassin de son époque, qu'il employât constamment la meilleure partie de son temps à chasser, à danser, à faire de la musique, à jouer à la paume, aux dés, aux cartes, au lieu de pâlir sur des bouquins comme les savants de profession, ne refusant pas, un honnête homme, de passer une soirée au cabaret ou autres mauvais lieux. Toutefois, il faut dire que beaucoup de faits rapportés à sa louange par ses biographes reposent sur des témoignages douteux. Par exemple, ce qu'ils racontent de la fameuse dissertation qu'à Paris il aurait offert de soutenir en vers ou en prose, en hébreu, en syriaque, en arabe, en grec, en latin, en espagnol, en français, en italien, en anglais, en hollandais, en flamand ou en esclavon, au choix de chacun, contre tous ceux qui seraient versés dans une science quelconque, épreuve dont il se serait si glorieusement tiré devant 3,000 auditeurs, n'a d'autre fondement qu'une anecdote rapportée par Pasquier dans ses *Recherches de la France*, mais où il est question d'un jeune homme dont il ne cite pas le nom, et qui vivait en 1445.

A Rome, Crichton fit annoncer en latin qu'il était prêt à improviser des réponses à toutes les questions qui lui seraient adressées. A Venise, il excita l'enthousiasme des Vénitiens par un panégyrique en vers latins qu'il composa en l'honneur de leur cité, et il s'y lia avec Alde-Manuce le jeune, qui en 1581 lui dédia ses *Paradoxes* de Cicéron, livre dans la préface duquel il est dit que Crichton était doué des connaissances les plus variées, qu'il comprenait dix langues, que le doge et le sénat avaient été ravis de son éloquence, et qu'il excellait en outre dans tous les exercices du corps. Dans une thèse solennelle qu'il soutint à Padoue, il disputa pendant six heures de suite avec les plus savants professeurs, osa attaquer la philosophie d'Aristote, et termina cette lutte brillante par une spirituelle improvisation dans laquelle il faisait l'éloge de l'ignorance. De là il se rendit, vers l'an 1580, à Mantoue, où il fut attaché à l'éducation du jeune Vincenzo de Gonzague, l'un des fils du duc régnant. Il composa pour divertir son protecteur une comédie dans laquelle il tournait en ridicule les faiblesses de toutes les conditions sociales, et où il jouait lui-même quinze rôles différents.

En 1583, ayant été assailli pendant les réjouissances du carnaval par une troupe de masques, il les désarma après une courte lutte; puis, quand ils se démasquèrent, vive fut sa surprise de reconnaître son propre élève parmi ses agresseurs. Il lui rendit aussitôt respectueusement son épée; mais le jeune prince, que la jalousie avait seule entraîné à commettre un tel attentat, vit une nouvelle insulte dans l'acte de générosité dont il était l'objet, et furieux lui plongea l'arme dans la poitrine.

On a conservé quatre poëmes latins de Crichton, mais qui ne sont guère de nature à nous donner une idée de l'originalité de son esprit, et où d'ailleurs la grammaire et la prosodie sont violées à chaque page.

CRICKET, jeu de balles national en Angleterre, où il ne compte pas seulement des amateurs dans les basses classes et les classes moyennes, mais même dans les cercles les plus élevés. Il n'est presque pas d'endroits en Angleterre où n'ait lieu *cricket-club*, on a même vu des dames prendre part à ce divertissement. Il se joue d'ordinaire avec deux personnes dans chaque camp, quoiqu'un nombre moindre de joueurs soit suffisant, ils sont pourvus d'espèces de raquettes ou crosses à battes (*bats*), et ils doivent surtout empêcher leurs adversaires de toucher les *wickets* (petits bâtons fichés en terre), auprès desquels ils sont placés. Chaque parti nomme un juge-arbitre (*umpire*), qui doit être parfaitement au courant des règles du jeu, ayant mission d'empêcher qu'elles soient violées et de décider sur les difficultés qui peuvent survenir.

CRI-CRI, nom vulgaire du *grillon domestique*. Il s'applique aussi à un oiseau, le *bruant proyer*.

CRI DE GUERRE. Le cri de guerre ou cri d'armes paraît tenir plus spécialement aux mœurs des nations barbares qui ont envahi l'empire romain : il était en usage chez les Germains; on l'a retrouvé chez une foule de peuplades sauvages, et il est encore en grand honneur chez certaines nations. Des soldats indisciplinés ont besoin en courant sur l'ennemi de s'assurer qu'ils sont en nombre suffisant pour l'attaque; et c'est autant pour se donner à eux-mêmes plus de confiance que pour inspirer à l'ennemi plus de terreur qu'ils accompagnent toujours leurs charges d'un *hourra* qui est leur cri de guerre. Dans le moyen âge, aux beaux temps de la chevalerie, le cri de guerre avait pris un caractère tout particulier; ce n'était plus un hourra composé de clameurs confuses, c'était une devise, un cri de ralliement destiné à faire reconnaître les amis dans la mêlée. La devise était inscrite sur les drapeaux, sur les cottes d'armes, et paraissait tout aussi bien dans les tournois que dans les batailles. Le cri de guerre était alors attaché au droit de bannière, en sorte que nul gentil-homme n'avait droit de cri, s'il ne pouvait pas lever un nombre de gens d'armes suffisant pour composer une bannière. Ces cris étaient ou des invocations au ciel, ou des excitations à bien combattre, ou de simples noms de terre. Dans tous les cas, ils servaient de signes de reconnaissance et de ralliement dans la mêlée, lorsque les bannières étaient perdues ou écartées. Le cri des rois de France était *Mont-Joie Saint-Denis*, et celui de la branche de Bourbon *Bourbon Notre-Dame* ou *Espérance*. Il est fait mention du premier et de ceux de plusieurs peuples et princes au onzième siècle dans le roman de *Rou* (Rollon), premier duc de Normandie, dont nous citerons ce passage :

François crie *Mont-Joie*, et Normand *Diex-aye*;
Flamand crie *Arras*, et Angevin *rallie*;
Et il cuens Thiebaus *Chartres* et *Passavant*.

L'usage du cri d'armes s'est perdu lors de l'établissement des troupes régulières, sous Charles VII; il ne s'est plus conservé dès lors que dans les armoiries. Originairement, le cri était en quelque sorte inhérent à la possession du fief; c'est pourquoi les cadets n'avaient pas le droit de le porter. Dans un écu où il y a cri et devise, le cri se place au-dessus du casque ou de la couronne, et la devise au bas de l'écu.

CRIÉE. C'est un des modes employés pour l'adjudication des objets mis en vente. Il consiste en ce que tant que dure l'enchère un crieur énonce à haute voix les prix offerts.

On nomme au palais *audience des criées* celle qui est consacrée à l'adjudication des immeubles sur expropriation forcée ou sur vente volontaire.

CRIERIES, ou CRIS DE PARIS, cris distinctifs que font entendre dans les rues les petits marchands de tout genre qui débitent leur marchandise en plein air. Cet usage remonte dans Paris à une époque très-reculée. Guillaume de Villeneuve, écrivain du quatorzième siècle, nous a laissé une pièce de vers dans laquelle il a conservé les différentes manières dont les marchands annonçaient leur venue. Moins dédaigneux que de nos jours, un grand nombre de ceux qui se contentent d'écrire leur nom et leur profession sur leur porte ne se privaient pas d'encourager, d'exciter, d'appeler les pratiques par leurs cris. Ainsi l'*étuviste* ou baigneur criait aussitôt le jour : « Allons, seigneur, allons baigner. » Ainsi, le tailleur : « Vestes et manteaux à vendre, » etc. Il est à remarquer cependant que si tous ces petits objets nécessaires à la vie commune, les herbes, les légumes, le fromage, l'huile, tous les fruits des différentes saisons se vendaient dans la rue, comme aujourd'hui, des marchandises qui forment à présent des établissements considérables se débitaient également en plein air, et Guillaume nous dit : En voici qui crient : « Qui a dès manteaux, dès pelisses à raccommoder? » Il fait bien froid. » D'autres : « Chandoile de coton, chandoile qui mes art cler que nule estoile. — Le bon vin fort à trente-deux, à seize, à douze, à six, à huit sous. » Outre ces marchands, dont nous ne citons ici qu'un très-petit nombre, il y avait une foule de pauvres qui, chacun avec un cri particulier, annonçaient leur passage. Les mœurs dévotieuses de cette époque avaient multiplié les gens de toute espèce qui vivaient de la charité publique ; et notre poëte chroniqueur nous en a conservé le nom : « Du pain pour les frères de Saint-Jacques, dit-il; pour ceux de Saint-Augustin; du pain aux Carmes, aux pauvres escoliers et aux frères Cordeliers. » Ce sont là de bons preneurs, dit Guillaume. Puis viennent les aveugles des Quinze-Vingts, les croisés de Terre Sainte, les Filles-Dieu, qui savent bien dire: *Du pain pour Jhesu nostre sire.* Enfin, « de cette pauvre engeance les rues sont encombrées. » L'auteur de ce tableau fidèle de l'état des rues de Paris au quatorzième siècle termine enfin son *Nouviau Dit* en assurant qu'il y a dans Paris tant de marchandes de friandises, tant de loteries à *plaisirs*, à *oublies*, qu'il a mangé ainsi tout son argent.

Une autre petite pièce assez rare (in-8°. gothiq.), imprimée dans les vingt premières années du seizième siècle, contient aussi quelques renseignements sur les *cris de Paris.* On lit au *recto* de l'avant-dernier feuillet, colonne 2me : *Le cry ioyeulx des marchandises que lon porte chascun iour parmi Paris.* Ce sont à peu près les mêmes que ceux de la pièce citée plus haut; seulement, ils sont beaucoup moins nombreux, et semblent n'être plus proférés que par gens d'un petit commerce. Ainsi on y trouve :

A gens de diverses manières
Orrez crier des allumettes.
Auquel mestier ne gagnent gueres.

Et autre traits semblables. On s'aperçoit que le temps était changé, et que les différentes branches de commerce avaient pris assez d'étendue pour procurer à ceux qui les exerçaient les moyens de s'établir et de ne plus aller colporter eux-mêmes leurs marchandises.   LE ROUX DE LINCY.

CRIEURS (Corporation des). Au moyen âge, les crieurs étaient des officiers publics, formant une corporation régie, comme les autres, par des statuts particuliers, et ayant dans Paris deux maîtres, un pour chaque rive de la Seine. Les marchands, les bourgeois, avaient recours à cette corporation pour répandre par la ville les avis qu'ils voulaient communiquer au public, car le *criage* était le seul moyen de publicité d'alors. Ainsi, on criait au son des clochettes, de la trompette ou du tambourin (vous pensez le beau vacarme qui devait en résulter dans les rues, si étroites et si tortueuses du vieux, Paris), les denrées, les décès, les invitations aux obsèques, les ordonnances de police, les enchères, les objets perdus, les enfants égarés, et une foule d'autres choses, pour lesquelles l'affichage et les annonces des journaux sont devenus de nos jours la voie de publicité la plus naturelle. Il paraît toutefois, et le trait est bon à noter, que la principale occupation des crieurs était d'annoncer le vin à vendre, et que ce criage donnait lieu à une perception si importante qu'elle devint une branche considérable du revenu royal. En 1220 Philippe-Auguste le céda aux marchands de la hanse, avec le droit de nommer et de révoquer les crieurs. A l'époque de la révolution de 1789, les crieurs jurés, dont les statuts avaient été enregistrés au parlement en 1681, n'avaient conservé de leurs anciennes fonctions que le droit de fournir aux obsèques les tentures, manteaux et habits de deuil, comme jadis ils devaient quérir et rapporter les robes, manteaux et chaperons pour les funérailles.

CRILLON, famille illustre et ancienne, dont le nom primitif est *Balbes*, et qui prétend descendre des *Balbus*, famille patricienne de l'ancienne Rome, dont une branche fonda, au sixième siècle, dans les États Sardes, la ville et la république du Quiers ou de Chieri. Un membre de cette famille, *Gilles* DE BERTON, qui par sa mère était allié aux Visconti, ducs de Milan, et d'Orléans, cousin du roi de France Charles VII, voyant sa famille déchue des honneurs dont elle avait joui dans sa patrie, subjuguée en 1455 par Louis II, duc de Savoie, alla s'établir l'année suivante à Avignon. *Louis* DE BERTON, son fils, acheta dans le comtat Venaissin la terre de Crillon, dont le nom, illustré par son petit-fils, a été adopté par sa postérité.

CRILLON (*Louis* DES BALBES DE BERTON DE), l'un des plus grands capitaines du seizième siècle, né en 1541, au château de Murs, dans le comtat Venaissin, était le huitième fils de Gilles II de Berton, et fut reçu chevalier de Malte dès le berceau. Après avoir fait ses études à Avignon, en s'exerçant à la lutte, à l'équitation et au maniement des armes, il devint aide de camp du duc de Guise en 1557, et contribua par sa valeur à la reprise de Calais sur les Anglais. L'année suivante, présenté à Henri II comme un brave sans fortune, il obtint de ce prince un bénéfice, et dans la suite reçut l'archevêché d'Arles, quatre évêchés et une abbaye. Capitaine de 50 hommes d'armes dans la légion du baron des Adrets, il ne put sympathiser avec ce terrible baron. En 1560, trop dévoué au duc de Guise, il attaqua les conjurés d'Amboise, qui furent tous tués, pris ou dispersés. On le vit se signaler successivement à la prise de Rouen, aux batailles de Dreux, de Saint-Denys, de Jarnac et au siége de Poitiers, qu'il força Coligny de lever. Dans les plaines de Moncontour, tandis qu'il poursuit les fuyards, il est blessé au bras d'un coup d'arquebuse par un soldat calviniste embusqué. L'assassin qu'il va percer de son épée, se jette à ses pieds : « Rends grâce à ma religion, dit le héros, et rougis de n'en être pas; je t'accorde la vie. » Au siége de Saint-Jean-d'Angely, il monta le premier à l'assaut, et reçut de Charles IX l'épithète de *brave*, qui devint inséparable de son nom. Pendant la courte paix de Saint-Germain-en-Laye, Crillon court se signaler à la bataille navale de Lépante, gagnée en 1571, par don Juan d'Autriche sur les Othomans. C'est lui qui commence l'action, qui reprend sur les corsaires d'Alger et de Tripoli le vaisseau monté par le commandant des galères de Malte, et qui va porter à Rome la nouvelle de la victoire.

Crillon était trop honnête homme pour que la cour l'initiât au secret du massacre de la Saint-Barthélemy : il blâma hautement ce crime d'État. Il venait de se couvrir de gloire au siège de La Rochelle lorsqu'il suivit le duc d'Anjou, élu roi de Pologne. En revenant de ce pays avec Henri III, Crillon est inscrit sur le livre des nobles vénitiens en reconnaissance de ses exploits à Lépante. A Lyon, il est nommé par le roi gouverneur du Boulonnais, et mestre de camp d'un régiment qui prit le nom de Crillon. Vainement il veut réveiller la valeur que le prince avait montrée auparavant et de porter la couronne, il ne retire d'autre fruit de son zèle que l'indifférence de son maître et la haine des favoris. Henri avait juré de faire mourir Fervaques, accusé d'intelligences avec le roi de Navarre, ainsi que celui qui avertirait ce traître pour le faire évader. Le vertueux Crillon, voulant épargner un crime de plus à son maître, fait échapper Fervaques, et ne craint pas de l'avouer au roi, qui n'ose le punir et lui pardonne. Marguerite de Valois ayant été soupçonnée d'avoir favorisé l'évasion du duc d'Alençon, s'était joint au roi de Navarre, Henri III la tint enfermée dans son appartement, il défendit aux gardes, sous peine de la vie, de laisser entrer personne chez la princesse. Tous les courtisans s'éloignèrent. « Crillon seul, dit cette princesse dans ses Mémoires, méprisant toutes les défenses et les défaveurs, vint cinq ou six fois dans ma chambre, étonnant tellement les cerbères que l'on avait mis à ma porte, qu'ils n'osèrent jamais le dire ni lui refuser le passage. »

Pendant la guerre de la Ligue, Crillon se distingua par son courage et ses vertus. Nommé sergent général de bataille au siége de La Fère, en 1580, il décida par son courage la reddition de la place. En 1581 Henri lui donna le régiment des gardes et l'ordre du Saint-Esprit. Il fut bientôt admis au conseil du roi et nommé lieutenant-colonel de l'infanterie française, charge créée pour lui et supprimée après sa mort. En 1586 il commanda sous d'Épernon l'armée royale en Provence, et eut tout l'honneur de la soumission de cette province. A la fameuse journée des Barricades, il proposa d'opposer la force à la sédition; mais la pusillanimité du roi ayant laissé avancer la populace jusqu'à cinquante pas du Louvre, un regard de Crillon fit rougir et déconcerta le duc de Guise, qui venait dicter la loi à son souverain. Henri sortit de Paris avec 4,000 Suisses et 500 gardes françaises, seule armée qui lui restât. Mais Crillon était avec lui. Arrivés à Étampes, les Suisses veulent se retirer, et leur exemple peut ébranler les gardes. Crillon harangue ses soldats, qui jurent de ne jamais l'abandonner. Alors, s'avançant vers le colonel des Suisses. « Il faut, lui dit-il, jurer fidélité au roi, ou vous battre à l'instant contre moi. » Les Suisses jurent de ne point abandonner la cause de Crillon, et ce prince embrasse son libérateur. Mais le faible roi fait la paix avec la Ligue, nomme Guise généralissime, et bientôt veut le faire assassiner aux états de Blois. Crillon refuse avec indignation de se souiller d'un crime, qui trouve des exécuteurs plus dociles. Henri, forcé de se retirer à Tours, y est attaqué par le duc de Mayenne. Crillon soutient le combat pendant six heures, et fait des prodiges; son exemple rend au roi le courage de sa jeunesse. Engagé dans la mêlée, il allait périr d'un coup de pertuisane; un neveu de Crillon, le jeune chevalier de Berton, sauve son maître, et reçoit le coup mortel. Enfin, l'arrivée du roi de Navarre force Mayenne à la retraite. Crillon, dangereusement blessé, est visité par les deux monarques, et gagne l'amitié du roi de Navarre. Ses blessures le retiennent dix-huit mois à Tours.

Dans cet intervalle, Henri III est assassiné: Henri IV, parvenu au trône, remporte sur les Ligueurs la victoire d'Arques, et assiège vainement Honfleur, que défendait un frère du héros, le commandeur Gérard de Berton, qu'il ne peut gagner par l'offre du bâton de maréchal. Crillon reçoit quatre lettres et deux visites du roi : la plus fameuse et la plus courte de ces lettres est celle qui ne contient que ces mots : « Pends-toi, brave Crillon; nous avons combattu à Arques, et tu n'y étais pas. Adieu, brave Crillon : je vous aime à tort et à travers. » Mais Crillon convalescent combat à Ivry, en veillant sur la personne du roi. Après le premier siège de Paris, il enlève le faubourg Saint-Honoré, et se fortifie dans le quartier des Tuileries. L'arrivée du duc de Parme avec une armée l'oblige à suivre Henri devant Rouen. Au siège de cette ville, Biron fait des fautes qu'il lui impute, et l'accuse même d'avoir quitté son poste. Crillon, furieux, l'accable du poids de sa colère, sans être retenu par la présence du roi. Le lendemain il reconnut sa faute, se jeta aux pieds de Henri, qui l'embrassa, et qui réconcilia les deux guerriers. Peu de jours après, Crillon entra dans Quillebœuf, avec une barque chargée de provisions. André de Villars assiégeait cette place, qui n'était défendue que par quarante-cinq soldats et dix gentils-hommes. A ses sommations le héros répondit: « Villars est dehors, mais Crillon est dedans. » En effet, sa vigoureuse résistance fit bientôt lever le siège et lui mérita les éloges d'Henri IV.

Ce prince, ayant été sacré roi, ne fit rien pour Crillon, dont il était sûr, et tâcha de gagner les rebelles par ses bienfaits. Mais Crillon se trouvait assez payé par l'amitié de son roi. Il venait d'entrer dans Marseille avec le jeune duc de Guise, gouverneur de Provence. Une flotte espagnole croisait devant le port, lorsque Guise et quelques jeunes seigneurs, par une plaisanterie bien déplacée, réveillèrent Crillon au milieu de la nuit, en criant que les Espagnols étaient maîtres du port et de la ville. Le héros se lève, s'arme à la hâte, refuse de fuir, et veut mourir en combattant. Détrompé par un éclat de rire du duc de Guise : « Jeune homme, lui dit-il, en lui serrant le bras, ne te joue jamais à sonder le cœur d'un homme de bien! *Harnibieu!* je te poignarderais si tu m'avais trouvé faible. » Après la destruction de la Ligue, Crillon commanda, en 1600, une armée en Savoie, ayant Sully pour général d'artillerie ; il en conquit presque toutes les places, et mérita le titre de *brave des braves*, que Henri IV lui donna. Il fit plus, il gagna dans cette campagne l'amitié de Sully, dont il n'avait que l'estime. Il se trouvait à Lyon lorsque le roi, y étant venu pour recevoir Marie de Médicis, dit à ses courtisans, en mettant la main sur l'épaule de Crillon : « Voilà le premier capitaine du monde. — Vous en avez menti, sire, c'est vous! » répliqua vivement Crillon. Il aurait été fait maréchal de France sans la duchesse de Beaufort (Gabrielle), que le duc de Sully et lui avaient empêchée d'être reine, et par la marquise de Verneuil, qui trouvait en eux des censeurs trop sévères. L'âge et les infirmités, non moins que son caractère, rendant peu agréable à Crillon le séjour de la cour, lui faisaient désirer le repos. Il obtint la permission de céder son régiment des gardes à Créqui, comme au plus digne, et retourna vivre à Avignon comme un citoyen simple et modeste.

Ce fut là qu'il apprit la fin déplorable de son maître, dont il ne prononça plus le nom sans verser des larmes, et sa douleur ne finit qu'avec sa vie. Un jour qu'il entendait prêcher la passion dans une église, ému par le tableau des souffrances du Christ, il se leva brusquement en portant la main sur son épée, et s'écria : « Où étais-tu, Crillon? » Il refusa les offres de Marie de Médicis, persuadé que la disgrâce de Sully et la faveur de Concini rendraient sa présence inutile à la cour. Il mourut le 2 décembre 1615, à soixante-quinze ans, avec le même courage que s'il eût marché au combat. Son corps était couvert de vingt-deux blessures, et son cœur était d'une grosseur extraordinaire. Les soldats l'appelaient *l'homme sans peur*. Tant de vertus n'étaient pas sans défauts : il portait la franchise jusqu'à la rudesse; il était pointilleux, et prêt à mettre l'épée à la main pour un mot équivoque.

H. AUDIFFRET.

Comme il était mort sans enfants, son troisième frère, *Thomas* DES BALBES DE BERTON, prit le nom de Crillon et, par le décès de tous les autres frères réunit sur sa tête la totalité des biens appartenant à la famille. Il épousa Marguerite de Guilhem, dont la maison est reconnue pour une branche des Clermont-Lodève. Ce fut en faveur de *François-Félix* DES BALBES DE BERTON, issu de ce mariage, que la seigneurie de Crillon, située dans le comtat Venaissin, mais alors dépendance du saint-siège, fut érigée en duché par une bulle du pape Benoît XIII, du 27 décembre 1725.

CRILLON (Louis DES BALBES DE BERTON, second duc DE) se distingua par ses talents militaires, et est encore célèbre aujourd'hui par ses Mémoires, publiés en 1791, qui contiennent une foule de documents précieux relatifs à l'art de la guerre. Né en 1718, il avait fait dès 1733 une campagne en Italie sous les ordres du maréchal de Villars. En 1742 il servit en Allemagne avec la plus grande distinction sous le duc d'Harcourt. Mais à l'époque de la guerre de sept-ans, par suite d'une mésintelligence qui éclata entre lui et le ministère français, il passa au service d'Espagne. En 1782, pendant la guerre d'Amérique, il fut créé *duc de Mahon* à l'occasion de la prise de Minorque; et il mourut à Madrid, en 1796, avec le titre de capitaine général de Valence et de Murcie.

Son fils aîné mourut en 1806, sans laisser de postérité. Le second, *François-Félix-Dorothée* DES BALBES DE BERTON, duc DE CRILLON, pair de France et lieutenant général, mort en 1820, avait fait ériger en duché, sous son nom, la terre de Boufflers, en Picardie. La noblesse du Beauvoisis le députa aux états généraux de 1789, et il forma chez lui une société qui devint le noyau du club des Feuillants. Emprisonné en 1792, le 9 thermidor lui rendit la liberté. La Restauration lui donna la pairie. Il a laissé deux fils.

CRILLON (MARIE-GÉRARD-LOUIS-FÉLIX-RODRIGUES DES BALBES DE BERTON, duc DE) et duc DE BOUFFLERS, fils aîné du précédent, né en 1782, entra en 1814, avec le grade de lieutenant, dans les mousquetaires gris, et fut, après les cent-jours, appelé au commandement de la légion des Basses-Alpes, corps qui, sous la dénomination de 2e régiment d'infanterie légère, fit la campagne d'Espagne en 1823. Au retour, il fut nommé maréchal de camp et chevalier de Saint-Louis. A la chambre des pairs, où il entra par suite de la mort de son père, il se fit toujours remarquer par la modération de ses opinions et par son respect pour les principes inscrits dans la charte, ainsi que pour les intérêts créés par la Révolution. Il a épousé Mlle de Rochechouart de Mortemart (morte en 1849). De ce mariage sont issues cinq filles, dont l'une a épousé le neveu de feu *Pozzo di Borgo*, lequel à la mort de son beau-père prendra le titre de duc de Crillon.

CRILLON (LOUIS-MARIE-FÉLIX DES BALBES DE BERTON, marquis DE), frère du précédent, né à Paris en 1784, entra au service en 1809, en qualité de sous-lieutenant au 2e régiment de chasseurs à cheval. Il fit une partie de la campagne de Russie, avec le 7e de chasseurs, où il avait été nommé lieutenant, et fut blessé d'un coup de biscaïen à Polock, sur la Dwina. Nommé capitaine d'état-major en février 1813, il fit la campagne de Saxe, et fut décoré par l'empereur sur le champ de bataille. La Restauration le nomma successivement colonel et maréchal de camp. En 1830 il avait hérité de la pairie de son beau-père, le marquis d'Herbouville; mais lui aussi n'a eu que des filles.

CRIM-CON, abréviation en usage dans les journaux, les recueils et les livres anglais pour remplacer les mots *criminal conversation* (conversation criminelle), qui scandaliseraient les chastes et pudibondes oreilles des lecteurs et lectrices de toutes conditions sociales. On n'a jamais entendu parler en Angleterre d'*adultères* ou de *procès* en *adultère* ; on ignore même ce que peuvent signifier ces termes impudiques, capables de faire venir tout de suite de coupables pensées à l'esprit. Tout au plus admet-on qu'il puisse y avoir eu des entretiens *illicites* entre individus de sexe différent, et engagés déjà l'un ou l'autre dans les liens d'une union matrimoniale. A la rigueur, on consentira à ce qu'il y ait eu conversation criminelle, *criminal conversation* ; mais le *cant* britannique baisserait les yeux dès qu'il apercevrait ces affreux mots, et n'aurait jamais le courage d'aller plus loin dans la lecture du recueil ou du journal où il les rencontrerait *par hasard*. Grâce à cette ingénieuse abréviation de *crim-con*, Agnès elle-même peut lire le compte-rendu des plus scandaleux procès sans se douter le moins du monde de ce dont il est question. Trois fois benoîte Angleterre !

CRIME. Bien que le crime soit fort ancien sur la terre, il serait très-difficile d'en donner une définition générale qui convînt à tous les temps et à tous les lieux. La puissance paternelle donnait au citoyen romain droit de vie et mort sur ses enfants, au maître droit de vie et mort sur ses esclaves, et ce que nous regardons aujourd'hui comme un crime n'était pour eux qu'un frein salutaire. L'infanticide est chose permise en Chine, s'il faut en croire certaines relations. L'esclavage aujourd'hui est un crime aux yeux de presque tous les États civilisés; et cependant nous voyons dans la puissante Confédération américaine cette institution, abhorrée par les États du Nord, être la loi fondamentale de ceux du midi. Et c'est chez un même peuple qui parle la même langue qu'existe cette choquante contradiction ! La polygamie n'est un crime chez nous que par son incompatibilité avec nos lois civiles. Nous n'avons pas besoin d'ailleurs de découvrir un type universel du crime, si tant est qu'il existe, et il nous suffit d'envisager cette matière dans ses rapports avec l'état actuel de notre législation.

Quelques publicistes ont établi quatre classes de crimes, d'après leur nature, la peine encourue, la compétence du juge, l'instruction et la preuve. D'autres les ont considérés par rapport à la religion, au prince ou à l'État, aux particuliers, à l'ordre public ; Montesquieu, Beccaria et Filangieri adoptent ces grandes divisions avec des différences de détail.

M. de Pastoret propose de les considérer dans leurs rapports avec la nature, avec la société ou avec la loi positive. M. de Warville voudrait qu'on n'en admît que deux grandes classes : 1° les crimes *publics*, qui se subdiviseraient en crimes moraux, civils et politiques, religieux ; 2° les crimes *privés*, parmi lesquels on distinguerait ceux contre l'honneur, contre la propriété, contre la sûreté. Bentham reconnaissait des délits *privés* et *réflectifs*, *semi-publics* et *publics* ; *réflectifs*, qui, ne nuisant qu'au délinquant, ne sont pas incriminés par la loi; *semi-publics*, qui affectent une corporation, une commune; *publics*, comprenant ceux contre la sûreté extérieure, la justice, la police, la force publique, le trésor public, la souveraineté, la morale et la religion ; *privés*, qui s'appliquent aux personnes, aux propriétés, à la réputation, à la condition civile. Le Code Pénal de 1810, comme celui de 1791, admit la division romaine de crimes *publics*, c'est-à-dire contre la chose publique, et de crimes *privés*, c'est-à-dire contre les particuliers.

Les crimes publics peuvent se subdiviser en trois classes : 1° contre *l'existence de l'État*, lorsqu'ils menacent la nationalité ; 2° contre *la constitution politique*, quand ils s'adressent à la forme du gouvernement ou à l'exercice des droits politiques consacrés par la constitution ; 3° enfin contre *l'ordre public* : ce sont ceux commis par les fonctionnaires qui abusent de leur autorité, ou par les particuliers qui usurpent les fonctions publiques ou résistent à la force légale. Quant aux crimes privés, ils se classent tout naturellement selon qu'ils sont commis soit contre les personnes, soit contre les propriétés. Les comptes rendus de justice criminelle publiés tous les ans par les soins du ministre de la justice divisent également les crimes en *crimes contre les personnes*, contre *les propriétés*, et *crimes politiques*. En France, les crimes contre les personnes et surtout les attentats à la pudeur sur des adultes ou sur des enfants ont augmenté sensiblement depuis vingt ans, tandis que les crimes contre les propriétés ont subi une diminution à peu de chose près équivalente. On distingue encore les crimes par rapport à la pénalité qu'ils entraînent ; c'est ainsi qu'autrefois on reconnaissait des *crimes ordinaires* et des *crimes extraordinaires*, des *crimes privés* et des *crimes publics*, des crimes *graciables* et des crimes qui ne l'étaient pas; mais de toutes ces dénominations il n'en est resté qu'une seule en usage : c'est le *crime capital*, qui entraîne avec lui la mort naturelle ou civile.

Le principal inconvénient de la distinction des crimes et des délits est d'être essentiellement arbitraire, il n'y a en morale aucun principe qui indique où commence le crime et finit le délit. C'est souvent la même faute qui, d'après des circonstances extrinsèques, prend tantôt l'une, tantôt l'autre de ces qualifications. Les motifs qui ont porté à un crime, la manière dont il a été commis, les instruments dont on s'est servi, le caractère du coupable, la récidive, l'âge, le sexe, la parenté, les temps, les lieux contribuent pareillement à caractériser l'énormité plus ou moins grande d'un crime. Mais le principe fondamental de la législation pénale est le suivant : pour qu'il y ait crime, il faut que l'acte ait été qualifié tel par une disposition précise d'une loi antérieure. Quant au législateur, s'il doit éviter ou faire disparaître des lacunes qui seraient préjudiciables à l'ordre public, il doit surtout se garder de caractériser comme *crime* ce qui ne le serait point ; « consulter l'opinion et se conformer aux lumières du siècle, dit le comte Berlier, voilà le vrai guide du législateur ; c'est aussi le seul frein que la société puisse lui imposer, mais ce frein est une puissance réelle. » Ainsi on ne ferait plus revivre aujourd'hui ces crimes absurdes de sorcellerie et de magie, et on ne rallumerait plus de bûchers pour les crimes d'hérésie.

La volonté étant un des éléments constitutifs du crime, la culpabilité ne saurait atteindre ni un homme en démence, ni un enfant en très-bas âge, qui agit sans discernement, ni celui qui a commis un homicide en défendant sa vie ou celle d'une personne qu'on voulait assassiner; s'il a donné la mort par imprudence, il encourt la peine de l'imprudence; il est innocent si le fait a eu lieu par un pur accident sans aucune faute de sa part.

En résumé le crime ne commence que lorsque l'action, qualifiée criminelle par une loi antérieure, a été commise avec dessein et sans motifs ou excuses valables. C'est alors seulement, quand tous ces caractères sont réunis, que le corps social acquiert le droit de frapper l'individu reconnu coupable. W.-A. DUCKETT.

CRIMÉE ou KRIMÉE (*Krim* ou *Krym*), péninsule de la Russie méridionale, formant la partie la plus importante du gouvernement de la Tauride, et qu'on désigne aussi sous le nom de presqu'île de Tauride. La Crimée ne se rattache au reste du continent que par l'isthme très-étroit de Perekop, entre la mer Noire et la mer d'Azof, mers qui communiquent ensemble par le détroit de Kaffa. Le développement de ses côtes est d'environ 103 myriamètres et sa superficie de 195 myriamètres carrés : aussi est-elle encore plus accessible que la presqu'île de Morée. Près du détroit de Kaffa, en face des premières assises du Caucase, s'élève abruptement au-dessus de la mer le plateau de la Tauride, qui, sous la dénomination assez impropre de *Jaila* (*Montagnes Alpestres*), longe toute la côte méridionale, et envoie au nord différentes chaînes parallèles, richement boisées, séparées par de délicieuses vallées, jusqu'à ce qu'il se perde insensiblement avec ses derniers contre-forts dans les steppes monotones qui occupent la plus grande partie de la péninsule. La plus méridionale de ces chaînes est la plus élevée de toutes; le *Tschadyrdagh*, c'est-à-dire Montagne de la Tente (le *Mons Trapezus* des anciens), en est le point extrême d'altitude (1,580 mètres). Il domine tous les autres pics comme une gigantesque Montagne de la Table, et forme beaucoup de vastes et profondes cavités, dont quelques-unes restent remplies de glace toute l'année.

C'est aux montagnes que renferme sa partie méridionale que la Crimée doit la réputation d'être l'un des plus pittoresques et des plus magnifiques pays de la terre. Les vallées, qui affectent tantôt la forme des rues étroites et sinueuses bordées de hautes murailles de rochers, tantôt celle de larges parallélogrammes, ou encore celle d'entonnoirs, sont traversées par des rivières et des ruisseaux, fertiles sur tous les points, parfaitement cultivées, et, comme tout le sud, jouissant du plus beau climat et de la plus magnifique végétation tropicale. De même que les flancs des montagnes qui les bordent, elles sont couvertes de villages tatares produisant l'effet le plus pittoresque. Là, c'est un couvent grec, plus loin une mosquée tatare. Ici la montagne régulièrement découpée en forme de marches d'escalier, est accessible jusqu'à son sommet; là on trouve sur les plateaux des pâturages aussi riches que ceux des montagnes de la Suisse. Ici sont des tours à moitié ruinées et d'autres débris de châteaux forts d'une lointaine époque; là de magnifiques domaines et châteaux de plaisance, appartenant à l'aristocratie russe, avec leurs bois d'oliviers, leurs vignes et leurs vergers, charment les regards. La culture des céréales, du millet, du tabac, y donne de riches produits; il en est de même de celle de la vigne, dont les plants ont été tirés de Bourgogne, de Champagne et de Bordeaux, du Rhin, de Hongrie, d'Espagne, de Portugal et de Madère, qui produit d'excellents vins, notamment à Sudak et à Koos, et partout les plus délicieux raisins. Dans les vergers on trouve le pommier, le poirier, le prunier, l'abricotier, le pêcher, des melons, des arbouses, des légumes très plus délicats, des figues, des amandes, des grenades et jusqu'à des oranges, des fleurs de toutes les zones, des myrtes et des cyprès, comme on n'en voit pas même en Andalousie. Le noyer et le mûrier y sont aussi des arbres très-communs.

A ces différents produits il faut ajouter l'éducation des abeilles, qui donne d'importants produits en miel et en cire, celle des vers à soie, enfin l'élève des chevaux, du gros bétail et des moutons. Mentionnons aussi les peaux d'agneau brutes, du plus beau noir ou du plus beau gris, connues dans le commerce sous le nom de *merluschki* ou de *baranks* de Crimée. A la différence de la partie montagneuse si riche en produits de tous genres et en beautés naturelles, en villes, en ports, en villages et en châteaux, la partie septentrionale de la Crimée ne forme qu'une steppe à l'aspect triste et désert, continuation de la steppe des Nogais, pauvre en bois et en cours d'eau, au sol le plus généralement maigre et impropre à la culture, où la présence de nombreux bancs de sel et lacs salés indique qu'à une époque reculée la mer couvrait la plus grande partie de la presqu'île, en même temps que leur évaporation y vicie l'atmosphère. Ceci s'applique surtout à ce qu'on appelle la *mer paresseuse* ou *Siwasch*, partie de la mer d'Azof qui pénètre derrière la longue langue de terre d'Arabat, qui n'est séparée de la mer Morte, dépendance de la mer Noire, que par l'isthme de Perekop, et qui dans la saison des grandes chaleurs exhale une désagréable odeur d'eau stagnante, et finit par se dessécher si complètement qu'on y peut passer à cheval, tandis qu'aux autres époques de l'année elle est navigable.

Simpheropol est le chef-lieu de la Crimée. Il faut en outre mentionner *Sebastopol*, le port militaire le plus important de la mer Noire; *Bakitschi-Seraï*, l'ancienne capitale et résidence des khans tatares, et les ports d'*Eupatoria* ou *Jefpatorija* (appelée aussi *Koslof*), de *Balaklawa*; d'*Ialta*, de *Sudak*, de *Teodosia* ou *Kaffa*, avec la forteresse d'*Iénikalé*; le beau domaine de Nikita, avec un magnifique jardin impérial, où le règne végétal se développe dans tout son luxe, où l'on voit un temple élevé à la gloire de Linné, et d'où l'on découvre les plus magnifiques points de vue; le village tatare d'*Aloupka*, avec un château de plaisance, d'architecture gothique, appartenant au comte Woronzoff, derrière lequel s'élève l'*Aï-Petri*, haut de 3,300 mètres, et où l'on voit l'un des plus beaux jardins qu'il y ait en Europe; le domaine d'*Orianda*, jadis séjour de prédilection de l'empereur Alexandre, avec un parc de toute beauté et un château de plaisance de style oriental et fantastique.

CRIMINALITÉ. La criminalité d'un fait, c'est ce qui lui donne le caractère du crime. En France, les chambres d'accusation vérifient la criminalité des faits et les jurés statuent sur la culpabilité des individus.

CRIMINEL. C'est celui qui est atteint et convaincu de quelque crime. Comme adjectif, ce mot sert à désigner ce qui est condamnable, illicite, ou ce qui se rapporte au jugement des crimes : *instruction criminelle, juridiction criminelle, chambre criminelle, matière criminelle, procès criminel, intenter une action criminelle.*

Les expressions *grand* et *petit criminel* désignent les juridictions chargées de connaître des crimes ou des délits. Les cours d'assises constituent aujourd'hui le grand criminel; et le petit criminel est représenté par nos tribunaux correctionnels.

CRIN, filament d'une composition chimique fort analogue à celle de la corne et des ongles, qui vient au col et à la queue des chevaux, des bœufs et d'autres animaux. Les crins, comme tous les poils, ont une bulbe radicale, à l'aide de laquelle ils pompent les sucs nécessaires à leur accroissement. Le commerce de Paris tire beaucoup de crins de la Russie, de l'Amérique et de certaines parties de la France. Les meilleurs, entre ces derniers, sont ceux des provenances de Picardie, du Soissonnais et de la Champagne; on fait peu de cas des crins de la Lorraine et de la Bretagne.

Les crins sont de diverses couleurs; leur forme est un cône excessivement allongé qui croit par sa base. La structure intérieure du brin est un assemblage de filaments faciles à séparer, réunis dans une seule gaine, qui paraît cannelée. Au centre du brin se trouvent un ou deux canaux qui contiennent une sorte de moelle. Le crin a beaucoup d'élasticité, et jouit d'une force assez grande ; ceux qui proviennent de la queue du cheval principalement supportent un poids assez lourd, et s'allongent d'environ un douzième avant de rompre. Les crins que l'on voit dans le commerce sont plats ou frisés. Le crin plat sert à fabriquer des tamis ou cribles, des pinceaux, une étoffe d'une grande durée. Les tapissiers, matelassiers, carrossiers, font une consommation considérable de crin frisé.

Le crin dit *de France*, à échantillon frisé, est un mélange de déchets des crins de queue, des crinières entières du cheval, des queues de bœuf. Ce crin est beaucoup plus court et plus faible que celui *pure queue*. Il nous vient beaucoup de cette sorte inférieure de Buenos-Ayres. Le crin de Russie est en général encore moins estimé. Ses brins sont fins, mous, et exhalent une odeur fort désagréable. On nous apporte encore des peignures de Russie ; c'est la sorte la plus inférieure.

Les bons crins sont ceux de la queue du cheval. Ceux-ci sont carrés ; on les vend en mèches séparées. Ils sont réservés à la fabrication des tissus, et pour les archets d'instruments à cordes. Il y a aussi des crins blancs, choisis exprès, et qui sont recherchés pour les tissus de couleur vive. Le *crin crépi* est celui qui a été filé en corde, puis bouilli pour le faire friser.

Un habile industriel français a fait voir quel parti on pouvait tirer du crin dans la fabrication des tissus. Il y a appliqué des procédés parfaits de teinture. Aujourd'hui on a introduit dans le tissage des tissus de crin ce qu'on avait prétendu impossible, c'est-à-dire des grands dessins damassés, les bouquets, etc., etc. Nous avons à cet égard laissé loin derrière nous les Anglais et les peuples de l'Allemagne.

Les métiers qui servent à la fabrication des étoffes de crin ne diffèrent que par le *temple* et la *navette* des métiers ordinaires que l'on emploie pour les étoffes en soie ou en coton. Au lieu de temple, on se sert de deux pinces à vis en fer pour tenir l'étoffe également et légèrement tendue. La navette se compose d'une longue règle en bois de buis ou tout autre bois dur, dont la longueur est de près d'un mètre, la largeur de deux à trois centimètres, l'épaisseur de quatre millimètres, et qui se termine par un fuseau en acier et un crochet. La chaîne des étoffes de crin est en fort fil de chanvre ou de lin, teint en noir, qui se tire de Lille et de Bailleul. La trame seule est en crin. L'ouvrier passe la navette d'une main entre les fils de la trame lorsque le pas est ouvert ; un enfant est placé sur l'un des côtés du métier, et présente un brin de crin à l'ouvrier près de la lisière qui est de son côté ; l'ouvrier saisit ce brin avec le crochet de la navette, et en le tirant dans le sens de la largeur, il le fait passer dans l'étoffe. Le crin est placé en paquet, du côté du métier où se tient l'enfant, dans une boîte où il y a de l'eau pour le tenir humide ; c'est ce qui donne au crin la souplesse nécessaire pour qu'il soit bien frappé dans le tissu. L'étoffe étant fabriquée, on lui donne le lustre par le moyen d'un laminoir ou cylindre composé d'un rouleau de papier, et d'un autre rouleau en fer creux dans lequel on a introduit des boulons de fer chauffé. L'étoffe passe entre les deux rouleaux, soumise à une forte pression.   PELOUZE père.

CRINAS, médecin fameux, né à Marseille, dans le premier siècle de notre ère, vint s'établir à Rome, où il acquit bientôt une grande réputation en pratiquant l'astrologie concurremment avec la médecine. C'est ainsi qu'il ne prescrivait jamais à ses malades ni remèdes ni aliments sans avoir préalablement consulté les astres. Grâce à ce charlatanisme, il eut bientôt éclipsé tous ses confrères et acquis une fortune immense. Pline nous apprend qu'il laissa en mourant dix millions de sesterces, qui équivaut à *deux millions de francs* ; et qu'il avait dépensé à peu près autant pour aider à relever les fortifications de sa ville natale, qu'il n'avait quittée que parce qu'elle n'offrait pas un champ assez vaste à son ambition.

CRINIÈRE. En langage usuel, on désigne sous ce nom, dérivé de *crin*, l'ensemble des poils longs ou crins qui sont sur le cou et entre les oreilles du cheval et du lion. On nomme aussi *crinière* la partie d'un caparaçon qui couvre le cou et la tête du cheval. En histoire naturelle, on a recours à ce nom pour désigner la masse de poils plus ou moins longs ou de plumes effilées qui garnissent une étendue plus ou moins grande de la ligne dorsale ou toute la région antérieure du cou. En outre des crinières composées de vrais poils ou crins qu'on observe chez le cheval et le lion, les naturalistes ont constaté l'existence de semblables crinières dans plusieurs mammifères, savoir : 1° parmi les carnassiers, chez les civettes, les hyènes et une espèce de phoque, qui est le lion marin de Steller ; 2° dans les rongeurs, chez les porcs-épics et les agoutis ; 3° parmi les ongulés dans toutes les espèces de solipèdes, chez les sangliers, les pécaris, la girafe, plusieurs espèces d'antilopes, les buffles et les ovibœufs. Les poils de ces crinières sont en général susceptibles d'être relevés ou hérissés beaucoup plus que ceux des autres parties du corps, par l'action des muscles peaussiers. Les anatomistes du cheval regardent la crinière de cet animal comme un ornement et un signe caractéristique de courage, de force et de fierté. Ils donnent le nom de *toupet* aux crins qui terminent la crinière en avant et descendent du sommet de la tête.

Les ornithologistes ont étendu la signification du mot crinière : 1° à une crête formée par des plumes hérissées sur l'occiput et le long du cou (calao à crinière, ou *buceros jubatus*) ; 2° à une huppe de plumes effilées sur la tête (canard chevelu ou *anas jubata*).   L. LAURENT.

On donne aussi le nom de *crinière* à la touffe de crin tombante qui garnit le cimier des casques des gardes de Paris, des cuirassiers, des dragons, et qui flotte par derrière. Noire pour les soldats et rouge pour les trompettes, elle avait cessé sous la Restauration d'être pendante pour les cuirassiers, et ressemblait assez à la *chenille* que portent encore et les carabiniers et les sapeurs-pompiers : rouge dans le premier corps pour les soldats, et blanche pour les trompettes ; rouge dans le second pour les soldats, et rouge pour les clairons. La supériorité de la crinière flottante par derrière sur la crinière en chenille n'est plus aujourd'hui douteuse pour les militaires. Seule elle protège avantageusement la nuque et pare avec succès un coup de sabre. Nous ne voyons donc pas pourquoi les carabiniers ne l'adopteraient pas comme le garde de Paris, les cuirassiers et les dragons.

CRI PUBLIC. Cette expression se prend quelquefois pour *clameur publique*. Elle se dit aussi de la proclamation, ban, publication qui se fait, après avoir amassé le peuple à son de trompette ou de tambour dans les rues et places publiques d'une ville ou d'un bourg, à l'effet de rendre une chose publique.

CRIQUET, genre d'insectes de la famille des acridiens, section des orthoptères sauteurs. Latreille a aussi désigné sous le nom de *criquets* toute la famille des acridiens. Les criquets proprement dits, dont l'entomologie forme le genre *acridium*, ont la tête ovoïde et les antennes filiformes. Leurs ailes sont souvent agréablement coloriées de rouge et de bleu, comme on le voit dans les espèces de notre pays. Le corselet des espèces des pays étrangers offre des formes très-bizarres. Un organe qui exerce quelque influence, soit dans le vol, soit dans la stridulation, et qui consiste en une grande cavité fermée en dedans par un diaphragme membraneux, très-mince et d'un blanc nacré, existe de chaque côté près de l'origine de l'abdomen dans beaucoup d'espèces de criquets. Latreille, qui le considère comme une sorte de tambour analogue à celui des cigales, l'a décrit dans les *Mémoires du Muséum*.

Sous le nom de *sauterelles de passage*, les voyageurs désignent certaines espèces de criquets qui se réunissent en troupes innombrables, paraissent dans les airs comme un nuage épais, et font de longs voyages. Les lieux sur lesquels ces insectes destructeurs s'arrêtent sont d'abord ravagés et convertis en désert, ensuite infectés par la quantité effroyable de leurs cadavres restés sur le sol. Miot et Latreille pensent que les tas de cadavres de serpents ailés vus par Hérodote dans son voyage en Égypte étaient formés par des amas de ces espèces de criquets : c'est surtout en Afrique et en Égypte qu'on redoute le double fléau (la famine et les maladies par infection) produit par l'arrivée de ces nuages de criquets. Plusieurs parties de l'Europe sont souvent ravagées par le *criquet voyageur* (*acridium migratorium*). Le corps de cet insecte, commun en Pologne, est long de six centimètres et demi, ordinairement vert, avec des taches obscures. Il a encore pour caractères : Mandibules noires ; étuis d'un brun clair, tachetés de noir ; une crête peu saillante sur le corselet ; œufs enveloppés d'une substance écumeuse et gluante, couleur de chair, et formant une coque que l'insecte colle aux plantes.

Les habitants de diverses contrées de l'Afrique mangent plusieurs espèces de criquets. Ils en font dès provisions pour leur propre usage ou pour le commerce. En Barbarie, on ôte les élytres, les ailes, et on conserve le corps dans de la saumure. Les indigènes du Sénégal les font sécher, les réduisent en poudre, et l'emploient comme de la farine.

En langage familier, on appelle *criquet* un petit cheval faible et de vil prix : *il est monté sur un criquet*. C'est, suivant Huet, une comparaison hyperbolique et dépréciative d'un petit cheval avec l'insecte que nous venons de décrire.
L. LAURENT.

CRISE. Dans sa signification la plus générale, ce nom s'applique à tous les changements qui s'effectuent d'une manière plus ou moins rapide dans la constitution physique des corps organisés. Les résultats que ces changements amènent, étant favorables ou nuisibles à l'existence de ces corps, ont dû de bonne heure exciter l'attention des observateurs. Le mot *crise* est applicable aux phénomènes de la santé autant qu'à ceux des maladies ; mais on s'en sert plus particulièrement pour indiquer les changements qui amènent une solution quelconque de l'état morbide, dans la science qui traite des maladies aiguës de l'homme et des animaux domestiques. En raison de sa valeur étymologique, le mot *crise* (du grec χρίσις, de χρίνω, juger, trier, séparer) se prête merveilleusement à la double interprétation qu'en ont donnée les premiers pathologistes. En effet, la *crise* était à leurs yeux tantôt la décision, ou le jugement, ou l'issue d'un combat qui avait lieu entre la nature et la cause morbifique, tantôt les efforts d'une prétendue force médicatrice pour expulser la matière morbifique.

Il y a *crise* dans une maladie lorsqu'il y a augmentation ou diminution considérable, ou transformation, ou cessation complète des phénomènes morbides. Les divers états du pouls, les divers degrés de la chaleur ou de la souplesse de la peau, les traits de la physionomie, surtout ceux de la face, fournissent des signes critiques ou indicateurs des crises. Les hémorrhagies, les flux d'humeurs, soit glandulaires (salive, urine, bile, crachats), soit transpiratoires (sueurs), soit gonflements des diverses parties du corps (parotides, tuméfactions de la face, des mains, des pieds, etc., etc.) ; diverses éruptions cutanées (furoncles, charbons, érysipèles, dartres, etc.), des abcès ou dépôts purulents, sont autant de phénomènes morbides considérés comme *critiques*, lorsque leur apparition produit la solution de la maladie.

On distingue les jours d'une maladie en *décrétoires* ou *critiques*, et en *non décrétoires*. Les premiers sont ceux dans lesquels on observe soit les changements appelés *crises*, soit une simple indication de ces changements. On les a subdivisés en 1° *jours indicateurs* ou *contemplatifs*, où se manifeste la première tendance aux crises (le 4°, le 11°, le 17°, etc., après l'invasion) ; 2° *jours critiques proprement dits*, ou ceux pendant lesquels les *crises* ont lieu le plus souvent (le 7°, le 14°, le 20°, le 27°, etc. ; les crises ne se comptaient plus ensuite suivant les semaines, mais suivant les mois et les années) ; 3° *jours intercalaires*, ou *incidents*, ou *provocateurs*, dans lesquels les *crises* arrivent quelquefois, mais rarement (le 3°, le 6°, le 9°). Sous le rapport des résultats et des modes, les *crises* ont été distinguées en *salutaires*, *mortelles*, *rapides* (crises proprement dites), *lentes*, *régulières*, *irrégulières*, *complètes* et *incomplètes*. La plupart de ces distinctions ont été établies par Hippocrate ; mais la doctrine des *crises*, qui a été l'objet de nombreuses discussions, a reçu d'importantes modifications. Lorsque l'humorisme était la doctrine médicale dominante, on admettait trois temps dans une maladie, qui correspondaient à trois états de l'humeur ou matière morbifique, désignés sous les noms de *crudité*, de *coction*, et *évacuation* ou *crise*. Du reste, depuis les progrès de la physiologie et de la thérapeutique modernes, on pense avec raison qu'il vaut mieux, dans le plus grand nombre de cas, enrayer de bonne heure la marche des maladies et les guérir le plus promptement possible que d'en attendre la solution ou la *crise naturelle*, quelque favorable qu'on puisse la supposer.

En physiologie, on donne le nom d'*années climatériques* à celles dans lesquelles s'opèrent des changements dans la constitution organique du corps humain, et celui de *temps* ou *âge critique* à l'époque de la vie où la disparition progressive du flux menstruel amène la stérilité. La pratique médicale démontre que pour un grand nombre d'individus l'époque de la dentition, celle de la croissance, celle de la puberté, sont aussi des temps critiques, qui exigent les soins éclairés d'un habile médecin.
L. LAURENT.

En morale, on entend par *crise* le moment où, dans l'homme qui se forme, les passions fermentent et peuvent produire de grands vices, de grandes vertus, de grands malheurs. Il faut plaindre les hommes qui n'ont point éprouvé dans les jours de la jeunesse la *crise* des passions : c'est un tribut que plus tard ils devront payer à la nature. Aussi n'est-il pas rare de voir un jeune homme, sage avant le temps, tomber quand vient l'âge mûr dans des égarements qui n'ont plus désormais l'excuse de la jeunesse.

En politique, *crise* signifie une situation telle qu'il est impossible qu'il ne s'ensuive pas un changement dans les hommes ou dans les choses. Le moment où j'écris semble donner un intérêt tout particulier à cette acception. L'Orient est dans un état de *crise* politique qui doit amener de grands bouleversements. On pourrait s'en effrayer si depuis longtemps on n'était pas accoutumé en Europe à marcher de *crise* en *crise*, sans résultats. Une *crise* politique s'appelle quelquefois *coup d'État* ; mais quand ce sont les gouvernements eux-mêmes qui, par leur impéritie, leur despotisme, leur entêtement, ont fait éclore la *crise*, il est rare que les mesures décisives ne tournent pas au détriment et à la confusion de ceux qui sont mis dans la nécessité d'y recourir. Les *crises* politiques sont fréquentes sous les mauvais rois, témoin les règnes de Charles IX et de Henri III. Pendant quarante ans, depuis la mort de Henri II jusqu'à l'avénement de Henri IV, la France fut constamment dans un état de *crise*.
Charles Du Rozoir.

CRISE COMMERCIALE. Toutes les fois que la régularité du mouvement d'échange qui constitue le commerce se trouve détruite, suspendue ou restreinte, il y a *crise commerciale* : les symptômes précurseurs en sont d'ordinaire l'avilissement de certains produits, qui arrivent sur le marché lorsque les acheteurs s'en sont retirés ; la hausse de l'intérêt et la difficulté des escomptes, une stagnation et même une diminution générale de la consommation, qui s'arrête et se ralentit de proche en proche, tant qu'enfin les plus faibles, les plus malheureux, les plus imprudents, se trouvent hors d'état de faire face à leurs affaires. Alors les faillites éclatent et s'engendrent, jusqu'au moment où la liquidation s'opère, où, la perte définitive du plus grand nombre et parfois le scandaleux enrichissement de quelques-uns se trouvant consommés, le mouvement commercial reprend un nouvel élan si la cause perturbatrice n'existe plus, ou se traîne maigre et languissant si elle persiste.

Le résultat universel et général de toute crise commerciale étant de restreindre à la fois la production et la consommation, c'est-à-dire d'allanguir momentanément la vie économique des nations, s'il était possible de prévoir avant d'en ressentir les premiers effets l'approche de ces crises; si l'on pouvait d'avance et simultanément enrayer graduellement la production et la consommation, diminuer l'offre aussi promptement que la demande, et répartir aussi proportionnellement sur tous les individus la gêne universelle, on n'arriverait pas sans doute à supprimer les crises industrielles que l'état général de nos sociétés rend pour longtemps encore inévitables, mais on diminuerait beaucoup leurs effets désastreux. En effet, prise en masse et vue de haut, une crise commerciale n'est autre chose qu'un temps d'arrêt dans le développement industriel d'un peuple; temps d'arrêt favorable souvent aux progrès futurs de ce peuple, et qui ne marque dans son histoire que par un ralentissement et une gêne passagère. Mais dans l'état d'inassociation où se trouvent toutes les parties de l'industrie, dans l'ignorance forcée où elle vit des conditions générales de sa prospérité et de ses ressources actuelles, les crises commerciales, au lieu de frapper solidairement tous les industriels, tombent d'abord tout entières sur quelques-uns, qu'elles écrasent, et dont la ruine immédiate entraîne une série de désastres qui s'arrête plus ou moins loin, selon les forces et le nombre de ceux qui rencontrent cette espèce d'avalanche.

On peut ramener à deux les causes générales des crises commerciales : ou bien elles proviennent d'un changement brusque et imprévu soit dans les conditions et les procédés de la production, soit dans les besoins de la consommation; ou bien elles naissent de la perturbation générale qu'amènent ordinairement les révolutions politiques ou sociales dont l'histoire présente de nombreux exemples.

Un perfectionnement subit dans les procédés de la production ruine de fond en comble et jette dans une gêne momentanée sans doute, mais effroyable et souvent mortelle, des producteurs dont la fortune ou l'existence dépendaient des procédés anciens : ainsi, l'invention de l'imprimerie mit la détresse parmi les copistes de manuscrits; ainsi, les machines à filer le coton furent une cause de souffrance pour ceux et celles qui vivaient de la filature à la main; ainsi, les chemins de fer ont ruiné les maîtres de postes. Nous avons vu en France un exemple frappant de cette sorte de crise. Le blocus continental, en fermant nos ports et ceux de l'Europe continentale à tous les produits non continentaux, avait placé toutes nos industries dans un état d'isolement et de concentration factice qui ne devait évidemment durer que jusqu'à la défaite de l'un ou de l'autre des deux adversaires qui venaient ainsi de se prendre corps à corps ; tous nos efforts pour arracher à notre sol et à notre climat les produits qu'enfants sans peine la fécondité des régions tropicales devaient tourner à la ruine de nos industriels le jour où le monde rentrerait dans ses conditions naturelles d'équilibre : tout le commerce maritime et côtier dans une lutte des corsaires faisant et des contrebandiers à coups de fusil devait tomber avec sa cause. Aussi, dès les premières années de la Restauration, une grande gêne commerciale se fit sentir; non-seulement les conditions générales de la production se trouvaient subitement changées, non-seulement la France s'épuisait à payer les frais de l'invasion et de l'occupation étrangère,

mais encore les débouchés qu'assuraient à plusieurs grandes industries l'équipement et la fourniture des armées vinrent à se fermer brusquement. Telles furent les causes de la crise commerciale qui en 1819 se manifesta par 8,333 faillites déclarées au tribunal de commerce de Paris. Les crises industrielles que nous avons vues se succéder depuis 1827 jusqu'en 1830 ont eu leur cause à la fois dans l'application illimitée à l'intérieur du principe de la concurrence et dans le maintien d'un système douanier absurde, qui étouffait nos forces et paralysait nos relations extérieures. Quant à la crise qui suivit immédiatement la révolution de Juillet 1830, elle a sans doute en sa cause principale dans la mauvaise gestion des années précédentes, mais elle fut accrue et prolongée par la gêne et la panique que firent naître alors l'attitude politique de l'Europe et la crainte d'une guerre que l'on crut imminente.

Les révolutions politiques et sociales produisent presque toujours des crises commerciales: 1° d'abord parce qu'elles déplacent les fortunes et les existences; 2° parce qu'elles mettent souvent en hostilité avec les nations voisines le peuple qui en est le théâtre; 3° parce qu'elles détournent, soit par la voie de l'impôt, soit par celle de l'emprunt, les capitaux vers des emplois improductifs, tels, par exemple, que l'organisation et l'entretien d'une force armée considérable ; 4° parce que souvent elles font éclater un désaccord et une lutte entre les divers classes de producteurs.

Quant à la dernière des causes que nous avons assignées aux crises commerciales nées des révolutions sociales, elle agit constamment au sein de notre propre société. Les affreux désastres de Lyon sont encore présents à la mémoire de tous les citoyens. Or, quelle est la cause de ces douloureuses convulsions? N'est-ce pas, en définitive, les efforts que renouvelle chaque année la classe la plus nombreuse pour conquérir dans les cadres sociaux une place plus digne, pour obtenir par la *coalition* une répartition des fruits du travail plus avantageuse à cette portion de la grande famille des travailleurs?

L'énumération précédente et le détail des causes principales qui engendrent les crises commerciales suffisent à montrer combien il est difficile de garantir contre elles l'industrie des nations. Organiser l'industrie, créer entre la consommation et la production des moyens constants de relations, d'équilibre, d'harmonie; assurer le *crédit* sur des bases assez larges pour que les fruits de la société recueille tous les fruits sans être exposée aux catastrophes qu'entraîne son assiette inconstante et imparfaite, c'est déjà une œuvre immense, et que de longs et prudents essais doivent préparer. Quant aux crises qui ont leur cause moins dans le défaut d'organisation industrielle que dans les révolutions politiques et sociales qui semblent destinées à marquer par de grandes douleurs et de grands bienfaits le siècle dans lequel nous vivons, personne ne peut dire comment ni à quel terme finira cette série d'épreuves initiatrices.   Charles LEMONNIER.

CRI SÉDITIEUX. La loi du 17 mai 1819 contenait deux dispositions, aujourd'hui abrogées, qui s'appliquaient aux individus coupables d'avoir proféré des cris séditieux. Ils étaient punis de peines correctionnelles plus ou moins fortes selon la nature et le caractère de ces cris. Mais le paragraphe 1er de l'article 5e de cette loi a été remplacé par l'article 6 de la loi du 25 mars 1822, qui punit d'un emprisonnement de six jours à deux ans et d'une amende de 6 francs à 4,000 francs tous cris séditieux publiquement proférés. Aucune de ces lois n'a défini d'ailleurs ce qu'on devait entendre par cris séditieux. Elles ont donc laissé à la conscience des juges la mission d'apprécier si la clameur proférée peut recevoir la qualification de *séditieuse*. En vertu de l'article 1er de la loi du 8 octobre 1830 et, en tant que délits de la parole, les cris séditieux devaient être jugés par la cour d'assises; un décret du 31 décembre 1851 a fait rentrer ces délits dans la compétence des tribunaux correctionnels.

48.

CRISPATION (du latin *crispare*, rider, crêper, resserrer, friser, boucler). Dans son sens propre, ce mot signifie resserrement des choses qui se replient sur elles-mêmes et se raccornissent quand on les approche du feu. Tous les tissus animaux combinés avec de grandes proportions d'eau se crispent, se resserrent, lorsque pendant la vie ou après la mort on les soumet à l'action énergique des agents physiques qui vaporisent l'eau très-rapidement et à celle des agents chimiques qui ont une très-grande affinité pour ce liquide. L'action de l'air sec et chaud et celle de l'alcool plus ou moins concentré et des dissolutions salines produisent aussi, d'une manière plus ou moins lente, cette sorte de resserrement des tissus souples et flexibles. Les arts anatomiques tirent un parti très-avantageux de ces divers agents de crispation des solides organiques, soit pour mettre en évidence les fibres les plus déliées, soit pour en obtenir la conservation, qui exige une soustraction lente et graduelle de l'eau des tissus, surtout lorsqu'on veut ménager et respecter les formes. Quoique le sens propre du mot *crispation* s'applique exactement au phénomène physique que nous venons d'indiquer, cependant les anatomistes qui s'occupent plus spécialement de l'étude des tissus se servent plus habituellement du terme *raccornissement*, qui dans le langage usuel signifie état des parties qui deviennent dures comme de la corne. Il est vrai de dire que la densité des tissus crispés augmente beaucoup; mais, attendu qu'elle n'atteint point dans tous les cas la dureté de la corne, l'emploi du mot *crispation* devrait être préféré. Les mêmes agents qui crispent les solides coagulent les liquides des corps organisés. Mais il ne faut pas confondre la crispation avec la *coagulation*.

En pathologie, dans toutes ces locutions, *crispation des vaisseaux capillaires d'une plaie*, *vaisseaux crispés*, *peau crispée* (vulgairement *ratatinée*), *crispation de nerfs*, on désigne sous ce terme commun le resserrement spasmodique qui se manifeste dans ces parties, soit spontanément, soit sous l'influence d'une cause morbifique ou d'un agent thérapeutique (*voyez* SPASME). Quoiqu'on observe fréquemment dans les maladies la crispation des traits de la face, l'usage, qui ne permet point de dire *face crispée*, a consacré l'expression *face grippée*.

En langage usuel, le verbe actif *crisper* signifie au propre causer des crispations de nerfs, et au figuré inquiéter, vexer, tourmenter.
L. LAURENT.

CRISPIN (Rôles de). Sur notre scène, Crispin est un valet qui par ses finesses vient en aide aux amours de son maître, ou bien qui les contrecarre par ses balourdises et ses maladresses.

Coiffé d'un léger chapeau noir, à calotte ronde et à petits bords; pourvu d'une énorme paire de moustaches et parfois d'une impériale menaçante; le cou nu, sortant d'une fraise ou collerette blanche, plissée; tout vêtu de noir, essayant de se draper dans un petit manteau court, de même couleur, dont tout récemment hommes et femmes ont tenté de faire prendre la mode en France; chaussé de grandes bottes molles et la taille serrée par une large ceinture de cuir à grande boucle, ceinture, dans laquelle est passée une de ces rapières traditionnelles incompréhensibles aujourd'hui... voilà Crispin. Que vous en semble? A tort on a prétendu que ce personnage fantastique, qui rappelle les *matamores* et les *capitans* espagnols, a été créé par Raymond Poisson, dont les débuts au théâtre de l'Hôtel de Bourgogne remontent à 1660, et qu'il l'aurait découvert en cherchant à transplanter sur la scène française l'Arlequin de la Comédie-Italienne. Crispin, ne vous en déplaise, est bien plus ancien chez nous que Poisson; de nombreuses gravures l'attestent. Le seul mérite de cet habile comédien fut de remettre en vogue ce type oublié et de repopulariser un vieux rôle, dont le bredouillement qui lui était particulier fit longtemps partie intégrante. Le grand succès des Crispins dura de 1677 à 1730. Plusieurs pièces, dont la meilleure est *Crispin rival de son maître*, portent son nom, et il figure dans un nombre plus considérable encore de comédies ou de farces.

CRISTAL. En minéralogie, on donne ce nom à toute substance minérale qui se présente sous une forme polyédrique. *Voyez* CRISTALLISATION.

Dans l'industrie, on appela d'abord *cristal* le verre le plus pur, le plus net, le plus parfait et le plus semblable au *cristal de roche*. Aujourd'hui cette sorte de verre diffère par sa composition du verre ordinaire.

CRISTAL (Palais de), en anglais *Cristal Palace*, nom donné par l'emphase britannique à l'édifice où se fit l'exposition universelle de Londres de 1851, parce que dans sa construction on employa une immense quantité de verre. On ne se servit de bois que pour les planchers et le mur d'enceinte; le reste était en fonte et en fer. Il fut élevé dans un des parcs les plus vastes de Londres, Hyde-Park, et recouvrait des arbres entiers. Le plan de l'édifice avait été mis au concours de toutes les nations; deux cent trente-trois projets furent adressés au comité. M. Hector Horeau, architecte de Paris, obtint le premier prix. Son plan cependant ne fut pas mis à exécution; celui que l'on agréa fut l'œuvre de M. Paxton, jardinier, qui ne le présenta qu'après le choix du comité. Moins de six mois suffirent pour l'érection du Palais de Cristal. Il fallait les ressources métallurgiques de l'Angleterre pour construire un aussi vaste bâtiment en si peu de temps. Une seule fonderie fournit environ 90,000 pièces de fonte pour ajustement; la verrerie de Birmingham contribua pour 400,000 kilogrammes de verre, environ un tiers de la production annuelle de la Grande-Bretagne. Des colonnes en fonte, au nombre de 3,300 soutenaient les galeries transversales, 2,224 fermes (poutres en fer) et 1,128 supports intermédiaires, reliés par 358 contre-fiches, maintenaient la toiture et les diverses galeries. Le fer et la fonte, employés sous soixante et une formes spéciales, donnèrent un total de 4,402 tonnes de 1,000 kilogr.; le bois de charpente, 412,634 pieds cubes; le bois ouvré, 264,972 pièces; le verre, 203,655 panneaux de $1^m,32$ sur 27 centimètres; tout cela coûta 4 millions 259,000 fr., et exigea 58,718 journées d'ouvriers. Les constructions formaient un parallélogramme régulier, dont la longueur de l'est à l'ouest était de $563^m,72$ et la largeur de $139^m,08$, non compris les deux salles réservées à l'exposition des machines, dont la longueur totale était de $325^m,72$ et la largeur de $16^m,76$. Près de neuf hectares de terrain étaient couverts par le *Cristal Palace* et ses dépendances. Les tables seules destinées à recevoir les produits avaient un développement d'environ 13 kilomètres.

Puis, quand l'exposition fut terminée, l'Angleterre voulut, pour une fois, a dit M. John Lemoinne, se passer une fantaisie de femme et de poëte en cassant ce gigantesque bijou de cristal. Cléopâtre n'avait-elle pas fait dissoudre la plus belle perle du monde dans du vinaigre pour se donner le plaisir de boire quelques millions d'un seul trait? Le gazon poussa de nouveau sur ce grand camp où s'étaient rencontrés des enfants de toutes les races et des visages de toutes les couleurs. Mais l'idée des expositions est plus que jamais à l'ordre du jour; et même on en abuse. Le fameux palais de cristal est aujourd'hui partout. Dublin en a construit un avec les débris de celui de Londres. New-York n'a pas voulu rester en arrière; elle en a improvisé un autre avec une rapidité étonnante; et Paris voit dans ce moment même s'édifier le sien en pleins Champs-Élysées, sans compter ceux que préparent Moscou, Naples, Trieste, Gotha, Copenhague.

CRISTAL DE ROCHE. *Voyez* QUARTZ.

CRISTALLIN, en latin *crystallinus*, fait du grec χρυστάλλινος, qui signifie clair, transparent comme le cristal. Employé adjectivement dans ce sens, on dit *humeur cris-*

talline, corps cristallin. Sous le premier de ces noms on désigne l'humeur renfermée dans une grande cellule de l'intérieur de l'œil, qui est appelée, à cause de sa transparence, *capsule cristalline,* ou bien encore *capsule du cristallin,* parce que l'humeur, presque liquide d'abord, se condense de plus en plus au centre de la capsule et se convertit en un corps dur et transparent comme le cristal, qu'on a dû nommer pour cette raison *corps cristallin,* ou simplement *cristallin.* Dans l'œil, le cristallin remplit les mêmes fonctions que la lentille dans un instrument d'optique. Il est composé de plusieurs couches disposées de manière à donner des images achromatiques. S'il est trop bombé ou trop aplati, il y a myopie ou presbytie. Enfin l'opacité partielle ou totale du cristallin constitue la maladie nommée *cataracte.*

En pathologie, le mot *cristalline,* pris substantivement et au féminin, signifie vésicule ou phlyctène remplie de sérosité et développée autour des ouvertures sexuelles ou anales, et entourée d'une auréole rougeâtre échymosée. On dit en minéralogie *système cristallin, texture cristalline* d'un minéral, *roches cristallines.*

CRISTALLISATION. Lorsqu'un corps passe plus ou moins lentement de l'état liquide ou gazeux à l'état solide, il est souvent susceptible de prendre des formes régulières, qui portent le nom de *cristaux.* Le nombre de ceux que la nature nous présente ou que nous pouvons obtenir par des actions chimiques est très-grand; mais ces formes si variées, si compliquées quelquefois, peuvent être ramenées à un petit nombre de formes simples, que l'on a appelées *primitives :* ainsi, les 120 variétés de formes du carbonate de chaux peuvent être ramenées à une forme unique, le rhomboèdre, en enlevant successivement, par les moyens convenables, des portions du cristal sur les angles ou les faces : c'est l'opération que l'on appelle *clivage* et que les ouvriers travaillant le diamant mettent en usage pour lui donner diverses formes.

La nature nous présente à l'état cristallin un grand nombre de substances que nous ne pouvons ni fondre, ni liquéfier : pour expliquer leur formation, diverses théories ont été proposées par les géologues. Les expériences de M. Becquerel sur l'emploi de petites forces électriques ont prouvé que sans y avoir recours on pouvait facilement rendre compte de ces cristallisations, et l'on doit à cet ingénieux physicien une série de faits d'où il résulte que l'on peut obtenir sous des formes régulières un grand nombre de substances qui affectent tellement les apparences de celles que l'on rencontre dans la nature, qu'il n'est pas possible de les en distinguer. Comme ces moyens sont tout particuliers, qu'ils ne sont susceptibles d'être appliqués que dans des circonstances données, et qu'ils ne peuvent être mis encore en usage que pour un petit nombre de substances, on a presque toujours recours à ceux que nous allons indiquer.

Un certain nombre de corps sont susceptibles de passer par les trois états physiques, et par conséquent, s'ils sont à celui de vapeur, de se liquéfier avant de prendre l'état solide; ceux-là ne peuvent être ordinairement amenés à l'état cristallin par la sublimation, tandis que ceux qui de l'état gazeux deviennent immédiatement solides peuvent, dans beaucoup de cas, cristalliser lorsqu'on refroidit leur vapeur : tels sont, par exemple l'arsenic, divers acides végétaux, comme l'acide benzoïque, etc. Lorsqu'un corps peut être fondu par l'action de la chaleur, et qu'après l'avoir abandonné à lui-même, jusqu'au point où il commence à se solidifier, on fait écouler la partie encore liquide, on trouve fréquemment la cavité remplie de cristaux plus ou moins réguliers; le soufre et un grand nombre de métaux sont dans ce cas. Beaucoup de substances se dissolvent dans l'eau ou dans d'autres liquides, et peuvent se séparer avec des formes régulières des liqueurs qui les renferment, soit par un abaissement de température, soit par l'évaporation; les sels en offrent l'exemple.

Ceux qui sont plus solubles à une température élevée qu'à une température basse, étant dissous à chaud, se déposent par le refroidissement : c'est ainsi qu'ils se conduisent pour la plupart; mais quelques-uns sont à peine dissous en plus grande quantité à chaud qu'à froid, et alors il est nécessaire de diminuer par l'évaporation la quantité de dissolvant pour qu'ils puissent s'en séparer sous forme régulière. Le sel marin ne peut être obtenu que par ce moyen.

Généralement, lorsqu'une dissolution est très-concentrée et qu'une grande proportion d'un sel se dépose brusquement du sein d'un liquide dans lequel il était dissous, les formes qu'il affecte sont moins régulières; au contraire, quand le dépôt se produit en petite quantité, mais d'une manière continue, les cristaux offrent une grande régularité. On doit faire observer cependant que s'ils se déposent sur les parois d'un vase, quelques-unes de leurs faces manquent toujours; aussi, lorsqu'on veut avoir des cristaux très-réguliers, a-t-on le soin de placer dans le liquide des fils ou des baguettes minces, sur lesquelles se déposent les cristaux, qui, s'ils sont isolés les uns des autres, présentent alors des formes remarquables par leur régularité. Pour les sels même plus solubles à une température élevée qu'à une plus basse, l'évaporation spontanée que l'on obtient en abandonnant leur dissolution concentrée à l'air donne lieu à de beaucoup plus beaux cristaux, parce que la quantité de sel qui se dépose à chaque instant étant très-petite, les petites molécules qui se séparent du liquide sont dans des circonstances les plus convenables pour se grouper d'une manière très-régulière. On peut profiter surtout de ce genre d'action, comme l'a fait Leblanc, pour se procurer des cristaux d'un très-grand volume : pour cela on place au fond d'un vase plat et large, dans une liqueur saturée du même sel à la température ordinaire, et on l'abandonne à l'évaporation spontanée, en ayant soin de retourner fréquemment ces cristaux sur toutes leurs faces : le dépôt de sel qui se fait ainsi successivement leur procure un accroissement que l'on peut rendre aussi considérable que l'on veut, en n'altérant en rien la régularité de leurs formes; il faut seulement changer de temps à autre la liqueur, laquelle après quelque temps elle aurait perdu assez de sel pour devenir apte à en reprendre aux cristaux qui diminueraient de volume.

Le plus ordinairement, les sels qui se cristallisent au sein de l'eau en retiennent une plus ou moins grande proportion, mais qui peut y exister à deux états différents : tantôt cette eau est seulement interposée entre les parties du sel, tantôt elle existe en combinaison avec le sel lui-même; et un fait remarquable dont chaque jour on observe un plus grand nombre d'exemples, c'est que les cristaux d'un même sel peuvent retenir en combinaison une plus ou moins grande proportion d'eau, suivant la température à laquelle ils se sont formés; et même dans certaines circonstances le sel peut se déposer en cristaux ne renfermant pas d'eau, tandis que dans d'autres ils en contiennent une grande proportion. Ainsi, le sulfate de soude, cristallisé par le refroidissement d'une dissolution saturée à chaud, renferme une quantité d'eau qui s'élève à plus de la moitié de son poids, tandis que si l'on maintient à sa température de 33° centigrades une dissolution saturée à cette température, il s'en dépose des cristaux qui ne contiennent pas d'eau. Ainsi encore le sel marin, qui se sépare d'une dissolution soumise à l'évaporation, ne renferme pas de l'eau interposée, tandis que les cristaux que l'on obtient à une température de 10° au-dessous de zéro, contiennent de l'eau combinée. Lorsqu'un sel se sépare d'une dissolution pour prendre l'état solide, la température s'élève, et quelquefois d'une manière très-sensible.

Arrivée au point de cristalliser, une liqueur ne dépose pas toujours de cristaux; mais si on lui imprime le plus léger mouvement, elle peut en produire une si grande quantité, qu'elle se prenne en masse : le nitrate d'argent est particulièrement dans ce cas. Placée dans le vide, une dissolution saturée à chaud de sulfate de soude ne laisse, même en l'agitant, précipiter aucune portion de sel, ou quelquefois elle donne seulement quelques cristaux isolés, tandis que si on la laissait refroidir à l'air, elle se prendrait en masse ou produirait du moins une cristallisation abondante : si on la met alors en contact avec l'air, la cristallisation s'y détermine immédiatement. Il semblerait que l'on dût conclure de ce fait que c'est à la pression de l'air qu'est dû le passage du sel de l'état solide à l'état liquide, mais le contraire peut être facilement prouvé en plaçant la même dissolution dans un vase ouvert et le recouvrant d'une couche d'huile qui n'empêche pas la pression de l'atmosphère de se faire sentir : la cristallisation s'opère, au contraire, immédiatement à l'instant où l'on met la liqueur en contact avec la plus petite bulle d'air, et se propage dans toute la masse avec une grande rapidité et un dégagement de chaleur assez considérable.

Frappé de la constance d'un fait qu'il avait observé sur un assez grand nombre de substances qui offraient une *forme primitive* semblable, mais avec des angles d'une valeur différente, Haüy en avait tiré des conséquences qui devinrent la base de son système de cristallographie. Il avait admis que chaque substance présente une forme primitive propre, d'où dérivaient par des accroissements particuliers toutes les formes secondaires que cette substance pouvait présenter. Son système s'était vérifié au plus haut degré, sur un très-grand nombre de corps, qu'il avait pu prédire par l'examen des formes cristallines de minéraux non encore analysés, la nature de leurs principes. Cependant, quelques cas particuliers s'étaient offerts qui n'avaient pu rentrer dans la loi générale. L'un des plus remarquables, et qui avait exercé la sagacité des minéralogistes et des chimistes, la différence de forme primitive du carbonate de chaux et de l'aragonite, composés des mêmes éléments, l'acide carbonique et la chaux, n'avait pu recevoir d'explication : ces faits isolés étaient regardés comme des anomalies. Lorsque Mittscherlich vint à découvrir un fait qui était destiné à renverser le système d'Haüy, en donnant l'explication des exceptions apparentes de la loi qu'avait établi celui-ci ; c'est que le même corps peut se présenter sous deux formes qui dérivent d'un système cristallin différent.

Cette importante observation fut faite sur le soufre ; elle s'étendit bientôt à un grand nombre de substances, et conduisit le savant allemand à cette conséquence, que la même forme cristalline peut être affectée par des substances de natures différentes, mais d'une composition atomique semblable, de telle sorte que ces substances peuvent être substituées les unes aux autres, sans changer la forme cristalline. Mittscherlich a nommé cette propriété *isomorphie*; elle se résume en ces termes : que des composés du même ordre peuvent se substituer les uns aux autres sans que la forme cristalline du composé soit changée, ainsi qu'un certain nombre d'autres propriétés.

Pour bien faire comprendre cette loi, nous dirons seulement que la potasse et la soude, par exemple, sont *isomorphes*, que l'oxyde rouge de fer, l'oxyde de chrôme, l'alumine, etc., le sont également ; et en faisant entrer l'un de ces oxydes dans une combinaison, on peut le remplacer par son isomorphe sans que les caractères cristallins du composé. Ainsi l'alun, formé d'acide sulfurique, d'alumine et de potasse, cristallise en octaèdres réguliers. On peut remplacer la potasse par la soude et obtenir encore un *alun* affectant la même forme. De la même manière, on peut substituer à l'alumine l'oxyde de fer, celui de chrôme, etc., en laissant la potasse ou la soude dans la combinaison, et obtenir toujours des sels de même forme cristalline, de véritables *aluns* qui ne renferment plus d'alumine.

La découverte de Mittscherlich a conduit à expliquer de nombreux faits qui ne peuvent rentrer dans le système cristallographique. On connaissait, par exemple, des minéraux, comme les grenats, que leurs formes cristallines obligeaient à réunir, mais que l'analyse chimique prouvait être formés d'éléments différents et variables. Tantôt c'était l'alumine qu'on y rencontrait, d'autres fois l'oxyde rouge de fer ; tantôt la magnésie y remplaçait le protoxyde de fer, etc. Les minéralogistes ne savaient comment classer ces substances, et la chimie, qu'ils avaient d'abord regardée comme indispensable pour les aider à découvrir la véritable nature des composés naturels, devenait pour eux une occasion de difficultés inextricables ; l'isomorphie rend parfaitement compte de tous ces faits, qui en sont des conséquences naturelles.

H. GAULTIER DE CLAUBRY.

CRISTALLOGRAPHIE, science qui s'occupe des lois auxquelles est soumise la structure des cristaux, et de celles qui régissent leurs formes extérieures (*voyez* CRISTALLISATION).

Linné, dont le génie était porté vers les classifications, est le premier qui dans les minéraux ait tenu compte des formes cristallines ; mais pour n'avoir pas eu l'idée de les ramener aux formes les plus simples, il a confondu les substances les plus différentes, parce qu'elles offraient de l'analogie dans la disposition de leurs facettes. Romé de l'Isle porta une observation plus attentive sur le phénomène de la cristallisation ; il mesura les angles des cristaux, et il les reconnut être semblables dans les mêmes espèces minérales. Il alla même jusqu'à soupçonner que dans chacune d'elles ils devaient se rapporter à une forme simple, modifiée par des facettes provenant de la troncature des angles ; vérité qu'il était réservé à Haüy de mettre en évidence. Mais avant Haüy il faut encore citer Bergman et Werner, surtout Bergman, qui imagina que les cristaux se modifiaient à l'aide de lames superposées à un noyau central. La cristallographie en était là, lorsque Haüy fut conduit à soumettre aux lois du calcul toutes les combinaisons qu'offrent les corps cristallisables. Il découvrit d'abord que dans toutes les substances cristallisées il peut se présenter deux circonstances particulières ; ou le cristal, formé suivant les règles les plus simples, n'a subi aucune modification postérieure et offre la forme que Haüy a nommée *primitive*, ou bien cette forme primitive a servi de noyau à d'autres lames cristallines, disposées de manière à présenter un solide tout différent de ce noyau, ce qui donne une *forme secondaire*, que l'on reconnaît par une opération très-simple, le *clivage*. Si le cristal est primitif, on essayerait en vain de le cliver, il offrira partout de la résistance ; on pourra le briser ; sa cassure sera plus ou moins inégale, si elle n'est point dans le sens de ses lames. Mais si l'on agit dans le sens de celles ci, le cristal diminuera sans changer de forme.

Haüy, dont nous ne pouvons exposer toute la théorie, trouve cinq formes primitives, qui sont : le tétraèdre régulier, l'octaèdre régulier, le parallélipipède, le prisme hexaèdre régulier, et le dodécaèdre rhomboïdal. Dans son *Traité de Cristallographie*, il montre comment toutes les formes des cristaux qu'on rencontre dans la nature ou qu'on fait naître dans nos laboratoires dérivent des cinq que nous venons de nommer.

Haüy a établi sur ce système cristallographique une classification des minéraux. Quoique ne partageant pas toutes les idées précédentes, Beudant a beaucoup contribué depuis aux progrès de la cristallographie.

CRISTALLOMANCIE (du grec χρύσταλλος, cristal, et μαντεία, divination). *Voyez* CATOPTROMANCIE.

CRISTE-MARINE ou **CRÊTE-MARINE**. *Voyez* BACILE.

CRITERIUM, mot venu du grec κρίνομαι, juger, et qui signifie le caractère auquel on peut reconnaître la vérité, ou, comme dit Cicéron, *insigne veri*. La science du raisonnement fournit des *criteria* qui sont une garantie positive de la légitimité des idées quant à leur valeur *sub-*

jective, mais seulement *négative* quant à leur valeur objective ou matérielle. Les logiciens ont posé les quatre règles suivantes : 1° *la loi d'exclusion de milieu* (*lex exclusi medii sive tertii*); 2° *le principe de contradiction*; 2° *la loi de convenance ou d'identité*; 4° *le principe de la raison suffisante*. La première s'énonce ainsi : « Quel que soit l'objet d'une idée déterminée de deux attributs *contradictoires*, l'un étant exclu, l'autre doit convenir. La troisième (puisque nous nous sommes déjà spécialement occupé de la seconde) : « Ce qui est identique peut, en tant qu'identique, être réuni par la pensée. » La quatrième, enfin : « Rien n'existe sans qu'il y ait une cause sufisante pour que la chose soit ainsi plutôt qu'autrement, quoique très-souvent nous ne puissions connaître cette cause. » Voltaire, que le formalisme de Wolf fatiguait, n'a pas manqué de jeter du ridicule sur cette législation logique. Il la faisait entrer dans la *métaphysico-théologo-cosmolo-nigologie*, science sublime enseignée par le sublime philosophe Pangloss.

DE REIFFENBERG.

Les philosophes ont longuement disputé sur l'existence ou la non-existence des *criteria*. Ce qu'il y a de certain, c'est qu'il y aurait contradiction à admettre l'existence d'un *criterium* de la vérité qui serait différent de la vérité elle-même. La vérité se sert de garantie ; mais elle demande à être énoncée. La nécessité du sujet dans la pensée est dès lors le seul criterium subjectif; elle implique en même temps son accord avec les lois générales de l'existence et de la pensée ; seulement cette nécessité doit être énoncée comme dépendant de la nature de ce qu'on énonce. La discussion sur les *criteria* de la vérité remonte à l'époque où l'on discuta pour la première fois des rapports existant entre le subjectif et l'objectif, et où dès lors on s'efforça de trouver à l'usage de toutes les investigations un principe qui indiquât l'accord de la vérité. À leurs points de vue respectifs, les stoïciens et les sceptiques choisirent des *criteria* opposés, et de cette opposition même les sceptiques conclurent que les uns et les autres étaient insuffisantes. Parmi les philosophes modernes, c'est surtout Kant qui a démontré l'impossibilité d'un *criterium* matériel général pour la vérité, et qui a ramené toute la question à la forme de la pensée.

CRITHOMANCIE, espèce de divination qui consistait à examiner la pâte ou la matière des gâteaux qu'on offrait en sacrifice et la farine qu'on répandait sur les victimes qu'on devait égorger. Comme on se servait souvent de farine d'orge dans ces cérémonies superstitieuses, on a appelé cette divination *crithomancie* (de κριθή, orge, et μαντεία, divination). Cette susperstition a été pratiquée dans le christianisme même par de vieilles femmes qui se tenaient autrefois dans les églises près des images des saints et qu'on nommait pour cela κρίτριαι.

CRITIAS, le plus violent d'entre les trente tyrans d'Athènes, descendant d'une famille considérée, à laquelle appartenait Platon, reçut une éducation soignée, d'abord sous la direction du sophiste Gorgias et plus tard sous celle de Socrate, et commença sa carrière politique, vers l'an 411 avant J.-C., dans les débats d'un procès criminel. Banni en Thessalie six ans plus tard, il revint à Athènes après la bataille d'Egospotamos, si funeste aux Athéniens, en vertu du décret d'amnistie qui fut alors rendu ; et alors il se prononça de la manière la plus chaude en faveur de la constitution oligarchique des trente tyrans introduite dans sa patrie par les Spartiates. Doué d'une intelligence supérieure, il parvint bientôt à y jouir d'une influence extrême; mais dans l'exercice du pouvoir qui lui fut confié il déploya tant d'injustice, de sévérité et de cruauté, qu'il fit périr dans les supplices jusqu'à son pusillanime collègue Théramène, et qu'il finit par se rendre l'objet de l'exécration universelle de ses concitoyens. Heureusement ce régime de terreur ne subsista pas au delà d'une année, parce que les exilés et les émigrés, ayant à leur tête Thrasybule, rentrèrent de vive force dans la ville, et que Critias fut tué dans cette lutte (an 403 av. J.-C.). Critias n'était pas seulement sophiste et orateur habile ; il se montra encore poëte de talent, notamment dans l'élégie. On trouvera des fragments qu'on a conservés de ses élégies dans les *Delectus Poesis græcæ elegiacæ*, etc., de Schneidewin (tome 1ᵉʳ, Gœttingue, 1838). Consultez aussi Weber, *De Critiæ Tyranno* (Francfort, 1824) ; et Henrichs, *De Theramenis, Critiæ et Thrasybuli Rebus et Ingenio* (Hambourg, 1820).

CRITICISME. C'est le nom donné spécialement à la méthode d'Emmanuel Kant, qui se persuada qu'il fallait préalablement à toute tentative dogmatique en philosophie examiner la possibilité d'une connaissance philosophique, et que dans ce but la *critique* des diverses sources de la connaissance était indispensable. Il établit de la manière la plus manifeste que la vérité ne saurait consister, comme on l'a supposé presque toujours, dans la ressemblance parfaite de nos idées avec la nature des choses, puisque ces idées n'en sont pas la représentation adéquate, mais les rapports de nos facultés avec les choses. En effet, nous ne percevons la nature qu'à travers nos facultés physiques, intellectuelles et morales, qui en modifient l'impression. Toute connaissance se compose donc d'éléments de deux espèces, d'éléments *subjectifs* qui résultent de la nature du sujet connaissant, et d'éléments *objectifs*, dérivant de celle de l'objet connu.

Un exemple fera mieux sentir cette importante distinction ; nous l'empruntons à Charles Villers, qui lui-même le devait à son ami de Gerstenberg. Trois miroirs, l'un *plan*, l'autre *cylindrique*, le troisième *conique*, reçoivent dans des circonstances pareilles l'image du même objet. Il est clair que cette image sera très-différente pour les trois miroirs. D'où procède cette différence? De la structure de chacun, laquelle détermine la forme, la *loi* que doivent subir tous les objets qu'ils réfléchissent. Prêtons le sentiment et la parole à nos miroirs. Si celui qui est *plan* dit : *la chose qui est là devant moi est un beau cercle très-parfait*, le cylindrique répliquera : *point du tout, c'est un ovale prodigieusement allongé*, et le conique protestera que *c'est une espèce d'hyperbole double*. Dans le fait, l'objet en lui-même ne sera peut-être rien de tout cela ; et cependant chacun des trois miroirs aura raison, car, ne possédant réellement que sa propre représentation de la chose, représentation soumise au mode de sa construction intrinsèque, l'objet du premier sera bien évidemment une cercle, celui du second un ovale, et celui du troisième une hyperbole. De quoi est donc composée la connaissance que chacun des trois miroirs prend de l'objet qui l'affecte? 1° D'une impression quelconque qui vient de l'objet (*élément objectif*, empirique, *matériel ou a posteriori*) ; 2° de l'impression de sa propre forme, que chacun mêle à l'impression extérieure (*élément subjectif, formel ou a priori*).

Cette dualité de la connaissance a été entrevue par divers auteurs, mais jamais d'une manière aussi nette, aussi précise que par Kant, qui a déterminé les formes subjectives de la sensibilité, celles de l'entendement ou *catégories*, celles enfin de la raison, ou *idées* par excellence. Port-Royal considère que si tout le monde n'avait jamais regardé les objets extérieurs qu'avec des lunettes qui les grossissent, il est certain qu'on ne se serait figuré les corps et toutes les mesures des corps que selon la grandeur dans laquelle ils nous auraient été représentés par ces lunettes, et cette comparaison a beaucoup d'analogie avec les miroirs de Charles Villers. Les essences de F. Hemsterhuis reviennent à *l'objectif* de Kant, et les *qualités secondes* de l'ancienne école contiennent en germe.

L'objet qui nous apparaît ainsi à travers le jeu de nos organes et de nos facultés prend, dans le langage de la philosophie *transcendantale*, le nom de *phénomène* ; mais, indépendamment de la manière dont nous entrons en communication avec lui, il existe, il est une réalité en soi ou un *noumène*. La connaissance des *noumènes* est interdite à l'homme, puisque ce serait celle des objets sans relation avec lui, hors de rapport avec ses moyens de connaissance. Pourquoi nous en affliger ? Ce regret serait-il moins déraisonnable que celui que nous éprouverions de ne pouvoir échanger notre condition contre celle de la Divinité ?

Si c'est un trait de génie d'avoir détaché le subjectif de l'objectif, ç'a été un grand tort de les avoir séparés comme par un abîme. De là à mettre en doute l'objectif, la transition était facile ; de là à l'*idéalisme* absolu, il n'y a qu'un pas. Cette savante extravagance était même logiquement déduite d'une pareille doctrine. Mais aux philosophes qui prétendent douter de tout, ou qui prononcent sérieusement que l'univers, les autres hommes, leur propre corps, pourraient n'être qu'une pure fantasmagorie, il faut, suivant l'expression du père Buffier, répondre non point par des syllogismes, mais à coups de sifflet ; au lieu de disputer avec eux, on ferait mieux de les envoyer au peintre immortel des *Marphurius* et des *Pancrace*. Si quelques-uns dans l'exposition de leurs systèmes ont déployé beaucoup de subtilité, de finesse et de puissance d'esprit, il est juste de leur montrer d'autant plus de sévérité que leurs talents les devaient préserver davantage de ces déplorables erreurs qu'ils soutenaient, la plupart bien moins par conviction que par le désir de se faire un nom à force d'originalité et de hardiesse.

Le subjectif et l'objectif sont dans un rapport intime. L'objectif, en tant que réalité indépendante, a aussi ses lois subjectives qui le régissent, et ces lois sont en partie correspondantes à celles du sujet connaissant ou du *cognitif*. Ainsi, quoiqu'il soit vrai de dire que l'impression des couleurs est *subjective*, qu'en supprimant tous les yeux il n'y aurait plus de couleurs ; et par conséquent, est conforme de manière à nous renvoyer la lumière pour achever dans notre œil ce qu'on appelle le rouge. En un mot, cet objet a tout ce qu'il faut pour paraître rouge, et non de telle autre couleur. On place devant moi, dit Hemsterhuys, différents objets qui m'apparaissent sous les formes de boule, de cube et de cône. Il est évident que l'idée de la boule est le résultat du rapport que *moi*, mes yeux et la lumière, avons avec l'objet boule ; j'en dirai autant de l'idée du cube et de celle du cône. Il s'ensuit que dans ce cas moi, mes yeux et la lumière restant les mêmes, la cause de mon idée du cône est l'objet que j'appelle *cône* ; celle de l'idée de la boule, l'objet que j'appelle *boule* ; celle de l'idée du cube, l'objet que j'appelle *cube* ; et par conséquent l'idée du cube est au cube comme l'idée de la boule à la boule, et comme l'idée du cône au cône, ou l'idée cube est à l'idée boule et à l'idée cône comme le cube est à la boule et au cône ; par conséquent encore il y a entre les idées la même analogie qu'entre les choses, quelles qu'elles soient, et en raisonnant sur les idées, les conclusions que je tire de ces raisonnements seront également analogues à celles que je tirerais des raisonnements que je ferais par les choses mêmes. En d'autres termes, les rapports qu'il y a entre mes idées sont exactement les mêmes que ceux qu'il y a entre les choses dont elles sont les idées, bien qu'elles ne reproduisent pas les choses en elles-mêmes.

Allons plus loin. Le cône est en lui-même une réalité absolue, un *noumène* ; qui peut avoir mille manières d'être que j'ignore. Or, parmi toutes ces manières d'être qu'il peut avoir et que je n'en connais pas, il a celle par laquelle, lorsqu'il est exposé à la lumière, avec mes yeux, avec *moi*, il produit un effet qui est l'idée que j'ai actuellement de ce cône ; il a cette manière d'être par laquelle il est visible pour tout homme qui voit ; il a cette manière d'être par laquelle il diffère de la boule et du cube. Or ce cône est tel qu'il est, et, étant tel qu'il est, il est impossible qu'il me donne à moi, demeurant tel que je suis, une autre idée que celle que j'ai de lui sous le rapport de sa forme. Mais nous n'avons considéré que deux choses : d'un côté, le cône tel qu'il est en effet, et, de l'autre, l'ensemble de *moi*, de mes yeux et de la lumière. Renversons ces termes et considérons d'un côté l'ensemble du cône, de la lumière et de mes yeux, et, de l'autre, *moi* qui en ai l'idée. Vous verrez que ce cône ne me trompe pas, mais qu'il est effectivement et réellement tel qu'il me paraît, lorsque je lui ajoute la lumière et mes yeux. Le premier homme qui a fait une montre a commencé par les idées qu'il avait d'un ressort, d'une roue, d'un levier. En combinant ses idées, en raisonnant sur elles, il a conçu une montre imaginaire. Ensuite il a réalisé ce résultat, ce qui eût été absolument impossible, s'il n'y avait pas une correspondance directe entre certaines idées et certaines faces des choses.

Il n'y a donc pas pour l'homme deux vérités, l'une subjective et l'autre objective ; il n'y en a qu'une résultant de l'accord parfait de ces deux éléments, en tant qu'il est perceptible par nos moyens de connaissance.

CRITIQUE. Zoïle, qui s'était fait nommer *Homeromastix*, c'est-à-dire le *fléau d'Homère*, étant venu de Macédoine à Alexandrie, fit lecture au roi Ptolémée Philadelphe des livres qu'il avait écrits contre l'*Iliade* et l'*Odyssée*. Ptolémée fut indigné qu'on osât ainsi attaquer le père des poètes et le maître du bien-dire en toutes choses pendant son absence, et blâmer celui dont les écrits étaient l'objet de l'admiration universelle ; mais alors il ne répondit rien. Cependant Zoïle, ayant prolongé son séjour en Égypte, pressé par le besoin, finit par demander au roi qu'il lui fût alloué quelque provision. « Quoi ! répondit Philadelphe, Homère, mort depuis dix siècles, fait vivre encore des milliers d'hommes, et celui qui se croit plus habile que lui ne trouve pas moyen de se nourrir seul ! » Et finalement il lui infligea le supplice des parricides, c'est-à-dire qu'il le fit mettre en croix, à moins qu'on n'aime mieux croire que les Chiotes le lapidèrent, ou que ceux de Smyrne le brûlèrent vif. Tant il y a, ajoute Vitruve, auquel nous empruntons ce récit, qu'il avait bien gagné le supplice le plus rigoureux ; *et en effet, rien de plus horrible au monde que de critiquer ceux qui ne peuvent plus répondre en rendant compte de leurs intentions*.

Ce Zoïle, dont le nom stigmatise encore les méchants critiques, était tout simplement un homme de mérite, un esprit froid et exact, sorti sans doute de l'école d'Aristote, et qui le premier s'était avisé de croire qu'on pouvait soumettre au creuset de l'analyse les beautés des anciens poètes. Zoïle, qui tenait à Athènes une école de rhétorique très-fréquentée, et qui même compta Démosthène au nombre de ses élèves, n'avait fait que suivre l'exemple de Platon ; ce dernier, avec une organisation bien autrement sympathique aux beautés d'Homère, n'en n'avait pas moins combattu l'erreur de ceux qui faisaient du poète non-seulement un dieu, mais un monde : le dialogue d'Ion ne passa sans doute que pour une inconvenance ; mais le pauvre Zoïle devint le bouc émissaire des péchés de la critique. Vico, dans sa *Scienza Nuova*, a prétendu prouver de la façon la plus ingénieuse qu'Homère, pour écrire l'*Iliade* et l'*Odyssée*, avait dû vivre au moins deux mille ans, tant les mœurs du second poème différent de celles du premier. Pour que le maître de Démosthène pût devenir la victime des susceptibilités littéraires de Philadelphe, il eût fallu que sa vie se prolongeât jusqu'à cent-trente ans ; d'où il suit que le critique n'est guère moins fabuleux que son modèle.

Zoïle est à la tête des critiques bêtes et haineux ; Aristarque a donné le sien aux critiques impartiaux et intelligents. Aristarque, excellent grammairien, et qui paraît avoir possédé au plus haut degré ce sens investigateur que nous nommons aussi le sens critique, n'a pourtant jamais été un critique dans l'acception la plus généralement reçue : il a jugé le plus utile, d'un sens d'authenticité des vers attribués à

Homère; il ne s'est point prononcé sur le mérite de ces vers. La profession d'Aristarque a un côté fort utile, il est aussi rare qu'on s'y distingue à un certain degré que dans toute autre carrière: mais, enfin, c'est une profession prudente, et qu'il est aisé de concilier avec le besoin qu'éprouvent tant de personnes de cacher leur vie : le critique à la manière d'Aristarque peut représenter l'homme le plus méticuleux de la société; le Zoïle est nécessairement un don Quichotte de conscience ou un chien hargneux.

Ce qui porte néanmoins, par le temps qui court, au métier de critique dans le bon et le mauvais sens de Zoïle (car l'impartialité nous oblige à suspendre l'arrêt prononcé par l'antiquité), c'est que la critique a cessé de courir les risques d'être mis en croix, lapidé, brûlé vif, ou précipité des roches scirroniennes, version que néglige Vitruve, mais qui offre tout autant de probabilité que les autres. Nous en sommes à peu près arrivés au point où l'on peut être impunément Lamotte-Houdart ou Bettinelli; n'oublions pas toutefois qu'il y a soixante ans le seul critique du premier ordre que l'Italie ait encore possédé, Baretti, faillit être assassiné dans Venise pour avoir manié un peu trop rudement *le fouet littéraire*. Il ne manquait alors à la sérénissime république qu'un pédant couronné, tel que Ptolémée-Philadelphe, pour donner une apparence légale à cette exécution à huis clos.

Nous n'avons point ici la prétention de tracer des règles à la critique verbale, telle qu'Aristarque l'a faite : ce genre de critique a reçu de nos jours une dénomination scientifique beaucoup plus exacte : on l'appelle *philologie*; et c'est sous cette rubrique qu'on pourra chercher l'examen des difficultés que présente l'art des Casaubon, des Bentley, des Bœckh et des Letronne. La critique dont il est ici question a pour base le sentiment intime, la recherche et la conscience du beau, le goût enfin ; la critique est l'exercice actif, aventureux, journalier, du principe que l'on nomme *esthétique*. La critique est restée incertaine et subordonnée tant qu'elle n'a pas marché d'un pas plus rapide que les livres eux-mêmes; la périodicité a centuplé ses forces : peu s'en faut maintenant qu'elle n'abolisse les écoles, et que dans son ardeur versatile elle ne tienne lieu de tout précepte et de toute loi. Il suit de là que pour apprécier aujourd'hui les devoirs et les bornes de la critique les exemples anciens sont devenus hors d'application. Le développement immodéré de la critique a été prévu, il y a déjà longtemps, par les meilleurs esprits, et les chances de ce développement les ont effrayés par avance. Un homme dont tout le talent se résume dans l'idée du sens critique le plus fin et le plus sûr, La Bruyère, s'indignait, au milieu du dix-septième siècle, qu'un journal prétendît à autre chose qu'à donner le titre et le sujet d'un livre nouveau, en ajoutant l'adresse du libraire. Aujourd'hui La Bruyère n'aurait plus le choix : il lui faudrait être ou journaliste audacieux ou philologue timide.

Depuis que la critique a conquis cette grande influence, elle est devenue l'objet des reproches les plus graves et souvent les plus fondés. Il ne s'agit point ici de la critique qui se jette à corps perdu sur ce qu'elle ne sait pas, qui peint à *larges traits* les époques dont les faits lui sont complètement inconnus, qui se confie aveuglément à elle-même, ou se laisse remorquer à la queue d'une vanité particulière: une pareille critique, si l'homme a reçu de la nature quelques qualités de style, peut bien éblouir quelque temps, et passer aux yeux de certaines personnes pour de la critique de bon aloi ; mais son sort étant ou de se démentir sans cesse ou de se répéter à l'infini, la satiété du public fera bientôt justice de ce qu'elle renferme de faux et d'incomplet. Le mal est que la critique, même éclairée porte en soi des inconvénients essentiels ; d'où il suit que pour trouver le bon critique, l'idéal du critique, il faudrait faire autant de chemin que pour rencontrer un homme de génie.

Car enfin, il est presque contre nature qu'un homme soit mis au monde uniquement pour faire le métier de critique. Il y a d'abord essentiellement dans toute critique une position parasite ou accessoire qui en exclut tous les esprits créateurs. Un esprit réellement créateur manque à sa vocation s'il critique les autres au lieu de produire : il peut, à de certains intervalles, jeter de vives lumières sur l'horizon du jugement; c'est aux critiques de profession à recueillir ces lumières, et à repousser de leurs rangs ceux dont la force productrice réclame un aliment plus substantiel. Pour critiquer en sûreté de conscience, il faut donc avoir la conscience de sa propre stérilité : sous ce rapport le γνῶθι σεαυτόν est d'une application tout à fait nécessaire. L'examen de conscience doit commencer par les facultés en quelque sorte matérielles de l'esprit. La mémoire est la base essentielle de la critique. Un homme dont l'oreille sera dure pourra juger très-sainement de la musique; la perception des arts du dessin n'est refusée ni au myope ni au presbyte. Le critique dont la mémoire est chancelante, le critique qui ne peut travailler sans notes, est un homme perdu. Les meilleures mémoires ne se ressemblent pas entre elles : telle garde les mots, telle autre s'applique aux lieux, une troisième aux noms et aux dates. Qui n'a pas la mémoire des mots doit s'abstenir de la critique littéraire; qui pèche par celle des lieux est impropre à la critique d'art; celle des noms et des dates est capitale et nécessaire à toute espèce de critique.

De l'usage réglé de la mémoire résulte le classement et la comparaison : ici chacun doit s'interroger avec soin ; les facultés sont aussi diverses qu'inégales ; et de la diversité des facultés critiques naissent les différentes espèces d'applications. Il est tel esprit auquel les choses se présentent toujours par grandes divisions, qui gagne à prendre de la reculée, et dans lequel les faits se cristallisent naturellement en systèmes; tel autre, auquel la nature a refusé les vues d'ensemble, est admirablement doué pour l'analyse et l'appréciation des détails; un troisième ne juge bien et profondément qu'un ordre de choses, et qu'un seul côté de ces choses; un quatrième saisit si nettement et si également le pour et le contre qu'une décision lui serait à tout jamais impossible. Tout est le sentiment intime de la résistance; il ignore le respect qu'on doit au génie : il n'accepte aucun joug, pas plus celui d'Homère que celui de Raphaël; l'autre est attiré vers un talent supérieur par un attrait aussi irrésistible que celui de l'aimant. Ce talent le charme, et à l'aide de cet attrait, il voit plus clair au dedans que tout autre : la nature l'a créé comme le gui pour trouver son aliment dans les fibres du chêne. Il en est chez lesquels domine le sentiment admiratif en général ; le mal seul est ce qui affecte les autres, et leur désolante analyse trouve à découdre les plus incontestables beautés.... Rien de tout cela n'est ni sans remède, ni sans ressource, pourvu que chacun connaisse sa tendance naturelle et la propriété de son talent.

Il est une classe de critiques qui se rapprochent de la philologie, et dont le sens esthétique n'est que relatif. Sous ce rapport, les philologues ont tous besoin du sens esthétique, surtout en ce qui concerne le caractère historique des littératures. Pareille nuance existe en matière d'art, où la critique historique devient l'auxiliaire indispensable de l'appréciation et de l'expertise. Il ne s'agit pas ici de pénétrer avant dans l'essence et les causes des beautés; il s'agit tout aussi peu de rendre compte de ces beautés et de les faire percevoir aux autres par une expression claire et ardente. Dans cet horizon, chaque temps, chaque homme est un tout, qui existe par lui-même, qui a ses signes de reconnaissance, bons ou mauvais : le critique philologue ou expert vous met le doigt sur les différences saillantes; s'il se passionnait pour une chose plus que pour une autre, sa judiciaire courrait risque de s'obscurcir : les choses n'ont pas besoin de l'affecter, il suffit qu'elles l'éclairent.

Un pareil critique, admirable pour dresser un catalogue ou deviner une interpolation, éprouve d'ordinaire un grand malaise devant les œuvres contemporaines. Comme à certains suppliciés que décrit le Dante, la nature lui a retourné le visage vers le passé; la facilité même avec laquelle il pénètre dans l'esprit des âges écoulés exclut chez lui le besoin et l'intelligence du progrès; le combat que l'époque ne cesse de livrer en marchant ne le préoccupe ni ne l'intéresse.

La tendance contraire à celle-ci consiste à tout rapporter au temps présent, à ne chercher dans le passé que des raisons qui appuient nos préoccupations actuelles. Le sort accoutumé des critiques qui suivent cette voie est de s'enrôler aveuglément sous une bannière, d'épouser une coterie, de combattre pour un nom : parti qui facilite le succès, qui couvre les défaites, qui adoucit singulièrement par les caresses de l'amitié ce que le métier de critique a d'âpre et de périlleux. C'est qu'au fond, après les lumières naturelles, après la connaissance de soi-même, la qualité la plus essentielle au critique, c'est le courage; je n'appelle pas courage ce monstrueux besoin de dénigrement que les talents élevés inspirent à l'envie, ni ce désir de se singulariser qui porte les gens nouveaux à s'en prendre aux réputations établies. Le seul courage que le critique ait à s'imposer, le plus difficile à obtenir sur lui-même, c'est le sacrifice de son amour-propre ; on ne voudrait à aucun prix avancer une opinion qu'il fallût ensuite rétracter; on a la conscience exacte d'une qualité ou d'un défaut dans ce qu'on examine, mais avant de produire ses observations, on tiendrait à prévoir la fortune qu'elles feront dans le monde; et comme en définitive la critique est bien plus alimentée par l'envie que par l'amour du prochain, on trouvera toujours des gens disposés à attaquer des critiques qui se sacrifient d'avance en risquant une opinion tranchée au profit d'un talent inconnu, si ce n'est quelques étourdis qui ne voient rien devant eux et se jettent tête baissée dans les souricières.

Il est donc vrai de dire que la plupart des critiques se respectent bien plus eux-mêmes qu'ils ne se connaissent. Avec cette exubérance de vanité, justifiée par l'importance du rôle qu'ils jouent aujourd'hui dans le monde, ils auraient beau cumuler tous les mérites du style et de l'imagination, qu'ils n'en mériteraient pas moins les reproches dont on les accable en expiation de leur influence et de leurs succès. Venimeuse ou idolâtre, la critique égorge ceux qu'elle hait, étouffe ceux qu'elle admire : ainsi se trouve justifié l'arrêt qu'elle s'est prononcé à elle-même depuis assez longtemps, de contribuer pour une bonne moitié à la stérilité dont le monde est menacé en fait d'art et de littérature. Le seul remède à cela, c'est que la critique ait un but, car toujours c'est le but qui fait le courage. Quiconque embrasse cet attrayant, mais rude métier, doit être convaincu qu'il n'est autre chose qu'un dissolvant, un acide dans le monde; et qu'un dissolvant, naturellement destructeur, peut néanmoins, dans une certaine combinaison avec les éléments contraires, contribuer à la conservation et au développement des choses. Dans l'ordre général de l'humanité, le conseil est l'auxiliaire de l'action; quand les forces du corps sont retranchées par l'âge, l'expérience des vieillards dirige le bras des jeunes ; un critique n'est bon que comme peut l'être un vieillard ou un eunuque. Il faut qu'il sache passionnément une chose qu'il a conscience de ne pouvoir par lui-même accomplir; alors il s'adresse à l'homme d'action, puissant par lui-même, mais souvent aveugle; il le dirige, le soutient, ou simplement l'encourage; il a le temps surtout d'expliquer à la foule ce que l'homme d'action, absorbé par son travail, ne lui dirait jamais : il peut être le pilote, mais jamais le vent; le truchement, et non l'orateur.

La plus agréable émotion qu'éprouve l'homme qui s'est livré à la critique que par l'impuissance de rien créer par lui-même, c'est de rencontrer chez un autre une force capable d'accomplir le résultat que le critique a rêvé. De là l'association toute naturelle de l'homme de conseil et de l'homme d'action. Cette association doit inspirer au critique le courage de se commettre pour celui qui réalise ses utopies; mais malheur à qui, après le premier élan, se repose dans la confiance de l'amitié! car la vie du critique est essentiellement une vie de désappointements et de déboires : l'artiste ou le poëte dans lequel il a mis ses espérances, et dont il a prôné d'avance les succès, lui échappe souvent tout à coup ; il voit s'éteindre, sous mille influences diverses, la flamme du génie; il faut qu'il brûle lui-même le dieu qu'il adorait la veille; il faut qu'il avoue son erreur ou avertisse publiquement de sa méprise celui qu'il comblait de louanges. Cette absolue nécessité dans laquelle se trouve le critique *de n'avoir point d'amis* devrait retenir bien des gens sur le bord de la carrière, si d'une part presque tous ceux qui s'y aventurent ne se résignaient d'avance à accepter des amis *quand même*, et si de l'autre quelques-uns ne cédaient à un penchant de satire, qui n'est pas un crime comme le dénigrement injuste, qui n'est qu'un penchant malicieux et presque excusable quand il sait se contenir dans certaines bornes.

Il est peu d'écrivains de talent qui n'aient écrit quelques pages de critique. Toutefois, il existe cette grande différence entre l'utilité de ce que les grands poëtes ou les grands artistes ont écrit sur leur art, et de ce que produisent les critiques proprement dits, que les idées avancées par les hommes de pratique n'ont pas besoin d'être justes pour être utiles, tandis que les méprises de la critique ne peuvent se racheter à aucun prix. Les faces de l'art sont tellement multiples et variées, il y a tant de moyens de voir la nature et de l'exprimer, qu'un homme qui envisagerait toutes les faces de l'imitation avec une égale impartialité se réduirait par cela même à l'impuissance d'agir. Pour réussir dans une partie de l'art, l'homme a besoin de convictions fortes et en partie aveugles : Rembrandt n'aurait pas trouvé la route qu'il a si glorieusement parcourue, s'il avait eu les idées de Raphaël; Michel-Ange n'aurait pas été Michel-Ange s'il eût compris le mérite, inappréciable sous un certain rapport, des maîtres plus anciens que lui. Ainsi, si je découvrais un traité de Michel-Ange sur la peinture, et que j'y lusse une critique acerbe ou dédaigneuse de Ghirlandajo, son maître, de sa sécheresse, de sa roideur perpendiculaire, de son ignorance de la perspective et des raccourcis, les fresques de Michel-Ange m'apprendraient à rabattre de ces reproches; je me rappellerais le point auquel Buonarotti a trouvé l'art, ce qu'il lui a donné sous le rapport de la science et du mouvement, et l'exagération même de Michel-Ange dans le style qu'il a créé me ferait deviner la voie juste entre la simplicité gothique de Ghirlandajo et la force exubérante de Michel-Ange.

Nous n'accepterons donc la critique des poëtes et des artistes, même leurs théories, que comme des mémoires. Je ne vois qu'une combinaison dans laquelle l'artiste écrivant lui-même dispenserait à tout jamais de la critique : je suppose que la paralysie des mains qui interrompit Poussin à moitié de sa carrière eût été complète. Voilà bien l'homme qu'il nous faut pour juger parfaitement la peinture! car il a pratiqué longtemps et avec succès; il connaît tous les secrets de la profession; il est de plus doué du sens philosophique le plus élevé : quelle merveille de raison et de génie ne produira pas cet accord des facultés les plus rares dans un homme qui ne trouve plus le moyen de les mettre en pratique! Tout cela est incontestable; et pourtant souscririez-vous d'avance au jugement que Poussin porterait de Rubens ou de Murillo? Ch. Lenormand, de l'Institut.

CRITIQUE (Temps ou Âge). *Voyez* Crise.

CRITOGNAT, l'un des nobles Arvernes qui s'étaient enfermés dans Alise avec Vercingétorix. Le siége avait déjà duré trente jours; les assiégés, qui n'avaient de vivres que pour ce temps, étaient menacés de la famine : les secours qu'ils attendaient de tous les points de la Gaule confédérée n'arrivaient pas. On tint conseil pour aviser à ce qu'il y avait à faire dans une si cruelle extrémité. Les uns furent d'avis qu'on se rendît, les autres qu'on essayât d'une sortie, tandis qu'on en avait encore la force. Critognat, dont l'opinion avait beaucoup de poids, déclara que ceux qui conseillaient la soumission n'étaient pas dignes de prendre part au conseil, et que pour ceux qui voulaient qu'on fît une sortie, c'était pusillanimité et non courage, de mieux aimer combattre que de souffrir la faim. Il conseilla aux Gaulois de faire ce qu'avaient fait leurs ancêtres, lesquels, dans la guerre des Cimbres et des Teutons, refoulés dans leur ville et réduits à la même extrémité, s'étaient nourris des cadavres de ceux qui rendait incapables de porter les armes, et avaient ainsi échappé à la honte de se rendre. César, au VIIᵉ livre de la guerre des Gaules, cite le discours de Critognat, à cause, dit-il, de son étrange et horrible cruauté. Le fait méritait sans doute d'être mentionné dans le récit du siège d'Alise; mais on s'étonne que César, qui très-certainement n'avait connu l'opinion et le discours de Critognat que par les rapports de quelques captifs, ait pris plaisir à refaire ce discours et à donner une pièce qui, pour la concision, l'ordre des pensées, le nerf et la vigueur du langage, égale les meilleures harangues de Tite-Live et de Salluste. Tous les ans étant pris, il fut décidé qu'on renverrait de la ville tous ceux que leur santé ou leur âge rendait inutiles au service, et d'essayer de tous les moyens avant de se résoudre à ce qu'avait proposé Critognat, sauf à y recourir plutôt que de subir la soumission ou la paix. Les habitants d'Alise, qui avaient reçu l'armée gauloise dans leur cité, en furent chassés avec leurs femmes et leurs enfants. Arrivés près du retranchement de César, ils demandèrent en pleurant qu'il les reçût comme esclaves et qu'il se nourrît; mais César les fit repousser, et ils périrent de faim entre son camp et les murs de leur ville.

Désiré NISARD, de l'Académie Française.

CRIVELLI (CARLO), peintre vénitien du quinzième siècle, contemporain de Bartolommeo Vivarini, à qui il ressemble beaucoup sous certains rapports, tout en lui restant inférieur sous le rapport de la grâce et de la beauté d'exécution. Ses ouvrages se trouvent dispersés dans plusieurs villes d'Italie, mais sont fort rares à Venise, sa ville natale. C'est à Ascoli, où il s'était fixé, qu'on en voit le plus grand nombre. La galerie de la Brera à Milan, le musée de Berlin et l'institut Stædel à Francfort possèdent aussi de ses ouvrages. Ils sont peints finement en détrempe, et les moindres d'entre eux toujours ornés de gracieux paysages. Crivelli doit avoir atteint un âge très-avancé, puisqu'on sait qu'il travaillait encore vers l'an 1480; or une *Vierge avec l'enfant Jésus* qu'on voit de lui à la Brera, de même que son propre portrait, qui s'y trouve également, porte la date de 1412.

CROASSEMENT, mot fait par onomatopée, c'est-à-dire imitant le cri naturel des oiseaux du genre *corbeau*, et particulièrement de la *corbine*. On ne doit point confondre ce mot avec *coassement* ou voix des grenouilles. *Croasser* signifie, se fâcher, crier, criailler, chanter mal.

CROATES. C'est à l'époque de la guerre de trente ans qu'il est pour la première fois fait mention des armées impériales de *Croates* comme formant un genre de troupes à part, un corps de cavalerie légère. Les corps ainsi désignés ne se composaient pas seulement de Croates et autres Slaves du sud, mais aussi de Magyares, et sous ce rapport étaient la même chose que les *hussards*. A la bataille de Breitenfeld, on voit figurer cinq régiments de Croates aux ordres d'Isolani. En France, où on reconnut le bon parti qu'on en pouvait tirer, on organisa sous le nom de *cravates* des régiments de ce genre, mais répondant mal au but qu'on se proposait, d'ailleurs trop pesamment armés, puisqu'on leur avait donné casque et cuirasse. Plus tard, notamment à l'époque de la guerre de sept ans, il ne fut plus question de *croates* que comme de troupes d'infanterie légère, au total assez mal disciplinées, mais fort utiles pour la petite guerre. Ils formaient des corps francs, auxquels on donnait une organisation et un uniforme variant suivant les districts, et qui sont devenus plus tard ce qu'on appelle dans l'armée autrichienne des *grenzer* (troupes de frontières).

CROATIE, royaume de la monarchie autrichienne, formant aujourd'hui, avec le territoire des côtes de la Croatie, autrement dit le *Littoral*, avec la ville de Fiume et son territoire, et avec l'Esclavonie, un domaine particulier de la couronne (*Kronland*), est borné au nord par la Styrie et la Hongrie, à l'est et au sud par les Frontières militaires de Croatie, à l'ouest par la mer Adriatique, l'Illyrie et la Styrie. Avec ses quatre comitats d'Agram, Warasdin, Kreutz (ou ci-devant Croatie provinciale) et Fiume, il comprend une superficie d'environ 105 myriamètres carrés, avec une population de 608,426 habitants, et avec l'Esclavonie, c'est-à-dire avec les deux comitats de Poséga et d'Essek, 182 myriamètres carrés et 868,456 habitants. La Croatie est traversée par des prolongements fortement boisés des Alpes de Styrie et de Carinthie, qui y forment plusieurs vallées d'une grande fécondité, et arrosée par la Save et la Koulpa, par la Drave et par la Mour, ces deux derniers cours d'eau encadrant l'île de Mour (*Murakœz*), d'une superficie de 880 kilomètres carrés, et qui jusqu'à présent avait appartenu à la Hongrie. En raison de l'élévation de son sol, si voisin des Alpes, ce pays, quoique situé bien plus au sud, n'est pas plus chaud que les parties de la Hongrie qui l'avoisinent; cependant le climat en est au total tempéré et beaucoup plus sain que celui de l'Esclavonie. La population est d'origine croate et *rautze*, ou serbe, mélangée d'Allemands et de Hongrois, de Juifs et de Bohémiens. Les habitants parlent l'idiome slovénique-horvatique, professent pour la plus grande partie la religion catholique romaine, et jouissent d'un grand renom de bravoure militaire, qu'ils ont encore récemment soutenu avec éclat dans les luttes de 1848 et 1849. Dans le comitat d'Agram, on rencontre tous les genres de terrain, depuis les plus riches terres à froment jusqu'aux misérables terrains de montagne, en or y récolte surtout des châtaignes, de la noix de galle et du vin; mais on ne tire aucun parti des excellents bois de construction qu'offrent ses vastes forêts. L'élève du bétail y est négligé. On n'y trouve que peu de minéraux. Les eaux minérales de Sztubicza et de Sainte-Hélène sont d'un grand usage. Le comitat de Warasdin, généralement assez fertile, possède un grand nombre de sources sulfureuses et médicinales (à Toplika, Krapina et Toplitze). Le comitat de Creutz est de tous le plus fertile; les grains, les fruits, les vins et le bois sont ses principaux produits. Le *Littoral* est placé dans les mêmes conditions, et possède en outre de remarquables carrières de marbre.

La Croatie proprement dite est un pays pauvre, attendu le peu de progrès qu'y ont encore faits le commerce et l'industrie. Les villes de *Karlstadt*, d'*Agram* et de *Vieux-Sziszek* sont celles qui font le plus de commerce; il ne consiste guère d'ailleurs qu'en exportations de bois et de vins et en transit, et est favorisé par trois grandes voies de communication venant aboutir à Karlstadt : la *route de Louise*, d'environ 100 kilomètres de développement; la *route Caroline*, presqu'entièrement taillée dans le roc vif, et la *route Joséphine*; les deux premières venant de Fiume, et la troisième de Zengg en Dalmatie. Le commerce et l'industrie ont pris un tout autre essor dans le *Littoral*, où la construction des navires, le cabotage, la fabrication du papier et la préparation des farines, sont une source de travail et de bien-être. L'instruction publique est tout à fait organisée en Croatie et en Esclavonie comme en Hongrie; elle a pour bases les écoles nationales, divisées en *triviales*, *principales* et *primaires*.

ou *modèles*. Agram, chef-lieu du royaume, est le foyer de la vie scientifique et littéraire de la contrée; on y trouve une société d'agriculture, une société d'histoire, une académie impériale, un lycée et un gymnase. Il existe aussi un lycée à Diavokar en Esclavonie, et des gymnases à Karlstadt, Warasdin, Fiume, Poséga et Essek. L'administration de tout le royaume et de l'Esclavonie a pour chef un ban, président de la régence du banat, de laquelle relèvent immédiatement les diverses autorités des comitats; chaque comitat est divisé, au point de vue politique et administratif, en un certain nombre d'arrondissements. On compte dans tout le royaume 67 tribunaux d'arrondissement, dont 6 sont en même temps investis d'un degré de juridiction supérieur; plus 4 cours d'appel de première classe à Agram, Fiume, Warasdin et Essek, et 3 de seconde classe, à Karlstadt, Kreutz et Poséga. Toutes ces différentes cours de justice ressortissent au tribunal suprême provincial, siégeant à Agram.

La Croatie, y compris les Frontières militaires de Croatie et la Croatie turque, c'est-à-dire la partie septentrionale de la Bosnie, eut autrefois pour habitants les Pannoniens; et quand les Romains, au temps d'Auguste, en eurent fait la conquête, leur pays fut transformé en province d'Illyrie. En l'an 489, les Ostrogoths s'en emparèrent; et elle fit alors partie du royaume d'Italie jusqu'à ce que l'empereur Justinien s'en fut rendu maitre, en l'an 535. Elle tomba ensuite au pouvoir des Avares; en 640 les Croates (*Chrovates, Chorvates* ou *Horwates*, c'est-à-dire habitants des Karpathes, jadis siège principal des races slaves), y immigrèrent, et lui donnèrent leur nom. Après de longues luttes, ils passèrent, au huitième siècle, sous la domination des rois Francs, puis se soumirent en 864 à l'empereur de Byzance, dont ils secouèrent plus tard l'autorité pour constituer un royaume indépendant. Par la suite ce royaume se divisa en deux États distincts, à savoir : le pays de côtes de la Dalmatie, et la province située entre la Drave et la Save, qu'en l'an 892 Brazlaw possédait à titre de vassal de l'empereur d'Allemagne Arnoulf, mais qui ne tarda pas à devenir la proie des Hongrois, puis qui recouvra son indépendance sous le règne orageux du roi Salomon.

Les souverains de la Croatie, devenue au neuvième siècle un puissant et florissant État féodataire de l'empire de Byzance, prirent à partir de l'an 994, le titre de rois de Croatie, qu'ils échangèrent vers l'an 1050 contre celui de rois de Dalmatie. Zwonimir Démétrius, précédemment simple *ban* de Croatie, devenu roi par sa nation en 1075, pour éviter de se soustraire à la suzeraineté de l'empereur de Byzance, se soumit au pape, et fut confirmé dans son titre de roi par Grégoire VII. La maison royale s'étant éteinte avec lui en 1089, et par suite une grande confusion ayant éclaté dans le pays, le roi Ladislas de Hongrie conquit en 1091 toute la partie de la Croatie qui s'étend jusqu'à la Save, la réunit à la couronne de Hongrie, et la divisa en comitats. A la mort de ce prince, la Croatie essaya de se soustraire à la domination hongroise, mais fut reconquise en 1097 par le roi Koloman, auquel se soumirent en 1102 les autres parties de la Croatie restées jusque alors indépendantes des Hongrois. Sous le règne d'Étienne, fils de ce prince, la Croatie eut de nouveau beaucoup à souffrir des dévastations des Vénitiens, jusqu'à ce qu'une victoire remportée à Zara en 1117 l'en délivra. Mais en 1168 l'empereur grec conquit presque toute cette contrée, sous prétexte d'y rétablir l'autorité de son gendre, Bela, un des Hongrois; cependant à sa mort, Bela, pour s'en mettre en possession, dut faire la guerre à l'empire grec, et il la replaça ainsi sous la domination de la Hongrie. Sous le nom de royaume de Croatie et de Dalmatie, elle resta ensuite pendant quelque temps dans un état de quasi-indépendance. En 1300 elle se soumit au roi Charles de Sicile, qui en 1309 monta sur le trône de Hongrie, et de la sorte réunit encore une fois la Croatie à ce pays. Plus tard, en 1342, le roi Louis 1er la réunit avec la Dalmatie et l'Esclavonie à la Transylvanie, et la mit sous la souveraineté immédiate de la Hongrie. Depuis lors, objet de fréquentes contestations entre les Hongrois et les Vénitiens, elle fut en outre, à partir surtout de la seconde moitié du quinzième siècle, presque constamment en proie aux dévastations des Turcs. Le roi Ferdinand 1er, de la maison de Habsbourg-Autriche, ayant enfin été élu roi de Hongrie en 1526, les états de Croatie lui présentèrent aussi l'hommage en 1527. En 1592 les Turcs emportèrent d'assaut la forteresse de Bihacs en Croatie, laquelle, avec quelques localités voisines, telles que Berbir, Dubiczac, etc., a formé depuis la *Croatie turque* (un sandjak de Bosnie). Les limites des deux territoires ne furent bien positivement déterminées que par la paix de Carlovicz, aux termes de laquelle le sultan dut abandonner à l'Autriche tout le territoire situé au delà de l'Unna.

En 1717, le *Littoral croate* fut compris dans le Littoral autrichien, affermé à la compagnie impériale de commerce croate-allemande, mais demeura partie intégrante du comitat d'Agram jusqu'en 1776, époque où la division territoriale ainsi dénommée fut supprimée et remplacée par une division en trois comitats, en même temps qu'on réunissait de nouveau toute cette contrée à la Croatie. Toutefois, en 1797 la ville de Fiume fut déclarée partie intégrante et particulière de la couronne de Hongrie. De même, après la fin des guerres contre la France, Fiume demeura depuis 1823 jusqu'en 1848 unie à la couronne de Hongrie.

De 1767 à 1777 les trois royaumes de Croatie, d'Esclavonie et de Dalmatie portèrent la dénomination commune d'*Illyrie*, et furent administrés à Vienne par une députation illyrienne particulière. Plus tard, ils constituèrent encore chacune un royaume à part; toutefois les *Frontières militaires* en restèrent toujours séparées, conservant l'organisation militaire qui leur est encore propre. Jusque alors la Croatie et l'Esclavonie avaient été traitées comme des royaumes incorporés à la Hongrie. Mais irrités par les efforts faits dans ces derniers temps par les Magyares pour rendre leur langue dominante dans toutes ces contrées et pour en imposer l'usage aux populations, les Croates ne négligèrent rien pour conserver leur nationalité particulière et l'idiôme qui en est le caractère distinctif, et sous ce rapport ils firent cause commune avec les Serbes établis en Hongrie, qui ont la même origine qu'eux. Le mouvement Croate-Serbe, qui en 1848, sous la direction du ban Jellachich, éclata en même temps que la révolution hongroise, exerça sur celle-ci une influence considérable (*voyez* Hongrie).

La constitution de 1849 de l'empire d'Autriche effectua la séparation de la Croatie et de l'Esclavonie d'avec la Hongrie, et érigea ces deux royaumes en un domaine particulier de la couronne, dans lequel ont été pareillement incorporés le *Littoral* et la ville de Fiume, ainsi que son territoire, tandis que les arrondissements syrmiens de Rouma et d'Illok étaient compris dans la Woïwodie Serbe nouvellement organisée, et que le reste du territoire syrmien demeurée à l'Esclavonie était adjointe au comitat d'Essek. Consultez Csaplovicz, *L'Esclavonie et la Croatie* (2 vol., Pesth, 1819); et Neigebaur, *Les Slaves du Sud et leurs pays* (Leipzig, 1851).

CROC, verge de fer recourbée dont le bout est pointu. Il y a des crocs à plusieurs branches : il y en a même en bois.

On donne aussi le nom de *crocs* aux canines des chiens et de quelques autres animaux.

CROCHE, note de musique qui ne vaut en durée que le quart d'une blanche ou la moitié d'une noire; il faut par conséquent huit croches pour une ronde ou pour une mesure à quatre temps.

La *double-croche* est la moitié d'une croche; la *triple-croche* en est le quart.

CROCHET, fil ou verge de métal recourbé, qui entre dans un anneau, une agrafe, pour tenir rapprochées deux parties d'un vêtement, les deux bouts d'une ceinture. On donne le nom de *crochets* à une espèce de châssis en bois sur lequel les porte-faix placent les fardeaux qu'ils doivent transporter d'un lieu dans un autre peu éloigné. Les mécaniciens appellent *crochet* un outil recourbé avec lequel ils tournent le fer, l'acier, la fonte de fer, etc. En termes d'imprimerie, les *crochets* sont des caractères qui ont la figure de lignes droites recourbées en haut et en bas [ ]. Ils servent en général de parenthèses. Nous les employons dans notre ouvrage pour indiquer des parties d'articles appartenant à un autre auteur que ce qui précède. Les menuisiers appellent *crochet* la patte de fer dentée contre laquelle butte la planche qu'ils rabotent. Les voleurs, les serruriers font usage de *crochets*, petites tiges de fer recourbées, pour faire jouer le pêne d'une serrure dont ils n'ont pas la clef. *Crochet* est souvent synonyme de *croc*. On dit proverbialement *être aux crochets de quelqu'un* pour dire qu'on vit à ses dépens : cette locution fait probablement allusion aux crochets de porte-faix. TEYSSÈDRE.

En chirurgie, les *crochets* sont des instruments de fer ou d'acier, les uns aigus, les autres émoussés, tantôt nus, ou à gaîne, dont on se sert pour l'extraction d'un fœtus; d'autres instruments, en forme de crochets, servent à saisir les artères pour en faire la ligature (*tenaculum* des Anglais), ou sont employés aux dissections (érignes).

En ostéologie, certaines éminences osseuses sont ainsi nommées (*crochet* de l'apophyse ptérygoide, *crochet* de l'os unciforme).

Les médecins vétérinaires donnent le nom de *crochets* aux dents canines des chevaux et des ânes; elles sont au nombre de quatre, deux pour chaque mâchoire, et n'existent communément que dans les mâles, et très-rarement chez les femelles. Les juments qui offrent ces crochets, ordinairement très-petits, ayant été à tort considérées comme infécondes, sont appelées pour cette raison *bréhaignes*. Entre les crochets et la première dent molaire est l'espace vide où l'on place le mors. Les crochets des juments qui en sont pourvues n'éprouvent aucune usure; mais ceux des chevaux s'usent en frottant les uns contre les autres; ou bien, le crochet inférieur frotte contre la dent du coin de la mâchoire supérieure, et le crochet supérieur reste intact et devient très-long.

Les naturalistes se sont servis fréquemment du mot *crochet* pour désigner : 1° deux protubérances qui dans les coquilles bivalves couronnent la charnière et se recourbent l'une vers l'autre; 2° les mandibules des insectes aptères masticateurs; 3° des pinces dont l'anus des forficules ou perce-oreilles est armé; 4° un prolongement très-fort qui termine la jambe des mantes; 5° des appendices crochus placés à l'extrémité des tarses de quelques hyménoptères; 6° des pièces recourbées qui fixent l'aile inférieure à la supérieure de certains lépidoptères; 7° l'extrémité crochue des soies des annélides; 8° en botanique, les divisions crochues de l'extrémité des poils de certaines plantes. L. LAURENT.

CROCHETEUR, commissionnaire qui, dans les grandes villes, transporte des marchandises sur des crochets. On dit d'une profession que c'est un métier de *crocheteur*, pour dire qu'elle est grossière et des crochets. *Crocheteur* est un mot injurieux, qui est synonyme de *grossier*, *brutal*.

CROCIDISME. *Voyez* CARPHOLOGIE.

CROCKETT (DAVID). Ce nom, inconnu en Europe, est des plus célèbres aux États-Unis ; c'est celui d'un homme qui fut le type du colon dans les nouvelles provinces de l'Amérique du Nord; ses qualités et ses défauts lui valurent une immense popularité. Né dans le Tenessee, en 1780, Crockett était le quatorzième enfant dans une famille sans nulle fortune; il chercha de bonne heure le moyen de subsister dans les plaines immenses qui s'étendent du Mississipi à la mer Pacifique, et se fit distinguer par son audace et son adresse à la chasse. Avide de périls, il ne se plaisait que dans des luttes sanglantes avec les plus farouches habitants de ces *prairies* qu'a si bien décrites Cooper. Il prit part aux campagnes du général Jackson contre les Indiens, et quoiqu'il ne sût lire que fort peu et à peine écrire, quoiqu'il fût dans la pauvreté, il fut nommé membre de la législature du Tenessee, et même choisi, en 1827, pour aller siéger au congrès. Partisan fougueux du principe démocratique, il attaqua avec violence le président Adams, et ses discours passionnés et empreints d'une originalité toute particulière, ses exclamations, ses interruptions, son mépris des formes parlementaires, tout cela, attirant sur lui les regards de la foule, le rendit cher au peuple, qui vit dans ce nouveau paysan du Danube l'image, la caricature si l'on veut, de l'Américain du sud-ouest tel que l'exige la tâche de défricher des contrées nouvelles. Son portrait fut partout, sa vie fut écrite avec toute l'exactitude particulière aux biographes qui s'attachent aux individus devenus subitement illustres; des almanachs dont le débit fut immense le représentèrent, dans leurs vignettes sur bois, abattant sous sa carabine des buffles ou des panthères, assommant des bandes d'ours et de loups, étranglant des Indiens qui se promettaient de le scalper. Il fut le héros des histoires les plus incroyables et partant les mieux crues. On lui prêta une multitude de mots à effet. Les journaux reconnurent longtemps pour leur providence ce représentant d'une race qu'on a comparée assez bizarrement à un être qui serait moitié cheval et moitié alligator. Tandis qu'il était à Washington, il reçut une lettre d'un jeune homme qui s'offrait à lui comme gendre ; la proposition convint au législateur, et sa réponse, qui ne se fit pas attendre, portait l'empreinte du dégoût que lui inspirait la tâche de noircir du papier. « Votre lettre m'est parvenue. En avant! David Crockett. » Rendu à la vie privée, et plein d'une vive horreur pour les débats et les travaux des assemblées délibérantes, Crockett sentit le besoin de se retremper dans une politique plus active ; il prit part à l'invasion que des aventuriers américains tentèrent sur le planitureux territoire du Texas. Toujours l'un des premiers au combat lorsqu'il fallait se mesurer avec les soldats mexicains, sa témérité lui coûta enfin la vie; et il trouva en 1836, à l'attaque du fort d'Alamo, cette mort qui pendant tant d'années semblait n'avoir pas voulu de lui. G. BRUNET.

CROCODILE. Ce genre de reptiles, érigé en famille sous le nom de *crocodiliens*, est subdivisé en trois sous-genres : les *caïmans*, les *crocodiles* proprement dits, et les *gavials*. Les crocodiles proprement dits, les seuls dont nous parlerons ici, ont le museau déprimé et oblong, les dents inégales, les quatrièmes d'en bas passant dans des échancrures (et non pas dans des trous, ce qui contribue à les distinguer des caïmans) de la mâchoire supérieure. Ils ont, du reste, tous les autres caractères des gavials. On en trouve dans les deux mondes. C'est à ce genre qu'appartient le *crocodile vulgaire* ou du *Nil* (*crocodilus vulgaris*, Cuv.), si célèbre dans l'antiquité par le culte que lui rendaient les Égyptiens. Il a tout le long du dos six rangées de plaques carrées à peu près égales; il est en dessus d'un vert de bronze plus ou moins clair, piqueté et marbré de brun; d'un vert jaunâtre en dessous. On le trouve dans les deux continents; il habite le Nil, le Sénégal, probablement aussi les autres fleuves d'Afrique, ainsi que les lacs et les savanes noyées de l'Amérique méridionale. Il ne se rencontre aujourd'hui dans le Nil que vers la région supérieure de l'Égypte, où il fait très-chaud, et où il ne s'engourdit jamais, tandis qu'autrefois il descendait dans les branches du fleuve qui arrosent le Delta, où il passait, selon le rapport des anciens, quatre mois d'hiver engourdi dans des cavernes. Sa taille atteint jusqu'à huit et quelquefois dix mètres. Il pond en deux ou trois fois, à des distances rapprochées, une vingtaine d'œufs à coque blanchâtre, qu'il enterre dans le sable, à deux ou trois décimètres de profondeur. Il exhale une odeur de musc qu'il communique aux eaux qu'il fréquente, et que conservé sa chair quand il est mort. Cependant les nègres la mangent volontiers, et ses œufs, qui ont la même odeur, sont un mets assez recherché.

« La nature, dit Lacépède, en accordant à l'aigle les hautes régions de l'atmosphère, en donnant au lion pour domicile les vastes déserts des contrées ardentes, a abandonné au crocodile les rivages des mers et des grands fleuves des zones torrides. Cet animal énorme, vivant sur les confins de la terre et des eaux, étend sa puissance sur les habitants de la mer et sur ceux que la terre nourrit. L'emportant en grandeur sur tous les animaux de son ordre, ne partageant sa subsistance ni avec le vautour, comme l'aigle, ni avec le tigre, comme le lion, il exerce une domination plus absolue que celle du lion et de l'aigle, et il jouit d'un empire d'autant plus durable qu'appartenant aux deux éléments, il peut échapper d'autant plus aisément aux pièges; qu'ayant moins de chaleur dans le sang, il a moins besoin de réparer des forces qui s'épuisent moins vite; et que, pouvant résister plus longtemps à la faim, il livre moins souvent des combats hasardeux...... Le crocodile fréquente de préférence les rives des grands fleuves, dont les eaux surmontent souvent les bords, et qui, couvertes d'une vase limoneuse, offrent en plus grande abondance les testacés, les vers, les grenouilles, les lézards, dont il se nourrit. Il se plaît surtout dans l'Amérique méridionale, au milieu des lacs marécageux et des savanes noyées...... C'est dans ces terrains fangeux que, couvert de boue, et ressemblant à un arbre renversé, il attend, immobile, le moment favorable de saisir sa proie. Sa couleur, sa forme allongée, son silence, trompent les poissons, les oiseaux de mer, les tortues, dont il est avide. Il s'élance aussi sur les béliers, les cochons, et même sur les bœufs. Lorsqu'il nage en suivant le cours de quelque grand fleuve, il arrive souvent qu'il n'élève au-dessus de l'eau que la partie supérieure de sa tête. Dans cette attitude, qui lui laisse la liberté des yeux, il cherche à surprendre les grands animaux qui s'approchent de l'une ou de l'autre rive, et lorsqu'il en voit quelqu'un qui vient pour y boire, il plonge, va jusqu'à lui en nageant entre deux eaux, le saisit par les jambes et l'entraîne au large pour l'y noyer. Si la faim le presse, il dévore aussi les hommes...... Les très-grands crocodiles surtout, ayant besoin de plus d'aliments, pouvant être aperçus et évités plus facilement par les petits animaux, doivent éprouver plus souvent et plus violemment le tourment de la faim, et par conséquent être quelquefois très-dangereux, particulièrement dans l'eau. C'est en effet dans cet élément que le crocodile jouit de toute sa force, et qu'il se remue avec agilité, malgré sa lourde masse, en faisant souvent entendre une espèce de murmure sourd et confus. S'il a de la peine à se tourner avec promptitude, à cause de la longueur de son corps, c'est toujours avec la plus grande vitesse qu'il fend l'eau devant lui pour se précipiter sur sa proie..... Lorsqu'il est à terre, il est plus embarrassé dans ses mouvements, et par conséquent moins à craindre pour les animaux qu'il poursuit; mais, quoique moins agile que dans l'eau, il avance très-vite quand le chemin est droit et le terrain uni : aussi, lorsqu'on veut lui échapper, doit-on se détourner sans cesse. » DÉNEZIL.

CROCOÏSE ou **PLOMB ROUGE**. Ce minéral, d'une belle couleur rouge hyacinthe tirant sur le rouge aurore, à poussière orangée, est remarquable par la découverte du chrome à laquelle son analyse a donné lieu. C'est en effet un chromate de plomb, ainsi composé : oxyde de plomb, 68; acide chromique, 32. Sa densité est égale à 6.

La crocoïse ne se rencontre qu'à l'état cristallin, en prismes obliques, allongés, d'un vif éclat et d'une couleur intense ; ils sont rassemblés par veines dans des quartzites micacés ou talqueux, généralement aurifères, à Bérésof (Sibérie) et à Congonhas do Campo (Brésil). Le plomb rouge est employé dans la peinture sur toile et sur porcelaine; il fournit une très-belle couleur jaune.

CROCUS, genre de la famille des iridées. Les crocus ont des fleurs assez semblables à celles des colchiques; mais on les en distingue facilement par leurs trois étamines, par un seul style chargé de trois stigmates allongés, colorés, roulés en cornet, et souvent découpés au sommet en forme de crête. La corolle, pourvue d'un long tube grêle, a son limbe partagé en six divisions égales. Le fruit est une capsule inférieure, presque triangulaire, à trois valves, à trois loges, renfermant plusieurs semences arrondies. Les feuilles, étroites, linéaires, traversées par une ligne blanche plus ou moins saillante, sortent d'une bulbe couverte de tuniques sèches, et d'où les fleurs naissent immédiatement.

Le *crocus vernus* ou *safran printanier* est l'espèce sauvage la plus généralement répandue, celle qui fournit le plus grand nombre de variétés. Sa floraison a lieu au printemps; les feuilles paraissent à peu près en même temps que les fleurs. Le style est à peine plus long que les étamines, en y comprenant les stigmates, qui sont courts, droits, de couleur orangée, divisés en trois lobes quelquefois un peu découpés. La corolle est blanche, violette, purpurine ou lilas, quelquefois agréablement panachée, selon les variétés. Le *crocus vernus* croît dans les plaines des Alpes, du Jura, des Pyrénées, en Suisse, en Hongrie, etc.

Le *crocus sativus* ou *safran cultivé* est l'espèce la plus intéressante par la beauté de ses fleurs et par ses propriétés économiques et médicales (*voyez* SAFRAN). On le distingue des autres espèces par la longueur de ses stigmates pendants, d'un rouge orangé, d'une odeur aromatique, renflés et divisés en trois lobes à leur sommet. Cette plante fleurit en automne; les feuilles se montrent peu après l'apparition des fleurs.

On plante les oignons de *crocus* en bordures; un des plus grands emplois des oignons du *crocus vernus* est aussi de les élever dans l'intérieur des habitations, sur les croisées, les cheminées, etc., dans des soucoupes remplies à moitié d'eau, où ils fleurissent parfaitement, soit posés à nu dans l'eau, soit enveloppés de mousse ou de coton mouillé; les *crocus* se plantent aussi très-abondamment dans les jardinières d'appartement, avec les narcisses, jacinthes, tulipes odorantes, etc.

CROISADES. L'histoire appelle ainsi les diverses expéditions entreprises en Orient par les populations chrétiennes de l'Occident à l'effet de conquérir la Palestine, depuis la fin du onzième siècle jusqu'à la fin du treizième. A la rigueur, on devrait même y comprendre la guerre entreprise dans le même but, dès la fin du dixième siècle, par l'empereur grec Jean Zimiskès. Ce prince avait fait peindre sur ses drapeaux l'image de la Vierge, lui avait attribué ses succès, et, plaçant la statue de la mère de Dieu sur un char magnifique, lui avait accordé à Constantinople les honneurs du triomphe. Mais comme aucun prince d'Occident n'y prit part, les historiens ne rangent point cette expédition au nombre des croisades.

De bonne heure s'était introduite parmi les chrétiens la pieuse coutume d'aller en pèlerinage à Jérusalem, prier sur le tombeau du Sauveur, de visiter les lieux autrefois témoins des actes de l'Homme-Dieu, où il avait vécu, où il était mort. Malgré son grand âge, sainte Hélène, mère de Constantin le Grand, était venue elle-même en pèlerinage à l'église magnifique que son fils avait fait construire sur l'emplacement du saint Sépulcre. Cette coutume devint de plus en plus générale à mesure que la foi chrétienne se répandit dans l'Occident et dans le nord de l'Europe. Maîtres de la ville sainte dès la fin du septième siècle et respectant le sentiment religieux auquel obéissaient les pèlerins dont ils partageaient d'ailleurs jusqu'à un certain point la vénération pour le nom de Jésus-Christ, les Arabes leur permirent d'y construire des églises, des chapelles et jusqu'à un hôpital qui fut placé sous l'invocation de saint Jean-Baptiste. Mais lorsqu'au commencement du dixième siècle, la Palestine tomba au pouvoir des Fatimides, les pèlerins devinrent de leur part l'objet d'avanies de toute espèce. Le khalife Hakem se montra surtout impitoyable, aussi bien à l'égard des indigènes professant la foi chrétienne qu'à l'égard des pèlerins étrangers. Fils d'une mère chrétienne, il voulait sans doute, à force de cruautés, repousser loin de lui tout soupçon de pactiser en secret avec les chrétiens et leurs doctrines. Il proscrivit donc sous les peines les plus sévères l'exercice du culte de Jésus-Christ dans les pays soumis à son obéissance. L'oppression des chrétiens et des pèlerins devint plus insupportable encore en 1078, quand les Seldjoucides se furent emparés de Jérusalem et du saint Sépulcre. A partir de ce moment, les pèlerins de l'Occident, quand ils rentrèrent dans leurs foyers, y rapportèrent des détails toujours plus désolants sur les profanations dont les saints lieux étaient le théâtre, et sur les cruels traitements qu'on faisait subir en Palestine aux adorateurs de Jésus-Christ qui se hasardaient à venir prier sur son tombeau.

Ces douloureux récits, loin de refroidir dans les masses le zèle pour le pèlerinage aux saints lieux, inspirèrent aux chrétiens de l'Occident la sérieuse résolution de venir au secours de leurs coréligionnaires opprimés et persécutés, et d'arracher la terre sainte des mains des infidèles. Les papes virent avec joie l'enthousiasme et le fanatisme religieux se propager de plus en plus parmi les peuples de l'Europe. C'était là en effet une direction d'idées éminemment favorable à leurs ambitieux projets, et dont ils espéraient tirer bon parti dans l'intérêt de leur influence et de leur suprématie. Ils comptaient que des expéditions militaires dans les contrées au pouvoir des infidèles y répandraient la connaissance de la religion chrétienne, ramèneraient au giron de l'Église les nations tout entières, en même temps qu'elles auraient pour résultat non pas seulement de ranger les populations de l'Orient sous l'obédience du saint-siége, mais aussi d'offrir à l'exubérante activité de cette puissance temporelle qui si souvent avait été un obstacle à l'expansion de la puissance spirituelle, un théâtre d'autant moins redoutable pour le saint-siége, qu'il serait plus éloigné, et qu'elle s'y trouvait dès lors exposée à toute espèce de dangers. Déjà le pape Sylvestre II avait eu le projet de conquérir la Palestine; mais il ne lui avait pas été donné de pouvoir le mettre à exécution. Grégoire VII reprit ce plan, auquel il en rattacha un autre, ayant pour but d'opérer la réunion de l'église grecque avec l'église romaine; mais, lui aussi, il ne put le réaliser, par suite de ses démélés avec l'empereur Henri IV. Il était réservé à Urbain II de donner la première impulsion à ce grand et incomparable mouvement de migration des peuples. Le génie fanatisme entretenu par le clergé de ce temps-là dans les esprits de la multitude, le génie guerrier de la noblesse, le développement pris en Espagne, en France et en Allemagne par la chevalerie chrétienne et religieuse, institution qui s'épura et acquit toujours plus de force, le goût général des aventures par lequel les Normands se distinguaient, en Italie surtout, enfin l'espérance pour les petits vassaux et les serfs, sinon d'acquérir de la gloire et des richesses en prenant part à de telles entreprises, du moins de parvenir ainsi à s'affranchir de la lourde oppression que faisait peser sur eux la haute noblesse, furent autant de circonstances qui favorisèrent la politique des papes et contribuèrent à donner naissance aux croisades.

Dans l'état où se trouvaient les esprits, il devait suffire du plus léger incident pour amener une vaste conflagration; Pierre d'Amiens, dit *l'Ermite*, le fit naître. Revenu en Europe, en 1094, d'un pèlerinage en Palestine et porteur de suppliques adressées à la chrétienté par le patriarche Siméon de Jérusalem, il s'en alla trouver le pape Urbain II, lui dépeignit dans les termes les plus navrants la déplorable position des chrétiens en Orient, et lui raconta comment Jésus-Christ lui-même lui était apparu en songe et lui avait ordonné d'appeler toute la chrétienté à délivrer le saint Sépulcre. Urbain, comprenant bien vite les suites que devait avoir une telle entreprise, et résolu de la réaliser sans retard, envoya Pierre, muni de sa bénédiction, en Italie et en France. L'extérieur du missionnaire pontifical n'était rien moins qu'imposant : Pierre était petit, maigre, mal vêtu, sans chaussure, et n'avait, dans ses longues et pénibles pérégrinations, qu'un âne pour monture. Mais sa mission était d'exciter la pitié, et partout il réussit. Sa voix éloquente retentit dans les palais, dans les chaumières, et provoqua dans les esprits l'agitation la plus féconde et la plus puissante.

Dans un concile qui se réunit en mars 1095 à Plaisance, en plein air, à cause de la foule innombrable qui s'y rendit, et dans une seconde assemblée de ce genre tenue avec bien plus de succès encore au mois de novembre suivant à Clermont, en France, il réussit à enflammer les fidèles d'une telle ardeur pour la cause du Christ, que bientôt on n'entendit plus partout retentir que ce cri : *Diex li volt* (Dieu le veut!), et que dans la foule ce fut à qui s'attacherait à l'épaule une croix rouge en signe de ferme résolution de prendre part à une expédition à la tête de laquelle se mettait résolument l'évêque du Puy, Adhémar. Une letti tombée du ciel et d'autres faits miraculeux de ce genre achevèrent de porter l'enthousiasme à son comble; et dès le mois de mai 1096 une armée de 40,000 hommes, composée de Français, de Normands, de Flamands, de Lorrains, d'Italiens et d'Allemands, incapables d'attendre plus longtemps que tous les préparatifs nécessaires pour une entreprise de ce genre eussent été terminés, se mettait en marche sous les ordres de Pierre l'Ermite, de Gautier de Pexejo et de son neveu Gautier Sans-Avoir. Mais comme une autre bande, tout aussi nombreuse et commandée par le prêtre allemand Gottschalk, cette cohue armée, étrangère à la moindre idée de discipline, périt presque tout entière dans sa marche à travers la Hongrie et la Servie, ou bien à son arrivée en Asie. Commettant partout sur sa route les plus horribles dévastations, par suite de l'obligation où elle était de pourvoir à sa subsistance de chaque jour dans les contrées où il n'avait été fait aucun des préparatifs qu'eût nécessités la mise en mouvement de masses d'hommes si considérables, son passage mettait en tous lieux le désespoir au sein des populations, qui se vengeaient en massacrant sans pitié ni merci tous les traînards, tous les pillards isolés. Les historiens tracent de ces bandes fanatiques la plus étrange peinture. Les routes étaient encombrées de croisés, nobles, roturiers, moines, religieuses. Des femmes suivaient leurs maris, d'autres leurs amants; des prostituées, qu'on appelait alors *folles de leur corps* ou *ribaudes*, accompagnaient l'armée, et marchaient à sa suite sous la conduite d'un moine noir, leur aumônier. Ces masses bruyantes, désordonnées, allaient précédées de corps de musiciens; et aux chants pieux se mêlaient presque toujours les profanes accents de la débauche la plus effrénée. L'armement de cette tourbe fanatique présentait la plus bizarre et la plus pittoresque des confusions; c'était un pêle-mêle de lances, de javelots, de hallebardes, de casques, de cuirasses, de pertuisanes, d'arbalètes, de haches d'armes, etc.

Partis trois mois plus tard que cette espèce d'avant-garde, Godefroi de Bouillon, duc de la basse Lorraine, et son frère Baudouin, réussirent à amener, par l'Allemagne et la Hongrie, sous les murs de Constantinople une armée régulière, forte de 80,000 hommes bien armés, qui rallia en route les débris des bandes de Pierre l'Ermite, de Gautier Sans-Avoir et de Gottschalk, échappés au fer des Hongrois, des Serviens et des Bulgares. Godefroi et son frère ne tardèrent pas à être rejoints par Hugues de Vermandois, fils du roi de France Henri, et frère de Philippe Ier, roi régnant ; par Etienne, comte de Blois et de Chartres, petit-fils de

France et gendre du roi d'Angleterre; par Robert, comte de Flandre, beau-père des rois de France et d'Angleterre; par Raymond, comte de Toulouse, l'un des plus riches princes de l'Europe; enfin par les preux descendants de ces braves Normands, conquérants et fondateurs des royaumes de Naples et de Sicile, Bohémond, prince de Tarente, et le sage et valeureux Tancrède, duc de la Pouille, dont le génie du Tasse a immortalisé le nom et les exploits; les uns et les autres venus à la tête de nouvelles bandes: de telle sorte que l'armée des croisés avait fini par présenter un effectif de 600,000 hommes. Les environs de Constantinople, à vingt lieues à la ronde, ne tardèrent point à être dévastés, pillés et incendiés comme l'avaient été tous les endroits par lesquels avaient passé les croisés. L'empereur Alexis n'eut dès lors rien de plus pressé que de faciliter de tous les moyens en son pouvoir le passage en Asie de ces hôtes si incommodes et si dangereux. Cette immense armée, à la suite de combats opiniâtres dans lesquels elle essuya des pertes énormes, tant par le fer de l'ennemi que par les affreux ravages exercés dans ses rangs par des maladies de toutes espèces, s'empara, en 1098, d'Antioche et d'Édesse. Elle était réduite des quatre cinquièmes quand, au mois de juin 1099, elle arriva enfin devant Jérusalem, sur les hauteurs d'Emmaüs.

La ville sainte est devant les croisés. A cette vue un cri spontané part de tous les rangs: *Jérusalem! Jérusalem! Dieu li volt! Dieu li volt!* Tous s'arrêtent et se prosternent. Bientôt la trompette les rappelle au combat, qu'ils croient devoir être le dernier. Une nombreuse armée d'infidèles leur présente un vaste rempart de fer et de feu; les murs de la cité sainte sont couverts de soldats. Godefroi de Bouillon, après quelques jours de repos, a fait avancer toutes les machines de siége alors en usage, les tours mobiles, les catapultes. La plus haute de ces tours a atteint les murs, le pont a pu être jeté, et Godefroi à la tête des siens s'est élancé sur les assiégés, tandis que Tancrède et d'autres chefs attaquent d'autres points. La victoire est vivement disputée; les assiégeants sont forcés de se replier. Mais leurs chefs parviennent à les rallier et à recommencer le combat. Cette fois, les assiégés se voient contraints de fuir en désordre et de chercher avec la population un asile dans les mosquées. Les croisés s'y précipitent après eux. Ce n'est plus un combat, mais une boucherie. Femmes, enfants, vieillards sont impitoyablement massacrés; et un historien, témoin de cet effroyable carnage d'êtres sans défense, rapporte que devant le péristyle de la grande mosquée s'étendait une mare de sang dans laquelle les chevaux qui la traversaient en avaient jusqu'au poitrail. En vain Godefroi s'efforce d'arrêter une tuerie désormais sans objet, sa voix est méconnue. Alors il dépouille son armure, et entre pieds nus dans le sanctuaire. Aussitôt la scène change: chefs et soldats s'agenouillent; aux cris de fureur et de rage succèdent les humbles accents de la prière et les sincères actions de grâces d'une soldatesque que le combat et le carnage ont pu enivrer, mais qui a toujours conservé dans son cœur la foi à l'idée qui lui a mis les armes à la main. Journée tout à la fois de deuil et de triomphe, le 15 juin 1099 vit l'étendard de la croix flotter enfin victorieux sur les remparts de Jérusalem. Mais ce triomphe coûtait cher. L'armée des croisés ne présentait plus guère qu'un effectif de 35,000 hommes avec 5,000 chevaux. C'était tout au plus ce qu'il fallait pour conserver la conquête, en attendant l'arrivée de nouveaux renforts d'Europe. Les croisés comprirent dès lors l'urgente nécessité d'organiser avant tout un gouvernement régulier, et, au refus du comte de Toulouse et du duc de Normandie, ils élurent pour roi Godefroi de Bouillon. C'est assurément quelque chose de bien remarquable que cette élection faite à une époque où le saint-siége, depuis le pontificat de Grégoire VII, prétendait posséder exclusivement le droit de disposer des couronnes. A peine assis sur le trône, le nouveau roi fut obligé de marcher à la rencontre du soudan d'Égypte, s'avançant sur Jérusalem à la tête d'une armée considérable. Les deux armées se rencontrèrent le 15 août, et cette fois encore la victoire resta aux croisés, en dépit de leur infériorité numérique, et par suite de l'avantage que leur donnaient leur tactique et leur discipline sur une multitude aussi mal armée qu'indisciplinée. Godefroi, d'ailleurs, ne jouit pas longtemps de son triomphe; dès l'année suivante il descendait au tombeau.

Indépendamment de ce royaume de Jérusalem, de petits États chrétiens, organisés d'après le système féodal en usage en Europe, furent fondés par Baudouin à Édesse, par Tancrède à Tibériade, par Raymond à Laodicée, par d'autres encore, à Antioche, à Tripoli de Syrie, etc. Chacun de ces chefs ne fit plus à partir de ce moment la guerre sainte pour son propre compte. Dès lors il n'y eut plus d'ensemble, plus d'unité de vue et de plan; dès lors aussi les pays conquis au prix de tant de sang et de sacrifices, attaqués de nouveau par les infidèles, ne pouvaient que retomber successivement en leur pouvoir. L'intérêt bien compris de tous les chefs eût commandé un système commun de défense; mais chacun d'eux persistait à agir isolément, dans l'espoir de l'arrivée prochaine de renforts. Et en effet on voyait chaque jour de nouvelles colonnes arriver d'Occident, parce que le bruit de la conquête des saints lieux par les croisés ne s'était pas plus tôt répandu en Europe que partout avaient surgi comme à l'envi de nouvelles bandes d'aventuriers, jaloux de partager la gloire et les dangers de leurs devanciers. Il s'en organisa notamment en Allemagne, sous le commandement du duc Guelfe de Bavière, de même qu'en Italie et en France. Et alors, fortes ensemble d'environ 260,000 hommes, ces nouvelles bandes se mirent en marche pour la Palestine; mais elles parvinrent à peine aux confins de l'Asie, anéanties qu'elles furent en détail sur leur route, tantôt grâce à la perfidie des Grecs qui leur servaient de guides dans des régions jusqu'alors inconnues pour elles, tantôt par le fer des Turcs.

La *seconde croisade* fut déterminée par la consternation profonde que répandit en Europe la prise d'Édesse par les Turcs, en 1144; désastre qu'il faut attribuer autant aux jalousies mutuelles et aux dissensions intestines des chefs chrétiens qu'au refroidissement de l'enthousiasme religieux de leurs troupes. La nouvelle de la destruction de cette ville (1146) ne causa pas seulement un deuil général en Europe; elle y fit craindre à bon droit que la chrétienté ne perdît avant peu tout le fruit de ses rapides conquêtes faites en Orient par les croisés. Il y a lieu de penser que l'évêque de Zabulon, ambassadeur du roi de Jérusalem, n'aurait pas réussi à déterminer Louis le Jeune à se mettre à la tête de cette seconde croisade, s'il n'eût été secondé par saint Bernard, l'un des hommes les plus éloquents et les plus influents de son siècle. Vainement le sage Suger représentait à Louis les dangers d'une expédition si lointaine et si hasardée, ainsi que la nécessité de ne pas quitter ses États; en vain il lui rappelait l'exemple de son aïeul et de son père, qui, fidèles à leurs serments, à leurs devoirs de rois et de chrétiens, n'avaient point abandonné l'administration que Dieu leur avait confiée, et n'en avaient pas moins secondé de tous leurs vœux, de toute leur puissance, les efforts de l'Europe chrétienne pour la conquête des saints lieux. Rien ne put détourner Louis le Jeune de sa résolution.

Ce monarque convoqua un grand parlement à Vézelay, petite ville de Bourgogne. L'assemblée se tint en rase campagne. Le roi et saint Bernard s'étaient placés au centre, sur un échafaudage richement décoré. Un énorme ballot de croix que l'abbé de Clairvaux avait fait apporter ne put suffire; et il fut obligé d'en faire confectionner d'autres avec ses vêtements. La reine voulut se croiser, et un grand nombre de nobles dames l'imitèrent. Elles se divisèrent en escadrons, dont la reine prit le commandement. Saint Bernard écrivit à Conrad, empereur d'Allemagne, et à tous les princes du Nord. Il répétait dans ses circulaires ce qu'il avait dit dans ses sermons.

Il promettait aux croisés de grandes et infaillibles victoires. Il parcourut bientôt la Flandre et l'Allemagne, et le 16 février 1147 il rejoignit le roi à Étampes, où se trouvait assemblé un autre *parlement*, pour régler la marche de troupes et pourvoir à l'administration de la France pendant l'absence du roi. Suger fut nommé régent. Le pape Eugène III se rendit en France, donna au roi le bourdon de pèlerin et l'oriflamme déposée à l'abbaye de Saint-Denys. Le commandement général de l'armée fut d'abord déféré à saint Bernard, qui refusa. Il ne voulut pas même être le témoin des succès miraculeux qu'il avait si souvent prédits dans ses sermons et dans ses lettres, et se retira dans son abbaye de Clairvaux. L'empereur Conrad partit de Nuremberg avec les croisés du Nord le 29 mai 1147. Louis le Jeune ne quitta la France que le 14 juin suivant. Son frère, le comte de Dreux; Henri, fils de Thibaut, comte de Champagne; Guy, comte de Nevers; son frère, Renaud, comte de Tonnerre; Yves, comte de Soissons; Archambault de Bourbon et un grand nombre de princes, de seigneurs, de prélats, avaient pris la croix avec lui. Tous les prélats de France, les chefs des monastères, avaient secondé par leur influence et leurs moyens d'action le zèle et l'éloquence de saint Bernard; cependant le nombre des croisés ne s'éleva pas cette fois à plus de 80,000 hommes au lieu du chiffre de 600,000 qu'avait atteint l'effectif de l'armée des croisés dans la première croisade. Cette énorme différence provient de ce que l'affranchissement des communes avait attaché la nouvelle génération à ses institutions. La première croisade n'avait trouvé que des serfs abrutis par une longue servitude, et la seconde trouva cette même France peuplée d'hommes libres : des citoyens avaient remplacé les esclaves. L'armée des croisés du Nord n'était pas plus nombreuse que celle des croisés de France : seulement elle la précéda.

Louis le Jeune, après des marches pénibles, était arrivé à Constantinople. Il y fut accueilli avec une pompe extraordinaire. L'empereur d'Orient voyait cependant avec peine les croisés de France prolonger leur séjour dans ses États; il imagina, pour hâter leur départ, de faire courir le bruit que l'empereur Conrad et ses Allemands avaient signalé leur entrée en Palestine par d'éclatantes victoires. Louis le Jeune, jaloux du succès de son rival, pressa son départ. Vainqueur des infidèles sur les bords du Méandre (janvier 1148), il fut mis en pleine déroute dans la Pamphilie, et n'arriva qu'avec peine à Jérusalem. Parvenu à rallier les débris de son armée, il se mit en campagne, et entreprit le siège de Damas : une dernière défaite mit sa liberté et sa vie en danger. Il avait rempli son vœu de chrétien, il s'était prosterné devant le saint sépulcre, mais il n'avait pas d'armée. Il s'embarqua pour l'Europe. Pris dans la traversée par les infidèles, il dut son salut à un capitaine génois. L'empereur Conrad n'avait pas été plus heureux : il avait repassé les mers. Il ne lui restait de sa fastueuse entreprise que le souvenir de ses revers. Si le roi et l'empereur eussent réuni leurs armées, combiné leurs opérations, leur expédition n'eût pas été sans gloire pour eux ni sans utilité pour les chrétiens d'Orient. Mais les deux monarques avaient agi séparément : Conrad ne voulait pas recevoir d'ordres de Louis, ni Louis de Conrad. Fier de son titre d'empereur, Conrad se croyait au-dessus d'un roi de France, et celui-ci le regardait à peine comme son égal. Réunis, ils pouvaient vaincre; séparés, ils ne pouvaient échapper à une double défaite. Une des principales causes de tant de revers fut la défection des seigneurs français établis en Orient depuis la première croisade. Nés en Orient, ils en avaient contracté les mœurs et les usages. Plus occupés de leurs plaisirs que de leurs devoirs de chrétiens, ils désiraient à tout prix se maintenir dans leurs principautés et leurs seigneuries, et n'étaient nullement disposés à compromettre leur présent et leur avenir en s'alliant franchement aux vœux et aux efforts des croisés, qui ne pouvaient leur garantir ni l'un ni l'autre.

L'élite de la noblesse de France et d'Allemagne avait péri dans cette funeste expédition. Un cri général d'indignation s'élevait dans toute l'Europe contre l'abbé de Clairvaux, qui au nom du ciel avait annoncé un avenir de gloire et de bonheur aux princes, aux seigneurs, aux populations entières, qu'il avait appelés en Orient. Saint Bernard ne rétracta point ses prédictions : il rejeta sur les *péchés* des croisés la honte de leurs revers. Il leur reprochait leurs débauches et leurs brigandages de tous genres, et les faits ne manquaient pas pour justifier ses paroles.

Les aventures galantes de la reine Aliénor ou Éléonore de Guienne avec son oncle, le prince d'Antioche, et avec le jeune Saladin, l'un des chefs des infidèles, coûtèrent à la France plusieurs provinces, et lui valurent une longue suite de guerres avec l'Angleterre.

La prise de Jérusalem par Saladin, en 1187, à la suite de la sanglante bataille de Tibériade, amena la *troisième croisade*. La rivalité de Raymond II de Toulouse, comte de Tripoli, et de Guy de Lusignan, parvenu au trône de Jérusalem du chef de sa femme, Sibyle, sœur de Baudoin IV, avait amené cette catastrophe. Il s'était allié à l'ennemi de la croix; il avait abjuré la religion de ses pères, et livré la cité sainte, la Palestine, le roi Guy de Lusignan et sa famille, à l'heureux Saladin. Le pape Urbain III en mourut, dit-on, de douleur. Grégoire VIII, son successeur, ordonna des prières et des jeûnes. « Les cardinaux jurèrent de renoncer à tous les plaisirs, de ne recevoir aucun présent, de ne point monter à cheval tant que la cité sainte serait au pouvoir des infidèles; enfin, de se croiser les premiers, d'aller à pied en Palestine, de se mettre à la tête des pèlerins, et de demander l'aumône par les chemins. » Mais ce beau dévouement ne fut qu'un vain bruit. Les cardinaux interrompirent à peine leurs douces habitudes de luxe et de mondaines jouissances, tout en gémissant en public sur les malheurs des chrétiens de la terre sainte.

Clément III fit publier une troisième croisade avec la plus grande solennité; il envoya Guillaume, archevêque de Tyr, et le cardinal Henri, évêque d'Albano, aux rois de France et d'Angleterre, alors en guerre l'un contre l'autre. Les deux monarques se réconcilièrent; les princes, les principaux seigneurs de leur cour, se croisèrent avec eux. Mais cette paix n'était qu'une trêve, que le moindre incident pouvait rompre. Philippe-Auguste, roi de France, et Richard Cœur de Lion, fils et héritier du roi d'Angleterre; les princes, les grands vassaux, les seigneurs de leur cour, se croisèrent; ce fut alors que l'on adopta une couleur différente pour les croisés de chaque nation. Les Français portaient la croix *rouge*, les Anglais *blanche*, les Flamands *verte*, les Allemands *noire*, les Italiens *jaune*.

Pour subvenir aux frais de cette expédition, les deux rois ordonnèrent que ceux de leurs sujets qui ne partiraient pas pour la croisade payeraient *une fois pour toutes* le dixième de leur revenu, sans distinction de laïques et d'ecclésiastiques. Cependant les chartreux, les bernardins, les moines de Fontevrault, en furent exemptés. C'est ce qu'on appela la dîme saladine. Une nouvelle querelle qui éclata entre Richard Cœur de Lion, devenu roi d'Angleterre, et Philippe-Auguste, faillit faire échouer l'entreprise à peine commencée. L'intervention des prélats détourna l'orage, et Richard resta fidèle à ses premiers engagements. Les flottes anglaise et française devaient se rencontrer à Messine : Philippe-Auguste y arriva le premier, la flotte de Richard ayant été retardée par les ouragans. Le roi de France et son armée partirent de ce port, en mars 1191, et arrivés devant Ptolémaïs, l'armée en forma le siège, qui fut converti en blocus jusqu'à l'arrivée de Richard Cœur de Lion, avec lequel Philippe-Auguste voulait partager l'honneur d'une si importante conquête. Les deux armées réunies présentaient un effectif de 200,000 hommes. Saladin n'eût pu résister à des forces si considérables. Mais les deux rois ne purent s'entendre sur la priorité du commandement. Toutefois, on pressa le siége de Jérusalem, qui capitula le 11 juillet 1191.

Philippe-Auguste tomba malade, et revint en France. Il s'embarqua vers le milieu du mois d'août, passa par Rome, et arriva dans ses États à la fin de décembre. Richard resta encore un an dans la Palestine, et après une campagne aventureuse, mêlée de succès et de revers, il signa avec Saladin une trève de trois ans. Cette trève laissait Saladin maître de la Palestine, à l'exception des places maritimes, depuis Jaffa jusqu'à Tyr, et assurait aux chrétiens la liberté du passage pour entrer à Jérusalem, mais en petites troupes.

Les préparatifs de cette troisième croisade avaient duré plus d'un an. L'empereur Frédéric Ier, dit *Barberousse*, et ses Allemands, qui s'étaient croisés les derniers, étant arrivés les premiers en Palestine, ce prince et son armée avaient traversé l'empire grec en ennemis. Il avait pénétré en Thrace dès 1189; mais après être parvenu jusqu'à Séleucie, il périt dans les eaux du Calycadnus, en 1190. Son fils Frédéric, duc de Souabe, avait conduit son armée au siége d'Antioche, et survécut peu à son père. Les croisés allemands, désespérés d'avoir perdu leur empereur et son fils, retournèrent, eux aussi, en Europe.

Au lieu de garantir la possession de Jérusalem par des établissements de défense et d'utilité, et de fixer les limites de ce royaume dans un rayon proportionné aux besoins de sa sûreté, les monarques chefs de cette croisade avaient épuisé leurs armées dans des conquêtes lointaines, et sans utilité réelle pour le but de leur expédition. Les mêmes désordres s'étaient manifestés dans les armées; vainement on en avait éloigné les femmes, proscrit les lieux de débauche, les jurements, les blasphèmes, le pillage. On avait vu se renouveler les mêmes excès, les mêmes scandales que dans les croisades précédentes. Sans doute de brillants faits d'armes avaient signalé le courage des croisés et des princes qui les commandaient; mais 200,000 hommes avaient perdu en moins de deux années de combats et de siéges la vie ou la liberté. La cité sainte avait été reconquise; mais que de batailles, que de siéges inutiles avaient précédé, et suivi cette conquête, but unique de cette immense et dispendieuse expédition! D'ailleurs, les chrétiens et les infidèles étaient toujours en présence : l'intervention armée des plus puissants souverains de l'Europe n'avait fait que suspendre les hostilités locales.

Une expédition nouvelle, organisée en France par le pape Innocent III, et que le doge de Venise, le politique Dandolo, promettait de soutenir avec la marine de la république, devait avoir pour base d'opérations l'Égypte, dont il aurait fallu préalablement faire la conquête et d'où les croisés comptaient ensuite marcher sur la Palestine. Mais la révolution qui renversa le trône des empereurs de Byzance, sur les débris duquel se constitua un empire latin de Constantinople, ne tarda point à faire échouer ce projet. Il en fut de même d'une autre expédition qu'Innocent tenta encore, dit-on, à l'instigation de quelques prêtres du Nord de l'Europe, qui s'étaient imaginé d'organiser une *croisade d'enfants*. Cette illusion, aussi funeste qu'inconcevable, fit pourtant de rapides progrès en Allemagne et en France.

« C'était, disaient les nouveaux missionnaires, à des mains « innocentes, aux plus faibles de ses créatures, que Dieu « avait réservé la miraculeuse conquête des saints lieux, « qu'il avait refusée aux puissants, aux hommes forts, qui « s'étaient rendus indignes par leurs péchés ». En France, plus de 30,000 enfants partirent sous la direction de quelques prêtres; en Allemagne 20,000 autres *petits croisés* quittèrent leurs foyers paternels. Ceux-ci périrent presque tous en route, ou furent dépouillés par des voleurs. Ceux de France furent conduits à Marseille et confiés à des scélérats qui, affectant la piété la plus fervente et le dévoûment le plus désintéressé, s'engagèrent à conduire ces troupeaux d'enfants en Palestine. Deux vaisseaux sur sept périrent dans une tempête. Les cinq autres arrivèrent en Égypte; mais leurs perfides conducteurs vendirent aux Sarrasins comme esclaves les malheureux enfants qu'on leur avait confiés. Une autre croisade qu'Honorius III détermina, en 1217, le roi de Hongrie André II à entreprendre, parce que ce prince lui avait à cet égard engagé sa parole, fut plus heureuse; et c'est à elle que les historiens donnent le plus ordinairement le nom de *quatrième croisade*. Soutenu par les rois de Chypre et de Jérusalem, le roi de Hongrie réussit à s'emparer de la forteresse construite au sommet du mont Thabor et de quelques autres points fortifiés de la montagne. Mais, dégoûté bientôt par les divisions et par le manque de loyauté de ses alliés, il s'en revint dans ses États, où il était déjà de retour en 1218, laissant au comte Guillaume de Hollande le soin de continuer la guerre contre les infidèles. Celui-ci, opérant toujours de concert avec les rois de Chypre et de Jérusalem, débarqua en Égypte, et mit le siège devant Damiette, qu'il prit d'assaut, le 5 novembre 1219. Mais ce succès ne fut pas durable, et dès l'année 1221 Damiette retombait au pouvoir des infidèles.

Ce désastre détermina le pape Honorius à sommer l'empereur Frédéric d'accomplir le vœu qu'il avait fait dans sa jeunesse d'entreprendre une croisade en Terre Sainte. Le souverain pontife, après avoir d'abord employé les exhortations paternelles, finit par avoir recours aux menaces, et Frédéric céda quand il vit qu'il ne pouvait plus faire autrement. En 1228 il entreprit effectivement une expédition, à laquelle est demeurée dans l'histoire le nom de *cinquième croisade*. Débarqué à Saint-Jean-d'Acre, il fortifia Jaffa, et, en dépit de toutes les remontrances du pape, conclut avec le soudan d'Égypte une trève de dix ans, aux termes de laquelle devaient être cédés aux chrétiens, et en 1229 enfin il se fit couronner roi à Jérusalem, Nazareth, Bethléem et un assez vaste territoire devaient être cédés aux chrétiens, et en 1229 enfin il se fit couronner roi à Jérusalem. Mais il s'en revint en Europe sans avoir rien fait autrement pour s'assurer la possession des villes qui lui avaient été cédées et dont en réalité les infidèles restèrent les maîtres.

Dans une assemblée extraordinaire, tenue par Grégoire IX, en 1234, et à laquelle assistèrent les patriarches d'Antioche, de Constantinople et de Jérusalem, il fut décidé qu'on entreprendrait une *sixième croisade*, et que la nouvelle armée de croisés commencerait la guerre dans la Palestine. Thibaut, comte de Champagne, commanda cette armée, mais sa destination fut encore changée. Le pape appela les croisés au secours de Baudouin II, empereur de Constantinople. Cette diversion rendit le succès impossible. Les débats du pape avec l'empereur Frédéric, les factions des guelfes et des gibelins, qui en furent la conséquence; les divisions qui s'élevèrent entre les chefs des divers corps de croisés, appelèrent de nouvelles calamités en France et dans l'Orient. Richard, comte de Cornouailles, père d'Henri III, roi d'Angleterre, ne parut en Palestine, à la tête d'une armée, que pour être témoin des scandaleux débats des templiers et des chevaliers de Saint-Jean de Jérusalem, qu'on appelait alors *hospitaliers*. Il repartit avec sa flotte en 1241. Un danger commun rallia tous les croisés en 1244. Les Corasmiens, peuples descendant des anciens Parthes, chassés de la Perse, étaient venus demander des terres au soudan d'Égypte, qui leur céda la Palestine. Tous les chrétiens se réunirent pour s'opposer à l'irruption des Corasmiens. Mais ils furent mis en pleine déroute à la bataille de Gaza, et à peine quelques chevaliers, quelques prélats et un petit nombre de soldats échappèrent au fer de l'ennemi; les deux grands-maîtres du Temple et des chevaliers teutons restèrent sur le champ de bataille; le grand-maître de Saint-Jean de Jérusalem, et Gautier de Brienne, comte de Jaffa, furent conduits enchaînés à Babylone.

A la première nouvelle du désastre de Gaza, le pape convoqua un concile général à Lyon. Une nouvelle et *septième croisade* contre les Sarrasins fut proclamée. De tous les rois de l'Europe, Louis IX se dévoua seul pour la délivrance de la cité sainte. Et s'il en faut croire Joinville, le pieux roi fut déterminé par un incident imprévu. « Advint, dit Joinville, que le roy cheut en une grande maladie, et tellement fut au bas qu'une des dames qui le gardoient en sa maladie, cuidant (croyant) qu'il fust oultre (mort), lui voulut couvrir le visage d'un linceul, et de l'antre part du lit y eut une aultre dame qui ne voulut souffrir. Or, nostre seigneur ouvra (opéra) en luy, et luy donna la parolle, et demanda le bon roy qu'on luy apportât *la croix*, ce qui fut faict. Et quand la bonne dame sa mère sceut qu'il eust recouvré la parole, elle en eust si grande joye que plus ne se pouvoit; mais quand elle le vist croise, elle feust aussi transie comme si elle l'eust veu mort. » Le roi pressa les préparatifs de son voyage, confia la régence du royaume à la reine Blanche, sa mère, et s'embarqua à Aigues-Mortes, le 15 août 1248. Une partie de sa flotte l'attendait dans ce port; l'outre était à Marseille. Toute l'armée fut dirigée sur Chypre; le roi et tous les seigneurs n'en partirent que l'année suivante. Il semblait qu'un vertige héréditaire ramenait chaque génération de croisés aux mêmes fautes, aux mêmes erreurs. Damiette fut encore le but de la première opération de cette campagne. La ville fut prise sans beaucoup d'efforts; les croisés marchèrent ensuite sur Babylone; les Sarrasins, campés près de Mansoura ou Massoure, arrêtèrent leur marche; quelques combats affaiblirent leur armée; bientôt la peste ravagea le camp des chrétiens. Saint Louis ordonna alors la retraite, qui ne put s'effectuer sans la plus grande confusion. Harcelés sans cesse par les Sarrasins, les croisés succombèrent; le roi et les principaux chefs de corps furent faits prisonniers (1250). Un traité, dont le vainqueur dicta les conditions, stipulait une trêve de dix ans, que le roi payerait 800,000 *besans* d'or pour la rançon des prisonniers, et que pour la sienne il rendrait Damiette. Ainsi, après une campagne pénible et meurtrière, et trente-deux jours de captivité, saint Louis, les princes et seigneurs croisés furent délivrés. Le roi resta encore en Orient jusqu'à ce qu'il eut reçu la nouvelle de la mort de sa mère. Il s'embarqua donc alors au port d'Acre, et arriva en France en 1254, après une absence de plus cinq années.

Pour l'histoire de la *huitième* et dernière *croisade*, nous nous contenterons de renvoyer le lecteur à l'article spécialement consacré dans notre livre à Louis IX.

En 1292, Saint-Jean-d'Acre ou Ptolémaïs, ce dernier boulevard des chrétiens en Orient, tomba au pouvoir des infidèles.

Sans doute le but véritable assigné pendant près de deux siècles de suite à ces gigantesques entreprises, la délivrance et la conquête de la Terre Sainte, ne fut pas atteint. En revanche l'humanité en recueillit des avantages plus positifs, qui n'étaient jamais entrés dans les calculs des hommes qu'on voit à la tête de ce grand mouvement social. L'Europe, il est vrai, y perdit plus de six millions de ses habitants; mais, comme on l'a dit avec justesse, c'était, en définitive, la barbarie marchant sans le savoir à la civilisation.

Nous résumerons en peu de mots les bienfaits réels, incontestables, dont l'humanité fut redevable aux croisades : Pour se procurer les ressources nécessaires à leurs expéditions en Orient, les princes, les seigneurs, affranchirent leurs serfs. De ces concessions toujours plus nombreuses de chartes d'affranchissement, l'établissement des communes et des coutumes; enfin la réhabilitation de la royauté, pouvoir jusque alors sans dignité et sans autorité, et jamais sans péril. Ensuite, changement dans les mœurs, les usages, opéré par ces migrations continuelles d'Occident en Orient pendant près de deux cents ans; progrès de l'industrie, de l'agriculture et du commerce, à la suite de ces longues et incessantes communications de peuples qui jusque alors ne se connaissaient pas même de nom. Les Français allèrent chercher eux-même en Orient ces belles étoffes de l'Inde et les épiceries qu'ils recevaient auparavant des Vénitiens et des Génois. La navigation extérieure devint une nécessité. La marine marchande se forma ; des populations jusque alors parquées, isolées, ne restèrent plus étrangères les unes aux autres. Les Français furent une nation et leur royauté une puissance. La plupart des grands vassaux avaient aliéné leurs fiefs. Les guerres intestines furent suspendues; la féodalité avait perdu toute sa force ; elle s'était suicidée en Orient. Ces guerres extérieures, qui avaient duré deux siècles, décimèrent plusieurs générations ; mais ces pertes, bien déplorables sans doute, furent du moins compensées par les bienfaits d'une civilisation naissante. La féodalité, en conservant toute sa force, eût dévoré plus de victimes, sans gloire et sans utilité. Consultez Michaud, *Histoire des croisades*. Dufey (de l'Yonne).

CROISÉE. Ce mot est synonyme de *fenêtre*; il désigne indifféremment les ouvertures par lesquelles l'air et la lumière pénètrent dans un appartement ou les cadres de bois, de métal, qui soutiennent les carreaux des vitres qui ferment la fenêtre. Il vient de *croix*, parce qu'autrefois on divisait souvent l'ouverture des fenêtres par une croix faite ordinairement en pierre.

CROISEMENT DES RACES. On a remarqué que les *espèces* d'animaux et de plantes peuvent bien conserver purs les types ou formes propres à chacune d'elles originairement tant qu'elles ne s'allient point à d'autres espèces et qu'elles vivent sous les mêmes conditions ou circonstances; mais les *races* étant des modifications ou variétés de ces espèces produites sous l'influence soit de la domesticité, soit de certaines nourritures, comme nos chiens, nos bestiaux, nos poules et pigeons, etc., dégénèrent ou se dégradent diversement d'elles seules si l'on ne renforce pas leurs qualités acquises à l'aide de mélanges ou croisements avec d'autres races, soit afin d'accroître ces qualités, soit pour leur donner celles qui leur manquent. Car la nature aspire à faire rentrer dans son type primitif, d'ordinaire chétif et sauvage, l'animal engraissé par la domesticité : le porc abandonné se rapproche du sanglier, le chien de l'état du loup, le chat angora du chat sauvage à poil rude. Le mérinos, la chèvre de cachemire perdent leurs riches toisons; ce n'est qu'à l'aide de soins continuels et d'utiles croisements avec les mâles les mieux perfectionnés qu'on rehausse ces *espèces factices*, ou qu'on entretient les nobles attributs du coursier arabe et andalous, le poids énorme, la charnure et la graisse des bœufs à longues cornes d'Afrique ou sans cornes d'Écosse, etc.

Nous modifions les animaux pour notre utilité ou notre agrément, comme les arbres à fruit et les fleurs dans nos jardins, tandis que la nature formait ces animaux et ces plantes pour résister, dans les campagnes, aux dures intempéries des saisons. Le poirier sauvage n'a que des sucs acerbes, son fruit n'a qu'une chaire ligneuse ; mais l'émondage par la serpe du jardinier produit ce que la castration opère sur le taureau. Ainsi, la culture, une nourriture abondante adoucissent, amollissent les complexions les plus brutes, domptent les plus féroces. Cependant, il faut l'empire continuel de l'homme, ou plutôt le poids de sa tyrannie, pour maintenir ainsi courbés des êtres que leur indépendance primordiale reprendrait sans cesse. Leur mérite, c'est le stigmate de leur esclavage, et la rose à cent feuilles n'est qu'un monstre d'opulence et de nutrition.

Quelque régulier que soit le type originel de chaque espèce d'animal et de végétal, il offre certaines particularités de climat ou d'habitation et de nourriture. Ainsi, l'espèce qui croît sur une montagne sèche et venteuse aura des formes plus minces ou grêles, nerveuses, desséchées, que de villosités, que la même espèce née au fond d'un vallon humide, dans un air nébuleux, épais, qui rendront ses formes lourdes, pâteuses, ses tissus mous, spongieux. On a même cru

49.

pouvoir nier, d'après ces faits, la fixité des espèces. Il en résultera donc, à la longue, des variétés, des modifications ou races. Les climats chauds, avec leur brillant soleil, bruniront les couleurs ou le teint, raffermiront plus la fibre que les climats froids avec leurs cieux sombres, pluvieux. Un territoire venteux, sans trop d'aridité, facilitera le développement du pelage, comme à Angora, dans la Syrie et l'Asie Mineure, ou en Espagne pour les brebis, les chèvres et autres animaux, tandis que l'ardeur et la sécheresse font tomber les poils à des chiens, ou rendent plus ras celui des antilopes dans certaines régions africaines. Les corpulents Hollandais, individus à gros abdomen et à jambes courtes, habitués à leurs *polders* ou marécages, s'ils vont habiter, avec leurs lourds bestiaux, le cap de Bonne-Espérance, terrain aride, venteux, y acquièrent, à la suite de plusieurs générations, une taille haute, effilée et de longues jambes, comme les montagnards hottentots du même pays, sans pourtant s'allier avec eux, et par la seule action de ce climat. Or, ce qu'on n'obtient qu'à la longue de la contrée ou de l'air et du régime peut être acquis plus tôt par des croisements de races.

En effet, à l'aide d'alliances avec des individus d'autres formes et d'autre complexion, les produits qui en naîtront, participant de ces qualités, compenseront un défaut par un avantage. C'est pourquoi le mélange de races bien choisies corrigera une infériorité de telle partie, par la supériorité qu'y apportera le procréateur. Ainsi, en accouplant une jument à large croupe, mais faible d'encolure, avec un étalon plus débile des reins, mais à large et vigoureuse encolure, il en résultera un produit plus également équilibré, ou moulé avec plus d'harmonie dans tous ses organes que ne l'étaient ses parents. Donc les races ont besoin de se mélanger pour maintenir ces rapports de l'organisation, qui en constituent la beauté et la vigueur. Ces croisements ont encore l'avantage de faire disparaître les défauts : ainsi, les chiens à queue coupée reproduisent des individus à queues entières, bien qu'ils naissent de père et mère écourtés, et les juifs circoncis produisent des enfants à prépuces entiers. Ces retranchements néanmoins passent quelquefois aussi dans la postérité non croisée. Autrement, telle race toujours entretenue sans alliance tend à conserver, aggraver même des défauts ou infériorités que rien ne contre-balance ou corrige. Ainsi se perpétuent des conformations nationales chez les peuples isolés : hideuses parmi les Kalmouks, singulières même dans certaines races nobles qui ne se mésallient jamais, belles parmi les Circassiens, dont les femmes ont rehaussé les formes chez les Turcs et les Persans modernes qui les achètent. C'est en général que les mulâtres, ou *sang-mêlé*, doivent au croisement la vigueur et la bonne conformation qu'ils déploient pour la plupart. Les alliances entre les jeunes améliorent mieux qu'entre les vieux individus.

Sans doute, les anciens législateurs ont eu égard à cette raison d'amélioration domestique ; et quand, pour empêcher des incestes, des causes de querelles ou de crimes, ils ont interdit les unions sexuelles entre proches, c'était afin que les familles formassent au dehors des alliances utiles pour l'anoblissement de l'espèce, favorables à l'état social par des liaisons d'intérêt national et d'amitié plus agrandies. Nous en avons exposé l'importance dans notre *Histoire naturelle du Genre Humain*, et donné le tableau de ces croisements à tous les degrés entre les diverses races noires et blanches, etc. Il est prouvé d'ailleurs que toujours *allié à ses parents*, ou croisement *en dedans*, une race finit par dégénérer. Elle ne trouve pas de ressort pour agrandir ses formes. D'habiles éleveurs de bestiaux en Angleterre ont expérimenté qu'en unissant constamment des frères et sœurs ensemble, ces accouplements rétrécissent ou abâtardissent l'espèce ; par la suite, il en résulte, disent Sebright, Princep, etc., une faiblesse telle que les individus se rapetissent, que les femelles deviennent moins fécondes ou même stériles, comme il arrive par la compression mutuelle entre certains jumeaux (les vaches *bréhaignes*). La nature appelle donc plutôt l'expansion, car l'amour reste languissant entre les proches, puisque les mariages consanguins, ordonnés jadis entre frère et sœur sur le trône, pour empêcher la division, en Égypte, étaient ou stériles ou toujours suivis de querelles. L'éloignement des individus, certaine disparité des formes, engendre au contraire l'*harmonie sympathique par opposition* ; les petites races rechercheront les grandes de préférence, comme ce qui leur manque, et cela est en même temps réciproque par l'effet des contrastes.

Mais l'amélioration des races à l'aide des croisements s'opère surtout au moyen de la prépondérance du sexe masculin sur le féminin. Il faut exposer ici cette loi mystérieuse, dont on a fait un secret pour obtenir des produits merveilleux. Les jardiniers industrieux savent créer aujourd'hui de charmantes nuances de fleurs, comme les dahlias, que ne donne pas la simple nature, en imprégnant le style (l'organe femelle) d'une fleur de la poussière fécondante du pollen des étamines d'une autre espèce ou variété de plante de toute autre couleur ou forme. Par ce procédé on se procure de singuliers résultats, soit de floraison, soit de fructification et de graines. Celles-ci, semées avec soin, entretiennent d'excellentes *espèces jardinières*, comme les meilleurs melons, cantaloups, etc. ; tandis que laissées au voisinage de races communes et à des alliances ignobles avec des potirons vulgaires, ces fruits exquis dégénèrent et avilissent la race. En effet, dès le siècle dernier, Kœlreuter et d'autres botanistes, profitant de la découverte des sexes dans les plantes, firent des essais pour obtenir des races hybrides ou mélangées. Ainsi, en faisant prédominer par des générations successives l'aspersion du pollen mâle dans la même espèce d'une autre espèce de plantes, on parvient à faire prévaloir les formes de ce mâle sur les tiges et à transformer ces hybrides.

Or, ce qui s'opère dans les végétaux a lieu plus évidemment encore chez les animaux. Tout le monde connaît les modifications produites par le mélange du cheval et de l'ânesse, ou réciproquement, pour avoir des mulets et des bardots. Mais l'influence de chaque sexe n'est point égale pour le résultat : on a remarqué la supériorité de celle des mâles sur les femelles. De là vient la préférence accordée aux beaux et nobles étalons pour les chevaux, aux béliers robustes pour les mérinos à longue laine, aux boucs pour les chèvres à duvet fin de Cachemire, aux taureaux à forte encolure, etc. C'est que le sexe mâle porte surtout ses développements sur les organes extérieurs, sur les poils ou laines (ou les plumes chez les oiseaux) et aussi vers la tête, les membres antérieurs. La femelle prédomine au contraire sur les parties intérieures ventrales, les régions utérines ou inférieures du corps. L'on régénère donc les races principalement à l'aide de ces mâles vigoureux. Ainsi l'on recommande, dans nos haras, de puissants chevaux, nerveux, comme les arabes du Nedjed ; ainsi se vendent chèrement les énormes boucs de la haute Asie, les forts béliers mérinos, les beaux taureaux améliorés de plusieurs races anglaises de Durham, de Dishley, de Leicester, etc. Car les individus les mieux nourris donneront plus de produits masculins, ennobliront la race, embelliront ses formes. C'est ainsi que les éleveurs industrieux savent employer pour les croisements les robustes individus, qui par leur conformation répareront soit la caducité chez d'autres, soit la maigreur, soit la petite taille d'une race détériorée. C'est à tel point qu'on crée à volonté telle sorte de chien, tel cheval de course ou de trait, tel bœuf pour le labour ou pour la boucherie. On prépare une race pour un climat froid ou chaud, un sol montagneux ou profond. On établit ainsi des équilibres appropriés pour chaque contrée ; on choisit les couleurs des poils, les contextures de la chair, ou les *sangs* divers dans ces sortes de mariages. Des physiologistes à système ont même prétendu créer des races de grands génies par la *mégalanthropogénésie*, en alliant ensemble des hommes et des femmes de haute intelligence. Toutefois, la nature ne semble pas se prêter à ces combinaisons, s'il est vrai que

> Messieurs les gens d'esprit, d'ailleurs très-estimables,
> Ont fort peu de talent pour créer leurs semblables.
>   J.-J. VIREY.

CROISETTES. *Voyez* CROIX (*Blason*).

CROISIÈRE, action de *croiser*, de parcourir dans toutes les directions, et pendant un temps donné, des parages déterminés, soit pour y découvrir, signaler, intercepter des bâtiments ennemis, soit pour y donner la chasse aux corsaires et les capturer; pour assurer, en un mot la liberté de la navigation des bâtiments de commerce. Il ne faut pas confondre les mots *croisière* et *course* : le premier indique la mission donnée à un bâtiment de guerre; le second est le nom de l'autorisation accordée à des particuliers d'armer des corsaires pour attaquer les convois et les navires ennemis. Si depuis la révolution française les efforts de nos amiraux ont été rarement couronnés de succès dans les batailles rangées, n'en accusons ni le patriotisme ni surtout le talent, si cruellement et si injustement contesté, de nos officiers de marine, ni la bravoure de nos équipages. L'histoire doit des pages immortelles à nos *croisières* de l'empire; aucune nation maritime ne saurait offrir dans ses annales des attaques plus hardies, des combats plus héroïques et des succès plus glorieux que ceux qui illustrèrent les *croiseurs* français au commencement du dix-neuvième siècle. Dans l'Inde, les noms de Duperré, Bergeret, Hamelin et autres, se transmettront d'âge en âge à la postérité. On n'a pas oublié, non plus, les prises faites à la marine militaire d'Angleterre, et les pertes immenses causées au commerce maritime de cette nation par les *corsaires* de la Guadeloupe, de 1795 à 1810. Pendant cette période de quinze années, c'est presque uniquement aux succès de ces braves que la France a été redevable de la conservation de cette importante colonie.   MERLIN.

Mais si nous voulions donner des modèles de glorieuses croisières, exécutées par des escadres ou des flottes, nous les demanderions à l'Angleterre : son histoire navale en fourmille. C'est que le gouvernement anglais, guidé par le sûr instinct de l'intérêt de son existence, entendait la guerre navale dans toute sa grandeur. Il n'astreignait pas ses amiraux à une mesquine obéissance à des instructions ministérielles ; il lui suffisait qu'ils revinssent triomphants; quelques-uns n'avaient d'autre mission dans leurs croisières que celle de chercher, poursuivre, attaquer et combattre l'ennemi. Où trouver dans notre marine des croisières comparables à celles de Nelson, la première en 1798, qui se termina par le combat d'Aboukir, et la seconde en 1805, couronnée par la journée de Trafalgar? Nous citerons seulement celle de l'amiral Duckworth, qui est moins connue, et qui donnera une idée complète de ce que peut être une grande croisière. Il croisait en 1806 devant Cadix, où était mouillée une escadre française et espagnole. Il se trouvait sous les ordres particuliers de l'amiral Collingwood; mais, ayant reçu avis qu'une division française (contre-amiral Lallemand) avait été vue dans les parages des Canaries, il quitta sans ordre sa station et son amiral, sans même avoir le temps d'en prévenir celui-ci, pour courir après cette division, qu'il ne trouva pas au lieu indiqué. En faisant route pour reprendre sa station, il eut connaissance de la division Willaumez, à laquelle il donna une chasse aussi infructueuse, qui le conduisit jusqu'aux îles du Cap-Vert, d'où, ayant perdu les traces de cet officier, et le supposant avoir fait route pour les Antilles, il se détermina à l'y venir chercher. Là encore il ne rencontre rien ; mais il apprend à la Barbade, la veille de son départ pour l'Europe,

qu'une division française (contre-amiral Leissègues) a paru dans les Antilles. Alors , au lieu d'effectuer son retour, et se trouvant même dans l'étendue du commandement d'un officier amiral son cadet, il s'en fait accompagner et se permet d'aller croiser dans l'étendue du commandement d'un troisième officier, où il livre, le 10 février, le fameux combat de Santo-Domingo, si fatal à la France.

Cette haute intelligence des croisières dans les officiers anglais donne la clef de plusieurs de nos défaites. C'est chose gracieuse qu'une croisière sur une côte amie : on court de port en port, où l'on est accueilli par les habitants comme d'anciens amis que l'on retrouve et que l'on fête ; le temps de mer alors n'est qu'un agréable repos après des jours de plaisir. Mais ne parlez pas d'une croisière de blocus à des marins français ; chaque soir on vient reconnaître le point que l'on bloque, ou l'examine à la longue vue, et chaque matin on se retrouve au large, loin de la terre; et chaque jour se reproduit, pendant des mois entiers, la même vie monotone, fatigante, sans communication avec des êtres vivants, avec toutes les peines et les fatigues de la navigation !   Th. PAGE, capitaine de vaisseau.

CROISSANCE (en latin *crescentia*). Ce mot doit être pris, selon son acception propre, pour le résultat de l'*accroissement*, dont l'*accrétion* est le moyen. La croissance suppose que le terme du développement peut être accompli : ainsi , l'on dit d'un homme adulte qu'il a pris toute sa croissance, soit en hauteur, soit en largeur ou épaisseur, et qu'il ne peut plus que décroître. Mais l'*accroissement* reste] vague et indéfini. Par *accrétion* l'on entend une accession de particules pour l'augmentation du corps, qui acquiert plus de volume, et ce terme peut s'appliquer à un cristal, un sel, une pierre dans la vessie, à toute substance inorganique, comme aux êtres organisés, vivants. Mais le véritable accroissement de ceux-ci s'opère par une *intussusception*, c'est-à-dire que pour qu'un animal, une plante, croissent, il faut qu'ils absorbent dans leur intérieur une nourriture ou des sucs alimentaires, lesquels doivent s'élaborer, s'assimiler, se transformer dans les mêmes éléments (chair, sang, os, bois, sève, etc.) de ces animaux ou végétaux, afin de s'y incorporer, d'en augmenter la taille, le volume, la force. Au contraire, les minéraux, les pierres, n'ont pas de véritable croissance, puisque ce sont plutôt des superpositions de parties, des additions ou couches supérieures, sur un noyau central, sans qu'il y ait une assimilation nécessaire ni une incorporation réelle. C'est ainsi que de petits cubes de sel ordinaire peuvent se superposer en constituant un plus gros cube, par *accrétion*, mais non par *croissance*. Ce terme ne s'applique donc exactement qu'aux êtres organisés.

Mais pour qu'un être organisé s'accroisse, il faut que le tissu qui constitue primitivement son corps soit composé de mailles plus ou moins extensibles, dilatables, afin que les particules alimentaires puissent s'y introduire et s'y incorporer. En effet, tous les germes naissants des animaux comme des végétaux sont d'abord très-mous, glaireux, presqu'à l'état liquide, en sorte qu'ils absorbent facilement les nourritures qu'ils aspirent de toutes parts ; les embryons, les jeunes fœtus, comme les graines qui germent, pompent par tous leurs pores, pour ainsi dire, leur aliment ; ce sont des sortes d'éponges qui attirent à elles les nourritures et sont dans un travail continuel de croissance ; l'enfant ne songe qu'à téter et à dormir pour se fortifier. Plus un être vivant se montre voisin de l'époque de sa naissance, plus il a besoin de manger, plus sa croissance est rapide, toutes choses égales d'ailleurs; mais à mesure qu'il avance en âge, que ses tissus se remplissent , se sont épaissis, fortifiés, durcis par l'accession d'une nourriture abondante, longtemps continuée, le corps n'a plus le même appétit; ses mailles sont moins extensibles; elles arrivent à l'état de distension le plus grand qu'elles étaient susceptibles d'atteindre ; alors elles n'admettent plus de nourriture que pour réparer leurs pertes journalières. L'homme à l'époque de sa décroissance mange beaucoup moins; le vieillard, dont les fibres, desséchées et racornies; ne se prêtent qu'avec peine à l'extension, n'éprouve presque plus le besoin de prendre de la nourriture; il est dégoûté de tout; loin de croître et de pouvoir réparer ses organes, il voit ceux-ci s'ossifier, perdre leur activité vitale; ne pouvant plus se réparer suffisamment, ces organes s'atrophient et meurent par degrés, de même qu'on voit le cœur durci des troncs des vieux arbres se dessécher par l'obstruction des vaisseaux qui y charriaient la séve réparatrice, puis se pourrir et tomber en poussière. On a dit que l'homme commence par être de la glaire et finit par devenir un os. Tel est le terme inévitable de la vieillesse, car cette progression est la marche universelle de tous les corps organisés, chacun selon sa nature et son espèce.

En effet il s'ensuit de ce concours de phénomènes vitaux que les êtres naturellement mous durant toute leur existence doivent s'accroître promptement, facilement, et jusqu'à des limites plus étendues que les êtres originairement plus secs ou plus durs. Cela est manifeste en général: ainsi les arbres à bois poreux, blanc, léger, tels que le saule, le peuplier, croissent plus rapidement que le chêne, le buis; on sait que les bois de fer et d'ébène sont lents à s'accroître. Pareillement, les arbres des dimensions les plus énormes, le céïba, le baobab, sont excessivement poreux et du tissu le plus mou, le plus lâche; on les coupe fort aisément. Quoique Adanson ait pensé que de vastes baobabs vivaient depuis six mille ans, il est trop manifeste que leur croissance est prompte, et qu'ils n'ont qu'une durée proportionnée à cette rapidité vitale, comme toutes les malvacées de cette même famille.

La même extensibilité des tissus dérive chez les plus gros animaux d'une existence aquatique, comme les baleines et autres cétacés, les phoques et amphibies; les hippopotames, rhinocéros et éléphants, aiment aussi les marécages; ils sont encore les cochons, les tapirs, etc. Ces animaux mangent beaucoup et peuvent prendre un volume extraordinaire.

On a dit que la plupart des reptiles, des poissons, n'avaient aucun terme fixe d'accroissement, parce que leurs fibres mollasses, toujours humectées par leur séjour aquatique, conservaient une extensibilité indéfinie. Ce serait accorder à des êtres bornés une vie sans limites, que ne comporte pas une organisation périssable. Mais il est avéré que nous ne connaissons pas bien jusqu'à quel degré de grandeur, de grosseur et de durée peuvent s'étendre plusieurs races de ces animaux.

C'est sous le soleil, et pendant le jour, que toutes les végétations, la croissance des animaux, obtiennent le plus rapide essor, si l'humidité les favorise. On a calculé, d'après l'expérience, que la végétation prend alors le double de son développement pendant le jour, à moins que la sécheresse de l'air ou la délicatesse de certaines plantes n'y portent obstacle. Tous les individus de haute taille dans leur espèce, ou les géants, doivent donc cet élancement de taille ou de volume à l'humidité, plus ou moins sollicitée par le concours de la chaleur. Au contraire, la sécheresse et le froid s'opposent éminemment à la croissance: voyez ces arbustes épineux, si rabougris, des arides déserts du Biledulgérid et du Saara, ou des steppes sablonneuses et glacées de la haute Asie; nos chênes y restent en buissons; les pins même y ressemblent à d'humbles bruyères; le samiel, le kamsin brûlant, ou d'autres vents secs, endurcissent leurs tiges, arrêtent l'essor de leur séve, abrègent leurs sommités, la terminent en pointe aride; le végétal, comprimé dans son développement, se ramasse en boule, qui ose à peine s'élever au dessus du sol. Tout y devient grêle, raccourci, ratatiné, comme le Lapon dans la Laponie, le Samoïède et le Toungouse trapus, sous leurs lourtes enfumées et souterraines de la Sibérie. Il en est à peu près de même des trop fortes chaleurs, comme on peut s'en convaincre dans les brûlantes solitudes d'Afrique, où le défaut d'eau rend toutes les herbes noueuses, velues, ligneuses, coriaces, presque sans feuilles; les hommes y sont secs, décharnés comme les anciens Lybiens acridophages, les Bedouins; les plus grands animaux sont même arides, comme les chameaux, les agiles gazelles, les gerboises sauteuses.

Bien qu'il existe ainsi des causes extérieures capables de favoriser comme d'entraver la croissance des êtres organisés, chacun d'eux conserve une limite nécessaire et dépendante de son organisation primordiale. Les minéraux, n'ayant point de véritable croissance, ne sont jamais bornés dans leur volume. Au contraire, animaux et plantes sont terminés par des formes ordonnées par leur nature; ils sont enveloppés dans une peau, ou écorce, ou coque, ou tunique, ou chlamyde quelconque. L'extensibilité de leurs fibres ne peut s'allonger que jusqu'à un certain point, et les animaux multipares ne peuvent égaler la taille des unipares. Les causes qui endurcissent et dessèchent l'organisme semblent plus puissantes que les causes excitantes de la végétation et de l'agrandissement, soit des animaux, soit des plantes. Les nains restent plus en deçà de la taille moyenne que les géants ne s'avancent au delà. Quoique les hommes aient aujourd'hui certainement la même taille que les antiques momies d'Égypte, âgées de quarante siècles, on jugera sans doute d'après la grandeur des débris des animaux antédiluviens que le monde n'a peut-être pu avoir autant d'énergie productive. Il est certain toutefois que chaque espèce, soit dans les plantes annuelles ou vivaces et leurs semences, soit parmi les insectes et autres animaux enveloppés d'un étui corné ou testacé, ou d'une coque, est presque toujours d'une taille uniforme. Si les lieux secs ou humides font varier ces déterminations, on peut dire néanmoins que la croissance relative des membres et de toutes les parties chez la plupart des animaux se maintient parfaitement dans des rapports réciproques. Chez l'homme même, l'un des êtres les plus sujets aux variétés de croissance et de difformité par les diversités de ses genres de vie, il y a des mesures nécessaires, constantes, entre les différents organes.

Mais cette égalité parfaite, cet équilibre de croissance entre tous les organes chez un homme adulte n'est plus exactement le même pour le corps de la femme ni pour celui de l'enfant. Il est certain que chez tous les animaux la tête est l'organe qui s'accroît et se forme le premier; aussi est-elle d'abord très-prédominante en grosseur et grandeur pendant le jeune âge, tandis que les membres inférieurs ou postérieurs sont d'autant plus faibles et imparfaits que le jeune individu demeure plus voisin de sa naissance. L'accroissement se porte ensuite sur les régions inférieures; les cuisses et les pieds s'allongent, le nombril n'est plus placé à la moitié de la taille dans l'adolescence, comme chez le fœtus et le nouveau-né. D'ailleurs, la croissance s'opère inégalement aussi selon les sexes et les âges. A l'époque de la puberté, le développement se manifeste sur les organes sexuels; le bassin de la femme et des femelles d'animaux acquiert plus d'ampleur et d'action pour la menstruation, la génération, comme les mamelles pour la production du lait, etc. Les croissances partielles, les renouvellements des dents, la sortie de la barbe, les developpements d'attributs des mâles, crinières, cornes, ergots, crêtes, etc., se déclarent aussi par un effort spontané de la nature. Si les croissances sont irrégulières ou entravées, il en peut résulter des difformités monstrueuses; les boiteux, les bossus, les individus à crâne rétréci, ou démesurément renflé (chez les hydrocéphales), les rachitiques, etc., offrent divers exemples morbides d'une vicieuse croissance.

Il est facile d'expliquer, d'après ces divers transports de la croissance sur certaines régions du corps au détriment des autres, les équilibres différents des organismes. Ainsi, l'autruche a de fortes et grosses jambes aux dépens de ses ailes ; ainsi, le train antérieur de la girafe semble accru de la faiblesse du train de derrière ; c'est le contraire chez les kangourous, chez les gerboises. De même, les longues ailes de l'hirondelle, de l'oiseau frégate, de l'oiseau de paradis, semblent avoir empêché la croissance de leurs pattes. Mille exemples semblables chez d'autres animaux annoncent la même cause des balancements d'organes.

Les animaux à sang froid et à texture molle sont doués de la faculté de régénérer leurs membres amputés, par une nouvelle végétation. C'est le même mode de croissance qui constitue les bourgeons charnus pour refermer les plaies et cicatriser des ulcérations avec perte de substances. Chez les végétaux, rien de plus fréquent que ces régénérations spontanées, car ils perdent tous les ans leurs parties de fructification et leurs feuilles pour les reproduire au renouvellement de la saison. Il y a donc des temps de repos de croissance, déterminés par le froid, l'inactivité de la sève, chez ces êtres soumis aux vicissitudes de l'atmosphère ; il y en a d'analogues chez plusieurs animaux à sang froid, qui passent le temps de l'hivernation dans l'engourdissement ; la croissance est tellement suspendue qu'une tortue ou un serpent, alors immobiles, ne mangeant rien, ne perdent presque rien de leur poids.

Au contraire, quand le printemps réveille par sa chaleur les animaux engourdis, ils mangent, ils dévorent ; il en est dont la croissance se manifeste par de soudaines métamorphoses, comme chez les larves d'insectes. L'enfant qui passe à la puberté se développe presque tout à coup ; il éprouve parfois une *fièvre de croissance* ; ses glandes se gonflent ; les membres éprouvent des tiraillements, des engourdissements ; il peut survenir des distorsions dans l'épine dorsale ; il faut veiller alors à ce que des déviations nuisibles de la puissance vitale n'entravent pas le développement organique, comme chez les jeunes individus abusant prématurément des plaisirs. Ainsi les filles mariées trop jeunes, avant leur parfaite nubilité, restent de courte taille. Souvent le bassin et les organes utérins ne peuvent acquérir tout leur déploiement.

C'est par le moyen de cette prématurité surtout qu'on est parvenu à se procurer de petites races de chiens. Elles deviennent pubères de bonne heure et se reproduisent bientôt ; mais leur vie devient aussi courte ; leurs périodes sont plus rapides. De même les hommes de trop courte taille sont avancés de bonne heure ; leur croissance est sans doute précipitée ; on admire la précocité de leur intelligence, la vivacité d'esprit et de mouvements qui les distinguent. Mais ils ne fournissent point d'ordinaire une carrière d'homme ; leurs conceptions sont courtes et avortées fort souvent ; ils n'ont ni la plénitude ni la maturité du génie, pour condition de son développement exige aussi une croissance parfaite de l'organisme. J.-J. VIREY.

CROISSANT. Ce mot tire son origine de la première phase de la lune, phase qui conséquemment se reproduit au décours de cet astre ; il dérive du mot latin *crescere*, croître, parce que cet arc lumineux va toujours en augmentant et finit par former un disque parfait. Toutefois, faisons observer que la dernière phase de ce satellite est mal appelée ; le nom de *décroissant* lui eût mieux convenu que celui de *croissant*, puisqu'elle est alors dans son décours. Mais ici on n'a considéré que sa forme, parfaitement semblable à celle de la première phase.

La forme du croissant parut si gracieuse aux anciens qu'ils ne mirent pas, ou mirent du moins rarement, le globe entier de la lune sur la tête des divinités qui présidaient à cette planète ; c'est d'un croissant horizontalement placé et les pointes en haut qu'ils décorèrent le front d'Astarté, de Vénus syrienne, et celui de Phébé ou Diane, la sœur du Soleil. Les dames romaines affectionnaient aussi cet ornement dans leurs cheveux. A Athènes, un *croissant* d'ivoire ou d'argent retenait les liens du cothurne chez les nobles.

De toute antiquité le *croissant* avait été le symbole de Byzance ; des médailles byzantines, frappées en l'honneur d'Auguste, de Trajan, de Julia Donna, de Caracalla, l'attestent. Les Turcs, ennemis du paganisme, alors maîtres de Constantinople, s'empressant de changer son nom en celui de Stamboul, conservèrent ce gracieux symbole, dont sans doute l'allusion à leur empire naissant les frappa ; bien plus, leurs poètes allèrent jusqu'à l'appeler *l'empire du croissant*. C'est le blason du grand-seigneur ; il brille au bout de la hampe de ses drapeaux ; il est brodé sur le pavillon de ses flottes ; il resplendit sur les mosquées :

Her emblem sparkles o'er the minaret.
Sur les hauts minarets son image étincelle,

dit Byron.

En 1799, après la bataille d'Aboukir, Selim III témoigna sa reconnaissance à Nelson par l'envoi d'un *croissant* richement garni de diamants, et que celui-ci porta sur son habit, se qualifiant, en plus d'une occasion, de *chevalier du Croissant*. Selim fut flatté du prix que l'amiral anglais, déjà décoré de tant d'ordres, attachait au présent qu'il lui avait fait, et ce fut là, dit-on, ce qui détermina cet empereur, en 1801, à fonder *l'Ordre du Croissant*. Cet ordre est divisée en deux classes : la décoration consiste en un *croissant* d'argent, placé sur un écusson d'or, émaillé en bleu et suspendu à un ruban rouge, qu'en grande cérémonie les chevaliers de la première classe portent en écharpe, et ceux de la seconde autour du cou.

Le *Croissant* fut aussi un ordre militaire institué par René d'Anjou, en 1448. Il se composait de cinquante chevaliers, portant sur le bras droit un croissant émaillé, duquel pendait un nombre de petits bâtons travaillés en forme de colonnes, égal au nombre de batailles ou de combats où le chevalier s'était trouvé. Les principaux articles du serment qu'ils prêtaient se résumaient dans ces vers :

Fête et dimanche doit le *croissant* porter,
La messe ouïr ou pour Dieu tout donner.

Nul n'était reçu de cet ordre « s'il n'était duc, prince, marquis, comte, vicomte, ou issu d'ancienne chevalerie, et gentil-homme de ces quatre lignées, et que sa personne fût sans vilain reproche. » DENNE-BARON.

Le mot *croissant* se prend quelquefois aussi adjectivement pour exprimer une quantité qui augmente à l'infini ou jusqu'à un certain terme, par opposition aux quantités *constantes* et *décroissantes*. Ainsi une progression par quotient est dite *croissante* ou *décroissante* suivant que la raison ou le nombre constant qui exprime le rapport d'un terme à celui qui le précède, est plus grand ou plus petit que l'unité : dans un cercle, l'abscisse prise depuis le sommet étant croissante, l'ordonnée est croissante jusqu'au centre et ensuite décroissante.

CROÎT. C'est le produit des animaux, leur accroissement. Le *bail à croît* est un bail de bétail à la charge d'en partager le produit (*voyez* CHEPTEL).

CROIX (du latin *crux*), figure formée par deux lignes, deux règles, qui se coupent à angles ordinairement droits, et que l'on nomme *croisillons*. La *croix* est le signe, l'étendard du culte des chrétiens. On distingue plusieurs sortes de croix : 1° la *croix grecque*, celle dont les quatre bras sont égaux ; 2° la *croix latine*, dont un des quatre bras est plus long que chacun des trois autres ; 3° la *croix de Saint-André*, croix qui repose sur deux de ses bras, et qui a la forme d'un X. Le plan de presque toutes les églises représente une croix grecque ou latine : celui de l'église Sainte-Geneviève à Paris est une croix grecque ; celui de Notre-Dame est une croix latine.

Les chefs de secte religieuse, comme ceux des partis politiques, adoptèrent toujours des signes extérieurs pour sa distinguer de la foule, rallier et multiplier leurs partisans. Ces mêmes signes servirent ensuite à caractériser, dans la religion, plus spécialement un culte public ou celui de divinités. Ainsi, les dieux égyptiens se reconnaissent toujours à la *croix ansée* (ou T surmonté d'un anneau), symbole de la vie divine, qu'ils tiennent d'une main : c'est le signe que l'on a désigné jusqu'à présent sous le nom de *tau*, et que l'on croyait mal à propos caractériser spécialement la déesse Vénus du Panthéon égyptien. Les découvertes nouvelles ont prouvé que ce signe est un des attributs généraux communs à toutes les divinités.

Dans l'antique Rome, le mot *croix* était pris pour désigner toute sorte de supplice; et comme ce fut l'instrument du supplice que les Juifs firent souffrir au Christ, les chrétiens l'adoptèrent comme l'emblème de leur religion. A partir de son établissement, on trouve la croix sur tous les monuments chrétiens, d'abord déguisée sous la figure de quelques instruments, qui en ont à peu près la forme, ensuite clairement exprimée, surtout depuis l'époque où Constantin la fit mettre, avec l'inscription : *In hoc signo vinces*, sur les enseignes impériales, en commémoration de celle qu'il avait aperçue dans l'air au moment de combattre Maxence. Dès lors des croix s'élèvent sur les places publiques, dans les palais impériaux, à la droite, en prononçant les paroles : *au nom du Père, et du Fils, et du Saint-Esprit, Ainsi-soit-il*, remonte au troisième siècle. La croix fut employée aussi comme ornement sur les casques, les cuirasses, le bonnet impérial; puis elle passa sur les vêtements, les plats, les verres, les lampes, etc.; mais ce signe fut placé principalement sur les sarcophages et les tombeaux, en y joignant des attributs, tels que l'*alpha* et l'*oméga*. La croix placée entre deux agneaux, ou portée par un agneau, indique le tabernacle; la croix sur une élévation désigne un calvaire. Dans le principe, la croix ne pouvait être mise sur le pavé, pour que le signe de la rédemption ne fût point foulé aux pieds; dans la suite, cette défense ne subsista plus, et c'est ainsi que le pavé de nos églises fut parsemé de croix, principalement sur les tombes plates. Cette même croix devint dans le moyen âge le signe sous lequel se rallièrent une infinité de preux chevaliers pour aller combattre les infidèles et les hérétiques. Ceux qui prenaient part à ces expéditions s'appelaient *croisés*: une croix d'étoffe rouge était cousue sur leurs vêtements (*voyez* CROISADES). C'est à cette époque aussi que la croix devint un signe héraldique, mais sa forme varia beaucoup. Comme signe du christianisme, la croix est placée dans les cimetières, sur les places publiques, aux piliers des églises, dans les chapelles, et principalement sur les autels. Ces croix se font en fer, en bois ou en pierre, et elles servent ordinairement d'amortissement au faîte des bâtiments; elles s'élèvent habituellement sur un globe de cuivre.

Enfin, la forme de la croix sert à distinguer une secte de l'Église chrétienne, dissidente de l'Église de Rome. La croix de l'Église grecque diffère de la croix de l'Église latine. Cette différence dans la forme des croix des deux Églises grecque et romaine, que l'on trouve souvent comme ornement d'architecture dans des bâtiments religieux pour caractériser, n'est pas toujours même pour des architectes.

On sait que dans le moyen âge, et encore dans les départements du midi, les hommes illettrés, et ils étaient communs, même parmi les grands seigneurs, ne pouvant pas écrire leur nom au bas des actes publics ou privés, traçaient ou traçent une croix à l'encre à la place de leurs noms. Du reste, la forme de la croix, deux lignes se coupant à angles droits, se retrouve constamment dans les sculptures de tous les peuples et de tous les temps. La croix occupe une large place dans la science diplomatique; c'est une émanation du christianisme. On la découvre tantôt au commencement des titres, à l'endroit où d'ordinaire est placée l'invocation du nom de Dieu, tantôt devant les signatures quand elles n'en tiennent pas lieu.

CHAMPOLLION-FIGEAC.

Croix se dit aussi de la décoration, généralement en forme de croix, que portent les membres de différents ordres de chevalerie : La *croix* du Christ; La *croix* de Malte; la *croix* de Saint-Louis. La *croix* de la Légion-d'Honneur est, comme on sait, une étoile à cinq branches. On nomme *grand'-croix* celui qui a le grade le plus élevé dans la plupart des ordres de chevalerie.

En numismatique, beaucoup de monnaies ont reçu leurs noms de la croix qui y était empreinte, par exemple le *kreuzer* des Allemands. Les plus connues ensuite sont les *pfennings à la croix* (*kreuzpfennige*) de Brême, les *gros à la croix* (*kreuzgroschen*) des électeurs de Saxe à partir de Frédéric le Débonnaire, et les *ducats à la croix*, autrement dits *croisettes*, des rois de France depuis François Ier. La *crusade* de Portugal a la même origine; elle a pour empreinte la croix de l'ordre du Christ, et pour légende : I.H.S.

On donne, dans l'Église romaine, le nom le *porte-croix* (*crucifer*) à un clerc ou chapelain d'un évêque, archevêque ou primat, qui porte une *croix* devant lui dans les occasions solennelles. Le pape en a une qu'on porte en tous lieux devant lui. On porte aussi celle d'un patriarche partout devant lui, excepté à Rome. Les primats, métropolitains, ceux qui ont le droit de revêtir le pallium, font porter la *croix* devant eux dans toute l'étendue de leurs juridictions respectives. Cet usage ne remonte pour les quatre patriarches d'Orient qu'au concile de Latran, tenu en 1215, sous Innocent III. Encore Grégoire IX ne leur permit-il pas de la faire porter devant eux en présence des cardinaux. Depuis, les papes ont accordé la *croix* aux archevêques de Bourges, de Cologne, d'Auch, de Cantorbery, d'York, etc., et enfin aux évêques. La *croix* de ceux-ci est simple, celle des archevêques a deux branches en travers, celle du pape en a trois. Il ne paraît pas que les archevêques grecs aient fait porter une *croix* devant eux; mais, comme on portait une lampe allumée devant les empereurs, cette marque d'honneur fut accordée au patriarche de Constantinople, puis aux archevêques de Bulgarie, de Chypre et à quelques autres métropolitains. Ce fut l'origine du bougeoir qu'on porta longtemps aux offices et même à la messe devant les évêques et même devant les curés de Paris.

CROIX (Supplice de la). Ce supplice remonte à une haute antiquité. On le trouve chez les Égyptiens et les Carthaginois. La croix s'appelait σταυρος et σκολοπς; chez les Grecs. Chez les Romains *cruciare* (tourmenter) vient de *crucifigere* (crucifier). Il existait plusieurs espèces de croix, auxquelles le patient était soit lié, soit cloué. Sans autre préparation, un arbre servait de croix; quelquefois c'était un simple poteau auquel on attachait le patient, ou auquel on l'empalait (*impalatio*). Ordinairement on y mettait une traverse, comme dans celle dont les chrétiens ont fait le symbole de leur religion; dans quelques-unes, une tablette soutenait les pieds superposés, dans lesquels on enfonçait les clous. Les branches de l'arbre servaient à attacher les bras étendus, tandis que sur le poteau ils étaient élevés au-dessus de la tête, réunis et fixés ensemble, comme les pieds l'étaient dans presque tous les cas. De là trois sortes de croix, que différenciait la manière dont s'opérait la jonction du poteau et de la traverse. Si celle-ci était adaptée de manière à présenter quatre angles égaux (+), on l'appelait *crux im-*

missa ; fixée horizontalement au sommet du poteau (T) *crux commissa* ; formant avec lui une x (X) *crux decussata*. C'est celle que nous nommons de Saint-André, parce qu'on rapporte que ce saint mourut sur cet instrument de supplice. Suivant Abdias, l'apôtre y fut lié et non cloué. Il était une dernière espèce de croix, dont l'usage s'est perpétué longtemps chez les Turcs : c'est le pal. Dans la croix primitive le poteau fiché en terre portait spécialement le nom de *crux* ; la poutre transversale prenait celui de *patibulum*.

C'est au roi Tarquin le Superbe qu'on attribue l'introduction de la peine de mort sur la croix, non pas que ce soit lui qui le premier l'ait appliquée, mais parce que le premier il ordonna que les jugements emportant la peine de mort fussent exécutés de cette manière. C'était là une peine infamante, qu'on n'appliquait généralement qu'à des esclaves : aussi Tacite la désigne-t-il sous les noms de *servile supplicium*. Cependant on mettait également en croix quelques grands criminels, dont les forfaits méritaient une peine très-grave, tels que certains assassins, voleurs de grand chemin, faussaires, conspirateurs. L'usage était de faire connaître le nom du coupable et la nature de son crime, soit au moyen de cris lancés de temps en temps à la foule, soit en apposant au sommet de l'instrument du supplice une tablette (*album*) indiquant l'un et l'autre. Quand on crucifia des chrétiens, ce ne fut pas pour leurs opinions religieuses, mais on les regardait comme séditieux et comme ayant attenté violemment aux objets du culte public. On a l'exemple de femmes crucifiées : telle fut Ida, entremetteuse de l'adultère commis par Pauline dans le temple d'Isis. Flavius-Josèphe parle du grand nombre de Juifs que Titus fit mettre en croix lorsqu'il prit Jérusalem. On en comptait jusqu'à cinq cents par jour ; la terre, dit l'historien, manquait pour les croix, et les croix pour les corps.

On dressait la croix en dehors des villes, mais cependant dans des lieux très-fréquentés. Les suppliciés étaient ordinairement condamnés à mourir de douleur et de faim : ce qui prolongeait quelquefois leurs tourments pendant plusieurs jours. Si on voulait en abréger la durée, on perçait le cœur du patient d'un coup de lance. Ceux qu'on ne laissait pas expirer sur la croix en étaient détachés au bout de quelques heures, et parfois survivaient à leur peine. Quelquefois on ajoutait au supplice, soit en faisant déchirer le condamné par des oiseaux de proie ou par des quadrupèdes féroces, soit en allumant au-dessous de lui un bûcher qui le dévorait vif, soit en le crucifiant la tête en bas, tantôt les bras étendus et les pieds réunis, tantôt les pieds écartés et les mains rapprochées. Louis␣B. Dois.

CROIX (Exaltation de la sainte), fête que l'Église romaine célèbre le 14 septembre en mémoire de ce que l'empereur Héraclius rapporta la croix de Jésus-Christ sur ses épaules, en 642, à l'endroit du Calvaire d'où elle avait été enlevée quatorze ans auparavant par Khosroès II, roi de Perse, lorsqu'il s'était emparé de Jérusalem, sous le règne de l'empereur Phocas. Les victoires d'Héraclius ayant forcé Siroès, fils et successeur de Khosroès, à demander la paix, une des principales conditions du traité fut la restitution de la croix. La chronique raconte que l'empereur, l'ayant chargée sur ses épaules, ne put franchir la porte qui mène à cette montagne tant qu'il fut revêtu de ses habits enrichis d'or et de pierreries, mais qu'il n'éprouva aucune difficulté dès qu'il eut pris, par le conseil du patriarche Zacharie, un costume plus modeste et plus simple.

Telle est l'opinion commune sur l'origine de cette fête. Cependant, longtemps avant le règne d'Héraclius, on en célébrait une dans l'Église grecque et latine en l'honneur de la croix, sous le même nom d'*Exaltation*, en mémoire de ce que Jésus-Christ dit, en parlant de sa mort, dans l'Évangile selon saint Jean, chapitre XII, verset 32 : *Lorsque j'aurai été exalté, j'attirerai toute chose à moi* (et au chap. VIII,

vers. 28 : *Quand vous aurez exalté le Fils de l'Homme, vous connaîtrez qui je suis*. Le père du Sollier assure que cette fête avait été instituée à Jérusalem au moins 240 ans avant Héraclius. Il est certain, dit Nicéphore, qu'on en célébrait une à l'époque de Constantin ou peu de temps après. On y solennisait la dédicace du temple bâti par Hélène et consacré le 14 septembre 335, jour où l'on en renouvelait tous les ans la mémoire. Il ajoute que cette fête fut également nommée *Exaltation de la Croix*, à cause d'une cérémonie qu'y pratiquait l'évêque de Jérusalem : monté sur une éminence, disposée en manière de tribune, que les Grecs appelaient *les mystères sacrés de Dieu* ou *la sainteté de Dieu*, il élevait la croix et l'exposait à la vénération du peuple.

CROIX (Invention de la). Fête très-ancienne dans l'Église catholique, et qu'on célèbre le 3 mai, en mémoire de ce que sainte H é l è n e, mère de Constantin, dans un pèlerinage qu'elle fit à Jérusalem, aurait, d'après des témoignages, d'ailleurs fort peu authentiques, trouvé la croix de Jésus-Christ, enfoncée dans le sein de la terre, sous le Calvaire. Cette princesse fit construire une église en ce lieu, pour y conserver une partie de la croix, et expédia le reste à Constantinople et à Rome, où cette parcelle fut placée dans un temple somptueux que fit bâtir l'empereur, et qu'on nomma *l'église de Sainte-Croix de Jérusalem*. Théodoret dit qu'en creusant le Calvaire pour faire cette recherche, on trouva trois croix : celle de Jésus-Christ et celles des deux larrons ; qu'on découvrit même l'inscription que Pilate avait fait placer sur la tête du Sauveur, mais qu'on ne pouvait reconnaître quelle était la croix du fils de Dieu ; qu'on la distingua cependant par l'application qu'on en fit à une femme dangereusement malade, qui guérit sur-le-champ. Saint Paulin, dans une de ses épîtres à Sévère, dit qu'on coucha d'abord un cadavre sur deux de ces croix sans aucun résultat ; mais que le mort ressuscita dès qu'on l'eut approché de la troisième, et qu'on reconnut à ce signe que c'était réellement celle de Jésus-Christ. Un grand nombre d'églises du globe s'enorgueillissent de posséder des fragments de l'instrument sacré de la Passion, entre lesquels beaucoup doivent infailliblement être apocryphes.

CROIX (Jugement de la). Il était d'usage en France au commencement du neuvième siècle, et consistait à donner gain de cause à celui des deux antagonistes qui tenait le plus longtemps les bras élevés en *croix*.

CROIX (Blason). C'est une pièce de l'écu, composée de lignes quadruples, dont deux sont perpendiculaires et les deux autres transversales ; car il faut les imaginer telles, quoiqu'elles ne soient pas tracées exactement, mais qu'elles se rencontrent deux à deux en quatre angles droits pris du point de fasce de l'écusson. Elle n'occupe pas toujours la même espace dans le champ de l'écu ; car quand elle n'est point chargée, cantonnée, ou accompagnée, elle ne doit couvrir que la cinquième partie du champ ; mais si elle est chargée, elle doit en prendre le tiers. Cette armoirie fut originairement accordée à ceux qui avaient exécuté ou seulement entrepris quelque action d'éclat pour le service de Jésus-Christ ou pour l'honneur du nom chrétien, et elle est considérée par plusieurs comme la plus honorable de tout le blason. Ce qui l'a rendue fort fréquente, ce sont sans doute les expéditions et les voyages multipliés faits en Terre Sainte ; car la plupart de ceux qui en revinrent chargèrent leur écu d'une *croix*, la croix devint même un insigne militaire. On prétend que dans ces guerres saintes les Écossais portaient la croix de Saint-André, les Français une croix d'argent, les Anglais une croix d'or, les Allemands de sable, les Italiens d'azur, les Espagnols de gueules.

On compte en outre de très-nombreuses sortes de *croix* usitées dans le blason. La croix longue, sur un mont avec la couronne d'épines et les clous, se nomme *croix du Calvaire*. Les Théatins la portaient ainsi, parce que leur ordre fut créé le jour de l'Exaltation de la Sainte-Croix.

CROIX DE CALATRAVA, CROIX DE SAINT JACQUES, noms vulgaires de l'espèce d'*amaryllis* dite *lis de saint Jacques*.

CROIX DE JÉRUSALEM ou CROIX DE MALTE (*lychnis chalcedonica*). Cette plante, du genre *lychnide*, est l'une des plus belles plantes vivaces. Elle s'élève à près d'un mètre, et porte des fleurs en forme de croix de Malte, et d'une rouge éclatant : elle a une variété à *fleurs roses*, une autre variété à *fleurs blanches*, et une troisième à *fleurs doubles*, de couleur écarlate, et qui est une de nos plus belles plantes de pleine terre. Les croix de Jérusalem se multiplient par leurs graines ; excepté la variété à fleurs doubles, qui se multiplie par pieds éclatés.   C. TOLLARD aîné.

CROIX PECTORALE. C'est une *croix* d'or, d'argent ou de quelque autre matière précieuse, même de diamant, que les évêques, archevêques, etc, portent pendue au cou. On la nomme *pectorale* parce qu'elle descend sur la poitrine (*pectus*). Les abbés et abbesses réguliers en portaient aussi. C'est une dévotion autorisée par de nombreux exemples de l'Église grecque et latine. Jean Diacre nous représente saint Grégoire, dans son mausolée, avec ce qu'il appelle *Alateria*, c'est-à-dire une reliquaire d'argent pendu au cou. Saint Grégoire, expliquant lui-même ce terme, dit que c'est une *croix* enrichie de reliques. Innocent III prétend que par cette *croix* les papes ont voulu imiter la lame d'or que le grand prêtre des Juifs portait sur le front. Les évêques ont depuis imité les papes.

CROKER (JOHN WILSON), membre de la chambre des communes d'Angleterre, et écrivain distingué, né en 1781, à Dublin, étudia le droit d'abord dans sa ville natale, puis à Lincoln's-Inn (Londres), en 1800, et se livra ensuite à la pratique à Dublin. En 1807 le comté de Downe l'envoya au parlement, où il continua pendant de longues années de siéger. En 1809, il défendit avec chaleur le duc d'York contre les accusations qu'avait attirées de la part de l'opposition sa liaison avec Mme Clarke, et les ministres lui en témoignèrent leur gratitude en le nommant secrétaire d'État pour l'Irlande, et bientôt après premier secrétaire de l'amirauté. Orateur habile, il soutint spécialement dans le parlement les projets de loi concernant cette branche de l'administration, et exerça ainsi une influence notable sur tout ce qui se rattachait à la marine. Il fut constamment l'un des plus intrépides soutiens du ministère, encore bien qu'il votât toujours en faveur de l'émancipation des catholiques. Quand lord Grey et ses amis politiques arrivèrent au pouvoir, Croker donna sa démission, et combattit le bill de réforme dans les rangs de l'opposition tory ; aussi à partir de 1835 ne fut-il plus réélu membre du parlement.

Il est avantageusement connu comme l'auteur de divers ouvrages en prose et de plusieurs poëmes publiés sous le voile de l'anonyme. Dans ses *Familiar Epistles*, il apprécie le talent des acteurs de Dublin avec une gaîté railleuse qui rappelle la verve d'Horace ; et dans *An intercepted Letter from China* (1805), satire des plus plaisantes, il a peint de main de maître les mœurs de Dublin. Son poëme de *Talavera* (1809) est une des meilleures descriptions de bataille qu'on possède, et son Ode au duc de Wellington (1814) ne manque pas d'enthousiasme poétique. Il a écrit en outre une innombrable quantité d'articles dans le *Quaterly Review*, la plupart d'un haut intérêt. On l'a vu successivement combattre avec autant d'énergie que d'habileté la réforme parlementaire, l'agitation entreprise dans les intérêts du *libre échange*, et les différents mouvements politiques de ces dernières années. En 1850 il publia sous le *Quaterly Review* quelques détails sur l'abdication et la fuite de Louis-Philippe en février 1848, détails qu'il tenait de ce prince lui-même, dont il a raconté les derniers moments dans le même recueil. Croker est extrêmement versé dans la connaissance de l'histoire de la révolution française. Une collection de brochures, d'affiches, de journaux, etc., relatifs à notre première révolution, donnée dans le temps par lui au *British Museum*, occupe toute une galerie de cet établissement. Depuis le donataire a recommencé une collection nouvelle et non moins riche.

CROMLECH. C'est le nom que les archéologues anglais donnent à ces amas de pierres superposées si communs dans les pays habités jadis par les Celtes. Quelques-uns veulent que ce soient des tombeaux : de là, suivant eux, l'expression de *tumuli*, plus généralement employée sur le continent ; d'autres prétendent que c'étaient des autels érigés en l'honneur des dieux et servant pour de certaines cérémonies religieuses.

CROMWELL (THOMAS), comte d'*Essex*, né en 1490, d'un forgeron de Putney, dans le comté de Surrey (Angleterre), mourut sur l'échafaud, le 28 juillet 1540. Sa première éducation répondit à sa basse origine ; mais l'intelligence précoce et la rare énergie du jeune Thomas le retirèrent bientôt de la foule, et lui frayèrent le chemin des honneurs et des richesses. Le cardinal W o l s e y, né comme lui aux derniers rangs de la société, se l'attacha et l'initia à l'art de la politique ; et lorsque plus tard ce ministre tout-puissant de Henri VIII, grâce aux intrigues du duc de Norfolk, encourut la disgrâce de son maître, ce fut Thomas Cromwell qui entreprit sa défense devant la chambre des communes. Il s'acquitta de cette tâche généreuse avec succès, et acquit ainsi le renom d'homme habile et d'ami courageux. Henri VIII trouva dans Cromwell un instrument docile pour ses projets de réforme religieuse, et les nombreux services qu'il rendit à ce prince lui méritèrent successivement les places de conseiller privé, de garde du sceau privé et le titre de baron du royaume. Henri créa même pour lui une dignité nouvelle, celle de *vicaire général dans les affaires ecclésiastiques*, dignité qui plaçait en ses mains la suprématie du roi et la puissance absolue que le prince s'était attribuée sur l'Église. Cette haute position mettait Thomas Cromwell au-dessus de tous les grands officiers de la couronne. Dans l'exercice de ce vicariat il déploya en faveur de la réforme un zèle qui ne fut pas toujours exempt d'injustice. C'est ainsi qu'il se montra l'ennemi implacable des abbés et des prêtres, qu'il appelait les *demi-sujets* du pape, parce qu'ils reconnaissaient l'autorité du pape, et qu'il traita avec non moins de rigueur les protestants qui osaient mettre en question les doctrines nouvelles du royal chef de l'Église. Cette conduite, qui entrait dans les vues despotiques de Henri, lui valut d'immenses richesses, dépouilles des monastères et des maisons religieuses.

La faveur de Thomas Cromwell augmentait de jour en jour ; mais parvenu au faîte du pouvoir, il s'en précipita lui-même pour avoir voulu trop affermir son crédit.

Henri VIII songeait à se remarier pour la quatrième fois. Thomas Cromwell s'imagina qu'en faisant épouser à son maître une princesse luthérienne, il porterait le dernier coup à la religion catholique en Angleterre. Ses habiles négociations furent couronnées de succès, et Anne de Clèves partagea le lit funeste de Henri. Mais ce prince conçut dès le premier jour de son mariage un dégoût invincible pour sa nouvelle épouse, et par contre-coup une violente aversion contre celui qui avait négocié cette union. La haine de Henri VIII était un arrêt de mort. Cependant il dissimula encore, et accorda même à Thomas Cromwell de nouvelles faveurs. Il le créa *comte d'Essex* et lui conféra l'ordre de la Jarretière. Une nouvelle passion de Henri, lui rendant plus insupportable le lien qui l'unissait à une femme dont la vue lui était odieuse, hâta la perte de Cromwell. La belle Catherine Howard, l'objet de cette passion, était nièce du duc de Norfolk, ennemi secret de Cromwell. Cet adroit courtisan se servit de l'influence de sa nièce pour culbuter le vicaire général, comme il s'était servi du pouvoir d'Anne de Boulen pour renverser Wolsey. Henri, d'ailleurs, qui s'apercevait qu'on était généralement mécontent de son administration, crut de son intérêt de sacrifier à l'opinion publique un ministre qui avait cessé de lui plaire. Norfolk obtint donc sans peine la permission d'arrêter Cromwell en pleine chambre du conseil et de le confiner dans la Tour. La chambre des lords, qui peu de jours auparavant l'avait déclaré digne d'être *le grand vicaire de l'univers*, mit le même empressement à l'accuser de haute trahison et d'hérésie, crimes ordinaires de ceux que le despotisme voulait alors frapper sous le voile de la justice; et sans instruire de procès, sans interrogatoire, elle le condamna à la mort. Cromwell avait malheureusement provoqué lui-même cette procédure inique par ses intrigues pour obtenir du parlement qu'il condamnât sans l'entendre l'infortunée comtesse de Salisbury. De sa prison il écrivit au roi une lettre touchante, où il lui retraçait avec l'éloquence du malheur sa grandeur passée et sa misère présente. Le roi fut un instant ému; mais Henri VIII ne sut jamais sacrifier une passion à l'humanité ni s'arrêter dans ses vengeances. Thomas Cromwell eut la tête tranchée à Tower-Hill, le 28 juillet 1540. Sur l'échafaud il pria pour le roi, et déclara mourir dans la foi catholique. Il fut peu regretté. La noblesse ne pouvait lui pardonner sa basse extraction ni sa haute fortune; la guerre à mort qu'il avait faite aux maisons religieuses lui avait aliéné l'affection du peuple, et les protestants lui reprochaient sa servile complaisance pour tous les caprices réformateurs de son maître. Cependant cet homme si généralement blâmé était susceptible de sentiments généreux. Il avait servi, jeune encore, comme simple soldat en Italie dans les rangs de l'armée impériale, et avait pris part au sac de Rome par le connétable de Bourbon (1527). A cette occasion il avait eu quelques obligations à un négociant de Lucques. Parvenu au faîte de la puissance, il aperçut par hasard à Londres son bienfaiteur, alors dans un état voisin de l'indigence : il l'envoya chercher, lui rappela leur ancienne liaison, et répara les torts de la fortune envers lui.

CROMWELL (Olivier), protecteur de la République-Unie d'Angleterre, d'Écosse et d'Irlande, naquit le 25 avril 1599, à Hungtindon, dans le comté du même nom. Sa famille, qui professait un protestantisme sévère, appartenait à la noblesse saxonne. Il étudiait depuis une année à Cambridge, lorsque son père vint à mourir, le laissant le soin de veiller sur sa mère et sur sa sœur, et d'administrer le domaine de ses aïeux. Il ne séjourna à Londres que le temps nécessaire pour acquérir quelques notions juridiques, et y épousa la fille d'un marchand, *Elisabeth* Bourcier.

Dix années de sa vie s'écoulèrent alors dans le calme des champs, au milieu d'occupations agricoles, mais aussi d'agitations morales; de là, pour lui, une régénération intellectuelle et religieuse qu'il désigne lui-même comme sa délivrance de la mort éternelle. Cromwell appartenait à la secte démocratique de ces puritains qui, pleins de confiance en Dieu et menant une vie austère, eurent à lutter, pour défendre leurs libertés religieuses en même temps que leurs libertés politiques, contre les tendances absolutistes des Stuarts. Il fit partie du parlement qui en 1628 arracha à Charles Iᵉʳ le célèbre *bill of rights*; toutefois, il n'y prit la parole qu'une seule fois, à propos d'une question religieuse. Tandis que Charles, faisant avec Strafford et Laud de l'arbitraire dans l'État et dans l'Église, commençait sa lutte contre les antiques droits du pays, Cromwell vivait aux champs, exerçant les modestes fonctions de juge de paix, ne songeant qu'à son salut éternel et à celui des siens. Pour l'arracher à cette paisible existence, il fallut que le roi attaquât la constitution ecclésiastique des Écossais, provoquât ainsi une insurrection, et, à l'effet d'obtenir les moyens de la comprimer par la force des armes, convoquât en 1640 un parlement. Cromwell en fut encore une fois membre. Cette assemblée fut bien dissoute, mais tous ses membres furent réélus; et alors, sous la dénomination de *long parlement*, elle entra en guerre ouverte contre le système du gouvernement absolu. Plus la scission devint tranchée entre le parti de la cour et celui du peuple, et plus Cromwell déploya de cette énergie qui chez lui était demeurée jusque alors à l'état latent.

Quand le roi songea à employer la force pour dompter le parlement, et lorsqu'à son tour celui-ci tira l'épée, Cromwell n'hésita point à se jeter dans le mouvement révolutionnaire avec toute sa famille et toute sa fortune. Le premier il voulut qu'on renonçât au mensonge officiel suivant lequel la guerre se faisait au nom du roi et du parlement. D'abord simple capitaine d'une compagnie, il obtint ensuite le grade de colonel. La fortune des armes restait indécise entre les deux partis ; pour ne pas succomber dans la lutte, il fallait que le parlement remportât des victoires décisives. Cromwell, appréciant avec sagacité la situation, fit comprendre à son cousin Hampden que ce n'était point avec des soldats mercenaires qu'on pouvait espérer vaincre une noblesse habituée au métier des armes et défendant son roi avec une fidélité et un dévouement chevaleresques, et que pour en triompher il fallait lui opposer l'enthousiasme religieux. En conséquence, il appela aux armes tous les hommes courageux de son comté inspirés par la foi et par la crainte de Dieu ; il en forma quelques escadrons entièrement composés de citoyens aux habitudes austères, aux idées graves, résolus de sacrifier leur vie à leurs convictions, et par là il décida du sort de sa patrie.

Dans son camp, au lieu de blasphèmes, on n'entendait retentir que de pieux cantiques, et dans leurs moments de loisir ses soldats priaient Dieu au lieu de passer leur temps à boire. Dans leurs rangs, l'exacte observation de la discipline était l'accomplissement d'un devoir religieux ; tous étaient animés du même enthousiasme, et brûlaient du désir de contribuer à l'établissement du règne de Dieu sur la terre. Ils faisaient profession d'appartenir au sacerdoce universel des chrétiens, et dans toute assemblée où régnait la foi en l'Évangile ils voyaient une congrégation indépendante, dans laquelle avait le droit de prêcher quiconque se sentait animé de l'esprit saint. Les partisans de cette direction extrême du puritanisme prenaient la qualification d'*indépendants*. Le parlement ne fut plus battu dès que Cromwell eut enrôlé de ces hommes-là sous ses ordres. La bataille de *Marston-Moor* (1644), dont le gain fut décidé par leur bouillante impétuosité, fut à leurs yeux un arrêt de Dieu qui les encourageait à ne plus vouloir désormais que des victoires complètes, tandis que les généraux en chef presbytériens, de même que la majorité dans le parlement, entendaient faire la guerre de telle sorte qu'une réconciliation avec le roi restât toujours possible.

Cromwell, déjà l'âme et le chef des Indépendants, provoqua le décret tout d'abnégation personnelle aux termes duquel les membres du parlement s'excluront eux-mêmes de tous emplois et charges civils ou militaires. Il fit ensuite réorganiser l'armée entière sur le modèle des bandes réunies sous ses ordres, et, sur sa proposition, le commandement supérieur en fut déféré à Fairfax, encore bien qu'en réalité il en demeurât toujours le guide et le général. Ce n'est pas d'ailleurs à l'emploi de moyens illicites, de petites finesses, qu'il était redevable de la décisive prépondérance qu'il exerçait maintenant, mais à cette sûreté de coup d'œil qui annonçait en lui l'homme de génie, à son enthousiasme religieux, à son zèle ardent pour la cause commune, et à son intrépide énergie dans l'action. Charles Iᵉʳ perdit sa dernière bataille le 16 juin 1645, à Naseby, dans le comté de Lancastre. Sa correspondance tomba au pouvoir des Parlementaires ; on y trouva la preuve que ce prince avait réclamé l'appui de l'étranger pour se défendre contre son peuple.

Dans ce triomphe Cromwell vit et montra au peuple le doigt de Dieu ; c'est à lui dès lors, dit-il, qu'il convenait d'en rapporter tout l'honneur. Le roi s'enfuit chez les Écossais, qui le livrèrent aux Anglais pour de l'argent. On l'établit au château de Holmby; et comme à ce moment les deux partis vainqueurs, les Presbytériens et les Indépendants, en étaient déjà aux querelles intestines, Charles 1er espéra encore parvenir à les anéantir l'un par l'autre et à ressaisir le pouvoir suprême. Le parlement publia un règlement religieux uniforme. L'armée exigeait qu'on proclamât l'entière liberté de conscience et des cultes. Le plan était de la lui accorder, puis de la congédier; mais des hommes qui avaient risqué leur existence pour le triomphe de leur cause ne pouvaient se laisser enlever le prix de la victoire. Il se constitua donc un comité d'officiers et de soldats, espèce de parlement militaire, qui exigea que les droits du peuple fussent immédiatement déterminés en forme de constitution, et qu'en même temps on donnât des bases solides à la paix publique et à la liberté. Le roi d'ailleurs était au pouvoir de l'armée; et les niveleurs commençaient à réclamer sa déposition.

Quoique prenant part à tout ce qui se passait, Cromwell, avec son respect pour l'ordre légal, vit dans une telle mesure les dangers d'un état de confusion universelle; voulant encore sauver le roi, il ne lui demandait que de renoncer au commandement en chef de l'armée et au droit de nommer ses ministres sans l'assentiment du parlement. Mais Charles, quand il apprit qu'une sédition avait éclaté à Londres en sa faveur et pour forcer le parlement à le rappeler dans la capitale, s'y refusa. Les orateurs (présidents) des deux chambres et plus de soixante députés étant venus se réfugier dans le camp, l'armée marcha sur Londres, y fit son entrée, et exclut du parlement ceux de ses membres qui avaient pris part à l'agitation en faveur du roi. Cromwell et son gendre Ireton apprirent à ce moment que le déloyal monarque, au lieu du ruban de l'ordre de la Jarretière qu'il leur avait promis en reconnaissance de ce qu'ils l'avaient sauvé, leur destinait une bonne corde de chanvre. Cromwell abandonna le roi à sa destinée; et, la main sur la garde de son épée, il somma le parlement d'avoir désormais à veiller seul au salut de l'État et à gouverner. Sa motion fut adoptée, mais elle provoqua un grand nombre de mouvements républicains.

L'armée ne songeait qu'à se battre et à proclamer la république, tandis que le parlement voulait encore négocier avec le roi, qui déjà conspirait contre lui en Irlande. Cromwell comprima ces différentes insurrections; mais l'armée institua un conseil de guerre qui réclama que le roi fût mis en jugement. Une forte minorité accueillit cette proposition dans le parlement; cependant la majorité jugea que les réponses du roi permettraient encore d'espérer le rétablissement de la paix publique. Le conseil de guerre sur ce tint une séance de nuit. « Ces hommes, dit Cromwell, après avoir joué leur vie, veulent bien le droit d'examiner la question. Ce n'étaient point des mercenaires, mais des hommes ayant des femmes et des enfants dans les rangs du peuple, dès lors ayant le droit de demander si la manière dont se terminait la lutte était de nature à les satisfaire. » Ils exigeaient la convocation d'une nouvelle assemblée populaire, capable d'organiser l'État au mieux des intérêts de tous. Le parlement s'y étant refusé, le colonel Pride occupa les portes de l'assemblée, en interdit l'entrée à tous autres qu'aux Indépendants, et mit quarante de leurs adversaires en état d'arrestation. Le reste des députés (on leur donna plus tard le surnom de parlement-croupion) prirent alors en considération les propositions de l'armée, aux termes desquelles Charles Stuart devait avoir à rendre compte des injustices qu'il avait commises et du sang qu'il avait fait répandre. On proclama la souveraineté du peuple, on supprima la chambre haute, et on institua une haute cour de justice chargée de traduire le roi à sa barre comme coupable d'avoir violé les lois fondamentales de l'État. Les cœurs s'étaient endurcis au milieu des guerres civiles; les idées qui dominent dans l'Ancien Testament animaient les Puritains, et Charles 1er mourut en vertu d'une sentence capitale rendue après une instruction judiciaire publique. Cromwell ne provoqua point cette catastrophe; il ne pouvait lui échapper que le supplice du roi remplirait une notable partie de la population d'horreur et d'effroi, et que la jeunesse intéressante de Charles II ferait de ce prince, innocent de tout le passé, un adversaire autrement dangereux et redoutable pour lui que ne pouvait l'être son père humilié et affaibli. Mais Cromwell subordonna ses propres sentiments à ceux de l'armée, non sans avoir soutenu à cet égard bien des combats intérieurs et en adressant au ciel de vives prières; de sorte que, suivant son habitude, il finit par y voir l'assentiment de Dieu.

Au mois de février 1649 l'Angleterre fut déclarée en république gouvernée par un parlement issu de l'élection populaire. Cette assemblée nomma un comité exécutif de quarante et un membres. Cromwell, qui en faisait partie, le domina à l'aide de l'armée. En Angleterre il lui fut facile de tempérer les excès de la liberté par une fermeté mêlée de clémence; mais l'Irlande se révolta ouvertement contre la république, et bientôt le sang des protestants y coula à flots. On envoya Cromwell y rétablir l'ordre par la force des armes. La sévérité extrême qu'il apporta dans sa mission, les condamnations capitales qu'il prononça contre les insurgés, ont laissé dans ce malheureux pays de cruels souvenirs, qui ne sont pas encore effacés aujourd'hui; il s'efforça cependant de rendre ces violences profitables à une meilleure organisation de la justice et de l'administration, ainsi qu'aux intérêts généraux de l'île, dont il eut bientôt achevé la soumission. Dans une longue dissertation, il développa à l'usage du clergé catholique, et plus tard aussi à l'usage du clergé écossais, ses idées particulières sur la foi et la vie.

Dans l'été de 1650 il fut appelé en Écosse, où l'on venait de proclamer roi Charles II, qui de son côté se posa formellement en prétendant au trône d'Angleterre. Cromwell battit les Écossais à Dunbar (1650), et somma le parlement de prouver sa reconnaissance envers Dieu pour cette grande grâce en diminuant les charges pesant sur les pauvres et les opprimés. Loin de confondre le peuple écossais avec les instigateurs des troubles, il s'efforça de se le concilier par la douceur. L'année suivante, la bataille de Worcester termina la guerre. Cromwell qualifia cette victoire de grâce couronnante; elle proposait, selon lui, combien Dieu avait à cœur la liberté du peuple anglais, lequel à son tour devait en témoigner sa reconnaissance en se montrant loyal et sincère. Cromwell fit une entrée solennelle à Londres, et désormais son influence s'étendit à toutes choses dans l'État. Il demanda une amnistie générale et une loi électorale pour un nouveau parlement. Mais le parlement en fonctions, désireux de perpétuer son autorité, ne voulait que se compléter au moyen d'élections nouvelles. N'ayant garde d'en finir avec la rédaction de la constitution nouvelle, il continuait à réunir tous les pouvoirs sous le titre de Convention.

Au printemps de 1653, Cromwell eut des conférences secrètes avec quelques députés et officiers. Engagé par eux à prendre en mains la défense de la chose publique, il proclama le long parlement dissous, adressant d'amers reproches à un grand nombre de membres de cette assemblée, ferma la porte du local des séances, et en mit la clef dans sa poche. Le parlement-croupion avait lui-même usurpé ses pouvoirs, et voulait se perpétuer dans son usurpation. Le pays jugea qu'il lui avait été fait comme il méritait. Suivant l'usage, l'armée, la flotte, et une foule de corporations remercièrent Cromwell d'avoir sauvé la patrie, dont elles le prièrent de consentir à être le législateur et le régulateur suprême. Or Cromwell n'était pas plus disposé à donner qu'à laisser faire une constitution. Il fit cependant dresser des listes d'hommes dignes de confiance, de mœurs sévères et craignant Dieu, et en constitua, avec quelques membres de son conseil d'état, un comité de constitution dont il ouvrit les travaux par un grand discours où il faisait voir les voies de la Providence et les jugements de Dieu dans les faits accomplis et dans les événements survenus tant à l'intérieur qu'à l'extérieur, en même temps qu'il y présentait l'apologie de tous ses actes. Son style a quelque chose de dur et de blessant. Il est complétement sans fard. On voit qu'il ne veut pas faire de phrases, mais constater des faits.

Il y avait dans ce parlement de singuliers *saints*; mais on y voyait aussi figurer de grandes réputations maritimes, comme Blake, les chefs de l'armée de terre et de savants jurisconsultes sur les mêmes bancs que des paysans et des bourgeois sincèrement religieux. Ils priaient en travaillant à leur œuvre, mais incapables de s'élever au degré de lumière et d'instruction où était déjà arrivé le reste de la nation, ni de satisfaire aux exigences des divers partis, ils ne tardèrent pas à chercher un homme qui se chargeât de faire leur besogne. Alors ils vinrent déposer leurs pouvoirs entre les mains de Cromwell, en le suppliant de doter l'État d'une constitution et de le gouverner. Profondément ému, Cromwell réunit en conseil les amis qu'il comptait parmi les officiers de l'armée et les hommes politiques, et on convint qu'il gouvernerait sous le nom de *Lord-Protecteur* la république d'Angleterre, d'Écosse et d'Irlande, d'accord avec un parlement et un conseil d'État. « J'aimerais mieux, dit-il, prendre la houlette du berger que le protectorat; mais comme il s'agit maintenant de veiller à ce que la nation ne tombe point dans l'anarchie et ne devienne pas la proie de l'ennemi commun, je me placerai comme Aaron entre les vivants et les morts jusqu'à ce que Dieu manifeste aux yeux de tous quelle est la base sur laquelle je dois édifier. »

Il fit une entrée solennelle à Westminster, où la nouvelle constitution fut proclamée. Elle attribuait toute la puissance législative au parlement, qui devait se réunir tous les trois ans, et qui dans les cinq premiers mois de sa session ne pouvait être dissous ou prorogé que de son propre consentement. Les taxes et impôts de tout genre ne pouvaient être prélevés qu'autant qu'ils avaient été votés par le parlement. Le Protecteur exerçait le pouvoir exécutif; mais pour la collation des diverses grandes fonctions publiques, de même que pour déclarer la guerre ou conclure la paix, il lui fallait l'assentiment du parlement. Quant aux élections parlementaires, la réforme électorale, projetée par Pitt et opérée de nos jours seulement, était déjà un fait accompli. Cromwell prêta le serment de gouverner les trois nations d'après leurs lois et coutumes. On ne saurait le rendre responsable de ce que le parti conservateur ait boudé le nouvel ordre de choses; de ce que les républicains habiles à manier la parole aient constamment mis en question la constitution pour l'amour de leurs théories et aient ainsi provoqué de nouveaux troubles ; enfin, de ce que quinze conspirations et révoltes ouvertes et en nombre bien plus grand encore de complots obscurs l'aient contraint à commettre des actes arbitraires dans lesquels l'histoire impartiale ne doit voir que de véritables mesures de salut public.

En même temps Cromwell appliquait tout son génie à la politique extérieure, qui jamais ne fut plus glorieuse pour l'Angleterre qu'alors. Il envoya Blake avec une flotte formidable dans la Méditerranée, et le pavillon anglais s'y montra sur tous les points où le réclamaient l'honneur et les intérêts du pays. L'ambition de Cromwell était de rendre le nom du peuple anglais aussi glorieux que celui du peuple romain. La ville de Zurich lui décerna à bon droit le titre de Protecteur de tous les protestants, car il les protégea en Piémont comme en France, en Pologne comme en Silésie, et il conçut le projet d'une grande confédération protestante ayant à sa tête la république d'Angleterre. Il conclut des traités de paix et d'amitié avec la Suède et avec la Hollande; et l'Espagne ayant cherché à conclure une alliance avec lui, il y mit pour condition la suppression de l'Inquisition et la liberté du commerce avec les Indes occidentales. Celles des lettres qu'on a de lui qui datent de l'époque où il n'était qu'un simple particulier prouvent que chez lui le sentiment religieux n'était point de l'hypocrisie. D'ailleurs, il aimait les arts et les sciences, et il sauva les universités qu'un puritanisme étroit voulait détruire. Grand par sa nature, comme le fait observer M. Guizot, et parvenu à une position éminente, il avait de l'amour et du goût pour tout ce qui était grand par l'esprit, la science, la gloire et les souvenirs. Mais sur le champ de bataille comme dans le cabinet jamais le souvenir de la famille ne s'effaçait de son cœur.

Aux termes de la constitution nouvelle, il convoqua le parlement pour le 3 septembre 1654, et exprima la joie qu'il éprouvait en voyant que la nouvelle assemblée librement élue assurerait le bien-être de l'Angleterre par les lois qu'elle lui donnerait. Mais, au lieu de faire des lois, ce parlement ayant encore une fois mis la constitution en question, Cromwell l'admonesta à ce sujet dans un discours où il l'engagea à veiller à ce que cela n'arrivât plus, déclarant qu'il était décidé à se laisser enterrer vif plutôt que de consentir à voir renverser une constitution qui avait rendu au peuple l'ordre et la paix, et qui avait reçu l'approbation de Dieu et des hommes. En conséquence, il exigea de tous ceux qui aspiraient à faire partie du parlement qu'ils reconnussent expressément la légalité de la constitution et de ses bases. Très-peu s'y refusèrent; la grande majorité fit ce qu'il lui demandait avec toute justice. Mais tandis que Cromwell veillait sur les affaires du dedans et du dehors, le parlement se querellait pour des ministres. La stérilité des discussions de cette assemblée encourageait les ennemis extérieurs et intérieurs du pays à ourdir de nouvelles trames, et des fanatiques qui voulaient fonder par l'abolition de toutes lois et de toute propriété le règne des millénaires commençant à s'agiter tout autant que les royalistes, Cromwell, au bout de cinq mois, déclara le parlement dissous. L'opinion publique lui en sut gré. A l'effet de donner des bases solides et durables à la tranquillité publique, il créa pour un certain nombre d'années douze majors généraux, *hommes craignant Dieu et de mœurs pures*, qu'il investit du commandement supérieur de la force publique dans les provinces, où dès lors ils fonctionnèrent comme principale autorité. Une taxe extraordinaire de 10 pour 100 mise sur le revenu des royalistes couvrit les frais nécessités par cette nouvelle organisation.

Dès que l'ordre fut rétabli, Cromwell convoqua un nouveau parlement, mais il en exclut environ une centaine de membres ; qu'il s'était vainement efforcé de convaincre que dans les circonstances où se trouvait le pays un gouvernement purement parlementaire ne pouvait que provoquer de nouvelles luttes en paroles qui bientôt dégénéreraient en collisions à mains armées. Il redoutait de voir les royalistes et les niveleurs reprendre également courage à la vue des querelles intestines du parlement. Il craignait aussi que cette assemblée ne se prononçât contre la guerre faite à l'Espagne. Dès lors la nécessité le contraignit à une mesure contre laquelle la voix du peuple n'eut plus aucune objection à faire quand de nouvelles victoires remportées sur mer semblèrent un arrêt rendu par Dieu en faveur de sa politique. Le parlement proposa la création d'une chambre haute, et offrit à Cromwell le titre de roi. Cromwell n'attachait personnellement aucune importance à cette qualification; mais on pouvait croire qu'un tel acte rallierait au nouveau gouvernement les sympathies d'un grand nombre de royalistes. Il soumit donc l'examen de la question à ses officiers, qui se prononcèrent avec force pour le maintien de la forme républicaine, et exigèrent que le parlement fit une déclaration analogue. Pour ne pas les blesser, Cromwell refusa le titre que l'on lui offrait. Dans un discours tenu au parlement, il s'exprima ainsi au sujet de sa position : « J'ai pris la place que j'occupe, moins dans l'espoir d'être utile, qu'animé du désir de prévenir de plus grands maux dont je voyais la nation menacée. » Cromwell resta donc simple *Protecteur*, mais avec le droit de désigner son successeur. Une chambre haute fut aussi établie, à l'effet de donner satisfaction à l'élément historique de la vie politique du peuple anglais.

Cromwell pouvait dès lors espérer une vieillesse tranquille et croire que les choses iraient dorénavant selon la voie tracée par la constitution; mais les difficultés recommencèrent dès qu'il s'agit de désigner les membres de cette chambre haute, dont la nomination appartenait au Protecteur. Il essaya bien de réconcilier le nouveau avec le vieux, le présent avec le passé; mais les chefs des anciennes familles se montrèrent peu disposés à siéger à côté d'hommes qui devaient leur fortune et leur élévation à la révolution. Cromwell ne tarda pas non plus à regretter d'avoir appelé à faire partie de la chambre des lords quarante membres de la chambre des communes, dont l'appui lui manqua quand les vieux meneurs du long-parlement, impatients de tout frein et de toute autorité, se mirent en devoir de reconstituer une toute-puissante Convention. Ils refusaient de reconnaître la chambre des lords en qualité de l'un des pouvoirs de l'État, et lui contestaient ses droits. L'existence même de la constitution se retrouvait donc encore une fois en péril, et Cromwell se vit dans l'obligation de rappeler aux représentants du peuple réunis les difficultés de la situation, la nécessité de la paix et de la concorde à l'intérieur.

L'esprit d'insubordination commença à se manifester dans l'armée. Les millénaires relevèrent la tête tout comme les partisans des Stuarts; la vie du Protecteur fut menacée. *Un coup mortel n'est point un meurtre*, tel était le titre d'un pamphlet qui circula contre lui; et la guerre civile allait encore une fois recommencer, si l'énergie de Cromwell n'avait pas pris les devants. « Dieu jugera entre vous et moi ! » dit-il au parlement, en prononçant la brusque dissolution de l'assemblée, au moment où, tenant en mains tous les fils de la conjuration, il rétablissait l'ordre à l'intérieur, et au dehors enlevait Dunkerque aux Espagnols. La puritaine Angleterre, encore une fois sauvée, était toujours puissante par l'épée et par la Bible. A ce moment le Protecteur se crut assez fort pour convoquer un nouveau parlement. Mais il éprouva alors dans son intimité malheur sur malheur, et perdit rapidement l'un après l'autre un gendre et sa fille chérie, Élisabeth. Lui-même était arrivé à la cinquante-neuvième année de son âge; et depuis bien longtemps il n'y avait eu chez lui de repos pour la tête, pour le cœur, pour le bras, que lorsqu'il lui avait été donné de pouvoir s'occuper des choses de l'éternité. Il était au lit, souffrant de la goutte, quand il apprit la mort d'Élisabeth; et à peine parut-il se remettre, qu'il fut pris d'une fièvre violente. Ses dernières paroles furent celles d'un chrétien pieux et dévoué à Dieu. On ne retrouva pas le billet cacheté sur lequel il avait précédemment inscrit le nom de l'homme qu'il appelait à lui succéder en qualité de Protecteur. Son secrétaire intime l'ayant questionné à ce sujet, il lui sembla que le moribond répondait *oui* à la mention du nom de son fils aîné Richard.

Cromwell mourut le 3 septembre 1658, jour anniversaire des batailles de Dunbar et de Worcester. « Cessez de pleurer, dit à l'assistance son chapelain Sterry; au jour de la résurrection il recevra la couronne céleste ! »

L'histoire a justifié la conduite de Cromwell. Lui une fois mort, les partis que son bras puissant avait contenus recommencèrent leurs luttes; et l'état de confusion générale où l'on se retrouva bientôt prouva combien il avait été tout à la fois homme de sage conseil et homme d'action.

Richard, fils aîné de Cromwell, né en 1626, différa complétement de son père pour ce qui est de l'esprit et du caractère. Il prit, il est vrai, le titre de Protecteur; mais il ne tarda point à y renoncer volontairement, et après la restauration des Stuarts il passa sur le continent. Cependant il revint en Angleterre dès 1680, et il mourut dans une profonde obscurité, en 1712. Un second fils de Cromwell, *Henri*, administra l'Irlande pendant les derniers temps de la vie de son père.

Du reste, la restauration essaya de se venger de Cromwell mort. On déterra son cadavre, ceux de sa respectable mère, de sa sœur Brigitte, et de l'amiral Blake ; et ces corps déjà à moitié dissous, on les suspendit au gibet. C'est l'époque actuelle qui seule a rendu à sa mémoire la place honorable qu'elle doit occuper dans l'histoire. Incapables de gouverner par eux-mêmes et de se laisser gouverner, les républicains ont dépeint Cromwell comme un ambitieux usurpateur. Les royalistes, en faisant le portrait de l'homme qui avait renversé le trône dans le sang, n'ont pas manqué d'employer les couleurs les plus sombres. Les générations anglaises suivantes, avec leur respect inné pour le jeu des institutions constitutionnelles, se refusèrent à comprendre la nécessité d'un homme qui avait mission de rendre la nation apte à supporter le régime de la liberté légale. Une époque de lumières et d'irréligion n'a pu admettre la sincérité de la foi vive qui existait chez cet homme au coup d'œil si perspicace; pour elle son christianisme appuyé sur la Bible n'a été qu'un masque, de même que le pieux héros qui en toute occasion rendait hommage à la Providence n'a été qu'un hypocrite habile à guider le peuple dans ses voies à l'aide de ses démonstrations de piété. Ce n'est que tout récemment qu'on a vu Macaulay, dans son *Histoire d'Angleterre depuis l'avénement de Jacques II* (Londres, 1849), donner enfin la parole aux faits et reconnaître dans Cromwell l'un des plus grands génies et des plus remarquables héros de sa nation. M. Guizot, lui aussi, a démontré (*Histoire de la Révolution d'Angleterre*, etc.; nouvelle édition, 1850; et *Pourquoi la révolution d'Angleterre a-t-elle réussi?*) combien Cromwell, par l'étendue et l'énergie de ses facultés l'emporta même sur un Guillaume III et sur un Washington, et a prouvé que jamais homme n'avait uni un plus brûlant enthousiasme à plus de sûreté dans le coup d'œil. L'un de ceux qui ont le plus contribué à réhabiliter sa mémoire a été Carlyle, en publiant et annotant une collection des *Letters and Speeches of Cromwell* (1847). A ces travaux se rattache honorablement l'*Histoire du Protectorat*, par Merle d'Aubigné (Paris, 1847). Consultez aussi Villemain, *Histoire de Cromwell* (2 vol.; 1819), et *Memoirs of the Protector Oliver Cromwell, and of his sons Richard and Henry* (Londres, 1820), publiés par Olivier Cromwell, l'un des descendants du Protecteur.

[Il n'est pas sans intérêt de savoir ce qu'est devenue la famille de Cromwell.

D'Élisabeth Bourgier, sa femme, il avait eu deux fils et quatre filles.

Richard, son fils aîné, nature douce et timide, mourut le 13 juillet 1712, à Cheshnut, à l'âge de quatre-vingt-huit ans, sans avoir jamais été inquiété, dans la longue carrière qu'il fournit encore après la restauration, par les Stuarts, dont pourtant il avait pendant quelque temps occupé le trône. Il avait épousé *Dorothée*, fille de Richard Mayor, de Hunsley, dans le Hampshire, de laquelle il eut trois filles, qui se marièrent assez obscurément et n'ont pas laissé de postérité.

Henri, celui des deux fils du Protecteur qui était le mieux partagé sous le rapport de l'intelligence, le brillant et fastueux Henri, vécut, après la restauration, à Spinney-Abbey, où il mourut dès l'année 1673. Il avait épousé *Elisabeth*, fille aînée de sir Francis Russell, de Chippenham, dont il eut cinq fils et une fille.

De ces cinq fils, il y en eut quatre qui moururent sans laisser de descendance. Le cadet, appelé Henri comme son père, mort en 1711 major dans l'armée anglaise, avait épousé *Hannah*, fille d'un marchand appelé Benjamin Hewling. Il eut d'elle un fils appelé *Thomas*, lequel était par conséquent l'arrière-petit-fils, en ligne directe, du Protecteur. Ce *Thomas Cromwell* mourut obscur confisqué, à Londres, le 2 octobre 1748. Un fils qu'il laissa en mourant, *Olivier Cromwell*, fut reçu avocat, et n'est mort qu'en 1821.

La fille unique de Henri, fils cadet du Protecteur, *Élisabeth*, épousa William Russell, de Frohdam Abbey, dont elle eut sept fils et six filles. Le plus grand nombre de ces enfants moururent en bas âge. Cependant un de ses fils, *Francis*, né en 1691, a laissé des descendants qui ont continué d'appartenir aux sphères élevées de la société anglaise. L'une des sœurs de Francis, au contraire, nommée *Élisabeth*, comme sa mère, épousa un certain Robert d'Aye de Rohan, qui mourut de misère dans une maison de refuge. Une autre sœur de Francis, Marguerite, épousa un homme de basse condition. Une troisième sœur, enfin, épousa un certain Nelson de Wildenhall, dont elle eut un fils qui exerça la profession de joaillier-bijoutier, et une fille, mariée à son tour à un avocat du nom de Redderock, et qui devenue veuve, fut réduite pour subsister à tenir une petite école de filles.

Les quatre filles de Cromwell avaient nom :

Briggitle, mariée en premières noces au général Henri Ireton, et en secondes noces, au général Charles Fleetwood;

Élisabeth, l'enfant bien aimée du Protecteur, qui n'en fut pas moins toujours une royaliste ardente, qui épousa John Claypole, et qui mourut à l'âge de vingt-neuf ans, du vivant même de son père;

Marie, mariée à Thomas, vicomte de Fauconbery;

Francisca, mariée d'abord à Robert Rich, petit-fils du comte de Warwick, et en secondes noces à sir John Russell, de Chippenham, dont elle eut une nombreuse postérité. Bulau.]

CRONIES, fêtes qu'on célébrait à Athènes en l'honneur de Saturne. Ces fêtes répondaient aux *Saturnales* des Romains. On prétend qu'à Rhodes on réservait un malfaiteur pour l'immoler à Saturne dans cette solennité, ainsi appelée du nom grec de Saturne, *Cronos*.

CRONSTADT ou KRONSTADT (c'est-à-dire, en allemand, *ville de la couronne*; en hongrois, *Brasso*), chef-lieu du district du même nom en Transylvanie, la ville la plus intéressante de la partie de la principauté de Transylvanie qu'on appelle le *pays saxon*, en même temps foyer principal de son industrie et de son commerce, est entourée de montagnes et adossée à une grande forêt, dans une contrée magnifique, à environ 633 mètres au-dessus du niveau de l'Adriatique, et, en raison de sa situation au pied des Montagnes Hautes, très-exposée aux vents du nord et du nord-est. Son plus bel édifice public est la cathédrale évangélique, où l'on admire un superbe buffet d'orgues. Il faut encore mentionner l'hôtel de ville, la bourse, qui date de la moitié du seizième siècle, et l'église catholique. Le petit château fort qui s'élève au côté nord-ouest de la ville, sur une petite éminence, a joué un rôle assez important dans la campagne de 1848-1849. Des trois faubourgs qu'on compte à Cronstadt, le plus considérable est le faubourg valaque, qui s'étend pendant plus d'une lieue dans une gorge de la montagne, et qu'habitent les gens riches.

Cronstadt est une ville royale libre; mais elle n'a plus aujourd'hui que l'ombre de ses anciennes franchises municipales. Elle est le siège d'un grand nombre d'autorités administratives de la principauté, d'un abbé mitré ayant les fonctions de curé de l'église catholique, d'un doyen de l'église évangélique, d'un archiprêtre romain-uni; et les trois confessions y possèdent de bons établissements d'instruction publique, parmi lesquels en première ligne le gymnase évangélique. La population est de 22,826 habitants, et se subdivise, au point de vue des croyances, en 8,675 luthériens, 9,341 grecs non-unis, 3,880 catholiques romains, 894 réformés et 96 militaires; au point de vue des races, en 9,116 allemands, 8,493 valaques, 4,364 magyares, 789 bohémiens et 119 étrangers. Cette population vit presque exclusivement d'industrie, de commerce et de transit. Le commerce avec Vienne, Pesth et la Valachie, en articles des colonies et des fabriques et en produits bruts, est très-considérable. Les principaux produits de l'industrie locale sont les vases en bois, les bahuts, les cordes et courroies, les souliers, les chapeaux et les draps qu'on écoule dans les principautés voisines, ainsi que les chandelles de suif, dont on obtient un bon placement à Pesth. On n'y trouve que fort peu de fabriques, mais en revanche des hôpitaux parfaitement organisés et d'autres établissements de bienfaisance, une caisse d'épargne, une banque de prêt, un comité de tempérance, une société industrielle, une société de commerce allemande et une valaque. La feuille hebdomadaire de Transylvanie (*Siebenburgische Wochenblatt*) paraissant à Cronstadt, est une feuille très-répandue.

On fait remonter la fondation de Cronstadt aux premières années du treizième siècle. Au seizième, elle fut un des foyers de la réforme luthérienne; et Honterus, son réformateur, entretenait un commerce de lettres des plus suivis avec Luther. Les rois de Hongrie avaient protégé à l'aide de priviléges de tous genres son commerce, qui jadis était bien plus important qu'aujourd'hui. Les fortifications dont elle était autrefois entourée, tombent maintenant en ruines.

CRONSTADT ou KRONSTADT, place forte et ville maritime du gouvernement de Saint-Pétersbourg, à 41 kilomètres de cette capitale, dans la plus étroite partie du golfe de Finlande, en face de l'embouchure de la Newa, bâtie sur un rocher calcaire, haut mais étroit, le *Kollin-Ostow*, c'est-à-dire *Ile du Chaudron* (en finnois *Retusari*); position qui, jointe à la force des ouvrages, en fait le boulevard de Saint-Pétersbourg en même temps que la place forte la plus importante et le port militaire et commercial de l'empire où règne en tout temps le plus d'activité. Cette ville fut fondée en 1710 par le tsar Pierre le Grand, pour servir de port de mer à Saint-Pétersbourg, sur une île déserte qu'il avait enlevée aux Suédois en 1703; et il l'entoura de travaux de défense, qui furent encore considérablement augmentés par sa fille, l'impératrice Élisabeth, sous la direction de l'architecte Kokorinof, et plus tard par les empereurs Paul Ier et Alexandre Ier.

Cronstadt est le siège de l'amirauté russe. Les rues de cette ville sont droites et régulières; on y remarque un grand nombre de beaux édifices, trois églises et deux chapelles grecques, une église luthérienne, une église anglaise et une église catholique. La ville possède en outre des établissements maritimes les plus grandioses, une école pour les matelots et une école pour les pilotes, un arsenal maritime, une fonderie de canons, un lazaret maritime, des casernes, des chantiers de construction, des docks, des bâtiments à l'usage de la douane, et trois bassins de port distincts; le bassin de la marine marchande, pouvant contenir un millier de bâtiments; le bassin central, pour l'armement des vaisseaux de guerre, l'un et l'autre très-profonds; et enfin, le port militaire; tous couverts et défendus, indépendamment de leurs propres ouvrages de défense, par le *Kronstott* (château de la couronne), qui fut construit également par le tsar Pierre le Grand dès l'année 1701 sur deux petites îles voisines, entourées aussi de fortifications.

Un des grands inconvénients du port de Cronstadt, c'est de se trouver trop rapproché de l'embouchure de la Néwa et de l'eau douce de ce fleuve, qui pourrit vite les navires. Ensuite, pendant cinq mois de l'année, de la fin de novembre à la fin d'avril, les bâtiments ne peuvent ni y entrer ni en sortir, à cause des glaces. Quoi qu'il en soit, Cronstadt, comme véritable port commercial de Saint-Pétersbourg, est le grand centre du commerce de la Russie septentrionale, non-seulement pour l'exportation à l'étranger des produits bruts de l'intérieur qui y arrivent par canaux ou encore des différents ports russes de la Baltique par le cabotage, mais encore pour l'importation des produits de l'industrie étrangère, dont il est le grand entrepôt et qu'il doit parvenir jusqu'aux ports russes de la mer Noire. Le mouvement annuel d'entrée et de sortie du port est d'environ 3,000 bâtiments. Une communication des plus actives par bâtiments à vapeur a lieu constamment entre Cronstadt, Saint-Pétersbourg, Péterhof et Oranienbaum. Les bâtiments à vapeur arrivant de Reval, d'Helsingfors, de Stockholm, de Stettin, de Lubeck, doivent toujours s'y arrêter. Les continuelles évolutions de la flotte impériale de la Baltique, dont Cronstadt est la station en même temps que cette ville renferme une grande partie de ses équipages et de son personnel, ajoutent encore à l'animation extrême de ce mouvement. On s'explique dès lors facilement comment Cronstadt, en dépit de l'exiguïté de son enceinte, en est venue à renfermer aujourd'hui une population de 60,000 âmes.

CROQUANT, expression injurieuse, qui désigne le plus ordinairement un gueux, un misérable, un pauvre diable. C'est dans ce sens que La Fontaine a dit :

Passe un certain *croquant*, qui marchait les pieds nus.

Croquant signifie encore un sot, un fat, un personnage sans consistance et sans considération :

Ce *croquant* qu'à l'instant je viens de voir sortir.

Ainsi s'exprime le marquis en parlant de Dorante, oncle du *Joueur*, dans la pièce de ce nom. Cette expression est familière et vieillit. D'Aubigné en rapporte l'origine à un soulèvement de paysans arrivé en 1597, et qui commença dans la paroisse de *Croc*, située dans le Limousin. Cette révolte, causée par les vexations des collecteurs, s'étendit dans le Périgord, le Querçy, l'Agénois et l'Angoumois. Non contents d'attaquer les agents du fisc, les rebelles se ruèrent sur les gentils-hommes, qu'ils massacrèrent et dont ils pillèrent les châteaux. Mais la désunion se glissa bientôt dans leurs rangs, composés de catholiques et de protestants. Les premiers se séparèrent de leurs associés, et ne tardèrent pas à déposer les armes volontairement ; les autres, atteints en rase campagne par les troupes royales, furent vaincus et dispersés. Le père Daniel, en rapportant le même événement, assure, au contraire, que les insurgés furent nommés *croquants* parce qu'ils croquaient, c'est-à-dire parce qu'ils mangeaient et buvaient tout ce qu'ils trouvaient à manger et à boire dans les maisons des gentils-hommes. Ménage prétend de son côté que les paysans furent nommés *croquants* parce que, ne sachant pas écrire, ils se bornaient à tracer les actes un crochet ou une croix pour leur tenir lieu de signature. Enfin, le *Dictionnaire de Trévoux* affirme, pour sa part, que *croquerr* servait à désigner des soldats n'ayant en temps de guerre pour toute arme qu'*un croc*, ce qui ferait remonter l'invention de ce mot à l'époque féodale, où l'infanterie, formée d'une multitude confuse, n'avait pour se défendre que des fourches, des crocs et des bâtons.

SAINT-PROSPER.

CROQUIS. C'est, en termes d'art, la première idée jetée précipitamment sur le papier, soit au crayon, soit à la plume, et sans rechercher ni l'effet ni la pureté des formes, mais dans le but seulement de mettre l'agencement d'une ou de plusieurs figures qu'un artiste veut faire entrer dans sa composition. Les croquis des grands maîtres sont fort recherchés ; les curieux poussent même souvent cette vénération trop loin, puisqu'ils mettent des prix assez élevés à des croquis que véritablement on ne peut considérer que comme des griffonnages plus ou moins informes. Lorsqu'un croquis est plus arrêté, il reçoit le nom d'*esquisse*. Cette expression a passé des arts dans la littérature.

DUCHESNE aîné.

CROSSE ou **BATON PASTORAL**, insigne de la dignité épiscopale et abbatiale. Le principe il était surmonté d'une petite pièce transversale qui lui donnait la forme du *tau* ou de la croix. De là vient le nom de crosse, en italien *croce*, croix. On a donné divers noms à cet insigne : celui de *pedum*, parce qu'il ressemble en effet à la houlette du berger ; celui de *ferula*, du verbe *ferio*, je frappe, parce que c'est avec la férule que le maître gouvernait ses élèves ; celui de *cambuta* ou *camboca*, terme irlandais qui, selon le cardinal Bona, signifie *bâton recourbé*. Quoi qu'il en soit, le bâton pastoral était le signe de l'autorité pontificale. Son origine remonte aux premiers siècles de l'Église. Le bâton pastoral n'est point pour les abbés, comme pour les évêques, un droit ordinaire ; c'est une concession faite par le pape à diverses époques. L'abbé porte le bâton pastoral tourné en dedans, comme signe de la juridiction restreinte à son monastère, tandis que l'évêque tourne sa recourbure en dehors, pour montrer qu'il a juridiction sur tout son diocèse. Les évêques ne tiennent le bâton pastoral en main que dans les processions, ou lorsqu'ils donnent la bénédiction pontificale. On le porte ou on le tient devant eux dans la plupart des autres cérémonies. Le pape est le seul des évêques qui ne porte pas le bâton pastoral. Innocent III en donne pour raison que saint Pierre ayant envoyé son bâton à Eucharie, premier évêque de Trèves, cette précieuse relique fut conservée dans cette église.

CROSSETTE, jeune branche d'arbre qu'on détache en laissant un peu de bois de l'année précédente, et qui sert à faire des boutures. La bouture à crossette est employée pour la vigne, le figuier, etc. Les vignerons de la Bourgogne lui donnent le nom de *chapon*.

CROTALE (du grec χρόταλον, dérivé de χροτέω, frapper, faire du bruit). On désigne sous ce nom un instrument de musique des anciens, représenté sur les médailles dans les mains des prêtres de Cybèle. Cet instrument, que nous connaissons sous la dénomination de *castagnettes*, était composé de deux lames d'airain qu'on faisait choquer l'une contre l'autre.

Les *serpents à sonnettes*, si célèbres pour l'atrocité de leur venin, ont été aussi appelés *crotales*, parce qu'ils ont au bout de leur queue un instrument bruyant, formé de plusieurs cornets écailleux lâchement emboîtés les uns dans les autres, qui résonnent quand ces reptiles rampent ou remuent la queue. Le nombre des cornets qui composent la sonnette des crotales augmente avec l'âge, puisqu'il s'en forme un de plus à chaque formation d'un nouvel épiderme, et que ce nouveau cornet persiste et reste emboîté dans les autres à chaque mue, quoique réellement séparé et détaché de la peau.

Outre ces caractères particuliers, les crotales se reconnaissent à leurs formes trapues, à leur tête assez grosse et terminée par un museau court, gros et arrondi ; à leurs écailles épaisses, libres à leur sommet, et surmontées d'une carène ou d'un tubercule très-prononcé ; à leur dos aminci en une carène assez forte, et à une certaine uniformité dans les teintes, qui sont ordinairement d'un brun jaunâtre, relevées par de larges taches plus foncées et en losange. Les dents chez les crotales, comme chez les autres serpents venimeux, sont chargées de l'introduction du venin ; elles sont insérées sur le maxillaire ; dans leur canal débouche le conduit excréteur d'une glande considérable placée le long de l'os ptérygoïdien externe, et dans laquelle se distille le venin. Personne n'ignore combien est dangereuse la morsure de ces serpents.

Le genre *crotale* se compose de trois espèces ; elles appartiennent aux contrées les plus chaudes de l'Amérique.

CROTON, genre d'euphorbiacées ainsi caractérisé : Fleurs le plus souvent monoïques ; calice à cinq divisions ; corolle à cinq pétales dans les fleurs mâles, nulle dans les fleurs femelles ; 10 à 20 étamines (quelquefois en nombre indéfini), insérées sur un réceptacle nu ou villeux. Ce genre compose d'arbres, d'arbrisseaux et d'herbes propres à l'Amérique tropicale, plus rares dans les parties chaudes de l'Asie et de l'Afrique. Il comprend environ cent cinquante espèces. Nous ne parlerons que des plus utiles.

Le *croton cascarilla* fournit l'écorce tonique, astringente et fébrifuge, connue dans le commerce sous le nom de *cascarilla*. Cet arbre excède rarement 6^m,50, et ses rameaux sont fort serrés vers le sommet. Des branches les plus tendres, quand on les brise, il suinte un liquide balsamique épais. Les feuilles du *croton cascarilla* sont alternes, portées sur de courts pétioles ; elles sont ovales ou cordiformes, lancéolées et allongées vers le sommet, qui est obtus, entier et d'une couleur verte brillante à la face supérieure. Les fleurs sont disposées en grappes terminales et axillaires. Les pétales sont blanchâtres, oblongs, obtus et étalés. La fleur mâle porte dix filaments subulés, qui soutiennent des anthères droites comprimées. La fleur femelle produit un ovaire arrondi, couronné par trois styles bifides, étalés, avec des stigmates obtus. La capsule est supérieure, triloculaire, et contient une semence solitaire luisante.

Le *croton tiglium* fournit une graine dont on extrait une huile à laquelle on a reconnu des propriétés médicamenteuses assez énergiques. Cet arbre, originaire de l'Hindoustan et des Moluques, a une tige couverte d'une écorce unie et noirâtre. Les feuilles sont ovales-acuminées, dentées en scie et lisses, avec deux glandes à leur base ; elles sont portées sur des pétioles plus courts que l'expansion de la feuille. Les fleurs sont en grappes terminales ; les semences, qui sont renfermées dans des capsules triloculaires, sont oblongues, de la grosseur d'un grain de café, coupées à quatre pans, aplaties sur deux des côtés, et convexes des deux autres, avec quatre côtes élevées qui se prolongent à égale distance, de la base au sommet de la graine. La coque de la semence est noire, mais couverte d'un épiderme uni, d'un brun-jaunâtre pâle. Les graines de croton nous sont ordinairement apportées dans des boîtes ; et, à cause du frottement et de la destruction de l'épiderme à laquelle le frottement donne lieu quand les caisses ne sont pas complétement garnies, souvent ces graines ont l'apparence vermoulue. Elles portaient autrefois dans le commerce de la droguerie le nom de *graines des Moluques*. Depuis, elles ont été bannies de la pratique de la médecine à cause de leurs propriétés drastiques trop violentes, et c'est uniquement de l'huile qu'on en extrait par expression dans l'Inde qu'on fait actuellement usage comme purgatif. L'huile de *croton tiglium* est de couleur brun-rougeâtre pâle. Sa saveur est âcre et chaude, et elle laisse une impression désagréable dans la bouche et dans la gorge ; cette sensation dure pendant plusieurs heures. Appliquée sur la peau en frictions, l'huile de *croton tiglium* détermine une éruption d'une prodigieuse quantité de petites vésicules qui se sèchent après deux ou trois jours. Son action vésicante est très-énergique.

Parmi les autres espèces, citons encore : le *croton campestris* (*velame do campo*) et le *croton perdiceps* (*pedeperdis, alcamphora*), employés par les Brésiliens comme diurétiques et antisyphilitiques ; le *croton balsamiferum* (*petit baume*), qui croît à la Martinique et qui prépare une liqueur fort agréable appelée *eau de Menthe* ; le *croton thuriferum* et *adipatum* (*ulluchia*), propres aux rives de l'Amazone, et de l'écorce desquels on tire l'encens ; le *croton humile*, employé dans les Antilles pour préparer des bains aromatiques ; le *croton origanifolium*, dont découle un baume que l'on met au nombre des succédanées du copahu ; le *croton nideum*, dont le suc concret passe pour vulnéraire ; le *croton gratissimum*, qui produit un parfum que les Africains regardent comme un cosmétique précieux ; les *croton cascarilloides, micans, suberosum* et *pseudoclina* (*quina blanca, cortex capalche*), auxquels on attribue les mêmes propriétés qu'au *croton cascarilla*, etc.

CROTONE, aujourd'hui *Cortona*, colonie des Achéens et des Doriens, fondée l'an 739 ou l'an 710 avant J.-C., était une grande et puissante cité, célèbre par la culture des sciences, des lettres et des arts gymnastiques, ainsi que par les nombreux vainqueurs qu'elle comptait aux Jeux Olympiques (Milon, par exemple). Les Crotoniates détruisirent, l'an 510 avant J.-C., Sybaris, leur rivale. A cette époque, Pythagore avait déjà fondé parmi eux une association morale et politique, qui sous la direction de Cylon fut, en l'an 504, l'objet des plus cruelles persécutions. Crotone constitua contre Denis Ier de Syracuse une confédération des villes de la basse Italie. Elle fut prise et pillée en l'an 299 par Agathoclès, presque complétement détruite par Pyrrhus, avant l'arrivée duquel ses murailles décrivaient un circuit de douze myriamètres ; puis elle passa sous les lois de Rome. Mais à la suite de la bataille de Cannes elle abandonna la cause romaine, et ne tarda pas à être conquise par les Bruttiens. Annibal essuya deux grandes défaites sur son territoire : l'une, du consul Publius Sempronius (204) ; l'autre, du consul Caius Servilius (203). En l'an 194 avant J.-C., Crotone reçut une colonie romaine.

CROUP. Cette dénomination, empruntée à la langue anglaise, sert à désigner une affection inflammatoire de la membrane muqueuse qui revêt les premières voies par lesquelles l'air pénètre dans les poumons. Cette inflammation n'est point intense, mais n'en est que plus dangereuse, parce qu'elle n'est point accompagnée de douleur à son début, sensation qui a l'avantage d'avertir d'un changement morbide. L'affection dénature seulement la vitalité de la membrane qui en est le siége, au point que la sécrétion de cette surface forme une couche blanchâtre, plus ou moins épaisse et tenace, se moulant sur les conduits aériens, et les oblitérant tellement que l'air n'a plus accès dans la poitrine. Avant d'être désignée sous la dénomination de *croup*, cette maladie était connue des médecins sous les noms d'*angine trachéale, polypeuse, suffocante*, etc.

Le croup est propre à l'enfance, surtout depuis la première année jusqu'à la septième ; néanmoins, on le rencontre chez les adultes, même dans un âge avancé : un exemple en a été offert par Washington. Le début de la maladie est ordinairement analogue à celui des rhumes ou de la coqueluche ; aussi y fait-on peu d'attention. La santé ne présente aucune altération sensible ; cependant la toux revient par quintes, et est assez forte pour interrompre brusquement le sommeil. La voix devient rauque et prend un accent insolite, son timbre commence à différer de l'enrouement. En même temps la respiration est bruyante et on entend dans l'inspiration comme dans l'expiration une espèce de sifflement ; la toux est alors éclatante et enrouée ; le pouls est vif et fréquent ; durant la toux le visage se gonfle et rougit fortement ; les enfants portent instinctivement la main au cou.

Les malades jouissent de quelques intervalles d'un calme plus ou moins long, qui inspire une sécurité qui n'est pas de longue durée ; la fièvre s'allume manifestement, et on la reconnaît à la fréquence du pouls, à la rougeur de la face et à la chaleur du corps. La toux devient ensuite plus aiguë et plus sonore, tandis que la gêne de la respiration s'accroît : c'est surtout durant la nuit qu'on remarque la multiplicité des accès et l'aggravation des accidents. On dirait que le sommeil favorise le développement de cette affection catarrhale. L'oppression de la poitrine est alors remarquable, et on distingue déjà des menaces de suffocation. Communément on a déjà vu s'effectuer une expectoration de matière muqueuse mêlée de stries sanguinolentes ; maintenant on y remarque des portions de fausses membranes, il n'est plus possible de méconnaître la maladie. Durant les accès, les enfants inspirent une anxiété extrême ; leurs regards sont étonnés, leur visage devient livide ; ils renversent la tête en arrière, roidissent le tronc à peine pour comme pour élargir leur poitrine ; d'autres fois ils se redressent tout à coup sur leur lit ou prennent un élan pour courir. La voix, qui était éclatante, s'éteint et devient comparable à celle des ventriloques. L'air ne pénètre plus que très-difficilement dans la poitrine ; enfin, on voit se succéder les tristes scènes qui accompagnent la mort par suffocation ou asphyxie. Quelques sujets échappent cependant à cette dangereuse période du croup : les fausses membranes sont expulsées par les efforts que la toux et les vomissements occasionnent.

Certaines conditions prédisposent à cette maladie ou la causent; telles sont : l'enfance, en raison de la grande irritabilité du système muqueux à cet âge; le tempérament sanguin et lymphatique; une éducation trop sédentaire, qui n'habitue pas les enfants aux vicissitudes atmosphériques; des vêtements insuffisants, surtout autour du cou; les exercices du corps accompagnés des cris, surtout dans un courant d'air; la température froide et humide, certains états de l'atmosphère, qu'on ne peut déterminer, et qui engendrent les épidémies; enfin, diverses maladies, telles que la scarlatine, la rougeole, la coqueluche.

Ces notions indiquent les précautions qu'il est nécessaire de prendre pour prévenir le croup. Quand il a été impossible d'en garantir les enfants, on ne saurait trop s'empresser de faire avorter l'inflammation, car c'est dans cette période que l'art est puissant. A cet effet, les saignées locales et générales, les vomitifs, les purgatifs, les révulsifs, etc., sont indiqués.

Lorsqu'on suppose un commencement de croup, il convient de placer le malade dans un bain chaud ou au moins dans un demi-bain; en le retirant, il est utile d'enfermer les pieds dans des cataplasmes de farine de graine de lin, auxquels on ajoute de la farine de graine de moutarde. Si les signes du croup continuent à se manifester, et si le médecin doit tarder à arriver, il est urgent d'appliquer des sangsues sur le cou; on les placera à la partie supérieure et sur les côtés de cette éminence que le vulgaire appelle pomme d'Adam. Deux à droite et à gauche suffisent chez les enfants d'un à trois ans, et l'on augmente ce nombre quand ils sont plus âgés. On doit laisser couler le sang en abondance, sans cependant pousser cette pratique à l'excès. Quand la saignée a été considérable, il faut arrêter l'hémorrhagie avec des morceaux d'amadou qu'on place sur les piqûres ou avec de la poudre de colophane. Si ces moyens ne suffisaient pas, il faudrait tenir chaque piqûre pincée par un petit bâton fendu qui agit à la manière des épingles de bois dont les blanchisseuses font usage. Dans les cas où ce moyen viendrait encore à faillir, on toucherait les piqûres saignantes avec l'extrémité d'une aiguille à tricoter qu'on aurait fait rougir au feu. Mais l'eau de créosote fournira probablement un moyen prompt et facile pour tarir ces hémorrhagies. En général, on ne saurait trop surveiller les enfants après des saignées capillaires; car on en a vu plusieurs se vider entièrement de sang par les piqûres de sangsues, qui deviennent un point d'attraction très-forte.

Quand la formation des fausses membranes n'a pu être prévenue, le traitement se réduit à favoriser l'expulsion, comme à faire cesser l'anomalie vitale qui les engendrait. Les saignées générales ou locales, les vomitifs, les révulsifs sur le canal intestinal ou à la peau, les frictions mercurielles, les bains, etc.; tels sont les moyens thérapeutiques auxquels on a le plus souvent recours. Enfin il est une ressource extrême que nous devons indiquer pour les cas désespérés : c'est la *trachéotomie*, ou l'ouverture du conduit aérien, par laquelle on livre un passage artificiel à l'air, on retire les fausses membranes, on applique des topiques pour modifier directement la vitalité de la membrane affectée, comme aussi par laquelle on peut tenter de rappeler la vie éteinte par des insufflations d'air, comme chez les noyés. Cette opération n'est point très-difficile à pratiquer, elle n'est pas très-douloureuse; elle l'est même beaucoup moins que les souffrances que la suffocation fait éprouver; enfin, elle offre une chance de salut. Dr CHARBONNIER.

CROUPIER. Ce mot, dérivé de *croupe*, est le nom que l'on donne à tout homme qui, monté en croupe derrière un cavalier, devient nécessairement son compagnon d'aventures. C'est par suite de cette allusion qu'on nomme *croupier* l'associé d'un joueur qui tient les cartes ou les dés.

Ainsi l'on dit : cet homme ne jouerait pas si gros jeu s'il n'avait pas derrière lui des *croupiers*. En termes de jeux de hasard, le *croupier* est le compère du banquier de pharaon, de trente-et-un, de roulette, etc.; il l'avertit des cartes qu'il oublie, et l'aide à payer les gagnants ou à retirer l'argent des perdants. Quelquefois aussi, le croupier est intéressé à la banque. *Croupier* se dit encore d'un associé secret dans un traité, dans une ferme, dans une entreprise quelconque, qu'il laisse mettre sous le nom et la régie d'un autre et dont il partage les bénéfices ou les pertes, en proportion de sa mise de fonds. Les directeurs de certains spectacles, les éditeurs de quelques journaux et de plus d'un ouvrage littéraire, les entrepreneurs de fournitures civiles ou militaires, de diverses voitures *omnibus*, de constructions et d'embellissements, de chemins de fer et de bateaux à vapeur, etc., ont des *croupiers*, qui se plaignent quelquefois de subir les pertes sans participer aux bénéfices. Sous le ministère de l'abbé Terray, on appelait *croupiers* les gens de lettres, les artistes et les comédiens dont les pensions furent hypothéquées, en 1774, sur la ferme générale. La compagnie des Indes, la caisse des comptes courants et autres associations financières ont ruiné à diverses époques leurs *croupiers*. Quelques députés conventionnels, Fabre d'Églantine, Bazire, Chabot, Lacroix, Julien de Toulouse, Delaunay d'Angers, furent, dans les dénonciations dirigées contre eux par leurs collègues de la *montagne*, et dans l'acte d'accusation qui les conduisit à l'échafaud en 1794, signalés comme les *croupiers* des agioteurs, des banquiers et des financiers, auxquels ils avaient, dit-on, vendu leur bienveillance et leur protection.

La Bourse de Paris n'étant plus qu'une maison de jeu protégée et soutenue par les gouvernements, et l'agiotage scandaleux qu'on y exerce n'étant réellement qu'un jeu de hasard plus dangereux, plus ruineux et plus lent dans ses angoisses que *la rouge* et *la noire*, les agents de change, banquiers brevetés de ce jeu, ne pouvaient pas manquer d'adopter le mot *croupier*. Lorsqu'à la table de jeu, qu'on appelle parquet de la Bourse, ils achètent, ils vendent à prime, à terme, à marché ferme, soit à la hausse, soit à la baisse, du quatre et demi, du trois, ou des fonds étrangers, ou des actions d'une entreprise quelconque, ils ont presque toujours un ou plusieurs *croupiers*, qui à l'époque de la livraison ou de la liquidation payent ou reçoivent leur portion incombante sur les différences subies par le cours de ces diverses valeurs. Ces croupiers s'enrichissent avec les agents de change ou font naufrage avec eux.

En termes de jurisprudence canonique, le *croupier* était un confidentiaire, qui prêtait son nom à celui qui, plaidant pour un bénéfice et se défiant de la bonté de son droit, faisait postuler un dévolu sur lui-même, afin de l'obtenir sous le nom d'un *croupier*. H. AUDIFFRET.

CROUTE. On donne ce nom à la superficie d'une matière qui, étant naturellement plus ou moins tendre, acquiert une certaine dureté, soit par la cuisson, soit par l'impression de l'air. Ainsi, on dit la croûte de la terre, la croûte que forme la lymphe en s'épaississant, sur une écorchure, sur un bouton ou sèche, sur une petite plaie. Le sucre en se refroidissant forme sur la bassine une croûte d'assez bon goût. La croûte du pâté est la partie du pâté dans laquelle est enveloppée la viande que l'on fait cuire au four. La croûte du pain acquiert par la cuisson une dureté et une couleur plus ou moins rousse. Cette dernière acception est la plus répandue, et c'est de là sans doute qu'elle aura été transportée dans le langage des beaux-arts. Quelque vieux tableau bien enfumé, sans autre mérite que sa vétusté, s'étant trouvé offert à la curiosité publique comme un objet précieux, un connaisseur, considérant et sa couleur sombre et les parties de couleur qui s'enlevaient par écailles, aura bien pu se récrier et faire apercevoir qu'une telle peinture ne pourrait être vendue comme un tableau, puisque son aspect n'offrait rien que quelques croûtes. Cette expression hasardée une fois, elle aura été bientôt admise pour désigner d'abord les tableaux vieux et sans valeur, puis ensuite tous les tableaux, même les tableaux modernes, quand ils étaient tout à fait mauvais sous le rapport de l'art; puis enfin, les peintres sans talents qui ne sont capables que de faire de mauvaises croûtes, ont été rangés tous sous la triste dénomination de croûtons. DUCHESNE aîné.

CROÛTE D'ARTREUSE, CROUTE DE LAIT. Voyez DARTRES.

CROUTON, morceau de croûte de pain. Les boulangers font pour les potages des petits pains exclusivement composés de croûte, et cela l'on nomme également croûtons. A l'office, on appelle ainsi de petits morceaux de pain frits dont on garnit certains plats d'entrée ou d'entremets, comme les épinards, les purées, etc. Enfin, un peintre qui ne fait que des croûtes n'est qu'un croûton.

CROWN. Voyez COURONNE.

CROWN-GLASS, mots anglais qui signifient verre de couronne ou verre royal. Ce verre, qui a la plus grande analogie avec le verre de Bohême, car il a comme lui pour bases la potasse et la chaux, est employé pour vitres, et diffère du flint-glass en ce que celui-ci est un cristal, c'est-à-dire en ce que sa pâte renferme un oxide de plomb, tandis que celle du crown-glass n'en a pas. De cette différence de composition résulte une différence très-grande dans la manière dont ces deux corps transparents se comportent à l'égard des rayons lumineux. Combiné avec le flint-glass, le crown-glass, qui doit être d'une limpidité parfaite, tout à fait incolore et exempt de bulles, de stries et de nodules, remédie à la dispersion des rayons colorés qui forment des iris au foyer des lunettes ordinaires, c'est-à-dire qu'il y corrige la différente réfrangibilité des rayons qui nuisait à la netteté des images, la dispersion de cette espèce de verre, c'est-à-dire la longueur du spectre coloré qu'il produit, n'étant que les deux tiers de la dispersion qui a lieu dans le flint-glass. C'est sur la découverte de cette propriété, faite par Dollond, qu'est basée la fabrication des lunettes achromatiques.

CROY et autrefois aussi CROUY, noble et ancienne famille établie aujourd'hui en Allemagne, en France, et dans les Pays-Bas, qui a produit de braves capitaines, des hommes d'Etat célèbres et surtout d'habiles courtisans, et qui prétend descendre du roi de Hongrie Bela III. Détrôné par son neveu Étienne, et réfugié en France, ce prince aurait laissé un fils, Marc, lequel, sous le règne de Louis VII, épousa l'héritière de la seigneurie de Croy, située dans le Sancerre en Picardie. Pour apprécier cette prétention, on ne se trouve pas tout à fait réduit à s'en rapporter au témoignage de la partie intéressée, puisqu'il en est déjà fait mention dans deux diplômes de l'empereur Maximilien Ier, l'un de l'an 1486, qui érige la terre de Chimay en principauté; l'autre de l'an 1510, en faveur de l'évêque de Cambrai.

A ce propos cependant il n'est pas inutile de rappeler que, vers le commencement du seizième siècle, des généalogistes habiles et complaisants persuadèrent à certaines grandes familles de l'Europe qu'il leur convenait de se rattacher, n'importe comment, à des maisons souveraines, et se firent fort de leur venir en aide à cet effet. On peut le dire : au moment où l'héraldique devint une science, elle devint aussi un mensonge.

Dans le magnifique couvent des Célestins, fondé par Guillaume, sire de Chièvres, à Heverlé, près de Louvain, mais qui depuis longtemps n'existe plus, on avait gravé sur le marbre la généalogie des Croy. Gobritz, auteur d'un Voyage dans les Pays-Bas, raconte que cette généalogie commençait à Adam. D'autres ajoutent même que le docte Juste Lipse n'était pas étranger à cette œuvre sublime, et parlent d'un tableau représentant le déluge, l'arche de Noé, et un personnage soulevant au-dessus des flots un rouleau de papier, comme autrefois César ses Commentaires, et s'écriant, au milieu de cet effroyable cataclysme : Sauvons les titres de la maison de Croy! Mais peut-être bien cette anecdote est-elle de la même source que celle qui fait dire par un duc de Lévis à son cocher, quand il allait entendre la messe à Notre-Dame : Chez ma cousine! Jacques de Bié, graveur anversois, en imprimant cette généalogie des Croy, a d'ailleurs la discrétion de ne la commencer qu'à Seth; mais il la poursuit, par une filiation non interrompue, jusqu'à Charles de Croy, quatrième duc d'Aerschot. Jean Scohier de Beaumont, qui écrivait en 1589, et l'auteur d'un in-4° publié à Marseille en 1790, se contentent de remonter à Attila ; rien que cela! Après tout, ces fables vont bien aux races antiques, qui ont aussi leur âge héroïque et romanesque. Les Grecs et les Romains prenaient des dieux pour ancêtres,[1] et les chefs de tribus sauvages eux-mêmes, tant cet orgueil est naturel à l'homme, se donnent pour petits-fils d'un serpent, d'une tortue, ou de quelque autre fétiche!

La famille de Croy s'éleva au plus haut degré de splendeur sous les règnes de Philippe le Bon, duc de Bourgogne, de Philippe le Beau et de Charles-Quint, rois d'Espagne, et en même temps souverains des Pays-Bas. Mais sa fortune et sa puissance avaient déjà commencé sous Philippe le Hardi. Jean, sire DE CROY, deuxième du nom, fut son chambellan et celui de Jean sans Peur qui le fit élever à la dignité de grand bouteiller de France, et le créa gouverneur des comtés d'Artois et de Boulogne. Il fut tué en 1415, à la bataille d'Azincourt. Antoine, son fils, eut toute la confiance de Philippe le Bon, dont il reçut le collier de la Toison-d'Or. Il épousa en secondes noces Marguerite de Lorraine, dame d'Aerschot en Brabant, terre érigée plus tard en duché en faveur de ses descendants. Marguerite, fille aînée d'Antoine, dame de Vaudemont, était arrière-petite-fille de Jean, duc de Lorraine, quinzième aïeul direct de l'empereur d'Autriche aujourd'hui régnant. Une de ses filles s'unit à Louis de Bavière, dit le Noir, comte palatin de Deux-Ponts. Son frère, Jean, fut la tige des comtes et princes de Chimay, et eut un fils, Jacques, premier duc de Cambrai. De Philippe Ier, fils d'Antoine, et marié à Jacqueline de Luxembourg, naquit Guillaume, sire de Chièvres, duc de Loria et d'Arci, gouverneur de Charles-Quint, et qui remplit à la cour de ce prince les fonctions les plus importantes. Henri, l'aîné de Philippe Ier, donna le jour à Robert, évêque de Cambrai, et à Guillaume, cardinal de Tolède, qui mourut dans sa vingt-troisième année, des suites d'une chute faite à la chasse. Philippe II, neveu de Guillaume de Chièvres et successeur de Henri, fut créé par Charles-Quint, en 1533, duc d'Aerschot et marquis de Renty. Il épousa en premières noces sa cousine Anne, princesse de Chimay, dernier rejeton direct de cette branche, laquelle forma celle des comtes de Sotre, qui eux-mêmes furent la souche des derniers ducs d'Havré; et en secondes noces, Anne de Lorraine, veuve de René de Nassau, prince d'Orange, fille d'Antoine, duc de Loraine et de Bar, et de Renée de Bourbon-Montpensier, issue du roi saint Louis. La petite-fille de Philippe II, Anne DE CROY, porta par son mariage avec Charles de Ligne, prince d'Aremberg, une partie des domaines de la maison de Croy à la maison d'Aremberg, qui fleurit encore aujourd'hui et ajoute à son titre ceux de Croy et d'Aerschot. Le frère d'Anne, Charles, premier duc de Croy (ce titre de duc de Croy lui fut octroyé par lettres patentes du roi de France Henri IV, en 1598) et quatrième duc d'Aerschot de la maison de Croy, prince de Chimay, de Château-Porceau, marquis de Montcornet, grand d'Espagne de première classe, né en 1560, pendant quelque temps calviniste fervent et partisan de la maison d'Orange, devint plus tard l'un des agents les plus zélés de la politique du roi d'Espagne Philippe II, sous lequel il remplit les fonctions de grand bailli du Hainaut et à partir de 1597 celles de gouverneur du pays d'Artois. Il mourut sans

50.

postérité en 1612, laissant des *Mémoires* qui vont de 1560 à 1606, et où l'on trouve les détails les plus curieux et les plus instructifs sur la situation des Pays-Bas à l'époque de Philippe II. Publiés pour la première fois en 1845, par le baron de Reiffenberg, au nom de la société des *Bibliophiles belges*, ils offrent le tableau le plus piquant d'une existence féodale au seizième siècle. Aujourd'hui qu'il n'y a plus de véritables grands seigneurs, on lit ces pages avec étonnement ; et les prétentions aristocratiques de nos ducs, de nos comtes et de nos barons du jour, dont les pères vendaient de la chandelle quand ils ne faisaient pas pis, font pitié à côté de cette grandeur à la fois naïve, puissante et magnifique.

Charles eut pour successeur son cousin, *Charles-Alexandre*, duc de Croy, marquis d'Havré et prince de l'Empire. Mais dès l'an 1643 les biens de cette ligne firent retour, par mariage, à une branche collatérale de la maison de Croy, à celle dont descendent les deux de Croy actuels, et qui a pour souche *Jean de Croy*, créé comte de Chimay en 1473. Celui-ci eut pour descendant direct *Philippe III*, créé comte de Solre en 1592. La terre de Solre fut érigée en principauté par lettres patentes du roi d'Espagne Charles II, en 1677. Le fils aîné de Philippe III devint la souche de la maison de Croy-Dulmen, encore aujourd'hui existante ; tandis que son fils cadet, *Antoine de Croy*, comte de Chimay et de Walburge de Meurs, par suite du mariage qu'il contracta en 1643 avec l'héritière des biens et titres des ducs de Croy-Havré, devint la souche de la ligne collatérale de ce nom.

La branche de *Croy-Dulmen* a aujourd'hui pour chef le duc *Alfred*, né en 1789, grand d'Espagne de première classe, marié le 21 juin 1819, à Éléonore Wilhelmine de Salm-Salm.

La branche de *Croy-Havré* s'est éteinte dans sa descendance masculine, en 1839, avec le duc *Joseph*, pair de France, démissionnaire en 1830 par refus de serment, grand d'Espagne de première classe et lieutenant général au service de France. Il a eu pour héritier le prince *Maximilien*, né en 1821, fils puîné du prince Ferdinand, général major au service des Pays-Bas, et frère du duc de Croy-Dulmen. C'est lui qui continuera le nom d'Havré.

Le recez de l'Empire de 1803 a classé les *Croy* parmi les princes médiatisés, sous le titre de *Croy-Dulmen*. En échange des terres que cette maison possédait sur la rive gauche du Rhin, elle reçut le bailliage de Dulmen, situé dans l'ancien évêché de Munster, de 320 kilomètres carrés de superficie, avec une population de 16,000 âmes, et placé par le congrès de Vienne sous la souveraineté de la Prusse. La ligne des ducs de Croy-Dulmen possède d'ailleurs plusieurs autres terres, situées en Belgique, et d'un revenu d'environ 300,000 fr. Les propriétés de la maison de Croy-Havré situées en France sont d'un revenu à peu près égal.

Dans les dernières années de la Restauration, le faubourg Saint-Germain fut vivement ému par un procès intenté aux Croy par le marquis de *Crouy-Chanel*, originaire du Dauphiné, qui vint leur contester le droit de se dire les descendants de Bela III, roi de Hongrie. Il produisit devant les tribunaux des pièces et des factums pour établir que lui seul représentait aujourd'hui la postérité de saint Étienne, tandis que les Croy, les Solre et les Havré descendraient tout bonnement, et *en ligne peu légitime*, d'un mayeur d'Amiens. Cette réclamation et cette revendication étaient malheureusement un peu tardives, puisque, dans un livre imprimé en 1790, les *Crouy-Chanel*, reconnaissant la filiation des Croy, n'hésitaient point à leur donner la qualification de *cousins*. La révolution de Juillet assoupit pendant quelques années cette grande contestation, qui recommença ensuite de plus belle. Mais les Croy gagnèrent leur procès ; et défense fut faite aux *Crouy* de prendre le nom ou armes des *Croy*, et de se dire leurs parents ou alliés.

CROYANCE. Si l'on prend ce mot dans son acception philosophique la plus large, on pourra le définir : « l'adhésion ferme et complète de l'esprit à la vérité ou à ce qu'il prend pour la vérité. » Le mot croire s'emploie quelquefois pour exprimer une espèce de doute plus voisin de l'affirmation que de la négation. Mais le mot *croyance* n'a jamais cette signification ; il exprime au contraire l'assentiment le plus complet de l'esprit à telle ou telle proposition. La croyance est pour ainsi dire cette sympathie intelligente, ce lien qui unit intimement l'homme par la pensée à ce qui existe au dehors de l'homme. La *certitude* diffère de la croyance en ce qu'elle sert à caractériser l'état de l'esprit quand il porte un jugement dans un cas particulier plutôt que quand il se prononce sur un vaste ensemble de connaissances. Ainsi on dira : *J'ai acquis la certitude de ce fait*, et non *la croyance*. On dira aussi *mes croyances*, et non pas *mes certitudes*. La *conviction* se distingue de la croyance en ce qu'elle a le raisonnement pour base, en ce qu'elle est produite uniquement par des démonstrations ou des preuves irrécusables. La croyance peut avoir une autre base que le raisonnement, le sentiment, par exemple. L'*opinion* diffère aussi de la croyance en ce qu'elle est pour l'esprit l'objet d'un attachement moins profond et moins énergique. De plus, on l'emploie dans des occasions moins importantes que le mot *croyance*, et pour des questions qui ne nous touchent pas d'aussi près. Cette distinction nous conduit à remarquer que le mot *croyance* est le plus ordinairement pris dans un sens plus restreint que celui que nous lui avons donné en commençant. Ainsi, on pourra bien dire en philosophie : la croyance aux faits, la croyance à l'existence des corps, etc. ; mais on emploie plus généralement ce mot pour désigner la croyance aux vérités qui intéressent le plus vivement l'homme, et qui sont d'importance à ses yeux, c'est-à-dire aux vérités du monde moral, celles qui ont rapport à son origine, à sa fin dernière, à l'existence et aux attributs de Dieu, à ses rapports avec la créature, etc. Or, comme ce sont, ces vérités vers lesquelles il se porte avec le plus d'ardeur, et auxquelles il s'attache avec le plus de force, on désigne alors l'état de l'esprit par le mot *croyance*, qui exprime le mieux cet attachement énergique de l'esprit à la vérité. Ainsi, on se garderait bien de dire : les croyances de l'homme relatives à la lumière, aux corps simples, aux propriétés chimiques. On dira ses *connaissances*, parce que ce genre de vérités le touche de moins près ; et quoiqu'elles soient pour lui l'objet de la conviction la plus entière, il n'y a pas le même empressement, le même amour pour elles, et qu'il n'en sent pas si vivement le besoin, il n'exprime pas dans ce cas sa foi avec autant d'énergie.

Si nous envisageons nos croyances sous le point de vue de leur fondement, nous serons amené à établir une distinction importante. Leur fondement en effet n'est pas le même pour tous les hommes. D'abord, les croyances aux vérités du monde moral s'appuient sur les inspirations spontanées de la conscience, sur les suggestions naturelles de la raison ; la réflexion n'y a pris aucune part, elles sont uniquement du sens commun. Dans ce cas, elles sont appelées *croyances naturelles*.

Mais les croyances naturelles ne suffisent point aux hommes. Les jugements vagues de la conscience n'ont point assez de permanence et de force pour subsister longtemps au milieu de tous les faits extérieurs qui assiègent les sens, et pour lutter contre le torrent des mauvaises passions. Cependant le besoin de ces croyances est vivement senti. Quelques hommes, doués par la nature d'une intelligence forte et poétique, s'éprennent d'enthousiasme pour les vérités que leur raison leur révèle. Ils chantent, et quoique leur imagination les entraîne souvent hors des bornes de la vérité, privés qu'ils sont de la réflexion et tout entiers sous l'empire du sentiment, le peuple les écoute avec avidité, incapable d'apercevoir les erreurs que l'enfance de sa raison ne lui permet pas de distinguer encore, tout ému, au contraire, d'admiration pour ce sentiment qui l'électrise, et cette imagination qui le captive et l'éblouit, il croit ces hommes de génie; c'est Dieu qui les inspire, c'est lui qui les a envoyés à la terre, c'est peut être Dieu lui-même qui est descendu au milieu des hommes, car un Dieu seul peut tenir ce langage. Il accorde donc une foi aveugle à leurs paroles; il abaisse sa raison devant leurs inspirations sublimes; eux seuls à ses yeux ont mission de répandre la vérité. Les croyances alors ont pour fondement la foi religieuse, foi aveugle, qui admet sans examen la vérité et l'erreur, et qui a son principe dans le sentiment que l'esprit a de sa faiblesse et dans son besoin de s'appuyer sur l'autorité du génie. Ces croyances prennent le nom de *religieuses*.

Mais quelques esprits peuvent sentir aussi le besoin de secouer cet esclavage de la pensée. Les erreurs de la religion ont pu les frapper, ils ont pu les comparer avec les suggestions de la raison. Accordant à cette dernière toute leur confiance, ils l'interrogent à l'aide de la réflexion, écoutent ses oracles, et s'attachent uniquement aux vérités qu'elle leur a révélées. Cette nouvelle espèce de croyances a pour fondement la réflexion appliquée aux données des lumières naturelles de la raison; elles prennent le nom de croyances *philosophiques*.

Après avoir considéré les croyances sous le point de vue de leur fondement, il ne sera pas moins intéressant de les envisager dans leurs conséquences.

Les croyances sont la vie morale de l'homme; elles influent sur lui à chaque moment de son existence, déterminent ses actions les plus importantes, modifient son caractère, ses passions, président à tous ses ouvrages, et y marquent profondément leur empreinte. Et de même que c'est la pensée qui conduit le bras et en dirige les mouvements, de même notre conduite est réglée et gouvernée par nos croyances; et il existe entre elles et notre activité une corrélation si intime qu'étant données les croyances d'un homme, on peut prédire la manière dont il agira dans telle circonstance. Mais c'est dans la vie d'une nation que leur influence se manifeste de la manière la plus évidente. Les croyances pénètrent et se montrent dans les lois d'un peuple, dans ses mœurs, dans ses arts, dans sa littérature, dans ses moindres usages. Ce sont elles qui lui donnent sa physionomie, causent ses phases diverses et décident de son sort. Les nations païennes, qui avant tout croyaient en la matière, périrent pour avoir adoré la matière, entraînées par le débordement de toutes les passions et de tous les vices. La croyance à la fatalité a plongé l'Orient dans un sommeil léthargique dont il ne pourrait sortir qu'à la condition de secouer en même temps les dogmes qui l'enchaînent et l'abrutissent. Le christianisme, par son spiritualisme outré, inspira les dévouements, le mépris de la mort, foula aux pieds les intérêts matériels, et, dans sa préoccupation exclusive pour le salut des âmes, oublia la justice et l'humanité, dont il était venu enseigner les préceptes. Luther et après lui Descartes prêchent la liberté d'examen, et tout à coup autant on avait vu d'unité dans les croyances, autant on voit se multiplier les dogmes, les sectes, les systèmes. En même temps la pensée affranchie prend son essor, et s'empare de la science. Les peuples, sortant d'un long esclavage, brisent leurs chaînes, et ne reconnaissent plus d'autre maître que la loi.

La réaction contre les croyances religieuses entraîne un moment dans leur ruine les croyances naturelles qu'elles contenaient : aussi l'on voit le crime hideux présider à cette réaction sanglante. Puis les croyances naturelles, qui ne peuvent jamais disparaître entièrement, renaissent d'autant plus promptement qu'elles avaient été plus violemment froissées, et tout rentre dans l'ordre. Bientôt (car les croyances ne peuvent rester à cet état) elles ramènent les croyances religieuses et les croyances philosophiques. Les premières ont un règne de courte durée; c'était plutôt leur ombre qui apparaissait qu'elles-mêmes. Descartes et le dix-huitième siècle les avaient tuées; les croyances philosophiques restent seules maîtresses du terrain. Mais un **éclectisme** stérile s'empare de la philosophie, et le fait encore reculer devant les croyances religieuses. Or, quand les croyances religieuses reparaissent, ne voit-on pas ceux qui les professaient se précipiter dans les mêmes erreurs et les mêmes fautes qui avaient déjà perdu le christianisme? Et qui soutient alors la société, qui lui prête son appui et sa force, à défaut des croyances religieuses? Les croyances philosophiques, qui se réveillent plus vives que jamais, et qui envahissent de nouveau la politique et les lois, sans qu'on puisse assigner un terme à leur empire.

Est-il vrai que notre époque soit dépourvue de croyances? Les esprits qui partagent cette opinion s'imaginent que le christianisme ayant été attaqué dans ses dogmes et dans son principe, qui est l'autorité, toutes les croyances qu'il renfermait, vraies ou fausses, ont été entraînées dans sa ruine, et que là où il n'y a plus de chrétiens il n'y a plus de croyants. Or, voilà précisément où gît l'erreur. Si l'on y regardait de plus près, on verrait qu'il est impossible que le christianisme, malgré la fausseté de sa base et les erreurs dont la superstition des premiers siècles l'a encombré, ait apporté au monde tant de vérités sublimes et conformes aux lumières naturelles de la raison sans que ces vérités y aient jeté de profondes racines; on verrait également qu'il est impossible que tant de travaux philosophiques aient été produits depuis trois siècles, soit à l'appui des vérités que contenait le christianisme, soit pour détruire ses erreurs, sans que l'esprit humain en ait recueilli aucun fruit. Qui songe à réfuter les principes de la religion naturelle si victorieusement établis et développés par les philosophes anglais, et par les fauteurs même du christianisme, Bossuet, Fénelon, etc., qui ont travaillé, sans le savoir, à l'œuvre qui devait remplacer celle dont ils croyaient affermir la durée? Il faudrait donc être aveugle pour nier qu'il y ait des croyances, et que ces croyances soient établies sur des bases philosophiques.

Cependant, beaucoup de gens encore, faute d'avoir examiné d'assez près la philosophie, en méconnaissant les ressources et la puissance; ils lui refusent le pouvoir de créer des dogmes et de les faire accepter par les masses. Mais comme ils ont remarqué néanmoins que jusqu'à présent les peuples n'avaient pu se passer d'un symbole de foi écrit, d'un ensemble de dogmes tout fait qui répondît à ses besoins intellectuels et moraux, et que ce symbole leur avait toujours été apporté par la religion, c'est-à-dire par la voie d'une révélation vraie ou supposée, ils pensent que la société ne pourra jouir du bienfait d'un tel symbole que par la même voie, c'est-à-dire en se soumettant de nouveau à l'autorité d'un révélateur qui lui imposera les croyances après lesquelles elle soupire. Or, une pareille supposition est elle possible, ou bien, pour parler en termes plus vulgaires, est-il possible de faire encore des religions? Si la philosophie n'avait pas encore fait les progrès auxquels elle est parvenue aujourd'hui, si elle était limitée comme autrefois à un petit cercle de penseurs, qu'elle ne pourrait franchir faute de moyens d'expansion et de propagation, si elle ne s'était pas encore nettement distinguée de la religion, si elle n'avait pas encore assis sa base, si la psychologie ne s'était pas encore manifestée comme science, peut-être alors serait-il permis d'admettre que l'esprit humain, se jugeant encore trop faible pour croire à lui-même, acceptât de nouveau le joug de l'autorité. Mais comment supposer qu'après avoir acquis, comme il l'a fait, la conscience de ses forces; après avoir découvert la méthode unique qui le conduit à la vérité, et rougi des erreurs qui avaient si longtemps égaré sa raison, il consente à dépenser l'arme de la réflexion qui lui a valu sa liberté et ses conquêtes, à abdiquer sa raison, dont il vient de reconnaître la légitimité, pour se remettre en tutelle, pour retourner volontairement de la virilité à l'enfance, et cela au moment où ses conquêtes et sa liberté s'affermissent, au moment où il a en son pouvoir des moyens si puissants et si faciles de répandre la vérité qu'il a découverte, de la faire pénétrer dans les masses, et d'asservir l'humanité tout entière à l'empire de la raison ?

Non, l'esprit humain ne reculera pas jusque là ; il a ouvert les yeux, et il voudra continuer à voir; il a entendu, et il voudra continuer à entendre ; il a appris à croire par l'intelligence, il ne voudra plus croire par le sentiment, parce qu'il sait combien le sentiment l'a trompé. Il n'est plus même on son pouvoir de se dérober au jour qui l'éclaire, et de renoncer à prendre pour guide le flambeau de la raison. Cette lumière est devenue trop vive pour qu'il puisse se dérober à l'éclat de ses rayons. Croire à sa raison, et ne plus croire qu'à elle est devenu une loi impérieuse de sa nature, loi à laquelle il ne dépend plus de lui de se soustraire. Qu'un homme qui se prétend inspiré, et ayant mission de révélateur, vienne annoncer ce qu'il dit être la vérité, ce n'est plus des miracles qu'on lui demandera, mais des raisonnements et des preuves. On ne s'inclinera plus devant les mystères, on exigera des démonstrations évidentes. Les plus minces intelligences se mettront à l'œuvre pour examiner, discuter, critiquer ses doctrines ; et quand il sortirait victorieux de cette rude épreuve, les peuples ne l'adoreraient plus comme un Dieu, ils le vénéreraient comme un grand homme. Voyez ce qui s'est passé de nos jours. Comment les apôtres d'une prétendue religion nouvelle ont-ils essayé de l'établir? Ils ont compris qu'ils ne pouvaient s'y prendre qu'en livrant leurs doctrines à la discussion : tant qu'ils ont suivi cette voie, on les a écoutés avec intérêt, et parce qu'ils se conformaient à la loi de l'esprit, et aussi parce qu'ils pensaient de grandes choses. Mais du moment où ils ont voulu s'entourer des voiles du mysticisme, et que, vaincus sur plusieurs points, ils se sont retranchés dans l'orgueilleuse prétention d'une révélation expresse, ils ont perdu tout crédit, et la foule s'est retirée.

Si les croyances philosophiques ont été insuffisantes pour remplacer le paganisme, si elles se sont laissé dépasser par une religion, c'est que l'humanité n'était point encore sortie de son enfance; c'est qu'elle était encore à l'époque du sentiment, de l'enthousiasme et de la crédulité; c'est que la philosophie était elle-même au berceau comme l'humanité, et que ses fils n'étaient point encore affermis ; c'est qu'elle n'avait pas à son service des moyens assez prompts et assez efficaces pour répandre la lumière au loin, et se faire connaître et adopter par les peuples. Malgré les travaux prodigieux des philosophes grecs, elle n'avait pas encore assis sa véritable base, puisque les sciences physiques on manquaient elles-mêmes, et n'étaient pas constituées. Mais depuis les choses ont bien changé pour elle. La voix puissante de Descartes et de Bacon a fait sortir les sciences du chaos, a enseigné aux hommes la seule route qui conduise à la vérité et a posé les fondements inébranlables de la philosophie. Appliquant à la connaissance du monde moral la méthode qui avait si heureusement conduit l'esprit dans l'étude du monde physique, les philosophes écossais ont érigé la psychologie en science aussi légitime que les autres sciences naturelles, et dès lors la philosophie, s'appuyant sur ces bases, a cessé d'être un assemblage de systèmes incohérents ; son autorité est devenue incontestable, et elle s'est fait accepter comme la seule source légitime de nos croyances relatives au monde moral. Ce n'est pas sans raison que Descartes a été nommé le père de la philosophie : car avant lui elle n'existait pas encore, à proprement parler ; elle était en embryon, en germe; l'esprit humain l'avait conçue, c'est à Descartes qu'on en doit l'enfantement. Ajoutons que l'inappréciable découverte de l'imprimerie l'a placée sous la sauvegarde de l'immense majorité des intelligences, et qu'il lui serait maintenant aussi impossible de périr qu'aux découvertes des sciences physiques.

Mais, dit-on, la philosophie trouvera toujours d'invincibles obstacles à être comprise des masses. D'abord, j'ignore pourquoi on se fait un si grand épouvantail des abstractions de la psychologie, vu qu'elles ne sont en définitive que des faits dont tout le monde s'occupe tous les jours sans y faire attention, que chacun nomme à chaque instant, qui ont une dénomination dans toutes les langues, et que par conséquent le bon sens de tous les hommes a toujours compris, par la raison que tous les hommes sont eux-mêmes le théâtre de ces faits, et que la conscience les leur révèle en même temps qu'ils se passent. Or, si ces phénomènes de conscience sont accessibles à chacun, pourquoi ne pourraient-ils être distingués, analysés, éclaircis ? Ils sont susceptibles de démonstrations aussi simples que les phénomènes extérieurs, et s'ils ont le désavantage de ne point tomber sous les sens, ils ont l'avantage d'être moins nombreux, et celui, non moins précieux, d'habiter et de résider continuellement en nous-mêmes. Assurément, ils ne pourront jamais être aussi finement analysés par le peuple que par le philosophe. Mais celui-ci ne peut-il pas simplifier sa science, la mettre à la portée du peuple, et l'exposer avec clarté, surtout lorsqu'il n'est pas obligé de créer une langue nouvelle, et que pour s'exprimer il peut et doit parler le langage de tous? Quoique l'expérience n'en ait point encore été faite, je ne mets pas en doute qu'on ne puisse expliquer clairement les principales vérités de la psychologie, de la théologie naturelle et de la morale, et que le peuple ne les saisisse avec plus de facilité même que les vérités physiques et mathématiques.

C.-M. Paff.

CROYANT, celui qui croit ce que sa religion lui enseigne. Les patriarches, dans l'Ancien Testament, sont qualifiés de *croyants*, par opposition aux Prophètes, qu'on appelle *voyants*, dénomination donnée également aux gnostiques et à d'autres sectaires, pour exprimer leur prétentions à des connaissances surnaturelles. Abraham est désigné dans l'Écriture sous le titre de *Père des croyants*. Cette qualification de *croyants* non plus n'est pas étrangère au Nouveau Testament, et dans les temps modernes on s'en est servi pour désigner les Albigeois. Un des meilleurs ouvrages de M. de Lamennais a pour titre *Paroles d'un croyant*. Les zélés sectateurs de l'islamisme ont toujours tenu à grand honneur l'épithète de *croyants*. Les khalifes et les sultans se sont intitulés souvent *chefs* ou *commandeurs des croyants*.

CROZAT (Antoine), marquis *Duchâtel*, riche financier, né à Toulouse, en 1655, fut d'abord laquais, puis petit commis, et arriva par degrés à devenir le caissier de son patron, Penautier, trésorier général des états de sa province. « Enrichi dans ce poste, raconte Saint-Simon, il ne voulut point tenter de la finance ordinaire, donna dans la banque, dans les armements, et devint le plus riche homme de Paris. » Successivement receveur général du clergé et trésorier des états de Languedoc, il ne lui manquait plus que le cordon bleu, et il acquit le droit de s'en parer en achetant la charge de grand trésorier de l'ordre du Saint-Esprit. Sous le régent il exploita avec de grands avantages, au commencement du siècle dernier, le privilége du commerce de la Louisiane, qui lui avait été concédé en 1712. Il mourut à Paris, le 7 juin 1738, âgé de quatre-vingt-trois ans. C'est pour sa fille *Marie-Anne*, mariée plus tard au comte d'Évreux, colonel général de la cavalerie légère de France, que fut faite par un abbé Lefrançois la géographie élémentaire connue sous le nom de *Géographie de Crozat*.

CROZAT (Joseph-Antoine), baron *de Thiers*, fils du précédent, né en 1696, à Toulouse, se fit un nom comme protecteur aussi éclairé que bienveillant des sciences, des arts et des lettres. Il fut d'abord conseiller au parlement de sa ville natale; puis, en 1719, il obtint le titre de maître des requêtes et de lecteur du roi, et ayant hérité, à la mort de son père, d'une fortune immense, il consacra le reste de sa vie à augmenter la magnifique collection d'objets d'art qu'il avait déjà commencée. Il employa environ 450,000 fr. à l'acquisition de dessins originaux, et parvint à en réunir 19,000; sa collection d'antiques, de sculptures et de pierres gravées s'élevait à près de 1,400 numéros. Pendant soixante ans environ qu'il employa à la former, il ne se vendit pas un seul cabinet en Europe sans que les morceaux importants qu'ils contenaient ne fussent achetés pour son compte. Cette magnifique collection passa, à sa mort, à son frère, le marquis Duchâtel, qui en vendit une grande partie à M. le duc d'Orléans, et le reste passa plus tard en Russie. Joseph-Antoine Crozat mourut en 1740.

CRU, CRUDITÉ. Le premier de ces deux mots, signifiant usuellement *qui n'est pas cuit*, est employé au figuré dans les locutions suivantes : excréments *crus*, ou matières *crues*, c'est-à-dire qui n'ont point subi l'élaboration digestive; *métaux crus*, ou tels qu'ils sortent de la mine. *Crudité* exprime non-seulement la qualité opposée à la *coction* ou à la *cuisson*, mais encore l'état des matières contenues dans l'estomac et les intestins, et non digérées, et celui de la matière morbifique, qui, dans le langage des médecins humoristes, n'a pas encore été modifiée, ni subi la coction qui précède la *crise* ou l'élimination de cette matière.

L. LAURENT.

CRUAUTÉ, vice du cœur, et qui se compose de ce qu'il y a de plus bas, de la force qui torture pour se venger, et de la victoire qui manque de pardon. La cruauté ne se présente pas toujours sous le même aspect. Elle n'est pas constamment armée de supplices, elle ne se nourrit pas sans cesse de larmes et de sang : elle a, suivant les circonstances, la politesse des formes et les ressources de l'hypocrisie; mais si elle change et modifie ses moyens, c'est pour arriver plus sûrement au but. A une époque de publicité comme la nôtre, il est impossible qu'un homme revêtu du suprême commandement se montre longtemps cruel : ses actions sont trop éclairées, et mille voix le dénonceraient bien vite au monde entier. La base de toute puissance en Europe, c'est l'opinion publique : dès qu'elle vous réprouve, il faut tomber. Mais il n'en est pas de même des assemblées délibérantes, elles peuvent quelquefois s'avancer loin dans la carrière de la cruauté, parce que la responsabilité, loin de s'attacher à un seul, va s'éparpillant entre mille. Cependant, à moins qu'il ne s'agisse d'une crise où la nationalité soit compromise, une assemblée délibérante se retire à jour fixe devant les souvenirs sanglants qu'elle a laissés : on le répudie dès que le salut public est assuré. Dans la société si brillante qui a précédé la grande révolution française, il était rare que le pouvoir usât de cruauté; mais dans les rapports ordinaires de la vie il arrivait que les classes supérieures tenaient par les nuances infinies les autres classes à distance : de là des blessures continuelles, qui déchiraient la susceptibilité si tendre des femmes des rangs ordinaires. C'est une des causes qui expliquent les terribles réactions qui ont ensanglanté cette époque : il ne nous reste que peu de comptes à régler. Aujourd'hui encore, où nous parlons tant d'égalité, la même guerre intestine existe entre les classes intermédiaires et les classes inférieures. Il peut donc y avoir un véritable genre de cruauté au sein d'une civilisation qui compte déjà de longues années. Au reste, ceci n'est pas une affaire de lois, mais bien de mœurs, et l'éducation, lorsqu'elle sera plus généralement répandue, pourra produire avec le temps une espèce de conciliation.

Dire, dans un certain sens, d'une femme qu'elle n'est pas cruelle est la condamnation la plus complète de sa conduite : c'est une manière décente de la déshonorer. SAINT-PROSPER.

CRUCHE (de l'allemand *krug*, d'où le flamand *cruyicke*), vase de terre, de grès, d'une forme en général peu élégante, portant tantôt une anse, tantôt deux. On fait usage de ces vases pour puiser, porter de l'eau; quelquefois on les remplit de bierre, d'huile, de vin. La cruche figurait noblement, si l'on croit le *Lutrin*, sur la table des chanoines de la Sainte-Chapelle. Le prélat remplit sa coupe, dit Boileau; puis....

Il l'avale d'un trait ; et, chacun l'imitant,
La cruche au large ventre est vide en un instant.

Au village, une pleine cruche s'appelle une *cruchée*, une petite cruche un *cruchon*. « Tant va la cruche à l'eau qu'à la fin elle se brise, » dit un de nos proverbes les plus répandus, « qu'à la fin elle s'emplit, » reprend Beaumarchais dans une spirituelle variante. *Cruche*, enfin, est une épithète malsonnante, qu'on jette au nez des gens qu'on regarde *in petto* comme sots ou stupides.

CRUCHES DE DAME JACQUELINE. *Voyez* JACQUELINE.

CRUCIFÈRES, famille de végétaux herbacés, appartenant à la classe des monocotylédonés, et qui pour la plupart se rencontrent dans nos contrées. Les crucifères, que Tournefort appelait *cruciformes*, ont surtout été étudiées par R. Brown et P. Decandolle. Ils ont pour principaux caractères leur corolle à quatre pétales disposés en *croix* (d'où le nom de *crucifères*, formé de *crux, crucis*, croix, et *fero*, je porte) et leur calice à quatre sépales caduques, et six étamines tétradynames. On partage les genres de cette famille en deux groupes distincts, caractérisés par la forme de leur fruit, qui est en silique, ou bien en silicule. Parmi les crucifères à silique, nous citerons les *moutardes* ou *sénevés*, les *roquettes*, les *radis* ou *raiforts*, qui ont une sorte de corne ou languette surmontant leur fruit, et les *choux*, les *giroflées*, les *juliennes*, ainsi que les *cressons*, qui sont privés de la languette, ou n'en offrent qu'un rudiment. Les principaux genres à fruit siliculeux sont les *lunaires*, les *cransons* ou *cochlearias*, les *tabourets* ou *thlaspis*, et les *pastels* ou *guèdes*.

Les propriétés médicinales sont à peu près les mêmes pour toutes les plantes crucifères, et se retrouvent dans chacune d'elles plus moins prononcées : elles sont surtout excitantes, et se distinguent en générales et spécifiques, selon qu'elles agissent sur l'économie tout entière, ou paraissent s'adresser plutôt à tel ou tel organe en particulier. Dans ce dernier cas, on dit qu'elles sont *emménagogues*, *sudorifiques, diurétiques*, etc., suivant que leur action stimulante se porte à l'utérus, à la périphérie du corps, et provoque les sueurs, ou bien sur les organes sécréteurs de l'urine. Plusieurs crucifères sont usitées dans les arts, et fournissent des huiles de plusieurs sortes. D'autres, telles que le chou, le navet, etc., sont depuis longtemps placés au nombre des substances nutritives les plus ordinaires, et ont éprouvé, par suite de la culture, un grand nombre de variations.

P. GERVAIS.

CRUCIFIX (du latin *crucifigere*), image de Jésus-Christ attaché à la croix. Les fervents catholiques en ont dans leurs maisons, ou en portent sur eux, pour se rappeler leurs devoirs et les remplir, en se pénétrant, de la vue de la croix du Rédempteur, de ce qu'il a fait pour sauver les hommes. Jésus-Christ étant le modèle que doivent imiter tous ceux qui veulent être ses disciples, l'Église leur met souvent sous les yeux l'image du Fils de Dieu crucifié, et la liturgie donne tant d'importance à cette pratique, qu'elle défend aux prêtres de célébrer le saint sacrifice sur un autel devant lequel ne serait pas placé un crucifix. Les protestants, au contraire, en interdisent l'usage; ils ont banni les crucifix de leurs temples, comme toutes les autres images, en adoptant les motifs des iconoclastes. L'histoire même nous apprend que dans la révolution d'Angleterre la reine Élisabeth n'en put conserver un dans sa chapelle qu'avec beaucoup de peine. La révolution de Juillet les fit un instant disparaître de tous les lieux où se rend la justice. Mais ils ne tardèrent pas à y reprendre leur place, et durant les jours les plus orageux de la révolution de Février le Christ ne quitta pas le prétoire des juges. Négrier.

Pendant longtemps l'Église chrétienne, repoussant avec le plus grand soin tout ce qui rappelait une représentation, ne figura les objets de son culte que par des symboles; c'est ainsi que jusqu'à une époque assez reculée les crucifix n'étaient qu'une simple croix, sans le corps du Christ attaché dessus. Cette conduite était dictée à la fois et par la prudence et par la logique, puisque le christianisme, adversaire irréconciliable du paganisme, ne devait voir que l'idée, et non la représentation, sous peine de tomber dans le matérialisme tant reproché aux sectateurs des divinités grecques et romaines. Lorsque, avec Constantin, la religion du Christ se fut assise sur le trône des Césars, elle resta quelque temps encore fidèle à cette conduite; mais vers l'an 400 on voulut peu à peu remplacer les allégories par la représentation. Le concile de 692 ordonne de représenter Jésus-Christ non plus sous la figure symbolique de l'agneau pascal, mais sous ses traits humains. C'est depuis cette époque que les crucifix reçurent l'image du Christ en relief. Déjà, vers le milieu du quatrième siècle, on avait représenté la figure du Fils de Marie peinte en relief; plus tard, son effigie entière, vêtue d'abord, puis nue, comme le crucifix de Narbonne dont parle Grégoire de Tours, et que l'évêque de Narbonne tenait couvert d'un voile. L'usage des crucifix en ronde bosse ne devint un peu général qu'à la fin du huitième siècle, sous les pontificats de Léon III et d'Étienne IV, et après une assez vive opposition. Le principe de la représentation une fois admis, on tomba promptement dans l'excès; c'est ainsi qu'on fit bientôt des crucifix qui se mouvaient, qui remuaient certains membres, soit à l'aide de ficelles qu'on faisait jouer, soit au moyen de mécanismes plus ou moins ingénieux, et il fallut plus d'un concile pour interdire cette statuaire mécanique.

L'Église manifesta assez longtemps une vive répugnance pour la plastique, tandis que l'art chrétien admettait plus facilement la peinture; ce qui s'explique aisément : la statuaire, expression directe et saillante de la beauté des formes, rappelait trop les souvenirs du paganisme et aurait favorisé l'idolâtrie; la peinture, au contraire, moins matérielle, plus transparente en quelque sorte, plus apte à réfléchir la beauté intérieure et à traduire des impressions morales, se rapproche mieux de la spiritualité des croyances chrétiennes. L'Église catholique ne fait plus de différence aujourd'hui; elle appelle tous les arts à manifester ses idées, ses dogmes.
A. Feillet.

CRUCIGER ou CREUZIGER (Gaspard), théologien protestant du seizième siècle, dont les ancêtres avaient émigré de Moravie en Saxe à l'époque de la guerre des Hussites, né à Leipzig, en 1504, fit ses études à Wittemberg, où il se lia d'amitié avec Luther, et fut pourvu, grâce à sa protection, dès l'an 1524, du rectorat de Magdebourg. En 1528 il fut appelé comme professeur de théologie et prédicateur de la cour à Wittemberg, où il mourut en 1548. Les services qu'il rendit à la cause de la réforme consistent surtout en ce qu'il prit une part importante à tous les colloques religieux de ce temps-là, par exemple à ceux qui furent tenus à Marbourg (1529), à Wittemberg (1536), etc.; enfin dans le zèle qu'il apporta à introduire la réforme à Leipzig.

Son fils, né en 1525, et qui eut le même prénom que lui, fut aussi professeur de théologie à Wittemberg; mais plus tard il fut jeté en prison comme cryptocalviniste, et ne recouvra sa liberté que pour être expulsé de la Saxe. Il se rendit alors à Cassel, où il continua de résider avec le titre de prédicateur, jusqu'à sa mort, arrivée en 1597.

Georges Cruciger, petit-fils de Gaspard, décida le landgrave Maurice à embrasser les doctrines de la réforme, et fut nommé plus tard professeur de théologie à Marbourg. Il mourut vers 1737, après avoir assisté comme député de la Hesse au synode de Dordrecht, qui vota la condamnation des Arminiens.

CRUD (C.-V.-B., baron de), célèbre agronome Suisse, beau-frère de Th. de Saussure, né en 1763, à Genève, mort en 1840, dans son domaine de Genthod, sur les bords du lac de Genève, se fit une grande et juste réputation comme écrivain et comme praticien en matière d'agriculture. Les grandes propriétés qu'il possédait dans la Suisse française, dans la Romagne et en Lombardie, lui fournirent de bonne heure l'occasion de déployer son talent d'organisateur, et de faire les observations scientifiques les plus solides sur les différentes branches de l'agriculture. Il en consigna le résultat dans son *Économie de l'Agriculture* (11 volumes; Paris, 1820), livre brillamment écrit, qui n'annonce pas seulement un homme d'expérience, mais aussi un penseur. Il mérita encore mieux de la science, en publiant une traduction française des *Principes d'Agriculture* (Paris, 1824) de son ami Thaer. Ce travail était si parfait que Thaer lui-même déclara que Crud l'avait bien mieux compris que beaucoup d'Allemands; aussi les différentes traductions de cette bible du cultivateur dans d'autres langues ont-elles été faites sur la version française de Crud. Ami de Fellenberg, Crud ne montra pas moins de zèle que lui pour l'amélioration des écoles primaires et la fondation d'écoles gratuites d'agriculture. A cet effet, il publia ses *Rapports au landammann et à la diète des dix-neuf cantons de la Suisse sur l'établissement agricole de M. de Fellenberg à Hofwyl* (Zurich, 1818; en allemand), ouvrage qui le premier appela l'attention de l'autorité et celle d'un grand nombre de personnages importants sur cette école.

CRUDITÉ. Voyez Cru.

CRUIKSHANK (Georges), né à Londres, en 1780, d'une famille écossaise, est devenu le maître de la caricature anglaise. C'est à lui qu'appartient ce domaine de l'art septentrional, qui, diamétralement opposé à la théorie du beau, cherche surtout la diversité des caractères, la profondeur et la variété humoristique des traits, et l'empreinte des singularités humaines poussée de temps à autre jusqu'aux bornes du grotesque. Rien n'est moins d'accord avec l'art grec, qui recherche l'unité, le complet de la forme et l'idéal de la beauté. Déjà Hogarth avait signalé cette tendance que Cruikshank a encore approfondie avec une rigueur souvent exagérée et digne de son origine septentrionale; souvent aussi, on doit le dire, il en a dépassé les limites permises. Son père, graveur sur cuivre, qui était venu s'établir d'Édimbourg à Londres, ayant la prétention de faire de lui un peintre académique, le plaça sous la direction de Fuseli, président de l'académie de peinture de Londres, ce peintre extraordinaire, dont toutes les figures semblent avoir soixante pieds de haut, et qui est à Michel-Ange ce que Brébeuf est à Corneille. Ce maître, placé à l'extrémité diamétralement opposée au génie spécial de Cruikshank , eut beau lui faire étudier des plâtres antiques et copier la vigoureuse musculature de l'auteur du *jugement dernier*, le jeune homme quittait l'atelier furtivement, descendait vers le port, se mêlait aux matelots et aux vieilles femmes qui, chargées de vêtements d'homme et de la pipe à la bouche, vendent la marée à Billing's-Gate, et recueillait dans ses odyssées à travers les quartiers les plus populeux et les plus immondes de la ville, les véritables éléments de sa réputation à venir. Ce plaisir vagabond se mêlait à une autre jouissance presque littéraire qui nourrissait encore la verve naturelle de son talent comique. Il allait tous les soirs au théâtre, et finit par s'enthousiasmer si fort pour la vie de l'acteur, qu'il s'engagea dans une troupe nomade, et se mit à courir la province, recueillant de tous côtés des groupes, des scènes, des figures.

Déjà riche de ses trésors pittoresques, il revint à Londres

chargé du mécontentemen. de son père, dont il devait éclipser la réputation. Il avait en quelque succès dans les rôles comiques, mais il était trop incapable de suite et de constance dans ses actes pour que cette carrière pût lui offrir des résultats suffisants. Il essaya de peindre des décorations pour Drury-Lane, ce qui ne lui réussit guère. Hazzlitt prétendait qu'il mettait toujours dans un vieux chêne un nez de polichinelle, et que jamais il n'avait créé un palais de roi sans introduire dans les lignes des plus majestueuses colonnades le *zig-zag* favori et le caprice peu architectural de ses caricatures. Il avait vingt-quatre ans; la vie lui était apparue sous ses aspects les plus comiques, lorsqu'il jugea que le théâtre et les acteurs pourraient être un sujet fécond de charges burlesques, qu'il se mit à crayonner. Il obtint le succès qu'obtiennent toujours les hommes qui suivent la pente de leur nature et de leur talent; on fut frappé de la naïveté bizarre de ses croquis, et tout le monde s'arrêtait devant les marchands d'estampes qui les exposaient à la curiosité. Aux caricatures théâtrales succédèrent les esquisses de la vie de Londres, puis les charges politiques, et enfin les caricatures populaires, qui assurèrent à la fois la gloire et la fortune de l'auteur. L'œuvre de Cruikshank est tellement considérable qu'il est impossible d'en indiquer même les principales séries d'une manière exacte. Tous les hommes politiques ont été frappés de sa verge; toutes les variations des mœurs, non-seulement en Angleterre, mais aussi en France, ont été signalées par ce crayon bizarre et capricieux en apparence, toujours sensé, souvent profond, qui a une raison et un but pour les plus étranges et les plus bizarres de ses fantaisies. Il occupe dans les arts une place singulière, contestable sans doute, mais analogue à celles de Swift et de Buttler dans le domaine littéraire de son pays.

Philarète CHASLES.

Le talent de Georges Cruikshank a pris dans ses plus récentes productions une direction morale et philosophique qu'il est bon de signaler ici. En 1848, notamment, il a publié, sous le titre de *The Bottle* une série de huit planches où sont représentés les résultats de l'ivrognerie. La suite composée également de huit planches, est intitulée *The drunkard's Children*, et montre la destinée infailliblement réservée aux malheureux enfants d'un ivrogne. Les figures qu'il y a placées, quelque drôlatiques et bizarres qu'elles puissent paraître, sont empruntées avec la plus exacte vérité à la vie populaire; et cependant jamais Cruikshank ne s'est servi d'un album ou livre d'esquisses. C'est dans son heureuse mémoire qu'il trouve les meilleures ressources pour reproduire les mœurs des diverses classes de la société. Il a aussi publié, en compagnie avec son frère, Robert CRUIRSHANS, miniaturiste de talent, différentes esquisses qui sont le commentaire de cette expression proverbiale. « La vie de Londres, c'est la mort ». N'oublions pas non plus de dire que cet artiste a, plus que tout autre peut-être, contribué aux immenses progrès que la gravure sur bois a faits de nos jours.

CRUMATA. *Voyez* CASTAGNETTES.

CRUOR, nom latin introduit sans aucun changement dans le langage des sciences médicales. Quoique chez l'ancien peuple à qui nous l'avons emprunté il ne signifiât que *sang coulant* ou *sang caillé hors du corps*, nous l'avons employé dans plusieurs autres acceptions, savoir: 1° comme synonyme du sang; 2° pour désigner le sang extravasé et coagulé à la suite d'une blessure; 3° nous l'avons aussi appliqué au caillot entier; 4° à la matière colorante rouge en particulier, et 5° plus particulièrement encore à la portion de cette matière colorante rouge qui, étant en contact avec l'air atmosphérique, prend une couleur plus vive et rutilante.
L. LAURENT.

CRUPEZIA. *Voyez* CASTAGNETTES.

CRURAL (en latin *cruralis*, de *crus*, *cruris*, cuisse). On se sert en anatomie de cette épithète pour dénommer, sinon toutes, du moins plusieurs parties qui appartiennent à la cuisse. Ces parties sont: 1° les *vaisseaux* et les *nerfs cruraux*, le *plexus crural*; 2° l'*aponévrose* et l'*arcade crurale*; 3° l'*anneau crural* et le *canal crural*; 4° l'*os ou le levier crural*, vulgairement appelé *fémur*; 5° les divers muscles formant la masse charnue de la cuisse, parmi lesquels quelques-uns ont reçu des noms divers, tandis que d'autres sont appelées biceps crural, triceps crural. Mais on peut mieux différencier ces muscles en les distinguant d'après leur situation en *fléchisseurs*, *extenseurs*, *adducteurs*, *abducteurs*, et *rorateurs cruraux*. Les nerfs cruraux ont deux troncs, dont l'un antérieur, plus petit, porte seul le nom de *nerf crural*, tandis que le postérieur, plus considérable, est appelé *nerf sciatique*. Le *plexus crural* a été ainsi nommé par Chaussier, parce que les nerfs lombaires et sacrés qui le constituent par leur réunion vont tous se rendre à la région crurale. L'*anneau crural*, le *canal crural*, l'*aponévrose* et l'*arcade crurales*, sont des parties dont l'anatomie a dû être étudiée minutieusement et avec le plus grand soin pour éclairer la pratique chirurgicale dans le traitement des *hernies crurales*.
L. LAURENT.

CRUSADE (*cruzada*), nom de plusieurs monnaies de Portugal, les unes d'or, les autres d'argent, ainsi dénommées à cause de la croix et des feuilles de palmier disposées en croix qui en ornent l'effigie. On a frappé des *crusades* depuis l'an 1455, époque de la publication de la bulle du pape Calixte III, pour une croisade contre les infidèles, jusqu'en 1822. On distingue les anciennes et les nouvelles *crusades* frappées depuis 1722. Les premières portent l'indication de 400 et les secondes celle de 480 *reis*. C'est qu'elles représentaient en effet autrefois une valeur de 400 reis qui plus tard fut portée à 480, ce qui équivaut à 3 fr. 35, monnaie de France. La nouvelle *crusada* d'argent vaut 2 fr. 94. Lorsqu'il est question des cours du change sur le Portugal, la *crusada* est toujours calculée au taux de 400 reis et représente par conséquent 2 fr. 79, argent de France.

CRUSCA (Académie *della*) ou *Academia Furfuratorum*, la plus célèbre et la plus utile peut-être des académies italiennes, fut fondée en 1582, à Florence; mais elle ne commença guère à se faire connaître que vers 1584, par les débats qui éclatèrent entre plusieurs de ses membres et l'auteur de la *Jérusalem délivrée*. C'est à tort qu'on a confondu cette société avec l'académie florentine. Les discours prononcés dans les séances de la première par Torricelli, disciple de Galilée, sur la pesanteur, le vent, la force de percussion et quelques sujets de mathématiques, prouvent qu'elle ne s'occupait pas moins de choses que de mots. Il n'est personne qui ne connaisse, au moins de réputation, le *Vocabulaire de la Crusca*, le meilleur dictionnaire de la langue italienne qui existe et qui seul suffirait à sa gloire : « code, dit Ginguené, d'une autorité irréfragable, à laquelle, depuis qu'il a paru, tous les bons écrivains se sont soumis; barrière forte et solide, contre laquelle se sont heureusement brisés tous les efforts du néologisme moderne; modèle si parfait enfin de ce que doit être un ouvrage de cette nature, qu'il a fallu que toutes les nations lettrées qui ont voulu avoir des dictionnaires de leur propre langue, se réglassent sur celui de l'académie de la Crusca. » Elle a aussi publié des éditions très-correctes d'anciens poètes de la Péninsule.

Le mot *crusca* est tout italien; il signifie le son qui reste quand la farine est blutée, c'est un emblème du but que se propose l'académie : elle veut en effet épurer la langue du Dante et du Tasse, elle veut, en quelque sorte, enlever le son de la farine. Ses armes sont un bluttoir, avec cette devise : *il piu bel fior ne coglie* (elle en recueille la plus fine fleur). Jadis même, assure-t-on, poussant cette métaphore jusqu'au bout, elle avait dans le local de ses séances des fauteuils affectant la forme de hottes à porter le pain, avec des dossiers reproduisant des pelles à remuer le blé, et des coussins de satin gris qui ressemblaient à des sacs.

CRUSENSTOLPE (MAGNUS-JACQUES), publiciste et romancier suédois, né le 11 mars 1795, à Jœnkœping, embrassa d'abord, à l'instar de son père et de son grand-père, la carrière de la magistrature. En 1825 il était assesseur ordinaire au tribunal aulique à Stockholm; forcé en 1834 de donner sa démission, par suite de la négligence qu'il apportait, dit-on, à remplir les devoirs de cet emploi, il a depuis lors vécu du produit de ses travaux littéraires. En 1837 il eut le bonheur de gagner, à l'une de ces loteries si fort en usage dans le nord de l'Europe, une petite terre dont le revenu lui assurait une honnête indépendance ; mais, joueur acharné et passionné pour les plaisirs, quelques mois lui suffirent pour dévorer en folles dissipations la fortune que le hasard lui avait donnée.

On ne saurait nier que cet écrivain ne soit doué d'un rare talent de discussion et d'une grande puissance de style; aussi eût-il incontestablement pu exercer sur l'opinion de ses concitoyens l'influence la plus décisive et la plus durable si en lui l'homme privé avait été plus respectable, et l'homme public plus conséquent. De bonne heure il avait annoncé quelques dispositions pour le genre historico-romantique; mais ce qu'il publia en ce genre n'obtint qu'un médiocre succès. Il aborda ensuite les questions d'agronomie, d'industrie métallurgique, etc., sans que le public parût s'en soucier davantage. Son premier ouvrage qui fit réellement sensation fut ses *Politiska Æsigter* (1828), chaleureux panégyrique de ce que l'écrivain appelle *l'époque de la liberté*, c'est-à-dire la période de 1719 à 1772, et en particulier du comte de Horn et de la faction aristocratique. La même année, on le vit entreprendre, de concert avec L.-J. Hierta, la publication d'une *Gazette de la Diète* feuille rédigée au point de vue de l'opposition la plus prononcée, mais qui cessa de paraître quand la diète eut terminé ses travaux. Les deux collaborateurs se séparèrent alors pour fonder un journal chacun de son côté. L.-J. Hierta fit paraître l'*Aftonbladet*, feuille qui existe encore aujourd'hui, et consacrée tout aussitôt à la défense et à la propagation des idées démocratiques les plus avancées. Crusenstolpe, au contraire, se mit à la solde du pouvoir, et écrivit, dans le *Fæderneslandet*, dont le premier numéro parut en 1830, la rétractation et la réfutation des principes qu'il défendait encore la veille. Le mépris public fit justice de cette honteuse palinodie, et quand, en 1833, le pouvoir s'apercevant enfin qu'il en était pour ses frais, retira la subvention qu'il accordait depuis l'origine à cette feuille de police, qui ne put jamais exercer la moindre influence sur l'opinion, le journal de Crusenstolpe dut cesser de paraître.

L'année suivante, Crusenstolpe, par un brusque mouvement de conversion, publiait sans transition ses fameux *Skildringar ur det inre af dagens historia*, piquantes esquisses dans lesquelles il passait en revue tout l'ordre social, qui abondent en révélations, en trahisons même, et où, sous le masque du panégyriste optimiste, il est facile d'apercevoir le ricanement moqueur du satiriste. Ce livre, qui a eu les honneurs de quatre éditions successives, réhabilita en quelque sorte l'écrivain dans l'opinion publique, qui, toujours généreuse, consentit à amnistier et à oublier un passé encore si récent et si fâcheux. On y reconnaît toutefois visiblement les tendances aristocratiques qui avaient inspiré à Crusenstolpe ses *Politiska Æsigter*. Ayant acheté, à quelque temps de là, la bibliothèque de Tessin, riche surtout en collections et documents manuscrits, il y trouva de nombreux matériaux pour son *Portefeuille* (Stockholm, 1837), et pour son *Historisk tafla af Gustav IV. Adolph's rœsta Lefnadsær*. La première de ces publications abonde en documents pour la plupart inconnus; la seconde n'est guère que le très-sec et très-ennuyeux journal du baron de Spartresur l'éducation de Gustave IV, depuis l'âge de trois ans jusqu'à sept; et malgré le soin qu'a pris l'éditeur de l'entrelarder de maximes et de réflexions, de notes et d'observations du libéralisme le plus épicé, le public n'a jamais voulu s'y laisser prendre. Une brochure publiée en 1838 par Crusenstolpe, sous le titre de *Stællningar och Færhællanden*, obtint tout de suite un succès vraiment populaire. Il y traitait d'une manière piquante plusieurs questions à l'ordre du jour, semant sur sa route à foison les anecdotes et les portraits, frappant fort et presque toujours juste et ne ménageant d'ailleurs personne. Le pouvoir, piqué au vif des attaques passablement hardies dont il y était l'objet, déféra l'écrit aux tribunaux sous la prévention d'outrage envers le conseil d'État. Le jury ayant rendu un verdict affirmatif, la cour condamna, le 19 juin 1838, l'auteur à trois années d'emprisonnement dans une forteresse. Cet arrêt si sévère mécontenta tellement le public, qu'on l'accueillit au dehors aux cris de *Vive Crusenstolpe!* Le lendemain au soir des groupes nombreux et animés se formèrent aux approches du tribunal, et il fallut l'intervention de la force armée pour les dissiper. Ces scènes tumultueuses se renouvelèrent le jour de la translation de l'écrivain condamné à la forteresse de Wexholm; bientôt l'irritation populaire prit un caractère tel que la force armée dut faire usage de ses armes, et le sang coula.... On le voit, rien n'a manqué à la popularité de cet écrivain, pas même des martyrs. Depuis l'expiration de sa peine, Crusenstolpe vit sans bruit, mais n'a pas laissé que de déployer une assez remarquable activité littéraire. Son *Morianen* (6 vol., 1840-1844), ouvrage où il entremêle à plaisir les faits et les fictions pour en faire une espèce d'esquisse de l'histoire de Suède jusqu'à l'avénement au trône de la maison de Holstein-Gottorp; et, comme dans ses autres écrits, on y admire un style souple et varié, aux couleurs éclatantes. Nous citerons encore de lui, outre la nouvelle *Bigtfadern* (1842), les romans *Carl Johan och Svenskarne* (3 vol. 1845); *Tvænne æktcshaper* (1847); *Huset Tessin under frihetstiden* (1849).

CRUSIUS (CHRISTIAN-AUGUSTE), philosophe ingénieux mais lourd et enclin au mysticisme, et qui n'a pas laissé que d'exercer par ses écrits et par ses leçons une influence considérable sur les idées de son siècle. Né en 1712, à Leuna, près de Mersebourg, il étudia et devint professeur de théologie et de philosophie à Leipzig, où il mourut en 1775. Il conçut le plan hardi de renverser la doctrine combinée de Leibnitz et de Wolf, afin de créer un nouveau système philosophique. Il se proposait surtout de convertir la philosophie en une science complète, parfaitement satisfaisante pour l'esprit, et de la mettre en harmonie avec le système admis à cette époque par le plus grand nombre des théologiens. Il dirigea ses principaux efforts contre le wolfianisme, comme incompatible avec le libre arbitre de l'âme humaine. Contre l'harmonie préétablie de Leibnitz, il objectait que les choses identiques sont les seules qui puissent être mises en mutuelle harmonie; mais que les esprits et les corps sont de nature tellement disparate, qu'il ne saurait exister d'harmonie entre eux. Cette objection ne nous paraît pas fort juste; car, outre que la majeure du raisonnement de Crusius ne peut être prouvée, Leibnitz avait expressément déclaré que les monades sont identiques, et, précisément par cette raison, il pouvait en soutenir l'harmonie préétablie. Au reste, malgré ses subtilités, les hypothèses arbitraires, ses spéculations mystiques, ses idées diffuses, ses dogmes sans fondement, et sa terminologie bizarre, Crusius jouit de son vivant, comme écrivain et comme professeur, d'une grande célébrité. Il ne dut à ce qu'il eut réellement assez de sagacité pour découvrir quelques faibles du wolfianisme, et qu'il se concilia par là tous les autres antagonistes de cette doctrine. Sa philosophie se recommandait surtout par l'indéterminisme qu'elle soutenait, lorsque le principal reproche adressé au système combiné de Wolf et de Leibnitz était de conduire au fatalisme. D'ailleurs, l'harmonie que Crusius s'efforça d'établir entre la philosophie et la dogmatique de l'Église dut le faire prôner par les théologiens de son temps. Mais dès qu'on eut examiné avec un peu d'attention sa philosophie, et qu'on eut découvert ses nombreux défauts, elle ne tarda pas à tomber dans le discrédit et l'oubli. Tennemann lui-même, qui en général se montre très-favorable à Christian Crusius, convient que ce théologien-philosophe est resté bien en arrière du but de la science.

On a de Christian Crusius les ouvrages suivants : *Dissertatio de Usu et Limitibus Rationis Sufficientis* (in-8°, Leipzig); *De summis Rationis Principiis* (Leipzig, 1752, in-8°) (*Dissertation sur l'usage légitime et les limites du principe dit de la raison suffisante, ou mieux de la raison déterminante*, en allem. (Leipzig, 1766, in-8°); *Conseil pour vivre d'une manière conforme à la raison* (allem. Leipzig. 1767, in-8°). E. LAVIGNE.

CRUSSOL (Famille de). Cette maison, originaire du Languedoc, portait primitivement le nom de *Bastet*, qu'elle changea contre celui d'un château et d'un fief situés en Vivarais, au diocèse de Valence, à une petite distance de la rive droite du Rhône. La ville d'Uzès, capitale du pays d'Usiège, après avoir appartenu à une illustre maison de chevalerie, passa dans celle de Crussol, par mariage, en 1486. Elle fut érigée en duché-pairie par lettres de 1572. La maison de Crussol s'était divisée en deux branches principales. Par l'extinction, en 1818, de celle des barons de Crussol, dont le dernier rejeton, le bailli de Crussol, lieutenant général, avait été appelé à la pairie par Louis XVIII, il ne reste plus que la branche aînée : celle des sires de Crussol, ducs d'Uzès.

Marie-Emmanuel-François DE CRUSSOL, né le 30 décembre 1756, fils unique de *François-Emmanuel*, duc d'Uzès, lieutenant général et gouverneur de Saintonge et d'Angoumois, fut titré du vivant de son père duc de Crussol. Louis XVIII l'appela à la chambre héréditaire en 1814, comme titulaire de la plus ancienne pairie laïque du royaume. Il fut créé à la même époque lieutenant général des armées du roi. Il se retira de la chambre en 1830, pour faire passer la pairie à son fils, le duc de Crussol, mort en 1838. Il se décéda lui-même au mois d'août 1843, et son titre ducal a passé à son petit-fils, député de Bourbonne-les-Bains sur la fin du règne de Louis-Philippe.

CRUSTACÉ (de *crusta*, croûte). Ce nom est employé, soit adjectivement, soit substantivement, dans les sciences des corps organisés ; on s'en sert pour désigner les parties de ces corps, ou ces corps mêmes. Dans l'histoire naturelle des animaux, on donne le nom de *crustacés* à une classe du règne animal qui comprend tous les animaux articulés, à membres articulés, pourvus d'un squelette tégumentaire. Linné les plaçait parmi les insectes aptères, et les divisait en trois genres, savoir : les *monocles*, les *crabes* et les *cloportes*. Les travaux de Lamarck, Cuvier, Duméril, Leach et Latreille ont beaucoup contribué aux progrès de l'histoire spéciale de ces animaux. Le rang que les naturalistes leur assignent dans la série animale n'est point encore déterminé rigoureusement ; la divergence des opinions sur ce point tient aux diverses manières d'envisager leur organisation. Les uns les placent entre les poissons et les mollusques, les autres après les annélides et avant les arachnides et les insectes, et d'autres après les insectes, entre les arachnides et les myriapodes. Les anciens connaissaient les crustacés sous le nom de *malacostracés*. Aristote a parlé dans un chapitre particulier des espèces qu'il connaissait. Athénée a énuméré celles que l'on mange. Celles qui sont susceptibles d'être employées en médecine ont été mentionnées par Hippocrate.

Les crustacés sont ainsi nommés à cause de la nature de leur peau, qui est plus calcaire que celle des insectes, des arachnides et des myriapodes. Le volume de leur corps offre beaucoup de différences, depuis ceux qui sont microscopiques, jusqu'aux dimensions de 30 à 60 centimètres, en passant par tous les degrés intermédiaires. Il y a aussi beaucoup de variations dans leurs formes. Les uns sont globuleux et ovoïdes, les autres plus ou moins allongés, et même filiformes, quelques-uns comprimés, d'autres, enfin, déprimés, aplatis et minces comme une feuille de papier. Leur peau ou enveloppe extérieure, quoique généralement encroûtée de substance calcaire et très-solide, offre aussi chez quelques-uns une diminution de sa consistance, jusqu'à la mollesse d'une membrane. Elle est recouverte chez quelques autres d'une production assez semblable à des poils, ou d'une sorte d'épiderme mince; elle offre des couleurs variées, plus ou moins vives, et très-bien nuancées. Ces couleurs s'enlèvent avec les couches les plus superficielles du test. Quoique leur corps soit souvent composé d'une tête, d'un thorax, et d'un abdomen ou ventre, cette division en trois parties ne peut pas toujours être faite. Chez le plus grand nombre de crustacés la tête est soudée ou confondue avec le thorax ; c'est ce qui a lieu chez les crabes, les homards, les écrevisses ; tandis que les crevettes et les cloportes ont une tête bien distincte, et nettement séparée du tronc. C'est avec le thorax que sont articulées les pattes, qui offrent aussi des différences nombreuses sous le rapport de leurs formes, de leurs dispositions et de leurs fonctions. Ces différences, qui doivent être ici notées, consistent en ce que ces pattes sont propres à la marche (pieds ambulatoires), à la respiration (pieds respiratoires) et à la mastication (pieds-mâchoires).

Chez ces animaux, qu'on distingue en général en *malacostracés* et en *entomostracés*, la bouche est en effet composée dans les premiers : d'une lèvre supérieure, de mandibules, de plusieurs mâchoires, et recouverte par des pieds-mâchoires, tenant lieu de lèvre inférieure : les mandibules sont souvent palpigères; dans les seconds, c'est-à-dire les entomostracés, la bouche est tantôt en forme de bec, tantôt composée de mandibules avec ou sans palpes, et de deux paires de mâchoires en feuillets, auxquels sont souvent annexées des branchies. C'est dans les limules, dont la bouche a été comparée à celle des arachnides, qu'on voit toutes les hanches épineuses des pieds, qui sont au nombre de dix, faire partie de cet appareil buccal dont l'orifice est au milieu du corps. On y voit aussi en avant deux pinces, et en arrière une lèvre inférieure.

Les pattes sont aussi quelquefois terminées par des espèces de tenailles, la bouche est en effet composée sous le nom de *pattes-pinces*; les unes sont aplaties, et ressemblent à une nageoire. L'abdomen des crustacés, que l'on désigne improprement sous la dénomination de *queue*, est aussi plus ou moins long, et porte des appendices appelés *fausses pattes*, à l'aide desquelles les femelles retiennent leurs œufs sous le ventre. M. Milne-Edwards a parfaitement décrit les différents modes de respiration des crustacés. Les plus simples de ces êtres respirent comme les vers et les zoophytes, par la peau nue ; d'autres respirent par des espèces de trachées, à la manière des insectes. Il en est d'autres qui respirent par des branchies, comme les poissons et les mollusques, mais sans opercules comme les premiers, et sans coquilles comme les seconds. Seulement ils offrent en eux une poche où s'amasse l'eau aérée, laquelle s'y trouve agitée par un mouvement de va et vient, et comme par ventilation, sans diaphragme.

Les mouvements des crustacés sont très-variés : les uns ne sont propres qu'à nager; plusieurs sont pourvus d'organes pour sauter à des distances assez grandes ; il en est qui, à l'aide des pattes longues et crochues, grimpent facilement jusqu'à la cime des arbres les plus élevés (le pagure voleur); d'autres sont organisés pour la marche, qui a presque toujours lieu de côté. Cette marche est si rapide chez quelques-uns (ocypodes), que, si l'on en croit Bosc, ils ne pourraient être atteints à la course par un bon cheval, ou bien elle peut être soutenue longtemps, puisqu'il en est qui, vivant dans l'intérieur des terres, entreprennent de longs voyages pour se rendre à la mer. Les crustacés sont ovipares ou ovovipares; les uns portent leurs œufs entre les appendices de leur ventre, où ils sont fixés au moyen d'une matière gluante; les autres les déposent dans des poches qui existent, soit sous leur abdomen, soit à la base de cette partie. Tantôt aussi les œufs sont placés dans une cavité située sur le dos de l'animal, ou bien, chez quelques-uns, ils sont immédiatement pondus à l'extérieur.

Les crustacés sont presque tous carnassiers, et se nourrissent de substances animales en décomposition. On les rencontre sous toutes les latitudes, dans des lieux très-variés : les uns vivent dans les mers, et à des profondeurs très-grandes, ou entre les rochers, ou entre les valves de certains coquillages marins et sur les plages; les autres habitent les eaux douces; plusieurs sont terrestres et en creusent des terriers; d'autres sont parasites.

La classification des crustacés a été perfectionnée, surtout par Latreille, qui en a formé sa première classe des animaux articulés, à pieds articulés. C'est lui qui l'a divisée en deux grandes sections : les *malacostracés*, et les *entomostracés*. Les premiers, dont les téguments sont généralement très-solides, ont de dix à quatorze pieds, ordinairement onguiculés, et se subdivisent en cinq ordres, savoir : les *décapodes*, les *stomapodes*, les *amphipodes*, les *læmodipodes*, et les *isopodes*. Les quatre premiers correspondent au genre *écrevisse* (cancer) de Linné, et le dernier au genre *cloporte* du même naturaliste. Les *entomostracés*, qui comprennent le genre *monocle* et quelques espèces de *lernées*, sont distingués en *dentés*, qui forment l'ordre des *branchiopodes*, et en *édentés*, ou ordre des *pœcilopodes*. Les entomostracés ont les téguments cornés, très-minces, et un-test en forme de bouclier d'une à deux pièces, ou bien en forme de coquille bivalve. Les *tribolites* sont aussi considérés comme des crustacés voisins des entomostracés.

Plusieurs espèces de crustacés sont servis sur nos tables comme aliments. Les plus connus sont le crabe-tourteau, les crevettes, les écrevisses, les homards, les langoustes. La chair des crustacés est peu nutritive et assez difficile à digérer. Quelques personnes éprouvent de fortes coliques ou des éruptions à la peau lorsqu'elles mangent des écrevisses et des homards.
L. LAURENT.

CRUVEILHIER (JEAN), professeur à la Faculté de Médecine de Paris, médecin de l'hôpital de la Charité, membre de l'Académie de Médecine de Paris, de l'Académie royale des Sciences de Turin, officier de la Légion d'Honneur, etc. Né à Limoges, le 9 février 1791, d'une famille de médecins fort estimés dans la province, M. Cruveilhier vint à Paris en 1808, pour suivre la profession de ses pères. Ce fut sous le patronage de Boyer et de Dupuytren, ses compatriotes, qu'il commença sa carrière médicale : il ne pouvait débuter sous de meilleurs auspices. Éclairé par les conseils et par les savantes leçons de ces deux maîtres, il fit de rapides progrès dans ses études, et en 1810 obtint au concours la première place d'élève externe, et l'année suivante celle d'élève interne. Après cinq années de sérieux travaux théoriques et pratiques, M. Cruveilhier commença à réaliser les espérances qu'avaient fait naître ses premiers pas dans le domaine de la science; il publia deux volumes sous le titre : *Essai sur l'anatomie pathologique en général et sur les transformations et productions organiques en particulier*. Cet ouvrage fut accueilli avec une grande faveur dans le monde médical. Peu de temps après, des affections de famille appelèrent M. Cruveilhier à Limoges. Sur cet étroit théâtre, il ne négligea rien pour continuer ses travaux; il y publia un volume intitulé : *Médecine pratique éclairée par l'anatomie et la physiologie*. Mais le séjour d'une ville de province ne pouvait longtemps lui convenir. Il revint à Paris. Un concours s'ouvrait pour l'agrégation; il s'y présenta. Après un concours brillant, il fut reçu le premier agrégé. Un an après, une chaire de professeur à la faculté de Montpellier étant devenue vacante, il fut porté comme premier candidat pour remplir cette place, et choisi par le grand-maître de l'Université. En 1825, la mort de Béclard laissa vide la chaire d'anatomie de la faculté de Paris. La Faculté mit le nom de Cruveilhier en tête de la liste, et la place lui fut accordée.

En 1826 il reconstitua la Société Anatomique, créée par Dupuytren trente ans auparavant, mais que les événements politiques avaient empêchée de fonctionner peu de temps après sa fondation. Cette réorganisation rendit un grand service en médecine, en leur offrant un centre éclairé pour leurs études et pour leurs travaux. M. Cruveilhier s'occupait dès lors d'un grand ouvrage, dont les premières publications parurent en 1829, sous le titre : *Anatomie pathologique du corps humain*. Dans cet immense travail, M. Cruveilhier avait pour but de décrire et de représenter par des planches toutes les altérations que les maladies produisent sur la structure de chacun de nos organes et appareils d'organes; de démontrer les causes des maladies, leur pathogénie, d'en indiquer tous les symptômes, et enfin d'en présenter le traitement le plus rationnel. Cette œuvre capitale occupa M. Cruveilhier jusqu'en 1842; il y consacra la plus grande partie du loisir que lui laissaient ses nombreux travaux comme professeur et comme praticien. Le corps médical sentit si bien la valeur de cette publication, que l'un de ses plus illustres représentants, Dupuytren, légua deux cent mille francs pour fonder une chaire d'anatomie pathologique, et la destina à M. Cruveilhier. La Faculté de Médecine s'empressa d'accomplir l'un des derniers vœux du grand chirurgien, et la chaire fut donnée à celui qu'il avait désigné.

Au milieu de cette vie si bien remplie, M. Cruveilhier trouva encore le temps de publier un *Traité d'Anatomie descriptive*. Cet ouvrage, écrit près du corps humain, et pour ainsi dire avec le scalpel, devint immédiatement classique. Les descriptions sont d'une telle exactitude, il rectifie tant d'erreurs propagées d'âge en âge par les anatomistes de cabinet, il offre des découvertes d'un si grand intérêt, qu'il a été adopté dans toutes les écoles. M. Cruveilhier a pu donner une idée de son talent comme écrivain dans deux opuscules intitulés, l'un : *Biographie de Dupuytren*; l'autre : *Devoir et Moralité du Médecin*. Dans le premier, M. Cruveilhier s'est noblement acquitté de son double rôle d'élève et d'ami de l'illustre défunt.
RICHELOT.

CRUZADA, monnaie. *Voyez* CRUSADE.

CRUZADA, nom d'un impôt qui constituait autrefois une branche importante du revenu des rois d'Espagne. En 1457, sous le règne du roi Henri de Castille, le pape Calixte III publia une bulle en vertu de laquelle les rois d'Espagne et de Portugal étaient autorisés à lever un impôt spécial de 200 maravedis sur ceux de leurs sujets qui, sans prendre part à la croisade contre les Maures, désireraient participer au bénéfice des indulgences accordées à cette intention par le saint-siège, en faveur des morts et des vivants. Cette bulle ne devait dans l'origine avoir d'effet que pendant cinq années; mais les rois d'Espagne la firent renouveler de temps à autre, et en firent étendre les pouvoirs à d'autres immunités; par exemple, à la faculté de faire gras les jours maigres, etc. Ce ne fut en 1753 qu'ils recoururent pour la dernière fois à l'intervention de la cour de Rome dans ces matières. Chaque année les prêtres et les moines vendaient des exemplaires tout imprimés de cette bulle, et n'admettaient à confesse ou n'administraient l'extrême-onction qu'à ceux qui en étaient munis. On calcule que le produit annuel de cet impôt ecclésiastique s'élevait, tant en Espagne qu'en Amérique, à une douzaine de millions de francs.

CRUZEIRO (Ordre du), ou *de la Croix du Sud*, créé au Brésil, en 1820, par l'empereur dom Pedro 1er. Il a pour insigne une croix à cinq rayons, assez ressemblante à celle de la Légion d'Honneur, entourée d'une branche de cacaotier et d'une de caféier, et surmontée de la couronne d'or du Brésil. Au milieu on lit, d'un côté : *Benè merentium premium*, de l'autre, *Petrus I, Brasiliæ imperator*. Le ruban est bleu de ciel moiré.

CRYOLITHE, substance minérale en masses laminaires, clivables en prismes rectangulaires, de couleur ordinairement blanche, quelquefois salie par un mélange d'hydrate de fer ; elle raye le calcaire, et est rayée par la chaux fluatée ; son éclat est un peu vitreux ; enfin, elle est composée de fluorures d'aluminium et de sodium, et se trouve en filons ou en couches minces dans le granit et le gneiss du Groenland, où elle accompagne l'oxyde d'étain, le wolfram, etc.

A. DES GENEVEZ.

CRYPTE. Ce mot, qui vient du grec χρυπτω, cacher, désigne en effet un lieu que l'on ne peut trouver que difficilement. Le nom de *crypte* a donc pu être donné d'abord à quelque caverne naturelle, à quelque lieu souterrain creusé par la main des hommes ; mais bientôt il reçut une acception différente, et c'est ainsi que l'on nomma les lieux cachés où se retiraient les premiers chrétiens, soit pour célébrer leurs mystères, soit pour honorer leurs martyrs, soit, enfin, pour donner la sépulture à leurs morts. De là vient que l'on cite encore à Rome les cryptes de Saint-André, de Sainte-Pétronille, et dans les environs, celles de Saint-Paul et de Saint-Laurent, qui sont de vastes souterrains plus généralement désignés sous le nom de *catacombes*.

Lorsque les persécutions des chrétiens eurent cessé, et qu'ils purent faire bâtir des églises, souvent ils les élevèrent sur l'emplacement même où se trouvaient enterrés leurs martyrs ; la crypte se trouva donc conservée, et fit partie du nouveau monument. Plus tard encore, lorsque l'on éleva de grandes basiliques, on chercha à imiter les premières églises, et les constructeurs eurent soin d'y ménager quelques parties souterraines, par conséquent d'un abord moins facile, et qui reçurent aussi le nom de *cryptes*. C'est actuellement l'acception la plus usuelle de ce mot, et par *crypte* on entend le plus ordinairement les chapelles ou églises souterraines qui existent dans nos plus anciens temples.

DUCHESNE aîné.

En anatomie, on appelle *cryptes* ou *follicules* de petits corps membraneux, utriculaires ou vésiculeux, situés dans l'épaisseur des téguments, ou des muqueuses qui versent au dehors un fluide particulier. Les *cryptes muqueux* ou *follicules nucipares* sont des enfoncements de la membrane muqueuse très-riches en vaisseaux, et représentant tantôt des dépressions et excavations peu profondes de la substance, tantôt de petits sacs en forme de bouteilles, avec un orifice étroit faisant saillie à l'extérieur.

CRYPTOCALVINISTES (du grec χρυπτός, caché, secret), *partisans secrets de Calvin*. Ce nom, qui rappelle le souvenir de l'antagonisme ardent qui exista pendant longtemps entre les doctrines de Luther et celles de Calvin, a été donné en Allemagne aux protestants de la Saxe qui sur la fin du seizième siècle tendirent à se rapprocher des doctrines de l'Eglise réformée. L'électeur de Saxe, Auguste, pour mettre un terme à ce schisme, qui occupait alors singulièrement les esprits, convoqua, en 1571, les théologiens de ses Etats à Dresde. Cette espèce de synode eut bien pour résultat la publication d'une profession de foi rédigée ostensiblement d'après les doctrines de Luther, mais le clergé saxon n'en continua pas moins à prêcher et à répandre les doctrines de Calvin. Partisan de l'orthodoxie luthérienne, l'électeur fit alors rédiger sa fameuse *Formule de Concorde* (1580), et tous les prêtres qui refusèrent d'y souscrire perdirent leurs places ainsi que le droit de prêcher. A la mort de ce prince, arrivée en 1586, le chancelier Crell réussit à gagner son successeur, Christian 1er, aux doctrines du cryptocalvinisme. Mais cet électeur étant venu aussi à mourir, une réaction violente fut opérée par le duc de Saxe-Weimar,

Frédéric-Guillaume, régent pendant la minorité de Christian II. Ce prince adopta aussitôt les mesures les plus énergiques contre tous les ecclésiastiques saxons qui refusèrent d'adhérer à la Formule de Concorde ; et quand Christian II prit en mains les rênes de l'Etat, il fit instruire le procès du chancelier Crell, qui avait déjà expié son dévoûment aux doctrines de Calvin par une captivité de dix années, et qui périt sur l'échafaud en 1601.

CRYPTOGAMES (de χρυπτω, je cache, et γαμος, mariage, noces). Les organes sexuels ne sont point visibles dans un assez grand nombre de végétaux. Linné en admettant cependant l'existence dans tous indistinctement, et les supposait invisibles ou cachés ; de là les termes de *mariage* ou de *noces cachées*, de *plantes cryptogames*, de *cryptogamie* (*voyez* BOTANIQUE). Il considérait comme plantes cryptogames les fougères, les mousses, les algues et les champignons.

Dans l'état actuel de la botanique, on divise les cryptogames en *cryptogames vasculaires* et *cryptogames cellulaires*. Les premiers sont distribués dans les familles des équisétacées, des fougères, des marsiliacées, des lycopodiacées et des characées. Les cryptogames cellulaires se divisent en trois sections : *muscinées* (hépatiques et mousses), *algues et champignons*. La science moderne a tellement accru le nombre des cryptogames connus, qu'on en compte près de 20,000 espèces, réparties dans plus de 1,000 genres, ce qui représente le cinquième des végétaux décrits.

Tout porte à croire que les cryptogames ont été les premiers végétaux nés sur notre globe. On doit à M. Ad. Brongniart d'avoir montré que les végétaux fossiles appelés *calamites* sont des cryptogames gigantesques, qui n'ont pu croître que dans un milieu beaucoup plus chaud que notre milieu actuel et dans une atmosphère beaucoup plus chargée d'acide carbonique.

CRYPTOGAMIE, nom de la vingt-quatrième classe du système sexuel (*voyez* BOTANIQUE), dans laquelle Linné a réuni toutes les plantes cryptogames. Ce nom s'applique aussi à la partie de la phytographie qui s'occupe de l'étude de ces végétaux.

CRYPTOGRAPHIE (du grec χρυπτω, je cache, et γράφω, j'écris), écriture secrète ou inconnue à tout autre qu'à celui à qui l'on s'adresse. Cet art, qui n'était pas inconnu aux anciens, et dont l'abbé Trithème, mort en 1516, consigna les principes dans un traité spécial, passa longtemps pour voisin de la magie. Convaincu que l'ouvrage du docte abbé, en raison des termes techniques dont il était hérissé, ne pouvait renfermer que des mystères diaboliques, l'électeur palatin Frédéric II fit brûler l'exemplaire qu'en possédait sa bibliothèque. Mais plusieurs auteurs célèbres vengèrent cette insulte au bon sens, et le plus illustre défenseur de l'abbé Trithème fut un duc de Lunebourg, dont la *Cryptographie*, publiée in-folio en 1624, éclaircit si bien les prétendus mystères de ce bon abbé Trithème, nous dit Naudé, qu'elle satisfit complétement la curiosité d'une infinité de gens qui souhaitaient de savoir ce que c'était que ce prétendu art magique (*voyez* CHIFFRES).

CSABA (On prononce *Tschaba*), le plus grand village qu'il y ait en Hongrie, et peut-être en Europe, situé dans le comitat de Békés, avec 2,100 maisons, dont un très-grand nombre sont du meilleur goût, compte 25,000 habitants, dont l'agriculture et l'horticulture constituent la principale ressource, mais qui font aussi un commerce considérable en sacs et matelas confectionnés par les femmes. Ce village possède cinq églises, parmi lesquelles la nouvelle basilique se fait surtout remarquer par la grandeur de ses proportions et par sa magnificence, plusieurs écoles, etc. En 1846 ce village racheta moyennant la somme de 800,000 fr. toutes les servitudes personnelles dont étaient frappés ses habitants, et entra dès lors dans le nombre des bourgs forains.

CSANYI (LADISLAS), ministre des communications à l'époque de la révolution hongroise, né en 1790, à Csany, dans le comitat de Szalad, entra de bonne heure dans les hussards, et fit dans les rangs de l'armée autrichienne les campagnes de 1809 à 1815. Blessé au pied, il rentra dans la vie civile, où il apporta l'activité et les habitudes d'ordre et de sévérité de la vie militaire. Dès avant 1848 il était regardé comme l'un des membres les plus zélés et les plus actifs de l'opposition dans le comitat de Szalad, et toujours on le voyait seconder Déak dans ses luttes. Les événements de mars 1848 le surprirent à Pesth, où il ne contribua pas peu, d'accord avec G. Klauzal et P. Nyàry, à maintenir l'ordre et à empêcher que le triomphe de la révolution ne fût souillé par aucune effusion de sang. Lorsque éclatèrent les troubles de la Croatie et de la Servie, il fut envoyé dans le sud en qualité de commissaire provincial. Plus tard il accompagna en la même qualité le corps d'armée principal dans sa marche sur Vienne, de même que dans sa retraite depuis Presbourg jusqu'à Pesth. Il resta même courageusement dans cette ville jusqu'aux premiers jours de janvier 1849, en attendant l'arrivée de Windischgraetz. Ensuite il accompagna le gouvernement à Debreczin.

Envoyé en Transylvanie, comme commissaire du gouvernement, il y déploya à l'égard des Saxons et des Valaques la même sévérité dont il avait déjà fait preuve au sud contre les Croates et les Serbes, et se brouilla pour cela avec Bem, dont l'avis était qu'il fallait user de douceur pour se concilier les nationalités hostiles. En conséquence, on le rappela. Après la déclaration d'indépendance (14 avril 1849), il fut nommé ministre des communications, fonctions dans l'exercice desquelles il déploya, autant que le permettaient les circonstances, son énergie habituelle. Lorsque, pour la seconde fois, le gouvernement hongrois se vit contraint d'abandonner Pesth , Csanyi y resta de longs jours le dernier. Plus tard, à Szegedin et à Arad, il opina pour que le commandement en chef de l'armée nationale et ensuite la dictature fussent confiés à Gœrgei , dont les talents stratégiques, l'énergique activité et la sévérité toute militaire lui inspiraient de l'estime et de la confiance. Quand l'armée nationale dut mettre bas les armes à Villagos (13 août 1849), Csanyi, quoiqu'il fût muni d'un passe-port et d'une lettre aux Russes, parce qu'il était trop vieux, disait-il, pour aller se chercher une nouvelle patrie. Livré aux Autrichiens et traduit par eux devant un conseil de guerre, il l'avoua avec une courageuse franchise sa participation à la révolution, et périt sur le gibet, le 10 octobre 1849, en même temps que le baron Joseph Jessenak. Csanyi était incontestablement le plus actif des chefs civils de la révolution hongroise; on l'avait surnommé *l'Abeille*, à cause de l'ardeur extrême qu'il apportait au travail.

CSAPLOVICS (JEAN), célèbre écrivain hongrois, né à Felsœ-Pribell, dans le comitat de Honth , fut nommé en 1799, peu de temps après avoir terminé ses études juridiques, employé à la chancellerie de ce comitat, puis , en 1808, assesseur du comitat de Sohl. Ses premiers travaux comme écrivain furent quelques traités pratiques à l'usage des jurisconsultes hongrois. Il entreprit ensuite divers ouvrages économiques, et publia un *Traité de l'Éducation des Abeilles* (Vienne, 1814), qui parut en même temps en italien, et que l'on traduisit quelque temps après en hongrois et en slavon. Plus tard il se consacra surtout à la statistique et à la géographie. C'est ainsi qu'on a de lui *Archives géographiques et statistiques du royaume de Hongrie* (2 volumes , Vienne, 1812), le *Tableau de la Hongrie* (2 volumes , Pesth, 1829) et *Les Croates et les Wendes en Hongrie* (Presbourg, 1829) ; *Le Passé et le Présent de la Hongrie* (Vienne, 1830) ; *La Hongrie et l'Angleterre* (1831). Il est en outre auteur d'un grand nombre de dissertations et d'articles imprimés tant dans des journaux hongrois et autrichiens que dans des recueils étrangers. Son savoir est plus vaste que profond ; ses travaux abondent en notices intéressantes, mais mal digérées.

CSASZAR (FRANÇOIS), poëte et écrivain hongrois , né en 1807, à Zalangerszeg , fut nommé en 1846 *référent* à la Table septemvirale de Pesth , et perdit plus tard cet emploi pour l'avoir accepté de nouveau du gouvernement révolutionnaire à la suite de la déclaration d'indépendance du 14 avril 1849. Comme écrivain, ses premiers travaux eurent pour objet la jurisprudence. C'est ainsi qu'il publia un *Magyar valtojog* (Droit commercial hongrois ; 3ᵉ édit. Pesth, 1846) ; un *Vallojogi Muszotar* (Dictionnaire de Droit commercial ; Pesth , 1841) ; et *A magyar csœdtœrvénykezés* (Lois hongroises relatives à la banqueroute (1847), etc. On a en outre de lui des *Voyages en Italie* (1843), un *Dictionnaire Mythologique* (1844), et *Le Port de Fiume* (2 vol. , Pesth , 1843), qui appartiennent aux plus intéressantes productions de la littérature hongroise. Parmi ses *Poésies* (2ᵉ édit. Pesth , 1846), toutes remarquables par la profondeur du sentiment et par la correction de la forme, on remarque surtout ses Sonnets et ses Chants de Matelots. Initié par un long séjour en Italie, à la connaissance de la langue et de la littérature de ce pays , il a traduit en hongrois plusieurs chefs-d'œuvre italiens, tels que ceux d'Alfieri , de Beccaria, de Silvio Pellico, et enfin le Dante. En mars 1850 il fonda à Pesth le *Pesti Naplo* (*Journal de Pesth*), qui se fit remarquer d'abord par son hostilité à l'égard des vieux conservateurs.

CSEPEL, île très-fertile, de 4 myriamètres de longueur, formée par un bras du Danube et située dans le comitat de Pesth, en Hongrie, était jadis la résidence des rois magyars. En 1721 l'empereur Charles VI en fit don au prince Eugène, dont le magnifique château existe encore à Raczkévé, chef-lieu de l'île. Mais tout ce domaine fit retour en 1825 à la maison d'Autriche, et il fait partie depuis lors des biens de la couronne. Choisie au printemps de 1848 comme position militaire propre à empêcher Jellachich de passer sur la rive gauche du Danube, cette île est devenue célèbre par la mort du comte Zichy, judiciairement exécuté le 2 octobre de cette même année, par ordre du commandant Gœrgel.

CSIK ou **CSIKSZÉK**, *siéga* (district) de Transylvanie, dans le pays des Szeklers, borné au nord par le district de Bistritz, à l'est par la Moldau, au sud par le comitat d'Oberweisenburg, à l'ouest par celui de Torda, comprend, sur une superficie de 43 myriamètres carrés, 1 bourg, 86 villages et 3 *poussten*. Généralement montagneux et boisé, placé sous l'influence d'un climat très-âpre, il ne produit ni fruits ni froment, et les habitants sont réduits à la culture de l'orge, de l'avoine et des pommes de terre. En revanche, les forêts renferment en abondance d'excellent bois de chêne, qui s'exporte, soit par la Maros dans les parties méridionales de la Transylvanie, soit en Hongrie. La mine de cuivre de Csik Szentomokos est la plus riche de toute la Transylvanie et produit année commune 1,200 quintaux. Les eaux minérales de Borszek jouissent d'une grande réputation ; la consommation annuelle s'en élève à trois millions de bouteilles, dont une partie s'exporte au loin. La population totale du Csik, presque entièrement d'origine magyare, est de 138,723 habitants, dont 98,723 placés sous l'autorité civile, et 40,000 sous l'autorité militaire, laquelle se compose du premier régiment de Szeklers des frontières. On y compte 4,118 grecs-unis et 538 réformés ; le reste professe la religion catholique.

CSOKONAÏ (MICHEL), poëte hongrois, né en 1774, à Debreczin, mort en 1825, était fils d'un chirurgien de cette ville. Nommé en 1795 professeur de poésie classique au gymnase de Debreczin, la faiblesse de sa santé et son humour inconstant le portèrent à renoncer à cette position. Il se rendit à Savoszatak pour y étudier le droit ; mais il abandonna bientôt aussi cette carrière nouvelle , pour aller se fixer à Presbourg, où il ne s'occupa plus que de poésie. Sa

Magyar-Musa (*Muse Hongroise* [Presbourg, 1797]), une épopée comique, *Dorottya* (*Dorothée* [Grosswardein, 1803]); ses *Chants anacréontiques* (Vienne, 1803); sa *Lilla* (Grosswardein, 1805); ses *Odes* (1805), ses *Poésies de circonstances* (1806) et son *Printemps* (Komorn, 1802), imitation du poème allemand de Kleist, lui firent une grande réputation, et contribuèrent beaucoup à l'essor que prit la littérature nationale des Hongrois, jusque alors très-pauvre. Son grand mérite est de s'être affranchi des liens de l'imitation des modèles étrangers, et d'avoir le premier fait des vers simples, naturels et conformes au génie de la langue hongroise. Marton a publié plus tard une édition de ses Œuvres complètes (9 volumes; Vienne, 1813; réimprimés en 1816), avec une notice biographique.

CSOMA (ALEXANDRE), nommé aussi, du lieu de sa naissance, *Kœrœsi*, célèbre voyageur hongrois, né à Kœrœs, en Transylvanie, fit ses études à Leipzig, où il obtint le titre de docteur en médecine. Mais il n'avait jamais songé à revenir s'établir dans son pays pour y pratiquer son art; il avait tout d'abord formé le projet de faire servir sa science à faciliter l'exécution des voyages qu'il avait projeté d'entreprendre dans les contrées de l'Orient les plus lointaines. Il partit de Transylvanie en 1816, et traversa la Valachie, la Bulgarie et la Roumélie. Après un long séjour à Constantinople, employé à se rendre familières les principales langues de l'Orient, il s'y embarqua pour l'Égypte en 1819, et de là alla visiter la Palestine et la Syrie; puis, en 1820, il se rendit en Perse par Bagdad. A Téhéran, où il passa plusieurs mois, il forma le hardi projet de pénétrer dans le cœur de l'Asie centrale par des routes encore inconnues aux voyageurs européens. Après avoir traversé les steppes du Khoraçan, il arriva à Bokhara, et de là se rendit dans le Caboul, en passant par Samarkande et Balkh. Malgré l'état de trouble et de confusion où se trouvait alors ce pays, il parvint sans accident jusqu'à l'Indus, traversa la ravissante vallée de Kachemire, franchit les crêtes de l'Hymalaya, et atteignit, en 1822, comme un malheureux piéton, la ville de Leh, capitale du royaume de Ladakh, qui dès cette époque s'était déclaré indépendant de la Chine. Il y rencontra l'Anglais Moorcoft, qui voyageait sous un travestissement de marchand, et, grâce à son entremise, il obtint la permission de séjourner dans les hautes terres, fermées d'ordinaire avec une méfiance extrême pour tout étranger, et où il put étudier la langue, la littérature et l'histoire du Thibet, et en révéler en quelque sorte l'existence à l'Europe. En adoptant le costume, les mœurs et la manière de vivre des populations au milieu desquelles il se trouvait, il se concilia si bien la faveur du lama de Zonkar, sur le territoire duquel il résida pendant plusieurs années, que celui-ci lui prêta toute l'assistance qu'il pouvait désirer pour le succès de ses recherches. Après avoir passé cinq années sous l'âpre climat de ces montagnes, il franchit de nouveau l'Hymalaya, descendit d'abord dans la sauvage vallée de Spiti, puis dans la riante et pittoresque vallée que le Sutledge arrose dans son cours supérieur. Il passa alors, dans la solitude d'un couvent de lamas thibétains situé à Kanoum, sur la rive septentrionale du Sutledge, quatre années, qu'il employa à compléter ses études avec le secours de ses bons et patients habitants. Le naturaliste anglais J. Gerard l'y rencontra au mois de novembre 1829, au retour d'une infructueuse tentative qu'il venait de faire pour pénétrer dans le Thibet. Au printemps de 1831, il se rendit à Calcutta pour y publier, avec le secours de Wilson, ses recherches sur la langue et la littérature thibétaines. Son *Dictionary Tibetan and English* (Calcutta, 1834, in-4°) et sa *Grammar of the Tibetan Language* (Calcutta, 1834, in-4°) parurent à quelque temps de là. Il publia aussi dans les *Asiatic Researches* (20° vol.) une analyse complète du contenu de tous les livres sacrés des Thibétains. Les efforts faits par la Compagnie des Indes pour lui obtenir l'autorisation de poursuivre ses travaux à Lhassa, capitale du Thibet, furent enfin couronnés de succès. C'est au moment d'atteindre le but de ses vœux les plus ardents, et quelque temps après avoir quitté Calcutta, mais avant d'avoir encore franchi la limite des possessions anglaises dans l'Inde, qu'il fut attaqué d'une maladie à laquelle il succomba, le 11 avril 1842.

CSONGRAD, comitat de Hongrie, dans le cercle d'en deçà de la Theiss, borné au nord par celui de Solnok, à l'est par ceux de Békés et de Csanad, à l'ouest par ceux de Bacs et de Pesth, au sud par ceux de Csanad et de Torontal, dépendant aujourd'hui, suivant la nouvelle division administrative, du district civil de Szegedin et du district militaire de Grosswardein, comprend, sur une superficie de 34 myriamètres carrés, 1 ville, 2 bourgs, 6 villages et 16 *poussten*. Généralement uni, son sol, d'une richesse extrême, n'a jamais besoin d'engrais; aussi ce comitat est-il l'un des plus fertiles de la Hongrie et en exporte-t-on chaque année de grandes quantités de blé. La culture du tabac y emploie en outre 8,000 individus, et fournit 40,000 quintaux par an à l'exportation. La Theiss, qui divise le comitat de Csongrad en deux parties égales, de même que les rivières Kœrdes et Maros, y favorisent un grand commerce, donnent lieu à des pêches abondantes et à une importante construction de bateaux. La population, forte de 153,528 habitants, est, sauf un petit nombre d'exceptions, d'origine toute magyare. On y compte 106,139 catholiques, 42,123 réformés, 2,028 grecs-unis, 1,238 protestants et 2,000 juifs. Le chef-lieu de ce comitat est S z é g e d i n. Il faut encore mentionner les bourgs de *Vazarhely* et de CSONGRAD, le premier avec une population de 15,000 âmes; le second avec 32,560 habitants, s'occupant de commerce et d'agriculture.

CSORICH DE MONTE CRETO (ANTOINE, baron DE), feld-maréchal-lieutenant et ministre de la guerre en Autriche, né en 1795, à Machichno, en Croatie, entra au service en 1809 en qualité de cadet, fit les campagnes de 1809 et de 1813 à 1815, et fut promu au grade de major en 1833. Promu général-major en 1842, il fut nommé en 1846 au commandement de la forteresse de Salzbourg, et feld-maréchal-lieutenant en 1848. Lors de l'insurrection de Vienne (octobre 1848), il commandait dans la *Leopoldstadt*, et eut ensuite sous les ordres les troupes chargées de cerner l'intérieur de la ville. Dans la campagne de Hongrie, il se distingua à Scheimnitz, à Kapolna et dans d'autres affaires. En juin 1849, il vint investir Komorn; mais à la suite de la sortie faite le 3 août par les assiégés, il dut se replier sur Presbourg. C'est en juillet 1850 qu'il fut appelé à prendre le portefeuille de la guerre.

CSORICH DE MONTE CRETO (FRANÇOIS, baron DE), oncle du précédent et son père par adoption, feld-maréchal-lieutenant comme lui, appartient à une famille croate, et naquit le 3 octobre 1772, à Zengg, dans le Littoral. Il se distingua par sa bravoure et par sa présence d'esprit dans les guerres contre la France. N'étant encore que lieutenant en premier, il contribua beaucoup, le 15 mai 1800, à la tête d'un bataillon de grenadiers, à l'avantage remporté par les troupes autrichiennes à *Monte Creto*; et, créé baron en 1818, il fut autorisé à joindre le nom au sien. Nommé général major en 1821, feld-maréchal-lieutenant en 1832, il commandait dans le banat depuis 1842, lorsqu'il mourut à Temesvar, le 4 mars 1847.

CTÉSIAS, médecin grec, fils de Ctésiochus ou Ctésiarchus, naquit à Gnide de Carie. Il était de la famille des Asclépiades, ou descendants d'Esculape, dont l'illustre coryphée est Hippocrate. L'art de la profession de la médecine étaient exclusifs dans cette famille. Ctésias dut son élévation à l'un de ces hasards si fréquents à la guerre, qui le mirent en mains des Perses; Artaxerxès-Mnémon, leur roi, le fit son premier médecin. Historiographe, puis diplomate, il fut envoyé par ce prince vers Conon, Évagoras, roi de Chypre, et les Lacédémoniens, pour traiter avec eux des différends de Sparte et d'Athènes, à laquelle, par son influence, il concilia la bienveillance du grand roi. Cet acte indisposa contre lui les Lacédémoniens, qui à Rhodes lui demandèrent raison de cette conduite devant les juges; absous, là finirent ses négociations. Il quitta la cour de Perse, et revint terminer une vie honorable à Gnide, sa patrie. Il avait composé une histoire de Perse en vingt-trois livres, et une description de l'Inde, qui sont perdues; mais de longs fragments, extraits de l'un et de l'autre par Photius dans sa *Bibliothèque*, nous en donnent une idée assez complète. Henri Estienne les a publiées en grec, avec une traduction latine en regard; Larcher les a repoduites en français. L'histoire de Perse, décriée par les critiques, surtout quant à la chronologie, dans laquelle les érudits n'ont trouvé aucune concordance avec celle d'Hérodote, n'en a pas moins fourni à Diodore de Sicile et à Trogue-Pompée la longue histoire des anciens empires de l'Asie, et surtout de la puissance assyrienne. DENNE-BARON.

CTÉSIBIUS, mécanicien célèbre, florissait en Égypte sous le règne de Ptolémée Évergète II, environ cent vingt-quatre ans avant J.-C. Né dans une condition obscure, il dut à son seul génie sa célébrité. Fils d'un barbier, après avoir exercé lui-même cet état, il inventa des orgues hydrauliques, une clepsydre qui montrait les heures de nuit et de jour par un index mobile placé sur une colonne, la pompe aspirante et foulante à deux corps de pompe qui porte encore son nom, le *belopeacca*, assez semblable à notre fusil à vent, le siphon courbe, une fontaine à compression, des pompes à feu, etc., etc. Il avait composé sur les machines hydrauliques un traité qui est perdu. Sa femme, nommée *Thaïs*, avait aussi de grandes connaissances en mécanique. Enfin, il fut père de Héron l'ancien, dont la réputation égala, surpassa même peut-être la sienne. Pline, Athénée et surtout Vitruve parlent avec admiration du talent et des œuvres de Ctésibius.

CTÉSIPHON, aujourd'hui *El-Madaïen*, ville très-forte, sur la rive orientale du Tigris, était la résidence ordinaire d'hiver des rois parthes, et finit par devenir la capitale de tout l'empire des Parthes; mais à l'époque de la domination romaine elle fut plusieurs fois prise d'assaut, notamment par Trajan et Vérus. Les ruines imposantes qui en existent encore aujourd'hui témoignent de la magnificence et de l'importance qu'elle avait autrefois.

CTÉSIPHON, homme d'État athénien, que son amitié pour Démosthène a surtout rendu célèbre. Après la bataille de Chéronée, dont l'issue fut si funeste à la Grèce, l'an 338 avant J.-C., il proposa au peuple de décerner à Démosthène une couronne d'or en récompense des grands services qu'il avait rendus à la république. Eschine, orateur vendu à Philippe, le mit en accusation pour cette proposition; et Démosthène le défendit victorieusement dans son célèbre discours *Pour la Couronne*.

FIN DU SIXIÈME VOLUME.

www.ingramcontent.com/pod-product-compliance
Lightning Source LLC
Chambersburg PA
CBHW061730300426
44115CB00009B/1156